Ulrich Sommer
Effektive Strafverteidigung
4. Auflage

Ulrich Sommer

Effektive Strafverteidigung

Recht – Psychologie – Überzeugungsarbeit
der Verteidigung

von

Professor Dr. Ulrich Sommer
Rechtsanwalt und Fachanwalt für Strafrecht

4. Auflage

Carl Heymanns Verlag 2020

Zitiervorschlag:

Sommer, Effektive Strafverteidigung, Kap. 1 Rn. 1

Bibliographische Information der Deutschen Nationalbibliothek

Die Deutsche Nationalbibliothek verzeichnet diese Publikation in der Deutschen Nationalbibliographie; detaillierte bibliographische Daten sind im Internet über http://dnb.d-nb.de abrufbar.

ISBN: 978-3-452-29523-1

www.wolterskluwer.com

Umschlagkonzeption: Martina Busch, Grafikdesign, Homburg Kirrberg

Satz: Datagroup-Int SRL, Timisoara, Romania

Druck und Weiterverarbeitung: Williams Lea & Tag GmbH, München

Gedruckt auf säurefreiem, alterungsbeständigem und chlorfreiem Papier.

Vorwort 4. Auflage

Konsequente Strafverteidigung segelt selten am Wind des gesellschaftlichen Zeitgeistes. Dass Gerechtigkeit im Strafverfahren nur durch den Einsatz von Verteidigungsrechten erzielt werden kann, war und ist dem Zuschauer oft wenig verständlich; zu den Verständnislosen zählen immer häufiger auch Rechtspolitiker und sogar Richter selbst. Rechte des als unschuldig geltenden Bürgers werden dem vermeintlichen Kampf gegen das Verbrechen und der Installation einer funktionstüchtigen Strafrechtspflege geopfert. Verteidigung bedarf daher mehr denn je des selbstbewussten Auftretens des rechtsstaatlich Notwendigen. Die vorliegende erheblich erweiterte 4. Aufl. fühlt sich insbesondere diesem Anspruch verpflichtet.

Die letzten Jahre haben rechtstechnisch an Verteidigerinnen und Verteidiger neue Anforderungen gestellt. Ein halbes Dutzend wesentlicher Änderungen im Kern des Strafprozesses konfrontieren Anwälte mit ungewohnten Prozesssituationen, die ein Überdenken der Umsetzung von Verteidigungseffektivität provozieren. Ob die Änderungen des Beweisantragsrechts einschließlich des neuen Instituts der Fristsetzung, der extrem aufgebaute Zeitdruck sowohl bei Befangenheitsanträgen als auch bei Besetzungsrügen (einschließlich des neu eingeführten Instituts der Vorabentscheidung) oder die unter dem Etikett der Wohltat für den Beschuldigten eingeführte neue Regelung der Pflichtverteidigung – das Handlungsfeld der Strafverteidigung wird in konsequenter legislatorischer Entwicklung gerade in den letzten 3 Jahren wiederum erheblich eingeschränkt. Die Justiz saugt die neuen Chancen der Eliminierung lästiger Verteidigung auf. Das Ergebnis autistischer Suche nach der richtigen Entscheidung produziert nur ein Torso.

Die Erweiterungen der Neuauflage konzentrieren sich daher auf die neuen Regelungen und versuchen Wege aufzuzeigen, den verbliebenen Handlungsspielraum zur Wahrnehmung der Schutzrechte gegen die Macht des strafenden Staates effektiv zu nutzen. Daneben verfolgt das Buch selbstverständlich die neuesten Entwicklungen der höchstrichterlichen Rechtsprechung und vermittelt neue Erkenntnisse der Psycho-Wissenschaften zur menschlichen Entscheidungsfindung.

Juli 2020   Ulrich Sommer

Vorwort 3. Auflage

»Effektive Strafverteidigung« versucht seit dem Erscheinen der 1. Auflage, die Gerichtswelt mit und jenseits der gängigen Prozesskommentierungen zu beleuchten – und im besten Fall zu durchdringen. Der Blickwinkel ist zwar der eines Verteidigers. Das Anliegen des Buchs geht jedoch weiter. Ein gerechtes Strafurteil und die Vermeidung von Fehlurteilen ist das überkommene Ziel des demokratischen Strafprozesses. Die gesetzlichen Mechanismen sind vielfältig, die Institutionalisierung von Verteidigung ist lediglich ein Teil des Konzepts. Der fokussierte Blick des Verteidigers auf die desaströsen Folgen für einen betroffenen Bürger hilft allerdings enorm, Schwächen von System und Praxis in der Umsetzung ursprünglicher gesellschaftlicher Intentionen aufzudecken.

Hierzu gehört – auch und primär – das Begreifen des Strafprozesses als Phänomen, das jenseits aller rechtlichen Normen erfahrbar und steuerbar ist. Dieser Ansatz wird in der 3. Auflage auf ein breiteres Fundament gestellt.

Entscheidungen werden gesteuert durch Emotionen, Rollenverhalten, Heuristiken, auf die das »bewusste« menschliche Gehirn nur beschränkt Zugriff hat. Die Erkenntnisse der modernen Psychologie und Hirnforschung lassen sich in Teilbereichen auf richterliches Entscheidungsverhalten anwenden. Die traditionelle Diskussion zum Aktionsfeld der Strafverteidigung war zu erweitern um die psychologischen Faktoren des Strafverfahrens und ihre Beeinflussung durch Strafverteidigung. Die Irrtumsanfälligkeit richterlicher Kognition und die neuronalen Mechanismen richterlichen Handelns werden anhand aktueller – zumeist amerikanischer – psychologischer Untersuchungen systematisiert beschrieben. Es werden die Wirkweisen von Einflussnahmen auf Entscheidungsprozesse untersucht und konkrete Verhaltensvorschläge für Strafverteidigung erarbeitet.

Dieser Ansatz bietet die Chance auf weitere Erkenntnisse. Ursachen falscher Geständnisse von Beschuldigten bei der Polizei, die Wirkungen schweigender Angeklagter und lauter Verteidiger werden ebenso untersucht wie die Kognitionsprozesse bei Zeugen und die Besonderheiten der Kommunikation bei deren gerichtlicher Befragung. Verständigung im Strafverfahren mit seinen dürftigen rechtlichen Vorgaben wird verstärkt von der kommunikationspsychologischen Seite beleuchtet. Neue Rechtsprechungstendenzen werden aufgezeigt und über die juristisch handwerkliche Aufarbeitung hinaus in das Psychogramm des Strafverfahrens eingeordnet. Neben schlichter Handlungsanleitung für den praktisch agierenden Verteidiger will damit die 3. Auflage ihren Teil dazu beitragen, ein allgemeines Verständnis für den Strafprozess zu fördern.

März 2016   Ulrich Sommer

Inhaltsverzeichnis

Inhaltsverzeichnis

Inhaltsverzeichnis

Abkürzungsverzeichnis

a.A.	andere(r) Ansicht
a.F.	alte Fassung
a.M.	andere(r) Meinung
Abs.	Absatz; Absätze
AG	Amtsgericht
AK-StPO	Alternativkommentar zur Strafprozeßordnung; s. im Literaturverzeichnis unter *Achenbach* u. a. (1987 ff.)
AktG	Aktiengesetz
ALR	Allgemeines Landrecht für die Preußischen Staaten
AlsbE	Die strafprozessualen Entscheidungen der Oberlandesgerichte, hrsg. von Alsberg und Friedrich (1927), Bd. I-III
Anm.	Anmerkung
AnwBl.	Anwaltsblatt
AnwK-StGB	Anwaltkommentar StGB; s. im Literaturverzeichnis unter *Leipold/ Tsambikakis/Zöller* (2015)
AnwK-StPO	Anwaltkommentar StPO; s. im Literaturverzeichnis unter *Krekeler/ Löffelmann/Sommer* (2010)
AnwK-U-Haft	Anwaltkommentar Untersuchungshaft; s. im Literaturverzeichnis unter *König* (2011)
AO	Abgabenordnung
AR	Allgemeines Register
ARGE Strafrecht	Arbeitsgemeinschaft Strafrecht des Deutschen Anwaltvereins
Art.	Artikel
AufenthG	Gesetz über den Aufenthalt, die Erwerbstätigkeit und die Integration von Ausländern im Bundesgebiet (Aufenthaltsgesetz)
B/G/K/M	Strafverteidigung in der Praxis; s. im Literaturverzeichnis unter *Brüssow/ Gatzweiler/Krekeler/Mehle* (2007)
BayObLG	Bayerisches Oberstes Landesgericht
BB	Der Betriebsberater (Zeitschrift)
BBG	Bundesbeamtengesetz
Bd.	Band
BeckRS	Beck-Rechtsprechung
Berliner Anwalt Bl.	Berliner Anwaltsblatt
Beschl.	Beschluss
BeweisR	Beweisrecht; s. im Literaturverzeichnis unter *Eisenberg* (2017)
BGB	Bürgerliches Gesetzbuch
BGH	Bundesgerichtshof
BGHR	BGH-Rechtsprechung Strafsachen, herausgegeben von den Richtern des Bundesgerichtshofs (Loseblatt)
BGHSt	Entscheidungen des Bundesgerichtshofs in Strafsachen
BGHZ	Entscheidungen des Bundesgerichtshofs in Zivilsachen
BORA	Berufsordnung für Rechtsanwälte
BRAK	Bundesrechtsanwaltskammer
BRAO	Bundesrechtsanwaltsordnung
BR-Drs.	Bundesratsdrucksache
BRegE	Bundesregierungsentwurf
BT-Drs.	Bundestagsdrucksache
BtM	Betäubungsmittel
BtMG	Betäubungsmittelgesetz
BVerfG	Bundesverfassungsgericht
BVerfGE	Entscheidungen des Bundesverfassungsgerichts
BVerfGG	Gesetz über das Bundesverfassungsgericht (Bundesverfassungsgerichtsgesetz)
BvR	Verfassungsbeschwerde beim Bundesverfassungsgericht (Registerzeichen)
bzw.	beziehungsweise

Abkürzungsverzeichnis

d.h.	das heißt
DAV	Deutscher Anwaltverein
ders.	derselbe
dies.	dieselbe(n)
DJZ	Deutsche Juristenzeitung
DNotZ	Deutsche Notar-Zeitschrift
DRB	Deutscher Richterbund
DRiZ	Deutsche Richterzeitung
EGGVG	Einführungsgesetz zum Gerichtsverfassungsgesetz
EGMR	Europäischer Gerichtshof für Menschenrechte
EGV	Vertrag zur Gründung der Europäischen Gemeinschaft
Einf.	Einführung
Einl.	Einleitung
EL	Ergänzungslieferung
EMRK	Europäische Menschenrechtskonvention
etc.	et cetera
EU	Europäische Union
EuGRZ	Europäische Grundrechte Zeitschrift
EuRAG	Gesetz über die Tätigkeit europäischer Rechtsanwälte in Deutschland
EV	Ermittlungsverfahren
evtl.	eventuell
f./ff.	folgende Randnummer bzw. Seite/folgende Randnummern bzw. Seiten
FG	Festgabe
FGG	Gesetz über die Angelegenheiten der freiwilligen Gerichtsbarkeit
Fn.	Fußnote
FS	Festschrift
GA	Goltdammer's Archiv für Strafrecht
gem.	gemäß
GewO	Gewerbeordnung
GG	Grundgesetz für die Bundesrepublik Deutschland
Ggf.	Gegebenenfalls
GmbHG	Gesetz betreffend die Gesellschaften mit beschränkter Haftung
grds.	grundsätzlich
GS	Gedächtnisschrift
GSSt	Großer Senat in Strafsachen
GVBl.	Gesetz- und Verordnungsblatt
GVG	Gerichtsverfassungsgesetz
GWG	Gesetz über das Aufspüren von Gewinnen aus schweren Straftaten
h.M.	herrschende Meinung
Hdb. EV	Handbuch für das strafrechtliche Ermittlungsverfahren; s. im Literaturverzeichnis unter *Burhoff* (2019)
Hdb. HV	Handbuch für die strafrechtliche Hauptverhandlung; s. im Literaturverzeichnis unter *Burhoff* (2019)
HinterlO	Hinterlegungsordnung
HK	Heidelberger Kommentar zur Strafprozessordnung; s. im Literaturverzeichnis *Julius/Gercke* u.a. (2019)
HRRS	Onlinezeitschrift für höchstrichterliche Rechtsprechung zum Strafrecht (www.hrr-strafrecht.de)
Hrsg.	Herausgeber
HV	Hauptverhandlung
i.S.	im Sinne
i.S.d.	im Sinne des/der

i.S.e.	im Sinne eines/r
i.V.m.	in Verbindung mit
insb./insbes.	insbesondere
InsO	Insolvenzordnung
IRG	Gesetz über internationale Rechtshilfe in Strafsachen
JGG	Jugendgerichtsgesetz
Jh.	Jahrhundert
JMBl. NW	Justizministerialblatt für das Land Nordrhein-Westfalen
JModG	Justizmodernisierungsgesetz
JR	Juristische Rundschau
JURA	Juristische Ausbildung (Zeitschrift)
JVA	Justizvollzugsanstalt
JW	Juristische Wochenschrift
JZ	Juristenzeitung
KG	Berlin Kammergericht
KK	Karlsruher Kommentar zur Strafprozessordnung; s. im Literaturverzeichnis unter *Hannich* (2019) und *Pfeiffer* (2003)
KMR	Kleinknecht/Müller/Reitberger – Kommentar zur Strafprozessordnung; s. im Literaturverzeichnis unter *v. Heintschel-Heinegg/Stöckel*
Kriminalistik	Unabhängige Zeitschrift für die kriminalistische Praxis und Wissenschaft
KSzW	Kölner Schrift zum Wirtschaftsrecht
LG	Landgericht
lit.	litera (= Buchstabe)
LK	Leipziger Kommentar zum Strafgesetzbuch; s. im Literaturverzeichnis unter *Laufhütte/Rissing-van Saan/Tiedemann* (2006 ff.)
LR	Löwe/Rosenberg, Die Strafprozessordnung und das Gerichtsverfassungsgesetz; s. im Literaturverzeichnis unter *Erb u.a.* (2006 ff.) sowie unter *Rieß u.a.* (1997 ff.)
m.	mit
m. Anm.	mit Anmerkung
m. krit. Anm.	mit kritischer Anmerkung
m.w.N.	mit weiteren Nachweisen
MAH-Strafverteidigung	Münchener Anwaltshandbuch Strafverteidigung; s. im Literaturverzeichnis unter *Müller/Schlothauer* (2014) sowie *Widmaier* (2006)
MDR	Monatsschrift für Deutsches Recht
MDR (H)	*Holtz* Aus der Rechtsprechung des BGH in Strafsachen, veröffentlicht in der Monatsschrift für Deutsches Recht (MDR)
MRK	s. EMRK
NJW	Neue Juristische Wochenschrift
NJW-RR	Neue Juristische Wochenschrift – Rechtsprechungs-Report
NK-StGB	Nomos-Kommentar zum Strafgesetzbuch; s. im Literaturverzeichnis unter *Kindhäuser/Neumann/Paeffgen* (2019)
Nr.	Nummer
NRW	Nordrhein-Westfalen
NStZ	Neue Zeitschrift für Strafrecht
NStZ (B)	*Becker* Die Rechtsprechung des BGH zum Beweisantragsrecht; Übersichten in der NStZ seit 2003
NStZ-RR	Neue Zeitschrift für Strafrecht – Rechtsprechungs-Report
NStZ-RR (B)	*Becker* Aus der Rechtsprechung des Bundesgerichtshofs zum Strafverfahrensrecht; Übersichten im NStZ-RR seit 2001
NStZ-RR (K)	*Kusch* Aus der Rechtsprechung des Bundesgerichtshofs zum Strafverfahrensrecht; Übersichten im NStZ-RR, 1998–2000
NW	s. NRW

o.a.	oben angegeben
o.Ä.	oder Ähnliche(s)
ÖJZ	Österreichische Juristen-Zeitung
OLG	Oberlandesgericht
OWiG	Gesetz über Ordnungswidrigkeiten
PersAuswG	Gesetz über Personalausweise
Psyche	Psyche – Zeitschrift für Psychoanalyse und ihre Anwendungen
Publizistik	Publizistik – Vierteljahreshefte für Kommunikationsforschung
RG	Reichsgericht
RGSt	Entscheidungen des Reichsgerichts in Strafsachen
RiStBV	Richtlinien für das Straf- und Bußgeldverfahren
Rn./Rdn.	Randnummer(n)
Rspr.	Rechtsprechung
RStPO	Reichsstrafprozeßordnung
RVG	Gesetz über die Vergütung der Rechtsanwältinnen und Rechtsanwälte (Rechtsanwaltsvergütungsgesetz)
s.	siehe
S.	Seite(n), Satz
S/L/G/H	Internationale Rechtshilfe in Strafsachen; s. im Literaturverzeichnis unter *Schomburg/Lagodny/Gless/Hackner* (2020)
Sch/Sch	Schönke/Schröder, Strafgesetzbuch, Kommentar; s. im Literaturverzeichnis unter *Schönke/Schröder* (2019)
SchlHA	Schleswig Holsteinische Anzeigen
SK-StGB	Systematischer Kommentar zum Strafgesetzbuch, Loseblattausgabe; s. im Literaturverzeichnis unter *Wolter* u.a.
SK-StPO	Systematischer Kommentar zur Strafprozessordnung und zum Gerichtsverfassungsgesetz; s. im Literaturverzeichnis unter *Wolter* (2010 ff.)
sog.	sogenannte (r/s)
StA	Staatsanwalt(schaft)
StGB	Strafgesetzbuch
StPO	Strafprozessordnung
str.	strittig
StraFo	Strafverteidiger Forum (Zeitschrift)
StrEG	Gesetz über die Entschädigung für Strafverfolgungsmaßnahmen
StrK	Strafkammer
StRR	Strafrechtsreport
StV	Strafverteidiger (Zeitschrift)
SZ	Süddeutsche Zeitung
u.a.	unter anderem; und andere
u.Ä.	und Ähnliches
u.U.	unter Umständen
usw.	und so weiter
v.	von, vom, versus
vgl.	vergleiche
Vor	Vorbemerkung(en)
VRS	Verkehrsrechtssammlung
VV RVG	Vergütungsverzeichnis zum Rechtsanwaltsvergütungsgesetz
wistra	Zeitschrift für Wirtschafts- und Steuerstrafrecht
z.B.	zum Beispiel
z.T.	zum Teil

ZIS   Zeitschrift für Internationale Strafrechtsdogmatik
ZPO   Zivilprozessordnung
ZRP   Zeitschrift für Rechtspolitik
ZSHG   Gesetz zur Harmonisierung des Schutzes gefährdeter Zeugen
ZStW   Zeitschrift für die gesamte Strafrechtswissenschaft

Literaturverzeichnis

Achenbach u.a.	Kommentar zur Strafprozeßordnung, Reihe Alternativkommentare, hrsg. von Rudolf Wassermann, 1988 ff. (zitiert: AK-StPO/Verfasser)
Albrecht	Kriminologie, 4. Aufl. 2010
Alsberg	Die Philosophie der Verteidigung (1930), in: Taschke (Hrsg.), Max Alsberg – Ausgewählte Schriften, 1992, S. 323 ff.
ders.	Das Weltbild des Strafrichters. Schriften zur Psychologie der Strafrechtspflege, Heft 3, 1930, abgedruckt in: Taschke (Hrsg.), Max Alsberg – Ausgewählte Schriften, 1992, S. 340 ff.
ders.	Der Prozeß des Sokrates im Lichte moderner Jurisprudenz und Psychologie. Schriften zur Psychologie der Strafrechtspflege, Heft 1, 1928, Nachdruck bei Taschke (Hrsg.), Max Alsberg – Ausgewählte Schriften, 1992, S. 312 f.
ders.	Das Plaidoyer (1934), in: Taschke (Hrsg.), Max Alsberg – Ausgewählte Schriften, 1992, S. 358 ff.
Alsberg/Nüse/Meyer	Der Beweisantrag im Strafprozeß, 5. Aufl. 1983; 7. Aufl. 2019 *(Alsberg/ Dallmeyer/Güntge/Tsambikakis)*
Anderson	TEDTALKS, Die Kunst der öffentlichen Rede, Das offizielle Handbuch, 2017
Andreoni/Rao	The power of asking: how communication affects selfishness, empathy, and altruism, 2010
Anter,	Theorien der Macht zur Einführung, 2012
Arendt	Eichmann in Jerusalem: Ein Bericht von der Banalität des Bösen, 1986
Ariely	Predictably Irrational, 2008; deutsch: Denken hilft zwar, nützt aber nichts – warum wir immer wieder unvernünftige Entscheidungen treffen, 2010
Arnold	Pranger 3.0 – Wie moderne Medien den Rechtsstaat gefährden – Erfahrungen der Strafverteidigung und kritische Betrachtungen, 2020
Aronson/Wilson/Akert	Sozialpsychologie, 8. Aufl. 2014
Artkämper	Spezifische Probleme aus staatsanwaltschaftlicher Sicht unter besonderer Berücksichtigung des Erkenntnis- und Vollstreckungsverfahrens, in: Wolf (Hrsg.), Kriminalität im Grenzgebiet, Bd. III, Ausländer vor deutschen Gerichten, 2000, S. 179 ff.
Arzt	Der befangene Strafrichter, 1969
Barton	Einführung in die Strafverteidigung, 2. Aufl. 2013
ders.	Mindeststandards der Strafverteidigung, 1994
Baumgarten	Compendium Rhetoricum. Die wichtigsten Stilmittel. Eine Auswahl, 2. Aufl. 2007
Beck	Die Logik des Irrtums, 2008
ders.	Weltrisikogesellschaft, 2008
Beling	Deutsches Reichsstrafprozeßrecht, 1928
Benda/Klein	Lehrbuch des Verfassungsprozessrechts, 3. Aufl. 2011
Bender/Nack/Treuer	Tatsachenfeststellung vor Gericht, 4. Aufl. 2014
Berger/Luckmann	Die gesellschaftliche Konstruktion der Wirklichkeit, 24. Aufl. 2012
Beulke	Strafprozessrecht, 14. Aufl. 2018
ders.	Der Verteidiger im Strafverfahren. Funktionen und Rechtsstellung, 1980
ders.	Die Strafbarkeit des Verteidigers, 1989; zur 2. Aufl. s. unter Beulke/ Ruhmannseder (2010)
Beulke/Ruhmannseder	Die Strafbarkeit des Verteidigers, 2. Aufl. 2010; zur 1. Aufl. s. unter Beulke (1989)
Blum	Suggestive Prozesse bei der Zeugenbetreuung und -befragung, in: Deckers/Köhnken (Hrsg.), Die Erhebung von Zeugenaussagen im Strafprozess, 2007, 162 ff.
Boehm	Was ist ein Bild?, 4. Aufl. 2006
ders.	Wie Bilder Sinn erzeugen. Die Macht des Zeigens, 2007
Boehme-Neßler	Bilderrecht. Die Macht der Bilder und die Ohnmacht des Rechts, 2010
Böhme	Das Fehlurteil im Strafprozess – Zum Begriff und zur Häufigkeit, in Effer-Uhe u.a. (Hrsg.), Einheit der Prozessrechtswissenschaft, 2016, 39

Literaturverzeichnis

Börner	Legitimation durch Strafverfahren – Die normative Kraft des Misstrauens, 2014
Brei	Grenzen zulässigen Verteidigungshandelns – ein Beitrag zur Wahrheitspflicht der Verteidiger, 1991
Brüssow/Gatzweiler/Krekeler/ Mehle	Strafverteidigung in der Praxis, 4. Aufl. 2007 (zitiert: B/G/K/M/ Verfasser)
Burhoff	Handbuch für das strafrechtliche Ermittlungsverfahren, 8. Aufl. 2019
ders.	Handbuch für die strafrechtliche Hauptverhandlung, 9. Aufl. 2019
Burhoff/Stephan	Strafvereitelung durch Strafverteidiger, 2008
Bussenius	Geldwäsche und Strafverteidigerhonorar, 2004
Chabris/Simons	The invisible gorilla and other ways our intuitions deceive us, 2010
Cialdini	Pre-Suasion, 2017
Ciompi	Außenwelt-Innenwelt. Die Entstehung von Zeit, Raum und psychischen Strukturen, 1988
Clausewitz	Vom Kriege, 1880
Cook/Lewandowsky	The debunking handbook, 2012
Dahs	Handbuch des Strafverteidigers, 8. Aufl. 2015
Damasio	Descartes Irrtum, 5. Aufl. 2007
ders.	Ich fühle, also bin ich, 7. Aufl. 2007
ders.	Selbst ist der Mensch: Körper, Geist und die Entstehung des menschlichen Bewusstseins, 2011
Darnstädt	Der Richter und sein Opfer – wenn die Justiz sich irrt, 2013
Deiters	Legalitätsprinzip und Normgeltung, 2006
De Waal	Das Prinzip Empathie. Was wir von der Natur für eine bessere Gesellschaft lernen können, 2011
Demko	»Menschenrecht auf Verteidigung« und Fairness des Strafverfahrens auf nationaler, europäischer und internationaler Ebene, 2014
Dershowitz	Ein Spiel mit dem Teufel, 1997
Doelker	Ein Bild ist mehr als ein Bild, 1997
Donk	Dolmetscher als Hilfspolizisten, Polizei & Wissenschaft 2000, 26 ff.
Dörner	Die Logik des Misslingens. Strategisches Denken in komplexen Situationen, 6. Aufl. 2007
Dunkel	Fehlentscheidungen in der Justiz. Systematische Analyse von Wiederaufnahmeverfahren in Strafverfahren im Hinblick auf Häufigkeit und Risikofaktoren, 2018
Dunkel/Kemme	Fehlurteile in Deutschland: eine Bilanz der empirischen Forschung seit fünf Jahrzehnten, in: NK Neue Kriminalpolitik, 2016, 138
Dürrenmatt	Justiz, 1985
Eagleman	Inkognito – Die geheimen Eigenleben unseres Gehirns, 2012
Edelbacher/Herrnstadt	Sie haben das Recht zu schweigen – wie Lügner überführt werden, 2011
Eisenberg	Beweisrecht der StPO, 10. Aufl. 2017 (zitiert: Eisenberg BeweisR)
Ekman	Gefühle lesen – Wie Sie Emotionen erkennen und richtig interpretieren, 2. Aufl. 2011
ders.	Weshalb Lügen kurze Beine haben. Über Täuschungen und deren Aufdeckung im privaten und öffentlichen Leben (englisch: Telling Lies), 1989
Ellsberg	Risk, Ambiguity and Decision, 2001
Engländer	Diskurs als Rechtsquelle?, 2002
Englich	Ankereffekte im juristischen Kontext; in: Bierhoff/Frey, Handbuch der Psychologie Band III: Handbuch der Sozialpsychologie und Kommunikationspsychologie, S. 309–313, 2006
dies.	Urteilseinflüsse vor Gericht, in: Handbuch der Rechtspsychologie S. 486–496, 2008
Erb u.a. (Hrsg.)	Löwe-Rosenberg – Die Strafprozessordnung und das Gerichtsverfassungsgesetz, Großkommentar, 26. Aufl. 2014 ff. (zitiert: LR/Verfasser)
Evans	Risk intelligence. How to live with uncertainty, 2012
Fabricius	Selbst-Gerechtigkeit. Zum Verhältnis von Juristenpersönlichkeit, Urteilsrichtigkeit und »effektiver Strafrechtspflege«, 1996
ders.	Verachtung des Täters ist Grundlage für die Zumessung der Strafe, PSYCHE 2008, 1039 ff.

Fahl	Rechtsmissbrauch im Strafprozess, 2005
Fertig	Grenzen einer Inkriminierung des Wahlverteidigers wegen Geldwäsche, 2007
Festinger	A theory of cognitive dissonance, 1957
ders.	Theorie der kognitiven Dissonanz, hrsg. von Martin Irle und Volker Möntmann, 1978
Feuerich/Weyland	BRAO, 10. Aufl. 2020
Fischer	Strafgesetzbuch mit Nebengesetzen, 67. Aufl. 2020
Föhrig	Kleines Strafrichter-Brevier oder: Der überlastete Strafrichter? Wegweiser zur zügigen Urteilsfindung, 2008
Freund	Normative Probleme der »Tatsachenfeststellung«, 1987, 64 ff.
Gaede	Fairness als Teilhabe – Das Recht auf konkrete und wirksame Teilhabe durch Verteidigung gemäß Art. 6 EMRK, 2007
Gast	Juristische Rhetorik, 5. Aufl. 2015
Gatzweiler	Die Stellung des Strafverteidigers, in: Entwicklungen und Probleme des Strafrechts an der Schwelle zum 21. Jahrhundert (hrsg. von Kohlmann u.a.), 2004, S. 59 ff.
Gegenfurtner	Gehirn und Wahrnehmung, 5. Aufl. 2011
Geipel	Handbuch der Beweiswürdigung, 3. Aufl. 2017
Gerrig/Dörfler/Roos	Psychologie, 21. Aufl. 2015
Gerson	Das Recht auf Beschuldigung, 2016
Gigerenzer	Das Einmaleins der Skepsis – Über den richtigen Umgang mit Zahlen und Risiken, 10. Aufl. 2015
ders.	Risiko, 2. Aufl. 2013
Gladwell	Blink! Die Macht des Moments (englisch: The Power of Thinking), 2005
Glaser	Handbuch des Strafprozesses, 1883
ders.	Beiträge zur Lehre vom Beweis im Strafprozess, 1883
Glinski	Angeklagt – zehn spektakuläre Fälle als Richter am Schwurgericht, 2011
Gnisa	Das Ende der Gerechtigkeit, 2017
Goldstein	Wahrnehmungspsychologie, 9. Aufl. 2015
Golemann	Emotionale Intelligenz, 2011
Goslar	Gehirnforschung und Justiz – Wie arbeitet das Gehirn beim Verhandeln und Entscheiden in Gerichtsverhandlungen?, 2019
Graßmann	Rechtsbehelfe gegen Unterlassen im Strafverfahren, 2004
Grau	Immersion und Emotion. Zwei bildwissenschaftliche Schlüsselbegriffe, in: Grau/Keil (Hrsg.): Mediale Emotionen, 2005, S. 70 ff.
Gregory	Auge und Gehirn. Psychologie des Sehens, 2001
Greuel u.a.	Glaubhaftigkeit der Zeugenaussage, 1998
dies.	Zeugenvernehmung, in: Handbuch der Rechtspsychologie (hrsg. von Volbert/Steller) 2008, 221 ff.
Grüner	Über den Mißbrauch von Mitwirkungsrechten und die Mitwirkungspflichten des Verteidigers im Strafprozeß, 2000
Güde	Die Verteidigung aus der Sicht der Anklage, 1961
Haas	Strafbegriff, Staatsverständnis und Prozessstruktur, 2008
Habermas	Theorie des kommunikativen Handelns, 8. Aufl. 2011
Hackner/Schierholt	Internationale Rechtshilfe in Strafsachen. Ein Leitfaden für die Praxis, 3. Aufl. 2017
Haft	Juristische Rhetorik, 8. Aufl. 2009
Hagen	Fatale Fehler – Oder warum Organisationen ein Fehlermanagement brauchen, 2. Aufl. 2017
Hahn	Die gesamten Materialien zu den Reichsjustizgesetzen, Bd. 3, Materialien zur StPO, 2. Aufl. 1885
Hamm	Große Prozesse und die Macht der Medien, 1997
ders.	Die Revision in Strafsachen, 7. Aufl. 2010 (frühere Auflagen *Sarstedt/ Hamm*)
Hamm/Hassemer/Pauly	Beweisantragsrecht, 3. Aufl. 2019
Hand	Die Macht des Unwahrscheinlichen (engl.: The Improbability Principle. Why Concidences, Miracles, and Rare Events Happen Every Day), 2015
Hannich (Hrsg.)	Karlsruher Kommentar zur Strafprozessordnung, 8. Aufl., 2019 (zitiert: KK/Verfasser); s. zur 5. Aufl. unter Pfeiffer (2003)

Literaturverzeichnis

Hassemer	Grenzen zulässiger Strafverteidigung, Beck'sches Formularbuch für den Strafverteidiger, 5. Aufl. 2010, 1–37
ders.	Einführung in die Grundlagen des Strafrechts, 1990
Hebbecker	Der Beweisantrag als Mittel der Konfliktverteidigung, 2011
Heeb	Grundsätze und Grenzen der anwaltlichen Strafverteidigung und ihre Anwendung auf den Fall der Mandatsübernahme, 1973
Heinrich	Konfliktverteidigung im Strafprozess, 2013
v. Heintschel-Heinegg/Stöckel (Hrsg.)	KMR – Kommentar zur Strafprozessordnung, Loseblattsammlung, Stand: 76. EL, 2015 (zitiert: KMR/Verfasser)
Helversen/Rieskamp	Predicting Sentencing in Low Level Crime: A Cognitive Modeling Approach, 2007
Henssler/Prütting	BRAO, 5. Aufl. 2019
Henze	Stochastik für Einsteiger: Eine Einführung in die faszinierende Welt des Zufalls, 12. Aufl. 2018
Hermann	Werte und Kriminalität, 2003
Herrmann	Untersuchungshaft, 2008
Hoffmann	Kommunikation vor Gericht, 1983
Horn	Konkrete Gefährdungsdelikte, 1973
Huffmann	Kampf um freie Advokatur, 1967
Hupfeld/Oswald	Richterliche Urteilsbildung: Strafentscheid und Strafzumessung, in: Steller/Volbert (Hrsg.), Handbuch der Psychologie, Band VI: Handbuch der Rechtspsychologie, 2007
Hustvedt	Die Illusion der Gewissheit, 2018
Hüther	Die Macht der inneren Bilder. Wie Visionen das Gehirn, den Menschen und die Welt verändern, 9. unveränderte Aufl. 2015
Ignor	Geschichte des Strafprozesses in Deutschland 1532–1846, 2002
Jahn	Konfliktverteidigung und Inquisitionsmaxime, 1998
ders.	Beweiserhebungs- und Beweisverwertungsverbote im Spannungsfeld zwischen den Garantien des Rechtsstaates und der effektiven Bekämpfung von Kriminalität und Terrorismus, Gutachten zum 67. Deutschen Juristentag 2008
Jahn/Krehl/Löffelmann/Güntge	Die Verfassungsbeschwerde in Strafsachen, 2011
Jansen	Zeuge und Aussagepsychologie, 2. Aufl. 2012
Janssen	Gewinnabschöpfung im Strafverfahren, 2008
Jhering	Der Kampf ums Recht, 1872
ders.	Geist des römischen Rechts, 4 Bd. 1862–1865, Teil 2, Abteilung 2.9.; unveränderte Auflage, 1968
Julius	Die Unerreichbarkeit von Zeugen im Strafprozess, 1988
Julius/Gercke u.a.	Heidelberger Kommentar, Strafprozessordnung, 6. Aufl. 2019 (zitiert: HK/Verfasser);
Jungfer	Strafverteidigung – Annäherung an einen Beruf, 2016
Kahnemann	Schnelles Denken, langsames Denken, 2012 (englisch: Thinking, Fast and Slow, 2011)
Kapardis/Farrington	The Psychology of Crime, Policing and Courts, 2016
Kappelmann	Die Strafbarkeit des Verteidigers, 2006
Kautenburger-Behr	Zum Rederecht des Verteidigers nach Verlesung des Anklagesatzes, 2004
Keltner	Born to be good, 2009
Kindhäuser/Neumann/Paeffgen (Hrsg.)	Nomos-Kommentar, Strafgesetzbuch, 8. Aufl. 2019 (zitiert: NK-StGB/Verfasser)
Keltner	Das Macht-Paradox, 2016
Kempf/Schilling	Vermögensabschöpfung – Strategien bei (drohendem) Verfall von Grundrechten, 2007
Kleine-Cosack	Verfassungsbeschwerden und Menschenrechtsbeschwerde, 3. Aufl. 2014
Köhnken/Kraus/v. Schemm	Das kognitive Interview, in: Handbuch der Rechtspsychologie (hrsg. von Volbert/Steller), 2008, S. 232 ff.
Koller	Einführung in die Übersetzungswissenschaft, grundl. überarb. u. aktual. Aufl. 2020
König	Anwaltkommentar Untersuchungshaft, 2011 (zitiert: AnwK-U-Haft/Verfasser)
ders.	Vom Dienst am Recht: Rechtsanwälte als Strafverteidiger im Nationalsozialismus, 1987

Korte	Gerichtskundigkeit im Strafprozess, 2007
Kraatz	Der Einfluss der Erfahrung auf die tatrichterliche Sachverhaltsfeststellung – Zum »strafprozessualen« Anscheinsbeweis, 2011
Kranjcic	»... dass er treu und gewissenhaft übertragen werde.«, Zum Dolmetschen im Strafverfahren, 2010
Krausbeck	Konfrontative Zeugenbefragung, 2010
Krekeler/Löffelmann/Sommer (Hrsg.)	Anwaltkommentar Strafprozessordnung, 2. Aufl. 2010 (zitiert: AnwK-StPO/Verfasser)
Kretschmer	Der strafrechtliche Parteiverrat – § 356 StGB, 2005
Kroll	Wahre und falsche Geständnisse in Vernehmungen, 2012
Kudlich	Strafprozess und allgemeines Missbrauchsverbot, 1998
Kühne	Strafprozessrecht, 9. Aufl. 2015
ders.	Strafverfahrensrecht als Kommunikationsproblem, 1978
Kühnel/Markowitsch	Falsche Erinnerungen. Die Sünden des Gedächtnisses, 2009
Küper	Die Richteridee der Strafprozessordnung und ihre geschichtlichen Grundlagen, 1967
Langer	Mindfulness, 1989
Laufhütte/Rissing-van Saan/Tiedemann (Hrsg.)	Strafgesetzbuch, Leipziger Kommentar, 12. Aufl. 2006 ff. (zitiert: LK/Bearbeiter)
Lechner/Zuck	Bundesverfassungsgerichtsgesetz, Kommentar, 8. Aufl. 2019
LeDoux	Das Netz der Gefühle – Wie Emotionen entstehen, 6. Aufl. 2012
Leipold/Tsambikakis/Zöller (Hrsg.)	Anwaltkommentar Strafgesetzbuch, 2. Aufl. 2015 (zitiert: AnwK-StGB/Verfasser)
Leitner/Michalke	Strafprozessuale Zwangsmaßnahmen, 2007
dies.	Creating false memories, Scientific American, 1997, 277, 70 ff.
Loftus/Zanni	Eyewitness testimony, the influence of the wording of a question, Bulletin of Psychonomic Society, 1975, 5, 86 ff.
Loftus/Ketcham	Die therapierte Erinnerung, 1995
Löffelmann	Die normativen Grenzen der Wahrheitserforschung im Strafverfahren: Ideen zu einer Kritik der Funktionsfähigkeit der Strafrechtspflege, 2008
Löschper	Bausteine für eine psychologische Theorie richterlichen Urteilens, 1999
Luhmann	Macht, 1975
ders.	Einführung in die Systemtheorie, 2. Aufl. 2004
Lüdeke	Der Zeugenbeistand, 1995
Makridakis/Hogarth/Gaba	Tanz mit dem Glück – wie wir den Zufall für uns nutzen können, 2010
Markowitsch	Das Gedächtnis – Entwicklung, Funktionen, Störungen, 2009
Marxen/Tiemann	Die Wiederaufnahme in Strafsachen, 3. Aufl. 2014
Maturana/Varela	Der Baum der Erkenntnis. Die biologischen Wurzeln menschlichen Erkennens, 2009
Mazar/Amir/Ariely	The dishonesty of honest people: A theory of Self-Concept Maintenance, Journal of Marketing Resource 2008
Mehlich	Der Verteidiger in den Strafprozessen gegen die Rote Armee Fraktion: Politische Justiz und politische Strafverteidigung im Lichte der Freiheit der Advokatur, 2012
Meyer-Goßner/Schmitt	Strafprozessordnung, 62. Aufl. 2019
Milgram	Obedience to Authority, 1974
Milne/Bull	Psychologie der Vernehmung, 2003
Mitchell	Pictorial Turn, in: Picture Theory. Essays on verbal and visual representation, 1994
Mittermaier	Anleitung zur Vertheidigungskunst im deutschen Criminalprozesse und in dem auf Oeffentlichkeit und Geschwornengerichte gebauten Strafverfahren, 3. Aufl. 1828
Mohr/Schimpel/Schroer	Die Beschuldigtenvernehmung, 2006
Molcho	Körpersprache im Beruf, 2001
ders.	Das ABC der Körpersprache, 2006
Müller	Die Freiheit der Advokatur, 1972
Müller/Gussmann	Berufsrisiken des Strafverteidigers, 2007
Müller-Gerteis	Die zivilrechtliche Haftungssituation des Strafverteidigers, 2005

Literaturverzeichnis

Müller/Schlothauer (Hrsg.)	Münchener Anwaltshandbuch Strafverteidigung, 2. Aufl. 2014, s. zur 1. Aufl. unter Widmaier (2006) (zitiert: MAH-Strafverteidigung/Verfasser)
Münchhalffen/Gatzweiler	Das Recht der Untersuchungshaft, 3. Aufl. 2009
Munkman	The Technique of Advocacy, 1951
Neumann	Die Macht der Macht, 2012
Niemöller/Schlothauer/Weider	Gesetz zur Verständigung im Strafverfahren, 2010
Norouzi	Die audiovisuelle Vernehmung von Auslandszeugen, 2010
Odenthal	Die Gegenüberstellung im Strafverfahren, 3. Aufl. 1999
Opp/Peuckert	Ideologie und Fakten in der Rechtsprechung, 1971
Parkin	Erinnern und Vergessen, 2000
Pantalon	Motivation, 2015
Pennigton, Haistie	The story telling model for juror decision making, 1993
Perloff	The Dynamics of Persuasion, 6. Aufl. 2017
Peters	Strafprozess, 4. Aufl. 1985
Pfeiffer (Hrsg.)	Karlsruher Kommentar zur Strafprozessordnung, 5. Aufl. 2003; s. zur 8. Aufl. unter Hannich (2019) (zitiert: KK/Verfasser)
Pfister/Jungermann/Fischer	Die Psychologie der Entscheidung – Eine Einführung, 4. Aufl. 2017
Pieroth/Silberkuhl (Hrsg.)	Die Verfassungsbeschwerde, 2008
Plett	Systematische Rhetorik, 2000
Polchinski	The Cross-Examination Edge: A Guide to Effective Questioning, 2010
Price	The woman who can't forget. The extraordinary story of living with the most remarkable memory known to science, 2008
Prinz	Der Parteiverrat des Strafverteidigers, 1999
Reutskaja/Lindner/Nagel/Andersen/Camerer	Choice overload reduces neural signatures of choice set value in dorsal striatum and anterior cingulate cortex, Nature Human Behaviour, 2018
Rieß u.a. (Hrsg.)	Löwe-Rosenberg – Die Strafprozessordnung und das Gerichtsverfassungsgesetz, Großkommentar, 27. Auflage 2017 ff. (zitiert: LR/Verfasser)
Rietmann	Zur Strafbarkeit von Verfahrenshandlungen, 2002
Roggenwallner/Pröbstl	Vernehmungscoaching, 2008
Rönnau	Vermögensabschöpfung in der Praxis, 2. Aufl. 2015
Rosenzweig	Der Halo-Effekt: Wie Manager sich täuschen lassen, 2008
Rückert	Unrecht im Namen des Volkes. Ein Justizirrtum und seine Folgen, 2007
Rüther	Strafverteidigung von Ausländern, 1999
Rüthers	Die unbegrenzte Auslegung, 8. Aufl. 2017
Sader	Psychologie der Gruppe, 9. Aufl. 2008
Sapolsky	Gewalt und Mitgefühl – Die Biologie menschlichen Verhaltens, 2017
Schacter	Aussetzer – wie wir vergessen und uns erinnern, 2005
Scheele	Schuld oder Schicksal – Hirnforscher, Psychologen und Humangenetiker zweifeln an der Entscheidungsfreiheit der Menschen, 2016
vom Schemm	Auf der Suche nach dem Missing Link, 2008
v. Schirach	Schuld, 2010
Schlaich/Korioth	Das Bundesverfassungsgericht – Stellung, Verfahren, Entscheidungen, 11. Aufl. 2018
Schlothauer	Vorbereitung der Hauptverhandlung durch den Verteidiger, 2. Aufl. 1998
Schlothauer/Weider/Wollschläger	Verteidigung im Revisionsverfahren, 3. Aufl. 2017
Schlothauer/Weider/Nobis	Untersuchungshaft, 5. Aufl. 2016
Schmidt, A.	Grundsätze der freien richterlichen Beweiswürdigung im Strafprozeßrecht, 1994
Schmidt, Eb.	Lehrkommentar zur StPO und zum GVG, Teil II, 1957
Schmitt	Die richterliche Beweiswürdigung im Strafprozeß, 1992
Schmitt/Esser	Status-Spiele, 2009
Schnatz	Tiefflieger über Dresden?, 2000
Schomburg/Lagodny/Gless/Hackner	Internationale Rechtshilfe in Strafsachen, 6. Aufl. 2020 (zitiert: S/L/G/H/Verfasser)
Schönke/Schröder	Strafgesetzbuch, Kommentar, 30. Aufl. 2019 (zitiert: Sch/Sch/Verfasser)
Schramm/Wirth	Medien und Emotionen, 2006

Einleitung – Die Realität der Strafverteidigung

Der Hörsaal vibrierte. Die akademische Lust der jungen Juristen an der Diskussion mischte sich **1** mit der Faszination des realen Verbrechens. Als seltener Besucher referierte der leibhaftige Vorsitzende eines Strafsenats des Bundesgerichtshofs. Seine Geschichten ließen in ehrgeizigen Köpfen die Bilder einer eigenen Karriere wachsen. Seine Worte forderten Bewunderung für die Lösung komplizierter Rechtsfragen und seine Zurückweisung unberechtigter Revisionen der verurteilten Verbrecher. Eher mürrisch nahm der würdevolle Redner bei der Diskussion die Namen früher gescheiterter Revisionsführer wahr, die mittlerweile als eklatante Beispiele für Fehlentscheidungen deutscher Strafrichter gelten. Der Hörsaal wurde eng, als Statistik einen Schatten auf sein Lebenswerk werfen sollte. Er habe zwar innigen Kontakt mit den zu kontrollierenden Landgerichten gehalten. Warum sind nahezu alle Revisionen von Angeklagten unter seinem Vorsitz gescheitert? War das fair? Die Frage des »warum« ertrank in einem Meer von Antworten, bis die Erklärung weitere Diskussionen versiegen ließ.

»Weil ich die Macht habe!«

Die Anklage gegen M. lautete auf Vergewaltigung. Das Opfer und die einzige Zeugin war seine **2** Freundin. Der Angeklagte hatte ein Alkoholproblem. Auch am Tattag hatte er getrunken. Er bestritt die Tat. Das Landgericht München sah seine Einlassung als widerlegt an. Die Mixtur aus Promille und Rechtfertigungsbedürfnis ließ aus Sicht der Kammer – wie häufig in diesen Fällen – faszinierend fantasievolle Einlassungen entstehen, die damit enden, dass die Frau den Geschlechtsverkehr doch gewollt habe. Der Angeklagte wusste, dass er sich auf den Anschein von sexueller Normalität berufen konnte. Beide hatten eine mehrmonatige Beziehung, ohne dass von Gewaltanwendungen berichtet worden war. Aber warum sollte in einer normalen Beziehung ausgerechnet an einem Sonntagnachmittag ein einvernehmlicher Geschlechtsverkehr erfolgen? Sie war morgens mit einer Freundin weggegangen. Er war in der Sauna im Hause, hatte getrunken, war im Bademantel, als sie von irgendwoher zurückkam. Seine Lustattacken konnte sich das Gericht nur allzu gut vorstellen.

Warum sollte sie lügen? Solche Drohungen und Schläge erfindet man nicht einfach, so die klare **3** Urteilsbegründung. Sie war ein zartes zerbrechliches Wesen mit offenen, klaren Augen. Ihre feste Stimme versagte, Tränen flossen, als sie die schrecklichen Details im heimischen Bett nochmals Revue passieren lassen musste. Der Richter fühlte ihre Enttäuschung über die zerbrochene Liebe. Zwei Jahre lang hatte sie mit niemand anderem sexuellen Kontakt, und auch nach der Tat fiel es ihr sehr lange schwer, überhaupt mit Männern zu reden – so ihre wiederholte Aussage.

Noch am Tatabend hatte sie sich bei ihrer Freundin über das Unglück ihrer Beziehung ausgeweint. **4** Resolut hatte diese sie zur Polizei begleitet, als ihr das wahre Ausmaß des Geschehens offenbart wurde. Die von der Beamtin angeordnete Untersuchung im Krankenhaus hatte zwar keine Verletzungen zutage gefördert, aber nicht von ungefähr hat der Bundesgerichtshof den psychischen Druck schon lange der physischen Gewalt gleichgestellt. Dass der Angeklagte schuldig war, könne auch nicht mit dem Hinweis auf die Spermienspuren eines unbekannten Mannes in der Gebärmutter des Opfers entkräftet werden, den der Abstrich noch an diesem Abend erbrachte. Hierfür gebe es viele Erklärungen – und sei es, dass der Angeklagte diese Spuren eines anderen Mannes selbst nach einem Bordellbesuch verursacht hatte. Eine Freiheitsstrafe von viereinhalb Jahren sei angemessen, um das Unrecht dieser Tat zu sühnen.

Die Revision des Angeklagten monierte, dass die einzige Zeugin nicht als glaubwürdig eingeschätzt **5** werden könne, wenn sie gleichzeitig trotz des Spermienfunds eines anderen Mannes behauptete, seit Jahren nur mit dem Angeklagten Geschlechtsverkehr gehabt zu haben. Der Bundesgerichtshof verwarf die Revision ohne Begründung.[1]

---

1 BGH 1 StR 353/04.

6 **Maria Rohrbach wurde angeklagt, ihren Ehegatten** Hermann Rohrbach am 11. April 1957 in Münster ermordet zu haben. Sie habe ihren Mann mit Thallium vergiftet und dann zerstückelt.

Maria Rohrbach war mit dem Anstreicher Hermann Rohrbach verheiratet. Am 12. April 1957 entdeckten zwei Kinder beim Spielen den im Wasser schwimmenden Unterkörper einer männlichen Leiche. Stunden zuvor hatte ein Gärtner den dazugehörigen Oberkörper im flussaufwärts gelegenen Aasee gefunden. Die Teile – es fehlten noch der Kopf und die Beine – gehörten zu einem etwa 40 Jahre alten Mann, der offensichtlich getötet und anschließend zersägt wurde. Wie die späteren Ermittlungen feststellten, handelte es sich bei der Leiche um Hermann Rohrbach.

7 Die Ermittlungsbehörden und das gesamte Umfeld von Rohrbach legten sich schnell auf Rohrbachs Frau als Täterin fest. Dazu trug vor allem der promiske Lebenswandel von Maria Rohrbach bei. Sie hatte zur Tatzeit eine außereheliche Beziehung zu einem britischen Besatzungssoldaten, die von ihrem 16 Jahre älteren Mann allerdings geduldet wurde. Hermann Rohrbach selbst war homosexuell und die Ehe für beide mehr eine Zweckgemeinschaft. Ein Tatgeständnis legte Maria Rohrbach trotz intensiver polizeilicher Verhöre nicht ab. Sie beteuerte stets ihre Unschuld. Da man fest davon ausging, mit Maria Rohrbach die Mörderin gefasst zu haben, bauten die Ermittlungsbehörden die Anklage auf Indizien auf.

8 Das Landgericht Münster hatte angesichts der Deutlichkeit der Spurenlage keinen vernünftigen Zweifel an der Täterschaft der Frau. Eine Schlüsselrolle spielten dabei der fehlende Kopf des Opfers und das Gift Thallium. In der von der Staatsanwaltschaft aufgebauten Indizienkette ging man davon aus, dass Maria Rohrbach ihren Mann über einen längeren Zeitraum systematisch mit Thallium vergiftet habe. Das Thallium stamme aus dem Rattengift Celiopaste, das die Angeklagte ihrem Mann in Form von Malvenblütentee verabreicht habe. Die These des Malvenblütentees wurde aufgestellt, da Celiopaste aus Sicherheitsgründen mit einem intensiven tiefblauen Farbstoff versehen ist und Malvenblütentee das zur damaligen Zeit einzige Nahrungsmittel war, das von Natur aus eine ähnliche Farbe hat. In der Rohrbachschen Wohnung wurde jedoch weder das damals nur per Unterschrift in Drogerien erhältliche Celiopaste, noch der außergewöhnliche Malvenblütentee gefunden. Der Münchner Chemiker *Walter Specht*, der als Gutachter in diesem Prozess auftrat, fand bei Analysen in Hermann Rohrbachs Torso und in dem Kaminrohr der Eheleute erhebliche Mengen von Thallium. Für das Schwurgericht war die Schlussfolgerung überdeutlich, wonach Maria Rohrbach den Kopf ihres Gatten nach der Zerteilung des Körpers im heimischen Ofen verbrannt hatte.

Am 18. April 1958 wurde sie vom Schwurgericht wegen Mordes zu lebenslangem Zuchthaus verurteilt.

9 Im ungewöhnlich heißen und trockenen Sommer 1959 tauchte der Schädel des Ermordeten – von dem man angenommen hatte, er sei verbrannt worden – in einem ausgetrockneten Tümpel (ein ehemaliger Bombentrichter) auf. Am 3. Mai 1961 begann ein Wiederaufnahmeverfahren. Im Verlaufe dieses Verfahrens wurden erhebliche Fehler bei der Durchführung der Gutachten aufgedeckt. Speziell bei der Durchführung der Analytik zum Nachweis der angeblichen Thallium-Vergiftung wurden haarsträubende methodische Mängel nachgewiesen. Am 30. Juni 1961 wurde im neuen Urteil festgestellt, dass Maria Rohrbach ihren Mann nicht durch Rattengift umgebracht haben konnte. Sie wurde wegen Mangels an Beweisen freigesprochen.

10 **Es war still im Saal 2 des Stuttgarter Landgerichts.** Ungewöhnlich still am 68. Verhandlungstag. Die Vorsitzende beachtete den gut gefüllten Zuhörerbereich nicht mehr und inspizierte intensiv die Betonspielereien der Deckenkonstruktion. Sie litt am Stillstand. Die Angeklagten starrten auf die riesige Leinwand, die ihnen den Fortgang des Verfahrens versprochen hatte. Schon während des gesamten Vormittags hatten sie dem wortaufwendigen Auftritt des dort projizierten Mannes beiwohnen müssen. Aus virtueller Ferne hatte der Mann aus Usbekistan das Gericht verklärt mit seinen Philosophien vom Leben. Die Dolmetscherin im Saal benötigte für ihre Übersetzung aus dem Russischen nur einen Bruchteil seiner Zeit.

Aber jetzt schwieg der Mann auf dem Bildschirm. Sein Blick hatte den Fokus seines Auftritts verlassen und verlor sich irgendwo hinter der Kamera. Wo, war für die Angeklagten nicht auszumachen. Der Staatsanwalt entblößte seine Unterarme unter der Robe noch ein wenig mehr, sein Gekritzel mit gesenktem Kopf simulierte die ungebrochene Fortsetzung seines energischen Geschäfts. Als ob er nicht bemerkt hätte, dass sein Kronzeuge gerade schwieg statt zu reden. **11**

Videovernehmung hatte der Staatsanwalt beantragt. Sein Kronzeuge sollte über kriminelle Ungeheuerlichkeiten aus dem Russland der 90er Jahre und die von ihm angeklagte Geldwäsche berichten. Die kriminellen Russen waren eine Lebensgefahr für den Kronzeugen. Auch wenn man seit fast zehn Jahren nichts wirklich Verbrecherisches von denen gehört hatte, so war doch nichts ausgeschlossen. Dutzende mit MPs bewaffnete Polizisten konnten die Sicherheit im Gerichtssaal nicht gewährleisten. Der Zeuge war besser im Gebäude des LKA aufgehoben. Dort war er allein mit einem Beamten des LKA, der die Kamera bediente. Das hatte der Kameraschwenk bewiesen, auf den ein skeptischer Verteidiger bestanden hatte. Die Technik funktionierte, bis auf die wenigen Momente, in denen überraschend statt Bewegung aus dem Gerichtssaal nur ein Standbild zu besichtigen war, das die abgebrochene Verbindung deutlich machte. Mit einer neuen Anwahl war der Kontakt schnell wiederhergestellt. **12**

Das BKA hatte die umtriebige Russenbande schon vor vielen Jahren als gefährlich eingestuft. Nur wegen des Rachedursts dieser Kriminellen (und nicht wegen der Drogen- und Vergewaltigungsvorwürfe gegen ihn) habe der Kronzeuge Russland schon im Jahr 2000 verlassen müssen. Er lebte in Israel, wo ihn das Landeskriminalamt dank der Hilfe amerikanischer Geheimdienste auftreiben und mit ihm über seine Kronzeugenrolle und ein Zeugenschutzprogramm in Deutschland sprechen konnte. Näheres wusste auch der Staatsanwalt nicht, da die Israelreisen sicherheitshalber vom LKA für die Ermittlungsakten nicht dokumentiert wurden. **13**

Der Kronzeuge hatte jedenfalls bislang funktioniert. Die Videovernehmung war erfolgreich. Über mehrere Verhandlungstage hatte er von der Höhe der Leinwand das Bild des verbrecherischen Sumpfs der postkommunistischen Ära zeichnen können. Das Bild war vielleicht etwas sehr bunt und unscharf. Aber der Dreh zu dem laufenden Verfahren war genial. Der Kronzeuge konnte sich erinnern, den Hauptangeklagten im Stuttgarter Gerichtssaal vor zehn Jahren gesehen zu haben. Es war lange her und singulär, aber deutlich. Damals gab es wohl ein Galaessen anlässlich der Hochzeit der Tochter eines der reichsten Männer Russlands. Anwesend war auch ein – seit Langem verstorbener – Moskauer Gangsterboss. Der Angeklagte saß damals an einem Tisch abseits einer Festtafel, aber sein Gehabe ließ bei dem Zeugen keinen Zweifel: Er diente dem Gangster und war der Sicherheitchef der kriminellen Organisation. Das hatte der Kronzeuge auch von jemand anderem gehört. Zehn lange Jahre und eine schwere Krankheit hatten das Erscheinungsbild des Angeklagten zwar massiv verändert, aber auf dem Foto, das ihm in Israel vorgehalten wurde, hatte der Kronzeuge ihn wiedererkannt. **14**

Der Vollzug in der Hauptverhandlung war gelungen. Nachdem der Kronzeuge tagelang nur in eine Kamera blicken durfte, präsentierte das Gericht ihm eine Liveschaltung in den Gerichtssaal. Die vier Angeklagten, drei Männer und eine Frau, saßen nebeneinander. Der Kronzeuge betrachtete lange die ihm übermittelten Videobilder und hatte dann keinen Zweifel: Der eine Angeklagte war der Kriminelle aus dem Moskauer Restaurant von 1999, die anderen drei kannte er nicht. **15**

Das war vor einigen Tagen. Jetzt war der Kronzeuge stumm. Nur das Knirschen der abgestoppten Prozessmaschinerie beunruhigte die Vorsitzende. Die Verteidigung hatte das Fragerecht. Die Erkundigungen nach den offenen Strafverfahren gegen ihn in Russland konnte der Kronzeuge noch parieren: Von seinen Gegnern geschmierte Staatsanwälte waren schuld. Erinnerung an die zurückliegende Gegenüberstellung per Video? Ja sicher, einen wiedererkannt, die anderen nicht. Wie sahen die anderen aus? Er erinnere sich, kann es aber nicht sagen. Wie sahen die anderen drei aus? Er kenne die Namen nicht. Wie sahen die anderen drei aus, die er doch erst vor einigen Tagen gesehen hatte? In fünf Jahren würde er sich vielleicht etwas ausdenken. Wie sahen die anderen aus? **16**

17 Dann gab es die Pause. Nicht einmal der Versuch, durch Worte Antworten vorzutäuschen. Nur der Blick ins Leere. Die Vorsitzende konnte die Stille nicht mehr ertragen. Ob dies eine Testfrage sein soll, Herr Verteidiger? Ja! Wieder Stille. Der Staatsanwalt grübelte. Was ist das für ein Kronzeuge, der zehn Jahre nach einer flüchtigen Begegnung einen Menschen wiedererkennen will, aber drei andere Menschen nicht mit einem einzigen Wort beschreiben kann, obwohl sie ihm erst Tage zuvor als Angeklagte präsentiert worden waren?

18 In die Stille schob sich vor die Kamera das Gesicht des LKA Beamten. Deutlich vernehmbar sprach er von Tonproblemen, weshalb man bedauerlich abschalten müsse. Das Bild auf der Leinwand wurde schwarz, ehe irgendjemand im Gerichtssaal reagieren konnte. Ein Aufschrei auf der Angeklagten-bank. Ruhe! Im Disziplinierungsversuch findet die Vorsitzende ihre ersten Worte wieder. Im Übrigen habe sie ohnehin eine Pause von 15 Minuten machen wollen.

19 15 Minuten würden reichen, sich vom LKA durch Fotos für die Fortsetzung der Befragung präpa-rieren zu lassen. Gelegenheit für eine solche Inszenierung wollte die Verteidigung nicht bieten und fragte nach der Pause nicht mehr nach. Niemand fragte mehr nach.

20 Das Urteil 60 Hauptverhandlungstage später stützt sich primär auf die Aussagen des Kronzeugen. Es rühmt seine Glaubwürdigkeit und überzeugende Wiedererkennungsleistung. Nur so konnte unwiderleglich die Verbindung der Moskauer Kriminellen zu den Angeklagten gezogen werden. Schuldig der Geldwäsche, fünf Jahre und sechs Monate Freiheitsstrafe. Die Revision wird nach wenigen Tagen der Bearbeitung durch den BGH begründungslos verworfen.[2]

21 **Drei Tage dauerte die Hauptverhandlung gegen Adolf S.**, vom 27. bis zum 31. März 1995. Seine Tochter Amelie schilderte unter Ausschluss der Öffentlichkeit die sexuellen Angriffe in allen bruta-len Details. Die erste Vergewaltigung datierte sie demnach in den Oktober 1988, als sie zwölf Jahre alt war: wie der Vater nach einem Saufgelage Mutter und Geschwister – wie von diesen bestätigt – durch Verwüstungen und Wutausbrüche in die Flucht schlug. Nur sie, Amelie, blieb zurück und wurde grausam gezüchtigt. Wie es bei dieser Misshandlung im Spielzimmer neben der Küche unter großen Schmerzen (»wie Messerstiche«) zur ersten Vergewaltigung kam. Weitere Vergewaltigungen hätten über die nächsten Jahre verteilt stattgefunden, in ihrem Zimmer oder im Büro des Vaters, unbemerkt vom Rest der Familie, unter Drohen und Würgen.

22 Das Landgericht Osnabrück war von der Richtigkeit der Behauptungen überzeugt. Von den ange-klagten Vergewaltigungen erkannte das Gericht sechs an. Dazu auch jene bestialische Geschichte mit dem Kleiderbügel, die Amelie erst sechs Wochen nach der Anzeige berichtet. Sie habe, hieß es, ihren Vater im Juli 1993 von einer Vergewaltigung abzuhalten versucht, indem sie vortäuschte, von ihm schwanger zu sein. Er habe daraufhin zu einem Kleiderbügel gegriffen und damit im Unterleib der Tochter herumgestochert, im Glauben, eine gemeinsame Leibesfrucht abzutreiben. Das Blut sei ihr die Schenkel heruntergelaufen. Unerträgliche Qualen habe sie leiden müssen.

23 Der angeklagte Vater bestritt. Das Gericht ließ sich in seiner Überzeugung nicht irritieren. Gynäko-logen hatten bei der Zeugin nichts gefunden. Sogar ihr Hymen war intakt. Amelie war Jungfrau. Auch irritiert nicht, dass die Sache mit der vorgetäuschten Schwangerschaft gegen jede Logik ist: Wie kann man einen Vergewaltiger im Juli 1993 mit der Behauptung erschrecken, von ihm schwan-ger zu sein, wenn der letzte Geschlechtsverkehr im Dezember 1991 stattgefunden haben soll, wie Amelie dem Gericht erklärte?

Adolf S. wurde zu einer Freiheitsstrafe von sieben Jahren verurteilt. Er bestritt selbst in der Haft und musste die Strafe wegen seiner »Uneinsichtigkeit« bis zum letzten Tag verbüßen.

24 Amelie hatte die Vorwürfe erstmals als Patientin in der neu eröffneten Kinder- und Jugendpsychi-atrie des Marienhospitals Papenburg vorgebracht. Ein junger Mann hatte sie abgewiesen und dar-

---

2 BGH 1 StR 480/10; zu weiteren Einzelheiten des Verfahrens *Sommer* Matrix der Komplizenschaft – ein Prozessbericht, StV 2014, 57 ff.

aufhin hatte sie eine Menge Herztabletten ihrer Großmutter geschluckt und war eingeliefert worden. Sie zeigte in der Psychiatrie beängstigende Verhaltensauffälligkeiten. Sie weinte und zitterte, sie nässte ein. Sie hielt ihre unerfahrenen Betreuerinnen nach deren eigenen Aussagen mit immer neuen Anschlägen gegen sich selbst in Schrecken und Sorge. Ostentativ fügte sie sich mit Glasscherben, Rasierklingen oder Spritzen blutende Wunden zu, verschwand von der Station und löste Suchaktionen aus, sie platzierte Abschiedsbriefe und Todesanzeigen für sich selbst so, dass die Therapeuten sie finden mussten, sie beging Suizidversuche, bei denen sie sich entdecken ließ, trank Duschgel und Franzbranntwein und verschlang wahllos Medikamente. Amelie war schwer krank, sie litt an Borderline-Störungen, einer Mischerkrankung zwischen hochgradiger Neurose und Psychose.

Nach den Vorwürfen gegen den Vater weitete Amelie die Vergewaltigungsszenarien auf ihren Onkel 25 aus. Auch dieser bislang unbescholtene Mann wurde angeklagt – vor demselben Gericht wie Adolf S. Die Beweisaufnahme verlief allerdings nicht mit derselben Gradlinigkeit.

Die Ehefrau des Angeklagten sagte als Zeugin aus, es habe niemals Geschlechtsverkehr gegeben, 26 weil ihr Mann hierzu nicht imstande sei. Ein Arzt war schon früh zu der Diagnose gekommen, der als Vergewaltiger angeklagte M. leide seit früher Kindheit – möglicherweise ausgelöst durch eine schwere Hirnentzündung im Säuglingsalter – an der sehr seltenen »Primären männlichen Alibido«: Das heißt, ihm fehlt jede geschlechtliche Triebhaftigkeit und damit auch die Fähigkeit zu stabilen Erektionen. Das Gericht wollte dem nicht glauben.

Psychiater sagten vor Gericht zwar aus, sie hielten Amelie für durchaus in der Lage, eine Falschaus- 27 sage zu konstruieren und über einen langen Zeitraum durchzuhalten. Diese Alternative wurde vom Gericht verworfen – selbst als die Zeugin zugab, gelogen zu haben, und dies damit begründete, dass sie im Mai 18 Jahre alt geworden, also bei der Vergewaltigung volljährig gewesen sei. Sie habe aber geglaubt, die Vergewaltigung einer Erwachsenen sei nicht strafbar und deswegen das Verbrechen in den April vordatiert, damit der Onkel seine Strafe kriege.

Der Einwand eines zurate gezogenen Rechtsmediziners, der die fotografierten Hämatome an Brüs- 28 ten und Beinen für Selbstbeibringungen hielt, wurde als »eher unwahrscheinlich« abgetan. Die Aufrichtigkeit der Zeugin wollte das Gericht nicht in Zweifel ziehen. Einmal konnte die Hauptverhandlung nicht pünktlich beginnen, weil sich Amelie auf dem Osnabrücker Bahnhof vor den Zug werfen wollte. Wenn ihr mir nicht glaubt, bring ich mich um, lautete die tägliche Botschaft, der sich das Gericht nicht entzog.

Die Rekonstruktion eines Vergewaltigungsfalls in einem PKW stellte sich als derartig irreal dar, dass 29 das Gericht dem Verteidiger das Angebot machte, seinen Mandanten lediglich zu einer Bewährungsstrafe von zwei Jahren zu verurteilen. Der angeklagte Onkel war empört und kündigte sogar seinem Verteidiger das Mandat, da dieser ihm ein solches Angebot unterbreitet hatte. Das Gericht verurteilte ihn zu einer Freiheitsstrafe von vier Jahren und sechs Monaten.

»All diese Erkenntnisse gingen an der Strafkammer des Osnabrücker Landgerichts vorbei. Es wurde 30 ermittelt, diagnostiziert, geurteilt, eingesperrt. Kunstfehler um Kunstfehler wurden begangen. Perfekt und auf gewisse Art bewundernswert verhielt sich nur Amelie, die ihre fantastischen Geschichten so genial in die Realität hineinschraubte, bis Lüge und Wahrheit kaum trennbar miteinander verbunden waren. Eine Meisterleistung, die ihr den Sieg eintrug. (...) Die Geschichte der Amelie, ihres Vaters und ihres Onkels ist nicht nur die Chronik eines Justizirrtums, sie zeigt auch, in welchem Rechtssystem wir leben. Denn die Strafjustiz soll der Wahrheit verpflichtet sein und gebrochenes Recht wiederherstellen. Dieser Anspruch gründet sich auf das Vertrauen in die Akribie der Polizei und die Verlässlichkeit der Staatsanwaltschaft, auf die Erfahrung von Sachverständigen, auf den Mut und die Hartnäckigkeit der Verteidiger, auf die professionelle Leidenschaft der Richter, alles Erfahrbare zu erfahren, auf die Unbestechlichkeit und die Weisheit ihres Urteils. ›Im Namen des Volkes‹ wird geurteilt, aber die Idee des Volkes vom Recht und sein Glaube an Gerechtigkeit beruhen letztlich auf den Tugenden all jener Menschen, die das Recht verkörpern. Einfalt, Nachlässigkeit, Feigheit, Ignoranz, Selbstherrlichkeit und sozialer Ekel sind dabei nicht vorgesehen. Treten sie aber auf, setzen sie den Mechanismus der Wahrheitsfindung außer Kraft.«[3]

31 **Das spurlose Verschwinden des Bauern Rudolf Rupp war für die Polizei ein Rätsel.** Er hatte acht halbe Liter Bier im Gasthaus getrunken, sich anschließend in seinen Mercedes gesetzt. Das war das Letzte, was man von ihm sah. Nach akribischer Ermittlungsarbeit und einem langen Verfahren vor dem Schwurgericht des Landgerichts Ingolstadt kam dann an den Tag, was wirklich geschah: Zu Hause am heimischen Bauernhof angekommen gab es alsbald eine lautstarke Auseinandersetzung mit dem 18-jährigen Matthias E., dem Freund seiner Tochter. Die Familie stand nicht abseits, beteiligte sich. Der Streit eskalierte, Mathias E. nahm eine Holzlatte und schlug dem Bauern ins Genick. Dies war der Startschuss für ein perfides Szenario. Ob der Niedergeschlagene schon tot war, wusste man nicht. Man schleifte ihn auf eine bereitgelegte Plastikplane. Als er zuckte, musste Mathias E. es zu Ende bringen. Mit dem spitzen Ende eines Dachdeckerhammers schlug er insgesamt vier Mal in die linke Schläfe des Liegenden. Tief bohrte sich der Hammer in den Schädel und konnte nur mit Mühe wieder herausgezogen werden. Die Tochter des Getöteten schlug mit dem Hammer auf den Kopf des Liegenden. Gemeinsam beseitigte man die Spuren. Die Leiche wurde mit einem Beil, einer Säge und einem Fleischmesser in Stücke zerteilt und in blaue Müllsäcke gefüllt. Teile wurden den fünf Hunden auf dem Hof zum Fraß vorgeworfen, andere Teile irgendwo vergraben und nie wiedergefunden.

32 So war es. Jedenfalls hatte das Schwurgericht nicht den geringsten Zweifel an diesem Tathergang. Nach seiner Verhaftung hatte Mathias E. zwar beteuert, dass er mit dem Tod des Rudolf Rupp nichts zu tun habe. Er verwies auf eine Familientragödie, an der er nicht beteiligt war. Nach drei Monaten Haft hatte er jedoch die grausigen Details des Geschehens offenbart. Die Ermittlungsbeamten konnten ein glaubwürdiges Geständnis präsentieren. In der Hauptverhandlung wollte Mathias E. hiervon nichts mehr wissen. Er habe Angst gehabt vor den Vernehmungsbeamten, sie hätten ihm das alles einfach vorgegeben. Das Gericht schenkte ihm keinen Glauben, solche Details des Tötungsaktes und des Verschwindenlassens der Leiche könne man nicht erfinden. Nach 24-tägiger Hauptverhandlung wurde er wegen gemeinschaftlichen Totschlags mit den anderen Familienangehörigen verurteilt.

33 Vier Jahre später wurde die Leiche des vermissten Landwirts Rudolf Rupp in seinem Mercedes an einer Donaustaustufe entdeckt. Eine DNA-Probe erbrachte Gewissheit über seine Identität, seine Leiche war äußerlich unverletzt, insbesondere der Schädel und die Wirbelsäule waren intakt. Das Gehirn wies keine Blutungen auf. Die Feststellungen des Landgerichts Ingolstadt zum Tötungsgeschehen und zum Zerstückeln und Verfüttern der Leiche hatten mit der Realität nichts zu tun. Die Justiz unternahm nichts. Der Reflex siegte, das Urteil musste Bestand haben. Einen späteren Antrag auf Wiederaufnahme des Verfahrens wies das Landgericht Landshut zurück. Es seien nicht – wie es das Gesetz vorsieht – neue Tatsachen gefunden worden, die geeignet seien, das vorliegende Urteil zu revidieren.

Erst das Oberlandesgericht München hob auf Beschwerde diese Entscheidung auf.[4] Die erneute Hauptverhandlung führte zum Freispruch.

34 **Harry Wörz** wurde vom Landgericht Karlsruhe am 16. Januar 1998 wegen versuchten Totschlags an seiner von ihm getrennt lebenden Ehefrau zu einer Freiheitsstrafe von elf Jahren verurteilt. Wörz bestritt die Tat und versicherte, er habe in der Tatnacht allein bei sich zu Hause geschlafen. Zu seiner getrennt lebenden Ehefrau hatte er nur noch oberflächlichen Kontakt, es gab keine ernst zu nehmenden Probleme. Er hatte eine neue Beziehung, seine Ehefrau ebenso. Das Gericht war dennoch von der Schuld des Harry Wörz überzeugt. Die Begründung: Es gab keine Einbruchsspuren,

---

3 *Sabine Rückert* Unrecht im Namen des Volkes, DIE ZEIT 19, 2002; s. auch *dies.* in dem umfangreichen Buch »Unrecht im Namen des Volkes. Ein Justizirrtum und seine Folgen«, Hamburg 2007.
4 OLG München Beschl. vom 09.03.2010 – 3 Ws 109 – 112/10, StRR 2010, 386 f.; *Regina Rick*, »An die Hunde verfüttert« – Prozessbericht zu einem Justizirrtum, StraFo 2012, 399 ff.

es musste sich daher bei der nächtlichen Attacke um eine Beziehungstat handeln. Am Tatort wurde eine Plastiktüte mit Gegenständen, wie beispielsweise einem Taschentuch und Marlboro Zigarettenschachteln gefunden, die es in ähnlicher Form auch in der Wohnung von Harry Wörz gab. Letztlich entscheidend: Im Bett des Opfers wurden zwei Fingerlinge eines abgerissenen Plastikhandschuhs gefunden, wie sie Harry Wörz – dem zwei kleine Finger fehlten – auch häufig benutzte. Im Fingerling fand man DNA von Harry Wörz, außen DNA des Opfers. Es gab keine andere Erklärung: Harry Wörz war der Täter. Der Bundesgerichtshof bestätigte das Urteil, Harry Wörz war in Strafhaft.

Die Zweifel kamen spät. Dass Harry Wörz bereits während des Zusammenlebens mit dem Opfer 35 die Handschuhe häufig trug, hatte das Schwurgericht nicht berücksichtigt. Dass es sich bei einem der abgerissenen Fingerlinge um einen Daumen handelte, Harry Wörz nur zwei Finger, nicht aber einen Daumen verloren hatte, untersuchte man erst nachträglich.

Dass im Badezimmer des Opfers eine ganze Tüte voll einzelner Fingerlinge gefunden wurde (und 36 damit gängiger Gebrauchsgegenstand im Hause des Opfers war), hatte das Gericht nicht gewusst – dieser polizeiliche Fund tauchte in der Akte nicht auf. Das Opfer war eine Polizistin. Ausgerechnet ihr Vater war mit den ersten Ermittlungen nach dem Auffinden der Verletzten befasst; an der Plastiktüte im Zimmer des Opfers hinterließ er – allein – einen Fingerabdruck. Beseelt von der sofortigen Idee der Beziehungstat hatte er sofort das Haus des – ihm verhassten – Harry Wörz nachts von Beamten umstellen und observieren lassen. Er wusste auch von der neuen Liebschaft seiner Tochter mit Thomas H., ebenfalls einem Polizisten. Vorsichtshalber wurde auch dessen Haus umstellt. Ein nächtlicher Griff auf die Motorhaube des Fahrzeugs von Thomas H. hätte die Einsatzkräfte u.U. davon überzeugen können, dass er noch kürzlich mit dem Auto unterwegs war. Den Griff unterließen die Ermittler. Bei einer Befragung gab Thomas H. an, die ganze Nacht mit seiner Ehefrau verbracht zu haben. Sie bestätigte dies. Alle Ermittlungsergebnisse zu Thomas H. wurden den Akten entzogen und verschwanden in einer der angeblich unergiebigen »Spurenakten«.

Sie tauchten erst in einem Wiederaufnahmeverfahren gegen Harry Wörz auf. Erstmals wurde kri- 37 tisch die Ehefrau von Thomas H. befragt. Sie berichtete davon, dass sie am Tag vor der Tat ihrem Mann ein Ultimatum gesetzt hatte: Sie wusste von der Liebesbeziehung zum Opfer und hatte ihn vor die Alternative gestellt: sie oder ich. Thomas H. konnte sich bei seiner Befragung an solche Kleinigkeiten nicht erinnern.

Am 22. Oktober 2009 wurde Harry Wörz vom Landgericht Mannheim im Wiederaufnahmever- 38 fahren freigesprochen, 13 Jahre nach seiner ersten Verurteilung. Die solidarische Polizeiarbeit wurde vom Gericht kritisiert, die dem tatverdächtigen Kollegen Thomas H. »faktisch Immunität« verschafft hatte. Mit einem Minimum an Beweisen war Harry Wörz über 13 Jahre lang zu Unrecht für schuldig befunden worden.[5]

»**Ein Gespenst ist der Justizirrtum**, ein Greuel mit blutigen Händen. Wo die Todesstrafe abgeschafft 39 wurde, ist der komplette Justizirrtum nicht mehr möglich. Doch das ist dürrer Trost. Denn jedes Fehlurteil ist Mord. Rehabilitierung und finanzielle Entschädigung kommen immer zu spät.

›Ein unschuldig Verurteilter ist die Angelegenheit aller anständigen Menschen‹, schrieb der französische Aphoristiker La Bruyère (1645 bis 1696). Doch wer ist ein ›anständiger Mensch‹?

Im Rechtsstaat, auch wenn er immer nur ein Entwurf auf den Rechtsstaat hin sein kann, darf platte 40 Böswilligkeit der Gerichte ausgeschlossen werden. Auch jene Richter und Geschworenen, die zu einem Zweifel auslösenden, Urteil kommen, sind anständige Menschen.

Untrügliche Kennzeichen der Unschuld gibt es nicht. Am 5. Januar 1895 erlebte der Diplomat und 41 Schriftsteller Maurice Paléologue mit, wie Hauptmann Alfred Dreyfus öffentlich degradiert wurde.

---

5 S. zu diesem Fall z.B. *Darnstädt*, Der Richter und sein Henker, 2013, S. 20 ff.; *Velten*, Fehlentscheidungen im Strafverfahren, GA 2015, 387 ff., 389.

Er hielt Dreyfus, der seine Unschuld beteuerte, für schuldig. Am 7. August 1899 stand Dreyfus zum zweiten Mal vor dem Kriegsgericht und beteuerte zu Beginn erneut seine Unschuld. Paléologue notierte in seinem Tagebuch: ›Diese leidenschaftlichen Sätze! Mir fällt ein, daß ich sie an dem düsteren Morgen der Degradierung vernommen habe. Damals gaben sie mir im Innersten die Gewißheit, daß er log. Warum klingen sie mir auch heute noch so falsch ins Ohr, da ich heute weiß, daß sie die Wahrheit sagen?‹

42 Zweifel an Urteilen steigen aus der Asche, aber nicht wie der Vogel Phönix. Auf Krücken torkeln sie hoch, beunruhigend und darum abstoßend. Wenn die Juristen die Akten geschlossen haben, schlägt die Stunde dieser Zweifel. Und unbeteiligte Laien meist sind es, die von ihnen erfaßt werden.

43 ›Kriminologen‹ nennt man diese Jäger verdächtiger Urteile abschätzig. Das Fehlen einer juristischen Ausbildung disqualifiziert sie in den Augen der Fachleute. Allerdings machen es die Urteilsanzweifler ihren Gegnern auch leicht, vor allem in der Bundesrepublik.

44 Anders als Sling, der legendäre Gerichtsberichterstatter im Berlin der zwanziger Jahre, oder sein Nachfolger nach 1945 Gerhart Herrmann Mostar (bis er sich Anfang der fünfziger Jahre, seiner Gesundheit wegen, aus den Gerichtssälen zurückziehen musste), sehen sie in der Justiz einen Feind der leichtfertig Unschuldige überwältigt. Sling und Mostar jedoch erkannten an, daß Fehlurteile unvermeidbar sind. Ihnen ging es um Fortschritte bei ihrer Verhinderung und darum, die Widerstände gegen ihre Korrektur abzubauen.

45 Für den Kampf um ein mögliches Fehlurteil ist diese grundsätzliche Einstellung zur Justiz entscheidend. Wer, wie Mostar, Fehlurteile gerade dann für eine Sache aller anständigen Menschen hält, wenn diese von anständigen Menschen gefällt werden, prüft seine Zweifel. Wer Bosheit am Werk wähnt, gibt leicht seinen Affekten zum Schaden der kritischen Qualität nach.«[6]

46 **Der Verteidiger war dem Gericht unangenehm.** Seinem Mandanten, einem Türken wurde Drogenhandel in 26 Fällen mit einer Menge von 130 Kilo Marihuana vorgeworfen. Außerhalb des Gerichtssaals wurde besprochen, ob und wie der Prozess ohne langwierige Hauptverhandlung rasch zu einem akzeptablen Ende gebracht werden könnte. Es gibt Gerichte, die in Betäubungsmittelsachen Urteile kaum noch anders fällen als auf der Basis solcher Absprachen.

47 Daher war es für den Münchner Strafverteidiger Rechtsanwalt L. nichts Besonderes, als er im September 2006 nach Beginn der Hauptverhandlung vor der 3. Augsburger Strafkammer das Gespräch mit dem Vorsitzenden Richter H. und dem damaligen Berichterstatter der Kammer B. suchte. Er fuhr extra von München nach Augsburg. Die drei tauschten sich aus – und gut ein Jahr später erinnerte sich jeder der Teilnehmer an die Unterredung anders.

48 Rechtsanwalt L. behauptet, die Richter hätten für ein Geständnis eine Freiheitsstrafe von viereinhalb Jahren in Aussicht gestellt. Er sei damals in sein Büro zurückgefahren und habe sich mit einer Kollegin über die Vor- und Nachteile des vorgeschlagenen Deals unterhalten. Auf der einen Seite, so gab Rechtsanwalt L. seiner Kollegin zu bedenken, stehe seiner Auffassung nach, die Anklage auf unsicheren Füßen, ein Teil davon würde im Lauf der Hauptverhandlung wohl ohnehin wegfallen. Andererseits rechnete er mit einem ungünstigeren Ergebnis, sollte sich der Mandant dem Angebot der Richter verweigern. Am Ende jedoch erübrigten sich seine Überlegungen, da der Türke zu einem Geständnis nicht bereit war.

49 So wurde dann mehr als ein Jahr lang verhandelt. Es gelang L. im Prozess gegen den Türken, die Zahl der vorgeworfenen Taten auf sieben zu reduzieren; in 19 Fällen erging Freispruch. Die Menge des Rauschgifts verringerte sich entsprechend. Doch das dicke Ende kam trotzdem: achteinhalb Jahre.

---

6 *Gerhard Mauz* SPIEGEL vom 28.04.1965 im Artikel »Schuldig, weil wir keinen anderen haben«.

Juristen beschreiben die Unterschiede im Strafmaß – wenn der Angeklagte gesteht und noch Mit- 50
täter benennt oder wenn er dies nicht tut – mit dem Begriff der »Sanktionsschere«. Wird sie zu weit
»aufgemacht« wie hier, ist dies nach ständiger Rechtsprechung ein Revisionsgrund.

Rechtsanwalt L. legte also Rechtsmittel gegen das Urteil ein, da er nicht einsah, dass sein Mandant 51
für sieben Straftaten (einschließlich einer Beihilfe) fast doppelt so hoch bestraft werden sollte wie
für 26 Taten gleichen Gewichts, nur weil er sich dem Angebot der Richter verweigert hatte. Er rügte
einen Verstoß gegen den Grundsatz des fairen Verfahrens und regte die Einholung dienstlicher Stellungnahmen der Richter H. und B. an.

Beide Richter bestritten darin nicht, mit Rechtsanwalt L. gesprochen zu haben, wiesen alles Weitere 52
aber von sich: »Während dieses Gesprächs wurde seitens der anwesenden Richter überhaupt keine
Strafe/Strafobergrenze in Aussicht gestellt. Vielmehr empfanden es beide anwesenden Berufsrichter
als nicht angenehm, dass Rechtsanwalt L. fortwährend pauschal wissen wollte, welches Strafmaß
sich die Kammer denn so vorstelle. Eine Antwort, geschweige denn eine ›Zusage‹ hat er auf sein
wiederholtes Fragen nicht bekommen«, schrieben sie an den 1. Strafsenat des Bundesgerichtshofs
(BGH). Ihnen sei nicht bekannt, ob es zwischen Verteidigung und Staatsanwaltschaft Gespräche
über die Möglichkeit einer Verständigung gegeben habe. »Herangetreten wurde an die Kammer
insoweit jedenfalls nicht.«

Das reichte dem Senat zur Aufklärung der Prozessgeschehnisse. Er verwarf die Revision und fügte 53
hinzu, dass man »nun auch noch mit Befremden zur Kenntnis nehmen« müsse, mit »unwahrem
Vorbringen konfrontiert« worden zu sein. Keine Frage, wer gemeint war: der Anwalt. Es stand also
die Aussage eines aufsässigen Verteidigers gegen die Aussagen zweier ehrenwerter Richterkollegen.

Zwei Tage später leitete die Augsburger Staatsanwaltschaft ein Ermittlungsverfahren gegen Rechts- 54
anwalt L. ein. Ohne Ermittlungen anzustellen – es wurden weder die Richter als Zeugen angehört
noch der Angeklagte, noch zwei Gerichtsreporter, die in den Lokalzeitungen mehrfach über das
angeblich nicht existierende Angebot berichtet hatten –, erhob sie im August 2008 Anklage wegen
des Verdachts der vollendeten Strafvereitelung.

So wurde Rechtsanwalt L. selbst Angeklagter. Erst entbrannte ein erbitterter Streit darüber, ob Augs- 55
burg als Gerichtsort überhaupt infrage komme. Das Oberlandesgericht München plagten solche
Bedenken nicht. Es zwang die Augsburger, den Prozess zu führen. Zuständig war die Kammer, vor
der Rechtsanwalt L. verteidigt hatte.

Der erste Zeuge war Richter B., inzwischen Staatsanwalt. Er wusste noch genau, wie er H. geholt 56
habe, wegen eines »unguten Gefühls«, mit Rechtsanwalt L. allein zu reden. Eine Zusage sei nicht
gemacht worden. Ein Angebot vielleicht? B. schüttelte den Kopf, verneinte, wich aus. »Haben Sie
im weitesten Sinne eine Zahl genannt, in welche Richtung es gehen könnte?«, fragte der Vorsitzende.
»Nein, bewusst nicht«, antwortete B.

Der Verteidiger zitierte Gerichtsberichte der Lokalzeitungen, in denen mehrfach die Rede davon 57
war, dass der Vorsitzende im Fall eines Geständnisses erhebliche Strafmilderung anbot. »Ist der Inhalt
der Berichte korrekt?« B. verneinte. »Haben Sie eine Erklärung, wie die Reporter auf diese Zahlen
kommen?« »Nein«, sagte B. Vielleicht seien das Rechenspiele der Journalisten gewesen.

»Standen denn Vergleichszahlen im Raum?« bohrte die Verteidigung weiter. »Hieß es: In Augsburg 58
muss man bei Durchverhandeln mit so und so viel rechnen?« Das wisse er nicht, sagte B. »Wie können Sie dann in Ihrer dienstlichen Erklärung schreiben, das habe es nicht gegeben? War die Rede
von ›zweistellig‹?« »Das will ich nicht ausschließen«, sagte B. jetzt.

Auch Richter H. wurde über sein Recht zu schweigen belehrt. Die Anwälte im Publikum feixten. 59
Er war geschickter als B., erinnert sich nur »vage«. In dem Gespräch mit Rechtsanwalt L. wollte er
gesagt haben, er gebe »keine Wasserstandsmeldungen«. Details allerdings seien ihm kaum noch präsent. Er erinnerte sich eher an die Stellungnahme für den BGH.

60 Weitere Staatsanwälte wurden vernommen, die damals kurzzeitig Sitzungsvertreter waren. Keiner wusste noch etwas. Und dann die Überraschung: Staatsanwältin K., die nicht mehr in Augsburg tätig war. Ob es daran liegt, dass ihre Erinnerung auffallend besser ist als die ihrer Augsburger Kollegen? Sie berichtete, wie am ersten Prozesstag im Beratungszimmer Richter, Verteidiger »und ich« über mögliche Höchststrafen je nach Aussageverhalten gesprochen hätten. »Ich habe«, sagte sie, »konkrete Strafen in Aussicht gestellt für den Fall A (Geständnis mit weiteren Angaben), B (Geständnis ohne weitere Angaben) und C (kein Geständnis). Ich weiß aber noch, dass Herr H. sagte, dies sei ›ja ein generöses Angebot‹.« Rechtsanwalt L. habe zugesagt, es mit seinem Mandanten zu besprechen.

61 Ihre präzise Darstellung passt nicht zu den dienstlichen Äußerungen der Richter. Wer hat die Unwahrheit gesagt? Das Gericht, so hatte es den Anschein, verhandelte weniger darüber, ob Rechtsanwalt L. möglicherweise etwas missverstanden und, geleitet von der eigenen Einschätzung, seinem Mandanten falsche Hoffnungen gemacht haben könnte. Nein, es verhandelte über die Frage, ob die Richter nicht doch richtige Erklärungen abgegeben haben.

62 Wie oft wird etwas dahergeredet oder »in den Raum gestellt«, getreu der bayerischen Redewendung: Man sagt ja nix, man red ja bloß. Hätte sich der BGH seine Bemerkung verkniffen, hätte die Staatsanwaltschaft nicht anklagen können, und es wäre nicht zu einem Prozess gekommen, der eine Zumutung ist.

63 Nach vielen Verhandlungstagen urteilte das Gericht gegen den angeklagten Verteidiger. Es war eine Urteilsbegründung so voller Gift und Galle, wie man sie kaum je hört. »Auf der Anklagebank sitzt ein Rechtsanwalt, der mit einem immens großen Ego ausgestattet ist«, kritisierte der Vorsitzende und hielt es für nötig zu erwähnen, dass L. in einer Fernseh-Gerichtsshow bisweilen einen Staatsanwalt mime, dass sich seine Kanzlei in der Münchner Fußgängerzone befinde – was offenbar heißen sollte, dass L. gut im Geschäft sei – aber nur relativ wenig Einkommen versteuere. »Wir gehen hier von einer Lüge aus«, las der Vorsitzende aus seinem Urteilsmanuskript ab. Und wer bei der Steuer lügt, so sieht es wohl das Augsburger Gericht, der lügt auch sonst.

64 Zu den Aussagen der betreffenden Richter, die sich als Zeugen partout nicht erinnern konnten oder jede Art von Zusage abstritten – kein Wort. Immerhin ein paar Spitzen gegen die Staatsanwaltschaft: »Fast an jedem Verhandlungstag bekamen wir etwas Neues zu hören. Es wäre schon schön gewesen, wenn dem Gericht zum Beispiel der Sitzungsbericht der Staatsanwältin K. bekannt gewesen wäre«, so der Richter. Aus diesem Bericht, den die Staatsanwaltschaft erst nach längerem Hin und Her herausgab, ging nämlich hervor, dass seinerzeit bereits am ersten Verhandlungstag zwischen Gericht, Staatsanwaltschaft und Verteidigung über eine mögliche Strafobergrenze – je nach Geständnisbereitschaft – gesprochen worden war.

Wer hat nun gelogen oder sich vielleicht falsch erinnert?

65 Das Gericht rügte auch, L. habe »jede Möglichkeit zur Deeskalation vergehen lassen«. Wie das? Weil er schweig. Das ist das Recht eines Angeklagten und darf ihm nicht negativ ausgelegt werden. Doch durch die Hintertür schleicht sich mittlerweile eine Argumentation ein, die längst Schule gemacht hat: Wer schweigt, der hat dann eben Pech. Weil nichts zu seinen Gunsten spricht.[7]

L. hatte sowohl dem damaligen Angeklagten wie auch einer Kollegin in seiner Anwaltskanzlei von dem angeblichen Angebot berichtet. Die Anwaltskollegin hatte sich als Zeugin an dieses Gespräch sehr genau erinnert. Diese Kollegin und die damalige Staatsanwältin seien die einzigen Zeugen, denen das Gericht »in vollem Umfang geglaubt hat«, sagte der Vorsitzende. Deshalb stehe für das Gericht fest, dass L. »subjektiv von einer solchen Zusage ausging«. Wegen des Versuchs einer Straf-

---

7 Leicht veränderte Zusammenfassung mehrerer Prozessberichte von *Gisela Friedrichsen* für den SPIEGEL und SPIEGEL-online.

vereitelung könne er aber nur verurteilt werden, »wenn feststeht, dass er bewusst gelogen hat«. Deshalb sei er auf Kosten der Staatskasse freizusprechen.[8]

Die aus dem alten Rom stammende Idee, dass es nur auf Rechtskenntnis ankomme, muss schon auf den Universitäten begraben werden. Ohne die Instrumente der Wahrheitsfindung, die Regeln der Logik und der Wahrscheinlichkeitsaussagen darf niemand mehr ins Richteramt. Ohne Wissen über die Erkenntnisse von Soziologie, Psychologie, Ökonomie und ihre Methoden darf kein Examen mehr möglich sein. Die Justiz braucht eine neue Wahrheitskultur. Dazu gehört auch ein Mechanismus des Zweifels. Die Maxime »im Zweifel für den Angeklagten« ist nämlich »praktisch zur Leerformel geworden«, so der BGH-Richter Ralf Eschelbach. Die Entschlossenheit von Polizei und Sicherheitsbehörden, die innere Sicherheit mit immer weitergehenden Ermittlungsbefugnissen gegen Verdächtige voranzubringen, hat den Ehrgeiz der Jäger auf die Richter übertragen.[9]

66

---

8 *Hans Holzhaider* in der Süddeutschen Zeitung vom 01.04.2011.
9 *Thomas Darnstädt* Der Richter und sein Opfer – wenn die Justiz sich irrt, 2013, S. 340, 342, mit ausführlichen weiteren Beispielen prominenter Fehlurteile.

Kapitel 1 Recht der Strafverteidigung

A. Die Denkmodelle

1   Strafverteidigung ist ein fester Bestandteil des Strafprozessrechts. Jeder Beschuldigte darf sich des Beistandes eines Verteidigers bedienen (§ 137 StPO[1]). Verteidigung ist ein menschenrechtlich abgesichertes Prozessgrundrecht (Art. 6 Abs. 3 lit. c EMRK).

2   Welche Positionierung einer solchen Verteidigung im System des Strafprozesses grundsätzlich zukommt, ist auch nach fast eineinhalb Jahrhunderten der Diskussion nicht geklärt. Das Recht der Strafverteidigung ist nur sehr eingeschränkt gesetzlich normiert, rechtliche Lösungen von Konfliktfragen bedürfen der Ableitung aus einer stringenten dogmatischen Figur der Strafverteidigung. Eine allseits akzeptierte umfassende Einbettung der Verteidigung in den Prozess existiert nach wie vor nicht; stattdessen wird auch die jüngere Diskussion beherrscht von vor- und außerrechtlichen Gedanken zum Rollenverständnis im Prozess, vom Ethos der Strafverteidigung, ihrer Moral oder gesellschaftlichen Aufgabe.

3   Die Formulierung einer Theorie der Verteidigung im Strafprozess scheitert zunächst an den vielfältigen Ansätzen, die einzelne Aufgaben der Verteidigung beschreiben. Ist Verteidigung in das **System des Strafprozesses** eingebettet und ist die **Wahrheitssuche** das primäre Ziel des Verfahrens, erscheint die Rolle des Verteidigers eher hinderlich und damit systemwidrig. Ist Wahrheit ein Produkt dialektischer Auseinandersetzung, ist der einseitige Beitrag der Verteidigung zur Wahrheitssuche dagegen sinnvoll, weil konstitutiv. Andererseits widerspricht das diskutierende und hindernde Element der

---

1 Sämtliche Paragrafen ohne Gesetzeskennung sind solche der StPO.

Strafverteidigung der Organisation des Strafprozessrechts, die durch die unbedingte **Aufklärungs- und Untersuchungspflicht des Richters** geprägt ist. Der alles untersuchende und alles entscheidende Richter bedarf systembedingt nicht des Widerstandes, sondern allenfalls der Hilfe und Unterstützung. Auch er ist allerdings durch die Richterrobe nicht gegen Fehlbewertungen und verdeckte emotional geprägte Entscheidungsstrukturen gefeit; er benötigt schon aus psychologischen Gründen den Anstoß zur kritischen Selbstreflexion. Unter dem Blickwinkel der im demokratischen Rechtsstaat beispiellosen Machtausübung durch den Strafrichter, gewinnt das Prinzip der **Kontrolle richterlichen Prozessierens** auch in einem inquisitorisch organisierten Verfahren an grundsätzlicher Bedeutung. Der hierfür notwendige kritische Blick ist bei dem kompetenten Strafjuristen angesiedelt, der einseitig seine gesamte Kraft in die Beistandsleistung für den von dieser Machtausübung Betroffenen einbringt.

Eine ohne Brüche in das System des Strafprozesses zu integrierende konsequente Figur der Strafverteidigung ist hiernach nicht zu beschreiben. Seine Erfassung hängt von den jeweiligen Blickwinkeln des Prozesszwecks ab.

Konträre Ausgangspositionen sind in der Diskussion festzustellen:

- Der Strafverteidiger ist professioneller Beistand des Beschuldigten. Er ist der rechtliche Experte, **4** der den Anspruch des Beschuldigten auf rechtliches Gehör erst mit Effektivität anreichern kann. Notwendigerweise orientiert sich sein Aufgabenfeld an dieser Funktion. Ist er einzig und allein dem Beschuldigteninteresse verpflichtet, so werden diese im Einzelfall ausschließlich auch durch den Betroffenen selbst definiert. Der Verteidiger hat eine diesen Interessen dienende Rolle. Seine Rolle erschließt sich **primär** über seine **dienstvertraglichen Verpflichtungen** gegenüber seinem Mandanten.[2]

- Eine andere Theorie definiert die Stellung des Verteidigers aus der Sicht des Gemeinwesens. Sie definiert die Verteidigungsaufgabe primär entsprechend dem allgemeinen Ziel des Strafverfahrens, der objektiven Suche nach der Wahrheit. Der Verteidiger ist inhaltlich diesem Ziel verpflichtet, organisatorisch ist er wie alle anderen Verfahrensbeteiligten in den Prozess integriert. Er übt einen staatlich gebundenen Vertrauensberuf aus, der ihn als integrierten Teil des Gesamtsystems des Strafprozesses erscheinen lässt. Begrifflich wird diese Position mit dem »**Organ der Rechtspflege**« fixiert, wie es einst das Reichsgericht[3] formulierte und wie es aktuell Eingang in das Berufsrecht der Anwälte[4] gefunden hat.

- Beide Positionen können darüber hinaus wesentliche Modifikationen erfahren. Die **Intensität der Gebundenheit** verändert die Rolle des Verteidigers, unabhängig davon, ob er allein individuellen Interessen oder staatlichen Interessen verpflichtet ist. Abseits der prinzipiell definierten Aufgabe wird das Bild des Strafverteidigers geprägt von der Eigenständigkeit seines Auftretens, mit der er diese Aufgabe wahrnimmt. Das »selbständige« Organ der Rechtspflege mag dem Ziel der Erhaltung eines Funktionierens der Strafrechtsjustiz verpflichtet sein, die Modelle der Wahrnehmung von Rechten im Prozess können jedoch variieren. Auch die Vertragstheorie lässt einen weiten Spielraum an Vorstellungen, inwieweit sich gerade der mit Erfahrung und Professionalität ausgestattete Strafverteidiger von den konkreten Vorgaben seines Mandanten lösen kann.

Die Theorien der Strafverteidigung spiegeln zwei unterschiedliche Blickwinkel einer Prozessrolle **5** wider: Auf der einen Seite dominiert das Bild des Verfahrensbeteiligten als notwendiger Bestandteil eines rechtsstaatlichen Strafprozesses; die Organisation dieses Prozesses und die Integrierung des Verteidigers in dieses System müssen hier im Vordergrund stehen. Sie beleuchten seine starke Prozessposition einerseits und seine Unabhängigkeit vom Mandanten andererseits.

Die Historie des Organbegriffs verdeutlicht allerdings die Abhängigkeit von staatlichen Ordnungsinter- **6** essen: Wie selbstverständlich wurde der Verteidiger als Organ der Rechtspflege in deren öffentlichen Ziel der Tataufklärung eingebunden, seine Pflichten bestanden darin, auf ein geordnetes Verfahren hinzu-

---

2 Vgl. LR/*Lüdderssen/Jahn, 26. Aufl.*, vor § 137 Rn. 33 ff.
3 RG JW 1926, 2756.
4 § 1 BRAO.

wirken und sein Verhalten danach auszurichten, dass es den Gang der Verhandlungen nicht störe.[5] Vollends störungsfrei und autoritätsorientiert hatte der Verteidiger im faschistischen System zu agieren. Der NS-Staat verbot ein Verteidigen gegen Staat und Richter, für den Angeklagten vorteilhafte Verteidigung war untersagt, falls der Verteidiger nicht von der Unschuld seines Mandanten überzeugt war.

7   Auf der anderen Seite personifiziert der Verteidiger als Beistand das subjektive Bürgerrecht des Beschuldigten auf Teilhabe an der Gestaltung des Prozesses. Das »Recht auf Verteidigung« als Prozessgrundrecht in einer existenziellen Situation beinhaltet ein umfassendes Abwehrrecht gegen die Gefahren richterlicher Willkür und fehlerhafter Urteile. Als »legal assistance« definiert die Menschenrechtskonvention den Anspruch auf einen Verteidiger und legt damit die bloße Assistenz des Verteidigers nahe bei der primären Intention der Selbstverteidigung des Beschuldigten gegen die Erhebung staatlichen Strafanspruchs. Der Beistand kann als Bezugspunkt nur das Interesse desjenigen haben, dem es beizustehen gilt.

Die Perspektive der staatlichen Gemeininteressen ist notwendigerweise eine andere als die des subjektiven Interesses des Betroffenen.

8   Damit ist das denktheoretische **Spannungsfeld** aufgezeigt, in welchem in jedem Einzelfall eine Einordnung der Strafverteidigerstellung versucht wird. Die wissenschaftliche Diskussion hat bislang keinen erkennbaren Abschluss gefunden. Einig ist man sich allenfalls darüber, dass die Verabsolutierung der denkbaren Ausgangsposition der aktuellen Rolle des Strafverteidigers im demokratischen Rechtsstaat nicht gerecht wird.

9   Selbst wenn man den Strafverteidiger für die Zwecke des Strafverfahrens – der Suche nach der Wahrheit mit der Konsequenz der möglichen Überführung des tatsächlichen Straftäters und seiner angemessenen Bestrafung – verpflichten wollte, muss seine Integrierung in die justizielle Organisation Grenzen haben. Ist und bleibt der Strafverteidiger Beistand des Beschuldigten, muss er notwendigerweise eine kritische und damit konträre Position im Strafprozess einnehmen. Ist der Strafrichter markanter Vollstrecker der Staatsmacht, hat der Verteidiger zwangsläufig die politische Funktion des demokratischen Gegenparts.

10   Die geschichtlichen Beispiele totalitärer Herrschaftssysteme unter Beibehaltung der Fassade rechtsstaatlicher Verfahren hat die Aufgabe dieses Kernbereichs dokumentiert. Wenn in der NS-Zeit Richter, Staatsanwälte und Verteidiger als gemeinsam agierende »Kameraden einer Rechtsfront« definiert wurden, bleibt in der Überbetonung dieses staatlichen Zwecks die Interessenwahrnehmung des Beschuldigten auf der Strecke.

11   Einig ist man sich auch, dass die ausschließliche Ausrichtung an den Beschuldigteninteressen die Verteidigung lähmt. Der Beschuldigte darf lügen. Sind seine Rechte maßgebliche Leitlinie für den Inhalt der Beistandsleistung des Strafverteidigers, würde nichts gegen eine aktive Unterstützung der Lüge durch den Strafverteidiger sprechen. Konsens ist aber, dass eine solche Anmaßung dem allgemeinen Respekt der Verteidigerrolle im Strafprozess zuwiderlaufen würde. Darf der Strafverteidiger selbst nicht lügen, ist das Beschuldigteninteresse als – alleiniger – Ausgangspunkt zur Erfassung der Stellung des Strafverteidigers nicht aufrechtzuerhalten.

12   Die Suche nach der grundsätzlichen Position des Strafverteidigers orientiert sich somit an einem komplexen Szenario widerstreitender Interessen. Die Beistandsleistung für einen Beschuldigten muss zwangsläufig in Widerspruch treten zu staatlichen Verurteilungsinteressen. Die Suche nach der Wahrheit muss durch diese Aufgabe unter Umständen konterkariert werden. Wahrnehmungen von Beschuldigteninteressen können – und müssen – der Effizienz der Strafrechtspflege zuwiderlaufen. Die Rolle des Strafverteidigers als Spießgesellen des Verbrechers scheint eröffnet.

13   Auf der anderen Seite schöpft die Strafverteidigung die Stärke ihrer Position gerade aus ihrer weitgehend unabhängig ausgeübten Kontrollfunktion vor Gericht. Einem stringenten Leitbild entziehen

---

5 Urteil des Ehrengerichtshofs für Rechtsanwälte vom 25.05.1893, EGH I, 140 ff.

sich alle diese zum Teil zuwiderlaufenden Überlegungen. Sie verdeutlichen allerdings die Ausgangspunkte, die es bei der rechtlichen Lösung konfliktbehafteter Einzelfälle auszugleichen gilt.[6]

---

6 Literatur zur grundsätzlichen Stellung des Strafverteidigers: *Vargha* Die Vertheidigung in Strafsachen, 1879; *Holtfort* Strafverteidiger als Interessenvertreter, 1979; *Jaeger* Rechtsanwälte als Organ der Rechtspflege, »notwendig oder überflüssig? Bürde oder Schutz?«, NJW 2004, 1 ff.; *Widmaier* Strafverteidiger im strafrechtlichen Risiko, in: 50 Jahre Bundesgerichtshof, Band IV, S. 1043 ff.; *Gatzweiler* Die Stellung des Strafverteidigers, in: Entwicklungen und Probleme des Strafrechts an der Schwelle zum 21. Jahrhundert, Herausgeber: Kohlmann u.a. 2004, S. 59 ff.; *Kempf* Strafverteidigung in der Praxis, 3. Aufl. § 1; *König* Vom Dienst am Recht: Rechtsanwälte als Strafverteidiger im Nationalsozialismus, 1987; *Beulke* Der Verteidiger im Strafverfahren, Funktionen und Rechtsstellung, 1980; *Welp* Die Rechtsstellung des Strafverteidigers, ZStW 1990, 804 ff.; *Salditt* Zur Stellung des Strafverteidigers, in: MAH Strafverteidigung 2014, § 1; *Jahn* Konfliktverteidigung und Inquisitionsmaxime, 1998; *ders.*, Die Rechtsstellung des Verteidigers im heutigen deutschen Strafverfahren, StV 2014, 40 ff.; *Barton* Einführung in die Strafverteidigung, 2. Aufl. 2013, §§ 4, 5; *Hassemer* Grenzen zulässiger Strafverteidigung, Beck'sches Formularbuch für den Strafverteidiger, 5. Aufl., 2010, S. 1–37; *Bernsmann* Zur Stellung des Strafverteidigers im deutschen Strafverfahren, StraFo 1999, 226 ff; *Arnold* Entwicklungen der Strafverteidigung, 2019.

B. Die Position der Verteidigung im demokratischen und rechtsstaatlichen Strafprozess

14   Die Rolle des Strafverteidigers mag allgemein durch gesellschaftliche Vorstellungen geprägt sein. Sein konkretes Aktionsfeld ist der Strafprozess. Rechte und Pflichten, Grenzen und Ausprägungen sind daher abhängig von der Idee und der Ausgestaltung des Strafprozesses. Ist der Verteidiger als Teil des Systems eingebettet in diesen Regelungskomplex, kann sich ein Verständnis für einzelne Problemlösungen der Verteidigung nur aus dem Verständnis des Gesamtsystems erschließen.

I. Allgemeines: die Aufgabe und Struktur des Prozesses – Sachverhaltsermittlung und Normanwendung

15   Strafverteidiger und Strafverteidigerinnen erscheinen auf den ersten Blick nicht sonderlich anständig und fair. Im Prozess der verantwortungsvollen Wahrheitssuche auf dem Weg zur gerechten Bestrafung eines Täters sind sie mit dem Aufbau von Barrikaden beschäftigt. Sie kultivieren nörgelnde Skepsis. Sie widersprechen und stellen Anträge. Sie helfen einem möglichen Verbrecher bei dreisten Lügen gegenüber dem ehrenwerten Gericht und behalten die besseren Erkenntnisse zum Tatverlauf für sich. In dieser dem Prozessziel wenig förderlichen Rolle rühmen sie sich noch, gegen jeden anerkannten Anspruch der Objektivität wider jeder Gefahr der Verfälschung nur einseitig handeln zu wollen.

16   Heldenstatus erringen sie bei den raren Gelegenheiten, bei denen ihnen in spektakulären Fällen unter dem Beifall der Öffentlichkeit rhetorisch glanzvoll die Widerlegung einer Anklage gelingt. Ansonsten rätselt die Gesellschaft zumeist, welchen rechtsstaatlichen Wert ein Handeln kann, das den unabhängigen Richter bei seiner Suche nach dem richtigen Ergebnis behindert. Allenfalls findet die allgemeine anwaltliche Aufgabe des Rechtsrats gegenüber einem Mandanten ihren Platz bei der Erfassung der Prozessrolle.

17   Wenn der Eindruck der Überflüssigkeit der Mitwirkung von Verteidigung im Prozess auch auf der behinderten Richterseite dominiert, wird der Erklärungsbedarf für das Phänomen Verteidigung deutlich. Soll Verteidigung am Ziel der Fairness und Gerechtigkeit mitwirken, orientiert sich die ihr zugedachte Rolle vordergründig aber an Maßstäben der Unfairness, kann nur der erweiterte Blick auf die Struktur des Strafprozesses den rechtsstaatlichen Wert von Verteidigung begreiflich machen. Das Gewicht der Verteidigung erfährt ihre von der Gesellschaft zugedachte Aufgabe erst in der Balance eines Gesamtsystems.

Die in der Institution der Verteidigung verankerte Fairness des Verfahrens lässt sich erst über die Abstrahierung rechtsstaatlicher Grundsätze erfahrbar machen.

18   Recht besteht nicht nur darin, Regeln zur Anwendung auf einen bestimmten Sachverhalt aufzustellen. Recht besteht auch darin bindende Vorgaben dafür zu formulieren, wie ein solcher Sachverhalt gefunden werden kann, der Bezugspunkt der Anwendung materieller Vorschriften ist. Dies ist Gegenstand des **Prozessrechts**. Die Sachverhaltsrekonstruktion im Strafprozess unterliegt besonderen Anforderungen sowohl im Hinblick auf die Durchsetzung des materiellen Strafanspruchs als auch unter Berücksichtigung der gravierenden Folgen einer Kriminalstrafe.

19   Die rechtlichen Vorgaben des Prozessrechts skizzieren Aufführungsmaximen für ein großes Theater. Die streng reglementierte Inszenierung mit dem Ziel der Suche nach Sachverhalten erschöpft sich allerdings nicht in der Aufführung. Zweck und Intensität der Regeln legitimieren sich auch aus der inhaltlichen Botschaft, die als Konsequenz aus dem sich ergebenden Sachverhalt gezogen wird: Final zielt das Ergebnis der Suche auf die faktische Durchsetzung strafrechtlicher Normen ab. Der Aufwand des strafrechtlichen Verfahrens dient damit letztendlich der **Durchsetzung des materiellen Rechts**.

20   Sachverhaltsforschung wird betrieben, damit – falls das Ergebnis dies hergibt – der Dieb und der Mörder tatsächlich bestraft werden. Erst durch die öffentliche Verurteilung wird die faktische Geltung straf-

rechtlicher Normen in der Gesellschaft sichtbar gemacht: Spezial präventive Wirkungen können sich erst hier konkret ebenso entfalten wie die Dokumentation der Unverbrüchlichkeit der strafrechtlichen Norm.

Die Sinnhaftigkeit des gesamten strafprozessualen Geschehens erschließt sich damit erst durch dieses Ziel. Gerade dieses Ziel beinhaltet allerdings den schwersten nur denkbaren Eingriff in Freiheits- und Entfaltungsrechte des Bürgers durch den Staat. Steht am Ende des Prozesses als Konsequenz des festgestellten Sachverhalts die Subsumtion unter eine Strafnorm, wird der Bürger mit einer der schwerwiegendsten Sanktionen belastet, die das Rechtssystem kennt: Mit der Verhängung einer Kriminalstrafe wird die existenzielle Bedeutung auch des Prozessrechts evident. **21**

Staatliche Machtausübung wird an keiner Stelle unserer Gesellschaft so deutlich wie gerade im Strafprozess. **Strafverfahren ist Ausübung massiver Gewalt des Staates gegen seine Bürger.**

Das gilt vornehmlich für den betroffenen Beschuldigten, falls er in einem Urteil zu einer Kriminalstrafe verurteilt wird, die sein Leben ruinieren oder auf lange Zeit massiv einschränken kann. Dies gilt allerdings auch für das Verfahren selbst, das für den Beschuldigten eine nicht wieder gut zu machende lebenslange psychische Belastung darstellen kann und angesichts der möglichen vorläufigen Zwangsmaßnahmen bis zur Untersuchungshaft bereits tief in seine Lebensführung eingreift. Dies gilt allerdings darüber hinaus auch für jeden anderen Bürger, dem zugemutet wird, im Hinblick auf die Sachverhaltsaufklärung weitgehende Einschränkungen seiner Freiheiten zu akzeptieren – von der Beschlagnahme eigener Sachen im Hinblick auf ihre Beweisqualität über das Abhören eigener Gespräche, über das Ertragen von Durchsuchungsmaßnahmen bis hin zu den sanktionsbewehrten Pflichten als Zeugen. **22**

Die Regeln für das Verfahrensrecht haben den widerstreitenden Interessen Rechnung zu tragen. Auch angesichts der zielführenden legitimierten Suche nach dem Sachverhalt, der erst die Unverbrüchlichkeit von Strafrechtsnormen in der Gesellschaft gewährleisten kann, muss das Prozessrecht dessen Relativierung durch die einem liberalen Staatsverständnis immanente Berücksichtigung der bürgerlichen Freiheitsrechte leisten. **23**

Konsequent müssen strafprozessuale Regelungen ein Höchstmaß an **Qualität** bei der **Sachverhaltsrekonstruktion** garantieren. Der Strafprozess in einer demokratischen Gesellschaft muss daher stets von dem Bemühen getragen sein, die Möglichkeit von Fehlurteilen durch menschliche Schwächen auf der Entscheiderseite zu minimieren. **24**

Im Hinblick auf seine außerordentlichen grundrechtsbeschränkenden Auswirkungen hat das strafrechtliche Prozessieren darüber hinaus einem anderen Gesichtspunkt Rechnung zu tragen: Staatliche Machtausübung ist letztlich stets das Produkt der menschlichen Funktionsträger. Ihr Gebrauch impliziert Missbrauch. Ist **Kontrolle und Beschränkung von Machtausübung** leitendes Prinzip der Organisation einer demokratischen Gesellschaft, so müssen diese Mechanismen gerade im Strafprozess ihre besondere Ausprägung finden. Die Behinderung richterlichen Agierens bei der Wahrheitssuche durch besonders enge gesetzliche Vorgaben ist damit essenzieller Bestandteil rechtsstaatlichen Prozessierens. **25**

»Die Blüthezeit der Freiheit ist zugleich die Periode der peinlichsten Strenge der Form... Die Form ist die geschworene Feindin der Willkür, die Zwillingsschwester der Freiheit.«[7] **26**

Die Strategien eines Prozessrechts zur Erreichung dieses Ziels können theoretisch unterschiedlich sein. Sie unterscheiden regelmäßig allerdings zwei Phasen: Zum einen die Regulierung des Sammelns von Beweisen, zum anderen die Bewertung der Beweisergebnisse. **27**

II. Das Bewerten von Rekonstruktionselementen

Die »Wahrheit« zu ergründen, ist das Ziel des Strafprozesses. Mit der Formulierung dieses Ziels verbunden ist das Bewusstsein seiner Unerreichbarkeit.[8] Die Strafprozessordnung (§ 244 Abs. 2 »zur **28**

---

7 *Rudolf von Jhering* Geist des römischen Rechts, 4. Bd. 1862–1865, Teil 2, Abteilung 2.9.; unveränderte Aufl. 1968, S. 471 f.
8 RGSt 61, 202, 206; 66, 163, 164.

Erforschung der Wahrheit«) beschreibt nur die Methode der Suche, nicht das Ziel. Statt eines an objektivierbaren Kriterien ausgerichteten Wahrheitsbeweises begnügt sich die Strafprozessordnung mit Bildern im Kopf des Richters. Rechtlich gefordert ist für ein Urteil nur die subjektive richterliche Überzeugung von der Wahrheit.

29   »Denn der Rechtssatz lautet nicht: Wenn ein bestimmter Mensch einen Mord begangen hat, soll eine bestimmte Strafe verhängt werden, sondern: Wenn das zuständige Gericht ... festgestellt hat, dass ein bestimmter Mensch einen Mord begangen hat, soll das Gericht über diesen Menschen eine Strafe verhängen.«[9]

30   Ist die Wirklichkeit schon schwer fassbar, lediglich eine Interpretation individueller Kognition oder nur das Resultat von Kommunikation durch annähernde Beschreibung, ist deren Rekonstruktion ein artifizieller Akt. Die Wahrheitssuche hatten Aufklärung und reformierter Strafprozess schon vor 200 Jahren als metaphysisches Konstrukt des historischen Inquisitionsprozesses entlarvt. Die richterliche Gewissheit von der Schuld kann nur auf einem hohen Maß an Wahrscheinlichkeit beruhen, Ziel des Rechts kann nur eine spezifische Zuverlässigkeit sein.[10]

31   Die Feststellung des für eine Entscheidung notwendigen Sachverhalts kann immer nur eine **Annäherung an eine historische Realität** sein. Das gilt für jede wissenschaftliche Arbeit ebenso wie für Berichte von Untersuchungskommissionen oder Ergebnisse einer strafprozessualen Beweisaufnahme. Auch wenn man das Ergebnis als »Fakt« oder gar »Wahrheit« etikettiert, verliert es nicht den Charakter eines **durch menschliche Bewertung vorgenommenen Konstrukts**. Sachverhaltsrekonstruktionen können niemals einen Allgemeingültigkeitsanspruch haben. Sie entbehren jeder wissenschaftlichen Verifizierbarkeit.

32   Im Kern beruht das Ergebnis von Rekonstruktionen auf der Selektion von Rekonstruktionsmaterial und dessen Sinnzuweisung durch den Entscheider. Der historische Sachverhalt wird nicht gefunden, sondern durch menschliche Bewertung als solcher bestimmt. Wahrheit im Strafprozess wird nicht wie ein Schatz nach langer Suche gehoben; Wahrheit ist das Ergebnis der subjektiven richterlichen Überzeugung nach Ritual und Diskurs einer Hauptverhandlung.[11]

33   Das Ergebnis der Rekonstruktionsbemühungen kann z.B. dahin gehen, dass ein Zeuge behauptet, den Angeklagten am Tatort mit einem Messer in der Hand gesehen zu haben. Ob der entscheidende Richter in seinem historischen Sachverhalt von der Anwesenheit des Angeklagten am Tatort ausgeht, hängt von zahlreichen bewertenden Zuweisungen ab. Die Genauigkeit einer Personenbeschreibung durch den Zeugen spielt hierbei ebenso eine Rolle wie dessen feststellbare Wahrnehmungsmöglichkeiten oder die Tatsache, dass gegen den Zeugen selbst ein Verdacht an der Beteiligung der angeklagten Tat bestanden hat oder dieser konzedierte, der Angeklagte habe ihm – dem Zeugen – Monate zuvor eine Freundin ausgespannt.

34   Theoretisch sind vielfältige **Denkmodelle** zur Überzeugungsbildung vorstellbar. Im privaten, gesellschaftlichen und politischen Leben werden zahlreiche Entscheidungen davon abhängig gemacht, von welchem Sachverhalt der Entscheidungsträger ausgehen darf. Die Anforderungen an den Charakter eines Rekonstruktionsprodukts hängen in den unterschiedlichen Entscheidungssituationen maßgeblich von zwei Überlegungen ab: Zum einen ist Voraussetzung der Verwendung von Sachverhaltsrekonstruktionen die Erkenntnis, dass als Folge begrenzter objektiver Rekonstruktionsmög-

---

9 *Kelsen*, Reine Rechtslehre, 2. Aufl. 1960, S. 246; zu den Konsequenzen: *Wilhelm* Fehlerquellen bei der Überzeugungsbildung, HRRS 2014, 279 ff.

10 S. hierzu *Ignor* Geschichte des Strafprozesses in Deutschland 1532–1846, 2002, mit ausführlichen Zitaten von Rechtsgelehrten des 18. Jahrhunderts.

11 Zur prozessualen Wahrheit s. z.B. *Grasnick* Wahres über die Wahrheit – auch im Strafprozeß, in: 140 Jahre Goltdammers Archiv für Strafrecht, 1993, 55 ff.: *Gerson* Wahrheit, Wahrheitsfindung, Wirklichkeit – Strafverfahren zwischen »Sein« und »Sollen«, in: Ergebnisse des 43. Strafverteidigertages, 1. Aufl. 2020, S. 185 ff.; *Neumann* Wahrheit im Recht. Zu Problematik und Legitimität einer fragwürdigen Denkform, 2004; *Gutmann* Wahrheit, in: Fischer (Hrsg.) Beweis, 2019, S. 11 ff.; *Strauch* Methodenlehre des gerichtlichen Erkenntnisverfahrens, 2017.

lichkeiten einerseits und menschlicher Erkenntniskraft andererseits jedes Ergebnis Fehler behaftet ist; jede nachträglich gewonnene Sachverhaltsbasis für eine Entscheidung unterliegt einem mehr oder weniger großen **Fehlerrisiko**. Wie sehr der Entscheidende bereit ist – oder sein darf – ein solches Fehlerrisiko einzugehen, hängt regelmäßig zum einen von der Bedeutung der zur Entscheidung anstehenden Frage ab, zum anderen von der Qualität der Erkenntnismöglichkeiten mithilfe derer ein Sachverhalt rekonstruiert wird.

▶ **Beispiele des alltäglichen Lebens:**

–   Der Fußballschiedsrichter entscheidet blitzschnell und anhand dürftiger eigener Erkennt-   35
    nisse darüber, ob ein Handspiel im Strafraum vorliegt und er einen Strafstoß zu verhängen
    hat. Die Fehlerquote ist hoch, wird angesichts des Spielcharakters und der Notwendigkeit
    der sofortigen Spielfortsetzung aber akzeptiert.

–   Trotz Bestreitens ihres Partners beendet die Verlobte ihre Beziehung, da sie überzeugt ist,
    dass dieser ein Verhältnis mit einer anderen Frau hat. Die Überzeugung stützt sich auf
    Gerüchte, ist aber angesichts des nicht behebbaren Misstrauens aus der subjektiven Sicht
    der Verlobten ausreichend.

Angesichts der Aufgabe des Strafprozesses muss der Anspruch an die Minimierung von Fehlerrisiken   36
extrem hoch sein. Die Umsetzung dieses Anspruchs im Rahmen der richterlichen Entscheidungsprozesse ist rechtlich nur sehr beschränkt fassbar. Der Umgang mit Erkenntnissen, die in einem
Strafprozess gewonnen worden sind, ist trotz seiner Bedeutung bislang in keiner Rechtsordnung
befriedigend geregelt worden. Das Gericht hat in der Beratung die Entscheidung darüber zu treffen,
ob aufgrund der Ergebnisse der Beweisaufnahme das Gericht von einem bestimmten Sachverhalt
ausgehen kann. Bei allen Bemühungen um Vollständigkeit wird eine Beweisaufnahme stets nur
Bruchstücke an Erkenntnissen liefern können, welche die Basis für die **gerichtliche Rekonstruktion**
darstellen. Das Gericht hat in einem Wertungsakt **Schlussfolgerungen** vorzunehmen. Dabei hat es
in einem ersten Schritt die Qualität der Beweismittel (wie z.B. die Glaubwürdigkeit eines Zeugen)
zu untersuchen. In einem zweiten Schritt ist zu überprüfen, ob der vermittelte Informationsstand
über einzelne Fakten ausreicht, um hierauf die Überzeugung von einem bestimmten Gesamtgeschehen aus der Vergangenheit stützen zu können. Die durch Beweismittel transferierten Informationen
können stets nur Indizcharakter haben, sodass praktisch jeder Strafprozess ein sogenannter **Indizienprozess** ist.

Der bewertende richterliche Vorgang des Schlussfolgerns ist rechtlicher Regelung nur sehr schwer   37
zugänglich. Der persönliche Eindruck von Zeugen oder auch die Stärke des indiziellen Charakters
einzelner Sachverhaltselemente unterliegt kaum überprüfbarer richterlicher Einschätzung. Die materielle Vorgabe dieses Bewertungsvorgangs muss die eines besonders kritischen Würdigens sein. Die
Vorgaben und Ziele des Strafprozesses fordern, dass **der Zweifel** die dominierende Strategie ist, mit
der das Gericht sich an die Aufgabe der Sachverhaltsrekonstruktion begibt. Die Unschuldsvermutung ist die denknotwendige Ausgangshypothese, die durch Erkenntnisse des Strafprozesses widerlegt sein will. Der skeptische Umgang mit prozessualen Erkenntnissen ist dabei wesentliches Element
der Minimierung von Fehlerrisiken und damit letztlich Garant der bürgerlichen Freiheitsrechte. In
allen demokratischen Rechtsordnungen und über alle Grenzen hinweg ist das Prinzip unbestritten,
wonach die Überzeugungsbildung eines Gerichts von einem Sachverhalt, der die Täterschaft des
Angeklagten begründet, nur dann möglich sein darf, wenn aus gerichtlicher Sicht kein vernünftiger
Zweifel daran besteht, dass sich die Tat tatsächlich in der festgestellten Form ereignet hat.

Die formalen Organisationsmöglichkeiten zur Sicherung dieses materiellen Prinzips sind einge-   38
schränkt. Frühere Rechtsordnungen haben Entscheidungsfreiheiten und damit Willkürgefahren zu
reduzieren versucht, indem sie durch konkrete **Beweisregeln** bindende Vorgaben bezüglich der
Schlussfolgerung geschaffen haben. Den Besonderheiten des Einzelfalles konnten solche starren
Regeln allerdings nicht Rechnung tragen.

Ausschluss von richterlicher Willkür war in traditionellen Rechtsordnungen beabsichtigt, indem bei-   39
spielsweise der Richter zwingend von einem Sachverhalt auszugehen hatte, wenn dieser von zwei unab-

hängigen Zeugen bestätigt wurde. Eine ähnliche Bedeutung haben klassische Regeln, wonach eine Verurteilung nur nach einem Geständnis des Beschuldigten erfolgen durfte. Die vermeintlich Recht sichernde Funktion endete historisch im Missbrauch der Folter.

40 Den Gefahren einer auch emotional bedingten Fehlleitung von Schlussfolgerungen will das **Jury-System** entgegentreten, indem es unter Anwendung demokratischer Prinzipien zum einen unvoreingenommene Laienrichter entscheiden lässt, zum anderen durch Mehrheits- oder sogar Einstimmigkeitsentscheidungen eines großen Gremiums den Einfluss derart störender Faktoren reduziert. Andererseits ist die Gefahr einer gefühlsbetonten gerichtlichen Entscheidung dann besonders groß, wenn diese nicht mehr nachvollziehbar begründet werden muss, sondern sich auf ein einfaches »Ja oder Nein«, »schuldig oder nicht schuldig« beschränkt.

41 Die deutsche Strafprozessordnung favorisiert – spätestens seit Abschaffung des Geschworenensystems in den zwanziger Jahren des vergangenen Jahrhunderts – eine Kontrolle, bei der das Gericht in rational nachvollziehbarer und damit auch durch Revisionsgerichte überprüfbarer Art und Weise seinen Bewertungsvorgang wiederzugeben hat. Bei der Beweiswürdigung ist das Gericht frei von starren Beweisregeln. Die **Freiheit der richterlichen Beweiswürdigung** (§ 261) bedeutet allerdings nicht völlige Freiheit von allen Vernunfterwägungen. Mangels konkreter gesetzlicher Vorgaben hat die höchstrichterliche Rechtsprechung versucht konkrete rechtsstaatliche Grenzen dieses Beweiswürdigungsvorganges aufzuzeigen. Die Regeln der Logik sind hierbei eine ebenso selbstverständliche wie weit gezogene Grenze. Schwer überprüfbar erscheint das Verbot, nicht von den Regeln der allgemeinen Lebenserfahrung abzuweichen. Letztlich wird von der Revisionsrechtsprechung die Entscheidung des Strafrichters auch angesichts ihrer intuitiven Elemente dann akzeptiert, wenn ihre Fragwürdigkeit nicht schon durch die Unvollständigkeit des Abwägungsprozesses oder die Heranziehung gesellschaftlich inakzeptabler Maßstäbe evident wird.

42 **Fazit:** Auch ein modernes Strafprozessrecht offenbart gerade in seinen sensibelsten Bereichen ein enormes Defizit. Wo nach traditionellen rechtsstaatlichen Maßstäben angesichts der Massivität staatlicher Eingriffsmöglichkeiten zur Minimierung von Willkür strenge gesetzliche Vorgaben und aufwendige Mechanismen zu deren Kontrolle erwartet werden dürfen, pflegt der deutsche Strafprozess die Freiheit des Richters, die Abschaffung der ihn bindenden Handlungsanweisungen und die Scheu der Überprüfung dieses Bewertungsvorgangs.

III. Das Sammeln von Beweisen

43 Nicht Wahrheit als ideales – und für die Praxis irrelevantes – Verfahrensziel ist Gegenstand der Regelung der Prozessordnung, sondern die Organisation der Suche. Von der Bewertung der Beweisergebnisse und den sie tragenden Prinzipien sind die Strukturen des Sammelns der Erkenntnisse im demokratischen Strafprozess zu unterscheiden. Auf diesen Bereich des Prozessierens konzentrieren sich traditionell die rechtsstaatlichen Bemühungen um Lenkung und Kontrolle des Verfahrens durch Formalisierung.

44 Dies gilt allerdings erstaunlicherweise gerade nicht für den Ausgangspunkt des inquisitorischen Systems. Das deutsche Prozessrecht ist von der Idee geprägt, dass der Richter zu umfassender Sachaufklärung verpflichtet ist. Die Aufgabe Beweise zu sammeln, bis eine ausreichende Bewertungsgrundlage vorliegt, ist die Konsequenz des **Aufklärungsgrundsatzes** (§ 244 Abs. 2). Damit soll – im Gegensatz zum pragmatisch und allein interessenorientierten angelsächsischen Parteiprozess – durch die inquisitorische Rolle des Gerichts und seine umfassende Kompetenz zur Beweiserhebung eine bestmögliche Garantie der Vollständigkeit des Beweismaterials gesichert werden. Eine detaillierte gesetzliche Absicherung dieser fundamentalen Idee existiert allerdings nicht. Die ergänzenden Vorgaben der höchstrichterlichen Rechtsprechung sind vage und widersprüchlich, deren effektive Kontrolle – so die Statistik der entsprechenden Aufklärungsrügen in der Revisionsinstanz – existiert praktisch nicht.

45 Darüber hinaus formt im Konzept der StPO die institutionalisierte Vorermittlung durch die Staatsanwaltschaft und das Akkusationsprinzip eine weitere Garantie der Vollständigkeit und Richtigkeit der

Sachverhaltsermittlung. Auch wenn diese Ermittlungen zu einem großen Teil unüberprüft geführt werden, soll die Bindung des Staatsanwalts an Gesetz und Recht sowie seine Verpflichtung zur strikten Objektivität ein wirksamer Filter dafür sein, dass lediglich Sachverhalte einer Anklage – gleich bedeutend mit einer hohen Wahrscheinlichkeit ihres Vorliegens – das Strafgericht zu einer Entscheidung erreichen.

Die Überzeugungsbildung von einem Sachverhalt wird entscheidend davon geprägt, wie umfassend **46** im Prozess ermittelt werden kann und mit welcher Qualität die Ermittlungen geführt werden können. Der richterliche Einfluss auf diese beiden Faktoren stellt damit einen wichtigen Teil staatlicher Machtausübung im Strafprozess dar. Er bedarf daher in besonderer Weise der demokratischen Kontrolle. Auf diesen Aspekt konzentrieren sich die gesetzlichen Regelungsbemühungen.

Eine wichtige Kontrollfunktion soll hierbei die **Öffentlichkeit** ausüben. Dominieren nicht aus- **47** nahmsweise entgegenstehende Gesichtspunkte, muss der Öffentlichkeit zumindest als passiver Zuschauer eine umfassende Teilhabe an der Hauptverhandlung garantiert werden. Die Effektivität dieser Kontrollmöglichkeit ist seit der Geburt dieser Idee durch gesellschaftliche Veränderungen allerdings reduziert. Die Presse könnte diese Funktion ausführen, scheitert aber häufig aufgrund mangelnder Wertschätzung dieser Aufgabe und ihr folgend eingeschränkter journalistischer Qualität.

Kontrolle durch Einschränkungen der Willkürmöglichkeiten vermittelt darüber hinaus das Prinzip **48** des **gesetzlichen Richters**. Kein Richter, der in irgendeiner Form einen konkreten Bezug zum zu entscheidenden Fall hat, soll an seiner Entscheidung mitwirken. Abstrakt werden daher im Vorhinein sowohl die sachliche wie die örtliche Zuständigkeit eines Gerichts für einen Fall bestimmt. Der konkret berufene Richter kann darüber hinaus von anderen Verfahrensbeteiligten regelmäßig allein bereits wegen des Anscheins einer Befangenheit abgelehnt werden.

Sowohl der öffentlichen Kontrolle als auch der Sicherstellung der **Qualität der Beweisaufnahme 49** dient das Prinzip der **Unmittelbarkeit**. Nur diejenigen Elemente einer möglichen Beweisführung sollen Gegenstand des Urteils werden, die für jedermann erkennbar in die Hauptverhandlung eingeführt worden sind. Nicht allein die abstrakte Bezugnahme auf Aktenbestandteile oder gar Protokolle früherer Vernehmungen können den Kern der Überzeugungsbildung des Gerichts ausmachen, sondern maßgeblich der unmittelbare und frische persönliche Eindruck im Forum der Gerichtsverhandlung.

Möglichen Manipulationen und damit dem Verdacht der Willkür seitens des ermittelnden Richters **50** wäre die Beweisaufnahme dann ausgesetzt, wenn die Art und Weise der Informationsbeschaffung für niemanden vorhersehbar vom Richter bestimmt werden könnte. Vorhersehbarkeit und damit Kontrolle auf der einen Seite, Sicherstellung der Qualität auf der anderen Seite dient die **Formalisierung** der Beweisaufnahme, insbesondere ihre Reduzierung auf die **Strengbeweismittel**. Formalisiert ist auch deren Verwendung. Der Rahmen der Befragung eines Zeugen in der Hauptverhandlung ist beispielsweise ebenso vorgeschrieben wie die Art und Weise der Einführung einer Urkunde. Prozessual tolerabel sind nur diejenigen Ergebnisse der Beweisaufnahme, die ohne Verstoß gegen die formalisierten gesetzlichen Bedingungen in die Hauptverhandlung eingeführt worden sind.

Obwohl die optimale Rekonstruktion des strafrechtsrelevanten Sachverhalts das Primärziel des Straf- **51** prozesses darstellt, spiegelt er auch rechtliche Wertentscheidungen wider, die im Einzelfall der Optimierung dieser Suche entgegenstehen. So verdeutlicht beispielsweise das Zeugnis- oder Auskunftsverweigerungsrecht von Zeugen, dass staatlich organisierte Informationsbeschaffung im Respekt vor akzeptierten privaten Geheimnissphären zurücktreten kann.

Sowohl der Respekt vor den vorrangig zu schützenden Intimbereichen als auch die Betonung der **52** Einhaltung prozessualer Formalien können zur Konsequenz haben, dass selbst für jedermann erkennbare Resultate von Erkenntnisbemühungen im Strafverfahren keine Berücksichtigung finden dürfen. **Beweisverwertungsverbote** gehören daher zwingend zum Konzept rechtsstaatlichen Prozessierens.

Letztlich ist der demokratische Strafprozess dadurch geprägt, dass der **Angeklagte** nicht als Objekt, **53** sondern als teilhabeberechtigtes **Subjekt** des Strafverfahrens erscheint. Er ist nicht nur derjenige, über den verhandelt wird. Er ist nicht gezwungen, sich zum Beweismittel gegen sich selbst zu machen, und darf daher schweigen. Er ist auch derjenige, der in Ausübung seines rechtlichen Gehörs die Verhandlung selbst mitgestalten kann. Hierzu gehört zunächst eine umfassende Information über den gesamten Prozessstoff und die Umstände des Verfahrens. Er hat eigene Gestaltungsrechte dadurch, dass er – schon zu einem frühen Zeitpunkt im Prozess – seine Verteidigungsdarstellung abgeben kann. Er hat wie jeder andere Verfahrensbeteiligte gleichermaßen das Recht auf eine Überprüfung der Qualität der herangezogenen Beweismittel. Jeden **Zeugen** darf er selbst **befragen**. Darüber hinaus hat er auch auf den Umfang der Beweisaufnahme durch **Beweisanträge** eine Gestaltungsmöglichkeit. Seine Teilhabe ist damit ein entscheidendes Prinzip, um die notgedrungene Einseitigkeit des inquisitorisch agierenden Richters auszubalancieren.

IV. Ziel: Verfahrensgerechtigkeit

54 Der Strafprozess will den Schuldigen verurteilen und den Unschuldigen vor Machtmissbrauch, Irrtümern und anderen menschlichen Schwächen schützen. Wahrheit in seinem Absolutheitsanspruch gibt das Verfahrensziel angesichts der völlig unterschiedlichen Zwecke nur unvollkommen, wenn nicht sogar falsch wieder. Die Effektivität der Sachverhaltsrekonstruktion ist – insbesondere in der strafrechtlichen Hauptverhandlung – nicht der alleinige Maßstab des Prozessierens, hierfür hätten einige wenige Vorschriften ausgereicht. Es ist die freiheitssichernde Funktion des Strafprozesses, der die Sachaufklärung zu einer durch Formalisierungen und Ritualisierungen durchwirkten gerichtlichen Inszenierung macht. Ohne dass die einzelnen Rituale für ihre Relevanz im Hinblick auf ihre Nützlichkeit für einen bestimmten Zweck im Einzelfall beweispflichtig sind, ist deren Befolgung zur Schaffung eines gerechten Ergebnisses das primäre Ziel des Verfahrens.

55 Wenn ein Urteil mit der Feststellung eines Sachverhalts den Anspruch hat, Gerechtigkeit zu verwirklichen, leitet es die Legitimation hierfür allein aus dem Bestreben nach einer optimierten Sachverhaltssuche ab. Das Urteil schafft nicht Klarheit, Endgültigkeit und Rechtsfrieden, weil es in einem naturwissenschaftlich verstandenen Sinne »richtig« ist. Es erfährt seine primäre Legitimation durch das Verfahren. Erst die Einhaltung der prozessualen Regeln, die die richterliche Aufmerksamkeit ebenso wie die Berücksichtigung der anderen Verfahrensbeteiligten und Rechte Dritter sichern sollen, kann dem Ergebnis der Suche **gesellschaftliche Akzeptanz** verschaffen.[12] Es ist die Einhaltung des richtigen Weges, die Proz**e**duralisierung der vernunftgeleiteten Wahrheitssuche, dessen Ergebnis in einem wahrheitsanalogen Sinn Richtigkeit in Anspruch nehmen kann und gerade deswegen auch die friedensstiftende Wirkung eines Strafurteils unter Einbeziehung des Verurteilten entfalten kann. Strafe am Ende eines Prozesses ist nicht gerechtfertigt, weil das Gesetz unfehlbare richterliche Wahrheit garantiert; Wahrheit ist nicht das Richtige in Abgrenzung vom Falschen, sondern allenfalls das Angemessene in Abgrenzung zum Unangemessenen. Zweck des Prozesses ist die Erlangung von Akzeptanz unter Berücksichtigung unterschiedlicher Gerechtigkeitsvorstellungen der Beteiligten.[13] Strafe ist legitimiert, weil sie am Ende eines strikt eingehaltenen Verfahrens steht, von dem die Gesellschaft sich eine weitgehende Annäherung an das Angemessene und eine Abwesenheit von Willkür oder Fehleinschätzungen erhofft;[14] strafprozessuale Wahrheit kann nur als »vereinbarte Wirklichkeit« aufgefasst werden.

56 Kann das Ergebnis der Beweisaufnahme niemals »Wahrheit« widerspiegeln, ist das Ziel des Strafprozesses darauf beschränkt, im Hinblick auf die Realisierung der Strafzwecke in weitgehend verlässlicher Form einen Sachverhalt nachträglich zu rekonstruieren. Zum einen gilt es, das Risiko von Fehlurteilen zu minimieren, zum anderen gilt es im Rahmen der Informationsbeschaffung, Grundrechte sowohl des Angeklagten als auch anderer Beteiligter zu wahren. Ziel ist damit nicht die Wahrheit genannte optimale Rekonstruktion, sondern die Untersuchung, ob angesichts der prozessualen

---

12 Grundlegend zur legitimierten gesellschaftlichen Konfliktverarbeitung durch Verfahren: *Luhmann* Legitimation durch Verfahren, 3. Aufl. 1983.

13 LR/*Kühne* Einl B Rz 51.

14 *Börner* Legitimation durch Strafverfahren – Die normative Kraft des Misstrauens, 2014, insbes. 184 ff.

Beschränkungen eine ausreichende Sachverhaltsbasis gefunden werden kann. Prozessziel kann daher auch die mögliche Feststellung sein, dies nicht zu erreichen.

Gerechtigkeit, die mit einer zu verhängenden Strafe angestrebt wird, lässt sich damit nicht nur über das materielle Recht, sondern auch durch den Kontext eines demokratischen Prozessierens verstehen. Der Strafprozess hat »Verfahrensgerechtigkeit« zu realisieren. Die Verwirklichung dieses rechtsstaatlichen Ziels kann die Gesellschaft ebenso wie der Angeklagte erwarten. Der Angeklagte hat kein Recht, sich wegen einer Tat der Konsequenz der Strafe zu entziehen, er hat aber einen subjektiven Anspruch auf die Einhaltung eines Verfahrens und der Mechanismen, die die Gefahr eines Fehlurteils minimieren sollen. Und er hat einen Anspruch auf professionellen Beistand bei der Umsetzung dieses Anspruchs. **57**

Dem Ziel der Verfahrensgerechtigkeit ist die Strafverteidigung ebenso verpflichtet wie jeder andere Prozessbeteiligte. Hier ist der Verteidiger Teil und Teilhaber (oder: Organ) des Strafverfahrens. Wer **Strafverteidigung** mit in die **Verantwortung** für ein übergreifendes rechtsstaatliches Ziel nehmen will, findet die materielle Berechtigung hierfür in dem Bestreben nach Verfahrensgerechtigkeit. **58**

C. Die Organisationsformen der prozessualen Wahrheitssuche und die Rolle der Verteidigung im inquisitorischen Verfahren

I. Unterschiedliche Lösungsformen

59 Die Struktur des Strafprozesses ist dadurch gekennzeichnet, dass dem **richterlichen Handeln** angesichts der gravierenden Folgen für den Angeklagten und damit verbunden dem Risiko einer willkürlichen Machtausübung **strenge Grenzen** gesetzt werden. Dazu gehört einmal die Formalisierung weiter Teile der Beweisaufnahme. Zum anderen gehört hierzu allerdings auch materiell die Verwirklichung der Unschuldsvermutung und des Anspruchs, Entscheidungen zulasten des Angeklagten nur zu treffen, wenn diese über jeden Zweifel erhaben sind. Ergänzt wird die Struktur des demokratischen Prozesses durch die Teilhabe des Angeklagten am Verfahrensgeschehen, mit der sein Anspruch auf Respekt und Würde seiner Persönlichkeit realisiert wird.

60 Auch wenn – neben anderen – diese grundlegenden Prinzipien des modernen demokratischen Strafprozesses weltweit anerkannt sind, hat die organisatorische Umsetzung in einen konkreten Prozess zur Wahrung dieser Grundsätze völlig unterschiedliche Wege eingeschlagen. Die nationalen Rechtsordnungen haben eine Vielzahl unterschiedlicher Detailregelungen vorgenommen, die sich nicht miteinander vergleichen lassen. Prinzipiell haben sich zwei unterschiedliche Systeme herausgebildet: zum einen der Parteiprozess des angelsächsischen Rechts, zum anderen der Strafprozess, bei welchem dem Richter die maßgebliche Untersuchung des Falles zukommt. **Die Rolle des Verteidigers** folgt hier jeweils **unterschiedlichen Systemvorgaben**.

61 Die Rolle der Verteidigung im **angelsächsischen Parteiprozess** ist klar definiert. Wenn Ankläger und Verteidigung gehalten sind, ihre unterschiedlichen Sichtweisen des Falles dem Gericht zu präsentieren, hat der Verteidiger die selbstverständliche Aufgabe, sowohl in der Logik der Darstellung als auch in seiner Einflussnahme auf die Beweisaufnahme in einseitiger und interessengebundener Sicht die Position des Angeklagten zu vertreten. Im modernen Strafprozess ist er in besonderer Weise berufen, die Einhaltung der den Angeklagten schützenden Normen zu beobachten und anzumahnen und bei der Beweiswürdigung die Konsequenzen des Zweifelgrundsatzes zu vertreten. Konkurrieren unterschiedliche Sichtweisen miteinander, personifiziert die Verteidigung eine denkbare Variante. Allein der prozessualen Umsetzung dieser Variante ist die Verteidigung verpflichtet.

62 Die Klarheit der Rollen von Anklage und Verteidigung als Antipoden ist letztlich auch durch das beschränkte Bewertungsergebnis für die Jury bedingt. »Wahrheit« mag auch hier das abstrakte Ziel der Jury sein. Nicht die bedingungslose Aufklärung will dieser Prozess erreichen.[15] Vielmehr ist zum einen die Thematik begrenzt durch das, was die Anklage vorträgt. Zum anderen geht es im angelsächsischen Verfahren darum, die Jury von der Richtigkeit eines der beiden »Fälle« – sei es dem der Anklage, sei es dem der Verteidigung – zu überzeugen, selbst wenn sie beide mit dem tatsächlichen Geschehen wenig gemein haben.

63 Der historische **Inquisitionsprozess** hatte ein anderes **Ziel: die materielle Wahrheit.** Der reformierte Inquisitionsprozess des 19. Jahrhunderts hat dieses Ziel beibehalten. Auch wenn durch das Akkusationsprinzip der Gegenstand des Untersuchungsgrundsatzes beschränkt wurde, lag dem Gesetzgeber viel daran, sich von angelsächsischen Vorbildern der Relativierung von gerichtlicher Wahrheitsfindung zu distanzieren. Sie seien »mit den allgemeinen Rechtsanschauungen des deutschen Volkes« nur schwer vereinbar.[16]

64 Das Ziel der Inquisition bestimmte auch die **Methode und gerichtliche Organisation** der Wahrheitsfindung. Der historische Inquisitionsprozess fasste den zu untersuchenden Angeklagten als

---

15 *Weßlau*, Wahrheit und Legenden: die Debatte über den adversatorischen Strafprozess, ZIS 2014, 558 ff.

16 *Hahn* Die gesamten Materialien zu den Reichsjustizgesetzen, Bd. 3, Materialien zur StPO, 2. Aufl. 1885, S. 1534 f., 1554.

Objekt des Verfahrens auf. Verteidigung zugunsten dieses Objekts war a priori systemwidrig und überflüssig.

Auch wenn heute dem Angeklagten als anerkanntem Subjekt des Verfahrens eigene Rechte zuge-   **65** standen werden, dominiert im dem Untersuchungsgrundsatz verhafteten System der Untersuchende. Obliegt die Erforschung und Bewertung des gesamten Prozessstoffes maßgeblich dem Richter, ist für ein System konsequenten Prozessierens die Institution eines Verteidigers nicht unabdingbar. Liegt die Verpflichtung zur distanzierten und unabhängigen Untersuchung im Strafprozess in den Händen eines **juristisch versierten und institutionell unabhängigen Richters**, so hat dieser die gesetzliche und moralische Verpflichtung, die Untersuchung entsprechend den gesetzlichen Leitlinien vorzunehmen. Es ist auch die Aufgabe des Richters, insbesondere die den Angeklagten schützenden Normen in besonderer Weise zu beachten. Verankert das Gesetz darüber hinaus die Verpflichtung der Ermittlungsbehörden, in objektiver Weise für und gegen den Beschuldigten sprechende Beweismittel im Vorverfahren zu sammeln und in Respekt vor den Prozessnormen auch in der Hauptverhandlung die Rechte des Angeklagten zu beachten, scheint der **Schutz der bürgerlichen Freiheitsrechte ausreichend gesichert.** Dieses System des durch unabhängige Richter geführten Strafprozesses, dem auch das deutsche Strafprozessrecht folgt, verlangt nicht zwingend nach der Mitwirkung eines Verteidigers.[17]

Wenn insbesondere traditionell mit Blick auf die angelsächsischen Vorbilder der deutsche Strafpro-   **66** zess die Rolle des Verteidigers institutionalisiert, fällt die Beschreibung seiner Rolle aufgrund der prinzipiellen Organisation des deutschen Strafprozesses schwer. Die **RStPO** sah einen Verteidiger als Mitwirkenden im Strafprozess vor, sie formulierte konkret zahlreiche einzelne Rechte des Verteidigers, Streitfragen über seine grundsätzliche Positionierung sind allerdings bis zum heutigen Tage nicht geklärt. **Legislatorisches Misstrauen** begleitete schon die Institutionalisierung des Verteidigers im 19. Jahrhundert.

Noch in Beratungen zur Reichsstrafprozessordnung vertraten viele Länder die Auffassung, dass   **67** Rechte der Verteidigung in erheblichem Maße beschnitten werden sollten. Die entscheidende Beratungskommission entschloss sich demgegenüber durch zahlreiche Einzelregelungen zu einer Integrierung des Verteidigers in den Prozess. Die eigentliche Begründung hierfür ist durch die Materialien nicht belegt. Die Aufgabe des Verteidigers wird teilweise damit beschrieben, er habe *»für die Ermittlung der Wahrheit mitzusorgen«* und ggf. den Freispruch unschuldig angeklagter Personen *»herbeizuführen«*.

Die Distanziertheit auch der Kommission ist jedoch überdeutlich:[18]

> »Neben diesen Erwägungen, welche zu einer Ausdehnung der Befugnisse der Vertheidigung dem Ent-   **68** wurfe und der Kommission einen gerechtfertigten Anlass darboten, hat die Kommission in Übereinstimmung mit dem Entwurfe darauf Bedacht genommen, Vorsorge zu treffen, dass diese Befugnis nicht zu unwürdigen Manipulationen und zu Gefährdungen des Untersuchungszweckes gemissbraucht werden. Der beste Schutz wird allerdings darin liegen, dass die Gesetzgebung der Vertheidigung die ihr gebührende Stellung im Verfahren einräumt und ihr mit demjenigen Vertrauen entgegen kommt, welches am Meisten geeignet ist, die Neigung zu Missbräuchen zu verhindern und den Widerwillen gegen sie zu verstärken. Das Misstrauen reizt zu Missbräuchen an, das Vertrauen sichert einen würdigen Gebrauch.«

Schon die frühe Gesetzgebung sah sich veranlasst, Manipulationen durch Verteidiger zu thematisieren. Das Misstrauen gegenüber Verteidigern scheint gesetzgeberisch institutionalisiert.

Die Überzeugung, die Zwecke des Strafprozesses mit der Inquisitionsmaxime ausreichend organisiert   **69** zu haben, muss Strafverteidigung als Fremdkörper wahrnehmen. Die Begründung ihrer Institutionalisierung bedarf weitergehender Überlegungen als der formalen Konsequenz eines Parteiprozesses.

---

17 *Hassemer* Strafverteidigung unter dem Grundgesetz, StV 2010, 394, 395 sieht den Beschuldigten von verteidigungsbereiten Prozessbeteiligten »umstellt«.
18 Vgl. Materialien I, S. 1555, 1556.

II. Die Rolle des Verteidigers zwischen Systembruch der Wahrheitssuche und der Notwendigkeit des Individualrechtsschutzes

1. Der ungelöste Konflikt

70   Ein Schlüssel für die Schwierigkeit der Rollendiskussion der Strafverteidigung liegt in der Vorstellung, der durch den unabhängigen Richter praktizierte Untersuchungsgrundsatz decke sämtliche rechtsstaatlichen Anforderung an Wahrheitssuche und Beschuldigtenschutz ab. Die Überzeugung von staatlicher Kompetenz erschwert die Einsicht in die Notwendigkeiten zusätzlicher Sicherungsmechanismen.

71   Die **Distanz staatlicher Organe** gegenüber dem Strafverteidiger ist zum einen bedingt durch die Verpflichtung des Anwalts zur einseitigen Interessenwahrnehmung. Ist Zweck des Prozesses die gemeinsame Suche nach der Wahrheit, muss ein einseitig gebundenes Handeln bei dieser Suche als systemwidrig erscheinen. Zum anderen spielte und spielt die fehlende Integrierung des Berufsstandes der Anwälte in den staatlich organisierten Strafprozess eine maßgebliche Rolle um eine ständige Skepsis des Gesetzgebers an der redlichen Mitarbeit des Anwalts im Prozess zu schüren.

72   Die Auseinandersetzung um die Rolle des Strafverteidigers schwankt in der Diskussion zwischen zwei Polen: Einerseits wird die Rolle des Verteidigers als die eines institutionalisierten, unabdingbaren und vertrauenswürdigen Funktionsträgers im Prozess beschrieben, andererseits wird er im Konfliktfall noch heute häufig als prozessualer Fremdkörper behandelt, der der gerichtlichen Wahrheitssuche im Wege steht. Bis heute fehlt ein Erklärungsmodell, das diese Widersprüchlichkeiten integrieren könnte.

2. Notwendigkeit eines Korrektivs im Prozesssystem zugunsten von Beschuldigtenpositionen

a) Die Grenzen des inquisitorischen Systems

73   Die tatsächlichen Verankerungen von Verteidigerrechten im Gesetz beruhen demgegenüber offensichtlich auf dem gerade nicht thematisierten Misstrauen gegenüber denjenigen Organen, die die Garantie für die Durchführung eines rechtsstaatlichen und fairen Strafverfahrens darstellen sollten. Trotz aller institutionellen Absicherung erschien auch dem Gesetzgeber die **Gefahr einer praktischen Durchführung** des Strafprozesses, in dem die Rechte des Beschuldigten gerade keine ausreichende Beachtung finden, derart groß, dass die **zusätzliche institutionalisierte Kontrolle** durch die Verteidigung für unabdingbar erachtet wurde. Weder fachliche Ausbildung noch moralische Integrität in den Personen der Richter und Staatsanwälte verhindern die Beeinflussung des Prozessgeschehens durch **Vorprägungen oder Unachtsamkeiten**. Das Gewicht des Prozesses, die Bedeutung der Beschuldigtenrechte und die existenziellen Folgen einer Strafe rechtfertigen auch – oder gerade – im Inquisitionsprozess die Verankerung der Verteidigerrolle.

74   Eine für den Angeklagten nachteilige **Vorprägung des Richters** ist durch die StPO bereits institutionell angelegt. Das **Ermittlungsverfahren** hat keinesfalls mehr nur die vorbereitende Funktion einer Hauptverhandlung, in der offen und unbelastet über vorgebrachte Vorwürfe diskutiert und entschieden werden kann. Eine regelmäßig von ermittelnden Polizeibeamten hinsichtlich des Umfangs der Art und Weise der Darstellung geprägte Akte dominiert auch die Hauptverhandlung. Der in der Hauptverhandlung entscheidende Richter hat die Pflicht diese sorgfältig zu studieren und an den Ergebnissen dieser vorformulierten Erkenntnisse zunächst den Gang der Hauptverhandlung zu orientieren. Auch ein besonnener und distanziert agierender Richter wird sich dieser Vorprägung nicht entziehen können. Er ist insbesondere auf den Horizont der Ermittlungsbehörden angewiesen. Sich allein dem Polizeibeamten aufdrängende entlastende Beweisaufnahmen, die aber tatsächlich unterlassen worden sind, werden auch im Rahmen der Inquisitionsmaxime vom Richter selbst selten erkannt werden.

Diese systembedingten, in psychologisch unvermeidbaren Konstellationen angelegten Fehleranfäl- 75
ligkeiten durch die Verteidigung auszugleichen, könnte als eine der wesentlichen vom Gesetzgeber
intendierten Funktionen der Verteidigung im Sinne eines Konzepts der Verfahrensbalance ausgelegt
werden.[19] Die historischen Quellen sprechen eher gegen eine stringente Institutionalisierung der
Verteidigung zu diesem Zweck. Die Fehleranfälligkeit des multifunktionalen Richters, der Vorergeb-
nisse des Ermittlungsverfahrens kennt, seine Prozessführung hieran ausrichtet und auf dieser Basis
den Beweisstoff in der Hauptverhandlung rezipiert und in der Urteilsfindung bewertet, wird zur
Aufrechterhaltung eines hierfür notwendigen Richterbildes nicht thematisiert. Wird die Fehlermöglichkeit nicht analysiert, kann auch keine Balance konstruiert werden.

Es erscheint eher eine mit der Hoffnung auf das Austarieren eines gefühlten Defizits der Organisa- 76
tionsstruktur des deutschen Strafprozesses verbundene Strategie des Gesetzgebers der StPO von 1877
gewesen zu sein, wenn das historisch bekannte Phänomen der Verteidigung in das neue Konzept
des Prozesses eingebunden wurde, ohne ihr eine exakte Prozessrolle der Ausbalancierung zuzuweisen.
Diese entwickelte sich eher anhand der praktischen Erprobung des neuen Prozessmodells, wie sie
exemplarisch das Reichsgericht mit der Entwicklung des Beweisantragsrechts und der damit verbundenen Stärkung der Verteidigung in der Frage der Einflussnahme auf den Umfang einer Beweisaufnahme vornahm. Das Verständnis für Verteidigung wurde hierbei weiter entwickelt, ohne dass
eine stringente systemkonforme Rollenbeschreibung gefunden wurde.

b) Die psychologischen Bedingungen der Fehleranfälligkeit richterlichen Handelns

»Cogito, ergo sum.« (*Descartes*)   77

> »Welch ein Meisterwerk ist der Mensch! Wie edel durch Vernunft! Wie unbegrenzt an Fähigkeiten! In
> Gestalt und Bewegung wie bedeutend und wunderwürdig! Im Handeln wie ähnlich einem Engel! Im
> Begreifen wie ähnlich einem Gott! Die Zierde der Welt! Das Vorbild der Lebendigen!« (aus *Shakespeare's*
> Hamlet, II. Akt, 2. Szene)

Geist und Vernunft prägen die außergewöhnliche Entwicklung der Spezies Mensch und haben ihn 78
die Umstände seines Lebens beherrschen lassen. Naturwissenschaften lassen mit Akribie und der
Kraft der Logik den Menschen als Herrscher der Welt erscheinen. Rationale Strukturen haben in
der Rechtswissenschaft Recht und Gerechtigkeit des modernen gesellschaftlichen Lebens eine Form
gegeben. Systematisierungen, generelle Regeln allgemeingültige Erklärungsmuster lassen jenseits
aller menschlichen Betroffenheiten und unberechenbaren Spontanreaktionen die distanzierte Bewertung auch sozial abweichenden Verhaltens als beherrschbar erscheinen.

Mit einem akademischen Erkenntnisprozess ist die Überwindung des Irrationalen in den Gerichts- 79
sälen durch die vernunftbegabten richterlichen Entscheider längst nicht erfolgt. Keine abstrakte
Rechtsregel beseitigt das konkrete richterliche Gefühl als zwangsläufige Folge der Kognition und
verarbeitenden Konstruktion des menschlichen Gehirns. Nur in der Theorie des Rechts sind Theorie und Praxis identisch; in der Praxis des emotionsgetränkten Strafprozesses sind Theorie und Praxis weit voneinander entfernt. Unvernunft dominiert auch robengeschmücktes Handeln und produziert Fehlentscheidungen.

Die prägende, aber selten ausformulierte Idee der Notwendigkeit einer Beteiligung eines Verteidigers 80
im inquisitorisch organisierten Strafprozess ist die Erkenntnis der Fehleranfälligkeit der vom in Personalunion agierenden Inquisitor und Urteilenden getroffenen Entscheidungen. Erst wer die Qualität dieser Fehler formuliert, kann für deren Minimierung Sorge tragen.

Die Erkenntnisse der modernen Psychologie bestätigen die gefühlten Befürchtungen des historischen 81
Gesetzgebers, begründen und ergänzen die Gefahren menschlicher Fehleinschätzungen mittlerweile
sehr viel umfassender, als dies dem Verständnis und Sprachgebrauch des 19. Jahrhunderts möglich
war. Tief verwurzelte menschliche Wahrnehmungs- und Entscheidungsmechanismen, die dem Ent-

---

19 *Schünemann* Die Hauptverhandlung im Strafverfahren, StraFo 2010, 90 ff.

scheider selbst nur selten bewusst werden, beschreiben z.B. die Theorie der kognitiven Dissonanz oder die zwangsläufige Fehlerhaftigkeit menschlicher Entscheidungen aufgrund intuitiver Selektion und angewandter Heuristiken. Die Aufgabenstellung macht den Richter nicht immun gegen den zwangsläufigen Einfluss emotionaler Faktoren. Die nunmehr beschreibbaren Fehleranfälligkeiten der Urteilsfällung geben der notwendigen Institutionalisierung eines korrektiven Elements eine zusätzliche Legitimation.

82 Dieses Phänomen ist damit Bestandteil des Strafprozesses, solange dieser von Menschen entschieden wird. Die gesetzgeberische Idee, Vorkehrungen für vorurteilsfreie Entscheidungen zu treffen, erscheint illusionär. Die Organisation des Strafprozesses mit dem Ziel des gerechten Urteils kann nur den Anspruch haben, Strukturen zur Minimierung der erkannten Fehleranfälligkeiten zu schaffen.

83 Hier kommt der **Verteidigung zur Ausbalancierung struktureller richterlicher Vorprägungen** die maßgebliche aktuelle Bedeutung zu. Auch der Verteidiger erliegt zwar den dargestellten psychischen Beschränkungen. Seine durch die einseitige Interessenwahrnehmung geprägte Bewertung und deren Einführung in den Prozess bietet allerdings die Chance, prozessuale Fehlentwicklungen sich jedenfalls nicht zulasten des Angeklagten auswirken zu lassen. Verteidigung ermöglicht, emotional geprägte Entscheidungsstrukturen aufzudecken und damit auch dem Entscheider eine optimierte Möglichkeit zu verschaffen, den Entscheidungsprozess auf eine vom Gesetz intendierte rationale Basis zu stellen.

84 Trotz der Erkenntnis der notwendigen Unzulänglichkeiten in der Entscheidungsfindung wird auf diesem Wege das unserer Rechtskultur zugrunde liegende Bild des vernunftbegabten Wesens nicht einer grundsätzlichen Revision unterzogen. Mit ihr geht die Aufgabe der Verteidigung konform, mit der Ratio als Ausgangspunkt und Lösungsanspruch den emotional bedingten Einfluss auf strafprozessuale Entscheidungen aufzudecken, zu kanalisieren und durch materielle und formale Vorgaben zu minimieren.

85 Gerade die existenziellen Folgen des Strafprozesses bedingen ein wichtiges Element des Gesamtsystems: Da wo Entscheidungen besonders tiefgreifend sind, muss die Garantie ihrer Richtigkeit besonders hoch angesiedelt werden. Die Einlösung dieses Garantieanspruchs erscheint als schwer lösbare Aufgabe. Die Institutionalisierung der Verteidigung ist wesentliche Voraussetzung, um eine effektive Minimierung von Fehlurteilen zu gewährleisten.

c) Faktische Parteirollen im Inquisitionsprozess

86 »Der Prozeß ist seinem Wesen nach Parteiprozeß. Der gemeinrechtliche Inquisitionsprozeß ist in allen Stadien seiner Entwicklung niemals Prozeß gewesen... Das Wesen des Reformierten Strafprozesses besteht in der Schaffung der Parteirollen... Man hat sich überzeugt, dass der Inquisitionsprozeß wenig geeignet ist, zur Erforschung der Wahrheit, dass man vielmehr das Ziel, rascher und sicherer erreichen könne, gerade dadurch, dass man künstliche Parteien schuf ...«[20]

87 Muss schon aus psychologischen Gründen eine Vereinbarkeit zwischen richterlicher Inquisition und seiner neutralen Objektivität scheitern, so gilt dies in verstärktem Maße für die im Verfahren agierende **Staatsanwaltschaft**. Dieser ist zwar gesetzlich das Gebot strikter Neutralität aufgegeben. Sie muss insbesondere in durch ihre Aktivität geprägten Ermittlungsverfahren alle für und gegen den Beschuldigten sprechenden Umstände aufklären. Schon ihre Organisationsstruktur macht jedoch eine Erfüllung des Objektivitätspostulats unmöglich. Gerade der hierarchische Aufbau der staatsanwaltschaftlichen Behörden und das von der Regierung regelmäßig wahrgenommene Weisungsrecht müssen der Staatsanwaltschaft zwangsläufig die Rolle von Interessenvertretern zuweisen. Das Schwergewicht der Aufgabe der Aufklärung einer Straftat und des Schutzes von Opfern muss die Orientierung zur Präsentation eines (möglicherweise) Schuldigen zur Folge haben. Dementsprechend ist die Tätigkeit der Staatsanwälte praktisch auf die Strafverfolgung ausgerichtet.

---

20 *V. Liszt* Die Stellung der Verteidigung in Strafsachen, DJZ 1901, 179 ff., Nachdruck StV 2001, 137 f.

Zwangsläufig muss diese Sicht der Staatsanwaltschaft Entlastungsmomente eher ausblenden. Dies **88** gilt erst recht für die Durchführung der Hauptverhandlung, in der gerade die Staatsanwaltschaft die These der Schuld des Angeklagten in den Raum gestellt hat und das Rechtfertigungsbedürfnis dieser These ihr Handeln dominieren muss. Eindeutiger Beleg für diese einseitige Orientierung zulasten des Angeklagten sind die statistisch nachzuvollziehenden Anträge der Staatsanwaltschaft, die in der Sache eher eine Aufklärung der Schuld des Angeklagten anstreben und regelmäßig im Plädoyer eine weitaus höhere Strafe fixieren, als dies vom Gericht für angemessen erachtet wird.

Dass dieses faktische Rollenverständnis schon früh das vom Gesetz ursprünglich vorgesehene all- **89** gemeine Gesetzeswächteramt überlagert hat, ist in der Rechtswirklichkeit schon zu Ende des neunzehnten Jahrhunderts festgestellt worden. Die historische Analyse *Franz von Liszts*,[21] wonach der gesetzlich formulierte Anspruch die tatsächliche Parteistellung der Staatsanwaltschaft nur »verdunkelt«, hat auch nach mehr als 100 Jahren nichts von ihrer Bedeutung verloren.

Diese faktische Parteirolle der Staatsanwaltschaft zulasten des Angeklagten fordert um so dringli- **90** cher – in Anlehnung an den allgemeinen Parteiprozess – eine starke weitere institutionalisierte Parteirolle, die exakt zur Ausbalancierung die gegenteiligen Interessen wahrzunehmen hat. Die systembedingte Einseitigkeit von Denkrichtungen im Prozess kann nur durch eine weitgehende Mitgestaltung des Verfahrens durch den Betroffenen selbst kompensiert werden.

d) Der Kampf ums Recht – Dialog als Bedingung der Rechtsfindung

> »Denn als tiefste philosophische Einsicht birgt die akkusatorische Verfahrensform in sich das starke Gefühl **91** für die Bedeutung der Spannung der Dinge gegeneinander... Diese Verfahrensform ermöglicht erst den Dreischritt von der Thesis über die Antithese zur Synthese und damit überhaupt nur in idealtypischer Reinheit einen ›Prozess‹.«[22]

> »Streit begrenzt die Macht, klärt die Fronten, erzwingt klare Positionen, fördert Intelligenz, Mut und Kreativität.«[23]

Auch die unabhängige Untersuchung ebnet nicht automatisch den Weg zur Wahrheit. Erkenntnisse **92** des Untersuchungsprozesses ergeben sich nicht zwangsläufig. Vielmehr sind sowohl die Sachverhaltsfeststellung als erster Schritt, als auch die Anwendungen von Rechtsnormen im zweiten Schritt Vorgänge, die regelmäßig unterschiedliche Wege eröffnen. Dokumentiert ein Zeuge im Prozess einen Sachverhalt, so hängt dessen Einordnung in ein Gesamtbild unter Umständen von subjektiver Lebenserfahrung und persönlicher Bewertung gesamtgesellschaftlicher Zusammenhänge ab. Die Subsumtion unter Rechtsnormen lässt häufig viele **»vertretbare« Wege** mit völlig unterschiedlichen Ergebnissen zu. Ein wichtiges Strukturelement des rechtsstaatlichen Strafverfahrens ist damit auch in der Variante der richterlichen Inquisition die **Kontradiktorietät.**

Ist die prozessuale Wahrheit letzlich eine Konstruktion, wird vom Gesetz nur die Methode dieser **93** »Wahrheits-« findung, aber nicht das Ziel selbst definiert,[24] muss der Strafprozess ein dynamischer Vorgang sein. Die **Rechtsfindung** ist damit ein **diskutabler Vorgang.** Das Forum für diese Diskussion bietet der Strafprozess. Traditionell ist der Prozess nicht ein Ort, an dem Informationen nur entgegengenommen werden, vielmehr werden sie von den Verfahrensbeteiligten kommentiert und diskutiert. Der **Prozess** ist auch ein Feld der **Interaktion.** Sinnfällig wird dies in den abschließenden Plädoyers eines Prozesses, in dem sich völlig unterschiedliche Bewertungen desselben Prozessgeschehens je nach Sichtweise offenbaren können. Eine effektive Wahrung von Beschuldigtenrechten erfordert es, seine Sichtweise in diesen Kommunikationsprozess ausreichend einbringen zu können.

---

21 Die Stellung der Verteidigung in Strafsachen, DJZ 1901, S. 179 ff.
22 *Alsberg* Philosophie der Verteidigung 1930, in: Taschke (Hrsg.), Max Alsberg – Ausgewählte Schriften 1992, S. 323, 329.
23 *Sofsky* zitiert nach *Jungfer* Zur Psychologie des Vergleichs im Strafverfahren, StV 2007, 381 Fn. 37.
24 *Gerson* Wahrheit, Wahrheitsfindung, Wirklichkeit – Strafverfahren zwischen »Sein« und »Sollen«, in: Ergebnisse des 43. Strafverteidigertages, 1. Aufl. 2020, S. 185 ff.

Das Plädoyer ist lediglich der Schlusspunkt. Der Prozess selbst muss Gelegenheit geben, den unterschiedlichen Sichtweisen zur Findung des Rechts ausreichend Gehör zu verschaffen.

94 Die alles übergreifende Idee eines modernen rechtsstaatlichen Strafverfahrens hat die Große Kammer des Europäischen Gerichtshof für Menschenrechte in einer Entscheidung gegen Deutschland wie folgt umschrieben: »*The Court reiterated in that judgment that Article 6 § 3 (d) enshrined the principle that, before an accused could be convicted, all evidence against him normally had to be produced in his presence at a public hearing with a view to adversarial argument.*«[25] Wenn in der deutschen Übersetzung des Justizministeriums die Blickrichtung des *adversarial* mit der Notwendigkeit einer »streitigen Verhandlung« übersetzt wird, droht die inhaltliche Beschreibung des Gerichtshofs in der floskelhaften Üblichkeit deutscher Juristendiktion unterzugehen. Tatsächlich besteht in Straßburg kein Zweifel, dass völlig unabhängig von unterschiedlichen europäischen Verfahrensmodellen die menschenrechtliche Idee des Strafprozesses darin besteht, ein Verfahren zu realisieren, in dem die gegensätzlichen Argumente ausgetauscht werden können. Das faire Verfahren fußt auf der Grundidee, dass Recht nicht einfach »existiert«. Rechtsprechung ist vielmehr stets Rechtsschöpfung, die aus der Erkenntnis des Prozesses erwächst. Die menschenrechtlich faire Erkenntnisbasis setzt einen Strafprozess voraus, der als Dialog angelegt sein muss. Das Kontradiktorische, die Entfaltung von These und Antithese ist die Grundidee, die jede Einzelregelung eines gesetzlich fixierten Strafprozesses überwölbt.

95 Das Bundesverfassungsgericht bezeichnet den gesamten Vorgang als »Kampf ums Recht.«[26] In diesem kommunikativen »Kampf« ist die Strafverteidigung notwendig, um bei entscheidenden Weichenstellungen die Gesichtspunkte der Skepsis und des Zweifels vorzutragen. Gerade in dieser besonderen Aufgabe hat das Verfassungsgericht sogar außergewöhnliche Mittel und Wege gebilligt, den Beschuldigteninteressen im Prozess Gehör zu verschaffen.

96 Das Mitreden und Mitgestalten von Verteidigung im mündlich organisierten Strafprozess ist für das Verfahren konstitutiv. Muss ein faires Verfahren dialektisch angelegt sein, muss die hierfür notwendige Kommunikation gewährleistet sein. Völlig unabhängig von einer theoretischen Fundierung des gesamten Strafprozesses durch Diskursideen[27] kann der rechtliche Kern des Strafprozesses nur über den Kommunikations- und Interaktionszusammenhang im Gerichtssaal bestimmt werden.[28] »Kommunikationsoptimierung«[29] ist konsequent Leitlinie jedes prozessualen Handelns. Das gilt ungebrochen auch für die Fairness in einem Prozessmodell, in dem der Untersuchungsgrundsatz herrscht. Aus § 244 Abs. 2 StPO muss konsequent eine ständige »Kommunikationsbereitschaft«[30] des Gerichts abgeleitet werden. Ist Dialektik die Grundlage der richterlichen Erkenntnis, beruht seine Überzeugungsbildung maßgeblich auf dem »*wechselbezüglichen Handeln*« der verschiedenen Dialogpartner im Prozess. Richten ist das Ergebnis »*szenischen Verstehens*« der Kommunikation im Gerichtssaal.[31]

---

25 Schatschaschwili ./. Deutschland v. 15.12.2015 HRRS 2016 Nr. 1; zu Erläuterungen s. z.B. *Thörnich* ZIS 2017, 39 ff; *Sommer* confront 2016, 45 ff.

26 Z.B. BVerfG NJW 2000, 199, 200.

27 Zu dieser – hier nicht geführten – Diskussion um die mögliche theoretische Fundierung des gesamten Strafprozessrechts durch Diskurs s. B. *Engländer* Diskurs als Rechtsquelle?, 2002; *Kaufmann* Über die Wissenschaftlichkeit der Rechtswissenschaft. Ansätze zu einer Konvergenztheorie der Wahrheit, *ARSP 72* (1986), S. 425–442; andererseits *Weßlau* Das Konsensprinzip im Strafverfahren, 2002; einen Überblick über den Wissenschaftsstand gibt *Jahn* GA 2004, 272 ff.

28 *Hoffmann* Kommunikation vor Gericht, 1983; *Kühne* Strafverfahrensrecht als Kommunikationsproblem, 1978; *Demko* »Menschenrecht auf Verteidigung« und Fairness des Strafverfahrens auf nationaler, europäischer und internationaler Ebene, 2014, insbes. S. 86 ff.

29 *Kühne* aaO S. 61.

30 *Kühne* aaO S. 189 ff.

31 *Hassemer* Einführung in die Grundlagen des Strafrechts, 1990, S. 126, 135; *Grasnick* Der Strafprozeß als mentaler Diskurs und Sprachspiel, JZ 1991, 285 ff., 292: »*Der Richter findet die Entscheidung im Dialog und kann sie auch nur auf dieser Grundlage begründen.*«

Zur Realität des deutschen Strafprozesses gehört die Erkenntnis, dass ein Unterlaufen der geschilderten Idealkonstruktion in der Struktur der StPO angelegt ist. Zwar gilt Kommunikation in der modernen Gesellschaft und Wissenschaft als entscheidender Katalysator für die Erkenntnisentwicklung der Beteiligten. Der »Diskurs« ist der idealtypische Raum hierfür. Ein vernunftgegründetes optimales Ergebnis beruht hierbei maßgeblich auf der gegenseitigen Beeinflussung der Kommunikanten in Rede und Gegenrede, der Aushandlung der individuellen Geltungsansprüche. Wer sich der Wahrheit von Behauptungen nähern will, kann dies – so z. B. der Philosoph Habermas[32] – nur in einem Diskurs erreichen als einzigem »Schauplatz kommunikativer Rationalität«. Folgen alle Beteiligten den Regeln der Diskursethik, winkt ein Resultat, das nicht nur wahr, sondern auch konsensual akzeptabel ist. Sprache – eingebettet in Logik und Ratio des Diskurses – ist die Vermittlerin der Erkenntnis. »Diskursregeln« zielen auf die Herstellung einer »idealen Sprechsituation« ab, in der nichts weiter herrscht als »der zwanglose Zwang des besseren Arguments und das Motiv der kooperativen Wahrheitssuche«. 97

Gerade Rede und Gegenrede ist im Strafprozess allerdings nicht formalisiert verankert. Das größte Hindernis des Erkenntnisgewinns durch Diskurs im Prozess ist die Legitimität des gerichtlichen Schweigens – bis zur Urteilsverkündung. Mit aller Vehemenz streitet die Rechtsprechung dafür, eigene vorläufige Einschätzungen als Zwischenfazit des Erkenntnisprozesses zu unterbinden. Die Kommunikation im Prozess ist letztlich eine einseitige. Verteidigung darf im Prozess an vielen Stellen das Wort erheben, zur Reaktion hierauf ist ein Gericht nur selten verpflichtet. In einer nahezu autistischen Mentalität gewähren Richter rechtliches Gehör, versäumen allerdings nicht mitzuteilen, dass sie das kommunizierte Anliegen zwar »gehört«, nicht aber zwangsläufig »erhört« haben[33]. Dass sie durch die Wortwahl gottgleiches Entscheiden suggerieren, belegt die richterliche Distanz zum kommunikativen Erkenntnisprozess und zum Idealbild des herrschaftsfreien Diskurses als Bedingung für Wahrheitsfindung. 98

e) Verfahrenskontrolle durch Verteidigung

Das gesamte Geschehen vor einem Strafgericht ist dominiert von einem demokratischen Verständnis der Ausübung von Hoheitsrechten gegenüber dem Bürger. Staatliche Machtausübung kulminiert im Strafprozess. Nirgendwo in der Gesellschaft greift eine Entscheidung so tief in die bürgerliche Existenz seiner Bürger ein wie in einem Strafurteil. Kein Finanzbeamter, kein Bundeskanzler kann mit staatlicher Legitimation das Leben eines Bürgers derart weitgehend beeinflussen, ja seine bürgerliche Existenz zerstören, wie der Strafrichter. Ist die Verkündung eines Strafurteils die archaische Form staatlicher Unterdrückung, ist deren Transparenz und Kontrolle einer der wichtigsten gesellschaftlichen Aufgaben in einer Demokratie. Nirgendwo anders hat daher das Gesetz derartig enge formale Grenzen zur Verhinderung staatlicher Willkür gezogen wie in der Strafprozessordnung. Hiermit korrespondiert das genuine gesellschaftliche Interesse, die Einhaltung dieser Grenzen durch das Strafgericht in besonderer Weise zu kontrollieren. 99

Wie die Institutionalisierung der Kontrolle staatlicher Macht in einem Rechtsstaat funktioniert, ist unserer Kultur spätestens seit Montesquieu geläufig. Gewaltenteilungen, »Checks and Balances« fordern organisatorische Elemente, um a priori einseitige Machtausübung zu beschränken. Der Wert eines solchen Gegenpols liegt gerade in der konträren Ausrichtung – unabhängig von der individuellen Sinnhaftigkeit in der Ausübung der Gegenmacht. Die Behinderung der Machtausübung ist notwendiger Teil ihrer Kontrolle und Beherrschung. Der genuine Staatsmacht umsetzende Richter muss daher über den Tellerrand seiner Behinderung durch enge formale Grenzen hinaus erkennen, dass die Beschränkung der Effektivität seines machtausübenden Tuns auf einem wichtigen demokratischen Prinzip beruht. Kontrolle und Behinderung sind der Gesellschaft wichtiger als die ungehinderte von einseitiger und unkontrollierter Machtfülle getragene richterliche Entscheidung. 100

---

32 *Habermas* Wahrheitstheorien, in: Vorstudien und Ergänzungen zur Theorie des kommunikativen Handelns, 1995, S. 127–186.
33 Z.B. BGH NStZ-RR 2009, 119.

Die weiteren institutionalisierten Kontrollmechanismen sind unzulänglich.

101 Der legale Kampf gegen Voreingenommenheiten von Richtern beschränkt sich auf die Oberflächlichkeit der Befangenheitsregeln. Die Öffentlichkeit hat nur eingeschränkten Zugang zu den Informationen des Gesamtverfahrens, sie wird im Gegensatz zu den Zeiten der gesetzgeberischen Konzeption der StPO faktisch kaum wahrgenommen und gesetzlich durch möglichen Ausschluss der Zuhörer immer weiter eingeschränkt.

102 Die verfassungsrechtlich verbürgte Unabhängigkeit der richterlichen Stellung vermindert die Kontrollchancen. Die Rechtsmittel und -behelfe im Rahmen der Prozessordnung belassen Kontrollen in der Sphäre des Richterstandes,[34] ermöglichen regelmäßig nur eine partielle Überprüfung und haben sich häufig faktisch als schlicht ineffektiv herausgestellt (s. z.B. teilweise eine »Erfolgs«quote von weniger als 1 % der formellen Revisionsrügen eines Verurteilten beim BGH).

103 Man stelle sich vor, dass allein die Schilderung des Angeklagten im Strafprozess Grundlage für das Strafgericht wäre, dessen Verhalten strafrechtlich zu überprüfen. Angesichts allzu menschlicher Beschönigungs- und Rechtfertigungstendenzen würde man dies kaum als taugliche Bewertungsgrundlage ansehen. Dieser Mechanismus wird aber gerade bei Revisionsüberprüfungen angewandt. Das zur Überprüfung dem Revisionsgericht unterbreitete Material stellt weitgehend der zu Überprüfende zur Verfügung. Alles das, was in der zur Überprüfung anstehenden Hauptverhandlung passierte, wird dem Revisionsgericht ausschließlich durch den subjektiven Filter desjenigen Richters berichtet, dessen Entscheidung überprüft werden soll. Alternativen zu diesem Prozedere wären unschwer denkbar. Statt der notwendigerweise gefärbten Darstellung des Tatrichters über das, was der Angeklagte oder ein Zeuge in der Hauptverhandlung gesagt haben soll, lässt sich angesichts moderner Technik ohne großen Kostenaufwand die objektivierende Möglichkeit technischer Aufzeichnungen entgegenstellen. Anwälte fordern dies seit Jahrzehnten. Richter wehren sich gegen die Schaffung einer solchen Transparenz.

Der Schrecken eines zu Unrecht Verurteilten beeinflusst zwar die gesamte Konstruktion des Strafprozesses. Die ergriffenen Instrumente sind allerdings unzulänglich.

104 Die Väter der Strafprozessordnung von 1877, die sich um Regelungen bemühten, die Fehleranfälligkeit des Urteils auf ein Minimum zu reduzieren, würden sich wundern, wenn sie sich in die heute üblichen Maßnahmen zur Vermeidung von Fehlentscheidungen vertiefen würden, die beispielsweise Fluggesellschaften und Piloten ergreifen, um in Ausbildung und Praxis die Gefahr fataler Fehlentscheidungen zu kontrollieren. Die Überprüfung aller denkbaren Hypothesen und Alternativentscheidungen, die kritische Diskussion zwischen Piloten, Copiloten und Tower münden in ein exzessives Validierungsprogramm, das das Risiko des Flugzeugabsturzes in den Bereich des zu Vernachlässigenden schiebt.[35] »Abstürze« in den Gerichtssälen sind für Verteidiger tägliches Erlebnis. Verglichen mit solchem modernen Risikomanagement wirkt der Versuch unserer Strafprozessordnung, Fehlurteile zu vermeiden, geradezu anrührend.

105 Unabhängig von den psychologischen Bedingungen eines materiellen Fehlurteils besteht vor diesem Hintergrund ein immenser Bedarf an unmittelbarer Kontrolle des richterlichen Agierens im Hinblick auf die Einhaltung der schützenden formalen gesetzlichen Grenzen. Hier löst der Verteidiger den verfassungsrechtlichen Anspruch an ein faires Verfahren durch die Überprüfung ihrer faktischen Einhaltung und gegebenenfalls deren Monierung ein. Er trägt aufgrund seiner einseitigen Interessenwahrnehmung keine Verantwortung für ein gesetzeskonformes Prozedieren. Er verhindert allerdings durch die Wahrnehmung seiner Kontrollaufgabe die nachteiligen Auswirkungen eines unfairen Verfahrens für den gefährdeten Angeklagten.

106 Die übergreifende Aufgabe der Verteidigung für ein gerechtes und funktionierendes Justizsystem hat schon im 19. Jahrhundert Julius Vargha[36] beschrieben: »Sie hat nicht nur das beschuldigte Individuum, sie hat auch die staatliche Justizpflege zu schützen, damit sie, eingesetzt zur Realisierung der Gerechtig-

---

34 Zum Phänomen der »internen Loyalität der Justiz« s. z.B. *Kühne* Die Instrumentalisierung der Wahrheitsfindung im Strafverfahren, GA 2008, 361, 369.

35 S. hierzu z.B. *Hagen* Fatale Fehler – Oder warum Organisationen ein Fehlermanagement brauchen, 2. Aufl. 2017.

36 *Vargha* Die Vertheidigung in Strafsachen, historisch und dogmatisch dargestellt, 1879.

keit und zur Reaction gegen Ungerechtigkeit, zum Hohne ihres eigenen Berufes nicht selber Ungerechtigkeit übe, verblendet von Irrthum und Leidenschaft nicht große und kleine Justizmorde begehe. Die Auffassung dieses doppelten Schutzes, den die Vertheidigung im Strafprozesse als Dienerin der Gerechtigkeit den höchsten Interessen des Individuums, wie der Gemeinheit leistet, setzt ihre unentbehrliche Nothwendigkeit erst in's volle klare Licht.«

f) Teilhabe an der Verfahrensgestaltung

Neben der externen Kontrolle – und über sie hinaus – beinhaltet das Konzept der Verteidigung im rechtsstaatlichen Strafprozess eine weitgehende Mitgestaltung des Prozedierens. **107**

Das Menschenbild des Grundgesetzes hat ebenso wie die Menschenrechtskonvention den Grundgedanken des modernen Strafprozesses in einer demokratischen Gesellschaft vorgegeben: Der angeklagte Bürger ist nicht Objekt des Verfahrens, sondern mitgestaltendes Subjekt. Formalisierte Mitwirkungsrechte mögen auf diesem Hintergrund differenziert ausgestaltet sein. Sie stehen insgesamt unter der Prämisse einer effektiven Teilhabe des Beschuldigten am Prozessgeschehen. Jedes rechtsstaatliche Strafverfahren muss organisatorische Standards regeln, die einem Beschuldigten die Einflussnahme auf das Urteil garantieren. Beruht das Urteil auf einem formalisierten Verfahren, ist die Mitgestaltung dieses Verfahrens Bedingung der Rechtsstaatlichkeit. »*Ein Verfahren, das nicht mit einer Unschuldsvermutung die vorherige Teilhabe durch Verteidigung erforderlich und die Begründetheit der staatlichen Anklage zu einer offenen Frage werden lässt,*« wäre ein »*sinnentleertes Ritual*«[37] ohne jeden Anspruch auf Einlösung des Respektsanspruchs der Menschenwürde. **108**

Strafe am Ende eines Prozesses wird vom Betroffenen auch und gerade akzeptiert, wenn er seine effektive und authentische Beteiligung an diesem Verfahren verspürt.[38] Akzeptanzstiftende Teilhabe ist psychologisch begründetes Element rechtsstaatlichen Prozessierens.[39]

g) Zusammenfassung

Zusammenfassend kann die allgemeine Aufgabe der Strafverteidigung dahin gehend verstanden werden unter den prozessualen Bedingungen der sog. Wahrheitssuche letztendlich systemkonform den Prozess als besonderes **Element der Skepsis und Kontrolle** mitzugestalten. Soll der Beschuldigte aufgrund der gesetzlichen Konzeption bereits vor richterlicher Willkür geschützt werden und besteht die legislatorische Strategie in der Formalisierung des Verfahrens, muss seine Aufgabe in der besonderen Einhaltung dieser Formen bestehen. Darüber hinaus hat Verteidigung schwer fassbare Faktoren aufzuspüren, die – wie persönliche Vorurteile, Emotionen, etc. – die Rationalität der Schuldfeststellung und ggf. der Strafzumessung störend beeinflussen. **109**

Skepsis bedarf notwendigerweise eines konträren Ausgangspunkts. Sie muss auf einem stringenten Weg stets hinderlich sein. Die Wahrheit als Bezugspunkt und der gemeinsame Weg aller Prozessbeteiligten dorthin ist daher ein untaugliches Bild, um die Aufgabe der Verteidigung zu umschreiben. **110**

In blumigen Formulierungen ist in der Vergangenheit oft versucht worden, die genuin skeptische und kontrollierende Funktion des Verteidigers durch seine Einbeziehung in die prozessuale Wahrheitssuche zu relativieren. Wenn die Aufgabe des rationalen Diskurses durch den Verteidiger letztendlich nur den Zweck hat, die richterliche Wahrheitsfindung zu erleichtern und zwischen den diskutierenden Polen die Wahrheit »wie ein Lichtbogen« aufleuchtet,[40] wenn auch von der kritischen Parteirolle des Verteidigers **111**

---

37 *Gaede* Fairness als Teilhabe – Das Recht auf konkrete und wirksame Teilhabe durch Verteidigung gemäß Art. 6 EMRK, 2007, S. 392.

38 *Bierhoff* Prozedurale Gerechtigkeit: Das Wie und Warum der prozeduralen Fairneß, in: Zeitschrift für Sozialpsychologie 1992, 163 ff; ausführlich auch *Börner* aaO im Kapitel »Die sozialpsychologische Verfahrensgerechtigkeit«.

39 *Gerson* Beschleunigung des Verfahrens durch Verkürzung von »Gerechtigkeit«? in VRZ 2020, 9 ff. mit Hinweisen u.a. auf die US Rechtslehre.

40 *Güde* Die Verteidigung aus der Sicht der Anklage 1961, S. 112.

letztendlich nur erwartet wird, dass er seinen Beitrag dazu leistet, dass »die Wahrheit zu Tage treten werde«,[41] wird die Basis der Verfahrensgerechtigkeit verlassen. Denn auch das Ergebnis, die Wahrheit nicht mit der ausreichenden Sicherheit feststellen zu können, ist das Ziel des demokratischen Strafprozesses.

112   Damit ist der Verteidiger weit entfernt von der Rolle des Richtergehilfen. Ist das richterliche Ziel die als Wahrheit bezeichnete Rekonstruktion und besteht die Aufgabe der Verteidigung darin, die prozessualen Schranken dieses Bemühens zu verdeutlichen, die Fragwürdigkeit von Schlussfolgerungen aufzuzeigen und gegebenenfalls Alternativmöglichkeiten in den Raum zu stellen, ist das **notwendigerweise konträre Element der Verteidigung** im Verfahrenskonzept offensichtlich. Die Gemeinsamkeit des Agierens kann allenfalls in der Verantwortung für ordnungsgemäßes Prozessieren und ein der Verfahrensgerechtigkeit entsprechendes Ergebnis gesucht werden.

3. Die Elemente des Korrektivs: Einseitigkeit, Vertraulichkeit und Unabhängigkeit

a) Einseitigkeit des Verteidigers

113   Verteidigung bedeutet stets einseitige Interessenwahrnehmung von Beschuldigtenrechten. Formal steht dieser Auftrag im Gegensatz zur inquisitorischen Struktur des Strafprozesses und dem dahinter stehenden Appell an die Verfahrensbeteiligten, ausgewogen zu agieren. Verlangt die besondere Stellung des Beschuldigten als Verfahrenssubjekt, dass er sich zur Durchsetzung seiner Interessen eines rechtlichen Beistandes bedienen darf, so kann ein solcher Beistand sich nur einseitig diesen Interessen verpflichtet fühlen. Ein solcher einseitiger Beistand ist im Hinblick auf die Realität staatsanwaltschaftlichen Handelns ein **Gebot der Waffengleichheit**. In der strengen Einseitigkeit des Anwalts dokumentiert sich auch im Verfahren der StPO ein dialektischer Lösungsansatz. Er garantiert, dass auch unter den formalisierten und damit rechtlich komplizierten Bedingungen der StPO erschöpfende Entlastungsmomente Gegenstand des Prozesses werden.

114   Diese Einseitigkeit entspricht nicht nur dem spezifischen Prozessverständnis, sondern auch dem **Berufsbild des Anwalts**. Kern seiner rechtsbesorgenden Tätigkeit ist stets die unbedingte Verpflichtung, lediglich den einseitigen Interessen seines Mandanten zu dienen. Das Verbot, entgegenstehenden Interessen zu dienen, ist nicht nur in der Bundesrechtsanwaltsordnung[42] niedergelegt, deren Einhaltung ist sogar durch strafrechtliche Sanktionen abgesichert.[43]

b) Vertraulichkeit – der Verteidiger als Geheimnisträger

115   Der Beruf des Anwalts ist »ein staatlich gebundener Vertrauensberuf, der ihm eine auf Wahrheit und Gerechtigkeit verpflichtende amtsähnliche Stellung zuweist«.[44] Kern anwaltlicher Tätigkeit ist dabei eine Beratung des Mandanten unter Ausschluss jeglicher staatlicher Kontrolle. § 43a BRAO verpflichtet den Anwalt zur umfassenden Verschwiegenheit, sogar das Strafrecht sanktioniert einen Verstoß (§ 203 Abs. 1 Nr. 3 StGB). Der Schutz der intimen Beratungssphäre wird durch zahlreiche Normen flankiert.[45]

116   Zu den auch verfassungsrechtlichen Grundlagen der Ausübung der anwaltlichen Strafverteidigung gehört daher ein Mindestbestand an Vertraulichkeit. Art. 12 Abs. 1 GG gewährleistet dem Rechtsanwalt eine von staatlicher Kontrolle und Bevormundung freie Berufsausübung und schützt dazu insbesondere das Vertrauensverhältnis zwischen Anwalt und Mandant. Integrität und Zuverlässigkeit des einzelnen Berufsangehörigen sowie das Recht und die Pflicht zur Verschwiegenheit[46] sind die Grundbedingungen dafür, dass dieses Vertrauen entstehen kann. Maßnahmen, die geeignet sind,

---

41 *V. Liszt* Die Stellung des Verteidigers in Strafsachen, DJZ 1901, 179, 180.
42 Vgl. § 43a BRAO.
43 Vgl. § 356 StGB-Parteiverrat.
44 BVerfGE 38, 105.
45 Näheres vgl. unten 1. Kapitel, Rdn. 444 ff.
46 Vgl. BVerfGE 76, 171, 190; 76, 196, 209 f.

das Entstehen eines Vertrauensverhältnisses zwischen Rechtsanwalt und Mandant zu stören oder gar auszuschließen, greifen nicht nur in die Subjektstellung des von Strafverfolgung betroffenen Mandanten, nicht nur in die Fairness des betroffenen Strafverfahrens,[47] sondern auch in die Berufsausübungsfreiheit des Rechtsanwalts ein. Die Tätigkeit des Rechtsanwalts liegt dabei auch im Interesse der Allgemeinheit an einer wirksamen und geordneten Rechtspflege.[48]

c) Unabhängigkeit – die freie Advokatur als Garant der Missbrauchskontrolle

Fast zeitgleich mit den Reichsjustizgesetzen war es der Anwaltschaft gelungen, ihre Vorstellungen   117
von der freien Advokatur auch gesetzgeberisch umsetzen zu lassen. Zusammen mit der StPO trat die Reichsanwaltsordnung am 01.Oktober 1879 in Kraft, die zum einen den einheitlichen **deutschen Anwaltsstand** schuf und zum anderen die **Unabhängigkeit der Berufsausübung** gesetzlich konstituierte. War in der Vergangenheit der Berufsstand des Anwalts teils als überflüssig (*Friedrich der Große* schaffte den Berufsstand sogar vollständig ab), teils als beamtenähnlicher, gerichtlicher Fürsprecher ausgestaltet, so wurde nunmehr das moderne Bild des unabhängigen Rechtsanwalts gesetzlich fixiert. Er ist in seiner Berufsausübung **keiner staatlichen Kontrolle unterworfen**, von Weisungen unabhängig und in der Übernahme und Durchführung von Mandaten frei. Die Disziplinargewalt wurde den Gerichten entzogen und einer berufsständischen Vertretung, den Rechtsanwaltskammern, übertragen.[49]

> Gerade die organisatorische Freiheit der Advokatur optimiert ihre effektive inhaltliche Kontrolle der   118
> Justiz. Das liberale Modell der Schutzinstitution vor willkürlicher und fehlerhafter Justiz steht im Gegensatz zur Auffassung der Forderung nach autoritärer Akzeptanz der Justizentscheidung. Wenn in der NS-Zeit Verteidiger von der Justiz als »gemeinsame Kameraden an der Rechtsfront« vereinnahmt wurden, verblasst das kontrollierende Element des Verteidigerhandelns deutlich zugunsten einer totalitären Idee des Staatswesens. Ist Kritik an der Justiz mit Kritik am Staat gleichzusetzen, ringt sie fernab aller demokratischen Überlegungen zu »checks and balances« um ihre grundsätzliche Berechtigung.

Der Schutz gegen staatliche Gewalt und die Gefahr des Machtmissbrauchs kann durch staatliche   119
Institutionen nur beschränkt garantiert werden. Die Institution der freien Advokatur stellt damit eine zusätzliche Sicherung des Anspruchs des Beschuldigten auf effektive Verteidigung dar. Die Unterstützung des Bürgers durch einen Ratgeber, dem keine persönlichen Konsequenzen bei von ihm mitverantworteten, von anderen Verfahrensbeteiligten und u.U. der staatlichen Exekutive missbilligten Prozessergebnissen drohen, fundiert den kontrollierenden Effekt von Strafverteidigung. Jeder Beschuldigte kann sich vertrauensvoll an einen Anwalt in der sicheren Erwartung wenden, dass dieser frei von staatlicher Lenkung und Kontrolle allein auf seiner Seite ist.[50]

Das Bundesverfassungsgericht hat diesen Aspekt stets betont und vertieft. Es vertraut ausdrücklich   120
den ethischen Grundsätzen bei der freien und unreglementierten Selbstbestimmung der Anwaltschaft. Der Anwalt muss sich dem Berufsethos und seinen Berufspflichten in einer Weise verbunden fühlen, die weit über das Maß hinausreicht, das von jedermann erwartet wird.[51] Dagegen können beamtenähnliche Treuepflichten vom Anwalt niemals erwartet werden.[52] Über die zusätzliche Absicherung des Art. 12 GG fundiert dieses Berufsbild einen wesentlichen rechtsstaatlichen Faktor des Strafprozesses.[53] Der Verteidiger hat damit eine eigenständige Funktion, die neben die von Richtern

---

47 S. EGMR Campbell./. Vereinigtes Königreich, EuGRZ 1985, 534.
48 BVerfGE 109, 279 ff.; 110, 226 ff.; 113, 29, 49; BVerfG, Beschl. der 3. Kammer des Zweiten Senats vom 30. April 2007 – 2 BvR 2151/06 –, NJW 2007, 2752.
49 Zur historischen Entwicklung s. *Müller* Die Freiheit der Advokatur, 1972; *Weißler* Geschichte der Rechtsanwaltschaft, 1905; *Huffmann* Kampf um freie Advokatur, 1967.
50 BVerfGE 15, 226, 234.
51 BVerfG StV 2004, 254.
52 BVerfGE 63, 266.
53 BVerfGE 110, 226, 253.

und Staatsanwälten tritt, und ihm eine besondere Stellung im Kampf um das Recht verschafft, den er im Interesse seiner Mandanten führen muss.[54]

4. Garantenstellung für ein funktionierendes Strafverfahren

121 Verteidigung ist ein wesentlicher Bestandteil des Strafprozesses. Ohne das einseitige und skeptische Element des Strafverteidigers ist Verfahrensgerechtigkeit nicht zu erzielen. Die Art der Einbindung der Strafverteidigung in einen rechtsstaatlichen Prozess zeigt die Grenzen der Verantwortlichkeit der Strafverteidigung für das Gesamtverfahren auf. Die einseitige Interessenwahrnehmung steht in unlösbarem Widerspruch zur umfassenden (unter Umständen für den Mandanten nachteiligen) Sachaufklärung. Auch wenn als Ziel des Strafprozesses nach wie vor die Wahrheitsfindung propagiert wird, kann der Verteidiger nicht diesem übergreifenden Gesamtkonzept verpflichtet werden. Ebenso wie Zeugnisverweigerungsrechte und andere der vollständigen Sachaufklärung entgegenstehende, aber rechtlich institutionalisierte Hindernisse agiert Strafverteidigung in dem ihr zugewiesenen Bereich notwendigerweise konträr zu diesem Konzept. Dass sich der Verteidiger nicht der Wahrheitssuche verpflichtet fühlt, ist damit kein moralischer Vorwurf, sondern Konsequenz seiner genuinen Aufgabe.

122 Den Verteidiger trifft eine interne Verantwortung gegenüber seinem Mandanten. Ihm und dem gemeinsam formulierten Verteidigungsziel ist er verpflichtet, nicht aber der Wahrheit, auch nicht der Vollständigkeit einer realisierten Verfahrensgerechtigkeit. Der Zwang zur Einseitigkeit führt zu einer utilitaristischen Handhabung von Verfahrensrechten. Sie sind nur da einzusetzen, wo sie der Verteidigung nützen. Dient die Einhaltung von Verfahrensvorschriften nicht dem Verteidigungsziel, hat die Verteidigung auch keine Verpflichtung, auf ihre Einhaltung zu dringen.

123 Die Verteidigung kann daher niemals als Garant der Einhaltung von Verfahrensgerechtigkeit herangezogen werden. Die alleinige Verantwortung sowohl zur umfassenden Sachaufklärung als auch zur unbedingten Einhaltung aller gesetzlichen Formalien kommt dem Gericht zu. Auch wenn die Verteidigung richterliches Vorgehen rügen und die Einhaltung von Verfahrensvorschriften einfordern kann, wird die Verantwortung für die Einhaltung der strafprozessualen Normen nicht vom Richter auf den Verteidiger übertragen. Erst recht kann nicht die Beschneidung oder gar der Verlust von Verteidigungsrechten mit dem Hinweis auf deren fehlende Anmahnung bei Gericht begründet werden.

124 Die Gewährleistung von Verteidigungsrechten obliegt dem Strafgericht. Aus der Existenz des Rechts erfolgt keine Pflicht zu seiner Wahrnehmung und die Konsequenz des Verlustes bei fehlender Wahrnehmung. Selbst sogenannte Präklusionsvorschriften, die der Verteidigung bestimmte Zeitpunkte zur Geltendmachung von Rechten vorgeben, entlässt das Gericht nicht aus der Verantwortung der Herstellung eines gesetzmäßigen Zustandes auch nach Verstreichen dieses Zeitpunktes.

125 Der Verteidiger ist nicht Garant für das Verfahren, sondern Garant für eine gute Verteidigung. Er trägt insbesondere die Verantwortung dafür, dass die allein dem Wissen des Mandanten entspringenden Sachverhalte in einer adäquaten Form Eingang in das Verfahren finden. Er muss stets an den Stellen aktiv werden, an denen das Gericht notwendigerweise Kommunikationsdefizite haben muss. Für die dem Gericht erkennbaren Sachverhalte und die hieraus zu ziehenden Konsequenzen – beispielsweise bei sich aus den Akten bereits ergebenden Anhaltspunkten für Beweisverwertungsverbote – modifiziert die prozessuale Passivität von Verteidigung im System der Inquisition nicht die richterliche Pflicht zu gesetzestreuem Verhalten.

---

54 Vgl. *Jaeger* Rechtsanwälte als Organ der Rechtspflege, NJW 2004, 1 ff.

D. Konfliktpotenzial aufgrund der asymmetrischen Stellung der Verteidigung

Zum Verhalten eines (angeklagten) Verteidigers äußerte sich das Landgericht Oldenburg:[55]   126

> *»Taten wie die vom Angeklagten begangene Anstiftung zur Falschaussage in Tateinheit mit versuchter Straf-*   127
> *vereitelung sind bei deutschen Strafverteidigern gang und gäbe, täglich werden von Strafverteidigern unfassbare*
> *Beweisanträge gestellt, die nur dem Kopfe eines Strafverteidigers, nicht dem eines normalen Angeklagten*
> *erwachsen sein können und in denen Beweistatsachen bewusst wahrheitswidrig behauptet und Zeugen benannt*
> *werden, von denen jeder weiß, sie würden falsch aussagen.«*

I. Verteidigung und Richtersicht

Die Theorie der Strafverteidigung lässt sich mit der Kontroll- und Korrektivfunktion beschreiben   128
und erfassen. Die Praxis der Strafverteidigung ist dominiert von Reglementierungen der zu Kontrollierenden und zu Korrigierenden. Richter bestimmen in der Praxis, welche Verteidigung regel-
gerecht ist und welche angebliche Grenzen überschreitet.

In der Praxis halten Richter Strafverteidiger gerne für überflüssig.

> Selbst bei Richtern, die mit großer Aufrichtigkeit dem robengeschmückten Anwalt Respekt zollen und   129
> die auch zu Fragen juristischer Problematik oder zur Filterung einer allzu wirren Einlassung des Man-
> danten den angenehmen Gesprächspartner schätzen, lassen nicht selten erkennen, dass ihnen die effektive
> Einflussnahme des Verteidigers auf das Geschehen bei Gericht eher ein Rätsel ist.
>
> Der frühere BGH-Vorsitzende und StPO-Kommentator Meyer-Goßner hatte die Souveränität, die von
> ihm selbst als allgemeine Ansicht der Richter und Staatsanwälte bezeichnete Einstellung gegenüber der
> Verteidigung in aller Offenheit in der Welp-Festschrift kund zu tun. Er berichtet aus seiner Zeit als Straf-
> richter in München und über eine Diskussion, die er mit Zuhörern nach einer Hauptverhandlung geführt
> hatte. Als ihn einer der Zuschauer fragte: »Wie wäre es ausgegangen, wenn der Angeklagte keinen Ver-
> teidiger gehabt hätte?« antwortete Meyer-Goßner mit tiefster Überzeugung: »Ganz genauso«. Der Ver-
> teidiger wirke zwar im Verfahren mit, aber – so wörtlich – seine Bedeutung für den Prozessausgang ist
> vielfach gering. Und er zitiert andere Richter, die ihre Distanz zur Verteidigung durch Formulierungen
> zum Ausdruck bringen wie »notwendiges Übel« oder »ein nicht behebbares Verfahrenshindernis«.

Verteidigung erscheint Richtern als eine rechtliche Fehlkonstruktion. Erkenntnisse zu dieser Fehl-   130
konstruktion legitimieren sie, allzu schädliche Auswirkungen sowohl für den Angeklagten wie für
das ganze Rechtssystem durch eine angemessene und beschränkende Auslegung zu korrigieren. Das
Ausblenden der Korrektivrolle der Verteidigung im Gesamtsystem der StPO fällt Richtern offensichtlich angesichts ihrer Dominanz im Verfahrensablauf leicht.

Die Wahrheitssuche als große richterliche Aufgabe ist für sie in der Strafprozessordnung schon des-   131
wegen angelegt, weil es dem Strafrichter die alles überragende Aufgabe auferlegt, in alleiniger Verantwortung zur Erforschung der Wahrheit die Beweisaufnahme auf alle nur denkbaren Tatsachen
und Beweismittel zu erstrecken, die für das Strafurteil von Bedeutung sein können. Der Untersuchungsgrundsatz, die Inquisitionsmaxime, das Aufklärungsgebot gelten unbestritten als tragende
Prinzipien unseres Strafprozessrechts.

Flankiert wird diese inhaltliche richterliche Aufgabe von einer Prozessorganisation, die dem Richter   132
und niemand anderem die Leitung des Verfahrens einräumt. Er hat nicht nur ein Beweisprogramm
zu entwerfen, Zeugen zu laden und die Beweisaufnahme zu organisieren, er ist es auch, der durch
die ihm übertragene Sitzungsgewalt das prozessuale Geschehen lenkt. Es ist der Richter, der die
Reihenfolge der Zeugen bestimmt. Es ist der Richter, der anderen Beteiligten das Wort erteilt – oder
verweigert. Neben der dominierenden Organisation des Sammelns von Beweisen kommt dem Richter die Aufgabe zu, den entscheidenden Schlusspunkt zu setzen, in Bewertung der derart gesammelten Beweise das Urteil über den Angeklagten zu fällen.

---

55 StV 1987, 523.

133 In dieser totalitären Bündelung von Aufgaben und Verantwortung kann allen anderen Beteiligten nur die Rolle von Nebenfiguren zugedacht werden. Bei allem Respekt vor den Rechten eines Angeklagten und seiner Verteidigung muss die überragende Aufgabe der Wahrheitssuche den Wert der Mitwirkung von Verteidigung im Prozess als eher dubios erscheinen lassen. Akzeptabel ist hier allenfalls der Fürsprecher und rechtliche Beistand des Angeklagten als eine Art Seelsorge, angesichts einer sicheren Verurteilung vielleicht mit tröstender Sterbebegleitung vergleichbar.

Konsequent inakzeptabel muss Verteidigung für Richter sein, die die derart erkannte Systemwidrigkeit ihres Tuns offen zur Schau stellt.

134 Gerade in der jüngeren Vergangenheit nahm der Bundesgerichtshof mehrfach die Gelegenheit wahr, die Verteidigung zu rügen, die zwar formal korrekt und im Rahmen des Standesrechts geführt wird, sich aber dem traditionellen Ziel des Strafprozesses, der Wahrheitsfindung in einem prozessordnungsgemäßen Verfahren, nicht mehr verpflichtet fühle.[56] Richter haben verstanden, sie verfügen über ein plausibles Erklärungsmodell für das übergreifende Konzept des Strafverfahrens und vermögen Verteidigungsaktivitäten hieran zu messen. Wie einer Entscheidung des 1. Strafsenats des BGH v. 02.11.2010[57] zu entnehmen ist, können sie jenseits eines Streits über Einzelfragen den systematischen Wert von obstruktiver Verteidigung einordnen. Verteidigung verfolge hier nicht nur »verfahrensfremde« Zwecke und betreibe Rechtsmissbrauch. Der 1. Senat hat entdeckt, dass es dieser Verteidigung eigentlich um »die zielgerichtete und massive Beeinträchtigung von Verfahrensherrschaft und Arbeitsfähigkeit des Strafgerichts« geht.

135 Dass Richter eigentlich »herrschen« und dabei in Ruhe gelassen werden wollen, verdeutlichen sie aktuell auch in ihren Fortbildungsbemühungen. Bundesweit bekannt ist mittlerweile ein vom Vorsitzenden Richter des OLG Düsseldorf ausgearbeitetes Seminar, das mit Vorformulierungen aus einem sog. »Notfallkoffer« jungen Richtern Tipps gibt, wie man gegenüber Konfliktverteidigern stets die »Lufthoheit« im Gerichtssaal behält.

136 Abgesehen von diesen kriegerischen richterlichen Bemühungen unter der Last der aktuellen gesetzlichen Regelung muss sich hier eine weiterreichende Perspektive eröffnen: Sind die einfachen gesetzlichen Verteidigungsrechte in ihren Auswirkungen nicht mehr mit dem Gesamtsystem in Einklang zu bringen, ist der dogmatische Ansatz nicht mehr weit entfernt, die Verteidigung generell als verzichtbares Element des Strafverfahrens anzusehen. In ihrer Kritik an lästiger Verteidigung versäumen Richter mitzuteilen, worin die Integration aller Verfahrensbeteiligten im von ihnen erkannten Gesamtsystem bestehen soll, ohne einem staatlichen Totalitarismus das Wort zu reden.

Zu dem richterlichen Bild des übergreifenden Konzepts führt nicht nur die Verabsolutierung der eigenen Wahrheitssuche, sondern offensichtlich auch Missverständnisse zur gesetzlichen Regelung der Organisation der Verhandlungsleitung in § 238.

137 Sie führen zu den grotesken Differenzen zwischen der gesetzlichen Regelung und der Ausfüllung der Rolle des Vorsitzenden in deutschen Gerichtssälen. Was mit absolutistisch anmutender Grandezza zelebriert wird, beruht letztlich auf einem praktikablen Steuerungselement, das stets die Vorläufigkeit einer jeden Leitungsmaßnahme im Auge hat. Ob es die Bestimmung der Reihenfolge der Zeugen ist, die Unterbrechung einer Verhandlung oder die Entscheidung über die Öffnung der Fenster im Gerichtssaal – jeder Beteiligte kann jederzeit eine solche Entscheidung der allgemeinen Diskussion und gerichtlichen Überprüfung zuführen. Die Idee des Meinungsaustauschs ist im Gesetz tiefer angelegt, als dies auf der Richterbank wahrgenommen wird.

138 Psychologisch ist die Überbewertung der eigenen Rolle nur zu verständlich. Mit der gesetzlich formulierten Aufgabe der Überwachungsfunktion der staatsanwaltschaftlichen Ermittlungen schon im Zwischenverfahren, mit der machtvollen Organisationskompetenz in der Hauptverhandlung und schließlich der entscheidenden Urteilsfällung nach dem Maßstab der freien richterlichen Würdigung lassen sich Allmachtsfantasien nur noch schwer unterdrücken. Dass diese Aufgaben- und Kompetenzbündelung letztlich eine menschliche Überforderung für jeden Richter darstellen muss, ist Jahr-

---

56 BGH NStZ-RR 2007, 21.
57 HRRS 2011 Nr. 223.

zehnte lange tradierte Erkenntnis, die allerdings in Richterkreisen nicht diskutiert wird. Es fehlt an einer konkreten richterlichen Ausbildung oder einem vom Berufsstand selbst initiierten Selbstverständnis, die eigene Rolle ebenfalls nur als ein Rad im Getriebe des Systems der Strafprozessordnung zu verstehen.

Der richterliche Denkansatz identifiziert in der Verabsolutierung seiner Aufgabe das Gesamtsystem 139 der Strafprozessordnung mit seinem Handeln. Von diesem Ausgangspunkt wird der die eigene Aufgabe behindernde Verteidiger nur als Systembruch im Prozessgeschehen wahrgenommen.

II. Verteidigung als Störung des Prozessablaufs

»Zulässigkeit und Unzulässigkeit des Verteidigerhandelns« findet sich als Begriff in vielen Gerichts- 140 entscheidungen und wissenschaftlichen Arbeiten. »Grenzen« der Strafverteidigung sind ebenso ein beliebter Topos. Letztlich geht es dabei oft um die Einzelfalldiskussionen über Verteidigerverhalten, das unter völlig unterschiedlichen rechtlichen Aspekten erörtert werden kann. Denkbar ist die Bewertung als Verstoß gegen Berufsethik, als Kollision mit berufsrechtlichen Normen, oder das Verhalten wird schlicht auf Auswirkungen auf die Wirksamkeit von Prozesshandlungen untersucht. In gravierender Konsequenz wird sogar die Erfüllung strafrechtlicher Normen diskutiert.

Der prozessuale Kampf macht die Verfahrensbeteiligten zu Gegnern, der hohe persönliche Anfor- 141 derungen an gegenseitigen Respekt und Langmut der Kombattanten stellt. Gerade der der Kritik und dem Widerspruch verpflichtete Verteidiger erscheint dem Gericht nicht selten als Last. Der im Gesetz angelegte Systembruch zum richterlichen Ziel der Wahrheitsfindung wird darüber hinaus nicht immer emotional bewältigt. Es ist ein bekanntes menschliches Phänomen, dass die Form der Auseinandersetzung ihren eigentlichen Anlass in den Hintergrund treten lässt. Die Prozessordnung kennt kaum ein effektives Mittel um Ungezogenheiten, Frechheiten oder gar Beleidigungen von Prozessbeteiligten unmittelbar zu ahnden. Ein entsprechend agierender Richter kann unter Umständen wegen Befangenheit abgelehnt werden. Ein Staatsanwalt kann lediglich behördenintern einem Disziplinarverfahren unterworfen werden. Auch die Rolle des Strafverteidigers im Prozess kann hierdurch nicht erschüttert werden; denkbar bleibt allenfalls die Initiative des Vorsitzenden Richters um einen unbotmäßig erscheinenden Anwalt der Anwaltskammer und unter Umständen der Anwaltsgerichtsbarkeit zuzuführen.

Beim Austarieren der Verhaltensgrenzen im Kampf ums Recht vertraut die deutsche Prozessordnung 142 auf Stil, Einsichtsfähigkeit und Respekt der Verfahrensbeteiligten untereinander. Zwangsweise durchzusetzende Ordnungsmaßnahmen sind ihm fremd. Konsequent ist es daher, den Strafverteidiger grundsätzlich von der **Sitzungsgewalt des Vorsitzenden** im Prozess auszunehmen. Zur Wahrung der äußeren Ordnung kann der Vorsitzende konkrete Maßnahmen gegenüber Zeugen und Zuhörern ergreifen.[58] Auch wenn von richterlicher Seite de lege ferenda die Möglichkeit der Entfernung eines renitenten Verteidigers angedacht wird,[59] genießt der Strafverteidiger aktuell vor derartigen Maßnahmen einen absoluten Schutz.[60]

▶ Beispiel:

Unzulässig ist daher die Ausübung der Sitzungsgewalt des Richters durch Verweisen aus dem 143 Gerichtssaal oder gar Verhaftung des Strafverteidigers, wenn dieser nach Ansicht des Vorsitzenden zu Unrecht das Wort ergriffen hat. Problematisch und höchstrichterlich bislang nicht gelöst sind Verfahrenssituationen, in denen verbaler Streit herrscht und der Vorsitzende durch seine technischen Möglichkeiten dem Verteidiger praktisch das Wort durch Abschalten des Saalmikrophons entzieht.

---

58 Vgl. §§ 177, 178 GVG.
59 S. z.B. *Senge* Gedanken zur Konfliktverteidigung, FS Nehm 2006, S. 339 ff., 355.
60 OLG Hamm StV 2004, 69.

Den im Übrigen nur in richterlicher oder staatsanwaltschaftlicher Literatur diskutierten Fällen, dass der Verteidiger durch Schreien oder sogar körperliche Attacken Zeugen oder Richter bedroht, lässt sich mit dem herkömmlichen Arsenal richterlicher Verhandlungsleitung begegnen. Zusätzlicher prozessualer Sanktionen und einschränkender Maßnahmen gegen die Verteidigung bedarf es nicht.

Ausgerechnet ein OLG hat zuletzt die Unterscheidung zwischen dem kämpfenden Verteidiger und dem strafrechtlich beleidigenden Verteidiger eingefordert:

»Nicht zu verantworten hat das Gericht auch Verfahrensverzögerungen, die durch ungehöriges Verhalten von Verteidigern entstanden sind, wie zum Beispiel das in der angefochtenen Entscheidung genannte Besteigen eines Tisches durch einen Verteidiger mit dem Zweck, sich verbal zu äußern. Im Kampf um das Recht ist dem Verteidiger nach Ansicht des Bundesverfassungsgerichts nicht nur die Benutzung starker, eindringlicher Ausdrücke oder sinnfälliger Schlagworte, sondern auch ein Verhalten erlaubt, das von den anderen Verfahrensbeteiligten als stilwidrig, ungehörig oder als Verstoß gegen den guten Ton und das Takt– und Anstandsgefühl empfunden wird. Grenzen seien dem Verteidigerverhalten, so das Bundesverfassungsgericht, nur dort gesetzt, wo es sich um strafbare Beleidigungen, die bewusste Verbreitung von Unwahrheiten oder solche neben der Sache liegenden herabsetzenden Äußerungen und Verhaltensweisen handelt, zu denen andere Beteiligte oder der Verfahrensverlauf keinen Anlass gegeben haben.«[61]

Dieselben – menschenrechtlich verankerten – Gründe, die die Notwendigkeit der Verteidigung erfordern, verbieten den Entzug dieses Beistandes allein aufgrund des Verlaufs eines Verfahrens oder der missbilligten Verhaltensweise eines Verteidigers.

144   Dass dieses Verteidigungsprivileg keinen absoluten Schutz entfaltet, ergibt sich angesichts vorstellbarer Extremsituationen, in denen der Verteidiger sich evident nicht mehr auf der Basis seiner Verteidigungsrolle bewegt. Wann und wie hier durch einen möglichen **Ausschluss des Verteidigers** in dessen Rechte und die seines Mandanten eingegriffen werden kann, stellt für das Gesamtsystem der demokratischen Prozessordnung eine enorme Herausforderung dar. Denn allzu groß ist die Versuchung für ein Gericht, einen als lästig erscheinenden Verteidiger mit einem solchen Vorwurf zu überziehen und ihn unter Verletzung des Beistandsrechts des Angeklagten aus dem Prozess zu entfernen. Eine gesetzliche Kontrolle ist hier unabdingbar, da die Missbrauchsgefahr auf richterlicher Seite unübersehbar ist. Der Ausschluss des Verteidigers muss daher zum einen klar gesetzlich geregelt sein, inhaltlich muss er auf extreme Fälle der Dysfunktionalität beschränkt sein und sich durch weitgehende Evidenz auszeichnen, und er muss letztlich ein Ausschlussverfahren vorsehen, das die Möglichkeit des richterlichen Missbrauchs weitgehend ausschließt.

145   Die StPO hat eine Ausschlussregelung in den **§§ 138a–d** getroffen. Ein Ausschließungsfall ist hier für die extreme Ausnahme vorgesehen, dass der Strafverteidiger der Mittäterschaft der angeklagten Tat oder einer anderen auf den konkreten Prozess oder die Gefährdung der Sicherheit der Bundesrepublik Deutschland bezogenen Straftat verdächtig ist. Der Verdachtsgrad muss »dringend« sein, die Entscheidung wird nicht vom Tatgericht, sondern vom OLG getroffen.

146   Die Regelung ist abschließend. Andere Sachverhalte – und seien es auch Straftaten wie Parteiverrat oder Geheimnisverrat – rechtfertigen einen Ausschluss des Verteidigers nicht. Das Gesetz gibt keinen Anhaltspunkt dafür, dass der beigeordnete Verteidiger unter erleichterten Bedingungen ausgeschlossen werden könnte.[62] Auch ein Teil-Ausschluss ist mit den gesetzlichen Vorgaben nicht vereinbar.

---

61 OLG Koblenz StraFo 2018, 23 ff.

62 *Weigend* StV 2009, 573 f.; dass die §§ 138a ff. auch für den bestellten Verteidiger gelten, hat BGHSt 42, 94 festgestellt.

Außerhalb dieser klaren **gesetzlichen Regelung** versucht die Rechtsprechung, auf anderem Wege dem als störend empfundenen Verteidigerverhalten zu begegnen.

Unzulässiges Verteidigerverhalten wird zum Teil konstatiert, wenn dieses Handeln zwar nicht die **147** gesetzlichen Grenzen der der Verteidigung gesteckten Bereiche überschreitet, insgesamt aber als ausufernd und unangemessen bewertet wird. Der BGH hält zumindest theoretisch einen **Rechtsmissbrauch** für möglich, wenn der Verteidiger zwar formal korrekt und im Rahmen des Standesrechts agiert, sich aber durch sein Verhalten nicht mehr den allgemeinen Zielen des Strafprozesses, nämlich der Wahrheitsfindung, verpflichtet fühlt.[63] Dass diese Distanz zu den »eigentlichen« Zielen des Strafverfahrens das Verständnis zumindest der modernen Verteidigergeneration geprägt hat, nimmt der BGH nicht zur Kenntnis.[64] Missbrauch wird auch da vermutet, wo die Verteidigung die »effektive Förderung« des Strafverfahrens »ernsthaft und nachhaltig« infrage stelle.[65]

Diesen allgemeinen Unmut hat die Rechtsprechung allerdings nicht in eine rechtsstaatlich akzep- **148** table Begründung eines allgemeinen Missbrauchsverbots von Verteidigungsrechten münden lassen können.[66] Die Eröffnung eines Abweichens vom positiven Recht ohne jeden Maßstab für dieses Vorgehen ist auch kaum mit der Geltungskraft gesetzlicher Regelungen vereinbar; die Anwendbarkeit von Rechtsnormen im Prozess ist nicht von deren freundlicher Gewährung durch Richter abhängig. Das ausbalancierte System der Mitwirkungsrechte von Verteidigung im Prozess kann nicht ohne jede gesetzliche Vorgabe im Einzelfall einseitig verschoben werden.

Konsequenzen sind aus der Leerformel des angeblichen Rechtsmissbrauchs bislang nicht gezogen worden. **149** Sie würden auch in gefährlicher Weise die schützende Form des formalisierten Strafverfahrens untergraben. Ob eine gestellte Frage oder ein Beweisantrag materiell der Wahrheitsfindung dienlich ist, lässt sich erst am Abschluss einer Beweisaufnahme bewerten. Erachtet ein Richter solchermaßen formal zulässiges Verteidigungsverhalten für rechtsmissbräuchlich, muss die Annahme nahe liegen, dass er bereits vor Abschluss des Diskurses in der Hauptverhandlung feststehende Überzeugungen vom Sachverhalt gebildet hatte. Sind Auswirkungen von zulässigem Verteidigungsverhalten für andere Zuhörer langatmig oder gar quälend, mag sich die Frage nach einem Verteidigungsstil stellen, nicht jedoch die der Unzulässigkeit des prozessualen Agierens. Verteidigungsrechte bleiben gesetzlich zugesicherte Garantien, auch wenn deren Folgen lästig erscheinen.[67]

Das geschlossene System des Strafprozesses beschreibt abschließend die Handlungskompetenzen der **150** Akteure. Hierzu gehört auch deren Fehlgebrauch. Unzulässige Maßnahmen eines Richters sind gegebenenfalls zu korrigieren, rechtfehlerhafte Urteile sind aufzuheben, ohne dass dem Richter der Vorwurf des Missbrauchs der ihm eingeräumten Rechte gemacht wird. Gleichermaßen sieht das Gesetz systemimmanente Lösungen für die kritisierte Inanspruchnahme von Verteidigerkompetenzen vor. Sie sind wie die Kompetenzen selbst formalisiert.[68] Außerhalb dieser Form ist eine Systemwidrigkeit nicht auszumachen. Die das Gericht beschränkenden und kontrollierenden Mittel der Verteidigung im Kampf ums Recht können ihr in dieser Auseinandersetzung nicht vom Gericht entzogen oder entschärft werden.

---

63 BGHSt 38, 111, 114; BGH NJW 2005, 2466.
64 S. z.B. *Hanack* StV 1987, 500, der das Bild des Strafverteidigers propagiert, »der in der Regel durchaus formal korrekt verfährt, (...) sich im Grunde aber dem traditionellen Ziel des Strafverfahrens nicht mehr verpflichtet fühlt, oder mindestens doch die Bedeutung dieses Ziels im Spannungsverhältnis zu den Interessen seiner Mandanten kritischer gewichtet als früher«.
65 BGHSt 38, 114.
66 Zu dem Versuch tiefer gehender dogmatischer Ansätze s. z.B. *Fahl* Rechtsmissbrauch im Strafprozess, 2005; *Kudlich* Strafprozess und allgemeines Missbrauchsverbot, 1998.
67 S. z.B. *Kempf* StV 1996, 507; *ders.* StraFo 2010, 321; *Hassemer* FS Meyer-Goßner 2001, S. 127 ff.; *Kühne* NJW 1998, 3027.
68 *Jahn* Konnexitätsdoktrin und Fristenlösungsmodell – Die verfassungsrechtlichen Grenzen der Fremdkontrolle im Beweisantragsrecht der Verteidigung durch den Bundesgerichtshof, StV 2009, 663, 667 dokumentiert die gesetzlichen Lösungen für Sachverhalte, die als Überdehnung von Verteidigerbefugnissen bewertet werden können.

151　Dies gilt auch für die objektive Wahrnehmung von Rechten durch Verfahrensbeteiligte mit subjektiven Zielen, die von den Regeln der Verfahrensfairness nicht gedeckt zu sein scheinen. Kann z.B. ein formvollendeter Beweisantrag nicht mit den gesetzlich vorgesehenen Gründen abgelehnt werden, so hat er Verfahrensrelevanz und das Gericht muss ihm nachgehen, selbst wenn es der Überzeugung ist, der Antragsteller verfolge völlig andere – u.U. politische oder andere »verfahrensfremde« – Zwecke.[69]

152　Wenn demgegenüber mit dem undifferenzierten Hinweis auf ein allgemeines Missbrauchsverbot außerhalb der gesetzlichen Normen Gerichte Verfahrenskompetenzen des prozessualen Widerparts einschränken wollen, eröffnet sich mit Beseitigung der gesetzlichen Formalien der Weg zu richterlichem Machtmissbrauch.

153　Die Möglichkeit der Durchsetzung unkontrollierter richterlicher Vorstellungen eröffnet die jüngere Rechtsprechung an zahlreichen Einfallstoren. Nirgendwo ist normiert, dass der Angeklagte seine Beweisanträge über den Verteidiger filtern muss, dass deren Anzahl beschränkt ist oder dass zu deren Stellung Fristen gesetzt werden können. Dennoch hat der BGH – zumeist in extrem gelagerten Fällen – die allgemeine Figur des Rechtsmissbrauchs aktiviert, um Verteidigungsbeschränkungen in jedem Strafprozess zu legitimieren. Angeblicher Rechtsmissbrauch musste für die Begründung der Rügeverkümmerung ebenso herhalten wie für die Begründung der Verwirkung von Revisionsgründen nach einer erfolgten Verständigung. Die Tendenz, sich in lästigen Verfahrenssituationen dieser Begründung zu bedienen, erscheint ungebrochen.[70]

154　Dogmatisch ebenso wenig ergiebig sind die Bemühungen, den Verteidiger unter Berufung auf den Erhalt der »**Funktionstüchtigkeit der Strafrechtspflege**« in Anspruch zu nehmen. Soweit insbesondere das Bundesverfassungsgericht[71] hier gelegentlich den Ansatz für einen Eingriff in Verteidigungsrechte sieht, wird eine konkrete Ableitung dieser Ergebnisse aus rechtlich nachvollziehbaren Positionen versäumt. Erklärlich ist diese Sichtweise nur mit der Einschätzung einer dominierenden Aufgabe der sozialen Kontrolle durch die Strafgerichte unter Ausblendung des individualrechtsschützenden Charakters der Prozessnormen.[72]

155　Zwar ist vorstellbar, dass notstandsähnliche Eingriffe in Rechte bei der Gefährdung der Rechtspflege als solcher begründbar sind. Dies setzt allerdings voraus, dass Verteidigungsrechte und deren Ausübung in ihrer Gesamtheit strukturell dazu beitragen können, Sinn, Zweck und Ziel des Strafverfahrens und des materiellen Strafrechts insgesamt zu untergraben. Dies erfordert die begründbare Gefahr, dass der staatliche Strafanspruch in weiten Teilen faktisch nicht mehr durchgesetzt werden kann und damit die Aufrechterhaltung der Normbefehle in Gefahr gerät.

156　Für in der Praxis zu beobachtendes Verteidigungsverhalten ist dies bislang niemals behauptet worden. Gelegentlich als überzogen bewertete Wahrnehmungen von Verteidigungsrechten stellen derartige singuläre Ereignisse dar, dass sie – im Gegensatz beispielsweise zu den von Staatsanwalt und Gericht nach dem Opportunitätsprinzip eingestellten Strafverfahren – das aktuelle System der Strafprozessordnung und die Aufrechterhaltung des Normbefehls nicht einmal ansatzweise in Gefahr bringen könne.[73]

69　BGHSt 17, 337, 345; 21, 118, 122.

70　Der richterliche Autor *Heinrich* Konfliktverteidigung im Strafprozess, 2013, erfasst – ohne nachvollziehbares System – jede ungeliebte Verteidigung als permanenten Rechtsmissbrauch; s. zusammenfassend *Müller* Überlegungen zum Missbrauch im Strafprozess, FS Imme-Roxin 2012, S. 629 ff.

71　BVerfG NJW 1984, 113; 2008, 977.

72　Deutlich wird das durch den Protagonisten dieser Idee, den Verfassungsrichter *Landau*, Die Pflicht des Staates zum Erhalt einer funktionstüchtigen Strafrechtspflege, NStZ 2007, 121 ff., der die post-faschistoiden Züge dieses Ansatzes kaum mehr verschleiert; ohne Einbeziehung des angeklagten Bürgers wird die »Unverbrüchlichkeit des Rechts« ebenso reklamiert wie apokalyptisch der Zusammenbruch des Staates – offenbar bei konsequenter Durchsetzung prozessualer Angeklagtenrechte – prognostiziert: »Ein Staat, der seine Gesetze nicht oder nur eingeschränkt oder verzögerlich durchsetzt, hört auf, ein Staat zu sein und wird über kurz oder lang kollabieren.«.

73　*Sommer* Das Märchen von der Funktionsuntüchtigkeit der Strafrechtspflege, StraFo 2014, 441 ff.

III. Verteidigung als Strafvereitelung

1. Allgemeine Abgrenzung

Faktisch wird Verteidigungsverhalten im Strafprozess häufig dazu führen, dass auch ein schuldiger **157** Täter durch das Gericht nicht verurteilt werden kann. Die Formalisierung des Strafprozesses und die Ausgestaltung besonderer Beschuldigtenrechte haben den systemimmanenten Effekt, dass die Rekonstruktion des historischen Geschehens erschwert und manchmal behindert wird. Ist es der Verteidiger, der maßgeblich auf Einhaltung sich derart auswirkender Normen dringt, kann er letztlich zur Verhinderung einer Bestrafung beitragen und – bei Vorliegen entsprechend subjektiver Voraussetzungen – den **Tatbestand des § 258 StGB**[74] erfüllen.

▶ **Beispiel:**

Das einzige Beweismittel in einem Mordprozess stellt ein polizeiliches Geständnis des Ange- **158** klagten dar. Es existieren weder Tatspuren noch eine Leiche. Dem Verteidiger gelingt es durch geschickte Befragung der vernehmenden Polizeibeamten nachzuweisen, dass das Geständnis aufgrund unzulässiger Vernehmungsmethoden provoziert wurde (§ 136a StPO). Auch wenn die protokollierten Geständnisangaben dem Gericht nachvollziehbar und glaubwürdig erscheinen, haben diese Erkenntnisse ein Verwertungsverbot zur Folge. Wenn mangels anderer Beweismittel der Angeklagte, der auch intern gegenüber dem Verteidiger seine Täterschaft eingeräumt hatte, freigesprochen wird, hat der Verteidiger »vereitelt«, dass dieser wegen seiner Tat bestraft wird.

Diese Vereitelung ist zwangsläufige Folge des Konzepts der Strafprozessordnung. Der Verteidiger **159** handelt im Sinne dieser Prozessordnung. Prozesskonformes Verhalten kann daher niemals tatbestandlich eine Strafvereitelung sein. In vorliegendem Beispielsfall wird dies in besonderem Maße deutlich, da der Verteidiger eine Prozessaufgabe übernommen hatte, deren Erfüllung ebenso durch einen engagierten Staatsanwalt oder das Gericht selbst denkbar gewesen wäre. Aber auch prozessuales Agieren, das die Prozessordnung ausschließlich auf der Verteidigerseite vorsieht, kann niemals ein strafbares Verhalten begründen.

Dieser Grundsatz wird getragen von der Idee, dass die Rechtsordnung insgesamt nicht widersprüch- **160** lich bewerten könne: Was dem Verteidiger durch das Strafprozessrecht erlaubt sei, kann das materielle Strafrecht nicht verbieten.[75] Wenn es eines der wichtigsten Rechte des Angeklagten ist, dass ihm ein Verteidiger in einem fairen rechtsstaatlichen Verfahren Beistand leisten muss, würde es eine wirksame Verteidigung konterkarieren, wenn entgegen dieser Garantie ein Verteidigerverhalten bei seinem Beistandsleisten als strafbar gewertet werden könnte.[76]

Dies gilt nicht nur für den Straftatbestand der Strafvereitelung. Der BGH hat in einem weiteren **161** Beispielsfall deutlich gemacht, dass Verteidigerhandeln unter Umständen zwangsläufig dem in **§ 129 StGB** pönalisierten Verhalten der Unterstützung einer kriminellen Vereinigung unterfällt.[77] So kann die Weitergabe protokollierter Zeugenaussagen aus der Akte an den der Vereinigung zugehörigen Mandanten durch den Verteidiger der Organisation selbst objektiv von Nutzen sein. Derartige Effekte sind jedoch durch das System der Prozessordnung angelegt und dadurch hinzunehmen. Prozessual zulässiges Verteidigerhandeln kann daher trotz möglicherweise messbarer Effekte tatbestandlich niemals rechtswidriges Unterstützen einer kriminellen oder terroristischen Vereinigung sein.

---

74 Ausführlich AnwK-StGB/*Tsambikakis* § 258 Rn. 63 ff.
75 *Beulke* Die Strafbarkeit des Verteidigers 1989, Rn. 2 ff.; *Zeifang* Die eigene Strafbarkeit des Strafverteidigers im Spannungsfeld zwischen prozessualem und materiellem Recht, 2004.
76 *Kappelmann* Die Strafbarkeit des Verteidigers 2006, S. 20.
77 BGH NJW 1989, 64 f.

2. Der dogmatische Ansatz

162 Ist wirksame Verteidigung grundlegend für ein rechtsstaatliches Strafverfahren, muss die Wirkkraft dieses menschenrechtlich verankerten Prinzips Ausstrahlung auf Auslegung und Anwendung des § 258 StGB haben. Die rechtsstaatliche Verbürgung verbietet eine Interpretation, die Verteidigung in einen strafrechtlichen Risikobereich lanciert.[78] Trotz dieser selbstverständlichen Ausgangspunkte ist die höchstrichterliche Rechtsprechung bemüht, dem Verteidiger – auch strafrechtliche – Grenzen im Rahmen seiner Tätigkeit aufzuzeigen. Nur die so genannte **sachgerechte Verteidigung** soll jede tatbestandliche[79] Strafvereitelung ausschließen. Prozessordnungswidriges Verhalten des Verteidigers soll demgegenüber dieses »Privileg« entfallen lassen. Eine Fixierung des Strafbarkeitsbereichs wird damit nicht in § 258 StGB, sondern im Prozessrecht vorgenommen. Eine klare Abgrenzung zwischen zulässigem und unzulässigem Verteidigerverhalten in diesem Rahmen steht bislang allerdings aus.

Ob tatsächlich das Prozessrecht allein die maßgebliche Leitlinie für die Abgrenzung von strafbarem Verhalten ist, wird zum Teil in der Literatur bezweifelt. **Systematische Ansätze** werden anderweitig gesucht.

163 Eine Analyse des speziellen Unrechts der Strafvereitelung bietet Autoren einen validen **materiell rechtlichen Ansatz**, um weite Teile des als unsachlich empfundenen Verteidigerverhaltens dem strafbaren Bereich zu entziehen. Besteht das geschützte Rechtsgut der Strafvereitelung in der Durchsetzung des staatlichen Strafanspruchs, kann die bloße Unterstützungshandlung für den Vortäter allenfalls als Beihilfe zur straflosen Selbstbegünstigung gewertet werden. Das **Selbstbegünstigungsprivileg** muss den Verteidiger immer dann straflos stellen, wenn er für seinen Mandanten in einer Form tätig wird, die dieser straffrei für sich selbst in Anspruch nehmen kann.[80] Die Veranlassung oder Hilfe zum straflosen Selbstschutz des Beschuldigten macht niemanden – auch nicht den Verteidiger – zum strafbaren Gehilfen oder Anstifter. Erst die seltene Konstellation eines im eigenen Interesse handelnden täterschaftlichen Vereitelns kann hier den Verteidiger in den pönalisierten Bereich führen.

164 Mit den zumeist untauglichen materiell-rechtlichen dogmatischen Mitteln der Tatherrschaftslehre wird versucht, den Verteidiger zum »Herrn des Verteidigungsgeschehens« und damit zum potenziellen Straftäter aufzuwerten. Hierzu diene schon der intellektuelle Einsatz bei der Unterstützung der (straflosen) Lügengeschichte des Mandanten ebenso wie die formelle Beantragung eines Vernehmungstermins in dem Bewusstsein, dem Mandanten die Gelegenheit zur entsprechenden Einlassung zu geben.[81] Zu Unrecht wird der Verteidiger schon allein deswegen in die Nähe der täterschaftlichen Begehensweise gerückt, wenn er – wie üblich – durch seine sich aus der Verfahrensposition ergebenden maßgeblichen Stellung bei der Verteidigungsstrategie zur Zentralfigur unter Ausblendung der Willens- und Entscheidungsfreiheit seines Mandanten konstruiert wird.[82]

165 Dem stehen Ansichten gegenüber, die den § 258 StGB im Hinblick auf das Verteidigungsverhalten für weitgehend konturenlos halten und die strafrechtliche Trennlinie zwischen verbotenem und erlaubtem Verteidigungsverhalten an anderen **verfahrensrechtlichen Maßstäben** festmachen wollen.

166 So wird zum Beispiel abstrakt der prozessual weite Handlungsspielraum des Verteidigers mit der Forderung eingeschränkt, dass dieser im Sinne der Gerechtigkeit des gesamten Strafverfahrens einen Kernbereich der Effektivität der Strafrechtspflege zu respektieren habe.[83] Andere stellen auf ein grundsätzliches Leitbild des Verteidigers ab, der sich dem Gesamtsystem des Prozesses nur insofern verpflichtet fühlen

---

78 OLG Bamberg, Beschl. v. 01.08.2011 – 1 Ws 378/11.

79 BGHSt 46, 53 für den Tatbestandsausschluss, nicht für bloßen Rechtfertigungsgrund.

80 *Hamm* Der Standort des Verteidigers im heutigen Strafprozess, NJW 1993, 289; *Kargl* Das Unrecht der Strafvereitelung – insbesondere zu den strafrechtlichen Grenzen der Strafverteidigung, FS Hamm 2008, S. 235 ff.; *Krekeler* Strafrechtliche Grenzen der Verteidigung, NStZ 1989, 146, 147; *Stumpf* wistra 2011, 123 ff.

81 So OLG Nürnberg StRR 2012, 316 f. m. Anm. *Barton*.

82 So aber *Beulke/Ruhmannseder* Rn. 159 ff.

83 S. *Beulke* Der Verteidiger im Strafverfahren, Funktionen und Rechtsstellung 1980, S. 146.

darf, als er seine Aufgabe der Beistandsleistung bei der Wahrnehmung von Beschuldigtenrechten wahrnimmt.[84] Andere wollen sich der Problematik über die Begrifflichkeit eines »Rechtsmissbrauchs« des Verteidigers nähern.[85] Das Grundgesetz einbeziehende Wertungen, beispielsweise im Hinblick auf die Berufsfreiheit oder die Grundsätze des fairen Verfahrens, führen andere Autoren als Abgrenzungsmaßstab ins Feld.[86] Der allgemein anerkannte übergreifende dogmatische Einsatz zur strafrechtlich relevanten Abgrenzung von zulässigen und unzulässigen Verteidigerhandlungen fehlt jedoch nach wie vor. Letztlich wird die Problematik weitgehend in einer kaum überschaubaren *Kasuistik* diskutiert.

Eine faktische Entschärfung der Problematik nimmt die Rechtsprechung in der Praxis regelmäßig **167** dadurch vor, dass sie selbst bei Bejahung objektiver Voraussetzungen der Strafvereitelung in den meisten Fällen einen **fehlenden Vorsatz des Verteidigers** zur Strafvereitelung annimmt.[87] Schon eine gewisse Flüchtigkeit des Geschehens vor Gericht wird herangezogen, um das Auseinanderfallen von objektivem Geschehen und subjektiver Verteidigerwahrnehmung zu belegen.[88] Das vorausgesetzte positive Wissen wird dem Verteidiger gerade wegen seiner zur Skepsis zwingenden institutionalisierten Aufgabe selten nachzuweisen sein. Ob der Mandant tatsächlich schuldig im Sinne der Anklage ist, ob eine ihm vom Mandanten zu Beweiszwecken überlassene Urkunde vollständig gefälscht ist oder ob die vom Verteidiger begrüßte entlastende Aussage eines Zeugen vollständig erlogen ist, wird er mit der ausreichenden Sicherheit selbst fast nie feststellen können. Hat er aber auch nur den geringsten Zweifel an der »Sachwidrigkeit« seines Verteidigungsverhaltens, so ist er umgekehrt positiv dazu verpflichtet, die – wenn auch nur entfernte – Verteidigungschance zu nutzen. Die höchstrichterliche Rechtsprechung unterstellt ihm weitgehend, dass er als Organ der Rechtspflege auch bei erheblichen Zweifeln an der Konformität seines Tuns mit einem tatsächlichen Geschehen (auch Wahrheit genannt) mit dem inneren Vorbehalt agieren wird, das Gericht werde seinerseits den von ihm initiierten Sachverhalt einer kritischen Prüfung unterziehen und dabei auch die von ihm selbst erkannte Fragwürdigkeit nicht übersehen.[89]

Wenn der Verteidiger aus mandatsinternen Gründen auch bei erheblichen Zweifeln einen Beweis- **168** antrag stellen muss, eine möglicherweise gefälschte Urkunde einreichen muss, eine kritische Frage an einen Belastungszeugen stellen muss, wenn er also im Rahmen seiner Verteidigungspflichten handelt, kann die Lösung der Strafbarkeit kaum im subjektiven Bereich gefunden werden. Hat der Verteidiger die Pflicht zu den kritisierten Handlungen, so hat er auch ein Recht dazu. Sein Tun kann bereits objektiv kein strafrechtliches Unrecht sein.[90]

3. Handeln des Verteidigers außerhalb der Verteidigung

Problemlos im Sinne einer Strafbarkeitsbewertung sind allenfalls diejenigen Fälle, in denen der Ver- **169** teidiger außerhalb seiner prozessualen Kompetenzen in derselben Weise Täter unterstützend agiert, wie dies auch jeder Dritte tun könnte – sog. **dysfunktionales Verteidigerhandeln**.[91] Hier handelt der Verteidiger nicht im Rahmen seiner Aufgabe der Strafverteidigung; der Konnex der Verteidigerstellung zur beanstandeten Handlung ist kein rechtlicher, sondern lediglich ein faktischer.

---

84 *Ostendorf* NJW 1998, 1345 ff.
85 *Rietmann* Zur Strafbarkeit von Verfahrenshandlungen, 2002.
86 *Winkler* Die Strafbarkeit des Strafverteidigers jenseits der Strafvereitelung 2005, S. 165 f.
87 *Beulke* Neuere Entwicklungen in der Rechtsprechung zur Strafbarkeit des Verteidigers – Hoffnungszeichen oder Grund zur Sorge?, 36. Strafverteidigertag 2012, S. 171 ff., 180 ff. zu LG Augsburg NJW 2012, 93 und weiteren Beispielen.
88 OLG Bamberg, Beschl. v. 01.08.2011 – 1 Ws 378/11, der die Hauptverhandlung als zeitkomprimiertes und konzentriertes Geschehen bewertet, das nicht unbedingt für das Langzeitgedächtnis des Verteidigers bestimmt sei.
89 S. BGHSt 38, 345, 348; BGH wistra 2000, 302, 304.
90 S. hierzu z.B. *Widmaier* Strafverteidiger im strafrechtlichen Risiko, FG 50 Jahre BGH, S. 1057; *Stumpf* Gibt es im materiellen Strafrecht ein Verteidigerprivileg?, NStZ 1997, 10; *Beulke* JR 1994, 121.
91 Vgl. *Hassemer* Grenzen zulässiger Strafverteidigung, Beck'sches Formularbuch für den Strafverteidiger, 5. Aufl., 2010, 11 ff.

170 Hilft der Verteidiger beispielsweise aktiv seinem Mandanten Beweismittel verschwinden zu lassen,[92] schmuggelt er einen Kassiber in die Haft oder unterstützt er ihn finanziell bei dessen Flucht vor den Ermittlungsbehörden,[93] darf er sich im Rahmen strafrechtlicher Bewertung nicht auf die privilegierte Betrachtung des Verteidigers berufen[94] (s. hierzu auch unten »8. Die Trübung von Beweismitteln«).

4. Rechtsinformationen und Rechtsrat

171 Funktionales Verteidigungsverhalten liegt regelmäßig dann vor, wenn zwischen Mandanten und Anwalt über rechtliche Fragen der Verteidigung kommuniziert wird. Gerade die Erörterung von Rechtslagen gehört zur genuinen professionellen Beistandsleistung des Verteidigers, wie sie sowohl die Rechtsordnung als auch der Mandant erwarten. Dass das Ergebnis des mandatsinternen Rechtsgesprächs sich u.U. zugunsten des Mandanten »strafvereitelnd« im Verfahren auswirkt, ist ebenso selbstverständlich[95] wie in den Konstellationen des offenen Verteidigungsverhaltens in der Hauptverhandlung.

▶ **Beispiel:**

172 Die rechtliche Begutachtung durch den Verteidiger im Ermittlungsverfahren ergibt, dass ein konkreter Staat aufgrund der Besonderheiten der bilateralen Vertragsbeziehungen eine Auslieferung auch deutscher Staatsangehöriger wegen des Vorwurfs des Ermittlungsverfahrens verweigern würde. Reist der Mandant daraufhin aus, wäre die Fortsetzung des deutschen Strafverfahrens gehindert.[96]

Die Eltern des inhaftierten Jugendlichen fragen den Verteidiger, ob sie das noch vorhandene Rauschgift im Hause vernichten dürfen. Dieser weist darauf hin, dass eine solche Vernichtung zwar tatbestandlich eine Strafvereitelung sei, gem. § 258 Abs. 6 StGB Straffreiheit bei der Tatbegehung zugunsten eines Angehörigen eintritt. Vernichten daraufhin die Eltern das Rauschgift, kann eine Ursächlichkeit des Rechtsgesprächs für das Vernichten von Beweismitteln kaum geleugnet werden; für Strafbarkeitsüberlegungen besteht jedoch kein Raum.[97]

173 Wenn die **rechtliche Beratung** dennoch gelegentlich in den Fokus strafbarer Strafvereitelung gerät, hat dies die Ursache in zweierlei: Breit diskutiert wird zum einen die mögliche Strafvereitelung im Zusammenhang mit einem Verstoß gegen eine – umstrittene – anwaltliche Wahrheitspflicht (s. näher u. 1. Kapitel Rn. 175 ff.). Zum anderen – und nur dies soll hier erörtert werden – will man sich z.T. nicht damit abfinden, dass rechtliche Auskünfte faktisch die Basis für die Verhinderung von materiell gerechtfertigter Bestrafung sein sollen. Will man allerdings den Verteidiger, der die strafvereitelnde Konsequenz seiner rechtlichen Beratung sieht, hierfür haftbar machen, würde er mittelbar in die Interessen der Ermittlungsbehörden eingebunden, und die Basis der Institution Strafverteidigung wäre entscheidend untergraben. Der Mandant hat vielmehr einen Anspruch auf Rechtsinformationen gegenüber seinem Verteidiger. Dass die derart in Erfahrung gebrachten Rechte auch missbraucht werden können, gehört zum Risiko jeder Rechtsberatung[98] und ist für sich genommen kein Grund, diese Rechte zu verweigern.[99]

---

92 *Hassemer* Grenzen zulässiger Strafverteidigung, 19 f.
93 Für die Berechtigung »sozial adäquater Unterstützung« allerdings *Paulus* Dogmatik der Verteidigung, NStZ 1992, 305, 311 Fn. 124.
94 RGSt 50, 346, 366.
95 S. schon RGSt 37, 321, 323.
96 *Bottke* Wahrheitspflicht des Verteidigers, ZStW 96 (1984), 726, 756.
97 S. zu diesem Beispiel *Müller/Gussmann* Berufsrisiken des Strafverteidigers 2007, Rn. 51 ff.
98 *Krekeler* Strafrechtliche Grenzen der Verteidigung, NStZ 1989, 146, 147.
99 Vgl. *Kempf* Strafverteidigung in der Praxis, 3. Aufl., § 1 Rn. 85.

Ein strafbarer Bereich in diesem Rahmen soll aber u.U. dennoch eröffnet sein, wenn der Verteidiger   174
über die schlichte Information hinaus einen weitergehenden psychischen Einfluss auf die Entscheidung des Mandanten ausübt.

▶ Beispiele:

> Der Verteidiger informiert nicht nur über die Staaten, die keine Auslieferung vornehmen,   175
> sondern weist auch auf die aktuell günstigen Flugtickets hin. Er berät nicht nur über das Aus-
> sageverweigerungsrecht, sondern hält prozessual das Schweigen und die Verweigerung eines
> Geständnisses für angezeigt.[100] Mit der Aufklärung über die Möglichkeit, sich zur Berichtigung
> eines Meineides selbst anzuzeigen, rät der Verteidiger gleichzeitig von einem solchen Schritt
> ab.[101] Er schlägt vor, zur Verbesserung der Prozesslage, ein (wahres) Geständnis zu widerru-
> fen.[102] Der Verteidiger klärt über die Verpflichtung zum Erscheinen auf eine staatsanwalt-
> schaftliche Ladung auf, rät aber gleichzeitig, dort nicht zu erscheinen.[103]

Dass eine taugliche Strafbarkeitsgrenze zwischen schlichter **Rechtsinformation** einerseits und darüber   176
hinausgehendem **Rechtsrat** andererseits gezogen werden könnte, erscheint angesichts der notwendigen Umstände derartiger Rechtsgespräche illusorisch.[104] Rechtliche Einschätzungen des Verteidigers sind weder abstrakt noch isoliert, sondern in ihrer Relevanz regelmäßig auf das konkrete Verfahren zugeschnitten. Dass eine von mehreren Handlungsoptionen angesichts der Besonderheiten
eines Verfahrens sich als prozessual günstigste Variante herausstellt, ist Teil der Rechtsbewertung.
Der Rat, dem zu folgen, ist die kaum noch zu formulierende Konsequenz.

Sucht man das strafrechtliche Unrecht des Verteidigers in der Beeinflussung des Mandanten, ist   177
darüber hinaus zu beachten: Das angebliche Bestimmen des Mandanten durch die Autorität des
rechtlichen Ratschlags stellt sich in jeder durchschnittlichen Konstellation lediglich als **straflose
Anstiftung zur straflosen Selbstbegünstigung** des Mandanten selbst dar (s.o. 1. Kapitel Rdn. 163 ff.).[105]
Die Vorstellung des machtvoll – als Täter – agierenden Verteidigers unter Ausnutzung des eigenen
Mandanten als willfähriges Werkzeug, die ihn ausnahmsweise zum Täter machen könnte, erscheint
eher fremd.

Daneben bleibt zu beachten, dass auch ein – strafvereitelnder – Rechtsrat sich aus Sicht der Recht-   178
sprechung regelmäßig im rechtlichen Rahmen hält, wenn er sich denn auf Fundamentalpositionen
des Angeklagten bezieht. »Es ist das Recht des Beschuldigten, sich nicht zur Sache einzulassen. Die
dahin gehende Beratung ist durch die Verteidigungsfunktion gedeckt und deshalb rechtmäßig«.[106]

5. Akteninformationen an Mandanten

Im Verhältnis zu seinem Mandanten hat der Verteidiger eine umfassende Aufklärungspflicht. Er hat   179
ihm daher auch die Wahrheit zu Umständen zu schildern, die er lediglich aufgrund seiner Verteidigerstellung erfahren hat. Zulässig ist auch die **Mitteilung des gesamten Akteninhalts an den Mandanten.**[107] Sie ist sogar regelmäßig erforderlich, damit mit der Kenntnis der Akten durch den Mandanten und deren Bewertung aufgrund seines spezifischen Wissenstandes eine gemeinsame

---

100 Unzulässig: *Peters* Strafprozess, 4. Aufl. 1985, § 29 V.1.c.; zulässig: BGH MDR (H) 1982, 970.
101 Zulässig: BGHSt 2, 375, 377.
102 Unzulässig: BGHSt 2, 375, 378; a.A. Sch/Sch/*Stree/Hecker* § 258 Rn. 20; *Krekeler* Strafrechtliche Gren-
     zen der Verteidigung, NStZ 1989, 148.
103 Für unzulässig halten dies *Burhoff/Stephan* Strafvereitelung durch Strafverteidiger 2008, Rn. 36.
104 *Hassemer* Grenzen zulässiger Strafverteidigung, Beck'sches Formularbuch, 5. Aufl. 2010, 9, hält die
     Differenzierung für »wenig tragfähig«.
105 *Krekeler* Strafrechtliche Grenzen der Verteidigung, NStZ 1989, 148; ausführlich *Stumpf* Zur Strafbar-
     keit des Verteidigers gemäß § 258 StGB, wistra 2001, 123, 129.
106 BGH MDR (H) 1982, 970.
107 Anderes gilt für die Akteneinsicht anderer Beteiligter, s. BVerfG NJW 2002, 2307; NJW 2007, 1052.

Verteidigungsstrategie entwickelt werden kann. Dass Originalakten nur dem Verteidiger ausgehändigt werden, beruht auf dem Interesse der Rechtspflege an der Unversehrtheit des Aktenmaterials und nicht an der Idee einer Einschränkung der unmittelbaren Verteidigungsmöglichkeiten des Beschuldigten selbst.

180 Im Detail ungeklärt ist, ob und wie jenseits der Verteidigungszwecke – außerhalb des § 258 StGB – strafrechtliche Grenzen aufscheinen können, die dem Verteidiger die Weitergabe einzelner Informationen verbieten.

Selbstverständlich ist das Verbot der strafbaren **Beihilfe zu zukünftigen Straftaten des Mandanten**. Erfährt der Mandant durch die Einsicht z.B. die aktuelle Wohnanschrift seiner getrennt lebenden Ehefrau, die er vergewaltigt haben soll, und muss er nach Äußerungen des Mandanten fest davon ausgehen, dass dieser seiner Frau wieder Gewalt antun will, wenn er sie findet, kann und sollte der Verteidiger die Information zurückhalten. Faktisch ist diese Konstellation selten. Eine vorauseilende Überprüfungspflicht des gesamten Akteninhalts hat der Verteidiger schon deswegen nicht, weil die Einsicht gewährende Staatsanwaltschaft oder das Gericht im Rahmen des Zeugenschutzes die gesetzliche Möglichkeit – und Pflicht! – haben, durch Schwärzungen oder andere Maßnahmen Informationen zum Zeugenschutz vorzuenthalten. Maßstab bleibt auch hier, dass der Verteidiger Information nicht im Rahmen unzulässiger Bevormundung unterschlagen darf. Bei schlichten Missbrauchsbefürchtungen des Verteidigers – wie z.B. der Fortsetzung des im Verfahren vorgeworfenen Stalking-Verhaltens, dürften Hinweise an den Mandanten zu legalem Umgang mit den Akteninformationen ausreichen. Jenseits derartiger strafrechtlicher Grenzen sind verteidigungseinschränkende Informationsweitergaben nicht begründbar, auch wenn dem Verteidiger z.B. geläufig ist, dass sein Mandant die Informationen zu deren Publizierung nutzen will.[108]

Gleiches gilt für andere Straftatbestände, die zwangsläufig formal bei legalem Verteidigerhandeln der Aktenweitergabe erfüllt sind. Beinhalten beispielsweise die Akten in einem Verfahren wegen des Verdachts der Kinderpornografie auch die inkriminierten Objekte, kann sich der Verteidiger nicht seinerseits wegen unzulässiger Verbreitung dieses Materials strafbar machen, wenn er die ihm überlassenen Akten in Kopie vollständig seinem Mandanten überlässt.[109] Sachgerechte Strafverteidigung erfordert gerade eine solche Weitergabe, auch der Mandant hat einen Anspruch auf vollständige Darlegung des Vorwurfs (Art. 6 Abs. 3 lit. c MRK).

181 Problematisiert wird die Frage in Literatur und Rechtsprechung insbesondere dann, wenn der Mandant auf eine bevorstehende Zwangsmaßnahme aufmerksam gemacht wird. Die erkennbare Gefährdung des Untersuchungszwecks soll u. U. zu einem Verbot der Weitergabe von Informationen führen.[110] Der Verteidiger wird hier als Organ der Rechtspflege im Sinne der Effektivität von staatlichen Zwangsmaßnahmen in Anspruch genommen. Dagegen wird zu Recht eingewandt, dass **umfassende Informationsweitergabe an den Mandanten** Standard der ordnungsgemäßen Verteidigung ist, und der Informationsstand, z.B. die Kenntnisnahme der Verteidigung von einer bevorstehenden Hausdurchsuchung, regelmäßig auf eine fehlerhaften Bearbeitung der Staatsanwaltschaft zurückzuführen ist, deren Kompensation nicht Aufgabe des Verteidigers ist. Weitergabe prozessual zulässig erlangter Informationen soll daher niemals prozesswidrig oder gar strafbar sein.[111]

---

108 So aber BGHSt 29, 99 ff.

109 Für eine Strafbarkeit allerdings OLG Frankfurt NJW 2013, 1107 m. abl. Anm. *König;* dagegen auch *Beulke/Witzigmann* Neue Strafbarkeitsrisiken für Verteidiger? Schiller-FS, 2014, S. 49 ff., sowie *Ziemann* Akteneinsicht und Aktenverwertung im Kinderpornografie-Verfahren – ein neues Strafbarkeitsrisiko für effektive Verteidigung? StV 2014, 299 ff.

110 BGHSt 29, 99, 103; BVerfG NJW 2006, 3197; Sch/Sch/*Stree* § 258 Rn. 20; *Fischer* § 258 Rn. 18, 22; *Meyer-Goßner* Die Verteidigung vor dem Bundesgerichtshof und dem Instanzgericht, FG 50 Jahre BGH 2000, S. 615, 637.

111 *Kühne* Strafprozessrecht, 9. Aufl., 2015, Rn. 220; *Krekeler* Strafrechtliche Grenzen der Verteidigung, NStZ 1989, 149; *Paulus* Dogmatik der Verteidigung, NStZ 1992, 311; *Hassemer* Grenzen zulässiger Strafverteidigung, S. 9–11; OLG Hamburg NStZ 1992, 50.

6. Prozessuales Verteidigungsverhalten und Zeitverlust

Prozessual zu beanstandende Maßnahmen können nicht den Bereich einer Strafvereitelung eröffnen. **182** Es gehört zum Prozess, sich über Grenzen des jeweiligen Aktionsraums von Verfahrensbeteiligten argumentativ auseinanderzusetzen. Soweit der Verteidiger im Rahmen der prozessual zulässigen Antragsstellung agiert, sind über den Antrag hinausgehende Zwecke im Hinblick auf eine Dysfunktionalität oder gar Strafbarkeit nicht zu diskutieren. Zum Teil gilt es sogar als hohe Strafverteidigerkunst, bestimmte Beweisanträge nur zu dem Zwecke zu stellen, revisionsträchtiges Material zu schaffen. Unbeanstandet bleiben muss auch die Einlegung von Rechtsmitteln, selbst wenn sie letztlich allein dem Ziel dienen, die Rechtskraft hinauszuschieben.[112]

Überlegungen zur Strafvereitelung durch schlichte prozessuale zeitliche Ausdehnung eines Strafver- **183** fahrens scheitern schon an der Tatbestandsstruktur des § 258 StGB. Die notwendige Vollendung des Tatbestands durch einen **Vereitelungserfolg** lässt sich nicht durch ein Hinausschieben des Verfahrensabschlusses erzielen.[113] Eine Verzögerung einer Strafverhängung oder –vollstreckung ist kein tatbestandliches »vereiteln.« Das tatbestandliche »zum Teil« vereiteln bezieht sich ausschließlich auf das Ausmaß der strafrechtlichen Sanktion, nicht auf deren zeitliches Hinausschieben. Dennoch versucht die Rechtsprechung, Verfahrensverzögerungen auf unterschiedlichem Weg dem tatbestandlichen Vereitelungserfolg zu unterwerfen.[114]

> Darüber hinaus dürfte auch hier der Tatbestand regelmäßig an der subjektiven Komponente scheitern. **184** Solange nicht im Einzelfall ein konkreter Hinweis darauf besteht, dass eine bestimmte Verschleppung und damit auch eine – temporäre – Strafvereitelung das maßgebliche Ziel des Verteidigers ist, lässt sich ein solches Verhalten nicht in strafrechtlich relevante Kategorien einordnen. Strafrechtliche Relevanz ist erst recht nicht erkennbar, wenn der Verteidiger von ihm erwartete Prozesshandlungen wie beispielsweise dem Schlussplädoyer nicht nachkommt.

Der Zusammenhang von Strafvereitelungen zu Verzögerungen des Verfahrens bei der Wahrnehmung **185** prozessualer Rechte in der Hauptverhandlung muss schon an der abschließenden gesetzlichen Regelung des gerichtlichen Umgangs mit Verteidigungsverhalten scheitern. Zwar kann die Ausübung des Fragerechts unter Umständen Stunden und Tage in Anspruch nehmen. Äußerungen des Verteidigers zur Sache, Stellungnahmen oder der Schlussvortrag können ebenfalls so lange dauern, dass der sachliche Bezug einem Richter zweifelhaft erscheint. Die notwendige Konsequenz der Antragsstellung in Form einer zeitlichen Verschiebung des restlichen Prozessgeschehens ist grundsätzlich für die Beurteilung einer Strafvereitelung irrelevant, da Unzulässigkeiten durch zeitliche Überdehnungen unmittelbar durch das verhandelnde Gericht gerügt werden können. Für Beweisanträge reglementiert das Gesetz die zeitliche Dimension der Antragstellung durch § 245 und hält den besonderen Ablehnungsgrund der Prozessverschleppungsabsicht (§ 244 Abs. 3 StPO) als Reaktionsmöglichkeit des Gerichts vor. Für motivatorisch begründete Strafbarkeitsüberlegungen ist gerade hier keinerlei Raum.[115]

> *»Strafverteidigung ist ihrer Natur nach auf den Schutz des Beschuldigten vor Anklage, Verhaftung und Ver-* **186** *urteilung ausgerichtet (BGHSt 29, 99, 102). Ein Verteidiger wird daher, selbst wenn er sich prozessual zuläs-* *sig verhält, in einem Verfahren häufig Anträge zu stellen haben, die mitunter zu einer erheblichen Verzögerung* *des Verfahrens führen können; solches Handeln kann noch nicht einmal objektiv als strafvereitelnde Maßnahme* *i. S. von § 258 Abs. 1 StGB angesehen werden. Ein prozessual zulässiges Handeln des Verteidigers im Interesse* *sachgerechter Strafverteidigung läßt vielmehr die Tatbestandsmäßigkeit von vornherein entfallen.«*[116]

---

112 S. Sch/Sch/*Stree/Hecker* § 258 Rn. 20; SK-StGB/*Hoyer* § 258 Rn. 26; a.A. *Kappelmann* S. 111.

113 *Jahn* Konfliktverteidigung und Inquisitionsmaxime, 1998, 289 f.; LK/*Walter* § 258 Rn. 35.

114 BGH NJW 2018, 3261 m. abl. Anm. *Mitsch*.

115 Nur als Disziplinierung lästiger Verteidigertätigkeiten daher erklärbar *Schneider* Zur Strafbarkeit des Verteidigers wegen Strafvereitelung durch Stellen von Beweisanträgen zum Zwecke der Prozessverschleppung, FS Geppert 2011.

116 KG NStZ 1988, 178.

187 Dieser Ansatz könnte allenfalls entfallen, wenn Verteidigungsverhalten jeglicher Möglichkeit gerichtlicher Reaktion entzogen ist.

> In Betracht kommt hier insbesondere ein Agieren außerhalb der Hauptverhandlung, wenn z.B. eine Anwesenheitspflicht des Strafverteidigers im Fall der notwendigen Verteidigung besteht und in der Absicht der Verzögerung des gesamten Verfahrens der Verteidiger dieser Verpflichtung nicht nachkommt. Ähnliches könnte für die **Zurückhaltung von Akten** gelten. Die Überlassung der Akten ist Ausfluss des Verteidigerprivilegs der Akteneinsicht (§ 147 StPO). Mit diesem Recht soll ausschließlich ein notwendiges Informationsbedürfnis der Strafverteidigung abgedeckt werden. Vollständig außerhalb dieses Zwecks würde sich u.U. ein Strafverteidiger bewegen, der die ihm überlassenen Akten bewusst über eine längere Zeit zurückhält, um dadurch eine Verschleppung des gesamten Verfahrens herbeizuführen.[117]

7. Wahrheitpflicht – Verteidigungsverhalten »wider besseres Wissen«

188 Ausgangspunkt für die Diskussion der Strafbarkeit eines Verteidigers durch genuin prozessuales Verteidigungsverhalten ist die Konstellation, dass Zweifel an seiner Berechtigung der schlicht formalen Wahrnehmung von Prozessrechten bestehen, wenn dem Verteidiger gleichzeitig bewusst ist, dass dieses prozessuale Agieren dem »materiell richtigen« Ergebnis zuwiderläuft. Ansatzpunkt hierfür ist die Konstituierung einer »Wahrheitpflicht« des Verteidigers. Das im Detail nicht geklärte Spannungsverhältnis des Verteidigers zwischen seiner allgemeinen Interessen verpflichteten Organstellung einerseits und der Aufgabe zu einseitiger Beistandsleistung zugunsten des Beschuldigten andererseits bricht hier in besonders markanter Form auf.

a) Pflicht zur Wahrheit?

189 Fest steht, dass der Verteidiger – u. U. im Gegensatz zum Beschuldigten selbst – kein Recht zur Lüge hat, auch wenn eine solche Lüge prozessual vorteilhaft erscheint. Das Berufsrecht verbietet dem Anwalt die bewusste Verbreitung von Unwahrheiten (**§ 43a Abs. 3 BRAO**). Die Begründung für die umfassende Wahrheitsverpflichtung lässt sich allerdings nur schwer unmittelbar dieser Norm entnehmen, weil sie in dem einschränkenden unmittelbaren Bezug zum Sachlichkeitsgebot steht.[118] Die Literatur stützt sich hier zumeist auf die prinzipielle Stellung des Strafverteidigers im System des Strafprozesses, die eine Vertrauensposition unabdingbar voraussetzt. Infrage steht die unabhängige »dritte Säule der Rechtspflege.«[119] Die persönliche **Aufrichtigkeit des Anwalts** schützt die eigene Berufsausübung als Institution.[120] Vertrauenswürdigkeit des Anwalts gehört zum Leitbild der Seriosität von Verteidigung, die sich »vom Zerrbild des rechtsverdrehenden Winkeladvokaten abhebt.«[121]

190 Auf der anderen Seite hat der Verteidiger keine Verpflichtung, seine gesamten Kenntnisse des Sachverhalts dem Gericht zu unterbreiten. Das Verschwiegenheitsgebot bindet ihn vielmehr in ganz anderer Richtung. Der Verteidiger hat somit kein Recht zur Lüge, darf auf der anderen Seite aber häufig die Wahrheit – oder was er dafür hält – nicht offenbaren. Die Akzeptanz sachgerechter Verteidigung bewegt sich zwischen diesen beiden Polen.

191 In der Praxis problematisch sind häufig Prozesssituationen der Kommunikation zwischen Gericht und Verteidiger. Nicht selten wird der Verteidiger vom Vorsitzenden gefragt, ob er über den Aktenstand hinaus Kenntnis von weiteren Vorstrafen seines Mandanten habe, ob er den Aufenthaltsort eines nicht erschienen Zeugen kenne oder ob er etwas zum Verbleib bestimmter Aktenbestandteile wisse. Hat der Verteidiger tatsächlich Informationen, so können sie – auch wenn es sich lediglich um prozessuale Fragen handelt – im Ergebnis für seinen Mandanten nachteilig sein. Seine Beistandspflicht verbietet ihm einer-

---

117 Anders *Kargl* FS Hamm, S. 250, der aus materiellrechtlichen Gründen jede Verfahrensverzögerung aus dem Tatbestand der Strafvereitelung ausgrenzen will.

118 *Henssler* in: Henssler/Prütting BRAO, 4. Aufl. 2014, § 43a Rn. 147.

119 Vgl. *Dahs* Handbuch des Strafverteidigers, 7. Aufl. 2005, Rn. 30.

120 Vgl. *Salditt* Das Interesse an der Lüge, AnwBl. 1999, 134 ff.; *ders.* Strafverteidiger und öffentliche Meinung, AnwBl. 1999, 445 ff.; zusammenfassend *Gillmeister* Die Verteidigung eines lügenden Beschuldigten, Schiller-FS 2014, S. 173 ff.

121 Vgl. *Roxin* FS Hanack, S. 13 ff.

seits eine Offenbarung. Andererseits verbietet ihm die Wahrheitspflicht eine Lüge gegenüber dem Gericht. Er wird daher in der Erklärung regelmäßig einen Weg finden müssen, trotz Kollision beiden Geboten gerecht zu werden – ggf. muss er ausdrücklich eine Information verweigern.[122]

Jede Wahrnehmung von prozessualen Rechten muss bei dieser Abwägung dem Verteidiger grundsätzlich erlaubt sein, auch wenn hierdurch möglicherweise objektiv – zugunsten des Angeklagten – die Überzeugung von einem falschen Sachverhalt gefördert wird. Alles, was prozessual und berufsrechtlich erlaubt ist, bewegt sich im Rahmen sachgerechter Verteidigung. Auch wenn er selbst nicht lügen darf, ist es zulässig – und sogar seine anwaltliche Pflicht – prozessuale Defizite zugunsten seines Mandanten zu nutzen.   **192**

Zum Selbstschutz kann es allerdings für den Verteidiger in bestimmten Konstellationen geboten sein, sich auf sein Schweigerecht zu berufen. Die Rechtsprechung neigt dazu, gerade positive Erklärungen des Verteidigers zum Anlass für den Vorwurf der Strafvereitelung zu nehmen. So wurde die wissentliche Unterschlagung von Beweismitteln maßgeblich deshalb angenommen, weil der Verteidiger – entgegen den späteren Feststellungen – erklärt hatte, er verfüge nicht (mehr) über Buchführungsunterlagen seines angeklagten Mandanten.[123]   **193**

b) Der interne Rat zur Lüge

Der Anwalt ist seinem Mandanten gegenüber zu einer umfassenden rechtlichen Beratung verpflichtet, die sämtliche Aspekte des Falles behandelt. Bei prozessualen Entscheidungen kann der Verteidiger nicht nur aufklären, sondern auch aus seiner Sicht Ratschläge erteilen. Zulässig ist der Rat zum Schweigen ebenso wie der Vorschlag, bestimmte Beweisanträge nicht zu stellen oder auf eine polizeiliche Vorladung nicht zu reagieren. Der **Umgang mit der Wahrheit im internen Mandatsverhältnis** bei dieser Beratung ist allerdings umstritten.   **194**

▶ **Beispiel:**

> Die Mandantin, die ihren Ehemann töten wollte, hatte auf den zweiten Schuss verzichtet, weil sie den vermeintlichen Erfolg für sicher hielt. Dies berichtet sie ihrem Verteidiger, der rechtlich erkennt, dass auf dieser Tatsachenbasis der Rücktritt vom Versuch entfällt. Es drängt sich ihm die Aussicht auf Straflosigkeit wegen des Tötungsdelikts auf, wenn die Mandantin dem Gericht gegenüber behaupten würde, sie habe den Fehlschlag des ersten Schusses erkannt und aus Mitleid auf weitere Schüsse verzichtet.[124]   **195**

Der Angeklagte hat das Recht zu schweigen und wird regelmäßig wegen unwahrer Angaben in der Hauptverhandlung nicht strafrechtlich zur Verantwortung gezogen. Auch hinsichtlich der Wahrnehmung dieser Rechte hat er einen Anspruch auf Beistandsleistung durch seinen Verteidiger. Dennoch wird teilweise dieses Verhalten als »**Rat zur Lüge**« durch den Verteidiger dem Strafbarkeitsbereich zugeordnet.[125] Gegen eine solche Bewertung spricht zum einen der prozessuale Aspekt, dass sich der bemängelte Beistand des Verteidigers allein auf die Ausübung eines zulässigen prozessualen Verhaltens bezieht. Zum anderen spricht hierfür allerdings auch ein materiell strafrechtlicher Aspekt: Der Mandant selbst macht sich regelmäßig bei der Selbstbegünstigung nicht strafbar. Da der Verteidiger letztlich lediglich **Beihilfe zu dieser Selbstbegünstigung** leistet, ist dies dem Strafbarkeitsbereich grundsätzlich entzogen.   **196**

---

122 *Dahs* Die Wahrheitspflicht des Verteidigers, StraFo 2000, 181, 183 sieht in dieser Kommunikationssituation sogar die »härteste Probe« für die divergierenden Verpflichtungen.

123 BGH HRRS 2018 Nr. 886.

124 Vgl. *Salditt* MAH-Strafverteidigung 2006, § 1, Zur Stellung des Strafverteidigers, Rn. 68.

125 S. z.B. *Beulke* Die Strafbarkeit des Verteidigers, Rn. 34.

197 Wer die Tätigkeit des Verteidigers entsprechend der Vertragstheorie ausschließlich aus den Verteidigungsrechten des Beschuldigten ableitet, muss dem Verteidiger auch einen Rechtsrat zugestehen, der sich faktisch als Beihilfe zur – straflosen – Lüge des Angeklagten darstellt.[126]

198 Die Zulässigkeit des Rechtsrats kann sich auch aus der gebotenen Distanz des Verteidigers mit dem Umgang zur »Wahrheit« ergeben. Erfährt der Verteidiger den Strafprozess selbst als diskursive Annäherung an die »Wahrheit«, hat er berechtigten Anlass, Angaben zum Tatgeschehen, die der Mandant intern ihm gegenüber macht, mit der gebotenen Skepsis zu begegnen. Es gibt keinen Rat zur Wahrheit oder Rat zur Lüge, wenn die Grenzen des Richtigen und Unrichtigen für den Verteidiger stets schwankend sein müssen.[127]

199 Nutzt der Angeklagte im o.a. Beispiel die ihm vom Verteidiger erteilte Information zur Straflosigkeit des Rücktritts, indem er als Einlassung dem Gericht einen entsprechenden – wahrheitswidrigen – Sachverhalt präsentiert, hat der Verteidiger nach diesen Ansichten im Rahmen des prozessual Zulässigen ebenso agiert, wie in dem Beispiel, in dem er seinen Mandanten über rechtliche Umstände aufklärt, unter denen verschiedene Staaten die Auslieferung geflohener Personen verweigern.

200 Die **h.M.** will demgegenüber an dem Grundsatz festhalten, dass der Verteidiger dann den Bereich seines zulässigen prozessualen Agierens verlässt, wenn er durch **Rechtsrat** faktisch an der **Konstruktion falscher Einlassungen** mitarbeitet. Der Tatbestand der **Strafvereitelung** ist hier permanent in Reichweite.[128] Statt einer Begründung verlegt sich insbesondere die Rechtsprechung auf den Hinweis, der Verteidiger würde hier eine »sachwidrige Erschwerung der Strafverfolgung« bewirken.[129] Was die »Sache« ist und welche »Sachwidrigkeit« sogar strafrechtliche Bezüge auslöst, bleibt offen. Tragend scheinen eher außerstrafrechtliche Erwägungen der anwaltlichen Ethik zu sein.

▶ **Beispiele:**

201 Mandatsinterne Gespräche haben ergeben, dass eine verminderte Schuldfähigkeit des Angeklagten vom Gericht angenommen werden könnte, wenn die Einnahme bestimmter Medikamente zur Tatzeit fest stehen würde. Erteilt der Verteidiger seinem Mandanten Informationen über Eigenschaften, Wirkweise und Dosierung von tatsächlich nicht eingenommenen Medikamenten, um damit bewusst eine wahrheitswidrige Einlassung seines Mandanten zu ermöglichen, hält dies die Rechtsprechung für unlauter.[130]

Ähnlich denkbar sind zahlreiche Hinweise des Verteidigers, die die Notwendigkeit von Sachverhaltselementen in einer Einlassung zum Beleg günstiger Tatbestandsteile zum Gegenstand haben, oder der Verteidiger weist auf die (Un-) Logik oder Glaubhaftigkeitsdefizite von Einlassungen bei ergänzenden Alternativvorschlägen hin. Vorstellbar ist auch die Erarbeitung eines (falschen) Alibis, das zur Erhöhung der Plausibilität insbesondere die aktenmäßig belegbare lückenhafte polizeiliche Aufklärung von Tatumständen nutzt.

202 Um nicht allein das richterliche Wahrheitsinteresse als entscheidenden Maßstab für die Strafbarkeit des Strafverteidigers zugrunde zu legen, wird teilweise versucht, die Mitwirkung des Verteidigers an Lügenkonstruktionen zu differenzieren. So soll die »neutrale« Darlegung sämtlicher rechtlicher Aspekte durch den Verteidiger zulässig sein und eine Strafbarkeitsgrenze erst da überschritten wer-

---

126 Vgl. LR/*Jahn-Lüderssen* vor § 138 Rn. 130 ff.

127 Hierzu: *Kempf* Der Rechtsanwalt als Strafverteidiger, in: Strafverteidigung in der Praxis, 3. Aufl. 2003, Rn. 70 ff.

128 BGH StraFo 2004, 24; OLG Nürnberg NJW 2012, 1895 ff.; *Brei* Grenzen zulässigen Verteidigungshandelns – ein Beitrag zur Wahrheitspflicht der Verteidiger 1991, S. 255 ff.; *Bottke* ZStW 96, 757; *Beulke* Der Verteidiger im Strafverfahren, Funktionen und Rechtsstellung, S. 154; Sch/Sch/*Stree/Hecker* § 258 Rn. 20.

129 BGH NStZ 1999, 188.

130 BGH StV 1999, 153, 154.

den, wo eine »Aufforderung zur Lüge« erkennbar wird.[131] Er dürfe allenfalls »stimulierungsneutral« die Frage der möglichen Lüge des Mandanten mit diesem erörtern.[132] »Normative Elemente« dürfe der Verteidiger anführen, die Sachverhaltsausfüllung – Sache des Mandanten – erfülle u.U. den Tatbestand der Strafvereitelung.[133] Aus der Beistandspflicht des Verteidigers folge, dass er jede Einlassung seines Mandanten nicht nur zu dulden, sondern sie gegebenenfalls auch zu schützen habe.[134] Wenn der Beschuldigte sich lügend verteidigen kann, darf er in dieser Verteidigungssituation nicht den anwaltlichen Beistand verlieren, weshalb eine »Beratung bei der Lüge« nicht verboten sein kann, sondern allenfalls eine »Beratung zur Lüge«.[135] Das Strafrecht – so ein anderes differenzierendes Konzept – liege erst bei gravierender evidenter Grenzüberschreitung vor, wenn der Verteidiger durch »wesentliche« Beiträge eine Lügenkonstruktion ermögliche.[136]

All dies überzeugt nicht. Es gibt keinen strafrechtsdogmatischen Grund, berufsethisch kritisierte **203** Verhaltensweisen in strafbares Tun umschlagen zu lassen. Das Strafrecht kommt hier im internen Mandatsverhältnis an seine Grenzen. Die aufgezeigten Trennlinien lassen sich in der Dynamik eines Beratungsgesprächs über die Verteidigungstaktik niemals sauber voneinander unterscheiden; eine Beweisaufnahme hierüber würde entweder die Privilegierung von Komödien eröffnen oder dem Rachedurst eines nachträglich enttäuschten Mandanten in der Zeugenrolle unverdient weiten Raum bescheren.

Fazit: Der Inhalt des mandatsinternen Verteidigungsgesprächs kann niemals Ausgangspunkt einer Strafvereitelung sein.

c) Prozesswidriges Prozessverhalten

Vom mandatsinternen Rechtsgespräch ist das nach außen sichtbare Prozessverhalten des Verteidigers **204** zu unterscheiden.

Den möglichen Ansatz für Strafvereitelungsüberlegungen von formellem Verteidigungshandeln sieht **205** die Rechtsprechung hier in der Prämisse, dass der Verteidiger »nicht wissentlich falsche Tatsachen behaupten« darf.[137] Er dürfe nicht aus eigenem Antrieb unwahre Tatsachen einführen.[138] Was in dieser Simplizität ethisch gerechtfertigt erscheint, blendet nicht nur die permanente Volatilität von Wahrheit für den Strafverteidiger aus, sondern vor allem die Funktion und Struktur des Prozesses ebenso wie die spezielle Rolle des Verteidigers.

»Tatsachen« zur Urteilsfindung kann der Verteidiger dem Gericht nicht unterbreiten. Nur der Ange- **206** klagte und die Strengbeweismittel vermögen dem Gericht entscheidungsrelevante Fakten zur Entscheidung über Schuld und Strafe zu unterbreiten. Verteidigererklärungen sind insoweit irrelevant, entfernt denkbar allenfalls bei im Wege des Freibeweises aufzuklärenden Verfahrensfragen. Auch vom Verteidiger behauptete »falsche Tatsachen« können daher schon aus prozessualen Gründen in der Regel keine Auswirkungen auf ein Urteil haben und damit nicht strafvereitelnd wirken.

Relevanz entfalten Ausführungen des Verteidigers zu (falschen) Tatsachen im Rahmen seiner Auf- **207** gabe der Überzeugungsarbeit. Der Verteidiger hat sich mit Tatsachen als Ergebnis der Beweisaufnahme auseinanderzusetzen und entsprechend seiner Aufgabe der einseitigen Beistandsleistung für

---

131 MAH-Strafverteidigung *Müller/Leitner* § 55, Strafrechtliche Risiken, Rn. 27.
132 *Bottke* ZStW 96, 726, 757.
133 *Heeb* Grundsätze und Grenzen der anwaltlichen Strafverteidigung und ihre Anwendung auf den Fall der Mandatsübernahme, 1973, S. 53.
134 *Salditt* StV 1999, 61, 64.
135 *Gillmeister* Schiller-FS 2014, S. 184.
136 *Widmaier* Strafverteidigung im strafrechtlichen Risiko, FG 50 Jahre BGH 2000, S. 1043, 1051, 1052: »Erst die Ausarbeitung eines kunstvollen Aussagekonstruktes (...) ist strafbare Strafvereitelung«.
137 S. z.B. BGHSt 46, 53, 56.
138 *Ostendorf* Strafvereitelung durch Strafverteidigung. Zur Diskussion um Gründe und Leitbild berufsmäßiger Strafverteidigung, NJW 1978, 1345, 1349.

seinen Mandanten dafür einzusetzen, dass das Gericht zu einer dem Mandanten günstigen Bewertung gelangt. Rechtsfindung folgt der Anwendung logischer Gesetzmäßigkeiten ebenso wie vergleichenden Erwägungen zu allgemeinen Lebenserfahrungen. In diesen durch Wertungen stets offenen Entscheidungsprozess greift der Verteidiger ein, wenn er die besonderen Aspekte der Wertungsmöglichkeiten zugunsten des Beschuldigten herausgreift. Das Ziel, Zweifel zu säen, geht nicht mit dem Anspruch auf Vollständigkeit und Wahrheit konform. Der – notgedrungen einseitige – Beitrag des Verteidigers zur Bewertung des Prozessmaterials wäre konterkariert, wenn er von eigenem Wissen zur Zuverlässigkeit des Beweismaterials überlagert und sogar eingeschränkt sein sollte.

▶ **Beispiel:**

208 Völlig unabhängig von der eigenen Überzeugung oder gar dem eigenen Wissen ist es die Aufgabe des Verteidigers, dem Gericht ggf. eindringlich klar zu machen, dass das Ergebnis der Beweisaufnahme nicht zu einer Überführung des Mandanten gereicht hat. Die rechtliche Konsequenz ist der Freispruch. Hierauf muss der Verteidiger hinwirken, selbst wenn das prozessuale Ergebnis nicht mit dem wahrscheinlichen Geschehen konform geht. Ob bei dieser Darlegung der Verteidiger entgegen seinem eigenen Kenntnisstand seine persönliche Überzeugung von der Unschuld des Mandanten kund tut, ist umstritten. Völlig unabhängig von einer möglichen Wahrheitspflicht des Verteidigers wird eine strafrechtliche Relevanz dieses Geschehens regelmäßig verneint.[139]

209 Keinen prozessualen Vorwurf – und erst recht keinen strafrechtlichen Vorwurf – kann daher dem Verteidiger gemacht werden, der auf der Basis des Ergebnisses der Beweisaufnahme agiert, auch wenn er von der Unzulänglichkeit der gerichtlichen Aufklärungsbemühungen ausgehen muss. Hat beispielsweise das Gericht einen veralteten Strafregisterauszug verlesen, wonach der Mandant als nicht vorbestraft gilt, so kann der Verteidiger dies eindringlich als Strafmilderungsgrund in seinem Plädoyer anführen, auch wenn er selbst noch wenige Wochen zuvor bei einer rechtskräftigen Verurteilung seines Mandanten in anderer Sache anwesend war.[140]

210 Sachverhaltsbehauptungen des Verteidigers als den Prozess zumindest mittelbar beeinflussendes Element ergeben sich im Rahmen von Beweisanträgen. Benennt der Verteidiger in einem **Beweisantrag** für einen »falschen« Sachverhalt einen Zeugen, von dem er weiß, dass dieser fest entschlossen ist, eine unzutreffende Aussage zu machen, so wird neben der Beihilfe zu einem möglichen Aussagedelikt auch die Strafbarkeit des Verteidigers wegen Strafvereitelung diskutiert.[141] Die herrschende Meinung geht in diesen Situationen davon aus, dass in diesem Fall jedes denkbare prozessual zulässige Verhalten überschritten und eine (versuchte) Strafvereitelung regelmäßig in Betracht kommt.[142]

Hiergegen sprechen allerdings gewichtige Gesichtspunkte.

211 Gerade bei der Stellung von Beweisanträgen hält es die Rechtsprechung für ausreichend, dass die Verteidigung es lediglich für möglich hält, dass das erstrebte Ergebnis auch tatsächlich in der Beweisaufnahme erzielt wird. Es ist daher eine Logik des Rechts auf eine effektive Verteidigung, jeden Beweisantrag prozessual zuzulassen, der zumindest die Chance auf dieses Ergebnis hat. Die Benennung von Zeugen, die unter Umständen lügen werden, oder das Vorlegen von Urkunden, die mög-

---

139 S. *Kappelmann* Die Strafbarkeit des Strafverteidigers, 2006, S. 77; *Beulke* Der Verteidiger im Strafverfahren, 1989, S. 152 f.; *Müller-Dietz* Strafverteidigung und Strafvereitelung, JURA 1979, 242, 251.

140 A.A. LG Hannover NdsRpfl. 2003, 73, mit der offensichtlich unhaltbaren Konsequenz einer Aufklärungspflicht des Verteidigers zulasten seines Mandanten.

141 BGHSt 46, 53, 56; RGSt 66, 324; OLG Düsseldorf StV 1994, 472 f.; LG Münster StV 1994, 134; *Beulke* Die Strafbarkeit des Verteidigers 1989, Rn. 92; *Zeifang* Die eigene Strafbarkeit des Verteidigers im Spannungsfeld zwischen prozessualem und materiellem Recht 2004, S. 196 ff.; dagegen *Gillmeister* Schiller-FS 2014, S. 183 (nur bei positiver Kenntnis von der anstehenden Lüge).

142 RGSt 66, 324; BGHSt 29, 99, 107; *Dahs* Handbuch des Strafverteidigers, Rn. 70; MAH-Strafverteidigung/*Müller/Leitner* § 55 Rn. 39.

licherweise gefälscht sind, kann daher schon aufgrund der eindeutigen prozessualen Zulässigkeit nicht zu einer Strafbarkeit des Verteidigers führen. Die Grenze zur Strafbarkeit hängt damit allein von der subjektiven Befindlichkeit des antragstellenden Verteidigers ab, was bereits mit dem Bestimmtheitserfordernis der Strafnorm schwerlich in Einklang zu bringen ist.[143]

Verschlossen ist dem Strafrecht eine Bewertung der prozessualen Antragstellung insbesondere deshalb, weil dieses Verteidigerhandeln in dem streng formalisierten prozessualen Kampf ums Recht erfolgt. Die Rolle des Verteidigers und sein Aktionsfeld sind ebenso reglementiert wie die Reaktionsmöglichkeiten des mit der Leitung und Entscheidung des Verfahrens betrauten Gerichts. Darüber hinausgehende Verantwortlichkeiten für »Wahrheiten« im prozessualen Geschehen vertragen sich nicht mit der Verteidigerrolle. **212**

Anerkanntermaßen ist der Verteidiger daher nicht zum Einschreiten verpflichtet, wenn er einer für ihn erkennbaren Falschaussage eines Zeugen beiwohnt.[144] Allein das Gericht hat über die Glaubwürdigkeit zu entscheiden – unabhängig davon, welcher Prozessbeteiligte den Anlass für die Anhörung des Zeugen gegeben hatte.[145] Ebenso wenig trägt der Verteidiger Verantwortung für den Umgang des Gerichts mit Anträgen, deren Behandlung im prozessualen Gefüge geregelt ist. Die Bewertung eines prozessualen Antrags richtet sich ausschließlich nach prozessualen Kriterien, in der Frage der Konformität der im Antrag genannten Tatsachen mit dem aufzuklärenden historischen Geschehen kommt dem Verteidiger nicht die Aufgabe des Vor-Zensors zu.[146] Der Prozess selbst übernimmt mit seinem Regelungskomplex die notwendige Schutzfunktion gegen unerwünschte Ergebnisse.[147] Konsequent wird dem Verteidiger kein strafrechtlicher Vorwurf gemacht, wenn er möglicherweise gefälschte Unterlagen als Beweismittel überreicht.[148] Auch wenn die aktive Einflussnahme oder konkrete Animierung zu einer Falschaussage im – vorhergehenden – Kontakt zum Zeugen als sicheres Überschreiten der Grenze zulässigen Verteidigungshandelns angesehen werden kann, bleibt damit das in Konfrontation und unter Kontrolle des Gerichts erfolgende rein prozessuale Handeln der schlichten Antragstellung Überlegungen zur Strafvereitelung entzogen.[149] **213**

Gleiches gilt für andere formalisierte Regelungen von Verteidigerhandeln in der offenen prozessualen Auseinandersetzung der Hauptverhandlung. So sind z.B. die Grenzen der prozessual zulässigen **Fragen** in §§ 69a, 242 aufgezeigt. Werden diese Grenzen grundsätzlich eingehalten, besteht keine Veranlassung, allein aufgrund des Ergebnisses derartig zulässiger Fragen das Verhalten des Strafverteidigers für strafvereitelnd zu erklären. Allein die Prozessregeln steuern den Weg zur Beantwortung der Frage nach Schuld und Unschuld. Die gerichtliche Unterbindung von Fang- oder Suggestivfragen ist – völlig unabhängig von Wissensstand und Intention des Fragestellers – allein an Prozessregeln zu orientieren. **214**

Bricht die redliche Zeugin in einem Kreuzverhör zusammen und bewertet dies das Gericht als Indiz für ihre Unglaubwürdigkeit, mag das »falsche« Ergebnis die Folge sein. Der fragende Verteidiger mag das »falsche« Ergebnis auch gekannt und sogar angesteuert haben. Eine direkte Ursache für die Präsentation **215**

---

143 So SK-StPO/*Wohlers* vor § 137 Rn. 111.
144 BGH JZ 2010, 100 m. Anm. *Barton*; BGHSt 4, 327; 46, 53, 60.
145 BGHSt 46, 53: »Der Ort, die Glaubhaftigkeit dieser Aussage zu überprüfen, ist die Hauptverhandlung«.
146 MAH-Strafverteidigung/*Müller/Leitner* § 39 Rn. 51 unter Hinweis auf BVerfG BRAK-Mitt. 2003, 277 f.
147 BGHZ 36, 18, 20 formuliert diesen Gedanken – allerdings für den Zivilprozess – in einer Entscheidung, in der ein falsch vortragender Kläger nachträglich dem Beklagten haften sollte, der BGH dies aber ablehnte: »Den Schutz des Schuldners übernimmt vielmehr das Verfahren selbst nach Maßgabe seiner gesetzlichen Ausgestaltung.«
148 Fischer § 258 StGB Rn. 18; OLG Brandenburg StV 2008, 66 f.
149 *Gatzweiler* Möglichkeiten und Risiken einer effizienten Strafverteidigung, StV 1985, 248, 251 f.; *Ostendorf* NJW 1978, 1349; *Wassmann* Strafverteidigung und Strafvereitelung 1982, S. 175; *Mehle* Strafvereitelung durch Wahrnehmung prozessualer Rechte?, FG Koch 1989, S. 179, 187; *Krekeler* NStZ 1989, 150; a.A. *Widmaier* Strafverteidigung im strafrechtlichen Risiko, FG 50 Jahre BGH, S. 1043, 1059.

einer falschen Zeugen- oder Beschuldigtenaussage setzt der Verteidiger, der die Lüge in der Antwort kennt und »trotzdem« seine Frage stellt, um so Gelegenheit zur Lüge zu geben. Kriterien der Dysfunktionalität oder der prozessualen Unzulässigkeit stehen hier allerdings nicht einmal ansatzweise in Rede,[150] der Verteidiger agiert rollenkonform in einer regelgeleiteten Auseinandersetzung.[151]

Andere Vorstellungen von der Rolle des Verteidigers mögen ihre Wurzeln in anderen Systemen haben. Wenn z.T. im angelsächsischen Parteiensystem dem Verteidiger Verpflichtungen aufgegeben werden, für die wahrheitsgemäße Aussage seines Mandanten Sorge zu tragen, und sogar ein aktives Einschreiten gegen Falschaussagen des Angeklagten erwartet wird, beruht dies auf den fehlenden Inquisitions- und Würdigungsmöglichkeiten des Gerichts ebenso wie auf der korrespondierenden überragenden Wahrheitspflicht aller Beteiligter einschließlich des sich zur Sache äußernden Angeklagten.[152]

216   Für Gerichtsentscheidungen unmittelbar relevante Sachverhaltsdarstellungen des Strafverteidigers finden sich in der **Revisionsbegründung**. Prozessual relevante Tatsachenbehauptungen des Verteidigers – der Mandant selbst darf keine Begründung erstellen! – sollen hier das Revisionsgericht überzeugen, dass in der Tatsacheninstanz prozessuale Fehler gemacht wurden und das Urteil daher aufzuheben sei. Die Diskussion über die Pflicht zur Wahrheit muss hier angesichts der besonderen Form der »Wahrheit« im Revisionsverfahren eine besondere Komponente berücksichtigen: Die Beobachtung der für die Hauptverhandlung vorgeschriebenen **Förmlichkeiten** kann **nur durch das Protokoll bewiesen** werden (§ 274).

217   Für das Revisionsgericht steht fest, dass ein Verteidiger in der Hauptverhandlung anwesend war, wenn dies – unabhängig vom tatsächlichen Geschehen vor Gericht – so protokolliert worden ist. Ebenso steht z.B. bei fehlender Protokollierung fest, dass ein Beweisantrag *nicht* gestellt oder ein Selbstleseverfahren *nicht* durchgeführt wurde. Erfolgen nachträglich zulässige Berichtigungen des Protokolls durch die hierfür verantwortlichen Vorsitzenden und Protokollführer, entfaltet das aktuelle Protokoll diese Beweiswirkung. Sie entfällt allenfalls bei Ausnahmefällen eklatanter Widersprüchlichkeit des Protokolltextes.

218   Nach dieser grundsätzlichen Idee der Beweisführung gilt für das Revisionsgericht nur das als wirklich geschehen, was auch protokolliert ist. Das hat für jeden Revisionsführer die missliche Folge, dass er einen Verfahrensverstoß, der tatsächlich in der Hauptverhandlung geschehen ist, revisionsrechtlich nicht rügen kann, weil er nicht in der notwendigen Art und Weise protokolliert worden ist. Allein unter Bezug auf diese formelle Grundlage können Verfahrensrügen in der Revisionsinstanz erfolgreich erhoben werden, wenn sich – völlig unabhängig vom tatsächlichen Geschehen in der Hauptverhandlung – der Verfahrensverstoß nach der Protokollierung als solcher auch darstellt. Die **Form** dominiert das Revisionsverfahren, weshalb die Revisionsrechtsprechung auch von einem grundsätzlichen Rekonstruktionsverbot des Geschehens der Hauptverhandlung außerhalb des Protokolls ausgeht.

219   Das Protokoll thematisiert damit nicht eine dem wahrhaftigen Revisionsvortrag folgende Beweisfrage,[153] sondern definiert das formalisierte rechtliche Umfeld, in dem sich der Verteidiger zugunsten oder zulasten seines Mandanten bewegen muss. Er würde sich zu seiner Aufgabe der optimalen Interessensicherung seines Mandanten in Widerspruch setzen, wenn er sein Handeln an anderen Kriterien (wie dem tatsächlichen prozessualen Geschehen) orientiert. Seine Arbeitsgrundlage muss derjenige prozessuale Sachverhalt sein, wie er sich nach dem Hauptverhandlungsprotokoll darstellt. Hier muss er schlüssig und logisch argumentieren.

---

150 Anders RGSt 66, 316; BGHSt 2, 375, 377; kritisch zur RG-Rspr. *Widmaier* Strafverteidigung im strafrechtlichen Risiko, FG 50 Jahre BGH 2000, S. 1043, 1049.

151 *Hassemer* Grenzen zulässiger Strafverteidigung, S. 20 ff.

152 S. hierzu z.B. plastisch der Roman des amerikanischen Strafverteidigers *Dershowitz* Ein Spiel mit dem Teufel, 1997, insbes. Kap. 23.

153 So allerdings *Gillmeister* Ethik in der Strafverteidigung, FS AG Strafrecht 2009, S. 124 ff., 136, der das für ihn konsequente Verbot der unzutreffenden Revisionsbehauptung mit einer allgemeinen Auflösung der gesetzlichen Beweisregel des § 274 kompensieren will.

Auch wenn er z.B. fest in Erinnerung hat, dass er selbst am Morgen eines bestimmten Verhandlungstages   220
vor der Strafkammer anwesend war, darf und muss er – wenn das Hauptverhandlungsprotokoll ihn als
abwesend ausweist – diese Abwesenheit als prozesswidrig in der Revision rügen. Nicht der dies rügende
Verteidiger handelt bedenklich, sondern allenfalls derjenige, der aus wie auch immer verstandener Wahrheitsliebe zulasten seines Mandanten eine Erfolg versprechende Revisionsrüge nicht erhebt.[154]

Der Vorwurf des unwahren Vorbringens und daran anschließend der Strafvereitelung ist damit nicht   221
nur angesichts dieser formalisierten Beweisstruktur des Revisionsverfahrens fernliegend.[155] Der
Anspruch an die prozessuale Wahrheit des Protokolls wird durch die neuere Rechtsprechung des
BGH eingelöst, wonach auch im Wege der nachträglichen Berichtigung des Protokolls die persönlich in der Hauptverhandlung anwesenden Verantwortlichen (Protokollführer und Vorsitzender)
jederzeit ihre feste Erinnerung an das Prozessgeschehen niederlegen können. Trotz eigener divergie-
render Erinnerung kann hier die Argumentation des Verteidigers auf der Basis der Erinnerung des
Vorsitzenden und des Protokollführers weder als Verstoß gegen anwaltliches Ethos[156] noch gegen
Strafvorschriften bewertet werden.

Relativiert werden von diesem Ausgangspunkt Formulierungen der überkommenen Rechtsprechung im   222
Zusammenhang mit der Erörterung von Strafvereitelung durch den Verteidiger, die apodiktisch verlangen, der Verteidiger dürfe im Gegensatz zu seiner »im öffentlich rechtlichen Rechte wurzelnde(n) Befugnis« nicht eine bewusste tätige Verdunkelung zugunsten seines Mandanten betreiben.[157] Oder: Zur Vermeidung seiner eigenen Strafbarkeit müsse er sich jeder bewussten Verdunkelung des Sachverhalts und
jeder Erschwerung der Strafverfolgung enthalten und sich bei seinem Vorgehen auf verfahrensrechtlich
erlaubte Mittel beschränken.[158] Gerade diese erlaubten Mittel »verdunkeln« im Sinne einer richterlichen
Wahrheitsfindung. Nicht dieser Effekt kann daher Ausgangspunkt von Strafbarkeitsüberlegungen sein,
sondern allein der Ort des Agierens des Verteidigers außerhalb des prozessualen Aktionsfeldes.

8. Die »Trübung von Beweisquellen«

Raum für Strafvereitelung durch einen Verteidiger ist daher nur außerhalb des regelgeleiteten Ver-   223
fahrens zur Frage von Schuld und Strafe des Angeklagten.

Der außerhalb des engen Rahmens des formalisierten Prozesshandelns eröffnete Bereich tangiert in vie-   224
lerlei Hinsicht Verteidigungsverhalten, das einerseits der legitimen Aufgabe der Wahrnehmung der prozessualen Rechte des Mandanten entspricht, andererseits im Ergebnis – wie fast jedes Verteidigungshandeln – die ungestörte Wahrheitsfindung behindert. Unter Bezugnahme auf das Prozessrecht negiert die
Rechtsprechung den Tatbestand der Strafvereitelung, solange der Verteidiger »prozessual zulässig handelt«.[159] Die Einschätzung der Zulässigkeit außerhalb der formalisierten Auseinandersetzung in der Hauptverhandlung schwindet jedoch mangels konkreter gesetzlicher Vorgaben und muss sich z.T. auf die allgemeine Forderung nach konkreter und wirklicher Verteidigung im Sinne des Art. 6 Abs. 3 lit. c EMRK
beschränken.

Was außerhalb dieses Bereichs zulässiger effektiver Verteidigung liegen soll, fasst die Rechtsprechung   225
unter dem allgemeinen Verbot der Trübung von Beweisquellen zusammen. Untersagt sei dem Verteidiger durch aktive Verdunkelung und Verzerrung des Sachverhalts die Wahrheitserforschung zu
erschweren oder bewusst hierdurch **Beweisquellen zu verfälschen**. Diskussionsfähig ist ein derarti-

---

154 *Bertheau* Rügeverkümmerung – Verkümmerung der Revision in Strafsachen, NJW 2010, 973, 976;
Dahs Die Wahrheitspflicht des Verteidigers, StraFo 2000, 181, 185.

155 *Jahn/Ebner* Strafvereitelung im strafprozessualen Revisionsverfahren – Eine Risikoprognose,
NJW 2012, 30 ff., die deutlich machen, dass die Erhebung der »bewusst unwahren« Verfahrensrüge
nicht den Tatbestand des § 258 StGB berührt; s. zumindest zum selben Ergebnis LG Augsburg
NJW 2012, 93 ff.

156 So aber BGHSt 51, 298 = NJW 2007, 2419 = NStZ 2007, 661 = StV 2007, 403 = BGHR StPO § 274
Berichtigung 2.

157 RGSt 66, 316, 326.

158 BGHSt 2, 375, 377.

159 BGHSt 46, 53 = NJW 2000, 2433.

ges strafwürdiges Verhalten eines Verteidigers regelmäßig für Konstellationen, in denen der Verteidiger vor- und außerprozessual Kontakt zu Beweismitten hat und diese beeinflusst.

226   Die **Kontaktaufnahme zu Zeugen und Mitbeschuldigten** kann durch die Verteidigungsstrategie notwendig sein und bewegt sich daher prinzipiell im Bereich zulässigen Verteidigerhandelns. Anwaltliche Vernehmungen und ergänzende Informationsbeschaffung gehören zum Standard professioneller Verteidigungsvorbereitung. Das Feld zulässigen Verteidigerhandelns soll der Verteidiger aber u.U. verlassen, wenn er außerhalb des Verfahrens Kontakt zu einem Zeugen aufnimmt und versucht, auf dessen zukünftiges Verhalten im Prozess gegen seinen Mandanten Einfluss zu nehmen.

227   Erklärtes Ziel des Verteidigers kann es sein, einen Strafantragsberechtigten von einem Antrag abzuhalten oder ihn zur Rücknahme eines Antrages zu bewegen. Gleiches gilt für eine schlichte Anzeige. Möglicherweise gilt es auch für den Verteidiger, einen Zeugen in einem Gespräch zur Ausübung seines Verweigerungsrechts zu veranlassen. Diese Ziele bewegen sich im Rahmen seines Verteidigungsauftrages. Rechtsrat zu erteilen, ist die genuine Aufgabe des Verteidigers. Er darf über Möglichkeiten und Konsequenzen des Schweigerechts des Zeugen ebenso aufklären wie über die Straflosigkeit von Schutzbehauptungen und Lügen oder den Widerruf eines richtigen Geständnisses bei Mitbeschuldigten. Ansatzpunkte für unzulässiges Verteidigungsverhalten liegen so lange nicht vor, wie der Verteidiger sich der alltäglichen Kommunikationsmittel bedient und der Gesprächspartner seine Freiheit und Willensentschließung behält.[160]

228   »Der Zeuge soll frei darüber entscheiden, ob er von seinem Zeugnisverweigerungsrecht Gebrauch machen will oder nicht. Das bedeutet aber nicht, dass andere Personen ihn in dieser Beziehung nicht beeinflussen dürfen. Der Verteidiger des Angeklagten kann insoweit nicht weniger Rechte haben als jeder Dritte. Es kann sich immer nur fragen, inwieweit ihm seine Stellung stärkere Rechte zugunsten des Angeklagten gibt, als sie jeder andere hat; dies spielt hier keine Rolle.«[161]

229   Ist sich der Verteidiger sicher, dass mit dieser Einflussnahme ein unrichtiges Ergebnis im Verfahren erzielt werden soll, hängt die Strafvereitelung durch »Beweistrübung« maßgeblich von der Art und dem Gegenstand der Einflussnahme ab.

230   Besteht das Ziel des Gesprächs darin, einen Zeugen **zu einer falschen Aussage zu überreden** oder ihn in einem entsprechenden Entschluss zu bestärken, verlässt der Verteidiger sein prozessuales Aktionsfeld und kann sich – wie jeder Dritte – wegen (versuchter) Strafvereitelung strafbar machen. Ebenso wenig wie er Urkunden oder Tatspuren vernichten darf, ist die aktive Einflussnahme zur Produktion einer Falschaussage eines Zeugen durch seinen Verteidigungsauftrag gedeckt.[162]

231   Ist das Gesprächsziel nicht zu beanstanden, kommt eine Strafbarkeit dann in Betracht, wenn der Verteidiger sich unlauterer Mittel bedient. **Zwang, Drohung und Täuschung** gegenüber dem Zeugen sind dem Verteidiger verwehrt. Ein derart gegen die Willensentschließung des Zeugen gerichtetes Verhalten widerspricht gerade der prozessualen Idee der Autonomie des Zeugen bei seiner Entscheidung zur Ausübung von Verweigerungsrechten und berührt damit nicht nur den Tatbestand der Nötigung, sondern angesichts der Potenz der prozesswidrigen Verfälschung einer Beweisaufnahme auch den Tatbestand der Strafvereitelung.

232   In diesem Rahmen könnte auch die Einflussnahme auf ein Prozessverhalten des Zeugen mittels **Geldzahlungen** fallen.[163] Angesichts der weitgehend erhaltenen Entschließungsfreiheit eines Zeugen beim Angebot einer Geldzahlung zur Ausübung von Verweigerungsrechten mag man die Beteiligung des Verteidigers an einem solchen Deal als unprofessionell verpönen. Die Grenze zum Strafbarkeitsbereich ist aber hier nicht überschritten. Das gilt erst recht, wenn die in Aussicht gestellte Zahlung nicht (allein)

---

160 BGHSt 10, 393 f.; OLG Frankfurt StV 2005, 204; RGSt 40, 394.
161 BGHSt 10, 393, 394.
162 BGHSt 31, 10, 12.
163 BGHSt 46, 53, 57.

als »Belohnung« für Prozessverhalten bewertet werden kann, sondern u.U. auch als Schadensersatzzahlung für einen (geschädigten) Zeugen gedacht ist.[164]

IV. Kollision mit weiteren Strafnormen

Die Pflicht zur einseitigen Interessenwahrnehmung des Beschuldigten im Strafprozess führt an zahlreichen weiteren Stellen zu möglichen Konflikten des Verteidigers mit Strafnormen. Die besondere Aufgabe des Verteidigers kann hier häufig dazu führen, dass straftatbestandsmäßiges Verhalten, gerade im Hinblick auf die Wahrnehmung sogar grundrechtlich geschützter Beschuldigtenpositionen, ein strafbares Verhalten höchst fragwürdig erscheinen lässt.[165]   **233**

1. Geldwäsche § 261 StGB

Besondere Kenntnisse des Strafverteidigers können dazu führen, dass diesem bei Honorarzahlungen des Mandanten zumindest der Vorwurf der Leichtfertigkeit im Zusammenhang mit einer **Geldwäsche (§ 261 StGB)** gemacht werden kann. Die strenge Übernahme des sehr weitgehenden Tatbestandes auf die Berufsausübung des Strafverteidigers würde gerade durch dessen zwangsläufig engen Kontakt zu kriminogenen Szenen eine Wahlverteidigung häufig unmöglich machen. Ob und wie eine einschränkende Auslegung hier den Handlungsspielraum der Verteidigung offen halten kann, ist intensiv diskutiert worden.[166] Die Gefährdung der traditionellen rechtsstaatlichen Rolle der Strafverteidigung durch den Geldwäschetatbestand ist hiernach in vielen Details beleuchtet. Ist es Aufgabe der Strafverteidigung, im Mandatsverhältnis völlig unabhängig von eigenen Überzeugungen zu der Schuld des Mandanten dessen prozessuale Rechte zu verwirklichen, wird diese vertrauensbegründende atmosphärische Grundkonstellation mit dem Wissen des Mandanten zerstört, dass sein Verteidiger sich zumindest teilweise Gedanken über die Berechtigung strafrechtlicher Vorwürfe machen muss. Muss der Mandant sogar mit Ermittlungs- und Abhörmaßnahmen gegen seinen Verteidiger rechnen, wird das Mandatsverhältnis von Anfang an mit fundamentalen **Unsicherheiten hinsichtlich seiner Vertraulichkeit** belastet. Das Recht des beschuldigten Bürgers auf die Wahl eines Strafverteidigers (Art. 6 Abs. 3 lit. c EMRK) ist ebenso tangiert wie die **Berufsausübungsfreiheit des Anwalts** (Art. 12 GG).   **234**

Die Sorge insbesondere der anwaltlichen Autoren um den Verlust effektiver Verteidigung ist nicht reine Klientelpolitik.[167] Psychologische Faktoren und vorrangige verfassungsrechtliche Positionen verlangen daher, die Honorierung des Wahlverteidigers vollständig aus dem Tatbestand des § 261 Abs. 2 StGB auszunehmen.   **235**

> Die besondere Gefährdung der Strafverteidiger mit der Konsequenz ihrer Disziplinierung und dem Verlust der verfassungsmäßigen Verteidigungsaufgabe folgt gerade aus der besonderen Nähe der Strafverteidigung zu den Ermittlungsbehörden. Definieren diese als Schutzgut der Geldwäsche die Rechtspflege, meinen sie damit ihre eigene Arbeit. Fehlt so die notwendige Distanz zur Anwendung von Straf- und Prozessnormen, ist der Weg nicht weit, die als Störung der eigenen Arbeit wahrgenommenen Strafver-   **236**

---

164 *Hassemer* Grenzen zulässiger Strafverteidigung, 17; *Burhoff/Stephan* Rn. 85; *Kempf* »Wahr-Nehmungen des Rechts«: Einflussnahme auf Zeugen, StraFo 2003, 79, 82.

165 Vgl. hierzu zusammenfassend: *Winkler* Die Strafbarkeit des Strafverteidigers jenseits der Strafverteidigung 2005.

166 S. z.B. *Barton* Sozialübliche Geldwäschetätigkeit und Geldwäsche (§ 261 StGB), StV 1993, 156, 162; *Bernsmann* Das Grundrecht auf Strafverteidigung und die Geldwäsche, StV 2000, 40 ff.; *Bussenius* Geldwäsche und Strafverteidigerhonorar, 2004; *Fertig* Grenzen einer Inkriminierung des Wahlverteidigers wegen Geldwäsche 2007; *von Galen* Drahtseilakt oder Rechtssicherheit – Strafverteidigerhonorar und Geldwäsche, NJW 2004, 3304 ff.; *Katholnigg* Kann die Honorarannahme des Strafverteidigers als Geldwäsche strafbar sein?, NJW 2001, 2041 ff.; *Nestler* Der BGH und die Strafbarkeit des Verteidigers wegen Geldwäsche, StV 2001, 641 ff.; *Salditt* Geldwäsche durch Strafverteidigung, StraFo 2002, 181 ff.

167 So aber offensichtlich *Fischer* StGB § 261 Rn. 36 ff.

teidigungsaktivitäten auf Berechtigungen von Honorarzahlungen und damit die Voraussetzungen des Geldwäschetatbestandes zu überprüfen.

237 Der aktuelle Lösungsansatz ist jedoch ein anderer. Das **BVerfG**[168] erkennt zwar die institutionellen Gefahren für die Strafverteidigung durch den Geldwäschetatbestand, löst die Problematik allerdings allein über den **subjektiven Tatbestand**. In verfassungskonformer Auslegung setzt eine Strafbarkeit des Strafverteidigers nach Abs. 2 dessen sichere Kenntnis von der Herkunft des Honorars aus einer Vortat voraus. Leichtfertigkeit oder bedingter Vorsatz sind für den Strafverteidiger – im Gegensatz zum grundsätzlichen Anwendungsbereich – nicht strafbarkeitsbegründend.

238 Diese sichere Kenntnis wird der Strafverteidiger regelmäßig dann nicht haben, wenn ihm zumindest alternative Finanzquellen plausibel erscheinen müssen. Gerade zum Schutz der verfassungsrechtlich abgesicherten Position der Strafverteidigung verpflichtet das BVerfG schon die Ermittlungsbehörden, im Hinblick auf diese Einschränkung sensibel zu agieren.[169] Selbst ein Anfangsverdacht darf nur bejaht werden, wenn auf konkreten Tatsachen beruhende, greifbare Anhaltspunkte für die Annahme vorliegen, dass der Strafverteidiger zum Zeitpunkt der Honorarannahme bösgläubig war.

239 Die Leitentscheidung des BVerfG hat allerdings gleichzeitig aufgezeigt, dass ungewöhnliche Umstände der Honorarzahlung, wie beispielsweise die exorbitante Höhe, die Übergabe loser Scheine in einem Geldkoffer, konspirative Verhältnisse und der Verzicht auf jegliche Quittung starke Indizien für eine Kenntnis des Strafverteidigers darstellen können. Demgegenüber dürfte sich der Strafverteidiger bei einer angemessenen Honorierung (auch durch Stundensätze) und einer transparenten Überweisung auf sein Bankkonto ohne überdeutliche alternative Hinweise niemals der Gefahr des Geldwäscheverdachts aussetzen.

2. Strafbare Ehrverletzungen

240 Die dynamische Auseinandersetzung in einer mündlichen Verhandlung führt nicht selten zu abwertenden Äußerungen gegenüber dem prozessualen Kontrahenten. Beleidigungsvorwürfe (**§ 185 StGB**) zulasten des Staatsanwalts oder des Richters sind daher nicht selten. Die persönliche Betroffenheit des Richters oder die Solidarität mit einem betroffenen Kollegen hat in der Praxis massiven Einfluss auf die richterliche Anwendung des Straftatbestandes gegen Verteidiger. Die dünnhäutige Justiz entlarvt hier oft ihr dominierendes Interesse der Sanktionierung ihres unbequemen prozessualen Widersachers.

241 Der verfassungsrechtliche Ansatzpunkt, dass grundsätzlich Verteidigung auch Kampf ist,[170] findet hier seine praktische Auslotung. Gerade in diesem Kampf ist es – so der unbestrittene Ausgangspunkt – dem Verteidiger auch erlaubt, verbal kämpferisch aufzutreten und hierbei in der Diskussion mit seinen Kontrahenten »ad personam«[171] zu argumentieren.

242 Dem Verteidiger ist es insbesondere in seiner freien Rede und bei spontanen Reaktionen gestattet, in der öffentlichen Auseinandersetzung ums Recht deutlichst zu argumentieren. Insbesondere im Schlussvortrag sei es ihm nicht generell verwehrt, starke, eindringliche Ausdrücke und sinnfällige Schlagworte zu verwenden. Dabei kommt es nicht darauf an, dass der Verteidiger in seiner Kritik auch andere Formulierungen hätte wählen können.[172] Scharfe und polemische Worte sind daher zu akzeptierende Elemente der Auseinandersetzung.

243 Tangieren die Formulierungen den Ehranspruch der Angesprochenen, kann dies nur in den seltensten Fällen zur Bejahung einer Strafbarkeit des Verteidigers führen. Auch wenn der Verteidiger das Sachlichkeitsgebot ignoriert und sich von dem Idealbild des besonnenen und würdevollen Verfah-

---

168 BVerfGE 110, 226 ff. = NJW 2004, 1305 ff.; NJW 2005, 1707 f.; NJW 2015, 2949.
169 BVerfG NJW 2007, 2749 = StV 2007, 393.
170 S. hierzu Rechtsprechung des Bundesverfassungsgerichts z.B. BVerfGE 76, 171, 192 f.; NJW 2000, 199; NStZ 1997, 35 f.
171 BVerfGE 76, 171, 192; NJW 2000, 199, 200; KG Berlin StV 1997, 485.
172 BVerfG StV 1991, 458 f.

rensbeteiligten entfernt und sogar überzogen und stillos agiert, ist eine Strafbarkeit an enge Voraussetzungen geknüpft.

Verteidigererklärungen sind bereits aus dem Tatbestand der §§ 185 ff. StGB auszuschließen, wenn   244
sie beispielsweise **Gegenstand einer prozessualen Erklärung** sind oder aber zur Unterstützung prozessualer Anträge vorgetragen werden. Die Verdeutlichung der Berechtigung der vom Verteidiger vertretenen Rechtsposition kann a priori nicht den objektiven Tatbestand erfüllen.[173] Dies gilt erst recht, wenn der Verteidiger ehrverletzende Inhalte von Zeugenaussagen oder Aktenbestandteilen in seinem Antrag verwertet oder – wie von der Rechtsprechung hinsichtlich der Form gefordert[174] – denkbare ehrverletzende Sachverhalte als Behauptungen in Beweisanträgen oder Wiederaufnahmeanträgen aufstellt, obwohl er am Wahrheitsgehalt des dargestellten Sachverhalts Zweifel hat.

Den rechtlichen Ansatz für die Tolerierung ehrverletzender Bemerkungen durch die Verteidigung   245
bietet im Übrigen § 193 StGB. Gerade der Verteidigungskontext führt regelmäßig zu einem Zurücktreten des Ehranspruchs gegenüber dem Recht auf Meinungsäußerung durch den Verteidiger. Einschränkungen der Meinungsäußerungen bedürfen im Einzelfall einer sorgfältigen Begründung zur angenommenen Dominanz des hierdurch verletzten Rechts anderer.[175] Einen in der Güterabwägung erhöhten Wert kommt der Meinungsäußerung dann zu, wenn durch die Äußerung staatliche Einrichtungen oder Bedienstete kritisiert werden.[176] Gefährdungslagen, in denen der Bürger besonders verletzlich gegenüber staatlicher Macht ist, rechtfertigen in erhöhtem Maße auch überzogene Kritik.[177] Die effektive Rechtsverfolgung durch die Verteidigung hat im verfassungsrechtlichen Gefüge einen derart hohen Stellenwert, dass Beleidigungsdelikte nicht deren Wahrnehmung abschrecken dürfen.

> Grundsätzlich sind daher von Richtern und Staatsanwälten die Ehre tangierende Bemerkungen hinzu-   246
> nehmen, auch wenn sie diese als pointierte oder überspitzende Formulierung der Verteidigerargumentation empfinden müssen. Der Verteidiger darf auch Schlussfolgerungen ziehen, die anderen Verfahrensbeteiligten unangenehm sein können, deren Persönlichkeit berühren und ihre Ehre kränken.[178] Rügen an einer Abschiebemaßnahme als »Gestapo-Methode« blieben ebenso unbestraft[179] wie die Titulierung eines Staatsanwalts als »durchgeknallt« oder die Charakterisierung einer Hauptverhandlung vor dem Amtsgericht als »Musikantenstadl«.[180] Anwaltskollegen sind davon nicht ausgenommen: Eine Verteidigerin schloss sich der Bewertung ihres Mandanten an, der einen »Zwangsverteidiger« als »Verbrecher« titulierte, weil dieser sich dem Vorsitzenden gegenüber bereit erklärt hatte, nach mehr als 250 Sitzungstagen erstmalig in einer Hauptverhandlung als beigeordneter Verteidiger zu agieren, ohne einen Aussetzungsantrag zu stellen; berechtigte Interessen seien erkennbar urteilte das LG Stuttgart.[181]

Die Wahrnehmung berechtigter Interessen wird aus der Notwendigkeit der Verteidigeraufgabe, mit   247
dem Recht des Verteidigers auf freie Berufsausübung (Art. 12 Abs. 1 GG), dem Recht auf freie Meinungsäußerungen gemäß Art. 5 Abs. 1 GG sowie letztlich der Wahrnehmung des Anspruchs des Beschuldigten auf rechtliches Gehör (Art. 103 Abs. 1 GG) abgeleitet.

Im Einzelnen erscheint dogmatisch noch einiges in dem Abwägungsvorgang bei § 193 StGB unge-   248
klärt. Unbestrittener Ausgangspunkt ist allerdings die Notwendigkeit der Bewahrung der rechtsstaatlich geforderten Verteidigung als einem Universalrechtsgut, dem nur in besonderen Fällen des Abwägungsvorgangs das Individualrechtsgut der Ehre des Betroffenen vorgehen kann.[182] Im Einzelnen

---

173 *Wohlers* Strafverteidigung vor den Schranken der Strafgerichtsbarkeit, StV 2001, 420; SK-StPO/*Wohlers*
     vor § 137 Rn. 136 ff.
174 Die Zulässigkeit eines Beweisantrages setzt voraus, dass die lediglich für möglich gehaltene Tatsache
     als bestimmt behauptet wird – BGHSt 21, 118 ff.
175 BVerfGE 93, 266 ff., 293 ff.
176 BVerfG NJW 1992, 2815 f.
177 EGMR JR 2004, 339.
178 OLG Saarbrücken AnwBl. 1979, 193.
179 BVerfG NJW 1992, 2815.
180 BVerfG StV 2018, 407.
181 LG Stuttgart StV 2018, 448 ff.
182 S. hierzu *Winkler* Die Strafbarkeit des Verteidigers jenseits der Strafvereitelung 2005, S. 410 ff.

soll die Straflosigkeit des Verteidigers in einer stufenweisen Prüfung immer dann verneint werden, wenn dieser tatsächlich berechtigte Interessen wahrnimmt, die Ehre verletzende Äußerung zur Wahrnehmung dieser Interessen geeignet und erforderlich ist und der Verteidiger auch in subjektiver Hinsicht zur Wahrnehmung dieser berechtigten Interessen handelt.[183]

▶ Beispiele:

249
– Der Verteidiger kritisierte in der Hauptverhandlung eine früher durchgeführte nächtliche Gegenüberstellung, bei der weder nachträglich der Anordnende auszumachen war noch der gesamte Vorgang überhaupt protokolliert war. »Die Staatsanwaltschaft griff in die Trickkiste der StPO und präsentierte Polizeiberichte, Doppelvernehmungen und Identifizierungen nach Gestapomethoden, sowie Lichtbildvorlagen ohne Auswahlmöglichkeiten«, monierte der Verteidiger in der Hauptverhandlung. Er wurde vom Vorwurf der Beleidigung der beteiligten Polizeibeamten freigesprochen. Er habe die Polizeibeamten nicht pauschal als Gestapo diffamiert, sondern lediglich eine drastische Formulierung gewählt, um das Gericht von der Unverwertbarkeit der Ermittlungsergebnisse zu überzeugen.[184]
– Einen als maßlos empfundenen Strafantrag der Staatsanwaltschaft kommentierte der Verteidiger in seinem Schlussvortrag: »Wenn ein Staatsanwalt zu DDR-Zeiten für diesen Sachverhalt dies beantragt hätte, wäre er zu Recht der Rechtsbeugung angeklagt worden.« Er wurde hierfür wegen Beleidigung des Staatsanwalts verurteilt. Entscheidend sei insbesondere, dass der Staatsanwalt für die besonders scharfe Kritik keinen Anlass geboten habe, bei seinem Antrag habe er sich am Regelstrafrahmen orientiert. Da die Unhaltbarkeit der Verteidigerbehauptung auf der Hand gelegen habe, sei sie auch im Rahmen des Plädoyers ein strafbares Werturteil.[185]
– Freigesprochen wurde ein Verteidiger im sogenannten Mauerschützenprozess, der in einem Ablehnungsgesuch die beisitzenden Richter als geradezu »hörig gegenüber dem Vorsitzenden« bezeichnet hatte. Den zweifellos ehrabschneidenden Behauptungen konnte das Gericht eine Nachvollziehbarkeit nicht versagen, da die abgelehnten Richter tatsächlich durch vorhergehende unkritische und wörtliche Wiederholungen von Äußerungen des Vorsitzenden einen Anlass für die heftige Kritik gegeben hatten.[186]
– Ein Verteidiger hatte im Rahmen einer Beschwerde gegen Durchsuchungsbeschlüsse behauptet, man müsse davon ausgehen, dass die Staatsanwaltschaft gegenüber dem Amtsgericht die im Antrag behaupteten Tatsachen vorgetäuscht habe. Die Staatsanwaltschaft würde lediglich mit Vermutungen arbeiten. Es liege der Verdacht nahe, dass Rivalitäten unter Staatsanwälten auf dem Rücken des Beschuldigten ausgetragen würden. Dem Verteidiger wurde insbesondere vorgeworfen, er habe leichtfertig diese Behauptungen aufgestellt, da er vor der Abfassung der Beschwerdeschrift durch Einsicht in die Ermittlungsakten einen anderen Sachverhalt in Erfahrung hätte bringen können. Dem hielt das Bundesverfassungsgericht entgegen, dass eine Beschwerde schon im Interesse des Mandanten so schnell wie möglich erhoben werden müsse. Zwar können leichtfertig aufgestellte unwahre Tatsachenbehauptungen ehrenrühriger Art zum Ausschluss des § 193 führen, allerdings könne der Begriff der Leichtfertigkeit nicht über Gebühr ausgedehnt werden.[187]
– Zu differenzieren ist zwischen öffentlichen und mandatsinternen herabsetzenden Äußerungen des Verteidigers. Zwar negiert die Rechtsprechung[188] eine beleidigungsfreie Mandatszone ähnlich familieninternen Gesprächen. Der rechtfertigende Charakter solcher

---

183 S. hierzu ausführlich *Beulke* Ehrenschutz und Strafverteidigung, FS Egon Müller 2008, S. 45, 54 ff.
184 LG Hechingen NJW 1984, 1766 f.
185 OLG Jena NJW 2002, 1890.
186 KG Berlin StV 1998, 83.
187 BVerfG NJW 2000, 199 f.
188 BGHSt 53, 257 ff.; in der Verteidigerpost bezeichnete der Verteidiger gegenüber dem inhaftierten Mandanten den zuständigen Vorsitzenden Richter als »unfähigen und faulen Richter«, »an dessen Verstand man mit Fug und Recht zweifeln muss«.

Äußerungen im Kampf ums Recht ist allerdings nicht auf öffentliche Verteidigeraktivitäten beschränkt. Die Notwendigkeit, mit Mandanten in deren existenzieller und bedrängenden Situation pointiert Verfahrenseinschätzungen darzulegen,[189] kann auch beleidigende Entgleisungen nachvollziehbar machen. Der Gesprächsanlass der Verteidigungsstrategie lässt den Bereich der Rechtfertigung nach § 193 StGB aufscheinen.[190]

3. Falsche Verdächtigung

§ 164 StGB kann durch Verteidigerhandeln tatbestandlich erfüllt werden, wenn im Rahmen von   250 Verteidigung nicht nur Alternativsachverhalte gegenüber der Anklage, sondern auch Alternativtäter konkret benannt werden. Auch hier ist der Handlungsspielraum der Verteidigung erweitert, da die relevanten Behauptungen ohnehin Gegenstand der im Prozess stattfindenden Sachaufklärung sind.

4. Parteiverrat

Die Verpflichtung des Anwalts, allein und einseitig die Interessen seines Mandanten und nicht die   251 eines anderen Beteiligten wahrzunehmen, wird vom Gesetzgeber derart hoch eingeschätzt, dass ein Verstoß gegen dieses Gebot strafrechtlich sanktioniert ist (§ 356 StGB). Der Tatbestand des Parteiverrats droht zwar mit strafrechtlichen Sanktionen, macht aber für den im Strafverfahren als Verteidiger Agierenden klar: Der Verteidiger unterliegt keinem strafrechtlichen Risiko durch die dem staatlichen Strafanspruch zuwiderlaufende Unterstützung eines Beschuldigten. Im Gegenteil: Die Effektivität des Verteidigerhandelns wird gerade in der Einseitigkeit seines Handelns im Rahmen des Mandates bewertet und offensichtlich strafrechtlich abgesichert.

Schon der Wortlaut der Strafvorschrift, der eine Unterstützung »beider Parteien« in einer Rechtssache pönalisiert, lässt seine Anwendung auf ein Strafverfahren fragwürdig erscheinen. Er signalisiert das Bild eines adversatorischen Parteiverfahrens. Dieses Bild passt nicht für das Strafverfahren, in dem die gegnerische »Partei« allenfalls aufseiten der Staatsanwaltschaft oder des angeblich geschädigten Nebenklägers ausgemacht werden kann. Anderweitige am Strafverfahren Beteiligte – von Mitangeklagten bis zu Zeugen – haben zwar unterschiedliche Interessen, werden dadurch aber nicht zu gegnerischen »Parteien«. Bei Kontakten zu diesen Personen durch den Verteidiger scheinen hier eher Tatbestände des Geheimnisverrats auf, nicht aber »Parteiverrat«.

Der Rechtsprechung stellt sich diese Frage aber nicht. Sie will – in der jüngeren Vergangenheit verstärkt – das Disziplinierungsmittel dieser Strafnorm auch für den Strafverteidiger nicht ungenutzt lassen.

Der Tatbestand setzt weiter voraus, dass der Strafverteidiger verschiedenen Personen **in derselben**   252 **Rechtssache** pflichtwidrig dient. Zu Rechtssachen gehören nach Ansicht der Rechtsprechung auch Strafverfahren, allein weil hier mehrere Personen mit grundsätzlich widerstreitenden Interessen beteiligt sein können. Die Identität einer solchen Rechtssache hängt nicht von der äußeren Einheit eines Ermittlungs- oder Strafverfahrens ab. Maßgeblich sind vielmehr inhaltliche Vorgaben. Der Streitstoff der Rechtssache muss sich durch die Identität des Sachverhalts auszeichnen, der materiell-rechtliche Verhältnisse begründet.[191]

Evident ist nach dem Leitbild des Tatbestands das unzulässige Agieren eines Anwalts in einem zivil-   253 rechtlichen Streit, in dem sich zwei Parteien gegenüberstehen. Die rechtliche Vertretung beider Seiten macht den Verstoß gegen das Prinzip der einseitigen Unterstützung offenbar. Im Gegensatz zu zivilrechtlichen Konstellationen bestehen in Strafsachen notgedrungen erhebliche Unterschiede, die nicht nur den Tatbestand des Parteiverrats seltener aufscheinen lassen, sondern der Rechtsprechung

---

189 *Nouruzi* StV 2010, 670, 672: »Klartext«.

190 *Gaede* Die Meinungsfreiheit des Strafverteidigers – Recht zur persönlich verletzenden Kritik auch an Richtern?, FS Imme-Roxin 2012, S. 569 ff., 580 ff.

191 BGHSt 5, 301 ff.

in der Auslegung ungelöste Probleme bereitet. Gegensätzlich formale Parteirollen ergeben sich im Prozess allenfalls bei Angeklagtem und Nebenkläger. Sieht man allerdings jenseits des Wortsinns als »**Partei**« i.S.d. Vorschrift jeden an, der von den rechtlichen Wirkungen eines einheitlichen Lebenssachverhalts in irgendeiner Form erfasst wird, kommen für den Verteidiger auch **Zeugen, Verletzte oder (potenzielle) Mitbeschuldigte** als Alternativen in Betracht.

254 Zwei mögliche Mittäter, die nicht in demselben Verfahren verfolgt werden, haben unter Umständen allenfalls ein rein tatsächliches Interesse am Ausgang des jeweiligen Verfahrens, was sie nach der früheren Rechtsprechung allerdings noch nicht zur Partei im Sinne des § 356 StGB machte.[192] Diesen Rechtsstandpunkt hat der BGH ausdrücklich aufgegeben und unterschiedliche Beschuldigte als Parteien im Sinne des § 356 StGB aufgefasst, wenn gegen sie jeweils der Verdacht besteht, gemeinsam mit dem anderen Beschuldigten Mittäter, Anstifter oder Gehilfe derselben Straftat gewesen zu sein.[193]

255 Ein Verteidiger hatte zunächst das Mandat für eine Mandantin (M) angenommen, die des versuchten Mordes beschuldigt wurde, dieses Mandat später niederlegt und stattdessen eine Freundin (F) der bisherigen Mandantin verteidigt. Als im Prozess die frühere Mandantin M nunmehr die F belastete, wonach diese zu dem Mord angestiftet habe, agierte der Verteidiger zugunsten seiner aktuellen Mandantin F und zog die Glaubwürdigkeit seiner früheren Mandantin M in Zweifel. Der BGH sah insbesondere die entgegengesetzten Interessen der beiden Beschuldigten dadurch deutlich werden, dass die frühere Mandantin des Verteidigers zur Minimierung ihrer eigenen Tatschuld die aktuelle Mandantin des Verteidigers erheblich belastete.

In einem ähnlichen Fall nahm das OLG Stuttgart[194] den Tatbestand des Parteiverrats an, als ein Verteidiger zunächst den inhaftierten Rauschgiftdealer X verteidigte, der zur Verbesserung seiner Situation zahlreiche andere Rauschgiftkonsumenten belastete, unter anderem den Y. X wurde aus der Haft entlassen. Der Verteidiger legte das Mandat nieder, übernahm die Verteidigung des Y. In einer Haftprüfung für Y brachte er »schwerste Bedenken« gegen die Glaubhaftigkeit der Angaben des X vor.

256 Da das tatbestandsbegründende Agieren in »derselben Rechtssache« einen abgrenzbaren einheitlichen Lebenssachverhalt betrifft, läuft der Verteidiger in einem anhängigen Strafverfahren mehrfach Gefahr, gegen das strikte Gebot der Einseitigkeit zu verstoßen. Entscheidend ist hier regelmäßig die Feststellung des **Interessengegensatzes** der beiden vom Verteidiger beratenen Beteiligten. Die Rechtsprechung markiert als Differenzierungshilfen die angeblichen rechtlichen und tatsächlichen Interessen von Beteiligten, kann von diesem Ausgangspunkt aber keine klaren Konturen erarbeiten.[195]

257 Der Gegensatz ergibt sich nicht allein aus der Verfahrensrolle. Selbst zwei auf derselben Anklagebank sitzende Personen weisen u.U. weit von sich, dass ihre rechtlichen Interessen unterschiedlich sind. In der vorstehenden Entscheidung waren die divergierenden Interessen für die Rechtsprechung evident. Sind sie »eklatant und offensichtlich entgegengesetzt«, so handelt der Verteidiger pflichtwidrig, wenn er – und sei es auch in konsekutiven Mandaten – beiden Mandanten in derselben Sache Rat und Beistand leistet. Tatsächlich dürfte die Feststellung eines Interessengegensatzes angesichts der Besonderheiten des Strafverfahrens häufig keinesfalls evident, sondern schwer feststellbar sein.

258 Die Pflichtwidrigkeit anwaltlichen Verhaltens knüpft gerade nicht an nur mögliche, tatsächlich aber nicht bestehende Interessenkonflikte an. Die Berücksichtigung eines lediglich latenten Konflikts wäre ein verfassungswidriger Verstoß gegen das Übermaßverbot.[196] Dass ein solcher latenter Interessenwiderspruch nicht generell zu einer Straftat des Parteiverrats führen muss, zeigt bereits die Regelung des § 146, der von der **Zulässigkeit einer Sukzessivverteidigung** ausgeht. Wann die abstrakte Gefahr eines Interessenwiderstreits, den § 146 ganz offensichtlich hinnimmt, in einen konkreten und sogar strafbaren Akt des Verteidigers mündet, ist allerdings fraglich. Dass ein Mitbe-

---

192 RGSt 66, 316, 323; BGH AnwBl. 1954, 189.
193 BGH wistra 2008, 467, 468.
194 NStZ 1990, 542.
195 So kritisch AnwaltK-StPO/*Leipold* § 356 Rn. 26.
196 BGH AnwBl. 2012, 769 f.; *Henssler/Prütting* BRAO, 3. Aufl., § 43a Rn. 171, 174.

schuldigter seinen Tatbeitrag an derselben Strafsache zulasten des anderen geringer als dessen Beitrag erscheinen lassen will,[197] kann als allgemeine Erfahrung nicht ausreichen, einen abstrakten Interessenwiderspruch zwischen allen möglichen Mittätern zu konstruieren. Die notwendige Massivität der Gegensätzlichkeit verlangt einen nicht nur nach außen deutlich werdenden Gegensatz, sondern eine in ihrer prozessualen Auswirkung bedeutsame Unterschiedlichkeit in dem jeweiligen Interesse der Beschuldigten. Allgemeine Maßstäbe hierfür sind allerdings noch nicht gefunden.

Die Interessensituationen, die eine die Strafbarkeit begründende Gegensätzlichkeit rechtfertigen, **259** müssen stets die **individuellen Intentionen der Mandanten** im Auge haben. Zwar ist das geschützte Rechtsgut der Integrität des Rechtsbeistands durch Mandanten nicht disponibel, das maßgebliche Mandanteninteresse kann aber stets nur individuell formuliert werden. Gerade im Strafverfahren kann der Mandant seine Verteidigungsstrategie primär danach ausrichten, Dritte zu schützen, eine belastende Hauptverhandlung zu vermeiden oder das Risiko einer ihn vornehmlich interessierenden verwaltungsrechtlichen Maßnahme als Folge einer strafrechtlichen Sanktion zu minimieren. Alle diese Interessen sind im Einzelfall weit entfernt von der simplen Idee, im Prozess entweder um die Unschuld oder um die niedrigste Strafe zu kämpfen.

> Der Verteidiger wird von den Eheleuten A und B aufgesucht. Gegen A läuft ein Ermittlungsverfahren **260** wegen der Vernachlässigung des gemeinsamen Kindes. Im Gespräch mit V stellen beide Eheleute ihr gemeinsames Interesse dar, dass der tatsächlich in die Betreuung des Kindes involvierte – vorbestrafte – B nicht in die Sache hineingezogen wird. V bestellt sich als Verteidiger der A und erreicht eine Einstellung des Verfahrens nach § 153a. Durch Aussagen der Nachbarn kommt dann doch B ins Visier der Ermittlungsbehörden. Wenn sich V nun als dessen Verteidiger bestellt, sind widerstreitende strafprozessuale Interessen nicht in Sicht. Durch das autonome Verhalten der B ist ein theoretisch denkbarer Interessengegensatz beseitigt worden und der Verteidiger nahm letztlich gleichlaufende Interessen wahr.[198]

Letztlich ist damit die Beseitigung eines denkbaren Interessengegensatzes durch **Disposition der** **261** **Parteien** denkbar.[199] Ein Interessengleichklang lässt sich in jeder Phase des Verfahrens – auch nachträglich – durch die Beteiligten herstellen.[200] Dieser Gesichtspunkt erhält besondere Bedeutung, wenn der Verteidiger in einem laufenden Verfahren gegen seinen Mandanten rechtliche Beratungen gegenüber anderen Prozessbeteiligten durchführt.

▶ **Beispiel:**

> Der Verteidiger eines inhaftierten Beschuldigten nimmt Kontakt mit dessen Verlobter auf. **262** Die Verlobte bittet um Hinweis, wie sie sich im anstehenden Prozess verhalten soll. Der Verteidiger legt sowohl die Interessenlage des inhaftierten Mandanten dar und beschreibt gleichermaßen den Umfang und die Durchsetzungsmöglichkeiten des Schweigerechts der Verlobten nach § 52. Selbst wenn man in der Rechtsberatung der Verlobten schon ein »Dienen« des Anwalts in derselben Rechtssache sehen wollte,[201] ist nach den für ihn erkennbaren Umständen eine Gegensätzlichkeit von Interessen nicht gegeben.

Die Mandantenautonomie wird grundsätzlich nicht dadurch eingeschränkt, dass z.B. die **Finanzierung der Verteidigung durch einen Dritten** erfolgt; dieser wird allein hierdurch nicht »Partei«.[202]

> Auch bei rechtlicher Beratung des Finanziers ist ein Gleichklang der Interessen durchaus denkbar, bei- **263** spielsweise bei einem beschuldigten Arbeitnehmer und dem die Finanzierung der Verteidigung sicher stellenden Arbeitgeber, der um die Reputation des Unternehmens fürchtet und bei einer Verurteilung zivilrechtliche Schadensersatzansprüche auf sich zukommen sieht. Nicht von der Hand zu weisen ist in derartigen Fällen die Konstellation, dass unsachliche Zwänge den Beschuldigten zu einer bestimmten

---

197 S. hierzu insbesondere auch *Kretschmer* Der strafrechtliche Parteiverrat – § 356 StGB 2005, S. 207 ff.
198 BGH NStZ 1982, 446.
199 *Dahs* Parteiverrat im Strafprozess, NStZ 1991, 561, 564.
200 *Prinz* Der Parteiverrat des Strafverteidigers 1999, S. 158 ff.
201 Anders: *Müller/Gussmann* Berufsrisiken des Strafverteidigers, Rn. 93.
202 BGH NStZ 1982, 465.

Verteidigungsstrategie und damit zur Bejahung der Interessenidentität drängen können.[203] Berät der Verteidiger in Kenntnis dieser Situation dennoch den Arbeitgeber, ist der Tatbestand nicht mehr fern liegend.

264   Auch bei Akzeptanz einer maßgeblich subjektiv bestimmten Interessendefinition bleibt die Frage zu klären, inwieweit **objektive Maßstäbe** diese **Mandantenautonomie** für den Strafverteidiger einschränken können. Wer dem Strafverteidiger als Organ der Rechtspflege eine Bindung an allgemeine Rechtsstaatsprinzipien, moralische oder ethische Maßstäbe nachsagt, wird einen Interessengegensatz u.U. auch dann entdecken, wenn ein subjektiv behaupteter Gleichklang der Interessen zweier Parteien tatsächlich für eine Partei unter keinem Gesichtspunkt eine Verbesserung ihrer Rechtsposition beinhaltet.[204] Die anwaltliche Unterstützung beim selbstlosen »Opfern« eines Mandanten im selben sachlichen Kontext zugunsten eines anderen Mandanten könnte damit einen Parteiverrat aufscheinen lassen. Verraten wird hier allerdings tatsächlich keine Partei, sondern die von dritter Seite formulierten wohlverstandenen Interessen einer der Parteien. Solange die subjektive Interessenverfolgung eines Mandanten keine strafrechtlichen Grenzen überschreitet, ist eine Veranlassung, den Anwalt außerhalb seiner Primärpflicht der Interessenwahrnehmung in die Verantwortung einer bevormundenden Fürsorge zu nehmen, nicht gegeben.

265   Interessenkollisionen aus derselben Rechtssache werden sich damit für den Strafverteidiger zumeist in Konstellationen ergeben, bei denen er in dem Ermittlungsverfahren nachfolgenden rechtlichen Verfahren agiert und dabei Interessen einer anderen Partei wahrnimmt, die den für ihn erkennbaren Interessen des ersten Mandanten zuwiderlaufen. Aktionsfeld hierfür ist sowohl ein neues Strafverfahren wegen derselben Tat gegen einen anderen Beschuldigten wie ein Gerichtsverfahren, das denselben Lebenssachverhalt aus der zivilrechtlichen Perspektive behandelt.[205] Als objektiv nicht behebbarer – und auch nicht disponibler – Interessengegensatz erstreckt sich die strikte Mandatstrennung von Schädiger und Geschädigten für jede Art von Verfahren.[206] Andererseits kann die Art des Verfahrens trotz weitgehender Berührungspunkte zum ursprünglichen Sachverhalt einen strafrechtlich relevanten Interessengegensatz ausschließen.

▶ **Beispiel:**

266   A und B belasten sich als Mittäter im Strafprozess gegenseitig. V verteidigt A. A und B werden zu mehreren Jahren Haftstrafe verurteilt. Vor der Strafvollstreckungskammer nimmt V die Interessen des A wahr. Wenn nunmehr auch B die Qualitäten des V schätzt und ihn in seinem eigenen Strafvollstreckungsverfahren zur vorzeitigen Entlassung beauftragt, stehen weder dieselbe Rechtssache noch widerstreitende Interessen in Rede, nachdem für das Vollstreckungsgericht der Inhalt des rechtskräftigen Urteils (neben den jeweiligen persönlichen Prognosen) maßgeblich ist.

5. Eidesdelikte

267   Es ist fraglich, ob der Verteidiger eine Strafvereitelung begehen kann, wenn er im sicheren Wissen um eine zukünftige Falschaussage eines Zeugen prozessual agiert, beispielsweise diesen Zeugen in einem Beweisantrag benennt und ihm in Ausübung seines Fragerechts die Möglichkeit zu dieser Falschaussage gibt. Spricht vieles dafür, dass durch das genuine Verteidigungshandeln das strafrechtlich geschützte Rechtsgut der Strafvereitelung nicht tangiert ist, so ist das Rechtsgut der §§ 153 ff. StGB betroffen, wenn der Verteidiger außerhalb seiner prozessualen Aktivitäten diesen Zeugen entweder zu einer Falschaussage animiert oder diesen hierin aktiv bestärkt.[207] Prozessual hat zwar grund-

---

203 S. hierzu z.B. MAH-Strafverteidiger/*Pfordte/Tsambikakis* § 17, Sockelverteidigung, Rn. 27.
204 In diese Richtung BGHSt 5, 284, 286; 17, 305 f.; BayObLG NJW 1995, 606 f. »das richtig verstandene und damit wirkliche, objektive Interesse«.
205 S. z.B. BGH GA 1961, 203 f. zum »klassischen« Fall eines Verkehrsunfalls.
206 *Lehmann* Mandatsinteresse und Parteiverrat, JR 2018, 312 ff., 316.
207 So die h.M. *Beulke* Die Strafbarkeit des Verteidigers, Rn. 92; *Zeifang* Die eigene Strafbarkeit des Strafverteidigers im Spannungsfeld zwischen prozessualem und materiellem Recht, S. 196 ff.; *Winkler*

sätzlich der Verteidiger nicht für die Richtigkeit von Zeugenaussagen einzustehen und braucht auch im Prozess hiergegen nicht einzuschreiten. Die Kombination des – ausnahmsweise vorliegenden – exakten Wissens um den unzutreffenden Inhalt der Aussage mit den Feststellungen einer kausalen Beeinflussung des Zeugen außerhalb des formellen prozessualen Agierens lässt allerdings strafrechtlich belangvolles Verhalten auch des Verteidigers aufscheinen.[208]

6. Verstoß gegen anwaltliche Schweigepflichten

Der Verstoß gegen die anwaltliche Pflicht zur Verschwiegenheit[209] wird ebenfalls durch strafrechtliche Konsequenzen sanktioniert (§ 203 StGB). 268

Alles, was der Mandant dem Anwalt mitteilt, ist geheim im Sinne dieser Strafvorschrift. Hierzu gehört schon die Existenz des Mandatsverhältnisses.[210] Selbst die Information über den aktuellen Aufenthaltsorts des Mandanten ist dem Verteidiger untersagt. Ausgenommen sind nur offenkundige Tatsachen. Hierzu gehört alles, was im Gerichtssaal in öffentlicher Hauptverhandlung erörtert wird. Doch auch hier kann ein längerer Zeitablauf dazu führen, dass besonders sensible Daten (Vorstrafen!) wieder zu einem Geheimnis werden[211] (näher zum Geheimnisbereich unten 1. Kapitel Rdn. 444 ff.). 269

Straflos ist die Offenbarung, wenn der Mandant den Verteidiger von seiner Schweigepflicht entbunden hat. Hier entfällt bereits der Tatbestand. Offenbart der Verteidiger hier auch anderweitige Geheimnisse (Steuerdaten Dritter o.ä.), ist der § 203 StGB nicht berührt; gesetzeshistorisch und berufsrechtlich beschränkt sich die Verschwiegenheitspflicht auf Geheimnisse des Mandanten. Hat dieser aber beispielsweise keine ausdrückliche Zustimmung dazu erteilt, dass der Verteidiger Informationen aus der Akte an seine (Rechtsschutz-) Versicherung erteilt, scheint der strafrechtsrelevante Konflikt wieder auf.[212] 270

Straflos ist der Verteidiger auch dann, wenn er gesetzlichen Offenbarungspflichten folgt. Muss er aufgrund geheimer Informationen mit der Begehung eines zukünftigen Verbrechens rechnen, das einer Katalogtat des § 138 StGB entspricht, trifft ihn wie jeden anderen die sanktionsbewehrte Mitteilungspflicht – allenfalls gemildert durch sein ernsthaftes Bemühen um Verhinderung der Tat (§ 139 StGB). Beschränkte gesetzliche Verpflichtung finden sich im Geldwäschegesetz oder §§ 807, 840 ZPO. 271

Im Übrigen kann insbesondere eine Abwägung widerstreitender Interessen oder Pflichten die Weitergabe von geheimen Informationen ausnahmsweise rechtfertigen. Hierzu gehören Konstellationen einer Rettung des konkret suizidgefährdeten Mandanten ebenso wie Honorarklagen gegen den Mandanten. Das »wesentliche« Überwiegen der Güterabwägung im Rahmen des § 34 StGB setzt hier eine penible Selektion der bekannten Geheiminformationen voraus. Ein wie auch immer geartetes allgemeines Interesse an einer Strafverfolgung rechtfertigt jedoch niemals die Preisgabe von Interna aus dem Mandatsverhältnis; der Verteidiger hat die Aufgabe zu verteidigen, nicht zu verraten, selbst um den Preis einer Verurteilung eines Unschuldigen.[213] 272

Einer der bekanntesten amerikanischen Strafverteidiger hat das vielschichtige Problem des Anwalts in Romanform anschaulich beschrieben:[214] Der anwaltliche Protagonist verteidigt einen berühmten Sport- 273

S. 332, 347 ff.; *Stephan* StRR 2009, 348, 350; *Barton* JZ 2010, 104.

208 BGHSt 53, 257 = NJW 2009, 2690 = NStZ 2009, 517; Gleiches soll auch bei der Unterstützung des eigenen Mandanten zu dessen Anstiftung zu einer Falschaussage gelten – OLG Bamberg NJW 2006, 2935.
209 Vgl. § 43a Abs. 2 BRAO.
210 *Feuerich/Weyland* § 43a BRAO Rn. 16.
211 OLG Köln NJW 2000, 3656.
212 *Freyschmidt/Nadeborn* Was darf der (Strafrechtsschutz-) Versicherer wissen?, StRR 2012, 364 ff.
213 *Barton* Geheimnisverrat des Verteidigers – darf ein Verteidiger gegen den Willen seines Mandanten Interna preisgeben? In Beulke-FS 2015, S. 605 ff.
214 *Dershowitz* Ein Spiel mit dem Teufel (engl.: The Advocat`s Devil, 1994).

ler gegen den Vorwurf der Vergewaltigung einer Verehrerin in einem Hotelzimmer. Das Sextreffen begann einvernehmlich; dass das Einverständnis der Frau kurzfristig zurückgezogen wurde, glaubt ihr die Jury nicht und spricht frei. Der Verteidiger gewinnt im Rahmen der Mandatierung nicht nur die Überzeugung von der Schuld seines Mandanten. Er registriert auch, dass es offensichtlich zu der notwendigen sexuellen Stimulation seines Mandanten gehört, den Widerstand seiner Sexpartner zu provozieren und zu überwinden. Als er von neuen Taten – sogar mit gravierendem tödlichen Ausgang – erfährt, beginnt das rechtliche und moralische Dilemma einer Geheimnisoffenbarung.

V. Gerichtliche Disziplinierung des Mandanten durch seinen Verteidiger

274 Dem Gesetzgeber kann die Idee unterstellt werden, Verteidigung durch Mitwirkung eines Anwalts zu professionalisieren und damit den Prozess selbst zu effektiveren. Faktisch wird häufig ein Großteil der Verteidigungsideen des prozessunerfahrenen Beschuldigten durch die mandatsinterne Diskussion gefiltert werden. Die Ausgestaltung des gesetzgeberischen Konzepts sieht einen solchen Zwang der Filterung aber nicht vor. In Konsequenz dieses Konzeptes können in jeweils eigenständiger Wahrnehmung ihrer Antrags- oder Erklärungsrechte unterschiedliche und zum Teil sogar widersprüchliche Verteidigungsaktivitäten des Beschuldigten einerseits und des Verteidigers andererseits im Prozess aufscheinen. Nur in Ausnahmefällen, wie beispielsweise bei der rechtlich komplizierten Verfassung einer Revisionsbegründung, verlangt das Gesetz, die exklusive Aktivität des Strafverteidigers. Auch die Anwesenheit eines Verteidigers hindert damit grundsätzlich nicht eine Situation, in der der selbstständig agierende Angeklagte unkoordiniert und überbordend das Gericht mit Verteidigungsaktivitäten »überschüttet«.

▶ **Beispiel:**[215]

275 Eine Hauptverhandlung dauerte aus Sicht des Gerichts über Gebühr lange. Alle Zeugen der Anklage waren gehört. Der Angeklagte hatte das Gericht bereits mehrere Hauptverhandlungstage damit beschäftigt, Dutzende von ihm gestellte Beweisanträge zu bearbeiten. Alle Anträge wurden im Ergebnis abgelehnt. Als der Angeklagte daraufhin ankündigte, er habe noch mehrere hundert Beweisanträge vorbereitet, beschloss das Gericht, es werde diese Anträge nur entgegennehmen, wenn sie durch den Verteidiger gestellt würden. Erwartet wurde eine verteidigungsinterne rechtliche Kontrolle. So wurde auch verfahren, allerdings wurden keine weiteren Anträge gestellt. Der Angeklagte rügte in der Revision die Verletzung seines Antragsrechtes. Der BGH wies die Revision zurück.

276 Auch wenn sich das Gericht in einem extremen Ausnahmefall rechtlich ungefilterter Verteidigungsaktivitäten des Angeklagten gegenübersieht, findet die Verpflichtung des Verteidigers zu einer Disziplinierung seines Mandanten im Gesetz keine Stütze. Die Zurückweisung von Verteidigungsaktivitäten folgt allein den formalisierten Prozessregeln. Die Instrumentalisierung des Verteidigers lässt sich hier weder konkreten gesetzlichen Ausgestaltungen noch einer allgemeinen Verantwortung des Strafverteidigers für eine »Funktionstüchtigkeit der Strafrechtspflege« entnehmen.

VI. Eigene Ermittlungstätigkeit des Strafverteidigers

277 Die zwiespältige Integration des Verteidigers in den Strafprozess dokumentiert die aktuelle Auseinandersetzung um seine eigene Ermittlungstätigkeit.[216]

278 Die Strafprozessordnung sieht eine eigene Ermittlungstätigkeit des Verteidigers nicht vor. Die ausdrücklich normierten Teilhaberechte der Verteidigung an der Wahrheitsfindung beschränken sich

---

215 BGHSt 38, 111 ff.

216 Die Ermittlungstätigkeit bezieht sich auf die Informationsbeschaffung des »klassischen« Verteidigers. Völlig andere Probleme und mögliche Interessenkollisionen ergeben sich, wenn der Anwalt zu internen Untersuchungen als Ermittler von einem Unternehmen beauftragt wird, s. hierzu z.B. *Sidhu/v. Saucken/ Ruhmannseder* Der Unternehmensanwalt im Strafrecht und die Lösung von Interessenkonflikten, NJW 2011, 881 ff.

darauf, Anträge oder Anregungen in das Verfahren einzubringen, damit die Beweiserhebung im Ermittlungsverfahren oder in der Hauptverhandlung durch die Ermittlungsbehörden oder das Gericht erfolgen. Andererseits existieren keine Vorschriften, die dem Verteidiger verbieten, seinen Erkenntnishorizont zum Verfahrensgegenstand über die Aktenkenntnis hinaus zu erweitern. Das aktuelle Berufsrecht des Anwalts verhält sich zu Fragen des außerprozessualen Kontakts zu Zeugen nicht; die Standesrichtlinien von 1929 hatten dies noch unter der Prämisse für grundsätzlich zulässig erachtet, dass jeglicher Anschein der Beeinflussung zu vermeiden sei.[217]

1. Notwendigkeit der Informationsbeschaffung

In dem **angelsächsischen** System des **Parteiprozesses** ist die Ermittlungstätigkeit des Verteidigers 279 nicht nur zulässig, sondern sogar geboten. Die American Bar Association, die größte amerikanische Anwaltsorganisation, spricht in der Darstellung ihrer Verteidigungsstandards sogar von einer Pflicht des Anwalts, zügig alle Umstände des Falles zu untersuchen und Tatsachen zu ermitteln, die für die Schuldfrage und für die Strafzumessung von Bedeutung sein könnten. Dazu gehöre nicht nur jede Information von der Staatsanwaltschaft, sondern darüber hinaus bestehe eine Verpflichtung für eigene Ermittlungen, unabhängig davon, ob der Mandant diese wünscht. Nur der informierte Verteidiger kann in einem Parteiprozess der Jury diejenigen Tatsachen und Beweismittel offerieren, die ein günstiges Ergebnis für den Angeklagten versprechen.

Die hiesige Situation unter der Prämisse des **Untersuchungsgrundsatzes** ist prinzipiell anders. Nicht 280 nur das Gericht in der Hauptverhandlung hat die Pflicht zur umfassenden Sachaufklärung (§ 244 Abs. 2). Vielmehr haben die Ermittlungsbehörden die gesetzliche Aufgabe, unter Einhaltung der unbedingten Objektivität auch entlastende Umstände zu ermitteln (§ 160 Abs. 2). Die die Hauptverhandlung vorbereitenden »Ermittlungen« sind insoweit gesetzlich geregelt, als dass sie für die autoritär agierenden Behörden sowohl Ermächtigungsgrundlagen umschreiben als auch zur Kontrolle dieser hoheitlichen Eingriffe formale Grenzen setzen. So ist z.B. Ermittlungstätigkeit erst jenseits der Schwelle des Anfangsverdachts zulässig, Zeugenladungen und deren Vernehmung sind an formalisierte Vorgänge gebunden.

Diese Regelung beinhaltet nicht gleichzeitig die Entscheidung zur Exklusivität der Ermittlungen 281 durch Staatsanwaltschaft und Polizei. Sieht man allein die Hauptverhandlung als Verfahrensabschnitt an, in der Verteidigung erstmalig vonnöten ist, könnte man daraus ableiten, dass sich der Verteidiger zuvor von jeder eigenen Tätigkeit im Hinblick auf Sachverhaltsermittlungen zu enthalten hat. In einer – unveröffentlichten – Entscheidung wollte der BGH 1979 dem Verteidiger untersagen, »sein eigenes Ermittlungsverfahren« zu führen,[218] erkannte allerdings an anderer Stelle grundsätzlich das Recht auf eigene Erhebungen an.[219] Angesichts der Einseitigkeit von Verteidigerhandeln sahen manche Staatsanwälte in eigenen Ermittlungen des Verteidigers eine strafbare Amtsanmaßung nach § 132 StGB[220] oder Strafvereitelung.[221] Demgegenüber stellte schon das Reichsgericht[222] fest: »*Wie die Staatsanwaltschaft ... so hat auch der Beschuldigte ein Recht, den Stoff zu sammeln, dessen er zu seiner Verteidigung bedarf.*«

Dass das Inquisitionsverfahren beim Inquisitor gerne eine Vorliebe für Einseitigkeit und Exklusivität 282 produziert, zeigt ein bekanntes Prozessbeispiel der Weimarer Zeit. Der bekannte Strafverteidiger Hans Litten wurde vom Kammergericht ausgeschlossen, weil er während des Prozesses eigene Ermittlungen angestellt hatte. Das Kammergericht: »Dem Verteidiger ist es während des Prozessstadiums verwehrt,

---

217 *Hoffmann/Maurer* Voraussetzung und Grenzen anwaltlicher Zeugenvorbereitung, NJW 2018, 257 ff.
218 Hierzu: *Jungfer* Eigene Ermittlungstätigkeit des Strafverteidigers, StV 1981, 105.
219 BGHSt 46, 1, 4.
220 Vgl. *Wittstamm* Wahrnehmung von Verteidigerrechten = Amtsanmaßung?, StV 1999, 573.
221 Zu einem Ermittlungsverfahren gegen Verteidiger (das mit einer Einstellung endete), die sich mit Zeugen getroffen hatten, s. z.B. den Bericht von *Thielmann* Im Spannungsfeld zwischen Strafrichtern und (zu?) aktiver Strafverteidigung – 2. Teil: Der Tadel für die Offensiv-Verteidiger, HRRS 2011, 189 ff.
222 RGSt 59, 172, 174.

ohne Wissen und Willen des Gerichts mit den als Zeugen benannten Personen und ebenso mit anderen als den von ihm verteidigten Angeklagten in Verbindung zu treten und die Anklagevorgänge zu besprechen.« Dass dies keineswegs die allgemeine Auffassung der damaligen Zeit war, zeigt die empörte Reaktion der Berliner Anwaltskammer: »Es ist schlechthin unerträglich, dass das Gericht, welches doch die Wahrheit erst ermitteln soll, für sich das Recht in Anspruch nimmt, den Verteidiger mit dieser Begründung, womöglich schon vor Beginn der Hauptverhandlung, auszuschließen....Die These des Kammergerichts... steht mit der ganzen Kriminalgeschichte in Widerspruch. Zahlreiche berühmte Kriminalprozesse sind nur deshalb zu einem gerechten Ende gekommen, weil der Verteidiger noch während der Hauptverhandlung Ermittlungen angestellt hat.«[223]

283   Verteidigung ist im Ermittlungsverfahren nicht überflüssig, sondern angesichts der für das Gesamtverfahren häufig entscheidenden Weichenstellung sogar unabdingbar. Trotz umfassender gesetzlicher Verpflichtungen zur Wahrung von Beschuldigtenrechten auf der Seite des Gerichts rechtfertigt sich die Institutionalisierung von Verteidigung gerade aus der Erkenntnis, dass die Komplexität dieser Aufgabe die Wahrscheinlichkeit eines Scheiterns beinhaltet. Die Bedeutung der Wahrung von Beschuldigtenrechten legitimiert ihre besondere einseitige Verfolgung im Prozess durch die Verteidigung. Die Beistandspflicht des Verteidigers umfasst auch die Aufgabe, alles zu ermitteln, was im Verfahren der Entlastung seines Mandanten dienen könnte.[224]

284   Dass dies bei der unmittelbaren Beschaffung von Beweismitteln anders sein soll, macht das Gesetz nicht deutlich. Im Gegenteil: Auch wenn das Prinzip der **Waffengleichheit** in seiner streng formalisierten Ausprägung angelsächsischen Vorstellungen entspricht, haben der Europäische Gerichtshof für Menschenrechte und das Bundesverfassungsgericht[225] anerkannt, dass es sich hierbei um ein allgemeines Prinzip eines rechtsstaatlichen Strafverfahrens handelt (Art. 6 Abs. 1 S. 1 EMRK). Konsequenz der Waffengleichheit ist nicht nur ein adäquater Informationsstand der Verteidigung, sondern auch eine vergleichbare Möglichkeit anderer Informationsbeschaffung. Neben dem Rechtsstaatsprinzip legitimiert Art. 12 GG in der besonderen Ausprägung des Berufsbilds des Strafverteidigers Ermittlungsaktivitäten. An der **Zulässigkeit von Ermittlungen** durch die Verteidigung kann vor diesem Hintergrund kein Zweifel bestehen.[226]

285   Dass diese letztendlich zu einem Informationsvorsprung der Verteidigung vor den Ermittlungsbehörden führen, ist systemimmanent. Schon der der Ermittlung nicht zugängliche Bereich des Mandantengesprächs verschafft dem Verteidiger regelmäßig Erkenntnisse, die möglicherweise den Ermittlungsbehörden auf Dauer verborgen bleiben. Es stellen sich allenfalls Fragen, ob die vom Gesetz aufgestellten Modalitäten der Ermittlungstätigkeit für staatliche Behörden der Tätigkeit der Verteidigung Grenzen setzen kann.

2. Geregelte Ermittlung oder ungebundenes Nachforschen

286   Die grundsätzliche Zulässigkeit von Informationsbeschaffung ergibt sich aus einer weiteren Überlegung:

287   »Ermittlungen« im Sinne der StPO kann der Verteidiger mangels Zwangsbefugnissen nicht führen. Andererseits setzen die wenigsten Nachforschungen und Erkundigungen tatsächlich derartige Zwangsmittel voraus. Gespräche kann außer den Ermittlungspersonen jeder andere Bürger mit Zeugen führen; ebenso kann jeder Bürger Informationen einholen, mit Experten sprechen, Tatorte besichtigen oder bestimmte Gegenstände an sich nehmen. Dass praktisch parallele private Ermittlungstätigkeiten existieren können, ohne dass dies durch die StPO verboten wird, zeigen die aktuellen Beispiele investigativen Journalismus‹. Was jedem Bürger erlaubt ist, kann dem Verteidiger kaum verwehrt werden.

---

223 Weitere Schilderungen und Nachweise bei *Jungfer* Strafverteidigung – Annäherung an einen Beruf, 2016, 12.

224 Vgl. *Barton* Mindeststandards der Strafverteidigung, S. 336 ff.

225 BVerfGE 38, 105, 111.

226 Vgl. MAH-Strafverteidigung/*Neuhaus* § 15, Eigene Ermittlungen des Strafverteidigers, Rn. 8.

Für derartige Vorgehensweisen gelten allenfalls **strafrechtliche Grenzen**. Jeder Bürger, der sich nicht   288
nur auf die Entgegennahme von Informationen beschränkt, sondern gleichzeitig Einfluss auf ein
Verfahren nimmt, läuft Gefahr einer strafrechtlichen Involvierung.

Eine Strafvereitelung droht, wenn ein nachträglich am Tatort gefundenes Tatwerkzeug entfernt wird,   289
damit es nicht von den Ermittlungsbehörden gefunden werden kann; Gleiches gilt für die Animierung
von Dritten, man möge dem auf der Flucht befindlichen Beschuldigten durch Geld oder andere Mittel
beim Untertauchen helfen. Die schlichte Beeinflussung eines Zeugen im Prozessvorfeld kann in eine
Beteiligung an dessen Falschaussage münden.

Der Verteidiger als Beteiligter des Strafverfahrens steht in einem **Spannungsfeld** zwischen den **auto-**   290
ritären Möglichkeiten der Ermittlungen einerseits und dem **jedermann eröffneten Handlungsspiel-**
raum andererseits. Gesetzliche Regelungen für die sich ihm eröffnenden Optionen finden sich nicht.
Das Verhalten des Verteidigers hat sich zum einen an den allgemeinen berufsrechtlichen Vorgaben
des Anwalts zu orientieren, zum anderen an den strafprozessualen Regeln, nach denen mögliche
Ermittlungsergebnisse des Verteidigers ihren Weg in den Strafprozess finden.

Ermittelt der Verteidiger außerhalb des Prozesses in dieser Eigenschaft, kann seine Verfahrensstellung   291
bei der Art und Weise seiner Vorgehensweise nicht unberücksichtigt bleiben. Trotz der einseitigen
Beistandspflicht gegenüber seinem Mandanten unterliegt er den **Verpflichtungen aus seiner Pro-**
zessrolle, die nicht auf eine Torpedierung des staatlichen Strafanspruchs hinausläuft, sondern in der
rechtsstaatlichen Aufgabe einer Wahrung der Justizförmigkeit des Verfahrens gründet. Im Einzelnen
hat er eine Abwägung zu treffen zwischen einerseits der Pflicht, Beweisquellen nicht zu trüben, und
andererseits dem Verteidigungsauftrag.[227] Auch wenn die hieraus resultierenden Grenzen seiner Handlungsmöglichkeiten umstritten sind, ist zumindest seine **Wahrheitspflicht** anerkannt. Diese besondere Prozessrolle muss auch seinen Umgang mit potenziellen Beweismitteln beeinflussen.

3. Art der Kontakte zu Zeugen

Eine **prozessordnungswidrige Beeinflussung** von Zeugen oder anderen Beweismitteln durch den   292
Beschuldigten selbst wird vom Gesetz nicht toleriert. Der Beschuldigte läuft Gefahr, dass allein der
Verdacht der Verdunklungsgefahr einen Haftbefehl auslöst. Schon der Eindruck derartiger Verdun-
lungshandlungen ist daher angesichts der Schwere der möglichen Folgen vom Beschuldigten selbst
zu vermeiden. Auch wenn die prozessualen Folgen nur den Mandanten persönlich treffen, wächst
dem Verteidiger als sein Beistand umso eher die Aufgabe zu, entlastende Ermittlungtätigkeit ohne
den Geruch der Verdunklung unter Hinweis auf seine eigene Autorität im Verfahren zu betreiben.

Im Gegensatz zu den Ermittlungsbehörden, die ihre Autorität auch mit staatlicher Machtausübung   293
unterstreichen können, ist die Verteidigung bei Ermittlungen nicht an Formalien gebunden. Dennoch ist von ihr zu erwarten, dass sie in Verantwortung für das Ziel der Sachaufklärung die Setzung
aufklärungsbehindernder Pflöcke vermeidet.

Aus der Rechtsprechung gibt es hierfür keine Vorgaben, insbesondere die anwaltliche Literatur empfiehlt   294
jedoch, beispielsweise bei Zeugenvernehmungen, die Relevanz des geführten Gesprächs in aller Deutlichkeit darzulegen. Bei einer »Ladung« des Zeugen ebenso wie bei dessen freiwilligem Erscheinen in der
Kanzlei des Verteidigers darf bei dem Zeugen kein Zweifel darüber herrschen, dass er weder zur Erscheinen noch zu Angaben gegenüber dem Verteidiger verpflichtet ist. Sowohl das laufende Verfahren, der
Name des Beschuldigten und die Rolle des Anwalts als Verteidiger sollen dem Zeugen gegenüber offengelegt werden. Darüber hinaus sollte der Zeuge keinen Zweifel darüber haben, dass und welche Rechte
er ggf. bei einer ähnlichen Vernehmung durch Ermittlungsbehörden hätte. Schon der Versuch der Täuschung des Zeugen ist mit der Stellung des Verteidigers nicht vereinbar. Über das Verbot unzulässiger
Vernehmungsmethoden kann sich auch der Verteidiger nicht hinwegsetzen.

Ebenso wenig existieren Vorschriften über die **Dokumentation einer Vernehmung** seitens der Ver-   295
teidigung. Um den Verdacht von Verfälschungen zu vermeiden – sei es durch Weglassen von Bekun-

---

227 So BGHSt 46, 53 ff.

dungen oder Unterschlagen sich aufdrängender Fragen – wird die schriftliche Dokumentation und ein Gegenzeichnen des Zeugen empfohlen; in jedem Fall sollte eine weitere Person anwesend sein.[228] Befragungswege, die bereits von der StPO als Erkenntnis mindernd anerkannt sind, sollten auch von der Verteidigung vermieden werden. Suggestionsfragen sind daher von der Verteidigung ebenso zu unterlassen wie »Gruppenbefragungen«.

296 Die Aufnahme von Gesprächen auf Tonband ist mit Zustimmung des Befragten möglich. Wird heimlich aufgenommen, liegt auch für den Verteidiger die Strafvorschrift des § 201 StGB in Reichweite. Ausnahmen bilden die Situationen eines Beweisnotstandes.[229] Gleiches gilt für das heimliche Fotografieren, um möglicherweise zur Entlastung Wahllichtbildvorlagen produzieren zu können.

297 Tonbandaufnahmen erscheinen allerdings dann dringend erforderlich, wenn sich der Verteidiger in einem Bereich bewegt, bei dem Ermittlungsbehörden gerne Manipulation wittern. Ist mit einer alsbaldigen gerichtlichen Zeugenvernehmung zu rechnen, muss es im Interesse der Verteidigung sein, dass die als verteidigungsfördernd empfundenen Angaben des Zeugen von diesem auch überzeugend präsentiert werden. Eine Vernehmungssimulation sollte zum Standard gehören.[230] Grundkenntnisse der Kommunikationspsychologie müssen dann unter Umständen zu Empfehlungen gegenüber dem Zeugen führen, Schwerpunkte in der eigenen Darstellungsform zu wählen, missverständliche Wortwahl auszumerzen oder die eigenen Defizite der rhetorischen Fähigkeiten durch Einüben eines Vortrages zu kompensieren. Damit nicht nachträglich solche Ratschläge in inhaltliche Manipulationsversuche umgedeutet werden können, sollte aus Vorsichtsgründen zum Selbstschutz eine akustische Dokumentation des gesamten Gesprächs mit dem Zeugen vorgehalten werden.

4. Ausgleichsvereinbarungen

298 Ungeklärt sind Fragen der Verbindung von Zeugenvernehmungen einerseits und Versprechungen an den Zeugen andererseits. Grundsätzlich ist nach herrschender Meinung nicht zu beanstanden, wenn der Verteidiger Kontakt mit einem Zeugen, möglicherweise einem Opferzeugen, aufnimmt und diesem bestimmte Vorteile in Aussicht stellt. Der sogenannte **Täter-Opfer-Ausgleich** (§ 46a StGB) setzt sogar eine solche Kontaktaufnahme voraus. Ausdrücklich hat der BGH entschieden, dass der Verteidiger auf seinen Gesprächspartner auch dahin gehend einwirken darf, dass dieser von Verfahrensrechten – insbesondere Zeugnis- und Auskunftsverweigerungsrechten – keinen Gebrauch macht.[231] Denkbar sind darüber hinaus weitere Einwirkungsziele, beispielsweise einen Zeugen von einem Strafantrag abzuhalten (§§ 77, 77a StGB) oder ihn zu animieren, einen solchen zurückzunehmen (§ 77d StGB).

299 Offen ist die Frage, auf welche Art und Weise der Verteidiger auf den Dritten einwirken darf. Unstreitig ist, dass der Verteidiger Dritten gegenüber die einfache Bitte äußern kann, von den ihnen zustehenden prozessualen Befugnissen Gebrauch zu machen. Auch sonstige Mittel alltäglicher Kommunikation wie gutes Zureden und Empfehlungen sind zweifelsohne statthaft. Zwang, Drohung und Täuschung werden, da sie sich gegen die Freiheit der Willensentschließung richten, ebenso unstreitig für unzulässig erachtet. Bedeutsam ist die Frage, ob und unter welchen Voraussetzungen eine **Geldzuwendung** erlaubt ist, falls deren Motiv jedenfalls auch das Einwirken auf die Ausübung von Verfahrensrechten des Dritten ist.

300 Wer die »Kommerzialisierung von Verfahrensrechten« oder den »Deal mit dem Opferzeugen« kritisiert, verkennt die anderweitige Akzeptanz eines solchen Vorgehens. In diversen Zeugenschutzprogrammen wird die Remuneration von Zeugen faktisch für deren fortlaufende Aussagebereitschaft gewährt. Selbst der Bundesgerichtshof hat nicht beanstandet, dass eine Belohnung erst ausgesetzt wurde, nachdem sich ein Zeuge gemeldet und unter der Bedingung, dafür belohnt zu werden, Angaben in Aussicht gestellt

---

228 Vgl. *König* Wege und Grenzen eigener Ermittlungstätigkeit des Strafverteidigers, StraFo 1996, 98 ff.

229 Vgl. *Kramer* Heimliche Tonbandaufnahmen im Strafprozeß, NJW 1990, 1760.

230 A.A. ohne nähere Begründung *Hoffmann/Maurer* NJW 2018, 261; wie hier z.B *Berthke/Schroeder* Grenzen der Zeugenvorbereitung im staatlichen Zivilprozess und im Schiedsverfahren, SchiedsVZ 2014, 80 ff.; *Ehmann* Witness Coaching, disputeresolution-magazin.de – Ausgabe Sept. 2014.

231 BGHSt 10, 393, 394.

hatte.[232] Die praktische Erfahrung lehrt zudem, dass Geschädigte nicht selten zivilrechtliche Ansprüche mit der Drohung einer auf den schädigenden Sachverhalt gegründeten Strafanzeige verbinden. Auch das ist eine Koppelung von Geldleistung und Ausübung von Verfahrensrechten, die der Bundesgerichtshof schon vor über 50 Jahren als grundsätzlich zulässig erachtet hat.[233] Dies legt nahe, dass – umgekehrt – die Verknüpfung des Verzichtes auf die Erstattung einer Strafanzeige oder deren Rücknahme einerseits mit der Erfüllung der Forderung andererseits unbedenklich ist.

Bindende Vorgaben für den Verteidiger, wie eine Ausgleichsvereinbarung mit einem Zeugen aussehen könnte, existieren nicht. Der BGH[234] hat das Problem aufgeworfen, aber letztlich nicht gelöst.

V ist Verteidigerin des A, der die Hauptbelastungszeugin G durch Schläge zur Prostitution gezwungen haben soll. A ist dafür vom Amtsgericht wegen Körperverletzung in Tateinheit mit versuchtem schweren Menschenhandel verurteilt worden. Der Schuldspruch beruhte auf der Zeugenaussage der G, die behauptet hatte, durch die (unstreitig) erhaltenen Schläge habe A sie zur Aufnahme der Prostitution bestimmen wollen. Kurz vor der Berufungsverhandlung meldete sich die G bei V und erklärte, der bisher von ihr erhobene Vorwurf des versuchten schweren Menschenhandels entspreche nicht der Wahrheit. Sie wolle das vor dem Berufungsgericht richtig stellen, allerdings verlange sie vorab die Zahlung eines Schadensersatz- und Schmerzensgeldbetrages. V verhandelt mit G.s Rechtsanwalt R. R entwirft eine Vereinbarung, die er V einen Tag vor der Berufungsverhandlung zusendet und die später G und A unterschreiben. In der Vereinbarung heißt es sinngemäß, dass Frau G ihre Aussage vor dem Berufungsgericht berichtigen wird. Aus ihrer Sicht seien allein die bereits geschilderten Körperverletzungen zutreffend, nicht jedoch weitergehende Vorwürfe. Herr A bestätigt die Richtigkeit der Sachdarstellung. Frau G verpflichtet sich, den gestellten Strafantrag zurückzunehmen. Herr A verpflichtet sich, 10.000,- Euro an Frau G zu zahlen, wenn im Urteil des Landgerichts keine Verurteilung wegen versuchten Menschenhandels zum Nachteil von Frau G erfolgt. **301**

Tatsächlich verhalten sich die Beteiligten entsprechend. Das Berufungsgericht, dem die Vereinbarung nicht mitgeteilt worden war, verurteilt A gleichwohl wegen versuchten Menschenraubs. V wird danach wegen versuchter Strafvereitelung angeklagt und vom Landgericht verurteilt. Der BGH hat das Urteil aufgehoben und V freigesprochen, da diese aus subjektiven Gründen einen denkbaren Strafbarkeitsbereich nicht erfasst habe. Die Frage der Verknüpfung von Geldleistung des Beschuldigten und Prozessverhalten des Geschädigten ist daher nach wie vor offen.

Die Vereinbarung des Mandanten mit dem Verletzten einer Straftat soll einen umfassenden Ausgleich zwischen den beiderseitigen Interessen ermöglichen und den Gesamtkonflikt lösen. Insbesondere durch die Übernahme von Verantwortung und durch materielle und immaterielle Leistungen des Mandanten soll dem Genugtuungsinteresse des Geschädigten Rechnung getragen und der Rechtsfrieden wiederhergestellt werden. Im Gegenzug manifestiert sich der Aussöhnungswille des Verletzten gerade in dessen Disposition über die Wahrnehmung bzw. Nichtwahrnehmung prozessualer Rechte. Daher besteht im Rahmen von Ausgleichsvereinbarungen, die eine endgültige Befriedung zum Ziel haben, ein sachlicher und angemessener Zusammenhang, um neben der vertraglichen Verpflichtung des Mandanten zu Geldzahlungen auch Regelungen über die Ausübung von Verfahrensrechten durch den Verletzten zu treffen. **302**

Dies findet eine autoritative Stütze in der **Zivilrechtsprechung**: »Selbst die Eingehung der Verpflichtung zur Rücknahme von Strafantrag und/oder Strafanzeige kann zwar als Handel mit der staatlichen Strafbarkeitsandrohung anstößig sein, muss es aber nicht (...). Sie ist dann hinzunehmen, wenn die Geldleistung der Sache nach der Schadloshaltung des Opfers und der Wiedergutmachung mit ihm dient.«[235] **303**

Oder: »Eine Gegenleistung für das Stillschweigen über strafbare Handlungen führt dann nicht zur Sittenwidrigkeit, wenn die Gegenleistung der Schadloshaltung oder Wiedergutmachung dient«.[236]

---

232 BGH NStZ 1988, 420, 421.
233 BGHSt 5, 254, 260. Anders noch das Preußische Allgemeine Landrecht von 1794, 1. Teil, 4. Titel, § 35 ALR, demzufolge jede durch Drohung mit Strafanzeige zustande gekommene Willenserklärung unwirksam war.
234 BGH NJW 2000, 2433.
235 BGH NJW 1991, 1046.
236 OLG Nürnberg NJW-RR 2001, 1587 f.

304   Der Inhalt möglicher Ausgleichsvereinbarungen hat sich an diesen Vorgaben der Konnexität zu orientieren.[237] Dass darüber hinaus Entschädigung eines Zeugen für Reisekosten und Verdienstausfall, wie er sie auch bei Gericht erhalten würde, gezahlt werden, ist nicht zu beanstanden. Aufnahme, Durchführung und Ergebnis der **Ausgleichsverhandlungen** sind in geeigneter Weise zu **dokumentieren**. Eine Offenbarungspflicht gegenüber Staatsanwaltschaft und Gericht besteht nicht. Der Verteidiger unterliegt hier – wie auch sonst – der anwaltlichen Verschwiegenheitspflicht (§ 43a Abs. 2 BRAO, § 203 Abs. 1 Nr. 3 StGB). Er entscheidet daher eigenverantwortlich darüber, ob und wann die Ausgleichsvereinbarung den Strafverfolgungsbehörden zur Kenntnis gebracht wird. Im Fall anwaltlicher Vertretung des Verletzten ist der Kollege zu kontaktieren. Ein unmittelbares Herantreten an den Verletzten ist unstatthaft (§ 12 Abs. 1 BORA). Bei fehlendem anwaltlichem Beistand dürfte es sich im Regelfall empfehlen, schon gelegentlich des Erstkontaktes die Rekrutierung eines Rechtsanwaltes anzuregen. Da eine Verknüpfung von Angebot und Gegenleistung jedenfalls prinzipiell zulässig ist, sollte im Rahmen von Ausgleichsverhandlungen der Wunsch oder gar die Forderung nach Gegenleistungen nicht verklausuliert ins Spiel gebracht werden. Etwaige Verzichte auf Verfahrensrechte müssen klar und ausdrücklich Inhalt der schriftlichen Vereinbarung werden.

5. Zurückhalten von Beweisergebnissen

305   Die Ermittlungen des Verteidigers können belastende Momente ergeben. Das Gutachten eines beauftragten Sachverständigen kann beispielsweise entgegen der Erwartung die volle Schuldfähigkeit des Beschuldigten eindrucksvoll dokumentieren oder ein vernommener Zeuge kann den Beschuldigten belasten. Die prozessuale Wahrheitspflicht des Verteidigers kollidiert hier mit seiner Beistandspflicht gegenüber seinem Mandanten und dem u.a. hieraus resultierenden Schweigegebot. Der Verteidiger kann in diesem Konflikt nicht verpflichtet werden, dem Gericht den für seinen Mandanten negativen Wissensvorsprung zu offenbaren. Entschließt sich der Verteidiger, nur Teile seiner Erkenntnisse aus eigener Ermittlungstätigkeit offenzulegen, läuft er allerdings angesichts der Unvollständigkeit Gefahr, Resultate verfälschend wiederzugeben. Die aktive Verfälschung von Beweismitteln ist dem Verteidiger untersagt.

6. Einführen der Ermittlungsergebnisse in die Hauptverhandlung

306   Unmittelbare prozessuale Bedeutung entfaltet eigene Ermittlungstätigkeit des Verteidigers erst mit deren Umsetzung in der Hauptverhandlung. Dienen die gewonnenen Erkenntnisse dem Verteidiger lediglich dazu, Beweisanträge im Ermittlungsverfahren oder in der Hauptverhandlung zu stellen, mündet das Verfahren letztlich unproblematisch in der gesetzlichen Konzeption, die das Ermittlungsmonopol der Staatsanwaltschaft oder dem Gericht selbst zuweist. Berücksichtigung findet ein vorhergehendes Verhalten der Verteidigung allenfalls dann, wenn einer der Verfahrensbeteiligten eine unzulässige Einflussnahme mutmaßt, die sich auf das Aussageverhalten ausgewirkt hat. Hier muss das Gericht derartigen Bedenken nachgehen und ggf. in die Würdigung der Aussage eines Zeugen im Urteil einfließen lassen.

307   **Zulässigkeitsprobleme** hinsichtlich der Resultate eigener Verteidigungsermittlungen sind im Prozess allenfalls dann zu diskutieren, wenn diese Ergebnisse nicht nur Anlass für Beweisanträge sind. Die Einführung von Beweisen, die letztlich auf alleinigen Recherchen des Verteidigers beruhen, unterliegt den allgemeinen prozessualen Regeln. Problematisch wird regelmäßig die Situation, in der die durch Ermittlungen produzierten Beweismittel nicht unmittelbar in den Prozess eingeführt werden können. Ist z.B. der von der Verteidigung zuvor allein vernommene Zeuge verstorben, stellt sich die Frage, ob und in wieweit ein Vernehmungsprotokoll, ein Gedächtnisvermerk des Verteidigers oder ein aufgenommenes Tonband in der Hauptverhandlung unmittelbar verwertet werden kann, ob der Verteidiger als Zeuge vernommen werden kann und inwieweit formale Grenzen staatlich betriebener Ermittlungstätigkeit auch auf Verteidigerermittlungen anzuwenden sind.

---

237 Zu Details möglicher Regelungen s. *Püschel* Täter-Opfer-Ausgleich – Gestaltungsmöglichkeiten des Verteidigers, StraFo 2006, 261 ff.

Die Frage ist höchstrichterlich ungeklärt. Der BGH hatte sich in einem Fall mit der Frage auseinanderzusetzen, ob ein vom Verteidiger erstelltes »Zeugenprotokoll« verlesen werden kann, nachdem die Zeugin in der Hauptverhandlung von ihrem **Zeugnisverweigerungsrecht gem. § 52** Gebrauch gemacht hatte. Ebenfalls vorliegende polizeiliche Protokolle waren unverwertbar (§ 252). Demgegenüber wäre das Verlesen schriftlicher Äußerungen, die die Zeugin gegenüber einer unbeteiligten dritten Person abgegeben hätte, als Urkunde zulässig. Das Schriftstück des Verteidigers war nach Ansicht des BGH keine »amtliche Vernehmung«, deren Unverwertbarkeit allein in § 252 geregelt ist. Das Schriftstück stellt allerdings auch kein unverbindliches, wie auch immer geartetes Privatpapier dar, vielmehr war es gezielt für das Strafverfahren von einem am Strafverfahren Beteiligten erstellt worden. Da diese Vernehmung keinerlei formellen Vorschriften durch das Gesetz unterworfen ist und darüber hinaus eine gesetzliche Verpflichtung des Verteidigers zur Ermittlung be- und entlastender Umstände fehlt, hält der BGH die Verwertung dieser Aussage »erst recht« für unverwertbar.[238] Dem ist in der Literatur entgegengehalten worden, dass weder der Schutzzweck des § 252 noch eine befürchtete »Verfahrensherrschaft« der Verteidigung einer Verwertung entgegenstehe, Bedenken des Gerichts könnten Eingang bei der Beweiswürdigung finden.[239]

Im Ergebnis gesteht der BGH dem Strafverteidiger eine Rolle zu, die der der Ermittlungspersonen und deren Bindung an formalisierte Ermittlungshandlungen angenähert ist. Ein vergleichbares Papier jeder Privatperson könnte unschwer in den Prozess eingeführt werden, selbst wenn es für das Strafverfahren erstellt wurde. Welche Bindungen bestehen, ist unklar. Völlig offen ist die Entscheidung, inwieweit Parallelen bei den zahlreichen anderen Verwertungsverboten denkbar sind, die ihren Ursprung allein in amtlicher Ermittlungstätigkeit haben.

308

309

---

238 BGHSt 46, 1 ff.
239 Vgl. *Roxin* Steht im Fall des § 252 StPO die Verwertbarkeit der früheren Aussage zur Disposition des Zeugen?, FS Rieß 2002, S. 451, 459; *Schüttenheim* NStZ 2001, 50.

E. Das Mandatsverhältnis – Wahlverteidigung, notwendige Verteidigung, Pflichtverteidigung

310 Die Rechte als Verteidiger in einem Strafverfahren kann der Anwalt von dem Zeitpunkt an ausüben, in dem er entweder wirksam vom Beschuldigten gewählt (§ 138 Abs. 1) oder vom Gericht bestellt (§ 141) wird.

I. Der Wahlverteidiger

1. Die differenzierten rechtlichen Aspekte

311 Die »Wahl« eines Verteidigers reflektiert unterschiedliche rechtliche Betrachtungen eines Vorgangs. Zum einen ist abzustellen auf das interne vertragliche Verhältnis zwischen Mandant und Verteidiger; dieses orientiert sich primär an zivilrechtlichen Vorgaben. Ob der Verteidiger jedoch die ihm gesetzlich eingeräumten Rechte im Prozess wahrnehmen kann, entscheidet sich allein nach strafprozessualen Maßstäben. Ausgangspunkt hierfür ist die dem Verteidiger vom Mandanten erteilte Vollmacht, deren Wirksamkeit ebenfalls strafprozessualen Vorgaben folgt. Ihre selbstverständliche Grundlage ist zwar der zivilrechtliche Mandatsvertrag, auf den Inhalt der Vollmacht kann er aber keine Auswirkungen haben. Letztlich reflektiert das Recht des Beschuldigten auf eine freie Verteidigerwahl sein – auch verfassungs- und menschenrechtlich abgesichertes – Recht, sich in einer (potenziellen) Beschuldigtenrolle jederzeit des Schutzes und professionellen Beistandes eines Verteidigers zu bedienen.

2. Das Wahlrecht des Beschuldigten

312 Die freie Wahlmöglichkeit des Beschuldigten realisiert seinen verfassungsrechtlich verbürgten **Anspruch**, sich im Strafverfahren von einem **Verteidiger seiner Wahl** und seines Vertrauens verteidigen zu lassen. Dieses Prinzip wird gleichermaßen aus dem **Rechtsstaatsgebot** des Grundgesetzes abgeleitet[240] wie auch aus **Art. 6 Abs. 3 lit. c der EMRK.** § 137 Abs. 1 S. 1 verankert die Verpflichtung aller am Prozess Beteiligten, bei der Verfahrensgestaltung jederzeit auf den berechtigten Wunsch des Beschuldigten nach Beistand Rücksicht zu nehmen.

313 Hieraus resultiert beispielsweise die Pflicht des polizeilichen Vernehmungsbeamten, bei einem entsprechenden Wunsch des Beschuldigten dessen Vernehmung sofort zu unterbrechen und ihm die Möglichkeit einer Kontaktaufnahme mit einem Anwalt zu gewähren. Ebenso hat das Gericht bei der Durchführung der Hauptverhandlung hierauf Rücksicht zu nehmen, bei einer Verhinderung diese eventuell zu vertagen und bei einer Verspätung des Verteidigers in jedem Fall angemessen zu warten.[241]

314 Das Recht auf einen Verteidiger beinhaltet einen Anspruch auf tatsächliche und wirksame Verteidigung. Das Recht hat somit nicht nur einen persönlichen Bezug, vielmehr dokumentiert es auch qualitative Mindeststandards der erwarteten Beistandsleistung, die zum einen in der Unabhängigkeit des Verteidigers und der Vertraulichkeit der Mandatsbeziehung bestehen und zum anderen dem gewählten Verteidiger grundsätzliche Teilhaberechte im Strafverfahren garantieren. Die zivilrechtlichen und strafprozessualen Zeitdimensionen sind dabei nicht identisch.

315 Wenn der Beschuldigte »**in jeder Lage des Verfahrens**« einen professionellen Rechtsbeistand wählen darf, schließt dies eine rechtlich geschützte Beratungssituation nicht aus, falls es (noch) kein Verfahren gibt, der Mandant aber z.B. nach Tatbegehung seine Gefährdung als potenzieller Beschuldigter gegenüber seinem Anwalt offenbart. Von Strafverfolgungsbehörden und Richtern ist dieser Anspruch jedenfalls dann zu berücksichtigen, wenn zum einen ein Ermittlungs- oder Strafverfahren existiert und zum anderen die Beschuldigtenrolle des Betroffenen in Betracht kommt. Für den **frühesten denkbaren Zeitpunkt** hierfür sind maßgeblich die nach außen erkennbaren, gegen den Betroffenen gerichteten Ermittlungsmaßnahmen. Der Anspruch auf einen Verteidiger entsteht somit

---

240 Vgl. BVerfGE 66, 139.
241 Vgl. BGH StV 1989, 89.

bereits dann, wenn zu Beginn der Ermittlungen in einem sogenannten informatorischen Vorgespräch Polizeibeamte Wahrnehmungen von Beteiligten erfragen. Ob tatsächlich in dieser Phase allerdings der Befragte bereits den Beschuldigtenstatus erhält, ist für die Frage seines Rechts zur Beiziehung anwaltlichen Beistandes sekundär, da er auch als Zeuge einen Anspruch auf entsprechenden Rechtsrat durch einen Anwalt hätte.

Die »Verfahrenslage« bezieht sich nach Einleitung auf sämtliche Verfahrensabschnitte, auch auf Strafbefehlsverfahren, Sicherungsverfahren, Verfahren bei Einziehungen und Vermögensbeschlagnahmen, das Privatklageverfahren oder auch das Strafvollstreckungsverfahren. 316

3. Vertragliche Grundlagen

Nicht die einseitige »Wahl« des Beschuldigten, wie dies § 137 Abs. 1 nahe legt, begründet das Verteidigungsverhältnis zwischen Anwalt und Mandanten. Die Wahlverteidigung setzt den **Abschluss eines Mandatsvertrages** voraus, dem beide Vertragsparteien zugestimmt haben müssen. Die Freiheit der Advokatur stellt es in den alleinigen Entscheidungsbereich des Anwalts, die Tätigkeit für einen Mandanten abzulehnen. Das geschlossene Mandatsverhältnis stellt sich regelmäßig als Dienstvertrag gem. § 611 BGB dar, wobei es sich um zu erbringende Dienste höherer Art handelt (§ 627 BGB); Gegenstand der Dienstleistung ist eine Geschäftsbesorgung im Sinne des § 675 BGB. 317

Auch der nicht geschäftsfähige Beschuldigte hat grundsätzlich das Recht der freien Verteidigerwahl. Der Abschluss des Mandatsvertrages ist auf der Seite des Beschuldigten nicht von dessen **Geschäftsfähigkeit** abhängig, entscheidend ist die faktische Einsichtsfähigkeit, sodass auch der **jugendliche Beschuldigte** einen Verteidiger bestellen kann. 318

Das Mandatsverhältnis als Anwaltsvertrag i.S.e. Dienstvertrages wird – wie alle anderen Verträge auch – durch zwei miteinander korrespondierende Willenserklärungen der Vertragsparteien begründet. Diese zivilrechtliche Beurteilung muss zwar grds. die fehlende Geschäftsfähigkeit des Beschuldigten berücksichtigen. Der Abschluss eines Anwaltsvertrages ist für den jugendlichen Mandanten nicht »lediglich rechtlich vorteilhaft« i.S.v. § 107 BGB, da er auch ohne ausdrückliche Vergütungsvereinbarung jedenfalls die gesetzliche Vergütung nach dem RVG schuldet. Damit steht die Wirksamkeit der »Wahl« in Rede. Die zivilrechtliche Beurteilung ist aber im Rahmen des Strafverfahrens, das auch 14-jährige in die Beschuldigtenposition bringen kann, unberücksichtigt zu lassen. Das Recht, gemäß § 137 Abs. 1 StPO einen Verteidiger zu wählen, muss jedem Beschuldigten zustehen. Dies gilt auch dann, wenn er einen gesetzlichen Vertreter hat. Der nicht Geschäftsfähige kann sein Verteidigerwahlrecht gegen dessen Willen ausüben. Lediglich die rechtswirksame Verpflichtung zur Honorarzahlung bedarf der Zustimmung seines gesetzlichen Vertreters.[242] Der gesetzliche Vertreter des Beschuldigten kann unabhängig von diesem einen (weiteren) Verteidiger beauftragen (§ 137 Abs. 2 S. 1). 319

Als Verteidiger beauftragt werden können neben Rechtslehrern an Hochschulen grundsätzlich nur zugelassene Rechtsanwälte (§ 138 Abs. 1). Neben den in Deutschland zugelassenen Anwälten erlaubt das Gesetz über die Tätigkeit europäischer Rechtsanwälte in Deutschland (EuRAG) unter gewissen Einschränkungen auch die Beauftragung von Anwälten, die innerhalb der Europäischen Union zugelassen sind.[243] In Steuerstrafverfahren können auch Steuerberater, Steuerbevollmächtigte, Wirtschaftsprüfer und vereidigte Buchprüfer als Verteidiger gewählt werden (§ 392 Abs. 1 AO). 320

Der abgeschlossene **Mandatsvertrag** verpflichtet den Mandanten regelmäßig zur **Honorarzahlung**. Die Höhe der Honorarzahlung ergibt sich entweder aus einer konkreten detaillierten Honorarvereinbarung oder unmittelbar aus den Regelungen des Rechtsanwaltsvergütungsgesetzes (RVG). Das Gesetz sieht Rahmengebühren für die unterschiedlichen Tätigkeitsbereiche des Verteidigers vor (allgemeine Tätigkeit im Ermittlungsverfahren, Anwesenheit bei Vernehmungen, Haftprüfungstermine, Hauptverhandlungstermine, Rechtsmittelbegründungen); bei der Fixierung der Gebühren ist der 321

---

242 OLG Schleswig NJW 1981, 1681.

243 Vgl. *Werner* Der dienstleistende europäische Rechtsanwalt (auch als Strafverteidiger) nach dem EuRAG, StraFo 2001, 221 ff.

tatsächliche Arbeitsaufwand, ggf. auch die besonderen Umstände der Inhaftierung, zu berücksichtigen.

322   Der mandatierte Verteidiger schuldet seinem Mandanten grundsätzlich vollständigen rechtsfehlerfreien Beistand. Er schuldet umfassenden Rechtsrat, Informationen und Aufklärung, sachgerechte Verteidigungsaktivitäten, Einhaltung der Verschwiegenheitspflicht und Vermeidung von Interessenkollisionen. Bei Verletzung dieser Pflichten kann er seinem Mandanten auf Schadensersatz haften.[244] Den genauen Inhalt der gegenseitigen Verpflichtungen können die Parteien vertraglich regeln. Sofern nicht zwingende gesetzliche Normen tangiert sind, kann das Verhältnis zwischen Mandanten und Verteidiger individuell gestaltet werden. Denkbar ist beispielsweise, dass der Mandant mehrere Verteidiger beauftragt und individuell konkret vereinbart, dass ein bestimmter Verteidiger Hauptverhandlungstermine nicht wahrnimmt, sondern sich auf die Vorbereitung von Anträgen und Stellungnahmen an seinem Schreibtisch konzentriert oder ihn allein in Haftfragen betreut.

323   Auch die Beendigung des Mandatsverhältnisses unterfällt grundsätzlich der Autonomie der Vertragspartner. Die Vertragswidrigkeit einer Kündigung – beispielsweise angesichts des gewählten Zeitpunkts – kann ihrerseits wiederum zivilrechtliche Ersatzansprüche auslösen. Völlig unabhängig von der Bewertung des vertraglichen Innenverhältnisses ist eine mögliche gerichtliche Reaktion wegen der Auswirkungen der Veränderung des Verteidigungsverhältnisses für das Verfahren.

4. Verteidigungsvollmacht und Vertretung

324   Maßgeblicher Bestandteil des Mandatsverhältnisses ist die Erteilung einer strafprozessualen Vollmacht. Diese Vollmacht dokumentiert nach außen die nach § 137 erfolgte Wahl des Verteidigers. Sie begründet den Anspruch des Verteidigers, die besonderen, ihm nach der Strafprozessordnung verliehenen Handlungsbefugnisse im konkreten Verfahren auszuüben. Nur bei einer wirksamen Vollmacht wird die Verteidigerhandlung als relevanter Prozessvorgang erfasst. Sie ist die Grundlage für den Verteidiger, selbstständig die ihm durch die Prozessordnung verliehenen Rechte wirksam geltend zu machen.

325   Umfang und Konsequenzen einer Vollmachtserteilung regelt die Strafprozessordnung; demgegenüber folgt das der Erteilung zugrunde liegende Mandatsverhältnis zivilrechtlichen Vorgaben. Die Verschränkungen und Abhängigkeit beider rechtlichen Systeme sind wenig diskutiert. Jedenfalls dürften die allgemeinen Vorschriften der Vollmachtserteilung (§ 164 ff. BGB) angesichts der Besonderheiten der durch die StPO geregelten Stellung des Verteidigers keine allgemeine Geltung beanspruchen. Denn der Verteidiger ist im Strafprozess zumeist gerade nicht der Vertreter des Mandanten im Willen. Mängel im Grundverhältnis (Anfechtbarkeit oder Nichtigkeit des Mandatsvertrages) schlagen auf die Wirksamkeit der Vollmacht im Strafprozess erst dann durch, wenn sie im Prozess bekannt werden.

326   Die **Vollmacht** ist an keine **Form** gebunden. Es genügt, wenn die Bevollmächtigung nach außen erkennbar wird. Hierfür reicht die schlichte Anzeige des Verteidigers gegenüber Gericht oder Ermittlungsbehörden. Die Staatsanwaltschaft darf also z.B. nicht die Akteneinsicht an den Verteidiger von der Vorlage einer schriftlichen Vollmacht abhängig machen.[245] Ebenso wenig kann eine JVA den Besuch des Verteidigers bei seinem inhaftierten Mandanten von der Vorlage einer solchen Vollmacht abhängig machen; es ist deren Aufgabe, bei angezeigter Verteidigerstellung für notwendig erachtete Überprüfungen bei StA, Gericht oder Mandanten vorzunehmen.[246] Nur in den Ausnahmefällen

---

244 Vgl. OLG Nürnberg StV 1997, 482; ausführlich *Müller-Gerteis* Die zivilrechtliche Haftungssituation des Strafverteidigers 2005; MAH-Strafverteidigung/*Barton* § 41, Zivilrechtliche Risiken.
245 BVerfG NJW-spezial 2011, 728.
246 Demgegenüber hält das OLG München NStZ-RR 2012, 294 ohne nähere Begründung eine Verpflichtung des Verteidigers zum Nachweis seiner Verteidigerstellung für gegeben.

berechtigter Zweifel an der wirksamen Bevollmächtigung soll der Verteidiger gehalten sein, seine Stellung durch Vorlage einer schriftlichen Vollmacht durch den Mandanten nachzuweisen.[247]

Ausreichend für eine Bevollmächtigung ist beispielsweise, dass ein Angeklagter zur Hauptverhandlung **327** mit einem Wahlverteidiger erscheint. Eine schriftliche Bevollmächtigung, die aus einem einzigen kurzen Satz bestehen kann, ist sinnvoll, wenn die Erkennbarkeit des Verteidigungsverhältnisses gegenüber jedermann sichergestellt werden soll. Eine solche Funktion kann auch die gerichtlich protokollierte mündliche Bevollmächtigung des Beschuldigten erfüllen. Für die Zurückhaltung einer schriftlichen Vollmacht kann es gute Verteidigungsgründe geben – und sei es nur, den Ermittlungsbehörden beispielsweise die Schriftprobe des eigenen Mandanten als Beweismittel vorzuenthalten.

In **Einzelfällen** verlangt das Gesetz eine **schriftliche Bevollmächtigung**, die sich ausdrücklich auf **328** Kompetenzen des Verteidigers bezieht, welche von der schlichten allgemeinen Vollmacht nicht umfasst sind. So setzt eine **Zustellungsvollmacht** für Schriftstücke eine bei den Akten befindliche Vollmacht voraus (§ 145a Abs. 1).

Diese Wirkung entfaltet die schriftliche Vollmacht automatisch, damit auch u.U. gegen den Willen des **329** Mandanten. Die nur mündliche Bevollmächtigung kann demgegenüber den Automatismus der Zustellungswirkung für und gegen den Beschuldigten nicht auslösen.[248] Hier verbleibt es dabei, dass der Verteidiger zwar wirksam bestellt ist, die Zustellungen aber an seinen Mandanten erfolgen müssen.

Sollten darüber hinaus Terminsladungen des Beschuldigten auch an seinen Verteidiger wirksam zugestellt werden können, muss dies ausdrücklich in der schriftlichen Vollmacht verdeutlicht werden (§ 145a Abs. 2).

Es wird sich selten ergeben, dass eine solche ausdrückliche Bevollmächtigung im Mandatsverhältnis als **330** positiv bewertet werden kann. So ist eine Ladung des Angeklagten, die ihn tatsächlich nicht erreicht, sondern nur seinem Verteidiger zugeht, u.U. Anlass für Zwangsmaßnahmen gegen den nicht erschienenen Angeklagten. Zur Dokumentation der Kooperationsbereitschaft kann eine solche Vollmacht bei einem reisefreudigen Mandanten sinnvoll sein, wenn ansonsten ein Haftbefehl drohen könnte.

Der Beschuldigte ist eigenständiges Subjekt des Strafverfahrens, ausgestattet mit eigenen Rechten; **331** mit der Vollmachtserteilung tritt neben ihm ein zweites Prozesssubjekt auf, sein Verteidiger ausgestattet mit eigenen Rechten. Von der Verteidigung ist begrifflich die Vertretung strikt zu unterscheiden.[249] Vertretung ist auf die wenigen ausdrücklich im Gesetz vorgesehenen Konstellationen beschränkt. Kann der Verteidiger ausnahmsweise den Beschuldigten vertreten – wie bei Abwesenheit des Mandanten im Strafbefehls- oder OWi-Verfahren nach Einspruch oder Widerspruch –, so muss er zu jeder einzelnen dieser **Vertretungsmöglichkeiten** ausdrücklich schriftlich bevollmächtigt sein.[250] Sieht das Gesetz einen Antrag des Angeklagten persönlich vor (§ 233 Abs. 1 S. 1), kann ihn der Verteidiger grundsätzlich nicht vertreten.[251] Für manche Erklärungen wird sogar ausdrücklich eine entsprechende Ermächtigung verlangt (§ 302 Abs. 2). Ist der Anwalt über die allgemeine Beistandsleistung in seiner Verteidigerposition hinaus auch als Vertreter bevollmächtigt, kann er Rechte »für« seinen Mandanten ausüben. Er kann auch für ihn Erklärungen abgeben, einschließlich einer Einlassung in Abwesenheitsverfahren.[252]

Das Erfordernis der Schriftlichkeit ist gewahrt, wenn der Verteidiger selbst die Vollmacht unterzeichnet **332** hat und ihn der Mandant zur Vertretung mündlich beauftragt hat. Zu unterscheiden sind die Vollmacht und die diese dokumentierende Urkunde.[253]

---

247 BGH StraFo 2010, 339.
248 BGHSt 41, 303 f.
249 RGSt 66, 209, 211.
250 Vgl. §§ 234, 329 Abs. 1, 350 Abs. 2, 387 Abs. 1, 411 Abs. 2 S. 1.
251 BGHSt 12, 367.
252 *Wohlers* Der Strafverteidiger: Rechtsbeistand oder (auch) Vertreter des Beschuldigten?, Paeffgen-FS 2015, S. 621 ff., 633 ff.
253 OLG Dresden JurionRS 2012, 22024.

Auch der nicht mit einer schriftlichen Vollmacht ausgestattete Verteidiger ist z.B. zur Hauptverhandlung im Bußgeldverfahren zu laden. Ist der Betroffene von der Verpflichtung zum Erscheinen entbunden und erscheint ebenso wenig wie sein nicht geladener Verteidiger, scheitert zumeist ein Abwesenheitsurteil nach § 74 Abs. 1 S. 1 OWiG. Zwar hätte der erschienene Verteidiger mangels ausdrücklicher Ermächtigung zur Vertretung seinen Mandanten nicht vertreten können, aufgrund der ihm als Verteidiger zustehenden Befugnisse hätte er aber dem Tatvorwurf u.U. rechtlich erhebliche Einwendungen entgegensetzen können.[254]

333 Für einen Besuch des Mandanten in der **JVA** sieht die StPO keinen schriftlichen Nachweis der Vollmacht vor. Ob Landesgesetze dies vorschreiben können, erscheint fraglich, da die Sicherheit und Ordnung der Anstalt nicht tangiert ist, wenn Mandant und/oder Verteidiger die Existenz der Vollmacht lediglich mündlich bestätigen. Um nicht nach außen unnötig Details des Verteidigungsverhältnisses (Ort und Zeit, Unterschrift als Vergleichsobjekt) zu präsentieren, werden insgesamt verteidigungstaktische Gründe häufig dafür sprechen, den Nachweis primär mündlich zu führen.[255]

334 Die Bevollmächtigung ist regelmäßig auf ein konkretes Strafverfahren bezogen. Ist der Verteidiger für ein Verfahren gewählt, bezieht sich seine Bevollmächtigung auch auf eine spätere Erweiterung von strafrechtlichen Vorwürfen in demselben Verfahren. Werden unterschiedliche Verfahren verbunden (vgl. § 2), erstreckt sich eine Vollmacht regelmäßig auf das vollständige erweiterte Verfahren. Bei Abtrennungen ist der Verteidiger anschließend sowohl für das fortgeführte als auch für das abgetrennte Verfahren bevollmächtigt. Wird der Verteidiger nicht ausdrücklich lediglich für einzelne Verfahrensabschnitte oder konkrete Verteidigungshandlungen bevollmächtigt, erstreckt sich die Dauer der Vollmacht auf **das gesamte Verfahren bis hin zur Rechtskraft des Urteils**.

335 Die Vollmacht endet mit dem Tod des Beschuldigten, dem Widerruf durch den Beschuldigten oder der Anzeige der Niederlegung des Mandats durch den Verteidiger – und sei es, um anschließend eine gerichtliche Beiordnung anzustreben. Die Beiordnung lässt die bislang vorliegenden Vollmachten des Wahlverteidigers ebenso erlöschen.[256] Da die über den allgemeinen Tätigkeitsbereich hinausgehenden besonderen Vertretungsvollmachten von der Beiordnung nicht ausgelöst werden, muss eine solche Spezialvollmacht dem beigeordneten Verteidiger ausdrücklich – u.U. in derselben Form wie zuvor dem Wahlverteidiger – vom Mandanten erteilt werden.

5. Beschränkungen der Verteidigungsvollmacht

336 Der Mandatsvertrag unterliegt gesetzlichen Beschränkungen, die unmittelbare Auswirkungen auf die Wirksamkeit der Vollmacht und die Möglichkeit von Verteidigungshandlungen haben.

a) Anzahl der Verteidiger

337 Der Beschuldigte kann nicht mehr als **drei Verteidiger** wählen (§ 137 Abs. 1 S. 2). Wird diese Höchstzahl überschritten, erlischt die Bevollmächtigung sämtlicher Verteidiger, sobald sie wegen dieses Umstandes vom Gericht ausdrücklich zurückgewiesen werden (§ 146a Abs. 1 S. 2). Problematisch wird die Frage in der Praxis bei der pauschalen Beauftragung einer Anwaltskanzlei, in der mehr als drei Anwälte tätig sind. Spätestens bei der Zurückweisung durch das Gericht hat sich der Beschuldigte unter ausdrücklicher namentlicher Nennung für einen, zwei oder drei Verteidiger zu entscheiden. Umstritten ist die Frage, ob vom Gericht beigeordnete Pflichtverteidiger auf die Anzahl der zu wählenden Verteidiger anzurechnen sind[257] oder ob die Höchstzahl von drei Wahlverteidigern hiervon unberührt bleibt.[258] Rechtspolitisch erscheint diese gesetzliche Beschränkung diskussionswürdig. Sie sollte den durch die Vielzahl von Verteidigern angeblich möglichen Missbrauch der Verteidigung zur Prozessverschleppung verhindern. Tatsächlich erschwert sie allerdings in bedenk-

---

254 OLG Köln Juris Praxisreport 2012, 115.
255 *Meyer-Lohkamp/Venn* Vom (Un-) Sinn der schriftlichen »Strafprozessvollmacht«, StraFo 2009, 265 ff.
256 OLG München BeckRS 2010, 1830.
257 Vgl. HK/*Julius* § 137 Rn. 3, 9.
258 Vgl. KK/*Willnow*, 8. Aufl., § 137 Rn. 6.

licher Weise die Möglichkeit des Beschuldigten, auf hochkomplexe und umfangreiche Vorwürfe angemessen durch ein Verteidigerteam zu reagieren.

b) Mehrfachverteidigung

§ 146 setzt der Verteidigung formale **Grenzen hinsichtlich der Verteidigung mehrerer Beschuldig-** **ter.** Der Anwalt ist einseitig gebundener Interessenvertreter, er hat daher grundsätzlich in seiner Berufsausübung Interessenkollisionen unterschiedlicher Mandanten zu vermeiden. Ein Verstoß ist sogar strafbewehrt (§ 356 StGB). Während die Einhaltung dieser Verpflichtung grundsätzlich der Entscheidung des Anwalts obliegt, hat – zugeschnitten auf die RAF-Verfahren der 70er Jahre[259] – § 146 für einen Teil des Strafverfahrens diese Problematik formalisiert. Unabhängig von konkret erkennbaren Interessenkollisionen darf der Verteidiger in zwei umschriebenen Fällen stets nur einen einzigen Beschuldigten verteidigen. § 146 S. 2 knüpft an die formale Einheit eines Verfahrens an: **Innerhalb eines einheitlichen Verfahrens** darf der Verteidiger **nur einen einzigen Beschuldigten** verteidigen, auch wenn anderen Beschuldigten völlig unterschiedliche Vorwürfe gemacht werden. § 146 S. 1 knüpft demgegenüber allein an den Begriff der prozessualen Tat an: Werden **im Rahmen derselben Tat** unterschiedlichen Beschuldigten – in unterschiedlichen Verfahren – Vorwürfe gemacht, darf trotz Unterschiedlichkeit der Verfahren der Verteidiger lediglich einen Beschuldigten derselben Tat – jedenfalls gleichzeitig – verteidigen. § 146 konzipiert damit ein Verbot der Mehrfachverteidigung entweder bei Tatidentität oder bei Verfahrensidentität.

338

▶ **Beispiel:**

Der Verteidiger V. verteidigt den Mandanten M1 in einer Hauptverhandlung, in der laut Anklage über den Vorwurf der Einfuhr von einem Kilogramm Heroin am 01.03. durch M1 verhandelt werden soll. In einem anderen Ermittlungsverfahren der Staatsanwaltschaft verteidigt V den Mandanten M2, dem ebenfalls eine Einfuhr vorgeworfen wird, und zwar soll dieser 2 Kilogramm Heroin aus den Niederlanden am 01.05. eingeführt haben. In dem Ermittlungsverfahren gegen M2 wird dem dort unverteidigten M1 eine Beteiligung vorgeworfen, da dieser dem M2 für dessen Fahrt sein eigenes Kraftfahrzeug zur Verfügung gestellt haben soll.

339

Eine Tatidentität der Verteidigungen ist nicht gegeben, sodass die Voraussetzungen des § 146 nicht vorliegen. Eine darüber hinausgehende Interessenkollision zwischen M1 und M2 ist hier (zunächst) nicht erkennbar.

Nach Anklageerhebung in diesem zweiten Verfahren verbindet die zuständige Strafkammer beide Verfahren, da man mithilfe derselben Zeugen den Hintergrund einer als einheitlich angesehenen Szene aufdecken will. In diesem verbundenen Verfahren kann V lediglich einen seiner bisherigen Mandanten verteidigen (Verfahrensidentität).

Stellt das Gericht im Fall der Tatidentität eine **verbotene Mehrfachverteidigung** fest, kann es den **Verteidiger zurückweisen** (§ 146a); die Verteidigerstellung des Anwalts in dem getrennt geführten Verfahren, in dem er einen wegen derselben Tat anderweitig Beschuldigten verteidigt, bleibt hiervon unberührt. Problematisch ist die Stellung des Verteidigers, wenn die Voraussetzungen der verbotenen Mehrfachverteidigung bei Verfahrensidentität möglicherweise erst nachträglich (z.B. bei Verbindungen von Verfahren) deutlich werden. Denkbar ist in diesem Fall die Zurückweisung des Verteidigers für die beiden kollidierenden Mandate. Die Rechtsprechung geht von der Möglichkeit der Zurückweisung lediglich des zeitlich zuletzt übernommenen Mandates aus, während das zeitlich ältere Mandat fortgeführt werden kann.[260] Die Literatur plädiert für den Fall der Aufdeckung der

340

---

259 *Mehlich* Der Verteidiger in den Strafprozessen gegen die Rote Armee Fraktion 2012, S. 147, der in der Intention des Gesetzgebers allein den politischen Zweck der Paralyse der damaligen RAF-Verteidiger sieht.

260 BGHSt 27, 148.

Mehrfachverteidigung zum einen für die Gewährung rechtlichen Gehörs der Beschuldigten und des Verteidigers und zum anderen im Ergebnis für ein unbeschränktes Wahlrecht zwischen den kollidierenden Mandaten.[261]

341   Einer weiten Auslegung der §§ 146, 146a steht die rechtspolitische Fragwürdigkeit dieser Normen entgegen. Sie behindert faktisch effektive Verteidigungsmöglichkeiten auf der Beschuldigtenseite und eröffnet eine unkontrollierbare Einflussnahme von Staatsanwalt und Gericht auf die Zusammensetzung von Verteidigung. Die Weite des prozessualen Tatbegriffs lässt ohne umfassende Akteneinsicht durch den Anwalt Kollisionsmöglichkeiten zu Beginn eines Mandats nur schwer erkennen. In von der Staatsanwaltschaft gestalteten Umfangsverfahren kann die Vielzahl von Beschuldigten die freie Verteidigerauswahl erheblich beschränken. Gleichzeitig wird hierdurch die Verteidigung isoliert und zersplittert, während sich die Beschuldigten einer umfassend informierten und einheitlich agierenden Staatsanwaltschaft gegenübersehen.

342   Von dem Verbot der Mehrfachverteidigung werden nur einzelne Verteidiger, nicht eine **Anwaltssozietät** erfasst. Auch im Kollisionsfall können daher verschiedene Beschuldigte von unterschiedlichen Anwälten derselben Sozietät verteidigt werden. Da nur die gleichzeitige Mehrfachverteidigung untersagt ist, unterfällt die **Sukzessivverteidigung** nicht dem Verbot. Nach Beendigung eines Mandates kann der Verteidiger daher ein anderes, den Kollisionsfall des § 146 ausfüllendes Mandat übernehmen. Die stets vorzunehmende Prüfung der konkreten Interessenkollision hat er hier allerdings in besonderer Weise vorzunehmen.

c) Eigene Tatbeteiligung des Verteidigers

343   Eine eigene strafbare Involvierung des Verteidigers kann ebenfalls seine Zurückweisung in einem Strafverfahren begründen. Der dringende Verdacht der Teilnahme an Straftaten, die den Gegenstand des Verfahrens bilden, oder der einer Begünstigung, Strafvereitelung oder Hehlerei kann zu einem Ausschluss des Verteidigers führen. Der Verdachtsgrad im Zusammenhang mit einer Straftat nach § 129a StGB oder bei Staatsschutzsachen ist gemindert (§§ 138a, b). Das Ausschließungsverfahren mit einer ausschließlichen Zuständigkeit des Oberlandesgerichts ist detailliert geregelt (§§ 138c, d).

6. Verteidigungsteam

344   Bei der **Teamverteidigung**[262] sind rechtlich teaminterne Verpflichtungen und die Außenwirkung des Teams zu unterscheiden. Für die interne Zusammenarbeit gilt: Weder das Berufsrecht (§§ 43, 43a BRAO) noch andere Normen fordern eine Kommunikation untereinander.[263]

345   Gelegentlich wird von der Rechtsprechung ohne nähere Begründung zwar eine Rechtspflicht zur Information anderer Verteidiger behauptet, letztlich allerdings doch auf eine »Anstandspflicht« reduziert, wonach der Verteidiger seinen eigenen Mandanten durch mangelhafte Information der Co-Verteidiger nicht im Stich lassen dürfe.[264] Abseits einer möglichen vertraglichen Verpflichtung mit dem Mandanten existiert ein solcher gesetzlicher Kooperationszwang gerade nicht.[265] Sollte es keine Entbindung durch den Mandanten geben, droht sogar ein Verstoß gegen die anwaltliche Schweigepflicht.

346   Nach außen gilt das Prinzip individueller Autonomie im Team. Zwar sieht das Gesetz – explizit für die Hauptverhandlung (§ 227 StPO) – vor, dass »mehrere Verteidiger in der Hauptverhandlung mitwirken und ihre Verrichtungen unter sich teilen«. Während dem Teamwork der Staatsanwaltschaft die Idee des widerspruchslosen einheitlichen Auftritts zugrunde liegt, muss ein Verteidiger sich jedoch gerade nicht die Handlungen anderer zurechnen lassen. Hat der Beschuldigte mehrere

---

261 Vgl. LR/*Lüderssen/Jahn* § 146a Rn. 4 ff.

262 S. näher *Sommer* Teamverteidigung, StraFo 2013, 6 ff.

263 Anders für die Parallele der Kommunikation in der Sockelverteidigung MAH-Strafverteidigung *Richter II/Tsambikakis* § 17 Sockelverteidigung Rn. 40.

264 S. KG JR 1981, 86.

265 *Beulke* Wer unterrichtet den »Zwangsverteidiger«?, JR 1982, 45 ff.

Verteidiger gewählt, so hat jeder der Verteidiger die ihm durch das Gesetz eingeräumten Verteidigungsmöglichkeiten.

Jeder Verteidiger kann Erklärungen abgeben, Anträge anbringen oder bei Vernehmungen Fragen stellen. **347** Das Gesetz sieht keine Pflicht der Verteidiger oder des Mandanten vor, Verteidigungsaktionen aufeinander abzustimmen. Wie im Verhältnis zwischen Mandanten und Verteidiger können beispielsweise gestellte Beweisanträge durchaus widersprüchlich sein – das Gericht hat jeden einzelnen Antrag zu bescheiden. Auch in der Hauptverhandlung kann die Anzahl der Verteidiger nicht deren individuelle Mitwirkungsrechte reduzieren. Jeder einzelne Verteidiger hat Erklärungsrechte, jeder einzelne hat das Recht zum Schlussvortrag. Jeder einzelne hat ein individuelles Recht auf Information und Akteneinsicht. Das Gericht kann diese Rechte nicht mit dem Hinweis minimieren, »die Verteidigung« in Form eines einzelnen Verteidigers habe bereits die Möglichkeit zur Ausübung dieser Rechte gehabt.

Passivität eines einzelnen Verteidigers des Teams kann unter Umständen dann die gesamte Verteidigung binden, wenn das Gesetz prozessgestaltende Erklärungen verlangt, diese aber nicht von allen Teamverteidigern abgegeben werden. Die Verlesung eines Vernehmungsprotokolls (§ 251 Abs. 2 Nr. 3 StPO), der Verzicht auf die Erhebung weiterer Beweise (§ 245 Abs. 1 S. 2 StPO) oder das Absehen von der Verlesung erstinstanzlicher Urteilsgründe in der Berufungsinstanz (§ 324 Abs. 1 S. 2 StPO) kann erfolgen, wenn »der Verteidiger« eine dahin gehende Zustimmungserklärung abgibt. Trotz der sprachlichen Reduktion auf den Singular besteht in der Literatur kein Zweifel, dass die Legitimierung der angesprochenen Prozessvorgänge die Zustimmung aller Beteiligten und damit auch aller Teamverteidiger voraussetzt. Verweigert einer der Teamverteidiger die Zustimmungs- oder Verzichtserklärung, ist dem Gericht der Weg für das exzeptionelle Vorgehen versperrt.[266]

Eine einheitliche Haltung »der Verteidigung« ist da zwingend erforderlich, wo nicht eigenständige Prozessrechte des einzelnen Verteidigers in Rede stehen, er vielmehr nur aus abgeleitetem Recht seines Mandanten agiert. Der Befangenheitsantrag, die Zustimmung zur Einstellung des Verfahrens nach § 153 StPO bzw. § 153a StPO oder die Rücknahme eines eingelegten Rechtsmittels (§ 302 StPO) ist originäres Recht des angeklagten Mandanten. Verteidigererklärungen in diesem Zusammenhang entfalten nur dann Wirkung, wenn sie erkennbar dem Willen des Mandanten entsprechen. Gibt es insoweit widersprüchliche Erklärungen von Teamverteidigern, muss das Gericht sich beim Angeklagten selbst Klärung verschaffen. Verbindlichkeit kann eine solche Nachfrage allerdings nur in der Situation dieser abgeleiteten Rechte haben.[267]

Ausübung von Rechten des Teamverteidigers in der **Hauptverhandlung** setzt seine **Anwesenheit** **348** voraus.

Verzichtet er in Abstimmung mit seinem Mandanten auf die zeitweise Teilnahme in einem längeren Verfahren, kann für das Gericht die Wahrnehmung von Verteidigungsrechten durch einen anderen – anwesenden – Verteidiger ausreichend sein. Eine andere Frage ist allerdings, ob und in welchem Umfang das Gericht allen Verteidigern die Anwesenheit ermöglichen muss. Eine Ladung an jeden einzelnen ist selbstverständlich. Hat es bei Erkrankungen oder zu berücksichtigenden Verhinderungen die Verhandlungen bei einem einzigen Verteidiger zu vertagen, kann für den Fall der Verhinderung eines von mehreren Verteidigern nichts anderes gelten. Zu Unrecht beruft sich in solchen Situationen das Gericht gerne darauf, die »Verteidigung sei gesichert«. Das Vorenthalten der Ausübung von Verteidigungsrechten ist gegenüber dem verhinderten Verteidiger nach der gesetzlichen Systematik nicht gerechtfertigt – unabhängig davon, ob andere Verteidiger ihre Rechte ausüben können.

Gerichtliche Bemühungen um Sicherstellung von Verteidigungsrechten entfallen allenfalls bei sicherer Kenntnis, dass die Verteidigung explizit als Team agiert. Das dürfte auf den seltenen Fall reduziert sein, dass das Team oder der Angeklagte die Art der beabsichtigten und verbindlichen Arbeitsteilung offen

266 LR/*Becker* 26. Aufl., § 227 Rn. 11; KMR/*Eschelbach* § 227 Rn. 31; *Meyer-Goßner/Schmitt* § 227 Rn. 3; KK/*Gmel* 8. Aufl., § 227 Rn. 3; SK/*Deiters* § 227 Rn. 4; Graf/*Gorf* § 227 Rn. 4.

267 So zutreffend KMR/*Eschelbach* § 227 Rn. 31; anders sind möglicherweise die sehr allgemeinen Kommentierungen zu bewerten, die die Nachfrage beim Angeklagten als generell taugliches Konzept andeuten, z.B. LR/*Becker* § 227 Rn. 11; SK/*Deiters* § 228 Rn. 4; HK/*Julius* § 227 Rn. 3.

legt.[268] Konsequent sind bei Offenlegung der Arbeitsteilung eines ausschließlich aus beigeordneten Verteidigern bestehenden Teams deren gelegentliche Abwesenheiten legitimiert.[269]

349   Grundsätzlich hat kein Verteidiger die Pflicht zur Anwesenheit in einer Hauptverhandlung. Weder der Mandant noch das Gericht können seine Anwesenheit erzwingen.[270] Er hat sich hier maßgeblich am Inhalt des mit dem Mandanten geschlossenen Vertrages zu orientieren. Darf der Mandant die Anwesenheit seines Verteidigers in der Hauptverhandlung erwarten, kann das Nichterscheinen Schadensersatzansprüche auslösen. Will der Verteidiger daher die Verteidigung in der Hauptverhandlung von einer bestimmten vorhergehenden Honorarzahlung abhängig machen, so hat er dies so rechtzeitig intern zu kommunizieren, dass der Mandant im Fall der Unwilligkeit einer Zahlung genügend Zeit zur anderweitigen Vorbereitung einer Verteidigung hat.

Das Gericht hat einen anderen Blick auf eine solche Konstellation. Liegt kein Fall notwendiger Verteidigung vor, kann auch ohne den abwesenden Verteidiger verhandelt werden. Macht der alleine in der Hauptverhandlung erschienene Mandant allerdings deutlich, dass beispielsweise angesichts der Kurzfristigkeit einer Honorarforderung eine angemessene Verteidigung durch einen anderen Verteidiger nicht mehr zu organisieren war, kann sein nicht eingelöster Anspruch auf Verteidigung Anlass für eine Aussetzung des Verfahrens sein.

Massive finanzielle Auswirkungen zulasten des Verteidigers kann seine Abwesenheit allerdings im Fall der notwendigen Verteidigung haben (s.u.). § 145 Abs. 4 ordnet an, dass die durch die Aussetzung verursachten Kosten dem Verteidiger aufzuerlegen sind, wenn durch seine Schuld eine Aussetzung erforderlich wird. Ist allein ein Verteidiger beauftragt und erscheint dieser im Fall notwendiger Verteidigung nicht, weil er das Mandat zu kurzfristig gekündigt hat, ist er schadensersatzpflichtig. Hat er bereits mehrere Hauptverhandlungstage verhandelt, kann die Aussetzung des Verfahrens extrem kostspielig werden. Auch wenn ihn grundsätzlich keine Verantwortung für den reibungslosen Ablauf einer Hauptverhandlung trifft, formuliert hier das Gesetz ausnahmsweise die Haftung des Verteidigers als Kehrseite der zum Schutze des Angeklagten angeordneten Notwendigkeit der Anwesenheit eines Verteidigers.

Gemildert wird das Haftungsrisiko durch einen differenzierten Verschuldungsmaßstab (*»prozessordnungswidrig und pflichtwidrig«*[271]). Mit einer Aussetzung braucht der Verteidiger beispielsweise dann nicht zu rechnen, wenn für den Mandanten mindestens ein anderer Verteidiger die Wahrnehmung des Termins angekündigt hat[272] oder wenn er gegenüber dem Gericht sein Nichterscheinen rechtzeitig bekannt gemacht hat.[273] Ein Verschulden setzt zum einen seine Kenntnis voraus, dass kein anderer Verteidiger in einer Hauptverhandlung anwesend sein wird; zum anderen müsste er wissen, dass seine Abwesenheit zu einer Aussetzung des Verfahrens führen muss, und nicht lediglich zu einer Unterbrechung, die den Anspruch aus § 145 Abs. 4 nicht auslösen kann.

Der restlichen Verantwortung für die Durchführung der Hauptverhandlung durch seine eigene Anwesenheit ist der Wahlverteidiger dann entzogen, wenn das Gericht zur Sicherung des Verfahrens einen anderen Verteidiger beigeordnet hat. Hier muss er darauf vertrauen, dass das Gericht die vollständige organisatorische Verantwortung für diese Voraussetzung der Hauptverhandlung übernommen hat. Bei Verhinderung oder Krankheit des beigeordneten Verteidigers muss das Gericht selbst für Ersatz sorgen. Der Wahlverteidiger ist hier nicht das Substitut des Pflichtverteidigers.

350   Dies hatte das OLG Stuttgart[274] zu Unrecht anders gesehen. Als ein beigeordneter Verteidiger erkrankte, aktivierte der Senat eine angebliche Erscheinenspflicht der Wahlverteidigerin, die auch an den vorher-

---

268 Zu den Konsequenzen einer solchen Verteidigermitteilung s. KK/*Gmel* 8. Aufl., § 227 Rn. 2.
269 Radtke/Hohmann/*Britz* StPO § 227 Rn. 5.
270 *Pauka* Mandantenwille und Verteidigung, StraFo 2019, 360, 365.
271 KG StV 2000, 406.
272 KG StV 2000, 406 – für den beigeordneten Verteidiger.
273 OLG Köln StV 1997, 122; OLG Hamm StV 1995, 514; OLG Frankfurt StV 1987, 8.
274 OLG Stuttgart StraFo 2020, 108 ff. m. Anm. *Sommer*.

gehenden Verhandlungstagen nicht regelmäßig anwesend war. Von der angeblichen – nicht näher begründeten – Pflicht zum Erscheinen will der Senat nur Ausnahmen zulassen, wenn der Wahlverteidiger ohne Zweifel darauf vertrauen könne, dass der beigeordnete Verteidiger tatsächlich erscheine. Die bemerkenswerte und durch nichts gerechtfertigte Umkehr der Verantwortlichkeit für die Einhaltung des § 140 ist durch kein Argument gerechtfertigt und erklärte sich im vorliegenden Fall offensichtlich lediglich aus der ebenfalls kaum zu begründenden Weigerung des Senats, die offensichtlich nicht honorierte Wahlverteidigerin angesichts der bedrohlichen Situation der Verfahrensaussetzung auf den vorliegenden Antrag des Angeklagten hin beizuordnen.

II. Die notwendige Verteidigung

1. Der systematische Ansatz

Ob sich ein Beschuldigter von einem professionellen Beistand verteidigen lassen will, ist grundsätz- 351
lich allein die Entscheidung des Betroffenen. Die Regelungen zur Wahlverteidigung nehmen hierauf Bezug.

Die Abwesenheit eines Verteidigers kann jedoch auch aus anderen Gesichtspunkten mit den Vorstellungen der Fairness eines Strafverfahrens kollidieren. Zum einen können Fürsorgegesichtspunkte eines rechtsstaatlichen Gemeinwesens den individuellen Verzicht auf einen Verteidiger für inakzeptabel erachten, zum anderen können beschränkte finanzielle Mittel des Beschuldigten ihn zu einem solchen Verzicht zwingen.

Die Europäische Menschenrechtskonvention hat als unverzichtbares Prozessgrundrecht für das Straf- 352
verfahren festgeschrieben, dass jeder Beschuldigte das Recht hat, unentgeltlich den Beistand eines Verteidigers zu erhalten, wenn dies im Interesse der Rechtspflege erforderlich ist und wenn ihm die Mittel zur Bezahlung der Verteidigung fehlen (Art. 6 Abs. 3 lit. c MRK). Eine konventionskonforme gesetzliche Regelung deutet damit auf ein Modell hin, dass in anderen Prozessordnungen durch das Institut der **Prozesskostenhilfe** geregelt ist. Von dieser Vorstellung war auch die Europäische Union geprägt, als sie unter Einschluss der Strafverfahren zur Vereinheitlichung der Rechtsstandards die Richtlinie über Prozesskostenhilfe erließ.[275]

Für das Strafverfahren hat der deutsche Gesetzgeber allerdings traditionell einen anderen Ansatz 353
gewählt. Das Konzept der StPO sieht vor, dass in bestimmten Fällen, in denen der Beschuldigte besonders schutzwürdig erscheint, Prozessieren ohne einen Verteidiger nicht stattfinden darf. Ausgangspunkt dieser Regelung ist nicht der verfassungsrechtlich verbürgte Anspruch des Beschuldigten auf freie Verteidigerwahl. Im Gegenteil: Die Autonomie des Beschuldigten wird sogar eingeschränkt, da ihm in den geregelten Fällen die grundsätzliche Frage, ob er überhaupt durch einen Anwalt verteidigt werden will, aus der Hand genommen wird. Es ist ein **rechtsstaatlicher Fürsorgegesichtspunkt**, der unabhängig von der grundsätzlichen Entscheidung des Betroffenen selbst den gesteigerten Schutz des Beschuldigten für unabdingbar erklärt.

Die finanziellen Möglichkeiten des Beschuldigten sind bei diesem Konzept irrelevant. Die gericht- 354
liche Bestellung eines Verteidigers hängt allein von den prozessualen Voraussetzungen der notwendigen Verteidigung ab; auch dem angeklagten Millionär ist dann ein Anwalt beizuordnen. Die konventionskonforme Rechtsgewährung durch Beiordnung eines Verteidigers nimmt das deutsche Recht für sich in Anspruch, da die Bandbreite der Notwendigkeit einer Beiordnung alle diejenigen Fälle abdecke, die nach der Menschenrechtskonvention »im Interesse der Rechtspflege erforderlich« sind. In Bagatellfällen hat damit auch der mittellose Angeklagte kein Recht auf einen Pflichtverteidiger.

---

275 Richtlinie (EU) 2016/1919 des Europäischen Parlaments und Rates vom 26. Oktober 2016 über Prozesskostenhilfe für Verdächtige und beschuldigte Personen in Strafverfahren sowie für gesuchte Personen in Verfahren zur Vollstreckung eines Europäischen Haftbefehls.

355   Die Konventionsregelung hat allerdings insofern Auswirkungen auf die Praxis, als dass die deutschen Behörden gehindert sind, auch nachträglich Kosten des Pflichtverteidigers vom mittellosen Angeklagten erstattet zu verlangen.

356   Tatsächlich trägt dieser Ansatz der MRK sehr viel weiter. Der EGMR hat schon bei vergleichsweise geringen Strafdrohungen staatliche Finanzierungen gefordert.[276] Letztlich soll die Fähigkeit des Mandanten sich selbst effektiv zu verteidigen, das entscheidende Kriterium für die **staatliche Finanzierung eines Verteidigers** darstellen.[277] Der EGMR will jedem Angeklagten eine *realistische* Chance auf eine wirksame Verteidigung gewährleisten,[278] wozu beispielsweise schon eine professionelle Zeugenbefragung gehört. Diese Rechtsprechung spricht für eine Ausweitung der Pflichtverteidigungsfälle besonders bei Untersuchungshaft. Damit würde sich eine alte Einsicht verwirklichen, die der *US Supreme Court* schon 1963 formuliert hat: »*lawyers in criminal courts are necessities, not luxuries*«.[279]

2. Die Notwendigkeit der Verteidigung

a) Im Hauptverfahren

357   Der deutlichste Orientierungspunkt für die Notwendigkeit der Mitwirkung eines Verteidigers ist die Hauptverhandlung. Jede Hauptverhandlung im **ersten Rechtszug**, entweder vor dem **Oberlandesgericht** oder vor der großen Strafkammer des **Landgerichts** oder vor dem Schöffengericht des **Amtsgerichts**, erfordert die Mitwirkung eines Verteidigers (§ 140 Abs. 1 Nr. 1). Die Verhandlung bei einem mit gravierenden Strafkompetenzen ausgestatteten Spruchkörper erfordert nach der Idee des Gesetzes professionelle Verteidigung, unabhängig davon, ob einem Angeklagten im Vergleich mit Mitangeklagten lediglich geringfügige Vorwürfe gemacht werden. Die Vorschrift macht auch deutlich, dass sowohl die Generalklausel des Abs. 2 als auch sämtliche der übrigen Katalogpunkte des Abs. 1 Relevanz nur noch für amtsgerichtliche Verfahren vor dem **Strafrichter** haben.

358   Die Notwendigkeit einer Anwesenheit eines Verteidigers beim Strafrichter ergibt sich z.B. aus dem Charakter der **angeklagten Tat als Verbrechen** (§ 12 Abs. 1 StGB), allein diese indiziert bereits die Schwere der Tat und damit das Ausmaß der drohenden Strafsanktion (§ 140 Abs. 1 Nr. 2). Auch die schärfste nicht freiheitsentziehende Maßregel, nämlich das **drohende Berufsverbot** (§ 140 Abs. 1 Nr. 3), rechtfertigt die unbedingte Notwendigkeit der Unterstützung des Angeklagten durch einen Verteidiger. In der gleichen Weise besonders schutzwürdig sind diejenigen Angeklagten, die durch eine aktuelle Inhaftierung an einer ordnungsgemäßen Vorbereitung einer Strafverteidigung gehindert sind. Befindet sich der Beschuldigte in richterlich angeordneter Unterbringung in einer Anstalt, gewährleistet nur die ununterbrochene Beteiligung eines Verteidigers ein rechtsstaatliches Verfahren (§ 140 Abs. 1 Nr. 5). Wird eine **Unterbringung** gem. § 81 des Beschuldigten zur Begutachtung in einem öffentlichen psychiatrischen Krankenhaus auch nur erwogen, ist die Verteidigung ebenfalls obligatorisch (§ 140 Abs. 1 Nr. 6). Gleiches gilt, wenn ein **Sicherungsverfahren** nach den §§ 413 ff. durchgeführt wird (§ 140 Abs. 1 Nr. 7) oder wenn die Position des Beschuldigten im Verfahren in besonderer Weise dadurch geschwächt wurde, dass sein bisheriger Verteidiger ausgeschlossen wurde (§ 140 Abs. 1 Nr. 8). Das Gebot der Waffengleichheit verlangt einen Verteidiger neben dem Angeklagten, wenn dem mutmaßlichen Verletzten ein Rechtsanwalt beigeordnet worden ist (§ 140 Abs. 1 Nr. 9).

359   Die **Generalklausel des Abs. 2** bestimmt die Notwendigkeit der Verteidigung unter drei unterschiedlichen Gesichtspunkten: zum einen der Schwere der angeklagten Tat, zum anderen der Schwierigkeit

---

276 Vgl. z.B. EGMR, Quaranta v. SWI § 33; Benham v. GB, §§ 61/64; Hooper v. GB, 16.11.2004, §§ 20 f.; vgl. auch näher: *Demko* HRRS-FG Fezer 2008.

277 Vgl. EGMR, R.D. v. PL, 18.12.2001, §§ 48 ff.; S.C. v. GB, Rep., § 29.

278 EGMR, R.D. v. PL, 18.12.2001, § 49; *Wohlers* Notwendige Verteidigung im Ermittlungsverfahren – die Bedeutung des Rechts auf konkrete und wirksame Verteidigung i.S.d. Art. 6 Abs. 3 lit. c EMRK als Maßstab für die Auslegung des § 141 Abs. 3 StPO, FS Rudolphi 2004, S. 713, 725 ff.

279 Gideon v. Wainwright 372 U.S., 1963, 335, 344 *per J Black*; siehe auch insoweit für den dt. Inquisitionsprozess das *Sarstedt*-Zitat bei BGHSt 25, 325, 332: »Verteidigung ist kein Luxus«.

der Sach- oder Rechtslage und letztlich der erkannten Unfähigkeit des Beschuldigten, sich selbst zu verteidigen. Trotz der denkbaren Weite dieser Generalklauseln hat die Rechtsprechung mittlerweile eine sehr ausdifferenzierte **Kasuistik** entwickelt, die den Fällen der notwendigen Verteidigung in der Praxis eine ausreichende Kontur verleihen.

Jenseits der kasuistischen Aufzählung des Abs. 1 des § 140 erfordern generell die **Schwere der Tat**   360
und/oder der zu erwartenden Rechtsfolgen in besonderer Weise den Verteidigerbeistand, weil die möglichen Folgen für den Angeklagten besonders gravierend sind. Da das Amtsgericht ohnehin nur Strafen in einer Höhe von maximal vier Jahren verhängen kann (§ 24 Abs. 2 GVG), muss die konkrete Straferwartung, die die Voraussetzungen des § 140 Abs. 2 erfüllt, erheblich unter dieser Schwelle angesetzt werden. Droht dem Angeklagten eine Freiheitsstrafe von zwei Jahren oder darüber, besteht an der Notwendigkeit einer Verteidigung mittlerweile kein Zweifel mehr. Ein Großteil der Rechtsprechung hat diese Schwelle zwischenzeitlich gesenkt, sodass allgemein die Notwendigkeit einer Verteidigung nur dann verneint wird, wenn die Schwelle einer Straferwartung von einem Jahr nicht überschritten wird.

Auch bei geringerer Straferwartung kann im Hinblick auf die Folgen der Gefährdung der sozialen   361
Existenz des Beschuldigten durch das Verfahren unter Umständen professioneller anwaltlicher Beistand unabdingbar sein. Trotz geringeren Unrechts einer angeklagten Tat, können die Folgen für den Angeklagten dann schwerwiegend sein, wenn das Verfahren direkt Auswirkungen auf andere strafrechtliche Zusammenhänge hat, wenn z.B. ein Bewährungswiderruf eines anderen Verfahrens droht[280] oder in dem anhängigen Verfahren die Verhängung einer schweren Gesamtfreiheitsstrafe wahrscheinlich ist. Gleiches gilt bei der naheliegenden Gefahr einer Ausweisung infolge einer strafrechtlichen Verurteilung.[281]

Die Prognose des Richters, ob die den Beschuldigten erwartenden Rechtsfolgen schwer wiegen, ist   362
keine vorweggenommene Urteilsfindung. Die Schwere bemisst sich dabei allein nach dem Vorwurf, unabhängig davon, mit welchem Grad von Wahrscheinlichkeit das Gericht dessen Beweisbarkeit ansetzt. Als Hypothese ist das Ergebnis einer Beweisaufnahme im Sinne der Anklage zu unterstellen. Einzuschätzen ist sowohl der in Betracht kommende Strafrahmen wie die maßgeblichen Strafzumessungsgesichtspunkte (§§ 46, 49 StGB). Schon zu Beginn des Verfahrens hat damit der Richter auf der Basis einer hypothetischen Verurteilung Überlegungen zu einer möglichen konkreten Strafhöhe anzustellen.

> Wird dem Angeklagten ein Einbruchsdiebstahl vorgeworfen, hat der Richter bei der Prognose vom Straf-   363
> rahmen des § 243 Abs. 1 StGB auszugehen. Liegt z.B. nur ein Versuch oder eine Beihilfe vor, ist der Rahmen gem. § 49 StGB zu mildern. Bei der konkreten Strafzumessung ist zu berücksichtigen, ob der Angeklagte vorbestraft ist, aus welchen Gründen er handelte oder wie hoch der Schaden ist (§ 46 StGB).

> Die konkrete Straferwartung ist auch im Hinblick auf eine nachträgliche Gesamtstrafenbildung auszurichten: Hatte der Angeklagte z.B. am 02.01. in Bonn eine Straftat begangen und wurde deswegen am 01.07. vom Amtsgericht Bonn zu einer Freiheitsstrafe von 10 Monaten verurteilt, und wird ihm nunmehr im Prozess vor dem Amtsgericht Köln am 01.08. eine weitere Straftat vom 01.03. vorgeworfen, hat der Kölner Richter nicht nur die Strafe für die zu verhandelnde Tat zu prognostizieren (möglicherweise 7 Monate Freiheitsstrafe), sondern auch die notwendige Gesamtstrafenbildung gem. § 55 StGB (ca. 13 Monate) zu berücksichtigen.

Einen anderen Ansatz wählt der Europäische Gerichtshof für Menschenrechte bei der Auslegung   364
von Art. 6 Abs. 3 lit. c EMRK: »Im Interesse der Rechtspflege« ist eine Beiordnung dann, wenn allein der denkbare Strafrahmen bereits verdeutlicht, dass für den Beschuldigten viel auf dem Spiel steht.[282] Nicht die individuell vom Richter erwartete Strafe ist hiernach maßgeblich, sondern die durch den Strafrahmen eröffnete Potenz strafrechtlicher Sanktionen.

---

280 OLG Koblenz StraFo 2006, 285; OLG Köln StraFo 1997, 78.
281 LG Berlin StV 2005, 15.
282 EGMR ÖJZ 1991, 745 f.

365   Ob eine **Sach- oder Rechtslage schwierig** ist, hat der Richter aus der insoweit maßgeblichen Sicht des Beschuldigten zu beurteilen. So wird die Schwierigkeit der Sachlage stets dann zu bejahen sein, wenn die Fragen der Beweisführung für einen juristischen Laien komplexere Formen annehmen. Die Würdigung der Aussagen eines Kindes oder sich widersprechender Zeugen, die Beweiskonstellation »Aussage gegen Aussage«,[283] die Bewertung eines Sachverständigengutachtens, die inzidente Prüfung eines anderen Strafverfahrens,[284] komplizierte zivilrechtliche Vorfragen[285] oder allein die Koordination der Fülle von Zeugenaussagen wird regelmäßig die Fähigkeit eines Laien zur Selbstverteidigung übersteigen. Häufig wird hier Verteidigung nur möglich sein, wenn zuvor ein allein dem Verteidiger zustehendes umfassendes Akteneinsichtsrecht ausgeübt wurde.[286] Besonderheiten des Verfahrensgangs, wie beispielsweise die Erörterung von Verwertungsverboten,[287] tragen zur Schwierigkeit der Rechtslage bei. Die Erörterung materiell strafrechtlicher Probleme (z.B. Schuldfähigkeit §§ 20, 21 StGB) oder generell bei Steuerstrafsachen[288] begründen ebenso häufig eine besonders schwierige Rechtslage. Schwierig wäre die Lage für einen unverteidigten Angeklagten auch angesichts des prozessualen Ungleichgewichts, wenn Interessengegner – seien es belastende Mitangeklagte oder Nebenkläger – im Verfahren anwaltlich vertreten sind.[289]

366   Die **Unfähigkeit** des Beschuldigten, **sich selbst zu verteidigen** (§ 140 Abs. 2 4. Alt.), kann zum einen auf persönlichen psychischen körperlichen oder psychischen Unzulänglichkeiten beruhen. Formalisiert ist diese Situation in § 140 Abs. 1 Nr. 11; ein **seh-, hör- oder sprachbehinderter Beschuldigter** hat stets einen Anspruch auf einen Pflichtverteidiger. Hier hängt die Beiordnung allerdings von dessen ausdrücklichem Antrag ab. Darüberhinausgehend ist nach Abs. 2 unabhängig von einem Antrag die Situation der notwendigen Verteidigung in zahlreichen anderen Fällen gegeben, in denen der Beschuldigte aufgrund persönlicher Handicaps sich ersichtlich nicht selbst verteidigen kann. Die Sprachunkenntnis eines ausländischen Angeklagten wird anwaltlichen Beistand aus mangelndem sprachlichem wie kulturellem Verständnis häufig ebenso notwendig machen[290] wie bei festgestellter Intelligenzminderung. Anerkannt ist ebenfalls, dass insbesondere junge Menschen mit geringer Lebenserfahrung und niedrigerer Handlungskompetenz im Umgang mit Behörden und Rechtsfragen sehr viel eher der anwaltlichen Unterstützung bedürfen als Erwachsene in vergleichbaren Lagen.[291] Jede drohende Jugendstrafe, jeder existierende Haftbefehl, jedes umfänglichere Verfahren sollte daher bei jugendlichen Angeklagten eine notwendige Verteidigung auslösen.[292]

b) Im Ermittlungsverfahren

367   Die beschriebenen Verfahrenskonstellationen des § 140 Abs. 1 beziehen sich zwar auf die strafgerichtliche Hauptverhandlung, die gesetzlichen Voraussetzungen liegen jedoch zwangsläufig **vor Beginn einer Hauptverhandlung**. Ein Fall der notwendigen Verteidigung liegt schon dann vor, »wenn zu erwarten ist«, dass die Hauptverhandlung vor einem der bezeichneten Gerichte stattfindet. Ebenso löst der schlichte Vorwurf eines Verbrechens die Notwendigkeit der Beiziehung eines Verteidigers aus. Zu welchem genauen Zeitpunkt vor der Hauptverhandlung die Notwendigkeit gegeben ist, wird vom Gesetz jedenfalls nicht allgemein formuliert. Die überkomme Rechtsprechung orientierte sich an dem Zeitpunkt der Anklageerhebung; hier ist nicht nur der Vorwurf exakt for-

---

283   OLG Frankfurt NStZ-RR 2009, 207 f.
284   LG Essen StV 2011, 663 f.
285   OLG Hamburg StV 2011, 655.
286   OLG Thüringen StraFo 2006, 71.
287   OLG Bremen NStZ-RR 2009, 353; StV 2011, 83; OLG Brandenburg NJW 2009, 1287.
288   LG Essen StV 2016, 15.
289   OLG München NStZ 2006, 466; OLG Zweibrücken StV 2005, 491; OLG Köln StraFo 2011, 49 f.; LG Koblenz StV 2009, 237; LG Kiel StV 2009, 236.
290   Anders oft die insoweit gegenüber kulturellen Handicaps verschlossene Rspr. s. z.B. OLG Nürnberg NStZ-RR 2014, 183 f.
291   OLG Schleswig StV 2009, 86 f. m. Anm. *Gubitz.*
292   Vgl. *Spahn* StraFo 2004, 82.

muliert, sondern auch das von der Staatsanwaltschaft angerufene Gericht unschwer zu bestimmen. Der in der Hauptsache zuständige Richter konnte die Voraussetzungen prüfen und aufgrund seiner Terminshoheit dafür Sorge tragen, dass ein neu beigeordneter Verteidiger eine ausreichende Vorbereitungszeit vor der Durchführung einer Hauptverhandlung hatte. Dies war aus Richtersicht praktisch und orientierte sich an der Ursprungskonzeption der StPO von 1877, die in der Hauptverhandlung den Kern des strafprozessualen Geschehens sah und den vorhergehenden Phasen lediglich vorbereitenden Charakter zumaß.

Auch wenn hinsichtlich zahlreicher erforderlicher Abwägungsfaktoren – insbesondere zu den Voraussetzungen des Abs. 2 – eine Situation nach Anklageerhebung die sicherste Tatsachengrundlage bietet, ist eine solche zeitliche Begrenzung weder vom Wortlaut des Gesetzes noch von der Intention des Gesetzgebers gedeckt. Der im Gesetz fixierte Bezugspunkt ist vielmehr schon zu einem sehr viel früheren Zeitpunkt auch im Ermittlungsverfahren zu berücksichtigen. Die Gesetzesbegründung hat dies mehr als deutlich gemacht. Der Gesetzgeber hat mit der Änderung der überkommenen Regelungssystematik das gesamte Verfahren einschließlich des Ermittlungsverfahrens in den Blick genommen. **368**

> »Schließlich soll innerhalb des Kataloges des § 140 Absatz 1 StPO ein Perspektivenwechsel vollzogen werden, weg von der Hauptverhandlung hin zum Ermittlungsverfahren. Ursprünglich erfolgte die Beurteilung, ob ein Fall der notwendigen Verteidigung vorliegt, auf der Basis des Standes nach Eröffnung des Hauptverfahrens. Mit wachsender Erkenntnis der weichenstellenden Bedeutung des Ermittlungsverfahrens für das weitere Verfahren erfolgte über § 141 Absatz 3 Satz 1 und 2 StPO eine zeitliche Vorverlagerung der notwendigen Verteidigung...

> Danach hat die Staatsanwaltschaft im Ermittlungsverfahren die Pflicht, die Bestellung eines Pflichtverteidigers zu beantragen, »wenn nach ihrer Auffassung in dem gerichtlichen Verfahren die Mitwirkung eines Verteidigers nach § 140 Absatz 1 oder 2 notwendig sein wird«. Dem steht allerdings – anders als in den Fällen des § 141 Absatz 3 Satz 3 StPO – keine gerichtliche Bindung an den Antrag der Staatsanwaltschaft gegenüber. Vielmehr prüft das Gericht selbst, ohne an die Auffassung der Staatsanwaltschaft hierzu gebunden zu sein, ob die Verteidigung voraussichtlich nach § 140 Absatz 1 oder 2 notwendig sein wird (vgl. Bundestagsdrucksache IV/178, S. 31). Die schon in § 141 Absatz 3 StPO angelegte Vorverlagerung des Zeitpunkts, ab dem ein Fall notwendiger Verteidigung gegeben ist, will der Entwurf – zumal ein Antragsrecht des Beschuldigten sowie eine gebundene Entscheidung des Gerichts im Ermittlungsverfahren eingeführt werden soll – mittels einer neuen Struktur der Vorschriften verdeutlichen. Statt die Vorverlagerung erst in § 141 Absatz 3 StPO an versteckter Stelle vorzunehmen, sollen die betreffenden Anknüpfungstatbestände jeweils innerhalb des Katalogs des § 140 Absatz 1 StPO so formuliert werden, dass sie bereits eine Prognose beinhalten...

> Für die hiernach vorzunehmende Einschätzung ist nach dem jeweiligen Verfahrensstadium zu unterscheiden: Für das Zwischenverfahren gilt, dass immer dann, wenn Anklage zu einem der genannten Gerichte erhoben worden ist, die Erwartung im Sinne der Nummer 1 grundsätzlich gegeben ist. Die Beurteilung erfolgt dann aus Sicht des Gerichts, bei dem Anklage erhoben ist...

> Im Ermittlungsverfahren kann das Vorliegen eines Anfangsverdachts bezüglich der Begehung der Tat genügen; allerdings müssen deren Art und Umfang, gegebenenfalls einschließlich persönlicher Umstände des Angeklagten (Vorstrafen), bereits so klar umrissen sein, dass dies die Erwartung stützt, der Fall werde bei Verdichtung des Tatverdachts bei einem der aufgezählten Gerichte angeklagt werden. Bei dem Verdacht eines Verbrechens liegt dies, da eine Anklage zum Strafrichter gesetzlich ausgeschlossen ist, auf der Hand. In anderen Fällen – etwa bei einem einfachen Betrug – ist es zur Beurteilung, zu welchem Gericht bei hinreichendem Tatverdacht angeklagt werden wird, erforderlich, weitere Umstände, insbesondere den Schadensumfang und die persönlichen Verhältnisse des Beschuldigten, zu ermitteln.«[293]

Der Gesetzgeber betritt Neuland. Er macht deutlich, dass in jeder Phase des Ermittlungsverfahrens die Frage der Notwendigkeit der Mitwirkung eines Verteidigers geprüft werden muss. Die Prüfung ist nicht mehr allein dem Richter im Hauptverfahren überlassen, vielmehr hat bereits jeder ermittelnde Polizeibeamte die neuen gesetzlichen Voraussetzungen in den Blick zu nehmen. Dabei kann **369**

---

293 BT-Drs. 19/13829 S. 32.

es für den Ermittler nicht auf die Qualität des geschöpften Verdachts ankommen. Der Anfangsverdacht ist ausreichend, um die Beschuldigtenstellung und damit auch den Anspruch auf Verteidigung auszulösen. Ermittler haben lediglich zu prüfen, ob bei einer Bestätigung des Verdachts eine Anklage zum Schöffengericht oder einem höheren Gericht droht.

Die Konsequenz dürfte sein, dass nahezu jede Beschuldigtenvernehmung schon ein Fall notwendiger Verteidigung ist. Verbrechen und gravierende Vergehen werden prognostisch auch aus Sicht des Ermittlers nicht später nur vom Strafrichter verhandelt. Auch geringfügige Vergehen müssen aus Sicht des Polizeibeamten die Notwendigkeit von Verteidigung zur Folge haben, wenn ihm beispielsweise erhebliche Vorstrafen oder eine laufende Bewährung des Beschuldigten bekannt ist. Die verteidigerfreie Zone bleibt Bagatellfällen vorbehalten. Immer dann, wenn die Prozessordnung die Möglichkeit einer Teilnahme bei einer Ermittlungshandlung vorsieht, wird sie zur Notwendigkeit.

Als Generalüberlegung erfasst der stetige Blick auf das später mögliche gerichtliche Verfahren zwar schon zahlreiche Situationen im Ermittlungsverfahren. Darüber hinausgehend hat der Gesetzgeber konkrete Verfahrenskonstellationen beschrieben, die ebenfalls die Notwendigkeit von Verteidigung auslösen. Bei der Beschuldigtenvernehmung im Ermittlungsverfahren wird dies bereits durch die erforderliche Belehrung nach § 136 Abs. 1 S. 5 deutlich. Eine vergleichbare Regelung enthält § 58 Abs. 2 S. 5 für die Situation der Gegenüberstellung des Beschuldigten mit einem Zeugen; das Anwesenheitsrecht des Verteidigers bei dieser den Mandanten unmittelbar betreffenden Ermittlungsmaßnahme korrespondiert mit der Notwendigkeit seiner Anwesenheit angesichts der weichenstellenden Bedeutung der Maßnahme. Durch Vorgaben des EGMR bereits vor Jahren gesetzlich eingeführt, ist der Anspruch auf Beiordnung, wenn bei einer richterlichen Vernehmung die Mitwirkung eines Verteidigers aufgrund der Bedeutung der Vernehmung zur Wahrung der Rechte des Beschuldigten geboten erscheint (nunmehr geregelt in § 140 Abs. 1 Nr. 10).

> Die Regelung beruht auf der Idee, dass eine Vernehmung im Ermittlungsverfahren **vor einem Richter** sowie zu erwartende Verfahrenskonstellation einen späteren **Verlust des Konfrontationsrechts** der Verteidigung besorgen lassen. Wird zum Zwecke der Beweissicherung beispielsweise im Ermittlungsverfahren eine Zeugenvernehmung durch einen Ermittlungsrichter durchgeführt und wird der Beschuldigte ausdrücklich von der Anwesenheit bei dieser Vernehmung ausgeschlossen, so folgt aus der späteren Verlesbarkeit des Vernehmungsprotokolls in einer Hauptverhandlung einerseits und dem unbedingten Recht des Beschuldigten auf konfrontative Befragung von Belastungszeugen (Art. 6 Abs. 3 lit. d EMRK) andererseits, dass ein Verteidiger der Vernehmung bereits im Ermittlungsverfahren beiwohnen muss.[294] Gleiches soll gelten, wenn die Staatsanwaltschaft vom dringenden Tatverdacht eines Verbrechens ausgeht und einen Haftbefehl beantragt.[295] Der Verstoß gegen diese Pflicht soll aber regelmäßig kein Beweisverwertungsverbot nach sich ziehen.[296]

> Die Notwendigkeit einer Teilnahme eines Verteidigers deutete die Rechtsprechung der Großen Kammer des EGMR an, die die Unwiederbringlichkeit der konfrontativen Zeugenvernehmung im Ermittlungsverfahren thematisiert. Ist absehbar, dass vernommene Zeugen in einer Hauptverhandlung u.U. nicht zur Verfügung stehen werden und droht damit eine Verletzung des Verteidigungsrechts nach Art. 6 Abs. 3 lit. d MRK, hat die Justiz zur notwendigen Kompensation der Verletzung dafür Sorge zu tragen, dass frühzeitig ein Verteidiger zur Wahrnehmung des Fragerechts beigeordnet wird.[297]

> Die auf diesen Anlass hin erfolgte neue gesetzliche Regelung lässt allerdings mehrere Fragen offen. Auch der Mitbeschuldigte ist im Sinne der Rechtsprechung des EGMR Belastungszeuge, der von der Verteidigung gegebenenfalls konfrontativ zu befragen ist. Der Gesetzestext spricht nur von Vernehmung und schließt die Vernehmung eines Mitbeschuldigten nicht aus;[298] praktische Möglichkeiten zur Teilnahme

---

294 BGHSt 46, 98 = NJW 2000, 3505.
295 BGHSt 47, 172.
296 BGHSt 47, 236 f.
297 EGMR (Große Kammer) Schatschaschwili./. Deutschland v. 15.12.2015; die Beschwerde war zuvor noch von der Kammer abgelehnt worden, JR 2015, 95 ff.
298 Schon in der alten Gesetzesfassung bezweifelte die Rechtsprechung die Erstreckung auf Beschuldigtenvernehmungen, BGH HRRS 2019 Nr. 1056; ähnlich *Tully/Wenske* NStZ 2019, 183; anders demgegen-

eines Verteidigers an der Vernehmung eines Mitbeschuldigten im Ermittlungsverfahren existieren allerdings – meist schon mangels Kenntnis des Vernehmungstermins – nicht.

Ebenfalls ungelöst ist die Konstellation, in der eine in hohem Maße belastende Zeugenaussage im Ermittlungsverfahren produziert wird, die Person des Beschuldigten allerdings noch nicht feststeht; existiert kein Beschuldigter, könnte logischerweise auch dessen Assistenz durch einen Verteidiger entfallen. Allerdings gibt es u.U. auch hier die Wahrscheinlichkeit der späteren Unmöglichkeit einer konfrontativen Befragung, die durch die Teilnahme eines mit kritischem Blick ausgestatteten Verteidigers (der seinen Mandanten nicht kennt) minimiert werden könnte. Ein solcher Ansatz ist aktuell gesetzlich nicht erkennbar.

Nach den Vorgaben der EU in der PKH-Richtlinie ist eine Unterstützung eines Verdächtigen durch einen Verteidiger stets dann zu gewährleisten, wenn dieser einem zuständigen Gericht oder einem zuständigen Richter zur Entscheidung über eine Haft vorgeführt wird. Mit Blick auf die langjährige Rechtsprechung des Europäischen Gerichtshofs für Menschenrechte war dies für die EU selbstverständlich; bis zur Reform im Dezember 2019 sah die deutsche Gesetzeslage allerdings lediglich vor, dass die Notwendigkeit der Verteidigung erst mit dem Vollzug der Untersuchungshaft und damit nach der prägenden Entscheidung des Haftrichters entstehen sollte. Der nach aktueller Gesetzeslage maßgebliche Zeitpunkt ist nunmehr vorverlagert: Noch **vor der Anhörung und Entscheidung des Haftrichters** ist die Notwendigkeit von Verteidigung gegeben (§ 140 Abs. 1 Nr. 4). Ein Verteidiger muss in dieser prekären Situation, in der der Betroffene schutzlos wie nirgendwo anders gegenüber staatlicher Gewalt ist, den Mandanten sowohl über ein mögliches Einlassungsverhalten beraten als auch gegenüber dem Haftrichter die erforderliche Überzeugungsarbeit leisten. **370**

Die notwendige Anwesenheit eines Verteidigers vor dem Haftrichter ist nunmehr umfassend geregelt. Durch Bezugnahme auf §§ 115, 115a werden die Fälle erfasst, in denen der Beschuldigte aufgrund eines bereits ergangenen Haft- oder Unterbringungsbefehls ergriffen wird. Dabei kann es sich um jegliche Art von Haftbefehl handeln – den Untersuchungshaftbefehl gemäß § 114, den das beschleunigte Verfahren sichernden Haftbefehl gemäß § 127b und die Anordnung von Hauptverhandlungshaft gemäß § 230 Abs. 2 und § 329 Abs. 3. Da in § 126a Abs. 2 und § 275a Abs. 6 S. 4 die entsprechende Geltung der Vorschriften zur Vorführung angeordnet wird, ist auch die Ergreifung aufgrund Unterbringungsbefehls gemäß § 126a Abs. 1 oder § 275a Abs. 6 erfasst. In diesen Fällen steht, sofern der Ergriffene die im Haftbefehl bezeichnete Person ist, fest, dass eine Vorführung stattzufinden hat. Aus diesem Grund ist ihm dann gemäß § 141 Abs. 2 S. 1 Nr. 1 sogleich ein Verteidiger zu bestellen.

Durch die Inbezugnahme der §§ 128, 129 werden die Fälle der vorläufigen Festnahme erfasst, sei es eine solche nach § 127 Abs. 1 oder 2 oder aber nach § 127b Abs. 1. In diesen Fällen ist noch kein Haft- oder Unterbringungsbefehl ergangen. Die Vorführung hat nur zu erfolgen, wenn die festgenommene Person nicht wieder in Freiheit gesetzt wird. Daher liegt insoweit gemäß § 140 Abs. 1 Nr 4 erst dann ein Fall notwendiger Verteidigung vor, wenn die Notwendigkeit der Vorführung feststeht. Infolgedessen soll es in diesen Fällen erlaubt sein, den Beschuldigten nach vorläufiger Festnahme erst noch zu vernehmen und dann vorzuführen, soweit dies zur Klärung der Frage, ob ein Haftbefehl überhaupt beantragt werden soll, erforderlich ist.[299] In diesem Fall ist selbstverständlich zu prüfen, ob die notwendige Verteidigung nicht schon aufgrund anderweitiger Voraussetzungen (beispielsweise einem Vorwurf des Verbrechens) besteht.

Die von Amts wegen bestehende Pflicht, in den gesetzlich festgelegten Fällen im Ermittlungsverfahren unverzüglich für die Anwesenheit eines Verteidigers Sorge zu tragen, wird durch die Regelung des § 141a relativiert. Vernehmungen des Beschuldigten oder Gegenüberstellungen unter Beteiligung des Beschuldigten sollen in **Ausnahmefällen** auch ohne die vorhergehende Bestellung eines Pflichtverteidigers zulässig sein. Beruht die Notwendigkeit auf den Voraussetzungen des Abs. 1 des § 140 allerdings nur mit ausdrücklichem Einverständnis des Beschuldigten. Die verteidigerfreie Ermittlungsmaßnahme setzt voraus, dass sie entweder geboten ist »zur **Abwehr einer gegenwärtigen Gefahr** **371**

über: LG Halle, StraFo 2018, 351; LG Magdeburg, StraFo 2018, 314; AG Stuttgart, StraFo 2018, 114; *Schlothauer*, StV 2017, 557; Meyer-Goßner/*Schmitt*, 62. Aufl., § 141 Rn. 5a; SSW-StPO/*Beulke*, 3. Aufl., § 141 Rn. 19; BeckOK-StPO/*Krawczyk*, 31. Edition, § 141 Rn. 8; *Burhoff*, StraFo 2018, 405; *ders.* ZAP 2017, 1079, 1086; *Schiemann*, KriPoZ 2017, 338, 344.

299 BT-Drs. 19/13829 S. 33.

für Leib oder Leben oder für die Freiheit einer Person dringend erforderlich ist oder zur **Abwehr einer erheblichen Gefährdung eines Strafverfahrens** zwingend geboten ist.«

Der für deutsche Verhältnisse ungewohnte Regelungsbereich ist für die Logik rechtsstaatlicher Belange nur schwer erfassbar.

Die Gesetzesbegründung beteuert zwar, dass es sich um eine eng auszulegende Ausnahmevorschrift handelt. Gleichzeitig eröffnet sie jedoch einen weiten Anwendungsbereich. So ist es dem Gesetzgeber unmöglich, trotz ausführlicher Begründung einen konkreten Beispielsfall dafür zu nennen, wann die Ausübung des Rechts auf einen Zugang zu seinem Rechtsbeistand die Gefahr einer schwerwiegenden nachteiligen Auswirkung für Dritte auslösen könnte. Konkret wird die drohende Vernichtung von Beweismitteln oder die Beeinflussung von Zeugen genannt, um plastisch die Gefährdung des Strafverfahrens aufzuzeigen. Wo diese Vorschrift eingreifen könnte, ist allerdings schwer vorstellbar, da das Fernhalten von einem Wahlverteidiger nicht erfasst ist. Darüber hinaus existiert mit dem Haftgrund der Verdunkelungsgefahr bereits ein Instrumentarium, die befürchtete schwerwiegende Torpedierung eines Strafverfahrens zu verhindern. Der Zweck der Vorschrift könnte nur dahin gehen, die besondere Gefahr gerade in der Person des potenziellen Verteidigers zu sehen, dessen Kontakt zum Beschuldigten verhindert werden soll. Da die dahinterstehenden Visionen bereits den Anfangsverdacht einer Straftat des Verteidigers beinhalten, gäbe es auch insoweit nach aktueller Rechtslage ausreichende Möglichkeiten, die gemutmaßte extreme Gefährdungssituation aus Sicht der Ermittlungsbehörden angemessen zu handhaben.

Wenn dennoch in der Gesetzesbegründung die Möglichkeit der Einschränkung eines prozessualen Menschenrechts ins Auge gefasst wird, ist der Verdacht nicht von der Hand zu weisen, dass hier ohne konkrete Beweisanforderungen den Ermittlungsbehörden die Möglichkeit eines verteidigungsfreien Raums eröffnet werden sollte. Dies gilt umso mehr, als die Gesetzesbegründung gerade in diesem Zusammenhang meint, darauf hinweisen zu müssen, dass Fehleinschätzungen der Ermittlungsbehörden »nicht automatisch zu einem Verwertungsverbot führen.«[300] Die Einladung an Polizeibeamte ist überdeutlich, mit formelhafter Begründung Verteidigung weiterhin von Vernehmungen und anderen Ermittlungsmaßnahmen auszuschließen.

Die Gesetzesbegründung bezieht sich auf die Vorgaben der EU-Richtlinie 213/48. Dort ist in der Tat ohne nähere Begründung auf ein Szenario verwiesen, in dem in Extremfällen der Zugang zu einem Rechtsbeistand im vorgerichtlichen Stadium kurzfristig versagt werden kann. Hier hält auch die EU-Richtlinie Befragungen des Beschuldigten ohne einen Verteidiger für denkbar. Im Gegensatz zum deutschen Gesetzestext wird allerdings deutlich auf den höchst beschränkten Zweck einer derart denkbaren Befragung verwiesen:

»Die Befragung darf ausschließlich zu dem Zweck der Erlangung der notwendigen Informationen zur Abwehr schwerwiegender, nachteilige Auswirkungen auf das Leben, die Freiheit oder die körperliche Unversehrtheit einer Person und in den dafür erforderlichen Umfang durchgeführt werden. Ein Missbrauch dieser Ausnahmeregelung würde die Verteidigungsrechte grundsätzlich irreparabel beeinträchtigen«.[301] Den ersten Schritt zu dieser nicht mehr hinnehmbaren Beeinträchtigung könnte die aktuelle deutsche Gesetzesfassung geliefert haben.

III. Die Beiordnung

1. Die anwaltliche Rolle des Pflichtverteidigers

372 Der Anwalt ist berufsrechtlich zur Akzeptanz eines Bestellungsakts verpflichtet (§ 49 Abs. 1 BRAO).[302] Er hat allenfalls die Möglichkeit, die Aufhebung der Beiordnung zu beantragen, »wenn hierfür wichtige Gründe vorliegen« (§ 48 Abs. 2 BRAO). Seine Prozessrolle hat er höchstpersönlich auszufüllen, Vertretungen sieht das Gesetz – mit Ausnahme des allgemeinen Anwaltsvertreters nach § 53 BRAO – nicht vor, sodass selbst Zustellungen an den Sozius des beigeordneten Verteidigers unwirksam sind.[303]

---

300 BT-Drs. 19/13829 S. 40.
301 Richtlinie 2013/48/EU Erwägungsgrund 31.
302 Zur Verfassungskonformität dieses Sonderopfers des Anwalts im öffentlichen Interesse s. BVerfGE 39, 238.
303 BGH NStZ-RR 2014, 149.

Der bestellte Verteidiger wird häufig auch als beigeordneter Verteidiger oder als Pflichtverteidiger **373**
bezeichnet; die StPO kennt diese Bezeichnung erst seit Kurzem. Das Verteidigungsverhältnis wird
nicht durch eine »Wahl« des Beschuldigten begründet wird, sondern durch einen gerichtlichen
Bestellungsakt, dessen Rechtscharakter nicht abschließend geklärt ist.[304] Dies ändert grundsätzlich
nichts an der Position des Verteidigers im Strafprozess. Ihm werden dieselben Rechte und Pflichten
verliehen, wie sie das Gesetz auch für den Wahlverteidiger vorsieht. Die Kompetenzen eines beigeordneten Verteidigers sind nicht weiter als die eines Wahlverteidigers. Benötigt der Wahlverteidiger
zur Erweiterung seiner Verteidigungsmöglichkeiten eine besondere Vollmacht, gilt dies auch für den
beigeordneten Verteidiger; sie können nicht durch den Beiordnungsbeschluss transferiert werden.
So kann beispielsweise eine besondere Vollmacht zur Entgegennahme von Ladungen für den Angeklagten nicht durch den Beiordnungsbeschluss unterstellt werden; hier bedarf es einer zusätzlichen
Ermächtigung des beigeordneten Verteidigers durch den Angeklagten.[305]

Allein die Honorierung des Pflichtverteidigers ist eine andere: Entsprechend der vom RVG vorgesehenen Sätze hat er einen unmittelbaren Anspruch auf Erstattung seiner Gebühren gegen die Staatskasse. Die Staatskasse ihrerseits kann ggf. im Rahmen eines Kostenerstattungsverfahrens diese Gebühren nach Rechtskraft vom verurteilten Angeklagten erstattet verlangen.

> Unklar ist die Position des beigeordneten Verteidigers, der nicht »verteidigen«, sondern ausnahmsweise **374**
> »vertreten« will. Die h.M. ist der Ansicht, dass hier wie beim Wahlverteidiger Spezialvollmachten[306] vom
> Mandanten zusätzlich erteilt werden müssten. Dies liege außerhalb der Beistandsfunktion des Verteidi-
> gers und hänge ausschließlich vom Willen des Beschuldigten ab.[307] Zu Unrecht wird hier allerdings die
> Parallele zum einvernehmlich gestalteten Verhältnis der Wahlverteidigung gezogen, wenn die gerichtliche
> Beiordnung ohne oder sogar gegen den Willen des betroffenen Beschuldigten erfolgt. Die Notwendigkeit
> der Effektivität von Verteidigerhandeln spricht hier eher dafür, zur Vermeidung von Nachteilen für den
> Beschuldigten Vertretungen zu dessen Gunsten zuzulassen, wie beispielsweise bei dessen Entfernen (§ 231)
> oder seiner Abwesenheit in der Berufungsverhandlung (§ 329).

2. Zuständigkeiten für die Beiordnung

Liegt ein Fall der notwendigen Verteidigung vor, obliegt es dem Gericht, den Beistand eines Ver- **375**
teidigers sicherzustellen. Hat der Beschuldigte im Zeitpunkt der Entstehung der Notwendigkeit
bereits einen Verteidiger gewählt (§ 137 Abs. 1), sind weitere Aktivitäten seitens eines Gerichts oder
von Ermittlungspersonen nicht erforderlich. Deren Aufmerksamkeit ist vielmehr darauf zu konzentrieren, dass im Fall der Notwendigkeit einer Verteidigung diese auch tatsächlich durch den Wahlverteidiger abgedeckt wird. So wird die Hauptverhandlung nur in dessen Gegenwart durchgeführt
werden können. Bei mehreren Verteidigern ist die Anwesenheit eines Einzigen – jedenfalls mit iso-
liertem Blick allein auf die Anforderungen des § 140 – ausreichend. Ist kein Verteidiger anwesend,
so ist eine Hauptverhandlung sofort zu unterbrechen oder auszusetzen. Ist die Unmöglichkeit der
Durchführung einer Hauptverhandlung auf einer schuldhaft verursachten Abwesenheit des Verteidigers zurückzuführen, können diesem die Kosten des Verfahrens auferlegt werden (§ 145 Abs. 4).
Erneut verhandelt wird allerdings nur in Anwesenheit eines Verteidigers.

Hat der Beschuldigte keinen Verteidiger gewählt oder weigert sich der gewählte Verteidiger, seine **376**
Verteidigungspflichten wahrzunehmen, hat das Gericht dafür Sorge zu tragen, dass die Verhandlung
gegen den Angeklagten in Anwesenheit eines anwaltlichen Beistandes erfolgt. Zu diesem Zweck hat
der Vorsitzende des Gerichts dem Angeklagten einen Verteidiger zu bestellen. Für den Fall der bereits
erhobenen Anklage ist das Beiordnungsverfahren spätestens dann einzuleiten, wenn der Angeschul-

---

304 Die Ansichten schwanken zwischen einem »begünstigenden Verwaltungsakt« und der Begründung
   eines »Rechtsverhältnisses zwischen Anwalt und Mandant sowie Anwalt und Staat« – s. BVerfGE 39, 238 ff.
305 OLG Hamm StRR April 2017, 2 (5 RVs 22/17).
306 Beispielsweise zur Vertretung nach §§ 234, 329 Abs. 1, 350 Abs. 2, 387 Abs. 1, 411 Abs. 2 S. 1
   (OLG Hamm 5 RVs 11/14), aber auch § 145 Abs. 3 oder § 302 Abs. 2.
307 *Schnarr* Das Schicksal der Vollmacht nach Beiordnung des gewählten Verteidigers, NStZ 1986, 488, 491.

digte gemäß § 201 zur Erklärung über die Anklageschrift aufgefordert worden ist (§ 141 Abs. 2 Nr. 4). Zuständig ist hier der Vorsitzende desjenigen Gerichts, bei denen das Verfahren anhängig ist (§ 142 Abs. 3 Nr. 3).

377 Verkompliziert ist die Zuständigkeit, wenn mangels Anklageerhebung noch kein Gericht für die Entscheidung der Sache insgesamt zuständig ist, andererseits aber zu einem frühen Verfahrenszeitpunkt die Voraussetzungen der notwendigen Verteidigung gegeben sind. Wird ein Beschuldigter oder Verdächtiger einem Haftrichter vorgeführt, so ist dieser auch für das Beiordnungsverfahren zuständig (§ 142 Abs. 3 Nr. 2).

Ist im Ermittlungsverfahren noch kein Richter mit der Sache befasst, beispielsweise bei der ersten Vernehmung des Beschuldigten durch Polizeibeamte oder die Staatsanwaltschaft, so haben die Ermittlungsbehörden den Sachverhalt dem Amtsgericht vorzulegen, in dessen Bezirk die Staatsanwaltschaft ihren Sitz hat (§ 142 Abs. 3 Nr. 1). Ist für besondere Untersuchungshandlungen ausnahmsweise das Gericht zuständig, in dem die Ermittlungshandlungen vorzunehmen sind (§ 162 Abs. 1 Nr. 3), kann auch dieses Amtsgericht zur Entscheidung angerufen werden.

378 § 142 Abs. 4 sieht ausnahmsweise eine **Teilkompetenz der Staatsanwaltschaft** zur Beiordnung vor.

> Neu ist die Einführung einer Eilzuständigkeit der Staatsanwaltschaft für die Bestellung des Pflichtverteidigers in § 142 Abs. 4 StPO. Es muss eine besondere Eilbedürftigkeit vorliegen, etwa wenn eine Vernehmung oder Gegenüberstellung keinen längeren Aufschub duldet und der zuständige Richter nicht erreichbar ist. Die Staatsanwaltschaft kann einerseits von Amts wegen als auch auf Antrag (vorläufig) einen Verteidiger bestellen; andererseits kann sie auch einen Antrag des Beschuldigten ablehnen. Auf die Schaffung einer eigenständigen Zuständigkeit der Polizei verzichtet der Entwurf, denn die Staatsanwaltschaft ist die Herrin des Ermittlungsverfahrens…

> Eine ablehnende Entscheidung der Staatsanwaltschaft muss – auch im Hinblick auf Artikel 6 Absatz 2 der PKH- Richtlinie – schriftlich ergehen und ist zu begründen; es genügt allerdings, dass dies nachträglich im Rahmen des Bestätigungsverfahrens geschieht.

> In Umsetzung der Richtlinienvorgabe, wonach über die Prozesskostenhilfe grundsätzlich nur eine unabhängige Behörde oder ein Gericht einschließlich eines Einzelrichters entscheiden darf, in dringenden Fällen jedoch eine vorübergehende Einbeziehung der Polizei oder Staatsanwaltschaft zulässig ist (Artikel 6 Absatz 1 in Verbindung mit Erwägungsgrund 24 der PKH-Richtlinie), sieht § 142 Absatz 4 Satz 2 StPO die Pflicht der Staatsanwaltschaft vor, eine gerichtliche Bestätigung ihrer Entscheidung einzuholen. Damit wird die Vorläufigkeit der staatsanwaltschaftlichen Entscheidung unterstrichen. Die Vorschrift ist an andere Regelungen zur richterlichen Bestätigung bei Inanspruchnahme einer Eilzuständigkeit angelehnt, wie sie sich etwa in § 111j Absatz 1 Satz 2 StPO finden. Eine erfolgte Bestellung bleibt aus Gründen des Schutzes des Beschuldigten allerdings auch dann bestehen, wenn die Staatsanwaltschaft es versäumt, eine richterliche Bestätigung ihrer Anordnung einzuholen. Nach Satz 3 kann der Beschuldigte die Entscheidung über die Bestellung auch unabhängig davon, dass die Staatsanwaltschaft verpflichtet ist, ihre Entscheidung gerichtlich bestätigen zu lassen, gerichtlich überprüfen lassen. Das entspricht der Regelung in § 98 Absatz 2 Satz 2 StPO.[308]

3. Antrag des Beschuldigten

379 In allen Konstellationen der notwendigen Verteidigung muss ein Verteidiger in einer Hauptverhandlung anwesend sein. Die Notwendigkeit ist nach objektiven Kriterien zu bemessen. Fehlt er nur in einigen kurzen Zeitabschnitten, ist diese dennoch auf die Revision eines Beteiligten hin vollständig zu wiederholen. Fehlt der notwendige Verteidiger im Ermittlungsverfahren, führte dies bisher mit demselben Automatismus zur Unverwertbarkeit der dort gewonnenen Beweise. Dies hat sich geändert.

Die traditionell strikte Konsequenz einer objektiven Rechtslage hat das Gesetz nunmehr insoweit aufgeweicht, als allein eine bestimmte im Gesetz beschriebene Konstellation die Notwendigkeit der

---

308 So die Begründung des Gesetzesentwurfs BT-Drs. 19/13829 S. 42.

Verteidigung nicht immer auslöst. Vielmehr wurde bei der gesetzlichen Erweiterung der notwendigen Mitwirkung eines Verteidigers auf einzelne Phasen des Ermittlungsverfahrens dies zusätzlich davon abhängig gemacht, dass der – insoweit belehrte – Beschuldigte auch einen Antrag auf Beiordnung stellt. Das ursprüngliche rein **paternalistische Konzept** der StPO ist damit durchbrochen, und es wird somit die objektive Verfahrenslage um den **subjektiven Wunsch** des Beschuldigten ergänzt.

Ausdrücklich formuliert das Gesetz dies nunmehr für den Zeitpunkt, in dem dem Beschuldigten der Tatvorwurf eröffnet worden ist. Ein Verfahren zur Beiordnung wird nur dann eingeleitet wird, »wenn der Beschuldigte dies nach Belehrung ausdrücklich beantragt« (§ 141 Abs. 1). Insbesondere bei der ersten polizeilichen oder staatsanwaltschaftlichen Beschuldigtenvernehmung hat der Vernehmende zunächst »nur« die Pflicht, auf die Möglichkeit der sofortigen Beiordnung vor Beginn einer Vernehmung hinzuweisen. Wünscht der Beschuldigte keinen Verteidiger, soll die dann dominierende Entscheidungsautonomie des Beschuldigten die Abwesenheit eines Verteidigers rechtfertigen.

Die **Belehrungspflicht** nach § 136 umfasst nicht nur den überkommenen Hinweis, dass sich der Beschuldigte jederzeit eines Verteidigers bedienen könne; vielmehr ist es darüber hinaus Aufgabe von Polizei bzw. Staatsanwaltschaft, ihn auf Kontaktmöglichkeiten zu Anwälten inklusive des anwaltlichen Notdienstes hinzuweisen. Darüber hinaus beinhaltet die Belehrungspflicht mittlerweile auch den Hinweis, dass und in welchem Umfang die Beiordnung eines Verteidigers möglich ist. Auch ein Kriminalkommissar ohne juristisches Studium hat damit die Pflicht, nicht nur selbst die rechtlichen Voraussetzungen einer notwendigen Verteidigung zu überprüfen. Er hat vielmehr auch den Beschuldigten auf die hieraus resultierende Möglichkeit des Beiordnungsantrags hinzuweisen.

Der belehrte Beschuldigte weiß nach dem Hinweis um die Möglichkeit der Assistenz eines Pflichtverteidigers. Ebenso weiß er, dass dies kostenlos für ihn ist, da der Staat die Honorierung des Anwalts übernimmt. Gleichzeitig schreibt das Gesetz vor, dass er auf die Kostenfolge des § 465 hinzuweisen ist, er also im Fall seiner späteren Verurteilung mit der Belastung aller Verfahrenskosten einschließlich der Pflichtverteidigergebühren zu rechnen hat. **380**

Was als gesetzliche Fairness daherkommt, ist hoch problematisch. In Anlehnung an verhaltenssteuerndes »Nudging« wird dem Beschuldigten zwar formell jede Entscheidungsfreiheit belassen; der Hinweis auf spätere Kostenfolgen wird allerdings bei den meisten Beschuldigten den Reflex auslösen, die beherrschbar erscheinende Situation einer polizeilichen Vernehmung zunächst autonom zu lösen.

Darüber hinaus ist der gesetzliche Hinweis verkürzt und damit falsch. Auch § 465 hebelt nicht die menschrechtliche Regelung aus, dass jeder einen Anspruch auf einen kostenlosen Pflichtverteidiger hat, der nicht über die ausreichenden finanziellen Mittel verfügt. Wenn spätestens im abschließenden Kostenverfahren die Pflichtverteidigergebühren (ebenso wie z.B. Dolmetscherkosten) aus der Rechnung der Justiz gegenüber dem mittellosen Verurteilten zu streichen sind, muss der pauschale Hinweis auf die Kostentragungspflicht irreführend sein.

Für die Vorführung vor dem Haftrichter sieht das Gesetz eine Hybrid-Lösung vor. Während vor der Vernehmung vor dem Haftrichter, der über einen Haftbefehl zu entscheiden hat, Modifikationen hinsichtlich der Notwendigkeit der Anwesenheit eines Rechtsanwalts durch Verzichtserklärungen nicht möglich sind, ändert sich dies bei drohenden Freiheitsentziehungen, die der Gesetzgeber offensichtlich für weniger bedeutsam hält. Bei der Verhaftung auf frischer Tat und der anschließenden möglichen Inhaftierung für ein beschleunigtes Verfahren (§ 127b) sowie bei der Vorführung nach angeordneter Hauptverhandlungshaft (§ 230 Abs. 2, 329 Abs. 3) soll die Anwesenheit des eigentlich notwendigen Verteidigers nur dann erforderlich sein, wenn der Vorgeführte dies ausdrücklich beantragt (§ 141 Abs. 2 S. 2). Bagatellfälle macht § 141 Abs. 2 S. 3 bei bereits bestehenden Inhaftierungen (z.B. in einer anderen Strafsache) aus, wenn das Verfahren ohnehin bald eingestellt werden soll und nur wenig aufwändige Ermittlungshandlungen wie Beiziehungen von Akten durchgeführt werden sollen; selbst auf Antrag des Betroffenen soll dann eine Beiordnung unterbleiben. Ähnliches soll in einer etwas undurchsichtigen Formulierung für Gegenüberstellungen im Ermittlungsverfahren gelten. **381**

Ob dem Gesetz Genüge geleistet wurde oder ob aufgrund u.U. rechtswidriger Vernehmungssituationen Verwertungsprobleme aufscheinen, hängt damit in diesen Situationen von der Verzichtsentscheidung des ordnungsgemäß belehrten Beschuldigten ab. Dieser weichenstellende Sachverhalt löst für das deutsche Recht bislang unbekannte Beweisprobleme aus. Die Konstellationen sind absehbar, in denen der Beschuldigte nachträglich reklamiert, dass er bei einer polizeilichen Vernehmung letztlich einen Anwalt gewünscht habe, während Polizeibeamte in Vermerken einen ausdrücklichen Verzicht auf einen Verteidiger aktenkundig machen.

Der Europäische Gerichtshof für Menschenrechte hat in vergleichbaren Konstellationen mehrfach betont, dass gerade in der Vernehmungssituation bei der Polizei der Beschuldigte in besonderer Weise verletzlich und daher schutzbedürftig ist. Wenn Polizeibeamte ein hohes Interesse an der Abwesenheit eines Verteidigers und gleichzeitig an der Kommunikation mit dem Beschuldigten haben, ist die Versuchung groß, einen angeblichen **Verzicht des Beschuldigten auf seine Rechte** auf einen Verteidiger zu behaupten. Demgegenüber fordert der EGMR in dieser sensiblen Situation strenge Maßstäbe für eine spätere Überzeugungsbildung eines Gerichts, wonach ein Beschuldigter tatsächlich einen Verzicht ausgesprochen habe.

382   »In diesem Zusammenhang bekräftigt der Gerichtshof, dass weder der Buchstabe noch der Geist von Artikel 6 der Konvention eine Person daran hindert, aus freiem Willen, entweder ausdrücklich oder stillschweigend, auf die Garantien eines fairen Verfahrens zu verzichten (siehe Kwiatkowska/Italien (Dez.), Nr. 52868/99, 30. November 2000). Wenn es jedoch für die Zwecke der Konvention wirksam sein soll, muss ein Rechtsverzicht in eindeutiger Weise festgelegt werden und mit Mindestgarantien einhergehen, die seiner Bedeutung angemessen sind (siehe Sejdovic gegen Italien [GC], Nr. 52868/99, 30. November 2000). 56581/00, § 86, EMRK 2006-...; Kolu gegen die Türkei, Nr. 35811/97, § 53, 2. August 2005, und Colozza gegen Italien, 12. Februar 1985, § 28, Serie A Nr. 89). Ein Verzicht auf das Recht muss, sobald er geltend gemacht wird, nicht nur freiwillig sein, sondern auch einen wissentlichen und verständigen Verzicht auf ein Recht darstellen. Bevor von einem Angeklagten gesagt werden kann, dass er durch sein Verhalten implizit auf ein wichtiges Recht nach Artikel 6 verzichtet hat, muss nachgewiesen werden, dass er vernünftigerweise vorsehen konnte, welche Folgen sein Verhalten haben würde (siehe Talat Tunç gegen die Türkei, nein. 32432/96, 27. März 2007, § 59, und Jones gegen das Vereinigte Königreich (Dez.), Nr. 30900/02, 9. September 2003).«[309]

4. Beiordnungsverfahren

383   Die Beiordnung eines Verteidigers hat »unverzüglich« (§ 141 Abs. 1) zu erfolgen. Die konkrete Fixierung dieses Zeitpunkts hängt von der Verfahrenssituationen ab. So darf im Hauptverfahren keine Gerichtsverhandlung ohne einen Verteidiger stattfinden. Das Gesetz fixiert daher den Beiordnungszeitpunkt auf das Zwischenverfahren, in dem der Angeschuldigte gemäß § 201 zur Erklärung über die Anklageschrift aufgefordert worden ist. Im Ermittlungsverfahren ist ein Verteidiger spätestens vor der Vernehmung des Beschuldigten durch den Polizeibeamten oder Haftrichter zu bestellen.

384   In der Situation der Verteidigerbestellung soll die **Autonomie des Angeklagten** und das für jede Verteidigung notwendige Vertrauensverhältnis nicht über Gebühr eingeschränkt werden. Auch im Rahmen der Pflichtverteidigung kommt dem verfassungsrechtlichen Anspruch des Beschuldigten auf einen Vertrauensanwalt[310] die maßgebliche Bedeutung zu. Das Gesetz weist daher auch im Bestellungsverfahren, das vom Richter durchzuführen ist, der Auswahl des Beschuldigten eine dominierende Rolle zu. Zum einen wird der Beschuldigte vom zuständigen Richter unter Fristsetzung[311] dazu aufgefordert, einen möglichen Pflichtverteidiger zu benennen, zum anderen soll der Richter in der Regel den benannten Anwalt auch tatsächlich beiordnen (§ 142 Abs. 5).

---

309 EGMR Pishchalinikov ./. Russland v. 24.9.2009; das Zitat wird bis in die Gegenwart von anderen Entscheidungen übernommen.

310 BVerfG NJW 2001, 3695.

311 Das Anhörungsschreiben muss nach Anklageerhebung als gerichtliche Entscheidung i.S.d. § 35 Abs. 2 formell zugestellt werden – LG Bochum StV 2012, 526.

Wird die Frage der notwendigen Verteidigung von einem Polizeibeamten erstmalig zu Beginn eine 385
Vernehmung thematisiert und will der Beschuldigte von seinem Recht auf einen anwaltlichen Beistand Gebrauch machen, ist die Durchführung der Vernehmung praktisch unmöglich. Der Ermittler hat das Beiordnungsverfahren einzuleiten, der zuständige Richter ist zu benachrichtigen und hat die Beiordnung vorzunehmen, der beigeordnete Verteidiger hat einen Anspruch auf angemessene Vorbereitungszeit und ein eingehendes Beratungsgespräch mit seinem Mandanten. Sinnvollerweise haben im Ermittlungsverfahren Polizeibeamte oder Staatsanwälte die Frage der Beiordnung im Vorfeld zu klären. Regelmäßig dürfte der Beschuldigte daher schon bei einer Ladung zur Vernehmung auf sein Recht hinzuweisen sein. Das Beiordnungsverfahren wird mehrere Tage dauern.

Besonderer zeitlicher Druck entsteht in der **Haftsituation.** 386

Der festgenommene Beschuldigte ist unverzüglich, spätestens am Folgetag, dem Haftrichter vorzuführen. Spätestens mit dem Beginn der Vorführung ist – falls keine Wahlverteidigung besteht – ein Anwalt vom Haftrichter beizuordnen. Fristsetzung, Verteidigerbenennung, Überprüfung und Beiordnung haben in einem sehr engen Zeitrahmen stattzufinden. Der zumeist in der Überraschungssituation überforderte Beschuldigte kann sein Mitwirkungsrecht kaum sinnvoll ausüben, wenn er nicht ausnahmsweise zuvor schon Kontakt zu einem Verteidiger hatte. Benennungsfristen von wenigen Stunden stehen konträr zu den kommunikativen Defiziten des Inhaftierten: Er hat in seiner Haftsituation keinen allgemeinen Informationszugang, der ihm eine ernsthafte »Wahl« und Vertrauensbildung durch Anbahngespräche ermöglichen könnte. Um dem Beschuldigten, der keinen Verteidiger seines Vertrauens kennt, eine selbstbestimmte Wahl eines Verteidigers zu erleichtern, wird in Satz 2 des § 142 Abs. 5 die entsprechende Geltung von § 136 Abs. 1 S. 3 und 4 angeordnet. Danach sind dem inhaftierten Beschuldigten Informationen zur Verfügung zu stellen, die es ihm erleichtern, einen Verteidiger zu finden. Auf bestehende anwaltliche Notdienste ist dabei hinzuweisen. Verschärft wird die Situation, wenn der Beschuldigte aufgrund eines bereits existierenden Haftbefehls fern vom zuständigen Haftrichter festgenommen und dem Haftrichter des nächst gelegenen Amtsgerichts vorgeführt wird. Er befindet sich meist in einer fremden Stadt, in der er nicht einmal einen externen Ansprechpartner hat, der ihn bei der kurzfristigen Anwaltssuche unterstützen kann.

Teilweise wird diese Notsituation kompensiert, wenn dem Beschuldigten angesichts der erkennbar zu kurzen Benennungsfrist vom Gericht ein ihm unbekannter Verteidiger beigeordnet worden ist. Er kann unter engen Voraussetzungen später einen anderen Verteidiger benennen, der anstelle des zunächst benannten beigeordnet werden kann (§ 143a Abs. 2 Nr. 1).

Einem bereits bestehenden Vertrauensverhältnis zwischen dem Beschuldigten und einem Anwalt 387
kommt bei der richterlichen Beiordnungsentscheidung eine maßgebliche Rolle zu. Die räumliche Distanz der Anwaltskanzlei zum Gerichtsort steht der Beiordnung grundsätzlich nicht entgegen.[312] Faktisch wird sich häufig ein im Laufe des Verfahrens bereits gewählter Verteidiger mangels Realisierung von Honorarforderungen im Einvernehmen mit dem Beschuldigten im Fall einer notwendigen Verteidigung durch das Gericht beiordnen lassen.

Dem **Wunsch des Beschuldigten** trägt der Richter dann nicht Rechnung, wenn der Bestellung des 388
benannten Verteidigers ein **wichtiger Grund entgegensteht**. Dieser ist nicht schon dann gegeben, wenn der Verteidiger als kompliziert und – aus Sicht des Gerichts – missliebig erscheint. Maßstab ist nicht das für das Gericht angenehme Verfahren, sondern die Sicherstellung der notwendigen gesetzlichen Voraussetzungen.

A.A. ist häufig die Rechtsprechung, die eine ihr an dieser Stelle nicht zukommende Qualitätskontrolle 389
des Anwalts vornimmt. Erfahrungen des Richters mit dem beizuordnenden Verteidiger aus vergangenen Verfahren, wonach dieser aus Sicht des Gerichts den Ablauf häufig stört, andere Verfahrensbeteiligte unterbricht oder einen völlig unangemessenen Sprachgebrauch pflegt, dürfen nicht in Ablehnungen von Beiordnungen für ein laufendes Verfahren münden. Die hierin liegende Bevormundung greift in die Freiheit der Verteidigung unangemessen ein. Gegen gemutmaßtes »Fehlverhalten« im zukünftigen Prozess stehen dem Vorsitzenden ausreichende prozessuale Mittel zur Verfügung. Die Gewährleistung einer »sach-

---

312 OLG Jena StraFo 2009, 107; OLG München StraFo 2009, 527; z.T. a.A. OLG Köln StRR 2011, 63.

gerechten und ordnungsgemäßen Verteidigung« ist kein akzeptables zusätzliches Kriterium bei der Beiordnung.[313]

390 Fraglich ist, ob ein Richter fehlende Sachkompetenz beurteilen und hieran eine Ablehnung knüpfen kann. Da mit der Anwaltszulassung der Verteidiger seine generelle Fähigkeit zur Verteidigung dokumentiert hat, kommen derartige Überlegungen allenfalls bei Verhandlungen zum Tragen, die eine zusätzliche Spezialisierung erfordern. Formelle Hindernisse z.B. nach § 146 hat der Richter allerdings stets zu berücksichtigen.

391 Benennt der Angeklagte A Rechtsanwalt R als Verteidiger, kann die Bestellung abgelehnt werden, wenn R bereits früher die Mitbeschuldigte M verteidigt hatte. Auch wenn das Mandat zu M abgeschlossen ist, liegt ein wichtiger Grund wegen der konkreten Gefahr einer Interessenkollision vor, falls erst M durch ihre Angaben gegenüber der Polizei die entscheidenden Grundlagen zur Anklage gegen den A geschaffen hatte.[314]

392 Als wichtiger Grund für die Zurückweisung des benannten Verteidigers gilt dessen mangelnde Verfügbarkeit. Ein Verteidiger ist nicht beizuordnen, wenn er nicht oder nicht rechtzeitig zur Verfügung steht (§ 142 Abs. 5 S. 2). Problematisch ist dies in sogenannten Eilfällen, insbesondere bei der Vorführung vor dem Haftrichter. Ein benannter Verteidiger, der in anderweitigen Hauptverhandlungen beschäftigt ist, wird oft faktisch dem Wunsch des Mandanten nicht Rechnung tragen können, wenn er innerhalb weniger Stunden zum Haftrichter gerufen wird.

Die Interessen des Angeklagten können auch im späteren Verlauf eines Verfahrens mit dem **Beschleunigungsgrundsatz** kollidieren. Ist der als Pflichtverteidiger gewünschte Anwalt aufgrund anderer Verpflichtungen an der Wahrnehmung eines anberaumten Hauptverhandlungstermins gehindert, würde dessen Beiordnung zu einer Verlegung und damit Verzögerung des Verfahrens führen. Seine fehlende Verfügbarkeit könnte ein entgegenstehender »wichtiger Grund« i.S. der älteren Rspr. sein. Hier ist im Einzelfall zu entscheiden, ob anderweitige Interessen tatsächlich dem Anspruch des Angeklagten auf autonome Bestimmung des Pflichtverteidigers vorgehen, der neue Gesetzeswortlaut zum Wechsel des Verteidigers steht dem eher entgegen (s.u.).

393 Grundsätzlich ist vom Gericht eine »maßvolle Streckung« von Terminen hinzunehmen, wenn nur so der Beiordnungswunsch des Angeklagten erfüllt werden kann.[315] Das Beschleunigungsgebot gewinnt allerdings an Gewicht, wenn der Angeklagte inhaftiert ist. Über die Länge seiner Untersuchungshaft kann der Angeklagte nicht disponieren. U.U. ist das Gericht daher gehalten, zur Sicherung der zügigen Hauptverhandlung einen anderen Verteidiger beizuordnen. Dies dürfte immer dann erforderlich sein, wenn im verbundenen Verfahren die Länge der Untersuchungshaft von anderen Mitangeklagten betroffen ist.[316] Unzulässig ist allerdings die Ablehnung der Beiordnung mit dem pauschalen Hinweis einer terminlichen Belastung des Verteidigers und die Befürchtung der Durchführung einer künftigen Hauptverhandlung unter erschwerten Bedingungen;[317] notwendig ist regelmäßig die Überprüfung einer konkreten Verfügbarkeit des Anwalts.[318] Selbst wenn durch Verhinderung des eingearbeiteten Verteidigers eine Verschiebung des Beginns der Hauptverhandlung um wenige Wochen notwendig wäre, ist dies u.U. schon deswegen hinzunehmen, weil ein neuer beizuordnender Verteidiger sich mit erheblichem Zeitaufwand einarbeiten müsste; ein signifikanter Zeitgewinn kann oft nicht erzielt werden.[319]

394 Äußert der Beschuldigte innerhalb der gesetzten Frist keinen konkreten Wunsch, hat der **Richter** die **Auswahl** selbst zu treffen. Das Gesetz schreibt dem Richter vor, dass er den beizuordnenden Anwalt aus dem Gesamtverzeichnis der Bundesrechtsanwaltskammer auszuwählen hat. Dabei soll er sich maßgeblich an der Liste der dort eingetragenen Fachanwälte für Strafrecht orientieren (§ 142 Abs. 6) und eine Auswahl treffen. Daneben kommen auch Anwälte in Betracht, die über die Rechts-

---

313 So aber OLG Köln StraFo 2006, 328.
314 BGH StraFo 2006, 204.
315 OLG Köln StV 2006, 145.
316 BVerfG StV 2006, 451.
317 So allerdings OLG Naumburg NStZ-RR 2009, 114 f.
318 BGH StraFo 2009, 519.
319 OLG Frankfurt StV 2012, 612.

anwaltskammer ihr Interesse an der Übernahme von Pflichtverteidigung angezeigt haben und für die konkrete Verteidigungsmaßnahmen geeignet erscheinen.

»Bei den qualitätssichernden Maßnahmen soll zum einen auf das bewährte System der Fachanwaltschaften zurückgegriffen werden, in dessen Rahmen Fachanwältinnen und Fachanwälte für Strafrecht ihre besondere Eignung zur Übernahme von Pflichtverteidigungen nachgewiesen haben. Zum anderen sollen allerdings, unter anderem um den Bedarf an qualifizierter Pflichtverteidigung auch in der Fläche sicherzustellen, auch andere Rechtsanwältinnen und Rechtsanwälte ihr Interesse an der Übernahme von Pflichtverteidigungen bekunden können. Durch diese Interessenbekundung stellen Rechtsanwältinnen und Rechtsanwälte ihren besonderen fachlichen Bezug zur Strafverteidigung und ihre Bereitschaft, sich gerade auch durch eine verstärkte forensische Tätigkeit laufend fortzubilden, heraus. Sofern ausnahmsweise (zum Beispiel in einem besonders schwierigen Fall) eine interessierte Rechtsanwältin oder ein interessierter Rechtsanwalt für die Übernahme der Pflichtverteidigung nicht geeignet erscheint (zum Beispiel weil sie oder er noch sehr unerfahren ist), hat das Gericht dies individuell zu berücksichtigen.«[320]

Auch die jüngste umfangreiche Reform hat die traditionelle klassische **Fehlkonstruktion des Gesetzes** nicht geändert: Mit Ausnahme der sehr weiten Auswahlkriterien des Gesetzes existieren für den entscheidenden Richter keine konkreten Vorgaben, welche Verteidiger er für die Beiordnung auszuwählen hat. Verteidigung bedeutet Widerspruch. Die emotionale Primärreaktion auf Widerspruch ist das Verletztsein. Verteidigung bedeutet Kontrolle. Die Primärreaktion des Kontrollierten ist eine Abwehrhaltung. Verteidigung bedeutet Einseitigkeit. Die Primärreaktion eines um objektive Wahrheit bemühten Menschen ist mindestens der reduzierte Respekt. Angesichts all dieser zwangsläufigen Gegensätzlichkeiten ist die Auswahl eines Verteidigers durch den Richter naheliegend, der ihm weite Teile der anstehenden Unannehmlichkeiten erspart. Wenn Verteidigung ein Menschenrecht ist und der Staat für dessen Gewährung verantwortlich ist, erscheint es schon aus psychologischer Sicht als organisatorischer Kardinalfehler, die Details dieser Verantwortlichkeit dem Strafrichter zu übertragen. Da mit der Reform und den hierdurch notwendigen Eilbestellungen die Situationen zunehmen werden, in denen es keine konkrete Vorgabe des Beschuldigten selbst gibt, sondern der Strafrichter die Person des Verteidigers selbst auswählen kann, wird die Praxis mehr denn je mit der von der Anwaltschaft stets kritisierten willkürlichen richterlichen Auswahl leben müssen. Das Gesetz hindert den Strafrichter jedenfalls nicht, überdurchschnittlich häufig die von ihm als kompetent eingeschätzte anwaltliche Ehegattin seines Richterkollegen oder seinen eigenen Skatbruder beizuordnen. 395

Eine **rückwirkende Beiordnung** ist nicht zulässig.[321] Allerdings wird nach Wegen gesucht, das Kostenrisiko des Verteidigers zu minimieren, dessen berechtigter Beiordnungsantrag zwar gestellt, aber vor Wegfall der Voraussetzungen der notwendigen Verteidigung nicht beschieden wurde.[322] Regelmäßig wird eine vorhergehende »stillschweigende Beiordnung« zu überprüfen sein.[323] 396

Ein **weiterer Verteidiger** – auch ein zweiter beigeordneter Verteidiger – ist zur Sicherung einer effektiven Verteidigung notwendig, wenn dies die außergewöhnliche Schwierigkeit oder der außergewöhnliche Umfang des Verfahrens erfordert. Sowohl die Quantität des Verfahrensstoffs als auch die Notwendigkeit einer Vertretung in einem Verfahren über zahlreiche Hauptverhandlungstage und damit eine kontinuierliche Anwesenheit in der Hauptverhandlung macht u.U. ein arbeitsteiliges Verfahren mehrerer Verteidiger unabdingbar.[324] § 144 bestimmt, dass in den Fällen der notwendigen Verteidigung dem Beschuldigten zu seinem Wahlverteidiger oder dem bereits bestellten Pflichtverteidiger bis zu zwei weitere Pflichtverteidiger zusätzlich bestellt werden können. 397

---

320 BT-Drs. 19/13829 S. 43.
321 OLG Hamm NStZ-RR 2009, 113 f.
322 S. z.B. die landgerichtlichen Entscheidungen bei *Müller/Schmidt* Aus der Rechtsprechung zum Recht der Strafverteidigung 2009, NStZ 2010, 377; OLG Stuttgart StraFo 2010, 465.
323 BGH NStZ-RR 2009, 348.
324 So schon nach alter Rechtslage OLG Karlsruhe StraFo 2009, 517; OLG Hamburg StraFo 2000, 383; NStZ-RR 1997, 203; OLG Düsseldorf NStZ 2010, 231.

398   Anlass für derartige Maßnahmen sind häufig Umfangsverfahren, in denen dem Gericht die ständige Anwesenheit des gewählten Verteidigers nicht ausreichend gesichert erscheint. Notwendig kann eine Sicherung allerdings nur sein, wenn der entfernte Kanzleisitz des Verteidigers oder seine gerichtsbekannte Terminbelastung die Wahrnehmung der Verteidigung durch seine Person in einem unübersehbar lang andauernden Verfahren nicht gesichert erscheinen lässt. Kein Anlass für die Beiordnung eines nicht gewünschten weiteren Verteidigers kann die erwartete Verteidigungsstrategie sein, die der Richter als »Konfliktverteidigung« einstuft. Die Autonomie des Beschuldigten ist auch in dieser Konstellation die primäre Richtschnur für richterliche Beiordnungsentscheidungen. Das Gericht hat seine Bedenken offenzulegen und die Auswahl eines weiteren Verteidigers durch den Beschuldigten selbst grundsätzlich zu akzeptieren. Der Respekt vor dem Vertrauensverhältnis zwischen Anwalt und Mandant genießt auch in problematischen Prozesssituationen Vorrang.[325] **Terminsvertreter** auf der Verteidigerbank sieht das Gesetz nicht vor.

399   Die Beiordnung des zweiten Verteidigers kann nicht – etwa nur auf bestimmte Verhandlungstage – beschränkt werden. Die Rechte des Beschuldigten sind nur dann angemessen gewahrt, wenn auch der zweite beigeordnete Verteidiger ausreichend Gelegenheit hat, sich in den Verfahrensstand einzuarbeiten und dessen Entwicklung zu verfolgen.[326] Die Verteidigung durch einen minder informierten, minder engagierten und nur gelegentlich anwesenden Verteidiger ist durch den zweiten Verteidiger nicht legitimiert. Unzulässig ist die Vertretung durch einen inkompetenten Robenträger – und sei es nur für einen kurzen Zeitraum. Die Übung, in Umfangsverfahren bei gelegentlich verhinderten Pflichtverteidigern nur für die Zeit ihrer Verhinderung einen zweiten Verteidiger beizuordnen, mag für die Organisation eines Verfahrens praktisch sein, ist vom Gesetz allerdings nicht gedeckt.

400   Der BGH hat deutlich gemacht, dass es die Aufgabe des Gerichts ist, für eine effektive Verteidigung zu sorgen. Dieser Aufgabe ist der Richter nicht enthoben, auch wenn ein erstmalig im Laufe des Verfahrens auftauchender »Vertreter« keinen Aussetzungsantrag nach § 145 Abs. 3 stellt und der Angeklagte mit allem einverstanden ist. Soll und will ein Vertreter in einem sehr komplexen Verfahren nur an einem Hauptverhandlungstag des »Primärverteidiger« ersetzen, ist auch für das Gericht evident, dass eine Einarbeitung in die Materie nicht erfolgt sein konnte. Dies galt erst recht für den Fall, als ein Vorsitzender bei plötzlicher Erkrankung des Verteidigers einen zufällig verfügbaren Anwalt für einen Hauptverhandlungstag beiordnete (»Flurbeiordnung«), damit der aus dem Ausland erschienene Zeuge nicht nochmals anreisen musste.[327]

      Hier eröffnet auch § 144 Abs. 2 keinen weiteren richterlichen Ermessensspielraum für einen Terminsvertreter. Zwar kann die Bestellung eines zusätzlichen Verteidigers aufgehoben werden, sobald seine Mitwirkung zur zügigen Durchführung des Verfahrens nicht mehr erforderlich ist. Die Gesetzesbegründung dieser neuen Vorschrift hat jedoch eindeutig festgestellt, dass dieser Zeitpunkt bei der Bestellung zur Sicherung der Durchführung einer umfangreichen Hauptverhandlung in der Regel erst mit deren Abschluss gegeben sein dürfte.[328]

401   Mit der Auswahl des zweiten Verteidigers durch den Beschuldigten bewegt sich dieses Phänomen im gesetzlichen Rahmen der Strafverteidigung. Umstritten ist allerdings die Situation, in der das Gericht **gegen den Willen des Beschuldigten** diesem neben seinem Wahlverteidiger noch einen oder mehrere Pflichtverteidiger beiordnet. Die Literatur spricht von dem oktroyierten Verteidiger oder **»Zwangsverteidigern«**, die Gerichte selbst bedienen sich ohne Scheu der Bezeichnung der »Sicherungsverteidiger«.

402   Die Rechtsprechung begründet die Notwendigkeit häufig mit dem Interesse des reibungslosen Fortgangs eines Verfahrens[329] oder allgemein mit der Sicherstellung der Verteidigung für die Hauptverhandlung. Unsicher ist aus Sicht des Gerichts eine Situation, in der ihm der Verteidiger nach einigen Verhandlungstagen abhandenkommt, weil er das Mandat niederlegt. Konsequenz ist oft die Aussetzung des Prozesses. Aus der einseitigen Sicht des um Erledigung der Sache bemühten Vorsitzenden ist dies ebenso eine »Tor-

---

325 Vgl. z.B. OLG Frankfurt StV 1986, 144; 1995, 68.
326 OLG Hamm StV 2011, 660 f.
327 BGH StV 2013, 675 – das Verfahren hätte unterbrochen werden müssen.
328 BT-Drs. 19/13829 S. 50.
329 S. z.B. BGHSt 15, 306, 309.

pedierung« des Verfahrens wie das Verhalten eines Angeklagten, der fortlaufend seinen Verteidigern das Mandat aufkündigt und mit der notwendigen Einarbeitung neuer Verteidiger erhebliche Verzögerungen erzwingen kann.

Kein Prozess ist in seinem Ablauf exakt prognostizierbar. Die Ausübung von Zeugnisverweigerungs- 403
rechten kann ebenso überraschende Prozessverläufe begründen wie unauffindbare Beweismittel. Der Vertrauensverlust im Mandatsverhältnis ist in der Dynamik der Hauptverhandlung denkbarer Teil eines Prozessverlaufs. Allein der mögliche Eintritt hebelt nicht die rechtsstaatlichen Bedingungen einer Strafverteidigung aus. Das Gericht hat daher grundsätzlich deren Folgen zu ertragen. Mit der maßgeblichen Begründung des Beschleunigungsgrundsatzes wird diese Möglichkeit der Verfahrensgestaltung dennoch von Rechtsprechung und einem Teil der Literatur propagiert.[330] Die Vorschrift des § 144 wurde ausdrücklich mit der Begründung eingeführt, dass die Bestellung eines Sicherungsverteidigers auch gegen den Willen des Beschuldigten erfolgen kann. Dieses »Erbe« der Terroristenprozesse[331] ist nach wie vor rechtsstaatlich nicht akzeptabel.[332] Für eine vorsorgliche Bestellung eines zusätzlichen Verteidigers gegen den Willen des Beschuldigten fehlt es an transparenten Kriterien. Sie widerspricht der in Art. 6 Abs. 3 lit. c MRK fixierten Verteidigungsautonomie.

Völlig deplaziert ist die Beiordnung eines nicht vom Beschuldigten benannten weiteren »Sicherungs- 404
verteidigers«. Auch der derart beigeordnete Verteidiger, der sowohl allgemeinen ethischen Berufsrichtlinien oder abstrakten Verteidigungsideen verpflichtet ist, kann dem individuellen Interesse des Mandanten beim Verteidigen nur schaden. Die Anwesenheit eines Anwalts im Gerichtssaal, der weder das Vertrauen des Angeklagten genießt noch mit ihm kommunizieren kann, verfehlt den Kern von Strafverteidigung. Sie ist scheinformelle Verteidigungsfiktion zur Befriedigung richterlicher Erledigungsinteresses.

Dass auch die Aufgabe eines weiteren – sichernden – Verteidigers genuin dieselbe wie die des primären 405
Verteidigers ist, verschleiern häufige gerichtliche Formulierungen, die allein das gerichtliche Interesse an der Gewährleistung eines ordnungsgemäßen Verfahrensablaufs in den Vordergrund stellen. Dem »Sicherungsverteidiger« wird von der Justiz zugemutet, »dafür Sorge zu tragen, dass das Verfahren sachdienlich und in prozessual geordneten Bahnen durchgeführt wird«.[333] Soweit hier anklingt, dass der beiordnende Richter nur ein Interesse an der (im Übrigen wirkungslosen) Präsenz eines Verteidigers hat und ihn darüber hinaus auf die richterliche Sicht der Sachdienlichkeit von Prozesshandlungen einschwören will, liegt dem ein grobes Missverständnis von Verteidigungsaufgaben und deren Sicherstellung durch das Gericht zugrunde. Auch in der besonderen Konstellation der Sicherung bietet das Beiordnungsverfahren dem Richter keinen Spielraum, den vom Gesetz vorgesehenen unbequemen Widerpart des Verteidigers in seinem Sinne zu entschärfen. Der Anspruch auf sachgerechte Verteidigung ist nur dann eingelöst, wenn auch der zusätzliche Verteidiger Gelegenheit hat, den gesamten Prozessverlauf zu verfolgen und sich kontinuierlich in den Prozessstoff einzuarbeiten.[334] Der Topos der »Verfahrenssicherung« kann die Anforderungen an die gesetzlich vorgegebene Qualität der Verteidigung nicht minimieren.

5. Beendigung und Änderung der Beiordnung

Die Tätigkeit eines bestellten Verteidigers ist nur notwendig, wenn die Verteidigungsaufgaben nicht 406
durch einen Wahlverteidiger wahrgenommen werden. Ändert sich nach einer Bestellung die Situation dahin gehend, dass ein Wahlverteidiger seine Mitwirkung anzeigt, ist regelmäßig die Bestellung zurückzunehmen (§ 143a Abs. 1). Wenn das bei Mitwirkung des bisherigen beigeordneten Vertei-

---

330 BVerfGE 39, 238, 246 f.; BGH NJW 1973, 1985; OLG Karlsruhe NStZ-RR 2000, 337; LR/*Lüderssen/ Jahn* § 141 Rn. 39 ff.; einschränkend für Fälle prognostizierbaren extremen Missbrauchs *Beulke* Strafprozessrecht, 12. Aufl. 2012, Rn. 170, *Barton* Einführung in die Strafverteidigung, 4. Aufl. 2013, § 4 Rn. 53.

331 *Mehlich* Der Verteidiger in den Strafprozessen gegen die Rote Armee Fraktion 2012, S. 110 ff.

332 BVerfGE 66, 323 bezeichnete die Beiordnung des Zwangsverteidigers nach altem Recht zutreffend als »extra legem«.

333 OLG Hamburg NStZ 1998, 586 f. m. krit. Anm. *Kudlich*.

334 OLG Celle StV 1988, 379; OLG Hamburg StV 2000, 409.

digers weitgehend geförderte Verfahren bei einer Entpflichtung in weiten Teilen wiederholt werden müsste, bremst das Gesetz die Entpflichtung; die freie Verteidigerwahl hat zumeist nur die Folge, dass der neue Wahlverteidiger im laufenden Verfahren neben dem beigeordneten Verteidiger agieren kann. Die Aufrechterhaltung folgt hier dem Gedanken der Beiordnung eines Sicherungsverteidigers (§ 144).

407 Darüber hinaus soll es bei der Beiordnung des bisherigen Pflichtverteidigers bleiben, wenn zu besorgen ist, dass der neue Wahlverteidiger das Mandat demnächst niederlegen und seine Beiordnung als Pflichtverteidiger beantragen wird (§ 143a Abs. 1 Satz 2). Der Gesetzgeber sah hier konform mit niemals näher begründeter Rechtsprechung Anlass, »verfahrensverzögernden Missbrauch« der Gestaltungsformen innerhalb der Verteidigung zu unterbinden. Die Gefahr der Verzögerung ist allerdings nicht Regelungsgegenstand geworden. Die Idee der überkommenen Rechtsprechung wird konserviert, wonach § 143a Abs. 1 nicht dazu diene, einen ordnungsgemäß amtierenden Anwaltskollegen aus seiner Stellung »zu verdrängen«.[335] Vergessen wird, dass nicht der einmal beigeordnete Verteidiger, sondern der Beschuldigte zu schützen ist. Die aktuelle Gesetzeslage kann nur den Zweck haben, die Kontinuität einer einmal erfolgten Pflichtverteidigerbestellung zu wahren; dass Interessen des Beschuldigten eine Rolle spielen, ist nicht erkennbar.

Im Übrigen endet die Pflichtverteidigung mit der Einstellung oder dem rechtskräftigen Abschluss des Strafverfahrens (§ 143 Abs. 1). Die Bestellung kann darüber hinaus jederzeit aufgehoben werden, wenn kein Fall notwendiger Verteidigung mehr vorliegt (§ 143 Abs. 2).

408 War ein Verteidiger beigeordnet worden, weil der Beschuldigte sich in einer Anstalt befand, so führt die Entlassung aus der Anstalt nicht sofort zur Entpflichtung des Verteidigers; dies setzt vielmehr voraus, dass zwischen der Entlassung aus der Anstalt und dem Beginn einer Hauptverhandlung mehr als zwei Wochen liegen. Wurde der Verteidiger im Hinblick auf die Existenz eines Terminshaftbefehls nach § 230 Abs. 2 beigeordnet, endet diese Beiordnung mit der Aufhebung oder Außervollzugsetzung dieses Haftbefehls, spätestens allerdings zum Schluss der Hauptverhandlung, an der der Beschuldigte teilnehmen sollte. Wird nach der Vorführung und Anhörung vor dem Haftrichter der lediglich vorläufig festgenommene Beschuldigte nicht inhaftiert, sondern auf freien Fuß gesetzt, soll die Bestellung des Pflichtverteidigers ebenfalls mit der Vorführung aufgehoben werden (§ 143 Abs. 2).

409 Verfahrenssituationen einerseits und Vertrauensverhältnisse andererseits sind volatil. Eine rechtsstaatlich faire Regelung der Pflichtverteidigung muss daher dem Beschuldigten eine angemessene Möglichkeit der personellen Auswechslung des Pflichtverteidigers zubilligen. Sowohl die Vorgabe der EU-Richtlinie zur Prozesskostenhilfe als auch die Gesetzesbegründung zur Neuregelung der notwendigen Verteidigung lassen daher keinen Zweifel an einer weitgehenden Autonomie des Beschuldigten bei einem Verteidigerwechsel.

Die Rechtslage bis zur Reform im Dezember 2019 war extrem unklar. Gesetzlich war nur ein kleiner Teil des denkbaren Wechsels eines Verteidigers geregelt. Die Rechtsprechung hatte dies über Jahrzehnte zum Anlass genommen, ohne Aufdeckung übergreifender Maßstäbe eine Kasuistik der zulässigen Auswechslung von Pflichtverteidigern aufzustellen, die im Ergebnis allein der praktischen richterlichen Sicht der äußerlichen Durchführbarkeit eines Prozesses diente. Mehr als ein »wichtiger Grund« war als Leitlinie der Auswechslung nicht erkennbar.

410 Der schlichte Wille des Angeklagten, mit einem neuen Verteidiger zusammenarbeiten zu wollen, sollte hiernach kein wichtiger Grund sein, ebenso wenig Differenzen über die Verteidigungsstrategie.[336] Die

---

335 Zur alten Rechtslage: BGH StraFo 2008, 505; OLG Köln NJW 2006, 389; OLG München NJW 2010, 1766 f.; OLG Celle NStZ-RR 2010, 381; OLG Stuttgart NStZ-RR 1996, 207; s. zur Problematik: *Egon Müller* Aus der Rechtsprechung zum Recht der Strafverteidigung 1996, NStZ-RR 2000, 103; *Hilgendorf* Die Aufhebung der Pflichtverteidigerbestellung gem. § 143 StPO, NStZ 1996, 1; *Kett-Straub* Darf das Gericht dem Pflichtverteidiger »kündigen«?, NStZ 2006, 361; *Lam/Meyer-Mews* Die gestörte Verteidigung – Möglichkeiten und Grenzen des Widerrufs der Pflichtverteidigerbestellung, NJW 2012, 177 ff.
336 BGH NStZ 1988, 420; 1995, 296; BVerfG, Nichtannahmebeschl. v. 26.10.2006 – 2 BvR 426/06.

Rechtsprechung wollte sich dagegen verwahren, vom Angeklagten zu einem Wechsel gezwungen zu werden. Der ungestörte Fortgang des Verfahrens ist ihr zumeist wichtiger als eine kontinuierliche Sicherstellung einer effektiven Verteidigung. Die Subjektstellung des Angeklagten, sein Gleichstellungsanspruch gegenüber anderen Angeklagten, die sich einen Wahlverteidiger und auch dessen Wechsel finanziell leisten können, sein Anspruch auf Waffengleichheit durften auch nach alter Rechtslage nicht dadurch minimiert werden, dass ihm einmal ein Verteidiger beigeordnet wurde.[337] Anlass für Verteidigerwechsel gab es nach bisheriger Rechtsprechung allenfalls bei sich aufdrängenden Nachlässigkeiten des Verteidigers,[338] erkennbarer Unkonzentriertheit im Verteidigergespräch,[339] unüberbrückbarer Meinungsverschiedenheiten über die Strategie,[340] das Drängen des Pflichtverteidigers auf Abschluss einer Honorarvereinbarung[341] ebenso wie durch Beleidigungen oder gar tätliche Angriffe deutlich werdende persönliche Zerwürfnisse.[342]

Der »wichtige Grund« als gesetzlicher Bezugspunkt hat allenfalls in den Konstellationen Bedeutung, in denen der beigeordnete Anwalt seine Entpflichtung wegen Unzumutbarkeit weiterer Verteidigung beantragt (§ 48 Abs. 2 BRAO).

Unabhängig von den gesetzlich nunmehr explizit geregelten Fällen der Auswechslung gilt, dass **411** anknüpfend an die bisherige Rechtsprechung der zeit- und kostenaufwandsneutrale **konsensuale Verteidigerwechsel** weiterhin möglich bleibt. Danach ist auf Antrag des Beschuldigten die Bestellung des bisherigen Verteidigers zu widerrufen und der neue Verteidiger beizuordnen, wenn folgende Voraussetzungen vorliegen: Einverständnis des bisherigen Verteidigers und des neuen Verteidigers, keine Verfahrensverzögerung sowie keine Mehrbelastung für die Staatskasse.[343]

Eine **Auswechslung des Pflichtverteidigers** ist nach § 143a Abs. 2 Nr. 1 dann **geboten**, wenn dessen Beiordnung unter suboptimalen Bedingungen erfolgt war. Hatte – insbesondere in Eilfällen – der Beschuldigte einen Verteidiger seines Vertrauens benannt, wurde allerdings mangels dessen Verfügbarkeit ein anderer Verteidiger beigeordnet, so soll hier nachträglich die Möglichkeit der Reparatur gegeben werden. Die Einschränkung der Autonomie des Beschuldigten soll hier nur temporär hingenommen werden. Das Gleiche gilt für die Situation, in der dem Beschuldigten nur eine sehr kurze Frist zur Benennung eines Verteidigers gesetzt werden konnte. Hatte er beispielsweise bei einer Vorführung vor dem Haftrichter keine ausreichende Recherche- und Entscheidungsmöglichkeit hinsichtlich eines Verteidigers seines Vertrauens und wurde stattdessen bei der Vorführung ein anderer Anwalt beigeordnet, soll dem Beschuldigten bei angeordneter Haft die Chance gegeben werden, mit Bedacht und längerer Überlegensfrist einen Anwalt seines Vertrauens beizuordnen.

Auch hier konstituiert das Gesetz einen Zeitdruck. Der Antrag auf Bestellung eines anderen Verteidigers ist spätestens drei Wochen nach der ursprünglichen Pflichtverteidigerbestellung geltend zu machen (§ 143a Abs. 2 Nr 1).

Die Bestellung eines neuen Pflichtverteidigers durch das Gericht ist dann gesetzlich geboten (§ 143 **412** Abs. 2 Nr. 3), wenn das **Vertrauensverhältnis zwischen Verteidiger und Beschuldigten endgültig zerstört** ist.

Auch wenn dies vom Gesetzgeber so nicht ausdrücklich beabsichtigt war, kann die nunmehr geltende gesetzliche Formulierung keine nahtlose Anknüpfung an die Rechtsprechung zur Folge haben, die sich bislang lose um die Formulierung des wichtigen Grundes zur Auswechslung des Pflichtver-

---

337 *Lam/Meyer-Mews* Die gestörte Verteidigung – Möglichkeiten und Grenzen des Widerrufs der Pflichtverteidigerbestellung, StraFo 2012, 177 ff.

338 OLG Düsseldorf NStZ-RR 2011, 48 f., der Verteidiger hatte bis kurz vor der Hauptverhandlung 2 Monate lang seinen inhaftierten Mandanten weder besucht noch schriftlich kontaktiert.

339 LG Trier 2012, 591 hielt es für ausreichend, dass der Verteidiger nach dem nachvollziehbaren Eindruck des Beschuldigten, »während des Gesprächs oft den Faden verliere«.

340 OLG Hamm StraFo 2006, 286; für einen Widerruf in dieser Situation schon OLG Hamm StV 1982, 510.

341 KG StRR 2012, 261.

342 A.A. selbst für diesen extremen Fall KG AnwBl. 1978, 241 f.

343 BT-Drs. 19/13829 S. 47; zur überkommenen Rspr. s. z.B. OLG Frankfurt NStZ 2005, 469; OLG Naumburg StraFo 2005, 73.

teidigers rankte. Im Gegensatz zu der bisherigen restriktiven Handhabung des Wechsels formuliert das Gesetz nunmehr den unabdingbaren Kern einer rechtsstaatlichen Verteidigung: das Vertrauensverhältnis. Ist dieses irreparabel zerstört, ist das Prozessgrundrecht auf Verteidigung nicht mehr zu realisieren. Die Konsequenz ist die Notwendigkeit einer personellen Änderung auf der Verteidigerbank.

413   Aus Sicht des Angeklagten ist Vertrauen dann zerstört, wenn der Verteidiger ihm erkennbar verweigert, grundsätzlichen Verteidigerpflichten nachzukommen, wie beispielsweise Akteneinsicht zu nehmen und den Inhalt mit dem Mandanten zu besprechen, Gerichtsbesetzungen zu prüfen und gegebenenfalls zu rügen, ein Ablehnungsgesuch auf Wunsch des Mandanten zu formulieren, Maßnahmen des Vorsitzenden gemäß § 238 Abs. 2 zu beanstanden oder Rechtsmittel und Rechtsbehelfe einzulegen. Aus Sicht des Verteidigers ist beispielsweise ein unüberbrückbarer Vertrauensbruch gegeben, wenn sich im Laufe des Mandats die weltanschauliche oder politische Grundeinstellung des Mandanten offenbart, er diese in der Hauptverhandlung zum Thema machen will und der Verteidiger sich hiermit nicht identifizieren kann.[344]

414   Die Auswechslung ist nicht von einem Antrag abhängig, vielmehr unterliegt das Vertrauensverhältnis der gerichtlichen Beobachtung. Von Amts wegen sind Maßnahmen zu treffen, wenn die gesetzlichen Voraussetzungen vorliegen. Angesichts des Zwangs zur Ausfüllung eines gesetzlichen Merkmals wird sich nunmehr die Frage stellen, wie ein derartiges Vertrauensverhältnis aus gerichtlicher Sicht zu definieren ist; Maßstab hierfür dürfte nicht eine wie auch immer geartete persönliche emotionale Verbindung sein, vielmehr dürfte das Vertrauensverhältnis im Sinne des § 143a auf die Effektivität der Umsetzung von Verteidigungsmöglichkeiten im Prozess als Bezugspunkt abzielen. Möglich ist daher auch Vertrauen eines Mandanten in die korrekte Arbeit eines Verteidigers, obwohl der ihm unbekannte Anwalt durch den Richter beigeordnet wurde. Eine professionelle Vertrauensbeziehung im Sinne dieser Vorschrift dürfte auch dann vorstellbar sein, wenn ein Anwalt verteidigt, obwohl der Mandant aus grundsätzlichen Erwägungen kein Gespräch mit irgendeinem Verteidiger zu führen bereit ist.

Gemessen an diesem normativen Standard ist auch für das Gericht eine Zerrüttung des Vertrauensverhältnisses gegeben, wenn Verteidiger und Mandant deutlich auseinanderliegende Verteidigungsziele und Verteidigungswege verfolgen, und der Verteidiger sich insbesondere außerstande sieht, den Weg des Beschuldigten mitzutragen und durch Ausübung seiner Verteidigungsrechte zu unterstützen.

415   Meinungsverschiedenheiten zwischen Verteidiger und Mandanten akzeptiert die Rechtsprechung allerdings nur, wenn sie das grundlegende Verteidigungskonzept betreffen. Dies soll gegeben sein, wenn der Verteidiger wegen der Ablehnung seines expliziten Rats durch den Mandanten sich außerstande sieht, die Verteidigung des Angeklagten sachgemäß zu führen.[345] Wie eng der lediglich prinzipielle Dissens vom BGH als Anlass für eine Entpflichtung aufgefasst wird, zeigt eine Entscheidung vom 5.3.2020:[346] Die beigeordneten Verteidiger hatten den Angeklagten jahrelang begleitet, die Vorbereitung zur Hauptverhandlung ging dahin, sich in jedem Fall bestreitend zu verteidigen. Nachdem früh im Verfahren eine solche bestreitende Einlassung abgegeben worden war, hatte der angeklagte 2 Jahre später am 180. Verhandlungstag ein sehr ausführliches Geständnis abgelegt. Dieses hatte er nicht mit seinen Verteidigern abgesprochen, sie kannten die umfangreichen neuen Einlassungen nicht, Gespräche zu diesem Thema im Vorfeld hatte der Angeklagte ausdrücklich verweigert. Für die Verteidiger war damit der gemeinsamen Arbeit jede Basis entzogen, während der Angeklagte selbst gegenüber dem Gericht bekundete, er schätze die Arbeit seiner Verteidiger und wolle die auch weiterhin an seiner Seite sehen. Dem Senat reichte die Begründung des Angeklagten, er fühle sich weiterhin gut beraten und sein Verhältnis zu den Pflichtverteidigern sei nicht gestört. Zwar konzediert der BGH, dass auch der einseitige Wunsch des Angeklagten auf weitere Zusammenarbeit nicht allein ausschlaggebend sein dürfe. Allerdings sei diese Grenze erst

---

344 Zu weiteren Konstellationen s. *Hellwig/Zebisch* Pflichtverteidigung – Die Entpflichtung des Verteidigers wegen eines gestörten Vertrauensverhältnisses – (Rechts-) Probleme und Lösungsansätze, NStZ 2010, 602 ff.; *Lam/Meyer-Mews* Die gestörte Verteidigung – Möglichkeiten und Grenzen des Widerrufs der Pflichtverteidigerbestellung, NJW 2012, 177 ff.

345 So schon BGH 2 StR 22/88 Urteil vom 18. Mai 1988, BGHR StPO 142 Abs. 1 Auswahl 2.

346 BGH StB 6/20, HRRS 2020 Nr. 419.

erreicht, wenn der Angeklagte durch sein Verhalten die Basis für eine sachgerechte Verteidigung vollständig entziehen würde. Was hierbei sachgerecht ist, bleibt offen. Als Beispiel wird lediglich eine Situation genannt, in der die Verteidigung gezwungen wäre, gegen ihren Willen bei der Unterstützung eines falschen Geständnisses mitzuwirken. Insgesamt wird diese Entscheidung schon dem Gesetzeswortlaut nicht gerecht. Für das Gericht erkennbar wird der Verteidiger zur Staffage degradiert; die gerichtliche Zustimmung ist offensichtlich maßgeblich dadurch bedingt, dass das Verfahren schon sehr weit fortgeschritten war und die richtige Entscheidung der Entpflichtung zusätzliche Organisationsprobleme mit sich bringen würde.

Das größere Problem der praktischen Anwendung der Norm dürfte die Grundlage der **Überzeugungsbildung des Gerichts** sein.   416

Das allein für das Gericht nach außen erkennbare Bild der Verteidigung wird selten Anlass für ein   417
Einschreiten von Amts wegen geben. Ausnahmen sind da vorstellbar, wo es im Gerichtssaal zu Handgreiflichkeiten kommt oder divergierende Anträge von Verteidigung und Angeklagten unüberbrückbare Differenzen verdeutlichen. Ansonsten ist das Gericht auf die Darlegung der verteidigungsinternen Umstände des Vertrauensverlusts angewiesen. Schlichte Behauptungen wollten Richter in der Vergangenheit oft nicht ausreichen lassen, mehr als plausible Darlegungen sind ohne Verstoß gegen Schweigepflichten vom Verteidiger bei einem Entpflichtungsantrag allerdings nicht zu verlangen.[347] Richter werden nach aktueller Rechtslage nicht mehr – wie früher befürchtet – von schlichtem Verteidigungsvorbringen in ihrer Entscheidungsgewalt beschnitten, sie werden durch das Gesetz gelenkt. Der Bericht über interne Verteidigungsvorgänge ist von ihnen daher regelmäßig zu akzeptieren und kann nur bei nachweisbarem Falschvortrag zurückgewiesen werden. Maßstab ihrer Entscheidung ist nicht der Vorrang der Kontinuität einer einmal beschlossenen Beiordnung, sondern die Wahrung der Verteidigungsrechte in jeder Phase des Verfahrens.

Öffentlichkeitswirksam diskutiert wurde die Problematik der möglichen Umbesetzung der Bank der bei-   418
geordneten Verteidiger im sog. NSU-Prozess vor dem OLG München. Das Dilemma wurde aufgezeigt, aber nicht gelöst. Die Angeklagte wollte sich nach weit mehr als hundert Verhandlungstagen von ihren beigeordneten Verteidigern trennen. Ein Vertrauensverlust war für das Gericht offensichtlich, konkrete Details von Zerwürfnissen wollten oder konnten weder Verteidiger noch Mandantin vorbringen. Das Verteidigungsinteresse der Angeklagten gebot eine Entpflichtung und Beiordnung anderer Vertrauensanwälte; diese hätten allerdings einen Anspruch auf Aussetzung und Neubeginn gehabt – was verständlicherweise dem Interesse an einer akzeptablen Beschleunigung des Verfahrens widersprach. Die gerichtliche Konzession bestand in der Beiordnung eines neuen Verteidigers – der auf Aussetzung verzichtete – und der Beibehaltung der bestehenden Beiordnungen – was die bisherige Verteidigung nach Vertrauensverlust in die weitgehend ungeklärte Position von »Zwangsverteidigern« drängte.

Gerne nutzen Gerichte erkennbar inkompetente Verteidigung. Wenn z.B. am dritten Verhandlungs-   419
tag der Mandant ohne seinen Wahlverteidiger vor Gericht erscheint und darauf hinweist, er habe diesen nicht mehr bezahlen können, wird häufig noch am selben Tag ein bereiter anderer Anwalt beigeordnet, um den ursprünglichen Verhandlungsplan fortsetzen zu können. Wenn dieser weniger als eine halbe Stunde Vorbereitungszeit hat und – pflichtwidrigerweise – keine Verfahrensaussetzung nach § 145 Abs. 3 beantragt, wird im richterlichen Interesse die selbstverantwortliche Einschätzung der Verteidigung zur ungebremsten Verfahrensfortsetzung genutzt[348] statt in Wahrnehmung gerichtlicher Fürsorgepflicht angesichts veränderter Sachlage das Verfahren von Amts wegen gem. § 265 Abs. 4[349] zu unterbrechen.

Erleichtert ist der Wechsel des Pflichtverteidigers nach Abschluss der Tatsacheninstanz im Hinblick   420
auf die **Revisionsinstanz.** Ein Antrag des Angeklagten – spätestens eine Woche nach Beginn der Revisionsbegründungsfrist beim Tatgericht einzureichen – reicht, um den bisherigen Verteidiger

---

347   Einen Anspruch auf Entpflichtung will auch der EGMR nur bejahen, wenn der amtlich bestellte Verteidiger die Verteidigung offensichtlich nicht sachgerecht führt – EGMR Homann./.Deutschland NJW 2008, 2320 f.
348   BGH StRR 2013, 63 ff. m. krit. Anm. *Arnoldi*.
349   Zur Frage des Verteidigerwechsels als Veränderung der Sachlage s. BGH NJW 2000, 1350.

entpflichten und einen anderen Verteidiger beiordnen zu können. Der Gesetzgeber wollte damit dem Phänomen Rechnung tragen, dass in der Anwaltschaft Spezialisierungen im Hinblick auf die Revision erfolgt sind und Verteidiger aus der Tatsacheninstanz sich nicht immer den formellen Schwierigkeiten der Revision stellen wollen. Ob eine Revisionsexperte allerdings ernsthaft bereit ist, zu den mehr als bescheidenen Gebühren sein Spezialwissen zur Verfügung zu stellen, ist auch angesichts der gesetzlichen Konzession fraglich, wonach die Kostenneutralität in diesem Fall keine Rolle spielen soll.

6. Gerichtliche Fürsorge und effektive Verteidigung

421   Einen Grund für das Gericht, die Bestellung des Pflichtverteidigers aufzuheben und einen neuen Pflichtverteidiger zu bestellen, soll auch dann gegeben sein, wenn »keine angemessene Verteidigung des Beschuldigten gewährleistet ist.« (§ 143a Abs. 2 Nr. 3). Über diese neu eingeführte Vorschrift wird erstmalig im Gesetz die Frage angesprochen, ob und in welchem Umfang das Gericht Verteidigungsqualität zu überprüfen und gegebenenfalls hieraus Konsequenzen zu ziehen hat. Der Anwendungsbereich muss enger sein, als der Wortlaut suggeriert.

Als Ausgangspunkt gilt: Die Vorgaben der MRK und der StPO dokumentieren, dass das Gericht eine Verantwortung für eine ausreichende Verteidigung des Angeklagten trifft. Es ist die Aufgabe des Gerichts, die Voraussetzungen der notwendigen Verteidigung festzustellen und beispielsweise eine Hauptverhandlung nur in Anwesenheit eines Verteidigers durchzuführen. Es ist seine darüber hinausgehende Pflicht ggf. dem Angeklagten einen Pflichtverteidiger zu bestellen.

422   Umstritten war stets, ob das Gericht weiterführend eine **Verantwortung für die Qualität der Verteidigung** hat. Dies wird regelmäßig von Gerichten sowie von der Anwaltschaft abgelehnt, da die Freiheit der Verteidigung und die eigene Verantwortung des Angeklagten, die Verteidigung mitzubestimmen, durch Bevormundung gefährdet sein könnte.

423   »Das Gericht hat nicht von sich aus die Tätigkeit des Verteidigers zu überwachen, um sich davon zu überzeugen, ob er die Verteidigung sachgemäß führt. Die Ansicht des Beschwerdeführers [...] ist unvereinbar mit der Stellung des Rechtsanwalts als eines selbständigen, unabhängigen Organs der Rechtspflege.«[350]

424   Grundsätzlich hat daher das Gericht einen passiven Verteidiger hinzunehmen, auch wenn sich möglicherweise ein aktiveres Verhalten aufdrängt. Die fehlende Wahrnehmung von offensichtlichen Verteidigungsmöglichkeiten kann durchaus Teil eines sinnvollen Verteidigungskonzeptes sein, das ein Gericht nicht zu hinterfragen hat.

Dem steht andererseits die allgemeine Forderung gegenüber, dem Beschuldigten eine effektive Verteidigung zu garantieren. Die Realisierung rechtsstaatlicher Grundprinzipien kann allerdings nicht davon abhängen, ob ein Angeklagter von einem engagierten oder übermäßig saumseligen Anwalt verteidigt wird. Auch der Anspruch auf effektive Verteidigung muss daher realisierbar sein, das Verfehlen des Anspruchs muss revisibel sein.

425   Eine schlechte oder gar fehlerhafte Verteidigung zulasten des Beschuldigten wird nach der aktuellen Rechtssituation nicht kompensiert. Die Selbstverteidigung des Angeklagten muss insuffizient sein, die Abwahl eines Verteidigers ist bei fortgeschrittenem Verfahren komplex bis unmöglich. In der Rechtsmittelinstanz gilt fehlerhaftes Verteidigerverhalten nicht als Untersuchungsgegenstand. Die nachträgliche Korrektur durch Zivilgerichte ist beschränkt. *»Der idealistische Grundsatz, das Verschulden des Verteidigers dürfe für seinen Mandanten keine nachteiligen Auswirkungen haben, hat in der Rechtswirklichkeit keinen Bestand.«*[351]

---

350 BGH, Beschl. v. 02.06.1967 – 4 StR 147/67; ähnlich BGH NStZ 1993, 600; 1997, 401; weitere Hinweise bei *Neuhaus* Beruhensfrage (§ 337 I StPO) und unzureichende Verteidigerleistung, StV 2002, 43 ff.
351 *Augustin* Das Recht des Beschuldigten auf effektive Strafverteidigung, 2013, 181.

Erste Ansätze, zumindest die Einhaltung von Mindeststandards der Verteidigung zu überwachen, sind in der **Rechtsprechung des BGH** schon vor der Gesetzesänderung erkennbar. Ein Einschreiten wird allerdings von Extremfällen abhängig gemacht, wenn das Verteidigerverhalten evident interessenwidrig erscheine und ohne gerichtliches Eingreifen eine effektive Verteidigung unter keinem Gesichtspunkt mehr gewährleistet wäre.[352] Konkrete Beispiele der höchstrichterlichen Rechtsprechung sind selten.

426

Auf diese Extremfälle will das Gesetz nunmehr zurückgreifen.

»Andererseits soll der Fall ausdrücklich geregelt werden, in dem ein Verteidigerwechsel aus Gründen der Verfahrensfairness geboten ist. Damit sollen grobe Verstöße des Verteidigers gegen eine ordnungsgemäße Wahrnehmung seiner Aufgaben erfasst werden, die eine angemessene Verteidigung des Mandanten ersichtlich gefährden, etwa wenn ein Verteidiger in einer Haft Sache den Mandanten monatelang nicht aufsucht und auch sonst völlig untätig bleibt. Die Auswechslung des Pflichtverteidigers kann in diesem Fall unabhängig vom Willen des Beschuldigten erfolgen, der jedoch vorher anzuhören ist.«[353]

427

Maßstab soll damit der für jedermann von außen erkennbare **grobe Verstoß gegen Verteidigerpflichten** sein. Die Tendenz ist seit Jahren in der nationalen und internationalen Rechtsprechung angelegt.

428

Hat der Verteidiger beispielsweise bis zum Beginn der Hauptverhandlung mit dem Mandanten keinerlei Kontakt aufgenommen, kann dies schon nach bisheriger Rechtsprechung des BGH seine Entpflichtung rechtfertigen.[354] Absolute Passivität des im Rahmen der Revisionsbegründungsfrist beigeordneten Verteidigers – der auch auf gerichtliche Anschreiben nicht reagiert – stellt auch aus Sicht des BGH ein »offensichtlicher Mangel« der Verteidigung dar, der ein gerichtliches Eingreifen erforderlich macht.[355]

Die amerikanische Rechtsprechung hat bereits – unter den erweiterten Pflichten des Anwalts im Parteiprozess – in etlichen Fällen ineffektive Verteidigung als Verletzung der Beschuldigtenrechte gerügt. Wenn sich aufdrängende Beweisanträge beispielsweise zum mentalen Zustand des Angeklagten angesichts früherer Gutachten unterlassen werden und sich dies unter keinem denkbaren Gesichtspunkt mit einer Verteidigungsstrategie erklären lässt, wenn vollständig anwaltliche Untersuchungen zum Vorleben des Mandanten unterbleiben, soll dies die Rechte des Angeklagten ebenso verletzen wie der unterlassene Rechtshinweis vor einem Geständnis, wonach der Schuldspruch zusätzlich die Ausweisung des ausländischen Angeklagten, der 40 Jahre in den USA gelebt hatte, zur Folge haben werde. Entscheidende Rechtsfehler, die zur Aufhebung des Urteils durch den Supreme Court führten, wurden auch in fehlenden oder unzutreffenden Informationen des Verteidigers bezüglich ihm angetragener Deal-Angebote der Staatsanwaltschaft gesehen.[356]

429

Der **Europäische Gerichtshof für Menschenrechte** hat in mehreren Entscheidungen darauf hingewiesen, dass in extremen Ausnahmefällen der auch vom Gericht zu garantierende Grundsatz des fairen Verfahrens tangiert sein kann, wenn das Gericht untätig evidenten Defiziten auf der Verteidigerseite zusieht. Der Staat trägt nicht nur Verantwortung für die Sicherstellung von Verteidigung, sondern auch für deren Effektivität.[357] Ohne dass für das deutsche Verfahren konkrete Maßstäbe genannt wurden, sieht der EGMR einen Verstoß gegen Artikel 6 Abs. 1 EMRK darin, dass ein Gericht untätig ist, obwohl die Verteidigung des Angeklagten in nicht mehr zu ignorierender Weise dilettantisch oder überhaupt nicht geführt wird. Sogar die Erkenntnis eines grob falschen Rechtsrats durch den Verteidiger soll den Anspruch des Angeklagten auf ein faires Verfahren tangieren.[358] Deutlich werden können solche Defizite z.B. für das Gericht vor einer Hauptverhandlung durch – auf-

430

---

352 BGH VRS 26, 46, 47.
353 BT-Drs. 19/13829 S. 48.
354 BGH StraFo 2009, 107.
355 BGH StraFo 2018, 148.
356 Näher s. *Ransiek* Ineffective Assistance of Counsel – ein rechtsvergleichender Blick, Fischer-FS 2018, 777 ff.
357 EGMR Imbrioscia ./. CH v. 24. November 1993; Siałkowska ./. Poland v. 22. März 2007.
358 EGMR Ebanks ./. UK v. 26.1.2010 Rn. 79.

grund der Postkontrolle – wahrgenommene Briefe des inhaftierten Angeklagten, der seinen Verteidiger bis zum Tag vor der Hauptverhandlung noch nicht einmal gesehen hat.[359] Zusammengefasst: Wird im Verfahren offensichtlich, dass der Verteidigerbeistand unwirksam ist und nicht allein Fragen der Verteidigungstaktik tangiert sind, muss die staatliche Rechtspflege handeln, wenn sie Art. 6 Abs. 1, 3 lit. c EMRK nicht verletzen will.[360]

431 Praktisch gilt aktuell (noch) nach deutschem Recht, dass der Angeklagte Fehler seines Verteidigers hinzunehmen hat. Tendenzen des BGH sind unverkennbar, dem Verteidiger konkrete, z.T. schwer erkennbare Handlungspflichten aufzuerlegen. »Fehler« sind nach diesen Maßstäben aufseiten der Verteidigung schnell gemacht, z.B. bei der revisionsrechtlichen Verfahrensrüge mit den vom BGH konstituierten strengen Darlegungs- und Mitwirkungsobliegenheiten. Hierzu gehört auch die »Widerspruchslösung« oder das schwer zu handhabende Element der Konnexität beim Beweisantrag. Dass sich die Gerichte mehr und mehr aus ihrer eigenständigen Verantwortung für die Rechtmäßigkeit des Prozesses verabschieden, indem sie diese auf die Verteidiger verschieben, hindert diese bislang nicht, die generelle **Rüge der Schlechtverteidigung** abzulehnen.[361] Schon gar nicht wird in den meisten Fällen[362] einem Angeklagten geholfen, dessen Revision unzulässig ist, weil sein Verteidiger nicht einmal in der Lage war, eine zulässige Verfahrensrüge zu verfassen.

432 Der nachlässig und fehlerhaft agierende Verteidiger und damit der Ausfall des wirksamen Verteidigerbeistands werden dem Angeklagten uneingeschränkt zugerechnet, obwohl den Gerichten das rein formale Versagen offensichtlich wird. Der Angeklagte verliert seine Verteidigungsrechte und/oder Rechtsmittel, obgleich sie ihm verfassungsrechtlich effektiv gewährleistet sein sollten. Das Gewähren des Rechts auf Verteidigung mit der gleichzeitigen Überwälzung des vom Angeklagten selbst nicht zu leistenden Überwachungsrisikos der Effektivität seines Rechtsbeistandes hat Tradition:

433 »Man erklärt die Verteidigung für notwendig; aber ob der mit ihr Betraute das zu ihr Notwendige tut, darum kümmert man sich nicht; da mag sich der Beschuldigte regen.«[363]

434 Dass gerichtliche Reaktionen erforderlich sein können, wird schon seit Längerem diskutiert.[364] Die Neufassung des Gesetzes hat hierfür eine Grundlage geschaffen.

Höchst bedenklich erscheint allerdings die Ansicht der Gesetzesbegründung, dass – obwohl dies der Wortlaut nicht rechtfertigt – die **Beendigung** der Pflichtverteidigung auch **gegen den Willen des Beschuldigten** erfolgen könne. Offensichtlich will man Konstellationen nicht für ausgeschlossen halten, in denen das Gericht zwar den Angeklagten in aller Offenheit auf die aus seiner Sicht vorliegenden Verfehlungen des Strafverteidigers hinweist, der Angeklagte trotzdem an seinem Verteidiger festhalten will und das Gericht ihm dennoch den Verteidiger seines Vertrauens entzieht.

435 Wenn der Beschuldigte einen Verteidiger seines Vertrauens benannt hat und dieser auch beigeordnet wurde, so läuft dessen Entpflichtung gegen den Willen des verteidigten Beschuldigten letztlich auf den Ausschluss eines Verteidigers hinaus, der in den §§ 138a ff. abschließend geregelt ist. Dennoch behauptete die Rechtsprechung – auf der Grundlage alten Rechts und gestützt auf eine ältere Ent-

---

359 Vgl. hierzu EGMR Daud ./. Portugal ÖJZ 1999, 198.

360 EGMR Czekalla ./. Portugal NJW 2003, 1229.

361 Nur für »Extremfälle« soll nach Maßstäben objektiver Fürsorge anderes gelten, vgl. etwa BGH, Urt. v. 05.04.2001 – 5 StR 495/00; BGHSt 39, 310, 314; BGH NJW 1968, 1485.

362 Konsequent ausnahmsweise BGH NStZ-RR 2011, 115 f., der dem Angeklagten die Wiedereinsetzung gewährt, weil dessen Pflichtverteidiger zugab, keine Revisionsbegründung zustande gebracht zu haben; zustimmend *Meyer-Goßner/Schmitt* § 44 Rn. 18.

363 Vgl. schon allgemein zum Verteidiger: *Wach* FG Binding 1914, S. 1, 34.

364 *Barton* Einführung in die Strafverteidigung, 4. Aufl. 2013, § 4 Rn. 79 ff.; vgl. auch *Weigend* StV 2000, 384, 385; SK-StPO/*Wohlers* vor § 137 Rn. 81 ff.; zusf. *Gaede* HRRS 2007, 402, 411 ff.; umfassend zur Problematik vor der Gesetzesänderung: *Theiß* Die Aufhebung der Pflichtverteidigerbestellung de lege lata und de lege ferenda 2004.

scheidung des Bundesverfassungsgerichts aus sogenannten terroristischen Verfahren[365] –, dass ein wichtiger Grund mit der Folge der Entpflichtungsmöglichkeit dann vorliege, wenn der Zweck der Pflichtverteidigung zur Sicherung des Beistandes für den Beschuldigten und zur Gewährleistung des ordnungsgemäßen Verfahrensablaufs ernsthaft gefährdet sei. Hieran knüpft die Gesetzesbegründung an. Soweit hier verwaltungsrechtliche Maßstäbe des Widerspruchs eines begünstigenden Verwaltungsaktes aufscheinen, wird zu Unrecht angesichts der staatlichen Finanzierung das Schwergewicht auf eine staatliche Wohltat gelegt. Tatsächlich thematisiert die Pflichtverteidigerbestellung und deren Variierung allein die menschenrechtliche Verpflichtung des Staates, dem Beschuldigten eine effektive Verteidigung sicherzustellen.[366]

Der Maßstab für den Entzug des Verteidigers kann beim beigeordneten Verteidiger kein anderer **436** sein als beim Wahlverteidiger. Auch im Rahmen des Beiordnungs- und Entpflichtungsverfahrens kann somit weder eine missliebige Verteidigungsstrategie Anlass für den Entzug eines Verteidigers sein noch dessen konfliktbereites Auftreten. Die Gefahr ist groß, dass ein Gericht einen »Konfliktverteidiger« mit der Behauptung seiner Inkompetenz auf diesem Wege los werden will. Erfahrung lehrt, dass z.B. allein wiederholte lautstarke Erklärungen des Verteidigers vom Gericht zum Anlass genommen werden, auf seine fehlenden Rechtskenntnisse zu schließen und ihn deswegen zu entpflichten.[367] Dem kann nur vorgebeugt werden, wenn auch in dieser Frage der Entpflichtung der Autonomie des Beschuldigten ein überragender Stellenwert eingeräumt wird. Es ist eine zu respektierende Entscheidung des Beschuldigten, wenn sich dieser von einem angeblich nachlässigen Verteidiger verteidigen lassen will; dies widerspricht auch nicht der ansonsten an den Tag gelegten Haltung der Rechtsprechung, wonach sich ein Angeklagter regelmäßig die Fehler seines Verteidigers zurechnen lassen müsse.

Dies gilt auch unter Berücksichtigung der Arbeitsbelastung des Verteidigers. Wenn der Beschuldigte **437** bereit ist, hierdurch bedingte Nachteile wie beispielsweise die Verzögerung eines Prozesses hinzunehmen, so ist dies primär zu respektieren. Allein die Tatsache, dass ein schnellerer Termin möglicherweise besser in den Terminkalender einer Strafkammer passt, ist kein Grund anzunehmen, es sei »keine angemessene Verteidigung des Beschuldigten gewährleistet.« Der neue Gesetzestext gibt vielmehr Anlass, die Dominanz gerichtlich gefühlten Beschleunigungsbedürfnisses gegenüber der Verteidigungsautonomie des Angeklagten in älteren Entscheidungen zu überdenken. Angemessen kann in diesem Zusammenhang allenfalls die Entpflichtung eines Verteidigers sein, der durch Krankheit oder Überlastung erkennbar für einen sehr langen Zeitraum nicht zur Verfügung steht oder bei dem nachträglich unüberbrückbare Interessengegensätze aufscheinen.

7. Rechtsbehelfe

Die PKH-Richtlinie der EU hatte die Installation eines wirksamen Rechtsbehelfs gegen gerichtliche **438** Entscheidungen vorgesehen. Dem folgend sieht nunmehr das Gesetz an mehreren Stellen die Möglichkeit der **sofortigen Beschwerde** gegen die Beiordnung oder Versagung der Beiordnung (§ 142 Abs. 7), gegen die Aufhebung der Beiordnung (§ 143 Abs. 3) und gegen Beschlüsse im Zusammenhang mit dem Wechsel eines beigeordneten Verteidigers (§ 143a Abs. 4) vor. Im Gegensatz zur alten Rechtslage kann – und muss teilweise – kurzfristig geklärt werden, ob Entscheidungen des Gerichts zur Frage der Beiordnung eines Verteidigers langfristigen Bestand haben.

Beschwerdeberechtigt ist stets die Staatsanwaltschaft und der Beschuldigte. Letzterer hat diese Mög- **439** lichkeit ausnahmsweise dann nicht, wenn er sich ohnehin des Antrages nach § 143a Abs. 2 Nr. 1 bedienen und die Auswechslung des ihm vom Haftrichter ohne ausreichende Überlegungsfrist beigeordneten Verteidigers beantragen kann. Der Anwalt kann für seinen betroffenen Mandanten eine sofortige Beschwerde einlegen. Dass er selbst dieses Recht nicht haben soll, deutete die Gesetzesbe-

---

365 BVerfGE 39, 238, 245.
366 S. hierzu *Weigend* StV 2009, 573 ff.
367 KG Berlin StraFo 2009, 66 f.

gründung – angeblich wie auch nach früherer Rechtslage – an. Dies kann schon deswegen nicht zutreffend sein, weil er auch in eigenen Rechten betroffen ist und z.B. über seine Pflicht zur Übernahme der Verteidigung und eine mögliche Entscheidung über die hiergegen sprechenden »wichtigen Gründe« (§ 48 BRAO) eine Überprüfungsmöglichkeit existieren muss. Der BGH hat daher auch nach der Gesetzesänderung keinen Zweifel an der grundsätzlichen Beschwerdeberechtigung des betroffenen Verteidigers.[368]

440   Eile ist für den Betroffenen geboten, da die sofortige Beschwerde fristgebunden ist. Sie muss **innerhalb einer Woche** eingelegt werden. Die Frist beginnt mit der Verkündung der Entscheidung (§ 35 Abs. 1) oder ihrer förmlichen Zustellung an den Beschwerdeführer; eine lediglich formlose Mitteilung setzt die Frist nicht in Lauf. Ob die damit verbundene Hektik und Kurzatmigkeit – insbesondere wenn der Beschuldigte in Haft ist – die Umsetzung des von der EU geforderten effektiven Rechtsbehelfs ist, darf bezweifelt werden.[369] Wenn das Beschwerdegericht eine bestätigende Entscheidung getroffen hat, ist die angefochtene Maßnahme für den Rest des Verfahrens nicht mehr angreifbar.

441   Dies gilt insbesondere für die **Revisionsinstanz.** Nach § 336 S. 2 ist die Rechtmäßigkeit von Entscheidungen, die mit der sofortigen Beschwerde anfechtbar sind, der Überprüfung des Revisionsgerichts entzogen. Wenn also beispielsweise der Angeklagte meint, bei der Auswahl des Pflichtverteidigers habe das Gericht fehlerhaft gehandelt oder die Beiordnung eines Pflichtverteidigers durch den Strafrichter sei zu Unrecht nicht erfolgt (Rüge gem. § 338 Nr. 5), so kann er dies nicht mehr in der Revisionsinstanz vorbringen, falls er zuvor die Einlegung der sofortigen Beschwerde versäumt hat. Die Einhaltung der mittlerweile komplexen Regeln und damit die Realisierung eines menschenrechtlich verbürgten Prozessrechts liegt damit nicht mehr in der Hand des Revisionsgerichts. Ausgenommen von der Sperrwirkung für die Revision dürften allenfalls Entscheidungen sein, die entweder auf offensichtlicher Willkür beruhen oder in spezifisch verfassungsrechtlich geschützte Rechte eingreifen.

442   Unabhängig von der Frage der Beiordnung unterliegt die ständige Erweiterung des Anwendungsbereichs des § 336 S. 2 allgemeiner Kritik mit der Forderung, diese Norm restriktiv auszulegen. Jedenfalls soll generell eine Revision zulässig bleiben, soweit ein Tatrichter die Fehlerhaftigkeit vorausgegangener – nicht revisibler – Entscheidungen in der weiteren Hauptverhandlung zu korrigieren verpflichtet war und das nicht getan hat, sich also aus seinem Unterlassen ein revisibler weiterer Rechtsfehler ergibt, auf dem das Urteil beruht.[370] Erfolgversprechend in der Revision ist daher insbesondere eine Rüge, die sich auf eine dynamische Weiterentwicklung von Geschehnissen bezieht, die der Richter in seiner Beiordnungsentscheidung nicht berücksichtigen konnte.

---

368 BGH HRRS 2020 Nr. 419.
369 BeckOK StPO/Krawczyk 36. Ed. 1.1.2020 § 142 Rn. 47.
370 LR/*Franke* § 336 Rn. 12 mwN, 15.

F. Kontakt des Verteidigers mit dem Mandanten

Wenn sich ein Beschuldigter eines Ermittlungs- oder Strafverfahrens in jeder Lage des Verfahrens 443
des Beistandes eines Verteidigers bedienen darf (§ 137), gehört zur Realisierung dieses Rechts der
Schutz der Kommunikation zwischen Verteidiger und Mandanten. Der Beschuldigte ist darauf
angewiesen, sich ggf. seinem Verteidiger gegenüber in vollem Umfang zu offenbaren. Nur diese
umfassende Information garantiert den vollständigen rechtlichen Rat des Anwalts. Soll das allgemeine Recht des Beschuldigten zu schweigen im Strafverfahren nicht tangiert werden, ist dieser
Kommunikationsbereich als vollständig geschützte Geheimsphäre auszugestalten, ohne jede Furcht
der Beteiligten vor staatlicher Überwachung oder Behinderung.

I. Geheimsphäre des Mandatsverhältnisses und ihr Schutz

Der Anspruch des Beschuldigten auf unbehinderten schriftlichen und mündlichen Verkehr mit dem 444
Verteidiger (§ 148 Abs. 1) ist Ausdruck einer Rechtsgarantie, die der Gewährleistung einer wirksamen Strafverteidigung dient, indem sie die Vertrauensbeziehung zwischen Verteidiger und Beschuldigtem nach außen abschirmt und gegen Eingriffe schützt.[371] Der Mandant soll die Möglichkeit
haben, gefahrlos seinem rechtlichen Berater alle Fakten anzuvertrauen.

> In den Motiven[372] zur StPO von 1874 heißt es: »Denn zu dem Anwalt steht der Klient stets in einem Ver- 445
> trauensverhältniß, welches auf den Schutz des Gesetzes Anspruch hat, und das Gesetz darf den Klienten nicht
> nöthigen, dem Anwalt gewisse Tatsachen wegen der Besorgnis zu verschweigen, daß deren Bekanntwerden eine
> Strafverfolgung veranlassen könnte.«

1. Die fehlende Anerkennung eines umfassenden Schutzes

Verschwiegenheit ist Essentiale anwaltlicher Tätigkeit. 446

§ 43a Abs. 2 BRAO fixiert: 447

> »Der Rechtsanwalt ist zur Verschwiegenheit verpflichtet. Diese Pflicht bezieht sich auf alles, was ihm in
> Ausübung seines Berufes bekannt geworden ist [...].«

> § 2 BORA konstituiert, dass der Rechtsanwalt zur Verschwiegenheit »berechtigt und verpflichtet« sei.
> 1.3.2. der Berufsregeln der CCBE stellen fest, dass Vertrauen ohne Vertraulichkeit nicht herstellbar sei
> und die Wahrung des Berufsgeheimnisses ein Grundrecht und eine Grundpflicht des Anwalts sei.

Die allgemeine exakte **dogmatische Verortung dieses Geheimnisbereichs** im Strafprozess steht aus. 448
Die positive rechtliche Qualifizierung mit einer stringenten Ableitung von Ge- und Verboten bezüglich Dritter, des Mandanten oder Verteidigers, ist bis heute nicht erfolgt.

Eine naheliegende Ableitung der Notwendigkeit eines vertraulichen Kontakts zwischen Beschuldig- 449
tem und Verteidiger aus dem Grundsatz des fairen Verfahrens hat der EGMR gezogen.

> Ein faires Gerichtsverfahren i.S.d. Art. 6 Abs. 1 EMRK ist bei staatlicher Überwachung nicht denkbar;
> »wenn ein Anwalt sich mit seinem Mandanten nicht ohne eine Überwachung unterhalten und von ihm
> vertrauliche Anweisungen erhalten kann, verlöre sein Beistand einen Großteil seines Nutzens.« Das Men-
> schenrecht der effektiven Verteidigung durch einen Anwalt wäre verletzt.[373] Die Kommunikation des
> Angeklagten mit seinem Anwalt »in aller Freiheit« ist minimale Konsequenz des Rechts auf anwaltliche
> Unterstützung.[374]

Dies fixiert nur den selbstverständlichen Ausgangspunkt. Kern und Wert dieses geschützten Ver- 450
trauensbereichs gehen weit über das jeweilige rechtlich geschützte Interesse eines Beschuldigten in
einem konkreten Strafverfahren hinaus. Auch wenn der Geheimnisbereich in einer maßgeblichen

---

371 Vgl. BGHSt 33, 349.
372 *Hahn* Die gesamten Materialien zu den Reichsjustizgesetzen, Bd. 3, Materialien zur StPO, 2. Aufl. 1885,
    S. 106.
373 EGMR Campbell./. Vereinigtes Königreich EuGRZ 1985, 534.
374 EGMR Öczalan./. Türkei EuGRZ 2003, 472 ff.

Situation der Zeugenrolle des Verteidigers durch Entbindung geöffnet werden kann, hat der **Vertraulichkeitscharakter** im Verhältnis zum Verteidiger im Rechtsstaat **institutionellen Wert**. Die Freiheit von staatlicher Kontrolle bei der Ausübung von Verteidigungstätigkeit liegt auch im verfassungsrechtlich abgesicherten Interesse der Allgemeinheit an einer wirksamen und geordneten Rechtspflege.[375]

451 Die Konsequenz wird in Konstellationen deutlich, in denen dem Bürger als Zeuge eine Aussage in einer Situation abverlangt wird, in der eine zugrunde liegende konkrete strafrechtliche Belastung nicht mehr besteht. Soll der rechtskräftig Verurteilte als Zeuge in Parallelverfahren gegen gemutmaßte Mittäter aussagen, so kann er sich regelmäßig nicht mehr auf das Auskunftsverweigerungsrecht des § 55 berufen. Wird ihm eine vollständige Aussage zugemutet, stellt sich die Frage, ob er nachträglich nunmehr Details über die zuvor geheimen Beratungsgespräche mit seinem Verteidiger offenbaren muss. Eine Verpflichtung, diesen Geheimnisbereich nachträglich zu öffnen, besteht allerdings angesichts des institutionellen Werts des Geheimnisbereichs nicht. Dies folgt aus dem Recht eines Zeugen, auch außerhalb der gesetzlich normierten Schweigerechte die Aussage zu verweigern, wenn wegen der Eigenart des Beweisthemas in den verfassungsrechtlich geschützten Intimbereich eingegriffen wird.[376]

452 Eine Weigerung des **Zeugen, zum Inhalt der früheren Verteidigungsgespräche** mit seinem Strafverteidiger Aussagen zu treffen, lässt sich daneben aus dem Schutzgedanken des § 148 herleiten. Ebenso wie der Strafverteidiger selbst, der als Berufsgeheimnisträger auch nach Abschluss des Mandats zeugnisverweigerungsberechtigt ist, wird man in der Fassung des allgemeinen Schutzzwecks des Verteidiger-Mandanten-Kontakts auch dem Mandanten selbst ein fortwährendes Schweigerecht zubilligen müssen, da es ansonsten den Ermittlungsbehörden leicht fallen dürfte, zumindest im Nachhinein den Intimbereich der Verteidigungskonsultationen an das Licht der Verfahrensöffentlichkeit zu zerren. Das Vertrauensverhältnis zwischen Anwalt und Mandant bedarf zu seiner Wirksamkeit eines fundierten Schutzes, so wie er beispielsweise auch beim Zeugnisverweigerungsrecht des Ehegatten nach der Scheidung von seinem Partner besteht.[377]

453 Die Rechtsprechung hat dies in einer anderen Konstellation schon aus evident praktischen Gründen anerkannt. Wenn sich ein Zeuge z.B. des anwaltlichen Rats während einer Zeugenaussage vor Gericht bedient, kann hierzu auch eine geheime Beratung zwischen dem Mandanten und Anwalt in einer Verhandlungspause gehören. Wollte man bei Wiedereintritt in die Hauptverhandlung mangels expliziter Verweigerungsrechte eine Antwort des Zeugen auf die Frage verlangen, was er soeben mit seinem Anwalt besprochen hat, tendierte der Wert der Geheimsphäre gegen Null. Die Rechtsprechung hat daher in diesen Fällen die Weigerung des Zeugen zur Offenlegung des Geheimnisbereichs akzeptiert.[378]

454 **Rechtspolitisch** ist der Schutz dieses Geheimnisbereichs durch den Anwalt aktuell eher unterbewertet. Die anwaltliche Verschwiegenheit hindert zwangsläufig die mögliche staatliche Sachaufklärung, und zwar nicht nur für Strafverfahren, sondern auch für zahlreiche andere gerichtliche oder administrative Verfahren.[379] Mit der Betonung der Wichtigkeit der Sachaufklärung auf manchen Gebieten ist die gesetzgeberische Tendenz zu erkennen, auch den Anwalt als informationspflichtigen Bürger in Anspruch zu nehmen. Gerade im Zusammenhang mit der staatlichen Überprüfung des Finanz- und Kapitalmarktes steigt der Wunsch der Behörden, auch vom Berufswissen der jeweils in die wirtschaftlichen Vorgänge integrierten Anwälte zu profitieren. Das Geldwäschegesetz und zahlreiche andere Normen nehmen den Anwalt grundsätzlich nicht von seiner Auskunftspflicht gegenüber

---

375 BVerfGE 113, 29, 49; BVerfG, Beschl. der 3. Kammer des Zweiten Senats v. 30.04.2007 – 2 BvR 2151/06 – NJW 2007, 2752.
376 BVerfGE 33, 367, 374.
377 Vgl. hierzu näher: *Beulke* Fernwirkungen des § 148 StPO – ein Plädoyer wider den »gläsernen Strafverteidiger«, FS Fezer 2008, S. 1 ff.
378 OLG Düsseldorf NStZ 1991, 504; LG Berlin StV 1994, 533.
379 Zur polizeilichen Gefahrenabwehr s. z.B. die Schutzvorschriften § 20u BKAG oder § 23a Abs. 5 ZFdG.

Behörden aus.[380] Sie unterscheiden allerdings regelmäßig zwischen der genuinen anwaltlichen Rechtsberatung und wirtschaftlichen Aktivitäten. Verteidigerverhalten wird zwar grundsätzlich dem Bereich der rechtlichen Beratung zuzurechnen sein. Die strafrechtsbezogene Beratung wird aber regelmäßig auch Auswirkungen auf das Verhalten des Mandanten in seinem zukünftigen Verhalten im Wirtschaftsverkehr haben, sodass sich angesichts dieser Überschneidungen die allgemeine anwaltliche Problematik der Involvierung in wirtschaftliche Vorgänge auch auf den Verteidiger ausdehnen kann.

Für das betroffene Strafverfahren hat der BGH[381] festgestellt, dass dem Gericht alles, was in diesem   **455**
Geheimbereich passiert, der »Kognition entzogen« sei. Die Konsequenz ist zunächst nur ein **prozessuales Beweiserhebungsverbot für die Aufdeckung von Verteidigungsstrategie**.[382] Andererseits soll dieser geschützte Bereich nicht ein von jeder sonstigen rechtlichen Erfassung befreiter Raum sein. Werden beispielsweise strafbare Ehrverletzungen durch den Verteidiger im Rahmen dieser Vertraulichkeit geäußert, versagt die Rechtsprechung eine Parallele des beleidigungsfreien Raums, der beispielsweise für Gespräche unter Eheleuten entwickelt wurde.[383] Jedenfalls der Strafverteidiger selbst befindet sich nicht in einer kommunikativen Ausnahmesituation, die die Schaffung eines Freiraums verfassungsrechtlich gebietet.[384]

Der Wille zur Geheimhaltung ist Voraussetzung für den rechtlich akzeptierten Bereich des Aus-   **456**
schlusses Dritter. Ein seit Jahrzehnten ungelöstes Problem besteht in Situationen, in denen Verteidiger und Mandant angesichts der zur Verfügung stehenden Räumlichkeiten diesen Willen nicht realisieren können. Wenn zur Vermeidung angeblicher Fluchtgefahren bei Haftprüfungsterminen vor Gericht ein Wachtmeister den einzigen zur Verfügung gestellten Raum nicht verlässt oder wenn in einem Gerichtssaal der Hauptverhandlung selbst eine flüsternde Kommunikation auf der Verteidigerbank vom nahen Wachpersonal gehört wird, bedarf das aufgestellte Kognitionsverbot des BGH der Präzision. Unzutreffend, weil zu simpel, ist jedenfalls die Behauptung, angesichts der für die Verteidigung erkennbaren Umstände trage der Angeklagte selbst das Risiko, wenn Mithörende plötzlich in der Zeugenrolle dem Gericht Details verteidigungsinterner Kommunikation übermitteln.[385] Gerade wenn die Umstände jedermann vermitteln, dass trotz anderer in der Nähe anwesender Personen die Kommunikation eine intime sein soll, ist ein Beweiserhebungsverbot selbstverständlich, selbst wenn zufällig ein Dritter mitgehört hat.

2. Schutz vor strafprozessualen Zwangsmaßnahmen

Im Vordergrund der rechtlichen Erfassung des geschützten Kontakts zwischen Mandant und Ver-   **457**
teidiger steht die **Abwehr staatlicher Eingriffe** mit dem Ziel oder bloßen Ergebnis eines Eindringens in den Verteidigungsbereich.

Weder direkt noch indirekt dürfen sich daher Ermittlungsbehörden Informationen aus diesem   **458**
Bereich der Geheimsphäre verschaffen. Das folgt zum einen aus dem Recht des Beschuldigten auf ein faires Verfahren.[386] Zum anderen verbietet dies das Gesetz ausdrücklich: Jede Ermittlungsmaß-

---

380 S. hierzu umfassend *Marius E. Mann* Anwaltliche Verschwiegenheit und Corporate Governance 2009.
381 BGH NStZ 2008, 115 = StV 2008, 284.
382 Gegen einen absoluten Schutz: BGH StV 2010, 287 f., der bei Befreiung von der Schweigepflicht die
     Zeugenrolle des Verteidigers für grundsätzlich akzeptabel erachtet.
383 BGHSt 53, 257 = NJW 2009, 2690 = NStZ 2009, 517.
384 *Barton* JZ 2010, 102 f.
385 BGH 2 StR 485/17, JR 2019, 205 ff. m. Anm. *Bünnigmann*. Der Beschuldigte hatte im Rahmen einer
     Haftprüfung auf dem Flur in Reichweite anwesender Polizeibeamter Angaben gemacht, die diese Beamten später in der Hauptverhandlung als Zeugen wiedergaben und die vom Gericht zum Nachteil des Angeklagten verwertet wurden. Der Geheimnisbereich sei nicht verletzt, wenn die Äußerungen von den erkennbar anwesenden Polizeibeamten »ohne weiteres wahrgenommen werden« können. Diese rechtliche Konsequenz kann nur mit dem Anspruch korrelieren, jederzeit der Verteidigung und dem Mandanten einen geschützten Raum zur Kommunikation zur Verfügung zu stellen.
386 *Scharenberg* StV 2014, 391 f.

nahme gegen einen Strafverteidiger mit dem Ziel des Erkenntnisgewinns zu Tatsachen, die seiner Schweigepflicht unterfallen, ist unzulässig (§ 160a Abs. 1). Schweigen kann der Verteidiger zu allen Erkenntnisvorgängen zu dem erteilten Mandat. Geschützt sind damit alle Gespräche des Verteidigers mit seinem Mandanten – auch seinem potenziellen Mandanten bei Anbahnungskontakten – sowie die verfahrensbezogenen Gespräche mit Dritten vor einem gezielten Abhören durch Überwachungsmaßnahmen,[387] wie beispielsweise Telefonüberwachung, Observationen oder Raumüberwachungen (ausdrücklich ergänzend § 100c Abs. 6 »Lauschangriff«) sowie die Erhebung von »Verkehrsdaten« des Verteidigers (§§ 100g, h, i). Zufällig abgehörte Gespräche im Rahmen anderweitiger Ermittlungsmaßnahmen (z.B. erlaubte Abhöraktionen gegen den Mandanten selbst) unterliegen einem Verwertungsverbot. Das gilt auch für das Registrieren von Gesprächsteilen in einem Nebenraum, die ein Polizist in einem Aktenvermerk niederlegt.[388] Versehentliche Aufnahmen sind sofort[389] zu löschen.

459 Auch Schriftverkehr und andere Unterlagen aus dem Verteidigungsverhältnis sind für die Ermittlungsbehörden unzugänglich. Über § 97 hinaus verbietet die Vorschrift des § 148 die **Beschlagnahme** aller **Verteidigungsunterlagen**. Auch wenn das Beschlagnahmeverbot an das persönliche Zeugnisverweigerungsrecht des Verteidigers anknüpft, muss der **Aufbewahrungsort** nicht zwingend dem Verteidiger unmittelbar örtlich zugeordnet werden. Schützenswert sind die internen Unterlagen im Hinblick auf den verfassungsrechtlichen Anspruch auf ein faires Verfahren über den Wortlaut des § 97 Abs. 2 S. 1 hinaus auch, wenn sie sich beim Kommunikationspartner – dem Mandanten, auch in der JVA-Zelle – oder auf dem Transportweg zwischen beiden Kommunikationspartnern befinden.[390] Gerade beim Mandanten müssen sie allerdings als Verteidigungsunterlagen erkennbar sein.[391] Auch wenn vergleichbare Beschränkungen in § 103 nicht vorgesehen sind, ist die Durchsuchung der Anwaltskanzlei rechtswidrig, wenn sie nur auf das Erlangen beschlagnahmefreien Materials gerichtet ist.[392]

460 Beschlagnahmefrei sind alle Unterlagen, die dem Verteidiger – auch von Dritten – für die Zwecke der Verteidigung übergeben worden sind. Das Beschlagnahmeverbot knüpft an das Zeugnisverweigerungsrecht des Verteidigers an. Ein Durchsuchungsbeschluss, der der Auffindung einer derartigen Unterlage dienen soll, ist rechtswidrig. Das gilt auch dann, wenn die Staatsanwaltschaft explizit entlastende Umstände durch ein solches Papier belegen will.[393]

Alle schriftlichen – auch elektronisch gespeicherten – Unterlagen sind geschützt, die Erwägungen über eine zweckmäßige Verteidigung enthalten.[394] Dazu gehören nicht nur explizite (oder lediglich der Sekretärin diktierte) neue schriftliche Niederlegungen des Beschuldigten, sondern auch Selektionen von Unterlagen, die zu derartigen Zwecken zusammengestellt worden sind. Erst recht machen verteidigungsbezogene Bemerkungen des Mandanten auf Kopien diese zu beschlagnahmefreien, selbst wenn die Originalurkunden beim Mandanten selbst beschlagnahmt werden könnten.[395]

Demgegenüber wird von der Rechtsprechung gelegentlich versucht, den Begriff der Verteidigungsunterlagen einzuschränken. So sollen vom Beschlagnahmeschutz nur Gegenstände erfasst werden, die im Vertrauensverhältnis zwischen Berufsgeheimnisträger und dem Mandanten entstanden sind. Nicht erfasst werden sollen Beweisurkunden, die keine Kommunikationsinhalte aus dem Mandatsverhältnis verkörpern und damit angeblich keine originären Verteidigungsunterlagen darstellen, sondern unabhängig davon

---

387 BVerfG NJW 2007, 2749 f.

388 LG Augsburg StV 2014, 468.

389 Zur Notwendigkeit zügigen Löschens s. *Roggan* NJW 2014, 1316.

390 Vgl. BGH StV 1989, 421; 1990, 146.; BVerfG NStZ 2002, 377; *Mehle/Mehle* NJW 2011, 1639; zur Ableitung der prozessualen Absicherung von Zwangsmaßnahmen gegen Verteidiger aus der EMRK s. zusammenfassend: *Spielmann* Das anwaltliche Berufsgeheimnis in der Rechtsprechung des EGMR, AnwBl. 2010, 373 ff.

391 BGHSt 44, 46, 50.

392 *Dann* Durchsuchung und Beschlagnahme in der Anwaltskanzlei NJW 2015, 2609 ff.

393 OLG Frankfurt NStZ 2006, 302.

394 BGHSt 44, 46.

395 BVerfG StraFo 2015, 61, 63.

entstandene Beweismittel seien.[396] Eine solche Einschränkung überspannt bereits den Wortlaut des Gesetzes, denn selbstverständlich kann auch das Sammeln und Aufbewahren von Entlastungsbeweisen eine spezifische Verteidigungsaufgabe sein.

Die Privilegierung dieses Zweckes ist allenfalls dann verlassen, wenn zu der Verteidigungs-Zusammenstellung auch Urkunden gehören, die als Tatwerkzeuge unmittelbare Verfahrensrelevanz haben.[397] Ebenso wenig wie das Mordmesser kann das Tatobjekt einer falschen Urkunde der Beschlagnahme durch schlichte Etikettierung als Verteidigungsunterlagen entzogen werden. Ein konkreter staatlicher Beschlagnahmezugriff kann von der Verteidigung nicht verhindert werden. Andererseits kann die niedrige Beschlagnahmeschwelle der schlichten Beweisrelevanz (§ 94 Abs. 1) nicht ausreichen, um der StA bislang unbekannte Urkunden in einer solchen Zusammenstellung dem ungehinderten Zugriff preiszugeben. Die geschützte Autonomie der Verteidigung umfasst auch die Entscheidung, der StA nicht geläufiges Entlastungsmaterial vorzuenthalten. Zum verfahrensrelevanten Material werden sonstige Gegenstände iSd § 97 Abs. 1 Nr. 3 damit erst dann, wenn sie durch eine hinreichend konkretisierte Beschlagnahmeentscheidung erkennbar einen solchen Charakter erlangen.

Beschlagnahmen Ermittlungsbehörden z.B. Verteidigungsnotizen, so sind diese im Prozess nicht verwertbar. Das gilt selbst im abgetrennten Verfahren gegen Mitbeschuldigte.[398] Gleiches gilt bei Unterlagen, die zu einem Mandatszeitpunkt gefertigt wurden, in dem noch kein Ermittlungsverfahren eingeleitet wurde, der Mandant aber das Tatgeschehen und seine mögliche strafrechtliche Involvierung dem Anwalt gegenüber offenbart hat. Der Beratungsschutz des potenziell Beschuldigten kann nicht von den Zufälligkeiten der Schöpfung eines Anfangsverdachts durch die Ermittlungsbehörden abhängig gemacht werden. Gleiches gilt in dieser Situation für den Fall, dass Durchsuchungen im Hinblick auf ein völlig anders geartetes Ermittlungsverfahren erfolgen. Diskutabel erscheint allenfalls die Frage, ob anwaltliche Beratungsunterlagen vor dem Tatgeschehen beschlagnahmefrei sind.[399]

Die Beschlagnahmefreiheit bezieht sich nur auf zumindest mittelbar verteidigungsrelevantes Material. Unterlagen, die sich auf anwaltliche Beratung oder Vertretung in anderen Bereichen – beispielsweise laufende Zivilverfahren – beziehen, sind hiervon nicht betroffen.[400] Etwas anderes kann für anwaltliche Untersuchungsergebnisse gelten, die nach internen Untersuchungen im Auftrag eines Unternehmens zur Aufklärung von Straftaten gefertigt wurden und im Unternehmen aufbewahrt werden, wenn das Unternehmen selbst als Adressat von Maßnahmen (z.B. § 30 OWiG) in Betracht kommt.[401] Nicht geschützt sind Unterlagen, die sich bei der Versicherung des Mandanten befinden; auch wenn die das Honorar finanzierende D&O Versicherung gegenüber dem Mandanten Auskunftspflichten geltend machen kann, ist es ein Gebot der Wahrung fairer Verteidigung, wenn der Anwalt Auskünfte über den Inhalt seiner abzurechnenden Tätigkeit auf das notwendige Minimum reduziert.

Dass das Gesetz letztlich den Geheimnisbereich nur unvollständig schützt, dokumentiert eine Entscheidung des EGMR.[402] Der Beschwerdeführer – ein Verteidiger – kritisierte, dass die Staatsanwaltschaft bei der Verfolgung von Geldflüssen in Zusammenhang mit Geldwäscheermittlungen auch heimlich sein Geschäftskonto »durchleuchtete« (obwohl er selbst niemals tatverdächtig war). Was von der Staatsanwaltschaft als normale Ermittlungsmaßnahme tituliert war, erfasste letztlich einen

461

---

396 BGH NJW 2018, 3261 = HRRS 2018 Nr. 886.

397 Die ebenso allgemeine wie nichtssagende Qualifizierung als »verfänglich« (so *Dahs* Handbuch des Strafverteidigers Rn. 396) vermag allerdings Unterlagen nicht in den Bereich der konkreten Überführungsstücke zu überführen.

398 OLG München NStZ 2006, 301.

399 So *Thum* Beschlagnahmefreiheit von Verteidigungsunterlagen, HRRS 2012, 535 ff.; anders *Polley/Kuhn/ Wegman* KSzW 2012, 206 ff.

400 BVerfG NJW 2010, 1740 f.

401 Die kontroverse Diskussion hierzu wurde ausgelöst durch den die Beschlagnahme bestätigenden Beschluss LG Hamburg StV 2011, 148; s. z.B. *Jahn/Kirsch* StV 2011, 151; *v. Galen* NJW 2011, 945; *Wehnert* Die Verwertung unternehmensinterner Ermittlungen, StraFo 2012, 253; *Bauer* Keine Beschlagnahmefreiheit für Unterlagen eines mit internen Ermittlungen beauftragten Rechtsanwalts, StraFo 2012, 488; *Rütters/Schneider* Die Beschlagnahme anwaltlicher Unterlagen im Unternehmensgewahrsam, GA 2014, 160–178.

402 Entscheidung des Europäischen Gerichtshofs für Menschenrechte v. 27.4.2017, Sommer ./. Deutschland (73607/13) AnwBl 2017, 666.

wichtigen Teil des internen Vertrauensverhältnisses von Verteidiger/Mandant, da die Ermittlungsbehörden auf diesem Weg die Namen zahlreicher Mandanten des Verteidigers ebenso erforschten wie die Höhe ihrer Honorarzahlungen. Der EGMR stellte zumindest eine Verletzung des geschützten anwaltlichen »Privatbereichs« fest, zeigte aber gleichzeitig die Fragilität des legalen Schutzes des Geheimnisbereichs auf.

Selbst wenn der Anwalt nicht Zeuge, sondern Mitbeschuldigter ist, wirkt das derart bestimmte Berufsbild auf die Durchführung von Zwangsmaßnahmen fort.

462   Der geschützte Geheimnisbereich Anwalt/Mandant ist von den Ermittlungsbehörden stets als hochrangiges Rechtsgut zu respektieren. Kommt es beispielsweise wegen eines Anfangsverdachts gegen einen Anwalt (z.B. Beteiligung an Betrugstaten eines Mandanten) zu einer Durchsuchung einer Kanzlei, haben die Ermittlungsbehörden in Realisierung des Verhältnismäßigkeitsgrundsatzes alles zu vermeiden, um in den Vertrauensbereich des Anwalts zu anderen – nicht betroffenen – Mandanten einzugreifen. Die Beschlagnahmen anderer Akten oder gar sämtlicher PCs der Anwaltskanzlei sind unzulässig.[403]

3. Das Schweigerecht des Verteidigers

463   Auch über den Verteidiger selbst dürfen sich die Ermittlungsbehörden keine Informationen aus diesem Bereich verschaffen. Wird der Anwalt in einem Strafverfahren als **Zeuge** gehört, so hat er zu diesen Fragen ein Zeugnisverweigerungsrecht gemäß § 53.

a) Umfang des Schweigerechts

464   Das Schweigerecht geht dabei weit über den Inhalt von unmittelbaren mandatsbezogenen Gesprächen hinaus. Es erstreckt sich auf alle Tatsachen, die dem Verteidiger im Rahmen seiner Berufsausübung bekannt oder anvertraut worden sind, unabhängig vom zugrunde liegenden Verfahren. Der Zusammenhang der Wahrnehmung mit der Verteidigungstätigkeit ist sehr weit auszulegen.[404] Jede Informationsgewinnung des Verteidigers, sei es aus Gesprächen mit Dritten oder Akten und anderen Dokumenten, gehört hierzu ebenso wie aus anderen als unmittelbar mandatsbezogenen Gründen anvertraute Informationen des Mandanten selbst (z.B. dessen Tatbeteiligung in einer bislang nicht verfolgten Tat).

465   Gleiches gilt für seine **Gehilfen** (§ 53a). Das Schweigerecht des Gehilfen des Anwalts ist die notwendige Konsequenz, um die Aushöhlung des intendierten Schutzes des Beratungsgeheimnisses zu verhindern. Der einbezogene Personenkreis kann hier sehr weit sein.[405]

466   Neben der Sekretärin, dem Dolmetscher und dem zur Bearbeitung beigezogenen Referendar gehört hierzu auch jedes externe Personal, das der Verteidiger zur Aufklärung und Informationsbeschaffung für das Mandat herangezogen hat. Das kann ein beauftragter Detektiv sein[406] ebenso wie ein Sachverständiger, der – allein zu Verteidigungszwecken – Fachfragen aufarbeiten soll.[407] Denkbar ist insofern auch die Hinzuziehung eines Unternehmensberaters als Gehilfen, der allerdings angesichts seiner vielfältigen außerhalb der Verteidigungsbeauftragung bereits gewonnen Informationen bei einer möglichen Aussage vor Gericht erhebliche Schwierigkeiten hat, zwischen diesen verschiedenen Erkenntnisquellen zu differenzieren und dadurch – im Zweifel zum Schutz des Geheimnisbereichs – sein Auskunftsverweigerungsrecht sehr weit auslegen muss.[408] Auch – ansonsten zu Zeugnisverweigerungen nicht berechtigte – Bankangestellte können insofern als Berufshelfer agieren, als sie die Konten des Anwalts verwalten.[409] Wären sie als normale Zeugen gegenüber der Staatsanwaltschaft auskunftspflichtig, besteht die Gefahr der unbeschränk-

---

403 BVerfG StV 2005, 363.
404 BGHSt 50, 64.
405 Zur Problematik ausführlich mit vielen Beispielen: *Tsambikakis* Strafprozessuale Zeugnisverweigerungsrechte aus beruflichen Gründen 2011.
406 S. z.B. LG Frankfurt NJW 1959, 589.
407 S. z.B. LG Essen StraFo 1996, 92.
408 S. hierzu z.B. den Fall OLG Köln StV 1991, 506.
409 Vgl. LG Darmstadt DNotZ 1991, 560 für den Fall von Anderkonten des Notars als Geheimnisträgers.

ten Informationserlangung der Ermittlungsbehörden zu Namen und Geldverkehr im Verteidiger/Mandanten-Verhältnis.[410]

Unerheblich ist, ob der Berufshelfer zum Verteidiger in einem Angestelltenverhältnis steht oder selbstständiger Gewerbetreibender ist,[411] seine Hilfstätigkeit regelmäßig oder nur gelegentlich ausübt. Unter § 53a StPO fallen auch gelegentlich oder auch nur einmalig – gefälligkeitshalber ohne Dienstverpflichtung – mithelfende Familienmitglieder, sofern deren Tätigkeit Bezug zur geschützten Betätigung des Hauptgeheimnisträgers hat, wie Aktensortieren – im Gegensatz zu Putzarbeiten.[412] Abgeleitet aus dem Schutzzweck einerseits und der bezogenen Vorschrift § 53 andererseits, hat jeder dieser Berufshelfer ein Schweigerecht hinsichtlich derjenigen Tatsachen, die ihm im Rahmen seiner unterstützenden Tätigkeit anvertraut oder bekannt geworden sind.

467

Das Vertrauen eines Beschuldigten in den ungestörten Schutzbereich der Kommunikation wird noch dadurch erhöht, dass das **Schweigegebot des Anwalts** strafrechtlich sanktioniert ist (§ 203 **Abs. 1 StGB**). Rechtsstaatliches Prozessieren setzt die absolut gesicherte Möglichkeit des Rechtsuchenden voraus, ein unbeeinflusstes Gespräch mit seinem Verteidiger über alle Tat- und Rechtsfragen zu führen. Selbst wenn der Täter dem Verteidiger eine Tat gesteht, muss er sicher sein, dass diese Information in der intimen Beratungssphäre verbleibt. Die gesellschaftliche Wertschätzung der Verschwiegenheit wird hier besonders deutlich, wenn dieses Rechtsgut sogar durch die Androhung einer Kriminalstrafe bei Bruch der anwaltlichen Verschwiegenheitsverpflichtung abgesichert wird.

468

b) Schweigerecht bei Entbindung durch den Mandanten

Damit ist allerdings der Geheimnisbereich als Privileg des Verteidigers nicht vollständig geschützt. Orientierungspunkt des Gesetzes ist bei der Frage der Zeugnisverweigerung ausschließlich das Geheimnisinteresse des Mandanten. Verzichtet dieser hierauf und entbindet den Verteidiger von der Verschwiegenheitspflicht, lebt die allgemeine Zeugenpflicht zur Aussage wieder auf (§ 53 Abs. 2 S. 1): Der Verteidiger hat in einer Vernehmung selbst Details zu früheren internen Geständnissen oder Absprachen zu Strategien zu offenbaren.

469

Der Eindeutigkeit der Regelung zum Trotz tauchen in der Praxis zahlreiche nicht gelöste Fragen zur Entbindung auf, z.B. zur Beschränkbarkeit und Widerruflichkeit der Erklärung oder zum Entbindungsberechtigten, wenn der Mandant verstorben ist oder sich das Mandat auf eine juristische Person beschränkte, die der Fluktuation der Geschäftsführung unterliegt. Hier ist nach wie vor ungeklärt, ob beispielsweise allein der Insolvenzverwalter einer Gesellschaft in einem Strafverfahren gegen einen ehemaligen Geschäftsführer einen früheren Anwalt der Gesellschaft von dessen Verschwiegenheitspflicht entbinden kann.[413]

470

Dass diese Situation weder dem Berufsbild des Verteidigers entspricht noch die gesetzliche Differenzierung beispielsweise zu Geistlichen rechtfertigt, hat die Anwaltschaft stets kritisiert und ein eigenständiges Schweigerecht des Anwalts gefordert. De lege ferenda wird eine Regelung – wie in zahlreichen europäischen Staaten, z.B. in Österreich – gefordert, die dem entbundenen Verteidiger selbst die Möglichkeit zur Entscheidung über eine Zeugenaussage offenhält.[414]

471

Schon nach aktuellem Recht verbleibt dem Verteidiger trotz Entbindungserklärung seines Mandanten ein Kernbereich des Schweigerechts. Verteidigung besteht nicht nur aus einvernehmlicher Kooperation mit dem Intimitäten offenbarenden Mandanten. Ist das Mandatsverhältnis begründet, hat der Verteidiger eine vom Mandanten selbstständige Rechtsstellung, die er auch ohne oder sogar

472

---

410 S. hierzu EGMR v. 27.4.2017, Sommer ./. Deutschland (73607/13), der den mangelhaften Schutz des Geheimnisbereichs hier anspricht, nachdem die Bundesregierung in diesem Verfahren die Gehilfenstellung des Bankers bestritten hatte.

411 Zur Diskussion über die Einbeziehung von Gewerbetreibenden s. z.B. LR/*Ignor/Bertheau* § 53a Rn. 2, 14; AnwK-StPO/*v. Schlieffen* § 53a Rn. 2, 3.

412 BGHSt 50, 64.

413 S. z.B. OLG Köln StV 2016 8 ff. m. Anm. *Gatzweiler/Wölky.*

414 *Beulke* Reden ist Silber, Schweigen ist Gold? – Zum eigenständigen Schweigerecht des Strafverteidigers, FS Imme Roxin 2012, S. 555 ff.

gegen den Mandantenwillen umsetzen kann. Zur Ausübung des selbstständigen Fragerechts oder Beweisantragsrechts kann er einen differenzierten Informationsstand und eine hierauf aufbauende Strategie haben.

473   Zivilrechtlich entschied der BGH,[415] dass der Mandant z.B. keinen Anspruch auf vollständige Herausgabe anwaltlicher Unterlagen habe. Ausgeschlossen seien z.B. Aufzeichnungen, die persönliche Eindrücke des Anwalts fixierten. Dieser habe grundsätzlich einen Freiraum, vertrauliche Hintergrundinformationen zu sammeln und u.U. dem eigenen Mandanten vorzuenthalten.

474   Auch wenn dies von Literaturstimmen bezweifelt wird, folgt hieraus für den Strafverteidiger ein Recht, als Zeuge generell Angaben z.B. zu eigenständigen Recherchen ebenso zu verweigern wie zu eigenen Überlegungen einer Verteidigungsstrategie. Entsprechend propagiert die Bundesrechtsanwaltskammer,[416] dass bei einer Entbindung die Offenbarungspflicht des Verteidigers nur auf diejenigen Umstände bezieht, die ihm von seinem Mandanten mit Wissen und Wollen anvertraut worden sind.

II. Schutz der Geheimsphäre bei Ermittlungen gegen den tatverdächtigen Strafverteidiger

475   Erwächst aus Sicht der Staatsanwaltschaft aus der verteidigerspezifischen Tätigkeit des Anwalts der Anfangsverdacht einer eigenen Straftat, gebietet § 163 Abs. 1 S. 1 grundsätzlich, eine derartige Straftat zu erforschen. Kollisionen zeichnen sich insbesondere dann ab, wenn die Staatsanwaltschaft argwöhnt, dass der Verteidiger mit seiner Strategie, seiner Beratung oder seinen Anträgen die Grenze zur strafbaren Strafvereitelung zugunsten seines Mandanten überschritten haben könnte.

▶ **Beispiel:**

476   In einer über mehrere Tage laufenden Hauptverhandlung geht der Sitzungsvertreter der Staatsanwaltschaft fest davon aus, dass der Angeklagte lügt. Aufgrund der verbalen Unterstützung des Verteidigers während der Einlassung und aufgrund mehrerer die offensichtlich unwahre Einlassung stützenden Beweisanträge des Verteidigers vermutet der Staatsanwalt, dass der Strafverteidiger seinem Mandanten zu einer bestimmten unwahren Einlassung geraten habe. Dies begründet nach seiner Einschätzung den Anfangsverdacht einer Strafvereitelung des Strafverteidigers zugunsten seines Mandanten.

477   In einem möglichen Ermittlungsverfahren hätte der Strafverteidiger als Beschuldigter das Recht zu schweigen. Wird in der beschriebenen Situation sein Mandant als Zeuge vernommen, so kann dieser sich auf das Auskunftsverweigerungsrecht gemäß § 55 berufen. Denn die Gespräche mit seinem Anwalt betreffen notwendigerweise die ihm vorgeworfene Straftat. Um zu Aufklärungszwecken Informationen über die interne Strafverteidigung zu erlangen wäre die Staatsanwaltschaft damit auf strafprozessuale Zwangsmittel angewiesen. Von der Hausdurchsuchung über Beschlagnahme von Verteidigungsunterlagen bis hin zur Observation und Telefonüberwachung reicht das Arsenal denkbarer Zwangsmaßnahmen.

478   Die privilegierte prozessuale Situation des Strafverteidigers, die den besonderen Geheimnisbereich des Mandatsverhältnis schützen soll, entfaltet nur in Situationen Wirkung, in denen der Strafverteidiger nicht selbst Beschuldigter ist, sondern prozessual allenfalls Zeuge in einem gegen einen Dritten (unter Umständen seinen Mandanten) gerichteten Ermittlungsverfahren. Vor **verdeckten Ermittlungsmaßnahmen** ist der Strafverteidiger dann nicht mehr geschützt, wenn er selbst in den Verdacht gerät eine Straftat begangen zu haben. **§ 160a Abs. 4 S. 1** stellt ausdrücklich fest, dass auch der Verdacht einer Strafvereitelung Ausgangspunkt für den Verlust dieser privilegierten prozessualen

---

415 BGHZ 109, 260 ff.
416 Strafrechtsausschuss der Bundesrechtsanwaltkammer, Reform der Verteidigung im Ermittlungsverfahren – Thesen mit Begründung. Schriftenreihe der Bundesrechtsanwaltskammer, Bd. 13, 2004, 75.

Stellung sein soll. Mit einer weiten Auslegung dieser Vorschrift könnte die Staatsanwaltschaft damit tief in den Schutzbereich des Mandatsverhältnisses eindringen.

Eine solche Auslegung stünde im Gegensatz zu den bis zum Inkrafttreten der Vorschrift im Jahr 2008 **479** vorliegenden Ergebnissen der Rechtsprechung und Literatur. So galt beispielsweise, dass die Ausnahmeklausel des § 97 Abs. 2 S. 3 hinsichtlich eines Beschlagnahmeverbots von Verteidigerunterlagen auch auf den der Strafvereitelung verdächtigen Strafverteidiger Anwendung findet.[417] Eine Telefonüberwachungsmaßnahme hielt der Bundesgerichtshof bislang in dieser Konstellation für ausgeschlossen. Der Schutzbereich des § 148 Abs. 1 galt als lex specialis zu der Regelung des § 100a.[418] Ähnlich wurden Sonderregelungen der §§ 31 ff. EGGVG, § 100h Abs. 2 S. 2 und § 148 Abs. 2 in Verbindung mit §§ 129a, 129b StGB ausgelegt.

Dass der Schutz des Geheimnisbereichs obsolet werden soll, falls der Verteidiger plötzlich die Rolle **480** eines Beschuldigten einnimmt, ist eine bedenkliche Konsequenz. Selbstverständlich kann auch gegen den Anwalt ermittelt werden, der anlässlich einer Verteidigung selbst u.U. Straftaten begeht. Die Leichtigkeit, mit der allerdings ein Anfangsverdacht formuliert werden kann sowie die hierauf folgende niedrige Eingriffsschwelle für eine Durchsuchung und Beschlagnahme lässt die Missbrauchsgefahr als aktuelles Problem für die Vertraulichkeit einer Verteidigung erscheinen. Während der BGH gesetzespositivistisch diese Gefahr schlicht hinnimmt, fordert die Literatur vor solchen Zwangseingriffen einen formalen Verteidigerausschluss nach § 138a, der den Rollenwechsel zumindest deutlich macht. Jedenfalls hat eine verfassungskonforme Anwendung der strafprozessualen Eingriffsnormen gegenüber dem beschuldigten Verteidiger den besonderen Wert des geschützten Geheimnisbereichs zwischen Mandanten und Strafverteidiger zu berücksichtigen. Das Bundesverfassungsgericht zählt die Kommunikation zwischen dem Mandanten und seinem Verteidiger zum unantastbaren Kernbereich der privaten Lebensgestaltung.[419] Diese Überlegung muss zumindest im Rahmen der Verhältnismäßigkeitsprüfung bei einem Durchsuchungs- oder Beschlagnahmebeschluss gegen den Verteidiger tragend sein.

Insgesamt spricht die Gesetzgebungsgeschichte dafür, dass durch die Neuregelung des § 160a der **481** Kernbereich des geschützten Verteidigungsverhältnisses in § 148 Abs. 1 nicht tangiert werden sollte. Zwangsmittel im Rahmen eines Ermittlungsverfahrens sollten offensichtlich nicht völlig ausgeschlossen werden, der mündliche Kontakt zwischen Verteidiger und Mandanten bleibt allerdings unantastbarer Geheimnisbereich.[420]

III. Unbehinderter Verkehr in der Haft

Die praktische Durchsetzung des unbeschränkten Rechts auf Kommunikation wird kompliziert, **482** wenn der Beschuldigte inhaftiert ist. Das Recht auf unbehinderten Kontakt zwischen Verteidiger und Mandant korreliert mit der staatlichen Pflicht, diesen Kontakt zu ermöglichen. Polizeigewahrsam, Haftanstalten und Gerichte haben daher grundsätzlich Räumlichkeiten vorzuhalten, in denen Gespräche ohne die Gefahr des – zufälligen – Mithörens möglich sind. Zeitlich kollidiert hier das freie Verkehrsrecht mit dem Verwaltungsinteresse von Polizei- und JVA-Behörden. Der vom Gesetz für jeden Zeitpunkt garantierte Kontakt mit dem Verteidiger ist hier praktisch oft reduziert – beispielsweise auf die festgesetzten Besuchszeiten der jeweiligen Justizvollzugsanstalt.[421] Auch wenn Gespräche unüberwacht bleiben, muss die Verteidigung die organisatorisch bedingten räumlichen und zeitlichen Beschränkungen einer JVA hinnehmen. Verletzt ist der Anspruch aus § 148 erst dann, wenn die Beschränkungen letztlich einer effektiven Verteidigung entgegenstehen.

---

417 BGH NJW 1982, 2508.
418 BGHSt 33, 347.
419 BVerfGE 109, 279 ff.; NJW 2007, 2752.
420 Vgl. hierzu näher: *Beulke* Fernwirkungen des § 148 StPO – ein Plädoyer wider den »gläsernen Strafverteidiger«, FS Fezer 2008, S. 1 ff.; *Beulke/Ruhmannseder* Strafprozessuale Zwangsmaßnahmen in der Verteidigungssphäre, StV 2011, 180, 186.
421 Vgl. hierzu eingehend: *Schlothauer/Weider* Untersuchungshaft, Rn. 127 ff.

483   Der durch Vollmacht legitimierte Verteidiger bedarf keiner zusätzlichen staatsanwaltschaftlichen oder richterlichen Erlaubnis zum Besuch. Er muss allerdings in angemessenem Rahmen Eingangskontrollen in der JVA hinnehmen; die Geheimsphäre mitgeführter Verteidigungsunterlagen muss dabei gewahrt sein. Während jede Post von Inhaftierten grundsätzlich der Briefkontrolle unterliegt, ist die **Verteidigungspost** hiervon ausgenommen.[422] Auch die Übergabe von Verteidigungsschriftstücken an den inhaftierten Mandanten darf nicht kontrolliert werden. Eine besondere Erlaubnis ist erforderlich bei der Benutzung oder Übergabe weiterer technischer Geräte (wie beispielsweise Diktiergeräte, Laptop), auch wenn sie im Zusammenhang mit Verteidigungsaktivitäten benötigt werden.

484   Die »Anstaltsordnung« kann auch nicht als alleinige Legitimation zur Einschränkung eines **telefonischen Kontakts** herangezogen werden. Effektive Verteidigung in einem fairen Verfahren garantiert auch ein Mindestmaß des Kontakts über das Telefon.[423] Den allgemeinen Erwägungen der Justizverwaltung, Telefongespräche zwischen Untersuchungsgefangenem und seinem Verteidiger seien nur unter Überwachung zuzulassen und daher wegen des damit verbundenen organisatorischen und personellen Aufwandes nicht genehmigungsfähig, hat das Bundesverfassungsgericht ausdrücklich eine Absage erteilt.[424]

Sockelverteidigung verliert auch in der Haft nicht ihre Zulässigkeit. Wenn keine konkreten Anhaltspunkte für prozesswidrige Verdunkelung besteht, darf der Kontakt ausgeweitet werden auf ein unüberwachtes Gespräch mit inhaftierten Mitbeschuldigten und deren Verteidiger.[425]

485   Dieses Haftprivileg bezieht sich allerdings nur auf **Verteidigungsunterlagen**.[426] Betreffen Schriftstücke oder Informationen Sachverhalte, die nicht das Ermittlungsverfahren berühren, kann sich der Verteidiger nicht auf das Privileg berufen. Er läuft sogar Gefahr, der Bußgeldvorschrift des § 115 OWiG zu unterfallen, die die allgemeine Nachrichtenübermittlung an einen Gefangenen untersagt. Die Kommunikation zwischen Anwalt und inhaftiertem Mandanten unterliegt damit auch dann der üblichen Kontrolle, wenn der Verteidiger als Anwalt beispielsweise die Interessen seines Mandanten in einem zivilrechtlichen Verfahren wahrnimmt oder Unterlagen des Mandanten zu dessen Fortsetzung seiner beruflichen Tätigkeit in der Haft transportiert. Ob dies allerdings die grundsätzliche Feststellung rechtfertigt, ein lediglich mittelbarer Zusammenhang zu Verteidigungszwecken dürfe angesichts ansonsten drohender unkontrollierbarer Uferlosigkeit nicht ausreichen,[427] erscheint fragwürdig. Denn viele Fragen, die formell ein anderes gerichtliches oder behördliches Verfahren betreffen, haben ihre Ursache im Strafverfahren oder wirken sich unmittelbar dort aus. Die Trennung dieser Verfahren von dem Strafverfahren ist praktisch im mündlichen und schriftlichen Verteidigerkontakt kaum denkbar und in der Sache auch nicht gerechtfertigt.

▶ **Beispiele:**

486   Fragen der Kündigung der Mietwohnung oder des Arbeitsplatzes wirken sich unmittelbar auf die Frage der Fluchtgefahr aus. Vereinbarungen mit der Ausländerbehörde über Fragen der Abschiebung tangieren essentiell die Verteidigungsstrategie in der Strafsache. Zivilrechtliche Auseinandersetzungen über Schmerzensgelder mit dem Geschädigten haben nicht nur denselben Sachverhalt zum Gegenstand, sondern wirken sich im Fall einer Vereinbarung im Rahmen des Täter-Opfer-Ausgleichs unmittelbar auf die Strafe aus. Bei Schweigen des Angeklagten im Strafverfahren ist sein Äußerungsverhalten in anderen auf demselben Sachverhalt beruhenden rechtlichen Auseinandersetzungen entscheidend, z.B. gegenüber Versicherungen, Insolvenzverwaltern oder in Sorgerechtsverfahren.[428]

---

422 Ausführlich *Grube* Der Schutz der Verteidigerpost, JR 2009, 362.
423 *Hemm* Der Anspruch auf Verteidigertelefonate während der Untersuchungshaft, NStZ 2018, 433 ff.
424 BVerfG StraFo 2012, 129 ff.
425 LG Gießen StV 2012, 363.
426 BVerfGE 46, 1, 12; 49, 24, 48.
427 So BVerfG StV 2010, 142 f.; a.A.: LR/*Lüderssen/Jahn* StPO § 148 Rn. 17; MAH-Strafverteidigung/ *König* § 4 Rn. 128; HK/*Julius* § 148 Rn. 8.
428 S. hierzu ergänzend *Weider* StV 2010, 146 f.

Beschränkungen des freien Verkehrsrechts hatte das Kontaktsperregesetz in §§ 148 Abs. 2, 148a   487
vorgesehen. Ist der inhaftierte Mandant einer Straftat nach § 129a StGB verdächtig, muss es der
Verteidiger hinnehmen, dass der unmittelbare Kontakt durch eine **Trennscheibe** behindert ist und
übergebene oder per Post übersandte Verteidigungsunterlagen durch einen besonderen Überwa-
chungsrichter kontrolliert werden.

IV. Erstkontakt nach vorläufiger Festnahme

1. Das Recht auf sofortigen anwaltlichen Beistand

Die Umsetzung des Rechts auf jederzeitigen Beistand durch einen Anwalt scheitert in der Praxis oft   488
in der Situation der vorläufigen Festnahme. Dass gerade das Anfangsstadium der Ermittlungen durch
Festnahme und erste Vernehmung die sensibelste Phase des Strafprozesses darstellt und besonderer
Schutzmechanismen für den Beschuldigten erfordert, hat der EGMR deutlich formuliert.

> »Ein Beschuldigter befindet sich in diesem Stadium des Verfahrens in einer besonders schutzbedürftigen   489
> Situation, deren Auswirkungen durch die Tatsache verstärkt werden, dass die Strafprozessordnungen
> immer komplexer werden, insbesondere in Bezug auf die Beweiserhebungs- und Beweisnutzungsregeln.
> In den meisten Fällen kann diese besondere Schutzbedürftigkeit in angemessener Weise nur in Form der
> Unterstützung durch einen Rechtsanwalt kompensiert werden, dessen Aufgabe unter anderem darin
> besteht, das Recht des Beschuldigten zu gewährleisten, sich nicht selbst zu belasten.«[429]

Ist der Beschuldigte von der **Polizei** vorläufig festgenommen worden, begründet sich die Zuständig-   490
keit eines Untersuchungsrichters unter Umständen erst am Folgetag (§ 128 Abs. 1). Der Anspruch
auf Verteidigung ist hierdurch nicht reduziert, seine Realisierung liegt allerdings in den Händen der
polizeilichen Ermittlungspersonen. Äußert der Festgenommene während einer Vernehmung –
womöglich noch zur Nachtzeit – den Wunsch nach anwaltlichem Rat, sind praktische Probleme
offensichtlich. Die Verhaltenspflicht des Polizeibeamten in dieser Situation ist höchstrichterlich
umstritten. Während der 1. Strafsenat[430] eine mögliche Passivität des Kriminalbeamten in dieser Situation gutheißt, verlangt der 5. Strafsenat,[431] dass der Polizeibeamte ernsthafte Bemühungen zur Umsetzung des Wunsches des Beschuldigten auf Verteidigerkonsultation zu entfalten habe.

> Hierzu gehört während normaler Bürozeiten die Ermöglichung eines Telefongesprächs des Festgenom-   491
> menen auch mit einem ihm bis dahin nicht bekannten Anwalt. Nachts habe der Polizeibeamte den Fest-
> genommenen ggf. auf den örtlichen Anwaltsnotdienst in Strafsachen hinzuweisen. Dies soll nicht gelten,
> wenn der Beschuldigte explizit nur einen bestimmten Verteidiger wünscht und dieser nicht erreichbar
> ist.[432]
>
> Eine erweiterte Hilfestellung des vernehmenden Polizeibeamten erwartet die Rechtsprechung auch dann,
> wenn der Wunsch nach Anwaltskonsultation des Beschuldigten zwar deutlich wird, dieser aber gleich-
> zeitig die Sinnlosigkeit des Unterfangens unter Hinweis auf seine eigene Mittellosigkeit begründet. Der
> Beschuldigte ist dann darüber zu belehren, dass fehlende finanzielle Mittel erfahrungsgemäß einen ersten
> Anwaltskontakt nicht ausschließen. Die Aussicht auf spätere Beiordnung als Pflichtverteidiger veranlasse
> Anwälte auch zu sofortigem Beistand ohne konkrete Aussichten auf Honorar.[433] Formalisiert ist diese
> Belehrungspflicht weitgehend durch die Aufgabe der Vernehmenden, den Beschuldigten auf die Mög-
> lichkeiten der Beiordnung im Fall notwendiger Verteidigung hinzuweisen (§ 136 Abs. 1 S. 3).

Hat der konkret erwünschte Verteidiger sein alsbaldiges Kommen angekündigt, hat ein Polizeibe-   492
amter regelmäßig eine Vernehmung zu unterbrechen und zuzuwarten.[434] Erscheint **während einer
Vernehmungssituation** – benachrichtigt durch den Festgenommenen oder durch dessen Angehö-

---

429 *Pishchalnikov v. Russland*, EGMR, Urt. v. 24.09.2009, Abs. 69.
430 BGHSt 42, 170.
431 BGHSt 42, 15.
432 BGH StV 2006, 515.
433 BGH StV 2006, 566.
434 BGH NStZ 2008, 643.

rige – der noch nicht mit einer Vollmacht ausgestattete Verteidiger in den Räumlichkeiten der Polizeibehörde, so hat der Ermittlungsbeamte die Pflicht, dies sofort dem Inhaftierten mitzuteilen. Schon nach altem Recht, das dem Verteidiger die Anwesenheit bei der polizeilichen Vernehmung verwehrte, folgerte die Rechtsprechung allein aus § 137, dass die Vernehmung sofort zu unterbrechen ist und dem Festgenommenen die Gelegenheit zu einem Anbahnungsgespräch geboten wird.[435] Selbst nach einem solchen Gespräch ist der Polizeibeamte zu einer »qualifizierten Belehrung« verpflichtet; er darf eine Vernehmung nur fortsetzen, wenn er den Beschuldigten ausdrücklich nochmals auf das Recht der Verteidigerkonsultation auch bei Fortsetzung der Vernehmung hingewiesen und der Beschuldigte sich hiermit einverstanden erklärt hat.[436]

493   Verstößt der Polizeibeamte gegen diese qualifizierte Belehrungspflicht, kommt hinsichtlich der in der Folgezeit gemachten Angaben des unverteidigten Festgenommenen ein Verwertungsverbot in Betracht. Der BGH will – noch nach altem Recht – diese Folgen allerdings von dem konkreten Gewicht der Verfehlung des Belehrenden abhängig machen;[437] ist nach aktuellem Recht ein Fall notwendiger Verteidigung schon bei der püolizeilichen Vernehmung gegeben, dürfte diese Abwägung überflüssig werden.

2. Das Anbahnungsverhältnis

494   Die Voraussetzung einer Anbahnungssituation ist deren Anstoß durch einen der Beteiligten. Unproblematisch ist die Situation, wenn der Beschuldigte selbst nach Gestattung eines entsprechenden Telefongesprächs durch die Ermittlungsbehörden den Anwalt zu einer Kontaktaufnahme animiert hat. Hat demgegenüber der Verteidiger seinerseits – zunächst lediglich Kontakt zu Verwandten oder anderen Beteiligten, die ihn zur Mandatsübernahme animieren, wird die Erteilung der Genehmigung zum Zugang des (potenziellen) Mandanten durch die Ermittlungsbehörden häufig mit dem Hinweis verweigert, der Anwalt habe kein Recht ohne Zustimmung des Betroffenen selbst den Zugang zu erbitten und um ein Mandat zu buhlen.[438]

495   Die Vorgehensweise von JVA und Staatsanwaltschaft ist vom Gesetz selten gedeckt. Die Haftbeschränkungen für den Inhaftierten sind nur dann legitim, wenn ein konkreter Haftzweck gefährdet ist. Auch der nicht ausdrücklich gewünschte Besuch eines Anwalts gibt hierfür keinen Anlass.[439] Es geht in der Sache dabei nicht um Ansprüche des Anwalts auf Zugang – wie die Rechtsprechung gerne verdrehend darstellt –, sondern um die Möglichkeit des Beschuldigten, seine Verteidigung auch unter den Haftbedingungen möglichst effektiv organisieren zu können.

Die Notwendigkeit einer Zustimmung des Beschuldigten ist theoretisch akzeptabel, muss allerdings gleichzeitig angesichts der radikal beschnittenen Kommunikationsmöglichkeiten zynisch wirken. Die Staatsgewalt sperrt den Beschuldigten ein, verhindert jede praktische Chance auf eine kurzfristige zustimmende Erklärung, und nimmt das Fehlen dieser Erklärung anschließend zum Anlass, seine Verteidigungsmöglichkeiten noch weiter zu beschränken. Der angebliche Schutz des Inhaftierten vor »Anbiederungsversuchen« mandatsinteressierter Anwälte ist vorgeschoben; der Entscheidungsautonomie, ob der Inhaftierte mit einem Besucher sprechen will oder nicht, darf der Staat vor den Gefängnismauern ebenso vertrauen wie dahinter. Staatsanwaltschaftliche »Fürsorge« für den Inhaftierten ist weder gesetzlich vorgesehen noch sachlich begründet. Ein Schutz des Inhaftierten vor unberechtigten Anwaltsbesuchen ist regelmäßig unnötig. Es sind allein verschwindend geringe Fälle spektakulärer Straftaten, in denen sich Anwälte möglicherweise ohne jeden äußeren Anstoß um ein Mandat bewerben. Regelmäßig stellt der Anwaltsbesuch in der Haft eine wirksame Möglichkeit der Effektivierung des Rechts auf Verteidigung durch den inhaftierten Beschuldigten dar. Es bedarf dort keiner Vorfilterung durch die Staatsanwaltschaft, wo der Beschuldigte selbst in der Haft konkrete Besuchsanliegen von ihm unbekannten Anwälten zurückweisen kann. Die Realisierung des Anspruchs auf effektive Verteidigung muss auf die psychische Aus-

---

435   BGH StV 1993, 1.
436   BGHSt 42, 15.
437   Vgl. *Beulke/Barisch* StV 2006, 596 ff.
438   S. z.B. OLG Hamm StV 2010, 586 ff.
439   *König* Der Zugang des (noch) nicht mandatierten Verteidigers zum inhaftierten Beschuldigten, StV 2011, 704 ff.

nahmesituation der Inhaftierung Rücksicht nehmen. Angesichts der zumeist schwierigen Kommunikationsbedingungen des Beschuldigten in der Haft nimmt die von der Staatsanwaltschaft als manchmal notwendig erachtete Zustimmung des Beschuldigten zu einem Anwaltsbesuch häufig viele Tage in Anspruch und führt damit durch den Zeitverlust zur Minimierung des Rechts des Beschuldigten auf effektive Verteidigung. Wenn daher nicht innerhalb weniger Stunden seitens der Staatsanwaltschaft telefonisch eine Reaktion des inhaftierten Beschuldigten auf einen angekündigten Besuch eingeholt werden kann, ist jeder Anwaltsbesuch zu ermöglichen.

Hierfür bedarf es nicht ergänzender Informationen zum Anlass dieses Besuchswunschs. Zweifel können für die Justiz a priori nicht auftauchen, wenn der Verteidiger erklärt, dass er von dem Inhaftierten nahestehenden Personen ausdrücklich um die Führung eines Anbahnungsgesprächs gebeten worden ist. Generell ist ein Informationswunsch der Justiz zum Hintergrund des Besuchswunschs des Anwalts nicht gerechtfertigt. Denn er würde offensichtlich den Anwalt zur Offenlegung von Informationen zwingen, die seinem Schweigegebot unterfallen könnten. Ein bedingter Anstiftervorsatz zur anwaltlichen Straftat nach § 203 StGB stünde stets im Raum.

Auch auf der Basis der Rechtsprechungsansicht sind die Umstände des ersten Gesprächs mit dem **496** Inhaftierten strittig. Zum Teil wird verlangt, dass dieses Gespräch ebenso wie jedes andere des Gefangenen zu **überwachen** sei.[440] Die unmittelbare Anwendung des § 148 scheidet nach Ansicht der Rechtsprechung aus, wenn der Inhaftierte mangels Beauftragung noch keinen Verteidiger hat, aber ein Verteidigungsverhältnis anstrebt. Bittet er oder ein Angehöriger einen Anwalt zu einem Besuch, um ggf. die Begründung eines Mandatsverhältnisses zu besprechen, bedarf auch der Anwalt der besonderen Besuchsgenehmigung des hierfür zuständigen Untersuchungsrichters. Regelmäßig darf ihm ein solcher Besuch nicht verwehrt werden, sodass der Zugang zur JVA auch in dieser Situation gesichert ist.

Dass die Anwendung des § 148 ein bestehendes Verteidigungsverhältnis voraussetzt und sich dies deutlich aus dem Wortlaut der Vorschrift ergeben soll, kann schon bezweifelt werden. Wenn von »Verteidiger« die Rede ist, kann es sich ebenso um die Berufsspezies wie um den konkret beauftragten Verteidiger handeln.[441] Die Wahrnehmung von Verteidigungsrechten zum Schutz des (potenziellen) Mandanten kann nicht stets vom Abschluss eines Mandatsvertrages abhängig gemacht werden. Der BGH hat – im Zusammenhang mit abgehörten Telefongesprächen – darauf hingewiesen, dass das berufsbezogene Vertrauensverhältnis nicht erst mit Abschluss eines zivilrechtlichen Geschäftsbesorgungsvertrages beginnen kann, sondern notwendigerweise auch das Anbahnungsverhältnis mit umfassen muss. Ein Beschuldigter, der auf der Suche nach einem Verteidiger ist, begegnet jedem Rechtsanwalt, mit dem er kommuniziert, typischerweise in der Erwartung, dass der Inhalt dieser Gespräche vertraulich zu behandeln ist, unabhängig davon, ob anschließend ein Verteidigungsverhältnis zustande kommt.[442] Der Respekt vor diesem typischen Vertrauensverhältnis erstreckt sich selbstverständlich erst recht auf die einvernehmliche unmittelbare Kommunikation, unabhängig davon, wer die Initiative zu dieser Kommunikation entfaltet hat.

Die wohl herrschende Meinung weist daher zutreffend darauf hin, dass sich Verteidiger und Beschul- **497** digter über das Zustandekommen eines Mandats nur dann verständigen können, wenn offen u.a. auch über die dem Mandanten vorgeworfene Tat gesprochen werden kann. Solche Informationen sind in der Regel die Voraussetzung für die Entscheidung des Anwalts, ob er ein Mandat annehmen will oder kann. Die Vertraulichkeit ist daher – entsprechend der Rechtsprechung zum Anbahnungsstadium eines ärztlichen Beratungs- und Behandlungsverhältnisses[443] – schon in dieser Frühphase schutzbedürftig. Um den zu wahrenden Geheimhaltungsbereich nicht über Umwege auszuhöhlen, wird daher aus § 148 auch das Recht auf ein **unüberwachtes Anbahnungsgespräch**

---

440 KG Berlin StV 1985, 405; OLG Stuttgart StV 1993, 255.

441 *Bung* StV 2010, 587, 588.

442 BGH StB 8/13 v. 18.02.2014 unter Bezugnahme auf *Schäfer* Zum Schutz der Verteidigung gegen Zugriffe der Strafverfolgungsorgane, Hanack-FS, 1999, S. 77, 82.

443 BGH 33, 148, 151; 45, 363.

abgeleitet.[444] Aus denselben Gründen ist auch die »Anbahnungspost« des Inhaftierten an einen potenziellen Verteidiger als nicht zu kontrollierende Verteidigerpost zu behandeln.[445]

3. Der EGMR

498 Besondere prozessuale Relevanz entfaltet die Frage des Zugangs des Beschuldigten zu einem Verteidiger dann, wenn in dessen Abwesenheit durch Vernehmungen – meist entscheidendes – Beweismaterial produziert wird. Obwohl die rechtsstaatliche Problematik einer angemessenen Überwachung polizeilicher Ermittlungstätigkeit in dieser Phase offensichtlich ist, gehört die Umsetzung von Beistandsgarantien durch die Rechtsprechung erst der jüngeren Vergangenheit an. Eine maßgebliche Rolle bei der Entwicklung spielt der **EGMR**, der in vielen Einzelentscheidungen Verteidigungsrechte des Zugangs und der Hilfe durch einen Verteidiger in der ersten Vernehmungssituation zu konturieren versucht. Offene Fragen des deutschen Rechts erfahren hier Vorgaben.

499 Der Gesichtspunkt des fairen Verfahrens erfordert – so der EGMR –, dass in jeder Situation der Selbstbelastung ein Verteidiger anwesend ist. Das hat er im Hinblick auf die »verletzliche« Situation des Beschuldigten und die Gefahr der unkontrollierten unzulässigen polizeilichen Beeinflussung betont und dabei insbesondere an die Beweisanforderungen eines (angeblichen) Verzichts des Beschuldigten auf dieses Recht hingewiesen.[446]

500 Der Fall *Salduz ./. Türkei* betraf einen Minderjährigen, der festgenommen wurde und während des Verhörs ohne einen Rechtsbeistand ein Geständnis abgab, später aber seine Aussage mit der Erklärung zurückzog, sie wäre unter Zwang erfolgt. Die Große Kammer des EGMR befand, dass der nicht erfolgte Zugang zu einem Rechtsbeistand während des Polizeigewahrsams Art. 6 Abs. 1 und 3 lit. c MRK verletzt habe. Weder der nachfolgende Beistand durch einen Rechtsanwalt noch die Möglichkeit, die Aussage in den nachfolgenden Verfahrensschritten anzufechten, konnten den ursprünglichen Mangel während des Polizeigewahrsams heilen. Die Folgen dieses Urteil waren in den Teilen Europas gravierend, in denen es – im Gegensatz zur deutschen Lage – einen sog. Polizeigewahrsam gab, der den Ermittlungsbehörden das Recht gab, in der Anfangsphase der Verhaftung den Zugang eines Anwalts für einen gewissen Zeitraum zu verhindern.

Auch für das deutsche Recht folgt aus dieser Rechtsprechung des EGMR, dass die Nutzung von Beweismaterial, das von einem Verdächtigen bei Verhören oder anderen Untersuchungsmaßnahmen aufgenommen wurde, während der Verdächtige keinen Rechtsbeistand hatte, Artikel 6 der EMRK verletzt.

Dass die Verletzung dieses Rechts nicht zwingend zur Unfairness des gesamten Verfahrens führen muss, stellte der EGMR in seiner Entscheidung *Ibrahim u.a. ./. Vereinigtes Königreich* fest. Trotz der überragenden Bedeutung des Beistandsrechts kann eine Einschränkung unter Umständen »aus zwingenden Gründen« denkbar sein. Im konkreten Fall waren die Beschwerdeführer unmittelbar nach einem Terroranschlag in London festgenommen worden. Wenn zwischenzeitlich Anwälten der Zugang zu den Festgenommenen verwehrt wurde, ist dies mit der zeitlich begrenzten unübersichtlichen Lage und der Gefahr weiterer Anschläge begründet worden.[447] Dieser Fall dürfte die Basis der neuen Regelung des § 141a illustrieren.

501 Eine Belehrung über das Recht des sofortigen Beistands folgt aus der Konvention ebenso wie die Notwendigkeit des ernsthaften Bemühens der Polizei, im Sinne einer effektiven Verteidigung dem Beschuldigten die praktische Kontaktaufnahme zu einem Anwalt zu ermöglichen.[448] Im Detail hat der EGMR festgestellt, ab wann das Recht auf den Zugang zu einem Rechtsbeistand entsteht.

---

444 OLG Düsseldorf StV 1984, 106; HK/*Julius* § 148 Rn. 7; SK/*Wohlers* § 148 Rn. 7; AnwK-StPO/ *Krekeler/Werner* StPO § 148 Rn. 4; LR/*Lüderssen/Jahn* § 148 Rn. 7 f.; *Schlothauer/Weider* Untersuchungshaft, Rn. 113 m.w.N; *Kühne* Strafprozessrecht, 9. Aufl. 2015, Rn. 211; *Beulke* Strafprozessrecht, 12. Aufl. 2012, Rn. 153; *Weigend* Gutachten C für den 62. DJT C 65; *Bung* StV 2010, 587.

445 *Grube* Der Schutz der Verteidigerpost, JR 2009, 363.

446 *Salduz v. Türkei*, EGMR NJW 2009, 3707; die deutsche Rechtsprechung betont jüngst ebenso die Erforderlichkeit einer Anwesenheit eines Verteidigers zumindest dann, wenn dem Beschuldigten gravierende Vorwürfe gemacht werden BGH NStZ-RR 2006, 101 f.; OLG Köln StRR 2009, 155 f.

447 Urteil v. 13.9.2016 HRRS 2017 Nr. 272, Anm. *Castorf* HRRS 2017, 169 ff.

448 *Panovits v. Zypern*, EGMR, Urt. v. 11.12.2008.

In der Entscheidung zu *Brusco v. Frankreich*[449] bestätigte der EGMR, dass das Recht auf einen Rechts-   **502** beistand einschließt, während eines Verhörs einen Anwalt zuziehen zu dürfen. In diesem Fall befand der EGMR, dass trotz der dem Beschwerdeführer erteilten Erlaubnis, seinen Anwalt direkt nach dem Verhör zu sehen, die Verhinderung der Anwesenheit des Anwalts während des Polizeiverhörs eine Verletzung von Artikel 6 Abs. 3 lit. c darstellte. Im Jahr 2011 entschied der Gerichtshof in ähnlicher Weise gegen Kroatien.[450] Die deutsche Praxis des Verteidigerausschlusses während der Vernehmung dürfte hiernach mehr als fragwürdig sein.

Im Fall *Dayanan v. Türkei*[451] befand der EGMR, dass Verdächtige die Möglichkeit erhalten müssen, einen Rechtsbeistand zuzuziehen, sobald sie in Gewahrsam genommen werden, unabhängig davon, ob eine Befragung durch die Polizei erfolgt oder nicht. Im Fall *Shabelnik v. Ukraine*[452] befand der EGMR, dass das Recht auf einen Rechtsbeistand schon dann entsteht, wenn die Stellung der Person wesentlich beeinträchtigt ist, auch wenn diese nicht als verdächtige Person in Gewahrsam genommen wurde. Die Stellung sei wesentlich beeinträchtigt, sobald ein Verdacht gegen sie ernsthaft verfolgt und der Fall von der Staatsanwaltschaft bearbeitet wird. In diesem Fall wurde der Beschwerdeführer als Zeuge befragt, nicht als Verdächtiger oder Beschuldigter. Der EGMR befand, dass eine Verletzung der Konvention vorlag, weil der Zeitpunkt, zu dem das Recht auf einen Rechtsbeistand entsteht, nicht von der formellen Bezeichnung der Person als Verdächtiger oder Beschuldigter abhänge. Gleiches gelte, wenn ein Verdächtiger wegen eines minder schweren Delikts inhaftiert wird und ihm der Zugang zu einem Anwalt verweigert wird, obwohl der Verdacht des Mordes besteht.[453]

Im Fall *Zaichenko v. Russland* wurde der Beschwerdeführer nicht formell festgenommen oder im Polizeigewahrsam verhört, sondern bei einer Verkehrskontrolle angehalten, bei der er Fragen beantwortete im Zusammenhang mit der Durchsuchung seines Fahrzeugs. Da die Bewegungsfreiheit des Beschwerdeführers nicht wesentlich eingeschränkt war, befand der EGMR zunächst, dass die Abwesenheit eines Rechtsbeistands zu diesem Zeitpunkt nicht zu einer Verletzung der Rechte des Beschwerdeführers nach Art. 6 MRK geführt hat. Dennoch wurde auch in diesem Fall durch die im nachfolgenden Gerichtsverfahren erfolgte Verwertung seiner Antworten das Aussageverweigerungsrecht aufgrund möglicher Selbstbeschuldigung und das Recht zu schweigen verletzt.[454]

Die Verweigerung des Rechtsbeistands hält auch der EGMR nicht für völlig ausgeschlossen, sodass auch der deutsche Polizeibeamte sich darauf berufen könnte, der Ausschluss des Verteidigers während der Vernehmung sei nicht prinzipiell konventionswidrig. Zum einen beschränkt der EGMR solche Verweigerungssituationen auf »außergewöhnliche Umstände«, zum anderen diskutiert er ein Beweisverwertungsverbot. Wird ein frühzeitiger Zugang zu einem Rechtsbeistand verweigert und liegen hierfür triftige Gründe vor, so dürfen belastende Aussagen, die von einem Beschuldigten ohne Rechtsanwalt gemacht wurden, für die Urteilsbegründung nicht herangezogen werden.[455] Besonders deutlich machte er dies im Fall Pishchalnikov v. Russland.[456] Hier war der Verhaftete belehrt worden und hatte den Beistand eines konkreten Anwalts verlangt. Dazu kam es nicht, den Grund erfuhr der Beschuldigte nicht. Danach – so

---

449 *Brusco v. France*, EGMR, Urt. v. 14.10.2010, Abs. 44–45.

450 *Mader v. Kroatien*, EGMR, Urt. v. 21.06.2011, Abs. 153; *Sebalj v. Kroatien*, EGMR, Urt. v. 28.06.2011, Abs. 256.

451 *Dayanan v. Turkey*, EGMR, Urt. v. 13.10.2009, Abs. 32.

452 *Shabelnik v. Ukraine*, EGMR, Urt. v. 17.02.2009, Abs. 57; ähnlich *Brusco./. Frankreich*, wo eine als Zeuge vernommene Person eine Straftat eingestand oder *Sobko./.Ukraine*, Urteil v. 17.12.2016.

453 *Nechiporuk and Yonkalo v. Ukraine*, EGMR, Urt. v. 21.04.2011, Abs. 264–65.

454 *Zaichenko v. Russland*, EGMR, Urt. v. 18.02.2010.

455 *Zaichenko v. Russland*, EGMR, Urt. v. 18.02.2010, Abs. 55; zusammenfassend *Sobko./.Ukraine* v. 17.12.2016: »In order for the right to a fair trial to remain sufficiently »practical and effective«, Article 6 § 1 requires that , as a rule, access to a lawyer should be provided as from the first questioning of a suspect by the police, unless it is demonstrated in the light of the particular circumstances of each case that there are compelling reasons to restrict this right. Even where compelling reasons may exceptionally justify denial of access to a lawyer, such restriction – whatever is justification – must not unduly prejudice the rights of the accused under Article 6. The rights of the defence will in principle be irretrievably prejudiced when incriminating statements made during police questioning without access to a lawyer are used for a conviction.«.

456 *Pishchalnikov v. Russland*, EGMR, Urt. v. 24.9.2009; Kommentare hierzu in der schweizerischen Zeitschrift forum poenale 2010, 86 ff.

der EGMR – durfte der Inhaftierte nicht mehr vernommen werden. Wird er dennoch ohne anwaltliche Konsultation weiter vernommen, kommt dies einem Entzug eines Verteidigers gleich. Die Ergebnisse einer solchen Vernehmung sind nicht verwertbar.

503 Der Anspruch auf sofortigen Beistand ist nicht auf die Haftsituation beschränkt, sondern bezieht sich auch auf andere Untersuchungshandlungen. Der EGMR befand, dass eine Verletzung vorlag, als eine Gegenüberstellung in Abwesenheit der Anwälte des Beschwerdeführers durchgeführt wurde.[457] Konsequent ist nach menschenrechtlichen Vorgaben, dem Verdächtigen stets dann einen konkreten und effektiven Anspruch auf sofortige Beziehung eines Verteidigers zu ermöglichen, wenn er persönlich in (offene) Ermittlungsmaßnahmen involviert ist – von erkennungsdienstlichen Maßnahmen bis zu Durchsuchungsaktionen. Die Rechtsprechung des EGMR der letzten Jahrzehnte ist teilweise in der Reform zur Pflichtverteidigung 2019 verarbeitet worden; weitergehende Forderungen sind unter Bezugnahme auf diese Entscheidungen im Einzelfall von der Verteidigung vorzubringen.

---

457 *Laska und Lika v. Albanien*, EGMR, Urt. v. 20.04.2010.

G. Konflikt zwischen Verteidiger und Mandant

Sinnfällig wird die Bedeutung der grundsätzlichen Positionierung des Verteidigers bei Auseinander- **504** setzungen zwischen Verteidiger und Mandant hinsichtlich der konkreten Verteidigungsstrategie, der Formulierung von Verteidigungszielen oder der Wahrnehmung von Verteidigungsrechten.

▶ Beispiele:

– Der Verteidiger hat ausreichende Informationen darüber, dass sein Mandant unschuldig **505** ist. Dennoch verlangt dieser eine Verteidigung, die zu seiner Verurteilung und damit zur Entlastung seiner in hohem Maße tatverdächtigen Ehefrau führen würde.
– Der angeklagte Mandant ist verhandlungs- oder schuldunfähig. Intime Informationen und ein Gutachten erscheinen Erfolg versprechend. Der Mandant will nicht in der öffentlichen Gerichtsverhandlung als psychisch krank erscheinen und die Offenbarung der notwendigen Tatsachen unterlassen.
– Der Mandant hält die rhetorischen Fähigkeiten seines Anwalts für miserabel und weist ihn an, zur Vermeidung von Schlimmerem auf das Plädoyer zu verzichten.
– Nachdem der Verteidiger in der Hauptverhandlung einen Beweisantrag gestellt hat, ver- langt der Mandant in einer Verhandlungspause die sofortige Rücknahme des Antrages, weil nach seinen Recherchen im Internet zur Rechtsprechung des BGH eine peinliche Zurückweisung des Antrages wegen Unzulässigkeit drohe.

Das im Detail nicht geklärte Verhältnis des Verteidigers zwischen seiner der Verfahrensgerechtigkeit **506** verpflichteten Stellung, seiner Verpflichtung zur einseitigen Beistandsleistung zugunsten des Beschul- digten sowie seinen vertraglichen Verpflichtungen gegenüber dem Mandanten eröffnen zahlreiche Zweifelsfragen zur Zulässigkeit oder gar Notwendigkeit von Verteidigerhandlungen bei mandats- internem Dissens.

Insbesondere die anwaltliche Literatur betont gerne die **Unabhängigkeit** des Anwalts nicht nur in **507** seinem Verhältnis zur Justiz, sondern auch **gegenüber dem Mandanten**,[458] Anwaltliche Berufsorga- nisationen protegieren dies.[459] Ergänzend streicht die Rechtsprechung die Aufgabe der Wahrung der objektiven Verteidigungsinteressen durch den Verteidiger heraus, der deren subjektive Definition durch den Mandanten selbst ausschließt; derart sei der Verteidiger legitimiert, sogar gegen den Wil- len des Mandanten zu handeln.[460] Dem widersprechen Teile der Literatur mit der Behauptung des unbedingten Vorrangs der Mandantenentscheidung im Konfliktfall.[461]

Die Wahrnehmung von Prozessrechten durch den Verteidiger soll grundsätzlich in Eigenverantwor- **508** tung übernommen werden. Wo allerdings eine nachvollziehbare Grenze zwischen zulässiger Vorgabe in der Strategie durch den Mandanten einerseits und zulässigem selbstverantwortlichem Handeln des Verteidigers bei einzelnen taktischen Schritten andererseits bestehen soll, ist allein unter Bezug- nahme auf das Pathos oder vage berufsrechtliche Regelungen nicht zu klären.

Es steht allenfalls so viel fest, dass auch trotz der vertraglichen Verpflichtung zu einer Beistandsleistung **509** mit allen anwaltlichen Komponenten der optimierten Rechtsberatung und Vertraulichkeit der Verteidi- ger nicht der Kompetenzroboter des Mandanten ist. So wird dem Verteidiger trotz seiner umfassenden Informationspflicht gegenüber dem Mandanten z.B. das Recht zugebilligt, das Mandat betreffende ver- trauliche Hintergrundinformationen von Dritten (auch vom Staatsanwalt oder Richter) »im wohlver- standenen Interesse seines Mandanten sowie im Interesse der Rechtspflege« zurückzuhalten. Der ihm

---

458 Vgl. *Dahs* Handbuch des Strafverteidigers, 7. Aufl. 2005, Rn. 30.
459 S. 2 II der BRAK-Thesen zur Verteidigung: »*Der Verteidiger ist unabhängig. Er gestaltet die Verteidigung im Einvernehmen mit seinem Mandanten frei, selbstbestimmt und unreglementiert, soweit die allgemeinen Gesetze und das Berufsrecht ihn nicht besonders verpflichten.*«
460 BGHSt 38, 111, 114; 39, 310, 313; BVerfG NJW 1995, 1951 f.
461 LR/Lüderssen/*Jahn* vor §§ 137 Rn. 50 ff.

belassene Freiraum führt dazu, dass er Aufzeichnungen über solche Gespräche an den Mandanten nicht herausgeben muss.[462]

510 Die grundsätzliche Positionierung von Mandant und Verteidiger im Verfahren bei Prozesshandlungen, die auf mandatsinternen divergierenden Ansichten beruhen, resultiert aus der Verfahrensordnung, die nach außen eine einheitliche Formulierung »der Verteidigung« anders als bei den konsequenten Vertretungsregelungen anderer Prozessordnungen nicht ermöglicht. Was anstelle einer Vertretung gilt, ist unklar. Deutlich wird in der StPO zunächst nur die Vorstellung zweier eigenständiger Prozesssubjekte, die z.T. identische, z.T. unterschiedliche Rechte besitzen. So werden z.B. dem Verteidiger weitergehende Rechte als dem von ihm vertretenen Mandanten gewährt.

511 Dies gilt, wenn entweder seine besondere Vertrauensstellung oder die notwendigen speziellen Rechtskenntnisse dies erforderlich erscheinen lassen, wie beispielsweise beim Akteneinsichtsrecht (§ 147), beim Kreuzverhör (§ 239), bei der Befragung eines Mitangeklagten (§ 240 Abs. 2 S. 2), bei Anwesenheitsrechten (§§ 168c Abs. 1, 224 Abs. 2, 247) oder bei der Begründung und Unterzeichnung einer Revision (§ 345 Abs. 2).

512 Auf der anderen Seite soll die Wahrnehmung von Handlungsmöglichkeiten ausschließlich dem Mandanten vorbehalten sein, so etwa bei der Einlassung zur Sache (§ 243 Abs. 5 S. 2), die nur höchstpersönlich vom Betroffenen abgegeben werden kann. Das gilt auch für das Ablehnungsrecht (§§ 24 Abs. 3, 31 Abs. 1, 74 Abs. 2 StPO, 191 GVG). Ausschließliche Antragstellung durch den Angeklagten selbst sieht z.B. auch § 233 Abs. 1 S. 1 vor. Demgegenüber werden beiden Prozesssubjekten z.T. kumulativ dieselben Rechte (Fragerecht, Beweisantragsrecht) eingeräumt.[463]

Vertretungsregelungen stellen im Gesetz die Ausnahme dar.

513 Hierzu zählen beispielsweise die Zustellungsfiktion des § 145a oder die auf den Besonderheiten des Strafbefehlsverfahrens beruhenden Vertretungsmöglichkeiten des Angeklagten in der Hauptverhandlung nach Einspruch (§ 411 Abs. 2), bzw. im seltenen anderweitigen Fall der Verhandlung ohne den Angeklagten (§ 234a). Soll der Verteidiger darüber hinaus ausnahmsweise den Beschuldigten beispielsweise durch Erklärungen vertreten, ist regelmäßig eine gesonderte Vollmachtserteilung notwendig.

Jenseits dieser Ausnahmeregelungen vermittelt die Ausgestaltung der jeweiligen Rechte in der StPO eine fest gefügte Vorstellung von der Positionierung des Beschuldigten einerseits und des Verteidigers andererseits:

514 Die positiv gesetzlich ausgestaltete Rolle des **Verteidigers im Strafverfahren** weist diesem zwar eine Beistandsverpflichtung zu, gibt ihm aber zahlreiche **eigenständige Rechte**. Diese Rechte lassen sich nicht allein aus den Rechten des Beschuldigten selbst ableiten, die der Anwalt in dessen Vertretung wahrnimmt.

515 So unterscheidet das Gesetz beispielsweise in § 240 Abs. 2 ausdrücklich das Fragerecht des Angeklagten einerseits und das des Verteidigers andererseits; Gleiches gilt für die Zustimmungserklärungen zur Verlesung von Urkunden gem. § 251 oder Verzichtserklärungen zu Beweiserhebungen § 245[464], zur Urteilsverlesung in der Berufungsinstanz § 324 Abs. 1 S. 2, zur Hauptverhandlung im Strafbefehlsverfahren § 411 Abs. 1 S. 3 oder der Beweisaufnahme im beschleunigten Verfahren § 420 Abs. 3. Das Gesetz unterscheidet zwischen Ladungen des Angeklagten zur Hauptverhandlung (§ 216) und der Ladung des Verteidigers (§ 218). Anwesenheitsrechte bei richterlichen Ermittlungshandlungen im Ermittlungsverfahren (z.B. § 168c Abs. 2) werden Beschuldigten und Verteidigern gesondert zugewiesen. Differenziert ausgestaltet ist auch das prozessabschließende rechtliche Gehör, wenn dem Verteidiger ein Schlussplädoyer zugebilligt wird, das letzte Wort aber dem Angeklagten selbst verbleiben muss (§ 258 Abs. 3).

---

462 BGHZ 109, 260, 265.

463 Zur umfassenden Untersuchung der gesetzlichen Regelungen zum Verhältnis Verteidiger/Mandant s. *Schlothauer* Verteidigung, Vertretung, Verständigung, in Beulke-FS 2015, S. 1023 ff.; *Wolf* Das System des Rechts der Strafverteidigung, 2000.

464 *Rieß* Die Stellung des Verteidigers beim Verzicht auf die Verwendung präsenter Beweismittel, NJW 1977, 881.

Hieraus lässt sich zunächst ableiten, dass beide Verfahrensbeteiligten aufgrund eigenständiger Rechte   516
im Prozess agieren. Die professionelle Mitwirkung am Prozessgeschehen durch den juristisch versierten und forensisch erfahrenen Verteidiger ist unabhängig und differenziert von der Selbstverteidigung durch den Beschuldigten geregelt. Auch bei der Mitwirkung eines Verteidigers stellt das
Gesetz in Betonung der Subjektstellung des Beschuldigten dessen umfassende Möglichkeit sicher,
sich selbst zu verteidigen. In Realisierung dieser Vorgabe des Art. 6 Abs. 3 lit. c EMRK konstituiert
die StPO nicht nur eine grundsätzliche Anwesenheitspflicht des Angeklagten (§ 230 Abs. 1), sondern verlangt ausnahmslos dessen fürsorgliche Belehrung durch das Gericht im Hinblick auf die
Wahrnehmungsmöglichkeiten seiner persönlichen Verteidigungsaktivitäten (z.B. §§ 243 Abs. 5
S. 1, 257 Abs. 1, 258 Abs. 3).

Auch wenn sie sich demselben Ziel verpflichtet fühlen, kann im Detail die Ausübung der Rechte
gegenläufig sein. Dies wird vom Gesetz als selbstverständliche Konsequenz hingenommen, ohne
dass es Lösungsansätze für unüberbrückbare Differenzen gibt.

> Denkbar sind völlig konträr erscheinende Positionen zwischen Verteidiger und Angeklagtem bei der Aus-   517
> übung des Fragerechts. Deutlich kann dies auch bei Beweisanträgen werden. So kann auf der einen Seite
> der Verteidiger in einem Beweisantrag einen Zeugen benennen, der »aus eigener Wahrnehmung« Provo-
> kationen und Hänseleien von Dorfbewohnern gegen seinen Mandanten berichten soll. Andererseits kann
> der Angeklagte diesen Sachverhalt selbst durch eine Einlassung auf Befragen des Gerichts konterkarieren,
> wonach er davon ausgehe, der benannte Zeuge könne zum fraglichen Sachverhalt nur Erzählungen wie-
> dergeben. Der BGH hat in diesem Fall betont, dass das Gericht den Beweisantrag des Verteidigers in der
> von den Äußerungen des Mandanten selbst abstrahierten Form behandeln muss, da dem Verteidiger ein
> selbstständiges und vom Willen des Mandanten unabhängiges Beweisantragsrecht zusteht, mit dem er
> sich mit dem Vorbringen des Angeklagten nicht notwendigerweise deckende Behauptungen unter Beweis
> stellen kann.[465]

Der **Verteidiger** agiert somit aus selbstständigen prozessualen Rechten; er ist grundsätzlich **nicht der**   518
prozessuale Vertreter des Beschuldigten. Fehlverhalten des Anwalts muss sich der Beschuldigte daher
beispielsweise auch im Wiedereinsetzungsverfahren nicht zurechnen lassen. Dass das **Nebeneinander**
der prozessualen Gestaltungsrechte von Verteidiger und Verteidigtem keinesfalls gesetzlicher Achtlosigkeit entspringt, zeigen diejenigen gesetzlichen Konstellationen, die im geregelten Konfliktfall
die Wirksamkeit der Verteidigungshandlung von der ausdrücklichen Zustimmung des Beschuldigten abhängig macht. So kann der Verteidiger zwar Rechtsmittel einlegen, nicht jedoch gegen den
ausdrücklichen Willen seines Mandanten (§ 297). Auch bedarf der Verteidiger zur Zurücknahme
eines Rechtsmittels der ausdrücklichen hierauf bezogenen Ermächtigung seines Mandanten (§ 302
Abs. 2). Während konsequenterweise kein selbstständiges Verfahrenssubjekt auf der Verteidigungs-
seite wirksam einen Antrag für den anderen stellen oder gar den Antrag zurücknehmen kann, gelten
angesichts der gesetzlich festgelegten Entscheidungsdominanz beim Angeklagten ausnahmsweise
Rechtsmittelverzichte oder –rücknahmen verteidigungsumfassend.[466]

Darüber hinaus sieht das Gesetz keine Regelungen für die Konsequenzen der jederzeit auftretenden   519
divergierenden Ansichten zwischen Mandanten und Verteidiger vor. Das Gesetz lebt mit dem widersprüchlichen Verteidigungsverhalten von Mandanten und Verteidiger. Schon aus praktischen Gründen ist regelmäßig die Aufdeckung und Auflösung von Divergenzen im Prozess nicht denkbar. Die
Spontaneität und Dynamik einer Hauptverhandlung verbietet es beispielsweise dem Verteidiger,
jede zu stellende Frage an einen Zeugen oder jeden zu stellenden Antrag zunächst mit dem Mandanten abzusprechen.

Entbehrlich erscheint dem Gesetz eine Kollisionsregelung, obwohl mit der Institution der Beiord-   520
nung eines Verteidigers der verteidigungsinterne Konflikt bis hin zu massiven unterschiedlichen
Vorstellungen über Verfahrensziele ebenso denkbar ist wie eine vollständige Kommunikationsverweigerung durch den Beschuldigten. Die auch in diesen Fällen sicherzustellende professionelle Ver-

---

465 BGH StV 2009, 588 = NStZ 2009, 581.
466 BGH NStZ-RR 2019, 351.

teidigung durch den juristisch versierten Anwalt setzt notwendigerweise dessen **autonome Wahrnehmung** der ihm durch das Gesetz verliehenen Rechte voraus.

521 Die **Praxis** scheint demgegenüber nach wie vor Schwierigkeiten mit dem Umgang dieses Widerspruchs zu haben. Die Verteidigung wird von Gerichten häufig als monolithischer Block angesehen, dem beispielsweise interne Widersprüchlichkeiten zur Begründung der Beschneidung von Verteidigungsrechten entgegengehalten wird. Die eindeutige gesetzliche Rollenverteilung macht jedoch deutlich, dass das gerichtliche Argument der Widersprüchlichkeit bei der Ablehnung von Anträgen sich allenfalls auf das gesonderte Vorbringen der jeweiligen selbstständigen Prozesssubjekte beziehen kann.

522 Der Verteidiger muss grundsätzlich damit leben, dass auch eine als vereinbart angesehene Verteidigungsstrategie durch selbstständiges Prozessverhalten des Mandanten gefährdet wird. Spontanäußerungen seines Mandanten, der deren negative rechtliche Auswirkungen nicht überschaut, kann er ebenso wenig verhindern wie die der Wertung des Gerichts zugängliche Mimik eines ansonsten schweigenden Mandanten. Auch dies ist Teil des Ergebnisses der Beweisaufnahme, auf dessen Grundlage der Verteidiger agieren muss.

523 Auf der anderen Seite muss der Mandant das Verteidigungsverhalten ertragen, das er persönlich nicht gutheißen würde. Auch auf der Basis des von ihm grundsätzlich vorzugebenden Verteidigungsziels sind vielfältige Maßnahmen denkbar, die der Verteidiger sowohl aufgrund der eigenen Professionalität als auch der Gebundenheit seiner Rolle in eigener Verantwortung und Kompetenz ergreifen kann und u.U. muss. Der Mandant kann sich weder gegen aus seiner Sicht misslungene Erklärungen oder Plädoyers noch gegen taktisch unkluge Beweisanträge »schützen«. Seine nach wie vor nicht beeinträchtigte Autonomie der Verteidigung kann bei der aufgezeigten gesetzlichen Konzeption nur in der grundsätzlichen Aufhebung der Zusammenarbeit bestehen. Eine **Kündigung des Mandats** und ein Entzug der Vollmacht sind jederzeit und ohne Begründung beim Wahlverteidiger möglich. Vom Pflichtverteidiger wird der Mandant gegen dessen Willen nur bei einer Zerrüttung des Vertrauensverhältnisses befreit.

524 Mit erteilter Vollmacht oder Beiordnung zurrt die StPO das weitgehend autonome Rollenverhältnis von Mandanten und Verteidiger im Verfahren fest. Auch das der Vollmacht zugrunde liegende Vertragsverhältnis kann diese gesetzliche Fixierung nicht modifizieren, insbesondere enthält es kein Weisungsrecht an den Verteidiger. Divergenzen zwischen Mandant und Verteidiger finden im Strafprozess nicht statt.

Autonomie entspringt einem formellen Aspekt. Auch das Recht auf eigenständige Wahrnehmung von Verteidigungsmöglichkeiten sagt zunächst nichts über inhaltliche Vorgaben der Art und Weise von Verteidigerhandeln aus. Gerechtfertigt ist diese starre Verfahrensautonomie des Verteidigers nur von einem Ausgangspunkt, der ein übereinstimmendes Verteidigungsziel des Beschuldigten und seines professionellen Beistands voraussetzt. Fehlt diese Basis, muss Hilfestellung ins Leere gehen. Auch jedes selbstständige Agieren des Verteidigers muss damit von einem individuellen Grundkonsens mit dem Mandanten unterlegt sein.

525 Einvernehmen und dessen stetige Aktualisierung ist unter dem Aspekt der professionellen Dienstleistung im Strafprozess dringlicher als in allen anderen Auftragskonstellationen. Beauftragt ein Bürger z.B. einen Architekten oder Arzt, hat er zwar einen grundsätzlichen Anspruch auf vorhergehende sachverständige Aufklärung; nach der Genehmigung kann er sich allerdings darauf verlassen, dass er durch ein dichtes Netz von fachlichen Standards geschützt wird, die der Fachmann auch ohne zusätzliche Kommunikation bei der Durchführung seiner Dienstleistung beachten muss. Vergleichbare Standards für eine »gute Verteidigung« existieren nicht.[467]

526 Gegenüber Staatsanwaltschaft und Gericht besteht die Aufgabe der Verteidigung in Überzeugungsarbeit. Ihr Kampf ums Recht hat maßgeblich eine psychische Dimension. Von der StPO offerierte Handlungsoptionen beinhalten keine Handlungspflichten. Ihre (Nicht-) Wahrnehmung beruht zumeist auf unüberprüfbaren subjektiven Einschätzungen. Ein sich aufdrängender Befangenheitsantrag kann u.U. unter-

---

467 *Jahn* Verteidigung lege artis, StraFo 2017, 177 ff. m.w.N.

bleiben, wenn die personellen Alternativen auf der Richterbank das Verteidigungsziel noch stärker zu gefährden scheinen. Ein unterlassener Widerspruch, eine nicht abgegebene Stellungnahme oder ein nicht gestellter Beweisantrag können im Hinblick auf eine erwartete Verständigung legitim sein – auch wenn sich bei der Urteilsverkündung diese Prognose als bitter falsch herausstellt. Andererseits kann sich z.B. eine Besetzungsrüge durch ihr Erfolgspotential aufdrängen, die langfristigen Erwartungen des Verteidigers aber bei dem Effekt einer Verzögerung und erheblichen Verlängerung der Untersuchungshaft des Mandanten später enttäuschen. Selbst der spätere Nachweis »falschen« Verteidigerhandelns kann ihm nicht den Vorwurf einbringen, er habe nicht »lege artis« gehandelt. Auch wenn gute Verteidigung eine Kunst ist, gibt es hierfür keine standardisierten Regeln.

Hieraus folgt nicht, dass der Mandant schlichter Zuschauer der Umsetzung subjektiver Einschätzungen des Verteidigers sein muss. Gerade weil eine normative Transparenz des autonom zulässigen Verteidigerhandelns nicht existiert, muss sie verstärkt von Kommunikation und Einvernehmen geprägt sein. Professionelle Aufklärung über das Prozessgeschehen und die Einschätzungsparameter sind daher notwendig. Andererseits lässt gerade die Dynamik einer Hauptverhandlung oder eines Verständigungsgesprächs eine Absprache auf der Verteidigerbank nicht zu. Weder Fragen an den Zeugen, noch die Formulierung von Anträgen, noch – ohnehin zumeist spontane – Erklärungen zum Verfahrensverlauf können vom Verteidiger mit dem Mandanten abgestimmt werden. Zwangsläufig muss dem Verteidiger schon deswegen ein beträchtlicher allein verantworteter Handlungsspielraum zustehen, den auch der murrende Mandant hinzunehmen hat. Der Mandant kann allenfalls erwarten, dass hier Verteidigungsverhalten inhaltlich auf die Basis des Verteidigungsziels ausgerichtet ist. Die Grenzen der Autonomie des Verteidigers dürften daher z.B. dann überschritten sein, wenn bei Vereinbarung einer konsequenten Freispruchverteidigung unabgestimmt Anträge gestellt werden, die ausschließlich Strafzumessungsaspekte betreffen oder entgegen der ausdrücklichen Vorgabe des Mandanten eine vielversprechende Alibizeugin von der Verteidigung benannt wird, der der Mandant Anonymität schuldet.[468]   **527**

Zusammenfassend kann damit allenfalls eine Verpflichtung des Verteidigers festgestellt werden, sein Verhalten grundsätzlich an den konsensual gefundenen Vorgaben des Mandanten auszurichten, deren detaillierte Umsetzung im Rahmen seiner eigenständigen prozessualen Befugnisse ihm jedoch freisteht. Gebunden ist er an die einvernehmliche »Weichenstellung« in maßgeblichen Prozessfragen.   **528**

Ein paternalistisches Verteidigermodell, bei dem allein die Einschätzung des Profis legitime Leitlinie des Verteidigerhandelns ist, lässt sich der rechtsstaatlichen Idee von Verteidigung nicht entnehmen. Seine Interessen muss und kann nur der vom Strafverfahren Betroffene selbst formulieren; auch das »Organ der Rechtspflege« darf sie nicht »besser kennen« als sein Mandant. Wenn darüber diskutiert wird, dass der Verteidiger auch gegen den Willen des von ihm zu Schützenden agieren darf, kann dies allenfalls besondere Ausnahmefälle betreffen, die der Unmöglichkeit einer autonomen Interessenentscheidung des Beschuldigten gleichkommen müssen.   **529**

Eine solche Sichtweise dürfte auch der Bewertung des Europäischen Gerichtshofs für Menschenrechte entsprechen. Mehrfach hat der Gerichtshof betont, dass die Einlösung des Anspruchs auf effektive Verteidigung nur dann gegeben ist, wenn der Angeklagte die wesentlichen Vorgaben für die Verteidigungsstrategie geben kann und diese auch einvernehmlich von der Verteidigung verfolgt werden.[469] Der BGH interpretiert die Vorgaben dahin gehend, dass dem verteidigten Angeklagten letztlich »die letzte Entscheidungskompetenz zusteht.«[470]   **530**

Bei der fundamentalen Ausrichtung der Verteidigung kann auch der Strafrichter einen Dissens nicht ignorieren. Verteidigung als inhaltsleerer Selbstzweck ist keine Rechtfertigung für die Installation einer Verfahrensmacht. Ist daher beispielsweise über die **Entpflichtung** eines beigeordneten Vertei-   **531**

---

468 Zustimmend *Pananis* »Meine Frau halten wir raus!« – Legitime Sonderinteressen im Mandat, StraFo 2012, 121, 125.

469 EGMR Ebanks ./. UK v. 26.1.2010; s. hierzu *Lam/Meyer-Mews* Die gestörte Verteidigung – Möglichkeiten und Grenzen des Widerrufs der Pflichtverteidigerbestellung, NJW 2012, 177 ff., 179.

470 BGH HRRS 2020 Nr. 419.

digers wegen Vertrauensbruchs zu entscheiden oder prozessorganisatorische Maßnahmen nach einer abrupten Mandatskündigung im Prozess zu ergreifen, so kann ausnahmsweise dieser Dissens den isolierten gesetzlichen Blick auf zwei autonome Verfahrensbeteiligte aufheben. Für die Antwort auf die Frage, wann die vorausgesetzte Selbstverständlichkeit der Identität von Verteidigungsinteressen des Beschuldigten und die Hilfestellung des Verteidigers hierzu aufgehoben sein können, gibt das Gesetz keine Anhaltpunkte. Klar dürfte allerdings sein, dass abseits von Detailfragen der Taktik oder des sprachlichen Geschmacks allenfalls maßgebliche, nur durch den Beschuldigten selbst zu bestimmende **Verteidigungsziele** als zu berücksichtigende Dissensfaktoren in Betracht kommen können. Dies können unterschiedliche Auffassungen über die prinzipielle Freispruchs-, Geständnis- oder Strafmaßverteidigung sein, nicht jedoch die außerhalb geschützter rechtlicher Positionen angesiedelte Intention des Beschuldigten, den Prozess zu funktionalisieren und aus persönlichen Gründen in eine bestimmte Richtung zu lenken. Außerhalb dieser Leitgedanken sind viele Detailfragen völlig ungeklärt.

532   Die gerichtliche Weigerung, trotz unüberbrückbarem mandatsinternem Dissens die Beiordnung aufzuheben, bringt den in seiner Position verbleibenden Verteidiger in eine Situation, in der er nicht mehr effektiv verteidigen kann. Ihm ist die Basis seines Verteidigens, der Konsens über das Verteidigungsziel, entzogen. Er kann vielleicht damit leben, dass der Mandant seinen Rechtsrat nicht mehr hören will. Er läuft aber Gefahr, gegen die Interessen des Mandanten zu agieren. Er kann nicht in anwaltlicher Selbstverantwortung das Beste für seinen Mandanten erreichen wollen, wenn er ohne jede individuelle Zielvorgabe handelt. Verteidigen heißt nicht, irgendwelche Verteidigungsrechte auszuüben, sondern die prozessualen Handlungsoptionen zweckgerichtet wahrzunehmen. Zu weitgehende Fragen an einen Zeugen müssen u.U. aus Sicht eines Mandanten seinem Interesse ebenso zuwiderlaufen wie der Widerspruch gegen die Verwertung einer polizeilichen Vernehmung des falsch belehrten Mandanten, der seine Angaben eingeführt sehen will. Wenn der Verteidiger in der ihm aufgedrängten Situation nichts von alledem weiß, kann er seiner Aufgabe des Beistandsleistens nicht nachkommen. Es ist bei einer Beiordnung die Aufgabe des Gerichts, ihm und dem Mandanten dies zu ersparen.

Kapitel 2 Die Psychologie der Strafverteidigung

A. Die Aufgabe der Überzeugungsarbeit

1   »*In its widest sense, advocacy is the art of convincing others, that is to say the art of persuasion.*«[1]

»*Auch wird der Defensor den allgemeinen Thatbestand und den besondern jedes einzelnen Verbrechens nach dem Gesetzbuche [...] genau kennen müssen. Ganz vorzüglich aber wird Psychologie dem Defensor bedeutend seyn.*«[2]

2   Die Strukturierung der Verteidigerposition und die Beschreibung der Verteidigungsrechte und -optionen geben den Rahmen für Verteidigungsverhalten im Strafverfahren vor. Die Nutzung des derart beschriebenen Aktionsfeldes hängt von individuellen Faktoren ab. Eine optimale Verteidigung findet dann statt, wenn das Verteidigungsziel mithilfe der ins Auge gefassten Verteidigungsstrategie erreicht wird. Die Entscheidung über das, was die Verteidigung letztlich erreichen will, fällt das Gericht. Wenn die Strategie die Formulierung des Weges ist, auf dem die Verteidigung mit prozessualen Mitteln zu diesem Ziel gelangen will, so ist die Überzeugungsarbeit im Hinblick auf den Entscheider der maßgebliche Weg zur Umsetzung einer solchen Strategie.

3   Effektive Überzeugungsarbeit setzt das Bewusstsein eines Ziels voraus, auf das es hinzuarbeiten gilt (I.). Wer überzeugen will, muss die psychologischen und sozialen Bedingungen der richterlichen Entscheidungsfindung (II.) ebenso kennen wie das gesetzliche Programm des Umgangs mit irrationalen Elementen (III.), und er muss eine eigene Vorstellung von der Interaktion in einem weitgehend emotional geprägten Umfeld entwickeln (IV.). Die Wirkungen des eigenen Auftritts sind zu kalkulieren, insbesondere im Hinblick auf das eingeübte Rollenverständnis von Richtern (V.) und Verteidigern (VI.). Psychologische Grunderkenntnisse der Überzeugungsbildung (VII.) und der Kommunikation (VIII.) sowie externe Einflüsse von Medien (IX.) sind dabei auf die Besonderheiten des gerichtlichen Umfelds zu übersetzen.

I. Analyse der Mandanteninteressen

4   »Zum Objekt kann er (der Beschuldigte) durch vielerlei Prozeduren werden, durch Strategie oder Achtlosigkeit anderer Verfahrensbeteiligter, einschließlich eines ahnungslosen Strafverteidigers. Dagegen gibt es im Kern nur ein einziges Heilmittel: dass der Beschuldigte versteht, was abläuft (...). Der Strafverteidiger, von dem diese Hilfe kommen muss, ist also auch ein Mittler von Verstehen und Kommunizieren.«[3]

---

1 *Munkman* The Technique of Advocacy 1951, Reprint 2008, S. 1.
2 *Mittermaier* Anleitung zur Vertheidigungskunst im deutschen Criminalprozesse und in dem auf Oeffentlichkeit und Geschwornengerichte gebauten Strafverfahren, 3. Aufl. 1828, S. 67.
3 *Hassemer* Strafverteidigung unter dem Grundgesetz, StV 2010, 394, 399.

Wege und Umfang der Überzeugungsarbeit hängen allein davon ab, wohin die Verteidigung will. Die Zieldefinition ist daher eine der wichtigsten Primärentscheidungen, die das gesamte weitere Verhalten der Verteidigung bestimmt.

Diese komplexe und risikobehaftete Entscheidung kann nur **einvernehmlich** zwischen Mandanten und professionellem Verteidiger getroffen werden. Sie setzt bei dem Verteidiger voraus, dass er seine Erfahrung und juristische Kenntnis in die Diskussion um die Formulierung eines solchen Verteidigungsziels einbringt. Sie setzt allerdings auch dessen Bereitschaft voraus, ein von ihm selbst nicht als optimal angesehenes Verteidigungsziel als Vorgabe seines prozessualen Handelns zu akzeptieren. Es gehört zum professionellen Verteidigungsethos, seine Qualitäten dem Dienst der maßgeblich vom Mandanten bestimmten Zieldefinition unterzuordnen. Dazu gehört es auch, ggf. eine vom Mandanten gewünschte Freispruchverteidigung zu führen, auch wenn der Verteidiger selbst dieses Ziel als wenig realistisch ansieht. Zumindest der Wahlverteidiger hat die Freiheit, das Auseinanderklaffen der Definition von Verteidigungszielen als für sich persönlich unüberbrückbar einzuschätzen und dem Mandanten die Mandatskündigung als Konsequenz anzubieten. Der beigeordnete Verteidiger hat bei interner Aufdeckung des ungelösten Konflikts gemeinsam mit dem Mandanten die Möglichkeit, unter – abstrakter – Darlegung dieses Konfliktes die Entpflichtung zu beantragen; gerade die Beiordnung soll nicht nur die Ordnungsgemäßheit eines Verfahrensablaufs, sondern darüber hinaus eine »effektive« Verteidigung garantieren, die bei einem unlösbaren Konflikt über die Frage des Verteidigungsziels niemals entstehen kann.   **5**

Die Verständigung über das Verteidigungsziel muss in drei Schritten erfolgen: Zum einen sind sämtliche Prozessinformationen verteidigungsintern zusammenzutragen, zum anderen muss eine Prognose über die Wahrscheinlichkeit des Verfahrensausgangs und die den Mandanten treffenden Folgen angestellt werden. Letztlich muss im Hinblick auf die Komplexität der unterschiedlichen vom Mandanten zu tragenden Konsequenzen eines Verfahrensausgangs von diesem selbst definiert werden, wo für ihn Prioritäten und intolerable Grenzüberschreitungen liegen.   **6**

Der erste Schritt der Informationsgenerierung besteht zum einen aus der Rezeption des gesamten von Staatsanwaltschaft und Gericht zusammengetragenen Prozessstoffes, also regelmäßig den Akten. Darüber hinaus hat die Verteidigung allerdings eine maßgebliche zusätzliche **Informationsquelle** in Form des **eigenen Mandanten**. Die Ausschöpfung dieser Quelle kann als Selbstverständlichkeit gelten, setzt aber einen unter Umständen aufwendigen und mühsamen Kommunikationsprozess voraus. Im Gegensatz zur Staatsanwaltschaft hat die Verteidigung die Möglichkeit, die prozessrelevanten Geschehnisse mithilfe des Erlebnishorizonts des eigenen Mandanten, aber auch mithilfe seiner besonderen Kenntnisse des infrage kommenden örtlichen und sozialen Umfeldes ergänzend aufzuklären. Interessen der Staatsanwaltschaft sind fokussiert. Die Relativierung eines angeklagten Geschehens eröffnet sich unter Umständen erst über die Erhellung von Üblichkeiten und vergleichbaren Geschehnissen, die regelmäßig der Mandant der Verteidigung exklusiv vermitteln kann. Er kann gerade in fachlich bedingten Zusammenhängen Missverständnisse der Staatsanwaltschaft aufklären oder gar auf aggravierende Tendenzen hinweisen.   **7**

Dass im Detail der Mandant das Erlebte nur aus seiner notwendig beschränkten subjektiven Sicht schildern kann, ist Basiserkenntnis der Materialsammlung der Verteidigung. Die Schilderungen des Mandanten sind eingeschränkt durch interessengeleitete Umstände und belastet durch Verdrängungsmechanismen. Hier bedarf es mehr als eines kühl kalkulierten Gesprächs in geschäftlicher Atmosphäre, um den eigenen Informationsstand der Verteidigung valide zu vervollständigen. Hier mag er sich der Erkenntnisse des »kognitiven Interviews«[4] versichern, um sowohl die Potenzen der abgespeicherten Informationen beim Mandanten zu reaktivieren als auch seine Bereitschaft zu einer Offenlegung gegenüber dem Verteidiger zu fördern.   **8**

Der zweite Schritt erfordert die juristische Kompetenz des Verteidigers ebenso wie seine kompetente Einschätzung der gerichtlichen Praxis. Er hat insbesondere angesichts seines gegenüber Gericht und   **9**

---

4 S. hierzu: *Milne/Bull* Psychologie der Vernehmung 2003.

Staatsanwaltschaft erweiterten Informationsstandes den Verfahrensverlauf und insbesondere den **Ausgang einer Beweisaufnahme zu prognostizieren.** Er hat das Ergebnis einer möglichen Beweisaufnahme einzuschätzen angesichts der Gestaltungsmöglichkeiten der Verteidigung in der Einlassung; er hat zu möglichen Glaubhaftigkeitseinschätzungen ebenso beizutragen wie zu denkbaren gegenüber der Akte veränderten Situationen im Hinblick auf die Unerreichbarkeit von Zeugen oder deren Wahrnehmung von Auskunftsverweigerungen und den gerichtlichen Möglichkeiten der Beweiskompensation. Von ihm entdeckte prozessuale Probleme von Beweisverwertungsverboten oder Verjährungen hat er ebenso einzubringen wie die Einschätzung, diese Rechtsansichten auch bei Gericht durchsetzen zu können.

10   Zur Professionalität anwaltlichen Verhaltens gehört die Einschätzung eigener psychischer Konstellationen. Die Fehlerhaftigkeit von Prognosen beruht ebenso wie bei anderen Urteilen auf kognitiven Täuschungen, Heuristiken und Verzerrungen. Selbst eine adäquate Kalibrierung des erfahrenen Verteidigers schützt ihn nicht davor, entweder zur Vermeidung des eigenen Misserfolgs oder durch Erliegen des Phänomens der »overconfidence« fatale Fehleinschätzungen zu produzieren.[5] Zusätzliche Selbstreflexionen oder Kollegengespräche wirken Fehler minimierend.

11   Zwar sind es gerade Unwägbarkeiten eines Prozesses, die den angeklagten Mandanten in besonderer Weise psychisch belasten. Dennoch muss die Verteidigung die verantwortungsvolle und sicherlich schwierige Aufgabe übernehmen, dem Mandanten eine ausreichend präzise Prognose an die Hand zu geben, die als Basis für die Formulierung eines Verteidigungsziels und der hierauf basierenden Strategie dienen kann.

12   Angesichts der Variabilität der verschiedenen Faktoren kann eine solche Prognose selbstverständlich nur relativ vage sein. In einer üblichen Arbeitssituation der Verteidigung sollte es dieser allerdings möglich sein, beispielsweise das Freispruchanliegen des Mandanten mit einer Erfolgschance von allenfalls 10 % bis 20 % eines wahrscheinlichen Verfahrensausgang zu quantifizieren. Auch die Frage der Möglichkeit einer Bewährungsaussetzung lässt sich häufig ebenso grob einschätzen wie die Möglichkeit, das Urteil auf eine Geldstrafe zu beschränken. Differenzierungen in der Prognose ergeben sich bei der Einstellung der unterschiedlichen hypothetischen Verhaltensweisen von Verteidigung im Verfahren: So lassen sich die strafmildernden Wirkungen eines Geständnisses im Gegensatz zu einer schweigenden Verteidigung ebenso einschätzen wie die Wahrnehmung oder das Unterlassen von Handlungsoptionen, wie beispielsweise Widersprüche bei Beweisverwertungsverboten.

13   Die Ortung der Mandanteninteressen geht allerdings weit über die genuin strafrechtlichen Folgen des Prozesses hinaus. Dass die Erzielung einer niedrigeren Strafe stets im Interesse des Mandanten liegt, ist banale Verteidigererkenntnis. Die Interessen des Mandanten sind allerdings wesentlich komplexer, da das Verfahren und seine Beendigung sich in seiner Belastung für den Mandanten nicht allein im Strafausspruch ausdrücken. Ob ein bestimmtes Ergebnis mehr oder weniger für den Mandanten tolerabel ist, erschließt sich nicht allein aus der abstrakten Zahl, die die Höhe einer Strafe darstellt. Mitentscheidend ist vielmehr, ob und wie die soziale Unwertumschreibung des Urteils das zukünftige Leben des Mandanten beeinträchtigen wird.

14   So erlangt beispielsweise die Grenze von 90 Tagessätzen bei einer Geldstrafe Bedeutung, da nur bei ihrem Überschreiten bei einer erstmaligen Verurteilung auch eine Eintragung im **Führungszeugnis** erfolgt. Um nach außen weiterhin als nicht vorbestrafter Bürger auftreten zu können, steht in einer entsprechenden Konstellation möglicherweise das Unterschreiten dieser Grenze für einen Mandanten im Mittelpunkt der Verteidigung. Gleiches gilt für die Gefahr der **Stigmatisierung durch** die Öffentlichkeit einer **Hauptverhandlung.** Gilt dies dem Mandanten als primärer Nachteil, ist die Konzentration der Verteidigung auf deren Vermeidung gerichtet. Die unerträgliche Belastung für den Mandanten kann sich in einer besonderen Konstellation auch aus der Existenz des Verfahrens selbst mit allen Schattierungen seiner Unwägbarkeit ergeben. Droht der psychische Kollaps, insbesondere angesichts eines zu prognostizierenden sehr langen Verfahrens, hat Verteidigung unter

---

5   Insbesondere zum Phänomen der Fehlbeurteilung durch Selbstüberschätzung *Loftus/Wagenaar* Lawyers‹ Predictions of Success, Jurimetrics 1987, 437–453.

Umständen primär die Aufgabe, einen alsbaldigen Abschluss des Verfahrens anzustreben. In allen Varianten kann hier das ansonsten bestehende primäre Interesse an einer Reduzierung der Strafe überlagert werden.

Entscheidend verkompliziert sich die Definition eines Verteidigungsziels dadurch, dass die **außerstrafrechtlichen Folgen einer Verurteilung** in den Blick zu nehmen sind. In Anknüpfung an strafprozessuale Verurteilungen drohen dem Mandanten auch in anderer Hinsicht Nachteile, die von ihm unter Umständen als sehr viel gravierender als die strafrechtliche Sanktion selbst empfunden werden können. Konkret knüpfen Gesetze an Verurteilungshöhen und sogar das präzise Ausmaß einer Verurteilung an, um hieran anderweitige Konsequenzen zu knüpfen. So sieht beispielsweise das Aufenthaltsgesetz ausländerrechtliche Maßnahmen bis hin zu Abschiebung vor, die allein an ein konkretes Strafurteil und eine bestimmte Strafhöhe geknüpft werden.[6] Eine solche Ausweisung kann von dem Mandanten als weit eher existenziell als die überschaubare Länge einer Strafhaft empfunden werden.

Automatismen eröffnen sich im Beamtenrecht. Die – unter Umständen ansonsten tolerable – Freiheitsstrafe von mehr als einem Jahr führt konsequent zur persönlichen und wirtschaftlichen Katastrophe in Form des Verlustes des Beamtenstatus.[7] Zum Teil existenzielle Konsequenzen drohen verurteilten Angeklagten in ihrer beruflichen Konstellation. Verkammerte Berufe wie die der Rechtsanwälte, Ärzte oder Steuerberater haben im Anschluss an ein Strafverfahren berufsrechtliche Verfahren installiert, die ebenfalls in Anknüpfung an ein abgeschlossenes Strafverfahren zu speziellen beruflichen Sanktionen bis hin zum Verbot dieser Berufsausübung führen können; die berufsrechtlichen Verfahren beziehen sich z.T. sogar bis hin zur Tatsachenfeststellung auf ein vorhergegangenes Strafverfahren. Geschäftsführer einer GmbH sehen sich infolge der Verurteilung unter Umständen einem mehrjährigen Verbot ihrer Tätigkeit ausgesetzt.[8] Gelegentlich knüpft das Gesetz vergabe- und wettbewerbsrechtliche Konsequenzen an strafrechtliche Sanktionen.[9]

Abseits rechtlicher Vorgaben bleiben Vorprägungen bei Richtern und erst recht Verwaltungsangestellten bestehen. Auf den Umgang mit diesen psychischen Befindlichkeiten ist der Mandant einzustimmen. Dass generell allein staatsanwaltschaftlichen Fixierungen eine rechtliche Verbindlichkeit zukommen soll, ist als rechtspolitische Tendenz unverkennbar. So läuft schon heute der mittelständische Unternehmer infolge eines strafrechtlichen Ermittlungsverfahrens Gefahr, nicht nur bei Verurteilungen, sondern auch bei Einstellungen nach §§ 153, 153a in ein Korruptionsregister aufgenommen und in Existenz gefährdender Weise von öffentlichen Aufträgen ausgeschlossen zu werden.[10] Die verfassungsrechtlichen Bedenken gegen diese Handhabung liegen auf der Hand, sind aber bislang nicht judiziert worden. Noch gravierender sind die – oft durch europarechtliche Vorgaben veranlassten – gesetzgeberischen Tendenzen zu digitalem Pranger (»shame and blame«), der schon bloße Verdachtsmomente zur Publizierung von Namen und »Tat« ausreichen lässt (s. z.B. § 40 Abs. 1a Nr. 2 LFGB).

Rechtlich ist eine solche Ansicht nicht haltbar. Aus der fortdauernden Unschuldsvermutung ist zu schließen, dass bei einer Einstellung des Verfahrens dem Mandanten die in der Anklageschrift zur Last gelegte Tat nicht nachgewiesen ist.[11] Unrechtseinsicht und Schuldeingeständnis sind mit der Zustimmung des Mandanten nicht verbunden. Er darf vielmehr sein legitimes Interesse an der Beendigung eines lästigen Verfahrens umsetzen. Einer Deutung im Sinne von Zugeständnissen ist diese Erklärung nicht zugänglich. Weder dürfen Verwaltungsbehörden die weiter aufrechterhaltene Sicht der Staatsanwaltschaft als festgestelltes Faktum ansehen, noch dürfen Strafgerichte beispielsweise eine Zustimmung des Angeklag-

15

16

17

18

6　§§ 53–56 AufenthG.

7　§ 48 S. 1 Nr. 1 BBG; zu den disziplinarischen Folgen s. *Herrmann* Grundzüge des beamtenrechtlichen Disziplinarverfahrens StRR 2015, 4 ff.

8　§ 6 Abs. 2 S. 2 GmbHG; ähnlich z.B. § 76 Abs. 3 S. 2 AktG.

9　Z.B. § 21 Abs. 1 S. 1 SchwarzArbG, § 21 Abs. 1 S. 1 AEntG; § 6 Abs. 3 Nr. 2 e–i VOB/A; näher *Gercke* Außerstrafrechtliche Nebenfolgen in Wirtschaftsverfahren, wistra 2012, 291 ff.

10　S. hierzu die Landesgesetze z.B. Gesetz zur Verbesserung der Korruptionsbekämpfung und zur Errichtung und Führung eines Vergaberegisters in Nordrhein-Westfalen, GVBl. NRW 2005, 8; s. auch die »Vergabesperre« in § 21 Abs. 1 SchwarzArbG.

11　BVerfG NJW 1991, 1530 ff.; NStZ-RR 1996, 168 f.

ten in einem anderen Verfahren als Indiz für eine generelle Tatgeneigtheit ansehen.[12] Zivilgerichte müssen sich völlig unabhängig von dieser Erledigungsform ihre jeweilige Überzeugung von dem Sachverhalt selbst bilden.[13]

19   Zahlreiche **Verwaltungsgesetze** knüpfen Entscheidungen für Erlaubnisse an die persönliche **Zuverlässigkeit** eines Antragstellers an[14] und verneinen diese maßgeblich unter Bezugnahme auf ein vorliegendes strafrechtliches Urteil. Dem angeklagten Mandanten drohen daher nicht nur von diesem als erträglich eingeschätzte Strafsanktionen, sondern darüber hinaus in deren Konsequenz der Verlust einer Gaststättenkonzession, des Waffenscheins oder etwa einer Pilotenlizenz oder eines Trainerscheins. Die Folgen sind angesichts der Sanktionierungsfantasie von Gesetzgebung und Verwaltung nahezu unbegrenzt. Sogar Einreiseverbote anderer Staaten sind ins Kalkül einzubeziehen.[15] Hier setzt die Formulierung von Interessensituationen des Mandanten und hierauf aufbauend Verteidigungszielen unter Umständen ein sehr persönliches Interview auch bezüglich der Lebensumstände des Mandanten voraus, die die Sachverhalte des Strafverfahrens nicht einmal ansatzweise berühren. Darüber hinaus hängt die Qualität der Einschätzung derartiger Gefahren außerhalb des Strafprozesses von besonderen Kenntnissen des jeweiligen Rechtsgebietes ab, die von einem Verteidiger nicht erwartet werden können. Hier ist schon bei der Einschätzung der Folgen dringend die Kooperation mit anwaltlichen Experten geboten, die sich beispielsweise in beamtenrechtlichen Disziplinarverfahren, in ausländerrechtlichen Verfahren oder in öffentlichen Vergabeverfahren auskennen.

20   Letztlich hängt die Wahrnehmung unterschiedlicher Optionen auch von den Kosten ab.

21   Früh zu prüfen ist daher auch, inwieweit eine Übernahme der Verteidigungskosten, der möglichen Auflage nach § 153a oder gar einer Geldstrafe durch Dritte möglich ist. Verpflichtungen zur Zahlung der Verteidigungskosten sind rechtlich zumeist unproblematisch; wird der Mandant im Zusammenhang mit Tätigkeiten für seinen Arbeitgeber strafrechtlich verfolgt, kann sich sogar die Kostenübernahme als Fürsorgepflicht des Unternehmens oder des Dienstherrn ergeben. Erscheint die Zahlung einer Geldauflage oder Geldstrafe im Interesse des Arbeitgebers, ist auch deren Übernahme zulässig.[16]

22   Das Fazit dieser komplexen Überlegungen ist die Verschmelzung aller Gesichtspunkte zu einer konsensualen Bestimmung der dominierenden Mandanteninteressen in dem anhängigen Strafverfahren. In der Gewichtung dieser Interessen wird das maßgebliche Verteidigungsziel formuliert, das zwar primär entweder in einem Freispruch oder in der Erzielung einer möglichst niedrigen Strafe liegt, in Einzelfällen aber anderweitige Ziele wie die Vermeidung einer Hauptverhandlung dominieren können. Überragende Interessen können auch dazu führen, trotz entgegenstehender Wahrscheinlichkeiten eines Verfahrensausgangs diese als unbedingtes Verteidigungsziel zu formulieren. Droht beispielsweise dem beamteten Angeklagten mit einer bestimmten Höhe der Strafe die Entfernung aus dem Beamtenverhältnis oder dem Ausländer die Abschiebung, so bleibt der Verteidigung nichts anderes übrig, als zur Verhinderung der existenziellen Folgen auch das unwahrscheinlich erscheinende Ergebnis als Ziel auszugeben. Denkbar sind daneben Konstellationen, bei denen bereits in die Formulierung des Verteidigungsziels das mögliche Scheitern von Primärzielen einkalkuliert und im Hinblick darauf in Form einer zweiten Verteidigungslinie Sekundärziele vereinbart werden können.

23   Die Formulierung des Verteidigungsziels beinhaltet das Risiko seines Scheiterns. Eine Analyse von Grund und Umfang der Risikobereitschaft des Mandanten kann zu einer neuen Justierung des zunächst gefundenen Ziels führen. Das menschliche Risikoverhalten ist von der Psychologie in den

---

12 OLG Düsseldorf BeckRS 2008, 05702.

13 BGH NJW-RR 2005, 1024.

14 S. z.B. § 25 Abs. 1 S. 1 GewO; § 41 BJagdG; § 5 Abs. 2 WaffG; s. eingehender *Parigger* Urteilsfolgen neben der Strafe, StraFo 2011, 447 ff.; *Röth* Nebenfolgen strafrechtlicher Verurteilung, StraFo 2012, 354 ff.

15 *Stoffels* The First Line of Defense – Die Einreise in die USA nach einem Strafverfahren in Deutschland, StraFo 2015, 409 ff.

16 S. näher zu den straf- und steuerrechtlichen Problemen *Schott* Zahlung von Sanktionen und Verteidigungskosten für Mitarbeiter durch Unternehmen, StraFo 2014, 315 ff.

letzten Jahren intensiv erforscht worden. Einer der wichtigsten Faktoren ist die sog. Verlustaversion und – bezogen auf die Informationsdarstellung – der »framing«-Effekt. Das menschliche Verhalten in Entscheidungssituationen hängt davon ab, ob wahrscheinliche Optionen als Gewinne oder Verluste empfunden werden. Die Wahl zwischen alternativen Verlusten führt zu erhöhter Risikoneigung. Vorsicht dominiert bei der Auswahl unterschiedlich positiver Ergebnisse. Was für das Entscheidungsverhalten bei Vergleichsvorschlägen in Zivilprozessen belegt ist,[17] sollte auch Eingang in die Verteidigungsanalyse finden. Wenn die prognostizierten Urteilsergebnisse bei drei Jahren oder alternativ sieben Jahren Freiheitsstrafe liegen, dürfte die Risikobereitschaft des Mandanten steigen, da er ohnehin alle Ergebnisse als persönlichen Verlust bewerten wird. Die Alternative der Bewährungsstrafe kann demgegenüber als Gewinn der Bewahrung der Freiheit empfunden werden; dies gilt erst recht, wenn eine aktuelle Haftsituation aufgehoben werden könnte. Die Einschätzungsaufgabe des Verteidigers sollte jedenfalls darin bestehen, das Eingehen des Risikos zu rationalisieren und z.B. auch den »Gewinn« von vier Jahren Freiheit in die Abwägung der Alternativen von drei oder sieben Jahren Freiheitsstrafen einfließen zu lassen.

Der unbedingte Wille des Mandanten zu einem **Geständnis** ist regelmäßig Richtschnur für die Verteidigung. Die rechtstechnischen Wege des Strafprozessrechts sind nicht immer mit moralischem Empfinden in Einklang zu bringen. Den Widerspruch bei seiner eigenen Arbeit hat der Verteidiger stets mit einem unbedingten Vorrang seiner formalen Aufgabe zu lösen; seine eigenen moralischen Bedenken dürfen Verteidigungsstrategien nicht beeinflussen. Der Mandant hat diesen Widerspruch anders zu lösen. Er hat in einer primären Entscheidung sich selbst zu vergewissern, ob er diesen Konflikt aushalten kann und will. Erkennt er zwar die Wahrnehmung prozessualer Möglichkeiten als Recht an, prognostiziert aber gleichzeitig das ihn entlastende Ergebnis als falsch, mag ihm dieser Weg unerträglich sein. Ob er unbedingt die Wahrheit – auch wenn sie belastend für ihn ist – fördern will, ob für ihn ein Ausgleich des begangenen Unrechts nur über ein offenes Eingeständnis des eigenen Tuns erfolgt, ob nur auf diesem Weg die angestrebte psychische Entlastung möglich erscheint, ob der eigene moralische Anspruch alle anderen Erwägungen dominiert – die Gründe für ein Geständnis sind vielfältig. Das Ergebnis fordert den Respekt der Verteidigung. Misst der Mandant dem eigenen Geständnis in der Öffentlichkeit unbedingten Vorrang bei, so ist er über Konsequenzen und Alternativen zu beraten. Verbleibt es bei seiner Entscheidung, ist das Geständnis tragender Teil der Verteidigungsstrategie, auch wenn die Verteidigung bei einer anderen Vorgehensweise eine hohe Freispruchchance sieht.

Ist das Ziel der Verteidigung formuliert, können sich hieran Überlegungen zum Erreichen dieses Ziels anschließen.

II. Die Struktur richterlicher Entscheidungsfindung

Das Strafverfahren ist primär Erkenntnisprozess. Die gerichtliche Hauptverhandlung dient der Suche nach Fakten, der Rekonstruktion von Sachverhalten und hieraus folgend der rechtlichen Bewertung. Es soll die Frage nach der Schuld oder Unschuld und ggf. die Frage nach der Art und Höhe der Strafe beantworten. Getroffen wird diese Entscheidung allein vom Richter. Die im Urteil wiedergegebene richterliche Entscheidung ist lediglich zu einem kleineren Teil aus gesetzlichen Vorschriften ableitbar und damit das Ergebnis einer nur beschränkt prognostizierbaren Entwicklung. Im Urteil spiegeln sich vielmehr zahlreiche Phänomene wider, die aus der **Psyche der Entscheider**, den in der prozessualen Kommunikation zutage tretenden **zwischenmenschlichen Beziehungen** und nicht selten auch aus weiteren **sozialen Komponenten** resultieren. Überzeugungsarbeit der Verteidigung muss alle Ebenen der Entscheidungsfindung einbeziehen.

24

25

---

17 *Rachlinski* Gains, Losses and the Psychology of Litigation, Southern California Law Review 1996, 113–185.

1. Naturwissenschaftliche Grundlagen

26 Rechtsanwendung und damit auch Entscheidungsfindung im Strafprozess gilt den Juristen als rationaler Prozess, der kontrollierbar und weitgehend prognostizierbar ist. Letztlich ist diese Annahme nicht mehr als eine philosophische und rechtswissenschaftliche Konstruktion. Mit der Realität unseres Gehirns, wie sie die Hirnforscher unserer Tage untersuchen, hat diese Idee nichts zu tun.

27 Schon der naturwissenschaftliche Nachweis dessen, was umgangssprachlich und auch juristisch als »Bewusstsein« oder als Denkvorgang beschrieben wird, ist bislang nur sehr unvollständig erbracht. Der Teil des Gehirns, in dem zweckrationale Ziele konstruiert werden, in dem das bewusste »Ich« einbezogen wird, und darüber hinaus komplexe Wahrnehmungen, Erinnerungen und Sprache gesteuert werden, ist im präfrontalen Cortex und seiner kognitiv-kommunikativen Ebene verankert. Auch wenn neuronale Vorgänge stets ein komplexes Zusammenwirken aller Hirnregionen voraussetzt, wird man die philosophische Idee der Vernunft biologisch am ehesten hier verorten können. Dieses Arbeitsgedächtnis mag mathematische Kunststücke steuern und selbstreflektierende Besinnungen ermöglichen, an der Bildung einer auf komplexen Faktoren beruhenden Entscheidung in einem sozialen Kontext hat die Ratio wenig Anteil. Maßgeblich gesteuert wird das menschliche Handeln und Entscheiden durch die tieferliegenden limbischen Ebenen des Gehirns. Die Ratio ist allenfalls »Berater ohne eigene Entscheidungsbefugnis.«[18] Emotionen, wie man die unterschiedlichsten Schattierungen dieser unbewussten Faktoren zusammenfassend bezeichnen kann, sind für menschliche Entscheidungen essentiell.[19]

28 Die das Verhalten steuernden limbischen Ebenen werden von den Neurowissenschaftlern in unterschiedliche Kategorien eingeteilt. Die untere limbische Ebene kontrolliert neben den notwendigen Steuerungen unserer biologischen Existenz elementare affektive Verhaltensweisen. Diese werden wiederum maßgeblich beeinflusst durch die mittlere limbische Ebene, die das individuelle emotionale Empfinden und dessen Erlernen und die sich hieraus ergebenden Konditionierungen steuert. Eine besondere Rolle spielt hier die Amygdala, die auf der emotionalen Ebene positive und negative Erfahrungen verknüpft und die Basis für individuelle Gefühle wie Abneigung, Angst oder sogar Furcht bestimmt. Hier wird durch die persönliche Erfahrung auch die Bedeutung emotional kommunikativer Signale entschlüsselt. Hier werden Aversionen, geschmackliche, geruchliche oder gar soziale Antipathien entwickelt. Auf derselben Ebene sorgt das mesolimbische System für die Verarbeitung positiver Gefühle. Freude, Zufriedenheit und hieraus bezogene Motivationen gründen in der Ausschüttung des Neuromodulators Dopamin und die hierauf basierende Belohnungserwartung.

Die obere limbische Ebene reflektiert soziale Entwicklungen, moralische und ethische Verankerungen. Neuronale Vorgänge wie Gewissen und Reue sind hier zu verorten. Hier liegen die Grundlagen der Empathie, die Kommunikation und Wahrnehmungsbereitschaft im täglichen Leben steuert.

29 Die maßgeblichen handlungsbestimmenden Impulse erfolgen durch das limbische System. Sowohl die Steuerung des vegetativ-affektiven Verhaltens als auch die emotionale Konditionierung, Bewertung und Motivation stellen gerade diejenigen Teile unseres Hirns dar, auf die es keinen »bewussten« neuronalen Zugriff gibt. Sie sind letztlich Teile des »unbewussten Ich«. Die sogenannte bewusste Ebene wird gebildet durch isolierte neuronale Vorgänge, in denen das individuell-soziale Ich einer konkreten Reflektion zugänglich ist und in seiner Darstellung gegenüber Dritten variiert werden kann.

30 Für die Neurowissenschaftler besteht kein Zweifel, dass die menschliche Entscheidungsfindung ein Produkt der limbischen Ebenen des Gehirns ist. Entscheidungsimpulse gehen damit an der Selbst-

---

18 *Roth/Ryba*, Coaching, Beratung und Gehirn, 2016, S. 94; s. vom selben Autor auch umfassend *Roth* aus Sicht des Gehirns, 2009; *Roth/Strüber* Wie das Gehirn die Seele macht, 2018.

19 *Pfister/Böhm* The multiplicity of emotions: a framework of emotional functions in decision making, Judgement and Decision Making 3(1), 2008, 5–17; *Peters u.a.* Affect and decision making: a »hot« topic, Journal of Behavioural and Decision Making 19, 2006, 79 – 85; zusammenfassend *Pfister/Jungermann/ Fischer* Die Psychologie der Entscheidung – Eine Einführung, 4. Aufl. 2017, Kapitel 9, 299–338.

reflexion im präfrontalen Cortex vorbei.[20] Die Entscheidung, etwas für wahr oder falsch zu halten, macht hiervon selbstverständlich keine Ausnahme.

> »Die Wahrheit wird kein Mensch abnehmen ... kein Richter, kein Geschworener ... Sie spielt sich in Etagen ab, die für die Justiz unerreichbar sind.«[21]

Die **Wahrheitsfindung**[22] wird zwar von allen juristisch geschulten Beteiligten als Prozessziel genannt. Auch die strafrichterliche Wahrheitssuche folgt allerdings der naturwissenschaftlichen Einsicht, dass Erkenntnis vom kognitiven und emotionalen Zustand des Subjekts und von seiner Beziehung zum Untersuchungsgegenstand abhängt. Die anspruchsvolle Formulierung der »Wahrheit« kann nicht ernsthaft die Erwartung schüren, im Idealfall quasi eine filmische Kopie eines Tatgeschehens zu reproduzieren. Es ist eine banale Erkenntnis, dass die Rekonstruktion nur das subjektive Bild des Rekonstruierenden als Ergebnis haben kann. Mithilfe derselben Mittel rekonstruieren verschiedene Personen völlig unterschiedliche Bilder, auch wenn niemand von ihnen fälschen und betrügen will. Dies ist die Konsequenz der natürlichen Variationsbreite menschlicher Wahrnehmungs- und Verständniskompetenzen, an denen auch die Erkenntnis minimierenden Prozessregeln nichts ändern. Der **individuelle Erfahrungshorizont** steuert Rezeptionsbereitschaft und Verarbeitungsfähigkeit von Informationen. Im Strafprozess entscheidend ist die subjektive richterliche Überzeugung – eine von zumeist mehreren möglichen Rekonstruktionsergebnissen. **31**

> In seinem Roman »Obsession« schildert *Simon Becket* literarisch die Subjektivität der Abbildungsbemühungen von Realität durch einen Fotografen: **32**
>
> »Durch die Kamera sah die Welt klarer und einfacher aus. Die Realität war durch die Membran aus Linse, Filter, Blende und Sucher auf kleine, handliche und vom Drücken auf den Auslöser ausgewählte Zeitfragmente reduziert. Ben fand es angenehm, die Welt bis auf ein von der Dunkelheit gerahmtes Lichtfeld ausschließen zu können. Und diesen Ausschnitt konnte er manipulieren und bevor, während und sogar nachdem er ihn festgehalten hatte, zu dem machen, was er wollte. Es war beruhigend zu wissen. Dass es noch etwas gab, worüber er die Kontrolle hatte.«

Die Suche nach der »Wahrheit« unterscheidet sich grundsätzlich im Prozess nicht von anderen in der Gesellschaft vorgefundenen Überzeugungsbildungen hinsichtlich dessen, was geschehen ist oder was nicht geschehen ist, was richtig oder was falsch ist. Menschen bewerten Fakten, machen sich »ein Bild« über das Geschehene. Die psychischen Entscheidungsprozesse, die im Strafverfahren zur Annahme von Schuld oder Unschuld führen, sind dieselben, die einen sich betrogen fühlenden Liebhaber zur Überzeugung von der Untreue seiner Gefährtin bringen können. Auf ihrer Grundlage bewerten wir etwa auch historische Fakten, die einen vergangenen Krieg gerechtfertigt oder als Unrecht erscheinen lassen. **33**

2. Die Emotionalität der Urteilsfindung

Emotion beherrscht die Urteilsfindung. **34**

> *»Der Ehemann, der wegen Misshandlung seiner Ehefrau angeklagt ist, ist mir unsympathisch, bevor ich ihn überhaupt gesehen habe – geschweige denn weiß, ob er schuldig ist. Einen Dieb, der seine Freundin zu Einbrüchen überredet hat, beschreibe ich in meinen Notizen am Rande als unsympathisches Mausgesicht.... Ich habe Urteile mitgetragen, die mir im Gerichtssaal als vernünftig vorkamen, die ich aber eine halbe Stunde später, daheim vor meiner Freundin, kaum mehr rechtfertigen konnte.«*[23] **35**

Emotionalität findet allerdings in der juristischen Erfassung des gerichtlichen Geschehens nicht statt.

---

20 S. hierzu *Goslar* Gehirnforschung und Justiz – Wie arbeitet das Gehirn beim Verhandeln und Entscheiden in Gerichtsverhandlungen?, 2019.

21 *Dürrenmatt* Justiz, 276.

22 Vgl. *Kühne* Die Instrumentalisierung der Wahrheitsfindung im Strafverfahren, GA 2008, 361 ff.

23 *Baumann* Links das Recht, SZ-Magazin 17/2012 (Erfahrungsbericht eines Schöffen).

36   Schon *Martin Luther* formulierte die Anforderungen an den idealen Richter und definierte, *»welchen Sinnes der bedarf, der das Amt des Richters und des Schwertes ausüben soll. Er muss Sieger sein über alle Leidenschaften, Furcht, Liebe, Gunst, Mitleid, Hoffnung, Ruhm, Leben und Tod. Er muss ganz schlicht die ganze schlichte Wahrheit lieben und das gerechte Urteil.«*[24]

37   **Gesetzesanwendung** versteht sich gerade als in Vermeidung unkontrollierbarer Gefühlsregungen rational logischer, nahezu mechanischer Prozess. Entscheidungen sind zwangsläufige Konkretisierungen abstrakter Sätze. Gesetzliche Formalisierungen sind danach auch institutionelle **Vorkehrungen gegen emotional gefärbte Urteile**. Emotionalität ist nicht greifbar, daher im Juristischen verpönt. Gefühle leiten auf den falschen Weg, fördern die Irrtumsanfälligkeit, Sachlichkeit ebnet dagegen den korrekten Weg. Emotionalität ist der Ausdruck des Unprofessionellen im juristischen Gehabe. Folgt diesem Anspruch die Negierung der Wahrnehmung jeglichen emotional bedingten Geschehens im Strafprozess, ist die Basis für Unverständnis und damit erst recht Unkontrollierbarkeit ebenso wie für Fehleranfälligkeit gelegt.

38   Die Mechanik der Logik ist eine Illusion. Der Evolutionssprung des rationalen Denkens macht vergessen, dass dieses Denken Teil des menschlichen Organismus ist. Körperempfindungen sowie der Existenz des Organismus und seines Erhalts zuzuschreibende Assoziationsmuster sind dem logischen Denken vorgeschaltet. Es gibt keinen von dem Zellmaterial des Organismus losgelösten freien Geist der Logik.[25] Jedes menschliche Denken ist zwangsläufig emotional besetzt.

Das Selbstverständnis juristischer Entscheidungsfindung ist damit weit von den **naturwissenschaftlichen Erkenntnissen** zur Steuerung menschlicher Handlungen entfernt.

39   »Bewusst« gesteuertes Handeln ist dem Organisationsschema des Gehirns eher fremd. Dass die neuronalen Befehle zur Aufrechterhaltung der Funktion von Blutkreislauf oder Aktivität von Organen ebenso wenig wie die Strategie und deren Umsetzung zur Abwehr schädlicher Viren dem denkenden Menschen nicht zur Kenntnis gebracht werden, ist geläufig. Menschliche Ratio ist auch da oft nur interessierter Zuschauer, wo einst bewusst gesteuertes Verhalten Automatismen Platz gemacht hat. Autofahren, der komplexe Golfschlag oder jedes Treppensteigen ist in seinen Einzelschritten dem unmittelbaren neuronalen Zugriff entzogen. Das Gehirn organisiert, sammelt Informationen, entscheidet und setzt Entscheidungen unbemerkt um. Das sog. Bewusstsein hat in dem komplexen Unternehmensmechanismus des Menschen allenfalls die Rolle des distanzierten und rudimentär informierten Aufsichtsrats über das Geschehen.

40   Soziologen, Psychologen, Neurowissenschaftlicher oder Ökonomen wissen heute, dass menschliches Verhalten nicht maßgeblich das Produkt bewusster Denkprozesse ist; vielmehr war und ist der Mensch geprägt vom Unbewussten. Neuronale Aktivitäten, die unserem direkten Zugriff verborgen sind, sind ebenso verantwortlich für triebhaftes Agieren wie für kluges, ja genial erscheinendes Verhalten. Die Strukturierung menschlicher Denkprozesse hängt von der Aufnahme und Verarbeitung von Millionen Informationen ab, die nur zu einem winzigen Bruchteil die Ebene des Bewussten erreichen – und dennoch »gut« funktionieren.

41   *»Das Gehirn arbeitet hocheffizient, indem es einen großen Teil des komplexen Denkens an das Unbewusste delegiert, so wie ein modernes Linienflugzeug in der Lage ist, mittels Autopilot zu fliegen, mit wenig oder keinem Input von Seiten des menschlichen oder »bewussten« Piloten. Das adaptive Unbewusste versteht es hervorragend, die Umwelt einzuschätzen, Menschen vor Gefahren zu warnen, Ziele zu setzen und Handlungen in intelligenter und effizienter Weise einzuleiten.«*[26]

---

24 Zitiert nach *Küper* Die Richteridee der Strafprozessordnung und ihre geschichtlichen Grundlagen 1967, S. 94.

25 Zur Erörterung des aktuellen interdisziplinären wissenschaftlichen Diskussionsstandes s. z.B. *Hustvedt* Die Illusion der Gewissheit, 2018, insbes. S. 301 ff »der denkende Körper«; *Ehrenberg* Die Mechanik der Leidenschaften. Gehirn, Verhalten, Gesellschaft, 2019.

26 *Wilson* Gestatten, mein Name ist Ich: Das adaptive Unterbewusste – eine psychologische Entdeckungsreise 2007 (engl.: Strangers to ourselves).

Die **neuronalen Mechanismen der Entscheidungsfindung** sind hiervon prinzipiell nicht ausge- 42
schlossen. Deren Elemente – von der Wahrnehmung über die Verarbeitung der rezipierten Stimuli
bis zur Umsetzung in eigene Reaktionen – sind der »bewussten« Steuerung weitgehend entzogen.
Neurowissenschaftler sind sich sicher, dass der Entscheider weder Einfluss noch Kontrolle darüber
hat, welche Informationen das Gehirn dem Bewusstsein als Entscheidungsgrundlage zur Verfügung
stellt.[27] Das Sammeln, Bewerten und Speichern von Erfahrenem, das in Entscheidungssituationen
als eine Art Mustervorlage für anstehendes Handeln dient, ist bereits eine Überforderung des »bewussten« Teils des Gehirns; die Vergangenheitsbewältigung ist regelmäßig automatisiert und wird vom
Unbewussten als Vorschlag in Form einer Intuition präsentiert.[28]

▶ Beispiele:

Basis für diesen verborgenen Fundus stellen angeborene Fähigkeiten dar, wie die schlichte 43
Wahrnehmung der Außenwelt. Hierzu gehören aber ebenso erworbene und anschließend
automatisierte Kompetenzen wie das Fahrradfahren, die Bildung eines Assoziationspools oder
die Anreicherung eines Routinerepertoirs sozialer Fähigkeiten, die das intuitive Dechiffrieren
anderer menschlicher Verhaltensweisen oder Gemütslagen ermöglichen.

Seit Freud wissen wir, dass nur ein Teil unserer Emotionen die Bewusstseinsschwelle übertritt. Das 44
Schlagwort der »emotionalen Intelligenz«[29] versucht Erklärungen der Gefühlsbetontheit angeblich
rationaler Entscheidungen. Untersuchungen zur Amygdala,[30] einem Teil des menschlichen Gehirns,
zu beweisen, dass jede Wahrnehmung unbewusst gefiltert wird durch ein emotionales Erfahrungs-
netz. Das neu Erfahrene wird automatisch mit Emotionen besetzt, die ihren Ursprung im komplexen Gefühlsarchiv des Betrachters finden.

Ein aktuelles Modell zur Erklärung richtiger menschlicher Entscheidungen geht dahin, Emotionen nicht 45
als Antipode der rationalen Entscheidungsstruktur anzusehen, sondern als deren Teil. Gerade die für die
emotionale Steuerung zuständigen Hirnareale stellen die maßgeblichen Faktoren dar, um die entscheidungsrelevanten Kriterien zu verankern. Nach dieser Theorie sind es die unbewusst wirkenden somati-
schen Marker, die die Entscheidungsstruktur prägen und den Charakter des Hirns als hoch effizientes
Betriebssystem menschlichen Lebens ausmachen. Untersuchungen an Menschen mit Erkrankungen des
präfrontalen Cortex zeigen, dass das Fehlen der emotionsgesteuerten Lern- und Umsetzungsfähigkeit
langfristig zur Entscheidungsunfähigkeit führen muss.[31]

Der Prozess der Informationsaufnahme und -verarbeitung sowie der Entscheidungsfindung ist damit 46
keinesfalls ein steuerbarer und damit im klassischen Verständnis rationaler Vorgang. Umweltreize
lösen emotional Prozesse aus, die niemals in das Bewusstsein vordringen. Die für die Psychoanalyse
seit Langem feststehende Macht des Unbewussten ist mittlerweile experimentell belegt.[32] Unerkann-
tes und Unkalkulierbares ist bei jeder Entscheidung im Spiel.

Zumindest bei simplen Alltagskonstellationen – so deuten neueste Forschungen an – könnte durch Hirn- 47
messungen die vom Probanden getroffene Entscheidung etliche Sekunden vor dem Zeitpunkt prognos-

---

27 *Singer* Verschaltungen legen uns fest. Wir sollten aufhören, von Freiheit zu sprechen. In: Geyer, Chris-
tian (Hrsg.): Hirnforschung und Willensfreiheit. Zur Deutung der neuesten Experimente 2004, S. 30 –
65.
28 *Fuchs* Warum das Gehirn Geschichten liebt, 2. Aufl. 2013, S. 213.
29 Populär wurde der Begriff durch den Bestseller von *Daniel Golemann* Emotionale Intelligenz, der neueste psychologische und neurobiologische Untersuchungsergebnisse nicht nur zur Analyse benutzt, sondern auch deren »Beherrschbarkeit« postuliert.
30 S. hierzu insbes. *Damasio* Descartes› Irrtum 2007; *ders.* Ich fühle, also bin ich 2007; *Siebert* Die Bedeutung der Amygdala für Emotionsverarbeitung und Gedächtnis 2002.
31 S. hierzu ausführlich *Damasio* Selbst ist der Mensch: Körper, Geist und die Entstehung des menschlichen Bewusstseins 2011.
32 *Zajonc* Feeling and Thinking. Preferences need no interferences, American Psychologist, 1980, 39, 117 ff.,
151 ff.; *Gerrig* Psychologie, 20. Aufl. 2015, S. 466 f.; *LeDoux* Das Netz der Gefühle – Wie Emotionen
entstehen, 6. Aufl. 2012, S. 58 ff.

tiziert werden, den der Entscheider selbst als Zeitpunkt seiner Entschlussfassung bezeichnete. Der Entscheider wurde offensichtlich von unbewussten Prozessen »geleitet«. Was ihn leitet, ist auch der Wissenschaft ein Rätsel.[33]

48 Die laienhafte Beobachtung von affektiven Primärbewertungen ist zwischenzeitlich auch durch die kognitiven Neurowissenschaften belegt. Bei komplexen Entscheidungsvorgängen vermischen sich unbewusste Prozesse, emotionale Reaktionen und gezielte rationale Überlegungen, was auf sich teilweise erheblich überlappenden **Gehirnstrukturen** basiert. Diese Entscheidungsprozesse sind auf allen Stufen menschlicher Informationsverarbeitung miteinander verbunden – auch im Gerichtssaal.[34]

49 Jedes von Menschen benutzte Bezugssystem definiert sich nicht nur über eine bestimmte Konstellation kognitiver Daten, sondern wird gleichzeitig zwangsläufig durch eine Skala von positiven oder negativen Affekten charakterisiert; es sind die Affekte, die die kognitiven Inhalte organisieren und aktivieren.[35] **Emotion und Kognition** sind untrennbar ineinander verwoben.[36] Diese allgemeine Erkenntnis der Psychologie kann auch in der Strafjustiz keine ernsthafte Ausnahme beanspruchen. Die Überzeugungsbildung und das Urteil des Richters am Ende der Hauptverhandlung sind durch psychische Vorgänge geprägt, die sich einer Beschreibung oder gar nachvollziehbaren Gestaltung entziehen. Die Entscheidungsstrukturen vor Gericht folgen den alltäglichen menschlichen Erfahrungen.

50 Ob ein Zeuge glaubwürdig ist, ob eine Einlassung plausibel klingt oder ob eine vorgeworfene Tat dem in der Hauptverhandlung auftretenden Angeklagten ohne Weiteres zuzutrauen ist, sind richterliche Einschätzungen, die strukturell auf den alltäglich erlernten Entscheidungsbahnen verlaufen. Der Entscheidungsprozess bei Gericht beruht wie jede Verhaltensentscheidung des täglichen Lebens auf unbewussten Mechanismen.[37] Die These von der **intuitiven Struktur der Beweiswürdigung** ist heute fundierter belegt denn je.

51 Die emotional gesteuerten Einflussfakten können völlig unterschiedlicher Art sein. Sie reichen von einer allgemeinen negativen aktuellen Prädisposition des Entscheiders am Tage der Entscheidung – einschließlich der Defizite der Nahrungsaufnahme im Tagesverlauf[38] – bis hin zu fest gefügten Aversionen in Bezug auf Sachverhaltselemente, die vom Richter dem Angeklagten zugeordnet werden.[39]

Das richterliche Erlebnis, dass z.B. ein Zeuge durch sein Verhalten »Lügensignale« aussendet oder dass eine Einlassung des Angeklagten den Eindruck von Ausflüchten vermittelt, basiert primär auf einer emo-

---

33 Zu diesem Experiment von Libet s. zahlreiche Beiträge in *Duttke* (Hrsg.), Das Ich und sein Gehirn – Die Herausforderung der neurobiologischen Forschung für das (Straf-) Recht 2009.

34 *E.A. Phelps* Emotion und Cognition: Insights from studies of the human amygdala, Annual Review of Psychology 2006, 24, 27–53.

35 S. schon *Ciompi* Außenwelt-Innenwelt. Die Entstehung von Zeit, Raum und psychischen Strukturen 1988, insbes. S. 21, 71 f., 171.

36 *LeDoux* Das Netz der Gefühle – Wie Emotionen entstehen, 6. Aufl. 2012, S. 47 ff. zum Stand der Kognitionsforschung.

37 S. hierzu insbesondere die englischsprachige Untersuchung von *M.K. Dhani* Psychological models of professional decision making, in: Psychological Science 2003, 14, 175–180.

38 *Danziger/Levav/Avnaim-Pesso* Extraneous factors in judicial decisions, PNAS April 2011 belegten durch Untersuchungen die Karikatur einer richterlichen Entscheidung, die davon abhänge, was der Richter gefrühstückt habe; sie zeigten signifikanten Zusammenhänge zwischen dem zeitlichen Abstand des Richters von der letzten Essenspause und damit einhergehend einer Entscheidungsermüdung einerseits und andererseits einer zunehmenden Unnachgiebigkeit und Härte hinsichtlich der getroffenen Entscheidungen.

39 S. hierzu schon die Untersuchungen, die eine Relation der durch Richter verhängten Strafhöhe von sozialer Schichtzugehörigkeit von Täter und Opfer belegten: *Opp/Peuckert* Ideologie und Fakten in der Rechtsprechung 1971; zu weiteren empirischen Untersuchungen mit Richtern s. *Hermann* Werte und Kriminalität 2003, S. 228 ff.

tionalen Rezeption, die ihren Ursprung in der individuellen richterlichen Erfahrung hat. Emotionale Auswirkungen von Presseberichten aus laufenden Verfahren auf das Strafmaß sind belegt.[40]

Ist dieser emotionale Einfluss vom Richter selbst nicht kontrollierbar, verschließt er sich der rechtsstaatlichen Berechenbarkeit.[41]

Die laienhafte Vorstellung, der Erkenntnisprozess im Strafverfahren werde durch Formalisierungen 52
praktisch von außen gelenkt, ist eine gern akzeptierte Illusion. Prozessformalien verkürzen zur Wahrung von Bürgerrechten zwar Erkenntnismöglichkeiten, verhindern aber nicht die Anwendung erlernter Entscheidungsstrategien auch auf einer verkürzten Basis. Die gesetzlich geforderte Rationalität erfasst allenfalls den nachfolgenden Bereich der Verarbeitung einer ersten – emotional gesteuerten – Beweisanalyse.

Der Strafprozess ändert nicht Strukturen menschlichen Denkens und Entscheidens bei den Rich- 53
tern. Der **Einfluss richterlicher Emotionen im Urteil** über die Schuld eines Angeklagten und darauf basierende Strafzumessungsentscheidungen sind zumindest im amerikanischen Gerichtswesen belegt.[42] Trotz aller Betonung der vernunftgeleiteten Wahrheitssuche im Strafprozess bleibt das Problem. Keine Forderung nach Rationalität hebt den Befund der **Irrationalität des richterlichen Evidenzerlebnisses** beim Finden der Entscheidung auf. Der Widerspruch existiert, und er dominiert den Strafprozess. Die aktuellen Forschungsergebnisse der Psycho-Wissenschaften zementieren die Jahrhunderte alte Diagnose.

Exkurs: Hirnforschung und Schuldstrafrecht   54

Während die Rezeption der Ergebnisse der Neurowissenschaften im Hinblick auf die richterliche Entscheidungsfindung in der rechtswissenschaftlichen Diskussion kaum stattfindet, haben diese Erkenntnisse im Zusammenhang mit der Frage der Begründung des überkommenen Schuldstrafrechts einen enormen literarischen Widerhall bei der rechtswissenschaftlichen Beschäftigung der Verbrechenslehre gefunden. Auch wenn die Praxis von der seit nunmehr einem Jahrzehnt heftig geführten Diskussion noch nicht erreicht worden ist, erscheinen Konsequenzen für die fundamentale Begründung unseres Strafrechts unausweichlich.[43]

Die traditionelle Idee der Handlungsfreiheit des Menschen wird unterminiert, wenn die Annahmen 55
der Hirnforscher zutreffend sind, dass das menschliche Bewusstsein vom individuellen Handeln und Entscheiden letztlich eine Illusion ist. Legt das limbische System die Grundlage für menschliche Entscheidungsprozesse und sind diese emotionalen Faktoren dem sogenannten Bewusstsein weitgehend entzogen, ist dieses Bewusstsein »determiniert«. Eine so verstandene Zwangsläufigkeit von menschlichem Handeln steht im Gegensatz zur herrschenden Rechtfertigung der Bestrafung eines schuldigen Täters.[44] Mit dem Unwerturteil der Schuld wird dem Täter vorgeworfen, dass er sich nicht rechtmäßig verhalte, dass er sich für das Unrecht entschieden habe, obwohl er sich rechtmäßig verhalten, und sich für das Recht hätte entscheiden können.[45] Prämisse des Schuldvorwurfs ist die Behauptung, dass der Mensch sich kraft seiner Willensfreiheit zwischen Recht und Unrecht ent-

---

40 *Kepplinger/Zerback* Der Einfluss der Medien auf Richter und Staatsanwälte, PUBLIZISTIK 2009, 216–239.

41 Vgl. auch die von *Frister* aus der persönlichen Natur der Überzeugungsbildung gezogenen Konsequenzen, Die persönliche Gewißheit als Verurteilungsvoraussetzung im Strafprozeß, FS Grünwald 1999, S. 169, 186 ff.

42 *N. Feigenson/J. Park* Emotions und attributions of legal responsibility und blame, Law und human behaviour, 2006, 30, 143–161.

43 S. z.B. *Detlefsen* Grenzen der Freiheit – Bedingungen des Handelns – Perspektive des Schuldprinzips, 2006.

44 Sehr umfassend entwickelt beim Neurowissenschaftler *Sapolsky* Gewalt und Mitgefühl – Die Biologie menschlichen Verhaltens, 2017. Aus den menschlichen Handlungskonsequenzen durch Vorprägungen folgen für ihn auch Rückschlüsse für das Strafrecht, s. insbes. das Kapitel 16. »Biologie, Straf-Justizsystem und – ja, warum nicht? – der freie Wille«, S. 747 ff.

45 BGHSt 2, 194, 200.

scheiden könne.[46] Ist die Handlung eines Täters in der Tatsituation zwangsläufig, entfällt die Prämisse, er habe auch anders handeln können. »Freier Wille« ist möglicherweise nur eine erfundene soziale Institution.[47]

56 Die Konsequenz erscheint manchen zwingend: Menschen können im Sinne eines persönlichen Verschuldens nichts für das, was sie wollen und wie sie sich entscheiden.[48] Die Reaktion der Rechtswissenschaft auf diese These ist ebenso engagiert wie uneinheitlich. Zum Teil werden die neurologischen Ergebnisse schlicht ignoriert und die autarke Definitionshoheit der normativen Strafrechtswissenschaften betont; dies rettet vieles von überkommenen Begründungsstrukturen. Sogar mit der Begründung, das Schuldprinzip sei als Axiom dem Strafrecht vorgelagert, wird eine Diskussion verweigert.[49] Auf der anderen Seite werden diese Ansätze aber auch aufgenommen und geben Anlass, Rechtfertigungen von Strafe unter dem neuen Erkenntnishorizont zu überdenken. Verblichene Diskussionen wie die der Bestrafung einer Charakterschuld werden ebenso reaktiviert wie die Reflektion des Strafrechts als schuldunabhängiges reines Maßnahmerecht. Die meisten Autoren versuchen allerdings, normativ Zurechenbarkeiten von Handlungen abseits überkommener Schuldkategorien neu zu konstruieren; eine durchgehende neue Idee zu Begründung und Konstruktion des Strafrechts ist weit entfernt.[50] Eine einheitliche Meinungsbildung der Rechtswissenschaften ist allerdings ebenso wenig festzustellen wie die Initialisierung einer Diskussion beim Gesetzgeber oder in der justiziellen Praxis.[51]

3. Selektion und Automatismen

57 Goethe wusste schon von der durch Vorprägung gesteuerten selektiven Wahrnehmung des Menschen zu berichten: »*Man sieht nur, was man weiß!*«[52]

---

46 BVerfGE 123, 267, 413.

47 *Prinz* Kritik des freien Willens – psychologische Bemerkungen über eine soziale Institution, in: *Senn/Puskas* Gehirnforschung und rechtliche Verantwortung, 2006, 27 ff.

48 S. hierzu insbes. die Ausführungen des Neurobiologen *Roth* Fühlen, Denken, Handeln, 2003, S. 541; *Pauen/Roth* Freiheit, Schuld und Verantwortung, Grundzüge einer naturalistischen Theorie der Willensfreiheit, 2008; *Roth* in: Roth/Hubig/Bamberger (Hrsg.), Schuld und Strafe. Neue Fragen, 2012, S. 89, 92 ff; *Singer* in: Bonhoeffer/Gruss (Hrsg.), Zukunft Gehirn 2011, S. 257, 264 f.

49 *Papathanasiou* Neurobiologische Befunde vs. strafrechtliches Schuldprinzip, in: Bock/Harrendorf/Lagides (Hrsg.), Strafrecht als interdisziplinäre Wissenschaft, 2015, 53 ff., 69 f., die gleichzeitig den »Welterklärungsanspruch« der Neurobiologen geißelt.

50 Hier liegt der Zentralpunkt der Kritik von *Hillenkamp* Hirnforschung, Willensfreiheit und Strafrecht – Versuch einer Zwischenbilanz, ZStW Bd. 127, 2015, 10 – 96.

51 S. zur juristischen Diskussion beispielsweise: *Samson* in: Krüger (Hrsg.), Hirn als Subjekt?, 2009, S. 215 ff.; *Lampe/Pauen/Roth* (Hrsg.) Willensfreiheit und rechtliche Ordnung, 2008; *Hillenkamp* (Hrsg.) Neue Hirnforschung – neues Strafrecht?, 2006; *Sen/Puschkas* (Hrsg.) Gehirnforschung und rechtliche Verantwortung, 2006; *Herzberg* Willensunfreiheit und Schuldvorwurf, 2010; *G. Merkel* Grenzen der Freiheit – Bedingungen des Handelns – Perspektive des Schuldprinzips, 2006; *Jäger* Willensfreiheit, Kausalität und Determination – Stirbt das moderne Schuldstrafrecht durch die moderne Gehirnforschung? GA 2013, 3 ff.; *Hassemer* Grenzen des Wissens im Strafprozess, Neuvermessung durch die empirischen Wissenschaften vom Menschen? ZStW 121 (2009), 829 ff.; *ders.* Haltet den geborenen Dieb! Muss das Strafrecht geändert werden, weil Hirnforscher die Möglichkeit von Freiheit, und Verantwortlichkeit bestreiten? Ein Plädoyer für reife Rationalität, in: FAZ v. 15.06.10, S. 35; *Günther* Hirnforschung und strafrechtlicher Schuldbegriff KJ 2006, 116 ff.; *Burkhardt* Wie ist es, ein Mensch zu sein, in: Eser-FS 2005, S. 77 ff.; *R. Merkel* Willensfreiheit und rechtliche Schuld, 2008; *Spilgies* Die Bedeutung des Determinismus-Indeterminismus-Streits für das Strafrecht, 2004, *ders.* HRRS 2005, 43 ff.; *Hörnle* Kriminalstrafe ohne Schuldvorwurf, 2013; *Ruske* Ohne Schuld und Sühne, 2011; *Scheele* Schuld oder Schicksal – Hirnforscher, Psychologen und Humangenetiker zweifeln an der Entscheidungsfreiheit der Menschen, 2016.

52 Exakt heißt das Originalzitat: »Man erblickt nur, was man schon weiß und versteht.« Aus einem Brief Goethes an Friedrich Müller, zitiert nach Beutler, Gedenkausgabe der Werke, Briefe und Gespräche, Bd. 13, 1948, S. 142.

Jede Beeinflussung von derart intuitiven richterlichen Prozessen setzt eine Analyse ihrer Bedingungen voraus. Die Verteidigung muss daher eine Vorstellung davon haben, auf welchen mentalen Prozessen letztendlich eine Entscheidungsfindung basiert. Allgemeine psychologische Erkenntnisse der Kognition lassen sich unschwer auch auf den Strafprozess anwenden. Der Entscheidungsprozess bei Gericht – so die mittlerweile unbestrittene Erkenntnis der Psychologie – beruht weitgehend auf unbewussten Mechanismen.[53] Rezeption und Verarbeitung von Informationen sind bei Richtern internalisiert und von ihnen selbst kaum beschreibbar. Erfahrungen und Eingeübtes verdichten sich auch in der Entscheidungsfindung zu **Automatismen**.

58

Die »Denkfaulheit« hat einen schnöden biologischen Hintergrund. Wie jeder Organismus versucht das Gehirn energiesparend zu arbeiten.

59

> Automatisiertes Denken als Folge der Trägheit ist der menschlichen Spezies eigen. Komplexität und Unbekanntes fordern außergewöhnliche Kraft. Das Gehirn belohnt Routinehandlungen, da sie erheblich weniger Stoffwechselenergie und weiteren neuronalen Aufwand erfordern. Ideal ist ein Zustand, in dem die Vorgänge aller unterschiedlicher Hirnbereiche konform und kongruent laufen. Die Anstrengung des Erkennens und Verarbeitens von Neuem belastet demgegenüber die begrenzten Ressourcen des Arbeitsgedächtnisses in der Großhirnrinde, Emotionen schüren einen instabilen Gesamtzustand. Die primäre Lösungsstrategie des Gehirns ist daher der Versuch, mit resourcenschonenden Bordmitteln das Gleichgewicht wiederherzustellen. Die Primärstrategie der Problemlösung ist daher stets der Rückgriff auf Bekanntes. Erfordert dennoch das Neue und Unbekannte ein »Umdenken«, lässt sich die neuronale Reorganisation am ehesten bewerkstelligen, wenn diese Informationen schlüssig in vorhandene Netzwerke und synaptische Verschaltungsmuster eingebettet werden kann.

60

Das Phänomen ist die Konsequenz des mentalen Hangs zu Kongruenz. Schon die Wahrnehmung von Informationen hängt von präsenten Wissensstrukturen des Wahrnehmenden ab. Der vorliegende »Datenbestand« des Gehirns lenkt das Wahrnehmungsinteresse und bestimmt die Schwelle, die ein Reizereignis als der Wahrnehmung wert qualifiziert. Die Aufmerksamkeit auf Reizereignisse wird vom vorhandenen Informationsstand gesteuert; Unwichtiges – weil anstrengend oder widersprüchlich – wird unterhalb der Wahrnehmungsschwelle schlicht ausgeblendet. Auch im zweiten Schritt der Informationsverarbeitung behält der Datenbestand seine dominierende Funktion und bestimmt, wie die neue Information stimmig interpretiert werden kann. Auch richterliche Kognition bei der Aktenlektüre oder Zeugenvernehmung ist daher primär schemabasiert – und damit weit von dem Anspruch der vollständigen Erfassung entscheidungsrelevanter Vorgänge entfernt.

61

Ebenso schlichte wie einbetonierte Erklärungsmuster dominieren Wahrnehmung und Verarbeitung. Religiöse oder politische Überzeugungen haben deswegen einen besonders hohen strukturierenden Effekt bei der Selektion, weil sie zum einen als Fixpunkt gegen jede Verunsicherung gefeit sind, und zum anderen ohne komplexe und damit anstrengende Operationen simpel verankerbar sind. Mythen sind für die Kognition eine entspannte Basis, ihre Aufrechterhaltung scheint neuronal gegenüber Fakten nahezu immun.[54] Falsche Nachrichten (»fakes«) werden geliebt, wenn sie das eigene Weltbild stützen; (wahre) Fakten, die das eigene Bild infrage stellen, sind gleichzeitig eine Attacke gegen das Fundament des »Ich«. Die verstörende Erkenntnis der psychologischen Wissenschaft: Das menschliche Gehirn ist für die ihm von der Philosophie zugedachte Aufgabe des rationalen Abwägens nicht geschaffen.

62

Was die – auch humanistisch ausgebildeten – Wissenschaftler als zwangsläufige neuronale Folge nahezu in die Verzweiflung treibt, zeigt anschaulich eine Meta-Untersuchung:[55] Selbst die rationale Auseinandersetzung mit erkannten Problemen ist regelmäßig vordergründige Fassade. Die Regeln der Sprache und der Logik sind das äußere Gerüst, mit dem nur eines stabilisiert werden soll: die

63

---

53 S. hierzu insbesondere die Untersuchung von *Dhani* Psychological models of professional decision making, in: Psychological Science 14, 2003, 175 ff.
54 S. z.B. *Cook/Lewandowsky* The debunking handbook 2012.
55 *Man-pui Sally Chan u.a.* Debunking: A Meta-Analysis of the Psychological Efficacy of Messages Countering Misinformation, Psychological Science 2017.

eigene Vorprägung. Wird Gegnern des Klimawandels oder einer Impfpflicht[56] Argument für Argument widerlegt, ändert dies nichts an der Einstellung der sich selbst als rational empfindenden Diskussionspartner. Im Gegenteil: Ist das letzte Argument zerschossen, wird nicht die eigene Überzeugung hinterfragt, es werden vielmehr völlig neue zu deren Stützung gesucht. Wenn nichts hilft, muss das gegnerische Argument als »fake« diffamiert werden.

64   Hiermit korrespondieren die Erlebnisse von Verteidigung, die sich im Laufe des Verfahrens erfolgreich gegen die Behauptungen des Anklagesatzes durchgesetzt hat. Aber auch wenn Tatmodalitäten und angebliche Motivationen sich im Laufe der Beweisaufnahme als nicht haltbar herausgestellt haben, ist der Angeklagte oft bei der Begründung des Urteilsspruchs – oder einem kurz zuvor gegebenen Hinweis – fassungslos, wenn die Richter ihn doch als Täter ansehen, ihm allerdings modifizierte Tatbegehung oder ein völlig neues Motiv unterstellen. Die mit dem Eröffnungsbeschluss erfolgte Konservierung des Bildes eines schuldigen Täters ist derart dominierend, dass dessen Begründung in einer argumentativen Beliebigkeit mündet.

65   Zwar zeichnen sich z.B. wissenschaftliche Einsichten gerade durch Strukturierung umfassender Erkenntnisse und deren Deutung zu neuen Horizonten aus. Die Beherrschung der Komplexität hat den Menschen zum dominanten Lebewesen der Erde gemacht. Der Alltag auch dieses hoch entwickelten Lebewesens ist jedoch nur selten von Erkenntnisstreben dieser Tragweite geprägt. Auch dieses Wesen muss minütlich Entscheidungen treffen, vom Kauf des richtigen Waschmittels bis zur Auswahl des angenehmsten Fernsehprogramms. Gerade das Zeitalter der Informationstechnologie überschwemmt den Entscheider mit relevantem Material, das er in seinen Lebensumständen nicht sinnvoll verarbeiten kann. Er kennt noch heute das Gefühl des kleinen Affen im gefährlichen und undurchschaubaren Dschungel. Auch unsere Zivilisation hat **Selektions**-Überlebensstrategien in Entscheidungssituationen entwickelt.

66   Diese erlernte und täglich angewandte Lösungsstrategie auch des hochzivilisierten Menschen verdeutlicht, warum abwägende Vollständigkeit in Entscheidungen im Gerichtssaal oft eine Illusion bleiben muss. Entscheidungsleitende Informationen sind auch hier meist auf wenige Kernpunkte beschränkt. Auch bei hochkomplexen Sachverhaltsstrukturen greifen Richter regelmäßig lediglich auf wenige Faktoren zurück. Der menschliche Entscheider neigt zu gedanklichen Abkürzungen. **Minimalstinformationen** sind häufig ausreichend, um insbesondere in als »typisch« empfundenen Fällen Entscheidungsstrukturen vorzuzeichnen.[57]

67   Nicht nur die Anzahl der Informationen ist oft unüberschaubar. Auch die Möglichkeiten ihrer Verarbeitung im Hinblick auf das erstrebte Ziel sind vielfältig. Komplexe Situationen erfordern unterschiedliche Lösungsstrategien. Die Furcht vor der Unüberschaubarkeit der Methoden wird bei Entscheidungen gern durch deren Minimierung mittels Ignorierens kompensiert.

68   Durch Reduzierung möglicher Antworten auf eine Frage, durch Heranziehung sogenannter »Faustregeln«, lässt sich aufgrund individueller Lernerfahrungen der Denkprozess des Entscheiders effizienter gestalten.[58] Selektion von Informationen aus einem komplexen Geschehen einerseits und ihre zügige Einbettung in eine von mehreren Bewertungsstrukturen andererseits stellt eine subjektiv empfundene Erleichterung des Entscheiderprozesses dar. Er fordert keine mentale Anstrengung und wird vom Entscheider selbst als Form einer Art intuitiven Wissens bewertet.

69   Die Strategie zur richterlichen Wahrheitsfindung gründet oft in der viel gelobten richterlichen Erfahrung, verbunden mit dem Kompliment des »guten Judiz«. In zahlreichen Fällen entwickelt der richterliche Entscheider seine methodischen Ansätze, in das jeweils hochkomplexe widersprüchliche Gespinst der Beweisaufnahme die Schneise seiner Wahrheit zu schlagen. Der einmal gefundene und

---

56 *Cook/Lewandowsky/Ecker* Neutralizing misinformation through inoculation: Exposing misleading argumentation techniques reduces their influence, PLoS 5.5.2017.

57 *Hupfeld/Oswald* Richterliche Urteilsbildung: Strafentscheid und Strafzumessung, in: Steller/Volbert (Hrsg.), Handbuch der Psychologie, Band VI: Handbuch der Rechtspsychologie 2007. Zu dieser Erscheinung bei Entscheidungen von Kleinstkriminaliät *Helversen/Rieskamp* Predicting Sentencing in Low Level Crime: A Cognitive Modeling Approach 2007.

58 *Haidt* The emotional dog und its rational tail, Psychological review 2001, 108, 814–834.

als richtig gefühlte Weg im Umgang mit der Erhebung und Bewertung von strafprozessualen Beweisen blendet alsbald alternative Denkansätze aus. Das Bewusstsein für die individuellen Bedingungen des Erfolgs einer Methode in einigen – vielleicht wenigen – Fällen geht verloren. Die Handlungsform wird automatisiert. Der Handelnde frönt nur noch dem Methodismus.[59] Dass schon die Verschiebung winziger Umstände die Gesamtfiguration des Verlaufs einer Beweisaufnahme verändern kann und daher völlig anderes Handeln notwendig macht, entgeht dem Methodizisten. Identifiziert er seine erlernte Methode mit der Erfahrung von Allgemeingültigkeit, dokumentiert er primär die Fehleranfälligkeit seiner »Wahrheitssuche«.[60]

Richter unterliegen nicht nur der allgemeinen Tendenz von Entscheidern, erarbeitete simplifizierte **70** Methoden der Entscheidungsfindung durch Ignorieren individueller Besonderheiten aufrechtzuerhalten. Fördert das Ausblenden besonderer Entscheidungsbedingungen schon allgemein die Überschaubarkeit von Lösungskonzepten, muss diese Tendenz bei Richtern schnell in »Rechthaberei« umschlagen.

Zum einen gründen simplifizierende Strategien der Urteilsfindung in einem höchstpersönlichen **71** Aspekt. Überschaubarkeit und Beherrschbarkeit der eigenen Methode der Wahrheitsfindung fördert das Gefühl, diesen Suchvorgang im Griff zu haben. Da individuelle Komponenten eines Prozesses diese Sicherheit gefährden könnten, werden solche Bedingungen intuitiv aus der Problemlösung ausgeblendet. Die von der Justiz geforderte Bewahrung des positiven Richterbildes der eigenen Kompetenz und Handlungsfähigkeit ist gewährleistet.

4. Heuristiken und Fehler

a) Aktuelle psychologische Forschungen

Der neuronale Prozess der Urteilsfindung ist seit einigen Jahren Gegenstand wissenschaftlicher **72** Untersuchungen.

Psychologische Studien konzentrierten sich allerdings auf Alltagskonstellationen und hier insbesondere **73** auf ökonomische Entscheidungen.[61] Die aktuelle Erkenntnis geht dahin, dass sich Entscheidungen auf unsicherer Grundlage regelmäßig an simplifizierenden Mustern des Entscheiders orientieren, ohne dass der Entscheider sich dieser Muster bewusst ist. Menschen verfügen über eine beschränkte Anzahl intuitiver »Faustregeln«, auf die sich ihr Hirn bei der Einschätzung von Wahrscheinlichkeiten verlässt. Diese Regeln wirken unbewusst, sie sind neuronal gefordert und damit nicht etwa das Zeichen, dass sich der Entscheider eine komplexe Entscheidung entgegen den Anforderungen »leicht machen« will. Sie sind eine durchaus nützliche Strategie des Hirns im Alltagsleben. Ihre Wirkung ist dem Entscheider oft allerdings selbst in Situationen nicht präsent, in denen er die außergewöhnliche Bedeutung seiner Entscheidung erkennt.

Die Strategie der Anwendung intuitiver Faustregeln wird als **Heuristik** bezeichnet. Die durch die Automatisierung im Einzelfall produzierten Fehlentscheidungen gelten nach allgemeiner Terminologie als **Bias**.[62]

Derartige menschliche Fähigkeiten der Automatisierung sind evolutionsbedingt. Die Entwicklung von **74** Lebewesen lehrte diese, als Überlebensstrategie einerseits eigenes – auch hoch komplexes – Handeln als

---

59 *Clausewitz* Vom Kriege 1880, S. 130 f., kritisierte schon mit diesem Begriff formalisierte Handlungsschemata.

60 *Dörner* Die Logik des Misslingens, Strategisches Denken in komplexen Situationen, 6. Aufl. 2007, S. 257, spricht sogar von »Dummheit«.

61 Eine der wenigen Untersuchungen zum europäischen justiziellen Bereich stellt eine Schweizer Dissertation dar: *Schweizer* Kognitive Täuschungen vor Gericht – eine empirische Studie 2005.

62 Grundlegend *Tversky/Kahneman* Judgement under Uncertainty: Heuristics and Biases, Science 1974, 1124–1131; umfassend *Gilovich/Griffin/Kahneman* (Hrsg). Heuristics and Biases: The Psychology of Intuitive Judgement 2002; sehr umfassend *Pfister/Jungermann/Fischer* Die Psychologie der Entscheidung, 4. Aufl. 2017, insbes. Kap. 10.

Programm zu codieren und andererseits dieses Programm nach einer simplen Stimulans abzurufen. Die mangelnde Fähigkeit, schnell sämtliche relevanten Umweltfaktoren zu erfassen, die eine abgewogene Entscheidung ermöglichen würden, zwingt zur Informationsselektion. Das Reaktionsprogramm aufgrund eines einzelnen Aspekts ersetzt die Entscheidung aufgrund der Gesamtinformation.

75 Heuristik als einfache und beherrschbare Technik, im Schnellverfahren bei komplexen Situationen Entscheidungen unter Unsicherheiten zu treffen, erleichtert Lösungen. So nützlich diese Fähigkeit der Reduktion von Komplexität im Alltagsleben sein mag, so problematisch sind diese Entscheidungsstrukturen im Strafprozess. Wird der Wahrnehmungs- und Denkprozess beim Entscheider automatisiert und damit unbewusst, ist eine derart strukturierte Entscheidungsentwicklung besonderen Verzerrungen ausgeliefert und damit in hohem Maße fehleranfällig.

76 Das Schnellverfahren vermag u.U. auch zuverlässigere Entscheidungen zu treffen. So beruht beispielsweise das Wiedererkennen von Personen auf einer spontanen intuitiven Assoziation, die durch längeres Nachdenken und Abwägen nur verwischt werden kann. Unter Zeitdruck erfolgte Wiedererkennungen sind in Tests erheblich zuverlässiger als Entscheidungen der Probanden, die sie nach eingehendem Grübeln getroffen haben. Hier erhielten erst nach und nach wahrgenommene Faktoren – von der gemutmaßten sozialen Schicht der zu vergleichenden Personen bis zu den Umständen der Fotoaufnahme – eine verzerrende Bedeutung.[63]

77 Die Folgen dieses richterlichen intuitiven Prozesses lassen sich in zahlreichen Möglichkeiten von massiven Fehleinschätzungen besichtigen. **Urteilsheuristiken** sind als unbewusste Selektionierung von Informationen ebenso ausgemacht, wie deren unkritische Einbettung in den höchst persönlichen Erfahrungshorizont des entscheidenden Richters. Detaillierte Erscheinungsformen sind der Psychologie seit Langem bekannt.

b) Repräsentativitätsheuristik

78 Einschätzungen zur Wahrscheinlichkeit von Ereignissen sind deswegen extrem fehlerbehaftet, weil das menschliche Gehirn offensichtlich dazu neigt, assoziativ zu agieren, wo komparatives Denken gefordert wäre. Das mathematisch logische Denken in Wahrscheinlichkeiten ist dem intuitiven Gehirn fremd. Stattdessen bevorzugt der Mensch, bei Schlussfolgerungen Statistiken zu ignorieren und verfügbare Eigenschaftsinformationen zur Urteilsbildung heranzuziehen.

▶ **Beispiel:**

79 Der Detektiv erscheint unmittelbar vom Tatort, nachdem auf offener Straße in Manhattan ein Mord geschehen ist. Die Zeugen beschreiben den Täter als männlich, weiß, schlank und ca. 2 Meter groß. In unmittelbarer Nähe des Tatorts befinden sich zwei Eingänge: Zum einen kann man die Trainingshalle der Basketballmannschaft New York Knicks erreichen, der andere nahe gelegene Eingang führt zum Tower der Manhattan Chase Bank.

Die Entscheidung, wo der Polizeibeamte mit der Tätersuche beginnen wird, wird regelmäßig von der Assoziation des überdurchschnittlich großen Täters beherrscht werden. Diese Eigenschaft wird primär Basketballspielern zugewiesen, sodass zu erwarten ist, dass der Detektiv seine Suche in der Trainingshalle beginnen wird. Eine nüchterne Vergleichsprognose müsste ihn demgegenüber zu der Schlussfolgerung bringen, dass er auch in einer Trainingshalle einer Basketballmannschaft allenfalls eine Handvoll zwei Meter große Personen antreffen wird, während die Anzahl von zwei Meter großen Bankangestellten unter den mehreren tausend Mitarbeitern der Bank sehr viel höher sein dürfte.

80 Typizität dominiert bei der Beweiskraft. Schlussfolgerungen werden nicht aus von zumeist leicht verfügbarem Zahlenwerk abgeleitet, sondern von Erkenntnissen wie: »die meisten Kriminellen sind

---

63 Neil *Brewer et al.* Identifying the Bad Guy in a Lineup using Deadlined Confidence Judgments, Psychological Science 2012, 23, 1208–1214.

jugendliche Ausländer«, »Haschisch ist eine gefährliche Einstiegsdroge für harte Betäubungsmittel«, »schwarze Männer sind enorm sexuell potent«. Intuitiv werden diese dem individuellen Gehirn verfügbaren Informationen als schwerwiegende Indizien in den Prozess der Schlussfolgerung eingestellt.

▶ **Weiteres Beispiel:**

> Die Belastungswahrscheinlichkeit einer DNA wird häufig bei dem Entscheider als erdrückend   81
> gefühlt. Der Angeklagte scheint überführt, wenn eine DNA-Analyse eines am Tatort gefundenen Haares statistisch nur 0,1 Promille der männlichen Bevölkerung einer Großstadt zugerechnet werden kann. Kommen in dieser Großstadt alle Männer zwischen 20 und 60 Jahren (ca. 2,3 Millionen Menschen) in Betracht, so scheint der Täter nahezu entlarvt. War die Täterwahrscheinlichkeit des Angeklagten unter der Annahme des willkürlichen Herausgreifens bei 1 : 2,3 Millionen, so beträgt sie unter Berücksichtigung des DNA-Ergebnisses immerhin noch 1 : 230. Entgegen der Täterassoziation gibt es angesichts der Beweislage somit die gleichwertige Möglichkeit, dass außer dem Täter 229 andere männliche Stadtbewohner als Täter in Betracht kommen.

Repräsentativitätsheuristik knüpft bei der Einschätzung von Sachverhalten an **Verteilungswahr-**   82
scheinlichkeiten an. Der farbige Mitbürger wird im Zweifelsfall nicht als deutscher Staatsangehöriger eingeschätzt, weil die allermeisten Deutschen weiße Hautfarbe besitzen. Dominiert diese Erwägung das Gesamturteil, hat die Entscheidung zwar einen recht hohen Wahrscheinlichkeitsgrad der Richtigkeit, der Irrtum für außergewöhnliche Konstellationen ist allerdings vorgezeichnet.

Muster spielen in der an Rationalität orientierten Wissenschaft eine maßgebliche Rolle. Wissen-   83
schaftliche Erkenntnis ist geprägt vom Zusammenhang von Strukturerwartung und Mustererkennung, Kausalitätserwartungen und der Fähigkeit zur Induktion. Ähnlich – aber leider nicht identisch – ist ein neurologischer Mechanismus, der zur Perfektionierung der Intuition die Welt nach Mustern absucht. Nur wer solche Muster erkennt, kann Kausalketten aus schlichten Vorboten ableiten – so der Impuls dieser Heuristik. Was Triebfeder für menschliche Kreativität ist, kann auf der anderen Seite den auf Schlussfolgerungen angewiesenen Entscheider in die Irre führen: Er erkennt kausale Zusammenhänge, wo schlichter Zufall herrscht.

Ein Experiment verdeutlicht den Hintergrund solcher Fehlschlüsse: Probanden sollten eine zufällige Folge   84
von Zahlen aufschreiben. Sie scheiterten an dieser banalen Aufgabe und waren nicht imstande, eine zufällige Zahlenfolge aufzusagen. So vermieden sie die Folge 2–2–2, da sie sie für unwahrscheinlicher hielten als die Folge 5–2–3. Tatsächlich sind beide gleich wahrscheinlich. Allerdings deutet sich in der ersten Folge ein Muster an, das das Gehirn als nicht zufällig deutet. Eine nicht steuerbare Tendenz des Gehirns zum Erkennen von Zusammenhängen und Denken in geordneten Bahnen beschert ihm Schwierigkeiten mit dem Bewerten des Zufalls.

Dass diese Ebene sehr wenig mit einem rationalen Umgang mit dem Phänomen zu tun hat, betont der Zufallsforscher *Hand*[64] in einem Interview mit SZ-Magazin 23.4.2018: »Als wäre der Zufall eine mysteriöse Kraft, die unser Leben steuert. Die westliche Welt mag aufgeklärt und rational sein – wenn es um Zufälle geht, verfallen wir in Denkmuster von Neandertalern.«

Das Phänomen dieser natürlichen menschlichen Tendenz, in einer Anhäufung von Ereignissen Mus-   85
ter zu erkennen, wo sie gar nicht existieren, wird als Apophänie[65] oder **»Clustering-Illusionen«**
bezeichnet. Sie lassen Schlussfolgerungen schlicht in die falsche Richtung laufen. Die Rechtswissenschaft hat längst erkannt, dass diese Vorgänge der »Rechtsfindung« immanent sind.[66]

---

64 S. z.B. *Hand* Die Macht des Unwahrscheinlichen (engl.: The Improbability Principle. Why Concidences, Miracles, and Rare Events Happen Every Day), 2015.
65 *Brugger* From Haunted Brain To Haunted Science. A Cognitive Neuroscience View of Paranormal and Pseudoscientific Thought, in: J. Houran, R. Lange (Hrsg.): Hauntings and Poltergeists. Multidisciplinary Perspectives. McFarland & Co., Jefferson 2001.
66 S.z.B. *Strauch* Mustererkennung und Subsumtion im Erkenntnisverfahren, in: Gabriel/Gröschner (Hrsg.) Subsumtion, 2012, 335 ff.

86 Die durch andere Erkenntnisinteressen gesteuerte Wahrnehmung des Basketballzuschauers nimmt eine offensichtlich rein zufällige Häufung von Treffern der eigenen Mannschaft als folgerichtigen »Lauf« der angefeuerten Spieler wahr.[67]

Anfällig für Musterillusionen ist die regelmäßig selektive Beweisaufnahme im Gerichtssaal. Die auf Zeugenberichten basierenden Zufälligkeiten von Episoden aus dem Leben des Angeklagten bilden u.U. die Grundlage für die richterliche Erkenntnis eines Handlungsmusters und die Schlussfolgerung auf eine real nicht haltbare Charaktereinschätzung. »Das kann kein Zufall sein!« ist häufig die richterliche Idee hinter einer Schuldüberzeugung.

Die »gleichartige« Begehensweise ist häufig bei gemutmaßten Serienstraftaten ein beliebtes richterliches Argument, um trotz mangelhafter anderweitiger Anhaltspunkte die Schuld des Angeklagten zu belegen. Dass das erkannte »Muster« letztlich nicht über den Grad der Zufälligkeit hinausgeht, ergibt häufig erst eine Analyse der die Gleichartigkeit angeblich ausmachenden Elemente der Tatausführung einerseits und der übergreifenden Untersuchung aller ähnlichen Straftaten andererseits.

87 Ist diese Anwendung einer Verteilungswahrscheinlichkeit darüber hinaus noch von der persönlichen Kenntnis des Anwenders abhängig (**Verfügbarkeitsheuristik**), ist der mentale Abkürzungsweg individuell besonders entlastend. Jeder Entscheider kann nur seinen persönlichen Kenntnisstand in die Einschätzung einbringen. Alles was wir einschätzen, messen wir an unserem subjektiven Maßstab. Auch wenn die herausragende Evolutionsstufe des Menschen mit seiner Fähigkeit beschrieben wird, einen Perspektivwechsel – bis hin zur Selbstreflektion – vorzunehmen, kann er seine emotionale Egozentrik nicht überwinden. Diese Heuristiken müssen bei einer Einschätzung versagen, wenn individuelle Verfügbarkeiten und tatsächliche Relevanz weit auseinanderfallen. Der Richter legt seiner Entscheidung Gesetzmäßigkeiten zugrunde, die nicht existieren. Aus vermeintlichen Mustern werden Rückschlüsse auf Handlungsabläufe gezogen, die nie geschehen sind.

88 Obwohl die Potenzierung der Fehleranfälligkeit durch abermalige Reduktion der Entscheidungsbasis evident ist, hat dieser Bezugspunkt in der Rechtsprechung der Beweiswürdigung seinen strafprozessualen Segen erhalten. Ein Strafurteil soll richtig sein und von Revisionsgericht, Verurteiltem und der Gesellschaft als akzeptabel anerkannt werden, wenn es allein der persönlichen Überzeugung des Richters am Maßstab seiner Lebenserfahrung[68] entspricht.

89 Den ungeniertesten Griff auf die eigenen beschränkten Erkenntnisse zu angeblichen Mustern praktizieren Juristen bei der Behauptung, Intentionen eines Dritten erkannt zu haben. Die Methode der Mustererkennung verschmilzt hier mit der seit Jahrtausenden eingeübten sozialen Kompetenz, schon aus Gründen des Selbstschutzes die Absichten eines anderen zu ergründen. Die Vorhersage der Gedanken eines Gegenüber hat den Menschen geschult, ihn als Gefahrenquelle oder Liebespartner zu qualifizieren. Kognitionsziel und -methode sind tief im Hirn verankert. Die Bewertungsgrundlage sind Kausalitätserkenntnisse, die als objektive Muster dienen und nichts mit der Kognition mentaler Prozesse des anderen zu tun haben. Absichten werden einem anderen schlicht unterstellt. Ist das Detektieren von Intentionen des anderen unreflektiertes soziales Verhalten, ist sein Einfluss auf juristische Bewertung unkontrollierbar. **Der angeblich erkannte Vorsatz** ist blanke Fiktion, gespeist aus der richterlichen Erkenntnis, dass man in bestimmten Kausalitätszusammenhängen von einem gesteuerten Verhalten ausgehen müsse. Die Definition des materiellen Rechts, wonach das »Sich-Abfinden« mit einem Ergebnis für die Bejahung der voluntativen Komponente der Straftat ausreichen soll, rollt der prozessualen Bewertung den Teppich aus für die ungehemmte Anwendung der fehlerbehafteten richterlichen Musterillusionen.

90 Psychologische Forschungen haben damit frühere soziologische Erkenntnisse bekräftigt, wonach die innere Tatseite in strafrichterlichen Urteilen nichts anderes ist als die Zuschreibung des Beobachters ohne jede Berücksichtigung der Definition des Handelnden selbst. Der Blick in mentale Abläufe

---

67 S. hierzu die grundlegende Untersuchung *Gilovich/Vallone/Tversky* The Hot Hand in Basketball: On the Misperception of Random Sequences, Cognitive Psychology 1985, 17, 295 – 314.

68 Zum Wert der Lebenserfahrung bei anstehenden Entscheidungen schon *Konfuzius*: »Die Erfahrung ist wie eine Laterne im Rücken, sie beleuchtet stets nur das Stück Weg, das wir bereits hinter uns haben.«

wird nicht einmal gewagt. Die Motiv-Zuschreibung als »Etikettierung« (labeling approach) erfolgt über Beobachter-Regeln, die praktische eigene Erfahrung mit der alltäglichen Biografie des Entscheiders selbst verbinden. Strafurteile sind insoweit nichts anderes als Schematisierungen gesellschaftlich geprägter Vorgaben.

c) Ankerheuristik

Ein eklatantes weiteres Beispiel ist die »**Ankerheuristik**«. Entscheidungsprozesse werden signifikant   91
beeinflusst von Informationen, die völlig unabhängig vom entscheidungsrelevanten Prozess kurz zuvor vom Entscheider aufgenommen worden sind.

Das Phänomen ist belegt bei Entscheidungsprozessen im Rahmen numerischer Werte. Bei der Ent-   92
scheidung für eine bestimmte Zahl verarbeitet der Entscheider regelmäßig, jedenfalls bei gewisser subjektiver Unsicherheit, kurz zuvor erhaltene Informationen in seiner Entscheidung. Die Angabe einer Zahl wird davon beeinflusst, in welcher Höhe zuvor – u.U. in ganz anderem Zusammenhang – Angaben gemacht worden sind. Aus den allgemeinen Grundsätzen einer Verfügbarkeitsheuristik des individuellen Gedächtnisses oder einer Repräsentativheuristik kann für den konkreten Fall des Ankereffektes die Verzerrung im kognitiven Entscheiderprozess nachgewiesen werden.

▶ Beispiel:

> Die Schätzung zur Höhe des Eiffelturms fällt regelmäßig höher aus, wenn kurz zuvor eine   93
> überhöhte dreistellige Zahl rezipiert wurde. Einen niedrigeren Wert wird der Entscheider ansetzen, wenn ein Dritter z.B. eine »98« in den Raum geworfen hatte. Über ein anderes Beispiel berichtet Kahnemann:[69] Er manipulierte ein Glücksrad mit den Zahlen von 1–100 dahin, dass das Rad entweder bei 10 oder 65 stehen blieb. Im ersten Schritt hatten Testpersonen das Rad zu drehen und die Ergebniszahl aufzuschreiben. In einem zweiten Schritt hatten sie die Frage zu beantworten, wie hoch der Prozentsatz afrikanischer Staaten in den Vereinten Nationen sei. Die Schätzwerte differierten in Abhängigkeit von der zuvor ermittelten Zahl des Glücksrads. Wer mit einer »10« als Vorinformation an den Start ging, behauptete im Mittel 25 %, wer zuvor eine »65« gesehen hatte, landete im Durchschnitt bei 45 %. Obwohl die Vorinformation des Glücksrades keinerlei Relevanz für die Beantwortung der Frage hat, sieht Kahnemann hierin die Manifestation assoziativer Kohärenz. Der Hang des Hirns zur Bildung eines schlüssigen Weltbildes, das zu Vorinformationen passt, ist unabhängig von der Qualität der Vorinformation.

Sind numerische Werte volatil und wird ein bestimmter Zahlenbereich durch externe Einflüsse kog-   94
nitiv »voraktiviert«, gilt diese menschliche Neigung der Anlehnung an Vorgaben ebenso für strafgerichtliche Entscheidungsprozesse. In einem offenen richterlichen Entscheidungsprozess zur Höhe des Strafmaßes muss daher zwangsläufig eine zuerst genannte Zahl – regelmäßig im Plädoyer die staatsanwaltschaftliche Strafmaßforderung – einen vom Gericht selbst nicht kontrollierbaren Einfluss ausüben.[70] Dies ist erwiesen selbst für laienhafte journalistische Anfragen ebenso wie bei parteiischen Zwischenrufen von Zuschauern im Gerichtssaal.[71] Sogar Verteidiger lassen sich bei der

---

69   *Kahnemann* Schnelles Denken, langsames Denken 2012, S. 152 ff.
70   S. hierzu *B. Englich* Ankereffekte im juristischen Kontext; in: Bierhoff/Frey, Handbuch der Psychologie
     Band III.: Handbuch der Sozialpsychologie und Kommunikationspsychologie 2006, S. 309–313; *dies.*
     Urteileinflüsse vor Gericht, in: Handbuch der Rechtspsychologie 2008, S. 486–496; *Mussweiler/Englich*
     Subliminal anchoring: Judgmental consequences and underlying mechanisms, in Organizational Behavior and Human Decision Processes 98, 2005, S. 133–143.
71   *B. Englich* »Geben Sie ihm doch einfach 5 Jahre!« – Einflüsse parteiischer Zwischenrufer auf richterliche
     Urteile, in: Zeitschrift für Sozialpsychologie 2006, 36 (4), 215–225.

Äußerung eigener Strafmaßvorstellungen von dem zuvor geäußerten staatsanwaltschaftlichen Antrag beeinflussen.[72]

95   Erfahrene deutsche Richter wurden in einem psychologischen Experiment mit der Frage konfrontiert, welche Strafe sie bei einem ihnen vorgelegten Fall eines Ladendiebstahls für angemessen halten. Zuvor mussten sie würfeln. Die Würfel waren gezinkt und produzierten entweder eine 3 oder eine 9. Die Richter, die eine 9 gewürfelt hatten, kamen im Schnitt zu einer Verurteilung von acht Monaten Freiheitsstrafe. Nach dem Würfeln einer 3 entschieden sich die Richter im Schnitt zu einer Freiheitsstrafe von fünf Monaten.[73] Soweit ähnliche Experimente auf durch die Staatsanwaltschaft vorgegebene Zahlen aufbauen, dürfte die »unbewusste« richterliche Bezugnahme hierauf bei der Strafzumessung sowohl dem Ankereffekt zuzuschreiben sein wie auch anderen mentalen Zwangsläufigkeiten, wie dem Hang zur Konformität oder dem Schulterschluss ebenso wie dem Kompromisseffekt.

Für die Höhe zivilrechtlicher Schadensersatzforderungen hat Schweizer[74] den Effekt im Gerichtssaal belegt. 181 Schweizer Richtern wurde ein unveränderter Fall zu einem Unfallgeschehen präsentiert. Ohne konkreten Klageantrag sprachen sie der Geschädigten durchschnittlich ein Schmerzensgeld von 1000.000 Franken zu. Verlangte die Klägerin 3 Millionen, erhielt sie im Durchschnitt 400.000 Franken. Gab es in einer dritten Variante ein Gegenangebot des Beklagten von 10.000 Franken, lag der durchschnittliche Urteilsspruch bei 200.000 Franken.

d) Rückschaufehler

96   *»Eine allgemeine Beschränkung des menschlichen Geistes ist seine mangelhafte Fähigkeit, vergangene Wissenszustände oder Überzeugungen, die sich gewandelt haben, zu rekonstruieren.«*[75]

97   Verzerrungen im intuitiven Entscheidungsprozess werden darüber hinaus durch das Phänomen des **Rückschaufehlers** (Hindsight-Bias) hervorgerufen. Die Einschätzung des Entscheiders von der Vorhersehbarkeit bestimmter Ereignisse wird signifikant von seiner Rückschausicht beeinflusst. Ohne dass der Entscheider sich selbst der Verschiebung seiner Entscheidungsbasis bewusst ist, verzerrt das Wissen um den tatsächlichen Ausgang eines Geschehens seine Einschätzung von der Vorausschaubarkeit in der früheren Situationsbewertung.[76] Es ist offensichtlich der menschlichen Kognition unmöglich, die tatsächliche Kenntnis des Ausgangs auszublenden. Das Bedürfnis, sich Schlüssiges und Sinnvolles vorzustellen, greift quasi automatisch auch auf den tatsächlichen Ausgang und damit die plausibelste und am besten vorstellbare Möglichkeit zurück.

98   Zahlreiche Untersuchungen haben zu dem Ergebnis geführt, dass Einschätzungen von der Wahrscheinlichkeit des Eintritts eines Ereignisses bei denselben Probanden eklatant von deren Wissensstand abhängt, dass das Ereignis tatsächlich (und sei es nur ausnahmsweise) eingetreten ist. Ebenso deutlich ist die Unfähigkeit, sich an den eigenen Gedankengang zur Einschätzung vor der Kenntnis des fraglichen Ereignisses zu erinnern; sie wird sogar geleugnet.[77]

Letztlich hängt diese Fehlerneigung eng mit dem mentalen Bedürfnis nach linearer Kausalität und Erklärungsmuster zusammen. Eine abgeklärte Analyse müsste zu dem Ergebnis führen, dass angesichts der

---

72 *B. Englich/T. Mussweiler/F. Starck* The Last Word in Court – A Hidden Disadvantage for the Defence, Law and Human Behaviour 2005, 705 ff.

73 *B. Englich/T. Mussweiler/F. Starck* Playing dice with criminal sentences: The influence of irrelevant anchors on experts' judicial decision making, in: Personality and Social Psychology Bulletin 2006, 32 (2), 188–200; ausführlich mit weiteren Beispielen *Traut/Nickolaus* Der Ankereffekt: Schattendasein im Strafprozess, Plädoyer für eine Reform des § 258 StPO, StraFo 2012, 485 ff; *Steinbeck/Lachenmaier* Verhaltensökonomik im Gerichtssaal, NJW 2014, 2086 ff., 2088.

74 *Schweizer* Kognitive Täuschungen vor Gericht, 2005, 212 ff.

75 *Kahneman* Schnelles Denken, langsames Denken 2012, S. 251.

76 *E.M. Harley* Hindsight-Bias in Legal decision making in: Social cognition 2007, 25, 48–63; *Bryant, F.B./Guilbault, R.L.* »I knew it all along«, Basic and applied social Psychology 2003, 24, 27–41.

77 S. z.B. schon *Fischhoff/Beyth* »I knew it would happen: Remembered Probabilities of Once Future Things«, Organizational Behaviour and Human Performance 1975, 13, 1–16; *Blank/Musch/Pohl* Hindsight bias: on being wise after the event, Social Cognition 2007, 25, 1–9.

Masse von Wirkungsfaktoren Entwicklungsergebnisse im persönlichen oder gesellschaftlichen Bereich schlicht zufällig und damit nicht vorhersehbar sind. Die Bankenkrise war ebenso wenig vorhersehbar wie der letzte Fußballweltmeister oder die eigene Scheidung. Die nachträgliche logische Erklärung fasziniert das Hirn allerdings in seinem Kausalbestreben derart, dass es eine Zwangsläufigkeit fühlt, die dann selbstverständlich bei gehörigem Aufwand auch prospektiv hätte aufgedeckt werden können. Kahnemann: *»Die Illusion, wir verstünden die Vergangenheit, fördert die Überschätzung unserer Fähigkeit, die Zukunft vorherzusagen.«*

Die Relevanz dieser Fehlermöglichkeit bei der gerichtlichen Beurteilung von Fahrlässigkeitsdelikten oder Unterlassungsdelikten liegt auf der Hand.[78] Mit dem Wissensstand des eingetretenen Erfolgs wird die a-priori-Sicht in die Überzeugung gelenkt: »Das habe ich schon immer gewusst.« Je gravierender der eingetretene Erfolg, desto stärker ist diese Überzeugung. Dazu orientiert sich die richterliche Rückschau an einem idealisierten Umfeld, in dem der Erfolg der Rechtsgutsverletzung nicht denkbar ist, folgerichtig daher bei dennoch erfolgtem Eintritt jemand etwas falsch gemacht haben musste.[79] Nachträglich erstellte Prognosen unterliegen regelmäßig einem schleichenden Determinismus. Der Weg zum individuellen Schuldvorwurf gegenüber Verantwortlichen, diese hätte fehlerhafterweise die Warnzeichen übersehen und nicht gegengesteuert, ist nicht weit.   **99**

Dass dieser Einfluss auf Richterbänken nicht Halt macht, ist experimentell belegt.[80] So wurde Richtern ein Fall eines Gerichtsverfahrens einschließlich einer bereits getroffenen Berufungsentscheidung vorgelegt. Die Richter sollten unter Ausblendung dieser Entscheidung in einer Prognose den möglichen Ausgang des Berufungsverfahrens beschreiben. Dabei gab es zwei Vergleichsgruppen mit unterschiedlichen Informationen über den angeblich tatsächlichen Ausgang des Berufungsverfahrens. Hatte das Berufungsgericht in der ersten Gruppe exakt wie das erstinstanzliche Gericht entschieden, prognostizierten 81,5 % einen solchen Ausgang. War in der zweiten Gruppe den Teilnehmern eine erfolgreiche Berufung geschildert worden, schätzten nur noch 27,8 % der richterlichen Probanden den Erfolg einer Berufung als wahrscheinlich ein.   **100**

▶ **Beispiel:**

Eine harmlose Schnittverletzung hat zum Tod des Opfers geführt, weil seine Blutgerinnung gestört war (sog. Hämophilie). Aufgrund der Kenntnis dieses Ausgangs wird der Richter stets zu der Überzeugung neigen, dass die Bluterkrankheit und die damit verbundene Gefährlichkeit der Situation – zumindest noch vor Eintritt des Todes, §§ 13, 222 StGB – für einen objektiven Dritten und den angeklagten Täter auch erkennbar waren. Horn formuliert es noch deutlicher: »Ist eine Verletzung eingetreten, so wird der »objektive Beobachter« derart präpariert, daß immer ein Gefahrurteil herausspringt. Der Einsicht, daß eine Verletzung wahrscheinlich oder möglich sei, wird sich angesichts eines Sachverhalts, der sich unmittelbar vor Verletzungseintritt verwirklicht, ein »objektive Beobachter« selbst dann nicht verschließen können, wenn man ihn zu einem »exquisit dummen« Homunculus herabwürdigt.«[81]   **101**

Die Entdeckung des Problems ist auch im Strafprozess nicht neu. Schon Binding formulierte 1919: »Dem Gerichte steht nach gelungenem Beweise der Verlauf der Handlung vollständig klar vor Augen.... Diese leicht erlangte Klarheit durch Metagnose wird allzu gerne in eine leicht zu erlangende Prognose des Angeklagten verwandelt. Es ist dies einer der allerverhängnisvollsten richterli-   **102**

---

78 S. zum amerikanischen Jury-System: *Starr/McCormic* Jury Selection, § 8.03, 4. Aufl. 2009.

79 *Duttke* Wider die Palmströmsche Logik: Die Fahrlässigkeit im Lichte des Bestimmtheitsgebots, JZ 2014, 261 ff.

80 *Guthrie/Rachlinski/Wistrich* Inside the Judicial Mind, Cornell Law Faculty Publications, 2001 vol. 86 No 4, 799 ff.

81 *Horn* Konkrete Gefährdungsdelikte 1973, S. 54 f.; vgl. insoweit zum materiellen Recht *Börgers* Studien zum Gefahrurteil im Strafrecht – Ein Abschied vom objektiven Dritten 2008, S. 63 ff.

chen Irrtümer und seine völlige Vermeidung fällt schwer: Es liegt so nahe, das hinterher leicht Begriffene in ein vorher leicht Begreifliches umzudeuten.«[82]

103   Juristen haben zwar als abstraktes Denkmodell die ex-ante-Sicht und die ex-post-Sicht ausgemacht, lebensnah füllen können sie letztendlich diese Kategorien nicht. Die Feststellung ist mit der für Strafverteidigung niederschmetternden Erkenntnis verbunden, dass dieses zwangsläufige mentale Phänomen auch nicht durch ausgeprägte Selbstkritik auszublenden ist. Hilfe verspricht allenfalls die ex-ante-Bewertung von Personen, die die tatsächlich eingetretenen Folgen nicht kennen.

e) Hofeffekt

104   Die individuelle Einschätzung von Menschen steht im Zentrum richterlicher Bewertung. Von der Glaubwürdigkeit eines Zeugen über subjektive Tatumstände bis hin zur Prognose zukünftigen Sozialverhaltens eines Angeklagten hat das Strafgericht menschliche Charaktere differenziert zu bewerten. Gelernt hat ein Richter dies nicht. Die Gefahr von Verzerrungen bei dieser Analyse ist hoch.

105   Die Einschätzung eines Zeugen als glaubwürdig lässt sich nach dem aktuellen Forschungsstand der Aussagepsychologie mit rationalen Überlegungen begründen. Das maßgebliche Kriterium, dem Zeugen zu glauben oder ihm zu misstrauen, wird regelmäßig bei dem Richter außerhalb derartiger rationaler Operationen liegen. Ursache hierfür ist u.a. die menschliche Neigung, positive oder negative Charaktereigenschaften in einen Menschen hineinzulesen, für die es keine eigene Erfahrungsgrundlage gibt. Die eigene Überzeugung vom Vorliegen einer solchen unbegründbaren Eigenschaft einer Person wird von anderen Eigenschaften dieser Person abhängig gemacht; diese Bezugsgröße beruht zwar auf eigenen Wahrnehmungen, beide Eigenschaften sind aber faktisch voneinander unabhängig und korrelieren nicht oder nur mäßig. Die fehlerhafte Wahrnehmung unterschiedlicher menschlicher Eigenschaften als zusammenhängend beschreibt die Psychologie als Hofeffekt (*Halo effect*).

106   Auch wenn Details derartiger menschlicher Tendenzen noch weitgehend unerforscht sind, geht die Psychologie davon aus, dass gerade die Bewertung von Personen hinsichtlich bestimmter Eigenschaften letztlich ohne jeden eigenen Erkenntnisgrad von anderweitig erkannten Attributen abhängig gemacht wird. Dem grundsätzlich positiv eingeschätzten Politiker werden nicht nur seine Ansichten als richtig abgenommen, seine Stimme ist sympathisch, sein Aussehen attraktiv. Einem als hässlich empfundenen Sportler wird keine herausragende Leistung zugetraut. Die angebliche Liebe des als unmenschlichen Diktator ausgemachten Adolf Hitler zu Hunden wird diesem nicht zugebilligt.

107   Die für die Leichtigkeit des Denkens notwendige Kohärenz wird gewahrt, wenn alle Eigenschaften einer Person auf der Basis eines erkannten bedeutsamen Attributs zur Deckung gebracht werden. Die Wirkung dieser Ausstrahlung einer Einschätzung wird überlagert von dem Phänomen, dass es die primären Eindrücke sind, die den Maßstab der Kohärenz legen und den weiteren Strahleffekt bestimmen.

108   Schon vor hundert Jahren erkannten Psychologen, dass ohne jede sachliche Berechtigung militärische Ausbilder Intelligenz, Physis oder Führungsverhalten ihrer Untergebenden positiv beurteilten, wenn sie bereits Anhaltspunkte für anderweitige positive Eigenschaften gefunden hatten. Umgekehrt wurden Personen vollständig negativ beurteilt, obwohl negative Erkenntnisse lediglich hinsichtlich fragmentarischer Sachverhalte vorlagen. Bei einer identischen Personenbeschreibung (»intelligent, fachkundig, fleißig, entschlossen, praktisch«) wurde zum einen das zusätzliche Merkmal »warm«, zum anderen das Merkmal »kalt« mit der Fragestellung an Probanden hinzugefügt, ob man diese Person als großzügig oder geizig, glücklich oder unglücklich, reizbar oder freundlich bewertet. Signifikant gab es hinsichtlich dieser Eigenschaften jeweils überwältigende positive Einschätzungen, wenn die beschriebene Person als »warm« vorgegeben wurde. Die schlichte negativ empfundene Eigenschaft »kalt« strahlte demgegenüber auf die Beurteilung weiterer völlig unabhängiger Persönlichkeitseigenschaften ebenfalls negativ aus.

---

82 *Binding* Die Normen und ihre Übertretung, Bd. IV, 1919, S. 646 f. (der Hinweis findet sich bei Duttke JZ 2014, 267).

Der Hofeffekt führt zu gefühlten Bewertungen, die keine ernsthafte Erlebnisgrundlage besitzen.[83] Intensiv untersucht wurde in den USA der Schönheits-Hofeffekt mit dem Ergebnis, dass in zahlreichen Untersuchungen aus der physischen Attraktivität einer Person häufig auch positive Einschätzungen des Charakters und der Kompetenzen abgeleitet wurden.[84] Amerikanische Jury-Untersuchungen belegten, dass attraktivere Angeklagte letztlich zu geringeren Strafen verurteilt wurden.[85] Dies ist eine Tendenz, die aber bislang in europäischen Untersuchungen keine Bestätigung fand.[86] Das lässt sich unter Umständen allerdings auch darauf zurückführen, dass situationsbedingt physische Attraktivität Neidgefühle oder andere Ressentiments hervorrufen und dadurch den Halo-Effekt in eine völlig andere Richtung lenken.

Gemeinsam scheint der Erscheinungsform zu sein, dass diese Wirkung dem Betrachter selbst regelmäßig nicht bewusst ist.[87] Gerade bei der Bewertung der Zuverlässigkeit einer Zeugenaussage und der **Verlässlichkeit des Zeugen** selbst wird sich dieser Effekt bemerkbar machen. Der Zeitraum der Wahrnehmung von persönlichen Eigenschaften im Rahmen einer Zeugenvernehmung ist derart kurz, dass ein Richter regelmäßig auf andere als sicher erkannte Kriterien des beobachteten Zeugen zurückgreifen wird, um hieraus unbewusst einen positiven oder negativen Eindruck auf die Glaubwürdigkeit der Person ausstrahlen zu lassen. **109**

In derselben Form muss der Hofeffekt im Rahmen der **Strafzumessung** wirken. Der Richter ist gezwungen, sich bei der Zumessung der konkreten Strafe nach Kriterien wie dem Vorleben, der Motivation und den persönlichen Verhältnissen des zu Verurteilenden zu richten. Gerade in amtsgerichtlichen Entscheidungen werden Erkenntnisse hierzu eher rudimentär sein. Es wird daher der zu anderen Erscheinungen gewonnene Eindruck des Richters von der Person des Angeklagten sein, die auf die Bewertung dieser Strafzumessungsfaktoren ausstrahlen wird. **110**

Dass auch in der Frage der Schuld derartige Strahlwirkungen entscheidend sein können, belegen amerikanische Untersuchungen.

War vom Gericht ein erster positiver Eindruck eines Angeklagten gewonnen worden und damit die Idee eines prinzipiell »anständigen« Menschen verankert, fällt es dem Gericht leichter, Geschehensursachen eher externen Faktoren als dem Fehlverhalten des Angeklagten zuzuordnen. So wurde dem als freundlich empfundenen Fahrer eher zu Gute gehalten, dass ein Autounfall auf schlecht beleuchtete Straßen oder ein Fehlverhalten des Unfallgegners zurückzuführen war als bei dem als unangenehm skeptisch beurteilten Angeklagten, dem man eher interne Faktoren wie eine mangelhafte Aufmerksamkeit als Unfallursache zurechnen lassen wollte.[88] **111**

f) Kontrast- und Kompromisseffekt

Als eine der wichtigsten Ursachen einer kognitiven Verzerrung gilt der sogenannte Kontrast-Effekt. Er führt zu einer intensiveren bzw. schwächeren Wahrnehmung einer Information in einem Entscheidungsprozess – abhängig davon, in welchem Zusammenhang diese Information präsentiert wird. **112**

Optische Tests machen dies besonders anschaulich: Zwei in ihrer Größe einzuschätzenden Kreise werden als unterschiedlich groß empfunden, je nachdem ob diese jeweils von größeren oder sehr viel kleineren Kreisen eingeschlossen sind (sogenannte »Ebbinghaus-Illusion«). Ähnlich erscheint der Kognition ein Objekt schwerer, wenn es unmittelbar mit einem leichten Objekt verglichen werden kann. Es wird als leichter eingeschätzt, wenn es in unmittelbarem Zusammenhang mit einem schwereren Objekt kontrastiert. Insgesamt wird auch in der Bewertung sozialer Vorgänge eine Bewertung regelmäßig davon abhängen, in welchem unmittelbaren Kontext der Sachverhalt dargestellt wird: Ein wenig moralisches Verhalten wird eher aufgewertet, wenn es in unmittelbarem Zusammenhang mit verabscheuungswürdigem **113**

---

83 Phil *Rosenzweig,* Der Halo-Effekt 2008.
84 S. z.B. *Feingold* Good-looking people are not what we think, Psychological Bulletin 1992, 304–341.
85 *Leventhal/Krate* Physical attractiveness and severity of sentencing, Psychological Reports 1997, 315–318.
86 *Schweizer,* Kognitive Täuschungen vor Gericht 2005, S. 234 ff., insbesondere 240 f.
87 *Schmitt,* Schönheit und Talent: Untersuchungen zum Verschwinden des Halo-Effekts, Zeitschrift für experimentelle und angewandte Psychologie 1992, 475 – 492, insbesondere 479.
88 S. zur Darstellung der Untersuchungen *Schweizer,* S. 234 f.

Verhalten präsentiert wird. Eigenschaften von Personen und menschlich gesteuerte Vorgänge stellen ein mentales Konstrukt dar, das sich an unmittelbar verfügbaren Vergleichsobjekten orientiert.[89]

Ein Entscheidungsverhalten bei der Erkennbarkeit von mehreren Alternativen hängt maßgeblich von der Wahrnehmung der Qualität dieser Alternativen ab. Werden alle Alternativen als eindeutig minderwertig und daher nicht akzeptabel bewertet, wird der Anziehungseffekt – völlig unabhängig von einer abstrakten Bewertung – auf die einzig verbliebene Alternative gelenkt.

114 Liegen mehrere Alternativen vor, die nicht als völlig inakzeptabel erscheinen, wird die Auswahl von dem sogenannten **Kompromisseffekt** dominiert. Der in der Mitte zwischen unterschiedlichen Alternativen angesiedelte Kompromiss erscheint regelmäßig dem Entscheider als die sichere Wahl, da gleichzeitig das Szenario des maximal denkbaren Fehlers weitgehend reduziert ist. Die Tendenz, diesem Kompromisseffekt zu folgen, ist da besonders groß, wo der Entscheider seine Wahl gegenüber Dritten zu rechtfertigen hat.[90]

115 Dass dieser Kontexteffekt auch bei juristischen Entscheidungen eine Bedeutung hat, ist von amerikanischen Psychologen mehrfach untersucht worden. Im Ergebnis sind Entscheidungen für einen Angeklagten allein deswegen ungünstiger ausgefallen, weil das Gericht mehrere Möglichkeiten einer differenzierten Verurteilung zur Auswahl hatte und – dem Kompromisseffekt folgend – dominierend zu mittleren Varianten tendierte.

116 Bestand beispielsweise die Auswahl eines Gerichts lediglich in der Alternative, einen des Mordes Angeklagten entweder freizusprechen oder wegen Mordes zum Tode zu verurteilen, waren Freispruchentscheidungen sehr viel häufiger als in Vergleichskonstellationen, in denen Gerichte die Chance auf eine Verurteilung zu einem geringerem Delikt hatten.[91]

In anderen Untersuchungen tendierten Entscheider regelmäßig zu einer Deliktsverurteilung, wenn Ihnen zusätzlich zu Freispruch und Verurteilung eines einfachen Delikts die Möglichkeit eines qualifizierten Delikts präsentiert wurde.[92]

117 In einem Experiment für das Schweizer Rechtswesen demonstrierte Schweizer[93] die Erkenntnisse der allgemeinen Psychologie, wonach das schlichte Hinzufügen einer extremen Option (in seinem Beispiel die Möglichkeit einer lebenslangen Verwahrung des Verurteilten) die richterliche Auswahl einer mittleren Option in einem Auswahlset steigerte. Entscheidend waren nicht von Juristen als sauber angesehene Subsumtionen der jeweiligen gesetzlichen Voraussetzungen einer Maßnahme, sondern ein – das Risiko der Fehlentscheidung internalisierende – Intuition zu einem Kompromiss.

118 Für das deutsche Strafrecht dürfte dies ebenfalls belegbar sein. So hat beispielsweise die Einführung der Option des §§ 153, 153a StPO die Zahl der Freisprüche entscheidend reduziert. Selbst wenn durchschlagende Zweifel an der Tatbegehung bei Gericht konsequenterweise zu einem Freispruch führen müssten, drängt der Kompromisseffekt zur weniger radikalen Variante der Einstellung.

g) Selbstüberschätzung und Kontrollillusion

119 In engem Zusammenhang mit der eigenen Kompetenzüberschätzung beruhen Kognitionsfehler auf dem eigenen Gefühl des Handelnden, »alles im Griff« zu haben. Die Wissenschaft untersucht dieses Phänomen unter dem Begriff der »Kontrollillusion«. Ausgangspunkt ist die feste Überzeugung des

---

89 S. hierzu z. B. *Bless/Schwarz* Mental Construal and the Emergence of Assimilation and Contrast Effects: the Inclusion/Exclusion Model, in: Advances in Experimental Social Scientology 2010, 42, 319–373; *Tversky/Simonson* Context-Dependent References, Management Science 1993, 117–185.

90 *Simonson/Tversky* Choice in Context: Tradeoff Contrast und Extremness Aversion, Journal of Marketing Research 1992, 281–295.

91 *Vidmar* Effects of Decision Alternatives on the Verdicts and Social Perception of Simulated Jurors, Journal of Personality and Social Psychology 1972, 211–218.

92 *Kelman/Rottenstreich/Tversky* Context-dependence in legal Decision making, Journal of Legal Studies 1996, 287–318.

93 *Schweizer* Kognitive Täuschung vor Gericht, Rn. 773 ff.

Handelnden, objektiv nicht beeinflussbare Vorgänge letztendlich selbst steuern zu können. Grundlegende Studien in den siebziger Jahren zeigten, dass allgemein Menschen offensichtlich so handeln, als wenn Zufallsereignisse durch sie manipulierbar wären. Begleitet wird diese Einstellung von einer dominierenden Tendenz der Selbstüberschätzung der eigenen Fähigkeiten.[94]

Die Einschätzung der Chancen beim Lottogewinn wird so beispielsweise regelmäßig dann höher einge-   **120** schätzt, wenn Menschen Zahlen bewusst und überlegt ausgewählt haben. Selbst den zufälligen Wurf von Würfeln meinen Spieler regelmäßig durch die Intensität des Würfelns beeinflussen zu können: So soll der sanfte Wurf für niedrige Zahlen sorgen.[95]

Evolutionsgeschichtlich wird diesem subjektiven Gefühl der Kontrollüberzeugung ein bedeutender motorischer Wert für menschliche Handlungsimpulse beigemessen. Illusionen in einer ansonsten unkontrollierbaren und unsicheren Umgebung fördern Bereitschaft und Motivation, entsprechend eigener Erkenntnisse zu handeln. Der Preis, der hierfür gezahlt wird, ist zum einen die Verhinderung von Lernprozessen und zum anderen eine objektiv nicht gerechtfertigte Erhöhung der persönlichen Risikobereitschaft. Wer meint, Kontrolle zu haben, geht damit im Ergebnis ein größeres Risiko einer Fehlentscheidung ein. Die Tendenz verstärkt sich, fundiert die Sicherheit auf metaphysischer Basis. Die Überzeugung von der Unterstützung der eigenen Sicherheit z.B. durch göttlichen Beistand lässt die menschliche Risikobereitschaft einmal mehr ansteigen. Dass ritualisierter Sicherheitsgewinn durch den puren Glauben an die Qualität des rechtsstaatlichen Verfahrens ähnliche Konsequenzen haben könnte, liegt nahe.

Kompetenzgefühle mit den z.T. verheerenden Irrtumsfolgen einer Selbstüberschätzung lassen sich unschwer suggerieren. Leicht zu beantwortende Fragen eines Wissensgebiets machen den erfolgreichen Beantworter zum Experten, der sich selbst die schwierigsten Lösungen zutraut. Das Gefühl der eigenen Fachüberlegenheit ging in Experimenten sogar so weit, dass die Probanden mit voller Überzeugungskraft ihnen vorgegebene Fachbegriffe ihres Themenbereichs »erklärten«, die die Versuchsleiter zuvor frei erfunden hatten.[96] Unsinniges Tun wird offensichtlich umso weniger vom Agierenden entdeckt, wenn er sich auf einem Terrain bewegt, das er überdurchschnittlich zu beherrschen meint.

Anfällig für derartige Mechanismen sind insbesondere Personen, von denen Kompetenz und Kon-   **121** trolle in bestimmten Teilbereichen erwartet wird. Dem Richter wird allgemein zugetraut, dass er mithilfe – imaginärer – juristischer Vorgaben und seiner – niemals unter Beweis gestellten – besonders kritischen Fähigkeiten ein »richtiges« Ergebnis nach der gerichtlichen Beweisaufnahme produzieren kann. Obwohl beispielsweise die schlichte visuelle Einschätzung der Glaubhaftigkeit von Zeugenaussagen sich in der Nähe des absoluten Zufalls bewegt, sind Richter angesichts der ihnen zugedachten Aufgabe einerseits und der Abstinenz jeglicher inhaltlicher Überprüfung ihrer Entscheidungen andererseits prädestiniert, durch Kontrollillusionen induzierten Fehlvorstellungen zu folgen. Warnsignale werden missachtet, unerwartete Verläufe bei der eigenen Strukturierung einer Beweisaufnahme in der Wahrnehmung minimiert. Die Risikobereitschaft für ein Fehlurteil steigt. Das eigene, in den vergangenen Jahren und Jahrzehnten als erfolgreich empfundene Vorgehen bei der Wahrheitsfindung unterstützt die Illusion, in der eigenen Handhabung des gerichtlichen Verfahrens den zutreffenden und sicheren Weg zur Wahrheitsfindung beschritten zu haben. Besondere Anstrengungen in Form von »juristischer Akribie« verstärken letztlich das Bewusstsein, die – regelmäßig auf völlig anderen Wegen erlangte – Überzeugung in Form der Wahrheit gebildet zu haben. Eine Fehlerminimierung kann hier allenfalls das eigene Bewusstsein der möglichen Illusion und die verstärkte Bereitschaft zu Lernprozessen und zum Überdenken der eigenen Konzeption bringen.[97]

---

94 S. hierzu die Meta-Studien von *Zell/Krizan* Do people have insight into their abilities? A metasynthesis. Perspectives on Psychological Science, 9, 111–125, 2014.

95 S. hierzu die grundlegende Studie *Langer*, The Illusion of Control, Journal of Personality and Social Psychology, Vol. 32, Iss. 2, 311–328.

96 *Atir/Rosenzweig/Dunning* When Knowledge Knows No Bounds – Self-Perceived Expertise Predicts Claims of Impossible Knowledge, Psychological Science 7/2015.

97 S. hierzu auch die populärwissenschaftlichen Bücher von *Makridakis/Hogarth/Gaba* Tanz mit dem Glück – wie wir den Zufall für uns nutzen können 2010; *Taleb* Der schwarze Schwan – Die Macht höchst unwahrscheinlicher Ereignisse 2008; *Hand* Die Macht des Unwahrscheinlichen (engl.: The Improbability Principle. Why Concidences, Miracles, and Rare Events Happen Every Day), 2015.

122 Das Phänomen ist psychologisch weit erforscht und als **Kruger-Dunning-Effekt** bekannt.[98] Die beiden Forscher unterzogen zahlreiche Versuchspersonen einem Kompetenztest und kamen auf unterschiedlichsten Fachbereichen zum selben Ergebnis: Die Selbsteinschätzung der Teilnehmer deckte sich fast nie mit den Testergebnissen. Noch weitergehend: Die Teilnehmer mit den schlechtesten Ergebnissen überschätzten sich in besonderer Weise, die Kompetentesten hatten die größten Selbstzweifel. Dem Effekt unterfallen zumeist diejenigen, die sich einen Ansatz von Kompetenz angeeignet haben; während blutige Berufsanfänger sich ihren Aufgaben regelmäßig mit Demut nähern, reichen wenige Jahre der Erfahrung zur Ausprägung einer Selbstüberschätzung, die zu den übelsten Folgen führen.[99]

Dieses Phänomen wird in zweierlei Richtungen erklärt: Zum einen neigen Menschen aufgrund ihrer fehlenden Qualifiziertheit zu falschen Schlussfolgerungen und unvorteilhaften Entscheidungen. Darüber hinaus führt dieses Defizit gleichzeitig zur Reduktion metakognitiver Fähigkeiten, die sie bräuchten, um sich ihrer Ignoranz bewusst zu werden. Paradoxerweise könnte ihnen nur eine Verbesserung ihrer Kompetenz zu der metakognitiven Einsicht verhelfen, die notwendig ist, ihnen bewusst zu machen, wo die Ursache der Fehlerhaftigkeit ihrer Entscheidungen liegt. Im Kern stellen die Forscher fest, dass in verschiedensten Handlungsbereichen ein- und dieselbe Fähigkeit notwendig ist, um zum einen kompetent zu agieren und zum anderen um Kompetenz – sowohl die eigene als auch die von anderen –zu erkennen und zu bewerten. Deshalb kann in der Sprache der kognitiven Psychologie gesagt werden, dass »inkompetenten« Individuen die Kompetenz der »Metakognition« (»metamemory -«; »metacomprehension -« bzw. »self-monitoring skills«) nicht zur Verfügung steht.

Das hat wenig mit Allgemeinbildung oder überkommener Vorstellung von Intelligenz zu tun. Auch der »Einserjurist« in Richterrobe kann »inkompetent« sein. Inkompetente sind weniger als kompetente Zeitgenossen in der Lage, aufgrund sozialer Vergleiche auf das tatsächliche eigene Leistungsniveau und das Niveau der eigenen Performance zu schließen. Richtern fehlt hier schlicht der Maßstab, um durch Erfahrung des »richtig« oder »falsch« ihrer Entscheidungen Kompetenz zu erwerben.

Derart Inkompetente können durchaus Einsicht in ihre Begrenztheiten bekommen. Doch paradoxerweise gelingt das dadurch, dass ihnen per Kompetenz-Steigerung zunächst die metakognitiven Fähigkeiten vermittelt werden, die deutlich machen, welch schlechte Handlungsergebnisse – bei Richtern in Form von Fehlentscheidungen – sie erzielen. Erst nach einer Kompetenzsteigerung sind sie in der Lage zu verstehen, was Thomas Jefferson gemeint hatte, als er sagte: »*... der weiß am besten Bescheid, der weiß, wie wenig er weiß ...*« Einen Mechanismus für diesen Kompetenzerwerb des Richters sieht der Strafprozess nicht vor.

h) Plausibilität

123 Die emotional gesteuerte Entscheidungsfindung gerade im Strafprozess wird von einem weiteren psychologischen Phänomen dominiert: Ob etwas richtig oder falsch ist, ob ein Sachverhalt die »Wahrheit« darstellt, hängt für den Entscheider zumeist davon ab, ob ihm die Rekonstruktion eines Hergangs plausibel erscheint. Die richterliche Kognition drängt danach, schlüssige Geschichten zu akzeptieren.[100] **Plausibilität** ist allerdings ein **pseudo-rationales Kriterium**. Zwar wird beim Entscheider letztlich eine kohärente Kausalkette bestehend aus auslösenden Ereignissen sowie Zielen und Handlungen aller Beteiligten gesucht. Die Einschätzung der Kohärenz wird allerdings weitgehend unbewusst durch eigene Bewertungen und Erfahrungen vorgenommen.[101] Gerade bei professionellen Richtern basiert sie weitgehend auf Parallelbewertungen ähnlicher Fälle oder als ähnlich erkannten Strukturen des eigenen Erfahrungsschatzes.

---

98 *Kruger/Dunning*, Unskilled and unaware of it. How difficulties in recognizing one's own incompetence lead to inflated self-assessments. In: Journal of Personality and Social Psychology. 77, Nr. 6, 1999, S. 1121–1134.

99 *Sanchez/Dunning* Overconfidence among beginners: Is a little learning a dangerous thing? Journal of Personality and Social Psychology, 114 (1), 10–28, 2018.

100 S. hierzu die amerikanischen Untersuchungen zum »Story telling model«: *Tenngton/Haistie* The story telling model for juror decision making 1993; *Waye* Judicial fact-finding: Trial by judge alone, in serious criminal cases, in: Melbourne University Law Review 2003, 27, 423–457.

101 *Löschper* Bausteine für eine psychologische Theorie richterlichen Urteilens 1999, insb. S. 344 ff.

Maßstab für die Plausibilität sind damit nur beschränkt überprüfbare emotionale Entscheidungsstrukturen. Nicht objektivierende Vermittelbarkeit von Strukturen entscheiden über Schlüssigkeiten, sondern dem Zuhörer wie dem Anwender unzugängliche Hirnareale des Entscheiders, die in ihrem intuitiven Streben nach Mustern und Konsistenz stimmige Geschichten konstruieren, wo der distanzierte Blick nur ungeordnetes Chaos ausmachen kann. **124**

Der Hang, der plausibelsten Geschichte zu folgen, kollidiert eklatant mit der Struktur des deutschen Strafprozesses. Im Gegensatz zum angelsächsischen System hat der Richter nicht zwischen verschiedenen vorgetragenen Sachverhaltsvarianten zwingend zu wählen. Schweigt der Angeklagte, steht allein die aufgrund der Eröffnungsentscheidung dem Richter ohnehin plausibel erscheinende Darstellung der Anklageschrift zur Verfügung. Die richterliche Aufgabe in dieser Situation, lediglich die Zweifelhaftigkeit des von der Staatsanwaltschaft behaupteten Sachverhalts zu untersuchen, kollidiert mit der kognitiven Neigung, die einzig erkennbare und damit schlüssige Variante eines Geschehens auch als die Wahrheit zu akzeptieren. **125**

i) Kausalitätsbedürfnis

Richter werden im Besonderen Opfer der »**Kausalitätsfalle**«. Handlungen erfahren Menschen als Ursache dessen, was sich danach entwickelt. Ursache-Wirkungsbeziehungen sind der Motor, mit dem es gelingt, Zusammenhänge entweder zu beeinflussen oder zu erklären. Dass nichts ohne Grund geschieht, findet sich als tragendes Denkprinzip bereits bei Aristoteles. Die Suche nach der Ursache ist ein derart verankertes Denkprinzip, dass Menschen sich angesichts eines Geschehnisses erst zufrieden geben, wenn eine Ursache genannt wird. **126**

Beweise für die Existenz Gottes fußen häufig auf dem unwiderstehlichen menschlichen Bedürfnis, sich für die wahrgenommenen Erscheinungen einen Schöpfer zu denken. Eine Geschichte wird einleuchtend, wenn eine Ursache ausgemacht ist. Spielt ein Mensch in der Kausalkette eine Rolle, muss eine Planung dahinterstecken. Auch ziemlich fadenscheinige Begründungen erfüllen diesen Zweck. Ein Manipulateur braucht diesen mächtigen Drang der Kausalitätserwartung nur zu befriedigen. Die staatsanwaltschaftliche Geschichte der Anklage tut dies. Die Kausalitätserwartung wird zur Kausalitätsfalle. **127**

Fehlt die Alternative zur Kausalitätserklärung, gelingt es dem Entscheider häufig nicht, mit ausreichender Skepsis vorläufigen Ergebnissen entgegen zu treten. Für das Ermittlungsverfahren ist belegt, dass der Verlust dieser Form der Kontrollüberlegung bei einem nur beschränkt validen Beweisergebnis den Druck erhöht, weitere eindimensionale Ermittlungen ausschließlich in Richtung der Bestätigung des bisherigen Ergebnisses vorzunehmen.[102] Die Überlegung, dass mangels anderweitiger ersichtlicher Täterschaft der bisherige Verdächtige auch der Täter sein müsse, ist nicht auf Polizisten beschränkt, sondern dominiert auch richterliche Denkweisen.

Irrtümer der besonderen Art produziert das Kausalitätsbedürfnis im Zusammenhang mit Musterillusionen: Korrelationen zwischen zwei Größen wird gerne ein Kausalzusammenhang unterschoben, um sich schlüssiger Erklärungen zu versichern. **128**

Es gibt über viele Jahre Statistiken, die eine absolute Parallelentwicklung z.B. im Pro-Kopf-Konsum von Margarine einerseits und örtlichen Scheidungsraten andererseits dokumentieren.[103] Gegen intuitive kausale Verknüpfungen ist das auf Erklärungen fixierte menschliche Gehirn nicht gefeit; Folge sind die ohne Nachweis von Ursache-Wirkung konstruierbaren Verschwörungstheorien. Mit gleichem Ansatz könnte man erhöhten Speiseeiskonsum mit einem Sonnenbrand auf der Haut erklären, weil die relevante Sta- **129**

---

102 *Ask/Granhag* Motivational sources of confirmation bias in criminal investigations, in: Journal of Investigative Psychology and Offender Profiling 2, 2005, 43 ff.; *Rassin/Eerland/Kuijpers* Let's find evidence: an analogue study of confirmation bias in criminal investigations, in: Journal of Investigative Psychology and Offender Profiling 2010, S. 231 ff.; *Schulz-Hardt/Köhnken* Wie ein Verdacht sich selbst bestätigen kann: Konfirmatorisches Hypothesentesten als Ursache von Falschbeschuldigungen wegen sexuellen Kindesmissbrauchs, in: Praxis der Rechtspsychologie 10, 2000, 61 ff.; *Schemm/Dreger/Köhnken* Suggestion und konfirmatorisches Testen sozialer Hypothesen in Befragungssituationen, Zeitschrift für Forensische Psychiatrie, Psychologie, Kriminologie, 1, 2008, 20 ff.
103 Zu weiteren kuriosen Beispielen s. http://www.tylervigen.com/spurious-correlations.

tistik eine unübersehbare Korrelation zwischen beiden Phänomenen belegt; übersehen wird, dass beide Ereignisse von einem dritten allein maßgeblichen Faktor – dem Sonnenschein – abhängen. Derselbe Effekt kann in Urteilsgründen auftauchen, wenn die bescheidene Erfahrung der Strafkammer (*»aus jahrelanger Kenntnis auf dem BtM-Sektor ist dem Gericht geläufig, dass…«*) aus parallelen Phänomenen den zwingenden Rückschluss auf eine allenfalls gefühlte Kausalität ermöglicht.

130   Der Drang zur Kausalitätserklärung ist eng gekoppelt mit Negativerlebnissen. Funktioniert das Leben takt- und plangemäß, drängen sich Kausalitätsfragen nicht auf. Demgegenüber erheben sich mentale Zwangsgewalten, wenn es darum geht, einen Sündenbock für einen Unfall, eine persönliche Katastrophe oder ein verlorenes Fußballspiel zu suchen. Auch bei minimalen Anhaltspunkten ist das Gehirn bereit, böse menschliche Absicht als Ursache eines negativen Erlebnisses auszumachen. Verschwörungstheorien kursieren dort, wo Erklärungen für das Schlechte in der Welt gesucht werden.

131   In einer klassischen Studie[104] wurde Probanden das Ergebnis offeriert, wonach sich die Umwelt nach der Änderung einer Produktionsstrategie eines Unternehmens positiv verändert hatte. Befragt, ob das wohl die Absicht des Unternehmensvorstandes war, verneinten dies die meisten der Befragten. Wenn in einer Alternative eine Schädigung der Umwelt durch den Konzern angeführt wurde, waren die meisten Befragten bereit, dem Vorstand böse Absichten zu unterstellen.

132   Die Umsetzung des tragenden Prozessgrundsatzes »**in dubio pro reo**« gleitet damit noch tiefer in den Bereich des Unkontrollierbaren und rechtlich nicht Fassbaren ab. Der vom dubio-Satz verlangte gedankliche Weg des Richters einer skeptischen Herangehensweise an die Bewertung ihm offerierter Beweismittel kollidiert mit einer fehlenden Wertschätzung des Zweifels, der als positive menschliche Eigenschaft in unserem gesellschaftlichen Leben neben dem Strafverfahren allenfalls noch Anerkennung bei tüftelnden Wissenschaftlern findet. Der nur auf die Zweifelhaftigkeit einer Schlussfolgerung hinweisende Verteidiger muss auch bei aufgeklärten Richtern untergehen, die – verstärkt durch alltägliche Bestätigung zweifelsfreien Agierens – dem unreflektierten Bedürfnis erliegen, sich letztlich eine positive Vorstellung vom Tatgeschehen zu machen.

j) Kognitive Dissonanz und Bestätigungsfehler

133   Ein nicht bewusst steuerbares Phänomen der Kognition besteht darin, Informationen beim Entscheidungsprozess je nach der Reihenfolge der erhaltenen Informationen unterschiedlich zu verarbeiten. Ausgangspunkt dieser Erkenntnis sind psychologische Untersuchungen, die einen konflikthaften Zustand von Menschen entdeckten, die einer Information ausgesetzt sind, die zu früheren Entscheidungsbildungen im Widerspruch steht. Die Theorie der **kognitiven Dissonanz**[105] beschreibt allgemeine Strukturen menschlichen Entscheidens in diesen Situationen. Die Psychologie hat hier einen aversiven Zustand des Entscheiders detektiert, den dieser gerne reduzieren oder beseitigen möchte. Untersucht wurden die menschlichen Strategien, die mit bisherigen Einschätzungen unvereinbaren (dissonanten) Informationen zu verarbeiten. Die meisten Lösungen laufen darauf hinaus, um der Konsistenz der eigenen Struktur willen neue Informationen nur unter der Prämisse wahrzunehmen, diese in das bisherige Bild zu integrieren und – notfalls – diese Informationen schlicht zu ignorieren.

134   Hat sich eine Vorstellung von einem möglichen Geschehen gebildet, werden weitere konsistente Informationen intuitiv vermehrt gesucht, tatsächlich wahrgenommen und in ihrer Bedeutung als gewichtig empfunden. Inkonsistente Informationen werden als störend und anstrengend registriert.

---

104   *Knobe/Cohen* Acting intentionally and the side-effect effect: ‹Theory of mind› and moral judgment. Psychological Science, 17, 421–427, 2006; s. auch die Forschungen von *Buechel/Zhang/Morewedge* Impact bias or understimation? Outcome specifications predict the direction of affective forecasting errors, Journal of Experimental Psychology, General, 146 (5), 746–761, 2017.

105   Begründet 1957 von *Leon Festinger* A theory of cognitive dissonance 1957; *ders.* Theorie der kognitiven Dissonanz 1978; weiterentwickelt von *Irle* Kursus der Sozialpsychologie, Bd. II, 1978, S. 304 ff.

Die mentale Verarbeitungsstrategie reicht von schlichter Ignoranz bis zu grotesken Einschätzungen der Irrelevanz.

Ambivalente Informationen werden als Bestätigung wahrgenommen. So haben Gegner und Befürworter **135** der Todesstrafe dieselbe abgewogene Abhandlung über das strittige Thema gelesen. Am Ende war jede Partei davon überzeugt, dass der Autor jeweils ihre Ansicht teile. Kritische Elemente der Abhandlung hatten ihre Ansicht nicht tangiert.

Der **Konservatismus-Effekt** bezeichnet das Phänomen des Unterschätzens der Wertigkeit widersprechender Informationen. Der **Inertia-Effekt** beschreibt die Trägheit des Entscheiders, sich auf neue, abweichende Informationen einzulassen. Sozialwissenschaftler machen sogar eine generelle menschliche Strategie der **Informationsvermeidung** aus.[106]

Die Konsequenz dieser Kognitionsphänomene ist für das strafprozessuale Zwischenverfahren beleg- **136** bar. Sie ist aktuell der deutlichste Beleg dafür, dass die gesetzliche Struktur des Strafverfahrens aus kognitionspsychologischer Sicht desaströs ist. Mit der Eröffnung des Hauptverfahrens hat das Gericht rechtlich zum Ausdruck gebracht, dass es eine Verurteilung des Angeklagten für wahrscheinlich hält. Diese Entscheidung dominiert die anschließenden Wahrnehmungsprozesse. Die gesetzlich verlangte Schuldhypothese[107] korreliert konsequent mit der Statistik einer minimalen Freispruchquote.[108]

Eine Variante ist der **Primacy Effect**, wonach ein größerer Einfluss der Erstinformation bei sequen- **137** ziellem Auftreten zweier widersprüchlicher Informationen besteht. Dass bereits die schlichte Reihenfolge von Informationen im Strafverfahren einen maßgeblichen Effekt haben kann, hat *Schünemann*[109] in seinen **Mannheimer Experimenten** untersucht. Er gelangt zu dem Ergebnis, dass eine ausgeprägte Schuldhypothese die Verarbeitung nachfolgender Fallinformationen und die Beurteilung des Angeklagten signifikant beeinflusst.

Versuchspersonen waren 37 Berufsrichter. Ihre Aufgabe bestand darin, das Urteil in einem authentischen **138** Straffall zu finden, in dem die Schuldfrage bisher ungeklärt geblieben war. *Schünemann* teilte die Versuchspersonen in zwei Gruppen ein. Gruppe A bekam eine Akte, die vor allem belastendes Material enthielt, Gruppe B hingegen eine Akte mit sowohl be- als auch entlastendem Material. Anschließend erhielten alle Versuchspersonen zusätzlich die schriftlichen Informationen, die während der Hauptverhandlung gesammelt worden waren. So wurde gewährleistet, dass sich die Richter aus beiden Gruppen abschließend auf dem gleichen Informationsniveau befanden. Trotzdem erklärten 82 % der Richter aus Gruppe A, aber nur 47 % der Richter aus Gruppe B den Angeklagten für schuldig.

Vergleichbare Ergebnisse erzielte Bandilla,[110] der zwei Experimentalgruppen einen strittigen Strafrechtsfall präsentierte. Nur eine der Gruppen wurde mit einer Variante des Verlaufs der Hauptverhandlung konfrontiert: Auf Antrag der Verteidigung trat zum Abschluss der Beweisaufnahme ein Entlastungszeuge auf, der die bisherigen Belastungszeugen der Lüge bezichtigte und ein gegen den Angeklagten vermutetes Komplott anführte. Der Effekt dieser Entlastung war das Gegenteil der Verteidigungsidee. Der Überraschungszeuge führte in dieser Gruppe zu einer höheren Verurteilungsquote als in derjenigen Vergleichsgruppe, der der abschließende »Clou« erspart blieb.[111]

---

106 *Golman, Hagmann, Loewenstein* Information Avoidance, Journal of Economic Literature, July 2015.

107 Vgl. *Eschelbach* FS Richter II 2006, S. 113, 114: »gesetzlich verlangtes Vorurteil«.

108 Die Freispruchquote nach einer Hauptverhandlung lag in den letzten Jahrzehnten bei allenfalls 2–3 %, s. *Kinzig/Vester* Der Freispruch, StV 2015, 261 ff; aktuell: www.destatis.de Rechtspflege – Strafverfolgung, Fachserie 10 Reihe 3.

109 *Schünemann* Experimentelle Untersuchungen zur Reform der Hauptverhandlung in Strafsachen, in: Kerner/Kury/Sessar (Hrsg.), Deutsche Forschungen zur Kriminalitätskontrolle, Bd. II, 1983, S. 1117, 1131 ff.

110 *Bandilla* Kontexabhängige Informationsverarbeitung in Bundesdeutschen Strafverfahren, – Ergebnisse zweier experimenteller Studien, 1986; zusammenfassend *Bandilla/Hassemer* Zur Abhängigkeit strafrichterlicher Beweiswürdigung vom Zeitpunkt der Zeugenvernehmung im Hauptverfahren, StV 1989, 551 ff.

111 Ausführlich hierzu schon *Barton* Der Zeitpunkt des Beweisantrages unter Berücksichtigung des Inertia-Effektes, StraFo 1993, 11 ff.

139   Das Experiment belegt die Kernthesen der Lehre von der kognitiven Dissonanz. Hiernach empfinden Menschen nach einer einmal getroffenen Entscheidung hiermit übereinstimmende, d.h. konsonante Informationen als angenehm. Daher suchen sie solche Informationen aktiv. Bei dissonanten Informationen tritt hingegen der gegenteilige Effekt ein. Sie werden als unangenehm empfunden und möglichst vermieden. Zudem werden alle neuen Informationen, die zu der getroffenen Entscheidung in Widerspruch stehen, tendenziell abgewertet, während alle konsonanten Informationen tendenziell überschätzt werden.

140   Was von den Psychologen auf allen gesellschaftlichen Ebenen untersucht wurde, findet im Strafprozess sein »ideales Anwendungsfeld.«[112] Psychologisch interessierten Strafjuristen gilt das Phänomen heute als das gravierendste Fehlurteilsrisiko.[113] Die aktuelle Deutung des gesamten rechtlichen Phänomens des Strafprozesses kann sinnvollerweise unter diesem Blickwinkel erfolgen, insbesondere von dem traditionellen Versuch des Gesetzgebers, Reduktionen dieses seit Langem bekannten menschlichen Effekts beispielsweise durch Kollegialgerichte, Laienbeteiligungen und Stringenz einer unmittelbaren Beweisaufnahme in einer Hauptverhandlung, bis hin zu den kontinuierlichen Versuchen der Gerichtspraxis, stattdessen der eigenen Selbstgewissheit den Vorzug einzuräumen und Verunsicherungen des frühen eigenen Urteilsbildes strukturell entgegenzutreten.

141   Verzerrungen sind auch da die Folge, wo der Entscheider sich bewusst kritisch einem Ergebnis nähern will. Die Methode eines Testens einer hypothetischen Annahme durch die Untersuchung von Argumenten für und wider gerät häufig zu unbewussten Fehlleitungen. Der Mechanismus der kognitiven Dissonanz setzt auch ein, wenn der Ausgangspunkt eines Bewertungsvorgangs nicht als bewusste Fixierung präsent ist und letztlich die Methode des vermeintlich neutralen und ausgeglichenen Tests bestimmt. Vorprägungen in Richtung eines Ergebnisses bestimmen die zu stellenden Fragen ebenso wie die zum Testen ausgewählten Themenbereiche. Hier reichen theoretische Annahmen, um den weiteren Vorgang der Untersuchung eines Sachverhalts im Sinne dieser Annahme zu beeinflussen (**konfirmatorisches Hypothesentesten**).

142   Dies bestätigen zahlreiche Untersuchungen im justiziellen Bereich zur Alternative Schuld oder Unschuld. Ein aus Sicht des Vernehmenden mutmaßlicher Täter wird mit Fragen konfrontiert, die ihm entgegen der vordergründigen Wortwahl geringere Chancen zur Darlegung der Unschuld bieten. Die Qualität der schuldzuweisenden Fragen bleibt dem Fragesteller häufig verborgen. Dass das Ergebnis seiner Untersuchung nicht evidente Folge eines neutralen Prüfungsprozesses, sondern letztlich ein sich selbst bestätigender Verdacht ist, entdeckt er nicht.[114]

143   Mit der **Entscheidungsperseveranz** wird das Phänomen des Festhaltens am einmal bezogenen Standpunkt beschrieben. Ist die (schwere) Entscheidung getroffen, ist die menschliche Neigung unverkennbar, diese zu fixieren. Der Reflex wird schon ausgelöst, wenn die Entscheidungstendenz allenfalls intuitiv verarbeitet wird. Ist die Entscheidung auch nach außen getreten, dominiert die Verteidigungstendenz jeden anderen Impuls (**Commitment Bias**). Bei Rechtfertigungen und nachträglichen Begründungen tritt der Inhalt der Entscheidung hinter der Tatsache des Fixierten zurück. Selbst ein unbemerkter Austausch der Entscheidung kann dazu führen, dass die (neue) Entscheidung vom Entscheider vehement verteidigt und begründet wird, obwohl sie längst nichts mehr mit der ursprünglichen Entscheidungsfindung zu tun hat (**Choice Blindness**).

144   Der Psychologe *Lars Hall* hat Probanden in einem Supermarkt sich für eine von unterschiedlichen Tee- oder Marmeladensorten entscheiden lassen. Unmittelbar nach ihrer Entscheidung sollte nachgetestet und

---

112 Siehe hierzu umfassend *Eschelbach* Dissonanzreduktionen im Strafprozess, GA 2019, 593 ff.

113 *Dunkel* Fehlentscheidungen in der Justiz. Systematische Analyse von Wiederaufnahmeverfahren in Strafverfahren im Hinblick auf Häufigkeit und Risikofaktoren, 2018; *Momsen/Washington* Wahrnehmungsverzerrungen im Strafprozess, Eisenberg-FS 2019, 453 ff.

114 *Hill/Memon/McGeorge* The role of confirmation bias in suspect interviews: A systematic evaluation. Legal and Criminological Psychology, 13(2), 357–371, 2008; die ersten Tests finden sich bei *Snyder/Cantor* Testing hypotheses about other people: The use of historical knowledge. Journal of Experimental Social Psychology, 15(4), 330–342, 1979.

die Entscheidung begründet werden. Unbemerkt vertauschten die Tester die Produkte. Zwei Drittel der Probanden merkten dies nicht und begründeten ihre Vorliebe für die soeben gekostete Apfel-Zimt-Marmelade – obwohl sie tatsächlich Grapefruit-Marmelade verkosteten. Die einmal getroffene Entscheidung schaltete jede Kognition aus.

Die Marmeladen-Vorliebe unterscheidet sich nicht von Entscheidungen zu politischen oder moralischen Fragen. Probanden wurde z.B. eine Aussage (»Regierungen sollten das Internet überwachen«) mit einer Skala der eigenen Stellungnahme vorgelegt. In einem zweiten Schritt sollten sie ihre eigene Bewertung begründen. Allerdings hatten die Tester durch Manipulation die ursprüngliche Aussage verdreht, sodass die Probanden plötzlich genau das Gegenteil ihrer soeben getroffenen Entscheidung vertreten sollten. Das taten auch die meisten. Die Hälfte bemerkte die Änderung der Aussage gar nicht, zwei Drittel belegten mit schlüssigen und klaren Argumenten die Meinung, die sie kurz zuvor noch abgelehnt hatten. Das Bedürfnis der Konstanz der Entscheidung ließ deren Begründung zur flexiblen Auswechselware werden.[115]

Zusammenfassend lässt sich als ein dominierendes Element der Sachverhaltsverarbeitung im Straf- 145 prozess ein Mechanismus der **Selbstbestätigung von Hypothesen** feststellen.[116] Dabei sind die (unbewusste) Ignorierung von entgegenstehenden Fakten oder die Weigerung der Ergebnisüberprüfung durch alternative Denkansätze nur einige Strategien einer zwanghaften Beharrungstendenz. Fakten verwirren allenfalls, wenn ein Urteil getroffen wurde. »**Confirmation Bias**« dominiert menschliches Denken.[117]

Rezeption und Verarbeitung von Informationen sind bei Richtern internalisiert und von ihnen selbst 146 kaum beschreibbar. Erfahrungen und Eingeübtes verdichten sich auch in der Entscheidungsfindung zu Automatismen. Ist sie vom Richter selbst nicht kontrollierbar, verschließt sie sich der rechtsstaatlichen Berechenbarkeit. Rationalität als Forderung erfasst erst den nachfolgenden Bereich der Verarbeitung einer ersten – emotional gesteuerten – Beweisanalyse.

Wo Automatismen Entscheidungen dominieren, verblasst die Möglichkeit eines abgewogenen 147 »gerechten« Urteils. Die aktuelle Erkenntnis der Psycho-Wissenschaften ist für den historischen Idealen verpflichteten Strafjuristen ernüchternd: Vorurteile sind fest integrierter Bestandteil menschlicher Problemlösungsstrategien. Das Vorurteil ist intuitiv, sein Einfluss ist für den Entscheider nicht erkennbar und kontrollierbar.[118] Strafrichter sind hiervon nicht ausgenommen. Der Verteidiger hat das Phänomen in seine Arbeit einzubeziehen.

k) Konformität

Fehlerhaftes Entscheiden wurzelt in sozialen Strukturen. Wenn der Entscheider sich der Meinung 148 anderer anschließt, ist das weit mehr als ein gesellschaftlich bedingtes Anpassen.

Ein Experiment, das in Variationen mit immer gleichen Ergebnissen wiederholt wurde, lässt den Pro- 149 banden in einer Gruppe eine simple Wahrnehmung – wie beispielsweise die unterschiedliche Länge zweier Linien – einschätzen. Wenn alle anderen Gruppenteilnehmer als eingeweihte Mitspieler ihre – häufig eklatant falsche – Einschätzung übereinstimmend äußerten, fiel es den Probanden schwer, ihre Primäreinschätzung zu äußern. Der Gruppendruck war zu hoch. Drei Viertel der Befragten schlossen sich bei ihrer Entscheidung den Meinungen aller anderen an.[119] Für Juristen, die schon früh im Umgang mit der »herrschenden Meinung« geschult werden, eröffnet sich hier eine beunruhigende Erkenntnis.

---

115 *Hall/Johansson/Strandberg* Lifting the Veil of Morality: Choice Blindness and Attitude Reversals on a Self-Transforming Survey, PLoS One, Band 7 Ausgabe 9 2012.

116 Vgl. *Schünemann* Der Richter im Strafverfahren als manipulativer Dritter? Zur empirischen Bestätigung von Perseveranz- und Schulterschlusseffekt, StV 2000, 159 ff.; *Degener* Zum Fragerecht des Strafverteidigers gem. § 240 II StPO, StV 2002, 618, 622 f.

117 *Raymond S. Nickerson* Confirmation Bias: an ubiquitous phenomen in many guises, in: Review of general Psychology 1998, vol. 2, Nr. 2, 175–220; *Ask/Granhag* Motivational sources of confirmation bias in criminal investigations, in: Journal of Investigative Psychology and Offender Profiling 2, 2005, 43 ff.

118 Zusammenfassend: *Sommer* Das Vor-Urteil, FS AG Strafrecht 2009, S. 846 ff.

119 Zu diesem Experiment: *Dutton* Gehirnflüsterer: Die Fähigkeit, andere zu beeinflussen, 2011, 114.

150 Die Irrtumsanfälligkeit einer Gruppenentscheidung ist für den Bereich der Polizeiarbeit experimentell nachgewiesen. Die Fehlerträchtigkeit sowohl der schriftlichen Fixierung eines Polizeieinsatzes in einem Aktenvermerk als auch der gemeinsamen späteren Aufarbeitung nimmt zu, wenn mehrere Beamte »gemeinsam« agieren. Urteile werden extremer, Selektionen deutlicher. Das Bedürfnis zur Gruppenabgrenzung gegenüber anderen dominiert die Kognition der einzelnen Mitglieder ebenso wie interne gruppendynamische Vorgänge, wie die Akzeptanz von Meinungsführern oder hierarchische Strukturen. Gruppenerinnerungen sind damit besonders fehleranfällig.[120]

151 Das Anpassungsverhalten ist neuronal bedingt.

152 Die **Gruppendynamik** ist damit nicht nur ein soziales Phänomen, sondern wurzelt in neuronalen Strukturen. Soziale Anerkennung ist grundsätzlich eine starke Belohnung. Eine solche Belohnung wird in einem speziellen Hirnareal gespeichert. Es existiert ein mesolimbisches System, das Belohnungserwartungen angesichts eingetretener oder ausgebliebener tatsächlicher Belohnungen überprüft. Diese Kontrolle entwickelt auch eine Leitfunktion bei den Entscheidungsstrukturen. Steht das Hirn vor der Aufgabe, Lücken in den bislang abgespeicherten Daten durch neue Kognition treffend zu füllen, so ist die Entscheidung des »richtig« oder »falsch« auch vom Beifall der sozialen Umgebung abhängig. Die Entscheidung, ob eine bestimmte Schlussfolgerung »wahr« ist, wird über diesen Umweg entscheidend durch die als angenehm empfundene Zustimmung anderer Personen geleitet.

l) Ambiguitätstoleranz

153 Fehlerhafte Entscheidungen im Gerichtssaal wurzeln oft in mangelhafter Ambiguitätstoleranz des Richters. »Ohne jeden Zweifel« bekundet er seine Überzeugung vom komplexen strafbaren Geschehen, obwohl die Beweisaufnahme ihm nur Bruchstücke eines Sachverhalts offeriert hat. Dass die Welt vielfältig ist, gerät in einer Beweisaufnahme schnell in Vergessenheit. Ein festgestellter Sachverhalt lässt oft viele Rückschlüsse auf das tatsächliche Geschehen zu. Mit der Vielzahl dieser Möglichkeiten zu leben und damit einhergehende Konflikte auszuhalten, gilt nicht nur Psychologen als erstrebenswerte Denk- und Handlungsweise. Ambiguitätstoleranz[121] ist für Kognitionspsychologen ein steuerndes Regulativ der Aufnahme-, Verarbeitungs- und Speicherungsprozesse von Informationen in widersprüchlichen Situationen, um logische Bewältigungsformen von Widersprüchen situationsadäquat einzusetzen.

154 Diese Sichtweise bedarf des bewussten Widerstands gegen tief verwurzelte Reflexe. Aversionen gegen Unkalkulierbares sind als Gefahrensensor tief in unserer Amygdala eingewoben. Tendenziell empfinden Menschen daher Stress und Unbehagen, wenn Situationen unberechenbar erscheinen und in ihrer Vieldeutigkeit unkontrollierbar sind. Dies auszuhalten hat der zivilisierte Mensch verlernt. Statt unter seinen neuen Lebensbedingungen eine »Kultur der Unsicherheit«[122] zu entwickeln, scheut er die Unsicherheit und präferiert ein gewisses Maß an Kontrollierbarkeit, Sicherheit und Stabilität. Die Unsicherheit einer Bewertungssituation produziert Hilflosigkeit, diese führt zu Angst, Stress und Abwehr. Hier hilft die Reduzierung der Unsicherheit, indem die aufscheinenden Alternativen

---

120 *Hope/Gabbert/Fraser* Postincident Conferring by Law Enforcement Officers: Determining the Impact of Team Discussions on Statement Content, Accuracy, and Officer Beliefs, Law and Human Behaviour, 12/2012.

121 S. zu diesem der Psychologie entstammenden Begriff grundlegend schon *Frenkel-Brunswik* (Intolerance of Ambiguity as an Emotional and Perceptual Personality Variable. In: Journal of Personality 18, 1949, 108–143), die sich mit der Schwierigkeit befasste, Mehrdeutigkeiten zu ertragen, und Ambiguitätstoleranz als Fähigkeit beschrieb, die Widersprüchlichkeit gegensätzlicher Sachverhalte auszuhalten, und sich durch Perspektivenwechsel in die Sichtweise anderer Menschen hineinversetzen zu können. Damit beschrieb sie u.a. ein Phänomen, das der Bewältigung komplexer Sachverhalte dienen soll, letztlich jedoch nur Vereinfachungen herstellt, und damit das eigene Unbehagen vertreibt, sich unsicher zu sein; s. auch *Ellsberg* Risk, Ambiguity and Decision, 2001; *Evans* Risk intelligence. How to live with uncertainty, 2012.

122 *Beck* Weltrisikogesellschaft, 2008.

und differenzierten Sichtweisen schlicht ausgeblendet werden. Das Leben in der klaren Sicht hat zwar nichts mit der Realität zu tun, verletzt andere Menschen, führt zu Irrtümern, erleichtert allerdings ungemein.

Ambiguität ist als Phänomen unvermeidlich. Der gesellschaftlich geförderte Verlust der Fähigkeit,   155
sie auszuhalten, führt notwendigerweise zu Verzerrungen. Man kann der Mehrdeutigkeit einer Wahrnehmung nicht dadurch ausweichen, dass man schlicht behauptet, sie habe ohne jeden Zweifel nur eine einzige Bedeutung. **Mehrdeutigkeiten auszuhalten** ist eine allgemeine anspruchsvolle Anforderung an die menschliche Psyche. Ambiguitätstoleranz als ideale Denkvorstellung macht den Bewertenden fähig, mit dem Ungewissen, Unsicheren zu leben und mit ihm umzugehen. Die Anforderungen an richterliches Tun gehen gerade dahin, den besonderen Blick für die Deutung eines Sachverhalts innerhalb eines konkreten sozialen Kontextes oder mit den Konnotationen von Verhaltensweisen entgegen aller Vereinfachungstendenzen zu schärfen.

Weisheit fundiert in einem ausgewogenen Verhältnis von Wissen und Bewusstsein für das Uner-   156
forschte oder Unerforschbare. »Ich weiß, dass ich nichts weiß« war schon Sokrates` Ausgangspunkt zu leuchtender Erkenntnis.

Diese Ideale müssen schon in einem gesellschaftlichen Umfeld verkümmern, das in einer komplexen   157
Welt auf Eindeutigkeit und Klarheit ausgerichtet ist. Wenn der Kriminalroman nicht am Ende den Mörder präsentiert, löst dies zwangsweise Enttäuschung beim Leser aus. Wer als politischer Führer nicht die Probleme dieser Welt mit wenigen Schlagworten verdeutlichen kann, wird keinen Erfolg haben. Richter leben in einer Gesellschaft, die das Aushalten von Mehrdeutigkeiten als positives Denkmuster nicht mehr kennt und das Ausblenden von alternativen Überlegungen ritualisiert hat.

Daneben fühlt sich der Richter der juristischen Anforderung ausgesetzt, in seinem Urteil die Wahr-   158
heit zu finden. Wenn von ihm verlangt wird, dies im Ergebnis »ohne jeden Zweifel« zu fixieren, löst die Verzweiflung über die angesonnene Unmöglichkeit den Reflex der Ausblendung von Alternativen aus. Die Forderung nach Aufdeckung der Wahrheit stellt den Richter vor unerfüllbare Eindeutigkeitserwartungen, die er nur mit den gesellschaftlich erlernten Verdrängungsmechanismen bewältigen kann. Das Ausblenden von denkbaren alternativen Rückschlüssen gehört hierzu.

5. Priming – das Einstimmen des Unbewussten

Richter und Staatsanwälte entscheiden, was sie für »richtig« halten. Richtig ist dabei das nach bewuss-   159
ter und rationaler Abwägung gefundene und für zutreffend erachtete Ergebnis. Entscheidungsfindung hat allerdings auch eine weitere unbewusste Ebene: Maßgeblich für die Entscheidungsfindung ist die gefühlte Leichtigkeit; letztlich muss sich das Resultat für den Entscheidenden gut anfühlen. Es muss ihm schlicht vertraut sein. Nur dann erscheint sie dem Entscheider in der Konsequenz als mühelos und damit als richtig und sogar »wahr«.

Einer der mächtigsten unbewussten Faktoren bei der Entscheidungsfindung ist das sogenannte Pri-   160
ming. Es sind externe Vorgaben, die in einem vom Entscheidungsträger nicht steuerbaren Prozess dazu führen, Grundhaltungen zu adaptieren, die Entscheidungswege und -ergebnisse mit der notwendigen Leichtigkeit auszustatten. Eine sogenannte geprimte Vorstellung bereitet den Weg der Entscheidungsfindung, da die derart eingepflanzte Vorstellungswelt sich mühelos in das erwünschte Resultat einbetten lässt.

Priming-Effekte sind verifiziert, wenngleich der durch diese Effekte Beeinflusste sie nach Aufdeckung   161
allenfalls ungläubig bestaunt; ihr Einfluss in Entscheidungssequenzen wird vom Entscheider sogar vehement geleugnet, wenn er sein Verhalten rechtfertigt.

162   Das »Wunder des Priming«[123] wird besonders anschaulich in einem häufig zitierten Experiment des Psychologen John Bargh.[124] Er präsentierte seinen Probanden die Aufgabe, aus fünf Wörtern sogenannte Vier-Wort-Sätze zu bilden. Bei der intellektuellen Herausforderung maßen die Probanden dem Inhalt der Worte kaum Bedeutung zu; allerdings wurden ihnen Worte wie »vergesslich«, »glatzköpfig«, »Falte« oder »grau« vorgegeben. Als die Probanden nach der Beschäftigung mit diesen Worten über einen längeren Flur zu einem angeblich folgenden Experiment gehen sollten, stellten die Forscher fest, dass die jeweils gleichaltrigen Probanden sehr viel langsamer den Flur entlang gingen, als dies eine Vergleichsgruppe tat, die zuvor nicht mit derartigen das Alter charakterisierenden Merkmalen konfrontiert worden war.[125]

Wie die Assoziationsmaschinerie des Hirns funktioniert und unbewusste Vorgaben in eigenes Verhalten umsetzt, ergab ein ähnliches Experiment, in dem eine Gruppe mit Begriffen der Höflichkeit konfrontiert wurde (»respektieren«, »freundlich«, »geduldig«, »nachgeben«), während andere Sätze mit eher aggressiv-bezogenen Worten bilden sollten (»dreist«, »unhöflich«, »ärgern«, »unterbrechen«). Eine anschließend allen Probanden einzeln aufgedrängte Wartezeit, in der sie ein laufendes Gespräch ihres Testleiters mit einer dritten Person abwarten sollten, führte zu eklatant unterschiedlichem Verhalten: Platzte die auf Unhöflichkeit geprimte Gruppe im Durchschnitt nach fünf Minuten in das Gespräch, so wartete die Kontrollgruppe geduldig bis zu ihrer Erlösung mindestens zehn Minuten zu.

Priming bei Entscheidungsfindungen erfolgt auch durch äußerliche Umstände. Dass sich dies allein auf Haptik beziehen kann, wiesen Wissenschaftler in einem interessanten Versuch nach. Die Teilnehmer mussten Lebensläufe angeblicher Stellenbewerber bewerten. Diese waren an Klemmbretter geheftet, die entweder schwer oder leicht waren. Die Kandidaten, deren weitgehend ähnliche Lebensläufe sich auf einem schweren Brett befanden, wurden überproportional häufig als »seriös« bezeichnet. In einem weiteren Test wurden die Beurteiler entweder auf einen harten oder einen weichen Stuhl gesetzt. Die Richter auf einem harten Stuhl befanden die angehörten Kandidaten in einem Wirtschaftsspiel weit häufiger als nüchtern, stabil und wenig flexibel.[126] Die Beurteilung einer Person als warmherzig nahm zu, wenn der Beurteiler eine Tasse mit warmem (statt erkaltetem) Kaffee in der Hand hielt.[127]

163   Die Struktur des Strafverfahrens befördert das Priming von Entscheidungsträgern in ungewöhnlichem Ausmaß. Vom Anfangsverdacht als »Urknall« des Verfahrens bis zum rechtskräftigen Urteil installiert das Verfahren viele Anker, die dem Entscheider unbewusst den weiteren Weg weisen.

164   Ein bedeutsamer Faktor hierbei ist der Umgang mit der **Sprache**, in der Erkenntnisse aktenkundig gemacht und damit dem nächsten Entscheider unterbreitet werden. Wenn Staatsanwälte und Richter Sprache als ihr einziges Werkzeug in gefühlter absoluter Autonomie nutzen, ist ihnen oft nicht präsent, wie sehr die Werkzeuge bereits anderweitig präpariert sind.

165   Die Abhängigkeit eigener Entscheidungen von vorgegebener Wortwahl demonstrierten die amerikanischen Psychologen Lera Boroditsky und Paul Thibodeau[128] mit einem Experiment. Sie legten Versuchspersonen folgenden Text vor: »Das Verbrechen ist eine Bestie, die die Stadt Addison heimsucht. Vor fünf Jahren befand sich Addison in einem guten Zustand. In den vergangenen fünf Jahren jedoch sind die Abwehrsysteme der Stadt schwächer geworden, und die Stadt ist dem Verbrechen erlegen. Heute gibt es mehr als 55.000 kriminelle Zwischenfälle im Jahr – ihre Zahl hat um mehr als 10.000 zugenommen ... Was braucht Addison Ihrer Meinung nach, um die Kriminalität zu reduzieren?« Statt Bestie war in dem Text einer Vergleichsgruppe von einem »Virus« die Rede. Die unterschiedlichen Reaktionen auf die nur minimal unterschiedlichen Texte waren eklatant. Viele Versuchspersonen in einer ersten Gruppe antworteten, man müsse die Verbrecher jagen, hinter Gitter bringen und noch härter als bisher bestrafen. Die

---

123   S. zu dieser Formulierung *Kahnemann* Schnelles Denken, Langsames Denken 2012, S. 72 ff.

124   *Bargh/Chen/Burrows* Automaticity of Social Behaviour; Journal of Personality and Social Scientology 1996, 71, 230–244.

125   Weitere Beispiele bei *Pfundmair* Wie innere Hypothesen die Wahrnehmung determinieren, in: Ergebnisse des 43. Strafverteidigertages, 1. Aufl. 2020, 129 ff.

126   *Ackerman et al.* Incidental Haptic Sensations Influence Social Judgements and Decisions, Sci 328, 2010, 1712; *Day/Bobocel* The Weight of a Guilty Conscience: Subjective Body Weight as an Embodiment of Guilt, PLoS ONE 8, 2013, e69 546.

127   *Williams/Bargh* Experiencing Physical Warmth Promotes Interpersonal Warmth, Sci 322, 2008, 606; s. Berichte hierzu bei *Sapolsky* Gewalt und Mitgefühl, 2017, 729 ff.

128   Metaphors We Think With: The Role of Metaphor in Reasoning, PLoS ONE 6(2), 2011; zu vergleichbaren Beispielen s. auch *Pfundmair* Wie innere Hypothesen die Wahrnehmung determinieren, in: Ergebnisse des 43. Strafverteidigertages, 1. Aufl. 2020, 129 ff.

zweite Gruppe – geprimt vom Bild der Kriminalität als einem Krankheitserreger – empfahl sehr viel häufiger, auch die Ursachen der Kriminalität zu ergründen, die Armut zu bekämpfen und Bildungschancen zu verbessern. Ein einziges Wort war für die Entscheidungslenkung verantwortlich.

6. Die Trägheit der Ratio

Emotionalität, Heuristiken, Automatismen beschreiben Teile der Hirnaktivitäten, die dem Bewusstsein weitgehend entzogen sind und unbemerkt ihren Einfluss auf Entscheidungsfindungen ausüben. Der bewusst agierende Entscheider, der mit den ihm gegebenen Maßstäben der Logik an die Entscheidungsfindung herangeht, scheint diesen Mächten nicht ausgesetzt. Doch auch und gerade da, wo Kontrolle den Entscheidungsvorgang beherrscht, ist das Denken vor seltsamen Fehlleitungen nicht gefeit.   166

In einem berühmten und mehrfach variierten Test wurde Studenten folgende Aufgabe vorgelegt: »Ein Ball und ein Schläger kosten 1 Euro und 10 Cent. Der Schläger kostet einen Euro mehr als der Ball. Wie teuer ist der Ball?« 50 – 80 % der Studenten gaben eine falsche Antwort (10 Cent) statt der korrekten Berechnung (5 Cent).[129]   167

Obwohl eine bewusste Rechenoperation angegangen wird, dominiert die Intuition. Die Verführung der »runden« Zahl lässt das Ergebnis leicht erscheinen. Der Charme des Assoziativen gewinnt auch bei rationalen Operationen, wenn er nur durch eine außergewöhnliche kognitive Anstrengung beseitigt werden kann. Das Ergebnis ist für die Wissenschaft ebenso feststehend wie seine Ursachen unklar sind. Offensichtlich hat unser Hirn zwei unterschiedliche Arbeitsmechanismen: Wir denken sowohl in Automatismen wie in strengem Rationalismus; Abgrenzungen und Verwobenheiten sind unklar.[130]   168

Das Hirn als Assoziationsmaschine übt seine Wirkung nicht nur im unkontrollierbaren Teil des Unbewussten aus. Das Unterbewusste konstruiert durch Assoziationen Geschichten, das Bewusstsein hält sie für zutreffend und baut hierauf Entscheidungen auf. Sie hat auch dann einen leitenden Primäreffekt, wenn eine konzentrierte Denkaufgabe angegangen wird. Der erste Rückschluss auf »richtig« und »falsch«, »wahr« und »unwahr« wird aus gespeicherten und als angenehm empfundenen Bildern gezogen und nicht aus den disziplinierenden Regeln der strengen Logik.   169

Dass dieses Phänomen sehr viel komplexer angelegt ist, zeigt die intensive wissenschaftliche Diskussion über das »**Ziegenproblem**«. Sie gilt als Beleg dafür, dass Intuition und Beharrungsvermögen sowie anschauliche Attraktivität bei Entscheidungen die Dominanz über durchaus zugängliche mathematisch statistische Überlegungen haben kann.   170

Die Problematik wurde entwickelt anhand einer amerikanischen Spielshow mit dem Moderator Monty Hall. Der Gewinner hat am Ende der Show die Wahl zwischen drei Toren. Hinter einem Tor ist als Hauptgewinn ein Auto versteckt, hinter den beiden anderen Toren befindet sich jeweils eine Ziege. Der Kandidat kann ein Tor wählen, das allerdings zunächst geschlossen bleibt. Der Showmaster Monty Hall weiß, was sich hinter den Toren befindet; er muss nun eines der beiden verbleibenden Tore öffnen. Hinter dem von ihm geöffneten Tor muss sich eine Ziege befinden. Nachdem Monty Hall ein Tor mit einer Ziege geöffnet hat, fragt er den Kandidaten, ob dieser bei seiner ersten Wahl bleiben oder zum letzten verbliebenen Tor wechseln möchte.   171

Die Intuition wird regelmäßig den Kandidaten zu der Einschätzung verleiten, dass seine Chancen 50 zu 50 stehen. Letztlich hat er zwei Tore zur Auswahl, hinter denen jeweils der Hauptgewinn versteckt sein kann. Er vernachlässigt hierbei, dass die nachträgliche Wahl des Moderators ein entscheidender Faktor ist, der die Zufälligkeiten verschiebt. Denn: Hat der Kandidat das Tor mit dem Auto ausgewählt, ist das vom Moderator geöffnete Tor beliebig. Hat allerdings der Kandidat ein Tor mit einer Ziege gewählt, dann muss der Moderator zwangsläufig dasjenige der beide anderen Tore öffnen, hinter dem die zweite Ziege steht. Deswegen muss eine rationale Abwägung zu dem Ergebnis führen, dass das verbliebene zweite

---

129 *Frederick* Cognitive Reflection and Decision Making, Journal of Economic Perspectives 19, 2005, 25–42.

130 *Evans/Stanovich* Dual-process theories of higher cognition, Perspectives on Psychological Science 8, 223–241, 2013; *Pfister/Jungermann/Fischer* Die Psychologie der Entscheidung, 4. Aufl. 2017, 348 ff sprechen allgemein von einem aktuellen »Zwei-System-Ansatz« der Wissenschaft.

nicht geöffnete Tor mit einer höheren Wahrscheinlichkeit zu dem Hauptgewinn führt. Ein Wechsel der Wahl zu diesem Tor verspricht daher für den Kandidaten regelmäßig eine höhere Gewinnchance.[131]

172   **Intuition zu Wahrscheinlichkeiten** beherrscht auch die richterliche Entscheidung. Ergebnisse einer Beweisaufnahme ergeben Mosaiksteine, aus denen ein sehr viel weitergehendes und umfangreicheres Bild geschlossen werden soll. Auch wenn Urteilsformulierungen des Wissens und der festen richterlichen Überzeugung den Entscheidungsprozess verbrämen, ist es die als höher empfundene Wahrscheinlichkeit, die letztendlich die richterliche Entscheidung trägt. Auch die Urteilsfällung unterliegt damit der dargestellten Tendenz der Fehleinschätzung. Die einmal getroffene Wahl hinsichtlich der Wahrscheinlichkeit (die erste Tür) wird in ihrem Wert selbst dann aufrechterhalten, wenn nachträgliche Geschehnisse (die Wahl des Moderators) die Qualität der Entscheidung für eine Richtigkeit der Wahrscheinlichkeit erheblich reduzieren. Obwohl ein neuer Befund die bisherige Einschätzung von Wahrscheinlichkeiten ändern müsste, tendiert die dominierende Adaption des Hirns dazu, den Wert der neuen Erkenntnisse zu minimieren.

173   **Richter assoziieren Leitbilder** zumeist mehr aus dem täglichen Erleben als dem von ihnen selbst als artifiziell empfundenen juristischen Denken. So ist schon ohne formaljuristischen Prüfvorgang die Idee der Schuld eines den Tod eines anderen Verkehrsteilnehmers verursachenden Autofahrers verfestigt, obwohl die Besonderheit der Kausalität der Pflichtwidrigkeit nicht vorliegt. Die »naturalistische« Verursachung beherrscht auch das sog. logische Denken des entscheidenden Richters. Dieselbe Intuition löst das Schuldurteil über den prügelnden Angeklagten aus, die für mental anstrengende Operationen der Prüfung des Notwehrrechts nur wenig Spielraum lässt. Oder: Selbst das Wissen um die beschränkte Aussagekraft von Vorstrafen hindert die meisten Richter nicht daran, in der Lektüre des Vorstrafenregisters den Leitfaden der restlichen Aktenbewertung zu sehen.

174   Begriffe wie Prognosen und Wahrscheinlichkeiten spielen im Strafrecht eine bedeutsame Rolle, ohne dass deren Inhalt letztlich geklärt ist. Richter sind nicht gehalten, diese Unklarheiten aufzudecken oder sich gar mit den Voraussetzungen auseinanderzusetzen.

175   Bei einem Münzwurf kann das Ergebnis »Kopf« oder »Zahl« sein. Die Wahrscheinlichkeit des Ausgangs eines Münzwurfs kann man klassischerweise als das Verhältnis der Anzahl eines bestimmten Ausgangs eines statistischen Geschehens zur Gesamtzahl der möglichen Ausgänge bezeichnen. Ist hier dem einen Ereignis Münzwurf eine Eigenschaft zugewiesen, lässt sich Wahrscheinlichkeit andererseits auch als frequentistisch auffassen durch Auswerten einer großen Anzahl von Münzwürfen im Hinblick auf die Häufigkeit eines bestimmten Ausgangs. Die »Propensity«-Interpretation betrachtet den das Ereignis auslösenden Gegenstand (oder Menschen) und weist ihm eine konkrete Eigenschaft zu, zu einem bestimmten Ergebnis zu gelangen. Letztlich ist seit Jahrhunderten die subjektive Auffassung Bayes' bekannt, der mit nachvollziehbaren Kriterien den Grad der persönlichen Überzeugung des externen Betrachters misst, wie ein statistischer Vorgang tatsächlich konkret ausgeht.

176   Zahlen suggerieren Rationalität. Tatsächlich sind sie geeignet, das Gegenteil zu bewirken. Dies gilt insbesondere für Wahrscheinlichkeitsberechnungen, die in ihrem zum Teil überwältigenden Effekt dem kritischen Denken keinen Raum mehr lassen, sich ihrer Wirkung zu entziehen. Wird die Täter-DNA mit einer Wahrscheinlichkeit von 1 zu etlichen Millionen dem Angeklagten zugewiesen, scheint ein Ausbrechen aus der vorgegebenen Spur der Schuldfeststellung kaum noch möglich.

177   Dabei suggerieren gerade die forensisch agierenden Experten nicht existierende empirisch belegte Wissenschaftlichkeit. Wahrscheinlichkeiten werden nach Formeln berechnet, die man nach aktuellem Stand für richtig hält, die aber niemals empirisch überprüft wurden. DNA-Wahrscheinlichkeiten werden bis in Milliardenbereiche als sicher prognostiziert, obwohl die zugrunde liegenden vergleichenden Untersuchungen niemals mehr als ein Handvoll Vergleichspersonen betroffen haben. Neue Erkenntnisse entlarven alte wissenschaftliche Sicherheiten. Der Rechtsanwalt Brandon Mayfield wurde unschuldig nach den Bombenanschlägen in Madrid festgenommen,[132] weil angeblich sein Fingerabdruck am Tatort gefun-

---

131   S. z.B. *Henze* Stochastik für Einsteiger, 12. Aufl. 2018, S. 51 f., 105 ff.; *Gigerenzer* Das Einmaleins der Skepsis – Über den richtigen Umgang mit Zahlen und Risiken, 9. Aufl. 2012.
132   S. ausführlich zu dem Fall *Wax* Kafka in Amerika, 2009.

den worden war. Die Sicherheit der Unverwechselbarkeit menschlicher Fingerabdrücke darf spätestens nach diesem Fall von der Wissenschaft in Zweifel gezogen werden; aufgedeckt wurde an diesem spektakulären Fall ein weiteres Mal, dass es auch in der Daktyloskopie keine abgesicherte Datenbasis gibt. Ebenso Aufsehen erregend war die Erkenntnis des FBI, zu Unrecht vor Gerichten durch eigene Wissenschaftler die Zuordnung von Haarspuren zu Angeklagten behauptet zu haben. Die angebliche Sicherheit der Spurenidentität von 1 zu mehreren Millionen entpuppte sich Jahrzehnte danach als Spekulation, der keine anerkannte umfassende Untersuchung zugrunde liegt. Für etliche hingerichtete Angeklagte kam die Erkenntnis zu spät.

Derart unentrinnbare Wahrscheinlichkeitsberechnungen entfalten ihre Wirkung auch, wenn sie angeblich nur hilfsweise vorgetragene Indizien sind. Das zeigen berühmte Fehlentscheidungen der Rechtsgeschichte. **178**

▶ Beispiel:

Die niederländische Krankenschwester **Lucia de Berk** wurde zu Unrecht wegen des mehrfachen Mordes an Patienten verurteilt.[133] Neben fehlerhaften medizinischen Gutachten war ursächlich für die Verurteilung auch eine statistische Aufstellung, die bei den Gerichten offensichtlich keinen Zweifel mehr an der zwingenden Täterschaft von Lucia de Berk aufkommen ließ. Lucia de Berk war einer Kollegin auffällig geworden, da diese angeblich an überdurchschnittlich vielen Fällen einer Reanimation von Patienten teilnahm, die zuvor zumeist unerklärlich in ein Koma gefallen waren. Das Krankenhaus erstellte eine Statistik, in der sie in der Vergangenheit auftauchende »Zwischenfälle« von Reanimationsversuchen (die zuvor als natürliche Todesfälle qualifiziert worden waren) in Verhältnis setzte zur Anwesenheit von Lucia im Krankenhaus. In Pflegeschichten, bei denen Lucia nicht anwesend war, kam es in 887 Fällen zu keinerlei derartigen Zwischenfällen, dagegen gab es in Pflegeschichten, an denen Lucia teilnahm – 134 insgesamt –, 8 derartige Zwischenfälle. Das schien nicht nur dem Krankenhaus selbst kaum noch einem Zufall zuzuschreiben, sondern war auch nach Anklageerhebung Tenor in der Gerichtsverhandlung. Angesichts der erkennbaren Umstände berechnete man eine Wahrscheinlichkeit von 1 zu 342 Millionen, dass eine solche Konstellation zufällig und auf natürliche Weise eintreten konnte. **179**

Erst Jahre nach der Verurteilung der Angeklagten ergaben Nachermittlungen von Medizinern und Mathematikern, dass einer der entscheidenden Fehler bereits bei der Zusammenstellung der Ausgangsstatistik begangen worden war. Im Nachhinein waren als natürliche Todesfälle qualifizierte »Zwischenfälle« als verdächtig bewertet worden. Man hatte sich dabei auf Reanimationsfälle in Gegenwart der Angeklagten konzentriert. Eine kritische Untersuchung aller anderen Reanimationsfälle, die insgesamt im Krankenhaus registriert wurden, ergab jedoch, dass die Statistiker zu früh von ihrem Blickwinkel auf die verdächtige Krankenschwester geleitet worden waren. Tatsächlich fanden sich noch weitere Fälle von Reanimationen, die ähnlich wie bislang aufgefundene »Zwischenfälle« bewertet werden mussten, die in Schichten in Abwesenheit der Angeklagten stattgefunden hatten. Die neue Statistik sah 883 Schichten in Abwesenheit von Lucia vor, bei denen mindesten 4 Zwischenfälle vorkamen; mit Lucia ergab sich in 136 Schichten eine Gesamtzahl von 6 Zwischenfällen. Auch dies war zulasten von Lucia überdurchschnittlich. Statt des Wertes von 1 zu mehreren Millionen ergab sich nunmehr allerdings ein Wahrscheinlichkeitswert von 1 zu 1230. Angesichts der Gesamtzahl von 250.000 Krankenschwestern in den Niederlanden war die nunmehr gefundene Konstellation allerdings durchaus in einigen hundert Fällen erwartbar. Der Kurzschluss »das kann kein Zufall mehr sein« ist damit auf das Maß eines schwachen Indizes reduziert.

---

133 S. hierzu in niederländisch das Buch *Derksens* Lucia de B. – Reconstructie von een Gerechtelijke Dwaling, 2006; umfangreiche Informationen finden sich auch auf www.luciadeb.nl.

180 Wahrscheinlichkeitsberechnungen kranken allerdings nicht nur an den häufig bereits an Schuldvorstellung orientierten fehlerhaften Zusammenstellungen von Statistiken. Der Charme des überzeugend Mathematischen erweist sich oft genug aus anderen Gründen nur als Schein.

▶ Beispiel:

181 **Sally Clark** wurde am 09.11.1999 in England wegen Mordes an ihren beiden Babys verurteilt. Eine konkrete Tathandlung konnte ihr nicht nachgewiesen werden. Ihre beiden Babys waren im Abstand von mehreren Jahren plötzlich und überraschend in ihren Bettchen verstorben. Die Richter verkannten nicht, dass auch das bis dahin unerforschte Phänomen des plötzlichen Kindstodes zu einer Tragödie hätte führen können. Dass allerdings zwei Babys im Abstand von mehreren Jahren bei derselben Mutter eine solche Art von Tod erlitten, mochte die Jury nicht als Zufall bewerten. Die statistisch abgesicherte Wahrscheinlichkeit eines plötzlichen Kindstods in einer Familie lag seinerzeit bei 1 zu 8543. Dass zweimal ein plötzlicher Kindstod in derselben Familie auftrat, war niemals empirisch erforscht, erschien allerdings wesentlich unwahrscheinlicher. Ein Sachverständiger errechnete diese Wahrscheinlichkeit mit einer vorgeblich mathematisch korrekten Quadrierung und kam zu einer Zahl von 73 Millionen. Für das Gericht war klar: Es gab eine Wahrscheinlichkeit von 1 zu 73 Millionen, dass ein solcher doppelter Babytod als Zufall existierte. Praktisch war damit kaum noch zu glauben, dass die Angeklagte unschuldig war.

Diese bestechend berechnete Vorgabe beruhte allerdings auf für Laien kaum erkennbaren statistisch unzulässigen Vorgaben. Die Wahrscheinlichkeitsberechnung funktioniert nur dann, wenn beide ungeklärten Babytode absolut voneinander unabhängige Ereignisse darstellten. Der plötzliche Kindstod ließ solche Annahmen allerdings nicht zu, weil eine Erklärung für das Versterben der Babys gerade fehlte. Es gibt keine empirischen Belege, die die Unabhängigkeit dieser beiden Ereignisse begründen kann. Im Gegenteil: Da es nach der Forschung bislang unbekannte genetische Faktoren oder Umwelteinflüsse geben kann, die zum plötzlichen Kindstod führen, ist es sehr wohl denkbar, dass die Ursachen der beiden Todesfälle eng miteinander verknüpft waren. Die Zufallswahrscheinlichkeit würde damit in einen für die Schuldfeststellung irrelevanten Bereich absinken. Überzeugende mathematische Gutachten führten am 29.01.2013 zu einer Aufhebung der Verurteilung von Sally Clark.[134]

182 Das menschliche Empfinden lässt sich angesichts einer hohen Wahrscheinlichkeitsberechnung nahezu zwanghaft leiten. Inwieweit ein Ereignis noch als »zufällig« oder als schuldindizierend »nicht mehr zufällig« bewertet wird, hängt offensichtlich von der Sichtweise des Betrachters ab. Prospektive und retroperspektive Ansichten kommen zu unterschiedlichen Ergebnissen. Bei einem Lotteriespiel ist jedermann im Voraus klar, dass zum einen jemand gewinnt, zum anderen die Gewinnchancen bei 1 zu mehreren Millionen liegen. Gewinnt jemand, bewegt sich dies auf der gesellschaftlich romantisierenden Ebene des Zufalls. Niemand wird den Gewinner anklagen, aus der hohen Unwahrscheinlichkeit des Lotteriegewinns folge, dass dieser den Gewinn manipuliert haben müsse. In Strafverfahren wird demgegenüber rückblickend bewertet. Wenn retrospektiv zu ermitteln ist, ob der Eintritt eines Ereignisses, das genauso unwahrscheinlich wie ein Lottogewinn ist, zufällig ist oder nicht, wird allein aufgrund der Blickrichtung offensichtlich eine kognitive Zwangsläufigkeit dahin gehend empfunden, dass der Geschehenseintritt Ergebnis vorwerfbarer Manipulationen sein müsse.[135]

---

134 *Batt* Stolen Innocence, 2005; zu einem ähnlichen Fall mit einer gleichartigen fehlerhaften Verurteilung aufgrund der Äußerungen desselben Sachverständigen s. *Cannings* Against all Odds, 2006 (deutsch: Anklage: Kindesmord, 2007).

135 S. hierzu ausführlich mit der Aufarbeitung zahlreicher Kriminalfälle *Schneps/Colmez* Math on Trial, 2013 (deutsch: Wahrscheinlich Mord – Mathematik im Zeugenstand, 2013, insbesondere S. 79 f.).

Letztlich setzt sich auch hier die neuronale Tendenz des unbedingten Strebens nach Plausibilitäten   183
für Zusammenhänge durch. Abseits mathematischer Voraussetzungen will das Gehirn befriedigende
Kausalitätserklärungen. Sinnlücken in der Kognition sind beunruhigend, weil die Erfüllung der
wesentlichen Aufgabe zukünftiger gefahrloser Entscheidungsfindung gefährdet ist. Ist das Ziel subjektive Gewissheit, kann das Erklärungsmuster »Zufall« oft keine entscheidende Rolle spielen.

7. Empathie-Mangel im Gerichtssaal

Der Kern strafrichterlichen Tuns besteht in der Notwendigkeit, das Verhalten anderer zu bewerten.   184
Dabei geht es nicht nur um eine Einschätzung, ob und wie ein Angeklagter in der Vergangenheit
gehandelt hat. Für den Urteilsspruch entscheidend ist die richterliche Wertung zu den verhaltens-
begleitenden Emotionen, den Kognitions- und den Steuerungsmöglichkeiten. Unter der Idee des
Schuldstrafrechts kommt es entscheidend darauf an, wie der Angeklagte im Handlungszeitpunkt
»dachte«. Der Richter muss eine positive Überzeugung ohne jeden Zweifel vom Vorsatz des Angeklagten gewinnen.

Diesem idealen Bewertungsvorgang stehen zwangsläufig neuronale Hindernisse im Weg.   185

Eine markante Ausprägung von Kontrollillusion und Selbstüberschätzung im Zusammenhang mit der   186
Bewertung der Vorstellungswelt eines anderen bietet das Experiment des Melodieklopfens: Paaren, denen
man einen erleichterten Zugang zum Innenleben ihres Partners zutraute, wurden zwei Rollen vergeben.
Der »Klopfer« sollte eine von 25 vorgegebenen bekannten Melodien allein durch rhythmisches Klopfen
seinem Partner, dem »Zuhörer«, näher bringen. Die Resultate waren ernüchternd: nur 2,5 % aller geklopf-
ten Melodien wurden erkannt. Bemerkenswert war allerdings der Optimismus der klopfenden Partner,
die zuvor geschätzt hatten, ihr vertrauter Zuhörer werde 50 % erraten. Die Melodie im eigenen Kopf
war das entscheidende Hindernis, sich in die »leere« Kognitionssituation seines Gegenübers hineinversetzen zu können.[136]

Autofahren beschert aufschlussreiche Erkenntnisse über unsere menschlichen Fähigkeiten, das Verhalten
anderer zu bewerten: Alle, die schneller als wir fahren, sind unverantwortliche Idioten; alle, die langsamer
fahren, sind nur schwer erträgliche Verkehrshindernisse. Die Einschätzung des Verhaltens anderer hat
den egozentrischen Filter eigener Überzeugungen, Erfahrungen und Emotionen zu durchlaufen. Der
Filter arbeitet rudimentär, was für die Einschätzungen unserer Mitmenschen in den üblichen sozialen
Kontakten oft ausreichend ist. Der Filter enthält allerdings entscheidendes Fehlerpotenzial, wenn an die
Einschätzung die Legitimation vernichtender staatlicher Machtausübung geknüpft wird.

Die Aufgabe, sich in die Situation und die Emotion eines anderen Menschen – nachträglich – hin-   187
einzuversetzen, erscheint kaum lösbar. Selbst die Zauberformel von Kommunikationsgurus, wonach
die Grundlage des Verständnisses darin bestehen soll, dass man die Dinge in einem artifiziellen
Gedankengang »vom Standpunkt des anderen« sehen solle,[137] erweist sich als Seifenblase: Der Ausgangspunkt einer solchen Simulation ist zwingend der eigene egozentrische Filter. Projektion ist das
einzige Mittel, die alternative Vorstellungswelt eines anderen zu kreieren, solange man nicht dieselben Erfahrungen wie der andere gemacht hat.

So waren amerikanische Journalisten – nicht zuletzt gelenkt von ihren konservativen politischen Über-   188
zeugungen – der Ansicht, »Waterboarding« sei keine Folter und werde von den Betroffenen aus propa-
gandistischen Gründen überzeichnet. Als sie sich testweise dieser Tortur unterzogen, brauchten sie genau
sieben Sekunden, um ihre Ansicht über das Gefühl der Gefolterten zu revidieren.[138] Ohne diese Erfahrung
verharrt die Beschreibung der Gefühlswelt der anderen in eigenen Phantasien.

Allenfalls durch Erfahrung angeeignete Vorstellungen von Stereotypen bilden die Schneise der   189
Erkenntnis zum anderen. Menschen machen den anderen als Mitglied einer Gruppe aus, haben

---

136 Über diese Studie von Elizabeth Newton an der Stanford University wird als Leiterkenntnis berichtet
     in *Heath/Heath* The Curse of Knowledge, 2006.
137 *Dale Carnegie* How to Win Friends and Influence People, 1937 (dt.: Wie man Freunde gewinnt).
138 Bericht bei *Epley* Mindwise (dt.: Machen wir uns nichts vor – Wie wir erkennen, was andere wirklich
     denken, 2014, S. 149).

Erfahrungen mit Charakteristika dieser Gruppen und schließen auf wesentliche Eigenschaften der Mitglieder dieser Gruppe. Der Richter hat spontan Ideen von der Vorstellungswelt des Täters, wenn dieser eine Frau, ein Sinto, ein Banker oder ein Oberstudienrat ist. Verhaltensdienlich sind diese Erkenntnisse allenfalls für eine Entscheidung auf einer Party, ein Gespräch zu führen oder aus dem Weg zu gehen. Dass z.T. grelle Überzeichnungen die Gruppenseparierung auszeichnet, wird bei dieser Strukturierung verdrängt. Eine Interpretation auf minimaler individueller Erkenntnisgrundlage muss weit davon entfernt sein, sich ein zweifelsfreies Bild von Denk- und Gefühlsstrukturen schaffen zu können.

190 Eine andere Strategie der Erkenntnisgewinnung versucht, aus objektiv wahrnehmbarem Handeln valide Schlüsse auf die Gedankenwelt des Handelnden zu ziehen. Forschungen zeigen, dass die Trefferquote mit diesem Vorgehen zum Bereich des Zufalls tendiert.

191 Die erbitterte Diskussion rivalisierender Fußballfans zur »Absicht« beim Handspiel lässt erahnen, dass das Ergebnis solcher Rückschlüsse nicht nur von rationalen Überlegungen getragen wird. Wer den grätschenden Abwehrspieler im Fußball sieht, ist geneigt, ihm zu attestieren, dass sein erfolgreiches Tackling exakt seinen Intentionen entspricht. Vollführt ein alter Mann eine ähnliche Bewegung auf vereistem Gehsteig, wird ihm niemand eine dahin gehende Planung unterstellen. Die Interpretation des Zuschauers zur Gedankenwelt des Beobachteten hängt maßgeblich nicht vom Handeln, sondern von der Erfahrung des Handlungskontexts ab. Der »Akteur-Beobachter-Fehler«[139] bezeichnet in der Psychologie diese Sackgasse, die unvermeidbar erscheint, wenn unterschiedliche Akzentuierungen des Kontexts aufscheinen. Kommt dem Beobachter ein lächelndes Mädchen entgegen, schließt er zumeist auf deren freundliche Aufgeschlossenheit ihm gegenüber. Hat stattdessen die Erinnerung an ein gerade beendetes Rendezvous das Mädchen zum Lächeln veranlasst, wird die fehlende Solidität der Bewertungsbasis des Beobachtenden überdeutlich.

192 Annäherungswege zum **Verständnis von Handlungsintentionen** anderer Menschen können allenfalls über ebenso intensive wie vertrauensvolle Gespräche gesucht werden. Der mit Bedrohungsszenarien der Anwendung staatlicher Gewalt besetzte Strafprozess ist hierfür ein denkbar ungeeignetes Forum. Neben rationaler Analyse kann eine empathische Herangehensweise – jedenfalls bei einem gesprächsbereiten Angeklagten – die Vorstellungswelt des Handelnden öffnen. In die entgegengesetzte Richtung weist allerdings das richterliche Selbstbild von Professionalität. Gerade mit der Betonung der persönlichen Distanz zum Entscheidungsprozess geht eine emotionale Blockade einher. Um »Recht zu sprechen«, wird eine **Desensibilisierung** idealisiert. Zu viel menschliche Nähe hindert den Richter offensichtlich ebenso, sein Handwerk fachgerecht auszuüben, wie z.B. Ärzte und Soldaten. Ausbildungsziel der Mediziner ist daher z.B. die Ausschaltung der Empathie durch Mechanisierung körperlicher Eingriffe; extensives Nahkampftraining (oder auch der anonym distanzierte Knopfdruck bei Bedienung einer Drohne) lässt Soldaten im Ernstfall die eigene schmerzhafte Erfahrung verdrängen, dass sie völlig sinnlos ein – gegnerisches – Menschenleben opfern.[140] Dem Richter hilft das entrückte Ritual des robendurchfluteten Prozesses, um einen Blick auf das andersartige, ihm völlig unähnliche Wesen auf der Anklagebank zu fördern und sich selbst gleichzeitig die empathischen Möglichkeiten des Zugangs zu dessen Gedankenwelt zu verschließen.

193 Fazit: Aus psychologischer Sicht ist kein auch nur annähernd zuverlässiger Weg erkennbar, dass und wie sich ein Richter ausreichende Informationen über die subjektive Befindlichkeit eines Angeklagten bei dessen früherem Handeln verschaffen könnte.

---

139 Grundlegend *Jones/Nisbett,* The actor and the observer: Divergent perceptions of the causes of behavior, 1971; differenzierend aktuell *Malle/Knobe/Nelson,* Actor-observer asymmetries in explanations of behavior: New answers to an old question, Journal of Personality and Social Psychology 93: 491–514, 2007.

140 *Grossmann* On Killing: The psychological costs of learning to kill in war and society, 1996.

III. Recht und Irrationalität

1. Die Krise des Rechts

Ein Richter des Bundesverfassungsgerichts schreibt:

194

»*Es ist für die unmittelbar Beteiligten objektiv nicht mehr möglich, den Ausgang eines Rechtsstreits zu kalkulieren [...] das Knobeln erledigt den Streit allemal rascher, billiger und im Zweifel ebenso gerecht wie ein Urteil.*«[141]

Ein Staatsanwalt schreibt über die Rechtsanwendung im Strafverfahren:

»*Wer einige Jahre Strafrecht in der Praxis erlebt hat, weiß: Welcher Richter welches Urteil mit welcher Rechtsfolge sprechen könnte, ist praktisch nicht vorhersehbar...Allenfalls hat man eine Ahnung [...]. Wer einmal erlebt hat, wie die – vermeintlich eindeutige – Videovernehmung eines Zeugen durch den Ermittlungsrichter beim späteren Abspielen in der Hauptverhandlung gänzlich verschieden wahrgenommen wird, weiß, wie unterschiedlich jeder Mensch die (soziale) Wirklichkeit konstituiert.*«[142]

Wer Ergebnisse eines Strafprozesses im Vertrauen auf festgefügte rechtliche Grundlagen für berechenbar hält, darf für sich weltfernen Idealismus in Anspruch nehmen. Die praktische Rechtsanwendung im Allgemeinen hat sich längst von der Idee verabschiedet, aus abstrakten gesetzlichen Vorgaben präzise Entscheidungen für den Einzelfall ableiten zu können. Der Blick ins Gesetz erscheint für den Strafrichter eher eine Marginalie in seinen Entscheidungsprozessen.

195

Montesquieu idealisierte Richter als »la bouche de la loi«, reine Subsumtionsautomaten, die die Worte des Gesetzes nur zu verkünden hatten. Richter sind nach Art. 97 Abs. 1 GG »nur dem Gesetz unterworfen«. Die Masse der Bevölkerung orientiert sich auch heute noch an dem Bild, dass die Rechtsexperten aus der klaren Regelung des Gesetzes die Lösung des Einzelfalls ermitteln. Juristen werden in ihrer Ausbildung mit der Illusion in die Entscheidungspraxis entlassen, sie hätten die Methodik gelernt, mit der man aus einer abstrakten sprachlichen Regelung den unbeirrbaren argumentativen Weg zur Lösung eines Sozialkonflikts findet.

196

Ein derartiger Findungsprozess findet nur in den Labors der juristischen Fakultäten der Hochschulen statt. Unter dem Druck der praktischen Entscheidung erleben Juristen die Banalisierung ihrer erlernten Kunst. Die verbalen Werkzeuge finden kontinuierliche Verwendung. Der lange Weg von der Formulierung gesetzlicher Vorgaben zur richtigen Entscheidung lässt sie oft orientierungslos. Auslegungen von Gesetzesbegriffen erweisen sich abhängig von landsmannschaftlicher Prägung, sozialer Herkunft, individueller Lebenserfahrung. Die juristische Methode der Subsumtion gaukelt juristisches berechenbares Handwerkszeug vor, entpuppt sich stattdessen als eine von Vorverständnissen modellierte Ungewissheit.[143] Die Erkenntnisse zu unbewussten Wirkweisen kognitiver Prozesse bei Entscheidungsfindungen dokumentieren endgültig das Scheitern der Konzeption der präzisen Gedankenführung entlang gesetzgeberischer Vorgaben. Strafrechtliche Subsumtion besteht nicht aus formaler Ableitung abstrakter Begriffe, sondern aus der Wirklichkeitsbewertung des Subsumierenden, die ihrerseits bei der praktischen Anwendung auf das Verständnis des strafrechtlichen Normensystems wirkt.[144]

197

Die Erkenntnis ist nicht neu. Die Rechtsunterworfenen ahnen es, wenn sie sich bei Gericht wie »auf hoher See« fühlen. Der allgemeine gesellschaftliche Wunsch nach gerechter Berechenbarkeit justizieller Entscheidungen begründet das nicht hinterfragte blinde Vertrauen in die dritte Gewalt. Die Wissenschaft findet bislang keinen neuen Erklärungsansatz. Sie versucht, mit relativierenden Erklä-

198

---

141 *Geiger* Die Rolle des Richters unter den gegenwärtigen Bedingungen unserer freiheitlich-rechtsstaatlichen Demokratie, DRiZ 1982, 321, 325.

142 *Leitmeier* Strafrecht – relativ (und) unkalkulierbar, JR 2013, 64 ff.

143 Ebenso deutlich und ausführlich wie bemüht um Konservierung überkommener Rechtsmethodik: *Gabriel/Gröschner* (Hrsg.) Subsumtion. Schlüsselbegriff der Juristischen Methodenlehre 2012.

144 So schon *Hassemer* Tatbestand und Typus, 1968, 128.

rungsmodellen Traditionelles in der richterlichen Gesetzesanwendung zu retten. Richter suchen Hilfe in einer durchs Internet beflügelten Flut zugänglicher obergerichtlicher Entscheidungen, ohne dass sie je den Umgang mit einem »case law« erlernt haben. Bar jeder demokratischen Legitimation nehmen sie daneben erweiterte Entscheidungskompetenzen für sich in Anspruch, die auch originäre Kreativlösungen umfassen.[145] Dramatisiert wird der richterliche Prozess der Rechtsanwendung, wenn nicht die Entscheidung materieller Rechtsfragen ansteht, sondern der Prozess richterlicher Sachverhaltserkenntnis gesetzlich gesteuert werden soll. Irrationales entzieht sich gesetzlicher Normierung.

2. Gesetzliche Konzeptionen zur Limitierung irrationaler Einflüsse

a) Das Ziel

199   Es ist schwer, ein Vorurteil durch schlichtes Denken zu überwinden, wenn dieses Vorurteil ursprünglich nicht durch Denken erworben wurde. Die Überwindung von Irrationalität durch Rationalität erscheint widersprüchlich. Tatsächlich tangiert das Problem den maßgeblichen Anspruch moderner menschlicher Zivilisation: der Überwindung und Kontrolle der emotions- und triebhaft gesteuerten menschlichen Verhaltensweise. Der Schlüssel zur Kontrolle ist die Erkenntnis der Strukturen und Wirkweisen der Irrationalitäten. Der zweite Schritt besteht in der Formulierung des Ziels der Vermeidung bestimmter unerwünschter irrationaler Handlungen. Erst in einer dritten Phase lassen sich Vermeidungsstrategien festlegen. Das gilt für das geschlechtliche Zusammenleben ebenso wie für die Kontrolle von Gewalt und Kriegen oder die kontrollierte Kanalisierung politischer Gegensätze in einer Gesellschaft.[146]

Die Irrtumsanfälligkeit der strafgerichtlichen Entscheidungsfindung als Problem »menschlicher Schwäche« war schon den Gesetzgebern früherer Jahrhunderte ohne psycho-wissenschaftliche Erkenntnisse geläufig. Das Strafprozessrecht versucht den Weg der richterlichen Überzeugungsbildung entgegen allen eingeübten Lebensformen eng zu strukturieren. Eines der wichtigsten Ziele des Normprogramms ist die Sicherstellung einer richtigen Entscheidung. Dass die Form des Verfahrens gerade auch darauf abzielt, Fehlurteile zu vermeiden, war lange Zeit aus dem Fokus der wissenschaftlichen Beschäftigung mit dem Verfahren geraten. Erst die Befassung mit psychologischen Erkennt-

---

145 S. zur aktuellen umfassenden Diskussion z.B. *Hassemer* Gesetzesbindung und Methodenlehre, ZRP 2007, 213 ff.; *Kühne* Grenzen richterlicher Unabhängigkeit im Strafrecht, GA 2013, 39 ff.; *Paeffgen/Wasserburg* Geheimnisse des Systems der Kontrolle, GA 2012, 535 ff.; *Rieble* Richterliche Gesetzesbindung und BVerfG, NJW 2011, 819 ff.; *Ulber* Die Rechtsprechung des Bundesverfassungsgerichts zu Zulässigkeit und Grenzen richterlicher Rechtsfortbildung im Zivilrecht, EuGRZ 2012, 365 ff.; *Rüthers* Die unbegrenzte Auslegung, 6. Aufl. 2005; *Puppe* Feststellen, zuschreiben, werten: semantische Überlegungen zur Begründung von Strafurteilen und deren revisionsrechtlicher Überprüfbarkeit, NStZ 2012, 409 ff.

146 Zu einer umfassenden Aufarbeitung dieser Sichtweise s. den Neurowissenschaftler *Sapolsky* Gewalt und Mitgefühl – Die Biologie menschlichen Verhaltens, 2017.

nissen lassen in aktuelleren literarischen Beiträgen[147] und Tagungen[148] den Versuch aufscheinen, die Validität der bisherigen gesetzlichen Strategie zu überprüfen und sich mit konkreten prozessualen Maßnahmen der Fehlervermeidung bei richterlicher Rechtsanwendung auseinanderzusetzen (debiasing-Techniken).[149]

Der Stellenwert des Verfahrens in unserer gesellschaftlichen Ordnung fordert die **Minimierung des Eindrucks der Willkür** einer strafrechtlichen Entscheidung. Der Charakter des Entscheidungsprozesses wird hierdurch jedoch nicht verändert. Ihm werden lediglich die Spitzen besonders drastischer Einseitigkeit genommen. So sollen beispielsweise die Befangenheitsvorschriften sich aufdrängende negative Beeinflussungsfaktoren unterbinden, falls die potenzielle richterliche Voreingenommenheit für jedermann erkennbar ist. Nicht erfassbar sind demgegenüber die sehr viel weiterreichenden Auswirkungen unerkennbarer Vorprägungen des Richters. **200**

Die allgemeine Intention des Prozessrechts, den Angeklagten vor willkürlichen Entscheidungen durch Formalisierungen zu schützen, lässt sich auf einzelne Vorschriften zur Beweisaufnahme und zum formalen Verfahrensablauf übertragen. Sie bezwecken eine **Minimalisierung von Urteilsheuristiken**. Der vorschnelle Zugriff auf die Wahrheit durch den Richter wird z.B. durch die Absicherungen einer breiten Beurteilungsbasis verhindert. Selbst wenn der Richter aufgrund weniger Informationen das Ergebnis zu kennen meint, hat er nach Zeugenbefragungen oder Beweisanträgen anderer Verfahrensbeteiligter zwangsweise sein Urteil mit neuen Erkenntnissen zu hinterfragen. Obwohl er sich etwa zu bestimmten Fragen während des Prozesses innerlich eine feste Meinung gebildet haben kann, muss er aufgrund der formalisierten Kommunikation der StPO (§§ 33a, 257 Abs. 2, Schlussplädoyer) andere Ansichten zumindest registrieren. **201**

Institutionalisierte Intersubjektivität ist ein wichtiger Teil der Vorstellungen von Verfahrensgerechtigkeit.[150] Insbesondere die Rolle der Verteidigung im Prozess rechtfertigt sich maßgeblich aus der naheliegenden Überlegung, dass der Richter mit seiner Doppelrolle als Inquisitor und Entscheider überfordert sein könnte und daher eines argumentativen Gegengewichts bedarf. Rechtliches Gehör sowie der Zwang zu Reaktion und rationaler richterlicher Begründung lassen sich als traditionelle Strategien des Strafprozesses verstehen, dem Entscheider die eigene Schwäche von Wahrnehmungsverzerrungen zu verdeutlichen und Gelegenheit zur Kompensation zu verschaffen. **202**

Die zahlreichen streng formalisierten Vorgaben der Strafprozessordnung sind damit maßgeblich auch als gesetzgeberischer Versuch zu verstehen, die menschlichen Schwächen, die auch einem subjektiv ehrenwert agierenden Richter anhaften, zu minimieren. *Karl Peters*, der 100 Jahre nach der Schaffung der **203**

---

147 S. z.B. *Dunkel* Fehlentscheidungen in der Justiz. Systematische Analyse von Wiederaufnahmeverfahren in Strafverfahren im Hinblick auf Häufigkeit und Risikofaktoren, 2018; *Eschelbach* Dissonanzreduktionen im Strafprozess, GA 2019, 593 ff.; *Velten* Fehlentscheidungen im Strafverfahren GA 2015, 87 ff.; *dies.* Fehlerquellen im Hauptverfahren, StraFo 2015, 354; *Püschel* Fehlerquellen in der Sphäre von Staatsanwaltschaft und Polizei, StraFo 2015, 269 ff.; *Deckers* Fehlervermeidung bei Staatsanwaltschaft und Polizei, StraFo 2015, 265 ff; *Prantl* StraFo 2015, 221 f.; *Arntz* Systematische Urteilsverzerrungen im Rahmen richterlicher Entscheidungsfindung, JR 2017, 253 ff.; zur juristischen Begrifflichkeit des Fehlurteils s. *Böhme* Das Fehlurteil im Strafprozess – Zum Begriff und zur Häufigkeit, in Effer-Uhe u.a. (Hrsg.), Einheit der Prozessrechtswissenschaft, 2016, 39 ff.; zur mangelhaften wissenschaftlich empirischen Aufarbeitung des Phänomens s. *Dunkel/Kemme* Fehlurteile in Deutschland: eine Bilanz der empirischen Forschung seit fünf Jahrzehnten, in: NK Neue Kriminalpolitik, 2016, 138 – 154; *Mosbacher* Das Ideal richterlicher Wahrheitsfindung und die Betrübnisse des wirklichen Lebens, Richterliche Schuldfeststellung und die Gefahr des Fehlurteils, Forensik Psychiatrie Psychologie Kriminologie 2015, 82–91.

148 So beim 43. Strafverteidigertag 2019, der unter dem Titel »Psychologie des Strafverfahrens« stattfand; beispielhaft s. in der publizierten Schriftenreihe der Strafverteidigervereinigungen den Eröffnungsvortrag *Beulke* Psychologie des Strafverfahrens, in: Ergebnisse des 43. Strafverteidigertages, 1. Aufl. 2020. 9–48.

149 *Steinbeck/Lachenmaier* Verhaltensökonomik im Gerichtssaal, NJW 2014, 2086 ff.

150 S. dazu *Schreiber* Verfahrensrecht und Verfahrenswirklichkeit, ZStW 88, 1976, 117, 159 f.

Strafprozessordnung deren Schwächen im Hinblick auf verbliebene Risiken von Fehlurteilen untersuchte, stellte fest:

> *»Wie es einer Zeugen– und Sachverständigenpsychologie bedarf, sollte auch eine Richterpsychologie entwickelt werden. Ihre Kenntnis ist für den Gesetzgeber notwendig, geeignete gesetzliche Regelungen zu treffen, für den Richter, um sich immer wieder der Selbstkritik zu stellen, und für den Verteidiger, um nicht ungünstige Reaktionen für den Beschuldigten hervorzurufen. Die deutsche Strafprozessordnung geht von einem Richterbild aus, dem die Vorstellung von einem unbeteiligten, rein objektiv handelnden Rechtsprechungsorgan zugrunde liegt. Diese Auffassung entspricht jedoch kaum den heutigen psychologischen Erkenntnissen, nach denen auch die zur Objektivität erzogenen und ihr zugeneigten Menschen zahlreichen bewusst oder unbewusst in ihnen zur Geltung kommenden Strömungen und Spannungen ausgesetzt sind.«*[151]

Die Mahnungen von Karl Peters, der Gesetzgeber möge zur Verhinderung von Fehlurteilen aktuelle psychologische Erkenntnisse nutzen, sind mehr als 30 Jahre alt und blieben ungehört. Im Gegenteil: Festzustellen ist allenfalls eine Tendenz von Politik und Richterschaft zur Strukturierung des Strafprozesses, der die Auswirkungen fehlerhafter Prägungen von Richtern begünstigt.

b) Richterliche Freiheit

aa) subjektive Überzeugung

204   Formalisierungen – von der gerichtlichen Zuständigkeit bis hin zu zeitlichen Abläufen der Hauptverhandlung – haben zwar ihren unbestreitbaren rechtsstaatlichen Wert, u.a. durch die Erinnerung an die Notwendigkeit der Distanziertheit einer richterlichen Entscheidung. Als Kontrollinstrumente entfalten sie ihre Effizienz allenfalls im Bereich der Stoffsammlung der Beweisaufnahme. Die anschließende Würdigung der gesammelten Beweise ist die entscheidende Phase des Prozesses. Hier wird das Verfahren jedoch nach wie vor faktisch dominiert von einer nahezu unbegrenzten, vielen unüberprüfbaren Willkürüberlegungen geöffneten **»freien« richterlichen Entscheidung** im Urteil. Die mit der Freiheit verbundene Fehleranfälligkeit ist evident; dementsprechend ist mangels gesetzlicher Vorgaben die höchstrichterliche Rechtsprechung gehalten, Legitimität und Grenzen dieser Freiheit zu beschreiben. Tatsächlich macht aktuell die Rechtsprechung des BGH dem Strafrichter ein offenes Angebot zum willkürlichen Umgang mit dem Ergebnis der Beweisaufnahme.

205   *»Die diesen Feststellungen zugrunde liegende Beweiswürdigung ist – wie auch im Übrigen – aus Rechtsgründen nicht zu beanstanden. Die Aufgabe, sich auf der Grundlage der vorhandenen Beweismittel eine Überzeugung vom tatsächlichen Geschehen zu verschaffen, obliegt grundsätzlich allein dem Tatrichter. Seine Beweiswürdigung hat das Revisionsgericht regelmäßig hinzunehmen, es ist ihm verwehrt, sie durch eine eigene zu ersetzen (st. Rspr.; vgl. etwa BGH, Urteil vom 20. Juni 2007 – 2 StR 161/07). Nach der durch § 261 und § 337 StPO vorgegebenen Aufgabenverteilung zwischen Tat- und Revisionsgericht kommt es nicht darauf an, ob das Revisionsgericht angefallene Erkenntnisse anders gewürdigt oder Zweifel überwunden hätte. Daran ändert sich nicht einmal dann etwas, wenn vom Tatrichter getroffene Feststellungen »lebensfremd« erscheinen mögen (BGH, Urteile vom 27. Oktober 2010 – 5 StR 319/10; vom 28. Oktober 2010 – 4 StR 285/10 mwN). Denn der vom Gesetz verwendete Begriff der Überzeugung schließt die Möglichkeit eines anderen, auch gegenteiligen Sachverhalts nicht aus; vielmehr gehört es gerade zu ihrem Wesen, dass sie sehr häufig dem objektiv möglichen Zweifel ausgesetzt bleibt. Denn im Bereich der vom Tatrichter zu würdigenden Tatsachen ist der menschlichen Erkenntnis bei ihrer Unvollkommenheit ein absolut sicheres Wissen über den Tathergang, demgegenüber andere Möglichkeiten seines Ablaufs unter allen Umständen ausscheiden müssten, verschlossen. Es ist also die für die Schuldfrage entscheidende, ihm allein übertragene Aufgabe des Tatrichters, ohne Bindung an gesetzliche Beweisregeln und nur seinem Gewissen verantwortlich zu prüfen, ob er die an sich möglichen Zweifel überwinden und sich von einem bestimmten Sachverhalt überzeugen kann oder nicht« (so bereits BGH, Urteil vom 9. Februar 1957 – 2 StR 508/56, BGHSt 10, 208, 209; zuletzt BGH, Urteil vom 9. November 2010 – 5 StR 297/10).«*[152]

206   Im Ergebnis fordert der BGH hier, der betroffene Bürger und auch die revisionsgerichtlichen Kontrollinstanzen mögen die Entscheidung des Strafrichters in jedem Fall akzeptieren, auch wenn sie

---

151 *Peters* Strafrechtspflege und Menschlichkeit, (ausgewählte Schriften herausgegeben von Küper/Wasserburg), 1988, 364 f.
152 BGH StV 2011, 412.

allen anderen als lebensfremd und unwahrscheinlich erscheint. Die Legitimation zieht der BGH primär aus der Kapitulation vor der Einsicht unvollkommener menschlicher Erkenntnismöglichkeit. Das jahrtausendalte philosophische Problem der Beziehungsbeschreibung zwischen der Existenz einer Sache (»Wahrheit«) und der beobachtenden menschlichen Instanz scheint von den Juristen in Karlsruhe radikal subjektiv gelöst.

Immerhin beruht der Begründungsansatz zumindest auf dem Versuch rechtlicher Systematisierung: Voraussetzung einer nach aktuellem Standard rechtsstaatlichen Sachverhaltsfeststellung im Prozess ist **subjektiv** die über jeden Zweifel erhabene **Überzeugung** des Gerichts, dass sich das Geschehen so und nicht anderes abgespielt hat. Auch wenn ein Gericht selten eine absolute Gewissheit erzielen wird, muss das Urteil zumindest getragen sein von diesem subjektiven Erlebnis. Nach der Registrierung des Appells an seine kritischen subjektiven Urteilsfähigkeiten soll der Richter frei sein – frei von jeglichen objektivierbaren Maßstäben, nur an sein Gewissen und seine Aufrichtigkeit gebunden. Eine lenkende Vorgabe für diesen Entscheidungsprozess gibt es nach den aktuellen Vorgaben des BGH weder für das Maß des erzielten Überzeugungsergebnisses noch für die zum Ziel führende Methodik der engeren Würdigung.

Dass eine solche Auffassung für den von jeder rational begründeten Verantwortung befreiten Richter bequem ist, liegt ebenso auf der Hand wie deren Inakzeptanz für einen Rechtsstaat, der die Legitimierung der staatlichen Machtübertragung auf einen Richter zulasten der Bürger nur um den Preis einer strengen Handlungsvorgabe und der Kontrolle ihrer Einhaltung vornehmen kann. **207**

Das von der Rechtsprechung allenfalls gefühlte rechtsstaatliche Defizit wird in Entscheidungen des BGH nur selten angesprochen und niemals versucht zu lösen. Erstaunlich – wenn nicht gar skandalös – ist das Verhalten des Bundesverfassungsgerichts, das penetrant eine der wichtigsten rechtsstaatlichen Fragen schlicht ignoriert. In zahllosen Entscheidungen betont das Gericht ansonsten, dass die Wahrheitsfindung das zentrale Anliegen des Strafverfahrens sei. Gemessen an den verfassungsrechtlichen Prinzipien der Vorhersehbarkeit und Gesetzesgebundenheit staatlichen Handelns einerseits und dem hohen Wert des Willkürverbots andererseits drängt sich eine verfassungsgerichtliche Regulierung der Beweiswürdigung im Strafverfahren auf. Bis auf eine Ausnahme, in der ohne jede Bezugnahme auf verfassungsrechtliche Vorgaben lediglich bereits bekannte Regeln der Logik erörtert werden,[153] hat das Bundesverfassungsgericht jahrzehntelang dieses Thema aus allen Überlegungen ausgeklammert.

> Auf diesem Hintergrund mag es sich fast zynisch anfühlen, wenn das Gericht die Rechtswelt darüber belehrt, dass der rechtsstaatlich so geschätzte Zweifelssatz keinen Platz im Vorgang der Beweiswürdigung beanspruchen kann:[154] **208**

> »Der Zweifelssatz ist keine Beweisregel, sondern eine Entscheidungsregel. Er weist den Richter lediglich an, wie er zu verfahren hat, wenn er sich über eine entscheidungserhebliche Tatsache keine Gewissheit verschaffen kann. Über Maßstäbe, nach denen der Richter eine Tatsache für gewiss halten darf oder muss, sagt er nichts. Der Grundsatz »in dubio pro reo« ist deshalb nicht schon dann verletzt, wenn der Richter nicht zweifelte, obwohl er hätte zweifeln müssen, sondern erst dann, wenn er verurteilte, obwohl er zweifelte (vgl. *BVerfG* (3. *Kammer* des Zweiten *Senats*), Beschl. v. 16. 5. 2002 – 2 BvR 665/02 – Juris, Abs.-Nr. 4; v. 3. 7. 2001 – 2 BvR 800/01 – Juris, Abs.-Nr. 2; *BVerfG*, MDR 1975, 468 [469]).«

Wie bindende Vorgaben für den Strafrichter aussehen können, ist auch 150 Jahre nach der Schaffung der StPO völlig unklar. Eine Klärung setzt zumindest eine Analyse der Wertungsstrukturen der Beweiswürdigung voraus. **209**

bb) Beweismaß und Wahrscheinlichkeit

Das **Beweismaß** wird dahin formuliert, dass das Resultat der richterlichen Überzeugung ohne jeden vernünftigen Zweifel feststehen solle. Die in Bezug genommene »Vernunft« deutet außersubjektive **210**

---

153 BVerfG NJW 2003, 2444 ff.
154 BVerfG NStZ-RR 2007, 381.

Kriterien an, ohne letztlich den internen Entscheidungsvorgang der Möglichkeit einer vernunftgeleiteten Diskussion oder Überprüfung zu eröffnen. Richterliche Intuition wird auch bei der Überzeugungskraft akzeptiert. Nach **objektiven** Maßstäben wird es häufig nicht zu diskutieren sein, dass die im Prozess gelieferten Erkenntnisse unterschiedliche Schlussfolgerungen zulassen. Ausgangspunkt ist die Situation, dass aus den Erkenntnissen in der Hauptverhandlung sowohl auf den einen, als auch auf den anderen, und möglicherweise sogar auf einen dritten und vierten Sachverhalt geschlossen werden könnte. Es gibt keine zwingenden logischen Schlussfolgerungen, aber unter Umständen mehrere nach den Gesetzen der Logik nicht zu beanstandende **mögliche Schlussfolgerungen**. Grundsätzlich erlaubt die Rechtsordnung nach Ansicht in zahlreichen BGH-Entscheidungen dem Richter in seiner Bewertungsfreiheit sich auf jeden logisch denkbaren Sachverhalt für das Urteil festzulegen. Selbst wenn sich das Gericht einen objektiv unwahrscheinlichen Schluss wählt, soll dies hiernach nicht zu beanstanden sein. Die aktuelle Auffassung einer rechtsstaatlichen Verurteilung durch den BGH geht oft dahin, dass der Angeklagte auch dann Jahrzehnte seiner Freiheit und Existenz beraubt werden darf, selbst wenn die Tatbegehung objektiv eher unwahrscheinlich ist. Das führt letztlich zu Strafurteilen, die mit überwiegender Wahrscheinlichkeit falsch sind, was – so die banale, aber ebenso ignorierte Konsequenz – im Rechtsstaat inakzeptabel sein sollte.[155] Das Unbehagen wird in gegenläufigen Tendenzen einiger BGH Entscheidungen[156] deutlich, in denen betont wird das eine richterliche Überzeugung auch objektive Grundlagen voraussetze, die aus allgemeingültigen rationalen Gründen den Schluss ermöglichen, dass das zur Überzeugung des Gerichts feststehende Tatgeschehen mit hoher Wahrscheinlichkeit der Wirklichkeit entspricht. Deutlich wird hier, dass objektive Wahrscheinlichkeit und subjektive Überzeugung kein Gegensatz sein müssen. Die ohne jeden Zweifel bestehende subjektive Überzeugung kann vielmehr auch als eine zusätzliche Absicherung gegen ein fehlerhaftes Urteil aufgefasst werden, das sich mit der bloßen objektiven Wahrscheinlichkeit als Verurteilungsgrundlage nicht begnügen will.[157]

211   Die Formulierung konkreter Vorgaben, die die Qualität des Ergebnisses einer Überzeugung transparent beschreiben könnten, wird seit Jahren in der Wissenschaft vergeblich gesucht. Das Ergebnis einer Bezugnahme auf einen objektivierbaren Wahrscheinlichkeitsstandard ist bislang jedoch weder von der Wissenschaft theoretisch durchdrungen, noch im Ansatz von der Rechtsprechung akzeptiert worden. Zumindest der Ausgangspunkt für die Erfassung einer akzeptablen theoretischen Entscheidungsstruktur scheint in der Wissenschaft deutlich geworden zu sein: Um richterliche Tatsachenfeststellungen nicht völlig zu einem individuellen Glaubensbekenntnis verkommen zu lassen, bedarf es der rationalen Erfassung auf zwei unterschiedlichen Ebenen. Zunächst gilt es – außerhalb formaler Beweisregeln – ein akzeptables Programm zu entwerfen, das den Rückschluss von gerichtlich festgestellten Tatsachen auf den Tatsachverhalt zulässt. Voraussetzung ist die deduktive und induktive Logik; Fixpunkt ist die Allgemeingültigkeit eines Referenzwerts. In einem zweiten Schritt ist vom Recht zu beschreiben, unter welchen Bedingungen die Auswahl unter mehreren korrekt ermittelten Möglichkeiten akzeptabel ist.

Ausgangspunkte für wissenschaftliche Überlegungen der zweiten Ebene sind häufig mathematische Wahrscheinlichkeitstheorien, nach denen erkenntnistheoretisch abgesichert die Wahrscheinlichkeit des Vorliegens eines bestimmten Ereignisses quantifiziert werden soll. Die Auseinandersetzung um den juristischen Beweiswert kreisen maßgeblich um die Errechnung von **Wahrscheinlichkeitsgraden** nach dem Theorem von Bayes.

212   Mit mathematischen Formeln hatte schon im 18. Jahrhundert Thomas Bayes Berechnungsgrundlagen aufgestellt, um die Qualität von Schlussfolgerungen und damit im Ergebnis Häufigkeiten und Wahrscheinlichkeiten objektivierbar zu belegen. Nachdem diese Formel eine unbestrittene Bedeutung in der Statistik erlangt hatte, sind diese Ideen auch von Kognitionspsychologen umgesetzt worden, die sich den

---

155   Beck OK/*Eschelbach* StPO § 261 Rn. 34.
156   BGH StV 2002, 235; 2014, 610; JR 2017, 306; NStZ 2017, 486.
157   *Frisch* Von Beweisregeln über die freie zur strukturierten Beweiswürdigung, in: Fischer (Hrsg.) Beweis, 2019, 161 ff, 167 f.

Fragen der menschlichen Entscheidungsprozesse auf Risiko behafteter Grundlage widmeten.[158] Sie waren insbesondere von den Überlegungen von Bayes fasziniert, inwieweit bestehende Überzeugungen (Basisraten) mit der Aussage neuer Erkenntnisse kombiniert werden könnten und in welchem Ausmaß Wahrscheinlichkeiten vorhandener Hypothesen durch erkannte Alternativen gemindert werden. Dass diese Fragestellung auch Juristen beschäftigt, die sich im Strafverfahren mit der Qualität einer Verdachtshypothese einerseits und deren Reduzierung auf geringere Wahrscheinlichkeitswerte durch neue Erkenntnis in einer Hauptverhandlung auseinandersetzen müssen, erscheint konsequent.[159] Das quasi-mathematische Erfassen von Sachverhalten ist trotz gelegentlicher literarischer Auseinandersetzungen allerdings nicht einmal ansatzweise in das Bewusstsein von Strafjuristen eingedrungen.[160]

Objektive Grenzen sind hier selten. Diese hat die Rechtsprechung nur dann gesetzt, wenn allenfalls Schlussfolgerungen mit dem Ergebnis einer objektiv extrem **niedrigen Wahrscheinlichkeit** möglich sind.

So ist die Schlussfolgerung vom Vorfinden einer dem Angeklagten zuzurechnenden DNA-Spur am Tatort für sich allein genommen ohne jedes weitere Beweisanzeichen nicht geeignet, auf die Täterschaft des Angeklagten zu schließen.[161] Ebenso wenig kann allein aus der Haltereigenschaft des Angeklagten darauf geschlossen werden, dass er sein Fahrzeug auch tatsächlich bei Begehung einer Straftat im Straßenverkehr geführt hat. Auch wenn die objektivierbare Wahrscheinlichkeit von 1 : 1 Mio. zugunsten einer Täterschaft sprechen sollte, verbieten die verbleibenden wenigen Unschulds-Alternativen das Eingehen des Risikos eines Fehlurteils. **213**

In der Praxis haben sich derartige objektivierende Überlegungen allerdings als irrelevant erwiesen. Denn die beschriebene puristische Beweissituation taucht faktisch nicht auf.

Dass neben der DNA-Spur nicht die geringsten Beweisanzeichen in Richtung des Verdächtigen festzustellen sind, kommt praktisch nicht vor. Die derart ermittelten Beweisansätze werden regelmäßig – wenn auch weit entfernte – Anhaltspunkte zutage fördern, die eine Beziehung des Verdächtigen zur Tat nicht als völlig absurd erscheinen lassen. Über den Begriff der notwendigen »Gesamtwürdigung« aller Indizien transportiert die höchstrichterliche Rechtsprechung objektivierbare Ansätze von Wahrscheinlichkeitsbeurteilungen wieder in den Bereich des unüberprüfbar subjektiven Überzeugtseins. So kann allein die Erkenntnis, dass sich der DNA-Spurenleger am Tattage in der Millionenstadt des Tatortes aufgehalten hatte in Verbindung mit weiteren – für sich genommen nahezu irrelevanten – Beweisanzeichen in der Gesamtschau zu einer legitimen Überzeugungsbildung von der Täterschaft führen. Liegt zum Beispiel eine Zeugenaussage vor, dass der Halter eines PKW sein Fahrzeug regelmäßig nur privat nutzt und durch seine Leidenschaft für seinen Sportwagen das Fahrzeug in der Vergangenheit nie an Dritte verliehen hat, erscheint dies für die würdigende Gesamtschau u.U. ausreichend, von der Fahrereigenschaft auszugehen und damit zur Täterschaft zu gelangen. **214**

Auch wenn die höchstrichterliche Rechtsprechung gelegentlich als Beweismaß eine hohe Wahrscheinlichkeit in objektiver Hinsicht fordert,[162] ist dies angesichts fehlender objektivierter Maßstäbe **215**

---

158 S. z.B. *Kahnemann* Schnelles Denken, langsames Denken, S. 193, 208 ff.

159 S. hierzu schon *Peters* Strafrechtspflege und Menschlichkeit. Ausgewählte Schriften (herausgegeben von Küpper und Wasserburg) 1988, S. 364, 373.

160 Zu den Umsetzungsdiskussionen s. z.B. *Bender/Nack/Treuer* Tatsachenfeststellung vor Gericht, 4. Aufl. 2014 Rn. 589 ff.; *Neuhaus* Kriminaltechnik für den Strafverteidiger, StraFo 2001, 116 ff.; *Schulz* Sachverhaltsfeststellung und Beweistheorie 1992, S. 295 ff.; *Hoyer* Der Konflikt zwischen richterlicher Beweiswürdigung und dem Prinzip »in dubio pro reo«, ZStW 105, 1993, 523–556, der im Ergebnis eine 96 %ige Urteilswahrscheinlichkeit fordert; konkret zu einem Fallbeispiel *Hellmiß* Interpretation und Einbeziehung von kriminaltechnischen Gutachten in die Urteilsfindung – Gedanken über ein grundsätzliches Problem und Vorschläge für eine Vorgehensweise –, NStZ 1992, 24 ff.; sehr ausführlich zuletzt *Geipel* Handbuch der Beweiswürdigung, 3. Aufl. 2017, S. 211–255, der im Ergebnis je nach Tatvorwurf eine Verurteilung bei Wahrscheinlichkeitsmaßstäben zwischen 90 % und 99 % für richtig hält; explizit zu Mathematisierungsversuchen im Beweisrecht *Fill* De calculatione iustitiae iudicatorum, Diss. Wien, 2012.

161 Anderes scheint BGHSt 58, 212 zu propagieren, im entschiedenen Fall gab es allerdings mehrere auf den Angeklagten weisende DNA-Spuren, die eine Gesamtwürdigung ermöglichten.

162 BGH NStZ 1992, 48 f.; NStZ-RR 1996, 202; 1997, 42 f.; NJW 1999, 1562 ff.

und erst recht jeglicher Überprüfbarkeit eine schlichte Leerformel. Verteidiger müssen heute nach wie vor davon ausgehen, dass der Strafrichter niemandem dafür Rechenschaft schuldig ist, mit welcher Intensität er ein Überzeugungsergebnis gewonnen hat.

216   **Entscheidungstheorien**, die sich auf Forschungen anderer Wissenschaftszweige stützen, stellen die Überlegung in den Mittelpunkt, dass ein Richter bei der Auswahl unter mehreren Möglichkeiten des zulässigen Rückschlusses **unter Risiko** steht. Seine Entscheidung ist u.a. auch deswegen von Rechts wegen nicht frei, da er die Folgen einer möglichen Fehlentscheidung mit zu berücksichtigen hat. Entscheidungsprinzip müsse die Minimierung der erwarteten Fehlerkosten sein.[163] Gerade im Strafprozess sind die Kosten einer fehlerhaften Verurteilung so hoch wie in keiner anderen rechtlichen Entscheidung anzusetzen. Selbst eine relativ geringe Fehlerwahrscheinlichkeit akzeptiert die Rechtsordnung nicht. Die traditionelle Anforderung an den Richter, ihm nur die Entscheidung zu erlauben, die er jenseits aller vernünftigen Zweifel treffen kann, reflektiert diese rechtsstaatliche Vorgabe, und falsifiziert den BGH-Ansatz, wonach jede Schlussfolgerung am Rande einer Plausibilität hinzunehmen sei. Das Gegenteil ist entscheidungstheoretisch richtig: Auch eine hoch plausible Schlussfolgerung des Strafrichters darf nicht zur Verurteilung führen, wenn mögliche Alternativfolgerungen nicht mit einem hohen Grad an Sicherheit ausgeschlossen werden können.

cc) Regeln der Beweiswürdigung

217   Herrscht bereits Unklarheit über die rechtlichen Ansprüche an das gefundene Beweisergebnis – also der zweiten Ebene der Beweiswürdigung –, lässt sich die erste Würdigungsebene trotz jahrhundertelanger Diskussionen auch heute nicht konsensual beschreiben. Jeder Strafprozess ist ein »Indizienprozess«,[164] weil der Richter selbst dem Tatgeschehen nicht beiwohnt und sich mittelbar ein Bild machen muss. Das Bild kann nur aus Schlussfolgerungen entstehen. Der Ausgangspunkt des Schlussfolgerns findet sich in der gerichtlichen Beweisaufnahme. Aus diesen Erkenntnissen hat jeder Richter entlang logischer Operationen auf vergangene Sachverhalte zu schließen. Was diese Operation tatsächlich leitet, ist bis heute mysteriös.

218   *»Warum sprecht Ihr so beharrlich von schlimmen Verbrechen, ohne Euch zu ihren teuflischen Ursachen äußern zu wollen?« – »Weil das Schlußfolgern von den Wirkungen auf die Ursachen eine so schwierige Sache ist, dass allein Gott der Richter sein kann. Uns Menschen fällt es bereits dermaßen schwer, einen ursächlichen Zusammenhang herzustellen zwischen einer so offenkundigen Wirkung wie etwa dem Brand eines Baumes und dem Blitz, der ihn verbrannte, dass der Versuch, lange Ketten von Ursachen und Wirkungen zu konstruieren, mir ebenso wahnhaft erscheint wie der Versuch, einen Turm zu bauen, der bis in den Himmel reicht.«*[165]

219   Mangels göttlichen Beistands hat im Strafprozess das Gericht den wahnhaft erscheinenden Denkprozess zu bewältigen. Der Weg ist irdisch dunkel. Das allseits akzeptierte Prinzip der **Unschuldsvermutung** könnte der entscheidende Ausgangspunkt für die Formulierung stringenter Beweisregeln für den Richter sein. Unschuldsvermutung scheint schon begrifflich dem schlussfolgernden Richter grundsätzliche Vorgaben einer Gedankenführung zu machen, weit weg von »Bauchgefühl« oder stammtischähnlichen Evidenzerlebnissen, hin zu wissenschaftlichen Prinzipien, wie sie beispielsweise die Psychologie mit der »Nullhypothese« formuliert hat. Zwingender Ausgangspunkt könnte die Annahme, der Angeklagte sei unschuldig; ein Schuldurteil ist erst möglich, wenn alle denkbaren Alternativen widerlegt sind. Die Wissenschaft – und erst recht die Rechtsprechung – haben jedoch niemals versucht, diesen sich aufdrängenden Ausgangspunkt für die Frage disziplinierten Denkens einerseits und die Installierung von Beweiswürdigungsregeln andererseits fruchtbar zu machen.

---

163   S. z.B. *Laux/Gillenkirch/Schenk-Mathes* Entscheidungstheorie, 10. Aufl. 2018, 34 ff.; *Meyer* Entscheidungstheorie, 2. Aufl. 2000, 35 ff.; *Schweitzer* Beweiswürdigung und Beweismaß, 2015, 429 ff.

164   BGHZ 53, 245, 260: »Hauptstück des Indizienbeweises ist also nicht die eigentliche Indiztatsache, sondern der daran anknüpfende weitere Denkprozess, kraft dessen auf das Gegebensein der rechtserheblich weiteren Tatsache geschlossen wird.«.

165   *Umberto Eco* Der Name der Rose, 1982, S. 43; Gespräch zwischen dem Abt Pater Abbo und Bruder William von Baskerville.

Das Gesetz kennt keine Regeln, wie aus einem Beweisergebnis Schlussfolgerungen auf schuld- und 220
strafrelevante Sachverhalte gezogen werden können. Dennoch postuliert die Rechtsprechung eine
strenge richterliche Bindung an den Weg des Schlussfolgerns; mag das Ergebnis des Folgerns im
Vergleich mit anderen Ergebnissen nur »möglich« sein, soll das Schlussfolgern eine strenge rationale
Operation sein, die ebenso willkürfrei wie überprüfbar sein soll. Die entscheidenden Maßstäbe finden sich in den »Gesetzen der **Logik**«.[166]

> Dass Argumentationen sich im Rahmen der gesellschaftlich akzeptierten Denkgesetze halten müssen, ist 221
> eine derart selbstverständliche Forderung, dass deren Verfehlen in revisionsgerichtlichen Urteilen selten
> aufscheint. Schlichte Begriffsverwechselungen oder Rechenfehler können nur in Ausnahmefällen – dann
> allerdings zumeist mit aller Deutlichkeit – aufgedeckt werden. Problematischer ist hier allenfalls der in
> diesem Zusammenhang erörterte logisch unzulässige Zirkelschluss, da hier auch von der Rechtsprechung
> logisch schlüssige Erklärungen für die unzulässige Vermischung von vorausgesetzter Annahme und zu
> beweisendem Geschehen bislang nicht gelungen sind.

Die Vorgabe der Logik klingt streng, erfasst allerdings den eklatantesten methodischen Fehler im 222
Beweiswürdigungsprozess gerade nicht: Auch das **konfirmatorische Hypothesentesten** lässt sich
vordergründig als logischer Prozess des Schlussfolgerns darstellen, ohne die dahinter stehenden Ver-
zerrungstendenzen aufzudecken.

> Regelmäßig von der Revisionsrechtsprechung unbeanstandet bleiben daher tatrichterliche Formulierun- 223
> gen des Beweiswürdigungsprozesses, die nicht ein umfassendes Abwägen aller Beweisergebnisse doku-
> mentieren, sondern zunächst einen als richtig »empfundenen« Sachverhalt beschreiben, um anschließend
> entgegenstehende Indizien zu würdigen. Aus einem solchen isolierten Blickwinkel erscheinen entlastende
> Momente häufig mit dem gefundenen belastenden Gesamtergebnis »vereinbar«, tangieren nicht die
> »Stimmigkeit« des vorgegebenen Ergebnisses, »widersprechen« ihm nicht, fügen sich »zwanglos« ein oder
> lassen sich hierin gut »einbinden«. Das ist vielleicht im Einzelfall logisch, missachtet allerdings, dass die-
> selben Formulierungen ebenso im Hinblick auf entlastende Alternativsachverhalte zutreffen können.

dd) Erfahrungssätze

Neben der Logik hat die Rechtsprechung zwei weitere Grenzen der richterlichen Beweiswürdigung 224
aufgezeigt: Zum einen dürfen die Schlussfolgerungen des Richters nicht gegen unbestrittene **wissenschaftliche Erkenntnisse** verstoßen, zum anderen muss eine Schlussfolgerung mit den **allgemeinen Lebenserfahrungen** unserer Gesellschaft konform gehen. Letzteres wird von Strafrichtern gerne
als Einladung verstanden, auch im Bereich des Schlussfolgerns der richterlichen Subjektivität bei
der »freien Beweiswürdigung« zum Durchbruch zu verhelfen. Das Gegenteil ist der Fall: Die Schlussfolgerung von den Beweiserkenntnissen auf einen Urteilssachverhalt stellt einen argumentativen
rationalen Vorgang dar. Kollidiert die Argumentation mit einer der aufgezeigten Beschränkungen,
liegt trotz der Freiheit der Beweiswürdigung ein Verstoß gegen materielle Prinzipien der Sachverhaltsrekonstruktion im Strafprozess vor.

> Methodisch ist bei der Beweiswürdigung zu unterscheiden: Erfahrungssätze sind lediglich der Maßstab, 225
> anhand dessen logische Schlussfolgerungen im Einzelfall zu messen sind. Der Erfahrungssatz ersetzt nicht
> die konkrete Schlussfolgerung. Dies verkennt die Rechtsprechung gelegentlich, wenn in schwierigen
> Beweissituationen oder in Massenverfahren des Betruges mit dem Hinweis auf Erfahrungssätze letztlich
> die über jeden Zweifel erhabene feste richterliche Überzeugung relativiert wird. In Verfahren, die einen
> massenhaften Betrug zulasten Tausender Geschädigter zum Gegenstand haben, verzichtet die Rechtspre-
> chung gerne auf die Anhörung der angeblich Betrogenen, um deren tatbestandsmäßigen Irrtum festzu-
> stellen, da die allgemeine Lebenserfahrung auf eine Irrtumskonstellation verweise.[167] Da dieselbe statistisch
> zu überprüfende Lebenserfahrung zumindest für einen kleinen Teil auch darauf verweist, dass Geschädigte
> aus Gedankenlosigkeit oder anderen Gründen gerade keinem Irrtum unterliegen, muss eine Verurteilung

---

166 S. z.B. BGHSt 17, 382, 385.
167 S. z.B BGH NJW 2013, 1545 f.; StV 2014, 676 f.; NStZ 2015, 98 ff.

des Angeklagten allein aufgrund dieser Erwägung zu einem Teil zwingend falsch sein.[168] Diesen objektivierbaren Zweifel kann auch eine feste subjektive Überzeugung nicht beseitigen. Gleiches gilt für Verurteilungen wegen Beihilfe zu Steuerhinterziehungen, wenn die Haupttaten nicht konkret festgestellt werden, sondern deren Existenz lediglich aus statistischen Zusammenhängen geschlossen werden.[169]

226 Die Regeln für die logischen Schlussfolgerungen entlang der Vorgaben der allgemeinen Lebenserfahrung sind hart; weich ist die Fixierung derartiger Referenzwerte.[170] Eine praktische Umsetzung des theoretisch logischen Ausgangspunktes muss in den zahlreichen Fällen scheitern, in denen der Tatrichter unbeanstandet die Maßstäbe der allgemeinen Lebenserfahrung höchst selbst formulieren darf.

227 Im Mittelpunkt des Schlussfolgerns im Rahmen einer rechtsstaatlichen Beweiswürdigung muss die Transparenz sowohl der Formulierung eines empirisch objektivierbaren Erfahrungssatzes als auch seiner korrekten assoziativen Umsetzung im Entscheidungsfall stehen.

228 Die Formulierung von Erfahrungssätzen durch den BGH lässt sich am ehesten zu Fragen der strafrechtlichen Verantwortung bei Fahrlässigkeitsdelikten nachzeichnen. Die Diskussion um die Vorhersehbarkeit von Kausalabläufen orientiert sich regelmäßig an Maßstäben, die die höchsten Richter der allgemeinen Lebenserfahrung entnehmen. Der – nicht vorsätzlich herbeigeführte – Erfolg soll nur dann voraussehbar sein, wenn er nach der Erfahrung des täglichen Lebens eintreten konnte. Es fehlt nicht an Versuchen, diese Erfahrung zu konkretisieren. So soll die Lebenserfahrung lehren, dass der Fahrer von Beifahrern, die unter Alkoholeinfluss stehen, stets unbedachte Bewegungen erwarten müsse, selbst wenn diese sich bisher in ähnlichen Lebenslagen nicht auffällig verhalten hatten.[171] In einer Entscheidung zum sogenannten Nachschlüsseldiebstahl (§ 243 Abs. 1 Nr. 3 StGB a.F.)[172] erfüllt auch die Benutzung eines dem Berechtigten gestohlenen Schlüssels den Tatbestand, denn es kann »in der Regel nach der Lebenserfahrung ohne weiteres davon ausgegangen werden, dass er mit der Verwendung des Schlüssels seiner ursprünglichen Bestimmung gemäß nicht mehr einverstanden« war.

Erfahrung ist auch Maßstab zum Beleg der Bewertung strafprozessualer Fragen. Der BGH weiß, dass das Schweigerecht in der Bevölkerung nicht derart bekannt ist, dass der vernehmende Polizeibeamte auf einen Hinweis hierauf in seiner Belehrung verzichten könnte.[173] Der Auslegung des § 136 a StPO dient die richterliche »Lebenserfahrung, dass die lähmende Wirkung eines vorangegangenen Druckmittels im Allgemeinen auf weitere Vernehmungen ausstrahlt«.[174] Eine nachträgliche Protokollberichtigung wurde im Hinblick auf mögliche Gedächtnislücken der Urkundspersonen abgelehnt; denn: »wie die Lebenserfahrung lehrt, kann die Erinnerung an eine größere Zahl gleichartiger Vorgänge im Laufe einiger Wochen so verblasst sein, dass sie eine zuverlässige Erklärung nicht mehr gestattet.«[175]

Allgemeinen Erfahrungen wird z.T. die Qualität von Erfahrungssätzen abgesprochen. So bescheinigt der BGH eine zweifelhafte Allgemeingültigkeit der allgemeinen Lebenserfahrung eines Tatrichters, wonach es völlig unwahrscheinlich sein soll, dass jemand einer anderen Person eine Summe von 39.500,00 DM Falschgeld anvertraut, ohne dass diese Person davon in Kenntnis gesetzt würde, worum es sich bei der anvertrauten Sache handele.[176] Wenn in einer anderen Entscheidung gegen eine flugreisende Angeklagte, die selbst keinerlei Erfahrung im Umgang mit Hartschalenkoffer besaß, nach Ansicht der Tatrichter die Lebenserfahrung dafür sprach, dass sie das ohne ihr Wissen versteckte Kokain aufgrund des erhöhten Gewichts (8,8 Kilo statt 7,4 Kilogramm), des dumpferen Klangs beim Abstellen der Koffer und einem

---

168 *Kuhli* Überforderung des Strafprozesses? Zur Frage des verfahrensrechtlichen Umgangs mit Massenbetrugsfällen, StV 2016, 40 ff.

169 OLG Celle StV 2016, 13 f.

170 Zu den jüngsten Forschungen der Bedeutung der allgemeinen Erfahrungssätze bei der Beweiswürdigung s. *Schweizer* Beweiswürdigung und Beweismaß – Rationalität und Intuition, 2015, insbes. 349 ff.; *Kraatz* Der Einfluss der Erfahrung auf die tatrichterliche Sachverhaltsfeststellung – Zum »strafprozessualen« Anscheinsbeweis, 2011.

171 BGHSt 9, 338.

172 BGHSt 21, 189, 190.

173 BGHSt 38, 225.

174 BGHSt 17, 368.

175 BGHSt 2, 128 f.

176 BGH StV 1994, 115.

im letzten Drittel des Kofferbodens vorhandenen Erhöhung als Besonderheit hätte bemerken müssen, war dies nach Ansicht der Revisionsrichter zumindest nicht nachvollziehbar dargelegt.[177] Ein Beweisergebnis stützte der BGH auf seine Lebenserfahrung mit der Wohnsituation in Wohngemeinschaften, die allen Mitgliedern nach Ansicht des Senats den Zugang zu sämtlichen von der Gemeinschaft bewohnten Räume ermögliche und ebenfalls die Nutzung aller der Wohngemeinschaft zur Verfügung stehenden Fahrzeuge mit umfasse.[178] Häufigere Unterstützung finden tatrichterliche Überlegungen zu einer aus der Lebenserfahrung destillierten »verbrecherischen Logik«. Zutreffend habe beispielsweise der Tatrichter berücksichtigt, dass ein Rauschgifthändler »nach den Gepflogenheiten des Rauschgifthandels« nicht ohne Weiteres einen Nicht-Eingeweihten auf eine Drogenfahrt mitnehme.[179]

Der »lebensnahen Betrachtungsweise« des Tatrichters, wonach der Verkauf von einem Kilogramm Heroin zum Preise von DM 45.000,00 »in den einschlägigen Kreisen nicht unbewaffnet durchgeführt« werde, hält der BGH in seiner aufhebenden Entscheidung entgegen, »ein Erfahrungssatz, dass mit einem Kilogramm Heroin in einschlägigen Kreisen nicht unbewaffnet Handel getrieben wird, besteht nicht.«[180] Ähnlich rigoros attestiert der zweite Senat in einem aufhebenden Urteil der Strafkammer »naturgemäß begrenzte Erfahrungen« bei der Einschätzung der Höhe von Kurier-Löhnen bei Betäubungsmittelgeschäften. Dessen Beweiswürdigung wurde als rechtlich unhaltbar bewertet, da »ein allgemeiner Erfahrungssatz mit Wahrscheinlichkeitsaussage des Inhalts, dass Kuriere für den Transport von drei Kilogramm Kokain nicht mehr als 3.000,00 US Dollar erhalten und dass diese Übung in den in Betracht kommenden südamerikanischen Ländern allgemein bekannt ist«, nicht bestehe.[181] Zentrale Beweiswürdigungsargumente werden auch in einem anderen Fall ähnlich deutlich vom BGH demontiert: »Einen Satz der Lebenserfahrung, dass ein Stiefvater, der sich an der älteren Tochter vergangen hat, das auch bei der Jüngeren tut, gibt es entgegen der Ansicht des Generalbundesanwalts nicht.«[182]

»Erfahrungssatz« und »Lebenserfahrung« erscheinen in der Rechtsprechung des Bundesgerichtshofs häufig lediglich als sprachliche Varianten desselben Phänomens und werden in argumentativ vergleichbarer Weise eingesetzt, bis ein anderer Entwicklungsstrang der Rechtsprechung ein Auseinanderdriften der beiden Begrifflichkeiten signalisierte: Nachdem schon früh der Revisionsgrund der fälschlichen Annahme eines nicht bestehenden Erfahrungssatzes entdeckt worden war,[183] etablierte die Rechtsprechungssammlung BGHR mit dem Urteil vom 03.07.1986 unter dem § 261 StPO das neue Schlagwort des Erfahrungssatzes.[184] Der BGH versichert, dass die tatrichterliche Nichtbeachtung des Erfahrungssatzes ein Rechtsfehler[185] und dass die Formulierung der Tragweite allgemeiner Erfahrungssätze eine Rechtsfrage sei[186]. »Erfahrungssätze sind die aufgrund allgemeiner Lebenserfahrung oder wissenschaftlicher Erkenntnisse gewonnenen Regeln, die keine Ausnahme zulassen und eine an Sicherheit grenzende Wahrscheinlichkeit zum Inhalt haben«[187]. Die Begründung der weitergehenden Verbindlichkeit des Erfahrungssatzes wird anders auch dahin gehend formuliert, dass dort nur solche empirisch aus der Beobachtung und Verallgemeinerung von Einzelfällen gewonnenen Einsichten zu verstehen seien, die auf ihren Anwendungsbereich bezogen schlechthin zwingende Folgerungen enthalten, denen auch der Richter folgen muss.[188]

---

177 BGH StV 1993, 116 f.
178 BGH NStZ 2000, 154 f.
179 BGHR, BtMG § 29 Abs. 1 Nr. 1, Einfuhr 35, BGH-Beschl. v. 21.04.1998; BGHR StPO § 261, Erfahrungssatz 6; s. auch BGHSt 3, 216 zum auf der Lebenserfahrung beruhenden notwendigen Umfang der Bemühungen eines Heiratsschwindlers, mit seinem Anliegen »erfolgreich« zu sein.
180 BGHR, StPO § 261, Erfahrungssatz 6, Beschl. v. 08.09.1999.
181 BGH StV 1993, 116.
182 1 StR 476/96, Urt. v. 15.11.1996 (zitiert nach BGH-Nack).
183 Vereinzelte »Vorläufer« des Revisionsgrundes des »nicht bestehenden Erfahrungssatzes« belegen schon reichsgerichtliche Entscheidungen, wie beispielsweise die Kritik an der tatgerichtlichen Ansicht, wonach Wilddiebe bekanntlich nie die Wahrheit sagen sollen – RG HRR 1934 Nr. 615.
184 4 StR 258/86, Urt. v. 03.07.1986, § 261 StPO, Erfahrungssatz 1.
185 BGHSt 19, 82, 83.
186 BGHSt 36, 343: »Denn auch die Frage der Geltung und Tragweiter allgemeiner Erfahrungssätze ist Rechtsfrage im Sinne des § 121 Abs. 2 GVG«.
187 BGH, Beschl. v. 08.09.1999, BGHR StPO 261, Erfahrungssatz 6.
188 BGHSt 31, 89, 90.

Die zulässige Anwendung der Lebenserfahrung soll nur mehr oder weniger naheliegende Anhaltspunkte für einen bestimmten Geschehensablauf liefern.[189]

229   Die Fixierung zahlreicher, womöglich der allermeisten abstrahierten Erkenntnisse zu sozialen Phänomenen ist – jedenfalls für die Zwecke des Strafverfahrens – derart selbstverständlich, dass auch die durch Zuordnung hierzu gewonnene Feststellung eines schlussgefolgerten Sachverhalts als quasi-axiomatische Begründung[190] keiner expliziten Beweisführung bedarf. Erfahrungssätze als entscheidende Leitlinie der Beweiswürdigung müssen – in der aktuellen Terminologie – intersubjektiv akzeptabel sein. Diese Akzeptanz[191] hat den Obersatz des Würdigungsvorgangs zum Gegenstand. Wird die Bewertung eines Beweisergebnisses an einem Maßstab der Extraktion aus der Beobachtung des täglichen Lebens ausgerichtet, so muss diese abstrahierte Beschreibung sozialer Realitäten von allen Rechtsanwendern als richtig – zumindest im Rahmen der Operation als tolerabel – angesehen werden. »Alle Menschen sind sterblich« ist rational unanfechtbarer Bezugspunkt einer Beweiswürdigung[192]; »alle Türken lügen vor Gericht in Deutschland« ist demgegenüber der allgemeinen Akzeptanz nicht zugänglich[193]. Zwischen diesen beispielhaft aufgeführten Polen liegt ein weites Feld diskutabler Beschreibungen der Realitäten. Gerade die erkannte Notwendigkeit einer Diskussion gibt diese Ausgangspunkte nicht der subjektiven Beliebigkeit des anwendenden Richters preis, sondern stellt sie in einen kommunikativen Zusammenhang.

230   Mehr noch: Ein Großteil dieser leitenden Erfahrungssätze ist einer empirischen Validierung zugänglich. Auch das Bewusstsein des Normativen in der Gesetzesanwendung gibt der Justiz in diesem Wertungsbereich nicht die Möglichkeit, sich von den gesellschaftlichen Realitäten zu lösen. Wenn Verteidigung zur Rationalisierung der Beweiswürdigung beitragen will, hat sie daher u.a. auch die Aufgabe, diese Realitäten als verbindliche Leitlinie zu formulieren oder – ggfls. durch empirische Gutachten – formulieren zu lassen.

ee) Die Praxis

231   Die Betonung der Freiheit beim Beweiswürdigungsvorgang lässt die Praxis zumeist vergessen, dass es sich bei der Würdigung um einen nach logischen Kriterien strukturierten Prozess handelt. In den allermeisten Strafurteilen ist für den Leser nicht erkennbar, dass und welcher Struktur der Strafrichter folgt. Selten wird deutlich, dass seine Untersuchung ausschließlich dahin gehen muss, ob die Hypothese der Anklageschrift zutreffend ist. Hierfür braucht er ausreichende Beweismittel, die er beispielsweise bei einem schweigenden Angeklagten und sich widersprechenden Zeugen nicht vorfindet. Bestätigende Beweismittel müssen auf ihre Validität hin, unterschiedliche Beweisergebnisse auf ihr indizielles Gewicht hin abgeklopft werden. Selbst bei der Tendenz zur Bestätigung der Anklagehypothese ist es eine der zentralen Aufgaben der Beweiswürdigung, Alternativhypothesen zu untersuchen. Lassen sich diese nicht ausreichend entkräften, kann die Anklagehypothese niemals Grundlage eines Urteils sein. Eine solche Struktur als Erfordernis einer rechtsstaatlichen Beweiswürdigung erscheint ebenso selbstverständlich,[194] wie sie vom BGH niemals postuliert worden ist.

232   Eine mögliche Überprüfung des tatrichterlichen Tuns lässt sich durch ein Revisionsgericht allenfalls noch an Formalien der **Darstellung der Beweiswürdigung im Urteil** festmachen. Es war der Zwang

---

189 S. *Jähnke* Über die Befugnis des Revisionsgerichts zur Nachprüfung der tatrichterlichen Beweiswürdigung, in: Festschrift für Hanack (1999), 355 – 367, 358.

190 S. hierzu *Klug* Juristische Logik, 4. Aufl. 1982, S. 174 ff.

191 S. allgemein zur Bedeutung der Akzeptanz als Legitimationskriterium richterlichen Entscheidens: *Freund* Richtiges Entscheiden – am Beispiel der Verhaltensbewertung aus der Perspektive des Betroffenen, insbesondere im Strafrecht, GA 1991, 387–410, 394 ff.

192 S. zu diesem Beispiel *Herdegen* Die revisionsgerichtliche Kontrolle der Beweiswürdigung, in: Rechtssicherheit versus Einzelfallgerechtigkeit – Kolloquium der AG Strafrecht des DAV (1991), 30 ff., 42.

193 OLG Karlsruhe VRS 56, 359.

194 S. z.B. *Frisch* Von Beweisregeln über die freie zur strukturierten Beweiswürdigung, in: Fischer (Hrsg.) Beweis, 2019, S. 161 ff., 169 ff.

zur Begründung der Entscheidung, der den Vätern der StPO – im Gegensatz zur unbegründeten Jury-Entscheidung – als Garant für den Willkürausschluss galt. Die vernunftgeleitete Begründung einer Entscheidung sollte einen weitreichenden Willkürschutz sicherstellen; auch die Freiheit der richterlichen Würdigung konnte nicht zu Fehlurteilen führen, da – so die Überzeugung der Gesetzesväter – die Tatsachenerkenntnis ein deduktiver Prozess des Schlussfolgerns sei, bei dem Irrationalitäten sich unschwer in der Begründung aufdecken ließen.[195] Die Idee der Garantie ist längst verblasst; dass auch Begründungen emotionale Entscheidungsstrukturen phänomenal verdecken können, ist mittlerweile erkannt. Es verbleibt allerdings ein Rest an Überprüfungspotenz: Die Beweiswürdigung muss nach aktuellen Vorgaben der Rechtsprechung **erschöpfend, umfassend und lückenlos** sein.

Die Selbstverständlichkeit, dass alle Beweisergebnisse in die Würdigung einbezogen werden müssen,   233
hat die Rechtsprechung mit dem Begriff der **»Gesamtwürdigung«** genutzt, um zu einer Erweiterung des Freiheitsraums der Würdigung zu gelangen. Erscheinen einzelne Indizien evident kaum zu einer Schuldüberzeugung geeignet, betont die – verurteilende – Rechtsprechung gerne, dass eine Vielzahl von Indizien doch den Weg zur Schuldfeststellung öffnen kann. Ohne dass Kriterien für Gewichtungen einzelner Indizien oder die besondere Qualität der »Gesamtschau« aufgezeigt werden, erscheint dieser Begriff häufig nicht mehr als die rational anmutende Kaschierung zur Begründung gefühlter Ergebnisse. Denn tatsächlich kann auch eine Addition wenig wahrscheinlicher Schlussfolgerungen kein fixes Tatbild begründen.

> Dass der Denkansatz ein anderer sein müsste, betont der 2. Strafsenat: »*Diese Überlegungen lassen erneut*   234
> *besorgen, dass das LG aufgrund jeweils für sich genommen wenig aussagekräftiger Umstände konkrete Schlüsse* *auf das erwartete Beweisergebnis gezogen hat, ohne die geringe Aussagekraft der Einzelindizien genügend zu* *beachten. Auch eine Summe von Beweisanzeichen, die jeweils geringe Aussagekraft haben und keinen zwingenden Schluss zulassen, der alle in Frage kommenden Alternativhypothesen ausschließt, gestattet im Einzelfall* *nicht mehr als die Annahme eines Verdachts.*«[196]

Unter einem anderen Aspekt kann die »Gesamtwürdigung« dagegen sehr wohl Ansätze für eine   235
rationalere Beweiswürdigung andeuten. Als formales Prinzip kann der Zwang zur vollständigen Erfassung und Bewertung der Beweisergebnisse auch dahin verstanden werden, dass vorschnelle Überzeugungsbildungen verhindert werden sollen. Ein rechtsstaatlich tolerables Ergebnis kann nicht dadurch gewonnen werden, dass ein aufgrund weniger Indizien gefundenes Ergebnis anschließend nur noch dahin gehend abgeklopft wird, ob weitere Resultate der Beweisaufnahme der zügig gefundenen Ursprungsvariante entgegenstehen oder sie sogar widerlegen. Die Begründung der Überzeugung bedarf eines ganzheitlichen Blicks, denn nur so ist sichergestellt, dass jedes Indiz in angemessener Weise Eingang in die Gesamtbewertung findet. Die materiell geforderte Disziplinierung des richterlichen Denkens muss sich formal im Urteil widerspiegeln.

> Die »Urteilsgründe müssen erkennen lassen, dass es (das Gericht) alle Umstände, welche die Entscheidung beeinflussen können, in seine Überlegungen einbezogen hat. Aus den Urteilsgründen muss sich   236
> ferner ergeben, dass die einzelnen Beweisergebnisse nicht nur isoliert gewertet, sondern in eine umfassende Gesamtwürdigung eingestellt wurden. Hierbei sind das Gewicht und Zusammenspiel der einzelnen Indizien in einer Gesamtschau zu bewerten.«[197]

> »Selbst wenn also die Strafkammer für alle im Zusammenhang mit der Aussage der Nebenklägerin festgestellten Umstände rechtsfehlerfrei eine tragfähige Erklärung gefunden hätte, dass und warum diese jeweils für sich nicht geeignet seien, durchgreifende Bedenken hinsichtlich der Glaubwürdigkeit der Nebenklägerin und der Glaubhaftigkeit von deren Angaben zu begründen, hätte es der Erörterung bedurft, ob sich solche Bedenken aus der Vielzahl der Umstände und deren Erheblichkeit mit Blick auf das Tatkerngeschehen ergeben könnten. In die Gesamtwürdigung hätte jedenfalls in einem Fall wie dem vor-

---

195 *Velten* Fehlentscheidungen im Strafverfahren, GA 2015, 387 ff., 393.
196 BGH 2 StR 29/15 HRRS 2015 Nr. 767.
197 BGH StV 2018, 193.

liegenden auch die Einlassung des Angeklagten, soweit ihr gefolgt und soweit sie widerlegt ist, einbezogen werden müssen.«[198]

237 Als allgemeine Darstellungsanforderung ist der Rechtsprechung darüberhinaus durchaus geläufig, dass Alternativhypothesen zur Anklage aufzuspüren, zu beschreiben und gegebenenfalls zu widerlegen sind. Für den Ausschluss der konkurrierenden Hypothesen genügt es dabei im Rahmen einer rationalen Beweiswürdigung nicht, die vom Angeklagten aufgestellten Hypothesen einfach als nicht glaubhafte Einlassungen abzutun oder gar – gestützt auf das Gefühl – zu behaupten, dass dem Gericht die Aussage des Opfers glaubhafter als die des Angeklagten erscheine. Eine überzeugende Widerlegung der Hypothese setzt eine durch Logik und Erfahrung gestützte, intersubjektiv zugängliche rationale Begründung voraus.[199]

Das Aufspüren von Lücken durch das Revisionsgericht ist allerdings dadurch entscheidend behindert, dass es keine vollständige Darstellung sämtlicher be- und entlastender Gesichtspunkte anfordert, sondern bereits hier eine Selektion des Tatrichters toleriert. Erfahrene Strafkammer-Vorsitzende rühmen sich der Kunst, revisionssichere Urteile durch Formulierungen zu verfassen, die in ihrer vorgeblichen Schlüssigkeit keinen Blick auf die Fragwürdigkeiten der Beweisaufnahme eröffnen.

238 Den Weg zu einer den Angeklagten belastenden Verfälschung der Beweiswürdigung eröffnet die Revisionsrechtsprechung bereits seit Jahren in den Fällen, in denen sich das Tatgericht nicht von der Täterschaft des Angeklagten überzeugen konnte und ihn deswegen frei gesprochen hat. Hier entdeckt der BGH häufig, dass die Tatgerichte überspannte Anforderungen an die tatgerichtliche Überzeugung gestellt haben. Spricht das Tatgericht frei, weil das Beweisergebnis auch alternative Erklärungen zulässt, die eine Täterschaft ausschließen, verengt der BGH bewusst den Bewertungsspielraum. Während er ansonsten jeden möglichen Schluss als akzeptabel anerkennt, will er berechtigte Zweifel des Richters an der Täterschaft nur zulassen, wenn es hierfür im Verfahren konkrete objektive Anhaltspunkte gibt.[200] Mögliche entlastende Sachverhalte werden ausgeblendet und als fernliegende hypothetische Möglichkeiten desavouiert. Lebenserfahrung gilt nicht, wenn sie sich nicht konkret in der von der Polizei gestalteten Akte niederschlägt. Der ohnehin einseitig eingeschränkte Blick bei der Aktengestaltung erhält so die Weihen des allein Naheliegenden.

▶ **Beispiel:**[201]

239 Das Tatgericht hatte den jugendlichen Täter vom Vorwurf der Brandstiftung freigesprochen, obwohl sich sein Fußabdruck auf dem Sattel eines Fahrrads befand, das gegen eine Mauer gelehnt war. Jenseits der Mauer befanden sich die angezündeten Autos. Das Tatgericht hatte gesehen, dass möglicherweise das Fahrrad zur Steighilfe benutzt wurde, um die Mauer zu überwinden und die Tat zu begehen. Gleichzeitig hielt es allerdings auch für möglich, dass der Angeklagte aus Neugierde sich auf den Sattel gestellt hatte, um sich den Tatort näher anzuschauen. Angesichts der Umstände des Falles hielt der BGH diese Alternative für derart fernliegend, dass dessen Berücksichtigung angeblich schlicht rechtsfehlerhaft war. Unter dem Deckmantel von Wahrscheinlichkeitsüberlegungen war die erste Alternative letztlich allein deswegen zu bevorzugen, weil sie dem Täterbild und Tatbild entsprach, das von den Ermittlungsbehörden in der Akte vorgezeichnet worden war.

240 Die Praxis der deutschen Rechtsprechung eröffnet damit dem Strafrichter letztlich – bis auf grob konturierte Extrembereiche – im Rahmen der Beweiswürdigung eine weite unüberprüfbare Würdigungs- und Entscheidungsfreiheit. Überlagert wird diese Situation allerdings von dem Phänomen, dass das ohne zwingende Beweisregeln gefundene Urteil von Tatrichtern den Revisionsgerichten gelegentlich intuitiv widerstrebt und diese Intuition unerwartet über gerügte Fehler in der Beweis-

---

198 BGH StV 2019, 519 ff.
199 *Frisch* Von Beweisregeln über die freie zur strukturierten Beweiswürdigung, in: Fischer (Hrsg.) Beweis, 2019, S. 161 ff., 169 ff.; ders. in: FS Stürner, 2013, 857 ff.
200 BGH NStZ 2009, 401; NJW 2012, 2453 f.
201 BGH NStZ-RR 2015, 255 f.

würdigung umgesetzt wird, ohne diese Rügen einem stringenten Gerüst einer Theorie der Beweiswürdigung unterzuordnen.

Ohne jede Bezugnahme auf die bislang formulierten groben Vorgaben zu den Grenzen der freien **241** Beweiswürdigung behauptet beispielsweise der Bundesgerichtshof seit einiger Zeit die Notwendigkeit in bestimmten Prozesslagen – z.B. in der beweisarmen Situation »Aussage gegen Aussage« – eine **besonders sorgfältige Beweiswürdigung** vorzunehmen. Da Kriterien zur Differenzierung zwischen einer normalen Beweiswürdigung und solcher mit erhöhten Anforderungen nicht einmal ansatzweise formuliert werden können, kommt die derart formulierte Problematik über einen unverbindlichen Appellcharakter an den Tatrichter nicht hinaus. Er muss lediglich damit rechnen, dass – für ihn ebenso unvorhersehbar – das Verdikt des Würdigungsfehlers durch das unzufriedene Revisionsgericht auf ihn zukommen kann.

Wenn auch ohne den Willen der Systematisierung ist unverkennbar, dass gelegentlich gehäufte Aufhe- **242** bungsentscheidungen der Revisionsgerichte allmählich Anhaltspunkte für weitergehende Beweiswürdigungsprinzipien in Einzelfällen ausbilden können. So ist es beispielsweise selbstverständlich geworden, dass in kontroversen Beweissituationen Motive für eine Falschbelastung durch Zeugen oder Mitangeklagte regelmäßig zu überprüfen sind. Bei einer Aussage-gegen-Aussage-Konstellation kann eine Verurteilung allein auf die Angaben eines Belastungszeugen nicht gestützt werden, wenn dieser in einem wesentlichen Teil bewusst falsch ausgesagt hat und keine gewichtigen anderweitigen objektiven Gründe für die Tat vorliegen.[202] Belastende Aussagen kindlicher Zeugen setzen eine Genesis dieser Aussage insbesondere außerhalb des Ermittlungsverfahrens voraus.[203] Anlass und Ausmaß der Hoffnung auf Strafmilderung bei Kronzeugen[204] sind ebenso zwingend als Abwägungsfaktoren zu erörtern wie Ursachen und Ausmaß anderweitiger Lügengeschichten eines Zeugen, dem das Gericht im »Kerngeschehen« dennoch folgen will. Das Scheitern eines Alibis darf nicht zur Grundlage der Überzeugungsbildung von der Täterschaft gemacht werden.[205] Wiederholtes Wiedererkennen des Angeklagten durch einen Zeugen hat lediglich einen eingeschränkten Beweiswert.[206] Der späte Zeitpunkt eines Entlastungsbeweises mindert nicht dessen Wert.[207] Ohne die direkte Aussage eines gesperrten V-Mannes kann die Aussage des Vernehmungsbeamten dann keine ausreichende Beweisgrundlage sein, wenn sie nicht in wesentlichen Punkten durch zusätzliche Beweisanzeichen gestützt wird.[208] Den Ergebnissen eines Sachverständigen hat das Gericht zu folgen – ansonsten muss es sich so mit dem vorliegenden Gutachten auseinandersetzen, dass das Gericht sein besseres Fachwissen belegen kann.[209]

Obwohl solche Beispiele andeuten, dass es rechtstechnisch durchaus die Möglichkeit gibt, bindende **243** **Beweisregeln** für den Tatrichter zu formulieren und damit einen der rechtsstaatlichen Überprüfbarkeit weitgehend entzogenen Bereich transparenter zu gestalten, belässt es die Rechtsprechung aktuell bei der exemplarischen Formulierung von Konstellationen, in denen man eine bestimmte Würdigungsqualität erwartet. Für die Strafverteidigung geben diese Ansätze zumindest Anlass, in den angesprochenen Themenbereichen aktiv zu werden, um durch eine Verengung der Sachverhaltsbasis negative Schlussfolgerungen zu minimieren und dadurch die Revisibilität – oder die Befürchtung des Tatrichters hiervor – zu erhöhen.

---

202 BGH NStZ 2015, 602.
203 BGH NStZ 2000, 496 ff.
204 BGH NStZ-RR 2002, 146 ff.
205 BGH NStZ 1997, 96; StV 1985, 356 f., 401.
206 BGH NStZ 2003, 493 f.
207 BGH NStZ 2002, 161.
208 BGH NStZ 1994, 502; 2002, 656.
209 BGH StV 2015, 675 f.

c) Historie und rechtspolitischer Ausblick

244   Beweisregeln[210] sind traditionell ein taugliches Mittel des Normgebers, bindende Vorgaben für den würdigenden Richter zu kreieren.[211]

245   »Auf zweier oder dreier Zeugen Mund soll sterben, wer des Todes wert ist; aber auf eines Zeugen soll er nicht sterben.« 5. Buch Moses 17, 6.

     »Item eyn jede gnugsame anzeygung darauff man peinlichen fragen mag, soll mit zweyen guten zeugen, bewisen werden, wie dann inn etlichen artickeln darnach von gnugsamer beweisung geschrieben steht.« Peinliche Halsgerichtsordnung von 1532.

246   Dass sich abschließende richterliche Entscheidungen bis hin zur Schuldfeststellung weder formalisieren noch rational erfassen lassen, gilt erst seit der Schaffung des reformierten Strafprozesses im 19. Jahrhundert als allgemeine Erkenntnis.[212] Vorstellungen vom »Evidenzerlebnis« des Entscheiders bei der Urteilsfindung geben psycho-laienhaft den Befund wieder. Dass die richterliche Beweiswürdigung letztlich der strengen Rationalität und damit der Kontrolle entbehre, ist allerdings einem Missverständnis angeblich aufklärerischen Gedankenguts zu verdanken. Wenn das Reichsgericht und der Bundesgerichtshof die persönliche Gewissheit des entscheidenden Richters zur Grundlage moderner Beweiswürdigung erheben, hat dies seine Wurzeln in den von der französischen Revolution eingeführten Geschworenengerichten,[213] – und damit nicht in der Idee der deutschen StPO, die in dem rationalen Begründungszwang einer Entscheidung ein Äquivalent zur Lenkung durch Beweisregeln sah. »Natürlicher Verstand und gewöhnliche Lebenserfahrung«[214] als Grundlage richterlicher Wahrheitsfindung grenzte sich nach französischem Vorbild vom elitären, als künstlich empfundenen System der überkommenen Gelehrtenstrafgerichtsbarkeit ab. Getragen war diese Idee vom unendlichen Vertrauen in demokratische Institutionen, und war damit organisatorisch abhängig vom Jury-System.

247   Die Laienbeteiligung[215] an der Rechtsprechung hatte als demokratischer Fortschritt den Nachteil mangelhafter Kompetenz, subjektive Überzeugungsbildung nachvollziehbar zu beschreiben. Konsequent begnügte sich das Recht mit der Mitteilung der Laienjury vom Ergebnis seiner Überlegungen. Ausreichend war der laienhafte Gesamteindruck der gerichtlichen Beweisaufnahme.[216] Die Strategie zur Minimierung von Fehlurteilen bestand – nach angelsächsischem Vorbild – in einem demokratischen Aspekt. Die Mehrheit sollte die Folgen des Evidenzprozesses für den Verurteilten legitimieren. Der politische Preis für ein einheitliches Schwurgericht im gesamten Deutschen Reich war der Verzicht auf eine Berufungsinstanz. Der Grund für diese legislatorische Strategie entfiel für das deutsche Prozesssystem nach Abschaffung der Schwurgerichte, ohne dass die zweite ursprüngliche Idee der Richtigkeitsgarantie eines Urteils durch die Überprüfung in der Berufungsinstanz

---

210 Die Ausführungen folgen weitgehend *Sommer* Lebenserfahrung – Gedanken über ein Kriterium richterlicher Beweiswürdigung, FS Rieß 2002, S. 585 ff.

211 Zur Historie s. z.B. *Walter* Freie Beweiswürdigung 1979; *Geipel* Handbuch der Beweiswürdigung, 3. Aufl. 2017, S. 5 ff; *Piel* Regeln für die richterliche Beweiswürdigung oder ein Parforceritt durch die Geschichte der (freien) Beweiswürdigung, Fischer FS 2018, 1193 ff.; zum Zusammenhang der historischen Entwicklung der freien Beweiswürdigung mit der veränderten Richterrolle s. *Salditt* Ungebundene Beweiswürdigung unabhängiger Richter? Über das Vermächtnis des 19. Jahrhunderts, in Fischer (Hrsg.) Beweis, 2019, S. 139 ff.

212 Dass der historische Inquisitionsprozess in seinem Anspruch an die Erforschung der »Wahrheit« auch durch die Reformen des 19. Jh. nicht angetastet werden sollte, ist mittlerweile belegt: s. *Ignor* Geschichte des Strafprozesses in Deutschland 1532–1846 2002, S. 47 ff., 211 ff.; *Haas* Strafbegriff, Staatsverständnis und Prozessstruktur 2008, S. 230 ff.

213 S. hierzu näher *Jerouschek* Wie frei ist die freie Beweiswürdigung?, GA 1992, 493 ff., 495 ff.

214 *Zachariä* Die Gebrechen und die Reform des Deutschen Strafverfahrens 1846, S. 307.

215 Näher *Rieß* Über das Schwurgericht im Deutschen Strafprozeß, Widmaier FS, 2008, 473 ff., 494 f.

216 S. *Walter* Freie Beweiswürdigung, S. 68 f. zum französischen Vorbild der »intime conviction«; zur absoluten Ungebundenheit dieser Urteilsfindung s. *Glaser* Beiträge zur Lehre vom Beweis im Strafprozess 1883, S. 17 ff.

reaktiviert wurde. Die weitere Idee der Kompensation durch eine Binnenkontrolle mittels Kollegialgerichten zerschellte an der häufig fiskalisch motivierten Entwicklung einer Reduktion der Spruchkörper.[217] Die Kompensation des Willkürelements besteht daher ausschließlich in einer **Forderung
nach weitgehender Rationalität** des richterlichen Entscheidungsprozesses und der intellektuellen
Vermittelbarkeit. Der Anspruch auf Rationalität sollte auch im modernen Rechtsstaat nicht abgeschafft werden.

> Die Rechtsprechung berief sich auf die traditionellen Wurzeln des modernen Rechtsstaats, in dem die 248
> Befreiung des aufgeklärten Richtertums von den als mittelalterlich empfundenen starren Beweisregeln
> als Fortschritt gefeiert wurde. Man betonte den Effekt, dass erst die Lösung von dem formellen Verurtei-
> lungserfordernis des Geständnisses die Folter entbehrlich machte. Diese Rechtsprechung kam ins Wan-
> ken, nachdem das historisch stark verkürzte Verständnis dieser »modernen« richterlichen Freiheit auf-
> gedeckt wurde. Die Wurzeln der gesetzgeberischen Fixierung der freien Beweiswürdigung in § 261
> belegen anderes.[218] Dessen unmittelbarer gesetzlicher Vorläufer im preußischen Gesetze von 1846 wurde
> auch als Ausdruck der Überwindung des gemeinrechtlichen Inquisitionsprozesses mit seinen festen Beweis-
> regeln verstanden. Die gewonnene richterliche Freiheit der Beweiswürdigung wurde jedoch eng mit deren
> Rationalität und Überprüfbarkeit durch eine höhere Instanz verknüpft.[219] Schon Friedrich der Große,
> beeinflusst durch die Aufklärung, hatte seine Richter angehalten, auch ohne Geständnis zu einer Ver-
> urteilung zu gelangen, wenn »sonnenklare« Indizien die Schuld des Angeklagten belegten.[220]

Die Forschung hat auch der aktuellen Rechtsöffentlichkeit wieder in Erinnerung gerufen, dass die 249
Beweisregeln noch im 18. Jahrhundert von der deutschen Rechtswissenschaft selbst nach der Rezeption aufklärerischer Ansätze als sinnvolle Hilfestellung des Richters interpretiert wurden. Sie spie-
gelten bei der Beweiswürdigung die Bindung des Richters an einen – allerdings abstrahierten – Maßstab allgemeiner Lebenserfahrung wider. Auch wenn sie später als kodifizierte Durchschnittserfahrung,
als Einzwängen des Richters in formale Schemata sowie als Reduktion der Beweiswürdigung auf ein
mechanisches Anpassen von Beweisregeln kritisiert[221] und letztlich eliminiert wurden, war hiermit
nicht ein Konzept verbunden, den Tatrichter aus der kontrollierbaren Verpflichtung einer »lebensnahen« Beweiswürdigung zu entlassen.[222]

> Feuerbach forderte noch zu Beginn des 19. Jahrhunderts vehement Vorgaben des Gesetzgebers in Form 250
> einer »Beweistheorie«. Eine solche Vorgabe *»wird den Richter nicht in einen blinden Automaten verwan-
> deln, aber sie wird verhindern, daß er nicht auf Phantasieflügeln über das Reich der Wahrheit hinausflattere
> und ein Wolkenbild mit innigster Überzeugung statt der Wahrheit umarme«.*[223]

In einem letztlich unbegründeten **Rationalitätsoptimismus**, der alsbald als extremer Pendelausschlag 251
in einem richterlichen Subjektivismus enden sollte,[224] vertrauten die Väter der modernen deutschen
Strafprozessordnung des 19. Jahrhunderts anderen Kontrollmechanismen als der Starrheit fixer
Beweisregeln, wie beispielsweise der besonnenen richterlichen Reflexion und deren rationale Dar-
stellung in den Urteilsgründen.[225] Wissenschaft und Rechtsprechung haben zwar faktisch die absolute
Freiheit des Strafrichters in der Beweiswürdigung seit Langem abgeschafft. Unklar ist, was an dessen
Stelle getreten ist.

---

217 *Salditt* Strafverteidiger in streitiger Hauptverhandlung, StraFo 2015, 1, 3.
218 *Rieß* Zur Revisibilität der freien tatrichterlichen Überzeugung, GA 1978, 257 ff., 262 f.
219 *Savigny* Die Prinzipien in Beziehung auf eine neue Strafprozeßordnung, Über Schwurgerichte und
   Beweistheorie im Strafprozesse, in: GA 6, 1858, 469 ff., 485.
220 *Salditt* Ungebundene Beweiswürdigung unabhängiger Richter? Über das Vermächtnis des 19. Jahrhunderts, in Fischer (Hrsg.) Beweis, 2019, S. 139 ff., 140.
221 S. *Ortloff* Beweisregeln und Entscheidungsgründe im Strafprozesse, in: GA 8, 1860, 463.
222 *Küper* Historische Bemerkungen zur »freien Beweiswürdigung« im Strafprozess, FG Peters, S. 23 ff.,
   insb. 38 ff.
223 *Feuerbach* Betrachtungen über das Geschwornen-Gericht, 1813, S. 132.
224 S. zur historischen Entwicklung *Sarstedt* Beweisregeln im Strafprozeß, FS E. Hirsch, S. 171 ff., 173 f.
225 S. z.B. *Glaser* Handbuch des Strafprozesses 1883, S. 350 ff.; grundlegend *Savigny* Die Prinzipienfragen
   in Beziehung auf eine neue Strafprozeßordnung, GA Bd. 6 (1858), 468 ff., Bd. 7 (1859), 577 ff.

252 Der Hinweis auf die zwingende Berücksichtigung naturwissenschaftlicher Erkenntnisse erfolgt über revisionsgerichtliche Vorgaben, deren Charakter als Beweisregeln im Einzelfall unverkennbar ist. Wenn dem Tatrichter der würdigende Umgang mit DNA-Analysen, Blutgruppengutachten oder bestimmten polizeilichen Messverfahren im Strafverfahren bindend vorgegeben wird, ist er von einem freien Umgang mit dem Beweisergebnis der Hauptverhandlung weit entfernt.[226] Die von der Rechtsprechung vorgegebenen Kriterien beispielsweise zur Glaubwürdigkeitsbeurteilung kindlicher Zeugen wirken sich ähnlich aus, ohne naturgesetzlichen Erkenntnissen zu entspringen. Der BGH bezeichnet diese Vorgaben nicht als Beweisregeln.[227] Erst recht versagt er sich eine systematisierende Einordnung respektive ein übergreifendes Regelwerk, das allgemein die Möglichkeiten der persönlichen Überzeugungsbildung des Richters strukturiert.

253 Die Diskussion um die Überwindung der subjektivistischen Auffassung der Beweiswürdigung hat das Ziel wieder deutlich werden lassen, an dem sich jede Formulierung einer Beweistechnik zu orientieren hat: Vermeidung des Risikos von Fehlurteilen.[228] Wird nicht das ehrbare Bemühen des Richters um ein möglichst »wahres« Urteil als ausreichende Garantie für den Schutz von Freiheitsrechten erachtet, so hat die Rechtsordnung verbindliche und damit objektivierbare Leitlinien zum richterlichen Umgang mit dem Beweisergebnis einer Hauptverhandlung vorzugeben. Die Legitimation des Risikos eines Fehlurteils ist nicht im richterlichen Gewissen, sondern in Grundsatzentscheidungen zu gesellschaftlicher Lastenverteilung zwischen staatlicher Ordnungsmacht und individuellen Freiheitsrechten in einem demokratischen Rechtsstaat zu suchen.[229] Das Entscheidungsnormensystem hat sich in dem Spannungsfeld zwischen verfassungsmäßig verbürgten Freiheitsrechten, dem Grundprinzip der Unschuldsvermutung, dem Tatschuldgedanken, den Strafzwecken und den realistischen Erkenntnismöglichkeiten eines Strafprozesses zu bewegen.[230]

254 Freiheit und Grenzen der richterlichen Beweiswürdigung sind damit allenfalls als Problem erfasst. Das Gesetz ist von einer Lösung weit entfernt. Wenn in der Rechtswissenschaft[231] aktuell Einmütig-

---

226 Dazu schon *Sarstedt* Beweisregeln im Strafprozeß, FS E. Hirsch, S. 171 f., wonach sich »in aller Stille« Beweisregeln durch den BGH eingeschlichen hätten; zu den Beispielen s. S. 177 ff.

227 Außerhalb der Entscheidungstexte werden von Senatsmitgliedern solche Regeln nahezu verschämt als Beweisregeln bezeichnet, s. z.B.: *Nack* Der Zeugenbeweis aus aussagepsychologischer und juristischer Sicht, StraFo 2001, 1, 4. Die »Qualität klassischer Beweisregeln« wird der Rechtsprechung zur Verwertung von Angaben des V-Mannes und zum eingeschränkten Beweiswert wiederholten Wiedererkennens attestiert von *Jähnke* Über die Befugnis des Revisionsgerichts zur Nachprüfung der tatrichterlichen Beweiswürdigung, FS Hanack, S. 355 f.; dass aktuelle Beweiskriterien für den Strafprozess nicht originell sind, sondern teilweise schon frappierend den strengen formalen Regeln der Carolina entsprechen zeigt *Piel* Fischer_FS 2018, 1193 ff.

228 S. *Stein* »Gewißheit« und »Wahrscheinlichkeit« im Strafverfahren, in: Wolter (Hrsg.), Zur Theorie und Systematik des Strafprozeßrechts, 233 ff., 246; *Herdegen* Die Überprüfung der tatsächlichen Feststellungen durch das Revisionsgericht auf Grund der Sachrüge, StV 1992, 527, 533.

229 *Stein* »Gewißheit« und »Wahrscheinlichkeit« im Strafverfahren, in: Wolter (Hrsg.), Zur Theorie und Systematik des Strafprozeßrechts, S. 256: »Der Sprung von der rational begründeten Vorstellung einer Tatschuldwahrscheinlichkeit zur persönlichen Gewißheit der Tatschuldverwirklichung des Angeklagten ist ein irrationaler Akt, mit dem das Bewußtsein des Fehlverurteilungsrisikos psychisch verdrängt wird.«.

230 Zur Diskussion über den Zusammenhang zwischen Fehlverurteilungsrisiken und verfassungsmäßigen Vorgaben s. z.B *Freund* Normative Probleme der »Tatsachenfeststellung« 1987, S. 64, 67 ff.; *ders.* Richtiges Entscheiden – am Beispiel der Verhaltensbewertung aus der Perspektive des Betroffenen, insbesondere im Strafrecht. Zugleich ein Beitrag zur Relativität objektiver Daten, GA 1991, 387 ff.; *Hoyer* ZStW 105, 1993, 523 ff., 537 ff.; *Stein* »Gewißheit« und »Wahrscheinlichkeit« im Strafverfahren, in: Wolter (Hrsg.), Zur Theorie und Systematik des Strafprozeßrechts, S. 246 ff.

231 *Herdegen* Die revisionsgerichtliche Kontrolle der Beweiswürdigung, in: Rechtssicherheit versus Einzelfallgerechtigkeit – Kolloquium der AG Strafrecht des DAV 1991, S. 30 ff., 39 ff.; *ders.* Bemerkungen zur Beweiswürdigung, NStZ 1987, 193 ff.; *ders.* Die Überprüfung der tatsächlichen Feststellungen durch das Revisionsgericht auf Grund der Sachrüge, StV 1992, 527 ff., 533; *ders.* Die strafprozessualen Beweiswürdigungstheorien des Bundesgerichtshofs, FS Hanack, S. 311 ff.; *Schmidt* Grundsätze der freien richterlichen Beweiswürdigung im Strafprozeßrecht 1994, S. 151 ff. unter Bezugnahme auf das

keit darüber herrscht, dass auch die freie richterliche Beweiswürdigung eine nachvollziehbare logische Operation darstellt und sich nicht durch die persönliche Gewissheit des Richters definiert, ist damit nur der Anspruch formuliert.

Zumindest bei der urteilsentscheidenden richterlichen Beweiswürdigung akzeptiert das Gesetz einen 255 emotionalen Anteil an der Entscheidungsfindung. Der Anspruch auf Rationalität wird formuliert, aber in der Praxis nicht eingelöst. Die Steuerung und Kontrolle des Entscheidungsvorgangs nach rechtlichen Maßstäben ist der Verteidigung daher verwehrt.

Minimalisierungen von Urteilsheuristiken lassen sich auch im Bereich der engeren Beweiswürdigung 256 formalisieren. Ist die Vermeidung von Irrtümern durch Vorprägungen eines der Ziele der Prozessnormen, die durch ein enges Handlungs- und Denkkorsett gesellschaftlich eingeübtes und damit automatisiertes Entscheidungsverhalten verlassen und distanziert kritisches Urteilen fördern wollen, lässt sich dieser Weg auch konsequent im besonders anfälligen Bereich der richterlichen Überzeugung vom Ergebnis seiner Rekonstruktionsbemühungen fortsetzen. Der schlichte Appell an erhöhte Rationalität ist wirkungslos, wo nicht Denkschemata vorgegeben werden, die zumindest Reflexionen über mentale Kurzschlüsse eröffnen. Als Stimulans für Metakognitionen erscheinen Beweisregeln unabdingbar.

IV. Zum Umgang der Verteidigung mit der Emotionalität des Urteils

Der Kampf ums Recht bedeutet für den Verteidiger primär Kampf um die Formung eines Urteils- 257 bildes. Will er am Ende der Beweisaufnahme ein für seinen Mandanten positives Bild erreichen, darf er sich nicht mit der Präsentation der eigenen Sicht begnügen, sondern muss versuchen, den **Prozess der richterlichen Überzeugungsbildung nachzuvollziehen und zu beeinflussen.** Das Arsenal der »Waffen« für diesen Kampf mutmaßt der Verteidiger traditionell in der StPO. Das Feld der Beeinflussung ist angeblich der rationale Diskurs. Tatsächlich befinden sich richterliche Entscheidungswege oft weit entfernt von den gesetzlichen Thematiken und intersubjektiv vermittelbaren Denkstrukturen. Auch der richterliche Entscheidungsprozess wird dominiert von Emotionen und nicht fassbaren neurologischen Zwangsläufigkeiten, von Heuristiken und deren Fehlleitungen.

Die Irrationalität widerspricht der Erkenntnis und Ausbildung der Juristen, die die besondere Qua- 258 lität der juristischen Entscheidungsfindung gerade in ihrer rationalen Vorhersehbarkeit suchen. Es ist die Grundidee rechtsstaatlicher Konfliktlösung, aus einem abstrakten Rechtssatz durch bewusst steuerbare Subsumtionsprozesse Rückschlüsse auf die richtige Entscheidung im Einzelfall ziehen zu können. Bewusste oder unbewusste Subjektivität – die vom Beurteilten empfundene Willkür – soll durch gesetzliche Vorgaben weitgehend ausgeschaltet werden. Das Gesetz soll die Entscheidungsfindung steuern – nicht das »Bauchgefühl« des Richters.

Dem Verteidiger erscheint die Rationalität der juristischen Technik häufig lediglich als tarnender 259 Panzer für die Irrationalität der richterlichen Entscheidung. Durch die Illusion der vernunftgeleiteten Durchdringung des Entscheidungsvorgangs soll der Blick auf deren irrationale Anteile verhindert

---

von ihr so bezeichnete »Evidenzkriterium«; *Schmitt* Die richterliche Beweiswürdigung im Strafprozeß 1992; *Schulz* Sachverhaltsfeststellung und Beweistheorie 1992; *Freund* Normative Probleme der »Tatsachenfeststellung« 1987, 64, 67 ff.; *ders.* Richtiges Entscheiden – am Beispiel der Verhaltensbewertung aus der Perspektive des Betroffenen, insbesondere im Strafrecht, GA 1991, 387 ff., 404; *ders.* JR 1988, 116 ff. und StV 1991, 23 ff.; *Hoyer* Der Konflikt zwischen richterlicher Beweiswürdigung und dem Prinzip »in dubio pro reo«, ZStW 105, 1993, 523 ff., insb. 546 ff.; *Jerouschek* Wie frei ist die freie Beweiswürdigung?, GA 1992, 493 ff.; *Keller* Verwissenschaftlichung versus Rationalität der strafprozessualen Beweiswürdigung?, GA 1999, 255 ff.; *Peters* StrafP, 298 ff.; *Roxin* Strafverfahrensrecht, 25. Aufl. 1998, 15/13; *Löffelmann* Die normativen Grenzen der Wahrheitserforschung im Strafverfahren: Ideen zu einer Kritik der Funktionsfähigkeit der Strafrechtspflege, 2008; *Frisch* Von Beweisregeln über die freie zur strukturierten Beweiswürdigung, in: Fischer (Hrsg.) Beweis, 2019, 161 ff. Für die persönliche Gewißheit als (hinreichende) Verurteilungsvoraussetzung im Strafprozeß indes *Frister* FS Grünwald, 169 ff. und *Deiters* Legalitätsprinzip und Normgeltung 2006, 121 ff.

werden. Die Erkenntnis der emotionalen Faktoren der Urteilsfindung scheint mit dem Konzept des vernunftgeleiteten menschlichen Denkens nicht kompatibel. Sie setzt sogar ein Fragezeichen hinter unser Selbstverständnis, das die Überlegenheit der menschlichen Spezies im Kosmos gerade auf deren Fähigkeit stützt, mit den Mitteln der Rationalität anhand strenger Regeln der Logik Erkenntnis- und Entscheidungsprozesse zu steuern. Logisch kreative Denkprozesse haben wissenschaftliche Erkenntnisse, übergreifende Formen für die Kommunikation, die Basis unserer demokratischen Gesellschaft und Kultur erst ermöglicht. Rationalität bedeutet Reflexion, kritische Selbstbesinnung und Erkenntnis von allgemeiner Gültigkeit. Das Erfassen von Systemen eröffnet die Deutung operativer Zusammenhänge. Rationalität abstrahiert mit den Mitteln skalierbarer Messwerte von schwankender Individualität. Rationalität verspricht objektive Gerechtigkeit. Das irrationale Urteil verweigert sich kausallogischer Argumentation und damit dem Diskurs.

260 Das Menschenbild der Moderne ist geprägt vom kalkulierenden Denkvermögen. Die Einbeziehung der emotionalen Faktoren fehlt. Kulturgeschichtlich teilen wir die Ideen der rationalen Denker der Aufklärung, die in der Logik die höchste Form menschlicher Intelligenz erblickten. Die Berücksichtigung des Irrationalen bedeutet allerdings nicht, dass dieses Bild vollständig zu revidieren ist. Auch die Erkenntnis der unbewussten und unsteuerbaren Faktoren der Urteilsfindung zwingen nicht zur Annahme des irrationalen Menschen. Sie geben allerdings Veranlassung, unterschiedliche Ebenen des menschlichen Denkens zu untersuchen.

Der emotionale und sinnliche Teil menschlichen Agierens wird auch in modernen Gesellschaften unter dem Primat der Ratio nicht negiert. Neurophysiologen weisen uns die unterschiedlich funktionierenden Areale des Gehirns mit steigender Genauigkeit nach und weisen in grober Einteilung die emotionale Seite des Gehirns dem limbischen System und die Ratio dem präfrontalen Kortex zu. Emotion ist gesellschaftlich akzeptiert in den hierfür reservierten Arealen – von der Begräbnisfeier über religiöse Riten bis zur Fantribüne eines Fußballspiels. Schiller durfte die »Bildung des Gemüts« in literarischer Erbauung feiern. Gesellschaftlich relevante Entscheidungen in Form von Machtausübung sind hiervon strikt zu trennen. Hier dominiert der Anspruch auf rationale Transparenz, der den emotionalen Anteil menschlichen Denkens zu eliminieren hat. Der Gerichtssaal ist der Ort, in dem die Idee der kalkulierbaren Entscheidungsfindung am heftigsten mit der Wirklichkeit der irrationalen Entscheidungsfaktoren kollidiert.

261 Die Erklärung und Auflösung dieser Kollision liegt nicht in der Ignorierung oder Unterdrückung des Zwangsläufigen und Unterschwelligen. Die Denk- und Entscheidungsvorgänge im Strafprozess bedürfen vielmehr gerade im Hinblick auf ihre unterschiedlichen Faktoren der näheren Analyse.

262 Die Erklärung des Neben- und Miteinanders der »irrationalen« und bewussten Anteile unseres Handelns stehen im Mittelpunkt der Überlegungen von Wissenschaftlern. Platon hielt die Vernunft für den zivilisierten Teil der Psyche mit der Aufgabe der Kontrolle der animalischen Leidenschaften. Freud beschreibt das Misslingen dieses Konzepts. Die aktuellen wissenschaftlichen Bemühungen der ökonomischen Psychologen konzentrieren sich darauf, die eigenen Erkenntnisse des Irrationalen im menschlichen Handeln in ein neues Verständnis menschlichen Denkens zu integrieren.

263 Ist akzeptabler Ausgangspunkt auch für den an Transparenz orientierten Juristen die Erkenntnis, dass Emotionen zwangsläufig als Teil des »Betriebssystems« menschlichen Lebens angesehen werden müssen, kann das »Ausschalten« dieser Gefühle kein realistisches Ziel praktischer Rechtsanwendung sein. Es geht allenfalls um die reflektierende Einbeziehung dieser Faktoren bei der Suche nach der richtigen Entscheidung. In Konsequenz der Erkenntnis zur Dominanz »unbewusster« Anteile bei Handlungen und Entscheidungsprozessen darf das überkommene Menschenbild des vernunftgeleiteten Wesens zwar als überholt angesehen werden; alternative Modelle werden in vielen Wissenschaftsbereichen – mit Ausnahme der Juristen – gesucht, sind aber noch nicht schlüssig beschrieben.

264 So will der Psychologe Gigerenzer Intuition als notwendigen Teil intelligenten menschlichen Handelns integrieren.[232] Der Wirtschafts-Nobelpreisträger Daniel Kahnemann beschreibt seinen Ansatz der beiden unterschiedlichen Ebenen des Agierens als »Schnelles Denken, langsames Denken«.[233] Der menschliche Intellekt ist für ihn ein komplexes Gebilde, das maßgeblich von zwei völlig unterschiedlichen Systemen

---

232 *Gigerenzer* Risiko, 2. Aufl. 2013.
233 *Kahnemann* Schnelles Denken, langsames Denken 2012.

bestimmt wird, die voneinander unabhängig arbeiten und gleichzeitig ineinander verwoben erscheinen. Das (emotionale) System hat die Aufgabe, schnell zu agieren, es funktioniert automatisch und ohne übermäßigen neuronalen Aufwand. Kognitive Verzerrungen sind der Preis der Automatismen. Das andere (rationale) System hat die Aufgabe der bewussten Steuerung, es ist neuronal aufwändig; die Ergebnisse der lenkenden Eingriffe sind durch die notwendige mentale Anstrengung selektiv. Die gegenseitige Beeinflussung der Systeme verdeutlicht die Erkenntnis, dass die rationalen Entscheidungen des zweiten Systems aufbauen auf den – u.U. verzerrenden – Informationen des ersten Systems.

Die Bilder helfen für ein neues Verständnis der Entscheidungsbildung. Sie sind allerdings insoweit unvollständig, als sie die besondere Dimension des gegenseitigen Beeinflussens der beiden »Systeme« nicht erfassen. Es steht eine Beschreibung des Phänomens aus, wie sich in Form einer Art Intuition durch das Zusammenwirken von Gefühl und Verstand eine neue Qualität des Erkenntnisgewinns bildet.

Wissenschaftler sehen in der Erforschung dieses Verhältnisses den Schlüssel für weitergehende Erkenntnisse. So ist der Abschied vom »homo oeconomicus« für die Wirtschaftswissenschaften Ausgangspunkt aller neuen Forschungen. Es gibt ihn nicht, den ultrarationalen Modellmenschen, der alle verfügbaren Informationen nahezu automatisch verarbeitet und aus ihnen ein optimales Entscheidungsergebnis formt. Wer menschliche Entscheidungen verstehen und damit auch beeinflussen will, muss den Zusammenhang zwischen der Anwendung sogenannter rationaler Anteile und den automatisierten individuellen Verhaltensmustern erkennen.

Für den Verteidiger bedeutet dies, auf unterschiedlichen Ebenen der Urteilsfindung unterschiedlich **265** zu reagieren. Die Mittel der kommunikativen Auseinandersetzung auf der Ebene des »langsamen Denkens« – oder exekutiven Kontrolle seines Hirns – sind ihm als einziger Gegenstand seiner Ausbildung geläufig. Die ständige Präsenz und der effektive Umgang mit den formalen Mitteln gehören zur selbstverständlichen Voraussetzung guter Verteidigung. Das »rein Juristische« ist jedoch nur Teil der Auseinandersetzung. Der Verteidiger, der sich lediglich die Einhaltung der gesetzlichen Formal-Vorgaben zum Ziel gesetzt hat, erfüllt zwar eine wichtige Aufgabe. Er verfehlt aber seine materielle Verteidigungsaufgabe, effektiven Einfluss auf die anstehende Gerichtsentscheidung im Sinne seines Mandanten zu nehmen. Wer als Nicht-Entscheider das Urteil mitgestalten will, muss die Entscheidungsstrukturen der Entscheider (mit)lenken. Wenn ein Verteidiger sich zu dieser Einflussnahme lediglich des prozessual ausdrücklich vorgesehenen Aktionsradius bedient, verkennt er den notwendigerweise beschränkten gesetzlichen Ansatz in dieser Frage. Er verbleibt auf einer formellen Sekundärebene.

Ein Verteidiger, der wirken will, darf den Bezug zur (gesetzlich ungeregelten) Primärebene des **266** gerichtlichen Entscheidungsvorgangs niemals verlieren. Das setzt Vorstellungen von richterlichen Entscheidungsbedingungen voraus. Fern aller gesetzlich typisierten Probleme eines Entscheidungsprozesses gehören zu maßgeblichen Überlegungen Einschätzungen zur Qualität der Überzeugungskraft von Verteidigungsvorbringen unter den konkreten Bedingungen des Prozesses und der handelnden Richter. Rationalität und Logik einer Argumentation sind zwar nach den Vorgaben des juristischen Handwerkzeugs maßgeblich. Die Effektivität beim Adressaten wird jedoch oft erst außerhalb dieser Kategorien erzielt. Die Wirkweise dieser Ebene sollte der Verteidigung präsent und ihre Optimierung das Ziel sein.

Der Verteidiger muss z.B. wissen: Auch das richterliche Gehirn agiert konservativ. Die als treffend erkann- **267** ten Kognitionsmuster werden ebenso beibehalten, wie die als erfolgreich eingeschätzten Verhaltensmuster. Die neuronale Struktur favorisiert die Beharrlichkeit. Das Andersartige und Neue wird allerdings nicht zwingend ignoriert. Es kann Aufmerksamkeit erwecken und gleichzeitig Widerstand auslösen. Die neuronale Verarbeitung erkennt sehr häufig Abweichungen vom Gewohnten, ist aber nicht zu ihrer Integrierung bereit. Voraussetzung für eine solche integrierende Verarbeitung ist zumeist ein Andocken an bereits gespeicherte und ähnliche Strukturen. Zur Effizienz der neuronalen Verarbeitung gehört es, neue Daten zu verarbeiten, die nicht vollständig neu strukturiert werden müssen. Die Überzeugungskraft von bislang noch nicht gedachten Alternativen hängt damit maßgeblich davon ab, wie effektiv der Zuhörer an bereits Gewohntem abgeholt und von dort aus auf neue Bahnen gelenkt werden kann.

Der Kampf ums Recht findet nirgendwo unmittelbarer und direkter statt als in der strafrechtlichen **268** **Hauptverhandlung.** Abseits aller formalisierbaren Kommunikationsstrukturen zeichnet sich die

Hauptverhandlung durch die Möglichkeit und Notwendigkeit eines unmittelbaren audiovisuellen Kontakts mit den Entscheidern des Falles aus. Richter begreifen dort sinnlich die Beweise, verarbeiten sie und setzen sie schließlich in Entscheidungen um. Wer diesen Vorgang positiv begleiten will, muss außerhalb jeder Regel der Strafprozessordnung Vorstellungen von der **psychischen Dimension des Prozesses** entwickeln und die Erkenntnisse nutzen.

269   Lebenserfahrung und individuelle Emotionshistorien eines Richters sind zwar keine ernsthaft kalkulierbaren Faktoren, die Eingang in eine Verteidigungsstrategie finden können. Wer die Struktur des Erkenntnisprozesses jedoch vollständig ausblendet und erst bei der Auseinandersetzung um rationale Begründungen von Beweisbewertungen ansetzt, verspielt Verteidigungschancen. Allein über prozessuale Kommunikation kann der Verteidiger Einfluss auf das Schicksal seines Mandanten nehmen, das sich im Urteil manifestiert. Voraussetzung für eine optimale Nutzung dieser – überschaubaren – Möglichkeiten ist die **Analyse** der abstrakten prozessualen **Kommunikationsbedingungen** unter den konkreten Voraussetzungen der im Prozess handelnden Personen. Art und Umfang der Einflussmöglichkeiten müssen der Verteidigung ebenso geläufig sein wie die individuelle Fähigkeit, sie zu nutzen.

270   Die psychologische Seite der Verteidigungsstrategie entzieht sich einer verallgemeinernden Darstellung. Zu differenziert sind die Konstellationen, die durch das Aufeinandertreffen unterschiedlichster Psychen, Typen, Sozialisationen und anderweitiger Prägungen gebildet werden. Analysen in einer individuellen Konstellation sind aber unentbehrlich, um bewusst Überzeugungsarbeit leisten zu können. Hilfreich sind hierzu allgemeine Erkenntnisse zu **Besonderheiten des Aktionsfeldes »Gerichtssaal«.** Die Bedingungen der Überzeugungsarbeit eines Verteidigers unterscheiden sich gravierend von allen anderen Kommunikationsfeldern in unserer Gesellschaft. Obwohl die Emotionen, deren Kontrolle und Steuerung der Strafverteidiger anstrebt, in individuellen Dispositionen und gesellschaftlich Erlerntem wurzeln, lässt sich alltägliches Kommunikationsverhalten nur sehr bedingt im Strafprozess umsetzen.

271   Der mit Autoritätsanspruch und formalen Beschränkungen ausgestattete Strafprozess strebt gerade die Veränderung des gewohnten und sozial eingeübten Handlungs- und Gesprächsrahmens an, weil in dem Gewohnten zugleich die Gefahr des Unaufmerksamen und Nachlässigen vermutet wird. Völlig **atypisch** gegenüber gesellschaftlichen Kommunikationssituationen ist die Überzeugungsarbeit im Gerichtssaal durch zwei dominierende Faktoren geprägt: Zum einen ist allen Verfahrensbeteiligten eine typisierte Prozessrolle zugeschrieben, zum anderen sind – fern von gewohnter Gesprächsführung – Zeitpunkt und Reihenfolge von Äußerungen einem starren Reglement unterworfen.

272   Anderes gilt für das **informelle »Dealgespräch«.** Hier lösen sich alle Beteiligten von formalisierten prozessualen Kommunikationsstrukturen und verhandeln – im besten Fall – offen über die Möglichkeit einer Verständigung. Jeder Beteiligte darf auf die Einhaltung gesellschaftlicher Konventionen vertrauen, womit er seine eigene soziale Kompetenz einbringen kann. Auf Fragen dürfen Antworten erwartet werden und auch das Einschalten in die Gesprächsführung folgt traditionellen Mustern. Gestik und Mimik, gewinnende Komplimente oder die Nutzung des nicht themenbezogenen Smalltalks erfüllen ähnliche Funktionen wie in anderen alltäglichen Überzeugungssituationen.[234]

V. Rollenverständnis des Richters

273   Das Ritual der Hauptverhandlung wird gern mit dem Theater verglichen und als Ort »szenischen Verstehens« begriffen. Die Institution Strafprozess als Konstruktion gesellschaftlicher Wirklichkeit ist auf habitualisierte Handlungen ihrer Typen angewiesen.[235] Die in der Institution agierenden Personen müssen im Hinblick auf den Theaterzweck ihren Auftritt sinnhaft ordnen, ihre Rolle im

---

234 S. zur offensiv vorgetragenen Ansicht, dass die Justiz selbst ihre Bindung an das Gesetz durch dessen unüberprüfbare Auslegung bestimmen wolle: *Schlothauer* Gesetzesrecht – Richterrecht, StraFo 2011, 459 ff., der sich dezidiert gegen diese Art der »Justizaristokratie« ausspricht.

235 *Berger/Luckmann* Die gesellschaftliche Konstruktion der Wirklichkeit, 24. Aufl. 2012, S. 56 ff.

Rahmen begrenzter Handlungsoptionen spielen und die der Mitwirkenden entsprechend interpretieren.[236] Das Rollenverständnis des Richters ist für Verteidigung ein maßgeblicher Fixpunkt, um den Ausgang der Aufführung wirkungsvoll mitlenken zu können.

> *»Rechtsprechung ist, in ihrem wirkmächtigen, dem lebensweltlichen Einblick verborgenen Kern, vielmehr Herstellung von Recht. Sie bringt Dogmatik hervor, aber auch Erwartungsnormativität, Geltung, Macht, Vertrauen.«*[237]   **274**

Die Selbsteinschätzung eines (Revisions-) Richters dokumentiert das Bewusstsein, mit dem die rechtsprechende Gewalt ihre Aufgabe angeht: Richter produzieren Recht.

Das Rollenverständnis des Richters in diesem »wirkmächtigen« Umfeld wird maßgeblich durch drei Faktoren geprägt:

Der Rechtsprechung ist traditionell im demokratischen Rechtsstaat die **Aufgabe der unabhängigen**   **275**
dritten Gewalt zugewiesen; jeder einzelne Richter trägt die Bürde der Realisierung dieser bedeutsamen Funktion. Darüber hinaus steht der Prozess, das Vorgehen des Richters und insbesondere die Ergebnisse seines Tuns im besonderen Fokus der gesellschaftlichen Öffentlichkeit; mit jeder Entscheidung bestätigt oder enttäuscht er **gesellschaftliche Erwartungen**. Letztlich ist das Rollenverständnis des Richters geprägt von der **inquisitorischen Struktur des Verfahrens**, das insbesondere dem Vorsitzenden eine herausragende leitende Stellung zuweist.

1. Die dritte Gewalt

Richterliches Handeln ist getragen von der Einsicht in die Bedeutung der betont unabhängigen   **276**
Tätigkeit für das Funktionieren der demokratischen Gesellschaft. Beeinflussend ist darüber hinaus die Verantwortung für Sanktionen, wie sie in dieser Gesellschaft von keinem anderen Funktionsträger ausgesprochen werden dürfen. Mit der Berufung ins Richteramt ist Richtern die Kompetenz erteilt, über die bürgerliche Existenz und die Lebensführung von Bürgern zwangsweise Entscheidungen treffen zu können. Richter üben **Macht** aus wie kein anderer staatlicher Funktionsträger.

Auch in einer demokratischen Gesellschaft ist schon früh der Zusammenhang zwischen der Bedeut-   **277**
samkeit der sozialen Funktion und den Auswirkungen auf das Verhalten der diese Rolle ausfüllenden Richter beschrieben worden: Richten bedeutet ungeheure Macht. Strafen als Notwendigkeit zur Aufrechterhaltung von Recht und Gerechtigkeit verlangt die Akzeptanz dieser Macht. Ist das Streben nach dieser Macht nicht persönlich-egoistisch, sondern sachlich altruistisch begründet, geht es mit einer besonderen »Intensität und auch Rücksichtslosigkeit«[238] einher.

> *»Diese kulturell bedeutsame Mission bildet denn auch naturgemäß so sehr den Grundton des richterlichen*   **278**
> *Lebensgefühls, dass sich vor ihm jedes Gefühl der Resignation verflüchtigt. Umgekehrt: das Ziel, das der Strafrichter vor sich sieht, ist ein so nahes, (...) daß ihn eine durchaus aktive Geisteshaltung beherrscht: die **Freude an der Macht** (...).*
>
> *Die Autonomie der eigenen Persönlichkeit, die sich hier kundgibt, führt auf der andern Seite zu einer Erscheinung, die man die Dialektik des Machtstrebens nennen kann: zu einer Machtminderung des Gegenspielers.«*[239]

Machtausübung ist der Schlüssel zum Verständnis richterlichen Handelns.   **279**

> *»Macht korrumpiert, absolute Macht korrumpiert absolut.«*[240]

---

236 *Herzog* Bloß nicht aus der Rolle fallen.., FS Hamm 2008, S. 203 ff.

237 *Fischer* Spuren der Strafrechtswissenschaft, FS Rissing-van Saan 2011, S. 143, 176, der sich als BGH-Richter selbstbewusst mit der Richterrolle in Abgrenzung zu Strafrechtsgelehrten auseinandersetzt.

238 *Alsberg* Das Weltbild des Strafrichters, Schriften zur Psychologie der Strafrechtspflege, Heft 3, 1930, abgedruckt in: Taschke (Hrsg.), Max Alsberg – Ausgewählte Schriften 1992, 340, 347.

239 *Alsberg* Das Weltbild des Strafrichters, S. 346, 348.

240 Dieser Ausspruch geht zurück auf den englischen Historiker Lord Acton, den er schon in einem Brief aus dem Jahr 1887 verfasste.

»Vorrechte, jede bevorrechtete Stellung haben die Eigentümlichkeit, Geist und Herz der Menschen zu töten.«[241]

Die simple Erkenntnis der psychologischen und sozialen Wissenschaften ist in zahllosen Beispielsfällen belegt. Zusammengefasst wird sie als »Machtparadox« bezeichnet, wonach die Erwartenshaltung der Gesellschaft an den mit Macht ausgestatteten regelmäßig enttäuscht wird. Während Einfühlungsvermögen, soziale Intelligenz und komplexes Denken gerade von Führungspersönlichkeiten erwartet wird, führt die Ausübung der Machtposition regelmäßig zum Gegenteil. Das Bemühen um emotionale Akzeptanz weicht der Gewissheit, diese ohnehin durch die Position verdient zu haben. Die Ausübung der Macht banalisiert das Denken des Mächtigen, ebnet den Weg für simplifizierte Entscheidungsstrukturen, die durch eigene Interessen und präferierte Stereotypen geprägt sind.[242] Der Argumentationsaufwand wird aus der Position des Mächtigen minimiert; dies gilt für die Gutachten angesehener Professoren ebenso wie für die Entscheidungsbegründungen von Richtern.[243]

280 Die Machtposition des Richters verändert zwangsläufig seine psychologische Konstellation. Die Übernahme der Rolle ist nicht nur beeinflusst von der Erfüllungsbereitschaft gegenüber gesellschaftlichen Erwartungen. Die mit der Rolle übertragene Macht verändert die unter anderen gesellschaftlichen Verhältnissen erlernte und gelebte Situation. Der Machtpositionen innehabende und ausfüllende Mensch ist nicht mehr derselbe. Machterfahrung strukturiert das Hirn des Mächtigen um, minimiert Empathie ebenso wie sich zuvor als selbstverständlich angesehenes sozial angemessenes Verhalten verändert. Die Möglichkeit, den eigenen Willen auch gegen Widerstände schlicht aufgrund der Rollenposition durchsetzen zu können, reduziert die Anwendung all derjenigen erlernten Kompetenzen, die außerhalb dieser Rolle als sinnvolle rationale Abwägungsmechanismen akzeptiert worden waren. Macht bedeutet ebenso Freiheit wie die Realisierung von Zielen, die über die persönlichen Kompetenzen hinausreichen. Macht beseitigt Selbstzweifel. Machtausübung vermittelt Lustgefühle.

Die Grundlage für all diese **psychologischen Erkenntnisse** lieferte eines der wichtigsten Experimente der Wissenschaftsgeschichte, das sogenannte **Stanford-Prison-Experiment**.[244]

281 Der Psychologe *Zimbardo* ließ in einem sorgfältig vorbereiteten Experiment in einem nachgebauten Gefängnis Probanden durch einen Münzwurf zufällig in die Rolle entweder der Gefangenen oder der Wächter schlüpfen. Die Übernahme der jeweiligen Rollen wurde beobachtet und gefilmt. Während die Gefangenen über mehrere Tage ihrer Rolle zwischen Aufstand und Unterwürfigkeit suchten, mutierten die sorgsam ausgesuchten und auf geistige Durchschnittlichkeit und Gesundheit getesteten Teilnehmer in der Wärterrolle zu die Macht lustvoll auslebenden Diktatoren, die in kürzester Zeit phantasievolle Demütigungsszenarien entwickelten. Das Experiment musste vorzeitig abgebrochen werden, da es angesichts einiger besonders sadistischer Verhaltensweisen von Wärtern außer Kontrolle geriet.

282 Dass die Machtrolle die Koordinaten persönlichen Verantwortungsempfindens zum Teil krass verschiebt, lässt sich auf das Zusammenspiel mehrerer Faktoren zurückführen. Die Rolle der sozialen Billigung des eigenen Verhaltens hat ebenso einen Einfluss auf die Durchführung der Rolle wie die persönlich exkulpierende Bezugnahme auf die Realisierung abstrakter Gesetze und Vorschriften.

---

241 *Bakunin* Gott und der Staat, 1871.

242 S. hierzu z.B. *Keltner* Born to be good 2009; *ders.* The psychology of power, The greater good, vol. IV., issue 3, 2007/2008.

243 *Deborah Gruenfeld*, Status, Ideology and integrative complexity on the U.S.A. Supreme Court, in: Journal of Personality and Social Psychology, Jan. 1995, untersuchte anhand von zahlreichen Entscheidungen des höchsten amerikanischen Gerichts die Zusammenhänge zwischen Begründungsaufwand und Machtposition; sie kam zu dem Ergebnis, dass sowohl Vertreter von Mehrheitsentscheidungen als auch die in der Hierarchie hoch angesiedelten Richter regelmäßig zu simplen Begründungsstrukturen in ihren Entscheidungen griffen.

244 *Zimbardo* Das Stanford-Gefängnis-Experiment. Eine Simulationsstudie über Sozialpsychologie der Haft, 3. Aufl. 2005; *ders.* Der Luzifer-Effekt. Die Macht der Umstände und die Psychologie des Bösen 2008; s. auch: *Walter* Über Machtstrukturen, aus denen Kriminalität entsteht. Folgerungen aus dem Stanford-Prison-Experiment für Kriminologie und Kriminalpolitik, in: Neubacher, Walter (Hrsg.): Sozialpsychologische Experimente in der Kriminologie 2002, S. 93–102.

Maßgeblich für die Rolle des Machtausübenden ist allerdings eine weitgehende **Deindividuation**. Hinter der Fassade des Gerichtssaals und der Verkleidung der schwarzen Robe lässt sich die Rechtfertigung von Machtausübung von persönlichen Empfindungen lösen, sie reduziert individuelle Verantwortung und lässt den einzelnen Menschen hinter seiner Rolle in einer gewissen Anonymität zurücktreten.

Die Ideale haben in der Nüchternheit der modernen Demokratie auch im Richterberuf an Wert **283** verloren. Die Mission des bedingungslosen Umsetzens materieller Gerechtigkeit ist nicht die ausschließliche Richtschnur richterlichen Handelns. Dennoch setzt die Wahrnehmung dieses Amtes den Richter einem hohen moralischen Druck aus. Das Idealbild des Richters ist in der Theorie fest gezurrt. Die Berufsorganisationen der Richterschaft bedienen dieses Bild mit der Behauptung der besonderen persönlichen Integrität des Richters und seinem Bewusstsein der Verantwortung seiner Tätigkeit und der Würde der von ihm vertretenen Institution. Ob der konkrete Entscheider diesem Idealbild entspricht, ist allerdings in unserem System kein nachprüfbares Phänomen.

> Weder muss sich der Richter einem besonderen Charaktertest unterwerfen – ein gutes Fachzeugnis ist **284** regelmäßig für seine Einstellung ausreichend – noch hält unser System demokratische Elemente als Reaktion auf gute oder schlechte richterliche Arbeit vor. Die Bedeutung seiner Tätigkeit kontrastiert – abgesehen von justizinterner Rechtsmittelkontrolle – mit der Möglichkeit ihrer Verifizierung im Einzelfall. Es ist letztlich jedem Richter selbst überlassen, wie er dem Erwartensdruck seiner herausgehobenen gesellschaftlichen Stellung Rechnung trägt.

Die Erwartungen prägen letztlich das Selbstbild des Richters. Die Richter der Nachkriegsgeneration **285** versichern sich gegenseitig der Überzeugung, subjektiv für rechtsstaatliche Standards, grundgesetzliche Werte und Fairness des Verfahrens zu garantieren.[245] Sie eint die **lebenslange Überzeugung, stets nur gerechte Entscheidungen gefällt zu haben.**[246]

> Neuronale Zwangsläufigkeiten treiben jeden Menschen dazu, sich selbst als moralisch integres Wesen zu **286** betrachten und das eigene Leben und die Erinnerung dahin auszurichten, dieses Bild zu konservieren.[247] Dieser Reflex hindert Richter beim rechtsstaatlichen Richten. Das Weltbild des redlichen Strafrichters[248] führt nicht nur zu individuellen Fehlentscheidungen aufgrund Selbstüberschätzung (s.u.), es trägt paradoxerweise entscheidend zum Abbau der überkommenen schützenden Formen des Prozessrechts bei. Wer Gerechtigkeit produziert und sich dabei maßgeblich auf seine eigene Redlichkeit verlassen kann, wird den Wert der ihn begrenzenden Formen nicht erkennen. Wird die Vorstellung der eigenen Fehlbarkeit nur auf der subjektiven Ebene bekämpft, ist der mangelnde Respekt für die Bevormundung durch Gesetzesformalien vorgezeichnet. Die Verhandlungsatmosphäre in deutschen Gerichtssälen bewegt sich daher weg vom Ritual hin zu Formen justiziellen Patriarchats (oder Matriarchats). Revisionsgerichte reißen unbekümmert formale Schranken in der Gewissheit ein, sich auf den ehrlichen und moralisch integren Tatrichter verlassen zu können. Von diesem Ausgangspunkt fällt es nicht schwer, Verteidigung als lästige Behinderung des aufrichtigen Richters wahrzunehmen und diese auch mit gesetzlich nicht vorgesehenen Mitteln zu bekämpfen.[249]

Der **Verlust an formalisiertem Prozedere** hat eine weitere Ursache: Während traditionell zumindest **287** in den höher instanzlichen Gerichten das Bemühen um den distanzierten und würdevollen Auftritt im Vordergrund stand, nimmt aktuell der Habitus des geschäftigen Organisators zu. Die jüngere Richtergeneration gibt sich gerne die Attitüde des elitären staatlichen Managers mit der Aufgabe, Fälle und Akten in ansprechender Form zu »erledigen«. Der genuine strafprozessuale Wert von

---

245 S. z.B. *Föhrig* Kleines Strafrichterbrevier 2008, S. 81 f.

246 Pointiert und prominent: *Gnisa* Das Ende der Gerechtigkeit, 2017, S. 92; der Verf. war bei Erscheinen des Buchs Vorsitzender des deutschen Richterbunds.

247 Umfassend zur Analyse und den menschlichen Verhaltensstrategien *Stanley/De Brigard* Moral Memories and the Belief in the Good Self, in: Current Directions in Psychological Science, May 2019.

248 So *Börner* Die Beteiligung von Laienrichtern am Strafprozess als Erkenntnismittel einer funktionalen Theorie des Strafprozessrechts, StraFo 2012, 434, 435.

249 S. z.B. *Heinrich* Konfliktverteidigung im Strafprozess, 2013; zur Kritik an dem gesetzlich und systematisch unhaltbaren Ansatz s. die Rezension von *Sommer* StV 2014, 443 ff.

Ritualen und Formalisierungen ist mit der Überwindung der gesellschaftlichen Verhältnisse, die diese Form des Prozessierens haben entstehen lassen, versunken. Die in der Aufgabe der besonderen Repräsentierung der dritten Staatsgewalt steckende Verdrängung und Entlastung von der besonderen richterlichen Verantwortung wird hierdurch minimiert. Im Einzelfall mag eine solche Haltung des professionellen Fallerledigers auch die Kommunikation für Dritte erleichtern. In der Regel kann es allerdings nicht das Ziel des Verteidigers sein, die Besonderheit des schwerwiegenden Eingriffs in das Leben seines Mandanten mittels eines strafrechtlichen Urteils durch den Eindruck der Geschäftlichkeit in Vergessenheit geraten zu lassen.

288 Zwar zählen Unabhängigkeit und Distanz zu den maßgeblichen Begründungen für die Institutionalisierung der rechtsprechenden Gewalt. In Umsetzung dieser Idee hat der Richter sich bewusst auf den übertragenen Entscheidungsbereich zu reduzieren und seine Wertungsaspekte auf legal vorgegebene Strukturen zu beschränken. Formale Unabhängigkeit allein lässt einen Richter allerdings seine persönliche Verankerung in gesellschaftliche Diskussionen nicht vergessen. Mit der richterlichen Distanz wird lediglich ein Anspruch formuliert, der zwangsläufig mit den psychologischen Gegebenheiten des Richters als sozialem Wesen kollidieren muss.

2. Macht und Verantwortung

289 Die rechtsprechende Gewalt ist den Richtern anvertraut (Art. 92 GG). Die Richter sind unabhängig und nur dem Gesetz unterworfen (Art. 97 Abs. 1 GG). Eine edle Geste der Gesellschaft, einer robengeschmückten Kaste eine Aufgabe anzuvertrauen? Oder schlicht bodenloser Leichtsinn?

Die dritte Gewalt übt täglich Gewalt aus. Gegenüber freien Bürgern, mit der Konsequenz der Zerstörung einer bürgerlichen Existenz. Haftstrafen demütigen und schmerzen. Sie reißen irreparable Löcher in Biografien. Die Gewalt ist legitim. Dass sie dem Entscheider über das Schicksal anderer Macht verleiht, ist die Konsequenz. Richtern ist nicht nur instruktive Macht mit der schlichten Möglichkeit der Determinierung anderer »anvertraut«,[250] Richter haben destruktive Macht[251] mit der Folge der konkreten Handlungsreduktion anderer. Das Gesetz kreiert eine Macht des Strafrichters, die sich so an keiner Stelle gesellschaftlicher Organisation wiederfindet.

290 Legitime Machtausübung kann sich nie auf blauäugiges Vertrauen berufen, sondern korrespondiert in demokratischen Gesellschaften stets mit der Institutionalisierung von Kontrollmechanismen. Wer die Unabhängigkeit der Justiz zum dominierenden Wert der Staatsorganisation erklärt und nur weiche Kontrollmittel durch justizinterne Rechtsmittel einrichtet, schafft eine Exklave für unbehinderte staatliche Machtausübung. Jeder einzelne Strafrichter kann Macht über andere Menschen ausüben, wie es in staatlich organisierten ebenso wie in gesellschaftlichen Systemen unbekannt ist.

291 Tägliche Erfahrung mit den Menschen, die diese Gewalt handhaben, macht – nur – Strafverteidigung. Strafverteidiger haben Anlass, darüber nachzudenken, was diese Macht mit ihren Anwendern macht und wie das Bewusstsein der Machtausübung Verhalten beeinflusst.

Richterliche Machtausübung und ihre psychischen Konsequenzen sind wenig erforscht. Anderweitige Erkenntnisse zur Wechselwirkung von individuellem Verhalten und der dominierenden gesellschaftlichen Rolle sind auch Juristen bekannt. Die Analysen Hitlers als unkontrollierbarer Psychopath gelten als seriöse Auseinandersetzung der Psycho- und Sozialwissenschaften, ebenso wie die aktuellen Thesen der Tagespresse zur Persönlichkeitsentwicklung des türkischen Präsidenten Erdogan infolge steigender Amtsfülle.

---

250 Allg. zum sozialwissenschaftlich erfassten Phänomen der Macht: *Anter*, Theorien der Macht zur Einführung, 2012; *Neumann*, Die Macht der Macht, 2012; *Luhmann*, Macht, 1975; *Weber*, Wirtschaft und Gesellschaft, Grundriss der verstehenden Soziologie, 1972.

251 Zu dieser Unterscheidung s. *Kraus*, »Instruktive Macht« vs. »destruktive Macht« – ein neuer Lösungsweg im Streit um die Machtmetapher, http://www.sozialarbeit.ch/dokumente/macht.pdf.; *ders.*, Erkennen und Entscheiden, 2013.

Strafrichter reagieren allein auf die Fragestellung ihrer Machtausübung verstört. Mit dem Gepränge 292
eines absolutistischen Entscheiders mit willkürlicher Machtfülle haben sie nichts gemein. In der Tat
fehlt dem zumeist konformistisch/konventionellen Lebensstil eines Richters ebenso wie dem modern
reduzierten Prozessritual die Aura des hermelinbesetzten Herrschers über Leben und Tod der Unter-
tanen. Die richterliche Reklamation eines »normalen« juristischen Denkens und Handelns ist nicht
weit. Mit der schlichten Gesetzesanwendung im Einzelfall darf er sich als funktionierendes Rädchen
im gesellschaftlichen Getriebe ebenso fühlen wie der Monteur am Fließband der Automobilfabrik.

Die **Ignorierung der eigenen Machtposition** ist der – vielleicht größte – Teil des Problems. Die 293
Interdependenzen von Machtausübung in einer Rolle und individuellem Denken und Verhalten
sind nicht auf Staatsoberhäupter und Herrscher beschränkt. Machtausübung ist ein Phänomen, das
sich in kleinsten sozialen Einheiten findet. Machtstrukturen bilden sich ohne jede soziale Vorgabe
in Gruppen aus; nahezu unbemerkt können Gruppenbildungen manche Menschen in Führungsrollen katapultieren, in denen sie Macht über andere ausüben können. Machtbildende Hierarchien
ergeben sich aus organisatorischen Vorgaben in Wirtschaft und Verwaltung. Der Chef hat Macht
über seinen Angestellten, der Behördenleiter bestimmt durch sein Amt in weiten Bereichen das
Leben seiner bienenfleißigen Beamten. Wer diese soziale Interaktion als Ausübung von Macht
erkennt, kann das Strafurteil als Kulmination des Phänomens der Machtausübung in der sozialen
Interaktion akzeptieren.

Die psychologische Forschung differenziert in ihren Erkenntnissen über Macht ausübende Men- 294
schen: Der nach Macht Strebende ist ein zumeist in der Wirtschaft angesiedelter Typus, dem die
besondere Aufmerksamkeit der Wissenschaftler gilt. Schlussfolgerungen werden aus der Konstellation der Ausrichtung auf die beherrschende soziale Stellung gezogen. Ob erfolgsbesessene Manager
besonders risikofreudig oder kreativ, besonders aufgeschlossen oder schlicht anpassungsfähig sind,
eigensinnig oder besonders kommunikativ, ob sie im Fall des Scheiterns besonders zu Depressionen
neigen, ist Gegenstand zahlreicher Untersuchungen. Dieser Ansatz gibt über das machtvolle Agieren
eines Richters wenig Auskunft. Nicht die Vorstellung der Macht führt den Richter in seine Position,
sondern eine eher konformistisch geprägte Vita verbunden mit der – häufig zufälligen – guten Examensnote. Die Untersuchung richterlicher Machtausübung handelt nicht von Menschen mit Willen zur Macht, nicht von genetischen Prädispositionen, sondern von durch Macht geprägtem Handeln und den Einflussfolgen dieses Handelns auf den Menschen.

Dass die Rolle des Mächtigen auch ohne individuelle Disposition schnell adaptiert wird, bewies das 295
Stanford-Prison-Experiment (s.o.). Diese Folgen bringt die psychologische Forschung auf einen
kurzen gemeinsamen Nenner: **Macht enthemmt.** Der Position der Lenkung und Kontrolle anderer
Menschen in der Gesellschaft steht die paradox erscheinende Wirkung der reduzierten Selbstkont-
rolle gegenüber. Der fixierte soziale Status der Einflussnahme auf das Schicksal anderer Menschen
aktiviert nicht nur mentales Glücksgefühl, es verändert die Position des Mächtigen gegenüber Normen. Machtausübung lässt den eigenen Handlungsspielraum unbegrenzter erfahren, Anleitungen
und Regeln gelten für diejenigen, deren Gestaltungshorizont durch ihre soziale Position limitiert
ist.

Zahlreiche weitere Experimente zeigen, dass die Bereitschaft zur Einhaltung sozialer Normen mit der 296
Machtausübung sinkt.[252] Der masturbierende Richter in der Hauptverhandlung wirkt zwar skurril,[253] leugnet aber die Verbindlichkeit von Verhaltensnormen. Dominierende Wirtschaftsbosse finden es in Ordnung, trotz einer Geschwindigkeitsbegrenzung bei akzeptablem Risiko schneller über die Autobahn zu
rasen, sie gehen häufiger fremd, fühlen sich nach der Täuschung ihres Gesprächspartners wohl, mogeln
bei der Steuererklärung und nehmen sich abseits aller gesellschaftlichen Konventionen gerne den letzten
Keks vom Teller des Besprechungstischs. Altruistische Impulse verblassen, die eigene Weltsicht mit per-

---

252 Ausführlich *Keltner*, Das Macht-Paradox, 2016.
253 S. hierzu und zu anderen sozialen »Entgleisungen« von Strafrichtern im angelsächsischen Raum *Kapar-
     dis/Farrington*, The Psychology of Crime, Policing and Courts, 2016, S. 212 ff.

sönlichen Vorteilen oder zumindest erhöhter Bequemlichkeit wird zur wesentlichen Triebfeder des Handelns eines Mächtigen.[254]

297 **Handeln im Machtbewusstsein** streift Fesseln ab und wird dadurch **risikofreudiger**; der Handelnde ist eher bereit, eine Schneise der Entscheidung in ein undurchdringliches Tatsachengewirr zu schlagen. Die zwangsläufige Kehrseite des Denkens in Stereotypen ist ein gesteigertes Irrtumspotential, das allerdings durch eine signifikant erhöhte Selbstüberschätzung nicht wahrgenommen wird. Das allgemeine menschliche Phänomen der »Over-Confidence« potenziert sich bei der Ausübung von Macht.[255] Das Erlebnis, allein durch Autoritätsausübung Recht zu behalten, lässt den Mächtigen auf einem Teppich der Wahrheit schweben.

298 Führungsrollen werden durch Machterfahrung oft effektiver ausgefüllt. Dies erklärt die Theorie der Abstraktionsebene durch die psychologische Distanz des autoritär Entscheidenden zu den Betroffenen: Wer in seiner Position Macht erlebt, lenkt seine Gedankengänge in abstraktere Bahnen und löst sich leichter von affektiven Implikationen seiner Entscheidung für andere Menschen.[256] Stalin organisierte den Kampf gegen Nazi-Deutschland mit der Grundhaltung: Der Verlust eines Menschenlebens ist eine Tragödie, der Tod einer Million Soldaten ist Statistik.

Schlüssige Erklärungen für dieses Phänomen des **Verlusts an Normbefolgungswillen** durch die psychologischen und sozialen Wissenschaften stehen aus. Naheliegend erscheint die Einsicht des machtvoll Agierenden, dass Normen nur ein Instrument zur Regelung des sozialen Zusammenlebens sind und daher nur die Regulierungbedürftigen ansprechen. Wer selbst durch institutionalisierte Autorität regelnd eingreift, ist nicht in derselben Weise durch Regeln gebunden.

299 Für Strafrichter, die sich mit verfassungsgerichtlicher Rückendeckung maßgeblich für die Wahrheit und die effektive Realisierung des staatlichen Strafanspruchs einsetzen, muss die Regelhaftigkeit des Verfahrens zur Realisierung dieser Ziele zweitrangig erscheinen. Wer die dienende Funktion von Verfahrensnormen betont, findet sich nicht mehr als ernsthafter Normadressat von Prozessregeln wieder. »Du sollst nicht stehlen« akzeptiert der Richter auch für sich als bindend; »du sollst richtig belehren« ist dagegen eher der Fluktuation im Pragmatismus der höheren richterlichen Aufgabe preisgegeben. Das gilt erst recht, wenn auch die Folgen von prozessualen Regelverstößen – wie z.B. bei Beweisverwertungsverboten – volatil sind. Der Richter richtet. Er darf sich der Verzeihlichkeit eigener Regelverstöße im Prozess sicher sein, wenn er seiner institutionellen Aufgabe der Täterbestrafung gerecht wird.

300 Dass zahlreiche Strafrichter gesetzeswidrig die neuen Regeln der Verständigung nicht anwandten, weil sie sie persönlich für unpraktisch hielten, ist keine Überraschung, sondern konsequentes Ergebnis aktueller Verfahrenskultur. Der Verstoß bezog sich lediglich auf das Strafverfahren, das die Richter ohnehin machtvoll beherrschen. Die Vernachlässigung prozessualer Normen ist heute kultivierter Richterstandard. So berauben täglich Haftrichter drogenabhängige Bürger der Freiheit, weil sie der guten Meinung sind, ihnen und der Gesellschaft mit diesem ungesetzlichen Entzug zu helfen; diese und andere apokryphe Haftgründe werden mit der bewussten Lüge der angeblichen Fluchtgefahr kaschiert. Die ständige Verfügbarkeit des – als Subjekt konzipierten – Verfahrensobjekts erleichtert seine bürokratische Abarbeitung. Die gegenüber dem Gesetzgeber bessere richterliche Erkenntnis führt praktisch zur Abschaffung sowohl

---

254 S. z.B. *Bendahan, Zehnder, P. Pralong, Antonakis*, Leader corruption depends on power and testosterone, The Leadership Quarterly, 26(2), 101–122, 2015; *Lammers, J., Stapel, D. A/Galinsky, A. D.*, Power increases hypocrisy: Moralizing in reasoning, immorality in behavior. Psychological Science, 21, 737–744, 2010; der Sozialpsychologe *Lammers* fasst in zahlreichen Interviews zusammen: »Macht lässt uns die Welt mit anderen Augen sehen«, oder »Macht funktioniert ein bisschen wie Alkohol«.

255 Zum Verhältnis der Machtausübung zum Effekt der Selbstüberschätzung s. z.B. *Fast, N.J., Sivanathan, N., Mayer, N.D.*, und *Galinsky, A.D.*, Power and Overconfidence Decision, in: Organizational Behavior and Human Decision Processes, 117, 249–260, 2012; s. auch die Tests von *Keltner* Das Macht-Paradoxon, 2016.

256 *Pamela K. Smith/Rachel Smallman/Derek D. Rucker*, Power Increases the Number and Abstractness of Categories, Social Psychological and Personality, vol. 7 no. 3, 281–28, 2016; *Joe C. Magee/Pamela K. Smith*, The Social Distance Theory of Power, Pers. Soc. Psychol. Rev, vol. 17 no. 2, 158–186, 2013.

des Wiederaufnahmeverfahrens als auch des Klageerzwingungsverfahrens. Der Vorsitzende Nack schaffte zeitweise das Revisionsverfahren für den Angeklagten praktisch ab – allein weil er die Macht und die Einsicht hatte, der Kontrollidee des Gesetzes die richterliche Solidaritätsidee entgegenzusetzen.[257]

Wer durch sein machtvolles Handeln konkrete Verfahrensnormen in ihrer Bindungswirkung nicht akzeptiert, fühlt sich erst recht frei, wenn er lediglich mit abstrakten Vorgaben für sein Handeln konfrontiert wird. Die Idee der Unschuldsvermutung, das Prinzip in dubio pro reo oder die Anwendung des Zweifelssatzes bei der Beweiswürdigung taugen nicht einmal als entfernte Vorgaben einer Fallbearbeitung, wenn sich der Richter der Täterbestrafung, der Aktenerledigung und der Revisionssicherheit verpflichtet fühlt. Das Ergebnis sind oft Urteilskonstrukte, die – wären sie Ergebnis kontroverser Diskussion – unschwer von anderen Beteiligten als manipuliertes, ja gefälschtes, jedenfalls normverletzendes Produkt identifiziert werden könnten. Die Ausübung einseitiger Gewalt bei »märchenhaften« Urteilsfeststellungen beseitigt richterliche Zweifel und eliminiert jeden schuldbesetzten Ansatz eines Normverstoßes.

Der externe Blick einer **Doppelmoral des Mächtigen**, der für sich andere Maßstäbe des Handelns anlegt als an die von ihm zu Beurteilenden, wird nicht adaptiert. Je nach Temperament wird die Machtausübung lustvoll erlebt oder doch zumindest als Erleichterung in einem belastenden Kontext.   **301**

Das Ergebnis richterlicher »befugnisbedingter Selbsttrunkenheit«[258] durch Machtausübung ist einer Strafjustiz nicht immanent. Sie wird befördert durch das System der deutschen Strafprozessordnung und ihre gelebte Realität. Schon die Lenkung des Wahrnehmungsprozesses und – in Personalunion – dessen abschließende Bewertung ist eine menschliche Überforderung. Jeder Strafrichter weiß, dass die Bedingungen des aktuellen Strafprozesses Unmögliches von ihm verlangen. Die von ihm erwartete Unvoreingenommenheit ist blanke Illusion, wenn Sachverhaltsbilder und Wertungsstrukturen durch die Unterschrift unter einen Eröffnungsbeschluss[259] oder gar einen Haftbefehl fixiert sind. Wer sich nur entfernt mit dem dominierenden Phänomen des »Primings« bei Entscheidungen befasst hat, weiß, dass er nicht mehr autonomer Entscheidungsträger sein kann.[260] Der Versuch, sich unter Loslösung von eigenen Vorentscheidungen vorurteilsfrei unbefleckter Kognition zu widmen, scheitert an der Zwangsläufigkeit gegenläufiger mentaler Prozesse.[261] Die Schwierigkeit, gegen zahllose – zumeist unbewusste – Wahrnehmungsverzerrungen durch Urteilsheuristiken anzukämpfen, mündet schnell in Verzweiflung, die beim Strafrichter den weiteren Verzerrungsfaktor der Kompetenzillusion produziert. So werden Frustrationen des Scheiterns ebenso wie Gewissenskonflikte sediert.

Im Ergebnis muss die richterliche Kognition des Verfahrens autistische Züge tragen. Alle anderen Beteiligten werden marginalisiert. Befördert werden die psychischen Mechanismen durch ein System, das dem Richter zum einen die naturgegebene Unvollkommenheit seines Urteilsergebnisses attestiert und ihn parallel mit der unbeschränkten Deutungsmacht ausstattet. Befördert werden sie durch ein System, das – abseits gesetzgeberischer Intentionen – das Bild einer unantastbaren Autorität des die Verhandlung leitenden Vorsitzenden zu zeichnen sucht. Insbesondere werden sie befördert durch eine Kommunikationsstruktur, die ihn im Gerichtssaal als ebenso machtbewussten wie geheimnisvoll verschlossenen Inquisitor erscheinen lässt. Rechtfertigen muss er wenig, überzeugen muss er nie.   **302**

---

257 »Weil ich die Macht dazu habe«, antwortete er als Vorsitzender des 1. Strafsenats, als er in einer Diskussion nach der besonders hohen Verwerfungsrate seines Senats befragt wurde; s. hierzu *Gerson*, Das Recht auf Beschuldigung, 2016, 277. So treffend *Nacks* Befund ist, so selten ist die Offenheit des richterlichen Umgangs mit diesem Phänomen.

258 *Paeffgen*, Schulterschluss-Effekte – wohin man blickt, GA 2013, 253, 268.

259 *Gerson*, Das Recht auf Beschuldigung, 268 ff. zum Zwischenverfahren als »Brutstätte der Wahrnehmungsverzerrung«.

260 S. hierzu beispielhaft *Kahnemann*, Schnelles Denken, Langsames Denken 2012, S. 72 ff.; *Wilhelm*, Fehlerquellen bei der Überzeugungsbildung, 38. Strafverteidigertag, 2015, 7 ff.

261 Die Absicht des Verdrängens einer Vorprägung führt gerade zu ihrer mentalen Einbetonierung; die Psychologie spricht von einem »ironischen Prozess«, s. *Daniel M. Wegner*, When the Antidote is the Poison: Ironic Mental Control Processes, Psychological Science, vol. 8 no. 3, 196 ff., 1997.

Diese Macht des Richters muss vom Beschuldigten als Ohnmacht rezipiert werden.

Dass der Strafprozess dem Richter Macht verleiht, ist zwangsläufig. Dass die Folgen der Machtausübung in richterlicher Regelverletzung münden, ist nicht zwangsläufig. Fehlurteile sind vermeidbar. Tendenzen der menschlichen Psyche in einem dominanten Status lassen sich minimieren, wenn sie mit der Aufgabe der Verantwortung gekoppelt sind. Die bewusste Verbindung dieser beiden Faktoren lässt Machtausübung unattraktiver erscheinen und die aufgezeigten Konsequenzen verblassen.[262]

303 **Verantwortung** hat eine sozio-psychologische Dimension. Sie aktiviert den Bestand internalisierter Normen, die jedes individuelle Handeln in sozialen Bezugssystemen leiten. Jedes Individuum hat den Impuls, diesen Normen zu entsprechen, will ethischen Verpflichtungen der Gemeinschaft genügen und allenfalls Handlungsfolgen bewirken, die integer, gerecht, altruistisch, fürsorglich etc. sein sollen. Der Effekt des Verantwortungsgefühls ist zwingend an die Folgen des Handelns gekoppelt. Nur derjenige übernimmt Verantwortung, dessen verantwortetes Handeln persönliche Konsequenzen hat. Verantwortung bedeutet damit nicht nur gesellschaftliche Handlungsregulation, sondern bezieht beim Handelnden stets das Folgenrisiko ein.

Der psychologische Effekt ist erforscht. Die Befolgung sozialer Normen ist dominierende Antriebsfeder eines jeden Individuums, das sich der Gesellschaft zugehörig fühlt. Erfüllung von Normen stärkt Zugehörigkeitsgefühle, produziert Anerkennung, beschert dem Handelnden Glücksgefühle. Das System funktioniert nur reduziert, wenn die Normerfüllung von Dritten nicht registriert wird. Bleibt das soziale Wesen nur auf sich gestellt, hängt die gefühlte Verbindlichkeit von Normen allein von einer individuellen Verankerung ab. Wenn der wohlhabende Hotelgast heimlich das liebgewonnene flauschige Handtuch in seinen Koffer packt, kennt er den Regelverstoß sehr wohl; das geringe Entdeckungsrisiko lässt die überwältigende Freude am neuen Besitz gesellschaftsfern erscheinen.

304 Dass schon minimale Handlungsbezüge zum sozialen Geschehen ausreichen, um den Normbefolgungswillen wieder zu aktivieren, hat ein Experiment exemplarisch belegt: Im Sozialraum eines Biologieinstituts existierte eine sogenannte »Kaffeekasse«. Jeder Mitarbeiter hatte die Möglichkeit, seinen persönlichen Konsum von Kaffee und anderen Angeboten durch einen freiwilligen Geldbeitrag zu entgelten. Er konnte einen ansonsten nicht weiter kontrollierten Münzgeldbetrag in eine aufgestellte Kasse zahlen. In einem Test variierten Psychologen die Bedingungen. Nahezu beiläufig wurde am Rande der Kasse ein kleines Bild aufgestellt. Dieses Bild wechselte jede Woche. Während in den ungeraden Wochen jeweils ein kleines Bild mit einem Augenpaar aufgestellt wurde, befand sich dort in den geraden Wochen lediglich ein Blumenbild. Die eingesammelten Beträge in der Kasse pro Woche wurden exakt ausgezählt. Das Ergebnis: Die Geldbeträge in den »Augenwochen« waren jeweils signifikant höher, teilweise ein Mehrfaches der in der »Blumenwoche« gesammelten Beträge. Der bei den Benutzern verankerte Normbefolgungswille zur Zahlung eines fairen Betrages wurde ganz offensichtlich in der praktischen Umsetzung allein dadurch gefördert, dass das Bild eines Augenpaares zumindest unterschwellig signalisierte, dass das eigene konkrete Tun gesellschaftlicher Beobachtung unterliegen könnte.[263]

305 Die Verletzungen von Normen unter den Bedingungen der Macht gehen regelmäßig mit einer **Entkoppelung von Handeln und Verantwortung** einher. Ein die Mitarbeiter drangsalierender Wirtschaftsboss sieht sich zumeist ebenso wenig mit – möglichen – Konsequenzen konfrontiert wie die modernen Diktatoren von Putin über Erdogan bis Kim Jong-un, die im Gefühl der Folgenlosigkeit ihres Handelns angesichts der demokratisch legitimierten Deckung agieren.

Gesellschaften, die Macht erteilen, müssen gleichzeitig Konzepte zu ihrer Kontrolle entwickeln. Die fixierte zeitliche Begrenzung, die unmittelbare Kontrolle und die Schaffung effektiver Verantwortlichkeiten der machtvoll Handelnden gehören zu den wirkungsvollsten Mitteln, die in demokratischen Gesellschaften entwickelt wurden. Der Anwendung dieser Grundidee auf die dritte Gewalt

---

262   S. z.B. die Untersuchung bei *Sassenberg, K., Ellemers, N., & Scheepers, D.* The attraction of social power: The influence of construing power as opportunity versus responsibility. Journal of Experimental Social Psychology, 48, 550–555, 2012.

263   *Bateson/Nettle/Roberts*, Cues of Being Watched Enhance Cooperation in a Real-World Setting, Biology Letters 2, 2006, 412 ff.; zur Wertung *Kahnemann*, Thinking, Fast and Slow 2011, 56 ff.

hat man sich weitgehend entzogen. Deren Unabhängigkeit und Kontrollaufgabe gegenüber der zweiten Gewalt verbiete eine zusätzliche externe Kontrolle richterlichen Tuns. Zeitlimits widersprächen dem Bild des deutschen Berufsrichters.

Es verbleibt die Verantwortlichkeit.

Deren Institutionalisierung tendiert im aktuellen deutschen Strafprozess gegen null. Mit dem **306** Abschluss des Verfahrens wird das Urteil entweder in den Beton der Rechtskraft gegossen oder es wird anderen – denselben Mechanismen unterworfenen – Richtern mit Überprüfungsaufgaben überantwortet, die jedenfalls ein richterliches Fehlverhalten nicht thematisieren können. Beamtenähnliche Haftungen existieren nicht, zivilrechtliche Verantwortlichkeiten für Fehlurteile ebenso wenig. Strafrechtliche Verantwortlichkeiten haben die Richter mit der Interpretation der Rechtsbeugung und der angeblichen Sperrwirkung dieser Norm selbst faktisch abgeschafft. Es verbleibt allein die in der Gerichtskantine als rufschädigend empfundene Aufhebung des eigenen Urteils durch das Revisionsgericht.

Dieser Raum der Verantwortungslosigkeit lässt das Kontrollkonzept der StPO ins Leere laufen. Die **307** Idee der Kontrolle durch Formalisierung des Prozessgeschehens ist von der Hoffnung getragen, dass Richter weitab von ihren emotionalen Regungen mit ausreichender Distanz ihrer ritualisierten Rolle dem rationalen Duktus der Gedanken- und Prozessführung den Vorrang geben. Formalisierungen von Entscheidungsprozessen haben nur einen beschränkten Wert, wenn deren Einhaltung keinem Monitoring unterliegt. Das Konzept muss scheitern, wenn es der täglichen richterlichen Praxis gelingt, prozessuale Formalien ihrer inhaltlichen Steuerung zu entkleiden und zur bindungslosen Show verkommen zu lassen. Die Konsequenzen der Machtausübung müssen sich hier ungebremst auf das Prozessieren und die Entscheidung auswirken.

3. Die unabhängige Kaste

Eines der tragenden Prinzipien des modernen Rechtsstaats besteht in der richterlichen Unabhängig- **308** keit. Richter sind nur dem Gesetz unterworfen. Sie können nicht entlassen oder gar versetzt werden. Eine Dienstaufsicht für ihre Tätigkeit gibt es nicht. Niemand soll auf die Rechtsfindung Druck ausüben können, insbesondere keine anderen staatlichen Institutionen. Was für den Rechtsstaat notwendig erscheint, ist für die Berufsausübung des Richters ein einzigartiges Privileg. Seine Arbeitsbedingungen suchen in unserer Gesellschaft ihresgleichen. Der Richter hat nicht die geringsten persönlichen Nachteile zu befürchten, auch wenn er seine Arbeit schlecht erledigt. Ein Zusammenhang zwischen der Qualität seiner beruflichen Tätigkeit und seinem sozialen Schicksal besteht nicht. Mit diesen saturierten Grundbedingungen korrespondiert die fehlende Chance des Erreichens eines außergewöhnlichen sozialen Status. Ihre Bedeutung in der rechtsstaatlich organisierten Gesellschaft wird daher von Richtern selbst in sozialen Kategorien allenfalls als gehobenes Mitteilmaß empfunden.

Es sind die sozialen Zwangsläufigkeiten dieser Konstruktion, die die Richterschaft zusammenschweißt. **309** Die außergewöhnliche individuelle Unabhängigkeit in der Berufsausübung geht einher mit einer besonderen Aufgabebereitschaft in der Gruppe. Wo die Unabhängigkeit der Person die Selbstständigkeit im Denken und das Selbstbewusstsein im Handeln im Besonderen fördern könnte, wird stattdessen nicht selten der Halt in der Gemeinschaft gesucht.

Die Wege zur Bildung eines gemeinsamen richterlichen Geistes erscheinen Außenstehenden mys- **310** teriös. So bedarf es keiner richterlichen Konferenzen oder der Beschlüsse ihrer Berufsorganisationen, um dennoch Übereinstimmung in der Richterschaft über rechtspolitische Ziele zu erzielen. So gelingt es den deutschen Richtern unschwer, vom Gesetz vorgesehene, aber offensichtlich als lästig empfundene Rechtsbehelfe in der Praxis schlicht abzuschaffen, wie beispielsweise bei der Wiederaufnahme von Verfahren oder Klageerzwingungsverfahren. Persönliche richterliche Verantwortlichkeiten werden mit dem Hinweis auf die Aufrechterhaltung der Unabhängigkeit bis zur Unkenntlichkeit vernebelt. Zivilrechtlich führen auch die gröbsten juristischen Fehler kaum zu Schadensersatzhaftungen. Der Rechtsbeugungstatbestand hat in richterlicher Auslegung eine Form erfahren, die ihn praktisch unanwendbar macht.

311 Die den gemeinsamen Geist einfordernde Kommunikation läuft allerdings auch kleinteilig. Die Verdeutlichung gegenseitiger Erwartenshaltung wird im Mikrokosmos der Richterschaft abgesichert durch dienstliche Beurteilungen. Regelmäßig wird der jüngere Richter durch den Älteren beobachtet und bewertet. Die wenige Sprossen einer Karriereleiter kann nur der erklimmen, der dem hierarchisch vor ihm Angesiedelten gefällt. Ein gewisser Grad von Unmündigkeit wird bereits in diesem Beurteilswesen der Richterschaft angelegt. Maßstäbe für diese Beurteilung liegen nicht in der Bewertung einer korrekten Handhabung in einem Prozess. Nach außen in der Richterschaft wahrnehmbare Erledigungszahlen und der erweckte Anschein, man habe sein Dezernat »im Griff«, bestimmen die richterliche Bewertung und damit mittelbar auch das Entscheidungsverhalten.

312 Ein Richter schreibt:[264] »*Saß ich da doch kürzlich mit zwei Mitgliedern einer Zivilkammer zusammen. Sie diskutierten die Frage, ob in einem bestimmten Falle ein Zurückbehaltungsrecht bestehe. Ich mischte mich ein mit der Bemerkung, das hänge wohl davon ab, ob zwischen beiden Ansprüchen Konnexität bestehe. Das war ja nun gerade das Problem: Bestand sie nicht, so war der Fall entscheidungsreif. War sie hingegen zu bejahen, so könnte der Fall vor dem Ausscheiden des Proberichters nicht mehr zum Abschluss gebracht werden. Das würde sich in seiner dienstlichen Beurteilung niederschlagen – Konnexität zwischen zwei Ansprüchen? Konnexität zwischen Beurteilungswesen und Entscheidungsverhalten!*«

4. Gesellschaftliche Erwartungen

313 »*Zugleich stellen wir immer wieder fest [...], dass die geweihte Person nicht nur auf dem Papier Erzbischof oder Vorsitzender Richter wird, sondern dass dieser Akt dazu führt, dass die Person von vielen ganz anders behandelt wird. Das bleibt auf die Person ebenfalls nicht ohne Einfluss. Psychoanalytisch gesprochen werden Übertragungsprozesse ausgelöst und geformt, die zugleich mit zahlreichen Abwehr- und Anpassungsmechanismen verknüpft sind.*«[265]

314 »*Auch Richter können voreingenommen sein, Zeitgeist, Stimmungen und Druck erliegen. Besonders, wenn das im Einklang mit einer »political correctness« steht. Behauptete Verstöße können reflexhaft öffentliche Empörung auslösen und justizielle Bewertungen beeinflussen. Prädestiniert dafür sind Sexualdelikte. Früher wurde Anzeigen mit dem Vorurteil begegnet, Frauen sei nicht zu glauben. Heute wendet sich das durch ein gelegentlich pervertiertes Opferschutzdenken geradezu in sein Gegenteil: Frauen und Kinder, die Misshandlungen behaupten, sei zu glauben. Es sei ungehörig, in der Vergangenheit Anzeigender zu wühlen und deren Glaubwürdigkeit zu überprüfen.*«[266]

315 Rezeptions- und Entscheidungsbereitschaft eines Richters sind maßgeblich von der von ihm eingenommenen Rolle abhängig. Seine alltäglichen Verhaltensmuster sind trotz Personenidentität nur bedingt auf den Entscheider anwendbar. Richter sind Personifizierungen des gesellschaftlichen Bedürfnisses, abweichendes Verhalten von Mitgliedern der Gesellschaft mit einem Tribunal und Strafandrohung zu begegnen. Gerade in dieser Rolle fühlen sich Entscheider unbewusst den an sie gestellten gesellschaftlichen Erwartungen verpflichtet und richten ihr Verhalten danach aus, um diese Erwartungen nicht zu enttäuschen. Sie sind nicht nur Individuen, sondern zugleich Teil des von ihnen akzeptierten Gesamtkonzepts Strafprozess.

316 In dieser Differenzierung liegt ein Teil der Erklärung, weshalb Juristen in einem entsprechend geänderten gesellschaftlichen und politischen Umfeld Entscheidungen vertreten, die sie in anderen Zusammenhängen selbst als Unrecht bewertet hätten. Viele Richter, die kultiviert mit den Gedanken *Hegels* und *Goethes* und der Musik *Beethovens* aufgewachsen sind, haben mit einem weniger kultivierten Achselzucken in der Rolle des NS-Richters, Todesurteile für Minimalstvergehen ausgesprochen.

---

264 *Strecker* Justiz von unten: Berichte, Kritik und Denkanstöße aus der Black Box, 2015, 69.
265 *Fabricius* Hauptverhandlung: Rationales Verfahren zur Wahrheitsfindung oder eine Art Stegreiftheater? Textwelt/Lebenswelt 2012, abgedruckt in den Materialien des 37. Strafverteidigertages 2013, 109, 112.
266 *Kreuzer* Das Verbrechen und wir, 2014, 289.

Zu der Extremerscheinung *Eichmann* bemerkte *Hannah Arendt*:   317

> *»Das beunruhigende an der Person Eichmanns war doch gerade, dass er war wie viele und dass diese vielen weder pervers noch sadistisch, sondern schrecklich und erschreckend normal waren und sind. Vom Standpunkt unserer Rechtsinstitutionen und an unseren moralischen Urteilsmaßstäben gemessen, war diese Normalität viel erschreckender als all die Gräuel zusammengenommen, (...)«*[267]

Was damals der Geist des Nationalsozialismus offen einforderte, wird heute sehr viel subtiler als Erwartenshaltung an Richter herangetragen. An der Erkenntnis, dass sich – häufig unbewusst – Richter diesen Erwartungen verpflichtet fühlen, hat sich nichts geändert.

Das Selbstbild der Richter kollidiert mit selbstverständlichen, banalen Erkenntnissen außerhalb des   318
justiziellen Bereichs. In der idealen Verklärung der ihnen zugedachten Rolle geht die Selbstkritik der Beeinflussbarkeit gelegentlich unter. Die Aufgabe der Richterschaft besteht gerade darin, unabhängig von der Aufgeregtheit gesellschaftlicher Reaktionen auf Straftaten die Notwendigkeit und das Ausmaß einer Strafreaktion in einem rationalen Diskurs allein an den gesetzlichen Maßstäben zu bewerten. Dass schon die Anwendung des Gesetzes keinesfalls ein außerhalb aller sozialen Phänomene stehender purer denklogischer Akt ist, sondern wesentlich geprägt ist durch persönliche Erfahrungen des Richters in der Gesellschaft, muss außerhalb der Justizkreise nicht mehr betont werden.[268] Abseits des Gerichtssaals wird der Richter mehr als viele andere politische und soziale Diskussionen in der Öffentlichkeit aufsaugen und sich hierbei unbewusst Leitlinien für seine Entscheidungen bilden. Wenn entgegen aller Kriminalitätsstatistiken beispielsweise Politiker permanent bestimmte Kriminalitätsformen als in besonderem Maße gesellschaftlich bedrohend darstellen, wird bei entsprechender Plausibilität diese Erwägung in den zu beurteilenden Fällen im Rahmen der Generalprävention einfließen.

So geht insbesondere die traditionelle rechtliche Differenzierung zwischen der polizeilichen Verbrechens-   319
aufklärung und der distanzierten strafgerichtlichen Bewertung durch einen Richter verloren, wenn Richter in Zeiten des Populismus den medial transportierten Ruf nach strengeren Gesetzen und härteren Strafen internalisieren. Sie machen plötzlich einen notstandsähnlichen Zustand des Strafprozesses aus und verlangen durch ihre Berufsvertretung eine praxistauglichere Ausgestaltung des Strafverfahrens, die letztlich auf eine Befreiung von lästigem Verteidigern hinausläuft.[269] Jüngere rechtswissenschaftliche Bemühungen erkennen die Abhängigkeit des Richters von gesellschaftlichen Erwartungen und versuchen, diese sogar außerhalb der strengen Legalität zu billigen. Auch das Ergebnis der Entscheidung und deren gesellschaftliche Akzeptanz sei Zeichen der Qualität richterlichen Handelns. Maßstab hierfür sei – ein bislang nicht näher definiertes – Legitimationsniveau oder eine allgemeine »Anerkennungswürdigkeit« der staatlichen Institution Rechtspflege im Allgemeinen und konkreter Entscheidungen im Besonderen.[270]

Die Ausrichtung auf die gesellschaftliche Erwartung erweitert das Rollenverständnis des Richters.   320
Das Gesetz erwartet von ihm zur Schuldfrage nur eine Entscheidung darüber, ob der Angeklagte ohne jeden vernünftigen Zweifel der Täter der angeklagten Tat sei. Das Gesetz verlangt von ihm nicht, sich Gedanken darüber zu machen, welche Auswirkungen der Freispruch eines wahrscheinlichen, aber nicht ausreichend sicher überführten Täters gesamtgesellschaftlich haben könnte. Den an sie herangetragenen Aspekten gesellschaftlicher Sicherheit können sich Richter immer seltener entziehen und sehen entsprechenden Rechtfertigungsbedarf.[271]

---

267 *Arendt* Eichmann in Jerusalem: Ein Bericht von der Banalität des Bösen 1986, S. 276.
268 S. hierzu: *Schünemann* Kognition, Einstellung und Vorurteil bei der Rechtsfindung; in: Beiträge zur Rechtsanthropologie (Herausgeber: F.J. Lampe), Heft 22 1985, S. 68–84.
269 *Nobis* Strafrecht und Populismus, StV 2018, 453 ff., 460.
270 S. z.B. *Henke* Legitimität und richterliche Entscheidung ZIS 2015, 110 ff.
271 S. die Untersuchung bei *Kepplinger/Zerback* Der Einfluss der Medien auf Richter und Staatsanwälte, PUBLIZISTIK 2009, 216–239; hier gibt ein Teil der befragten Richter an, bei öffentlichkeitswirksamen Verfahren intensiv an die Akzeptanz ihres Urteils in der Öffentlichkeit zu denken. S. zu einem konkreten Schweizer Fall ein Bericht in der NZZ v. 5.2.2020 »Die Angst der Richter vor der öffentlichen Meinung – wie die politische Stimmung die Rechtsprechung beeinflusst.«.

321 Statt der Logik des Strafprozesses folgend allein die Beweisbarkeit einer Straftat zu thematisieren, entscheiden Richter gerne allgemeine gesellschaftliche Konflikte – wie z.B. Hund gegen Jogger bei vorgeworfenem Verstoß gegen das Tierschutzgesetz durch Einsatz von Pfefferspray oder den Geschlechterkampf einschließlich aller Benachteiligungsdiskussionen bei Vergewaltigungsdelikten. Schon die sich selbst gestellte Aufgabe zur Entscheidung in der Konstellation »Aussage gegen Aussage« hebt den richterlichen Anspruch von der schlichten Umsetzung der Unschuldsvermutung zu salomonischer Bedeutung der Täter/Opfer-Beziehung mit gesellschaftlicher Allgemeingültigkeit.

322 Zu gesellschaftlichem Erwartungsdruck am Beispiel der Vergewaltigungsprozesse:

> *Wie sonst nur bei wenigen Delikten mit ähnlichem Ressentimentpotential (etwa bei Gewalttaten von Immigranten) nimmt hier das Publikum die behauptete Vergewaltigung nicht als Einzelfall, sondern als Symptom wahr, als Symptom der sozialen Machtkämpfe zwischen den Geschlechtern. Plötzlich steht der Angeklagte für alle »Prominenten« oder »Mächtigen«, die ihre Privilegien missbrauchen, um sich »abhängige« oder »arme« Frauen sexuell gefügig zu machen. Oder aber die Belastungszeugin steht für alle »betrogenen« oder »geldgierigen« Frauen, die sich mit falschen Anzeigen an wehrlosen Männern rächen oder sie ausnehmen.«[272]*

323 Dies wird deutlich in den zunehmenden Urteilsbegründungen »zweiter Klasse«, in denen dem Angeklagten – unnötig – ausdrücklich ein Fortbestand von Verdachtsmomenten ebenso bescheinigt wird wie die richterliche Solidarität mit den Ermittlungsbehörden, deren Verfolgung der Ermittlungshypothese nachträglich Billigung zuteil wird. Begleitet wird diese Konstellation häufig mit der nachträglichen Wertschätzung der Aussage eines Opferzeugen, dessen Qualifizierung als unzuverlässig oder gar falsch sich das Tatgericht häufig trotz des Freispruchs enthält.[273]

324 Die gesellschaftliche Realität der letzten Jahrzehnte hat das Selbstverständnis der Strafrichter entscheidend geprägt. Während das Gesetz ihnen die Aufgabe zuwies, als in besonderer Form der Neutralität verpflichtete Institution eine Überprüfung der Anklage durchzuführen, sind faktisch die Antennen der Richter darauf gerichtet, den vor ihm sitzenden Angeklagten zu überführen. Weit entfernt von den ursprünglichen Ideen Montesquieus fühlen sich Richter nicht maßgeblich der Kontrolle exekutiver Ermittlungstätigkeit verpflichtet, sie gerieren sich vielmehr gerne als **verlängerter Arm der Ermittlungsbehörde**. Das gemeinsame Ziel ist die gesellschaftliche Sicherheit. Der gemeinsame Hebel hierfür ist das Strafrecht. Es geht daher nicht um Aufsicht, sondern um Weiterführung der polizeilichen Arbeit unter gerichtlichen Bedingungen.

325 Die Konsequenzen für das Entscheidungsverhalten derart vorgeprägter Richter liegen aufgrund allgemeiner psychologischer Erkenntnisse auf der Hand: Das Fehlurteilsrisiko muss schon deswegen extrem sein, weil die durch die StPO produzierte Betonung einer Ermittlungshypothese unter Selektion von Sachverhaltselementen bei einem Richter zwangsläufig zu Fehleinschätzungen führen muss, wenn er entsprechend der Üblichkeit des konfirmatorischen Hypothesentestens seine Überlegungen letztlich nur darum kreisen lässt, ob die Anklagehypothese plausibel erscheint. Allein die selbst eingenommene Rolle wirkt sich fatal auf die dem Richter zugewiesene Aufgabe der Überzeugungsbildung aus.

326 Verinnerlicht der Richter gesellschaftliche Erwartungen der effektiven Verbrechensbekämpfung durch die Justiz, ist seine Wahrnehmung von Polizei und Staatsanwaltschaft als solidarische Zuarbeiter mit demselben Anliegen nicht weit. Unkritische Aufnahme von Informationen einschließlich der polizeilichen Zeugenrolle im Verfahren mit zahllosen Schattierungen eines »Schulterschlusseffektes«[274]

---

272 Andreas *Zielcke* in SZ 13.07.2011, S. 11: »Ein harter Schlag ins Leere«.

273 Zur allgemeinen richterlichen Tendenz, wonach das »richterliche Gewissen« in solchen Konstellationen eher auf der Seite des Opferzeugen schlägt: *Deckers* Höchstrichterliche Anforderungen an besondere Beweiskonstellationen – Aussage gegen Aussage, Aussage von Mitbeschuldigten oder des »Kronzeugen«, StraFo 2010, 372 ff.

274 *Schünemann* Der Richter im Strafverfahren als manipulierter Dritter? Zur empirischen Bestätigung von Perseveranz- und Schulterschlusseffekt, StV 2000, 159 ff.; mit zahlreichen Beispielen: *Paeffgen* Schulterschluss-Effekte – wohin man blickt, GA 2013, 252 ff.

sind die Folge. Gleiches gilt für die Befürchtung der mit einem Freispruch verbundenen Abqualifizierung der Anklage und der damit einhergehenden »Niederlage« von Staatsanwaltschaft und ermittelnder Polizei.

> »(...) auch das Interesse des Staates sah man, jedenfalls in einem die Öffentlichkeit berührenden Prozeß, durch eine Freisprechung als gefährdet an. War es einmal zu einer öffentlichen Hauptverhandlung gekommen, erblickte man in der Freisprechung einen Sieg des Angeklagten und der von ihm vertetenen Sache. Daß die Furcht vor einem solchen Ausgang des Strafprozesses die Urteilsfindung zuungunsten des Angeklagten beeinflussen könne, würde man in der heutigen Zeit kaum aussprechen dürfen. Jedenfalls nicht im Sinne einer Anzweiflung des guten Willens der Richter, sich von solchen Erwägungen nicht beeinflussen zu lassen. Und doch läßt sich auch heute noch konstatieren, daß der Gedanke, durch eine Freisprechung die Haltlosigkeit einer einmal erhobenen Anklage zuzugeben (...) die Entschlußfreudigkeit zu einer Freisprechung hemmt.«[275]

327

Extrem wird der Zusammenhang, wenn aus der unterschwelligen gesellschaftlichen Erwartung im konkreten Fall eine direkte richterliche Beobachtung wird. Spektakuläre Fälle führen den Richter aus der relativen Anonymität hinter seiner Richterrobe in den öffentlichen Fokus bis hin zur Namensnennung. Jeder Richter weiß, dass dies bis hin zu einer Anprangerung führen kann, wie es die Boulevardpresse beispielsweise mehrfach bei der Freilassung von Straftätern und einem alsbald registrierten Rückfall dieses Täters praktiziert hatte. Dass Richter den gesellschaftlichen Beifall einer unangenehmen publizistischen Kritik vorziehen, ist psychologische Grunderkenntnis. Dass sich Richter dem allerdings verschließen und durchgehend die Einflusslosigkeit ihrer Entscheidungen durch Medienberichterstattung behaupten,[276] wirft ein bezeichnendes Licht auf das richterliche Selbstbild.

328

5. Die Autorität der Inquisition

Überzeugungsarbeit des Verteidigers muss die dem Richter gesetzlich zugedachte **Aufgabe der Verhandlungsleitung** berücksichtigen. Das Gericht und insbesondere der Vorsitzende hat nach der Konzeption des deutschen Strafprozesses nicht die Rolle des Gesprächspartners, sondern des umfassenden und dominierenden Lenkers des gerichtlichen Geschehens. Das Gericht entscheidet nicht nur; die Methode der Realisierung der Wahrheitsfindung im deutschen Strafprozess ist die **Inquisition**. Der Untersuchungsgrundsatz weist dem Richter die Aufgabe zu, Gang und Fortschreiten des Strafprozesses zu bestimmen. In diesem Untersuchungsvorgang sind Kommunikationsfenster mit anderen Beteiligten strukturell eher Unterbrechungen des Procederes und nicht dessen Teil.

329

Dass die Organisation der gerichtlichen Inquisition durch den Vorsitzenden bei vorhergehender Rezeption des staatsanwaltschaftlichen Ermittlungsergebnisses einerseits und dem Zwang zu einer verfahrensabschließenden Entscheidung andererseits eine absolute psychische Überforderung darstellt, ist – jedenfalls außerhalb der Justizkreise – kaum noch diskutabel. Dass aus dem damit verbundenen Gefühl der organisatorischen Allmacht ein Defizit an Kommunikationsbereitschaft entstehen muss, ist psychologisch ebenso nahezu zwangsläufig. Das theoretische Modell der Strafprozessordnung, das inhaltlich weitgehend auf Diskussion und Teilhabe anderer Verfahrensbeteiligter gerichtet ist, kann die ohnehin komplexe Verfahrensstellung des Vorsitzenden Richters nur noch weiter komplizieren. Um seine Primäraufgaben zu erledigen, wird der Richter daher die inhaltliche Auseinandersetzung mit komplizierenden Alternativvorstellungen als sekundär betrachten müssen. Sie dürften den meisten sogar als bedrohlich erscheinen, wenn es darum geht, die unumschränkte Herrschaft des Richters über das Verfahren zu sichern.

330

---

275 *Alsberg* Der Prozeß des Sokrates im Lichte moderner Jurisprudenz und Psychologie, Schriften zur Psychologie der Strafrechtspflege, Heft 1, 1928, Nachdruck bei Taschke, Max Alsberg – Ausgewählte Schriften 1992, S. 312 f.

276 *Kepplinger/Zerback* Der Einfluss der Medien auf Richter und Staatsanwälte, PUBLIZISTIK 2009, 216–239.

331 Die Lösung dieses Konflikts suchen insbesondere Vorsitzende Richter vornehmlich in einer dem Organisationsprimat angepassten autoritären Rolle, die dem Verteidiger allenfalls eine akzeptable Rolle des Beistandes zuweist, ihr aber ostentativ einen maßgeblichen inhaltlichen Einfluss auf die Gerichtsentscheidung verweigert. Aktuelle Richterfortbildungen identifizieren ausdrücklich die **Leitung einer Hauptverhandlung** mit dem Gewinn der »**Lufthoheit**« und begegnen dem ausgemachten Kriegsgeschehen durch detaillierte Kampfpläne gegen störende Verteidigung.[277]

332 Ein durchaus typisches weiteres Beispiel für ein solches Rollenverständnis hat in seinen Erinnerungen ein Berliner Vorsitzender in Buchform veröffentlicht. Die zahlreichen Beispiele aus seinem Leben als Vorsitzender verdeutlichen, dass er geprägt war von der verantwortungsvollen Bürde, schwerwiegende Entscheidungen zu treffen. Für die Qualität seines Vorgehens und seiner Entscheidung war allerdings maßgeblich, dass er sich nicht in seinen Überzeugungen von anderen, insbesondere nicht von Verteidigern irritieren ließ. Sie waren auf dem Weg zu einem gerechten Urteil allenfalls Hinderungsfaktoren, die es durch Charme, List oder strenge Worte zu disziplinieren galt.[278]

Offen wird die Schwierigkeit für den Richter angesprochen, »Anwälten den Mund zu verbieten«. Aktionen des Verteidigers werden als »Mätzchen« oder »Filibustereien« wahrgenommen. Die weitgehende Gestaltungsmöglichkeit der Verteidigung durch Beweisanträge wird von dem Richter als exquisite Möglichkeit der nachhaltigen Verschleppung bewertet, die es von Richterseite durch völlig unüberschaubare verweisende Beschlüsse zu konterkarieren gilt.

Dass seine Vorstellungen von der besonders starken Hand des Vorsitzenden keine Einzelmeinung darstellt, verdeutlicht schon die Herausgeberschaft dieses Buchs unter anderem durch einen Vorsitzenden BGH-Richter und die Generalbundesanwältin.

333 Die **Verletzung des Achtungsanspruchs** mündet im richterlichen Gefühl des **Beleidigtseins**. Die Emotion findet ihren direkten Weg zum Inhalt der richterlichen Entscheidung über Schuld und Strafe. Nicht nur der schon äußerlich unbotmäßig auftretende Angeklagte darf sich der herzlichen Unsympathie des Gerichts sicher sein. Den Effekt erlebt auch ein Angeklagter, der sich – rechtlich korrekt – der richterlichen inquisitorischen Aufgabe der Wahrheitsfindung widersetzt, sei es durch unglaubhafte Einlassungen oder lästige Beweisanträge. Das Bild des emotionslos distanzierten Richters ist in dieser Situation eine rechtstheoretische Idee. »Ich lass mich nicht auf den Arm nehmen« ist das dominierende richterliche Gefühl, das sich in Bewertungsentscheidungen zwangsläufig niederschlagen muss.

334 Ein Musterbeispiel für das neu entdeckte Autoritätsgefühl deutscher Richter dokumentiert das Buch des Richters *Heinrich*.[279] Eigentlich will er über Konfliktverteidigung sinnieren, mangels Definition dieses Phänomens bekämpft er alsbald die Verteidigung als solche. Angesichts des Angriffs auf die richterliche Autorität hält er als Bekämpfung lästiger Kontrolle auch Mittel für denkbar, die das Gesetz nicht vorsieht. Die Teilhaberechte der Verteidigung seien zwar im Gesetz geregelt, aber: »*für die Ziehung der Grenzen ist – wie sonst auch – die Rechtsprechung zuständig*« (S. 20). Der Richter ist der wehrhafte (S. 231) Ritter der Rechtsordnung. Der gesetzliche Konstruktionsfehler wird damit unverblümt auf der Ebene der Machtausübung genutzt. Der Gesetzgeber mag die Verteidigung auch zum Zwecke der Kontrolle richterlicher Machtausübung institutionalisiert haben. Solange der Kontrollierte selbst die Definition für das Ausmaß der Kontrolle für sich in Anspruch nimmt, ist das gesetzgeberische Konzept unterlaufen.

335 Der auf seine Autorität pochende Typus des Vorsitzenden wird besonderen Wert auf die Einlösung seines Achtungsanspruchs durch Verteidigung legen. Als ritualisiertes Symbol seiner Dominanz im Gerichtssaal beharrt er darauf, dass alle – und insbesondere auch der Verteidiger – sich bei Erscheinen des Gerichts im Gerichtssaal von ihren Plätzen erheben. Das kann angesichts zahlreicher Unterbrechungen zu einem Übermaß von Bewegung führen, wobei in Überbewertung ihrer Position

---

277 *Gatzweiler* Feindbild Strafverteidigung! – Wer sucht den Konflikt in der Hauptverhandlung?, Stra-Fo 2010, 397 f.; *Breidling* Stellungnahme zu dem Beitrag von Rechtsanwalt Prof. Gatzweiler, Stra-Fo 2010, 398 ff.

278 *Föhrig* Kleines Strafrichter-Brevier oder: Der überlastete Strafrichter? Wegweiser zur zügigen Urteilsfindung, 2. Aufl. 2013.

279 *Heinrich* Konfliktverteidigung im Strafprozess, 2013.

Gerichte leicht übersehen, dass die Vorstellungen außerhalb des Gerichts allenfalls dahin gehen, dass sich die anderen Beteiligten zwingend lediglich zu Beginn der Hauptverhandlung und zur abschließenden Urteilsverkündung von ihren Plätzen erheben sollen (Nr. 124 Abs. 2 S. 2 RiStBV). Aufschlussreich ist auch ein in ablehnenden gerichtlichen Beschlüssen um sich greifender Argumentationstopos, wonach dem Begehren des Angeklagten – sei es nach einem neuen Pflichtverteidiger oder der Beauftragung eines zusätzlichen Sachverständigen – deswegen nicht stattzugeben sei, weil er ansonsten prozessuale Gestaltungen gegen den Willen des Gerichts »erzwingen« könnte. Mögliche Teilhabeansprüche des Angeklagten werden überstrahlt vom richterlichen Bedürfnis der autoritären Entscheidungswahrung.

Dass die Strategie der organisatorischen Stringenz durch die vom Gesetz vorgesehenen Teilhaberechte der Verteidigung gefährdet ist, liegt auf der Hand. Dass ein einschüchternder Ton eines Vorsitzenden die Strategie nicht fördert, ist ebenfalls allgemeine Erkenntnis. In Richterkreisen wird daher gerade gegenüber der Verteidigung auch die Strategie der verschleiernden Freundlichkeit propagiert.   336

> »Vor allem in einem Verfahren, in dem Rechtsanwälte mehr tun als ihre Pflicht, spricht ein Richter, der sich den Angeklagten freundlich zuwendet, oft primär mit den Verteidigern. Vielleicht haben die ja noch einen Beweisantrag im Köcher, der im letzten Augenblick die Arbeit von vielen Verhandlungstagen zunichte macht. Ein moderater Ton wiegt in Sicherheit, hält unter Umständen davon ab, alle Pfeile abzuschießen, die die Strafprozessordnung möglich macht.«[280]   337

Die formalisierte Kommunikation des Prozesses zeichnet sich zum einen durch die Fixierung der Kommunikationsfenster aus. Dies minimiert zwar die Spontaneität. Es eröffnet allerdings höhere Berechenbarkeit. Wenn Erklärungen nach einem Teil der Beweisaufnahme oder wenn das Plädoyer seinen festen Platz im Geschehen hat, ist das Agieren sehr viel eher planbar als in der Dynamik eines Gesprächs. Dies offenbart auch ein zweites Element der Kommunikation im Gerichtssaal. Rede und Gegenrede sind strukturell nicht vorgesehen. Es können lediglich Stellungnahmen abgegeben werden. Die formalisierte Situation eröffnet dennoch zahlreiche andere Wege der verbalisierten Überzeugungsbildung. So kann jede Begründung für einen gestellten Beweisantrag wichtige Überzeugungselemente transportieren. Sogar jede Frage an einen Zeugen enthält gleichzeitig die Potenz einer Botschaft an das Gericht.   338

Der formalisierte Rahmen ist allerdings weitgehender Interpretation zugänglich. Während ein nach der Sicherheit des äußeren Ablaufs strebender Vorsitzender die Formalelemente der Äußerungsmöglichkeiten weitgehend fixiert sieht, werden kommunikativ angelegte Typen von Vorsitzenden bewusst diesen Rahmen erweitern und im Ergebnis faktisch Gesprächssituationen wie in vielen anderen gesellschaftlichen Bereichen schaffen. Das Ausloten dieser Gestaltungsvorlieben ist eine der grundlegenden Wahrnehmungen der Verteidigung, um die Art des eigenen Aktionsradius bestimmen zu können.   339

Richter unterliegen nicht nur der allgemeinen Tendenz von Entscheidern, erarbeitete simplifizierte Methoden der Entscheidungsfindung durch Ignorieren individueller Besonderheiten aufrechtzuerhalten. Fördert das Ausblenden besonderer Entscheidungsbedingungen schon allgemein die Überschaubarkeit von Lösungskonzepten, muss diese Tendenz bei Richtern schnell in »Rechthaberei« umschlagen.   340

Zum einen gründen simplifizierende Strategien der Urteilsfindung in einem höchstpersönlichen Aspekt. Überschaubarkeit und Beherrschbarkeit der eigenen Methode der Wahrheitsfindung fördert das Gefühl, diesen Suchvorgang im Griff zu haben. Da individuelle Komponenten eines Prozesses diese Sicherheit gefährden könnten, werden solche Bedingungen intuitiv aus der Problemlösung   341

---

280 So der Richter *Benno Hurt* in der SZ 16.07.2010, S. 2: »Wenn's der Wahrheitsfindung dient – warum spricht der Richter in Brunner-Prozess so fürsorglich zu den Angeklagten? Weil sein Job auch aus Schauspielerei besteht«.

ausgeblendet. Die von der Justiz geforderte Bewahrung des **positiven Richterbildes der eigenen Kompetenz und Handlungsfähigkeit** ist gewährleistet.

342 Diese Tendenz ist im Gegensatz zu anderen – auch bedeutsamen – Entscheidersituationen notwendig verstärkt. Es fehlt an einem Korrektiv. Denn Richtern ist das allgemeine Arsenal der kritischen Überprüfung eigener Entscheidungen entzogen. Dass das Management für besonders gravierende Entscheidungssituationen einer verstärkten Rückkoppelung bedarf, zeigt die Pilotenaus- und -weiterbildung. Zur Vermeidung gerade vorurteilsbedingter Fehlentscheidungen in 10.000 m Höhe hat man ein formalisiertes Verfahren geschaffen, das streng zwischen Faktensammeln, Aufzeigen von unterschiedlichen Handlungsoptionen und einer erst im dritten Schritt erfolgenden Bewertung dieser Optionen unterscheidet und den gesamten Vorgang mit einer kritischen Diskussion unterschiedlicher Entscheidungsträger unterlegt.[281] Demgegenüber wirkt das Postulat der Freiheit der richterlichen Beweiswürdigung und die mangelnde Möglichkeit der Kontrolle ihrer Ausübung wie ein archaisches Relikt der prä-modernen Gesellschaft.

343 Die **fehlende Selbstkritik von Richtern** ist u.a. systembedingt. »Trial and error« ist bei jedem Manager oder Minister ein wichtiger Faktor, eigenes Verhalten für die Zukunft zu optimieren. Die Erfahrung von Scheitern und Gelingen ist eine der wesentlichen Faktoren des Lernens. Neurowissenschaftler sprechen dem intuitiven Anteil an einem Entscheidungsvorgang nur dann eine Qualität zu, wenn diese Intuition »geschult« wurde. Demgegenüber erhält der Richter praktisch keine Chance, den Weg seiner Entscheidungsfindung und dessen Ergebnis zu falsifizieren oder zu verifizieren. Er erfährt nicht, ob er ein richtiges oder falsches Urteil gefällt hat. Filmische Dokumentationen der verurteilten Tat werden nicht nachgeliefert, Berufungsentscheidungen beruhen auf völlig anderen Beweisaufnahmen, formell verhaftete Revisionsentscheidungen wagen sich nicht in die Kategorien »richtig« und »falsch« vor.

Das Ergebnis ist die für Entscheider außergewöhnliche Situation, sich unangefochten ein Berufsleben lang der Kompetenzillusion hingeben zu können. Fortschreitende Erfahrung führt zu größerer Selbstsicherheit und Minimierung der Selbstkritik.

▶ **Beispiele:**[282]

344 In einem Interview nannte ein pensionierter Schwurgerichtsvorsitzender auf die Frage nach einer Fehlentscheidung einen einzigen Fall. Er hatte in der Rolle eines Vollstreckungsrichters einen Mann vorzeitig aus der Haft entlassen, der wegen eines Tötungsdelikts einsaß. Der Gutachter hatte eine positive Prognose erstellt, der sich der Richter anschloss. Der Mann beging ein weiteres Tötungsdelikt. Der Richter konstatierte einen Irrtum ausschließlich für die Besonderheit der Vollstreckungsentscheidung, die ihn falsifizierte. Falsifikationen für fehlerhafte Verurteilungen existieren regelmäßig nicht.

Der Vorsitzende des deutschen Richterbundes *Gnisa*: »Auch wenn das vielleicht überheblich klingt, aber mir fällt kein Fall ein, in dem ich mein Urteil ... im Nachhinein selbst nicht mehr für gerecht gehalten hätte.«[283]

Gerade die Auseinandersetzung mit Fehlern ist die wichtigste Voraussetzung für die Verbesserung des eigenen Urteilsvermögens.[284]

345 In einem der wenigen wissenschaftlich psychologischen Tests mit deutschen Richtern wurde der Nachweis der Beeinflussbarkeit von Entscheidungen beispielsweise durch den Ankereffekt nachgewiesen. Kei-

---

281 *Hanno Beck* Die Logik des Irrtums 2008, S. 59 zum sog. System FORDEC (Facts, Options, Risks and Benefits, Decision, Execution, Check).

282 Brandeins Heft 10/2012 »Der Richter und sein Denker«.

283 *Gnisa* Das Ende der Gerechtigkeit, 2017, S. 92.

284 S. den beispielhaften Test mit amerikanischen Feuerwehrleuten *W. Young, B. Hesketh, A. Neal* Using »war stories« to train for adaptive performance: is it better to learn from error or succes? Applied Psychology, an international Review 2006, 55, 282.

ner der getesteten Richter war sich seiner Beeinflussbarkeit bewusst. Der Unterschied zwischen jungen und erfahrenen Richtern war allerdings, dass die älteren eine sehr viel höhere Sicherheit der »Richtigkeit« ihrer angeblich unbeeinflussten Entscheidung an den Tag legten.[285]

Das Streben nach Reputation im Sinne von Ansehen ist dem typischerweise weitgehend uneitlen deut- **346** schen Richter eher fremd, weshalb er Anonymität bevorzugt ... Der Richter braucht kein Lob, reagiert aber extrem beleidigt auf Kritik, gerade auch in Gestalt einer regelmäßig so empfundenen Entscheidungsaufhebung. Es gelingt dem durchschnittlichen Richter trotz seiner oft plakativ zur Schau gestellten Unabhängigkeit kaum, Kritik in der Sache nicht zugleich als Kritik an seiner Person zu interpretieren.[286]

Die Aufgabe der Wahrheitsfindung, die formale Unabhängigkeit in der Organisation gesellschaft- **347** lichen Zusammenlebens, die Verantwortung für die Vernichtung der bürgerlichen Existenzen – all das gibt dem Richter eine derart exorbitant herausgehobene soziale Stellung, dass ihm allein aufgrund dieser Position eine **moralische Integrität** nachgesagt wird. Auch ohne Beweis für diese moralische Integrität scheint es eine selbstverständliche Erkenntnis zu sein, dass Richter nicht lügen. Sie mögen sich irren, aber ein bewusstes Lügen wird kaum ein Bürger – einschließlich der Angeklagten – einem Richter unterstellen. Dass ein Richter möglicherweise in seinem Urteil Ergebnisse der von allen Beteiligten beobachteten Beweisaufnahme aufnimmt, die mit dem tatsächlichen Geschehen nur wenig zu tun haben, dafür allerdings den Vorteil des Ermöglichens einer rational eleganten Begründung einer Verurteilung haben, wird sich kaum ein Bürger vorstellen können, der an das generelle Funktionieren der Justiz glaubt. Dennoch hat jeder erfahrene Verteidiger Dutzende derartiger Beispielsfälle parat.

Dennoch dürften die wenigsten dieser Erlebnisse von Falschdarstellungen und Manipulationen dazu **348** führen, den konkreten Richter als betrügerisch oder unmoralisch darzustellen. Eine solche Sichtweise würde dem Phänomen ebenso wenig gerecht, wie die Vorgehensweise von Revisionsgerichten, die ein solches Verhalten ihrer Kollegen als schlicht unmöglich und daher niemals existent bewerten. Die Aufrechterhaltung des idealen Richterbildes unter Ignorierung manch desolater praktischer Umsetzung schadet der Glaubwürdigkeit der Institution.

Hilfreich für das Verständnis des Agierens mancher Richter sind auch hier Erkenntnisse der psychologi- **349** schen Wissenschaften, die – fernab von jeder Moralvorstellung – eine dem Menschen offensichtlich immanente Neigung verifiziert haben, zum Erreichen ihrer Ziele auch Mittel einzusetzen, die bei isolierter Betrachtungsweise vom Handelnden selbst durchaus als unmoralisch bewertet werden. Das Überschreiten dieser moralischen Grenzen kollidiert nicht mit dem sozialen Status. Untersuchungen bei Studenten an angesehenen amerikanischen Universitäten haben das Gegenteil ergeben. Eine signifikante Anzahl von Probanden in Untersuchungen war bereit, um des eigenen Vorteils willen schlichte Mogeleien und Betrügereien vorzunehmen.[287] Die Neigung zur unehrlichen Vorgehensweise wurde allenfalls durch weitere Faktoren gemindert, wie beispielsweise das Entdeckungsrisiko. Auf der anderen Seite wurde sie allerdings erhöht bei dem Bewusstsein, für diese Unehrlichkeit nicht unmittelbar durch Geld entlohnt zu werden oder gar mit der Unehrlichkeit letztlich einen Beitrag zu einer als übergeordnet gedachten gerechten Sache zu leisten. Die Richterrobe als minimierender Faktor ist bislang nicht erforscht.

Die Einsicht auch vieler Richter in die Förderung des Bewusstseins von emotionaler Distanz kont- **350** rastiert mit gegenläufigen **rechtspolitischen Tendenzen in der Richterschaft** selbst. Hier steht oft das rechtliche und gesellschaftliche Einfordern von Autoritätsakzeptanz im Mittelpunkt. Gerade im

---

285 *Englich* Blind or Biased? Justitia's Susceptibility to Anchoring Effects in the Courtroom Based on Given Numerical Representations, LAW&POLICY 2006, 497–514, 508.

286 *Schütz* Was wir als Richter von der Wissenschaft lernen könn(t)en, Betrifft Justiz, 2017 Nr. 129, 41 ff. Der Autor ist Richter.

287 S. hierzu z.B. *Mazar/Ariely* Dishonesty in everyday live and its policy implications, Journal of Public Policy and Marketing 2006; *Mazar/Amir/Ariely* The dishonesty of honest people: A theory of self – concept maintenance, Journal of Marketing Resource 2008; *Schweitzer/Hsee* Stretching the Truth, Journal of Risk and Uncertainty 2002.

Verhältnis zu Verteidigern wird deren Eigenschaften als »Störenfriede« eines möglichst ungestörten Richtens gegeißelt und zum Kampf gegen die »Konfliktverteidigung« geblasen.[288]

351   Die gesetzliche Konzeption vertraut dem anständigen, in seiner Gesellschaft erfahrenen und logisch denkenden Richter. Als Kompensation für die Freiheit der Beweiswürdigung legt das Gesetz dem Richter für die vorhergehende Hauptverhandlung Fesseln an wie nirgendwo sonst bei Gericht. Die Befürchtung der Willkür eines entfesselten Strafrichters trieb den Gesetzgeber zu ungewöhnlichen Formalien und der Etablierung eines ritualisierten Prozessgeschehens.

Richter schätzen die **Freiheit der entfesselten Würdigung**. Wenn Vertrauen bei der entfesselten Beweiswürdigung ausreicht, ist es offensichtlich schwer, den Sinn der formalisierten Fesseln bei der Beweisaufnahme zu erkennen. Entsetzt hatte das Bundesverfassungsgericht bei seiner Verhandlung zur Verständigung feststellen müssen, dass nach einer Studie von *Altenhain* Richter sich von diesen Fesseln lösen wollen.

Die Realität in weiten Teilen der Richterschaft stellt sich als Umkehrung der vom historischen Gesetzgeber intendierten Wirkweise der formalisierten Beweisaufnahme hin zur rechtsstaatlichen Beweiswürdigung dar. Mit Autorität ausgestattete Strafrichter gehen eher den umgekehrten Weg und versuchen, die ihnen eingeräumte Freiheit auf die Gestaltung des gesamten Verfahrens auszudehnen. Das Ritual wird zur Pose, insbesondere wenn Würde und Bedeutung beim Einmarsch der Kammer durch Fernsehaufnahmen wirksam verbreitet werden. Dagegen wird schon der erste Beweisantrag der Verteidigung als störende Konfliktverteidigung gegeißelt. Der Wert eines auf justizförmigem Verfahren beruhenden Urteils erscheint in den Köpfen der Strafrichter zunehmend zu verblassen.

352   Dominiert das Streben nach individueller Autorität, ist der Respektverlust vor dem formalen Gesetz erklärbar. Selbstverständlich schätzen Richter das formalisierte und ritualisierte Strafverfahren. Maßgeblich hieraus saugen sie ihr Selbstverständnis und fördern ihre eigene gesellschaftliche Anerkennung als einzigartige schamanenhafte Deuter der Gerechtigkeit. Sie müssen sich aber zwangsläufig von den gesetzgeberischen Ideen entfernen, die gerade aus der Skepsis gegenüber menschlichem Richten entstanden sind. Verwahrt sich der Richter gegen persönliches Misstrauen, kann er die Normen formalisierten Misstrauens nicht leben. Er muss dazu neigen, seine gefühlte bessere Erkenntnis in der Sache dem gegenläufigen Zwang der Form vorzuziehen.

353   Die wenigsten Richter erkennen z.B. in den Zuständigkeitsnormen die formalisierte Skepsis gegenüber richterlicher Vorprägung. Wird ein Urteil aufgehoben und zurückverwiesen, so könnte ein vertrauensvoller Umgang mit dem in vorhergehender Instanz irrenden Richter dazu führen, diesem in einer Wiederholung des Verfahrens eine neue Chance zu offerieren. Das Gesetz macht das Gegenteil des gesellschaftlich Adäquaten: Völlig unabhängig von persönlichen Einschätzungen misstraut es angesichts der Erkenntnis menschlicher Schwächen dem Erstrichter und weist die Sache einem anderen Richter zu. Richter leben mit solchen Zuständigkeitsregeln, versperren sich aber den Blick auf die dahinter stehende Skepsis; sie registrieren Zuständigkeitsnormen schlicht als Beschreibung ihrer speziellen Welt der dritten Gewalt und nehmen sie allenfalls als intellektuelle Herausforderung wahr.

Wird demgegenüber konkret ein Angriff auf die richterliche Autorität deutlich, verändern sich die Vorzeichen. Die gesetzestreue Umsetzung richterskeptischer Normen will der attackierten Autorität nicht gelingen. Spüren Richter gesetzlich formalisierte Fesseln, die der Umsetzung ihrer in der Sache gewonnenen Einsicht zuwiderlaufen, ist deren Umgehung der primäre Reflex. Wenn sie erklärtermaßen Verteidigung häufig für überflüssig erachten, dokumentieren sie den fehlenden Zugang zur rechtlichen Idee der Kontrolle und Teilhabe. Werden gesetzlich vorgesehene Anträge, Stellungnahmen, Beweisanregungen oder Befangenheitsgesuche nur als Last oder gar persönlichen Anwurf wahrgenommen, muss jede gesellschaftliche Erwartung enttäuscht werden, der Richter werde sich bei der Verfahrensgestaltung maßgeblich an gesetzlichen Vorgaben orientieren. Richter wehren sich gegen Autoritätseinschränkungen und fühlen sich legitimiert, sich mit vordergründig argumentativem Vorgehen gegen Bevormundung zur Wehr zu setzen. Dass er sich Überzeugungsbildung und selbstständiges Denken nicht verbieten lassen will, ist konsequent. Die Denkvorgaben der Unschuldsvermutung und des Zweifelssatzes werden daher gerne unverbindlichen musealen Vitrinen der Rechtswissenschaft überantwortet.

---

[288] S. hierzu beispielhaft das Buch des richterlichen Autors *Heinrich* Konfliktverteidigung im Strafprozess, 2013; kritische Rezension *Sommer* StV 2014, 443 ff.

6. Richter im Kollegialgericht

Geprägt wird das Feld der Überzeugungsarbeit auch dadurch, ob es gilt, einen einzelnen Strafrichter zu beeinflussen, oder ob der Strafverteidiger sich einem **Kollegialgericht** gegenübersieht. Hier ist die letztendliche Entscheidungsfindung mit der Beratung stets einem zusätzlichen internen Kommunikationsfaktor unterworfen.[289] Da das Gewicht einer jeden internen richterlichen Meinung identisch ist, steht die Überzeugungsarbeit der Verteidiger vor der fast unlösbaren Aufgabe, im Rahmen der eigenen Argumentation auf unterschiedliche psychische Konstellationen hinzuwirken und dabei unter Umständen sich unterschiedlicher oder sogar konträrer Mitteln bedienen zu müssen.   **354**

Dieser Konflikt dürfte aber im Gerichtsalltag nur ein theoretischer sein. Ein Widerspruch zumindest von Laienrichtern in internen Gerichtsdiskussionen wird kaum vorkommen. Richter machen keinen Hehl daraus, dass es eine ihrer wesentlichen Aufgaben ist, Schöffen – notfalls durch Manipulation – auf rechten Kurs zu bringen.[290] Scheitert der Versuch ausnahmsweise, findet der Vorsitzende einen Grund zur Verfahrensaussetzung und einem weiteren Anlauf mit neuen Schöffen. Das gesetzliche Ideal der Anreicherung gerichtsinterner Diskussionen um die unbefangene Laiensicht[291] ist in der Praxis längst gescheitert. Tausende Absprachen sind schon zwischen Verteidigung und Vorsitzendem ohne jede Einbeziehung von Schöffen getroffen worden. Die Erfahrung lehrt, dass keine einzige dieser Absprachen von Schöffen missbilligt worden ist, obwohl sie durch einen Widerspruch die in ihrer Abwesenheit gefundene Lösung jederzeit verhindern könnten. Überstimmen Schöffen ausnahmsweise den oder die Berufsrichter, können diese durch allein von ihnen zu verantwortende fehlerhafte Urteilsbegründungen oder Verfahrensweisen die Rechtskraft eines solchen Urteils verhindern. Der Prozess wird an anderer Stelle mit anderen Schöffen neu aufgerollt.[292]   **355**

Diese gerichtliche Praxis spiegelt die allgemeine Erkenntnis der Psychologie wider, wonach auch in unserer offenen und aufgeklärten Gesellschaft das Vertrauen in die als kompetent erkannten Chef offensichtlich unerschütterlich ist. Die zum Teil als **Captainitis** in Luft- und Schifffahrt bezeichnete Bereitschaft anderer, trotz eigenem Entscheidungsspielraums den Vorgaben des Kapitäns unbedingt zu folgen, führt sogar dazu, dass dessen Fehler generell unterschätzt, jedenfalls nicht hinterfragt oder sogar schlicht ignoriert werden. Die Folge: Bei den meisten Flugzeugabstürzen saß der – unkritisierte – Flugzeugkapitän selbst am Steuer.[293] Der Glaube des Schöffen, dass das, was ihm in einer Mischung aus tatsächlicher und rechtlicher Einschätzung vom Vorsitzenden vorgegeben wird, richtig ist, scheint ein fester Bestandteil des deutschen Rechtswesens zu sein.   **356**

Das Ausmaß dieser Tendenz haben die berühmt gewordenen Experimente des amerikanischen Psychologen *Milgram*[294] dokumentiert, welche noch jüngst mit denselben Ergebnissen wiederholt wurden.[295] Dieser hatte in einer Zeitungsannonce darum gebeten, an einem Experiment teilzunehmen. Es bestand darin, dass die sich Meldenden die Rolle eines Lehrers mit ungewöhnlichen Lehrmethoden übernehmen sollten. Dem auf einem Stuhl festgeschnallten Schüler sollten verschiedene Stromstöße verpasst werden, falls er bestimmte ihm zuvor auferlegte Aufgaben nicht richtig löst. Selbst als dieser Schüler, der tatsächlich nur   **357**

---

289 Zur rechtsstaatlichen Tradition der kollegialen Entscheidungsfindung mittels Beratung (im Gegensatz zu Modellen angelsächsischer Rechtstradition) s. *Ernst* Abstimmen über Rechtserkenntnis, JZ 2012, 637 ff.

290 *Föhrig* Kleines Strafrichterbrevier, S. 86 ff.

291 S. zur theoretischen Begründung der Schöffenbeteiligung *Börner* Die Beteiligung von Laienrichtern am Strafprozess als Erkenntnismittel einer funktionalen Theorie des Strafprozessrechts, StraFo 2012, 434 ff.; *Duttge* Jenseits der Illusion: Die Beteiligung von Laienrichtern am Strafprozess, 36. Strafverteidigertag 2012, 203 ff.

292 S. hierzu u.a. den Erfahrungsbericht eines Schöffen: *Baumann* Links das Recht, SZ-Magazin 17/2012.

293 *Hagen* Fatale Fehler – oder warum Organisationen ein Fehlermanagement brauchen, 2. Aufl., 2017 analysiert Flugzeugabstürze detailliert im Hinblick auf das fehlerhafte Kommunikationsmanagement im Cockpit.

294 *Milgram* Obedience to Authority; deutsch: Das Milgram-Experiment. Vgl. zum Versuchsaufbau und auch zur ethischen Fragwürdigkeit des »Milgram-Experiment(s)« bei www.wikipedia.de.

295 *Burger* in: American Psychologist, Heft 1 2009; s. auch den Bericht von *Bierbrauer* in der SZ 16.12.2009, S. 12.

ein guter Schauspieler war, nach den ersten angeblichen Stromstößen um die Beendigung der Tortur bat, waren alle Beteiligten bereit, auf die strenge Anweisung des Experimentierleiters hin weitere und zum Teil sogar noch höhere Stromstöße auszulösen. Die Probanden sahen die von ihnen ausgelösten Schmerzen, glaubten aber der Versicherung des Experimentierleiters, dass diese Behandlung nicht entscheidend gesundheitsschädlich sei. Diese und andere Experimente *Milgrams* zeigen, wie sehr auch in unserer Gesellschaft der Druck besteht, sich den Anweisungen von Autoritäten zu beugen. Völlig integre und gesunde Menschen waren bereit, allein auf die Aufforderung einer Autoritätsperson hin anderen Personen schreckliche Schmerzen zuzufügen. Autorität, gestützt auf Erfahrung und Macht, lösen offensichtlich bei jedermann Tendenzen zur Akzeptanz und zur Unterordnung aus. Was demgegenüber abwägende Diskussionen in diesen Entscheidersituationen bewirken, dokumentieren Varianten in Milgrams Versuchen: Sobald ausnahmsweise zwei Untersuchungsleiter vorhanden waren und unterschiedliche Befehle erteilten, sank die Gehorsamsrate auf Null. Auch Skepsis konnte sich auf die Probanden übertragen.

358   Auch wenn angesichts der im Experiment formalisierten Kommunikationssituation Skepsis hinsichtlich umfassender Schlussfolgerungen auf die Moralität der Beeinflussten angebracht erscheint,[296] dürfen für den Strafprozess Konsequenzen gezogen werden: Solange nicht ausnahmsweise die Autorität des Vorsitzenden durch andere Umstände gebrochen wird, ist und bleibt er der primäre Fixpunkt der Überzeugungsarbeit des Verteidigers.

359   Der gerichtsinterne Diskurs, der durch Interaktion die optimale Problemerkenntnis, Willens- und Entscheidungsbildung dynamisch fördern soll, erliegt in der gerichtlichen Praxis der dominierenden gruppendynamischen heterogenen Tendenz. Die Vergewisserung der Identität des Entscheidungskörpers in seinem institutionellen Kontext minimiert die Konfliktbereitschaft, fördert den Konsensdrang und die Orientierungssuche in Richtung von Autoritäten.[297]

360   Gerade Kollegialgerichte folgen ebenso wie alle anderen sozialen Gruppenphänomene den sozialpsychologischen Erkenntnissen der Gruppendynamik. Das Gruppendenken entspringt dem Bedürfnis, den Gruppenprozess in einer einvernehmlichen Atmosphäre zu gestalten. Der Wunsch nach Zusammenhalt fördert die übereinstimmungssuchende Tendenz bei der Entscheidungsfindung und blendet alternative Denkansätze aus.[298] Die Autoritäten dominieren, wenn sie die Realisierung dieses Wunsches garantieren. Selbst formale Abstimmungsregeln (falls sie denn respektiert werden), die dem Laien und jüngeren ein erstes Stimmrecht zubilligen, können diese Tendenz nicht aushebeln, wenn in der vorhergehenden Diskussion der Gruppe die Wege zur Konformität bereits aufgezeigt wurden. Die formale Abstimmungsregel des § 193 GVG läuft daher ins Leere, wenn die Diskussion über die Beweisaufnahme zuvor vom Vorsitzenden strukturiert und dominiert wird. Das Phänomen der Gruppenpolarisation führt auch nach internen Diskussionen zur Verstärkung bereits angelegter Meinungstendenzen. Das Ergebnis solcher Entscheidungsfindungen der Gruppe mündet in der zumeist irrealen Wahrnehmung der vollständigen Gruppenübereinstimmung eines jeden Mitglieds.

361   Offener hinsichtlich des Ergebnisses und kreativer hinsichtlich der Argumentationsstruktur entwickelt sich eine Gruppendiskussion dann, wenn eine Alternativmeinung ohne diese Gebundenheit wahrgenommen wird. Die mit Verve vorgetragene abweichende Meinung kann in einem frühen Stadium eines Gruppenprozesses maßgebliche Weichenstellungen einleiten.[299] Untersuchungen haben allerdings gezeigt, dass nur ein persönliches Engagement den für die Gemeinschaft entscheidenden Stellenwert der Glaubwürdigkeit ihres Mitglieds transportiert. Der traditionelle »advocatus diaboli«, der Gegenpositionen allein als intellektuelles Abweichungs-Spiel in die Diskussion einbringt, hat

---

296   S. hierzu die Kritik von *Schmid* Moralische Integrität – Kritik eines Konstrukts 2011.
297   Allg. zu Forschungsergebnissen von Gruppenentscheidungen *Sader* Psychologie der Gruppe, 9. Aufl. 2008.
298   *Moorhead/Neck* Groupthink und Führung, in: Kieber/Reber/Wunderer, Handwörterbuch der Führung 1995, S. 1130 – 1138.
299   C. *Nemeth* Minority Dissent as a Stimulant to Group Performance, in: Worchel/Wood/Simpson, Group Process and Productivity, 95–11, 1992.

schon aufgrund des spürbaren Authentizitätsdefizits erheblich geringere Chancen, Gruppenmehrheiten auf seine Seite zu ziehen.[300]

Die Konsequenz für die Verteidigung besteht in der Beeinflussung.

7. Die psychische Belastung des Richtens

»Die Richter unterscheiden sich von anderen Berufsständen durch ihr unerschütterlich gutes Gewissen.«[301] 362

Eine für das Verständnis des richterlichen Handelns im konkreten Prozess wichtige Erkenntnis ist 363
die der Kollision eigener Moralvorstellung mit den Auswirkungen seines richterlichen Tuns. Diese Problematik wird von den Richtern eher verdrängt als diskutiert, die Literatur schweigt sich hierzu aus.[302]

Richter erlangen ihr Amt nicht durch eine spezifizierte Prüfung ihrer Vorstellungen von Moral, 364
Gerechtigkeit und Rechtsstaat. Ausschlaggebend sind die Examensnote des juristischen Staatsexamens und die Abwesenheit von kriminellen Vorstrafen. Unabhängig von ihrer sozialen Herkunft hat allerdings spätestens das Studium dokumentiert, dass eine allgemeine Identifizierung mit den konventionellen gesellschaftlichen Wert- und Moralvorstellungen existiert. Sie nehmen teil an dem gesellschaftlichen Konsens zur Einschätzung von Gut und Böse und zu richtigen und falschen Verhaltensweisen. Sie teilen die allgemeine Ansicht, dass es nicht richtig ist, einen anderen zu verletzen, Leid, Elend und Verzweiflung über ihn zu bringen. Wer dies tut, widerspricht seinem eigenen inneren Normgefüge. Wer dies tut, hat als Folge ein »schlechtes Gewissen«.

Richter fügen dem Angeklagten Übel zu. Sie bringen Leid und Elend über ihn und auch über die 365
ihm zugewandten Personen. Sie berauben ihn der Freiheit und des Eigentums. Sie demütigen und unterwerfen ihn und dokumentieren oft ihre Missachtung. Letztlich sperren sie ihn ein wie ein wildes Tier. Dieser massive Verstoß gegen die Konventionen gesellschaftskonformen Verhaltens muss jeden Richter psychisch belasten. Das allgemeine Ignorieren dieses **Gewissenskonflikts** blendet einen entscheidenden Teil des prozessualen Geschehens aus.

Die Verdrängung der Problematik ist deswegen zumeist erfolgreich, weil ausreichende institutionelle 366
Vorgaben existieren, um den jeweiligen persönlichen Konflikt zu beheben. Das allgemeine Gefühl der gesamtgesellschaftlichen Nützlichkeit des Tuns ist nur ein erster, zumeist wenig hilfreicher Ansatz. Auch der sich gerechtfertigt fühlende Henker wird das ihn belastende Bild des abgeschlagenen blutigen Schädels nicht ohne Weiteres los. Die seine Persönlichkeit verleugnende Maske wird beim Richter von seiner extraordinären Rolle einschließlich der diese symbolisierenden Robe übernommen. Zuweisungen und **Rituale** sollen letztlich eine künstliche Identität schaffen, die den natürlichen Gewissenskonflikt beheben soll. Darüber hinaus enthält die Organisation der Strafjustiz zahlreiche Vorkehrungen, die **Abspaltung des Gewissens** durch Konstruktionen wie Kollegialgerichte und Instanzenzüge zu erleichtern.

Übel aufzuerlegen spannt das Gewissen dann verstärkt an, wenn das Bewusstsein der Fehlerhaftig- 367
keit der eigenen Entscheidung mitwirkt. Auch wenn zahlreiche Mechanismen die Präsenz der Möglichkeit des richterlichen Irrtums verhindern, verstärkt die Last der potenziellen Fehlentscheidung die unterschwelligen Auswirkungen des Gewissenskonflikts. Eine traditionelle Strategie der Konfliktbehebung ist auch in einem autoritären Verfahren die Kreation der Mitverantwortung desjenigen, der das Übel der Strafe erleidet. Die Bedeutung des Geständnisses im Verfahren eröffnet sich

---

300 *C. Nemeth u.a.* Devil's advocate versus authentic dissent: stimulating quantity and quality, European Journal of Social Psychology 2001, 31, 707–720.

301 *Xaver Berra* (alias *Theo Rasehorn*) Im Paragraphenturm: Eine Streitschrift zur Entideologisierung der Justiz 1966, S. 15.

302 Eine der bemerkenswerten Ausnahmen ist *Fabricius* Selbst-Gerechtigkeit, Zum Verhältnis von Juristenpersönlichkeit, Urteilsrichtigkeit und »effektiver Strafrechtspflege« 1996, der allerdings bei den Strafjuristen durch seinen psycho-analytischen Ansatz wenig Beachtung gefunden hat.

über seine Funktion der psychischen Entlastung des Richters.[303] Traditionell festigt das Geständnis die richterliche »gewißheyt der warheyt«, weshalb die Produktion dieser erleichternden Kooperation des Beschuldigten Vorrang genießen kann – bis hin zu dessen Erwirkung durch Folter.[304]

368   Auch wenn die persönliche Verantwortung des Richters damit in vielfältiger Weise mit der Figur des Rächens im notwendigen justiziellen Getriebe verdeckt werden kann, gelingt die Verarbeitung des Gewissenskonflikts unterschiedlich. Es verbleibt die Konstellation, dass die nach moralischen Maßstäben – durch die Rolle allerdings entlastete – persönliche Verantwortungslosigkeit des Richters durch die Schaffung von Übel nur schwer in Einklang mit seiner Aufgabe zu bringen ist, gerade die Gewissenlosigkeit eines Täters zu verfolgen. Jenseits der institutionell vorgegebenen Entlastungsmechanismen verbleibt Raum, diesen Konflikt mit unterschiedlichen persönlichen Strategien im Verfahren selbst zu lösen. Die Bandbreite kann hier von Zynismus über Arroganz, z.T. obszön geäußerter Verachtung gegenüber dem Verurteilten[305] bis zur hilflosen Aufgabe seiner genuinen Richterrolle durch Übernahme seelsorgerischer Funktionen reichen. Die individuelle Verarbeitung des Konflikts ist einer der wichtigen Ansätze für Überzeugungsarbeit der Verteidigung.

VI. Das Rollenverständnis des Verteidigers

369   Die Zwiespältigkeit der gesellschaftlichen Anerkennung seines Tuns überlagert die bedingungslose Wahrnehmung der gesetzlichen Aufgabe der Verteidigung. Zwar ist dem Verteidiger allgemeine Sympathie bei der Unterstützung eines Mandanten in einem Verfahren mit völlig offenem Ausgang sicher. Eine solche Ergebnisoffenheit ist aus der Außensicht der spektakuläre Ausnahmefall. Auch nach langer rechtsstaatlicher Tradition nimmt die Gesellschaft Strafprozesse als ritualisierte Veranstaltungen auf dem Weg zu einer gerechten Strafe für den Täter wahr. Wer hier den Angeklagten einseitig ohne Blick auf das Gemeinwohl unterstützt, solidarisiert sich mit dessen Tat. Er hilft einem Dieb, Mörder, Vergewaltiger. Er teilt seine Schuld.

370   Die meist gestellte und gehasste Frage an den Verteidiger im Umfeld außerhalb des Gerichtssaals ist: »Wie können Sie jemanden verteidigen, von dem Sie wissen, dass er schuldig ist?« Respekt erntet hiernach nur der Verteidiger von Unschuldigen. Die Identifizierung des Verteidigers mit der vorgeworfenen Tat verdeutlicht auch die Differenzierung der Wertschätzung von Verteidigung in unterschiedlichen Tatkonstellationen. Abschätzung, ja Verachtung ist ihm bei der engagierten Verteidigung eines angeblich üblen Vergewaltigers ebenso sicher wie bei der Beleidigungskampagne eines Neonazis. Beifällig wird demgegenüber oft Verteidigung von Wirtschaftsstraftaten (als Form minderen sozialen Unrechts) oder sogar eines Mordes registriert, dessen Tatbild dem Zuschauer aus unzähligen Krimis ebenso geläufig ist wie die Möglichkeit der Akzeptanz von Tatmotiven. Dass der Strafprozess ein unbedingtes Aktionsfeld ist, blendet die soziale Anerkennungsstruktur jenseits der gesetzlichen Maßstäbe aus.

371   Der moralische Vorwurf lastet auf dem Verteidiger. Er wiegt umso schwerer, als das vordergründige Bild der missbilligten Hilfe für den Täter nicht durch ein anerkanntes Verteidigungsethos kompensiert wird. Ein Priester oder Arzt, der dem Angeklagten in seinem Berufsfeld unterstützt, darf sich sicher sein, dass seine Hilfe nicht auf der moralischen Ebene des unmoralischen Täters wahrgenommen wird. Der Verteidigung fehlt ein solches abstrahierendes Moment, wie es das Religiositätsbedürfnis oder der Eid des Hippokrates vermögen. **Verteidigung** erstarrt in der **Nähe zum Verbrechen**.

372   Verteidigung steht in unserer Gesellschaft unter einem permanenten Rechtfertigungszwang. Zu komplex und unsystematisch ist die Rolle des Verteidigers, als dass sie einen simplen Eingang in das allgemeine Rechtsdenken gefunden hätte. Das Streben der Verteidigung nach Verfahrensgerechtigkeit hat als eigenständigen Wert den Weg aus der Gesetzessystematik in das gesellschaftliche Bewusst-

---

303 Zur Entlastung von richterlicher Verantwortung durch ein Geständnis s. *Eschelbach* Dissonanzreduktionen im Strafprozess, GA 2019, 593 ff., 597.

304 Die peinliche Gerichtsordnung Kaiser Karls V. und des Heiligen Römischen Reichs von 1532 (Carolina).

305 S. hierzu z.B.: *Fabricius* Verachtung des Täters ist Grundlage für die Zumessung der Strafe, PSYCHE 2008, 1039–1067.

sein nicht gefunden. Dass in der außerordentlichen Situation der massiven gerichtlichen Gewalt- und Machtausübung zur Kontrolle außerordentliche formale Schranken erforderlich sind, dass angesichts der verheerenden Straffolgen Fehleranfälligkeiten richterlicher Entscheidungen in besonderer Weise zu minimieren sind, dass Einseitigkeit der Verteidigung bei der Wahrnehmung der diesen Zwecken dienenden Beschuldigtenrechte letztlich dem Erhalt des so definierten rechtsstaatlichen Systems dient, setzt zu viele gedankliche Transfers voraus, um die Verteidigungsaufgabe vom vordergründigen Bild des Spießgesellen des Verbrechers zu abstrahieren.

Suchen Verteidiger Erfüllung in einer ethischen Mission, kollidiert ihr Anspruch alsbald an der Gewissheit unethischen Gebarens ihres Mandanten. Die Verfahrenstechnik des Strafprozesses in ihrer formalisierten Wahrheitsfindung blendet eigentlich moralische Kategorien aus. Die Frage, ob ein Angeklagter ein Täter ist und ob jemand diesem Täter hilft, stellt sich erst nach dem Prozessende. Dennoch betrachten selbst renommierte Verteidiger die Unschuldsverteidigung des eigentlichen Täters als ein zentrales Dilemma der Strafverteidigung. Einer der bekanntesten Verteidiger der Weimarer Republik – *Max Alsberg* – hat diese persönliche Problematik in einem Theaterstück verarbeitet, das in seinem Titel »Konflikt« die von ihm empfundene Zerrissenheit des Anwalts verdeutlicht, trotz Wissens um die Schuld seinen Mandanten zu verteidigen.[306]   **373**

Die ihm zugedachte Rolle des Unmoralischen wird der Verteidiger selbst nur in den seltensten Fällen erspüren. Der von außen als klassisch angesehene Konfliktfall, dass der Verteidiger den für ihn erkennbar Schuldigen durch sein Handeln der Bestrafung entzieht, taucht in der Praxis selten auf. Das offene interne Geständnis des Mandanten ist ebenso rar wie die prozessuale Konstellation, die einen Freispruch ermöglicht. Individuelle Bedrückungen in derartigen Einzelfällen wird auch ein Strafverteidiger nicht völlig ignorieren.[307] Persönliche Konflikte wird er sehr viel eher durch die Verinnerlichung der gesetzlichen Systematik verarbeiten können. Darüber hinaus vermittelt ihm alsbald die Erfahrung eines Berufslebens, dass der Unschuldige oder nicht im angeklagten Ausmaß schuldige Mandant aus seiner Sicht sehr viel häufiger zu Unrecht strafrechtliche Sanktionen ertragen muss, als diese bei dem Schuldigen ausbleiben. Die Kompensation im Gesamtgefüge der Justiz minimiert hier persönliche Betroffenheit bis zur Unkenntlichkeit.   **374**

Der Konflikt strahlt in den Prozess. Der auf gesellschaftliche Anerkennung angewiesene Verteidiger wird sich nur selten von der ihm angetragenen moralischen Dimension seines Verhaltens lösen können. Die Öffentlichkeit, die Presse, der Staatsanwalt und Nebenkläger, aber auch das Gericht selbst[308] nutzen mit zum Teil subtilen Mitteln diese Ebene, um auf Verteidigung einzuwirken. Die persönlichen **Strategien des Verteidigers**, solche Konflikte zu lösen, folgen völlig unterschiedlichen Rollenauffassungen.   **375**

Dass Verteidigung letztlich ein notwendiges Rädchen im rechtsstaatlichen Gesamtgetriebe der Justiz ist, meinen manche Verteidiger durch ihre demonstrative persönliche **Nähe zu** dieser **Justiz** dokumentieren zu können. Die Betonung der Gemeinsamkeiten eines traditionell gedachten Juristenstandes helfen, solche Konflikte ohne Achtungsverlust durchzustehen. Die Distanz zum Mandanten und seiner Sache sind die Kehrseite dieser Strategie.   **376**

Einen anderen Weg geht der **politisch motivierte Verteidiger**, der den Blick ausschließlich auf den durch staatliche Machtausübung im Verfahren gequälten beschuldigten Mandanten richtet. Der Kampf für den Mandanten in dieser Situation ist Teil des Kampfes gegen missbilligte staatliche   **377**

---

306 Zur Erinnerung an dieses 1933 erstmals aufgeführte Theaterstück s. *Jungfer* Strafverteidigung – Annäherung an einen Beruf, 2016, S. 135 ff. (die Dokumentation »Max Alsberg: Konflikt – Bremen, 3. März 1933« war erstmalig in der Festschrift für Briske 1986 erschienen).

307 S. hierzu die Geschichte »Volksfest« bei: *von Schirach* Schuld 2010, in der ein sehr junger »Verteidiger seine Unschuld verloren hatte«, als er erstmalig dazu beitrug, einen Schuldigen der gerechten Bestrafung zu entziehen.

308 Allgemein zum spannungsgeladenen und oft verständnislosen persönlichen Verhältnis von Richtern zu Verteidigern *Hamm* Strafrichter und Strafverteidiger – umeinander kreisende fremde Welten, Fischer-FS 2018, 999 ff.

Machtausübung. Diese Kampflinie rechtfertigt den unbedingten Einsatz für jeden Beschuldigten und überdeckt jeglichen Konflikt unmoralischer Unterstützung.

378   Verbrüderungen und klassisches Standesdenken aus vergangenen Jahrhunderten sind heute ebenso selten wie der allgemein politisch motivierte Kampf von Strafverteidigern, wie er zeitweise vor dreißig Jahren Eingang in die deutschen Gerichtssäle gefunden hatte. Sie beschreiben allerdings nach wie vor die beiden unterschiedlichen Pole, an denen sich heute Verteidiger zur aufgezeigten Konfliktbewältigung orientieren.

379   Gerade in den Fällen, in denen kein Freispruch in Rede steht, sieht sich der Verteidiger häufig außerhalb seiner gesetzlich bestimmten Aufgabe der Unterstützung des Angeklagten vor Gericht als **seelischer Beistand** seines Mandanten. Der Mandant ist in einer existenziellen Situation. Er trägt einerseits an der Schuld für seine Tat und erleidet andererseits die Qualen der (drohenden) Strafsanktion und/oder der Untersuchungshaft.

380   *Alsberg*[309] fasste dies schon sehr früh zusammen:

> »Aus dieser Einfühlung in die Seele des Angeklagten, aus dieser spezifischen Verbundenheit mit dem Bedrohten, vielleicht versinkenden Schicksal, entsteht im Verteidiger jene tragische Grundstimmung, die ihn den Ablauf des forensischen Geschehens als ein Drama sehen lässt. Die ganze Inkommensurabilität von Schuld und Sühne, die Erkenntnis, dass der Schmerz, den die Verurteilung dem Angeklagten zufügt, das Unrecht nicht tilgen kann, – das ist der Alp, der sich auf die Seele des Verteidigers legt.«

381   Es ist dieses Mitfühlen mit dem Mandanten, das häufig die Rolle des Verteidigers im Gerichtsgeschehen selbst mitbestimmt.[310] Auch wenn das Idealbild des Verteidigers von solchen Emotionen befreit ist und er in der technischen Anwendungen seiner Fertigkeiten eher dem Chirurgen ähnelt, der die Anwendung der ärztlichen Kunst ohne jedes präsente Bewusstsein der unter Umständen lebensbedrohlichen Situation seines Patienten praktiziert, mag diese spezifische Rollensituation erklären, warum in manch spektakulären Fällen sich ein Verteidiger in Verarbeitung dieser Emotionen zu persönlichen Soldarisierungen hinreißen lässt. Regelmäßig ist es allerdings gerade die Nähe zu der von niemand anderen in dieser Intensität gespürten Betroffenheit des Mandanten, die der Verteidigung die Kraft und das Engagement verleiht, ihre Aktionsmöglichkeiten im Strafprozess sehr viel intensiver wahrzunehmen, als dies alle anderen Verfahrensbeteiligten tun.

382   Wie der Verteidiger im Strafprozess konkret diese außerprozessualen Einflüsse sein Handeln mitbestimmen lässt, hängt von seinem individuellen Charakter und Temperament, vom **Verteidigertyp**[311] ab. Die Verteidigung wird die persönliche Betroffenheit über das persönliche Schicksal des Mandanten in der Hoffnung offenlegen, ein vergleichbares Mitgefühl auf die Richterbank transportieren zu können. Ein eher auf Harmonie angelegter Verteidigertyp wird den Streit durch einen verbindlichen Umgang zu entschärfen suchen. Der Affekttyp wird den leidenschaftlichen Hintergrund der Mandantensituation übermitteln, der sogenannte Kämpfertyp wird alle Untiefen der Streitkultur vor Gericht ausloten. Der narzisstische Typ wird die eigene Präsenz im prozessualen Geschehen überbetonen. Der grüblerische Verteidiger wird in zurückhaltender Weise das Bedenkliche der Gegenposition betonen. Daneben werden von Außenstehenden häufiger Verteidigertypen ausgemacht, die als eitel oder gar neurotisch gelten.[312]

Strafverteidiger sind sich jedenfalls sicher, dass es für die Ausfüllung ihrer Rolle im Strafprozess keinen einheitlichen Standard gibt, vielmehr persönlichkeitsbedingte Facetten zu völlig unterschiedlichen Ergebnissen führen müssen, den Weg zu einer erfolgreichen Verteidigung zu finden. Der

---

309   *Alsberg* Die Philosophie der Verteidigung 1930, in: Taschke (Hrsg.), Max Alsberg – Ausgewählte Schriften 1992, S. 323 ff., 332.

310   Zur besonderen Rolle der weiblichen Verteidigung in dieser Situation s. z.B.: *Döpfer* Grenzen und Möglichkeiten der Strafverteidiger im Strafverfahren, AnwBl. 2002, 92 ff.

311   Zu einer kurzen Typologie s. *Rückert* Das Bestiarium der Strafverteidigung, StV 2019, 585 f.

312   S. zu diesen Wahrnehmungen z.B. *Mauz* Psychologie des Strafverteidigers, Berliner AnwaltBl. 1977, 44; *Jungfer* Psychologie des Vergleichs, StV 2007, 382 f.

Strafverteidiger Stefan König fasst seine jahrzehntelangen Beobachtungen in Gerichtssälen zusammen:[313]

> »Es kann angesetzt werden gewissermaßen am Hochplateau idealtypischer Verteidigung, an dem, was **383**
> Stefan Barton die »Lichtseite« der Strafverteidigung genannt hat, also bei dieser Figur, die mit zahlreichen
> positiven, kämpferischen, verantwortungsbewussten, emphatischen, rechtskundigen Konnotaten versehen
> der Verteidigungtätigkeit als Leitbild, gleichsam als Idol vorangestellt wird, dem wir in den Untiefen
> unseres Alltags mehr oder weniger erfolgreich nahezukommen versuchen. Soll eine solche Lichtgestalt
> beschrieben werden, wird sehr schnell deutlich, dass ihre verschiedenen Facetten viel zu unterschiedlich,
> ja widersprüchlich sind, als dass sie sich gleichsam als einheitlicher Maximalstandard beschreiben ließen.
> Die einen favorisieren den kämpferischen, die offene Konfrontation mit den Organen der staatlichen
> Justiz suchenden Typ, andere sehen den idealen Verteidiger in der Persönlichkeit verkörpert, die, eher
> zurückhaltend agierend, der Anklage den entscheidenden Stoß mit einem in kühler Präzision platzierten
> Antrag versetzt. Es gibt den wissenschaftlich argumentierenden genauso wie denjenigen, der ohne große
> Durchdringung der Sache aus der Dynamik der Hauptverhandlung heraus mit sicherem Instinkt für den
> richtigen Moment zur rechten Zeit die richtige Frage stellt, die richtige Erklärung abgibt, den Angeklag-
> ten zur Äußerung veranlasst. Es gibt eine Fülle von Verteidigerinnen- und Verteidigerpersönlichkeiten,
> die auf unterschiedliche Weise kunstvoll und vorbildhaft agieren. Den oder die ideale/n Verteidiger/in,
> der oder die alle Elemente in sich vereint, gibt es nicht.«

VII. Die Überzeugungsarbeit im gerichtlichen Umfeld

1. Verteidigungschancen

In dem derart definierten Feld steht der Verteidiger vor dem Problem, einerseits seine Überzeugungs- **384**
ziele zu definieren und andererseits die Wege der Überzeugungsmöglichkeiten auszuloten. Die
gesetzliche Konstellation geht von dem illusionären Standpunkt aus, ein Richter sei – unabhängig
von Vorbefassungen in der Sache – grundsätzlich zu Beginn einer Hauptverhandlung »ergebnisoffen«. Das Gegenteil ist der Fall. Der Richter hat nach Lektüre der Akte ein stimmiges Bild vor Augen,
das sich an den zusammenfassenden Formulierungen der Anklage orientiert. Neuronale Zwangsläufigkeiten streben danach, das durch die Vorbefassung entwickelte Bild durch die Beweisaufnahme
zu erhärten. Werden die gedanklichen Annehmlichkeiten einer aufgebauten Beweiskette durch Aussagen des Mandanten oder Zeugen tangiert, lassen sie sich leicht mit dem Vokabular der Schutzbehauptung oder Gefälligkeitsaussage als irrelevant ausblenden. Im Ergebnis hat Verteidigung die
faktische Aufgabe, die Unrichtigkeit der Anklage zu beweisen.[314]

> Ohne über die Erkenntnisse moderner Psychologie zu verfügen, definierte schon zu Beginn des vergan- **385**
> genen Jahrhunderts *Alsberg* in seiner »Philosophie der Verteidigung« das Aufbrechen der erfühlten rich-
> terlichen Zwänge als traditionelle Verteidigungsaufgabe:

> *»Suchen wir danach die besondere Sinnform der Verteidigung zu begreifen, so werden wir sie darin zu erbli-*
> *cken haben, daß ihr die Aufgabe zufällt, die prinzipielle und allgemeine Problematik der Wahrheits- und*
> *Rechtsfindung aufzuzeigen. Jede historische Gewißheit (...) wird nicht axiomatisch, sondern durch einen wer-*
> *tenden Schluß gewonnen. Die Wertglieder dieses Schlusses (...) auf ihre Begründbarkeit kritizistisch zu durch-*
> *leuchten, ist das primäre Sinnmoment der Wirksamkeit des Verteidigers. Diese kritizistische Haltung (...) ist*
> *ein schöpferisches, sicherndes und deshalb unentbehrliches Prinzip der Wahrheitsfindung. Daß das Bewußtsein*
> *des ›Nichtwissens‹ ein positiver Wert ist, das hatte schon die griechische Philosophie erkannt. Niemand wird*
> *das allerdings leichter übersehen, als der, dessen Wirken nur den einen Sinngehalt hat, die Autorität des Rechts*
> *zur Geltung zu bringen – und das ist der Richter. Die Leidenschaft des Wahrheitssuchens kennt keine Leiden-*
> *schaftslosigkeit. Nicht im Einzelfall zur Wahrheit durchgedrungen zu sein, wird Demut unbekümmert aus-*

---

313 *König* Über Selbstbild und Fremdbild von Strafverteidigung, in: Ergebnisse des 43. Strafverteidiger-
     tages, 1. Aufl. 2020, 49.
314 *Schünemann* Der Richter im Strafverfahren als manipulierter Dritter?, Zur empirischen Bestätigung
     von Perseveranz- und Schulterschlusseffekt, StV 2000, 159 ff.

sprechen, – aber die Besinnung auf solche Demut kann fehlen. Den hochgemuten voreiligen Griff nach der Wahrheit hemmen will der Kritizismus des Verteidigers!«[315]

386   Mit der differenzierten Erkenntnis zur Fehleranfälligkeit richterlichen Entscheidens lässt sich auch Verteidigungsverhalten individueller beschreiben. Sind Heuristiken Ursache von fehlleitenden Schnellschlüssen, sind deren Bedingungen und Wirkweisen aufzudecken. Es gilt, den »rationalen« Part des Denkens, das steuernde Bewusstsein zu aktivieren. Der emotionale Part lässt sich nur dann weitgehend eliminieren, wenn es dem Verteidiger gelingt, die Kontrollmechanismen bei der richterlichen Bewertung in Gang zu setzen. Die mentale Trägheit, die Dominanz des assoziativen Bewertens gegenüber dem Zwang zu dezidierter Rationalität, muss durch Verteidigungsstimuli zu »anstrengendem« Denken überwunden werden.

387   Der reale Verlauf der Entscheidungsfindung widerspricht dem Anspruch des Richters an sein Tun. Er will nicht emotional richten, sondern objektiv, logisch, gesetzeskonform, transparent. Seine Ausbildung und sein Selbstverständnis sehen ihn als entpersönlichten Gesetzesanwender, der mit Distanz zu sich und dem Sachverhalt objektive Urteile fällt. Psychologie kann für ihn in der Urteilsfindung zunächst keine Rolle spielen.[316]

Allerdings: Dass ihm sein eigenes Hirn unbewusst von dem Weg der Rationalität abweichen lässt, könnte zumindest ein akzeptabler Diskussionspunkt auch aufseiten des Gerichts sein, wenn diese Mechanismen im konkreten Fall auch dem wenig aufgeschlossenen Richter aufgezeigt werden können. Überzeugungsarbeit der Verteidigung kann und muss auch dahin gehen, emotional geprägte Elemente der Urteilsbildung aufzudecken und den Gang des Schlussfolgerns auf das »langsame« Denken und kritische Abwägen auf empirisch transparenter Basis zurückzuführen.

388   Auf richterliche Fehleinschätzungen durch Heuristiken hat der Verteidiger dann kaum Einfluss, wenn ihm die Struktur der Formung solcher Schnellverfahren verborgen ist. Er wird beispielsweise die – möglicherweise prozessentscheidende – Reservierung des Richters gegenüber der sommersprossigen und rothaarigen Entlastungszeugin nicht registrieren, weil er das prägende Negativerlebnis des Richters mit diesem Frauentyp aus dessen Jugendzeit nicht kennt. Diese emotionale Prägung wird das steuerbare Bewusstsein selbst beim Richter kaum erreichen.

Prägungen dieser Art sind allerdings nicht stets hoch individuell. Die Bildung von Heuristiken ist auch bedingt durch gesellschaftliche und berufliche Zusammenhänge, was deren Prognostizierbarkeit erleichtert.

Die klassische Fehlleitung des Strafrichters ergibt sich aus dem Umgang seiner Erkenntnisse zu den **Vorstrafen** des Beschuldigten. Die Wahrnehmung des Vorstrafenregisters führt zu purer professioneller Deformation.

389   Richterliche Wahrnehmung und Verarbeitung von Vorstrafen beruht auf deren prominenter Platzierung bei der Fallerarbeitung. Das Bild der Person des Beschuldigten wird geprägt von dem zumeist an den Anfang der Akten abgehefteten Vorstrafenregister, das vieles zu vergangenen Sanktionen, aber nichts zu deren Anlass aussagt. Vor der Lektüre der ersten Strafanzeige scheint für den Richter der Betrüger, Dieb oder Vergewaltiger vergangener Tage auf. Der Nutzen dieser Informationen im Rahmen der Strafzumessung nach einem Schuldspruch ist nicht diskutabel. Irreführend sind die Erkenntnisse bei der Bewertung von Wahrscheinlichkeiten, ob sich die vorgeworfene Tat ereignet hat. Dass z.B. der ehemalige Vergewaltiger erneut der vorgeworfenen Vergewaltigung schuldig ist, ist für die richterliche Kognition ein höchst attraktives Bild. Sie ist kein Schuldbeweis, lässt den Vorwurf aber bereits als sehr naheliegend erscheinen und den Anspruch an ergänzende Indizien senken. Statistisch werden lediglich 1,7 % verurteilter Täter

---

315   *Alsberg* Die Philosophie der Verteidigung 1930, in: Taschke (Hrsg.), Max Alsberg – Ausgewählte Schriften 1992, S. 323, 327 f.

316   Auch diese Abwehrhaltung der Justiz hat Tradition, s. *Reiwald* Der Widerstand der Juristen gegen die Psychologie, in: Die Gesellschaft und ihre Verbrecher, 1948, 29 ff.

wegen eines sexuellen Gewaltdelikts nochmals wegen Vergewaltigung straffällig.[317] Empirie steht in eklatantem Gegensatz zur gefühlten Wahrscheinlichkeit.

Die – bislang nicht gesetzlich umgesetzte – Idee des Schuldinterlokuts will diese Fehlleitung minimieren. In einer Zweiteilung der Hauptverhandlung soll zunächst über die Schuld des Angeklagten ohne jede Information über sein Vorleben entschieden werden. Experimentelle Umsetzungen in diesem Zusammenhang zeigen den Einfluss der Stereotype »Vorstrafe« auf die Beweiswürdigung.[318] So hatte ein Gericht einen des Diebstahlsversuchs Angeklagten freigesprochen, der alkoholisiert im Sessel einer fremden Wohnung angetroffen wurde. Als Richter nachträglich über mehrfache Diebstahlsvorstrafen informiert wurden, machten sie keinen Hehl daraus, dass sie bei einem solchen Kenntnisstand verurteilt hätten.

Ist es das Unbewusste, das den richterlichen Entscheidungsprozess steuert, muss Verteidigung die erkannten Steuerungsmechanismen zur Beeinflussung des Unbewussten wahrnehmen.

2. Priming durch Verteidigung

Überzeugungsziele lassen sich nicht nur auf dem traditionellen Weg der rationalen Argumentation   **390**
erreichen. Wer um den Einfluss der emotionalen Faktoren bei der Urteilsbildung weiß, darf die Macht des Unbewussten und die Möglichkeit des Umgangs mit dieser Macht nicht außen vorlassen. Wer dem Entscheider das Gefühl des Wahren in seiner Entscheidung vermitteln will, muss auch der Ebene des Unbewussten in der Entscheidungsfindung Aufmerksamkeit widmen. Hält die Verteidigung eine bestimmte Grundhaltung oder Stimmungslage des Richters im Hinblick auf sein Verteidigungsziel für förderlich, muss sie auch hieran arbeiten.

Der Verteidiger, der bei dem Richter den Entscheidungsprozess in eine bestimmte Richtung lenken   **391**
will, darf sich angesichts der Priming-Erkenntnisse nicht damit begnügen, den vorschnellen Griff auf die Wahrheit intellektuell zu diskutieren, er muss darüber hinaus nicht nur bewusste und unbewusste Denkfehler aufdecken, die Effektivierung der Überzeugungsarbeit darf auf die Chancen des Priming nicht verzichten. Wer die Bereitschaft des Gerichtes fördern will, dem eigenen Weg zu folgen, muss auch an der unbewussten Weichenstellung zu diesem Weg aktiv arbeiten.

Die psychologischen Experimente zum Priming sind mit dem Geschehen im Strafverfahren nicht   **392**
vergleichbar. Die perfekte Möglichkeit des Priming setzt eine dominierende Lenkung des Geschehens voraus, wie sie nur der Leiter eines Experiments gegenüber Probanden an den Tag legen kann. Demgegenüber wird im Strafverfahren der Takt des Geschehnisses von Ermittlungsbehörden und Gerichten vorgegeben. Strukturell ist der Verteidigung nur die Rolle der Reagierenden zugedacht. Der diese Rolle ausfüllende Raum ist jedoch regelmäßig ausreichend, um in beschränktem Umfang Effekte zu setzen. Passivität und Abwarten verspielen solche Möglichkeiten.

Die Aktionsfelder des Priming müssen überschaubar sein. Sie beinhalten beispielsweise in einer   **393**
Hauptverhandlung lediglich den Auftritt eines einzigen Zeugen und dessen Rezeption durch das Gericht. Sie können sich in einem Haftprüfungstermin allein auf die Vermittlung des Bildes des soliden bodenständigen Mandanten beschränken, dem trotz des gravierenden Vorwurfs jede Idee einer Flucht fernliegt. Die »Einstimmung« des Gerichts auf die Wahrnehmung und Bewertung eines Prozessvorgangs kann hierbei zahllosen Varianten unterliegen.

So muss beispielsweise der vor der eigentlichen Aussage eines Zeugen liegende Antrag zu Fragen der   **394**
Belehrung dieses Zeugen die beabsichtigte Rezeption seiner Aussage vorbereiten. Besteht die Schwäche des mutmaßlich entlastenden Zeugen darin, dass er nur sehr langsam spricht und kompliziert formuliert, kann die Einführung des Verteidigers viel zur Erhöhung der Geduldbereitschaft des Gerichts beitragen. Die gewählten Worte (»sorgfältig«, »behutsam« oder Ähnliches) können hierzu ebenso führen wie der selbst gewählte Sprachduktus. Da gerade – zumindest gängige – Gesten unwillkürliche Verknüpfungen im assoziativen Denken der Zuhörer auslösen, fördert derjenige Verteidiger das geprimte Unterbewusst-

---

317 *Jehle/Albrecht/Hohmann-Fricke/Tetal* Legalbewährung nach strafrechtlichen Sanktionen (herausgegeben vom BMJ) 2010.
318 *Dölling* Die Zweiteilung der Hauptverhandlung, 1978; *Schöch/Schreiber* ZRP 1978, 63.

sein seiner Zuhörer und Zuschauer, der seine Worte mit sanften Schwingungen der Hände und dem behutsamen Drehen des Kopfes unterstützt.

Völlig anders muss die Verhaltensweise gewählt werden, wenn der Auftritt eines unangenehmen Belastungszeugen bevorsteht, bei dem das Gericht auf allerhöchster Skepsis und Vorsicht geprimt werden soll.

395   Notwendigkeiten des Primings und Wege seiner Realisierung sind vielfältig. Das Hauptaugenmerk der Verteidigung wird aber darauf gelenkt sein müssen, den richtigen, nämlich sehr frühen Zeitpunkt für derartige Beeinflussungsmöglichkeiten zu finden. Der vorbereitende Beweisantrag (§ 219) zählt hierzu ebenso wie vorab zu den Akten gereichte Verteidigerstellungnahmen. Sieht die Rolle des Verteidigers nur nachträgliches Kommentieren vor, so muss sein Hauptaugenmerk darauf gerichtet sein, im Rahmen der rechtlich tolerierbaren Möglichkeiten frühzeitig aktiv zu werden. Von frühen Anträgen in der Hauptverhandlung auf Einstellung des Verfahrens über ein Opening Statement bis zur Begründung von neuen Beweisanträgen sind die Prozesse formalisiert und rechtsstaatlich akzeptiert. Darüber hinaus müssen Wege des Informellen gesucht werden. Verschließt die Verhandlungsatmosphäre dies, müssen verstärkt Wege gesucht werden, um nachträgliche Kommentierungen (z.B. § 257 Abs. 2 StPO) zur Vorbereitung demnächst anstehender Entscheidungsfelder zu nutzen.

396   Überzeugen heißt, durch Kommunikation Entscheidungsprozesse eines anderen zu beeinflussen. Basis der Überzeugung ist die Kenntnis dessen, was es zu verändern gilt: die Entscheidungsstrukturen des Kommunikationspartners.

397   Entscheidungen sind maßgeblich ein neuronales Phänomen. Menschliche Kognition, ihre neuronale Verarbeitung und der Rückgriff auf diese Verarbeitung bei anstehenden Entscheidungen sind so weit erforscht, dass die Vorstellungen von einer angeblichen rationalen Operation, die bis ins Kleinste dem sogenannten Bewusstsein des Entscheiders obliegt, als Illusion entlarvt sind. Das sogenannte menschliche Bewusstsein hat zwar die Tendenz, sich als omnipotenter Steuerer aller Entscheidungsprozesse zu gerieren. Dieses »Ich-Gefühl« hat mit den tatsächlichen neuronalen Strukturen von Denk- und Entscheidungsprozessen nichts zu tun.

398   Auch nach dem Verlassen des Dschungels orientiert sich die Funktionsweise des Homo-sapiens-Gehirns maßgeblich an den evolutionären Zielen der Fortpflanzung, des Anpassens und des Überlegens. Dies sind die selektiven Filter, unter denen Kognition stattfindet. Die Verarbeitung dieser Wahrnehmung erfolgt auf den unterschiedlichsten Ebenen der Abspeicherung; dazu gehört das dem Bewusstsein eher zugängliche Arbeitsgedächtnis ebenso wie die Einbettung in Hirnareale, die lediglich dem Unbewussten zugänglich sind. Werden die Erfahrungen abgerufen, um auf ihrer Basis neue Entscheidungen zu treffen, greift ein komplexes limbisches System ein, das nur zu allergeringsten Teilen dem Zugriff des Bewussten offensteht. Maßgeblicher Stellenwert kommt hier den Belohnungserwartungen zu, deren Erfolg oder Misserfolg in der Vergangenheit abgespeichert wurde. Nicht zu steuernde emotionale oder sozialethische Kriterien üben hier einen gegenüber situativen »bewussten« Abwägungsfaktoren entscheidenden Einfluss bei der Frage aus, inwieweit der Handlungsplan risikobehaftet ist. »Risiko« wiederum definiert jedes menschliche Hirn anders, abhängig von den Erfahrungen.

399   »Wahrheit« existiert in diesem System nicht. Das maßgebliche Ziel ist das gute Gefühl, das das Belohnungsgedächtnis bei einer bestimmten Entscheidungsfällung vermittelt. Kongruenz der Entscheidung mit vorhandenen neuronalen Strukturen ist hier ebenso befriedigend wie die zu erwartende Anerkennung der Gesellschaft, die für das soziale Wesen Mensch eine hohe Bedeutung hat.

400   Der Rückgriff auf die neuronal abgespeicherten Datensätze der eigenen Kognition erfolgt nicht im Detail. Wahrnehmungen sind für das menschliche Hirn und die Erfüllung seiner maßgeblichen Zielsetzungen nur dann von Nutzen, wenn sie dazu beitragen, Regelmäßigkeiten zu erkennen. Die Bildung von Schemata ist notwendig, um in zukünftigen Situationen die richtige Entscheidung treffen zu können, ohne zeitraubende detaillierte Analysen vornehmen zu müssen. Die Bildung von Mustern, die quasi automatisierte Reaktionen hervorrufen können, ist daher eine der wesentlichen

neuronalen Aufgaben. War die Anwendung dieser Muster erfolgreich, sind sie – jedenfalls für das individuelle menschliche Hirn – »richtig«.

Experten, Fachleute, Wissenschaftler sollten – im Idealfall – in der Lage sein, eigene Denk- und   **401** Handlungsmuster im Hinblick auf das von ihnen gewählte Sujet verstärkt daraufhin zu untersuchen, inwieweit ihre Untersuchung von unbewussten Entscheidungsstrukturen getragen sind. Gerade weil sie sich hinsichtlich bestimmter Entscheidungsstrukturen einer differenzierten Erfahrungsbearbeitung unterworfen haben, können sie die derart strukturierten Muster bei erhöhter Fehlervermeidung in ihren Untersuchungen und Entscheidungen anwenden. Zu diesem Muster gehört insbesondere das Erkennen eigener Grenzen, der Verzicht auf Entscheidungen bei Erkenntnis einer verkürzten Entscheidungsgrundlage.

3. Die Definition des Überzeugungsziels

Sehr viel eher als das inhaltliche Überzeugungsziel ist der rechtliche Aspekt zu fixieren. Der Frei-   **402** spruch, eine Einstellung, die Geldstrafe oder die Bewährungsstrafe sind häufig das zwischen Anwalt und Mandant vereinbarte optimale Ergebnis einer Hauptverhandlung. Diese Ergebnisse erfordern jeweils eine richterliche Überzeugung von ihnen korrespondierenden Sachverhalten. Der Freispruch setzt die Überzeugung voraus, dass der im Anklagesatz dargestellte Sachverhalt nicht nachweisbar ist. Dies wiederum erfordert – wie auch häufig bei Strafmaßverteidigungen – eine Überzeugung des Gerichts, dass man den Angaben eines belastenden Zeugen keinen Glauben schenken kann. Dies wiederum beruht u.U. auf der Überzeugung des Gerichts vom Glaubwürdigkeitskriterium, wonach der Zeuge durch unwahre Angaben in völlig anderen Zusammenhängen seinen laxen Umgang mit der Wahrheit dokumentiert habe. Letztlich ist die – vom Verteidiger zu beeinflussende – Überzeugungsbildung bezogen auf zahlreiche einzelne Mosaiksteinchen einer Beweiswürdigung und darüber hinaus durch die Dynamik der sich verändernden Ergebnisse einer laufenden Beweisaufnahme ständiger Modifikation zugänglich.[319]

Zu den Grunderkenntnissen der **richterlichen Überzeugungsbildung** zählt die Einsicht, dass zahl-   **403** reiche Mosaiksteinchen der Gesamtwürdigung nicht erst in der Urteilsberatung zusammengetragen und hier erstmalig einer bewertenden Begutachtung unterzogen werden. Überzeugungsbildung ist vielmehr im Gericht wie im täglichen Leben **hypothesengestützt**. Die Arbeit der Sachverhaltsrekonstruktion mittels weniger Beweisanzeichen ähnelt der Vorstellung eines vollständigen Tatbildes allein anhand vereinzelter Mosaiksteinchen. Rückschlüsse auf ein Tatbild lassen einzelne Beweisanzeichen in viele Richtungen zu. Verschieden denkbare Bilder beruhen auf den richterlichen Vorstellungen von dem, wie es hätte sein können. Der Entscheider bildet Hypothesen, deren Verifizierung oder Verwerfung im Mittelpunkt seiner wertenden Tätigkeit steht.

Die Anzahl der denkbaren Hypothesen ist notgedrungen auf den subjektiven richterlichen Horizont   **404** beschränkt. Hypothesen, die der Richter nicht kennt, kann er in seine Überlegungen nicht mit einbeziehen. Ein primäres Überzeugungsziel muss daher in der Sicherstellung einer umfassenden Hypothesenbildung bestehen.

> Nur wenn der Richter weiß, dass der Zeuge bereits in einem anderen Gerichtsverfahren gelogen hat,   **405**
> kann er die Hypothese eines kontinuierlichen Lügners aufstellen. Nur wenn der Richter die Jahre zurück-
> liegende Schädelverletzung des Angeklagten kennt, kann er die Hypothese einer eingeschränkten Schuld-
> fähigkeit aufstellen. Nur die Kenntnis von der Existenz eines Zwillingsbruders des Angeklagten lässt die
> Hypothese vom Irrtum eines Zeugen bei dessen sicherer Wiedererkennung des Täters zu.

Des Weiteren ist der Entscheidungsprozess des Richters bei der Bestätigung oder Verwerfung von   **406** Ausgangshypothesen bedingt durch dessen **Kognition der Beweisergebnisse** und deren **Deutungen**. Solche Deutungen sind abhängig von der Erfahrungswelt des deutenden Richters. Ob ein Rück-

---

319 Zur Bewertung der richterlichen Überzeugungsbildung als dynamischem inneren Vorgang s. schon: *Hamm* Wert und Möglichkeiten der Früherkennung richterlicher Beweiswürdigung durch den Strafverteidiger, FG Peters 1984, S. 169, 170.

schluss »stimmig« ist, orientiert sich daran, ob entsprechend dem Erfahrungshorizont des Richters das ermittelte Beweisanzeichen schlüssig in die Struktur einer der gewählten Sachverhaltshypothesen passt. Ohne Aufdeckung dieser Maßstäbe ist eine Beeinflussung dieses Vorgangs des Rückschlusses möglich. Überzeugungsarbeit setzt hier daher die Präsenz sowohl des gesellschaftlichen Interpretationsrepertoirs als auch derjenigen Erklärungsmuster voraus, die durch die spezielle justiz-interne Sozialisation des Richters gebildet worden sind.[320] Nur von dieser Basis aus kann durch ergänzende Argumentation auf einen richterlichen Rückschluss bestätigend oder verunsichernd eingewirkt werden.

407 Abstrakt ist als Überzeugungsziel zunächst die Bildung und Überprüfung von richterlichen Sachverhaltshypothesen ausgemacht. Entscheidend verkompliziert wird die Erfassung des Überzeugungsziels durch die Erkenntnis der emotionalen Bestandteile des richterlichen Verarbeitungsprozesses.

408 Eine der schwierigsten Aufgaben des – regelmäßig psychologisch nicht geschulten – Strafverteidigers besteht darin, die besonderen emotional gefärbten Faktoren richterlichen Agierens aufzudecken, um diesen in einem zweiten Schritt bei Bedarf entgegentreten zu können. Es bedarf nicht zwingend ausführlicher Meinungsäußerungen des um besondere Verschlossenheit bemühten Richters, um dessen Denkstrukturen für eine Beeinflussungsstrategie hinreichend aufzudecken. Jede Frage, jeder Vorhalt an einen Zeugen und jede Begründung eines abgelehnten Beweisantrages vermitteln ebenso wie Körperhaltungen, Gestik und Sprachführung Hinweise darauf, unter welchen Bedingungen der Richter bislang den Prozessstoff aufgenommen und verarbeitet hat. Hier offenbart selbst der zurückhaltende Richter, welchen Stereotypen und Auslösemerkmalen er folgt, und inwieweit sie ihn – unter Umständen unbewusst – im Entscheidungsprozess leiten.

409 Die Strategie der Verteidigung als Reaktion auf die Erkenntnisse einer emotional geprägten Entscheidungsfindung umfasst zwei Dimensionen. Sind die richterlichen Erkenntnisse durch erkennbare Faktoren eines grundsätzlich irrationalen Prozesses verzerrt, so müssen diese **Verzerrungsfaktoren** prognostiziert und – wirken sie sich zulasten des Mandanten aus – durch eigene Aktivitäten des Verteidigers minimiert werden. Irreversible Prägungsprozesse des Richters durch Vorbeschäftigung mit dem Verfahren sind offensichtliche Elemente, von denen jede Verteidigung ausgehen muss. Darüber hinaus gilt es, die Wahrscheinlichkeiten von richterlichen Rezeptionsvorgängen abzuwägen und hierauf die Faktoren des weiteren Vorgehens abzustimmen, die weit entfernt sind vom juristischen Diskurs eines Lehrbuchs zum Strafprozessrecht. Die zweite Maxime ist letztendlich die konsequente Umsetzung des nur unvollständig realisierbaren gesetzlichen Anspruchs einer **maximalen Rationalisierung** der Entscheidungsfindung. Emotionale Strukturen können nur sehr schwer aufgedeckt und ihre Wirkweise kaum beseitigt werden. Eine stetige Betonung der Rationalität von Bewertungsvorgängen im Prozess verdeutlicht die ebenso von den Richtern nicht gewünschte Dominanz emotional gefärbter Entscheidungsfaktoren.

410 Eine der am ehesten zu diagnostizierenden und zu konterkarierenden Fehlerquellen für richterliche Heuristiken ist das intuitive Beharrungsvermögen. Wie in der allgemeinen Lebensführung erleichtert dem Richter die schwere Aufgabe von Entscheidungsfindungen der Anteil nicht mehr weiter zu hinterfragender Prämissen. Stehen einzelne Faktoren der Entscheidungsflüsse fest, bedarf es lediglich der bewussten Konzentration auf die als ungewöhnlich und problematisch empfundenen Teile. »Das habe ich schon immer so gemacht« trägt entscheidend zur Simplifizierung komplexer Entscheidungsstrukturen bei.

411 Hinzu kommt das richterliche Gefühl, in der Vergangenheit mit der von ihm praktizierten Urteilsfindung »Erfolg« gehabt zu haben. Hat sich eine Methode – insbesondere bei ähnlich gelagerten Problemkonstellationen von BtM- oder Sexualdelikten – eingeschliffen, erblindet der Blick für Spezielles im Neuen. Die (angeblich) gute Erfahrung verhindert differenziertes Problemdenken. Der Methodismus reduziert Komplexität durch Dekonditionalisierung. Die konkreten Bedingungen des

---

320 Ausführlich: *Löschper* Bausteine für eine psychologische Theorie richterlichen Urteilens 1999, insb. S. 344 ff.

als erfolgreich empfundenen Wegs zur Urteilsfindung werden vernachlässigt und deren Veränderungen im konkret anstehenden Entscheidungsprozess vernachlässigt.

Hier ist es nicht die Aufgabe von Verteidigung, das weite Feld solcher richterlichen Prämissen umzupflügen. Wird aber gerade die Gewohnheit des richterlichen Denkens als entscheidender Faktor erkannt, die dem Mandanten günstigen Elemente einer Bewertungsstruktur zu eliminieren, ist die Aufdeckung dieses Gewohnheitsfaktors wichtiger Teil der Überzeugungsarbeit der Verteidigung. **412**

> Die Thematisierung solcher Heuristiken birgt allerdings auch Gefahren: Selbstverständlich wird Verteidigung mit dem abstrakten Argument auf der Richterbank schnell Zugang finden, dass nicht hinterfragte Gewohnheitsstrukturen entscheidenden Einfluss auf die Urteilsfindung haben dürfen. Kein Richter wird dem sein Selbstbild entgegenhalten, wonach die Trägheit des Denkens in Verbindung steht mit der Gerechtigkeit der zu fällenden Entscheidung. Im Gegenteil: Richter werden an sich selbst den Anspruch stellen, stets für Neues offen zu sein und allen Besonderheiten der an sie herangetragenen Sachverhalte gerecht zu werden. **413**

> Auf der anderen Seite wird gerade die Beharrungstendenz intuitiv unterstützt. Veränderungen von Denkstrukturen beinhalten die Notwendigkeit Neues und Unerprobtes anzugehen und dabei ein erhöhtes Risiko des Fehlers einzugehen. Die Furcht vor der späten Reue einer Fehlentscheidung unterstützt neuronal die Passivität ebenso wie die Illusion, dass das Nichtstun als schlichte Folge von alten Mustern gefahrlos ist. Der Versuch von außen dem Trainer entgegen dem Grundsatz »Never change a winning team« andere Denkwege aufzuzeigen, muss diese neuronalen Vorbehalte konterkarieren.

Ist Teil der Überzeugungsarbeit die **Aufdeckung der** vom Richter selbst nicht wahrgenommenen **emotionalisierenden Faktoren**, gehört hierzu auch die Aufdeckung der hinter der Richterrolle getarnten Maßstäbe. Robe und Rolle können Teil des Mechanismus sein, ansonsten akzeptierte moralische Werte abzukoppeln.[321] Versteckt sich der Richter in seiner Rolle, um unmoralisch zu agieren, sind die Abkopplungsmechanismen aufzudecken. **414**

> Die Rechtschaffenheit des eigenen Verhaltens bei der Verhängung extremer Strafen oder der diktatorischen Umsetzung der Macht zur Verhandlungsleitung wird im richterlichen Selbstverständnis oft mit den weitaus gravierenderen Verfehlungen des zu beurteilenden Angeklagten gerechtfertigt werden. Über Jahrhunderte haben es Folterer und Henker geschafft, eine Selbstrechtfertigung ebenso wie eine gesellschaftliche Anerkennung mit der ihnen zugewiesenen Rolle zu erklären, wonach ihre im Ergebnis gerechte Vorgehensweise letztlich gegen den gemeinsamen gesellschaftlichen Feind gerichtet ist und damit der sozialen Hygiene dient. Es müssen nicht besondere sadistische Impulse sein, die eine Zufriedenheit des Richters mit der Verhängung von Strafen verbindet, die die Existenz von Menschen weitgehend vernichtet. Hier reicht die Aufdeckung der Verteidigung, wie weit sich der Richter in seiner Rolle von allgemeinen moralischen Vorstellungen abgekoppelt hat. Zur Analyse gehört es auch, die Grausamkeiten achtloser juristischer Formulierungen aufzudecken und den dahinter liegenden Teil in dem anstehenden Entscheidungsprozess zu aktualisieren. **415**

Ist die treibende Kraft des richterlichen Prozessierens nicht der rationale Duktus des Gesetzes, sondern die Ergebniserwartungen der Öffentlichkeit, ist dieses Phänomen offen in die Überzeugungsarbeit der Verteidigung aufzunehmen. Es sind selten die in der jeweiligen Persönlichkeit begründeten Determinanten, die Entscheidungen beeinflussen. Dies gilt erst recht, wenn die dem Entscheider zugewiesene Rolle gerade in der Entscheidung besteht. Der Verhaltenskontext besteht in gesellschaftlichen Erwartungen und in der Erkenntnis der vom gesunden Menschenverstand geprägten Ansicht der Mehrheit. Auch wenn dem Richter die Rolle zugedacht wird, entsprechend völlig anders gelagerter Kriterien zu Entscheidungen zu gelangen, hängt die Wertschätzung seines Tuns seitens der ihn beauftragenden Gesellschaft unverändert von den ihr selbst zugänglichen Entscheidungskriterien ab. Dieser Erwartungshaltung ist der Richter umso deutlicher ausgesetzt, als er nicht der Allgemeinheit unfassbare komplexe wissenschaftliche Untersuchungen zelebriert, sondern letztlich einen Sachverhalt in der Weise zu beurteilen hat, wie ihn sich jedes andere Individuum selbst zutraut. **416**

---

321 S. hierzu allgemein: *Bandura u.a.* Mechanisms of moral disengagement in the exercese of moral agency, Journal of Personality and social Psychology 1996, 364–374.

417 Unabhängig von konkret und individuell feststellbaren Urteilsheuristiken wird die Verteidigung Verzerrungen entgegentreten müssen, die ohne konkreten Anlass bei der Wahrnehmung eines jeden Menschen und damit ebenso bei einem Richter zu erwarten sind. Der Strafverteidiger agiert dabei einseitig als Vertreter bestimmter Interessen. Dazu gehört, dass er sich ggf. Verzerrungen in den Wahrnehmungen und Entscheidungsstrukturen des Richters zunutze macht. Sind richterliche Stereotype für das angestrebte Ergebnis des Verteidigers hilfreich, wird er deren erkennbarer Steuerungskraft nicht entgegentreten. Hilfreiche Verhaltensautomatismen können und müssen vom Verteidiger als Überzeugungswaffe verwendet werden.

418 Richterliche Dispositionen können für Angeklagte günstige Entscheidungen hervorrufen. So ist etwa einem angeklagten Arzt eine fahrlässige Tötung vorgeworfen worden, da er die Schönheitsoperation zur Brustvergrößerung nicht unterlassen hatte, obwohl vorhergehende Blutuntersuchungen bei der Patientin ein enormes Gefahrenpotenzial signalisierten. Die Patientin verstarb. Der Vorwurf der fehlenden Sorgfalt in der Vorbereitung war für den angeklagten Arzt auf dem Hintergrund einer Rechtsprechung gefährlich, die den Maßstab angesichts des medizinisch nicht indizierten körperlichen Eingriffs besonders hoch setzt. Bei der zur Entscheidung berufenen Richterin dominierte allerdings aufgrund ihrer Lebenseinstellung ein völlig anderer Aspekt. Sie hatte keinerlei Verständnis dafür, wie eine Frau auf die Idee kommen könnte, ihren Busen künstlich durch eine Operation vergrößern zu lassen. Beiläufige Bemerkungen verdeutlichten alsbald diesen Aspekt. Damit war die Entscheidung für einen relativ geringen Schuldvorwurf gegenüber dem Arzt vorbereitet und der Ausgang gemäß § 153a vorgezeichnet.

419 Die Erkenntnis der Bedeutung der vom Entscheider selbst nicht zu kontrollierenden Faktoren führt den Verteidiger weit weg vom erlernten akademischen Argumentationsritual. Die **Chance des Überzeugungserfolgs** scheint angesichts der diffizilen Berechenbarkeit der emotional geprägten Entscheidungsstrukturen überschaubar. Der Verteidiger sieht sich in vielen Fällen nicht nur fest gefügten, sondern ebenso intransparenten und damit unverrückbar erscheinenden Strukturen gegenüber, die darüber hinaus durch die Präsentation eines Kollegialgerichtes und in Ergänzung der die eigene Anklage vertretenden Staatsanwaltschaft zu betonender Konformität erstarren. Andere Meinungen, insbesondere auch Mindermeinungen haben jedoch auch da eine Chance, wo nicht wohl abgewogene bewusste Entscheidungsprozesse das richterliche Verhalten prägen, sondern die auch von diesen realisierbaren Strukturen, die auf Gewohnheiten und Selektionen zurückzuführen sind.

420 Nicht nur die Formung von Entscheidungsbildern beruht auf dem Entscheider unkontrollierbaren Vorgängen im Hirn. Trotz allen Hangs zur Konformität gibt es einen irrationalen Mechanismus, zur eigenen Entlastung das Steuer herumzureißen, die alte durch eine neue Basis zu ersetzen und hierauf das eigene befriedigende Entscheidungsbild aufzusetzen. Hier setzt die Überlegung zur Überzeugungsarbeit eines Strafverteidigers jenseits der traditionellen Grenzen an. Das Wirken auf die richterliche Überzeugungsbildung hat sowohl hinsichtlich des eigenen Auftritts als auch der Wirkungen auf den Richter der Emotionalität des gesamten Vorgangs Rechnung zu tragen.

421 Die Wege dieses Wirkens können zwei völlig unterschiedliche Dimensionen aufweisen. So kann in wenigen Sekunden ein Überzeugungsschub außerhalb jeder bewusst erfahrenen Verständigung einen kompletten Umschwung einleiten; der zu Überzeugende benötigt hier offensichtlich ein »Schlüsselerlebnis«, um sich durch die radikale Umkehr von unterschwellig erlebten schwelenden Konflikten auf der Basis seiner bisherigen Denkstruktur zu befreien. Andererseits haben psychowissenschaftliche Untersuchungen ergeben, dass eine **Minderheit** die **eingefahrene Überzeugung der Mehrheit durch Penetranz beeinflussen** kann. Markant sind hierbei die Erkenntnisse, dass ein solcher Prozess Zeit in Anspruch nimmt. Die **Überzeugungskraft** kann erst allmählich wirken. Es sind vier Gesichtspunkte, die ein Umstimmen beeinflussen können: die **Beharrlichkeit** des Vertretens einer konsequenten Position, das **selbstbewusste Auftreten**, das **Vermeiden des Anscheins von Rechthaberei** und die **Unterbindung jeglicher Dogmatisierung**. Es sind offensichtlich diese Eigenschaften, die den – insbesondere unter Konformitätsdruck stehenden – Überzeugten dazu animieren, entgegen der bislang gespürten normativen Kraft einer Gewohnheit oder einer Gruppenansicht relevante

Informationen mit mehr Sorgfalt zu würdigen, die eigene Entscheidungsgrundlage zu verbreitern und deren Umsetzung kreativer zu gestalten.[322]

Derartige Überzeugungsinstrumente können sogar so weit gehen, dass die eigene Wahrnehmung entgegen dem – zutreffend – ersten Eindruck revidiert wird. Als in einer Versuchsanordnung einige wenige vom Versuchsleiter informierte Studentinnen hartnäckig ein blaues Licht als »grün« bezeichneten, kam es in einer späteren Befragung zu Modifikationen bei der Mehrheit der anderen Probandinnen, die die ursprünglich wahrgenommene Farbe blau auf einer Farbenskala in Richtung des Grün verschoben.[323] **422**

4. Der Zeitpunkt der Überzeugung

Die Vorgehensweise des Schwurgerichts bei der Tatbeurteilung schildert ein Richter wie folgt: »Wir hatten zwar keine Zweifel mehr am Tathergang, allein mit der Aussage seiner Frau konnten wir Maik Kolze die Tat noch nicht sicher nachweisen.«[324] Oder: Das Urteil steht fest, es fehlt aber noch die rechtsstaatliche Begründung hierfür. Das gesetzliche Bild des Richters, der erst nach unvoreingenommener Rezeption sämtlicher Beweisergebnisse die entscheidenden Überlegungen zu seiner Überzeugungsbildung anstellt, ist kognitionspsychologisch blanke Illusion. **423**

Die Bildung und Überprüfung von Entscheidungshypothesen einschließlich ihrer emotionalen Überlagerungen beginnt mit dem ersten richterlichen Kontakt zum Prozessstoff. Sie ist geprägt von der belastenden staatsanwaltschaftlichen Variante eines strafrechtlichen Sachverhalts. Die Lektüre der Anklageschrift und der Ermittlungsakten schaffen ein erstes Bild, das seinerseits von der durch das Ermittlungsinteresse dominierten Formulierungen und Stoffauswahl der Dokumentation geformt wird. Alternativhypothesen – falls sie überhaupt aufscheinen – stellen sich als weit entfernte Lebenssachverhalte dar. **424**

Die richterliche Aufgabe der Planung einer Hauptverhandlung orientiert sich an dieser Hypothese. Steht bei der Durchführung der Beweisaufnahme zunächst das Abspulen des staatsanwaltschaftlichen Beweisprogramms an, wird der Richter nur mit verfestigenden Elementen konfrontiert. Die Grundsätze der kognitiven Dissonanz und des Inertia-Effekts haben gezeigt, dass ein Aufbrechen der gefestigten und bestätigten Tatvorstellung nahezu übermenschliche Kräfte erfordert. Alternativen werden vom Gericht nach einer intensiven einseitigen Beschäftigung mit dem Beweisstoff nicht mehr rezipiert. **425**

Verteidiger haben schon verzweifelt registriert, dass selbst zwingende Entlastungen schlicht beiseitegeschoben werden, wenn sie gleichzeitig als unerträgliche psychische Belastung des entscheidenden Gerichts empfunden werden. Selbst der überzeugendste Alibizeuge wird häufig unter Ausnutzung der weitesten Argumentationsmöglichkeiten durch ein Gericht als unglaubwürdig dargestellt, wenn er erst am Ende der Beweisaufnahme präsentiert wird. Was noch am ersten Hauptverhandlungstag logisch zwingend als Unschuldsbeweis daher gekommen wäre, wird nun mithilfe allen denkbaren Würdigungspotentials auf das Abstellgleis des Ignorierens geschoben. **426**

Die Konsequenz für die Verteidigung liegt auf der Hand: Die Verhinderung des Effekts ist nur möglich, wenn der Verfestigung durch die **Verankerung von Zweifeln und Alternativen zu einem möglichst frühen Zeitpunkt** entgegengetreten wird.

Um effektive Überzeugung bemühte Verteidigung steht damit in krassem Gegensatz zu einem Verteidigungsbild, das von einer Verfahrensvorstellung geprägt ist, die Überzeugungsentwicklung allein der Hauptverhandlung und dort dem klassischen Ablauf der Verteidigungsaktivitäten am Ende des staatsanwaltschaftlichen Beweisprogramms festmachen will. Der Aktenstand im Ermittlungs- und Zwischenverfahren sollte dem potenziellen Leser bereits alle diejenigen Elemente vermitteln, die die Fragwürdigkeit der staatsanwalt- **427**

---

322 S. hierzu z.B.: *Langer* Mindfulness 1989; *Nemeth* Differential contributions to majority and minority influence, Psychological Review 93, 1986, 23–32; zusammenfassend: *Zimbardo* Der Luzifereffekt, S. 256 f.

323 *Moscovici/Faucheux* Social influence conformity Bias, and the study of active minorities, in: Berkowitz, advances in experimental social psychology, Band VI, 1978, 149–202.

324 *Glinski* Angeklagt – zehn spektakuläre Fälle als Richter am Schwurgericht 2011, S. 115.

schaftlichen Hypothese verdeutlichen. Auch wenn die Mündlichkeit der Hauptverhandlung den maßgeblichen Ort der gerichtlichen Überzeugungsbildung fixiert, ist angesichts der die Berufsrichter prägenden Aktenlektüre der Effekt des Überzeugungsversuchs erstmals in dieser Verfahrensphase notwendigerweise minimiert. Der frühe schriftliche Verteidigungsbeitrag zur Akte gehört daher ebenso zur Überzeugungsarbeit wie die zeitnahe Reaktion auf erstmalig in der Hauptverhandlung auftauchende Belastungsmomente.

428   Rechtzeitige Verteidigungsaktivität ist die Handlungsprämisse, allerdings kein Dogma. Es können ausnahmsweise Gründe vorliegen, das mögliche Entlastungsvorbringen zurückzuhalten. So kann z.B. die Benennung eines Entlastungszeugen schon im Ermittlungsverfahren untunlich sein, wenn eine einseitige und vielleicht sogar einschüchternde Vernehmung dieses Zeugen durch Polizeibeamte in Abwesenheit der Verteidigung zu erwarten ist. Auch in der Hauptverhandlung kann das Interesse der Verteidigung auf Zurückhalten einer Information überwiegen, wenn hierdurch die erstmalige Konfrontation eines belastenden Zeugen mit diesem Sachverhalt durch gesteuerten Vorhalt seitens der Verteidigung abgesichert werden soll; allein der reservierte Ton eines zuerst fragenden Richters nimmt der vorgehaltenen Information u.U. viel vom Überraschungseffekt. Demgegenüber macht die späte Benennung eines Zeugen am Ende der Hauptverhandlung mit der Intention des theatralischen Knalleffekts auf das Gericht einen weitaus geringeren Eindruck als auf das Publikum.

Über die grundsätzliche Alternativdarstellung hinaus gehört zur Effektivierung von Überzeugungsmomenten die Berücksichtigung der zeitlichen Einbettung.

429   Die Beeinflussungswirkung eines Arguments ist kontextbezogen und damit maßgeblich ebenfalls vom Zeitpunkt abhängig. Überzeugungsbildungen unterliegen insbesondere dem **Kontrastprinzip**. Ein Element der Rezeptionsgewichtung ist der Zusammenhang, in dem der Entscheider mit diesem Argument konfrontiert wird. Die gefühlte Überzeugungskraft eines Arguments variiert, je nachdem in welches aktuelle Argumentationsschema es eingebettet wird.

430   Plastisch lässt sich dies mit dem »3-Eimer-Test« darstellen. Man fülle diese Eimer jeweils mit heißem, kaltem und lauwarmem Wasser. Taucht dieselbe Person gleichzeitig einen Arm in heißes und einen in kaltes Wasser, wird eine von ihr selbst nicht mehr beherrschbare Prädisposition geschaffen, wenn anschließend beide Arme gleichzeitig in das lauwarme Wasser getaucht werden. Trotz der Identität der Temperatur ist deren Einschätzung für den jeweiligen Arm eine völlig unterschiedliche. Dasselbe Wasser erscheint einmal warm und einmal kühl. Wahrnehmung ist kontextabhängig.

431   Selbst ein gutes Entlastungsmoment wird entwertet, wenn es unmittelbar einem sehr guten Belastungsmoment folgt. Umgekehrt kann ein eher schwaches Argumentationsvorbringen dann überraschend positive Wirkung entfalten, wenn es der Gegenargumentation völlig an Fantasie fehlt, sie schlicht gewichtlos ist. Gerade die fade Begründung manchen Begehrens der Staatsanwaltschaft kann eine gute Grundlage schaffen, um einem eher bescheidenen eigenen Argument Glanz zu verleihen.

432   Diese Erkenntnisse zeigen beispielhaft, dass das **Plädoyer** der denkbar ungünstigste Hebel ist, um Entscheidungsstrukturen im Sinne der Verteidigung zu beeinflussen. Die entscheidenden Rezeptionen der Beweisaufnahme sind bereits erfolgt. Die Überzeugungsarbeit muss sich hier der schwierigen Aufgabe widmen, Strukturen völlig umzupflügen. Tatdarstellungen und konkrete Zahlen zu Strafmaßvorstellungen sind von der Staatsanwaltschaft im vorhergehenden Schlussvortrag ebenfalls bereits genannt. Die Verteidigung kann hier nur noch tatsächlich verteidigen und abwehren, nicht aber den Schlüssel zum Erfolg der Überzeugungsarbeit nutzen. Eine positive Mitstrukturierung der richterlichen Überzeugungsbildung ist nun nicht mehr möglich.

5. Das Überzeugungsziel der Alternative

433   Zur Begründung des »Unworts des Jahres 2010« **alternativlos** der Gesellschaft für deutsche Sprache: »*Das Wort suggeriert sachlich unangemessen, dass es bei einem Entscheidungsprozess von vornherein keine Alternativen und damit auch keine Notwendigkeit der Diskussion und Argumentation gebe.*«

a) Die psychische Überforderung durch das »in dubio«-Prinzip

Verteidigung setzt schon sprachlich einen Angriff voraus, den es abzuwehren gilt. Die Anklage greift　**434**
an, der Verteidiger wehrt ab. Regelmäßig muss der Verteidiger schuldbegründende oder -erhöhende
Vorstellungen von einem Sachverhalt zurückweisen. Mit dieser Tätigkeit entspricht er den rechtlichen Vorgaben des modernen Strafprozesses. Die Abwehr des Anklageangriffs ist gelungen, wenn
der dort niedergelegte Sachverhalt nicht mit ausreichender Überzeugungskraft für das Gericht feststeht. Der gedankliche Weg des Richters in diesem Prozess ist – nach rechtsstaatlicher Vorstellung –
der einer skeptischen Herangehensweise an die Bewertung der ihm offerierter Beweismittel. »In
dubio pro reo« gilt dabei als der tragende Prozessgrundsatz.

> In dem Film »Die zwölf Geschworenen« (der auf einem Theaterstück von *Reginald Rose* beruht) sagt der　**435**
> besonders skeptische Geschworene: »Wir haben einen begründeten Zweifel, und darin liegt eine unschätzbare Sicherheit für unser ganzes System. Verstehen Sie, was das heißt? Wir dürfen zweifeln. Unsere Freiheit beruht darauf. Kein Geschworener in diesem Lande darf einen Mensch für schuldig erklären, wenn
> er nicht sicher ist.«

Der Zweifel als positive menschliche Eigenschaft findet in unserem gesellschaftlichen Leben neben　**436**
dem Strafverfahren hingegen allenfalls noch Anerkennung bei tüftelnden Wissenschaftlern. Die
gefragten aktuellen Management-Eigenschaften bestehen demgegenüber eher aus Entscheidungsfreude und Gradlinigkeit. Der Verteidiger, der in der Hauptverhandlung ausschließlich als Zweifel
säender Pedant auftritt, muss sich daher darüber im Klaren sein, dass er zwar in vollem Einklang
mit der rechtspolitischen Idee des modernen Strafprozesses agiert, seine Primärwirkung auf das
Gericht wird durch die Negierung aber eine negative sein. Die Überzeugungskraft des Verteidigers
wird darüber hinaus durch das auch bei einem aufgeklärten Richter nicht zu unterdrückende Bedürfnis geschmälert, sich letztlich eine positive Vorstellung von dem tatsächlichen Geschehen zu machen.

Die hehre gesetzliche Idee des Zweifels steht in eklatantem Gegensatz zu den Erkenntnissen mensch-　**437**
lichen Entscheidungsverhaltens. Der anstrengende Zweifel geht zumeist in der mentalen Tendenz
unter, etwas glauben zu wollen. Die Rekonstruktion des Tatgeschehens ist kein analytischer Vorgang,
der Sachverhaltselemente und ihre Zusammensetzung nach ihren Wahrscheinlichkeitsgraden bemisst.
Markant sind für den Entscheider als kohärent empfundene Geschichten (**Story-Telling-Prinzip**[325]).
Das Gericht folgt regelmäßig derjenigen Geschichte, die es für am ehesten plausibel hält. Dabei
folgt es den Deutungsmustern, die durch gesellschaftliche und kulturelle Erfahrung dem Gesamtgeschehen einer der Hypothesen am ehesten eine soziale Sinngebung zuordnet.[326]

Der **passiv** abwehrende **Verteidiger** ist aus psychologischen Gründen in seiner Überzeugungskraft
ineffektiv. Die Vorgabe der plausiblen Geschichte der Staatsanwaltschaft in der Anklage setzt einen
Anker, der durch bloße Negierung kaum zu bewegen ist.

b) Die andere Geschichte des Tathergangs

Die Überzeugungswirkung wird optimiert, wenn das Gericht nicht davon überzeugt wird, dass etwas　**438**
nicht geschehen ist, sondern dass sich ein bestimmter Sachverhalt in einer bestimmten Art und
Weise ereignet hat oder haben könnte. Es sind nur die ebenso **plausiblen Alternativgeschichten**,
die die festgezurrten Deutungsmuster Erfolg versprechend aufheben können. Die Arbeit an der
Alternative muss bei Überzeugungsbemühungen daher im Vordergrund stehen.

Abseits jeder Beweislastverteilung des klassischen Prozesses wird die Darstellung der Alternative teil-　**439**
weise rechtlich bereits der Verteidigung auferlegt. In der klassischen Konstellation »Mord ohne Leiche« ermöglicht die Rechtsprechung eine Verurteilung des Angeklagten, auch wenn das eigentliche
Tatgeschehen letztendlich unbekannt bleibt. Methodisch ausreichend für eine Verurteilung ist, dass

---

325　S. hierzu die amerikanischen Untersuchungen zum »Story telling model«: *Pennington/Haistie* The story telling model for juror decision making 1993.
326　*Löschper* Bausteine für eine psychologische Theorie richterlichen Urteilens 1999, insb. S. 324, 345.

in einem Ausschlussverfahren ohne jeden Zweifel Alternativen zurückgewiesen werden können, die einer Täterschaft des Angeklagten widersprechen. Angesichts der Einseitigkeit der Ermittlungstätigkeit, die zu einer Aktenlage allein entsprechend der hypothesengeleiteten Erkenntnissuche der Täterschaft des Angeklagten widerspiegelt, fällt es dem Gericht leicht, solche Alternativen als »nicht ersichtlich« abzutun.[327] Wenn das Gericht einen Schuldsachverhalt feststellen kann, weil Anhaltspunkte für etwas anderes nicht erkennbar seien, ist es die Aufgabe der Verteidigung, anderweitig mögliche oder gar sich aufdrängende Geschehensabläufe aufzuzeigen.

440   Ist ein solcher Alternativsachverhalt als Überzeugungsziel fixiert, lässt der Überzeugungsweg viel Spielraum. Der Mandant kann, muss sich allerdings nicht mit einer Alternative einlassen. Verteidigererklärungen oder Beweisanträge können das Bild eines solchen Alternativsachverhalts ausreichend vorzeichnen. Die Überzeugungsarbeit in Richtung dieses Alternativsachverhalts hat der Verteidiger dann mit den ihm möglichen prozessualen Mitteln zu leisten.

441   Die angebotenen Alternativen müssen zumindest die Fähigkeit haben, akzeptable Vorstellungsbilder zu erzeugen. Sind die Ideen, wie Beweisergebnisse unter Umständen auch in völlig andere historische Geschehnisse eingebettet sein können, von der Imagination des Richters weit entfernt, wird er sich auf den juristischen Ausweg berufen, wonach er keinen »vernünftigen« Zweifel an der Anklageversion habe. Die Verteidigung wird die aktuellen neuropsychologischen Erkenntnisse berücksichtigen müssen, dass die Leichtigkeit des Abrufs und die Anschaulichkeit der Alternativgeschichte entscheidende Faktoren sind, die Bequemlichkeit der einzigen vorhandenen Vorstellung vom Geschehen zu erschüttern. Dabei darf die Verteidigung legitimerweise auch auf menschliche Fehleinschätzungstendenzen zurückgreifen.

442   Dass Haiattacken im offenen Meer rein statistisch eine verschwindend geringe Rolle spielen, ist bekannt. Dennoch ist das menschliche Vorstellungsbild von einer solchen Haiattacke durch den allgemeinen Informationsfluss derart präsent, dass dessen Schilderung vom Zuhörer als sehr viel wahrscheinlicher gewertet wird, als dies objektiv belegbar ist. Angebotene Rückschlüsse auf Alternativgeschehen darf und muss daher auf Imaginationen der Richterbank zurückgreifen, die angesichts der unterstellten intuitiven Vorstellungsbilder als akzeptabel erwartet werden können.

c) Die Gefahren der Alternative

443   Der Alternativsachverhalt als Ziel der Überzeugungsarbeit birgt allerdings auch Gefahren. Er beschwört beim Entscheider ein gedankliches »Entweder-Oder« herauf. Unbewusst wird eine Erleichterung des Entscheidungsvorgangs für den Richter produziert, der sich darauf beschränkt, lediglich eine der beiden ihm offerierten Varianten für wahrscheinlicher zu halten. Die gedankliche Widerlegung der Verteidigungsalternative mündet damit automatisch in die Akzeptanz der Anklageversion. Die so gefundene Entscheidung widerspricht zwar den rechtlichen Vorgaben des BGH zur Beweiswürdigung, denn das gescheiterte Alibi ist kein Schuldindiz. Dies lässt sich aber unschwer im Urteil hinter einer verbalen Fassade kaschieren.

444   Ist das Verfahren entsprechend strukturiert, bleibt der Verteidigung nichts anderes übrig, als sich auf diesen Alternativüberzeugungskampf einzulassen. Vorteilhafter erscheint es für die Verteidigung allerdings, sich das **Story-Telling-Prinzip** bei den zahlreichen unterschiedlichen Streitfragen während der Hauptverhandlung nützlich zu machen. Nicht nur die Möglichkeit einer dritten und vierten Tatversion kann ein sinnvolles Überzeugungsziel sein. Die Darstellung einer plausiblen Alternativgeschichte kann sich ebenso auf isolierte prozessual erhebliche Sachverhalte beziehen (von den sexuellen Vorerfahrungen der angeblich misshandelten Belastungszeugin bis hin zum grobschlächtigen Vernehmungsverhalten eines Polizeibeamten). Auch und gerade in diesen Einzelfragen zu Sachverhalten gelingt Überzeugungsbildung am ehesten, wenn der prozessuale Ansatz des Zweifelns mit der Überzeugungsbildung eines der Aktensituation widersprechenden Alternativsachverhalts einhergeht.

---

327   S. hier z.B. BGH StraFo 2012, 466 f.

Überbordende Alternativ-Fantasien sollten allerdings von der Erkenntnis gebremst werden, dass die   445
Vielzahl auch eine Überforderung bei Gericht mit dem Ergebnis auslösen kann, im Meer der Unsicherheiten Sicherheit in der staatsanwaltschaftlichen Geschichte der Anklage zu suchen.

Dass eine beschränkte Anzahl von Alternativen motiviert, eine unüberschaubare Anzahl aber den Ent-   446
scheider lähmt, ist das Ergebnis zahlreicher Tests im ökonomischen Bereich. So stieg der Gesamtumsatz
ausgefallener Marmeladensorten in einem Supermarkt, wenn sechs verschiedene Sorten zur Probe angeboten wurden; er fiel dramatisch, wenn sich das Angebot auf 24 Sorten erstreckte.[328] Dieselben Ergebnisse erzielten Untersuchungen zu komplexen Angeboten von Reisebüros oder PKWs. Auch wenn die
Problematik des »choice overload« individuelle Aspekte trägt, hat die richtige Anzahl an Alternativoptionen bei dem Gefühl der guten Entscheidung einen ausschlaggebenden Stellenwert. Bei allzu zahlreichen Optionen wird der kognitive Aufwand überwältigend, die Entscheidung wird schwieriger, der Entscheider demotiviert.[329] Wenn lediglich eine begrenzte Anzahl von Daten zeitgleich im Arbeitsgedächtnis
präsent gehalten werden kann, fordern diese Erkenntnisse der Verhaltensforschung Konsequenzen beim
Versuch der Überzeugungsbildung. Die Masse von Informationen führt ansonsten zum Gegenteil. Richter verdrängen neue Informationen oder nehmen sie erst gar nicht auf. Die zu erwartende Strategie zur
Bewältigung eines Informationsüberschusses ist regelmäßig der Rückgriff auf Heuristiken. Im Sinne einer
Strukturierung und Vereinfachung greift der Richter auf vorhandene Bewertungen zurück. Unbewusst
kann der Verteidiger hier zur Verfestigung vorhandener Bewertungen beitragen, welche er eigentlich
widerlegen will.

In der Überzeugungsarbeit der Verteidigung dürften sich die negativen Folgen einer solchen Über-   447
forderung so lange nicht auswirken, wie das Gericht nicht mit der Problematik konfrontiert wird,
sich positiv für eine der zahlreichen Alternativen zu entscheiden. Werden Alternativen nur zur
Erschütterung der Eindeutigkeit von Anklagethesen aufgestellt, haben sie eine andere Funktion als
die der alternativen Tatgeschichte: Nur bei Letzterer findet eine Entscheidung für eine bestimmte
Variante statt (auch wenn das so gefundene Überzeugungsbild des Richters sich lediglich formal im
Urteil als ausreichender Zweifel am Anklagesatz wiederfindet).

d) Alternativen verhindern Rückschlüsse

Die Erweiterung des richterlichen Horizonts auf Alternativen bezieht sich nicht nur auf das Vor-   448
stellungsbild vom originären Tatgeschehen, sondern auch auf Indizien.

Der Informationsstand des Gerichts hat maßgebliche Bedeutung für Rückschlüsse, und zwar nicht
nur auf Tathandlungen, sondern möglicherweise auf Sachverhalte, die ihrerseits erst weitergehende
Rückschlüsse ermöglichen. Die auch in Urteilen hervorgehobene Qualität eines Rückschlusses, insbesondere seine Bewertung als »naheliegend«, hängt auch von der Tatsache ab, wie weitere Rückschlüsse als möglich erscheinen. Staatsanwaltschaft und Gerichte nehmen für diese Begründungsfigur gerne Erleichterungen durch einen schmalen Kenntnisstand hin. Der Rückschluss ist umso
überzeugender, als ein Gericht darauf hinweisen kann, dass andere Möglichkeiten »nicht erkennbar«
sind. Das Bedürfnis zur Aufrechterhaltung dieses Arguments führt häufig zu einer radikalen Erkenntnisverweigerung. Wer die Augen schließt, erkennt nichts und kann sich daher mit einer größeren
Beruhigung dem einzig Erkennbaren hingeben. Hier ist es die Aufgabe von Verteidigung, »Beunruhigung« durch das Aufzeigen von Alternativmöglichkeiten zu erzeugen.

So gibt es beispielsweise gerade im subjektiven Bereich nicht selten gerichtliche Rückschlüsse zum kri-   449
minellen Vorsatz des Angeklagten in einem Vermögensdelikt, weil das von ihm durchgeführte Geschäft
schon nach seinen äußeren Faktoren als anrüchig zu erscheinen habe. Dem der Hehlerei Bezichtigten
wird vorgehalten, dass er den außergewöhnlich geringen Kaufpreis hätte erkennen und daher den krimi-

---

328 *Iyengar/Lepper* When choice is demotivating: Can one desire too much of a good thing? Journal of
     Personality and Social Psychology 79(6), 2000, 995–1006.

329 Dass die »Qual der Wahl« nicht nur ein undifferenziertes Gefühl, sondern eine durch Hirnuntersuchungen feststellbare neurobiologische Tatsache ist, zeigen *Reutskaja/Lindner/Nagel/Andersen/Camerer*
     Choice overload reduces neural signatures of choice set value in dorsal striatum and anterior cingulate
     cortex, Nature Human Behaviour, 2018.

nellen Ursprung des Tatobjektes schlussfolgern müssen. Naheliegend sind solche Schlüsse zumeist nur bei der isolierten Sicht der unter der Ermittlungshypothese zusammengestellten Materialsammlung der Akte. Hält man dem Gericht vor, dass es – was sich aus der Akte oft nicht ergibt – in der Vergangenheit Dutzende oder Hunderte Geschäftsvorfälle für den Mandanten gab, die trotz vergleichbarer Konstellationen für ihn eindeutig legalen Charakter hatten, schwindet schlagartig das Belastungsmoment. Allein die Alternativdarstellungen machen den naheliegenden zu einem sehr fernliegenden Schluss.

Der BGH liefert ein weiteres Beispiel aus dem Bereich des Notwehrrecht: Der angeklagte Angegriffene hatte sein Messer in Richtung des Angreifers gestoßen. Die Feststellungen beschränken sich dahin, dass der angegriffene Angeklagte 1,80 Meter groß und 95 kg schwer war, die Maße des Angreifers betrugen 1,75 Meter und 75 kg. Letztere Daten war ausreichend für die richterliche Einschätzung, der Angreifer sei »schmächtig«, während der Angeklagte über »überlegene Größe und Kraft« verfügte, weshalb sein Messerstich »nicht erforderlich« gewesen sei. Schlussfolgerungen hätten hier zum einen durch schlichte Statistik erschwert werden können (die Daten des Angreifers gelten im medizinischen Bereich als »normal«), zum anderen hätte die Schlussfolgerung vom überhöhten Gewicht auf eine überlegene Kraft durch die Erhellung weiterer Merkmale wie Sportlichkeit, Beweglichkeit und Muskelausbildung erweitert werden können.[330]

450 So klar die Aufgabe der Verteidigung formuliert ist, so deutlich kollidiert sie auch hier offensichtlich mit dem Schweigerecht und der Unschuldsvermutung. Gerade die negative Sachverhaltsselektion durch Ermittlungsbehörden und das ihnen folgende Gericht zwingt den Angeklagten möglicherweise dazu, in Umkehrung einer Darstellungslast weite Bereiche seines Privatlebens oder Wissens offenzulegen, um durch Häufigkeiten negative Schlussfolgerungen aus einem singulären Ereignis zu widerlegen. So ist unter Umständen das gesamte Finanzgebaren über einen längeren Zeitraum und die Vorlage von Kontounterlagen notwendig, um die Schuldindizierung der wenigen zu den Akten gelangten Unterlagen entscheidend abzuschwächen.

451 Gerne folgen Gerichte in Betäubungsmittelstrafsachen den Interpretationen von abgehörten Telefongesprächen durch Ermittler, in denen ein bestimmter Wortgebrauch als Synonym für Rauschgift bewertet wird. Hier bedarf es oft des großen Aufwandes des Abhörens hunderter nicht ausdrücklich von den Ermittlern erwähnter Telefongespräche und zusätzlicher Zeugenaussagen, um auch einer Strafkammer deutlich zu machen, dass beispielsweise der häufiger benutzte Ausdruck »ficken« tatsächlich auf den Geschlechtsverkehr bezogen war und nicht auf eine Drogenlieferung und das »Spazierengehen« tatsächlich dem Bewegungsdrang und nicht dem Wunsch nach Übergabe von BtM entspringt.

452 Die Informationsbasis durch Alternativen gilt es auch zu erweitern, wenn das Gericht nicht nur Rückschlüsse auf unmittelbare Tathandlungen ziehen will, sondern im Vorfeld solcher Schlussfolgerungen **Sätze der Lebenserfahrung** aufstellen will, die wiederum Grundlage für Rückschlüsse auf konkrete Tathandlungen bilden sollen. Der Verteidiger bewegt sich hier in einem der Aufdeckung fehlerhafter Illusionen vergleichbaren Bereich, wenn er durch die Einführung von Statistiken, alternativen Gutachten oder lediglich konterkarierenden Presseveröffentlichungen solcher Art von Konstruktionen einer Lebenserfahrung die Basis nimmt.

e) Kontext-Alternativen

453 Das Aufzeigen denkbarer Alternativen kann in einem weiteren Überzeugungskontext den Zweck haben, die Überzeugungskraft der eigenen ersten Alternative zu maximieren. Gerade der Kontext zu vergleichbaren Alternativen soll die Attraktivität der eigenen aufzeigen.

454 Die Wissenschaft kennt die Kontext-Alternativen unter den verschiedenen Aspekten des **Attraktionseffekts** oder des **asymmetrischen Dominanzeffekts**. Die Akzeptanz des eigenen Vorschlags wird gesteigert durch das Aufzeigen von Alternativen. Diese Alternativen werden vom Entscheider verworfen, weil sie trotz höherer Qualität angesichts anderer exorbitanter Faktoren als absolut unattraktiv angesehen werden müssen. Oder: Die Qualität des eigenen Vorschlags erhöht sich, wenn er in unmittelbaren Vergleich zu anderen zusätzlichen Vorschlägen dominiert. Dieser Effekt hängt entscheidend von der Beschreibung der

---

330 S. hierzu ausführlich *Erb* Ein Freibrief zur Willkür? – Zur Akzeptanz dubioser tatrichterlicher Unterstellungen durch den ersten Strafsenat des BGH, GA 2012, 72 ff.

vergleichenden Alternativen ab. Der Assoziationsstruktur der Kognition des Entscheiders folgend muss die aufgezeigte Alternative einerseits als vergleichbar empfunden werden, andererseits in ihren relevanten Details unattraktiver wirken. Dominiert der eigene Vorschlag in einem als wichtig ausgemachten Detail gegenüber einer zweiten Alternative, besteht die große Chance, dass dieses Dominanzgefühl des Entscheiders auch bei einer dritten und vierten Alternative maßgeblich ist, obwohl dort die Dominanz zu dem ursprünglichen Detail gar nicht mehr besteht.

Der eigene Verteidigungsvorschlag zur Strafhöhe wird z.B. vom Richter eher als akzeptabel angesehen, wenn in ihrem Unrechtsgehalt weit höhere Strafmöglichkeiten in fiktiven Fällen aufgezeigt werden können.

»Herr Vorsitzender! Der Vorschlag der Staatsanwaltschaft zu einer Freiheitsstrafe von 3 Jahren bei einem **455** Strafrahmen von maximal 5 Jahren ist ausschließlich mit der Höhe des Schadens begründet worden. Das verkennt die Vielfältigkeit der Strafzumessungserwägungen in § 46 StGB. Welche Strafe würde der Staatsanwalt fordern, wenn hier ein Betrüger zum fünften oder sechsten Mal sitzen würde und nicht – wie mein Mandant – zum ersten Mal. Was würde er fordern, wenn dieser Dauerbetrüger eine Vielzahl von hilflosen Rentnerinnen getäuscht hätte und sie um ihr Erspartes gebracht hätte und nicht lediglich die Agenten einer geschäftserfahrenen Versicherung? Was wäre, wenn er einen komplizierten diabolischen Plan langfristig und konsequent umgesetzt hätte, und nicht spontan nur den Kursverlust seines Aktienpakets ausgleichen wollte?..«

6. Aufdeckung von Illusionen

Die Einschätzung von Wahrscheinlichkeiten folgt den Regeln der kognitiven Attraktivität. Der **456** Richter wird denjenigen Tathergang in der gerichtlichen Rekonstruktion als plausibel ansehen, der sich in vorhandene Denkstrukturen am leichtesten einbetten lässt. Diejenigen Indizien besitzen den entscheidenden Wert, die ein hohes Maß an objektiver Wahrscheinlichkeit zu besitzen scheinen. Logik und Lebenserfahrung als rechtlich gebilligter Maßstab des Rückschließens suggeriert eine objektive Transparenz, wo tatsächliche Leitfäden individuell eingeübte Heuristiken sind.

Anfällig für **Musterillusionen** ist die regelmäßig selektive Beweisaufnahme im Gerichtssaal. Die auf **457** Zeugenberichten basierenden Zufälligkeiten von Episoden aus dem Leben des Angeklagten bilden u.U. die Grundlage für die richterliche Erkenntnis eines Handlungsmusters und die Schlussfolgerung auf eine real nicht haltbare Charaktereinschätzung. »Das kann kein Zufall sein!« ist sehr oft die richterliche Idee hinter einer Schuldüberzeugung.

Die »gleichartige« Begehensweise ist häufig bei gemutmaßten Serienstraftaten ein beliebtes richter- **458** liches Argument, um trotz mangelhafter anderweitiger Anhaltspunkte die Schuld des Angeklagten zu belegen. Dass das erkannte »Muster« letztlich nicht über den Grad der Zufälligkeit hinausgeht, ergibt häufig erst eine Analyse der die Gleichartigkeit angeblich ausmachenden Elemente der Tatausführung einerseits und der übergreifenden Untersuchung aller ähnlichen Straftaten andererseits.

a) Darstellung der Argumentation

Skepsis-Optimierung gelingt der Verteidigung durch die gewählte **Darstellungsform**. **459**

Verteidigung muss nicht nur die Feststellung von möglicherweise belastenden Indizien minimieren. **460** Eine wohl noch wichtigere Aufgabe besteht darin, die richterlichen Schlussfolgerungen aus diesen Indizien auf eine mögliche Schuld des Mandanten ständig zu hinterfragen. Ein Weg, skeptische Elemente im Hinblick auf dieses Schlussfolgern in das Verfahren einzuführen, besteht sehr häufig in der Änderung der Sichtweise und sprachlichen und – möglicherweise auch – grafischen Darstellungen von Schlussfolgerungen.

Schlussfolgerungen erhalten für Richter ein besonders massives Gewicht, wenn sie sich argumenta- **461** tiv auf **wissenschaftliche Berechnungen überwältigender Wahrscheinlichkeit** stützen können. **DNA-Profile** oder **Fingerabdrücke** sind hierfür ein Musterbeispiel. Auch wenn ein objektiv errechenbares Zahlenwerk noch winzige Reste von Alternativtäterschaften offenlässt und die Rechtsprechung deren Berücksichtigung verlangt, erscheint die intuitive Schlussfolgerung auf die Schuld des Angeklagten bei Richtern nahezu unvermeidbar.

462   Der deutsche Psychologe Gigerenzer unternahm mit Jura-Studenten und Volljuristen einen Test.[331]

Sie sollten die Schuld eines Angeklagten beurteilen, gegen den keinerlei ernsthafte Beweise vorlagen, mit Ausnahme eines sichergestellten DNA-Profils am Tatort der vorgeworfenen Taten der Vergewaltigung und des Mordes. In einer sehr authentisch wirkenden Akte wurde den juristischen Probanden insbesondere die Aussage des Sachverständigen zu Wahrscheinlichkeiten näher gebracht. Bei zwei Vergleichsgruppen unterschied sich lediglich die Art und Weise der Darstellung dieser wissenschaftlichen Ergebnisse.

Bei in Betracht kommenden zehn Millionen potenziell verdächtiger Männer wurde vom Sachverständigen in der ersten Darstellung behauptet: Die Wahrscheinlichkeit, dass das DNA-Profil eines zufällig ausgewählten Mannes mit dem DNA-Profil der Blutspur am Tatort identisch ist, beträgt ungefähr 0,0001 %. Zur statistischen Fehlerhaftigkeit der DNA-Untersuchung heißt es, dass beim aktuellen Verfahren des DNA-Vergleichs mit einer Wahrscheinlichkeit von lediglich 0,0001 % eine tatsächlich nicht bestehende Übereinstimmung wissenschaftlich festgestellt wird.

Die Alternativdarstellung des Sachverständigen zu exakt demselben wissenschaftlichen Sachverhalt lautete: Es kommen etwa 10 Millionen Männer als Täter in Betracht; ungefähr 10 dieser Männer weisen ein DNA-Profil auf, das identisch mit dem der Blutspur am Tatort ist. Die Darstellung zur Fehlerhaftigkeit der Proben lautete: Bei denjenigen der etwa 10 Millionen Männer, die das gefundene DNA-Profil nicht aufweisen, wird beim derzeitigen Verfahren des DNA-Vergleichs in lediglich 100 Fällen trotzdem eine Übereinstimmung festgestellt.

Obwohl inhaltlich die Präsentation der wissenschaftlichen statistischen Ergebnisse nicht voneinander abwich, hatte ihre Darstellung erhebliche Auswirkung auf die Einschätzung der Schuld des Angeklagten. Sowohl die Einschätzung der tatsächlichen Identität der DNA-Spur des Angeklagten mit der gefundenen Spur als auch die Bewertung des Angeklagten als schuldig war signifikant hoch bei den Juristen, wenn sie ihr Denken an den prozentualen Wahrscheinlichkeiten ausrichteten. Die offensichtlich assoziativ gesteuerte »Zahlenblindheit« wurde jedoch dann erheblich gesenkt, wenn die Darstellung sich auf eine sogenannte Angabe »natürlicher Häufigkeiten« konzentrierte.

463   Die Verteidigung muss sich diese Einsicht zunutze machen. Überlässt sie die Sicht der Denkweise allein dem statistischen Zahlenmaterial der Sachverständigen, führt der für die Schuldfeststellung irrelevante Bezugspunkt der gesamten deutschen oder sogar Erdbevölkerung dazu, verbleibende Zweifel als winzig und damit irrelevant zu empfinden. Werden diese Zweifel allerdings greifbar, indem konkret die Anzahl der verbleibenden Alternativen aufgezeigt wird, betont die Verteidigung einen Beweiszustand, der weit von der Feststellung des eigenen Mandanten als allein möglichen Täter »ohne jeden Zweifel« entfernt ist.

464   DNA-Fälle pointieren lediglich die Problematik des Schlussfolgerns auf der Grundlage angenommener hoher Wahrscheinlichkeiten. Sie zeigen besonders deutlich die für den Angeklagten nachteiligen intuitiven richterlichen Wertungsstrukturen auf, was die Dringlichkeit des Gegensteuerns durch die Verteidigung verdeutlicht.

465   Illusionen der Gewissheit können allein durch die Darstellungsform wieder in das Zwielicht der Ungewissheit positioniert werden, um hieraus die strafprozessualen Konsequenzen zu ziehen. Das Risiko der Falschbelastung und damit des Fehlurteils wird sehr viel transparenter, wenn nicht abstrakte Zahlen von Wahrscheinlichkeiten genutzt werden, sondern Darstellungen von alternativen Häufigkeiten. Das gilt insbesondere auch für die Tragfähigkeit von Indiziengebäuden, die von Gerichten aus einzelnen Indizien zu betonartiger Überzeugung zusammengemischt werden.

---

331 *Gigerenzer* Das Einmaleins der Skepsis – Über den richtigen Umgang mit Zahlen und Risiken, 9. Aufl. 2012, S. 236 ff.; zu ähnlichen Tests und hieraus folgend »Prosecutor`s Fallacy« s. *Effer-Uhe/ Mohnert* Urteilsheuristiken, Urteilsverzerrungen und Urteilsfehler, in: Ergebnisse des 43. Strafverteidigertages, 1. Aufl. 2020, S. 83 ff, 95 ff.

So reicht zur richterlichen Überzeugung von der Täterschaft beispielsweise, wenn der Angeklagte   466
als angeblicher Täter von einer Tatzeugin »zu 70 %« in seinem Fahrzeug als Fahrer wiedererkannt
wurde, das Fahrzeug ein dunkler BMW der Dreierserie mit einem Frankfurter Kennzeichen war
und der Angeklagte tatsächlich ein solches Fahrzeug besitzt. Was als erdrückende Indizien vom
Gericht »gefühlt« wird, repräsentiert häufig nur eine von zahlreichen Varianten. Es obliegt der Verteidigung, die Häufigkeit dunkler BMWs mit Frankfurter Kennzeichen ebenso darzulegen wie den
verbleibenden Rest von 20 % an Alternativfahrern. In der Regel verbleiben Dutzende von Alterna-
tivtätern, die ein Gericht nicht ohne Verletzung der Unschuldsvermutung als irrelevant ausschließen
kann.

In einem berühmt gewordenen amerikanischen Verfahren hatte der Oberste Gerichtshof in Kalifor-
nien ein Urteil aufgehoben, das maßgeblich auf der Überzeugungsbildung der Geschworenen durch
einen mathematischen Sachverständigen beruhte.

> Die Indizien für die Täterschaft bei einem Raubüberfall waren überschaubar. Eine junge Frau, die aus   467
> einem Einkaufswagen im Supermarkt eine Börse weggenommen hatte, war weggerannt. Ein Zeuge hatte
> die Frau lediglich als blond mit einem Pferdeschwanz beschrieben. Sie sei in ein gelbes Auto eingestiegen,
> an dessen Steuer ein dunkelhäutiger Fahrer mit Backenbart oder Schnurrbart gesessen habe. Das ange-
> klagte Ehepaar passte zu dieser Beschreibung. Als Sachverständiger wurde in der Verhandlung ein Mathe-
> matiker zu den Wahrscheinlichkeiten befragt, die ein Aufeinandertreffen aller geschilderten Merkmale
> ausmachte. Aus den Einzelwahrscheinlichkeiten (z.B. Mädchen mit blondem Haar: ein Drittel der Bevöl-
> kerung; gelbes Auto: ein Zehntel aller gefahrenen PKWs usw.) addierte er die Wahrscheinlichkeiten und
> errechnete eine Wahrscheinlichkeit von minimal 1:12 Millionen, wenn nicht gar 1:1 Milliarde, dass die
> Kombination aller sechs Merkmale außer bei dem angeklagten Ehepaar noch bei anderen vorkomme.
> Das Ehepaar wurde verurteilt.

> Der Gerichtshof hob auf die Berufung hin das Urteil allein aufgrund der Berechnungsmethoden auf. So
> erfordere beispielsweise das Multiplizieren von sechs Wahrscheinlichkeiten die Annahme, dass die sechs
> Merkmale stets voneinander unabhängig vorhanden seien, wofür es keinen notwendigen Beweis gebe.
> So seien Bärte und Schnurrbärte beispielsweise nicht voneinander unabhängig. Darüber hinaus setze die
> Berechnung der Merkmale voraus, dass sie unveränderlich seien und ignoriere damit eine mögliche Ver-
> kleidung von Tätern ebenso wie ungenaue Beschreibungen. Letztlich bestritt der Gerichtshof zutreffen-
> der Weise, dass die Gleichung angeblich richtig sei, wonach das Vorhandensein aller sechs Merkmale
> identisch sei mit der Wahrscheinlichkeit, dass die beiden Angeklagten schuldig seien. Die Wahrschein-
> lichkeit einer zufälligen Übereinstimmung lässt grundsätzlich keine validen Rückschlüsse auf die tatsäch-
> liche Schuld eines Täters zu.[332]

Dass die Macht der Intuition von Zahlen die nüchterne Sichtweise auf den Aussagewert von Wahr-   468
scheinlichkeiten und Statistiken manipulieren kann, zeigt ein weiterer Fall, den der berühmte amerikanische Verteidiger Dershowitz im Zusammenhang mit dem in den neunziger Jahren viel diskutierten Straffall des Footballspielers O.J. Simpson diskutiert hatte.[333]

> Die Anklage hatte O.J. Simpson den Mord an seiner Ehefrau vorgeworfen und unter anderem dahin   469
> gehend argumentiert, dass der Angeklagte bereits zuvor gegenüber seiner Frau gewalttätig geworden war.
> Gegen die Indizwirkung von Gewalttätigkeiten in der Ehe auf die Wahrscheinlichkeit eines späteren
> Mordes argumentierte die Verteidigung, dass zwar laut Statistik die meisten getöteten Frauen von einem
> Mann getötet werden, mit dem sie eine Beziehung hatten. Der Lebenspartner als Mörder tauche jedoch
> völlig unabhängig von der Tatsache auf, ob er seine Frau früher verprügelt habe oder nicht. Aus der Poli-
> zeistatistik leitete sie ab, dass auf 2.500 Misshandlungen an Frauen in einer Beziehung weniger als eine
> einzige Tötung entfällt. Die Schlussfolgerung der Verteidigung: Die überwältigende Anzahl von Männern,
> die ihre Partnerin schlagen, gehen nicht so weit, sie zu ermorden. Es gebe keinen wissenschaftlichen
> Beweis dafür, der die Indizwirkung des Schlagens auf einen Mord rechtfertige.

---

332 S. hierzu den Fall People vs. Collins, 68Cal.2nd 319, 325 – berichtet bei *Koehler* Probabilities in the
courtroom: An Evaluation of the Objections and policies in: Kagehiro/Laufer, Handbook of Psychology and Law 1992, S. 167–184.

333 *Dershowitz* Reasonable Doubts –The Criminal Justice System and the O.J. Simpson Case 1996, S. 101 ff.

Die Verteidigung hatte Erfolg, dieser beruhte aber offensichtlich auf einer Irreführung des Gerichts. Sie beantwortete mit Verve die Frage, wie viele Männer, die ihre Partnerinnen misshandeln, diese später auch töten. Diese ex-ante-Sicht mag interessant sein, konkret war jedoch eine ganz andere Frage zu erörtern, nämlich wie hoch die Wahrscheinlichkeit ist, dass ein Mann der Mörder seiner Partnerin ist, wenn er sie zuvor geschlagen hatte und sie darüber hinaus auch getötet worden war. Hier sagte die zugrunde liegende Statistik, dass von durchschnittlich 100.000 misshandelten Frauen innerhalb eines Jahres ca. 40 von ihrem zuvor gewalttätig gewordenen Partner ermordet wurden, lediglich 5 weitere von einem dritten Unbekannten. Werden aus einer Menge 45 misshandelter und getöteter Frauen 40 von ihrem zuvor gewalttätig gewordenen Partner umgebracht, besteht eine objektive Wahrscheinlichkeit von 1:9, dass der Mörder ein anderer als der Partner ist.[334]

Zur Klarstellung: Die Überlegungen zu Wahrscheinlichkeiten gehen von denklogischen Prognoseeinschätzungen aus, sie berücksichtigen nicht die Besonderheiten rechtsstaatlicher Beweiswürdigung. Zutreffenderweise werden beispielsweise Ermittlungsbehörden bei einem ungeklärten Todesfall der Frau im Hinblick auf diese Wahrscheinlichkeitsüberlegungen bei ihren Recherchen zunächst die Situation des Ehemannes ins Visier nehmen. Die Aufgabe eines Gerichts ist im Hinblick auf die Überzeugungsbildung eine andere: Hier kann diese Wahrscheinlichkeitsüberlegung für sich genommen – wenn sie nicht schon logisch jeden anderen Täter ausschließt – nicht den geringsten Indizwert haben. Täterschaft begründet sich durch Tatsachen, nicht durch Statistiken.

Die Überzeugungswirkung von Statistiken als Indiz hängt damit von der Darstellungsform ebenso ab wie von der Präzision der schuldbezogenen Fragestellung.

b) Framing-Effekt und Verlustaversion

470 Die jenseits der Rationalität angesiedelte Beeinflussung eines Entscheidungsverhaltens macht sich in besonderer Weise am sog. Framing-Effekt bemerkbar. Für Überzeugungsarbeit lässt sich der erforschte Effekt der dominierenden Verlustangst des Menschen durch hierauf abstellende Präsentationsformen nutzen.[335] Als Ausgangspunkt der Erklärung gilt das »Asia-Disease«-Szenario.

471 Die Probanden in der Untersuchung hatten die Aufgabe, verschiedene Alternativen bei der Bekämpfung einer Seuche in Asien zu untersuchen. Zahlen und deren Darstellung spielte eine große Rolle. Von der Seuche bedroht waren nach der Aufgabenstellung 600 Menschen. Als Handlungsalternativen wurden der ersten Entscheidergruppe zwei Möglichkeiten beschrieben: Bei der Alternative A würden mit 100 % Wahrscheinlichkeit 200 Menschen gerettet. Bei der Alternative B würden alle 600 Menschen gerettet, allerdings lediglich mit einer Wahrscheinlichkeit von 33 %.

Der zweiten Entscheidergruppe wurden die beiden Alternativen differenziert dargestellt. Zunächst wurde die Alternative C angeboten, bei der nach der Darstellung der Aufgabensteller mit 100-prozentiger Wahrscheinlichkeit 400 Menschen sterben würden. Demgegenüber würde nach der Alternative D mit 33 % Wahrscheinlichkeit niemand sterben.

Die Darstellungsform für die erste Gruppe schildert letztlich die Wahrscheinlichkeit der positiven Effekte, also der möglichen Gewinne. Die zweite Gruppe hatte lediglich die Wahl zwischen zwei unterschiedlichen Verlustsituationen. Die Mehrheit der ersten Gruppe entschied sich für den sicheren Rettungsweg und damit die Alternative A. Obwohl in der zweiten Gruppe die Alternative C inhaltsgleich mit A erscheint, bevorzugten hier die meisten Entscheider die Alternative D. Ökonomen folgern hieraus – gestützt auf zahlreiche andere Experimente – dass jenseits rationaler Überlegungen das menschliche Gehirn offensichtlich der Verlustvermeidung einen höheren Wert zubilligt als der Realisierung eines möglichen Gewinns. Bei Gewinnkonstellationen wird der kleinere, aber sichere Gewinn dem unsicheren größeren vorgezogen. Fazit: Der Präsentations-Rahmen zu Gewinn/Verlust beeinflusst den Entscheider mindestens ebenso wie der schlichte Inhalt der Informationen.

---

334 S. hierzu ausführlich *Good* When batterer becomes murderer, Nature 381, 1996, 481 ff.

335 Zu dieser Diskussion in der amerikanischen Lehre des Behavioral Law and Economics s. z.B. *Kasiske* Behavioral Law and Economics und Strafrechtsdogmatik, in: Bock/Harrendorf/Lagides (Hrsg.), Strafrecht als interdisziplinäre Wissenschaft, 2015, 75 ff.

c) Verdeutlichung von Komplexität

Sicherheiten von Entscheidern gehen oft konform mit einem grundsätzlichen Unverständnis gegen- 472
über der komplexen Grundlage des zu entscheidenden Sachverhalts. Selbstüberschätzungen resultieren zumeist aus Wissensdefiziten. Die grobe Struktur scheint oft die zuverlässige Basis der Entscheidung. Je weniger der Entscheider weiß, desto sicherer ist er sich der Richtigkeit seiner
Entscheidung. Derartige Selbstüberschätzungen lassen sich häufig im Alltag in der Diskussion um
soziale oder politische Fragen feststellen. Deutliche und extreme Urteile basieren zumeist auf groben
emotionalen Verankerungen. Entscheidungen des Bürgers bei Wahlen lassen sich regelmäßig ebenso
auf diese Grobstrukturen zurückführen wie strafgerichtliche Schlussfolgerungen, die in vielen Punkten auf scheinbar klaren Erklärungszusammenhängen beruhen. Je mehr die Komplexität von Zusammenhängen deutlich wird, desto eher besteht die Chance, dass die Sicherheitsillusion sich verflüch-
tigt.

> Psychologen verdeutlichen die Tendenz mit dem »**Keks-Test**«. Ein extremer Notenausschlag bei der 473
> Bewertung von Keksen hängt entscheidend davon ab, wie intensiv sich die Probanden in die Komplexi-
> tät des Bewertungsgegenstandes vertiefen müssen. Wird ein Tester gebeten, vorab lediglich zwei bestimmte
> Eigenschaften des Keks zu beschreiben, neigt er sehr viel eher zu extremen positiven oder negativen
> Bewertung als derjenige Tester, der zuvor sechs verschiedene Eigenschaften eines Gebäcks zu formulieren
> hatte. Der Bewertungsgegenstand wurde damit komplexer, seine sichere Einordnung wurde anstrengen-
> der, die Relativität der eigenen Kognition wurde deutlicher, das Urteil im Ergebnis milder. Dass allein
> das Bewusstsein von Komplexität die Illusion vom eigenen kompletten Durchblick platzen lassen kann
> und Urteile damit abgewogener werden, ist in zahlreichen Untersuchungen belegt. Der Hebel für diese
> Verunsicherung ist der Zwang, sich mit der Komplexität einer Materie bewusst zu machen und dieses
> Bewusstsein durch eigenständige Formulierungen zu fixieren. Wer die Außen- oder Gesundheitspolitik
> seiner Regierung mit starken Worten und einigen guten Argumenten kritisieren kann, wird ein völlig
> anderes Urteil fällen, wenn er zuvor angehalten wurde, selbst die ihm bekannten Zusammenhänge des
> von ihm kritisierten Politikfeldes zu beschreiben. Vorschnelle und extreme Festlegungen lassen sich damit
> durch eine vorhergehende substantielle Diskussion des Themenkomplexes reduzieren.[336]

Das Ausschalten von Emotionen und damit die Vermeidung von Fehlurteilen im Gerichtssaal wären 474
damit bei einem Modell realisierbar, bei dem alle Beteiligten veranlasst werden, relevante Entscheidungsfelder vorab selbstständig zu beschreiben. Erst wenn auch Richter transparent ihre Vorstellungen von der Üblichkeit des Sexuallebens eines Dachdeckermeisters beschreiben müssten oder sein
grundsätzliches Verständnis vom Konsumverhalten eines vor 10 Jahren eingewanderten Russland-
deutschen oder die Solidaritätsmechanismen einer Gruppe von 17-Jährigen, so würde möglicherweise alsbald auch dem Entscheider deutlich werden, dass er statt der Durchdringung der Komplexität der Themenfelder Rudimentäres an deren Stelle setzt und hieraus mit der vollen subjektiven
Überzeugung urteilsrelevante Schlussfolgerungen zieht. Ein solches Modell existiert im deutschen
Strafprozessrecht nicht. Richter haben das Recht – und manche meinen auch die Pflicht –, die ihren
Schlussfolgerungen zugrunde liegende Gedankenwelt vor den anderen Beteiligten zu verbergen.

7. Minimierung schuldattributierender Momente

Die Verteidigung hat mit der wissenschaftlichen Erkenntnis umzugehen, dass das menschliche Hirn 475
letztlich eine Maschine für voreilige Schlussfolgerungen ist.[337] Mentale Systeme ordnen insbesondere
kausale Zusammenhänge ein, indem sie aus winzigen Kognitionselementen – gemessen an abgespeicherten Schemata – Rückschlüsse auf allgemeine Verhaltensweisen von Menschen vornehmen.
Maßgebliche Antriebsfeder hierfür ist der optische Stimulus. Das Bild eines Menschen lässt beim
Betrachter spontan Zuordnungen zu Charakteren und Verhaltensweisen vornehmen, die tatsächlich
nicht beobachtbar sind. Solche Attributionen werden gefördert durch den Hang zur emotionalen
Kohärenz.

---

336 S. zuletzt *Fernbach* Psychological Science, Band 24, 939 ff., 2013.
337 S. zu dieser Formulierung eine Überschrift bei *Kahneman* Schnelles Denken, langsames Denken, S. 105.

476 Der Auftritt des Mandanten im Prozess ist für eine unwillkürliche Einordnung durch den Richter von maßgeblicher Bedeutung. Bevor das erste Wort gesprochen wird, muss es daher das Ziel der Verteidigung sein, Beeinflussungsmöglichkeiten hinsichtlich dieses Eindrucks wahrzunehmen. Erkannte negative Faktoren sind zu minimieren, dem Verteidigungsziel förderliche Faktoren sind zu initiieren.

477 Ist beispielsweise der erste optische Eindruck, den das Gericht von dem Mandanten in der Hauptverhandlung erhält, der eines gefesselten Gefangenen, sind Wahrnehmungs- und Entscheidungsstränge bereits polarisiert. Bei aller richterlichen Professionalität ist das Primärbild des Gefesselten, das die Attribuierung von Unschuld und nicht zu beanstandendem bürgerlichen Lebenswandel nahezu unmöglich macht.

478 Der Strafprozess stellt sich als selbstreferentielles System dar. Zwar existieren außerhalb der Schuldfrage nachvollziehbare Begründungsansätze wie die der Fluchtgefahr und Verfahrenssicherung zur Gestaltung eines solchen Bildes. Das Bild selbst fördert in mentaler Zwangsläufigkeit den Eindruck von Schuld, den das Verfahren gerade offen halten will. Die um die Unschuld des Mandanten kämpfende Verteidigung hat daher die Primäraufgabe, schuldattribuierende Eindrucksmerkmale zu verhindern. Alles, was am Erscheinungsbild des eigenen Mandanten mit Gefängnis oder Inhaftierung assoziiert wird, ist mit allen denkbaren juristischen Mitteln zu eliminieren.

Schon die Positionierung der Anklagebank löst in manchen Gerichtssälen schuldattribuierende Wirkung aus.

479 Die deutlich erkennbare Umfriedung oder gar der »Käfig« lässt bei jedem Betrachter nur den Schluss auf Gefährlichkeit der derart umsorgten Person zu. Hier ist die Veränderung der Sitzposition erstes Verteidigungsziel. Begründungsansatz ist der einer effektiven Kommunikation zwischen Verteidiger und Mandanten im Verlaufe einer Hauptverhandlung, die durch zu große Entfernungen oder eine hintereinander erfolgte Platzierung schwer möglich ist. Ist das Ziel erreicht, dass der Mandant neben dem Verteidiger Platz nehmen kann, strahlt der Primäreindruck des robetragenden Verfahrensbeteiligten auch auf den Angeklagten selbst aus. Werden vom Gericht Sicherheitsgründe zur Verhinderung vorgeschoben, lässt sich dieser Effekt auch dadurch erzielen, dass der Anwalt unter Aufgabe einer privilegierten Sitzposition sich neben seinen Mandanten auf der Anklagebank niederlässt.

480 Darüber hinaus ist der optische Eindruck des Mandanten auf das Gericht vorab zu kalkulieren. Zumeist bekommt das Gericht den Mandanten erstmalig zu Beginn der Hauptverhandlung zu Gesicht. Mit welchen Erwartenshaltungen aufgrund der Aktenlektüre eine solche erste optische Rezeption erfolgt, lässt sich von der Verteidigung häufig präzise abschätzen. Das Verteidigungsziel bestimmt, ob ein solcher erwarteter Eindruck unterstützt oder konterkariert wird. So muss beispielsweise das Signal eingeschätzt werden, das von überbordenden Tattoos auf den Armen des Mandanten ausgeht. Soll der Eindruck eines unberechenbaren und gewalttätigen Schlägers minimiert werden, empfiehlt sich deren Verdeckung. Steht die Präsentation eines entwurzelten und getriebenen Mandanten im Vordergrund, kann das sichtbare Tattoo als erstes Zeichen gewertet werden.

481 Weitere **Beispiele**: Zeichnet die Akte des Wirtschaftsprozesses das Bild eines aalglatten Bankers, kann der Rollkragenpullover des Mandanten am ersten Hauptverhandlungstag schon für erste nützliche Irritationen sorgen. Lässt sich die Unschuldsverteidigung nur auf dem gerichtlichen Verständnis eines ungewöhnlichen und atypischen Verhaltens des Mandanten in der Tatsituation realisieren, kann die fehlende Konformität der Lebenseinstellung des Mandanten bereits durch ein schräges Outfit zu Beginn der Verhandlung unterstrichen werden. Goldene Armbanduhren am Handgelenk des Mandanten setzen in einem Verfahren wegen Sozialhilfebetruges unter Umständen ebenso negative richterliche Blockaden in Gang wie aufreizende Kleidung einer weiblichen Mandantin.

482 Insgesamt sind die Gestaltungsmöglichkeiten der Verteidigung schon hinsichtlich des äußeren Auftretens des Mandanten sehr weit; ihr Einsatz setzt allerdings eine sehr vielschichtige Analyse hinsichtlich des gewünschten Eindrucks voraus. Bei dieser Analyse muss sich die Verteidigung darüber bewusst sein, dass Richter Faktoren aus der isolierten Prozesssituation als Reize aufnehmen, um hieraus auf dispositive Faktoren und damit Persönlichkeitsmerkmale des Mandanten zu schließen.

Die Katalysatoren für diesen Schluss sind zum einen allgemeine soziale richterliche Erfahrungen, auf der anderen Seite aber auch konkrete Vorgaben der Aktenlektüre.

Entgegen allen rechtlichen Vorgaben ist die psychologische Wirkung des schweigenden Mandanten 483 eine schuldattribuierende. Die Präsentation des der Kommunikation fähigen Angeklagten kann daher zu Beginn der Hauptverhandlung im Mittelpunkt der Verteidigung stehen. Hier kann die noch vor der Verlesung der Anklageschrift mögliche Darstellung zur Person dazu beitragen, dass sich der Angeklagte bereits als Individuum darstellt, mit dem es im Prozess zu reden gilt, statt nur über ihn zu urteilen.

Erkennt die Verteidigung, dass der erste optische Kontakt in der Hauptverhandlung zwangsläufig 484 negativ sein muss, sind Wege einer früheren persönlichen Konfrontation zu überprüfen. Dies kann z.B. durch einen Haftprüfungstermin erfolgen, der in der Sache selbst unter Umständen wenig Erfolg verspricht, aber wenige Wochen vor Beginn eines Hauptverhandlungstermins einen ersten persönlichen Kontakt provoziert.

8. Strafmaßverteidigung und Ankereffekt

Erfolgversprechend ist Überzeugungsarbeit insbesondere da, wo dem Entscheider ein Spielraum 485 gradueller Abwägungen eröffnet ist. Nicht die »Entweder-oder-Entscheidungen«, d.h. schuldig oder nicht schuldig, bieten hier das weite Feld der Verteidigungsaktivitäten, sondern die statistisch häufigsten Fälle der sogenannten Strafmaßverteidigung. Wie hoch eine angemessene Strafe anzusetzen ist, ist zwar für den Beschuldigten und seine Verteidigung regelmäßig die wichtigste und zum Teil sogar existenzielle Frage des Strafprozesses. Die vom Recht vorgegebenen Maßstäbe zur rationalen Operation des **Strafzumessungsvorgangs** sind allerdings weit und flexibel; das Gesetz ist dürftig, die Rechtsprechung unüberschaubar und ihre Berechenbarkeit extrem reduziert, sodass die zahlenmäßige Fixierung einer Strafe selbst bei dem entschlossensten Richter von einem **hohen Maß an Unsicherheit** begleitet ist.

> Die Praxis lehrt hier extreme Schwankungen: Ohne dass ein Prozess weitergehenden Erkenntnisgewinn 486 erbracht hätte, reduziert sich häufig ein ursprünglich großzügiges Angebot des Gerichts für eine Strafe von fünf bis sechs Jahren auf eine tolerable Bewährungsstrafe; umgekehrt führte allein das offensichtlich als unbotmäßig im Verfahren gefühlte Verteidigungsverhalten eines Angeklagten zu einer Freiheitsstrafe von drei Jahren, obwohl zu Beginn eine Geldstrafe, vielleicht sogar eine Einstellung nach § 153a angeboten worden war.

Angesichts der jeweiligen individuellen Umstände des konkreten Verfahrens ist das Argumentations- 487 potenzial der Verteidigung aufgrund des vorhandenen Schatzes der Rechtsprechung üppig. Hinter dieser rationalen Fassade gilt es jedoch, den irrationalen Anteil der numerischen Fixierung einer Strafe zu erkennen und zu beeinflussen. Insbesondere im Bereich des Wirtschaftslebens gilt die Erkenntnis, dass derartige Fixierungen einer »angemessenen Zahl« (häufig des Werts oder des Preises eines Wirtschaftsgutes) maßgeblich beeinflusst werden von Relativierungen der Binnensituation einer Entscheidung und dem so genannten »Ankereffekt«. Das Gefühl des Entscheiders, hinsichtlich der zu fixierenden Zahl »richtig« gehandelt zu haben, hängt von den Umständen der Entscheidungssituation ab. Auch wenn eigene Erfahrungen und Maßstäbe eine Zahl als richtig darstellen, wird diese Bewertung sofort in Zweifel gezogen, wenn den Entscheider berührende Momente durch Vergleich diese Zahl als möglicherweise zu hoch oder zu niedrig erscheinen lassen.[338] Besteht das natürliche Interesse des Verteidigers darin, eine solche zahlenmäßige Fixierung möglichst weit nach unten zu steuern, ist es seine Aufgabe, im Diskurs einen Kontext aufzuzeigen, der diesen Weg zu einer niedrigen Ziffer beschreibt.

> Der häufig vom Mandanten selbst an den Verteidiger herangetragene Hinweis, in einem vergleichbaren 488 Fall habe ein anderer Angeklagter – wie er in der Zeitung gelesen habe – eine viel niedrigere als die bei

---

338 S. hierzu zuletzt: *Ariely* Predictably Irrational 2011, Kapitel 1 u. 2 (deutsch: Denken hilft zwar, nützt aber nichts – warum wir immer wieder unvernünftige Entscheidungen treffen).

ihm diskutierte Strafe bekommen, wird zwar vom Verteidiger nicht selten als »unjuristisch« abgewehrt, hat aber seinen unbestreitbaren Wert. Es ist allein die Aufgabe des Verteidigers, in rhetorisch angemessener Weise unter der Wahrung der Beurteilung des individuellen Falls eine solche vergleichbar milde Entscheidung als Maßstab in den Raum zu stellen.

489   Überall da, wo nicht die Mathematik, sondern die Schätzung und das Gefühl bei der zahlenmäßigen Fixierung eine Rolle spielt, ist der Hang zum Irrationalen belegt.

▶ **Beispiel:**

Ariely, Professor für Verhaltensökonomik, ließ in den USA von zahlreichen Studenten Schätzungen zum Preis unterschiedlicher Produkte vornehmen. Bevor von den Probanden allerdings die erbetenen Zahlen auf einem Papier in mehreren Spalten fixiert werden sollten, mussten diese in einer ersten Spalte die letzten beiden Ziffern ihrer Sozialversicherungsnummer eintragen. Das vom Verhaltensforscher erwartete Ergebnis trat mit Deutlichkeit ein: Die Preisschätzung zu allen sechs Produkten wurde signifikant höher, je höher sich die willkürliche Zahl aus der Sozialversicherungsnummer in der ersten Spalte darstellte.

490   Diese psychologischen Zusammenhänge sind bei der zahlenmäßigen Fixierung des Strafmaßes nicht aufgehoben. Legt man den formalen Ablauf einer Hauptverhandlung zugrunde, sind die psychologischen Zusammenhänge vorgezeichnet: Das Strafmaß wird erstmalig in den Plädoyers fixiert, und hier hat regelmäßig die Staatsanwaltschaft die erste Möglichkeit, einen Anker zu setzen. Dass die vom Sitzungsvertreter der StA genannte Zahl den entscheidend negativen Urteilseinfluss darstellt, haben psychologische Untersuchungen belegt.

491   Einer Studie zum Einfluss des Strafantrags der Staatsanwaltschaft in Deutschland lag folgender Versuchsaufbau zugrunde: Erfahrenen Berufsrichtern und Rechtsreferendaren wurde ein Vergewaltigungsfall mit Aktenauszügen vorgelegt. Bei einem Teil der Versuchsgruppe, wurde von einem Strafantrag der Staatsanwaltschaft von 12 Monaten ausgegangen, bei der anderen von 34 Monaten. Diejenigen, die von dem höheren Strafantrag ausgingen, kamen dann trotz ein und desselben Sachverhalts bei ihrer richterlichen Strafzumessung zu einer höheren Freiheitsstrafe, die zwischen 8 und 10 Monaten über dem lag, was die andere Gruppe forderte, die von einem niedrigeren Strafantrag der StA ausgegangen war.[339]

492   Wer die Zwangsläufigkeit dieser Zusammenhänge akzeptiert, muss es im Strafprozess regelmäßig als Kunstfehler empfinden, die Nennung der ersten Zahl dem Staatsanwalt zu überlassen. Verteidigung, die meint, erstmalig in Diskussionen über Zahlen im Plädoyer als Antwort auf den Ankläger einsteigen zu müssen, kann nicht in Anspruch nehmen, das Optimum an Überzeugungsarbeit ausgeschöpft zu haben. Gerade die Volatilität der zahlenmäßigen Ergebnisse der vagen Strafzumessungsgründe zwingt die Verteidigung zu frühzeitiger Aktivität.

493   Die Zurückhaltung der Verteidigungspraxis ist offensichtlich der Angst geschuldet, man könne möglicherweise mit der ersten Zahl zulasten des eigenen Mandanten eine Festlegung der Verteidigung vornehmen, die entgegen der eigenen Erwartung doch sehr nah – schrecklicherweise vielleicht sogar über – den zahlenmäßigen Vorstellungen der Staatsanwaltschaft liegt. Ein solches Risiko ist selbstverständlich nicht von der Hand zu weisen, die Erfahrung einer professionellen Verteidigung wird dieses Risiko jedoch als beherrschbar gestalten können und deswegen nicht auf die vorteilhafte Notwendigkeit einer Initialaktivität verzichten. In Fällen besonderer Unsicherheit mag das informelle Gespräch mit der Staatsanwaltschaft – vor der öffentlichen Festlegung im Gerichtssaal – der Verteidigung weitergehende Klarheit verschaffen.

---

339   *Englich/Mussweiler* Sentencing Under Uncertaintiy: Anchoring Effects in the Courtroom, Journal of Applied Social Psychology 31, 2001, 1535, 1538 ff.; umfangreich: *Englich* Blind or Biased? Justitia's Susceptibility to Anchoring Effects in the Courtroom Based on Given Numerical Representations, LAW&POLICY 2006, 497–514; zu einem Versuchsaufbau, bei dem die Plädierreihenfolge vertauscht wurde, s. die umfassende Aufarbeitung von *Nickolaus* Ankereffekte im Strafprozess, 2018.

Einer Diskussion um die denkbare Strafmaßgestaltung schon während des Laufs des Verfahrens entzieht 494
sich zum Teil die Verteidigung, um nicht ein Basar ähnliches Feilschen auszulösen, das der Würde des
Gesamtgeschehens einerseits und den konkreten Interessen des Mandanten andererseits abträglich sein
kann. Diese Ansicht verkennt die Qualität des Basars in diesem Zusammenhang. Die Festsetzung einer
Zahl ist nicht nur dem rationalen Kleid der Begründung für die Fixierung geschuldet, sondern auch seiner Relativierung im Kontext eines vorgegebenen Zahlengefüges. Dieses Zahlengefüge wird durch die
Fixierungen der Staatsanwaltschaft und der Verteidigung erreicht. Der erste Anker der Verteidigung kann
allerdings auch hierauf bereits Rücksicht nehmen. In Relativierung des eigenen ersten Vorschlags kann
das von der Verteidigung fixierte Strafzumessungsergebnis durchaus unterschiedlich ausfallen. In Abwandlung von Diskussionsprämissen können auch zwei oder drei Zahlen als tolerable Ergebnisse präsentiert
werden. Schlüssigkeit und Kohärenz erzeugen beim Entscheider in dieser Form am ehesten ein Gefühl
dafür, dass die zumeist »mittlere« genannte Zahl durchaus adäquat erscheint. Eine derart gebildete Überzeugung lässt sich häufig im Anschluss von der Staatsanwaltschaft nur noch graduell variieren. Die Kreise
auch des richterlichen Fokus sind gezogen.

9. Reduktion der autoritären Festschreibung der »Wahrheit«

Menschliche Wahrnehmung hat nichts mit realitätsgetreuer Abbildung zu tun. Emotions- und inte- 495
ressengeleitete Selektionen prägen schon die Aufnahme von Informationen; ihre Abspeicherung und
Verarbeitung hängt maßgeblich von individuell geprägten Skripten ab. Was für den Zeugen als
selbstverständliche Erkenntnis durch jeden Verfahrensbeteiligten des Strafprozesses hingenommen
wird, gilt ohne Einschränkungen auch für die Wahrnehmung der Prozessbeteiligten selbst im Verfahren. Soll das Ergebnis einer abgeschlossenen Zeugenvernehmung beispielsweise unabhängig von
Staatsanwaltschaft, Richter und Verteidigung beschrieben werden, so würde ein unbeteiligter Dritter unter Umständen drei sehr unterschiedliche Schilderungen erhalten, die ihn sogar zweifeln lassen
könnten, ob alle drei Beteiligten demselben Vorgang beigewohnt hatten. Die im Prozess angestrebte
Zuverlässigkeit einer Sachverhaltsrekonstruktion ließe sich theoretisch durch einen intensiven Austausch aller Beteiligten fördern. Nur die Offenlegung des eigenen Wahrnehmungsergebnisses lässt
in einer Diskussion deren mögliche Fehlerhaftigkeit aufdecken.

a) Dialog und Fehlervermeidung

Die formale Gestaltung des Prozesses sieht Stellungnahmen von Verteidigung und Staatsanwaltschaft 496
vor, in der die eigenen Wahrnehmungs- und Verarbeitungsprozesse dargelegt werden können. Eine
Offenlegung dieses eminent wichtigen psychischen Vorgangs auf Gerichtsseite ist der Prozessordnung vor dem Zeitpunkt der Urteilsfällung eher fremd. Nur gelegentlich ist das Gericht bei prozessualen Entscheidungen vor der Urteilsfällung zu Begründungen verpflichtet (§ 34). Richter- und
Anwaltsverbände halten zwar einen offenen und kommunikativen Verhandlungsstil für zeitgemäß.[340]
Einen Anspruch auf Mitteilung einer gerichtlichen Zwischenbewertung hat die Verteidigung allerdings nicht.[341] Ein wichtiger Ausgangspunkt für die Überzeugungsarbeit des Verteidigers ist daher
die Erkenntnis, dass das Ritual der Hauptverhandlung keine Kommunikationsinstrumente vorsieht,
die die Aufdeckung oder gar mögliche Korrektur der Wahrnehmung und Verarbeitung des Gerichts
ermöglichen.

Nicht selten genießen und kultivieren Richter diese Deutungshoheit über das Prozessgeschehen. 497
Eigene Bewertungen werden hinter stummen Gesichtsfassaden ebenso versteckt wie hinter Allgemeinplätzen bei notwendigen Beschlussbegründungen. Die Aufgabe der späteren »Würdigung« der
Beweise wird im laufenden Verfahren gerne betont, um sich einer weiteren Auseinandersetzung über
den eigenen Eindruck zu entziehen.

Dass die hier gefühlte Freiheit und Unabhängigkeit durch einen weitgehenden Kontrollverlust Dritter 498
ergänzend gefördert werden soll, belegt exemplarisch die Diskussion um audiovisuelle Aufzeichnungen

---

340 Vgl. die gemeinsame Erklärung von DRB und DAV »Für Streitkultur im Strafverfahren«,
AnwBl. 1997, 664 f. = DRiZ 1997, 491 f.
341 BGHSt 43, 212, 216.

aller Vorgänge im Gerichtssaal. Obwohl die technischen Möglichkeiten hierfür seit Jahrzehnten vorhanden sind und der Kostenfaktor keine ernsthafte Rolle spielen kann, weigert sich die Richterschaft und die ihr folgende Politik, auch nur die theoretische Möglichkeit einer Überprüfbarkeit der richterlichen Wahrnehmungsergebnisse zu schaffen. Dass dieser Wunsch nach Freiraum dem gesellschaftlichen Bedürfnis nach Vermeidung von Willkür zuwider läuft, hat in der Praxis bislang keine Resonanz gefunden. Der Verdacht von Verteidigern wird daher häufig geäußert, dass systematisch ein Feld richterlicher Manipulationsmöglichkeiten eröffnet werden soll, das angesichts unfassbarer Urteilsabweichungen von der eigenen Wahrnehmung auch häufig genutzt wird. Dass im Urteil das Ergebnis einer Beweisaufnahme schlicht »gefälscht« wird, dass das Gericht wohl »in einem anderen Film« gewesen sein muss, gehört zu den Standardklagen von Verteidigern in diesem System.

499 Gegen ein bösartig agierendes Gericht können sich der Angeklagte und seine Verteidigung in diesem System nicht wehren. Mit einem überschaubaren Aufwand an verbaler Geschicklichkeit lassen sich irreversible Urteilsfeststellungen fixieren, die mit dem Geschehen in der Beweisaufnahme wenig gemein haben. Außerhalb dieses theoretisch denkbaren Bereichs unüberprüfbarer Manipulationen stellt sich für den Normalfall der Überzeugungsarbeit des Verteidigers die Problematik, wie er unter Berücksichtigung der nachvollziehbaren Variationsbreite prozessualer Erkenntnisse eine für den Mandanten negative Verankerung von Sachverhaltskonstellationen minimieren kann. Will sich das Gericht für diesen Prozess Erleichterung durch Unkontrollierbarkeit verschaffen, kann die Konsequenz der Überzeugungsarbeit der Verteidigung nur darin bestehen, derartige Überprüfbarkeiten dem Gericht zumindest theoretisch vor Augen zu führen.

500 Dem Trauma der Urteilsfälschung begegnete die Verteidigungsliteratur in der Vergangenheit mit der rechtlichen Suche nach »Sachverhaltsfestschreibungen«. Dass die Verteidigung das Gericht an das eigene Verständnis eines Ergebnisses einer Beweisaufnahme binden könnte, kann jedoch nicht ernsthaft begründet werden. Der einzige denkbare Weg ist der sogenannte **affirmative Beweisantrag**, in dem es der Formulierungshoheit der Verteidigung obliegt, dem Urteil konkrete Sachverhaltselemente bindend vorzugeben, in denen der Beweisantrag mit der Begründung abgewiesen wird, der Sachverhalt sei entweder bereits erwiesen oder er werde als wahr unterstellt.

501 Im Übrigen lassen sich Bindungen allenfalls psychologischer Natur erreichen. Auch diese haben allerdings ihren Stellenwert in der Auseinandersetzung mit einem sich an Recht und Moral gebunden fühlenden Gericht. Gerade die Flüchtigkeit der mündlichen Stellungnahme der Verteidigung in der Hauptverhandlung wird bei Gericht häufig dazu führen, sich dem notwendigen Prozess der Selbstreflexion zur Qualität der eigenen vorläufigen Bewertung zu entziehen. Dieser Verdrängungsprozess wird jedoch erschwert, wenn zumindest theoretisch die Möglichkeit besteht, dass die Fragwürdigkeit der eigenen Wahrnehmungsverarbeitung von dritter Seite durchleuchtet werden kann. Allein das Bewusstsein, dass eine Akte in Zukunft unkontrolliert durch verschiedene Hände gehen kann, ist ein ausreichender Verunsicherungsfaktor für einen Richter, um sich nicht die Blöße nachvollziehbarer Ignoranzen zu geben. Will sich die Verteidigung unter diesen Bedingungen bei der richterlichen Überzeugungsbildung ernsthaft Gehör verschaffen, hat sie daher an geeigneter Stelle den **Grundsatz der reinen Mündlichkeit** des Verfahrens **aufzubrechen**.

Fürchtet die Verteidigung Fehlinterpretationen, gehört es daher zum Standard, den Verlauf der erfolgten Beweisaufnahme schriftlich in den Akten zu fixieren. Wege sind hier vielfach denkbar.

502 Schriftliche Erklärungen gemäß § 257 Abs. 2 oder Begründungen eines schriftlich gestellten Beweisantrages sind die formalen Transportmittel eines solchen Anliegens. Selbst nach einer mündlichen Urteilsverkündung, die der Verteidigung unter Umständen erstmals drastisch die divergierenden Verarbeitungsvorgänge des Gerichts vor Augen führt, lässt sich das ansonsten nicht revisible Missverständnis durch einen ergänzenden Schriftsatz aufdecken. In der erst anschließend zu fertigenden schriftlichen Urteilsbegründung wird danach die Verdrängung der Auseinandersetzung mit der angesprochenen Problematik erschwert und die derart provozierte Vervollständigung des gerichtlichen Gedankengangs eröffnet unter Umständen ergänzende Revisionsmöglichkeiten.

b) Formalismus und Einsicht

Der auf der psychologischen Ebene der Überzeugung agierende Verteidiger vereinbart oft dieses **503**
Vorgehen nicht mit seiner Rolle des Garanten der ritualisierten Förmlichkeit des Strafprozesses. Er
befürchtet den Vorwurf der kleinkarierten Förmelei und ist bereit, sich der hemdsärmeligen Kommunikation zu öffnen. Der psychologische Wert der prozessualen Formalien geht dabei allzu schnell
in Vergessenheit.

> Gewohnheiten und Automatismen sind für die Bewältigung des täglichen Lebens unabdingbar. Sie hel- **504**
> fen bei zahllosen täglichen Entscheidungen ohne mentale Überstrapazierung. Sie werden erkannt, und
> vom Anwendenden in ihrer Beherrschbarkeit regelmäßig verkannt. »Schlechte Angewohnheiten« sind
> trotz der negativen Bewertung durch das Individuum selbst nur schwer beherrschbar. An dem immer
> wiederkehrenden Vorsatz das Rauchen aufzugeben oder die Ernährung umzustellen, scheitern täglich
> Millionen Menschen. Ursächlich ist weniger die fehlende »Willensstärke«, sondern einmal mehr mentale
> Zwangläufigkeiten, die maßgeblich durch die Kontinuität der äußeren Umstände – insbesondere das
> soziale Umfeld – gefördert werden.
>
> Die Umsetzung geplanter Verhaltensänderungen ist maßgeblich von der Veränderung des – insbesondere
> sozialen – Settings abhängig. Wer in eine neue Wohnung umgezogen ist, schafft es beispielsweise eher,
> seine guten Vorsätze zur Lebensänderung auch umzusetzen; wer sich selbst den Anreiz schafft und die
> Joggingschuhe neben die Eingangstür ablegt, setzt den Plan der körperlichen Ertüchtigung sehr viel eher
> um.

In diesem psychologischen Kontext haben die formalisierten Rituale des Strafprozesses ihre beson- **505**
dere Bedeutung. Es gilt für den Richter das im Gerichtssaal abzulegen, was er selbst sehr wohl als
nützliche Arbeits- und Denkweise in seinem sonstigen alltäglichen Leben praktiziert. Wirtshausdiskussionen über Charaktereigenschaften eines Sangesbruders sind emotionsgetränkt und oft unfair,
entsprechen aber der mentalen Leichtigkeit einer Diskussion unter Freunden. Das spontane und
schnelle Denken und Handeln des Alltags ist das Gegenteil von dem, was die Gesellschaft von einem
Richter bei der Bewertung von Schuld und Unschuld erwartet. Dass er die Gewohnheit des alltäglichen Denkens und Handelns im Gerichtssaal aufgegeben hat, weiß jeder Richter. Die Umsetzung
stößt jedoch auf regelmäßige Hindernisse. Die formalisierten Rituale der Strafprozessordnung können hier den hilfreichen Effekt haben, die auch vom Gericht als essentiell angesehenen Verhaltensweisen der distanzierten Bewertung, der ständigen Anwendung der Zweifelssatzes und des respektvollem Umgangs mit sozial Schwächeren tatsächlich umzusetzen.

Auch wenn Formalien als sinnentleerte Verhaltenshülsen bei Entscheidungsträgern häufig verpönt **506**
sind, kann die Verteidigerseite allein deswegen ein hohes Interesse daran haben, auf ihre Einhaltung
zu dringen. Die Befolgung der exakten Reihenfolge von Prozesshandlungen, wie sie gerade für den
Beginn der Hauptverhandlung in § 243 StPO niedergelegt sind, sollte alle Entscheidungsträger
endgültig ihrem alltäglichen Leben entrücken. Die Belehrung dokumentiert in ihrer ausdrücklichen
Verbalisierung nochmals die veränderte Kognitions- und Entscheidungssituation; unter verengten
Bedingungen ist Wahrheitserforschung notwendig, die fehlende Mitwirkung des Angeklagten ist
selbstverständlicher Teil dieser Aufgabe. Wenn darüber hinaus der Richter gezwungen ist, nach jeder
Beweisaufnahme ausdrücklich den Angeklagten zu einer Stellungnahme zu ermuntern, ist der mentale Effekt nicht von der Hand zu weisen, den eigenen soeben gewonnenen Eindruck als vorläufig
und subjektiv einzuordnen.

Die Einhaltung von Formalien hilft damit dem Verteidiger das zu erreichen, was regelmäßig seinem **507**
Aktionsziel entspricht. Der voreilige Rückschluss wird erschwert, die Aufmerksamkeit für Alternativszenarien geht nicht vollständig unter. Hier darf der Strafverteidiger sich auch im Einklang mit
der Intention des Gesetzgebers sehen, der in der Formalisierung des strafprozessualen Entscheidungsprozesses Wege zu einer Disziplinierung des richterlichen Vorgehens suchte, die die materiellen Ideen
des Strafprozesses effektiv umsetzen konnten. Ein Verteidiger, der in der Hauptverhandlung darauf
beharrt, das beispielsweise sein Mandant nach § 257 Abs. 1 StPO den gebotenen richterlichen Hinweis erhält, jagt nicht nur nach später umzusetzenden Revisionsgründen oder sucht die Konfronta-

tion und deren überlegene Gestaltung. Er kann im aktuell laufenden Verfahren sehr wohl Einfluss auf Denken und Handeln der Entscheidungsträger nehmen.

c) Fixierungen im Ermittlungsverfahren

508 Die »Festschreibung von Wahrheit« entfaltet bereits im **Ermittlungsverfahren** ihre Prozess leitende Ausprägung. Hier sind es allerdings in erster Linie Selektionen und Formulierungsanstrengungen der Ermittlungsbehörden, die den Leser – und damit auch oft den zu einer Entscheidung im Ermittlungsverfahren berufenen Richter – leiten sollen. In diesem Verfahrensstand nehmen Staatsanwaltschaft und Polizei die Gestaltungshoheit für sich in Anspruch. Eingedenk des Eindrucks auf einen späteren Leser finden sich daher zahlreiche Vermerke der Ermittler, die ungeschminkt teilweise ihren schlichten eigenen Eindruck oder den angeblichen objektiven Inhalt einer wahrgenommenen Zeugenaussage wiedergeben sollen. Der Hang zur Verifizierung der Ermittlungshypothese führt regelmäßig dazu, dies als **Methode der Festschreibung von Wahrheiten** zu nutzen. Eine tatenlose Verteidigung wird nach einem gewissen Zeitraum die nahezu unüberwindliche Schwierigkeit haben, fest gezurrte Bilder wieder aufzubrechen. Überzeugungsbildung kann in dieser Phase nur funktionieren, indem Überzeugungsinhalte sehr früh in derselben Form zur Akte genommen werden. Die durch die einseitige Sichtweise begründete Homogenität einer Aktendarstellung gilt es zu einem möglichst frühen Zeitpunkt durch Stellungnahmen, Alternativüberlegungen oder selbst produzierte Vernehmungsprotokolle zu durchbrechen.

VIII. Kommunikation im Prozess

1. Kommunikationsmodelle

509 Überzeugung signalisiert zunächst Einseitigkeit der Richtungsdimension: Es gibt einen Überzeuger und einen zu Überzeugenden. Doch auch wenn bedingt durch das Interesse der Verteidigung die Bewegungsrichtung einseitig zu sein scheint, kann der Weg zu dem angestrebten Ergebnis nur über eine Kommunikation führen. Außerhalb der formalen Äußerungsmöglichkeiten der Strafprozessordnung setzt sich die Strafverteidigung – und erst recht die anderen am Verfahren Beteiligten – selten mit den grundsätzlichen Bedingungen ihres Kommunizierens auseinander. Was an Interaktionen zwischen den Menschen passiert, ist von der Sozialpsychologie bereits seit Generationen untersucht worden, mittlerweile spezialisiert als Kommunikationspsychologie. Bewusst hat dies in der Arbeit von Strafverteidigung keinen Eingang gefunden. Bevorzugt werden hier häufig autodidaktische Konzepte, die sich eher an einer Alltagserfahrung als an wissenschaftlichen Erkenntnissen orientieren. Die Analyse der allgemeinen Bedingungen von Kommunikation und den speziellen Voraussetzungen im Strafprozess sind zumindest hilfreich, um einen Transmissionsriemen für die Überzeugungsarbeit sinnvoll einsetzen zu können.

510 Dass überhaupt kommuniziert wird, ist eine der entscheidenden Bedingungen rechtsstaatlichen Prozessierens. Die Betonung der Subjektstellung des Angeklagten sowie die gesetzlich fixierten Äußerungsrechte der Verteidigung sind getragen von der Idee des Gehörtwerdens. Sie spiegeln damit die kommunikationswissenschaftliche Grunderkenntnis wider, dass persönliche Kommunikation der maßgebliche Faktor zur Erzeugung von Empathie darstellt. Anliegen des Angeklagten und seiner Verteidigung können auf richterliches Entscheidungsverhalten nur wirken, wenn es zu einem Austausch kommt.

511 Das wie selbstverständlich benutzte und nicht hinterfragte Primärmedium der Kommunikation ist die **Sprache.**

512 Sprache ist weit mehr als die Übernahme von internalisierten Chiffren für die Phänomene der Außenwelt. Spracherwerb geht schon bei Kleinkindern mit der Entwicklung des Denkens einher. Der konkrete Sprachgebrauch entwickelt sich durch neuronale Vernetzungen, die unmittelbaren Einfluss auf die muskuläre Umsetzung im Sprachorgan haben. Der abgeschlossene Spracherwerb hat unmittelbare Auswirkungen auf das menschliche Bewusstsein, indem Wahrnehmung, deren Verarbeitung und das hierauf basierende Verhalten miteinander verbunden werden. Die Deutungen der auf das Individuum einwir-

kenden Reize der Außenwelt sind schon von den durch Sprache entwickelten neuronalen Imaginationen abhängig. Obwohl letztlich kulturbedingt, prägt das Medium der Sprache den neuronalen Zugang zur Kommunikation.[342]

Kommunikation – so die banale sozialpsychologische Erkenntnis – ist weit mehr als der schlichte verbale Transfer von Informationen. Tatsächlich reflektiert Kommunikation auf verschiedenen Ebenen die Beziehung der Kommunizierenden zueinander sowie das sie integrierende System. In diesem System hat jede Mitteilung des Senders an den Empfänger einen zu abstrahierenden Inhalt. Unabhängig von dieser **Inhaltsebene** reflektiert die Kommunikation allerdings gleichzeitig auch die **Beziehungsebene** der Kommunikatoren zueinander. Sachliche Informationen werden über die Inhaltsebene transportiert, auf der Beziehungsebene liefert die Kommunikation Hinweise zu dem Verhältnis der Gesprächspartner zueinander. Die beiden Ebenen sind ineinander verschränkt. Emotionale Störungen der Beziehungsebene beeinflussen den Transport der Informationen, ja verändern unter Umständen ihren Inhalt. Die Beziehung der Kommunikationspartner zueinander kann entweder symmetrisch oder komplementär gedacht werden, wobei nur im ersten Fall eine von beiden Partnern akzeptierte Gleichrangigkeit im Verhältnis begründet ist.[343]

513

Begegnen sich die Kommunikationspartner in einem System, stehen sie in einer Wechselbeziehung, die nicht zwingend auch den verbalen Austausch erfordert. Schweigen oder schlichtes Lächeln kann ebenso Botschaften vermitteln wie Worte. Im Kommunikationssystem ist es unmöglich, nicht zu kommunizieren. Zum Teil werden von der Sozialwissenschaft mittlerweile die klassischen Modelle weiter verfeinert und es wird in der Kommunikation differenziert zwischen der Sachbotschaft, der darüber gelagerten Selbstoffenbarungsbotschaft, der Beziehungsbotschaft sowie dem unter Umständen in ihm enthaltenen Appell an den Kommunikationspartner.[344]

514

Schulz von Thun verwendet als Einführungsbeispiel den Hinweis des im PKW beifahrenden Ehegatten an seine fahrende Frau: »Du, da vorne ist grün.« Der Sachgehalt der Äußerung bezieht sich auf seine Wahrnehmung im Straßenverkehr. Daneben existieren andere Kommunikationsebenen. Die Selbstoffenbarung, die in jeder Äußerung eines Kommunizierenden steckt, verrät hier sein Bedürfnis nach zügiger Fahrt. Die Botschaft auf der Beziehungsebene – möglicherweise verstärkt durch Tonfall und Gestik – beinhaltet die Skepsis des Äußernden, dass seine angesprochene Ehefrau ohne seine Unterstützung in der Lage sein wird, durch angemessene Geschwindigkeit die »grüne Welle« auszunutzen. Jenseits der schlichten Sachinformation enthält die Äußerung eine Aufforderung, einen Appell: »Fahr doch endlich schneller, dann schaffen wir es noch bei grün.«

515

Die Abstinenz der Strafrechtler zur Erforschung dieses Phänomens im Prozess steht in Gegensatz zu Forschungen der Sozial-, Psycho- und Linguistikwissenschaften. Dort kennt man den fundamentalen Wert des Gesprächs ebenso wie die Schwierigkeiten der Codierung und Decodierung von sprachlichem und sozialem Verhalten der Kommunikationsbeteiligten. Über den reinen Sprechakt hinaus sind parallel laufende nonverbale Signale zu dechiffrieren: Mimik, Gestik, Körperhaltung, Stimmmodulationen, Sprechgeschwindigkeit oder Dialekt.[345] Die Erfassung unterschiedlicher Ebenen verkompliziert das Verständnis. *»Der Deutende gewinnt nur Näherungswerte an das vom Redenden Gemeinte.«*[346] Dass mündliche Kommunikation durch ihre Vielschichtigkeit nur schwer zu erfassen und noch schwerer zu steuern ist, könnte der Strafjurist als Spielwiese sozialer Wissenschaften mit Gelassenheit beobachten – wenn nicht exakt dieser Vorgang der Kern strafprozessualen Geschehens wäre. Richterliche Erkenntnisse stützen sich nur auf die Mündlichkeit der Beweisaufnahme. Die

516

---

342 S. hierzu ausführlich mit Nachweisen *Gerson* Wahrnehmungslenkende Funktion der Sprache im Strafprozess, in: Hrsg. Deckers/Köhnken, die Erhebung und Bewertung von Zeugenaussagen im Strafprozess, 2019, 153 ff.

343 S. hierzu das Standardwerk von *Watzlawick u.a.* Menschliche Kommunikation. Formen, Störungen, Paradoxien, 13. Aufl. 2016.

344 So z.B. das Grundmodell bei *Schulz von Thun* Miteinander reden:1, 1981.

345 Grundlegend *Watzlawick/Beavin/Jackson*, Menschliche Kommunikation. Formen, Störungen, Paradoxien, 13. Aufl. 2016.

346 *Schütz*, Der sinnhafte Aufbau der sozialen Welt, 6. Aufl. 2004, S. 175.

Entscheidung für einen Freispruch oder eine lebenslange Freiheitsstrafe hängt nahezu ausschließlich vom Dialog der Verfahrensbeteiligten mit Angeklagten, Zeugen oder Sachverständigen ab.

517 Selbst die Befürworter des »Vier-Ohren-Modells« erklären mittlerweile die eigene Beschreibung für verkürzt, da sie ein entscheidendes Kommunikationsphänomen außer Acht lässt, den Ort der Kommunikation.[347] Dieser Ort erhält sogar dominierende Bedeutung, wenn er ein sogenannter institutioneller ist. Dem Aspekt der institutionellen Kommunikation im Allgemeinen und der vor Gericht im Besonderen wird aktuell die besondere Aufmerksamkeit der Sozialwissenschaften zuteil. Die Basis zu seiner Erfassung hat schon Niklas Luhmann (»*Was immer in der Gesellschaft geschieht, ist Kommunikation*«[348]) gelegt, der in seiner Systemtheorie gerade Institutionen als operativ geschlossenes System mit interner Struktur und internem Code erfasst, die sich und ihre Beziehung zur sozialen Umwelt über spezielle Kommunikation definiert. Von Habermas' »idealer Sprechsituation« eines »herrschaftsfreien Diskurses«[349] ist die Kommunikation vor Gericht allerdings weit entfernt.

518 Alle Sprachakte sind zu dekodieren. Der Bezug sind allgemeingültige grammatikalische Regeln ebenso wie soziale Sinngebung, die im Kontext Assoziationen produzieren sollen. Kodierung und Dekodierung hängen maßgeblich von den gesellschaftlichen Konventionen über sprachliche Abläufe in einem vorgegebenen Rahmen ab. Die Kommunikation in einem Restaurant läuft anders ab als beim heimischen Teetrinken, die Worte zur Mitteilung an einen telefonischen Anrufbeantworter differieren beim selben Sprecher erheblich von einem durch dieselbe Person abgesetzten Notruf. Erst recht offerieren staatliche Institutionen vorstrukturierte Handlungsabläufe für die Beteiligten, sowohl den Vertreter der Institution als auch den Externen. Schulen, Behörden und selbstverständlich auch Gerichte verfügen über institutionsspezifische Sprachmuster.

519 Diese werden nicht dadurch durchbrochen, dass dem Externen – Zeugen wie Angeklagten – die Gelegenheit zu freiem Erzählen gegeben wird. Schon der Kommunikationsraum Gericht prägt den Externen in seinem Kommunikationsverhalten. Er kennt die Sprachmuster nicht (»*Ich sehe Ihrer Einlassung entgegen*«), wird verunsichert und ändert sein authentisches Kommunikationsverhalten.

Ist soziales Verhalten generell durchdrungen von dem Bedürfnis, Erwartenshaltungen nicht zu enttäuschen, ist das gemutmaßte Interesse der Justiz der Fixpunkt auch für den vorgeblich freien Erzähler. Die Autonomie der Zeugen-Darstellung mündet sehr bald – oft gleich zu Beginn – in den Strudel des sprachlichen Habitus der Institution Gericht. Es ist der Vorsitzende, der Gestaltung und Kommunikationsduktus strukturiert und dem Externen ein Erzählgerüst vorgibt. Soziolinguistisch erforscht sind bei den Gerichtsexternen Varianten komplexerer Formen des Redens gemessen an den Formen der individuellen Alltagsverwendung. Auch der Richter als Agent der Institution kommuniziert weit entfernt von seiner Alltagssprache.

520 Gerade bei Gericht ist die Selektion des Kommunikationstyps durch den Agenten von seiner institutionellen Aufgabe bestimmt, Entscheidungen zu treffen (Richter) oder diese Entscheidungen zu beeinflussen. Jeglicher Diskurs vor Gericht ist dominiert von diesen Entscheidungsstrukturen. So wie in dem Arzt-Patienten-Verhältnis das – nicht aufgedeckte – therapeutische Interesse des Arztes den Gang des Gesprächs dominiert, strukturiert der richterliche Entscheidungzwang dessen Gesprächsführung mit Zeugen und Angeklagten. Derartige institutionelle Kommunikationen entbehren daher zwangsläufig des allgemeinen beiderseitigen Bemühens um einen gemeinsamen Vorstellungsraum; der Richter will in einem solchen Gespräch nicht ernsthaft entlang des gesellschaftlich erlernten menschlichen Umgangs miteinander zuhören und lernen. Ihn interessiert an der Kommunikation maßgeblich das Material für seine primäre Aufgabe: die Entscheidung.

---

347 *Schulz von Thun*, Miteinander reden 4, 7. Aufl. 2016, z.B. S. 40, 48.
348 *Luhmann*, Einführung in die Systemtheorie, 2. Aufl. 2004; anschaulich zu diesem Theorieansatz auch *Maturana/Varela* Der Baum der Erkenntnis. Die biologischen Wurzeln menschlichen Erkennens, 2009.
349 *Habermas* Theorie des kommunikativen Handelns, 8. Aufl. 2011.

Dieses Interesse bleibt häufig dem Externen verborgen. Zwar spult kein Zeuge, kein Angeklagter allein erinnerte Tatsachen ab. Seine Intention dominiert, in der Institution Gericht die Sache systemkonform darzustellen. Unter dieser Prämisse inszeniert der Erzähler die Darstellung des Erinnerten. Unter Führung dieser Kommunikation durch das Gericht wird zwangsläufig ein Aufdecken von Missdeutungen und Missverständnissen durch den Externen verhindert.

Wenn der Amtsrichter den angeklagten Maurer fragt, ob er Alkohol gewöhnt sei, wird dieser eben das bestätigen. Er lebt in der Vorstellungswelt, dass 3–4 Flaschen Bier während eines langen Arbeitstages zu den Üblichkeiten gehören. Die Vorstellungswelt des Richters ist geprägt von höchstrichterlichen Entscheidungen zu strafrechtlichen Bewertungen hoher Alkoholisierung; mit der Antwort hat er seine spätere Entscheidung abgesichert, dass trotz eines festgestellten Promillegehalts von 2,5 keine verminderte Schuldfähigkeit des Angeklagten vorliegt. Zu dieser Problematik hat ihm der Angeklagte allerdings keinerlei Informationen gegeben. Die unterschiedlichen Bezugswelten bleiben unaufgedeckt.   521

Gespräche vor Gericht sind Vernehmungen, die den Externen zum Objekt richterlichen Interesses machen und deren unplanbarer Verlauf für ihn in schwerwiegende Sanktionen münden kann. Den externen Gesprächspartnern – Zeugen und Angeklagten – ist zumeist nicht bekannt, was das von ihnen geäußerte tatsächlich bedeutet; mangels institutionellen Wissens fehlt ihnen der Blick auf die Relevanz ihrer Angaben. Der Gerichtssaal und die Polizeistube sind Restbestände, in der überkommene Herrschaftskommunikation in Reinkultur ausgeübt wird. Nicht nur das Erkenntnisinteresse, sondern auch die Form hebt die institutionelle Kommunikation vor Gericht von der Alltagskommunikation ab. Der Richter fragt, der Zeuge antwortet – so jedenfalls die aktuelle Realität in den Gerichtssälen. Auch wenn höfliche Umgangsformen entlang üblicher gesellschaftlicher Konventionen den Kommunikationsverlauf gelegentlich maskieren, ist allen Beteiligten die ungleiche, hierarchisch organisierte Kommunikationsstruktur präsent. Als »Zwangskommunikation« angesichts der hypertroph-einseitigen Gesprächsführung, bei der weder Themen, Dauer, noch Ablauf in der Hand des Befragten liegen, bezeichnet Gerson insbesondere die polizeiliche Vernehmungssituation.[350]   522

Kommunikationswissenschaftler entdecken darüber hinaus bei der Diskursanalyse von Gesprächen vor Gericht eine Multidimensionalität sprachlichen Handelns. Zu den institutionellen Rahmen gehören regelmäßig neben dem Verfahrensprogramm auch allgemeine praktische Regelungen, ökonomische Strategien und institutionelle Präferenzen. Dieser Rahmen wird vor Gericht flexibel gehandhabt. Kommunikationsaktivitäten, die eigentlich einen Rahmenbruch darstellen, werden häufig von allen Beteiligten im Interesse der institutionellen Funktionalität toleriert. Die Ränder des Rahmens sind unscharf. Außenstehende wie Angeklagte und Zeugen stehen einem Wechsel der professionellen Verfahrensbeteiligten auf eine persönlich-alltägliche Ebene (»*unter uns gesagt ...*«) häufig hilflos gegenüber. Sie können nicht unterscheiden, ob durch den Fragesteller eine verdeckte Strategie verfolgt wird, ob eine Belehrung, ein Ratschlag oder eine Drohung realisiert wird, oder ob sie mit unerwarteten institutionellen Handlungsinterpretationen oder mentalen Zuschreibungen konfrontiert werden.[351]   523

Institutionelle Sprechakte vor Gericht müssen notgedrungen infiziert sein von Verständigungsproblemen und allen Erscheinungsformen der gestörten Kommunikation.

Die **Kommunikationsumstände** einer verbalisierten Information können die Selbstoffenbarung des Sprechenden zelebrieren, je nachdem, ob er ganz offensichtlich imponieren will, lediglich aus Verunsicherung verbale Fassaden schaffen will oder seine Botschaft sogar mit einem Unterwerfungsritual garniert. Nur durch Entschlüsselung dieser zusätzlichen Beziehungsebene lässt sich für den Empfänger häufig der Sinn der Botschaft erkennen. Worte allein sind häufig ebenso wenig dekodierbar wie ein schlichtes Lächeln, das erst durch weitere Umstände zu erkennen gibt, ob es Spott, Freude oder Sympathie vermitteln will. Diese Kommunikationsumstände vermitteln dem Zuhörer allerdings darüber hinaus zumeist sehr offen, ob der Informationsfluss von einem Appell untermalt ist, wonach   524

---

350 S. umfassend zu diesem Phänomen *Gerson* Das Recht auf Beschuldigung, 2016.

351 *Hoffmann* Gespräche im Rechtswesen, in: Antos/Brinker/Sager, Text- und Gesprächslinguistik, Bd. 2, 2008, 146.4.

der Informierende mit seinem Anliegen Einflussnahme auf den Kommunikationspartner ausüben will.

525   Dementsprechend kann auf der Empfängerseite auf den verschiedenen Ebenen eine unterschiedliche Sensibilität detektiert werden. Es sind der Gesamteindruck und Nuancen der Kommunikation des Partners, die bestimmen, ob Botschaften als Appell, schlichte Information oder als Einflussnahme auf die Beziehung der Kommunikationspartner untereinander aufgefasst werden.[352]

526   Die grundsätzlichen **Erkenntnisse der Sozialpsychologie zu Kommunikationen** sind im Prozess nicht aufgehoben. Auch dort kommunizieren Menschen miteinander. Auch hier gelten die Regeln zu den Beziehungsebenen und der auf verschiedenen Ebenen kodierten oder entschlüsselten Botschaften. Kommunikation im Strafprozess ist allerdings durch die besonderen Bedingungen des Verfahrens um weitere Elemente komplexer gestaltet. Während Gespräche im Richterzimmer zur Auslotung einer einvernehmlichen Verständigung sich an allgemeine Sozialmodelle anlehnen können und auch das Frage-Antwortspiel einer Zeugenvernehmung hier am ehesten verständlich wird, ist für die genuine Überzeugungsarbeit der Verteidigung der besondere Kommunikationsrahmen des Strafverfahrens zusätzlich zu berücksichtigen.

2. Kommunikation im Gesetz

527   Wenn Kommunikation die Basis des Strafverfahrens ist, und der Anspruch der Gesellschaft darin besteht, einerseits den Erkenntniswert zu optimieren und andererseits das Verfahren angesichts der existenziellen Folgen für einen Bürger mit möglichst engen Vorgaben zu reglementieren, wäre die Konsequenz ein fest geknüpfter Teppich von Normen zum Umgang mit dieser Kommunikation. Stattdessen bildet die aktuelle Gesetzeslage nur ein rutschiges Parkett.

a) Das Defizit

528   Gelegentlich wird geregelt, was vor und nach einer Kommunikation zu geschehen hat oder wer wann das Wort ergreifen kann oder welche Kommunikationsinhalte auszuschließen sind (»zur Unehre« des Zeugen gereichend oder »nicht zur Sache gehörig«). In die Tiefen des Kommunikationsinhalts dringt der Strafjurist nicht verstehend oder gar regulierend ein. Die Enthaltsamkeit ist keinesfalls durch eine leicht entschlüsselbare Armut der Verfahrenssprache zu begründen.

529   Eine Ursache hierfür ist: Das **Kommunikationsverständnis der Juristen ist textfixiert.** Die Arbeit der Decodierung von Kommunikation orientiert sich an überkommenen Exegesen. Philosophen, Religionswissenschaftler oder Geschichtsschreiber kannten jahrhundertelang als Arbeitsmaterial nur den vollständigen Aussagesatz mit vorgegebenen Regeln der Grammatik und der Syntax. Dem folgt die aktuelle juristische Ausbildung, die nahezu ausschließlich Verständnis von Kommunikationsakten in der Gesetzesinterpretation sucht. Auch eine darüber hinausgehende Sinngebung in komplexen Verträgen oder in juristischen Ausarbeitungen wie Strafurteilen orientiert sich an derart gelernten Interpretationsregeln. Für die sinnhafte Aufschlüsselung mündlicher Kommunikation fehlt ihm jegliche Ausbildung, jegliches Gespür und natürlich jeglicher gesetzliche Ansatz. Dass das Ziel des Verstehens nicht auf irgendeine Art von Objektivität gerichtet sein kann, sondern nur den subjektiv gemeinten Sinn erforschen soll, begreifen allenfalls Sozialwissenschaftler. Das Phänomen der Mündlichkeit von Kommunikation als Gegenstand der Decodierung existiert in der juristischen Ausbildung nicht. Spontanausrufe, grammatikwidrige Sprachakte, Partikel kennt der Jurist als Gegenstand seiner Bewertung ebenso wenig wie die Erkenntnisse der Sprachwissenschaft zur Konversationsanalyse mit der Entdeckung von Mustern sprachlichen Handelns bei der Copräsenz von Sprecher und Hörer, wechselnder Sprecher- und Sprechsituationen auf der Folie allgemeiner gesellschaftlicher Bedürfnisse einerseits und speziellen institutionellen Kommunikationsformen andererseits.

---

352   S. z.B. das System bei *Schulz von Thun* Miteinander reden. Störungen und Klärungen; Stile, Werte, und Persönlichkeitsentwicklung; das »Innere Team« und situationsgerechte Kommunikation 2002.

Das verwundert vielleicht, weil die Strafjuristen das **Phänomen der Mündlichkeit** kennen. Jedes 530
Lehrbuch erhebt die Mündlichkeit sogar zum grundlegenden Prinzip des Strafprozesses. Das 19. Jahrhundert betonte damit noch die Wertschätzung für den Angeklagten mit geringer Bildung, der
gegenüber dem schriftlichen Inquisitionsprozess eine weitaus bessere Möglichkeit hatte, sein Anliegen im Prozess selbst zu transportieren. Einen inhaltlichen Unterschied zwischen gesprochenem und
geschriebenem Wort sah man dennoch nicht. Die Spontaneität des Mündlichen erfasste man allenfalls als Gegensatz zur Besonnenheit des Schriftlichen. Feuerbach schrieb: »*Ein gesprochenes Wort
bedeutet ebenso viel als ein geschriebenes, die Sprache, welche durch die Fehder geht, ist nicht reicher noch
ärmer als diejenige, welche von den Lippen fließt.*«[353]

Der mit der Mündlichkeit, und darüber hinaus dem mündlichen Dialog verbundene Quanten- 531
sprung der Kommunikation bleibt hier verborgen. Mündliche Äußerungen werden über die pho-
netische Transformation des Inhalts hinaus nicht weiter erfasst. Die Mündlichkeit des Strafprozesses
wird als ebenso inhaltsleerer wie abstrakter juristischer Wert gefeiert; eigentlich ist er nur notwendige
Vorbedingung für die Realisierung des Öffentlichkeitsgrundsatzes.[354] Selbst die Fairnessvorstellung
der Menschenrechtskonvention beschränkt sich auf die Garantie des »public hearing«.[355]

> Eines der wenigen, wenn auch prominenten Beispiele für eine juristische Kategorisierung von Kommu- 532
> nikation ist das Recht des Angeklagten zu **schweigen**, also in der Sache **nicht zu kommunizieren**. Die
> Idee dieses rechtsstaatlichen Fundaments war geboren bar jeder aktuellen Kenntnis der Kommunikations-
> wissenschaftler, dass man nicht nicht kommunizieren könne. Die normative Vorgabe ist strikt. Das
> Bemühen der Praxis geht allerdings dahin, diese Stringenz wiederum kommunikativ aufzulösen und die
> normative Vorgabe durch den Appell an gesellschaftsadäquates Verhalten zu entwerten. Zahlreiche Beleh-
> rungen zum Schweigerecht in deutschen Gerichtssälen werden garniert mit dem Lob der Kooperation
> und dem strafmildernden Wert eines Geständnisses. Die normative kommunikative Vorgabe scheitert
> am praktischen Bedürfnis des inquisitorischen Richters und dessen Nutzung der Appellfunktion (»*Bitte
> reden Sie!*«) und der Aktivierung der stets präsenten Beziehungsebene (»*Ich als Richter habe die Macht,
> dir Böses anzutun*«) in einem mündlichen Dialog.

Selbst die höchstrichterliche Rechtsprechung räkelt sich zufrieden. Das Gesetz wirkt angesichts der 533
Konterkarierung fundamentaler Verfahrensprinzipien hilflos.

Das Fazit zu den legislatorischen Vorgaben beim Umgang mit mündlicher Kommunikation ist
ernüchternd: Nach der freien richterlichen Beweiswürdigung scheitert der Strafprozess desasträs
auch bei einer weiteren Kernfrage an seinem Anspruch, richterliche Willkür durch formelle Lenkung
und Transparenz einzuschränken.

b) Kommunikation in der Praxis – Lenkungs- und Machtinstrument

Die Ermittlungspraxis nutzt dies. Ein Beispiel: Den klassischen Appellcharakter enthält der schlichte 534
Hinweis des Kriminaloberkommissars an den bislang schweigenden Verhafteten: »*Dein Kumpel hat
nebenan bereits ausführlich gesungen!*« Eine rechtliche Bewertung dieser Situation trifft auf ein Nirwana in Legislative und Judikative, allenfalls von der verschmitzten Attitude der rechtlich niemals
erklärten kriminalistischen List begleitet.

D. h. nicht, dass die mündliche Kommunikation im Strafverfahren unreflektiert bleibt. Jedes Lehrbuch für polizeiliche Vernehmungen ist getragen von dem Bewusstsein des Lehrenden, um welch
ebenso komplexen wie steuerbaren Vorgang es sich bei der mündlichen Kommunikation handelt.

---

353 *Feuerbach*, Betrachtungen über die Öffentlichkeit und Mündlichkeit der Gerechtigkeitspflege, 1821,
     S. 231 ff., zitiert nach Kühne, Strafprozessrecht, 9. Aufl., S. 450.
354 In den »Grundrechten des deutschen Volkes« durch die Frankfurter Nationalversammlung hieß es 1848:
     »Das Gerichtsverfahren soll mündlich und öffentlich sein.«.
355 Endgültig abgekoppelt vom Sozialphänomen wird das juristische Verständnis der Mündlichkeit, wenn
     es zum Prinzip »formaler Natur« degradiert wird – Löwe-Rosenberg/*Kühne*, StPO, 27. Aufl. 2016,
     Einl. I Rn. 59.

»Vernehmungsarbeit ist Beziehungsarbeit,«[356] heißt es dort. Aufbau der Situation, Personal, empathische Akzente, Sprechgeschwindigkeit, das hemmungsmindernde Duzen, das »Herunterdefinieren« des strafrechtlichen Vorwurfs durch verharmlosende Darstellungen[357] oder andere Modifizierungen des Sprachniveaus orientieren sich hieran.

535 Um ein anderes Beispiel zu nennen: Auch die Exekutive im Ministerialbereich bedient sich sehr wohl sprachwissenschaftlicher Erkenntnisse, um manipulativ in den Strafprozess einzugreifen. So habe ich noch vor einigen Tagen in einer Sperrerklärung gelesen: »Es gibt spezifische Besonderheiten eines jeden Zeugen wie beispielsweise seine Gestik, Mimik oder sein Sprachduktus. Weder eine akustisch verfremdete Stimme noch eine optische Veränderung des Zeugen können sicherstellen, dass seine Identität nicht bekannt wird, da Sprechweise, Sprachmelodie oder Sprachrhythmus sowie Gestalt, Mimik und Gestik Anhaltspunkte für eine Enttarnung bieten kann.« Richtig wird beschrieben, mit welcher Methodik das Verständnis von Aussagen optimiert werden kann. Oder um es mit dem Pathos des Bundesverfassungsgerichts zu formulieren: wie man der Wahrheit mit Blick auf den Kommunikationspartner ein Stückchen näherkommen könnte. Dass dieser Schlüssel zur Wahrheit gesucht wird, ist in der Strafjustiz nicht festzustellen.

536 Bei der Ursachenforschung darf ich ein weiteres Erlebnis aus dem Gerichtssaal eines deutschen Amtsgerichts anführen: Der iranische Angeklagte – ohne Verteidiger, ohne Dolmetscher – lauschte konzentriert der allseits bekannten komplexen richterlichen Belehrung nach Verlesung der Anklage. Auf die Frage des Richters, ob er dies verstanden habe, äußerte sich der Angeklagte mit einem der wenigen von ihm beherrschten Worte: »Ja!«. Der Richter, der aus dieser Kommunikation die Basis für gegenseitiges Verstehen sowie die rechtliche Bewertung ableitet, die Voraussetzungen eines rechtsstaatlichen Verfahrens seien umfassend gewährleistet, sieht sich vielleicht mit dem Vorwurf der Absurdität durch einen aufmerksamen Beobachter konfrontiert, einen Verstoß gegen rechtliche Vorgaben wird ihm niemand vorwerfen können.

537 Der Blick in die justizielle Praxis zeigt schnell die Folgen fehlender Regulierungen. Die Kommunikationslenker instrumentalisieren den Freiraum für ihre Zwecke.

538 Der gesetzlich tolerierte »freestyle« der polizeilichen Vernehmung – sowohl in ihrer Gestaltung als auch in der Dokumentation – führt nahezu zwangsläufig dazu, Polizeiideen statt Kommunikationsergebnisse zu produzieren und zu protokollieren. *»Ich bin hier freiwillig bei der Polizei erschienen, weil .... Mir ist Kaffee angeboten worden und ich konnte rauchen«,* werden als – niemals gesagte – Vernehmungsaussagen inszeniert, um sich der Ermittlervorstellungen zu vergewissern und diese an die juristische Nachwelt weiterzureichen. Die kluge Inszenierung suggeriert Authentizität durch Markierung angeblich wörtlicher Rede, Einsprengseln von Dialekt und einigen handschriftlichen »Korrekturen«. Wer nicht in seinem Kommunikationsverhalten kontrolliert wird, wer die Freiheit hat, das Protokoll mit eigenen »sinngemäßen« Formulierungen zu füllen, wer die eigenen Fragen schlicht unerwähnt lassen darf und darüber entscheidet, was als unwichtig zu gelten hat und keinen schriftlichen Niederschlag finden muss, dem darf man kaum noch vorwerfen, dass fixierte Kommunikationsprodukte nicht mehr sind als die formal kaschierte eigene Polizeideutung der Welt.

539 Der Gesetzgeber des 19. Jahrhunderts akzeptierte das Phänomen der polizeilichen Kommunikation im Hinblick auf die formale Unerheblichkeit des Polizeiprotokolls im Strafverfahren. Das hat sich faktisch geändert. Über die bekannten von der Rechtsprechung geformten Wege (Verhörsperson als Zeuge, richterliche Überzeugungsbildung, Verurteilung) finden diese Produkte unmittelbaren Eingang in das Strafurteil.

540 Ein Beispiel aus meiner Praxis: Die Sexspiele, die letztlich zum Tode der Partnerin führten, beschrieb der Beschuldigte gegenüber der Polizei als »Einführen« von Gegenständen. In einem Vernehmungsvorhalt wurde daraus ein »Hineinrammen«, das sich dann nahtlos im Urteil als gerichtliche Feststellung wiederfindet – und so den Schluss auf den Eventualvorsatz erheblich erleichterte. Der Verurteilte liest oft mit Verwunderung, welch schlüssige Geständnisgeschichten er in der Nacht der Festnahme dem Kriminal-

---

356 *Mohr/Schimpel/Schroer*, Die Beschuldigtenvernehmung, 2006, S. 5.

357 Eine der wenigen Ausnahmen einer höchstrichterlichen Reaktion hierauf findet sich bei BGH StV 2013, 485: Die Polizei belehrte nicht über den Vorwurf des »Mordes«, sondern formulierte, der Beschuldigte habe der Frau »Schlimmes angetan«.

kommissar erzählt haben soll, während die Präsentation seiner beschränkten Wahrnehmung der Geschehnisse in der Hauptverhandlung zügig in einer Schublade namens »Schutzbehauptung« verschwindet.

Ein Weg zur richterlichen Aufschlüsselung der Kommunikationsinhalte liegt mit der Videografierung auf der Hand. Dass die Polizeilobby dies legislatorisch bislang verhindert hat, kann nur mit dem billigenden Gefühl der Sicherheitspolitiker erklärt werden, dem Instinkt der tapferen Kämpfer gegen die Kriminalität einen bedeutsamen Einfluss auf das spätere justizielle Geschehen zu verschaffen. Das mittelalterliche Gebärdenprotokoll[358] mag nach heutigen Maßstäben insuffizient sein, es reflektierte zumindest ein tiefergehendes Problembewusstsein. Der steinzeitliche Strafjurist von heute mag sich über differenzierte Kommunikation keine Gedanken machen. **541**

Dass Richter Kommunikation im Gerichtssaal beherrschen, entspricht ihrer Rolle der Verhandlungsleitung. Sie haben daraus nicht nur ein besonderes Autoritätsgespür für das Ansprechen der Verfahrensexternen entwickelt, sie steuern vielmehr Sprachniveau, Inhalt und Umfang der Kommunikation. Selbst weniger sprachtalentierte Richter wissen, dass sich der letzte Hauch von Beobachtung durch andere Verfahrensbeteiligte und Öffentlichkeit während der Gestaltung der Kommunikation bei deren Rezeption vollständig auflöst. Die Deutung der Zeugenvernehmung ist ungestörtes Richten in Reinkultur. Dafür dass diese unkontrollierte Machtposition dauerhaft erhalten bleiben soll, legt die Politik – insbesondere auch der Interessenvertreter der Richterschaft – in den letzten Jahren beredtes Zeugnis ab (der Widerstand gegen die Aufzeichnung von Gerichtsverhandlungen ist nur die Spitze des Eisbergs). **542**

Die strukturellen Vorgaben der Gerichtskommunikation sind nicht nur durch die stete Präsenz staatlicher Repression und das spezifische Erkenntnisinteresse des Gerichts geprägt, sondern auch durch die weitgehend autonome und unreglementierte Kommunikationsgestaltung und die Deutung ihrer Ergebnisse auf der Grundlage der Herrschaftskommunikation.

c) Kommunikationsstörungen

Gerichtliche Kommunikation ist darüber hinaus überlagert von zwangsläufigen psychischen Konstellationen des Beherrschers der Kommunikation. Auch dem um objektive Aufklärung bemühten fragenden Richter wird kein objektiver Kommunikationsbeitrag gelingen. Auch der Richter ist nur Mensch, und Menschen haben nur ein menschliches Gehirn, das vor der philosophischen Erfindung des vernunftbegabten Wesens und dem Postulat der ausgewogenen Beurteilung konstruiert worden ist. **543**

»**Priming**« heißt auch hier die infizierende Droge. Der Primäreindruck bestimmt das Bild im Kopf, auf dem alle weiteren Entscheidungen beruhen. Das verängstigende Bild der Flüchtlinge wird kein AfD-Wähler los, selbst wenn er nie einen gesehen hat. »Lebenserfahrung« hat keinen Einfluss, wenn – jedenfalls im Durchschnitt – unsere Lieblingsmusik unverrückbar mit dem 30. Lebensjahr nicht verändert wird. Der Anfang ist prägend – diesen Zauber vermittelt im richterlichen Leben die erste Aktenlektüre (in Kombination mit der »Erfahrung« zahlreicher vorhergehender ähnlicher Fälle). **544**

Die neuronalen Wissenschaften haben längst die unkontrollierbare Tendenz dieses Gehirns ausgemacht, seinem Träger eine konstante Welt vorzugaukeln. Dazu gehört die Prämisse, vorhandene Bilder nicht zu zerstören; sie können vielleicht modelliert und ausgemalt werden, ihre vollständige Veränderung wird durch eingeübte Mechanismen erfolgreich verhindert. Die »gefühlte Wahrheit« ist Basis des Handelns. Im postfaktischen Zeitalter wird dies in Teilen der Gesellschaft ungeniert salonfähig gemacht. **545**

---

358 *Lipowsky* kritisierte dessen Unvollkommenheit noch zu Beginn des 19. Jahrhunderts, ahnte aber den nützlichen Effekt, als er – vergebens – von der Gesetzgebung forderte: »Indessen dürfte es doch räthlich, selbst zweckmäßig seyn, im Verhörs-Protokolle, wo die Aussage des Befragten eben niedergeschrieben wird, das Auffallendste, eingeklammert, bemerken zu lassen, z.B.: weinend, seufzend, nach langem Bedenken, erröthend, unentschlossen ....« Materialien zur Prozeßreform der baier. Strafgesetzgebung, 1824, S. 328 f.

Die psychologischen Konsequenzen der richterlichen Vorprägung im Strafprozess werden zwischenzeitlich auch unter Juristen diskutiert. Die Konsequenzen für die Kommunikation vor Gericht sind drängend: Auch der aufklärende Richter ist nicht offen; die Akten und der beschränkte persönliche Erfahrungshorizont begrenzen sein Kommunikationsfeld. Der **Kommunikationsstil** ist in derselben Weise von der **Erwartungshaltung** gegenüber Angeklagten oder Zeugen geprägt. Das zum Teil selbst nicht wahrgenommene Befragungsziel ist die Absicherung der eigenen Vorstellungswelt. Fragen bleiben ungefragt. Weitergehendes Einfühlungsvermögen in den externen Kommunikationspartner wird schon dann nicht geübt, wenn das stockend und lakonisch vorgetragene Primärergebnis als anklagekonform gedeutet werden kann. Erweiterungen der Fragethematik sind getragen von dem Bedürfnis, Material für alternative Schuldzuweisungen zu sammeln.

Die Spirale aus Macht, Erledigungsdrang und Voreingenommenheit sind der ideale Nährboden für Kommunikationsstörungen. Es bedarf mehr als Selbstdisziplin und verinnerlichte Vorstellungen von rechtsstaatlichen Grundsätzen bei Gericht, um diese Störung aufzudecken oder gar zu verhindern. Es bedarf strenger Kanalisierung von außen. Diese fehlt im Strafprozess nahezu vollständig.

3. Sprache

546   Ist das Vermeiden mentaler Anstrengung die Ursache für das Zurückgreifen auf Stereotype, kann eine wirksame Therapie darin bestehen, Achtsamkeit zu fördern. Überzeugungsarbeit muss Anstrengungen provozieren. Wenn inhaltliche Stellungnahmen diesen Effekt nicht bewirken, müssen andere Wege gesucht werden, um den Entscheider zu veranlassen, abseits eingefahrener Schemata die Mühe auf sich zu nehmen, Vorprägungen des eigenen Entscheidungsbildes zu hinterfragen.

Das Konzept des Strafprozesses sollte den Zwang zu einer solchen Einstellung fördern. Die ritualisierte robenbehangene Distanz zum Alltagsleben, die Kategorisierung durch juristische Sprache sollten beim Richter im Besonderen der menschlichen Neigung vorbeugen, bei einer strafgerichtlichen Entscheidung allzu schnell erlernte Schemata auf einen individuellen Sachverhalt anzuwenden.

547   Der Zwang zur distanzierten Sprache abseits aller allzu groben Pauschaletikettierungen galt den Juristen stets als Garant für ein vernunftgeleitetes Entscheiden. Dass diese Idee durchaus ihre Berechtigung hat, hat die moderne Psychologie über einige Umwege belegt. So ergaben Untersuchungen, dass die Dominanz vom intuitiven Denken dadurch vermindert oder sogar gebrochen werden konnte, wenn die Bewertung eines bestimmten Sachverhalts nicht in der mit der Intuition verbundenen Muttersprache erfolgte.[359] Wurde die Bewertung beispielsweise in der nachträglich erlernten englischen Sprache vorgenommen, vermieden die Entscheider weitaus häufiger irrationale und emotionale Denkansätze, da deren Verankerung in Denkprozessen zumeist mit der eigenen Biografie und damit der eigenen Muttersprache verbunden ist. Ungereimtheiten und logische Brüche wurden ebenso vermieden wie automatisierte Schlussfolgerungen, die ihren Kern in erlernten und nicht mehr hinterfragten Vorstellungsbildern haben.

4. Statuspositionierung als Kommunikationshintergrund

548   Inhalt jeder Kommunikation ist die hinter der reinen sprachlichen Ebene verborgene Austarierung der Beziehung der beiden Kommunikationspartner zueinander. Es findet eine permanente Auslotung des eigenen Status im Verhältnis zu seinen Kommunikationspartnern statt; zum Teil werden diese Statuspositionierungen auch als dominierend nicht nur für Ausgangspunkt und Ziel der eigentlichen Kommunikation, sondern auch als deren maßgeblichen Zweck betrachtet. So wie die Unmöglichkeit des Nicht-Kommunizierens wird in der Kommunikation die Unmöglichkeit des Fehlens einer Statusorientierung als Basis der Kommunikation beschrieben.

---

359 S. hierzu insbesondere die Forschungen von *Hadjichristidis/Geipel/Surian*, Breaking magic: Foreign language suppresses superstition. The Quarterly Journal of Experimental Psychology, 2017; *dies.,* The effect of foreign language in judgments of risk and benefit: The role of affect. Journal of Experimental Psychology, 2015, 21(2), 117–129.

»Ein Blick auf das Verhalten der Menschen in unserer unmittelbaren Umgebung zeigt, wie vielfältig und **549** unterschiedlich Status-Phänomene unseren Alltag bestimmen. Es gibt Menschen, die reißen fast jedes Gespräch innerhalb weniger Augenblicke an sich. Andere werden ständig unterbrochen. Manch einer weiß, wie er einen Polizisten dazu bringt, einen bereits ausgefüllten Strafzettel wieder zu zerreißen, während ein anderer so harmoniebedürftig ist, dass er im Restaurant lieber eine kalte Suppe verzehrt als sich beim Kellner zu beschweren. Das gemeinsame Thema all dieser und zahlloser anderer Verhaltensweisen heißt: Wer nimmt wem gegenüber welche Stellung ein? Wer setzt sich durch, und wer ordnet sich dem Willen eines anderen unter – freiwillig, gezwungen oder überzeugt?

Eine erste grundsätzliche Aussage zum Phänomen lautet: Je mehr Wert ein Mensch darauf legt, sich Respekt zu verschaffen, desto wahrscheinlicher ist es, dass er seine Ziele erreicht. Der hohe Status, den er dazu einnehmen muss, kostet ihn allerdings Sympathien: Menschen, die sich häufig durchsetzen, sind meist wenig beliebt.«[360]

Dieser essenzielle Teil der Kommunikation ist im Strafprozess nur durch die besonderen limitieren- **550** den Vorgaben erfassbar. Sind weite Teile der modernen Gesellschaft dem freien Spiel der Statusfi- xierung eröffnet, hat der Strafprozess für diesen wichtigen Basisteil der Kommunikationssituation eine entscheidende Beschränkung vorgenommen. Es ist allein der Richter, der ohne einen übermä- ßigen Aufwand an Rechtfertigung allein oder im Richterkollegium die maßgeblichen Fragen zu entscheiden hat. Bezogen auf den Kommunikationsstatus im Prozess selbst fixiert das Gesetz darü- ber hinaus die durch den Richter dominierte Leitung.

Strebt der Verteidiger nach Dominanz und Kommunikationsbeherrschung und geriert sich faktisch **551** als Entscheider, macht er fest gezurrte Statusfaktoren des Richters streitig, die ihm auf der anderen Seite Unverständnis, vielleicht Zorn, bestenfalls Humor einbringen, ihn allerdings in seiner Aufgabe der Überzeugungsarbeit regelmäßig kein Stück voranbringen. Das Kommunikationsfeld der Ver- teidigung kann nicht in einem Aufbrechen des gesetzlich verordneten **Hochstatus des Richters** lie- gen. Selbst wenn die Verteidigung überschlagende Argumente verfügen würde, dass der Richter der ihm vom Gesetz und von der Gesellschaft zugedachten Rolle nicht entspreche oder nicht entspre- chen kann, muss die Energie zur Infragestellung der vorausgesetzten Rolle verpuffen. Auch nach dem Urteil wird der Richter Richter bleiben.

Wer die Formalisierung des richterlichen Status im Strafprozess in Zweifel zieht, läuft als Verteidiger **552** Gefahr, seinem gesamten Aktionsfeld die Basis zu entziehen. Die richterliche Kompetenz beinhaltet die massive Ausübung von Staatsmacht. Wer sie bändigen will, kann gegenüber willkürlichen Ten- denzen nicht auf die Kraft seines besseren Arguments vertrauen, sondern muss sich gerade auf den formalisierten Rahmen des Prozesses beziehen. In diesem Rahmen wurzeln die Würde des Gerichts und die Notwendigkeit, dieser Rolle Respekt zu erweisen. Bedingung der Kommunikation auch im Sinne der Verteidigung ist deren explizite Anerkennung.

Damit ist allerdings die Statusfrage in einer komplexen Kommunikationssituation noch lange nicht **553** geklärt. Der Verteidiger hat vielmehr in seiner Überzeugungsarbeit den derart beschriebenen Teil des Beziehungsstatus zu akzeptieren und die verbleibenden Handlungsräume umso intensiver zu nutzen. Derart **strukturelle Status-Reduzierungen** in einer Kommunikationssituation sind auch in anderen gesellschaftlichen Situationen bekannt.

Dies reicht von nicht ernst genommenen Frauen in einer Männerwelt über Angestellte in ihrem Verhält- **554** nis zu ihrem Chef bis hin zu innerfamiliären Diskussionen zwischen Eltern und ihren pubertierenden Kindern. Im »Status-Spiel« ist dies eher eine Herausforderung, um durch flexible und intelligentere Handlungsweise das eigentliche Ziel zu erreichen.

Der Verteidiger wird die Legitimation der Statusüberlegenheit in der Würde des Gerichts zum argu- **555** mentativen Anlass nehmen, seine Vorstellung von der rechtsstaatlichen Ausfüllung dieser Position zu verdeutlichen. Seine Statusunterlegenheit in dem vorgegebenen Machtgefüge des Strafprozesses hat er durch Betonung der Legitimation dieser Rangordnung ebenso zu kompensieren wie durch

---

360 S. z.B. *Schmitt/Esser* Status-Spiele 2009.

gegenläufige Strategien. Charme, List, Einfühlungsvermögen in die sich stets entwickelnde Prozesssituation können hierbei ebenso eine Rolle spielen wie Beharrlichkeit und Diplomatie. Ziel des Status-Spiels in der Kommunikation vor Gericht kann es für den Verteidiger nur sein, den Entscheider als einen zu einzelnen Diskussions- und Entscheidungsfeldern bezwingbaren Partner anzusehen.

5. Die gemeinsame Diskussionsbasis

556   Das gesetzliche Bild sieht Stellungnahmen, Erklärungen oder Fragen von einzelnen Verfahrensbeteiligten vor, nicht jedoch deren Diskussion. Die Realität des Strafverfahrens hat sich mit der Entwicklung der Entritualisierung des ursprünglichen Bildes anders entwickelt. Faktisch gibt es viele Wege, tatsächlich in einen Diskurs über verschiedene Fragen einzutreten. Rechtlich abgesichert ist dieser Weg allerdings bis zum heutigen Tage nicht.

Anlass und Durchführung von Diskussionen knüpfen außerhalb der formalen Regeln der StPO zumeist an psychologische Bedürfnisse der Beteiligten an.

557   Der letztlich durch das Gesetz und die gesellschaftliche Rollenverteilung nicht vollständig aufgehobene persönliche Gewissenskonflikt von Gericht und Staatsanwaltschaft findet zumeist in solchen Diskussionen ihren therapeutischen Ansatz. Es ist das aus dieser Lösung des Konflikts herrührende Bedürfnis insbesondere des Gerichts, das der Verteidigung sowohl die Möglichkeit der Zwiesprache als auch der effektiven Überzeugungsbildung im Rahmen einseitiger Meinungsäußerungen eröffnet. Auch die mit Autorität und Macht ausgefüllte Rolle des Richters beseitigt nicht dessen persönliches Bedürfnis, Dinge in einer »guten Ordnung« zu behandeln und letztlich zu einem Ergebnis zu gelangen, das er nach den eigenen moralischen Vorstellungen als gerecht empfinden kann.

558   Für die Verteidigung negativ löst die lediglich gefühlte Schuld des Angeklagten bereits das richterliche Bedürfnis nach Bestrafung aus. Auf der anderen Seite hat die Sozialisation des Strafrichters seine persönliche Gewissensbindung an die Beachtung des geschriebenen Rechts gekoppelt. Auch außerhalb formaler Diskussionsmöglichkeiten ergibt sich daher für die Verteidigung die Chance, diese Rechtsbindung auf der Ebene der persönlichen Verantwortlichkeit des Gerichts anzumahnen. Nicht Rechtsansprüche können ihn hier treiben, sondern die Erkenntnis des richterlichen Triebs zur psychischen Selbsterhaltung. Kommunikationsgrundlage ist hier häufig das Unbehagen des Richters, der gefangen ist im bürokratischen Erledigungszwang seines Jobs, der Erkenntnis der furchtbaren Auswirkungen seines Tuns und dem tief verwurzelten Verantwortungsgefühl für dessen Legitimation durch die strenge gesetzliche Bindung seiner Richterrolle.

559   Bedürfnisbefriedigung im Rahmen von Kommunikation erfasst damit eine völlig anders geartete Stufe als der gesetzlichen Formalien. Auch – und gerade – der richterliche Kommunikationspartner ist getragen von dem eigenen Anspruch, im Einklang mit den tragenden moralischen und gesellschaftlichen Wertvorstellungen zu leben und zu handeln. Die Anerkennung dieses eigenen Anspruchs durch den Gesprächspartner kann daher der entscheidende Motivationsfaktor sein, um Kommunikationsziele zu erreichen. Über diese Erkenntnis besteht die große Chance der Verteidigung, gerade in einer kontrovers geführten Debatte auch von der Richterseite als positiv gefühlte Akzente zu setzen. Der Ansatz besteht hier nicht in der Diskussion um drittrangige Ordnungsvorschriften. Gelingt allerdings die Reduktion des Gesprächs auf Themenbereiche rechtsstaatlicher Grundsätze, gesellschaftlichen Anstandes oder moralischer Vorstellungen, ist eine gemeinsame, ebenso vom Gericht akzeptierte Basis geschaffen, die den Raum für weitere gedankliche Folgerungen öffnet.

560   Die Leitlinie der Überzeugungsarbeit des Verteidigers – sowohl inhaltlich als auch sprachlich – muss dahin gehen, sich nicht selbst als Hauptakteur der Kommunikation zu sehen. In Akzeptanz der Entscheiderrolle des Richters hat er diesen regelmäßig in den Mittelpunkt der Kommunikation zu stellen. Das richterliche Verständnis ist der Ausgangspunkt, den es im Sinne der Verteidigung zu verändern gilt. Maßgebend ist nicht, was der Verteidiger über eine Problematik denkt, sondern wie das Gericht denkt und in welche Richtung dieses Denken fortgeführt werden kann. Diese die Fort-

führung verursachenden Inhalte müssen in der unterschiedlichsten Weise als Botschaften übermittelt werden. Negation und Widerspruch sind als Verletzungen des Entscheiders hier eher abträglich.

Die Berücksichtigung psychologischer Erkenntnisse im Gerichtssaal und deren Umsetzung im Kommunikationsweg muss an Grenzen stoßen, die aus dem eigenen Rollenverständnis[361] resultieren. Der Verteidiger entnimmt die Stärke seiner Position gerade dem formalen Konstrukt der Hauptverhandlung, der Definition von Rechten und seiner materiellen Aufgabe, diese im Sinne des Mandanten wahrzunehmen. Obwohl das Erreichen eines vorgegebenen Verteidigungsziels das Auftreten des Anwalts in der Hauptverhandlung bestimmt, beraubt er sich u.U. seiner effektiven Handlungsbasis, wenn er in Verabsolutierung dieses Ziels seine eigene Prozessrolle entwertet. Mag eine Strategie aufgrund der Erfolgsaussichten auch verlockend erscheinen, so verbietet sich ihre Anwendung, wenn damit der unverzichtbare allgemeine Respektsanspruch gegenüber der auf Autorität bedachten Gesamtinszenierung beeinträchtigt wäre. **561**

> Es ist selbstverständlich, dass dem Richter kein Bestechungsgeld angeboten wird, selbst wenn der Verteidiger über präzise Informationen verfügt, die ein solches Vorgehen Erfolg versprechend erscheinen lassen. Ebenso wenig darf der – sich seiner mit Autorität und Rechten ausgestatteten Rolle im Strafprozess bewusste – Verteidiger einen Verhandlungsstil auf Stammtischniveau akzeptieren, selbst wenn eine solche Art der Kommunikation das Überzeugungsziel in besonderer Weise fördern könnte. **562**

Der Anwalt hat nicht nur ein **äußerlich notwendiges Niveau** des robengeschmückten Verteidigers in der Hauptverhandlung zu konservieren. Seine notwendige und von der Öffentlichkeit erwartete Aufgabe besteht außerdem in einem unbedingten äußeren Schutz seines Mandanten. Diese Schutzaufgabe muss er ohne jede Einschränkung nach außen erkennbar effektiv wahrnehmen. Auch wenn die Neigung des Richters bekannt sein sollte, einen Angeklagten zunächst mit Hasstiraden zu überziehen, um ihn anschließend nach Abwurf seines emotionalen Ballasts mit einem erfahrungsgemäß milden Strafmaß zu bedenken, ist eine dies einkalkulierende passive Strategie der Verteidigung mit seiner Rolle nicht vereinbar. Die Ausnutzung derart durchschauter psychologischer Zusammenhänge kollidiert brachial mit der Verteidigungsaufgabe des Schutzes der Würde des eigenen Mandanten. **563**

6. Die praktischen Konsequenzen

a) Authentizität schafft Überzeugungskraft

Der Verteidiger trägt nicht nur an seiner Rolle, die er sich selbst gibt oder deren Verständnis von Kommunikationspartnern internalisiert ist. Der Verteidiger muss mit seiner höchst individuellen Konstellation die komplexe Aufgabe der Überzeugungsbildung stemmen. Er muss nicht nur das Umfeld seiner Überzeugungsarbeit und insbesondere die Dynamik eines Prozessgeschehens analysieren. Er muss nicht nur den exakten logischen Duktus seiner Argumentation finden, den richtigen Zeitpunkt zu ihrem Vorbringen erspüren und hierbei – adressatenorientiert – »die richtigen« Worte finden. Er muss all diese abstrakt festzulegenden Komponenten der Überzeugungsarbeit mit seiner eigenen Person transportieren. Stärken und Defizite in seinen persönlichen Möglichkeiten minimieren und optimieren den Transport. Eine der wichtigen selbstkritischen Aufgaben eines jeden Verteidigers ist daher eine ständige Selbstbespiegelung und Reflexion dieses Teils seiner Überzeugungsarbeit. **564**

Auch im Bewusstsein festgefügter Denkstrukturen beim Gegenüber ist es der Qualität der Überzeugungsbildung abträglich, sich diesem gegenüber anzupassen. Wer die Wünsche seines Gegenüber antizipiert und allein hierauf seinen eigenen Auftritt anpasst, wird im Ergebnis weniger Akzeptanz und Aufmerksamkeit ernten. Das Tor für die Aufnahme des Gesagten wird vielmehr dann weiter aufgestoßen, wenn der zu überzeugende Richter beim Anwalt Authentizität verspürt. Es ist offen- **565**

---

361 Vgl. zum Rollenverständnis des Verteidigers bei sog. Verständigungsgesprächen *Jungfer* Zur Psychologie des Vergleichs im Strafverfahren, StV 2007, 380 ff.

sichtlich das Gespür für Aufrichtigkeit, das beim Zuhörer die Bereitschaft fördert, sich auch inhalt-lich mit dem Gesagten auseinanderzusetzen.[362]

566   Hier gibt es Stellschrauben, an denen Verteidiger/innen Optimierungen vornehmen können: von der Höhe und der Lautstärke seiner Stimme, der Modulation seiner Gesten bis hin zur Variation seines Erscheinungsbildes durch die Kleidung. Die natürlichen Voraussetzungen sind allerdings nur sehr beschränkt modifizierbar. Das primäre Bemühen um ein authentisches Auftreten beschränkt jedoch die Bandbreite der Variation. Auch der beste Schauspieler ist in seinen Ausdrucksformen limitiert. Sobald der Eindruck des unnatürlichen Verbiegens eines Auftritts überwiegt, können die Bemühungen um Unterstützung der Überzeugungsbildung in ihr Gegenteil umschlagen.

567   Unzählige Untersuchungen haben gezeigt, dass **Aussehen, Auftreten, Kleidung** und andere Faktoren des um Überzeugung bemühten Menschen letztlich **ausschlaggebende Faktoren** für die Akzeptanz der Argumentation sind. Der Simplifizierung und Trägheit der menschlichen Gemütswelt entspricht es auch, dass diese Eindrücke in einer sehr frühen Phase des Kontakts fest gezurrt werden. Die ers-ten Sekunden eines neuen Kontakts müssen daher als die entscheidenden gelten. Als Binsenweisheit gibt jeder Berater einem Probanden für dessen Bewerbungsgespräch mit auf den Weg: Für den ers-ten Eindruck gibt es keine zweite Chance. Achtlosigkeit kann hier auch dem Verteidiger Überzeu-gungspotenzial unwiederbringlich entziehen.

568   Ein solcher maßgeblicher **erster Kontakt** wird regelmäßig die entscheidenden Personen nicht als Robenträger erst in der Hauptverhandlung zusammenführen, vielmehr wird es in der Regel arran-gierte Vorgespräche geben. Die Zeichen, die der Verteidiger durch sein Auftreten bei diesem ersten Kontakt setzt, werden auch spätere Kommunikationssituationen entscheidend beeinflussen und sind unter Umständen niemals revidierbar. Die Idee, einen Richter in seinem Dienstzimmer erstmalig zu besuchen, weil der Verteidiger ohnehin zufällig »im Hause« ist, dürfte angesichts der Spontanei-tät regelmäßig kontraproduktiv sein. Der **Wirkungsgrad des äußeren Auftritts** bedarf vielmehr einer bewussten Effektivierung.

569   Eine defensive Verteidigungshaltung in der Sache kann mit einem zurückhaltenden, vielleicht sogar mür-rischen Auftritt deutlichst demonstriert werden. Wenn demgegenüber die Kommunikationsbereitschaft des Gerichts erst eingefordert werden soll, öffnet sich häufig dieses Tor durch perfekt und charmant vor-getragene Smalltalk-Versatzstücke. Die lässige Jeanshose weckt beim Vorsitzenden der Wirtschaftsstraf-kammer Zweifel, ob sich der Verteidiger praktisch in dem von ihm beackerten Feld auskennt, während der Jugendrichter dieselbe Bekleidung zum willkommenen Anlass nehmen kann, in gemeinsamer boden-ständiger Verantwortung über eine sinnvolle Erziehungsmaßregel des in unglücklichen familiären Ver-hältnissen aufgewachsenen Mandanten nachzudenken.

570   Das Bemühen um Authentizität ist das Bemühen um Wirkung beim Gegenüber. Nicht das subjek-tive Gefühl des Einsseins mit sich selbst ist das Ziel, sondern der Eindruck beim Betrachter.

        Elvis Presley selbst soll zu Lebzeiten an einem Elvis-Doppelgänger-Wettbewerb teilgenommen haben. Von 17 Teilnehmern landete er auf dem 4. Platz. Der Vorstellung der Zuschauer von einem richtigen Elvis entsprachen damit drei andere Personen eher als das eigentliche Original. An diesen Vorstellungen gilt es, sich bei der Darstellung der Authentizität zu orientieren.

571   **Fazit:** Im Rahmen der die Authentizität des Verteidigers prägenden Momente darf der erste Kontakt weder hinsichtlich der Kleidung, noch der Gelegenheit, noch des sprachlichen Duktus dem Zufall überlassen werden. Das, was der Verteidiger präsentiert, muss er unbedingt glaubwürdig präsentie-ren. Die Arbeit an einem derart authentischen Auftreten in der Verteidigerrolle setzt das Ziel voraus, beim Kommunikationspartner den Eindruck zu erwecken, in Harmonie mit sich und der Sache zu stehen. In der Variationsbreite menschlichen Agierens kann nur derjenige wirken, dessen Fühlen, Denken, Reden und Handeln ganz offensichtlich in Einklang stehen. Ist der zur Schau gestellte Kampf für den Außenstehenden nur Pose, ist die an den Tag gelegte Kompromissbereitschaft nur Sympathie heischende Unterwürfigkeit, werden beide Handlungen im Überzeugungsprozess ihre

---

362   *John/Jeong/Gino/Huang* The self-presentational consequences of upholding one's stance in spite of the evidence. Organizational Behavior and Human Decision Processes, 2019.

Wirkung verfehlen. Ist der selbst überzeugte Mensch in seiner Situation notwendiger Weise Kämpfer, wird er demgegenüber für seinen Kampf vom Gegenüber respektiert, agiert er souverän und nachdenklich, wird ein Nachgeben als Klugheit und Diplomatie akzeptiert. Nur wenn die Emotionen, das Handeln und das Reden als stimmig und zwangsläufig angesehen werden, kann der übermittelte Inhalt auch Wirkung entfalten. Auf diesem limitierenden Hintergrund sind die allgemein gehaltenen Kommunikationsvorschläge zu sehen.

b) Kommunikationsatmosphäre

Die **Kommunikationsbedingungen des Prozesses** zum Erreichen dieses Ziels sind zwar sehr speziell.   572
Abseits der durch Gesetz und Räumlichkeiten verordneten Distanz sowie der Rollen- und Statusverteilung werden allerdings die grundsätzlichen Erkenntnisse über menschliche Kommunikation in unserer Gesellschaft nicht außer Kraft gesetzt.

Der Erfolg der Überzeugungsarbeit der Verteidigung hängt maßgeblich von der **Optimierung der**   573
Kommunikationssituation ab. Wer bei Gericht die Überzeugung vermitteln will, dass ein aufrichtig auftretender Zeuge angesichts eigener Unzulänglichkeiten der Wahrnehmung die Unwahrheit sagt oder wer den Realitätsbezug einer weit von der richterlichen Lebenserfahrung liegenden Einlassung des Mandanten unterstreichen will, der kann sein Anliegen nur durchsetzen, wenn er die Kommunikationssituation zutreffend analysiert und für sich optimal nutzt.

Effektive Kommunikation muss **adressatenorientiert** sein. Erst nach dem Eintauchen in den Horizont des Gegenübers darf man sich Hoffnung machen, etwas gedanklich bewegen zu können. Fügt   574
sich das vom Verteidiger gezeichnete Bild in die Gedanken- und Gefühlswelt der entscheidenden Richter, ist die erste Voraussetzung für einen Einfluss auf die Gestalt der zu treffenden Entscheidung gegeben.

Kampf, Streit und Auseinandersetzung verursachen bei den meisten Menschen zunächst negative   575
Gefühle, die eine inhaltliche Annäherung erschweren oder sogar blockieren. Überzeugung in einer Kontroverse setzt außer dem guten Argument die Fähigkeit voraus, den eigenen Beitrag in eine **belastungsfreie Atmosphäre** zu kleiden. Wenn ein Gespräch nicht gut und böse, richtig und falsch mit den personenbezogenen Implikationen thematisiert, sondern gemeinsam der Weg durch ein objektives Problemfeld gesucht wird, verblasst der inhaltliche Kampf. Der Austausch selbst konträrer Argumente in Freundlichkeit und Fairness wird so möglich. Der Gemeinsamkeit der Problemsuche und -lösung stehen beiderseitige Beiträge entgegen, die schon in ihrer äußeren Gestaltung unausgewogen sind. Auch der überzeugungsgeladene Verteidiger, der noch ein Dutzend Argumente vorzutragen hat, muss daher Gelegenheit zur richterlichen Reaktion schaffen.

c) Akzeptanz des Kommunikationspartners

Zugang zur richterlichen Überzeugungsbildung mittels Kommunikation setzt die Schaffung einer   576
Grundbedingung von Kommunikation voraus: **Akzeptanz des Kommunikationspartners.** Dies bezieht sich nicht nur auf Rolle und Status, sondern insbesondere auch auf die Person des Kommunikationspartners. Kommunikation leidet oder wird sogar endgültig unmöglich, wenn das Selbstwertgefühl des Gesprächspartners verletzt wird. Der konstruktive Fluss neuer Ideen und Gedanken ist nur dann möglich, wenn er nicht überlagert wird von dem Bedürfnis des Richters, seine Person zu verteidigen. Was simpel als Forderung formuliert werden kann, wonach jeder der Diskussionspartner am Ende der Diskussion sein »Gesicht wahren« kann, setzt unter Umständen eine schwierige Einschätzung der Verteidigung voraus. Einer inhaltlichen Kontroverse hat eine Einschätzung vorauszugehen, wo die Verletzungsgrenze des richterlichen Selbstwertgefühls erreicht ist.

Die Folgen einer Verletzung können sich für die Verteidigung negativ bis katastrophal auswirken. **Reak-**   577
tanzen von Kommunikationspartnern sind wissenschaftlich belegt, die sich von dem unangenehmen Gefühl, von einem anderen dominiert zu werden, durch die Einnahme einer gegenteiligen Position

befreien. Der Eindruck der Dominanz und Besserwisserei seitens des Verteidigers ist kommunikations-psychologisch regelmäßig desaströs.[363]

578   Allgemeine Kommunikationsregeln geben ein Weiteres vor: Optimale Kommunikation findet da statt, wo die **beiderseitigen Bedürfnisse** ausreichend beachtet werden. Je deutlicher der Verteidiger auf die Bedürfnisse seines Gesprächspartners eingeht, desto eher wird er sein eigenes Gesprächziels umsetzen können. Bedürfnisse im Sinne der Kommunikationstheorien sind hierbei nicht vorder-gründig flüchtige Ziele, sondern ein in der Persönlichkeit tief verwurzeltes Streben. Die Ausrichtung dieser Bedürfnisbefriedigung kann existenziell sein, gerichtet auf die Grundbedürfnisse oder Sicher-heitsbestrebungen. Für die Kommunikation maßgeblich ist zum einen das soziale Zugehörigkeits-bedürfnis des Gesprächspartners, zum anderen das den eigenen Status und die Machtposition tan-gierende Anerkenntnisbedürfnis. Das im sozialen Kontext eingebettete Ich bedarf der immerwährenden Bestätigung.

d) Stroke the judge!

579   Die Situation der strafrechtlichen Hauptverhandlung modifiziert die gesellschaftlichen Grundbe-dingungen der Kommunikationssituation. Allgemein stellen die Befriedigung des Bedürfnisses nach Anerkennung der eigenen Zugehörigkeit zu einer bestimmten Gruppe und darüber hinaus die Bestätigung des eigenen Status wesentliche Teile einer potenziell erfolgreichen Kommunikation dar. Die Strafprozessordnung weist dem Richter und insbesondere dem Vorsitzenden des Kollegialge-richts das **Organisationsprimat** der Hauptverhandlung zu. Der damit verbundene Status ist weiter Interpretation zugänglich. Von der Häuptlingsrolle mit absolutem Führungsanspruch bis zur schlich-ten Gesprächsleiterfunktion können die Verständnismöglichkeiten des Richters hinsichtlich seiner eigenen Position variieren. Die Erfassung der jeweiligen Interpretation dieser Rolle durch die Ver-teidigung ist Voraussetzung, um das hieraus resultierende Bedürfnis im Gesprächskontext zu befrie-digen. Die erforderliche psychologische Sicherheit des richterlichen Kommunikationspartners setzt die Anerkennung des von ihm definierten Status voraus.

580   Dass Beeinflussungen nur sehr mühsam mit dem Mittel der Drohung (oder gar Strafe) zu realisieren sind, erfährt der Verteidiger oft genug in der Wirkung der staatlichen Strafe auf seinen Mandanten. Umso weniger darf er auf die Wirkung explizit dem Richter angedrohter Übel vertrauen, sei es die Revision, die öffentliche Meinung oder die Erschwerung des Prozesses, um tatsächlich eine Über-zeugungswirkung zu entfalten. Nicht die Befürchtung, sondern das befriedigende Gefühl, Belohnung und Zustimmung zu erfahren, ist der maßgebliche Faktor für die vom Verteidiger intendierte rich-terliche Überzeugung.

581   Das explizite Lob eines Verteidigers wird hier nicht der maßgebliche Eindruck sein. Die zumindest unterschwellige **Anerkennung für die Konkordanz richterlichen Handelns mit einem abstrakten Rollenanspruch** hat demgegenüber ein weitergehendes Überzeugungsgewicht. Jeder Richter will diesem Rollenbild entsprechen und nimmt die Anerkennung hierfür auf. Die Einhegung des Rich-ters in seine eigenen Rollenklischees ist häufig der positive Ansatz, um auf der Basis eines rechtlich akzeptierten Argumentationsansatzes positive Wirkungen im Sinne des Mandanten erzielen zu kön-nen. Die Diskussionsblockade durch einen seitens des Richters zur Schau gestellten Autoritätsge-fälles kann nur so neutralisiert und zum Vorteil des Angeklagten argumentativ gewendet werden, wenn das hinter dieser Autorität stehende Rollenverständnis betont und durch die akzeptable Argu-mentation der Verteidigung inhaltlich gefüllt wird. Die in Lob und Anerkennung seitens des Ver-teidigers entstehende Bindung ebnet den Weg zu einer gemeinsamen Diskussionsgrundlage.

582   Inkonsequenz ist für den Entscheider emotional beunruhigend, Beharrungstendenzen sind die Folge. Der argumentative »Angriff« gegen bereits erfolgte (Zwischen-) Entscheidungen des Richters ist daher weniger Erfolg versprechend als das positive Anknüpfen an diese Entscheidung, ihre anschlie-

---

363   Zur Reaktanz-Theorie s. z.B. *Aronson/Wilson/Akert* Sozialpsychologie, 8. Aufl. 2014, S. 252 f.; *Barton* Einführung in die Strafverteidigung, § 15 Rn. 15.

ßende Relativierung und Richtungsänderung aufgrund neuer Argumente. So ist es zumeist kontraproduktiv, einen Richter mit der Fragwürdigkeit seiner Entscheidung zur Eröffnung im Zwischenverfahren zu konfrontieren. Das entscheidende Argument in der Hauptverhandlung sollte (auch wenn es sich schon nach Aktenlage aufdrängte) mit dem Verständnis für die gefällte Eröffnungsentscheidung angesichts der Besonderheit der »blutleeren« Aktenbewertung verknüpft werden. Nur wer die richterliche Denkrichtung aufnimmt, kann sie verändern.

Will der Verteidiger erfolgreich den Prozess der richterlichen Überzeugungsbildung im Sinne seines **583** Mandanten anstoßen, kann dies nur auf der Grundlage der richterlichen Erfahrung geschehen, in seiner Rolle und in seinen Bedürfnissen akzeptiert zu werden. So wie jeder Lernprozess grundsätzlich nur über Anerkennung erfolgreich gestaltet werden kann, bedarf auch der Richter des umfassend positiven Feedbacks. Die erkannten Bedürfnisse des Richters erfordern zur Begründung einer positiven Kommunikationssituation »**Streicheleinheiten**«. Das ist weit entfernt von der – regelmäßig gerade nicht erwarteten – anwaltlichen Unterwürfigkeit. Die Streicheleinheiten müssen jedoch stets durch die Art und Weise einer Respektbekundung der notwendigen Anerkennung Raum geben. Dass ein solches Anerkennungsverhalten der Verteidigung nicht mit schlichter Gefälligkeit zu verwechseln ist, dokumentiert der von der angelsächsischen Kommunikationswissenschaft in diesem Zusammenhang gebrauchte Begriff »*stroke*«. Er bedeutet sowohl Schlagen als auch Streicheln. Selbst kritische, »schlagende« Bemerkungen müssen von dem Grundtenor der Anerkennung des Status und der Bedürfnisse des Richters getragen sein. Das grundsätzliche Motto für den Verteidiger könnte daher lauten: Stroke the judge!

> Grundlage der Arbeit psychologisch orientierter Überzeugungstheoretiker ist die Einsicht, dass jeder **584** Überzeugungsversuch damit beginnen muss, sich Aufmerksamkeit zu verschaffen und den Gegenüber nicht in eine Defensivposition zu manövrieren. Die Betonung von Gemeinsamkeiten gehört ebenso dazu wie eine positve Ansprache. Erst dann soll die eigentliche Forderung formuliert, und mit einem verbindlichen Element abgeschlossen werden.[364]

e) Das überlegene Verteidigerwissen

Überzeugungsarbeit trifft bereits im gewohnten sozialen Umfeld auf besondere Hemmnisse. Wer **585** überzeugen will, beeinflusst seinen Gegenüber in seiner Entscheidung. Die normale Reaktion des Beeinflussten ist seine Reaktanz – einen nahezu zwangsläufigen Widerstand gegen jede Art der Manipulierung. Selbst bei Akzeptanz rationaler Argumentation dominiert beim Entscheider das Bedürfnis, eine eigenständige und unbeeinflusste Entscheidung zu treffen. Das gilt erst recht in einer Kommunikationssituation, in der dem Entscheider schon aus formalen Gründen die Rolle des Lenkers einer Kommunikationssituation zugewiesen ist. Erfolgreiche Überzeugungsarbeit setzt zumindest die Kenntnis dieser Mechanismen voraus; Überzeugungsarbeit besteht auch darin, diese Mechanismen auszuhebeln.[365]

Überlegenes Wissen sollte zur Grundausstattung des Verteidigers gehören. Es ist die maßgebliche **586** Voraussetzung, um das prozessuale Machtgefälle zu konterkarieren. Der Anspruch des um das Mandantenwohl besorgten Verteidigers muss dahin gehen, dass er zum einen den Akteninhalt sehr viel besser präsent hat als das Gericht, zum anderen in seinem Arbeitsalltag sehr viel häufiger Zeitschriften mit aktuellen Entscheidungen gelesen und die denkbaren rechtlich dogmatischen Fragen für den anzuwendenden Fall sehr viel intensiver durchdrungen hat. Das Zur-Schau-Stellen dieser Überlegenheit wird allerdings regelmäßig für den Kommunikationsprozess abträglich sein. Wenn der Hinweis der Verteidigung auf das, was »richtig« ist, bei Gericht den Eindruck erzeugen muss, dass das Gericht etwas »falsch« gemacht hat oder sich zumindest in die falsche Richtung bewegt, besteht der primäre Reflex darin, den gefühlten Angriff durch Verteidigung der alten Positionen abzuweh-

---

364 *Winch* The squeaky wheel. Complaining the right way to get results, improve your relationships and enhance self-esteem, 2011.

365 S. aus der »Manager-Literatur« ausführlich z.B. *Cialdini* Pre-Suasion, 2017; *Pantalon* Motivation, 2015; *Perloff* The Dynamics of Persuasion, 6. Aufl. 2017; *Winch* The squeaky wheel, 2011.

ren. Nicht die Kategorien falsch oder richtig und das überlegene Wissen des Verteidigers hierum können Beeinflussungswirkung erzeugen, sondern nur das »Mitnehmen« auf einen Gedankengang.

587 Die **Kunst der Überzeugung** liegt darin, dem Richter nicht das eigene Ergebnis vorzugeben, sondern ihm den gedanklichen Weg aufzuzeigen, der ihn zur **als autonom empfundenen Erkenntnis** führt. Derjenige Überzeugungsweg ist der erfolgversprechendste, an dessen Ende der Entscheider einen eigenständigen Gedankengang fühlt. Demgegenüber rückt das Überzeugungsziel in weite Ferne, wenn bei dem Entscheider das Gefühl dominiert, ihm solle etwas aufgezwungen werden. Die Konservierung der Handlungsmacht ist gerade in der Kommunikation mit Richtern ein entscheidender Faktor.

588 Kommunikation hat darüber hinaus die Attitüde zu berücksichtigen, mit der ein Richter dem Strafverteidiger gegenübersteht. Die Demonstration des Selbstverständnisses des Verteidigers wird wenig dazu beitragen, eine überzeugungswirksame Kommunikation aufzubauen, wenn sie das entgegengesetzte Verständnis des Richters zu dieser Rolle ignoriert. Verteidiger produzieren aus Sicht des Gerichts massives Misstrauen. Man glaubt nicht an die Redlichkeit und Zuverlässigkeit anwaltlichen Prozessverhaltens, wenn auf der Richterbank das Bild des Anwalts vom schwankenden, käuflichen und beliebigen vorherrscht. Die vom Gesetz gestellte Aufgabe der Einseitigkeit des Verteidigers wird zwar akzeptiert, im persönlichen Umgang allerdings schnell in die Kategorie einer fehlenden subjektiven Aufrichtigkeit umgemünzt. Fühlt sich allein das Gericht der Objektivität der Vorgehensweise und dem Ziel der Wahrheit verpflichtet, muss Verteidigung nicht nur als Hindernis betrachtet werden, sondern unter Ausblendung des gesetzgeberischen Sinns der Kontrolle und Selbstreflektion des Gerichts als unredliches Hindernis empfunden werden.

f) Reziprozität

589 Auf besonders subtile Art kann das Prinzip der **Reziprozität** Eingang in das Geschehen der Hauptverhandlung finden.

590 Es gibt einen tief verankerten Sozialisationsprozess in den Menschen[366] unseres Kulturkreises, völlig unabhängig von eigenen Sichtweisen und eigenem Nutzen, das Bedürfnis anderer in ihren Verhaltensweisen zu berücksichtigen. Ob aus Angst vor gesellschaftlichen Repressalien, aus der Internalisierung sozialer Normen oder gar der Verankerung in unseren Hirnen – das Ergebnis der psychologischen Forschungen weist den kaltherzigen egozentrischen Menschen in das Reich der Fantasie.

591 Es existiert eine Fülle von Experimenten und Studien zu dem »Diktator-Spiel«, in dem Probanden aufgefordert werden, einen geschenkten Geldbetrag mit einem Dritten zu teilen. Auch wenn das Einbehalten der gesamten Summe nicht sanktioniert wird, spendet der Proband regelmäßig 10–25 % in uneigennütziger Weise an den Dritten.[367] Neurologen versichern, dass bei diesem altruistischen Verhalten dasselbe Belohnungszentrum im Hirn aktiv wird wie im Fall des eigenen Erhalts des Geldes.

592 Das Verständnis des **Altruismus** als Wurzel langfristigen eigenen Vorteils eröffnet sich plausibel nur über konkrete Verbundenheit. Anonymität verschüttet diese Verhaltensoption nahezu vollständig. Bereits die Existenz von Kommunikation – völlig unabhängig von ihrem Inhalt – befördert daher signifikant die Tendenz der Bezogenheit des eigenen Handelns auf die Person des Kommunikationspartners.[368] Dies gilt erst recht, wenn diese Kommunikation zusätzliche Verpflichtungsgefühle auslöst.

---

366 Untersuchungen weisen diesen Impuls sogar generell der Tierwelt zu, s. z.B. *de Waal* Putting the Altruism Back into Altruism: The Evolution of Empathy, Annual Review of Psychology 59, 2008, 279–300; *ders.* Das Prinzip Empathie 2011.

367 S. z.B. *Vanberg* Rationality, Rule Following and Emotions: on the Economics of Moral Preferences, Papers on Economics and Evolution 621, 2006.

368 S. hierzu in einer Abwandlung des »Diktator-Spiels« durch Kommunikationselemente: *Andreoni/Rao* The power of asking: how communication affects selfishness, empathy, and atruism 2010.

Das – sogar biopsychologisch erklärbare – Prinzip der Reziprozität[369] beschreibt einen häufig unbewussten Ablauf des automatisierten gegenseitigen Gebens und Nehmens. Völlig unabhängig von Gefühlen der Sympathie lassen sich Menschen in Kommunikationssituationen von dem inneren Antrieb leiten, dass sie aufgrund eines vorhergehenden Gefallens des Gegenübers diesem in ihrer Reaktion »etwas schulden«. Es ist offensichtlich eine kultivierte Lebenseinstellung unserer Gesellschaft, abseits jeder Kumpanei einem anderen nichts schuldig bleiben zu wollen. Im täglichen Leben führt dies häufig dazu, dass ansonsten niemals vorgenommene Handlungen tatsächlich erfolgen, weil man sie instinktiv als Gegenleistung für eine vorhergehende Gefälligkeit eines anderen wahrnimmt. Reziprozität kann den Verteidiger selbst treffen, wenn nach einem freundlichen Entgegenkommen des Vorsitzenden (beispielsweise bei einer Terminsfrage) suggestiv Konzessionen an einer ganz anderen Stelle eingefordert werden. Die Verteidigung kann das Prinzip allerdings ebenso für sich einsetzen und durch eigene Verhaltensweisen Automatismen des Entgegenkommens auf der Richterbank auslösen.

Diesen Automatismen wird auch der verschlossenste Richter erliegen. Das unmittelbar beeinflussbare Feld des Gebens und Nehmens wird sich allerdings zumeist nur auf die Art und Weise des Prozessierens auswirken. Die Vorstellung, dass der Richter intuitiv bei einer Strafe im Urteil nur deswegen unter seinen ursprünglichen Vorstellungen bleibt, weil er meint, dem Verteidiger für dessen vorhergehendes Verhalten eine Gegenleistung zu schulden, dürfte den Einfluss des geschilderten Sozialisationsprozesses überschätzen.   **593**

Dennoch macht dieses Prinzip die unbewusste Steuerung von Entscheidungsprozessen auf anderer Ebene deutlich. Das Bedürfnis nach Reziprozität, das Gefühl des Schuldens, wird auch dadurch ausgelöst, dass eine vorhergehende Bitte des Gegenübers ausgeschlagen wird. Der Ausschlagende wird regelmäßig bei einer erneuten Diskussion über dieselbe Thematik plötzlich instinktiv zu Ergebnissen bereit sein, die er ohne die vorhergehende schroffe Ablehnung isoliert zuvor niemals akzeptiert hätte. Nach einer Ablehnung – so die Beobachtung der psychologischen Wissenschaftler – fühlt der Ablehnende offensichtlich eine stärkere innere Verpflichtung, wieder zu einer harmonischen Gesamtsituation zurückzukommen.   **594**

Insofern ähneln die Erkenntnisse denen der Ankerheuristik. Die Konsequenz für die Verteidigung kann zumindest bei der Verständigung zugänglichen Themen nur daraus bestehen, die Gespräche mit sehr hohen, aber nicht völlig abstrusen Forderungen einzuleiten. Nach entsprechender Ablehnung des Gegenübers steigen hierdurch allerdings die Chancen, in einem insgesamt akzeptablen Bereich doch noch zu einer Verständigung zu gelangen.   **595**

g) Rhetorik

Inhaltlich ist die Aufgabe der Verteidigung, einen am Mandanteninteresse orientierten Beitrag zum Kampf ums Recht im Rahmen der Hauptverhandlung zu leisten. Kämpfen (als Inhalt der Kommunikation) mit dem Ziel, das Gegenüber zu beeinflussen, erscheint im Prozess allerdings wenig Erfolg versprechend. Nur der Besiegte eines Kampfes beugt sich dem Anliegen seines Gegners. Ist der Besiegte des Kommunikationskampfes im Prozess der Richter, eröffnet ihm der ungestörte Prozess der Urteilsfindung ausreichend Möglichkeiten, Verletzlichkeiten zu kompensieren. **Rhetorik** gilt allgemein als die Technik, Einverständnis herzustellen. Juristische Rhetorik ist die Technik, aktuell wirksames Recht herzustellen.[370] Seit antiken Zeiten[371] ist die Struktur der Überzeugungsbildung   **596**

---

369 Grundlegend: *Regan* Effects of Favor and Liking on Compliance, Journal of Experimental Social Psychology 7, 1971, 627–639.

370 *Gast* Juristische Rhetorik, 5. Aufl. 2015, Rn. 34 ff.; s. auch: *Haft* Juristische Rhetorik, 6. Aufl. 1999; zu konkreten Hinweisen für die Rede – insbesondere das Plädoyer – des Strafverteidigers s. MAH-Strafverteidigung/*von Trotha*, 2. Aufl. 2014 § 36 Rhetorik; *Barton* Einführung in die Strafverteidigung, 4. Aufl. 2013 § 15.

371 Vgl. z.B. *Aristoteles* Rhetorik; *Marcus Fabius Quintilianus* Ausbildung des Redners.

durch Sprache erkannt und vielfach untersucht worden. Nicht überreden oder überrumpeln kann das Ziel des um Überzeugung bemühten Akteurs sein, sondern nur der Gleichklang der Ansichten.

Der Weg zum Gleichklang führt auch hier über die Emotion. Das Eindringen in die Entscheidungswelt des Zuhörers wird vom limbischen System des Gehirns dominiert. Die Kompetenz des Redners wird angesichts komplexer, mit gewichtig erscheinenden Fremdwörtern gespickter, elegant zelebrierter Vortragsweise erfüllt. Die Rezeption des Gedankengangs der Rede hängt demgegenüber von der Leichtigkeit ihrer Verarbeitung ab. »Fließt« der Argumentationsstrom unschwer in das aufnahmebereite Ohr, löst allein die Leichtigkeit einen positiven Affekt aus, und fördert so die gewollte Verarbeitung.[372]

Rhetorik will das Aufnehmen der Gedanken des Redners durch den Adressaten optimieren. In diesem Ziel umfasst sie unterschiedliche Dimensionen.

597   Rhetorik knüpft an Sprache an. Wer einen Richter oder Staatsanwalt sprachlich überzeugen will, greift instinktiv auf den besonderen Code der gemeinsam erlernten **Juristensprache** zurück. Sie hat nichts mit der Alltagskommunikation zu tun, hebt sich stattdessen stolz durch konstruierte Komplexität ab. Norminalkonstruktionen, dominierende Passivformulierungen, plumpe sperrige Begriffe zeichnen das eingeübte Sprachverständnis des Juristen aus. Der Laie empfindet sie maßgeblich als unverständlich. Der Jurist selbst mag es, sich auf diesem ebenso elitär wie exklusivem Terrain zu bewegen.

Die Wurzel dieses Sprachcodes mag im Umgang mit Gesetzestexten liegen, deren Stil nicht darauf angelegt ist, spontane Evidenz hinsichtlich des Regelungsgehalts beim Leser zu fördern. In der Notwendigkeit der Abstrahierung mag Anschaulichkeit und Flüssigkeit der Sprache zwangsläufig leiden. Warum allerdings beim Sprechen über das Gesetz derselbe Sprachduktus anzuwenden ist, bleibt das Geheimnis der Juristen. Für Richter wird hier teilweise propagiert, dass die gedrechselte Sprache bewusst einer kommunikativen »Selbstverleugnung« gleichkommt. Ein Richter würde im persönlichen Gespräch stets andere Formulierungen wählen. Sobald er sich allerdings – im Sinne Montesquieus – als »la bouche de la loi« fühlt, gehört zum Selbstverständnis die Transformation des Subsumtionsakts in der Kunstsprache der Juristen.

598   Ob formalisierte Rechtsprache allerdings jemals die besondere Distanz und Objektivität des Richters ausgedrückt hat, darf bezweifelt werden. Die Dokumentation gesetzlicher Korrektheit von richterlichen Entscheidungen durch die Behauptung sprachlicher Fremdbestimmtheit erscheint eher vergangenen Epochen zuzuweisen zu sein. Es ist kaum zu verkennen, dass zahlreiche »moderne« Richter ein solches Ideal nicht einmal anstreben. Deftige und nahezu hemdsärmelige Formulierungen zur Abqualifizierung des verurteilten Angeklagten sind – zumindest in der mündlichen Urteilsverkündung – ebenso geläufig geworden wie pathetische Überhöhungen von Gemeininteressen.

Der Verteidiger muss die Juristensprache kennen. Selten wird sie das Medium sein, um positiv Überzeugungen zu transportieren. Andererseits: Liegt das Bedürfnis des Redners gerade darin, bei Gericht negative Assoziationen zu bedrückenden Verbrechensschilderungen abzubauen, kann der Juristencode emotionale Distanz fördern.

599   Die sprachliche Darstellung des eigenen Gedankengangs setzt zunächst Ideen zur Strukturierung des Vortrags voraus. Systematik und juristische Logik scheinen hier oft unumstößliche **Gliederungen** vorzugeben. Solche schon in universitären Klausuren eingeübte Gedankenstrukturen haben den Vorteil, auf ein übereinstimmendes Strukturenverständnis beim juristischen Adressaten zu treffen. Sie haben den Nachteil, dass dem logischen Aufbau das brisante Spannungselement fehlt, das erst die besondere Aufmerksamkeit beim Zuhörer auslöst. Selektion und Konzentration auf die wirkungsvollen Argumentationspunkte sind eher eine sinnvolle Vorgabe für die Rhetorik des Verteidi-

---

372 Zur Schwierigkeit der Rezeption komplizierter Begrifflichkeiten s. *Oppenheimer* Consequences of Erudite Vernacular Utilized Irrespective of Necessity: Problems with using long words needlessly. Applied Cognitive Psychology. 20 (2): 139–156, 2006.

gers. Die Vollständigkeit eines juristischen Argumentationsbildes sollte ohnehin allein der richterlichen Entscheidung vorbehalten und gerade nicht im Überzeugungswege vorgegeben werden.

Rhetorik umfasst die **Sprechweise**. Ist das Erscheinungsbild einer Person abseits des Inhalts ihrer Botschaft deren maßgeblicher Katalysator beim Empfänger, ist allein die Stimme des Redners entscheidend für den Transport seiner Worte.

> Ein Klassiker der englischen Anwaltsliteratur beschreibt sechs grundlegende Qualitäten anwaltlichen Agierens vor Gericht; die erste lautet: »a good voice«. Die Stimme müsse nicht laut sein, aber klar und pointiert.[373] Auch wenn das verführerische Timbre einer Stimme eine nicht kopierbare Gabe einzelner ist, lässt sich in diesem Bereich Fehlervermeidung erlernen. Lautstärke ist für jeden modulierbar. Die Tonhöhe sollte es sein – insbesondere im Bewusstsein des Verteidigers/der Verteidigerin, dass als schrill empfundene Äußerungen beim Zuhörer mehr Abwehrreaktionen auslösen als Zuwendung zu Redner(in) und Geredetem.   600

Der Fluss der Gedanken bedarf der begleitenden Wärme der Sprache ebenso wie der Vermeidung jeglicher Störelemente in der Kommunikation. Lärmende Lautstärke und schrille Tonhöhen werden vom Empfänger ebenso als unangenehm empfunden wie schnappende Atmung, verunsichernde Flicklaute (»...ähh«) oder nuschelnde Artikulationen. Auch bei der Beschränkung auf die individuellen Kapazitäten eines Sprechenden lassen sich hier sehr wohl Strategien zur Vermeidung übermäßiger Störfaktoren entwickeln. Das gilt ebenso für Tempo, Lautstärke und Redepausen des Beitrages. Kann Schnelligkeit Hektik signalisieren oder fördert offensichtlich die Bedächtigkeit des Vortrages die Ungeduld der zuhörenden Richterbank, muss der Verteidiger modifizieren und insoweit für harmonische Grundbedingungen sorgen.   601

In ihrer Störfunktion kann allerdings auch eine Pause mitten im Satz, die durch das Unsicherheit signalisierende »äh...« gefüllt wird, positive Kommunikationsfunktion erfüllen. Scheint die Aufmerksamkeit des Zuhörers erloschen, fördert dessen Gefühl für die Ungewöhnlichkeit der Sprechsituation erneute Konzentration und Spannung. Eine als unpassend empfundene Pause hat den positiven Effekt, dass alle Köpfe und Gedanken sich (wieder) dem Redner zuwenden. Dass sich dieser rhetorische Kniff alsbald verbraucht, dürfte allerdings deutlich sein.   602

Rhetorik ist vor allem auch **Wahl von Worten und Satzbau**. Hier sind Juristen geprägt durch die Botschaft ihrer wissenschaftlichen Ausbildung, dass inhaltliche Richtigkeit mit einem hohen sprachlichen Grad an Komplexität einhergeht. Dass das Ergebnis mit weitgehender Verständnislosigkeit in nicht juristischen Bevölkerungskreisen einhergeht, wird als Ausweis des eigenen Status geschätzt. Dieses Bild der rhetorisch glanzvollen juristischen Rede kollidiert eklatant mit den gerichtlichen Kommunikationsbedingungen.   603

Das sprachliche Gewand des Verteidigungsvorbringens mag hohen Ansprüchen an Eleganz und Originalität entsprechen. Sollte die Botschaft das Gericht nicht erreichen, ist der Kommunikationsversuch gescheitert. Nicht die Darstellung der eigenen Eloquenz ist daher das Ziel des kommunizierenden Verteidigers, sondern die **Verständlichkeit** seines Anliegens. Hat er bereits Bekanntschaft mit dem hemdsärmeligen Verhandlungs- und Sprachumgang eines Amtsrichters gemacht, kann die Reduktion der Sprachkomplexität das Gebot der Stunde sein.   604

> *»Eine gute Rede hat einen guten Anfang und ein gutes Ende – und beide sollten möglichst dicht beieinander liegen.«* Mark Twain   605

Sollen Stellungnahmen tatsächlich »wirken«, sind sie nicht nur insgesamt zeitlich überschaubar zu gestalten, sondern darüber hinaus in der Darstellungsform allein ausgerichtet auf eine simple Verständlichkeit. Verschachtelte Nebensätze und Parenthesen überfordern – jedenfalls auf Dauer – die Aufmerksamkeit auch des begabtesten Zuhörers. Nur ein klarer Gedankengang kann auch überzeugend transportiert werden. Für den Redenden selbst ist es ein sinnvoller Test dieser Stringenz, den Gedankengang schlicht in mehrere kurze Hauptsätze zu fassen.   606

---

[373] *Munkman* The Technique of Advocacy 1951, Reprint 2008, S. 5 f.

607 Auch wenn die Bedingungen der Verteidigungsrhetorik einzigartig sind, erscheint es sinnvoll, die Adaption von Erkenntnissen zur effektiven Rede aus anderen Kontexten zumindest zu überprüfen. So schildert *Anderson*[374] beispielsweise ebenso ausführlich wie eindringlich, unter welchen Bedingungen eine 20-minütige Rede auf der kalifornischen Konferenz TedTalks erfolgreich sein kann. Die Hinweise zur Erzeugung von Neugierde beim Zuhörer, zum Spannungsaufbau eines Vortrags, zur Qualität des »roten Fadens«, zur Anschaulichkeit erläuternder Bilder und zur Verankerung persönlicher Erfahrungen lassen sich – je nach Intention – durchaus auf das rhetorische Anliegen des Verteidigers übertragen. Die Grundidee einer abenteuerlichen Reise, auf die die Zuhörer insbesondere mit emotionaler Anteilnahme mitgenommen werden, gilt es unter Wahrung des gerichtlichen Leitbildes von Distanz und Rationalität umzusetzen. Zumindest hilft die Beschäftigung mit alternativen Präsentationsmöglichkeiten, das verunsicherte Versteckspiel hinter angelernten juristischen Prüfungsschemata zu überwinden, und einen eigenen authentischen Überzeugungsweg auch in der Rede zu finden. Die Kraft der Erzählung wird auch der Verteidiger ebenso schätzen wie die Einsichten in die beschränkten Aufnahmekapazitäten eines Zuhörers oder die Wirkung der freien Rede.

608 Auf dieser Basis kann die Rede des Verteidigers durchaus zu einem rhetorisch kunstvollen Beitrag werden, wenn elegante Darstellungsmittel zur Optimierung des Kommunikationszwecks eingesetzt werden. So kann die Anschaulichkeit der eigenen Gedankenführung durch Metaphern oder Bildsprache ebenso gesteigert werden wie durch konkrete Vergleiche oder persönliche Bezugnahmen. Die Eindringlichkeit der tragenden Argumente kann durch – grammatikalisch unzulässige – Verkürzungen, Wiederholungen oder Betonungen erreicht werden. Paraphrasen und Wortspiele steigern – wenn nicht ihr ästhetischer Selbstzweck durchscheint – Aufmerksamkeit und Akzeptanz beim Zuhörer. Gleiches gilt für die kommunikative Einbeziehung des Zuhörers, beispielsweise durch rhetorische Fragen. Auch der dosierte Einsatz von Ironie kann zur Verdeutlichung von abgelehnten negativen Ergebnissen durch die Verteidigung sinnvoll sein, wenn damit nicht ein Verletzungspotenzial des Zuhörers einhergeht.

609 **Beispiele:**

– **Wiederholungen (Epizeuxis)**

Wiederholungen sind das sprachlich entscheidende Moment, um Kernbotschaften effektiv zu übermitteln. Besonders deutlich tritt der Effekt in Verbindung mit einer sprachlichen Eleganz auf, die diese Wiederholung entweder an den Anfang oder das Ende aufeinander folgender Sätze platziert (»Ein Pferd! Ein Pferd! Mein Königreich für ein Pferd!« **Richard III., William Shakespeare**).

610 Ein Beispiel der geschliffenen Wiederholung in einer rhythmischen Sprachkomposition findet sich bei **Cicero:**

»Welches Gesetz galt in dieser Sache? Die Gewalt.

Wer saß zu Gericht? Die Gewalt.

Wer vollstreckte das Urteil? Die Gewalt!«

611 Die Wiederholung von Kernbegriffen ist auch ein hervorragendes Stilmittel, um durch Anknüpfungen in verschiedenen Sätzen dem Zuhörer das Folgen des eigenen Gedankengangs zu erleichtern.

»Verletzt haben ihn die Worte. Worte, die eine tiefe Demütigung enthielten. Aus der Demütigung befreite ihn der aufwallende Zorn. Ein plötzlicher, unkontrollierbarer Zorn. Ein Zorn, der das Messer vor ihm als das einzige Mittel der Befreiung ansah. Eine Befreiung (...).«

612 – **Bilder und Metaphern**

Sprache kann Gedanken stets nur unvollkommen transportieren. Allzu unscharf ist der Bedeutungsgehalt von Worten. Zu volatil sind individuelle Rezeptionen des Gesagten. Die philosophischen Konzepte, Verständigung in wichtigen Fragen durch ein anderes präziseres Medium – ähnlich der Mathematik oder

---

374 *Anderson* TEDTALKS, Die Kunst der öffentlichen Rede, Das offizielle Handbuch, 2017; zur historischen Entwicklung der Rhetorik mit zahlreichen Beispielen s. *Schloemann* I have a dream. Die Kunst der freien Rede. Von Cicero bis Barack Obama, 2019.

Geometrie – herzustellen, sind bekanntlich gescheitert. Wer notgedrungen mit dem Mittel der Sprache agieren muss, sollte deren Wirkweise kennen: Worte regen Vorstellungen beim Zuhörer durch die Assoziation von Bildern an.

So sehr sich Juristen des besonderen Umgangs mit dem Abstrakten zur Lösung rechtlicher Problematiken   613
rühmen, so sehr ist dessen Betonung in der Rede ein entscheidendes Hindernis für den Zuhörer, dem Gedankengang zu folgen. Es sind Bilder, die die Vorstellungen des Menschen prägen. Der sprachliche Transport von Ideen folgt weniger dem mathematisch Abstrakten, sondern erzeugt mit Metaphern eine sinnlich erfassbare Vorstellungswelt. Das Konkrete, das Anschauliche, das Bildhafte regt an, inspiriert und eröffnet den Weg, der Verteidigung zu folgen. Worte erschaffen eine subjektive Realität, sie sind das bildhafte Gerüst, an dem sich der Gedankengang des Zuhörers orientiert. Metaphern lenken diesen Vorgang in drastischer Weise, da Bilder nicht suggeriert, sondern explizit und expressiv angeboten werden. Trifft das gewählte Bild die Vorstellungswelt des Zuhörers, ist die Weiche gestellt, den Gedankengang im Sinne des Redenden fortzuführen. Verursacht das Bild nichts als negative Emotionen, kann demgegenüber eine Abwehrhaltung erzeugt werden, die das Überzeugungsziel in weite Ferne rückt.

Was **Alsberg**[375] schon vor langem zu der »Masse« der Laienrichter sagte, beschreibt nicht weniger die   614
Empfindungen der Berufsrichter:

> *Wer mit den Massen in Kontakt kommen will, darf nicht den Weg über die logische Schlußkette suchen, sondern nur über die bildhafte Vorstellung. Denn die Masse kann nur in Bildern denken und deshalb läßt sie sich auch am meisten durch Bilder beeinflussen. Bilder verführen, Bilder lösen Gefühle aus; am meisten die Bilder des Wunderbaren*

Auch Vorsitzende Richter mit einem hohen Anspruch an ihre juristische Kompetenz sind in ihrer Auf-   615
nahmefähigkeit in der Hektik, Dynamik und langen Dauer eines Strafprozesses limitiert. Sie sind ebenso eingenommen von dem Bedürfnis, die schwer zu ertragene Komplexität ihrer Entscheidungsgrundlage zu reduzieren. Abstrakte juristische Systematik entlarvt die inakzeptable Unvollständigkeit des Arguments der Verteidigung. Das Konkrete und Bildhafte vermeidet zum einen die Distanz des rein Sprachlichen und vermittelt zum anderen in erleichterter Form die emotional gesteuerte Orientierung auch auf der Richterbank.

> *Dealen mit Heroin ist damals für meinen Mandanten gewesen wie Steilwandfahren mit dem Motorrad. Ständig Vollgas. Hätte er gebremst, wäre er abgestürzt*.

Der Metapher gelingt sehr viel eher als jeder sozialwissenschaftlichen Erklärung die Eigendynamik des Rauschgifthandels zu versinnbildlichen und damit die juristischen Kategorien der strafschärfenden Dauer der Taten und Vertiefung des Unrechts zu relativieren. Metaphern konstruieren weit mehr als andere Sprachmöglichkeiten die Wirklichkeit, sie geben durch das gewählte Bild Deutungsmöglichkeiten ebenso vor wie Reaktionen auf dieses Bild. Wenn Politiker bei einem darbenden Wirtschaftszweig von einem »Patienten auf der Intensivstation« sprechen, kommt kein Zuhörer auf die Idee, das kränkelnde Wesen sterben zu lassen, die Notwendigkeit der aktiven Hilfe erscheint evident. Spricht der Fußballtrainer von seinem »Spielermaterial«, wird das Spiel automatisch bar jeder menschlichen Komponente als Taktikphänomen erfasst. Metaphern manipulieren, sind sie zu plump, führt der erkannte Manipulationsversuch zum Gegenteil. Nicht die Hemmungslosigkeit einer Bilderflut verspricht Erfolg, sondern die akzeptierte Visualisierung vorliegender Bewertungsstrukturen beim Zuhörer.

– Vergleiche   616

Konkretisierende und vergleichende Beispiele stellen den Gedankengang der Verteidigung in einen auch für den Zuhörer greifbaren Zusammenhang. Je direkter es gelingt, mit Beispielen in die Gedankenwelt der Zuhörer einzudringen, umso eher wird der Eindruck der Plausibilität erzeugt. Nutzlos sind Beispiele des Sports, wenn der Richter offenbar ein vergeistigter Literat ist. Umgekehrt nutzt die vergleichende Heranziehung von Beispielen aus der Literatur wenig, wenn der Interessenhorizont des Zuhörers nicht über die Lektüre der Tageszeitung hinaus reicht.

---

375 *Alsberg* Der Prozeß des Sokrates im Lichte moderner Jurisprudenz und Psychologie, Schriften zur Psychologie der Strafrechtspflege, Heft 1 1928, Nachdruck bei Taschke, Max Alsberg – Ausgewählte Schriften 1992, 303, 316.

617 – **Litotes**

Gerade die Darstellung des eigenen Mandanten verlangt besonderes rhetorisches Geschick, wenn seine als besonders negativ empfundene Tat unbestritten und daher eine Strafmaßverteidigung im Raum steht. Verharmlosende Formulierungen bewirken beim Zuhörer eher das Gegenteil. Eine **Dämpfung von Emotionen** verspricht das Stilmittel der Litotes, mit der schlicht das Gegenteil verneint wird.

Nicht	**Sondern**
»Hier hat mein Mandant besonders dreist gelogen«	*»Der Umgang mit der Wahrheit war bei ihm offensichtlich nicht sehr aufrichtig.«*
»Bei der Schlägerei im Wirtshaus hat mein Mandant besonders brutal zugeschlagen«	*»Auch mein Mandant war bei der körperlichen Auseinandersetzung nicht gerade zurückhaltend.«*
»Mein Mandant ist natürlich sehr vermögend«	*»Zugegeben, mein Mandant ist nicht gerade arm.«*

618 – **Fragen**

Kernbotschaften werden nicht immer erfolgreich durch grobschlächtige Behauptungen vermittelt. Überheblichkeiten und Besserwisserei werden beim Adressaten eher mit Abwehrhaltungen belohnt. Effektiver ist es, diese Botschaft in die **Form vorsichtigen Fragens** zu kleiden.

»Was wäre in Ihnen und mir vorgegangen, wenn die von uns heiß geliebte Freundin uns plötzlich derart demütigt? Hätten wir den Kopf gesenkt und das Zimmer verlassen? Oder wäre nicht vielleicht auch in uns ein unwiderstehlicher Schmerz aufgestiegen?«

Werden Evidenzen in **rhetorische Fragen** gekleidet, ist der hierdurch vermittelte Denkanreiz besonders effektiv.

619 – **Hyperbel**

Ein hervorragendes Stilmittel, um die Fragwürdigkeiten eines gegnerischen Arguments oder einer unvorteilhaften Verfahrensentwicklung zu kritisieren, ohne selbst durch positive Formulierungen hierzu Stellung beziehen zu müssen, sind Übertreibungen und Überzeichnungen. Die positive Wirkung eines derartigen Anstoßes hängt allerdings auch von der Verfahrensatmosphäre ab, in der u.U. eine mit der Überzeichnung verbundene Verletzung des kritisierten Gegners vom Gericht als dominierend empfunden wird.

»Immerhin kann mein Mandant froh sein, dass der deutsche Gesetzgeber die Todesstrafe abgeschafft hat.«

(Als erste Reaktion auf offensichtlich übertriebene Strafmaßvorstellungen, die von der Staatsanwaltschaft geäußert werden).

620 – **Understatement**

Das explizit geäußerte Understatement unterstreicht Bescheidenheit, vermeidet schädliche Überheblichkeit und bereitet den Boden für einen effektiven Transfer der Kernbotschaften.

»Ich bin mir darüber im Klaren, dass ich auch nicht annähernd die komplexen psychischen Zusammenhänge der hier zu beurteilenden Tat erfassen kann. Lassen Sie mich dennoch zwei Gesichtspunkte ausführen, die mir im Besonderen aufgefallen sind...«

Auch Authentizität kann rhetorisch genutzt werden. Authentisch ist insbesondere derjenige, der sich zu der menschlichen Fehleranfälligkeit bekennt. Der seine fehlende Perfektion oder Erkenntnis bedauernd einräumende Verteidiger darf auf Sympathie bei Zuhörern hoffen. Fehler einzuräumen erfordert Mut, die mutige Tat bewirkt Respekt. Die Offenlegung eigener Schwächen stärkt die Glaubwürdigkeit als Kommunikationspartner.[376] Strategisch wird die Akzeptanz eines vorgebrachten Verteidigungsarguments allerdings nur gefördert, wenn der (rhetorisch) eingeräumte Nachteil in einem unmittelbaren damit verbundenen Vorteil einsichtig gemacht wird.

---

376 *Lee/Peterson/Tiedens* Mea culpa: predicting stock prices from organisational attributions, Personality and Social Psychology Bulletin 30, 2004, 1636 ff.

– Spannung

621

Sprachlich lassen sich die Aufmerksamkeit erhöhende Spannungsbögen konstruieren.

»Das Schrecklichste an dem soeben von uns erlebten Auftritt des Zeugen ist nicht unbedingt seine Arroganz, mit der er unseren berechtigten Anliegen der Wahrheitssuche entgegentrat, es ist auch nicht die Tatsache, dass er die ihn mit der angeblich geschädigten Zeugin verbindenden Interessen nur sehr unbeholfen kaschierte, auch nicht sein merkwürdiges Stammeln auf die für ihn überraschend von der Verteidigung gestellten Fragen. – Schrecklich ist für die Verteidigung, dass der Zeuge offensichtlich nichts mehr wusste, sondern lediglich das wiederholte, was er noch gestern in seinem eigenen Vernehmungsprotokoll gelesen hatte.«

– Weitere Stilmittel

622

Im Übrigen kann sich der Verteidiger der zahlreichen kategorisierten Stilmittel der Rhetorik bedienen, wie sie sich zum Teil schon seit der Antike entwickelt haben. Hierzu zählen beispielsweise die **Alliterationen**, die **Antistrophe** (die Wiederholung desselben Wortes jeweils am Anfang des Satzes), die **Aporia** (der gespielte Ausdruck von Zweifel), die **Hyperbel** (Übertreibung zur Betonung: »todmüde«), das **Paradox**, der **Pleonasmus** (Gebrauch von überflüssigen Wörtern zur Botschaftsverstärkung), die **Synecdoche** (Benutzung des Teils für das Ganze: »Berlin hat entschieden«), oder die **Prolepsis** (die Vorwegnahme eines Einwands).[377]

Der harte »Kampf ums Recht« kann oft erfolgreich nur **mit weichen Worten** geführt werden. »Widerspruch« und »Beanstandung« sind häufig der prozessuale Anlass, um eine dem gerichtlichen Vorgehen entgegenstehende Meinung des Verteidigers zu äußern. Selten kann sich auch ein erfahrener Richter von der umgangssprachlich empfundenen provozierenden Härte dieser Begriffe lösen. Hier besteht die sprachliche Kunst des Verteidigers darin, diesen Begriffen die konfrontative Schärfe zu nehmen und erläuternd – ausgehend von der grundsätzlichen Akzeptanz der beanstandeten gerichtlichen Maßnahme – die eigene Vorstellung als sinnvolle Weiterführung darzustellen, ohne deren Alternativcharakter übermäßig zu betonen.

623

Eine Selbstverständlichkeit gilt auch im Spiel mit rhetorischen Elementen: Wir können nicht *nicht* kommunizieren. Selbst Passivität und Ignoranz wirken beim potenziellen Kommunikationspartner. Will die Verteidigung durch Kommunikation etwas erreichen, muss die Wirkung des eigenen Vorgehens kritisch analysiert und ggf. durch Modifikationen optimiert werden. Selbst das Schweigen und der gesenkte Blick des Verteidigers zu einem Zeitpunkt, zu dem das Gericht eine Stellungnahme erwartet, wirkt. Er kann ebenso wirkungsvoller Kommentar der Verteidigung zu einem nicht weiter zu kommentierenden unfassbaren Fehlverhalten des Richters darstellen wie schlichtes Desinteresse an dem Prozessgeschehen.

624

Der Umgang mit der Rhetorik beinhaltet auch das Bewusstsein über die Wirkung der **Körpersprache**. Jede Körperhaltung signalisiert dem Kommunikationsempfänger eine zusätzliche Botschaft. Jeder Empfänger hat gelernt, dass emotionale Impulse des Senders regelmäßig eine körperliche Reaktion hervorrufen, der Körper damit wie ein Sender unwillkürlich und pausenlos kommuniziert. Dieses Muskelspiel ist zwar vom Sender selbst nur sehr beschränkt beeinflussbar, zumindest bei Gesten und Mimik sollte der Verteidiger allerdings sich seiner Wirkungen bewusst sein und ggf. Modulationen einüben.

625

Dass beispielsweise das Kratzen am Hinterkopf Unsicherheit signalisieren muss, sollte ebenso deutlich sein wie das Aggressionen und Vorwurf ausdrückende Vorstrecken des Zeigefingers. Die Bewegungen der Handflächen, das Wiegen des Kopfes, das Lächeln und das Runzeln der Stirn, der gesenkte Blick oder das zustimmende Nicken – der bewusste Einsatz der Körpersprache ist überall da notwendig, wo die Argumentation eines zusätzlichen Transmissionsriemens in der Kommunikation bedarf.[378]

626

Sprachliche Kommunikation funktioniert nur bedingt in der Übermittlung verbalisierter Codes. Die Bedeutung der Präsentation abseits jeden Inhalts ist wissenschaftlich eindrucksvoll belegt. Schon

627

---

377 *Plett* Systematische Rhetorik 2000; *Baumgarten* Compendeum Rhetoricum. Die wichtigsten Stilmittel 2007.

378 S. z.B.: *Molcho* Körpersprache im Beruf 2001; *ders.* Das ABC der Körpersprache 2006.

das frühe »Dr-Fox-Experiment« zeigt, wie sehr die Faszination bei Zuhörern von optischen und sprachlichen Eindrücken fern jeder Botschaft abhängt. Bereitet die gute Rhetorik selbst inhaltsleerem Gerede einen aufnahmebereiten Nährboden, muss Verteidigung die Mittel der Präsentation nutzen, um den inhaltlichen Überzeugungseffekt zu optimieren.

628   Zur Durchführung des Experiments wurde ein Schauspieler engagiert. Das ihm völlig unbekannte Material bekam er in zwei Sitzungen präsentiert. Das Thema des Vortrags lautete »Mathematical Game Theory as Applied to Physician Education« (Die Anwendung der mathematischen Spieltheorie in der Ausbildung von Ärzten). Der Inhalt war völliger Unsinn. »Dr Fox« hatte von der Materie keine Ahnung. Einer Gruppe von Psychiatern und Psychologen auf einer Ausbildungskonferenz wurde er als »Experte auf dem Gebiet der Anwendung der Mathematik auf das menschliche Verhalten« vorgestellt, der schon vieles publiziert habe. Selbst den erfahrenen Zuhörern konnte Fox das Gefühl vermitteln, etwas gelernt zu haben. Sie hingen an den Lippen des Referenten. Doch »Dr Fox« hatte nichts anderes gemacht, als aus einem Fachartikel über Spieltheorie einen Vortrag zu entwickeln, der ausschließlich aus unklarem Gerede, erfundenen Wörtern und widersprüchlichen Feststellungen bestand, die er mit viel charmanter Gestik, Humor und sinnlosen Verweisen auf angeblich andere Arbeiten vortrug.[379]

h) Wiederholungen

629   Das Stilmittel der Wiederholung mag nach strengen literarischen Maßstäben verpönt sein, in problematischen Kommunikationssituationen ist es manchmal unentbehrlich. Als rhetorisches Stilmittel ist es bereits dargestellt (s.o. *Epizeuxis*). Repetition ist jedoch ein allgemeines Element der Überzeugungsarbeit, wenn nur auf diesem Weg die den Zuhörer auch emotional beeindruckende Hartnäckigkeit erzeugt werden kann.

630   Wenn es argumentativ nicht darum geht, dem Gericht die Illusion zu belassen, ein Argument selbst entdeckt zu haben – was die Verteidigung nur mit einer Haltung der größten Beiläufigkeit produzieren kann –, sind emotionale Verankerungen beim Zuhörer häufig nur durch Repetitionen möglich. Auch ein grundsätzlich vom Gericht nicht akzeptiertes Argument kann im Urteil nicht mehr vernachlässigt oder beiseitegeschoben werden, wenn seine vielfache Erwähnung im Verfahren sich in den Köpfen aller Beteiligten eingebrannt hat.

▶ **Beispiel:**

631   Dem Angeklagten wird eine Vergewaltigung vorgeworfen. Er bestreitet. Das einzige Beweismittel ist die karge Aussage des angeblichen Opfers, in der sich keine Anhaltspunkte dafür finden, weshalb der Angeklagte plötzlich einen Geschlechtsverkehr mit gewaltsamen Mitteln durchsetzen wollte. Ist der Angeklagte nicht vorbestraft, ist es ein entscheidendes Argument der Verteidigung, auf die bisherige gesetzestreue, gewaltlose Lebensführung des Mandanten hinzuweisen, für deren Abänderung in der angeblichen Tatsituation keine Veranlassung bestand. Jede Frage an Zeugen wird daher – zum Teil in wörtlicher Wiederholung – die beanstandungsfreie Lebensführung des Angeklagten thematisieren, jede Stellungnahme nach einzelnen Beweiserhebungen wird im Kern diesen Satz enthalten, der zur Begründung der Beweisanträge ebenso herangezogen wird wie im Plädoyer. Wer diese Botschaft verinnerlicht hat, kann sie nicht mehr ignorieren und nur noch mit einem erheblichen argumentativen Aufwand entkräften.

632   Die stilistisch unbeliebten Wiederholungen können für die Verteidigung auch aus anderen Gründen nützlich sein. So kann die Videovorführung einer automatischen Kamera einer U-Bahn-Station auf beeindruckende Weise deutlich machen, in welch brutaler Weise der angeklagte Mandant auf einen Fahrgast eingeschlagen hat. Der Film wird im Gerichtssaal Beklemmung, Angst und vielleicht sogar Wut auslösen, die sich in einem extremen Strafmaß niederschlagen könnte. Die Reduzierung dieses

---

379 *Naftulin/Ware/Donnelly* The Doctor Fox Lecture: A Paradigm of Educational Seduction. Journal of Medical Education 48, 1973, 630–635; Teile des Original-Videos finden sich bei http://www.youtube.com/watch?v=hbg5q8c20os.

emotionalen Anteils im richterlichen Urteil kann durch Wiederholungen dieser Szene erreicht werden. Wenn die Verteidigung durch jeweils auf einen immer neuen peripheren Aspekt abstellende Begründungen das abermalige Vorspielen des Videos erreicht, wird regelmäßig der primäre Schrecken gebändigt und der Weg geebnet, frei von Angstgefühlen einem Sachverhalt analysierend zu begegnen.

i) Bestätigung durch Widerlegung

Prinzipieller Bezugspunkt jeder intellektuellen Auseinandersetzung der Verteidigung ist der Anklagevorwurf. Die Verteidigung hat daher nicht die Aufgabe, primäre Erkenntnis und Bewertung zu vermitteln, sondern gegen bereits vorliegende Bewertungsstrukturen anzukämpfen, sie aufzudecken, zu desavouieren und eine Umkehr von Bewertungssträngen zu bewirken. Wer eine Geschichte als falsch entlarvt, hinterlässt in der Vorstellungswelt seines Gegenübers eine Lücke. Deren Füllen mit der Alternativgeschichte ist daher eine der wesentlichen Voraussetzungen für Überzeugungsarbeit. 633

Dieses Phänomen beschreibt eine weitere Herausforderung von Überzeugungsarbeit: Lücken schließen sich offensichtlich alsbald wieder mit bewusst beiseitegeschobenen Falschargumenten. Die »klassische« Überzeugungsmethode des rationalen Agierens kann damit Wirkungen erzeugen, die genau das Gegenteil des Überzeugungsziels bedeuten. 634

> Eine Impfung gegen die saisonale Grippe könne diese Krankheit erst recht auslösen – so die Meinung der meisten in einem Test Befragten. Sie hätten daher entschieden, sich nicht impfen zu lassen. Wissenschaftlern gelang es, die Befragten davon zu überzeugen, dass dies eine Fehlinformation sei. Nichts spreche gegen eine Impfung. Die Befragten akzeptierten ihr Argument als falsch. Allerdings: Als sie später nochmals befragt wurden, ob sie sich nun impfen lassen wollten, war die Zahl der Skeptiker nicht gesunken. Das Fazit der Wissenschaftler: Dem menschlichen Hirn widerstrebt jede »Enttäuschung« einer einmal gefassten Entscheidung; die sog. rationale Widerlegung zerschellt am Selbstverständnis des Entscheiders.[380] 635

Das Bemühen, Denkschemata von der verinnerlichten plausiblen Geschichte des Anklagesatzes wegzuführen, wird nicht nur durch das allgemeine bereits beschriebene Phänomen der Confirmation-Bias beeinflusst. Die Kognition des Richters filtert nicht nur neue bestätigende Elemente aus einem Erkenntnisprozess heraus, sie ignoriert nicht nur Informationen, die im Widerspruch zu lieb gewonnenen Bildern stehen. Auch der explizit und unüberhörbar widersprechende Verteidiger trägt unter Umständen mit seinem dezidierten Widerspruch dazu bei, das angegriffene Bild zu festigen. 636

Von einem bestimmten Niveau an ist das menschliche Gehirn in der Lage, sich ein bereits existierendes Bild – insbesondere bei tief verwurzelten religiösen oder politischen Überzeugungen – auch nicht durch Fakten zerstören zu lassen. Phänomenal ist die Fähigkeit, gerade aus der Auseinandersetzung des »Gegners« eine Bestätigung zum Gegenstand der Auseinandersetzung herauszufiltern. Jedes Gegenargument setzt voraus, sich auf das angegriffene Bild zu beziehen. Zwangsläufig muss damit gerade dieses Bild fortlaufend erwähnt werden, immer und immer erscheint es verbal und visuell vor den Augen des zu Überzeugenden. Es atmet damit einen stärkeren Eindruck für Existenz und Richtigkeit aus, als die einzelnen Argumente jemals widerlegen könnten. 637

Fundamentalisten lassen sich daher zu weltanschaulichen Fragen kaum in einem argumentativ ausgelegten Prozess überzeugen.

> Der religiös geprägte Mensch wird in der Vielzahl der atheistischen Argumente nur diejenigen Elemente an sich heranlassen, die die fehlende persönliche Fähigkeit des Argumentierenden zum Glauben dokumentieren. Der Anhänger der Homöopathie wird in der ausufernden Kritik an der nicht nachgewiesenen Wirksamkeit der Methode nur diejenigen Argumente registrieren, die die Stützung der traditionellen Schulmedizin belegen oder Hinweise auf den die Studien finanzierenden Pharmaindustrien finden. Konservative Politiker schaffen es, die ihnen von sozial eingestellten Oppositionen angebotenen Zahlenwerke 638

---

380 *Nyhan/Reifler* Does correcting myths about the flu vaccine work? An experimental evaluation of the effects of corrective information. Vaccine, 2014; DOI: 10.1016/j.vaccine.2014.11.017.

schlicht zu ignorieren. Fundamentalistische Gegner des Impfens erdrücken mit ihren Bedenken jeden Nützlichkeitsansatz der Medizin.[381]

639 Was für Fundamentalisten gilt, erstreckt sich ebenso auf die Überzeugung von Mythen oder liebgewonnenen Geschichten. Das Phänomen einer einmal internalisierten schlüssigen Geschichte ist ihre Immunisierung gegen Argumentationselemente, die diese Geschichte infrage stellen könnte. Es fällt dem Hirn schwer, sich von Fehlinformationen, mit denen es einmal in Berührung gekommen ist und auf die eine solche Geschichte gründet, wieder zu befreien.

640 Das wohl bekannteste Experiment starteten die Psychologen Johnson und Seifert. Sie legten ihren Testpersonen eine Akte mit Informationen über den Brand eines Lagerhauses vor. Hierbei hieß es zunächst, dass das Feuer ausgebrochen sei, weil es einen Kurzschluss in einer Kammer gegeben habe, in der Lack- und Gasflaschen gelagert worden waren. In einer zweiten Phase stellten die Tester ausdrücklich ihre Ursprungsinformationen richtig. Es sei zwar zutreffend – so teilten sie den Probanden mit – dass es einen Kurzschluss gegeben habe. Falsch sei es allerdings, dass sich am Brandort leicht entzündliche Stoffe befunden haben. Alle Teilnehmer des Tests bekräftigten, dass sie diese Änderung registriert haben. Später erfolgende Tests führten jedoch zu dem eindeutigen Ergebnis, dass sie die ausdrücklich als falsch angeführten Details letztlich nicht aus ihrem Bewusstsein gestrichen hatten. Einige Zeit nach dem ersten Test zu dem Geschehensablauf befragt, gab ein großer Teil auch die ausdrücklich als Fehlinformation gekennzeichneten Fakten als Teile der Geschichte wieder. Die Fehlinformationen wirkten schlicht weiter.

641 In der Argumentationsarbeit hat die Verteidigung zu berücksichtigen, dass die Zerstörung einer Legende mit deren häufiger Erwähnung letztlich deren verstärktes Wiederaufleben bewirkt. Eine falsche, aber simple gestrickte Geschichte ist kognitiv attraktiver als deren komplexe Widerlegung. Die Verinnerlichung einer Geschichte – insbesondere des im Anklagesatz geschilderten Tathergangs – ist in der Schwerarbeit des Richtens ein angenehmer Ausgangspunkt. Selbst die vom Gesetz beim Richter vorausgesetzte Fähigkeit des kritischen Überdenkens muss aus psychologischer Sicht häufig scheitern. Denn je stärker Menschen versuchen, Alternativen zu verstehen, desto mehr fokussieren sie sich auf ihre ursprüngliche Ansicht; die Einbeziehung von Gegenargumenten kostet mentale Kraft. Diese Kraftanstrengung mündet mit hoher Wahrscheinlichkeit in dem Ergebnis, dass die ursprüngliche eigene Überzeugung nicht erschüttert sei.[382]

642 Das gilt erst recht für den besonders schlauen Richter. Allgemein werden die besonders individuellen Kapazitäten bei sogenannten rationalen Techniken genutzt, um das eigene Überzeugungsbild argumentativ zu stützen und gegen Angriffe zu verteidigen. Helfen beispielsweise besondere mathematische Fähigkeiten bei der von jeder emotionalen Befangenheit freien Analyse – beispielsweise bei der Bewertung einer Salbe –, werden diese besonderen Fähigkeiten in aufgeladenen und polarisierenden Entscheidungen genutzt, um objektive Ergebnisse manipulativ in die bereits geformte Überzeugung einzubetten.[383] Was für unterschiedliche Auffassungen zum Klimawechsel nachgewiesen ist,[384] muss sich auch in einer emotional aufgeladenen Fragestellung niederschlagen, ob sich ein Tathergang so wie von der Anklage beschrieben tatsächlich zugetragen hat. Logisches Denken und herausragende Argumentationstechnik bewirkt exakt das Gegenteil der an rechtsstaatlichen Kriterien gemessenen Analyse eines Beweisergebnisses: Es hilft bei der Auslegung zum gewünschten oder gefühlten Ergebnis.[385]

643 In diesem Dilemma befindet sich die Verteidigung. Je intensiver unzutreffende Ausgangspunkte der Anklagegeschichte erwähnt werden, desto häufiger wird Bezug genommen auf die im Eröffnungs-

---

381 *Cook/Lewandowsky/Ecker* Neutralizing misinformation through inoculation: Exposing misleading argumentation techniques reduces their influence, PLoS 5.5.2017.

382 *Schwarz/Sanna/Skumik/Yoon* Metacognitive experiences and the intricacies of setting people straight: Implications for debiasing and public information campaigns, Advances in Experimental Social Psychology 39, 2007, 127–161.

383 *Kahan u.a.* Motivated numeracy and enlightened self-government, 2017 Behavioural Public Policy May 2017, Vol. I, Issue 1.

384 *Nurse/Grant* I'll See It When I Believe It: Motivated Numeracy in Perceptions of Climate Change Risk, Environmental Communication, June 2019.

385 S. auch SZ 2019, 25.6. Nr. 144 S. 14: »Zahlen drehen – Mathematische Begabung hilft, sich die Welt schönzudenken.«.

beschluss bereits internalisierte Geschichte des Anklagesatzes. Zwangsläufig wird damit der zu überzeugende Richter immer wieder mit der – ohnehin für plausibel gehaltenen – Anklagegeschichte konfrontiert.

Das Entzaubern von Mythen kann häufig nur über den Zauber des Simplen erfolgen. Ein »Entlarvungshandbuch«[386] kommt zu dem Ergebnis, dass die Überforderung des Gegenübers mit Argumenten ein fataler Kommunikationsfehler sei. Während die Vielzahl der Argumente zum konträren **Backfire-Effekt** führt, lässt sich der Irrtum effektiv nur entkräften, wenn die eigenen Thesen simpel und mit wenigen Argumenten vorgetragen werden. Die den eigenen Vortrag stützenden Fakten müssen im Mittelpunkt stehen, nicht die Bezugsgeschichte des zu entlarvenden Mythos. Prägnante, kognitiv leicht zugängliche Faktendarstellungen sind regelmäßig der einzige Schlüssel, um ein Umdenken zu bewirken.[387]   **644**

> Zu einem vergleichbaren Ergebnis kommen Forscher, deren Primärinteresse in der Bewertung eines erhaltenen Geschenks durch den Beschenkten bestand.[388] Das ermittelte Geschenke Paradox entlarvt die Strategie des Schenkers »besser mehr als weniger«. Tatsächlich entwertet aus Sicht des Beschenkten ein beiläufiges Zusatzgeschenk den Wert des Hauptgeschenks. In einem weitergehenden Ansatz wird geschlossen, dass der (Informations-) Empfänger sein Augenmerk nicht auf Einzelheiten, sondern den Gesamteindruck legt. Der detailversessene Versender übersieht leicht die ganzheitliche Aufnahmeperspektive des Empfängers. Absolute Limitation der Information auf das Wesentliche ist der Rat der Autoren.   **645**

Argumentationsstrukturen, aber auch Hartnäckigkeit und Penetranz im argumentativen Auftreten setzen damit die schwierige Aufgabe der Selektion von Argumenten voraus. Der Verteidiger, der weiß, dass die Präsentation der gesamten Breite seines Argumentationsfundus genau das Gegenteil seines Überzeugungsziels hervorrufen kann, sieht sich der schwierigen Aufgabe gegenüber, die wenigen als entscheidend angesehenen Argumentationen vor seinem Auftreten zu selektieren. Er steht damit im Gegensatz zur Tradition zivilprozessualer Argumentation, die die Vollständigkeit des Argumentationsfundus anstrebt – was angesichts der fehlenden richterlichen Prägung durch eine Vorgeschichte tolerabel sein mag. Er ist darüber hinaus allerdings auch erklärungsbedürftig gegenüber seinem eigenen Mandanten, der die Qualität von Argumentationen u.U. anders gewichtet und deren Vernachlässigung möglicherweise als Kunstfehler ansieht.   **646**

j) Visualisierungen

Sprache markiert die Kommunikationsebene, auf der im Strafprozess der Informationsaustausch erfolgen soll. Sprache ist das entscheidende Kommunikationswerkzeug in unserer sozialen Kultur. Worte sind damit das entscheidende Mittel für die Überzeugungsarbeit des Verteidigers. Sprache erzeugt bei den Kommunikationspartnern allerdings keine mathematische Abstraktheit im Hirn, Sprache erzeugt primär Bilder. Die Sprache ist damit nur ein Hilfsmittel, das zum Denken notwendige Greifbare anzustoßen. Die Encodierung und der Abruf selbst komplexester mathematischer Formulierungen erfolgt primär über die Assoziation von Bildern. Das Arbeitsprinzip des Hirns ist das bildhaft Assoziative. Es sind die inneren Bilder, die das Orientierungsmuster für praktisches Handeln oder Visionen ebenso prägen wie für das Denken, Fühlen und (Entscheidungs-) Handeln.[389]   **647**

Konsequent haben Bilder unsere moderne Kultur erobert. Die prägnante Visualisierung ist als entscheidendes Transportmittel der modernen Kommunikation entdeckt, die Wissenschaft diagnostiziert in unserer Kultur einen Pictorial Turn.[390] Bilder unterstützen den Drang der Simplifizierung   **648**

---

386 *Cook/Lewandowsky* The debunking handbook 2012.

387 So auch die Schlussfolgerungen bei *Man-pui Sally Chan u.a.* Debunking: A Meta-Analysis of the Psychological Efficacy of Messages Countering Misinformation, Psychological Science 2017.

388 *Weaver/Garcia/Schwarz* The Presenter's Paradox, Journal of Consumer Research 2012, Vol. 39 No. 3.

389 *Hüther* Die Macht der inneren Bilder. Wie Visionen das Gehirn, den Menschen und die Welt verändern, 9. Aufl. 2015.

390 *Mitchell* Pictorial Turn, in: Picture Theory. Essays on verbal and visual representation 1994, S. 3 ff.; *Boehm* Was ist ein Bild?, 3. Aufl. 2001, S. 13 ff.; *ders.* Wie Bilder Sinn erzeugen. Die Macht des Zeigens 2007.

einer unüberschaubar komplexen Welt. Bilder vermitteln durch aufgeladene Sinnhaftigkeiten verkürzte Botschaften. Ohne Piktogramme und Informationsgrafiken ist kaum noch ein Druckerzeugnis denkbar, ohne eine begleitende Powerpoint-Präsentation wagt sich kaum ein dozierender Manager vor seine Geschäftspartner.

649   Bilder veranschaulichen und fördern damit Rezeption und Abrufbarkeit einer Information. Bilder beschleunigen Kommunikationen, da durch die wahrgenommenen optischen Reize der Anstoß für einen Kommunikationsvorgang nur Sekundenbruchteile benötigt, wogegen sich die Aufnahme eines Textes unendlich träge darstellt. Die derart transportierte Information ist allerdings weit mehr als jedes Wort emotional besetzt.[391] Ist Wahrnehmung generell keine neutrale Rezeption von Reizen, sondern bereits ein verarbeitender Konstruktionsvorgang durch das Gehirn, ist dieser Konstruktionsprozess durch Bilder insbesondere durch die emotionalen Vorprägungen gesteuert. Automatisierungen und Schnelligkeit entziehen diesen Vorgang einer Steuerung. Gerade die emotionale Rezeption ist allerdings ein für die weitere Verarbeitung besonders markanter Faktor.[392] Ist die Überzeugungskraft von Bildern als nachhaltige Kommunikation erkannt, muss sich die Verteidigung ihrer zur Effektivierung ihrer Arbeit bedienen.

650   Recht und Rechtsfindung will sich dem Kommunikationsmittel des Bildes verschließen.[393] Rechtsvisualisierung hat allerdings schon längst begonnen.[394] Die Rechtsfindung im Prozess kann sich des Einflusses der Bilder nicht entziehen.

651   Bilder und Fotos werden auch im Strafprozess betrachtet. Im Wege des Augenscheins werden beispielsweise regelmäßig von der Polizei gefertigte Tatortfotos in zum Teil umfangreichen Bildermappen durchblättert. Gerade bei Schöffen, die die Akten zur Vorbereitung nicht gelesen hatten, lässt sich die Betroffenheit an den Gesichtern ablesen, wenn sie mit den Farbfotos eines durch mehrere Messerstiche Getöteten konfrontiert werden. Die drängende Präsenz der Bilder ist oft so unerträglich, dass der Blick des Betroffenen wenige Zentimeter neben dem präsentierten Bildband auf den Gerichtstisch geheftet wird. Die emotionale Wirkung hat das Bild allerdings bereits erzeugt.

Eine aktuelle Aufgabe von Verteidigung besteht darin, die für den Mandanten negative emotionale Kraft des Bildes zu minimieren.

652   Die Präsentation angsteinflößender Bilder – sei es durch Sachverständige oder eifrige Zeugen – muss mit allen prozessualen Mitteln verhindert werden. Sind sie tatsächlich präsentiert, muss ihre Wirkung reduziert werden. Emotionale Färbungen von Eindrücken auf der Richterbank lassen sich z.B. durch Wiederholungen beschränken.[395] Ist der in der U-Bahn aufgenommene Film über das brutal aussehende Zusammentreten eines Menschen durch den Mandanten mit dem Hinweis auf jeweils unterschiedliche Aspekte ein halbes Dutzend Mal vorgespielt worden, kann die richterliche distanzierte Analyse die Oberhand über den beim Anblick empfundenen Schmerz gewinnen. Abscheu oder gar die angsteinflößende Wirkung der Bilder auf das eigene Leben des Richters muss u.U. mit dem Zwang der intensiven Beschäftigung mit Bilddetails verdrängt werden.

653   Die eigene Nutzung der Erkenntnisse über visuelle Wirkungen setzt auf der einen Seite einen mit allen technischen Möglichkeiten ausgestatteten Verteidiger voraus, und auf der anderen Seite ein aufgeschlossenes Gericht, das trotz fehlender ausdrücklicher gesetzlicher Regelung die Äußerungsrechte der Beteiligten dahin interpretiert, dass deren inhaltliche Anliegen auch durch Visualisierun-

---

391   S. z.B.: *Schuster* Wodurch Bilder wirken. Psychologie der Kunst, 4. Aufl. 2003, S. 24 ff.; *Doelker* Ein Bild ist mehr als ein Bild 1997; *ders.* Die semantische Tiefe von Bildern, in: Sachs-Hombach (Hrsg.), Bildwissenschaft zwischen Reflektion und Anwendung 2005, S. 251 ff.; *Grau* Immersion und Emotion. Zwei bildwissenschaftliche Schlüsselbegriffe, in: Grau/Keil (Hrsg.): Mediale Emotionen 2005, S. 70 ff.

392   S. z.B. *Schramm/Wirth* Medien und Emotionen 2006, S. 40 ff; *Gerrig* Psychologie, 21. Aufl. 2015, S. 468 ff.

393   S. hierzu ausführlich *Boehme-Neßler* Bilderrecht. Die Macht der Bilder und die Ohnmacht des Rechts 2015.

394   Zu den praktischen Auswirkungen im Strafprozess s. z.B. *Witting* Präsentation von Beweisinhalten durch die Verteidigung, StraFo 2010, 133 ff.; *Beukelmann* Zeig mal! – Der Einsatz von Multimedia im Gerichtssaal, FS Volk 2009, S. 33 ff.

395   *Buchanan* Retrieval of emotional memories, Psychological Bulletin 133, 761 ff., 2007.

gen unterstützt werden können. Gerade bei komplexen wirtschaftlichen oder organisatorischen Zusammenhängen wird bei Gericht häufig Verständnis dafür zu erzielen sein, dass der notwendige Informationstransfer sehr viel effektiver mittels eines Power-Point-Vortrags erfolgen kann.

Schreckt die digitale Technik, lassen sich Effekte auch mit traditionellen Papier-Medien erzielen. So **654** kann der Verteidiger zur »Illustration« einer vorbereiteten mündlichen Stellungnahme zuvor an die Beteiligten ein vervielfältigtes Papierkonvolut aushändigen. Dass auf dem derart eröffneten Kommunikationsweg die Eindringlichkeit von Symbolen ebenso genutzt werden kann wie die unterschwellige Botschaft simpel strukturierter Bilder, ist eine Option, deren professionelle Nutzung bei Verteidigern zumeist noch aussteht. Wie stets bei unzureichendem Sachverstand gehört es zur effektiven Verteidigung, sich hier die Kenntnis von erfahrenen Kollegen oder Instituten zunutze zu machen.

IX. Die Einbeziehung der Medien

> *»Entscheiden wir Richter in spektakulären Verfahren so und nicht anders, weil wir aus der Höhe der Richter-* **655**
> *bank unseren Blick nur auf den Angeklagten unter uns richten, oder schielen wir nicht insgeheim auch in die*
> *oberen Stockwerke der Bürohochhäuser, wo in den Redaktionsstuben in einem außergerichtlichen Parallelver-*
> *fahren Journalisten über denselben Angeklagten zeitgleich zu Gericht sitzen?«[396]*

Adressat der Überzeugungsarbeit der Verteidigung ist das Gericht, und im Ermittlungsverfahren die **656** Staatsanwaltschaft. Formeller und informeller Kommunikation mit diesen Partnern stehen öffentliche Meinungsäußerungen der Verteidigung entgegen. Sie beeinträchtigen die Gesprächsatmosphäre durch die Zerstörung der Exklusivität des Kommunikationsweges. Sie geben ein Bild des Verteidigers ab, das konträr zu dem des verschwiegenen und handwerklich professionell kämpfenden Anwalts steht. Jede Form von Öffentlichkeit schadet dem Mandanten, erhöht die Prangerwirkung[397] und beschleunigt nachteilige Folgen des Verfahrens außerhalb des Gerichtssaals in seinem Privat- und Berufsleben.

Wer aus diesem Befund die absolute Richtschnur von Verteidigerhandeln ableitet, außerhalb der **657** Hauptverhandlung für das Verteidigungsverhalten nicht einmal den Hauch der Öffentlichkeit zu nutzen, entspricht zwar dem tradierten Bild des würdevollen und distanzierten Anwalts, wird aber den Notwendigkeiten einer effektiven Verteidigung in der modernen Medienlandschaft nicht gerecht. Medien sind auf Justizereignisse ebenso angewiesen wie die um Anerkennung beim Publikum buhlende Rechtspflege.[398] Printmedien, zahllose Fernsehsender und das Internet spiegeln das Interesse der Allgemeinheit an Strafverfahren mit einer nie gekannten Wucht wider. Das Prozessuale interessiert zumeist kaum, der Prozess ist nur der äußere Anlass, die Krönung einer Kriminalstory zu zelebrieren.[399] Aber nicht nur die besonders skandalträchtigen und prominent besetzten Strafverfahren interessieren die Öffentlichkeit. Die Verteidiger sehen sich zunehmend auch mit Berichterstattungen in unspektakulären Fällen konfrontiert; die Berichterstattung in der Rubrik »Neues aus dem Gerichtssaal« fordert täglichen Lesestoff. Ob und wie diese Berichterstattung die Verteidigungsstrategie beeinflussen kann und muss und wie hierauf zu reagieren ist, ist damit eine Fragestellung, der die Verteidigung nicht ausweichen kann.

> Pressearbeit ist heute Teil der Verteidigungsarbeit. Einst war das Aktionsfeld von Strafverteidigung allein **658**
> der Gerichtssaal. Mittlerweile sind die dort erkennbaren Mechanismen des strafprozessualen Geschehens
> nur noch der Atomkern des den Beschuldigten bedrohenden Szenarios. Weichenstellungen für das Schick-

396 *Benno Hurt* in SZ 09.07.2011 »Im Namen des Volkes« V2/3.

397 Umfassend analysierend *Arnold* Pranger 3.0 – Wie moderne Medien den Rechtsstaat gefährden – Erfahrungen der Strafverteidigung und kritische Betrachtungen, 2020.

398 *Jung* (Straf-) Justiz und Medien – eine unendliche Geschichte GA 2014, 257, 263; s. zum Verhältnis allg. auch *Vismann* Medien der Rechtsprechung, 2011, oder *Danziger* Die Medialisierung des Strafprozesses, 2009.

399 *Gerasch* Prozesswirklichkeit und Gerichtsberichterstattung, 1995, 140.

sal des beschuldigten Individuums erfolgen häufig längst vor einer Anklageerhebung. Andererseits finden Vernichtungen sozialer Existenzen erst nach einem Urteil mit tolerablen Sanktionen statt, wenn anderweitig gesellschaftliche Institutionen mit Schadensersatzforderungen, Kündigungen, Abschiebungen oder faktischen Berufsverboten an diese Entscheidung anknüpfen. Der **Schutzauftrag der Verteidigung** ist entsprechend komplexer geworden.

Beschränkte sich die Konzentration der Überzeugungsarbeit der Verteidigung traditionell auf das Geschehen im Gerichtssaal – begleitet vom anwesenden Publikum –, hat die Beobachtung des Prozesses durch die Öffentlichkeit angesichts der veränderten Möglichkeiten einer enormen Präsenz der nichtpräsenten Gesellschaft die Bedeutung der überkommenen Prozessmaxime erheblich verschoben. Die Öffentlichkeit übt nicht allein mehr Kontrolle über das Gerichtsgeschehen aus, sie beeinflusst das Geschehen. In Aufsehen erregenden Verfahren kommt es in Presse und sozialen Medien zu »Parallelprozessen«, die es zu begleiten gilt.

659 Die Nutzung der Medien für das Strafverfahren hat die Staatsanwaltschaft in den letzten Jahren längst entschieden. Sie beruft sich auf eine Rechtsprechung, die es ihr erlaubt, über ihre Ermittlungen angesichts eines Verdachts gegen den Beschuldigten dann zu berichten, wenn ein berechtigtes öffentliches Interesse besteht.[400] Großzügig wird dabei seitens der Rechtsprechung ein allgemeiner Informationsanspruch der Öffentlichkeit insbesondere über die Pressegesetze bejaht und schwerwiegende Rufschädigungen des Beschuldigten hingenommen. Die Aufgabe der Staatsanwaltschaft, unter besonderer Wahrung der Unschuldsvermutung auch als der Entlastung dienende Ermittlungsbehörde in Erscheinung zu treten, gerät ins Hintertreffen. Dass – auch ohne ausdrücklich geäußertes Interesse der Presse – unter dem Deckmantel der Information Verfahrensstrategien verfolgt werden können, hat die **Staatsanwaltschaft** längst für sich entdeckt.

▶ Beispiele:

660
- Spektakulär ließ die Staatsanwaltschaft eine bekannte Sängerin unmittelbar vor ihrem Auftritt mit dem Vorwurf festnehmen, sie habe – zum Teil fast zehn Jahre zurückliegend – als selbst HIV-Infizierte ungeschützten Geschlechtsverkehr mit Männern gehabt, die sie hierüber nicht informiert habe. Das geplante Konzert fiel aus. Den selbst produzierten Skandal durfte die Staatsanwaltschaft in einer Presseerklärung rechtfertigen. Der ohnehin kaum nachvollziehbare Haftbefehl wurde nach dem erwartbaren Paukenschlag der Presse aufgehoben. Verteidigungsmöglichkeiten der Sängerin waren durch die Stigmatisierung und Publizität der Vorwürfe bereits zu Beginn des Verfahrens eingeschränkt.
- Kameras waren am Morgen vor dem Hause eines prominenten Beschuldigten schon aufgebaut, bevor Polizei und Staatsanwaltschaft eintrafen, um eine Durchsuchung in einem Steuerstrafverfahren durchzuführen. Ausgiebig konnten nicht nur Kisten schleppende Beamte gefilmt werden, sondern auch der Abgang des Beschuldigten aus seinem Hause in Anwesenheit seines Verteidigers und unter Führung der ermittelnden Staatsanwältin. Die durch die Vorabinformation besonders spektakulär vermittelte Berichterstattung kam der Staatsanwaltschaft recht: Sie diffamierte nicht nur den konkreten prominenten Beschuldigten, sondern transportierte eine notwendige Warnung mit Aufforderung zur Selbstanzeige an alle anderen potenziellen Steuerhinterzieher in einer vergleichbaren Konstellation.
- Repressionsangst schürte die Staatsanwaltschaft trefflich im laufenden Ermittlungsverfahren des sogenannten »Siemens-Skandals«. Kaum hatte sich einer der Beteiligten geständig in einer staatsanwaltschaftlichen Vernehmung eingelassen, konnten andere Beschuldigte und ihre Verteidiger zu ihrer Überraschung wörtliche Zitate des Vernehmungsprotokolls noch am Abend desselben Tages in der Presse lesen. Die Botschaft an die bis dahin unentdeckt gebliebenen Teilnehmer der Schmiergeldaktionen war deutlich: Die Schlinge zieht sich zu.

---

400 BGHZ 143, 199; *Hohmann* Verdachtsberichterstattung und Strafverteidigung – Anwaltsstrategien im Umgang mit den Medien, NJW 2009, 881 ff.; kritscher *Rodenbeck* Rechtliche Anforderungen an die staatliche Öffentlichkeitsarbeit in Strafsachen, StV 2018, 255 ff.; *Leeser* Der ewige Kampf gegen Vorverurteilungen – präventive presserechtliche Vertretung bei Ermittlungsverfahren, confront 2018, 4 ff.

– Einem Bundestagsabgeordneten warf die Staatsanwaltschaft – auch in einer Pressemitteilung – vor, er habe sich kinderpornografisches Material auf sein Mobiltelefon heruntergeladen. Als der in der Öffentlichkeit stehende Abgeordnete sich öffentlich gegen diesen Vorwurf verwahrte, legte auch die Staatsanwaltschaft in der Attitüde der Verletzten öffentlich nach und berichtete detaillierter über belastende Ermittlungsergebnisse.[401]

Die Aufgabe von der Verteidigung besteht in diesen Konstellationen zum einen darin, der entstandenen Rufschädigung durch presserechtliche Mittel entgegenzuwirken.

Gegenüber Pressemeldungen von Staatsanwaltschaften und Gerichten hat die Verteidigung die hierfür **661** höchst eingeschränkten Ermächtigungsgrundlagen der Landespressegesetze kritisch zu überprüfen und gegebenenfalls die Rechtsmittel des Verwaltungsrechtswegs zu ergreifen. Die Nennung des Namens des Mandanten oder lediglich seine Identifizierbarkeit in den staatlich veranlassten Meldungen wird nur in Ausnahmefällen dem Verhältnismäßigkeitsgrundsatz gerecht.[402] Selbst die Formulierung der Meldung hat das Persönlichkeitsrecht des Beschuldigten ebenso zu wahren wie das Prinzip der Unschuldsvermutung, sodass herabsetzende Begriffe wie »betrügerisch« oder »Tätergruppe« nicht von der Ermächtigung gedeckt sind.[403] »Der Staat hat dafür zu sorgen, dass eine Bestrafung mit dem Schuldspruch erfolgt, nicht aber medial; insbesondere ist der öffentliche Pranger keines der in §§ 38 ff. StGB vorgesehenen Sanktionsmittel.«[404]

Die Rechtsprechung gibt daneben zumindest Chancen, einer Berichterstattung der Presse zulasten des Mandanten entgegenzuwirken. Der BGH setzt z.B. die journalistischen Sorgfaltspflichten bei einer Verdachtsberichterstattung sehr hoch an. Der schlichte Bericht über ein anhängiges Ermittlungsverfahren ist jedenfalls nicht ohne Weiteres zulässig. Er setzt einen Mindestbestand an Beweistatsachen voraus. Verletzt sind die Persönlichkeitsrechte des Mandanten, wenn der Eindruck erweckt wird, dieser sei bereits überführt, wenn entlastende Momente in einer Berichterstattung unterdrückt werden und dem Mandanten keine Gelegenheit zur Stellungnahme[405] gegeben wird.[406]

Regelmäßig überwiegt das Geheimhaltungsinteresse des Mandanten an seiner Identität. Das öffentliche Interesse an einer identifizierenden Nennung des Mandanten kann sich aus seiner allgemeinen Stellung in der Gesellschaft oder aus der Außerordentlichkeit der fraglichen Tat ergeben.[407] Das öffentliche Interesse verblasst mit Abschluss des Verfahrens; im Hinblick auf die Gefährdung der Resozialisierung sind u.U. Berichterstattungen über die zurückliegende Tat (einschließlich des Rückgriffs auf ein Internet-Archiv einer Zeitung) völlig untersagt.

Letztlich sind im Zusammenhang mit Veröffentlichungen stets Strafnormen zu berücksichtigen. Das Verbot des Zitats aus der Anklageschrift (§ 353d Nr. 3 StGB) zählt hierzu ebenso wie § 203 StGB oder Verletzungen des Steuergeheimnisses oder Geschäftsgeheimnisses; Bestechungstatbestände sind nicht fernliegend, wenn Justizbedienstete als entlohnte Quelle für Aktenzitate in Betracht kommen.

Strafprozessuale Rechtsbehelfe sind nur schwer zu aktivieren, wenn eine Hauptverhandlung bereits durch vorverurteilende Berichterstattung infiziert ist. Hier ist allerdings eine Tangierung der Unschuldsvermutung (Art. 6 Abs. 2 MRK) stets in Reichweite. Die Massivität von einseitigen und verfälschenden Berichterstattungen, erst recht unterstützt durch den Bericht über unzulässige Angaben von Ermittlungspersonen, kann zum einen ein Verfahrenshindernis bilden, das durch die Verteidigung geltend zu machen ist. Zum anderen ist allerdings – wie bei anderen irreparablen Konventionsverstößen – ein Repertoire von Kompensationsmöglichkeiten bis hin zu massiven Strafmaßreduzierungen denkbar.

---

401 S. hierzu und zu weiteren Beispielen: *Lehr* Grenzen für die Öffentlichkeitsarbeit der Ermittlungsbehörden, NStZ 2009, 409 ff.; *Eisele* Strafprozessführung durch Medien, JZ 2014, 932 ff.

402 VGH BW, StV 2018, 210.

403 OVG NRW, StV 2018, 210.

404 *Rodenbeck* Rechtliche Anforderungen an die staatliche Öffentlichkeitsarbeit in Strafsachen StV 2018, 255, 260.

405 Zum Umgang mit Presseanfragen s. *Leeser* Der ewige Kampf gegen Vorverurteilungen – präventive presserechtliche Vertretung bei Ermittlungsverfahren, confront 2018, 4 – 22.

406 BGH NJW 1996, 1131; 2000, 1036 f.

407 BGH NJW 1994, 1950.

662   Genuine Verteidigungstätigkeit ist allerdings die Abschätzung der Situation in den Medien im Hinblick auf die angestrebten verfahrensmäßigen Verteidigungsziele. Optimal darf er davon träumen, die Presse für seine Sache zu begeistern und durch journalistische Recherche Entlastungsbeweise zu gewinnen.[408] Dass Presse die Öffentlichkeit beeinflussen will und ihr dies auch effektiv gelingt, ist ebenso banale Erkenntnis wie die Tatsache, dass auch die justiziellen Entscheidungsträger Teil dieser Öffentlichkeit sind.[409] Dass und welche Wirkungen die Wahrnehmung von Berichterstattungen über das Verfahren auf die Entscheidungsträger in der deutschen Justiz hat, wird von diesen gerne verdrängt, ist angesichts der bereits beschriebenen präjudizierenden psychologischen Effekte jedoch unbestreitbar.[410] Richter verarbeiten das Presseecho auf ihren Prozess, und sei es, um durch ein besonders hartes Urteil ihre Unbeeinflussbarkeit gegenüber einer Freispruch-Kampagne der Presse zu zelebrieren.[411]

663   Der evidente Einfluss ließe sich minimieren, wenn das Gesetz – wie im angelsächsischen Recht – dem Gericht bewusst die Lektüre von Berichterstattungen vorenthalten, Medienberichterstattungen als unzulässige Beeinträchtigung der gerichtlichen Wahrheitssuche strafrechtlich sanktionieren[412] oder sogar angesichts medialer Vorverurteilung die Konsequenz der Einstellung eines Verfahrens nicht scheuen würde.[413] Die aktuelle Situation in Deutschland nimmt dieses Beeinflussungsszenario hin, und greift auch bei der Bewertung von Befangenheitskriterien auf das Idealbild eines Richters zurück, von dem auch ein verständiger Angeklagter erwarten kann, dass es für diesen stets ausschließlich auf das Ergebnis der gerichtlichen Beweisaufnahme, nicht aber auf die Medienberichterstattung ankomme.[414]

Kann der Verteidiger die **medialen Wirkungen** nicht verhindern, hat er mit ihnen umzugehen und sie in seine Verteidigungsstrategie **einzubeziehen**.

664   Die Erfahrung mit den übelsten Schlagzeilen zulasten des eigenen Mandanten sollte auch bei der Verteidigung nicht den Blick für die wichtige Funktion der Presse in der modernen Gesellschaft verstellen. Sie wird zu Recht als »Vierte Gewalt« oder »Wachhund einer demokratischen Gesellschaft«[415] bezeichnet. Die Funktion der Presse, Missstände da aufzudecken, wo Institutionen sie lieber verschleiern wollen, ist unbestritten. Die Realisierung des Öffentlichkeitsprinzips, um dessen Bewahrung der Kontrollfunktion sich Verteidigung sorgt, kommt im 21. Jahrhundert maßgeblich der Presse zu. Sie ist der Transmissionsriemen der Kommunikation zwischen Justiz und Bevölkerung.

665   Der so beschriebene Effekt ist allerdings nicht mit der Leitlinie des Handelns der Presseakteure identisch. Chefredakteure fühlen sich nicht einem funktionierenden Rechtsstaat verpflichtet, sondern der Höhe ihrer Auflage. Es ist nicht die Unschuldsvermutung, die das Interesse der Leser weckt, sondern die Schuldvermutung. Es ist nicht der distanzierte Verdacht, der fasziniert, sondern die anschauliche Darstellung praller Realität. Maßstab der Berichterstattung ist die Skandalisierung eines Sachverhalts, nicht die Bewahrung von Prozessrechten.[416]

---

408   *Wagner* Strafprozessführung über Medien, 1987, 55.
409   Zu den Parallelschlachten der Presse im sog. »Kachelmann-Verfahren« und ihre Auswirkungen auf justizielles Verhalten und Verteidigung s. z.B. *Friedrichsen* Strafverteidigung im Wandel, StV 2012, 631 ff.; *Rückert* Der Gerichtsreporter – Chronist oder Wächter, StV 2012, 378 ff.
410   *Kepplinger/Zerback* Der Einfluss der Medien auf Richter und Staatsanwälte. Art, Ausmaß und Entstehung reziproker Effekte, Publizistik 2009, S. 216 ff.; *Gerhardt* Die Richter und das Medienklima. Welchen Einfluss hat die Gerichtsberichterstattung in den Medien auf das Strafverfahren und das Urteil?, ZRP 2009, 247 ff.; *Hamm* Große Prozesse und die Macht der Medien 1997.
411   Zu einem Beispiel s. *Hamm* Vom Umgang der Strafverteidiger mit Journalisten, FS AG Strafrecht 2009, S. 139 ff., 149 f.; Beispiele für die Dokumentation der richterlichen Unabhängigkeit gegenüber vor-verurteilenden Medien finden sich demgegenüber nicht.
412   S. *Huber* Die angelsächsische Variante des Verhältnisses der Presse zur Strafjustiz, StV 2005, 181 ff.
413   *Wohlers* Prozessuale Konsequenzen präjudizierender Medienberichterstattung, StV 2005, 186, 189.
414   S. schon: *Arzt* Der befangene Strafrichter 1969, S. 113 f.
415   EGMR NJW 2004, 2653.
416   *Hamm* Vom Umgang der Strafverteidiger mit Journalisten, FS AG Strafrecht 2009, S. 139, 141: »In der Normwelt der Journalisten gibt es keine Verwertungsverbote, keine Belehrungspflichten [...] und nicht einmal die Unschuldsvermutung.«.

Journalisten kennen ihre Adressaten. Sie wissen, dass jegliche Rezeption von Verbrechensberichten aus dem Gerichtssaal auf ein tief verankertes **instinktives Strafbedürfnis** trifft.

Die Kognition der Presse-Informationen trifft auf ein weitgehend fest verankertes mentales Umfeld. **666** Unsere Gehirnstrukturen reflektieren den Menschen als soziales Wesen; in diesem Umfeld sind wir neuronal geprägt durch feste Vorstellungen von Fairness und Gerechtigkeit im Zusammenleben. Schon Kinder entwickeln reflexartige Reaktionen auf das unsoziale Verhalten anderer, das insbesondere auch von einem Sanktionsbedürfnis begleitet wird.

Der grundsätzliche Wille zu strafen, das Gespür hierdurch einen gerechten Ausgleich zu schaffen, ist ein durch die Neuro- und Psychowissenschaften immer weiter erforschtes Phänomen. In einem weltweit bekannt gewordenen Versuch haben niederländische Wissenschaftler Details derartig ungesteuerter Gehirnaktivitäten auch unter dem Einsatz von Hirnscanner weiter erforscht.[417] Die derart messbaren Belohnungszentren im Gehirn wurden in außerordentlicher Weise aktiviert, wenn in einem simulierten Spiel ein Betrüger nicht nur entlarvt, sondern darüber hinaus auch sanktioniert wurde. Strafe befriedigt den sozial agierenden Menschen.

Strafe – so das Fazit dieser Untersuchung – hat im Kontext der gefühlten Fairness sogar eine überragende Bedeutung. So wurden die Probanden bei Aufdeckung des betrügerischen Verhaltens eines Spielers vor die Alternative gestellt, ob dieser bestraft werden oder ob der geschädigte Spieler einen Ausgleich für seinen Verlust erhalten sollte. Das Ergebnis war eindeutig: Die Strafe wird vom menschlichen Gehirn als weitaus befriedigender empfunden.

Auch das Ausmaß der als gerecht empfundenen Strafe erscheint den Wissenschaftlern messbar. Hier waren entscheidende individuelle Unterschiede festzustellen. War der Proband durch das Handeln des Täters selbst betroffen, schalteten sich die emotionalen Zentren der Amygdala in besonderer Weise ein; eine hohe Strafe wurde hier sehr viel eher als gerecht empfunden als bei denjenigen Probanden, die sich lediglich als Zuschauer und Richter des Geschehens fühlten. Dass auch eine Fairness gegenüber dem Täter bei der Strafzumessung ein wichtiger Faktor für den sozialen Zusammenhalt ist, eröffnet sich dem Menschen offensichtlich nur dann in ungezwungener Form, wenn er selbst nicht Opfer des unfairen Handelns ist.

Die Lust der Presse an der Ausnutzung des Unterhaltungswerts von Gerichtsfällen ist nicht zu bremsen. **667** Der Verteidiger mag diese Mechanismen bedauern, zur Effektivierung seiner Tätigkeit hat er mit ihnen umzugehen. Die besonders drastischen Vorverurteilungen in der Presse resultieren zumeist aus der einseitigen Wahrnehmung des belastenden Ermittlungsmaterials der Staatsanwaltschaft. Die Hemmungen, aufgrund der schlichten Mitteilung einer Anklageschrift den Mandanten bereits in Überschriften als »Feuerteufel« oder »Ungeheuer« zu diffamieren, sind auch bei der Presse dann erheblich reduziert, wenn diese zu einer Auseinandersetzung mit der Verteidigersicht gezwungen ist. Aufgabe der Verteidigung ist es hier, zum einen den Informationsfluss über das Erscheinen einer Pressemitteilung der Staatsanwaltschaft sicherzustellen und zum anderen – möglichst noch am selben Tage – durch eine Verteidigungsäußerung einen Kontrapunkt zu produzieren. In ähnlicher Form sind Aktivitäten auch da gefordert, wo ohne ausdrückliche Erklärung der Staatsanwaltschaft mit einer Berichterstattung zu rechnen ist und diese erfahrungsgemäß den staatsanwaltschaftlichen Aspekt des Verfahrens betont. Verteidigungsverhalten ist von der Erfahrung geprägt, dass gerade am ersten Hauptverhandlungstag örtliche Pressevertreter die Wahrnehmung des gerichtlichen Geschehens alsbald nach Verlesung der Anklage einstellen.

Gute Gerichtsreportagen sind in der Realität des deutschen Journalismus die absolute Seltenheit. *Frauke* **668** *Höbermann*, die langjährige Geschäftsführerin des Deutschen Journalistenverbandes, beschrieb die Gerichtsreporter in den meisten Großstädten als die letzten Rädchen im Getriebe einer Lokalredaktion, die gerne einseitige und simple Geschichte der Anklage in den Mittelpunkt ihrer Berichterstattung rücken. »Unge-

---

417 *Mirre Stallen* u.a., Neurobiological Mechanisms of Responding to Injustice, The Journal of Neuroscience, Jan. 2018. Zu früheren Untersuchungen: *Pedersen/Kurzban/Mccullough*, Do humans really punish altruistically? A closer look. Proc R Soc B 280:1–8 (2013); *Fehr/Fischbacher*, Third-party punishment and social norms. Evol Hum Behav 25:63–87 (2004); *Chavez/Bicchieri*, Third-party sanctioning and compensation behavior: Findings from the ultimatum game. J Econ Psychol 39: 268–277 (2013).

schulte Anfänger neigen dazu, Staatsanwälte und vor allem Richter als omnipotente Vaterfiguren und Angeklagte in Strafprozessen als miese Charaktere zu sehen. Anfänger erliegen dem aktenstaubigen und zugleich einschüchternden Ambiente eines Gerichts (...). Angeklagte werden oft mit abfälligen, herablassenden, diskriminierenden Formulierungen bedacht – und sie sind verstockt, wollen nichts einsehen und leugnen alles hartnäckig ab. Angeklagte werden verbal bereits verurteilt, bevor das Gericht entschieden hat.«[418]

669 Gerade in der Schnelligkeit der medialen Welt wird deutlich, wie wenig die seit mehr als einem Jahrhundert wirkenden rechtsstaatlichen Mechanismen in das gesellschaftliche Bewusstsein außerhalb der Justiz eingedrungen ist. Dominierend ist der prägende Ersteindruck. Fotografiert der Journalist eine Person, die verrußt und verschwitzt vor einem brennenden Gebäude mit einem Benzinkanister in der Hand steht, ist für die Presse die Frage des Brandstifters geklärt. Das Bemühen des Unschuldsgrundsatzes und die hierfür notwendige Erfassung unterschiedlicher abstrakter Ebenen rechtsstaatlichen Strafens erscheint obsolet. Verständnislosigkeit, Opferempathie und Empörung über Rechtsmissbrauch steigern sich im Bericht über das Strafverfahren, in dem abseits der angeblichen Kernproblematik die Verteidigung plötzlich die Unzuständigkeit des Gerichts oder die Unverwertbarkeit eines polizeilichen Geständnisses rügt. Allenfalls moderat gezähmt durch ein zurückhaltendes Presserecht schlägt das Herz des Berichterstatters häufig erkennbar im Takt der Lynchjustiz des wilden Westens.

Die **mangelnde Qualität von Gerichtsreportern** hat Tradition.

670 *Gustav Radbruch* schrieb schon:

»Die Zeit liegt noch nicht weit zurück, da unter der Rubrik ›Aus dem Gerichtssaal‹ unter neckischen Überschriften – ›Ein sauberes Früchtchen‹, ›Wer andern eine Grube gräbt‹, usw. Reportage minderwertigster Art betrieben wurde und der Gehalt an tragischer Menschlichkeit, der Reichtum ethischer Kasuistik, die Fülle der Einsichten in Mängel des Rechts und seiner Handhabung, die sich im Gerichtssaal entfalten, an stumpfen Ohren ungehört vorüber zog.«[419]

Aktuell meint *Fischer*:

»Viele Journalisten haben auch nach vielen Jahren der Kriminalberichterstattung kaum Kenntnisse von grundlegenden Verfahrensregeln oder Begriffen des materiellen Strafrechts, verstehen daher den Gang und die Schwerpunkte von Strafverfahren nur unzureichend und beschränken die Berichterstattung auf recht oberflächliche, nicht selten auch schlicht unzutreffende Fragestellungen.... Wer im Fernsehen zum Elfmeter »Freistoß« sagt, kann die Sportreporter-Karriere vergessen. Wer in sieben Kommentaren »Berufung« zur Revision sagt, kann immer noch behaupten, er verbitte sich kleinkarierte Kritik an Nebensächlichkeiten.... es löst sich in ihnen alles in Emotionen über »Gerechtigkeit« und Betroffenheit auf, wie bei Rheuma-Patienten alles in Schmerz und Bestrahlung.«[420]

671 Es ist die Aufgabe der Verteidigung, den Medien die kritischen Dimensionen des Verfahrens zu verdeutlichen.[421] Der Weg ist häufig eine **schriftliche Presseerklärung** der Verteidigung, die ggf. auch proaktiv bereits an einem ersten Hauptverhandlungstag zu Gericht mitgebracht werden kann. Ihr Inhalt steht in Form und Stil häufig in deutlichem Kontrast zu den in der Hauptverhandlung abgegebenen Erklärungen. Um den Mechanismen der Presse zu entsprechen, muss die Erklärung kurz sein. Der Verteidiger sieht sich daher in der Not, aus der Fülle der von ihm entdeckten prozessualen Probleme diejenigen auszuwählen, die er für besonders beeindruckend und in der gebotenen Kürze

---

418 *Höbermann* Der Gerichtsreporter als »Vierte Gewalt?«, 25. Strafverteidigertag 2002, S. 227; *Weimann/Leppert/Höbermann* Gerichtsreporter: Praxis der Berichterstattung 2005; optimistischer *Hipp* Mediale Vermittlung von prozessualer und außerprozessualer Wahrheit, in: Fischer (Hrsg.) Wahrheit, 2019, S. 73 ff.

419 Zitiert bei *Leyendecker* Die Verfahrensbeteiligten aus der Perspektive der Medien, StV 2005, 179 ff.

420 *Fischer* Über das Strafen, 2018, 92, 93.

421 Zur Idee der rechtlichen Verankerung dieses Beschuldigteninteresses s. *Mansdörfer* Das Recht des Beschuldigten auf Selbstdarstellung im Ermittlungsverfahren, ZStW 123, 2011, 570 ff.

darstellbar hält. Das Pressegebot, dass eine Seite nicht überschritten werden sollte, wird ihn in seinem Anspruch an Detailgenauigkeit zur Verzweiflung bringen.

Die Notwendigkeit zur Konzentration kulminiert in der Bitte des **Hörfunks- oder Fernsehreporters**, 672 unmittelbar vor dem Gerichtssaal eine Stellungnahme abzugeben. Das journalistische Interesse besteht häufig in dem technischen Bedürfnis nach Erlangung eines »O-Tons«, der Inhalt ist zweitrangig. Um den zu transportierenden Inhalt allerdings nicht der willkürlichen Auswahl eines Reporters auszusetzen, hat der Verteidiger sich in der von Politikern eingeübten Methode zu üben, seine Stellungnahme auf maximal drei Sätze zu beschränken.

Da das Verteidigungsziel hier regelmäßig nicht in einer Beeinflussung des Gerichts über den Umweg 673 der Presse liegen wird, sondern allenfalls in einer Verhinderung einer übermäßigen Stigmatisierung einer einseitigen Belastungsberichterstattung, dürfen alle Stellungnahmen entscheidende inhaltliche Aspekte nicht vorwegnehmen. Leitlinie jeder Pressearbeit ist regelmäßig die Schaffung eines medialen Kontrapunkts. Umfassende Schwatzhaftigkeit in der Presse durch den Verteidiger hat seinem Mandanten selten genützt; mancher von ihnen dürfte erfahren, dass ihm ein früheres Interview vom Vorsitzenden in laufender Hauptverhandlung angesichts der Widersprüchlichkeit von Verteidigungsverhalten vorgehalten wurde.

Hat die Verteidigung ausnahmsweise Gelegenheit, sich ausführlicher in der Presse zum Verfahren 674 zu äußern, so sind nicht nur die taktischen Dimensionen vorab zu bedenken. Vielmehr hat die Verteidigung die durch das Strafrecht (§§ 203, 353d StGB) und das Berufsrecht gezogenen Grenzen zu beachten. Konkrete Informationen, die über schlichte Einschätzungen hinausgehen, sind penibel mit dem Mandanten vorab abzustimmen. Berichte und Interviews, die nicht der Hektik des Tagesgeschehens unterfallen, können häufig von einer ausdrücklichen Freigabe des vorab zur Kenntnis gebrachten Artikels abhängig gemacht werden.[422]

Das Handlungsrepertoire ist durch **Presseerklärungen** auszuweiten. Für die konkrete inhaltliche Arbeit 675 bestehen **Besonderheiten**.
- Stereotype sind bereits in der richterlichen Beweiswürdigung das größte Hindernis für Erkenntnisgewinn. In der öffentlichen Meinung sind sie der Motor für vordergründig logische Deutungen und im Ergebnis vorschnelle Schuldzuweisungen gegenüber dem Angeklagten. Hier mag Verteidigung verzweifeln, weil sie sich ohne Chance auf grundsätzliche Beeinflussung einbetonierter Vorstellungswelten gegenübersieht: Für jeden syrischen Flüchtling ist unser gesellschaftlicher Umgang mit Sexualität gleichbedeutend mit der Einladung, jede deutsche Frau zu vergewaltigen. Jeder rumänische Zigeuner kann nur überleben, wenn er mindestens einmal monatlich in ein Einfamilienhaus eingebrochen ist. Jeder Vorstandsvorsitzende eines deutschen DAX-Konzerns hat mindestens ein Schwarzgeldkonto in der Schweiz oder in Dubai. Jeder langhaarige Motorradfahrer hat stets ein kleines Drogenpaket unter dem Sitz seiner Harley.
  An solche festgefügten Vorstellungsbilder wird Verteidigung auch durch Presseerklärungen nicht rütteln können; sie sind unentbehrlich, um sich in seinem eigenen überschaubaren sozialen Raum mit der notwendigen Sicherheit orientieren zu können. Das Ziel von Verteidigung muss es hier – auch bei einem schweigenden Angeklagten – sein, zumindest so viel konkrete Informationen über das dem Leser unbekannte Leben der ihm fremden sozialen Gruppe zu vermitteln, um den naheliegenden Rückschluss von der Zugehörigkeit einer Gruppe auf die Durchführung der vorgeworfenen Tat zu erschüttern. Geschichten über den Respekt und hohen Wert der Frau in der islamisch geprägten modernen syrischen Gesellschaft haben hier die von Journalisten selbst stets angestrebte »stopping power« wie Darstellungen der staatlichen Unterdrückung von Sinti und Roma in Rumänien. Wenn in der Analyse der Verteidigung die Dekontextualisierung und damit Simplifizierung eines Sachverhalts entscheidend für den nachteiligen schnellen Rückschluss in der Öffentlichkeit ist, kann die Aufgabe der Verteidigung nur in einer Aufbesserung der Kontextualisierung verstanden werden.
- Zur Klarstellung sei darauf hingewiesen, dass mit solchen Informationsverschiebungen letztlich die Entscheidungsdominanz unbewusster Stereotypen beseitigt werden sollen. Diese Methode funktioniert nicht, wenn in einem besonders öffentlichkeitswirksamen Prozess das Geschehen und der Angeklagte symbolträchtig für allgemeine gesellschaftliche Konflikte stehen. Stereotype funktionieren als

---

422 *Wehnert* Prozessführung der Verteidigung und Medien, StV 2005, 178 f.

bewusste Parallelwertungen der Öffentlichkeit, der Prozess ist lediglich Projektionsfläche. Hier hat Verteidigung zumeist keine andere Wahl, als diese Funktionalisierung eines Verfahrens anzuprangern.

– Einer der wesentlichen Punkte einer effektiven Pressearbeit ist das Überdenken der sprachlichen Strategie der Verteidigung. Die durch Gesetz verordnete sprachliche Zügelung der Formulierung der staatsanwaltschaftlichen Anklage entfaltet in den Köpfen eines Zeitungslesers zumeist keine Wirkung. Wenn in der Anklage ein Einleitungssatz relativieren soll, dass dem Angeschuldigten nunmehr bestimmte Handlungen lediglich vorgeworfen werden, dominiert in der Vorstellungswelt des Zuhörers und Lesers die anschauliche Darstellung eines historischen Geschehens. Letztlich produziert die Anklage das nur schwer verrückbare plastische Bild einer geschehenen Tat. Die Festsetzung dieses Bildes lässt sich nur durch eine mit drastischen Worten formulierte Alternativdarstellung verhindern. Verteidiger, die mit vorsichtigen Worten die Plausibilität einer Anklagegeschichte infrage stellen oder den in Zweifel getränkten verbalen Zeigefinger erheben, verdienen sich akademischen Applaus, haben den Kampf um die öffentliche Meinung aber bereits weitgehend verloren. Einerseits die Würde der Verteidigung zu bewahren und andererseits mit für jedermann verständlicher sprachlicher Deutlichkeit zu agieren, ist ein Balanceakt, den kein Anwalt je erlernt hat.

– Wer Rache und Angst als maßgebliche Katalysatoren der Wahrnehmung von Prozessberichterstattung erkannt hat, muss als Maßgabe der eigenen Darstellung die Individualität des angeklagten Geschehens in den Vordergrund rücken. Soll der eigene Mandant nicht für die Enttäuschung diffuser Angst- und Sicherheitsgefühle der Allgemeinheit büßen, müssen die Besonderheiten des verhandelten Geschehens herausgestrichen werden. Orientierung ist dabei nicht die dem Plädoyer vorbehaltene Auflistung von Strafzumessungserwägungen des § 46 StGB, sondern eine Analyse der die Gesellschaft beeinflussenden Angst einflößenden Faktoren. Gelingt es, das allenfalls Schicksalhafte eines Tathergangs zu vermitteln, verblasst die Selbstbezogenheit in der Bewertung des Lesers und macht Platz für den rationalen Blick auf das mögliche Fehlverhalten des Angeklagten.

– Die größte Herausforderung für die Verteidigung ist der Versuch, Verständnis für die schützenden Formalien des Strafprozesses zu vermitteln. Das rechtsstaatliche Anliegen von Verteidigern und Verteidigerinnen ist uralt, die »Narrative« haben sich aktuellen Umständen anzupassen. Wenn trotz sich stetig steigender staatlicher Regulierungen und Polarisierung in der Gesellschaft die Staatsmacht nicht mehr primär als Leviathan wahrgenommen wird, ist das abstrakte Bild schwer vermittelbar, dass die strenge Justizförmigkeit eines Verfahrens unverzichtbares Regulativ für willkürliches staatliches Verhalten ist. Den Wert dieser schützenden Form erkennt nicht der Zuschauer, wohl aber der Betroffene. Wer einen Polizisten als Angeklagten verteidigt hat, wird regelmäßig erleben, wie ein bedingungsloser Strafverfolger plötzlich zum glühenden Verehrer formalisierter Schutznormen des Prozesses wird.

Die Darstellung hat den Perspektivenwechsel zum Ziel, der dem Betrachter die Rolle des Betroffenen näher bringt. *»Jetzt stellen Sie sich vor, Sie werden plötzlich aus heiterem Himmel beschuldigt, die Polizei nimmt Sie mit, lässt Sie keinen Anwalt anrufen und hält Ihnen andauernd vor, dass Leugnen zwecklos ist…«* ist ein Vorhalt im Pressegespräch, der eine bedrückende Geschichte auch dem Journalisten und seinem Leser deutlich machen kann. Gelingt es der Verteidigung auch emotional nachvollziehbar die Bedeutung bestimmter prozessualer Rechte zu vermitteln, ist der erste Schritt getan, dass die Einhaltung des formalen Prozessgeschehens durch die Justiz auch von der Öffentlichkeit kritischer beobachtet wird.

676 Der Kontakt mit grundsätzlich aufgeschlossenen und rechtsstaatlich engagierten Gerichtsreportern birgt für die Verteidigung allerdings auch die Gefahr weitergehender Abhängigkeiten. Wohlwollende Berichterstattungen sind schon von »Gegenleistungen« abhängig gemacht worden. Diese können in Informationen aus völlig anderen Verfahren bestehen oder in dem Anspruch der Journalisten, durch Einbeziehung von ihnen gewünschter Sachverständiger oder genehmer weiterer Verteidiger oder gar durch Vorformulierungen von Anträgen selbst Einfluss auf die Prozessführung zu nehmen. Diese Art der Korrumpierbarkeit ist das Ende der autonomen Verteidigungsgestaltung.

Vor **Bildaufnahmen in der Hauptverhandlung** kann der Verteidiger nach der jüngsten Rechtsprechung des Bundesverfassungsgerichts[423] seinen Mandanten nur mit Mühe schützen.

677 Vorrangig ist häufig – auch bei den sitzungspolizeilichen Entscheidungen – das Informationsinteresse der Öffentlichkeit an der Person des Täters, insbesondere angesichts der Schwere der Tat und der behaup-

---

423 BVerfG NJW 2008, 977 ff.

teten Verwerflichkeit ihrer Umstände. Die Rechtsprechung verlangt allerdings stets ein Informationsbedürfnis von allgemeinem Interesse für die öffentliche Meinungsbildung. Schlichte Unterhaltung und Befriedigung von Neugier soll hierzu nicht gehören.[424] Kapitaldelikte und massenhafte Anlagebetrügereien rechtfertigen hiernach grundsätzlich auch eine Bildberichterstattung, nicht aber Fälle der Alltags- und Kleinkriminalität.[425] Der Informationswert einer Bildberichterstattung muss sich auf das Gerichtsverfahren als zeitgeschichtliches Ereignis beziehen, weshalb trotz allgemeinen Informationsinteresses andere Bilder – wie beispielsweise der Hofgang des Inhaftierten – nicht durch dieses Interesse abgedeckt sind.[426]

Dem berechtigten Informationsinteresse kann entgegenstehen, dass der Angeklagte, der sich nicht nur auf sein allgemeines Recht auf Achtung seines Privatlebens berufen kann, sondern für den die aus dem Rechtsstaatsprinzip (Art. 20 Abs. 3 GG) abgeleitete Unschuldsvermutung streitet, im Fall einer Bildberichterstattung Gefahr läuft, eine erhebliche Beeinträchtigung seines Persönlichkeitsrechts zu erleiden, die im Einzelfall trotz späteren Freispruches schwerwiegende und nachhaltige Folgen haben kann.[427] Fotografische Momentaufnahmen können in ihrer anhaltenden stigmatisierenden Wirkung selbst im Fall einer Verurteilung zu unüberwindlichen Hindernissen späterer Resozialisierung führen. Dem journalistischen Hinweis auf das Bildnis aus dem Bereich der Zeitgeschichte wird der Beschuldigte zwar sein berechtigtes Interesse entgegenhalten können (§ 23 Abs. 2 KunstUrhG). Das Gewicht des Persönlichkeitsrechts gegenüber der Freiheit der Berichterstattung wird das Informationsinteresse insbesondere dann nicht überwiegen, wenn sich der Angeklagte in eigenverantwortlicher Weise den ihm gegenüber erhobenen Vorwürfen in der medialen Öffentlichkeit auch im Wege der Bildberichterstattung gestellt hat.[428] Mit Anspruch auf Erfolg wird der Verteidiger allerdings in bislang anonymisierten Strafrechtsfällen auf eine sitzungspolizeiliche Anordnung hinwirken können, wonach zur Vermeidung der zwangsläufigen Stigmatisierung des Mandanten der Presse allenfalls eine anonymisierte Bildberichterstattung (»gepixelte« Fotos) gestattet wird.[429]

Noch weniger entgeht der Verteidiger selbst den Bildreportern. Die Öffentlichkeit der Person des Verteidigers wird vom Bundesverfassungsgericht damit erklärt, dass Organe der Rechtspflege generell kraft der ihnen obliegenden Aufgaben anlässlich ihrer Teilnahme an einer öffentlichen Gerichtsverhandlung im Blickfeld der Öffentlichkeit einschließlich der Medienöffentlichkeit stehen. Dies gilt nicht nur für die Mitglieder des Spruchkörpers, sondern auch für die mitwirkenden Rechtsanwälte.[430] Wenig Beachtung hat bislang der Einwand gefunden, dass das Interesse an der Funktion der Verfahrensbeteiligten nicht zwangsläufig eine identifizierende Bildberichterstattung erlaubt, die die Verfahrensbeteiligten der »entpersonifizierenden« Wirkung der Robe beraubt.[431] Der Schutz der Persönlichkeitsrechte des Verteidigers überwiegt allenfalls dann, wenn die Veröffentlichung von Abbildungen eine erhebliche Belästigung oder eine Gefährdung seiner Sicherheit durch Übergriffe Dritter bewirken kann. Verteidigung wird sich daher zu Beginn der Hauptverhandlung auf mediale Wiedergabe einstellen müssen.

678

X. Das Ende der positiven Überzeugungsarbeit

Unanwendbar sind **Kommunikationsregeln** da, wo keine Kommunikation (mehr) mit dem Ziel einer gemeinsamen Lösung stattfindet. Falls der Prozessverlauf augenscheinlich nur das äußerliche Spiegelbild der Einseitigkeit einer Urteilsverkündung ist bzw. wenn Beweisaufnahme und Anwesenheit anderer Verfahrensbeteiligter lediglich eine rechtsstaatliche Fassade sind, hinter der die einsame, zumeist bereits aus den Akten gewonnene Vorstellung zelebriert wird, bleiben Bemühungen um effektiven Gedankenaustausch nutzlos. Hier muss die Kommunikation anderen Regeln folgen. Soll der Verteidiger in der richterlichen Inszenierung zurückgeworfen werden auf die inhaltsleere Exklu-

679

---

424 BGH GRUR 2009, 865 ff.
425 Ausführlich *Wanckel* Foto- und Bildrecht, 5. Aufl. 2017, Rn. 193 f.
426 *Frenz* NJW 2012, 1039 ff.
427 BGH NJW 2011, 3153.
428 BVerfG NJW 2009, 350, 352.
429 So z.B. OLG Düsseldorf StV 2013, 200 f.
430 BVerfGE 119, 309, 328 f.
431 *Stieper* Bildberichterstattung über Prozessbeteiligte, JZ 2014, 271 ff.

sivität weniger Äußerungsrechte, ist er seiner Aufgabe, dem Mandanten und der Öffentlichkeit gegenüber verpflichtet, den Inhalt seiner Anliegen umso pointierter zu verdeutlichen. Die Wucht eines Vortrages und die Kraft eines Arguments müssen sich hier andere Wege der Wirkweise suchen.

680   Ist in solchen Prozesssituationen die Wahrung der Subjektstellung des Mandanten notwendig, folgen die Wortwahl und das Auftreten des Verteidigers nicht der Vorgabe interner Überzeugungsbildung; sie sind deutliche, u.U. auch plakative Anprangerung nach außen. Andere Verteidigungsziele – wie die Beeinflussung der Beweisaufnahme durch Anträge, die Sicherung rechtlichen Gehörs und die Durchsetzung von Beweisverwertungsverboten – dominieren in einer solchen Verteidigungssituation das sprachliche Gewand des Verteidigungsvorbringens. Der Verteidiger schuldet seinem Mandanten hier die Deutlichkeit seines Anliegens, was nicht zwingend mit den Regeln der Höflichkeit kollidieren muss (zwar freundlich im Ton, aber hart in der Sache). Auch die Konfrontation ist Kommunikation. Ist sie aber nicht von dem Ziel der Überzeugung getragen, zählt bei der gewählten Kommunikationsform des Verteidigers zumeist nur die Effektivität der Durchsetzung des einseitig vertretenen Interesses. Der Weg hängt von Temperament und individuellem Sprachgestus des jeweiligen Verteidigers ab.

681   Wenn vorgeformte Denkstrukturen des Richters die Überzeugungsarbeit des Verteidigers auf ein Minimum reduzieren, wäre das bloß passive Hoffen auf eine günstige Wendung ein Eingeständnis der Überflüssigkeit. Verteidigung heißt dann auch kämpferische Wahrnehmung aller rechtlichen Möglichkeiten in der Hauptverhandlung zur Durchsetzung des Verteidigungsziels. Ist die Verteidigungsaufgabe der Verhinderung von Fehlurteilen auf dem Wege der kommunikativen Überzeugungsbildung nicht erfüllbar, scheint die antagonistisch angelegte Verfahrensrolle deutlich durch. Die vom Gesetz eingeräumten Optionen sind nicht davon abhängig, dass sie (noch) erkennbar Wirkung bei der richterlichen Überzeugungsbildung entfalten können.

682   Ist dieses Verteidigungsziel unklar oder drängt sich dem Verteidiger gar ein ungünstiges Ergebnis auf, muss er handeln. Er hat formelle Hindernisse aufzubauen, welche die Formulierung der mutmaßlich ungünstigen richterlichen Überzeugung erschweren. Er muss handeln, um unter dem Schutz strafprozessualer Normen eine für den Angeklagten tolerable Verhandlungsatmosphäre zu garantieren. Zumindest sollte er durch Aktivitäten die Möglichkeit einer positiven Revisionsentscheidung offenhalten. Beides bedeutet häufig die Aufgabe des bislang avisierten Verteidigungsziels und bedarf der Kommunikation mit dem Mandanten. Die konzeptionelle Modifikation kann gelegentlich auch die temporäre Konzeptionslosigkeit sein. So wie »Fragen ins Blaue« häufig Antworten und Erkenntnisse produzieren, die überraschende Wendungen ermöglichen, kann die in Gang gehaltene Eigendynamik eines Verfahrens gerade durch ihren Ablauf neue Horizonte eröffnen, die weit über den Erhalt von Revisionschancen hinausgehen.

683   Die allein auf das formstrenge Procedere ausgerichtete Verteidigung, die erkennbar inhaltlich bei Gericht nichts mehr erreichen kann, wird selbstverständlich von der Richterbank als extrem lästig, ja feindlich erlebt. Der dem Verteidiger zugedachte Anteil am Prozessgeschehen wird zur »Verfahrenssabotage«, wenn er selbst in »einfachst gelagerten Fällen« durch seine Anträge mehrere Hauptverhandlungstage verursacht.[432] Aus der Figur des begleitenden Kooperationsverteidigers wird plötzlich der gescholtene **Konfliktverteidiger**[433] (den sogar Anwaltskreise als negative Figur

---

432 BGH NStZ 2009, 168 – was den Fall zwingend zu einem einfachst gelagerten macht, der eine andere Sicht nicht zulässt, verrät der Senat nicht.

433 S. zur Beschreibung und Auseinandersetzung mit dieser Figur z.B.: *Jahn* »Konfliktverteidigung« und Inquisitionsmaxime 1998; *ders.* Kann »Konfliktverteidigung« Strafvereitelung (§ 258 StGB) sein? ZRP 1998, 103 ff.; *ders.* Sitzungspolizei contra »Konfliktverteidigung«? NStZ 1998, 389 ff.; *Senge* Missbräuchliche Inanspruchnahme verfahrensrechtlicher Gestaltungsmöglichkeiten – wesentliches Merkmal der Konfliktverteidigung? Abwehr der Konfliktverteidigung, NStZ 2002, 225 ff.; *ders.* Gedanken zur Konfliktverteidigung, FS Nehm 2006, S. 339 ff.; *Gatzweiler* Die Stellung des Strafverteidigers. Mitgarant einer effektiven Strafrechtspflege oder einseitiger Vertreter der Interessen des Verteidigten?

kritisieren[434]). Die Wahrnehmung von gesetzlich verbürgten Rechten gilt als illoyal, obstruktiv und sogar schikanös. Der von der Rechtsprechung ungeliebte Konfliktverteidiger agiert nur noch »formal korrekt und im Rahmen des Standesrechts«.[435]

Um diese Form der Wahrnehmung der in der StPO angelegten Verteidigerrolle ins legale Abseits zu stellen, wird sein Handeln als systemwidrig, dysfunktional oder verfahrensfremd, ja als Kampf gegen die StPO[436] gegeißelt. Der – sogar kriegerisch anmutende – Konflikt wird von der sich in angeblicher Notwehr befindenden Richterschaft gesucht und mit dem Ziel der »Lufthoheit« und dem vorbereiteten Material eines »Notfallkoffers« geführt.[437] Selbst moderatere Richterstimmen registrieren »schwierige« Verteidiger und manövrieren ihre Analyse in Bahnen der psychischen Anwaltskonstellationen oder deren alles dominierende politische Einstellung.[438]

Mit dem Ziel, das Phänomen der Verteidigung, die sich aus Richtersicht ohne inhaltliche Bezugnahme als nur konfliktträchtiger Kontrapunkt zu richterlichen Zielen darstellt, als rechtlich kritikwürdig darzustellen, ist die Praxis gescheitert. Die besondere Formenstrenge der Strafprozessordnung koppelt ihre Regelungen gerade von der unmittelbaren Bezugnahme auf Inhaltliches ab. Bewegt sich die Verteidigung im zulässigen formalen Rahmen, kann die Wahrnehmung von Rechten nicht an die angeblich nicht erkennbaren prozessbezogenen Inhalte geknüpft werden. Die Ausübung von Prozessrechten kann damit niemals in wie auch immer gearteten »Mißbrauch« umgedeutet werden. Im Gegenteil: Allein in der Betonung der demokratischen Wurzel des Formellen kommt Verteidigung ihrer wichtigen politischen Funktion der »sozialen Gegenmacht« nach. **684**

> Das Formelle in gesetzlichen Regelungen gilt als wichtiges Element in der demokratischen Gesellschaft, um Machtmissbrauch durch eine subjektive Sinngebung des Mächtigen zu verhindern und die Wahrnehmung von Rechten kalkulierbar zu gestalten. Die Konsequenz ist die Existenz formalisierter Rechtswahrnehmung, die nicht den Nachweis ihrer Nützlichkeit schuldet. Nimmt z.B. ein Parlamentarier ein Rederecht wahr, kann es ihm nicht mit der Begründung entzogen werden, er fördere inhaltlich nicht die allgemeine Diskussion. Ist sein Rederecht zeitlich unbeschränkt, kann die Wahrnehmung des formalisierten Rechts nicht mit inhaltlichen Argumenten beschnitten werden. Der »Filibuster« im amerikani- **685**

In: Kohlmann u.a. (Hrsg.), Entwicklungen und Probleme des Strafrechts an der Schwelle zum 21. Jahrhundert 2004, S. 59 ff.; *König* Konfliktverteidigung? Konfliktverteidigung!, StV 2017, 188 ff.

434 S. etwa MAH-Strafverteidigung/*Huff*, 1. Aufl. 2006 § 38 Spektrum der Verteidigerstile und Verteidigerpersönlichkeiten, Rn. 25 bei seiner »Karikatur« der Konfliktverteidigung. Belege für seine Behauptung, der »unangenehmste Verteidiger ... verletzt in der Regel das Gebot der Fairness im Verfahren«, er verliere »oft jegliche Distanz mit dem Mandanten« und mache »sich deren Ansicht zu eigen«, sucht man vergeblich.

435 S. z.B. BGH, Beschl. v. 25.01.2005 – 3 StR 445/04; ähnlich BGH, Beschl. v. 21.08.2007 – 3 StR 238/07, BGH, Beschl. v. 20.03.2009 – 2 StR 545/08, oder BGHSt 46, 36, 39 f: »Die Gewährleistung einer effektiven Strafverteidigung steht dann nicht in Frage und der Grundsatz der freien Advokatur hat zurückzustehen, wenn die zu beurteilende Prozeßerklärung des Verteidigers ohne jeden Bezug zur Verteidigung ist oder sich als verteidigungsfremdes Verhalten erweist, das sich nur den äußeren Anschein der Verteidigung gibt, tatsächlich aber nach den Maßstäben des Strafverfahrensrechts und des materiellen Strafrechts nichts zu solcher beizutragen vermag.«.

436 LG Wiesbaden StV 1995, 239.

437 S. zu einer Auseinandersetzung um die Inhalte der Richterfortbildung mittels »Notkoffer«: *Gatzweiler* Feindbild Strafverteidigung! – Wer sucht den Konflikt in der Hauptverhandlung?, StraFo 2010, 397 f.; erwidernd deren Initiator *Breidling* Stellungnahme zu dem Beitrag von Rechtsanwalt Prof. Gatzweiler, StraFo 2010, 398 ff.; umfassend zu den neuesten Entwicklungen *Groß-Bölting* Notfallkoffer und Co. als Interaktionsverhinderer *oder* Wenn der Notfallkoffer den Notfall auslöst, in: Ergebnisse des 43. Strafverteidigertages, 1. Aufl. 2020, 111 ff., in der sie zu dem treffenden Ergebnis kommt, dass die »vorbeugenden« richterlichen Maßnahmen bei erwarteter »Konfliktverteidigung« eine solche erst auslösen müssen; dagegen mit richterlicher Rechtfertigung für ein »Drehbuch« *Bachler* Was ist ein Notfall? aaO, 123 ff.

438 *Dauster* Selbstbild und Fremdbild der Strafverteidigung im Strafprozess, in: Ergebnisse des 43. Strafverteidigertages, 1. Aufl. 2020, 65 ff.

schen Parlament mag in seiner Sinnhaftigkeit niemanden überzeugen; dass trotzdem seine Wahrnehmung gute demokratische rechtsstaatliche Tradition ist, wird von keinem Abgeordneten bezweifelt.

Wird im Strafprozess, der angesichts seiner Folgen in besonderem Maße der formellen Lenkung des Geschehens bedarf, die Wahrnehmung von Verteidigungsrechten an eine Sinngebung durch das machtvolle Gericht geknüpft, wird damit auch ein Basiselement demokratischer Kontrolle infrage gestellt.

686   Der Mythos[439] »Konfliktverteidigung« ist damit aktuell maßgeblich ein richterlicher Kampfbegriff geworden, mit dem ohne die argumentative Notwendigkeit struktureller Einbettung in das System des Strafprozesses ein unzufriedenes Lamento über Störungen des Prozessablaufs durch die Verteidigung geführt wird.[440] Rechtspolitische Ziele werden mit diesem Vokabular in einer gesellschaftlichen Atmosphäre verfolgt, in der effektives Durchentscheiden als erstrebenswertes Ziel angesehen und der rechtsstaatliche Effekt der gesetzlich gewollten Störung einseitiger und vorschneller Schuldsprüche ausgeblendet wird.

687   Dass die Richterbank in erster Linie Verteidigung in diesen Situationen ignorieren will, lässt auch der Alternativbegriff der »Klamaukverteidigung«[441] erahnen. Er soll offensichtlich den nicht ernst zu nehmenden Akteur im Strafprozess karikieren, der schon angesichts seines äußeren Auftritts jenseits aller Usancen keine inhaltliche Beachtung verdient. Bezugnehmen kann diese Vorstellung allenfalls auf einen Clown in Robe, der als solches von jedermann sofort entlarvt werden könnte. Geprägt ist dies durch ein Bild vom krakeelenden Verteidiger, der vielleicht durch seine Lautstärke sogar andere Prozessteilnehmer in ihren Rechten beschränkt.

Letztlich bewegt sich diese Argumentation auf der Ebene des rechtlich nicht fassbaren guten Geschmacks, des persönlichen Respekts und der außerprozessualen Vorstellung von adäquatem gesellschaftlichem Umgang miteinander. Zahlreiche Aspekte der die Wahrnehmung von Rechten ausfüllenden Kommunikation ist (diesseits der Grenze der Beleidigungsdelikte) durch formelle gesetzliche Umschreibungen nicht zu fassen. Kritik muss auch der Anwalt akzeptieren, der sich hier allzu weit vom Bild des seriösen Rechtsvertreters entfernt. Brüllen, Beleidigungen, Robenwerfen sollte nicht zum Handlungsrepertoire des Konfliktverteidigers gehören. Allerdings: Wie in den schönen Künsten gibt es Ausnahmesituationen, in denen allein die Provokation des Rezipienten als Stilmittel Bewegung in festgefahrenes Denken bringen kann.

688   »Konfliktverteidigung« ist als Umschreibung für eine Strategieoption Inhalt jeder Verteidigung. Was von Richterseite als sinnlos angesehen wird, weil die Urteilsentscheidung letztlich schon gefallen, jedenfalls nicht mehr ernsthaft beeinflussbar ist, ist nicht das Ende, sondern der Anfang, jedenfalls der Kern von Verteidigung. Es ist die genuine Aufgabe von Verteidigung, zur Vermeidung von Fehlurteilen den vorschnellen Zugriff des Richters auf die Wahrheit zu unterbinden. Ob der Zugriff im Zwischenverfahren oder nach einem Großteil der Beweisaufnahme in der Hauptverhandlung erfolgt, ist gleichgültig. Ist der Richter in der Sache für die Überzeugungsbemühungen nicht erreichbar und zieht sich auf seine formale Position zurück, ist die Durchsetzung der formalisierten Bedingungen für ein rechtsstaatliches Strafurteil die Aufgabe der Verteidigung. Dann ist sie **Garant** ebenso für die **Unschuldsvermutung** wie für die Beachtung aller detaillierter Prozessregelungen, mit denen der Gesetzgeber die Gefahr von Fehlurteilen minimieren will. Der derart eröffnete Kampf ums Recht verlangt vom Verteidiger neben anderen Verfahrensbeteiligten seine Rolle im *»gemeinschaftlichen Werk zum Kampf gegen die Willkür«*[442] mit den ihm vom Gesetz gegebenen Möglichkeiten wahrzunehmen.

---

439 Zu dieser Einschätzung *Gerson* Das Recht auf Beschuldigung, S. 895 ff.
440 Zur Entwicklung, Verteidigung aus Richtersicht generell als Konfliktverteidigung wahrzunehmen, s. exemplarisch *Heinrich* Konfliktverteidigung im Strafprozess, 2013.
441 *Artkämper* Klimawandel im Gerichtssaal? Kriminalistik 2015, 187 ff.
442 *Jhering* Der Kampf ums Recht, 1872.

Kapitel 3 Die Praxis der Strafverteidigung

A. Teilhaberechte des Verteidigers im Ermittlungsverfahren

I. Bedeutung des Ermittlungsverfahrens

1   Jährlich werden in Deutschland mehr als 5 Millionen Ermittlungsverfahren eingeleitet. Beschuldigter zu werden ist aktuell ein hohes Lebensrisiko. Auch – oder gerade weil – der größte Teil der Verfahren nicht in einem gerichtlichen Strafverfahren mündet, verdeckt die hinter einem Massenphänomen aufscheinende Alltäglichkeit die Leiden der Betroffenen. Das Ende der Konfrontation mit

der Staatsgewalt ist unkalkulierbar. Es droht Strafe und gesellschaftliche Ächtung. Am Schicksal, einem Verdacht ausgeliefert zu sein, tragen sie zumeist schwer. Sie haben einen Anspruch auf Hilfe durch Verteidigung.

1. Die Last für den Mandanten

Wird der Mandant weder durch ein Vernehmungsersuchen noch durch eine nach außen tretende   2 Zwangsmaßnahme mit dem Ermittlungsverfahren konfrontiert, hat er regelmäßig die Rolle des Unwissenden und Unbeteiligten. Zwar ist er der maßgeblich Betroffene des Ermittlungsverfahrens, der Verlauf des Verfahrens ist für ihn zumeist jedoch ein Mysterium. Er weiß nicht, was die Staatsanwaltschaft macht. Er kann keinen Einfluss nehmen. Er weiß nicht, wie lange das Verfahren dauert. Über allem schwebt die **bedrückende Unwägbarkeit des Ausgangs des Strafverfahrens**.

Der Gesetzgeber des 19. Jahrhunderts hatte durch die Strukturierung des Ermittlungsverfahrens   3 diese Folgen bewusst in Kauf genommen. Insbesondere die mangelnde Offenheit des Ermittlungsgeschehens war von der Idee getragen, dass das Verfahren lediglich vorbereitenden Charakter hat. Die Ermittlungsbehörden haben die Aufgabe, zu untersuchen, ob ein ausreichendes Beweismaterial für eine denkbare strafrechtliche Hauptverhandlung vorliegt. Soweit nicht in Grundrechte des Beschuldigten eingegriffen wird – hier bedarf es jeweils der ausdrücklichen Überprüfung des Ermittlungsrichters – wurde dem Ermittlungsverfahren kein belastender Charakter beigemessen.

Der Mandant erfährt dies unter den Bedingungen des 21. Jahrhunderts anders: **Die Existenz des**   4 **Ermittlungsverfahrens ist eine schwer erträgliche Belastung**. Rechtlich nachteilige Konsequenzen können für den Mandanten allein aus der Existenz eines Ermittlungsverfahrens resultieren. Sie können von der vorläufigen Dienstenthebung eines Beamten (§ 38 BDisziplinarG) über die Abberufung eines Vorstandes oder Geschäftsführers aus »wichtigem Grund« (§ 38 Abs. 2 GmbHG; § 84 Abs. 3 AktG) oder Vergabesperren bis hin zu existenzvernichtenden berufsrechtlichen »vorläufigen« Maßnahmen von Kammern und Behörden reichen. Der Effekt der sozialen Ächtung ist enorm. Das Verfahren ist häufig dem beruflichen Umfeld bekannt. Werden Arbeitskollegen, Nachbarn oder Familienangehörige zu dem den Mandanten betreffenden Vorwurf vernommen, ist der Weg zu einer ihn belastenden Publizität nicht weit. Die Unschuldsvermutung mag als formales Element respektiert werden, die Tatsache des untersuchten Vorwurfs belastet dennoch. Jeder Mandant, der bei einer Neubewerbung wahrheitsgemäß angeben muss, dass aktuell ein Ermittlungsverfahren gegen ihn läuft, sieht sich in seinem beruflichen Fortkommen unmittelbar behindert. Muss der Verteidiger ihm darüber hinaus mitteilen, dass nach allgemeiner Erfahrung in dem heimlich geführten und weder vom Gericht noch von der Verteidigung zu beeinflussenden Ermittlungsverfahren die entscheidenden Weichenstellungen auch für endgültige strafrechtliche Resultate erfolgen, entpuppt sich das gesetzgeberische Konzept endgültig als Illusion.

Die Aufgabe des Verteidigers unter diesen Bedingungen ist eine andere, als sie noch vor Jahrzehnten   5 formuliert wurde. Der Umgang mit den prozessualen Besonderheiten und der Schutz vor den zum Teil existenziellen Folgen der schlichten Ermittlungen ist daher eine der wichtigsten Aufgaben des anwaltlichen Beraters. Wer Verteidigung nur als Reaktion auffasst, erhält im Ermittlungsverfahren unter Umständen keine Ansätze zu einer Reaktion. Liegt eine Anklageschrift auf dem Tisch, ist das Ermittlungsverfahren bereits zum Nachteil des Mandanten beendet worden; unter Umständen sind unwiederbringliche Verteidigungschancen vertan worden. Abwarten und Passivität als Verteidigungsprinzip sind fehl am Platze. Der Verteidiger im Ermittlungsverfahren muss um Teilhabe und Einflussnahme bemüht sein. Aktives Handeln sichert dem Mandanten auch in dieser Phase ein optimales Ergebnis.

2. Die primäre Lenkung durch Ermittlungspersonen

Systematisch hat der historische Gesetzgeber das Ermittlungsverfahren als vorbereitendes Stadium   6 ausgestaltet. Wenn der angeklagte Bürger erst durch eine gerichtliche Entscheidung zu einer Strafe verurteilt werden kann, erschien es ausreichend, die formellen Verfahrensrechte im gerichtlichen

Verfahren zu verankern. Kontrolle und Disziplinierung staatlicher Gewalt im Ermittlungsverfahren sind nach diesem Konzept erst da vonnöten, wo schon früh ausnahmsweise in Grundrechte eingegriffen wird. Für Gestaltung und Dokumentation der Ermittlungen fehlt es an bindenden gesetzlichen Vorgaben.

a) Priming durch polizeiliches Aktenstyling

7   Die Idee zerschellt an der Realität. Das von der Polizei beherrschte Ermittlungsverfahren ist nicht der Beginn, sondern zumeist auch das Ende des Strafverfahrens – nicht nur bei Wegfall des Tatverdachts, sondern auch bei fortbestehender Schuldannahme. Der größte Teil der Verfahren wird nach §§ 153, 153a eingestellt, Strafbefehle beenden die Ermittlungen mit einer Strafe, ohne dass eine gerichtliche Beweisaufnahme stattfindet. Auch bei einer Verständigung in der Hauptverhandlung haben die Beteiligten primär nur den von der Ermittlungsakte präsentierten Informationsstand.

8   Selbst in den statistisch eher seltenen Fällen der konfrontativ geführten Hauptverhandlung dominiert das polizeiliche Aktenstyling den klassischen Kern der Beweisaufnahme. Der einmal polizeilich fixierte Anfangsverdacht ist der »Urknall« des gesamten Verfahrens und gibt seinen Verlauf mit einer fast zwangsläufig erscheinenden Konsequenz vor. Die Untersuchung in einer Hauptverhandlung durch den inquisitorischen Richter kann nie so etwas wie »Wahrheit« produzieren. Der Richter und andere Verfahrensbeteiligte haben keinen eigenen unmittelbaren Eindruck vom früheren Geschehen. Die Beweisaufnahme ist Rekonstruktion. Auch wenn Richter sich redlich bemühen, alle zur Verfügung stehenden Mittel zur Aufklärung zu nutzen, ist die Erkenntnis über diese Mittel stets schmal. Auch die Rechtsprechung zum Aufklärungsgrundsatz akzeptiert, dass das Gericht nur einen beschränkten Horizont haben kann. Geformt wird dieser Horizont neben dünnen eigenen Erfahrungen maßgeblich aus den Erlebnissen anderer Hauptverhandlungen und primär durch die dem Verfahren zugrunde liegende Akte. Die Herangehensweise des Gerichts ist daher von den Ergebnissen des Ermittlungsverfahrens abhängig.[1] Der Schlüssel zum **Priming** über Art und Umfang einer gerichtlichen Beweisaufnahme liegt in der Ermittlungsakte.

> Die Idee der Unmittelbarkeit der Hauptverhandlung wurde schon in den ersten Jahrzehnten der Existenz der StPO offensichtlich nicht effektiv umgesetzt. Schon früh dominierte das Bedürfnis von Richtern, ohne eigene Erkenntnis das in der Ermittlungsakte gezeichnete Bild über die Hauptverhandlung in das Urteil zu transportieren. Im Jahr 1906 klagte v. Liszt[2]:
>
> *»Dieses stete Zurückgreifen auf die Protokolle, dieses Kleben an den Ergebnissen des Vorverfahrens ist der Krebsschaden unserer heutigen Hauptverhandlung.«*
>
> Die möglichst zügige Reproduktion des polizeilich gestalteten Akteninhalts ist heute mehr denn je strafrichterliche Intention.

9   Polizisten nutzen diese Verfahrensmacht. Persönliche Befriedigung, beruflicher Erfolg und Beförderung kommen nicht dadurch zu Stande, dass sich der Polizeibeamte in Formalitäten verheddert und rechtstaatlichen Prinzipien wie der Unschuldsvermutung zum Durchbruch verhilft. Der Polizeibeamte und das ihn kontrollierende Umfeld sind maßgeblich am Ermittlungserfolg ausgerichtet. Die Versuchung in diesem Kontext ist groß, das Verfahren in einer Form zu gestalten, dass der erkannte Erfolg nicht durch ein späteres Gerichtsverfahren gefährdet ist.

10   Dass Polizeibeamte in ihrer Aktendokumentation selbst vor Fälschungen nicht zurückschrecken, hat schon jeder Verteidiger erfahren. Darüber hinaus nehmen sie für sich großzügig in Anspruch, durch den Wechsel auf präventiv-polizeiliche Ermächtigungsgrundlagen Lügengeschichten zu dokumentieren.

---

1 S. *Scheffer* Materialitäten im Rechtsdiskurs. Von Gerichtssälen, Akten und Fallgeschichten, in Lersch (Hrsg.), Recht vermitteln, Strukturen, Formen und Medien der Kommunikation im Recht, 2005, S. 349 – 367.

2 *v.Liszt* Die Reform des Strafverfahrens, 1906, 36.

Mit »dienstlich wurde bekannt« leiten viele Polizeibeamte ihre Ermittlungtätigkeit ein; das Verschweigen **11** des Anlasses und der Qualität des Anfangsverdachts ist die erste Manipulation. Kontrollen von Personen werden fälschlicherweise als allgemeine Verkehrskontrollen dargestellt, obwohl die Beschuldigten schon seit Langem verdächtig sind und beobachtet wurden. Als »**legendierte Kontrollen**« haben diese Manipulationen auch sprachlich Eingang in das als »listig« empfundene Verhalten von Ermittlungspersonen gefunden.

Auch wenn man nicht so weit geht, das täuschende Verhalten von Polizeibeamten gegenüber Bürgern als völlig legales und sogar notwendiges Verhalten zu qualifizieren, bleibt zu konstatieren,[3] dass der Bundesgerichtshof die legale Möglichkeit der legitimierten Kontrollen aufgestoßen hat.[4] In einem laufenden Ermittlungsverfahren wegen fortlaufender Einfuhr von Betäubungsmitteln war in dem zu entscheidenden Fall ein Kurier bei einer observierten Rauschgiftfahrt festgenommen worden. Nicht die Erkenntnisse des laufenden Ermittlungsverfahrens waren ihm offeriert worden. Vielmehr war – um aus ermittlungstaktischen Gründen den Hintermann nicht zu warnen – das Anhalten des Kurierfahrzeuges mit einer Verkehrsordnungswidrigkeit begründet worden. Die präventivpolizeiliche Sicherstellung des Rauschgifts erfolgte nach dem erwarteten Fund durch die Verkehrspolizei; durch die am Festnahmeort zuständige Staatsanwaltschaft wurde ein neues Ermittlungsverfahren eingeleitet, der örtliche Amtsrichter verkündete einen Haftbefehl. Der BGH sah keinen Anlass zur Kritik, da die rechtlichen Eingriffsmöglichkeiten sowohl nach Polizeigesetzen als auch nach der Strafprozessordnung gleichberechtigt nebeneinanderstehen würden.

Die hier deutlich werdende Tendenz ist fatal, da je nach Lage die Polizei willkürlich sich einer passenden Ermächtigungsgrundlage bedienen könnte. Der Tendenz ist entgegenzuhalten, dass angesichts der stets präsenten präventivpolizeilichen Elemente von Straftatermittlungen Transparenz eine ausschließliche Geltung von Prozessnormen fordert. Beim Umschwenken von Ermittlungspersonen auf präventivpolizeiliche Maßnahmen, wird der Rechtsschutz des betroffenen Bürgers beschnitten; angesichts der Dominanz der Tatermittlung im Gesamtkontext würden Verwaltungsgerichte eine Befassung mit der Sache regelmäßig verweigern. § 161 Abs. 2 regelt im Gegensatz zur Annahme des BGH allenfalls polizeiliche Ermittlungsergebnisse, die in völlig anderem Kontext im Vergleich zum Strafverfahren zuvor durchgeführt worden sind. Die Regelungen der StPO müssten darüber hinaus in der Folge der Legende zwangsläufig verletzt werden, sei es angesichts der Unvollständigkeit einer Belehrung des Verhafteten oder der fehlenden Information des Haftrichters im Hinblick auf den Verfahrensursprung (wobei zahlreiche der verschwiegenen Aspekte zumindest strafzumessungsrelevant sein dürften).

b) Formulierungshoheit in Vernehmungsprotokollen

Auch bei subjektiver Redlichkeit kann die Ermittlungsakte kein sog. objektives Bild wiedergeben, **12** weil sie von dem subjektiven Blickwinkel des Polizeibeamten gestaltet wird. Die Verfolgung der eigenen Ermittlungshypothese muss sich notwendigerweise im Verfahren und seiner Darstellung niederschlagen. Der Blick auf Beweismittel zu möglicherweise alternativen Szenarien bleibt dem Beamten unter Umständen verschlossen. Der Zeuge, der im Ermittlungsverfahren nicht ermittelt wurde, wird regelmäßig auch nicht im Gerichtssaal auftauchen. Bereits diese Selektion lenkt das spätere Verhalten von Verfahrensbeteiligten. Die sprachliche Abfassung von Aktenvermerken ist zumeist ein deutliches Spiegelbild für Verdachtsmomente, die der Ermittler mit objektiven Fakten nicht belegen kann. Schon der Sprachduktus lässt ihn den zukünftigen Lesern die gewünschte Botschaft transportieren.

Was beispielsweise an Erkenntnissen von den wichtigsten Beweismitteln, den Zeugen, zu erwarten **13** ist, entnimmt das Gericht – ebenso wie zumeist die Verteidigung – regelmäßig den **Vernehmungsprotokollen der Polizei**. Die Rezeption der protokollierten Vernehmungen verdrängt die selbstverständliche Erkenntnis, dass und wie diese Protokolle angesichts ihrer Form niemals den tatsächlichen

---

3 So z.B. *Nowrousian* Heimliches Vorgehen und aktive Täuschung im Ermittlungsverfahren, 2015; *ders.* Darf der Beschuldigte im Ermittlungsverfahren getäuscht werden? Zur grundsätzlichen Zulässigkeit aktiver Täuschung im Ermittlungsverfahren, NStZ 2015, 625 ff.
4 BGH 2 StR 247/16 – Urteil vom 26. April 2017, HRRS 2017 Nr. 784; BGH 2 StR 180/17, Urteil vom 17.01.2018.

Kommunikationsprozess im Ermittlungsverfahren wiedergeben können, sondern lediglich das vom Protokollierenden intendierte Bild.

14   Auch Vernehmung im Ermittlungsverfahren ist Kommunikation, die geprägt ist durch Erwartens-haltungen und Zielvorstellungen des Kommunikationspartners. Ist dieser Kommunikationspartner gleichzeitig verantwortlich für Frage und Formulierung der Antwort, ergibt sich ein breites Feld einer Transformationsleistung im schriftlichen Protokoll, das dem Leser ein Bild vermitteln muss, das weit entfernt von dem Eindruck ist, den er als unmittelbarer Zuschauer und Zuhörer diese Ver-nehmung gewinnen könnte. Protokolle sind unzuverlässig, weil selektiv, subjektiv und intuitiv.[5]

15   Vernehmungsprotokolle können schon deswegen kein zuverlässiges Bild der Erinnerungsleistung eines Zeugen widerspiegeln, da sowohl Fragen- als auch Antwortformulierungen maßgeblich gestal-tet werden von den Vorprägungen der Vernehmungsbeamten. Diese haben nicht nur als Raster die strafrechtlichen Konsequenzen von einzelnen Sachverhaltselementen vor Augen, sondern darüber hinaus auch die hierauf bezogene eigene Hypothese vom Tatgeschehen. In Erfüllung seiner Aufgabe der Verbrecherjagd wird der Vernehmungsbeamte – unbewusst, instinktiv oder zielgerichtet – sein Vorstellungsbild in die Gestaltung des Protokolls einfließen lassen.

16   Die Gestaltungsmöglichkeiten sind immens. Während das Gesetz einerseits die Vermeidung von Willkürräumen bei hoheitlichem Agieren als Regelungsmaßstab anstrebt und andererseits die Ein-flussnahme gerade jenseits jeder Kontrolle stattfindender polizeilicher Ermittlungsmaßnahmen auf den Prozess zu minimieren sucht – ein polizeiliches Vernehmungsprotokoll darf zumeist nicht ver-lesen werden! –, wird die Wirkung der Protokollierungsmacht aktuell völlig unterschätzt. Die Pro-tokollierung von Aussagen im Ermittlungsverfahren eröffnet dem Polizeibeamten die unterschied-lichsten Möglichkeiten einer ihm genehmen Steuerung des weiteren Verfahrens. Niemand verlangt von ihm eine wortgetreue Wiedergabe des Vernehmungsgesprächs, niemand zwingt ihn zur Dar-stellung seiner eigenen Fragen. Nr. 45 RiStBV empfiehlt allenfalls »bedeutsame Teile der Verneh-mung... möglichst wörtlich« aufzunehmen. In unbegründeter Überschätzung der professionellen Distanz wird dem Polizeibeamten sogar zugetraut, selbst gewichtend aus einer umfangreichen Aus-sage zu selektieren und den »Kern« der Aussage in eigenen Worten zusammenzufassen. Die aktuelle Rechtspraxis begnügt sich mit einer von polizeilichem Verständnis gefilterten und formulierten ver-meintlichen Inhaltsangabe.

17   Im Hinblick hierauf werden zwangsläufig nicht nur im Gespräch sich ergebende zeitliche und inhalt-liche Gewichtungen der Zeugenbekundungen im Protokoll verschoben. Die Gesprächsintention führt sogar zu Informationsergänzungen im Protokoll, die letztlich in der Kommunikation keine ausreichende Grundlage gefunden haben.[6] Der vernehmende Polizeibeamte hat bereits Beweisquali-täten eines zukünftigen Strafverfahrens vor Augen, wenn beispielsweise präzise Angaben zum Ort des Geschehens ins Protokoll aufgenommen werden, die in dieser Präzision von Zeugen gerade nicht dargestellt worden sind.[7] Andererseits werden als irrelevant erachtete Informationen in das Protokoll nicht aufgenommen.[8]

18   Vernehmungsprotokolle geben den für das inhaltliche Verständnis dringend notwendigen Sprechstil des Vernommenen nicht nur unzulänglich, sondern in den meisten Fällen sogar falsch wieder.

---

5 *Altenhain* Dokumentationspflicht im Ermittlungsverfahren, ZIS 2015, 269 ff., 277.
6 S. hier z.B. die Untersuchungen von *Cauchi/Powell*, An Examination of Police Officers` notes of inter-views with alleged child abus victims, in: International Journal of police Science and Management 11, 2009, S. 505 – 515.
7 *Rock* Witnesses and Suspects in Interviews, in Coulthard/Johnson, The Routledge Handbook of Forensic Linguistic, 2010, S. 126 – 128.
8 S. hierzu z.B. die ausführliche Untersuchung *Banscherus* Polizeiliche Vernehmung: Formen, Verhalten, Protokollierung, 1977; *Lamb* u.a. Accuracy of investigators‹ verbatim notes of their forensic interviews with alleged child abuse victims., Law and Human Behavior, 2000, 24, 699–707.

Von Authentizität ist die von vernehmenden Polizeibeamten gewählte Sprache weit entfernt. Aus Grün- **19** den der Sprachästhetik oder der schlichten Zeitersparnis werden unvollständige oder grammatikalisch inkorrekte Sätze verkürzt und geglättet. So finden sich literarisch ansprechende Aussagen von Personen, die tatsächlich die deutsche Sprache nur sehr unvollkommen beherrschen. Es sind im Protokoll sprachlich gestützte Denkstrukturen auszumachen, wo die Kommunikation in der Vernehmungssituation nur Sachverhaltsfetzen produzierte. Die für das Verständnis notwendigen emotionalen Schwingungen, ihr Ausdruck durch Zögern, Hektik, Stottern oder sich überschlagende Sprache kommt in den gängigen Polizeiprotokollen nicht einmal andeutungsweise zum Ausdruck.

Der Eindruck der Glaubwürdigkeit kann durch Protokollierungsstil manipuliert werden. **20**

Der Wert der Aussage wird z.B. durch die Darstellungsform der (angeblich) freien Rede gesteigert, weil **21** die freiwillige und unbehinderte Präsentation der für die Juristen relevanten Sachverhaltselemente besondere Zuverlässigkeit suggeriert.[9] Umgekehrt wird dem Leser deutlich die Unsicherheit des Vernommenen präsentiert, wenn dessen Zögern mit Punkten wiedergegeben wird, ein ansonsten weggelassenes »ääh« oder kraftlose Füllwörter sich gehäuft finden.[10] Schon der Protokollierungsstil inszeniert damit Glaubhaftigkeit oder Unglaubhaftigkeit.[11]

Wer auf das Strafverfahren primär den Blick bürokratischer Ökonomie pflegt, schätzt das Vernehmungsprotokoll als von dem Verfahrensstand unabhängiges zirkulationsfähiges Aggregat singulärer **22** mündlicher Äußerungen.[12] Mit der Minimalfunktion der Beweissicherung sind Vernehmungsprotokolle letztlich die entscheidenden Lenkungsinstrumente für das Urteil[13] und damit auch potenzielle Ursachen für Fehlurteile.[14]

Das vom Protokollierenden gewählte Design beeinflusst den lesenden Richter.[15] Dies bezieht sich **23** insbesondere auf dessen Eindruck von der Fairness der polizeilichen Vernehmung.

Eine Umfrage bei einigen Hundert Schweizer Strafrichtern[16] ergab z.B., dass die allermeisten den proto- **24** kollierenden Polizeibeamten als besonders respektvoll, objektiv und kompetent einschätzten, wenn dieser einen »offenen« Befragungsstil präsentierte (»*Wie ging es dann weiter?*«). Die Skepsis stieg, wenn entsprechend den tatsächlichen Gegebenheiten ein Fragestil aufscheint, der Konfrontation und Suggestion vonseiten des Protokollierenden ahnen ließ (»*Und dann kam es zur tätlichen Auseinandersetzung, die zu den Verletzungen Ihrer Frau geführt hat?*«). Der prozessuale Effekt: Richter verzichteten im ersteren Fall sehr viel eher auf eine eigene erneute Befragung und begnügten sich – nach Schweizer Prozessrecht möglich – mit der Protokollverlesung. Für den deutschen Prozess verdeutlicht die Untersuchung zumindest den Einfluss des Polizeibeamten auf die richterliche Einstimmung, mit der dieser seine eigenen Aufklärungsbemühungen angeht.

Wer als Verteidiger die phänomenalen Wirkungen des Primings im Strafverfahren durch Ermittler **25** kennt, hat eine erste Vorstellung darüber, wie intensiv und früh er agieren muss (– zu falschen Geständnissen s.u. Rn. 995 ff.).

---

9 *Scheffer* Übergänge von Wort und Schrift: Zur Genese und Gestaltung von Anhörungsprotokollen im Asylverfahren, Zeitschrift für Rechtssoziologie 1998, 230–265.

10 S. z.B. *Scheffer* Übergänge von Wort und Schrift: Zur Genese und Gestaltung von Anhörungsprotokollen im Asylverfahren, Zeitschrift für Rechtssoziologie 1998, S. 230 – 265.

11 *Capus/Stoll/Vieth* Protokolle und Vernehmungen im Vergleich und Rezeptionswirkungen im Strafverfahren, Zeitschrift für Rechtssoziologie 2014, 225 – 252, 235.

12 *Vismann* Akten, Medientechnik und Recht, 2000, 98.

13 So selbst für das insoweit zurückhaltendere angelsächsische Recht *Haworth* Police interviews in the judicial process. Police interviews as evidence. In: Coulthard/Johnson The Routledge Handbook of Forensic Linguistics, 2010, 169–181.

14 S. Fallstudien bei *Serverin/Bruxelles* Enregistrements, procès-verbaux, transcriptions devant la Commission d'enquete: le traitement de l'oral en questions, Droit et Cultures 55/2008, 149–180.

15 Zur Rezeptionswirkung s. z.B. *Keijser/Malsch/Kranendonk/Gruijter* Written records of police interrogation: Differential registration as determinant of statement credibility and interrogation quality, Psychology, Crime and Law 2012, 613–629.

16 *Capus/Hohl-Zürcher* Einvernahmeprotokolle: Der Stil beeinflusst die Richter, »Plädoyer« 2014, 30 ff.

c) Videovernehmung

26 Die Dokumentation der Beschuldigtenvernehmung durch audio-visuelle Aufzeichnungen vermeidet zahlreiche dieser Nachteile. Hier ist auch für die juristische Nachwelt der Gang der Kommunikation und die Wortwahl der Beteiligten nachträglich nachvollziehbar. Der Nachweis einer fehlerhaften Belehrung oder gar eine verbotenen Vernehmungsmethode des § 136a ist erleichtert. Die seit Jahren bestehende Möglichkeit der Aufzeichnung der Vernehmung durch die Polizei, den Staatsanwalt oder Ermittlungsrichter (§ 163a Abs. 1 Satz 2 iVm 58a) wird allerdings faktisch nicht genutzt. Zwingend vorgeschrieben ist eine solche Aufzeichnung seit dem 1.1.2020 gemäß § 136 Abs. 4 für zwei Fallgruppen: Zum einen sind **Beschuldigtenvernehmungen** immer dann aufzuzeichnen, wenn **wegen eines vorsätzlichen Tötungsdeliktes** ermittelt wird; zum anderen nimmt das Gesetz Bezug auf die besonders verletzlichen Beschuldigten, Jugendliche unter 18 Jahre und solche Personen, die unter eingeschränkten geistigen Fähigkeiten oder einer schwerwiegenden seelischen Störung leiden.

Die Gesetzesbegründung[17] preist die weitergehenden Vorteile der so erzeugten digitalen Konserve. Das später in der Hauptverhandlung jederzeit mögliche Abspielen der Aufzeichnung erleichtere auch dem Richter die Entschlüsselung der Kommunikation durch Wahrnehmung des Wortlautes und sogar der körpersprachlichen Signale des Beschuldigten. Praktisch entfällt die Ladung des Vernehmungsbeamten als Zeugen in der Hauptverhandlung. Der »Transfer« des Ermittlungsergebnisses im Rahmen der europäischen Ermittlungsanordnung ins Ausland wird erleichtert. Der Beschuldigte wird vor einer Missachtung seiner Rechte geschützt, die Vernehmungsperson wird vor unbegründeten Behauptungen von Übergriffen abgeschirmt.

27 Die **Verkehrsfähigkeit** der so geschaffenen digitalen Aufzeichnung tangiert zweifellos das informationelle Selbstbestimmungsrecht des Vernommenen. Während beim Zeugen die Duldung einer solchen Aufnahme nach § 58a nach allgemeiner Ansicht von seiner generellen Zeugenpflicht umfasst ist, rechtfertigt das Gesetz den Eingriff beim Beschuldigten schlicht mit dem überwiegenden Allgemeininteresse an der Erleichterung der Wahrheitsermittlung. Die Verwendungsbeschränkungen des § 58a Abs. 2, die auch für den Beschuldigten gelten sollen, gilt als ausreichender Schutz. Gegen die Überlassung beispielsweise an den Nebenklägervertreter kann der Beschuldigte allerdings keine wirksamen Rechtsmittel geltend machen.

Unter dem Begriff der aufzuzeichnenden Vernehmung sind alle offenen Vernehmungen gemeint; offen und transparent muss auch die Tatsache der Aufzeichnung gemacht werden. Unabhängig vom traditionellen Streit über den Vernehmungsbegriff erstreckt sich die Aufzeichnungspflicht auf alle Verfahrensvorgänge, die mit der Vernehmung in enger Verbindung stehen, also insbesondere auch die Belehrung. Sogenannte Vorgespräche, die möglicherweise von der Aufzeichnungspflicht ausgenommen sind, sieht das Gesetz nicht vor.[18] Da allein das Tötungsdelikt Gegenstand des Verfahrens sein muss, sind auch die Vernehmungen von Beschuldigten aufzuzeichnen, denen beispielsweise lediglich eine Beihilfe oder eine Anstiftung vorgeworfen wird.

Eine Ausnahme vom Zwang zur Videografierung sieht das Gesetz nur dann vor, wenn entweder die äußeren Umstände oder die besondere Dringlichkeit der Vernehmung entgegensteht. Die derart beschriebene Situation ist schwer vorstellbar; regelmäßig verträgt die Ermittlung ohne weiteren Qualitätsverlust den Transport des Beschuldigten von seinem Aufenthaltsort bis zum Polizeipräsidium, wo die entsprechende Ausrüstung vorliegen sollte. Da darüber hinaus bei einer solchen Vernehmung auf Wunsch des Beschuldigten ein Verteidiger anwesend sein muss, ist die audiovisuelle Aufzeichnung der Standard. Setzt sich der Vernehmungsbeamte über seine Verpflichtung zur Videoaufzeichnung hinweg, dürften die lediglich schriftlich protokollierten oder gar nur mündlich entgegengenommenen Angaben des Beschuldigten unverwertbar sein.[19]

---

17 BT-Drs. 18/11277.

18 Siehe hierzu ausführlich *Weigend* audio-visuelle Aufzeichnung von Beschuldigtenvernehmungen – zur Interpretation des ab dem 01.01.2020 geltenden Rechts, StV 2019, 852 ff.

19 HK-StPO/*Ahlbrecht* § 136 Rn. 61; *Singelnstein/Derin* NJW 2017, 2646; *Weigend* StV 2019, 857.

Der Vorteil für die Verteidigung bei der Aufzeichnung kann eine gesteigerte Authentizität der Vernehmungssituation oder des später nicht rekonstruierbaren psychischen Zustandes des eigenen Mandanten sein. Allein deswegen kann sich unter Umständen die Zustimmung für eine beschränkte Vernehmung ergeben, beispielsweise lediglich zu Angaben über die eigene Person unter Aufrechterhaltung des Schweigerechts zur Sache. Eine unbeschränkte Zustimmung verbietet sich in der Regel im Hinblick auf § 254 Abs. 1, der auch bei einem schweigenden Angeklagten das Vorspielen der Videokonserve in der späteren Hauptverhandlung gestattet. Da frühe Vernehmungen bei Tötungsdelikten nur selten eine Haftvermeidung bewirken, sollte die Ausübung des Schweigerechts oder die Formulierung einer Einlassungserklärung in der Hauptverhandlung auf einem umfassenden Kenntnisstand des Beweismaterials beruhen. Dieser Zustand ist frühestens mit der Anklageerhebung erreicht. **28**

II. Die Vermeidung des Ermittlungsverfahrens

Das Ermittlungsverfahren ist geheim und daher unkontrollierbar. Die Folgen des Ermittlungsverfahrens – von der Hausdurchsuchung bis zum Haftbefehl – können existenzvernichtend sein. Es ist daher eine konsequente anwaltliche Überlegung, durch eigene Aktivitäten bereits die Einleitung eines Ermittlungsverfahrens zu vermeiden. **29**

Dies setzt allerdings **Informationen** darüber voraus, dass die **Gefahr der Einleitung** eines Ermittlungsverfahrens besteht. Das Gespür für eine solche Gefahr setzt nicht nur anwaltliche Routine, sondern auch Wissen um die polizeiliche und staatsanwaltschaftliche Praxis voraus. **30**

Ansätze für ein polizeiliches Tätigwerden sind vielfältig: So können schlichte Informationen aus der Presse über allgemeine Bürgerbeschwerden zu Sachverhalten Anlass für Ermittlungen gegen die Verantwortlichen sein. Bereits existierende Ermittlungsverfahren gegen Unternehmen wegen deren allgemeinem strafwürdig erscheinenden Geschäftsgebaren und Einbindung ihrer Mitarbeiter führt vorhersehbar zu weiteren Ermittlungsverfahren gegen jeden einzelnen der beteiligten Mitarbeiter. Unnatürliche Todesfälle – insbesondere in Krankenhäusern – haben fast zwingend auch Ermittlungsverfahren gegen das beteiligte medizinische Personal zur Folge. **31**

Die größte Gefahr stellen konkrete Anzeigen von Geschädigten dar; ist der in der Anzeige geschilderte Sachverhalt nicht völlig abstrus, jeder Lebenswahrscheinlichkeit widersprechend und offensichtlich extrem widersprüchlich, werden die Ermittlungsbehörden nahezu zwangsläufig ein Ermittlungsverfahren einleiten. Die Schwelle für die Einleitung ist gering: Voraussetzung ist lediglich ein **Anfangsverdacht**. Hiernach ist es ausreichend, wenn aufgrund der erkennbaren Anhaltspunkte eine verfolgbare Straftat vorliegen könnte (§ 152 Abs. 2). **32**

Will der Anwalt die Einleitung des Ermittlungsverfahrens verhindern, müssen er und sein Mandant die Faktoren erkennen, die zu der Einleitung führen können. Hier ist der Mandant im Vorfeld allgemein zu sensibilisieren. Sobald er abseits des Alltagsgeschehens relevanter Anhaltpunkte gewahr wird – sei es aus Veröffentlichungen der (Fach-) Presse, sei es aus konkreten Androhungen eines Kunden, sei es aufgrund eines von ihm selbst als problematisch eingeschätzten Sachverhalts, sei es aufgrund von Nachbarschaftsgerüchten – hat er idealerweise den anwaltlichen Berater rechtzeitig über diese Umstände zu informieren. Mandant und Anwalt haben dann gemeinsam die realistischen Gefahrenmomente für ein Ermittlungsverfahren ebenso abzuwägen wie die Chancen, dieses durch ein rechtzeitiges Tätigwerden gegenüber der Staatsanwaltschaft abzuwenden. Eine Fehleinschätzung in dieser Phase könnte für den Mandanten fatale negative Folgen haben. Ist es der Anwalt selbst, der die Behörden erstmalig auf einen den Mandanten möglicherweise kompromittierenden Sachverhalt hinweist, so gibt er möglicherweise allein Anlass für Ermittlungen, die ansonsten niemals Gegenstand staatsanwaltschaftlicher Überlegungen gewesen wären. **33**

Besondere Gefahr droht dem Mandanten in Ermittlungsbereichen, in denen die Staatsanwaltschaft den ihr zugedachten Bereich der Aufklärung möglicher Taten verlässt, und als Schnüffelpolizei[20] proaktiv **34**

---

20 *Wölfl* JuS 2001, 478, 481.

»**Vorfeldermittlungen**« oder »Ausforschungsermittlungen«[21] anstellt. Als dritte Kolonne werden gesetzlich Banken beim Geldwäscheverdacht oder Krankenkassen bei Betrugsvermutungen verpflichtet, auch ohne eigene juristische Bewertung eines Anfangsverdachts Sachverhalte zu übermitteln; beschreibt der Mandant Probleme in diesem Bereich, liegt ein Ermittlungsverfahren nicht fern. Das gilt erst recht bei der Insolvenz eines Mandantenunternehmens. Ein Insolvenzgericht wird durch die »Anordnung über Mitteilungen in Zivilsachen« (MiZi) verpflichtet, die Staatsanwaltschaft über jedes Insolvenzverfahren zu informieren (»Holkriminalität«)[22]. Diese Praxis erscheint zwar rechtswidrig.[23] Denn eine Ermächtigungsgrundlage für »*Vorermittlungen*«[24] existiert nicht. Ermittlungen im Sinne der StPO und damit verbunden Grundrechtseingriffe sind der Staatsanwaltschaft im Regelfall unterhalb der Schwelle des Anfangsverdachts nicht gestattet.[25] Die Praxis bedroht aktuell trotz aller rechtlichen Bedenken den Mandanten.

35 Wird die Gefahr der Einleitung eines Ermittlungsverfahrens **im Vorfeld bereits erkannt**, ist die Möglichkeit seiner Vermeidbarkeit kritisch zu beleuchten. Führt die Analyse zu dem Ergebnis, dass ein solches Verfahren ohnehin nicht zu vermeiden ist, beschränkt sich die anwaltliche Aufgabe darin, den Mandanten auf mögliche Folgen vorzubereiten und durch Aktivitäten gegenüber der Staatsanwaltschaft rechtzeitig die Gefahr denkbarer Zwangsmaßnahmen zu minimieren (s. hierzu unten: Rdn. 638 ff. – Durchsuchungen).

36 **Aktivitäten zur Vermeidung eines Ermittlungsverfahrens** setzen zweierlei voraus: Der Anwalt muss zum einen erkennen, worin inhaltlich das entscheidende Belastungsmoment für seinen Mandanten liegen könnte. Zum anderen muss es ihm gelingen, argumentativ mit fast zwingender Logik dieses Belastungsmoment auszuräumen.

37 Führt z.B. der Todesfall in einem Krankenhaus zwangsläufig zu staatsanwaltschaftlichen Ermittlungen gegen das behandelnde Personal, ist der Gegenstand der Ermittlungen erkennbar; ist vorhersehbar eine einwöchige Fehlbehandlung des Patienten der entscheidende Vorwurf gegenüber den Ärzten, so kann der rechtzeitige Hinweis auf die urlaubsbedingte Abwesenheit des eigenen Mandanten während der Tatzeit verhindern, dass auch der eigene Mandant zum Beschuldigten wird.

38 Wird das entscheidende Entlastungsmoment nicht rechtzeitig der Staatsanwaltschaft mitgeteilt, droht angesichts des regelmäßig zu Beginn des Verfahrens relativ geringen Informationsstandes der Staatsanwaltschaft die Gefahr, dass Zwangsmaßnahmen gegen alle nur denkbaren potenziellen Täter ergriffen werden. Ist demgegenüber erkennbar, dass die Ermittlungsbehörden eine Überzeugung von der Richtigkeit einer Strafanzeige erst gewinnen können, wenn dort zusätzliche Informationen, möglicherweise sogar ein Gutachten, eingeholt werden müssen, tendiert die **Wahrscheinlichkeit einer Vermeidbarkeit des Ermittlungsverfahrens gegen Null**. Dem Mandanten sollte hier verdeutlicht werden, dass die Vermeidung eines Ermittlungsverfahrens zwar ein interessantes Verteidigungsziel sein kann, angesichts der gesetzlichen Vorgaben allerdings nur in seltenen Ausnahmefällen zu erreichen ist. Hier dem Mandantendruck nachzugeben und unter Ignorieren der Gefahren vorzeitiger anwaltlicher Aktivitäten tätig zu werden, wäre ein irreparabler Kunstfehler

39 Dass möglicherweise aus rechtlichen Gründen durch die Staatsanwaltschaft **fälschlich** ein **Anfangsverdacht** angenommen wird, blenden Verteidiger häufiger aus ihrer Argumentation aus. Die Einleitung des Verfahrens erfolgt ohne jede Kontrolle, sodass nachträglich vorgebrachte rechtliche Erwägungen angesichts geschaffener Fakten sinnlos erscheinen. Eine rechtliche Aufarbeitung lohnt allerdings, wenn auch eine späte Akteneinsicht verdeutlicht, dass die Entscheidung zur Einleitung eines Verfahrens rechtlich nicht haltbar war. Dies kann schon vor der ersten Vernehmung des Mandanten vorgebracht werden, macht aber insbesondere auch dann Sinn, wenn erste Zwangsmaßnahmen mit einer Beschwerde« angegriffen werden. Viele dieser Zwangsmaßnahmen – von der Durchsuchung bis zur TKÜ oder Observation – setzen neben zumeist geringfügigen zusätzlichen Faktoren

---

21 *Krause* BRAK-FS, 2006, S. 351, 352.
22 *Diversy*, ZInsO 2005, 180.
23 *Püschel* Die Staatsanwaltschaft als Insolvenzpolizei, ZinsO 2015, 1786 ff.
24 *Haas* Vorermittlungen und Anfangsverdacht, 2003, 61.
25 *Senge* Hamm-FS, 2008, S. 701, 710; *Krause*, BRAK-FS, 2006, S. 351, 353.

zumindest einen zu begründenden Anfangsverdacht voraus. Rechtliche Nachlässigkeiten der Staatsanwaltschaft scheinen schon deswegen auf, weil in der Praxis angesichts der Weite des Anfangsverdachts dieser Frage kaum Beachtung geschenkt wird. Das Gefühl der Wahrnehmung eines unüberprüfbaren Beurteilungsspielraums lässt manchen Staatsanwalt die rechtlichen Grundlagen vollständig verlassen.

Der **Begriff des Anfangsverdachts** ist unmittelbar grundrechtsrelevant, weil er den Beschuldigten- **40** status des Mandanten mit allen privilegierenden Folgen der StPO auslöst, einschließlich der entsprechenden Belehrungspflichten der Ermittler. Unmittelbar relevant wird der Begriff, wenn er als maßgebliche Voraussetzung eines Grundrechtseingriffs – wie beispielsweise bei der Durchsuchung – fungiert.

Der Beschuldigtenstatus hängt nicht von formalisiertem Vorgehen der Ermittler ab, Eröffnungsvermerke haben allenfalls deklaratorischen Charakter. Mit aller Deutlichkeit hat hier der EGMR schon mehrfach betont, dass weder Formalien noch subjektiver Ermittlerwille den Status begründet, sondern allein eine Situation, in der die Ermittlungsbehörden plausible Gründe zur Annahme haben, dass der betroffene Bürger in eine Straftat verwickelt sein könnte.[26]

Belastend ist dieser Status, weil seine Bejahung den Bürger zwingt, das Ermittlungsverfahren zu ertragen. Unsicherheit über die rechtlichen Dimensionen des Begriffs des Anfangsverdachts bestehen deswegen, weil sich weder Rechtsprechung noch Literatur trotz seiner zentralen Bedeutung[27] bislang zu präzisen Definitionen haben durchringen können, die eine ausreichende Differenzierung im Einzelfall ermöglichen. Die Begriffsbestimmungen enden zumeist in Allgemeinplätzen und werden regelmäßig durch Fallbeispiele ersetzt, die zumindest Grenzen des Begriffs aufzeigen sollen. Auch diese sind in der rechtlichen Diskussion zu nutzen.

Dass als Minimum durch Fakten belegt sein muss, dass überhaupt **eine Straftat** geschehen ist, die es zu **41** verfolgen gilt, ignorieren die Ermittlungsbehörden gerne. Die Problematik existiert nicht, wenn zum Beispiel eine malträtierte Leiche deutlich auf einen Mord hinweist, sehr wohl allerdings in den Fällen, in denen Anhaltspunkte für ein derart kriminelles Geschehen fehlen. Wenn Ermittlungsbehörden ein Verfahren wegen des Verdachts der Steuerhinterziehung gegen eine Prostituierte einleiten, weil es der Erfahrung des Sachbearbeiters entspräche, dass die Damen dieses Gewerbes generell keine Steuern zahlen, ist der Beurteilungsspielraum eindeutig überdehnt: Hier würden sich die Ermittlungsbehörden lediglich auf die Idee stützen, dass Prostituierte ihre Einkünfte generell nicht versteuern. Eine solche Lebenserfahrung gibt es gerade nicht, es gibt keine konkreten, eine denkbare Straftat belegende Fakten.[28]

Eine anonyme Anzeige, wonach der Verdächtige angeblich regelmäßig mit Fahrzeugen eines bestimmten Autovermieters Drogenkurierfahrten unternehmen soll, wird nicht dadurch zum legalen Anfangsverdacht, wenn die Polizei lediglich die Tatsache der Anmietung von Fahrzeugen verifiziert hat.[29]

Ebenso wenig können sich Ermittler bei der Behauptung einer neuen Straftat allein darauf stützen, dass der angebliche Verdächtige bereits in der Vergangenheit einschlägig in Erscheinung getreten oder sogar verurteilt worden ist. Gibt es trotz der Erkenntnis zu einer gewissen »Tatgeneigtheit« keine konkreten Hinweise auf eine neue Tat, ist die Einleitung eines neuen Ermittlungsverfahrens rechtswidrig. Eine andere Vorgehensweise würde auf das »aberwitzige Ergebnis«[30] hinauslaufen, dass solche Personen in regelmäßigen Abständen Ermittlungsverfahren und konsequenter Weise auch Grundrechtseinschränkungen

---

26 »*Under the Court's case-law, a person acquires the status of a suspect calling for the application of the Article 6 safeguards not when it is formally assigned to him or her, but when the domestic authorities have plausible reasons for suspecting that person's involvement in a criminal offence*«, Brusco ./. Frankreich, 14.10.2010; Sobko ./. Ukraine, 17.12.2016).

27 *Deiters* Legalitätsprinzip und Normgeltung, 2006, 165 ff.; *Schulz* Normiertes Misstrauen. Der Verdacht im Strafverfahren, 2001; *Satzger* Am Anfang war der Verdacht – oder doch nicht? Beulke-FS 2015, S. 1009 ff.

28 S. OLG Hamburg NJW 1984, 1635.

29 LG Bad Kreuznach StraFo 2015, 64.

30 S. AG Saalfeld NJW 2001, 3642.

durch Durchsuchungen und andere Zwangsmaßnahmen ausgesetzt wären. Um einen Anfangsverdacht zu bejahen, müssen weitere konkrete Hinweise auf ein erneutes strafwürdiges Verhalten hinzutreten.

42 Das **Bundesverfassungsgericht** hatte angesichts der Grundrechtsangierungen von Durchsuchungs-maßnahmen Gelegenheit, zumindest die grundgesetzlichen Grenzen der Begrifflichkeit abzustecken und anhand konkreter Beispiele zu illustrieren. Als Ausgangspunkt wird betont, dass ein Anfangs-verdacht jedenfalls über vage Anhaltspunkte und bloße Vermutungen hinausreichen muss und sich jeweils auf konkrete Tatsachen – nicht allein Statistiken – stützen muss. Negativ gilt insbesondere für Begründung eines Durchsuchungsbeschlusses, dass sich dieser auf einen solchen Verdacht stüt-zen muss und nicht umgekehrt erst zur Begründung eines Anfangsverdachts in die Welt gesetzt wird.

> Beispielhaft führte das Bundesverfassungsgericht aus: Wer ein Konto im Ausland einrichtet oder wer ebenso legal sogenannte Tafelpapiere erwirbt, dem kann aufgrund dieses rechtlich zulässigen Verhaltens nicht unterstellt werden, er agiere wie ein Steuerhinterzieher, gegen den ein Anfangsverdacht begründet sei. Hier bedarf es zwingend zusätzlicher – ungewöhnlicher und konspirativer – Erkenntnisse, wonach sich ein Bürger durch Wahrnehmung dieser Handlungsoptionen tatsächlich strafbar gemacht haben könnte.[31]

> In einer anderen Entscheidung zu einer Durchsuchung wegen angeblichen Geldwäscheverdachts wurde betont, dass nicht die Mutmaßung irgendeiner kriminellen Bemakelung für die Begründung des Anfangs-verdachts ausreichen kann; vielmehr müsse es konkrete Hinweise auf das Vorliegen der Katalogtat in § 261 StGB geben. Dies war im Fall des Betroffenen nicht gegeben; es handelte sich um einen pakista-nischen Staatsangehörigen auf dessen deutschem Girokonto innerhalb von zwei Jahren 58.000 € in bar eingezahlt worden waren, ein Teil war auf ein Auslandskonto im Geburtsort des Betroffenen überwiesen worden, ein Teil war wiederum bar abgehoben worden. Die Geldwäschemeldung der Bank nach dem GwG unterliege sehr viel weiterer Voraussetzungen als der Anfangsverdacht einer strafbaren Handlung, Der Anfangsverdacht war angesichts der vielfältigen Möglichkeiten der Herkunft und Verwendung der Gelder nicht gegeben.[32]

Erst recht können Ermittlungsbehörden nicht in den grundrechtlich geschützten Bereich eines Bür-gers durch Einleitung eines Strafverfahrens eindringen, wenn ihre Kenntnisse allein dahin gehen, dass der angebliche Verdächtige sich bislang in einem legalisierten Bereich bewegt hat.

43 Der fragmentarische Charakter des Strafrechts und die Bestimmtheit der Strafnorm sind kein Allgemein-gut. Höchstes Misstrauen wird von der Gesellschaft ebenso wie von Richtern dem Bürger entgegenge-bracht, der im Bewusstsein strafrechtlicher Grenzen sein Verhalten so einrichtet, dass er diese Grenzen gerade (knapp?) nicht überschreitet. »Grauzonen« entdeckt die Staatsanwaltschaft hier gerne. Die schlichte Behauptung, dass sich ein derart legal verhaltender Bürger aufgrund statistischer Erkenntnisse in relativ zahlreichen Fällen auch illegal verhalten könnte, ist allerdings kein ausreichender Anhaltspunkt für die Annahme eines Anfangsverdachtes. Kriminalistische Erfahrungen können nicht Tatsachen ergänzen, sondern lediglich sich aufdrängende Kausalzusammenhänge plausibilisieren. Die Staatsanwaltschaft kann nicht im Wege ihres angeblichen Beurteilungsspielraumes beispielsweise dem Besteller von nicht zu bean-standenden Filmen, in denen nackte Kinder zu sehen sind, unterstellen, er habe mit einer gewissen Wahr-scheinlichkeit auch kinderpornografische und damit strafbare Filme geordert.[33]

> Zur Klarstellung: Wenn der allgemeine Satz aufgestellt wird, dass aus legalem Verhalten nicht auf straf-bares Verhalten geschlossen werden darf, bezieht sich dies auf den spekulativen Rückschluss der Ermitt-lungsbehörden auf eine ansonsten völlig unbekannte Tat. Ist demgegenüber die Tat unzweifelhaft – eine Leiche wird z.B. mit einem Messer in der Brust aufgefunden –, können Rückschlüsse auf die Täterschaft selbstverständlich wie bei jeder Beweiswürdigung auch aus völlig legalen Sachverhaltselementen gezogen werden – wenn beispielsweise eine Kaufquittung auf den Erwerb des Mordmessers durch eine bestimmte Person hinweist.

---

31 BVerfG NJW 2002, 1940.

32 BVerfG 2 BvR 2992/14 v. 31.1.2020, HRRS 2020 Nr. 195.

33 S. hierzu eingehend *Hoven* Die Grenzen des Anfangsverdachts – Gedanken zum Fall Edathy, NStZ 2014, 361 ff.; *Satzger* Beulke-FS 2015, S. 1009 ff.

Dass hier im Einzelfall Kausalitätsüberlegungen mithilfe zusätzlicher Sachverhaltsfaktoren diskutabel sein könnten, sollte die Verteidigung nicht an der Diskussion hindern. Auch die nur mit sehr feinen Linien gezogenen rechtlichen Grenzen gilt es in jedem Fall auszuloten. **44**

III. Die Vernehmung des Mandanten als Beschuldigtem

1. Die polizeiliche Ladung

Der erste Kontakt zu einem Ermittlungsverfahren wird häufig durch ein **polizeiliches Anschreiben an den Mandanten** hergestellt. Dieser wird aufgefordert, zu einem bestimmten Zeitpunkt zu einer Vernehmung bei der Polizei zu erscheinen. Günstigstenfalls ist im Betreff der Vernehmungsgegenstand (*Todesfall X* oder *Verstoß gegen das BtMG*) angeführt. Korrekterweise sollte ebenfalls in dem Anschreiben deutlich gemacht sein, ob der Mandant als Beschuldigter oder als Zeuge vernommen wird. **45**

Die **Reaktion des Mandanten** ist menschlich: Konfrontiert mit einer Ladung und damit verbunden einem Vorwurf, wird bei ihm häufig ein Rechtfertigungsdrang dominieren. Er brauche dem Kriminalbeamten nur kurz zu erzählen, wie es wirklich war, und schon bricht der ganze Spuk schnell zusammen – so der oft gehörte Einstieg des Mandanten in die Auseinandersetzung mit Ermittlungsbehörden. Dieses allzu verständliche Bedürfnis sollte vom anwaltlichen Berater alsbald in rechtliche Kategorien eingebettet werden. **46**

Hierzu gehört primär ein **Hinweis auf das eklatante Informationsdefizit**. Folgt der Mandant der Ladung, hat er nicht die geringste Ahnung davon, welche Beweismittel bereits dem vernehmenden Polizeibeamten vorliegen. Das Ladungsschreiben vermittelt lediglich einen groben Anhaltspunkt zur Thematik und formuliert in den seltensten Fällen, worin konkret das mögliche Fehlverhalten des Mandanten gesehen wird. Zwar könnte bei der Durchführung einer Vernehmung der den Mandanten begleitende Verteidiger darauf dringen, dass die vorgeworfene Tat zunächst ausreichend konkretisiert wird (§ 136 Abs. 1 S. 1). Es verbleibt aber die Unkenntnis darüber, was konkret ein belastender Zeuge in früheren Vernehmungen bereits gesagt hat oder welcher Art die Urkunde ist, aus der die Ermittlungsbehörden Verdachtsmomente ableiten. Der Mandant läuft Gefahr, sich aufgrund seiner beschränkten subjektiven Sicht des Geschehens angesichts entgegenstehender unbekannter Belastungsfaktoren einem zusätzlichen Belastungsmoment auszusetzen. **47**

Die Gefahr erhöht sich bei einer latenten negativen **Vorprägung des vernehmenden Beamten**; bei allem subjektiven Wollen um Unvoreingenommenheit wird auch der Kriminalbeamte allzu menschlichen Schwächen erliegen und sich nach Aktenlektüre – oder gar einer vorhergehenden Rücksprache mit dem bemitleidenswerten Opfer der angezeigten Straftat – ein eigenes Bild vom Geschehen gemacht haben. Selektive Fragen und gefärbte Formulierungen lassen am Ende ein Vernehmungsprotokoll entstehen, das den Leser der Akte in die gemutmaßte Richtung des Tatverdachts lenken wird.[34] **48**

Dem in strafprozessualem Denken unerfahrenen Mandanten sollte verdeutlicht werden, dass ihm **unübersehbare Fallen** drohen. Eine gemeinsame Abwägung in der Beratung dürfte häufig ergeben, dass die Gefahr der zusätzlichen Selbstbelastung bei diesem unkontrollierbaren Geschehen in der Vernehmung sehr viel größer ist als der positive Effekt rechtfertigender Darstellung. **49**

Die Vermeidung einer polizeilichen Beschuldigtenvernehmung kann dem Mandanten umso eher nahegebracht werden, als die rechtfertigende Sachverhaltsdarstellung lediglich aufgeschoben ist. Sie kann in jedem Fall durch einen **Verteidigerschriftsatz** zu den Akten vorgenommen werden – entweder sofort nach der Ladung zur zeitnahen Fixierung eines Kontrapunkts zur Anzeige oder zu einem späteren Zeitpunkt **nach Akteneinsicht** auf der sicheren Basis der Kenntnis der vorliegenden **50**

---

34 *Hill/Memon/McGeorge* The role of confirmation bias in suspect interviews: A systematic evaluation. Legal and Criminological Psychology, 13(2), 357–371, 2008.

Beweismittel. Hält der Mandant dagegen, dass er durch seine persönliche Überzeugungskraft meint, beim Polizeibeamten Pluspunkte herbeiführen zu können, bleibt der Hinweis, dass der Polizeibeamte selbst letztlich keine Entscheidung zu treffen hat. Der später entscheidende Staatsanwalt agiert regelmäßig nicht auf der Grundlage eines persönlichen Eindrucks, sondern hat nur die papierne Grundlage des Vernehmungsprotokolls.

51   Ist die **polizeiliche Vernehmung** nicht hilfreich, sollte sie auch nicht stattfinden. Das Mittel der **Vermeidung** ist relativ einfach: Der Mandant hat – sei es als Beschuldigter, sei es als Zeuge – keine Verpflichtung, einer polizeilichen Vorladung Folge zu leisten. Im allgemeinen Bewusstsein ist dies nur selten verankert. Darüber hinaus suggerieren häufig polizeiliche Ladungen eine nicht bestehende Erscheinenspflicht. Unsicherheiten des Mandanten sind die Folge. Darüber hinaus gilt die rechtliche Möglichkeit der schlichten Nichtbeachtung der Ladung gesellschaftlich als unhöflich. Der Anwalt kompensiert dies durch ein freundliches Anschreiben an den ladenden Polizeibeamten, in dem er ankündigt, dass sein Mandant auf anwaltlichen Rat den Termin nicht wahrnehmen wird. Da für den Anwalt zumeist nicht durchschaubar sein wird, wann die bei der Polizei liegenden Ermittlungsakten wieder an den entscheidungsbefugten Staatsanwalt wandern, empfiehlt sich in diesem Anschreiben bereits der Antrag auf Akteneinsicht, auch wenn über die Gewährung der Akteneinsicht zu einem späteren Zeitpunkt erst der Staatsanwalt entscheiden kann.

2. Die staatsanwaltschaftliche Ladung

52   Die rechtlichen Vorzeichen verändern sich vollständig, wenn Absender der Ladung nicht die Polizei, sondern die **Staatsanwaltschaft** ist. Macht der Staatsanwalt ausnahmsweise persönlich von der Vernehmungsmöglichkeit Gebrauch, ist der **Mandant zum Erscheinen verpflichtet** (§ 163a Abs. 3 S. 1). Folgt er einer solchen Aufforderung nicht, droht ihm eine unangenehme zwangsweise Vorführung (§ 133 Abs. 2). Da der **Verteidiger** bei der staatsanwaltschaftlichen Vernehmung in jedem Fall ein **Anwesenheitsrecht** hat, sollte die Begleitung zu diesem Vernehmungstermin eine anwaltliche Selbstverständlichkeit sein. Bleibt es bei der Strategie der Vermeidung der Vernehmung, muss sie in der Situation der staatsanwaltschaftlichen Vernehmung mit anderen Mitteln durchgesetzt werden. Dem beschuldigten Mandanten bleibt nichts anderes übrig, als sich auf das Schweigerecht zu berufen.

53   Da unter diesen Umständen vorhersehbar ist, dass der Vernehmungstermin sehr kurz und damit aus Sicht aller Beteiligten überflüssig sein könnte, ist es für den Verteidiger häufig sinnvoll, dies bereits im Vorfeld mit dem Sachbearbeiter bei der Staatsanwaltschaft zu besprechen. Die Ankündigung des Schweigens wird häufig zur **Aufhebung des Vernehmungstermins** und damit zur Vermeidung eines sinnlosen Zeitverlustes für den Mandanten führen. Andererseits kann der Besuch bei der Staatsanwaltschaft verteidigungstaktisch Sinn machen: Ist der Vorwurf gegen den Mandanten bislang sehr vage, muss die Belehrung über »die Tat« zu Beginn der Vernehmung ausreichend Klarheit verschaffen. Nach der Klarstellung kann das Schweigerecht in Anspruch genommen und damit der Termin beendet werden.

54   Beharrt der Staatsanwalt auf dem Vernehmungstermin trotz Ankündigung des Schweigens des Mandanten, beruht dies zumeist auf seinem Bedürfnis, außerhalb der formalen Vernehmung zum einen den Mandanten kennenzulernen, zum anderen eine Gelegenheit zu schaffen, mit Mandanten und Verteidiger den Sachverhalt zu besprechen. So vorteilhaft eine derartige Situation für die Verteidigung sein kann, so sollte dennoch der Mandant im Vorfeld auf absolute Zurückhaltung in der Kommunikation auch außerhalb des formellen Vernehmungsversuchs vorbereitet werden. Verbleibt am Ende eines informellen Gesprächs beim Staatsanwalt der Eindruck vom Mandanten als einem selbstgefälligen und uneinsichtigen Selbstdarsteller, kann dessen Ermittlungsfreude durch das Ziel angeregt werden, eine derartige Person alsbald aus dem Verkehr zu ziehen.

3. Ausforschungen des Mandanten jenseits der formellen Vernehmung

55   Die Vernehmung als klassische Erkenntnisgewinnung der Ermittlungsbehörde ist angesichts der gesetzlich detailliert vorgeschriebenen Formalien hinsichtlich ihres Ablaufs kalkulierbar. Die **Vor-**

schriften zur Vernehmung (§§ 133 ff.) sind getragen von der traditionellen Grundidee der Prozessordnung, dass der Machtapparat des Staates gegenüber dem Bürger in fairer Weise vorzugehen hat. Überraschungsmomente, psychische Defizite, die mangelnde Unterstützung eines kompetenten Anwalts oder die Umgehung des Schweigerechts werden durch die exakten Vorschriften begrenzt. Die strafprozessuale Vernehmung ist das gesetzliche Leitbild des fair agierenden Ermittlers. Zur Effektivität der Ermittlungen scheint es Polizeibeamten allerdings regelmäßig sinnvoller zu sein, den Beschuldigten im Dunkel zu lassen und ihm so Angaben zu entlocken. In Konsequenz des Leitbildes der fairen Offenheit sind – jedenfalls erhebliche – Umgehungen der formellen Vernehmungsvorschriften als rechtsmissbräuchliche Täuschung über § 136a prozessual unverwertbar. Der unter Tarnung der angestrebten hoheitlichen Vernehmungssituation agierende Polizeibeamte, der entweder selbst – oder durch eine Privatperson in seinem Auftrag – Ermittlungen durchführt, die eigentlich dem Bild der Vernehmung entsprechen, agiert rechtswidrig.

Diese selbstverständliche Konsequenz ist ins Wanken geraten, seitdem hoheitlich initiierter Erkenntnisgewinn **heimliche Wege** außerhalb der offenen Vernehmung sucht. Telefonüberwachungen, großer oder kleiner Lauschangriff, die Erkenntnisse eines V-Mannes fördern unter Umständen selbstbelastendes Material des beschuldigten Bürgers zutage, ohne dass er jemals auf das staatliche Ermittlungsinteresse, sein Schweigerecht, sein Recht auf anwaltlichen Beistand oder Vergleichbares hingewiesen wurde. Die Inflation der heimlichen Ermittlungsmaßnahmen (s. näher unten Kapitel 3 Rdn. 168 ff.), die rechtsstaatliche Absicherung über den Richtervorbehalt und die schlichte Häufigkeit ihrer Anwendung lassen die höchstrichterliche Rechtsprechung kaum noch darüber nachdenken, dass mit dieser Erkenntnismöglichkeit eine ursprüngliche gesetzliche Konstellation entscheidend verschoben wurde, ohne dass Kompensationen für die verloren gegangenen Formalien zum Erhalt maßgeblicher Beschuldigtenrechte geschaffen wurden. Stattdessen beherrscht der Schluss von der Zulässigkeit einer heimlichen Überwachungsmaßnahme auf die Verwertbarkeit sämtlicher Erkenntnisse zu Äußerungen des Beschuldigten richterliches Denken. 56

Die Selbstverständlichkeit dieser Denkfigur fördert auch das die Akzeptanz verschleiernde Ausforschungsverhalten der Ermittlungsbehörden gegenüber dem Beschuldigten, wenn exklusive gesetzliche Überwachungsmaßnahmen gar nicht in Rede stehen. Die Rechtsprechung stärkt die Lösung ermittelnder Polizeibeamter von den lästigen Schranken einer formalen Vernehmungssituation. Sie lässt die Verwertung von Erkenntnissen außerhalb der formalisierten Erkenntnisform von der kaum zu prognostizierenden – wenn nicht gar unmöglichen – Abwägung abhängig werden, ob im Einzelfall gegen den Kern der allgemeinen Selbstbelastungsfreiheit des Beschuldigten verstoßen wurde. Verbrieft wird der Polizei, dass sie in der Wahl ihrer Ermittlungsmethoden »grundsätzlich frei« sei.[35] Aus der Erkenntnis des großen Senats des BGH, dass die Heimlichkeit eines polizeilichen Vorgehens für sich noch kein Umstand sei, der die Unzulässigkeit einer ergriffenen Maßnahme begründen könne, folgt die konsequent entwickelte Idee, dass entgegen aller ursprünglichen rechtstaatlichen Konzeptionen Heimlichkeit, Täuschung und Irreführung des Beschuldigten eine ebenso sinnvolle wie gesetzeskonforme Art des Erkenntnisgewinns im Ermittlungsverfahren sei. 57

> In der Vorgehensweise erlaubt und hinsichtlich der Verwertbarkeit der Ergebnisse zulässig soll sogar eine Strategie der Polizei sein, bei der eine Privatperson im Auftrage der Polizei und mithilfe von ihr versorgter Abhörtechnik einen Verdächtigen in einem angeblich vertraulichen Gespräch zu einem Geständnis veranlassen soll. Eine Täuschung liege mangels Vorliegens einer Vernehmung i.S.d. § 136 nicht vor, die Selbstbelastungsfreiheit sei nicht entscheidend tangiert, da der Beschuldigte in Freiheit – und nicht in der bedrängenden Situation der Haft – gewesen sei.[36] 58

Dass schon das schlichte Befragen des Beschuldigten ein Eingriff in bürgerliche Grundrechte darstellt und daher einer ausdrücklichen gesetzlichen Ermächtigung bedarf (die der weite § 161 nicht bietet), vernachlässigt dieser Ansatz eines Spitzelsystems. Die Formalien des § 136 garantieren die grundgesetzlich abgesicherte autonome Entscheidung des Beschuldigten, ob er in Kenntnis der pro- 59

---

35 BGHSt 42, 150.
36 BGH StV 2012, 129 ff. mit abl. Anm. *Roxin.*

zessualen Situation den Ermittlungsbehörden selbstbelastendes Material liefern will.[37] Der die Formalien der Vernehmung missachtende Polizeibeamte darf sich nach aktueller Rechtsprechung allerdings sicher sein, sich nur selten in den Bereich einer richterlichen Rüge zu begeben.

4. Rollenwechsel Zeuge/Beschuldigter

60 Ein **Zeuge** ist Wachs in den Händen der Polizei. Er ist – häufig – verpflichtet, auf Ladungen zu erscheinen, er hat eine Aussagepflicht und die Wahrheit zu bekunden; er ist nicht mehr als human technisches Werkzeug in der der Polizei von der Gesellschaft auferlegten Aufgabe der Verbrechensaufklärung. Demgegenüber ist der **Beschuldigte** auch von der Polizei als durch vielerlei Rechts- und Gestaltungsmöglichkeiten ausgestattetes Subjekt des Verfahrens zu respektieren; da er nach Ladung nicht zu erscheinen braucht und selbst bei Anwesenheit schweigen darf, erscheint der Beschuldigte den Ermittlern eher als ein Hindernis bei der Wahrheitssuche. Wenn er die Wahl bei der Bestimmung beider Prozessrollen hat, wird er regelmäßig das Wachs gegenüber dem Granit bevorzugen.

Hier machen sich die Ermittler gerne die gesetzlich volatile Lage zum Anfangsverdacht zu Nutze. Wenn sie die Augen fest vor Erkenntnissen oder naheliegenden Schlussfolgerungen schließen, vertreten sie gerne bei einer geladenen Person die Ansicht, man habe keinen Anfangsverdacht und vernehme sie daher als Zeugen. Das erleichtert die Ermittlerarbeit, berührt aber massiv eine der zentralen Fragen des rechtsstaatlichen Prozesses, die Selbstbelastungsfreiheit und hieraus folgend das Schweigerecht. Die Schwierigkeit der Definition eines Anfangsverdachts kann angesichts ihrer strafprozessualen Bedeutung nicht dazu führen, Ermittlern einen unüberprüfbaren Ermessensspielraum zu der Frage einzuräumen, ob ein Bürger die Schutzrechte der StPO für sich in Anspruch nehmen kann. Der Respekt vor der Selbstbelastungsfreiheit muss die Minimalkonsequenz einer klaren und transparenten Rollenabgrenzung zwischen Zeugen und Beschuldigtem haben. Das Recht gibt die Abgrenzung zwischen beiden Prozessrollen vor, nicht die subjektive Wahl des Ermittlers – erst recht nicht, wenn sie allein taktisch bedingt ist.

Auch der Bundesgerichtshof kommt an der grundsätzlichen Anerkennung nicht vorbei, dass ein Verfahrensfehler und damit zumeist auch ein Verwertungsverbot vorliegt, wenn ein Polizeibeamter willkürlich einen Rollenwechsel vornimmt.[38]

61 In Verkennung der Bedeutung der Selbstbelastungsfreiheit wird dem Ermittler durch den BGH ein im Gesetz nicht vorgesehener Ermessensspielraum eingeräumt. Umfang und Grenzen dieses Spielraums werden nicht erklärt, verwandte Begrifflichkeiten sollen ihn allerdings erkennbar ausdehnen. So will man gegen den Rollentausch nur dann vorgehen, wenn ein nicht näher erklärter »starker« Tatverdacht bestehe – eine ebenso bemerkenswerte Begriffserfindung der Rechtsprechung wie die Forderung nach einem »ernstlichen« Tatverdacht.[39] Entgegen der ansonsten auch vom BGH geteilten Dogmatik zum Anfangsverdacht soll dem Polizeibeamten eine Pflicht zur Beschuldigtenbelehrung erst dann auferlegt werden, wenn er hierzu über »gesicherte Erkenntnisse« verfügt, kriminalistische Erfahrung soll hier plötzlich nicht mehr ausreichen.[40]

Die willkürliche Aushebelung prozessualer Schutzrechte wird auch mit der Erkenntnis begründet, dass die Zeugenbelehrung gemäß § 55 belege, »dass im Strafverfahren Fallgestaltungen möglich sind, in denen auch ein Verdächtiger als Zeuge vernommen werden darf, ohne dass er über die Beschuldigtenrechte belehrt werden muss.«[41] Die einmal bestehende Verdachtslage dürfe der Vernehmende durch Fragen weiter abklären. Allerdings: § 55 thematisiert nicht eine Ermessensgrundlage für den Ermittler zum Rollentausch, § 55 thematisiert ein Recht des Zeugen und die Pflicht des Ermittlers zum Hinweis hierauf. Keinesfalls setzt diese Vorschrift voraus, dass auch der Ermittler von einem denkbaren Tatverdacht ausgeht. Im Gegenteil: Gerade weil er aufgrund eines Wissensdefizits nicht von der Beschuldigteneigenschaft,

---

37 S. ausführlich, *Mahlstedt* Die verdeckte Befragung des Beschuldigten im Auftrag der Polizei 2011, insb. S. 104 ff.
38 BGHSt 51, 367; NStZ 2008, 48; NStZ 2015, 291; NJW 2019, 2627.
39 BGH HRRS 2018 Nr. 68.
40 BGHSt 51, 367 ff.
41 BGH NJW 2019, 2627.

sondern von der Zeugeneigenschaft des Vernommenen ausgeht, hat der Zeuge auf der Grundlage seines überlegenen Wissens das Recht, auf eine mögliche Verdachtsbegründung durch seine anstehende Aussage aufmerksam zu machen. § 55 enthält nicht den Ansatz einer Modifikation der Verpflichtung des Staates, einem (auch nur entfernt) Verdächtigen alle Verteidigungsrechte zuzubilligen.

Verteidigung hat daher hier häufig die besseren Argumente zum Beleg des willkürlichen Rollentausches. Begleitet der Anwalt seinen Mandanten in der Zeugenrolle zur polizeilichen Vernehmung, hat er die subtile Aufgabe, die sich schon aus dem Umfang der Belehrung zu der verfolgten Tat und dem allgemein bekannten Wissen ergebenden Schlussfolgerungen auf die Verdachtsbildung gegen seinen (unschuldigen) Mandanten hinzuweisen. Hat er erst in der Hauptverhandlung die Gelegenheit als Verteidiger auf die manipulierte Zeugenvernehmung seines nunmehr angeklagten Mandanten hinzuweisen, wird es ein argumentatives Ziel sein darzulegen, dass bereits der Erkenntnisstand des vernehmenden Polizeibeamten vor Beginn der Vernehmung hätte dazu führen müssen, einen Anfangsverdacht anzunehmen (s. hierzu näher unten: Verteidigung in der Hauptverhandlung, Sicherung der Selbstbelastungsfreiheit des Mandanten). **62**

IV. Verteidigerpräsenz im Ermittlungsverfahren

Dass Wahrnehmungen von Verteidigungsrechten in der **Hauptverhandlung** notwendigerweise mit der **Präsenz** des Verteidigers einhergehen, ist evident. Demgegenüber ist angesichts der weitgehenden Heimlichkeit der Ermittlung die Mitwirkung von Verteidigung im **Ermittlungsverfahren problematisch.** **63**

Hier hat der Verteidiger die Möglichkeit, für seinen Mandanten **Beweisanträge** zu stellen (§§ 136 Abs. 1, 163a Abs. 2); einen Anspruch auf Beweiserhebung hat er nicht. Darüber hinaus kann er stets dann den Rechtsbehelf der Beschwerde einsetzen, wenn – ausnahmsweise – im Ermittlungsverfahren richterliche Entscheidungen ergangen sind (z.B. Durchsuchungsbeschluss, Haftbefehl, Beschlagnahme u.ä.). Ein **Anwesenheitsrecht bei Beweiserhebungen im Ermittlungsverfahren** steht dem Verteidiger nur **sehr eingeschränkt** zu. Insbesondere bei polizeilichen Ermittlungsmaßnahmen sieht das Gesetz eine Anwesenheit oder gar eine Mitwirkung des Verteidigers grundsätzlich nicht vor. Eine Ausnahme bildet die Gegenüberstellung, an der der Mandant als Beschuldigter mitwirken muss (§ 58 Abs. 2). Bei der polizeilichen Vernehmung hat der Verteidiger nach einer Gesetzesänderung 2017 nunmehr auch das ebenso selbstverständliche wie lange vergeblich geforderte Anwesenheitsrecht; die für staatsanwaltschaftliche und richterliche Vernehmung vorgesehenen Regeln gelten auch bei der Polizei (§ 163a Abs. 4 iVm § 168c Abs. 1). Dabei ist der Verteidiger nicht nur stummer Ratgeber seines Mandanten, er hat vielmehr auch ein eigenes Frage- und Erklärungsrecht. **64**

Faktisch besteht die Möglichkeit der Anwesenheit häufig bei Durchsuchungen. Der richterliche Durchsuchungsbeschluss erlaubt den Ermittlungsbehörden Durchsuchungsmaßnahmen; weitere Rechte des Hausrechtsinhabers beschränkt er darüber hinaus allerdings nicht, sofern sie die Durchsuchung nicht effektiv behindern. Ist der Hausrechtsinhaber daher damit einverstanden, kann der Verteidiger der Durchsuchung beiwohnen und mündlich Bedenken hinsichtlich der Rechtmäßigkeit einzelner Durchsuchungshandlungen gegenüber den durchsuchenden Beamten vorbringen, oder seinen Mandanten vor Zudringlichkeiten der Ermittlungspersonen schützen.

Auch soweit Ermittlungshandlungen unmittelbar durch die **Staatsanwaltschaft** durchgeführt werden, ergibt sich grundsätzlich kein weitergehendes Anwesenheitsrecht des Verteidigers. Die zusätzlichen Zwangsbefugnisse des Staatsanwalts korrespondieren hier mit dem Anwesenheitsrecht des Verteidigers. Gleiches gilt, wenn der Mandant ausnahmsweise im Ermittlungsverfahren bereits von einem **Ermittlungsrichter** vernommen wird (§ 168c). In beiden Fällen ist der Verteidiger rechtzeitig von der geplanten Vernehmung zu unterrichten. Eine besondere Form ist für diese Art der Ladung nicht vorgesehen. Ausnahmsweise kann die Benachrichtigung unterbleiben, wenn durch die schlichte Anwesenheit des Verteidigers der »Untersuchungserfolg gefährdet würde« (§ 168c Abs. 5 S. 2). Wurde der Verteidiger zu Unrecht nicht benachrichtigt, führt dies zu einem Beweisverwertungsverbot des in seiner Abwesenheit erstellten Vernehmungsprotokolls. Ob der Verteidiger auch an **65**

Vernehmungen durch den Ermittlungsrichter teilnehmen darf, wenn nicht sein Mandant, sondern ein Mitbeschuldigter vernommen wird, ist umstritten. Die Literatur plädiert für eine analoge Anwendung des § 168c Abs. 2, während der BGH dies ablehnt.[42] Wird demgegenüber ein Zeuge vom Ermittlungsrichter vernommen, ist dem Verteidiger die Anwesenheit zu gestatten. Er hat in dieser Vernehmung auch die Möglichkeit das Fragerecht auszuüben. Insoweit besteht eine Benachrichtigungspflicht, von der nur ausnahmsweise in Gefährdungsfällen abgesehen werden kann.

V. Durchsuchungen

66 Aus Sicht der Ermittlungsbehörden sind Durchsuchungen ein ebenso probates wie übliches Mittel der Sachverhaltserforschung. Auch wenn formell eine richterliche Erlaubnis zur Durchsuchung notwendig ist, sind die **gesetzlichen Hürden** relativ **niedrig**: Es reicht ein einfacher Anfangsverdacht verbunden mit der leicht zu begründenden Erwartung, beim Beschuldigten irgendwelche beweisrelevanten Dinge zu finden; der allgemeine Verhältnismäßigkeitsgrundsatz ist für die Staatsanwaltschaft nur ein sehr schwaches und häufig wenig greifbares Mittel der Einschränkung.

67 Beschränkungen für automatisiertes Durchsuchungsverhalten der Ermittlungsbehörden findet das Bundesverfassungsgericht zumeist im Grundsatz der Verhältnismäßigkeit. Auch der die Durchsuchung rechtfertigende Tatverdacht bedarf konkreter Gründe und muss über vage Anhaltspunkte hinausgehen, die allenfalls eine Vermutung belegen können. So liegt z.B. kein ausreichender Verdacht vor, wenn die Wohnung eines Beschuldigten nur deswegen nach Drogen durchsucht wird, weil dieser kurz zuvor in einem Wagen angetroffen wurde, dessen Fahrer offensichtlich Drogen zu sich genommen hatte. Auch wenn der Beschuldigte einschlägig vorbestraft war und u.U. sogar unplausible Angaben zum Anlass der Autofahrt macht, ist dies kein ausreichender Hinweis auf eine aktuelle mögliche Straftat, die die Verletzung des Wohnrechts rechtfertigen könnte.[43] Der schwere Eingriff in das Grundrecht ist auch dann unverhältnismäßig, wenn andere Ermittlungsmaßnahmen nicht ergriffen wurden.[44]

68 Aus Sicht des Mandanten und anderer Beteiligter stellt die Hausdurchsuchung eine **unvergessliche Konfrontation mit der Staatsgewalt** dar. Gerade der im bürgerlichen Milieu verhaftete Mandant leidet häufig noch Jahre später unter dem Eindruck der Verletzung seiner bis dahin als intim empfundenen Atmosphäre seiner Wohnung oder seines Büros. Mandanten und Angestellte sind beeindruckt vom Vorgehen der Ermittlungsbeamten auf privatem Terrain. Schaut die Öffentlichkeit in Form von Nachbarn, Arbeitskollegen oder anderen Beteiligten diesem Treiben zu, erscheint der Reputationsverlust allein aufgrund des äußerlichen Geschehens für den Mandanten häufig schwer reparabel. In dieser Situation benötigt er die Hilfe und Unterstützung seines anwaltlichen Beraters mehr denn je.

69 **Prävention** muss die maßgebliche Intention des Verteidigers sein. Voraussetzung für entsprechendes Handeln ist ein Gespür dafür, dass eine derartige Maßnahme droht. Ist bereits ein Ermittlungsverfahren bekannt und wird der Verteidiger aufgrund seiner Akteneinsichtsgesuche mit nichts sagenden Hinweisen der Staatsanwaltschaft lediglich hingehalten, ist dies bereits ein wichtiges Indiz für anstehende Zwangsmaßnahmen. Fantasie ist auch gefordert, wenn die Verteidigung das Informationsbedürfnis der Staatsanwaltschaft prognostizieren muss.

70 Kommt der Anwalt dabei zu dem Ergebnis, dass in der staatsanwaltschaftlichen Untersuchung es lediglich um einen überschaubaren Sachverhalt geht, empfiehlt sich zur Vermeidung von Durchsuchungen die Offensive: In einem Schriftsatz an die Staatsanwaltschaft sollte in aller Form **Kooperationsbereitschaft angeboten** werden. Konkret kann die Staatsanwaltschaft aufgefordert werden, bei Bedarf Kopien der fraglichen Geschäftsunterlagen anzufordern. Ist diese Bereitschaft aktenkundig gemacht, dürfte die Bereitschaft eines später mit der Sache befassten Ermittlungsrichters reduziert sein, einen Durchsuchungsbeschluss allein zum Zwecke der Auffindung der Krankenunterlagen zu unterschreiben.

---

42 BGH NStZ-RR 2002, 67.
43 BVerfG wistra 2010, 404 ff.
44 BVerfG StV 2015, 614.

Ist zwar der Ermittlungsvorwurf geläufig, das Interesse der Staatsanwaltschaft an bestimmten Unter- **71** lagen allerdings nicht einschränkbar, können zumindest abstrakte Vorschläge der Realisierung der Kooperationsbereitschaft aktenkundig gemacht werden. Das kann bis zu dem Vorschlag einer **Abspra-** **che zur Durchführung der Durchsuchung** gehen, beispielsweise im Fall umfangreicher Betrugsvor- würfe; die offensichtlich nicht mehr zu vermeidende staatsanwaltschaftliche Durchsicht zahlreicher Unterlagen könnte in einem Büro zu Zeitpunkten vorgenommen werden, an denen der Publikums- verkehr nicht gestört wird.

Denkbar sind auch Situationen, in denen zwar bereits ein gerichtlicher Durchsuchungsbeschluss **72** vorliegt, aufgrund organisatorischer Schwierigkeiten bei den Ermittlungsbehörden die Durchsu- chung selbst allerdings auch nach Wochen und Monaten noch nicht realisiert worden ist. Nicht selten erfährt der Verteidiger über Umwege von diesem Beschluss. Die Durchsuchung selbst lässt sich dann häufig durch Eigeninitiative vermeiden: Der Staatsanwaltschaft werden die laut Durch- suchungsbeschluss gesuchten Unterlagen freiwillig in der Behörde übergeben; gleichzeitig wird gegen den Beschluss zur Vermeidung weitergehender Beeinträchtigungen eine Beschwerde mit der Argu- mentation eingelegt, dass die Durchsuchung nunmehr überflüssig und damit unverhältnismäßig sei.

Trotz aller Vorsichtsmaßnahmen ist das **Überraschungsmoment** einer Durchsuchung nach wie vor **73** der **Regelfall**. Nicht selten klingeln an einem Morgen Polizeibeamte im Büro und gleichzeitig noch an der Privatanschrift des Mandanten, um einen Durchsuchungsbeschluss zu präsentieren. In dieser rechtlich und psychologisch belastenden Situation können entscheidende Fehler gemacht werden. Mandant und anwaltlicher Berater sollten idealer Weise hierauf vorbereitet sein:

Faktisch führt die Durchsuchung häufig zu prozessualen Situationen, die ebenso massiv nachteilig **74** wie rechtlich fragwürdig und daher vermeidbar sind. Diese bestehen zum einen darin, dass Polizei- beamte den richterlichen Durchsuchungsbeschluss häufig als Blanko-Eintrittskarte für die zu durch- suchenden Räume ansehen. Der Ermittlungseifer führt häufig dazu, sich bei der Suche nicht nur auf die Gegenstände zu konzentrieren, die im Durchsuchungsbeschluss als zu beschaffende Beweis- mittel benannt sind. Kriminalbeamte sind nicht selten beseelt von dem **Wunsch nach einem Zufalls-** **fund.**[45]

Obwohl der Durchsuchungsbeschluss nur papierne Unterlagen als Ziel der Durchsuchung angibt, wer- **75** den häufig Kühlschränke und Computer durchstöbert. Obwohl lediglich die Büroräume als alleinige Durchsuchungsorte angegeben sind, wird die Gelegenheit gesucht, in angrenzenden Privaträumen des Mandanten ebenso zu durchsuchen wie im Fahrzeug, das vor der Tür steht. Der Auftritt der Staatsgewalt beeindruckt Betroffene und Unbeteiligte, sodass die Durchsetzungskraft kriminalpolizeilichen Auftretens die fehlende Legitimität häufig kompensieren kann.

Die Heimlichkeit vieler anderer Ermittlungsmaßnahmen führt häufig zum Ansinnen der durchsuchen- den Beamten, auch die Durchsuchung der Wohnung unter klandestinen Umständen durchzuführen. Dem ist entgegenzuhalten, dass die Durchsuchung grundsätzlich dem Offenheitsgebot unterfällt. Das heimliche Durchsuchen oder das Aufbrechen einer Tür, um erst anschließend den verdutzten Wohnungs- inhabern die rechtliche Legitimation zu präsentieren, ist durch verfassungsrechtliche Vorgaben auf abso- lute Ausnahmefälle zu beschränken.[46]

Das Überraschungsmoment wird von den durchsuchenden Beamten häufig noch in einer anderen **76** Weise genutzt. Es ist nicht selten erklärtes Ziel,[47] das überfallartige Vorgehen bei der Durchsuchung mit erfolgreichen **Befragungen von Mandanten und anderen Anwesenden** zu verbinden. Ohne rechtlichen Beistand werden der Mandant oder andere Anwesende häufig spontane Angaben zu erfragten Sachverhalten machen, die sie in Situationen, in denen sie ihr Verhalten abwägen könnten,

---

45 Mit der häufigen Konsequenz eines Beweisverwertungsverbots, s. *Cordes/Pannenborg* Strafprozessuale und verfassungsrechtliche Grenzen im Umgang mit Zufallsfunden, NJW 2029, 2973 ff.
46 *Hoffmann-Holland/Koranyi* Das Offenheitsgebot bei Wohnungsdurchsuchungen, ZStW 125 (2013), 837 ff.; BGH NStZ 2012, 272.
47 S. z.B. *Janovski* Kriminalistik 1998, 269, 276.

nicht machen würden. Obwohl die Angaben verängstigter Beschuldigter oder Zeugen regelmäßig wenig zu tatsächlicher Wahrheitserforschung beitragen können, wollen Kriminalbeamte häufig derartige »Überfallsituationen« zur schriftlichen Fixierung von Aussagen nutzen.

77 Um das Geschehen der Durchsuchung in rechtlich zulässige Bahnen zu lenken, bedarf es der Anwesenheit des anwaltlichen Beraters. Die absolut wichtigste Aufgabe des Mandanten unmittelbar nach Erscheinen der Durchsuchungsbeamten besteht daher darin, den **Verteidiger zu benachrichtigen**. Mandant und ggf. auch das Personal sollten bereits im Vorfeld wissen, dass die Kriminalbeamten sie nicht daran hindern dürfen, den Anwalt fernmündlich zu informieren. Nicht selten wollen Ermittlungsbeamte ein Telefonieren unterbinden, um unter dem Vorwand einer möglichen Verdunkelungsgefahr letztlich ungestört zu bleiben.[48] Hier hilft nur ein entschiedenes Auftreten der Betroffenen mit dem Hinweis, dass man – bar jeden Verdunkelungsverdachts – einen Anwalt anrufen will; ggf. mag der Polizeibeamte die Nummer des Anwalts selbst wählen.

78 Ist der Anwalt informiert, sollte der Aufbruch zum Ort des Geschehens unbedingte Priorität haben. Die Revidierung der eigenen Tagesplanung mag misslich sein, die Vermeidung irreversibler Nachteile im Ermittlungsverfahren gegen den Mandanten macht das sofortige Handeln aber unverzichtbar. Ist der Anwalt selbst nicht erreichbar, muss das Büro zuvor angewiesen sein, einen befreundeten Kollegen zu aktivieren. Notfalls hilft die sofortige Entsendung eines verfügbaren Referendars.

79 Vor Ort bedarf zunächst die Grundlage der Durchsuchung einer rechtlichen Überprüfung. Stellt sich auf Frage nach dem gerichtlichen Durchsuchungsbeschluss heraus, dass ein solcher nicht existiert, ist ein besonders deutliches Auftreten des Verteidigers erforderlich. Ohne richterliche Anordnung ist die **Durchsuchung** nur in Ausnahmefällen **bei Gefahr im Verzuge** zulässig. Während sich in den vergangenen Jahren die Gefahr im Verzuge bei den Ermittlungsbehörden schon fast zum Normalfall ausgebildet hatte,[49] hat die Rechtsprechung des Bundesverfassungsgerichts dafür Sorge getragen, dass diese Vorgehensweise auf die gesetzlich intendierten Ausnahmefälle zurückgeführt wird.[50] Für die bewusste Umgehung des Richtervorbehalts hat die Rechtsprechung ein Beweisverwertungsverbot hinsichtlich der sichergestellten Beweisgegenstände konstituiert.[51] Ggf. hat der Verteidiger durch Nachfragen vor Ort festzustellen, warum es den Ermittlungsbehörden angeblich nicht möglich war, zur Verhinderung eines Beweismittelverlusts kurzfristig noch eine richterliche Anordnung einzuholen. Zumeist gehen die Ermittlungsbehörden heute angesichts des notwendigen richterlichen Notdienstes[52] bei Amts- und Landgerichten allenfalls das Risiko eines Zeitverlustes von wenigen Stunden ein. Ein richterlicher Bereitschaftsdienst – zumindest von 6 bis 21 Uhr – ist bundesweit nach den Vorgaben des Bundesverfassungsgerichts selbstverständlich; die praktische Wirksamkeit des Richtervorbehalts verlangt auch die Einrichtung eines nächtlichen Bereitschaftsdienstes, wenn erkennbar ein Bedarf existiert, der über den Ausnahmefall hinausgeht.[53]

Selbst ein unerwartet langer Entscheidungsprozess des Richters lässt Eilkompetenzen des Staatsanwalts nicht wieder aufleben.[54] Dass dieses Zuwarten den Verlust gängiger Beweismittel wie Unterlagen fördern könnte, wird von Staatsanwaltschaft und Polizei nur in den wenigsten Fällen zu begründen sein.

---

48 *Kretschmer* »Legen Sie das Telefon weg« – oder: Telefonsperre bei der strafprozessualen Durchsuchung, StRR 2013, 164 ff.

49 S. *Burhoff* Durchsuchung und Beschlagnahme – Bestandsaufnahme zur obergerichtlichen Rechtsprechung, StraFo 2005, 140, 141.

50 BVerfGE 103, 142 = NJW 2001, 1121, 1123 = StraFo 2001 154; NJW 2002, 1333; StV 2015, 606 ff.

51 BGH StV 2012, 1 ff.

52 S. zur Notwendigkeit auch des nächtlichen Bereitschaftsdienstes BVerfGE 105, 239 = NJW 2002, 315; 2 BvR 675/14 – EuGRZ 2019, 263 ff; ergänzend: *Hofmann* Der »unwillige« Bereitschaftsrichter und Durchsuchungsanordnungen wegen Gefahr im Verzug, NStZ 2003, 230.

53 BVerfG 2 BvR 675/14 v. 12. März 2019; der nächtliche Bedarf richtet sich nach der Erfahrung, die beispielsweise in Großstädten generell erfordert, oder punktuell bei grenzüberschreitender Kriminalität oder zeitlich bei Großereignissen, die mit Kriminalität einhergehen.

54 BVerfG StV 2015, 606 ff.

Schimmern hinter dem forschen Vorgehen der Ermittlungsbehörden lediglich Willkür und der Wunsch **80** nach einer Überfalltaktik hervor, ist der Durchsuchung energisch zu widersprechen. Angesichts fehlender Machtmittel sollte ggf. der Dienstvorgesetzte sofort telefonisch benachrichtigt werden. Wird die Durchsuchung auch gegen Protest fortgesetzt, sollte der Vorgang innerhalb allerkürzester Zeit – ggf. durch telefonisches Diktat und Faxschreiben – aktenkundig gemacht werden. Nur auf diesem Wege lässt sich die Möglichkeit eines späteren Beweismittelverbots absichern und legitimierender Legendenbildung durch polizeiliche Aktenvermerke vorbeugen.

Wird ein **richterlicher Durchsuchungsbeschluss** vorgelegt, ist er auf seine rechtlichen Voraussetzun- **81** gen hin zu überprüfen. Von Bedeutung ist zunächst das Datum der richterlichen Entscheidung. Auch wenn dies im Gesetz nicht ausdrücklich geregelt ist, hat das Bundesverfassungsgericht[55] eine »**Verfallszeit« von sechs Monaten** fixiert. Ist der Zeitraum zwischen Erlass der Durchsuchungsanordnung und der aufgrund der Trägheit der Behörden verzögerten Vollziehung länger, kann die zurückliegende Entscheidung des Richters nicht mehr als taugliche Grundlage eines Eingriffs in das Grundrecht der Unverletzlichkeit der Wohnung angesehen werden. Der **Datums-Check** kann daher zur Forderung des sofortigen Abbruchs der Maßnahme führen.

Die weitere Realisierung eines effektiven Richtervorbehalts während der Durchsuchung wird zumeist **82** nur schwer durchsetzbar sein. Zwar verlangt insbesondere das Bundesverfassungsgericht in ständiger Rechtsprechung, dass in dem gerichtlichen Beschluss deutlich werden muss, dass der **Richter** als unabhängige und neutrale Instanz die gesetzlichen Eingriffsvoraussetzungen **eigenverantwortlich überprüft** hat.[56] Pauschale und inhaltsleere Formulierungen im Beschluss sprechen eher dagegen, eine Überprüfung lässt sich aber zumeist frühestens nach Beschwerdeeinlegung durch das Landgericht zu einem späteren Zeitpunkt erreichen.

Erfolgversprechender ist die Lektüre des Durchsuchungsbeschlusses insoweit, als dort der **Tatver- 83 dacht der Straftat beschrieben** werden muss. Der gerichtliche Beschluss dient dazu, die grundrechtsverletzende Maßnahme messbar und kontrollierbar zu gestalten.[57] Sowohl die Beschreibung der Tat als auch der Beweismittel müssen ausreichend präzise sein, damit sowohl der Betroffene selbst während der Aktion als auch gegebenenfalls ein Beschwerdegericht danach den äußeren Rahmen überprüfen können, in dem die Zwangsmaßnahme stattfindet. Kommen z.B. mehrere Tatvarianten einer zitierten Strafnorm in Betracht und bleibt die vorgeworfene Variante offen, genügt der Beschluss nicht seiner notwendigen Begrenzungsfunktion. Der Zeitpunkt der Tat muss beschrieben sein, damit Verjährungsvorschriften überprüft werden können.[58] Gleiches gilt für die Angabe der **gesuchten Beweismittel** und die **möglichen Orte der Durchsuchung**.[59] Lässt sich gegen die Durchsuchung als solche nichts einwenden, so kann eine penetrante Beobachtung des Tuns der Ermittlungsbeamten vor Ort sehr sinnvoll sein, um diese jederzeit auf die durch die Formulierung des Durchsuchungsbefehls aufgezeigten Grenzen hinzuweisen.

Ist den Ermittlungsbehörden nicht allein an einem plumpen Überraschungseffekt gelegen, sondern soll **84** im Bewusstsein des erfolgenden Grundrechtseingriffs dessen Belastung für den Betroffenen auch aus Sicht der Polizei minimiert werden, lassen sich häufig im Vorfeld der Durchsuchung Absprachen zu Modifikationen treffen. So wird nicht selten der Leiter vor Ort der telefonischen Bitte des Anwalts entsprechen, auf sein Erscheinen zu warten. Die Art und Weise einer schonenden Durchführung kann Gegenstand einer sofortigen Verständigung sein. Wird beispielsweise lediglich eine konkrete Akte in einem Unternehmen gesucht, so kann diese den zur Durchsuchung bereitstehenden Beamten geräuschlos ausgehändigt werden, ohne dass der Betrieb und Publikumsverkehr dadurch tangiert werden. Bei größeren Aktionen lassen sich häufig Vereinbarungen treffen, die die Unauffälligkeit der Vorgehensweise fördern. Das Betreten eines Gebäudes über die Tiefgarage statt durch den Haupteingang kann hierfür ebenso förder-

---

55 BVerfGE NJW 1997, 2165.
56 Vgl. z.B. BVerfGE 42, 212, 219 f.; 96, 27, 40; 103, 142, 150 f.
57 BVerfG StV 2001, 207.
58 BVerfG StV 2018, 133 f.
59 BVerfG StV 2013, 132.

lich sein wie ein Arbeitszimmer für die Beamten, das ein ständiges Herumlaufen in den Räumlichkeiten überflüssig macht.

85   Langfristige Beeinträchtigungen durch die Durchsuchung drohen, wenn der Durchsuchungsbeschluss beispielsweise sehr allgemein die Durchsuchung nach »Unterlagen« anordnet und gleichzeitig der Vorwurf ein sehr weitgehender ist, wie beispielsweise bei einem umfangreichen Betrug betreffend zahlreiche gleich gelagerte Kunden. Hunderte von Akten und Tausende von Blättern können hier als Beweismittel in Betracht kommen und daher der sofortigen Mitnahme unterliegen. Ob Papiere wirklich i.S.d. Durchsuchungsbeschlusses beweisrelevant sind, kann der durchsuchende Beamte mittels **Durchsicht** aller vorhandenen Papiere feststellen. Nicht nur der Staatsanwalt, sondern bei entsprechender Genehmigung ist hierzu auch der Polizeibeamte befugt. Da stets die Gefahr droht, dass auch beweisirrelevante, aber intime Daten zur Kenntnis der Polizeibeamten gelangen, ist darauf zu achten, dass die schlichte Durchsicht nicht zu einem intensiven Lesen ausartet.

86   Werden Unterlagen sichergestellt, droht die Handlungsunfähigkeit in einem Unternehmen. Befinden sich Unterlagen einmal in Händen der Ermittlungsbehörden, vergehen oft Monate oder Jahre, bis sie dem Mandanten wieder zur Verfügung gestellt werden können. Um dennoch den Betrieb aufrechterhalten zu können, müssen die Informationen für den Mandanten bewahrt werden. Ideal ist die sofortige Entscheidung des Mandanten vor Ort hinsichtlich der Unverzichtbarkeit mancher **Unterlagen und deren sofortiges kopieren**. Auch wenn die Ermittlungsbehörden an den Originalurkunden interessiert sind, wird zumeist kein Einwand gegen das Belassen von Kopien in der Praxis erhoben. Umgekehrt lässt sich mit den durchsuchenden Beamten auch erörtern, ob diese tatsächlich an den Originalen oder lediglich an den schriftlich fixierten Informationen interessiert sind. U.U. ist daher ein Kopieren vor Ort und die Überlassung der Kopien an die Staatsanwaltschaft ausreichend.

87   Informationen werden häufig nicht in Papierform vorliegen, sie sind als **elektronische Daten** gespeichert. Zu den Standardmaßnahmen der Durchsuchung gehört daher heute auch die Durchsicht des elektronischen Datenbestandes. Die Masse der dort regelmäßig vorgefundenen Daten macht es allerdings sehr schwer, deren Relevanz für das Verfahren einzuschätzen. Gerne gehen die durchsuchenden Beamten hier den Weg des intensivsten Eingriffs und beschlagnahmen schlicht sämtliche vorgefundenen Computer oder kopieren komplett die vorgefundenen Festplatten. Dieses beliebte Staubsaugerprinzip ist regelmäßig von den Durchsuchungsbeschlüssen nicht gedeckt. Die Ermittlungsbehörden verschaffen sich Informationen, die sie zur Erforschung der von ihnen untersuchten Tat regelmäßig nicht benötigen.

88   Dazu kommt ein Weiteres: Die tangierten Daten gerade von Ärzten, Rechtsanwälten oder Notaren sind in besonderer Weise sensibel. Das **Vertrauensverhältnis** zu deren Mandanten oder Patienten ist gesetzlich in besonderer Weise geschützt, sie haben grundsätzlich das Recht und die Pflicht, Daten vor Kenntnisnahme durch Dritte zu bewahren. Der Patient/Mandant selbst hat einen Anspruch darauf, dass der Geheimnisbereich vor Zugriffen Dritter geschützt wird. Alles dies wird Makulatur, wenn derartige Daten von völlig unbeteiligten Berufsgeheimnisträgern und ihren Kunden in den Verfügungsbereich der Ermittlungsbehörden geraten, weil diesen eine technisch sinnvolle Filterung relevanter Daten nicht gelingt. Das Bundesverfassungsgericht hat alle Beteiligten hinsichtlich einer derartigen Situation zumindest sensibilisiert.[60] Das Verhältnismäßigkeitsprinzip und die Rechte der Betroffenen zeigen den Durchsuchungsbeamten Grenzen auf:

89   Gerät z.B. in einer Gemeinschaftspraxis oder in einem Krankenhaus lediglich ein einziger Arzt in den Verdacht einer Straftat, müssen die durchsuchenden Beamten alles vermeiden, was den Geheimhaltungsbereich anderer Ärzte tangiert, die in denselben Räumen praktizieren. Einschränkungen gelten auch für den Patientenschutz. Kann sich die zu ermittelnde Straftat lediglich auf einen oder eine konkrete Anzahl mehrerer Patienten beschränken, ist alles zu unternehmen, um den Schutz aller anderen Patienten des-

---

60 BVerfG NJW 2005, 1917 ff., s. auch: *Kutzner* Die Beschlagnahme von Daten bei Berufsgeheimnisträgern, NJW 2005, 2652 ff.

selben Arztes zu gewährleisten. Gleiches gilt für den Mandantenschutz bei Durchsuchung einer Anwaltskanzlei.

Die Umsetzung dieser rechtlichen Vorgaben in konkrete praktische Handlungsanweisungen ist allerdings bis heute noch nicht erfolgt. Lösungen müssen individuell vor Ort gefunden werden. Hilfreich sind daher unmittelbare Diskussionen darüber, was konkret gesucht wird und auf welchem Wege bei dem jeweils benutzten Computerprogramm des Mandanten diese Daten aufzufinden sind. Die Aufdeckung der Software-Struktur hilft hier ebenso wie unter Umständen ein allgemeiner Suchlauf unter Angabe bestimmter Begriffe. Auch vonseiten des beschuldigten Mandanten müssen hier unter Umständen Kompromisse eingegangen werden. Kann der Komplettzugriff hierdurch verhindert werden, können sie akzeptabel sein.   90

Was auch immer passiert, es bedarf der **detaillierten Dokumentation**. Zumeist wird vom Mandanten bei Beendigung der Durchsuchung eine Unterschrift unter einem Papier verlangt. Dort sind regelmäßig die sichergestellten oder beschlagnahmten Gegenstände und Unterlagen verzeichnet (§ 107 S. 2). Zu beachten gilt hier zweierlei: Zum einen müssen die beschlagnahmten Gegenstände so genau wie möglich beschrieben werden, damit eine spätere Identifizierung möglich ist. Die beliebten Formulierungen »diverse Unterlagen« oder »ein roter Ordner« reichen hierzu nicht.   91

Darüber hinaus ist zu entscheiden, ob die sichergestellten Unterlagen vom Mandanten **freiwillig** herausgegeben werden. Dieses Einverständnis, das sich bereits durch ein schlichtes Kreuz in einem Vordruck realisiert, wird zumeist von den Durchsuchungsbeamten mit der Begründung angeregt, man könne sich ansonsten ohnehin eine gerichtliche Beschlagnahmeanordnung holen. Das Einverständnis entbindet die Staatsanwaltschaft von einer zusätzlichen gerichtlichen Entscheidung, führt allerdings zu einer zunächst unbefristeten Legitimation, alle mitgenommenen Sachen auch zu behalten. Gibt es bereits vor Ort Streit über die Berechtigung der Mitnahme bestimmter Gegenstände, besteht zum Einverständnis keine Veranlassung. Hier sollte die Staatsanwaltschaft gezwungen werden, innerhalb von drei Tagen (§ 98 Abs. 2 S. 1) eine **richterliche Entscheidung** herbeizuführen. Unabhängig von der Berechtigung zur Durchsuchung hat der Richter dann zu entscheiden, ob die konkret sichergestellten Gegenstände tatsächlich Beweismittelrelevanz haben oder ob andere Gründe wie beispielsweise Beschlagnahmeverbote gegen einen Eingriff in das Eigentumsrecht des Mandanten sprechen. Hat der Verteidiger keine Anhaltspunkte für die fehlende Berechtigung der Beschlagnahme, sollte vielmehr eine informelle Vereinbarung darüber im Mittelpunkt stehen, wie schnell Unterlagen ausgewertet und ggf. wieder zurückgegeben werden können.   92

Letztlich ist die Präsenz des anwaltlichen Beraters während der Durchsuchung häufig von Nöten, um problematische **Beschuldigten- oder Zeugenvernehmungen vor Ort** zu verhindern.

Es spricht nichts dagegen, dass selbst in Anwesenheit der Durchsuchungsbeamten der Anwalt alle beteiligten Mitarbeiter (und potenziellen Zeugen) auf die allgemeinen Rechte und Pflichten eines Zeugen hinweist. Nützlich ist in diesem Zeitpunkt häufig der allgemein nicht bekannte Hinweis, dass ein Zeuge zu Angaben gegenüber einem Polizeibeamten nicht verpflichtet ist. Wollen Durchsuchungsbeamte trotz entgegenstehender Bitten den Überraschungseffekt der Durchsuchung zu einer gleichzeitigen Zeugenbefragung von Mitarbeitern nutzen, so bleibt dem Anwalt unter Umständen nichts anderes übrig, als mit dem Mandanten in **Ausübung seines Hausrechts** derartige Befragungen ausdrücklich zu untersagen. Der Durchsuchungsbeschluss beeinträchtigt das Grundrecht des Hausrechtsinhabers lediglich insoweit, als er das Durchsuchen schlicht zu dulden hat. Weitergehende Beschränkungen oder gar die zwangsweise Nutzung seiner Räumlichkeiten als Ermittlungszentrale hat er demgegenüber nicht hinzunehmen. Wie häufig im Strafverfahren hat der Verteidiger der Überlegenheit der Machtausübung in aller Deutlichkeit die Überlegenheit der rechtlichen Argumentation entgegen zu setzen.   93

Ist der Spuk der Durchsuchung vorüber, verbleiben die Überlegungen weiterer rechtlicher Konsequenzen der Verteidigung. Denkbar ist eine **Beschwerde gegen den Durchsuchungsbeschluss** gem. § 304, wenn alsbald aktenmäßig deutlich gemacht werden soll, dass aus Sicht der Verteidigung die Voraussetzungen einer Durchsuchung von Anfang nicht vorlagen und die Anordnung eine richterliche Fehlentscheidung war. Gegen die Art und Weise der Durchsuchung kann ebenso der Richter angerufen werden wie in Situationen, in denen Konvolute durch Polizeibeamte mitgenommen wur-   94 den, um diese auf der Dienststelle durchzusehen. Im Gegensatz zur Hektik der Durchsuchungssituation hat die Entscheidung zu weiterem rechtlichen Vorgehen den Vorteil, dass sie rechtlich und taktisch mit dem Mandanten ohne übermäßigen Druck abgestimmt werden kann. Die persönliche Anwesenheit des Anwalts bei der Durchsuchung führt häufig dazu, dass die fortdauernden Belastungen bereits so weit eingeschränkt sind, dass der zusätzliche rechtliche Aufwand einer Beschwerde nicht mehr von Nöten erscheint. Haben demgegenüber Beamte unkontrolliert ohne anwaltliche Aufsicht und ohne Hemmungen umfassend zugeschlagen, ist die Beschwerde häufig die einzige Möglichkeit, rechtliche Korrekturen vorzunehmen und faktische Maßnahmen (Kopieren!) zu vereinbaren, um die laufende berufliche Tätigkeit des Mandanten nicht zu beeinträchtigen.

VI. Freiheitsentzug

1. Theorie und Praxis der Untersuchungshaft

95   Die Strafprozessordnung sieht als einschneidendste Zwangsmaßnahme die Untersuchungshaft für den Beschuldigten vor (§§ 112 ff.).[61] Die legalisierte Freiheitsberaubung dient nach der gesetzlichen Konzeption allein der anders nicht zu gewährleistenden Durchführung einer späteren Hauptverhandlung – sei es zur Bewahrung von gefährdeten Beweismitteln, sei es zur Sicherung der Anwesenheit des Mandanten. Das Prinzip der Unschuldsvermutung gilt unvermindert.

96   Haft droht auch aus einem anderen Grunde: Seit vielen Jahren ist in der Praxis zu beobachten, dass die Ermittlungsbehörden gezielt den Druck einer Haftsituation ausnutzen, um die Kooperation des Mandanten zu erzwingen und zu einer erleichterten Durchführung des Verfahrens zu gelangen. Die Idee der Verhängung der Haft ist in diesen Fällen nicht mit der eigentlichen gesetzlichen Intention vereinbar, sie wird zumeist von verfahrensökonomischen Gesichtspunkten getragen. In der rechtswissenschaftlichen Literatur hat mittlerweile der Begriff der apokryphen Haftgründe Eingang in die allgemeine Diskussion gefunden.[62] **Apokryphe** (griechisch: verborgen) Haftgründe sind gesetzlich nicht gedeckt.[63] In der Praxis drückt man sich weniger vornehm aus: Im Gerichtskantine-Jargon heißt es lakonisch »*der sitzt auf Geständnis*«,[64] auch hat sich die Gerichtskantinen-Weisheit »U-Haft schafft Rechtskraft« etabliert.[65] Legitimiert wird das rechtswidrige Vorgehen aus Sicht der Staatsanwaltschaft mit der »puren Verzweiflung«, um eigene Ideen der Kriminalitätsbekämpfung effektiv umzusetzen.[66]

Auch Strafrichter sind von der Erkenntnis geprägt, dass die Durchführung der Hauptverhandlung für sie wesentlich dadurch erleichtert werden kann, wenn der Angeklagte in Handschellen zur Anklagebank geführt wird. Die Wahrnehmung prozessualer Rechte durch den Angeklagten wird gebremst, wenn ihm genüsslich durch die Vertagung einer Hauptverhandlung die Konsequenz der zwangsläufigen Verlängerung der Untersuchungshaft vor Augen geführt wird. Die Abkürzung eines Verfahrens durch Verständigung wird aus Sicht des Richters erleichtert, wenn er der Verteidigung als weiteres Zugeständnis die

---

61 Zur Anwaltsliteratur: *Schlothauer/Weider* Untersuchungshaft, Praxis der Strafverteidigung, 5. Aufl. 2016; *Püschel* Untersuchungshaft 2012; *Herrmann* Untersuchungshaft 2008; *Brüssow/Gatzweiler/Krekeler/Mehle* Strafverteidigung in der Praxis, 4. Aufl. 2007; *Deckers* § 5 Untersuchungshaft, 4. Aufl. 2007; MAH-Strafverteidigung/*König* 2. Aufl. 2014 § 4 Untersuchungshaft; *Münchhalffen/Gatzweiler* Das Recht der Untersuchungshaft, 3. Aufl. 2009; AnwK-StPO/*Lammer,* 2. Aufl. 2010, § 112; AnwK-U-Haft/*König,* 2011.

62 S. bereits *Dahs* »Apokryphe Haftgründe«, FS Dünnebier 1982, S. 227 ff.; *Weider* Die Anordnung der Untersuchungshaft – Leichtfertige Annahme von Fluchtgefahr und apokryphe Haftgründe – StraFo Mai 1995, 11 ff.; aktueller: *Eidam* Das Apokryphe an den apokryphen Haftgründen – Neue Dimensionen von versteckten Haftgründen im Strafprozess? HRRS 2013 292 ff.; aus staatsanwaltschaftlicher Sicht *Lemme* Apokryphe Haftgründe im Wirtschaftsstrafrecht? wistra 2004, 288 ff.

63 Vgl. etwa die BGH StV 2005, 201 und BGH StV 2007, 619 zugrunde liegenden Fälle sowie das von *Eidam* HRRS 2008, 241 ff. angeführte Beispiel.

64 SK-StPO/*Paeffgen* Vor § 112 Rn. 10.

65 *Paeffgen* Rechtsprechungsübersicht in U-Haft Sachen – 1995/96 – 2. Teil, NStZ 1997, 115, 119 Fn. 37; *Eidam* Zur Selbstverständlichkeit von Rechtsbrüchen beim Vollzug von Untersuchungshaft, HRRS 2008, 241, 243.

66 *Eidam* Das Apokryphe an den apokryphen Haftgründen, HRRS 2013, 292 ff.

ersehnte Freiheit durch Aufhebung des Haftbefehls mit der Urteilsverkündung in Aussicht stellen kann. Die Untersuchungshaft als Disziplinierungsmittel in der Hauptverhandlung ist jedenfalls dem Repertoire des Strafrichters heute nicht fremd.

Das Phänomen der apokryphen Haftgründe beschreibt das beim Vorgang der Rechtsfindung nicht **97** seltene Auseinanderfallen von Herstellungs- und Begründungsebene der Entscheidung. Während sich die Begründung floskelhaft am Gesetz orientiert, wird die Entscheidung selbst auf einer ganz anderen Ebene hergestellt.[67] Letztlich spiegelt sie einen Aspekt einer weitverbreiteten Erscheinung in der Justiz, die die formalen Möglichkeiten und Grenzen des Prozessrechts zum Anlass nimmt, völlig anders gelagerte Interessen nicht offenzulegen und ihnen zur Realisierung zu verhelfen. Diese entscheidungsleitenden Impulse sind – wie stets bei richterlichen Entscheidungen – dem Entscheider selbst nicht stets bewusst. Für Heuristiken und darauf basierenden Fehlentscheidungen ist das Haftverfahren allerdings in besonderer Weise anfällig. Die frühen Entscheidungen im laufenden Ermittlungsverfahren verführen zu unangemessener Reduktion von Komplexität. Sie erfolgen unter den Bedingungen minimaler effektiver Kontrolle (insbesondere durch die Öffentlichkeit) und spiegeln nicht selten persönliche Prägungen und Überzeugungen abseits gesetzlicher Vorgaben wider. Die Begrifflichkeit des »Apokryphen« erscheint hier überflüssig, wurde aber in die literarische Diskussion zu einem Zeitpunkt eingeführt, als auch die Aufdeckung des emotionalen Anteils an der Rechtsfindung nur über den Umweg der traditionell wissenschaftlichen Attitüde wahrgenommen wurde.

Parallel dazu ist das gesetzesferne Agieren des Haftrichters oft geprägt von einem offensiven Umgang **98** mit vermeintlichen Defiziten des Strafprozessrechts, die ihn in notstandsähnliche Bedrängnis bringe. Z.T. setzt man seine angeblich bessere Erkenntnis an die Stelle gesetzlicher Vorgaben, wenn pädagogische Intentionen oder Vorstellungen von der notwendigen schnellen Reaktion auf ein kriminelles Geschehen die Entscheidung dominieren. Keinen Hehl machen Haftrichter auch aus ihrem Bedürfnis, den Beschuldigten »zu seinem besten« – sei es zum kalten Drogenentzug, sei es zur Trennung vom sexuell belästigten Opfer – für einen Zeitraum »aus dem Verkehr zu ziehen«. Rechtlich ist dieses bewusste Vorgehen ein Fall des – vom BGH in anderen Zusammenhängen gern diskutierten – Rechtsmissbrauchs. Das Apokryphe ist hier in der Regel einer rechtlichen Kategorisierung nicht weiter zugänglich, es beschreibt allenfalls soziale Sachverhalte der Rechtswirklichkeit, die sich regelmäßig hinter einer rechtlichen Fassade des als zulässig begründeten Haftgrundes verbergen.

Ein **faires rechtsstaatliches Konzept** kann die Bedeutung der Untersuchungshaft zurückdrängen und **99** damit verfälschenden Druck vom Mandanten nehmen und gerechtere Urteilsergebnisse fördern. Die Untersuchungshaft ist allein im Hinblick auf einen Störfaktor des Prozessierens konzipiert: Eine Inhaftierung vor einer rechtskräftigen Verurteilung soll lediglich sicherstellen, dass der Angeklagte auch vor Gericht erscheint oder – in seltenen Fällen – in nicht prozesswidriger Weise Beweismittel vernichtet. Eine Prozessordnung, die die Anwesenheit des Angeklagten nicht verabsolutiert, könnte gleichzeitig auf dieses Zwangsmittel verzichten. Den Ermittlungsbehörden würde damit die Möglichkeit genommen, das Verfahren allein mit dem Faktor der Sehnsucht des inhaftierten Beschuldigten nach einer alsbaldigen Entlassung zu manipulieren. Wer die Autonomie des Einlassungsverhaltens eines Beschuldigten und seine eigene Entscheidung zur Art des Verteidigungsverhaltens als rechtsstaatliche Basis für ein faires Verfahren ansieht, kann diesem Ideal mit einer gesetzlichen Reduzierung von Untersuchungshaft entscheidend näher kommen. Der deutsche Gesetzgeber ist von solchen Überlegungen aktuell allerdings weit entfernt. Der auch von der Politik nicht verkannte Missbrauch der Untersuchungshaft scheint im Sinne einer effektiveren Verfahrenserledigung eher willkommen.

Der Verdacht des Missbrauchs der gesetzlich legitimierten Freiheitsbeschränkung taucht häufig schon **100** bei Durchsuchungen auf, wenn Polizeibeamte unverhohlen mit der sofortigen Inhaftierung drohen, falls nicht sofort Angaben zur Sache gemacht würden oder Hinweise auf angeblich versteckte Beweismittel gegeben werden. Die Notwendigkeit der Rückführung forscher Ermittlungstätigkeit in diesem grundrechtssensiblen Bereich auf die strengen gesetzlichen Eingriffsvoraussetzungen ist daher unabdingbar.

---

67 AnwK-StPO/*Lammer* § 112 Rn. 34.

101   Die als große Errungenschaft des modernen demokratischen Strafprozesses gefeierte Subjektstellung des Beschuldigten, der nicht gezwungen werden darf, sich selbst zu belasten, und daher zum Tatvorwurf schweigen darf, wird durch Zwangsmittel im Ermittlungsverfahren weitgehend ausgehebelt. Ohne rechtsstaatliche Schuldfeststellung soll der Mandant zur Kooperation mit den Ermittlungsbehörden veranlasst werden. Die Arbeitserleichterung der Staatsanwaltschaft durch ein frühes Geständnis erscheint dieser enorm, weshalb der Haftbefehl dezidiert als Zwangsmittel zu diesem Zweck eingesetzt wird. Verteidigung hat hier die schwere Aufgabe zu entscheiden, ob angesichts der Belohnung der alsbaldigen Freiheit bedeutsame Verteidigungsoptionen tatsächlich frühzeitig aufgegeben werden sollen.

102   Zur Realität richterlichen Handelns: »Seien wir doch einmal ehrlich,« sagte vor vier Jahren ein Frankfurter Strafrichter auf einer Tagung des hessischen Richterbundes, die sich mit dem Thema befasste, ob in Deutschland zu viel, zu schnell und zu lange verhaftet wird – »seien wir einmal ehrlich: Wie treffen wir eigentlich unsere Haftentscheidung? Da werden Haftanträge gestellt, komplizierte Begründungen abgegeben und wir als Strafrichter müssen entscheiden, ob ein dringender Tatverdacht vorliegt, ob Fluchtgefahr, Verdunkelungsgefahr oder gar Wiederholungsgefahr gegeben ist, und erst dann soll die Entscheidung getroffen werden. Wie gehen wir dann in der Praxis vor? Wir fragen uns doch zu allererst einmal: Gehört der da rein oder gehört der raus? Wenn es einer ist, der rein gehört, dann sind der dringende Tatverdacht und die Flucht– oder Verdunklungsgefahr schnell begründet. Wenn der nicht rein gehört, so ist genauso schnell begründet, wieso entweder Flucht– oder Verdunklungsgefahr nicht besteht oder mit weniger einschneidenden Maßnahmen beseitigt werden kann.«[68]

2. Voraussetzung der Haft

103   Jede Inhaftierung im laufenden Ermittlungsverfahren beruht nach dem gesetzlichen Konzept letztlich auf drei tragenden Säulen:
 – dem **dringenden Tatverdacht** (§ 112 Abs. 1 S. 1),
 – einem **Haftgrund** (§ 112 Abs. 1 S. 1, Abs. 2 S. 1, Abs. 3, 112a, 127b Abs. 2), regelmäßig entweder die **Flucht**, **Fluchtgefahr oder** die **Verdunklungsgefahr oder** die **Wiederholungsgefahr**,
 – dem Grundsatz der **Verhältnismäßigkeit**, der sicher stellen soll, dass die Inhaftierung zu der Bedeutung der Sache und den zu erwartenden Sanktionen nicht außer Verhältnis steht.

a) Formeller Haftbefehl

104   Angesichts der Tragweite ist die Entscheidung über die Untersuchungshaft stets von einem Richter zu treffen. Bejaht dieser die Voraussetzungen, so ist von ihm ein Haftbefehl zu erlassen (§ 114). Die Freiheitsentziehung selbst beginnt für den Mandanten aber regelmäßig früher. § 127 eröffnet Staatsanwaltschaft und Polizeibeamten die Möglichkeit, bei Gefahr im Verzug eine Festnahme auch ohne richterlichen Haftbefehl vorzunehmen. Macht ein Polizeibeamter von der **vorläufigen Festnahme** Gebrauch, so ist der inhaftierte Mandant – sofern er nicht wieder in Freiheit gesetzt wird – spätestens am Tage nach der Festnahme dem Haftrichter vorzuführen (§ 128). Dieser hat dann über den Erlass eines Haftbefehls zu entscheiden. Dieser nach dem Gesetzeswortlaut theoretisch gangbare Weg wird von Ermittlungsbeamten nicht ungerne beschritten, um die von einem Richter noch nicht kontrollierte Phase der Freiheitsbeschränkung zu nutzen. Auch zum Schweigen fest entschlossene Mandanten sind nach einigen Stunden im Polizeigewahrsam derart beeindruckt, dass sie dem erneut an sie herangetragenen Vernehmungswunsch – verbunden mit der vermeintlichen Aussicht auf alsbaldige Haftentlassung – nachkommen und dabei nicht selten dem polizeilichen Ansinnen nachkommen und auf einen Verteidiger verzichten. Der Fahrplan von Kriminalbeamten sieht nicht selten so aus, dass unmittelbar bei einer Durchsuchung der Beschuldigte mit auf die Wache genommen wird, dort für mehrere Stunden oder die Nacht eingesperrt wird und nach Abgabe der gewünschten Information bei einer Vernehmung am nächsten Tag wieder entlassen wird – ohne dass jemals ein Richter von dem Vorgang Kenntnis erhalten hat.

---

68 *Hamm* Verteidigung bei Zwangsmaßnahmen – Untersuchungshaft, in: AG Strafrecht des DAV (Hrsg.), Der Bürger im Ermittlungsverfahren, 1988, 61.

Nicht immer entspricht dieser Weg allerdings den gesetzlichen Voraussetzungen. Die vorläufige **105** Festnahme gemäß § 127 ist nur in denjenigen **Ausnahmefällen der Gefahr im Verzug** erlaubt, bei denen die Erwirkung eines richterlichen Haftbefehls nicht so rechtzeitig erfolgen kann, dass die angebliche Flucht oder Verdunklung verhindert werden könnte. Umgehen Polizei und Staatsanwaltschaft den Richtervorbehalt bewusst aus taktischen Gründen, droht ein Beweisverwertungsverbot für alle Vernehmungen, die unter den so hergestellten prozesswidrigen Bedingungen erfolgt sind. Letztlich müssen auch im Zeitpunkt der vorläufigen Festnahme inhaltlich aus Sicht der Beamten sämtliche Voraussetzungen vorliegen, die einen sofortigen richterlichen Haftbefehl rechtfertigen würden.

Ob nach einer Durchsuchung beispielsweise bereits ein dringender Tatverdacht oder gar ein Haftgrund **106** vorliegt, dürfte in den meisten Fällen für die Polizeibeamten höchst fraglich sein. Nicht selten umgehen sie daher eine klare Entscheidung, indem sie ohne weitere Angabe von Gründen dem Mandanten unter schlichter Betonung ihrer Autorität mitteilen, dass dieser sie nunmehr zur Wache zu begleiten habe. Dies ist keinesfalls eine Bürgerpflicht. Hat der Verteidiger – wenn auch nur fernmündlich – in dieser Phase die Chance der Beratung, sollte er seinem Mandanten raten, dieser Aufforderung zur Begleitung zunächst keinesfalls zu folgen. Hierzu gezwungen wäre der Mandant erst dann, wenn ihm mit aller Deutlichkeit seine Festnahme mitgeteilt worden ist. Gegenüber einem derart differenziert auftretenden Mandanten wird man sich auf Ermittlerseite allerdings häufig scheuen, die Grauzone des eigenen geplanten Szenarios um jeden Preis zu betreten. Sind in der recht frühen Phase der Ermittlungtätigkeit die Gründe für einen Haftbefehl auch von den Polizeibeamten keinesfalls anzunehmen, laufen sie Gefahr, sich wegen einer Freiheitsberaubung im Amte strafbar zu machen.

Kommt der Verteidiger zu spät und kann am Folgetage nur noch das Protokoll der vom Mandanten **107** widerwillig durchgeführten Vernehmung lesen, verbleibt für den Verlauf des Verfahrens allerdings die Chance, dessen Unverwertbarkeit zu reklamieren. Die Angaben, die unter dem Druck einer unzulässigen Inhaftierung gemacht worden sind, sind unter Zwang abgegeben und daher nicht verwertbar (§ 136a).

b) Dringender Tatverdacht

Ob tatsächlich der dringende Tatverdacht vorliegt, hat der Verteidiger sowohl gegenüber den vor- **108** läufig festnehmenden Beamten als auch gegenüber dem Haftrichter zu hinterfragen. Dringend ist ein Tatverdacht, der sehr viel weitergehende Momente für die Annahme einer Straftatbegehung enthält, als dies der Anfangsverdacht oder gar der für die Anklageschrift notwendige hinreichende Tatverdacht darstellt. Haft ist nur denkbar, wenn die Wahrscheinlichkeit der Verurteilung wegen einer verfolgbaren Straftat sehr groß ist.[69]

Exemplarisch heißt es in BGH, Beschl. v. 06.08.2002, 2 BJs 9/02 – 3 StB 14/02: **109**

»Auf die Beschwerde des Beschuldigten ist der gegen ihn erlassene Haftbefehl aufzuheben. Zwar besteht gegen ihn aufgrund der bisherigen Ermittlungen der Anfangsverdacht (§ 152 Abs. 2 StPO), er habe sich mitgliedschaftlich an einer terroristischen Vereinigung beteiligt. Jedoch mangelt es an hinreichenden tatsächlichen Anhaltspunkten, die den für die Anordnung der Untersuchungshaft erforderlichen dringenden Tatverdacht (§ 112 Abs. 1 Satz 1 StPO) begründen könnten. Ein solcher liegt nicht schon dann vor, wenn für die Täterschaft des bestreitenden Beschuldigten eine gewisse Wahrscheinlichkeit besteht. Vielmehr müssen Beweise vorhanden sein, durch die der Beschuldigte mit großer Wahrscheinlichkeit überführt werden kann (BGH NJW 1992, 1975, 1976). Solche Beweise sind hier nicht vorhanden.«

Der gedankliche Vorgang der Begründung in der retrospektiven Prognose wird von der Literatur **110** und erst recht gerichtlichen Entscheidungen nur sehr unvollständig offengelegt. Formuliert wird oft, der dringende Tatverdacht müsse auf **bestimmten Tatsachen** beruhen. Der Haftrichter hat keine Tatsachen als Bewertungsgrundlage zur Verfügung, sondern lediglich eine Akte. Mit diesem Ansatz soll offensichtlich ausgeschlossen werden, dass bloße Vermutungen und unbestätigte Vorurteile

---

69 OLG Brandenburg StV 1996, 157; *Münchhalffen/Gatzweiler* Rn. 13 m.w.N.; a.A. *Meyer-Goßner/Schmitt* § 112 Rn. 5; *Herrmann* Untersuchungshaft, 2008, Rn. 584.

Grundlage der Strafbarkeitsbewertung werden.[70] Letztlich ist die Bewertung des dringenden Tatverdachts ein der Urteilsfindung vergleichbarer Vorgang, bei dem sich der Richter in einem ersten Schritt eine Überzeugung davon verschafft, dass bestimmte Geschehnisse sich ereignet haben, und in einem zweiten Schritt aus diesen Faktoren auf ein den Straftatbestand ausfüllendes Gesamtgeschehen schlussfolgert.

111 Dieser Vorgang des Rückschließens ist ein **rationaler Prozess**, der nicht durch das **Gefühl** (»er wird es wohl gewesen sein«) ersetzt werden kann. Es ist die Aufgabe der Verteidigung, diese Rationalität stets in das Bewusstsein des Haftrichters zurückzurufen und die Einhaltung der anerkannten Kriterien der Beweiswürdigung einzufordern. Die rationale Operation muss den Regeln der Logik entsprechen und darf nicht in Widerspruch zu wissenschaftlichen Erkenntnissen oder allgemeiner Lebenserfahrung stehen. Nur wenn wissenschaftlich abgesicherte Erfahrungssätze bestehen, ist es zulässig, auf diese zurückzugreifen; Alltagstheorien, die zur »allgemeinen Lebenserfahrung« hochstilisiert werden, genügen nicht.

112 Besonderheiten gegenüber vergleichbaren Operationen bei Einleitung des Verfahrens (Anfangsverdacht), bei Eröffnung der Hauptverhandlung (hinreichender Tatverdacht) oder bei der Urteilsfindung bestehen bei der Qualität des Ergebnisses dieser Operation. Der schlussgefolgerte Sachverhalt, der eine Straftat ausfüllt, braucht nicht mit Sicherheit vorzuliegen, andererseits reicht auch keine einfache Wahrscheinlichkeit oder nur die Möglichkeit. »Dringend« ist der Tatverdacht erst, wenn aus Sicht des Gerichts eine hohe Wahrscheinlichkeit dafür besteht, dass das schlussgefolgerte Geschehen sich auch wirklich ereignet hat. Durchschlagende Zweifel verhindern stets einen Haftbefehl.

113 Dieser weitgehende Anspruch wird durch die Besonderheit des Ermittlungsverfahrens relativiert und dadurch in der Praxis konterkariert: Der Begriff des dringenden Tatverdachts soll ein **dynamischer** sein. Er hängt vom Stand des Ermittlungsverfahrens und damit den Erkenntnismöglichkeiten des Gerichts ab. Sind die wenigen Erkenntnisse in der frühen Phase des Ermittlungsverfahrens belastend, können sie als »dringend« bezeichnet werden.

114 Allein durch Zeitablauf ohne jede sonstige Veränderung der Sachlage kann ein ursprünglich gegebener dringender Tatverdacht auf einen unter dieser Schwelle liegenden Verdachtsgrad absinken. Z.B. kann das Auffinden einer drogengleichen Substanz zunächst für die Annahme eines dringenden Tatverdachts und eine Inhaftierung genügen. Wenn jedoch in angemessener Zeit eine genauere Untersuchung unterbleibt und nicht festgestellt wird, dass es sich tatsächlich um Drogen handelt, genügen die Verdachtsmomente nicht (mehr) für eine weitere Inhaftierung.[71]

115 Mit fortschreitender Dauer der Untersuchungshaft steigen die Anforderungen an die Voraussetzungen und die Substanziierung des dringenden Tatverdachtes.[72] Praktisch erhöhen sich damit die Verteidigungschancen bei unverändertem Ermittlungsstand mit jedem Tag, den sich der Mandant in Untersuchungshaft befindet.

116 Der Richter ist nicht an die Beweisformalien der Hauptverhandlung gebunden. Sein Vorgehen basiert auf dem **Freibeweis**. Wenn er allerdings in der prospektiven Prognose die Verurteilung einschätzt, müssen alle zukünftigen prozessualen Beschränkungen und Verwertungsverbote mitberücksichtigt werden. Ist davon auszugehen, dass Strafaufhebungsgründe vorliegen oder nicht behebbare Verfahrenshindernisse eingreifen oder steht schließlich der Verlust zentraler Beweismittel in Rede, fehlt es an der notwendigen Verurteilungswahrscheinlichkeit.

117 Der Richter kann damit zur Klärung des Sachverhalts beispielsweise mit einem Zeugen telefonieren. Bei seiner Bewertung des dringenden Tatverdachts hat er allerdings bereits aktuell die Prognose des Inhalts und der Verwertbarkeit dieser Zeugenaussage in einer zukünftigen Verhandlung einzubeziehen. Bestätigt z.B. die Ehefrau in einem solchen Telefonat, dass ihr festgenommener Mann der Täter sei und weist

---

70 OLG Frankfurt a.M. StV 1992, 583.
71 *Seebode* § 3 Rn. 34.
72 OLG Brandenburg StV 1996, 157; OLG Karlsruhe StV 2004, 325; LR/*Hilger* 26. Aufl., § 112 Rn. 19 m.w.N.

gleichzeitig darauf hin, dass sie in einem Prozess gegen ihren Mann keine Aussage machen werde, hat der Richter die Unverwertbarkeit seiner Information nach §§ 52, 252 bei seiner Überzeugungsbildung zu berücksichtigen.

c) Haftgründe

Der erste **Haftgrund** liegt vor, wenn der Beschuldigte **flüchtig** ist oder sich **verborgen** hält. Beide **118** Varianten enthalten ein objektives und ein subjektives Element. Objektiv setzen sie voraus, dass sich der Beschuldigte von seinem bisherigen Lebensmittelpunkt absetzt und den Strafverfolgungsbehörden deshalb kein Zugriff auf ihn möglich ist. Subjektiv muss die Unerreichbarkeit von dem Willen getragen sein, sich dem Strafverfahren auf Dauer oder für längere Zeit zu entziehen.[73]

> Neben dem klassischen »Untertauchen« soll ein Verhalten ausreichen, mit dem sich auch der körperlich **119** greifbare Beschuldigte bewusst dem Verfahren »entzieht«. Allein fixiert auf Verfahrensbelange hat die frühere – wohl überwundene – Rechtsprechung dies sogar bei Selbstmordversuchen angenommen. Manipulierende Herbeiführung einer Verhandlungsunfähigkeit soll aber nach wie vor das »Entziehen« begründen.[74]

Daher ist keine Flucht gegeben, wenn sich ein Beschuldigter regelmäßig mit seiner Lebensgefährtin **120** in deren Wohnung aufhält, aber noch in der elterlichen Wohnung polizeilich gemeldet ist. Gleiches gilt, wenn er sich an seinen im Ausland gelegenen Wohnsitz zurückbegibt, ohne dass dies mit der ihm vorgeworfenen Straftat in Beziehung steht.[75] Er muss auch nicht zurückkehren, wenn er von dem Verfahren erfährt. Selbst sein Hinweis an das Gericht, er werde nur unter bestimmten Bedingungen (Bewährung!) zur Hauptverhandlung erscheinen, kann weder Flucht noch Fluchtgefahr begründen.[76]

Diese Verschränkungen werden unterschlagen, wenn Haftrichter simpel behaupten, dass das Verlassen **121** des Bundesgebiets schon die Flucht indiziere. Vielmehr müssen konkrete Anhaltspunkte für den aufgezeigten finalen Zusammenhang vorliegen. Kannte der Mandant das Verfahren nicht, hat er sich diesem auch nicht entzogen. Entspricht die Verlegung des Wohnsitzes nachvollziehbaren privaten oder beruflichen Überlegungen, ist der Nachweis des Zusammenhangs mit dem Verfahren kaum zu führen. Ähnliches gilt, wenn der Ausländer an seinen ausländischen Wohnsitz zurückkehrt.

Der Automatik, dass Abwesenheit als Flucht interpretiert wird, hat die Verteidigung entgegen zu **122** halten, dass das Ermittlungsverfahren grundsätzlich keine Anwesenheit des Beschuldigten voraussetzt. Es gibt **keine Gehorsamspflicht** des Beschuldigten, sich jederzeit der StA zur Verfügung zu halten. Kein Beschuldigter ist verpflichtet, seine Verfolgung zu erleichtern. Hält der Beschuldigte über seinen Verteidiger Kontakt mit den Ermittlungsbehörden, dürften erkennbar deren Interessen ausreichend befriedigt sein. Notfalls stellt eine Empfangsvollmacht die Zustellung von Schriftstücken sicher.

> Sobald der tatsächlich flüchtige Beschuldigte ergriffen wird, ist er nicht mehr flüchtig. Allerdings wird **123** in diesem Fall dem Haftgrund der Fluchtgefahr nur schwer entgegenzutreten sein. Anders kann dies sein, wenn der Beschuldigte sich selbst stellt.[77] Um die Chance der Haftvermeidung durch Selbststellung im Vorfeld seriös beantworten zu können, muss sich der Verteidiger mit dem ermittelnden Staatsanwalt und dem zuständigen Haftrichter in Verbindung setzen. Hier ist zu sondieren, ob und unter welchen Voraussetzungen eine Aufhebung respektive Außervollzugsetzung des Haftbefehls in Betracht kommt. Wenn eine Kautionsleistung für eine Verschonung vorausgesetzt wird, kann sie noch vor der Selbststellung geleistet werden, sodass der Haftrichter nach Verkündung des Haftbefehls die weiteren Auflagen mitteilt und den Mandanten verschont. Zur Vereinfachung der Einreise kann der Haftrichter die zuständigen

---

73 OLG Saarbrücken StV 1991, 265; OLG Bremen StV 1997, 533.
74 OLG Hamm bei *Schultheis* NStZ 2013, 87.
75 Vgl. a. OLG Köln StV 2005, 393; 2006, 25; KG StV 2015, 646.
76 OLG Schleswig StV 2011, 419.
77 LR/*Hilger* 26. Aufl., § 112 Rn. 31.

Stellen des angekündigten Einreiseortes informieren und anweisen, von einer Festnahme abzusehen oder er kann gem. § 295 freies Geleit zur Wahrnehmung des richterlichen Verkündungstermins zusichern.[78]

Dass eine **Fluchtgefahr** gegeben sei, wie die allermeisten Haftbefehle behaupten, widerspricht in den meisten Fällen allen empirischen Erkenntnissen. In einer der wenigen Untersuchungen wird dokumentiert, dass nach Aufhebung der Inhaftierung durch ein höheres Gericht die Beschuldigten entgegen der Behauptung von Amts- und Landgericht doch dem Verfahren stellen.[79]

Abseits der Empirie kann durch Darstellung der aktuellen Lebenssituation des Mandanten die Argumentation zur angeblichen Fluchtgefahr zumeist entkräftet werden.

124   Wenn dennoch Haft mit dieser Begründung aufrechterhalten wird, dokumentiert dies in besonderer Weise die fehlende Aufrichtigkeit der Justiz bei der Inhaftierung. Der Haftgrund der Fluchtgefahr kann nur dann bejaht werden, wenn aus Sicht des Gerichts die hohe Wahrscheinlichkeit besteht, dass der Mandant sich dem Verfahren entziehen wird. Daran glaubt auch der dies behauptende Haftrichter selten. Die Idee, dass ein Bürger die Qualen der Aufgabe seiner bürgerlichen Existenz, den Verlust seiner Sozialstellung und heimischen Vermögenswerte, den Beziehungskollaps und einen psychischen Identitätsverlust durch die Verlegung seines Wohnsitzes nach Feuerland oder Thailand nur zur Vermeidung der Verfahrensdurchführung auf sich nehmen könnte, erscheint auch der Justiz letztlich absonderlich. Zur Begründung der Haft wird daher in besonderem Maße auf logisch und formal abgerundete Konstruktionen gesetzt.

Hier liegt der Kern der skandalösen Phänomene, die anderweitig als apokryphe Haftgründe gegeißelt werden. Nicht die eigentlichen taktischen Gründe lassen sich rechtlich erfassen, wohl aber die Fassade der Bejahung des Haftgrundes der Fluchtgefahr. Die Rechtsprechung referiert in ihren Prognoseentscheidungen auf die gesellschaftliche Realität, verliert sich allerdings in pseudoempirischen Floskeln. Sie kann sich gerade nicht auf valide Erfahrungssätze beziehen, die die Wahrscheinlichkeit von Flucht belegen. Im Gegenteil: Wenn Statistiken ausweisen, dass in der Hälfte aller Urteile in Haftsachen keine zu verbüßende Haftstrafe verhängt wird oder feststeht, dass die meisten der zwischenzeitlich verschonten Beschuldigten tatsächlich zu Hauptverhandlungen erscheinen, hat die Realität in vielen Konstellationen die Behauptung der Rechtsprechung widerlegt, es gäbe eine überwiegende Wahrscheinlichkeit der Flucht.

125   Besonders beliebt wie logisch brüchig ist das Argument, dass die angeblich **zu erwartende hohe Strafe** den maßgeblichen Fluchtanreiz ausmachen soll. Darüber hinaus wird nicht selten eine festgestellte Ferienwohnung in Spanien als Hinweis für die tatsächliche Möglichkeit einer realen Flucht angeführt. Dass hier zumeist unter Verletzung der Unschuldsvermutung Strafe vorweg vollzogen werden soll, ist auch in der Justiz gängige Erkenntnis.[80]

126   »Wie vielfach an anderer Stelle betont, ist der im Haftbefehl zitierte Fluchtanreiz nicht durch eine angeblich ›hohe Straferwartung‹ begründbar, auch wenn diese Leerfloskel in vielen Gerichtsentscheidungen unausrottbar scheint. Sie ist schlicht gesetzwidrig, soweit sie nicht auf weitere Umstände gestützt werden kann.«[81]

Auch das Bundesverfassungsgericht[82] hat mittlerweile festgestellt, dass ein prognostiziertes Urteil für das ferne Ende eines Verfahrens allenfalls einer von zahlreichen Abwägungsfaktoren sein kann, die in die Gesamtbeurteilung mit einfließen müssen. Verfassungswidrig ist damit das allseits zu beobachtende argumentative Schema, in dem Gerichte häufig bei ihrer angeblichen Abwägung die zu erwartende »empfindliche« Freiheitsstrafe als fluchtindizierenden Hauptfaktor an den Anfang ihrer Erwägungen stellen und anschließend – ähnlich dem einseitigen Hypothesentesten – lediglich feststellen, dass andere Bindungs-

---

78 *Schlothauer/Weider* Untersuchungshaft, 4. Aufl. 2010, Rn. 495; *Seebode* § 3 Rn. 51.

79 *Lind* Der Haftgrund der Fluchtgefahr nach § 112 Abs. 2 Nr. 2 StPO in der Praxis: Zur rechtstatsächlichen Überprüfung von Fluchtprognosen, in StV 2019, 118 ff. mit ausführlicher Darstellung der einzelnen untersuchten Fälle.

80 KG (4. Senat) StV 2012, 350 gegen die schematische Anwendung des 3. Senats des KG, der Fluchtgefahr bei einer zu erwartenden Strafe von deutlich über 2 Jahren indizierte, die allenfalls mit Besonderheiten des Falles ausgeräumt werden könne.

81 *Hilger* Fluchtgefahr bei im Ausland lebenden Ausländern, StV 2005, 38.

82 BVerfG Beschluss vom 25.6.2018 – 2 BvR 631/18.

faktoren jeweils für sich genommen dieses Indiz nicht »entkräften«. Die Diskussion ist ein schlagendes Beispiel dafür, wie allein Methode und Verfahren von Gerichten ausreichend sein können, um Grundrechte massiv zu verletzen.

Die vollständige Umkehrung aller auf Stabilität und Kontinuität ausgerichteten Lebenseinstellung eines beschuldigten Bürgers nur anhand der Bedrohung einer Freiheitsstrafe ist regelmäßig eine Schimäre. Bei näherer Betrachtung ist auch eine drohende mehrjährige Haftstrafe keine Veranlassung, die mit der Freiheit erkauften Risiken in einem fremden neuen Leben einzugehen. **127**

Das verdeutlicht schon die sog. »Nettostrafe«.[83] Schreckt z.B. die Höhe einer vom Haftrichter prognostizierten Strafe von z.B. sechs Jahren, so darf der Beschuldigte ins Kalkül ziehen, dass er bei normalem Haftverlauf nach 2/3 der verbüßten Strafe entlassen wird und die zwei Jahre Haft vor der Entlassung im offenen Vollzug verbringen kann. Der »Schrecken« des vollständigen Freiheitsentzuges reduziert sich damit auf einen Zeitraum von zwei Jahren. Ein ausländischer Mandant darf stets darauf hinweisen, dass er selbst im Fall der Verurteilung regelmäßig nach der Hälfte der verbüßten Strafe abgeschoben wird. **128**

Demgegenüber hat die Verteidigung darzulegen, dass es trotz des laufenden Ermittlungsverfahrens zahlreiche Anhaltspunkte gibt, die gegen eine Flucht und für ein Verbleiben des Mandanten im gewohnten sozialen Umfeld sprechen. Die Bindung an den eigenen Arbeitsplatz, an Freunde und die Familie und möglicherweise an immobile Vermögensgüter, eine Gesundheitsproblematik oder das Fehlen jeglicher Fluchtperspektiven sollten dargelegt werden, um die Behauptung der Fluchtgefahr als Floskel zu entlarven. Fehlende finanzielle Mittel dokumentieren ergänzend die Unfähigkeit, sich auf Dauer ins Ausland absetzen zu können.[84] Auch der Bezug von Arbeitslosengeld setzt die Anwesenheit im Lande voraus und stellt eine tragfähige Bindung dar.[85] Auch Drogenabhängigkeit kann – entgegen geläufigen Stereotypen – ein Kontraindiz sein: Eine radikale Veränderung der Lebensverhältnisse durch Flucht ist dem abhängigen Beschuldigten mit seinen mannigfachen Suchtproblemen nicht zuzutrauen.[86] Notfalls dokumentierte bei fragwürdiger Erreichbarkeit eine besondere Ladungsvollmacht für den Verteidiger den unbedingten Willen, sich dem Verfahren zu stellen.[87] Hat sich der Beschuldigte selbst gestellt, widerlegt allein dies regelmäßig die Fluchtgefahr.[88] **129**

Brüchig ist auch der schlichte Hinweis auf die **Ausländer**eigenschaft als maßgebliche Begründung einer Fluchtgefahr. Die gilt insbesondere für EU-Angehörige. Das Diskriminierungsverbot des Art. 12 EGV verlangt, dass Unionsbürger in jedem Mitgliedstaat grundsätzlich so behandelt werden wie Inlandsbürger.[89] Nur ausnahmsweise kann eine Benachteiligung durch objektive Gründe gerechtfertigt sein.[90] Ein solcher Sonderfall liegt vor, wenn ein Auslieferungshindernis besteht und auch sonst eine Strafverfolgung im Heimatland nicht gewährleistet ist. Im Regelfall aber gewährleistet der optimierte Rechtshilfe- und Auslieferungsverkehr innerhalb der EU die Strafverfolgung und mögliche Vollstreckung. Freiheit und Recht müssen als ein für die Union insgesamt unteilbares Ganzes betrachtet werden.[91] Die Inhaftierung eines Unionsbürgers aufgrund seines ausländischen Wohnsitzes ist daher ebenso grotesk wie ein nordrhein-westfälischer Haftbefehl gegen einen Münchener wegen dessen bayerischer Herkunft. **130**

---

83 BVerfG StV 2008, 421.
84 OLG Köln, Beschl. v. 12.05.1995 – 2 Ws 174/95; OLG Hamm StV 1999, 215.
85 OLG Köln StraFo 1998, 207.
86 OLG Köln StV 1995, 475.
87 KG StV 2015, 646, 648.
88 OLG Düsseldorf StV 2019, 565 – selbst bei einer Straferwartung von 6 Jahren.
89 Vgl. *Gercke* Der Haftgrund der Fluchtgefahr bei EU-Bürgern, StV 2004, 675 ff. und schon *Bleckmann* Verbotene Diskriminierung von EG-Ausländern bei der Untersuchungshaft, StV 1995, 552 f.; a.A. aber KK/*Graf*, 8. Aufl. 2019, § 112 Rn. 22b ff.
90 *Wolf* Fluchtvermutung statt Fluchtprognose – zur Diskriminierung von EU-Ausländern in der Fluchtgefahrpraxis, StV 2019, 573 ff.
91 S. auch das Haager Programm zur Stärkung von Freiheit, Sicherheit und Recht in der Europäischen Union v. 05.11.2004.

131 Gefährlich für den Mandanten ist der Haftgrund der **Verdunklungsgefahr**. Die Vernichtung von Beweismitteln oder das Einwirken auf andere Beweispersonen kann hier zum Anlass genommen werden, einen Haftgrund zu konstruieren. Hat der Mandant im Vorfeld mit Kollegen, die als Zeugen in Betracht kommen, Gespräche geführt und ihnen eindringlich seine entlastende Version des Geschehens vor Augen gehalten, kann dies ihn bereits aus Sicht der Ermittlungsbehörden in den Geruch der Verdunklung bringen. Hier hat der Verteidiger sich kurzfristig um die Verifizierung des Inhalts solcher Gespräche zu bemühen oder dahin gehend die Argumentation zu vertiefen, dass durch die behaupteten Handlungen des Mandanten jedenfalls effektiv die Ermittlung der Wahrheit nicht erschwert werden können.

132 Dogmatisch führt allerdings kein Weg daran vorbei, dass der Haftgrund den Nachweis der unzulässigen Einflussnahme auf die Beweissituation im Verfahren voraussetzt. Eine solche Absicht ist nicht gegeben, wenn der Mandant ohne jeden Druck einen Zeugen zur Wahrnehmung seines Zeugnisverweigerungsrechts oder einen Mitbeschuldigten zur Ausübung seines Schweigerechts auffordert.[92] Auch das Teilschweigen des Beschuldigten zur Verheimlichung tatrelevanter Umstände, wie z.B. zum Verbleib der Beute, des Tatmittels oder zur Anzahl und Person von Mittätern, genügt nicht für die Annahme von Verdunklungsgefahr.[93] Noch weniger reicht es aus, wenn der Beschuldigte insgesamt schweigt[94] oder die Tat bestreitet[95] bzw. ein Geständnis widerruft.[96] Nichts anderes gilt selbst dann, wenn möglicherweise Mittäter noch flüchtig oder wichtige Zeugen noch nicht ermittelt oder vernommen worden sind.[97]

133 Mutmaßen die Ermittlungsbehörden ein Beiseiteschaffen bestimmter Unterlagen, so ist dieser Verdacht konkret zu belegen. Unzulässig ist es jedenfalls, aus der fehlenden Kooperationsbereitschaft des – grundsätzlich zum Schweigen berechtigten – Mandanten auf eine Verdunklung zu schließen. Alles, was prozessual erlaubt ist, führt nicht zur Verdunklung.

134 Das Tor zu sachfremden Entscheidungseinflüssen öffnet die Rechtsprechung, wenn mit allzu leichter Hand behauptet wird, aus der Art des vorgeworfenen, auf Heimlichkeit angelegten Delikts folge bereits die Verdunklungsgefahr. Ungerechtfertigte und nicht anders zu begründende Haft soll zumeist den Weg für anderweitige taktische Überlegungen ebnen. Der dogmatische Ansatzpunkt ist allerdings nicht haltbar. Wenn der Beschuldigte nach Überzeugung des Gerichts konspirativ in einer Bande handelte, wenn er unter täuschendem Deckmantel kriminell agierte, wenn er sich einer kriminellen Organisation verbunden fühlt, so lassen sich aus diesem Verhalten, das in der Erwartung fehlender Entdeckung in einem sozialen Kontext an den Tag gelegt worden ist, keine validen Rückschlüsse auf ein prozesswidriges Verdunkeln in dem völlig anders gearteten Kontext des Ermittlungsverfahrens ziehen, jedenfalls nicht mit dem Ergebnis einer »dringenden« Befürchtung.

135 Die **Wiederholungsgefahr** rechtfertigt ebenfalls die Inhaftierung. Voraussetzung ist allerdings, dass auch aus Sicht des Haftrichters Tatsachen feststehen, aus denen die starke innere Neigung des Mandanten zu weiteren einschlägigen Taten geschlossen werden kann. Hat der Mandant z.B. über Jahre in bestimmter Weise unzulässige Abrechnungen vorgenommen, so wird häufig aus der Vergangenheit schlicht auf kontinuierliches Verhalten in der Zukunft geschlossen. Hier sollte gerade die durch das Verfahren eingetretene Zäsur betont werden: Das Aufdecken unrechtmäßiger Abrechnungen stellt regelmäßig auch deren Ende dar. Anders ist dies allenfalls, wenn sich der Mandant nicht auf einen Irrtum, sondern auf eine bestimmte von der Staatsanwaltschaft bestrittene Rechtsansicht bei der Abrechnung beruft. Konsequenz des Verhaltens des Mandanten ist die Fortsetzung in der Zukunft. Um hier wenigstens in der Haftfrage argumentative Pluspunkte aufzuweisen, sollte die Bereitschaft zu einem vorläufigen Kompromiss signalisiert werden. Im Übrigen setzt § 112a StPO in Abs. 1

---

92 OLG Frankfurt StV 2010, 583.
93 Vgl. BGH StV 1987, 283.
94 OLG München StV 1995, 86.
95 OLG Köln, Beschl. v. 02.10.1991 – 2 Ws 448/91.
96 *Stern* Rn. 1667.
97 OLG Schleswig SchlHA 54, 25; *Stern* Rn. 1667 m.w.N.

voraus, dass die Anlasstaten schwerwiegende Beeinträchtigungen der Rechtsordnung darstellen, was bei durchschnittlichem Schweregrad und Unrechtsgehalt nicht gegeben ist.[98]

Besonders gefährlich kann der besondere **Haftgrund** sein, der an den **Verdacht eines Tötungsdelikts** 136 anknüpft (§ 112 Abs. 3). Der Gesetzeswortlaut legt nahe, dass ein solcher Tatverdacht keiner weiteren Haftgründe bedarf, um eine Untersuchungshaft anzuordnen. Hier hat allerdings das Bundesverfassungsgericht Grenzen gesetzt. In verfassungskonformer Auslegung ist in diesen Fällen der Erlass eines Haftbefehls nur dann zulässig, wenn konkrete Umstände vorliegen, die die Gefahr begründen, dass ohne Festnahme des Mandanten die alsbaldige Aufklärung und Ahndung der Tat gefährdet sein könnte.[99] Die Realität der fachgerichtlichen Rechtsprechung ist allerdings hoffnungslos für die Verteidigung, nach wie vor führt ein Automatismus vom Verdacht des Tötungsdelikts zur Inhaftierung, der nur in den Ausnahmefällen der Sicherheit einer Durchführung des Verfahrens durchbrochen wird.

Erscheinen die Verteidigungsbemühungen gegen eine Inhaftierung wenig Erfolg versprechend, sollte 137 in jedem Fall der **Gesundheitszustand des Mandanten** diskutiert werden. Nicht selten führen bereits vorhandene Grunderkrankung in der Haft absehbar zu einer deutlich gravierenden Symptomatik. Liegt die konkrete Gefahr schwerwiegender Gesundheitsschäden für den Mandanten vor, muss die Frage der Haftunfähigkeit thematisiert werden.[100]

3. Gerichtliche Überprüfung der Haft

Ist der Haftbefehl erlassen, droht dem Mandanten neben dem schrecklichen Erlebnis des Freiheits- 138 entzuges auch die Aussicht auf den alsbaldigen Verlust seiner wirtschaftlichen Grundlage. Die eigene Praxis wird kaum länger als wenige Wochen ohne den Chef überleben können. Der Arbeitsplatz geht bei längerer Abwesenheit verloren. Die Verteidigung hat daher sehr schnell Bemühungen zu entfalten, durch ergänzende Informationseinholung und zusätzlichen Sachverhaltsvortrag die Entscheidung zur Haft revidieren zu lassen. Formal hat die Verteidigung die Möglichkeit, jederzeit gegen den Haftbefehl eine **Beschwerde** einzulegen. Im schriftlichen Verfahren wird dann der Haftrichter entscheiden, ob er der Beschwerde abhilft oder die Sache zur Entscheidung an die Beschwerdekammer des Landgerichts verweist. Findet die Verteidigung auch dort kein Gehör, kann gegen eine negative Beschwerdeentscheidung eine **weitere Beschwerde** zum Oberlandesgericht eingelegt werden. War auch diese weitere Beschwerde erfolglos, spricht nichts dagegen, schon wenige Tage später – mit neuen Argumenten – nochmals beim Haftrichter des Amtsgerichts die Aufhebung des Haftbefehls zu beantragen. Ablehnende Entscheidungen unterfallen erneut den Beschwerdemöglichkeiten.

Die fortlaufende richterliche Überprüfung der Haft ist ihrem vorläufigen Charakter immanent. Regelmäßig betont der EGMR, »dass die Untersuchungshaft bereits von ihrer Natur her eine periodische gerichtliche Prüfung in kurzen Intervallen erfordert, weil eine Vermutung besteht, dass eine solche Haftform von strikt begrenzter Dauer sein sollte«.[101] Es ist die Aufgabe der Verteidigung, diesen Grundsatz durch den »jederzeit« möglichen (§ 117) Antrag auf Überprüfung Leben einzuhauchen. Dass ein zeitlich enger Zusammenhang zwischen Freiheitsentzug und Klärung der Schuldfrage in einer Hauptverhandlung bestehen muss, war in der Ursprungsfassung der RStPO selbstverständlich: Spätestens eine (!) Woche nach Inhaftierung des Beschuldigten musste die Staatsanwaltschaft in der Regel Anklage erheben (§ 126 RStPO); erst die administrative Trägheit der Moderne hat rechtsstaatliches Nachdenken über die Länge der Untersuchungshaft notwendig gemacht.

---

98 OLG Braunschweig StV 2012, 352 verneint dies schon bei 2 Taten des schweren Einbruchsdiebstahls mit Schadenssummen von 700 € und 1.300 €.

99 BVerfGE 19, 342, 350 f.

100 S. näher: *Gatzweiler* Haftunfähigkeit – Chancen und Versagen von Strafverteidigung bei Haftvollzug, StV 1996, 286.

101 EGMR, Patalakh ./. Deutschland v. 08.03.2018, m.Anm. *Weigend* StV 2019, 561 ff.

139   Besonderheiten bestehen bei **laufender Hauptverhandlung.** Die Haftsituation verstärkt hier oft den unsachlichen Druck auf die Verteidigung. Die Beschwerde kann hier ein taktisches Mittel sein, sowohl die vorläufige Bewertung des erkennenden Gerichts zu eruieren, als auch dessen Fehleinschätzung durch das Beschwerdegericht korrigieren zu lassen. Häufig meinen allerdings Beschwerdegerichte, sich in ihrem Überprüfungsumfang zum dringenden Tatverdacht beschränken zu können, da das Tatgericht die besseren Erkenntnismöglichkeiten habe.[102] Im Gesetz gibt es hierfür keine Anhaltspunkte. Verteidigung wird daher einen solchen Ansatz nicht akzeptieren und deutlich auf die Wahrnehmung der umfassenden Überprüfungspflicht des Beschwerdegerichts pochen müssen. Um den durch das Bundesverfassungsgericht vorgegebenen Anforderungen an die Begründungstiefe gerade bei Haftfortdauerentscheidungen nachzukommen, muss das Beschwerdegericht durch Mitteilung des aktuellen Stands der Hauptverhandlung durch das Tatgericht in die Lage versetzt werden, seine Entscheidung auf eine hinreichend tragfähige tatsächliche Grundlage zu stellen.[103] Auch wenn sich die Rechtsprechung gegen die Installierung eines umfassenden Zwischenverfahrens zur Frage der Schuldbewertung wehrt, bieten diese Anforderungen für die Verteidigung genügend Anlass, aktuelle Defizite der Bewertung aufzudecken.[104]

140   Unabhängig von diesem allgemeinen Weg der Beschwerde steht der außerordentliche Rechtsbehelf der mündlichen **Haftprüfung** (§ 118 Abs. 1) zur Verfügung, bei dem eine persönliche Konfrontation von Mandanten und Verteidigung mit dem Haftrichter erfolgen kann. Sinnvoll ist die Wahl dieser Möglichkeit regelmäßig nur dann, wenn sich der Verteidiger eine besondere Überzeugungskraft gerade von der mündlich vorgetragenen Argumentation oder vom persönlichen Eindruck seines Mandanten erhofft. Nur die unmittelbare Kommunikation verspricht im Übrigen für den Verteidiger Erkenntnisgewinn zu der Frage, wo – außerhalb von gesetzlichen Vorgaben und formalen Begründungen – der Kern der emotionalen negativen Vorbehalte beim Haftrichter zu suchen ist. Da im Gegensatz zu einer Hauptverhandlung der intime Rahmen eines Haftprüfungstermins die offene Kommunikation fördert, wird hier das Feld für die Überzeugungsarbeit des Verteidigers in einem ansonsten nicht bekannten Ausmaß eröffnet. Hier kann auch dem Richter der kaum kontrollierbare emotionale Anteil seiner Entscheidungssuche verdeutlicht und damit im Sinne des Mandanten gesteuert werden.

141   Auch ohne Aussicht auf sofortige Haftentlassung kann sich der Haftprüfungstermin als verteidigungstaktische Maßnahme anbieten: So kann die Verteidigung ein richterliches Vernehmungsprotokoll des eigenen Mandanten »produzieren« lassen, das unter erleichterten Bedingungen in einer späteren Hauptverhandlung verlesen werden kann. In der richterlichen Vernehmungssituation können effektiv schon im Ermittlungsverfahren Anträge auf Beweiserhebungen gestellt werden (§ 166 Abs. 1).

142   Bei jeder Diskussion zu Haftfragen ist zumindest hilfsweise die Möglichkeit der **Aussetzung des Vollzugs des Haftbefehls** ins Auge zu fassen. Häufig sind Konstellationen denkbar, die zwar zu einer formalen Bejahung von dringendem Tatverdacht und Haftgrund führen, die Haft als letztes Mittel zur Sicherung des Strafverfahrens jedoch fragwürdig erscheinen lassen. Wenn diese Sicherung auch durch andere Maßnahmen erreicht werden kann, sind diese zu bevorzugen. Meldepflichten des Mandanten können auch aus Sicht des Haftrichters die von ihm grundsätzlich bejahte Fluchtgefahr entscheidend minimieren; absehbar wird die elektronische Überwachungsmöglichkeit des jeweiligen Aufenthaltsorts durch die sog. Fußfessel ein Einsperren zur Verhinderung einer befürchteten Flucht zur Ausnahme werden lassen.[105]

143   Letztlich kann heute die Stellung einer respektablen Kautionssumme ausschlaggebend sein, um den Richter davon zu überzeugen, dass der Mandant sich dem Verfahren stellen wird (s. § 116). Die

---

102   S. z.B. BGH, Beschl. d. 3.Senats v. 22.10.2012 – StB 12/12, BeckRS 2012, 22529.

103   BGH NStZ-RR 2013, 16 f.

104   Zum Streit, in welcher Gerichtsbesetzung eine Haftentscheidung in laufender Hauptverhandlung zu treffen ist, s. KG StraFo 2015, 419 m.Anm. *Herrmann.*

105   Vgl. zum Pro und Contra *Banzer/Scherzberg* Elektronische Fußfessel als Alternative?, ZRP 2009, 31.

Leistung einer **Kaution** ist grundsätzlich bei allen Haftgründen zulässig.[106] Die größte Bedeutung hat die Sicherheitsleistung in der Praxis beim Haftgrund der Fluchtgefahr. Aber auch im Fall der Verdunklungs- oder Wiederholungsgefahr ist die Leistung einer Sicherheit ein geeignetes Mittel, weil der mit dem drohenden Vermögensverlust verbundene Druck auch von Verdunklungshandlungen und wiederholter Tatbegehung abhalten kann.[107] Der Umstand, dass insbesondere **Spezial-Strafrechtsschutzversicherungen** Leistungsklauseln für die Erbringung von Sicherheitsleistungen enthalten, hat sich im Bereich der Strafjustiz noch nicht herumgesprochen.

Im Fall der Fluchtgefahr soll die Kautionsleistung den Beschuldigten veranlassen, sich dem Verfahren und dem Strafantritt zu stellen,[108] da ansonsten die Sicherheit nach § 124 Abs. 1 der Staatskasse verfällt. Für die Leistung der Sicherheit muss jeweils mit dem Verschonungsbeschluss bei der **Hinterlegungsstelle** eines Gerichts (nicht notwendig des anordnenden Gerichts, § 6 Nr. 1 HinterlO) ein Hinterlegungsvorgang angelegt werden, zu dem der Geldbetrag geleistet wird. Mit der Bestätigung der Leistung (am schnellsten durch Barzahlung bei der **Gerichtskasse**) wird die Auflagenerfüllung dem Haftrichter nachgewiesen und die Verschonungsauflage ist erfüllt. Das Gericht ordnet dann die Entlassung an. **144**

> Bei völlig vermögenslosen Personen, für die niemand einzustehen bereit ist, entfällt die Möglichkeit der Sicherheitsleistung.[109] Verlässliche Regeln zur Höhe der Kaution existieren nicht. Diese orientiert sich am Vermögen des Beschuldigten. Bei finanzschwachen Mandanten können auch Kautionen erheblich unter € 5.000,- in Betracht kommen; einem rheinischen Unternehmer ist hingegen eine Sicherheitsleistung in Höhe von € 100.000.000,- abverlangt worden, die dieser auch zu erbringen in der Lage war. **145**

Hält das Gericht die **Sicherheitsleistung eines Dritten** für ausreichend, muss das im Verschonungsbeschluss zum Ausdruck kommen.[110] Ansonsten kann der Beschuldigte die Sicherheit aber auch mit Mitteln leisten, die er sich von Dritten beschafft hat.[111]

> Oft beauftragen Personen, die dem Mandanten nahe stehen, den Verteidiger, die Kaution einzuzahlen. Dieser tritt dann als **Vertreter des Mandanten** im fremden Namen auf. Sofern die Kaution € 15.000,- oder mehr beträgt, ist der Verteidiger gem. §§ 3, 8, 9 GWG dazu verpflichtet, die Identität des Dritten festzustellen und dies zu dokumentieren (etwa durch Erstellung einer Ausweiskopie). Auf die »Verhaltensempfehlungen der BRAK für Rechtsanwälte im Hinblick auf die Vorschriften des GWG« darf verwiesen werden.[112] **146**

Der Mandant, der sich stellen will und daher fest mit der Rückzahlung des Kautionsbetrages rechnet, muss schon vorab auf mögliche Enttäuschungen hingewiesen werden. Das hinterlegte Geld weckt Begehrlichkeiten sowohl bei der Justiz als auch bei privaten Gläubigern. **147**

> Der Fiskus kann vielfältige fällige Forderungen gegen den Mandanten haben: aus anderen Strafverfahren resultierende Ansprüche auf Zahlung von Verfahrenskosten, Geldstrafen oder Geldauflagen aus einem Bewährungsbeschluss; der Finanzfiskus hat u.U. noch offene Steuerforderungen. Dem **Aufrechnungsbegehren** hat die Rechtsprechung allerdings einen deutlichen Riegel vorgeschoben: Das Rechtsinstitut der Hinterlegung dient »ausschließlich den Interessen der Hinterleger und ist nicht zum Nutzen des Staates geschaffen worden. Es darf von dem Staat, der das hinterlegte Geld nur erhält, weil diese Art der ›Aufbewahrung‹ dem Gläubiger für seine Forderung die größtmögliche Sicherheit bietet, nicht dazu benutzt werden, sich wegen eigener Ansprüche, die mit dem Hinterlegungsverhältnis weder rechtlich noch wirtschaftlich zusammenhängen, an dem Anspruch auf Herausgabe des Hinterlegten schadlos zu halten. Es widerspricht Treu und Glauben, dass sich der Staat die ihm durch die gesetzliche Regelung **148**

---

106 LR/*Hilger* § 116 Rn. 18; vgl. zu § 112a: OLG Nürnberg StraFo 2003, 89; OLG Köln StraFo 1998, 150; OLG Hamm StraFo 2002, 338; 2001, 397; LG Köln StV 1999, 609.

107 A.A. aber: *Meyer-Goßner/Schmitt* § 116 Rn. 16.

108 *Meyer-Goßner/Schmitt* § 116 Rn 10.

109 LR/*Hilger* § 116 Rn 2; AnwK-StPO/*Lammer* § 116 Rn. 6.

110 OLG Frankfurt a.M. NJW 2005, 1727; LR/*Hilger* § 116a Rn 8.

111 LR/*Hilger* § 116a Rn 8 m.w.N.; eine Ausnahme soll gelten, wenn der Beschluss eine Leistung durch Dritte ausdrücklich verbietet, s. LG München StraFo 2003, 92; OLG München StV 2000, 509.

112 Abgedruckt z.B. bei: MAH-Strafverteidigung/*Leitner* § 41 Rn. 61.

zugewiesene formale Rechtsposition zunutze macht, um die in seinen Besitz gelangten Gelder aufrechnungsweise zur Tilgung eigener, dem Hinterlegungsverhältnis artfremder Forderungen zu verwenden, anstatt ihnen die vom Hinterleger beigegebene Zweckbestimmung zu belassen«.[113]

149   In Betracht kommt allerdings – wie für jeden privaten Gläubiger – die **Pfändung** des Rückzahlungsanspruchs.[114] Möglich ist hierbei zusätzlich die Anordnung des dinglichen Arrestes, wenn im anhängigen Verfahren der Verfall oder die Einziehung von Wertersatz in Betracht kommt.

150   Eine effektive Vermeidung des Pfändungsrisikos erfolgt durch eine **Abtretung des Rückzahlungsanspruches** durch den Beschuldigten an denjenigen, der die Mittel zur Verfügung stellt oder an den Verteidiger zur Sicherung der Vergütungsansprüche; die Zession sollte der Hinterlegungsstelle in der Regel umgehend mitgeteilt werden, um anderen Pfändungsversuchen zuvorzukommen. Über diese möglichen Entwicklungen hat der Verteidiger seinen Mandanten vorab aufzuklären;[115] ansonsten läuft er Gefahr, sich schadensersatzpflichtig zu machen. Um Regressansprüchen vorzubeugen, sollte sich der Verteidiger ggf. schriftlich bestätigen lassen, dass er die Information erteilt hat.

151   Risiken bei einer solchen Pfändung sollten dem Mandanten aber ebenfalls nicht verschwiegen werden: Befindet sich der Mandant wirtschaftlich in der Krise, kann er sich strafbar machen, wenn er sein Geld vor dem Zugriff seiner Gläubiger im eigenen Interesse schützen will. Eine »Scheinabtretung« kann den Tatbestand des Bankrotts in Form des Beiseiteschaffens von Vermögensbestandteilen (§ 283 Abs. 1 Nr. 1 StGB)[116] ebenso erfüllen wie den des § 288 Abs. 1 StGB.[117] Letztlich ist nicht ausgeschlossen, dass die Abtretung aus Sicht der Justiz das Fluchthindernis der Kaution derart herabsetzt,[118] dass der Haftbefehl grundsätzlich wieder in Vollzug gesetzt werden könnte.[119]

152   Der Grundsatz der Verhältnismäßigkeit gebietet es, dass die U-Haft nicht länger dauert, als dies für die Durchführung des Strafverfahrens unerlässlich ist. Daraus folgt, dass (erhebliche) Verfahrensverzögerungen, die ihren Grund nicht in der Sache selbst oder in einem dem Angeklagten zurechenbaren Verhalten haben, zur Unverhältnismäßigkeit der U-Haft führen. Dies gilt auch im Fall einer Verschonung oder bei Überhaft.[120] Dem **Beschleunigungsgebot** kommt daher im Recht der Untersuchungshaft hohe Bedeutung zu.[121] **Art. 5 Abs. 3 S. 2, Art. 6 Abs. 1 EMRK** machen die Konsequenzen deutlich: Entweder es wird beschleunigt ermittelt und verhandelt oder der Beschuldigte ist sofort aus der Haft zu entlassen!

153   Der Beschleunigungsgrundsatz erfordert, dass die Strafverfolgungsbehörden und Gerichte alle möglichen und zumutbaren Maßnahme ergreifen müssen, um eine rechtskräftige Entscheidung über den Tatvorwurf mit der gebotenen Schnelligkeit herbeizuführen.[122] Der Staat hat alle erforderlichen organisatorischen, sachlichen und personellen Mittel zur Verfügung zu stellen, die die Justiz auch auszuschöpfen hat. Das gilt unabhängig von der Schwere der vorgeworfenen Tat und der damit verbundenen Straferwartung.[123] Das BVerfG hat in einer ganzen Reihe von Aufsehen erregenden Ent-

---

113 BGH StV 1986, 23 = NJW 1985, 2820; OLG Frankfurt StV 2000, 509 m.w.N.

114 OLG Frankfurt StV 2007, 533, 535.

115 BGH StV 2004, 661 = NJW 2004, 3630; *Schlothauer/Weider* Untersuchungshaft, 3. Aufl. 2009, Rn. 579, *Burhoff* Hdb. EV, 6. Aufl. 2019, Rn. 274; MAH-Strafverteidigung/*König* § 4 Rn. 162.

116 NK-StGB/*Kindhäuser*, 8. Aufl. 2019, § 283 Rn. 21; *Fischer*, 55. Aufl., § 283 Rn. 4 jew. m.w.N.

117 LK/*Schünemann*, 11. Aufl., § 288 Rn. 30; zum strafrechtlichen Risiko des Verteidigers s. OLG Frankfurt StV 2007, 533 und dazu den Besprechungsaufsatz von *Herzog/Hoch/Warius* Die Sicherheitsleistung als Vehikel der Rückgewinnungshilfe – Rückgewinnungshilfe contra konkrete und wirkliche Strafverteidigung?, StV 2007, 542.

118 *Sättele* StV 2000, 510, 512; zur Reduzierung des Verhaltensanreiz generell: BGH StV 1986, 23, 24.

119 So LG Gießen StV 2006, 643, 645 = StraFo 2006, 324, 325.

120 Vgl. BVerfG StV 2006, 87; OLG Koblenz, Beschl. v. 14.06.2007 – 1 Ws 301/07.

121 S. z.B. BVerfG StV 2007, 366; StraFo 2007, 152.

122 OLG Oldenburg StraFo 2008, 26; LR/*Hilger* Vor § 112 Rn. 35 m.w.N.

123 BVerfG NJW 2006, 1336; StraFo 2010, 461; anders z.T. die Fachgerichtsrechtsprechung, die die erwartete lange Haftstrafe offensichtlich gerne als Grund zur Rechtfertigung der Lässlichkeit ansieht, s. z.B. OLG Nürnberg StraFo 2011, 150.

scheidungen – beginnend im ersten Jahrzehnt – eingehend zum Beschleunigungsprinzip Stellung genommen. Mit teils pointierten Formulierungen ist das BVerfG[124] Verstößen entgegengetreten und hat den Gerichten konkrete Handlungsanweisungen für eine beschleunigte Bearbeitung von Haftsachen erteilt. Das gilt nicht nur für die Haft bei laufender, schleppend durchgeführter Hauptverhandlung, sondern muss bereits von der Staatsanwaltschaft beachtet werden.

Im Ergebnis hat der Verteidiger hier die Aufgabe, Organisation und konkrete Arbeitsweise des Staats-   **154**
anwalts und der Kriminalbeamten zu hinterfragen. Wenn rechtlich keine Verzögerung der Bearbeitung des Ermittlungsverfahrens entstehen darf, besteht die Legitimation, Verzögerungen durch verspätete Beauftragung eines Gutachters ebenso zu rügen wie den krankheitsbedingten Ausfall eines Beamten oder das vollständige Ruhen jeder Tätigkeit im dreiwöchigen Urlaub des Sachbearbeiters. Das Eindringen in »intime« innerdienstliche Vorgänge kann als Verletzung empfunden werden und Verweigerungen ebenso zur Folge haben wie Zugeständnisse angesichts des Bedürfnisses des Beamten, selbst als kritisch angesehene Verzögerungen nicht im Rahmen eines Haftprüfungstermins verfahrenspublik zu machen.

Ist der **Mandant in Haft**, sollte sich der Verteidiger auch um die zumeist hilflosen Angehörigen und   **155**
Mitarbeiter kümmern. Er hat bei Gericht, bzw. Staatsanwaltschaft Besuchserlaubnisse zu organisieren und im Sinne des Wohles des Mandanten auch konkrete Besuche mit der JVA abzusprechen. Als einziger jederzeit verfügbarer vertrauensvoller Ansprechpartner hat der Verteidiger in dieser wohl schwersten Lebensphase des Mandanten auch solche organisatorische Aufgaben zu übernehmen, die über die rein juristische Beratung hinausgehen. Die rechtliche Lage hat sich allerdings insofern verkompliziert, als der Vollzug der Untersuchungshaft in die Gesetzgebungskompetenz der Länder übergegangen ist. Der Bund hat dagegen weiterhin die Gesetzgebungszuständigkeit für das »Ob« der U-Haft (Anordnung der U-Haft, Voraussetzungen und Dauer) und für Beschränkungen, die der Zweck der Untersuchungshaft erfordert. Letzteres führt zu schwer lösbaren Abgrenzungsschwierigkeiten. Denn die einzelnen Beschränkungen sind nunmehr sowohl Regelungsgegenstand des § 119 als auch der Untersuchungshaftvollzugsgesetze der Länder, nach denen Beschränkungen zur Aufrechterhaltung der Sicherheit und Ordnung in den Anstalten angeordnet werden können. Beide Bereiche lassen sich indes kaum trennen.[125] Auch wenn sich der Vollzug gegen die erweiterten Kontaktmöglichkeiten wehrt, darf der Mandant das Engagement des Verteidigers erwarten, wenn es sein Recht auf unüberwachte Telefongespräche aus der JVA mit seinem Anwalt,[126] sein Kommunikationsrecht mit Besuchern oder Briefpartnern auch im Hinblick auf den Tatvorwurf[127] oder das gemeinsame vorbereitende Gespräch mit »Tatgenossen« und deren Anwälte in der JVA[128] auf dem Spiel steht.

VII. Die Blockierung des Mandantenvermögens

Allein der Verlauf des Ermittlungsverfahrens kann **den wirtschaftlichen Ruin** für den Mandanten   **156**
begründen. Die jüngsten Gesetzesänderungen zur so genannten Vermögensabschöpfung und insbesondere die hierauf gerichteten vorläufigen Maßnahmen einer rigorosen staatsanwaltschaftlichen Praxis lassen den Mandanten einem ungewissen wirtschaftlichen Schicksal entgegen treiben, lange

---

124 S. z.B. BVerfG StV 2006, 87 = StraFo 2006, 67 = NStZ 2006, 313 = NJW 2006, 668; s. hierzu *Jahn* Stürmt Karlsruhe die Bastille? – Das Bundesverfassungsgericht und die überlange Untersuchungshaft, NJW 2006, 652, u. *Schmidt* Das Beschleunigungsgebot in Haftsachen, NStZ 2006, 313; BVerfG StV 2006, 73 = StraFo 2006, 68 = NJW 2006, 672; BVerfG StV 2005, 615 = StraFo 2005, 456 = NJW 2006, 47; BVerfG StV 2006, 81 = NStZ 2006, 295 = NJW 2006, 677; BVerfG StraFo 2007, 152 = StV 2007, 366 = NStZ-RR 2007, 311 = StRR 2007, 36; BVerfG StV 2007, 644 = StRR 2007, 196; BVerfG StraFo 2013, 160; BVerfG StV 2019, 111.

125 So auch *Seebode* HRRS 2008, 236, 239; *Paeffgen* Das Niedersächsische Vollzugsgesetz v. 14.12.2007, StV 2009, 46; *König* AnwBl. 2010, 50; *Michalke* Die Niederschrift einer Hauptversammlung einer nicht börsennotierten AG, NJW 2010, 20; *Herrmann* Zur Reform des Rechts der Untersuchungshaft, StRR 2010, 4, 7.

126 BVerfG StraFo 2012, 129.

127 OLG Jena NStZ-RR 2012, 28.

128 LG Gießen StV 2012, 363.

bevor eine gerichtliche Klärung eines strafrechtlichen Schuldvorwurfs auch nur in Gang gesetzt wurde.

Im schlimmsten Fall erfährt der Mandant von der Existenz eines gegen ihn gerichteten Ermittlungsverfahrens und gleichzeitig, dass seine sämtlichen Konten durch die Staatsanwaltschaft arrestiert worden sind, seine Ansprüche gegenüber Kunden gepfändet wurden und zu allem Überfluss eine Sicherungshypothek auf seinem privaten Grundstück eingetragen wurde. Noch bevor er Verteidigungsmaterial gegen haltlos oder weit übertriebene Vorwürfe zusammentragen kann, hat er sein Personal mangels Gehaltszahlungen verloren, sind ihm die Büro- oder Wohnungsräume aufgrund Mietrückstandes gekündigt worden, ist seine Einkommensgrundlage faktisch innerhalb aller kürzester Zeit vernichtet worden.

157   Es ist eine der wichtigen anwaltlichen Beratungsaufgaben, den Mandanten bei drohendem Ermittlungsverfahren auf diesen »worst case« vorzubereiten und bei durchgeführten Zwangsmaßnahmen deren Auswirkungen zu minimieren. Während bei vielen klassischen Ermittlungen wegen Gewalttaten dieses Szenario nur selten am Horizont aufscheint, gehören bei den Ermittlungsvorwürfen von Vermögensstraftatendes (zB Betrug, Untreue, oder Korruption) derartige Vorgehensweise der Staatsanwaltschaft fast zum Standard. Auch der Vorwurf des Verstoßes gegen das Betäubungsmittelgesetz geht – lange vor seinem gerichtlichen Nachweis – stets mit der vorläufigen »Abschöpfung« der gemutmaßt Drogengewinne einher. Aus der These, dass Verbrechen sich nicht lohnen solle, wird die Legitimation zum finanziellen Ruin bereits bei einer bloßen Verdachtslage abgeleitet.

Das gesetzliche Regelungsmaterial besteht aus einer häufig schwer zu durchschauenden Kombination von **materiell rechtlichen Regelungen der Einziehung (§§ 73 ff. StGB)** sowie diese sichernden **prozessualen Maßnahmen (§§ 111b ff.)**. Während die Sanktionen des StGB für Mandant und anwaltlichen Berater als Endergebnis eines gerichtlichen Verfahrens kalkulierbar sind, öffnen die vorläufigen prozessualen Sicherungsmaßnahmen der Staatsanwaltschaft häufig völlig unberechenbare Einfallstore in das Privatleben und jegliche Vermögenswerte des Mandanten.

158   Der materiell rechtliche Ausgangspunkt erscheint klar konturiert: Die zumeist mit einem Strafurteil verbundene Anordnungsmöglichkeit der Einziehung stellt eine Maßnahme iSd § 11 Abs. 1 Nr. 8 StGB dar. Der Ausgangspunkt der gesetzgeberischen Intention ist klar: Der Staat soll im Strafurteil einen Zugriff auf diejenigen Gegenstände haben, die ein verurteilter Täter durch die Tat erlangt hat. Das durch die Tat erlangte Objekt wird eingezogen und auf den Staat übertragen. Das durch die Tat Erlangte wird sich allerdings nur selten auf ein konkretes Objekt beziehen, weshalb das Gesetz auch die Einziehung von Nutzungen des Erlangten ebenso anordnet wie anstatt der Einziehung des Original-Erlangten ersatzweise die Einziehung von dessen **Wert (§ 73c StGB)**, vollstreckbar als allgemeiner Zahlungsanspruch des Staates gegenüber dem Verurteilten auch durch Zugriff auf rechtmäßig erworbenes Tätervermögen. Berechnet wird ein solcher Wertersatz nach dem so genannten **Bruttoprinzip**, wonach dem Verurteilten wertmäßig alles rechtswidrig Erlangte in vollem Umfang zu entziehen ist, unabhängig davon, in welchem Umfang der Verurteilte selbst Aufwendungen zur Erlangung des Vermögenswertes hatte. Sind zB bestimmte Abrechnungsweisen eines Arztes vom Gericht als betrügerisch qualifiziert worden, unterfallen grundsätzlich die gesamten Einkünfte der Behandlungen dem Verfall, unabhängig davon, dass der Arzt tatsächlich für diese Behandlungen uU erhebliche Aufwendungen tätigen musste (z.B. für medizinische Geräte, Labor, Personal etc.).

159   Der staatliche Zahlungsanspruch tritt aber nicht zu den konkreten Ansprüchen von Verletzten hinzu. Soweit diese erfüllt sind oder aus einem anderen Grund nicht mehr bestehen, erlischt auch der Anspruch des Staates auf Ersatz des Werts des durch die Tat(en) Erlangten (§ 73e Abs. 1 StGB bzw. § 459g Abs. 4 StPO). Hat der Staat bereits etwas eingezogen, so kann es der Verletzte vom Justizfiskus herausverlangen, §§ 459h, i bzw. k StPO. Im Umfang dessen, was der Verletzte dadurch erhält, mindert sich sein Schadenersatzanspruch. Der Verurteilte kann zudem verlangen, dass der Justizfiskus das, was er vollstreckt hat, an den Verletzten auskehrt, § 459l Abs. 1 StPO. Hat der Verurteilte selbst Schadenersatz geleistet, so kann er das, was bei ihm eingezogen wurde, nach Maßgabe des § 459l Abs. 2 StPO zurückverlangen. Darüber hinaus kann die Vollstreckung der Vermögensab-

schöpfung bei Entreicherung oder aufgrund von Unverhältnismäßigkeit unterbleiben (§ 459g Abs. 5 StPO).

Um die derart beschriebenen materiell rechtlichen staatlichen Ansprüche bereits in einem sehr frühen Verfahrensstadium zu sichern, kann auf das Mandantenvermögen mit der Einleitung des Verfahrens zugegriffen werden. Voraussetzungen hierfür ist zum einen neben dem Tatverdacht die stets leicht zu begründende Gefahr, dass die Realisierung der Einziehung erst am Ende eines gerichtlichen Verfahrens schwierig sein könnte. Ausreichend ist für die Sicherstellung der einfache Anfangsverdacht gem. § 152 Abs. 2 StPO. Es reichen damit schlichte nachvollziehbare Anhaltspunkte für das Vorliegen einer Betrugs- oder Korruptionsstraftat durch den Mandanten, um eine förmliche Sicherungsmaßnahme zu begründen. **160**

Formal erfolgt die Sicherung der möglichen zukünftigen Zahlungsverpflichtung eines beschuldigten Mandanten durch die **Ausbringung eines Vermögensarrestes.** Dieser ergeht auf Antrag der Staatsanwaltschaft durch den zuständigen Ermittlungsrichter, (§§ 111e ff. StPO). Auf der Basis eines derartigen Arrestes erfolgen die einzelnen Zwangsvollstreckungsmaßnahmen in die Vermögensbestandteile des Mandanten.

Die Anforderungen an den Nachweis des Verdachtsgrades ändern sich mit fortschreitender Zeit, bis aus Gründen der Verhältnismäßigkeit dringende Gründe für die spätere Einziehungsanordnung vorliegen müssen. Die strafprozessualen Sicherungsmaßnahmen dürfen im Umfang des angenommenen Schadens bereits ergriffen werden, bevor parallel die meist langwierig zu klärenden Ersatzansprüche in einem Zivilurteil festgestellt wurden. **161**

Das neue Recht der Vermögenabschöpfung hält für alle Beteiligten Novitäten vor, deren Umsetzung die Praxis mutmaßlich erst in Jahren ausreichend justieren wird. **162**

Tangiert von strafprozessualen Maßnahmen ist nicht nur derjenige, dem eine Straftat vorgeworfen wird, sondern auch diejenige Person – auch eine juristische Person –, die ihrerseits ohne Tatbeteiligung etwas aus der Straftat erlangt haben soll (§ 73b StGB). Selbst bei gutgläubigem Handeln kann der Mandant Gefahr laufen, dass seine Vermögenbestandteile als angebliche Taterträge eines anderen Täters durch die Staatsanwaltschaft vorläufig arrestiert und später von einem Gericht endgültig eingezogen werden. Der Anwalt des Betroffenen findet sich plötzlich neben dem Verteidiger des Angeklagten für seinen Mandanten, den **Einziehungsbeteiligten,** unerwartet in einem Strafverfahren wieder (§ 424); möglicherweise kämpft er auch allein auf strafprozessualem Terrain in der Hauptverhandlung eines selbstständigen Einziehungsverfahrens für die Rechte seiner betroffenen Mandantschaft (§ 435).

Während der Gesetzgeber die Ausweitungen der Zugriffsmöglichkeiten auf das Vermögen der Bürger mit dem Schlagwort rechtfertigt, dass sich das Verbrechen für den Täter nicht lohnen dürfe, offenbart die neue gesetzgeberische Kreation der **selbstständigen Einziehung** (»non-conviction-based confiscation-order«) in § 76a StGB finanzielle Interessen abseits strafrechtlicher Dogmatik. Auch wenn ein Beschuldigter nicht verurteilt wird, kann sich die Justiz u.U. sein Vermögen greifen. Das betrifft sogar einen vollständig Unschuldigen, wenn er früher Verdächtiger war und Vermögensbestandteile wegen dieses Verdachts (einer Katalogtat nach § 76a Abs. 4 StGB) zunächst sichergestellt worden waren. Ausreichend soll die feste Überzeugung des Strafgerichts sein, dass der sichergestellte Gegenstand jedenfalls aus einer rechtswidrigen Tat herrührt. Das Aufgabenfeld der Verteidigung eines Unschuldigen besteht damit u.U. darin, dem Mandanten sein sichergestelltes Geldbündel wieder zu verschaffen, das Durchsuchungsbeamte nach dem »Staubsaugerprinzip« in Kombination mit der Antenne für das Aufspüren allen sozial Unüblichen aus seiner Wohnung mitgenommen und dem polizeilichen Tresor überantwortet hatten.[129]

Unter diesen gesetzlichen Rahmenbedingungen sieht sich der anwaltliche Berater häufig mit einer weit überlegenen Gegenseite konfrontiert. Er muss damit rechnen, dass die Ermittlungsbehörden durch **Finanzermittlungen** umfassende Recherchen vornehmen oder sogar schon vorgenommen haben, um alle nur denkbaren Vermögensressourcen des Mandanten aufzuspüren und diese durch überraschende Zwangsmaßnahmen zu lähmen. Grundbuchämter, Registerbehörden und zT sogar die Finanzbehörden sind verpflichtet, auf entsprechende Anfragen der Staatsanwaltschaft Auskünfte **163**

---

129 S. zu einem aktuellen praktischen Fall BGH NStZ 2020, 149 m. Anm. *Bittmann.*

zu geben. Die BaFin öffnet der Staatsanwaltschaft alle Bankverbindungen des Mandanten wie ein offenes Buch. Das Gefährdungspotential für den Mandanten ist massiv.

164 **Gegensteuernde Maßnahmen** verlangen nicht nur viel Phantasie, sondern auch präzise Kenntnisse der rechtlichen Möglichkeiten der Ermittlungsbehörden sowie eine realistische Einschätzung ihrer Vorgehensweise. Ist ein Ermittlungsverfahren ebenso absehbar wie die Organisation einer Erfolg versprechenden Verteidigung, bleibt dem Mandanten uU nichts anderes übrig, als bereits im Vorfeld durch organisatorische Maßnahmen dafür Sorge zu tragen, dass ein funktionierendes Leben auch nach der Sicherung des persönlichen Vermögens weiterlaufen kann. Hier dürfte der Rückgriff auf vollstreckungsrechtliche Erfahrungen des zivilrechtlich geschulten Anwalts von Nutzen sein. Sind demgegenüber bereits vollstreckungsrechtliche Maßnahmen aufgrund von Arresten ausgesprochen und vollzogen worden, verbleibt dem Verteidiger der gerichtliche Angriff gegen die beeinträchtigenden Maßnahmen. Die Angriffsrichtungen können völlig unterschiedlich sein. Zum einen kann jede einzelne Vollstreckungsmaßnahme, mit zum anderen der zugrunde liegende »Titel« selbst, der Vermögensarrest, durch Beschwerde angegriffen werden.

165 Tauglicher Ansatzpunkt für Angriffe seitens der Verteidigung ist stets das allgemeine **Verhältnismäßigkeitsprinzip**. Die Ermittlungsbehörden bedienen sich gerne schematisch der weitgehenden Eingriffsmöglichkeiten in das Vermögen. Erst das Bundesverfassungsgericht musste mehrfach darauf hinweisen, dass die eigentlich als vorläufig gedachten Eingriffe im Ergebnis häufig schlicht irreparabel sind[130] und daher die Sicherungsmaßnahmen unter besonderer Beachtung der Verhältnismäßigkeit stehen.[131]

Zu hinterfragen hat die Verteidigung bei einem Angriff gegen den Arrest immer das behauptete Bedürfnis der Ermittlungsbehörden für eine Sicherstellung. Das Gesetz setzt voraus, dass ohne dessen Verhängung die Vollstreckung eines möglichen späteren Urteils vereitelt oder wesentlich erschwert werden würde. Das mag bei Absetzbewegungen des Mandanten ins Ausland angenommen werden, nicht allerdings, wenn lediglich die Vermögensverhältnisse des Mandanten vom Strafrichter als schlecht eingeschätzt werden können.[132]

166 Existenz sichernd ist hier uU nicht nur eine erfolgreiche Argumentation in Bezug auf das »Ob« der sichernden Arrestanordnung. Phantasie und schnelles Handeln können dann die berufliche Existenz des Mandanten sichern, wenn gegenüber dem Beschwerdegericht vorgetragen werden kann, dass selbst unter Zugrundelegung der staatsanwaltschaftlichen Argumentation ein denkbarer zukünftiger Verfall oder geltend zu machende Ersatzansprüche von Geschädigten eine bestimmte Höhe nicht überschreiten können. Kann diese potenzielle Schadenshöhe **freiwillig** durch **andere Sicherungsmaßnahmen** wie beispielsweise eine Bürgschaft abgewendet werden, entfällt die Notwendigkeit weiterer sichernder Zwangsmaßnahmen.

167 Der Verteidiger wird immer zu prüfen haben, ob der Arrest nicht durch Hinterlegung des gesamten Betrages aufgehoben werden kann und dadurch die Gesamtsituation für den Mandanten kalkulierbarer wird. Wurde aufgrund des Arrestes ein konkretes Vermögensstück gepfändet, so kann auch der jeweilige Inhaber dieses Vermögensstückes durch Hinterlegung des bereits im Arrestbefehl festgelegten Geldbetrages den Arrest aufheben lassen (§§ 111e Abs. 4, 111g Abs. 1 StPO).

Über sämtliche Rechtsbehelfe gegen die Abschöpfung sichernde Anordnungen oder Maßnahmen entscheidet der nach § 162 StPO zuständige Richter. Zivil-, Finanz-, Sozial- oder Verwaltungsgerichte sind dafür nicht zuständig.[133]

---

130 BVerfG StraFo 2004, 309 m Anm *Kempf* StraFo 2004, 299.
131 BVerfG StraFo 2005, 338); BVerfG 29.5.2006 – 2 BvR 820/06, StV 2006, 449 = NStZ 2006, 639.
132 S. BGH 19.10.1995 – IX ZR 82/94, NJW 1996, 321 (324).
133 S. zur Übersicht in der hoch komplexen neu geregelten Gesetzesmaterie: *Bittmann* u.a. Handbuch der strafrechtlichen Vermögensabschöpfung, 2019; zur alten Rechtslage *Rönnau* Vermögensabschöpfung in der Praxis, 2. Aufl. 2015.

VIII. Geheime Ermittlungsmethoden

1. Offener Rechtsstaat und geheime Ermittlungen

Der liberale Rechtsstaat, aus dem die heutige StPO erwachsen ist, ist durch Transparenz und Offen- **168** heit geprägt. Geheime Ermittlungsmaßnahmen sah daher die Strafprozessordnung bis weit in das 20. Jahrhundert hinein nicht vor.

> *»Das Wort »geheim« hat längst den Fluch aller besseren im Volk auf sich geladen [...]. Im Geheimen feiert die Inquisition ihre blutigen Henkerorgien, im offenen Tageslicht dagegen wandelt die Rechtschaffenheit, die über-zeugungsvolle Gesinnung, wandelt ein freies Volk.«*[134]

Die StPO in der Ursprungsfassung gebot die offene Konfrontation mit dem Beschuldigten. »Heim- **169** lich« waren allenfalls Auskunftsersuchen und Zeugenvernehmungen der Staatsanwaltschaft, die aber nicht den unmittelbaren aktuellen Lebenskreis des Beschuldigten betrafen. Als Zwangsmaßnahme sah das Gesetz allenfalls Durchsuchung, Beschlagnahme und Haft vor, die allesamt nicht auf Heim-lichkeit ausgerichtet waren. Der Grundsatz der offenen Ermittlung war wichtiger dogmatischer Ausgangspunkt, um eindeutig prozessordnungswidriges Verhalten der Ermittlungsbehörden auf-grund fehlender Transparenz ihres Vorgehens identifizieren zu können. Ohne dass sich prinzipielle Begründungen für diese Abweichung von einem der tragenden Ermittlungsprinzipien des deutschen Rechts ausmachen lassen, ist das Geschehen im Ermittlungsstadium durch eine Welle gesetzlicher Erweiterungen überrollt worden, die den geheimen Einbruch in grundgesetzlich geschützte Privat-sphären des Bürgers erlaubt und ständig erweitert. Heute herrscht sogar die Ansicht vor, diese Art von geheimem Vorgehen sei notwendiger Teil der Ermittlung.

> Sogar das Verhältnis zwischen Bürger und Staatsautorität wollen interessierte Kräfte einer Revision unter- **170** ziehen. Der Bürger dürfe – so die neue These – nicht darauf vertrauen, dass ihm Ermittlungsbehörden redlich gegenübertreten. Er muss nicht nur jederzeit mit Lügen durch Polizei und Staatsanwaltschaft rechnen, vielmehr hätten diese sogar einen Anspruch auf aktive Täuschung bei ihren Ermittlungsmaß-nahmen. Gerechtfertigt wird dies mit der Erkenntnis, dass weder § 136a noch andere Rechtsquellen eine Verletzung der Menschenwürde durch Täuschung konstituierten und darüber hinaus die Notwendigkeit polizeilicher Unredlichkeit aus einem – rechtlich nicht näher begründeten – »Gebot der effektiven Straf-verfolgung« abzuleiten sei.[135]

Die Tür zum Dunkelfeld wurde vor ca. 40 Jahren mit der Einführung der Telefonüberwachung **171** (§ 100a) geöffnet. Heute ist das Feld der Möglichkeiten eines heimlichen Eindringens in die bür-gerliche Privatsphäre fast unüberschaubar. Die Erhebung von Verbindungsdaten (§§ 100g), die Überwachung des Postverkehrs (§§ 99, 100), der Einsatz verdeckter Ermittler (§§ 110a bis 110e), die Observation mit technischen Mitteln (§ 100h), die kurz- und langfristige Observation (§§ 161 Abs. 1, 163, 163f), die Rasterfahndung (§§ 98a, 98b), der Einsatz eines IMSI-Catchers (§ 100i), die Schleppnetzfahndung (§ 163d), das Anfertigen von heimlichen Bildaufnahmen (§ 100h) bis hin zum kleinen und großen Lauschangriff in der eigenen Wohnung des Betroffenen (§§ 100c bis 100e) spiegeln die Fantasie der von Sicherheitsphobien und Sammelwut angestachelten Ermittlungsbe-hörden und deren Billigung durch die Politik wider.

Formal bedürfen diese Eingriffe regelmäßig der **Genehmigung des Ermittlungsrichters**. Tatsächlich **172** muss ein Richter angesichts der Fülle der ihnen abverlangten Entscheidungen überfordert sein. Rechtliche Hindernisse für Genehmigung eines beantragten Grundrechtseingriffs sind regelmäßig minimal. Vage Anhaltspunkte im Sinne des Anfangsverdachts (auch wenn sie »bestimmte Tatsachen« genannt werden) sind zumeist ausreichender Anlass. Nimmt das Gesetz ergänzend Bezug auf »schwere Straftaten« hat die Rechtsprechung regelmäßig eine Abwärtsdefinierung erreicht, die unschwer auch

---

134 *Josef Meyer* (Hrsg.) Das große Conversations-Lexicon für die gebildeten Stände 1840–1855.
135 *Nowrousian* Heimliches Vorgehen und aktive Täuschung im Ermittlungsverfahren, 2015; *ders.* Darf der Beschuldigte im Ermittlungsverfahren getäuscht werden? Zur grundsätzlichen Zulässigkeit aktiver Täuschung im Ermittlungsverfahren, NStZ 2015, 625 ff.; der Autor war Staatsanwalt.

Standardkriminalität in den Eingriff mit einbezieht. Subsidiaritätsklauseln und das allgemeine Prinzip der Verhältnismäßigkeit haben erkennbar keinen ernsthaften Grundrechtsschutz bewirkt.

173 Die legislatorische Entwicklung ist nicht nur Reaktion auf veränderte technische Umstände, sie signalisiert den Willen zum verstärkten staatlichen Eindringen in den privaten Bereich. Dass damit die ursprüngliche gesetzliche Regelung zur Wahrung der Selbstbelastungsfreiheit ausgehebelt wird, ignorieren Gesetzgeber und Rechtsprechung.[136] Welche Brüche mit tradierten rechtsstaatlichen Grundsätzen die Rechtsprechungspraxis in diesem Zusammenhang akzeptieren will, belegt beispielhaft der Umgang mit **verdeckt ermittelnden Personen**.

2. V-Männer und andere undercover-Ermittler

a) Historie

174 Die **Bespitzelung der eigenen Bevölkerung** zum **Zweck der Kriminalitätsbekämpfung** ist traditionell in einer liberalen Gesellschaft skeptisch beurteilt worden. Die StPO von 1877 sah keinerlei Ermittlungen vor, die die Bürgerrechte unter Verschleierung polizeilicher Aktivitäten hätten tangieren können. Auch der die Kriminalität bekämpfende und ermittelnde Staat trat den (potenziellen) Rechtsbrechern mit offenem Visier gegenüber. Gleichzeitig beschränkte die allgemeine Skepsis aufgrund historischer Erfahrung die Rolle der Ermittlungsbehörden in Strafverfahren.[137] Das von der Polizei produzierte Ermittlungsmaterial war eine wenig verbindliche Richtschnur für die Gestaltung des entscheidenden strafgerichtlichen Geschehens. Das Verbot der Verlesung polizeilicher Vernehmungsprotokolle im Gerichtssaal ist hierfür das bekannteste Beispiel.

Die Idee, Polizisten zu Ermittlungszwecken als getarnte Agenten in das bürgerliche Leben einzuschleusen, war dieser Vorstellungswelt fremd. Dementsprechend ablehnend verfuhren Rechtsprechung und Literatur mit diesem Phänomen, insbesondere wenn die Idee der schlichten Aufklärung im kommunikativen Kontakt in die Aktivitäten eines »Lockspitzels« mündeten.[138]

Der Zeitgeist hat sich gewandelt. Das Geheime ist im Rechtsstaat Bundesrepublik Deutschland verfahrensadäquat geworden. Die Täuschung des Bürgers soll sogar legaler Standard sein. Die vergangenen Jahrzehnte haben zu einer qualitativen gesetzlichen Änderung der Ermittlungsbefugnisse geführt. **Ausgangspunkt der Bespitzelungs-Entwicklung durch verdeckte Agenten** war keine gesetzgeberische oder gerichtliche Entscheidung. Es war eine veränderte polizeiliche Praxis, die mangels gesellschaftlichen Widerspruchs das traditionelle Verständnis überrollte. Erst heimlich und allmählich ohne jede Scham praktizierten die Ermittlungsbehörden den Einsatz von Informanten in gemutmaßten kriminelle Szenen – und zwar sowohl durch eigene Beamte als auch durch außen stehende Informanten. Gerade die sich verändernde sogenannte organisierte Kriminalität – insbesondere auf dem Feld der Betäubungsmittelkriminalität – erfordere neue »Bekämpfungsmethoden«, hieß es. Blieb dieser Einsatz von rechtlicher und richterlicher Seite zunächst unkommentiert, setzte das BVerfG mit dem Thor-Hammer einen Meilenstein. Ohne dass es hierfür irgendwelche kriminologischen Untersuchungen gab (und gibt[139]), behaupteten drei Verfassungsrichter ohne jede ergänzende Begründung, dass die **Ermittlungsbehörden auf den Einsatz verdeckter Ermittler grundsätzlich angewiesen** seien.[140] Der Kernsatz taugte zum selbstreferentiellen Begründungssystem. Die Strafsenate des BGH nahmen ohne eigene weitergehende Begründung die Prämisse auf. Polizeiliche Zeitschriften verbreiteten mit Verve die neue Wahrheit.

---

136 Umfassend: *Hauck* Heimliche Strafverfolgung und Schutz der Privatheit, 2014.

137 Zum »Blick zurück« s. *Bernsmann*, StV 1998, 217 f.

138 RG, ZStW 33 (1913), 694, das den Einsatz »*entschieden mißbilligte*«; für »eines Rechtsstaates unwürdig« hielt dies OG Zürich, DStRZ 1920, 121; die Bewertungen des Untergrundagenten in der Literatur reichten von »unmoralischem Charakter« (*Kohler* in Annalen, 40, 1874, S. 64) bis zur Abqualifizierung seiner »verächtlichen, unwürdigen Manöver« (*Glaser*, Kleinere Schriften 1868, S. 121).

139 *Tyszkiewicz* Tatprovokation als Ermittlungsmaßnahme: rechtliche Grenzen der Beweiserhebung und Beweisverwertung beim Einsatz polizeilicher Lockspitzel im Strafverfahren, 2014, 29, 93.

140 BVerfGE 57, 250.

b) gesetzliche Vorgaben

Gesetzlich geregelt ist für das Ermittlungsverfahren der Einsatz verdeckt agierender Personen ausschließlich in den §§ 110a, b, c StPO. Voraussetzungen und **Umfang des Einsatzes** sind hier **abschließend** durch den Gesetzgeber **konkretisiert** worden. 175

Verdeckte Ermittler sind nach der gesetzlichen Definition nur Beamte des Polizeidienstes, die unter einer Ihnen verliehenen, auf Dauer angelegten veränderten Identität (Legende) zur Aufklärung bestimmter in § 110a Abs. 1 Satz 1 StPO aufgezählter Straftaten ermitteln. Voraussetzung der Ermittlungen ist ein konkreter Tatverdacht. Das Gesetz führt bestimmte schwerwiegende Straftaten wie beispielsweise aus dem Betäubungsmittelrecht oder bei der Bandenkriminalität auf. Ist der Verdächtige konkretisiert oder zumindest identifizierbar, verlangt der Einsatz die schriftlich zu erteilende Zustimmung des Ermittlungsrichters (§ 110b Abs. 2 Satz 1 Nr. 1 StPO). Ein aktueller Richtervorbehalt ist nur in Fällen der Gefahr im Verzug verzichtbar. Die Polizei selbst darf den Einsatz des verdeckten Ermittlers ausnahmsweise nur dann allein anordnen, wenn auch die zuständige Staatsanwaltschaft nicht erreichbar ist. Insoweit ist sie verpflichtet, gemäß Nr. II 2.7 Anl. D der RiStBV einen Vermerk anzufertigen. Spätestens nach drei Tagen muss die richterliche Erlaubnis eingeholt sein. Erfolgt innerhalb dieser drei Tage – möglicherweise mangels Anfrage – keine richterliche Zustimmung, ist der Einsatz des verdeckten Ermittlers sofort zu beenden. 176

Eine **richterliche Zustimmung** ist nur dann taugliche Ermächtigungsgrundlage für den polizeilichen Agenten, wenn sämtliche verdächtige »Zielpersonen« konkret und identifizierbar benannt worden sind. Entstehen im Laufe des Einsatzes eines verdeckten Ermittlers Verdachtsmomente auch gegen weitere Personen, so haben die Ermittlungsbehörden unverzüglich darauf hinzuwirken, dass die Eingriffserlaubnis durch den Richter sich auch gegen den neuen Verdächtigen richten darf. Vergleichbar den Situationen der **Gefahr im Verzug** ist vorstellbar, dass in der Dynamik eines Ermittlungsgeschehens sich die Erstreckung des Tatverdachts auf weitere Personen sehr kurzfristig ergibt. Das polizeiliche Bedürfnis, außerhalb richterlicher Fesseln zu agieren, ist sicherlich hier besonders groß, der Versuch der Vertuschung der tatsächlichen Verdachtslage und der Aktenmanipulation ist für den Ermittler verlockend, weshalb diese Konstellationen der besonderen Dokumentation und Nachvollziehbarkeit bedürfen.

Das vom Gesetz beschönigend als »Legende« dargestellte Lügenkonstrukt ist die erstmalige gesetzliche Erlaubnis, dass Staatsdiener ihre Bürger täuschen dürfen. Das **absolute Täuschungsverbot des § 136a StPO** ist damit ausgehebelt.[141] Auch wenn diese Norm sich konkret auf die klassischen Vernehmungen »mit offenem Visier« bezieht, spiegelt sie doch generell den ungebrochenen rechtsstaatlichen Anspruch an ein faires Verfahren wider. Nur derjenige verdächtige Bürger kann sich autonom im Rahmen der Selbstbelastungsfreiheit für eine Informationserteilung an staatliche Behörden entscheiden, der weiß, mit welchem Gesprächspartner er es zu tun hat.[142] Stattdessen regelt das Gesetz in der Ausnahmesituation nunmehr, dass der Polizeibeamte in ausdrücklicher Ausübung seines Dienstes Bürgern tiefgründige Lügengeschichten über seine Person offerieren darf. Er darf nicht nur einen falschen Namen nennen, er darf seine tatsächlichen Absichten kaschieren, abenteuerliche eigene Lebensgeschichten präsentieren und zu deren Unterstützung sogar die notwendigen gefälschten Papiere vorweisen (§ 110a Abs. 3 StPO). 177

Das Gesetz hat hier vor dem polizeilichen Interesse kapituliert, selbstbelastende Angaben der Verdächtigen in Täuschungssituationen zu erlangen, da man sich durch die traditionell rechtsstaatlichen Ermittlungsgrenzen an der Effektivität des eigenen Tuns gehindert sah. Auch wenn der aktuelle Gesetzgeber keine Hemmungen hatte, aus Gründen dieser Effektivität das **Recht der Selbstbelastungsfreiheit** hintanzustellen, will man das ungehemmte Treiben des staatlichen Hochstaplers nicht völlig ohne rechtliche Grenzen lassen. Die verfassungsrechtlichen Leitlinien, auf denen § 136a StPO beruht, werden zwar ignoriert, die Grenzen des persönlichen Intimlebens sollen aber auch bei der gesetzlich legalisierten Ausforschung durch den verdeckten Ermittler nicht vollständig freigegeben 178

---

141 Undiskutiert ist, ob Erfolgsprämien für gelungene Erkenntnisse nicht »Versprechen eines gesetzlich nicht vorgesehenen Vorteils« i.S.d. § 136a StPO sind, s. *Eschelbach/Wasserburg*, FS Wolter 2013, S. 880.

142 *Conen* Neues von verdeckt ermittelnden Personen – ein Ende des staatlich gesteuerten V-Mannes in Sicht?, StraFo 2013, 140, 141.

werden. Die Rechtsprechung hat sich dazu durchgerungen, einen Verfahrensfehler und konsequent ein Beweisverwertungsverbot anzunehmen, wenn der V-Mann erst ein besonderes (hinterhältig aufgebautes) Vertrauensverhältnis zur Entgegennahme von Angaben nutzt, die er in einer offenen polizeilichen Vernehmung niemals erlangt hätte.[143] Die **generelle Akzeptanz der Umgehung der Selbstbelastungsfreiheit** sieht der BGH erst dann als problematisch an, wenn der V-Mann gegenüber dem zurückhaltenden Opfer seiner Täuschung sogar Nötigungsmittel anwendet,[144] jedenfalls durch sein Auftreten das Selbstbelastungsrisiko des Beschuldigten unzulässig erhöht.[145] Angemessen wäre allenfalls eine Lösung, die die Verletzung der Selbstbelastungsfreiheit schon dann feststellt, wenn dem ausgeforschten Bürger eine willentliche Mitwirkung entlockt wird.[146] Auch der EGMR ist leider weit entfernt davon, der Selbstbelastungsfreiheit des Beschuldigten in einer manipulierten Gesprächsatmosphäre einen überragenden Wert einzuräumen. Zwar betont er die überragende Bedeutung der Selbstbelastungsfreiheit in einem Fall, in dem der Beschuldigte durch einen von der Polizei beauftragten Mithäftling ausgeforscht werden sollte,[147] verneint allerdings eine Beeinträchtigung der Willensfreiheit bei einem Beschuldigten auf freiem Fuss, der von seinem eigenen Angestellten – tatsächlich einem Polizeiagenten – in ein Gespräch verwickelt wurde.[148] Damit vernachlässigt auch der EGMR, dass durch die vom V-Mann stets angestrebte Vertrauensbildung soziale Mechanismen in Gang gesetzt werden, die den Beschuldigten in seiner Rolle faktisch entwaffnen.

179   Die kriminalistische Konsequenz für die Effektivität eines Einsatzes des verdeckten Ermittlers ist Vertrauensbildung. Auch wenn der Agent als solcher nicht erkannt wird, wird er allein deswegen keine Erkenntnisse über Straftaten erlangen. Vertrauen zu Tatverdächtigen setzt eine Nähe voraus, die gerade bei der Einschleusung in kriminogene Szenen nur durch gegenseitige Akzeptanz gewonnen wird. Nur derjenige Agentenrocker wird von der Motorradgang ins Vertrauen gezogen, wenn er die Verinnerlichung ihrer Regeln dokumentiert hat. Beteiligt sich der Agent an Einschüchterungen Dritter oder am Transport von kleinen Drogenmengen, überschreitet er eigene strafrechtliche Grenzen. Gerade dies gestattet ihm das Gesetz nicht. Er darf lügen, täuschen und fälschen, er darf allerdings keine Straftaten begehen. Dies gilt sogar für V-Leuten einschließlich ihrer sie betreuenden Beamten bei der Einschleusung in kriminelle oder terroristische Vereinigungen, die regelmäßig den Tatbestand der §§ 129 ff. StGB erfüllen wird.[149] Eine Ausnahme hat das Gesetz lediglich für das Betreten fremder Wohnungen vorgesehen, bei denen die Erlaubnis des Wohnungsinhabers gerade auf der Täuschung über die Identität beruht. Angesichts der insoweit klaren und abschließenden gesetzlichen Regelung bleibt für § 34 StGB als allgemeiner Rechtfertigungsnorm kein Raum, sodass die Strafbarkeit von V-Leuten unvermeidlich ist. Unbestritten ist darüber hinaus, dass **weitergehende Informationsbeschaffung nach dem Betreten einer Wohnung**, die einer zusätzlichen richterlichen Erlaubnis bedürften, unzulässig sind. Der V-Mann ist keine Allzweckwaffe für Ermittlungen. Ist der verdeckt agierende Ermittler in einer fremden Wohnung, ist ihm das heimliche Durchsuchen von Sachen oder Computern beim Betroffenen ebenso wenig gestattet wie deren heimliche Beschlagnahme oder das nicht aufgedeckte Mithören von Telefonaten oder Gesprächen in der Wohnung.

Der **Eingriff in den Kernbereich der Persönlichkeitsentfaltung des Betroffenen** geht weit über das lediglich passive Abschöpfen von Informationen hinaus, wie es z.B. bei Lauschangriffen erfolgt. Durch den **Aufbau persönlicher Beziehungen** durch den V-Mann wird der Betroffene instrumentalisiert, durch Lenkung von Gesprächsführung wird unmittelbar Einfluss auf sein Kommunikationsverhalten ausgeübt. Letztlich werden sowohl der Schutz vor Selbstbelastung ebenso wie die Regeln des fairen Verfahrens durch

---

143 BGH, StV 2009, 225.

144 BGH, NJW 2010, 3670.

145 So zusammenfassend *Kasiske* Die Selbstbelastungsfreiheit bei verdeckten Befragungen des Beschuldigten, StV 2014, 423 ff., 430.

146 *Tyszkiewicz* 2014, 146 ff.; ähnlich *Shih-Fan Wang* Einsatz Verdeckter Ermittler zum Entlocken des Geständnisses eines Beschuldigten, 2015.

147 EGMR Allan./. UK, StraFo 2003, 162.

148 EGMR Bykov./. Russland, NJW 2010, 213.

149 *Hofmann/Ritzert* Zur Strafbarkeit des Einsatzes nachrichtendienstlicher V-Personen in terroristischen Vereinigungen extremistischen Organisationen und verbotenen Gruppierungen, NStZ 2014, 177 ff.

diese Art der informellen Ausforschung schlicht umgangen.[150] Die Konsequenz der derart durch Täuschung erfolgten provozierten Selbstbelastung kann nur ein absolutes Verwertungsverbot sein.[151]

c) Agenten außerhalb der gesetzlichen Regelung

Die sich aufdrängende Konsequenz, dass der Einsatz geheim operierender Polizeibeamter oder gar   180
von ihm beauftragter Personen jenseits der gesetzlichen Regelung unzulässig ist, wird – allein aus praktischen Ermittlungsgründen – weder von den Ermittlungsbehörden noch teilweise von den Gerichten akzeptiert. Es haben sich daher jenseits der in §§ 110a ff. StPO geregelten Verdeckten Ermittler (VE) vergleichbare Phänomene und weitere rechtliche Begründungsansätze gebildet.

Gesetzlose Phänomene

Die Polizei sieht abseits rechtlicher Regelungen weiteren **Bedarf an personellen Geheimermittlun-**   181
gen: Zum einen will man die eigenen Beamten abseits des Einsatzbildes des § 110a insbesondere für kurzfristige Aktionen nutzen. Zum anderen strebt man bei den Ermittlungsbehörden seit Jahren die Installierung eines Spitzelsystems durch Externe an. Mit dem Etikett der »VP« werden alle diejenigen kollaborierenden Privatpersonen bezeichnet, die – regelmäßig gegen Entgelt – bereit sind, mit den Polizeibehörden bei der Aufklärung von Straftaten auf längere Zeit vertraulich zusammenzuarbeiten und deren Identität ebenso wie die der polizeilichen verdeckten Ermittler grundsätzlich geheim gehalten werden soll.

Allein für den engen speziellen Anwendungsbereich präventiver Maßnahmen ist der Einsatz von   182
Privatpersonen durch das BKA gesetzlich normiert (§ 20g Abs. 2 Nr. 4 BKAG). Im Übrigen ist der **Einsatz kurzzeitig agierender verdeckter Ermittler** sowie die **Verwendung privater Vertrauenspersonen** mangels gesetzlicher Grundlage rechtswidrig. Die Praxis und die sie deckende juristische Literatur tolerieren das Phänomen, auch wenn es auf einer schlicht unhaltbaren Rechtslage beruht.[152] Bei beiden Formen der Agententätigkeit wird in Grundrechte des Bürgers eingegriffen. Ein solcher Eingriff von staatlicher Seite liegt regelmäßig dann vor, wenn ein verfassungsrechtlich geschütztes Bürgerrecht in seiner Wahrnehmung erschwert oder unmöglich gemacht wird. Das Recht auf informationelle Selbstbestimmung ist regelmäßig ebenso tangiert wie allgemein die Freiheit der unüberwachten Lebensführung und – im Hinblick auf das Strafverfahren – die Selbstbelastungsfreiheit. Die Grundrechtsbindung trifft nicht nur jeden Polizeibeamten, sondern auch jeden Privatmann, dessen er sich bedient. Verfassungsrechtlich nicht ausgeschlossen erscheint eine mögliche Zulässigkeit derart verwendeter Ermittlungsmethoden. Sie bedarf allerdings einer gesetzlichen Legitimation, die den Anlass und den Umfang der hierdurch verursachten Grundrechtseinschränkungen exakt beschreibt.

Schon aus diesen formalen Gründen verletzt dieser verdeckte Einsatz die bürgerlichen Menschen-   183
rechte der europäischen Menschenrechtskonvention. Jeder Eingriff in das Recht auf Privatheit nach Art. 8 MRK setzt zwingend eine legislatorische Grundlage voraus. Fehlt sie völlig, ist das staatliche Handeln konventionswidrig.

Eine solche Funktion können die §§ 161, 163 nicht übernehmen. Der BGH hat hier zwar recht-   184
liche Anhaltspunkte gesucht[153] und den angeblichen Fund ohne Begründungsansätze bis in die jüngste Vergangenheit hinein transferiert. Dass die allgemeine gesetzliche Umschreibung der Aufgaben der Ermittlungsbehörden zur Straftataufklärung gleichzeitig Ermächtigungsgrundlage für Grundrechtseingriffe sein soll, widerspricht nicht nur verfassungsrechtlichen Grundsätzen, sondern auch der Struktur der Regelungen der StPO, die – bis hin zur wenig eingriffsintensiven Observation – jede

---

150 *Eschelbach* Staatliche Selbstbelastungs-, Fremdbelastungs- und Tatprovokationen, GA 2015, 545, 548.
151 SK-StPO/*Wolter* § 110a Rn 3a, 4; *Eschelbach*, GA 2015, 552 f.
152 LR/*Hauck* § 110a Rn. 14.
153 BGH NStZ 1995, 513.

Grundrechtstangierung durch Ermittlungsmaßnahmen einer besonderen Regelung und zumeist einem richterlichen Erlaubnisvorbehalt unterwirft.[154]

Die Alternative: Informanten des Verfassungsschutzes

185 Dass eine mögliche Regelung keine rechtsstaatliche Zumutung ist, zeigen die legislatorischen Aktivitäten im Bereich der Ämter für Verfassungsschutz. Die jeweiligen Landesgesetze regeln zum Teil detailliert, inwieweit die verdeckt agierenden Privatpersonen zum Beispiel zur Entgegennahme von Informationen oder zur Datenerhebung unter Verletzung des Rechts des Bürgers auf informationelle Selbstbestimmung ermächtigt sind. Die Fingierung ihrer biografischen, beruflichen und weiteren Angaben und die Verwendung der dies stützenden Papiere sind ebenso geregelt wie die Rechtsverhältnisse zwischen den Nachrichtendiensten einerseits und den V-Leuten andererseits. Einschließlich der Fixierung der Honorare und erstattungsfähigen Spesen bis hin zur Regelungen, nach denen Nachrichtendienste für die steuerpflichtigen Honorare eine Pauschale an die zuständigen Finanzbehörden entrichten können.[155] Ob alle diese Normen einer verfassungsgerichtlichen Überprüfung standhalten würden, ist fraglich. Als rechtsstaatlicher Tiefpunkt wurde vom niedersächsischen Verfassungsschutzgesetz dem V-Mann sogar ausdrücklich erlaubt, bestimmte enumerativ aufgelistete Straftaten zu begehen. § 6 Abs. 7 Satz 2 BbgVerfSchG öffnet den V-Leuten sogar allgemein den Weg zur Begehung von Straftaten, sofern sie sich an einer Aufzählung in einer – nicht veröffentlichten! – Dienstvorschrift orientiert. Für das Strafverfahren existiert für das grundrechtsrelevante Zulässigkeitsproblem des Einsatzes ein legislatorisches Nirwana.

Nicht offen ermittelnder Polizeibeamter (NoeP)

186 Dennoch will die Rechtsprechung der Strafsenate des BGH abseits gesetzlicher Grundlagen geheimen Ermittlungen justiziellen Flankenschutz gewähren. Man rühmt sich sogar der Installation einer dem Gesetzgeber unbekannten Figur des »**nicht offen ermittelnden Polizeibeamten**« oder »NoeP«. Faktisch haben die Senate hierbei eine Ermittlungssituation vor Augen, wo zumeist neben einem richterlich genehmigten verdeckten Ermittler gemäß § 110a in einer Endphase beispielsweise eines fingierten Rauschgiftgeschäfts die Rolle eines weiteren nur kurzfristig auftretenden Akteurs besetzt werden muss. Der BGH sah dies bei dem sogenannten »Scheinaufkäufer« gegeben, der für die Verkäuferseite (bei der auch der VE agiert) als Interessent zur Durchführung des Geschäfts auftritt.[156] § 110a ist nach Ansicht des BGH hier nicht einschlägig, da es maßgeblich an dem gesetzlichen Merkmal der »*auf Dauer angelegten*« Tätigkeit fehle. Der »*allgemeine Rechtsverkehr oder die beschuldigten Rechte in zukünftigen Strafverfahren*« werden durch das lediglich kurzfristige Auftreten des täuschenden und lügenden Polizeibeamten nur geringfügig beeinträchtigt. Kein Wort verliert der BGH darüber, dass auch eine geringfügigere Beeinträchtigung eine Beeinträchtigung ist und damit der gesetzlichen Grundlage bedarf. Darüber hinaus setzt diese Einschätzung mit der Naivität der ex-post-Sicht die Steuerbarkeit eines Geschehens aus der ex-ante-Sicht der Polizeibehörden voraus. Tatsächlich werden die Drehbücher für Rauschgiftgeschäfte und andere kriminelle Aktivitäten nicht auf dem Schreibtisch von Kriminalbeamten geschrieben, sondern unterliegen einer nicht planbaren Eigendynamik. Auch ein kurzfristig angedachter Einsatz eines Scheinaufkäufers wird zu einer langatmigen Rolle, wenn Komplikationen auftreten. Es gibt keine rechtlichen Kriterien, die hier angesichts der Eingriffsintensität eine Zulässigkeitsgrenze jenseits des § 110 a beschreiben könnte. Die zum Teil von der Polizei benutzten formalisierten Entscheidungshilfen, die entweder nach Anzahl der Einsatztage oder der Anzahl der kontaktierten Personen unterscheidet,[157] dokumentieren nur das polizeiliche Problembewusstsein, nicht aber dessen Lösung.

---

154 Zur inakzeptablen Vagheit dieser Norm s. EGMR Sommer ./. Deutschland v. 27.4.2017 Rn. 53.

155 S. hierzu näher *Soiné* Zulässigkeit und Grenzen heimlicher Informationsbeschaffung durch Vertrauensleute der Nachrichtendienste, NStZ 2013, 83 ff.

156 BGH, NStZ 1996, 450; BGHSt 41, 64 ff.

157 S. hierzu z.B der Bericht von *Schneider* Ausgewählte Rechtsprobleme des Einsatzes verdeckter Ermittler, NStZ 2004, 359 ff.

Die Folgen

Die Folgen eines derart gesetzlosen Handelns sind – zumindest für Verteidiger – in der üblichen 187
rechtsstaatlichen Konsequenz deutlich:

Auch grundsätzliche Unterstützer der Rechtssprechungslinie des BGH konzedieren, dass Einsätze 188
außerhalb der gesetzlichen Regelung der §§ 110a ff. eine Verletzung dieser Vorschrift darstellen und
daher »*rechtlich wohl nicht folgenlos bleiben*« können.[158] Gerade die **Bedeutung des Richtervorbehalts**, wie sie das BVerfG schon mehrfach betont hat, lässt dessen bewusste Umgehung durch die
Ermittlungsbehörden als schwerwiegenden rechtsstaatlichen Verstoß erscheinen. Die Konsequenz
des Beweisverwertungsverbotes liegt nahe. In der Sache nicht anders zu bewerten sind polizeiliche
Aktenmanipulationen, die entgegen des tatsächlichen Erkenntnisstandes das Bild eines polizeilichen
Ermittlers suggerieren (oder teilweise verschweigen), das angeblich nicht die Notwendigkeit einer
richterlichen Genehmigung zur Folge hat. Entzieht sich die Polizei auf diesem Wege der richterlichen und gesetzlichen Kontrolle, muss die Massivität dieses Verstoßes ebenfalls regelmäßig zu einem
Verbot der Verwendung der derart erlangten Erkenntnisse für den Strafprozess führen.

Konsequent ist eine solche Rechtsfolge auch, wenn die Bindung an Gesetz und richterliche Kontrolle durch einen angeblich nur kurzfristig agierenden polizeilichen Geheimagenten (NoeP) oder 189
gar durch die Verwendung externer Privatleute (VP) erfolgt.

Die Praxis zieht zu einem großen Teil diese Konsequenzen gerade nicht. 190

3. Agent provocateur

Alle geheim agierenden Agenten tragen die hohe Potenz eigenen strafbaren Verhaltens mit sich. 191
Überzeugendes Agieren in Verbrecherkreisen gelingt nur beim Mitmachen. Zurückhaltung erhöht
die Gefahr der Enttarnung. Hemmschwellen sinken im Bewusstsein der Solidarität der Ermittlungsbehörden und der Chance auf Vertuschung.

Polizeiliche Effektivität setzt hier oft menschliche Defizite beim Agenten im Sozialverhalten und der 192
Empathie voraus. Ihm geht es nicht nur um optimale Entlohnung. Er muss über Raffinesse und
Skrupellosigkeit verfügen, ein unfassbares Manipulationsvermögen besitzen, das zumeist durch eine
suggestive bis hin zu histrionischen Persönlichkeit gefördert wird.[159]

Eine zusätzliche Dimension eröffnet sich dem Agenten, wenn er das Geschehen selbst initiiert. Der 193
eigenen kriminalistischen Logik folgend, befindet er sich getarnt in kriminellem Umfeld. Sein Einsatz nach der StPO dient der **Aufklärung erfolgter Straftaten**. Tatsächlich stöbert er eher selten
Beweise für gemutmaßte vergangene Straftaten auf. Die eigene **Wahrnehmung eines neuen kriminellen Geschehens** ist sein faktisches Einsatzziel. Effektive Kontrolle dieser Wahrnehmung lässt sich
erreichen, wenn das Geschehen selbst animiert und gesteuert wird. Der Höhepunkt verdeckter
polizeilicher Arbeit liegt damit in der Provokation einer Straftat, der Observation des animierten
Täters und dessen anschließende Überführung.[160]

Rechtsdogmatisch ist diese Figur seit Langem als »agent provocateur« bekannt. Straflosigkeit der 194
Anstiftung wird mit dem fehlenden Willen zur Vollendung der Haupttat begründet.[161] Diese Idee
greift allerdings nicht bei den zahllosen Unternehmensdelikten, die keinen greifbaren Erfolg zur
Tatbestandsvollendung benötigen. Das »Handeltreiben« mit Drogen kann schon mit kurzen Telefongesprächen vollendet sein. Erst recht betritt der Agent den Bereich der eigenen Strafbarkeit, wenn
sein Mitmachen sich als Mittäterschaft darstellt. Selten existiert hier ein gesetzlicher Rechtfertigungs-

---

158 *Schneider* NStZ 2004, 360.
159 *Eisenberg* GA 2014, 404 ff., 412.
160 S. ausführlich *Dann* Staatliche Tatprovokation im deutschen, englischen und schottischen Recht, 2006.
161 RGSt 15, 315; RGSt 77, 350.

grund.[162] Vor der Anklagebank rettet ihn faktisch nur die schützende Hand der Behörden, die aufgrund seiner Nützlichkeit dessen tatsächliche Rolle in den der Verteidigung zugänglichen Akten nicht aufscheinen lassen. Die Selbstgewissheit der Ermittlungsbehörden ist allerdings etwas verblasst, nachdem in einem Einzelfall ein Agent wegen der – mit der Spitzeltätigkeit notwendig verbundenen – Unterstützung einer terroristischen Vereinigung verurteilt wurde.[163]

195   Die Provokation hat einen weiteren verfahrensrechtlichen Aspekt.

196   Staatliche Stellen können nicht selbst eine Straftat produzieren, um anschließend den provozierten Täter zu bestrafen. Die Fairness eines Strafverfahrens im Sinne der Menschenrechtskonvention kann unwiderruflich durch inakzeptable Ermittlungsmethoden verletzt sein. Beispielhaft hat der **EGMR** dies gerade für den Einsatz von Lockspitzeln beschrieben.[164] Konventionswidrig ist ein Verfahren, wenn vor Gericht Beweismittel präsentiert werden, die sich als Ergebnis einer polizeilichen Provokation darstellen. Scharf unterscheidet der Gerichtshof zwischen polizeilicher passiver Undercover-Aufklärungstätigkeit einerseits und einer tatanimierenden Tätigkeit andererseits. Das gesamte Verfahren ist unfair, jeder einzelne Tag einer Haft ungerechtfertigt, selbst wenn der agierende Beschuldigte nur über vermittelnde Dritte der polizeilichen Provokation folgt. Der Staat hat sich das Handeln Privater, die unter seiner Lenkung agieren, zurechnen zu lassen.[165]

197   In zahlreichen Einzelfragen existierten allerdings bis zum heutigen Tage erhebliche **Divergenzen** zwischen dem **EGMR einerseits** und der **deutschen Rechtsprechung andererseits.** Diese beziehen sich insbesondere auf unterschiedliche Auffassungen zur rechtsstaatswidrigen Intensität einer Beeinflussungsarbeit des Agenten. Zum anderen gehen die Auffassungen darüber auseinander, welche Rechtsfolgen an eine rechtsstaatswidrige Provokation zu knüpfen sind.

198   Zulassen will der EGMR Animationen bei konkretem Tatverdacht, der auch auf einer plausiblen anonymen Anzeige beruhen kann; Vorstrafen und intime Kenntnisse des kriminogenen Milieus sind hier wichtige Indizien.[166] Andererseits: **Provokationsopfer** können auch tatgeneigte Personen sein. Eine rechtsstaatswidrige Tatprovokation hält der EGMR daher durchaus für möglich, selbst wenn bereits gegen den späteren Angeklagten Verdachtsmomente existieren.[167] Ob der tatprovozierende Agent lediglich eine ohnehin bestehende Tatgeneigtheit begleitet oder selbst entscheidend initiativ war, entscheidet der EGMR mit einer simplen hypothetischen Überlegung: Nur dann, wenn die später angeklagte Tat auch ohne jede staatliche Einflussnahme stattgefunden hätte, scheiden Überlegungen zu einer möglichen rechtsstaatswidrigen Provokation aus.

199   Jedes Strafgericht ist prinzipiell gehalten, die berechtigten Gründe für den Einsatz eines V-Mannes aufzuklären und nachzuvollziehen.[168] Die Fairness des Verfahrens ist schon deswegen strukturell tangiert, weil der Angeklagte zumeist keinen Zugang zu Beweisen hat, die die Berechtigung zum verdeckten Polizeieinsatz falsifizieren könnten.[169] Der EGMR kombiniert die Entscheidung der Rekonstruktion eines solchen psychologischen Geflechts im Prozess mit eindeutigen Beweislastverteilungen.

---

162 Hierzu schon *Sommer* Das fehlende Erfolgsunrecht – Zur Strafbarkeit des agent provocateur, S. 45 ff.; zuletzt *Rönnau* Agent provocateur, JuS 2015, 19 ff.

163 OLG Düsseldorf NStZ 2013, 590; s. hierzu u.a. *Lampe* Die Schwierigkeit mit der Rechtfertigung nachrichtendienstlicher Tätigkeit, NStZ 2015, 361 ff.

164 EGMR, Texeira de Castro./. Portugal, EuGRZ 1999, 660 = NStZ 1999, 47 m. Anm. *Sommer* = StV 1999, 127 m. Anm. *Kempf;* Ramanauskas./. Litauen, HRRS 2008 Nr. 200; Pyrgiotakis./. Griechenland, HRRS 2008, 292 ff. (Nr. 500).

165 EGMR Allan./. UK, StraFo 2003, 162; Ramanauskas./. Litauen, NJW 2009, 3565.

166 EGMR Scholer./. Deutschland EuGRZ 2015, 454 ff.

167 S. zuletzt EGMR Bannikova./. Rumänien, HRRS 2011 Nr. 331; s. zur Differenzierung des unverdächtigen und verdächtigen Provozierten *I. Roxin* Rechtsfolgen der rechtsstaatswidrigen Tatprovokation, Neumann-FS, 2017, 1359 ff.

168 EGMR Ramanauskas./.Litauen, NJW 2009, 3565 ff; Lagutin u.a./. Russland, v. 24.4.2014; Bulfinsky./. Rumänien, v. 01.06.2010.

169 EGMR Lagutin u.a./. Russland v. 24.04.2014, § 97.

Es ist die Aufgabe der staatlichen Behörden, zum einen nachzuweisen, dass es bereits beim Einsatz des verdeckten Ermittlers gute Gründe für einen bestehenden dringenden Tatverdacht gab. Lässt sich bei dieser Prüfung nicht ausräumen, dass tatsächlich mangels hinreichenden Anfangsverdachts eine unzulässige Tatprovokation vorlag, bestimmt der EGMR in einem zweiten Schritt eine Prüfung, wie die Ermittlungsbehörden auf den Einwand der Verteidigung hinsichtlich einer unzulässigen Tatprovokation zu reagieren haben. Prozessual muss jeder Angeklagte die Chance haben, mit ausreichenden Beweismitteln eine unzulässige Tatprovokation vorzutragen. Hapert es an diesen Möglichkeiten und sind die Einwände nicht völlig unglaubwürdig, liegt es ausschließlich an den Strafbehörden nachzuweisen, dass keinerlei unzulässige Tatprovokationen stattgefunden hat.[170]

Eine solche Beschränkung ist bislang bei der deutschen Rechtsprechung nicht im vollen Umfang **200** angekommen. Hier wird den geheim agierenden Behörden eine sehr viel freiere Hand gelassen. Die Behauptung der Ermittlungsbehörden, wonach der geheime Agent eine latent vorhandene Bereitschaft des Angeklagten lediglich intensiviert habe, führt nicht zu prozessualen Konsequenzen. Eine zu beachtende Einflussnahme staatlicher Stellen liege erst dann vor, wenn gerade durch die Beeinflussung die ohnehin geplante Tat ein völlig anderes Gepräge erhalten habe (»Quantensprung«).[171] Rechtlich kritikwürdig ist die Beeinflussung erst dann, wenn das Handeln des Agenten gegenüber dem Tatgeneigten unvertretbar übergewichtig werde; Indizien hierfür können die – auch zeitliche – Intensität der Beeinflussungsversuche ebenso sein wie das Ausmaß eines animierten illegalen Geschäfts, das weit über Verdachtsmomente zu vergangenen Geschäften hinausgeht.[172] In der Vorstellungswelt des BGH existieren daher durchaus zulässige und unzulässige Tatprovokationen. Prozessuale Vorteile räumt die deutsche Rechtsprechung dem Provozierten bei der Aufarbeitung im Gerichtssaal nicht an.

Grundsätzlich scheinen auch die Vorstellungen über die **rechtlichen Konsequenzen einer unzuläs-** **201** **sigen Tatprovokation** auseinander zu gehen. In seiner grundlegenden Entscheidung Teixeira de Castro betonte der EGMR[173], dass ein Verfahren von Anfang an (»ab initio«) unfair sei, wenn die Struktur eines Strafprozesses darauf ausgelegt sei, einen zur Tat nicht entschlossenen Bürger zu einer Straftat zu provozieren und die Erkenntnisse zu dieser provozierten Tat durch den Provokateur anschließend selbst in der Rolle des Zeugen in die Hauptverhandlung einführen zu lassen. Ein solches unfaires Verhalten tangiert unter Umständen in Einzelfällen dann die gesamte Fairness des Verfahrens nicht, wenn die Rolle des Tatprovokanten eine absolut untergeordnete ist, insbesondere die der Verurteilung zugrunde liegenden Beweise gerade nicht durch den verdeckt agierenden Polizeibeamten erbracht wurden.

Auch wenn der Gerichtshof grundsätzlich keine konkreten prozessualen Konsequenzen für ein **202** nationales Recht ziehen kann, verbleibt nach der deutschen Dogmatik kaum ein anderer Weg, als das gesamte Procedere als menschenrechtswidrig zu bewerten und angesichts eines Verfahrenshindernisses einzustellen.[174] Als »Perversion staatlicher Macht« untergräbt ein solches Vorgehen jede Legitimation staatlichen Handelns im Rahmen der Strafrechtspflege und lässt keinen Raum für eine Strafe des Provozierten.[175] Zum Teil wird in dieser Konstellation ein persönlicher Strafausschließungsgrund angenommen.[176] Zum Teil wird unter Berücksichtigung fortbestehender Entscheidungsfreiheit des Animierten im Hinblick auf den staatlichen Missbrauch durch Instrumentalisierung des Ver-

---

170 S. EGMR Bannikova./. Russland, HRRS 2011, 96; Ramanauskas./.Litauen, NJW 2009, 3565 ff.; *Conen* StRR 2009, 84 ff.; *Greco* StraFo 2010, 52 ff.
171 BGHSt 47, 44.
172 BGH, NStZ 2014, 277, 279.
173 EGMR, Texeira de Castro./. Portugal, EuGRZ 1999, 660 = NStZ 1999.
174 S. hierzu z.B. *Conen* StRR 2009, 84; *Sinner/Kreutzer* StV 2000, 114; LR/*Esser* Art. 6 EMRK Rn. 263; so auch anfänglich Überlegungen des BGH, s. NJW 1981, 1626; StV 1982, 221; BVerfG StraFo 2015, 100 hält dies bei Extremkonstellationen nach wie vor für nicht ausgeschlossen.
175 *Roxin* Die Rechtsfolgen schwerwiegender Rechtsstaatsverstöße in der Strafrechtspflege, S. 222 ff.; *Wolter* NStZ 1993, 1, 10; SK-StPO/*Wolter/Jäger* § 110 c Rn. 10; *Gaede* HRRS 2008, 285.
176 S. z.B. LR/*Stuckenberg* § 206a Rn. 85.

leiteten eine »Strafreduzierung auf Null« gefordert.[177] Die Mehrheit der Literatur plädiert trotz des grundsätzlichen Verfahrensmangels (lediglich) für die Annahme eines Beweisverwertungsverbots.[178]

203   Der BGH hatte sich in seiner Rechtsprechung von der Idee einer Verwirkung des staatlichen Strafanspruchs verabschiedet und sich für eine sogenannte »**Strafzumessungslösung**« entschieden.[179] Sind Grenzen unzulässiger Provokation nicht überschritten, stellt bereits jede staatliche Beteiligungshandlung am Tatgeschehen ein gewichtiger Strafzumessungsgrund dar. Diese Idee führt der BGH bei den Konsequenzen unzulässiger Provokation fort.[180] Die Auseinandersetzung mit dem Phänomen der staatlichen Pflege eines unfairen Vorgehens wird damit verdrängt und auf die Frage der Kompensation im Verfahren reduziert.[181] Unter Ausblendung der eigenen staatlichen Verantwortung für das verbrecherische Geschehen kann sich die Rechtsprechung nicht von der Vorstellung lösen, dass auch den animierten Täter ein eigenes Verschulden trifft und dieses grundsätzlich nicht sanktionslos hingenommen werden dürfe. Konstruiert wird in diesen Fällen daher ein eigener, schuldunabhängiger Strafmilderungsgrund der rechtsstaatswidrigen Tatprovokation, wobei das Maß der Kompensation exakt zu bestimmen ist.[182]

204   Diesem Ansatz hat der EGMR jüngst eine deutliche Absage erteilt.[183] Steht die Verletzung der Konvention durch Tatprovokation fest, lässt sich eine Kompensation durch Strafmilderung nicht erreichen. Der Gerichtshof verlangt vielmehr eine strikte Beachtung der verfahrensrechtlichen Folgen der Provokation, nämlich den Ausschluss aller hierdurch erlangten Beweismittel. Unabhängig von rechtsethischen Fragen der Berechtigung staatlichen Strafens ist die Konsequenz der Freispruch des provozierten Angeklagten, wenn die restlichen Beweise zur Überführung nicht ausreichen.

205   Die Reaktionen des BGH hierauf zeigen zwei völlig unterschiedliche Wege auf. Der 2. Strafsenat hat sich angesichts der Deutlichkeit der Straßburger Vorgaben der traditionellen Bewertung nicht mehr verpflichtet gefühlt; er hat erstmalig in einem Fall – allerdings sehr deutlicher – staatlicher Tatprovokation die Verurteilung des Landgerichts zu langjährigen Freiheitsstrafen aufgehoben und das Verfahren wegen des Verfahrenshindernis der rechtsstaatswidrigen Provokation eingestellt.[184]

Andere Strafsenate[185] teilen den Weg der Konservierung und wollen das Verfahrenshindernis auf – nicht näher beschriebene – extreme Fälle der Provokation beschränken. Entgegen den Grundsätzen der Überwachungs- und Dokumentationspflicht des Staates will man die Anforderungen an die prozessuale Feststellung einer Provokation erhöhen, um letztlich leichter deren Fehlen behaupten zu können. Dass – wenn auch nunmehr an anderer Stelle – die deutlichen Vorgaben des EGMR ignoriert werden, ficht die konservative Rechtsprechung nicht in ihrem rechtspolitischen Willen an, das Undercover-Wesen rechtsstaatlich salonfähig zu machen.[186]

---

177 *Sinn* Straffreistellung aufgrund von Drittverhalten, 2007, 369 f.
178 S. z.B. *Fischer/Maul* NStZ 1992, 7, 13; *Kinzig* StV 1999, 292; *Wolter* Festgabe BGH Bd. IV 2000, S. 980; *Meyer/Wohlers* Tatprovokation quo vadis – zur Verbindlichkeit der Rechtsprechung des EGMR (auch) für das deutsche Strafprozessrecht, JZ 2015, 761 ff.
179 BGHSt 45, 321; 47, 44; NStZ 2008, 39 f.
180 BGH NStZ 2013, 99; OLG Bamberg NStZ 2015, 55 f.
181 *El-Ghazi/Zerbes* HRRS 2014, 209 ff.
182 BGHSt 45, 321.
183 EGMR Furcht./.Deutschland, v. 23.10.2014 – 54648/09, StraFo 2014, 504 ff. m. Anm. *Sommer; Sinn/ Maly,* Zu den strafprozessualen Folgen einer rechtsstaatswidrigen Tatprovokation – Zugleich Besprechung von EGMR, Urt. v. 23.10.2014 – 54648/09 (Furcht vs. Germany), NStZ 2015, 379 ff.
184 Urt. v. 10.6.2015 – 2 StR 97/14, StraFo 2015, 501 ff. = NJW 2016, 98 m. Anm. *Eisenberg;* s. hierzu auch *Mosbacher* Aktuelles Strafprozessrecht, JuS 2016, 127; *Eidam* StV 2016, 129; *Meyer-Lohkamp* Anstiftungen durch den Staat – staatlicher Tatprovokation und ihre Folgen, StraFo 2017, 45.
185 BGH, HRRS 2015 Nr. 743; 2018 Nr. 804; BGH StV 2019, 305.
186 *Conen,* Neuere BGH-Entscheidungen zur Tatprovokation – Provokation auch des EGMR?, StV 2019, 358 ff.

Die Weichen sind damit neu gestellt, die Diskussion dürfte allenfalls begonnen haben, da seit Lan- **206** gem anerkannt ist, dass die Strafzumessungslösung des BGH den vom EGMR vorgegebenen staatlichen Verpflichtungen zur grundsätzlichen Verhinderung derartiger ungefährer Strafverfahren widersprach.[187] Es ist zumindest erfreulich zu beobachten, dass überzeugende Ideen zur Verhinderung der Funktionalisierung von Bürgen bei der Durchsetzung generalpräventiver polizeilicher Ideen auch nach 30 Jahren in Rechtsprechung umgegossen werden. Beharrungstendenzen werden zwar deren Relativierung zum Ziel haben. In jedem einzelnen aktuellen Strafverfahren lohnt daher das Ausloten der angeblichen Schuld des Angeklagten angesichts der Tatprovokation einerseits und der Feststellung der besonderen Qualität der Verfahrensunfairness andererseits.

Verteidigung im Ermittlungsverfahren ist durch diese geheime und zum Teil verlogene Vorgehensweise der Ermittlungsbehörden ausgeschaltet. Rechtsstaatliche Verteidigung funktioniert nur bei rechtsstaatlicher Offenheit des Angriffs. Raum für die – regelmäßig nachträgliche – Beschäftigung der Verteidigung mit dieser rechtlichen Materie gibt nur die **Hauptverhandlung**.

> Hier muss in einem zumeist sehr unvollkommenen Reparaturbetrieb versucht werden, die Überschrei- **207** tung der ohnehin weiten gesetzlichen Grenzen zu dokumentieren, um das zu allem Überfluss zumeist von dem eigenen Mandanten produzierte Beweismaterial zu relativieren. Gerade bei V-Leuten existieren mit Billigung der Rechtsprechung zusätzliche verfahrensmäßige Hindernisse, wenn mit einer kaum nachvollziehbaren Begründung konfrontative Befragungen der verdeckt ermittelnden Personen mit Sperrerklärungen oder Aktenmanipulationen verhindert werden, obwohl mittelbar durch sogenannte V-Mann-Führer der angeblich belastende Inhalt ihrer Erkenntnisse in Form des normalen Zeugenbeweises in die Hauptverhandlung eingeführt wird. Absurde angebliche Gefährdungen an Leib und Leben des V-Mannes werden vorgeschoben, nur um ihn effektiv getarnt in weitere Szenen einschleusen zu können. Dass eine solche Fassade der Beweisführung nicht weit von Schauprozessen autoritärer Regime entfernt ist, geht im eingeschliffenen Alltagsgeschäft der deutschen Gerichte unter. Neben den Bemühungen um Erhalt des konfrontativen Befragungsrechts ist es hier regelmäßig die Aufgabe der Verteidigung, den rechtsstaatlich höchst fragwürdigen Ausgangspunkt immer wieder deutlich zu machen.

Für das **Ermittlungsverfahren** gilt: Weiß der Verteidiger nichts von geheimen Ermittlungsmaßnah- **208** men, so kennt er doch die Praxis der Ermittlungsbehörden. Wird er im Ermittlungsverfahren beauftragt, so lassen bereits ihm vom Mandanten geschilderte Konstellationen derartige verdeckte Ermittlungsmaßnahmen vorstellbar erscheinen. Nichts spricht dagegen, den Mandanten auf die Möglichkeit, die rechtlichen Voraussetzungen und Folgen derartiger Vorgehensweisen ausführlich hinzuweisen. Der Verteidiger hat schon bei einer offenen Vorgehensweise der Ermittlungsbehörden das Recht und die Pflicht, seinen Mandanten darin zu unterstützen, sich nicht zum Beweismittel gegen sich selbst zu machen. Erst recht kann er ihn unterstützen, wenn die Ermittlungsbehörden unter Umgehung dieses rechtsstaatlichen Ausgangspunkts die Produktion von Beweismitteln gegen den Mandanten selbst mit verdeckten Mitteln anstreben.

IX. Weitere Verteidigungsaktivitäten im Ermittlungsverfahren

Das passive Abwarten der Verteidigung, bis es gilt, eine Anklage zu parieren, gehört einem Vertei- **209** digerbild längst vergangener Tage an. Nur durch zeitnahe Mitgestaltung des Verfahrens kann der Verteidiger dem Priming von Staatsanwalt und Richter durch Polizeibeamte entgegentreten.

Oft ist schnelles Reagieren der Verteidigung schon deswegen erforderlich, weil nur so eine Konser- **210** vierung flüchtiger Beweise mit entlastendem Charakter möglich ist. Entlastungszeugen sind ausfindig zu machen, solange noch eine zeitliche Nähe zu dem Geschehen besteht und die Erinnerung Unbeteiligter nicht völlig versinkt. Versichert beispielsweise der Mandant unmittelbar nach seiner Festnahme dem Verteidiger, dass er nicht am Tatort war, ist die Sicherung der Verbindungsdaten seines Mobiltelefons dringend erforderlich, bevor diese gelöscht werden. Auch eher ungewöhnliche Maßnahmen können den Mandanten unter Umständen nur retten, wenn sie schnell erfolgen. Angesichts der zwischenzeitlich auch von Ermittlern anerkannten Qualität von Spürhunden (»Man-Trai-

---

187 Zusammenfassend *Esser* in LR, Art. 6 EMRK Rn. 267.

ler«) kann die Verteidigung ein sehr starkes Indiz produzieren, wenn beispielsweise der Mandant jegliche Anwesenheit in der von ihm angeblich überfallenen Bank leugnet und ein vergleichender Geruchstest des Hundes in den Räumlichkeiten der Bank im Sinne der Verteidigung negativ ausgeht. Geruchsspuren eines Menschen sind zumindest für einige Woche für einen Hund mit Sicherheit zu detektieren.

Psychische und technische Bedingungen erfordern für eine effektive Verteidigung oft schnelles Handeln, in und neben dem vom Gesetz vorgesehenen Rollenverhalten des Verteidigers im Ermittlungsverfahren.

1. Akteneinsicht

a) Prozessgrundrecht (Art. 6 EMRK)

211   Ausreichende Information ist die Basis jeder Strafverteidigung. Der Verteidiger soll nicht nur ex post kontrollieren, ob das Vorgehen von Ermittlungsbehörden und Gericht den gesetzlichen Vorschriften entspricht. Er soll vielmehr aktiv an der Gestaltung des Verfahrens und damit letztendlich der Überzeugungsbildung des Gerichts mitarbeiten. Will er einerseits seinen Mandanten schützen und andererseits zur Wahrnehmung dieser aktiven Rolle entlastende Informationen in das Verfahren einführen, muss er zunächst über den Sachstand des Verfahrens informiert sein. Es ist daher eines der prozessualen »Grundrechte« des Beschuldigten nach der Europäischen Menschenrechtskonvention, innerhalb einer möglichst kurzen Frist in allen Einzelheiten über Art und Grund der gegen ihn erhobenen Beschuldigung unterrichtet zu werden und dadurch ausreichend Gelegenheit zur Vorbereitung seiner Verteidigung zu haben (Art. 6 Abs. 3 lit. a, b EMRK). Staatsanwaltschaft und Gericht haben die unbedingte Verpflichtung, das gesamte im konkreten Fall zusammengetragene Material der Verteidigung zur Verfügung zu stellen, einerlei ob es aus deren Sicht entlastenden oder belastenden Charakter hat.[188]

b) Akteneinsicht im Ermittlungsverfahren

212   Das Gesetz geht bei der Regelung der Akteneinsicht von der typischen Situation der Vorbereitung der Hauptverhandlung aus. Hier hat der Vorsitzende des Gerichts über die Gewährung der Akteneinsicht zu entscheiden. Problematischer ist die Realisierung des Akteneinsichtsrechts vor Erhebung der Anklage. Hat die Staatsanwaltschaft ihre Ermittlungen noch nicht abgeschlossen (§ 169a), ist ein Gericht mit der Sache noch nicht befasst. Zur Gewährung der Akteneinsicht ist hier die **Staatsanwaltschaft zuständig** (§ 147 Abs. 5 S. 1). Grundsätzlich ist auch im Ermittlungsverfahren der Informationsbedarf der Verteidigung gegeben. Weiß der Beschuldigte von einem Vorwurf, kann regelmäßig die von Art. 6 EMRK verlangte Unterrichtung in allen Einzelheiten innerhalb möglichst kurzer Frist nur durch sofortige Akteneinsicht realisiert werden. Dieses Recht darf nicht durch praktische Erwägung der Ermittlungsbehörden unterlaufen werden. Auch wenn die Staatsanwaltschaft meint die Akten für weitere Ermittlungshandlungen zu benötigen, hat die Realisierung des Akteneinsichtsrechts Vorrang; ggf. müssen Zweit- und Drittakten als Kopien angefertigt werden.

213   Die Versagung der Akteneinsicht im Ermittlungsverfahren ist nur dann möglich, wenn hierdurch der **Untersuchungszweck gefährdet** werden kann (§ 147 Abs. 2). Die damit einhergehende Beschränkung der Verteidigungsmöglichkeiten wird vom Gesetz toleriert, da strukturell das Vorverfahren lediglich ein die Hauptverhandlung vorbereitendes Stadium darstellen soll und damit die aktuelle Betroffenheit des Beschuldigten (noch) erheblich reduziert ist. Darüber hinaus ist das Ermittlungsverfahren bis zu einem gewissen Grad häufig auf Geheimhaltung angelegt. Würde gerade in diesen Fällen durch die Offenlegung von Informationen der Ermittlungsbehörden die Verifizierung eines Tatverdachts durch weitere Ermittlungshandlungen gestört, erscheint die temporäre Beschränkung von Verteidigungsrechten vertretbar.

---

188   EGMR Edwards ./. UK v. 16.12.1992.

Daraus folgt, dass nicht allein die Tatsache der nicht abgeschlossenen Ermittlung die Versagung der **214** Akteneinsicht rechtfertigt, sondern lediglich konkrete Anhaltspunkte der Staatsanwaltschaft, wonach aufgrund der Besonderheiten des Ermittlungsstandes geplante Ermittlungshandlungen durch Eingreifen des Beschuldigten in eine andere Richtung gelenkt werden könnten. Eine lediglich abstrakt konstruierte Gefahr rechtfertigt die Versagung der Akteneinsicht nicht.

> Geben die Akten beispielsweise Auskünfte über einen Haftbefehl oder Durchsuchungsbeschluss, der noch **215** nicht vollzogen worden ist, liegt die Annahme des Misserfolgs des Vollzugs erst nach Akteneinsicht nahe.[189] Enthalten die Akten allerdings keinerlei Anhaltspunkte dafür, dass der Beschuldigte nach Akteneinsicht unzulässige Absprachen mit anderen Beschuldigten oder Zeugen treffen könnte, ist die Verweigerung der Akteneinsicht durch die Staatsanwaltschaft vom Gesetz nicht gedeckt.

Nicht die Bequemlichkeit der Staatsanwaltschaft oder das angenehme Gefühl des Wissensvorsprungs **216** ist damit Maßstab für die Entscheidung der Staatsanwaltschaft, sondern allein die positive Feststellung der Gefährdung. In anderen Fällen als geplanten Zwangsmaßnahmen ist schon eine besondere Konstellation notwendig, um die Gefahr für den Untersuchungszweck positiv zu begründen. Der Plan der Staatsanwaltschaft, noch bestimmte Zeugen zu vernehmen, wird sich ohnehin regelmäßig jedermann aufdrängen, sodass die Vereitelung von Überraschungsmomenten hier nicht in Rede steht. Darüber hinaus könnte eine solche Vereitelung nur dann angenommen werden, wenn die Staatsanwaltschaft konkrete Hinweise darauf hätte, dass der beschuldigte Mandant aufgrund dieser Informationen prozesswidrige Einflussnahmen vornehmen würde.

So klar sich die Verpflichtung zur Akteneinsicht hiernach definieren lässt, so gering sind die formalen **217** Möglichkeiten ihrer Durchsetzung durch die Verteidigung. **Rechtsbehelfe** gegen die Verweigerung der Akteneinsicht durch die Staatsanwaltschaft im Ermittlungsverfahren bestehen nur im Fall der aktuellen Inhaftierung des Mandanten. Im Übrigen kann die Verteidigung ihrer Hoffnung einer gesetzeskonformen Handhabung des Akteneinsichtsrechts nur mit der Aussicht für den agierenden Staatsanwalt verbinden, dessen Verhaltensweise – zumindest in einem späteren Zeitpunkt – dienstrechtlich überprüfen zu lassen.

> Gehört das schriftlich gestellte Akteneinsichtsgesuch zu den Selbstverständlichkeiten bereits bei der ers- **218** ten Anzeige der Übernahme der Verteidigung gegenüber der Staatsanwaltschaft, sollte die Verteidigung bei Ablehnung dieses Gesuchs schon zu einem frühen Zeitpunkt regelmäßig diejenigen Gesichtspunkte aktenkundig machen, die aus Sicht der Verteidigung die Bejahung einer Gefährdung des Untersuchungszwecks erschweren oder gar unmöglich machen. Hierzu kann der Hinweis gehören, dass man selbstverständlich damit rechne, dass bestimmte Zeugen vernommen werden. Hierzu sollte allerdings auch die Aufforderung an die Staatsanwaltschaft gehören, der Hinderung der Akteneinsicht durch Versendung der Akten dadurch entgegen zu wirken, dass alsbald Kopien der Akten hergestellt werden. Werden dem Verteidiger in aller Offenheit lediglich organisatorische Unzulänglichkeiten als Grund der Verweigerung der Akteneinsicht dargestellt, sollte mit Phantasie an der Behebung dieser Schwierigkeiten mitgearbeitet werden. Angesichts der besonderen Bedeutung für den Mandanten sollten auch außerordentliche Anstrengungen unternommen werden, auch umfangreiche Akten innerhalb aller kürzester Zeit zu kopieren und wieder zurück zu geben.

Selbst bei der Verweigerung von Akteneinsicht gesteht das Gesetz ein **unbedingtes Einsichtsrecht** **219** **der Verteidigung** hinsichtlich bestimmter Unterlagen zu. Hierzu gehört beispielsweise das **Vernehmungsprotokoll des eigenen Mandanten**. Nimmt der Verteidiger das Mandat in einer Phase auf, in der der Mandant bereits über eine erfolgte Vernehmung berichtet, gehört daher zu den ersten Aktivitäten des Verteidigers, auf unmittelbare Übersendung einer Kopie des Vernehmungsprotokolls zu dringen. Besonders effektiv ist auch das Recht der Verteidigung, sofortige Einsichtnahme in **bereits vorliegende Gutachten von Sachverständigen** zu nehmen (§ 147 Abs. 3). Beruht die Einleitung eines Ermittlungsverfahrens gegen den eigenen Mandanten auf einem Gutachten, das im Rahmen eines weitergehenden Verfahrens von der Staatsanwaltschaft eingeholt worden war, kann

---

189 OLG München StV 2009, 538 f. m. Anm. *Wohlers.*

auf diese Art und Weise sehr zügig die Grundlage des Ermittlungsvorwurfs in Erfahrung gebracht werden.

Wird die Einsicht auch in diese Aktenteile unberechtigter Weise versagt, so kann ausnahmsweise die Verteidigung gegen diese Verletzung des uneingeschränkten Akteneinsichtsrechts einen Rechtsbehelf einlegen (§ 147 Abs. 5 S. 2).

220 Hat der Beschuldigte mehrere Verteidiger, so hat auch jeder einzelne einen Anspruch auf Akteneinsicht. Die Verweigerung mit dem Verweis an den Wahlverteidiger, der beigeordnete Verteidiger habe bereits Akteneinsicht gehabt, kann nicht mit der bereits erfolgten Herstellung einer Waffengleichheit im Verfahren begründet werden.[190] Das Gesetz hat dem Beschuldigten einen Anspruch auf mehrere Verteidiger verbürgt, die jeder isoliert selbstständig Verfahrensrechte wahrnehmen dürfen und daher über den notwendigen Kenntnisstand des Verfahrens verfügen müssen. Ebenso wenig darf die Gewährung der Akteneinsicht von der Vorlage einer schriftlichen Vollmacht abhängig gemacht werden.[191]

221 Von allen ihm zur Verfügung gestellten Akten kann der Verteidiger **Kopien fertigen**. Gerade bei Umfangssachen ist eine sinnvolle Arbeitsgrundlage auch das Einscannen dieser Akten.[192] Zwar hat aufgrund seiner besonderen Vertrauensstellung lediglich der Anwalt ein Recht auf unmittelbare Akteneinsicht und nicht der Beschuldigte selbst (Ausnahme § 147 Abs. 4), den Inhalt der Akten muss der Mandant jedoch genauso kennen wie der Verteidiger. Es bestehen daher keine Bedenken, dass der Verteidiger an den Mandanten eine vollständige Kopie der Ermittlungsakte weiterreicht.[193] Allenfalls die Weitergabe der Originalakte ist ihm untersagt. Alles, was der Verteidiger auf der Grundlage des Akteneinsichtsrechts zulässigerweise erfahren hat, darf er **an seinen Mandanten weitergeben**,[194] also auch ggf. Informationen über bevorstehende Durchsuchungen. Es ist allein Aufgabe der Staatsanwaltschaft, Sorge für eine für notwendig gehaltene Eliminierung von Aktenbestandteilen zu treffen. Gegebenenfalls sollen – z.B. bei geheimhaltungsbedürftigen Verschlusssachen – Auflagen an den Verteidiger hinsichtlich des Umgangs zulässig sein (Nr. 213 Abs. 5 RiStBV).

222 Einschränkungen der Weitergabepflicht sind allenfalls da denkbar, wo konkrete Anhaltspunkte dafür bestehen, dass der Mandant mit den Informationen verfahrensfremde Zwecke oder sogar Straftaten verfolgt. Dies verkennt die Rechtsprechung, die z.B. kinderpornografisches Material, das dem Verteidiger als Aktenbestandteil ohne Einschränkungen überlassen worden war, von der Weitergabe ausschließen will.[195] Die Nutzung zu Verteidigungszwecken ist in diesem Fall ausreichender Grund zum Ausschluss eines Straftatbestandes, da der Verteidiger hier »in Erfüllung rechtmäßiger beruflicher Pflichten« handelt (§ 184b Abs. 5 StGB).[196]

Die Weitergabe von Aktenbestandteilen an Dritte ist problematisch. Akten dürfen vom Verteidiger weder verbreitet noch Dritten (zB Journalisten) zu verfahrensfremden Zwecken übermittelt oder zugänglich gemacht werden. Zulässig ist hingegen die Übermittlung oder das Zugänglichmachen an Dritte zu Ver-

---

190 So aber OLG Naumburg NStZ 2011, 599 f.

191 BVerfG NJW-spezial 2011, 728.

192 Kostenmäßig entsteht hier Dokumentenpauschale nach Nr. 7000 VV RVG – s. OLG Bamberg NJW 2006, 3504.

193 BGHSt 29, 99, 102; *Meyer-Goßner/Schmitt* § 147 Rn. 20.

194 BVerfG, Beschl. v. 17.06.2006 – 2 BvR 1085/05; LR/*Lüderssen/Jahn*, 26. Aufl., § 147 Rn. 127; *Schlothauer/Weider* Untersuchungshaft, 4. Aufl. 2010, Rn. 378.

195 OLG Frankfurt NJW 2013, 1107 m. abl. Anm. König; dagegen auch *Beulke/Witzigmann* Neue Strafbarkeitsrisiken für Verteidiger? Schiller-FS, 2014, S. 49 ff., sowie *Ziemann* Akteneinsicht und Aktenverwertung im Kinderpornografie-Verfahren – ein neues Strafbarkeitsrisiko für effektive Verteidigung? StV 2014, 299 ff.

196 BGH StV 2014, 741, der den Tatbestandsausschluss ergänzend davon abhängig machen will, dass die Weitergabe des kinderpornografischen Materials an einen Sachverständigen zur rechtlichen Untersuchung »erforderlich« ist; kritisch zu dieser Einschränkung: *Meyer-Lohkamp/Schwerdtfeger* Strafrechtliche Risiken bei der Weitergabe von Akteninhalten mit kinderpornografischen Inhalten bei der Berufsausübung, StV 2014, 772 ff.

fahrenszwecken, also selbstverständlich an den Beschuldigten als seinen Mandanten oder an einen Verteidigungshelfer wie einen Sachverständigen.[197]

Da in diesem Bereich allerdings (noch) keine abschließende rechtliche Klarheit herrscht, sollte der Mandant ebenso wie Berufshelfer oder beauftragte Sachverständige bei Überlassung der Akten zumindest darauf hingewiesen werden, dass sie die erlangten Informationen zunächst lediglich intern zu Verteidigungszwecken nutzen sollten. Um dies auch nach außen hin zu verdeutlichen und ggf. vom Mandanten bearbeitete Aktenkopien einer Einsichtnahme von später durchsuchenden Polizeibeamten zu entziehen, ist der Ratschlag hilfreich, diese Papiere privat eindeutig mit der Bezeichnung »Verteidigungsunterlagen« zu lagern.

c) Akteneinsicht bei Inhaftierung

Die grundsätzliche Einschätzung des Gesetzes hinsichtlich der Betroffenheit des Beschuldigten im Ermittlungsverfahren ändert sich dann radikal, wenn er in Haft genommen wird. Hier kann nicht nur eine Versagensentscheidung der Staatsanwaltschaft gerichtlich überprüft werden (§ 147 Abs. 5 S. 2), auch die Voraussetzungen der staatsanwaltschaftlichen Entscheidung sind andere. Aus dem Recht des Beschuldigten auf ein faires, rechtsstaatliches Verfahren, seinem Anspruch auf rechtliches Gehör und der aktuellen Belastung durch die angeordnete Haftentscheidung folgt, dass ihm durch die Verteidigung ein sehr weitgehendes sofortiges Informationsrecht zusteht. Schon der Verkündung des Haftbefehls durch den Haftrichter geht eine gerichtliche Anhörung und damit ein Verfahren voraus, in dem nach den Grundsätzen der Waffengleichheit der Verteidigung dieselben Informationen vorliegen müssen wie der Staatsanwaltschaft und dem Gericht. **223**

Die Qualität der Überzeugungsarbeit des Verteidigers hängt stets von seinem Informationsstand zum Verfahrensverlauf ab. Da angesichts der Schnelligkeit der zu treffenden Haftentscheidungen und der traditionellen Geheimhaltungstendenzen der Staatsanwaltschaft in der frühen Ermittlungsphase enorme Defizite für die Verteidigung drohen, ist gem. § 147 Abs. 2 S. 2 die Staatsanwaltschaft verpflichtet, »dem Verteidiger die für die Beurteilung der Rechtmäßigkeit der Freiheitsentziehung wesentlichen Informationen in geeigneter Weise zugänglich zu machen«. Das Gleiche gilt bereits im Fall der vorläufigen Festnahme, wenn Untersuchungshaft beantragt ist.[198] Die z.T. sprachlich weich gehaltenen Vorgaben eröffnen angesichts der Vorgaben des EGMR kontraindizierende Wertungsspielräume,[199] die letztlich nur eine Auslegung zulassen: »In der Regel ist insoweit **Akteneinsicht** zu gewähren«.[200] Weder reichen Zusammenfassungen, noch lediglich mündliche Informationen. **224**

Auch wenn der Wortlaut des § 147 hinter dem Stand der Rechtsprechung des Bundesverfassungsgericht und des EGMR zurückbleibt, entspricht der unbedingte Anspruch auf vollständige Akteneinsicht aktueller Rechtslage.

Angesichts des kontradiktorischen Charakters einer Verhandlung bei der Verkündung eines Haftbefehls oder zu seiner Aufrechterhaltung nach einer Haftprüfung hat der EGMR stets eine vollständige und schriftliche Information der Verteidigung über den Verfahrensstand gefordert.[201] Diese Rechtsprechung hat weiterhin Bedeutung für die Verteidigung. Darüber hinaus kann sich der Verteidiger nunmehr auch auf den Willen des Gesetzgebers berufen. In den Beratungen des Rechtsausschusses heißt es nämlich, dass man durch die Formulierung des neuen § 147 Abs. 2 S. 2 über die Forderung des BVerfG hinaus- **225**

---

197 BT-Drs. 18/9416, 58.

198 Vgl. *Michalke* Reform der Untersuchungshaft – Chance vertan?, NJW 2010, 17, 18.

199 So *Jahn* »Parität des Wissens«? – Die konventionskonforme Auslegung der Neuregelung des Akteneinsichtsrechts (§ 147 StPO), FS Imme-Roxin 2013, S. 585 ff.

200 Aus Sicht der die Gesetzesänderung zum 01.01.2010 beschließenden Bundestagsabgeordneten sollten mit der Einschränkung (»in der Regel«) nicht die Fälle des verteidigten Beschuldigten gemeint sein. Dem Verteidiger sei in jedem Fall Akteneinsicht zu gewähren. S. *Herrmann* Zur Reform des Rechts der Untersuchungshaft, StRR 2010, 4, 8 f.

201 EGMR StV 1993, 283; 2001, 203 ff. m. Anm. *Kempf*; 2008, 475; 2001, 201, 203; 2010, 490 m. Anm. *Pauly*.

gehe, lediglich die Aktenteile zur Verfügung zu stellen, die die Inhaftierung begründeten. Auf diese Weise erhalte der Verteidiger die Chance, auch die entlastenden Sachverhaltsmomente vorzutragen.[202]

226   Das Gericht darf seine Haftentscheidung nur auf solche Tatsachen oder Beweismittel stützen, die dem Beschuldigten oder seinem Verteidiger bekannt sind.[203] Hinsichtlich nicht offengelegter Informationen besteht ein – aus Art. 103 Abs. 1 GG abgeleitetes – verfassungsrechtliches Verwertungsverbot.[204] Vor diesem Hintergrund ist das der Staatsanwaltschaft grundsätzlich gem. § 147 Abs. 2 eingeräumte Ermessen, die Akteneinsicht im Ermittlungsverfahren gem. § 147 Abs. 2 zu beschränken, in Haftsachen auf Null reduziert. Ohne vollständige Akteneinsicht für die Verteidigung darf kein Haftbefehl vollstreckt werden. Staatsanwaltschaft und Gericht stehen damit vor der Frage, ob sie die Zurückhaltung der Akten favorisieren (dann keine U-Haft) oder die U-Haft (dann keine Verweigerung der Akteneinsicht).[205] Unter Umständen sind Aktenbestandteile, die nicht den Beschuldigten, sondern andere Personen betreffen, zuvor aus der Akte zu entfernen.

227   Auch wenn der **Mandant flüchtig** ist, er aber von dem Haftbefehl weiß, erscheint der Aufschub des rechtlichen Gehörs bis zur tatsächlichen Inhaftierung unzumutbar. Deutsche Gerichte verwehren hier gerne Akteneinsicht bis zur durchgeführten Verhaftung, weil ein »vorläufig abgeschirmtes Ermittlungswissen der Strafverfolgungsbehörden« verfassungsrechtlich unbedenklich sei.[206] Rechtliches Gehör auf der Basis der Aktenkenntnis könne er nach seiner Verhaftung ausüben. Das ist falsch. Niemand muss seine Freiheit opfern, um sein rechtliches Gehör ausüben zu können. Zwar hat das BVerfG Geheimhaltungsinteressen eine Legitimation nicht grundsätzlich versagt, deren Auswirkungen aber streng dem »in dubio«-Prinzip unterworfen.[207] Prozessuale Nachteile darf der Beschuldigte hierdurch gerade nicht erleiden. Die Durchsetzung hoheitlicher einseitiger Entscheidungen statt des rechtlichen Dialogs über ihre Zulässigkeit auf Kosten der Verletzung des Freiheitsgrundrechts erscheint mit verfassungs- und menschenrechtlichen Vorgaben gerade nicht vereinbar.[208] Das Recht auf kurzfristige Unterrichtung in allen Einzelheiten (Art. 6 Abs. 3 lit. a MRK) entsteht nicht erst mit staatlicher Freiheitsberaubung, sondern mit Kenntnis vom Verfahren.

Der Grundsatz, dass das Gericht eine Haftentscheidung nicht auf diejenigen Tatsachen stützen darf, die unberechtigt nicht zur Kenntnis des Beschuldigten gelangen, muss auch bei einem nicht vollstreckten[209] oder außer Vollzug gesetzten Haftbefehl gelten.[210] Ein Verwertungsverbot bezüglich der betroffenen Tatsachen und Beweismittel greift schließlich im Hinblick auf das Beschleunigungsgebot sowie aus Gründen der Zumutbarkeit unabhängig davon, ob der Beschuldigte (zunächst) versucht hat, Rechtsschutz über §§ 147 Abs. 5, 161a Abs. 3 zu erlangen.[211]

228   In der aktuellen Praxis wird dem Verteidiger häufig erst im Vorführtermin oder im Termin zur Verkündung des Haftbefehls Akteneinsicht gewährt. Es ist dem Verteidiger aber mitunter faktisch unmöglich, die Akten durchzuarbeiten und den Inhalt mit dem Mandanten zu erörtern. Denn die Verhandlung steht unter zeitlichem Druck (§§ 128 Abs. 1; 115 Abs. 1, 2). Innerhalb dieser gesetzlichen Fristen muss dem Verteidiger ausreichend Zeit zur Verfügung gestellt werden. Angesichts der Hektik einer erstmaligen Vor-

---

202 BT-Drs. 16/13097, S. 17; s.a. *Michalke* Reform der Untersuchungshaft – Chance vertan?, NJW 2010, 17, 18.
203 BGH HRRS 2019 Nr. 651.
204 S.a. LR/*Lüderssen/Jahn* § 147 Rn. 160a; LR/*Hilger* § 112 Rn. 23b.
205 LR/*Lüderssen/Jahn* § 147 Rn. 160a; LR/*Hilger* § 112 Rn. 23b.
206 BGH HRRS 2019 Nr. 651; OLG München NStZ-RR 2012, 317.
207 BVerfG NStZ 2007, 274.
208 *Börner* Das Recht auf Akteneinsicht gem. § 147 StPO im Lichte der MRK, Menschenrechtsmagazin 2010, 97 ff; *Michalke* Das Akteneinsichtsrecht des Strafverteidigers – aktuelle Fragestellungen, NJW 2013, 2334 ff.
209 LG Aschaffenburg StV 1997, 644; OLG Köln StV 1998, 269; a.A. aber BVerfG NStZ-RR 1998, 108; OLG Hamm NStZ-RR 2001, 254.
210 LR/*Hilger* § 112 Rn. 23b.
211 EGMR StV 2008, 475, 480 f.; LR/*Hilger* § 112 Rn. 23b; *Schlothauer* Gruppendynamik und Jugendstrafrecht, StV 2001, 196.

führung und dem Erledigungsdruck (insbes. am Wochenende!) gehört es zur primären Überzeugungsarbeit des Verteidigers, zunächst die Akten ausgehändigt zu erhalten und anschließend sich den ausreichenden Zeitraum zur Lektüre zu verschaffen.[212] Werden der Verteidigung die Akten erst im Haftprüfungstermin zur Verfügung gestellt und wird diese Handhabung zu Recht von der Verteidigung als ungeeignet abgelehnt, verbleibt für das Gericht oft nur die Konsequenz der Aufhebung des Haftbefehls.[213]

d) Akteneinsicht während der Hauptverhandlung

In einer strafrechtlichen Hauptverhandlung garantieren die Prinzipien der Unmittelbarkeit und   229
Mündlichkeit, dass die Verteidigung zeitgleich dieselben Informationen in der Beweisaufnahme wie alle anderen Verfahrensbeteiligten erhält. Eine **Parität des Wissens**[214] ist nur dann gewährleistet, wenn der Kenntnisstand der Verteidigung hinsichtlich des gesamten Prozessstoffs nicht hinter dem des Gerichts zurückbleibt. Das z.T. unwürdige Versteckspiel um die Akte mit der Staatsanwaltschaft im Ermittlungsverfahren hat in der Hauptverhandlung ein Ende. Die vollständige Kenntnis der Akten ist die Minimalforderung der fairen und transparenten Hauptverhandlung. Hierzu gehört auch, dass vom Gericht außerhalb der Hauptverhandlung selbst erhobene Beweise zumindest der Verteidigung gegenüber offen angekündigt und durchgeführt werden müssen. Geheime Parallelermittlungen bei laufender Hauptverhandlung widerstreiten der Struktur der strafrechtlichen Hauptverhandlung grundlegend.[215]

Problematisch ist die Akteneinsicht allerdings in der Vorbereitungsphase. Das Gericht bereitet durch   230
Ladungen von Zeugen und Sachverständigen sowie Herbeischaffung von Beweismitteln die Hauptverhandlung vor (§§ 214 ff.). Ob diese Beweismittel relevant sind, vermag das Gericht nur aufgrund seiner Kenntnis der vorliegenden Akten zu prognostizieren. Will der Verteidiger rechtzeitig Aktivitäten entfalten, muss er – wenn er nach Anklageerhebung mandatiert worden ist – daher zwingend über denselben Informationsstand verfügen.

Gerade kurz vor Beginn der Hauptverhandlung oder während des Laufs einer mehrtägigen Verhandlung entwickelt der Aktenbestand eine ungewohnte Dynamik. Kurzfristig eingeholte Gutachten gehen ein, Verhinderungsanzeigen geladener Zeugen werden ebenso in die Akte geheftet wie die Schreiben potenzieller neuer Zeugen, die in der Presse von dem Verfahren erfahren haben und ihre Unterstützung anbieten. Aufklärungsbemühungen – und damit Einsicht in vorläufige richterliche Bewertungen – ergeben sich aus neuen Verfügungen. Das Gebot der Fairness verpflichtet das Gericht dazu, den neuen Akteninhalt der Verteidigung zugänglich zu machen.[216] Akteneinsicht muss angeboten werden, oder idealerweise sind die neuen Bestandteile in Kopie der Verteidigung zuzuleiten. Da die Verteidigung sich in der Praxis nicht darauf verlassen kann, dass das Gericht seiner Informations- und Transparenzpflicht stets zeitnah nachkommt, sind kontinuierliche Einsichtsbegehren vonnöten.

e) Umfang der Akteneinsicht

Liegen keine Beschränkungen der Akteneinsicht vor – also insbesondere nach Anklageerhebung –,   232
hat der Verteidiger einen Anspruch auf Überlassung des gesamten Aktenmaterials, das auch dem Gericht vorliegt. Der Begriff der »Akten« wird vom Gesetz nicht definiert.

---

212 AG Halberstadt StV 2004, 549: »Darüber hinaus muss dem Verteidiger ausreichend Zeit zur Verfügung gestanden haben, sich mit dem Akteninhalt vertraut zu machen. Anderenfalls ist so zu verfahren, als habe er Akteneinsicht noch nicht gehabt.«.
213 S. z.B AG Halle StRR 2012, 356 m. Anm. *Hunsmann.*
214 *Welp* Probleme des Akteneinsichtsrechts, FG Peters 1984, S. 309.
215 So zur außerhalb der Hauptverhandlung vom Gericht angeordneten Wahlgegenüberstellung BGH JR 2011, 119 ff. mit Anm. *Eisenberg.*
216 BGH StV 2018, 136.

233   Es herrscht allerdings Einigkeit darüber, dass das Strafverfahren vom **Grundsatz der Aktenvollstän-
      digkeit** beherrscht wird. Insbesondere im Ermittlungsverfahren sind sämtliche Ermittlungsschritte
      und die Beweisergebnisse schriftlich zu fixieren. Darüber hinaus sind alle beweiserheblichen Urkun-
      den ebenfalls zu den Akten zu nehmen. Alle möglicherweise heranzuziehenden Schriftstücke ein-
      schließlich der beigezogenen Akten anderer Behörden oder Gerichte sind daher Bestandteil der
      Akten, die dem Gericht und damit auch der Verteidigung zur Einsichtnahme zur Verfügung zu
      stellen sind. Soll die Akteneinsicht eine lückenlose Information über Gang und Ergebnisse des
      Ermittlungsverfahrens ermöglichen, sind auch beweiserhebliche Bild- und Tonaufnahmen, Video-
      aufzeichnungen oder schriftlich fixierte Telefonüberwachungsprotokolle Bestandteil der Akten. Auf
      Datenträger fixierte Audiodateien aus Telefonüberwachungen sind damit ebenso Aktenstücke[217] wie
      die Aufzeichnungen von Vernehmungen im Ermittlungsverfahren (§ 58a Abs. 2 S. 3).

234   § 147 Abs. 1 unterscheidet den Begriff der Akten von dem der **Beweisstücke**. Bei Letzterem handelt
      es sich um körperliche Gegenstände, die für den Prozess als Augenscheinsobjekt in Betracht kom-
      men oder Grundlage für einen Sachverständigenbeweis oder einen Vorhalt bei einer Vernehmung
      bilden können. Grundsätzlich zählen zu diesen Beweismitteln Tatmittel (Pistole, Messer) oder Tat-
      produkte (Falschgeld). Der Sinn der Differenzierung liegt nicht in einem unterschiedlichen Infor-
      mationsbedürfnis der Verteidigung, sondern allein in der Befürchtung einer Gefahr des Substanz-
      verlusts des originären Beweisstücks oder in Überlegungen der Praktikabilität. Faktisch spielt dies
      zumeist keine Rolle, da Beweisstücke wie Urkunden oder Bilddateien vom Tatgeschehen sehr oft
      ohnehin Bestandteil der Akten sind, die der Verteidigung übersandt werden.

235   Strittig ist die Behandlung staatsanwaltschaftlicher Ermittlungsakten, die beigezogen werden (sol-
      len). Hat die Staatsanwaltschaft ein ursprünglich umfangreiches Verfahren gegen mehrere Beschul-
      digte abgetrennt und zunächst lediglich einen angeblichen Täter angeklagt, kann der Angeklagte
      ein hohes Interesse an der Einsicht in neuere Erkenntnisse im gegen die anderen fortgeführten
      Ermittlungsverfahren haben. Der sachliche Bezug zum einst einheitlichen Verfahren ist meist evi-
      dent. Dennoch respektiert die höchstrichterliche Rechtsprechung eine Ablehnung des gerichtlichen
      Aktenbeiziehungsgesuchs durch die Staatsanwaltschaft,[218] wenn diese Verfahren noch nicht abge-
      schlossen sind. Anderes soll nur bei Anhaltspunkten für eine missbräuchliche Verfahrenstrennung
      der Staatsanwaltschaft gelten.

236   Strittig ist auch die Behandlung von **Spurenakten**. Bei der Untersuchung eines Kriminalfalls ver-
      folgen die Ermittlungsbehörden häufig unterschiedliche Ansätze, die sich nachträglich aus ihrer
      Sicht als völlig irrelevant darstellen. Deren aktenmäßige Bearbeitung wird daher häufig getrennt von
      der sogenannten Hauptakte erfolgen, die sich gegen den letztendlich Verdächtigen und Angeklagten
      richtet. Aus eigener Initiative werden diese Akten weder dem Gericht noch der Verteidigung vor-
      gelegt. Die Einschätzung der Irrelevanz möglicher Informationen aus diesen Spurenakten ist jedoch
      einseitig von den Ermittlungsbehörden vorgenommen worden. Die Verteidigung kann sich aus der-
      artigen Informationen entlastendes Beweismaterial erhoffen, wenn beispielsweise die naheliegende
      Möglichkeit eines Alternativtäters aufgezeigt werden könnte. Die Einschätzung der Relevanz von
      Informationen aus dem Ermittlungsverfahren hängt oft von der Sichtweise des Verfahrensbeteiligten
      ab. Die Vollständigkeit der Akteneinsicht wäre garantiert, wenn grundsätzlich jede Spurenakte auch
      als Aktenbestandteil deklariert werden könnte. Dem hat sich allerdings die Rechtsprechung nicht
      angeschlossen. Spurenakten sollen vielmehr nur dann Bestandteil der Akte sein, wenn ihr Inhalt für
      die anhängige Strafsache Bedeutung haben könnte.[219] Die Relevanzeinschätzung wird damit aus-
      nahmslos der Staatsanwaltschaft überlassen. Informationen hierüber kann die Verteidigung nicht
      im Strafprozess erzwingen. Die Rechtsprechung hat insoweit allerdings die Möglichkeit eines Umwe-
      ges über eine Klage gem. §§ 23 ff. EGGVG konstituiert.

---

217 OLG Stuttgart NJW 2003, 767; OLG Frankfurt StV 2001, 611; KK/*Schneider* § 199 Rn. 8; a.A.
     OLG Karlsruhe NJW 2012, 2742.
218 BGH StV 2005, 594.
219 BGHSt 30, 131 ff.; BVerfGE 63, 59 ff.

f) Geheimakten

Der Strafprozess kennt grundsätzlich keine Geheimakten. Die Waffengleichheit im Prozess fordert, dass alle Akten, die dem Gericht vorliegen, auch dem Verteidiger vorgelegt werden müssen. **237**

Dem kann auch nicht mit der Erwägung entgegen getreten werden, dass Ermittlungsmaßnahmen (z.B. Telefonüberwachungen) auch Grundrechte Dritter betreffen und deren Verletzung durch die Bekanntgabe an die Verteidigung »vertieft« werde. Derartige Erwägungen nimmt das Gesetz bei der Regelung der Beweiserhebung vor. Spiegeln die Akten korrekt erhobene Beweisergebnisse wieder, kann kein Drittrecht den Umfang der Akteneinsicht der Verteidigung beschränken. Derartige Überlegungen der Verhältnismäßigkeit können allenfalls bei Akteneinsichtsgesuchen anderweitiger Verfahrensbeteiligter Platz greifen. **238**

Aus Sicht der Ermittlungsbehörden kann sich allerdings aus anderen Umständen ein Geheimhaltungsbedarf ergeben, sodass entgegen dem Grundsatz der Aktenvollständigkeit verfahrensrelevante Unterlagen dem Gericht nicht zur Verfügung gestellt werden. Die gesetzlichen Voraussetzungen für eine solche Vorgehensweise sind eng. § 96 sieht die Möglichkeit einer »Sperrung« bestimmter amtlicher Schriftstücke vor, wenn deren Offenlegung dem Wohl des Staates Nachteile bereiten würde. Eine von einer obersten Dienstbehörde abzugebende Erklärung muss hierfür eine nachvollziehbare Begründung enthalten; eine Herausgabe der gesperrten Unterlagen kann danach auch das Gericht und erst recht die Verteidigung nicht erzwingen. Verteidigungsmöglichkeiten werden durch diesen Informationsentzug notwendigerweise verkürzt, auch für das Gericht wird die Beweisgrundlage verengt; durch eine besonders vorsichtige Beweiswürdigung ist in diesen Fällen das Gericht zu einem Ausgleich verpflichtet.[220] **239**

Führt die Staatsanwaltschaft in besonderem Maße geheimhaltungsbedürftige Ermittlungen, wie beispielsweise durch V-Männer, so kann deren Dokumentation und Ergebnis zunächst in Sonderakten verwahrt werden (§ 110d Abs. 2 S. 1); spätestens mit Anklageerhebung sind sie allerdings zu den Akten zu nehmen. Soll die Person des eingesetzten V-Mannes auch im Prozess einer weitergehenden Anonymität unterliegen, so bedarf es in analoger Anwendung des § 96 einer Sperrerklärung der obersten Dienstbehörde. **240**

g) Praktische Durchführung der Akteneinsicht

Neben dem grundsätzlichen Anspruch auf Akteneinsicht war bislang die Art und Weise der Akteneinsicht ebenfalls in § 147 geregelt. Seit dem 1.1.2018 ist ausschließlich das »Ob« der Akteneinsicht in dieser Norm geregelt, die Details des »Wie« finden sich in dem neu eingeführten 4. Abschnitt des ersten Buchs der StPO unter dem Titel »Aktenführung und Kommunikation im Verfahren« (§§ 32 – 32f). Die Realisierung der Akteneinsicht eines Verteidigers ist in der Neuregelung überlagert von allgemeinen Einsichtsmöglichkeiten anderer Beteiligter oder unbeteiligter Personen sowie dem Schwergewicht der Regelung auf der staatlichen elektronischen Aktenführung und der sich hieraus ergebenden Umsetzungen auf den Zugriff der elektronischen Daten.[221] Für die Verteidigung wollte der Gesetzgeber in der Sache keine inhaltlichen Veränderungen bewirken; dieser Effekt darf aber bezweifelt werden. **241**

Die Systematik der gesetzlich geregelten Akteneinsicht in § 32f orientiert sich an der schönen neuen digitalen Welt (die in der Realität des Verteidigerlebens noch nicht angekommen ist). Die charmante und praktische Idee des Gesetzgebers besteht darin, dass die Ermittlungsbehörden sämtliche Ermittlungsakten digital vorhalten und nach Genehmigung der Akteneinsicht der Verteidiger bequem und kostenlos online von seinem Schreibtisch aus auf die Daten zugreifen kann. Verfügt er nicht über die technisch sicheren Möglichkeiten eines Abrufs, kann er auf Antrag die Daten in den Diensträumen der Ermittlungsbehörden einsehen oder sich die Daten auf einem festen Datenträger über-

---

220 BGH NJW 2004, 1259 ff.
221 *Kassebohm* Das Ende des Papierzeitalters – Gesetz zur Einführung der elektronischen Akte in Strafsachen vom 12.7.2017, in: StraFo 2017, 393.

senden lassen. Allein die Übersendung eines Datenträgers mit Scans der Ermittlungsakte bei einer regelmäßig noch in Papierform geführten staatsanwaltschaftlichen Akte ist seit Jahren Justizalltag. Rechtsverordnungen sollen für die Zukunftswelt die Details regeln. Es sind jedoch weder alle notwendigen Rechtsverordnungen erlassen worden, noch liegen die technischen Voraussetzungen hierfür flächendeckend vor.[222]

Die Realität im Verteidigerleben ist die seit Jahrhunderten dominierende Papierakte.

Der Verteidiger hatte nach bisherigem Recht grundsätzlich einen Anspruch darauf, dass ihm die **Akten ausgehändigt** werden, damit er diese **in seinem Büro** bearbeiten kann (§ 147 Abs. 4 S. 1 aF). Ausnahmen sollten bislang für Beweisstücke gelten, die lediglich auf der Geschäftsstelle der Staatsanwaltschaft zu besichtigen waren.

§ 147 Abs. 1 unterscheidet zwar nach wie vor die Akten von den amtlich verwahrten Beweisstücken, § 32f nimmt diese Unterscheidung bei der Art und Weise der Akteneinsicht jedoch nicht mehr auf. Stattdessen wird zum einen einschränkend dargelegt, dass die Übersendung der Akten an den Verteidiger in Form einer Kopie oder eines Datenträgers erfolgen »kann« und darüber hinaus neuerdings stets zu prüfen sei, ob »ein wichtiger Grund« der Übersendung entgegensteht. Entgegen dem Versprechen des Gesetzgebers, dass sich an der Situation für die Verteidigung durch die neue Regelung nichts geändert habe, bildet diese Formulierung das Einfallstor weitere Einschränkungen der Verteidigung.

Dass nach wie vor das blutige Messer oder das entscheidende technische Manipulationsgerät für einen Kasino betrug nicht unüberwacht aus staatlichem Gewahrsam entlassen werden kann, ist auch für Verteidiger nachvollziehbar. Die Verantwortung für Veränderungen an Original Beweismitteln wäre häufig nur schwer zu tragen. Zu derartigen Beweismitteln zählen nicht nur beschlagnahmte Tatwerkzeuge und Ähnliches, sondern auch Urkunden, wenn sie wegen ihrer Beschaffenheit entscheidungserheblich sein können. Dies ist für die Staatsanwaltschaft häufig Anlass, **sichergestellte Unterlagen** nicht an den Verteidiger herauszugeben, sondern sich auf eine Einsichtnahme in den Räumlichkeiten der Staatsanwaltschaft zu beschränken. Derartige Akten sind aber für die Verteidigung von eminenter Bedeutung und müssen mit dem Mandanten besprochen werden.

242   Häufig kommen bei handschriftlichen Aufzeichnungen verschiedene Autoren in Betracht, unterschiedliche farbliche Markierungen können Bedeutungen haben, die sich dem Verteidiger bei dessen alleiniger Besichtigung nicht erschließen.

243   Zwar hat der Verteidiger auch das Recht, diese Besichtigung gemeinsam mit dem Mandanten vorzunehmen. Ein intensiver Austausch über den Beweiswert der nicht ausgehändigten Urkunden kann allerdings nur dann erfolgen, wenn die Bedingungen eines vertraulichen Gesprächs gegeben sind. Es gehört daher zu den Grundsätzen eines fairen Verfahrens, wenn die Staatsanwaltschaft – ggf. auf Kosten des Beschuldigten – Kopien solcher Akten fertigt und diese der Verteidigung aushändigt.[223] Erst Recht benötigt die Verteidigung Kopien der entscheidenden Urkunden, wenn beabsichtigt ist, ein eigenes Gutachten zu den in Rede stehenden Fachfragen einzuholen.[224]

244   Von enormer praktischer Bedeutung ist die Möglichkeit der intensiven Untersuchung von Audiodateien einer TKÜ-Maßnahme. Verschriftungen von abgehörten Gesprächen durch die Ermittlungsbehörden sind zum einen selektiv an Belastungsmomenten ausgerichtet und zum anderen in ihren Zusammenfassungen oft verfälschend. Verteidigung benötigt daher vollständige Original-Audiodateien, um den Versuch alternativer Deutungen der Kommunikation zu belegen. Die Masse der Dateien lähmt Verteidigung. Auswertungen von nicht selten mehreren zehntausend abgehörter

---

222 Eine Strafakteneinsichtsverordnung (StrafAktEinV) liegt erst seit dem 6.3.2020 vor.

223 S. z.B. OLG Frankfurt StV 2001, 611 für den Fall Audiokopien einer Telefonüberwachung; so auch für die aktuelle Rechtslage KK-StPO/*Graf* 8. Aufl. 2019, StPO § 32f Rn. 14.

224 S. z.B. *Krekeler* Strafverteidigung mit einem und gegen einen Sachverständigen, StraFo 1996, 7; LR/ *Lüderssen/Jahn* § 147 Rn. 115.

Telefonate sind einer gut besetzten polizeilichen Ermittlungskommission über Monate möglich, nicht aber einem einzelnen Verteidiger innerhalb weniger Wochen. Der zeitliche und technische Aufwand ist beträchtlich und kann – wenn überhaupt – vernünftigerweise nur in den Kanzleiräumlichkeiten erfolgen.

Dies konterkarierte eine Rechtsprechungstendenz, die entgegen der herrschenden Lehre diese **Dateien**   245
als Beweisstücke mit der Konsequenz qualifizierte, dass diese nur auf der Geschäftsstelle des Gerichts »besichtigt« werden können.[225]

> Diese Rechtsprechung setzte sich nicht einmal mit der gesetzlichen Idee[226] auseinander, dass der maß-   246
> gebliche gesetzliche Grund einer Gefahrenminimierung des Substanzverlusts des Beweismittels bei den
> reproduzierbaren Audiodateien nicht greift. Die Rechtsprechung nutzte die Differenzierung zwischen
> Akten und Beweismitteln, um ein völlig anderes Ziel zu erreichen. Ausdrücklich strebt die Rechtspre-
> chung die volle Kontrolle über die in Ermittlungsverfahren gewonnenen Daten an und sieht diese durch
> eine Überlassung an die Verteidigung gefährdet. Das Gesetz erlaubt dem Gericht eine solche Kontrolle
> nicht, weshalb untaugliche Interpretationsversuche im Rahmen des § 147 zur Erreichung dieses Zwecks
> genutzt wurden.
>
> Die verteidigungsbeschränkende Intention des Zeitgeistes zeigt sich allerdings schon anderweitig. Sys-
> temwidrig und ohne jede Begründung ordnet im Rahmen von Sexualdelikten Nr. 220 RiStBV an, dass
> Lichtbilder des unbekleideten Verletzten (nicht etwa anderer Unbeteiligter) von der StA getrennt aufbe-
> wahrt und dem Verteidiger nicht in sein Büro mitgegeben werden sollen. Eine Vernichtung der Fotos im
> Büro des Anwalts droht regelmäßig nicht; warum das »Schamgefühl« des Verletzten die Qualität der
> Vorbereitung der Verteidigung behindern darf, erklären die Richtlinien nicht. Statt einer Begründung
> erfolgt ein Hinweis auf § 147 Abs. 4 S. 1 aF., der gerade das Gegenteil für den Regelfall anordnete.
>
> Ausgangspunkt der TKÜ-Überlegungen ist die – berechtigte – Sorge, dass durch die Datensammelwut
> der Ermittler der Intimbereich zahlreicher unbeteiligter Personen betroffen ist. Die Rechtsprechung sorgt
> sich um die unkontrollierbare Verbreitung privater Telefongespräche, die unter Umständen sogar den Kern-
> bereich der Lebensgestaltung unbeteiligter Personen betrifft. Sie weist auf § 101 Abs. 8 hin, wonach
> Daten zu löschen sind, fixiert den Zeitpunkt für die Löschung auf die Rechtskraft eines Urteils und sieht
> den staatlichen Löschungsauftrag gefährdet, wenn zuvor Daten an die Verteidigung weitergereicht wor-
> den waren.
>
> Die Rechtsprechung verkennt, dass sie damit dem kaum kontrollierbaren Datenerfassungswahn der
> Ermittlungsbehörden Vorschub leistet. Die behauptete Gefahr würde schon nicht bestehen, wenn die
> Ermittler die gesetzlich vorgesehene Vorsicht walten lassen würden und die Wahrnehmung im Kern-
> bereich privater Lebensgestaltung das Abhören abschalten (§ 100c Abs. 5) oder jedenfalls unverzüglich
> löschen würden (§ 100a Abs. 5), jedenfalls die fehlende Erforderlichkeit anderer Daten rechtzeitig fest-
> stellen und diese konsequent vernichten würden. Die Chance der späteren präventiv-polizeilichen Auf-
> bewahrung wollen sich Ermittlungsbehörden erhalten. Anderweitige Geheimnisse, die dem Informations-
> anspruch der Verteidigung vorausgehen könnten, sind abschließend gesetzlich geregelt; allgemeine
> Ergebnisse einer TKÜ gehören nicht dazu. Legitim erscheinen allenfalls Bemühungen, eine später erfor-
> derlich werdende Löschung aller Daten seitens der Justiz sicherzustellen. Dies kann allerdings auch bei
> einer Überlassung der Dateien an den Verteidiger erfolgen, wenn dieser zusichert, die Dateien nicht zu
> vervielfältigen und den Datenträger auf Anforderung nach Beendigung seiner Tätigkeit zurückzugeben.

Dass diese Behinderung der Verteidigung nunmehr durch Vorenthalten der Übersendung der Audiodateien mit der Begründung fortgesetzt wird, ein wichtiger Grund stehe dieser Variante der Akteneinsicht entgegen, ist zu erwarten. Verteidigung hat hier die schon vorgetragenen besseren Argumente

---

225 BGH NStZ 2014, 347 m.abl. Anm. *Krawczyk* StRR 2014, 220; OLG Karlsruhe NJW 2012, 2742 ff. m. abl. Anm. *Meyer-Mews* = StV 2013, 493 m. Anm. *Beulke/Witzigmann*; OLG Nürnberg StraFo 2015, 102 m. abl. Anm. *Wesemann/Mehmeti*. Dagegen für die Bewertung von Audiodateien als Aktenbestandteile: OLG Saarbrücken NStZ 2019, 362; *OLG* Hamburg StraFo 2016, 344 ff.; *OLG* Zweibrücken StV 2017, 437 f.; *Mosbacher* JuS 2017, 127, 128; *Wettley/Nöding* NStZ 2016, 633, 634; *Knauer/Pretsch* NStZ 2016, 307).

226 Zur dogmatischen Bewertung der Differenzierung von Akten und Beweismitteln im § 147 s. schon *Rieß* Peters-FS, 1984, S. 113 ff.

auch unter aktuellen Bedingungen zu platzieren. Insbesondere ist der pauschalen Berufung auf den Datenschutz und Persönlichkeitsrechte unbeteiligter Dritter als Versagungsgrund entgegenzutreten. Die Art und Weise von Ermittlungen und deren Dokumentation tangiert schon seit Jahrzehnten Persönlichkeitsrechte Dritter, den Informationsanspruch des Beschuldigten kann dies nicht tangieren. Im Übrigen ist den Entscheidungsträgern deutlich zu machen, dass die vordergründig zweitrangige Entscheidung über das »Wie« der Akteneinsicht letztendlich das »Ob« betrifft;[227] gerade die sorgfältige Auswertung von abgehörten Audiodateien ist für Verteidigung zur Darstellung insbesondere auch von Alternativsachverhalten oder der Bewertungen von Regeln oder Ausnahmen von Verhaltensweisen der Beteiligten von grundsätzlicher Bedeutung. Wird der Verteidigung aus praktischen Gründen eine solche Aufarbeitung genommen, ist Verteidigung in ihrem Kern beschränkt.[228]

Der aktuelle Zustand, bei dem die Verteidigung genötigt wird, TKÜ als gefährdetes Beweismittel ausschließlich in polizeilichen oder justiziellen Räumlichkeiten wahrzunehmen, ist angesichts der praktischen Unmöglichkeiten eine Verletzung des Prozessgrundrechts.[229] Wenn darüber hinaus die Revisionsrechtsprechung bei einer Verteidigerrüge eines solchen Verhaltens verlangt, zur Zulässigkeit der Rüge solle aus den zehntausenden nicht gehörter Telefongesprächen die besondere Relevanz des Fehlers für das Urteil dargelegt werden, ist die »kafkaeske Konstellation«[230] überdeutlich. Der Verteidigung bleibt hier nichts anderes übrig, als nach Wahrnehmung des justiziellen Angebots des Abhörens zu regelmäßig sehr beschränkten amtlichen Dienstzeiten nach einigen wenigen Tagen die anstehenden Verteidigungsnotwendigkeiten zeitlich »hochzurechnen« und zur Bewältigung der anstehenden Arbeiten beispielsweise die Beiordnung mehrerer zusätzlicher Verteidiger zu beantragen oder – bei unmittelbar anstehender oder laufender Hauptverhandlung – deren Aussetzung zu beantragen.

Die Entscheidung, Akten oder Aktenbestandteile der Verteidigung nicht zur selbstständigen Bearbeitung zu übersenden, ist unanfechtbar (§ 32f Abs. 3).[231] Das macht Verteidigung nicht recht- und hilflos. Verteidigung hat nicht nur vehement die Überlassung im Vorfeld einer Hauptverhandlung einzufordern; bei Ignorierung ist zu Beginn der Hauptverhandlung ein Aussetzungsantrag zu stellen,[232] der mit der wachsenden Erkenntnis in der Hauptverhandlung zu nachteiligen Selektionen der Verschriftungen durch die Kriminalpolizei zu wiederholen ist. Die im Laufe eines Umfangsverfahrens allmählich zu realisierende Möglichkeit der Wahrnehmung des gesamten Beweismaterials ist kein Substitut zur Erfüllung des Verteidigungsanspruchs auf umfassende Akteneinsicht zur Vorbereitung der Hauptverhandlung. In jedem Fall sind in einer Hauptverhandlung Beschlüsse einzufordern, um in der Revision die Behinderung der Verteidigung geltend machen zu können.

h) Akteneinsicht des inhaftierten Mandanten

247   Zu zahlreichen Rekonstruktionen der Akte kann häufig nur der Mandant aus seinem originären Wissen sinnvolle Anmerkungen machen. Es ist daher eine Selbstverständlichkeit, dass sich der Informationsanspruch hinsichtlich der gesamten Akte nicht nur auf die Verteidigung, sondern auch auf den Mandanten selbst beziehen muss. Im Regelfall ist der Verteidiger zur Realisierung dieses Rechts der Mittler, er übergibt dem Mandanten die von ihm gefertigten Kopien oder den Datenträger mit den von der Justiz oder von ihm selbst gefertigten Dateien der Ermittlungsakten, gegebenenfalls einschließlich zahlreicher Bildbände und Original-Audiodateien. Letzteres ist angesichts der Zunahme

---

227   SK/*Singelnstein* StPO 5. Aufl. § 32f Rn. 13.

228   SK/*Wohlers* StPO 5. Aufl. § 147 Rn. 93.

229   So LG Bremen StV 2015, 682 m.Anm. *v.Döllen*.

230   S. *Salditt* Strafverteidiger in streitiger Hauptverhandlung, StraFO 2015, 1 ff, 7.

231   Das gilt auch für die Staatsanwaltschaft, die gegen die Entscheidung des Gerichts vorgehen will, der Verteidigung sämtliche Audiodateien mittels Datenträger zu überlassen, OLG Saarbrücken NStZ 2019, 362.

232   *Gercke* Überwachung der Telekommunikation – von der Ausnahme zur Regel, StraFO 2014, 94, 98; *ders.* StV 2015, 13.

von umfangreichen Verfahren und der Nutzung von Zehntausenden abgehörter Gespräche am Telefon oder im Auto sogar die Regel geworden.

Diese Mittlerrolle wird dann schwierig bis unmöglich, wenn der Mandant inhaftiert ist und die Information über mehrere transportablen Aktenordner mit Kopien weit hinausgeht. Auch dann ist der Mandant nicht nur auf den elektronischen Datenträger, sondern darüber hinaus auch auf einen PC angewiesen, mit dem er die ihm offerierte Akte lesbar und hörbar gestalten kann. Hier sehen viele Justizvollzugsanstalten unüberwindliche Hindernisse. Primär muss Verteidigung daher gegenüber dem Gericht darauf dringen, dass dem Mandanten zur individuellen Verfügung ein Laptop bereitgestellt wird. Gegebenenfalls müssen auch Anstrengungen unternommen werden, ein elektronisches Gerät zu besorgen, das erkennbar nicht über weitergehende Kommunikationsmöglichkeiten verfügt. Nur so kann der Mandant lesen und hören und damit der Verteidigung wichtige Erkenntnisse eröffnen, die dem am unmittelbaren Geschehen nicht beteiligten Verteidiger niemals in den Sinn kommen würden.

Wird die Nutzung eines eigenen PC verweigert, versucht die JVA häufig dies durch Bereitstellen eigener PCs zu kompensieren. Die Erfahrung lehrt, dass dies allenfalls zu einer Simulation der umfassenden Akteneinsicht des inhaftierten Mandanten führen kann. Es gibt nur wenige PCs, viele Gefangene mit der Bitte um Nutzung und wenige Beamte, die das ganze beaufsichtigen. Im Ergebnis kann der Mandant häufig lediglich wenige Stunden in der Woche Einblick in die Akten nehmen. Führt eine zeitliche Hochrechnung der Durchführung einer vollständigen Akteneinsicht in die Dimension von mehreren Monaten oder Jahren, ist dies beharrlich vorzutragen. Nach einem gewissen Zeitablauf ist allein dieses durch die Justiz verursachte Verzögerungsmoment ein entscheidendes Argument, um im Verstoß gegen Art. 6 Abs. 3 lit. a, b MRK den Anlass für die Aufhebung der Haft zu suchen.

2. Akteneinsicht anderer Beteiligter

Wird intensiv gegen den Mandanten ermittelt, gleicht die Lektüre der Akte häufig der Offenlegung eines Lebensprofils, wie es der Mandant niemals von sich registriert hat. 248

> Befreundete Zeugen decken in Vernehmungen Persönlichstes auf, die abgehefteten Auskünfte der BaFin decouvrieren sämtliche Kontoverbindungen, medizinische Gutachten beschreiben den physischen und u.U. psychischen Zustand, geschäftliche Ermittlungen zu angeblichen Scheinrechnungen breiten ein explizites Bild des Steuerschuldners aus, der behauptete Vorwurf eines Sexualdelikts kann erstaunliche Erkenntnisse aus den Tiefen des Schlafzimmers vermitteln. 249

Das Sonderopfer des Beschuldigtenstatus verlangt vom Mandanten ein hohes Maß an Dickhäutigkeit. Das ungute Gefühl der Kenntnisnahme intimster persönlicher Details durch Ermittlungspersonen mag durch legal fixierte Handlungsräume besänftigt werden. Dass Außenstehende hiervon Kenntnis erhalten, wird zumeist als unerträglich empfunden. Datenschutz im Allgemeinen und das verfassungsgerichtlich betonte Recht des (auch beschuldigten) Bürgers auf informationelle Selbstbestimmung im Besonderen sollten ihm Sicherheit vor der Neugier außenstehender Dritter geben. 250

> Dem stehen allerdings andere **rechtspolitische Tendenzen** entgegen. Die Informationsfreiheitsgesetze des Bundes und der Länder haben den rechtlichen Anspruch aller Bürger geschärft, auch ohne besondere Begründungen Informationszugang zu amtlichen Vorgängen zu erhalten. Auch wenn die Sonderregelungen der StPO vorgehen, konnte sich der Gesetzgeber diesem Trend nicht entziehen. Überlagert wird dies von einer noch stärkeren rechtspolitischen Welle: dem sog. Opferschutz. In der Summe sah sich der Gesetzgeber gehalten, Regelungen zu schaffen, die vielen Außenstehenden den Weg zu Auskünften aus dem Strafverfahren und sogar zu unmittelbarer Akteneinsicht ebnen. Zur Wahrung der Mandanteninteressen gehörte damit auch zur Verteidigungsaufgabe, dessen informationelles Selbstbestimmungsrecht im Ermittlungsverfahren zu sichern. 251

252 Dem betroffenen Mandanten ist stets rechtliches Gehör zu gewähren, bevor Staatsanwaltschaft oder Gericht Akten an Außenstehende weiterleiten.[233] Die Chance muss Verteidigung wahrnehmen, um in den gesetzlich vorgesehenen komplizierten Abwägungsprozess einzugreifen.

253 Gegen die Akteneinsicht der Mitbeschuldigten oder Einziehungs- oder Verfallsbeteiligten (§ 434 Abs. 1 S. 1) lässt sich zumeist wenig einwenden. Der Nebenkläger und der zur Nebenklage Berechtigte müssen ihr berechtigtes Interesse an der Akteneinsicht nicht darlegen, wohl aber der (bloße) Verletzte (§ 406e). Da sowohl der Begriff des durch die Straftat auch möglicherweise mittelbar Verletzten von der Rechtsprechung ebenso weit gezogen wird wie sein weit gefasstes rechtliches, wirtschaftliches oder ideelles Interesse, ist das Argumentationsarsenal des Verteidigers an dieser Stelle beschränkt. Das Gesetz geht sogar so weit, jedem Außenstehenden (Insolvenzverwalter, Zeugen, Versicherungen, etc.) bei entsprechenden Interessen einen solchen Anspruch grundsätzlich zuzubilligen (§ 475). Hier verbleibt der Verteidigung häufig nur die Möglichkeit, auf die eigentlichen Interessen des Antragstellers hinzuweisen, die weit vom Strafverfahren entfernt sein können.

254 Argumentation ist gefordert, wenn StA oder Gericht zu prüfen haben, ob **überwiegende schutzwürdige Interessen des Mandanten** oder anderer der Akteneinsicht entgegenstehen. Hier ist die unzumutbare Betroffenheit des Mandanten zu verdeutlichen, falls konkret der zur Akteneinsicht Berechtigte Kenntnis von intimen Sachverhalten erhält, die zur Wahrung seiner Interessen nicht erforderlich erscheinen. Auch ein Nebenkläger muss nichts über konkrete Vermögensverhältnisse oder Besonderheiten der Lebensgeschichte des Mandanten wissen. Könnte in einer Hauptverhandlung die Öffentlichkeit ausgeschlossen werden, ist die Informationserteilung an Dritte im Ermittlungsverfahren nicht geboten. Dies gilt erst recht, wenn über die Verletzung der Privatsphäre hinaus strafrechtlich geschützte Güter betroffen sind. Der interessierte Konkurrent kann auch nicht über die Akteneinsicht Informationen über Geschäftsgeheimnisse des beschuldigten Mandanten in Erfahrung bringen. Der Verrat des Steuergeheimnisses durch StA und Gericht steht in Rede, wenn den Mandanten betreffende Sachverhalte an Dritte weitergegeben werden. Der Weitergabe der Akten ist hier zu widersprechen, gegebenenfalls kann bei negativer Entscheidung Beschwerde eingelegt werden (§§ 406 e Abs. 4; 478 Abs. 3).

255 Dem Akteneinsichtsrecht Dritter kann auch die **Gefährdung des »Untersuchungszwecks«** entgegenstehen. Ist der Kern des Strafverfahrens – Sachverhaltsaufklärung und Wahrheitsermittlung – tangiert, ist der Vorrang des Informationsanspruchs Dritter kaum noch begründbar. Einem zuverlässigen Ermittlungsergebnis abträglich ist insbesondere eine Information eines Zeugen zu Verfahrensverlauf und -ergebnis. Verbunden mit intuitiver subjektiver Interessenverfolgung ist das menschliche Bedürfnis unabweisbar, für die eigene Aussage Darstellungsformen zu wählen, die mit diesem Interesse korrelieren. Zeugen sollen daher z.B. angehört werden, ohne dass diese vorhergehende Teile der Beweisaufnahme registriert haben (§ 58 Abs. 1). Eine solche Lenkung der Zeugenaussage erfolgt auch, wenn dem Zeugen zuvor durch Aktenlektüre der vorläufige Beweisstand offeriert wird. Selbst die Lektüre der eigenen – zumeist von Polizeibeamten formulierten – Zeugenaussage im Ermittlungsverfahren verwehrt angesichts des Bedürfnisses, eigenen Erwartungshaltungen und denen anderer zu entsprechen, eine unbelastete Vernehmung in der Hauptverhandlung. Eine Akteneinsicht ist daher regelmäßig dem Zeugen und seinem anwaltlichen Begleiter zu verwehren.[234]

256 Die Gefahr der Verfälschung von Ergebnissen der Beweisaufnahme besteht erst recht, wenn allein die eine Zeugenaussage für die Schuldfrage entscheidend ist, wie z.B. bei den meisten Sexualstraftaten. Hier ist der Zeuge (oder zumeist die Zeugin) zugleich Nebenklägerin. Der in der Praxis fast automatisch erfolgenden Akteneinsicht an den anwaltlichen Nebenklägervertreter ist hier mit dem Hinweis entgegenzutreten, dass der Verweigerungsgrund der Gefährdung der Untersuchung hier

---

233 BVerfG NStZ-RR 2005, 242.

234 *Meyer-Lohkamp/Block* Akteneinsichtsrecht für Zeugenbeistände, StraFo 2011, 86 ff., unter Bezugnahme auf BGH NStZ-RR 2010, 246; KG StraFo 2015, 459 ff.

ohne Einschränkungen gilt (§ 406e Abs. 2 S. 2). Zuverlässigkeit und Wahrheitsgehalt einer Aussage des Nebenklägers sind zwangsläufig massiv reduziert, wenn zuvor eine Akteneinsicht erfolgt ist.[235] Welche Interessen dem Nebenkläger/Zeugen auch immer zugestanden werden, zumeist wird deren Realisierung auch nach der gerichtlichen Zeugenaussage ohne Verlust möglich sein.

Komplizierte Abwägungen und der Verhältnismäßigkeitsgrundsatz lassen oft eine beschränkte Akteneinsicht als das probate Mittel erscheinen, um einen legitimen Informationsanspruch ohne wesentliche Verletzung von Mandanteninteressen zu realisieren. **257**

> Die Verteidigung kann Schwärzungen, Anonymisierungen oder schlichte Selektion von Aktenbestandteilen verlangen. Staatsanwälte und Gerichte werden allerdings oft nicht bereit sein, für sie unangenehme zusätzliche Arbeiten zu übernehmen. Die Entfernung des Strafregisterauszuges dürfte zwar kaum Schwierigkeiten machen, um darüber hinaus spezielle Geschäftsgeheimnisse, steuerrechtliche Sachverhalte oder Ähnliches zu eliminieren, ist allerdings ein Aufwand erforderlich, für den es zum einen keine rechtlichen Maßstäbe gibt, zum anderen der Wille zu außergewöhnlichem Aufwand nicht gegeben sein dürfte. Konkrete Vorgaben der Verteidigung sind hier außerordentlich nützlich. Ist die Verteidigung bereits zu Anfang in einem absehbar komplizierten Verfahren mandatiert, kann bereits zu einem frühen Zeitpunkt eine bestimmte Aktenführung angeregt werden, die sensible Daten einem besonderen Ordner zuweist. **258**

3. Verteidigerkontakte zu Staatsanwaltschaft und Polizei

Notwendige Grundlage Erfolg versprechender Aktivitäten der Verteidigung ist ein Optimum an Informationen. Nur wer weiß, was die andere Seite weiß, kann sinnvoll kommunizieren und beeinflussen. Die Realität des Ermittlungsverfahrens wird regelmäßig weit hinter diesem Optimum bleiben. Das Verfahren ist auf ein Informationsgefälle angelegt: Die Ermittlungen können heimlich geführt werden, sodass die **Ermittlungsbehörden** stets einen **Informationsvorsprung** haben. Selbst wenn Akteneinsicht gewährt wurde, fördert der Fortgang der Ermittlungen kontinuierlich den Informationsvorsprung von Polizei und Staatsanwaltschaft. Außerhalb der formalen Möglichkeiten der Informationsgewinnung kommt in der Realität des Ermittlungsverfahrens dem unmittelbaren Kontakt zwischen Verteidiger und Ermittlungspersonen eine entscheidende Bedeutung zu. Zwar ist kein Polizeibeamter oder Staatsanwalt zu einem Gespräch mit einem Verteidiger verpflichtet, tatsächlich wird ein solches Gespräch allerdings nur in den seltensten Fällen abgelehnt. Die Nutzung dieser Informationsquelle kann der Anwalt keinem juristischen Lehrbuch entnehmen. Gerade diese Phase des Strafverfahrens belegt eindrucksvoll die These, dass der Rahmen für den prozessualen Handlungsspielraum zwar durch rechtliche Vorgaben gezeichnet ist, die tatsächliche Umsetzung aber weitgehend auf psychischen Konstellationen beruht. **259**

Auch wenn Polizei oder Staatsanwaltschaft gegenüber der Verteidigung grundsätzlich bestimmte Ermittlungsergebnisse in derartigen Gesprächen vorenthalten wollen, kann der Verteidiger bei Respektierung dieses Wunsches zahlreiche andere Informationen erhalten. Auch wenn der Inhalt mancher Zeugenaussagen nicht präsentiert wird, lässt sich den Gesprächen häufig zumindest entnehmen, welche Art von Ermittlungsmaßnahmen in der Vergangenheit bereits getroffen worden sind. Für den Mandanten von eminenter Bedeutung ist häufig auch eine Antwort auf die Frage, welche weiteren Ermittlungsmaßnahmen noch geplant sind. Fördernde Gespräche können sich daher auch um die gemeinsame Einschätzung des noch anstehenden zeitlichen Umfangs der Ermittlungen ranken. **260**

Solche **Gespräche** oder **Telefonate** sind für den Staatsanwalt häufig auch willkommener Anlass, seinem Ärger über das Verteidigungsverhalten eines anderen Mitbeschuldigten Luft zu machen. Zumindest mittelbar lassen sich auf diese Weise vorläufige Einschätzungen der Staatsanwaltschaft eruieren und in eine zukünftige Verteidigungsstrategie einbauen. **261**

---

235 *Baumhöfener* Aktenkenntnis des Nebenklägers – Gefährdung des Untersuchungszwecks bei der Konstellation Aussage-gegen-Aussage, NStZ 2014, 135 ff.; zur Konsequenz der Verweigerung des Akteneinsichtsrechts OLG Hamburg StV 2015, 484.

262   Nicht zu unterschätzen ist die Möglichkeit des Verteidigers, bereits im Gespräch allzu einseitigen Strukturierungen der Ermittlungen entgegen zu treten. Die größte Gefahr für die Verteidigung besteht darin, dass die am Anfang eines Ermittlungsverfahrens stehende spontane Idee der **Staatsanwaltschaft** von Schuld und Unschuld der Beteiligten gleichzeitig zur Richtschnur der Ermittlungen wird. **Bestätigungen der Ermittlungshypothese werden gesucht** und gefunden, für Alternativen fehlen den Ermittlungsbehörden häufig die Fantasien oder auch Ermittlungsansätze. Ohne sich der Gefahr einer bindenden Erklärung auszusetzen, eröffnen Gespräche mit der Staatsanwaltschaft der Verteidigung zumindest die Möglichkeit, **entlastenden Alternativhypothesen** in den Raum zu stellen. Dass der angebliche Kunstfehler gerade nicht beim eigenen chirurgischen Mandanten liegt, sondern unter Umständen auf falschen Informationen anderer Beteiligter, wie beispielsweise des Anästhesisten, beruhen musste oder dass völlig unabhängig von der Art des vorgeworfenen Fehlverhaltens eine Strafbarkeit schon an Kausalitätsfragen scheitern muss, lässt sich ohne Einlassungscharakter in solchen Gesprächen als schlichte Meinungsäußerung des Verteidigers darlegen. Auch wenn hieran für die Ermittlungsbehörden keine formalen Konsequenzen geknüpft sind, kann ein solches Gespräch entscheidend dazu beitragen, belastende Ursprungsideen der Staatsanwaltschaft ins Wanken zu bringen.

263   Da Ermittlungsverfahren häufig sehr lange dauern, ist die **Kontaktpflege mit der Staatsanwaltschaft** unbedingte Voraussetzung, um einen negativen Überraschungseffekt zu minimieren. Beiläufige Gespräche in der Cafeteria über den aktuellen Verfahrensstand gehören hierbei ebenso dazu wie regelmäßige Wiedervorlage allein zum Zwecke der Aufnahme des telefonischen Kontakts. Auch wenn sich der Anwalt verteidigungstaktisch in manchen Phasen keinen Vorteil von dem Gespräch verschafft, sollte der psychologische Faktor für den eigenen Mandanten nicht unterschätzt werden. Das Mysterium des Ermittlungsverfahrens verliert an Bedrohungscharakter, wenn aufgrund beiläufiger Gespräche zumindest ein äußerlicher Verfahrensstand dargestellt werden kann.

264   Die entscheidende – weil originäre – Informationsquelle für den Verteidiger bleiben die **Ermittlungsakten**. Nur die Akten geben das entscheidende Belastungsmaterial wieder, das möglicherweise zu einem späteren Zeitpunkt einem Gericht zur Verfügung steht. Sie spiegeln abschließend das Material wider, das die einzige Diskussionsbasis mit der Staatsanwaltschaft darstellt. Nur wer die Akten kennt, kann seriöser Weise eine Einschätzung der Ermittlungsbehörden oder möglicherweise später des Gerichts prognostizieren. Nur wer die Akten kennt, kann daher seriöser Weise eine Verteidigungsstrategie formulieren.

4. Beweisantrag und/oder eigene Zeugenbefragung durch den Verteidiger

Jeder Beschuldigte ist schon bei seiner ersten Vernehmung darüber zu belehren, dass er – und natürlich seine Verteidigung – zur Entlastung einzelne Beweiserhebungen beantragen kann (§ 136 StPO). Ein solcher Beweisantrag ist formlos, aber in den meisten Fällen auch nutzlos. Bis auf den Sachverständigenbeweis ist die Art und Weise der Beweiserhebung durch die Polizei unkontrollierbar. Beflügelt von der eigenen Schuldhypothese wird es Vernehmungsbeamten häufig gelingen, ein Protokoll zu produzieren, das die Entlastungserwartungen der Verteidigung enttäuschen muss.

Ein Berliner Verteidiger berichtete auf einer Konferenz von einem Erlebnis, das ihn veranlasste, nie mehr in seinem Leben einen Beweisantrag im Ermittlungsverfahren zu stellen:

Dem inhaftierten jugendlichen Mandanten Ali war sehr daran gelegen, zu seiner Entlastung die Ermittlungsbehörden davon zu überzeugen, dass er im Gegensatz zum Vorwurf im Tatzeitraum seine Freizeit mit Kollegen nahezu jeden Tag auf einem bestimmten Basketballplatz verbrachte. Mit diesem Ziel benannte der Verteidiger Name und Adresse eines der Basketballfreunde. Die Polizei kam dem Beweisantrag in der ihr angemessen erscheinenden Art nach. Ein Mannschaftswagen fuhr am Basketballplatz auf, bewaffnete Kräfte umstellten den Platz und wiesen die anwesenden Jugendlichen an, sich auf den Boden zu legen. »Kennt etwa jemand den Ali?« fragte der Ermittlungsführer barsch. Keiner kannte Ali und wollte sich auch später nicht an diese ersichtlich unerwünschte Bekanntschaft erinnern.

Auch wenn später formale Mängel der »Vernehmung« geltend gemacht werden könnten, ist das Verteidigungsziel im Ermittlungsverfahren gescheitert, weil die Beweisaufnahme dem Strudel der Ermittlungsinteressen überlassen wurde.

Der bei Abschluss der Ermittlungen und in der Vorbereitung der späteren Hauptverhandlung erzeugte **265** Gesamteindruck wird insbesondere von der Darstellung der polizeilichen Ermittler geprägt. Polizeiliche Vernehmungsprotokolle sind in Aufbau und Darstellung stark hypothesengeleitet. Ein Großteil der von den Zeugen erhaltenen Informationen taucht in den Protokollen nicht auf. Die Darstellung wird im Sinne der Ermittlungshypothese vom Vernehmungsbeamten rezipiert und verstärkt durch die eigene Wortwahl wiedergegeben.

Die aktuelle Praxis des deutschen Ermittlungsverfahrens ist weit entfernt von der Garantie, authentisches **266** Material aus Zeugenaussagen zu transportieren. Exemplarische Untersuchungen von Vernehmungsprotokollen, die gleichzeitig durch ein Tonband aufgenommen wurden, zeigen, dass nahezu 60 % der Zeugenäußerungen mit einem Großteil an relevanten Details keinen Eingang in das schriftliche Protokoll der Polizei gefunden hatte.[236] Polizeiliche Vernehmungsprotokolle sind daher in der Regel das Produkt investigativer Vernehmungsstrategien, die in einem Mechanismus des konfirmatorischen Hypothesentestens endet.[237] Zusammengefasst führt regelmäßig die Organisation, die Rezeption und die Darstellung einer Zeugenvernehmung durch die Polizei beim Leser der Akte zu einem Gesamteindruck, der den Ausgangsverdacht der Ermittler bestätigen wird.

Berücksichtigt man darüber hinaus, dass dem Verdacht widersprechende Informationen, und hier **267** insbesondere Zeugenaussagen, in ihrer Überzeugungswirkung entscheidend minimiert sind, wenn sie dem Entscheider mit einer relevanten Verzögerung nachträglich präsentiert werden (**Primacy-Effekt**), gilt für die Verteidigung die Grundregel, in geeigneten Fällen diese als negativ erkannte Reihenfolge zu durchbrechen. Sind Zeugenvernehmungen durch den Verteidiger grundsätzlich als zulässig anerkannt, müssen solche Protokolle in geeigneten Fällen rechtzeitig im Aktenkonvolut auftauchen. Werden derartige Zeugenvernehmungen durch die Verteidigung im laufenden Ermittlungsverfahren durchgeführt, minimiert die Verteidigung selbstverständlich ihr Einschätzungspotenzial hinsichtlich der Relevanz oder sogar möglichen Schädlichkeit von Sachverhaltselementen. Oft ist allerdings der Risikofaktor überschaubar, der Vorteil der frühzeitigen Aktion überwiegt.

Effektiv ist die Befragung von **Entlastungszeugen**, die zunächst von den Ermittlungsbehörden nicht **268** vernommen worden sind. Hier hat der Verteidiger die Chance, einen Primäreindruck festzuhalten, der frei von durch Ermittlungshypothesen unterstützten Suggestionen ist. Ein Erstbefragungsrecht der Ermittlungsbehörden existiert nicht, jedoch muss die Verteidigung damit rechnen, dass ein zu den Akten gereichtes entlastendes Zeugenprotokoll durch eine polizeiliche Vorladung und Vernehmung desselben Zeugen erschüttert werden soll. Die bereits im Verteidigerprotokoll existierenden Formulierungen werden in einer solchen Vernehmung allerdings als Faktor der Selbstbindung dem Zeugen häufig ein verstärktes Selbstbewusstsein vermitteln, um polizeiliche Suggestion zu erkennen und ihr zu widerstehen. Auch bei einer höchst kritischen nachträglichen Befragung des Zeugen durch Ermittlungspersonen ist deren unangefochtene Deutungshoheit hinsichtlich der Ermittlungsergebnisse gebrochen.

Auf der anderen Seite spricht nichts dagegen, **bereits von den Ermittlungsbehörden vernommene** **269** **Zeugen** in einer weiteren Vernehmung durch den Verteidiger nochmals zu befragen. Wird dem Zeugen erst mit zeitlichem Abstand zur Vernehmungssituation deutlich, dass das von ihm unterschriebene Produkt letztlich nur sehr beschränkt seinen tatsächlichen Bekundungswillen widerspiegelt, wird er oft gerne gegenüber dem Verteidiger die nachträglich als störend empfundenen Umstände seiner polizeilichen Vernehmung mitteilen. Nur auf diesem Wege kann – und zwar rechtzeitig – die

---

236 *Lamb/Orbach/Sternberg/Hershkowitz/Horowitz* Law and human behaviour, vol. 24 Nr. 6, 2000.

237 *Schemm/Dreger/Köhnken* Suggestion und konfirmatorisches Testen sozialer Hypothesen in Befragungssituationen, in: Forensische Psychiatrie, Psychologie, Kriminologie 2008, 20 ff.; s. auch *Schulz-Hardt/Köhnken* Wie ein Verdacht sich selbst bestätigen kann, Praxis der Rechtspsychologie 10 SH 1, 60 ff., 2000.

kritikwürdige Vorgehensweise eines Ermittlungsbeamten aktenkundig gemacht werden. Die Fragwürdigkeit belastender Protokolle stellen sich insbesondere auch bei der ersten Lektüre des zu einer Verständigung neigenden Richters vollständig anders dar.

270   Rechtlich ist der Verteidiger nicht an **Formalien bei der Zeugenvernehmung** und deren Protokollierung gebunden. Grenzen ziehen allenfalls das Strafrecht und das Sachlichkeitsgebot des Berufsrechts. Um einen den professionellen Leser überzeugenden Eindruck einer Zeugenbekundung zu vermitteln, empfiehlt es sich allerdings auch für den Verteidiger, alle diejenigen Formalien zu beachten, die auch einen polizeilichen Vernehmungsbeamten binden.

271   Der Zeuge sollte daher zu Beginn der Vernehmung über seine Zeugnisverweigerungsrechte ebenso belehrt werden wie über die Besonderheit der Situation, wonach er gegenüber einem Verteidiger grundsätzlich keinerlei Angaben zu machen habe. Auch die äußeren Umstände sollten keinen Zweifel an der Professionalität und Seriosität aufkommen lassen. Vernehmungsorte wie die Wohnung des Zeugen oder gar ein Restaurant oder ein öffentlicher Platz sollten die Seltenheit sein. Die notwendige Ernsthaftigkeit signalisiert allenfalls der Arbeitsraum in der Kanzlei des Verteidigers. Selbstverständlich sollte sein, dass weder der eigene Mandant noch andere Zeugen anwesend sind. Um sich nicht über Gebühr nachträglich angreifbar zu machen, ist demgegenüber die Anwesenheit der eigenen Sekretärin, einer Referendarin oder eines Kollegen anzustreben. Wenn nicht die Besonderheiten eines Täter-Opfer-Ausgleichs vorliegen, sollte auch der Eindruck einer »Bezahlung« unbedingt vermieden werden. Allenfalls angemessene Reisekosten können dem Zeugen offeriert und gezahlt werden.

272   In der Protokollierung der Vernehmung sollte nicht der Eindruck erweckt werden, die Deutungsmacht durch eigene Formulierungen – wie dies bei polizeilichen Vernehmungen bekannt ist – zu usurpieren. Die Formulierungen sollten vielmehr dem Leser deutlich machen, dass der Protokollierung der Anspruch auf weitgehend wortgetreue Wiedergabe zugrunde liegt.

273   Für die eigenen Verteidigerbelange sinnvoll ist die sofortige Erstellung eines schriftlichen Protokolls, das vom Zeugen noch vor Ort durchgelesen, ggf. verbessert und **unterzeichnet** wird. Wird demgegenüber das Protokoll lediglich diktiert, muss dem Zeugen gegenüber annonciert werden, dass er in den kommenden Tagen das Protokoll erhält, dies überprüfen und ggf. unterzeichnen solle. Da dieser Vorgang sich allerdings außerhalb der Kontrolle des Verteidigers abspielt, ist damit die intime Situation der Vernehmung verlassen. Durch Einflussnahme Dritter läuft die Verteidigung Gefahr, dass der Zeuge möglicherweise nachträglich eine Kooperation verweigert. Erhält der Verteidiger allerdings ein unterzeichnetes Protokoll, und ist dieser Vorgang der zeitlich versetzten Überprüfung dem Protokoll selbst nochmals zu entnehmen, ist die Fixierung der Formulierungen von besonderem Eindruck.

5. Gutachten

274   Gerade in Verfahren, die auf angebliches technisches Versagen oder fahrlässiges Missachten vorgegebener Fachstandards zurückgehen, wird eine entscheidende Weichenstellung durch Fachgutachten vorgenommen. Hat ein renommierter Gutachter erst in den Akten schriftlich festgestellt, dass die Vorgehensweise des eigenen Mandanten nicht dem fachlichen Standard entsprach, dass der Chirurg vor der Behandlung zusätzliche Informationen hätte einholen müssen oder dass das Aufklärungsgespräch des ärztlichen Mandanten hinter den üblichen Standards zurückgeblieben sei oder ein Wertpapierhändler notwendige Informationen an Dritte unterlassen habe, ist ein irreversibler Belastungsfaktor fixiert. Regelmäßig entspricht es dem Interesse des ermittelnden Staatsanwalts, diese entscheidende Weichenstellung ungestört vornehmen zu können. Eine Diskussion mit der Verteidigung über den zu beauftragenden Sachverständigen hält man auf Ermittlerseite häufig für entbehrlich, da durch einen anerkannten Wissenschaftler ohnehin nur objektiv feststehende wissenschaftliche Standards als Hilfsmittel zu einer späteren juristischen Beurteilung eingeholt werden sollen.

275   Der illusorische Charakter dieses Vorwands ist zumeist auch der Staatsanwaltschaft geläufig. Wissenschaftliche Maßstäbe sind selten unbestritten, die Beantwortung hängt häufig vom Ausgangspunkt verschieden ausgerichteter »Schulen« ab. Der Standard der Wissenschaft ist ein dynamischer,

das Optimum der wissenschaftlichen Bearbeitung setzt daher einen umfassend gebildeten und aktuell informierten Gutachter voraus. Letztlich hängt das Ergebnis eines Gutachtens nicht nur von der Person des Gutachters, sondern auch von der Art der Fragestellung ab. Jede Frage beinhaltet bereits Vorgaben, die durch eine Bewertung des Fragenden entstanden sind.

In allen diesen Problembereichen kann die Verteidigung mitwirken und verhindern, dass der »falsche« Sachverständige mit den »falschen« Fragen konfrontiert wird. Rechtliche Hilfestellung zur **Durchsetzung des Mitwirkungsanspruchs** verleihen nicht nur allgemeine Grundsätze des fairen Verfahrens, sondern insbesondere **Nr. 70 Abs. 1 Nr. 2 der Richtlinien für das Straf- und Bußgeldverfahren**. Als Regelfall ist dort festgelegt, dass die Staatsanwaltschaft der Verteidigung Gelegenheit zur Stellungnahme vor der Auswahl eines Sachverständigen geben soll. Das Ignorieren dieser Vorschrift ist in der Praxis an der Tagesordnung, weshalb die Verteidigung in fast jedem Ermittlungsverfahren gut beraten ist, bereits frühzeitig diesen Anspruch nochmals aktenkundig zu machen.   **276**

> Genügt die Staatsanwaltschaft dieser Vorschrift und benennt zunächst gegenüber der Verteidigung bestimmte Namen als in Betracht kommende Gutachter, so folgt dem Recht auf Mitwirkung die Verpflichtung der Verteidigung, hierzu ggf. auch Stellung zu nehmen. Hier sind Recherchen zur Qualität der in Aussicht genommenen Gutachter ebenso notwendig wie die Benennung von Alternativen.   **277**

Einen entscheidenden Informationsvorsprung kann sich die Verteidigung durch die Aneignung von Fachwissen verschaffen. Die Beurteilung gerade von technischen Fehlern wird sehr häufig von fachspezifischen Kriterien abhängen, die auch das Wissen eines erfahrenen Verteidigers übersteigen. Die rechtzeitige Herausarbeitung der fachspezifischen Voraussetzungen ist daher unabdingbar, um eine sinnvollere rechtliche Verteidigungsstrategie aufzubauen. Reicht das Fachwissen des Mandanten – der darüber hinaus als Betroffener häufig nicht der ideale Sachverständige in eigener Sache ist – nicht aus, ist es notwendig, sich rechtzeitig unter Abstimmung mit dem Mandanten der Zusatzinformation eines renommierten Fachmannes zu versichern. Ein solcher **Gutachter** hat zunächst die Rolle des **internen Beraters** der Verteidigung. Eine solche Rolle kann er auch einnehmen, wenn bereits ein durch die Staatsanwaltschaft eingeholtes Fachgutachten in den Akten vorliegt. Zumindest im Ansatz kann dieser Berater methodenkritische Probleme ansprechen, die für einen allein juristisch begründeten Angriff auf dieses belastende Gutachten ausreichen können.   **278**

Ist demgegenüber zur Bekräftigung des eigenen Standpunktes die Autorität eines »**Gegengutachtens**« notwendig, muss die Verteidigung den bislang intern zugezogenen Berater um eine ausführliche Stellungnahme bitten, die als Kontrapunkt zum bislang vorliegenden Gutachten zu den Akten gereicht werden muss. Schon aufgrund der Beauftragung durch die Verteidigung ist die Skepsis der Ermittlungsbehörden regelmäßig groß. Hiervon sollte sich die Verteidigung aber nicht erschüttern lassen, wenn nur auf diese Weise ein negativer Ausgang des Ermittlungsverfahrens für den Mandanten verhindert werden kann. Die Skepsis wird minimiert, wenn das eigene Gutachten in äußerer Form bereits der Vorgehensweise der Staatsanwaltschaft entspricht: Der Verteidiger muss einen Sachverständigen beauftragen, der über jeden Verdacht der Gefälligkeit oder Parteilichkeit erhaben ist; er muss ihm die gesamten Akten zur Verfügung stellen und Fragen formulieren, die der ermittelnde Staatsanwalt in Form und Inhalt ähnlich gestellt hätte.   **279**

Trotz der zu erwartenden Diffamierung des – im Strafprozess so nicht vorgesehenen – »Parteigutachtens« kann die Staatsanwaltschaft nicht dazu übergehen, mit diesem Gutachten übermittelte Fakten und Einsichten schlicht zu ignorieren. Auch wenn fast niemals zu erwarten ist, dass das Verteidigungsgutachten dasjenige der Staatsanwaltschaft vollständig auch zu deren Überzeugung entkräftet, wird zumindest eine andere Aktengewichtung hergestellt, die den weiteren Verlauf – unter Umständen auch Gespräche zur Erledigung des Verfahrens – entscheidend mit beeinflussen.   **280**

Letztlich folgt die Beauftragung eines Sachverständigen den oben aufgeführten allgemeinen Regeln der Beweiserhebung durch den Verteidiger. Dass sie grundsätzlich erlaubt ist, dürfte zwischenzeitlich unstreitig sein. Detailfragen bleiben angesichts einer skeptischen Grundhaltung der autoritär und inquisitorisch ausgerichteten Ermittlungsbehörden umstritten.   **281**

282 Die Verteidigung muss die Verpflichtung im Auge haben, ein eingeholtes Gutachten nicht zu publizieren. Ergeben sich aus einem Gutachten für den Mandanten nachteilige Details oder hat der Mandant nach einer psychiatrischen Begutachtung erhebliche Zweifel an der Unvoreingenommenheit des Gutachters, ist die Entscheidung der Verteidigung legitim, das **Gutachten nicht zu den Akten zu reichen.**

283 Sinnvoll ist eine solche Strategie allerdings nur dann, wenn sich die Verteidigung sicher sein kann, dass das Ergebnis nicht auf anderem Wege doch Gegenstand des Verfahrens wird. Hilfreich ist das rechtliche Hindernis des § 53a StPO. Dass Gutachter »Gehilfen« der Verteidigung sind, wird von der Rechtsprechung zum Teil skeptisch gesehen. Es wird vertreten, dass insbesondere selbstständige Gewerbetreibende grundsätzlich keine Gehilfen im Sinne der Vorschrift sein können. Hier lohnt allerdings eine konträre Argumentation: In Verbindung mit § 53 soll auch § 53a StPO die berechtigten Geheimhaltungsinteressen des Bürgers umfassend schützen. Der grundsätzlichen Geheimhaltung unterliegende Tatsachen werden einem Sachverständigen gerade im Hinblick auf die Erwartung eines entsprechenden Umgangs mitgeteilt. Zum Teil – wie beispielsweise beim für die Kommunikation mit dem Verteidiger erforderlichen Dolmetscher – ist die Verteidigung auf die Mitwirkung eines zumeist gewerblich organisierten Gutachters angewiesen. Um hier Missverständnisse insbesondere beim Gutachter selbst zu vermeiden, sollte dessen Beauftragung schriftlich unter ausdrücklichem Hinweis auf das von ihm nach § 53a StPO erwartete Schweigegebot erfolgen.

Ist ein schriftliches Gutachten in der Welt, nutzen derartige Vorüberlegungen wenig, wenn ein solches Exemplar ungewollt in den Zugriffsbereich der Ermittlungsbehörden gelangt. In den Unterlagen des Verteidigers sind sie sicherlich beschlagnahmefrei (§ 97 Abs. 1 Nr. 3 StPO). Gleiches dürfte auch für die Aufbewahrung beim zeugnisverweigerungsberechtigten Gutachter oder beim Mandanten selbst sein. Dennoch besteht hier die erhöhte Gefahr des tatsächlichen Zugriffs. Die Neugier einer Ermittlungsperson bei einer Durchsuchung wird jede rechtlich gebotene Zurückhaltung dominieren. Auch bei fehlender unmittelbarer Verwertung bleibt der einmal registrierte Inhalt in den Köpfen der zuständigen Ermittler und lässt sich möglicherweise unschwer zielgerichtet durch einen anderen Sachverständigen reproduzieren.

Die alleinige und isolierte **Aufbewahrung in den Unterlagen des Verteidigers** ist daher häufig die sinnvollste Strategie.

6. Kontakt zu Mitverteidigern

284 Mangels konkreter Anhaltspunkte wird häufig ein ganzes Team eines Unternehmens, der komplette Vorstand ebenso wie die Führungscrew einer Abteilung als Beschuldigte eines Ermittlungsverfahrens geführt. Der bislang erlernte soziale Umgang des Mandanten bedarf in diesen Situationen einer Revision.

285 Da erkennbar die Reputation des Mandanten allein durch das Ermittlungsverfahren bereits in Rede steht, sollte mit dem Mandanten auch die differenzierte »Sprachregelung« nach außen abgestimmt werden. Der Notwendigkeit der vollständigen Offenheit in der internen Kommunikation der Verteidigung steht eine zu kalkulierende Informationsbeschränkung nach außen gegenüber.

286 Der Mandant muss wissen, dass sämtliche Gesprächspartner zu den strafrechtsrelevanten Themen von der Staatsanwaltschaft als Mitbeschuldigte oder Zeugen befragt werden können. Bei allem nachvollziehbaren Drang der Rechtfertigung gegenüber Kollegen, Freunden oder der Unternehmensleitung ist daher Zurückhaltung angebracht. Kann der Mandant Konfliktfälle nicht bewältigen – wie beispielsweise erbetene Informationen von Vorgesetzten oder Versicherungen –, sollte er konsequent auf den Verteidiger verweisen, der seinerseits die alleinige Kommunikation für den Mandanten auch in diesen Bereichen übernehmen muss.

287 Die Konstellation gebietet für den Verteidiger die besondere Beachtung des § 146. In demselben Verfahren oder wegen derselben Tat kann er lediglich einen einzigen der Beschuldigten verteidigen. Er kann mit mehreren Tatverdächtigen sprechen, auch gemeinsam mit dem eigenen Mandanten, Verteidigungsrechte und -pflichten bestehen allerdings nur gegenüber dem Mandanten. Um Komplikationen vorzubeugen, ist es sinnvoll, den nicht juristischen Beteiligten eines solchen Gesprächs auf diese formellen Positionen hinzuweisen.

Da den juristisch nicht gebildeten Mandanten eine differenzierte Einordnung eines solchen Gesprächs   288
mit einem Verteidiger nicht geläufig ist, sollte dieser selbst darauf drängen, dass alle am Gespräch beteiligten Beschuldigten durch einen eigenen Verteidiger vertreten werden. Sind Verteidigungsverhältnisse
offengelegt, empfiehlt sich zumindest zu ersten Sondierungsgesprächen eine ausschließliche Zusammen-
kunft der Verteidiger. Auch wenn diese gehalten sind, jeweils nur die Interessen ihres eigenen Mandanten zu vertreten, geht dieses Interesse häufig konform mit den Interessen der anderen Beschuldigten.
Zumindest hinsichtlich der Verfahrensfragen besteht oft eine Übereinstimmung in den Strategievorstel-
lungen. Hier können die Verteidiger in Abstimmung mit der Mandantschaft überein kommen, diese
Verfahrensziele effektiv gemeinsam anzusteuern. Eine solche **Sockelverteidigung** kann sich auf die Frage
des zu beauftragenden Sachverständigen ebenso beziehen wie in der gemeinsamen rechtlichen Vorstellung
zur Unverwertbarkeit von bereits erhobenen Beweisen.

Auch wenn inhaltlich unterschiedliche Vorstellungen dazu bestehen, wie möglicherweise eine Ein-   289
lassung der Beschuldigten aussieht und diese Einlassung sogar geeignet sein könnte, die Mitbeschuldigten zusätzlich zu belasten, kann eine Einigung dahin gehend erzielt werden, dass derartige Belastungsmomente vorläufig zurückgestellt werden. Legitimer Weise könnte in einer Sockelverteidigung
auch Übereinstimmung darüber erzielt werden, **das gemeinsame Schweigen** könne insgesamt für
alle Beteiligten ein vorteilhafteres Verhalten darstellen als **gegenseitige Schuldzuweisungen**, die die
Staatsanwaltschaft als zufriedenen Empfänger zahlloser ansonsten nicht erhaltener Informationen
sieht.

Ein solcher Sockel kann im Laufe des Verfahrens auch brüchig werden. Hier ist es ein Gebot der   290
Fairness, dass die Verteidiger untereinander vor dem Verlassen der gemeinsamen Verteidigungsstrategien zumindest informatorischen Kontakt aufnehmen.

Nimmt der Mandant ohne seinen Verteidiger Kontakt mit einem Mitbeschuldigten auf, sollte er   291
zumindest die Gefahr des späteren Vorwurfs der Verdunkelung vor Augen haben. Ein gemeinsames
Rekapitulieren des Gesprächs zweier Beschuldigter über den Verlauf von Maßnahmen wird im
Nachhinein häufig als wahrheitswidriges Sabotieren des Verfahrens aufgefasst, die Behauptung von
Verdunkelungsgefahr führt dann häufig zur Annahme, ein Haftbefehl könne erlassen werden. Argumente liefert häufig die Aussage gerade des mitbeschuldigten Gesprächspartners, der in einer späteren Einlassung meint, durch eine gefärbte Darstellung dieses Gesprächs zulasten des Mandanten
selbst Pluspunkte erzielen zu können.

Als Fazit ist jedenfalls bereits im ersten Beratungsgespräch der Mandant darauf hinzuweisen, dass   292
er gegenüber sämtlichen Beteiligten, auch guten Freunden, bei eigener Darstellung des Sachverhalts
zunächst größte Zurückhaltung üben soll.

7. Verteidigerschriftsatz

Sicherlich sind Fälle denkbar, bei denen die Analyse der Verfahrenssituation zu dem Ergebnis führt,   293
dass jegliche Aktivität der Verteidigung im Ermittlungsverfahren überflüssig, ja schädlich ist. Ist
weder der rechtliche Ansatz der Staatsanwaltschaft zu bemängeln, noch die bislang vorliegenden
Ergebnisse der Ermittlungen, so kann der Wissensstand der Verteidigung dazu führen, dass weitergehende Aktivitäten der Verteidigung allenfalls zu zusätzlichen belastenden Momenten führen können. Der Vorteil der Trägheit von Ermittlungsarbeit kann durch Aktivität konterkariert werden.
Denkbar sind auch persönliche Konstellationen, die angesichts der festgefügten Meinung der Staatsanwaltschaft eine Überzeugungsarbeit der Verteidigung sinnlos erscheinen lassen. Hier mag **Passivität** die richtige Verteidigungsentscheidung sein.

In der Regel ist der Verteidigungsbedarf jedoch ein anderer. In nahezu jedem Verfahren ist es von-   294
nöten, Verteidigungspositionen deutlich zu machen. Das gilt für die tatsächlichen Einschätzungen
ebenso wie für die rechtlichen Bewertungen. Dies gilt im Hinblick auf jeden Entscheidungen treffenden Leser der Akte, von der Staatsanwaltschaft bis hin zu potenziellen Ermittlungsrichtern oder
gar Tatrichtern. Die **Aufgabe der Verteidigung** besteht darin, **Zweifel zu säen** und für die eigene
Überzeugung zu werben. Psychologische Grunderfahrungen fordern, dass eine solche Überzeugungsarbeit **so früh wie möglich** ansetzen muss.

Im Ermittlungsverfahren hat die Verteidigung die Aufgabe, die Staatsanwaltschaft von einer Position zu überzeugen, die durch das eigene Verteidigungsziel vorgegeben ist. Der Gegenstand der Überzeugung und die Wege der Überzeugung sind unterschiedlich:

295   Kommt **prozessualen Fragen** eine entscheidende Weichenstellung zu, müssen diese bereits im Ermittlungsverfahren von der Verteidigung thematisiert werden. Liegt ein Strafklageverbrauch vor, sind die dem Mandanten vorgeworfenen Taten verjährt, fehlt es an notwendigen Strafanträgen oder drängen sich hinsichtlich der maßgeblichen Beweismittel Beweisverwertungsverbote auf, hat dies die Verteidigung vorzutragen. Gleiches gilt für **materiellrechtliche Schlussfolgerungen**, die sich in der Akte häufig allein an der Ermittlungshypothese orientieren. Kausalitätsfragen im Zusammenhang mit dem Vorwurf der fahrlässig erfolgten falschen Behandlung werden in der Praxis von der Staatsanwaltschaft ebenso gerne übersehen wie unterschiedliche Verantwortlichkeiten von kooperierenden Ärzten. Die Verteidigung kann hier ansetzen um unter Hinweis auf neuere Rechtsprechung oder schlicht materiell rechtliche Logik die Staatsanwaltschaft zu einem Umdenken zu veranlassen.

296   Letztlich ist die **Beweiswürdigung** ein Thema, das nicht allein der Hauptverhandlung vorbehalten ist. Die Vorstellung eines bestimmten belastenden Sachverhalts setzt sich zumeist aus verschiedenen Beweis-Mosaiksteinchen zusammen. Unter Aufbereitung des Aktenmaterials ist es die Aufgabe der Verteidigung, ggf. darauf hinzuweisen, dass andere Mosaiksteinchen schlicht übersehen wurden und sich hieraus ein vollständig anderes – entlastendes – Tatbild ergibt. Die Glaubwürdigkeit von Belastungszeugen kann bereits durch Aufzeigen von Widersprüchlichkeiten entscheidend infrage gestellt werden.

297   Alle geschilderten Überzeugungsansätze gehen davon aus, dass das in der Akte vorliegende Ergebnis der Ermittlungen sachlich zunächst nicht infrage gestellt wird. Arbeitet die Verteidigung auf eine **Veränderung** des sich nach aktueller **Aktenlage** widerspiegelnden Bildes hin, ist nicht nur ein kritisierendes Moment erforderlich. Vielmehr sind hier neue Elemente einzuführen. Dies wird regelmäßig nur mithilfe **neuer Beweismittel** erreicht werden. Zeugen müssen benannt werden, die einen Alternativsachverhalt vortragen können. Idealerweise wird die anwaltliche Zeugenvernehmung bereits schriftlich zu den Akten gereicht. Gleiches gilt für die Sachverständigenalternative. Häufig kann allerdings lediglich der **Mandant selbst** aus seiner eigenen Erfahrung und seinem eigenen Erleben Ansatzpunkte für die Darstellung eines entlastenden Alternativsachverhalts geben. Lägen solche Angaben in Form einer **Einlassung** in der Hauptverhandlung vor, müsste das Gericht sich mit ihnen ebenso wie mit anderen Beweisergebnissen auseinandersetzen. Daher hat auch der Staatsanwalt in seine Bewertungen die Mandantenangaben einzubeziehen.

298   Der Verteidigung stellt sich hier häufig die Frage, wie derartige allein **vom Mandanten vorzutragende Tatsachen aktenkundig** gemacht werden können. Aus Sicht der Staatsanwaltschaft ist hier zumeist die formell »sauberste« Lösung die **Vernehmung**, sei es durch Polizei oder Staatsanwaltschaft oder gar durch den Ermittlungsrichter. Auch wenn der Mandant zumeist diesem Weg die größere Überzeugungskraft zumisst, überwiegen aus Sicht des professionellen Verteidigers zumeist die Nachteile. Selbst wenn er bei einer Vernehmung anwesend ist, wird das Gespräch sowohl inhaltlich als auch atmosphärisch ausschließlich vom Vernehmenden bestimmt. Unerwartete Vorhalte können den Mandanten auch dann aus der Fassung bringen, wenn er auf zahlreiche Details sorgfältig vorbereitet worden war. Welche Fragen gestellt werden und mit welchen Formulierungen die Antworten ins Protokoll kommen, bestimmt allein der Vernehmende. Im Ergebnis kann das Ziel der Verteidigung häufig nur unvollständig erreicht werden.

299   Mehr Erfolg verspricht es, eine solche **Einlassung** – wie grundsätzlich alle tatsächlichen und rechtlichen Bedenken – durch einen sogenannten **Verteidigerschriftsatz** zu den Akten zu reichen. Hier kann in der Vorbereitung zwischen Verteidiger und Mandant das Für und Wider von Formulierungen ebenso diskutiert werden wie die Vor- und Nachteile einer (un)vollständigen Sachverhaltsdarstellung. Denkbar ist auf diesem Wege, dass ein vom Mandanten unterschriebenes Papier als dessen Erklärung ausdrücklich zu den Akten gereicht wird. Sinnvoller erscheint allerdings zumeist eine Darstellung auch von Alternativsachverhalten, die eindeutig den Verteidiger als Autor erkennen lassen. Wie bei einer unmittelbaren Einlassung hat die Verteidigung den Vorteil, dass die für not-

wendig erachtete Alternativdarstellung aktenkundig wird. Jeder Staatsanwalt und unter Umständen jeder Richter hat sich in der Logik der eigenen Beweisführung auch mit diesen Angaben auseinanderzusetzen. Für den Mandanten hat der schlichte Verteidigerschriftsatz den Vorteil, dass er sich bei veränderten Verfahrenssituationen zu einem späteren Zeitpunkt nicht zwingend an jede einzelne Formulierung gebunden fühlen muss. Der Verteidiger ist nicht – wie im Zivilprozess – der Vertreter des Angeklagten, der für ihn Erklärungen abgibt. Vielmehr handelt es sich auch bei dem Verteidigerschriftsatz um eine Prozesshandlung des Verteidigers, die dieser aus eigenem Recht wahrnimmt. Diese Schriftsätze können nicht – wie beispielsweise Einlassung des Mandanten in einem richterlichen Vernehmungsprotokoll – in einer späteren Hauptverhandlung verlesen und auch zu seinem Nachteil als Beweismittel verwertet werden.

Die Verbindung des **positiven Überzeugungseffekts** auf der einen Seite mit einer **überschaubaren** 300 **Bindungswirkung** auf der anderen Seite rät daher in der Regel dazu, im Ermittlungsverfahren Alternativsachverhaltsdarstellungen durch einen Verteidigerschriftsatz vorzunehmen.

8. Zwischenverfahren

Der Vermeidung einer Anklage steht die Tendenz der Staatsanwaltschaft entgegen, genau hierin die 301 einfachste und sicherste Art der Verfahrenserledigung zu suchen. Notfalls ausgestattet mit einer Begründungsfassade, verlässt die Akte endgültig den Schreibtisch des Ermittlers und wird der richterlichen Verantwortung übergeben. Die Gefahr, dass juristische Stümperei durch das Gericht im sog. Zwischenverfahren entlarvt wird, ist gering. Statistisch erledigen sich weniger als 1 % aller Anklagen durch gerichtliche Ablehnungen in dieser Verfahrensphase. Der Richter, der entgegen 99 % der anderweitigen Entscheidungen einen »hinreichenden Tatverdacht« nach Aktenlage verneint, darf sich der Aufmerksamkeit des abweichenden Verhaltens gegenüber einer justizinternen Regel gewiss sein.

Entgegen der gesetzgeberischen Absicht hat damit die gerichtliche Überprüfung der Ermittlungs- 302 arbeit der Staatsanwaltschaft faktisch keine Relevanz. Eine entscheidende Weichenstellung in der rechtlichen Position und im menschlichen Schicksal des Beschuldigten ist in der Praxis automatisiert. Das allgemein anerkannte Prognosekriterium der überwiegenden Wahrscheinlichkeit einer Verurteilung[238] wird schlicht durch eine richterliche Handhabung ersetzt, wonach die eingegangene Akte als Auftrag angesehen wird, der optimal durch eigene persönliche Eindrücke in der Hauptverhandlung abgearbeitet werden könne. Die Vorgehensweise wird gegenüber dem Betroffenen sogar als Positivum dargestellt, wonach die richterliche Entscheidung im Urteil sachlich gefestigter sei und im Fall des Freispruchs schützendere Funktion habe als bei der schlichten Sperrwirkung im Eröffnungsverfahren (§ 211).

Die achtlose Unterwerfung des Angeklagten unter das besondere Gewaltverhältnis des Strafprozes- 303 ses durch einen Federstrich muss dem Richter besonders leicht fallen, da das Gesetz ihm hierfür keine Begründungspflicht auferlegt und die Entscheidung mit Rechtsmitteln nicht angreifbar ist (§ 210 Abs. 1). Die sorgfältige Abwägung der Beweiselemente nach Aktenlage gehört damit ebenso wenig zum Repertoire des Richters im Zwischenverfahren wie seine weitreichenden gesetzlichen Möglichkeiten, vor einer Entscheidung eigene weitere Ermittlungen anzustellen (§ 202) oder Beweisanträgen der Verteidigung nachzugehen.

Verteidigungsaktivitäten drängen sich in diesem vorhersehbar stumpfsinnigen Verfahrenstrott nicht 304 auf. Effektivität wird auch an Erfolgsaussichten gemessen. Wenn dennoch in dieser Phase Passivität nicht als ideales Verteidigungsverhalten anzusehen ist, hat dies mehrere Gründe:

Zum einen entspricht es kaum der Mentalität einer engagierten Strafverteidigung, dem **Phänomen** 305 **der faktischen Abschaffung einer gerichtlichen Kontrollinstanz** zulasten des Mandanten nur als unbeteiligter Zuschauer beizuwohnen. Auch der dem Druck der Verfahrenserledigungen und der

---

238 LR/*Stuckenberg* § 203 Rn. 13 m.w.N.; für das Kriterium einer »hochgradigen« oder zumindest »überwiegenden« Wahrscheinlichkeit LR/*Rieß*, 25. Aufl., § 203 Rn. 12 f.

Justizerwartung ausgesetzte Richter wird die Berechtigung kritischen Hinterfragens von eingeschliffenen Üblichkeiten nicht verdrängen können. Nur lang anhaltende und ausdauernde Kritik hat die Chance, das Umdenken und die Umsetzung in ein Anders-Handeln zu bewirken.

306 Zum anderen verschenkt der passive Verteidiger Möglichkeiten der Beeinflussung des Verfahrens, die sich zwar (noch) nicht im Eröffnungsbeschluss auswirken, wohl aber durch das frühzeitige Setzen von argumentativen Marksteinen langfristige Auswirkungen für die Gestaltung der Hauptverhandlung haben können. Ausführungen zu rechtlichen Alternativüberlegungen oder der Beweisbarkeitsprognose verhindern u.U. finale richterliche Gedankenführungen. Letztlich geht es im Zwischenverfahren um die Minimierung von katastrophalen psychologischen Konsequenzen, die in der gesetzlichen (Fehl-) Konzeption der personalen Identität von Richtern im Zwischen- und Hauptverfahren angelegt sind.

So eignet sich eine Stellungnahme im Zwischenverfahren zur Realisierung des Beschleunigungsgrundsatzes. Zur Kompensierung verzögerter staatsanwaltschaftlicher Behandlung in der Vergangenheit kann das Gericht ebenso aufgefordert werden, wie es an die Einhaltung verfassungsgerichtlicher Maßstäbe erinnert werden kann: Regelmäßig soll eine große Strafkammer innerhalb von drei Monaten über die Zulassung einer Anklage entscheiden und spätestens nach weiteren drei Monaten mit der Hauptverhandlung beginnen.[239] Die Ernsthaftigkeit eines solchen Beginns muss von der Verteidigung auch schriftsätzlich bezweifelt werden, wenn der erste Hauptverhandlungstag nur der Anklageverlesung dient und der Folgetag erst drei Wochen später stattfinden soll.

Der Durchbrechung der Üblichkeiten könnte auch die Wahrnehmung des § 33a StPO dienen. Gerade weil ein einmal ergangener Eröffnungsbeschluss nicht mit Rechtsmitteln angreifbar ist, eine fehlerhafte Eröffnung nicht revidierbar ist und dem Angeklagten die Last der Durchführung einer Hauptverhandlung auferlegt, kann beharrliche Verteidigung diesen Weg beschreiten.[240] Die Realisierung des verfassungsrechtlichen Anspruchs auf rechtliches Gehör lässt sich in dieser Verfahrensphase nicht anders als durch einen erneuten Schriftsatz mit weiteren Argumenten und der dringenden Bitte um Überprüfung der unanfechtbaren Entscheidung umsetzen.

307 Der Zwang zur Eröffnungsentscheidung unter der Voraussetzung der überwiegenden Wahrscheinlichkeit einer Verurteilung ist nicht weniger als ein **gesetzlich verlangtes Vorurteil**.[241] Die Festlegung im Beschlusswege formt die Gestaltung und Rezeption des nachfolgenden Prozessgeschehens. Der subjektiv empfundenen Ergebnisoffenheit des Richters stehen die empirischen Faktoren der Perseveranz und des Konsonanzstrebens entgegen. Während der Richter die Unschuldsvermutung propagiert, ist sie bereits im Hinblick auf die zwingenden psychischen Folgen konstitutionell unterlaufen.[242]

308 Dass die gesetzliche Regelung eine reformbedürftige Fehlentscheidung ist, steht in der Wissenschaft seit Langem fest.[243] Die Beharrungstendenzen beruhen allerdings auch auf einem insbesondere von der Richterschaft selbst propagierten Bild des unabhängig denkenden Richters. Er sei auch nach einer Eröffnungsentscheidung nicht »Gefangener seiner Vorurteile«, dieser »groben Entstellung der Wirklichkeit« und »Diffamierung« setzt der deutsche Richterbund das Bild der besonderen Befähigung des Richters zur »Haltung des ständigen Vorbehalts« entgegen.[244]

---

239 Zuletzt BVerfG StV 2019, 111.
240 *Eschelbach* Gehör vor Gericht, GA 2004, 228 ff., 238 f.
241 So *Eschelbach* FS Richter II 2006, S. 113, 114.
242 *Kühne* Strafprozessrecht, 9. Aufl. 2015, Rn. 622.1.
243 *Roxin/Schünemann* Strafverfahrensrecht § 42 Rn. 3; *Wohlers* Vorbefassung durch Erlass des Eröffnungsbeschlusses, Roxin-FS 2011, S. 1313 ff.
244 DRiZ 1963, 115.

B. Verteidigung in der Hauptverhandlung

Die Hauptverhandlung gilt als klassisches Aktionsfeld der Verteidigung. Der moderne Aufgaben-   309
bereich lässt den Verteidiger allerdings eher selten im Gerichtssaal erscheinen. Die allermeisten –
auch von der Verteidigung auf Beschuldigtenseite betreuten – Ermittlungsverfahren werden durch
Einstellung oder Strafbefehl ohne Hauptverhandlung beendet.[245] Bezugspunkt bleibt aber auch hier
die Hauptverhandlung, und zwar in der (nicht verifizierten) Prognose ihres Ausgangs.

Schmitz Rangierkunst oder Entgleisung – Die Besetzungsrüge nach Änderung des Geschäftsverteilungsplans, StraFo 10/2016.

Traditionell markiert gerade das Bild des Verteidigers in der Hauptverhandlung seine genuine rechts-   310
staatliche Rolle. Die z.T. peniblen gesetzlichen Formalien modellieren beispielhaft die gesetzgeberische
Vorstellung von den Wirkungsmöglichkeiten der Verteidigung. Der öffentliche Auftritt macht in seiner Wirkung auf das gesellschaftliche Leben deutlich, wie die Person des Verteidigers oder der Verteidigerin die ihr zugedachte Rolle durch Rhetorik, Eindringlichkeit und Einfühlsamkeit ausfüllen will.
Auch wenn sich der berufliche Aktionsradius des Verteidigers gegenüber klassischen Vorbildern erheblich erweitert hat, eröffnet sich für alle anderen Tätigkeitsbereiche das Verständnis für den Kern seines
rechtsstaatlichen Tuns aus der Konfrontation mit dem Strafgericht in der für den Mandanten ebenso
existenziellen wie unwägbaren Entscheidungssituation der Hauptverhandlung.

I. Die Vorbereitung der Hauptverhandlung

1. Terminierung

Die Festlegung des Hauptverhandlungstermins ist wegweisend für das gesamte Verfahren. Sie berührt   311
angesichts der beschränkten zeitlichen Ressourcen des Verteidigers die Grundlagen der Mandats-
wahrnehmung. Im Umgang mit den aufscheinenden Terminskollisionen offenbart der Vorsitzende
erstmalig seine Lösungsstrategien zwischen Autorität und Verbindlichkeit.

Das gesetzliche Programm ist simpel und stammt aus einem Zeitalter der nahezu unbeschränkten   312
Verfügbarkeit von Anwälten. Die Terminierung ist gemäß § 213 grundsätzlich Sache des Vorsitzenden.[246] Er hat die »**Terminshoheit**«.[247] Die Anberaumung des Hauptverhandlungstermins ist eine Prozess leitende Verfügung, die ohne vorherige Anhörung der Verfahrensbeteiligten ergehen kann.[248] Die
Verhinderung des Wahlverteidigers ist kein Grund zur Terminsabsetzung (§ 228 Abs. 2). Im Vorfeld
soll der Verteidiger keinen Anspruch auf vorherige Terminsabsprache haben,[249] im Nachgang soll
§ 305 S. 1 jegliche Beschwerdemöglichkeit unterbinden.

Diese einseitig autoritäre Struktur lässt sich angesichts des prozessualen Grundrechts des Beschul-   313
digten auf eine effektive Verteidigung durch einen Anwalt seiner Wahl (Art. 6 Abs. 3 lit. c EMRK)
nicht mehr aufrechterhalten. Wer einen Verteidiger wählen darf, darf auch hoffen, durch diesen
trotz dessen anderweitigen beruflichen Engagements verteidigt zu werden. Die garantierte Verteidigung kann nicht durch einen richterlichen Federstrich in der Terminsfrage zur Illusion degradiert
werden. Gerichtliche Organisationsbelange sind mit diesem Anspruch in Einklang zu bringen. Konsequent wäre ein Rechtsansspruch der Verteidigung auf effektive Teilhabe an der Terminsgestaltung –

---

245 Zu den Statistiken s. *Heinz* Bedeutungsverlust der Hauptverhandlung, Beulke-FS 2015, S. 1141 ff.
246 BGH StV 2006, 625; 2006, 680.
247 *Kasten* Die »Terminshoheit« des Gerichts und das Recht auf Verteidigung, 2017; *Kropp* Zur Überprüfung von Terminsbestimmungen des Vorsitzenden in Strafsachen, NStZ 2004, 668.
248 OLG Frankfurt NStZ-RR 1997, 6; KMR/*Eschelbach* Vor § 213 Rn. 18.
249 S. zuletzt LG Görlitz NStZ-RR 2006, 315; OLG Nürnberg StV 2005, 491, s. a. *Neuhaus* Terminsbestimmung, Terminsverlegung und das Recht auf Beistand durch den Verteidiger des Vertrauens, Stra-
Fo 1998, 84 m.w.N.

kein einziges prozessuales Prinzip wäre hierdurch tangiert.[250] Stattdessen fehlen nach aktueller Rechtsprechung konkrete Maßstäbe für eine gesetzliche Strategie, die Rechtsprechung repariert zumeist kasuistisch. Die Terminsfrage ist damit zu einem wichtigen Kommunikationsthema im Vorfeld der Hauptverhandlung geworden.

314 Richterliche Autoren verstehen sich angesichts der Problematik zumindest dahin gehend, dass eine Absprache eines Hauptverhandlungstermins mit der Verteidigung »zweckmäßig« sei.[251] Der BGH hält dies für »regelmäßig angezeigt«.[252] Strafkammervorsitzende der Landgerichte sprechen daher in der Regel die ins Auge gefassten Hauptverhandlungstermine mit dem Verteidiger im Vorfeld der Ladung ab.[253] Amtsgerichtstermine werden hingegen noch häufig ohne vorhergehende Absprache durch Zustellung der Terminsnachricht an den Verteidiger festgelegt.

315 Der Verteidiger kann hier Nachlässigkeiten durch einen frühzeitigen Textbaustein in einem Schriftsatz minimieren, in dem die Bitte »**um Terminsabsprache mit dem Verteidiger oder dessen Sekretariat zur Vermeidung von Terminskollisionen**« ausdrücklich aufgenommen wird[254] und/oder dem Gericht Zeiträume und Terminstage schriftlich mitgeteilt werden, an denen er und/oder der Mandant verhindert sind.[255] Die wirksamste Prävention von Terminskollisionen dürfte aber das persönliche Gespräch mit dem Richter gewährleisten. Kein vernünftiger Richter wird berechtigte Terminswünsche unberücksichtigt lassen.[256]

316 Allerdings ist es dennoch Verteidigungsalltag, dass trotz rechtzeitigen Hinweises auf Terminskollisionen ohne Begründung oder unter lapidarer Bezugnahme auf die Geschäftslage an Tagen terminiert wird, an denen der Verteidiger verhindert ist. Außerhalb verständnisvoller Anrufe stellt sich die Frage nach dem rechtlichen Arsenal von Verteidigung in dieser Situation. Nach der obergerichtlichen Rechtsprechung liegt die Terminsbestimmung im pflichtgemäßen Ermessen des Vorsitzenden.[257] Ihm wird also ein Zweckmäßigkeitsspielraum zugebilligt. Gleichwohl ist das Terminierungsverhalten – jedenfalls eingeschränkt – dahin überprüfbar, ob der Vorsitzende die rechtlichen Grenzen des ihm eingeräumten Ermessens einhält und ob er das ihm zugebilligte Ermessen überhaupt oder fehlerhaft ausgeübt hat.

317 Im Rahmen der richterlichen Ermessensentscheidung hat der Vorsitzende die eigene Terminsplanung, die Gesamtbelastung des Spruchkörpers, das Gebot der Verfahrensbeschleunigung sowie die berechtigten individuellen Belange der Prozessbeteiligten in einer Gesamtschau zu berücksichtigen und abzuwägen. Die berechtigten Verteidigungsinteressen des Angeklagten haben hier einen derart dominierenden Wert in der Abwägung, dass das **Ermessen** des Vorsitzenden **reduziert** ist. Bei einer plötzlichen **Erkrankung des Verteidigers** ist die Ablehnung einer Terminsverlegung regelmäßig rechtsfehlerhaft, auch wenn aus der Kanzlei des Verteidigers anderweitige Vertretung hätte sichergestellt werden können.[258] Das Gericht muss sich ernsthaft bemühen, auch »schlichte« **Terminskollisionen des Verteidigers** zu überwinden.[259] Dabei reicht es nicht aus, mit der Begründung der »angespannten Terminslage des Gerichts« an einem vorgesehenen Terminstag festzuhalten.[260] Abstrakt hat das Gericht bei Bescheidung des Verlegungsantrages die Umstände des Einzelfalls einzubeziehen,

---

250 *Bernsmann* Nach »Gutsherrenart«? Zur »Terminshoheit« des Vorsitzenden nach § 213 StPO, in: Fischer FS 2018, 613 ff.

251 KK/*Schneider/Gmel* 8. Aufl., § 213 Rn. 4.

252 BGH NStZ-RR 2010, 312 f.

253 Vgl. *Meyer-Goßner/Schmitt* § 213 Rn. 6 a.E.: »in größeren Sachen in der Praxis üblich«.

254 S. MAH-Strafverteidigung/*Nobis* § 10 Rn. 42.

255 Vgl. *Burhoff* Hdb. EV, Rn. 1642 f.

256 *Neuhaus* StraFo 1998, 84, 85.

257 BGH StV 1999, 524; OLG Frankfurt NStZ-RR 1997, 177 f.; vgl. a. *Meyer-Goßner/Schmitt* § 213 Rn. 6; *Burhoff* Hdb. EV, Rn. 1633; a.A. *Kropp* NStZ 2004, 668, 669.

258 OLG Koblenz StraFo 2009, 523.

259 BGH NJW 1999, 3636; NStZ-RR 2010, 312; OLG Frankfurt StV 2001, 157; OLG Koblenz StraFo 2009, 421.

260 OLG Frankfurt StV 1995, 11; LG Düsseldorf NStZ 2004, 168; MAH-Strafverteidigung/*Nobis* 10/43.

insbesondere die Bedeutung der Sache, die Schwierigkeit der Sach- und Rechtslage, die Lage des Verfahrens bei Eintritt des Verhinderungsfalles, der Anlass, die Voraussehbarkeit und die voraussichtliche Dauer der Verhinderung sowie die Fähigkeit des Betroffenen, sich selbst zu verteidigen.[261] In der Regel wird den Verteidigungsinteressen Vorrang einzuräumen sein.[262]

> Leading case ist insoweit der Beschluss des OLG Frankfurt a.M:[263] »Wird (...) das Recht des Angeklagten   **318** auf freie Wahl des Verteidigers dadurch eingeschränkt, dass dieser die Termine wegen anderer Verteidigungen nicht wahrnehmen kann, ohne dass er Einfluss auf die Terminsanberaumung hätte nehmen können, ist die Terminsverfügung prozessordnungswidrig.«

> Der BGH[264] rügte den Vorsitzenden des LG, weil er bei einem Verfahren mit drei Angeklagten ohne Rücksprache mit Verteidiger Prof. Dr. A. bei einem jahrelang dauernden Verfahren stets nur »mittwochs« terminierte; gerade an diesem Wochentag war der Verteidiger – ein Hochschulprofessor – durch seine Universitätstätigkeit jedenfalls im Semester verhindert. Dessen Verlegungsanträgen sei der Vorsitzende erkennbar nicht mit dem notwendigen »ernsthaften Bemühen« nachgegangen.

Wenn vor der Terminierung nicht versucht worden ist, in Absprache mit dem Verteidiger einen   **319** HV-Termin zu finden, ist im Fall einer Terminskollision das **Ermessen auf Null reduziert** mit der Folge eines **Anspruchs auf Terminsverlegung**.[265] Urlaub[266] und Fortbildungsveranstaltungen[267] des Verteidigers gehören zu den grundsätzlich anzuerkennenden Gründen für eine Verhinderung.[268] Ebenso kann die Verhinderung des Angeklagten Anlass für eine Terminsverlegung sein. Sie ist gerechtfertigt, wenn sich der Mandant bei Beginn der HV erst wenige Tage in einer stationären Drogentherapie befindet und eine Unterbrechung der Behandlung medizinisch kontraindiziert wäre.[269] Entsprechendes gilt, wenn der Mandant schwer erkrankt ist.[270] Schließlich können dringende berufliche, geschäftliche oder familiäre Belange des Angeklagten eine Terminsverlegung rechtfertigen, was substanziiert darzulegen und zu belegen ist.

Der Anspruch auf Terminsverlegung besteht selbst dann, wenn sich der Verteidiger erstmalig nach   **320** Terminsverfügung bestellt und seine Verhinderung darlegt. Jedenfalls ist das richterliche Ermessen dann auf Null reduziert, wenn zu diesem Zeitpunkt ein Großteil der Zeugen noch nicht geladen ist und daher deren Umladung nahezu kostenneutral und mühelos möglich ist.[271]

Zulasten des Rechts auf Wahlverteidigung hat die Rechtsprechung einen weiteren Abwägungsgesichtspunkt   **321** installiert: Der **Beschleunigungsgrundsatz** soll zumindest in **Haftsachen Vorrang** vor dem Interesse des Angeklagten am Verteidiger seines Vertrauens haben.[272] Hierbei wird zwischen Wahl- und Pflichtverteidiger nicht differenziert. So meint das OLG Köln, eine Berücksichtigung der Terminslage der Verteidiger soll nur insoweit möglich sei, wie es hierdurch nicht zu einer deutlichen Verlängerung der Untersuchungshaft komme.[273] Zudem hätten die Beschuldigten keinen Anspruch darauf, dass das Gericht zu einem besonders frühen Zeitpunkt die Termine zur Hauptverhandlung bestimmt, damit die Verteidiger Terminskollisionen verhindern können. Das würde

---

261 BVerfG NJW 1984, 862; OLG Koblenz StraFo 2009, 523 f.
262 S. z.B. OLG Bamberg StV 2006, 683, 684; OLG Koblenz StraFo 2009, 523; *Burhoff* Hdb. HV, Rn. 853 m.N.
263 StV 2001, 157.
264 BGH NStZ-RR 2010, 312 f.
265 S. aktuell LG Braunschweig StraFo 2008, 430.
266 OLG Celle StV 1984, 503; OLG Frankfurt a.M. StV 1997, 402.
267 OLG Celle zfs 1997, 152.
268 Nach OLG Celle NStZ 2012, 176 begründet die zu erwartende Niederkunft der Lebensgefährtin des Verteidigers am Terminstag den Verlegungsantrag hingegen nicht.
269 KG Berlin StV 1995, 575.
270 OLG Hamm StraFo 1998, 233 (wobei Verhandlungsunfähigkeit nicht zu verlangen ist).
271 LG Saarbrücken, bei *Müller/Schmidt* Aus der Rechtsprechung zum Recht der Strafverteidigung 2009, NStZ 2010, 376.
272 Vgl. *Hilger* StV 2006, 451.
273 OLG Köln StraFo 2006, 111.

zu dem mit einer geordneten Rechtspflege nicht zu vereinbarenden Ergebnis führen, dass kurzfristig freiwerdende Termine nicht mehr aufgefüllt werden dürfen, weil sie den Verteidigern nicht langfristig genug mitgeteilt werden konnten. Es sei »eine abwegige Vorstellung, die Kapazitäten des Gerichts müssten bei derart umfangreichen Verfahren – auch noch – der Terminslage der Verteidigung angepasst werden.«[274] Selbst der vollständig unterlassene Versuch des Vorsitzenden, Termine mit der Verteidigung abzustimmen, soll dann nicht kritikwürdig sein, wenn in einem Verfahren mit 7 Angeklagten (davon 5 in Haft) die Beschleunigung eine zügige Durchführung des Prozesses gebiete.[275]

322 Selbst das BVerfG[276] und der BGH[277] räumen in Konstellationen mit mehreren inhaftierten Angeklagten dem Beschleunigungsprinzip den Vorrang ein. Hier müsse im Fall der Verhinderung des Verteidigers seines Vertrauens der Wunsch des Angeklagten zurückstehen. Manche Fragen in diesem Zusammenhang sind nicht abschließend diskutiert,[278] z.B. ob der Vorsitzende die Problematik durch Abtrennung lösen kann oder gar muss. Ob auch in der Konstellation mit nur einem (inhaftierten) Angeklagten das Beschleunigungsgebot im Fall von Terminsschwierigkeiten des Verteidigers des Vertrauens Vorrang habe, ist auch vom Ausgangspunkt der Rechtsprechung diskutabel. Es wird zwar behauptet, dass hier Terminsabsprachen wegen Terminsschwierigkeiten des Verteidigers nicht zu einem über Monate hinausgezögerten Beginn der Hauptverhandlung führen dürfen und notfalls ein (weiterer) Verteidiger beizuordnen sei.[279] Diese Ausgangsbehauptung gibt zu Unrecht der Beschleunigung unter dem Gesichtspunkt des geschäftsmäßigen Fortgangs des Verfahrens absolute Priorität auch gegenüber den Teilhaberechten des maßgeblich betroffenen Bürgers. Menschenrechtlichen Wert bietet allerdings nur der Anspruch des Angeklagten auf eine alsbaldige Befreiung von der Last des Verfahrens; in dieser Sicht des Betroffenen unterliegt der Anspruch auch in überschaubaren Dimensionen der Disposition des allein Begünstigten.

323 Die pauschale Bezugnahme auf einen undifferenzierten Beschleunigungsbegriff hat die Potenz zu richterlichem Rechtsmissbrauch. Die neuere Rechtsprechung gibt den Vorsitzenden in Haftsachen faktisch die Möglichkeit, engagierte und unliebsame Verteidiger durch eine scheinbar fürsorgliche straffe Terminierung der Hauptverhandlung auszuhebeln. Die Entlarvung einer solchen Konfliktstrategie des Vorsitzenden ist nicht nur rechtspolitisch durch Verteidiger erforderlich, sie provoziert z.T. auch eine Entscheidung im Sinne des Verteidigers durch den souverän erscheinenden Behauptungswillen des Vorsitzenden, der keine Befürchtung vor engagierter Verteidigung dokumentieren will.

324 Ein **Antrag auf Terminsverlegung** muss unverzüglich nach Eingang der Ladung bzw. Terminsmitteilung unter detaillierter Darlegung des Verhinderungsgrundes gestellt werden.[280] Ebenso wie die »erste« Terminsverfügung[281] steht die Entscheidung über den Terminsverlegungsantrag im pflichtgemäßen Ermessen des Vorsitzenden. In der Sache gelten dabei die o.a. Grundsätze, d.h. das Gericht muss sich ernsthaft bemühen, die Terminskollisionen des Verteidigers zu überwinden. Daher kann sich die Frage stellen, ob bei vorangegangener Kommunikation mit dem Vorsitzenden, der in Kenntnis der Kollision des Verteidigers terminiert hat, ein Verlegungsantrag überhaupt sinnvoll ist. Anders als die Terminsverfügung, die ohne Begründung ergeht, ist eine ablehnende Entscheidung des Vorsitzenden über einen Antrag auf Terminsverlegung zu begründen (§ 34). Aus der Begründung muss ersichtlich sein, dass die o.a. Grenzen des Ermessens beachtet worden sind.[282] In der Regel kann nur mithilfe des (zwischengeschalteten) Terminsverlegungsantrages der Nachweis eines Ermessensfehlers des Vorsitzenden bei der Terminierung erbracht werden.[283]

---

274 OLG Köln StV 2006, 463.
275 KG Berlin NStZ-RR 2009, 317 f.
276 StV 2006, 451.
277 NStZ 2006, 513; NStZ 2007, 163 ff.; StV 2006, 680; vgl. auch OLG Hamburg StV 2006, 533.
278 Vgl. *Hilger* StV 2006, 451, 452.
279 OLG Hamm StV 2006, 481.
280 *Neuhaus* StraFo 1998, 98; *Burhoff* Hdb. HV, Rn. 857.
281 OLG Frankfurt StV 1990, 201.
282 Vgl. *Meyer-Goßner/Schmitt* § 34 Rn. 5.
283 Vgl. FA-Strafrecht/*Hohmann*, 3/57.

Wird der Terminsverlegungsantrag des Verteidigers abgelehnt, stellt sich die Frage der gerichtlichen 325
Überprüfung. Gemäß § 305 S. 1 unterliegen Entscheidungen des erkennenden Gerichts, die der
Urteilsfällung vorangehen, nicht der **Beschwerde**. Daher wird von einer Minderansicht in Recht-
sprechung[284] und Literatur[285] vertreten, dass die Beschwerde gegen die Ablehnung von Terminsverle-
gungsanträgen ausnahmslos unstatthaft sei. Übersehen wird hier bereits, dass die Entscheidung des
Gerichts nicht nur der Urteilsfällung vorangeht, sondern darüberhinaus weitergehende prozessuale
Wirkung durch Beeinträchtigung des Rechts auf Verteidigung durch einen Vertrauensanwalt entfaltet.[286] Die überwiegende Meinung stützt sich vornehmlich auf eine praktische Erwägung. Wäre die
Beschwerde unzulässig, müsste der Verteidiger in der Hauptverhandlung einen Aussetzungsantrag
stellen und ggf. dessen Ablehnung mit der Revision rügen. Dies wäre zwar dogmatisch nicht zu
beanstanden, aber schlicht prozessunökonomisch.[287] Abweichend vom Wortlaut des § 305 S. 1 hält
die h.M. daher die Beschwerde gegen die Ablehnung des Terminsverlegungsantrages zumindest in
besonderen Fällen der fehlerhaften Ermessensausübung des Vorsitzenden (**Ermessensnicht- und
Ermessensfehlgebrauch**) für zulässig.[288]

> Begründet ist die Beschwerde, wenn sich aus der Ablehnungsentscheidung Ermessensfehler oder ein 326
> Ermessensnichtgebrauch ergeben, d.h. wenn nicht deutlich wird, dass der Vorsitzende das ihm einge-
> räumte Ermessen korrekt ausgeübt hat. Daher sind die Chancen für eine erfolgreiche Beschwerde umso
> größer, je substanziierter der Verteidiger darlegen kann, dass er selbst alles Erforderliche für eine zügige
> und störungsfreie Terminierung getan hat. Dazu gehört die frühzeitig in den Akten dokumentierte Bitte
> um Terminsabstimmung ebenso wie der Hinweis auf Terminskollisionen und sonstige Verhinderungen.
> Diese Gründe müssen nicht urkundlich belegt sein, es reicht die anwaltliche Versicherung zur Glaub-
> haftmachung.[289] Insbesondere die Beschwerde gegen eine Ablehnung des Terminsverlegungsantrages mit
> dem formelhaften Hinweis auf die »angespannte Terminslage des Gerichts« ist dann – jedenfalls in Nicht-
> haftsachen – begründet.[290]

Darüber hinaus kann die Ablehnung der Terminsverlegung in Einzelfällen Anlass geben, mit dem 327
Mandanten die Frage eines Ablehnungsantrages wegen **Besorgnis der Befangenheit** zu erörtern. In
der Rechtsprechung ist anerkannt, dass die grundlose oder willkürliche Ablehnung eines Terminsverlegungsantrages die Besorgnis der Befangenheit begründen kann.[291]

Letztlich bleibt für die Verteidigung ins Kalkül zu ziehen, dem Mandanten bei der eigenen Verhin- 328
derung das **Ausbleiben in der Hauptverhandlung** zu empfehlen. Allerdings sind die Risiken erheblich: Zwangsmaßnahmen der Vorführung oder des Haftbefehls (§ 230 Abs. 2) drohen ebenso wie
die Verwerfung einer Berufung (§ 329) oder eines Einspruchs im Strafbefehlsverfahren (§ 412).
Andererseits kann sich der Verteidiger auf höchstrichterliche Rechtsprechung[292] berufen, die bei einer
fehlerhaften richterlichen Behandlung von Terminsverlegungsanträgen eine »genügende Entschuldigung« des Mandanten annimmt und damit den prozessualen Weg für Rechtsmittel offen hält.

2. Ladung des Angeklagten und des Verteidigers

Erfolgt die Terminierung der Hauptverhandlung, ohne die Ladungsfrist des § 217 Abs. 1 von min- 329
destens einer Woche einzuhalten, bestehen effiziente prozessuale Möglichkeiten, sich hiergegen zu
wehren. Zwar soll in diesem Fall die Beschwerde unzulässig sein.[293] Bis zum Beginn der Vernehmung

---

284 OLG Hamm NStZ 1989, 133; OLG Düsseldorf JMBl. NW 1995, 248.
285 S. KMR/*Eschelbach* Vor § 213 Rn. 23 f. und *Kropp* NStZ 2004, 668 m.w.N.
286 OLG Saarbrücken BeckRS 2015, 11166 – NJW Spezial 2015, 473.
287 *Schlothauer* Vorbereitung, Rn. 180 in Anm. 5.
288 OLG Koblenz NStZ-RR 2012, 21; OLG Celle NStZ 2012, 176; OLG München StV 2007, 518;
 OLG Nürnberg StV 2005, 491; LG Görlitz NStZ-RR 2006, 315.
289 OLG Koblenz StraFo 2009, 523, 524.
290 OLG Frankfurt StV 1995, 7; *Burhoff* Hdb. EV, Rn. 1639 m.w.N.
291 OLG Bamberg StV 2006, 683; OLG Nürnberg StraFo 2005, 24.
292 OLG Koblenz StraFo 2009, 421.
293 *Neuhaus* StraFo 1998, 85; *Burhoff* Hdb. EV, Rn. 1641.

des Angeklagten zur Sache kann aber nach § 217 Abs. 2 die Aussetzung der Hauptverhandlung verlangt werden. Dieser Antrag darf schon vor Beginn der Hauptverhandlung schriftlich gestellt werden.[294] Da die Ladungsfrist den Angeklagten schützen und sicherstellen soll, dass dieser genügend Zeit zur Vorbereitung der Hauptverhandlung hat, kann auf die Einhaltung der Ladungsfristen verzichtet werden. Die Ladungsfrist muss nur zum ersten Hauptverhandlungstermin gewahrt werden. Bei **Fortsetzungsterminen** ist keine förmliche Ladung erforderlich und daher auch nicht die Einhaltung der Ladungsfrist.[295]

Die Ladung wird dem Angeklagten grundsätzlich förmlich zugestellt (vgl. § 217 Abs. 1). Bei Vorliegen einer wirksamen Zustellungsvollmacht gemäß § 145a Abs. 2 S. 1 kommt seine Ladung über den Verteidiger in Betracht.

330   Vor diesem Hintergrund erscheint die generelle Aufnahme solcher Empfangsermächtigungen in der Vollmachturkunde zumindest fragwürdig, denn die Zustellung der Ladung des Angeklagten an den Verteidiger als Zustellungsbevollmächtigten birgt beträchtliche Nachteile, etwa die Möglichkeit der Anordnung von Zwangsmaßnahmen nach § 230 Abs. 2. Selbst wenn die Rechtsprechung pauschale Zustellungsbevollmächtigungen in Vollmachtsvordrucken für unwirksam erachtet hat, sind Gefahren für den Mandanten durch Unachtsamkeiten in der Formulierung der Vollmacht nie auszuschließen. Sprachunkundigen **Ausländern** ist die Ladung mit einer deutschen Übersetzung bekannt zu geben (Nr. 181 Abs. 2 RiStBV). Fraglich ist, ob die Ladung eines sprachunkundigen Angeklagten ohne Übersetzung wirksam ist.[296] Jedenfalls dürfen dann keine Zwangsmittel i.S.d. § 230 Abs. 2 angeordnet werden.[297]

331   Die Frist gilt nicht nur für die Ladung des Angeklagten (§ 216), sondern auch für die Ladung des Verteidigers (§ 218), und zwar selbst dann, wenn dieser eine schriftliche Vollmacht noch nicht vorgelegt hat. Die formlose und auch konkludent mögliche Verteidigungsanzeige reicht aus.[298] Hat der Angeklagte mehrere Verteidiger, sind grundsätzlich alle zu laden.[299] Die Ladung des Verteidigers hat gleichermaßen durch eine förmliche Zustellung zu erfolgen. Kein Ersatz für die förmliche Ladung ist es, wenn der Verteidiger infolge Akteneinsicht oder durch Information seines Mandanten vom Termin erfahren hat.[300] Allerdings darf ein Aussetzungsantrag abgelehnt werden, wenn der Verteidiger zu einem Zeitpunkt, in dem eine Ladung noch rechtzeitig gewesen wäre, zuverlässige Kenntnis von dem Termin hatte.[301]

Der Aussetzungsantrag wird gestellt, wenn ansonsten angesichts der Abwesenheit des Verteidigers der Mandant in der Hauptverhandlung unverteidigt bliebe.

332   Kann der zu Unrecht nicht oder zu spät geladene Verteidiger zur Hauptverhandlung nicht erscheinen, sollte der Angeklagte – spätestens bis zur Vernehmung zur Sache – die Aussetzung in Fällen der nicht notwendigen Verteidigung verlangen.[302] Zu diesem Zwecke ist ihm ein **vorformulierter Antrag** mitzugeben und auf die Präklusion ebenso ausdrücklich hinzuweisen wie auf zu erwartende Versuche des Gerichts, den Mandanten zu einem Verzicht auf die Ladung des Verteidigers zu bewegen.[303]

333   Gleiches gilt für eine effektive Benachteiligung der Verteidigung angesichts zu knapp bemessener Vorbereitungszeit. Ob die Option bei einer nicht wahrnehmbaren Beeinträchtigung trotz verkürzter Ladungsfrist wahrgenommen wird, hängt von verteidigungstaktischen Erwägungen ab.

334   Das Aufzeigen des Aussetzungsanspruch bei gleichzeitigem Unterlassen des Antrages kann gleich zu Beginn die Bereitschaft der Verteidigung zur Verhandlung abseits strenger Formalien signalisieren, so wie

---

294 KK/*Gmel* 8. Aufl. § 218 Rn. 10; *Burhoff* Hdb. EV, Rn. 593.
295 BGH NStZ-RR 2003, 98.
296 Bejahend BayObLG NStZ 1996, 248; a.A. *Burhoff* Hdb. EV, Rn. 593 m.w.N.
297 OLG Bremen NStZ 2005, 527; *Meyer-Goßner*/Schmitt § 184 GVG Rn. 3.
298 BGHSt 36, 259.
299 BGH StV 2001, 663 m.w.N.
300 *Meyer-Goßner*/Schmitt § 218 Rn. 8.
301 BGH StV 1985, 133.
302 BayObLG NJW 2005, 2470.
303 Vgl. *Schlothauer* Vorbereitung, Rn. 188.

die Verteidigung umgekehrt mit einem solchen Antrag im Hinblick auf die prognostizierte Entwicklung der Hauptverhandlung ein Zeichen zur unbedingten Einhaltung formaler gesetzlicher Vorgaben setzen kann.

3. Ladungs- bzw. Verhandlungsplan

Nach richterlichem Selbstverständnis stellt es eine schlichte Selbstverständlichkeit dar und gehört   **335**
zu den Amtspflichten eines Richters, sich in Vorbereitung der Hauptverhandlung ein Konzept für die Reihenfolge und den strukturierten Ablauf der einzelnen Verhandlungsteile zu erstellen.[304] Mittelbar ergibt sich aus § 214 Abs. 2, dass der Vorsitzende bei umfangreicheren Verfahren eine sinnvolle Reihenfolge der beabsichtigten Beweiserhebungen festlegen soll. Zu diesem Zweck muss er sich frühzeitig einen **Verhandlungsplan** zurechtlegen, dem schon bei der Ladung Rechnung getragen wird.[305] Ein straff konzipierter Verhandlungsplan und hieran orientiert eine effiziente Ladung von Zeugen ist notwendige Konsequenz des Beschleunigungsgrundsatzes.[306]

Das Gebot der Transparenz und der Waffengleichheit gibt der Verteidigung einen Anspruch auf   **336**
Kenntnisnahme dieses Plans. Um sich sinnvoll auf den Ablauf einer Hauptverhandlung vorbereiten zu können, muss daher ein solcher Plan eingefordert werden, wenn der Vorsitzende insofern mit der Ladung keine Informationen erteilt. Das effektive rechtliche Gehör erfordert nicht nur rechtzeitige Kenntnis von Zeugenladungen; die Überprüfung von Verwertungsfragen im Vorfeld muss sich auch auf Urkunden und andere Beweismittel beziehen, sodass deren beabsichtigte Einführung ebenfalls rechtzeitig angekündigt werden muss. Dass die Dynamik einer laufenden Beweisaufnahme eine Abweichung von einem ursprünglichen Plan zur Folge haben kann, ist selbstverständlich; eine neue Planankündigung hat die Vorgaben des Beschleunigungsgrundsatzes sowie der ausreichenden Vorbereitungszeit weiterhin zu beachten.

Der Einfluss der Verteidigung auf den Inhalt dieses Plans und insbesondere der Reihenfolge der Zeugenvernehmungen ist allerdings gering. Die Einschätzungsprärogative des Vorsitzenden zu einem sinnvollen Ablauf einer Beweisaufnahme ist zunächst sehr weit. Die gesetzlichen Vorgaben sind mäßig und daher nur in Extremfällen tauglicher Gegenstand von Remonstrationen des Verteidigers.

Gegen eine gesetzliche Grundentscheidung spricht z.B. die immer wieder praktizierte **Vernehmung des**   **337**
leitenden Ermittlungsbeamten, der zu Beginn der Beweisaufnahme eine Zusammenfassung vom Verlauf der Ermittlungen geben soll. Letzteres bewirkt, was Nr. 126 Abs. 3 RiStBV verhindern will. Hiernach darf den Schöffen das wesentliche Ergebnis der Ermittlungen nicht zugänglich gemacht werden.[307] Dies birgt die Gefahr, dass den Schöffen ihre Fähigkeit zur unvoreingenommenen Würdigung der Beweismittel genommen wird. Eine Schilderung des Ermittlungsverlaufs muss notgedrungen inhaltlich an Zwischenergebnisse anknüpfen und damit z.B. Inhalte von Aussagen von Zeugen oder Sachverständigen wiedergeben, die erst noch in der Hauptverhandlung gehört werden sollen.

Schwerlich akzeptabel dürfte ein Ladungsplan sein, der zunächst die zeugenschaftliche Vernehmung   **338**
sämtlicher Belastungszeugen vorsieht. Kann bei Zeugen eine Absprache vermutet werden, ist deren Ladung auf denselben Tag zumindest sinnvoll, um diese Gefahr zu kontrollieren. Bleiben Fragen auf der Ebene psychologischer Sinnhaftigkeit, müssen entgegenstehende Vorbereitungsentscheidungen des Vorsitzenden akzeptiert werden. Jeder Aufruf des geladenen Zeugen in der Hauptverhandlung stellt eine Maßnahme dar, die dann über die Beanstandung des § 238 Abs. 2 in den Entscheidungsbereich der gesamten Kammer gestellt werden kann.

---

304 BGH, Beschl. v. 16.03.2006 – 3 StR 365/05.
305 *Meyer-Goßner/Schmitt* § 214 Rn. 12.
306 BVerfG 2 BvR 1964/05; OLG Hamm StV 2006, 91.
307 Vgl. auch BGHSt 43, 31.

4. Die äußeren Umstände der Hauptverhandlung

339 Die Atmosphäre der Hauptverhandlung wird mitgeprägt von den äußeren Bedingungen, unter denen ein Prozess abläuft. Der Verteidiger wird daher alle Einflussmöglichkeiten wahrnehmen um diese Bedingungen für seinen Mandanten positiv zu gestalten.

340 Will er Stigmatisierung und Prangerwirkung durch Presseberichterstattung minimieren, wird er nicht nur auf Einhaltung des Ton- und Filmaufnahmeverbots in der Hauptverhandlung (§ 169 S. 2 GVG) drängen, sondern bereits im Vorfeld bei Gericht beantragen, der Vorsitzende möge im Rahmen seiner Sitzungsgewalt (§ 176 GVG) vor und nach der Hauptverhandlung Aufnahmen im und vor dem Gerichtssaal unterbinden.

341 Der Angeklagte soll grundsätzlich in der Hauptverhandlung ungefesselt sein (§ 119 Abs. 5 a.F.). Vermutete Gefahren können jedoch auf der Grundlage des § 176 GVG oder § 231 Abs. 1 S. 2 StPO zur Anordnung von **oder Fußfesseln** führen. Voraussetzung ist die auf konkreten Tatsachen beruhende Erwartung der Fluchtgefahr oder der Gefährdung anderer Personen.[308] Das Bild des gefesselten Angeklagten suggeriert sowohl bei Zuschauern als auch bei Laienrichtern eine besondere Gefährlichkeit. Eine solche »Inszenierung« widerspricht menschenrechtlichen Vorgaben, u.U. sogar dem Folterungsverbot.[309] Der Respekt vor der Würde des Angeklagten erfordert aus Sicht der Verteidigung zumeist Anträge, um diesen unwürdigen Zustand in der Hauptverhandlung zu verhindern. Die Defizite der richterlichen Begründung für eine Fesselung sind daher möglichst im Vorfeld bereits durch Anträge aufzuzeigen. Die Anordnung der Fesselung des Angeklagten während der Hauptverhandlung stellt eine Maßregel des Vorsitzenden nach § 231 Abs. 1 S. 2 dar. Es handelt sich hierbei um eine Maßnahme der äußeren Verhandlungsleitung, gegen die nach § 238 Abs. 2 das Gericht nicht angerufen werden kann.[310] Die Fesselungsanordnung kann jedoch nach § 304 Abs. 1 mit der Beschwerde angegriffen werden. § 305 S. 1 steht nicht entgegen, da es sich nicht um eine Maßnahme handelt, die im inneren Zusammenhang mit der Urteilsfällung steht.[311]

342 Der Angeklagte darf sich in jeder Phase des Verfahrens des rechtlichen Beistandes seines Verteidigers bedienen. Dies gilt erst recht für die Hauptverhandlung. Die Realisierung dieses Grundsatzes darf nicht an der Möblierung oder anderen ungünstigen Gegebenheiten des Gerichtssaals scheitern.[312] Ggf. ist ein Verteidigungsantrag zur Veränderung der **Sitzordnung** zu stellen, damit eine jederzeitige interne Kontaktaufnahme zwischen Anwalt und Mandant ermöglicht werden kann. Der Platz für Akten und Notizmöglichkeiten muss ebenso gewährleistet sein wie ein ständiger Kontakt mit einem ggf. anwesenden Dolmetscher.

343 Das Begehren einer Sitzanordnung, die eine jederzeitige verteidigungsinterne Kommunikation gewährleistet, wird häufig mit dem Hinweis zurückgewiesen, diese störe den Verlauf der Hauptverhandlung, bei Gesprächsbedarf sei gegebenenfalls zu unterbrechen. Unabhängig davon, dass flüsternder Gedankenaustausch während der Beweisaufnahme auf der Richterbank oder der Seite der Staatsanwaltschaft dieses Argument häufig als Vorwand entlarvt, verkennt dies den Umfang des Gesprächsbedarfs zwischen Verteidiger und Angeklagtem. Jede weitere Frage an einen Zeugen muss u.U. abgestimmt werden, jedes Prozessgeschehen rechtfertigt die Wahrnehmung rechtlichen Gehörs und damit eine entsprechende Beratung, jedes Eintreten eines neuen Zuschauers in den Gerichtssaal bedarf des internen Informationsaustauschs, ob dieser als potenzieller Zeuge des Saales zu verweisen sei. Wer für jede dieser – u.U. sehr kurzen – Gespräche den Aufwand einer Unterbrechung betreiben will, muss als Resultat einen in der Länge kaum noch kontrollierbaren Prozess in Kauf nehmen. Verweigert sich der Vorsitzende der verfahrensökonomischen Vernunft, wird die Verteidigung ihm die Konsequenzen praktisch vor Augen führen müssen.

---

308 OLG Hamm NStZ-RR 2014, 114.
309 EGMR Svinarenko u.a./. Russland, NJW 2015, 3423 (zum Käfig für den Angeklagten in der Hauptverhandlung).
310 BGH NJW 1957, 271; OLG Dresden NStZ 2007, 479.
311 OLG Dresden, a.a.O.
312 *Fromm* Strafverteidigung in Umfangsverfahren, NJW 2013, 982.

Jedenfalls muss sichergestellt sein, dass der optische Eindruck bei einer Zeugenvernehmung nicht durch die Sitzposition minimiert ist.[313]

> Die Rechtsprechung anerkennt einen Anspruch auf »optische Teilhabe an der Zeugenvernehmung«,[314] unternimmt allerdings vieles, um dessen Effektivität zu untergraben. So sollen bauliche Gegebenheiten des Saales ebenso wie Sicherheitsbedenken eine Einschränkung rechtfertigen. Jedenfalls könne sich der Angeklagte in der Wahrnehmung des Zeugen durch den Verteidiger vertreten lassen. Sieht auch dieser nichts, und will das Gericht Eindrücke aus Gestik und Mimik des Zeugen in seiner Würdigung verwerten, ist die Rechtsprechung auf die Kompensationsmöglichkeit verfallen, wonach das Gericht diesen Eindruck mit der Möglichkeit der Stellungnahme allen anderen Verfahrensbeteiligten mitzuteilen hat.[315]

> Warum die Gestaltungsideen von Architekten entscheidend dafür sein sollen, Prozessrechte legitimerweise einzuschränken, wird nicht verraten. Die Konsequenz von Umfangsverfahren kann ein Gericht ebenso wenig entlasten, da es die Gestaltung des Verfahrens auch im Hinblick auf die Anzahl der Beteiligten selbst zu verantworten hat. Das Konfrontationsrecht des Art. 6 Abs. 3 lit. d MRK enthält zwar keine konkreten Hinweise auf die Qualität der der eigenen Befragung vorhergehenden Beobachtung der richterlichen Vernehmung; das Ziel des Hinterfragens vorhergehender Zeugenaussagen impliziert aber selbstverständlich deren optimale Wahrnehmung durch den Angeklagten und seine Verteidigung. Spätestens bei Wahrnehmung des eigenen Fragerechts dürfte deutlich werden, dass eine Beobachtung des befragten Zeugen von hinten oder aus großer Entfernung eine Konfrontation unzulässig einschränkt.

Unter Umständen kann der Verteidigung in besonderem Maße an der Realisierung des **Öffentlichkeitsgrundsatzes** (§ 169 S. 1 GVG, Art. 6 Abs. 1 EMRK) gelegen sein. Grundsätzlich besteht die hierdurch gesicherte Kontrollmöglichkeit im Interesse der Allgemeinheit; der Angeklagte empfindet dies allenfalls als zusätzliche Belastung. Bei Verfahren gegen Jugendliche, die grundsätzlich nicht öffentlich sind (§ 48 JGG), wird der Verteidiger daher auf den Ausschluss von Zuschauern drängen. Bei erwachsenen Angeklagten kann er im Vorfeld versuchen, mit dem Gericht einen Ausnahmetatbestand der Abwesenheit des Angeklagten zu vereinbaren (§§ 232, 233, 408a). Bezieht die Verteidigungsstrategie ausnahmsweise die Öffentlichkeit in besonderem Maße ein, sorgt der Verteidiger dafür, dass die Durchführung dieses Grundsatzes nicht durch örtliche oder zeitliche Umstände eingeschränkt ist. Ein Antrag auf Unterbrechung gehört hierzu ebenso wie auf Verlegung der Hauptverhandlung in einen anderen – größeren – Sitzungssaal.   **344**

Moderne Verteidiger haben den Akteninhalt elektronisch erfasst, d.h. die Akten eingescannt. Dies hat in größeren Verfahren den unschätzbaren Vorteil, dass der Verteidiger den Gerichtssaal nur mit dem **Notebook** im Gepäck betreten kann.

> Einen wirklichen »Wettbewerbsvorteil« gegenüber Staatsanwaltschaft und Gericht, also Verfahrensmacht, erlangt der Verteidiger aber dann, wenn er den Akteninhalt auch elektronisch aufbereitet hat. Schließlich bietet das Notebook in der Hauptverhandlung dem Verteidiger **optimale Recherchemöglichkeiten**. Neben der Informationsbeschaffung im Internet und der Nutzung von Online-Datenbanken und -Rechtsprechungssammlungen kommen per E-Mail an Mitarbeiter versandte und erledigte Aufträge in Betracht. Des Weiteren können auch lokale Datenbanken genutzt werden. Spontane Internetrecherchen können der Verteidigung hilfreiche Anhaltspunkte insbesondere bei Zeugenbefragungen vermitteln oder im Gerichtssaal für Klarheit im Hinblick auf die aktuelle Gesetzesfassung sorgen.   **345**

Die Funktion von Notebooks haben z.T. **Smartphones** übernommen. Während die o.a. Arbeitsmöglichkeiten mit elektronischen Medien mittlerweile unverzichtbarer Bestandteil der Verteidigungsarbeit in der Hauptverhandlung sind, gehört die telefonische Erreichbarkeit während der Verhandlung sicherlich nicht zu den Erfordernissen effektiver Verteidigung. Zumal wenn Missbrauchsmöglichkeiten – z.B. durch inhaftierte Mandanten – aufscheinen, kann eine Anordnung   **346**

---

313 Vgl. schon *Münchhalffen* Bedeutung der Sitzordnung für eine ungehinderte Verteidigung, StraFo 1996, 16 ff., 46 f.

314 BGH NStZ-RR 2018, 357.

315 BGH NStZ-RR 2018, 357, 358.

des Vorsitzenden an alle Verfahrensbeteiligten nachvollziehbar sein, die Fernsprechfunktion des elektronischen Geräts abzuschalten.[316]

347   Eine grobe Missachtung der Verfahrensstellung des Verteidigers stellt allerdings die sitzungspolizeiliche Anordnung des Vorsitzenden dar, vor Einlass in den Gerichtssaal ausnahmslos und anlasslos alle Personen – und damit auch die Verteidiger – einer intensiven Durchsuchung auf Waffen und andere gefährliche Werkzeuge zu unterziehen.[317]

348   Probleme bereitet das eigene **Dokumentationsmanagement**. Ohne präzise Erfassung des Verlaufs der Hauptverhandlung ist Verteidigung in ihrer Argumentation beschränkt.

349   Über die Einhaltung des Beschleunigungsgebots am 76. Tag einer Hauptverhandlung lässt sich schwer diskutieren, wenn nicht zuvor präzise aufgelistet worden ist, welche Länge exakt die einzelnen Verhandlungstage hatten und wie viel Pausen eingelegt wurden. Beweisanträge laufen unter Umständen ins Leere, wenn nicht präsent ist, welche Urkunden verlesen worden sind, welche Mitteilungen der Vorsitzende zu vergeblichen Ladungen von Zeugen gemacht hat oder welche Stellungnahmen der Sitzungsvertreter der Staatsanwaltschaft zu parallelen Ermittlungsverfahren abgegeben hat.

350   Die Hauptverhandlung ist mündlich, die gesprochenen Worte sind flüchtig.

351   Life-Dokumentationen sind dem deutschen Strafverfahrensrecht (noch) fremd. Das Protokoll wird erst nach Verkündung des Urteils fertiggestellt und ist daher für Diskussionen über den vorhergehenden Gang der Beweisaufnahme nicht dienlich. Die Probleme kulminieren da, wo beispielsweise im Rahmen eines Ablehnungsgesuchs Diskussionen über den exakten Wortlaut einer Äußerung des Vorsitzenden entbrennen, oder dem Zeugen seine eigene oder die Aussagen anderer Zeugen vorgehalten werden und andere Verfahrensbeteiligte die Exaktheit eines solchen Zitats bezweifeln.

352   Strukturell ist Verteidigung bei derartigen Kontroversen grundsätzlich im Nachteil. Richter nehmen nicht nur im Urteil die Definitionsmacht über Sachverhalte in Anspruch, sondern auch hinsichtlich der Erfassung von prozessrelevantem Geschehen. Traditionell kann Verteidigung dem nur mit einer eigenen Dokumentation begegnen. Was immer Verteidigung im Verlaufe der Hauptverhandlung allerdings niederlegt, entfaltet keinerlei formalen Beweiswert. Es ist die Überzeugungskraft des Verteidigers, mit der er in der Begründung eines Antrages vortragen kann, dass und wie exakt er in der Vergangenheit das Prozessgeschehen erfasst hat.

353   Das Ziel ist mit einer vollständigen Dokumentation des Prozessgeschehens leicht formuliert. Das Erreichen ist quasi unmöglich. Die handschriftlich erfolgten Notizen müssen zwangsläufig Stückwerk bleiben, da der Verteidiger sich primär auf die Beobachtung des Prozessgeschehens und ggf. erforderliche Reaktionen konzentrieren muss; die Dokumentation des Geschehens kann hier nur zweitrangig sein, sie beschränkt sich häufig auf Stichworte. Von besonderer Relevanz ist der exakte Wortlaut von Zeugenaussagen, insbesondere die Differenzierung zwischen Fragen und Antworten sowie die Erfassung von emotionalen und körperlichen Reaktionen. Das gelingt möglicherweise leidlich, wenn der Verteidiger bei der Befragung anderer Verfahrensbeteiligter primär Beobachter ist. Zwangsläufig überfordert ist er, wenn er bei Ausübung seines Fragerechts eine komplexe Kommunikation aufbauen soll und diese gleichzeitig dokumentiert. Häufig bleibt nichts anderes übrig, als der Kommunikation den absoluten Vorrang zu geben und eigene Notizen zu vernachlässigen.

354   Verbessern lässt sich diese Situation, wenn zwischen mehreren Verteidigern die **Arbeitsaufteilung** erfolgt, wonach derjenige, der jeweils nicht fragt, sich ausschließlich auf die Niederschrift konzentriert. Optimal ist die Hinzuziehung einer Hilfsperson auf der Verteidigerbank, die entweder durch Beherrschung stenografischer Fähigkeiten ein wortgetreues handschriftliches Protokoll erstellen kann oder über außerordentliche Geschwindigkeiten bei der Textfixierung auf einem Laptop verfügt.

---

316 OLG Stuttgart StV 2011, 718 m. Anm. *Kühne*; *Fromm* Über die Zulässigkeit der Handynutzung in der strafrechtlichen Hauptverhandlung, StraFo 2015, 445 ff.

317 OLG Hamm NStZ-RR 2012, 118 hält eine Beschwerde des Verteidigers für unzulässig, was die Konsequenz eines sofortigen Ablehnungsgesuchs zur Folge haben müsste.

Rechtlich ist dieser Weg der Verteidigung nicht zu verwehren. Tatsächlich stellt diese Variante schon aus Kostengründen die seltene Ausnahme dar.

Durch den Techniksprung der letzten Jahre bietet sich eine **eigene Audio-Aufzeichnung** der Verteidigung an. Zum einen ermöglichen solche Aufnahmen, dass die Verteidigung sich auf ihre primären Aufgaben in der Hauptverhandlung konzentrieren kann. Zum anderen hat die Verteidigung auf diesem Wege die Chance, sich in den wenigen Bedarfsfällen auf ein äußerst zuverlässiges Dokumentationsmittel berufen zu können. Auch wenn einer solchen Aufzeichnung keinerlei prozessualer Beweiswert zukommt, wird sich ein Gericht der Überzeugungskraft dann kaum entziehen können, wenn die Verteidigung behaupten kann, aufgrund der eigenen Audio-Aufzeichnungen Prozessgeschehen wörtlich reproduzieren zu können. 355

Die um diese faktische Kontrollmöglichkeit besorgten Richter wehren sich gegen diese Möglichkeit, allerdings regelmäßig mit unzureichenden rechtlichen Argumenten.[318] Abwehrhaltungen fußen zumeist auf überholten rechtlichen Vorstellungen. Zwar sind gemäß § 169 S. 2 GVG Ton- und Fernsehaufnahmen zum Zwecke der öffentlichen Vorführung unzulässig. Es besteht aber Einigkeit darüber, dass diese Vorschrift den Bereich verfahrensinterner Zwecke nicht erfasst. § 201 StGB und das dort geschützte »nicht öffentlich« gesprochene Wort erfassen ferner keine Ausführungen in einer öffentlichen Hauptverhandlung. 356

Die früher diskutierte Frage, ob angesichts des zusätzlichen Eingriffs in Persönlichkeitsrechte Aufnahmen nur mit Zustimmung von Verfahrensbeteiligten oder angehörten Zeugen erfolgen dürfen,[319] ist angesichts der Einführung von Regelungen zu Videoaufnahmen (§§ 58a, 168e, 247 S. 4) überholt. Der gesetzgeberische Wille wird hier deutlich, dass alle Verfahrensbeteiligte, die ohnehin durch das Verfahren bestehenden Eingriffe in ihre Persönlichkeitsrechte auch erweiternd dahin gehend hinnehmen müssen, dass für Verfahrenszwecke Aufnahmen entstehen.[320] Zum Zwecke der Wahrheitsfindung kann es häufig unerlässlich sein, auf dieses Mittel zurückzugreifen, um zumindest nachträglich in komplizierten Beweissituationen Widersprüchlichkeiten oder Missverständnisse aufzudecken. Beweissicherung und Dokumentation der Justizförmigkeit rechtfertigen den Eingriff in Persönlichkeitsrechte der Betroffenen.[321] Auf dieser Grundlage kann es keinen Unterschied machen, ob für einen Teil der Hauptverhandlung ausnahmsweise die Öffentlichkeit ausgeschlossen wurde. Auch wenn dies selten in der Praxis umgesetzt wird, so nehmen Richter für sich selbst jedenfalls wie selbstverständlich mittlerweile ein Recht auf Herstellung von Audiodateien in der – gesamten – laufenden Hauptverhandlung – sogar heimlich – in Anspruch.[322] 357

Die Herstellung von Audiodateien durch die Verteidigung zu internen Zwecken unterliegt nicht der Genehmigung des Vorsitzenden (§ 238 Abs. 1).[323] Die Art und Weise des Dokumentationsmanagements der Verteidigung ist keine Maßnahme der Verhandlungsleitung. Darüberhinaus ist nach Einführung von Audiodateien als Hilfs- und sogar Beweismittel in die StPO kaum noch ein Argument vorstellbar, weshalb der Vorsitzende technische Aufzeichnungen der Verteidigung untersagen sollte.[324] 358

Bestritten wird das Recht auf eigene Aufzeichnung mit der exklusiven Aufgabenstellung des Gerichts, das allein für die Durchführung der Hauptverhandlung und für die Wahrheitsfindung zuständig sei. Übersehen wird dabei, dass außerhalb dieser Aufgabenstellung ein solcher Mitschnitt der Verteidigung ebenfalls verfahrensfördernd ist, da auch die der Verteidigung gestellte Aufgabe mithilfe 359

---

318 S. z.B. *Rottländer* Anspruch der Verfahrensbeteiligten auf Zugänglichmachung gerichtsinterner akustischer Mitschnitte der Hauptverhandlung vor dem Land- und Oberlandesgerichten?, NStZ 2014, 138 ff.

319 BGHSt 19, 193 ff.

320 S. z.B. AnwK-StPO/*Püschel* § 169 GVG Rn. 20; LR/*Wickern* 26. Aufl. § 169 GVG Rn 47; *Meyer-Goßner/Schmitt* § 169 GVG Rn. 13.

321 *Altenhain* Dokumentationspflicht im Ermittlungsverfahren, ZIS 2015, 269 ff.

322 OLG Bremen NStZ 2007, 481; *Meyer-Goßner/Schmitt* § 169 GVG Rn 11; *Rottländer* NStZ 2014, 138.

323 So noch BGH NStZ 1982, 42; NJW 1977, 66; *Schmitt* Die Dokumentation der Hauptverhandlung, NStZ 2019, 1, 3, erachtet zwar die Möglichkeit der Tondokumentation zu verteidigungsinternen Zwecken für selbstverständlich, hält aber ohne Begründung an der angeblichen Notwendigkeit der richterlichen Genehmigung fest.

324 *Kissel/Mayer* § 169 GVG Rn 80; AnwK-StPO/*Püschel*, § 169 GVG Rn 21.

derartiger Audiodateien sehr viel effektiver erfüllt werden kann – und damit auch entscheidend zur Förderung prozessualer Belange beitragen kann.

360 Bedenken gegen die Reduzierung der Unbefangenheit eines Zeugen sind mittlerweile widerlegt.[325] Argumente gegen die Aufnahme reduzieren sich damit allenfalls auf die Befürchtung eines Missbrauchs. Ein solcher wird regelmäßig nur sehr abstrakt von den Gegnern des Aufnahmerechts skizziert.[326] Dass ein Verteidiger zu einem späteren Zeitpunkt aufgrund seiner Audioaufzeichnungen in Anträgen und Plädoyers präzise einen Verfahrensbeteiligten, einen Sachverständigen oder Zeugen zitieren kann, ist sicherlich kein Missbrauch, sondern die Wahrnehmung von Verteidigungsaufgaben auf der Basis einer gehobenen Qualität. Missbrauch läge allenfalls vor, wenn ein Richter, Staatsanwalt oder Verteidiger entgegen der eindeutigen Regelung des § 169 GVG eine solche Audiodatei veröffentlicht oder zu ihrer Veröffentlichung beiträgt. Geht das Gesetz allerdings davon aus, dass bei den sehr viel sensibleren Daten nach einer Akteneinsicht vom Verteidiger Verschwiegenheit erwartet werden kann, so gilt dies erst recht bei einer weit weniger eingriffsintensiven Publizierung von Äußerungen Dritter, die ohnehin in öffentlicher Hauptverhandlung erfolgt waren.

361 Fazit: Die Effektivierung von Verteidigung erfordert regelmäßig eine verteidigungsinterne Audioaufzeichnung – und ggf. den Kampf um die Umsetzung dieser Möglichkeit.

5. Dolmetscher

Fremdsprachen

362 Bei der auf Kommunikation und Mündlichkeit angelegten Hauptverhandlung stellt die Sprache das entscheidende Medium dar. Die Gerichtssprache ist deutsch (§ 184 GVG). Dass unendlich viele Missverständnisse und Fehlinterpretationen trotz gemeinsamer Nutzung der deutschen Sprache entstehen können, lehrt zwar das Alltagsleben, wird aber vom Gesetz nicht weiter thematisiert. Das Ergebnis ist eine weitgehend unüberprüfbare Deutungshoheit des Gerichts über das sprachliche Verständnis.

363 Führt schon das Verständnis eines in der deutschen Sprache geäußerten Textes häufig zu kontroversem Disput in der Hauptverhandlung, oder sind sogar nicht aufgedeckte sprachliche Missverständnisse Grundlage fehlerhafter richterlicher Bewertungen, so potenziert sich das Problem, wenn einer der Beteiligten dem gesetzlichen Ideal nicht entsprechen kann, weil er die deutsche Sprache nicht beherrscht. Die Konzeption des Gesetzes ist hier ebenso wie das aktuelle richterliche Verständnis zur Lösung dieser Problematik recht simpel. § 185 GVG verlangt die Hinzuziehung eines Dolmetschers. Art. 6 Abs. 3 lit. e EMRK konstituiert den Anspruch für den fremdsprachigen Beschuldigten auf unentgeltliche Unterstützung eines solchen Dolmetschers. Weitere Vorgaben enthält das Gesetz nicht. Für die Verteidigung ist die Unvollständigkeit der gesetzlichen Problemlösung ambivalent. Der fehlenden Fixierung von sich aufdrängenden Verteidigungsrechten steht die Möglichkeit der Ausfüllung durch argumentative Freiräume entgegen.

Die Rolle des Dolmetschers

364 Der Gerichtspraxis liegt regelmäßig die Idee eines Dolmetschers zugrunde, der in einer nahezu spiegelbildlichen Aktion einen fremdsprachigen Inhalt den deutschen Verfahrensbeteiligten vermittelt. Ob sich ein ausländischer Angeklagter, Zeuge oder Sachverständiger äußert, vom Dolmetscher wird

---

325 *Albrecht* in Kilchling/Albrecht, Der Einsatz akustischer und visueller Dokumentationsverfahren im Strafverfahren, 2002, 459 ff., 470; Artkämper/Schilling Vernehmungen, 5. Aufl. 2018, 410; s. schon BGHSt 19, 193 ff, wo schon im Jahr 1964 die Zulässigkeit eines gerichtlichen Mitschnitts von Zeugenaussagen damit begründet wurde, dass »*für den modernen Menschen ... die Begegnung mit technischen Gerätschaften etwas Vertrautes und Gewohntes*« sei.

326 S. z.B. *Rottländer* NStZ 2014, 139; LR-Wickern 26. Aufl. § 169 GVG Rn 49; OLG Düsseldorf NJW 1996, 1360.

seitens des Gerichts erwartet, dass er in einer quasi automatisierten Form den Inhalt des Gesagten in einer für das deutsche Verständnis brauchbaren Form offeriert. Konsequent ist, dass man diese Übersetzungsmaschine auf den nackten Vorgang der Transformation reduziert. Der Dolmetscher hat – und sei es der größte Unsinn – den Inhalt des Gehörten schlicht weiterzureichen. In dieser Hilfestellung muss er in der Hauptverhandlung eine nahezu unsichtbare Figur bleiben.[327]

Ausgeblendet werden hierbei Charakter und Wert der jeweiligen Sprache und die Transformation   **365** in eine andere Sprache. Sprachen halten nicht nur Worte vor, die quasi spiegelbildlich übertragen werden können. Vielmehr hat jede Sprache für sich unterschiedliche Methoden der Codierung von Inhalten vorgenommen. Außer der schlichten Idee, was eine einzelne Vokabel möglicherweise im Deutschen zu bedeuten hat, hängt das Verständnis des ausländischen Textes von zahlreichen anderen Faktoren ab. Sprachbilder eröffnen sich dem Verständnis erst vor dem Hintergrund anderweitiger Kulturen oder Historien. Über den Wortlaut hinaus lassen sich Intentionen eines Sprechers nur über einem deutschen Verfahrensbeteiligten ungewohnte Sprachgewohnheiten erschließen. Notwendig zum Verständnis ist die in der fremden Sprache und Kultur übliche Sprechsituation (von Sarkasmus über persönlich gefärbte Botschaften bis hin zu schlichter Information) sowie die Analyse der jeweiligen Interessensituation des Sprechers.[328] Das ideale Translat hängt nicht nur von der Erfassung dieser fremdsprachlichen Bedingungen ab, sondern darüber hinaus von seiner eigenen Zweckbestimmung.[329] Alles dies blendet der um seine Würdigungshoheit besorgte Richter aus, wenn er lediglich das Gerüst »wortgetreuer« sprachlicher Translation entgegennimmt, um dessen Gehalt anschließend eigenständig würdigen zu wollen.

▶ **Beispiel:**

Die Staatsanwaltschaft verfolgt eine angebliche russische kriminelle Vereinigung; als Indiz für   **366** gemeinsames kriminelles Wirtschaften identifizieren die polizeilichen Dolmetscher in abgehörten, auf Russisch geführten Telefongesprächen das Wort »Obschak« – die gemeinsame Kasse der Bande. Jeder, der das Wort benutzt, bringt sich damit in den Verdacht der Mitgliedschaft der kriminellen Vereinigung. Tatsächlich hat der Begriff nicht den geringsten verbrecherischen Hintergrund, sondern bezeichnet im Russischen jede nur denkbare gemeinsame Kasse – vom Kindergarten bis zur Trinkgeldkasse der Bedienung in der Gastronomie. Der hierüber nicht informierte deutsche Richter muss notwendigerweise bei dem unterbreiteten Beweismaterial zu falschen Schlussfolgerungen kommen.

Qualität des Dolmetschers

Das Bewusstsein der in hohem Maße anspruchsvollen Aufgabe der Translation kollidiert mit dem   **367** aktuellen richterlichen Bewusstsein und der Realität von Übersetzungen in der Hauptverhandlung. Dem notwendigen Qualitätsanspruch an Übersetzungen können Dolmetscher häufig gar nicht entsprechen.

Das Studium an deutschen Universitäten kann beispielsweise viele Einsichten über grammatikalische   **368** Strukturen und semantische Konstruktionen verleihen, einen Einblick in die Kultur und das sich gerade in der aktuellen Zeit sehr schnell wandelnde Sprachverständnis vermittelt selbst ein akademischen Hintergrund nicht. Dolmetscher sind häufig seit Langem in Deutschland lebende Personen, die weder Muttersprachler sind, noch einen sonstigen intensiven Bezug zum Kulturraum der übersetzten Sprache aufweisen. Stammt der Dolmetscher demgegenüber aus diesem Kulturraum, ist er beispielsweise selbst erst vor einigen Jahren aus dem afrikanischen Landesteil geflohen, aus dem auch der Angeklagte stammt, so

---

327 S. z.B. *Artkämper* Spezifische Probleme aus staatsanwaltschaftlicher Sicht unter besonderer Berücksichtigung des Erkenntnis- und Vollstreckungsverfahrens, in: Wolf (Hrsg.), Kriminalität im Grenzgebiet, Bd. III, Ausländer vor deutschen Gerichten 2000, S. 179, 186 f.

328 *Koller* Einführung in die Übersetzungswissenschaft, 8. Aufl. 2011.

329 *Kranjcic*, »... dass er treu und gewissenhaft übertragen werde.«, Zum Dolmetschen im Strafverfahren 2010, insb. S. 57–138.

kann er zwar ein sehr weitgehendes Verständnis für die zu übersetzenden Äußerungen entfalten, kann dieses Verständnis allerdings auf der anderen Seite nicht ausreichend in das von ihm nur unzureichend erforschte deutsche Sprachgebilde transformieren.

369 Da diese Defizite von den anderen Verfahrensbeteiligten zumindest geahnt werden, ist die **Rolle des Dolmetschers** besonders anfällig dafür, für eigene Zwecke und Interessen funktionalisiert zu werden. Besonders deutlich – und für die Verteidigung auch aufdeckbar – manifestiert sich dies **im Ermittlungsverfahren**. Die von den Ermittlungsbehörden ohne jede Kontrolle Dritter herangezogenen Dolmetscher werden regelmäßig über den Ermittlungsstand ebenso wie über das konkrete Ermittlungsinteresse unterrichtet und als Ermittlungshelfer eingesetzt, die sogar laut polizeilicher Dienstanweisungen in Vernehmungspausen Beschuldigte zu ansonsten nicht erzielbaren Äußerungen anhalten sollen.[330] Dass dieses Interesse im Rahmen der Zusammenarbeit verinnerlicht wird, insbesondere bei ökonomischen Abhängigkeiten von frei arbeitenden Dolmetschern, liegt auf der Hand. Mit der Sichtweise der Ermittlungsbehörden erhalten Vernehmungsprotokolle von Zeugen und erst recht Übersetzungen von fremdsprachigen Telefonüberwachungen häufig diejenige belastende Akzentuierung, die von den polizeilichen Auftraggebern gewünscht ist. Neben der erwarteten Nuancierung von Vernehmungs- oder Gesprächsinhalten gehen polizeiliche Dolmetscher auch gerne so weit, tatsächlich Dinge zu hören, die später niemand mehr sprachlich erkennen kann, und bei Telefonüberwachungen personale Sprecherzuordnungen vorzunehmen, die nicht zwingend dem akustischen Eindruck, wohl aber der ihnen bekannten kriminalistischen Ermittlungshypothese entspringen.

370 Der um Vermeidung von Überraschungen in der Hauptverhandlung besorgte Richter wird sich häufig zur Nachvollziehbarkeit der Ermittlungsergebnisse gerne exakt desselben Dolmetschers bedienen. Ein Eingreifen der Verteidigung ist daher überall da dringend notwendig, wo die Fixierung von nachteiligen Sachverhaltskonstellationen für den Mandanten befürchtet werden kann.

Der Rahmen, den Gesetz und Rechtsprechung hierfür zur Verfügung stellen, war bislang überschaubar.

371 Eine exakte **rechtliche Kategorisierung des Dolmetschers** fehlt, er soll ein Beteiligter eigener Art sein. Obwohl er dem Gericht Erkenntnisse aufgrund überlegener Sachkunde vermittelt, wird er nicht generell als Sachverständiger behandelt; § 191 GVG macht anhand der Frage der Befangenheitsablehnung deutlich, dass Regelungen über den Sachverständigen allenfalls entsprechend auf den Dolmetscher anzuwenden sind. Diese Sichtweise bezieht sich allerdings auf den quasi simultan dolmetschenden Helfer in der Hauptverhandlung. Demgegenüber soll der Übersetzer, der außerhalb der Hauptverhandlung entstandene Schriftstücke oder die Protokolle von abgehörten Telefongesprächen übersetzt, als Sachverständiger anzusehen sein.[331]

Ungeregelt – und daher der Argumentation des Verteidigers in besonderem Maße zugänglich – sind die Fragen der Notwendigkeit der Hinzuziehung eines Dolmetschers, der Art der Auswahl und der Überprüfung der Qualität des Dolmetschers.

Der Beruf des Dolmetschers ist keine geschützte Berufsbezeichnung. Dem schließt sich die gerichtliche Praxis an und akzeptierte bislang als Sprachmittler jede Person, die zwei Sprachen spricht. Das seit 2020 geltende Gerichtsdolmetschergesetz soll hier einheitliche Standards schaffen.

372 Es existierte bis zur Neuregelung häufig bei den Oberlandesgerichten eine Liste von Dolmetschern; der Aufnahme in die Liste geht allerdings keine konkrete Qualitätsüberprüfung voraus; § 2 GDolmG konzentroert nunmehr auch die offizielle Liste dort. Die Qualitätskriterien in § 3 GSolmG sind sehr weit. Richter, denen die Auswahl der Dolmetscher obliegt, werden sich an diesen Listen orientieren müssen, in Kombination mit eigener Erfahrung des Auftretens von Dolmetschern in vergangenen Prozessen. Im Ergebnis werden häufig im Stile eines Closed Shop seitens des Gerichts immer dieselben Dolmetscher oder sogar Dolmetscherbüros gewählt. Bei Gericht besonders beliebte Büros werden teilweise pauschal ohne Nennung eines konkreten Dolmetschers für bestimmte – auch entfernte – Sprachen beauftragt,

---

330 S. *Rüther* Strafverteidigung von Ausländern 1999, S. 9; *Donk* Dolmetscher als Hilfspolizisten, Polizei & Wissenschaft 2000, 26 ff.
331 S. BGHSt 1, 4, 6 f.

wobei faktisch die dem Vorsitzenden obliegende Auswahl letztlich dem genehmen Dolmetscherbüro überlassen wird, mit dem man »gute Erfahrung« gemacht hat.

Umfang der Beiziehung des Dolmetschers

Ob überhaupt ein Dolmetscher beigezogen wird, hängt von der Überzeugung des Richters ab, ob **373** einer der Beteiligten – insbesondere der Angeklagte – »der deutschen Sprache nicht mächtig« ist. Polizeibeamte sind häufig mutig genug zu konstatieren, dass mangelnde Sprachkenntnisse des Beschuldigten – möglicherweise auch des soeben Verhafteten – der Fortführung der Ermittlungstätigkeit und Vernehmung nicht entgegenstehen. In der Hauptverhandlung hat der Vorsitzende eine eigenständige Verantwortung, die er allerdings nur schwer umsetzen kann, da er mit Angeklagten, Zeugen oder Sachverständigen keinen vorhergehenden Sprachtest unternimmt. Nr. 181 RiStBV dokumentiert lediglich die polizeiliche Pflicht der Dokumentation der Sprachkundigkeit, nicht jedoch die Bewertungskriterien.

Der sehr viel engere Kontakt des Verteidigers zum Mandanten muss beispielsweise dazu führen, das **374** Gericht detailliert davon zu überzeugen, dass die Sprachkenntnisse des Mandanten nicht genügen, die Verhandlung ausreichend zu verfolgen. Gerade für einen Angeklagten ist es Voraussetzung, dass er die zu seiner Verteidigung erforderlichen Erklärungen und Anträge ohne Sprachschwierigkeiten formulieren kann.[332]

Personen, die sich in Deutschland seit einiger Zeit aufhalten, können sich zwar häufig verständigen, **375** wären aber mit der Formulierung von Verteidigungsanliegen überfordert. Auch deutsche Staatsangehörige müssen nicht zwingend die deutsche Sprache ausreichend beherrschen. Da in Zweifelsfragen hinsichtlich der Sprachkompetenz des Mandanten ein Dolmetscher beizuziehen ist,[333] hat die Verteidigung regelmäßig im Vorfeld einer Hauptverhandlung Informationen an das Gericht weiterzuleiten, die derartige Zweifel nähren. Da der Vorsitzende weder die fremde Sprache kennt noch den Verständnishorizont des Mandanten hinsichtlich der deutschen Sprache nachvollziehen kann, muss der detaillierte Vortrag des Verteidigers häufig nahezu zwangsläufig zu einer Hinzuziehung des Dolmetschers führen.

Die Rüge der Qualität des hinzugezogenen Dolmetschers erfordert regelmäßig die Überführung **376** mehrerer nicht hinnehmbarer **Übersetzungsfehler**. Dies stellt auch die Verteidigung vor schwer lösbare Probleme, da das Übersetzungsdefizit vom Verteidiger selbst mangels Sprachkenntnisse nicht aufgedeckt werden kann. Ohne kompetente Unterstützung lässt sich eine solche Rüge nicht begründen. Diese Unterstützung kann sowohl der sprachkundige Mandant als auch die im Sitzungssaal befindlichen Angehörigen als auch – im Idealfall – der hierfür eigens von der Verteidigung beauftragte professionelle Dolmetscher bewerkstelligen. Ein entsprechender Antrag auf Ablösung des gerichtlichen Dolmetschers sollte – zumeist schriftlich – diese Defizite aufdecken.

Im Übrigen hat die Verteidigung die Möglichkeit, über § 191 GVG und den Verweis auf die Ablehnung von Sachverständigen den Dolmetscher aufgrund seiner **Voreingenommenheiten** auswechseln zu lassen.

Auch hier ist häufig der eigene Mandant eine wichtige Informationsquelle, die solche Parteilichkeiten **377** dokumentieren kann. Ist der Dolmetscher Muttersprachler, so gehört er häufig dennoch einer anderen Bevölkerungsgruppe als der Angeklagte an. Sind beide Bevölkerungsgruppen aufs heftigste verfeindet und hat darüber hinaus der Dolmetscher Anlass für seine Identifizierung mit dieser Auseinandersetzung gegeben, muss aus Sicht des Mandanten seine Unparteilichkeit infrage stehen. Dass dies ebenso ist, wenn der Dolmetscher regelmäßig mit Ermittlungsbehörden arbeitet und von dieser Zusammenarbeit sogar wirtschaftlich abhängig ist, liegt auf der Hand, wird von Richtern selten akzeptiert, sollte aber über Details immer wieder ins gerichtliche Bewusstsein transportiert werden.

Ob die Art und Weise des Auftretens des Dolmetschers in der Hauptverhandlung Anlass für Kritik **378** gibt, muss die Verteidigung auch aus der konkreten Interessenlage im Einzelfall ableiten. Kritik ver-

---

332 BVerfGE 64, 135, 146 = NJW 1983, 2762, 2763.
333 S. hierzu z.B. *Eisenberg* BeweisR Rn. 528.

dient sicherlich ein Dolmetscher, der sich auf Inhaltsangaben und Zusammenfassungen beschränkt. Auch ohne Sprachkenntnisse lässt sich dies aus einer Übersetzung ableiten, die in drei Sätzen eine fünfminütige Einlassung des Angeklagten wiedergibt. Hier ist nicht einmal das Bemühen einer zeitgleichen Wiedergabe des fremdsprachlich Gemeinten erkennbar.

379 Problematisch sind Situationen, in denen der Dolmetscher die Rolle seines mechanischen Transformators erkennbar verlässt, wenn er beispielsweise aus eigener Veranlassung Fragen an den fremdsprachigen Angeklagten oder Zeugen stellt oder im Anschluss an die Übersetzung ergänzende Erklärungen vornimmt. Transformation setzt angesichts der Mehrdeutigkeit des Gehörten manchmal Fragen voraus, Erläuterungen erscheinen häufig nötig, um bei einem deutschen Zuhörer Verständnis für einen auf einen fremden Kulturkreis bezogenen Kontext einer Äußerung zu wecken. Auch wenn die Verteidigung diese ernsthafte Variante der Sprachtransformation respektiert, sollte auch hier das Interesse an Transparenz dominieren. Fragen des Dolmetschers sollten, bevor sie unkontrolliert gestellt werden, den Verfahrensbeteiligten zuvor erläutert werden. Auch sollte der Anlass nachträglicher Erklärungen zuvor deutlich gemacht werden, ehe die sachverständige Erklärung des Fremdsprachlers folgt.

Umfang der Übersetzungen

380 Der Umfang der sprachlichen Transformation muss sich an den Verteidigungsnotwendigkeiten orientieren. Alles was zu einem fairen Verfahren gehört, von der Information über den Ermittlungsvorwurf bis hin zur angemessenen Wahrnehmung von Rechten in einem Haftprüfungsverfahren, unterliegt der Notwendigkeit der sprachlichen Übersetzung. Dass diese sich aus einem fairen rechtsstaatlichen Verfahren in einer globalisierten Welt ergebende Selbstverständlichkeit dem Gesetzgeber des 19. Jahrhunderts nicht geläufig war, ergibt sich aus der Regelung des § 259. Hiernach müssen dem der deutschen Sprache nicht mächtigen Angeklagten aus den Schlussvorträgen »mindestens die Anträge des Staatsanwalts und des Verteidigers durch den Dolmetscher bekannt gemacht werden«.

381 Dass der entscheidende argumentative Duktus beispielsweise des staatsanwaltschaftlichen Plädoyers dem Angeklagten vorenthalten werden soll, ist allerdings mit einem aktuellen Verständnis kaum vereinbar. Kann jedes Detail der mündlich geführten Hauptverhandlung ein wichtiger Mosaikstein für die Verurteilung des Angeklagten sein, ist es nur konsequent, dass er dieses zumindest sprachlich registriert hat. Die Verteidigung muss daher in der Hauptverhandlung darauf dringen, dass wirklich jedes Detail des Geschehens durch einen anwesenden Dolmetscher übersetzt wird. Jedes längere Schweigen des Dolmetschers in der Hauptverhandlung bedarf daher sofort der Intervention des Verteidigers.

382 Problematisch ist allenfalls, in wieweit in einer schriftlichen Vorabübersetzung dem Angeklagten der Inhalt der Akten vermittelt werden soll. Der EGMR hat bislang insoweit keine bindenden Vorgaben gemacht, sodass die deutsche Rechtsprechung schon aus Kostengründen dazu neigt, dem fremdsprachigen Angeklagten nur wesentliche Teile der Akte vorab zu übersetzen. Auch die Neufassung des § 187 GVG hat hier nur teilweise Klärung gebracht. Eine Einschränkung der Beschuldigtenrechte sieht das Gesetz vor, wenn dort ausdrücklich lediglich die Übersetzung von freiheitsentziehenden Anordnungen, Anklageschrift, Strafbefehlen und nicht rechtskräftigen Urteilen gefordert wird. Es gibt weitere Beschränkungen: Auszüge statt Volltext sollen ausreichen, wenn hierdurch die strafprozessualen Rechte des Beschuldigten gewahrt werden. An die Stelle der schriftlichen Übersetzung kann unter Umständen aus denselben Gründen auch eine komplette mündliche Übersetzung der Unterlagen treten. Als Regelfall geht das Gesetz davon aus, dass diese Beschränkungen keine prozessualen Rechte des Angeklagten verletzen, wenn der Beschuldigte einen Verteidiger hat. Zu der Notwendigkeit schriftlicher Übersetzungen anderer Aktenbestandteile sagt das Gesetz nach wie vor nichts.

Anlass für die Neufassung des Gesetzes ist eine Richtlinie der EU.[334] Der Wortlaut des GVG setzt 383 diese Vorgaben offensichtlich nur unzulänglich um. Die Richtlinie führt eindeutig aus, dass wesentliche Unterlagen der Akte den Beschuldigten stets übersetzt werden sollen; die konkret im deutschen Gesetz angeführten Dokumente sollen nach den Vorgaben der EU zweifellos »wesentlich« sein; wie selbstverständlich wird allerdings vorausgesetzt, dass weite Teile der Akte ebenfalls die Kriterien der Wesentlichkeit erfüllen können. Verteidigung sollte konkret auf die Einhaltung dieser Grundsätze pochen.

Einen unzumutbaren Ansatz wählt das Gesetz – und ihm folgend die Rechtsprechung[335] – wenn 384 diese Voraussetzungen bei Anwesenheit eines Verteidigers auf ein Minimum reduziert werden. Ein Verteidiger kann die Beschuldigtenrechte nur effektiv wahrnehmen, wenn er über den vollen Umfang des Akteninhalts und seine mögliche Bedeutung für den Beschuldigten informiert ist. Gerade diese Bedeutung kann aber sehr oft nur der Beschuldigte selbst dem Anwalt eröffnen.[336] Für maßgebliche Zeugenaussagen und Urkunden dürfte es häufig nicht allein auf das Verständnis des Verteidigers ankommen, sondern mindestens ebenso sehr auf die Rezeption durch den Angeklagten. Diesen Beitrag zu seiner Verteidigung kann er allerdings nur dann leisten, wenn er den Inhalt auch tatsächlich versteht. Der Antrag auf Übersetzung entscheidender Zeugenaussagen sollte daher zum Verteidigungsstandard gehören.[337] Zwar wird der dominierende fiskalische Faktor für die Verteidigung ein schwer überwindbares Hindernis sein, um den inhaltlich berechtigten Anspruch des Mandanten auf Übersetzung der Ermittlungsakten umsetzen zu können. Umso eher sollten jedoch einzelne notwendige Aktenbestandteile hervorgehoben und in ihrer Bedeutung betont werden, sodass zumindest insoweit eine partielle Übersetzung in der Vorbereitung erreicht werden kann.

Auch wenn grundsätzlich eine mündliche Übersetzung eines abschließenden Urteils in der Haupt- 385 verhandlung ausreichend sein soll, kann im Einzelfall die Übersetzung der schriftlichen Urteilsgründe notwendig sein, wenn der Beschuldigte nur auf diesem Wege sinnvollerweise die Begründung eines Rechtsmittels mitgestalten kann. Auch wenn hier die deutsche Rechtsprechung pauschal meint, es reiche die Übersetzung des mündlich verkündeten Urteils aus, hat die Verteidigung Veranlassung, das bessere Argument mit Hartnäckigkeit zu vertreten.

Verteidigungsdolmetscher

Der Dolmetscher, der für die Transformationen des gerichtlichen Geschehens verantwortlich ist, ist 386 zu unterscheiden von demjenigen Dolmetscher, der verteidigungsintern die Verständigung zwischen dem Verteidiger und dem Mandanten herbeiführen muss. Eine gesetzliche Regelung hat dieser **Vertrauensdolmetscher der Verteidigung** bislang nicht erfahren. Aus dem Recht auf Verteidigung und aus dem Recht auf Auswahl eines Verteidigers folgt jedoch zwingend, dass ein fremdsprachiger Angeklagter auch eine sprachliche Verständigung mit seinem Verteidiger herbeiführen muss. Da der Verteidiger genuin intime Verteidigungsgespräche übersetzen muss, ist auch seine Rolle im Prozess festgelegt. Er ist Gehilfe der Verteidigung und damit ggf. gemäß § 53a zeugnisverweigerungsberechtigt.

Eine Personenidentität zwischen dem gerichtlichen Dolmetscher und dem Vertrauensdolmetscher 387 des Verteidigers ist daher zwar nicht zwingend denktheoretisch ausgeschlossen, aber nur schwer vorstellbar. Da Sprachverständnis auch den konkreten persönlichen Erfahrungshorizont mit einbezieht, ist regelmäßig kaum auszuschließen, dass der gerichtliche Dolmetscher bei einer Übersetzung in der öffentlichen Hauptverhandlung zu einem bestimmten Thema exakt die Kenntnisse ausblenden kann, die er unter dem Siegel der Verschwiegenheit im Verteidigergespräch erfahren hat. Regelmäßig muss sich daher der Verteidiger selbst um einen Vertrauensdolmetscher kümmern. Dies gilt umso mehr,

---

334 Richtlinie 2010/64/EU v. 20.10.2010.
335 OLG Hamm StV 2014, 534; OLG Hamburg StV 2014, 534; OLG Stuttgart StV 2014, 536.
336 So schon der EGMR Öcalan./. Türkei v. 12.5.2005.
337 *Bockemühl* StV 2014, 337 ff.

als das Bedürfnis für einen Dolmetscher bei der Vorbereitung einer Verteidigung sehr viel eher anstehen dürfte als die Entscheidung des Gerichts, zur Vorbereitung der Hauptverhandlung einen solchen herbeizuziehen.

388 Art. 6 Abs. 3 lit. d EMRK dokumentiert, dass die Hilfe des Dolmetschers mit keinerlei finanziellen Belastungen des Beschuldigten verbunden sein darf. Im Hinblick auf den Gerichtsdolmetscher ist dies in Deutschland erst nach einer entsprechenden Rüge des Europäischen Gerichtshofs für Menschenrechte wahrgenommen worden. Aktuell wird in einer abschließenden Berechnung der Gerichtskosten gegenüber dem verurteilten Angeklagten der Posten der **Kosten für den Gerichtsdolmetscher** nicht mehr aufgenommen, mit Ausnahme der Dolmetscherkosten, die im Verfahren anderweitig entstanden sind, wie beispielsweise bei der Übersetzung von Telefonüberwachungsprotokollen im Ermittlungsverfahren.[338]

389 Dass auch die Hinzuziehung des Vertrauensdolmetschers der Verteidigung nicht auf Kosten des Mandanten selbst gehen kann, hat nach vielen Bemühungen der Verteidigung zwischenzeitlich auch die Rechtsprechung anerkannt.[339] Gerade bei Haftsachen hat die Verteidigung daher die Möglichkeit, ohne gerichtliche oder anderweitige bürokratische Hemmnisse den Mandanten so schnell wie möglich mit einem Dolmetscher in der JVA aufzusuchen, ohne dass er oder der Mandant letztendlich hierfür die Kosten zu tragen hat. Die entsprechenden Dolmetscherrechnungen sind alsbald der Gerichtskasse zu Erstattungszwecken zu unterbreiten.[340]

6. Vorbereitende Beweisanträge

390 Der mögliche Einfluss der Verteidigung auf den späteren Gang der Beweisaufnahme der Hauptverhandlung beginnt frühzeitig. Die Vorbereitung der Hauptverhandlung obliegt zwar allein dem Vorsitzenden, bereits in dieser Phase hat er jedoch dem Teilhabeanspruch der Verteidigung Rechnung zu tragen. Wird in der Vorbereitungsphase seitens der Verteidigung ein regelgerechter Beweisantrag gestellt, hat der Vorsitzende hierauf den von der Verteidigung benannten Zeugen oder Sachverständigen zu laden oder alternativ eine Ablehnung konkret zu begründen und mitzuteilen (§ 219). Die Regelung stellt ein effizienter formeller Katalysator dar, um wichtige Überzeugungseffekte auszulösen.

391 Dass der späte Beweisantrag in einer Hauptverhandlung für den Regelfall einer ambivalenten Beweissituation wenig bewirken kann, haben etliche Untersuchungen bereits ergeben. Trotz der Eindeutigkeit der Bekundungen kann ein später entlastender Überraschungszeuge zumeist zuvor entwickelte Überzeugungsbildungen nicht umstoßen.[341] Für den Regelfall ergibt sich daraus die Aufgabe der Verteidigung, nicht nur rechtzeitig Alternativsachverhalte in der Vorstellungswelt des Gerichts zu verankern, sondern darüber hinaus auch Beweismittel aufzuzeigen, mit deren Hilfe diese Alternativen prozessual umgesetzt werden können. Der Vorsitzende – und in der vorbereitenden Beratung das gesamte Gericht – erfährt auf diesem Wege bereits, welcher prozessuale Aufwand sich möglicherweise unter Mitwirkung der Verteidigung abzeichnet. Auf die Planung der Hauptverhandlung hat das ebenso Einfluss wie auf mögliche gerichtliche Verständigungsangebote. Sind Zeugen der Verteidigung früh benannt, besteht darüber hinaus die von der Verteidigung ausdrücklich zu beantragende Möglichkeit, die Reihenfolge der Zeugen ausgewogen zu planen. Hier ist bereits im Vorgriff eine Minimierung des psychologischen Effektes zu erreichen, wonach ein Urteilsbild vorschnell

---

338 S. hierzu BVerfG NStZ 2004, 274.

339 BVerfG NJW 2004, 50 f.

340 OLG Düsseldorf NStZ 2011, 719.

341 S. hierzu *Bandilla* Kontextabhängige Informationsverarbeitung in bundesdeutschen Strafverfahren 1986; *Bandilla/Hassemer* Zur Abhängigkeit strafrichterlicher Beweiswürdigung vom Zeitpunkt der Zeugenvernehmung im Hauptverfahren, StV 1989, 551 ff.; *Barton* Der Zeitpunkt des Beweisantrages unter Berücksichtigung des Inertia-Effektes, StraFo 1993, 11 ff.

durch die zunächst angehörten Belastungszeugen gebildet wird.[342] Die Verteidigung hat daher Veranlassung, die vernachlässigte Option des § 219 massiv zu aktivieren.[343]

Vor allem in Fällen, in denen die Verteidigung die Einholung eines **Sachverständigengutachtens** begehrt, drängt sich ein Beweisantrag nach § 219 StPO auf. Hier ist für die Verteidigung frühzeitige Klarheit erforderlich, ob die Ladung des Sachverständigen von Amts wegen erfolgt oder eine Selbstladung nach § 220 StPO erforderlich ist. Dem von der Verteidigung erst im Laufe der Hauptverhandlung präsentierten Sachverständigen muss das Gericht grundsätzlich nicht ermöglichen, sein Gutachten weiter vorzubereiten.[344] Nur bei einem Beweisantrag hat der Verteidiger einen Anspruch darauf, dass der Vorsitzende ihm seine auf den Antrag ergehende Verfügung gemäß § 219 Abs. 1 S. 2 StPO rechtzeitig bekannt macht. Dies gilt unabhängig davon, ob der Vorsitzende dem Antrag nachkommt oder ihn ablehnt.[345]

392

Im Gegensatz zu Beweisanträgen des Ermittlungsverfahrens wird der formelle Umgang nur durch einen formellen Beweisantrag ausgelöst. Es muss daher in dem Verteidigerschriftsatz ein hinreichend bestimmter Sachverhalt ebenso benannt sein wie das präzise Beweismittel (§ 244 Abs. 3). Eine Begründung ist nicht erforderlich, empfiehlt sich jedoch angesichts der in dem frühen Stadium leitenden Funktion noch mehr als in der Hauptverhandlung selbst.

393

Den Vorsitzenden trifft eine **Pflicht zur Entscheidung** über den Antrag.[346] Unterlässt er dies versehentlich, hat er den Angeklagten aus Fürsorgegründen in der Hauptverhandlung zu befragen, ob der Antrag aufrechterhalten werden soll.

Gibt er dem Antrag statt, so wird er den Zeugen oder Sachverständigen laden, das Beweismittel ist präsent. Der Staatsanwaltschaft ist hiervon vorab eine Mitteilung zu machen (§ 219 Abs. 2).

Lehnt der Vorsitzende den Beweisantrag ab, so hat er die Verteidigung als Antragsteller zu bescheiden und er hat seinen Bescheid mit Gründen zu versehen. Grundlage einer Ablehnung kann für den Vorsitzenden nur eine vorläufige Einschätzung der Beweislage sein. Dennoch ist er an die gesetzlichen Ablehnungsgründe des § 244 Abs. 3 bis 5 gebunden. Allein die affirmative Ablehnung der Wahrunterstellung oder des Erwiesenseins ist in dieser frühen Phase nicht möglich.

394

Der Informationsgehalt ist für die Verteidigung zu diesem frühen Zeitpunkt des Verfahrens schon deswegen von besonderer Bedeutung, weil sie zumeist ausreichend Zeit hat, hierauf ggf. zu reagieren. Wird das Beweismittel beispielsweise als völlig ungeeignet oder unerreichbar abgelehnt, können Verteidigungsbemühungen bis zur Hauptverhandlung diesen Ablehnungsgrund obsolet werden lassen. Offenkundige Beweistatsachen können die Strategie für die Verteidigung in der Hauptverhandlung ebenso beeinflussen wie die Ansicht des Vorsitzenden, dass ein Sachverhalt für die Entscheidung ohne Bedeutung sei.

395

Abgelehnte Beweisanträge können in der Hauptverhandlung erneut gestellt werden. Hier hat das gesamte Gericht zu entscheiden und ist an die vorhergehende Entscheidung des Vorsitzenden nicht gebunden. Einen ernsthaften Nachteil für die Verteidigung hat diese allenfalls dahin gehend zu kalkulieren, dass dem Gericht ein dort bislang möglicherweise nicht vorliegender Informationsstand vermittelt wird.

396

7. Selbstladung von Zeugen und Sachverständigen

Die Selbstladung von Zeugen und Sachverständigen gemäß §§ 220, 38 durch den Verteidiger führt im deutschen Strafprozess ein Schattendasein. Offensichtlich ist es der auf Inquisition und Sitzungs-

397

---

342 S. hierzu *Schünemann* Experimentelle Untersuchungen zur Reform der Hauptverhandlung in Strafsachen, in: Kerner/Kury/Sessar, Deutsche Forschungen zur Kriminalitätskontrolle, Band II, 1983, 1117.

343 S. hierzu auch *Kretschmer* Begriff und Bedeutung des Beweisantrages außerhalb der Hauptverhandlung, StraFo 2013, 184, 188 ff.

344 St. Rspr., s. z.B. BGHSt 43, 171 m.w.N.

345 KG StV 1990, 255.

346 Alsberg/*Tsambikakis* Der Beweisantrag im Strafrecht, 6. Aufl. 2013, Rn. 647 f.

gewalt bedachten Justiz gelungen, ein dem Parteiprozess ähnliches Element durch jahrzehntelange praktische Unterhöhlung nach Resignation von Verteidigung zu eliminieren. Zumeist wird die Mitbestimmungsmöglichkeit der Verteidigung bei der Gestaltung der Beweisaufnahme durch finanzielle Aspekte unterlaufen.

398   Auch wenn die Verteidigung regelmäßig Selbstladungen zur Vorbereitung der Hauptverhandlung vornehmen kann, sollten die Wirkungen auf die richterliche Überzeugungsbildung vorab bedacht werden. Das Gesetz knüpft in Abs. 1 des § 220 an die Situation an, in der der Vorsitzende einen Beweisantrag nach § 219 abgelehnt hat. Soll durch Nachhaltigkeit und Konsequenz die Überzeugungskraft des Verteidigungsvorbringens dokumentiert werden, kann die Eigeninitiative ihren Eindruck nicht verfehlen.

399   Sollte Verteidigung durch Selbstladung eines Zeugen oder Sachverständigen einen Überraschungseffekt erzielen wollen, ist dieser sehr beschränkt. Ein Überrumpeln von Gericht und Staatsanwaltschaft wird schon dadurch verhindert, dass ihm zum einen Informationspflichten hinsichtlich der erfolgten Ladung auferlegt werden und in einer Hauptverhandlung § 246 Abs. 2 der überraschten Staatsanwaltschaft ein Aussetzungsanspruch vor der Beweisaufnahme zusteht.

400   Mit der Selbstladung erreicht die Verteidigung zunächst lediglich die Präsenz des Beweismittels, nicht dessen Anhörung gegen den Willen des Gerichts. Erforderlich ist zusätzlich ein Beweisantrag, der nach § 245 Abs. 2 allerdings nur unter wesentlich engeren Voraussetzungen zurückgewiesen werden kann als »normale« Beweisanträge nach § 244 Abs. 3–5. Bei geladenen Ermittlungspersonen ist vorab deren Aussagegenehmigung beim Dienstherrn zu beantragen.[347] Die Präsenz wird beim geladenen inhaftierten Zeugen kaum zu erreichen sein; hier muss die Vorführung des Zeugen durch den Vorsitzenden das Selbstladungsrecht der Verteidigung ergänzen.[348]

Daher hat die Selbstladung vor allem bei **Sachverständigen** praktische Bedeutung.

401   Ist der selbst geladene Sachverständige vorbereitet (ansonsten könnte er als ungeeignetes präsentes Beweismittel zurückgewiesen werden), kann das Gericht sowohl dazu gezwungen werden, überhaupt einen Sachverständigen anzuhören, als auch zur Vernehmung eines weiteren Sachverständigen veranlasst werden. Letzteres gilt im Gegensatz zu § 244 Abs. 4 S. 2 StPO selbst dann, wenn das Gericht das Gegenteil der behaupteten Tatsache aufgrund eines Erstgutachtens für bereits erwiesen hält. Hinzu kommt, dass der Verteidiger den präsenten Sachverständigen auswählen kann, weil das grundsätzliche Auswahlrecht des Gerichts nach § 73 Abs. 1 S. 1 StPO insoweit nicht besteht. Allein die Präsenz eines alternativen Sachverständigen ist häufig zur Disziplinierung eines gerichtshörigen bestellten Sachverständigen von atmosphärischem Vorteil. Der bestellte Sachverständige orientiert sich nicht nur an der gerichtlichen Erwartenshaltung, sondern läuft angesichts der präsenten Supervision Gefahr des wissenschaftlichen Reputationsverlusts. Manch deutliche belastende Formulierung eines vorbereitenden Gutachtens wird in dieser Situation in weichere Worte gehüllt. Kommt es zu inhaltlichen Divergenzen, kann das entlastende Gutachten des selbst geladenen Sachverständigen zumindest ausreichende Zweifel an der Tragfähigkeit einer Verurteilungsgrundlage schaffen.

Voraussetzung der Anhörung ist neben dem Beweisantrag eine vorhergehende **förmliche Ladung** gemäß §§ 220, 38 StPO, die nachgewiesen werden muss, d.h. die Zustellurkunde des Gerichtsvollziehers ist dem Gericht mit der Antragstellung auszuhändigen.

402   Es reicht also nicht aus, den Zeugen oder Sachverständigen einfach zur Hauptverhandlung mitzubringen. Für solche »gestellten« Zeugen gilt § 245 Abs. 2 nicht.[349] Die ordnungsgemäße Selbstladung setzt zunächst ein Ladungsschreiben an den Zeugen oder Sachverständigen voraus.[350] In diesem Schreiben wird das persönliche Beweismittel unter Angabe des genauen Ortes und Zeitpunktes der Hauptverhandlung geladen.

---

347 Zum Anspruch auf Erteilung der Aussagegenehmigung VG Düsseldorf StraFo 2015, 416.
348 *Pauka/Daners* Das Selbstladungsrecht des Angeklagten – eine Blume, die im Verborgenen blüht, StraFo 2015, 397 ff., 402 ff.; allg. s. auch *Bockemühl* Selbstladungsrecht – ein stiefmütterliches »Zwangsmittel« einer aktiven Verteidigung, in Breidling-FS, 2017, 31–42.
349 BGH NStZ 1981, 401 m.w.N.
350 Vgl. das Muster bei *Burhoff* Handb. HV, Rn. 689.

Die Angabe des Beweisthemas ist nicht erforderlich. Ferner muss der Beweisperson die gesetzliche Entschädigung für Reise- und Verdienstausfall angeboten werden, deren Höhe sich nach dem ZuSEntschG richtet.[351] Dies ist zwar keine Voraussetzung für die Wirksamkeit der Ladung, wenn der Zeuge ihr nachkommt, aber Voraussetzung für die Erscheinenspflicht. Praktisch empfiehlt es sich, den errechneten Entschädigungsbetrag bei der Hinterlegungsstelle des Gerichts zu hinterlegen und sich den Nachweis auf dem Ladungsschreiben bestätigen zu lassen.[352]

Wird der Entschädigungsbetrag hingegen bar geleistet, soll ein etwaiger Entschädigungsanspruch nach § 220 Abs. 3 erloschen sein. Schließlich muss der Zeuge respektive Sachverständige in dem Ladungsschreiben auf die Folgen des Ausbleibens hingewiesen werden. Dazu kann der Text der §§ 51 Abs. 1, 77 Abs. 1 übernommen werden. Anders als Gericht (§ 214 Abs. 1) und Staatsanwaltschaft (§ 214 Abs. 3), die Beweispersonen auch formlos laden können, muss das Ladungsschreiben des Verteidigers dem Zeugen bzw. Sachverständigen zugestellt werden. Hierfür muss sich der Verteidiger eines Gerichtsvollziehers bedienen (§ 38). In der Regel sollte der Verteidiger den für den Wohnort der Beweisperson zuständigen Gerichtsvollzieher beauftragen. Bei Auslandszeugen sollte der Gerichtsvollzieher veranlasst werden, mithilfe der Post ein für die Ladung – jedenfalls im Schengen-Bereich – ausreichendes Einschreiben/Rückschein zu versenden; notfalls kann mit dem kooperierenden Auslandszeugen eine taugliche Inlandsadresse vereinbart werden.

Das Erscheinen eines ungeliebten und unerwünschten Zeugen oder Sachverständigen löst auf der **403** Richterbank regelmäßig Blockadereaktionen aus. Statt des Respekts vor dem Teilhaberecht der Verteidigung spürt der Anwalt in der Regel deutliches Missfallen, das durch die richterliche Ausübung prozessualer Hinderungsmaßnahmen verdeutlicht wird. Häufig stellt der Vorsitzende die Bescheidung des Beweisantrages zurück oder aber bestimmt die Vernehmung für einen späteren Zeitpunkt. Dies kann bei einer länger dauernden Hauptverhandlung die missliche Folge haben, dass die finanziellen Ressourcen der Verteidigung aufgebraucht werden und die weitere »Präsentation« des Sachverständigen unmöglich wird. Wird der Zeuge bzw. Sachverständige antragsgemäß vernommen, dokumentieren Gerichte gerne zur Legitimation ihrer bislang gezeigten Ignoranz gegenüber dem gestellten Beweismittel ostentatives Desinteresse. Häufig wird keine einzige Frage von der Richterbank gestellt.

Zur Abrundung der Selbstladung gehört der Antrag der Verteidigung nach Anhörung des Sachver- **404** ständigen, diesen gemäß § 220 Abs. 3 StPO zu entschädigen. Sachdienlich i.S.d. Vorschrift ist die Vernehmung schon dann, wenn sie das Verfahren gefördert hat, also die Entscheidung oder den Verfahrensgang irgendwie beeinflusst hat.[353] Eine Entscheidungserheblichkeit ist zwar nicht verlangt. Die am Ende des Auftritts des Sachverständigen stehende Kostenentscheidung ist allerdings für die Verteidigung mit derart viel Unwägbarkeiten belastet, dass eine ernsthafte Wahrnehmung dieser effektiven Option nur für den vermögenden Mandanten in Betracht kommt; die Praxis ist weit entfernt von der Realisierung des rechtsstaatlichen Grundsatzes der Waffengleichheit.

II. Sicherstellung des Anspruchs auf den gesetzlichen Richter (Art. 101 Abs. 1 S. 2 GG)

Art. 101 Abs. 1 S. 2 GG garantiert den Anspruch des Angeklagten auf den **gesetzlichen Richter**. **405** Der Begriff des Richters ist hier weit zu verstehen und schließt die Schöffen ein.[354] Für jeden Beschuldigten muss durch abstrakt-generelle Regelungen (in nachvollziehbarer Weise) vorab festgelegt sein, wer später im Fall der Anklage über ihn urteilen wird.[355] Ist das Gericht nicht ordnungsgemäß besetzt muss allerdings eine entsprechende Rüge durch die Verteidigung form- und fristgerecht erhoben werden.

»Es gehört zum Begriff des gesetzlichen Richters, dass nicht für bestimmte Einzelfälle bestimmte Richter ausgesucht werden, sondern dass die einzelne Sache ,blindlings‹ aufgrund allgemeiner, vorab festgelegter

---

351 Für den SV dürfte nach § 3 ZuSEntschG dessen Stundensatz maßgeblich sein.
352 *Schlothauer* Vorbereitung, Rn. 218 f.
353 BGH StV 1999, 576; *Meyer-Goßner/Schmitt* § 220 StPO Rn. 11 m.w.N.
354 BGHSt 33, 41, 42 f.
355 BVerfGE 95, 322, 329; Sachs/*Degenhart* Art. 101 GG Rn. 5.

Merkmale an den entscheidenden Richter gelangt. Der rechtsstaatliche Grundsatz vom gesetzlichen Richter untersagt mithin die Auswahl des zur Mitwirkung berufenen Richters von Fall zu Fall im Gegensatz zu einer normativen, abstrakt-generellen Vorherbestimmung.«[356]

1. Das falsche Gericht

406 Die fehlerhafte Besetzung hat unzählige Schattierungen. Ein Gericht ist nicht zur Entscheidung berufen, wenn nicht einmal mittelbar ein örtlicher Bezug zur angeklagten Tat vorliegt. Die Wirtschaftsstrafkammer ist unzuständig, wenn keine Katalogtaten des § 74c GVG zur Verhandlung anstehen oder wenn die Zuweisungen des Geschäftsverteilungsplans nicht eingehalten werden. Die Besetzung einer Kammer ist rechtsfehlerhaft, wenn ein Berufsrichter die Voraussetzungen des Richtergesetzes nicht erfüllt oder wenn er für die konkrete Rechtssache nach dem kammerinternen Verteilungsplan nicht hierfür vorgesehen ist. Ein Schöffe ist nur dann der zuständige Richter, wenn die Schöffenwahl ordnungsgemäß verlaufen ist und wenn er nach einem Sitzungsplan vorab einer konkreten Strafsache zugewiesen worden war. Alle diese Schattierungen muss die Verteidigung im Blick haben, wenn der Anspruch des Mandanten auf eine Verhandlung vor seinem gesetzlichen Richter gewahrt werden soll.

Beispiele:
– Ausreichende Feststellung der Verhinderung eines Vorsitzenden (nicht bei Besuch eines Steuerberaterkammer-Festes)[357] oder eines Beisitzers (etwa bei teilweise paralleler Tätigkeit in einer Schwurgerichtssache)[358]
– Beiordnung eines Richters auf Probe aufgrund eines Dienstleistungsauftrages ohne zeitliche Begrenzung ist unwirksam (keine Heilungsmöglichkeit)[359]
– Schöffen-Vorschlagslisten: Faktische Verkürzung der einwöchigen Einsichtsfrist (§ 36 Abs. 3 GVG) durch Feiertage o.ä. auf lediglich vier Tage unproblematisch[360]
– Wiederholung nach vorangegangener vorschriftswidriger Schöffenwahl zulässig[361]
– Verlegung eines ordentlichen Sitzungstages durch den Vorsitzenden (grds. in dessen pflichtgemäßem Ermessen) und dadurch zuständig werdende Schöffen: Frühestmöglicher Termin maßgeblich[362]
– Entscheidung in »Zweierbesetzung« nach § 76 Abs. 2 S. 1 GVG: Kein Ermessen, aber weiter Beurteilungsspielraum bei Besetzungsbeschluss (objektive Willkürgrenze) Beispiel: »Eine vorschriftswidrige Besetzung des Gerichtes i.S. des absoluten Revisionsgrundes nach § 338 Nr. 1 StPO ist gegeben, wenn an der Hauptverhandlung einer großen StrK neben den beiden Schöffen nur 2 Berufsrichter teilnehmen, obwohl über eine umfangreiche Wirtschaftsstrafsache zu entscheiden ist (hier: im Verfahren gegen 4 nicht geständige Angeklagte, denen mehrere hundert Betrugstaten zum Nachteil zahlreicher Kapitalanleger vorgeworfen werden, wobei die StA 289 Zeugen benannt hat und die als Beweismittel dienenden Urkunden und Augenscheinsobjekte über 100 Ordner füllen.«[363] Ähnlich: »Zweierbesetzung« trotz komplexer Rechtsfragen, aufwendiger Rekonstruktion von Tathintergründen und einer erwarteten Hauptverhandlungsdauer von mehr als 10 Tagen.[364]
– Der nach der Schöffenliste zuständige Schöffe wird häufig zu Unrecht wegen Verhinderung von seinen Pflichten durch den Vorsitzenden entbunden. Trotz eingeräumten Ermessens agiert der Vorsitzende oft fehlerhaft, wenn er eine schlichte Urlaubsankündigung eines Schöffen ohne weitere Überprüfung der Richtigkeit oder alternativer Verfahrensgestaltungen als Verhinderungsgrund akzeptiert; zur Wahrung des Beschuldigtenanspruchs muss auch ein Schöffenrichter gewisse Mühen auf sich nehmen. Der an seine Stelle tretende Ersatzschöffe ist oft der »falsche« Richter.
– Geschäftsverteilungspläne gelten ganzjährig. Gerichtspräsidien betreiben die Geschäftsverteilung allerdings fortlaufend im Managerstil. Zuständigkeiten und einzelne Richter werden durch zahlreiche

---

356 BVerfGE 95, 322.
357 BGH NStZ 1996, 48 f.
358 BGH NStZ 2001, 491.
359 LG Bremen StV 1998, 13.
360 BayObLG StV 1998, 8 f.
361 BGH NStZ-RR 1999, 49.
362 BGHSt 43, 270, 272; auch 31, 157, 159; 41, 175, 177; 50, 32 ff.
363 BGH NStZ 2004, 56.
364 BGH NJW 2010, 3045 ff.

Änderungsbeschlüsse während des Jahres hin- und hergeschoben. Steckt hinter diesem Verschiebungsaktionen nicht mehr als die Praktikabilität von Personalentscheidungen, verletzt möglicherweise Willkür den Anspruch auf den gesetzlichen, weil langfristig vorhersehbaren Richter.[365] Konsequenz: Der »verschobene« Richter ist der falsche.

– Vertretungsregelungen können insuffizient sein. So muss der Vorsitz in den Spruchkörpern bei Landgerichten von einem Vorsitzenden Richter geführt werden. Jede Strafkammer muss daher einen ständigen ordentlichen Vorsitzenden haben. Dieser muss Richter auf Lebenszeit sein und zugleich Vorsitzender Richter gemäß § 19 a DRiG. Vertretungen sind ausnahmsweise denkbar; eine fehlerhafte regelhafte Vertretung liegt jedoch vor, wenn mangels Vorsitzendem Richter der Geschäftsverteilungsplan den Namen N.N. aufweist und faktisch über viele Monate der Vorsitz von einem »einfachen« Richter am Landgericht geführt wird.[366]

2. Die Notwendigkeit der Rüge

a. Option und Pflicht

Die Realisierung des Rechts auf den gesetzlichen Richter wird in ungewöhnlicher Weise in den Verantwortungsbereich der Verteidigung verschoben. Die Historie der Gesetzgebung und höchstrichterlichen Rechtsprechung deutet darauf hin, dass sich die Justiz in der Einhaltung der Zuständigkeitsvorschriften verunsichert und überfordert fühlt. Die in mehreren Etappen der letzten Jahrzehnte sichtbar werdende Tendenz geht dahin, die Klärung strittiger Rechtsfragen den Revisionsgerichten vorzuenthalten. Parallel dazu wird der Verteidigung mit der Konsequenz endgültigen Rechtsverlustes aufgegeben, rechtliche Bedenken frühzeitig geltend zu machen. Präklusionen, kurze Fristen oder streng formalisierte Begründungsanforderungen sollen das Thema des gesetzlichen Richters aus dem Prozess verbannen. Verteidigung muss einen enormen Aufwand betreiben, um dies zu konterkarieren. **407**

Die Rüge ist nur eine Verteidigungsoption. Trotz erkannter Besetzungsmängel ist deren prozessuale Geltendmachung von prozesstaktischen Erwägungen abhängig. Das Signal der Entschlossenheit zur konsequenten Verteidigung kann hier ebenso eine Rolle spielen wie ein für erforderlich gehaltener Zeitgewinn oder die Verbesserung einer Verhandlungsposition für eine verfahrensabschließende Vereinbarung mit einer zeitlich überlasteten Kammer. Die Konsequenzen eines erfolgreichen Antrags sind ebenso ins Kalkül zu ziehen: Der tatsächlich zuständige Spruchkörper respektive Richter kann aus Verteidigersicht die im Verhältnis zur unzuständigen Besetzung »schlechtere« Besetzung darstellen. Das Unterlassen der Rüge ist dann geboten. **408**

b. Präklusionen

Hält der Verteidiger die **örtliche oder funktionelle Zuständigkeit** des Gerichts nicht für gegeben, zwingt ihn das Gesetz, diese Fragen frühzeitig in der Hauptverhandlung zu thematisieren. Erachtet er das Gericht für örtlich unzuständig, hat er seine Bedenken spätestens bis zum Beginn der Vernehmung des Angeklagten zur Sache geltend zu machen (§ 16 S. 3). Mit späteren Einwendungen wird die Verteidigung nicht mehr gehört. Dieselbe Präklusionswirkung hat auch die unterlassene Rüge der funktionellen Unzuständigkeit gemäß § 6a zum angegebenen Zeitpunkt. Hält der Verteidiger im Gegensatz zum Eröffnungsbeschluss die Zuständigkeit einer Spezialkammer, wie z.B. der Wirtschaftsstrafkammer (§ 74c GVG), für gegeben, ist der Beginn der Hauptverhandlung hier der notwendige Zeitpunkt, dies zu rügen. Allein die sachliche Zuständigkeit ist vom Gericht in jeder Lage des Verfahrens von Amts wegen zu prüfen; hier kann die Verteidigung Bedenken vortragen, sie muss es aber nicht tun. **409**

---

365 Schmitz Rangierkunst oder Entgleisung – Die Besetzungsrüge nach Änderung des Geschäftsverteilungsplans, StraFo 10/2016.
366 S. z.B. BGHSt 28, 290 ff.

410 Bei erstinstanzlichen Verfahren vor dem Land- und Oberlandesgericht droht eine weitere **Präklusion**: die verspätete Rüge der **unvorschriftsmäßigen Besetzung**. Sitzen nach Ansicht der Verteidigung die falschen Berufs- und Laienrichter zu Gericht, muss dies nicht nur gerügt werden, vielmehr unterliegt die Verteidigeraktivität einem besonderen Zeitregime. (§ 222b).

c. Recherche der Verteidigung

411 Die Kontrolle der richtigen Besetzung stellt für den Verteidiger einen erheblichen Arbeitsaufwand dar. Gleichwohl gehört die vermeintliche Geheimwissenschaft der Prüfung einer sog. **Besetzungsrüge** im Sinne der §§ 222a, b zu den **Regelstandards der Strafverteidigung**.[367]

412 Die Prüfung der vorschriftsmäßigen Besetzung setzt die Beschaffung bzw. Sichtung umfangreicher Unterlagen voraus, wie z.B den Geschäftsverteilungsplan mit seinen Ergänzungen durch im Laufe des Jahres ergangene Präsidiumsbeschlüsse, die kammerinternen Geschäftsverteilungs- und Mitwirkungspläne, Unterlagen über die Schöffenwahl bei den Amtsgerichten, Protokolle der Schöffenauslosung oder die Hilfsschöffenliste. Zur Kontrolle reicht der Blick auf die Internetseiten des jeweiligen Gerichts zur geschäftsplanmäßigen Zuständigkeit nicht aus. Nicht verzeichnet sind hier oft die im Laufe des Geschäftsjahres gemäß § 21e Abs. 3 GVG beschlossenen Änderungen und Ergänzungen. Erforderlich ist ein Antrag beim Präsidenten des Landgerichts zur **Einsicht in den Geschäftsverteilungsplan** sowie in die **im Laufe des Geschäftsjahres beschlossenen Änderungen**. Auswärtige Verteidiger sind in ihrer Recherche zusätzlich behindert. Denn es soll kein Anspruch auf Übersendung der Unterlagen bestehen. Sowohl der Geschäftsverteilungsplan als auch die Änderungsbeschlüsse sind aber gemäß § 21e Abs. 9 GVG auf einer Geschäftsstelle des Gerichts zur Einsichtnahme auszulegen. Entsprechendes gilt gemäß § 21g Abs. 7 GVG für die Einsicht in die kammerinterne Geschäftsverteilung i.S.d. § 21g GVG, die insbesondere bei angeordneter Zweierbesetzung bedeutsam ist.

Schwer erkennbar ist die gesetzwidrige Heranziehung von Schöffen (vgl. §§ 31 ff. GVG).

413 Das Verfahren vom Vorschlag möglicher Schöffen über deren Aufnahme in die sog. **Schöffenlisten** (§ 44 GVG), der **Schöffenauslosung**[368] (vgl. §§ 45, 47, 77 GVG) bis zum Erscheinen des richtigen Schöffen in der Hauptverhandlung ist komplex. Gleiches gilt für die Befähigung und Vereidigung[369] des einzelnen Schöffen. In verschiedenen Konstellationen können (unzulässigerweise) sog. **Hilfs-** oder **Ergänzungsschöffen** zum Einsatz kommen.[370] Bei allen Amts- und Landgerichten wurden gemäß § 45 Abs. 4 i.V.m. § 77 GVG **Schöffengeschäftsstellen** eingerichtet. Diese sind z.B. Ansprechpartner im Hinblick auf die Hilfs- und Ergänzungsschöffenlisten. Auch in die Schöffenlisten und Schöffenwahlunterlagen besteht für den Verteidiger gemäß § 222a Abs. 3 ein Anspruch auf Einsicht. Die Schöffenwahlunterlagen enthalten häufig auch die Vorschlagslisten. Die Protokolle der Sitzungen des betreffenden Gemeindeorgans, in denen diese Listen mit Zweidrittelmehrheit aufgestellt werden und die Unterlagen über die öffentliche Auslegung der – ebenfalls nachzuprüfenden – Vorschlagslisten fehlen hingegen häufig. In diesem Fall muss ggfs. ein Antrag auf Einsichtnahme bei der Gemeindevertretung gestellt werden.

Im Ergebnis kann die Überprüfungsarbeit zu zahlreichen Rügen Anlass geben.

d. Begründungsanforderungen

414 Will die Verteidigung die festgestellten Mängel monieren, erfordert dies den Vortrag einer **Besetzungsrüge** Außerhalb der Hauptverhandlung muss diese Rüge gemäß § 222b Abs. 1 S. 4 schriftlich erhoben werden. Blanke Theorie ist die Möglichkeit, die Rüge in der Hauptverhandlung mündlich zu erheben.

415 Sämtliche Tatsachen, aus denen sich die vorschriftswidrige Besetzung des Gerichtes ergibt, müssen in der Rüge genau bezeichnet werden. Die bloße Mitteilung des Ergebnisses einer rechtlichen Prü-

---

367 *Barton* Mindeststandards der Strafverteidigung, S. 342 f.
368 LG Bremen StV 1982, 461 ff. m. Anm. *Jungfer.*
369 BGH NStZ 2004, 98 f.
370 BGH StV 1982, 105; 1989, 143.

fung der Besetzung reicht nicht aus.[371] Fehlen Tatsachen im Vortrag des Besetzungseinwandes, können sie nicht mehr nachgeschoben werden. Daraus folgt, dass die ausnahmsweise in der Hauptverhandlung erhobene Rüge zwar mündlich begründet werden kann, dies aber zweckmäßigerweise unter **gleichzeitiger Übergabe der schriftlichen Abfassung geschehen sollte**. Dies erleichtert und sichert die nach § 273 Abs. 1 notwendige Protokollierung.

Die Begründungsanforderungen an den Besetzungseinwand sollen nach der Rechtsprechung weitgehend den Rügevoraussetzungen des § 344 Abs. 2 S. 2 StPO entsprechen.[372] Es müssen angeblich alle Tatsachen geltend gemacht werden, die eine fehlerhafte Besetzung des Gerichts ergeben. Dabei sei darzulegen, unter welchem rechtlichen Aspekt der Zuständigkeitsmangel beanstandet werden soll und welcher Sachverhalt dies belegen soll. welche Tatsachen dem zugrunde liegen. Dem Gesetz ist all dies nicht zu entnehmen. Die Parallele zum Revisionsverfahren ist nicht angezeigt, weil die Rüge nicht mehr ist als die Diskussion mit einem in der Sache bereits befassten Gericht. Wenn beispielsweise von der Rechtsprechung gefordert wird, dass der Zwang zur umfassenden Sachverhaltsdarstellung auch für evidente Besetzungsmängel gelten soll, die allen Verfahrensbeteiligten ohne Weiteres erkennbar oder sogar bekannt sind,[373] wird deutlich, dass es bei den höchstrichterlich erfundenen Anforderungen nicht um eine Optimierung einer rechtlichen Diskussion geht. Ziel ist es, durch blanke Formalisierungen eine prozessuale Auseinandersetzung in der Sache zu verhindern.

Wie immer hat Verteidigung den Kampf um die Rechte des Mandanten unter den gegebenen Bedingungen zu führen. Die Begründung muss hinsichtlich des Umfangs daher nicht nur sämtliche Sachverhaltsaspekte beinhalten, die nach Ansicht der Verteidigung die Fehlerhaftigkeit der Besetzung darlegen. Darüber hinaus ist die Fantasie auf mögliche rügevernichtende Sachverhalte auszuweiten. Der die Rüge belegende Hinweis auf einen präsidialen Änderungsbeschluss des Geschäftsverteilungsplans sollte daher stets um die Bemerkung ergänzt werden, dass im Laufe des Jahres keine weiteren konterkarierenden Änderungsbeschlüsse vorliegen.

Allerdings kann sich der Verteidiger hier – anders als bei der Ablehnung wegen der Besorgnis der Befangenheit – dem Besetzungseinwand eines anderen Beteiligten anschließen.[374] Das Problem der fehlenden Nachschiebemöglichkeit wird akut, wenn mehrere Verteidiger (durchaus verschiedener Mitbeschuldigter) jeweils eine Besetzungsrüge erheben wollen und sich außerdem den Besetzungseinwänden der anderen Verteidiger **anschließen** möchten. Dazu müssen die Anschlusserklärung und die »eigene« Besetzungsrüge zeitgleich erhoben werden. Andernfalls ist die eigene Rüge präkludiert.[375]

416

3. Das Vorabentscheidungsverfahren

Das Verfahren der Besetzungsrüge ist der prozessual üblichen Diskussion um rechtliche Fragen weitgehend entzogen. Vor und außerhalb der Hauptverhandlung soll durch das sogenannte Vorschaltverfahren die Frage des gesetzlichen Richters erledigt und insbesondere einem späteren Revisionsverfahren vorenthalten werden. Die Hauptverhandlung soll durch diese Fragen nicht tangiert werden.

417

Das Verfahren über den Besetzungseinwand bei LG und OLG ist in ein enges zeitliches Korsett gepresst, das seinen Ausgangspunkt in der gerichtlichen Besetzungsmitteilung (§ 222a) hat. Angesichts der Bedeutung ist diese Mitteilung formalisiert, sie ist an jeden einzelnen Verfahrensbeteiligten zuzustellen; Besondere Zustellungsvollmachten des Verteidigers (§ 145a Abs. 1) können eine Zustellung an den Mandanten fingieren. Inhaltlich ist bei der Mitteilung die Nennung von Name und Funktion der beteiligten Richter bzw. Schöffen zu fordern. Die Hervorhebung des Vorsitzenden

---

371 Vgl. BayObLG StV 1984, 414.
372 BGHSt 44, 161 (162) = NJW 1999, 154; BGH NStZ 2007, 536; BGH StV 2016, 623.
373 BGH NStZ 2007, 536; BGH v. 7.9.2016 – 1 StR 422/15, BGHR StPO § 222b Abs. 1 S. 2 Präklusion 4.
374 BGHSt 44, 328, 337.
375 Vgl. BGHSt 44, 328, 336 f.

ist zwingend, die des Berichterstatters optional. Spätestens mit dieser Zustellung weiß jeder Beteiligte, welches Gericht, welche Kammer und welche Richter für die anstehende Hauptverhandlung zuständig sind.

418   Das Gesetz verlangt nunmehr von der Verteidigung, dass der Besetzungseinwand innerhalb von einer **kurzen Frist von einer Woche** bei Gericht angebracht wird. Eine Fristverlängerung ist nicht vorgesehen, nach nicht genutztem Ablauf der Frist ist die Verteidigung mit der Rüge der – möglicherweise noch so evidenten – fehlerhaften Besetzung ausgeschlossen. Die aufwändige Recherche und die zum Teil komplexe Begründung ist von der Verteidigung damit unter extremem Zeitdruck zu erarbeiten. Hat der Angeklagte mehrere Verteidiger, kann jeder einzelne einen Besetzungseinwand erheben; die Frist läuft für jeden individuell. Einem neu auftretenden Verteidiger ist die Mitteilung konsequenterweise ebenfalls zuzustellen.

419   Der Regelfall des anschließenden Verfahrens besteht in einer ersten Prüfung des Einwandes durch das betroffene Gericht. Hält das Gericht den Einwand für begründet, kann die Hauptverhandlung zumindest nicht in der vorgesehenen Besetzung durchgeführt werden. Notwendig werden neue Besetzungsmitteilungen und möglicherweise auch neue Termine. Wird demgegenüber der Besetzungseinwand für unbegründet erachtet, muss er vom Tatgericht spätestens vor Ablauf von drei Tagen dem höheren Instanzgericht zur Überprüfung vorgelegt werden. Das erstinstanzlich zuständige Landgericht wird den Besetzungseinwand daher dem Oberlandesgericht vorlegen, ein erstinstanzlicher Strafsenat beim OLG legt dem BGH vor. Unabhängig vom weiteren Verlauf der Überprüfung beim OLG oder BGH kann die Hauptverhandlung mit der ursprünglichen Besetzung fortgeführt werden.

420   Das Vorabentscheidungsverfahren (§ 222b Abs. 3) unterliegt keinen besonderen Formalitäten; eine mündliche Verhandlung ist nicht vorgesehen. Es kann zu drei verschiedenen Konstellationen führen: Entscheidet das Rechtsmittelgericht – im Regelfall der Anklage zum Landgericht also ein Strafsenat beim OLG –, dass der Besetzungseinwand begründet ist, wird durch diese Feststellung das laufende Hauptverfahren beendet. Wird der Besetzungseinwand verworfen, ist die Diskussion um die richtige Besetzung für das laufende Verfahren beendet (denkbar ist allenfalls noch anschließend eine Verfassungsbeschwerde).

421   Unterbleibt eine zügige Entscheidung des Rechtsmittelgerichts im Vorabentscheidungsverfahren und erfolgt zuvor ein abschließendes Urteil des Tatgerichts, kann der Einwand der vorschriftswidrigen Besetzung von der Verteidigung noch im Rahmen der **Revision** geltend gemacht werden. Dass dabei das Tatgericht durch eine schnelle eigene Entscheidung eine gesetzlich vorgesehene Zuständigkeit des OLG-Senats unterlaufen kann und dadurch das verfassungsrechtliche Gebot des gesetzlichen Richters tangiert ist, hat der Gesetzgeber offensichtlich übersehen.[376]

422   Der zeitliche Verlauf des gesamten Verfahrens liegt in den Händen des Vorsitzenden. Er entscheidet, wann er die Besetzung mitteilen lässt und damit die Fristen auslöst. Da er selbst hier an keine Fristen gebunden ist, sind unterschiedliche Konstellationen des Verfahrensverlaufs denkbar. Eine Mitteilung mehrere Wochen vor Beginn der Hauptverhandlung dürfte dem Regelfall entsprechen. Varianten sind denkbar, wenn die Mitteilung weniger als eine Woche vor Beginn der Hauptverhandlung zugestellt wird oder gar vollständig fehlt. Im Vorfeld können plötzliche Erkrankungen eines vorgesehenen Richters oder ein Verteidigerwechsel den Zeitablauf umgestalten.

423   Unterbleibt – wie häufig – die Mitteilung zur Gerichtsbesetzung vor der Hauptverhandlung, werden oft die Namen der beteiligten Richter vom Vorsitzenden in einem Akt höflicher Vorstellung erst zu Beginn der Hauptverhandlung genannt. Die rechtliche Konsequenz derart verzögernden Verhaltens regelt das Gesetz deutlich: Verteidigung kann gemäß § 222a Abs. 2 die **Unterbrechung der Hauptverhandlung beantragen.** Dieser Unterbrechungsantrag muss frühzeitig, insbesondere vor Beginn der Vernehmung des ersten Angeklagten zur Sache erfolgen. In der Regel wird entsprechend der

---

376 *Lantermann* Der Besetzungseinwand nach der Modernisierung HRRS 2020 S. 19 ff.

gesetzlichen Vorgabe einer Überprüfungsmöglichkeit nach rechtzeitiger Besetzungsmitteilung für die Dauer einer Woche unterbrochen. Auf eine kürzere Unterbrechung muss sich der Verteidiger im Hinblick auf den umfassenden Prüfungsstoff nicht einlassen.[377] War die Besetzung schon vor der Hauptverhandlung, aber nicht eine Woche vorher mitgeteilt worden, so kann berücksichtigt werden, dass dem Verteidiger diese Zeit schon zur Verfügung gestanden hat.[378]

Die atmosphärischen Konsequenzen sowohl des Unterbrechungsantrages als auch des Beharrens auf einer Wochenfrist zur Überprüfung sind ebenso gravierend wie komplex. Handlungen der Verteidigung sind hier besonders kritisch im Hinblick auf Verteidigungsziele und -stile zu hinterfragen. Dies kann in Ruhe vor dem Beginn der Hauptverhandlung erfolgen, da das Unterlassen der Mitteilung seit Verstreichen der Wochenfrist geläufig ist. **424**

▶ **Beispiel:**

Die Verhandlung beginnt Montag 9 Uhr. Die Mitteilung der Besetzung war vom Vorsitzenden schlicht vergessen worden. Drei weitere Hauptverhandlungstage sind für dieselbe Woche geplant, zahlreiche Zeugen sind geladen. Die Konsequenz des Unterbrechungsantrages der Verteidigung birgt die Gefahr in sich, dass aus organisatorischen Gründen Umplanungen nicht möglich sind und der Beginn des Verfahrens um Wochen und Monate verschoben werden muss. Den Eindruck eines gnadenlosen Formalisten muss der Verteidiger in dieser Situation ertragen. Ihm wird das »Platzen« des Prozesses zugeschrieben. Sie ist notwendig, wenn gleich zu Beginn der unbedingte Wille dokumentiert werden soll, die formalen Möglichkeiten für den Angeklagten extensiv zu nutzen. Akzeptanz kann der Verteidiger nur erwarten, wenn er die Woche zur Überprüfung ernsthaft nutzt. Wird er auf den Geschäftsstellen in der folgenden Woche nicht gesichtet, gefährdet er Kommunikationen für die Zukunft. **425**

Das »Kompromissangebot« des Vorsitzenden auf eine Unterbrechung von 1 – 2 Stunden stellt selten eine Option dar. Dessen Annahme dokumentiert die Bereitschaft der Verteidigung zu Oberflächlichkeit. Dagegen kann der ausdrückliche Verzicht auf die Überprüfung nicht nur der verteidigungsinternen Absprache entsprechen. Sie kann als Nachsicht gegenüber der fehlerhaften Unterlassung des Vorsitzenden positive Effekte in nachfolgenden Kommunikationssituationen bewirken.

Der Gesetzgeber hat den ursprünglich unbeschränkten Anspruch auf Unterbrechung der Hauptverhandlung in dieser Situation relativiert. Eine Unterbrechung zu Überprüfungszwecken soll nach aktueller Gesetzesfassung dann zwingend sein, wenn absehbar ist, dass die Hauptverhandlung vor Ablauf der Wochenfrist für eine Begründung des Besetzungseinwandes beendet sein könnte. Dem liegt die Überlegung zugrunde, dass die Verteidigung bei einer länger geplanten Hauptverhandlung ausreichend Gelegenheit haben könnte, nach der erstmaligen Mitteilung der Besetzung am ersten Hauptverhandlungstag parallel zur laufenden Verhandlung einen Besetzungseinwand innerhalb einer Woche und damit vor Beendigung der Hauptverhandlung durch ein Urteil anzubringen. Insgesamt sind Szenarien vorstellbar, die es einem Vorsitzenden attraktiv erscheinen lassen, bewusst keine Besetzungsmitteilung vorab zu initiieren, um u.a. die Arbeitskraft der Verteidigung in den wichtigen Verhandlungstagen der ersten Hauptverhandlungswoche zu binden.

Diese Regelung hat damit die Potenz, die Effektivität des Rechtsmittels eines Besetzungseinwandes endgültig zu torpedieren: Wenn beispielsweise ein erster Hauptverhandlungstag an einem Montag stattfindet und bei geplanten 20 Hauptverhandlungstagen an allen Werktagen der ersten Woche in derselben Sache verhandelt wird, verbringt der Verteidiger seine Zeit zwangsläufig vor Gericht und kann sich weder der Recherche noch der Begründung einer Besetzungsrüge widmen. Wird die Hauptverhandlung nachmittags zu einem Zeitpunkt beendet, zu dem die Geschäftsstellen des Gerichts bereits nicht mehr erreichbar sind, ist die notwendige Informationsbeschaffung schon objektiv unmöglich. Der Unterbrechungsantrag

---

377 BGH StV 1981, 6 f.
378 BGHSt 29, 283, 286.

hat gerade den Zweck, der Verteidigung die zeitliche Möglichkeit zu verschaffen, ohne Belastung der laufenden Hauptverhandlung die notwendigen Arbeiten vorzunehmen. Die aktuelle Regelung des § 222a Abs. 2 lässt diese Überlegung völlig ins Leere laufen. Es könnte daher in bestimmten Konstellationen sinnvoll sein, bei Gericht eine gesetzlich nicht vorgesehene Verlängerung der Begründungsfrist zu beantragen.

426 Der Unterbrechungsantrag beschränkt sich damit im Ergebnis auf kurze Hauptverhandlungen von weniger als einer Woche Dauer. Bei **amtsgerichtlichen Verfahren** sowie bei Berufungsverfahren vor dem Landgericht kann demgegenüber die Besetzungsrüge zeitlich unlimitiert erhoben und die fehlerhafte Besetzung auch erstmals im Revisionsverfahren gerügt werden.

III. Befangenheitsanträge

427 Jeder Mensch und jeder Richter ist durch seine Vorprägungen befangen. Die gesetzliche Regelung unternimmt nicht den Versuch, derartige Voreingenommenheiten vollständig zu unterbinden. Vielmehr soll in einer der praktischen Beurteilung zugänglichen Art und Weise ein Weg geschaffen werden, für das Strafverfahren spezifische Voreingenommenheiten aufzudecken und dem Angeklagten nicht zuzumuten, auch nur mit dem Verdacht einer derart bestimmten richterlichen Befangenheit in einem Prozess zu leben.

428 Die rechtliche Ausgestaltung ist markant: Der **Anspruch auf ein unparteiisches Gericht** ist ein **prozessuales Grundrecht des Angeklagten (Art. 6 Abs. 1 S. 1 EMRK)**. Sind schon aufgrund einer im Gesetz als vorurteilsbegründend aufgeführten formalen Position des Richters – ohne konkreten Anlass – Interessenkollisionen auch nur zu befürchten, ist der Richter von der Ausübung des Richteramtes ausgeschlossen (§§ 22, 23). Hier hat der Richter oder das Gericht selbst von Amts wegen tätig zu werden. Leitet der Angeklagte aus anderen Umständen eine Besorgnis der Befangenheit ab (§ 24) oder hält er im Gegensatz zum Gericht die Voraussetzungen der §§ 22, 23 für gegeben, kann die Verteidigung durch einen Antrag aktiv werden.

Die Sicherstellung eines möglichst neutralen Richters ist Essentialie des Rechtsstaats, das prozessuale Mittel des Ablehnungsgesuchs daher von besonderer Bedeutung. Tatsächlich ist es regelmäßig erfolglos. Der deutschen Richterschaft ist es gelungen, in der Tatsacheninstanz (jedenfalls bei LG und OLG) die Möglichkeit einer Ablehnung von Berufsrichtern praktisch zu eliminieren. Nur gelegentlich wird in der Revisionsinstanz eine allzu krasse negative Ablehnungsentscheidung von Revisionsrichtern kritisiert; mit dem Maßstab der Willkür ist dieses Prozessgeschehen der verfassungsgerichtlichen Überprüfung weitgehend entzogen. Auf eindringliche Weise macht dieses »Rechtsinstitut« die Überlagerung von rechtlichen Entscheidungen durch emotionale Faktoren deutlich. Der Umgang mit diesem Prozessrecht ist für die Verteidigung heikel.

1. Atmosphärisches

429 Souveränität und Selbstbewusstsein des Richters speisen sich aus dem Amt. Die Privatperson verblasst hinter Formen und Ritualen. Die die herausragende gesellschaftliche Aufgabe dokumentierende Robe ist der Schutz vor dem Eindringen in Intimitäten. Die Frage der Befangenheit durchbricht die permanente Fassade des auf seine Rolle und Funktion reduzierten Richters. An einer singulären Einbruchsstelle droht ihm Decouvrierung.

430 Ein Ablehnungsantrag gegenüber einem Richter wegen Besorgnis der Befangenheit verändert daher die Kommunikationsstrukturen in der Hauptverhandlung häufig dramatisch. Hinter der systemimmanenten Gegnerschaft von Gericht und Verteidigung schimmert plötzlich persönliche Feindschaft. Allein aus dem öffentlichkeitswirksamen Antrag folgert die Richterschaft oft, sie werde düpiert und »am Nasenring durch den Verhandlungssaal geführt.«[379] Insbesondere ehrenamtliche Richter empfinden den Antrag häufig als **persönlichen Angriff** auf ihre Integrität. Vermittelnden Gesprächen ist der Richter nach einem solchen Antrag mitunter nicht mehr zugänglich.

---

379 *Tully* Wider der Chronifizierung – Von der kränkelnden Hauptverhandlung, ZRP 2014, 45 ff., 47.

Unter aktuellen Prozessbedingungen ist der Erfolg des Ablehnungsgesuchs in der Tatsacheninstanz   431
kein realistisches Verteidigungsziel. »Erfolg« kann allenfalls für die Revisionsinstanz kalkuliert werden. Der Respekt des Tatsachenrichters vor einer Urteilsaufhebung mag dem Verfahren selbst neue
Dynamik verleihen. Im Übrigen verbleibt das Ablehnungsgesuch häufig als einzig verbleibendes
Mittel, extrem prozesswidriges Verhalten eines Richters zumindest zu dokumentieren. Der Nutzung
eines solchen Gesuchs sollte daher eine besonders sorgfältige Abwägung zwischen der Bedeutung
des angestrebten Ziels einerseits und den atmospärischen Folgen im laufenden Verfahren andererseits vorausgehen.

Entschließt sich der Mandant nach entsprechender Beratung zu einem Ablehnungsgesuch, kann   432
durch die Formulierung des Antrages selbst oder durch eine begleitende Erklärung vom Verteidiger
deutlich gemacht werden, dass es sich bei dem Ablehnungsantrag keinesfalls um eine persönlich-
keitsverletzende Maßnahme, sondern um ein ganz normales, gesetzlich vorgesehenes Verteidigungsmittel handelt. Wie bei keinem anderen prozessualen Antrag ist es hier zur Aufrechterhaltung einer
Kommunikationssituation notwendig, die sachliche Schärfe durch die verbindliche Weichheit des
Vortrags zu konterkarieren.

> Dieses Ziel wird häufig durch den einleitenden Hinweis gefördert, dass mit der Ablehnung nicht die   433
> Befangenheit des Richters behauptet wird, sondern aufgrund eines bestimmten Geschehens lediglich
> beim Angeklagten der Eindruck erweckt werden könne, der Richter sei möglicherweise befangen.

Den verbleibenden Unmut hat der Verteidiger dennoch vorab zu kalkulieren und in seine strategi-   434
schen Überlegungen mit einzubeziehen. Viele Verteidiger haben jedoch die Erfahrung gemacht, dass
es gerade die Entschlossenheit der Verteidigung zu einer stilvollen sachlichen Auseinandersetzung
und kompromisslosen Konfliktbereitschaft mit dem Gericht ist, die letztlich zu einer Anerkennung
durch die anderen Prozessbeteiligten und damit zu einer positiven Gestaltung des Verfahrens führt.

Gerade exakt begründete Anträge fördern nicht selten – mit einer gewissen Verzögerung – aufseiten   435
des abgelehnten Richters die Bereitschaft, die Möglichkeiten zu verfahrensbeendenden Einigungen
zu erweitern. Insbesondere der in seinem Verhandlungsstil durch das Gesetz ansonsten völlig unkontrollierte Vorsitzende hat bei einer von ihm selbst befürchteten Entgleisung kein Interesse, dass mittels Schilderung eines Ablehnungsantrages dieses Verhalten aktenkundig und damit für Rechtsmit-
telrichter und weitere Beteiligte transparent wird.

Konstellationen bei höchst »unbeweglichen« Richtern sind nie auszuschließen, in denen dieses Ziel   436
durch eine schlichte Andeutung des möglichen Szenarios eines Befangenheitsantrages erreicht werden kann. Der Verzicht auf den Antrag selbst kann zwar den Verlust einer unwiederbringlichen
Chance eines Revisionsgrundes bedeuten, eröffnet dem auf diese Gesichtswahrung angewiesenen
Richter allerdings die Beweglichkeit hin zu neuen Verständigungszielen.

2. Ablehnungsgründe

In vielen Fällen muss der Verteidiger sogar seinem Mandanten raten, mit dem Mittel des Ableh-   437
nungsgesuchs einzuschreiten, will die Verteidigung nicht ihre eigene Glaubwürdigkeit aufs Spiel
setzen. Vernimmt der Vorsitzende den Mandanten in aggressiver und ehrverletzender Weise, ist ein
Ablehnungsantrag ebenso unabdingbar wie in den zahlreichen Fällen, in denen der Richter zu erkennen gibt, dass er schon vor Beendigung der Beweisaufnahme von der Schuld des Angeklagten überzeugt ist. Wenn der Vorsitzende den Angeklagten mit allzu großer Intensität zu einem Geständnis
drängt[380] oder wenn er zulasten des Angeklagten auf die Entscheidung eines Zeugen zur Ausübung
des Zeugnisverweigerungsrechts Einfluss nehmen will,[381] dann hat der Verteidiger keine andere Wahl,
als durch den Befangenheitsantrag zum Ausdruck zu bringen, dass eine vorurteilsfreie Überzeugungsbildung in dem laufenden Verfahren offensichtlich nicht mehr möglich ist.

---

380 BGH StV 2007, 449; NJW 1959, 55 f.; bei *Cierniak/Zimmermann* NStZ-RR 2011, 98.
381 BGHSt 1, 34.

438   Für die rechtliche Erfassung der Besorgnis der Befangenheit liefert das Gesetz beispielhafte Bilder in den §§ 22, 23. Hier werden Konstellationen typisiert, bei denen unabhängig von der konkreten Sorge eines Angeklagten die rechtsstaatlichen Bedingungen eines neutralen Richters skizziert werden. Ist der Richter oder ein naher Angehöriger durch die vorgeworfene Tat selbst verletzt, besteht eine nahe verwandtschaftliche Beziehung zum Angeklagten, war der Richter in derselben Sache in verfahrensmäßig anderer Rolle (zum Beispiel als Staatsanwalt) tätig oder hat er früher an dem Verfahren als Zeuge oder Sachverständiger teilgenommen, ist er von der Ausübung des Richteramtes »kraft Gesetzes« ausgeschlossen. Gleiches gilt für einzelne Konstellationen früherer richterlicher Mitwirkung (§ 23). Das Ausmaß der gesetzlich fixierten Befangenheit ist in diesen Fällen nicht diskutierbar, was auch dem betroffenen Richter selbst unschwer die Möglichkeit eröffnet, seinen Ausschluss vom Richteramt anzuzeigen.

Diese gesetzlich umrissenen Beispielsfälle machen deutlich dass selbst der intensivste Wille des Richters zur Neutralität sich aufdrängende Bedenken der – allein dem objektiven Erscheinungsbild entnommenen – möglichen Überlagerung der rechtlichen Entscheidung durch mentale Komponenten der persönlichen Solidarität oder Entscheidungsfixiertheit nicht kompensieren können.

439   Die §§ 22, 23 stellen keine abschließende Beschreibung der rechtsstaatlich nicht akzeptablen Befangenheitskonstellationen dar. Über diese konkreten Fälle hinaus haben der Angeklagte und andere Verfahrensbeteiligte das Recht, anderweitig entstandene Besorgnis der Befangenheit geltend zu machen (§ 24). Abstrakte Strukturen oder gar konkrete Konstellationen stellt das Gesetz insoweit nicht zur Verfügung. Parallelwertungen zu den §§ 22, 23 sind hier ebenso heranzuziehen wie die Aufarbeitung von Brüchen mit rechtsstaatlichen Grundvorstellungen zum fairen Prozessieren.

Rechtsprechung und Literatur geben hier der Verteidigung nur wenig strukturelle Hilfe. Die Erörterungen erschöpfen sich zumeist in unüberschaubarer Kasuistik. Folgende Kategorien sollten zumindest stets präsent sein:

Persönliche Nähe

440   Das Bild des distanziert agierenden rechtsstaatlichen Richters wird durch persönliche Involvierung in den zu entscheidenden Sachverhalt getrübt. Ist er selbst der Verletzte, sieht er sich auch aus Sicht des Gesetzgebers pauschal unüberwindlichen emotionalen Hindernissen gegenüber; er kann pauschal nicht der unbefangene Richter sein. Das gilt ebenso für die personale Verknüpfung, falls ein naher Angehöriger verletzt wurde.

441   Persönliche Bindung muss auch in anderen Konstellationen die Erwartung an ein unparteiisches Urteil entscheidend schmälern: Ist ein naher Angehöriger des Richters angeklagt, ist er von der Ausübung des Richteramts ausgeschlossen (§ 22 Nr. 2, 3). Auch außerhalb der formalisierten gesetzlichen Konstellationen sind vergleichbar enge und damit dominierende persönliche Bezüge zum Angeklagten wie zum Verletzten denkbar. Enge Bekanntschaften oder Freundschaften lähmen oder filtern richterliche Kognition im Prozess. Dass der rechtsstaatlich unakzeptable Einfluss ebenso durch persönliche Bindungen des Richters zu anderen Verfahrensbeteiligten entstehen kann, sollte zumindest diskussionswürdig sein.

442   Befangenheit bejaht die Rechtsprechung bei zu engem Kontakt des Richters mit einer Kollegin desselben Spruchkörpers, die im konkreten Strafverfahren Hauptzeugin und Verletzte ist.[382] Wird die Anklage von der Ehefrau des Richters als Staatsanwältin vertreten, ist sein besonders offenes Ohr für ihr (parteiisches) Anliegen offenbar. Ob der Revisionsrichter ausreichend weit von verwandtschaftlich geprägten Solidaritätsgefühlen zum Sitzungsvertreter der Staatsanwaltschaft in der Instanz entfernt ist, wird zwar von der Rechtsprechung propagiert, aber mit dem Hinweis zur Überprüfungskonzentration auf die »Sache« des tatrichterlichen Urteils zweifelhaft begründet.[383]

---

382 OLG Düsseldorf NJW 2010, 1158 = NStZ-RR 2010, 114.
383 BGH StRR 2012, 22.

Verhandlungsstil

Zu dem Erscheinungsbild eines Strafgerichts in einer demokratischen Gesellschaft zählt ein der **443** Würde der Institution und der Ernsthaftigkeit des Geschehens Rechnung tragendes Auftreten eines Richters. Eine gravierende Störung dieses Bildes lässt für jeden Angeklagten den Rückschluss zu, dass auch die materiellen Anliegen der gesetzlichen Regelung nicht ausreichend respektiert werden.

> Dazu gehört als Minimum eine erkennbar ausreichende Konzentration des Richters auf das Prozessge- **444** schehen. Ist er – möglicherweise ostentativ – desinteressiert an einer Zeugenaussage, darf der Angeklagte an der Unvoreingenommenheit zweifeln. Berechtigte Sorge der Befangenheit hatte der BGH auch ange- nommen, als eine beisitzende Richterin während der Beweisaufnahme sich mit privaten SMS auf ihrem Mobiltelefon beschäftigte; dies sei mit der vom Angeklagten zu erwartenden hinreichenden Zuwendung und Aufmerksamkeit für den Verhandlungsinhalt unvereinbar.[384]

Scharfe Reaktionen des Richters gegenüber einem provozierenden Angeklagten sollten zwar in der **445** Regel kein Ablehnungsgrund sein. Aus der vom Richter gewählten Form der Kommunikation mit dem Angeklagten kann dieser allerdings sehr wohl auch Rückschlüsse auf die Voreingenommenheit des Richters ziehen.

> Äußerungen vor oder in der Hauptverhandlung, wonach der Angeklagte ohnehin »der Typ des Gewohn- **446** heitsverbrechers« und seine Einlassung angesichts der Aktenlage »schwachsinnig« oder »Quatsch«[385] sei, oder ähnliche Bemerkungen, können zu Recht einen solchen Eindruck hervorrufen. Die Rechtsprechung will hier den meist unmöglichen Versuch unternehmen, zwischen – zulässigen – momentanen Unmuts- aufwallungen als Reaktion auf einen anderen Verfahrensbeteiligten und – unzulässigen – in der Form überzogenen Äußerungen zu unterscheiden.[386]

Der schlichte Umgangston bei Gericht kann die Besorgnis rechtfertigen, da hiermit ein fehlender Respekt des Richters vor der Subjektstellung des Angeklagten einerseits und das Fehlen der not- wendigen richterlichen Distanziertheit andererseits deutlich wird.

> – »Ihnen wird das Lachen noch vergehen. Sie werden sehen, wer hier wirklich das letzte Wort hat.« **447**
> – »Ich hoffe, Ihre ermordete Frau wird Ihnen noch häufig im Traum erscheinen« (im Fall eines gegen- über dem Mordvorwurf schweigenden Angeklagten).
> – »Kopftücher können Sie bei sich zu Hause in der Türkei tragen!« (gegenüber einer in Deutschland geborenen türkischstämmigen deutschen Angeklagten).
> – »Kinkerlitzchen« als abschätziger richterlicher Kommentar zum Prozessanliegen der Verteidigung.[387]

Die höchstrichterliche Rechtsprechung will zu Unrecht dem Richter dann emotionsgeladenere Äußerun- gen zubilligen, wenn die Verhandlungsatmosphäre insgesamt gespannt ist. Warum solche Äußerungen rechtsstaatlich passabel sein sollen, wenn sie in einem – nicht näher definierten – »vertretbaren Verhält- nis zu dem sie auslösenden Anlass« stehen,[388] lässt sich angesichts der fortbestehenden Objektivitätspflicht des Richters nicht begründen. Reagiert er auf die Verteidigungsrüge des fehlenden rechtlichen Gehörs mit der Bemerkung »Das ist ja lachhaft«, darf auch ein besonnener Angeklagter in einer kämpferischen Prozessatmosphäre irritiert sein.[389]

Dies gilt ebenso für **Auseinandersetzungen mit dem Verteidiger.**

> Bezeichnet ein Vorsitzender die – unbeanstandete – Verteidigerbefragung später als »üble, menschenver- **448** achtende Entgleisung« und macht er die Verteidigung für den psychischen Zustand einer weinenden Zeugin verantwortlich, ist der Bereich der akzeptablen sachlichen Auseinandersetzung verlassen.[390] Wenn sich der Richter möglicherweise mit dem Verteidiger über den mutmaßlich fehlenden weißen Langbin- der unter dessen Pullover streitet und sogar daraufhin eine Entpflichtung vornimmt, kann dies zu Recht

---

384 BGH NJW 2015, 2986.
385 BGH 3 StR 559/17, HRRS 2018 Nr. 590.
386 BGH NStZ 2012, 570 f.
387 OLG Hamburg NJW 1992, 2036.
388 BGHR StPO § 24 II Befangenheit 8.
389 Anders BGH, Beschl. v. 09.06.2009 – 4 StR 461/08 bei *Cierniak/Zimmermann* NStZ 2012, 98.
390 BGH NStZ 2005, 218.

ebenso bei dem Angeklagten die Befürchtung aufkommen lassen, dass der Vorsitzende die Interessen des Angeklagten auch bei anderen Gelegenheiten nicht ausreichend berücksichtigen werde.[391] Befangenheitsbegründende Machtdemonstration ist gegeben, wenn ein Richter nach einem intensiven Disput mit dem Verteidiger einen Wachtmeister in den Gerichtssaal beordert und dem Verteidiger androht, ihn bei weiterem störenden Verhalten aus dem Saal entfernen zu lassen.[392] Gleiches gilt für die Begründung einer Entpflichtung, wonach die Pflichtverteidigerin durch Weigerung der Übernahme des richterlichen Vorschlags, vom Haftprüfungstermin in die Hauptverhandlung »überzugehen«, angeblich die Verteidigungsinteressen grob verletzt habe. Die Richterrolle im »Kampf ums Recht« ist essenziell missverstanden, wenn der Richter die Ablehnung eines Antrages mit dem Bemerken versieht: »Ihre erste Niederlage, Herr Verteidiger!«[393] Die Ablehnung der Forderung des Verteidigers nach der sofortigen Übergabe einer Kopie, verbunden mit dem Ausspruch »Jetzt mandeln Sie sich schon wieder auf. Sie kriegen jetzt keine Kopie« soll hingegen die Besorgnis der Befangenheit nicht begründen.[394]

449 Die Bewertung zweckmäßigen Verteidigungsverhaltens obliegt allein dem Verteidiger. Eine richterliche Sanktionierung allein unbequemen Verteidigungsverhaltens rechtfertigt daher die Sorge der Befangenheit.[395] Der Angeklagte muss es nicht hinnehmen, dass seinem berechtigten Verteidigungsinteresse von der Richterbank nicht mit der notwendigen Ernsthaftigkeit entgegengetreten wird.

450 Die Besorgnis der Befangenheit ist daher begründet, wenn beispielsweise das Beweisbegehren des Angeklagten zum Gegenstand von Scherzen des Gerichts gemacht wird. So hat der Bundesgerichtshof ein Ablehnungsgesuch für berechtigt erklärt, bei dem der Vorsitzende nach Stellung eines Beweisantrages die Unterbrechung der Hauptverhandlung für eine Stunde angeordnet und auf den Einwand des Verteidigers, dies reiche nicht, um seine Kanzlei aufzusuchen, geäußert hatte: »Meinen Sie, dass wir die Anträge noch schneller ablehnen können?«[396]

Das Drängen zu einer Verständigung ist eine ebenso unwürdige richterliche Aktion wie das Drohen mit übermäßig hohen Strafen eklatant rechtwidrig ist. Die Kombination bei der sog. **Sanktionsschere** ist daher stets Anlass zur Besorgnis der Befangenheit.

451 »Zwar ist es dem Gericht erlaubt, dem Angeklagten im Rahmen eines offenen Verhandlungsstils seine vorläufige Einschätzung zur Straferwartung bei einem Geständnis und bei einer Überführung nach durchgeführter Beweisaufnahme mitzuteilen (...). Indes bestehen hierbei eindeutige Grenzen: Die Freiheit der Willensentschließung des Angeklagten muss gewahrt bleiben. Er darf weder durch Drohung mit einer höheren Strafe noch durch Versprechen eines gesetzlich nicht vorgesehenen Vorteils – und hierzu gehört auch die schuldunangemessen milde Strafe – zu einem Geständnis gedrängt werden (...). Der Unterschied zwischen den vorliegend genannten Strafgrenzen ist mit der strafmildernden Wirkung eines Geständnisses nicht mehr erklärbar und deshalb als unzulässiges Druckmittel (»Sanktionsschere«) zur Erwirkung eines verfahrensverkürzenden Geständnisses zu werten (...). In der Anwendung der »Sanktionsschere« liegt ein Verstoß gegen § 136a StPO. Das Verhalten des Vorsitzenden begründet damit zugleich die Besorgnis der Befangenheit.«[397]

Voreingenommenheit in der Schuldfrage

452 Jede Äußerung und jedes verfahrensbezogene Verhalten des Richters, das den Schluss zulassen muss, dass er hinsichtlich der Schuldfrage bereits festgelegt ist, lässt ihn nicht mehr als unparteiischen Richter erscheinen.

– »Immer wenn Sie den Mund aufmachen, lügen Sie!« Die Aussage zeigt, dass der Richter der bestreitenden Einlassung aktuell und in Zukunft keinen Glauben schenken will.

---

391 BGH StV 1988, 417.
392 AG Köln StraFo 2020, 107.
393 OLG Brandenburg StV 1997, 455.
394 BGH NStZ 2011, 228 f. sieht darin zwar eine gewisse Kritik, dieser werde aber gerade durch die Verwendung der lokalen Sprachform die Schärfe genommen.
395 KG Berlin StV 2008, 68 m. Anm. *Dallmeyer*.
396 BGH StraFo 2006, 23.
397 BGH NStZ 2008, 12.

–   »Passen Sie auf, dass Sie mit Ihrer Einlassung nicht jemand anderes zu Unrecht belasten. Sie machen sich dann erneut strafbar!« Die Aussage macht mittelbar die Schuldüberzeugung des Richters bei einem nicht vorbestraften Angeklagten deutlich.

Demgegenüber soll der Angeklagte noch akzeptieren, dass er mit vorläufigen Einschätzungen des Richters konfrontiert wird.

»Alles, was Sie bisher gesagt haben, erscheint mir unglaubwürdig.« Die Aussage ist ein Zwischenfazit, das   **453** Meinungsänderungen für den weiteren Verfahrensverlauf nicht grundsätzlich ausschließt.

Die Begleitumstände einer derartigen Einschätzung können aber beim Angeklagten jeden Zweifel   **454** ausschließen, dass die Betonung der Vorläufigkeit lediglich Fassade ist und der Inhalt der Äußerung keinen Raum für ein Revidieren aufgrund späterer Beweisaufnahme lässt.

Die vom Gesetz geforderte strikte Neutralität ist vom Richter in jeder Phase des Verfahrens zu erwar-   **455** ten. Dies gilt auch für sein Verhalten gegenüber Dritten **außerhalb der Hauptverhandlung**. Telefoniert der Richter z.B. in Vorbereitung der Hauptverhandlung mit einem aussagepsychologischen Sachverständigen und fragt diesen, ob er an seiner negativen Beurteilung der Glaubhaftigkeit der Aussage der Nebenklägerin in seinem vorbereitenden schriftlichen Gutachten festhalte, scheint die richterliche Idee einer Schuld des Angeklagten – und darüberhinaus das Bemühen um eine entsprechend lenkende Verhandlungsgestaltung – deutlich auf.[398] Befangenheitssorgen sind auch im Berufungsverfahren denkbar: Selektionen im Bericht des Richters zu Beginn einer Verhandlung dokumentieren u.U. bereits den Angeklagten benachteiligende eingeschränkte Wahrnehmungen und Sichtweisen.[399]

Richterliche Vorbefassung

Ist der Richter vor Eintritt in die Hauptverhandlung bereits mit der Sache befasst gewesen, drängt   **456** sich jedem vernünftigen Angeklagten die durch diese Bearbeitung produzierte Voreingenommenheit des Richters auf. Der Richter hat zu vielen Fragen im vorhergehenden Verfahren Entscheidungen getroffen und sich ein Bild gemacht. Nur sehr unvollständig sind derartige Situationen in den Ablehnungsgründen der §§ 22, 23 erfasst. Hiernach ist der Richter kraft Gesetzes von seinem Amt ausgeschlossen, wenn er in derselben Sache als Staatsanwalt, Polizeibeamter, Anwalt, Zeuge[400] oder Sachverständiger involviert war, wobei die Identität der »Sache« weit über die bloße Verfahrensidentität hinausgeht.[401]

Wegen richterlicher Tätigkeit ist er kraft Gesetzes lediglich in der Instanz ausgeschlossen, falls er   **457** über ein von ihm selbst zu verantwortendes Urteil zu entscheiden hätte. Darüber hinaus sind die richterlichen Vorbefassungen in der Praxis sehr viel umfangreicher. Der erkennende Richter kann bereits in derselben Sache aktiv gewesen sein, wenn er als Ermittlungsrichter eingreifende Beschlüsse bis hin zu einem Haftbefehl zu verantworten hat. Mit jedem Eröffnungsbeschluss und jeder Unterschrift unter einen Strafbefehl zwingt das Gesetz den Richter ebenso zu einer Einschätzung der Schuld- und Straffrage. Die höchstrichterliche Rechtsprechung traut dem Richter in jeder dieser Phasen ohne Einschränkungen Übermenschliches zu. Entgegen allen psychologischen Erkenntnissen soll es dem Richter gelingen, völlig unbelastet von vorhergehenden Einsichten und Entscheidungsprozessen die Hauptverhandlung allein aufgrund der dort gewonnenen Erkenntnisse zu leiten und sich nur aus deren Inbegriff (§ 261) eine mögliche Überzeugung von der Schuld des Angeklag-

---

398   BGH bei *Cierniak/Zimmermann* NStZ-RR 2011, 99.

399   Anders BGH bei *Cierniak/Zimmermann* NStZ 2011, 98: Die dort ins Auge gefasste Ergänzungs- und Berichtigungsmöglichkeit des Angeklagten kann eine bereits zu Tage getretene Voreingenommenheit nicht beseitigen.

400   BGH StraFo 2007, 415.

401   BGH StV 2006, 4 m. Anm. *Binder* StV 2006, 676.

ten zu bilden.[402] Angesichts der gesetzlich vorgegebenen Notwendigkeit könne Befangenheit aus »normativen Erwägungen« nicht vorliegen.[403]

458   Das deutsche Vertrauen in die Unbefangenheit eines Strafrichters, der die Hauptverhandlung nach seinem eigenen Eröffnungsbeschluss durchführt, besteht seltsamerweise nur für den Fall, dass er das Hauptverfahren auch tatsächlich eröffnet. Im umgekehrten Fall, dass ein Gericht die Eröffnung des Hauptverfahrens zunächst ablehnt, bestehen dagegen Skrupel, dieses stets mit der Hauptverhandlung zu betrauen, nachdem die StA erfolgreich sofortige Beschwerde gemäß § 210 Abs. 2 eingelegt hat.[404] Ein Senat des OLG Koblenz hielt es etwa »für angebracht, gemäß § 210 Abs. 3 die Hauptverhandlung vor einer anderen Kammer des LG Mainz zu eröffnen, um sicherzustellen, daß das erkennende Gericht unbefangen in der Sache urteilt, ohne sich an seine im Beschwerderechtszug aufgehobene Eröffnungsentscheidung gebunden zu fühlen«.[405]

459   Zumindest in besonders auffälligen Konstellationen lohnt es, dem entgegenzutreten. Der Anspruch auf ein unparteiisches Gericht (Art. 6 Abs. 1 S. 1 EMRK) wurde vom Europäischen Gerichtshof für Menschenrechte vielfach konkretisiert. Dabei ist die richterliche Vorbefassung entgegen der deutschen Rechtsprechung nicht von vornherein als unbeachtlich angesehen worden. Als unbedenklich hat der Gerichtshof dabei zwar Aktivitäten des Richters eingestuft, der in eingeschränktem Umfang zuvor Informationen zu sammeln und maximal Zwischenentscheidungen zu formulieren hatte. Anders ist jedoch die Situation, wenn ein Richter bereits umfangreich und eigenverantwortlich Ermittlungen geleitet hat. Gleiches gilt, wenn er sich im Rahmen derartiger Fragen nicht auf die kursorische Prüfung der Schuldfrage beschränken konnte, sondern sich bereits in einer früheren Entscheidung einen sehr hohen Grad an Überzeugung hinsichtlich der Schuldfrage verschaffen musste. Hierzu gehören insbesondere Entscheidungen bei **Haftprüfungen**.[406] Besorgnis der Befangenheit ist vor allem denkbar, wenn der entscheidende Richter bereits in einem **Parallelverfahren** zuvor gegen Mittäter verhandelt und in den Urteilsgründen sehr deutlich gemacht hat, dass er von der Schuld des nunmehr vor Gericht stehenden Angeklagten überzeugt ist.[407] Allmählich öffnet sich auch die deutsche Rechtsprechung diesen Erwägungen, wenn »ausnahmsweise« die Sorge der Befangenheit für möglich erachtet wird, falls der Richter bei seiner Vorbefassung über die dort notwendigen inhaltlichen Äußerungen hinausgeht und unnötig negative Werturteile gegen den Angeklagten erkennen lässt.[408] Befangenheit bejahte der BGH auch, als am 11. von insgesamt 24 Hauptverhandlungstagen die Richter einen Haftbefehl mit dem Hinweis auf Fluchtgefahr erließen, weil nach einem Verteidigerwechsel die Kammer ernsthaft befürchtete, der Angeklagte werde dem Verfahren bis zu seinem Abschluss nicht freiwillig beiwohnen;[409] diese rechtlich nicht tragfähigen Gründe einer »Vorentscheidung« waren weichenstellend für die berechtigte Befürchtung des Angeklagten, das Urteil werde nicht unparteiisch gesprochen.

460   Vorbefassungen können sich – insbesondere bei Revisionsrichtern – auch auf maßgebliche **Rechtsfragen** beziehen. Wissenschaftliche Äußerungen zu einer für das Verfahren bedeutsamen Rechtsfrage sollen allein noch keine Befangenheit auslösen. Allerdings können sie u.U. durch ihre nicht zu übersehende Nähe zu

---

402   BGHSt 21, 142, 341; 50, 216, 221; NJW 1997, 1334, 1336.
403   BGH StraFo 2010, 387, 388.
404   *Miehe* Anklage und Eröffnung, FS Grünwald 1999, S. 395 ff., der auch die gegenläufige Rechtsprechung des Schweizerischen Bundesgerichts zur Identität von »Überweisungs-« und »Sachrichter« (Verstoß gegen Bundesverfassung und Art. 6 Abs. 1 S. 1 EMRK) anführt.
405   Zitiert nach *Miehe* in Anm. 63. Dessen ungeachtet ist zweifelhaft, ob die fakultative Verweisungsmöglichkeit in § 210 Abs. 3 noch einer verfassungskonformen Auslegung (Art. 101 Abs. 1 S. 2 GG!) im Sinne der h.M. zugänglich ist; vgl. zum Streitstand LR/*Stuckenberg* § 210 Rn. 32 m.w.N.
406   EGMR Hauschildt./.DK ÖJZ 1990, 188 = EuGRZ 1993, 122; 1996, 36; 1996, 430; Ekeberg./. Norwegen v. 31.7.2007; weitere Beispiele bei *Wohlers* Vorbefassung durch Erlass des Eröffnungsbeschlusses, Roxin-FS 2011, S. 1313 ff., der hierin ausreichenden Anlass sieht, auch die intensive Schuldprüfung im Eröffnungsbeschluss einer berechtigten Befangenheitssorge zuzuordnen.
407   EGMR ÖJZ 1997, 151.
408   BGH StraFo 2010, 387, 388; BGH StV 2011, 69 ff.
409   BGH NJW 2014, 2372 ff.

einer von einer anderen »Partei« geäußerten Rechtsansicht vom Angeklagten durchaus als dessen Unterstützung aufgefasst werden.[410]

Die Unparteilichkeit beeinflussende Vorbefassungen liegen häufig auch bei verschachtelten Ablehnungsverfahren vor. Beispiel: Der Vorsitzende Richter wird abgelehnt, weil er in einem Vorgespräch behauptete, bei Ausländern wie dem Angeklagten sitze leider oft »das Messer locker«. Das Gesuch wird in der Besetzung der beiden Beisitzenden sowie eines weiteren Richters mit der Begründung abgelehnt, die Bemerkung sei in gelockerter Gesprächsatmosphäre erkennbar scherzhaft gemeint gewesen. Wenn der Angeklagte dies als Verdrehung auffasst und zum Anlass nimmt, die beiden beisitzenden Richter abzulehnen, darf der Vorsitzende an der Entscheidung über das Gesuch nicht mitwirken. Denn im Zentrum der Entscheidung steht nach wie vor seine eigene Äußerung.[411]

Zulässige vorläufige Bewertungen zu einer Person X kann der Richter im Verfahren oder Urteil gegen andere Angeklagte dann vornehmen, wenn diese Feststellungen notwendig und sachlich sind. In einem späteren Verfahren gegen X soll er nicht befangen sein. Das ändert sich allerdings dann, wenn die früheren Äußerungen betreffend den jetzigen Angeklagten mit einer »überschießenden Innentendenz« oder in unangemessner Form erfolgt waren. Wurde der Angeklagte X in einem früheren Verfahren als »impertinent« bezeichnet oder wurde auf dünner Erkenntnisbasis in einem früheren Urteil gegen andere Angeklagte dem X die Anstiftung Dritter zur Falschaussage als »nicht persönlichkeitsfremd« attestiert, muss er in der neuen Rolle des Angeklagten im neuen Verfahren vor demselben Richter berechtigterweise das Gefühl unverrückbarer Überzeugungen bei diesem Richter haben.[412]

Das gilt insbesondere auch in Verfahren gegen mehrere Mitangeklagte nach lediglich teilweise gescheiterter Verständigung; die Vorabverurteilung im abgetrennten Verfahren gegen den verständigungswilligen Mitangeklagten birgt oft zahlreiche Ansätze für die kämpfenden Angeklagten, unverrückbare Vorentscheidungen in derselben Sache bei den erkennenden Richtern zu befürchten.[413]

Die Rechtsprechung knüpft an Vorbefassungen des Richters an, die ihrerseits gesetzeskonform waren. Zeichneten sich bei der Vorbefassung des Richters sachlich unbegründete Werturteile ab, kann dies bereits seine Befangenheit auch in späteren Verfahrensabschnitten auslösen. So war z.B. die Sorge der Befangenheit bei einem beisitzenden Richter in der Hauptverhandlung begründet, der zuvor als Haftrichter agiert und dabei gegenüber dem Verteidiger geäußert hatte: »Unter uns gesagt, machen Sie sich doch nichts vor, die Drei gehören dahin, wo sie jetzt sind, und zwar ganz lange und ganz tief. Solche Leute haben in Freiheit nichts zu suchen.«[414]

Richterliche Rechtsfehler

Grundsätzlich kann sich der Angeklagte gegen einen inkompetenten Richter nicht mit dem Mittel des Befangenheitsantrages wehren. Fehlerhaftes richterliches Verhalten hat allerdings auch hier Grenzen. Ein wichtiges Einfallstor für Ablehnungsmöglichkeiten hat die Rechtsprechung dadurch eröffnet, dass entweder rechtlich völlig abwegige Rechtsauffassungen oder ein **massiver Verstoß gegen einen fundamentalen Grundsatz des Strafverfahrensrechts** eine Besorgnis der Befangenheit begründen können.[415] Eine unzutreffende Anwendung des Prozessrechts, die durch den Verteidiger häufig in der Hauptverhandlung nicht weiter mit Rechtsmitteln angreifbar ist, kann auf diesem Wege von der Verteidigung thematisiert werden. In besonderem Maße betroffen sind häufig missachtete Teilhaberechte des Angeklagten,[416] z.B. die erkennbare Praxis des Richters, die Stellung von Befangenheitsgesuchen in der Hauptverhandlung nur »im Einzelfall nach Ermessen« zuzulassen oder die gegen § 35 Abs. 1 S. 2 verstoßende schlichte Weigerung, dem Verteidiger auf seine Bitte hin eine Abschrift eines verkündeten Beschlusses zu erteilen.[417]

461

---

410 BVerfGE 98, 134, 138; EuGRZ 2010, 252.
411 BGH NStZ 2012, 45.
412 BGH StraFo 2018, 188 m. Anm. *Ventzke* NStZ 2018, 484.
413 S. z.B. BGH NStZ 2012, 519 ff.
414 BGH StV 2015, 4.
415 BGH StV 1985, 2 f.; StraFo 2005, 418 f.
416 BGH StraFo 2005, 418 f.
417 BGH bei *Cierniak/Zimmermann* NStZ-RR 2011, 99.

462   Das richterliche Streben nach Wissensvorsprung kann den Kern des Transparenzgebots verletzen. Ermittelt während laufender Hauptverhandlung der Richter »hinter dem Rücken« von Angeklagtem und Verteidiger und teilt er Ergebnisse entweder gar nicht oder nur mit erheblicher Verspätung mit, liegt häufig eine nicht mehr tolerable massive Verletzung von Verfahrensrechten vor.[418] Dies gilt erst recht, wenn der Richter dem Angeklagten bewusst Erkenntnisse vorenthält und sogar »Geheimakten« anlegt, die nicht zur Einsicht gelangen sollen.[419] Rechtliches Gehör und Teilhabe ist ebenfalls in irreparabler Weise verletzt, wenn der Richter ohne Einbeziehung der Verteidigung Kontakte zu anderen Verfahrensbeteiligten mit dem Ziel pflegt, Absprachen für die Durchführung oder gar Beendigung der Hauptverhandlung zu treffen. Nicht einzelne, aber sich häufende unzulässige Unterbrechungen bei dem Fragerecht der Verteidigung können ebenso in die Besorgnis des Verlustes der Unvoreingenommenheit münden wie andauernde prozessordnungswidrige Befragungen des Richters selbst, beispielsweise durch mehrfaches unzulässiges Vorhalten von langen Passagen polizeilicher Vernehmungsprotokolle.

Besorgnis kann der Eindruck auslösen, der Richter ziehe eine **schnelle Prozesserledigung** der sachgemäßen Aufklärung vor.[420]

463   – Der Eindruck vermag insbesondere bei unangebrachten Kommentaren zu Verteidigungsanträgen aufzukommen, etwa »Sie machen so einen Aufstand bei einer bloßen Ordnungswidrigkeit!«, »Kaspertheater!« oder »Mätzchen!«.[421]
      – Wird ein Verteidigungsantrag als »Sand im Getriebe« bezeichnet, kann der Angeklagte zu Recht den Eindruck haben, der Richter bezichtige ihn der missbräuchlichen Behinderung des erwarteten Verfahrensgangs.[422]
      – Unterlässt der Richter es, seinen evidenten Pflichten nachzukommen, muss das Vertrauen des Angeklagten ebenfalls oft zerstört sein. Diesen Eindruck kann der Richter noch im laufenden Ablehnungsverfahren hervorrufen, wenn er entgegen seiner Pflicht gemäß § 26 Abs. 3 eine dienstliche Äußerung zu dem Befangenheitsgesuch abzugeben, lediglich äußert: »Ich fühle mich nicht befangen«.[423]

Schöffen

464   Der Maßstab der Ablehnung ehrenamtlicher Richter ist grundsätzlich von dem der Berufsrichter nicht inhaltlich abzuschichten. Die Anforderungen an die Unparteilichkeit der Schöffen ist angesichts deren besonderer Entscheidungskompetenz nicht geringer. Allenfalls fehlende rechtliche Kompetenz ist bei einer Bewertung von Handlungsweisen in die Abwägung mit einzubeziehen. Umso eher lassen sich gemessen an allein gesellschaftlichen Umgangsformen Mimik, Gestik oder Formulierungen als abschätzig oder voreingenommen deuten.

Sympathiebezeugungen für eine der in der Hauptverhandlung streitenden Parteien können den Eindruck erwecken, dass eine spätere Urteilsentscheidung von dieser Haltung beeinflusst wird.

▶ Beispiel:

465   Vor Beginn des im Dezember stattfindenden 28. Verhandlungstags betrat ein Schöffe den Sitzungssaal, in dem sich ansonsten noch kein anderer Verfahrensbeteiligter befand. Auf den regelmäßig von den Sitzungsvertretern der StA benutzten Sitzungstisch legte er zwei »Schokoladennikoläuse« und verschwand wieder im Beratungszimmer.[424]

466   Allgemeine **charakterliche Züge** können beim ehrenamtlichen Richter weit eher als beim professionellen Richter die Befangenheitssorge eines um sein Recht kämpfenden Angeklagten auslösen. Das Ehrenamt des Schöffen stellt grundsätzlich an die rechtliche Gesinnung und Rechtstreue des Schöf-

---

418 BGH StV 1995, 396.
419 LG Köln StV 1987, 381.
420 BGH StV 1988, 281.
421 OLG Brandenburg StraFo 2007, 24.
422 BGH StraFo 2005, 418 f.
423 Zur Eignung dieses Satzes als dienstliche Äußerung: *Richter II* Marginalien zum Ablehnungsrecht – Zur Dienstlichen Äußerung des abgelehnten Richters, FS Hamm 2008, S. 587, 588 ff.
424 LG Koblenz NJW 2013, 801.

fen hohe Anforderungen. Ihm fehlt der Vertrauensvorschuss des mit seinem Amt geschmückten und an ihm wachsenden Berufsrichters. Wird aus völlig anderen Lebenszusammenhängen des Schöffen deutlich, dass er sich nicht zwingend in jeder Situation dem Recht verpflichtet fühlt, besorgt der dies in Erfahrung bringende Angeklagte zu Recht dessen Befangenheit auch in seinem Verfahren.

▶ Beispiel:

> Ein Schöffe arbeitete für ein Inkasso-Unternehmen und forderte einen Schuldner ultimativ   467
> zur Zahlung auf. Als Alternative zeigte er wörtlich auf: »Was zu regeln ist, werden wir unter
> Männern klären!« Dies erschien auch dem BGH als eindeutige Billigung der Selbstjustiz.[425]

3. Form und Zeitpunkt des Antrags

Strenge zeitliche Zäsuren limitieren die Möglichkeit der Verteidigung, Befangenheiten im Prozess   468
geltend zu machen.

Das Gesetz knüpft ein Fristenregime an die **Besetzungsmitteilung gemäß § 222a**. Nach der Mitteilung kennt der Angeklagte die zuständigen Richter und kann und muss überprüfen, ob er Parteilichkeiten bei diesen Richtern befürchtet. Hierfür hat er nur eine Woche Zeit.

Da eine solche Regelung nur für erstinstanzliche Verfahren beim LG und OLG vorgesehen ist, entfaltet sie bei **amtsgerichtlichen Verfahren** keine Wirkung; ohne einen solchen Fristendruck kann daher ein Ablehnungsgesuch beim Amtsgericht in der Hauptverhandlung bis zum **Beginn der Vernehmung des ersten Angeklagten über seine persönlichen Verhältnisse** zulässigerweise vorgebracht werden. Vor Gericht ist allerdings höchste Konzentration erforderlich, da der Ablehnungsantrag am Anfang der Hauptverhandlung spätestens vor Beginn der Vernehmung des ersten Angeklagten über seine persönlichen Verhältnisse gestellt werden muss. Die Praxis verwischt die vorhergehende Identitätsfeststellung mit der nachfolgenden Vernehmung zur Person – mit der u.U. fatalen Konsequenz für die Verteidigung, dass ein Befangenheitsantrag verspätet wäre (§ 25 Abs. 1 S. 1). Rechtzeitiges Agieren ist hier unumgänglich.

> Um nicht als verspätet moniert zu werden, muss die Verteidigung frühzeitig darauf dringen, vor Über-   469
> gang zu Abs. 2 des § 243 das Wort zu erhalten. Das kann mit einem Schriftsatz schon vor der Haupt-
> verhandlung erbeten werden. Denkbar ist auch, eine außergewöhnliche Aufmerksamkeit beim Vorsit-
> zenden zu erregen, indem der Verteidiger nach Erscheinen des Gerichts, bei dem sich alle Beteiligten
> erheben, dem anschließenden allgemeinen Platznehmen nicht folgt, sondern stehend und damit unüber-
> sehbar dieses Wort erbittet oder jedenfalls den Bedarf an Wortmeldung bereits ankündigt.

Der Zeitpunkt der Vernehmung des Angeklagten wird in Berufungs- und Revisionsverfahren durch   470
den Beginn des Vortrages des Berichterstatters ersetzt. Da dieser ganz zu Beginn der Verhandlung
erfolgt, ist auch dort sofortiges Handeln der Verteidigung erforderlich.

Der zeitliche Bezugspunkt für die Antragstellung bei **erstinstanzlichen Verfahren vor dem Landgericht** soll die Besetzungsmitteilung sein. Die Mitteilungspflicht des Gerichts ist nur sehr beschränkt formalisiert, sie sollte spätestens eine Woche vor Beginn der Hauptverhandlung erfolgen, kann die Verteidigung aber auch regelmäßig sehr viel früher oder erst kurz vor – ja sogar nach – Beginn der Hauptverhandlung erreichen. Allein der Zugang der Mitteilung löst die Frist zur Antragstellung aus.

Da allein der Mandant ablehnungsberechtigt ist, ist der Zugang der Besetzungsmitteilung an ihn maßgeblich, nicht der Zugang an den Verteidiger. Zustellungsvollmachten des Verteidigers können hier nicht den tatsächlichen Wissensstand des Mandanten ersetzen. Kontakt mit dem Mandanten ist in dieser Phase erforderlich – insbesondere beim inhaftierten Mandanten –, da nur mit präziser Information das Fristenregime beherrscht werden kann.

---

425 BGH, Urteil v. 28.04.2010 – 2 StR 595/09, StraFo 2010, 291 m. Anm. *Gatzweiler/Gehrke*.

Das Gesetz verlangt vom Beschuldigten, dass nach dem Zugang der Besetzungsmitteilung ein Ablehnungsgesuch »**unverzüglich**« anzubringen ist. Ist dem Mandanten der potenzielle Ablehnungsgrund gegen einen der ihm nunmehr benannten Richter geläufig, hat er letztlich sofort zu handeln. Man könnte hieraus ableiten, dass sich selbst ein in der Haft befindlichen Mandant noch am selben Tage hinsetzen müsste, um handschriftlich ein Ablehnungsgesuch zu verfassen und es an das Gericht zu schicken. Eine derart formulierte Pflicht verkennt nicht nur die beschränkten technischen Möglichkeiten eines Beschuldigten in der Haft, sondern auch das Recht des Beschuldigten, sich in Rechtsfragen jederzeit von seinem Verteidiger beraten zu lassen. Angesichts der Kompliziertheit des Ablehnungsrechts ist ein vorhergehendes Gespräch mit dem Verteidiger unentbehrlich. Der Zeitpunkt der Handlungspflicht kann daher frühestens nach einem Verteidigergespräch angesetzt werden. Da angesichts der anwaltlichen Belastungsituation einerseits und Besuchsbeschränkungen in der JVA andererseits einige Tage bis zu einem solchen Gespräch vergehen können, sind die Voraussetzungen der Unverzüglichkeit bei einem anschließend sofort vom Verteidiger formulierten und abgesandten Antrag gewahrt.

Die Aufgabe der Verteidigung mit Zugang der Besetzungsmitteilung ist eine doppelte: Sie hat die richtige Besetzung beispielsweise anhand des Geschäftsverteilungsplans zu überprüfen und innerhalb einer Woche nach Zustellung mittels Besetzungsrüge geltend zu machen. Unabhängig davon hat sie selbst bei Zweifel an der Richtigkeit der Besetzung unverzüglich – d. h. regelmäßig vor der Anbringung der Besetzungsrüge und vor Beginn der Hauptverhandlung – u.U. ein Ablehnungsgesuch des Mandanten gegen einen nicht als zuständig angesehenen Richter vorzubringen.

Die Informationen, die die Befangenheitssorge beim Mandanten auslösen könnten, kommen ihm möglicherweise erst zu einem späteren Zeitpunkt zu Ohren, also möglicherweise viele Wochen nach der Besetzungsmitteilung, allerdings vor Beginn der Hauptverhandlung. Auch hier setzt die Unverzüglichkeit ein alsbaldiges Gespräch mit dem Verteidiger und gegebenenfalls sofort zu ziehende Konsequenzen eines Antrages voraus. Regelmäßig wird das Befangenheitsgesuch das Gericht vor Beginn der Hauptverhandlung erreichen. In dem Ausnahmefall, dass der Mandant erst kurz vor Beginn der Hauptverhandlung von dem maßgeblichen Sachverhalt erfährt, kann der Antrag in der Hauptverhandlung gestellt werden, allerdings gleich zu Beginn noch vor der Vernehmung des ersten Angeklagten zur Person (s.o.).

Rasches Handeln ist beim Anbringen des Ablehnungsgesuches erforderlich, wenn der **Ablehnungsgrund erst im Laufe der Hauptverhandlung** aufscheint. Unverzüglich nachdem dem Angeklagten der Ablehnungsgrund bekannt geworden ist, hat die Verteidigung zu reagieren. Zumindest ein **Unterbrechungsantrag** ist mit der Begründung zu stellen, dass ein unverzüglich zu stellender Antrag beraten werden müsse. Unterbricht der Vorsitzende nicht, kann die Zulässigkeit des späteren Befangenheitsantrages durch Protokollieren des Unterbrechungsantrages sichergestellt werden. Die Unverzüglichkeit ist zumeist noch gewahrt, wenn das Gesuch erst nach Beendigung einer aktuell offenen Beweisaufnahme (z.B. einer Zeugenvernehmung) gestellt wird. Tritt allerdings während der laufenden Zeugenvernehmung eine **Pause** ein, ist der Antrag vor Eintritt in die Pause zu stellen.

471   Fordert der Vorsitzende den Angeklagten nach dem Plädoyer des Staatsanwalts und dessen Antrag auf In-Vollzug-Setzen des Haftbefehls auf, aus guten Gründen bei der Urteilsberatung in der Nähe zu bleiben, soll ein hierauf gestützter Ablehnungsantrag nur dann unverzüglich sein, wenn er vor dem noch ausstehenden letzten Wort des Angeklagten angebracht wird.[426]

472   Gelingt das Stellen des Antrages nicht, weil der Vorsitzende die Verhandlung für den laufenden Tag unterbricht, so kann ein schlichtes Warten auf den nächsten Hauptverhandlungstag das Gebot der Unverzüglichkeit verletzen. Wird die Hauptverhandlung am Nachmittag bis zum nächsten Morgen unterbrochen, so dürfte der Antrag zu Beginn des nächsten Hauptverhandlungstages noch rechtzeitig gestellt sein. Etwas anderes gilt allerdings, wenn die **Unterbrechung** mehrere Tage dauert. Hier

---

426 BGH StV 2007, 118.

ist der Verteidiger gehalten, den schriftlich begründeten Antrag außerhalb der Hauptverhandlung alsbald – tunlichst am darauf folgenden Werktag – bei Gericht einzureichen.

Entscheidend ist der **Kenntnisstand des Mandanten.** Während der Grund zur Besorgnis der Befangenheit in der Hauptverhandlung vom Mandanten selbst regelmäßig registriert wird, ist dessen Informationsstand vor der Hauptverhandlung oder zwischen den Hauptverhandlungstagen gegenüber dem Verteidiger unterschiedlich. Hier erfährt der Verteidiger – sei es z.B. durch Kenntnisnahme dienstlicher richterlicher Äußerungen – zunächst allein Befangenheitsgründe. Erst die Kenntnis des Mandanten löst das Gebot der Unverzüglichkeit aus. Dieser Zeitpunkt kann sehr viel später liegen, insbesondere wenn der inhaftierte Mandant erst bei einem späteren Besuch des Verteidigers von diesem Sachverhalt erfährt.

Der **Antrag** selbst kann in der Hauptverhandlung **mündlich** gestellt und begründet werden. Er sollte aber sicherheitshalber **schriftlich** fixiert sein. Das Gericht kann dem Antragsteller aufgeben, das in der Hauptverhandlung angebrachte Ablehnungsgesuch innerhalb einer angemessenen Frist schriftlich zu begründen (§ 26 Abs. 1 Satz 2). Macht das Gericht von einer solchen **Fristsetzung** Gebrauch, wird die sofortige Anbringung des Gesuchs von dessen späterer Begründung unterschieden. Der schlichte Satz des Verteidigers, sein Mandant lehne den Richter wegen Besorgnis der Befangenheit ab, fixiert das Gesuch. Nach der Fristsetzung kann dann die Hauptverhandlung in den vorgesehenen Grenzen fortgesetzt werden, ohne dass eine unter Umständen stunden lange Unterbrechung zur Formulierung der Begründung durch die Verteidigung notwendig ist.

Gerichte haben damit nicht nur die Möglichkeit der Beschleunigung des Verfahrens. Sie sind gegebenenfalls auch daran interessiert, die komprimierte Zusammenfassung eigenen möglicherweise unzulänglichen Verhaltens von der Verteidigerbank nicht der Öffentlichkeit zu Gehör zu bringen. Werden Befangenheitsgesuche primär auf der Richterbank als persönliche Anwürfe wahrgenommen, wird der gemutmaßte reputationsschädigende Effekt durch Verweisung des Gesuchs auf ein nicht öffentliches schriftliches Verfahren abgefedert.

Für die Verteidigung hat der Zeitgewinn durchaus positiven Effekt. Ohne den Zeitdruck der kurzen Unterbrechung in laufende Hauptverhandlung besteht die Möglichkeit einer vollständigen und sorgfältigen Aufarbeitung des relevanten Sachverhalts und dessen Einordnung in eine vorliegende Rechtsprechung. Die genannte Frist ist strikt zu beachten, weil bei deren verstreichen lassen die Unzulässigkeit des Gesuchs droht. Der vom Gericht erstrebte Vertuschungseffekt in der Hauptverhandlung kann durch wenige Worte der Verteidigung konterkariert werden, die den Kern der späteren Begründung wiedergeben.

Jede **Begründung eines Ablehnungsgesuchs** muss komplex sein. Die Verteidigung sollte vor Augen haben, dass über das Gesuch später Richter entscheiden, die das Verfahren nicht kennen und in einer Hauptverhandlung nicht anwesend waren. Die die Sorge des Mandanten auslösenden Formulierungen oder Handlungsweisen eines Richters sind aber in ihrer Tragweite unter Umständen nur verständlich, wenn auch der Hintergrund der Verfahrensentwicklung geschildert wird. Kurz gesagt: Die Begründung des Gesuchs sollte in sich so schlüssig sein, dass jeder Dritte die Sorge des Mandanten um die Neutralität des Gerichtes plastisch nachvollziehen kann.

Die Formulierung nimmt unter Umständen viel Zeit in Anspruch. Wird in der Hauptverhandlung vom Gericht keine Frist auf einen späteren Tag gesetzt, muss der Verteidiger auf eine entsprechend lange Unterbrechung drängen. Er hat in dem Antrag alle Gründe anzuführen, die bei dem Angeklagten die Besorgnis der Befangenheit entstehen ließen (»Mein Mandant besorgt die Befangenheit aus folgenden Gründen:...«). Der gesamte Sachverhalt – seien es Geschehnisse in oder außerhalb der Hauptverhandlung – ist ausführlich darzustellen. Die Darstellung der Rechtzeitigkeit des Antrages wird ebenso erwartet. Hierzu gehört bei Ablehnungsgesuchen in der Hauptverhandlung zumindest der Hinweis auf eine sofortige Reaktion der Verteidigung auf das die Sorge auslösende Ereignis. Aufwändiger ist die Schilderung in einem vor Beginn der Hauptverhandlung angebrachten Gesuch, das möglicherweise sogar mehrere Tage nach Eingang der Besetzungsmitteilung angebracht wurde. Hier sollten die tatsächlichen Umstände der Kontaktaufnahme zwischen Mandanten und Verteidiger dargestellt werden, welche eine frühere Antragstellung nicht erlaubten.

475   Der Mandant besorgt die Befangenheit, nicht der Verteidiger. Der Verteidiger transportiert in dem Antrag lediglich diese Sorge des Mandanten. Darauf hat nicht nur die Formulierung des Antrags Rücksicht zu nehmen. Stellt der Verteidiger spontan in der Hauptverhandlung einen solchen Antrag und ist für jedermann ersichtlich, dass er zuvor keinerlei Kontakt mit seinem Mandanten aufgenommen hat, droht ihm die Ablehnung des Antrages als unzulässig.[427]

476   Die Ablehnung bezieht sich nur auf **einzelne** Richter, die namentlich zu benennen sind. Ist Ursache der Besorgnis ein verkündeter Beschluss, so ist nicht die Kammer pauschal, sondern **jeder einzelne** an dem Beschluss beteiligte Richter abzulehnen. Unschädlich ist dabei, dass der Angeklagte hierbei das konkrete Abstimmungsverhalten der einzelnen Richter nicht belegen kann.[428] Der vorgetragene Sachverhalt ist **glaubhaft zu machen**. Hierzu gehören insbesondere auch die vorgetragenen Sachverhalte, die die Einhaltung des Gebots der Unverzüglichkeit im Antrag darlegen sollen. Sind die Geschehnisse Teil der Hauptverhandlung gewesen, genügt regelmäßig die Bezugnahme auf die dienstlichen Äußerungen der abgelehnten Richter. Für die Darstellung eigener Wahrnehmungen muss der Verteidiger keine zusätzlichen Nachweise (wie z.B. anwaltliche Versicherungen) vorlegen.[429] Im Übrigen sind Urkunden oder eidesstattliche Versicherungen beizufügen. Beweisantritte durch schlichte Benennung von Zeugen sind nicht ausreichend.

Der Verteidiger muss beantragen, dass ihm die zur Entscheidung **berufenen Richter namhaft** gemacht werden (§ 24 Abs. 3 S. 2). Gleichermaßen hat er sich um die **dienstlichen Äußerungen** der abgelehnten Richter zu bemühen,[430] um im Rahmen des laufenden Ablehnungsverfahrens ergänzend Stellung zu nehmen oder gar durch die Stellungnahme veranlasste weitere Befangenheitsgründe anzubringen.

4. Das Verfahren

477   Über rechtzeitig angebrachte Ablehnungsgesuche haben regelmäßig Richter ohne Mitwirkung des abgelehnten Richters zu entscheiden (§ 27). Der damit verbundene prozessuale Umweg erscheint vielen Richtern als derart lästig, dass sie eine Abkürzung der Prozedur über § 26a anstreben. Häufig werden sachlich ausführlich begründete Ablehnungsgesuche von den Tatrichtern unmittelbar mit der Begründung als **unzulässig** verworfen, dass ein Grund zur Ablehnung nicht angegeben sei. § 26a Abs. 1 Nr. 2 lässt diesen Weg aber nur zu, wenn eine Begründung nicht existiert. Erfasst wird von dieser Vorschrift auch der Fall, dass die Begründung völlig abstrakt bleibt, nicht einmal geringfügig auf den Verfahrensgegenstand eingeht und deshalb dem völligen Fehlen gleichgestellt werden kann.[431] Es genügt dagegen nicht, wenn der abgelehnte Richter eine vorliegende Begründung nicht für substanziell hält. Der § 26a ermöglicht nur »**echte Formalentscheidungen**«,[432] die im Übrigen als Teil der Hauptverhandlung vom erkennenden Gericht einschließlich der Schöffen zu treffen sind.[433] Im Ergebnis wird bei dieser Handhabung das Ablehnungsgesuch nicht an den dafür zuständigen Richter weitergeleitet. Der abgelehnte Richter macht sich zum Richter in eigener Sache und verletzt das grundrechtsgleiche Recht auf den **gesetzlichen Richter** (Art. 101 Abs. 1 GG).[434] Allein diese grundgesetzwidrige Vorgehensweise des Tatrichters kann ein weiteres Ablehnungsgesuch begründen.[435]

478   Die Überzeugung des Gerichts von der Richtigkeit des vorgetragenen Sachverhalts folgt anderen Kriterien als eine Urteilsfindung. Der Antragsteller muss den Sachverhalt lediglich glaubhaft machen. Für die richterliche Überzeugungsbildung ist daher das Beweismaß der überwiegenden Wahrschein-

---

427   S. z.B. BGH StraFo 2009, 145.
428   BGHSt 23, 200, 202 f.; StraFo 2006, 452 f.
429   BGH NStZ 2007, 161, 162.
430   Zu den Anforderungen an eine dienstliche Äußerung: *Richter II* FS Hamm, S. 587 ff.
431   BVerfG StV 2006, 673; BGH NStZ-RR 2013, 153.
432   BVerfG NStZ-RR 2007, 275.
433   BGH StV 2015, 8.
434   BVerfG StraFo 2006, 232; NStZ 2005, 219, BGH StV 2015, 9.
435   BGH StraFo 2006, 452 f.

lichkeit ausreichend.[436] Hierfür trägt der Antragsteller die Verantwortung; belegt sein Antrag dieses Beweismaß nicht, kann er nicht auf weitere Aufklärungspflichten des Gerichts pochen. Die Entscheidung der Unbegründetheit wird allerdings zumeist nicht mit der fehlenden Überzeugung des Gerichts vom vorgetragenen Sachverhalt gestützt, sondern beruht auf der rechtlichen Subsumtion, wonach der vorgetragene Sachverhalt die Sorge der Befangenheit nicht trage.

Das Verfahren zur Entscheidung über das Befangenheitsgesuch ist nicht Teil der Hauptverhandlung, **479** abgesehen von der Formalentscheidung des § 26a. Es dient prozessualer Klarheit, wenn der abgelehnte Richter mit der Stellung des Gesuchs die Hauptverhandlung unterbricht und es an den oder die zur Entscheidung berufenen Richter weiterleitet. Wird in dem **Ablehnungsverfahren (§ 27)** das Gesuch für begründet erklärt, beendet ein nach § 28 Abs. 1 unanfechtbarer Beschluss das laufende Verfahren. Wird der Antrag für unbegründet erachtet, kann der abgelehnte Richter im Anschluss daran die Hauptverhandlung fortsetzen, wobei die Verlesung des Beschlusses in der Hauptverhandlung nicht zwingend ist. Grundlage für eine Entscheidung über das Ablehnungsgesuch ist neben der Darstellung des Antrages, aller dargelegten Mittel der Glaubhaftmachung einschließlich der dienstlichen Äußerung des abgelehnten Richters auch der gesamte zugängliche Akteninhalt. Gehört ein – nicht abgelehnter – Richter einer Kammer dem zur Entscheidung berufenen Gremium an, kann er ferner seine unmittelbar in der Hauptverhandlung gewonnenen Erkenntnisse verwerten. Ein Verstoß gegen das rechtliche Gehör des Angeklagten soll hierin nicht liegen.[437]

In seiner dienstlichen Äußerung hat sich der abgelehnte Richter über den Ablehnungsgrund zu äußern **480** (§ 26 Abs. 3). Tut er dies nicht oder verweigert er eine Stellungnahme zu den vorgebrachten Ablehnungsgründen, indem er sich auf den insoweit irrelevanten Satz beschränkt, »ich fühle mich nicht befangen«, gibt er durch diese Ignoranz gegenüber gesetzlich fixierten richterlichen Pflichten möglicherweise dem Mandanten zusätzlichen Anlass, an seiner Neutralität und Unbefangenheit zu zweifeln. U.U. muss dann ein neues Ablehnungsgesuch unverzüglich angebracht werden. Entscheidet die Kammer über das Gesuch, ohne dass eine dienstliche Äußerung vorliegt, liegt allein deswegen ein revisibler Verfahrensfehler vor.[438]

Richter versuchen gerne entgegen dem gesetzlichen Wortlaut die Bedeutung der Äußerung zu minimieren. Entbehrlich sei die dienstliche Äußerung, wenn schon das Ablehnungsgesuch »unschlüssig« sei.[439] Verkannt wird hier, dass es gerade nicht die Aufgabe des abgelehnten Richters ist, jenseits des § 26a Abs. 1 Nr. 3 derartige inhaltliche Bewertungen vorzunehmen. Er kann sich nicht unter Vorwegnahme der Entscheidung der zuständigen Richter seiner Pflicht zur Sachverhaltsaufklärung entziehen.

Der Richter hat sich zu den in der Vergangenheit liegenden Gründen zu äußern. Die Ablehnung durch den Mandanten gründet sich auf Sachverhalte, die im Zeitpunkt des Antrages vorliegen (§ 24 Abs. 2). Allein die Situation in diesem Zeitpunkt entscheidet, ob der »vernünftige« Mandant die vorgebrachte Besorgnis hegen durfte. Diese gesetzlich fixierten zeitlichen Zusammenhänge stellt der BGH gelegentlich auf den Kopf, wenn er meint, der abgelehnte Richter könne Fehlverhalten in seiner dienstlichen Erklärung derart relativieren, dass das berechtigte Misstrauen des Mandanten wieder in vernünftiges Vertrauen mutiert.[440] Freimütige und umfängliche Entschuldigungen des abgelehnten Richters mögen gesellschaftlichem Anstand entsprechen, mangels spezieller Vorschriften zum Rücktritt oder zur Wiedergutmachung vermag dies einem einmal begründeten Ablehnungsgesuch nicht nachträglich die Basis zu entziehen.[441]

Das Ablehnungsgesuch in laufender Hauptverhandlung beschädigt zwangsläufig die Richterrolle. **481** Die rechtsstaatlich angemessene Reaktion wäre eine Unterbrechung der Hauptverhandlung und ein Zuwarten auf die Entscheidung über das Befangenheitsgesuch. Hierzu hat sich der Gesetzgeber nicht durchgerungen. Die üblichen diffusen Hinweise auf das Beschleunigungsgebot sowie die Befürchtungen um einen zu weitgehenden Einfluss des Beschuldigten auf den Verlauf des Verfahrens haben

---

436 *Stollenwerk* Behandlung von Ablehnungsgesuchen, DRiZ 2013, 368, 373.
437 BGH NStZ 2007, 51.
438 OLG Hamburg StV 2015, 15 f.
439 So *Stollenwerk* Behandlung von Ablehnungsgesuchen, DRiZ 2013, 368, 370.
440 S. z.B. BGH HRRS 2011, 1025; ebenso bei *Cierniak/Zimmermann* NStZ-RR 2014, 97.
441 S. näher *Sommer* Befangenheit und tätige Reue, NStZ 2014, 615 ff.

zu einer gesetzlichen Regelung geführt, die es dem Angeklagten zumutet, noch eine Weile mit dem als befangen angesehenen Richter Teile der Hauptverhandlung durchzuführen.

Beschränkt ist der abgelehnte Richter in seinen Handlungskompetenzen nur insoweit, als er grundsätzlich nur noch solche **Handlungen** vorzunehmen hat, **die keinen Aufschub gestatten** (§ 29). Bezug genommen wird hierbei auf Situationen außerhalb der Hauptverhandlung, bei denen der Beschleunigungsdruck reduziert ist. Gemeint sind allerdings auch während laufender Hauptverhandlung solche richterlichen Entscheidungen, die außerhalb der Hauptverhandlung ergehen können. Hiernach kann der abgelehnte Richter möglicherweise die Vernehmung todkranker Zeugen oder die Entscheidung über einen vorliegenden Haftantrag durchführen. Die allermeisten Entscheidungen dürften allerdings auch nach Ablauf von einigen Tagen gefällt werden können, bis über das Gesuch entschieden wurde.

Als Ausnahme von dieser Grundregel formuliert das Gesetz in § 29 Abs. 2, dass die Durchführung der Hauptverhandlung selbst keinen Aufschub gestatte. Unabhängig davon, ob das Ablehnungsgesuch (kurz) vor der Hauptverhandlung oder in der Hauptverhandlung gestellt wurde, kann der abgelehnte Richter zunächst unbeschränkt weiter agieren. Das ist allerdings nicht zwingend. Wenn der Vorsitzende unbeeindruckt die geplante Fortsetzung der Hauptverhandlung mit dem abgelehnten Richter bestimmt, ist diese Maßnahme der Verhandlungsleitung durch die Verteidigung angreifbar (§ 238 Abs. 2); als Begründung der Verteidigung kann sowohl auf eine einfach zu gestaltende Umorganisation der Hauptverhandlung verwiesen werden als auch auf die besondere Bedeutung der Vermeidung einer Konfrontation des Angeklagten mit einem abgelehnten Richter. Um zu demonstrieren, wie unbeeindruckt das Gericht von der Kritik ist, wird in Richterfortbildungen allerdings ein angeblich selbstbewusstes Richterverhalten durch »business as usual« empfohlen.[442]

Eine mögliche **Fortsetzung der Verhandlung** ist zeitlich limitiert, da die gerichtliche Entscheidung über das Befangenheitsgesuch zeitlichen Beschränkungen unterworfen ist. Grundsätzlich ist hierüber entsprechend dem Beschleunigungsgebot so schnell wie möglich zu entscheiden. In jedem Fall ist vor Ablauf von **zwei Wochen** eine Entscheidung über das Gesuch zu treffen, wobei diese Zweiwochenfrist entweder mit der Anbringung und sofortigen Begründung des Gesuchs in der Hauptverhandlung beginnt oder – wenn dem Antragsteller eine Frist gesetzt wurde – mit dem Tag des Eingangs der schriftlichen Begründung (der auch vor Ablauf der gesetzten Frist erfolgen kann). Bei Ausschöpfung der Zweiwochenfrist können somit noch angesichts der verbleibenden 14 Tage zahlreiche Hauptverhandlungstage mit dem abgelehnten Richter stattfinden. Selbstverständlich ist, dass kein Urteil gefällt werden kann, wenn innerhalb der Frist noch keine Entscheidung über das Gesuch erfolgt ist. Ausnahmsweise kann die Zweiwochenfrist verlängert werden, wenn die auf das Gesuch folgenden beiden Hauptverhandlungstag nicht innerhalb der zwei Wochen stattfinden; in Anlehnung an eine frühere rechtliche Regelung kann dann über das Ablehnungsgesuch spätestens am übernächsten Hauptverhandlungstag nach Fristbeginn entschieden werden (§ 29 Abs. 3). Im Ergebnis offeriert das Ablehnungsverfahren einen höchst unterschiedlichen Umgang mit der Zeit: Während der Angeklagte nahezu überstürzt zu Aktivitäten angehalten wird, darf der bedenkliche Zustand einer Verhandlung mit einem möglicherweise befangenen Richter wochenlang anhalten.

482   Das Ablehnungsverfahren läuft damit unter Umständen parallel zur Hauptverhandlung. Sind im Ablehnungsverfahren zum Teil erkennende Richter involviert, können Beratungen nur zeitversetzt erfolgen. Im parallelen Ablehnungsverfahren hat der Verteidiger zu überprüfen, ob die damit befassten Richter nach dem Geschäftsverteilungsplan zuständig sind oder möglicherweise ebenfalls Gründe zur Besorgnis der Befangenheit geschaffen hatten.

483   Wird in der gerichtlichen Entscheidung das **Ablehnungsgesuch** des Mandanten für **begründet** erklärt, scheidet der abgelehnte Richter als erkennende Richter aus; steht kein Ersatzrichter zur Verfügung, muss das Verfahren ausgesetzt werden. Kann das Verfahren mit einem Ersatzrichter fort-

---

442 S. hierzu *Gatzweiler* Feindbild Strafverteidiger! – Wer sucht den Konflikt in der Hauptverhandlung?, StraFo 2010, 397.

geführt werden so sind die nach Anbringung des Ablehnungsgesuchs liegenden Teile der bereits stattgefundenen Hauptverhandlung zu wiederholen (§ 29 Abs. 4). Gegen einen Beschluss, durch den die **Ablehnung** als unzulässig verworfen oder als **unbegründet** zurückgewiesen wird, ist die sofortige Beschwerde gemäß § 28 Abs. 2 S. 1 unzulässig, wenn sich der Befangenheitsantrag gegen einen **erkennenden Richter** wendet. Der Tatrichter wird mit dem Erlass des Eröffnungsbeschlusses zum erkennenden Richter.[443] An die Stelle der sofortigen Beschwerde (§ 28 Abs. 2 S. 1) tritt ab diesem Zeitpunkt die Revisionsrüge (§ 338 Nr. 3).

In der **Revisionsinstanz** führen unberechtigte Ablehnungen von Befangenheitsgesuchen aber nicht immer zum Erfolg. Das Revisionsgericht beurteilt das Vorbringen nach Beschwerdegesichtspunkten. Die fehlerhafte Begründung der Ablehnung kann durch eine rechtlich haltbare nachträglich ausgewechselt werden, es sei denn, die von dem abgelehnten Richters gemäß § 26a (mit)beschlossene Verwerfung als unzulässig war willkürlich und verstößt damit gegen Art. 101 Abs. 1 S. 2 GG. Die Gerichte tendieren aus naheliegenden Gründen zu einem extensiven Begriff des erkennenden Richters, der nicht nur den zur Mitwirkung an der Hauptverhandlung berufenen Richter erfasst. Einige OLGe sehen – zu Unrecht – als erkennenden Richter i.S.d. § 28 Abs. 2 S. 2 außerdem den Richter an, der nach Eröffnung des Hauptverfahrens im Zwischenverfahren gemäß § 27 über das Ablehnungsgesuch gegen den (unmittelbar) erkennenden Richter zu entscheiden hat.[444] **484**

Die **Ablehnung von Staatsanwälten** wegen der Besorgnis der Befangenheit sieht das Gesetz nicht vor.[445] Bei persönlicher Verstrickungen des Staatsanwalts in den zu behandelnden Fall oder bei seiner Stellung nicht angemessenen Stellungnahmen bleibt nur ein **Antrag** an das Gericht, es möge beim Leitenden Oberstaatsanwalt darauf hinwirken, den Sitzungsvertreter auszuwechseln. Dies kann regelmäßig mit der Fürsorgepflicht des Gerichts einerseits und dem Anspruch des Angeklagten auf ein faires Verfahren andererseits begründet werden. **485**

Die Doppelrolle als Sitzungsvertreter und Zeuge kann daher ebenfalls keine Befangenheit auslösen. Konsequenzen hat diese Konstellation allenfalls bei einer Revisionsrüge nach § 337 StPO. Der relative Revisionsgrund liegt vor, wenn der Staatsanwalt nach seiner Zeugenvernehmung (in Anwesenheit eines anderen Sitzungsvertreters) seine weitere Mitwirkung in der Hauptverhandlung auch auf einen Gegenstand bezieht, der mit seiner Aussage in untrennbarem Zusammenhang steht.[446]

Als recht wirkungsvoll zur Besänftigung eines allzu forschen Staatsanwalts hat sich der Antrag erwiesen, bei dessen ehrverletzenden und damit unter Umständen strafbaren Äußerungen in der Hauptverhandlung eine Protokollierung durch das Gericht gemäß § 183 S. 1 GVG vornehmen zu lassen.

IV. Einstellungsanträge

Nach Anklageerhebung und Eröffnung des Verfahrens sieht die StPO grundsätzlich eine andere Beendigung des Verfahrens als durch ein Urteil nach einer Hauptverhandlung nicht mehr vor. Ausnahmen bilden lediglich die möglichen Einstellungen wegen geringer Schuld (§§ 153 f.). **486**

Zu Beginn der Hauptverhandlung hat die Verteidigung daher allenfalls das Recht, das Verfahren durch Unterbrechungen oder Aussetzungen zu verschieben, beispielsweise bei verspäteter Ladung zum Termin, verspäteter Mitteilung der Gerichtbesetzung beim Landgericht (§ 222a Abs. 2) oder bei Veränderungen der Sachlage (§ 265) oder gar einer Nachtragsanklage (§ 266) während der Hauptverhandlung. **487**

Eine Beendigung des Verfahrens ist nur durch ein Sachurteil möglich, ausnahmsweise durch ein Prozessurteil (§ 260 Abs. 3). Voraussetzung hierfür ist das Vorliegen eines **Verfahrenshindernisses**. Es kann im Interesse des Angeklagten liegen, sich eine umfangreiche Beweisaufnahme zur Sache zu **488**

---

443 *Meyer-Goßner/Schmitt* § 28 Rn. 5 f. mit weiteren Differenzierungen.
444 KG Berlin JR 1976, 26; aktuelle Nw bei *Meyer-Mews* StraFo 2008, 182 in Anm. 1 u. 6. Da mit der Entscheidung über das Gesuch das Ablehnungsverfahren endet, soll ab diesem Zeitpunkt auch wieder eine Beschwerde gemäß § 28 Abs. 2 StPO zulässig sein; KG Berlin NStZ 1999, 50 f. und *Meyer-Goßner/Schmitt* § 28 Rn. 6.
445 BGH NJW 1980, 845.
446 BGH NStZ 2018, 482 f.

ersparen und deswegen bereits zu Beginn auf das Vorliegen eines Verfahrenshindernisses hinzuweisen, das möglicherweise durch das Gericht bis dahin übersehen worden war. Konsequenz ist ein **Einstellungsantrag** gleich zu Beginn der Hauptverhandlung.

489   In Betracht kommt der Nachweis einer dauernden **Verhandlungsunfähigkeit** des Angeklagten, die einer ordnungsgemäßen Verhandlung entgegensteht.[447] In einem Antrag zu Beginn der Hauptverhandlung kann vom Verteidiger auf einen notwendigen **Strafantrag** hingewiesen werden, der tatsächlich nicht vorliegt und auch nicht mehr nachgeholt werden kann. Verfahrenshindernde **Mängel der Anklageschrift** oder des Eröffnungsbeschlusses können vorgebracht werden. Ein **Strafklageverbrauch** ist ein Verfahrenshindernis, auch wenn der Angeklagte zwischenzeitlich im europäischen Ausland wegen derselben Sache verurteilt worden war; nach dem Schengener Durchführungsübereinkommen gilt der Grundsatz des ne bis in idem auch in der EU.

490   Insbesondere der Zeitablauf bietet häufig Anlass, bereits zu Beginn des Verfahrens auf dessen sofortige Einstellung zu drängen. So kann in einem Antrag dargelegt werden, dass eine Tat bereits verjährt ist. Auch unabhängig von der formalen **Verjährung** kann ein extrem langer Zeitraum zwischen der Tat und der Verhandlung Anlass für die Einstellung sein. Sinnvolle Beweisaufnahmen auf dem Weg zur Wahrheitssuche sind beispielsweise kaum mehr denkbar, wenn ein Ordnungswidrigkeitenverfahren mehr als acht Jahre dauert.[448] Eine überlange, vom Angeklagten nicht zu vertretende Verfahrensdauer muss regelmäßig bei der Strafzumessung Berücksichtigung finden, damit ein **Verstoß gegen das Beschleunigungsgebot** kompensiert werden kann. Ist bereits bei Beginn der Hauptverhandlung deutlich, dass einerseits diese Kompensation extrem ausfallen muss, andererseits eine Beweisaufnahme den Angeklagten mit vielen Monaten oder gar Jahren belasten wird, muss eine Gesamtabwägung bereits zu diesem Zeitpunkt zu dem Ergebnis führen, dass die Voraussetzungen eines fairen Verfahrens nicht mehr gegeben sind.[449]

491   Einstellungsanträge können Besonderheiten des Verfahrens thematisieren, die nicht von der Rechtsprechung, aber von Literaturstimmen angesichts ihrer gravierenden Veränderungen prozessualer Konstellationen als mögliche Verfahrenshindernisse bewertet werden. Hierzu gehören neben der **überlangen Verfahrensdauer** auch extreme **Vorverurteilungen durch die Medien** oder aktenmäßig aufscheinende **Tatprovokationen durch V-Leute**. Auch wenn Einstellungserfolge angesichts der Ansiedlung der Konsequenzen im Strafzumessungsbereich bei Gericht kaum zu erwarten sind, bietet ein Einstellungsantrag gleich zu Beginn der Hauptverhandlung Gelegenheit für die Verteidigung, maßgebliche Gesichtspunkte frühzeitig zu verankern.[450]

V. Der formalisierte Beginn der Hauptverhandlung

492   Die Weichenstellung zu Atmosphäre und Kommunikationsstil erfolgt in der strafrechtlichen Hauptverhandlung gleich zu Beginn. Nirgendwo klaffen die gesetzliche Formalisierung des Prozessgeschehens und die richterliche Wertschätzung des hierdurch verbürgten Inhalts derart weit auseinander. Ob der Respekt vor der gesetzlichen Form und der Wunsch nach Ritual dominieren oder ob eher gesellschaftlich eingeübte Formen des Umgangs miteinander vom Richter bevorzugt werden, wird bereits in den ersten Minuten der Hauptverhandlung erkennbar. Für die Verteidigung stellt sich schon an dieser Stelle die Frage, inwieweit sie durch Rügen, Kritik, leise Anmahnung oder Laisserfaire Einfluss nehmen will.

---

447 S. hierzu näher: *Gatzweiler* Der Sachverständige zur Beurteilung der Verhandlungsfähigkeit, bzw. Verhandlungsunfähigkeit, StV 1989, 167 ff.
448 Vgl. BVerfG NJW 1992, 2472 f.
449 BGHSt 46, 159.
450 MAH-Strafverteidigung/*Krause* § 7 Hauptverhandlung, Rn. 60 ff.

1. Verbindlichkeit des gesetzlichen Programms

Der äußere Verfahrensablauf der Hauptverhandlung ist detailliert geregelt. § 243 schildert die Rei- **493** henfolge des Verfahrensablaufs vom Beginn der Verhandlung bis zur Beweisaufnahme. Im Folgenden werden vom Gesetz die Beweisaufnahme (§§ 244 ff.), die Schlussvorträge (§ 258) und die Urteilsverkündung (§ 260) geregelt. Das gesetzliche Programm ist **kein unverbindlicher Vorschlag** zu einem möglichen Prozessfahrplan. Die vorgeschriebene Reihenfolge ermöglicht vielmehr eine ausgewogene Balance zwischen notwendiger Organisation, berechtigtem Informationsinteresse von Gerichtspersonen, Verfahrensbeteiligten und der Öffentlichkeit sowie der Wahrnehmung von Verteidigungsrechten. Ausdrücklich knüpft das Gesetz die Ausübung bestimmter Verfahrensrechte an bestimmte Zeitpunkte des gesetzlichen Verfahrensplans (z.B. Befangenheitsantrag oder Besetzungseinwand). Das komplexe System der zeitlichen Reihenfolge kann damit nicht der Disposition des Gerichts oder der Verfahrensbeteiligten unterliegen. Für die Einschränkung oder Aufhebung der gesetzlichen Formalisierung der Verfahrensreihenfolge und der damit verbundenen Rechtssicherheit existieren keine akzeptablen Gründe.

> Verfehlt sind daher Ansätze der Revisionsrechtsprechung, wonach Abweichungen tolerabel sein sollen, **494**
> wenn der Aufbau der Hauptverhandlung im Ganzen und damit ihre innere Ordnung gewahrt bleiben.[451]
> Die einzelnen Entscheidungen beziehen ihre Rechtfertigung aus anderen Gründen, wie beispielsweise
> der revisionsrechtlichen Beruhensfrage. Ebenso können der Angeklagte und seine Verteidigung nicht den
> Gang der Hauptverhandlung gesetzeswidrig modifizieren. Die Zurückstellung beispielsweise von Teilen
> einer Einlassung (insbesondere zu den persönlichen Verhältnissen) rechtfertigt sich nur aus dem zuläs
> sigen Verzicht auf die gesetzlich vorgeschriebene Möglichkeit einer sehr frühen Stellungnahme des Ange
> klagten vor der eigentlichen Beweisaufnahme. Nur über diesen Weg lässt sich in so genannten **Punkte
> sachen** erreichen, dass zahlreiche angeklagte einzelne Taten praktisch getrennt behandelt werden. Will
> der Angeklagte auch gegenüber einer umfangreichen Anklageschrift zunächst insgesamt Stellung nehmen,
> so darf ihm dies nicht aus Praktikabilitätsgründen verwehrt werden. Auch die Möglichkeit des Gerichts
> zu einer verfahrensmäßigen Abtrennung einzelner Taten rechtfertigt nicht das Abweichen von gesetzli
> chen Regelungen hinsichtlich eines einheitlichen Verfahrens.[452]

Ergänzungen innerhalb der gesetzlich vorgegebenen Grundstruktur sind dagegen möglich und zur **495** Wahrung von Beschuldigtenrechten in bestimmten Verfahrenskonstellationen sogar notwendig. So sieht das Gesetz beispielsweise nicht ausdrücklich vor, dass der Vorsitzende seinen Verhandlungsplan darstellt. Ist den Verfahrensbeteiligten zu Beginn der Hauptverhandlung die Reihenfolge der zu vernehmenden Zeugen nicht bekannt, konstituiert das Gebot des fairen Verfahrens hier zu Beginn eine **Informationspflicht** des Vorsitzenden. Ebenso zweckmäßig wie zulässig kann es sein, der Verteidigung nach der Anklageverlesung außerhalb des engen gesetzlichen Rahmens die Gelegenheit zu einem **Eröffnungsplädoyer** zu geben. Gerade wenn der Angeklagte von seinem Schweigerecht Gebrauch macht, kann zur Strukturierung des Verfahrens die Darstellung der Verteidigungsposition noch vor der Beweisaufnahme sinnvoll sein.[453]

2. Aufruf der Sache

Der Aufruf der Sache (§ 243 Abs. S. 1) beinhaltet die unmissverständliche Erklärung an die Öffent- **496** lichkeit und die Verfahrensbeteiligten, dass das Verfahren im Sitzungssaal nunmehr beginnt. Formalisiert ist dieser Aufruf nicht. Er kann sowohl durch den Vorsitzenden selbst als auch auf seine Anordnung hin durch den Protokollführer oder einen Gerichtswachtmeister erfolgen. Selbst wenn es sich hierbei um keine protokollierungspflichtige wesentliche Förmlichkeit des Verfahrens handelt

---

451 RGSt 24, 60; 64, 134; BGHSt 3, 384; 13, 360; 19, 93.

452 Anders ausdrückl. BGHSt 19, 93, 97.

453 S. ausführl. *Kautenburger-Behr* Zum Rederecht des Verteidigers nach Verlesung des Anklagesatzes 2004, insb. S. 152 ff.; *Salditt* Verteidigung in der Hauptverhandlung – Notwendige Alternativen zum Praxisritual, StV 1993, 442, 444; *Müller* Zum sog. Opening-Statement des Verteidigers, FS Hanack, S. 67 ff.; s. hierzu auch die gemeinsame Erklärung von DRB und DAV »Für Streitkultur im Strafverfahren«, AnwBl. 1997, 664 f. = DRiZ 1997, 491 f.

und der Beginn der Verhandlung schlüssig deutlich gemacht werden kann, verlangt das Gesetz ein Mindestmaß an Präzision. Der Aufruf zur Sache fixiert einen wichtigen Prozesszeitpunkt, an den – beispielsweise bei Fehlen des Angeklagten – konkrete Rechtsfolgen geknüpft werden (§§ 329 Abs. 1, 412 S. 1). Schließlich sollen Staatsanwalt, Protokollführer und Verteidiger bereits vor Erscheinen des Gerichts im Sitzungssaal ihre Plätze eingenommen haben (vgl. Nr. 124 Abs. 2 RiStBV). Nur bis zu diesem Zeitpunkt ist gegebenenfalls Bildberichterstattung durch die Presse möglich (§ 169 S. 2 GVG), sodass der eigene Mandant dieser Tortur u.U. entzogen werden kann.

497　Es spricht z.B. nichts dagegen, den bis dahin öffentlich unbekannten Mandanten in gut gefüllten Zuschauerreihen zu »verstecken« und ihn erst nach Aufruf der Sache – und Entfernung der Bildreporter – auf der Anklagebank Platz nehmen zu lassen. Bei inhaftierten Mandanten lässt sich der vor Fotografen sichere Aufenthalt des Mandanten nur im Einverständnis mit dem Vorsitzenden im Vorfeld organisieren. Letzterer hat hier aber u.U. ein besonderes Interesse der Öffentlichkeit auch an einer Bildreportage in seine Organisationskompetenz mit einzubeziehen.[454]

3. Präsenzfeststellung

a) Umfang der Feststellung

498　Es folgt die sog. Präsenzfeststellung (§ 243 Abs. 1 S. 2). Der Vorsitzende hat zunächst festzustellen, ob alle Beteiligten anwesend sind.

499　Neben dem im Gesetz ausdrücklich genannten Angeklagten und seinem Verteidiger zählen hierzu alle anderen Verfahrensbeteiligten, die gemäß § 272 Nr. 2 und 4 ins Protokoll aufzunehmen sind. Die Namen aller Beteiligten sind dabei nicht zwingend öffentlich zu benennen, bei Nachfrage eines Verfahrensbeteiligten allerdings offenzulegen. Die Anwesenheit von Zeugen und Sachverständigen ist festzustellen, sofern sie zu Beginn der Hauptverhandlung geladen worden sind. Darüber hinaus sind die sächlichen Beweismittel vom Vorsitzenden anzuführen, die dieser in Vorbereitung der Hauptverhandlung herbeigeschafft hat (§§ 214, 221). Sie werden durch diese Individualisierung zu **präsenten Beweismitteln** (§ 245 Abs. 1). Als vorbereitender Akt des eigentlichen Prozessgeschehens soll es sich in dieser Phase noch nicht um einen wesentlichen Teil der Hauptverhandlung i.S.d. § 338 Nr. 5 handeln, bei dem die Abwesenheit eines notwendigerweise Beteiligten die Revision begründen kann.[455]

b) Abwesenheit des Mandanten

500　Erscheint bei Aufruf der Sache der Mandant nicht im Gerichtssaal, eröffnet sich für die Verteidigung ein breites Spektrum von Handlungsoptionen und -pflichten.[456] Im Ergebnis kann die Hauptverhandlung an diesem Tage mit dem Erlass eines Haftbefehls (§ 230 Abs. 2) enden, im günstigsten Fall wird das Verfahren ohne Mitwirkung des Mandanten in akzeptabler Form abgeschlossen.

501　Die StPO verlangt grundsätzlich die Anwesenheit des Mandanten in der Hauptverhandlung (§ 230 Abs. 1). Empirische Daten, wonach ein wahrheitsgemäßes Ergebnis durch die Anwesenheit des Angeklagten gefördert wird, liegen nicht vor. Das gesetzliche Konzept ist zwar weniger von dem Drang der gerichtlichen Disziplinierung des Angeklagten getragen als von dem Bedürfnis, diesem in seiner Stellung als Rechtssubjekt unbedingt die Möglichkeit der Ausübung prozessualer Rechte vor Ort zu verschaffen.[457] Im Ergebnis belastet sie den Mandanten zusätzlich, weil sie ihm nicht – wie in vielen anderen europäischen Rechtsordnungen – die Möglichkeit des Verzichts auf die Ausübung bestimmter Prozesshandlungen oder deren Übertragung auf den Verteidiger gestattet.[458] Ob dies mit dem Prozessgrundrecht, »sich verteidigen zu lassen« (Art. 6 Abs. 3 lit. c EMRK), vereinbar ist,

---

454　BVerfG, Beschl. v. 03.04.2009 – 1 BvR 654/09.

455　RGSt 58, 180; LR/*Gollwitzer*, 25. Aufl., § 243 Rn. 23.

456　Zu den Besonderheiten der Berufungsverhandlung s.u. Rn. 2184 ff.

457　Zur Fragwürdigkeit manch anderer dogmatischer Begründungen der Erscheinenspflicht und der möglichen Konsequenz der Verhaftung: *Eisenberg* Sich-Entfernen bzw. Fernbleiben während der Hauptverhandlung (§ 231 II StPO), NStZ 2012, 63 ff.

458　S. *Volk* Die Anwesenheitspflicht des Angeklagten – ein Anachronismus, FS Böttcher, 2007, S. 213 ff.

erscheint darüber hinaus fraglich. Desaströs für den Mandanten sind die Folgen bei der Verletzung seiner Pflicht zum Erscheinen: Er kann zwangsweise vorgeführt werden oder es kann sogar ein Haftbefehl ergehen.

Die Voraussetzungen für den **Haftbefehl** (§ 230 Abs. 2) sind minimal: Es bedarf weder eines dringenden Tatverdachts noch eines zusätzlichen Haftgrundes, die Nichtbefolgung der ordnungsgemäßen Ladung ist ausreichend.

> Die Folgen für den Mandanten können gravierend sein. Wird er irgendwann festgenommen, kann er bis zur Durchführung der Hauptverhandlung in Haft gehalten werden. Zeitverzögerungen können durch den Transport zum Gerichtsort auftreten sowie durch die Organisation einer neuen Hauptverhandlung, die mit Zeugenladungen erst nach der Festnahme beginnen kann. Einschließlich anderweitiger terminlicher Verhinderungen des Gerichts kann es somit zu einer unter Umständen wochenlangen Inhaftierung des Mandanten kommen. **502**

Die Verhinderung des Erlasses des Haftbefehls ist in dieser Situation primäre Verteidigungsaufgabe. **503** Der Zeitrahmen für die Verteidigungsorganisation ist eng: Das Gericht ist bei Nichterscheinen zur Terminsstunde allenfalls gehalten, eine angemessene Frist von 15 bis 30 Minuten auf den bis dahin nicht erschienen Mandanten zu warten. Regelmäßig wird vom Vorsitzenden für diesen Zeitraum unterbrochen. In dieser Unterbrechungspause hat die Verteidigung alle Informationen zu sammeln, um bei einer Fortsetzung der Hauptverhandlung effektiv dem Erlass eines Haftbefehls widersprechen zu können.

Die ordnungsgemäße **Ladung** ist eine wesentliche Voraussetzung für den Erlass des Haftbefehls. **504** Informationen zur Beurteilung dieser rechtlichen Frage finden sich zunächst in der Akte, die in der Pause einzusehen ist. Die Einhaltung von Ladungsfristen lässt sich hier ebenso nachvollziehen wie die (unter Umständen fehlerhafte) Adressierung. Der konkrete Lebensmittelpunkt des Mandanten ist die zutreffende Ladungsanschrift und nicht – wie häufig – der Ort der polizeilichen Meldung (s. näher unten Wiedereinsetzung, 3. Kapitel Rdn. 1741 ff.). Der Ladungsinhalt kann fehlerhaft weil unvollständig sein; die Art der Verfahrensbeteiligung (Angeklagter/Zeuge) ist dem Mandanten ebenso mitzuteilen wie der exakte Zeitpunkt und der Ort der Verhandlung. Notwendiger Bestandteil der schriftlichen Ladung ist die Warnung an den Mandanten, dass im Fall seines unentschuldigten Ausbleibens seine Verhaftung oder Vorführung erfolgen kann.[459] Lebt der Mandant im Ausland, muss diese Warnung den eindeutigen Hinweis erhalten, dass die Zwangsmaßnahmen ausschließlich im Geltungsbereich der StPO erfolgen.[460]

Nur das unentschuldigte Fehlen rechtfertigt Zwangsmaßnahmen. **Entschuldigungsgründe** sind **505** daher durch die Verteidigung zu eruieren. Telefonversuche mit dem Mandanten oder ggf. Kontaktaufnahmen mit Freunden und Verwandten in der Verhandlungspause ergeben möglicherweise auch für den Verteidiger Hinweise, dass und weshalb der Mandant in entschuldigter Weise den Gerichtstermin nicht hat wahrnehmen können. Wird der Informationsstand auch in der Verhandlungspause nicht erweitert, verbleibt die Argumentation für das mildere Mittel der Vorführung statt des Haftbefehls.

> Das Argumentationsarsenal des Verteidigers nach Wiedereintritt in die Hauptverhandlung ohne den Mandanten ist umfangreich: Vom Gericht zu berücksichtigen sind vielfältige Irrtümer des ausgebliebenen Angeklagten, sei es über seine Erscheinenspflicht oder über den genauen Tag und Ort der Hauptverhandlung.[461] Die Möglichkeit falscher Auskünfte des Verteidigers kann ausreichen.[462] Krankheiten entschuldigen, selbst wenn sie nicht zwingend zu einer Verhandlungsunfähigkeit führen. Ausreichend ist, wenn sie nach Art und Auswirkungen eine Beteiligung an einer Hauptverhandlung unzumutbar machen,[463] der **506**

---

459 OLG Köln 2014, 205: Da der Angeklagte im Zeitpunkt der Ladung in Haft war, hatte das Gericht auf diesen Hinweis verzichtet.
460 KG StV 2011, 716; StV 2014, 204; OLG Köln NStZ-RR 2006, 22.
461 BGH NStZ-RR 2001, 333.
462 OLG Hamm NStZ-RR 1997, 113; NStZ-RR 2010, 245; BayObLG NStZ-RR 2002, 79.
463 OLG Hamm StraFo 1998, 233.

Angeklagte insbesondere von einer behandlungsbedürftigen Krankheit ausgehen konnte. Das Vorliegen von Arbeitsunfähigkeitsbescheinigungen reicht nicht zum Nachweis einer Verhandlungsunfähigkeit, ist aber regelmäßig starkes Indiz für die Unzumutbarkeit des Erscheinens.[464] Unvorhersehbare Wetterumschwünge[465] und Verkehrsstörungen, Zugverspätungen,[466] Staus und andere Hindernisse bei der Anreise kommen stets ebenso als Entschuldigungsgründe in Betracht[467] wie ausgefallene Rückflüge vom Urlaubsort oder U-Haft in anderer Sache.[468] Ausnahmsweise können auch unaufschiebbare berufliche Termine von einiger Erheblichkeit entschuldigen.[469] Zu respektieren sind auch bedeutsame religiöse Gebote, z.B. die bereits gebuchte Hadsch-Pilgerreise.[470] Ausreichend ist jeweils ein glaubhaftes Vorbringen, um die Zwangsmaßnahmen zu hindern.

Die problematische Situation eröffnet allerdings auch Handlungsspielräume.

507   Der Unmut des Gerichts über die Nutzlosigkeit der unter Umständen weiten Anreise von Zeugen kann mit dem Angebot besänftigt werden, das Verfahren trotz Abwesenheit des Mandanten sinnvoll zu fördern. Hierzu gehört die Bereitschaft der Verteidigung, diese Zeugen aktuell auch außerhalb der Hauptverhandlung richterlich vernehmen zu lassen, um in einer späteren Hauptverhandlung in Anwesenheit des Mandanten die Vernehmungsprotokolle verlesen zu lassen. Mit der zusätzlichen Möglichkeit der eigenen Befragung eröffnen sich damit für die Verteidigung zusätzliche Einschätzungs- und Reaktionsmöglichkeiten, die die Hektik einer eintägigen Hauptverhandlung selten mit sich bringt.

508   Die Vermeidung von Zwangsmaßnahmen gegen den Mandanten mit dem gleichzeitigen Effekt einer möglichen Beendigung des Hauptverfahrens ergibt sich durch die Wahrnehmung der seltenen Ausnahmemöglichkeit, eine Hauptverhandlung in Abwesenheit des Mandanten durchzuführen. Voraussetzung hierfür ist allerdings, dass der Mandant in der Ladung bereits auf diese Möglichkeit hingewiesen worden war.

509   Auf die Möglichkeit der **Verhandlung in Abwesenheit** gemäß § 233 wird in den üblichen Ladungen allerdings selten hingewiesen. Die Anregung einer solchen Vorgehensweise ist daher mit dem Richter ausdrücklich vor der Ladung abzusprechen, wenn – insbesondere bei prominenten Mandanten – auch aus Sicht des Richters das schlichte Erscheinen in der öffentlichen Hauptverhandlung die weitaus größere Belastung als eine mögliche strafrechtliche Sanktion darstellt.

510   Die Anregung der Verhandlung ohne den Mandanten kann mit diesem abgesprochenes Verteidigungskalkül sein. Doch auch wenn der Verteidiger sich unerwartet ohne den Mandanten an seiner Seite in der Hauptverhandlung befindet, ist die Anregung der Durchführung einer solchen Verhandlung häufig dann evident sinnvoll, wenn im Vorfeld der Freispruch ohnehin nicht das Verteidigungsziel war. Denn eine solche Verhandlung hat den für die Verteidigung unschätzbaren Vorteil des Sanktionsnetzes: Selbst im schlechtesten Fall kann eine Geldstrafe von maximal 180 Tagessätzen verhängt werden.

511   Eine ähnliche, wenn auch hinsichtlich der Rechtsfolgen gravierendere Chance der Verfahrensbeendigung ohne den Mandanten ergibt sich aus der Möglichkeit des Erlasses eines **Strafbefehls** (§ 408a). Eine Bewährungsstrafe von maximal einem Jahr ist die denkbare Sanktion, die sich allerdings angesichts weitergehender Befürchtungen des Mandanten im Vorfeld als durchaus tolerabel darstellen kann. Für den Verteidiger ohne Mandanten hat diese Lösung neben der Strafmaß-Limitierung den Vorteil, mit dem Mandanten die Attraktivität einer solchen Verfahrensbeendigung in Ruhe erörtern zu können. Lehnt der Mandant eine solche Sanktion ab, kommt es nach Einlegung des Einspruchs zu einer weiteren Hauptverhandlung. Gerade eine solche Hauptverhandlung hat mit den Vertre-

---

464   OLG Oldenburg DAR 2012, 93.

465   KG NStZ-RR 2002, 218.

466   BGH NStZ 2003, 561.

467   OLG Hamm NZV 1997, 493.

468   BGH NStZ 1997, 295.

469   BGH NJW 1980, 950; OLG Saarbrücken StraFo 1997, 175.

470   LG München I StraFo 2011, 54.

tungsmöglichkeiten des Mandanten durch den Verteidiger weitere Vorteile gegenüber der ursprünglichen Hauptverhandlung nach Anklageerhebung.

Das Optimum – falls nicht die Freispruchverteidigung alleiniges Ziel ist – in der Situation des Fehlens des Mandanten ist der Anstoß des Verteidigers zu einer Diskussion über eine auch in dieser Situation mögliche Einstellung des Verfahrens gemäß §§ 153, 153a, unter Umständen § 154. Die Oberflächlichkeit der geschäftsmäßigen Behandlungen von Anklagen durch Amtsrichter und der Automatismus von Verfahrenseröffnungen verschaffen der Verteidigung auch ohne den Mandanten erstmalig in der Hauptverhandlung die Möglichkeit, Kommunikation über die Berechtigung der Vorwürfe und den möglichen Ausgang einer Hauptverhandlung zu betreiben. Richter, die sich offen dazu bekennen, vor der Hauptverhandlung keine Verteidigungsschriftsätze zu lesen, sind häufig bereit zuzuhören. **512**

Neben der Überzeugungskraft der Argumentation nutzt die Verteidigung hier das Phänomen des Erledigungsdrucks. Die Aussicht auf eine abermalige intensive Vorbereitung einer späteren Hauptverhandlung beherrscht die Denkweise des Richters häufig ebenso wie das bedrängende Gefühl, den Stapel der unerledigten Akten weiter aufzuhäufen. Zu Beginn der Hauptverhandlung dominieren daher Abschluss- und Erledigungsintenion das gerichtliche Handeln. Bleibt zu diesem Zweck nur der Weg über § 153a, so öffnet sich das Gericht dem in der Hauptverhandlung sehr viel eher als zu anderen Zeitpunkten. Ist mangels Absprache mit dem Mandanten die Akzeptanz einer Lösung der Einstellung mit Geldauflage nicht erkennbar, bleiben die Mandanteninteressen gewahrt: Durch schlichte Nichterfüllung der Auflage kann der Mandant die abermalige Hauptverhandlung mit der Freispruchoption erzwingen. **513**

Ein Optimum an Beratungs- und Organisationsmanagement sollte allerdings im Vorfeld alle Unwägbarkeiten für die Verteidigung beseitigen. Hierzu gehört der frühe Hinweis auf alle dargestellten Verteidigungsoptionen ebenso wie die Notierung zahlreicher Telefonnummern von Bekannten aus dem Umfeld des Mandanten, die ggf. bei dessen Verhinderung als Ansprechpartner zur Verfügung stehen. **514**

c) Zeugenpräsenz

Erscheint das Fehlen eines Zeugen für den Prozessverlauf zunächst hinnehmbar, können weitere Maßnahmen vorbehalten bleiben. Bereits beim **ersten Erscheinen** der geladenen Zeugen hat der Vorsitzende die Möglichkeit, diese gemeinsam gemäß § 57 zu belehren. Sinnvoll kann ebenso eine spätere Individualbelehrung des Zeugen sein. In jedem Fall sieht das Gesetz im Anschluss hieran ein ggf. zu erzwingendes **Verlassen des Sitzungssaals** vor, denn die Zeugen sind einzeln und in Abwesenheit später zu hörender Zeugen zu vernehmen (§ 58 Abs. 1). Da dies auf jeden in Betracht kommenden Zeugen zutrifft, kann der Vorsitzende auch Zuschauer zum Verlassen des Sitzungssaales auffordern, falls erst zu diesem Zeitpunkt deren Zeugeneignung aufscheint.[471] Voraussetzung dafür ist jedoch stets, dass das Gericht tatsächliche Anhaltspunkte dafür hat, dass der Zuschauer Sachdienliches zur Aufklärung beitragen kann und deshalb als potenzieller Zeuge in Betracht kommt.[472] **515**

> Erkennt nur der Verteidiger die potenzielle Zeugeneigenschaft eines Zuschauers, hat er unter Hinweis darauf dessen Entfernung anzuregen. Teilt der Vorsitzende diese Einschätzung nicht, ist die Zeugenstellung durch sofortige Stellung eines Beweisantrages zu zementieren. **516**

Die Zeugenrolle kann mit anderen prozessualen Funktionen kollidieren, die eine Anwesenheit im Gerichtssaal erfordern. Der Sitzungsvertreter der Staatsanwaltschaft hat ebenso wie der Verteidiger ein unbeschränktes Anwesenheitsrecht, auch wenn seine Zeugenrolle zu Beginn des Verfahrens möglich erscheint. Der Nebenkläger (§ 397 Abs. 1 S. 1), der nebenklageberechtigte Verletzte (§ 406g Abs. 1 S. 1) sowie deren anwaltliche Beistände (§ 406g Abs. 2 S. 1) haben ein ununterbrochenes **517**

---

471 BGHSt 3, 386, 388; NStZ 2001, 163.
472 BHG NStZ 2004, 453 f.

Anwesenheitsrecht, auf das sie allerdings zur Stärkung ihrer eigenen Glaubwürdigkeit verzichten können; dies wird sogar vom Vorsitzenden u.U. ausdrücklich angeregt. Der gesetzliche Vertreter des Angeklagten kann ebenfalls im Sitzungssaal verbleiben.[473] Auf Sachverständige bezieht sich die Entfernung nicht. Ihre weitgehende Anwesenheit in der Hauptverhandlung ist nicht nur sinnvoll, sondern kann u.U. auch durch den Aufklärungsgrundsatz geboten sein.

518   Der anwaltliche Zeugenbeistand (§ 68b) ist kein Verfahrensbeteiligter mit selbstständigen Anwesenheitsrechten. Weil die Erhaltung der Unbefangenheit i.S.d. § 58 auf ihn nicht zutrifft, ist allerdings kaum ein Grund ersichtlich, der sein Verlassen des Gerichtssaals erzwingen könnte.[474] Da diese Frage auch anders beurteilt wird,[475] kann der Verteidiger bei entsprechender Interessenlage durchaus einen Entfernungsantrag stellen.

4. Befragung zur Person

519   Was in der Praxis häufig unbemerkt fließend ineinander übergeht, wird vom Gesetz präzise unterschieden. Nach der Präsenzfeststellung erfolgt die erste Befragung des Angeklagten **zur Person**. Sie hat maßgeblich den Zweck, die **Identität** der anwesenden Person mit dem tatsächlich Angeklagten sicherzustellen. Die gesetzlich vorgesehene Zäsur verwischt sich oft in der Dynamik des Beginns der Hauptverhandlung, wenn der Vorsitzende schon die Bemerkung zur Anwesenheit des Angeklagten sofort mit Fragen zu dessen Identität verbindet.[476] Letzteres kann bereits den Beginn der Vernehmung des Angeklagten über seine persönlichen Verhältnisse darstellen, was einen Befangenheitsantrag als verspätet erscheinen lassen könnte (§ 25 Abs. 1 S. 1).

520   Bei den Angaben über die persönlichen Verhältnisse wird erwartet, dass der Mandant seinen Namen (Vor-, Familien-, Geburtsname), seinen Geburtstag, seinen Geburtsort, den Familienstand, seinen Wohnort und seine Staatsangehörigkeit mitteilt. Verweigert der Angeklagte jegliche Angabe, verstößt er unter Umständen gegen § 111 OWiG (bzw. § 5 Abs. 1 Nr. 2 PersAuswG).[477] Der Gang des Verfahrens muss hiervon allerdings nicht betroffen sein, da sich das Gericht die notwendige Überzeugung freibeweislich auch durch andere Quellen verschaffen kann. Ist schon eine Stimmenidentifizierung des Angeklagten oder die Nennung seines Berufs oder Wohnortes ein belastendes Indiz, braucht dieser sich nicht schon zu Beginn der Hauptverhandlung zum Beweismittel gegen sich selbst machen zu lassen. Hier kann der Verteidiger die notwendigen Informationen zur Identifizierung erteilen. Unmittelbare Nachteile bei der Verweigerung von Angaben sind nicht ersichtlich; anerkanntermaßen kann selbst die fehlende Preisgabe der wahren Identität des Angeklagten nicht strafschärfend berücksichtigt werden.[478]

521   Eine über die Identitätsfeststellung hinausgehende Vernehmung zu den **persönlichen Verhältnisse** (§ 243 Abs. 2 S. 2) schon vor der Belehrung nach Abs. 5 S. 1 begegnet grundsätzlichen Bedenken. Sie kollidiert mit dem Nemo-tenetur-Grundsatz. Es sind kaum Lebensumstände vorstellbar, die bei einer Verurteilung nicht Eingang in eine umfassende Strafzumessungserwägung finden. Darüber hinaus können derartige persönliche Verhältnisse einen indiziellen Beweischarakter im Hinblick auf den vorgeworfenen Straftatbestand besitzen. Gerade Tatmotivationen lassen sich häufig aus diesen Umständen ableiten. Ein Großteil der persönlichen Verhältnisse hat daher einen Bezug **zur Sache** i.S.d. § 243 Abs. 5 S. 2. Da der Angeklagte in dieser frühen Phase des Verfahrens noch nicht über sein Schweigerecht belehrt worden ist, läuft jeder Teil dieser einleitenden persönlichen Vernehmung Gefahr, in revisibler Weise[479] gegen die Belehrungspflicht des § 243 Abs. 5 S. 1 zu verstoßen. Konse-

---

473 BGH NJW 1956, 520.

474 *Wessing/Ahlbrecht* Der Zeugenbeistand 2013, Rn. 40 ff.

475 A.A. KK/*Tolksdorf* 5. Aufl. § 243 Rn. 18.

476 Vgl. dazu auch 3. Kapitel Rdn. 468 f.

477 BayObLG NJW 1969, 2057; OLG Düsseldorf NJW 1970, 1888; KMR/*Paulus* § 243 Rn. 20; kritisch: HK/*Julius/Temming* § 243 Rn. 9; *Seebode* Schweigen des Beschuldigten zur Person, MDR 1970, 189. Nach SK-StPO/*Frister* § 243 Rn. 27 ist diese Verpflichtung zur aktiven Mitwirkung bei der Identifizierung mit der durch den Nemo-tenetur-Grundsatz garantierten allgemeinen Mitwirkungsfreiheit im Strafverfahren nicht zu vereinbaren.

478 BGH wistra 2015, 350 f.

479 AK-StPO/*Schöch* § 243 Rn. 22.

quenterweise müsste daher jede Befragung zu Themenbereichen unterbleiben, denen die Eignung einer Verwertung zur Sache auch nur entfernt zukommen könnte.[480]

Diese Erwägungen haben in den letzten Jahren dazu geführt, dass nahezu automatisch zu diesem Zeitpunkt von allen Verfahrensbeteiligten nur dürre Fakten zur Identifizierung des Angeklagten thematisiert werden. Dies konterkariert allerdings eindeutig die ursprüngliche gesetzgeberische Intention, die **Subjektstellung** des Angeklagten im Verfahren dadurch deutlich zu machen, dass er sich fern der Diskussion um Straftaten gleich zu Beginn als Person mit seinen familiären, beruflichen und anderweitigen privaten Bezügen[481] präsentieren kann. Noch vor der Verlesung der Anklage soll deutlich werden, dass über einen Menschen zu Gericht gesessen wird.   522

Angesichts der bekannten psychologischen **Wirkung von frühzeitigen Informationen** bietet sich hier für die Verteidigung eine exzellente Chance, prägend zu wirken. Das in Verteidigungsgesprächen häufig deutlich werdende Anliegen des Mandanten zur Darstellung seines untadeligen gesellschaftlichen Rufs kann hier ebenso umgesetzt werden wie die zum Verständnis einer Straftat notwendige Schilderung einer sich über Jahre hinziehenden, sich zuspitzenden Entwicklung einer persönlichen Krise. Die anschließende häufig drastische Straftatdarstellung im Anklagesatz kann so zumindest bei den ehrenamtlichen Richtern und der Öffentlichkeit erheblich gedämpft werden. Aber auch Berufsrichtern wird sich nach Aktenlektüre ein anderer Horizont gleich zu Beginn des Verfahrens auftun. Darüber hinaus wird sich die Aufnahmebereitschaft für Informationen außerhalb der schon erfolgten Schuldzuweisung nach Aktenlage durch die Bereitschaft zur Öffnung seitens des angeklagten Mandanten erhöhen.   523

Besondere Bedeutung hat diese Form der Zuwendung mittels Kommunikation insbesondere dann, wenn der Angeklagte zu einem späteren Zeitpunkt nach Anklageverlesung zur Sache schweigen will. Die Hemmschwelle zur Verurteilung eines schweigenden und damit verstockt erscheinenden und vor allem weitgehend anonymen Menschen ist sehr viel niedriger, als wenn sich dieser zuvor mit einem Gesicht, einer Stimme, einer persönlichen Geschichte, als verletzliches menschliches Wesen präsentiert hatte.   524

Die Umsetzung einer solchen Strategie trifft angesichts ihrer Unüblichkeit derzeit auf Schwierigkeiten. Der überraschte Vorsitzende mag aus Verunsicherung hier sogar weitere Ausführungen des Mandanten unterbinden wollen. Akzeptabel ist allenfalls seine Sorge um Äußerungen trotz bislang unterbliebener Belehrung; diese mag er daher vorziehen. Eine Verweigerung zur Präsentation der persönlichen Umstände durch den Mandanten ist gesetzeswidrig und kann gegebenenfalls über § 238 Abs. 2 gerügt werden. Eine entsprechende Information über die Verteidigungsabsicht schon vor der Hauptverhandlung kann allerdings allein aus Unsicherheit resultierende gerichtliche Reaktionen vermindern.   525

> Die verteidigungsinterne Vorbereitung der Mandantenäußerung ist hoch anspruchsvoll. Mit dem Mandanten muss jede Facette des ersten Eindrucks besprochen werden, den seine Äußerungen im Gerichtssaal erzeugen wird. Transportiert die eigene Lebensgeschichte Eitelkeiten und Überheblichkeit, ist sie ebenso kontraproduktiv wie die frühzeitige Offenbarung seiner Wahrnehmungsfähigkeit des Lebens abseits aller Üblichkeiten. Die Betonung der eigenen Emotionalität oder Rationalität bedarf der Abwägung im Hinblick auf die zu erwartende Erörterung des Tatgeschehens.   526
>
> Ins Kalkül gezogen werden muss auch die Unberechenbarkeit von Fragestellungen seitens des Vorsitzenden (nur dieser darf vernehmen). Werden von diesem außerhalb des vorbereiteten Themenspektrums Bereiche angesprochen, die sich plötzlich als der Strategie zuwiderlaufend erweisen, muss die Art des Einschreitens des Verteidigers zuvor mit dem Mandanten in allen möglichen Schattierungen (vom kurzen Flüsterkontakt bis zum Unterbrechungsantrag) besprochen sein. Eine formelle Zurückweisung einer

---

480 H.M. KK/*Schneider* § 243 StPO Rn. 18; HK/*Julius/Temming* § 243 Rn. 8; *Pfeiffer* § 243 Rn. 5; *Meyer-Goßner/Schmitt* § 243 Rn. 12; *Müller* FS Hanack, S. 70; BGH StV 1984, 190, 192; BayObLG NJW 1981, 1385.

481 So zur Auslegung des § 243 Abs. 2 BGH MDR 1975, 368; s. auch zur Historie: *Dencker* Belehrung des Angeklagten über sein Schweigerecht und Vernehmung zur Person, MDR 1975, 359, 362.

Frage lässt sich jedenfalls erleichtert mit dem Hinweis begründen, dass aus Verteidigersicht der Bereich der persönlichen Umstände zulasten der Aufklärung zur Sache verlassen sei.

527 Die frühe Phase der Vernehmung kann nicht dazu dienen, dem Gericht einen entscheidenden Eindruck darüber zu vermitteln, ob der Angeklagte generell verhandlungsfähig ist, ob seine eingeschränkten intellektuellen Fähigkeiten Anlass für die Beiordnung eines Verteidigers geben oder ob Sprachdefizite die Heranziehung eines Dolmetschers erforderlich machen.[482] Zur Überprüfung dieser Fragen ist das Gericht von Amts wegen in jeder Phase des Verfahrens verpflichtet. Freibeweislich können alle Erkenntnisquellen schon im Vorfeld der Hauptverhandlung herangezogen werden. Angesichts der aufgezeigten Kollisionen mit anderen Verfahrensprinzipien ist die Vernehmung zu den persönlichen Verhältnissen der denkbar ungeeignete Zeitpunkt zur Klärung dieser Fragen.

528 Die Benachteiligung des Mandanten durch vorzeitige Vernehmung zur Sache kulminiert in der von manchen Amtsrichtern bevorzugten frühzeitigen »Erledigung« der Einführung der **Vorstrafen**. Die öffentliche Erörterung von Vorstrafen belastet den Angeklagten in zweierlei Hinsicht: Zum einen strukturiert eine solche Kenntnis die Rezeption der Beweisaufnahme insbesondere durch die Schöffen in eine ungünstige Richtung. Zum anderen wird mit der Veröffentlichung der Angeklagte in seiner sozialen Stellung herabgewürdigt. Ein Bloßstellen durch die öffentliche Erörterung soll daher nur erfolgen, wenn diese unvermeidbar ist und nicht zur Bedeutung der Straftat außer Verhältnis steht (Nr. 134 RiStBV). Der Zeitpunkt einer Entscheidung über die Erörterung ist daher möglichst weit im Hinblick auf die Erwartung eines Freispruchs hinauszuschieben. Sie unterbleibt generell, wenn sie weder für die Strafzumessung noch für die Frage der Schuld relevant sein kann. Vor der Vernehmung des Angeklagten zur Sache ist die Erörterung der Vorstrafen damit grundsätzlich ausgeschlossen. Angesichts des verheerenden psychischen Effekts einer (allzu) frühen Verlesung des Vorstrafenregisters ist Aufmerksamkeit und Entschlossenheit der Verteidigung schon zu Beginn der Hauptverhandlung erforderlich. Schon beim Ansatz des Verlesens ist einzuschreiten, die eigene Argumentation ist offen darzulegen und bei Ignoranz des Vorsitzenden auch mit dem Mandanten ein Befangenheitsgesuch zu erörtern.

5. Verlesen des Anklagesatzes

a) Das gesetzliche Programm

529 Dem Sitzungsvertreter der Staatsanwaltschaft obliegt es, den Anklagesatz zu verlesen. Mit der Bekanntgabe der Thematik des Strafprozesses beginnt die Verhandlung zur Sache. Die Pflicht zum Vortrag des Anklagevorwurfs begründet sich sowohl aus dem **Mündlichkeitsprinzip** des Prozesses als auch aus der notwendigen **Informationspflicht**.

530 Nicht nur die Öffentlichkeit ist erstmalig über den Verhandlungsgegenstand zu informieren. Vielmehr sollen darüber hinaus diejenigen Richter, die die Akten und den Anklagesatz noch nicht kennen, auf den tatsächlich und rechtlich relevanten Kern aufmerksam gemacht werden.[483] Dies gilt insbesondere für die Schöffen. Allen anderen Prozessbeteiligten soll Gewissheit darüber vermittelt werden, auf welche Tat sie ihr Angriffs- und Verteidigungsvorbringen einzurichten haben.[484] Insbesondere dem Angeklagten soll (nochmals) der gegen ihn erhobene Vorwurf vor Augen geführt werden.[485] Dass die Öffentlichkeit Transparenz bei diesem entscheidenden Punkt der Verhandlung unbedingt einfordern kann, bezweifelt die Rechtsprechung allerdings, wenn auch hier die Öffentlichkeit gem. § 171b GVG ausgeschlossen werden kann.[486]

---

482 So allerdings die h.M.: LR/*Gollwitzer*, 25. Aufl., § 243 Rn. 35; KK/*Tolksdorf* 5. Aufl. § 243 Rn. 21; *Meyer-Goßner/Schmitt* § 243 Rn. 11.
483 BGH NJW 1982, 1057.
484 BGH NStZ 1986, 39; 2000, 214.
485 *Krekeler* NStZ 1995, 299; *Häger* Zu den Folgen staatsanwaltschaftlicher in der Hauptverhandlung begangener Verfahrensfehler, GS Meyer 1990, S. 175.
486 BGH StraFo 2012, 365.

Die Bedeutung der Informationsfunktion bringt es mit sich, dass dieser wesentliche Teil der Haupt- **531** verhandlung **nicht disponibel** ist.[487] Als wesentliche Förmlichkeit ist sie zu protokollieren.[488] Einer analogen Anwendung des Selbstleseverfahrens (§ 249 Abs. 2) ist die Anklageverlesung nicht zugänglich, auch wenn alle Beteiligten sich so effektiv der Qual einer langatmigen Prozedur entziehen könnten.[489] Das Absehen von der Verlesung ist ein revisibler Verfahrensverstoß, auf dem im Allgemeinen das Urteil beruht.[490] Ausnahmen hat die Rechtsprechung allerdings schon angenommen, insbesondere bei einer Vielzahl gleichförmiger Taten, bei denen bei Verlesung der typischen Vorgehensweise Hinweise auf die Gesamtzahl der Taten, den Tatzeitraum und gegebenenfalls des Gesamtschadens genügen soll.[491]

> Liegt die Betonung der Einhaltung gesetzlicher Formalien im Fokus des Mandanteninteresses, wird der **532** Verteidiger selten Anlass haben, sich auf einen Verzicht der Verlesung einzulassen (Vorsitzender: »Wir kennen doch alle den Vorwurf ...«). Ist dies allerdings ein Weg, die besondere Härte einer Tatbeschreibung im Anklagesatz von den Ohren der Öffentlichkeit fernzuhalten, wird die Verteidigung dieses Defizit nicht rügen.

Die Verlesung hat über den Vorwurf zu informieren, aber **nicht** vor der Beweisaufnahme **Elemente** **533** **der Beweiswürdigung** aus dem Ermittlungsverfahren mitzuteilen. Lediglich der Anklagesatz wird daher verlesen und nicht das wesentliche Ergebnis der Ermittlungen. Führt der Staatsanwalt dennoch unzulässiger Weise derartige Beweiswürdigungselemente ein – und sei es durch eine zu weit gehende Formulierung des Anklagesatzes selbst –, so kann dies zu einer Befürchtung der Befangenheit der derart vorab gelenkten Schöffen führen.[492]

Zu der Informationsfunktion des Vorwurfs gehören nicht die bereits festgestellten Personalien, eine **534** mögliche Untersuchungshaft des Angeklagten oder die Sicherstellung des Führerscheins. Diese Angaben des schriftlichen Anklagesatzes verliest der Staatsanwalt daher nicht.[493] Hält der Staatsanwalt sich an die Trennung von Tatvorwurf und Beweiswürdigung, kann er im Fall erkannter Unklarheit den Vorwurf ergänzend präzisieren. Gleiches soll kraft seiner Fürsorgepflicht dem Vorsitzenden möglich sein.[494]

> In der Hauptverhandlung nach Einspruch gegen einen **Strafbefehl** ist der Strafbefehlsantrag vorzulesen, **535** wobei sowohl das wesentliche Ergebnis der Ermittlungen als auch die ursprünglich vorgesehenen Rechtsfolgen wegzulassen sind. Bei **verbundenen Verfahren** sind sämtliche Anklagesätze unmittelbar hintereinander zu verlesen. Klarstellungen über den Umfang der ursprünglichen Anklage sind möglicherweise nach einer Rückverweisung durch die Revision oder nach einer Wiederaufnahme des Verfahrens notwendig. Hat sich die Verteidigung mit **Änderungen des Anklagevorwurfs** bereits zu Beginn der Hauptverhandlung auseinanderzusetzen, sind diese ihr ebenfalls deutlich zu machen. So kann ein Übernahme- (§ 225a) oder Verweisungsbeschluss (§ 270) von der Anklage rechtlich abweichende Würdigungen enthalten, die ggf. durch Verlesen dieser Beschlüsse mitzuteilen sind. Enthalten diese Beschlüsse bereits Beweiswürdigungselemente, sind sie zur Wahrung der Unbefangenheit der Schöffen nicht zu verlesen.
>
> Hat der **Eröffnungsbeschluss** des Gerichts die **Anklage modifiziert** (§ 207 Abs. 2), beschreiben die Sätze 2 bis 4 des § 243 Abs. 3 die Vorgehensweise der Staatsanwaltschaft. War bereits im Zwischenverfahren die Umformulierung des Anklagesatzes durch die Staatsanwaltschaft notwendig, ist allein der neue Anklagesatz Verlesungsgegenstand. Hierbei kann der Sitzungsvertreter der Staatsanwaltschaft allerdings seine vom Eröffnungsbeschluss abweichende Rechtsauffassung äußern. Der Verlesung des Eröffnungsbeschlusses

---

487 OLG Hamm NStZ-RR 1999, 276.
488 BGH NStZ 1984, 521; 1986, 39.
489 So aber LG Mühlhausen NStZ 2007, 358 mit bejahender Anm. *Wilhelm*.
490 BGH NJW 1982, 1057; NStZ 1982, 431; 1986, 374; 2000, 214.
491 BGH GS St 1/10 HRRS 2011 Nr. 332; s. auch schon BGH NStZ 1995, 200.
492 *Häger* GS Meyer, S. 171 ff.; zu einem ähnlich gelagerten Fall des frühen Verlesens eines Vorlagebeschlusses s. BGHSt 43, 360.
493 KMR/*Paulus* § 243 Rn. 48; *Meyer-Goßner/Schmitt* § 243 Rn. 15.
494 BGH GA 1973, 111, 112; NStZ 1984, 133.

durch den Staatsanwalt bedarf es niemals. Erst der Vorsitzende stellt danach regelmäßig fest, dass ein Eröffnungsbeschluss ergangen ist.

b) Die Entschärfung des Mythos der Anklage

536　Der Verfahrensablauf scheint dem Verteidiger in dieser Phase die Rolle eines Zuschauers zuzuweisen. Allein diese Struktur zementiert auf der Richterbank – insbesondere bei den Schöffen – und in der Öffentlichkeit einen Ausgangspunkt zukünftiger Wahrnehmung, der kaum im Verteidigungsinteresse liegt. Noch ist nicht über die Sache gesprochen worden und nunmehr soll an prominenter Stelle zu Beginn der Verhandlung mit der verkürzenden Wortgewalt eines Anklagesatzes das Böse zu Gehör gebracht werden. Die notwendigen negativen psychologischen Auswirkungen dieses »Primings« sind unschwer erkennbar. Die **Verteidigung** kann hier nur durch **eigenes Priming** dagegen halten. Das Beeinflussungsziel muss dahin gehen, den Anklagevorwurf bereits zuvor mit eigenen Worten und der Betonung der Relativität der Sachverhaltsschilderung oder dem Aufzeigen von Alternativen zu thematisieren.

537　Der formalisierte Ablauf des Hauptverhandlungsbeginns lässt keinen Raum für das notwendige »Einstimmen« aller Zuhörer auf den Text des Anklagesatzes aus Verteidigersicht. Das allgemeine Recht der Verteidigung, im Hinblick auf ein faires Verfahren jederzeit Anträge zur Verhinderung von anstehendem prozesswidrigen Verhaltens zu stellen, gibt der Verteidigung jedoch auch im Hinblick auf den Anklagesatz Veranlassung, das Wort zu ergreifen. Die Verteidigung kann sich hier zunutze machen, dass es eher zu den Seltenheiten in deutschen Gerichtssälen gehört, dass ein inhaltlich und formell korrekter Anklagesatz zu Gehör gebracht wird. Die Liste der möglichen Fehler ist lang, die Befürchtung einer Verletzung des § 200 StPO in vielen Fällen berechtigt. Dabei geht es nicht mehr um Nachlässigkeiten und Vergesslichkeiten des Anklageverfassers zu gesetzlichen Zitaten. Mangelhafte Formulierungskunst lässt nicht selten besorgen, dass die wichtige **Umgrenzungsfunktion des Anklagesatzes** nicht erfüllt ist. Oft ist der Tatvorwurf nicht hinreichend genau konkretisiert, der Verfahrensgegenstand bleibt durch blasse Formulierungen undeutlich. Tatort und Tathergang sind derart vage beschrieben, dass die Verwechslungsgefahr mit hypothetischen anderen prozessualen Taten begründet werden kann.

538　Die Legitimation für ein frühes Eingreifen der Verteidigung noch vor Verlesung des Anklagesatzes besteht darin, dass Mängel der Informationsfunktion der Fortsetzung des Verfahrens entgegenstehen. Zwar kann ein solches gemutmaßtes Verfahrenshindernis bereits im Zwischenverfahren gerügt werden. Einer erstmaligen Thematisierung unmittelbar vor Verlesen des Anklagesatzes stehen gesetzliche Vorschriften allerdings nicht entgegen.

539　Formellen Anlass für die Verteidigung zur Antragsstellung vor Anklageverlesung bietet die Rechtsprechung, die auch in dieser Phase den Ausschluss der Öffentlichkeit für möglich erachtet. »Umstände aus dem persönlichen Lebensbereich« des Angeklagten kommen bereits durch die Anklageverlesung häufig »zur Sprache« (§ 171b GVG). Unter Umständen werden auch Geschäfts-, Steuer- oder andere private Geheimnisse erörtert (§ 172 GVG). Die Verhinderung der Verlesung des Anklagesatzes in der Öffentlichkeit setzt notgedrungen einen vorhergehenden Antrag der Verteidigung voraus.

540　Ist der formelle Anlass gegeben, bedarf es der Formulierungskunst des Verteidigers, in dem eigenen Antrag bereits den im Anklagesatz demnächst zu Gehör zu bringenden Vorwurf inhaltlich vorwegzunehmen. Es ist die Darstellungsform, die dem später verlesenen Anklagesatz seine einseitige Schärfe nehmen soll. Es ist das unbewusste »Einstimmen« der Zuhörer, mit der die Verteidigung eine allein auf der als stimmig empfundenen negativ gefärbten Geschichte des Anklagesatzes gegründete Wahrnehmung des anschließenden Gangs der Beweisaufnahme verhindern kann. Im Gegensatz zu einer Verteidigungserklärung anstelle einer Einlassung reagiert hier die Verteidigung nicht, sie agiert.

541　Letztlich kann allein durch die gewählte **Form der Sprache** der Mandant in seinen Rechten schon zu Beginn der Hauptverhandlung verletzt sein. Hat die Staatsanwaltschaft im Anklagesatz eine Sprachform gewählt, die bei Zuhörern den Eindruck nahe legen muss, dass der geschilderte Sachverhalt faktisch feststeht, muss Verteidigung dagegenhalten. Die Idee des Strafverfahrens muss aus

Sicht der Verteidigung bereits zu Beginn der Hauptverhandlung deutlich gemacht werden: Der Strafprozess ist ein Forum zur Prüfung eines Verdachts in einem ergebnisoffenen Verfahren. Die Staatsanwaltschaft muss daher daran gehindert werden, ihr Ergebnis der Ermittlungen bereits als Ergebnis der Hauptverhandlung darzustellen. Wird beispielsweise der mit hinreichendem Tatverdacht behauptete Sachverhalt ausschließlich im **Indikativ** dargestellt, ist dies konsequent richtig zu stellen. Der Angeklagte »hat« nicht wie im Anklagesatz gehandelt, ihm wird allenfalls vorgeworfen, er »habe« gehandelt. Der Antrag auf »Umformulierung« des vorhandenen Textes muss zwangsläufig vor dessen Verlesung gestellt werden.

6. Mitteilung von Verständigungsgesprächen

Die obligatorische Mitteilung über vorangegangene Verständigungsgespräche (§ 243 Abs. 4) ist Teil   **542** des gesetzgeberischen Konzepts, sog. »Dealgespräche« aus dem Dunkel der Hinterzimmer in die **Transparenz** der öffentlichen Hauptverhandlung zu bringen. Unabhängig vom Ergebnis derartiger Gespräche im Vorfeld der Hauptverhandlung hat der Vorsitzende über den wesentlichen Gesprächsverlauf und -inhalt zu unterrichten. Dies gilt auch unabhängig von seiner vorhergehenden Dokumentationspflicht (s. §§ 202a, 212) in den Akten, die für die Öffentlichkeit und die Angeklagten keine Informationsquelle darstellen. Schon angesichts der Weite eines Verständigungsgesprächs (§ 257c Abs. 2) wird nahezu jede Kontaktaufnahme von Verfahrensbeteiligten mit dem Gericht die Berichtspflicht auslösen. Der Gesetzestext (»ob«) zwingt den Vorsitzenden nicht nur bei ergebnislosen Gesprächen, sondern auch dann zu einem Hinweis, wenn keinerlei Gespräche stattgefunden haben. Das »**Negativattest**« dokumentiert dann verbindlich, dass kein Vertrauenstatbestand durch Vorgespräche geschaffen wurde. Die Einhaltung der Hinweispflicht ist zu protokollieren (§ 273 Abs. 1a).[495]

> Aus schwer nachvollziehbaren Gründen will sich die Rechtsprechung dem recht eindeutigen Gesetzestext   **543** dann entziehen, wenn keinerlei Gespräche im Vorfeld stattgefunden haben. Das Verhalten spiegelt hier wie an vielen anderen Stellen den sinkenden Respekt vor gesetzlichen Formalien wider: Gerichte unterstellen dem Sinn des Gesetzes Sinnlosigkeit, wenn tatsächlich nichts passiert sei. Warum – so der BGH – solle man bekunden müssen, dass etwas nicht passiert sei? Das Bundesverfassungsgericht[496] hat hierauf mehrfach eine zutreffende Antwort gegeben: weil z.B. beim Angeklagten vor einer Entscheidung zu seinem Prozessverhalten sicher ausgeschlossen werden müsse, dass keine informellen Absprachen – möglicherweise gar mit Mitangeklagten – erfolgt seien, oder weil die Öffentlichkeit zu der bedeutenden Frage der Absprachen einen Anspruch auf vollständige Information habe. Obwohl das BVerfG dies ausdrücklich einschränkt, versucht die Revisionsrechtsprechung Verstöße gegen die Pflicht zu einem Negativattest durch die Beruhensfrage zu relativieren.[497]

Mitteilungspflichtige Verständigungsgespräche liegen immer dann vor, wenn in der Kommunikation   **544** außerhalb der Hauptverhandlung die Möglichkeit einer Verständigung im Raum steht.[498] Dies gilt auch, wenn Verteidigung und Staatsanwaltschaft Erörterungen in Gegenwart des Gerichts betreiben, das Gericht selbst sich hierzu allerdings nicht äußert.[499]

Über **Art und Inhalt** des erforderlichen Hinweises gibt das Gesetz keine nähere Auskunft. Der Richter hat sich maßgeblich am Zweck der Transparenz gemessen an den erkennbaren Interessen der Verfahrensbeteiligten und der Öffentlichkeit zu orientieren. Schriftliche Äußerungen von Verfahrensbeteiligten zu Verständigungsversuchen gehören daher ebenso dazu wie mündliche. Es war und ist Teil des Bildes eines unparteilichen Richters, dass er Gespräche mit einzelnen Verfahrensbeteiligten den übrigen nicht vorenthält und den Eindruck einer Kungelei hinter verschlossenen Türen vermeidet. Die Formalisierung der Mitteilungspflicht in § 243 Abs. 4 schützt neben der Klarstellung für den unmittelbar betroffenen Angeklagten insbesondere das Informationsinteresse der an den

---

495 BGH NJW 2011, 321 f.
496 BVerfG NJW 2015, 1235; NStZ 2013, 295.
497 Zur Verteidigung der Rspr. s. *Niemöller* Beruhensprüfung bei Verfahrensfehlern, NStZ 2015, 489 ff.
498 BGH NStZ 2016, 221; 2018, 49.
499 BGH NStZ 2018, 487 m. Anm. *Bittmann*.

Gesprächen nicht Beteiligten. Mitteilungspflichtige Gesprächsinhalte sind damit alle geäußerten Vorstellungen der Gesprächsbeteiligten zu möglichen Gestaltungen der Beweisaufnahme, zu eigenem Prozessverhalten oder zu den Rechtsfolgen einer erörterten einvernehmlichen Beendigung des Verfahrens. Der Verlauf der Gespräche ist für die nicht Beteiligten auch bei einer erfolgreichen Verständigung, die ohnehin in ihrem »wesentlichen Inhalt« mitgeteilt werden muss, von Interesse.

545 Das Verständnis der Gesprächsinhalte kann bei den Beteiligten unterschiedlich sein. **Streit um die vom Vorsitzenden gewählte Darstellungsweise** ist denkbar. Angesichts der u.U. weichenstellenden Bedeutung des einführenden Referats zu Beginn der Hauptverhandlung bedarf er der Klärung. Insbesondere Verteidiger von Mitangeklagten, die an »Dealgesprächen« nicht beteiligt waren, sind in dieser Situation gefordert. Nachfragen, das Begehren um Ergänzungen oder eine eigene Stellungnahme sind angesichts des gesetzlichen Transparenzziels möglich. Verweigerungen des Vorsitzenden zu einer solchen Klärung unterliegen der Beanstandung nach § 238 Abs. 2.

546 Die Darstellungsweise des Vorsitzenden hat auf den »Stand des Verfahrens« (§ 202a) Rücksicht zu nehmen, der noch keinerlei Ergebnisse einer gerichtlichen Sachaufklärung vorweisen kann. Maßgebliche Grundlage sind die durch das polizeiliche Erkenntnisinteresse gelenkten Ermittlungsakten. Das Gesprächsverhalten von Richtern hat diese Distanz unmissverständlich deutlich zu machen. Dies gilt insbesondere, wenn das Gericht den Bericht nach Abs. 4 verknüpft mit einem neuen Verständigungsvorschlag. Dieser ist zwar jederzeit nach § 257c möglich. Die Äußerung einer Einschätzung zu einer finalen Prozesserledigung vor einer Äußerung des Angeklagten zur Sache läuft allerdings in erhöhtem Maß Gefahr, als kaum reversible Festlegung eines nicht mehr unparteilichen Gerichts aufgefasst zu werden. Die Diskussion mit dem Mandanten um einen unverzüglichen Ablehnungsantrag wäre die Folge.

547 Das gilt erst recht für die **Schöffen.** Diese haben nichts von Verständigungsgesprächen im Vorfeld erfahren und werden erst mit der Mitteilung des Vorsitzenden von der geplanten Verständigung unterrichtet. Soll der mit dem Vorsitzenden geplante »Deal« zu einer kurzfristigen Beendigung des Verfahrens zumindest einiger der Angeklagten führen, ist eine kammerinterne Unterrichtung der Schöffen und damit eine Unterbrechung der Hauptverhandlung erforderlich. Signalisiert der Vorsitzende nach einer kurzen Beratungspause mit den Schöffen auch deren Bereitschaft zur geplanten Verständigung, kann angesichts umfangreichen Aktenmaterials bei nicht beteiligten Angeklagten die Besorgnis entstehen, den Schöffen gehe es bei der ins Auge gefassten Beendigung des Verfahrens nicht um ein gerechtes Urteil, sondern ausschließlich um ein schnelles Verfahren.

548 Unter Bezugnahme auf die Hinweispflicht am Beginn regelt Abs. 4 S. 2 im Vorgriff **das Geschehen der gesamten Hauptverhandlung**. Jeder nachfolgende Verständigungsversuch außerhalb der Hauptverhandlung hat dort durch die Berichtspflicht des Vorsitzenden Eingang zu finden. Der Zeitpunkt kann konsequenterweise nur der Wiedereintritt in die Hauptverhandlung nach dem zu berichtenden Ereignis (ein die Verständigung anregender Schriftsatz, ein Telefonat, ein oder mehrere Gespräche) sein. Auch wenn die Kommunikation zu einem eingeleiteten Verständigungsversuch zu einem solchen Zeitpunkt noch nicht abgeschlossen sein mag, ist kein Gesichtspunkt ersichtlich, der eine (vorläufige) Geheimhaltung gegenüber der gesetzlich vorgesehenen Transparenz rechtfertigen könnte.

549 Der gesetzgeberische Wille zur Transparenz von Hinterzimmergesprächen sowohl für die Öffentlichkeit als auch für alle Verfahrensbeteiligten kollidiert offensichtlich mit den Bedürfnissen der Richterschaft.[500] Gerade bei ergebnislosen Gesprächsversuchen im Vorfeld sollen richterlich geäußerte Einschätzungen nicht publik werden, weil man offensichtlich den prozessualen Handlungsspielraum hierdurch eingeschränkt sieht. Das Ergebnis ist häufig eine schlichte Ignoranz der Vorschrift, zu der sich Instanzrichter umso eher ermutigt fühlen, als die Revisionsgerichte lange Zeit durch Verneinen der Beruhensfrage eine solche Gesetzesverletzung ohne Reaktion hingenommen hatten. Das Bundesverfassungsgericht hat unterstrichen, dass als Teil der Realisierung des gesetzgeberischen Willens ein Urteil in der Regel auf einem Verstoß gegen Abs. 4 beruhen dürfte.[501]

---

500 S. *Altenhain/Haimerl* StV 2012 397 ff. m.w.N. aus der richterlichen Literatur.
501 BVerfG StV 2013, 353 ff.

Auch wenn der BGH aktuell noch Lücken in dieser Vorgabe sucht, ist die Notwendigkeit dieses forma- **550** len »Programmpunkts« zu Beginn der Hauptverhandlung mittlerweile in deutschen Gerichtssälen ange- kommen. Nachdem auch die Vordrucke der Hauptverhandlungsprotokolle entsprechend ergänzt wurden, sind die Handlungsoptionen der Verteidigung in dieser Situation minimiert. Wird der Punkt vom Vor- sitzenden übersprungen, kann ein Einschreiten notwendig sein, insbesondere wenn die Verteidigung ein Interesse daran hat zu erfahren, ob es Verständigungsgespräche mit der Staatsanwaltschaft oder anderen Verteidigungen gab. Unterlässt der Vorsitzende lediglich das – erwartete – Negativattest, kann Verteidi- gung auch ohne weitere Aktivität auf einen erfolgversprechenden Revisionsgrund hoffen. Dieser wird allerdings regelmäßig zunichte gemacht, wenn entgegen dem tatsächlichen Prozessgeschehen der Vor- druck des Protokollführers das Negativattest als abgegeben dokumentiert.

7. Belehrung des Angeklagten

Das Recht des Angeklagten, nicht zum Überführungsmittel gegen sich selbst gemacht zu werden, **551** ist ein Kernpunkt des modernen rechtsstaatlichen Strafverfahrens. Der richterliche Hinweis auf sein Schweigerecht (§ 243 Abs. 5 S. 1) zählt daher zum unverzichtbaren Bestandteil des Verfahrensab- laufs. Die Belehrung soll dem Angeklagten noch vor einer möglichen ersten Äußerung zur Sache Klarheit darüber verschaffen, dass er sich in berechtigter Weise sowohl aktiv durch eine Einlassung als auch passiv durch Schweigen verteidigen kann. Wie alle Formalisierungen ist die aufgezwungene Information des Angeklagten durch den Vorsitzenden kein Garant dafür, dass dieser die Tragweite des Rechts im Allgemeinen und den Vorteil seines Gebrauchs im Einzelfall erkennt. Der **Form der Belehrung** genügt der Vorsitzende durch ein schlichtes Gesetzeszitat. Möglicherweise drängt der aufklärerische Impetus des Vorsitzenden ihn auch dahin, es bei unverständlicher Fassade zu belassen. Dem Gesetzeszweck dürfte damit nur in den seltensten Fällen Rechnung getragen sein. Die Bedeu- tung des durch die Formalie abzusichernden Rechts gebietet, durch die Wortwahl den regelmäßig zu erwartenden Hemmungen des Angeklagten Rechnung zu tragen, dieses Recht tatsächlich auszu- üben.[502]

Auch der verteidigte Angeklagte ist nach der Konzeption des Gesetzes in Wahrnehmung der selbststän- **552** digen **Fürsorgepflicht** des Gerichts[503] zu belehren. Insbesondere beim unverteidigten Angeklagten ist u.U. eine ausführlichere Darstellung notwendig. Zu berücksichtigen hat der Vorsitzende, dass es dem erlern- ten kommunikativen Umgang des Angeklagten entspricht, zu Vorwürfen Stellung zu nehmen. Wenn Schweigen als Bruch mit gesellschaftlichen Konventionen angesehen wird, muss das Gericht in beson- derer Weise auf die Unschädlichkeit einer solchen Verhaltensweise im Prozess hinweisen. Entgegenzu- treten hat der Vorsitzende auch dem falschen Eindruck des Angeklagten, er habe aufgrund früherer Aus- sagen im Ermittlungsverfahren vor Gericht keine realistische Wahlmöglichkeit mehr.[504] Zwingend wird ein Hinweis auf die selbstständige Bedeutung der erneuten Entscheidung für ein Schweigerecht sein, wenn Verwertungsprobleme früherer Vernehmungen nur in Rede stehen. Eine qualifizierte Belehrung unter Einschluss der Unverwertbarkeit von bislang Geäußertem ist u.U. ein Gebot des fair trial.[505]

Misslungen ist eine Belehrung, wenn ihr Inhalt oder begleitende Verhaltenssignale den Eindruck **553** beim Angeklagten nahe legen, dass er mit der Wahl einer bestimmten Handlungsalternative die Erwartungshaltung des Gerichts befriedige, andernfalls das Gericht aber verärgere. Hinweise des Gerichts auf die Strafmilderungsmöglichkeiten eines Geständnisses beinhalten eine solch unerwünschte Lenkung. Dass auch ein Teilschweigen rechtlich zulässig ist, wird den wenigsten Angeklagten geläu- fig sein. Auch hierüber ist der Angeklagte aufzuklären.[506] Insgesamt muss unter Einschluss des beson-

---

502 LR/*Gollwitzer*, 25. Aufl., § 243 Rn. 65; KK/*Tolksdorf* 5. Aufl., § 243 Rn. 36; AK-StPO/*Schöch* § 243 Rn. 36; HK/*Julius/Temming* § 243 Rn. 18; KMR/*Paulus* § 243 Rn. 24; *Hanack* JR 1975, 342.
503 S. hierzu BGH NJW 1974, 1571.
504 *Eisenberg* BeweisR, Rn. 841.
505 Siehe hierzu *Geppert* GS Meyer, S. 93 ff. und die Entscheidung des EGMR Nr. 22978/05 v. 30.06.2008 (Gäfgen vs. Deutschland), HRRS 2008 Nr. 627.
506 KK/*Tolksdorf* 5. Aufl., § 243 Rn. 37; LR/*Gollwitzer*, 25. Aufl., § 243 Rn. 67.

deren Empfängerhorizonts des Angeklagten[507] der Vorsitzende sicher sein, dass der Angeklagte weiß, dass mit der Ausübung des Schweigerechts keinerlei Rechtsnachteil verbunden ist.[508]

554   Die Anwesenheit eines Verteidigers entbindet den Vorsitzenden nicht von seinen gesetzlichen Pflichten. Das Gesetz spiegelt hier ausdrücklich die unterschiedlichen Rollen und Kompetenzen des Verteidigers und seines Mandanten wider. Auch wenn wie selbstverständlich erwartet werden kann, dass die rechtlichen Möglichkeiten zuvor intern zwischen Verteidiger und Mandanten erörtert worden sind, verlangt das Gesetz aus Fürsorgegründen die Kommunikation zwischen Vorsitzendem und Angeklagtem. Die gesetzliche Logik berechtigt den Verteidiger, ausreichende Belehrungen anzumahnen, wenn er Defizite feststellt (*»Ihr Verteidiger hat Ihnen sicher schon alles Notwendige gesagt...«*).

555   Die Belehrung ist zu **protokollieren**.[509] Die Unterlassung der richterlichen Belehrung stellt einen revisiblen **Verfahrensverstoß** dar.[510] Strittig ist, ob ein Urteil auf diesem Fehler beruhen kann, wenn anderweitig sichergestellt ist, dass der Angeklagte sein Schweigerecht kannte und seine Verteidigungsentscheidung unter dem fehlenden Hinweis nicht gelitten hat. Hier obliegt dem Revisionsführer unter Umständen eine erweiterte Darlegungspflicht.[511]

556   Die Belehrung über das Schweigerecht nehmen Richter gern zum Anlass, den Angeklagten vorab darüber zu informieren, dass er nach jedem Teil der anstehenden Beweisaufnahme ein **Äußerungsrecht gem. § 257 Abs. 1** habe. Wenn darüberhinaus dem Angeklagten offenbart wird, dass diese Belehrung nur jetzt und nie mehr wieder erfolge, ist dies mittlerweile ebenso üblich wie gesetzeswidrig. Das Gesetz sieht einen Hinweis nach jeder Beweisaufnahme vor. Nichts außer richterlicher Trägheit spricht dafür, dieser Pflicht trotz ermüdender Wiederholung nicht nachzukommen. Das gilt schon deswegen, weil kaum ein Angeklagter weiß, wann eine Beweisaufnahme abgeschlossen ist. Dass dies nicht nach dem Vorspielen Dutzender abgehörter Telefongespräche der Fall ist, sondern nach jedem einzelnen Telefonat, ist das Minimum richterlicher Hinweispflicht, die nicht durch eine salvatorische Klausel zu Beginn des Verfahrens abgehandelt werden kann. Kündigt der Vorsitzende dennoch seine Passivität für die Zukunft an, sollte Verteidigung sich zur Klarstellung der eigenen Position sofort zu Wort melden.

8. Eröffnungsplädoyer der Verteidigung

a) Der rechtliche Rahmen

557   Nach der Belehrung des Angeklagten und vor dessen (möglicher) Einlassung sieht das Gesetz nunmehr die Möglichkeit der Verteidigung vor, zum gehörten Anklagesatz Stellung zu nehmen (Gegenerklärung, opening statement, Eröffnungserklärung). Das »Gesetz zur effektiveren und praxistauglicheren Ausgestaltung des Strafverfahrens« vom 22.02.2017[512] wollte mit der Neuschaffung die Transparenz der Hauptverhandlung und die Kommunikation unter den Verfahrensbeteiligten von Beginn der Verhandlung an stärken, um zu einer offenen und effizienten Verfahrensführung beizutragen. Die Schaffung eines Anspruchs auf Erwiderung zur Anklageverlesung wird von Skeptikern als Fremdkörper in einem vom Aufklärungsgrundsatz und nicht vom Parteienprozess geprägten Strafverfahren gegeißelt.[513] Für andere ist die neue Regelung der vorläufige Endpunkt eines langen

---

507 *Geppert* GS Meyer, S. 100.

508 *Schmidt-Leichner* Ist und bleibt Schweigen des Beschuldigten zweischneidig?, NJW 1966, 1720; BGH NJW 1966, 1718.

509 KK/*Tolksdorf* 5. Aufl., § 243 Rn. 39.

510 BGHSt 25, 325.

511 Zum Streitstand *Eisenberg* BeweisR, Rn. 840.

512 BGBl. 2017 3202.

513 BeckOK/*Gorf* StPO, 34. Edition, § 243 Rn. 47

Ringens um frühzeitige Wahrnehmung der Verteidigungspositionen in der Hauptverhandlung, was auch von Richterseite z.T. seit Langem begrüßt wird.[514]

Verbunden war mit der Gesetzesänderung die Hoffnung auf einen Akt der Offenheit der Verteidigung und der Strukturierung der anstehenden Beweisaufnahme. Unabhängig davon, dass eine Offenheit der Bewertung zu Beginn der Hauptverhandlung lediglich von der Verteidigung erwartet wird, das Gericht selbst sich allerdings jeglicher Äußerung über eine vorläufige Einschätzung nach wie vor enthalten soll, ist die legislatorische Formulierung dieses Experiments kaum als gelungen zu bezeichnen. Nach § 243 Abs. 5 Satz 3 erhält der Verteidiger in besonders umfangreichen erstinstanzlichen Verfahren vor dem Land- oder Oberlandesgericht, in denen die Hauptverhandlung voraussichtlich länger als zehn Tage dauern wird, Gelegenheit, vor der Vernehmung des Angeklagten für diesen eine Erklärung zur Anklage abzugeben, die den Schlussvortrag nicht vorwegnehmen darf. **558**

Der gesetzlich vorgesehene Anspruch der Verteidigung auf Äußerung ist beschränkt auf besonders umfangreiche Verfahren, die voraussichtlich länger als **zehn Hauptverhandlungstage** dauern werden. Auch wenn für kürzere Verfahren kein explizites Recht im Gesetz formuliert ist, ist die einleitende Stellungnahme der Verteidigung noch vor der Einlassung und vor der Beweisaufnahme damit im Strafprozess institutionalisiert. Schon bislang galt, dass solche Erklärungen aufgrund der allgemeinen Struktur des Strafverfahrens ihre Berechtigung haben. Jedenfalls nach der Erklärung des Mandanten, schweigen zu wollen, ließ und lässt sich aus § 257 StPO ein Anspruch der Verteidigung ableiten.[515] Nunmehr wird die Verteidigung – selbst in kleineren amtsgerichtlichen Verfahren – auf die Gesetz gewordene Idee hinweisen können, um sich berechtigterweise zu Wort melden zu können.[516] Auch das Gericht wird häufig daran interessiert sein, möglichst zu einem frühen Zeitpunkt über die Eckpunkte der Verteidigung und deren Beweisführung informiert zu werden. Um lästige Zulässigkeitsdiskussionen in der Hauptverhandlung zu verhindern und hierdurch den Inhalt des Verteidigervortrages zu entwerten und um eine Transparenz der Verteidigung anzubieten, ist die Annoncierung derartigen Vorgehens gegenüber dem Vorsitzenden vor der Hauptverhandlung oft unentbehrlich. Jedenfalls ist formell ein entsprechender Antrag der Verteidigung zu stellen. Bei Ablehnung durch den Vorsitzenden ist die Beanstandung nach § 238 Abs. 2 offen. **559**

Die Gesetzesformulierung ist irritierend, als die Erklärung der Verteidigung »**für**« **den Angeklagten** abgegeben werden soll. Die Gesetzesmaterialien weisen zwar darauf hin, dass damit das rechtliche Gehör des Angeklagten selbst effektiviert werden soll. Der Text selbst deutet allerdings einen grundsätzlichen Gegensatz zur selbstständigen Prozessrolle des Verteidigers an. Dieser gibt regelmäßig Erklärungen in eigenem Namen ab und ist nicht als Vertreter seines Mandanten. Seine Äußerungen können daher auch nicht als Einlassung angesehen werden; dies ist vielmehr höchstpersönlich dem Angeklagten vorbehalten. Ob die eine Präposition »für« in der Gesetzesformulierung diese grundsätzliche Verfahrensstruktur in Zweifel ziehen sollte, ist kaum anzunehmen. Auch im opening statement bleibt eine Verteidigererklärung eine Verteidigererklärung. Ob sie auch gegen den expliziten Willen des Angeklagten selbst abgegeben werden kann, mag fraglich sein. Eine inhaltliche Bindung für den Angeklagten im Sinne einer stellvertretenden Äußerung zur Sache oder zum Verfahren kann nicht erzeugt werden. Um bis zu einer klarstellenden Rechtsprechung keine Zweifel aufkommen zu lassen, empfiehlt es sich für die Verteidigung allerdings im Zweifelsfall, diese Konstellation nochmals in der Erklärung selbst zu betonen. **560**

Nahezu sinnlos, weil logisch nicht nachvollziehbar, ist das gesetzliche Gebot an die Verteidigung, sie dürfe mit ihrer Erklärung den **Schlussvortrag nicht vorwegnehmen.** Wenn der Schlussvortrag im Wesentlichen eine Würdigung der erfolgten Beweisaufnahme darstellt, sind Bewertungen zu Beginn der Hauptverhandlung zu einer noch nicht durchgeführten Beweisaufnahme nicht vorstell- **561**

---

514 Vgl. schon die gemeinsame Erklärung vom Deutschen Richterbund und Deutschem Anwaltverein »Für Streitkultur im Strafverfahren«, AnwBl. 1997, 664 f. = DRiZ 1997, 491 f.
515 *Wesemann* StraFo 2001, 296; *Burhoff* Hdb. HV, Rn. 461.
516 Vgl. *Wesemann* Beanstandungs- und Erklärungsrechte zur Schaffung von Freiräumen der Verteidigung, StraFo 2001, 296; *Burhoff* Hdb. HV, Rn. 461; MAH-Strafverteidigung/*Krause* § 7 Rn. 108.

bar. Kollisionen mit dem Schlussvortrag sind daher schon denknotwendig unmöglich. Die Verbots-idee der »Würdigung noch nicht erhobener Beweise«[517] läuft ins Leere und kann die Verteidigung nicht schrecken. Die merkwürdige Formulierung verrät die Unsicherheit des Gesetzgebers darüber, was Inhalt einer solchen Erklärung sein darf. Offensichtlich war man bei der gesetzlichen Neufas-sung von der Befürchtung getragen, in deutsche Gerichtssäle könne die aus den anglo-amerikani-schen Parteiprozessen geläufige Üblichkeit der Eingangsstatements der Verfahrensbeteiligten Einzug halten. Dort werden in oft bedenklich suggestiver Art der Laienjury in einer Art Prognose die Ergeb-nisse der anstehenden Beweisaufnahme vor Augen gehalten (*»wir werden beweisen, dass der Belas-tungszeuge der Anklage ein verlogenes und unglaubwürdiges Subjekt ist«*). Gelungen ist der Ausschluss solche Formulierungen für den deutschen Strafprozess durch den Gesetzeswortlaut allerdings nicht.

562   Wo ansonsten rechtliche Zulässigkeitsgrenzen zu ziehen sind, ist aktuell völlig unklar. Deutlich wird allerdings in ersten Stellungnahmen, dass Richter theatralische Auftritte von Verteidigern erwarten, die maßgeblich die anwesenden Medien beeindrucken sollen. Man erwartet politische oder gesell-schaftskritische Stellungnahmen ohne jeden Sachbezug, den man der Rubrik des gehaltlosen Palaver zuordnen und damit gleichzeitig unterbinden will.[518]

Mangels konkreter Vorgaben oder historischer Üblichkeiten ist daher zu erwarten, dass über die Zulässigkeit von Inhalten der Eröffnungplädoyers demnächst noch heftig gestritten wird, bevor dieses Rechtsinstitut Konturen annimmt. Die richternahe Literatur empfiehlt die Entziehung des Wortes gemäß § 238 Abs. 1, falls die Erklärung des Verteidigers »dysfunktional« daherkomme. Da die Funktion des Anfangsstatements nicht geklärt ist, ist erst recht nicht geklärt, was einer solchen Funktion durch den Auftritt der Verteidigung widersprechen könnte. Verteidigung muss daher ihre Ansicht im Rahmen der Rüge gegen den Wortentzug gemäß § 238 Abs. 2 verdeutlichen. Die Revi-sibilität eines endgültigen Wortentzugs ist niemals auszuschließen, da die Auswirkungen der Ver-weigerung dieser Ausformung des rechtlichen Gehörs – ebenso wie beispielsweise beim letzten Wort – mangels revisionsrichterlicher Kenntnis des Ungesagten zugunsten des Angeklagten niemals ausgeschlossen werden können.

563   Anlass für die Diskussion über diesen rechtlichen Rahmen gibt darüber hinaus der zusätzlich ein-gefügte Satz 4 des Abs. 5 in § 243. Hiernach soll der Vorsitzende dem Verteidiger aufgeben können, eine weitere Erklärung schriftlich einzureichen, wenn ansonsten der **Verfahrensablauf erheblich verzögert** würde. Ein richterlicher Verweis auf die pure Schriftlichkeit gleich zu Beginn der Erklä-rung ist damit ausgeschlossen. Zur Frage, wann das zeitliche Ausmaß der Ausführungen der Ver-teidigung erhebliche Verzögerungen zur Folge haben könnte, fehlt jeglicher Maßstab. Die Länge der Anklageverlesung sollte hier die vergleichbare zeitliche Untergrenze darstellen. Das vom Gericht avisierte Beweisprogramm der anstehenden Beweisaufnahme kann auch eine erhebliche Ausdehnung der einleitenden Bemerkungen der Verteidigung rechtfertigen.

Will die Verteidigung Streit während der Ausführungen vermeiden, bietet sich eine Klarstellung bereits zu Beginn des opening statements an. So kann der Vorsitzende darauf hingewiesen werden, dass man beabsichtige, eine Stellungnahme von circa 30 Minuten zu halten, verbunden mit der Frage, ob hiergegen Einwände bestehen. Im Einzelfall kann auch vorab die Frage gestellt werden, welchen Zeitrahmen der Vorsitzende der Verteidigung einräume. Dabei sollte die Verteidigung vor Augen haben, dass der Kampf um ein Zeitfenster von vielen Stunden dem Sinn einer solchen Erklä-rung nicht förderlich sein kann. Wie häufig in der mündlichen Verhandlung ist auch von der Ver-teidigung eine pointierte Darstellung innerhalb eines angemessenen Zeitrahmens anzustreben, der die Aufmerksamkeit der Zuhörer nicht überstrapaziert. Selbstverständlich sollte es für die kompe-tente Eloquenz von Verteidigung sein, einen vorgegebenen und akzeptierten Zeitrahmen einzuhal-ten.

---

517   BT-Drs. 18/11277, 34.
518   KK-StPO *Schneider* § 243 Rn. 70.

b) Der Inhalt

Was inhaltlich im Eröffnungsplädoyer zu sagen ist, entzieht sich jeder Regel. Es dürfte eines der **564** anspruchsvollsten Verteidigerkünste sein, nach Durchdringung eines prognostischen Verlaufs der anstehenden Hauptverhandlung den entscheidenden Akzent zu finden und zu betonen, der den durch die Verlesung der Anklage erweckten Eindruck konterkarieren kann. Leitgedanke der Ausführungen ist, die Aufmerksamkeit des Gerichts für die anstehende Beweisaufnahme zu kanalisieren.

Besondere Bedeutung haben die Verteidigerausführungen, wenn der Angeklagte sich zum Schweigen entschieden. Kann er keine unmittelbare Alternativgeschichte zur Anklage präsentieren, kann das Eröffnungsplädoyer bereits der Ort sein, zumindest abstrakt zu formulieren, dass alles ganz anders gewesen sein könne, als dies im Anklagesatz geschildert wurde. Ohne sich selbst auf Alternativgeschichten festzulegen, können Lehren aus der allgemeinen Lebenserfahrung gezogen werden, die ein völlig anderes Geschehen nahelegen. Der Appell der Verteidigung, den Zweifelssatz zu beherzigen, ist ein prägnanter Kontrapunkt gleich zu Beginn der Hauptverhandlung.

Stellen bislang undiskutierte Beweisverwertungsverbote das wichtigste Anliegen der Verteidigung **565** dar, kann mit einigen Worten das rechtliche Feld zu deren Verständnis bereitet werden. Ist zu befürchten, dass fundierte allgemeine gesellschaftliche Vorurteile die Bewertung des Geschehens, das mutmaßlich Ergebnis der Beweisaufnahme sein wird, beeinflussen wird, können Ausführungen zum besonderen sozialen Umfeld des thematisierten Geschehens angemessen sein. Waren richterliche Vorprägungen durch eine Berichterstattung der Medien unvermeidlich, können die Anfangsworte der Verteidigung die Basis für ein Umdenken setzen.

Zitate aus der Akte oder konkrete Ergebnisprognosen der Beweisaufnahme sollten allenfalls als kurze rhetorische Mittel benutzt werden. Die Idealsituation für das Eröffnungsplädoyer sieht einen Zuhörer vor, der wie die Schöffen keine Akte kennt und von der Sache nicht mehr weiß, als der soeben verlesene Anklagesatz hergibt. Die Eröffnung ist nicht der Raum für logische Deduktionen, exakte juristische Subsumtion oder argumentative Feinsinnigkeiten. Die Eröffnung ist psychologische Überzeugungsarbeit der Verteidigung in Reinkultur.

Letztlich können die ersten Worte prägend für die gesamte Verhandlungsatmosphäre sein. Ist angesichts **566** der persönlichen Kenntnis der Entscheidungsträger auf der Richterbank eine Konfrontation in der Sache unvermeidlich, kann dies mit ebenso höflichen wie deutlichen Worten annonciert werden. Umgekehrt kann es für die Verteidigung von hohem Vorteil sein, nicht nur die Kampffelder aufzuzeigen, sondern auch Einsichten und Konzessionen zu verbreiten. Auch wenn beispielsweise der Mandant schweigt, kann – wenn auch unverbindlich – angekündigt werden, dass man sich entschieden gegen die vorgeworfene Erpressung wehren wird, aber gegen den Tatbestand einer Nötigung nach Aktenlage keine ernsthaften Gegenargumente vorbringen wolle. Entspannung auf der Richterbank und damit eine für die Anliegen der Verteidigung erhöhte Aufnahmebereitschaft kann unter Umständen die richtige Leitlinie für die ersten Worte sein.

VI. Einlassungsverhalten des Angeklagten

1. Nemo tenetur

»(...) er (*der Angeklagte*) darf nicht gezwungen werden, gegen sich selbst als Zeuge auszusagen oder sich **567** schuldig zu bekennen« (Art. 14 Abs. 3g IPBPR).

»(...) nor shall be compelled in any criminal case to be a witness against himself;« 5th Amendment der Verfassung der USA.

Der Angeklagte darf in der Hauptverhandlung schweigen. Das Nemo-tenetur-Prinzip verbürgt, dass **568** niemand verpflichtet ist sich selbst anzuklagen. Es gilt als übergeordneter Rechtsgrundsatz für das gesamte Strafverfahren. Er genießt Verfassungsrang und wird aus der Menschenwürde ebenso abgeleitet wie aus dem Recht jedes Bürgers auf freie Entfaltung der Persönlichkeit.[519] Das Schweigerecht des Angeklagten ist das Herzstück eines Konzepts des fairen Verfahrens auch im Sinne der EMRK.[520] Die Achtung dieser Verteidigungsvariante ist unabdingbar, da ansonsten ein unzulässiger psychischer Aussagezwang entstehen würde.[521] Hieraus wird als ein maßgeblicher Bestandteil des rechtsstaatlichen Strafverfahrens die Freiheit des Beschuldigten abgeleitet, selbst darüber zu befinden, ob er an der Aufklärung des Sachverhalts in anderer Weise als durch Äußerungen aktiv mitwirken will oder nicht.

2. Die Entscheidung zu schweigen

569   »Bei einem Honorar von 50.000 $ stehen 5.000 $ für die Vorbereitung und Durchführung der Haupt-
        verhandlung, die restlichen 45.000 $ aber für den sachkundigen Rat, ob der Mandant sich einlassen soll
        oder nicht.«[522]

570   Die juristische Verklärung des Verbots der Selbstbelastung ist historische Reminiszenz an längst überwundene Phasen des inquisitorischen Folterprozesses. Die Freiheit des Handelns von jedem Zwang ist selbstverständlicher Teilaspekt der Subjektstellung des Angeklagten im reformierten Strafprozess unserer Zeit. Das Nemo-tenetur-Prinzip hat verfassungsrechtliche Höhen erklommen; bereits die Verweigerung der Verständigung bei der »falschen« Entscheidung zum Schweigen signalisiert seinen Absturz in der Praxis.[523] Befreit vom Pathos verblasst das Schweigen zumindest in der alltäglichen Hauptverhandlung eines Strafprozesses als Wahrnehmung eines ehernen Prozessgrundrechts und öffnet sich in seinen psychologischen Wirkungen und logischen Beweisimplikationen für das Gericht.

571   Die Entscheidung über die Wahrnehmung eines Rechts ist maßgeblich der Verteidigungsstrategie geschuldet. Die Entscheidung zu schweigen oder zu reden ist allerdings eine der schwierigsten taktischen Entscheidungen und setzt eine komplexe Einschätzung der gesamten Verfahrenslage voraus.

a) Der Effekt des schweigenden Angeklagten

572   Das **Schweigen** in einer Kommunikationssituation ist nach unserem gesellschaftlichen Verständnis etwas Ungehöriges, sogar eine **grobe Unhöflichkeit**. Üblicherweise kann der Gesprächspartner zumindest ein Minimum an verbaler Zuwendung erwarten. Schweigen verunsichert. Es mag individuelle Unterschiede in der Wahrnehmung einzelner Kommunikationsbeiträge geben, die vollständige Verweigerung einer Kommunikation stellt für den Kommunikationswilligen einen Affront dar. Letztlich strahlt der sich dem Gespräch Verweigernde auch mittelbar eine Missachtung für seinen Gesprächspartner aus.

573   Angesichts der Formalisierung der Kommunikationssituation im Prozess verlangt das Gesetz von Berufs- und Laienrichtern, einen schweigenden Angeklagten ohne derartige Empfindungen hinzunehmen. Die vollständige Ausblendung eines sozial erlernten Verhaltens vermag die als ideal gedachte Situation nicht zu bewirken. Die Verteidigung wird daher in die Überlegungen mit einzubeziehen haben, dass die Präsentation eines schweigenden Angeklagten zumindest unterschwellig eine richterliche Distanz dadurch erzeugen wird, dass dieser sich dem erlernten Reflex des Gefühls der Ablehnung ausgesetzt sieht.

574   Rechtliche Vorgaben zwingen das Gericht dazu, die Ausübung des Schweigerechts dem Angeklagten nicht negativ anzulasten. Die emotionalen Reaktionen des Gerichts hinsichtlich der möglichen

---

519 BVerfGE 38, 113; 56, 41.

520 EGMR EuGRZ 1996, 587; StV 2003, 257.

521 BVerfG NStZ 1995, 555.

522 *Alan Dershowitz*, ein Harvard-Professor und berühmter US-amerikanischer Strafverteidiger, zit. n. *König* in: Ziegert; Grundlagen der Strafverteidigung 2000, S. 96; die Besonderheit nach angelsächsischem Recht der notwendigerweise wahrheitsgemäßen Zeugenrolle des Angeklagten in eigener Sache hat für Dershowitz sicher noch eine erschwerende Bedeutung.

523 *Leitmeier* »Nemo tenetur« – ein nachteiliges Verfassungsrecht? JR 2014, 372 ff.

Motivation des Schweigens vermag die formale Regel nicht zu unterbinden. Auf einen ausführlich dargestellten Schuldvorwurf verbleibt bei dem Zuhörer häufig nur das Erklärungsmuster, dass das Schweigen mit dem Verbergen von Informationen gleichzusetzen ist.

Richter sind hiervor nicht gefeit wie ein Urteilszitat belegt: **575**

> In den Urteilsausführungen wird das prozessuale Verhalten des Betroffenen mit den Worten zusammen-gefasst, dass sein »Versuch (...), dadurch die Aufklärung des Sachverhaltes zu verhindern oder zumindest zu erschweren, dass er sich zur Sache nicht einließ, (...) gescheitert ist«.[524]

> Derartige Formulierungen verdrängen den Respekt vor dem essentiellen Verbot der Selbstbelastung zugunsten eines ordinären Blicks auf die richterliche Arbeitsentlastung. Ein – zumal frühes – Geständnis entbindet das Gericht vor der mühevollen umfangreichen Beweisaufnahme. Die Denkweise wird gerne mit – im Gesetz nicht auffindbaren – Kategorien der löblichen »Kooperation« kaschiert. Reden (= Zusam-menarbeit und Kooperation) wird sogar in der Beweiswürdigung als gewichtiges, gegen die Täterschaft sprechendes Indiz bewertet.[525]

Es dominiert daneben der gesellschaftlich eingeübte Reflex, wonach dem unberechtigten Vorwurf   **576** stets mit einer Rechtfertigung zu begegnen ist. Wer nichts zu verbergen hat, kann frei reden. Schweigt demgegenüber der mit einem persönlichen Vorwurf Konfrontierte, ist beim Beobachter das Zeichen des **Eingeständnisses des Vorwurfs** naheliegend. Auch nach jahrhundertelanger Tradition des Nemo-tenetur-Grundsatzes überwiegt bei den Betroffenen ebenso wie bei den Akteuren des Prozess-betriebes die Überzeugung, dass Schweigen ein untrügliches Indiz für die Schuld sei.[526] Die Schluss-folgerung genießt sogar z.T. rechtliche Akzeptanz: Dass der gesunde Menschenverstand in einer Verteidigungssituation Erklärungen erwarten lässt, hat – teilweise mit Billigung des EGMR – schon Eingang in angelsächsische Rechtssysteme gefunden.[527]

Das Schweigen auf den Vorwurf der Anklage bewirkt noch ein Weiteres: Die in sich schlüssige   **577** Anklage-Geschichte vom Tathergang ist zunächst die einzige Information, die das Verfahren als ein mögliches Erklärungsmuster dominiert. Die Erwiderung des Angeklagten bietet die Chance, die Fragwürdigkeit dieses Erklärungsmusters durch das Aufzeigen von Alternativsachverhalten gleich zu Beginn zu erschüttern. Wird diese Chance vertan, hat sich der Anklagevorwurf möglicherweise in den Köpfen des Gerichts bereits derart eingegraben, dass auch spätere Revidierungsversuche schei-tern müssen. Mit der Suche nach der Wahrheit begibt sich das Gericht auf die Suche nach dem eigentlichen Tathergang. Die psychologischen Gesetzmäßigkeiten favorisieren hier die plausiblen und in sich schlüssigen Geschichten,[528] wie sie durch die Anklageschrift geboten werden. Wird durch diesen Hang bereits der Anklagesatz als auch dem Urteil zugrunde zu legenden Erklärungsmuster favorisiert, so führt der Inertia-Effekt dazu, dass die einmal bevorzugte Deutung gegen diese wider-sprechenden Informationen immun bleibt. Allzu spät vorgebrachte Alternativsachverhalte haben keine Chance mehr, das frühzeitig geprägte Bild zu verändern. Wird gerade die durch den Zeitpunkt der Einlassung ermöglichte Chance einer Minimierung dieses Effekts vertan, kann das Schweigen des Angeklagten bereits verfahrensentscheidend sein, da alle anderen Rechtfertigungs- und Erklä-rungsversuche mittels weiterer prozessualer Aktivitäten schlicht verspätet und damit ineffektiv sind.

---

524   KG Berlin StRR 2010, 396 f zu einer aufgehobenen amtsgerichtlichen Entscheidung.

525   S. hierzu den Richter am LG *Drees* Schweigen und Verurteilung – Reden gleich Freispruch? AnwBl. 2017, 1198 ff.

526   S. hierzu die aufschlussreiche Studie über die Situation bei polizeilichen Vernehmungen von *Moore/ Gagnier* »You can talk if you want to«: Is he police caution on the right to silence comprehensible?, Crim.Rep. 51 C.R. 233–249, 2008.

527   Murray./. UK EuGRZ 1996, 587; ausführlich: *Gaede* Fairneß als Teilhabe – Das Recht auf konkrete und wirksame Teilhabe durch Verteidigung gemäß Art. 6 EMRK 2006, S. 315 ff.; *Saldit* Das Letzte Wort des schweigenden Angeklagten, FS Samson 2010, S. 699, 701 ff.

528   S. hierzu die amerikanischen Untersuchungen zum »Story telling model«: *N. Tenngton/R. Haistie* The story telling model for juror decision making 1993. *V. Waye* Judicial fact-finding: Trial by judge alone, in serious criminal cases, in: Melbourne University Law Review (2003) 27, 423–457.

578   Das **Schweigen belastet den Mandanten.** Er teilt notwendigerweise die Alltagserfahrung des Richters zu einem kommunikationsunwilligen Menschen. Er hat zumeist etwas zu sagen und fühlt sich missverstanden. Die Inaktivität als Reaktion auf einen nicht akzeptablen Vorwurf wird in der existenziellen Situation der Hauptverhandlung als Ohnmacht empfunden. Der ihm vom Anwalt vermittelte taktische oder rechtliche Wert einer solchen Zurückhaltung wird seine Emotionen nur beschränkt besänftigen und in Verzweiflung umschlagen, wenn die gewählte Strategie misslingt und er eine nicht akzeptable Verurteilung zu ertragen hat. Das Trauma wird ihn verfolgen, dass das Verfahren völlig anders gelaufen wäre, wenn er dem Richter nur zu Anfang hätte erzählen dürfen, wie es wirklich war.

Letztlich droht der schweigende Angeklagte entgegen rechtsstaatlicher Konzeption zum Objekt des Verfahrens zu werden. Es wird nicht mehr mit ihm, sondern nur über ihn verhandelt. Entscheiden sich Mandant und Verteidigung zum Schweigen, sollte dieser Tendenz entgegengewirkt werden. Äußerungen außerhalb der Einlassung präsentieren dem Gericht einen Menschen aus Fleisch und Blut, der nicht mechanisch mit strafrechtlichen Sanktionen bedacht werden kann. Das Äußerungsrecht zur Person bietet hierfür ebenso Gelegenheit wie die Kommentierung jeglichen Teils der Beweisaufnahme gem. § 257 Abs. 1.

> Diese rein prozessuale Stellungnahme des Mandanten ist gerade kein Bruch mit der Entscheidung zu schweigen, die Gedanken zum Teilschweigen sind fernliegend.[529] Allerdings ist der Mandant von der Verteidigung – gegebenenfalls in einer vorhergehenden Übung mit Rollenspielen – auf die Differenzierung von der Wiedergabe eigener Wahrnehmung zur Sache einerseits und der Bewertung einer Zeugenaussage oder eines vorgespielten Telefongesprächs mit dem Maßstab der allgemeinen Lebenserfahrung oder einem bereits vorliegenden Ergebnis der Beweisaufnahme andererseits einzuschwören.

579   Schweigen belastet u.U. auch den schuldigen Mandanten. Die gerade von Ermittlerseite propagierte »Befreiung« durch Entäußerung hat ihren zutreffenden psychologischen Kern. Der Umgang der Psyche mit Geheimnissen ist diffizil; jedenfalls kann tatsächlich ein quälendes Unterdrücken zur dominierenden Lebensbelastung, zur Einschränkung der eigenen kognitiven Fähigkeiten, ja sogar zu körperlichen Reaktionen führen.[530] Sieht der Mandant nur die Chance, den ritualisierten Weg der Entlastung im Strafverfahren zu gehen und erkennt der Verteidiger diese Last, ist es Teil seiner anwaltlichen Beistandspflicht, ihn auf diesem Weg zu unterstützen.

b) Die Risiken der Einlassung

580   Diese negativen psychologischen Wirkungen nimmt die Verteidigung in Kauf, die das formale Gerüst der Beweisführung in den Mittelpunkt ihrer Überlegungen stellt. Ausgangspunkt ist hier der Grundsatz, dass der Nachweis der Tatschuld seitens des Gerichts erbracht werden muss. Hierfür hat das Gericht zu seiner Überzeugung Sachverhaltselemente allein mithilfe der erlaubten Beweismittel zusammenzutragen. Je weniger Sachverhaltselemente zur Verfügung stehen, desto geringer ist die Möglichkeit einer Überzeugungsbildung von der Schuld. Die Sacheinlassung des Angeklagten – auch wenn er die Tat bestreitet – wird stets auch zusätzliche Sachverhaltselemente beinhalten, die das Gericht heranziehen kann. Im Hinblick auf die Verkürzung der Entscheidungsbasis hat der Angeklagte zunächst grundsätzlich ein Interesse an einer Beschränkung des Beweisergebnisses.

581   Seine formale Position im Beweisgefüge ist durch sein Schweigen nicht geschmälert. Das Gericht darf aus seinem vollständigen Schweigen in der Hauptverhandlung keine für ihn nachteiligen Schlüsse ziehen,[531] auch nicht, wenn er in einer früheren Phase des Verfahrens Angaben gemacht hatte.[532] Dass diese rechtliche Konsequenz mit der auch vom Mandanten gefühlten negativen Alltagsreaktion bei Gericht kollidiert, wird ihm auch der professionelle Verteidiger nicht ausreden können.

---

529   So aber *Miebach* Die Verteidigung des schweigenden Angeklagten, NStZ 2019, 318 ff., 319 m.w.N.
530   *Slepian/Camp/Masicampo* Exploring the Secrecy Burden: Secrets, Preoccupation, and Perceptual Judgements, Journal of Experimental Psychology, 2015, 144, 31 ff.
531   S. BVerfG NStZ 1995, 555; BGHSt 25, 365; BGH NStZ 2004, 392, 395.
532   BGH NStZ 1999, 47.

Schweigen ist dennoch die zu bevorzugende Variante, wenn die Nachteile des Redens offensichtlich überwiegen würden.

Insbesondere wenn der Schuldvorwurf bestritten wird, sind die nachteiligen Folgen einer Aussage **582** dem Mandanten anhand des besonderen Spannungsverhältnisses in der Hauptverhandlung vor Augen zu führen. Das Risiko, unter den psychischen Belastungen der Hauptverhandlung – insbesondere für den wenig redegewandten Mandanten – sowie unter dem Druck von Befragung und Vorhalten durch Gericht oder StA widersprüchlich auszusagen und unglaubhaft zu wirken, muss dem Mandanten bei der Vorbereitung der Hauptverhandlung deutlich vor Augen geführt werden. Der Verlauf der Vernehmung des Mandanten ist nicht planbar und daher auch nicht in der Vorbereitung vollständig zu simulieren.

Selbst Manager, die beruflichen Erfolg und Selbstbewusstsein maßgeblich auf ihre Eloquenz auf- **583** bauen, würden erfahren, dass die Kommunikationssituation vor Gericht terra incognita für sie ist. Auch wenn der richterliche Gesprächspartner seine autoritäre Rolle zurücknimmt, ist die Vernehmung des Angeklagten weit entfernt von einem offenen Gespräch. Richter orientieren sich an ihrem Erkenntnisinteresse, das einerseits durch die vorbereitende Befassung mit dem Verfahrensstoff zugunsten von schuldbegründenden Sachverhalten vorgeprägt ist und andererseits zur Kompensation und Aufrechterhaltung des richterlichen Selbstbilds von der Tendenz getragen ist, bereits erkannte eigene Bewertungsstrukturen nicht offenzulegen.

Bei allem nachvollziehbaren Rechtfertigungsbedürfnis ist der unerfahrene Mandant mit dem der Ver- **584** teidigung bekannten Phänomen zu konfrontieren, dass ein vorstrukturierter Richter die phänomenale Fähigkeit des Ausblendens der vorgetragenen Masse von entlastenden Details an den Tag legen kann. Zu ihrem Entsetzen haben Angeklagte nichts von diesen Sachverhaltselementen in dem verurteilenden Verdikt später wiedergefunden; stattdessen wurde ein vom Mandanten selbst als unbeachtlich eingestuftes Detail im Urteil herangezogen, um andere Beweisergebnisse schlüssig in ein Verurteilungskonzept einbetten zu können. Das Gefühl, selbst den letzten »Sargnagel« dem Gericht an die Hand gegeben zu haben, wird den Verurteilten ebenso wenig verlassen wie das Bild des in freundlichem Ton vernehmenden Richters als »lächelndes Fallbeil«.

Gerade bei der Unterstützung der beliebten Argumentationsfigur der »Widersprüchlichkeit der Ein- **585** lassung« macht sich der Mandant zum Beweismittel gegen sich selbst. Allein die Fülle des Vernehmungsinhalts führt regelmäßig dazu, dass in der Rückschau Teile der Mandantenangaben nicht immer schlüssig miteinander vereinbar sind. Dass aus Mandantensicht durchaus zu Recht von einer homogenen Schilderung auszugehen ist, erschließt sich erst bei Aufdeckung der Mandantenperspektive, die vom richterlichen Erfahrungshorizont oder dessen Unkenntnis der konkreten Tatumstände abweichen kann oder sogar muss. Bleiben schlüssige Erklärungsmuster oder kommunikative Missverständnisse unaufgeklärt, fällt es dem verurteilenden Richter oft leicht, die fehlende Glaubwürdigkeit des Angeklagten und damit seine Schuld mit seinen widersprüchlichen Angaben zu begründen.

Der entlastend vorgetragene Sachverhalt birgt ein weiteres Risiko: Der Schwerpunkt der Beweisaufnahme kann sich faktisch verlagern. Es besteht die Gefahr, dass statt eines Schuldnachweises übergegangen wird zur Widerlegung der Einlassung des Mandanten.

Können dessen Angaben auch nur partiell widerlegt werden, ist die Neigung der Gerichte groß, diese **586** Widerlegung als Schuldnachweis zu werten.[533] Dies wird sich kaum in den Urteilsgründen explizit widerspiegeln, denn die Rechtsprechung des Bundesgerichtshofs geht zu Recht davon aus, dass auch Lügen des Angeklagten nur mit Vorsicht als Beweisanzeichen für die Schuld zu verwerten sind, weil selbst der Unschuldige vor Gericht Zuflucht zur Lüge nehmen kann;[534] das widerlegte Alibi kann beispielsweise niemals die Schuld indizieren. Dennoch ist die richterliche Tendenz ins Kalkül zu ziehen, die plötzlich die

---

533 S. hierzu grundlegend: *Richter II* Reden – Schweigen – Teilschweigen, Anmerkungen zum Verteidigungsverhalten eines Beschuldigten, StV 1994, 687, 692.
534 S. z.B. BGH StV 1985, 356.

Anklagehypothese als fixierten Ausgangspunkt ansieht und sich gedanklich nur noch der Frage widmet, ob dieser Sachverhalt durch die Einlassung widerlegt ist.

587   Reden ist nicht deswegen risikolos, weil jederzeit wieder auf die Variante des Schweigens übergegangen werden kann. Die psychologische Wirkung des bei kritischer richterlicher Befragung erfolgenden Abbruchs der Einlassung ist gegenüber dem vollständigen Schweigen potenziert. Rechtlich kann nach Auffassung des BGH das **teilweise Schweigen** eines Angeklagten als Beweisanzeichen zu seinem Nachteil verwertet werden.[535] Wenn der sich einlassende Mandant daher einzelne Tat- oder Begleitumstände nicht erwähnt[536] oder auf einzelne Fragen oder Vorhalte keine oder lückenhafte Antworten gibt,[537] kann ihm dies bei der Beweiswürdigung zum Nachteil gereichen. Der erwartete Vorteil des Redens ist verspielt.

Schweigen ist notwendig, wenn die Präsentation der Stimme des Mandanten einen entscheidenden Belastungsfaktor darstellen würde.

588   Hängt die Beweisführung der Staatsanwaltschaft maßgeblich von abgehörten Telefongesprächen ab, so kann die Täterschaft u.U. nur nachgewiesen werden, wenn bei Abspielen des Tondokuments die Stimme eines Sprechers der des Mandanten zugeordnet werden kann. Existiert keine Vergleichsstimme, fehlt die Grundlage für phänomenale Identifizierungen von Richtern, die – revisionsrechtlich unüberprüfbar – im Urteil behaupten, aufgrund ihrer akustischen Differenzierungsfähigkeiten auch nach wenigen Worten in der Hauptverhandlung die Stimme des Mandanten auf dem Tonband ohne jeden vernünftigen Zweifel wieder erkannt zu haben. Vor einer solchen Selbstanmaßung darf sich auch der unschuldige Mandant schützen.

589   Entscheidet sich die Verteidigung zum **Schweigen**, so sollte gleichzeitig ein Konzept erarbeitet werden, das die durch die Leere der Kommunikationssituation erzeugte Emotion durch **anderweitige Aktivitäten** auffüllen kann. Bleibt bereits zu Beginn der Hauptverhandlung für das Gericht nur die Erscheinung eines lediglich äußerlich wahrnehmbaren Menschen, der sich dem Gericht verweigert, werden früh zum Teil unübersteigbare Hindernisse aufgebaut, um in einem späteren Zeitpunkt den Angeklagten betreffende emotionale Gesichtspunkte eines Tathergangs den richterlichen Entscheidungspersonen näher zu bringen.

590   »Ich bin unschuldig« oder »Der Anklagevorwurf wird von mir bestritten« stellt keine Sacheinlassung dar.[538] Auch bei Inanspruchnahme des Schweigerechts kann der Mandant durch diese Äußerung zumindest deutlich persönlich Stellung beziehen und tritt markant als Verfahrenssubjekt auf.

Zur Verdeutlichung der Position des Mandanten und zur Befriedigung seines Mitwirkungsbedürfnisses kann mit diesem auch verabredet sein, dass er intensiv von seinem Erklärungsrecht gem. § 257 Abs. 1 nach jedem Teil der Beweisaufnahme Gebrauch macht. Er tritt so alsbald als relevanter Verfahrensbeteiligter in Erscheinung und kann – auch wenn er keine eigene Einlassung abgibt – aus der Sicht des Betroffenen Beweisergebnisse in ihrem entlastenden Charakter pointiert herausstreichen. Allerdings setzt dies in der Vorbereitung das Bewusstsein für die laienhaft nur schwer nachzuvollziehende strikte Trennung von eigener Wahrnehmung des Tatkomplexes und distanzierter Würdigung von Zeugenaussagen zu demselben Komplex voraus.

Idealerweise äußert sich der zur Sache schweigende Mandant bereits zu Beginn der Verhandlung bei der Vernehmung zu den persönlichen Verhältnissen.

c) Die Notwendigkeit der Einlassung

591   Die Erwägungen zu den Vorteilen des Schweigens können durch andere Verfahrensumstände dominiert werden. Alle erkannten Risiken müssen u.U. eingegangen werden, um vorrangige Verteidigungsinteressen umzusetzen.

---

535 BGHSt 20, 298; NStZ-RR 2011, 118; StV 1981, 56; a.M. z.B. *Park* StV 2001, 591.
536 Vgl. BGH NStZ-RR 2005, 147.
537 OLG Celle NJW 1974, 201; OLG Hamm NJW 1974, 1880.
538 BGHSt 38, 302, 307.

Die allgemeine Erwägung des Schweigens zur Minimierung der richterlichen Entscheidungsgrundlage verliert dann an Wert, wenn auch das reduzierte Ergebnis der Beweisaufnahme ausreicht, um ein Verfehlen des Verteidigungsziels zu prognostizieren. Können persönliche Defizite des Angeklagten die berechtigte Erwartung der Verteidigung schüren, dass sein Vorbringen einen entscheidend negativen Eindruck erzeugen wird, so wird die Verteidigungsstrategie abseits aller psychologischen Vorgaben darauf reduziert sein, lediglich die Qualität der staatsanwaltschaftlichen Beweisführung anzugreifen. Sieht Verteidigung eine Chance, die Verteidigungsmomente als Gegengewicht zur Anklage über eine Einlassung in die Hauptverhandlung einzuführen, wäre die Ausübung des Schweigerechts primär Verweigerung und weit vom Ideal aktiver Verteidigung entfernt.   592

Die Entscheidung für eine Einlassung wird nicht nur durch die Schwierigkeit einer soliden Prognose des Verlaufs der Beweisaufnahme einschließlich aller rechtlichen Problematiken von Beweisverwertungsverboten verkompliziert. Vielmehr muss die Verteidigung eruieren, ob andere Wege der Alternativdarstellung von Sachverhalten im Verfahren weniger risikoreich sind – von der Stellung von Beweisanträgen bis hin zum Transport von Alternativideen in Verteidigererklärungen oder sogar Zeugenbefragungen. Das Gewicht der persönlichen Erklärung einerseits und das frühe Vorbringen im Verfahren andererseits lässt die Einlassung allerdings häufig alternativlos erscheinen.   593

Drängend ist die Einlassung häufig in Sachverhaltskonstellationen, in denen der Mandant seine Schuld bestreitet und lediglich ein Tatzeuge zur Verfügung steht. Die Öffnung der gegenüber den Wahrnehmungen dieses Zeugen alternativen Sichtweise des Geschehens verdeutlicht die Relativität menschlicher Wahrnehmung und führt – selbst wenn das Gericht der Darstellung des Mandanten nicht vollständig folgen will – zu ausreichenden Zweifeln an der Tragfähigkeit der Zeugenaussage. Bei einer Konstellation »Aussage gegen Aussage« ist das Gericht zwar nicht gehalten, zwingend den Ausführungen des Angeklagten zu folgen, will es allerdings seine Verurteilung ausschließlich auf die Zeugenaussage stützen, sind die Begründungsanforderungen besonders hoch. Der Angeklagte kann daher mit seiner bestreitenden Einlassung eine hohe Hürde gegen die Überzeugung von der Schuld aufbauen.   594

Zwingend erforderlich ist eine Einlassung, wenn nur auf diesem Weg der für das Verteidigungsziel notwendige Sachverhalt in die Hauptverhandlung eingeführt werden kann.

Besteht das Ziel darin, dem Gericht die rechtliche Einschätzung nahezubringen, dass sich der Mandant über Sachverhaltselemente geirrt hat und daher **unvorsätzlich** handelte, dass er den Tatbestand unter den Bedingungen der **Notwehr** erfüllte oder dass ein strafbefreiender **Rücktritt vom Versuch** vorliegt, da die Aufgabe der Tatvollendung freiwillig geschah, so ist er die einzige Auskunftsperson. Nur der Mandant selbst kann alle subjektiven Elemente des Tatgeschehens authentisch beschreiben. Auch wenn das Gericht diesen Darstellungen nicht folgen muss, wird es argumentativ zumindest sehr schwer, allein anhand von objektiven Umständen die subjektive Mandantensicht zu widerlegen. Auf der anderen Seite hat das Gericht nur durch die Einlassung die ernsthafte Möglichkeit der rechtlichen Bewertung im Sinne des Verteidigungsziels; die objektiven Ergebnisse der Beweisaufnahme geben selten ausreichende Anhaltspunkt, um auf einen fehlenden Vorsatz oder die Tätervorstellung von der noch nicht eingetretenen Beendigung der Tat im Versuchsstadium zu schließen.   595

Als strategisch nutzlos erweist sich das Schweigen oft, wenn der Mandant in einer vorhergehenden Verfahrensphase bereits Angaben zur Sache gemacht hat. Liegt ein **verwertbares Vernehmungsprotokoll** des Haftrichters oder aus einer polizeilichen Befragung vor, so wird das Gericht auf diese Angaben für seine Überzeugungsbildung zurückgreifen können. Mittelbar macht sich der Mandant zum Beweismittel gegen sich selbst, da seine Angaben entweder verlesen werden können (richterliches Geständnisprotokoll – § 254) oder über die Vernehmungsperson als Zeuge vom Hörensagen eingeführt werden können.   596

Die Realität in deutschen Gerichtssälen hat einen **Polizeibeamten als Zeugen** produziert, der entsprechend der Erwartung des Gerichts kurz vor seinem Auftritt in der Hauptverhandlung sich den Monate zurück liegenden Text der Vernehmung noch einmal durchgelesen hat und ihn als eigene (Pseudo-) Erinnerung weitgehend wörtlich in seiner Zeugenrolle wiedergibt. Entgegen der Idee der Unmittelbarkeit wird damit eine frühere Einlassung des Mandanten in Abwesenheit des Gerichts wortgetreu zur Urteilsgrundlage (s. näher unten XI.4.). Gilt es für die Verteidigung primär, die Umsetzung von Protokollin-   597 halten in die Hauptverhandlung zu verhindern, bedarf dies intensiver Überzeugungsarbeit bei Gericht (s. unten »4. Die Sicherung der Selbstbelastungsfreiheit des Mandanten«)

598   Nur wenn angesichts der beschränkten Thematik des Vernehmungsprotokolls sein Inhalt noch mit den Verteidigungszielen vereinbar ist, kann das Schweigen in der Hauptverhandlung hier sinnvoll sein. Gelegentlich können auch Darstellungsprobleme des Mandanten und schmeichelnde Protokollierungsformulierungen dazu führen, die früheren Mandantenangaben über den Polizeibeamten ohne irritierendes Nachfragen des Vorsitzenden an den Mandanten einführen zu lassen.

599   Einlassungen sind fast immer bei einer **Strafmaßverteidigung** geboten. Viele der denkbaren Strafzumessungsfaktoren ergeben sich aus dem subjektiven Erleben des Mandanten. Nur er kann daher ihn entlastende Umstände der Motivation, des Gemütszustandes und der Art der Tatausführung aus seiner Sicht überzeugend schildern. Nur über die Einlassung, die den Vorwurf der Anklage bestätigt, kann der Mandant die erheblichen Vorteile für ein **Geständnis** erwarten.

600   **Thematisch** darf sich der Mandant darauf verlassen, alle ihn im Zusammenhang mit dem Vorwurf bewegenden Punkte anzusprechen. Die rechtliche Basis hierfür ist allerdings dünn. Zur Durchführung der Vernehmung verweist Abs. 5 lediglich auf § 136 Abs. 2, der allenfalls grobe Anhaltspunkte zur Thematik einer Einlassung vermittelt. Da Gegenstand der Einlassung nicht nur der unmittelbare Tatvorwurf ist, sondern sämtliche Umstände, die entweder indiziellen Charakter haben oder sich auf Strafzumessungsfaktoren auswirken können, ist der Themenbereich der Einlassung nur schwer eingrenzbar. Wenn die Rechtsprechung »erkennbar bedeutungslose Weitschweifigkeiten«[539] dem Einlassungsbereich nicht zuordnen will, begibt sich das Tatgericht angesichts mangelnder Prognostizierbarkeit eines Sachzusammenhangs schnell in den Gefahrenbereich einer unzulässigen Abschneidung des rechtlichen Gehörs. Die durch Anklageverlesung kulminierende massive Konfrontation des Angeklagten mit drohenden strafrechtlichen Sanktionen rechtfertigt es, Inhalt und Darstellungsart des Verteidigungsvorbringens zu respektieren. Hierauf sollte sich der Mandant verlassen können.

3. Die Form der Einlassung

601   Die Einlassung des Mandanten muss **mündlich** erfolgen.[540] Dies beinhaltet nach Auffassung der jüngsten BGH-Rechtsprechung – im Gegensatz zu Üblichkeiten der vergangenen Jahrzehnte –, dass diese Phase der Beweisaufnahme zum einen den Regeln der Vernehmung folgt und zum anderen der Angeklagte sich nicht vom Verteidiger vertreten lassen kann. Trotz der seit fast 150 Jahren unveränderten gesetzlichen Struktur dieses Teils der Hauptverhandlung ist die rechtliche Grundlage schwankend, die Positionierung von Mandanteninteressen bedarf nach wie vor der Klärung.

602   Eine Vorschrift wie sie in § 69 Abs. 1 für den Zeugen existiert, gibt es für die Vernehmung des Angeklagten nicht. Sowohl die selbstverständliche Parallele zu dieser Vorschrift wie die hier formalisierte Gewährung des rechtlichen Gehörs müssen dem Angeklagten garantieren, dass er sich in jedem Fall zunächst **ohne jede Unterbrechung** im Zusammenhang äußern kann.[541] Einwürfe des Vorsitzenden sind – wenn sie über bloße Verständnisfragen hinausgehen – durch die Verteidigung zu beanstanden (§ 238 Abs. 2), um dem Angeklagten das wichtige Feld der eigenständigen Gestaltung der Einlassung zu erhalten.

603   Erst wenn er zu erkennen gegeben hat, dass seine Sachverhaltsdarstellung beendet ist, hat der Vorsitzende Gelegenheit, durch Fragen einzelne Aspekte zu vertiefen. Ob der Mandant sich diesen Fragen aussetzen will, muss verteidigungsintern zuvor geklärt sein. Die Beschränkung auf die selbstständige Darstellung hat den Vorteil der Überzeugungskraft durch Stringenz und Schlüssigkeit. Der Effekt der Verweigerung wird auf der Richterbank diesen Vorteil häufig konterkarieren. Rechtlich droht die Bewertung des Teilschweigens, wenn bestimmte Komplexe durch den Mandanten in seiner zusammenhängenden Einlassung ausgespart worden sind und bei unbefriedigtem Frageinteresse

---

539 BGH NStZ 2000, 549.
540 BGH NStZ 2008, 349 ff.
541 BGHSt 13, 358, 360; BGH StV 2001, 548 = NStZ 2000, 549.

des Vorsitzenden keine Ergänzung erfolgen kann. Den größten Überzeugungswert hat eine Einlassung, die sich auch den kritischen Fragen stellt. Denkbar ist allerdings auch hier die Dosierung einer Verweigerungshaltung, wenn z.B. unter Hinweis auf grobe Einseitigkeiten im bisherigen Verfahrensverlauf dem Sitzungsvertreter der Staatsanwaltschaft oder dem Nebenklägervertreter keine Fragen beantwortet werden.

Die Zulässigkeit von **Fragen** richtet sich nach § 241. Dabei kann der Vernehmende sich des üblichen Vernehmungsbehelfs des Vorhalts bedienen, ein in dieser Funktion vorgezogener Urkundenbeweis ist zulässig. Zu diskutieren ist demgegenüber die Thematisierung von Aussagen von Zeugen, die in der nachfolgenden Beweisaufnahme gehört werden sollen.[542]   604

Zahlreiche weitere Umstände der richterlichen Vernehmung zur Sache erfahren keine gesetzlichen Vorgaben.

> Wortwahl, Sprachduktus, Gestik und Tonfall beeinflussen die Kommunikationssituation und damit das   605
> Ergebnis der richterlichen Wahrheitssuche häufig sehr viel stärker als diejenigen Umstände, die durch
> formalisierte Vorgaben erfasst sind. Elaborierte Codes des Juristen führen zu unentdeckten Verständnis-
> blockaden beim Angeklagten, die Atmosphäre autoritärer Inquisition mündet bei manch unerfahrenem
> Angeklagten in dem dominierenden Bedürfnis, Erwartungshaltungen zu erspüren und ihnen zu entspre-
> chen.[543] Die Gewährung materiellen rechtlichen Gehörs als allgemeine Leitlinie der Vernehmensgestaltung
> gibt dem Vorsitzenden auf, dem Angeklagten gegenüber zu dokumentieren, dass und in welcher Weise
> sein Anliegen verstanden worden ist und dass dieses Anliegen Eingang in gerichtliche Erwägungen finden
> wird.

Konsequenz einer effektiven Ausübung rechtlichen Gehörs ist es, dass der Angeklagte Darstellungs-   606
umfang und Darstellungsform selbst wählen kann. Auch wenn sein Verhalten einer Würdigung zugänglich ist, darf ihn nichts daran hindern, nach einer zusammenhängenden Darstellung einzelne oder sämtliche Fragen unbeantwortet zu lassen. Ebenso ist es seine autonome Entscheidung, ob er seine Darstellung in **freier mündlicher Rede** vorträgt oder sich Hilfsmittel bedient. Unbestritten ist, dass er sich an Notizen orientieren kann. Da der Umfang der Gedächtnisstütze nicht vorgegeben ist, darf der Mandant auch nicht daran gehindert werden, vollständig eine vorbereitete **schriftliche Erklärung** zu verlesen.[544] Wie bei der Wahrnehmung des letzten Wortes[545] hat der Vorsitzende nicht zu hinterfragen, ob sprachliche Unbeholfenheit oder taktisches Kalkül den Angeklagten zu einer Beschränkung auf das Verlesen veranlasst hat. Die Verlesung eines Schriftstücks durch den Vorsitzenden ersetzt die Einlassung nicht; dem auch hier geforderten Mündlichkeitsprinzip[546] ist durch das Verlesen seitens des Mandanten aber Genüge geleistet.

Die Flüchtigkeit des gesprochenen Worts und die Möglichkeit von Missverständnissen sind nir-   607
gendwo in der Hauptverhandlung so gravierend wie bei der Einlassung. Die Nachvollziehbarkeit der Darstellung des Angeklagten – bis in die Revisionsinstanz – ist daher häufig Verteidigungsinteresse. Idealerweise lässt sich dies mit einem Urkundenbeweis erreichen. Auch wenn die schriftlich vorbereitete und verlesene **Einlassungserklärung** zu Protokoll gereicht wird, gewinnt sie hierdurch allerdings **nicht Urkundenqualität**.[547]

Dies lässt sich nur über einen Umweg erreichen. Lässt sich der Angeklagte nicht mündlich ein, son-   608
dern übergibt er lediglich eine schriftliche Erklärung, wird diese erst mit der Anordnung der Verlesung durch das Gericht über die Urkundenqualität Teil der Beweisaufnahme. Ob im Einzelfall eine Verpflichtung des Gerichts zur Verlesung eines Einlassungsschriftsatzes besteht, richtet sich

---

542 LR/*Gollwitzer* § 243 Rn. 87.
543 Zur Problematik der Vernehmungsgestaltung s.: *Eisenberg* BeweisR Rn. 841 ff.
544 BGH NStZ-RR 2015, 81 f.; NStZ 2015, 418 f.
545 BGHSt 3, 368, 369.
546 BGH StraFo 2004, 98 = StV 2007, 622; BGHSt 52, 175 = StV 2008, 394.
547 BGH StraFo 2004, 98; 2004, 173; BGH StV 2007, 621, 622 = StraFo 2007, 377.

nach den Grundsätzen der Aufklärung gem. § 244 Abs. 2.[548] Dem will sich die aktuelle Rechtsprechung durch Hinweis auf die evidente Umgehung der gesetzlich vorgesehenen mündlichen Einlassung verweigern.[549] Z.T. wird die schriftliche Äußerung des Mandanten als unzulässiger Ersatz angesehen; dann soll das Gericht nicht verpflichtet sein, die Erklärung zu verlesen.[550] Die Begründung erscheint eher disziplinierend als gesetzesadäquat. Beinhaltet die Urkunde schuld- oder strafrelevantes Vorbringen, wird sich das Gericht regelmäßig aufgrund der Aufklärungspflicht zu deren Einführung gedrängt fühlen müssen. Das Risiko der Verteidigung, dass derart vorgebrachtes Wissen des Mandanten völlig ignoriert wird, ist überschaubar.

609   Die Strategie zu schweigen kann darüber hinaus mit der Absicht einhergehen, Äußerungen des Mandanten außerhalb der Hauptverhandlung in diese einzuführen, und zwar ohne das Risiko eingehen zu müssen, diese Angaben einer kritischen Befragung des Angeklagten in der Hauptverhandlung aussetzen zu müssen. Prozessuale Umsetzungsmöglichkeiten[551] ergeben sich, indem der Mandant vor der Hauptverhandlung **schriftlich Äußerungen** zur Sache macht, die in der Hauptverhandlung durch Verlesung (§ 249 Abs. 1) eingeführt werden können.[552] Derartige Stellungnahmen müssen unmittelbar vom Angeklagten selbst stammen, der Verteidigerschriftsatz ist als Urkunde der Beweiswürdigung nicht zugänglich. Äußerungen in aus der Haft an Angehörige geschriebenen Briefe, die nach Briefkontrolle häufig pauschal als verfahrensrelevant zumindest in Kopie zur Akte kommen, sind ebenso taugliches Medium für das Verteidigungsanliegen wie unmittelbare Schreiben des Mandanten an Staatsanwalt oder Gericht.

610   Richterliche Geständnisprotokolle sind problemlos verlesbar (§ 254). Geständnis ist jedes Zugestehen bestimmter Tatsachen, sodass auch Erklärungen des sich unschuldig Fühlenden darunter fallen. Mit beschränktem Gefährdungspotential für den Mandanten lässt sich häufig ein solches Protokoll durch die Verteidigung in Haftsachen produzieren. Die Angaben des Mandanten im Haftprüfungstermin sind vom Richter zu protokollieren. Erkenntnisinteresse und Aktenkenntnis des chronisch überlasteten Ermittlungsrichters sind zumeist derart limitiert, dass der Mandant mit überraschenden Fragen nicht zu rechnen braucht. Er kann damit im Vorfeld die Informationen selektieren, die er in der Hauptverhandlung durch Verlesen einführen lassen will.

611   Das Recht des Angeklagten zur **Einlassung** ist ein höchstpersönliches. Äußerungen Dritter, auch die **des Verteidigers**, können daher grundsätzlich die Einlassung nicht ersetzen.[553] Der Verteidiger vertritt nicht den Angeklagten im Willen. Äußerungen, Stellungnahmen und Anträge gibt er regelmäßig in Wahrnehmung seiner eigenständigen Verteidigerrechte ab. Anderes gilt nur dann, wenn das Gesetz ausnahmsweise eine derartige Vertretung vorsieht, wie beispielsweise im Fall des zulässigerweise abwesenden Angeklagten gem. §§ 234, 329, 350, 387, 411. Ansonsten kann eine Erklärungsvertretung in der Hauptverhandlung nur dann angenommen werden, wenn der Angeklagte selbst durch eine zusätzliche unmissverständliche Äußerung klargestellt hat, dass er eine Sachverhaltsdarstellung seines Verteidigers auch als seine eigene gelten lassen will.[554] Eine ausdrückliche Bevollmächtigung kommt hier ebenso in Betracht wie eine nachträgliche Genehmigung.[555]

---

548 BGHR § 243 Abs. 4 Äußerung 5; BGH NStZ 2000, 439; BGH NStZ 2008, 527, 528; *Schlothauer* Die prozessuale Verwertbarkeit verschiedener Formen der Beschuldigteneinlassung im Strafverfahren, StV 2007, 623; *Park* StV 2001, 589, 592.

549 Vgl. nur BGH NStZ 2004, 163; NStZ 2004, 392; zustimmend zitiert bei *Miebach* Die Verteidigung des schweigenden Angeklagten, NStZ 2019, 318 ff.

550 BGH NStZ 2000, 439; weiterführend: *Schlothauer* StV 2007, 623 ff. und *Schlösser* Die Einlassung des Angeklagten durch seinen Verteidiger, NStZ 2008, 310 ff.

551 S. auch: *Eisenberg/Pincus* Sachäußerungen des schweigenden Angeklagten in der Hauptverhandlung, JZ 2003, 397; *Noll* Die – schriftliche – Sacheinlassung des Angeklagten durch die Verteidigung, StRR 2008, 444.

552 S. *Park* StV 2001, 593; *Burhoff* Hdb. HV, Rn. 1040.

553 BGH StraFo 2007, 377; BGH StraFo 2008, 79 = NStZ-RR 2008, 21.

554 BGH NStZ 1990, 447; NStZ-RR 2000, 210; anders allein BGH StV 1998, 59 mit abl. Anm. *Park*; s. auch: *Schlösser* NStZ 2008, 310 ff.

555 BGH StV 2005, 536; BGH JZ 2006 m. Anm. *Olk*.

Auch in diesem Fall gewinnen verlesene und zur Akte gereichte Verteidigererklärungen nach Ansicht der **612**
Rechtsprechung keine Urkundenqualität.[556] Dies hat Bedeutung für die Revisionsinstanz und das dort
nach wie vor dominierende Prinzip des Verbots der Rekonstruktion der Hauptverhandlung. Das Revisionsgericht soll weder den Inhalt von Zeugenaussagen noch den Inhalt der Einlassung mit eigenen
Erkenntnismitteln rekonstruieren können. Die richterliche Darstellung im angefochtenen Urteil ist die
einzige Quelle für den Inhalt der Äußerungen. Eine Ausnahme bildet der Urkundenbeweis, da der Inhalt
der verlesenen Urkunde auch durch das Revisionsgericht unschwer rekonstruiert werden kann.

Ohne die Revisionsregel grundsätzlich zu hinterfragen, spricht vieles dafür, eine schriftlich zu den Akten
gereichte Einlassung in derselben Weise vom Rekonstruktionsverbot auszunehmen. Wenn die wörtliche
Protokollierung einer Aussage gem. § 273 Abs. 3 S. 1 StPO das Revisionsgericht inhaltlich bindet, und
wenn dem Verteidiger als Organ der Rechtspflege ebenso eine Garantstellung für die Übereinstimmung
der verlesenen mit der schriftlich eingereichten Einlassung zugewiesen wird, sollte dem Schriftstück auch
in der Revision inhaltliche Bedeutung zukommen.[557] Wenn die Revision behaupten kann, dass außer dem
Verlesenen keine Einlassung in der Hauptverhandlung erfolgte, ist eine Rüge des Verstoßes gegen § 261
StPO denkbar, wenn die Einlassung im Urteil nicht oder nicht vollständig gewürdigt wird.

Auch wenn die Praxis noch weit von dieser Einschätzung entfernt ist, lohnt zur Vermeidung von richterlichen Missverständnissen dieser Weg vor dem Tatrichter. Im Übrigen ist abseits formaler Revisionsüber-
legungen der Bindungswert eines solchen Schriftstücks zur Disziplinierung der richterlichen Urteilsab-
fassung eminent, um allzu grobe Abweichungen in der Darstellung des Prozessgeschehens zu unterbinden.

Der **Zeitpunkt der Einlassung** des Angeklagten ist nicht zwingend der Beginn der Hauptverhand- **613**
lung. Der Angeklagte kann sich stets bis zum Ende der Beweisaufnahme zur Sache äußern, sodass
er in seiner Sacheinlassung auch bereits vorliegende Ergebnisse der Beweisaufnahme mitberücksich-
tigen kann. Angesichts der Bedeutung der Sacheinlassung wird nach entsprechender Ankündigung
das Gericht die Beweisaufnahme zu diesem Zweck unterbrechen müssen.[558] Bei aller Skepsis des
Gerichts gegenüber dieser Strategie darf der späte Zeitpunkt der Einlassung nicht zum Nachteil des
Mandanten gewertet werden.[559]

Richter betonen stets, dass der Angeklagte nur bei einem **frühen Geständnis** mit einer erheblichen
Reduzierung im Strafmaß rechnen kann. Das ist insofern falsch, als auch ein spätes Geständnis
durch die innere Haltung der Reue und Einsicht zwangsläufig strafmildernde Effekte haben muss.

Die eingeschränkte Strafmaßreduzierung ist insoweit nachvollziehbar, weil nur auf diesem Wege die
erstrebte Arbeitsentlastung für das Gericht realisiert werden kann. Andererseits kommt ein Verzicht
auf weitere Beweisaufnahmen für das Gericht nur dann in Betracht, wenn es von einem glaubwürdigen Geständnis ausgeht. Die Überprüfung der Glaubhaftigkeit der Angaben des Mandanten wird
in den meisten Fällen allerdings nur zu einer überschaubaren Reduzierung des Beweisprogramms
führen. Der negative Effekt des zeitaufwendigen Prozesses kann daher – jedenfalls außerhalb der
Verständigung – nur selten dem späten Geständnis zugerechnet werden.

Es kann daher eine durchaus sinnvolle Verteidigungsstrategie sein, erst nach Durchführung eines
Teils der Beweisaufnahme eine geständnisgleiche Einlassung anzukündigen. Der vom Gericht
geschätzte Wert eines solchen Geständnisses kann häufig von der Verteidigung erst nach einigen
Hauptverhandlungstagen valide prognostiziert werden. Einem Mandanten, der erstmalig die Dynamik einer Hauptverhandlung und möglicherweise die sehr skeptische Rezeption von Entlastungs-
momenten in der Beweisaufnahme durch einen Vorsitzenden erlebt hat, wird sich jedenfalls von der
zu Beginn vorhandenen Illusion befreien, er müsse nur die Wahrheit sagen und das Gericht wird
ihm blind folgen.

---

556 BGH NStZ 2008, 527.
557 S. näher zu dieser Überlegung *von der Meden* Die Berücksichtigung von Einlassungen des Angeklagten
      in der Revision, NStZ 2018, 77 ff.
558 BGH NStZ 1986, 370.
559 BGH StV 1994, 413.

Der Verteidigung droht bei einem nicht zu Beginn der Beweisaufnahme abgegebenen Geständnis allerdings ein wichtiger Nachteil: Die Strafmaßreduzierung gerät in Gefahr, wenn das Gericht berechtigterweise dem Angeklagten entgegenhalten kann, sein Geständnis reflektiere lediglich die Erkenntnis, dass er durch die bisherige Beweisaufnahme bereits überführt sei und daher ohnehin keine andere Chance habe. Prognostiziert die Verteidigung eine solche mögliche »Überführung« durch angekündigte Zeugen, ist eine vorhergehende Geständniserklärung mit dem Mandanten unbedingt zu besprechen. Droht dennoch das Verdikt eines verspäteten und damit nutzlosen Geständnisses, hat der Verteidiger in einer zusätzlichen Erklärung und spätestens im Plädoyer deutlich zu machen, dass entgegen der gefühlten richterlichen Überführungssituation vor Abgabe des Geständnisses das Beweismosaik keinesfalls derart gefestigt war, dass das Geständnis nur noch als Formalie anzuerkennen ist.

4. Die Sicherung der Selbstbelastungsfreiheit des Mandanten

614 Will der Mandant schweigen und/oder gebietet die Verteidigungsstrategie, eigene Angaben des Mandanten nicht zur Beurteilungsgrundlage des Gerichts werden zu lassen, besteht die Aufgabe der Verteidigung in einer effektiven Durchsetzung des Schweigerechts des Mandanten.

a) Schweigen in der Hauptverhandlung

615 Dem (zumeist richterlichen) Druck in der Hauptverhandlung, auf das Schweigerecht zu verzichten, kann der Verteidiger angemessen entgegentreten. »Aufmunterungen« des Vorsitzenden in diese Richtung enthalten häufig Elemente vorweggenommener Schuldbewertung, bewegen sich mit überzogenen Strafmaßvorstellungen für den Fall des fehlenden »Geständnisbonus« im Bereich unzulässiger Druckausübung oder geben anderweitig Anlass, die Besorgnis der Befangenheit zu hegen. Verständigungsgespräche im Hinblick auf ein Geständnis (und das ist die Regelvoraussetzung eines »Deals«) können schon im Ansatz durch die Ankündigung der Verweigerung der Verteidigung, hieran mitzuwirken, verhindert werden; der nicht erbetene einseitige öffentliche Vorschlag des Gerichts stellt sich auf diesem Hintergrund als nicht geeigneter Fall der Verständigung dar – was die gerichtliche Aktivität a priori gesetzeswidrig werden lässt.

616 Auch die Fassade der Sorge des Gerichts, der Persönlichkeit des schweigenden Angeklagten vielleicht in der Urteilsbewertung nicht ausreichend gerecht zu werden, kann in ihrem tatsächlichen Gehalt durch eine Stellungnahme entlarvt werden. Einem solchen Vorgehen sollte in allen Facetten die mandatsinterne Diskussion und Entscheidung vorausgegangen sein. Sollte die Begründung der richterlichen Aufforderung, die Wahrnehmung des Schweigerechts zu überdenken, ebenso neue wie überraschende Einblicke in die richterliche Denkweise eröffnen, ist der Anlass für eine Unterbrechung und interne Beratung gegeben.

617 Letztlich wird angesichts der disziplinierenden Transparenz der öffentlichen Hauptverhandlung mit einer Verteidigererklärung zum besonderen Wert des Schweigerechts des Angeklagten der notwendige Respekt vor diesem Verfahrensgrundrecht ausreichend befördert werden können.

b) Das verletzte Schweigerecht im Ermittlungsverfahren

618 Eine vergleichbare Verlässlichkeit gibt es für das weitgehend von der Verteidigung (und erst recht der Öffentlichkeit) unkontrollierte Geschehen des Ermittlungsverfahrens nicht. Das hohe Gut der Selbstbelastungsfreiheit will der Gesetzgeber zwar durch ein formalisiertes Vernehmungsverfahren einschließlich weitgehender Belehrungspflichten auch im Ermittlungsverfahren absichern. Deren Einhaltung steht allerdings in Rede, wenn der Akteninhalt (angebliche) Angaben des Mandanten wiedergibt.

619 Die Verteidigungskonstellation ist ebenso häufig wie problematisch: Der Mandant versichert, in der noch unverteidigten Phase die fixierten Angaben nicht (oder nicht so) gemacht zu haben, nicht belehrt worden zu sein oder mit Versprechungen oder Bedrohungen redegefügig gemacht worden zu sein. Das Schweigen in der Hauptverhandlung verhindert nicht, dass sich das Gericht nach aktu-

ellem Prozessrecht über Zeugen der Vernehmungssituation (zumeist Polizeibeamte) oder z.T. auch Urkunden ein Bild über die angeblich früheren Angaben des Mandanten zur Sache machen und dieses seiner Urteilsfindung zugrunde legen kann. Die Realität in deutschen Gerichtssälen besteht zumeist darin, dass Gerichte weitgehend gelöst vom Eindruck des Geschehens der restlichen Beweisaufnahme ihren Fokus auf die wohlwollende Rekonstruktion eines sich plausibel lesenden Geständnisprotokolls legen, auch wenn dieses von durch Ermittlungshypothesen geleitete Polizeibeamte in deren eigenen Worten ohne jede unabhängige Kontrolle in ihrem Dienstzimmer produziert wurde.

Die Rettung des Rechts auf Selbstbelastungsfreiheit besteht hier in dem Widerstand gegen den – unkritischen – Transport angeblicher polizeilicher Erfolge, den Beschuldigten zum Reden veranlasst zu haben.

Einen formalen Ansatz bieten **Verstöße gegen die Belehrungspflichten**. Hat sich der Beschuldigte **620** selbst gegenüber einem Polizeibeamten belastet, ist Anlass für ihn häufig eine fehlerhafte oder gar vollständig fehlende Belehrung. Nach jahrzehntelanger Qualifizierung der Belehrungspflicht als schlichte Ordnungsvorschrift erkennt die höchstrichterliche Rechtsprechung nunmehr an, dass die Belehrung eine Essentiale für die Wirksamkeit einer Selbstbelastung ist. Ein Belehrungsmangel macht die Mandantenangaben grundsätzlich unverwertbar.[560]

> Die relevanten polizeilichen Fehler sind vielfältig. So wird zum Teil gar nicht belehrt, obwohl die Ver- **621** dachtsmomente offensichtlich sind. Polizisten rekurrieren dabei auf die Rechtsprechung zu sog. **Spontanäußerungen** und suggerieren, dass ihnen Angaben des Beschuldigten förmlich aufgedrängt worden seien, sie also gar keine Gelegenheit hatten, den Redefluss zu stoppen und den Beschuldigten auf sein Schweigerecht hinzuweisen. Verteidigung muss hier den »Kommunikationsüberfall« des Beschuldigten als Phantom entlarven; denn regelmäßig kann jeder Ermittler schon nach wenigen Sekunden erkennen, dass ein Beschuldigter sich zur Sache äußert.[561] Seitenlang dokumentierte »Spontanäußerungen« sind zwangsläufig unverwertbar.
>
> Macht der Beschuldigte nach Belehrung von seinem Schweigerecht Gebrauch, kann dieses Verfahrensergebnis nicht durch andere Kommunikationsansätze des Vernehmenden umgangen werden.[562] Kriminalbeamte machen gern das Gegenteil und versuchen durch Alltagskommunikation den »Kontakt« zum schweigewilligen Beschuldigten aufrechtzuerhalten; sie suchen den Gesprächsansatz, um ohne weitere Belehrung doch Angaben zur Sache zu gewinnen. Geständnisse aufgrund derart provozierter Erklärungen werden dann gerne der eigenverantwortlichen Entscheidung des Beschuldigten zur Fortsetzung des Gesprächs zugerechnet. Verteidigung muss hier durch detaillierte Rekonstruktionsbemühungen die fehlende Plausibilität solcher Rechtfertigungsszenarien nachweisen.
>
> Wird ein erkennbar Tatverdächtiger in einer Vernehmung schlicht als Zeuge behandelt und somit nicht als Beschuldigter belehrt, ist dies ebenso rechtsfehlerhaft[563] wie das Unterlassen einer ausreichenden Beschreibung der **vorgeworfenen** »**Tat**« (§ 163a Abs. 4), die hinsichtlich des fraglichen Sachverhalts ebenso darzustellen ist wie hinsichtlich der rechtlichen Qualifizierung. Nicht ausreichend ist der lapidare Hinweis auf den Verstoß »gegen BtM« oder »die Geschehnisse während des letzten Urlaubs«. Gleiches gilt für die herunterdefinierte Tatbeschreibung, bei der der Vernehmungsgegenstand beispielsweise als Brandstiftung bewertet wird, obwohl eine Leiche im betroffenen Haus längst gefunden wurde. Wird trotz Tötungsverdachts der Beschuldigte nur dahin gehend aufgeklärt, dass er seiner Frau »etwas Schlimmes angetan«

---

560 BGHSt 38, 214 f.

561 Das gilt auch für eine begonnene Zeugenvernehmung, in der der Vernommene sich belastet. Unterbricht das polizeiliche Vernehmungsteam diese Vernehmung, um den Umgang mit dem nunmehr als Beschuldigten erkannten intern zu beraten, und macht in dieser Zeit der Vernommene Angaben gegenüber dem einzig bei ihm verbliebenen Beamten, kann dieser sich in Kenntnis der Belastungssituation nicht darauf berufen, schlichter Empfänger von Spontanäußerungen zu sein; anders allerdings BGH 5 StR 195/19 – NStZ-RR 2019, 315 unter Verkennung der Pflicht des Beamten zur Wahrung der Selbstbelastungsfreiheit.

562 BGH HRRS 2013 Nr. 805, sogar die Vernehmung durch eine Haftrichterin wurde als unverwertbar angesehen, weil die Gesprächsfortsetzung nach erklärter Entscheidung zu schweigen unzulässig war.

563 BGHSt 51, 367; BGH NJW 2009, 3589.

habe und ihm trotz mehrfacher Nachfrage, ob seine Frau noch lebe, keine Informationen gegeben werden, ist ihm der Tatvorwurf nicht ausreichend eröffnet.[564]

Hier eröffnet sich zumeist ein Erfolg versprechendes Feld für den um Rekonstruktion des Ermittlungsverlaufs bemühten Verteidiger in der Hauptverhandlung. Während oft entgegen der Wahrheit und/oder der Erinnerung des Vernehmungsbeamten dieser in seiner Zeugenrolle bekundet, er habe (wie dies der Textbaustein im Vernehmungsprotokoll ausweise) auf das Schweigerecht und die Verteidigerkonsultation hingewiesen, versagt diese abstrakte Bezugnahme bei zu individualisierenden Tatbeschreibungen. Schlicht fehlende Erinnerung oder Widersprüche zu Aussagen anderer anwesender Beamter lassen den Verfahrensverstoß oft erkennbar werden.

Ein – wenn auch der klassischen Abwägung der Beweisverwertungsprüfung unterliegender[565] – Fehler liegt ebenso vor, wenn es an einer notwendigen **qualifizierten Belehrung** fehlt. Hat der Beschuldigte Angaben nach fehlerhafter Belehrung gemacht, so können Einlassungen in einer weiteren Vernehmung trotz nunmehr korrekter Belehrung dann nicht verwertet werden, wenn der Beschuldigte nicht zuvor auf die Unverwertbarkeit seiner früheren Angaben hingewiesen worden war. Ansonsten würde auch die jüngere korrekte Belehrung nichts an der Erwartung des Beschuldigten ändern, dass eine Ausübung des Schweigerechts angesichts der bereits gemachten Angaben ohnehin sinnlos sei. Die Notwendigkeit einer qualifizierten Belehrung wird nach Aktenlage häufig nicht erkennbar sein, wenn nur eine einzige polizeiliche Vernehmung dokumentiert ist. Tatsächlich wird es häufig bei Festnahme eines Beschuldigten vorhergehende Gespräche mit Transportbeamten oder bei erkennungsdienstlichen Maßnahmen geben, die in der Sache als Vernehmungen zu bewerten sind. Gleiches gilt für »informatorische« Gespräche oder »Vorgespräche«. Das Belehrungsdefizit in dieser Phase hätte durch eine – nicht dokumentierte – qualifizierte Belehrung in der protokollierten Vernehmung kompensiert werden müssen.

Hat die Zeugenvernehmung beteiligter Polizeibeamter ergeben, dass es tatsächlich in der Akte nicht aufscheinende weitere Gespräche vor der protokollierten Vernehmungssituation gegeben hatte, setzt die uneingeschränkte Verwertbarkeit der protokollierten Vernehmung eine vorhergehende qualifizierte Belehrung voraus. Diese wird regelmäßig fehlen, z.T. weil der Vernehmungsbeamte die vorhergehenden Gespräche seiner Kollegen gar nicht kannte. Um die Verwertbarkeit vor Gericht zu »retten«, wird von Polizeibeamten die Notwendigkeit einer qualifizierten Belehrung mit der Behauptung verneint, auch bei allen vorhergehenden – nicht protokollierten – Gesprächen sei der Beschuldigte ordnungsgemäß belehrt worden. Hier bleibt es der Vernehmungskunst der Verteidigung vorbehalten, Beschönigungen oder gar Lügen polizeilicher Zeugen zur angeblichen Belehrung zu entlarven. Hilfreich ist hier der Hinweis auf § 168b Abs. 3, der ausdrücklich auch vom polizeilichen Gesprächspartner verlangt, dass er eine Belehrung in der Akte zu dokumentieren habe. Fehlt in der Akte jeder Hinweis auf das vorhergehende Gespräch, ist auch die Belehrung nicht dokumentiert. Das Defizit wird der Polizeibeamte nur selten sinnvoll erklären können.

622 Lässt sich für die Verteidigung aus formalen Gründen die Transformierung polizeilicher Vernehmungsergebnisse in gerichtliche Entscheidungsgrundlagen nicht verhindern, muss das Schwergewicht der Überzeugungsarbeit in der Vermittlung der Fragwürdigkeit solcher Ergebnisse liegen.

623 Ohne dass – zunächst – formale Fehler im polizeilichen Agieren thematisiert werden, bedarf die Erkenntnis eindringlicher Wiederholung, dass die Konstellation von Beschuldigtenvernehmungen im Ermittlungsverfahren generell zur Rekonstruktion eines Geschehens nur sehr bedingt geeignet ist. Der Vernommene selbst ist durch Vorwürfe in Bedrängnis, sieht sich einem autoritären Vernehmenden gegenüber, fühlt sich angesichts unkontrollierbaren Verfahrensverlaufs in existenzieller Not. Er ist in einem psychischen Ausnahmezustand. Bei allem Respekt vor seinem redlichen Anspruch der objektiven Sachverhaltsaufklärung ist jeder vernehmende Polizeibeamte in seiner Rolle und Aufgabe verstrickt. Er hat einen Fall aufzuklären, bei der Aufklärungsarbeit sind Formalien wie die Belehrungspflicht kontraproduktiv. Der berufliche Erfolg eines Kriminalbeamten macht sich an seiner Aufklärungsquote fest, nicht an der Aufrichtigkeit, mit der er der Unschuldsvermutung zum Durchbruch verhelfen will. Die Arbeitsweise ist geprägt von Ermittlungshypothesen, die sich als

---

564 BGH NStZ 2012, 581.
565 BGH NJW 2009, 3589 f.; ausführlich s. *Rogall* Grund und Grenzen der »qualifizierten« Belehrung im Strafprozess, FS Geppert 2011, S. 519 ff.

kaum überwindliche Hindernisse einer offenen Entgegennahme von Informationen des Beschuldigten erweisen. Die Überführung einer bereits ausgemachten Tat dominiert die Beschuldigtenvernehmung zwangsläufig.

Die Wahrung des Schweigerechts in der Vernehmungssituation stellt gerade nicht die Selbstverständlichkeit dar, die von den meisten Gerichten unterstellt wird. Die notwendigerweise bedrängende Atmosphäre einer Vernehmungssituation muss vielmehr grundsätzliche Zweifel daran aufkommen lassen, ob der Beschuldigte tatsächlich ausreichende Informationen über sein Schweigerecht erhalten und trotz sich aufdrängender Wahrnehmungsblockaden auch verarbeitet hatte. Der unterschriebene Vordruck eines Protokollformulars signalisiert eher Umgehung lästiger Belehrungspflichten, als dass er Beweis für einen bewussten und autonomen Verzicht des Beschuldigten auf sein Schweigerecht erbringen könnte. Erst Details der gesamten Vernehmungssituation können eine sinnvolle Beurteilungsgrundlage bilden. | 624

Britische und amerikanische Studien haben durch Beobachtung von polizeilichen Vernehmungen die hohe Rate des Verzichts von Beschuldigten untersucht. Obwohl die »Miranda«–Rechtsprechung der USA der Belehrung über das Schweigerecht einen strengen formalen Stellenwert einräumt, gelingt es Polizeibeamten regelmäßig, ihr Interesse an Informationen durch Vernehmungen durchzusetzen. Die erfolgreichste Strategie besteht zumeist darin, parallel zur formalen Belehrung deren Wert dadurch zu relativieren, dass durch Überspielen der hoheitlich autoritären Situation auf gesellschaftlich eingeübte Kommunikationsformen zurückgegriffen wird. Es wird an die Üblichkeit der erwarteten Kooperation ebenso appelliert wie an die Wirkung des Schuldeingeständnisses durch Schweigen erinnert.[566] | 625

c) Die Konsequenz falscher Geständnisse

Das Geständnis gilt dem Ermittler als Krone seiner Tätigkeit.[567] Der Polizist kann mit dem Geständnisprotokoll in der Hand der späteren Verurteilung des Beschuldigten fast sicher sein. Auch für Gerichte war und ist das Geständnis das entscheidende Kriterium zu Verurteilung. Auch wenn das Geständnis in der Hauptverhandlung widerrufen wird, auch wenn das polizeiliche Geständnis »schlank« ausfällt, auch wenn objektive Beweismittel gegen die Schuld des Angeklagten sprechen, scheint die Weichenstellung für das Verfahren auch für Richter unverrückbar. Es widerspricht sowohl dem Horizont des Richters wie der allgemeinen Ansicht, dass es keinen vernünftigen Grund gibt, sich entgegen der Wahrheit einer Straftat zu bezichtigen.[568] | 626

Trotz Relativierung durch die aktuelle Rechtsprechung entspricht es der Tradition des modernen Rechtsstaats, Angaben polizeilicher Beschuldigtenvernehmungen im gerichtlichen Verfahren mit Skepsis entgegenzutreten. Dies gilt insbesondere bei Geständnissen, mit denen der Beschuldigte den entscheidenden Beweis gegen sich selbst liefert. Im Gegensatz zu richterlichen Geständnisprotokollen ist das polizeiliche Protokoll im Gerichtssaal nicht verlesbar. Auch wenn Gerichte sich den Zugang zu solchen Protokollen anderweitig erschlossen haben, bestätigen aktuelle Studien die gesetzgeberische Idee, wonach ein extrem vorsichtiger Umgang mit solchen Erkenntnissen geboten ist. | 627

Denn viele dieser Geständnisse sind falsch.

Der Beleg falscher Geständnisse ist in Deutschland auf die überschaubaren Verfahren reduziert, in denen die Justiz in extremen Ausnahmefällen in Wiederaufnahmeverfahren angesichts neuer Beweismittel den | 628

---

566 S. z.B. *Leo* Miranda's revenge. police interrogation as a confidence game, Law Soc. Rev. 30, 259 ff., 1996; *Kassin* On the psychology of confessions; does innocence puts innocents at risk?, Am. Psych. 60, 215 ff., 2005.

567 *Drews* Die Königin unter den Beweismitteln? Eine interdisziplinäre Untersuchung des (falschen) Geständnisses, 2013.

568 *Appleby/Hasel/Kassin* Police-induced confessions: an empirical analysis of their content and impact, Psychology, Crime and Law 2011, 1 ff. dokumentieren den überwältigenden Einfluss des polizeilichen Geständnisses auf die Verurteilungstendenz einer Gerichtsjury.

Widerruf eines früheren Geständnisses akzeptiert.[569] Dass ein falsches Geständnis ein verbreitetes Phänomen ist, haben angelsächsische Wissenschaftler in für hiesige Verhältnisse durchaus vergleichbaren Konstellationen herausgearbeitet. Ausgangspunkt war hierbei die Möglichkeit, durch neuere DNA-Untersuchungen die Richtigkeit älterer Verurteilungen bei Kapitaldelikten zu überprüfen. In einer dreistelligen Anzahl von Fällen konnten Fehlurteile detektiert werden. Das Gericht hatte den Falschen zu einer mehrjährigen Haftstrafe verurteilt. In fast einem Viertel der Fälle beruhte das Fehlurteil auf einem polizeilichen »Geständnis« des Unschuldigen.[570] Angesichts der beschränkten Untersuchungsmöglichkeiten dürfte die Dunkelziffer aller Falschgeständnisse enorm sein.[571]

629   Die Ursachenforschung hat maßgeblich drei Erklärungsansätze für ein derartiges Verhalten: Das eigene Opfer im Hinblick auf den Schutz des tatsächlichen Täters wird gelegentlich als Motiv erkannt. Gerade in öffentlichkeitswirksamen Fällen konnte **pathologische Sucht nach Aufmerksamkeit** oder Selbstbestrafung ausgemacht werden.

▶ **Beispiele:**

630   Amerikanische Kriminologen registrierten ca. 200 Fälle der fälschlichen Selbstbezichtigung, als in einem spektakulären Fall der Entführung von Charles Lindberghs Kind im Jahr 1932 das Geschehen intensiv von der Presse mit verfolgt wurde.

Die Geständnisse des größten schwedischen Massenmörders – Thomas Quick – waren allesamt falsch. Nach einem Banküberfall war er in die Psychiatrie gekommen und hatte dort nach einiger Zeit mehr als 30 Morde »gestanden«, für acht Morde wurde er – zunächst – verurteilt. Erst Jahre später stellte sich heraus, dass er keines der Opfer kannte und niemals an den möglichen Tatorten war. Dass ihm durch diese Geständnisse in der Psychiatrie eine besondere Aufmerksamkeit entgegengebracht wurde, erscheint als naheliegendes Motiv.[572]

631   Möglich sind auch **fehlgeleitete Erinnerungsprozesse** – sei es durch krankhafte Defizite oder besonderer Suggestibilität –, die den Beschuldigten zu der Überzeugung bringen, er habe die Tat verübt. Das Geständnis wird als Befreiung empfunden. Schuld kann dem Vernommenen insbesondere durch angebliche Beweismittel suggeriert werden, bis dieser selbst ein solches Geschehen für möglich hält.[573]

632   Zu den falschen Geständnissen des angeblichen Massenmörders Thomas Quick konstatiert Silke Bigalke: »Er machte bei seinen Geständnissen oft mehr Fehler, als er Fragen richtig beantwortete ...Vor Gericht lief es wie immer. Staatsanwalt, Verteidiger und Angeklagter waren sich einig .... Zwei Jahre später bricht Thomas Quick, jetzt Sture Bergwall, sein Schweigen. Er erzählt dem Journalisten Hannes Rasdam, dass alle Geständnisse falsch gewesen seien. Rasdam recherchiert und deckt vor allem zwei Dinge auf: die vielen Fehler, die Bergwall machte, wenn er befragt wurde oder die Morde nachspielen sollte. Und wie die Ermittler und Therapeuten ihn dann zu den richtigen Antworten führten ... Ob er log, weil er Aufmerksamkeit wollte oder ob er seine eigenen Geschichten irgendwann selbst glaubte, weiß nur er. Die Ermittler jedenfalls gaben ihm während der Verhöre Hinweise, um seinem Gedächtnis auf die Sprünge zu helfen. Wenn Sture ihnen diese Informationen zurückgespielt hat, haben sie gesagt: Ah, er erinnert sich ...«

633   Die Ursache der meisten Falschgeständnisse lässt sich allerdings an den Besonderheiten der Eigendynamik festmachen, die der Involvierung eines Verdächtigen in einem laufenden polizeilichen

---

569   Exemplarische Darstellungen finden sich bei *Kroll* Wahre und falsche Geständnisse in Vernehmungen 2012, S. 48 ff.

570   *Garrett* Judging innocence, Columbia Law Review 108, 55 ff., 2008; s. ausführlich http://www.innocenceproject.org.

571   *Kassin* The Psychology of Confessions, Annual Review of Law and Social Science, 4, 193 ff., 2008.

572   *Bigalke* Mörderlatein, SZ 17.6.2015, Seite 3.

573   *Nash/Wade* Innocent but proven guilty: Eliciting internalized false confessions using doctored-video evidence, Applied Cognitive Psychology 23, 624–637, 2009, haben nachgewiesen, dass ein solcher Effekt zu überwältigenden Anzahl (falscher) Geständnisse führen kann.

Ermittlungsverfahren innewohnt.[574] Beherrscht wird die Vernehmungssituation durch den Polizeibeamten, der spätestens mit der Formulierung des Tatvorwurfs das Ziel der Ermittlungen mit autoritärer Kraft formuliert hat. Für Außenstehende kaum fassbar wird das Verhaltensmuster zahlreicher Beschuldigter geprägt von **Konformitätsbedürfnis**. Die **Stresssituation** der äußeren Umstände der Vernehmung verträgt offensichtlich keine zusätzliche Anstrengung des Widerstands.

Was für Verhöre unter Folter physisch greifbar ist, charakterisiert einen allgemeinen Reflex in Vernehmungssituationen. Die fremdbestimmten Umstände werden als bedrängend empfunden, der Wunsch nach Auflösung von Zwang und Bedrängung verstärkt sich mit fortschreitender Zeit. Die Vorstellung von Alternativen wird überwältigend. Falschgeständnisse wurden nachträglich mit dem schlichten Wunsch der Betroffenen erklärt, schlafen zu wollen, essen zu gehen, zu telefonieren oder einfach nach Hause zu gehen.[575]   **634**

> In einem der bekanntesten Fehlurteile der deutschen Justizgeschichte hatte nach intensiven polizeilichen   **635** Vernehmungen Harry Wörz ein »Geständnis« handschriftlich abgelegt: »Hiermit gebe ich alles ohne Wenn und Aber zu. Ich will nur noch meine Ruhe.«[576] Zum Musterbeispiel ermittlungsindizierter Falschgeständnisse wurde der Fall des Bauern Rupp, in dem die Tatverdächtigen in ihren Vernehmungen den vorgegebenen Fantasien der Ermittler zum spurlosen Verschwinden des Tatopfers folgten und zugaben, das Opfer erschlagen, zerstückelt und an Hunde verfüttert zu haben – bis die äußerlich unversehrte Leiche Jahre später in dessen versunkenen PKW auftauchte.[577]

Der Befreiungsschlag des Beschuldigten geht einher mit dem positiven Gefühl, hilfreich gewesen   **636** zu sein. Die Erkenntnis, soeben ein Beweismittel für die eigene unrichtige Verurteilung geschaffen zu haben, wird oft von der Zuversicht des zu Unrecht Beschuldigten verdrängt, dass der gerechte Verfahrensverlauf die Unhaltbarkeit der Beschuldigung erweisen werde. Gerade der Unschuldige vertraut – in Unkenntnis der Praxis von Gerichtsverfahren – der Qualität der Wahrheitsfindung durch das Strafgericht. Der feste Glaube an das Justizsystem führt zu dem Paradox, dass gerade der Unschuldige eher zu dem Befreiungsmittel des Geständnisses greift und sich so verstärkt dem Risiko der falschen Verurteilung ausgesetzt sieht.[578]

Falsche Geständnisse werden produziert, weil gerade die vernehmenden Polizeibeamten um diese   **637** Mechanismen wissen und sie nutzen. Ist das Bedürfnis der Flucht des Beschuldigten aus einer bedrängenden und unkontrollierbaren Situation bekannt, so kann die Vernehmung diesen Effekt steigern, wenn die Vernehmungsumstände möglichst unkomfortabel gestaltet werden. Ist die Sehnsucht, endlich »Ruhe zu haben«, übermächtig, kann die Länge der Vernehmung diesen Drang ebenso steigern wie eine thematische Ziel- und Endlosigkeit einer Befragungsstruktur. Der Einsatz solcher Mittel erscheint dem Vernehmenden dann unproblematisch, wenn seine eigene Vorstellung vom Geschehen bereits weitgehend fest gezurrt ist und das einzige Vernehmungsziel nur noch darin besteht, den als Täter bereits erkannten Vernommenen zu einem Geständnis zu bringen.

> Vorbild ist die Vernehmungsstrategie nach dem »Reid-Modell«. Trotz kritischer Elemente der Rezeption   **638** wird in Lehrbüchern diese Methode jungen Polizeibeamten auch in Deutschland als erste Befragungstaktik vorgestellt.[579] Das Brechen des Widerstandes des Beschuldigten und seines Lügenkonstrukts ist das erklärte Vernehmungsziel dieser Methode. Elemente der Vorgehensweise sind die übermächtige Konfrontation mit dem Vorwurf, Fragesuggestionen, die in jeder Alternative Belastungsmomente enthalten, ver-

---

574 Polizeiliteratur verdrängt diesen Aspekt gerne und führt als einzige Ursache von Falschgeständnissen geltungsbedürftige oder rachsüchtige Psychopaten an, s. z.B. *Edelbacher/Herrnstadt* Sie haben das Recht zu schweigen – wie Lügner überführt werden 2011, S. 76.

575 S. ausführlich zu den Motivationen *Gudjonsson* The Psychology of Interrogations and Confessions: A Handbook, 2003; *Lassiter/Meissner* Police Interrogations and False Confessions: Current Research, Practice, and Policy Recommendations, 2010.

576 *Darnstädt* Der Richter und sein Henker 2013, 30.

577 S. näher zur Fallbeschreibung Einleitung Rn. 30 ff.

578 *Kassin* On the psychology of confessions; does innocence puts innocents at risk? Am.Psych. 60, 215 ff., 2005.

579 S. z.B. *Artkämper/Schilling* Vernehmungen – Taktik, Psychologie, Recht, 2. Aufl. 2012, S. 99 ff.

bale Bagatellisierung des Tatgeschehens zur Ermutigung des Einlenkens oder die polizeiliche »Vorformu-lierung« des Geständnis-Sachverhalts.

Polizeiliche Literatur öffnet dem Ermittlernachwuchs auch auf andere Weise primär Wege, das Ver-nehmungsziel des Geständnisses zu erreichen.

639 »In der Regel ist es wohl die Vernunft, die den Verdächtigen zu diesem Schritt veranlasst, weil er sich überführt sieht, keinen Ausweg mehr aus dem Dilemma findet und schließlich erkennt, dass jedes weitere Leugnen zwecklos ist.... Hinsichtlich eines leugnenden Verdächtigen bedarf es aller Register der Verneh-mungskunst...Häufig stellt sich der Erfolg erst nach einer langen Vernehmungszeit ein, die zumindest eine Nervenbelastung für den Verdächtigen bedeutet und ihn seiner Sicherheit beraubt...Bei Verdächtig-teneinvernahmen kann eine suggestiv gestellte Frage einen wichtigen Schritt auf dem Weg zum Geständ-nis darstellen....[580]

Für eine erfolgreiche Wahrheitsfindung ist es in den meisten Fällen angebracht, ...das vertrauensvolle Gespräch zu suchen....Die »bad cop – good cop«-Methode stellt eine dieser Möglichkeiten dar...Wenn ein Vorgeladener bei einem Verhör ein besonders strenges, oft brutales Gegenüber hat, wenn der »böse« Polizist etwa den Verhörten, der sich nicht vom Sessel rühren darf, wie ein Raubtier umrundet, wenn der Blickkontakt immer wieder abreißt, wenn gebrüllt wird, bis es der Delinquent »nicht mehr aushält«, freut dieser sich schon über Normalität.«[581]

Aktuelle Studien haben sehr deutliche Hinweise dafür erbracht, dass es für falsche Geständnisse noch weitere Ursachen gibt:[582] So wurde ein – falsches – Schuldeingeständnis maßgeblich unter **Mini-mierungsbedingungen** gefördert.

640 Vom Vernehmenden wurde bewusst die Schwere des Verstoßes verbal heruntergespielt (»Ich bin mir sicher, dass ich Sie gar nicht genau gewusst haben, was Sie da tun«). Wenn der Vernehmende zusätzlich in verständnisvollem Tun darstellte, dass es das positive Interesse von allen Beteiligten sei, falls nunmehr das Schuldeingeständnis auch vom Beschuldigten unterschrieben würde, wurde das Eingeständnis mas-siv gefördert.

641 Einen signifikanten Einfluss hatte darüber hinaus eine in Aussicht gestellte konkrete **Verständigung**. Der angebotene Deal mit einer schnellen und kalkulierbaren Beendigung des Verfahrens führte bei einer überdurchschnittlichen Zahl von Fällen zur falschen Einräumung von Sachverhalten. Auch für deutsche Verhältnisse scheint damit belegt, dass Vernehmungsstrategien zu einer signifikant erhöhten Anzahl von falschen Geständnissen führen, wenn diese von der Taktik der Schuldmini-mierung einerseits und dem Streben nach einem Deal andererseits geprägt sind.[583]

642 Untersuchungen zeigen unter anderem auch, dass **falsche Geständnisse** von Außenstehenden nur sehr **schwer erkennbar** sind. Gerade Vernehmungsbeamte behaupten gerne, ein falsches Geständnis ohne Weiteres aufgrund von Verhalten des Beschuldigten oder der generellen Atmosphäre zu erken-nen. Dies ist falsch, da die als signifikant eingeschätzten Merkmale der Körpersprache oder der Ver-nehmungsatmosphäre regelmäßig keine validen Hinweise hierauf geben. Erst recht erkennen Ver-nehmungsbeamte nicht, dass das angebliche »Täterwissen« des Geständnisses ihren eigen suggestiven Einflüssen entspringt.[584]

643 Falsche Geständnisse sind die Konsequenz dieser Einstellungen von Vernehmungsbeamten. Wer die Realität der Polizeiarbeit kennt, kann die in ihrer Entstehung und Fixierung unkontrollierten Ergeb-nisse des Ermittlungsverfahrens niemals als seriöse Grundlage einer rechtsstaatlichen Überzeugungs-bildung vor Gericht heranziehen. Wenn Gerichte dennoch zu ihrer Rezeption neigen, darf zumeist

---

580 *Edelbacher/Herrnstadt* Sie haben das Recht zu schweigen – wie Lügner überführt werden, 2011, S. 74, 80, 85.

581 *Edelbacher/Herrnstadt* S. 147.

582 S. hierzu insbesondere *Russano/Meissner/Narchet/Kassin* Investigating true and false confessions within a novel experimental paradigm, American Psychological Society 6, 16, 481–486, 2005.

583 S. *Kroll* Wahre und falsche Geständnisse in Vernehmungen 2012, S. 60.

584 *Kassin/Meissner/Norwick*, I'd know a false confession if I saw one: A comparative study of college stu-dents and police investigators, Law and Human Behaviour 29 (2), 211–227, 2005.

ein unterschwelliges Solidaritätsgefühl ebenso wie der in der confirmation bias wurzelnde Drang nach bequemer Übernahme des bereits Gelesenen unterstellt werden. Führt die Beweisaufnahme in der gerichtlichen Hauptverhandlung penibel entlang den von der Ermittlungsakte gezeichneten Linien, und wird dabei deutlich, dass das Gericht einem polizeilichen Vernehmungsprotokoll des Mandanten entscheidende Bedeutung beimisst, ist die Hauptarbeit der Verteidigung ebenso vorgezeichnet: die Aufdeckung aller denkbaren Umstände fern der Aktendokumentation, die einer umfassenden rechtlichen und psychologischen Bewertung der Vernehmungssituation dienen.

VII. Äußerungen des Verteidigers während der Beweisaufnahme

1. Allgemeine Äußerungsrechte

Die Hauptverhandlung wird vom Vorsitzenden geleitet. Dieses Organisationsprimat hat der Verteidiger zu achten und in der formalisierten Kommunikationsstruktur der Hauptverhandlung seine eigenen verbalen Beiträge von der Erteilung des Worts durch den Vorsitzenden abhängig zu machen. Dieser ist allerdings verpflichtet, der Verteidigung die Äußerung zu ermöglichen, wenn ein entsprechender Anspruch besteht. Sieht das Gesetz ausdrücklich die Möglichkeit zu Antragstellungen vor (Befangenheitsantrag, Beweisantrag, Besetzungsrüge, Aussetzungsanträge, etc.), ist das korrespondierende Äußerungsrecht evident. Außerhalb der Möglichkeit, Anträge zu stellen, gibt es nur wenig gesetzlich formalisierte Handlungsoptionen, um Bewertungen in die Hauptverhandlung einfließen zu lassen. Am Ende des Verfahrens kann der Verteidiger in einem Plädoyer seine Bewertung zusammenzufassen (§ 258). Nach jedem Teil der Beweisaufnahme hat er das Recht, diese durch eine Erklärung zu bewerten (§ 257 Abs. 2). Gegen jede prozessleitende Maßnahme des Vorsitzenden (§ 238 Abs. 2) oder unzulässiger Wahrnehmung des Fragerechts (§ 242) kann er mit entsprechender Begründung eine Entscheidung des gesamten Gerichts einfordern. Äußerungsrechte und damit auch ein entsprechender Anspruch auf Erteilung des Worts zur Wahrnehmung dieser Rechte konstituieren z.B. §§ 248 S. 2, 265 Abs. 1 und allgemein § 33. 644

Das gesetzliche Schweigen zu weiteren Äußerungsmöglichkeiten verdammt den Verteidiger nicht zur Untätigkeit. Das dynamische Geschehen der Hauptverhandlung verlangt von ihm vielmehr in Wahrnehmung seiner Schutzfunktion für den Angeklagten einerseits und andererseits seiner genuinen Aufgabe, als skeptisches Element des Verfahrens richterliche Irrtümer zu minimieren, dass er prompt und effektiv in das Prozessgeschehen eingreift. Letztlich kann sich Verteidigung stets auf den grundgesetzlich gesicherten Anspruch aus Art. 103 Abs. 1 GG berufen, der als Minimum vom Gericht verlangt, vor einer Entscheidung eine Äußerung des Prozesssubjekts zur Entscheidungsthematik entgegenzunehmen. Sind Prägungen des Gerichts zeitgebunden, gilt dies auch für die Überzeugungsarbeit des Verteidigers. Er hat in allen Situationen einen **Anspruch auf Erteilung des Worts**, in denen er aktuell Verteidigungsinteressen deutlich machen kann. 645

> Hier sind zahllose Prozesssituationen denkbar, die von den Schemata der gesetzlich vorgesehenen Äußerungsmöglichkeiten nicht erfasst werden: Taucht im Zuschauerraum ein potenzieller Zeuge auf, muss der Verteidiger sofort dessen Verweisung beantragen können. Schläft ein Schöffe bei einer Urkundenverlesung ein, ist prompte Reaktion erforderlich. Beobachtet der Verteidiger, dass ein Zuschauer eine Zeugenvernehmung heimlich auf einen Datenträger aufnimmt, oder übersetzt ein Dolmetscher falsch, darf der Verteidiger sich hierzu unverzüglich äußern. 646

2. Beanstandungen von Maßnahmen des Vorsitzenden – § 238 Abs. 2

a) Die spontane Verteidigerkritik

»*Einspruch, Euer Ehren!*« In amerikanischen Gerichtsfilmen symbolisiert dieser Satz das typische Agieren des vor Gericht kämpfenden Anwalts. Mit der ganzen Autorität seiner Rolle wirft er sich in einen absehbaren Verfahrensgang, will ihn stoppen, in die richtige Richtung lenken. Anlass ist die spontane Kritik von einem als verfahrenswidrig angesehenen Vorgehen des Prozessgegners (oder 647 des Richters). Der Einspruch verdeutlicht die Primäraufgabe des Anwalts vor Gericht: In seiner einseitigen Rolle als Interessenwahrnehmer pocht er auf die Justizförmigkeit des Verfahrens.

648   In deutschen Gerichtssälen hört man von Verteidigern derartiges vergleichsweise selten. Dies ist nicht zwingend, eher eine bedauerliche Entwicklung hiesiger Verhandlungskultur. Die unbedingte einseitige Interessenwahrnehmung ist auch die Aufgabe eines deutschen Verteidigers, der **Bewahrung der Justizförmigkeit** des Verfahrens gilt sein Augenmerk. Anders ist allein die Verfahrensstruktur. Während der Verteidiger sich im angelsächsischen Parteiprozess mit dem Einspruch gegen kritikwürdige Verfahrensgestaltungen des Staatsanwalts wendet, obliegt diese Gestaltung im Inquisitionsverfahren dem Richter selbst. Ist er derjenige, der das Verfahren führt. Droht ein Verfahrensablauf, den die Verteidigung für kritikwürdig hält, hat sich der Verteidiger sofort und spontan hiergegen zur Wehr zu setzen.

649   Der gesetzliche Anker für diese kontrollierende Kritik ist § 238 Abs. 2 StPO. Jede einzelne Maßnahme des Vorsitzenden zur Verhandlungsleitung (§ 238 Abs. 1 StPO) darf beanstandet werden. Der Verteidiger kann damit unmittelbar auf die Art und Weise des Verfahrensfortgangs Einfluss nehmen. Er kann damit zwar nicht selbst gestalten, er kann allerdings auf diesem Wege eine Diskussion über den weiteren Weg des Prozessfortschritts auslösen. Konsequenz ist, dass entweder der einzelne Strafrichter vor dem Amtsgericht auf Kritik hin nochmals zu entscheiden hat oder – beim Kollegialgericht – sich das gesamte Gericht im formalen Beschlussweg mit der Verteidigerkritik auseinandersetzen muss.

650   Zwar sieht das Gesetz keinen bestimmten Zeitpunkt für das Vorbringen der Beanstandung vor. Will die Verteidigung allerdings Einfluss auf das Prozessgeschehen nehmen und sich nicht von dem unerwünschten Geschehen überrollen lassen, ist eine prompte Reaktion notwendig. Die Beanstandung ist ein Musterbeispiel für die Anforderung an den Verteidiger, in jeder Sekunde der Hauptverhandlung präsent zu sein, jedes Geschehen sofort in einen prozessualen Zusammenhang einzuordnen und in einem zweiten Schritt mögliche Vor- und Nachteile für die Verteidigungsziele zu erfassen. Erscheint die Maßnahme des Vorsitzenden nach dieser Abwägung schädlich, muss die Verteidigung blitzschnell reagieren. Ist die Maßnahme umgesetzt, kommt jede Beanstandung zu spät.

b) Das weite Feld der zu beanstandenden Maßnahmen

651   Die Vorschrift regelt seit der Einführung der StPO 1877 unverändert einen wichtigen Teil des Rollenverständnisses der Verfahrensbeteiligten. Sie weist dem Vorsitzenden die zentrale Rolle zu, den Ablauf der Hauptverhandlung zu gestalten und zu lenken. Gleichzeitig wird diese weitgehende Befugnis einer unmittelbaren Kontrolle durch die anderen Verfahrensbeteiligten noch in der Hauptverhandlung unterworfen. Justiziabilität wird damit bis in die kleinsten Details des Prozessgeschehens gewährleistet.

652   Die Regelung der **Verfahrensleitung** ist zuletzt für viele Richter der entscheidende gesetzliche Anker gewesen, um hieraus ihre allumfassende **Macht zur Gestaltung** eines Strafprozesses abzuleiten. Aus Sicht der Verteidigung läuft dies nicht selten auf schlichte willkürliche Vorgehensweise auf der Grundlage einer Attitüde unumschränkter Verfahrensmacht und letztlich auf den diskursiven Charakter des Prozesses hinaus. Schon der Wortlaut des § 238 Abs. 1 StPO rechtfertigt es nicht, über den rein äußerlichen Ablauf des Verfahrens dem Vorsitzenden umfassende Gestaltungsrechte zuzubilligen. Dagegen spricht auch die Entstehungsgeschichte der Strafprozessordnung. Mit überdeutlichen Worten ist in den Motiven zur Gesetzgebung zur Rolle des Vorsitzenden zum Ausdruck gekommen, dass das Gesetz »diesem keineswegs jene diskretionäre Gewalt beilegen wollte«,[585] wie man sie im französischen Recht vorgefunden hatte. Das unüberprüfbare Gutdünken des Vorsitzenden sollte gerade nicht Maßstab des rechtsstaatlichen Prozessierens sein.

---

585 *Hahn/Mugdan* Die gesamten Materialien zu den Reichs-Justizgesetzen, Band 3 Abteilung 1, S. 189.

Trotz des seit Jahrhunderten etablierten Systems sind Zweifel angebracht, ob es nicht eine **Über-** **653** **forderung** darstellt, dem Vorsitzenden neben der Mitwirkung an der Entscheidungsfindung und Überzeugungsbildung und neben der permanenten Überprüfung der Notwendigkeit des Umfangs der Beweisaufnahme sowie der gesamten Vorbereitung der Hauptverhandlung auch noch die Verantwortung für den äußeren Ablauf der Hauptverhandlung aufzubürden. Die gleichzeitige Konzentration auf völlig unterschiedliche Aufgaben muss die Erfüllung einzelner Aspekte leiden lassen. Reformmodelle müssten zu personellen Entzerrungen dieser Aufgaben führen; denkbar ist z.B. ein richterlicher Verhandlungsleiter, der an der Beratung und Urteilsfassung nicht mitwirkt. Das von § 238 gestützte Dogma einer allumfassenden **Prozessautorität** in der Person des Vorsitzenden Richters erscheint aktuell jedoch ungebrochen.

Nur gelegentlich weist das Gesetz Verfahrensentscheidungen zwingend dem **gesamten Gericht** zu **654** (s. z.B. §§ 4 Abs. 1, 6, 6a S. 1, 27 Abs. 1, 2, 51, 228 Abs. 1 S. 1, 230 Abs. 2, 231 Abs. 2, 231a Abs. 3 S. 1, 231b Abs. 1 S. 1, 231c, 233, 236, 237, 242, 244 Abs. 6, 246 Abs. 4, 247, 247a S. 1, 251 Abs. 4, 265 Abs. 4, 266, 270 StPO; §§ 171a, 171b, 172 GVG). Außerhalb dieser als besonders bedeutsam angesehenen Fragen verlangt die Konzentrierung und praktikable Handhabung des Verfahrensablaufs der Direktive des Vorsitzenden. Diese Kompetenz wird ihm z.T. ausdrücklich zugewiesen (s. z.B. §§ 228 Abs. 2 S. 2, Abs. 3, 231 Abs. 1 S. 2, 231a Abs. 2, 231b Abs. 2, 239, 240, 241, 241a, 243 Abs. 1 S. 2, Abs. 2 S. 3, 247 S. 4, 248, 249 Abs. 2, 266 Abs. 3). § 238 Abs. 1 verleiht dem Vorsitzenden über diese Spezialregelungen hinaus das allgemeine Recht der Verhandlungsleitung. Mangels konkreter gesetzlicher Vorgaben beinhaltet dies einen weiten »Freiraum«.[586] Dass dieser nur eine vorläufige Maßnahme erlaubt, verdeutlicht die Regelung des Abs. 2; für die Art des Prozessierens trägt letztendlich das gesamte Gericht die Verantwortung.

Trotz des latenten Charakters der Vorläufigkeit ist das Recht der Verhandlungsleitung kein Vertre- **655** tungsrecht des Kollegialgerichts, sondern ein **eigenes Recht des Vorsitzenden.** Dieses Recht ist nicht auf andere Mitglieder der Kammer übertragbar. Allenfalls rein technische Vorgänge wie das Verlesen von Urkunden können auf Anordnung des Vorsitzenden von einem anderen Kammermitglied ausgeführt werden. Hindern ihn körperliche Gebrechen an der Leitung der Verhandlung, kann er sich für verhindert erklären (§ 21f GVG), seine weitere Mitwirkung als Beisitzer ist ihm unbenommen.[587]

Der Begriff der »Verhandlungsleitung« (Abs. 1) ist mit dem der »Sachleitung« (Abs. 2) identisch. Es **656** liegt daher alles das im primären Aufgabenbereich des Vorsitzenden, was zur **äußerlichen Durchführung** und zur **inhaltlichen Förderung des Strafverfahrens** notwendig ist.

Beanstanden kann die Verteidigung Maßnahmen, die ihres Erachtens gesetzlichen Vorgaben wider- **657** sprechen und damit »unzulässig« sind. Jeder Verfahrensbeteiligte hat ein berechtigtes Interesse an der **Einhaltung des gesetzlich vorgesehenen Prozedierens.** Sieht er z.B. die vorgeschriebene Reihenfolge des Prozessgeschehens (§ 243) gefährdet, kann er die Vorgehensweise des Vorsitzenden überprüfen lassen. Zeugenvernehmungen unterliegen von der Belehrung über die Verletzung von Vernehmungsvorschriften (insbes. § 69 Abs. 1 oder suggestive Vorhalte), Entlassungs- oder Verbleibensanordnungen vielfältig der Beanstandungsmöglichkeit. Gleiches gilt bei der Gefahr einer Verletzung des Beschleunigungsgebots durch eine Unterbrechungsanordnung einer mehrtägigen Hauptverhandlung schon nach wenigen Stunden oder bei einer sehr langfristigen Fortsetzungsterminierung. Erst recht kann bei der Verhinderung zum nächsten Termin eine Überprüfung angestrengt werden.

Zur Klarstellung: Die Handlungspflichten der Verteidigung aufgrund der vom BGH kreierten **Wider-** **658** **spruchslösung** (s.u. 4) lassen sich weder hinsichtlich des Anlasses noch der Durchführung aus § 238 Abs. 2 ableiten. Die Äußerung des für notwendig gehaltenen Widerspruchs hängt weder von einer vorhergehenden Maßnahme des Vorsitzenden ab (sie kann auch schon weit vor der für unzulässig gehaltenen Einführung erfolgen), noch führt sie zwingend zu einem Beschluss des gesamten Spruchkörpers. Der

---

586 BGHSt 42, 73, 77.
587 BGH MDR 1994, 764 = NStZ 1995, 19.

gemeinsame Ansatz beider justizieller Bemühungen liegt in der Aufbürdung gesetzlich nicht vorgesehener Verantwortung auf die Verteidigung, was gelegentlich die Rechtsprechung selbst zu Verwechslungen veranlasst.[588]

Die eigentliche Bedeutung der Beanstandungsmöglichkeit liegt im **gesetzlich ungeregelten Bereich.**

659   Nirgendwo ist z.B. explizit geregelt, in welchem Abstand der Verteidiger von seinem Mandanten im Gerichtssaal zu platzieren ist, wie weit er von Zeugen entfernt ist, in welchem Umfang er aufgrund seiner Sitzposition den Zeugen beobachten kann. Nirgendwo ist geregelt, in welcher Reihenfolge die Anhörung von Zeugen stattzufinden hat. Für die Länge eines Hauptverhandlungstages gibt es im Gesetz ebenso wenig Anhaltspunkte wie für eine Mittagspause. Für die Reihenfolge von Fragestellern bei den nicht richterlichen Verfahrensbeteiligten gibt es ebenso wenig Regelungen wie für die mögliche Berechtigung des Richters, ein als allzu lang empfundenes Plädoyer zu unterbrechen. Trotzdem wirken sich alle Maßnahmen auf ein faires Prozedieren aus und können daher über bloße Zweckmäßigkeitsüberlegungen hinaus unzulässig sein.

Hier liegt der maßgebliche Anwendungsbereich des Beanstandungsrechts: Unmittelbare **Eingriffe des Vorsitzenden in die Ausübung von Prozesshandlungen** anderer Verfahrensbeteiligter sind von diesen stets angreifbar, von der Entziehung des Fragerechts über die Untersagung des Verlesens eines Antrages oder der Vortragsart der Einlassung bis zur Verweigerung der Entgegennahmen von Stellungnahmen.[589] Die Zuweisung von Sitzpositionen[590] und sogar die Entscheidung über das Öffnen eines Fensters[591] tangiert die Stellung im Prozess ebenso wie ein Kommunikationsverbot für Angeklagten und Verteidigung oder die Anordnung einer Reihenfolge bei der Ausübung von Prozessrechten durch mehrere Beteiligte. Die Verweigerung einer Hinzuziehung eines vom Angeklagten für erforderlich gehaltenen Dolmetschers[592] unterliegt ebenso der Beanstandungsmöglichkeit wie jeder Eingriff in die Ausübung des Frage- oder Erklärungsrechts.

660   Der Einfluss des Vorsitzenden auf das Prozessgeschehen geht daher weit über den unmittelbar gesetzlich geregelten Bereich hinaus. Der Effekt der Verhandlungsleitung entfaltet sich jenseits des schlichten Sammelns und Bewertens der Beweise. Die Art der Verbalisierung der Leitung sowie der gesamte Führungsstil wirken sich auf die Verhandlungsatmosphäre im Allgemeinen und die Kommunikationsmöglichkeiten zwischen den Verfahrensbeteiligten aus. Der Wirkungsgrad der psychologischen Effekte ist hier weitergehend als bei mancher formalisierten Maßnahme.

661   Bei diesem umfassenden Verständnis der Sachleitung sind nur wenige Handlungen des Vorsitzenden denkbar, die nicht der Regelung des § 238 unterfallen. Hierzu zählt die Rechtsprechung z.B. gerichtsverfassungsrechtliche Fragen, wie die Feststellung der Verhinderung eines Richters,[593] die Bestellung eines Verteidigers und die Ablehnung der Aufhebung einer Beiordnungsentscheidung.[594] Sachlich ist allerdings auch in diesen Fällen der Zusammenhang zum unmittelbaren Einfluss auf das Verfahren unverkennbar. Ebenso wie beispielsweise die Verweigerung einer Protokollierung (§ 273 Abs. 3 S. 2) ist eine Differenzierung allenfalls hinsichtlich der Sonderregelungen zur Anfechtbarkeit erforderlich. Sachleitung ist hiervon unbenommen.

662   Dass außerhalb dieser verfahrensrechtlichen Leitungsmaßnahmen lediglich **Zweckmäßigkeitsbestimmungen** des Vorsitzenden existieren sollen,[595] die der rechtlichen Bindung entbehren, ist kaum vorstellbar. Ebenso wenig ist die Einordnung einer verfahrensleitenden Maßnahme von einer denk-

---

588 S. z.B. OLG München NStZ-RR 2012, 385, wo in »entsprechender Anwendung« des § 238 Abs. 2 ein »erforderlicher Widerspruch« für den Fall ausgemacht wird, dass ein Revisionsführer die fehlende Sachkunde des maßgeblichen Gutachters bezweifelt.
589 BGH NStZ 1981, 311.
590 OLG Köln NJW 1980, 302, 303.
591 SK-StPO/*Schlüchter, 4. Aufl. 2010,* § 238 Rn. 11 m.w.N.
592 BGHSt 3, 285, 286.
593 BGHSt 35, 366, 367.
594 BGH NStZ 1992, 201, 202; BGHSt 39, 310, 312.
595 RGSt 44, 65, 66.

baren Auswirkung auf die Urteilsfindung abhängig;[596] zum einen lässt sich dieser Effekt im laufenden Verfahren nicht sicher einschätzen, zum anderen thematisiert die Vorschrift die Aufgabe des Vorsitzenden und die Gesamtverantwortung des Gerichts für ein ordnungsgemäßes Prozedieren als eigenständigen Wert.

c) Der Beschluss des Gerichts

Auch wenn das Gesetz keine Abhilfemöglichkeit ausdrücklich vorsieht, kann der Vorsitzende nach der Beanstandung – gegebenenfalls nach Anhörung aller anderen Verfahrensbeteiligten – seine Maßnahme revidieren und dem Begehren entsprechen. Im Übrigen entscheidet »das Gericht«. Diese Verfahrensweise soll ebenso für Prozesse vor dem **allein agierenden Strafrichter** gelten.[597] Auch wenn hier der Verfahrensleitende und das Gericht identisch sind, soll zumindest die Verteidigung die Möglichkeit haben, im Hinblick auf die Rüge der Hinderung der Verteidigung in der Revision einen zu protokollierenden Beschluss zu erwirken.[598]   663

Üblicherweise entscheidet das Kollegialgericht mittels eines förmlichen Beschlusses. Die Beschlussfassung setzt eine regelmäßig außerhalb des Sitzungssaals zu erfolgende Beratung des Kollegiums voraus. Sie hat zur Förderung des Verfahrens unverzüglich nach der Beanstandung zu erfolgen. Das Kollegium ist nicht auf eine Überprüfung der rechtlichen Konformität der beanstandeten Verfügung beschränkt, sondern es hat in sachlicher und rechtlicher Hinsicht eine **eigenständige Entscheidung** zu treffen. Mit der Rüge geht die Verantwortung für die Gestaltung des gerügten Teils der Prozessleitung auf das Gesamtgericht über. Die Zurückverlagerung der Sachleitung vom Vorsitzenden auf das Gericht soll nach dem Willen des Gesetzgebers verifizieren, ob der Vorsitzende tatsächlich im Sinne des Kollegialgerichts agierte.[599]   664

Die Praxis ignoriert diesen Gesetzeszweck gerne. Die Meinung des Kollegiums, die Maßnahme des Vorsitzenden sei »nicht rechtswidrig« oder gar »nicht unzweckmäßig« beruht auf einem Missverständnis der eigenen Rolle. Das Gericht hat sich nicht auf eine Missbrauchskontrolle des Vorsitzenden zu beschränken.[600] Es hat nach der Beanstandung der Maßnahme des Vorsitzenden »als unzulässig« wieder die Eigenverantwortung als Entscheidungsgremium zu übernehmen und den Weg der weiteren Verhandlung aktiv vorzugeben.   665

Das Verhalten von Kammermitgliedern spiegelt die vom Gesetz in dieser Form nicht vorgesehene Verabsolutierung der Vorsitzendenrolle wieder. Wenn nicht eine eigenständige Gerichtsentscheidung erkennbar ist, sondern nur der Vorsitzende gegen Angriffe gestützt werden soll, beruht dies rechtlich auf einem Missverständnis der gesetzlichen Regelung der Organisation der Verhandlungsleitung und psychologisch auf der Formung eines unantastbaren autoritären Vorsitzendenbildes. Kammerentscheidungen reflektieren groteske Differenzen zwischen der gesetzlichen Regelung und der Ausfüllung der Rolle des Vorsitzenden in deutschen Gerichtssälen. Was mit absolutistisch anmutender Grandezza von Vorsitzenden zelebriert wird, beruht letztlich auf einem praktikablen Steuerungselement, das nicht mehr als die Vorläufigkeit einer jeden Leitungsmaßnahme im Auge hat. Jede Maßnahme kann von jedem Beteiligten jederzeit einer allgemeinen Diskussion und neuerlichen gerichtlichen Überprüfung zugeführt werden. Die Idee des Meinungsaustauschs ist im Gesetz tiefer angelegt, als dies auf der Richterbank oft wahrgenommen wird.   666

Gibt das Gericht der Beanstandung statt, lässt auch die Rechtsprechung keinen Zweifel, dass das Kollegium eine eigenständige neue Entscheidung zum beanstandeten Themenbereich zutreffen hat;   667

---

596 So allerdings SK/*Schlüchter* § 238 Rn. 7, 9.

597 OLG Koblenz StV 1992, 263, 264; OLG Düsseldorf StV 1996, 252.

598 Vgl. hierzu: *Ebert* Zum Beanstandungsrecht nach Anordnung des Strafrichters gemäß § 238 Abs. 2 StPO, StV 1997, 269 ff.

599 Zu dieser gesetzgeberischen Intention der Regelung s. *Hahn* Die gesamten Materialien zur StPO – Erste Abteilung 1880, S. 833 ff.

600 So aber die wohl h.M. s. *Meyer-Goßner/Schmitt* § 238 Rn. 17 m.w.N.

hieran ist der Vorsitzende selbstverständlich gebunden.[601] Der Beschluss ist als wesentliche Förmlichkeit im Sinne des § 273 Abs. 1 ebenso zu protokollieren wie die vorhergehende Beanstandung. Der Beschluss selbst ist zu begründen (§ 34) und muss insbesondere die eigenständige Sachentscheidung des gesamten Gerichts widerspiegeln.

668   In der Begründung muss sich das Gericht mit den Argumenten des Beanstandenden inhaltlich auseinandersetzen. Bloße Floskeln und Formalbegründungen reichen nicht. »Die Beanstandung wird aus den zutreffenden Gründen der Anordnung des Vorsitzenden zurückgewiesen«, heißt es oft ebenso nichtssagend wie abschließend. Der beliebte schlichte Rekurs auf die vermeintlich zutreffenden Gründe der Anordnung ist untauglich, den eigenständigen Gedankengang des gerichtlichen Gremiums widerzuspiegeln. Darüberhinaus werden die Erwägungen des Vorsitzenden schon bei dessen Maßnahme nicht transparent, sie werden erst recht regelmäßig nicht protokolliert mit der Folge, dass auch der Beschluss für das Revisionsgericht nicht nachvollziehbar ist.

Unverkennbar ist in der Praxis allerdings die Tendenz von Gerichten, sich durch nichtssagende Begründungsfassaden dem Dialog mit der Verteidigung und einer rechtlichen Auseinandersetzung vor der Urteilsfällung zu entziehen. Das Recht auf rechtliches Gehör läuft damit faktisch nicht nur leer.[602] Die Kollegialrichter verdeutlichen u.U., dass sie nicht bereit sind, einer richterlichen Grundpflicht der Minimalkommunikation im Strafprozess nachzukommen. Gerade dieses Gehabe ebnet der Verteidigung allerdings den Weg zu erfolgreichen Revisionsrügen: Kann das Revisionsgericht angesichts der inhaltlichen Leere des Beschlusses weder dessen zugrunde liegende tatsächlichen Umstände noch die tragenden Wertungsgesichtspunkte erkennen, kann es auch nicht dessen Rechtmäßigkeit überprüfen; das Verfahren ist daher rechtsfehlerhaft.[603]

d) Vom Recht zur Pflicht der Beanstandung

669   § 238 Abs. 2 eröffnet nicht nur die Möglichkeit anderer Verfahrensbeteiligter, Sachleitungen des Vorsitzenden zu beanstanden. Die Rechtsprechung leitet hieraus teilweise sogar eine **Pflicht zur Beanstandung** im Hinblick auf den Erhalt von Revisionsrügen ab, die sich nicht auf § 338 Nr. 8 stützen. Es sei Zweck des § 238 Abs. 2, die Gesamtverantwortung des Spruchkörpers für die Rechtsförmlichkeit der Verhandlung zu aktivieren. Denn hierdurch werde die Möglichkeit eröffnet, Fehler des Vorsitzenden im Rahmen der Instanz zu korrigieren. Vermieden werden damit Revisionen, durch die ein Fehler des Vorsitzenden nur auf Kosten einer mehr oder weniger langen Verzögerung des Verfahrensabschlusses ausgeräumt werden könnte.[604] Es soll hiernach nicht im Belieben eines anderen Verfahrensbeteiligten stehen, den außerordentlichen Rechtsbehelf zu nutzen und die kritisierte Verhandlungsleitung zu beseitigen oder alternativ hierauf in der Revision eine Verfahrensrüge zu stützten.

▶ Beispiel:

670   Nach dem Plädoyer der Verteidigung wurde vom Gericht ein Hinweis auf eine mögliche Veränderung der Konkurrenzbewertung erteilt. Auf Aufforderung des Vorsitzenden, den Schlussvortrag zu beenden, folgte der Verteidiger dem anstandslos. Die Revisionsrüge, der späte Hinweis stelle einen Verstoß gegen fair trial dar, hielt der BGH für unzulässig, da es an der Wahrnehmung des Zwischenrechtsbehelfs nach § 238 Abs. 2 StPO fehle. Der Verteidiger hätte die Aufforderung zum Plädoyer beanstanden müssen.[605]

---

601 RGSt 32, 339, 341.
602 *Nagel* Die Ohnmacht der Verteidiger vor der Macht der Richter, StraFo 2013, 221, 230.
603 KK/*Schneider*, 8. Aufl., § 238 Rn. 22 m.w.N.; *Erker* Das Beanstandungsrecht nach § 238 II StPO, 1988, 140.
604 BGH NStZ 2007, 230, 231.
605 BGH NStZ 2012, 344.

Die unterlassene Beanstandung soll damit zu einer Rügepräklusion in der Revisionsinstanz führen. **671** Mit dem sachnahen und – angeblich[606] – effektiven Rechtsschutz solle zeitnah fehlerhaftes Agieren des Tatrichters thematisiert und eine Rügeflut zuvor undiskutierter Verfahrensfragen unterbunden werden.[607] Sie wurzelt damit in den (verfehlten) Überlegungen der Rechtsprechung zur sog. Widerspruchslösung.[608]

Auf der anderen Seite verkennt die Rechtsprechung nicht Situationen, in denen auch für die Ver- **672** teidigung spezifische Rechtsfehler erst anhand der schriftlichen Urteilsgründe erkennbar werden und daher schwerlich unmittelbar in der Hauptverhandlung gerügt werden können.[609]

> Präklusionen der Revisionsrügen sollen nur dann ausscheiden, wenn der Vorsitzende unverzichtbare **673** prozessuale Maßnahmen (z.B. die fehlende Erteilung des letzten Worts[610]) oder Verfahrensvorschriften verletzt, die keinerlei Entscheidungsspielraum zulassen.[611] Dahinter steht die Idee der Rechtsprechung, die Verhandlungsleitung umfasse sowohl durch das Gesetz strikt vorgegebene Handhabungen als auch einem Entscheidungsspielraum unterfallende Ermessensentscheidungen; nur Letztere müssen zwingend in der Hauptverhandlung diskutiert werden. Ungerügt bleiben kann z.B., wenn der Vorsitzende im Rahmen des Selbstleseverfahrens (§ 249 Abs. 2 S. 3) mangelhafte Feststellungen trifft, wenn er die Unterrichtungen des Angeklagten über die in seiner Abwesenheit durchgeführte Beweisaufnahme (§ 247 S. 4) unterlässt oder vor seiner Verlesungsanordnung die bindenden Vorgaben des § 256 überprüft.[612] Nicht notwendig ist die Beanstandung zum Rügeerhalt bei einer mangelhaften Information des Vorsitzenden zum Inhalt von Verständigungsgesprächen.[613] Überflüssig ist eine Reaktion der Verteidigung ebenfalls, wenn der Vorsitzende allein entscheidet und im Gesetz vorgesehene Gerichtsbeschlüsse zur Durchführung einer Beweisaufnahme nicht selbst herbeiführt, wie beispielsweise bei der Entscheidung über Beweisanträge (§ 244 Abs. 6) oder Verlesungen von Vernehmungsprotokollen (§ 251 Abs. 4).[614] Unterlassene Beanstandungen lassen die Rügen des Rechtsfehlers in der Revision offen. Dies gilt beispielsweise auch für die Anordnung der Fristsetzung für Beweisanträge.[615] Ausnahmsweise ist aber u.U. auch hier Aktivität erforderlich, um nicht i.S.e. Zustimmung zu dem laufenden Verfahren missverstanden zu werden. Nicht selten setzt die höchstrichterliche Rechtsprechung das bloße Schweigen des Verteidigers bei einer Urkundenverlesung, die nach § 251 nur im allseitigen Einverständnis durchgeführt werden kann, einem solchen stillschweigenden Einverständnis gleich.[616]

Der Bereich der auf diesem Wege zu beanstandenden richterlichen Maßnahmen ist sehr weit. Er **674** umfasst alle diejenigen gestaltenden Freiräume, die das Gesetz dem Vorsitzenden entweder ausdrücklich zubilligt oder inzident überlässt. Kommt dem Vorsitzenden bei der Bewertung tatbestandlicher Voraussetzungen seiner Prozess leitenden Anordnung ein Beurteilungsspielraum oder auf der Rechtsfolgenseite ein Ermessen zu, so interpretiert die Rechtsprechung ein Schweigen der anderen Beteiligten häufig dahin, dass sie durch die Nichtbeanstandung zu erkennen geben, dass sie den Entscheidungsspielraum nicht in unzulässiger Weise überschritten sehen.[617]

---

606 Zur berechtigten Kritik s. *Nagel* Die Ohnmacht der Verteidiger vor der Macht der Richter, StraFo 2013, 221, 223.
607 *Mosbacher* Zur aktuellen Debatte um die Rügepräklusion, NStZ 2011, 606 ff.
608 Gegen die Umdeutung der Rügemöglichkeit in eine Präklusionsvorschrift *Ignor/Bertheau* Der »Zwischenrechtsbehelf« des § 238 Abs. 2 StPO – ein zentrales Institut des Revisionsverfahrens?, NStZ 2013, 188 ff.
609 BGH StV 2012, 202 f. m. Anm. *Ventzke* StV 2012, 198 ff., 201.
610 BGHSt 3, 368, 370.
611 BGHSt 7, 281; BGHSt 20, 98, 99 = NJW 1965, 115; BGHSt 42, 73, 77; BGH NStZ 1981, 71; BGHSt 38, 260, 261 = NJW 1992, 2241, 2242; NStZ 2003, 561; NJW 2017, 181.
612 BGH NStZ 2012, 585 ff.
613 BGH NStZ 2014, 601 ff.
614 BGH StV 2012, 202 f.
615 BGH StV 2011, 646 f.
616 BGHSt 26, 332.
617 BGH NStZ 2012, 585 ff.

e) Verteidigungstaktik

675 Der Entscheidungsspielraum des Verteidigers zur Wahrnehmung dieser Handlungsoption ist eingeschränkt, da er bei einer späteren revisionsrechtlichen Rüge unter Umständen hierauf angewiesen ist.

Nachdem der BGH aus der Chance, mithilfe des Zwischenrechtsbefehls des § 238 Abs. 2 StPO Fehler des Vorsitzenden noch im Rahmen der Hauptverhandlung zu korrigieren, eine Pflicht mit der Folge der Rügepräklusion in der Revisionsinstanz abgeleitet hat, muss die Verteidigung u.U. aktiv werden. Will sich die Verteidigung die Möglichkeit einer Revisionsrüge erhalten, bleibt ihr aktuell nichts anderes übrig, als schon bei dem entfernten Verdacht einer Verfahrenswidrigkeit eine Beanstandung vorzubringen. Bei zu erwartendem Unmut auf der Richterbank über eine extensive Nutzung der Beanstandungsmöglichkeit verbleibt als Erklärung nur der Hinweis auf die veränderte Revisionsrechtsprechung.

Unabhängig von diesen aktuellen Rechtsprechungstendenzen hat die Beanstandung gerade im Hinblick auf die Revisionsinstanz ihre besondere Bedeutung:

676 Eine unzulässige **Beschränkung der Verteidigung (§ 338 Nr. 8)** kann die Verteidigung als absoluten Revisionsgrund nur dann geltend machen, wenn die gerügte Behinderung *»durch einen Beschluss des Gerichts«* erfolgt. Sieht sich der Verteidiger lediglich durch sachleitende Maßnahmen des Vorsitzenden oder Strafrichters behindert, hat er nur den formalen Weg über § 238 Abs. 2 den für die Revision notwendigen Beschluss herbeizuführen. Es ist somit häufig im Interesse der Verteidigung, zur Überprüfung von Maßnahmen der Verhandlungsleitung deren **Revisibilität** zu ermöglichen. Der über Abs. 2 zu erwirkende Beschluss ist daher in vielen Fällen einzige und notwendige Voraussetzung für eine Überprüfbarkeit.

Im Übrigen sollte die Verteidigung bei der Wahrnehmung der Rügeoption ins Kalkül ziehen:

677 Der **Einfluss auf die Gestaltung der Beweisaufnahme** folgt aus der Weite des Begriffs der Verhandlungsleitung. Auch das lediglich äußerliche Organisieren der Beweisaufnahme muss oft angesichts der erkennbaren – nachteiligen – psychologischen Effekte einer Überprüfung zugänglich sein. So ist das Interesse des Angeklagten tangiert, wenn der Vorsitzende z.B. schon zu Beginn der Beweisaufnahme ausschließlich belastende Elemente einführen will. Eine die Verteidigung beeinträchtigende Verfestigung der Anklagehypothese der Ermittlungsbehörden wird auch erreicht, wenn gleich zu Beginn der polizeiliche Ermittlungsführer ohne Einführung der primären Beweismittel als Zeuge Gang und Ergebnisse seiner Ermittlungen präsentieren soll; das Unmittelbarkeitsprinzip wird tangiert, die Schöffen werden in den Geruch der Befangenheit gebracht,[618] der Erkenntniswert der Beweisaufnahme ist mit dem Aktenstudium vergleichbar,[619] sie ist letztlich eine der Idee der richterlichen Verantwortung widersprechende paradoxe Beweisaufnahme über die polizeiliche Beweiswürdigung.[620] Das Beanstandungsrecht gibt der Verteidigung die Möglichkeit der Abänderung der Planung der Beweisaufnahme ebenso wie eine frühe Chance der Diskussion über konkrete Beweisstrukturen des Verfahrens.

678 Ansonsten nicht erreichbare Informationen über die vorläufige Verfahrensbewertung verschafft das Rügerecht. Der Verteidiger kann den Inhalt von Unterrichtungen durch den Vorsitzenden beanstanden, sei es nach Abwesenheit des Angeklagten (§§ 231a Abs. 2, 247 S. 4 StPO) oder zu Beginn der Berufungshauptverhandlung und damit Anlass für eine fruchtbare inhaltliche Diskussion geben. Mangelhafte Transparenz kann durch Beanstandung gefördert werden, wenn der Vorsitzende sich weigert, den Inhalt von Verständigungsgesprächen außerhalb des Gerichtssaals vorzutragen.[621] Bean-

---

618 *Schmidt* Der Ermittlungsführer als (Universal-) Zeuge der Anklage?!, NZWiSt 2014, 121 ff.
619 *Schneider* NStZ 2014, 194.
620 *Eschelbach* Beweiserhebung des Tatgerichts über das polizeiliche Ermittlungsergebnis? Eisenberg-FS, 2019, 409 ff.
621 BGH NStZ 2004, 342.

standungsfähig sind auch die die unbefangene Rezeption der Beweisaufnahme erschwerenden Hinweise des Vorsitzenden. Belasten dessen Vorstellungen vom Umfang der richterlichen Fürsorgepflichten die Verteidigungsinteressen, können seine hieraus entspringenden Prozess leitenden Handlungen dem Gericht zur Überprüfung unterbreitet und damit eine Kommunikation über die aktuelle Bewertung des Verfahrensstandes eingeleitet werden.

Die **Auswirkungen auf die Verhandlungsatmosphäre** sind bei Nutzung dieses Zwischenrechtsbehelfs 679 erheblich. Vorsitzende, die aus der Gewohnheit der ihnen übertragenen Sachleitungsbefugnis faktisch bereits eine weitgehende Verfahrensherrschaft abgeleitet haben, finden häufig nur schwer den Weg zurück zum Sinn des § 238 Abs. 1, der ihnen aus praktischen Gründen lediglich im Namen des Kollegiums eine vorläufige Gestaltungsmöglichkeit eröffnet. Will die Beanstandung Verletzungen von solchen Gefühlen vermeiden, hilft die Erwähnung der Selbstverständlichkeit des Sinns der Regelung.

Die Überantwortung einer Entscheidung über eine Sachleitung an das gesamte Gericht ist regel- 680 mäßig für die Verteidigung dann erfolglos, wenn sich die Rüge als – wenn auch sachlich gut begründeter – Angriff darstellt. Der Reflex aller Kammermitglieder wird regelmäßig dahin gehen, sich schützend vor »ihren« angegriffenen Vorsitzenden zu stellen. Die kammerinterne Diskussionskultur ist selten derart ausgebildet, dass eine nach außen offensichtlich werdende Überstimmung des Vorsitzenden durch seine Beisitzer und die Schöffen für deren weitere Zusammenarbeit folgenlos bliebe. Auch die interne dienstliche Abhängigkeit lässt richterliche Solidaritäten über sachliche Erkenntnisse dominieren. Hält die Verteidigung eine Revidierung der gerügten Sachleitung für unabdingbar, muss sowohl im Stil als auch im Gehalt des Verteidigungsvorbringens Raum für das Gericht und insbesondere den Vorsitzenden verbleiben, einem Prozess der besseren Erkenntnis aufgrund veränderter Argumentationsstrukturen beizuwohnen. Die Darstellung der Rüge als diskutable Rechtsfrage trägt zu diesem Zweck sehr viel mehr bei als das apodiktische Aufzeigen eines prozessualen Fehlers. Die Form der distanzierten rechtlichen Diskussion nimmt der Beanstandung die **psychologische Schärfe des Versagensvorwurfs**.

Ein zusätzlicher negativer Faktor ist durch die **Häufigkeit der Rüge** bedingt. Nicht zuletzt die Strenge 681 der jüngeren Rechtsprechung verlangt vom Verteidiger zur Vermeidung eines Rügeverlusts die vermehrte Anwendung der Beanstandung nach § 238 Abs. 2. Der durch die Rüge in Gang gesetzte Ablauf muss im Hinblick auf die Häufigkeit der Maßnahme für einen Erkenntnisprozess störend bis zerstörend wirken:

> Jede Beanstandung führt im Ergebnis zu einer Unterbrechung; stühlerückend haben alle Richter mit der 682 spürbaren körperlichen Last den Gerichtssaal zu verlassen, um sich im Beratungszimmer über die Behandlung der Beanstandung zu verständigen. Die Länge der Unterbrechung ist zumeist nicht vorhersehbar. Die hohe Frequenz von notwendigen Rügen führt zu ständiger Bewegung auf der Richterbank, die gelegentlich schon als »Revisionsgymnastik« kritisiert wird. Hat die Verteidigung angesichts der erkennbaren Unverrückbarkeit der gerichtlichen Bewertungsstruktur seine Ambitionen zur Überzeugung schon aufgegeben und dient die Beanstandung ausschließlich der Wahrung revisionsrechtlicher Möglichkeiten, mag der gerichtliche Unmut über die Vorgehensweise hingenommen werden. Ansonsten können Erklärungen und evtl. die hilfesuchende Fragestellung des Verteidigers nach alternativen Prozeduren sein Verhalten verständlicher machen und den Unmut reduzieren. So sollte die Möglichkeit der Bündelung verschiedener Rügeinhalte ebenso diskutiert werden wie Verbindungen von Beratungspausen mit ohnehin vorgesehenen Unterbrechungen.

3. Erklärung nach einzelnen Beweiserhebungen – § 257 Abs. 2

Bei der Überzeugungsarbeit des Verteidigers in laufender Hauptverhandlung muss die Möglichkeit, 683 Erklärungen nach jedem einzelnen Teil der Beweisaufnahme abgeben zu können, eine zentrale Rolle spielen. Ein weiser Gesetzgeber hat hier schon vor Jahrhunderten Gefahren für ein rechtsstaatliches Strafverfahren erkannt und mit dem § 257 gegengesteuert. Aktenlektüre und Anklageerhebung können das Gericht derart prägen, dass selbst in der laufenden Beweisaufnahme nur noch diejenigen Elemente wahrgenommen werden, die als mit dem vorgezeichneten Bild stimmig empfunden werden. Die bestätigende Zeugenaussage wird ebenso träge und undifferenziert zur Festigung des vorliegenden Vorstellungsbildes entgegengenommen, während für die Fragwürdigkeiten und Widersprüchlichkeiten einer insgesamt entlastenden Aussage die feinsten Kritikantennen ausgefahren werden können. Die Strategie des bereits Überzeugten kann sogar so weit gehen, solche entlastenden Momente gar nicht wahrzunehmen.

684   Ein Prozess, der diesen Verlauf hinnimmt und allenfalls in einem abschließenden Resümee unterschiedlich mögliche Sichtweisen nochmals zusammenfasst, gibt dem Angeklagten nur wenig Chancen. Der Erwartungshaltung entsprechende, Schuld verfestigende Vorstellungen können gebremst, hierdurch bedingte Unaufmerksamkeiten in der Rezeption einer Beweisaufnahme gemindert werden, wenn in unmittelbarem zeitlichem Zusammenhang mit dem Beweisgeschehen die eigene richterliche Wahrnehmung dadurch nochmals kritisch hinterfragt werden kann, dass eine andere, ebenso subjektive Wahrnehmung in ihren Ergebnissen präsentiert wird.

Hat die Verteidigung die Erklärungsmöglichkeit als wichtiges Werkzeug zur Minimierung der von ihr bekämpften Vorprägungen erkannt, gehört deren optimale Nutzung zu den Höhepunkten der Verteidigungskunst.

685   Möglicherweise ist es die Angst vor dem Versagen angesichts eines derart hohen Anspruchs, der die Nutzung dieser Möglichkeit in der Praxis eher als prozessuales Randphänomen erscheinen lässt. Die Beschränkung auf das Fragerecht und ein Passierenlassen des gesamten Zeugenprogramms im Übrigen können jedenfalls fatale Fehlentscheidungen angesichts der komplexen Aufgabe des gezielten Setzens von kleinen Mosaiksteinen der Überzeugung zu sein. Die Gefahr, Gegenteiliges zu erreichen, ist offensichtlich. Richterliche Abwehrmechanismen aufgrund gefühlter Penetranz des Verteidigers sind ebenso zu befürchten wie die Desavouierung des Verteidigers als Kommunikationspartner angesichts seiner vermeintlich irrealen Wahrnehmung des Prozessgeschehens.

Die **rechtlichen Schranken** für Umfang und **Thematik** der Verteidigererklärung sind bescheiden. Der Verteidiger kann sich nach jeder einzelnen Beweiserhebung »dazu« äußern.

686   Das kann die schlichte inhaltliche Zusammenfassung einer soeben gehörten Zeugenaussage aus der speziellen Verteidigersicht sein. Es können aber auch Hinweise auf die von der Verteidigung so aufgefasste besondere Nervosität eines Zeugen sein, sein ständigen Wippen mit einem Fuß, sein Vermeiden eines Blickkontakts oder körperliche Reaktionen, die anderen Beteiligten möglicherweise entgangen sind. Widersprüchlichkeiten einer soeben gehörten Zeugenaussage lassen sich zeitnah am ehesten verdeutlichen. Offensichtlich unvereinbare Äußerungen eines Sachverständigen in der Hauptverhandlung im Vergleich zu seinem vorbereitenden Gutachten gehören ebenso zur möglichen Thematik einer Erklärung, wie pointierte Darstellungen der eigenen Wahrnehmung eines Augenscheinsobjekts oder des Verständnisses einer soeben verlesenen Urkunde.

687   Der Zusammenhang mit der allseits erlebten Beweisaufnahme ist auch dann gegeben, wenn sie in einen weiteren Beweiskontext gestellt wird. Als Argument zur Beschneidung von Verteidigererklärungen wird vom Gericht gerne Abs. 3 des § 257 herangezogen, wonach derartige Erklärungen den Schlussvortrag nicht vorwegnehmen dürfen. Der Sinn dieser gesetzlichen Begrenzung ist allerdings dubios. Die Vorwegnahme einer den Schlussvortrag vorbehaltenen Gesamtwürdigung ist schon deswegen nicht möglich, weil die Erklärungen nach § 257 Abs. 2 zu einem Zeitpunkt erfolgen, in dem der Gesamtwürdigung zugängliche Teile noch ausstehen. Auch wenn der Fokus der Erklärung auf der Bewertung des soeben erlebten Teils der Beweisaufnahme liegt, kann sich diese Bewertung häufig nur erschließen, indem entweder die Fragwürdigkeit dieses Ergebnisses oder aber seine besondere Beweiskraft unter Bezugnahme auf bereits vorliegende anderweitige Ergebnisse der Beweisaufnahme erörtert werden. Solange dem Verteidiger der rhetorische Faden mit der Bezugnahme auf den soeben erlebten Teil der Beweisaufnahme nicht verloren geht, ist damit kaum eine Konstellation vorstellbar, in der auch umfassendere Würdigungen durch den Vorsitzenden unterbunden werden könnten.

688   Dies gilt erst recht, wenn nicht der Beweiswert von der Verteidigung thematisiert wird, sondern das Ergebnis der Beweisaufnahme sofort einer rechtlichen Bewertung zugeführt wird. Subsumtionen unter Tatbestandsmerkmale, Hinweise auf Verjährungsfristen oder durch die letzte Beweisaufnahme

zutage getretene Beweisverwertungsverbote lassen sich häufig nur dann begründen, wenn sie in den großen **Zusammenhang des Gesamtverfahrens** gestellt werden.

Die weitaus schwierigste Entscheidung für die Verteidigung besteht darin, ob und ggf. in welchem Umfang von der sehr weiten Möglichkeit der Stellungnahme tatsächlich Gebrauch gemacht wird.

Die **Gefahr** der Erzeugung **negativer Wirkung** ist deswegen besonders groß, weil die Verteidigung eine Abwägung und detaillierte Ausarbeitung von Formulierungen nicht vornehmen kann. Die Erklärung ist regelmäßig **spontan**, sie kann angesichts der häufig nicht vorhersehbaren zu kommentierenden Ergebnisse nicht vorbereitet werden. Sie unterliegt daher auch der Emotion des Verteidigers als sofortige Reaktion auf Erlebtes. Hilfreich wäre eine zwischenzeitliche Unterbrechung oder gar die Möglichkeit, bei einer mehrtägigen Verhandlung erst am folgenden Tage die Stellungnahme abzugeben, hier möglicherweise sogar in schriftlicher Form. Mangels gesetzlicher Grundlage lässt sich eine solche Vorgehensweise allerdings nur mit der ausdrücklichen Genehmigung des Vorsitzenden realisieren; gerade bei sehr langen und komplexen Zeugenvernehmungen kann zur eigenen Orientierung das Gericht hieran durchaus ein Interesse haben.   **689**

Die regelmäßige spontane Erklärung nach Entlassung des Zeugen oder Verlesen der Urkunde kann – wie stets in der Überzeugungsarbeit – nur darin bestehen, dass zum einen der Schwerpunkt auf einen besonders überzeugenden Punkt gelegt, zum anderen eine pointierte Darstellungsweise gewählt wird. Auf der Grundlage der Bewertung der möglicherweise fest gefügten richterlichen Vorstellungen kann nur das herausstechende Merkmal der gemeinsam erlebten Beweisaufnahme Bewegung in die vorhandenen Entscheidungsstrukturen bringen.   **690**

▶ **Beispiel:**

Die Verteidigung geht davon aus, dass die soeben vernommene Opferzeugin den Mandanten zu Unrecht belastet hat. Wenn die Vernehmung zwar zahlreiche kleinere Anhaltspunkte erbracht hat, dass deren Tatschilderung nicht schlüssig oder zu bisherigen Beweisergebnissen widersprüchlich war, so verbietet sich eine sehr eingehende Auseinandersetzung hiermit an dieser Stelle, wenn andererseits die generelle Glaubwürdigkeit der Zeugin durch einen Paukenschlag in aller Kürze dargelegt werden kann. Hat die Zeugin für jedermann ersichtlich die Unwahrheit zu einem nicht unmittelbar tatrelevanten Punkt gesagt, lässt sich hier der dem Richter unter Umständen willkommene Eindruck einer überzeugenden glaubwürdigen Zeugin am ehesten nachhaltig erschüttern.   **691**

Ausführlichkeit ist allenfalls da angesagt, wo die Schärfe einer negativen Erklärung in Kontrast steht zu dem freundlichen Frageton des Verteidigers bei der vorhergehenden Vernehmung. Die positive Zuwendung zum Belastungszeugen ist unter Umständen unumgänglich, um einen auch für die Verteidigung sinnvollen Informationsfluss zu starten. Zu dieser Strategie der Freundlichkeit gehört es allerdings, sich aufdrängende Widersprüchlichkeiten oder Unglaubwürdigkeiten nicht im Wege des konfrontativen Vorhalts zu thematisieren. Dass es allerdings tatsächlich inhaltlich diese Aspekte gab, geht oft in der Wahrnehmung einer angenehmen Plauderei verloren. Hier hat nach Entlassung des Zeugen der Verteidiger deutlich – unter Umständen auch in erkennbar verändertem Tonfall – die inhaltlichen Defizite aufzuzeigen.   **692**

Befragungs- und Erklärungsstrategie der Verteidigung kann auch dahin gehen, die für den Mandanten nachteilige unzutreffende Darstellung des Zeugen vertiefen und zementieren zu lassen. Gerade im Hinblick auf einen möglicherweise unmittelbar nachfolgenden Entlastungszeugen kann es dann angezeigt sein, in der provozierten zusätzlichen Festlegung des Belastungszeugen die Wurzeln seiner fehlerhaften Wahrnehmung oder seiner Unglaubwürdigkeit auszumachen.   **693**

Wie jede Erklärung ist diejenige nach § 257 Abs. 2 geeignet, mögliche **Alternativsachverhalte** aufzuzeigen. Gerade wenn der Mandant sich nicht eingelassen hat und die Einseitigkeit der Aktendarstellung Überlegungen dazu unterbindet, in welchen Varianten sich das Geschehen abseits des Anklagesatzes dargestellt haben könnte, bietet der Hinweis auf ein vorliegendes Beweisergebnis die Gelegenheit, wie dieses Mosaiksteinchen sich durchaus schlüssig auch in einen anderen – wenn auch   **694** nur als Hypothese vorgebrachten – Sachverhalt einpassen lassen kann, der allerdings weit entfernt von der Darstellung des Anklagesatzes ist.

695   Das Erklärungsrecht hilft damit der Verteidigung, insbesondere das Phänomen der »hypothesenkonsistenten Interpretation uneindeutiger Informationen«[622] offenzulegen und damit ihre Wirkung zu kontrollieren. Zahlreiche durch die Beweisaufnahme erhaltene Informationen sind im Hinblick auf einen Schuldnachweis schlicht uneindeutig, also ebenso belastend wie entlastend zu bewerten. Z.B. können Fingerabdrücke auf dem Küchenmesser ebenso die Mordtat des Ehemannes belegen wie seine Mitwirkung bei der Hausarbeit.[623] In Verankerung der zu überprüfenden Anklagehypothese neigt der Entscheider allerdings unbewusst dazu, bei derartig ambigen Informationen Bestätigungen der vorhandenen Hypothese wahrzunehmen, diese also im Sinne der Anklage aufzuwerten. Die plastische Betonung der Uneindeutigkeit des Beweisergebnisses unmittelbar nach seiner Aufnahme sollte helfen, auch bei Gericht diesen Mechanismus zu rationalisieren.

696   Verteidigungstaktische Beschränkungen sind allerdings immer dort notwendig, wo mit der Andeutung derartiger Alternativsachverhalte dem Gericht die Möglichkeit an die Hand gegeben wird, diese durch gezielte Ausübung des Fragerechts gegenüber nachfolgenden Zeugen in den Bereich des Unwahrscheinlichen zu manövrieren. Das Gebot des frühzeitigen Handelns erfährt auch hier die Einschränkung, dass sich die Verteidigung hierdurch nicht die Möglichkeit der entscheidenden Beeinflussung des Verfahrens berauben lassen darf.

4. Widerspruch

697   Beweisverwertungsverbote sollen in der Revisionsinstanz u.U. nur dann geltend gemacht werden können, wenn gegen die Verwendung dieser Beweismittel in der Hauptverhandlung von der Verteidigung ein Widerspruch eingelegt worden ist. Mit der Institutionalisierung einer Widerspruchspflicht für die Verteidigung hat der BGH nicht nur das Handlungsspektrum für die Verteidigung erweitert, sondern ihr auch weitergehende Pflichten für das prozessuale Gesamtgeschehen auferlegt. Dem ist die Literatur sehr kritisch entgegen getreten.[624]

a) Begründung der Widerspruchspflicht der Verteidigung

698   Die Verpflichtung des Verteidigers zum Widerspruch stellt eine systemwidrige »Rechtsschöpfung« der Rechtsprechung dar. Sie konterkariert die Selbstverständlichkeit des inquisitorischen Prozesses, wonach das Gericht die alleinige Verantwortung für die Einhaltung der Prozessnormen hat. Der deutsche Strafprozess ist beherrscht von der Inquisitionsmaxime, der maßgeblichen Sachleitungsbefugnis des Vorsitzenden und einer umfassenden gerichtlichen Fürsorgepflicht. Dispositionen eines Verfahrensbeteiligten über das Prozessgeschehen sind hier allenfalls bei dessen prozessualen Teilhaberechten denkbar. Mit diesen Grundsätzen ist es nur schwer vereinbar, die Überprüfung rechtmäßigen gerichtlichen Verhaltens davon abhängig zu machen, dass das Gericht zuvor von der Verteidigung auf den Fehler aufmerksam gemacht wurde.

699   Dass nun – bis zum Widerspruch in der Hauptverhandlung – die Justiz von der unbelasteten Hypothese der Rechtmäßigkeit aller Beweiserhebungen ausgehen kann, erweitert ihren Handlungsspielraum, ist aber weit von der Justizförmigkeit des gesamten Verfahrens entfernt. Wohl fühlt sich die

---

622   S. hierzu z.B.: *vom Schemm* Auf der Suche nach dem Missing Link 2008, S. 27 f.

623   Beispiel bei: *Schemm/Dreger/Köhnken* Suggestion und konfirmatorisches Testen sozialer Hypothesen in Befragungssituationen, Forensische Psychiatrie, Psychologie, Kriminologie 2008, 2, 20–27.

624   Literaturauswahl zur Problematik der Widerspruchslösung: *Schlüchter* Wider die Verwirkungen von Verfahrensrügen im Strafprozess, GS Meyer, S. 445 ff.; *Bohlander* Die sogenannte »Widerspruchslösung« des BGH und die Verantwortung des Strafverteidigers, StV 1999, 562 ff.; *Ignor* Plädoyer für die Widerspruchslösung, FS Rieß, S. 185; *Leipold* Form und Umfang des Erklärungsrechts nach § 257 und seine Auswirkungen auf die Widerspruchslösung des BGH, StraFo 2001, 300; zustimmend *Mosbacher* Zur aktuellen Debatte um die Rügepräklusion, NStZ 2011, 606 ff; KK-*Schneider* 8. Aufl. § 238 Rn. 34 ff.

Rechtsprechung auch nach Jahrzehnten nicht mit dieser Konstruktion; BGH Richter reklamieren in wissenschaftlichen Aufsätzen Alternativlösungen, die sich näher am Gesetz orientieren – wie beispielsweise eine Erweiterung des Anwendungsbereichs des § 238 Abs. 2 statt des Widerspruchs. Dagegen wird auch für eine »Zustimmungslösung« geworben, die eine Verwertung eines grds. unverwertbaren Beweismittels nach Belehrung des Gerichts von der ausdrücklichen Zustimmung des Angeklagten abhängig machen will; so würde jedenfalls die Fiktion einer Zustimmung des Angeklagten durch schlichte Untätigkeit vermieden.

Aktuell hat Verteidigung mit der unbegründeten Schöpfung der Rechtsprechung zu leben. Widerspruchspflichten und Rügepräklusion konterkarieren die Rolle des Verteidigers als einseitiger und interessengebundener Beistand. Aus seiner unabhängigen Position folgt u.a., dass sein Verschulden dem Angeklagten nicht zugerechnet werden kann (§ 44). Warum der Mandant, der die rechtlichen Konsequenzen nicht überschaut, für das fachlich bedingte Unterlassen seines Verteidigers haften soll, wird ebenso wenig erklärt wie die Behauptung, das Schweigen des prozessunkundigen Angeklagten bedeute, dass er den Verfahrensfehler praktisch hinnehme. Das gilt erst recht für die merkwürdige Konsequenz, dass der unverteidigte Angeklagte im Gegensatz zum Verteidigten regelmäßig mit der Rüge in der Revision nicht ausgeschlossen ist. Die Begründungsansätze für die faktische Beschränkung von Beschuldigtenrechten stehen – vorsichtig formuliert – auf tönernen Füßen.[625] Wenn nicht ohne Pathos an Verantwortung und Obliegenheiten des Beschuldigten im Strafverfahren appelliert wird, vergessen Richter gerne, dass deren Konkretisierung allein dem Gesetzgeber vorbehalten ist.[626] **700**

Versuche rechtstheoretischer Verankerungen sind in der Praxis ersichtlich zaghaft. Der BGH begründet seine sogenannte Widerspruchslösung mit dem Hinweis, dass die Einschränkung von Rügemöglichkeiten bei Verfahrensrechten nur in den Fällen eingreifen soll, in denen es ausdrücklich um die Beeinträchtigung von Beschuldigtenrechten geht. Obwohl Rechte des Mandanten tangiert sind, kann ein hierdurch zustande gekommenes Beweisergebnis unter Umständen auch für diesen vorteilhaft sein, sodass es sinnvoll erscheint, die endgültige Verwertung dieses Beweismittels maßgeblich von der Entscheidung abhängig zu machen.[627] **701**

Die ursprüngliche Begründung der Rechtsprechung, der Verteidigung die positive Chance der Verwertung entlastender Elemente in einer wegen fehlender Belehrung ansonsten unverwertbaren polizeilichen Vernehmung zu ermöglichen,[628] ist längst vom dominierenden Wunsch der Rechtsprechung nach eigener Entlastung überrollt worden. Was einmal mit der Idee der Disposition als Rechtsfortbildung begann, mutierte in der jüngeren Vergangenheit durch Ausdehnung auf andere Aspekte eines prozessordnungsgemäßen Verlaufs der Hauptverhandlung in unkalkulierbarer Weise. Auch wenn Beschuldigtenrechte nicht unmittelbar betroffen sind, meint der BGH ausdrückliche Widersprüche auch bei Verwertung von Beweisergebnissen fordern zu müssen, die z.B. aus rechtswidrig gewonnenen Telefonüberwachungen oder anderen verdeckten Ermittlungsmethoden gewonnen wurden. Die **Tendenz der Ausdehnung** des Widerspruchserfordernisses auf sämtliche Verwertungsverbote ist unverkennbar. Abseits aller Auswüchse wird vom **Bundesverfassungsgericht** ungebrochen betont, dass die Widerspruchslösung einer möglichst weitreichenden Dispositionsbefugnis des Angeklagten Rechnung trage; abseits der Funktionen von Rechtsmittelinstanzen wird die richterliche Erfindung mit dem als angenehm empfundenen Effekt begrüßt, es werde in der Hauptverhandlung rechtzeitig Klarheit für deren weiteren Verlauf geschaffen.[629] **702**

Auch wenn letztendlich diese **Dispositionsbefugnis des Angeklagten über Beweismittel** systemwidrig ist und eher dem angelsächsischen adversatorischen System entlehnt scheint, bietet die Widerspruchspflicht des Verteidigers nicht nur einen erhöhten Verantwortungsbereich, sondern auch **703**

---

625 *Kudlich* »Zurechnung« von Verteidigerverschulden im Strafverfahren, Beulke-FS 2015, S. 831, 838.
626 *Wachter* Die strafprozessuale Widerspruchslösung im System staatlicher Inanspruchnahme, JR 2019, 437 ff.
627 BGHSt 38, 214, 226; BGH NStZ 2005, 700.
628 BGH NJW 1992, 1463 ff.
629 BVerfG StV 2012, 641, 644.

zusätzliche Gestaltungsmöglichkeiten. Z.T. hat es der Verteidiger in der Hand, Verwertungsverbote in der Hauptverhandlung umzusetzen oder Ergebnisse unzulässiger Beweisgewinnung zu akzeptieren. Die Subjektivierung des Beweisrechts verkompliziert darüberhinaus prozessuale Beweissituationen mit mehreren Angeklagten, die sich unterschiedlich verhalten. Rechtliche Widerspruchsnotwendigkeiten und verteidigungstaktisch bedingte Widerspruchsoptionen gehören heute zwingend zum stets präsenten Verteidigungsrepertoire in der laufenden Hauptverhandlung.

704   In folgenden Fällen muss bei schwankender und sich ausdehnender Rechtsprechung mit einem Widerspruchserfordernis gerechnet werden:
   – Die **fehlerhafte Belehrung** des Beschuldigten im Ermittlungsverfahren führt zu einem Verwertungsverbot; will das Tatgericht dennoch Ergebnisse der Vernehmung in die Hauptverhandlung einführen, muss diesem durch die Verteidigung widersprochen werden.
   – Gleiches gilt für die unterschiedlichen Konstellationen, bei denen der Beschuldigte in der Vernehmung entweder nicht auf seine **Möglichkeit der Verteidigerkonsultation** hingewiesen oder ihm eine solche Möglichkeit durch Verhaltensweisen des Vernehmungsbeamten maßgeblich erschwert worden ist.
   – Ist der Beschuldigte vom Polizeibeamten zwar belehrt worden, konnte er diese aufgrund seiner starken Alkoholisierung jedoch nicht verstehen, kann die Verwertung in der Hauptverhandlung nur durch Widerspruch verhindert werden.
   – Wurden **Anwesenheitsrechte der Verteidigung** bei richterlichen Vernehmungen verletzt, muss der Verteidiger bei der Verwertung der Ergebnisse in der Hauptverhandlung ebenfalls ausdrücklich widersprechen.
   – Gleiches kann bei der Verwertung einer **Videoaufzeichnung** gelten, wenn diese ohne die notwendige Mitwirkung des Verteidigers erstellt wurde.
   – Widerspruch in der Hauptverhandlung wurde gefordert bei Verwertung einer Aussage, die der Angeklagte als Zeuge ohne Belehrung über sein Recht gem. § 55 gemacht hatte.
   – Verwertung von Gegenständen, die bei einer **Hausdurchsuchung** sichergestellt wurden, die die StA fehlerhaft ohne Durchsuchungsbeschluss in vermeintlicher Gefahr im Verzuge sichergestellt hatte.[630]

705   **Entbehrlich** erscheint der Widerspruch bei Verwertungskonsequenzen, die sich zwingend aus dem Gesetz oder der Bedeutung des tangierten Rechtsguts ergeben. Dies gilt für die Verwertungsverbote gem. § 136a Abs. 3 S. 2 und bei einem Verstoß gegen § 252, dessen Rechtsfolgen nicht disponibel sind, sowie bei unzulässiger Verwertung eines Geständnisses nach gescheiterter Verständigung gem. § 257c Abs. 4 S. 3.[631]

706   Auch wenn die Verwertung bereits zu einem früheren Zeitpunkt im Ermittlungsverfahren gerügt wurde, erachtet die Rechtsprechung eine Wiederholung in der Hauptverhandlung für notwendig, selbst nach einer ausgesetzten Hauptverhandlung. Ist ein **Widerspruch** erforderlich, muss er **rechtzeitig** erhoben werden. Ausreichend ist ein umfassender und begründeter Widerspruch bereits zu Beginn der Beweisaufnahme,[632] der auch nach ergänzender Sachverhaltsaufklärung durch das Gericht nicht wiederholt werden muss. Der BGH fordert die Erhebung parallel zum Zeitpunkt des § 257 spätestens dann an, wenn das monierte Beweismittel in die Hauptverhandlung eingeführt wurde (s. näher unten 3. Kapitel Rdn. 734 ff.). Die Unsicherheit zur Konstruktion der sog. Widerspruchslösung spiegeln allerdings manche divergierende Senatsentscheidungen wieder; so wird beispielsweise die Reklamierung des Verwertungsverbots von beschlagnahmten Gegenständen, die aufgrund einer rechtswidrigen Durchsuchung erlangt wurden, von der Befristung mit der Begründung ausgenommen, es existiere keine Dispositionsmöglichkeit des Angeklagten hierüber – ein »roll back« zur ursprünglichen Begründung der Widerspruchsnotwendigkeit.[633]

---

630 Differenzierend BGH 2 StR 46/15 NJW 2017, 1332.
631 *Niemöller* in: Niemöller/Schlothauer/Weider, Gesetz zur Verständigung im Strafverfahren, Teil B § 257c Rn. 151 f.
632 BGH NStZ 2004, 389; 2014, 722, 723; NJW 2013, 2771 f.; NJW 2015, 360 f.
633 BGH 2 StR 46/15 NJW 2017, 1332.

Die Erhebung der Rüge im Berufungsverfahren sei verspätet, wird behauptet.[634] Inhaltlich soll der Widerspruch in seiner Begründung zumindest den Kern des monierten Beweisverwertungsverbots wiedergeben. Z.T fordert der BGH sogar eine konkrete Begründung in Anlehnung an die erst in der Revision relevant werdende »Angriffsrichtung« einer Revisionsrüge, die bei unterschiedlichen Rechtsverletzungen innerhalb eines einheitlichen Sachverhalts selektiv sein könne.[635]

Einen Anspruch auf **Reaktion des Gerichts** soll der Widersprechende nicht haben. Das Gericht darf **707** stumm bleiben. Zur Kommunikation im Prozess trägt ein entsprechender Vortrag des Verteidigers somit nicht bei. Im Gegensatz zur Beanstandung nach § 238 Abs. 2 löst seine Intervention keinen gerichtlichen Beschluss aus. Das Gericht kann seine Einwendungen schweigend registrieren und ihm erst im Urteil mitteilen, ob und warum das Beweismittel dennoch verwertet werde. Eine revisionserhebliche Beeinträchtigung der Verteidigung, die bis zuletzt über den Gegenstand der gerichtlichen Überzeugungsbildung im Unklaren gelassen wird, wird vom BGH verneint.[636]

Die **Konsequenz** der Rechtsprechung zu Beweisverwertungsverboten in Kombination mit der Wider- **708** spruchslösung ist eine **Aufweichung jeder Disziplinierung von Ermittlungspersonen**. Ein Polizeibeamter, der gesetzeswidrigerweise Überraschungsmomente ausnutzen will und diese Rechtsprechung kennt, kann getrost das Risiko einer fehlerhaften oder unterlassenen Belehrung eingehen. Sie wird nur in den geringsten Fällen aufgedeckt und im Ergebnis die Beweisaufnahme beschränken. Er darf damit rechnen, dass – wie in den meisten Fällen – ein Verteidiger in der Hauptverhandlung nicht anwesend sein wird und das Gericht dem unbedarften Angeklagten keinen Tipp zum Widerspruch geben wird; agiert ein Verteidiger, muss er sowohl formgerecht als auch rechtzeitig widersprechen – statistisch verschiebt sich das Risiko negativer Auswirkungen gesetzeswidrigen Verhaltens auf den Strafprozess in den Promillebereich. Bar jeder Erfahrung zur Ermittlungs- und Gerichtspraxis, die angesichts ihrer häufigen Ignoranz gegenüber prozessualen Normen zugunsten als richtig gefühlter Ergebnisse dringend einer solchen Disziplinierung bedürfte, wird diese »fremde« Idee sogar von Verfassungsrichtern den besonderen Funktionsbedingungen des angelsächsischen Rechts zugeschrieben; die deutsche StPO erfordere allenfalls eine »Gesamtschau auf das System«.[637]

b) Überblick über Beweisverwertungsverbote

Die Prozessordnung stellt Regeln auf, deren Einhaltung der Verteidiger – wenn es im Interesse seines **709** Mandanten ist – zu achten hat. Das komplexe und zum Teil komplizierte Prozedere im Strafverfahren dient dem Ausgleich der unterschiedlichsten Interessen. Neben der Durchsetzung des staatlichen Strafanspruchs kommen hier maßgeblich Schutzerwägungen des um seine Bürgerrechte kämpfenden Beschuldigten in Betracht. Diese Schutzrechte können sich aus der StPO ebenso ergeben wie aus verfassungsrechtlich verankerten Grundrechten. Ein rechtsstaatlich akzeptables Urteil ist daher nicht dasjenige, das der – angeblichen – Wahrheit am nächsten kommt, sondern ein Urteil als Ergebnis des streng formalisierten Strafverfahrens.

Ist die Einhaltung der Form somit unabdingbare Voraussetzung für ein ordnungsgemäßes Verfahren, **710** muss ein Verstoß gegen die Form zwangsläufig den Bestand des Urteils gefährden. Dies gilt insbesondere, wenn sich ein Urteil auf Beweise stützt, die in prozesswidriger Weise gewonnen werden. Gilt das Ausblenden von Beweisergebnissen als hohe Kunst der um Rationalität und formalisiertes Denken bemühten Strafjuristen, hat sich die Praxis vom konsequenten Ignorieren »unsauber« gewonnener Beweisergebnisse verabschiedet.

Die konsequente Beschränkung der Wahrheitserforschung nach Feststellung einer fehlerhaften Beweiserhebung ordnet das Gesetz in aller Deutlichkeit nur in § 136a Abs. 3 S. 2 an.

---

634 BGHSt 50, 272, 274 f.; dass dies dem Wesen des Rechtsmittelverfahrens widerspricht, dämmert mittlerweile auch Richtern, s. *Wachter* JR 2019, 437, 448.

635 BGHSt 52, 38, 42 ff.; BGH NStZ 2014, 722 m. Anm. *Knauer*; krit. hierzu z.B. *Velten* ZJS 2008, 76 ff.; *Gaede* HRRS 2007, 402, 404 ff.

636 BGH bei *Cirener* NStZ-RR 2014, 104.

637 So der ehem. Verfassungsrichter *Landau* NStZ 2015, 665, 667.

711 Darüber hinaus finden sich Verwertungsverbote in sehr engen Bereichen in §§ 100a Abs. 4 S. 2, 100c Abs. 5 S. 3 sowie für das Zeugnisverweigerungsrecht von einigen beruflichen Geheimnisträgern in § 160a. Zum Teil wird auch die Regelung des § 252 als Beweisverwertungsverbot im klassischen Sinne interpretiert. Neu ist das gesetzliche Verwertungsverbot eines Geständnisses nach gescheiterter Verständigung in § 257c Abs. 4 S. 3.

712 Bei allen anderen denkbaren Verstößen gegen prozessuale Vorschriften zur Beweisgewinnung wird ein Automatismus verneint, wonach ein solcher Fehler zu dem Verbot einer Verwertung führen muss. Aus Gründen der prozessuale Klarheit, wie sie noch *Beling*[638] gefordert hatte, und einer Disziplinierung der in den gesetzlichen Grenzen der StPO hoheitlich Agierenden läge der Schluss vom Gesetzesverstoß auf die Ignorierung der hierdurch gewonnen Ergebnisse nahe. Mit verfassungsgerichtlicher Billigung[639] behauptet die Rechtsprechung allerdings, dass ein solcher Rechtssatz nicht existiere. Die stringente dogmatische Konsequenz ist heute einem unüberschaubaren hoch **kasuistischen Lösungsansatz** gewichen. Schlicht ignoriert wird die Einsicht, dass die Beweisverwertung als Eingriff in die Grundrechte des Beschuldigten einer – nicht erkennbaren – gesetzlichen Ermächtigungsgrundlage bedarf. Legitimation wie Struktur der Verwertung im Allgemeinen und der Verwertung rechtswidrig erlangter Beweise im Besonderen sind ungeklärt. Die Wissenschaft müht sich vergeblich um Systematisierungsansätze. Der gerichtliche Alltag ist für den Verteidiger geprägt von vielen unkalkulierbaren Faktoren.

Nur beschränkt hilfreich sind die unterschiedlich verwandten **Begriffe.**

713 Die Unterscheidung von Beweiserhebungs-, Beweisthemen-, Beweismittel- und Beweismethodenverboten hat sich als ebenso wenig das Verständnis fördernd herausgestellt wie die Differenzierung zwischen unselbstständigen und selbstständigen Beweisverwertungsverboten. Faktisch ist die Problematik der Beweisverwertungsverbote bis zum heutigen Tage ungelöst.[640]

Die Rechtsprechung des BGH hat sich einer **Abwägungslehre** verschrieben, in der zahlreiche denkbare Faktoren ihren Platz finden sollen, um zu einer angemessenen Einschätzung der konkreten Folgen einer fehlerhaften Beweisaufnahme zu gelangen.

714 Die Textbausteine der einschlägigen BGH-Entscheidungen führen immer wieder folgende Faktoren auf:
  – Das objektive Gewicht des Verfahrensverstoßes (die »Vertretbarkeit« der falschen gerichtlichen Entscheidung spielt hier ebenso eine Rolle wie die der Abgrenzung zur Willkür dienende Überprüfung der subjektiven Seite)
  – Die Beeinträchtigung des Beweiswertes durch die verfahrenswidrige Erhebung
  – Das abstrakte Schutzbedürfnis des im Verfahren betroffenen Beschuldigten
  – Der allgemeine Schutzzweck der verletzten Verfahrensvorschrift im Kontext des gesamten Strafprozesses
  – Das staatliche Aufklärungsinteresse, das massiv betroffen sein kann, wenn das implizierte Beweismittel eine überragende Bedeutung im Strafprozess hat
  – Die Art und die Intensität des Tatverdachts sowie die Schwere des Rechtsverstoßes des Angeklagten
  – Das allgemein verschwindende Vertrauen in die Zuverlässigkeit der Arbeit der Ermittlungsorgane
  – Die Alternativüberlegung, ob und in welchem Umfang dasselbe Beweisergebnis auch noch auf gesetzmäßigem Wege hätte erreicht werden können.

715 Das Bundesverfassungsgericht deckt diesen Ansatz und behauptet sogar dessen Vereinbarkeit mit dem Gebot des fair trial. Ausreichend erscheint der schlichte Hinweis, dass auch der Europäische Gerichtshof für Menschenrechte eine Prüfung der Gesamtumstände vornehme.[641] Die rechtfertigende Literatur hebt neuerdings die Funktion der strafprozessualen Formvorschriften vollends auf, wenn

---

638 *Beling* Deutsches Reichsstrafprozessrecht 1928, S. 290.

639 BVerfG NJW 2010, 287, wonach ein Verwertungsverbot »von Verfassungs wegen« eine begründungsbedürftige Ausnahme darstelle.

640 S. hierzu insbesondere: *Jahn* Beweiserhebungs- und Beweisverwertungsverbote im Spannungsfeld zwischen den Garantien des Rechtsstaates und der effektiven Bekämpfung von Kriminalität und Terrorismus, Gutachten zum 67. Deutschen Juristentag 2008.

641 BVerfG NStZ 2012, 496, 499.

die Justizmäßigkeit des Verfahrens als gleichberechtigter Faktor neben dem Ziel der Ermittlung des »wahren« Sachverhalts in den richterlichen Abwägungsvorgang eingestellt wird.[642]

Faktisch werden damit oft prozessuale Formalien in den Bereich der Irrelevanz verschoben. So befürwortet z.B. der 1. Strafsenat des BGH[643] die Verwertbarkeit von im Ausland durchgeführten Telefonüberwachungen, selbst wenn die Vorschriften internationaler Rechtshilfe verletzt worden waren und die Durchführung der Überwachungsmaßnahmen möglicherweise weder vom ausländischen Prozessrecht noch von der StPO gedeckt war. Der Anreiz für Ermittlungsbehörden, sich gesetzeskonform zu verhalten, wird auf diesem Wege bis zur Unkenntlichkeit reduziert. **716**

Die weitgehende Entwertung von Prozessvorschriften dokumentiert plastisch auch die Ansicht des 4. Senats, wonach DNA-Analysen zulasten des Angeklagten verwertet werden können, obwohl § 81g StPO dies grundsätzlich untersagt.[644] Der Angeklagte hatte freiwillig in einem Ermittlungsverfahren eine sog. Speichelprobe abgegeben. Die Verwendung war nur für dieses Verfahren vorgesehen, wurde dort allerdings gar nicht benötigt. Statt der vom Gesetz vorgesehenen unverzüglichen Vernichtung wurden die Daten gespeichert. Ein Abgleich in der Datei ergab einen Treffer im Hinblick auf ein anderes Jahre zurückliegendes Verfahren. In diesem »Altverfahren« wurde der Angeklagte – maßgeblich gestützt auf die DNA-Ergebnisse – verurteilt. Eine Verwertbarkeit sei gegeben, behauptet der BGH, weil ein vorsätzlicher Verstoß der Ermittlungsbehörden gegen die Prozessnorm nicht festzustellen war, und im Übrigen eine weitere – dann legale – DNA-Probe unschwer durch einen Richter hätte angeordnet werden können. Gesetzliche Formvorschriften degenerieren hier faktisch zu wirkungslosen gesetzgeberischen Empfehlungen.

Angesichts der Vielzahl der denkbaren Abgrenzungsfaktoren ist damit eine Prognose für den Einzelfall nahezu unmöglich, ob und in welchem Umfang im konkreten Verfahren ein Beweisbewertungsverbot vorliegen kann. Ein akzeptierter methodischer Überbau, der die Gewichtungen einzelner Abwägungsfaktoren verdeutlichen könnte, ist nicht erkennbar. Relativ deutlich hat die Rechtsprechung ein Verwertungsverbot allenfalls formuliert bei gravierenden Verstößen gegen die Beschuldigtenbelehrung[645] oder bei Verletzungen des absolut geschützten Kernbereichs der Persönlichkeitsentfaltung – wie z.B. beim sog. »Selbstgespräch«.[646] **717**

Im Fluss scheint die Erörterung der Frage, inwieweit fehlerhafte Entscheidungen zu Grundrechtseingriffen im Ermittlungsverfahren als Konsequenz Verwertungsverbote in der Hauptverhandlung nach sich ziehen. Deutlich bejaht die Rechtsprechung ein Verwertungsverbot, wenn der **Richtervorbehalt** schlicht umgangen worden ist.[647] In z.T. lapidarer Kürze wird ohne jede Abwägung ein Beweisverwertungsverbot als Folge der Verletzung des Rechts auf ein **faires Verfahren** konstituiert;[648] die kaum präjudizierbaren Abwägungsfaktoren werden hier allerdings in die Feststellung des Verstoßes gegen »fair trial« verlagert. Strikt verneint wird demgegenüber ein Verwertungsverbot, wenn die richterliche Begründung »lediglich« mangelhaft ist.[649] Diskutabel erscheint hier allerdings auch aus der Sicht des BGH ein Verwertungsverbot, wenn die Begründungsmängel – z.B. bei rein formelhafter Begründung – derart eklatant sind, dass nicht einmal erkennbar ist, dass und wie eine vom Gesetz vorgesehene präventive richterliche Kontrolle durchgeführt worden ist.[650] **718**

---

642 S. z.B. *Kröpil* Beweisverwertungsverbot (§ 136 I 2 StPO) mit Widerspruchslösung als Spiegelbild des Verfahrenszielkonfliktes, JR 2012, 451 ff.
643 BGH StV 2014, 193 ff.
644 BGH NJW 2015, 2594 ff.
645 BGHSt 47, 172 = NJW 2002, 975; dies gilt auch bei der zu Unrecht erfolgten Zeugenvernehmung eines Tatverdächtigen BGH StV 2010, 1 ff.
646 BGH NJW 2005, 3295; NJW 2012, 945 ff.
647 BGH StV 2012, 1; BGHSt 51, 285 291 f.; BGH NStZ-RR 2007, 242 f.
648 BGH StV 2010, 458 ff. m. Anm. *Klesczewski* – zur technischen Aufzeichnung eines Gesprächs des Angeklagten mit seiner Ehefrau bei einem unüberwacht erscheinenden Besuch in der U-Haft.
649 BGHSt 47, 362, 367; BGH StV 2008, 63, 64.
650 S. hierzu z.B.: *Schmidt* Die unzureichende Begründung ermittlungsrichterlicher Anordnungen und deren Auswirkung auf die Beweisverwertung im Strafprozess, StraFo 2009, 448 ff.

Rechtsstaatliche Grundsätze sind auch entscheidend betroffen, wenn sich Ermittlungsbehörden in Umgehung ihrer Verantwortlichkeit (Art. 33 Abs. 4 GG) zur Beweisgewinnung ohne rechtliche Grundlage Privater bedienen. Ein Beweisverwertungsverbot wurde z.B. angenomnmen, wenn zum Nachweis einer Geschwindigkeitsübertretung die Bußgeldstelle regelmäßig auf Messergebnisse eines privaten Unternehmens zurückgreift.[651] Die Umsetzung dieser rechtlichen Konsequenz auf den gesetzlich nicht geregelten Fall der Nutzung einer »privaten« Vertrauensperson steht aus.

719   Vergleichbare Abwägungen nimmt die Rechtsprechung bei sog. **Verwendungsverboten** vor. Erlaubt die StPO die Verwendung von anderweitig erhobenen Daten (s. z.B. §§ 100d Abs. 5, 100i Abs. 2 S. 2, 161 Abs. 3, 101 Abs. 8 S. 3, 477 Abs. 2, 489 Abs. 7 S. 2, 3), hängt die Verwendung der Daten zwar grundsätzlich von der Rechtmäßigkeit ihrer Erhebung ab, in die Verwertungsentscheidung nach strafprozessualen Maßstäben lassen die Gerichte jedoch die bekannten Abwägungskriterien einfließen.[652]

720   Außerhalb der StPO sind insbesondere im Hinblick auf außerprozessuale Mitwirkungspflichten des Betroffenen konkrete **Verwertungsverbote** speziell im **Wirtschaftsstrafrecht** positiv geregelt. So verbietet § 393 Abs. 2 S. 1 AO die Verwendung von Tatsachen oder Beweismitteln aus den Steuerakten für die Zwecke der Verfolgung von Taten, die keine Steuerdelikte sind. Ähnliches gilt für die strafprozessuale Verwendung von Informationen, die aufgrund der Auskunftspflichten im Insolvenzverfahren gewonnen wurden (§ 97 Abs. 1 S. 3 InsO) oder die aus Geldwäscheverdachtsanzeigen stammen (§ 11 Abs. 7 GwG).

721   Die Berechenbarkeit des Verlaufs des Strafprozesses wird darüber hinaus noch dadurch vermindert, dass selbst bei Bejahung eines Beweisverwertungsverbots die Möglichkeiten zur Umsetzung variieren. Ein bejahtes Verbot heißt nicht zwingend, dass das Beweisergebnis vollständig ignoriert wird. Das Alles-oder-nichts-Konzept ist nicht mehr aktuell. Auch ignoriert die Rechtsprechung die im angelsächsischen Recht verbreitete Idee der Disziplinierung von Ermittlungstätigkeit durch Sanktionierung mittels Verwendungsverbots.

Vielmehr hat die Rechtsprechung beispielsweise mit den **Beweiswürdigungs- bzw. Strafzumessungslösungen** Wege beschritten, dem verfahrensrechtlich kontaminierten Beweisergebnis doch noch zu einer Bedeutung bei der Beweiswürdigung zu verhelfen.

▶ Beispiel:

722   Trotz Verletzung des Konfrontationsgebotes gem. Art. 6 Abs. 3 lit. d EMRK und damit eines deutlichen Verstoßes gegen das Fair-Trial-Gebot soll das sich aufdrängende Beweisverwertungsverbot zumindest dadurch entschärft werden, dass das Gericht in seiner Beweiswürdigung lediglich einen »vorsichtigen« Blick auf das Beweisergebnis wirft. Die Ergebnisse eines menschenrechtswidrigen Einsatzes eines Agent-Provocateur sollen trotz ihrer grundsätzlichen Unverwertbarkeit dann doch noch eine Beweisbedeutung erlangen, wenn andere Beweisfaktoren dieses Ergebnis unterstützen.

723   Verkompliziert wird die gesamte Materie, wenn darüber hinaus ein internationaler Faktor hinzukommt. Die Behandlung von Beweisverwertungsverboten bei Verstößen gegen deutsche und/oder ausländische Rechtsnormen bei Erhebung im Ausland ist dogmatisch noch ungeklärter, die Rechtsprechungskasuistik gering, eine sichere Einschätzung im Einzelfall daher faktisch unmöglich. Ein europäischer Standard ist nicht in Sicht.

724   Die Rechtsprechung macht die prozessuale Berücksichtigung auch eindeutiger Ergebnisse davon abhängig, dass der Betroffene in vielen Fällen in der Hauptverhandlung der Verwertung der rechtswidrig erhobenen Beweise ausdrücklich widerspricht (Widerspruchslösung). Im Gegensatz zur Situation vor einigen Jahren haben diese Faktoren zu einer dramatischen Ausweitung der Verteidigungsaktivitäten geführt. Der Kampf um individuelle Verfahrensgerechtigkeit ist sehr viel komplizierter

---

651 OLG Saarbrücken NStZ 2018, 480 ff.
652 BGH JR 2010, 443 m. Anm. *Löffelmann.*

geworden. Die Verteidigung kann und darf sich nicht auf die Erfüllung des rechtsstaatlichen Auftrags der Gerichte verlassen. Jeder nur denkbare prozessuale Verstoß sowohl im Ermittlungsverfahren als auch in der Beweisaufnahme der Hauptverhandlung ist von der Verteidigung aufzuspüren und angesichts der kasuistischen höchstrichterlichen Rechtsprechung auf seine Relevanz im Hinblick auf ein Beweisbewertungsverbot abzuklopfen. Liegt auch nur entfernt eine Potenz zu einem Verwertungsverbot vor, oder fordert die Verteidigungsstrategie ein Verhindern der Einbeziehung des zu erwartenden Beweisergebnisses, muss die Verteidigung in jeder Phase der Beweisaufnahme ausdrücklich remonstrieren.

c) Verzicht auf Rechtspositionen durch den Mandanten

Die Frage der Verwertbarkeit von Ergebnissen polizeilicher Ermittlungen verkompliziert sich, wenn in einer zweifelhaften Erhebungssituation oder gar bei Handeln entgegen gesetzlicher Vorgaben die Ermittlungsbehörden behaupten, der Betroffene habe ihrem Vorgehen zugestimmt. Eine Einwilligung als Rechtfertigungsgrund erscheint den Ermittlungsbehörden naheliegend, da auf diesem Wege eine dubiose Verwertbarkeit plötzlich wieder legitim erscheint. Stellen prozessuale Vorschriften Rechte zum Schutze des Betroffenen dar, muss dieser das Recht haben, auf diese subjektiven Rechte zu verzichten. Die Konsequenz dieser logischen Rechtskonstruktion in der Praxis liegt auf der Hand: Die Behauptung einer Einwilligung heilt alle Wunden. 725

> Es ist tägliche Erfahrung der am Strafprozess Beteiligten zeigt, wie zumeist mit kommunikativer Überlegenheit Ermittlungsbeamte den Wert gesetzlicher Schutznormen beiseiteschieben. Die Beamten klingeln ohne Durchsuchungsbeschluss an der Wohnungstür und fragen höflich, ob man sich in der Wohnung etwas umsehen kann – einen Widerspruch werden die meisten Bürger als unhöflich empfinden. Auch der Hinweis der Beamten, dass man bei Widerstand gegen die eingeforderte freiwilligen Herausgabe von Gegenständen eine gerichtliche Sicherstellung beantragen und sicher erhalten werde, generiert oft unvermittelt einen Verzicht des Betroffenen auf sein Eigentum. DNA-Proben oder Blutentnahmen werden freundlich erbeten, PINs von Mobiltelefonen oder andere persönliche Sicherheitscodes werden nach vorhergehender Intervention von Polizisten »freiwillig« durch Beschuldigte und Zeugen herausgegeben. Der Weitergabe von Verhörsangaben, die unter den Bedingungen des § 136 a erfolgten, wird vom Beschuldigten zugestimmt, nachdem die verhörenden Polizeibeamten ihn davon überzeugt hatten, dass er selber ein Interesse daran haben müsse, sich mit der Wahrheit von der Last seines Fehltritts zu befreien.[653] 726

Dass auf diesem Wege das Schutzsystem der Strafprozessordnung leicht ausgehebelt werden kann, erscheint evident, wird jedoch als allgemeines Problem von Rechtsprechung und Literatur weitgehend ignoriert. Der Europäische Gerichtshof für Menschenrechte macht an zahlreichen Stellen deutlich, welche rechtlichen Grenzen es für diese Idee geben muss. Allein die Art des Schutzrechtes spielt eine Rolle, auf die angeblich verzichtet wurde. Hat dieses Recht eine überragende Bedeutung in der Rechtsordnung, ist es von vornherein einem individuellen Verzicht nicht zugänglich. Erscheint das Recht verzichtbar, sind seine Bedingungen und Dokumentationen hohen rechtsstaatlichen Standards unterworfen. Es darf keinerlei Zweifel daran bestehen, dass die Umstände des Verzichts Freiwilligkeit des Betroffenen garantieren. Dazu gehört, dass er zuvor über alle Umstände aufgeklärt wurde. Zweifel müssen zulasten der Staatsgewalt gehen, die sich auf die Einwilligung beruft, weshalb es als Minimum erscheint, einen solchen Rechtsverzicht valide zu dokumentieren und sich gegebenenfalls schriftlich unterzeichnen zu lassen.[654] 727

Für die Verteidigung ist es eine Herausforderung, diese Schattenwelt strafprozessualer Ermittlungen so deutlich wie es geht zu beleuchten. Lassen sich Umstände angeblicher Verzichtserklärung nicht weiter aufklären, liegen insbesondere ausschließlich treuherzigen Angaben der die gesetzlichen Grenzen überschreitenden Ermittlungsbeamten vor, bleibt die Betonung der Aufgabenverteilung im Strafprozess: Es ist die Pflicht der Ermittlungsbehörden, justizkonform zu agieren – und es ist ihre Aufgabe, dies zu beweisen. Es ist nicht die Aufgabe des Beschuldigten und seiner Verteidigung, im Strafprozess frühere prozesswidrige, der öffentlichen Kontrolle entzogene Vorgänge zur Überzeugung des Gerichts zu präsentieren. 728

---

653 Zur Relevanz des Verzichts im Hinblick auf § 51 BDSG s. *Meyer-Mews* StraFo 2019, 449 ff.
654 LR/*Esser* EMRK Art. 1 Rn. 59.

5. Handlungsoptionen und Handlungspflichten des Verteidigers

729 Aktionismus ist nur in den seltensten Fällen eine ratsame Verteidigungsstrategie. Der Verteidiger wird nicht jede denkbare Handlungsmöglichkeit in der Hauptverhandlung wahrnehmen. Die Verteidigungsstrategie macht die Vorgaben, ob, wann und in welchem Umfang der Verteidiger von seinen Optionen Gebrauch macht. Nicht jeder Antrag, der vorstellbar ist, wird gestellt. Nicht jede Erklärung wird stets abgegeben. Nicht jede Frage wird gestellt. Prozesssituationen sind denkbar, in denen Passivität die einzig sinnvolle Verteidigungsstrategie ist. Selbst wenn möglichen Anträgen oder Erklärungen die Förderung des Verteidigungsziels nicht abzusprechen ist, können negative Nebenwirkungen in atmosphärischer oder kommunikationshindernder Weise einen Verzicht nahe legen.

Die Entscheidung zur Aktion oder Zurückhaltung wird beeinflusst durch den Umstand, dass der **Verzicht** eine prozessuale unwiederbringliche Chance verspielt.

730 So sind z.B. Fragen an einen entlastenden Zeugen im selben Prozess kaum mehr nachholbar. Hat allein der Verteidiger Kenntnis von Zugangsschwierigkeiten der Öffentlichkeit zum Gerichtssaal, verpasst er mit inaktivem Zuwarten unter Umständen die Möglichkeit einer Rüge der fehlenden Öffentlichkeit, da diese von der Revisionsrechtsprechung ausdrücklich von einem Verschulden des Gerichts abhängig gemacht wird.

731 Vergeben ist die Chance für Verteidigungsaktivitäten auch dann, wenn rechtliche Vorgaben Verteidigungshandeln zu bestimmten Prozesszeitpunkten erzwingen und der Verteidiger nach Verstreichenlassen dieser Situation mit seinem Vorbringen ausgeschlossen ist. Die **Präklusion** entspricht einer generellen Tendenz von Gesetzgebung und Rechtsprechung, die Verteidigungsrechte zu reduzieren und dem Verteidiger Prüfungs- und Erwägungsobliegenheiten aufzuerlegen. Dem in der Hauptverhandlung agierenden Verteidiger muss daher ständig bewusst sein, dass eine nicht unverzüglich erhobene Rüge präkludiert sein kann.

Das Gesetz formuliert ausdrückliche **gesetzliche Rügepräklusionen**:

732 Begründet sich die Besorgnis der richterlichen Befangenheit in Umständen, die bereits zu Beginn der Hauptverhandlung vorliegen, ist das **Befangenheitsgesuch vor Beginn der Vernehmung** des ersten Angeklagten über seine persönlichen Verhältnisse anzubringen (§ 25 Abs. 1). Ein solches Gesuch muss daher unmittelbar nach der Präsenzfeststellung der notwendig Beteiligten durch den Vorsitzenden gestellt werden. Ergibt sich der Grund der Besorgnis der Befangenheit erst während der Hauptverhandlung, hat der Verteidiger für den Angeklagten ein Befangenheitsgesuch **unverzüglich** (§ 25 Abs. 2 Nr. 2) anzubringen.

Rechtzeitiges Handeln ist auch bei **Zuständigkeits- oder Besetzungsrügen** notwendig. Präkludiert ist der Verteidiger mit der Rüge der örtlichen Unzuständigkeit, wenn er sie nicht vor Beginn der Vernehmung zur Sache angebracht hat (§ 16 S. 2, 3). Gleiches gilt für die Rüge der funktionellen Unzuständigkeit (§ 6a S. 2, 3). Dieselbe zeitliche Zäsur setzt das Gesetz hinsichtlich der Rüge der falschen Besetzung der Richterbank bei landgerichtlichen Verfahren (§ 222b Abs. 1 S. 1).

Manche vom Gesetz eingeräumten **Ansprüche der Verteidigung auf Unterbrechung** der Hauptverhandlung sind mit konkreten Prozesszeitpunkten verknüpft. So kann der kurzfristig bestellte Pflichtverteidiger mangels ausreichender Vorbereitungsmöglichkeit verlangen, dass die Verhandlung unterbrochen oder ausgesetzt wird (§ 145 Abs. 3). Dies hat aber unmittelbar nach Übernahme der Verteidigung zu erfolgen und kann nicht zu einem späteren Zeitpunkt nachgeholt werden.[655] Bei fehlender Einhaltung der Ladungsfrist kann die Aussetzung nur bis zum Beginn der Vernehmung zur Sache verlangt werden (§ 217 Abs. 2).

Der Aussetzungsantrag als Reaktion auf einen erteilten **rechtlichen Hinweis (§ 265 Abs. 3)** oder bei allgemein veränderter Sachlage (§ 265 Abs. 4) kann mit der Begründung der ungenügenden Vorbereitung ebenfalls nur unmittelbar nach der erkannten Behinderung geltend gemacht werden. Gleiches gilt für den Aussetzungsantrag bei »gegnerischen« Beweisanträgen, die neue Tatsachen oder Beweismittel enthalten, auf welche sich die Verteidigung nicht vorbereiten konnte (§ 246 Abs. 2). Das **Erklärungsrecht des Verteidigers** nach § 257 Abs. 2 kann er jeweils nur unmittelbar nach jeder einzelnen Beweiserhebung

---

655 BGHSt 13, 339.

für sich in Anspruch nehmen. Stellt er den Antrag nicht sofort und wird die Beweisaufnahme fortgesetzt, ist eine aktuelle Möglichkeit der Beeinflussung von Überzeugungsbildung vergeben.

Beanstandungen von Prozesshandlungen anderer Verfahrensbeteiligten sind schon aus sachlichen 733 Gründen zeitlich gebunden vorzutragen, da sie nur auf diese Weise effektiv sein können. Die Äußerungen von Zweifeln an der Richtigkeit einer Zeugenbelehrung machen nur Sinn, bevor der Zeuge seine Aussage gemacht hat. Sie müssen ebenso wie ein fehlerhafter Vorhalt oder eine unzulässige Frage sofort moniert werden, bevor eine Bekundung des Befragten bereits als Beweisergebnis Eingang in die Überzeugungsbildung des Gerichts finden kann. Protokollierungsfragen müssen sich an das protokollierte Geschehen anschließen. Für unzulässig erachtete Beweiserhebungen lassen sich nur bei entsprechenden Anträgen vor der Beweiserhebung verhindern.

Zeitlich in erhöhtem Maße gebunden ist der Verteidiger, wenn er die Möglichkeit in Erwägung zieht, sachleitende **Anordnungen des Vorsitzenden** zu beanstanden (§ 238 Abs. 2 – s.o. unter 2.).

Handlungspflichten muss der Verteidiger insbesondere aufgrund Rechtsprechungstendenzen im 734 Auge haben, die ihm eine im Gesetz nicht vorgesehene **Widerspruchsobliegenheit** auferlegen. Der BGH macht teilweise die erfolgreiche Rüge in der Revision davon abhängig, dass die Verteidigung auf den Verfahrensfehler bereits rechtzeitig in der Tatsacheninstanz hingewiesen hat. Auch wenn die Verwertung bereits zu einem früheren Zeitpunkt im Ermittlungsverfahren gerügt wurde, erachtet die Rechtsprechung eine Wiederholung in der Hauptverhandlung für notwendig.[656] Dies soll ebenso nach einer Aussetzung gelten.[657]

Ist ein Widerspruch erforderlich, muss er rechtzeitig erhoben werden. Der BGH fordert die Erhebung entsprechend § 257 **spätestens** dann an, wenn das monierte Beweismittel in die Hauptverhandlung eingeführt wurde.[658]

Die Beachtung von Beweisverwertungsverboten ist regelmäßig eine psychische Überforderung, der zur 735 Kenntnis genommene Gehalt des Beweises wirkt intuitiv fort. Die Behauptung seiner Ausblendung ist »*die* Lebenslüge der Tatrichter«.[659] **Taktisch** ist daher der Zeitpunkt des § 257 StPO oft unklug. Will der Verteidiger das Tatgericht von der Unverwertbarkeit überzeugen und erkennt er die zumindest unterschwellige Bindung der Verfahrensbeteiligten an ein einmal eingeführtes Beweismittel, so ist ein Widerspruch vor Verlesung des gerügten Protokolls oder vor Vernehmung der Verhörsperson angezeigt,[660] möglicherweise sogar schon zu Beginn der Beweisaufnahme. Andererseits gibt die Verteidigung damit vor der Einführung Informationen und rechtliche Einschätzungen preis, denen ein entsprechend interessiertes Gericht beispielsweise durch zielführende Fragen bei einer Zeugenvernehmung (»Auch wenn nichts in den Akten steht, haben Sie doch sicherlich zutreffend den Angeklagten belehrt?«) die »Tatsachengrundlage« entziehen kann. Das Abwarten und erstmalige Befragen zum relevanten Thema kann oft die nützlichere Variante sein.

Verschärft hat die Rechtsprechung die zeitliche Bindung mit dem Verbot, einen einmal unterlassenen Widerspruch – auch nach Verteidigerwechsel – in der Berufungsverhandlung nachzuholen.[661] Rücknahmen sollen demgegenüber stets zulässig sein.[662]

Der Widerspruch ist bei **jeder einzelnen Verwertungshandlung** erforderlich, selbst wenn er sich 736 stets auf denselben Rechtsfehler bezieht. So ist der Anhörung jedes einzelnen Vernehmungsbeamten einer als unverwertbar angesehenen Vernehmung ebenso zu widersprechen wie einem Vorhalt des

---

656 BGH NStZ 1997, 502.

657 BGHSt 50, 272.

658 BGHSt 38, 214; *Leipold* Form und Umfang des Erklärungsrechts nach § 257 StPO und seine Auswirkungen auf die Widerspruchslösung des Bundesgerichtshofs, StraFo 2001, 300, 301.

659 *Dahs* Die Ausweitung des Widerspruchserfordernisses, StraFo 1998, 253, 254.

660 *Neuhaus* Zur Notwendigkeit der qualifizierten Beschuldigtenbelehrung, NStZ 1997, 312.

661 BGHSt 50, 272; OLG Celle StV 1997, 68; selbst bei einem Freispruch in erster Instanz OLG Karlsruhe StRR 2010, 301; kritisch *Basdorf* StV 1997, 492; *Burhoff* StraFo 2003, 271; *Schlothauer* StV 2006, 396.

662 BGHSt 42, 23.

Vorsitzenden aus diesem Protokoll. Eine ausführliche **Begründung des Widerspruchs** wird zwar noch nicht verlangt. Zumindest die Art der gerügten Verletzung von Beschuldigtenrechten muss allerdings in groben Zügen bei der Beanstandung deutlich werden. Die Rechtsprechung fordert aktuell die Darstellung der sog. **Angriffsrichtung** der Verteidigung, die den notwendigen Prüfungs-umfangs des Tatgerichts skizziert.[663] Es liegt im Interesse des Verteidigers, diesen Vorgang **protokollieren** zu lassen. Sinnvoll ist daher eine schriftliche Fixierung des Verteidigers selbst. Die zur Anlage des Protokolls gegebene Erklärung hinterlässt beim Revisionsgericht keinen Zweifel über die Erhebung und über den Umfang des Widerspruchs.

737 Nach Erhebung des Widerspruchs wird die Verteidigung mit ihrer Kritik allein gelassen. Das Gericht kann den Widerspruch ohne weitere Reaktion entgegennehmen; ein Anspruch auf einen gericht-lichen Zwischenbescheid soll nicht bestehen.[664] Konsequenz der fehlenden Kommunikation ist u.U. ein zweigleisiges Verteidigungsverhalten: Anträge und Erklärungen müssen zum einen für den Fall erfolgen, dass ein Beweisverwertungsverbot besteht, zum anderen für die Alternative der Ablehnung im späteren Urteil.

738 Handlungsbedarf löst auch über die sog. Widerspruchslösung hinaus die von der Rechtsprechung entwickelte Idee aus, wonach allzu passives Verhalten des Angeklagten als **Verzicht** auf eine vorher-gehende Verletzung von Verfahrensrechten aufgefasst werden kann.

739 Ist z.B. der Ausschluss des Angeklagten bei einer Zeugenvernehmung nach § 247 über Gebühr auch auf die Verhandlung über die Entlassung des Zeugen ausgedehnt worden, so kann sich der Angeklagte dann nicht mehr auf eine Verletzung seines Anwesenheitsrechts berufen, wenn er erklärt, keine Fragen an den (bereits entlassenen) Zeugen mehr stellen zu wollen.[665] Die prompte Klärung des Fragebedarfs des Man-danten ist hier zum Erhalt einer Revisionsrüge dringend erforderlich.

740 Der durch Zeitablauf drohende Verlust von Verteidigungsrechten entspricht einer allgemeinen Ten-denz der Rechtsprechung.[666] Der rechtspolitische Effekt ist fatal, da in zahlreichen Situationen der rechtsstaatlich unzumutbare Eindruck entstehen muss, dass bei fehlender Wahrnehmung von Ver-teidigungsmöglichkeiten gleichzeitig die Verantwortung des Gerichts für die Einhaltung strafpro-zessualer Normen schwindet. Das ist allenfalls vertretbar in genuin verteidigungsinternen Ausgangs-punkten, nicht jedoch in auch für das Gericht erkennbaren den gesetzlichen Vorschriften zuwiderlaufenden Konstellationen. Verantwortung des Gerichts für ein gesetzmäßiges Prozessieren und die grundsätzliche Möglichkeit der revisionsrechtlichen Überprüfung dieser richterlichen Auf-gabe kann nicht durch zeitliche Schranken der Geltendmachung beseitigt werden. Diskutabel sind sie allein unter dem besonderen Aspekt des Rechtsschutzbedürfnisses bei der Wahrnehmung von Rechtsmitteln.

6. Der Zeitpunkt von Antrag und Antragsbescheidung

741 Anträge der Verteidigung im Prozess hat das Gericht entgegenzunehmen, zu bescheiden und dies zu begründen. Zum Zeitpunkt der richterlichen Reaktion im formalisierten Verfahrensablauf sind präzise Vorgaben allerdings nicht auszumachen. Seit Beginn dieses Jahrtausends wird von Richtern offensiv ein richterliches Credo publiziert, die Zeitpunkte der Kommunikation mit der Verteidigung autonom zu bestimmen. Nicht die kommunikative Erwartenshaltung des wissbegierigen oder gestal-tungsfreudigen Verteidigers soll eine Reaktion des Gerichts auf gestellte Fragen und Anträge bestim-men, sondern die Befindlichkeit des Richters.

742 Die massenhafte Infiltration der Justiz mit diesem Gedankengut begann mit *Breidlings* »Notfallkof-fer«, mit dem der Senatsvorsitzende des OLG jungen Richtern und Richterinnen das formal tech-nische Handwerkszeug vermittelte, sich der stets und überall lauernden Sabotageakte der Verteidi-

---

663 BGHSt 52, 38–44.
664 BGH, Beschl. v. 19.10.2010 – 1 StR 462/10, HRRS 2010 Nr. 1058.
665 BGH GSSt 1/09, NStZ 2011, 47 ff. m. Anm. *Fezer.*
666 *Gaede* Vorbeugende Rügepräklusionen gegen vermuteten Revisionsmissbrauch, wistra 2010, 210 ff.

gung zu erwehren. Die Vordrucksammlung des Koffers enthält keine Anleitung für Recht und Gerechtigkeit, allerdings einen Fundus an selektiertem Argumentationspotential, um die ungestörte Durchsetzung des vorstrukturierten Prozessdrehbuchs oder der höchstpersönlichen Auffassung zu Rechtsfragen zu garantieren. Zweck ist – über die gesetzliche Rollenverteilung hinaus – die Fundierung von Herrschaft im Gerichtssaal. Zum Fernhalten des lästigen Störers auf der Verteidigerbank wird als Stilmittel insbesondere der manipulative Umgang mit Antragsrechten empfohlen. Schon bei der Frage der Entgegennahme von Anträgen wird richterlicher Ignoranz das Wort geredet. Der formularmäßige Breidling`sche Fahrplan für jeden ersten Hauptverhandlungstag sieht zur Wahrung der richterlichen »Lufthoheit« beispielsweise vor, dass Anträge der Verteidigung zu Sitzordnungen, zur Öffentlichkeit oder zu Einstellungen wegen Verfahrenshindernisse vorläufig schlichtweg nicht entgegen zu nehmen sind.

Wird dennoch ein Antrag gestellt, hat die Strategie der richterlichen Kommunikationsverweigerung **743**
noch weitere Facetten parat: Das Gericht reagiert nicht. Allenfalls wird die fehlende Reaktionswilligkeit durch ausdrückliches Zurückstellen der Bescheidung dokumentiert. In Fortführung der Abwehrstrategien von Breidling hat insbesondere Heinrich in seinem Ratgeber an Strafrichter[667] diese Zurückstellung durch ein besonderes Kapitel geadelt und an zahlreichen konfliktträchtigen Phasen eines Prozesses als Ideal der Zähmung von Verteidigung propagiert. Besetzungsrügen,[668] Einstellungsanträge, Beanstandungen richterlicher Verfahrensleitung[669] oder Fragen an einen Zeugen[670], Protokollierungsanträge[671] – alles kann zurückgestellt werden.

Die literarischen Stimmen aus der Justiz folgen dem: Richtig sei, das Gericht könne »irgendwann« **744**
im Laufe der Hauptverhandlung über gestellte Anträge entscheiden.[672] Der BGH verbreitet die Behauptungen der gesetzeskonformen Verweigerung der Entgegennahme von Anträgen eher beiläufig,[673] nach Antragstellung gäbe es *»keinen Anspruch auf sofortige oder alsbaldige Entscheidung.«*[674] Man weiß höchstrichterlich, dass es einen »ungünstigen« oder »ungeeigneten« Zeitpunkt für Antragstellungen gibt, man weiß diesen allerdings nicht näher zu beschreiben.

Die ungünstigen Zeitpunkte werden nirgends in ein strafprozessuales Gesamtbild integriert. Die **745**
Legitimation für das Zuwarten wird allein dem Schweigen des Gesetzes entnommen. *»Eine sofortige Unterbrechung zur Beratung und Entscheidung ist nicht zwingend. Das Verfahrensrecht schreibt keinen Zeitpunkt für die Beschlussfassung vor.«*[675] Explizite Restriktionen des derart eröffneten richterlichen Freiraums werden nicht gesehen. Es geht allenfalls um nicht näher beschriebene *»Prozessökonomie«*[676] oder darum, den *»flüssigen Ablauf der Beweisaufnahme«* nicht stören zu lassen.[677] Der Verteidiger erhält nur dann das Wort, wenn dies *»ohne Beeinträchtigung des Verfahrensganges möglich ist.«*[678] Bilder harmonischer Bewegungen müssen herhalten, um die Abwesenheit rechtlich tragfähiger Begründung zu kaschieren. Die wenigen Alternativansätze, die eine sofortige Antragsbescheidung durch das Gericht zumindest als Regelfall befürworten,[679] begründen dies ebenso wenig.

---

667 *Heinrich* Konfliktverteidigung im Strafprozess, 2. Aufl. 2016.
668 AaO Kap. 4 Rn. 5.
669 AaO Kap. 5 Rn. 7 ff.
670 AaO Kap. 5 Rn. 180.
671 AaO Kap. 12 Rn. 23.
672 *Artkämper* Die »gestörte« Hauptverhandlung, 5. Aufl. 2017, Rn. 875.
673 BGH NStZ 2014, 668.
674 BGH NStZ 2011, 168.
675 *Heinrich* aaO Kap. 4 Rn. 5.
676 BGH NStZ 2011, 168.
677 *Senge* Missbräuchliche Inanspruchnahme verfahrensrechtlicher Gestaltungsmöglichkeiten – wesentliches Merkmal der Konfliktverteidigung? Abwehr der Konfliktverteidigung, NStZ 2002, 225 ff., 229.
678 *Drees* Die Entscheidung des Vorsitzenden über den Zeitpunkt der Anbringung von Ablehnungsgesuchen, NStZ 2005, 184 ff.; ähnlich diffus und ohne Begründung BGH, NStZ 2006, 463.
679 LR/*Becker* § 238 StPO Rn. 34 zur »im allgemeinen« sofortigen Reaktionspflicht des Gerichts auf Beanstandungen nach § 238 Abs. 2.

746   Den einzigen gesetzlichen Bezugspunkt für die Begründung des freien Umgangs des Vorsitzenden mit der Entgegennahme und Bescheidung von Verteidigeranträgen finden seine Befürworter in § 238 Abs. 1 StPO. Dem Vorsitzenden obliegt die Leitung der Verhandlung. Hierzu gehöre auch das Recht, anderen Verfahrensbeteiligten das Wort zu erteilen oder zu entziehen sowie den Zeitpunkt zu bestimmen, zu dem ihnen Gelegenheit zur Anbringung und Begründung ihrer Anträge gegeben werde.[680] Dringendes Kommunikationsbedürfnis der Verteidigung – selbst in Fällen der vom Gesetz verlangten unverzüglichen Geltendmachung von Ablehnungsgründen – setzen die Regelung des § 238 Abs. 1 StPO nicht außer Kraft.[681] »*Generell kommt eine Zurückstellung in Betracht, wenn die Verfahrenslage für die Entscheidung noch nicht reif ist.*«[682] Über die – abermals das allein Bildhafte strapazierende –»Reife« entscheidet allein der Vorsitzende.

747   Im Gegensatz zum erzeugten Eindruck der zitierten Ansichten konstituiert § 238 Abs. 1 StPO allerdings keine Eingriffsnorm, die die Prozessrechte anderer beschneiden kann. § 238 Abs. 1 StPO ist nicht mehr als eine reine Organisationsvorschrift zur äußeren Gestaltung des Verfahrens. Der Vorsitzende hat auch im Rahmen des § 238 Abs. 1 StPO Recht anzuwenden. Die Vorgaben zu dieser Anwendung finden sich bei den Organisationsfragen explizit zumeist nicht im Gesetz. Der Vorsitzende hat diese im Detail nicht formalisierten Organisationsfragen im Sinne des Strafverfahrens umzusetzen. Weder er noch die Kammer nach § 238 Abs. 2 StPO agieren im rechtsfreien Raum nicht weiter überprüfbarer Zweckmäßigkeit. Sie haben die zu entscheidenden Fragen an den Ideen der Rechtsstaatlichkeit und deren normativem Niederschlag in der StPO zu messen.

748   Die menschenrechtliche Grundidee des Strafprozesses besteht darin, ein Verfahren zu realisieren, in dem die gegensätzlichen Argumente ausgetauscht werden können. Das faire Verfahren fußt auf der Grundidee, dass Recht nicht einfach »existiert«. Rechtsprechung ist vielmehr stets Rechtsschöpfung, die aus der Erkenntnis des Prozesses erwächst. Die menschenrechtlich faire Erkenntnisbasis setzt einen Strafprozess voraus, der als Dialog angelegt sein muss. Das **Kontradiktatorische**, die Entfaltung von These und Antithese ist die Grundidee, die jede Einzelregelung eines gesetzlich fixierten Strafprozesses überwölbt.

749   Das Grundgesetz fixiert **das rechtliche Gehör** vor Gericht als rechtsstaatliche Basis jeden Prozessierens (Art. 103 Abs. 1 GG).[683] Schon der Wortlaut zeigt, dass nicht nur ein Anspruch auf Reden vor Gericht institutionalisiert werden sollte, sondern auch ein Gehörtwerden. Hören ist nicht mit der Aufnahme akustischer Wellen abgeschlossen, die Verfassung wollte vielmehr die inhaltliche Berücksichtigung des Vorgetragenen durch das Gericht sicherstellen.[684] Dies muss für den Rechtssuchenden erkennbar sein.[685] Weitergehend wird z.T. aus dieser grundgesetzlichen Verbürgung abgeleitet: Der Angeklagte hat ein Recht darauf, das gesamte Verfahrensgeschehen mithilfe der Erklärung des Gerichts zu verstehen.[686] Mit anderen Worten: Antrag und Antragsbescheidung sind die verfassungsrechtlichen Grundlagen des Strafverfahrens.

---

680   *Meyer-Goßner/Schmitt* § 238 StPO Rn. 5.
681   *Senge* NStZ 2002, 225 ff., 232; zustimmend *Drees* NStZ 2005, 185.
682   *Heinrich* aaO Kap. 5 Rn 12 zur Zurückstellung bei Beanstandungen gem. § 238 Abs. 2 unter Berufung auf *Erker* Das Beanstandungsrecht gem. § 238 Abs. 2 StPO, 1988, S. 101.
683   *Pohlreich* Das rechtliche Gehör im Strafverfahren, 2016, 136 ff. mit dem Fokus auf das Beweisantragsrecht.
684   BVerfGE 11, 218, 220: »*Der Anspruch auf Gewährung rechtlichen Gehörs verpflichtet das entscheidende Gericht, die Ausführungen der Prozessbeteiligten zur Kenntnis zu nehmen und in Erwägung zu ziehen.*«.
685   BVerfG 2 BvR 433/15 (HRRS 2015 Nr. 823): »*Geht das Gericht auf den wesentlichen Kern des Tatsachenvortrags einer Partei zu einer Frage, die für das Verfahren von zentraler Bedeutung ist, in den Entscheidungsgründen jedoch nicht ein, so lässt dies auf die Nichtberücksichtigung des Vortrags schließen, sofern er nicht nach dem Rechtsstandpunkt des Gerichts unerheblich oder aber offensichtlich unsubstantiiert war (vgl. BVerfGE 47, 182 <189>; 86, 133 <145 f.>).*« S. auch jüngst BVerfG NJW 2018, 2251.
686   *Kühne* Strafverfahrensrecht als Kommunikationsproblem, 1978, S. 95; zur Ableitung von gerichtlichen Hinweis- und Erörterungspflichtens aus dem Grundsatz des rechtlichen Gehörs s. *Dahs* Das rechtliche Gehör im Strafprozeß, 1965, S. 31; schon *Arndt* Das rechtliche Gehör, NJW1959, S. 6 ff, 8.

Das Menschenbild des Grundgesetzes hat ebenso wie die Menschenrechtskonvention den Grund- **750** gedanken des modernen Strafprozesses in einer demokratischen Gesellschaft vorgegeben: Der ange- klagte Bürger ist nicht Objekt des Verfahrens, sondern mitgestaltendes Subjekt. Formalisierte Mit- wirkungsrechte mögen auf diesem Hintergrund differenziert ausgestaltet sein. Sie stehen insgesamt unter der Prämisse einer **effektiven Teilhabe** des Beschuldigten am Prozessgeschehen. Jedes rechts- staatliche Strafverfahren muss organisatorische Standards regeln, die einem Beschuldigten die Ein- flussnahme auf das Urteil garantieren. Beruht das Urteil auf einem formalisierten Verfahren, ist die Mitgestaltung dieses Verfahrens Bedingung der Rechtsstaatlichkeit. »*Ein Verfahren, das nicht mit einer Unschuldsvermutung die vorherige Teilhabe durch Verteidigung erforderlich und die Begründetheit der staatlichen Anklage zu einer offenen Frage werden lässt,*« wäre ein »*sinnentleertes Ritual*«[687] ohne jeden Anspruch auf Einlösung des Respektsanspruchs der Menschenwürde.

Das Mitreden und Mitgestalten von Verteidigung im mündlich organisierten Strafprozess ist für das **751** Verfahren konstitutiv. Muss ein faires Verfahren dialektisch angelegt sein, muss die hierfür notwen- dige Kommunikation gewährleistet sein. Völlig unabhängig von einer theoretischen Fundierung des gesamten Strafprozesses durch Diskursideen[688] kann der rechtliche Kern des Strafprozesses nur über den Kommunikations- und Interaktionszusammenhang im Gerichtssaal bestimmt werden.[689] »Kom- munikationsoptimierung«[690] ist konsequente Leitlinie jedes prozessualen Handelns. Das gilt unge- brochen auch für die Fairness in einem Prozessmodell, in dem der Untersuchungsgrundsatz herrscht. Aus § 244 Abs. 2 StPO muss konsequent eine ständige »Kommunikationsbereitschaft«[691] des Gerichts abgeleitet werden. Ist Dialektik die Grundlage der richterlichen Erkenntnis, beruht die Überzeu- gungsbildung maßgeblich auf dem »*wechselbezüglichen Handeln*« der verschiedenen Dialogpartner im Prozess. Richten ist das Ergebnis »*szenischen Verstehens*« der Kommunikation im Gerichtssaal.[692]

Konkrete Fristen der Kommunikationsbeiträge sind im Ablauf des Prozesses durch diese Skizze eines **752** Strafprozesses zwar nicht ausdrücklich fixiert. Das aufeinander Bezogensein der Dialogpartner impli- ziert jedoch zeitliche Dimensionen. Es ist eine kommunikative Selbstverständlichkeit, dass Rede und Gegenrede, Antrag und Antragsbescheidung, in engem zeitlichen Zusammenhang stehen müs- sen. Die zeitweilige Verweigerung der Aufnahme der Kommunikation oder der Reaktion auf einen Kommunikationsversuch muss zwangsläufig den Dialog beschädigen. Diese Beschädigung kann nicht Leitlinie richterlichen Handelns sein. Auch die Ausübung des Organisationsprimats ist an der Realisierung von Prozessmaximen für den Einzelfall auszurichten. Ein an Kommunikation, Teilhabe, rechtlichem Gehör und Dialog orientierter Prozess muss als Ausgangspunkt dem Angeklagten und seiner Verteidigung daher einen grundsätzlich zeitlich nicht limitierten Anspruch auf Antragstellung und unmittelbare Antragsbescheidung zubilligen.

Wird die Entgegennahme im Gesetz zeitlich ausdrücklich fixierter Anträge vom Gericht verweigert, **753** soll dies nach richterlicher Ansicht legitimiert sein, wenn dem Antragsteller gleichzeitig zugesichert wird, dass ihm seitens des Gerichts die dann zwangsläufige Verspätung bei der Zulässigkeitsprüfung

---

687 *Gaede* Fairness als Teilhabe – Das Recht auf konkrete und wirksame Teilhabe durch Verteidigung gemäß Art. 6 EMRK, 2007, S. 392.

688 Zu dieser – hier nicht geführten – Diskussion um die mögliche theoretische Fundierung des gesamten Strafprozessrechts durch Diskurs s. B. *Engländer* Diskurs als Rechtsquelle?, 2002; *Kaufmann* Über die Wissenschaftlichkeit der Rechtswissenschaft. Ansätze zu einer Konvergenztheorie der Wahrheit, *ARSP 72* (1986), S. 425–442; andererseits *Weßlau* Das Konsensprinzip im Strafverfahren, 2002; einen Überblick über den Wissenschaftsstand gibt *Jahn* GA 2004, 272 ff.

689 *Hoffmann* Kommunikation vor Gericht, 1983; *Kühne* Strafverfahrensrecht als Kommunikationsprob- lem, 1978; *Demko* »Menschenrecht auf Verteidigung« und Fairness des Strafverfahrens auf nationaler, europäischer und internationaler Ebene, 2014, insbes. S. 86 ff.

690 *Kühne* aaO S. 61.

691 *Kühne* aaO S. 189 ff.

692 *Hassemer* Einführung in die Grundlagen des Strafrechts, 1990, S. 126, 135; *Grasnick* Der Strafprozeß als mentaler Diskurs und Sprachspiel, JZ 1991, 285 ff., 292: »*Der Richter findet die Entscheidung im Dialog und kann sie auch nur auf dieser Grundlage begründen.*«.

nicht entgegengehalten wird. Sein Recht werde ihm »*nicht abgeschnitten.*«[693] Was als großzügige Geste der richterlichen Sachleitung daherkommt, ist in der Sache ein Gesetzesbruch. Auch wenn sich Präklusionsvorschriften unmittelbar an die Verteidigung richten, sind sie Teil der Prozessordnung. Weder im Einvernehmen noch nach Gutdünken kann ein Richter diese Ordnung manipulieren. Er darf bei dieser Vorgehensweise allenfalls erwarten, dass ihm ein Angeklagter mangelnden Respekt vor dem Gesetz und damit die fehlende richterliche Unparteilichkeit vorwerfen kann.

754   Die hinter den Präklusionsvorschriften stehende Idee ist die zügige Klärung möglicherweise strittiger Prozessfragen. Das Procedere soll nicht von der Unsicherheit einer möglicherweise gesetzeswidrigen Konstellation weiter gelähmt werden. Dass diese Idee über die zitierten Vorschriften hinaus generell das Verfahrensgeschehen beherrscht, macht die Rechtsprechung in ihrer Auffassung zum Charakter der Beanstandung nach § 238 Abs. 2 StPO[694] oder zu der Frage des Widerspruchs gegen die Verwertung von Beweisen deutlich. Ob eine Maßnahme des Vorsitzenden von anderen kritisch gesehen wird, müsse ebenso unmittelbar geklärt werden wie die Beanstandung eines Beweisverwertungsverbots. Wird der »Zwischenrechtsbehelf« des § 238 Abs. 2 StPO oder der Widerspruch nicht sofort erhoben, führt das Unterlassen zum Verlust der Rüge. Nur so lasse sich eine unnötige Verzögerung des Verfahrens vermeiden.[695]

755   Ist der Verfahrensgang dominiert vom Bedürfnis der prompten Klärung von kontroversen Fragen, korrespondiert hiermit die Pflicht des Vorsitzenden, diese Maxime bei der Verfahrensleitung optimal umzusetzen.

Fazit: Es sind nicht – wie dies aktuell die Rechtsprechung sieht[696] – ausnahmsweise Gründe für eine zeitnahe Kommunikation zu suchen. Vielmehr ist umgekehrt für jede Aufschubentscheidung eine Legitimation erforderlich, wonach eine bestimmte Prozesssituation die zeitliche Versetzung des prozessualen Dialogs erfordere.

756   Denkbar erscheint dies bei **Einschränkungen der Befragungskompetenz**. Jeder Fragesteller – und auch die Verteidigung reklamiert dies für sich – muss zu einer effektiven Ausübung seines Fragerechts die Möglichkeit einer ungestörten Kommunikationsentwicklung mit dem Zeugen oder Sachverständigen haben. Eine Unterbrechung durch Dritte muss die Effektivität dieser Aufklärungsbemühung minimieren. Hier hat auch Verteidigung ausnahmsweise hinzunehmen, dass ein Antragsbedarf bis zur Beendigung der regelmäßig als einheitlich gedachten Befragung durch einen Fragesteller zurückzustellen ist. Dies dürfte beispielsweise für Beweisanträge gelten, nicht aber für die Befangenheitssorge des Angeklagten, die sich gerade aus dem Verhalten des richterlichen Fragestellers in der Kommunikationssituation ergibt. Hier verbleibt es bei der Notwendigkeit einer unverzüglichen Antragstellung.

Differenzierungen sind insbesondere angebracht bei der wichtigsten Kategorie von Anträgen, den Beweisanträgen. **Beweisanträge** sind nicht auf eine präsente Prozesssituation bezogen, sie zielen deutlicher als jedes andere Antragsbegehren auf die abschließende Urteilsfindung und nicht auf die unmittelbare Verfahrensgestaltung. Ihre Bescheidung ist verschränkt mit dem Aufklärungsgrundsatz. Das Zurückstellen des Bescheidens von Beweisanträgen ist wissenschaftlich nicht ausführlich untersucht,[697] man warnt allenfalls unverbindlich davor, dass jede nicht angebrachte Verzögerung bei der Bekanntgabe eines ablehnenden Beschlusses vermieden werden solle.[698] Die Rechtsprechung hält allerdings den Aufschub der Beschei-

---

693   *Stollenwerk* Der Prozessauftakt in konfliktreichen Strafverfahren, DRiZ 2017, 138 ff.

694   Die Rügeobliegenheit entspreche dem allgemeinen Grundsatz der »Prozessökonomie«, s. z.B. *Gollwitzer* in FS Kleinknecht, 1985, 155.

695   BGHSt 51, 144, 147; zur zustimmenden Literatur s. LR/*Becker* § 238 StPO Rn. 16, 46.

696   BGH NStZ 2011, 168.

697   S. schon *Hanack* JZ 1970 S. 561 Fußnote 6: »*Die praktisch wichtige Frage wird, ebenso wie die sofortige Bescheidung, im Schrifttum erstaunlich wenig behandelt; sie bedarf in ihren näheren Voraussetzungen ... einmal der grundsätzlichen Erörterung.*« Diese fehlt bis heute.

698   SK-StPO/*Frister* § 244 Rn. 72; KK/*Krehl* § 244 Rn. 121.

dung für selbstverständlich.[699] Eine Bescheidung bedürfe einer »*hinreichend zuverlässigen Entscheidungsgrundlage*«.[700]

Das angebliche Optimum der Erkenntnisgrundlage kann den Anspruch auf Kommunikation nicht aushebeln. Jede Antragsbescheidung kann nur auf der Basis des aktuellen Erkenntnishorizonts erfolgen. Dies gilt auch für die Bescheidung eines Beweisantrages; deswegen kann die Entwicklung des Verfahrens nach einer Bescheidung das Gericht dazu drängen, beispielsweise später den beantragten und abgelehnten Zeugen doch zu hören oder eine bereits erfolgte Wahrunterstellung zu revidieren. Vom Grundsatz der unverzüglichen Bescheidung kann das Gericht daher nur mit zusätzlicher sachlicher Begründung abweichen.

Die Unerreichbarkeit eines Zeugen kann so vom Ergebnis zusätzlicher Ladungsbemühungen abhängen. Wenn eine Wahrunterstellung oder die Bewertung des »Erwiesenseins« nicht durch den Verfahrensstand belegt ist, aber eine solche Entscheidungsgrundlage nach einer unmittelbar bevorstehenden Beweisaufnahme vom Gericht erwartet wird, kann der begründete Aufschub auch vom Antragsteller hingenommen werden. Ein weiteres Zuwarten ist bei den meisten Ablehnungsgründe niemals erforderlich, insbesondere wenn die Unzulässigkeit des beantragten Beweiserhebung oder die völlige Ungeeignetheit eines Beweismittels, erst recht der angebliche Zweck der Prozessverschleppung für das Gericht maßgeblich ist. Solche Beweisanträge müssen daher nicht erst nach etlichen Hauptverhandlungstagen beschieden werden.

VIII. Die Beweisaufnahme – Allgemeines

1. Unmittelbarkeit und Transparenz

Das Prinzip der Unmittelbarkeit ist nach traditionellem Verständnis wesentlicher Bestandteil der Beweisaufnahme in der Hauptverhandlung. Rechtlich ist die Unmittelbarkeit allerdings nur sehr unvollständig verankert, psychologisch eine Illusion.   757

»Nicht das, was man sagt, ist es, was entscheidet, sondern die Art, wie es gesagt ist, wird oft noch bedeutender,« resümierten Rechtswissenschaftler schon vor fast 200 Jahren.[701] Die Idee des reformierten Strafprozesses im 19. Jahrhundert war geprägt von der Erfahrung des Inquisitionsprozesses, in dem der Richter seine juristischen Fähigkeiten allenfalls auf der Grundlage einer staubigen Akte entfalten konnte. Dass diese »Blutleere« maßgeblicher Faktor von Fehlentscheidungen sein musste, war eine der frühen psychologischen Einsichten des Gesetzgebers. Das unmittelbare Erleben der Beweisaufnahme wurde als Basis einer gerechten richterlichen Entscheidung erkannt. Wenn die Qualität von Beweismitteln ein entscheidender Faktor für die Richtigkeit einer Entscheidung ist, kann sie regelmäßig nur derjenige zuverlässig einschätzen, der selbst den Zeugen gehört oder eine Tatwaffe gesehen hat. Die Primärkognition des Beweisgeschehens hat darüberhinaus einen Vorteil: Der Richter kann mit den Beweispersonen in einen kommunikativen Kontakt treten. Nur so können Missverständnisse aufgedeckt und Fehlinterpretationen minimiert werden – die Schriftlichkeit von Protokollen verschließt sich einem solchen kritischen Prozess. Das formale Prinzip der Unmittelbarkeit der Beweisaufnahme hat daher schon als **Garant für eine gehobene Urteilsqualität** rechtsstaatlichen Grundsatzcharakter.   758

Umgesetzt wird diese Idee in gesetzlichen Regelungen, die beispielsweise die ununterbrochene Anwesenheit des entscheidenden Richters bei der Beweisaufnahme sicherstellen oder ausdrücklich sein Entscheidungsmaterial auf den Inbegriff der Hauptverhandlung beschränken. In einem wichtigen Punkt stellte der Gesetzgeber in § 250 sicher, dass das Eigenerleben des Richters nicht durch Zeugenprotokolle der Ermittlungsbehörden ersetzt werden darf.   759

---

699 Die einzige – selbstverständliche – Konzession soll darin bestehen, dass ein Antrag spätestens zum Schluss der Beweisaufnahme beschieden werden sollte: BGHSt 19, 24, 26; RGSt 1, 34, 36.

700 BGH NStZ 2011, 168.

701 *C. J. A. Mittermaier* Die Mündlichkeit, das Anklageprinzip, die Öffentlichkeit und das Geschworenengericht in ihrer Durchführung in den verschiedenen Gesetzgebungen, Stuttgart, 1845/Reprint Leipzig 1970, 327 f.

760 Hieraus wird z.T. auch ein sog. Prinzip der **materiellen Unmittelbarkeit** abgeleitet: Der Richter soll direkten Kontakt zu den Beweismitteln haben, die am ehesten Rückschlüsse auf die maßgeblichen Entscheidungen im Prozess zulassen. Dies stellt letztendlich nicht mehr als eine Konkretisierung des Aufklärungsgebots dar, wonach das Gericht stets die sachnächsten Beweismittel nutzen soll. Einig ist man sich, dass hieraus jedenfalls kein Verbot der Nutzung anderer Beweismittel – wie z.B. des Zeugen vom Hörensagen – abgeleitet werden kann.

Die Konsequenz dieser Prozesskonstruktion ist regelmäßig eine doppelte Beweisaufnahme: Zeugen werden sowohl von der Polizei als auch zum selben Thema später vom Gericht angehört. Dass hierbei Qualitätsminderungen durch Zeitablauf eintreten können und Gerichte oft den weniger frischen Eindruck von Zeugen erhalten oder verblichene Tatmittel nur sehr eingeschränkt wahrnehmen können, hat der Gesetzgeber bewusst in Kauf genommen. Die durch zahlreiche psychische Faktoren verursachte Fehlerhaftigkeit von polizeilichen Ermittlungen und deren aktenmäßige Darstellung genießt zu Recht nur das beschränkte Vertrauen des Gesetzes im Hinblick auf das angestrebte Ziel der »richtigen« Sachermittlung.

761 Vorrangig ist dem Gesetz sowohl die mit der gerichtlichen Unmittelbarkeit der Beweisaufnahme abgesicherte richterliche Distanziertheit als auch eine öffentliche Kontrolle des Beweisgeschehens. **Unmittelbarkeit** – in der überkommenen Wissenschaft nahezu synonym mit der Mündlichkeit des Verfahrens benutzt – garantiert in ihrer Formalität eine größtmögliche **Transparenz**.

762 Beschädigt wird dieses Transparenzgebot insbesondere dann, wenn die **Staatsanwaltschaft bei laufender Hauptverhandlung parallel Ermittlungen vornimmt**. Wie es der Üblichkeit staatsanwaltschaftlichen Handelns entspricht, werden Zeugen geheim vernommen, Gutachten intern erstellt.

763 Die Vorgehensweise ist mittlerweile bei den Ermittlungsbehörden beliebt, angesichts des Zeitdrucks angeblich auch unumgänglich. Anklagen werden in dem Bewusstsein verfasst, allenfalls grobe Beweisstrukturen zu präsentieren. Für die Feinarbeit bleibt häufig nur das Zwischenverfahren oder sogar die über viele Verhandlungstage laufende Hauptverhandlung. Z.T. werden aus umfangreichen Komplexen einzelne prozessuale Taten abgetrennt und angeklagt; andere Teile des – hinsichtlich der Beweissituation – einheitlichen Sachverhalts werden weiter ermittelt; schwer erreichbare Zeugen, die auch für die angeklagten Taten von unmittelbarer Bedeutung sind, werden »nachgereicht«, ebenso wie zeitraubende Gutachten.

764 Die Staatsanwaltschaft beruft sich zur Begründung ihres Tuns gerne auf ihre Kompetenzen. Sie sei auch nach Anklageerhebung das einzige Ermittlungsorgan, aus § 160 ergebe sich diese Ermittlungskompetenz ebenso wie aus § 150 GVG.[702]

765 Die Verteidigung hat dem entgegenzuhalten, dass diese Auffassung eine grundsätzliche Kompetenzverteilung des Strafprozesses ignoriert.[703] Auch wenn einzelnen Normen ein weitergehendes Tätigwerden der Staatsanwaltschaft im Laufe einer Hauptverhandlung entnommen werden kann, verbleibt es bei der grundsätzlichen Struktur, wonach nach Anklageerhebung die Beweisaufnahme ausschließlich in Händen des Gerichts liegt. Waffengleichheit und Informationsstand der Verteidigung müssen allein den Regeln des gerichtlichen Verfahrens folgen.

766 Ein Agieren der Staatsanwaltschaft ist jedenfalls dann unzulässig, wenn es mit Eingriffsbefugnissen verbunden ist. Die Staatsanwaltschaft mag daher im Laufe einer Hauptverhandlung weitere Informationen entgegennehmen oder informatorisch sich ihr anbietenden Zeugen hinsichtlich ihrer Relevanz anhören. Die Ermittlungsinstrumente der StPO sind ihr allerdings entzogen, wenn nach der Anklageerhebung die Sachaufklärung allein beim Gericht liegt.

767 Präsentiert die Staatsanwaltschaft dennoch Ergebnisse derartiger Nachermittlungen in der Hauptverhandlung, hat die Verteidigung diesem Vorgehen zu widersprechen. Angesichts des groben Ver-

---

702 Zur rechtlichen Begründung der angeblichen Nachermittlungskompetenz s. z.B. *Lindemann* Ermittlungsrechte und –pflichten der Staatsanwaltschaft nach Beginn der Hauptverhandlung, 2003; KK-*Schneider* 8. Aufl. § 202 Rn. 9; LR-*Franke* § 150 GVG Rn. 5.

703 Für das Verbot der Nachermittlung: *Wohlers* Entstehung und Funktion der Staatsanwaltschaft, 1994, 221; SK-StPO/*Weßlau* § 151 Rn. 7; *Roxin/Schünemann* Strafverfahrensrecht § 9 Rn. 4; *Strate* StV 1985, 337 f.

stoßes gegen gesetzliche Kompetenzverteilungen drängt sich ein Beweisverwertungsverbot geradezu auf.[704]

2. Die Zielrichtung

Nur **tatsächliche Vorgänge** sind Gegenstand der Beweisaufnahme. Letztlich ausgeschlossen werden durch diese sehr weite Erfassung Beweisthemen wie nicht objektivierbare Bewertungen[705] oder die dem alleinigen Kompetenzbereich des Gerichts zugeordneten rechtlichen Würdigungen.[706]

Der Bezug der aufzuklärenden Tatsachen zu entscheidungsrelevanten Komplexen lässt diese in unterschiedlichen Kategorien denken. **Haupttatsachen** sind für die zu entscheidende Frage unmittelbar von Bedeutung; sie eignen sich in der Regel zur direkten Subsumtion unter einer Rechtsnorm. So belegt beispielsweise der in der Beweisaufnahme festgestellte Faustschlag ein Tatbestandsmerkmal der Körperverletzung, die Feststellung einer Eheschließung ermöglicht unmittelbar die Bewertung des Zeugnisverweigerungsrechts eines erschienen Zeugen. **Indiztatsachen** lassen lediglich mittelbar einen Rückschluss auf das Vorliegen der Haupttatsachen zu. Die Feststellung der indiziellen Sachverhalte stellt regelmäßig den Kern der Beweisaufnahme dar, da zur Schuldfrage zumeist Beweismittel rar sind, die unmittelbar ein subsumtionsfähiges Tatgeschehen belegen oder ausschließen. Dies gilt insbesondere für die vom Gericht festzustellenden subjektiven Tatsachen, auf deren Vorliegen regelmäßig erst durch eine Vielzahl äußerer Gegebenheiten geschlossen werden kann.[707] Die Bedeutung der **Hilfstatsachen** eröffnet sich in ihrer Möglichkeit, die Qualität von Beweismitteln zu bewerten. So lässt die Feststellung der Handschrift eines Angeklagten auf einem Papier ebenso Rückschlüsse auf das Beweismittel der Urkunde zu wie beispielsweise hinsichtlich der Glaubwürdigkeit eines Zeugen die Dokumentation von Lügengeschichten in der Vergangenheit, auch wenn diese inhaltlich nicht einmal mittelbar in Zusammenhang mit dem Tatvorwurf stehen. Die Kategorisierung der Tatsachen belegt die Weite des möglichen Gegenstandes der Beweisaufnahme, wirkt sich aber auf die Zulässigkeit ihres Umfangs nicht unmittelbar aus.

Der Gegenstand der Beweisaufnahme muss sich notwendigerweise noch auf weitere Sachverhalte erstrecken, die in keinerlei unmittelbarem Zusammenhang mit dem Tatvorwurf der Anklage stehen. Sind empirische Generalisierungen die Grundlage, um von indiziellen Tatsachen fehlerfrei auf unmittelbar verfahrensrelevante Sachverhalte zu schließen, muss die Qualität dieser Tatsachenbasis Eingang in die Beweisaufnahme finden. Die mittelbare Beweisrelevanz von Indizien oder Hilfstatsachen erschließt sich in der Form des logischen Rückschlusses. Feststellungen von Haupttatsachen sind nur möglich, weil unter vergleichender Heranziehung anderer Sachverhalte eine Schlussfolgerung logisch möglich erscheint. Ermöglicht erst der als Vergleichsmaßstab dienende Sachverhalt diesen – für den Angeklagten u.U. entscheidend negativen – Schluss, muss in der Beweisaufnahme auch geklärt werden, ob ein solcher Sachverhalt vorliegt. Will das Gericht z.B. aus am Tatort gefundenen DNA-Spuren auf die Anwesenheit des Angeklagten am Tatort schließen, setzt die Zulässigkeit dieser Schlussfolgerung zunächst die Feststellung der Häufigkeit des gefundenen DNA-Profiles verglichen mit bestimmten Bevölkerungsgruppen voraus. Grundsätzlich müssen alle Tatsachenkomplexe, die in diesem Zusammenhang als Erfahrungssätze oder Lebenserfahrung beschrieben werden, in der Beweisaufnahme thematisiert werden. Nur so wird bei allen Verfahrensbeteiligten die Möglichkeit eröffnet, ihre Mitwirkungsrechte in entscheidungsrelevanten tatsächlichen Fragen auszuüben.

Die Beweisaufnahme unterliegt auf der anderen Seite **Beschränkungen**: Jede Beweisaufnahme steht unter dem Vorbehalt ihrer prozessualen Zulässigkeit. In der Beweisaufnahme geht es nicht darum, die Wahrheit »um jeden Preis« zu erforschen.[708] Beweiserhebungsverbote spiegeln im Einzelfall ent-

768

769

770

771

---

704 So *Engländer/Zimmermann* Die Zulässigkeit eigenständiger Nachermittlungen durch die Staatsanwaltschaft, Beulke-FS 2015, S. 699, 708.

705 BGHSt 6, 357, 359.

706 BGHSt 25, 207, 208; 28, 318, 324.

707 BGHSt 12, 289, 290, 291.

708 BVerfG NStZ 1984, 82; BGHSt 31, 304, 309.

weder gegenüber der Wahrheitsermittlung dominierende schützenswerte Interessen anderer wider oder schließen im Hinblick auf die Kontrollierbarkeit oder Validierung der prozessualen Wahrheitssuche denkbare Beweiserhebungsvarianten aus. Verbietet das Gesetz eine Beweiserhebung, kann sie weder über das gerichtliche Aufklärungsgebot noch über Beweisanträge zum Gegenstand der Beweisaufnahme gemacht werden.

3. Beweismittel des Strengbeweises

772 Die Beweismittel sind beschränkt. Soweit die Beweisaufnahme die Feststellungen von Tatsachen zum Ziel hat, die letztendlich die Frage von Schuld und Strafe betreffen, gilt das Strengbeweisverfahren. Im Gegensatz zum Freibeweis, bei dem auf alle möglichen Erkenntnisquellen als Beweismittel zurückgegriffen werden kann, ist hier die Beweisaufnahme reduziert auf die Verlesung von Urkunden, den Augenschein von Gegenständen sowie die Anhörung von Zeugen und Sachverständigen.

773 Der **Urkundenbeweis** ist geregelt in den §§ 249 bis 256; hier wird sowohl das Verfahren der Einführung der Urkunden als auch die über allgemeine Beweisverbote hinausgehende Unzulässigkeit einzelner Urkundenbeweise geregelt. Keine ausdrückliche gesetzliche Regelung hat demgegenüber das **Beweismittel des Augenscheins** gefunden. § 86 regelt lediglich die richterliche Augenscheinseinnahme außerhalb der Hauptverhandlung. Ein Augenscheinsbeweis in der Hauptverhandlung stellt die sinnliche Wahrnehmung sämtlicher Verfahrensbeteiligten dar. Sie kann sich auf die Existenz und Beschaffenheit einer Sache oder eines Sachkomplexes (Örtlichkeit) beziehen, aber auch auf körperliche Gegebenheiten und sogar auf äußere Vorgänge oder Verhaltensweisen von Personen. Ortsbesichtigungen, die Registrierung von Abbildungen, das Befühlen oder Betrachten hinsichtlich des äußeren Eindrucks einer Urkunde oder eines anderen Gegenstandes gehören ebenso zum Augenschein wie die optische oder akustische Wahrnehmung von Film- oder Tonbandaufnahmen. Als Teil der Beweisaufnahme unterliegt sie dem Unmittelbarkeitsprinzip,[709] sie stellt eine zu protokollierende wesentliche Förmlichkeit der Hauptverhandlung i.S.d. § 273 Abs. 1 dar, ist allerdings nicht an die Örtlichkeit des Gerichtssaals gebunden.

Der **Zeugenbeweis** ist hinsichtlich seiner Voraussetzung und Durchführung ebenso gesetzlich geregelt (siehe z.B. §§ 48 bis 71, 168c, 168e, 247a, 248, 250) wie der **Sachverständigenbeweis** (§§ 72 bis 84, 244 Abs. 3, 246a, 256).

774 Der **Angeklagte** selbst ist kein Beweismittel. Sowohl seine aus der Achtung der Menschenwürde abgeleitete Subjektstellung im Prozess als auch der rechtsstaatliche Grundsatz des Verbots des Selbstbelastungszwanges[710] verhindern, den Angeklagten zum schlichten Objekt richterlicher Bewertung zu degradieren. In der Praxis gerät der Unterschied des Verhaltens des Angeklagten im Strafprozess zu den Beweismitteln häufig lediglich zu einem terminologischen. Die Einlassung des Angeklagten kann grundsätzlich als Basis der Beweiswürdigung des Gerichts ebenso herangezogen werden wie beispielsweise Zeugenaussagen. Die Bewertungskriterien der Zeugen- oder Angeklagtendarstellungen sind weitgehend identisch. Die fehlende Wahrheitspflicht des Angeklagten bei seinen Angaben und seine besondere Interessensituation sind Gesichtspunkte, die erst nachrangig bei der Würdigung der Beweisgrundlage Berücksichtigung finden. Die Einlassung eines Mitangeklagten kann – möglicherweise sogar die einzige – Grundlage für die Überzeugung des Gerichts von der Schuld eines Angeklagten sein. Schweigt der Angeklagte, so kann er nach Ansicht der Rechtsprechung[711] als Objekt des Augenscheins Eingang in die Beweisaufnahme finden. Die Identifizierung durch Zeugen in der Hauptverhandlung ist ebenso denkbar wie die Bewertung körperlicher Reaktionen des Angeklagten auf Geschehnisse in der Hauptverhandlung. Die Rechtsprechung hat es allerdings bislang versäumt

---

709 BGHSt 3, 187, 188.
710 BGHSt 5, 332, 333; 14, 358, 364.
711 KG NJW 1979, 1668, 1669.

näher zu begründen, warum diese Benutzung des Angeklagten als Beweismittel gegen sich selbst trotz des Verbots des Selbstbelastungszwanges tolerabel sein soll.

Andere Beweismittel können nicht zur Überzeugungsbildung von Sachverhalten betreffend Schuld **775** und Strafe herangezogen werden. Schlichte informatorische Anhörungen von Beweispersonen oder Anhörung einer Auskunftsperson[712] kennt das Gesetz beispielsweise nicht.[713] Werden Wahrnehmungen eines Richters nicht durch zeugenschaftliche Vernehmungen, sondern durch dienstliche Erklärungen in die Hauptverhandlung eingeführt, sind sie ebenfalls keine Grundlage zur Tatsachenfeststellung, die für die Schuld- und Rechtsfolgenfrage erheblich ist.[714] Ein gesetzlich nicht geregeltes komplexes Geschehen der Beweisaufnahme kann sich allerdings als zulässige Mischung oder Sonderform der Mittel des Strengbeweises darstellen; dies gilt beispielsweise für Gegenüberstellungen, Experimente oder Rekonstruktionen in der Hauptverhandlung.[715]

4. Freibeweis

Alle anderen verfahrensrelevanten Tatsachenfeststellungen, die **nicht Schuld und Strafe** unmittelbar **776** betreffen, sind dem Freibeweis zugänglich. Frei ist hierbei das Gericht von der Bindung an den Beweismittelkatalog des Strengbeweises. Heranzuziehen sind über diesen hinaus alle verfügbaren Erkenntnisquellen wie schriftliche und telefonische Auskünfte, dienstliche Äußerungen oder beigezogene Akten. Hinsichtlich der Beweismittel des Strengbeweisverfahrens ist das Gericht von den förmlichen Beschränkungen entbunden, sodass Gutachten oder Zeugenaussagen auch da verlesen werden können, wo dies im Wege des Strengbeweises nicht möglich wäre.

Die **Ausschöpfung von Erkenntnisquellen** ist auch im Freibeweisverfahren nicht uferlos oder gar **777** willkürlich. Grenzen werden zwar nicht durch das Recht der förmlichen Beweisaufnahme, wohl aber durch wesentliche rechtsstaatliche Verfahrensprinzipien gesetzt. Die Grundsätze des fairen Verfahrens gelten auch für den Freibeweis, sodass gerade in der Hauptverhandlung notwendige **Mitwirkungsrechte anderer Verfahrensbeteiligter** nicht verletzt werden dürfen. Auch wenn eine strenge Bindung an die Prinzipien der Mündlichkeit und Unmittelbarkeit fehlt, dürfen außerhalb der Hauptverhandlung gewonnene Erkenntnisse des Gerichts ohne Anhörung anderer Verfahrensbeteiligter gerichtlichen Entscheidungen nicht zugrunde gelegt werden. Auch im Freibeweis genießt der Grundsatz des rechtlichen Gehörs uneingeschränkte Geltung.[716] Ebenso wenig können Grundrechtspositionen Dritter unter Berufung auf das Freibeweisverfahren ausgehebelt werden. Der Maßstab für die Verpflichtung des Gerichts, Tatsachen im Wege des Freibeweisverfahrens aufzuklären, ist wie beim Strengbeweis das Aufklärungsgebot des § 244 Abs. 2.

Der **Gegenstand des Freibeweises** wird nicht positiv bestimmt, er definiert sich vielmehr durch den **778** Ausschluss aller Tatsachenbereiche, die für die Schuld- und Straffrage relevant sind. Vornehmlich fallen hierunter Tatsachen, die zur Beurteilung rein verfahrensrechtlicher Fragen von Belang sind. Die Klärung der Voraussetzungen von Prozesshindernissen, wie beispielsweise die Verhandlungsunfähigkeit[717] des Angeklagten oder das Vorliegen eines notwendigen Strafantrages, zählen hierzu ebenso wie Fakten zur Beurteilung eines Besetzungseinwandes, zum Ausschluss eines Verteidigers,[718] zum Ausschluss der Öffentlichkeit,[719] zum Vorliegen eines Strafklageverbrauchs,[720] zur Beurteilung von

---

712 BGHSt 33, 217, 221.
713 BGH StV 1994, 526.
714 BGH NJW 2002, 2401, 2403 = StV 2002, 294; BGHSt 45, 354, 356 f. = NJW 2000, 1204, 1205 = StV 2000, 121, 122.
715 KK/*Herdegen,* 5. Aufl., § 244 Rn. 15–17.
716 BVerfGE 7, 275, 279 = NJW 1958, 665.
717 BGHR Vor § 1 Verfahrenshindernis, Verhandlungsfähigkeit 1.
718 BGHSt 28, 116, 118.
719 RGSt 66, 113, 114.
720 BGHSt 46, 349, 351 = NJW 2001, 1734 = StV 2001, 606.

Beweisverwertungsverboten wie beispielsweise unzulässigen Vernehmungsmethoden,[721] den Umständen einer Zeugenbelehrung bei einer polizeilichen Vernehmung[722] oder den für die Beurteilung der Ablehnung eines Beweisantrages notwendigen Feststellungen, wie die Unerreichbarkeit eines Zeugen,[723] der völligen Ungeeignetheit eines Beweismittels[724] oder die Sachkunde eines zu beauftragenden Sachverständigen.[725]

779   Dienstliche Erklärungen sind zur Würdigung von Sachverhalten betreffend Schuld und Strafe untauglich. Das gilt auch für Darstellungen des Vorsitzenden zu Beginn der Hauptverhandlung zu Verständigungen mit einem ehemaligen Angeklagten und aktuellen Zeugen. Grundlagen zur Würdigung eines Zeugen können als für die Straffrage bedeutsamer Umstand nur im Wege des Strengbeweises gewonnen werden.[726]

780   Die Sorgfaltspflichten des Gerichts bei der **Würdigung** der im Freibeweis gewonnenen Ergebnisse sind gegenüber dem Strengbeweisverfahren nicht gemindert; lediglich der Zweifelssatz »in dubio pro reo« soll bei einigen prozessualen Themenbereichen nicht eingreifen.[727] Der Grundsatz, wonach sich das Gericht positiv eine Überzeugung von einem Sachverhalt zu verschaffen hat, wird allerdings in einigen Fällen der Struktur der Beweisführungsmöglichkeiten der einzelnen Verfahrensbeteiligten nicht gerecht. Führt der Angeklagte beispielsweise seine ungesetzliche Behandlung, u.U. sogar Folter, während einer polizeilichen Vernehmung oder Festnahme an, wird er das Gericht bei entgegenstehenden Aussagen der Polizeibeamten regelmäßig nicht überzeugen können. Ihm fehlen notwendigerweise die über seine Aussage hinausgehenden Beweismöglichkeiten. Um in diesen Fällen den Persönlichkeitsschutz des Angeklagten zu effektivieren, erscheint eine an den Würdigungsmaßstäben des Europäischen Gerichtshofes für Menschenrechte orientierte Regelung wünschenswert. Der EGMR legt in den Fällen, in denen sich der Beschuldigte in Händen der Staatsgewalt befindet, den ausführenden Organen die Verpflichtung auf, in Realisierung ihrer Schutzpflichten den Nachweis zu führen, dass die Behandlung unter den gesetzlich vorgesehenen Umständen erfolgte.[728] Gelingt dies nicht und bleibt auch mit freibeweislichen Mitteln das Geschehen im Ermittlungsverfahren unaufgeklärt, ist von den glaubwürdigen, plausiblen und nachvollziehbaren Angaben des Beschuldigten auszugehen.

> Die gerichtliche Praxis versucht, das Institut des Freibeweises zunehmend zu nutzen, um sich von lästigen Interventionen der Strafverteidigung zu befreien. So wird häufig die Klärung von für den Prozess weichenstellenden Sachverhalten, wie beispielsweise die ordnungsgemäße Belehrung im Ermittlungsverfahren oder die Ankündigung eines Zeugen zur Ausübung des Auskunftsverweigerungsrechts (§ 55), durch schlichte Telefonrecherche des Vorsitzenden außerhalb der Hauptverhandlung »erledigt« und anschließend durch einen Aktenvermerk in die laufende Hauptverhandlung eingeführt. Verteidigung, die ihren Anspruch auf Teilhabe realisieren will, muss in der Hauptverhandlung deutlich machen, dass die Erweiterung der Beweismittel im Freibeweisverfahren nicht gleichzeitig die Reduzierung prozessualer Verteidigungsrechte bedeutet. Transparenz, konfrontative Einführung menschlicher Wahrnehmung und Hinterfragen gutachterlicher Äußerungen müssen auch hier in der Hauptverhandlung garantiert sein.

781   Aufzuklärende Tatsachen können aus unterschiedlichen Blickwinkeln von Bedeutung sein. So können konkrete Tatumstände sowohl für die Frage von Schuld und Strafe relevant sein als auch für die Frage, ob angesichts Tatidentität ein Strafklageverbrauch und damit ein Prozesshindernis vorliegt; die Aufklärung folgt im ersten Fall dem Strengbeweis, im letzteren dem Freibeweis.[729] Sachverhalte

---

721 BGH NStZ-RR 1998, 347; NJW 2015, 360 f.; BGHR StPO § 136a Ermüdung 2.

722 BGH NStZ 1999, 94.

723 BGH NStZ 1993, 349, 350.

724 BGH NJW 1992, 3309, 3310.

725 BGH NStZ 1988, 373 = StV 1989, 331.

726 BGH StV 2012, 649 ff.

727 *Eisenberg* BeweisR, Rn. 127 ff.

728 S. z.B. EGMR, Riebitsch./. Österreich, EuGRZ 1996, 504; *Meyer-Ladewig* EMRK Handkommentar, Art. 3 Rn. 15.

729 S. hierzu BGH NStZ-RR 2003, 75.

können von Doppelrelevanz sein sowohl für die Schuldfähigkeit wie für die Verhandlungsfähigkeit, sie können gleichermaßen für die Subsumtion unter eine materielle Strafnorm wie für die Anwendung einer Prozessnorm von Bedeutung sein. Die Art der Beweiserhebung ist hier streng an dem Erkenntnisinteresse zu orientieren.

5. Die gerichtliche Aufklärungspflicht (§ 244 Abs. 2)

Im Strafprozess ist es die originäre Pflicht des Gerichts, sich durch die Beweisaufnahme eine ausreichende Erkenntnisgrundlage zu verschaffen, auf der in rechtsstaatlich verantwortlicher Weise Entscheidungen getroffen werden können. Die Prozessordnung vertraut nicht – wie etwa beim angelsächsischen Prinzip des Verhandlungsgrundsatzes – den Initiativen der anderen Verfahrensbeteiligten. Ohne Antrag anderer Beteiligter und selbst gegen deren Willen legt das Gesetz dem Gericht auf, sowohl den Themenbereich seiner Aufklärungsbemühungen ausreichend auszuweiten als auch die jeweiligen Aufklärungsbemühungen mit einer genügenden Intensität zu verfolgen.

782

a) Der Untersuchungsumfang – Tatsachen von Bedeutung

Bezugspunkt der gerichtlichen Untersuchungspflicht ist die angeklagte Tat. Aufzuklären ist daher primär derjenige geschichtliche Sachverhalt, der nach Darstellung des Anklagesatzes die Grundlage für die Bewertung eines möglicherweise strafbaren Verhaltens bildet. Die Relevanz von Sachverhaltskomplexen sowohl im Hinblick auf die Tatbestandsmäßigkeit als auch auf den Unrechtsgehalt eines Geschehens sind maßgeblicher Bezugspunkt für den Gegenstand der Beweisaufnahme. Indiztatsachen oder Hilfstatsachen können nur dann Gegenstand der Aufklärungsbemühungen des Gerichts sein, wenn zumindest mittelbar ein solcher Bezug begründbar ist. Darüber hinaus hat das Gericht – mit den Mitteln des Freibeweises – alle Verfahrenstatsachen aufzuklären, die es zur Beurteilung der Justizförmigkeit des Prozesses benötigt.

783

Diese relative Präzision verliert sich insbesondere bei der Frage, welche nicht dem Tatgeschehen zuzuordnenden Sachverhalte aufklärungsbedürftig sind, weil sie Auswirkungen auf den Umfang der Schuld und andere Strafzumessungskriterien haben können. Die Rechtsprechung begnügt sich mit Leitlinien, wonach nicht jedes Detail einer Vorgeschichte oder des Randgeschehens aufgeklärt werden müsse. Insofern sei der Tatrichter nicht zu einer ausufernden Aufklärung verpflichtet.[730] Die individuell eingeforderte Entscheidung geht von einem wertenden Wechselspiel aus, in dem einerseits aufgrund des besonderen Einzelfalles materielle Strafzumessungskriterien zu gewichten sind und abhängig von ihrer konkreten Bedeutung sich die Aufklärungspflicht auf Sachverhalte beziehen muss, die die Einschätzung dieser Kriterien ermöglicht. Ähnlich zu gewichten ist der Aufklärungsumfang von Verfahrenstatsachen: Es muss z.B. nicht jede Einzelheit einer Ermittlungstätigkeit von Polizeibeamten zur Beurteilung von möglichen Verwertungsverboten aufgeklärt werden. Das Gericht muss sich aber eine ausreichend fundierte Tatsachenbasis verschaffen, um auch alle prozessrelevanten Fragen durch eigenständige Wertentscheidungen beurteilen zu können. Mit der justiziellen Kontrollfunktion nicht zu vereinbaren wäre ein Ausgangspunkt, wonach das Strafgericht von einer Aufklärung nur deswegen absieht, weil es meint, grundsätzlich der Gesetzmäßigkeit der Vorgehensweise von Ermittlungspersonen vertrauen zu dürfen.[731]

784

b) Intensität der richterlichen Aufklärungsbemühungen – Beweismittel von Bedeutung

Aus der Verantwortlichkeit des Gerichts für die Wahrheitssuche folgt seine Verpflichtung, eine ausreichende Qualitätsbasis für seine zu treffenden Entscheidungen abzusichern. Ausfluss des Untersuchungsgrundsatzes ist daher die Aufgabe, die potenziellen Beweismittel so weit auszuschöpfen, dass eine rechtsstaatlich vertretbar **breite Entscheidungsgrundlage** zur Diskussion über das Für und Wider von Schuld- und Strafgesichtspunkten geschaffen werden kann. Das Gericht hat im Verlaufe

785

---

730 BGHSt 40, 3, 6, 7 = NJW 1994, 1294, 1295.
731 In diese Richtung allerdings BGH StraFo 2006, 237.

des Verfahrens zu entscheiden, wann aus seiner Sicht der Zeitpunkt in der Beweisaufnahme gekommen ist, bei dem von einer ausreichenden Verlässlichkeit für die notwendigen Tatsachenfeststellungen ausgegangen werden kann. Eine rechtsdogmatisch fundierte stringente Antwort auf die Frage nach dem Maßstab für diese Entscheidung findet sich weder in der Literatur noch in der höchstrichterlichen Rechtsprechung. Die Lösungen des BGH stellen sich oft als kaum zu generalisierende Mixtur aus präziser Logik einerseits und Erwägungen der Praktikabilität andererseits dar. Im Ergebnis wird einerseits kein Verstoß gegen das Aufklärungsgebot angenommen, wenn der Strafrichter auf jegliches Beweismittel verzichtet, weil er nach einem glaubwürdigen Geständnis des Angeklagten eine ausreichende Tatsachengrundlage für gegeben erachtet.[732] Andererseits wird kategorisch gefordert, dass kein einziges erkennbares Beweismittel unbenutzt bleiben darf, wenn auch nur die entfernte Möglichkeit besteht, dass Schlussfolgerungen gemessen am bis dahin vorliegenden Beweisergebnis geändert werden können.[733]

Ob das Gericht auf potenzielle Beweismittel in der Hauptverhandlung zurückgreifen muss, entscheidet sich in einer Abwägung unterschiedlichster Faktoren, deren Bedeutung von der jeweiligen Konstellation des Einzelfalles abhängt:

786 Der auch vom Revisionsgericht zu beachtende Maßstab zur Einschätzung des Beweismittelpotenzials ist der **Horizont des Tatgerichts**. Die Aufklärungspflicht konkretisiert sich anhand der Umstände, die dem Gericht bekannt sind oder aufgrund der Akten, des Verfahrensverlaufs oder der allgemeinen Lebenserfahrung dem Gericht bekannt sein müssen. Ist ein Beweismittel auf diesem gerichtlichen Horizont nicht erkennbar, muss es in die Überlegungen des Gerichts zur Planung der weiteren Beweisaufnahme nicht aufgenommen werden. Die Entwicklung dieses Horizonts während laufender Beweisaufnahme ist eine dynamische, jede neue Zeugenaussage kann zu bislang nicht geläufigen Erkenntnissen führen, die sich auch auf neue Beweismittel erstrecken, die ein bislang plausibel erscheinendes homogenes Beweisergebnis ins Wanken bringen. Eine derartige Aktualisierung der Aufklärungspflicht kann sich auch aus schlichten Erklärungen oder sogar Begehren von anderen Verfahrensbeteiligten ergeben. Hier liegt die besondere Bedeutung von Beweisanregungen oder Beweisermittlungsanträgen.

787 Ist ein Beweismittel erkannt, gebietet die Aufklärungspflicht seine Verwendung nur, wenn die Umstände des Verfahrens danach »drängen« oder sie zumindest nahelegen. Die Bedeutung des aufzuklärenden Sachverhalts spielt bei der Beurteilung eine entscheidende Rolle, ob auf ein Beweismittel zurückgegriffen werden muss. Je näher ein Sachverhalt das unmittelbare Tatgeschehen betrifft, desto eher hat das Gericht auch auf zunächst entfernt liegende Beweismittel zurückzugreifen. Kommt dem aufzuklärenden Sachverhalt dagegen nur eine entfernte Bedeutung zu, beispielsweise für die Qualität eines anderen Beweismittels, reduziert sich die Pflicht des Gerichts, hierauf zurückzugreifen. Andererseits kann die besondere Beweiskonstellation im Prozess gerade einer Hilfstatsache eine besonders wichtige Bedeutung zuweisen: Ist beispielsweise die Aussage eines Zeugen vom Hörensagen oder in der Prozesskonstellation »Aussage gegen Aussage« der maßgebliche Belastungsfaktor, so muss das Gericht auch auf entfernter liegende Beweismittel zurückgreifen, die lediglich Sachverhalte aufzudecken vermögen, die mittelbar Rückschlüsse auf die Glaubhaftigkeit dieser belastenden Aussage zulassen.

788 Einen weiteren Abwägungsfaktor stellt der zu erwartende prozessuale **Aufwand** dar, der mit der Beschaffung des Beweismittels verbunden ist. Führt die Vernehmung eines jederzeit verfügbaren Zeugen vermutlich nur zu einer unwesentlichen Verlängerung eines ohnehin anberaumten Hauptverhandlungstermins, drängt sich seine Vernehmung eher auf, als wenn dieser mit großem finanziellen und zeitlichen Aufwand erst herbeigeschafft werden muss und möglicherweise sogar die Aus-

---

732 BGHSt 2, 269, 270.
733 BGHSt 23, 176, 188; 30, 131, 143; BGH StV 1981, 164, 165; BGH NStZ 1983, 376, 377; NStZ 1990, 384.

setzung des Verfahrens droht. Erwägungen des Beschleunigungsgebots hat das Gericht in seine Abwägung mit einzustellen.[734]

Die Prognose über den möglichen Gehalt einer vorzunehmenden Beweisaufnahme hängt ebenfalls von der **Sachnähe des Beweismittels** ab. Eine bestmögliche Beweisaufnahme wird immer mehr zu Originalbeweismitteln als zu Beweissurrogaten drängen.[735] Der unmittelbare Tatzeuge wird beispielsweise stets einen höheren Beweiswert haben als der Zeuge vom Hörensagen; die Anhörung im Gerichtssaal hat Vorrang vor einer audiovisuellen Vernehmung. Das Gebot der Sachnähe ist kein Verbot für andere Beweismittel, es signalisiert allerdings die besondere Bedeutung bei der Konkretisierung der Aufklärungspflicht des Gerichts.   **789**

Zur Pflicht der erschöpfenden Wahrheitsermittlung des Gerichts gehört es auch, herangezogene Beweismittel vollständig auszuwerten. Der gesamte verfahrensrelevante Inhalt einer Urkunde ist durch Verlesen ebenso einzuführen wie der vollständige Wissensstand eines Zeugen durch Fragen zu erforschen ist. Unterbleiben Fragen, weil das Gericht rechtsfehlerhaft dem Zeugen ein Zeugnis- oder Auskunftsverweigerungsrecht zubilligt, ist die Pflicht zur vollständigen Sachaufklärung verletzt.   **790**

Maßgebliches Abwägungskriterium ist das Gewicht, das das Gericht einem bislang vorliegenden **vorläufigen Beweisergebnis** beimisst. Die Einschätzung der Qualität der Entscheidungsgrundlage setzt voraus, dass das Gericht zumindest gedanklich bereits den weiteren Schritt der Beweiswürdigung vornimmt. Insbesondere im Lichte des Wechselspiels dieser beiden Bewertungen hat das Gericht eine Einschätzung vorzunehmen, ob eine möglich erscheinende Ausweitung des Beweisstoffs dessen bisherige Bewertung zu verändern imstande ist. Die Gefahr einer Fehleinschätzung ist groß, zumal die richterliche Neigung nicht von der Hand zu weisen ist, nach einer Beweisaufnahme, die den nach Aktenlage erwarteten Verlauf genommen hat, eine vorläufige Bewertung auch zur endgültigen werden zu lassen. Die höchstrichterliche Rechtsprechung leistet dem Vorschub: Wenn bei der Prognose einer nicht einmal entfernten Möglichkeit der Änderung des Beweisergebnisses als Maßstab allein der lebenserfahrene Richter herangezogen wird,[736] wenn verständige Würdigung der Sachlage gefordert wird,[737] wenn die hohe Plausibilität einer solchen Einschätzung ausreichen soll,[738] wird die aktuell noch unvollständige Erfassung eines maßgeblichen Faktors der Aufklärungspflicht besonders deutlich. Dieser Ansatz birgt die Gefahr, dass die richterliche Freiheit der Beweiswürdigung entgegen der Konzeption des Gesetzes auf dessen Gebundenheit bei der Heranziehung des Beweisstoffs übertragen wird.[739]   **791**

c) Kontrolle der gerichtlichen Aufklärung

Die komplexen Erwägungen zur Konkretisierung des Aufklärungsgebots bleiben grundsätzlich interne Diskussionen des gerichtlichen Spruchkörpers. Auseinandersetzungen mit anderen Verfahrensbeteiligten sind nicht formalisiert. Eine Überprüfung von intern getroffenen Entscheidungen sieht die Hauptverhandlung nicht vor. Als Alternative verbleibt den anderen Verfahrensbeteiligten regelmäßig die Stellung eines Beweisantrages, den das Gericht durch Beschluss zu bescheiden hat (§ 244 Abs. 6). Liegen außerhalb eines formellen Beweisantrages Beweisanregungen anderer Verfahrensbeteiligter vor, wird man zumindest aus der Fürsorgepflicht des Gerichts ableiten können, dass dem Antragsteller die Gründe eröffnet werden, die das Gericht zum Absehen von der angeregten Beweisauf-   **792**

---

734 LR/*Gollwitzer* 25. Aufl., § 244 Rn. 57.
735 BGHSt 32, 115, 123.
736 BGHSt 30, 131, 142.
737 BGH NStZ-RR 1996, 299.
738 KK/*Herdegen*, 5. Aufl., § 244 Rn. 21.
739 KK/*Krehl* 8. Aufl., § 244 Rn. 29 spricht lediglich von einem »gewissen Spannungsverhältnis« zwischen Aufklärungspflicht und freier richterlicher Überzeugung.

nahme veranlasst hat.[740] Gegen eine abschlägige Bescheidung des Vorsitzenden können andere Verfahrensbeteiligte gem. § 238 Abs. 2 das Gericht anrufen.[741]

Ein Verstoß gegen das richterliche Aufklärungsgebot kann mit der Revision gerügt werden. Die Zulässigkeit einer derartigen Rüge setzt jedoch die umfassende Darstellung des Prozessgeschehens unter vier verschiedenen Aspekten voraus:

793   Wird eine unterlassende Beweiserhebung als Verstoß gegen § 244 Abs. 2 gerügt, hat die Revisionsbegründung zunächst konkret darzulegen, welche Tatsache hypothetisch hätte geklärt werden können.[742] Das nicht herangezogene Beweismittel muss darüber hinaus exakt von der Revisionsbegründung definiert werden.[743] Die Revisionsdarstellung muss zusätzlich beinhalten, aufgrund welcher konkreten Umstände diese Beweiserhebung sich – gemessen am Horizont des Tatgerichts – aufgedrängt oder zumindest nahe gelegen hätte. Letztlich setzt eine zulässige Revisionsbegründung den Hinweis voraus, welches Ergebnis aufgrund einer solchen Beweiserhebung zu erwarten gewesen wäre.[744] Ausreichend ist hier der Nachweis in der Revision, dass durch eine solche Beweisaufnahme Sachverhaltsannahmen des angefochtenen Urteils zumindest ernsthaft infrage gestellt worden wären.[745]

6. Umfang der Beweisaufnahme bei präsenten Beweismitteln

794   Gegenüber § 244 Abs. 2 erweitert § 245 die Beweiserhebungspflicht des Gerichts. Nach Abs. 1 wird das Gericht über das Aufklärungsgebot hinaus verpflichtet, Beweismittel zu nutzen. Voraussetzung für diese Erweiterung ist die Präsenz der heranzuziehenden Beweismittel. Die sofortige Verfügbarkeit der Beweismittel rechtfertigt es, Überlegungen zur Prozessökonomie gegenüber der Chance einer fundierteren Wahrheitsfindung einen weiteren Schritt zurücktreten zu lassen.

Sind Beweismittel aufgrund der Initiative des Gerichts in der Hauptverhandlung präsent, sind sie selbst dann zu nutzen, wenn das Gericht ihnen keine Bedeutung (mehr) beimisst.[746]

795   Die Beweiserhebungspflicht bei Zeugen und Sachverständigen besteht dann, wenn diese zum einen vom Gericht geladen worden sind und zum anderen in der Hauptverhandlung auch tatsächlich anwesend sind. Die Art der Ladung ist gleichgültig.[747] »**Erschienen**« sind Zeugen und Sachverständige, wenn sie sich für das Gericht erkennbar spätestens bis zum Schluss der Beweisaufnahme bei Gericht eingefunden haben und vernommen werden können. Meldet sich ein geladener Zeuge nicht, hat das Gericht zumindest im unmittelbaren räumlichen Umfeld Nachforschungen anzustellen. Eine eigenmächtige Entfernung soll die Präsenzeigenschaft entfallen lassen.[748] Die sofortige Verwendbarkeit eines Beweismittels scheidet ebenfalls aus, wenn der Zeuge beispielsweise betrunken ist oder unter Drogeneinfluss steht, oder wenn der Sachverständige über keine ausreichenden Informationen verfügt, um – und sei es auch nur zu Teilfragen – noch in der laufenden Hauptverhandlung gutachterlich Stellung nehmen zu können.[749]

796   Auf sachliche Beweismittel erstreckt sich die unbedingte Beweiserhebungspflicht, wenn diese vom Gericht oder von der Staatsanwaltschaft **herbeigeschafft** worden sind. Die dem Abs. 1 unterfallenden Augenscheinsobjekte und Urkunden müssen allerdings außer ihrer sofortigen körperlichen Verfügbarkeit im Gerichtssaal weitere Kriterien erfüllen. Nicht jedes Konvolut aus einem Beweismittel-

---

740 BGHSt 30, 131, 143.
741 *Herdegen* GS Meyer, S. 187, 196; LR/*Gollwitzer* 25. Aufl., § 244 Rn. 121; *Hamm/Hassemer/Pauly* Rn. 54; *Deckers* S. 14.
742 BGH StV 1998, 635.
743 BGHR StPO § 344 II 2 Aufklärungsrüge 7.
744 BGH StV 1996, 529; 1998, 360, 361.
745 KK/*Krehl* 8. Aufl., § 244 Rn. 219.
746 BGH StV 1998, 360 = NStZ 1997, 610.
747 BGH StV 1995, 567.
748 LR/*Gollwitzer* § 245 Rn. 14.
749 BGH StV 1993, 340.

ordner und nicht jedes vorliegende Tonband zwingt das Gericht zu deren Nutzung. Notwendig ist vielmehr eine für alle Verfahrensbeteiligten erkennbare Erklärung des Gerichts, diesen Gegenständen Beweismittelqualität zukommen zu lassen.[750] Dieser Benutzungswille des Gerichts muss darüber hinaus auf ein ausreichend individualisiertes Beweismittel bezogen sein, d.h. z.B. auf eine konkrete Urkunde oder die konkrete Passage einer aufgezeichneten Telefonüberwachung. Hiernach sollen beispielsweise die Voraussetzungen des § 245 Abs. 1 hinsichtlich der Niederschriften von Vernehmungen stets gegeben sein, wenn diese auf Veranlassung des erkennenden Gerichts durch einen beauftragten oder ersuchten Richter erfolgten.[751]

Die Beweiserhebungspflicht entfällt nur dann, wenn die Erhebung unzulässig wäre, ihr insbesondere 797 ein Beweisverbot entgegensteht, oder alle Verfahrensbeteiligten ausdrücklich hierauf verzichten. Dies setzt ausdrückliche **Verzichtserklärungen** von denjenigen Verfahrensbeteiligten voraus, die durch die Beweiserhebung berührt sein können. Der vorbehaltlose und – für die jeweilige Instanz – unwiderrufliche Verzicht ist als wesentliche Förmlichkeit des Verfahrens zu protokollieren.[752]

Sind die Voraussetzungen eines präsenten Beweismittels gegeben, reicht zur schlichten Konkretisie- 798 rung der Beweiserhebungspflicht des Gerichts der Antrag von Verfahrensbeteiligten, diese Beweismittel zu nutzen. Folgt das Gericht diesem Antrag nicht, ist der Verstoß gegen die gesetzliche Verpflichtung revisibel. Liegen die Voraussetzungen des Abs. 1 nicht vor, weil ein geladener Zeuge nicht erschienen oder schon wieder entlassen worden ist oder weil es an einer ausreichenden Beweismittelkonstatierung durch das Gericht fehlt, bleibt den übrigen Verfahrensbeteiligten nur der Weg über den Beweisantrag gem. §§ 244 Abs. 3, 4, 245 Abs. 2.

IX. Der Umgang der Verteidigung mit dem Zeugen

1. Die zentrale Bedeutung des Zeugen für die Beweisaufnahme

Der Auftritt von Zeugen ist der Kern jeder strafprozessualen Beweisaufnahme. Auch im technisier- 799 ten dritten Jahrtausend beruht die Urteilsbildung maßgeblich auf Zeugenaussagen.

> Die herausragende Bedeutung des belegten menschlichen Erlebnisses im Gerichtssaal spiegelt gesellschaft- 800 liche Entscheidungsmuster wider. Erfahrungsberichte anderer – auch völlig unbekannter Personen – haben für Entscheider intuitiv eine sehr weitgehende Attraktivität. Selbst unter Erfolgszwang stehende Manager vertrauen bei ihrer Entscheidung zum Kauf einer neuen Maschine weit eher singulären Erfahrungsberichten als statistischen Werten oder wissenschaftlichen Analysen. Der persönliche menschliche Eindruck hat offensichtlich eine Faszination, der sich der Entscheider nicht entziehen kann.[753]

Gleichzeitig ist der Zeuge das **unsicherste** und am wenigsten kalkulierbare formelle **Beweismittel** 801 der strafprozessualen Hauptverhandlung. Die Praxis beruhigt sich damit, von dieser Erkenntnis irgendwann gehört zu haben, um anschließend mit Elan all denjenigen Missverständnissen zu erliegen, die man vorgeblich als rechts- und prozesserfahrenes Gericht vermeiden will. Die Gründe hierfür sind nicht eingehend untersucht. Einige Erklärungen drängen sich jedoch auf:

Die Versuchung ist offensichtlich sehr groß, gesellschaftlich eingeübtes Kommunikationsverhalten 802 gleichermaßen im Gerichtssaal umzusetzen. Mit dem Bruch der im Gesetz formalisierten Kommunikation nähert sich das Gericht der »menschlichen« Seite des Verfahrens und entfernt sich von der verfahrensbezogenen Beweissammlung und -analyse.

> Tatsächlich ist **Kommunikation vor Gericht** weit von eingeübtem Alltagsverhalten entfernt. Soziologen kategorisieren das Befragungsgeschehen als instituitionelle Kommunikation. Indem Institutionen – wie das Strafgericht – die Beliebigkeit und Willkür des sozialen Handelns beschränken, üben Sie normative

---

750 BGHSt 37, 168, 171 ff.
751 KK/*Herdegen*, 5. Aufl., § 245 Rn. 6.
752 BGH NJW 1976, 977.
753 *Wainberg/Kida/Smith* Stories vs. Statistics: The Impact of Anecdotal Data on Professional Decision Making 2010.

Wirkung auf den Kommunikationsstil aus; sie definieren Pflichten. Dabei leisten Sie eine Doppelfunktion: einmal für den Menschen, dessen Bedürfnisnatur sie formen, zum anderen für die Gesellschaft, deren Strukturen und Bestand sie sichern. Institutionelle Kommunikation zeichnet sich aus durch den Aufgabenbezug der Institution oder die Zielgerichtetheit der Interaktion. Mindestens einer der Kommunikationspartner ist Vertreter der Organisation.

Kommunikation vor Institutionen und insbesondere vor Gerichten stellen eine besondere kommunikative Gattung dar. Kommunikation für und mit Institutionen bilden über Jahrzehnte typische Muster aus, an denen sich die Beteiligten orientieren können. Zum Teil entwickeln sich routinierte, gerichtsspezifisch verfestigte und formalisierte Wege der Lösung kommunikativer Probleme. Es existieren sicherlich keine vorgefertigten Pläne des Kommunikationsinhalts. Dennoch unterscheidet sich gerichtliche Kommunikation entscheidend von so genannten spontanen kommunikativen Vorgängen; die Beteiligten richten sich in einer typischen Weise an vorgefertigten Mustern aus. Kommunikation wird dominiert von der vorgegebenen Struktur der Institution. Für den Sender einer Nachricht dienen die Vorgaben dieser institutionellen Gattung als Orientierungsrahmen bei der Schaffung kommunikativer Handlungen; für den Rezipienten stellt diese Kommunikationsgattungen bestimmte Formen der Dekodierung bereit.

Im Rahmen der institutionellen Kommunikation hat die Kommunikation vor Gericht ihre besonderen Regeln produziert. Interessanterweise wird von den Soziologen eine Besonderheit des Abweichens von den Ritualen und Regeln der Alltagskommunikation darin gesehen, dass gegen die Normen des guten Tons und angemessenen Verhaltens verstoßen werden darf. Der Beschuldigte darf – in einer ansonsten als beleidigend empfunden Form – einer bösen Tat bezichtigt werden. Zeugen müssen sich nicht nur kritischen, sondern hochnotpeinlichen Fragen stellen, denen sie sich in einem anderen gesellschaftlichen Kontext durch Verlassen der Gesprächsrunde entziehen würden. Zeugen sind in der Institution Gericht Beweismittel und werden regelmäßig von den Akteuren dieser Institution auch so behandelt.

803   Darüber hinaus gibt die **Machtstellung** dem befragenden Verfahrensbeteiligten eine zum Teil lustvoll ausgeübte Position, die er häufig im gesellschaftlichen Leben nicht zu erreichen vermag. Allein die Vorliebe für diese Art der Kommunikation verleiht dem befragten Zeugen entgegen allen Einsichten eine entscheidende Bedeutung in der Beweisaufnahme. Daneben fundiert insbesondere die mangelhafte prozessuale Fixierung des Inhalts einer Zeugenaussage den richterlichen Hang, fern jeder ernsthaften Überprüfbarkeit seiner Bewertung sich in seinem Urteil gerade auf dieses nicht rekonstruierbare Beweismittel zu stützen.

804   Der Zeuge erfreut sich besonderer Aufmerksamkeit, da die Vorstellung eines irrenden oder gar lügenden Zeugen bei Gericht nur schwer zu implantieren ist. Es fällt schwerer, die auf objektivierbaren Fakten eines anderen Beweismittels beruhende Wahrscheinlichkeit rational zu analysieren und als für die eigene Überzeugungsbildung (nicht) ausreichend zu bewerten. Auch wenn Augenzeugenberichte fehleranfälliger sind als wissenschaftliche Ergebnisse, so sind sie doch voll prallen menschlichen Lebens, lebendiger und nachvollziehbar, sodass die Bewertung als unzuverlässig die richterliche Einbildungskraft oft überfordert.

805   Der Respekt vor dem Kommunikationspartner Zeuge führt damit zu einer fehlenden Distanz, die die zahlreichen Anfälligkeiten des menschlichen Hirns bei Wahrnehmungs- und Erinnerungsleistungen ebenso ausblendet wie sprachlich bedingte Missverständnisse in der Vernehmungssituation. Kombiniert mit dem eigenen Verurteilungsinteresse wird der Zeuge vom Gericht daher häufig trotz aller gegenläufigen wissenschaftlichen Erkenntnisse als entscheidender Verurteilungsfaktor in der Urteilsbegründung präsentiert.

806   Der Verteidiger kann einen solchen Mechanismus entlarven oder aber ihn für eigene Zwecke nutzen. Der Umgang mit dem Zeugen ist daher für den Verteidiger eine der sensibelsten und in der Praxis entscheidenden Aufgaben. Trotz aller Spontaneität muss der Verteidiger daher bereits bei Eintritt des Zeugen in den Gerichtssaal Vorstellungen über die Rolle des Zeugen im Verfahren haben, über die ihm mutmaßlich zugedachte Rolle seitens der anderen Verfahrensbeteiligten und die Rolle, die der Verteidiger ihm selbst gerne geben möchte. Über die selbstverständliche Aktenlektüre und die Präsenz von Vernehmungsprotokollen hinaus vermitteln Gespräche sowohl mit dem Mandanten als auch mit anderen Personen aus dem Umfeld des Zeugen eine grobe Erwartenshaltung zu dessen Wahrnehmungs- und Kommunikationsfähigkeiten sowie Ideen zu eigenen Interessen des Zeugen,

die ihn möglicherweise bei der Vernehmung leiten könnten. Hierauf baut der Strafverteidiger seine Strategie im Umgang mit diesem Zeugen auf.

2. Belehrung des Zeugen

Die Belehrung des Zeugen ist dessen erster Kontakt mit dem Gericht. Das Gesetz weist dem Ver- 807 teidiger lediglich eine Zuschauerrolle zu. Dennoch kann bereits hier sein Eingreifen als Konsequenz der umzusetzenden Strategie erforderlich sein. Tatsächlich hat der Verteidiger bereits Einflussmöglichkeiten in dieser Anfangsphase. Die Art und Weise der Belehrung durch den Vorsitzenden mag beanstandet werden. Es kann angeregt werden, ergänzende Belehrungen vorzunehmen. Unabhängig vom rechtlichen Ansatzpunkt der Kritik werden bereits in dieser frühen Phase lenkende Botschaften auch in Richtung des Zeugen ausgestrahlt. Jedenfalls ist der Zeuge bereits vor seiner Auslage gewahr, dass er neben dem Richter außerdem mit einem aufmerksamen Verteidiger konfrontiert ist. Dies ist in vielen Situationen hilfreich.

> Ist beispielsweise der Vorsitzende für seine von Belastungstendenzen getragene hemdsärmelige Verneh- 808 mungsweise bekannt, mag ein frühzeitiger Hinweis auf die Bedeutung und die Formalität des Geschehens während der Vernehmung mit dem Zeugen zu erwünschter Vorsicht veranlassen. Suggerierten im Ermittlungsverfahren von Polizeibeamten formulierte Aussagen eines Zeugen beispielsweise noch belastende Tendenzen, können nunmehr vorsichtigere und vage Formulierungen in der Hauptverhandlung den Beweiswert einer solchen Aussage zulasten des Angeklagten erheblich abschwächen.

Besteht ein hohes Interesse an einem schlichten Wegfall einer zu erwartenden belastenden Aussage, 809 kann es die legitime Aufgabe des Verteidigers sein, bereits durch eine zu Beginn durchgeführte deutliche Diskussion über das Ausmaß von **Zeugnis- und Auskunftsverweigerungsrechten** dem Zeugen mittelbar die Ausübung solcher Rechte nahe zu legen. Die »Flucht« in das Zeugnis- oder Aussageverweigerungsrecht mag sich unter Umständen für den Zeugen als attraktivere Alternative gegenüber einer zu erwartenden Konfrontation mit dem Verteidiger darstellen.

Derart interessengeleitet verhält sich der Verteidiger während der einführenden Feststellung der 810 Personalien des Zeugen und dessen Belehrung. Die erbetenen Angaben des Zeugen zu seinem Namen, seinem Alter, seinem Stand oder Beruf (§ 68 Abs. 1) geben weniger Diskussionsstoff als die von manchen Zeugen in Anspruch genommene Möglichkeit, bei eigener Gefährdung die **Angabe des Wohnsitzes** zu verweigern (§ 68 Abs. 2).

> Gibt die Verteidigungsstrategie hierfür Anlass, hat der Verteidiger die Pflicht, auf Offenbarung zu drin- 811 gen. Teil des konfrontativen Befragungsrechts der Verteidigung (Art. 6 Abs. 3 lit. d EMRK) ist die Möglichkeit, nicht nur die Aussage, sondern die generelle Glaubwürdigkeit des Zeugen zu hinterfragen. Hierzu gehören grundsätzlich auch Informationen über die wesentlichen Lebensumstände. Ein angebliches Überwiegen von Schutzinteressen des Zeugen setzt Diskussionen über die Gefährdungssituation einerseits sowie einen nachvollziehbaren Abwägungsvorgang des Vorsitzenden andererseits voraus. Letztlich kann gegen die Entscheidung des Vorsitzenden ein Gerichtsbeschluss gemäß § 238 Abs. 2 beantragt werden.

Ob die Art des Verwandtschaftsverhältnisses zu einem **Zeugnisverweigerungsrecht** gemäß § 52 812 führt, lässt sich für den Verteidiger zumeist vor der Hauptverhandlung klären. Hat er ein Interesse an der Ausübung dieses Rechts, wird er eine insoweit laxe Belehrung des Vorsitzenden beanstanden.

> Auch in dieser Phase kann das Beanstandungsrecht in Richtung des Vorsitzenden genutzt werden, »Bot- 813 schaften« in Richtung des Zeugen zu entsenden. Wird in Konsequenz des sich aufdrängenden Verweigerungsrechts durch die Verteidigung ausgeführt, dass der Zeuge konsequent praktisch sofort nach Hause gehen könne, wird dieser das verlockende Angebot häufig gerne wahrnehmen.

Die Voraussetzungen des Zeugnisverweigerungsrechts sind zwar vom Gericht grundsätzlich im Frei- 814 beweisverfahren festzustellen. Eine ausreichende Überzeugungssicherheit wird allerdings auch dem Gericht ein Zeuge nur bei persönlichem Erscheinen in der Hauptverhandlung vermitteln können. Besteht ein Interesse der Verteidigung an einer Aussage, wird sich der Verteidiger konsequenterweise nicht mit einer wie auch immer gearteten außerprozessualen Erklärung abfinden, sondern ausdrücklich auf das Erscheinen des zeugnisverweigerungsberechtigten Zeugen bestehen.

815 Die Verteidigungsstrategie muss dabei berücksichtigen, dass Entscheidungen des Zeugen im Rahmen des § 52 weit über die gerichtliche Aussage hinausgehen. Die Rechtsprechung hat dem das Zeugnis Verweigernden das Recht zugestanden, die Verwendung früherer Aussagen zu gestatten. Auswirkungen hat die Entscheidung des Zeugen auch auf weitere Beweismittel, wenn man mit dem BGH die Sperrung aussageakzessorischer Beweismittel (zuvor überreichte Notizen, selbst gefertigte Audio- oder Videoaufnahmen) durch den Verweigernden zulässt.[754] Will die Verteidigung bei Akzeptanz der Aussageverweigerung die »Entsperrung« anderer Beweismittel erreichen, kann dies in aller Deutlichkeit nur mit einer differenzierten Erklärung des Zeugen im Gerichtssaal erfolgen.

Auswirkungen auf das Entscheidungsverhalten des Zeugnisverweigerungsberechtigten haben auch Diskussionen über den Umfang seiner Aussagepflicht. Fragt der Zeuge »Muss ich dann zu allem etwas sagen?« und antwortet der Vorsitzende »Entweder alles oder nichts!« ist ein Einschreiten der Verteidigung denkbar. Hier sollte in der Diskussion mit dem Gericht – auch dem Zeugen – deutlich werden, dass es in seinem Belieben steht, seine Aussage auf Teile zu beschränken, dass er für jede seiner Entscheidungen keine Erklärung abzugeben braucht und dass aus der Art seines Umgangs mit dem Schweigerecht das Gericht keine für den Angeklagten nachteilige Schlüsse ziehen darf; ansonsten wäre der unbefangene Gebrauch des Zeugnisverweigerungsrechts nicht gewährleistet.[755]

816 Besonders hoch ist der Klärungsbedarf bei **Verlobungen**. Die Umstände der Verlobung hat der Zeuge glaubhaft zu machen (§ 56). Beschränkt zu diesem Thema hat vor Beginn der Vernehmung zur Sache der Verteidiger das Recht, ergänzende Fragen an den Zeugen zu stellen.

817 Besteht ein Verteidigungsinteresse an der Darstellung und Wahrnehmung eines Zeugnisverweigerungsrechts durch eine mit dem Mandanten verlobte Zeugin darf und muss der Verteidiger dies mit dem Mandanten vorab ausführlich erörtern. Auch mit der verlobten Zeugin kann der Verteidiger zuvor sprechen und sie auf die rechtlichen Voraussetzungen einer Verlobung und die Konsequenz der Schweigemöglichkeit, ja sogar die aus Sicht der Verteidigung günstigen Folgen einer Ausübung ihres Rechts hinweisen. Hat in der Hauptverhandlung der Vorsitzende Zweifel an der Schilderung einer vergangenen Verlobung, kann diese ohne jeden Zweifel für alle Beteiligten durch die Befragung der Verteidigung »gestiftet« werden. Nichts spricht dagegen, das ernsthafte Heiratsversprechen im Zeugenstand abzugeben.

818 **Berufsgeheimnisträger** sind auf ihr Zeugnisverweigerungsrecht in der Belehrung nicht hinzuweisen (§ 53). Das Gesetz geht wie selbstverständlich von der Kenntnis der Berechtigung der Pfarrer, Anwälte oder Ärzte aus, das Zeugnis verweigern zu dürfen. Die Praxis rechtfertigt diese gesetzliche Erwartung nicht. Die gerichtliche Atmosphäre hat schon viele Berufsgeheimnisträger veranlasst, vertrauensselig entsprechend einer diffusen bürgerlichen Pflicht zur Sachverhaltsaufklärung im Strafverfahren Geheimnisse auszuplaudern. Ist der Verteidiger an der Einführung dieser Angaben in die Hauptverhandlung interessiert, hat er keine Veranlassung zum Einschreiten.

819 Erscheint das Schweigen des Zeugen sinnvoller, muss ein – gesetzlich nicht vorgesehener – informeller Weg gefunden werden, dem Berufsgeheimnisträger bereits zu Beginn seine Pflichten in Erinnerung zu rufen. Dies fällt leicht, wenn Kommunikationsstrukturen im Gerichtssaal ohnehin höchst informell gehandhabt werden. Herrscht prozessuale Strenge, bietet sich unter Umständen ein in Gegenwart des Zeugen verlesener Antrag an, der ihm beiläufig seine Pflichten nochmals zu Gehör bringt.

▶ Beispiel:

820 »Es wird beantragt, den Zeugen Dr. X aus Gründen der gerichtlichen Fürsorgepflicht und der Fairness auf Folgendes hinzuweisen: Mein Mandant hat Herrn Dr. X nicht von dessen Verschwiegenheitspflicht als behandelnder Arzt entbunden. Sollte der Zeuge zur Sache aussagen, würde er sich daher wegen Verletzung von Privatgeheimnissen gem. § 203 StGB strafbar machen. Mein Mandant wird im Falle einer Aussage des Herrn Dr. X Strafantrag stellen. Eine

---

754 BGH NJW 1968, 2018; NStZ 2013, 247.
755 BGHSt 22, 113 f.; BGH StV 2014, 722.

Verletzung von Privatgeheimnissen wird mit Freiheitsstrafe bis zu einem Jahr oder mit Geldstrafe bis zu 360 Tagessätzen bestraft. Des Weiteren würde eine Verletzung der Verschwiegenheitspflicht durch Herrn Dr. X zu berufsrechtlichen Maßnahmen gegen ihn führen.«

Hat der Berufsgeheimnisträger Angaben im Ermittlungsverfahren gemacht, könnte der Verteidiger **821** auf eine **zusätzliche Belehrung** nach § 55 drängen, da bereits der Verdacht der Straftat des Geheimnisverrats (§ 203 StGB) vorliegt. Diskussionswürdig in diesem Zusammenhang sind auch stets die Umstände möglicher Entbindungserklärungen. Der Umfang einer Entbindung, ein möglicherweise zwischenzeitlich ergangener Widerruf und Ähnliches sind unter Umständen notwendige Diskussionsthemen, die letztlich auch dem Zeugen die Bedeutung des Verweigerungsrechts noch einmal deutlich vor Augen führen. Jedenfalls ist durch Verteidigungsäußerung die Zeugenhaltung, durch unbefangenes Plaudern sowohl dem eigenen Mitteilungsbedürfnis als auch der bürgerlichen Pflicht zur Hilfe für das Gericht zu entsprechen, entscheidend verunsichert zugunsten eines Selbstschutzgedankens. Beamte benötigen zwar eine Aussagegenehmigung ihres Dienstherrn (§ 54 StPO). Diese ist allerdings regelmäßig zu erteilen.[756]

Das **Auskunftsverweigerungsrecht** gemäß § 55 bietet geballten Diskussionsstoff. Dies beginnt bereits **822** bei der Belehrung. Viele Vorsitzende billigen dem Zeugen ein Schweigerecht nur zu, wenn er durch Antworten eine Straftat offenbaren würde. Ausreichend ist nach dem eindeutigen Gesetzeswortlaut jedoch eine Gefahr der Strafverfolgung, sogar der im Ausland.[757] Selbst der »unschuldige« Zeuge kann sich auf § 55 berufen, wenn durch Verquickung unvollständiger Informationen die Staatsanwaltschaft allein aus dem Inhalt der Zeugenaussagen einen an geringe Anforderungen geknüpften Anfangsverdacht entnehmen müsste.

Hat die Verteidigung ein Interesse an einer Aussage, bleiben die üblichen fehlerhaften Belehrungen **823** unbeanstandet. Drohen dem Mandanten durch eine Zeugenaussage offensichtlich nur Nachteile, muss die Verteidigung eingreifen, um u.U. das Gericht vom Bestehen eines Auskunftsverweigerungsrechts und den Zeugen von dessen Wahrnehmung zu überzeugen.

»Sie brauchen sich nicht selbst zu belasten« ist ein Hinweis, der den Zeugen nicht von seiner Aussage **824** abhalten wird, wenn er sich subjektiv keiner Belastungsmöglichkeit bewusst ist. In einer Stellungnahme wird die Verteidigung auf die Simplizität der bloßen Gefahr eines Anfangsverdachts hinweisen müssen.[758] Selbst wenn vom Zeugen nur die Wiedergabe bereits bekannter Fakten erwartet wird, kann er einen gegen ihn bestehenden Tatverdacht bestärken.[759] Mit der Bewertung des Anfangsverdachts wildert das Tatgericht im Terrain von Polizei und Staatsanwaltschaft. Nur die Ermittlungsbehörden haben Konsequenzen aus der Bejahung des Verdachts zu ziehen. Sieht man dort keinen Tatverdacht, könnte dies Einfluss auf die Entscheidung des Tatgerichts zu § 55 StPO nehmen. Hier hat der BGH den Vorrang gerichtlicher Autorität in Anspruch genommen,[760] die es für die Verteidigung zu aktivieren gilt.

Die Divergenz in anderer Richtung ist erheblich. Auch wenn das Tatgericht selbst beim Zeugen keine Anhaltspunkte für die Einleitung eines Strafverfahrens sieht, hat es die bereits getroffene entgegengesetzte Entscheidung der Staatsanwaltschaft zu berücksichtigen.[761] Das bereits eingeleitete Ermittlungsverfahren beweist, dass die diskutierte »Gefahr« längst Realität geworden ist. Erst recht muss das Tatgericht Entscheidungen anderer Gerichte respektieren, die den Zeugen zu seinem Vernehmungsgegenstand schon in die Rolle des Angeklagten gebracht haben. Der von der Justiz manipulierte Rollenwechsel des materiell Beschuldigten bleibt ein Problemfall des Strafprozesses. Bei der Frage des § 55 hat diese Situation immerhin den Vorteil der Klarheit.

---

756 VG Düsseldorf StraFo 2015, 416.

757 S. zum Drohen ausländischer Strafverfolgung: *Ahlbrecht/Börgers* Rechtsschutz gegen die Gewährung eines Auskunftsverweigerungsrechtes (§ 55 StPO) für den gemäß § 59 IRG vernommenen Entlastungszeugen, ZIS 2008, 218 ff.

758 *Sommer* Auskunftsverweigerungsrecht des gefährdeten Zeugen, StraFo 1998, 8–15.

759 *Marlie* Zu den Voraussetzungen des Auskunftsverweigerungsrechts gemäß § 55 StPO, ZIS 2017, 230 ff.

760 BGH StV 1986, 285 f.

761 Anders offensichtlich die höchstrichterl. Rspr. BGH StV 2013, 1 ff.

Neben der Prognose des zu produzierenden Anfangsverdachts ist die Gefahrenwahrscheinlichkeit der Belastung schon bei der Belehrung zu berücksichtigen.

825 Ist der Zeuge als mutmaßlicher Passant zur Aufklärung eines Mordes geladen worden, der um Mitternacht auf einem völlig verlassenen Schulhof stattgefunden hatte, gibt allein die Frage »Waren Sie um Mitternacht auf dem Schulhof?« Veranlassung zum Schweigen, wenn allein die Anwesenheit an dem verlassenen Ort mangels anderer Täterhinweise einen Anfangsverdacht auslösen kann. »Haben Sie dem angeklagten Mörder das Messer verkauft?« wird der Zeuge vom Vorsitzenden befragt, und nicht selten wird er auch zur Aussage angehalten, da das Gericht sich – jedenfalls zunächst – nicht in der Lage sieht, eine konkrete Verfolgungsgefahr zu konstatieren. Dahinter steht die Überlegung, dass die wahrheitsgemäße Antwort eine verneinende sein könnte, die den Zeugen jeder Verdächtigung entheben würde. Rechtlich angreifbar ist die darauf beruhende Belehrungsformulierung, der Zeuge bräuchte sich durch eine »wahrheitsgemäße« Aussage nicht zu belasten. Denn selbst wenn der Zeuge nur irrtümlich geladen war und sich tatsächlich zum Tatzeitpunkt an einem 5 km entfernten Ort aufhielt, zwingt ihn das nicht zur Aussage der »Wahrheit«. Muss die Möglichkeit einer Bejahung und einer Verneinung der an einen Zeugen gerichteten Fragen in derselben Weise aus gerichtlicher Perspektive in Betracht gezogen werden und bringt auch nur eine dieser Möglichkeiten den Zeugen in die Gefahr einer Strafverfolgung, ist bereits die Auskunftsverweigerung berechtigt.[762]

Für die Beurteilung des Auskunftsverweigerungsrechts kommt es nur auf die Frage und die hieraus resultierenden möglichen Antworten an, nicht erst auf die erfolgte Antwort, deren Vermeidung § 55 gerade anstrebt.[763] Die Praxis ignoriert dies, weil man die sehr weiten Konsequenzen des Auskunftsverweigerungsrechts missbilligt. Wer im Zeugenstuhl sein Recht aus § 55 StPO sucht, hat es schwer, dies diskussionsweise mit Richtern durchzusetzen. Es scheint sich um ein »praktisches« Problem zu handeln, das man lieber mit richterlicher Hemdsärmeligkeit als mit wissenschaftlicher Finesse lösen will.

Ein eherner Auslegungsgrundsatz zum Schutzzweck des § 55 StPO besagt, dass dieser die Gefahr einer **nachträglichen Verfolgung** des Zeugen ausschließen will.[764]

826 Das Adjektiv nachträglich im Zusammenhang mit der Verfolgung erscheint in höchstrichterlichen Entscheidungen eher beiläufig.[765] Damit wird ein ungeschriebener zeitlicher Zusammenhang zwischen der Straftat, auf die sich ein Verdacht richten könnte, und einer sich hierauf beziehenden späteren Aussage hergestellt. Die Evidenz der nicht weiter begründeten Annahme will nicht einleuchten. Der Wortlaut des Gesetzes scheint nicht im Mittelpunkt der Erwägungen gestanden zu haben. Nichts in der Gesetzesformulierung weist darauf hin, dass sich der Schutzzweck des § 55 StPO nur auf frühere Taten bezieht. Thematisiert wird vielmehr allein das Faktum, dass sich der Zeuge durch seine Aussage der Strafverfolgungsgefahr aussetzt.

Verkürzt wird die Problematik auch dadurch, dass sie allein anhand der möglichen Aussagedelikte diskutiert wird. Tatsächlich sind die Straftaten, die durch die Aussage selbst begangen werden könnten, sehr viel weitergehend. So können beispielsweise Geheimnisbrüche durch die Aussagepflicht erzwungen werden. Sind sie nicht in § 53 StPO geregelt, drohen Ermittlungsverfahren wegen Verstößen gegen das UWG oder wegen der Offenbarung von Dienst-, Steuer- oder Staatsgeheimnissen. Das StGB hält allein ein weites Minenfeld für den auskunftsfreudigen Zeugen bereit: Die falsche Verdächtigung, das Vortäuschen einer Straftat, die Begünstigung der Haupttat, Verleumdung und Beleidigungen können durch die Aussage selbst begangen werden. Die Abgabe von Werturteilen ist das klassische Gefährdungspotential des Zeugen.[766]

827 Mittäter oder Mitverdächtige, die nicht gleichzeitig Mitangeklagte desselben Verfahrens sind, werden zumeist darauf verweisen können, dass der Anfangsverdacht der Staatsanwaltschaft bereits zu einem laufenden Ermittlungsverfahren gegen sie selbst geführt hat. Ist der Ermittlungsgegenstand des Verfahrens gegen den Zeugen mit der angeklagten Tat identisch, erstarkt das Recht aus § 55,

762 BVerfG StV 1999, 71.
763 BGHR StPO § 55 Abs. 1 Auskunftsverweigerungsrecht 3; eingehend: *Richter II* Auskunft über die Verweigerung, StV 1996, 457 ff.
764 S. BGH bei *Dallinger* MDR 58, 14; BGHSt 50, 380; BGH StV 2013, 1 ff.
765 BGHSt 9, 36.
766 BVerfGE 38, 105, 117.

einzelne Fragen nicht zu beantworten, praktisch zu einem vollständigen Aussageverweigerungsrecht. Diese mithilfe des Verteidigers zu Beginn der Vernehmung fixierte Rechtslage verhindert damit vollständig eine den Angeklagten unter Umständen belastende Aussage.

Ist das Strafverfahren gegen den vom Verteidiger unerwünschten Zeugen bereits in irgendeiner Form 828
beendet, droht diesem zunächst durch seine Aussage keine weitere Belastung. Hier hilft aber unter Umständen dem Verteidiger eine Diskussion darüber weiter, in welcher Form der Zeuge sich bei einer Aussage zusätzliches strafprozessuales Ungemach bereiten kann.

Müsste der Zeuge bei einer wahrheitsgemäßen Aussage statt eines Vergehens erstmalig den Verdacht eines 829
Verbrechens offenbaren, hätte er beispielsweise trotz Erledigung seines eigenen Strafverfahrens gemäß
§ 153a oder mittels Strafbefehls mit weiterer Verfolgung zu rechnen (§§ 153a Abs. 1 S. 4, 373a Abs. 1).
Hat der Zeuge in seinem eigenen Verfahren durch unzutreffende Angaben fälschlicherweise Dritte belastet, müsste er unter Umständen bei wahrheitsgemäßer Aussage trotz Abschluss seines eigenen Strafverfahrens mit einem neuen Verfahren wegen Verdachts der falschen Verdächtigung (§ 164 StGB) rechnen.[767]
Ein in seinem Verfahren freigesprochener Zeuge müsste bei einem Geständnis jederzeit mit der Wiederaufnahme dieses Verfahrens rechnen (§ 362 Nr. 4).

Auch wenn die Frage der Verweigerung jeweils bei einzelnen Fragen entschieden wird, kann die 830
Diskussion über den Umfang des § 55 bereits bei der Belehrung zumindest die angestrebte Vorsicht beim Zeugen schärfen. Ein arglos plaudernder Zeuge wird sich im Rahmen seiner Vernehmung häufig schon im verweigerungsberechtigten Themenbereich befinden, ohne dass er dies selbst registriert. Der durch die Belehrung aufmerksam gewordene Zeuge wird hier vorsichtiger agieren.

Ob sich gesamtstrategisch das Schweigen eines mutmaßlich belastenden Mittäters positiv auswirkt, 831
ist allerdings fraglich. Verlässt der Zeuge den Gerichtssaal ohne Angaben, erfolgt häufig genug anschließend die Einvernahme des polizeilichen Vernehmungsbeamten, der die Aussage des Zeugen aus dem Ermittlungsverfahren reproduziert. Als Zeuge vom Hörensagen soll dies verwertbar sein. Mancher Vorsitzender macht keinen Hehl daraus, dass ihm nach der vorläufigen Meinungsbildung durch Aktenlektüre die kalkulierbaren Angaben eines Vernehmungsbeamten sehr viel willkommener sind als die Unberechenbarkeiten eines in vielerlei Hinsicht betroffenen Zeugen. Ist ein solches missliches Ergebnis der Beweisaufnahme für den Verteidiger vorhersehbar, muss er entweder mit allen prozessualen Mitteln die Verletzung des ihm durch Art. 6 Abs. 3 lit. d EMRK gewährten Konfrontationsrechts mit dem Belastungszeugen monieren[768] oder argumentativ verbleibende Auskunftsbereiche des Zeugen notfalls durch Beantragung der Zwangsmittel des § 70 durchsetzen lassen.

Die unmittelbare Befragung des Belastungszeugen wird sicherlich Belastendes produzieren. Da derselbe 832
belastende Gehalt allerdings von dem den aktenmäßigen Protokollstand wiedergebenden Vernehmungsbeamten zu erwarten ist, stellt die unmittelbare Befragung des Belastungszeugen durch die Verteidigung meist die vorteilhaftere Alternative dar. Nur auf diesem Wege kann ein negativer Eindruck des Zeugen dokumentiert werden. Nur so können durch völlig neue Themenbereiche Beweisergebnisse geschaffen werden, die die generelle Unglaubwürdigkeit des Zeugen oder Widersprüchlichkeiten seiner Belastungsaussage verdeutlichen.

3. Zeuge und Zeugenbeistand

Die Rolle des Zeugenbeistands ist ungeklärt. Das mag im Interesse kalkulierbarer Regelungsmecha- 833
nismen misslich sein. Für den Verteidiger eröffnet dies häufig ein weites Aktionsfeld, das er ebenfalls in eine Diskussion bereits zu Beginn der Zeugenvernehmung einbringen kann. Dass jeder Zeuge

---

767 OLG Hamm StV 2105, 479.
768 Hierzu: *Sommer* Das Fragerecht der Verteidigung, seine Verletzung und die Konsequenzen,
NJW 2005, 1240 ff.; s. allerdings auch EGMR JR 2013, 170 ff. (S./. Deutschland) mit dem auf sehr
pauschaler Begründung beruhenden Ergebnis, dass das durch die Konvention geschützte Konfrontationsrecht bei Kompensationsmöglichkeiten nicht verletzt sei.

das **Recht auf einen Beistand** hat, dürfte feststehen,[769] auch wenn die Rechtsprechung diesen Anspruch nicht »schlechthin« gewähren will.

834 »Maßgebend ist, ob der Zeuge die Mitwirkung des Beistands für erforderlich hält, um seine prozessualen Rechte wahrzunehmen. Diese sind vielgestaltig: neben dem Auskunftsverweigerungsrecht nach § 55 StPO fallen hierunter auch das Beanstandungsrecht bei Fragen, die unter § 68a StPO fallen sowie solchen, die unzulässig, ungeeignet sind oder nicht zur Sache gehören, § 241 Abs. 2 StPO. Ferner Anträge auf Ausschluss der Öffentlichkeit, §§ 171b, 172 GVG, z.B. zur Wahrung eines Betriebs- oder Geschäftsgeheimnisses, Anträge auf Ausschluss des Beschuldigten, § 247 StPO, das Recht auf Abgabe eines zusammenhängenden Berichts, § 69 Abs. 1 Satz 1 StPO, die Einflussnahme bei der Protokollierung sowie generell die Vermeidung von Aussagefehlern und Missverständnissen (...). Ein Anwalt kann von der Vertretung des Zeugen dann ausgeschlossen werden, wenn seine Teilnahme erkennbar dazu missbraucht wird, eine geordnete und effektive Beweiserhebung zu erschweren oder zu verhindern und damit das Auffinden einer materiell richtigen und gerechten Entscheidung zu beeinträchtigen (vgl. BVerfGE 38, 105, 120).«[770]

835 Gesetzlich geregelt hierzu ist – mit Ausnahme der Beiordnungsregel des § 68b StPO – nichts.[771] Ob nur ein Anwalt diese Aufgabe wahrnehmen kann, ob dieser in Robe erscheinen kann oder sogar muss,[772] ob er zumindest teilweise ein **Recht auf Akteneinsicht** hat[773] und ob er mehrere Zeugen – jedenfalls bei drohender Interessenkollision – im selben Verfahren betreuen kann, wird kontrovers diskutiert.

836 Beanstandungen und Einwürfe Dritter während der Zeugenvernehmung durch den Verteidiger sind regelmäßig hinderlich. Sie unterbinden den dominierenden Einfluss auf den Kommunikationsverlauf. Der Zeugenbegleiter ist ein zusätzliches Störelement, das es u.U. zu minimieren gilt.

837 Stört die Sitzposition des Zeugenbeistands bereits den visuellen Eindruck des Verteidigers vom Zeugen, ist dies gleich zu Beginn der Vernehmung zu beanstanden.

Ob der Zeugenbeistand auch neben seiner Beratungsfunktion für seinen Mandanten prozessuale Eingriffsrechte hat, ist unklar. Antragsrechte kann er allenfalls aus den Rechten des Zeugen ableiten. Die Rolle des Zeugenbeistands wird gelegentlich extensiv interpretiert.[774] Er beanstandet nicht nur Fragen als unzulässig.[775] Die Aktivität geht häufig so weit, dass nicht der Zeuge, sondern der ihn begleitende Anwalt »zur sprachlichen Verdeutlichung« Antworten auf gestellte Fragen gibt, jedenfalls Fragen zu inhaltlichen Diskussionsbeiträgen zum Anlass nimmt. Der fragende Verteidiger wird zumeist ein Interesse daran haben, den das Gespräch mit dem Zeugen zumeist irritierende Einwurf des Anwalts zu unterbinden. Mangels gesetzlicher Fundierung eines eigenen Interventionsrechts des Beistands dürfte der Antrag der Verteidigung erfolgversprechend sein, den Zeugenbeistand auf seine schlichte Beratungsrolle zu reduzieren. Ist der Verteidiger an einer unbeeinflussten und originären Aussage des Zeugen selbst interessiert, wird er somit stets die Unklarheiten der Interventionsrechte des Beistandes nutzen, um dieses Ziel zu realisieren.

838 Unterschiedliche Ansichten gibt es auch zum **Anwesenheitsrecht des anwaltlichen Zeugenbeistands.** Vor seiner Vernehmung darf der Zeuge selbst nicht im Gerichtssaal erscheinen (§ 58 Abs. 1). Hat der Zeugenbeistand keine weitergehenden Rechte als der Zeuge selbst,[776] könnte ihm die Anwesen-

---

769 BVerfGE 38, 105 ff. = NJW 1975, 103; BVerfG NJW 2000, 2660 f.

770 BVerfG, Beschl. v. 10.03.2010 – 2 BvR 941/09, StraFo 2010, 243 ff., Bespr. NJW-Spezial 2010, 280.

771 S. hierzu: *Wessing/Ahlbrecht* Der Zeugenbeistand 2013; *Lüdeke* Der Zeugenbeistand 1995; *König* Der Anwalt als Zeugenbeistand – Gegner oder Gehilfe der Verteidigung?, FS Rieß, S. 243 ff.; *Adler* Für die Zurückweisung eines anwaltlichen Zeugenbeistands wegen angeblicher Interessenkollision gibt es keine Rechtsgrundlage, StraFo 2002, 146 ff.

772 Pro Robe *Rode* in: Bockemühl (Hrsg.) Handbuch des Fachanwalts, Strafrecht, 7. Teil, 4. Kap. Rn. 37 c., 2012; contra *Meyer-Goßner/Schmitt* § 68b Rn. 5, *Wessing/Ahlbrecht* Der Zeugenbeistand 2013 Rn. 170.

773 OLG Hamburg NJW 2002, 1590; BGH NStZ-RR 2010, 246; *Meyer-Lohkamp/Block* Akteneinsichtsrecht für Zeugenbeistände StraFo 2011, 86 ff.

774 *Wessing/Ahlbrecht* Rn. 72 loben hier »anwaltliches Geschick« des aktiven Zeugenbeistands.

775 Was z.T. als Wahrung der Objektivität des Verfahrens für zulässig erachtet wird, s. *Klengel/Müller* Der anwaltliche Zeugenbeistand im Strafverfahren, NJW 2011, 23.

776 BVerfGE 38, 105, 116.

heit in der Hauptverhandlung vor Beginn der Vernehmung des betreuten Zeugen verwehrt werden. Gerichtsentscheidungen behandeln demgegenüber den anwaltlichen Zeugenbeistand häufig schlicht als Teil der Öffentlichkeit.[777]

Befürchtet der Verteidiger eine nachteilige Beeinflussung der nachfolgenden Zeugenaussage durch das Wissen des Beistandes zum aktuellen Prozessstand, hat er jedenfalls Veranlassung, die Entfernung des Anwalts zu beantragen. Selbst wenn der Antrag abschlägig beschieden wird, ist die allgemeine Sensibilität für das Beeinflussungspotential geweckt; die Ausübung des Beistands bei der Zeugenaussage darf sich jedenfalls besonderer Aufmerksamkeit sicher sein, weil auch das Gericht ein überragendes Interesse an einer wirksamen Umsetzung der Gesetzesidee des § 58 Abs. 1 haben wird. **839**

4. Vernehmung von Zeugen

a) Konfrontationsanspruch

Die Qualitätsidee hinter dem subjektiven Recht

Jeder Beschuldigte hat insbesondere das Recht, Fragen an Zeugen zu stellen und Entlastungszeugen **840** laden und vernehmen zu lassen. Diese Idee geht weit über das menschenrechtlich verankerte subjektive Recht hinaus. Diese Idee ist getragen von der Überzeugung der legitimierten Rechtsfindung in einem demokratischen Rechtsstaat.

Entscheidungen werden auch im Rechtsstaat allein vom Gericht getroffen. Legitimation und Akzep- **841** tanz des Urteils gründen allerdings nicht in Ideen des päpstlichen Unfehlbarkeitsdogmas, sondern in der Gewissheit der Gesellschaft, dass das Gericht die Regeln eines fairen Verfahrens auf dem Weg zu seiner Entscheidung eingehalten hat. Es ist die Einhaltung des richtigen Weges, die Prozeduralisierung der vernunftgeleiteten Wahrheitssuche, dessen Ergebnis in einem wahrheitsanalogen Sinn Richtigkeit in Anspruch nehmen kann und gerade deswegen auch die friedensstiftende Wirkung eines Strafurteils unter Einbeziehung des Verurteilten entfalten kann.[778]

Dieser Weg ist – so eine der prozessualen Grundregeln – kein autistischer. Die gerechte Fallentschei- **842** dung bedarf der Diskussion. Kontroverse Argumente sind bedingt durch unterschiedliche Interessensituationen und damit durch unterschiedliche Subjekte. Ausreichendes rechtliches Gehör der Betroffenen ist damit der formalisierte Grundpfeiler jeden Prozessierens. Ein wichtiges Strukturelement des rechtsstaatlichen Strafverfahrens ist damit auch in der Variante der richterlichen Inquisition die Kontradiktorietät. Jenseits schlichter Autoritätsgläubigkeit ebnet erst der Diskurs den Weg zur Akzeptanz der Entscheidung. Er gewährleistet die Chance zum Konsens durch die ihn konstituierenden Bedingungen, die von jedem der Beteiligten anerkannt werden.

Dass der Dialog Grundlage jeder Rechtsfindung ist, wissen wir seit Platon und Cicero, wir kennen **843** es als Element aufgeklärter Rechtsordnungen. Die Idee erfährt ihre Berechtigung durch moderne Forschungen zu Psychologie und juristischer Methodenlehre:

Gerechte Entscheidungen eines Falles werden nicht im Gesetz vorgefunden. Juristen lernen an der Universität als Handwerkszeug die Methode der Subsumtion, um abstrakte Gesetzesformulierungen in angemessene Falllösungen zu transferieren. Schon in der Referendarzeit erfahren sie die Relativität – sogar die Beliebigkeit – in der Ausübung seiner angeblichen Kernkompetenz. Das gute Judiz, soziale Kompetenz und ein niemals erklärtes Gerechtigkeitsgefühl sollen den Findungsprozess prägen.

Dass diese Art der Rechtsfindung kein Unfall der Rechtswirklichkeit ist, akzeptiert mittlerweile auch **844** die Wissenschaft. Die Praxis – stellte Esser schon 1972 in seinem Werk »Vorverständnis und Metho-

---

777 S. LG Heilbronn NStZ 2004, 100; OVG Berlin StraFo 2001, 375 ff. zum parlamentarischen Untersuchungsausschuss.

778 *Börner* Legitimation durch Strafverfahren – Die normative Kraft des Misstrauens, 2014, insbes. 184 ff.

denwahl in der Rechtspraxis« fest – geht nicht von den doktrinären Methoden der Rechtsfindung aus, sondern benutzt sie nur, um die nach ihrem Rechts- und Sachverständnis angemessene Entscheidung lege artis zu begründen.[779] Gesteuert wird der Rechtsfindungsprozess maßgeblich durch ein informelles Programm, von der bewussten und unbewussten richterlichen Anwendung eigener Vorstellungen von Alltagstheorien, Typizitäten und entdeckten Widersprüchen im Einzelfall. Die Wissenschaftstheorie reduziert das Ziel der Rechtsfindung auf »konkrete Vernünftigkeit«, propagiert sogar als maßgebliches Ziel eine Art »Ästhetik« der Entscheidung.[780] Heerscharen amerikanischer Wissenschaftler suchen die Aufdeckung des »second code« auf den Feldern der Soziologie und Psychologie. Seit Schweizer wissen auch deutsche Juristen, dass Richter denselben Entscheidungsmechanismen, denselben neurologisch bedingten Heuristiken und damit auch den Folgen der Fehlentscheidung erliegen wie jeder andere.[781] Die Bedeutung irrationaler Determinanten im richterlichen Entscheidungsprozess hat kürzlich noch der Kriminologe und Psychoanalytiker Böllinger beschrieben.[782]

845   Mit dieser Analyse der Rechtsfindung steigt die Bedeutung des prozessualen Dialogs. Der hieran interessierte Prozessbeteiligte ist nicht darauf beschränkt, das Gericht auf eine möglicherweise übersehene Leitentscheidung des Reichsgerichts aufmerksam zu machen. Die Diskussion über die Bedeutsamkeit sozialer Determinanten steht im Vordergrund, wenn beispielsweise über »niedrige Beweggründe« des § 211 StGB oder die »Unrechtsvereinbarung« bei einer behaupteten Korruption zu entscheiden ist. Analysen und Deutungen gesellschaftlicher Realität sind hier ein Anliegen der Prozessbeteiligten, um den Überzeugungsprozess zur richterlichen »Rechtsfindung« mitzugestalten.

Was schon bei der Auslegung von Normen deutlich wird, kulminiert in der vorgelagerten prozessualen Aufgabe der Sachverhaltsfeststellung. Das Gericht ist hier bar jeder normativen Vorgabe in seiner Entscheidung »frei«, daher um so eher an externe Maßstäbe der Vollständigkeit, der Logik und der Konformität mit der gesellschaftlichen Realität gebunden. Interpretationen sind hier stets diskutabel. Angesichts des zwangsläufig verengten richterlichen Vorverständnisses bedarf eine akzeptable richterliche Überzeugungsbildung als Bedingung eines Richtigkeitsanspruchs der Ausbreitung anderer Sichtweisen zur Deutung von Beweisergebnissen, also z.B. der Einordnung des Inhalts einer verlesenen Urkunde oder eines abgehörten Telefonats in einen konkreten gesellschaftlichen Kontext.

846   Die Dringlichkeit des Blicks auf Alternativen steigt ein weiteres Mal, wenn nicht Beweisergebnisse kommentiert und interpretiert werden, sondern im Prozess selbst Beweisergebnisse produziert werden. Im Gegensatz zu Beweismitteln wie Objekten oder Urkunden, die in unveränderter Substanz eingeführt werden, wird die Urteilsgrundlage bei einer Zeugenaussage – und faktisch in geringerem Umfang auch beim Sachverständigen – erst im Gerichtssaal geschaffen. Diese Beweiserhebung erfolgt über ein Medium, das sich wie kaum ein anderes der präzisen Bedeutungserfassung entzieht: der Sprache. Sie erfolgt in einem Mikrokosmos, der wie kein anderer Inhalte volatil erscheinen lässt: der menschlichen Kommunikation.

Die Qualität einer Zeugenaussage eröffnet sich erst über den Kommunikationsprozess. Die Erkenntnis über die Kognitions- und Wiedergabefähigkeiten des Zeugen, situative Wahrnehmungsdefizite, Suggestionspotenzen, Irrtümer und Manipulationsabsichten hängen von der Kompetenz des for-

---

779 *Esser* Vorverständnis und Methodenwahl in der Rechtsfindung, 1972, S. 7.
780 S. z.B. *Lege* Pragmatismus und Jurisprudenz – Über die Philosophie Charles Sanders Peirce und über das Verhältnis von Logik, Wertung und Kreativität im Recht, 1999. S. 562:»...*dass die Jurisprudenz auf keine Letztkriterien juristischer Richtigkeit zurückgreifen kann. Weder bieten die Texte, mit denen sie arbeitet – insbesondere der Wortlaut von Gesetzen – feste Grenzen. Noch ist Gerechtigkeit ein Konzept, das die juristische Richtigkeit determiniert. Unhintergehbar und gewissermaßen letzter Grund ist zwar das Rechtsgefühl, insbesondere als das Gefühl für Ungerechtigkeit; aber dieses Gefühl ist überaus lernfähig .... Juristische Richtigkeit hat offenbar einen Eigenwert.*«
781 *Schweizer* Kognitive Täuschungen vor Gericht, 2005; zu den umfassenderen Bedingungen der »heuristics and bias«.
782 *Böllinger* Die unbewusste Dynamik richterlichen Entscheidens, Betrifft JUSTIZ 2012, S. 224 ff.

schende Kommunikationspartners ab. Ist dieser Kommunikationspartner durch sein Rollenverständnis, seine intellektuellen und sprachlichen Vorprägungen limitiert, muss der Erkenntnisgewinn mit der Zahl der unterschiedlich geprägten Fragesteller zwangsläufig steigen.

Das »Abschöpfen« des Zeugenwissens ist damit weit entfernt von einem objektivierbaren Vorgang. **847** Erkenntnisgewinn hängt maßgeblich von – häufig nicht erkennbaren – subjektiven Komponenten des befragenden Kommunikationspartners ab. Wer im Prozess den Anspruch auf Fehlerfreiheit eines Urteils und damit auf Richtigkeit und vollständiger Erfassung der Zeugenwahrnehmung verfolgt, muss neben richterlicher Befragung die Möglichkeit alternativer Gestaltung von Sprache und Kommunikation nutzen.

Das Recht auf konfrontative Befragung fixiert damit letztendlich ein Qualitätskriterium für die Wahrheitssuche. Ist der Zeuge das wichtigste Beweismittel in einem Verfahren, ist seine konfrontative Befragung der entscheidende Ansatz für Wahrheit.

Unmittelbarkeit und Transparenz

Die Ausübung des Konfrontationsrecht startet nach deutscher Rechtslage mit einem Defizit: Ver- **848** teidigung befragt regelmäßig erst im Anschluss an den Richter. Dass ein Kreuzverhör ohne Beteiligung des Richters dessen Objektivität bei der endgültigen Entscheidung fördern kann, wurde bereits in den Beratungen zur StPO im 19. Jahrhundert erörtert.[783] Die vollständige Herrschaft des inquisitorisch agierenden Richters über das Prozessgeschehen ist der deutschen Praxis allerdings wichtiger geworden als die Umsetzung psychologischer Erkenntnisse zu fehlerminimierenden Organisationselementen. Strukturell ist die Verteidigervernehmung heute nicht in der offenen Kontroverse gleichwertige Primärbefragung, sondern Annex der vorhergehenden richterlichen Inquisition. Umso deutlicher müssen die Bemühungen bei dieser Befragung ausfallen, den Zweck der Alternative zu effektivieren.

Bedingung für einen effektiven Dialog ist ein konsistenter Raum, in dem alternative Befragung ebenso wie richterliche Kognition und Überzeugungsbildung stattfindet. Nach traditionellem Verständnis kann dies nur die Hauptverhandlung mit einer transparenten und unmittelbaren Beweisaufnahme sein.

Die Konsequenz dieser Prozesskonstruktion ist regelmäßig eine doppelte Beweisaufnahme: Zeugen werden sowohl von der Polizei als auch zum selben Thema später vom Gericht angehört. Dass hierbei Qualitätsminderungen durch Zeitablauf eintreten können und Gerichte oft den weniger frischen Eindruck von Zeugen erhalten oder verblichene Tatmittel nur sehr eingeschränkt wahrnehmen können, hat der Gesetzgeber bewusst in Kauf genommen. Die durch zahlreiche psychische Faktoren verursachte Fehlerhaftigkeit von polizeilichen Ermittlungen und deren aktenmäßige Darstellung genoß zu Recht schon im 19. Jahrhundert nur das beschränkte Vertrauen des Gesetzes im Hinblick auf das angestrebte Ziel der »richtigen« Sachermittlung.

Aktuelle Forschungen verdeutlichen, warum das Ergebnis polizeilicher Ermittlungen – insbesondere **849** Zeugenprotokolle – keine valide Grundlage für richterliche Überzeugungsbildungen sein kann. Schon das vom protokollierenden Polizisten gewählte Sprach-Design beeinflusst den lesenden Richter weitab vom tatsächlichen Vernehmungsgeschehen.[784]

Unmittelbares Erleben der Zeugenaussage ist für den Richter Bestandteil einer rechtsstaatlich fairen Beweisaufnahme. Ist die alternative Befragung durch die Verteidigung konstitutiver Bestandteil der

---

783 *Hahn* Die gesamten Materialien zu den Reichs-Justizgesetzen, Bd. 3, Materialien zur Strafprozeßordnung, 2. Aufl. 1885, Neudruck 1983, S. 189 f.

784 Zur Rezeptionswirkung s. z.B. *Keijser/Malsch/Kranendonk/Gruijter* Written records of police interrogation: Differential registration as determinant of statement credibility and interrogation quality, Psychology, Crime and Law 2012, 613–629.

Qualitätseinschätzung einer Zeugenaussage durch das Gericht, ist sie in den Rahmen dieser unmittelbaren Beweisaufnahme zu integrieren.

Zum essentiellen Bestand eines rechtsstaatlichen Strafverfahrens gehört es daher nach den traditionellen und vielfach wiederholten Formulierungen des EGMR, dass alle Beweise in öffentlicher Hauptverhandlung in Gegenwart des Angeklagten mit der Möglichkeit kontradiktorischer Argumentation zu erheben sind.[785]

Konfrontation, StPO, MRK und angelsächsische Tradition

850   Das Verständnis des Fragerechts nach der deutschen Strafprozessordnung bezieht sich nur auf den tatsächlich erschienen Zeugen. Einer besonderen Regel zur Verteidigerbefragung des Belastungszeugen bedurfte es nach der Konzeption der StPO nicht. Dass nicht hinterfragte belastende Zeugenaussagen Urteilsgrundlage werden könnten, war in einem Ausgangsmodell der deutschen StPO nicht vorstellbar, bei dem ohnehin die gesamte Beweisaufnahme im Forum des Gerichtssaals stattfand, die Verlesung von Vernehmungsprotokollen ausdrücklich verboten war und die Ausnahmen streng auf die Fälle der absoluten Unmöglichkeit der persönlichen Zeugenanhörung einerseits und Verlesen richterlicher Protokolle andererseits beschränkt waren.[786]

Dass die mit dem Fragerecht verbundene Teilhabe der Verteidigung an der Gestaltung des Prozesses entscheidend von der Vorfrage abhängt, dass durch das Erscheinen des Zeugen die Ausübung dieses Rechts erst realisiert werden kann, lässt sich somit der gesetzlichen Konzeption nicht unmittelbar entnehmen. Gründe der allgemeinen Verfahrensfairness, der Subjektstellung des Angeklagten und der hieraus resultierenden Teilhabe am Verfahren, der Umsetzung des rechtlichen Gehörs und eine erweiterte Vorstellung eines Beweisantragsrechts der Verteidigung können hier zunächst als argumentative Bezugspunkte für ein Konfrontationsrecht auch nach deutschem Prozessmodell ausgemacht werden.

851   Anders das angelsächsische Recht. Der 6. Zusatz der US-amerikanischen Verfassung garantiert jedem Angeklagten als Grundrecht in einem Strafverfahren die Chance, mit einem Zeugen unmittelbar konfrontiert zu werden.

Die Abschaffung von Geheimprozessen und die Entdeckung der Subjektstellung eines Angeklagten im Strafverfahren haben vor mehr als 200 Jahren zu der Erkenntnis geführt, dass in Abwesenheit des Angeklagten vernommene Belastungszeugen, deren Aussage später lediglich in einer Hauptverhandlung verlesen wurde, eine maßgebliche Ursache für falsche Urteile waren. Ein Gericht kann von der Qualität einer Zeugenaussage erst dann überzeugt werden, wenn die angeblichen Wahrnehmungen des Zeugen auch aus dem Blickwinkel der Interessensituation des Angeklagten hinterfragt worden waren. Obwohl das Problem der Sicherstellung der Qualität einer Zeugenaussage auch prozessual anderweitig geregelt werden könnte, hat sich das angelsächsische Recht zu einer unlöslichen Verquickung dieser Frage mit dem Verteidigungsrecht entschieden. Das Konfrontationsrecht – so der US Supreme Court – habe nicht nur das Ziel eines zuverlässigen Beweismittels, sondern beinhalte darüberhinaus die eherne prozessuale Regel, dass eine solche Zuverlässigkeit nur durch ihre Überprüfung in der konfrontativen Befragung erreicht werden könne.[787] Der Qualitätsmangel der fehlenden Hinterfragung führte nach dem angelsächsischen Verfahrensrecht zur Konsequenz des Ausschlusses eines solchen Beweismittels. Die nicht hinterfragbare Zeugenaussage kann weder verlesen noch durch den Bericht eines weiteren Zeugen (Vernehmungspersonen) dem Gericht präsentiert werden. Konsequent wird die Einführung eines jeden Zeugen vom Hörensagen unterbunden.[788]

---

785   Zuletzt Poletan and Azirovik v. The former Yugoslav Republic of Macedonia v. 12.5.2016, § 81: »*All the evidence must normally be produced at a public hearing, in the presence of the accused, with a view to adversarial argument.*«.

786   Ursprungsfassung des § 250 (heute: § 251) StPO: » *Ist ein Zeuge, Sachverständiger oder Mitbeschuldigte verstorben oder in Geisteskrankheit verfallen, oder ist sein Aufenthalt nicht zu ermitteln gewesen, so kann das Protokoll über seine frühere richterliche Vernehmung verlesen werden ...*«.

787   Crawford ./. Washington, 541 US 36 (2004); näher *Guirao*, FS Wolter 2013, S. 833, 843.

788   S. hierzu *Weigend*, FS Wolter 2013, S. 1145 ff.

Bei Anwendung deutschen Strafprozessrechts kommt angesichts der Unterschiedlichkeit der Rechts- 852
systeme eine Übernahme angelsächsischer Praxis unmittelbar nicht in Betracht. Der vollständige
Ausschluss nicht konfrontierter Aussagen beruht auf der Erwägung, der entscheidenden Laienjury
von Beginn an nur solche Beweise zu präsentieren, die angesichts ihrer Struktur ein Maximum an
Zuverlässigkeit aufweisen. Einen solchen formalen Ausschluss von Beweisen kennt das deutsche
Strafprozessrecht nicht. Dem professionellen Gericht wird zugetraut, auch nach Einführung von in
ihren Beweiswert stark geminderten Beweismitteln deren beschränkte Wertigkeit zu erkennen und
entsprechend in die Gesamtwürdigung des Beweisergebnisses aufzunehmen. Die Berücksichtigung
der objektiven Qualität eines Beweismittels findet nach der StPO nicht bei der Frage der Nutzung
dieses Beweismittels statt, sondern bei der abschließenden Würdigung dieses Beweises.

Den Kernbereich auch deutschen Prozessverständnisses berührt allerdings die weitergehende Idee
des Konfrontationsrechts, dass kein Bürger einer richterlichen Bewertung ausgeliefert sein darf, ohne
nicht zuvor als Subjekt einen weitgehenden Einfluss auf Verlauf und Ergebnis der Beweisaufnahme
ausüben zu können.

Das Konfrontationsrecht der Europäischen Menschenrechtskonvention in Art. 6 Abs. 3 lit. d beruht 853
zwar historisch auf diesem Hintergrund angelsächsischer Rechtstradition. Der Konventionstext folgt
allerdings dem damals schon vorliegenden Entwurf der Vereinten Nationen zum IPBPR, der unabhängig vom angelsächsischen Prozessmodell und der Idee der Qualitätssicherung von Zeugenbewei-
sen ein Hinterfragen belastender Beweismittel als Kernbereich demokratisch geprägter Teilhabe des
freien Bürgers am Prozessgeschehen ausgemacht hatte.[789] Unabhängig von englischen und amerikanischen Traditionen entwickelt dieser Grundsatz auch in kontinentaleuropäischen Rechtsordnungen
einen eigenen Charakter.

Das Verfahren, das ausgerichtet ist auf die transparente Produktion von Beweisergebnissen bei essen- 854
tieller Teilhabe des betroffenen Angeklagten, ist in seiner Basis erschüttert, wenn es den Angeklagten
nur zu einem Zuschauer eines solchen Spektakels degradiert. Die konfrontative Befragung wird vom
EGMR daher in einem engen Zusammenhang mit dem Unmittelbarkeitsgrundsatz sowie aus dem
allgemeinen Grundsatz der Waffengleichheit abgeleiteten Recht des Angeklagten gesehen, dass alle
Beweise in einem kontradiktorischen Verfahren in seiner Gegenwart und im Hinblick auf die Möglichkeit seiner Beeinflussung vorgebracht werden müssen. Es gehört zu den Verfahrensgrundrechten
des Angeklagten, dass diesem vor Gericht die effektive Möglichkeit verschafft wird, durch kritische
Fragestellungen Antworten des Zeugen sowohl zu den belastenden Tatvorwürfen als auch allgemein
zur Zuverlässigkeit des Zeugen zu erhalten.[790]

Die **Konkretisierung des Konventionsrechts** hat der EGMR in zahlreichen Entscheidungen vorgenom- 855
men.[791] Der Text der Konvention (»... *oder stellen zu lassen*«) verdeutlicht bereits, dass die Realisierung der
konfrontativen Befragung **nicht zwingend höchstpersönlich** durch den Angeklagten erfolgen muss. Die
Befragung durch die Verteidigung insgesamt muss gewährleistet sein.[792] Ist der Fragestoff überschaubar,
kann die Konventionsgarantie auch bei Fragestellungen des Angeklagten persönlich in **Abwesenheit seines Verteidigers** erfüllt sein.[793] Da die Konventionsgarantie auf die Beeinflussungsmöglichkeit hinsichtlich
des maßgeblichen Überführungsmittels abzielt, kann seine Realisierung nicht von der – unter Umständen
zufälligen – Bezeichnung als Zeuge nach dem nationalen Recht abhängig sein. »Zeuge« im Sinne des

---

789 *Du Bois-Pedain*, HRRS 2012, 120 ff.

790 Matytsina ./. Russland v. 27.3.2014 § 153: »*It is an important element of fair criminal proceedings that
the accused is confronted with the witness »in the presence of the judge who ultimately decides the case« in
order for that judge to hear the witness directly, to observe his demeanour and to form an opinion about his
credibility.*«.

791 Umfassend s. *Mahler*, Das Recht des Beschuldigten auf konfrontative Befragung der Belastungszeugen,
2011.

792 Gollwitzer, GS Meyer 1990, S. 147, 156 ff.

793 EGMR Isgró ./. Italien, Entsch. v. 21.01.1991.

Abs. 3 lit. d kann daher der **Mitangeklagte**[794] ebenso sein wie der **Sachverständige.**[795] Eine Umgehung z.B. durch Verlesung einer schriftlichen Aussage im Vorverfahren tangiert den Regelungsbereich ebenso.[796] In jedem Fall setzt die Wahrnehmung des Fragerechts einen ausreichenden Wissensstand vom relevanten Verfahrensstoff voraus. Tauchen nach Abschluss der Befragung neue Anschuldigungen auf, kann das Konventionsrecht eine **abermalige Konfrontation** mit demselben Zeugen beinhalten.[797]

856   Die überragende Bedeutung des Konfrontationsrechts hat den EGMR nicht an dessen **Relativierung** gehindert. Ein schlüssiges System dieser Relativierung existiert allerdings nicht, sodass die Bewertung der fehlenden Konfrontation mit geheim agierenden Zeugen vage ist.

857   Der EGMR zieht nicht die Konsequenz angelsächsischer Rechtstradition, eine nicht hinterfragte Aussage von vornherein als konventionswidrig anzusehen. In Anwendung des Konventionsgrundsatzes auf kontinentaleuropäische Rechtsordnungen lehnt er es auch ab, prinzipiell Zeugen vom Hörensagen auszuschließen. Die auf dieser Basis denkbare Akzeptanz von nicht konfrontierten Zeugenaussagen für ein Strafurteil beschränkte der EGMR auf wenige Ausnahmefälle.

858   Bei der schlichten **Unmöglichkeit, einen Zeugen zu vernehmen**, weil er entweder tot oder aufgrund schwerster Krankheit vernehmungsunfähig ist, erscheint dem EGMR der völlige Verzicht auf vorliegende Vernehmungsprotokolle nicht hinnehmbar. Hat hier die Verteidigung ausreichend Gelegenheit, diese Protokolle zu hinterfragen, kann sich unter Umständen trotz des Defizits das Verfahren noch als fair darstellen.[798]

859   Die Akzeptanz dieser Ausnahme wird allerdings stets dann reduziert, wenn in diesem Zusammenhang den staatlichen Stellen ein Nachlässigkeitsvorwurf gemacht werden kann; war angesichts eines prognostizierten Ablebens eines Zeugen eine frühe konfrontative Befragung angezeigt, aber nicht realisiert worden, ist das Verfahren unfair.[799] Dies gilt erst recht, wenn die fragliche Aussage im Zentrum des Verfahrens steht.[800]

Dem staatlichen Verhalten kommt bei der **Gesamtbeurteilung der Fairness** auch dann eine besondere Bedeutung zu, wenn der **Zeuge unauffindbar** ist. Verwertungen von Surrogaten, die ohne Konfrontation erfolgten, sind nur bei objektiver Unmöglichkeit des Erscheinens des Zeugen in der Hauptverhandlung denkbar, wobei das Gericht zuvor – ggf. mehrfach – alle denkbaren Anstrengungen unternommen haben muss, um einen Zeugen der Konfrontation zuzuführen.[801] Die Erschöpfung aller denkbaren Zwangs- und Vorführungsrechte nach nationalem Recht ist zwingende Voraussetzung.[802]

Dieser prozessualen Gesamtverantwortung wird das **Strafgericht** nicht gerecht, wenn es Beweiserhebungen im Ausland im Rechtshilfewege anstrebt, der Angeklagte im ausländischen Rechtshilfeverfahren bei der entscheidenden Zeugenvernehmung nicht zugelassen wird und das Strafgericht seine Verurteilung auf Verlesung dieses Zeugenprotokolls stützt. Hier ist in der Gesamtschau das Konfrontationsrecht des Angeklagten verletzt.[803] Andererseits: Auch wenn eine Konfrontation mit im außereuropäischen Ausland befindlichen Zeugen scheitert, können erkennbare außerordentliche Anstrengungen des Gerichts, die Befragungsmöglichkeit zu realisieren, in die Abwägung zur Feststellung einer Verletzung einbezogen werden.[804]

---

794 EGMR Luca./. Italien, Entsch. v. 27.02.2001; Ferrantelli u. Santangelo./. Italien, ÖJZ 1997, 151; Craxi./. Italien v. 05.12.2002; Kaste u. Mathisen./. Norwegen v. 09.11.2006.

795 EGMR Mantovanelli./. Frankreich, Entsch. v. 18.03.1997; offen in Böhnisch./. Österreich, EuGRZ 1986, 127.

796 EGMR Krivoshapkin./. Russland, v. 27.01.2011.

797 EGMR, Bricmont./. Belgien, Entsch. v. 07.07.1989.

798 EGMR Mielke./. Deutschland, EuGRZ 1997, 154.

799 Farentelli u. Santangelo./. Italien, ÖJZ 1997, 151.

800 EGMR Al-Khawaja u. Tahery./. Vereinigtes Königreich, HRRS 2009 Nr. 459.

801 EGMR Bonev./. Bulgrien, HRRS 2006 Nr. 660; Artner./. Österreich, EuGRZ 1992, 476; Doorson./. Niederlande, ÖJZ 1996, 715.

802 EGMR Delta./. Frankreich, ÖJZ 1991, 425.

803 EGMR A.M./. Italien, StraFo 2000, 374.

804 EGMR Haas./. Deutschland, JR 2006, 289 m. Anm. *Gaede*, s. auch abl. Anm. *Esser* NStZ 2007, 104.

Zur **Realisierung der Möglichkeit zur Konfrontation** haben alle staatlichen Behörden und Gerichte 860
alle nur denkbaren zumutbaren Anstrengungen zu unternehmen, um das Erscheinen der Zeugen
vor Gericht zu garantieren.[805] Schon das Fehlen einer nachvollziehbaren Begründung, warum ein
Zeuge vom Gericht nicht geladen wurde, ist für den Gerichtshof in Straßburg ausreichend, eine
Verletzung der Konvention anzunehmen. Auch den Hinweis des Strafgerichts, dass manche Zeugen
angesichts ihres weit entfernten Wohnsitzes oder anderer Gründe als entschuldigt zu gelten haben,
lässt der Gerichtshof nicht als Rechtfertigung für die Missachtung des Konfrontationsgebots gelten.[806]

Eine Konfrontation ist dem Beschuldigten auch dann genommen, wenn **der erschienene Zeuge** 861
berechtigterweise von einem Schweigerecht **Gebrauch macht** und frühere belastende ohne Konfrontation zustande gekommene Aussagen durch Surrogate in die Hauptverhandlung eingeführt
werden.

> Formal hat hier der Angeklagte die Gelegenheit zur Befragung, auch wenn er keine Antworten erhält. 862
> Konfrontation ist allerdings mehr als eine leere Hülse. Es ist die effektive Möglichkeit, die Zuverlässig-
> keit eines Beweismittels zu hinterfragen – und hierzu gehören auch Antworten des Zeugen. Die Ehefrau,
> die in der Hauptverhandlung das einstmals belastende Zeugnis verweigerte, war für den Gerichtshof das
> Musterbeispiel, um das konventionswidrige Defizit der Verteidigung aufzuzeigen.[807] Da nicht der Anlass
> der Zeugnisverweigerung bei der Bewertung des Gerichtshofs ausschlaggebend ist, sondern ausschließ-
> lich der beeinträchtigende Effekt auf der Verteidigungsseite, ist die Konventionswidrigkeit stets dann
> gegeben, wenn ein erschienener Zeuge aus anderen Gründen (z.B. §§ 53, 55) die Aussage verweigern
> kann und das Gericht dem Urteil frühere Aussagen zugrunde legen will, bei denen der Zeuge nicht durch
> die Verteidigung konfrontativ befragt werden konnte.[808]

Auch andere Zeugeninteressen können einer Durchführung der Konfrontation entgegenstehen: Als 863
Ansatzpunkt nicht ausgeschlossen sind Überlegungen zu Zeugenrechten, die mit den Interessen der
Verteidigung an einer Konfrontation kollidieren können. Dass **Gefahren für die Gesundheit des**
Zeugen einer konfrontativen Befragung entgegenstehen können, hat der EGMR zwar theoretisch
angenommen, in der Praxis hat er jedoch regelmäßig dem Konfrontationsrecht den Vorrang eingeräumt, selbst wenn – wie in einem deutschen Fall – psychische Schäden der minderjährigen,
angeblich sexuellen missbrauchten Zeugin ebenso wenig auszuschließen waren wie Auswirkungen
auf ihre Neurodermitis.[809]

Ist der **Anspruch des Zeugen auf Anonymisierung** in der Hauptverhandlung durch den Gerichts- 864
hof nicht grundsätzlich ausgeschlossen, so machen zahlreiche Entscheidungen die nahezu unüber-
steigbaren Hürden für deren Legitimierung im Einzelfall deutlich. Abstrakte Überlegungen zur
Gefährlichkeit von Zeugenaussagen in bestimmten kriminellen Milieus[810] können das Konfrontationsrecht ebenso wenig beschneiden wie ein allgemeines Prinzip des Schutzes Minderjähriger in
sexuellen Missbrauchsverfahren.[811] Der Wunsch des Zeugen nach Anonymisierung rechtfertigt ebenso
wenig den Entzug des Konfrontationsrechts[812] wie die von der Polizei aus nachvollziehbaren ermittlungstaktischen Gründen ausdrücklich abgegebene Zusage der Vertraulichkeit einer Zeugenaussage.[813]

Die **Umsetzung dieser Vorgaben des EGMR** durch die deutsche höchstrichterliche Rechtsprechung 865
ist in den letzten Jahren ein ständiger Kritikpunkt der Literatur gewesen.[814]

---

805 EGMR Hümmer./. Deutschland, Urt. v. 09.07.2012.
806 EGMR Nechto./. Russland, Urt. v. 24.01.2012.
807 EGMR Unterpertinger./. Österreich, EuGRZ 1987, 147.
808 S. hierzu *Sommer*, NJW 2005, 1240.
809 P.S./. Deutschland, NJW 2003, 1893.
810 EGMR Saidi./. Frankreich, ÖJZ 1994, S. 232.
811 EGMR PS./. Deutschland, StraFo 2002, 123 = NJW 2003, 1893.
812 EGMR Kostovski./. Niederlande, StV 1990, 481; Visser./. Niederlande, StraFo 2002, 160.
813 EGMR Windisch./. Österreich, StV 1991, 193.
814 S. z.B. *Schleiminger* Konfrontation im Strafprozess, 2001; *Demko* HRRS 2004, 416; *Gaede* Stra-
Fo 2004, 195; *Ambos* NStZ 2003, 17; *ders.* ZStW 115 (2003), 613; *Sommer* StraFo 2000, 150; *ders.*
StraFo 2002, 309; *Renzikowski* in: Die EMRK im Privat-, Straf- und Öffentlichen Recht, 2004, S. 97;

866 Kritikwürdig ist der nach wie vor bestehende Ansatz der Rechtsprechung, vorschnell in einer Abwägung auf die Gesamtbetrachtung abzustellen[815] und sich dadurch die Möglichkeit zu verschaffen, sämtliche Verfahrensdefizite mit der richterlichen Versicherung der **besonders vorsichtigen Beweiswürdigung** zu kompensieren.[816] Diese Beweiswürdigungslösung verliert den überragenden Wert des Konfrontationsrechts aus den Augen und gestattet im Ergebnis auch Verfahrensweisen, bei denen unterbliebene Befragungen niemals kompensiert werden können.

867 Den konkreten Inhalt der besonders vorsichtigen Beweiswürdigung hat die Rechtsprechung niemals deutlich gemacht. Die Abgrenzung zur normalen, womöglich gar unvorsichtigen Beweiswürdigung bleibt rätselhaft. In der Literatur ist unbestritten, dass der Begriff letztlich eine Leerformel[817] oder bloße Beschwichtigung[818] bleibt.

Eine Auswirkung der besonderen Vorsicht könnte allerdings darin bestehen, Verteidigungsvorbringen in Anwendung des Zweifelssatzes dann als zutreffend zu behandeln, wenn dessen Richtigkeit bei konfrontativer Befragung des gesperrten Zeugen hätte geprüft werden können.[819] Im Rahmen der Beweiswürdigung versucht die deutsche Rechtsprechung darüber hinaus, polizeiliche Überwachungspflichten anzumahnen und Defizite in die Bewertung mit einzubeziehen. Betont wird die Verpflichtung, V-Leute bestmöglich zu überwachen[820] sowie deren Einsatz aktenkundig zu machen.[821] Kontrollmechanismen durch Beweiswürdigung sind jedoch angesichts der Phänomenologie des V-Mann-Einsatzes »strukturell unbrauchbar«.[822] Sie verkennt auch den grundsätzlich skeptischen Ansatz des EGMR zu dieser Art der Kompensation, wonach selbst eine zurückhaltende Bewertung unkonfrontierter Aussagen nichts daran ändert, dass ein wesentliches Verfahrensgrundrecht der Verteidigung nicht ausgeübt werden kann.[823]

868 Sehr viel großzügiger setzt die Rechtsprechung des BGH auch die **Vorgaben hinsichtlich der Entscheidungserheblichkeit des kritisierten Beweismittels** um. Obwohl der zur Überzeugung entscheidende Zeuge nicht befragt werden kann, soll das Verfahren fair sein, wenn das Ergebnis lediglich durch sekundäre Beweismittel bestätigt und gestützt wird, auch wenn diese Hilfsüberlegungen im konkreten Fall niemals ausreichend sind, um allein eine Verurteilung zu fundieren. Auch wenn Tendenzen zu einer kritischen Umsetzung des höchst fragwürdigen Beweiswerts eines nicht konfrontativ befragten Zeugen erkennbar sind,[824] erscheint die Begründung der deutschen Rechtsprechung nach wie vor gemessen am Kern des »sole and decisive«-Konzepts als Fassade einer Berücksichtigung der Konventionsanforderungen. In der Loslösung von früheren Straßburger Vorgaben tendiert der BGH sogar dahin, für sich in Anspruch zu nehmen, völlig autonom die Beweisqualität eines nicht hinterfragten Zeugen zu bewerten und sogar auf das Kriterium der anderweitigen Bestätigung einer solchen Zeugenaussage durch weitere Beweismittel zu verzichten.[825]

869 Bewegung in das nationale Recht hat die Rechtsprechung aus Straßburg allenfalls gebracht, wenn z.B. zur Vermeidung eines absehbaren Konfrontationsverlustes eine frühe Pflichtverteidigerbestel-

---

Pauly StV 2002, 291; *Krauß* V-Leute im Strafprozess u. die EMRK, 1999; *Schlothauer* StV 2001, 127; *Wohlers* GA 2005, 11; *Safferling* StV 2010, 339 ff.; *Eschelbach/Wasserburg* FS Wolter 2013, S. 877 ff., 880 ff.

815 Generelle Bedenken gegen diese »Methode« der Rechtsfindung finden sich bei *Jäger* FS Wolter 2013, S. 947 ff.

816 BGHSt 33, 178, 181; BGH, StV 2000, 593; 2000, 649.

817 *Nehm* FS Widmeier 2008, S. 375.

818 SSW-StPO/*Eschelbach* § 96 Rn. 24; SK-StPO/*Wohlers/Greco* § 96 Rn. 45; *Wohlers* StV 2014, 563 ff.

819 BGHSt 49, 112 ff, 122; *Meyer-Goßner/Schmitt* § 96 Rn. 10; *Wohlers* StV 2014, 567; kritisch *Mosbacher* JR 2004, 523 ff.

820 BGHSt 45, 321, 336.

821 BGH NStZ 2014, 277, 281.

822 *Eschelbach/Wasserburg* FS Wolter, S. 883.

823 EGMR Hulki Günes ./. Türkei v. 19.06.2003.

824 BGH 1 StR 493/06 StraFo 2007, 111.

825 BGH 3 StR 323/16, JR 2018, 207; beifällig *Lohse* Konfrontationsrecht, Verfahrensfairness und Beweiswürdigung, JR 2018, 183 – 186.

lung[826] im Gesetz (§ 140 Abs. 1 Nr. 10) neu fixiert wurde.[827] Durchaus phantasievoll nimmt die deutsche Rechtsprechung auch die Anregung aus Straßburg auf, das Konfrontationsrecht trotz Anonymisierung und letztlichem Verbergen des Zeugen durch adäquate Ausgleichsmaßnahmen zu bewahren. Hilfestellung bietet hier die gesetzlich vorgesehene Möglichkeit der Videovernehmung, die auch durch Stimmverzerrungen und elektronische Verfremdung von Gesichtszügen zusätzlichen Zeugenschutz erlauben soll.[828] Ob im Ergebnis massiver Verfremdung das Verteidigungsrecht noch gewahrt ist, darf allerdings bezweifelt werden.[829]

Insgesamt widerspricht die aktuelle deutsche Praxis sowohl Vorgaben der Verfassung als auch der Menschenrechtskonvention.[830]   **870**

Rechtlich kann damit das Problem der Konfrontation als ungelöst angesehen werden. Nach wie vor   **871** gehen grundsätzliche Erwägungen in einem unkalkulierbaren Abwägungssumpf unter, den beispielsweise die sogenannte Gesamtbewertung des fairen Verfahrens oder die Frage eröffnet, inwieweit andere als die nicht hinterfragte Zeugenaussage für das Strafgericht entscheidungserheblich sind. Es gibt Versuche der Systematisierung zu schlüssigen Prozessmodellen, die mögliche Verletzungen und Kompensationen des Konfrontationsgebots verarbeiten wollen. Sie reichen von der sogenannten »Drei-Stufen-Theorie«[831] bis zu einem komplexen System, das ein differenziertes prozessuales Vorgehen empfiehlt, je nachdem, ob es sich um unerreichbare, gefährdete oder »sensible« Zeuge handelt, eine Abwägung ihres Gefährdungsgrades und den abgestuften Möglichkeiten bestmöglicher Kompensation.[832]

Ein schlüssiges System ist in der deutschen Rechtspraxis nicht erkennbar. Der Verteidigung obliegt   **872** in einem Strafprozess nicht der Zwang zur systematischen Stringenz. Sie muss allein damit rechnen, dass ihr unter isolierter Berufung auf eine Einzelentscheidung das Konfrontationsrecht genommen wird. Sie hat daher auf der anderen Seite die Aufgabe, gerade unter Ausnutzung der zum Teil verwirrenden Rechtsprechung alle nur denkbaren für die Realisierung der Konfrontation sprechenden Gesichtspunkte herauszufiltern und auf allen möglichen Kompensationsstufen ein Optimum für Verteidigungsbelange zu realisieren.

b) Rechtliche Vorgaben des Fragerechts

Die Bedeutung des Beweismittels »Zeuge« kontrastiert mit seiner Flexibilität. Das Beweisergebnis   **873** des fixierten Augenscheins oder einer Urkunde steht fest und ist nur noch der Bewertung zugänglich. Bei der Zeugenaussage wird ein solches Ergebnis erst in der Hauptverhandlung erarbeitet. Das Ergebnis der Ausschöpfung dieses Beweismittels ist volatil. Die Arbeit am Beweisergebnis ist damit in den überwiegenden Fällen des Strafprozesses die entscheidende Weichenstellung für sein Gesamtergebnis. Die Entscheidung über Schuld oder Unschuld oder die Höhe der Strafe stützt sich in der richterlichen Überzeugung maßgeblich auf das, was alle Verfahrensbeteiligten gehört haben, nachdem der Zeuge den Gerichtssaal wieder verlässt.

Der traditionelle Ausgangspunkt der prozessualen Abschöpfung des Wissens eines Zeugen durch   **874** die StPO ist in **§ 69** geregelt;[833] er wirkt geradezu modern. Nach der Mitteilung des Verfahrensgegen-

---

826 EGMR (Große Kammer) Schatschaschwili./. Deutschland v. 15.12.2015.
827 Zunächst erwogen bei BGHSt 46, 93 = NJW 2000, 3505; einschränkend wieder BGH, StV 2005, 533, mit abl. Anm. *Wohlers.*
828 BGH, NStZ 2003, 274; 2004, 345; BGH, NStZ 2005, 43; BGH, NStZ 2006, 682; anders noch BGHSt 32, 115, 124.
829 *Renzikowski* FS Mehle 2009, S. 538 ff.
830 So zusammenfassend statt vieler *Mahler* HRRS 2013, 334 ff.
831 S. hierzu näher LR/*Esser* EMRK Art. 6 Rn. 788 ff.
832 S. hierzu z.B. *Krausbeck* Konfrontative Zeugenbefragung: Vorgaben des Art. 6 Abs. 3 lit. d EMRK für das deutsche Strafverfahren, 2010.
833 Insbes. zur historischen Entwicklung dieser Vorschrift s. *Wilke* Strukturelle Vorgaben der Strafprozessordnung für die Vernehmung zur Sache – Die Entstehung der Vernehmungsstruktur des § 69 StPO unter besonderer Berücksichtigung der Teilhabemöglichkeiten der Verteidigung, 2020.

standes soll der Zeuge vom Vorsitzenden aufgefordert werden, sein Wissen um den Vernehmungsgegenstand in einem **eigenständigen Bericht** zu präsentieren. Die Vorgaben, die zwangsläufig in
jeder Frage enthalten sind, werden auf diesem Weg minimiert. Ohne Verdeutlichung von Erwartenshaltungen und ohne Lenkung durch Frageformulierungen wird lediglich ein Bericht vom Zeugen eingefordert. Die Durchsetzung dieser Abwesenheit jeglicher Lenkung des Vorsitzenden ist
häufig primäre Verteidigeraufgabe – lange bevor er selbst das Fragerecht erhält.[834] Idealtypisch ist aus
Sicht des Gesetzes nach Entgegennahme dieses Berichts das Beweismittel des Zeugen erschöpft.
Ergänzende Fragen sind – so das Gesetz – nur »nötigenfalls« zu stellen. Dass rechtlich diese Bewertung des historischen Gesetzgebers überholt ist, dokumentiert die Installation des Fragerechts der
Verteidigung als prozessuales Grundrecht in Art. 6 Abs. 3 lit. d EMRK.

875   Schon die Praxis hatte aus dieser Not eine Regel gemacht. Selten wird ein Zeuge mangels Kenntnis
der Beweissituation gerade diejenigen Details in seinem Bericht offerieren, die für einzelne Verfahrensbeteiligte von besonderer Bedeutung sind. Dennoch ist und bleibt der freie Bericht zur Erfassung
der Wahrnehmungs- und Wiedergabestrukturen des befragten Zeugen von überragender Bedeutung
für die Einleitung der Vernehmung.

876   **Fragen** sind damit der entscheidende Teil der Abschöpfung des Wissenstands des Zeugen. Fragen
sind das Mittel für Verfahrensbeteiligte, das Ergebnis der Zeugenaussage zu gestalten. Der Fragesteller hat damit die außergewöhnliche Möglichkeit, das (noch zu bewertende) Ergebnis der Beweisaufnahme unmittelbar zu beeinflussen.

877   Das Fragerecht ist damit eine der wichtigsten Möglichkeiten der Verteidigung in der Hauptverhandlung aktiv Einfluss auf das Ergebnis der Beweisaufnahme zu nehmen. Hier manifestiert sich
im Verfahren am deutlichsten ihre Aufgabe, Fehleranfälligkeiten einer richterlichen Beweiswürdigung zu minimieren. Dass die physische Konfrontation mit dem Zeugen selbstverständliche Voraussetzung ist, ergibt sich schon aus dem Unmittelbarkeitsgrundsatz. Als eines der Verteidigungs-
grundrechte des Beschuldigten ist dieses Recht darüber hinaus in Art. 6 Abs. 3 lit. d EMRK
ausdrücklich statuiert. Die Möglichkeit, einen belastenden Zeugen konfrontativ befragen zu können,
ist konstitutives Element rechtsstaatlichen Prozessierens.[835]

878   Dass inhaltlich hiermit eine sehr tiefgehende Überprüfung sowohl der Glaubwürdigkeit des Zeugen als
auch der Glaubhaftigkeit seiner Aussage verbunden ist, dokumentiert die englische Formulierung der
Konvention »to examine«, woraus die inhaltliche Vorgabe abgeleitet wird, diese Aussage sei vom Verteidiger zu »examinieren«.[836]

879   Die Bedeutung der prozessualen Weichenstellung durch Befragung des erschienenen Zeugen steht
in bemerkenswertem Gegensatz zu einem kargen rechtlichen Regelungsprogramm zur Abschöpfung
des Beweismittels Zeuge sowie die Reflexion dieses prozessualen Vorgangs in Wissenschaft und Praxis. Die detaillierte Regelung von Fragen und Antworten hielt der Gesetzgeber offensichtlich für
schlicht überflüssig. Umfang und Ausgestaltung des Fragerechts sind in § 240 ff. nur sehr unvollständig geregelt. Die Praxis greift mangels justiziabler Konturierung auf gesellschaftlich eingeübtes
Gesprächsverhalten zurück. Der juristischen Wissenschaft erscheint das Frage-Antwort-Spiel als eine
sich der Dogmatisierung und Systematisierung entziehende Banalität.

880   Die StPO sieht grundsätzlich zwei verschiedene Möglichkeiten der Zeugenbefragung vor. Zum einen
kann nach amerikanischem Vorbild ein Zeuge im Wege eines Kreuzverhörs gemäß § 239 vernommen werden. Hier soll allein Verteidigung und Staatsanwaltschaft die Gelegenheit gegeben werden,
den Zeugen wechselweise zu befragen. Obwohl international das Kreuzverhörmodell – nicht zuletzt
am Internationalen Strafgerichtshof – als Weg optimaler kontradiktorisch geprägter Wahrheitsfin-

---

834 *Rostek* Die ständige Missachtung des § 69 StPO, StraFo 2011, 386 ff.

835 Zu Inhalt, Umfang und Konsequenzen der Verletzung dieses Rechts s. ausführlich: *Krausbeck* Konfrontative Zeugenbefragung 2010.

836 *Walther* Zur Frage eines Rechts des Beschuldigten auf »Konfrontation von Belastungszeugen«,
GA 2003, 204 ff., 212.

dung anerkannt ist, existiert diese Methode faktisch in deutschen Gerichtssälen nicht.[837] Offensichtlich bedingt durch die eingeübte Rolle der Verhandlungsleitung, vielleicht sogar in gefühltem Affront gegen die eigene Vernehmungstechnik, übernehmen regelmäßig die Vorsitzenden des Gerichts die Befragung und wählen damit die zweite Alternative der Befragung nach § 240. Hiernach wird der Zeuge zunächst vom Vorsitzenden selbst befragt, der ihm dabei allerdings zunächst die Gelegenheit eines zusammenfassenden Berichts geben muss. Danach stellt der Vorsitzende einzelne Fragen. Im Anschluss daran sind die anderen Beteiligten frageberechtigt.

c) Die äußeren Bedingungen der Ausübung des Fragerechts

Unabhängig von der Zulässigkeit des Inhalts einzelner Fragen hängt die Effektivierung des Kommunikationsprozesses zwischen Fragesteller und zu Befragendem maßgeblich von der Gestaltung des Kommunikationsprozesses ab. Gerade die »Examinierung« des Zeugen bedeutet für die Verteidigung weit mehr als ein mechanisiertes Informationsverlangen. Auch in dem formalisierten Rahmen eines Gerichtsverfahrens sind Fragen und Antworten nur Teil eines Kommunikationsprozesses, dessen Verlauf von Faktoren abhängig ist, die weit über den objektivierbaren Inhalt der Aussagen hinausgehen.   **881**

Die Anwesenheit des Mandanten

Die Anwesenheit des Angeklagten in der Hauptverhandlung ist nach der Konzeption der StPO ein Kerngedanke rechtsstaatlichen Prozessierens. Um die Möglichkeit des rechtlichen Gehörs sicherzustellen, zwingt die Strafprozessordnung bekanntlich den Angeklagten sogar gegen seinen Willen, an einer Hauptverhandlung teilzunehmen. Diese Konzeption rechtfertigt es nur in extremen Ausnahmefällen überwiegenden anderweitigen Interesses, eine Beweisaufnahme unter der Bedingung des bewussten **Ausschlusses des Angeklagten** durchzuführen.   **882**

Derartige Ausnahmesituationen versucht § 247 zu formulieren und in ihren Konsequenzen in rechtsstaatlich akzeptabler Weise zu kompensieren. Verteidigung hat gerade bei der Ausübung des Fragerechts ein massives Interesse an der Anwesenheit des Mandanten, denn nur er kennt häufig den Zeugen persönlich und kann auf der Basis seiner Erfahrung dessen atypisches Verhalten detektieren. Waren Mandant und Zeuge beim Geschehen, das zur Aufklärung ansteht, anwesend, kann oft nur der Mandant Widersprüchlichkeiten in der Zeugenaussage aufdecken. Hierüber muss der Verteidiger jederzeit mit ihm auch während der Zeugenaussage kommunizieren können.   **883**

Die restriktive Handhabung des § 247 ist daher oft das Ziel der Verteidigung. Die Dogmatik ist auf ihrer Seite: Der Charakter der Ausnahmevorschrift gebietet es in jedem Fall, diese eng auszulegen[838] und ihren Anwendungsbereich streng auf den Wortlaut zu beschränken.[839] Die Zwangsentfernung des Angeklagten muss stets notwendig und unvermeidbar sein.[840] Völlig ausgeschlossen ist es, diese Maßnahme über den Wortlaut hinaus im Hinblick auf andere Zwecke auszudehnen.[841]   **884**

Nur eine **massive und konkrete Gefahr** der wahrheitswidrigen Aussage eines Zeugen oder Mitangeklagten rechtfertigt die zwangsweise Entfernung des Angeklagten aus dem Gerichtssaal. Diese Schwelle dürfte nur selten überschritten sein. Durch Unsicherheit besetzte negative Gefühle haben Zeugen gegenüber dem Angeklagten sehr häufig, da sie die unter u.U. belastende Auswirkung ihrer Aussage für dessen Schicksal nicht kalkulieren können. Die Flucht in die Illusion der Anonymisierung bei der Abwesenheit des Betroffenen wird von vielen als angenehmer empfunden. Aus dieser Kollision will das Gesetz den Zeugen und Mitangeklagten ebenso wenig entlassen wie denjenigen,   **885**

---

837 *Gerst* Das Kreuzverhör gem. § 239 StPO – zur notwendigen Erweckung einer sinnvollen Idee, StRR 2014, 204 ff.
838 BGH StV 2005, 7.
839 *Pfeiffer* StPO § 247 Rn. 1.
840 LR/*Gollwitzer*, 25. Aufl., § 247 Rn. 4.
841 BGHSt 3, 386.

der persönlichen Groll gegen den Angeklagten hegt. Das prozessuale Interesse an der Wahrheitsfindung kann nur dann die Abführung des Angeklagten rechtfertigen, wenn die **Unannehmlichkeiten** in eine andere Qualität umschlagen: Der Zeuge muss allein aufgrund der Anwesenheit des Angeklagten bereit sein, entgegen seinen Zeugenpflichten wahrheitswidrig oder unvollständig auszusagen.

886 Das Gericht muss einen solchen Zusammenhang »befürchten«. Dies bedeutet, dass aus Sicht des Gerichts konkrete tatsächliche Ansatzpunkte vorliegen müssen, dass ein derartiger Kausalzusammenhang gegeben ist. Aus diesem Grund kann es regelmäßig nicht ausreichend sein, wenn ein **Zeuge** lediglich den **Wunsch äußert**, seine Aussage in Abwesenheit des Angeklagten zu machen.[842] Die konkrete Ankündigung eines Zeugen oder Mitangeklagten, bei Anwesenheit des Angeklagten das Zeugnis zu verweigern, kann allenfalls als Indiz im Rahmen der Sachprüfung angesehen werden; primär ist einer solchen Weigerung mit den Zwangsmitteln des § 70 zu begegnen.

887 Diese gesetzliche Grundkonzeption kann das Gericht nicht im Hinblick auf eine schlichte Erklärung eines Zeugen zur Disposition stellen. Stellt der Zeuge einen Zusammenhang zwischen der Ausübung seines Zeugnis- oder Auskunftsverweigerungsrechts und der Anwesenheit des Angeklagten her, gilt nichts anderes. § 247 legitimiert die Abführung des Angeklagten nur zur Förderung der »Wahrheit«, also der inhaltlichen Richtigkeit einer Aussage. Die Vorschrift rechtfertigt nicht die Einwirkung auf die Ausübung legaler Verweigerungsrechte.[843]

Aus denselben Gründen muss die Anwendung des § 247 ausscheiden, wenn eine Verwaltungsbehörde meint, eine solche Disposition dadurch vornehmen zu können, dass einem Zeugen eine Aussagegenehmigung nach § 54 nur mit dieser Einschränkung erteilt wird.[844] Zur Vermeidung eines Beweismittelverlustes kann unter einer solchen Bedingung eine **Vernehmung eines V-Mannes** allenfalls dann zulässig sein, wenn dessen Dienstherr konkret nachweist, dass allein die Konfrontation mit dem Angeklagten in der Hauptverhandlung unmittelbare Leibes- und Lebensgefahren für den V-Mann hervorruft. Erst recht kann dem **Mitangeklagten** nicht gestattet sein, mit der schlichten Erklärung, er werde ansonsten von seinem Schweigerecht Gebrauch machen, die Abwesenheit des Angeklagten zu erzwingen.[845]

888 Da die Ausschließung des Angeklagten das letzte denkbare Mittel ist, um die in § 247 angeführten Zwecke zu erreichen, steht dieser unter einem weiteren Vorbehalt. In die Abwägung ist stets die Überlegung mit einzubeziehen, ob der angestrebte Zweck des § 247 nicht durch mildere Mittel, wie beispielsweise die Anwendung des § 241a, §§ 171b, 172 Nr. 4 GVG erfüllt werden kann.[846]

889 Abs. 2 des § 247 normiert einen weiteren Ausschlussgrund: Allein aus der Anwesenheit des Angeklagten muss sich für den Zeugen eine konkrete Gefahr ergeben.

890 Ist der **Zeuge unter 16 Jahre** alt (S. 2, Alt. 1), muss ein erheblicher Nachteil für sein Wohl aus der Aussage abgeleitet werden können. Konkrete Anhaltspunkte für schädliche Auswirkungen auf die Psyche des jugendlichen Zeugen rechtfertigen den Ausschluss des Angeklagten nur dann, wenn derartige Folgen über die Dauer der Vernehmung hinausreichen[847] und sich nicht allein aus den Angaben vor Gericht ableiten, sondern konkret aus dem **Zusammenhang der Aussage mit der Anwesenheit des Angeklagten**. Die zu befürchtenden Nachteile müssen die Qualität einer Erheblichkeit haben.

891 Ist der Zeuge erwachsen, müssen die zu befürchtenden Nachteile ein Ausmaß erreichen, die S. 2 Alt. 2 zu einem **extremen Ausnahmefall** degradieren. Neben den aufgezeigten Kausalbeziehungen muss zum einen ein schwerwiegender gesundheitlicher Nachteil in Rede stehen. Darüber hinaus müssen derartig extreme Folgen als »dringende Gefahr« praktisch auf der Hand liegen. Auch starke seelische Belastungen von Opfern im Zeugenstand rechtfertigen derartige Annahmen nur in den seltensten Fällen.

---

842 BGHSt 22, 21; BGH NStZ 1999, 419; StV 2014, 716 f.; HK/*Julius* § 247 Rn. 2; LR/*Gollwitzer* 25. Aufl., § 247 Rn. 16.

843 Eine solche pragmatische Anwendung aus Sicht des Gerichts billigt aber BGH NStZ 1997, 402.

844 Anders BGHSt 32, 32; 42, 175; krit. *Hassemer* JuS 1986, 25; *Paulus* JZ 1993, 272; HK/*Julius* § 247 Rn. 5.

845 Diesen Ansatz billigt aber BGH StV 2001, 214 = BGHR StPO § 247 1 Begründungserfordernis 4.

846 HK/Julius, § 247 Rn. 6.

847 KMR/*Paulus* § 247 Rn. 17; *Pfeiffer* § 247 Rn. 4.

Einen Ausschluss des Angeklagten zu seinem eigenen Schutz formuliert S. 3, wenn **gesundheitliche** 892
Nachteile für den Angeklagten thematisiert werden.

> Das Abschneiden von verfahrensrelevanten Informationen auch hinsichtlich seines eigenen körperlichen 893
> und geistigen Zustandes ist nur in den allerseltensten Konstellationen gerechtfertigt, wenn gerade hier-
> durch die eklatante Gefahr psychischer oder physischer Schädigungen besteht. Die Einschränkung zukünf-
> tiger Heilungserfolge belegt die prozessuale Entmündigung nicht.[848] Denkbar ist allenfalls eine nicht von
> der Hand zu weisende Erhöhung der Selbstmordgefahr gerade aufgrund der Erkenntnisse der Hauptver-
> handlung.

Das Gericht hat durch **Beschluss**[849] über den Ausschluss des Angeklagten zu entscheiden. 894

> Der Ausschluss übersteigt die Sachleitungskompetenz des Vorsitzenden (§ 238 Abs. 1). Auch wenn sämt- 895
> liche Voraussetzungen des § 247 vorliegen, kann das Gericht dem Anwesenheitsrecht des Angeklagten
> den Vorrang einräumen, der Ausschluss ist nicht zwingend. Vor dem Beschluss sind die Beteiligten zu
> hören (§ 33). Der Beschluss ist zu begründen (§ 34). Diese Begründung darf sich nicht auf die Wieder-
> gabe des Gesetzestextes beschränken, sondern muss die maßgeblichen Tatsachen und ihre Würdigung
> wiedergeben, aus denen das Gericht die Berechtigung zum Ausschluss des Angeklagten ableitet.[850] Die
> schlichte Behauptung des Tatgerichts ist nicht ausreichend; für Verfahrensbeteiligte und das Revisions-
> gericht muss die Begründung nachvollziehbar und nachprüfbar sein.[851] Darüber hinaus hat der Beschluss
> diejenigen Vernehmungsteile zu bezeichnen, für die das Gericht die Abwesenheit anordnet. Die Not-
> wendigkeit eines solchen Beschluss entfällt auch dann nicht, wenn der Angeklagte mit seiner Entfernung
> einverstanden ist.[852]

Der Angeklagte kann »während einer Vernehmung« ausgeschlossen werden. Beziehen sich die zum 896
Ausschluss berechtigenden Befürchtungen lediglich auf einzelne Fragenkomplexe, muss der Ausschluss auf diese **Teile der Vernehmung** reduziert werden. Von prozessualen Vorgängen, die über
die Vernehmung hinausgehen, darf der Angeklagte nicht ausgeschlossen werden. § 247 berechtigt
nur, den Angeklagten von der unmittelbaren Wahrnehmung der Fragen – ggf. auch der formlosen
Vorhalte – und der Antworten abzuhalten. Darüber hinausgehende Verfahrensvorgänge, die eine
selbstständige Bedeutung haben, dürfen demgegenüber dem Angeklagten nicht vorenthalten werden.[853]

> So ist z.B. das eigene **Fragerecht des Angeklagten** gegenüber Zeugen nicht eingeschränkt (§ 240 Abs. 2 897
> S. 1); lediglich die Konfrontation bei der Antwort kann entzogen werden. **Nicht zur Vernehmung** gehö-
> ren prozessuale Vorgänge wie die der Belehrung des Zeugen oder der Diskussion und Verhandlung über
> seine mögliche Vereidigung oder dessen Entlassung.[854] Anwesenheitsrechte und –pflichten sind insoweit
> nicht von § 247 tangiert.

Fehlerhaft ist die Ausdehnung der **Beweisaufnahme in Abwesenheit des Angeklagten** auf Augen- 898
scheinseinnahmen oder Urkundenverlesungen.[855] Das Gesetz spricht ausdrücklich nur von Vernehmungen, sodass sich die Beweisaufnahme nicht auf die Augenscheinseinnahme am Körper des Zeugen oder Mitangeklagten beziehen kann – zumal ein solcher Vorgang nicht ihre Aussagebereitschaft
oder den Wahrheitsgehalt ihrer Aussage betreffen kann.[856] Derartige Mängel können jedoch durch
Wiederholung des Verfahrensvorgangs in Anwesenheit des Angeklagten geheilt werden.[857] Gleiches
gilt für alle anderen Verhandlungen zwischen den Verfahrensbeteiligten, die lediglich anlässlich der

---

848 Anders LR/*Gollwitzer* 25. Aufl., § 247 Rn. 32.
849 BGHSt 1, 346, 350.
850 BGH NStZ-RR 2004, 118.
851 BGH StV 2005, 8, 9.
852 BGH StV 2002, 8.
853 S. zu diesem Kriterium der Rechtsprechung *Meyer-Goßner* in: FS Pfeiffer 1988, S. 311.
854 BGH NStZ 1999, 522; BGH StV 2000, 653, 654; 2005, 7, 8.
855 BGH NStZ 1996, 564.
856 BGH StV 2008, 230 stellt demgegenüber auf die hierdurch gefährdete Aussagebereitschaft des Zeugen
     ab.
857 BGH NStZ 1998, 476; BGH StV 2002, 408; BGHSt 48, 22.

Zeugenvernehmung erfolgen, wie z.B. die Diskussion um die Abladung weiterer Zeugen,[858] die Bestellung eines Pflichtverteidigers, die Stellung eines Beweisantrages oder die Diskussion über den Ausschluss der Öffentlichkeit.[859]

899   Das Informationsdefizit des abgeführten Angeklagten wird durch die nachträgliche Unterrichtung über das Geschehen in der Hauptverhandlung kompensiert. Der Bericht des Vorsitzenden kann nicht durch anderweitige Informationsquellen ersetzt werden; auch die Beobachtung der Hauptverhandlung durch den Angeklagten aus einem Nebenraum mittels einer Bild-Ton-Übertragung modifiziert nicht die gesetzlich umschriebene Verpflichtung.[860]

900   Um den **Informationsanspruch des Angeklagten**, der für eine sachgerechte Verteidigung notwendig ist, nicht zu verletzen, soll er nachträglich auf den Wissensstand aller anderen Beteiligten gebracht werden. Der Prozessbericht kann niemals absolut vollständig sein, weshalb der Vorsitzende sich auf Wesentliches beschränken soll. Da er allerdings die Beweiseinschätzung des Angeklagten nicht kennt, darf er die Bewertung dieser Wesentlichkeit nicht auf seine eigene Sichtweise stützen. Im Zweifel ist daher der Bericht umfangreich zu fassen. Können nicht verbalisierte Reaktionen des Zeugen Auswirkungen auf die Urteilsfindung haben, sind sie mitzuteilen. Vom Vorsitzenden für unwichtig gehaltene Details können vom Angeklagten nachgefragt werden; ebenso kann der Verteidiger Ergänzungen zu von ihm als relevant erachteten Komplexen erbitten.

901   Für die Verteidigung ergibt sich hier eine der seltenen Möglichkeiten, zeitnah die Art der Rezeption einer Zeugenaussage durch das Gericht in Erfahrung zu bringen. Der Bericht wird voller offener oder versteckter Wertungen sein. Der Vorsitzende wird selektieren und dadurch gleichzeitig zu erkennen geben, was ihm unwichtig erscheint. Er wird zusammenfassend formulieren, und in den gewählten Worten der Zusammenfassung sein Verständnis von Relevanz, u.U. auch Glaubhaftigkeit andeuten. Er wird z.T. wörtlich den Zeugen zitieren, und der Verteidiger kann sicher sein, dieses Zitat an prominenter Stelle im späteren Urteilstext wiederzufinden.

Daneben bietet gerade die zwangsläufig verkürzte Zusammenfassung den Ansatz für eine ansonsten in dem Verfahrensverlauf kaum mögliche Diskussion zwischen Verteidigung und Gericht. Verteidigung muss sich gerade nicht mit dem Gehörten zufrieden geben, sondern kann das eigene Verständnis der Zeugenaussage darlegen und den Vorsitzenden bitten, entsprechend der eigenen Vorgabe den Mandanten zu unterrichten. Verweigert der Vorsitzende dies mit dem Hinweis, er habe den Zeugen anders verstanden, ist dies u.U. der Beginn einer Verständnisdiskussion, an deren Ende womöglich die abermalige Vernehmung des bereits entlassenen Zeugen steht.

902   Im Ergebnis muss der Angeklagte seine Verteidigung mit den erhaltenen Informationen einrichten können. Er muss in jedem Fall Gelegenheit haben, ergänzende Fragen an den Zeugen zu stellen oder stellen zu lassen.[861] Erst recht muss die Unterrichtung vor der Fortsetzung der Beweisaufnahme erfolgt sein.[862] Ist die Vernehmung des in Abwesenheit vernommenen Zeugen unterbrochen worden, so hat sofort eine Information über den bislang vorliegenden Verlauf der Vernehmung zu erfolgen, bevor andere Beweisaufnahmen beginnen.[863] Eine besondere Form der Unterrichtung ist vom Gesetz nicht vorgesehen, als wesentliche Förmlichkeit ist sie zu protokollieren.[864]

Die Reihenfolge der Fragesteller

903   Die Bedingungen einer Kommunikation müssen notgedrungen ihre Effektivität minimieren, wenn z.B. der Befragte zu einem von ihm als identisch gefühlten Komplex wiederholt befragt wird. Auch

---

858   BGH StV 1983, 52.
859   Strittig s. hierzu BGH StV 1995, 250 mit Anm. *Steinich*; HK/*Julius* § 247 Rn. 9; *Pfeiffer* § 247 Rn. 3; *Strate* NJW 1979, 909.
860   BGH StraFo 2005, 509.
861   BGHSt 26, 218.
862   BGHSt 3, 384, 385; 38, 260.
863   BGH StraFo 2007, 118.
864   BGHSt 1, 346, 350.

die Erkundigung nach einer neuen Nuance eines bereits mehrfach geschilderten Sachverhalts wird bei dem im Gerichtsgeschehen unkundigen Befragten allzu schnell Überdruss hervorrufen. Der hierdurch produzierte reduzierte Wille zur Mitarbeit am Kommunikationsprozess wird zwangsläufig seinem Ergebnis schaden. Die Ausgangsbedingungen für die Ausübung des Fragerechts sind notwendigerweise für denjenigen verschlechtert, der als Letzter von mehreren Fragestellern in den Kommunikationsprozess eintritt.

Dass diese verschlechterten Ausgangsbedingungen ausgerechnet die Verteidigung tragen soll, lässt   904
sich weder dem Wortlaut noch dem Sinn des Gesetzes entnehmen. Eine Reihenfolge lässt sich allenfalls – außerhalb des faktisch nicht existierenden Kreuzverhörs – dem Gesetz insoweit entnehmen, als den Gerichtspersonen Vorrang zukommen soll. Die in der Praxis herausgebildete Üblichkeit, anschließend erst dem Staatsanwalt, danach möglicherweise dem Nebenkläger und Sachverständigen das Fragerecht zu übertragen, bevor als Letztes die Verteidigung einschreiten darf, kann sich auf keinen sachlichen Grund berufen. Im Gegenteil: Die meisten Zeugen sind regelmäßig bereits vom Staatsanwalt oder in dessen Auftrag von Ermittlungspersonen vernommen worden. Die von dem Ermittlungsinteresse geprägten Vernehmungsprotokolle sind Inhalt der Akten und Leitlinien der Anklage und damit auch regelmäßig des Vernehmungskonzepts des Gerichts geworden. Es entspricht der Idee einer effektiven Beteiligung der Verteidigung an der Beweisaufnahme, ihr in dieser Situation zu einem frühestmöglichen Zeitpunkt die Gelegenheit zu geben, Alternativaspekte in einer Zeugenvernehmung zu entwickeln.

Eine solche Chance verringert sich bei dem Zeugen, bei dem durch die Art einer eindimensionalen   905
Befragung die Vorstellungen vom Vernehmungsgegenstand – möglicherweise irreversibel – verfestigt werden. Ein Hinterfragen der die Anklage und damit auch dem durch das Gericht geleiteten Verlauf der Hauptverhandlung strukturierten Vernehmungsergebnisse lässt sich nur bei einem Zeugen erzielen, der bereit ist, als Kommunikationspartner aktiv Alternativen seiner bisher dargestellten Wahrnehmung zu erarbeiten.

Während nichts für eine Berechtigung der Staatsanwaltschaft zur Verfestigung ihrer Ermittlungs-   906
ergebnisse durch eine frühzeitige Vernehmung des Zeugen in der Hauptverhandlung spricht, darf aus dem Recht der Verteidigung auf eine effektive Ausübung des Fragerechts abgeleitet werden, Fragen an den Zeugen unmittelbar im Anschluss an die gerichtlichen Fragen zu stellen.[865]

> Die Reihenfolge der Befragung beinhaltet damit eine Machtposition bei den Verfahrensbeteiligten, um   907
> die es sich durch Antragstellung zu kämpfen lohnt. Derjenige, der den Zeugen z.B. erstmalig mit bereits
> vorliegenden Ergebnissen der Beweisaufnahme im Wege des Vorhalts konfrontiert, kann durch die Art
> der Darstellung der vorgehaltenen Ergebnisse eine erste Festlegung des Zeugen selbst erzeugen, deren
> Selbstbindung die Befragung der weiteren Beteiligten dominiert.

Der durch die Verteidigung erbetene zusammenhängende Bericht

Verspricht der durch keinerlei Fragevorgaben beeinflusste Bericht des Zeugen zu einer bestimmten   908
Thematik nach gesetzlicher Einschätzung bereits einen optimalen Schritt zur Ausschöpfung des Beweismittels Zeuge, spricht wenig für die Beschränkung dieser gesetzlich geregelten idealtypischen Situation. Das Gesetz beschreibt die Darstellung des Vernehmungsgegenstandes lediglich durch den Vorsitzenden und die anschließende Entgegennahme des Berichts zu diesem Gegenstand. Nach dieser Struktur verbleibt der Verteidigung nur, die »notfalls« vorgesehenen Fragen zu stellen. Ist allerdings die Vernehmungskonzeption der Verteidigung darauf ausgerichtet, den Zeugen mit einem völlig anders gearteten Vernehmungsgegenstand – der zulässigerweise zur Sache gehört – zu konfrontieren, kann die Kommunikation nicht auf Fragen und Antworten beschränkt sein. Die Aufforderung zu dem vom Gesetz favorisierten zusammenhängenden Bericht des Zeugen muss daher

---

865 Dass auch die richterliche Praxis dies begrüßen kann, zeigen: *Wendler/Hoffmann* Technik und Taktik
     der Befragung im Gerichtsverfahren 2009, Rn. 14.

auch der Verteidigung möglich sein, wenn er erstmalig einen bislang nicht erörterten Themenbereich anspricht.

Sitzpositionen

909   Löst man sich von der Vorstellung eines abstrahiert intellektuellen Vorgangs und akzeptiert Frage und Antwort auch im Strafprozess als komplexen und dynamischen zwischenmenschlichen Kommunikationsvorgang, lassen sich unschwer Minimalstandards für eine solche Kommunikation und damit weitere Ausprägungen des Fragerechts konturieren.

910   Auch wenn die psychologischen Wissenschaften sich längst von der Illusion verabschiedet haben, die Lüge an der Nasenspitze des Zeugen ablesen zu können,[866] bleibt der optische Kontakt zwischen den Kommunikationspartnern Essential des gesamten Vorgangs. Das räumliche Verhältnis von Fragendem und Befragtem zueinander und die damit signalisierte Aufschlüsselung der gegenseitigen Zuordnung prägt die Kommunikationssituation. Weit über den »Inhalt« der Antworten hinaus können nonverbale Signale des Zeugen die vom Fragesteller geleitete Dynamik des Gesprächs vorantreiben. Ablenkungsbemühungen, Unsicherheiten oder Entschlossenheiten lassen sich häufig sehr viel stärker an der Mimik, der allgemeinen Körperhaltung oder der – zum Teil nur minimalen – Gestik aufschlüsseln als über den eigentlichen Wortlaut.

911   Für die polizeiliche Vernehmungsarbeit ist selbstverständlich, dass die Effektivität der Kommunikation maßgeblich durch die Beziehung des Vernehmenden zum Vernommenen und damit auch von ihrer räumlichen Zuordnung gestaltet wird, »Vernehmungsarbeit ist Beziehungsarbeit«.[867] Das »vollständige Beobachten (einschließlich aller Gesten und sonstigen körperbezogenen Verhaltensweisen und -veränderungen)«[868] ist hierfür unabdingbare Voraussetzung.[869]

912   Die Beherrschung der Kommunikationssituation im Frage-Antwort-Ritual des Strafprozesses ist die unbedingte Voraussetzung zur Erreichung von Verteidigungszielen bei der Zeugenvernehmung. Die Entschlüsselung von Reaktionen des Zeugen auf Fragen oder plötzliche Wendungen des Vernehmungsgesprächs sind dabei ebenso wichtig wie die Einordnung der wahrgenommenen Verhaltensweisen des Zeugen. Das Erröten, das Zittern der Hand, das Zucken von Augenbrauen sind die klassischen und überdeutlichen Signale, die nahezu niemandem im Gerichtssaal entgehen. Sehr viel wichtiger für den Verteidiger sind nur minimal angedeutete körperliche Veränderungen – im Gesichtsbereich und insbesondere als Ausdruck des gesamten Körpers[870] –, die Aufschluss des Zeugen über dessen Verarbeitung der Vernehmungssituation geben.

913   Das »Lesen« derartiger Gefühle beim Kommunikationspartner hat sich in den letzten Jahrzehnten zu einem seriösen wissenschaftlichen Zweig der Psychologie entwickelt. Auch wenn sich manche Anleitungsbücher unter Berufung auf diese Forschungen in ihrer Trivialität am Rande der Scharlatanerie bewegen, kann Verteidigung aus den Ergebnissen wissenschaftlicher Tests sinnvolle Anhaltspunkte für die Gestaltung des eigenen Kommunikationsverhaltens gewinnen.

914   Insbesondere der Nestor dieser Forschung, *Paul Ekman* von der University of California in San Francisco hat durch Jahrzehnte lange Forschung von Kultur und Sozialisation unabhängige Allgemeingültigkeiten

---

866   *DePaulo/Lindsay/Malone/Muhlenbruck/Charlton/Cooper* 2003, Cues to deception, Psychological Bulletin 129, 74–112.

867   *Mohr/Schimpel/Schroer* Die Beschuldigtenvernehmung 2006, S. 5.

868   *Heubrock/Palkies* Der Rapport, KRIMINALISTIK 2008, 602 ff.

869   Zum »Vernehmungssetting« aus Verteidigersicht s. *Gerst* Zeugen in der Hauptverhandlung, 2. Aufl. 2020, Teil 1 Rn. 47 ff.

870   *Aviezer/Trope/Todorov* Body Cues, not facial expressions, discriminate between intense positive and negative emotions, Science Vol. 338 no. 6111, 1225–1229, 2012, zeigen, dass der isolierte Gesichtsausdruck sehr viel weniger Rückschlüsse auf – zumindest intensive – emotionale Befindlichkeiten zulässt als die Kombination mit gesamtkörperlichem Verhalten.

für die Zusammenhänge zwischen Emotionen und Gesichtsausdrücken gefunden.[871] Um einige Beispiele zu nennen: Die Mimik von Trauer äußert sich an den leicht heruntergezogenen Mundwinkeln, an gespannten Lippen und hohen Augenbrauen. Ärger und Zorn verdeutlichen sich in zusammengezogenen Augenbrauen ebenso wie in – oft – fest zusammengebissenem Kiefer; die Lippen werden schmal. Leicht nach oben gezogene Augenlider können Überraschung ebenso signalisieren wie Aufmerksamkeit oder allgemeines Interesse. Das kurzfristige Weiten der Augen ist ein Anzeichen für Überraschung, während das längere Öffnen Rückschlüsse auf Sorge und Angst zulässt. Gleiches lässt sich bis ins Detail für Emotionen von Ekel, Verachtung, Vergnügen oder offener Freude ableiten.[872]

Dass solche Schematisierungen und das allgemeine Alltagswissen eine sehr beschränkte Grundlage für die Erkenntnisse des Kommunikationspartners bieten, folgt aus der Einsicht, dass Mimik oft bewusst gestaltet und damit auch zur »Maskierung« der dominierenden Gefühle eingesetzt wird. Das höfliche Lächeln von Dienstleistenden ist jedem ebenso geläufig wie ein freundliches Reagieren entsprechend gesellschaftlicher Konventionen: Mit ehrlicher Freude des Gesprächspartners hat dies regelmäßig wenig zu tun. 915

Die Wissenschaft hat die Konvention von der Emotion separiert: Echte Freude erfasst nicht nur die Mundpartie des Gesichts mit einem gewinnenden Lächeln, sondern erstreckt sich auch auf nicht steuerbare Muskelpartien, die ringförmig um die Augen verlaufen. Die Abwesenheit der unwillkürlichen Muskelbewegungen nimmt dem Lächeln das Anzeichen der positiven Emotion. 916

Das Beispiel dokumentiert, dass auch für die Wissenschaft angesichts der Komplexität der Vorgänge das Lesen von Emotionen eine schwierige Aufgabe ist. Obwohl Gegenteiliges versichert wird, erscheint das Erlernen einer solchen Lesefähigkeit auch für die praktischen Belange einer gerichtlichen Befragung sehr fragwürdig. Denn die menschlichen Verdeckungsstrategien ihrer wahren Emotionen erfahren noch eine weitergehende Steigerung: 917

Spontane emotionale Reaktionen auf eine Gesprächssituation sind möglicherweise in der Mimik des Befragten ablesbar – dies allerdings nur für Bruchteile von Sekunden. Die Wissenschaft nennt sie Mikroausdrücke.[873] Menschen gelingt es offensichtlich nicht, das Abbild ihrer Emotionen in ihrer Mimik zu verhindern. Sie haben aber die Fähigkeit, diese verräterische Mimik blitzschnell zu verschleiern. Wissenschaftler entlarven diese Verschleierungstaktik mit Super-Zeitlupenkameras. Der Beweis des Nutzens dieser Erkenntnisse in Echtzeit steht noch aus. 918

Bei allen möglichen und notwendigen Erkenntnissen aus der Wahrnehmung der Mimik des Befragten bleibt die Vorsicht bei einer Schlussfolgerung angeraten. Auch wahrnehmbare Zeichen der Überraschung, Angst oder Verunsicherung geben noch keine Antwort auf den Anlass dieser Emotion. Insbesondere ist der Rückschluss der erkennbaren Verunsicherung auf die Unwahrheit des Dargestellten grundsätzlich falsch. 919

Emotionen haben die unterschiedlichsten Gründe. Die Lüge lässt sich nicht allein an der Nasenspitze oder den Mundwinkeln ablesen, sondern bedarf auch in der Analyse der emotionalen Beteiligung des Zeugen weitergehender Aspekte.[874]

Die Gewährleistung eines ausreichenden optischen Kontakts ist damit notwendigerweise Teil des Fragerechts insbesondere der Verteidigung. Nicht die Gerichtssaal-Architektur vergangener Jahrhunderte ist damit maßgebliche Vorgabe für Sitzpositionen von Verfahrensbeteiligten, sondern die Realisierung von Befragungsrechten. Auch festgeschraubte Zeugentische sind kein Hindernis, wenn 920

---

871 S. zusammenfassend *Ekman* Gefühle lesen – Wie Sie Emotionen erkennen und richtig interpretieren, 2. Aufl. 2011; englischer Titel: Emotions Revealed.

872 www.paulekman.com.

873 *Gladwell* Blink! Die Macht des Moments (englisch: The Power of Thinking) 2005.

874 So ausführlich *Ekman* Gefühle lesen, Kapitel 10 »Lügen und Emotionen«, S. 294 ff.; gleichzeitig versucht *Ekman* allerdings seine frühere zweifelhafte These aufrechtzuerhalten, dass zumindest nach umfassenden Informationen über den Hintergrund der emotionalen Befindlichkeit des Zeugen eine Lüge durchaus absehbar sei – so *Ekman* Weshalb Lügen kurze Beine haben. Über Täuschungen und deren Aufdeckung im privaten und öffentlichen Leben (englisch: Telling Lies) 1989.

besondere Umstände wie die hohe Anzahl an Beteiligten diese Beobachtung verhindert. Eine dies ermöglichende Platzzuweisung durch den Vorsitzenden kann Inhalt eines Antrages sein, dessen Ablehnung nach § 238 Abs. 2 in der Hauptverhandlung und gegebenenfalls als essenzielle Verteidigungsbeschränkung in der Revision gerügt werden kann.

Die ununterbrochene Fragesituation

921 Nicht nur der räumliche Rahmen ist Voraussetzung für die Beziehungsarbeit in der Kommunikation. Die Förderung der Auskunftsbereitschaft, die Stimulanz zur Optimierung des Abrufs von Erinnerungen oder die Aufdeckung von Widersprüchen lässt sich oft nur über die Dynamik einer Gesprächsentwicklung begreifen. Diese erfordert Zeit. Das Fragerecht kann sich daher nicht in der Präsentation isolierter Fragen erschöpfen, vielmehr muss sie dem Fragesteller auch die Gelegenheit geben, eine solche Gesprächsdynamik lenkend zu entwickeln.

922 Die Dynamik der Befragungssituation kann auf einem ausgeklügelten Vernehmungskonzept des Verteidigers beruhen, sie kann sich auch unvorhergesehen entwickeln. In jedem Fall hat der Fragesteller einen Anspruch auf die Teilhabe an dieser Entwicklung. Da die Rollenverteilung zwischen Fragesteller und Auskunftspersonen im Prozess fixiert ist, bedeutet Teilhabe gleichzeitig auch Lenkung des Vorgangs.[875]

923 Es ist die allein sich aus dem Fragerecht ergebende Entscheidung des Fragestellers, wie und wann er Themenbereiche vertiefen will, wann er Widersprüche aufzeigt oder wie lange er den mutmaßlich lügenden Zeugen in eine »Sackgasse« laufen lässt, um erst dann – wenn überhaupt in der Fragesituation – unüberbrückbare Widersprüche aufzudecken.

924 Der rechtliche Gehalt des Konfrontationsrechts der Verteidigung bezieht sich zwangsläufig auf die gesamte Kommunikationssituation. Die Idee, dass die Ausübung des Fragerechts nur anhand einzelner Fragen beurteilt werden kann, scheitert schon an den psychologischen Grundvoraussetzungen dieser Kommunikation.

925 Allein die Reihenfolge der Fragen kann zu einer völlig unterschiedlichen Gesprächssituation und in der Folge veränderten Antworten führen. Es ist eine Folge des Ankereffekts, der die Antwort auf eine zweite Frage vom Inhalt der zuvor gehörten ersten Frage abhängig werden lässt. Wird ein Ehemann in mittleren Jahren zunächst gefragt, wie glücklich er sich fühlt, wird eine regelmäßig optimistisch geprägte Antwort erfolgen. Die zweite Frage nach der Häufigkeit des ehelichen Geschlechtsverkehrs wird ebenso oft eine Antwort zur Folge haben, die ein negatives Abweichen vom gedachten Idealzustand aufscheinen lässt. Verändert man die Reihenfolge der beiden Fragen, wird der negativ gefärbte Anker der Antwort zum Thema Sex zumeist auch eine veränderte Antwort zur Frage der allgemeinen Lebenszufriedenheit verursachen.[876] Einzelne Fragen und Antworten können nicht isoliert bewertet werden, wenn der gesamte Kommunikationsprozess für das Ergebnis der Beweisaufnahme entscheiden ist.

926 Die Effekte dieser von der Verteidigung gesteuerten Entwicklung werden gefährdet oder gar zerstört, wenn der Kommunikationsprozess von außen unterbrochen wird. Ist Lenkung der Gesprächssituation Teil des Fragerechts der Verteidigung, so muss deren Störung durch das Gericht außerhalb der gesetzlich vorgesehenen Beanstandungen eine Verletzung des Fragerechts darstellen.

927 Die Befragung der Verteidigung produziert häufig auch aufseiten des Gerichts neue Ideen zur ergänzenden Zeugenbefragung. Grundsätzlich hat das Gericht diese Ideen bis zum Abschluss der Befragung durch die Verteidigung zurückzustellen. Ein Intervenieren des Gerichts allein in der Absicht, das Fragerecht wieder an sich zu ziehen, stellt einen unzulässiger Entzug des Fragerechts der Verteidigung dar.

---

875 Für ein Recht auf Entwicklung einer Fragestrategie spricht sich auch die richterliche Literatur aus, s. z.B. *Drees* NStZ 2005, 184, 185.

876 S. zu diesem Beispiel schon *Strack/Martin/Schwarz* Priming and Communication, European Journal of Social Psychology, 18 (1988), 429 – 442.

Es ist meist die pure Neugier in Kombination mit eingeschliffenem Dominanzverhalten des Vorsitzen- 928
den, die ihn unmittelbar nach Kenntnis einer neuen Thematik wieder das Wort an den Zeugen richten
lässt. Hier reicht oft die Frage des Verteidigers »Herr Vorsitzender, haben Sie mir das Wort entzogen?«,
um diesem die die Verteidigung beeinträchtigenden Ausmaße seines Vorgehens zu verdeutlichen.

Im Gegensatz hierzu wollen Vorsitzende oft der Verteidigung keinen Anspruch auf eine ungestörte 929
Befragung zubilligen. Statt einer Begründung wird lediglich eine BGH-Entscheidung zitiert.[877] Diese
Entscheidung propagiert allerdings gerade nicht das Recht des Vorsitzenden, jederzeit die Befragung
wieder an sich zu ziehen. Vielmehr spiegelt die Entscheidung lediglich eine der denkbaren Ausnahme-
mesituationen wider, in denen ein bedeutsames anderes prozessuales Geschehen Vorrang vor der
ununterbrochenen Kontinuität der Fragestellung haben kann.[878] Ob – wie in der BGH-Entscheidung – die erstmalige Ankündigung eines Mitangeklagten zur Abgabe einer Einlassung ausgerechnet
während einer Zeugenbefragung durch den Verteidiger ein ausreichender Anlass zur Unterbrechung
der Befragung darstellen kann, mag zweifelhaft sein. Das richterliche Einschreiten bedarf jedenfalls
einer den Vorrang begründenden sachlichen Berechtigung. Sie ist die Ausnahme und kann niemals
auf einen wie auch immer gearteten Vorrang richterlicher Befragung gestützt werden.

Der Eingriff des Fragestellers in die Antwort

Lenkung der Kommunikation als notwendiger Inhalt des Fragerechts umfasst einen weiteren Aspekt. 930
Kein Fragesteller hat die Pflicht, sich in die Hand der Formulierungskünste eines Zeugen zu begeben. Der Strafprozess verschafft dem Fragesteller die Autorität der Vernehmungsleitung. Ebenso wie
er den Zeugen auffordern kann, bestimmte hierfür geeignete Fragen mit einem »ja« oder »nein« zu
beantworten, kann er eingreifen, wenn der Zeuge in seiner Antwort einer Frage offensichtlich aus-
weicht oder diese missverstanden hat. Der Fragesteller hat nicht die Pflicht, sich geduldig einem
mehrminütigen Monolog des Zeugen hinzugeben. Andere zuhörende Verfahrensbeteiligte einschließlich des Gerichts haben keinen Anspruch auf die Vollständigkeit dessen, was der Zeuge als Antwort
auffasst. Ihre Rechte sind nicht beschränkt, da sie anschließend ihr Erkenntnisinteresse durch (abermalige) Wahrnehmung des eigenen Fragerechts realisieren können.

Das Recht zur Fragestellung beinhaltet damit auch das Recht zur Gesprächsführung. Die Gewährung des Fragerechts umfasst die Übertragung der Kommunikationskompetenz.

Fremdsprachen

Die Optimierung der Kommunikationsergebnisse erfordert ein Eingehen des Fragestellers auf das 931
Denk- und Sprachniveau des Befragten. Dieselbe Sprache ist wichtige Voraussetzung für spontane
Reaktionen, Vermeidung von Missverständnissen und Gestaltung eines Gesprächsduktus. Die Fil-
terung durch Dolmetscher minimiert die Kommunikationsmöglichkeiten.

Dass der Strafprozess auf die Möglichkeit der Optimierung einer Befragung verzichten will, ist nicht 932
erkennbar. Dem Fragesteller sollte es daher gestattet sein, die fremde Sprache des Befragten zu benut-
zen, sofern er diese beherrscht. Unterschiedliche Kompetenzen der Verfahrensbeteiligten erträgt der
Prozess auch an anderen Stellen. Nicht nur die Antwort, sondern auch die Frage wäre in diesem Fall
vom Dolmetscher zu übersetzen, um der Forderung der deutschen Gerichtssprache Genüge zu leisten.

d) Unzulässige Fragen

Unterbrechungen muss der Verteidiger nur dann hinnehmen, wenn der Vorsitzende einzelne Fragen 933
wegen Unzulässigkeit zurückweisen will (§ 241 Abs. 2), oder dies durch einen anderen Verfahrensbeteiligten beantragt wird. Unzulässig sind **ungeeignete oder nicht zur Sache gehörende Fragen.**

---

877 BGH NStZ 1995, 143 = StV 1995, 172 mit z.T. missverständlichen, sehr allgemeinen Formulierungen.
878 Dies ist mittlerweile auch h.M. der Kommentarliteratur, s. z.B. KK/*Schneider* 8. Aufl., § 240 Rn. 8;
       Meyer-Goßner/Schmitt § 240 Rn. 9; AnwK-StPO/*Sommer* § 240 Rn. 9; OLG Hamm StV 1993, 462.

Geeignet sind alle Fragen, die einen Beitrag zur Aufklärung eines Sachverhalts liefern können. Das Aktionsfeld der Fragemöglichkeiten ist damit sehr viel weiter als das des Beweisantrags. Parallele Begründungen in der Zurückweisung im Hinblick auf den Begriff der Geeignetheit in § 244 Abs. 3 verbieten sich.[879] Insbesondere kommt im Rahmen des § 241 die Zurückweisung einer Frage grundsätzlich nicht in Betracht, nur weil der Vorsitzende diese für unerheblich oder bedeutungslos hält.[880] Ob Antworten für die Entscheidung von Bedeutung sind, kann ohnehin regelmäßig vom Gericht erst dann bewertet werden, wenn es die Antworten gehört hat.[881]

Normative thematische Frageverbote – § 68a StPO

934 Aus Gründen des Zeugenschutzes normiert das Gesetz Fragebereiche, die dem Fragesteller (zunächst) verschlossen sein sollen. So darf der Zeuge nicht nach Tatsachen gefragt werden, die ihm oder anderen **»zur Unehre gereichen«** können oder den persönlichen Lebensbereich betreffen. Fragerestriktionen gelten auch zum Thema der Zeugenbeziehung zum Beschuldigten oder Verletzten oder zu seinen eigenen Vorstrafen. Gemeinsam ist allen Beschränkungen, dass sie nicht absolut gelten, sondern das angeführte Geheimhaltungsinteresse des Zeugen abgewogen wird gegen das gerichtliche Aufklärungsinteresse. Unzulässig sind Fragen zu den tabuisierten Themenbereichen nur dann, wenn sie nicht »unerlässlich« oder »erforderlich« sind.

935 Die Zulässigkeitsentscheidung zu jeder einzelnen Frage hängt damit von einem Abwägungsprozess ab. So problematisch ein solcher individueller Abwägungsprozess im Hinblick auf die Klarheit prozessualer Strukturen ist, so konsequent ist die hieraus erwachsene Verteidigungsstrategie. Es gibt zu den problematischen Themenbereichen keine Frage, die erkennbar von Beginn an an Zulässigkeitshürden scheitern muss. Allein um die Akzeptanz der selbst produzierten Beweisergebnisse nicht zu gefährden, wird auch der fragende Verteidiger seinen Respekt gegenüber dem Recht des Zeugen deutlich machen, seinen engsten persönlichen Lebensbereich nicht auf dem Zeugenstuhl offenlegen zu müssen. Auch die Verteidigung schützt die Intimsphäre des privaten Bereichs, die jedem Bürger zur Entfaltung seiner Persönlichkeit gewährleistet sein muss. Die schlichte Erniedrigung des Zeugen durch Bloßstellung kann und darf nicht das Ziel von Verteidigung sein.

Die Verteidigung muss aber auch deutlich machen, dass zur Aufklärung des Sachverhalts und insbesondere zur Verhinderung eines Fehlurteils gelegentlich sehr intime Fragenbereiche zwangsläufig angesprochen werden müssen.

936 Die Frage nach sexuellen Gewohnheiten einer Zeugin dürfte zwar im Regelfall den Themenverbot des § 68a unterfallen. Die Grenzen verschieben sich allerdings entscheidend, wenn ein Sexualdelikt in Rede steht. Ist die Zeugin das Opfer und beispielsweise die Frage der Einvernehmlichkeit eines Geschlechtsverkehrs strittig, so sind nicht nur die intimsten Details des die Tat ausmachenden sexuellen Vorgangs zu erfragen. Von der Zeugin behauptete Ungewöhnlichkeiten oder Widerwilligkeiten lassen sich in ihrer Glaubhaftigkeit erst dann aufklären, wenn auf der anderen Seite der Maßstab der Üblichkeit bei der Zeugin erhellt werden kann.

937 Da letztlich alle Indiztatsachen für die Entscheidung eines Verfahrens von Bedeutung sein können und die Glaubwürdigkeit einer Person regelmäßig Gegenstand der Beweiswürdigung ist, lassen sich im Ergebnis kaum Fragen zum persönlichen Lebensbereich des Zeugen zurückweisen, die auch nur mittelbar in die gerichtliche Würdigung einfließen können. In Extremfällen kann die Zulässigkeit der Frage mit dem Hinweis aufrechterhalten werden, dass bei der Beantwortung die Öffentlichkeit ausgeschlossen und somit die Verletzung der Intimsphäre durch die Zeugenantwort entscheidend reduziert wird.

938 Trotz des allseits propagierten rechtpolitischen Ziels des »Opferschutzes« vor Gericht und trotz der Intention des § 68a, den persönlichen Lebensbereich des Zeugen zu schützen, bleibt die Vorschrift aus Zeu-

---

879 BGH StV 2008, 59; NJW 2007, 709; NStZ 2008, 173.
880 BGH StV 1984, 60; 1993, 171; 2001, 435.
881 BGH NStZ 1985, 184.

gensicht ein »zahnloser Papiertiger«.[882] Das Gesetz zementiert den Vorrang der Sachverhaltsaufklärung gegenüber dem Interesse des Zeugen an der Bewahrung seines Intimlebens.[883]

Eindeutigere Grenzen meint die Rechtsprechung ziehen zu können, wenn sie bei der Frage nach **939** **Vorstrafen** deren indizielle Bedeutung für die Beweiswürdigung auf Ausnahmefälle verkürzen will.[884] Auch hier dürfte sich im Einzelfall allerdings Argumentationspotenzial für die Verteidigung ergeben.

Es sind nicht nur Aussagedelikte, die Rückschlüsse auf die aktuelle Wahrheitsliebe des Zeugen zulassen. **940** Glaubwürdigkeitsaspekte lassen sich auch aus entfernt liegenden Zusammenhängen herleiten. Belegen rechtskräftig Vorverurteilungen einen mangelnden Respekt des Zeugen vor bestimmten Rechtsgütern, so lässt sich unter Umständen aus dieser Tat eine grundsätzliche Einstellung ableiten, die auch den Umgang mit der Wahrheit berührt. Ein allgemeines Verbot von Fragen nach Vorstrafen, die nicht Aussagedelikte betreffen, ist damit nicht vereinbar.

Fragen zu Wertungen und Emotionen des Zeugen

Die Befragung eines Zeugen ist auf die Wiedergabe seiner Wahrnehmungen angelegt. Allein dies ist **941** das legitime Prozessziel. Meinungsäußerungen, reine **Werturteile**,[885] persönliche Einschätzungen oder gar rechtliche Beurteilungen eines Zeugen sind für das Verfahren normalerweise irrelevant. Fragen, die allein hierauf abzielen, sind daher ungeeignet.[886] Gleiches gilt für Fragen, die sich auf Vorstellungen eines anderen Menschen beziehen, über die ein Zeuge Auskunft geben soll.[887] Wahrnehmungen des Zeugen können sich lediglich auf äußere Anhaltspunkte beziehen, aus denen das Gericht Rückschlüsse beispielsweise auf subjektive Einstellungen ziehen kann.

Die Frage »Wie finden Sie das Verhalten des Angeklagten?« kann daher ebenso zurückgewiesen werden **942** wie »War das schon ein Betrug?« Das unzulässige distanzierte Bewerten hängt jedoch sehr oft unmittelbar mit der eigenen Befindlichkeit des Zeugen während oder nach seiner Wahrnehmung zusammen. Beeinflusst die Emotion die Wahrnehmung und Wiedergabe, ist die Überprüfung dieses Qualitätsgesichtspunktes eines Beweismittels legitimes Aufklärungsziel. »Hatten Sie Angst?« ist als Frage daher ebenso berechtigt wie »Wie empfanden Sie damals das Verhalten des Angeklagten?« Rechtliche Überzeugungen – wenn Sie auch für die rechtliche Bewertung des Gerichts keine Rolle spielen – offenbaren ebenso eine Prägung des Zeugen, die kognitionspsychologisch die Aufnahme und Verarbeitung äußerer Reize beeinflusst. Innere Empörung oder Gelassenheit des Zeugen gilt es daher festzustellen, wenn gefragt wird: »War dieses Vorgehen des Angeklagte für sie schon ein strafbarer Betrug?«

Der geschickt und differenziert agierende Fragesteller wird dieses Zulässigkeitshindernis der Frage unschwer umgehen.

Wiederholungsfragen

Eine klare Grenzziehung bei der Zulässigkeit meint die höchstrichterliche Rechtsprechung vornehmen **943** zu können: »Wiederholungsfragen« können nichts zur Wahrheitsfindung beitragen, da sie bereits beantwortet wurden.[888] Diese prägnante Logik scheint nicht beanstandenswert. Fragesteller bemühen sich daher in der Praxis, dem Vorwurf der Wiederholungsfrage dadurch zu entgehen, dass einem bereits angesprochenen Themenbereich eine kleine noch nicht behandelte Nuance abgerungen wird, um auf diesem Wege dem Zeugen Gelegenheit zu geben, jedenfalls teilweise bereits Bekundetes abermals in seine erneute Antwort einfließen zu lassen. Wiederholte Wiedergaben des Zeugen zum selben Sachverhaltskomplex sind daher heute selbstverständliche Erlebnisse in gerichtlichen Beweisaufnahmen.

---

882 *Gleß* Die Würde des Zeugen ist antastbar? Paeffgen-FS 2015, S. 703 ff., 710.
883 *Weigend* Gutachten C für den 62. DJT, 1998, C 14.
884 BGH NStZ 2001, 418.
885 Zur Unzulässigkeit der Fragen: BGH NJW 2003, 150; BGH StV 1984, 61.
886 BGHR StPO § 241 Abs. 2 Zurückweisung 9.
887 BGH NJW 1992, 2838.
888 BGHSt 2, 284 = BGH NJW 1952, 714.

944 Keine Wiederholung sind Detaillierungen allgemeiner Zeugenaussagen. Die vorhergehende Aussage »Ich war noch niemals in meinem Leben in Italien!« verbietet nicht die konkretisierende Frage »Kann es sein, dass Sie am 15. Januar des vergangenen Jahres in Bozen waren?« Die scheinbare Wiederholungsfrage dient der Klärung der Reichweite der vorhergehenden Aussage,[889] möglicherweise der Präzisierung der geografischen Kenntnisse des Zeugen.

Keine Wiederholung ist auch die Frage an einen Zeugen, die dieser im selben Verfahren bereits zuvor in der Verfahrensrolle des Mitangeklagten beantwortet hatte. Dies folgt schon aus der unterschiedlichen rechtlichen Gestaltung der Wahrheitspflicht.[890]

945 Wiederholungen sind auch nicht – wie der BGH anzunehmen scheint – unnütz und schlicht zeitraubend. Die aussagepsychologischen Maßstäbe zur Glaubhaftigkeit von Zeugenaussagen legen einen großen Wert auf die Konstanz von Aussagen, d.h. die Identität von verschiedenen Aussagen zum selben Sachverhaltskomplex.[891] Eine solche Konstanz lässt sich nicht nur anhand zeitlich auseinanderliegender Vernehmungen ermitteln, vielmehr bietet hier die gerichtliche Vernehmung mit unterschiedlichen Fragestellern ebenfalls ausreichende Anhaltspunkte.[892]

946 Die aussagepsychologische Forderung zur Vernehmung als »kognitives Interview«[893] gibt ebenfalls Anlass, den Ausgangspunkt des BGH zu hinterfragen. Als Methode der Aufdeckung von Verzerrungen der menschlichen Wahrnehmung wird dort beispielsweise empfohlen, den Zeugen aufzufordern, wiederholt den bereits geschilderten Sachverhalt zu berichten, allerdings unter modifizierten Bedingungen, beispielsweise durch bewusste Änderung der Perspektive oder der zeitlichen Reihenfolge. Methodisch »ungeeignet« kann nach diesen Erkenntnissen allenfalls noch eine Fragestellung sein, die angesichts ihrer vollständigen Identität mit einer bereits gestellten Frage dem Zeugen nicht einmal die Möglichkeit bietet, Reflexionen zu fördern oder ihm eine andere Qualität der Abrufhilfe zur Verfügung zu stellen.

947 Eine Differenzierung der Rechtsprechung tut schon deshalb Not, weil sie sich in ihrer Beschränkung nur auf die richterliche Aufklärungspflicht bezieht. Hält der Vorsitzende seine eigene Befragung für erschöpfend, muss jede weitere Frage zu demselben Komplex aus seiner Sicht regelmäßig überflüssig sein. Faktisch wird mit der Zurückweisung von Wiederholungsfragen damit aber u.U. das eigenständige Konfrontationsrecht des Verteidigers gem. Art. 6 Abs. 3 lit. d EMRK verletzt, das die Durchsetzung eines eigenständigen Befragungskonzepts ebenso beinhaltet wie die inhaltliche Durchsetzung einer besonders kritischen Analyse der bislang vorliegenden Zeugenaussagen (»to examine« the witness). Zur Wahrung dieses prozessualen Grundrechts sind angesichts der Reihenfolge der Befragung auch unvermeidliche repetierende Elemente der Verteidigerbefragung zu akzeptieren.

948 Dass völlig unabhängig vom wiederholenden Inhalt einer Frage die neue Kommunikationssituation durch einen neuen Fragesteller verfahrensfördernd ist, zeigt die angelsächsische Tradition des Kreuzverhörs im Parteiprozess. Es gehört zum Recht eines jeden neuen Fragestellers, eine von einem anderen gestellte Frage nochmals zu stellen. Nicht deren Zulässigkeit wird diskutiert, sondern allenfalls der psychologische Effekt auf die Jury, wenn die Glaubhaftigkeit einer Zeugenaussage durch den Anwalt provoziert wird, der auf die von ihm gestellte Wiederholungsfrage dieselbe Antwort erhält, die im Gerichtssaal schon wenige Minuten zuvor vernommen worden war.[894]

Suggestivfragen

949 Vermeintliche Sicherheit strahlt die höchstrichterliche Rechtsprechung zu einem weiteren Bereich der ungeeigneten Fragen aus: Suggestivfragen sind unzulässig, da auch sie nichts zur Wahrheitsfin-

---

889 *Wessing/Ahlbrecht* Der Zeugenbeistand 2013, Rn. 185.
890 BGH StV 1991, 99.
891 *Volbert/Steller* Die Begutachtung der Glaubwürdigkeit, in: Psychiatrische Begutachtung (hrsg. v. Foerster) 2004, S. 693 ff.
892 S. hierzu schon: *Traut/Burkhard* Verbot von Wiederholungsfragen contra Wahrheitsfindung, StraFo 2003, 38 ff.
893 *Köhnken/Kraus/v. Schemm* Das kognitive Interview, in: Handbuch der Rechtspsychologie (hrsg. von Volbert/Steller, 2008), S. 232–343; *Milne/Bull* Psychologie der Vernehmung, 2003, S. 43 ff.
894 Z.B. *Polchinski* The Cross-Examination Edge 2010, S. 24.

dung beitragen können.[895] Weder ansatzweise abstrakt noch exemplarisch konkret wird der Fachöffentlichkeit jedoch mitgeteilt, wie eine derart unzulässig suggestive Frage strukturiert ist. Schon die psychologischen Wissenschaften können das Phänomen nur allgemein als (unbewusste) Akzeptanz externer Bewertungsvorgaben[896] oder als die Förderung von Assoziationen durch selektiv kompatible Informationen erfassen. Für die rechtliche Handhabung wird die Problematik vom BGH nicht gelöst, sondern lediglich beschrieben. Der für die Entscheidung eines Prozesses oft entscheidende Bereich einer Verschränkung von Psyche und Verfahrensrecht wird nicht einmal betreten.

»Ist es nicht so, dass ...?« ist eine Formulierung, die auch jedem Strafjuristen als suggestiv erscheint.   950
Die Antwort wird dem Zeugen praktisch »in den Mund gelegt«. Seine Freiheit des individuellen Erinnerungsabrufs und dessen selbstständiger Formulierung ist hier evident durch die Lenkung des Fragestellers eingeschränkt. Wer unzulässige Lenkung vermeiden will, muss sich mit der Erkenntnis der psychologischen Wissenschaften auseinandersetzen, dass in der Kommunikationssituation der Befragung jede einzelne Frage bereits lenkenden Charakter hat. Schon die Formulierung von Fragen muss die Art des Abrufs lenken.

▶ **Beispiel:**

Die Vorgabe ist deutlich, wenn die Zeugin befragt wird »Welche Krawatte hatte der Mann   951
an?« obwohl Details der Bekleidung noch nicht erörtert sind, geschweige denn die Verwendung einer Krawatte als mögliches Accessoire. Sprachlich erkennbare Vorgaben enthält auch die Frage an die Opferzeugin einer Vergewaltigung: »Haben Sie am Abend in der Disco mit dem Angeklagten getanzt?« bringt die Zeugin trotz gleichen sachlichen Gehalts in eine andere aktivere Rolle als die Frage: »Hat der Angeklagte am Abend mit Ihnen getanzt?«

Obwohl nach einem Autounfall keinerlei Glassplitter produziert wurden, meinten zahlreiche Zeu-   952
gen, solche Splitter gesehen zu haben, nachdem sie zur Unfallsituation befragt wurden, wonach die Fahrzeuge »zusammengekracht« waren. Sehr viel weniger derartiger falscher Erinnerungen traten auf, als die Frage nur von Fahrzeugen handelte, die »zusammengestoßen« waren.[897] Die Geschwindigkeit eines Fahrzeugs wurde höher eingeschätzt, je deutlicher das bei der Frage verwandte Verb Dynamik vorgab.[898]

Werden Fragen als Mittel der Ausschöpfung des Zeugen zugelassen, kann es vor diesem Hintergrund nur um eine rechtliche Abgrenzung des Ausmaßes der Lenkung gehen.

Jede Frage enthält notwendigerweise eine Vorgabe. Sie gerät dann in den Bereich der schon äußer-   953
lich nachvollziehbaren Beeinflussung, wenn sie durch Form oder Inhalt eine bestimmte Antwort nahelegt oder wenn sie deutlich macht, welche Antwort der Fragesteller erwünscht oder wenn die Ansicht des Fragestellers in der Formulierung der Frage aufscheint. Da die Akzeptanz bereits durch Fragen vermittelter Botschaften seitens des Zeugen aufgrund des Autoritätsgefälles im Gerichtsverfahren sehr groß ist, müsste gerade hier der Anspruch formalisiert werden, das Ausmaß der Vorgaben auf das Mindestmaß des Erforderlichen eines Kommunikationsflusses zu beschränken.

---

895 *Wendler/Hoffmann* Technik und Taktik der Befragung im Gerichtsverfahren 2009, Rn. 63 halten ohne Auseinandersetzung mit der BGH-Rechtsprechung Suggestivfragen als Testfragen für nützlich und zulässig.

896 S. z.B. *Blum* Suggestive Prozesse bei der Zeugenbetreuung und -befragung, in: Deckers/Köhnken (Hrsg.), Die Erhebung von Zeugenaussagen im Strafprozess, 2. Aufl. 2014, S. 353, 355 f.

897 S. hierzu die »klassische« Untersuchung von *Loftus/Palmer* Reconstruction of automobile destruction: An example of the interaction between language and memory, Journal of Verbal Learning and Verbal Behaviour 13 (1974), 585–589; ähnlich *Loftus* Reconstructing memory, the incredible eyewitness, Psychology today 8, 116 ff., deutsch: Psychologie heute 4, 1975, 21 ff.; *Loftus* Creating false memories, Scientific American 1997, 277, 70–75.

898 *Loftus/Zanni* Eyewitness testimony, the influence of the wording of a question, Bulletin of Psychonomic Society 1975, 5, 86 ff.

954 In Anlehnung an den gesetzgeberischen Ausgangspunkt des selbstständigen Berichts kann eine Frage nur dann geeignet sein, wenn sie bar jeder Eigenbewertung in einer jede Erwartenshaltung ausschließenden Weise lediglich den anzusprechenden Themenbereich umreißt. Wird beispielsweise nach objektivierbaren Maßstäben gefragt, muss die Frage alle bewertenden Elemente des zu erforschenden Sachverhalts ausblenden. Fragen wie »wie lang (...).«, »wie kurz (...)«, »wie groß (...)«, »wie klein (...)?« lenken bereits. Beinhaltet eine Frage – und sei es nur bei einem nebensächlichen Adjektiv oder in einem Nebensatz – ein neues bislang nicht erörtertes Sachverhaltselement, ist eine solche Frage ebenfalls unzulässig, wenn nicht das Element als solches einschließlich seines Hintergrunds aufgedeckt wird. Letztendlich bedenkenlos zulässig sind lediglich solche Fragen in Form eines Gesprächsverlaufs, die unmittelbar ohne weitere Vorgaben an die bereits geäußerte Wahrnehmung des Zeugen anknüpfen.

955 Der hierdurch bedingte Fragestil ist weit entfernt von den aktuell in deutschen Gerichtssälen gepflegten Umgangsformen, die sich eher unsensibel auf allgemein gesellschaftlich erlerntes Verhalten beziehen. Suggestion minimierende Fragestellungen setzen demgegenüber eine völlige Neuorientierung der Fragekultur im Strafprozess voraus. Selbst experimentelle Baustellen sind hier noch nicht eröffnet.[899]

956 Die aktuelle Gerichtspraxis toleriert häufig Vorgaben in der Fragestellung, wenn sie sich aus der Akte ergeben. »In welche Richtung haben Sie zuerst geschaut, als Sie die Straße überqueren wollten?« wird unbeanstandet gefragt, obwohl eine Absicht des Überquerens der Straße durch den Zeugen in der gerichtlichen Vernehmung noch nicht geäußert worden war. Sie ergibt sich für den Aktenkundigen wie selbstverständlich aus Äußerungen in polizeilichen Vernehmungen. Kritik kann nur dann erfolgversprechend angebracht werden, wenn die Vorgabe als unzulässige Lenkung aufscheint. Dies wird aber nur gelingen, wenn andere subjektive Intentionen des Zeugen – bezogen auf den erfragten Zeitpunkt – möglich oder naheliegend sind und die Einseitigkeit der polizeilichen Darstellung belegbar ist.

Ebenso beliebt wie unzulässig sind polizeiliche Fragen, die durch externe Bezugnahmen Druck auf den Zeugen ausüben. »Ihr Mittäter hat doch schon ein vollständiges Geständnis abgelegt. Wollen Sie der letzte sein?« Selbst Berufungen in der Frage auf externe Quellen haben angesichts der Beschränkung der Darstellungs- und Entscheidungsfreiheit des Zeugen lenkenden Charakter. »Herr Zeuge, wir wissen beide, dass der Tatort hell erleuchtet war. Jeder, der so dicht neben dem Täter stand wie Sie muss dessen Kleidung genau gesehen haben.«

Auch in der Hauptverhandlung werden lenkende Feststellungen gerne mit dem Hinweis in Fragen mit der Motivation versteckt, die Beweisaufnahme habe dies als feststehend ergeben. Der Blick von Fragesteller, Gericht und Zeugen wird hier unzulässig verengt. Dem Zeugen, der der weitergehenden Erkenntnismöglichkeit des Fragestellers vertraut, wird die Möglichkeit erschwert, abweichende Wahrnehmungen zu präsentieren.

Semantisch sind diese Vorgaben in der Frage oft nicht auf Anhieb zu erkennen. »Haben Sie das Blut am Arm von Ahmet gesehen?« unterscheidet sich nur minimal von der Frage »Haben sie Blut am Arm von Ahmed gesehen?« Allein der bestimmte Artikel **das** signalisiert die u.U. unwiderstehliche Vorgabe einer vorliegenden kriminalpolizeilichen Erkenntnis.

Gleiches gilt für **Alternativfragen.** Auf die zögernde Darstellung des Zeugen wird die (ungeduldige) Frage »Standen Sie vor oder hinter dem Auto?« oft als zulässige geschlossene Frage bewertet. Tatsächlich lenkt sie jedoch unzulässig, wenn die angebotenen Alternativen weitere mögliche Alternativen unberücksichtigt lassen (der Zeuge stand neben dem Auto). Der Zeuge wird beeinflusst, zieht ihm zuvor als möglich erscheinende Optionen des Geschehens nicht mehr in Betracht und konzentriert sich auf die deutlich gewordene Erwartungshaltung des Fragestellers.[900]

957 Trotz massiver Sachverhaltsvorgaben sind demgegenüber Alternativfragen zulässig, wenn sie dem Zeugen die faire Chance geben, zwischen den einzig möglichen Antworten »ja« oder »nein« auszu-

---

899 Zu den zahlreichen Möglichkeiten suggestiver Beeinflussung von Erinnerung s. z.B. *Brainerd/Reyna* The science of false memories 2005.

900 *Eisenberg* Beweisrecht, Rn. 587, hält diese Art der Befragung daher für die Hauptgefahr der Wahrheitsverfälschung.

wählen. »Kennen Sie den Angeklagten?« »Wissen Sie ob er einen Zwillingsbruder hat?« »Waren Sie am 17. Februar letzten Jahres um 23 Uhr in der Diskothek Explosiv in Köln am Ring?« »Haben Sie den Zeugen X heute schon gesehen oder gesprochen?« Die Möglichkeiten des Zeugen, seine Antworten mit ausschmückenden Details zu umranken, sind zwar durch die enge Fragestellung stark eingeschränkt. Die Lenkung des Fragestellers bezieht sich allerdings allenfalls auf die Linie der Gesprächsführung, nicht auf eine Erkenntnis gefährdende Beschränkung des Zeugenhorizonts.

Nicht zur Sache gehörig

Thematische Ausgrenzungen von Frage sind nur schwer begründbar. Nur die Fragen gehören nicht   **958** »zur Sache«, die nicht im Entferntesten mit dem Sachverhalt verbunden sind, der im Prozess zu klären ist. Da alle denkbaren Strafzumessungsfaktoren und alle Umstände zur Glaubwürdigkeit eines Zeugen in den Themenbereich der Beweisaufnahme fallen, sind die Möglichkeiten der Zurückweisung nach dieser Norm eher gering.

▶ **Beispiel:**

> Dem Angeklagten wurde vorgeworfen, er habe mehrfach Jugendliche (u.a. A und B) zu sich   **959** eingeladen, sie betrunken gemacht und dann missbraucht. Der Verteidiger fragte den Zeugen A, wie oft er ohne B bei dem Angeklagten war und gegebenenfalls mit wem. Der Vorsitzende wies die Frage als unzulässig zurück. Auf Beanstandung entschied die Kammer, dass die Frage keinen Bezug zum Beweisthema erkennen lasse.
>
> Der BGH rügt angesichts der Kürze nicht nur die Begründung als fehlend, sondern vermisst auch eine Darlegung für die Annahme, dass die Frage nicht zur Sache gehöre. Ein Zusammenhang mit der prozessualen Beweissituation ergebe sich schon daraus, dass aus der Antwort des Zeugen indizielle Schlüsse auf die Zuverlässigkeit seiner belastenden Angaben hergeleitet werden könnten.[901]

Rechtliche Ungeeignetheit

Das gesetzliche Konzept lässt dem Fragesteller einen sehr weiten Aktionsradius. Für manche Teile   **960** der Rechtsprechung erscheint der Bereich zu weit. Die Institutionalisierung einer weiteren Beschränkung ist die Folge. Fragen sollen unter Umständen aus rechtlichen Gründen ungeeignet und damit unzulässig sein.[902]

Eine bemerkenswerte Fortschreibung dieser Rechtsfigur nahm der 3. Senat des Bundesgerichtshofs vor.[903]

> Fragen sollen – so der Ausgangspunkt des Senats – die Ermittlung der Wahrheit nur in rechtlich erlaub-   **961** ter Weise fördern. Dieser Ausgangspunkt erlaubt kaum einen Widerspruch, angesichts der bereits abschließend dargestellten gesetzlichen Grenzen des Fragerechts will sich aus diesem Grundsatz allerdings keine Frageeinschränkung jenseits der StPO-Regelungen aufdrängen. Das sieht der 3. Senat anders. »Wenn Fragen auf die Aufdeckung von Umständen abzielen, die einer auch im Strafprozess zu respektierenden Geheimhaltungspflicht unterliegen«, betrete der Fragesteller das Minenfeld des rechtlich möglicherweise nicht Erlaubten.
>
> Das verbotene Terrain könnte sich aus dem prozessual zu respektierenden Interesse einer Geheimhaltung ergeben (im zu entscheidenden Fall waren Details eines Zeugenschutzprogramms betroffen). Als Lotse in diesem Minenfeld soll der Tatrichter fungieren: Er wägt ab zwischen dem berechtigten Interesse an einer Geheimhaltung einerseits und dem denkbaren Erkenntnisgewinn einer Befragung für das gesamte Verfahren andererseits. Orientierungspunkt ist der Aufklärungsgrundsatz des § 244 Abs. 2. Maßstab der Entscheidung ist das pflichtgemäße richterliche Ermessen.

---

901 BGH StraFo 2009, 333.
902 BGHSt 22, 254.
903 BGH NStZ 2008, 173, 175.

Die Begründung für die Einschränkung des Fragerechts ist nicht akzeptabel. Sie beruht auf einer fehlenden Differenzierung zwischen einer rechtlichen Beurteilung von Fragen einerseits und Antwortpflichten andererseits.

962 Die Bewertung der Zulässigkeit einer Frage wird geknüpft an die Möglichkeit der Verweigerung einer Antwort. Zu Unrecht nimmt der Richter für sich in Anspruch, was ihm das Gesetz verwehrt: Eine Entscheidung über die Abgabe von Informationen, die allein der Disposition des Zeugen unterliegen. Auch wenn das Gericht eine Geheimhaltungspflicht im allgemeinen staatlichen Interesse sondiert haben soll, ist es die Entscheidung des Zeugen, ob er deswegen schweigen will. Will er schweigen, so mag man rechtlich darüber diskutieren, ob beispielsweise Details aus einem Zeugenschutzprogramm offenbart werden müssen oder ob ein ehemaliger Angeklagter nach Rechtskraft seines Urteils Details über seine internen Verteidigergespräche offenbaren muss. Die rechtliche Schranke und die Diskussion über ihre Dimensionen liegen hier allerdings auf der Antwortseite, nicht auf der Frageseite. Das Gericht mag all seine Fürsorgebemühungen um die Entscheidung des Zeugen zu einer Antwort ranken. Einen Eingriff in das Recht des Fragestellers rechtfertigen die Geheimhaltungsüberlegungen nicht.

963 Die höchstrichterlichen Ideen zur rechtlichen Ungeeignetheit von Fragen verkennen den weitgehend autonom ausgestalteten Anspruch von Fragestellern im Strafprozess. Die dem Prozess immanente Konzeption der Dialektik der Wahrheitssuche räumt den Verfahrensbeteiligten neben dem Gericht eine effektive Mitgestaltung der Art und des Umfangs der Beweisaufnahme ein. Die Ausübung dieser Gestaltung muss von Nützlichkeitsüberlegungen aus gerichtlicher Sicht notwendigerweise abgekoppelt sein. Effektiv kann diese Mitgestaltung nur sein, wenn sie thematisch von dem – vorläufigen – gerichtlichen Konzept abweicht und so für die Urteilsfindung neue Perspektiven öffnet.

964 Dass dieses Recht auf Teilhabe an der Beweisaufnahme gerade für die Verteidigung noch weit über das Beweisantragsrecht hinausgeht, dokumentiert seine Fixierung in Art. 6 Abs. 3 lit. d EMRK. Fragen – nicht unbedingt Beweisanträge – gehören zu den prozessualen Grundrechten des Angeklagten und seiner Verteidigung. Ist schon die Bewertung eines Beweisantrages den Maßstäben des gerichtlichen Aufklärungsgrundsatzes entzogen, entbehrt ein solcher Maßstab bei der Bewertung von Zulässigkeiten der Verteidigungsfragen jeder Rechtfertigung.

Fazit: Auch die staatlichen Geheimhaltungsinteressen können die Zulässigkeit von Fragen über den engen gesetzlich gesteckten Rahmen hinaus nicht einschränken.

965 Eine Berechtigung des Ansatzpunktes der Unterbindung von Fragestellungen aus rechtlichen Erwägungen kann sich allenfalls da ergeben, wo das Fernhalten einer bestimmten Thematik nicht von der Entscheidung des Zeugen abhängt, sondern a priori der Bewertung des Gerichts entzogen ist. Ist dem Strafrichter bereits die Einführung von Beweisen in den Prozess untersagt, vermag auch das Fragerecht dieses unzulässige Ziel nicht zu erreichen. Steht beispielsweise fest, dass Ergebnisse eines Folterverhörs nicht in die Hauptverhandlung eingeführt werden dürfen, können Fragen anderer Verfahrensbeteiligter zu exakt dieser unzulässigen Beweisaufnahme zurückgewiesen werden.

Der Bereich dieses Frageverbots ist allerdings sehr eng. Denn die Unzulässigkeit einer Frage lässt sich dann nicht mehr begründen, wenn die Verwertbarkeit eines Beweisergebnisses in der laufenden Hauptverhandlung noch diskutabel erscheint. Kann erst nach einer Beweisaufnahme über deren Verwertung abschließend entschieden werden, verbietet sich eine Beschneidung der Mitwirkung anderer Verfahrensbeteiligter an dieser Beweisaufnahme.

966 Die Erörterung der Problematik unter der Fahne der rechtlichen Ungeeignetheit erscheint angesichts des methodischen Schwergewichts dieses Ablehnungsgrundes wenig glücklich. Dogmatisch sauberer wäre es, die durch existierende Beweiserhebungsverbote begründeten Frageverbote unter dem Gesichtspunkt zu erörtern, dass sie dem Themenbereich eines Strafprozesses entzogen sind und damit nicht zur Sache gehören.

e) Psychologische Bedingungen der Wahrnehmung und Erinnerung des Zeugen

967 Ist Erkenntnisgewinn Ziel der Befragung des Zeugen, ist das Bewusstsein der Erkenntnismöglichkeiten hierfür Voraussetzung. Die Qualität des Erkenntnisgewinns durch Befragen eines Menschen

ist bedingt durch die Erfassung gedächtnispsychologischer Voraussetzungen, die sich in drei unterschiedliche Phasen aufteilen lassen:[904]
– die Art der Wahrnehmung des Zeugen,
– dessen Abspeicherung der Wahrnehmung und
– letztlich der Abruf des gespeicherten Codes im Rahmen der Befragung.

Der bewusste Vorgang der Formulierung der Erinnerung – also die Zeugenaussage – ist dominiert von zahllosen unbewussten Faktoren auf allen drei dieser Ebenen. Wahrnehmung und deren Verarbeitung ist geprägt von neuronalen Schaltkreisen, auf die der Zeuge keinen bewussten Zugang hat.[905] Individuell ausgebildet ist der vom Gehirn gesteuerte Selektionsmechanismus, der verantwortlich für die Entfernung des geformten Zeugenbildes von der sog. Wahrheit ist. Im Ergebnis wird der fragende Verteidiger oft konfrontiert mit schlicht »falschen Erinnerungen« des Zeugen.[906]   **968**

> Letztendlich berühren die Themenfelder Wahrnehmung und Erinnerung eine der aktuell umstrittensten Fragen der Neurowissenschaften und der Philosophie. Die sog. Konstruktivisten sind fasziniert von der Erkenntnis, dass die Ergebnisse der menschlichen Wahrnehmung letztlich erst im Gehirn zu einem schlüssigen Bild geformt werden. Wenn allerdings Bilder nur im Kopf entstehen, existiert außerhalb des Wahrnehmenden keine Realität und keine Wahrheit. Neuronale Aktivitätsmuster bilden lediglich Repräsentation des Wahrgenommenen ab. Die Außenwelt erscheint als Illusion, eine allein vom Gehirn generierte Matrix.[907] Dieser Sicht wird entgegengehalten, dass durch zahlreiche Aspekte die Abhängigkeit von Bewegungen des Menschen in der Welt, von Interaktionen und Wahrnehmung belegt sei. Es gibt eine Welt außerhalb des Gehirns.[908]   **969**

> Zeugenbefragung im Strafprozess beruht auf der Prämisse, dass es Phänomene gibt und dass deren Wahrnehmung von allen Menschen gleich erfolgt, oder jedenfalls erfolgen kann. Sinnvoller Ausgangspunkt einer Befragung muss allerdings die Erkenntnis sein, dass viele Bilder vom menschlichen Gehirn zwar konstruiert werden, angesichts der Vergleichbarkeit der konstruktiven Fähigkeiten der Gehirne die Ergebnisse aber kommunikabel sind. Die physikalische Welt besteht aus elektromagnetischen Wellen, sie mag weder bunt noch laut sein. Menschen wissen aber, über welche Sinneseindrücke sie sprechen, wenn ein Auto rot ist oder Vögel zwitschern. Der kritische Fokus muss daher um so eher auf Differenzen in der Gehirnkonstruktion des Zeugen gelegt werden, seien sie physikalischer (krankhafter), emotionaler oder sozialisationsbedingter Art.

Wahrnehmung

Die aufgenommenen Informationen in der **Wahrnehmungssituation** hängen zum einen von der Potenz menschlicher Sinnesorgane im Allgemeinen und deren individuellen Reduktionen ab. Nicht alles, was in jeder Sekunde die menschlichen Sinnesorgane anflutet, wird letztlich durch das Gehirn abgespeichert. In einem für die Wissenschaftler nach wie vor rätselhaften Kurzzeitgedächtnis werden Millionen von Informationen aufgenommen, zum allergrößten Teil allerdings schon nach Sekundenbruchteilen wieder eliminiert.   **970**

Im Ergebnis liefert uns schon der erste sensorische Kontakt mit Informationen keine Kopie der Realität. Die Selektion der Codes ist ein Vorgang, der sich der primären Bewusstseinsebene des Wahrnehmenden selbst entzieht. Alle verfügbaren Sinne filtern die Informationen nach Kriterien, die von einem an Überlebensstrategien orientierten Gehirn gesteuert werden. Dessen Aufgabe besteht nicht in der Abbildung von Wirklichkeit, sondern in der Optimierung der Organisation des eigenen Daseins. Dafür müssen ständig neue Erfahrungen gemacht werden. Die Entscheidung, welche davon sinnvoll für das angestrebte Ziel sind, beruht auf den bereits verankerten und bewerteten Codes. Es   **971**

---

904 Zusammenfassend *Markowitsch* Das Gedächtnis – Entwicklung, Funktionen, Störungen 2009, S. 33 ff.
905 *Eagleman* Inkognito – Die geheimen Eigenleben unseres Gehirns 2012, insb. S. 29–68 zu den sog. Sinnestäuschungen.
906 *Kühnel/Markowitsch* Falsche Erinnerungen. Die Sünden des Gedächtnisses 2009.
907 S. z.B. *Roth* Aus Sicht des Gehirns, 2009.
908 *Gabriel* Warum es die Welt nicht gibt, 2013.

ist die an diesen Zielen der Organisation ausgerichtete unbewusste Aufmerksamkeit, die maßgeblich Selektionen bewirkt.

972 Darüberhinaus können psychische Ausnahmesituationen sowohl filternde Lethargie als auch fokussierende Aufmerksamkeit bewirken. Stress – beispielsweise durch das unmittelbare Erleben einer Tatsituation – kann einerseits die Codierung der Wahrnehmungsgenauigkeit erhöhen, führt allerdings auf der anderen Seite zur Vernachlässigung von Randerscheinungen der als dominant empfundenen Wahrnehmungssequenzen.[909] So nimmt der Zeuge eines Banküberfalls häufig in seiner Bedrängung nur die Mündung des ihn bedrohenden Revolvers wahr und blendet zahlreiche andere Faktoren seines Gesichtsfelds schlicht aus.

973 Denselben Effekt rufen Situationen hervor, in denen sich der Beobachtende bewusst auf die Auswahl eines »Themenbereichs« der gesamten Wahrnehmungssituation konzentriert. Die spätere Verarbeitungstiefe der Wahrnehmung hängt maßgeblich von der Aufmerksamkeitsintensität ab. Die Art der Wahrnehmungsselektion ist nicht nur situationsgebunden, sondern oft ein Prozess individueller Bedingungen, nicht zuletzt durch die spezifischen täglichen Anforderungen beispielsweise einer beruflichen Tätigkeit verursacht.

974 Berühmt wurde ein verblüffender Kurzfilm des Psychologen *Simons*,[910] der in einer starren Einstellung drei weiß gekleidete und drei schwarz gekleidete Jugendliche zeigt, die sich als weiße und schwarze Mannschaft durcheinanderlaufend jeweils einen Ball zuspielen. Mit der Aufgabe betraut, die Anzahl der Würfe der weißen Mannschaft zu zählen, entgeht dem derart fokussierten Zuschauer regelmäßig, dass mitten durchs Bild eine Person in einem Gorillakostüm läuft. Das Phänomen der aufmerksamkeitsgeleiteten »Blindheit« für Ereignisse außerhalb der Aufgabenstellung haben die Wahrnehmungspsychologen vertieft und ähnliche Blindheiten z.B. bei der (unerwarteten) Veränderung von Sachverhalten festgestellt: Ist der visuelle Eindruck nicht massiv, begnügt sich die menschliche Wahrnehmung häufig mit der Illusion, der gewöhnliche Gang der Dinge habe sich nicht verändert.[911]

975 Der eigene **emotionale Bezug zum Geschehen** steuert in unmerklicher Weise den Abruf dessen, was der Zeuge als eigene frühere Wahrnehmung wiedergibt. Was für die unterschiedliche Wiedergabe ein und desselben Fußballspiels durch die jeweiligen Anhänger der beiden Mannschaften als wissenschaftlich belegt gilt, muss für den sich als Opfer einer Straftat fühlenden Zeugen in sehr viel deutlicherer Weise auswirken. Ebenso hat die aktuelle **physische Verfassung** einen maßgeblichen Einfluss auf das Spektrum der Kognition. Die Wahrnehmungskapazitäten sind bei Erschöpfung deutlich reduziert.

976 In einem Test[912] wurden zwei Gruppen von Polizeibeamten konfrontiert sowohl mit detaillierten Darstellungen einer Ermittlung als auch mit selbst wahrzunehmenden Situationen. Eine der beiden Vergleichsgruppen hatte sich vor der Wahrnehmung an einem Boxsack verausgaben müssen. Die Wahrnehmung und Aussage dieser Gruppe war deutlich reduzierter als die der ausgeruhten Polizistengruppe. Hier waren die Wahrnehmungen in den simulierten Situationen oft beschränkt auf für den Einsatz bedrohliche Informationen. Die Autoren folgern hieraus eine Beeinträchtigung des Aussagewerts von im Einsatz befindlichen Polizeibeamten.

Bildung der Erinnerung

977 Die **Abspeicherung** der wahrgenommenen Daten im Gehirn ist weit von dem geläufigen Vorgang eines Computers entfernt. Das Gehirn hält keine bewertungsneutrale Ablagemöglichkeit der Wahrnehmungsinformation vor. Abspeicherung ist bereits bewertende **Verarbeitung**.

---

909 S. schon: *Maaß/Köhnken* Eyewitness identification: Simulating the »weapon effect«, Law and Human Behaviour 13 (1989), 397–408.

910 »Simons unintentional blindness« unter www.theinvisiblegorilla.com.

911 *Chabris/Simons* The invisible gorilla and other ways our intuitions deceive us 2010, insb. S. 49 ff.

912 *Hope, Lorraine, Lewinski, Dixon, Blocksidge, Gabbert* Witness in action: the effect of physical exertion on recall an recognition, Psycholgical Science 2012.

Das allgemeine humane Überlebensprinzip der Selektionierung und Einbettung in persönliche Erfahrung führt dazu, die Folie der neuen Erfahrung unverzüglich über den Bestand der bereits abgespeicherten Datenbilder zu legen. Auch bei der Codierung wird – zumeist unbewusst – gefiltert. Neurobiologen können das menschliche Gehirn nur als selbstreferenzielles System auffassen, das stets aktiv daran arbeitet, aus allen Sinneseindrücken ein schlüssiges Bild der Welt zusammenzusetzen. Die bereits aufgenommenen Eindrücke – die »Erfahrung« – formt Modelle, mit denen neue Informationen abgeglichen, und oft als nicht kohärent abgewiesen werden. Die menschliche Wahrnehmung und Erkenntnis ist damit nicht mehr als eine individuelle Hypothesenbildung und deren ständiger Abgleich mit neu aufgenommenen Informationen.[913]   **978**

Insbesondere bei als standardisiert empfundenen Situationen werden vorhandene »Bildstrukturen« (oder: **»Skripte«**) nur noch durch die Außergewöhnlichkeit des aktuell Wahrgenommenen aufgefüllt. Das eigene Verständnis davon, wie etwas läuft und funktioniert, ergänzt eine Geschichte zu einer plausiblen Geschichte.   **979**

Restaurantbesuche sind z.B. als in ihrem Ablauf typisierte Skripte »abgelegt«. Hierauf basiert die Abspeicherung der Sinneseindrücke eines abermaligen Besuchs. Neue Weine, unbekannte Geschmacksaromen, die überbordend barocke Einrichtung werden als markant und abweichend registriert, während der Bezahlvorgang des Einladenden dem Üblichen entspricht. Bilder im Gehirn korrespondieren mit einem hundertfach gesehenen Überreichen der Kreditkarte an den Kellner, sodass in der Kohärenz dieses Bildes der Zeuge das Begleichen der Rechnung als eigenes Erlebnis schildert, obwohl im konkreten Fall dies gar nicht stattgefunden hatte.   **980**

In einem differenzierteren Test wurden Probanden in einem Film bekannte Alltagssituationen vorgeführt. So geht in einer Szene eine Frau in eine Parfümerie, probiert einen Duft und verlässt das Geschäft wieder. Später werden Bilder vorgeführt, Originale sowie ähnliche (die Frau sprüht den Duft auf die linke statt – wie im Film – auf die rechte Hand) und schlicht dazugestellte (die Frau führt die Hand zur Nase). Alle Bilder »passten« zu der als durchgängig empfundenen Szene und wurden von den meisten als soeben gesehen bestätigt. Die Rekognitionen waren zumeist schlicht falsch.[914]

Geschichten, die wir hören, werden vor dem Hintergrund der eigenen Erfahrung verarbeitet und angepasst. Stammt die Geschichte z.B. aus einem anderen Kulturkreis, so führt der Bedarf nach Durchdringung des Verständnisses der Geschichte dazu, auf dem Boden der eigenen kulturellen Erfahrung schlüssige Faktenelemente bei einer Nacherzählung hinzuzufügen und für die eigentliche Geschichte wesentliche – aber in der Bedeutung unverstandene – Teile wegzulassen.[915]

Semantische Intrusionen belegen den assoziativen Vorgang der Verarbeitung auf eine andere Weise: Probanden wurden Listen mit Wörtern vorgelegt (z.B. »Tisch, sitzen, Beine, Couch« und weitere), die anschließend wiederholt werden sollten. In zahlreichen Erinnerungen tauchte das Wort »Stuhl« auf, obwohl es nicht in der Liste war. Der Rückschluss auf einen inhaltlichen Kontext hatte die Wahrnehmung überlagert.[916]

Der Weg der Abspeicherung folgt dem assoziativen Hang des Gedächtnisses und bevorzugt das Imaginäre. Zumeist ist die Fixierung von Wahrnehmung mit Bildern und Bildgeschichten verbunden.

Phänomenale Erinnerungsleistungen lassen sich daher zumeist an Imaginärem festmachen. Teilnehmer an Weltmeisterschaften, bei denen es gilt, endlos lange Zahlenkolonnen zu reproduzieren, haben die Strategie, schon bei der Wahrnehmung der Zahlen diese mit Bildhaftem zu verbinden, um maßgeblich   **981**

---

913 *Singer* Das Bild in uns – Vom Bild zur Wahrnehmung, in: Maar/Burda (Hrsg.), Iconic Turn – Die neue Macht der Bilder 2004, S. 56 ff., 75; weiterführend zur Wahrnehmungen als bestätigte oder falsifizierte Hypothese: *Gregory* Auge und Gehirn. Psychologie des Sehens 2001; zusammenfassend: *Gegenfurtner* Gehirn und Wahrnehmung, 4. Aufl. 2006.

914 *Kühnel* False memories – A study of false recognition s caused by a stimulus film using functional magnetic resonance imaging (fMRI) 2006.

915 S. hierzu die klassische Untersuchung anhand eines indianischen Märchens: *Bartlett* Remembering: A Study in Experimental and Social Psychology 1932.

916 *Deese* On the Prediction of occurrence of particular verbal intrusions in immediate recall, Journal of Experimental Psychology 58, 17–22, 1959.

über diese Bilder auch den Faktor der Zahlen wieder abrufen zu können. Extraordinäre Erinnerungsleistungen lassen sich zumeist auf die besondere Fähigkeit dieser Bildverknüpfung zurückführen.[917]

982 Auch nach der Abspeicherung unterliegen die derart codierten Folien zu einem konkreten historischen Ereignis einer weiteren Verarbeitungsdynamik. Jeder Abruf des Ereignisses führt anschließend zu einer erneuten Abspeicherung, die – bedingt durch zwischenzeitlich neue Eindrücke wie Gespräche – niemals der alten Codierung entsprechen kann.[918] Bruchstückhafte Wahrnehmungen verdichten sich so u.U. zu einem detaillierten Geschehensbild. Das Ergebnis sind nicht nur verkürzte Wiedergaben durch die Erinnerung, sondern schlicht durch »Fabulieren« angereicherte Geschichten.

983 Dabei werden Informationen, die in der Kommunikationssituation des Abrufs aufgenommen werden, in die erneute Verarbeitung integriert. Plausibel erscheinende Randinformationen eines Fragestellers können so zum Teil des eigenen »Bilds« des wahrgenommenen Geschehens werden. Eine der bekanntesten amerikanischen Psychologinnen – Loftus – hat das **»false memory syndrom«** eindringlich belegt. Sie diskutierte mit Probanden jeweils vier ausführliche Geschichten aus deren Kindheit. Drei davon waren wahr, weil Loftus zuvor mit Verwandten gesprochen hatte. Die vierte war von ihr frei erfunden. Angeblich hatten sich die Kinder in einer dramatischen Aktion in einem Kaufhaus verirrt. Mehrere Gespräche führten zu dem Ergebnis, dass alsbald mindestens ein Viertel der Probanden sich an diese schweren Stunden ihrer Kindheit lebhaft »erinnern« konnten und anderen gegenüber sogar passende ausschmückende Details ihres Kindheitsabenteuers offerierten.[919] Diese Ergebnisse wurden von anderen Wissenschaftlern in neuen Experimenten vielfach verifiziert, z.T. auch beeindruckend in ihrer allmählichen Entwicklung videografisch dokumentiert.[920] Das Gehirn konstruiert Bilder, fabuliert dabei nicht nur unterschiedlich Erlebtes in veränderten Zusammenhängen, es ist vielmehr auch bereit, nicht Erlebtes als Erinnerung zu akzeptieren, wenn es nur schlüssig erscheint. Dass Erinnerungen auf diesem Wege »eingepflanzt« werden können, hat berechtigterweise zu großer Skepsis gegenüber therapeutisch aufgearbeiteten traumatischen Erlebnissen geführt. Dass gerade sexuelle Erlebnisse der Kindheit lange Zeit verschüttet sind und erst bei psychoanalytischen Gesprächen geborgen werden können, darf heute berechtigter Weise bezweifelt werden. Jedenfalls akzeptieren Aussagepsychologen heute, dass so entstandene falsche und richtige Erinnerungen durch eine schlichte Aussageanlayse nicht voneinander zu unterscheiden sind. Die klassischen Kriterien der Detailarmut, Komplexität, Emotionsbezug und Schlüssigkeit sind hier irrelevant. Selbst ein verbrecherisches Geschehen kann einem Probanden in einer kontrollierten Untersuchung als eigene Erinnerung suggeriert werden.[921]

984 **Emotionen** fördern das Fabulieren. Ist mit der Encodierung besonderer Schmerz, Freude oder Glück verbunden, steuern diese verankernden Emotionen das Erinnerungsbild derart stark, dass viele konforme Sachverhaltselemente als valide bewertet werden, obwohl die Wahrnehmungssituation hierfür keine Anhaltpunkte bietet.

▶ Beispiel:

985 Traumatisierte Überlebende des alliierten Bomberangriffs auf Dresden 1945 berichten anschaulich und ergreifend, wie tief fliegende Flugzeuge der Angreifer die Bewohner der Stadt regelrecht gejagt haben. Tatsächlich gab es wohl keine Tiefflieger. Das brennende Dresden, die fehlende Bodensicht, die Einsatzbefehle und verfügbare Unterlagen falsifizieren die Beschreibungen der Augenzeugen.[922]

986 Wiederholt verlangte Abrufleistungen gehen beim Vorgang des **Wiedererkennens von Personen** häufig einher mit einer Zunahme der subjektiven Sicherheit. Identifizieren Zeugen bei einer Wahl-

---

917 *Price* The woman who can't forget. The extraordinary story of living with the most remarkable memory known to science 2008.
918 Ausführlich *Parkin* Erinnern und Vergessen 2000.
919 S. z.B. *Loftus/Ketcham* Die therapierte Erinnerung 1994.
920 *Julia Shaw* Das trügerische Gedächtnis – wie unser Gehirn Erinnerungen fälscht, 2016 (engl.: The Memory Illusion).
921 *Shaw/Porter* Constructing Rich False Memories of Committing Crime, Psychological Science, 2015, 291 ff.
922 *Schnatz* Tiefflieger über Dresden? 2000.

gegenüberstellung den möglichen Täter noch mit z.T. stark einschränkenden Attributen, treten sie vor Gericht ebenso oft mit dem Anspruch des Wiedererkennens ohne jeden Zweifel auf.[923]

Die formulierte Erinnerung an ein Ereignis kann daher kein Abruf eines isolierten Wahrnehmungs-bildes sein, sondern spiegelt einen im Gehirn verarbeiteten Vorgang wider. Das Gehirn redigiert ständig das Aufgenommene, filtert, löscht, schreibt um, setzt neu zusammen oder verwischt. Geprägt ist diese Art der »Erinnerung« von der Aufgabe des menschlichen Gehirns, die gerade nicht darin besteht, realitätsgetreu das vergangene Leben zu archivieren, sondern bei der Bewältigung des aktu-ellen Lebens Hilfestellung zu leisten. Hierzu gehört auch die Unterstützung von persönlichen Pro-blembewältigungsstrategien. **987**

> Der beobachtende Zeuge eines Gewaltgeschehens leidet darunter, selbst nicht eingegriffen und das Opfer seinem Schicksal überlassen zu haben. Fühlt der Zeuge sich in seinem Fehlverhalten dadurch entlastet, dass er die Situation als nicht eingriffswürdig einschätzen musste, so wird ihm sein Gehirn dabei helfen. Denn seine Erinnerung wird das Geschehen als weniger bedrohlich präsentieren. **988**

»Erinnerung« ist darüber hinaus verzerrt von wenig erforschten mentalen Zwangsläufigkeiten, die das tatsächlich Erlebte in ihrer zeitlichen Ausdehnung und ihrem Empfinden verzerren durch eine **Überbewertung emotionaler Spitzen** oder der bewegenden **Finalisierung eines Ereignisses**. **989**

> So wird die erinnernde Beschreibung des Verlaufs einer Ehe zu grotesken Ausblendungen durchaus ange-nehmer Erlebnisse führen, wenn die Erinnerung dominiert wird vom bewegend streitigen Scheidungs-ende. Dass in der Erinnerung der ganze Genuss des Abhörens einer Klassik-Schallplatte »verdorben« sei, weil die letzten Sekunden des Finales zerkratzt waren, unterschlägt weite Teile der tatsächlichen ange-nehmen Erfahrung zugunsten einer kognitiven Illusion. Der Grund ist ein Rätsel, das entsprechende Funktionieren des Gehirns ist durch Experimente belegt. Es existiert eine konsequente mentale Tendenz, sowohl den jeweils intensivsten Moment einer schmerzhaften oder lustvollen Episode zu erinnern, als auch primär die Gefühle am Ende dieser Episode abzuspeichern.[924] **990**

Diese Erkenntnisse kontrastieren mit der Selbsteinschätzung der allermeisten Zeugen. Diese gehen zumeist von der Vollständigkeit und Richtigkeit ihrer Wahrnehmung ebenso aus wie von der video-ähnlichen Abbildung der Erinnerung im Gehirn. **991**

> Die Deutlichkeit der aktuellen wissenschaftlichen Erkenntnisse steht in einem bemerkenswerten Gegen-satz zur geläufigen Einschätzung der Phänomene in der Bevölkerung. Zeugen halten ihre Wahrnehmungs- und Erinnerungsleistungen in subjektiver **Selbstüberschätzung** für weitaus zuverlässiger, Richter und Juroren vertrauen ihnen weit mehr, als dies gerechtfertigt erscheint. In einer psychologischen Untersu-chung war die Mehrheit der Befragten z.B. davon überzeugt, dass das menschliche Hirn letztlich exakt wie eine Videokamera funktioniere und das wahrgenommene Geschehen präzise aufzeichne oder die einmal gespeicherte Erinnerung prinzipiell eine dauerhafte sei. Im Gegensatz zum »Gorilla-Experiment« prognostizierten die meisten, dass ihnen ein unerwartetes Objekt in einer Beobachtungssituation nicht entgehen würde. Mehr als ein Drittel hielt es für gerechtfertigt, einen Angeklagten lediglich aufgrund der Aussage eines einzigen Augenzeugen zu verurteilen.[925]

Die Befragung des Verteidigers hat damit nicht nur mit den Defiziten der Wahrnehmung und Wie-dergabe des Zeugen umzugehen, sondern auch mit der Fehleinschätzung dieser Defizite durch den Zeugen einerseits und den Richter andererseits.

Dass Informationen vergessen werden, erscheint banal. Die Wissenschaft sah bislang maßgeblich einen zeitlichen Zusammenhang zwischen der Encodierung und dem endgültigen Verlust jeder Abrufmöglichkeit. Daneben scheint allerdings ein weiterer Faktor sehr viel wirkmächtiger zu sein: Es sind insbesondere neue Informationen, die den Abruf der älteren erschweren können. Der kon-servativen Grundtendenz folgend, können zwar neue Informationen häufig zugunsten des bereits Erlernten schneller wieder vergessen werde. Belegbar ist allerdings auch das Gegenteil: Retroaktive **992**

---

923 S. zu einem solchen Beispiel: *Schacter* Aussetzer – wie wir vergessen und uns erinnern 2005, S. 185.
924 *Kahnemann* Schnelles Denken, langsames Denken 2012, S. 463–475.
925 *Simons/Chabris* What People Believe about How Memory Works, PLoS ONE 6 (8), 2011.

Interferenzen lassen den als bedeutsamer bewerteten neuen Informationsstoff gegenüber dem früheren Wissensstand bis zu dessen völliger Ausschaltung dominieren.[926]

Die Abspeicherung durch das Hirn wird von den Neurowissenschaften mittlerweile differenziert gesehen. Was früher allgemein als Langzeitgedächtnis bezeichnet wurde, lässt sich heute spezifizieren.

993   Eine eher unbewusste (anoetische) Abspeicherung betrifft die »flachen« Ergebnisse beiläufiger Wahrnehmungen. Unbewusste Wissenssysteme bilden wir im Rahmen des proceduralen Gedächtnisses, das uns laufen, Rad oder Auto fahren lässt, ohne dass wir bewusste Kontrollen über unser Tun ausüben. Dagegen lässt sich das semantische Gedächtnis nur massiv bewusst (noetisch) einsetzen: Hier ist unser Schulwissen abgespeichert, das wir ohne jede Verbindung mit konkreten Anlässen gebildet haben (»Schlacht bei Issos: im Jahr 333 v. Chr.«). Diese Art der Abspeicherung ist konsequent mit der menschlichen Sprachentwicklung verbunden.

Für die Zeugenbefragung sind zwei andere Systeme von größerer Bedeutung: Das perzeptuelle Gedächtnis lässt uns in einer Mischform von unbewusst Gespeichertem und bewusstem Erkennen von »vertraut« Neuem Wahrnehmungen fixieren. Ein kurzer Blick, eine kleine Tonfolge lassen uns Bekanntes wiedererkennen. In einer Entfernung registrierte Umrisse lassen uns in einem Wald darauf schließen, dass wir z.B. ein Reh gesehen haben; dieses Bild wird abgespeichert.

Das episodisch-autobiografische Gedächtnis als jüngste evolutionäre Entwicklung rechtfertigt nicht nur die Einschätzung des Menschen als höheres Lebewesen. Die bewusste Erfahrung des eigenen Lebens, die Einordnung in Zeitzyklen lässt den Menschen sich selbst planvoll in der Zukunft wahrnehmen.[927]

Der Abspeicherungsvorgang ist zumeist ein kombinierter. Die Information durchläuft verschiedene Gedächtnissysteme, die sie verarbeiten und in einem (vorläufigen) Ergebnis enkodieren.

▶ **Beispiel:**[928]

994   Wir fahren mit unserer neuen Liebe in einem gemieteten Cabrio bei strahlendem Sonnenschein die Cote d'Azur entlang. Der französische Radiosender spielt angenehme Musik, die wir bei kurzem Hinhören als einen unserer Lieblingssongs von Bruce Springsteen identifizieren. Wir kennen den Text, das Erscheinensjahr und das Cover der CD. Das perzeptuelle Gedächtnis lässt uns den Song wiedererkennen, unser Weltwissen hat im semantischen Gedächtnis die Fakten zum Song parat, unsere vielfältig gespeisten Gefühle dominieren das Bild dieser einmaligen Küstenfahrt in unserem episodischen Gedächtnis. Eine phänomenale Mixtur wird abgespeichert und steht zum Abruf bereit.

Der Erinnerungsabruf

995   Die Formulierung der Erinnerung ist der letzte Teil der Gedächtnisarbeit des Erinnerns. Millionen encodierte Informationen schlummern in unserem Hirn. Wie sie zutage gefördert und u.U. verbalisiert werden, ist für die Wissenschaft nach wie vor in vielen Bereichen ein ungeklärtes Phänomen.

996   Die Kategorisierungen hängen zumeist vom Anlass des Abrufs ab. So unterscheidet man die oft auf traumatischem Erleben begründete Erinnerung, die man nicht los wird und die sich ungesteuert durch einen Impuls löst und das aktuelle Bewusstsein dominiert. Dieser Impuls (oder Trigger) kann auch durch selbst gestellte Aufgaben gesetzt werden. Für den Strafprozess relevant sind allerdings nur diejenigen Abrufsituationen, die durch Kommunikation ausgelöst werden. Hier gibt es für das Hirn offensichtlich unterschiedliche Abrufstrategien, je nachdem ob eine erfragte Erinnerung ohne jeden Anker erfolgt (freier Abruf – »wer war 2012 Fussballeuropameister?«), ob ein zusätzlicher Hinweisreiz erfolgt (»der erste Buchstabe des Landes ist S.«) oder wie beim multiple-choice-Verfahren (s. die Fragestellung bei »Wer wird

---

926 *Kühnel/Markowitsch* Falscher Erinnerungen, S. 81 ff.

927 S. hierzu z.B, *Tulving* Episodic memory and autonoesis: Uniquely human? In: Terrace/Metcalfe (Hrsg.) The missing link in cognition: Evolution of self-knowing consciousness 2005.

928 Nach *Kühnel/Markowitsch* Falsche Erinnerungen 2009, S. 57.

Millionär«) ein schlichtes Wiedererkennen abgefordert wird (»Frankreich, Spanien, Deutschland oder England?«).

Unbewusste **Emotionen** steuern die Erinnerung. Wie bei der Verankerung lenken die intuitiv begleitenden Faktoren den Vorgang des Erinnerns auch beim Abruf.

Erinnern setzt stets ein »Einfühlen« in die wiederzugebende Wahrnehmungssituation voraus. Dieses Phä- **997** nomen erklärt die menschliche Unfähigkeit, Wahrnehmungen der ersten Lebensjahre abzurufen. Es ist dem erwachsenen Menschen offensichtlich unmöglich, die Emotionen eines Babys zu reproduzieren. Emotional gefärbte Geschichten wurden in Tests von Probanden sehr viel besser erinnert als neutrale Faktenansammlungen.[929] Die Qualität der Erinnerung verbessert sich, wenn die Gefühlslage im Zeitpunkt des Abrufs mit derjenigen im Zeitpunkt der Wahrnehmung übereinstimmt.

Der Abruf auf eine fragende Anforderung hin führt zu weiteren Verzerrungen, wenn aufgrund vor- **998** hergehender unbewusster Selektionen Wahrnehmungsteile gar nicht codiert worden waren, angesichts der Standardisierung des Gesamtvorgangs allerdings unter Ergänzung bereits abgespeicherter Klischeevorstellungen abgerufen werden.[930] Eine für das Strafverfahren beunruhigende Erkenntnis der Psychowissenschaften geht dahin, dass die Abfragesituation selbst einen maßgeblichen Einfluss auf die Formulierung des abgerufenen Ereignisses hat. Ohnehin – insbesondere durch Stress[931] – fehleranfällige Abrufsituationen werden durch die soziale Komponente der Kommunikationssituation potenziert.[932] Zahlreiche falsche Geständnisse sind hierfür Beleg.[933] Aber auch falsche gutgläubige Zeugenaussagen sind das Ergebnis. Mittlerweile ist die polizeiliche Befragung das maßgebliche Untersuchungsfeld der Wissenschaft für das Phänomen der – auch unbewussten – **Provokation einer Konfabulation.**

Die Interaktion von Frage und Antwort wird durch die Rollen der Beteiligten geprägt. Ist der Fra- **999** gesteller für den Befragten schon aufgrund seines Wissensstandes zum Gesamtkomplex als überlegener Kommunikationspartner identifiziert, verstärkt sich dies in der Akzeptanz der schon durch die Robe überdeutlich zum Ausdruck kommenden Vertretung staatlicher Autorität. Der schlichte Informationsabruf durch den Zeugen wird daher überlagert von der empfundenen Aufgabe, zu helfen, aufzuklären, seinen extraordinären Part zur Wahrheit und Gerechtigkeit zu spielen. Der Zeuge ist sensibilisiert für die Richtung der Aufklärung und spürt förmlich nach Vorgaben, die ihm zugedachte Rolle effektiv zu erfüllen.

Die Wiedergabe von Wahrnehmungen wird durch (suggerierte) Sympathiebeziehungen gelenkt. Insbesondere **Schuldattributionen** beeinflussen den Erinnerungsbericht des Zeugen.

Das Erkennen schuldhaften Verhaltens bei einem Autounfall variierte bei Zeugenaussagen zu einem **1000** Unfallgeschehen, bei dem ein Auto eine Frau angefahren hatte. Die Darstellung des Unfallgeschehens wies der Frau eine größere Verantwortung zu, wenn die Zeugen die Vorinformation hatten, diese sei schon vor Jahren in einen anderen Unfall verwickelt gewesen und habe vergeblich auf Schmerzensgeld geklagt. Hatte sie für die Zeugen die »Rolle« einer Mutter mit 2 Kindern, die gerade aus einer nahelie-

---

929 *Cahill/McGaugh* A novel demonstration of enhanced memory associated with emotional arousal, Consciousness and Cognition 4, 410–421, 1995.

930 *Fisher Holst/Pezdek* Scripts for typical crimes and their effects on memories for eyewitness testimony, in: Applied Cognitive Psychology 6 (1992), 573–587.

931 *Volbert/Böhm* Falsche Geständnisse, in: Handbuch der Rechtspsychologie (hrsg. von Volbert/Steller, 2008), S. 253 ff.; dass allein der Stress bei erfolterten Angaben die erlangten Informationen weitgehend wertlos macht, erforschte jüngst Shane *O'Mara* Toruring the brain: On the folk psychology and folk neurobiology motivating »enhanced coercive interrogation techniques«, in: Trends in Cognitive Sciences, Vol. 13, Iss. 10, Sept. 2009.

932 *Milne/Bull* Psychologie der Vernehmung 2003, S. 31 ff.; *Greuel* Zeugenvernehmung, in: Handbuch der Rechtspsychologie (hrsg. von Volbert/Steller 2008, S. 221 ff.;) *Roggenwallner/Pröbstl* Vernehmungscoaching 2008, Rn. 114 ff.

933 S. z.B. *Steller* Falsche Geständnisse bei Kapitaldelikten: Praxis – Der Fall Pascal, FS Eisenberg 2009, S. 213 ff.; *Volbert* Falsche Geständnisse bei Kapitaldelikten: Grundlagen, FS Eisenberg 2009, S. 205 ff.

genden Kinderklinik kam, wo sie ehrenamtlich arbeitete, wurde maßgeblich der Autofahrer als Verursacher des Geschehens belastet.[934]

1001 **Fazit:** Die rechtliche Regelung des Fragerechts bezieht sich auf ein Phänomen, das einerseits durch die Besonderheiten (fehlerhafter) menschlicher Erinnerungsleistungen und andererseits durch die Erkenntnis geprägt ist, dass die vom Zeugen abverlangte Erinnerungsleistung in einem kommunikativen Prozess stattfindet, dessen Gestaltung einen maßgeblichen Einfluss auf die Qualität seines Ergebnisses hat.

f) Psychologische Bedingungen der Vernehmung in der Hauptverhandlung

1002 Neben dem rechtlichen Rahmen der Befragung hat der Verteidiger die besonderen psychischen Umstände zu berücksichtigen. Die Kommunikation der gerichtlichen Befragung ist weit entfernt von den ansonsten gesellschaftlich eingeübten Verhaltensmustern. Der Zeuge stellt sich der Situation regelmäßig nicht freiwillig, sieht sich zahlreichen Fragestellern gegenüber und fühlt sich häufig verunsichert. Darüber hinaus ist der Verteidiger oft der zeitlich Letzte, der zu einem bereits ausgiebig erörterten Komplex aus Sicht des Zeugen möglicherweise lästige Fragen stellt.

1003 In Reflexion dieser besonderen Kommunikationssituation muss der Verteidiger ein besonderes Konzept entwickeln, in welcher Form seine Befragung die Verteidigungsziele fördern kann. Will er die belastende Aussage eines Zeugen minimieren, hat er zunächst einzuschätzen, ob der Zeuge lügt oder sich irrt. Hiervon hängt ab, ob er sich für eine eher einfühlsame oder konfrontative Befragungstechnik entscheidet.

1004 Ist Ziel der Befragung die **Aufdeckung einer Lüge**, muss die Befragungsstrategie dahin gehen Lügenmerkmale und Lügensignale aufzudecken. Diese können maßgeblich nur inhaltlicher Art sein. Dass körperlich wahrnehmbare Reaktionen – vom fehlenden Blickkontakt über das Erröten bis zum Stottern – als Lügensignale bewertet werden können, hat die psychologische Wissenschaft der letzten beiden Jahrzehnte für Laien wie für Experten ausgeschlossen.[935]

1005 Aussagepsychologisch ist hierbei von Bedeutung, dass insbesondere das Merkmal der Konstanz eines Aussageinhaltes bei mehreren Äußerungen Anzeichen für die Glaubhaftigkeit der Aussage ist. Umgekehrt ist die auch in Details divergierende Aussage bei mehreren Gelegenheiten ein Indiz für eine unzutreffende Wiedergabe von Wahrnehmungen. Geht der Verteidiger davon aus, dass Darstellungen des Zeugen erfunden sind, ist hinsichtlich des gemutmaßten erfundenen Teils der Aussage eine Konkretisierung zu erstreben. Detailarmut und Mangel an Individualität sprechen für die Wiedergabe von tatsächlich nicht Erlebtem.[936]

1006 Das Ziel der Überführung einer Lüge kann für die Verteidigung nicht darin bestehen, ein Geständnis der Falschaussage seitens des Zeugen zu produzieren. Es entspricht dem Selbstwertgefühl der allermeisten Zeugen, selbst bei Aufdeckung der Evidenz einer Lügengeschichte an dieser noch festzuhalten. Ist Überzeugungsarbeit die primäre Aufgabe des Verteidigers, sollte er sich darauf beschränken, dem Gericht die Hinweise für die Lüge zu präsentieren.

Die psychologischen Wissenschaften gehen davon aus, dass die Überführung des penetrant lügenden Zeugen durch ein Interview keine unlösbare Aufgabe ist.

1007 Im Gegenteil: Den »gut« lügenden Zeugen gibt es in der Realität selten, weil dies phänomenale Eigenschaften voraussetzt, die nur bei den wenigsten Zeugen existieren. Lügen ist kognitive Schwerstarbeit, da der Zeuge erfundene Geschichten widerspruchsfrei, detailliert und spontan äußern muss. Es sind

---

934 S. die »klassische« Untersuchung bei *Hatton/Snortum/Oskamp* The effect of biasing information and dogmatism upon witness testimony, Psychonomic Science 23, 425–427, 1971.

935 *Breuer/Sporer/Reinhard* Subjektive Indikatoren von Täuschung, Zeitschrift für Sozialpsychologie 36, 4, 2005, 189–201; *Vrij* Detecting lies and deceit. Pitfalls and opportunities 2008; anders *Ekman* Gefühle lesen, 2. Aufl. 2011, Kapitel 10 »Lügen und Emotionen«, S. 294 ff.

936 Vgl. *Bender/Nack/Treuer* Tatsachenfeststellung vor Gericht, 4. Aufl. 2014; *Greuel u.a.* Glaubhaftigkeit der Zeugenaussage 1998; *Jansen* Zeuge und Aussagepsychologie, 2. Aufl. 2012.

psychologische Grunderkenntnisse, dass eine erfundene Geschichte niemals in ein komplexes emotionales Umfeld eingebettet werden kann. Lediglich begleitende Sinneseindrücke können regelmäßig nicht erfunden werden. Gerüche, Farben, Geräusche sind – wenn sie nicht für die Primärgeschichte von Bedeutung sind – nur selten spontan und in der Wiederholung konsistent von einem Lügner wiederzugeben. Es sind daher gerade die Nebensächlichkeiten von Geschehnissen und eine zeitlich sprunghafte Darstellung, die dem Lügner zumeist unmöglich ist.

Dass auch der emotionale Ausbruch einer Zeugin kein Indiz für die Erinnerung an ein tatsächliches, sie tangierendes Geschehen darstellt, ergibt sich aus Forschungen zu erwartbaren Strategien lügender Zeugen. Gerade im Zusammenhang mit vorgetäuschten Sexualdelikten bestehen bei Frauen offensichtlich signifikante Tendenzen, Emotionsschilderungen in Falschaussagen zur Steigerung der Überzeugungskraft strategisch einsetzen zu wollen.[937] **1008**

Die Überführung eines Lügners vor Gericht fällt trotz dieser prägnant wirkenden Ausgangspunkte deswegen schwer, weil die maßgeblichen Lügengeschichten sich häufig lediglich auf Details eines komplexen Geschehens beschränken. Die eine Vergewaltigung fälschlicherweise schildernde Zeugin muss sich lediglich in den tatsächlich stattgefundenen einvernehmlichen Geschlechtsakt zurückversetzen, um hinsichtlich zahlreicher Details alle diejenigen tatsächlich geschehenen Nebensächlichkeiten schildern zu können, die mit dem strafrechtlich relevanten Kern des fehlenden Einverständnisses in den Geschlechtsverkehr keine Bedeutung haben. Die Strategie des Befragenden in dieser Situation kann in der Vorbereitung nur darauf hinauslaufen, denjenigen sehr engen Teil der eigentlichen Lügengeschichte heraus zu destillieren und eine Verifizierung der Lügensignale ausschließlich auf diesem isolierten Bereich beschränken zu lassen. **1009**

Gilt es für den Verteidiger Motivationen für eine Falschbelastung aufzudecken, hat sich die Befragungsthematik möglicherweise auf völlig andere Felder auszudehnen.

Beruht die belastende Aussage eines Zeugen nach Einschätzung der Verteidigung auf einem **Irrtum**, ändern sich die Vorzeichen. Hier liegt dem Verteidiger nicht daran, die bereits bekundete Wahrnehmung des Zeugen nochmals zu vertiefen, Aufdeckungsziel sind vielmehr andere Umstände von Defiziten bei der Wahrnehmung oder der Wiedergabe der Wahrnehmung. Zeugen erinnern häufig »falsch«, weil sie Teile ihrer Wahrnehmung entweder durch den Kontext bedingt interpretiert wiedergeben, durch ihr speziell gesteuertes Wahrnehmungsinteresse Situationen lediglich selektiv wahrgenommen haben oder sich ein Erinnerungsbild geschaffen haben, das nur zum Teil aus eigener Wahrnehmung, im Übrigen aber durch Rückschlüsse und Schilderungen anderer Personen zusammengesetzt ist. Diese Defizite gilt es aufzuklären. **1010**

So kann es beispielsweise das Ziel der Verteidigung sein, das sich aufdrängende Suggestionspotential einer Aussage aufzudecken. Gerade bei kindlichen und jugendlichen Zeugen ist es daher Standard zu erforschen, in welchem Kommunikationszusammenhang erstmalig über die Tatwahrnehmung berichtet wurde; denn ein die Aussage prägender Austausch zwischen dem Zeugen und seinem Freundes- oder Bekanntenkreis findet häufig zeitlich weit vor der ersten in der Akte nachvollziehbaren polizeilichen Vernehmung statt. **1011**

Da Selektion von Wahrnehmung interessengeleitet ist, müssen diese Interessen aufgedeckt werden. Völlig unabhängig von der Wahrnehmungsposition des Zeugen zum beweisrelevanten Geschehen ist daher durch Fragen aufzuklären, womit der Zeuge sich unmittelbar vor seiner beweisrelevanten Wahrnehmung beschäftigte.

Da die Wahrnehmung emotionsgesteuert ist, sind Bedingungen der emotionalen Situation zu klären. Sympathie und Aversionen des Zeugen gegenüber Beteiligten können hier ausschlaggebend sein und müssen erfragt werden. Wenn die Einbettung in individuelle Skripte und Klischees einen wesentlichen Teil von Fehlerinnerungen ausmachen, besteht die Aufgabe der Verteidigung darin, diese individuellen Skripte durch Aufdeckung des Erfahrungshorizonts des Zeugen deutlich zu machen. Hat der Zeuge eine der Beweissituation ähnelnde Wahrnehmung schon sehr häufig gemacht, liegt die Möglichkeit der Verarbeitung aktueller Wahrnehmung mit einer solchen Erfahrung sehr nahe.

---

937 *Niehaus/Krause/Schmidke* Täuschungsstrategien bei der Schilderung von Sexualstraftaten, Zeitschrift für Sozialpsychologie 36 (4), 2005, 175–187, mit dem gleichzeitigen beunruhigenden Ergebnis, dass derartige Strategien bei Entscheidern signifikant erfolgreich sind.

1012   Dabei beschränkt sich das Aktionsfeld des Verteidigers auf die Präsentation des Bewertungsfeldes. Die Bewertung hat das Gericht stets in der Urteilsberatung vorzunehmen. Ob die Wahrnehmung des Zeugen falsch, weil unvollständig, weil selektiv interessengesteuert war, hat das Gericht in freier richterlicher Beweiswürdigung zu entscheiden. Psychologisch-wissenschaftliche Erkenntnisse sind hier keine zwingende Bewertungsrichtschnur.

1013   Allerdings hat die BGH-Rechtsprechung in Einzelfällen vorgegeben, dass Richter sich mit derartigen feststehenden Erkenntnissen zumindest auseinandersetzen müssen. Bei dem Wiedererkennen des Angeklagten als angeblichen Täter in der Hauptverhandlung hat der Richter z.B. die Tatsache zu berücksichtigen, dass der Zeuge in seiner Erinnerung u.U. nicht Bezug nimmt auf seine Wahrnehmung während des Tatgeschehens, sondern beim Wiedererkennen an andere Erfahrungen anknüpft, wie beispielsweise an die Vorlage von Lichtbildern des Angeklagten durch die Polizei im Ermittlungsverfahren.[938] Das Wiedererkennen ist damit oft nicht ein Wiedererkennen aufgrund der Wahrnehmung der Tatsituation, sondern ein Wiedererkennen aus der Wahllichtbildvorlage.

g) Fragetechnik

1014   **Offene Fragen** sind häufig sogenannte W-Fragen (»Wer, Was, Wann, Wohin, Wo, Wie, Weshalb?«). Sie lassen einen sehr weiten Antwortspielraum und geben keine Ergebnistendenz vor.

   »Was passierte dann?«»Wo standen Sie?«»Was haben Sie dabei gedacht?«

   Geschlossene Fragen enthalten bereits Vorgaben für mögliche Antworten. Um insbesondere Weitschweifigkeiten des Zeugen einzudämmen, bieten sich geschlossene Fragenformen an, die im Extremfall als Antwort nur noch ein »Ja« oder »Nein« zulassen.

1015   »Haben Sie um Hilfe gerufen oder waren Sie sprachlos?«»Kennen Sie den Angeklagten?«»Haben Sie damals den Angeklagten auf der Tanzfläche von vorne gesehen?«»Sind Sie danach sofort nach Hause gefahren?«»Haben Sie damals meinen Mandanten überhaupt irgendwie berührt?«»Ich habe Ihre Äußerung gegenüber dem Richter nicht verstanden, war das Auto nun grün oder blau?«

1016   Die Technik der **engen Frageführung** mit Sachverhaltsvorgaben reduziert Überraschungen, weil sie den Zeugen wenige Möglichkeiten zu einer verbalen Entfaltung bietet. Sie gibt dem die Frage stellenden Anwalt die Chance, sich letztlich lediglich seine eigene »Geschichte« durch den Zeugen bestätigen zu lassen. Im angelsächsischen Parteiprozess wird diese Form der Fragetechnik als die Maßgebliche empfohlen.

1017   Frage: Sie waren am 16. April in Berlin?

   Antwort: Ja, ich war dort.

   Frage: Sie haben auch die Gaststätte »Zur ständigen Vertretung« besucht?

   Antwort: Ja.

   Frage: Dort haben Sie sich das Fußballspiel im Fernsehen angesehen, FC Köln gegen Hertha Berlin?

   Antwort: Ja, das haben wir uns angesehen.

   Frage: Wie Sie sagten, haben Sie auch dort meinen Mandanten gesehen?

   Antwort: Ja.

   Frage: Haben Sie ihn bereits vor der Schlägerei bemerkt?

   Antwort: Nein.

   Frage: Sodass Sie ihn erst während der Schlägerei erstmalig gesehen haben?

   Antwort: Ja, während der Schlägerei.

---

938 BGHSt 16, 204; BGH StV 2004, 58.

Der Üblichkeit in deutschen Gerichtssälen entspricht eine solche Frageform nicht. Da sie offen-   **1018**
sichtlich zielführend und sehr effektiv ist, spricht nichts gegen deren Verwendung. Dem Einwand
des Suggestiven kann er mit dem berechtigten Argument begegnen, dass die von ihm gewählte Frageform dem Zeugen stets einen ausreichenden Spielraum belässt, sich für ein ja oder nein zu entscheiden. Erst das drängende »Ist es nicht so, dass...?« lenkt die Beantwortung des vorgelegten Sachverhalts in eine bestimmte Richtung.

Alternativfragen bieten sich bei unentschlossenen Zeugen an.

> Sind Sie am Entgegenkommenden rechts oder links vorbeigegangen? War der Mann eher groß oder klein?   **1019**
> War die Herkunft des Mannes aus Ihrer Sicht eher europäisch oder asiatisch?

Die berechtigte Kritik der Suggestion ergibt sich aus einer Reduzierung von Alternativen. Sind ein   **1020**
halbes Dutzend Möglichkeiten theoretisch denkbar, ist die Reduzierung in der Fragestellung auf
lediglich zwei oder drei in unzulässiger Weise lenkend. Die Schnelligkeit und Dynamik der Fragesituation mag ausgelassene Alternativen nicht immer erkennbar werden lassen. Droht eine Beanstandung, können die ausgelassenen Alternativen auch pauschaliert werden.

> War das Auto blau, grau, grün oder andersfarbig?

Während die leitende enge Frageführung dem Zeugen keinen Spielraum lässt und ihn als eher pas-   **1021**
siven Gesprächspartner erscheinen lässt, kann seine Akzeptanz und Wertschätzung in besonderer
Weise durch die **Technik der anknüpfenden Fragen** gefördert werden. Der Zeuge fühlt sich verstanden, ist bereit weiter zu helfen, während der Fragesteller unwillkürlich leitet.

> Frage: Sie wollten also in eine Gaststätte?   **1022**
>
> Antwort: Ja, ich war mit meinem Freund unterwegs. Wir hatten beide Lust auf einen richtig schönen
> *Cocktail*.
>
> Frage: Haben Sie diesen *Cocktail* auch genossen?
>
> Antwort: Ja, wir sind dann in der Bar »Ferdinand« gelandet. Wir haben uns beide einen *Martini* bestellt.
>
> Frage: Und während Sie den *Martini* schlürften, was ist dann passiert?
>
> Antwort: Ja, ich habe mich eigentlich gemütlich mit meinem Freund unterhalten. Wir haben auch über
> die Olive im Martini gesprochen. Dann gab es auf einmal hinter uns eine *Schlägerei*.
>
> Frage: Eine *Schlägerei*?
>
> Antwort: Ja, da haben sich ein paar Leute geprügelt. Mit den *Fäusten* haben sie aufeinander eingeschla-
> gen.
>
> Frage: Nur mit den *Fäusten*?
>
> Antwort: So genau weiß ich das jetzt nicht. Es war immerhin ein bisschen *dämmerig*.
>
> Frage: Was heißt *dämmerig*? Wie war denn die Beleuchtung in der Bar?..

h) Fragetaktik

Gianrico Carofiglio beschreibt in seinem Kriminalroman »Reise in die Nacht« (2007) die Nöte des   **1023**
befragenden Verteidigers:

> »Eigentlich war die ganze Fragerei überflüssig gewesen (...). Aber ich hatte wenig Spielraum, sehr wenig   **1024**
> Spielraum. Und deshalb musste ich etwas tun, und wenn ich blind drauflos fragte. Vielleicht stieß ich ja
> doch auf irgendetwas, einen Hinweis, ein Signal, das mir den richtigen Weg wies, oder einen Weg, den
> ich wenigstens probehalber einschlagen konnte.
>
> Handbücher für Anwälte würden diese Vorgehensweise natürlich missbilligen. Stellt keine Fragen, deren
> Antworten ihr nicht absehen könnt. Fragt nie blind drauflos, ohne ein genaues Ziel vor Augen zu haben.
> Kreuzverhöre müssen rigoros geplant werden, ihr dürft nichts dem Zufall oder der Improvisation über-
> lassen, sonst begünstigt ihr womöglich die gegnerische Seite, et cetera et cetera.

Die möchte ich, verdammt noch mal, in einem Prozess erleben, die Herren Handbuch-Verfasser. In einem echten Prozess mit dem Lärm, dem Dreck, dem Blut, der Scheiße, die dazugehören. Und dann möchte ich sehen, wie sie ihre Theorien anwenden.

Man fragt nicht blind drauflos.

Ich möchte sie erleben. Mir blieb gar nichts anderes übrig, als blind draufloszugehen (...).«

1025 Idealtypisch hat die Verteidigung bei der Vorbereitung einer Befragung in Verarbeitung psychologischer Grunderkenntnisse zur menschlichen Codierung und Decodierung von Wahrnehmung und im Hinblick auf seine spezifischen Verteidigungsinteressen ein Befragungsziel formuliert. Hieran gemessen ist unter besonderer Berücksichtigung der spezifischen Kommunikationssituation im Gerichtssaal eine Befragungstaktik erarbeitet worden, die den Verlauf der Befragung präzise steuern soll.

1026 Verteidiger sind von dieser idealen Situation regelmäßig weit entfernt. Ein Erlernen psychologischer Zusammenhänge gehört ebenso wenig zu ihrer Ausbildung wie die Reflexion des eigenen Beitrages in der Befragungssituation vor Gericht. Wie in vielen anderen Bereichen der Organisation des Anwaltsberufs ist der Verteidiger häufig Autodidakt. Im Ergebnis pflegt er einen seit Jahren »bewährten« Kommunikations- und Befragungsstil. Es sind zumeist Zufälligkeiten, die den eingeschliffenen Befragungsstil als erfolgreich erscheinen lassen. Eine stets um Effektivität bemühte Verteidigung hat über die Einbringung der Individualität des Verteidigers auch in der Befragungssituation strategische Vorgaben zu beachten:

Befragungsziel

1027 Die Wirksamkeit vieler anwaltlicher Befragungen wird dadurch geschmälert, dass die eigene Zielvorgabe der Befragung überzogen ist. Erwartet die Verteidigung von einem Zeugen zu viel Positives, wird das zu allem Überfluss in der Befragung jedem anderen Verfahrensbeteiligten deutlich, überwiegt der äußere Eindruck des Scheiterns. Die in der Befragung erarbeiteten Pluspunkte treten in den Hintergrund.

1028 Was ein Zeuge nicht gesehen hat, was er schlicht nicht mehr erinnern kann oder was er durch Überlagerungen verfälschend verarbeitet hat, kann er gegenüber dem Verteidiger nicht entsprechend dessen Erwartenshaltung produzieren. Beharren und insistieren produziert keine Erinnerung. Ist dies der Verteidigung daher klar – und sei es im Laufe der eigenen Vernehmung –, so sind die Befragungsziele an die aufgefundene Situation anzupassen. Sind die angestrebten 100 % nicht zu erreichen, so sollte zur Vermeidung eines vollständigen Fehlschlags der Befragung eine Zielvorgabe von 50 % ausreichen. Hat der Zeuge nichts Entlastendes gesehen, behauptet er möglicherweise sogar zum Nachteil des Mandanten dessen Tat beobachtet zu haben, verbleibt der Verteidigung das Befragungsziel, dem Gericht die Irrtumsanfälligkeit der negativen Zeugenaussage durch mögliche Wahrnehmungsfehler oder -irritationen zu präsentieren.

1029 Die Formulierung des Befragungsziels hat neben der Einschätzung einer zu erwartenden positiven oder negativen Aussage des Zeugen maßgeblich die Bewertung eines Irrtums oder einer Lüge zum Gegenstand. Dem übergeordneten Verteidigungsziel verpflichtet wird die Ausübung des Fragerechts der Analyse einer unwahren Aussage zurückhaltend sein, wenn diese letztlich einen für den Mandanten nützlichen Sachverhalt transportiert. Gleiches gilt für den offensichtlich irrenden Zeugen, der fälschlicherweise den Mandanten nicht wiedererkennt oder gar einen Dritten als Täter identifiziert. Die intensive Nutzung des Fragerechts ist demgegenüber dann geboten, wenn es darum geht, belastende Aussagen zu relativieren oder zugunsten des Mandanten völlig neue Sachverhalte in die Beweisaufnahme einzubringen.[939]

---

939 Zu einer zu prognostizierenden »Typologie« des aus Verteidigersicht zu befragenden Zeugen s.: *Schlothauer* Vorbereitung der Hauptverhandlung durch den Verteidiger, 2. Aufl. 1998, Rn. 85.

Von dieser primären Einschätzung hängt auch die **thematische Gestaltung** der Befragung ab. Will   **1030**
die Verteidigung ein negatives Ergebnis der bislang erfolgten Befragung zerstören oder abschwächen,
verbleibt oft nur die nuancenreichere Wiederholung der bereits thematisierten Sachverhalte, die die
Sicherheit des Zeugen hinsichtlich seiner Wahrnehmung oder Erinnerung relativieren. Bohrende
Fragen nach Details sind unausweichlich. Soll die Glaubwürdigkeit des Zeugen erschüttert werden,
sind oft völlig neue Beweiskomplexe anzusprechen.

Ziel der Befragung ist oft die simple Produktion von Aussagestoff. Hat der Zeuge den Mandanten   **1031**
mit wenigen schlichten Sätzen belastet, ist das Material zur Falsifizierung oft nicht ausreichend. Erst
wenn der Zeuge animiert wird, zu zahlreichen Begleitumständen Stellung zu nehmen, besteht die
Chance, ihn zumindest in Teilbereichen der Lüge oder des Irrtums zu überführen.

> Durch die weitere Beweisaufnahme stellt sich oft heraus, dass die Darstellung des Zeugen beispielsweise   **1032**
> zum Wortlaut von Konversationen, zur Bekleidung einer weiteren anwesenden Person offensichtlich
> fehlerhaft ist. Das reicht häufig, um entscheidende Zweifel auch hinsichtlich seiner Wahrnehmungsfä-
> higkeit zu tatbestandsrelevanten Sachverhalten zu säen. Fragen zu eigenem Alkohol- oder Drogenkonsum
> werden tendenziell von Zeugen beschönigend bis falsch dargestellt. »Haben Sie jemals Kokain konsu-
> miert?« ist zwar nicht unmittelbar tatbezogen, eine Verneinung durch den Zeugen und der positive Befund
> einer anschließend beantragten Haaranalyse können die Glaubwürdigkeit in einer Form erschüttern, die
> in der Auseinandersetzung um die unmittelbare Tatschilderung niemals gelungen wäre.

Tests zur Fehleranfälligkeit der Zeugenwahrnehmung

Überzeugend geäußerte Wahrnehmungsergebnisse lassen sich durch schlichtes Hinterfragen oft   **1033**
kaum erschüttern. Der Zeuge reproduziert überzeugend sein verankertes Bild eines Geschehens.
Ziel der Verteidigung kann es häufig nur sein zu beweisen, dass dieses Bild auf kognitiven Defiziten
beruht.

> Das primäre Aktionsfeld der Verteidigung ist hier der Beweisantrag, durch den mittels Ortsbesichtigung   **1034**
> oder Sachverständigen-Gutachten bewiesen werden kann, dass angesichts situativer Gegebenheiten oder
> den seinerzeit Helligkeits- oder Wetterverhältnissen Kognitionen unmöglich waren. Auch physische
> Defizite des Zeugen lassen sich oft nur durch Untersuchungen außerhalb des Gerichtssaals aufdecken.

In besonders gelagerten Fällen ist allerdings auch das Fragerecht ein taugliches Mittel, Fragwürdig-   **1035**
keiten der Wahrnehmung oder Erinnerung des Zeugen aufzudecken. So können metrische Angaben
sofort durch die Forderung von Vergleichszahlen überprüft werden. Wenn der Zeuge seinen eigenen
Beobachtungsstandpunkt vom Tatgeschehen als circa 20 m angibt, kann die Frage beispielsweise
nach der Größe des Gerichtssaals oder bei einem Blick aus dem Fenster zur Entfernung eines weiteren Gegenstandes Aufschluss darüber geben, wie realitätsnah die Schätzungen des Zeugen sind.
Eine mit gedämpfter Stimme vorgetragene Frage kann ein tauglicher Test dafür sein, wie gut das
Gehör des Zeugen ist. Optische Tests (mit und ohne Brille) können einen Aufschluss darüber geben,
wie präzise der Zeuge tatsächlich etwas gesehen hatte. Fragen zum Aussehen soeben im oder vor
dem Gerichtssaal beobachteter Menschen lassen deutlich werden, wie aufmerksam der Zeuge peri-
pheres Geschehen aufnimmt und wie hoch seine Wiedererkennungsleistung zu veranschlagen ist.

Kommunikationsbereitschaft des Zeugen

Der Eintritt in die Kommunikationssituation setzt zumindest deren rudimentäre Analyse voraus.   **1036**
Hierzu gehört eine Bewertung der **Kommunikationsfähigkeit und -willigkeit des Zeugen** im Allgemeinen sowie in der konkreten Befragungssituation vor Gericht. Dabei ist selbstverständliche
Grundvoraussetzung die Einsicht, dass gesellschaftlich eingeübte Kommunikationsformen nur sehr
beschränkt Wirkung entfalten. Zeugen stehen unter Druck. Sie bewegen sich nicht in einem von
ihnen beherrschbaren Kommunikationsrahmen, sondern sehen sich in einer ungewohnten Öffentlichkeit präsentiert. Fragen und Antworten finden in einem hierarchisierten Umfeld statt. Die den
Zeugen umgebenden Roben verdeutlichen die personifizierte Staatsmacht, mit der er im modernen
gesellschaftlichen Leben nicht mehr konfrontiert wird. Ihm unbekannte Gerichtsrituale (z.B. die
Ausübung der Reihenfolge des Fragerechts und Beanstandungen von Fragen) hemmen ihn ebenso,

wie die zum Teil undurchsichtige Justizsprache und die einleitende Drohung der Bestrafung bei Verstoß gegen die Wahrheitspflicht.

1037 Die Bewältigung dieser **Stresssituation** hängt von den individuellen Faktoren des Zeugen ab, insbesondere seiner »Gerichtserfahrung«, seine über die äußere Stresssituation hinausgehende Involvierung in das thematisierte Geschehen sowie seinen individuellen Verarbeitungsmöglichkeiten. Vor der Befragung muss in dieser Situation die Verteidigung eine Vorstellung vom sozialen, mentalen und sprachlichen Niveau des Zeugen haben um Entscheidungen darüber zu treffen, wie im Hinblick auf die Verteidigungsinteressen die Vernehmungssituation genutzt werden kann.

Gerade bei mutmaßlich lügenden Zeugen könnte es nahe liegen, die aufgezeigte Stresssituation zu nutzen und als Teil des autoritären Gerichtsgeschehens sich den vorhandenen Druck zunutze zu machen.

1038 »Sie haben gehört, dass Sie sich bei einer Falschaussage strafbar machen. Ich werde Ihre Vereidigung nach Ihrer Aussage beantragen. Wenn das Gericht dem folgt, heißt das im Falle einer Falschaussage eine Mindeststrafe von einem Jahr für Sie. Überlegen Sie es sich gut, ob Sie ein solches Schicksal sich und Ihrer Familie zumuten wollen. Ich gebe Ihnen hiermit eine letzte Chance, uns allen endlich das zu erzählen, was Sie wirklich gesehen haben.«

Der positive Verteidigungseffekt kann allerdings nur in den eher seltenen Fällen eintreten, in denen eine derart begründete Stresssituation noch nicht durch das Gericht oder den Staatsanwalt erzeugt wurde. Ist demgegenüber die bereits vorliegende Aussage erkennbar schon unter dem Eindruck der Zwangskommunikation entstanden, offenbart die schlichte abermalige Mahnung unter Wiederholung bereits gestellter Fragen nur die Überforderung eines phantasielosen Verteidigers.

1039 Ist allerdings nicht Verunsicherung, sondern Erkenntnisgewinn das Ziel der Befragung, kann die Taktik nur darin bestehen, die Stresssituation für den Zeugen so weit wie möglich aufzuheben. Sollen günstigere Differenzierungen herausgearbeitet oder sogar vollständig neue Sachverhalte mit dem Zeugen erarbeitet werden, ist hier die Bereitschaft des Zeugen zu Kooperation notwendig; diese kann regelmäßig nur in einer freundlichen und entspannten Befragungsatmosphäre erfolgen.

1040 Effektive Kommunikation setzt hier einen positiven Kontakt zum Kommunikationspartner voraus. Banalitäten von Kommunikationslehren werden häufig von Verteidigern vernachlässigt, weil sie offensichtlich ihre dominierende Rolle in der Robe nicht abschütteln können. Es gilt auch ohne Verleugnung dieser Rolle eine Atmosphäre zu schaffen, die Kooperation bewirken kann. Die Verdeutlichung der Akzeptanz und Wertschätzung des Zeugen durch den Verteidiger ist Grundlage für dessen Kooperationswilligkeit.

Verteidigeremotionen

1041 Eines der größten Hindernisse hierbei ist häufig die **Emotion des befragenden Verteidigers.** Dieser hat angesichts der Aktenlektüre, der Verteidigungsanalyse und insbesondere der Vorgespräche mit seinem Mandanten den belastenden Zeugen häufig als Gegner ausgemacht. In der Vorbereitung war dieser Gegner häufig sogar als lügender Dämon heraufstilisiert worden. Hier fällt es der Verteidigung häufig schwer, in der Befragungssituation das Gefühl der Zuwendung und Sympathie zu vermitteln, ohne die eine Kooperationsbereitschaft nicht entstehen wird.

1042 Das Ziel des Verteidigers muss die Schaffung einer angstfreien und vertrauensvollen Atmosphäre sein. »Anwärmfragen« zu persönlichen Umständen des Zeugen sind zur Verdeutlichung einer ebenso ernsthaften wie freundlichen Kommunikation ebenso geeignet wie die persönliche Vorstellung des Fragestellers.

»Frau Zeugin, mein Name ist Rechtsanwalt Dr. Müller, ich wäre Ihnen sehr verbunden, wenn Sie mir noch einige Ergänzungen zu Ihren interessanten Ausführungen geben könnten.«

Kommunikationshemmende Faktoren gleich zu Beginn der Verteidigungsbefragung bestehen zum einen in einem möglichen Überdruss des Zeugen, eine aus seiner Sicht abgeschlossene Schilderung nochmals vertiefen zu müssen. Darüber hinaus kann langes Warten auf den Beginn der Vernehmung und eine bereits sich lang erstreckende Vernehmung durch andere Verfahrensbeteiligte an die Nerven des Zeugen zerren. Die freundliche Frage, ob er aktuell eine Pause braucht oder welche persönlichen Pläne für den

Tag nunmehr durch den Zeitverzug gestört worden sind, ist zumindest der Einstieg in die Vermittlung für das Verständnis der schweren Zeugensituation.

Kooperation des Zeugen wird gefördert, wenn er nicht argwöhnt, funktionalisiert zu werden oder das Gespräch maßgeblich von Interessen des Befragenden dominiert wird. Dem Zeugen muss daher das unbedingte Gefühl an dem Interesse des Gesagten vermittelt werden. Sprachlich bietet sich hier häufig die Möglichkeit, stets mit einer Frage an das soeben Gehörte anzuknüpfen und damit dem Zeugen nochmals den Wert seines Beitrages für die Kommunikation zu versichern.   1043

Durch Augenkontakt und Körperhaltung kann der Verteidiger auch bei den beschränkten Möglichkeiten im Gerichtssaal die Basis für eine im Ergebnis hilfreiche Kommunikation schaffen. Der Zeuge kooperiert, wenn er sich nicht funktionalisiert, sondern in seiner Aussage als wahrgenommen und geschätzt fühlt. Das vom Zeugen erwartete inhaltliche Feedback kann der Verteidiger schon durch nonverbale Signale geben. Ein Lächeln, eine entspannte Sitzhaltung, ein zustimmendes Brummen zeigt dem Zeugen, dass ihm wirklich zugehört wird. Ein Lob (*»Das hätte ich bestimmt so nicht genau gehört.«*) kann die Bereitschaft zur Zusammenarbeit entscheidend fördern. Über allem steht das **Gebot des aktiven Zuhörens**: Wenn der Verteidiger in einer Frage das soeben Gehörte nochmals zusammenfasst und dabei zutreffender Weise aus Sicht des Zeugen an dessen letzten Beitrag anknüpft, darf er sich des Dialogcharakters sicher sein. Das »Echo« von wortwörtlichen Zitaten des Zeugen in der folgenden Fragestellung kann letzte Zweifel des Zeugen beseitigen, dass die Verteidigung nicht ernsthaft an seiner Wahrnehmung, sondern nur an eigenen Prozesszielen interessiert ist.   1044

Aussage und Würdigung

Für den optimalen Abruf codierter Wahrnehmung abträglich ist eine Kommunikation, die nicht nur thematisiert, was der Zeuge gesehen, gehört und gefühlt hat, sondern darüber hinaus bereits beweiswürdigende Elemente enthält. In dem Augenblick, wo der Zeuge in die mögliche Würdigung seiner eigenen Aussage einbezogen wird, steht er als unbefangener Kommunikationspartner zu seiner eigenen Wahrnehmung nicht mehr zur Verfügung. Der befragende Verteidiger hat daher regelmäßig den gedanklich schwierigen Balanceakt zu vollführen, einerseits das soeben vom Zeugen Gehörte unmittelbar in die Bewertung des Beweisergebnisses und darüber hinaus sogar eine rechtliche Subsumtion vorzunehmen, andererseits für die Fortführung des Gesprächs die primär gewählte Ebene nicht zu verlassen.   1045

Auf die unmittelbare Konfrontation des Zeugen mit möglicherweise anderen Beweisergebnissen, der Widersprüchlichkeit seiner Aussage oder den Anhaltspunkten für eine ersichtliche Lüge folgt meist eine Reaktion des Zeugen, die diese Bewertung »glätten« will. Widersprüche werden minimiert, Formulierungen werden geschönt. Die Beharrungstendenz des Zeugen wird dazu führen, dass er dazu beiträgt, Verteidigungsargumente für die Beweiswürdigung zu entwerten. Diese Gelegenheit sollte dem Zeugen nicht verschafft werden. Die kritischen Ansatzpunkte hat der Verteidiger seiner eigenen Bewertung im Anschluss an die Vernehmung vorzubehalten.   1046

Bei aller freundlichen Hinwendung des fragestellenden Verteidigers darf daher bei dem Zeugen niemals der Zweifel aufkommen, dass die Gesprächsleitung und -führung ausschließlich beim Anwalt liegt. Insbesondere derjenige Zeuge macht – zumindest innerlich – dem Verteidiger diese Rolle streitig, wenn er im Laufe des Gesprächs Bewertungen des Gesagten vornimmt.   1047

Jeder Zeuge weiß, dass er nicht zu Gericht gekommen ist, um die Zuhörer mit Geschichten zu unterhalten. Vielmehr ist ihm bewusst, einen entscheidenden Beitrag zur Urteilsfindung zu leisten. Er wird daher – wenn auch aus seinem verengtem Blickwinkel – stets intuitiv versuchen, seinen Darstellungen in ein mögliches Gesamtbild eines Tatgeschehens einzuordnen und dessen Wert zu ergründen. Seine eigene Bewertung orientiert sich daran, ob er beim Eintritt in den Gerichtssaal von der Tendenz getragen ist, dem Angeklagten zu helfen, ihm zu schaden, dem Opfer zu seinem Recht zu verhelfen oder einfach richterliche Erwartungen an einen vorbildlichen Bürger nicht zu enttäuschen. In jedem Fall wird er zumindest intuitiv versuchen, seinen eigenen Beitrag an der ihm selbst zugedachten Rolle zu messen.   1048

1049   Deutlich werden die Ideen des Zeugen zur Meta-Kommunikation häufig, wenn er mehr oder weniger deutlich auf einer Frage nicht mit einer simplen Antwort reagiert, sondern erfragt, worauf der Fragesteller eigentlich hinaus will. Ihm sollte in dieser Situation entweder explizit seine Rolle erklärt werden (»Sie sollten auch nicht wissen, was die Absicht meiner Frage ist; antworten Sie einfach!«) oder durch die Geschwindigkeit der Fragestellung oder andere rhetorische Mittel eine Konzentration auf den kommunizierten Sachverhalt bewirkt werden. Absolut schädlich ist regelmäßig die Diskussion mit dem Zeugen darüber, welche Auswirkungen unterschiedliche Varianten seiner Antworten auf dem zu entscheidenden Fall haben.

Auch anderweitige Bewertungen von Sachverhalten sollte in der Regel dann nicht den Zeugen überlassen werden, wenn die Gefahr besteht, dass sie den Interessen des Mandanten zuwiderlaufen.

1050   Will beispielsweise die Verteidigung dem Gericht deutlich machen, dass es am Tatort, einer Gaststätte, zum Tatzeitpunkt so voll war, dass korrekte Beobachtungen von weiter entfernt stehenden Zeugen nicht möglich waren, so sollte die schlichte Frage an einen Zeugen, ob die Gaststätte »überfüllt« war vermieden werden; der Fragesteller riskiert eine verharmlosende bewertende Antwort (»Ach es war schon mal voller dort!«). Stattdessen bietet sich folgendes Vorgehen an:

Frage: Sie waren an dem Abend in der Gaststätte?

Antwort: Ja, ich war dort.

Frage: Das war so um 22.00 Uhr?

Antwort: Ja, so spät war es.

Frage: Und es war ein Freitag?

Antwort: Jawohl.

Frage: Zu dem Zeitpunkt war »Happy Hour«?

Antwort: Ich glaube wohl.

Frage: Waren da einige Besucher in der Kneipe?

Antwort: Doch, einige. Da war schon etwas los.

Frage: Mussten Sie sich durchquetschen, bevor Sie an die Theke kamen?

Antwort: Ja, das war schon mühsam.

Frage: Und an der Theke selbst war es dann auch eng?

Antwort: Ich glaube, ja.

Frage: Sodass man sagen kann, es war ziemlich voll in der Kneipe?

Antwort: Ja, so könnte man sagen.

1051   Das gilt erst recht für Bewertungen, die die eigenen Wahrnehmungsfähigkeiten des Zeugen betreffen. Die direkte Frage, ob der Zeuge möglicherweise unaufmerksam war, wird in der Regel als Herabsetzung empfunden und spontan verneint. Auch hier muss sich der Verteidiger bei der Befragung mit dem Sammeln von Fakten begnügen, die er in einer späteren Bewertung als maßgebliche Wahrnehmungsdefizite des Zeugen zusammentragen kann.

1052   Frage: Sie haben die Leute an dem Tisch gesehen, die sich später geprügelt haben?

Antwort: Ja, ich habe das doch gesagt.

Frage: Und Sie haben gesehen, wie die sich unterhalten haben?

Antwort: Ja doch.

Frage: Haben Sie sich zwischenzeitlich auch was an der Bar bestellt?

Antwort: Ja, ich habe da einiges getrunken.

Frage: Dann mussten Sie sich umdrehen und zu dem Barkeeper sprechen?

Antwort: Ja, da habe ich immer mein Bier bestellt.

Frage: Das haben Sie immer persönlich selbst gemacht?

Antwort: Ja klar.

Frage: Und haben Sie auch einige Freunde gesehen?

Antwort: Ja.

Dies sollte ausreichen, um deutlich zu machen, dass der Zeuge den fraglichen Nebentisch nicht dauerhaft beobachtet hatte und damit keine vollständige Bewertung der Entwicklung des Geschehens vornehmen konnte.

Zeugentypen

Geprägt wird die Vernehmungstaktik der Verteidigung auch durch die Einschätzung des ihm gegenüber sitzenden **Zeugentypen**.[940] **1053**

> Vernimmt er einen Entlastungszeugen, der ganz offensichtlich geprägt ist von dem unbedingten Willen, dem ihm nahe stehenden Angeklagten zu helfen, kann das Befragungsziel darin bestehen, dem Gericht aufzuzeigen, dass dieser Entlastungszeuge auch durchaus für eine kritische Bewertung des Angeklagten offen ist, und daher keinesfalls in der konkreten Entlastungsaussage von einem blinden Helfersyndrom ausgegangen werden kann. Umgekehrt ist der übereifrige Belastungszeuge nicht immer mit dem Ziel der Lügenüberführung zu vernehmen. Häufig kann es sinnvoll sein, durch Stimulierung seiner Belastungstendenz ihn in seinem Eifer zu Übertreibungen zu bringen, die auch für das Gericht seine Gesamtdarstellung ad absurdum führen. Dem Typen des offensichtlich autoritätsgläubigen Zeugen, der sich unkritisch an die ihm vorgehaltenen polizeilichen Vernehmungsprotokolle gebunden fühlt, kann auch ohne Erschütterung seines Weltbildes verdeutlicht werden, unter welcher Interessen- und Irrtumsanfälligkeit auch die Arbeit eines redlichen Polizeibeamten leidet. Der Polizeibeamte als professioneller Zeuge ist demgegenüber in seinem Rollenverständnis zu erfassen, mit einer für Laien kaum fassbaren Unbedingtheit bar jeder eigenen konkreten Erinnerung ein vorliegendes Ermittlungsergebnis zu unterstützen.

Dem Typus des **kooperationsunwilligen Zeugen** ist häufig nur sehr schwer zu begegnen. Ist er für eine Mitarbeit nicht zu gewinnen, so kann das Verteidigungsziel zumindest darin bestehen, dessen ausweichendes Grundverhalten auch allen anderen Beteiligten zu verdeutlichen. **1054**

> Ein Mittel des Ausweichens sind Gegenfragen (»Muss ich das hier beantworten?« oder »Was soll ich dazu sagen?«). Straffe Gesprächsführung heißt hier, dem Zeugen zu verdeutlichen, dass der Informationsfluss in der gerichtlichen Befragung eindimensional ist: Der Verteidiger fragt, der Zeuge antwortet. **1055**
>
> Das Stilmittel des Ausweichens besteht beim Zeugen häufig darin, auf eine Frage mit seiner ganzen möglichen Eloquenz etwas zu erwidern, das primär als ausschweifender Beitrag zu einer Kommunikation bewertet werden kann, inhaltlich von einer Antwort allerdings weit entfernt ist. Zeugen reden gerne irgendetwas, um sich dem Zwang einer konkreten Antwort zu entziehen. Entlarvend wirkt hier häufig die Nachfrage des Verteidigers auf einen mehrminütigen Redeschwall: »Wie war noch mal meine letzte Frage?« Ist die Frage dem Zeugen nicht mehr präsent, wird deutlich, dass das von ihm Gesagte auch nicht als Antwort eingeschätzt wird.

Sprachniveau

Dass der **Gesprächsstil** und die **Wortwahl** unbedingt auf den sozialen und mentalen Horizont des Zeugen Rücksicht zu nehmen hat, ist eigentlich eine Banalität, wird aber regelmäßig in deutschen Gerichtssälen verfehlt. Alle Verfahrensbeteiligten einschließlich des Verteidigers verfügen nicht nur über eine detailliertere Kenntnis des Gesamtzusammenhangs des Verfahrens, sie haben auch eine sehr viel weitergehende Erfahrung in der Aufnahme, Verarbeitung und verbalen Umsetzung des **1056**

---

940 S. hierzu ausführlich MAH-Strafverteidigung/*Jansen* 2. Aufl. 2014, § 35 Technik der Zeugenvernehmung, Rn. 17 ff.

Prozessgeschehens. Diese Schnelligkeit des Denkens und Handelns hindert häufig, einen hier nicht folgenden Zeugen in eine Kommunikation einzubeziehen. Das Vernehmungskonzept muss daher stets von einer Reduzierung der Komplexität getragen sein. Die Frage muss kurz sein. Sie darf niemals mit zusätzlichen Informationen, erst recht nicht mit möglichen Rechtfertigungen für die Fragestellung gegenüber dem Gericht belastet sein. Das »Abholen« des Zeugen aufgrund seiner eigenen Formulierungen zwingt häufig auch den Fragesteller, sich des Empfängerhorizonts zu versichern.

Simples Fragen muss von dem Bewusstsein getragen sein, dass auch umgangssprachliche Begriffe im juristischen Denken mit komplexen Inhalten verbunden sind, die sich einem Zeugen nicht erschließen.

1057   Erkenntnistötend sind hier Frageformulierungen wie: »Haben Sie billigend in Kauf genommen, dass (...)?« oder »Können Sie ausschließen, dass (...)?« oder »(...) haben Sie dann den Geschlechtsverkehr vollzogen?«

Laissez-faire oder enge Frageführung

1058   Der Fragetaktik ist es geschuldet, inwiefern der befragende Verteidiger eher eine führende Gesprächslenkung oder ein »laissez faire« bevorzugt. Mit einer **offenen Fragestellung** gibt er dem – auch unerwarteten – Gesprächsverlauf weiten Raum.

1059   Lenkende Vorgaben des Vernehmenden in der Hauptverhandlung gehen weit über das hinaus, was rechtlich – und damit vornehmlich sprachlich – noch als möglicherweise unzulässige Suggestion geortet werden kann. Schon der Anlass der Fragestellung gibt dem Befragten u.U. zu denken und beeinflusst sein Reaktionsverhalten.

▶ **Beispiel:**

1060   In einem demoskopischen Interview aus Anlass eines Goethe-Jubiläumsjahrs lautete die Frage: »Glauben Sie, dass Goethe ein moralisches Leben geführt hat?« Die Antwort eines befragten Bauern lautete: »Wenn Sie schon so fragen, wird es wohl unmoralisch gewesen sein.«[941]

1061   Die kurze und fast lakonische Fragart hat für die Verteidigung den Vorteil der **engen Frageführung**. Für den Befragten gibt es wenig Bedenkzeit. Die zergliederte Fragestellung macht für den Befragten das eigentliche Befragungsziel nicht deutlich. Gleiches gilt aber häufig auch für die Richterbank, sodass eine – aus Sicht der Verteidigung – unerwartet negative Wendung des Informationsflusses dort unbemerkt bleiben kann. Die Fortsetzung der Befragung kann damit durch die Verteidigung als geordneter Rückzug gestaltet werden.[942]

1062   Diese Form der Befragung erleichtert auch den Gang auf völlig unbekanntes thematisches Terrain. Zwar wird der Verteidigung oft angeraten, die Beherrschung des Prozessgeschehens nur durch Fragen umzusetzen, deren Antwort man schon kennt. Konsequent lässt sich das nur mit der angelsächsischen Methode des vorhergehenden Coaching the witness erreichen, was für deutsche Verhältnisse kaum praktikabel ist. Die Verteidigung muss daher bei jeder Antwort auf Überraschungen gefasst sein – und hierauf möglichst gelassen reagieren. Besonders groß ist das Überraschungspotential, wenn erst durch die Befragung (oft verzweifelt) versucht wird, unbekannte Anhaltspunkte zur Erschütterung eines bislang vorliegenden Beweisergebnisses zu gewinnen. Gebietet dies die Verteidigungsstrategie, kann der Weg nur die Methode der kleinen Schritte der thematischen Annäherung sein. Sie vermeidet einerseits die Beanstandung der thematischen Unzulässigkeit und belässt andererseits dem Fragesteller die Chance, die kleinen Schritte rechtzeitig in eine andere Richtung zu lenken, bevor sich die Gefahr des Absturzes und der ironische Kommentar des Staatsanwalts zu einem »Eigentor« realisiert.

---

941 *Noelle-Neumann* Über offene Fragen, Suggestivfragen und andere demoskopische Erhebungen für die Rechtspraxis, GRUR 1968, 133 ff.

942 S. zu Beispielen: *Salditt* Der Verteidiger vernimmt Zeugen – was britische Handbücher raten, StV 1988, 541 ff.

Förderung der genehmen Antwort durch Autorität

Enorm beeinflussend ist allein das Autoritätsgefälle zwischen Fragesteller und Befragtem. **1063**

> Das hat die Psychologie schon vor 100 Jahren empirisch belegt: Ein Lehrer ließ in seiner Klasse mit 48 Schülern zwischen 14 und 17 Jahren eine ausländische Geldmünze herumreichen und betrachten. Am Schluss stellte er den Schülern eine Aufgabe: »Sie haben ja zweifellos alle bemerkt, dass die Münze in der Mitte ein Loch hat. Ich möchte Ihre Beobachtungsgabe prüfen, und Sie sollen mir deshalb angeben, wo das Loch ist. Zeichnen Sie einfach einen Kreis und die Umrisse eines Kopfes auf Ihr Blatt Papier, und bezeichnen Sie die Stelle des Lochs mit einem Kreuz!« Tatsächlich hatte die Münze kein Loch. Trotzdem setzten 44 Schüler ein Kreuz auf die Zeichnung, und von den vier anderen bemerkte nur einer ausdrücklich: »Der Gulden hat kein Loch gehabt.« Die drei anderen gaben nur an, sie hätten das Loch nicht gesehen.[943]

1064

Die Wirkungen dieses Effekts lassen sich im Strafprozess von den Fragestellern allenfalls durch atmosphärische Beeinflussungen minimieren. Rechtlich ist er nicht zu thematisieren – was dem Verteidiger zumindest die Sicherheit verschaffen sollte, solche Effekte in seinem Sinne umzusetzen. Will der Verteidiger im Hinblick auf sein Verteidigungsziel straff lenken, kann er sich die Unsicherheit in deutschen Gerichtssälen zur Abgrenzung der Suggestivfragen zunutze machen. Niemand wird den Verteidiger daran hindern, dem Zeugen Ermunterung, Lob und ein positives Feedback zukommen zu lassen. Daher kann ausnahmsweise auch die **eigene Erwartenshaltung** mit der damit verbundenen anwaltlichen Autorität in einem negativen Feedback enden. **1065**

> — »Das kann ich mir so aber jetzt gar nicht vorstellen, was Sie da gesagt haben«.

Das vom Verteidiger angestrebte Vernehmungsergebnis kann auch mit der Erwartenshaltung befördert werden, dass eine solche Aussage dem Üblichen und damit auch dem Wahrscheinlichen entsprechen würde. **1066**

> — »Da haben Sie doch bestimmt in dieser Situation sofort die Polizei gerufen?« *oder*
> — »Haben Sie sich etwa bei diesem Angriff überhaupt nicht gewehrt?«

Ein **Konformitätsdruck** wird auf dem Zeugen durch Hinweise auf bislang vorliegende Beweisergebnisse ausgeübt: **1067**

> — »Die Zeugen Schulze und Müller haben dies hier bereits bekundet. Haben Sie das nicht auch so gesehen?«
> — »Den Schuss müssen Sie dann wohl deutlich gehört haben?«
> — »Sind Sie mit mir dann auch der Meinung, dass mein Mandant Herr Müller bei der Schlägerei eher zurückhaltend war?«

Unwillkürliche Lenkungen sind auch durch geringe **Vorgaben in der Befragung** aufgrund eines weitergehenden Wissens des Befragenden möglich. **1068**

> *War zum Beispiel nach Aktenlage nur die Rede davon, dass der Zeuge an einem Abend allein unterwegs war und hat der Verteidiger die Information, dass es einen Begleiter gab, könnte sich zunächst die Frage anbieten, »ob« es einen solchen Begleiter gab. Weniger Ausweichspielraum hat der Zeuge bei der lenkenden Frage:*
> — *»Wer hat Sie an dem Abend begleitet?«*

Überzeugungsarbeit durch Formulierungsbetonungen

Als positiv bewertete Zwischenergebnisse gilt es häufig schon während der weiteren Befragung herauszustreichen. Nuancen im Ausdruck des Zeugen gilt es festzuhalten, eine als förderlich empfundene Wortwahl kann durch Wiederholen (oder sog. »Schleifen«[944]) in der anschließenden Fragestellung dem Gericht überdeutlich vor Augen gehalten werden. **1069**

> »Was können Sie zu der Geschwindigkeit des anderen Autos sagen?«

1070

---

943 *Marbe* Grundzüge der forensischen Psychologie 1913, S. 34 f.
944 S. hierzu ausführlich mit Beispielen *Gerst* Zeugen in der Hauptverhandlung, 2. Aufl. 2020, Rn. 113 ff.

»Kann ich schlecht schätzen. Ich glaube, es raste ganz schön.«

»Dieses rasende Auto machte Geräusche?«

»Ja, der Motor heulte ganz schön.«

»Wann bemerkten Sie das rasende Auto zum ersten Mal?«....

Auch wenn der Zeuge sich nicht zur von der Verteidigung erwünschten hohen Geschwindigkeit durch eine konkrete Zahlenangabe durchringen kann, vermittelt das Wort »rasen« das angestrebte Bild, das es durch Wiederholungen in den nachfolgenden Fragen zu zementieren gilt.

Jedes Wort ist nur das Symbol für die Auslösung von Bildern beim Zuhörer. Manche Bilder können für die Verteidigersicht des Sachverhalts besondere Bedeutung gewinnen. Wiederholungen dieser Formulierungen können so weit gehen, umfangreichen Sachverhaltselementen ein **Etikett** anzuheften, dessen bloßer Aufruf für die Verteidigung positive Gefühlswelten beim Zuhörer erzeugen muss. Hat ein Zeuge die primäre Verhaltensweise des später getöteten Opfers als wüsten Sprung in Richtung des angeklagten Mandanten beschrieben, hat die Verteidigung jede Veranlassung, bei allen weiteren Fragen sowohl an den Zeugen als auch an andere Zeugen (die die Ursprungsattacke mit weniger dramatischen Worten schildern), sich den emotionalen Effekt zueigen zu machen und den »wüsten Sprung« in die eigene Frage zu integrieren. Die Wiederholung des – nicht weiter verifizierten – behaupteten Sachverhalts hat die Chance, alsbald als Tatsache im Hirn des Zuhörers verankert zu werden.[945]

In einem weiteren Schritt ist der Fragesteller selbst der Kreateur der Etikette, die das Verteidigungsziel mit suggestiver Kraft in die Mitte des Gerichtssaals schiebt.

▶ **Beispiel:**

Die Verteidigung mutmaßt, dass mehrere Zeugen dem Gericht eine abgesprochene Lügengeschichte präsentieren. Zur Plausibilisierung dieser Geschichte wird das Auftreten einer Person beschrieben, die aber namentlich nie bekannt wurde und daher nicht als weiterer Zeuge zur Verfügung steht. Die Beschreibungen dieser Person sind dünn. Die Verteidigung glaubt, dass diese Person gar nicht existiert. Distanzierte Fragen sind hier denkbar, die die ungewöhnlich schwache Erinnerung aller Zeugen an diese Person verdeutlichen könnten. Sehr viel druckvoller ist allerdings die Schaffung eines Etiketts.

»Sagen Sie Herr Zeuge, hat dieser uns unbekannte Mensch – ich nenne ihn mal Mr. X – besondere Kleidung getragen ....?« Wenn fortan die Verteidigung in ihren Fragen nur noch den Begriff Mr. X verwendet, schleift sich allmählich auch beim Zuhörer die unwiderstehliche Vorstellung ein, dass es sich eigentlich bei dem beschriebenen Mann um ein Phantom handelt – und die Zeugen allesamt lügen.

das Versperren von Auswegen

1071 Nichts kann für die Verteidigung schädlicher sein, als eine zu früh gestellte Frage. Dem ebenso aufmerksamen wie sensiblen Zeugen entgeht nicht, dass eine direkt gestellte Frage ihn desavouieren kann, sei es, dass er bei einer Bejahung eigene Unzulänglichkeiten offenbaren müsste, sei es, dass er mögliche Widersprüche zu vorhergehenden Aussagen erkennt und diese primär vermeiden möchte. Es ist nicht immer Taktik, sondern oft Instinkt, der den Zeugen, einer spontanen Beantwortung der Frage zu einem negativen Ergebnis führt. Jeder Polizeibeamte wird die Frage, ob er den Beschuldigten belehrt habe, ohne Umschweife bejahen, da alles andere seinen Pflichten widersprechen würde. Jeder Zeuge wird die direkte Frage, ob er sich irre, mit der subjektiven Überzeugung der Aufrichtigkeit zurückweisen.

---

945 *Kirchmann/Klein* Von Etiketten und Schleifen, confront 2018, 22 ff.

Alle diese negativen Reaktionen hat die Verteidigung zu prognostizieren. Die Kommunikation zu 1072 dem erwünschten Thema ist daher so aufzubauen, dass die erwartbaren Ausflüchte durch vorhergehende Antworten des Zeugen auf ein Minimum reduziert werden. Alle denkbaren Erklärungsversuche, die beispielsweise Widersprüchlichkeiten aufheben könnten, sind vorher durch ausdrückliches Befragen des Zeugen auszuschließen. Dies gelingt umso eher, als dem Zeugen nicht bewusst wird, welche für die Verteidigung entscheidende Frage zum Abschluss gestellt wird.

Als wahrscheinlich eingeschätzte Ergebnisse der Befragung können somit zunichtegemacht werden, 1073 wenn zum einen das Befragungsziel des Verteidigers bereits überdeutlich ist und zum anderen überlagert wird von der Rechtfertigungstendenz des Zeugen, eine einmal gemachte Aussage auch als tatsächlich Erlebtes zu dokumentieren.

Muss zum Beispiel die Verteidigung davon ausgehen, dass ein kurzsichtiger Zeuge bei seiner Wahrneh- 1074 mung seine Brille gar nicht auf hatte, wird die unvermittelte Frage »Haben Sie überhaupt eine Brille aufgehabt?« instinktiv bejaht werden, weil der Zeuge sofort die seine Glaubwürdigkeit erschütternde Tendenz registriert. Erst recht wird er von einem Polizeibeamten auf die direkte Frage, ob dieser zu Beginn der Vernehmung ordnungsgemäß belehrt habe, abseits der tatsächlichen Geschehnisse eine das Thema abschließende Bejahung entgegennehmen müssen. Hier besteht die Geschicklichkeit der Befragung allein darin, in einem minutiösen und schrittweise erfolgenden Frage-Antwort-Spiel den Zeugen zum einen den Zweck der Befragung nicht erkennen zu lassen, ihn zum anderen allerdings auf Rahmenbedingungen festzulegen, die einen Widerspruch gegen das eigentliche Erkenntnisinteresse abschließend unmöglich macht.

Sprachlich ist der Zeuge regelmäßig in zahlreichen Schritten »zu umzingeln«. 1075

▶ Beispiel:[946]

Frage: Sie haben ausgesagt, dass Sie durch Lärm wach wurden, ins Treppenhaus liefen und den Angeklagten aus der anderen Wohnung rennen sahen, nicht wahr?

Antwort: Ja

Frage: Haben Sie den Angeklagten nur ein oder zwei Sekunden gesehen?

Antwort: Ja

Frage: Hatten Sie sich vorher angekleidet, nachdem Sie wach wurden?

Antwort: Nein

Frage: Hatten Sie wenigstens den Bademantel angezogen?

Antwort: Nein

Frage: Tragen Sie eine Brille, wenn Sie schlafen?

Antwort: Nein.

Das Ergebnis der Befragung ist damit die für jedermann deutlich werdende hohe Wahrscheinlich- 1076 keit, dass in der von der Zeugin selbst dargestellten Hektik des Geschehens nicht nur der Ankleidevorgang unterlassen wurde, sondern auch die Brille während der Wahrnehmungssituation auf ihrem nächtlichen Ruheplatz verblieb.

---

946 S. hierzu das aus englischen Handbüchern zitierte Beispiel bei: *Salditt* Die Befragung von Zeugen durch den Verteidiger, StraFo 1992, 51, 55.

Identifizierung im Gerichtssaal

1077   Falsches Wiedererkennen ist eine der Hauptursachen für Fehlurteile.[947] Ihre Aufdeckung ist schwierig. Auf die Frage des Vorsitzenden an den Zeugen, ob die auf der Anklagebank sitzende Person identisch ist mit dem Täter, erfolgt möglicherweise ein knappes »ja« – und die Verteidigung sieht sich eine der größten Herausforderungen der Zeugenbefragung ausgesetzt. Die Problematik des Wiedererkennens ist sowohl **kognitionspsychologisch** als auch **rechtlich** mit zahlreichen Besonderheiten versehen, die die Verteidigungsaufgabe erheblich verkomplizieren.

1078   In die Verteidigungskonzeption muss hier die Überlegung einfließen, dass die Ausübung des Fragerechts des Verteidigers – insbesondere sein relativ spätes Aktivwerden – den erstrebten Aussageinhalt niemals wird produzieren können. Der Verteidiger trifft nicht nur da auf unverrückbare Festlegungen des Zeugen, wo er möglicherweise durch frühere Befragungen hingesteuert wurde. Die Verteidigung hat auch zu akzeptieren, dass spontane und intuitive Assoziationen des Zeugen zuverlässigere Erinnerungen wiedergeben als das eher verzerrende langwierige Abwägen. Das Musterbeispiel ist das Wiedererkennen von Personen. Unter Zeitdruck erfolgte Wiedererkennungen sind erheblich valider als Entscheidungen, die sie nach eingehendem Grübeln getroffen haben. Hier erhielten erst nach und nach wahrgenommene Faktoren – von der gemutmaßten sozialen Schicht der zu vergleichenden Personen bis zu den Umständen der Fotoaufnahme – eine verzerrende Bedeutung.[948] Nachfolgende Fragen der Verteidigung können daher Primärassoziationen des Zeugen nicht mehr erschüttern.

1079   Die Personenerkennung und insbesondere die **Gesichtserkennung** beruht offensichtlich auf einem speziellen menschlichen **Wahrnehmungsmechanismus,** der nur sehr bedingt mit anderen Wahrnehmungsvorgängen vergleichbar ist. Gesichtserkennung scheint neuronal anders angelegt als die Mechanismen des Wiedererkennens von Gegenständen.[949] Die Gesichtserkennung ist im Gegensatz zu sehr viel analytischeren Wahrnehmungsvorgängen bei anderen Objekten ein eher ganzheitlicher Vorgang; die holistische Rezeption ist dabei weit mehr als die Summe der Bestandteile Auge, Nase, Mund, usw.[950] Vorhergehende Verbalisierungen eines Wahrnehmungsvorgangs sollen die Qualität der Wiedererkennung sogar herabsetzen.[951] Denn der ganzheitliche Vorgang lässt sich auch von einem kritisch geprägten Betrachter letztlich nicht analysieren.

1080   So überraschend hoch die Qualität einer – unbeschreibbaren – Wiedererkennungsleistung gelegentlich ist, so problematisch ist die – ebenfalls nicht analysefähige – Fehlerquote.

1081   Untersuchungen zur Wiedererkennung von Logos haben große Defizite bei vergleichbaren ganzheitlichen Erfassungen verdeutlicht. Logos werden in unserer Gesellschaft als simple Formen mit hohem Wiedererkennungswert konstruiert. Betrachter sind sich daher auch sehr sicher, ein hundertfach gesehenes Logo exakt zu memorieren. Die verführerische Simplizität des Erkennens »auf den ersten Blick« führt allerdings zu enormen Fehlerquoten. Beispielhaft demonstriert wurde das an dem weltberühmten »Apple« Logo, dem stilisierten angebissenen Apfel. Bei einer Wahlvorlage von 7 zusätzlichen ähnlichen Logos lag mehr als die Hälfte der Probanden falsch (fast alle hatten sich allerdings zuvor eine exakte Wiedererkennung zugetraut). Die Schwäche der tatsächlichen Kognitionsleistung wurde deutlich, als die Probanden aus

---

947   In einer Untersuchung von *Wixted u.a.* Estimating the reliability of eyewitness identifications from police lineups, Proceedeings of National Acadamy of Sciences (PNAS 2015), wird dargestellt, dass 70 % – durch nachträgliche DNA-Untersuchungen erwiesener – Fehlurteile auf Falschidentifizierungen beruhen.

948   *Neil Brewer et al.* Identifying the Bad Guy in a Lineup using Deadlined Confidence Judgments. Psychological Science 2012.

949   *Farah/Rabinowitz/Quinn/Liu* Early commitment of neural substrates for face recognition, Cognitive Neuropsychology 17, 117–32, 2000; *Goldstein* Wahrnehmungspsychologie, 7. Aufl. 2007, S. 399 f.

950   *Jia Liu u.a.* Individual Differences in Holistic Processing Predict Face Recognition Ability, Psychological Science 2012, 23, 169–177.

951   *Dowling/Gundlach* Der »Verbal Overshadowing«-Effekt beim Wiedererkennen von Gesichtern, KRIMINALISTIK 2012, 288 ff.

dem Gedächtnis selbst das Logo zeichnen sollten: Weniger als 10 % gaben die wenigen Merkmale des Logos zeichnerisch exakt wieder.[952]

Minimierungen der Fehler sind für das Gerichtsverfahren zu erreichen, wenn mit der ersten Wiedererkennungsleistung gleichzeitig beim Zeugen abgefragt wird, wie hoch er seine eigene Sicherheit einschätze. Auch unter Berücksichtigung des »overconfidence«-Effekts kann die Qualität der subjektiven Wiedererkennungs-Überzeugung des Zeugen besser eingeschätzt werden als später im Gerichtssaal. Aus zunächst unsicheren Annahmen wird später zunehmend Gewissheit,[953] weshalb die Rekonstruktion des anfänglichen Gewissheitsgrads von besonderer Bedeutung ist.   **1082**

Die psychologischen und rechtlichen Vorgaben verlegen die Bewertung der Zeugenleistung nahezu vollständig in das Ermittlungsverfahren. Abrufüberlagerungen sind gerade bei der Wiedererkennung von Personen derart eklatant,[954] dass wiederholtes Wiedererkennen extrem fehlerbehaftet ist. Die Rechtsprechung hat in Übernahme dieser Erkenntnis die Konsequenz gezogen, die fast einer Beweisregel gleichkommt: Einer zusätzlichen Befragung des Wiedererkennungszeugen in der Hauptverhandlung kommt faktisch kein Beweiswert zu.[955] Konsequenz für die Hauptverhandlung ist damit, dass das Schwergewicht auf der Rekonstruktion bereits erfolgter Wiedererkennungsabrufe liegt. Der Zeuge selbst kann hier regelmäßig lediglich dazu befragt werden, wie oft und unter welchen Umständen ihm eine Wiedererkennungsleistung im Ermittlungsverfahren abgefordert worden war. Nur so lässt sich auch für die Verteidigung das Ausmaß der suggestiven Einflüsse einschätzen, die sich beispielsweise an der Anzahl und Auswahl von Vergleichspersonen, an persönlicher Gegenüberstellung oder Lichtbildwahlvorlagen, an parallelem oder sequenziellen Vergleichen festmachen lässt.[956]   **1083**

Der Erkenntniswert von Verbalisierungen der Gesamterkennung ist gering. Auch wenn Fragen »Woran haben Sie den Angeklagten wiedererkannt?« zur Bewertung der Zuverlässigkeit einer Aussage wenig beitragen können, darf die Verteidigung den Themenbereich nicht außen vorlassen. Die kognitionspsychologische Irrelevanz ist den Gerichten nicht immer geläufig und eine durch Fragen provozierte Hilflosigkeit des Zeugen hinsichtlich der Darstellung seines Wiedererkennungsvorgangs durchaus beeindruckend. Auch mit der Frage nach der Sicherheit des Wiedererkennens die Polizeibeamte gerne in Prozentzahlen abfordern, ist mangels konkreter Maßstäbe weitgehend irrelevant. Ergänzende Fragen hierzu erübrigen sich, wenn die Verteidigung ausschließlich den Gesichtspunkt betonen will und kann, dass der Zeuge jedenfalls nicht absolut sicher gewesen sei. Soll demgegenüber erstmalig eine Unsicherheit eines bislang sicher auftretenden Wiedererkennungszeugen produziert werden, spricht nichts gegen die Übernahme der vom Gericht als gängig empfundenen polizeilichen Methode der Erfragung von Prozentsätzen.   **1084**

Angesichts der Eindeutigkeit der Rechtsprechung zur Frage der Wertlosigkeit wiederholten Wiedererkennens in der Hauptverhandlung wird die Verteidigung ins Kalkül ziehen müssen, entsprechende Fragen anderer Verfahrensbeteiligter als unzulässig zu beanstanden. Vermieden wird bei einer erfolgreichen Beanstandung der nur schwer revidierbare Eindruck, dass ein Tatzeuge den Mandanten vor den Augen der Richter als Täter qualifiziert. Ein solcher Gewinn ist allerdings relativ, da Fragen nicht verhindert werden können, ob der Zeuge zu früheren Zeitpunkten erfolgreiche Identifizierungen vorgenommen hatte.

Vor kaum lösbare Probleme wird die Verteidigung gestellt, wenn eine Eigenrecherche im Internet durch den Zeugen die Grundlage der Wiedererkennung ist. Der u.U. nicht aufklärbare Bereich der privaten

---

952 *Blake/Nazarian/Castel* The Apple oft the mind's eye: Everyday attention, metamemory, and reconstructive memory for the Apple logo, The Quarterly Journal of Experimental Psychology, 2015, 1 ff.

953 *Wixted u.a.* Initial eyewitness confidence reliably predicts eyewitness identification accuracy. American Psychologist, 70, 2015, 515–526.

954 *Undeutsch* Wiedererkennen von Personen, FS Peters 1984, S. 461 ff.

955 BGHSt 16, 204; NStZ 1987, 288; NStZ-RR 2012, 331 ff.; zusammenfassend *Odenthal* Die Gegenüberstellung im Strafverfahren, 3. Aufl. 1999, S. 123 ff.

956 S. hierzu ausführlich *Eisenberg,* Beweisrecht der StPO, 10. Aufl. 2017, Rn. 1344 ff.; *Artkämper* Qualitätsstandards bei Lichtbildvorlagen und Identifizierungsgegenüberstellungen, Die Kriminalpolizei 2009, 21–25.

Suche des Zeugen muss häufig mit dem Petitum enden, dass angesichts der fehlenden Validierungsmöglichkeiten der Beweiswert gegen Null tendiert.[957]

1085   Eine völlig andersgeartete Situation findet die Verteidigung vor, wenn der Zeuge erkennbar im Ermittlungsverfahren noch nicht zu Wiedererkennungsleistungen aufgefordert worden war. Der Gerichtssaal ist damit der Ort, an dem **erstmalig eine Identifizierung** stattfinden kann. Der suggestive Charakter der Befragung eines Zeugen in dem üblichen Setting einer Hauptverhandlung ist überdeutlich. Ist – wie bei der Einzelbildvorlage im Ermittlungsverfahren – eine Identifizierung eines Tatverdächtigen mangels jeglicher Alternative in ihrem Beweiswert stark reduziert, muss dies erst recht beim Betrachten eines Angeklagten im Gerichtssaal zutreffen. Allein die Positionierung auf der Anklagebank verdeutlicht dem Zeugen, dass Staatsanwalt und Gericht jedenfalls starke Anhaltspunkte für die Täterschaft des Mandanten sehen. Die Beseitigung von Zweifeln fällt dem Zeugen in dieser Konstellation leicht. Um hier eine zuverlässige Aussage des Zeugen zu gewinnen, ist die Durchführung einer Wahlgegenüberstellung mit einer Minimierung von Suggestivfaktoren im Gerichtssaal zu garantieren. Rechtlich soll die Verteidigung hierauf keinen Anspruch haben, die gerichtliche Aufklärungspflicht fordert allerdings gerade das Produzieren einer optimalen Beweisaufnahme.

1086   Tunlichst in Absprache mit dem Gericht sollte die Verteidigung ein Interesse an einer intensiven Mitwirkung in der Vorbereitung haben. Zeugen und Mandanten sollten sich nicht vor der Gegenüberstellung über den Weg laufen. Erfolgt demgegenüber die Belehrung aller Zeugen – auch des Wiedererkennungszeugen – zu Beginn der Hauptverhandlung im Angesicht des Mandanten auf der Anklagebank, sind alle späteren Korrekturbemühungen vergeblich. Die erste optische Konfrontation des Zeugen beim Betreten des Gerichtssaals kann regelmäßig nur so aussehen, dass die Anklagebank leer ist und der Mandant sich unter den Zuschauern befindet. Dafür, dass die restlichen Zuschauer in ausreichender Weise als Vergleichspersonen dienen können und darüber hinaus ähnliche Merkmale wie vom Zeugen bereits zuvor geschildert aufweisen, hat die Verteidigung Sorge zu tragen. Die Rekrutierung der Zuschauerbänke insbesondere mit Verwandten und ähnlich aussehenden Freunden ist hier häufig der entscheidende Schlüssel für eine erfolgreiche Verteidigung.

1087   Liegt eine belastende Identifizierung durch den Zeugen vor, verbleibt der Verteidigung häufig nur der klassische Weg, durch Befragungen mögliche Wahrnehmungsdefizite bei der Primärbeobachtung aufzudecken. Über die Beobachtungsdauer, den Aufmerksamkeitsfokus, Lichtverhältnisse und die eigene psychische Befindlichkeit ist der Zeuge zu befragen. Die Besonderheiten menschlicher Gesichtserkennung rechtfertigen es auch, in besonderem Maße abseits der primären Verfahrensthematiken dem Zeugen Testfragen zu stellen, ggf. unter Vorlage völlig neuer und für den Zeugen überraschender Fotos. Erkennt der Zeuge auf solchen Fotos Personen nicht wieder, die er kurz zuvor zwangsläufig gesehen haben muss (vom Wachpersonal an der Eingangsschleuse über anwesende Zuschauer bis hin zum Sitzungsvertreter der Staatsanwaltschaft), ist die Wiedererkennungsleistung des Zeugen generell experimentell als unzureichend dokumentiert. Ähnliche – wenn auch nicht derart deutliche – Effekte lassen sich auch mit der Vorlage von Fotos erzielen, die dem Zeugen im Ermittlungsverfahren von der Polizei als Vergleichspersonen präsentiert worden waren.

i) Fragebeanstandungen

1088   Das Recht auf ununterbrochene Zeugenbefragung sichert dem fragenden Verteidiger die Möglichkeit, eine von ihm gesteuerte Befragungsatmosphäre ebenso aufzubauen wie eine Dramaturgie einer Befragungsdynamik abzuspulen. Das ihm rechtlich überlassene Feld der Kommunikationsstrukturierung wird nicht selten dadurch gravierend gestört, dass von ihm gestellte Fragen beanstandet werden, sei es durch den Vorsitzenden oder einen anderen Verfahrensbeteiligten. Der Effekt kann gravierend sein, da die auf Frage und Antwort, Rede und Gegenrede basierende Kommunikationssituation aufgebrochen wird. Der Rügende durchblickt sehr viel eher als der Befragte die dem Anklagevorwurf schädliche Tendenz der Befragung und will möglicherweise dem Zeugen »Luft« verschaf-

---

957 *Pott* Beweiswert einer Wiedererkennung durch Zeugenrecherche im Internet, JR 2015, 462 ff.

fen. Unter Umständen soll auch die Gelegenheit genutzt werden, dem Zeugen durch den Inhalt von Beanstandungen die Vernehmungsstrategie der Verteidigung aufzuzeigen.

Der befragende Verteidiger hat hier sofort zu analysieren, welches Ausmaß und welche Wirkung diese Störung für sein Fragekonzept hat. Unterbrechungen können auch für ihn sinnvoll sein, wenn der Kommunikationsstand schon weitgehend fortgeschritten ist und er selbst ebenfalls eine Pause für das Nachdenken benötigt. Unter Umständen ist er allerdings gezwungen, angesichts der Bedeutung der gestellten und gerügten Frage die ihm angesonnene rechtliche Auseinandersetzung tatsächlich auszufechten.

1089

Hält der Verteidiger seine Frage für **rechtlich zulässig**, wird dies regelmäßig auch auf die Beanstandung hin vor einer endgültigen Entscheidung der Kammer nach § 242 zu **begründen** sein. Für die Verteidigung stellt sich allerdings die Frage, ob eine solche Begründung in **Anwesenheit des Zeugen** abgegeben wird oder ob nicht darauf gedrängt werden sollte, den Zeugen für den Zeitraum der Auseinandersetzung über die Zulässigkeit aus dem Saal zu bitten. Wenn die Zulässigkeit einer Frage sich tatsächlich erst aus einem weitergehenden Vernehmungskonzept und bislang nicht angesprochenen Sachverhaltselementen ergibt, muss der auf seine Frage beharrende Verteidiger diese Elemente in seiner Begründung andeuten. Dass dies den Zeugen für die folgende Befragung beeinflussen wird, liegt auf der Hand, weshalb sich der Vorsitzende dem Wunsch auf Entfernung des Zeugen nur selten verschließen wird. Unter Umständen liegt es aber gerade im Interesse der Verteidigung, die in einer rechtlichen Auseinandersetzung vorgebrachten Argumente als Botschaften bewusst auch dem Zeugen zu vermitteln.

1090

Überwiegt in der spontanen Einschätzung des Verteidigers allerdings das störende Element der Beanstandung, gibt es in der Regel nur einen Weg, die Dynamik der Befragungssituation aufrechtzuerhalten: das **Zurückstellen der Frage**. Mit einem anderen Inhalt wird die Befragung fortgesetzt, weitere Beanstandungen können auf dieselbe Weise lediglich als episodenhafte kurze Störung der Befragung behandelt werden. Erst am Ende seiner Befragung kann der Verteidiger entscheiden, ob er die von ihm selbst zurückgestellten beanstandeten Fragen rechtfertigt und hierüber eine Entscheidung des Gerichts herbeiführt.

1091

Eine endgültige Zurückweisung der Frage als unzulässig bedarf des gerichtlichen Beschlusses, der den allgemeinen Regeln folgen muss. Er ist zu begründen, damit zum einen die Verteidigung sich bei weiteren Fragen darauf einrichten kann, und zum anderen ein Revisionsgericht die Entscheidung rechtlich überprüfen kann.[958]

j) Der Vorhalt

Psychologie

Die mentale Rekonstruktion von Wahrnehmungskontexten ist ein dynamischer Prozess. Der Erinnerungsabruf kann über unterschiedliche Ansätze erfolgen und dabei differenzierte Ergebnisse bringen.

1092

Die jüngeren Psychowissenschaften haben die Optimierung der Abrufsituation codierter Erinnerungen untersucht. Dabei wurde festgestellt, dass die generelle Erinnerungsleistung entscheidend verbessert wurde, wenn der Befragte in die Wahrnehmungssituation rückversetzt wurde. So fielen beispielsweise den testweise Befragten die Namen ihrer früheren Mitschüler erst dann ein, als sie selbst ihr altes Schulgebäude wieder betraten. Ähnliche Effekte erbrachten die Tatortbesichtigungen durch die Tatzeugen, ja sogar die schlichte Rekonstruktion der Emotionen in der Wahrnehmungssituation. Effektive Abrufhilfen können sich allerdings auch auf die Lenkung der Konzentration des Befragten auf Details beziehen, wie beispielsweise den Anfangsbuchstaben eines gesuchten Namens oder die Anfangs- oder Endziffer eines zu ermittelnden Autokennzeichens. Der fixierte Anfangsbuchstabe löst signifikant häufig den Erinnerungsfluss an den gesamten Namen aus.

1093

---

958 BGH bei Dallinger, MDR 1975, 726; ein Beschluss ohne jede Begründung verletzt die Verteidigungsrechte in einem wesentlichen Punkt und ist gem. § 338 Nr. 8 revisibel.

1094 Der unterstützende Faktor korrespondiert mit seinem gewaltigen **Verzerrungspotenzial**. Vorgaben lenken nicht nur den Weg in die Tiefe der Erinnerung. Vorgaben sind gleichzeitig ein Phänomen der Kommunikationssituation. Vorgaben kommen vom Gesprächspartner. Sie kontaminieren bereits die Erinnerungswelt des Befragten. Gibt sich der Befragte den Informationen des Fragestellers vertrauensvoll hin, tendiert das menschliche Gehirn offensichtlich dahin, in der Fragestellung zu möglichen Wahrnehmungen des Zeugen enthaltene Informationen derart abzuspeichern, dass es sie alsbald als eigenes Erleben präsentiert. Diese »falschen Erinnerungen«[959] nehmen in Kommunikationssituationen zu, in denen sich der Befragte einem sozialen Druck ausgesetzt sieht. Die innere Akzeptanz der Überzeugung des Fragestellers wächst mit dem Bedürfnis nach Konformität gegenüber einer Autoritätsperson. Die formalisierte und einschüchternde Atmosphäre eines Gerichtssaals ist der ideale Nährboden, solchen Verfälschungstendenzen Vorschub zu leisten.

1095 Unterstützungen zur Aktivierung dieser Abrufhilfen sind vor diesem Hintergrund ein ebenso effektives wie gefährliches Mittel, um das Ergebnis der Rekonstruktion durch einen Zeugen zu verbessern. Die schon altehrwürdige Idee des Vorhalts als legitimer Vernehmungsbehelf hat daher seine nachträgliche Rechtfertigung in der modernen Wissenschaft erlangt. Das schlichte Wissen um die Existenz dieses Vernehmungsbehelfs einerseits und die mangelhafte rechtliche Durchdringung ihres Anwendungsbereichs hat in der Praxis aus dem eine hohe Feinfühligkeit erfordernden Instrument allerdings ein grobschlächtiges Alltagswerkzeug gemacht, das oft genug das Gegenteil des Zweckes einer optimierten Wahrheitssuche erreicht.

Rechtliche Einordnung

1096 Die Rechtsprechung kennt traditionell sogenannte **Vernehmungsbehelfe** als Bestandteile einer Fragestellung. So kann ein Augenscheinsobjekt die Fragethematik verdeutlichen, ein vorgelesener Text kann mögliche Widersprüchlichkeiten dokumentieren und damit eine kritische Reflexion des Zeugen in der Antwort provozieren. Unter Umständen kann mit dieser Hilfe auch Vergessenes wieder erinnert werden. Der so genannte freie Vorhalt ist die schlichte Wiedergabe von Erkenntnissen des Fragenden, die für ihn Anlass sind, hieran eine Frage zu knüpfen.

> – »Es war doch stockdunkel; haben Sie auf die Entfernung von 10 m den Angeklagten wirklich wiedererkannt?«

Konkret kann die Frage auch an einen Vorhalt wie beispielsweise Urkunden oder Augenscheinsobjekte geknüpft werden.

1097 Der Begriff des Vorhalts existiert im Gesetz nicht. Die Rechtsprechung[960] hat aber anerkannt, dass derartige Vorhalte Bestandteil der Ausübung des Fragerechts sind. Kommunikationspsychologisch kann dies sehr sinnvoll sein. Allerdings kollidiert diese Art der Kommunikation dann mit strukturellen Vorgaben des Prozesses, wenn hier umwegslos Ergebnisse des Ermittlungsverfahrens Vernehmungsthema werden. Dies gilt insbesondere für die aktuelle Üblichkeit in Gerichtssälen, Zeugen in der Hauptverhandlung Protokolle ihrer bereits in den Akten befindlichen polizeilichen Vernehmungen vorzuhalten.

> – »Ich halte Ihnen einmal Ihre frühere polizeiliche Vernehmung vor. Das ist doch Ihre Unterschrift? Das liest sich ganz anders als das, was Sie heute sagen. Haben Sie damals gelogen? Oder kann es sein, dass Ihre Erinnerung damals besser war und sie heute vieles vergessen haben?«

1098 Die ursprüngliche Konzeption der StPO sah vor, derartige Vorhalte vollständig zu unterbinden, um nicht den allzu leichten Weg zu ebnen, unkontrolliert gewonnene Ergebnisse polizeilicher Aufklärung im Gerichtssaal schlicht fortzuschreiben. Als explizite Ausnahme sollte allein der im Anwendungsbereich eingeschränkte unkontrollierbare Bereich des § 253 StPO (s. zu dieser Norm unten)

---

959 *Milne/Bull* Psychologie der Vernehmung, S. 112 ff.; ausführlich zu diesem Phänomen *Julia Shaw* Das trügerische Gedächtnis – wie unser Gehirn Erinnerungen fälscht, 2016 (engl.: The Memory Illusion).
960 Seit RGSt 54, 17 im Jahr 1919.

ins Gesetz aufgenommen werden.[961] Die Gefahr der verfälschenden Beeinflussung wächst, wenn der Fokus des Zeugen auf die Erwartenshaltung des schon aufgrund des äußeren Anscheins mit staatlicher Autorität ausgestatteten Richters kombiniert wird mit der Bezugnahme auf eine frühere vergleichbare Konstellation, der polizeilichen Zeugenvernehmung. Der BGH hält eine solche Vorgehensweise heute dennoch für zulässig und glaubt, diese Gefahren beherrschen zu können.

Fragen wie: 1099
– »Haben Sie das damals nicht anders gesagt?«
– »Haben Sie damals bei der Polizei gelogen?«
– »Ist das hier Ihre Unterschrift unter dem Vernehmungsprotokoll?«

haben völlig unabhängig von der Primärerinnerung des Zeugen eine hohe Wahrscheinlichkeit, in die Bestätigung einer früheren eigenen Formulierung zu münden; die Formulierung der Erinnerung ohne diesen Vorhalt hätte bei Gericht (und wahrscheinlich auch bei der polizeilichen Vernehmung) regelmäßig einen völlig anderen Verlauf genommen.

Die rechtliche Konsequenz des Vorhalts steht seit Langem für die Rechtsprechung fest: Weder Fra-   1100
gen noch der Fragebehelf des Vorhalts werden zum »Inbegriff der Hauptverhandlung.« Nur die Antwort ist der gerichtlichen Beweiswürdigung zugänglich. Deshalb ist es von großer Bedeutung, im Gerichtssaal den Inhalt dieser Antwort zu präzisieren. Dies gilt insbesondere für verwischend ausweichende Antworten, die aus der Idee des Befragten geboren sind, der erkennbar gewordenen Erwartungshaltung des Fragenden nicht allzu schroff entgegenzutreten und gleichzeitig nicht eine Diskontinuität des eigenen Aussageverhaltens nahezulegen.

»Wenn das da so steht, werde ich es wohl so gesagt haben« oder »gelogen habe ich damals jedenfalls nicht« sind keine Bestätigungen des Vorhalts. Das Gleiche gilt für die Aussage von Polizeibeamten: »Das mache ich immer so.« Letztlich bedeutet die Antwort nicht mehr als die Bestätigung fehlender Erinnerung. Der Vorhalt ist hier gescheitert.

Gibt ein Urteil – ohne dass es zu einem Urkundenbeweis gekommen ist – wörtlich weite Passagen eines Protokolls wieder, kann dies nur auf den Antworten des Befragten beruhen. Hier gibt es objektive Grenzen, die die vom Urteil behauptete Antwort des Befragten für ein Revisionsgericht als rechtsfehlerhaft erscheinen lassen. Denn »nach der Lebenserfahrung« können umfangreiche, inhaltlich und sprachlich komplex gestaltete Textpassagen auf Vorhalt von Befragten gerade nicht wiedergegeben werden.[962]

Auch ein Vorhalt ohne Erkenntnisgewinn wirkt. Er darf zwar niemals als Urteilsgrundlage herangezogen werden. Dies ändert allerdings nichts daran, dass alle Beteiligten diesen Vorhalt gehört und in ihre Vorstellungswelt implantiert haben. Der Kampf der Verteidigung muss sicher dahin gehen, die Bedingungen der Unverwertbarkeit – auch im Hinblick auf die Revision – in irgendeiner Form prozessual zu fixieren; aus den Köpfen ist der Inhalt des Vorhalts jedenfalls nicht zu vertreiben, was insbesondere bei den Schöffen, die keine Kenntnis von Inhalt der polizeilichen Vernehmungsprotokolle haben, von prägender Bedeutung sein kann. Verteidigung hat daher die zusätzliche Aufgabe, durch spätere inhaltliche Stellungnahmen dieses unzulässig gewonnene Bild zu relativieren. Auf der anderen Seite bietet der durch den Verteidiger erfolgte Vorhalt eine glänzende Gelegenheit, eigene Vorstellungen und Alternativsachverhalte abseits formaler Einführung in die Vorstellungswelt von Richtern zu transportieren.

Reaktion der Verteidigung

Das Suggestionspotenzial des **Vorhalts früherer Vernehmungen** durch den Richter ist evident. Glei-   1101
ches gilt für die unbewussten Erleichterungstendenzen des Richters, eine Hauptverhandlung entlang aktenmäßiger Prägung zu steuern. Derartige Vorhalte sind der entscheidende Schnittpunkt zur Zerstörung der Idee des prozessualen Unmittelbarkeitsprinzips. Soll dieses Prinzip bewahrt bleiben,

---

961 SK-StPO/*Velten* § 253 Rn. 1.
962 BGH StraFo 2015, 465.

bedarf diese Situation der Formalisierung. Gesetzliche und höchstrichterliche Vorgaben hierzu stehen – noch – aus. Eine sich aufdrängende Konsequenz ist allerdings die Forderung, jeden Vorhalt eines Vernehmungsprotokolls durch Hinweise des Vernehmenden vorzunehmen, dass es sich bei den vorgehaltenen Vernehmungsformulierungen ausschließlich um solche des seinerzeit vernehmenden Beamten handelt und dass es bei Unterstellung unterschiedlicher Abrufqualitäten des menschlichen Gehirns ausschließlich auf die konkrete Erinnerung im Zeitpunkt der gerichtlichen Vernehmung ankommt.

Detektieren im Übrigen die Verfahrensbeteiligten anderweitige beeinflussende Momente eines Vorhalts, sind diese im Wege der Beanstandung gemäß §§ 238 Abs. 2, 241 Abs. 2 justiziabel zu gestalten. Ist der Vorhalt Teil der Ausübung des Fragerechts, kann und soll[963] ein als unzulässig angesehener Vorhalt beanstandet werden.

1102   Der Bereich der Unzulässigkeit ist immer dann tangiert, wenn das Suggestionspotential überhand nimmt. Gerade der Protokollvorhalt früherer Vernehmungen soll – sei es beim Vernommenen oder beim Vernehmenden im Zeugenstand vor Gericht – präsentes Wissen aktualisieren. Dies kann sich stets nur auf einen sehr kleinen Themenbereich beziehen. Wird ein sehr langer Teil des Protokolls vorgehalten, muss dies angesichts der verschiedensten bislang nicht erinnerten Teile eines komplexen Geschehens den Zeugen überfordern. Allein die Länge des Vorhalts ist daher zu beanstanden, noch bevor der Zeuge hierauf reagieren kann. Die Beanstandung durch die Verteidigung kann mittelbar dem Zeugen besonders deutlich machen, dass von ihm nur das aktuelle Wissen abgefragt wird und es trotz Protokollvorhalts ein überaus menschliches Phänomen ist, sich nicht zu erinnern.

Konfrontiert wird die Verteidigung oft auch mit der Karikatur eines Vorhalts. Der Richter liest vor, hebt den Blick, empfängt ein Nicken des Zeugen, fährt fort und lässt sich so das gesamte frühere Vernehmungsgeschehen im Polizeipräsidium als richtig bestätigen. Das Geschehen dokumentiert Einvernehmen zwischen Richter und Zeugen, verrät aber nicht worüber. Verteidigung kann hier eingreifen und verlangen, dass der Richter statt der Blickgeste eine Frage formuliert (»Haben Sie jetzt in Erinnerung, das damals so gesagt zu haben?«). Der Zeuge kann schon hier angehalten werden, sein Nicken zu interpretieren. Die alternativen Interpretationsmöglichkeiten sind ihm vorzuhalten: Entweder er erinnert sich an den Text des Protokolls, oder er erinnert sich, dass er tatsächlich eine solche Aussage gemacht hatte, oder er bestätigt die Richtigkeit des Protokolls, weil er es immerhin unterschrieben hatte. Im letzteren Fall muss verdeutlicht werden, dass der Vorhalt letztlich gescheitert ist, und der Zeuge keine aktualisierte Erinnerung entwickelt hatte. Sein Vertrauen in die Autorität polizeilicher Protokolle ist nicht gefragt.

Häufig ist der Interessengleichlauf zwischen Richter und Zeugen auch auf diesem Wege nicht auszuheben. Das Interesse des Richters dominiert, den Text, der ihn für das Verfahren bereits strukturiert hat, nahtlos zur Grundlage seines Urteils auch nach der Beweisaufnahme zu machen; die Unmittelbarkeit der Hauptverhandlung wird durch das Medium der Zeugenaussage nach Vorhalt umgangen. Hier korrespondiert das Interesse des Zeugen, der offensichtlichen Erwartenshaltung des Richters zu entsprechen und seine eigene Situation nicht zu verkomplizieren. Er behauptet ohne Grundlage eine Erinnerung an den Protokolltext. Hier hilft der Verteidigung nur die Dokumentation der unzutreffenden Erinnerung durch eigene Befragung. So kann eine bereits erörterte Protokollstelle nochmals mit dem Ziel thematisiert werden, die fehlende Erinnerung selbst nach der kurz zuvor erfolgten Erörterung mit dem Richter zu dokumentieren. Wirkmächtig sind auch Protokollvorhalte, die nicht dem Protokolltext entsprechen (»Lautete Ihre Antwort auf diese Frage wie folgt.....?«). Eine Bestätigung der blanken Verteidigerphantasie macht deutlich, von welchen Interessen der Zeuge tatsächlich getragen ist. Pointiert ist ein Befragungsvorgehen, bei dem dem Zeugen zwei unterschiedliche Varianten eines Protokolltextes vorgehalten werden und er entscheiden soll, welches die richtige ist. Der unsichere Zeuge wird sich zumeist nicht auf das Glücksspiel einlassen und vollkommene Erinnerungslosigkeit präsentieren.

Protokoll-Vorhalt durch den Verteidiger

1103   Die Kritik an richterlichem Fehlgebrauch des Vorhalts ist überzeugender, wenn die Verteidigung in vergleichbaren Fragesituationen nicht der Versuchung des Bestätigungsdrangs erliegt. Dass nicht nur befragungserfahrene Psychologen, sondern auch routinierte Anwälte sensibel mit dem Vorhalt

---

963 Zur Ermunterung der Kritik auf diesem Wege s. z.B. BGHSt 3, 202.

des Widerspruchs einer vorliegenden polizeilichen Vernehmung umgehen können, zeigt ein Beispiel einer Befragung aus englischen Handbüchern.[964]

Die Zeugin hatte auf Befragen der Staatsanwaltschaft bekundet, sie als Hausmädchen habe abends die **1104** Tür abgeschlossen – weshalb für den nächtlichen Mord im Hause kein Eindringling, sondern nur der Angeklagte in Betracht kam. Der Verteidiger fragte:

Frage: Meinst du, dass du heute alles so erzählt hast wie früher?

Antwort: Ich habe alles erzählt, was ich weiß.

Frage: Das habe ich nicht gemeint. Was ich wissen möchte, ob du alles so wie früher erzählt hast?

Antwort: Ich glaube ja.

Frage: Was hast du mit der Hoftür gemacht, als du reinkamst?

Antwort: Ich habe sie zugehakt.

Frage: Hast du das bei der Polizei so gesagt?

Antwort: Ich denke ja.

Frage: Weißt du es noch?

Antwort: Ich bin nicht sicher.

Frage: Oder war es so (er liest vor) »Haben Sie die Hoftür zugehakt? – Ich weiß nicht ob ja oder nein.« Hast du es so gesagt?

Antwort: Also, ich muss die Tür doch zugehakt haben, weil (..).

Frage: Das ist nicht meine Frage. Hast du so vor der Polizei ausgesagt?

Antwort: Ich habe die Wahrheit gesagt, Sir.

Frage: Ich habe nicht behauptet, dass es die Unwahrheit war. Ich möchte nur wissen, ob du dich daran erinnerst, dass du ausgesagt hast, du wüsstest nicht mehr, ob die Tür zugehakt wurde.

Antwort: Es ist wahrscheinlich, dass ich sie zugehakt habe, weil dies immer so war.

Frage: Erinnerst du dich genau, ob es so war oder anders?

Antwort: Ich hake die Tür normalerweise zu.

Frage: Das habe ich nicht gefragt. Hast du sie damals zugehakt oder nicht?

Antwort: Ich muss das getan haben, wie ich immer (..).

Frage: Nicht so. Hast du sie damals zugemacht oder nicht?

Antwort: Ich weiß es nicht. Ich weiß es nicht, ob ich es getan habe oder nicht.

Die Situation ist jedem Verteidiger geläufig: Liest sich zur Vorbereitung der Hauptverhandlung eine **1105** polizeiliche Protokollierung einer Zeugenaussage noch relativ vorteilhaft, wird der Zeuge in der Beweisaufnahme häufig – nicht zuletzt nach Insistieren der zuvor fragenden Richter oder Staatsanwälte – zulasten des Mandanten von der ursprünglichen Version abweichen. Das Frageinteresse der Verteidigung geht dann dahin, zum einen den als vorteilhaft empfundenen Verlauf der polizeilichen Vernehmung zu reproduzieren und auf der anderen Seite Anhaltspunkte für die höhere Glaubhaftigkeit der früheren Aussage zu produzieren. Aufgedeckt werden müssen zum einen die Widersprüchlichkeiten, zum anderen die Merkmale der höheren Aussagequalität der zeitnahen polizeilichen Vernehmung.

---

964 Wiedergegeben bei: *Salditt* Der Verteidiger vernimmt Zeugen – was britische Handbücher raten, StV 1988, 451, 453.

1106 Die direkte Konfrontation mit dem Text der früheren Vernehmung wird zumeist Rechtfertigungsszenarien beim Zeugen auslösen, um seine aktuelle Aussage vor dem Gericht zu untermauern. Im Vordergrund der Rechtfertigungsversuche werden zum einen entweder Harmonisierungstendenzen stehen, die die neue mit der abweichenden alten Aussage doch in Einklang bringen soll. Oder er wird versuchen, die Inkonsistenz der beiden Aussagen zu akzeptieren und die bessere Qualität der aktuellen Aussage zu erklären. Dies kann der fragende Verteidiger nur vermeiden, wenn er auch diese Befragung streng führt und den erwarteten Erklärungsspielraum des Zeugen minimiert.

▶ Beispiel:

1107 Frage: Sie haben gerade auf Befragen des Vorsitzenden die Geschwindigkeit des Fahrzeugs mit 35 km/h beziffert?

Antwort: Ja, das habe ich.

Frage: Haben Sie sich noch einmal Gedanken über die Geschwindigkeit gemacht, bevor Sie hier im Gerichtssaal erschienen sind?

Antwort: Ja, ich habe darüber nachgedacht.

Frage: Und heute, heute sind Sie sich sicher, dass der Wagen 35 km/h fuhr?

Antwort: Ja, das ist richtig.

Frage: Sie haben zum selben Sachverhalt bereits Aussagen bei der Polizei gemacht?

Antwort: Ja.

Frage: Erinnern Sie sich daran?

Antwort: Ja, das war ungefähr vor einem Jahr.

Frage: Waren Sie damals aufrichtig gegenüber den Polizeibeamten?

Antwort: Selbstverständlich.

Frage: Hat der Polizeibeamte Sie irgendwie bedrängt?

Antwort: Nein, ich habe ihm das gesagt, was ich wusste.

Frage: Und Ihre Antworten waren zutreffend?

Antwort: Jawohl, ich habe ihm das gesagt, was ich wusste.

Frage: Und Sie haben anschließend das Vernehmungsprotokoll gelesen und unterschrieben?

Antwort: Ja, aber so richtig erinnere ich mich daran nicht.

Frage: Aber Sie wissen noch, dass die Antworten korrekt waren?

Antwort: Ja, klar doch.

Frage: Erlauben Sie mir, dass ich Ihnen den Text des Vernehmungsprotokolls teilweise vorhalte. Dort heißt es: »Ich schätze, dass das Fahrzeug ungefähr 50 km/h schnell war. Da bin ich mir ziemlich sicher.« Haben Sie das damals den Polizeibeamten so gesagt?

Antwort: Das wird wohl so sein.

Weitergehende Fragen schaden regelmäßig, da sie dem Zeugen Erklärungsversuche offerieren. Über- **1108**
flüssig bis schädlich sind Fragen danach, ob der Zeuge sich zeitnah besser an das Geschehen erinnert
habe. Dies sind Bewertungen, die die Verteidigung einer anschließenden Stellungnahme nach
Abschluss der Vernehmung vorbehalten sollte. Erst wenn der Zeuge die Befragung nutzen sollte,
seine bessere Einsicht zu erklären, beispielsweise durch abermaliges Nachdenken, abermalige Besichtigung des Orts des Geschehens oder die kritische Reflektion des Sachverhalts mit anderen Personen,
hat die Verteidigung Veranlassung, ergänzend Fragen zu diesen Verarbeitungstendenzen des Zeugen
zu stellen. Ziel ist auch hier das Sammeln von Informationen, um in einer anschließenden Stellungnahme darauf hinzuweisen, dass Abrufüberlagerungen und Suggestionseinflüsse zwischen den beiden
Aussagen regelmäßig zu einer größeren Unzuverlässigkeit der aktuellen tatfernen Aussage führen
müssen.

> Fazit: Der Vorhalt will wohl überlegt sein. Zwar ist der Reflex verständlich, den Zeugen und das Gericht **1109**
> mit der für den Mandanten günstigen Aussage zu konfrontieren. Die Gefahr sollte allerdings kalkuliert
> werden, dass nach dem Vorhalt die frühere günstiger Aussage nur abgeschwächt wird. Der vollständige
> Verzicht auf den Vorhalt kann hier oft die bessere Lösung sein. Die notwendige Einführung der früheren
> Aussage kann nach Entlassung des Zeugen dadurch erreicht werden, dass deren Verlesung beantragt wird.
> § 250 steht dem nicht entgegen, weil durch die Verlesung des Protokolls die Zeugenaussage nicht ersetzt,
> sondern lediglich ergänzt wird. Darüber hinaus besteht durch die Verlesung im Urkundenbeweis der
> Vorteil, dass das als günstig bewertete Protokoll vom Revisionsgericht vollständig zur Kenntnis genom-
> men werden kann. Das Gericht kann sich so seiner Verpflichtung nicht entziehen, sich mit dieser Aussage
> auseinanderzusetzen.

Qualität und Quelle des Vorhalts

Weitgehend ungeklärt erscheint darüber hinaus, welche **Qualität** ein **Vorhalt** im Rahmen des recht- **1110**
lich zulässigen Vernehmungsbehelfs aufweisen muss. Der Vorhalt aus Aktenbestandteilen ist für
jedermann nachvollziehbar. Andere Vorhalte des Fragestellers können unter Umständen von den
anderen Verfahrensbeteiligten nicht »überprüft« werden. Dies hindert zunächst grundsätzlich nicht
die Zulässigkeit des Vorhalts. Der Richter kann den Zeugen beispielsweise mit seiner gerichtlichen
Erfahrung zur Wirkung eines Betäubungsmittelgenusses konfrontieren, die offensichtlich im Gegensatz zur wiedergegebenen Wahrnehmung des Zeugen steht. Der Verteidiger kann zur Ergänzung
oder Aufdeckung von Widersprüchen dem Zeugen einleitend zur nächsten Frage berichten, was er
noch am Morgen beispielsweise in der Zeitung gelesen hat – auch wenn die Zeitung niemandem
aktuell vorliegt.

Sind solche durch Vorhalt erfolgten Informationsvorgaben nicht zu beanstanden, soweit sie sich im **1111**
Bereich des Plausiblen und Wahrscheinlichen halten, ändern sich die Vorzeichen bei unmittelbar
verfahrensrelevanten Sachverhalten. Wird beispielsweise aus einem ansonsten nicht bekannten Brief
eines potenziellen Zeugen zur vorgeworfenen Tat zitierend vorgehalten, regt sich bei allen anderen
Verfahrensbeteiligten der Wunsch nach Kenntnisnahme der vollständigen Informationsquelle für
diesen Vorhalt.

Die Frage, ob nur allseits bekannte **Quellen für Vorhalte** herangezogen werden dürfen, ist differen- **1112**
ziert zu beantworten. Dominiert wird die rechtliche Bewertung durch das Gebot der Verfahrenstransparenz. Auch wenn der Vorhalt selbst nicht unmittelbaren Eingang in das Beweisergebnis findet, entlässt ihn seine Prozess gestaltende Wirkung nicht aus den Fesseln der Prozessmaximen.
Wissen des Richters, das sich nicht aus den Akten oder dem Verfahrensverlauf für die Verteidigung
nachvollziehbar ergibt, ist grundsätzlich offenzulegen, soweit es Verfahrensrelevanz entfaltet. Die
eigene Sachkunde des Richters oder die Gerichtsbekanntheit von Tatsachen bei der Ablehnung von
Beweisanträgen sind hierfür nur ein Beleg. Die Führung von Geheimakten mit der Verteidigung
nicht zugänglichen Informationen ist dem Richter während des Verfahrens grundsätzlich untersagt.
Hieraus folgt, dass verfahrensrelevante Informationen von Gericht und Staatsanwaltschaft durch
diese so lange nicht in Form eines Vorhalts verwertet werden dürfen, wie sie von der Verteidigung
nicht überprüft wurden.

1113 Will das **Gericht** beispielsweise einem Zeugen einen Vorhalt machen, er – der Zeuge – habe vor derselben Kammer in einem Parallelverfahren gegen einen angeblichen Mittäter zum selben Sachverhalt eine andere Aussage gemacht, so wird dem Verteidiger, der an dieser Hauptverhandlung nicht teilgenommen hatte, durch die Anforderung eines umfassenden richterlichen Berichts über diese Zeugenaussage zunächst die Gelegenheit gegeben werden müssen, sich mit dieser früheren ihm unbekannten Aussage des Zeugen auseinanderzusetzen. Solche intransparenten Vorhalte sind von der Verteidigung als unzulässig zu beanstanden.

1114 Die Vorzeichen ändern sich, wenn ein Vorhalt ohne Aufdeckung der Informationsquelle durch den **Verteidiger** erfolgt. Seine Prozessstellung verbietet gerade die Offenlegung sämtlicher Informationsquellen. Sie ist sogar unter Umständen strafwürdig. Der einen Widerspruch des Zeugen aufdeckende Vorhalt des Verteidigers (»*Ich habe erfahren, dass …*«) kann sich aus dem geheimhaltungsbedürftigen Mandatsverhältnis ergeben. Als Informationsquelle kommt insbesondere der unter Umständen in der Hauptverhandlung schweigende Mandant selbst in Betracht. Eine Beschränkung des Vorhalts in dieser Situation bis zur Aufdeckung des Informationshintergrundes kommt für die Verteidigung nicht in Betracht. Sie hat das Recht, Informationen über die Herkunft ihres Vorhalts zu verweigern.[965]

1115 Anderen Verfahrensbeteiligten bleibt hier nur der Weg, in Ausnahmefällen Suggestionswirkungen des Vorhalts aufgrund einer völlig unwahrscheinlichen und/oder unplausiblen Quelle zu rügen. Maßstäbe zur Begründung einer solchen Rüge unter Wahrung des autonomen Teilhaberechts der Verteidigung stehen allerdings auch hier noch vollständig aus.

Der formelle Vorhalt des § 253 StPO

Die bisherigen Ausführungen beziehen sich auf den gesetzlich ungeregelten freien Vorhalt, der das tatsächliche Geschehen in den Beweisaufnahmen des deutschen Strafprozesses dominiert. Mit weitreichenden Folgen ausdrücklich gesetzlich geregelt ist eine Form des Vorhalts in § 253 StPO. Sie sollte nach dem Willen des historischen Gesetzgebers die einzige Möglichkeit sein, das Verbot des Transfers polizeilicher Vernehmungen in § 250 StPO zu durchbrechen. Ohne nachvollziehbare Begründung hat die höchstrichterliche Rechtsprechung diese Idee auf den Kopf gestellt, sämtliche freien Vorhalte zugelassen und der Regelung des § 253 StPO ein Nischendasein zugewiesen.

Dennoch sollte der Wert dieser Art des Vorhalts für die Beweiswürdigung des Gerichts nicht unterschätzt werden. Während der freie Vorhalt als Teil der Frage nicht unmittelbar Eingang in das Beweisergebnis findet, ein gescheiterter Vorhalt damit als Urteilsgrundlage irrelevant ist, gewinnt der Vorhalt eines Protokolls gem. § 253 nach allgemeiner Ansicht[966] die Qualität eines Urkundenbeweises, formuliert damit eine Ausnahme des Grundprinzips des § 250 StPO. Das Gericht kann damit zur Überzeugungsbildung unmittelbar auf den protokollierten Text einer polizeilichen Vernehmung zurückgreifen, das Revisionsgericht kann diesen Text bei entsprechender Rüge in seine Überlegungen mit einbeziehen. Zwar kann auch die Verteidigung hiervon profitieren, regelmäßig wird allerdings auf diesem Wege zusätzliches Belastungsmaterial aus dem Ermittlungsverfahren in die Beweisaufnahme vor Gericht eingeführt. Schadet dies der Verteidigung, besteht die erhöhte Verpflichtung, den Vorgang an seinen engen formalen Voraussetzungen zu messen.

So gerät häufig in Vergessenheit, dass die Regelung sich ausschließlich auf früher protokollierte Aussagen desselben Zeugen bezieht, der nunmehr dem Gericht Rede und Antwort steht. Anderen Personen, insbesondere auch den Verhörspersonen, können nach dieser Vorschrift keine Vorhaltungen gemacht werden.

Abs. 1 des § 253 StPO ermöglicht, den entsprechenden Teil des früheren Vernehmungsprotokolls zur Unterstützung des Gedächtnisses des Zeugen zu verlesen, wenn ein Zeuge (oder Sachverständiger) erklärt, dass er sich einer Tatsache nicht mehr erinnere. Nach dem Wortlaut ist es dem Vorsit-

---

965 So schon BGHSt 16, 67.
966 S. z.B. SSW-StPO/*Kudlich/Schuhr* § 253 Rn. 4 m.w.N.

zenden somit nicht möglich, eine Verlesung schon dann anzuordnen, wenn er meint, eine Erinnerungslücke ausgemacht zu haben. Der Anstoß muss also vom Zeugen kommen. Erklärt dieser ausdrücklich, er könne sich sehr wohl erinnern (bestätigt aber nicht den früher protokollierten Inhalt), meint die Rechtsprechung, der Richter müsse dem nicht unbedingt glauben und könne doch von dem Vorhalt durch Verlesen gemäß § 253 Abs. 1 StPO Gebrauch machen.[967] Hier sollte Verteidigung nicht müde werden, das bessere Argument des Wortlauts des Gesetzes ins Feld zu führen und die Verlesung zu kritisieren.[968]

Nach Abs. 2 des § 253 StPO ist die Verlesung von Teilen des Vernehmungsprotokolls im Wege des Vorhalts auch dann möglich, »wenn ein in der Vernehmung hervortretenden Widerspruch mit der früheren Aussage nicht auf andere Weise ohne Unterbrechung der Hauptverhandlung festgestellt oder behoben werden kann.« Kritikpunkte gegenüber einer vorschnell agierenden Praxis ergeben sich auch schon hier aus dem Wortlaut des Gesetzes. So muss das Gericht in jedem Fall einen Widerspruch zwischen der polizeilich protokollierten Aussage einerseits und der nunmehr bei Gericht gehörten Aussage andererseits feststellen; Widersprüchlichkeiten innerhalb einer der beiden Vernehmungssituationen reichen nicht aus. Oft wird ein tatsächlich entdeckter Widerspruch unschwer durch anwesende oder leicht zu erreichende Verhörspersonen aufzuklären sein, sodass mit einer minimalen Wartezeit die Anordnung des Urkundenbeweises verhindert werden kann.

In beiden Fällen steht fest, dass von der Ausnahme des Vorhalts in Urkundenform nur dann Gebrauch gemacht werden kann, wenn der Zeuge zunächst vollständig vernommen worden ist.[969] Im Gegensatz zu mancher Praxis ist die Anordnung nach § 253 StPO nur das – vorläufige – Ende einer Zeugenvernehmung. Dies bedeutet auch, dass der Richter zunächst mit herkömmlichen Fragemitteln versuchen muss, die Situation zu beseitigen, die eine Voraussetzung für den gesetzlich geregelten Vorhalt bilden könnte.

Der Vorhalt soll auf den Zeugen wirken. Dieser muss daher in jedem Fall Gelegenheit haben, sich nach dem Gehörten zu äußern. Zu bemängeln ist daher ein Verhalten des Gerichts, das nach dem Verlesungsakt seine Befragung beendet oder sogar den Zeugen entlässt. Das primäre Interesse des Gerichts an der Absicherung eines für die Urteilsdarstellung notwendigen Elements ist hier erkennbar, Verteidigung muss dennoch deutlich machen, dass in dieser Interessenverfolgung das gesetzliche Mittel falsch gehandhabt wurde.

Die Form der Verteidigerkritik kann unterschiedlich sein. Geht zum Beispiel das Gericht ohne nähere Diskussion zu einer Verlesung über, kann die Verteidigung auf der Einhaltung des § 255 StPO dringen, wonach der konkrete Grund der Verlesung im Protokoll zu erwähnen ist. Im Übrigen stellt die Anordnung der Verlesung eine Maßnahme des Vorsitzenden nach § 249 Abs. 1 StPO dar, die jederzeit gemäß § 238 Abs. 2 StPO beanstandet werden kann. Mit der Begründung, dass beispielsweise Erinnerungslücken kurzfristig auch anderweitig behoben werden können oder offensichtlich die Vernehmung des Zeugen noch nicht abgeschlossen ist, kann sich Verteidigung zu unterschiedlichen Zeitpunkten des Vorgangs Gehör verschaffen.

5. Videovernehmung

In Abweichung vom traditionellen Aktionsradius der Verfahrensbeteiligten hat die simultane Videokonferenz die Beweisaufnahme erweitert. Sie droht auf der einen Seite Verteidigungsrechte durch den Verlust des unmittelbaren Kontakts zum Zeugen einzuschränken. Auf der anderen Seite erweitert der Hinweis auf die Möglichkeit der Videovernehmung z.B. bei Auslandszeugen oder zu schützenden Personen den Umfang der Beweisaufnahme. 1116

---

967 Seit RGSt 59, 248 ff.
968 *Gerst* Vorhalt und § 253 StPO, StraFo 2018, 273 ff.
969 BGH StRR 2011, 224 m. Anm. *Stephan*; BGH NStZ 2011, 422 eröffnet aber bei der Vernehmung zu verschiedenen Taten die »Strukturierung« einer Vernehmung und den Vorhalt nach Abschluss eines derart strukturierten Teils der Gesamtvernehmung.

1117 Ist z.B. ein **V-Mann** durch eine behördliche **Sperrerklärung** am Erscheinen in der Hauptverhandlung gehindert, ist er einem »Hindernis« i.S.d. §§ 247a, 251 Abs. 2 Nr. 1 ausgesetzt.[970] Als **gleichrangige Alternative** steht die Videovernehmung dem Gericht ebenso wie die kommissarische Zeugenvernehmung, die Verlesung richterlicher Protokolle oder das Abspielen eines bereits vorliegenden Videobandes gem. § 255a zur Verfügung.[971] Die Einführung einer solchen »Konserve« folgt den Vorschriften über die Verlesung von Zeugenprotokollen und bedarf daher grundsätzlich eines Gerichtsbeschlusses, der die Interessenabwägung des konkreten Falles deutlich werden lässt.[972]

Die Ablehnung eines Beweisantrages der Verteidigung auf Anhörung eines Auslandszeugen[973] hat die Möglichkeit der audiovisuellen Vernehmung ebenso ins Kalkül zu ziehen wie die der Ungeeignetheit des Zeugen. Bei der Videovernehmung handelt sich zwar um eine technisch vermittelte Beweiserhebungsform, sie behält aber trotz der Einbußen an Unmittelbarkeit[974] den Charakter einer persönlichen Zeugenvernehmung.[975] Jedenfalls kann diese Vernehmung einen hinreichenden Eindruck von der individuellen Eigenart der Auskunftsperson und ihrem nonverbalen Aussageverhalten verschaffen.

1118 Auch wenn zunächst primär der Schutz von Zeugen intendiert war, verfolgt die Regelung des § 247a Aspekte der Verfahrenserleichterung, der Beweissicherung und insbesondere der ausgedehnteren Wahrheitssuche. Die Möglichkeiten der »Live-Übertragung« sind zwischenzeitlich erweitert worden: Nicht nur bei schweren Nachteilen für den befragten Zeugen, sondern stets bei Abwesenheiten vom Gerichtssaal, die auch eine **Protokollverlesung gemäß § 251** ermöglichen würde, ist heute die Videokonferenz denkbar. Durch pauschale Bezugnahme kann das Gericht auch dann eine audiovisuelle Vernehmung anordnen, wenn der Staatsanwalt, der Verteidiger und der Angeklagte hiermit einverstanden sind (§ 251 Abs. 1 Nr. 3). Damit kann bei Konsens der Verfahrensbeteiligten praktisch jede Zeugenvernehmung audiovisuell durchgeführt werden.

1119 Obwohl rechtlich damit eine komplett videogestützte Hauptverhandlung vor der Tür zu stehen scheint, ist die Praxis dem energischen Vorstoß des Gesetzgebers bislang nicht gefolgt. Selbst wenn – was selten genug ist – die technischen Voraussetzungen gegeben sind, wird ein abwesender Zeuge aktuell nur selten mithilfe einer Simultanübertragung vernommen. Oft genug ist diese Vernehmung allerdings die einzig Mögliche und daher auch im Interesse der Verteidigung, sodass neu auftauchende Problematiken stets präsent sein sollten.

1120 Praktische Erfahrungen mit der Durchführung der audiovisuellen Zeugenvernehmung sind noch gering. Die gesetzliche Regelung (§ 247a) ist nur sehr grob. Die Verteidigung hat bei der Übertragung das Ziel, dass durch die technischen Umstände bedingten Defizite gegenüber einer unmittelbaren Vernehmung in der Hauptverhandlung so weit wie möglich reduziert bleiben. Dem Vorsitzenden ist vor der eigentlichen Befragung zu verdeutlichen, dass trotz der äußeren Bedingungen die Mitwirkungsrechte der Verteidigung gewahrt bleiben. Zwar sind die durch das technische Medium unvermeidlichen Filterungen hinzunehmen. Viele andere Nachteile können jedoch eingeschränkt werden. So sollten beispielsweise mehrere Monitore aufgestellt werden, damit im Gerichtssaal alle Beteiligten das Geschehen beobachten können und der Grundsatz der **Öffentlichkeit** nach Möglichkeit gewahrt bleibt. Technische Umstände dürfen der Wahrnehmung des Rechts auf jederzeitige **Beanstandung** von Fragen nicht entgegenstehen. Der Zeuge selbst muss ebenso jederzeit die Möglichkeit der Kommunikation haben. Zwar ist gleichgültig, ob der Dolmetscher sich im Gerichtssaal

970 BGHSt 29, 109, 111; 33, 70.
971 S. zu diesen Forderungen bereits: *Beulke* Empirische und normative Probleme der Verwendung neuer Medien in der Hauptverhandlung, ZStW 113 (2001), 717; *Schmoll*, S. 176 ff.; *Ferber* Das Opferrechtsreformgesetz, NJW 2004, 2562.
972 BGH StV 2019, 518.
973 Hierzu ausführlich: *Norouzi* Die audiovisuelle Vernehmung von Auslandszeugen 2010.
974 Zu Details s.: *Pott*, S. 35 ff.
975 *Julius* StV 2004, 467; *Albrecht* Das Verhältnis der audiovisuellen Vernehmung gem. § 247a StPO zu anderen Formen der Beweiserhebung, insbesondere zur Verlesung von Vernehmungsniederschriften gem. § 251 Abs. 1 Nr. 2 StPO, StV 2001, 366.

oder am Aufnahmeort aufhält. In jedem Fall muss aber die technische Übertragung die optische und akustische Kontrolle der Übersetzung sicherstellen.

Der Vorsitzende kann seiner Verpflichtung, rechtsstaatlich akzeptable Rahmenbedingungen für eine   **1121**
Zeugenvernehmung zu schaffen, nur dann nachkommen, wenn er die Möglichkeit hat, Einfluss auf die technische Übertragungsart am Aufenthaltsort des Zeugen zu nehmen. Die Aufnahmen am Vernehmungsort müssen variabel sein. Totalaufnahmen des Vernehmungszimmers sind ebenso unabdingbar wie Nahaufnahmen des Zeugen, die Rückschlüsse auf dessen körperliche Reaktionen zulassen.[976] Auch wenn die **Anwesenheit anderer Personen** im Zeugenraum der Zulässigkeit der Vernehmung nicht entgegensteht,[977] muss die Möglichkeit einer **unzulässigen Einflussnahme** ausgeschlossen sein. Die Suggestionswirkung von Kameraeinstellungen auf die Glaubwürdigkeit eines Zeugen[978] macht deren Kontrolle durch den Vorsitzenden ebenfalls notwendig. Details körperlicher Befindlichkeiten oder Zustände sind ggf. durch eine Großeinstellung zu übertragen.

Die Vollständigkeit der Übertragung erfasst auch die Beobachtungen von Unterbrechungen, bei-   **1122**
spielsweise bei Beratungen des Zeugen mit seinem **anwaltlichen Zeugenbeistand**. Die Anwendung der Vorschriften über den Ausschluss des Angeklagten (§ 247) oder der Öffentlichkeit (§§ 172, 174 GVG) für die Dauer der Vernehmung ist grundsätzlich nicht eingeschränkt. Zur Vermeidung der Verletzung des Konfrontationsrechts der Verteidigung (Art. 6 Abs. 3 lit. d EMRK) kann ausnahmsweise die Vernehmung eines gesperrten Zeugen technisch verfremdet werden.[979] Ob das Konfrontationsrecht noch gewahrt ist, wenn **Verzerrungen in Ton und Bild** neben der Videotechnik abermals die Qualität einer Zeugenbefragung reduzieren, ist allerdings fraglich.[980]

Die Tonübertragung von Fragen aus dem Gerichtssaal zum Aufenthaltsort des Zeugen ist nicht im   **1123**
Gesetz angeordnet, aber als Grundvoraussetzung der Kommunikation selbstverständlich. Dies gilt nicht für **Bildübertragungen aus dem Gerichtssaal**; angesichts fehlender gerichtlicher Kontrolle über die Verwendung der ausgestrahlten Signale können Persönlichkeitsrechte der videografierten Verfahrensbeteiligten oder eine Umgehung des § 169 S. 2 GVG einer Bildübertragung entgegenstehen. Allein eine Gegenüberstellung eines Angeklagten zum Zwecke der Identifizierung durch Videosimultanübertragung will der BGH nicht ausschließen.[981]

6. Polizisten als Zeugen

Das Gesetz vermittelt präzise Vorstellungen von den unterschiedlichen Rollen eines Zeugen einer-   **1124**
seits und der Verfahrensbeteiligten andererseits. Der Zeuge soll Informationen im Rahmen der Beweisaufnahme liefern, die am Verfahren professionell Beteiligten sollen diese entweder im Vorfeld vorbereiten oder im Prozess verwerten. Details der normierten Zeugenvernehmung dokumentieren dies: So sollen Zeugen nacheinander in Abwesenheit der später zu hörenden Zeugen vernommen werden (§ 58 Abs. 1). Sie sollen zunächst unbefangen und ohne Konfrontation mit dem Verfahrensgegenstand ihre Wahrnehmungen wiedergeben. Das Gesetz verdeutlicht mit der Regelung, dass ihm die höhere Gewähr des unbefangen agierenden Zeugen wichtiger ist als andere Maßstäbe, wie beispielsweise die uneingeschränkte Durchführung des Öffentlichkeitsgrundsatzes.[982]

---

976 Hierzu näher: *Wasserburg* »Bemerkungen zur audiovisuellen Vernehmung«, FS Richter II, S. 547 ff.; *Albrecht* Das Verhältnis der audiovisuellen Vernehmung gemäß § 247a StPO zu anderen Formen der Beweiserhebung, StV 2001, 364; *Detter* Einige Gedanken zu audiovisueller Vernehmung, StV 2006, 544; *Leitner* Rechtliche Probleme von Video-Aufzeichnungen und praktische Konsequenzen für die Verteidigung, StraFo 1999, 45; *Schlothauer* Video-Vernehmung und Zeugenschutz, StV 1999, 47, 48.

977 BGH StV 1999, 582.

978 S. hierzu: *Bohlander* Der Einsatz von Videotechnologie bei der Vernehmung kindlicher Zeugen im Strafverfahren, ZStW 107 (1995), 82, 94.

979 BGH StV 2004, 241; 577; 2006, 382.

980 *Schuster* StV 2007, 507 ff.

981 BGH NStZ 2008, 232, 233.

982 BGHSt 3, 386, 388.

1125 Die Rolle der Verfahrensbeteiligten ist hiermit nicht kompatibel. Schon aus formalen Gründen kann ein am Verfahren beteiligter Richter niemals Zeuge sein (§ 22 Nr. 5). Es hätte nahe gelegen, dies bei Staatsanwälten, Verteidigern und Ermittlungspersonen ebenso zu regeln. Jedenfalls spricht die prinzipielle Unvereinbarkeit der beiden Rollen dafür, derartige Verfahrensbeteiligte nur in Ausnahmefällen in die Zeugenrolle zu drängen und in diesen Fällen deren Angaben angesichts ihrer durch das Verfahren erfolgte Vorprägung mit besonderer Distanz zu würdigen.

1126 Die Praxis hat entgegen diesen strukturellen Vorgaben ein völlig anderes Prozessmodell kultiviert:

Ermittlungspersonen – und damit für die Prozessvorbereitung entscheidende Verfahrensbeteiligte – sind in ihrer Zeugenrolle zu einer tragenden Säule der allermeisten Beweisaufnahmen im Gerichtssaal geworden. Es existiert kaum ein gerichtlicher Zeugen-Ladungsplan, auf dem sich nicht mindestens ein Polizeibeamter befindet. Es ist sogar gängig geworden, gleich zu Beginn einer gerichtlichen Beweisaufnahme den die Ermittlung leitenden Polizeibeamten als Zeugen anzuhören. Im Ergebnis erfolgt eine paradoxe Beweiserhebung über die polizeiliche Beweiswürdigung; letztlich wird durch den Polizeibeamten Beweis darüber erhoben, wie die Ermittlungsbehörde am Ende des Vorverfahrens die Ergebnisse der dortigen Stoffsammlung gewürdigt hat.[983] Das widerspricht einerseits dem Prinzip der Unmittelbarkeit, soll aus Sicht des Vorsitzenden andererseits aber zumeist allen anderen Beteiligten den ihn selbst prägenden Aktenstand als Leitlinie des Verfahrens und der Verurteilung dienen.

1127 Hintergrund ist offensichtlich ein verändertes Aufklärungsverständnis des Gerichts. Aktuell sind die meisten Strafgerichte weit davon entfernt, aufgrund des vorliegenden Aktenmaterials mit einem selbstständigen Aufklärungsansatz den Verlauf einer anstehenden gerichtlichen Beweisaufnahme zu planen. Die Lektüre der Ermittlungsakte, die nach der gesetzlichen Konzeption lediglich die Ausbreitung des möglichen Beweismaterials darstellen soll, vermittelt dem Richter regelmäßig das Aufklärungskonzept der Polizei, von dem er sich zumeist nicht lösen kann. Er sieht nicht mögliche Mosaiksteinchen für eine zukünftige Beweisaufnahme vor sich, sondern lässt sich vom historischen Verlauf der Ermittlungen durch die Polizei faszinieren. Verräterisch ist, dass gerade in größeren Verfahren Gerichte gerne den Ermittlungsführer als ersten Zeugen vernehmen wollen, um sich einen »Überblick« über das Ermittlungsgeschehen zu verschaffen – und allen anderen auch verschaffen zu lassen. Obwohl der Ermittlungsführer von der Tat regelmäßig nichts gesehen oder gehört hat, seine eigenen Wahrnehmungen damit für die Frage von Schuld und Strafe sekundär bis irrelevant sind, soll von Beginn an die erfolgreiche polizeiliche Jagd den Verlauf der nachfolgenden gerichtlichen Beweisaufnahme dominieren. Bei dem – zumindest instinktiven – richterlichen Bedürfnis, den Fortgang einer Hauptverhandlung an dem vorliegenden aktenmäßigen »Drehbuch« zu orientieren, kommt den Polizeibeamten als Zeugen eine besondere Bedeutung zu.

Hierzu trägt auch eine Rechtsprechung bei, die den Vernehmungsbeamten eine entscheidende Rolle bei der Umfunktionalisierung polizeilicher Vernehmungen zu gerichtlichen Erkenntnissen zuweist. Offen erwarten Gerichte hier polizeiliche Unterstützung, die Polizei will diesen Erwartungen sogar durch besondere Ausbildungsansätze entsprechen.[984]

1128 Die Vernehmung von Polizeibeamten ist für Verteidigung daher regelmäßig eine besondere Herausforderung. Die Verteidigung kämpft hier oft gegen Gewohnheiten und ungeschriebene Solidaritätslinien. Ziel ist es oft deutlich zu machen, dass der Polizeibeamte schon aus Gründen psychologischer Grundeinsichten eher ein schlechter Zeuge sein muss als ein guter Zeuge.

1129 **Eigene Wahrnehmungen** hat der Polizeibeamte in der Regel nur zu den Ermittlungsvorgängen, die einer aufzuklärenden Tat folgen. Tatzeuge ist er daher regelmäßig nicht. Eine Ausnahme bilden die Konstellationen, in denen Polizeibeamte eingesetzt werden, um erwartete Straftaten zu beobachten und möglicherweise gleich vor Ort weiter aufzuklären. Der Regelfall für dieses Massenphänomen ist der Straßenverkehr. Gezielt werden Polizeibeamte an häufig bei Rotlicht überfahrenen Ampeln

---

983 So *Eschelbach* Beweiserhebung des Tatgerichts über das polizeiliche Ermittlungsergebnis? Eisenberg-FS, 2019, 409 ff., 419; umfassend zum Thema *Theune* Polizeibeamte als Berufszeugen in Strafverfahren, 2020.

984 S. hier z.B. *Artkämper* Polizeibeamte als Zeugen vor Gericht, 2. Aufl. 2019.

positioniert oder sie bedienen auf polizeibekannten Rennstrecken die Geschwindigkeit kontrollierenden Radargeräte. Hier können Polizisten ausnahmsweise Augen- und Ohrenzeugen von Ordnungswidrigkeiten oder gar Straftaten im Straßenverkehr sein.

Ihre besondere Ausbildung macht sie in diesem Bereich einerseits zu durchaus kompetenten Zeugen. Die **Gleichförmigkeit ihrer Tätigkeit** schränkt die Qualität von Wahrnehmung, Erinnerung und deren Wiedergabe allerdings extrem ein. Monate oder gar Jahre nach dem Verkehrsverstoß ist es auch dem geschulten Polizeibeamten in der Regel kaum möglich, nach zwischenzeitlich erlebten hunderten gleichartiger Vorfälle die eigene Wahrnehmung im Zeugenstand präzise zu beschreiben. Spätestens die Vernehmung der Verteidigung durch hoch konkrete Fragen sollte verdeutlichen, dass derartige Zeugen bei massenhaft vorkommenden Verstößen keinerlei individuelle Erinnerung haben. Wenn nach der Aussagepsychologie die Besonderheit des wahrgenommenen Vorgangs und möglicherweise die sie begleitenden Emotionen des Wahrnehmenden Hinweise auf gute Erinnerungsmöglichkeiten präsentieren, so fehlen diese bei dem derart agierenden Polizeibeamten vollkommen. Er muss ein schlechter Zeuge sein, der sich realistisch an nichts erinnert. Sachverhaltsidentitäten und monotone Routine von Ermittlungen dürften bei anderen gleichförmig ablaufenden Massendelikten – vom Ladendiebstahl bis zu Massenbetrügereien – zu ähnlichen Erinnerungslücken führen.[985]

1130

> Aufrichtige Polizeibeamte legen dies offen und verweisen daher pauschal auf den von ihnen zeitnah gefertigten Vermerk, in Kombination mit dem Hinweis, dass sie im Übrigen immer alles richtig machen würden. Gerichte neigen dazu, dies als ausreichenden Beweis anzuerkennen. Die Verteidigung muss deutlich machen, dass dies für die Schuldfeststellungen einer Straftat niemals ausreichen kann. Auch für die Verteidigung steht die Konsequenz vor Augen, dass der strenge rechtsstaatliche Tatnachweis bei derartig gleichförmigen Massendelikten nicht oder nur selten geführt werden kann, die Durchsetzung des staatlichen Strafanspruchs damit strukturell gefährdet ist. Die Verantwortung für dieses Ergebnis liegt jedoch nicht bei der Verteidigung, sondern häufig in einer Gesetzgebung, die meint, auch geringeres sozialwidriges Verhalten der massiven Sanktion einer Strafe zuführen zu müssen. Solange Straftaten vorgeworfen werden, gelten rechtsstaatliche Beweisgrundsätze.

1131

Soweit Polizisten nur über ihre Ermittlungsarbeit im Nachgang zur vorgeworfenen Tat berichten, sind sie zwangsläufig **Zeugen zweiter Klasse**. Schon bei der Reihenfolge der Zeugenvernehmungen hat die Verteidigung gemäß § 238 Abs. 2 zu intervenieren. Wenn es Aufgabe der Beweisaufnahme ist, die Überzeugungsbildung von suggestiven Elementen weitgehend freizuhalten, ist es zwangsläufig rechtsfehlerhaft, eine dem Unmittelbarkeitsgrundsatz folgende Rezeption von primären Zeugenaussagen durch vorhergehende polizeiliche Bewertungen vorstrukturieren zu lassen. Eine Beanstandung ist immer dann notwendig, wenn zulasten des Mandanten der Ermittlungsführer den gesamten Verlauf der Ermittlungen, unter zwangsläufiger Vorwegnahme von Zwischenergebnissen aufgrund von Zeugenaussagen, als erster »Zeuge« darstellen soll. Kein Vernehmungsbeamter sollte daher vor der Zeugenanhörung den Gerichtssaal betreten.

1132

Polizisten sind Ermittler. Sie wollen alles richtig machen, den richtigen Täter finden. Wenn sie nach Abschluss ihrer Arbeiten als Zeugen retrospektiv ihr eigenes Tun aufarbeiten sollen, muss der Reflex des sich rechtfertigenden Ermittlers dominieren. Jeder Polizist wird auch ohne konkrete Erinnerung beschwören, dass er einen Zeugen und Beschuldigten vor Ort ordnungsgemäß belehrt habe. Er wird bestätigen, alles prozessordnungsgemäß und grundgesetzkonform bearbeitet zu haben und wird das allein oder gemeinsam mit anderen erarbeitete Ermittlungsergebnis gegen alle Widerstände verteidigen.

1133

Es sind nicht nur die unbewussten neuronalen Steuerungen, die bei Polizeibeamten Falschaussagen auslösen können. Letztlich sind Polizeibeamte Parteien des Prozesses mit einem hohen Interesse am Ausgang des Verfahrens zulasten des Beschuldigten.

1134

---

985 S. z.B. *Krüger* in Kriminalistik 1978, 289, 290; *Bender/Nack/Treuer*, Tatsachenfeststellungen vor Gericht, 4. Aufl. 2014, Rn 158.

1135   In einer »dissenting opinion« zu dem Urteil des EGMR Scholer./. Deutschland formulierten 3 Richter des Menschengerichtshofs diese internationale Beobachtung – dort für den Fall eines Fragenkatalogs der Verteidigung an einen V-Mann – drastisch: »*K. ist Polizeibeamter, er gehört zur »Anklageseite« und hat darüberhinaus die gesamte verdeckte Operation gesteuert; er war die Person mit dem größten Interesse daran, in diesem Fall eine Verurteilung sicherzustellen... Wir finden es bemerkenswert, dass das Landgericht Trier – das tatsächlich die »Dienste« des K. in Anspruch nahm – ein solches Verfahren nach dem Motto »alles bleibt in der Familie« als sicher betrachten konnte.*«[986]

1136   Der Kampf um den Erhalt des von der Polizei geleiteten Ermittlungsergebnisses ist noch sehr viel weitergehend. Hier sind Polizeibeamte bereit, das Gericht zu belügen.

▶ **Ein Beispiel aus der Erfahrung des Autors:**

1137   Dem Angeklagten war versuchter Totschlag vorgeworfen worden, weil er in der Endphase einer Schlägerei auf offener Straße dem am Boden liegenden Gegner gegen den Kopf getreten haben soll. Ein Zeuge war der Polizeibeamte, der nach einem Notruf zusammen mit zwei ihn begleitenden Beamten den Tatort anfuhr. Vor Gericht bekundete er, er sei mit seinem Fahrzeug unmittelbar bis zum Ort der Schlägerei gefahren, habe in seinem Scheinwerferlicht deutlich gesehen, wie der Angeklagte gegen den Kopf des Gegners wie gegen einen Fußball getreten habe. Er habe sofort sein Auto verlassen, sich auf den Angeklagten gestürzt und ihn von der weiteren Tatausführung abgehalten. Dass diese Aussage erlogen war, erbrachte der Zufall in Form des Videos einer Überwachungskamera einer gegenüberliegenden Imbissstube. Alle Verfahrensbeteiligten konnten in dem Film deutlich sehen, wie sich das Polizeifahrzeug näherte, stoppte, wie der Fahrer erst nach 5 bis 7 Sekunden sehr gemächlich die Fahrertür öffnete, um anschließend auszusteigen und sich hinter sein eigenes Fahrzeug zu begeben. Ein sofortiges Eingreifen und Unterbrechen der Tathandlung war widerlegt, die angebliche vorhergehende Beobachtung mehr als fragwürdig. Der Polizist wurde wegen seiner Zeugenaussage niemals zur Rechenschaft gezogen; die Kammer bagatellisierte im Ergebnis die Relevanz der Zeugenaussagen.

1138   Selbst wenn man die Zeugenaussage des Polizisten hier nicht einer **bewussten Lüge** zuordnen wollte, wäre er gleich in zweifacher Hinsicht Opfer einer Konstellation geworden, die generell Zeugenaussagen von Polizeibeamten als tendenziell unzuverlässig erscheinen lassen. Die Aussage vor Gericht entsprach kaum dem tatsächlichen Geschehen, sie entsprach allerdings sehr wohl dem noch am Folgetag von den eingesetzten Polizisten niedergelegten Aktenvermerk. Einer der Polizisten hatte den Bericht unterschrieben; erkennbar waren aber alle beteiligten drei Beamten an der Stoffsammlung und Formulierung beteiligt. Wer wen bei solchen gemeinschaftlichen Aktenvermerken beeinflusst, ergibt sich aus dem Vermerk in der Regel nicht. Solche **Gruppenerinnerungen** tendieren noch sehr viel stärker als individuelle zu Fehlern. Urteile fallen extremer aus, den Angeklagten belastende Selektionen von Sachverhaltselementen werden in Gruppensolidarität noch viel stärker vorgenommen, die Sicherheit der Gruppe im Rücken lässt jeden einzelne falsche Erinnerungen mit größerer Sicherheit reproduzieren.

1139   Selbst außerhalb eines stringenten Manipulationswillens orientiert sich die Zeugenaussage des Polizisten weit eher an dem von ihm oder seinen Kollegen gefertigten früheren Aktenvermerken als an den häufig spärlichen Resten seiner Erinnerung. Stellen im Ermittlungsverfahren hergestellte Aktenvermerke oder Vernehmungsprotokolle bereits ein Konstrukt dar, das durch die vielfältigen Erwartenshaltungen und Vorprägungen des Ermittlers und seinen konkreten Ermittlungsinteresse gelenkt war, so trifft die schlichte Wiederholung durch Wiedergabe in der Zeugenrolle auf das Interesse des Vorsitzenden, nach Lektüre der Akte vor unvorhergesehenen Überraschungen gefeit zu sein.

1140   Diese Tendenz wird durch einen unheilvollen Mythos betont, wonach der Polizeibeamte als Zeuge sogar verpflichtet sein soll, sich zur **Vorbereitung auf die Beweisaufnahme** die fraglichen Schrift-

---

986 EuGRZ 2015, 454, 464.

stücke nochmals durchzulesen. Zu den Falsifizierungstendenzen gesellt sich auf diesem Wege noch das Phänomen der sich überlagernden Erinnerungen. Die Realität in den Gerichtssälen produziert daher regelmäßig eine Erinnerung des Polizeibeamten an seine Aktenlektüre wenige Stunden oder Tage vor seiner Zeugenvernehmung. Im besten Falle führt diese Art »Vorbereitung« dazu, dass der Zeuge nicht mehr zwischen unmittelbarer Erinnerung an das Geschehen einerseits und die Lektüre des niedergelegten Berichts andererseits unterscheiden kann.

Rechtlich spricht nichts für die Etablierung dieses Mythos. Im Gegenteil: Jeder andere Zeuge wird zu Recht ausdrücklich darauf hingewiesen, dass er zunächst im Zeugenstand allein seine Erinnerung reproduzieren soll. Erst im zweiten Schritt kann es ihm unter Umständen ermöglicht werden, mitgebrachte Unterlagen einzusehen; ggf. können ihm auch Vorhalte gemacht werden. Allein dieser Weg stellt sicher, dass ein Gericht zumindest die Qualität der Erinnerung differenziert registrieren kann. Wenn dies für Polizeibeamte anders sein soll, so beruft sich die Praxis gerne auf eine sehr alte Entscheidung des Bundesgerichtshofs.[987] Der hierauf aufbauende Mythos kann schnell entzaubert werden. Die Bemerkungen des Bundesgerichtshofs zur Vorbereitung des Polizisten sind zum einen allenfalls ein obiter dictum, waren auf eine sehr seltene Konstellation zugeschnitten und entbehrten jeder Begründung. Auch Jahrzehnte später pflegt die Rechtsprechung das Ergebnis, kümmert sich allerdings nicht um die rechtliche Einordnung. Das Hauptargument, der Polizeibeamte müsse das Risiko eines fahrlässigen Falscheides minimieren, lässt sich jedenfalls leicht entkräften. Auch der Polizist kann wegen einer Aussage nicht bestraft werden, wenn der Sachverhalt ihm nicht mehr präsent ist.[988]   1141

Die Verteidigung, die mit derartigen Zeugenkonstellationen zulasten des eigenen Mandanten konfrontiert wird, steht vor einer der größten Herausforderungen des aktuellen Strafprozesses. Zum einen sitzt ihr ein Zeuge gegenüber, der die belastenden Polizeiergebnisse um jeden Preis verteidigen will und darüber hinaus seine eigene Erinnerung zumeist auf den Akteninhalt beschränkt wissen will. Zum anderen trifft die Verteidigung in diesen Situationen zumeist auf einen unsensiblen Richter, der die durch die Befragung der Verteidigung hervortretenden Zweifel an die polizeiliche Erinnerungsqualität gerne verdrängt und sie nicht in das bereits vorhandene Aktenbild umsetzen will.   1142

Reproduziert der Polizeibeamte in der richterlichen Vernehmung erkennbar nur den Akteninhalt, muss es das **Ziel der Verteidigerbefragung** sein, die Erinnerungslosigkeit an das den Vermerken und Protokollen zugrunde liegende Geschehen zu verdeutlichen. Thematisch muss die Verteidigung sich daher an den Punkten orientieren, die gerade nicht Gegenstand der Vermerke geworden sind. Erst wenn jedermann im Gerichtssaal deutlich wird, dass der Polizeibeamte abseits des Inhalts der Aktenvermerke keinerlei weitere Details des von ihm angeblich wahrgenommenen Geschehens reproduzieren kann, gibt es eine Chance, beim Gericht ein Ohr für die mögliche Wertlosigkeit dieses Teils der Beweisaufnahme zu finden.   1143

Die Verteidigungschancen erhöhen sich mit der **Anzahl der** zum selben Komplex **vernommenen Polizeibeamten**. Geben sie beispielsweise in nahezu derselben Wortwahl ein bestimmtes Geschehen wieder, kann dem Gericht eher die Überzeugung vermittelt werden, dass sich alle Polizisten mehr an vorgefundenen Formulierungen als an der Erinnerung an ihre eigene Wahrnehmung orientieren. Das Ergebnis zur Befragung vieler Details des Randgeschehens kann auch dazu führen, dass zumindest in diesem nicht abgesprochenen und vorher nicht angelesenen Bereich eklatante Widersprüche zwischen den einzelnen Polizeiaussagen bestehen. Der Rückschluss ist nahliegend: Einigkeit herrscht bei den Polizeizeugen über die Reproduktion des Geschriebenen; die Divergenzen im Bereich des nicht niedergelegten machen deutlich, dass tatsächlich alle Zeugen eine höchst unterschiedliche Wahrnehmung hatten. Jedenfalls widerspricht es regelmäßig dem Verteidigerinteresse, dem Vorschlag des Gerichts nachzugeben, aus praktischen Gründen lediglich einen von mehreren beteiligten Polizeibeamten zu laden.   1144

---

987 BGHSt 1, 4.
988 *Hof* Polizeizeugen – Zeugen im Sinne der StPO? HRRS 2015, 277 ff., 283 f.

7. Exkurs: Befragung des V-Manns

a) V-Leute sind konfrontativ zu befragen

1145 Dass ermittlungstaktische Geheiminteressen der Exekutive Konfrontationsrechte der Verteidigung beeinträchtigen könnten, wird von der Menschenrechtskonvention nicht akzeptiert.

1146 Die **Verletzung des Konfrontationsrechts** hat der Beschuldigte u.U. ausnahmsweise hinzunehmen, wenn der Konflikt mit vorrangigen Persönlichkeitsrechten Dritter auf eine andere Weise nicht gelöst werden kann. Angesichts des überragenden Stellenwerts, den das Konfrontationsrecht in einem demokratischen Strafprozess besitzt, ist in einem Abwägungsprozess die Dominanz anderweitiger Rechte Dritter der extreme Ausnahmefall. In den zahlreichen Entscheidungen zu dieser Thematik hat der Gerichtshof ein solches Überwiegen nur in einem einzigen Fall angenommen.[989] Voraussetzung war die **zweifelsfreie Feststellung**, dass aufgrund konkreter Anhaltspunkte das **Leben des Zeugen** bei einer Aussage in der Hauptverhandlung **bedroht** gewesen wäre.

1147 Droht die **Lebensgefahr** nicht »einfachen« Zeugen, sondern **Polizeibeamten**, hat der Gerichtshof bislang keine stichhaltigen Gründe für deren Anonymisierung gefunden. Auch wenn zur Verbrechensbekämpfung die Notwendigkeit verdeckter Ermittlungen ausdrücklich betont wird, darf dies nach Ansicht des Gerichtshofs nicht dazu führen, dass der verdeckt agierende polizeiliche Ermittler zur Konfrontation auf der Ebene einer rechtsstaatlichen Gerichtsverhandlung nicht zur Verfügung steht.[990] Die **Anonymisierung von V-Männern** zum Zwecke ihrer effektiven zukünftigen Arbeit findet in den Abwägungsüberlegungen des Gerichtshofs keinen Niederschlag. Auch die höhere Gefährdung von Polizeibeamten durch Kriminelle kann aus Sicht des Gerichtshofs kein berechtigter Grund zur Einschränkung von Verteidigungsrechten sein. Im Gegenteil: Stehen Beamte unter einer generellen Gehorsamspflicht gegenüber staatlichen Behörden und agieren sie sogar für die Staatsanwaltschaft, kann hieraus ihre erhöhte Verantwortung abgeleitet werden, in einer offenen Zeugenrolle zur Realisierung eines fairen Prozesses beizutragen.[991]

b) Wahrung des Konfrontationsrechts im Konfliktfall

1148 Sind ausnahmsweise relevante und ausreichende Gründe für die **Anonymisierung eines Zeugen** konkret nachgewiesen, erörtert der Gerichtshof in einem weiteren Prüfungsschritt, ob und inwieweit bei einer Zeugenbefragung berechtigte Zeugeninteressen einerseits und der Konfrontationsanspruch andererseits ausgeglichen und damit im Ergebnis die Konventionsrechte noch gewahrt werden können.

1149 Ein **schriftlicher** Fragenkatalog statt einer persönlichen Konfrontation wird hierbei regelmäßig als nicht konventionskonform verworfen. Dies ist kein geeigneter Ersatz für eine direkte Beobachtung.[992] Die Kenntnis um die Identität eines Zeugen ist regelmäßig unabdingbar, um im Sinne des Konfrontationsrechts die Verlässlichkeit eines Zeugen hinterfragen zu können.[993] Liegt ausnahmsweise ein berechtigtes Anonymisierungsinteresse vor, kann im Einzelfall eine ausreichende kompensatorische Maßnahme darin liegen, dass ein Verteidiger ohne den Angeklagten und ohne die Kenntnis der Identität bei einer richterlichen Vernehmung sämtliche Fragen an den Zeugen richten kann, die er im Interesse der Verteidigung für geboten hält, um die Glaubhaftigkeit der Zeugenangaben in Zweifel zu ziehen.[994] Eine lediglich **mit akustischen Hilfsmitteln vorgenommene Befragung eines Zeugen**, der sich in einem Zimmer neben dem Gerichtssaal aufhielt, hielt der Gerichtshof als kompensato-

---

989 EGMR Doorson./. Niederlande, ÖJZ 1996, 715.
990 EGMR Lüdi./. Schweiz, EuGRZ 1992, 300.
991 EGMR van Mechelen u.a./. Niederlande, StraFo 1997, 293 mit Anm. *Sommer;* Anm. *Wattenberg/Violet,* StV 1997, 617.
992 EGMR Kostovski./. Niederlande, StV 1990, 481.
993 EGMR Windisch./. Österreich, ÖJZ 1991, 25.
994 EGMR Doorson./. Niederlande, ÖJZ 1996, 715.

rische Maßnahme nicht für ausreichend. Über das **Hilfsmittel der audiovisuellen Übertragung der Zeugenvernehmung** hatte der Gerichtshof bislang nicht zu entscheiden. **Auf Video**[995] **festgehaltene Zeugenaussagen Minderjähriger** werden ebenso wie sog. **Einwegspiegel**[996] zumindest als Möglichkeit von Kompensationen erwogen. Denkbar erscheint ihm allerdings das Auftreten des zu vernehmenden Zeugen in einer **Verkleidung**.[997]

Das **Defizit einer vollständigen fehlenden Konfrontation einer Zeugenaussage** auf der Ebene der Beweisaufnahme kann – so die bisherige Rechtsprechung – nicht dadurch kompensiert werden, dass nicht hinterfragte Beweissurrogate später vom Gericht einer besonders **kritischen Würdigung** unterzogen werden.[998] Der Gerichtshof betonte mehrfach, dass kaum davon auszugehen ist, dass beispielsweise eine ermittlungsrichterliche Beurteilung, die Zeugenaussagen aus dem Vorverfahren seien glaubhaft gewesen und es gebe keine Anhaltspunkte dafür, dass sie versucht hätten, den Beschuldigten übermäßig zu belasten, die Möglichkeit der Verteidigung oder des Tatgerichts, die Zeugen in Anwesenheit zu befragen und sich selbst ein Urteil über deren Auftreten und Vertrauenswürdigkeit zu bilden, angemessen ersetzen könne.[999] **1150**

> Wenn dennoch häufiger vom Gerichtshof auf den notwendigen vorsichtigen Umgang mit derartigen Beweismitteln hingewiesen wird, erfolgt dies zumeist in Abrundung der stets komplexen Interessenabwägungen und der Gesamtschau auf ein faires Verfahren. Sie wurzelt offensichtlich in dem Institut des »summing up« des angelsächsischen Geschworenenverfahrens, das jedenfalls eingebettet ist in die strenge Beachtung der Rechte der Verteidigung.[1000] Eine der Abstraktion zugängliche Konsequenz ist bei dieser »ominösen Gesamtbetrachtungs-Methode«[1001] allerdings nicht auszumachen. **1151**
>
> Der Gerichtshof kommt gelegentlich zum Ergebnis der fehlenden Konventionsverletzung, weil trotz fehlender Konfrontation staatliche Anstrengungen einerseits und differenzierte Wertungen des lückenhaften Beweisergebnisses andererseits die Gesamtfairness wahren sollen.[1002] Es zeigt sich hier eine merkwürdige und unbegründete Tendenz, den Teilhabecharakter des Konfrontationsrecht in ein reines Zuverlässigkeitsproblem der Zeugenaussage umzudeuten, das auch ohne Mithilfe der Verteidigung vom Gericht allein adäquat gelöst werden könnte.

Eine **Verletzung der Konventionsrechte** kommt dann nicht in Betracht, wenn der nicht zu hinterfragende Zeuge für das Urteilsergebnis letztlich irrelevant war. **1152**

> Praktischen Verfahrensüberlegungen folgend will der Gerichtshof **unwesentlich erscheinende Verteidigungsbeschränkungen ausscheiden.** Die Maßstäbe dafür, welchen Stellenwert das bemakelte Beweismittel im gesamten Beweisgefüge haben muss, werden allerdings unterschiedlich formuliert. Niemals sollte die Verurteilung allein auf einem unzulässigerweise nicht hinterfragten Zeugen beruhen.[1003] Zumeist fordert der Gerichtshof zur Bejahung der Konventionswidrigkeit, dass das Urteil, das sich auch auf andere Beweismittel stützt, jedenfalls zu einem wesentlichen Teil auf den Angaben des nicht hinterfragten Zeu- **1153**

---

995 EGMR S. N./. Schweden, Entscheid. v. 02.07.2002.

996 EGMR Accardi u.a./. Italien, Entsch. v. 20.01.2005.

997 EGMR van Mechelen u.a./. Niederlande, StraFo 1997, 239.

998 EGMR Al-Khawaja and Tahery./. Vereinigtes Königreich, HRRS 2009 Nr. 459.

999 Zuletzt Hümmer./. Deutschland NJW 2013, 3225.

1000 S. hierzu *Gaede* HRRS 2004, 44, 50.

1001 SK-StPO/*Paeffgen* Art. 6 MRK Rn. 162e.

1002 Ohne nähere Überprüfung wurde die Zurückhaltung eines V-Mannes im Strafprozess ausnahmsweise als Legitimation der Einschränkung des Konfrontationsrechts akzeptiert durch EGMR, Sapunarescu./. Deutschland, StraFo 2007, 107 mit Anm. *Sommer*; ähnlich undurchsichtig EGMR Haas./. Deutschland, JR 2006, 289 m. Anm. *Gaede*, s. auch abl. Anm. *Esser* NStZ 2007, 104; sowie Scholer./. Deutschland EuGRZ 2015, 454 ff. mit einer bemerkenswert deutlichen dissenting opinion von 3 Richtern; irritierend auch die Entscheidung der großen Kammer Al-Khawaja u. Tahery./.UK HRRS 2012 Nr. 1, die *Guirao* (FS Wolter, S. 840) schon als Straßburgs Abschied vom Rechts auf Konfrontation deutet.

1003 EGMR Rachdad./. Frankreich, Entscheid. v. 13.11.2003; Al-Khawaja and Tahery./. Vereinigtes Königreich, HRRS 2009 Nr. 459, HRRS 2012 Nr. 1 (Große Kammer).

gen beruht.[1004] Oder anders formuliert: An der Konventionswidrigkeit führt trotz aller Kompensationsbemühungen zumeist kein Weg vorbei, wenn es sich bei der nicht hinterfragten Zeugenaussage um das einzige oder das entscheidungserhebliche (*»sole or decisive«*) Beweismittel handelt.

1154 Diese **Entscheidungserheblichkeit** wird sehr unterschiedlich bewertet. Konventionswidrigkeit wird zum Teil bei Beweiskonstellationen angenommen, in denen zahlreiche andere Beweismittel auf die Schuld des Angeklagten hinweisen.[1005] Sind die nicht hinterfragten Aussagen die einzig schlüssigen und stützen andere Zeugen das Ergebnis der Schuld nur mittelbar, können diese nicht den Charakter einer Kompensation haben.[1006] Sogar ein nachfolgendes Geständnis als tragende Urteilsgrundlage vermag unter Umständen den entscheidenden Charakter einer nicht hinterfragten anonymen Aussage nicht zu verändern.[1007] Andererseits hat der Gerichtshof in einem Einzelfall gerade aufgrund der Fülle unterschiedlicher mittelbarer Beweismittel, die sich hinsichtlich der Bestätigung der Schuld deckten und ergänzten, eine relevante Verletzung von Verteidigungsrechten verneint.[1008] Neuere Tendenzen weichen die Klarheit der Regel weiter auf: So will es der Gerichtshof nicht ausschließen, dass der von der Verteidigung unbefragte Zeuge doch als entscheidendes Beweismittel ausnahmsweise dem Urteil zugrunde gelegt werden kann, wenn weitere Beweismittel dessen Zuverlässigkeit belegen.[1009]

1155 Insgesamt ist der Weg des EGMR nicht sehr durchsichtig. Die Spruchpraxis des EGMR zum Konfrontationsrecht gilt als das komplexeste Gebilde in seiner Rechtsprechung zum Fairnessgrundsatz.[1010] Das Ergebnis eines unfairen Einsatzes verdeckter Ermittler muss allerdings nach wie vor konsequent ein Beweisverwertungsverbot zur Folge haben.[1011] Entgegen früheren Entscheidungen zur Absolutierung dieses Maßstabs als Minimum der Wahrung der Verteidigungsgarantie lässt die Große Kammer des EGMR Tendenzen erkennen, den spezifischen Kern eines Beschuldigtenrechts dann verblassen zu lassen, wenn die Qualität der nicht hinterfragten Aussage durch das Gericht anderweitig abgesichert ist.[1012] Maßstäbe für diese Prozessalternative stehen jedoch noch aus.

c) Das Prozessverhalten der Verteidigung

1156 Die Idee der Polizei ist, den verdeckt agierenden Agenten heimlich auf- und ebenso heimlich wieder abtauchen zu lassen. Erscheint entgegen dieser Konzeption der geheim im Ermittlungsverfahren agierende Ermittler, V-Person oder Hinweisgeber als offener Zeuge in der Hauptverhandlung, hat die Verteidigung sich zwar bei der Befragung auf einen Zeugen einzustellen, der bei seinen Antworten in besonderer Weise die polizeilichen Belange stützen wird. Die grundsätzliche Struktur des Befragungsverhaltens durch die Verteidigung ist aber unverändert.

1157 Das Prozessverhalten ist zu modifizieren, wenn diese Struktur durchbrochen wird, d.h., wenn der Zeuge der Verteidigung ganz oder zum Teil entzogen wird. Der komplexe rechtliche Hintergrund dieser Prozesskonstellation muss die Verteidigung zu einem höchst differenzierten Verhalten veranlassen.

1158 Abstrahierend lassen sich unterschiedliche Stufen und Modifikationen von Verteidigungsverhalten feststellen.

1004 S. EGMR Unterpertinger./. Österreich, EuGRZ 1987, 147; Asch./. Österreich, EuGRZ 1992, 474; P.S./. Deutschland, StraFo 2002, 123; Lucà./. Italien, HRRS 2006 Nr. 62.

1005 EGMR Visser./. Niederlande, StraFo 2002, 160.

1006 EGMR, StV 2014, 452, 455 m. Anm. *Pauly*.

1007 EGMR Lüdi./. Schweiz, EuGRZ 1992, 300.

1008 EGMR Haas./. Deutschland, JR 2006, 289.

1009 EGMR Al-Khawaja and Tahery./. Vereinigtes Königreich, HRRS 2009 Nr. 459, HRRS 2012 Nr. 1 (Große Kammer).

1010 *Meyer* HRRS 2012, 117 ff.

1011 *Gaede* JR 2009, 493 ff.

1012 *Du Bois-Pedain* HRRS 2012, 120 ff.

Notwendigkeit der Anhörung des Zeugen

Front- und Solidaritätslinien verlaufen im Gerichtssaal möglicherweise ungewöhnlich, wenn es um die Frage geht, ob ein in der Akte auftauchender V-Mann auch als Zeuge vor Gericht zu erscheinen hat. Ist es das Ziel der Verteidigung, den **V-Mann konfrontativ zu befragen**, besteht der erste Taktik dieser Strategie darin, das Gericht von der Notwendigkeit einer solchen Befragung zu überzeugen.   1159

Der Wille des Gerichts, zur Umsetzung seiner Aufklärungspflicht alle Anstrengungen zu unternehmen, kann regelmäßig nur dann aktiviert werden, wenn die Verfahrensrelevanz möglicher Aussagen dieses Zeugen verdeutlicht wird. Richter werden die auf sie zukommenden Mühen scheuen, wenn die Beweisstruktur der Anklage darauf ausgelegt ist, Straftaten ohne die Involvierung des V-Mannes nachzuweisen. Sind möglicherweise insoweit relevante Taten nach § 154 StPO eingestellt, konzentriert sich die Anklage auf die gravierende Straftat, bei der der Angeklagte in unmittelbarem Tatzusammenhang – möglicherweise noch im Besitz der inkriminierten Sache – festgenommen worden ist. Dort scheint der Verzicht auf den im Umfeld dieser Verhaftung geheim agierenden V-Mann naheliegend. Auf der anderen Seite unentbehrlich wäre der V-Mann als Zeuge in einer Konstellation, bei der allein er Wahrnehmungen zu Straftaten des Angeklagten gemacht hat oder er allein über Hinweise des Angeklagten zu früheren Straftaten berichten kann.   1160

Die **Glaubwürdigkeit eines verdeckten Agenten** ist angesichts der Ermittlungskonstellation zwangsläufig ein wichtiges Prozessthema: Die »private« V-Person ist per se von antisozialen Aussagemotiven getragen; der langhaarige und überzeugend tätowierte V-Mann des Polizeidienstes darf sich stets die Frage nach seiner anderweitigen innerbehördlichen Verwendung stellen, wenn er nicht »funktioniert« oder gar »verbrannt« ist.   1161

Die **Relevanz von Wahrnehmungen des V-Mannes** lassen sich häufig angesichts des komplexen rechtlichen Hintergrunds und hieraus resultierenden rechtlichen Folgen für das Strafverfahren verdeutlichen: Unabhängig von der rechtlichen Einordnung eines Verfahrenshindernisses oder der Strafzumessungslösung erschließt sich die Relevanz für jeden Richter hinsichtlich der Frage, ob und inwieweit ein V-Mann als Lockspitzel animierend tätig geworden ist. Regelmäßig kann – neben dem eigenen Mandanten – ausschließlich der V-Mann selbst hierüber präzise Antworten geben. Dasselbe gilt für die Frage, ob der V-Mann unter unzulässiger Umgehung der §§ 136, 136a in Gesprächen mit dem Angeklagten dessen Recht der Selbstbelastungsfreiheit verletzt hat. Verfahrensrelevante Fragen, die ausschließlich der V-Mann beantworten kann, drängen sich auch auf, wenn es um die Einschätzung der tatsächlichen Gefährdung des V-Mannes bei seiner möglichen Enttarnung geht oder aber einer der zahlreichen Voraussetzungen, bei denen insbesondere der EGMR den Einsatz eines verdeckten Ermittlers als kritisch ansieht.   1162

Der Weg für eine solche **Überzeugungsbildung** kann unterschiedlich sein: 1163

Schon im **Vorfeld einer Hauptverhandlung** kann die Verteidigung durch **Schriftsatz die Notwendigkeit der Anhörung des V-Mannes** aktenkundig machen. Zur Verdeutlichung des eigenen Anliegens können auch Erklärungen gemäß § 157 Abs. 2 StPO nach Anhörung der ersten Zeugen beitragen. Bereits hier kann betont werden, dass die offen agierenden Polizeibeamten als Zeugen lediglich einen Bruchteil des entscheidungsrelevanten Geschehens vermitteln können und ausschließlich der V-Mann selbst Aufklärung verspricht.

Die **Verdeutlichung einer möglicherweise unzulässigen Provokation** lässt sich am ehesten durch die Einlassung des eigenen Mandanten transportieren. Allein die verlesene schriftliche Erklärung reicht hier aus, um dem Gericht ausreichende Hinweise zu geben, inquisitorisch den Sachverhalt zum Vorliegen einer unzulässigen Tatprovokation auszuleuchten.   1164

Lässt sich das Gericht nicht überzeugen, verbleibt die **Wahrnehmung der Teilhaberrechte der Verteidigung**. Es ist ein **Beweisantrag** mit dem Ziel zu formulieren, das Gericht zur Ladung des V-Mannes zu veranlassen. Dabei sollte die in das Wissen des V-Mannes gestellte Beweisbehauptung möglichst umfassend formuliert werden. Die Zurückweisung des Antrages durch Wahrunterstellungen   1165 oder dem Hinweis, Sachverhalte seien bereits erwiesen, werden minimiert, wenn tat- und verfahrensrelevante Wahrnehmungen des V-Mannes behauptet werden, die auf den Verfahrensgang, die Beweiswürdigung oder die Strafzumessung zumindest mittelbare Auswirkung haben müssen. Auch die **Zurückweisung des Antrages wegen Unerreichbarkeit des Zeugen** wird erschwert, wenn die Konsequenzen des unter Beweis gestellten Sachverhaltes sogar in der Annahme von Verfahrenshindernissen oder gravierenden strafmindernden Aspekten gesehen werden kann. Ist die Rolle für das Verfahren essenziell, hat das Gericht in besonderem Maße Anstrengungen zu unternehmen, den Zeugen vor Gericht zu bringen, bevor er endgültig als unerreichbar qualifiziert werden kann.

1166   Verweigert das Gericht dem Verteidigungsinteresse jegliche Gefolgschaft, verbleibt der Verteidigung durch Präzisierung ihrer Anträge nur die Möglichkeit, zur Vorbereitung einer Revisionsrüge Versäumnisse des Gerichts angesichts des gemutmaßten Wissensstandes des V-Mannes vorzubereiten.

Aufdeckung der Identität

1167   Wenn das Gericht von der **Notwendigkeit der Vernehmung des bislang unbekannten V-Mannes** überzeugt ist, hat es sich um sein Erscheinen zu bemühen. Seine Identität wird dem Gericht nicht bekannt sein, sodass eine entsprechende Anfrage an die Ermittlungsbehörden erfolgen wird. Allein das Interesse von Staatsanwaltschaft und Polizei, den Zeugen geheim zu halten, ist für das Gericht irrelevant. Mögliche Vertraulichkeitszusagen können die Staatsanwaltschaft binden, sind aber für das unabhängige Gericht irrelevant.[1013]

1168   Das Szenario sieht dann regelmäßig eine Sperrerklärung des Innenministeriums vor, an das das Gericht nach § 96 gebunden sein soll.[1014] Sind die Erkenntnismöglichkeiten des Gerichts erschöpft, kann es ohne Verstoß gegen das Aufklärungsgebot untätig bleiben. Ein Beweisantrag der Verteidigung kann wegen **Unerreichbarkeit des Zeugen** abgelehnt werden.

1169   Versperrt ist dieser Weg, wenn konkrete Hinweise auf die Identität des von den Behörden verborgenen Zeugen bestehen. Die Aufklärungspflicht lebt wieder auf, eine Sperrerklärung hindert das Gericht nicht, tatsächlich mögliche Beweiserhebungen auch durchzuführen. Die verwaltungsrechtliche Sperrerklärung begründet kein strafprozessuales Beweisverbot.[1015]

1170   **Recherchen der Verteidigung außerhalb der Hauptverhandlung** – und sei es mit Privatdetektiven – können konkrete Anhaltspunkte für die tatsächliche Identität des versteckt gehaltenen Zeugen ebenso erbringen wie geschickte Fragen gegenüber Zeugen aus dem Umfeld des Phantoms. Insbesondere in Kombination mit dem Wissen des eigenen Mandanten lässt sich unter Umständen in einen Beweisantrag der Zeuge derart weitgehend individualisieren, dass das Gericht zu dessen Ladung gehalten ist. Ausreichend für die Zulässigkeit des Beweisantrages ist es auch hier nach allgemeinen Regeln, wenn die Verteidigung die benannte Identität des V-Mannes für möglich hält.

1171   Ist der **verdeckt agierende Zeuge enttarnt**, hat er den allgemeinen Zeugenpflichten nachzukommen. Die schützende Hand der Behörde kann ihre Wirkung auch nicht über die Versagung einer Aussagegenehmigung nach § 54 entfalten; mit den Spezialvorschriften der §§ 110 ff., 96 ist nach dem Willen des Gesetzgebers dieser Weg der Sperrung ausgeschlossen.

Rechtsmittel gegen Sperrerklärung

1172   Verkompliziert wird das Geflecht rechtlicher Überlegungen dadurch, dass die Frage der Notwendigkeit der Präsentation eines bislang geheim agierenden Ermittlers als Zeugen und hieran anschließend die Bewertung einer möglichen Verletzung des Konfrontationsrechts der Verteidigung kein Binnenproblem des Strafprozesses ist. Rechtlich bindende Vorgaben sollen hier von der Exekutive gemacht werden können. Sie soll Zeugen »sperren« können.

1013   BGH bei *Cirniak/Zimmermann* NStZ-RR 2014, 99.
1014   BGHSt 29, 109, 112.
1015   BGH NStZ 2003, 610.

Wenn allein die Polizei selbst entscheidet, ob ihre Ermittler und deren Helfer als potenzielle Zeugen gegenüber dem Strafgericht offengelegt werden, gerät ein wichtiger Baustein rechtsstaatlicher Struktur ins Wanken. Es ist die Aufgabe der unabhängig agierenden Strafjustiz, mit den bestmöglichen Beweismitteln Aufklärung darüber zu betreiben, ob eine strafrechtliche Schuld eines Angeklagten in einem justizförmigen Verfahren festgestellt werden kann. Wenn die von der Polizei zu verantwortenden Ermittlungshandlungen als wesentlicher Bestandteil dieses justizförmigen Verfahrens nur anhand der von der Polizei selektierten Informationsmöglichkeiten denkbar ist, entscheidet letztendlich der vom Gericht zu Kontrollierende über das Ausmaß seiner Kontrolle.   1173

Um der Gefahr eines solchen rechtsstaatlichen Systembruchs zu begegnen, muss die Möglichkeit des Vorenthaltens von Beweismitteln durch die Exekutive auf – kontrollierbare – Extremfälle reduziert werden. Im Gegensatz hierzu versuchen die Ermittlungsbehörden, diese Art der strafprozessualen Manipulation im Bereich ihrer geheim operierenden Ermittler zum Regelfall des Alltags werden zu lassen. Ernsthafter Widerstand deutscher Strafgerichte gegen dieses Ansinnen ist kaum erkennbar.   1174

> Beamte und weitere in § 54 genannte Personen können als Zeugen zu geheimhaltungsbedürftigen Sachverhalten ohne Aussagegenehmigung ihres Dienstherrn schweigen. Die Genehmigung ist allerdings regelmäßig nach den gängigen Beamtengesetzen zu erteilen.[1016] Ein **ausdrücklicher gesetzlicher Hinweis auf die Möglichkeit der** »Sperrung« geheim agierender Polizeibeamter für den Strafprozess findet sich lediglich im § 110b Abs. 3. Ausschließlich für den verdeckten Ermittler, also dem über längere Zeit unter einer Legende geheim agierenden Polizeibeamten, ist geregelt, dass seine Identität auch nach Beendigung des Einsatzes geheim gehalten werden könne. Zulässig sei dies insbesondere dann, »*wenn Anlass zu der Besorgnis besteht, dass die Offenbarung Leib, Leben oder Freiheit des verdeckten Ermittlers oder einer anderen Person oder die Möglichkeit der weiteren Verwendung des verdeckten Ermittlers gefährden würde*«. Der Gesetzgeber war bei Einführung dieser Regelung nicht der Ansicht, dass er Neuland betreten würde, vielmehr ging er lediglich von einer »Klarstellung« aus.[1017]   1175

Als klassische und bereits vorgefundene Regelungsmaterie hat auch der ändernde Gesetzgeber die ausdrücklich in Bezug genommene Norm des § 96 anerkannt.   1176

> Letztlich soll hier abschließend der sensible Bereich markiert sein, in dem Eingriffe der Exekutive in den Strafprozess denkbar sind. Allerdings: § 96 behandelt nicht den Zeugenbeweis, sondern regelt die Pflicht von Behörden, dem Strafgericht Akten vorzulegen. Diese umfassenden Pflichten können nur dann eingeschränkt werden, wenn die oberste Dienstbehörde erklärte, dass das Bekanntwerden des Inhalts dieser Akte dem Wohl des Bundes oder eines deutschen Landes Nachteile bereiten würde. Die gesetzgeberische Idee, dass die Bewahrung von Staatsgeheimnissen der strafprozessualen Aufklärung vorgehen könnte, ist nachvollziehbar. Angesichts der Sprengkraft für das rechtsstaatliche System sollte die restriktive Anwendung einer solchen Ausnahmevorschrift selbstverständlich sein. Vereint in der Idee eines Jagdfiebers gegen einen unfassbaren kriminellen Feind hat die deutsche Justizpraxis jedoch genau das Gegenteil getan. Sie hat nicht nur gemeint, zulasten von Prozessgrundrechten Analogien zwischen der gesetzlich geregelten Aktenherausgabe und der Benennung von Zeugen vornehmen zu dürfen. Man definierte zusätzlich das Staatsgeheimnis auf das Niveau praktisch erscheinender polizeilicher Arbeit herunter.   1177

Das Resultat ist aktuell die **Steuerung von strafprozessualen Beweisaufnahmen durch polizeiliche** »Sperrerklärungen«. Die äußeren Formalien zur Wirksamkeit dieses Eingriffs sind durch die Rechtsprechung zwischenzeitlich geklärt.   1178

> Die im Gesetz genannte oberste Dienstbehörde ist regelmäßig der Innenminister des zuständigen Landes, der als Fachminister für den Einsatz der tataufklärenden Polizei zuständig ist,[1018] ausnahmsweise unter Umständen das gesamte Kabinett.[1019] Eine **Sperrerklärung bedarf** zwar **einer Begründung**, ernsthaft überprüfbar ist diese jedoch nicht. Die Strafjustiz hat diese zu akzeptieren, wenn sie plausibel erscheint und die erkennbare Bewertung als geheimhaltungspflichtig so einleuchtend dargelegt wird, dass sie als triftig   1179

1016 VG Düsseldorf StraFo 2015, 416 f.
1017 BT-Drucks. 12/989, S. 42.
1018 BGH, NJW 1995, 2569.
1019 BGH, NJW 2007, 3010.

anerkannt werden kann.[1020] Leibes- oder Lebensgefahr eines Menschen sind grundsätzlich kein Nachteil für das Staatswohl iSd § 96.[1021] Materiell hat die höchstrichterliche Rechtsprechung dennoch unter Heranziehung der argumentativen Allzweckwaffe der »Funktionstüchtigkeit der Strafrechtspflege« den Weg geebnet, die Gefährdung ebenso dem Staatswohl zuzuordnen wie sogar die weitere Verwendungsmöglichkeit eines verdeckten Ermittlers.[1022]

1180 Die aktuelle Praxis des Strafprozesses wird folgerichtig dominiert von ebenso umfangreichen wie nichtssagenden Sperrerklärungen der Innenministerien, die nahezu ohne jede Ausnahme jedem beteiligten Kleinkriminellen die Potenz eines Mörders andichten, trotz entgegenstehender empirischer Daten die Todesgefahr eines jeden geheim agierenden Ermittlers in schwarzen Farben malen und ohne jede konkrete Nachvollziehbarkeit die dringende Notwendigkeit der zukünftigen Verwendung propagieren.

1181 Wenn dies ins ermittlungstaktische Konzept passt, wird diese Begründungsfolie nicht nur beim verdeckten Ermittler unter Hinweis auf die gesetzliche Erwähnung in § 110b Abs. 3 angewandt, sondern faktisch bei jeder als Zeuge in Betracht kommenden Person, die im Vorfeld mit der Polizei zusammengearbeitet hat. Hierzu gehören nicht nur gelegentlich mit Lügengeschichten agierende Polizeibeamte, sondern auch jeder gegen Entgelt im Untergrund tätige Privatmann sowie jeder Hinweisgeber. Der argumentative Tiefpunkt zur Begründung des geheimhaltungsbedürftigen Staatswohls stellt hier die Überlegungen dar, dass eine vorab von der Polizei einem Hinweisgeber gegebene Vertraulichkeitszusage zur Vermeidung eines Vertrauensbruchs eingehalten werden müsse, da andernfalls künftig keine Zeugen mehr zu einer Zusammenarbeit mit Behörden bereit wären.[1023]

1182 Die nirgendwo gesetzlich erwähnte **polizeiliche Kompetenz einer »Vertraulichkeitszusage«** wird damit einerseits von der Polizei usurpiert, um im Nachgang zur Einschränkung von Prozessrechten des beschuldigten Bürgers gewendet zu werden. Die Praxis hat die Legalität ihres Tuns aus den Augen verloren.

1183 Sowohl der gesetzliche Hinweis für den V-Mann als auch die parallelen Anwendungen auf gesetzlich nicht geregelte Ermittler reduzieren die Berechtigung der Exekutive zur Beschränkung strafprozessualer Beweisaufnahmen auf die Konstellationen einer zumindest denkbaren Gefährdung staatlicher Essentialien. Dass hierzu nicht die allein finanziellen und praktischen Erwägungen entspringenden Überlegungen zu einer Fortführung von geheimer Ermittlungstätigkeit zählen können, dürfte selbstverständlich sein. Ob der Hinweis des § 110b Abs. 3 für V-Leute in Abwägung zu den beeinträchtigten Grundrechten des Bürgers verfassungsgemäß ist, ist schon zweifelhaft. Die Berechtigung einer solchen Argumentation bei anderen geheim agierenden potenziellen Zeugen ist jedenfalls nicht erkennbar. Ebenso inakzeptabel ist die Gleichsetzung der allgemeinen Gefährlichkeit geheimer Ermittlungstätigkeit mit der angeblichen Legitimation, sich der staatsbürgerlichen Pflicht zur Sachverhaltsaufklärung vor dem Strafgericht zu entziehen.

1184 Soll nicht bereits diese allgemeine Konstellation der Geheimermittlung ausreichender Anlass sein, ist die **Außergewöhnlichkeit der Leibes- und Lebensgefahr für den geheim agierenden Ermittler** dezidiert darzulegen. Die sehr weiten Maßstäbe polizeilicher Gefahrenanalysen sind nicht mit denen der legitimen Einschränkung prozessualer Rechte identisch. Nicht jede – angebliche – kraftmeierische Drohung trägt bei kritischer Würdigung die Potenz einer realen Lebensgefahr für einen V-Mann in sich. Nicht jeder realistisch zu erwartende Faustschlag in das Gesicht eines decouvrierten Ermittlers ist eine Leibesgefahr, die mit dem Wohl und Wehe des Staatswesens gleichgesetzt werden kann. Eine realistische Gefährdung eines potenziellen Zeugen muss sich an kriminalistischen Erfahrungssätzen messen lassen. Ist beispielsweise der Täter im Rahmen eines Drogenhandels festgenommen worden, so dürfte von ihm regelmäßig keine unmittelbare Gefahr gegen Dritte mehr ausgehen.

1020 BVerfG, v. 19.08.86, juris Rn. 61; VGH Baden-Württemberg, Beschl. v. 28.08.2012, juris Rn. 4; KK-*Greven*, § 96 Rn. 1.

1021 *Eisenberg* Beweisrecht, Rn. 1036 m.w.N.

1022 BGHSt 30, 90; BGHSt 36, 164; BVerfGE 57, 285; BVerfG, NJW 2010, 925 f.; BVerwG, BeckRS 2009, 35992.

1023 S. z.B. OLG Frankfurt, StV 1983, 54; BVerfG, NJW 2010, 925 f.

Wenn Sperrerklärungen in dieser Situation auf die Begründung zurückgreifen, dass ein Zeuge mit Repressionen der hinter dem Festgenommenen stehenden Organisationen zu rechnen habe, entspricht diese Rachetheorie zumeist nicht der Realität der deutschen Kriminalitätsszene. Für von der Polizei gemutmaßte Organisationen (und seien sie im fernen Kolumbien) ist der unmittelbar vor Ort gefasste Drogenhändler »verbrannt«. Es gibt Nachfolger, die seine Rolle übernehmen, weshalb es auch keinen Anlass gibt, Solidarität mit dem Inhaftierten bis hin zur Begehung von Kapitaldelikten zu zeigen.

Wer mit dem Kern der Regelung des § 96 ernst machen will, muss in einer Sperrerklärung daher **1185** eine dezidierte und nachvollziehbare Begründung erwarten. Diese wird das Innenministerium jenseits der üblicherweise verwandten pauschalen Satzbausteine nicht leisten können.

Das Strafgericht soll an eine den formellen Anforderungen entsprechende Sperrerklärung gebunden **1186** sein[1024]. Dies gilt allerdings nicht für eine unwirksame Sperrerklärung, die sich erkennbar nur in formelhaften Wendungen erschöpft, den Wesenskern der tangierten angeklagten Rechte nicht einmal andeutungsweise erkennt oder deren Begründung auf einer offensichtlich unrichtigen Tatsachengrundlage oder einer unzutreffenden Rechtsauffassung beruht.[1025] Der Zeuge ist nicht unerreichbar. Das Gericht kann dann alle Zwangsmaßnahmen bis hin zur Durchsuchung der betroffenen Behörde durchführen, um seiner Aufklärungspflicht nachzukommen.

Bestehen Bindungen des Strafrichters nur hinsichtlich rechtsfehlerfreier Sperrerklärungen, kann es **1187** ein sinnvolles Ziel der Verteidigung sein, diese Bindungswirkung durch Feststellung der Rechtwidrigkeit der Erklärung zu beseitigen. Sein Recht muss der Mandant allerdings außerhalb des Strafprozesses suchen. Zulässig ist allein der Verwaltungsrechtsweg.[1026] Im Strafprozess selbst kann Verteidigung nur darauf dringen, dass der Vorsitzende gegenüber dem Innenministerium – ausgestattet mit den nachfolgenden Verteidigungsargumenten – eine Gegenvorstellung erhebt.[1027]

Dabei ist beachten, dass die **Sperrerklärung kein Verwaltungsakt** ist.[1028] Auch wenn sie den Man- **1188** danten und seine Belange faktisch reflexartig berühren, handelt es sich nach den Maßstäben des Verwaltungsrechts um eine interne Weisung des Ministeriums an die aktenführende Behörde. Da diese Anweisung in ihrem Effekt den Mandanten in seinem Anspruch auf ein faires, rechtsstaatliches Strafverfahren beeinträchtigt, kann er die Rechtmäßigkeit dieser Maßnahme durch Verwaltungsgerichte überprüfen lassen. Angesichts des drohenden Rechtsverlustes im laufenden Strafprozess ist Eile geboten. Die Rechtsprechung der Verwaltungsgerichte hält daher die Wahrnehmung des Mandantenbegehrens im Eilverfahren durch den Antrag auf Erlass einer einstweiligen Anordnung nach § 123 VwGO für zulässig.[1029] Zumindest im Verlaufe einer mehrtägigen Hauptverhandlung im Strafverfahren besteht damit eine realistische Chance der Verteidigung, die hinderliche Bindungswirkung der Sperrerklärung zu beseitigen.

Die **verwaltungsgerichtliche Überprüfung der Sperrerklärung** ist allerdings nur eine kursorische. **1189** Das grundliegende Anliegen der Verteidigung, einen Verstoß gegen Grundsätze der Verfassung und der MRK dazustellen, wird regelmäßig dadurch erschwert, dass die Verwaltungsgerichte allenfalls eine Plausibilitätskontrolle vornehmen. Es reicht regelmäßig aus, wenn das Innenministerium in dieser Erklärung Gründe geltend gemacht und im Rahmen des Möglichen belegt hat, dass die Sper-

---

1024 BGHSt 29, 109, 112.
1025 BGHSt 33, 178; 38, 237; BVerfGE 57, 250.
1026 Der Weg soll sogar der Staatsanwaltschaft eröffnet sein: *Ellbogen* NStZ 2007, 310 ff.
1027 Eine Unterlassung der Gegenvorstellung kann im Revisionsverfahren als Rechtsfehler gerügt werden, bedarf aber sehr eingehender Begründung, s. OLG Nürnberg BeckRS 2015, 05622 sowie *Leipold* NJW-Spezial 2015, 346.
1028 *Kopp/Ramsauer* VwVfG § 35 Rn. 132.
1029 Hessischer VGH, StraFO 2013, 330 ff.

rung nach den in § 96 aufgeführten Hinderungsgründen unumgänglich sei. Die Geheimhaltungs-
pflichtigkeit der Benennung des V-Mannes muss allenfalls »einleuchtend« dargelegt werden.[1030]

1190   In Ergänzung fordert die neuere Rechtsprechung, dass die Sperrerklärung auch deutlich machen
muss, dass das Innenministerium sich des gravierenden Ausmaßes der Beeinflussung des Strafverfahrens bewusst sein muss und dies dennoch für gerechtfertigt erachtet. Andererseits: Auch wenn
der *hohe Rang der gerichtlichen Wahrheitsfindung* durch den Strafrichter bei diesen Abwägungen
besonders betont wird, begnügen sich Verwaltungsgerichte oft mit rudimentären Hinweisen auf die
angebliche Gefährdung des verdeckt gehaltenen Zeugen, die Notwendigkeit seiner Wiederverwen-
dung und sogar das öffentliche Interesse zur Gewinnung neuer V-Leute durch Einhaltung der Vertraulichkeitszusage gegenüber alten V-Leuten zu dokumentieren.

1191   Sehr viel erfolgversprechender ist die Argumentation der Verteidigung, eine **Sperrerklärung wider-
spreche** in der Totalität der Vorenthaltung des Zeugen **dem Verhältnismäßigkeitsgrundsatz.**

1192   Hier orientiert sich die verwaltungsgerichtliche Rechtsprechung sowohl an den Vorgaben des EGMR
als auch an den neuen prozessualen Möglichkeiten audiovisueller Vernehmungen im Strafprozess.
Angesichts der speziellen strafprozessualen Schutzmöglichkeiten eines zu vernehmenden Zeugen –
von der Verweigerung der persönlichen Angaben, § 68 Abs. 3, über die audiovisuelle Vernehmung,
§ 247a, über den Ausschluss des Angeklagten, § 247, bis hin zum Ausschluss der gesamten Öffentlichkeit, § 172 GVG, und den vom BGH propagierten weiteren Möglichkeiten der Verfremdung
und Tarnung des Zeugen bei seiner Vernehmung fordert die Verwaltungsrechtsprechung konkrete
Erklärungen dazu, warum diese Maßnahmen zum angestrebten Schutz des Zeugen nicht ausreichen
sollen. Bedenken des Innenministeriums, der getarnte Zeuge könne allein durch die Art seiner Antworten ungeschickt oder unbewusst Anhaltspunkte für eine gefährdende Enttarnung geben, werden
seitens der Verwaltungsgerichte strafprozessuale Hilfsmittel entgegengehalten: Zum einen könnten
durch den Vorsitzenden nach § 68a Abs. 2 Satz 1 enttarnende Fragen zur Glaubwürdigkeit des Zeugen vom Vorsitzenden zurückgewiesen werden. Zum anderen kann der als Zeuge zu hörende V-Mann
sich – möglicherweise durch seinen eigenen Führungsbeamten – der Unterstützung eines Zeugenbeistandes versichern. Da verdeckt agierende Agenten weitgehend unter staatlicher Kontrolle – insbesondere des Führungsbeamten – stehen, könne dieser sehr effektiv die mögliche Gefährdung des
Zeugen durch Befragungen beurteilen.[1031]

1193   Mit jeder – auch verdeckten – konfrontativen Vernehmung offeriert der Zeuge sicherlich durch
seinen Sprachduktus, seine Mimik und seine Gestik individuelle Eigenschaften, die ein Element zu
seiner Individualisierung darstellen können. Für den polizeilich eingesetzten Agenten, der regelmäßig hinsichtlich seiner wahren Identität dem Mandanten völlig unbekannt ist, sind dies allerdings
keine Informationen, die an die tatsächliche Identität heranführen können. Anders ist dies möglicherweise bei Mittätern, die als Kronzeugen auftauchen und im Rahmen eines Zeugenschutzprogramms gedeckt werden. Allerdings handelt es sich hierbei zum einen um eine in ihrer Schutzwür-
digkeit und Schutzbedürftigkeit reduzierte Gruppe von Zeugen. Zum anderen ist die Identität
dieser Zeugen dem Mandanten ohnehin bekannt; Schutzmaßnahmen können allenfalls im Hinblick
zukünftiger befürchteter Übergriffe denkbar sein und sich gerade nicht auf das Verbergen der Identität richten.

1194   Mit der **Entscheidung auf dem Verwaltungsgerichtsweg** besteht damit für die Verteidigung eine
realistische Aussicht, den bislang verdeckt agierenden Zeugen unmittelbar – wenn auch mit Einschränkungen – zu befragen.

1030 BVerwGE 75, 1; VGH Baden-Württemberg, Beschl. v. 28.08.2012 – juris Rn. 4.
1031 Hessischer VGH, StraFO 2013, 330 ff.

Vernehmung des getarnten Zeugen

Die Vernehmung des getarnten Zeugen stellt die Verteidigung vor inhaltliche Herausforderungen.   **1195** Der Typ des Zeugen ist ein besonderer, sein Umgang im kriminellen Milieu hat ihn geprägt. Der Verteidiger ist sein erklärter Feind, der ihm zukünftige Arbeit erschweren oder sogar unmöglich machen kann. Die VP bangt um ihren guten Ruf und die Verdienstmöglichkeiten. Der VE hat den Geheimkodex seiner Abteilung bis in die tiefsten Hirnwindungen verankert. Unter dem Deckmantel der – u.U. freundlichen – Aufklärungsbereitschaft wird dem Verteidiger der unbedingte Wille zur Verschleierung entgegentreten.

Umso deutlicher muss der Verteidiger die Berechtigung ungewöhnlicher Fragestellungen durch die   **1196** ungewöhnliche Persönlichkeit des Zeugen darlegen. Werden nur effektive V-Leute zum Einsatz ausgewählt, muss die Aufdeckung ihrer u.U. histrionischen Persönlichkeitszüge gestattet sein. Selbst entfernte Motive einer Falschaussage gilt es ebenso zu klären wie die Verankerung des Zeugen im Polizeiapparat und die hieraus resultierenden Interessen.[1032]

Die Tarnung des Zeugen erschwert den Kommunikationsfluss vehement. Sie kann rechtlich eine   **1197** Maßnahme sein, die zwar eine erhebliche Beschränkung der Fragemöglichkeit darstellt, im Abwägungsprozess allerdings als ausreichende Maßnahme bewertet werden kann, der unmittelbaren Befragung entgegenstehende Interessen zu kompensieren.[1033] Haben EGMR und BGH grundsätzlich diese Kompensation für denkbar erklärt, fehlt es aktuell noch an einer ausreichenden Fixierung der Art und Weise der Tarnung des Zeugen. Nach den wenigen Vorgaben des EGMR ist eine Reduzierung der Vernehmung allein auf die Akustik nicht ausreichend. Dies wurde ausdrücklich in einer Konstellation hervorgehoben, in der ein Angeklagter und seine Verteidigung eine richterliche Vernehmung lediglich von einem Nebenraum aus zuhören und auch nur auf diesem Weg Fragen stellen konnten.[1034] Ein optischer Eindruck von dem unmittelbar auf die Frage reagierenden Zeugen ist der **Minimalstandard für eine ernsthafte konfrontative Befragung**.[1035] Ob eine sogenannte **Sichtblende**, wie dies der EGMR im Einzelfall bejahte,[1036] tatsächlich ausreichend ist, hängt von den konkreten technischen Gegebenheiten ab. Der optische Eindruck eines »**Scherenschnitts**« lässt nur noch minimale körperliche Reaktionen erkennen. Eine effektive Befragung verlangt demgegenüber auch die Wahrnehmung der Mimik. Gerade die Videovernehmung eröffnet weitere technische Möglichkeiten, den Kommunikationsprozess zu verfremden und damit zu verändern. Hält man mit dem BGH eine elektronische Verfremdung sowohl der Gesichtszüge als auch der Stimme für zulässig,[1037] verbleibt für den Kommunikationsprozess wenig, was über einen akustischen Eindruck hinausgeht.

Geht die Vorgabe einer Sperrerklärung oder einer verwaltungsgerichtlichen Entscheidung lediglich   **1198** dahin, die **Identität eines unmittelbar zu befragenden Zeugen nicht aufzudecken**, lohnt für die Verteidigung ein Kampf um die Details der Tarnungsmittel im Vorfeld der Befragung. Konkrete Anordnungen des Vorsitzenden können nach § 238 Abs. 2 beanstandet und Alternativen aufgezeigt werden, die dem Konfrontationsgebot eher gerecht werden.

Reduziert das Gericht die Konfrontation auf eine **verzerrte Videovernehmung**, kann es sinnvoll   **1199** sein, vorab einen Testlauf zu beantragen. Nur so lässt sich möglicherweise eine Adaption an die für jedermann ungewohnten Bedingungen und im Ergebnis der Erhalt der Spontaneität der Befragung gewährleisten. Nur so lässt sich auch rechtzeitig kritisieren, dass konkrete optische Verzerrungen die Informationen zum Gesprächspartner auf Null reduzieren oder die akustische Verzerrung praktisch zu einer fehlenden Verständlichkeit führt.

1032 *Eisenberg,* GA 2014, 418 ff.
1033 *Detter* StV 2006, 544 ff.
1034 Van Mechelen./. Niederlande, StraFO 1997, 239; Visser./. Niederlande, StraFO 2002, 160.
1035 *Weider* StV 2000, 48 ff.; *Norouzi* JuS 2003, 434; *Walter* StraFo 2004, 224 ff.
1036 Romanov./. Russland, v. 24.07.2008; Arccardi u.a./. Italien, v. 20.01.2005.
1037 S. z.B. BGH, StV 2002; 639, BGH, StV 2006, 682.

1200 In der endgültigen Vernehmungssituation selbst wird die Verteidigung bemüht sein, alle diejenigen Vorteile umzusetzen, die ihr bei einer »normalen« Konfrontation an die Hand gegeben sind. Die Verdeutlichung der Kommunikationsdominanz durch den Fragesteller dürfte allerdings insofern etwas schwerfälliger werden, als die vorhandene Tarnung die Selbstsicherheit des – insbesondere polizeilichen – Zeugen dramatisch erhöht. Da der Zeuge und alle ihn stützenden Verfahrensbeteiligten – vom Zeugenbegleiter über den Staatsanwalt bis hin möglicherweise zum Vorsitzenden – ihre besondere Aufmerksamkeit auf mögliche unzulässige Fragen nach allgemeinen Einsatzvoraussetzungen der Polizei ausrichten und mit permanenten Einwendungen den Kommunikationsfluss unterbrechen, sollte ein solcher Fluss mit vorbereiteten »harmlosen« Fragen zunächst in Gang gebracht werden. Erst wenn trotz aller technischen Hindernisse ein ausreichendes Kommunikationsgefühl auf allen Seiten produziert worden ist, empfiehlt sich die Befragung zu den von jedermann erkennbaren problematischen Feldern.

1201 Im Übrigen ist darauf zu achten, dass über die **Verfremdungen** hinaus die üblichen Standards einer Videovernehmung nicht herabgesetzt werden. Dazu gehört, dass sich die Verteidigung durch einen Kameraschwenk einen Eindruck von dem Raum und anderen Anwesenden im Vernehmungszimmer macht. Dazu gehört allerdings auch die explizite Zusicherung des für die technische Durchführung Verantwortlichen (zumeist eines Polizeibeamten), dass jedenfalls aus technischen Gründen die Kontinuität der Vernehmung gewährleistet ist. Bekanntlich ist die Versuchung der die Videoübertragung beherrschenden Ermittlungsbehörden groß, bei sich unangenehm entwickelnden Fragesituationen unter dem Vorwand technischer Probleme die Übertragung schlicht zu unterbrechen.[1038]

Schriftlicher Fragekatalog

1202 Ist eine **zeitgleiche Kommunikation** durch **optisch oder akustisch vermitteltes Fragen und Antworten nicht möglich**, ist die Wahrnehmung des Konfrontationsrechts vollständig vereitelt. In besonderen Konstellationen der Gefährdung eines Zeugen anerkennt der EGMR allerdings, dass zumindest teilweise eine Kompensation – und damit das Tor zur Bewertung eines insgesamt fairen Verfahrens – eröffnet wird, wenn der in der Hauptverhandlung gesperrte Zeuge veranlasst werden kann, eine schriftliche Beantwortung eines von der Verteidigung eingereichten Fragekatalogs vorzunehmen.[1039] Die Verteidigung muss sich daher darauf einstellen, dass ein Gericht trotz der Proteste des Angeklagten nur diesen Weg der Fragestellung für zulässig erachtet.

1203 Die Reaktion der Verteidigung kann in einer Verweigerung bestehen. Auf diesem Wege kann besonders drastisch deutlich gemacht werden, dass schriftliche Fragekataloge nicht einmal ansatzweise einen Ersatz für die unmittelbare Befragung darstellen. Die Verteidigung kann begründen, dass Essentiale der konfrontativen Befragung gerade die Spontaneität ist. Der **Sinn der konfrontativen Befragung** (»examine the witness«) besteht gerade darin zu testen, ob die von ihm produzierte Geschichte standhält, wenn in einer unmittelbaren Reaktion auf Fragen bislang nicht erwähnte Details angesprochen oder dem Zeugen nicht geläufige Perspektivwechsel vorgenommen werden. Wird die Zeugenaussage reduziert auf die fern jeder Spontaneität abgewogene Sachverhaltsdarstellung und lassen sich Vorhaltungen ohne jeden Druck zu einem schlüssig erscheinenden Gebilde formen, tendieren die Überprüfungsmöglichkeiten des Fragestellers gegen Null.

1204 **Schlichte Verweigerungshaltungen** sind allerdings im auf Teilhabe ausgerichteten Strafprozess selten eine optimale Verteidigungsoption. Sinnvoller erscheint es, die Unzulänglichkeiten der **Methode des Fragenkataloges** drastisch herauszustreichen, um anschließend den verbleibenden Spielraum zu nutzen.

1205 Fragenkataloge gelingen allerdings nur, wenn sich der Fragesteller der beschränkten Möglichkeiten dieser Methode bewusst ist. Fragen, die auf Verwirrung und Ausnutzung einer emotionalen Befindlichkeit des Zeugen gerichtet sind, scheiden ebenso aus wie die allein einer unmittelbaren Kommu-

---

1038 S. zu einem Beispiel oben Einleitung Rdn. 10 ff.
1039 S. z.B. EGMR Sapunarescu./. Deutschland, StraFo 2007, 107.

nikation vorbehaltene Technik der Anschlussfragen. Es verbleibt letztlich die Möglichkeit des konkreten Abfragens der Erinnerung an blanke Fakten. Dabei muss sich die Verteidigung darüber im Klaren sein, dass der verdeckte Zeuge seine geschützte Situation primär als Bühne für den Anklagevorwurf verstanden wissen will. Er wird allein »seine« Geschichte ungestört präsentieren und sie im Hinblick auf kritische Vorhalte schlüssig modifizieren. Die Chance der Verteidigung besteht darin, vom Zeugen bislang nicht beackerte Themenfelder aufzugreifen.

Hier bieten gerade Ermittlungsakten unter der Verwendung von geheim agierenden Agenten ein zahlreiche Anhaltspunkte. Im Bemühen um die Schlüssigkeit der Darstellung einer Gesamtgeschichte der Kriminalität des Angeklagten wird selektive Informationspolitik betrieben. Den Ermittlungsbehörden unpassend erscheinende Elemente werden mit der inneren Rechtfertigung der angeblichen fehlenden Relevanz dem Leser der Akte vorenthalten. Eher hat die Verteidigung in seinem eigenen Mandanten oft eine wertvolle Informationsquelle. Auch wenn er als Angeklagter schweigt, erfährt der Verteidiger bei einer intensiven internen Aufarbeitung des Sachverhalts vieles über das Auftreten des Zeugen, das ihn im Gegensatz zu seiner eigenen Darstellung zumindest an den Rand eines Agent provocateur bringt, oder seinen Einsatz grundsätzlich fragwürdig erscheinen lässt, weil auch aus Sicht eines kritischen Polizeibeamten zu Beginn des Einsatzes nicht ernsthaft von einem Anfangsverdacht gegen den Mandanten gesprochen werden konnte. **1206**

Wie sich der Zeuge zu ihm **erstmalig vorgehaltenen Sachverhaltselementen** verhält, ist schwer zu kalkulieren. Aus diesen Gründen empfiehlt sich eine Fragestellung, die zumindest eine erste Reaktion des getarnten Zeugen abfragt und die jedermann evidente Notwendigkeit eines weiteren Fragekatalogs offen hält. **1207**

Wenn z.B. der Mandant dem Verteidiger mitteilt, dass es zu einem bestimmten Zeitpunkt wenige Tage vor der angeklagten Tat eines Rauschgifttransportes zu einer erstmaligen Animierung der Tat durch den V-Mann kam, auf der anderen Seite dieses Ereignis in der Akte nicht einmal andeutungsweise erwähnt wird, empfiehlt sich eine Fragestellung, die ohne jedes Eingehen auf den Inhalt des anstiftenden Gesprächs das »ob« dieser Kommunikation festschreibt. Der Fragenkatalog kann insbesondere dann zu erwartende ausweichende Festlegungen des Zeugen fixieren, wenn weitere Beweismittel dessen Unwahrhaftigkeit belegen könnten. Ausschließlich dem Mandanten zugängliche Fotos, Tondokumente oder die Namen anderer anwesender Zeugen können von der Verteidigung erst dann thematisiert werden, wenn der Phantomzeuge sich auf eine Sachverhaltskonstellation festgelegt hat. **1208**

Auch wenn **Identitäten des verdeckten Zeugen** nicht aufgedeckt werden dürfen, ist eine Offenbarung denkbarer Eigeninteressen dieses Zeugen beweisrelevant. Auch abstrakt können Fragen nach dem Dienstgrad und der möglichen anderweitigen Verwendung des polizeilichen verdeckten Ermittlers ebenso gestellt werden wie Fragen zu den aktuellen Lebensumständen, der konkreten staatlichen Finanzierung und anderen Umständen eines Schutzprogramms bezüglich eines verdeckten Zeugen, der außerhalb des Ermittlungsapparates steht. **1209**

Die Frageform bedarf gerade beim schriftlichen Katalog der besonderen Aufmerksamkeit. Sollen eigene Wissenslücken über den Tatablauf und seine polizeiliche Überwachung geschlossen werden, bieten sich offene Fragen an (»*Was haben Sie selbst am Vormittag des 29.05. gemacht?*«). In der Regel ist allerdings zu erwarten, dass der Zeuge offene Fragenstellungen zum Ausweichen und Verdecken nutzen wird. Es wird sich daher eine Fragestellung empfehlen, die nur mit einem »ja« oder »nein« beantwortet werden kann. **1210**

Messbare Vorteile wird die Verteidigungsposition durch einen Fragekatalog erst dann verzeichnen, wenn sie sich die Möglichkeit eines »Nachhakens« durch einen oder mehrere weitere Fragenkataloge eröffnet. **1211**

Vernehmung des V-Mann-Führers

Nach aktueller Prozesspraxis verbleibt der Verteidigung als Kompensation der fehlenden unmittelbaren Befragung häufig nur der Prozesskontakt zu demjenigen Polizeibeamten, der seinerseits Kon- **1212** takt zu dem verdeckt gehaltenen Zeugen hat. Die Befragung eines derartigen Polizeibeamten ist allerdings allenfalls die Karikatur einer Konfrontation. Die befragende Verteidigung hat es mit einem Zeugen zu tun, der nichts von dem unmittelbar beweiserheblichen Geschehen mitbekommen hat. Er kann nur das formale notwendige »Einführen« von Erkenntnissen in den Prozess leisten, indem er über Berichte des geheim gehaltenen Zeugen ihm gegenüber berichtet. Soweit er selbst etwas über die Art und Umfang des Einsatzes eines V-Mannes weiß, wird er sich auf eine fehlende Aussagegenehmigung zu geheimhaltungsbedürftigen allgemeinen Umständen polizeilicher Einsätze zurückziehen. Gericht und Verteidigung haben es somit mit einem Zeugen zu tun, der seinerseits nur Schilderungen eines Unbekannten transportiert, die von dem unbedingten Willen einer Darstellung der Rechtmäßigkeit und Fehlerfreiheit seines Tuns in Situationen getragen sind, die Rechtswidrigkeit oder sogar Strafbarkeit nahe legen. In – zumindest gefühlter – Solidarität zu den Ermittlungszielen seiner Behörde wird es dem V-Mann-Führer darüber hinaus gelingen, alle für eine Fehlerhaftigkeit des Einsatzes sprechenden kritischen Momente auszublenden.

1213   Der V-Mann-Führer ist kaum etwas anderes als ein prozessuales Werkzeug, das die Abschaffung des Grundrechtes der Konfrontation durch die Verteidigung bewirken soll.

1214   Das **Minimalziel der Befragung dieses Zeugeninstruments** seitens der Verteidigung muss dahin gehen, exakt diesen Effekt offenzulegen. Gerade die Vielzahl der Antworten »das weiß ich nicht« oder »hierzu habe ich keine Aussagegenehmigung« dokumentiert die prozessuale Leere, die eine solche Methode hinterlässt. Hat die Mühle der prozessualen Üblichkeiten beim Gericht jegliche Sensibilität für das subjektive Teilhaberecht des Angeklagten an der Beweisaufnahme verschütten lassen, kann die massive Dokumentation des konkreten Falles zu Konzessionsüberlegungen führen.

1215   Die penibel aufgelistete Dokumentation dieser Leere kann der für andere Instanzen nachvollziehbare Ausgangspunkt für Begründungen sein, weitere Zeugen zu laden, Beweisverbote auszusprechen oder sogar Verfahrenshindernisse anzunehmen.

1216   Erkenntnisgewinn verspricht die Vernehmung des V-Mannes nur unter denselben Voraussetzungen, die auch ein Fragenkatalog für die Verteidigung fruchtbar werden lässt. Es sind vornehmlich Themenbereiche anzusprechen, die von den Behörden selbst in ihren Dokumentationen bislang ausgeklammert wurden. Verbreitet der V-Mann-Führer hierüber eigene Erkenntnisse, ist zu vertiefen, warum er bislang hierzu geschwiegen hat. Weiß er nichts zu den angesprochenen Themen, weil ihm der verdeckt gehaltene Zeuge hierzu nichts berichtet habe, muss die Konsequenz darin bestehen, den Zeugen zu veranlassen, dies durch seine weiter bestehenden Kontakte zum Zeugen nachzuholen. Notfalls hat die Verteidigung einen Antrag auf Unterbrechung der Vernehmung mit der detaillierten Begründung zu stellen, welche entscheidungsrelevanten ergänzenden Berichte der V-Mann-Führer von dem verdeckten Zeugen einholen soll. Die Fragetaktik kann hier sehr wohl auf eine Wiederholung dieses Vorganges ausgerichtet sein. Ein Minimalverteidigungsziel kann darin bestehen, zumindest den evidenten Verschleierungswillen des verdeckten Zeugen in Kooperation mit den Ermittlungsbehörden zu verdeutlichen.

Aussichten der Verteidigung

1217   Der Kampf gegen die Dominanz der Polizei im Strafverfahren muss mit viel Verteidigungsphantasie geführt werden. Allerdings: Selten sind Verteidigungsbemühungen in einem Rechtsstaat so unwirklich ineffektiv und frustrierend wie in der beschriebenen Konstellation. »*Das Prinzip vom Vorrang und vom Vorbehalt spielt scheinbar keine Rolle... Der Grundsatz der Aktenwahrheit und Aktenvollständigkeit ist aufgegeben...* Der heimliche Eingriff in die Privatsphäre des Beschuldigten unter faktischem Ausschluss des Rechtswegs führt aber dazu, dass über ihn kurzerhand von Obrigkeits wegen verfügt und er zum bloßen Objekt staatlicher Gewalt gemacht wird... Genau genommen, dürften solche Verfahren gar nicht erst geführt werden.«[1040] Sie werden geführt. Die Verteidigung hat keine Chance, also nutzt sie sie.

1040 *Eschelbach/Wasserburg*, FS Wolter 2013, S. 877 ff., 881, 882, 883.

d) Zeugenschutzprogramme

Die Ermittlungsbehörden haben einen weiteren Weg fruchtbar gemacht, um der Verteidigung die 1218
Möglichkeit einer effektiven konfrontativen Befragung zu entziehen. Diese potenziellen Zeugen sind
zwar keine geheim agierenden Ermittlungshelfer. Unter dem Etikett der durch die Straftat gefährdeten »Opfer« ergibt sich gleichzeitig eine bis in die Hauptverhandlung hineinragende Kooperation
zwischen Zeugen und Polizei.

Anlass der Kooperation ist häufig die Einschätzung der Ermittlungsbehörden, dass aufgrund der 1219
eigenen Ermittlungsergebnisse ein potenzieller Zeuge (weiterhin) Gefahr laufe, Opfer der Kontinuität einer Straftat zu werden. Wenn diese Person durch bestimmte Maßnahmen zusätzlich vor diesen
Gefahren geschützt wird, entspricht dies den genuinen polizeilichen Aufgaben der Gefahrenabwehr.
Sollte jede dieser ausgemachten Gefährdungen zur **Optimierung des Schutzes** führen, müsste die
Polizei jährlich hunderttausende von Zeugenschutzprogrammen auflegen. Tatsächlich realisiert sie
den besonderen Aufwand eines Zeugenschutzprogramms, das von der Veränderung des Wohnortes
über komplett neue Identitäten zu kostspieligen Manövern führt, maßgeblich unter dem Blickwinkel der ihr genehmen Gestaltung eines späteren Strafprozesses. Unmittelbar gewährte Vorteile an
den Zeugen verknüpfen sich mit deutlichen polizeilichen Erwartungshaltungen an den Inhalt einer
Aussage, das Programm selbst entwickelt ein Geflecht gegenseitiger Erwartungen und Verpflichtungen.

Die rechtlichen Grundlagen für das polizeiliche Agieren sind schmal. Bis auf wenige Regelungen 1220
des **Zeugenschutz-Harmonierungsgesetzes** (zu Identitätsänderungen, finanziellen Zuwendungen
oder Datenschutz) existieren keinerlei rechtliche Vorgaben für dieses Phänomen – eine Einladung
für Polizeibehörden zur unüberprüfbaren Fixierung rechtlich relevanter Sachverhalte. Die Maßnahmen zu Aufnahme und Beendigung des Zeugenschutzprogramms sind in ihrer rechtlichen Qualifizierung ungeklärt (begünstigender VA?). Die Justiziabilität des Verhältnisses Zeuge/Polizei wird
beschworen. Auch von ihren Verfechtern wird angesichts der hohen Geheimhaltungsbedürfnisse,
der Abschottung der Polizeibehörden und der belastenden Wohlverhaltensklauseln hieraus resultierende Ansprüche als »in der Lebensrealität nicht problemlos durchsetzbar« anerkannt.[1041]

Es werden Zusagen auch hinsichtlich der Verschwiegenheit gemacht, die man meint, später nicht 1221
einhalten zu müssen. Soweit derartige Zeugen tatsächlich in ihrer Rolle vor Gericht erscheinen, ist
ihre Vernehmung durch die Verteidigung von der Aufdeckung der besonderen Interessensituation
geprägt. Das ZSHG konstituiert keine von der StPO abweichenden Regelungen, sieht allenfalls eine
Geheimhaltungspflicht des Teilnehmers des Zeugenschutzprogramms entsprechend dem Verpflich-
tungsgesetz vor. Die Verpflichtungserklärung führt in einem Strafprozess allerdings nicht zu einem
Aussageverweigerungsrecht.[1042]

Der Einfluss des Programms auf das Zeugenverhalten ist subtilerer Natur. Die Details der die Aus- 1222
sage potenziell beeinflussenden Umstände des Zeugenschutzprogramms sind durch Fragen aufzudecken, damit eine sinnvolle Beurteilung ihrer Glaubhaftigkeit erfolgen kann. Fragen zu Maßnahmen des Zeugenschutzprogramms sind nicht per se ungeeignet und damit unzulässig,[1043] sie sollten
daher gestellt werden. Dass damit der polizeilich intendierte Schutz weitgehend aufgeweicht wird,
ist die rechtlich notwendige Konsequenz.

Für die Verteidigung problematisch ist allerdings die Situation, in der die Ermittlungsbehörden auch 1223
diesen Zeugen der Verteidigung vorenthalten. Dies kann faktisch erfolgen, indem der Zeuge im
Zusammenhang mit der Aufnahme in das Zeugenschutzprogramm bereits eine Aussage – möglichst
eine richterlich protokollierte – tätigt und nach Durchführung des Programms und Übersiedlung
ins Ausland bedauerlicherweise »außer Kontrolle« gerät und damit für das Verfahren unauffindbar

---

1041 *Mischkewitz* Das staatliche Zeugenschutzprogramm in Deutschland, 2014, S. 73.
1042 BGHSt 50, 318, 327.
1043 BGHSt 50, 318, 322.

bleibt. Stehen die Polizeibehörden zu einem kontinuierlichen Kontakt zum geschützten Zeugen und erscheint ein vorhandenes Vernehmungsprotokoll für das gewünschte Ergebnis des Strafprozesses eher förderlich als eine kritische Befragung durch einen Verteidiger, mündet die polizeiliche Sorge um die Gefährdung des Lebens ihres Zeugen durch den Angeklagten oder dessen Freunde ebenfalls in einer Sperrerklärung.

X. Befragung des Sachverständigen

1. Der späte Zeitpunkt

1224   Das Gesetz legt dem Sachverständigen die Rolle eines Gehilfen des Gerichts auf. Das Gericht hat zu entscheiden, der Gutachter vermittelt nur als Teilaspekt Momente seines Sachverstandes in dem komplexen Wertungskosmos des Gerichts. Tatsächlich hält häufig genug allein der Sachverständige die entscheidenden Fäden für den Ausgang des Prozesses in den Händen.

1225   Hat der Gutachter sich abschließend dahin gehend geäußert, dass z.B. aus aussagepsychologischer Sicht keine Bedenken gegen die Glaubhaftigkeit einer jugendlichen Zeugenaussage bestehen, oder hat das anthropologische Gutachten mit an Sicherheit grenzender Wahrscheinlichkeit eine Identität zwischen der Täteraufnahme und dem Mandanten festgestellt, ist die entscheidende Weichenstellung im Prozess erfolgt. Dass der Gutachter in einer auch für Laien nachvollziehbaren Art und Weise die Elemente seiner Untersuchung darzulegen hat, dass damit lediglich eine durch Sachverstand legitimierte Hilfestellung gegeben ist und dass im Urteil letztlich eine eigenständige – nur mit Sachverstand zu treffende – gerichtliche Entscheidung gefällt werden soll, alles das ist in der Praxis des Strafprozesses längst in Vergessenheit geraten oder wird hinter bewährten Satzbausteinen in Urteilsbegründungen kaschiert.

1226   Der Verteidiger hat selbstverständlich stets Defizite gegenüber dem gesetzlichen Leitbild zu kritisieren. Er muss sich allerdings auf die Realität des Strafprozesses einstellen. Eine **effektive Einflussnahme** auf das Ergebnis der Beweisaufnahme allein durch Handeln in der Hauptverhandlung ist nur selten möglich. Zumeist wird der Verteidiger in diesem späten Stadium feststellen, dass in der Vergangenheit bereits Erfolg versprechende Möglichkeiten einer positiven Gestaltung versäumt worden sind. So hat beispielsweise der Verteidiger gemäß Nr. 70 Abs. 1 RiStBV ein **Mitwirkungsrecht** bei der Auswahl des Sachverständigen bereits im Ermittlungsverfahren. Wohl wissend um unterschiedliche Schulen in manchen Fachgebieten kann bereits die Interessen geleitete Auswahl des Sachverständigen unverrückbare Vorgaben für das gesamte Verfahren enthalten. Die Antwort jedes Sachverständigen hängt sowohl von der Frage als auch von dem Umfang des ihm zur Verfügung gestellten Materials ab. Steuerungen seitens der Verteidigung sind nur im Vorfeld denkbar. Effektiven Einfluss kann die Verteidigung auch nach Formulierung des Gutachtenauftrages noch während der Untersuchung nehmen. Die Kontaktaufnahme zum untersuchenden Sachverständigen, ergänzende Hinweise, Befragungen und die Aufdeckung von Missverständnissen können bereits in der Vorbereitungsphase für den Mandanten negative Ergebnisse vermeiden.

2. Befragungsstrategie

1227   Stellt der Verteidiger sich auf den Sachverständigen erst mit dessen Erscheinen in der Hauptverhandlung ein, sind die Verteidigungschancen minimiert. Zu den Erfahrungen im Gerichtssaal gehört, dass der mündliche Prozess für den Sachverständigen nur noch das Forum ist, seine im Vorfeld gebildete Überzeugung wiederzugeben und die längst abgeschlossene gutachterliche Untersuchung zu referieren. Erfahrene Gerichtssachverständige wissen um ihre Omnipotenz im Verfahren und verteidigen ihre Machtstellung ebenso wie ihre Reputation und die konsequente Befriedigung der (zumeist gerichtlichen) Erwartungen. Inhaltlich werden die Sachverständigenfragen im Vorfeld durch die vorbereitenden Untersuchungen entschieden; der Spielraum in der Hauptverhandlung ist für die Verteidigung eng.

Will der Verteidiger die Möglichkeiten eines kritischen Hinterfragens in der Hauptverhandlung 1228
wahrnehmen,[1044] muss er das Recht haben, zur Vorbereitung der Verteidigung das bereits **vorbereitete**
Gutachten in schriftlicher Form zu erhalten.[1045] Auch das zur Vorbereitung des Gutachtens erstellte
Material, wie beispielsweise Explorationsprotokolle des aussagepsychologischen Gutachters, sind der
Verteidigung vorab zur Verfügung zu stellen.

Nimmt die Gutachtenerstattung den erwarteten – negativen – Verlauf, hat der Verteidiger die recht- 1229
liche Möglichkeit der Befragung. Die Effektivität dieser Befragung leidet an einem Kernmangel: der
regelmäßig fehlenden Sachkunde des Verteidigers. Hadert er mit seinem unterlegenen Wissen und
will er sich ein erbärmliches Schauspiel des stümperhaft Fragenden ersparen, verspielt er Verteidigungsmöglichkeiten. Revisionen vorläufiger Gutachtenergebnisse setzen in der Regel allerdings eine
aufwendige Vorbereitung des Verteidigers voraus. Durch das vorbereitende Gutachten in der Akte
sind die Thematik und Problemzonen der gutachterlichen Stellungnahme und damit die Notwendigkeit des Informationsumfangs für den Verteidiger kalkulierbar. Eine zumeist vom Geldbeutel des
Mandanten abhängige Optimierung der Vorbereitung gewährleistet ein kritisches Gespräch über
das vorbereitende Gutachten mit einem anderen Sachverständigen. Optimal ist ein – unter Umständen nur methodenkritisches – Gegengutachten, das im Vorfeld eingeholt und lediglich bei Bedarf
vorgelegt wird. Die Minimallösung stellt eine Bitte um freundschaftlichen Rat an einen Mediziner,
Psychologen oder Kraftfahrzeugmeister aus dem Bekanntenkreis des Verteidigers dar.

> Wetteifert der Verteidiger in der Hauptverhandlung aufgrund frisch erworbener Sachkunde mit dem 1230
> Sachverständigen in der Benutzung fachspezifischer Begriffe, verschenkt er den Überraschungseffekt des
> wohl informierten Gesprächspartners. Auch intensive Vorbereitung wird ihm selten eine sachverständige
> Überlegenheit vermitteln. **Understatement** bringt den Sachverständigen eher ins Wanken. Der Mut zu
> naiven Fragen des aufgeschlossenen Laien lässt den Sachverständigen sehr viel argloser den Routinepfad
> der unangreifbaren Standards verlassen. Nicht zuletzt die Eitelkeit veranlasst ihn, dem wissbegierigen,
> aber vorgeblich unwissenden Fragesteller auf das von diesem vorbereitete Terrain zu folgen.

Die simpelsten Fragen haben eine strafprozessuale Legitimation. Der Sachverständige soll seine 1231
Sachkunde nicht zelebrieren, sondern sie dem Gericht vermitteln. Die Richter selbst müssen sachkundige Darlegungen nachvollziehen und bewerten können. Was sie nicht verstanden haben, vermögen sie nicht zu bewerten. Ein realistisches Verteidigungsziel ist es, Zweifel in diesen Verständigungsprozess zu säen. Hat der Sachverständige sich nach einleitendem Geplänkel mittels
vermindertem Sprachniveau auf bestimmte Aussagen fixiert, lässt die Konfrontation mit neuesten
Forschungsergebnissen oder bislang nicht berücksichtigten Sachverhaltsschattierungen oder die
bloße Präsentation einer mehrbändigen Fachliteratur auf der Verteidigerbank den Sachverständigen
sein eigenes Gutachten bereits mit kleinen Fragezeichen versehen. Das andauernde Lamento des
Verteidigers, er habe die Schlussfolgerungen des Sachverständigen nicht verstanden, weil dieser seine
wissenschaftlichen Erkenntnisse nicht für den Laien nachvollziehbar darstellen könne, lässt unter
Umständen auch den entnervten Richter erklärend eingreifen, wodurch er eigenes Verständnis der
gesamten Materie offenbart.

> Die Aufgabe der Verteidigung, in der direkten Befragung durch Veränderung des Sprachniveaus neue 1232
> Kommunikationswege zu eröffnen, hat einen unmittelbaren inhaltlichen Bezug. Fragwürdigkeiten einer
> angeblich sachverständigen Einschätzung lassen sich entlarven, wenn Gutachtern ihr Herrschaftsinstru-
> ment der verschwurbelten Wissenschaftssprache entwendet wird. Fern empirischer Daten gibt es bei
> nahezu jeder Begutachtung das weite Feld der persönlichen Einschätzung, dessen Maßstäbe häufig durch
> einen sprachlichen Fach-Werkzeugkasten verschleiert werden.[1046] Nur der konsequente Aufbruch des kaschie-

---

1044 Zur »Technik der Befragung von Sachverständigen« allgemein und umfassend MAH-Strafverteidi-
gung/*Tsambikakis* § 82.

1045 S. *Jungfer* Der neue § 257a StPO und seine praktischen Auswirkungen, StraFo 1995, 19; LR/*Krause*,
26. Aufl., § 83 Rn. 5.

1046 Beeindruckend die intensive Fallstudie zu verschiedenen Psycho-Sachverständigen vor Gericht: *Stra-*
te Der Fall Mollath – Vom Versagen der Justiz und Psychiatrie, 2015; zur angeblich wissenschaftlichen
Sprache und ihren verschleiernden Effekten insbes. S. 119 ff.

renden Vokabulars kann verdeutlichen, dass das Ergebnis des Sachverständigen nicht von naturwissenschaftlicher Zwangsläufigkeit getragen ist, sondern zu einem großen Teil ein subjektives Evidenzerlebnis eines Menschen ist.

Auch wenn der Sachverständige im Ergebnis nicht dazu zu bewegen sein wird, sein Gutachten vollständig zu revidieren, kann die Befragung für den Verteidiger ausreichender Anlass sein, einen **Beweisantrag auf die Anhörung eines weiteren Gutachters** zu stellen. Die Begründung eines solchen Antrags gibt die möglicherweise anderweitig niemals fixierte Befragung und die aufgetretenen Schwächen des Gutachtens wieder.

3. Vereidigung

1233   Den Abschluss der Vernehmung des Sachverständigen in der Hauptverhandlung bildet die Entscheidung über seine Vereidigung. Diese erfolgt nach dem Ermessen des Gerichts (§ 79 Abs. 1). In der Praxis wird er regelmäßig nicht vereidigt. Die Verteidigung kann allerdings einen derartigen Antrag stellen und unter Bezugnahme auf die Notwendigkeit von Zeugenvereidigungen gemäß § 59 Abs. 1 darauf hinweisen, dass dem Gutachten im Verfahren »ausschlaggebende Bedeutung« zukommt. Eine ablehnende sachleitende Anordnung des Vorsitzenden kann der Verteidiger durch Gerichtsbeschluss (§ 238 Abs. 2) überprüfen lassen. Da Sachverständige regelmäßig auch außerhalb ihrer Sachkunde über sogenannte Zusatztatsachen berichten, kommt ihnen ergänzend eine Zeugenrolle zu. Insoweit richten sich Vereidigungsentscheidungen ausschließlich nach § 59.

4. Befangenheit

1234   Unbefangenheiten von Sachverständigen sind für Juristen ein normatives Produkt. Psychologische Untersuchungen machen deutlich, dass die Erstellung von Gutachten gerade in Strafverfahren keinesfalls eine von fremden Einflüssen befreite, schlicht objektivierende wissenschaftliche Anwendung ist. Neuronale Zwangsläufigkeiten wirken sich auch bei Gutachtern aus.

1235   Wie jede konkrete menschliche Beziehung Kommunikation und Handeln bestimmt, ist der Einfluss des Auftraggebers auf die Ergebnisse des Gutachtens unverkennbar. So wurden in einem Test forensischen Gutachtern letztlich identische Fälle zur Bewertung der Gefährlichkeit von Straftätern vorgelegt. Der Umfang und die Zeitgestaltung ließen dies für die begutachtenden Psychologen nicht erkennen. Im Ergebnis hingen die Bewertungen der Gutachter maßgeblich davon ab, ob sie seitens der Staatsanwaltschaft oder seitens der Verteidigung beauftragt worden waren. Im ersteren Fall bewerteten sie regelmäßig die Gefährlichkeit von vermeintlichen Straftätern deutlich höher als bei der Beauftragung durch Verteidiger.[1047] Diese auch von den Sachverständigen kaum kontrollierbare Orientierung an der gefühlten Erwartenshaltung des Auftraggebers muss zwangsläufig dann dramatische Formen annehmen, wenn zum einen für den Gutachter lediglich die Staatsanwaltschaft oder das Gericht infrage kommen und zum anderen die Häufigkeit dieser Beauftragungen zu einer wirtschaftlichen Abhängigkeit des Gutachters von seiner Tätigkeit für die Justiz führen. Gerichte, die in ihren Urteilen lobend den ihnen aus langjähriger Zusammenarbeit als zuverlässig bekannten Gutachter erwähnen, verkennen regelmäßig, dass die zugrunde liegende enge Bande der entscheidende Ausgangspunkt für eine fehlerhafte Beurteilung ist.

Die Ablehnung des Sachverständigen wegen Befangenheit ist oft der einzige Weg, das für den Mandanten nachteilige Beweisergebnis zu erschüttern. Die Anlässe hierfür sind vielfältig. Mancher Sachverständige vermittelt nicht nur seine Überlegenheit in der Sache, sondern auch Überheblichkeit im Ton. Fühlt er sich daneben nicht nur räumlich im Gerichtssaal zur Staatsanwaltschaft hingezogen, sondern identifiziert er sich durch die Gutachtenerstattung vornehmlich mit der Überführungsaufgabe der Staatsanwaltschaft, sind Bedenken an seiner Eignung angebracht.

1236   Ein Ablehnung bietet sich immer dann an, wenn der Sachverständige ein nahes Verhältnis zum Verletzten pflegt oder als **Angehöriger des Polizeidienstes** schon gegen den Angeklagten Ermittlungstätigkeit entfaltet hatte (§§ 22 ff., 74). Zwar sollen die Angehörigen der kriminalwissenschaftlichen

---

1047   *Murrie/Boccaccini/Guarnera/Rufino* Are forensic experts biased by the side that retained them? Psychological Science Aug. 2013.

Untersuchungsämter sich regelmäßig nicht dem Verdacht der Befangenheit aussetzen.[1048] Über seine bloße Stellung hinaus kann der Sachverständige jedoch die fehlende Unparteilichkeit verdeutlichen, falls er in der Untersuchung einen besonderen »Jagdeifer« an den Tag legt. Hierzu zählt beispielsweise der Hinweis des Gutachters an die Polizei zur gezielten Suche nach Belastungsmaterial. Bei anderen Sachverständigen wird dies auch angenommen, wenn sie beispielsweise den Angeklagten provokativ befragen,[1049] bestimmte Verteidigerpraktiken herabsetzend kritisieren[1050] oder sich deutlich eine bestimmte Verurteilung des Angeklagten wünschen.[1051] Die fehlende Sachkunde allein macht ihn nicht befangen, sollte aber Anlass für einen Antrag auf Ladung eines weiteren Sachverständigen sein.[1052] Zwar ist es dem Sachverständigen nicht untersagt, im Rahmen seines Gutachtenauftrags auch Tatsachen zu verwerten, die ihm außerhalb von Aktenlektüre und Hauptverhandlung erkennbar werden;[1053] das bewusste oder gar manipulative Verschweigen der weitergehenden Erkenntnisquellen kann aber sehr wohl die Sorge des Bedürfnisses der Unüberprüfbarkeit seiner Ergebnisse wecken.

Das Ablehnungsverfahren gleicht dem bei einer Richterablehnung.[1054] Im Gegensatz zur Ablehnung des Richters hat ein Antrag der Verteidigung jedoch keine Eile. Bis zum Ende der Beweisaufnahme kann das Gesuch verlesen werden. Es drängt sich daher häufig die taktische Überlegung auf, das Stellen des Ablehnungsantrages vom abschließenden Ergebnis der Gutachterbefragung abhängig zu machen.   **1237**

XI. Urkundenbeweis

1. Verteidigungsoptionen

Äußerlich gehört der Urkundenbeweis zu den eher spannungsarmen, weil kalkulierbaren Abschnitten der Hauptverhandlung. Ohne den Hauch eines Überraschungseffektes und zumeist in ermüdender Diktion werden Inhalte vorgetragen, welche die Verteidigung und alle anderen Verfahrensbeteiligten schon vorab registriert haben. Eine Beeinflussung des Beweisergebnisses scheidet aus. Der gedankliche Inhalt des Schriftstückes ist unverrückbar. Allenfalls seine Interpretation ist eine Frage der Beweiswürdigung. Lohnenswert erscheint ggf. bei der Verwertung einer Kopie die Diskussion ihrer Übereinstimmung mit dem Inhalt des Originals.   **1238**

Für die Verteidigung hat der Urkundenbeweis jedoch einen unschätzbaren Wert. Der **unveränderbare Inhalt des Schriftstücks** garantiert seine Einbeziehung in die Beweiswürdigung und damit in die Urteilsfindung des Gerichts. Im Gegensatz zu einem Großteil des anderweitigen Geschehens in der Hauptverhandlung sieht sich hier das Tatgericht der unmittelbaren **Kontrolle des Revisionsgerichts** ausgesetzt. Angesichts des revisionsrechtlichen Verbots der Rekonstruktion der Hauptverhandlung muss für das Revisionsgericht vieles vom Inhalt von Zeugenaussagen im Dunkeln bleiben. Demgegenüber belässt der Urkundenbeweis keinen Bereich der Unsicherheit. Auch das Revisionsgericht kann unschwer den Inhalt einer Urkunde und damit eines Teils der Beweisaufnahme rekonstruieren, wenn sich die fragliche Urkunde bei den Akten befindet. Besteht ein Interesse der Verteidigung daran, für das Revisionsgericht nachvollziehbar einen Sachverhalt festzuschreiben, hat sie mit dem Urkundenbeweis eine Erfolg versprechende Möglichkeit. Richterlicher Widerstand ist ihr allerdings angesichts des Bedürfnisses nach Ausweitung des unkontrollierbaren Raums gewiss.   **1239**

Der Inhalt einer Urkunde kann auch mittelbar durch Vorhalt an einen Zeugen oder Sachverständigen zum Gegenstand der Hauptverhandlung und damit zur Beweisgrundlage werden. Da bei einem Vorhalt   **1240**

1048 BGHSt 18, 214, 216.
1049 BGH MDR (H) 1977, 983.
1050 LG Köln StV 1981, 540.
1051 BGH StV 1981, 55.
1052 S. *Krekeler* Strafprozessuale Fragen des Sachverständigenbeweises, StraFo 1989, 13 ff.
1053 BGH StV 2011, 709 f.
1054 Vgl. zum Ablehnungsgesuch und zur Entscheidung des Gerichts etwa LR/*Krause* § 74 Rn. 20 ff. m.w.N.

nicht dieser selbst, sondern nur die Reaktion des Zeugen Beweisergebnis ist, entfällt eine Einführung auf diesem Wege zumeist bei komplexerem Urkundeninhalt, den ein Zeuge aus eigener Erinnerung auch nach einem Vorhalt nicht reproduzieren kann.[1055]

2. Verfahren

1241   Die Verlesung wird regelmäßig vom Vorsitzenden angeordnet. Ein Gerichtsbeschluss nach Einwendungen ist denkbar (§ 238 Abs. 2). Die wirksame Beweiserhebung setzt voraus, dass auf eine solche Anordnung hin entweder der Vorsitzende selbst oder eine Gerichtsperson in seinem Auftrag das Schriftstück verliest. Diese Voraussetzung erfüllt die Verlesung eines Antrages durch die Verteidigung nicht, sodass kein Urkundenbeweis vorliegt, selbst wenn das verlesene Schriftstück als Anlage zu Protokoll genommen wird.

3. Verlesungsverbote

1242   Unzulässig ist die Verwertung einer Urkunde dann, wenn ein allgemeines **Beweisverwertungsverbot** entgegensteht. Daneben existiert ein z.T. sehr kompliziert zu handhabendes Verbot, das dem **Prinzip der Unmittelbarkeit** der Einnahme in der Hauptverhandlung Rechnung trägt. § 250 verlangt, dass die Wiedergabe der Wahrnehmung einer Person durch ihre unmittelbare Einnahme in der Hauptverhandlung erfolgen soll und grundsätzlich nicht durch Verlesen einer früheren Vernehmung ersetzt werden darf. Praktisch scheinen damit alle Vernehmungsprotokolle der Akte für den Urkundenbeweis tabu.

1243   Das Prinzip ist klar, seine Handhabung im Gerichtssaal unsystematisch durchlöchert. Während Protokolle – unabhängig davon, in welchem Verfahren und zu welchem Zweck sie erstellt worden sind – allgemein unter das Verbot fallen, werden **schriftliche Erklärungen** nur dann erfasst, wenn sie von vornherein zu Beweiszwecken verfasst worden sind.

1244   Hierzu gehören beispielsweise Strafanzeigen. Ohne Weiteres verlesbar sind demgegenüber Schriftstücke, die zwar von Verfahrensbeteiligten verfasst worden sein können und auch verfahrensbezogenen Inhalt haben, aber nicht mit dieser Zweckbestimmung erstellt wurden. Jeder beschlagnahmte Brief des Mandanten aus der Haft ist daher ebenso verlesbar wie sichergestellte Tagebücher (sofern sie nicht einem anderen Beweisverwertungsverbot unterfallen). Hier hat die Rechtsprechung keinen Zweifel, dass § 250 nicht nur Erklärungen von Zeugen und Sachverständigen, sondern auch von Angeklagten erfasst.

1245   Da nur das **Ersetzen** der Erklärung durch § 250 verhindert werden soll, spricht nach überkommener Rechtsprechung nichts dagegen, ein früheres Vernehmungsprotokoll im **Urkundenbeweis als Ergänzung einer unmittelbar durchgeführten Einnahme** zu verlesen.[1056] Hat ein Zeuge seine Aussage bereits getätigt und ist entlassen worden oder wird er nach einer Teilaussage in der Hauptverhandlung vernehmungsunfähig,[1057] so spricht nichts dagegen, später noch in der Hauptverhandlung sein früheres polizeiliches Vernehmungsprotokoll im Urkundenbeweis einzuführen. Gerade hieran kann die Verteidigung unter Umständen ein hohes Interesse haben.

1246   Sagt ein Zeuge in der Hauptverhandlung aus und entfernt sich hierbei in ungünstiger Form vom polizeilichen Vernehmungsprotokoll, besteht zum einen die Gefahr, dass sich das Gericht der ungünstigen Variante anschließt und zum anderen die Glaubwürdigkeit des Zeugen durch Kaschieren der Widersprüche zum Vernehmungsprotokoll im Urteil aufwertet. Zur revisionsgerichtlichen Überprüfung ist daher der nicht zu manipulierende Inhalt des Vernehmungsprotokolls durch Urkundenbeweis in die Beweisaufnahme anzustreben. Neben der Vernehmung in der Hauptverhandlung ist diese Verlesung zulässig. Garantiert ist damit zumindest eine Auseinandersetzung des Tatgerichts mit dem sich aufdrängenden Zweifel an der stringenten Wahrheitsliebe des Zeugen. Verteidigung hat daher nach Entlassung des Zeugen einen Antrag zu stellen, das polizeiliche Vernehmungsprotokoll im Wege des Urkundenbeweises zu verlesen.

1055 BGH StV 2012, 584.
1056 BGHSt 1, 4, 5.
1057 BGH StV 2007, 567.

Diese Art des Urkundenbeweises ist zu unterscheiden von der Regelung des § 253, die den Urkundenbeweis in Gegenwart des Zeugen oder Sachverständigen aufgrund eines Vorhalts regelt.

Darüber hinaus erfährt das **Ersetzungsverbot** in den §§ 251 bis 254, 256 vielfältige Ausnahmen. 1247
Diese betreffen verstorbene Zeugen ebenso wie weit entfernt wohnende oder transportunfähige Beweispersonen. Vor früheren »Fehltritten« geschützt sind auch nahe Anverwandte, die erst in der Hauptverhandlung von ihrem Zeugnisverweigerungsrecht Gebrauch machen (§ 252). Der Angeklagte selbst ist gemäß § 254 nur teilweise davor sicher, dass frühere Vernehmungen im Urkundenbeweis eingeführt werden. Während polizeiliche Vernehmungsprotokolle des Mandanten niemals verlesen werden dürfen (und allenfalls im Zeugenbeweis durch Vernehmung des seinerzeit vernehmenden Kriminalbeamten eingeführt werden können), ist das **richterliche Geständnisprotokoll** verlesbar.

Will die Verteidigung die Verlesung verhindern, hat sie ihr Augenmerk insbesondere darauf zu richten, ob dieses Protokoll ordnungsgemäß zustande gekommen ist.

Ein seinerzeit mitwirkender nicht vereidigter **Dolmetscher**, die **fehlende Unterschrift** entweder des Rich- 1248
ters oder des Protokollführers unter dem Protokoll, die in der Niederschrift nicht auftauchende **Belehrung** oder die zu Unrecht seinerzeit **unterlassene Ladung** des Verteidigers sind Erfolg versprechende Anhaltspunkte, um berechtigter Weise einer Verlesung entgegen zu treten. Hatte die Verteidigung auch im Ermittlungsverfahren keine Gelegenheit, den Zeugen zu befragen, dessen Aussage verlesen wird, und kommt dieser Aussage entscheidende Bedeutung zu, kann das **Verteidigungsgrundrecht auf konfrontative Befragung** verletzt sein (Art. 6 Abs. 3 EMRK). Auch wenn die Rechtsprechung kompensatorische Heilungsmöglichkeiten durch eine »besonders vorsichtige Beweiswürdigung« für möglich hält, bietet diese Konstellation häufig Anlass für einen Widerspruch gegen eine Verlesung.

Zumindest in der Revision ist die Rüge Erfolg versprechend, dass eine Verlesung entgegen § 251 Abs. 4 nicht von der Kammer beschlossen, sondern lediglich vom Vorsitzenden angeordnet wurde. Einer vorhergehenden Beanstandung eines solchen Vorgehens des Vorsitzenden gem. § 238 Abs. 2 bedarf es nicht.[1058]

Entscheidende Beweisergebnisse des Ermittlungsverfahrens werden über § 256 der Überprüfung 1249
durch konfrontative Fragen entzogen. Diese stetig erweiterte Norm kommt dem strafrichterlichen Hang entgegen, die gelesene Akte ohne Umwege in das Beweisergebnis einer Hauptverhandlung umzuformen. **Gutachten** eines jeden allgemein vereidigten Sachverständigen, von Behörden, Gerichtsärzten und sogar **polizeiliche Berichte** über Ermittlungshandlungen wie Durchsuchungen, Festnahmen und Ähnliches sollen verlesbar sein und dem Ersetzungsverbot nicht unterfallen. Die Erweiterung der Urkundenverlesung auch für »Erklärungen der Strafverfolgungsbehörden« war mit der angeblich empirisch abgesicherten Tatsache begründet, dass die Objektivität des Ermittlers bei der schriftlichen Fixierung seiner Wahrnehmung hinreichend gewährleistet sei.[1059] Tatsächlich gibt es derartig abgesicherte wissenschaftliche Untersuchungen nicht, die Psychologie hat eher Anhaltspunkte für das Gegenteil. In der Sache wird das Unmittelbarkeitsprinzip an einer besonders sensiblen Stelle aufgehoben und die Arbeit der Exekutive einer gerichtlichen Prüfung schlicht entzogen. Kann die Verteidigung mit den Inhalten dieser Urkunde nicht leben, bedarf es des Widerstands gegen diese Form der Beschneidung der Wahrheitssuche.

Widersprüche gegen Verlesungen haben darzulegen, dass bestimmte entscheidungserhebliche Gesichtspunkte mangels präziser Fragestellungen von Sachverständigen nicht berücksichtigt wurden, dass Gutachten selbst widersprüchlich oder nicht plausibel sind und daher der mündlichen Erläuterung bedürfen. Polizeiliche Protokolle über Ermittlungshandlungen sind nach Aktenlage dann nicht zur Wahrheitsfindung im Urkundenbeweis geeignet, wenn schon die Formulierung des verfassenden Beamten deutlich macht, dass er selbst lediglich die Wahrnehmungen anderer Kollegen schriftlich zusammengetragen hat. Jeder Vermerk muss verdeutlichen, auf wessen Wahrnehmung das schriftlich Fixierte beruht. Der Verlesung über § 256 nicht zugänglich sind Zeugenvernehmung, auch nicht die mittelbare Schilderung von angeblichen Vernehmungsergebnissen. Gleiches gilt für die üblichen Aktenvermerke, die keine Wahr-

---

1058 BGH StV 2012, 202 m. Anm. *Ventzke.*
1059 KK-*Diemer* § 256 Rn. 9a.

nehmung des Ermittlers wiedergeben, sondern Verfahrenseinschätzungen, Spekulationen und Ermittlungshypothesen.

Besteht das Gericht auf einer Verlesung und will es den Sachverständigen oder Polizeibeamten nicht persönlich anhören, verbleibt der Verteidigung nur der Weg des Beweisantrages. Beweisthema sollte hier ein Sachverhalt sein, der gerade nicht durch die vorliegende schriftliche Erklärung abgedeckt ist. Wenn beispielsweise der verlesene Durchsuchungsbericht in aller Kürze das Auffinden eines kompromittierenden Schriftstücks auf dem Schreibtisch des Mandanten wiedergibt, können weitergehende und nicht dokumentierte Umstände für die Verteidigung wichtig sein; die anderen – nicht im Bericht geschilderten – Gegenstände auf dem Schreibtisch könnten wichtige Indizien dafür darstellen, dass der Schreibtisch gar nicht vom Mandanten, sondern einer anderen Person genutzt wurde. Ein weiteres Beispiel: Auch Observationsberichte sollen verlesbar sein. Entsprechend dem Ermittlungsinteresse der Polizei ist dort niedergelegt, dass der Mandant ein bestimmtes Haus betreten hat. Wenn die Verteidigung an eine irrige Identifizierung glaubt, sind in der Hauptverhandlung Blickwinkel und andere Beobachtungsfaktoren aufzuklären. Wenn die Verteidigung die Begleitung des Mandanten durch einen – im Bericht unerwähnten – V-Mann der Polizei dem Gericht näher bringen will, führt kein Weg an der persönlichen Anhörung des observierenden Beamten im Gerichtssaal vorbei.

1250 Unabhängig von den gesetzlichen Ausnahmen können in vielen Fällen Protokolle die unmittelbare Einvernahme ersetzen, wenn alle Verfahrensbeteiligten zustimmen. Eine solche **Zustimmungserklärung** der Verteidigung will taktisch bedacht sein.

1251 Die Vorteile können ganz unterschiedlicher Art sein. Zum einen kann bei einer Strafzumessungsverteidigung dem Angeklagten beispielsweise angerechnet werden, dass er eine abermalige Traumatisierung des Tatopfers durch eine Vernehmung im Gerichtssaal verhindert. Zum anderen mag die Verteidigung ein hohes Interesse daran haben, bestimmte Details der protokollierten Aussage in die Hauptverhandlung einzuführen. Der gravierende Nachteil liegt auf der Hand. Die Verteidigung verzichtet darauf, durch eine konfrontative Befragung ein für sie gegenüber der Aktenlage positiveres Beweisergebnis zu erreichen. Aber auch diese Chance auf eine teilweise positivere Gestaltung kann zurücktreten hinter der Sicherheit, durch die Urkundenverlesung zumindest einige positive Aspekte als Beweisergebnis festschreiben zu können. Darüber hinaus kann für die Verteidigung in Einzelfällen das Interesse höher sein, den Zeugen oder Sachverständigen der unmittelbaren Befragung des Gerichts zu entziehen. Die in der Verteidigungsliteratur vorgebrachte Warnung vor einer solchen Zustimmung sollte jedenfalls differenzierter gesehen werden, denn in der Verlesung liegen auch viele Verteidigungschancen.

4. Umgehung durch Verhörspersonen

1252 Das Verlesungsverbot polizeilicher Vernehmungsprotokolle korrespondiert mit einer Grundidee der deutschen Strafprozessordnung: Der Strafrichter soll sich ein eigenes Bild von Inhalt und Qualität der Beweismittel machen. Das Prinzip der Unmittelbarkeit fußt letztlich auf psychologischen Grundeinsichten des 19. Jahrhunderts. Nur der direkte Eindruck vermittelt valide Einsichten zur Beweisqualität einer Aussage; nur die richterliche Distanziertheit und die allgemeine Überprüfbarkeit in einer öffentlichen Hauptverhandlung garantieren weitgehend eine angemessene Kognition der Inhalte einer Zeugenaussage und die Bewertung des Aussageinhalts und der Auskunftsperson. Das gilt erst recht für die Erfassung von Einlassungen des Angeklagten. Demgegenüber sieht das Gesetz eine eindeutige Minderung der Beweisqualität in den unüberwachten Geschehnissen im Rahmen einer Vernehmung auf einer Polizeidienststelle. Die in Vernehmungsprotokollen des Ermittlungsverfahrens fixierten Ergebnisse sollen nach der Struktur des Verfahrens daher lediglich vorbereitenden Charakter haben.

1253 Richter sind allerdings – abseits rechtlicher Vorgaben – vom Vernehmungsprotokoll fasziniert. Der Kern dieser Faszination lässt sich erklären.

Ermittlerprotokolle gehören zu den ersten Eindrücken, die den Richter in einem neuen Fall prägen. Das wissenschaftlich erforschte Phänomen des »Primings« belegt, wie der Weg des Richters vorgezeichnet ist, entgegen bestreitender Einlassung oder abweichender Zeugenaussage im Gerichtssaal das nach erster

Aktenlektüre suggerierte Bild des Geschehens in Urteilsfeststellungen münden zu lassen. Der mentalen Leichtigkeit der Konservierung eines Bildes von der ersten Aktenlektüre bis zum Urteil kann sich kein Richter entziehen. Gegensteuern ist möglich, setzt aber Bewusstsein und Anstrengung voraus.

Darüberhinaus führt der durch den Beurkundenden erlebte Urkundenbeweis den Richter zurück an die Basis gewohnten juristischen Tuns, die Arbeit mit Texten. Der erlernte penible Umgang mit toten Buchstaben gibt ihm die notwendige Sicherheit für seine Arbeit, fern der dilettierenden rational angehauchten Analyse menschlichen (Aussage-) Verhaltens. Richter lernen ihren Job anhand vorgegebener Sachverhaltstexte in Klausuren, nicht in Anwendung sozialer Kompetenz. Sie erleben in ihrer Tätigkeit das kongruent erscheinende Phänomen, dass auch mündliche Kommunikation in den Aggregatzustand eines Protokolls eingefroren werden kann[1060] – ein Zustand, der mit dem Blick auf ein komplexes Verfahren aus dem Winkel bürokratischer Ökonomie geschätzt wird.

Über die fixierten Worte rückt der Text eines Vernehmungsprotokolls daher zumeist unbewusst und kritiklos in das Zentrum der Rezeption des Richters, von dem die Gesetzesidee ihn eigentlich fernhalten wollte.

Die Praxis der deutschen Rechtsprechung hat sich von den rechtlichen Grundsätzen der Unmittelbarkeit längst verabschiedet. Richter sehen sich aktuell nicht mehr als primäre Wahrheitssucher, sondern als verlängerter justizieller Arm der Verbrechensbekämpfung. In konsequenter Solidarität mit Ermittlungspersonen sehen sie deren Bedeutung jenseits ursprünglich gesetzlicher Konzeption. Wenn darüber hinaus psychische Zwangsläufigkeiten eingreifen, wonach Richter sich nicht vom ersten durch Vernehmungsprotokolle suggerierten Bild lösen können, ist das Bedürfnis groß, einen prozessualen Weg zu finden, das ursprüngliche – polizeiliche – Bild auch zur Grundlage einer Urteilsfindung zu machen. Da das Verlesungsverbot mehr als deutlich ist, suchte man einen Umweg, und fand diesen in der Vernehmung des polizeilichen Vernehmungsführers.

Eng formalistisch wird von der Rechtsprechung zutreffend darauf hingewiesen, dass lediglich der formale Urkundenbeweis vom Gesetz verboten sei, nicht jedoch der durch Vernehmung des Polizeibeamten in Anspruch genommene Zeugenbeweis in der Hauptverhandlung. Die vordergründige dogmatische Diskussion erschöpft sich in der Legitimierung der Anhörung eines »Zeugen vom Hörensagen«. Sein Beweiswert sei zweifellos geringer, an der Zulässigkeit seiner Anhörung dürfe allerdings kein Zweifel bestehen. 1254

Die gesetzgeberische Idee, dass ein formaler prozessualer Weg gefunden werden sollte, Vernehmungsprotokollen in einer strafgerichtlichen Hauptverhandlung keine lenkende Wirkung zukommen zu lassen, wird dabei unterschlagen. Nicht die Wahrnehmung und ihre mindere Qualitäten des polizeilichen Zeugen im Hinblick auf den Inhalt der Vernehmung können im Vordergrund der Diskussion stehen, sondern seine Rolle im Strafprozess. Dass das polizeiliche Handeln und die Art und Weise der Dokumentation von Ermittlungsergebnissen geprägt sind von den Intentionen der Verifizierung einer polizeilichen Ermittlungshypothese und ihre Bewertung im Prozess daher der besonderen Distanz bedarf, gerät in den Hintergrund, wenn der Inhalt von Vernehmungen, die ohne jede externe Kontrolle von Ermittlern vorgenommen wurde, zwar nicht über die Verlesung der Protokolle, aber auf eine ähnlich effektive Weise in dem Prozess eingeführt wird. 1255

Für einen gelungenen Transfer polizeilicher Vernehmungsprotokolle in die Hauptverhandlung sorgt eine von Polizei und Gerichten sorgsam installierte Prozesspraxis der letzten Jahrzehnte.[1061] Die Behauptung des geringeren Beweiswerts hindert allerdings die Rechtsprechung nahezu niemals daran, die glaubhafte Wiedergabe des Vernehmungsinhalts durch den Vernehmungsbeamten ohne Abstriche zu übernehmen. Den polizeilichen Zeugen ist zumeist bewusst, dass ihr Auftritt vor Gericht auf einen höchst unkritischen Richter trifft. Sein Bedürfnis, sein eigenes im Vernehmungsprotokoll niedergelegtes Beweisergebnis zu einem endgültigen Urteil formen zu lassen, korrespondiert mit dem Bedürfnis des Gerichts, den Akteninhalt als bequemes Drehbuch für den Verlauf der Hauptverhandlung zu nutzen. 1256

1060 *Vissmann* Akten, Medientechnik und Recht, 2000, 98.
1061 BGHSt 17, 382, 387; 51, 150, 154.

1257   Das Resultat ist eine theaterreife Inszenierung, die den Kern zahlreicher Strafprozesse in deutschen Gerichtssälen ausmacht. Dabei kommt dem Polizeibeamten die Rolle eines Akteurs zu, der zum einen in der Vorbereitung möglichst wortgetreu noch am Vortage das Vernehmungsprotokoll auswendig gelernt hat, um es dann vor Gericht mit der Attitüde der eigenen aktuellen Erinnerung an das Vernehmungsgeschehen zu zelebrieren. Gelingt das Spektakel, ist der Regelungsgehalt des § 250 endgültig umgangen: Der Inhalt des polizeilichen Vernehmungsprotokolls wurde – wenn auch über den Umweg des Zeugenbeweises – zum Inbegriff der Hauptverhandlung und damit zur Grundlage des Strafurteils.

1258   Die Aufdeckung von Absurditäten derartigen Prozessgeschehens ist für die Verteidigung zumeist wenig hilfreich. Strafrichter erkennen das Absurde, lassen sich aber zumeist vom Wunsch nach dem Ergebnis dominieren. Letztlich stellen diese Situationen eine Herausforderung an die Art und Weise der Vernehmung des polizeilichen Zeugen durch die Verteidigung dar (s. oben IX 6.).

5. Selbstleseverfahren

1259   Zur vereinfachten Einführung umfangreicherer Konvolute und Listen ist das **Selbstleseverfahren** (§ 249 Abs. 2) gedacht. Im Ergebnis wird hier das Prinzip der Unmittelbarkeit und Öffentlichkeit aufgegeben. Ausreichend für die Fiktion, dass der Inhalt der Urkunden Inbegriff der Hauptverhandlung geworden ist, ist die protokollarische Behauptung, dass die Richter gelesen hätten und alle anderen Verfahrensbeteiligten Gelegenheit hatten, außerhalb der Hauptverhandlung vom vollen Umfang der Schriftstücke Kenntnis zu nehmen. Dies setzt eine ausdrückliche Anordnung des Vorsitzenden voraus. Gegen diese Anordnung kann die Verteidigung unmittelbar widersprechen.

1260   Über diesen Widerspruch der Verteidigung hat das Gericht im Beschlusswege zu entscheiden. Wird dies unterlassen, kann die Revision auf diesem Rechtsfehler beruhen. Vor dem Hintergrund der gesetzlichen Bewertung, wonach die Verlesung jenseits prozessökonomischer Erwägungen die im Vergleich zum Selbstleseverfahren vorzugswürdige Methode der Einführung von Beweisstoff darstellt, kann niemals ausgeschlossen werden, dass auf Einwand der Verteidigung die Kammer von der beabsichtigten Erleichterung Abstand nimmt.[1062]

1261   Den Verfahrensbeteiligten einschließlich der Schöffen sind in der Regel Abschriften oder Ablichtungen zu überreichen. Der in Aussicht genommene Zeitraum muss zur Verarbeitung der Schriftstücke ausreichend sein. Ob beispielsweise die Schöffen sie tatsächlich gelesen haben, braucht der Vorsitzende nicht zu überprüfen. Es reicht deren ausdrückliche Erklärung, dies getan zu haben. Bei begründeten Zweifeln, die sich schon angesichts äußerer Umstände ergeben können, muss die Verteidigung Klarstellungen einfordern. Ob Kontrollfragen an die Richter durch die Verteidigung zulässig sind, ist umstritten.[1063] Die wesentlichen Voraussetzungen sind im Protokoll festzuhalten.

     Fixiert auf Schnelligkeit und Effektivität des Prozesses ist die richterliche Methode, den Schöffen schon vor Beginn der Hauptverhandlung das Selbstlesepaket zuzusenden, um – insbesondere beim Amtsgericht – das Verfahren möglichst an einem Tag erledigen zu können. Übersehen wird hier, dass schon vor Anklageverlesung den in besonderer Weise der Unvoreingenommenheit verpflichteten Laienrichtern weite Teile der Ermittlungsakte zur Kenntnis gebracht werden. Sie sind danach befangen. Der Mandant ist von der Verteidigung gleich nach Kenntnisnahme dieses Vorgangs auf die Möglichkeit des Ablehnungsantrages hinzuweisen.

1262   Die Handlungsoptionen der Verteidigung müssen zum einen taktisch wohl überlegt, zum anderen möglicherweise sehr schnell realisiert werden. Der Widerspruch gegen die Anordnung des Vorsitzenden nach § 249 Abs. 2 hat unverzüglich zu erfolgen.

1263   In der Praxis der Hauptverhandlung sieht dies zumeist so aus, dass der Vorsitzende sogenannte Selbstlesepakete an alle Verfahrensbeteiligte in Kombination mit seiner Anordnung aushändigt. Handelt es sich um Kopien einer überschaubaren Hauptakte, kann die Verteidigung regelmäßig nicht behaupten,

---

1062   BGH NStZ 2012, 708.
1063   Vgl. *Meyer-Goßner/Schmitt* § 249 Rn. 22a und *Eisenberg* BeweisR, Rn. 2040.

hiervon überrascht zu sein. Die Anforderungen an die Unverzüglichkeit des Widerspruchs sind hier nur erfüllt, wenn die Verteidigung sofort agiert. Ist demgegenüber auf Anhieb nicht klar, in welchem Umfang der Vorsitzende Urkunden dem Selbstleseverfahren zuführen will, muss die Verteidigung zumindest insofern agieren, als ein Widerspruch vorbehalten bleibt. Erst nach eingehender Überprüfung des überreichten Pakets dürfte es regelmäßig der Verteidigung möglich sein, fundierte sachliche Gründe gegen das Selbstleseverfahren vorzubringen oder hier taktische Varianten zu überdenken.

Der Effekt des Selbstleseverfahrens ist der Verteidigungstaktik zugänglich. Was Inbegriff der Hauptverhandlung wird, bleibt der Öffentlichkeit verborgen. Hat die Verteidigung ein Interesse daran, dass – möglicherweise dem Mandanten betreffende intime Vorgänge – nicht das Licht der Gerichtsöffentlichkeit erblicken, unterbleibt ein Widerspruch. Auch die unterlassene Diskussion in aller Öffentlichkeit über die Beweisqualität einer Urkunde kann dann aus Sicht der Verteidigung nützlich sein, wenn der von ihr erahnte belastende Charakter einer »versteckten« Urkunde nach der Prognose der Verteidigung dann erstmalig an den Tag kommt, wenn hierüber in aller Öffentlichkeit von allen Seiten diskutiert wird. **1264**

In der Regel wird allerdings die Verteidigung wenig Interesse daran haben, dass ein wesentlicher Teil der Beweisaufnahme ohne Öffentlichkeit und ohne Diskussion zum potenziellen Beweisgegenstand der Hauptverhandlung wird.[1064] Wenn es nicht ermüdende und aus Sicht der Verteidigung belanglose Listen sind, deren mühsames und zeitraubendes Vorlesen sich alle ersparen, lohnt die Überprüfung des Widerspruchs gegen diese Methode. **1265**

Demgegenüber wird von Richterseite die Wohltat des Selbstleseverfahrens gefeiert.[1065] Der Beschleunigungseffekt wird ebenso hervorgehoben wie die bessere Kognitionsmöglichkeit beim Lesen einer Urkunde, was im Gegensatz zum bloßen Zuhören ein Vor- und Zurückblättern und damit eine eher kontextbezogene inhaltliche Erfassung ermöglicht.[1066] Verschwiegen wird hierbei, dass diese anderweitige Erfassung des Inhalts jedem Verfahrensbeteiligten, dem die Akten vorliegen, unschwer möglich ist, und den Schöffen ermöglicht werden kann; die Wahrnehmung durch die Öffentlichkeit ist ohnehin beim Selbstleseverfahren ausgeblendet. Tatsächlich attraktiv für Richter ist eher, dass sie nicht zu Selektionen von Urkunden verpflichtet sind und durch die Einführung massenhafter Papiere ihre Voreinschätzung einer Beweisführung kaschieren können. Für die Würdigung im schriftlichen Urteil wird eine Vielzahl von Beweismitteln vorrätig gehalten. **1266**

Eine Begründung des Widerspruchs der Verteidigung ist nicht vorgesehen, aber dringend zu empfehlen. Nicht zuletzt abhängig von der Art der Bedenken der Verteidigung besteht hier die Herausforderung eines dogmatisch ungeklärten Mix aus verschiedenen Handlungsoptionen und -verpflichtungen. **1267**

Die primäre Argumentation wird dahingehen, dass gemessen an der Tradition des deutschen Strafprozesses die Verlesung einer Urkunde jenseits prozessökonomischer Erwägungen regelmäßig dem Selbstleseverfahren vorgezogen werden muss. Dieser Ausgangspunkt hat die Sympathien der Rechtsprechung für sich,[1067] kann sich letztlich allerdings nicht auf den Gesetzestext berufen. Das Gesetz unterscheidet nicht zwischen den unterschiedlichen Beweisbedeutungen von Urkunden oder dem von ihnen verbreiteten Potenzial an Langeweile. Dogmatisch tragfähige Abgrenzungen des Selbstleseverfahrens zur Notwendigkeit eines unmittelbaren Verlesens fehlen, sodass die Verteidigung stets Gefahr läuft, dass Praktikabilitätserwägungen und Beschleunigungsbedürfnisse des Tatrichters bei seiner Entscheidung dominieren. Eine sachliche Ungeeignetheit des Selbstleseverfahrens kann daher häufig mit guten Argumenten vorgetragen werden, eine entgegenstehende Entscheidung der Kammer dürfte allerdings nicht selten sein. **1268**

Auch das Selbstleseverfahren ändert nicht die allgemeinen Regeln zur Einführbarkeit von Urkunden. Geht die Verteidigung daher davon aus, dass bereits das Gesetz die Verlesung von Urkunden verbietet, wird sie dem regelmäßig entgegentreten. Als Gegenstand des Selbstleseverfahrens ausdrück- **1269**

1064 S. hierzu *Meyer-Lohkamp* Beweisaufnahme short to go, StV 2014, 121 ff.

1065 *Neumann* Plädoyer für das Selbstleseverfahren – mit Tipps und Hinweisen auch für verbleibende Zweifler, StRR 2015, 164 ff.

1066 *Arnoldi* NStZ 2013, 474 f.

1067 BGHSt 57, 306 ff.; kritisch hierzu *Mosbacher* NStZ 2013, 199, 202; *Neumann* StRR 2015, 164.

lich untersagt sind nur Urkunden bezogen auf die §§ 253, 254. Demgegenüber können Zeugen- und Beschuldigtenprotokolle gemäß § 251 oder polizeiliche und andere Berichte nach § 256 als verlesbare Urkunden in ein Selbstlesepaket integriert werden. Hier ist im Einzelfall zu überprüfen, ob und in welchem Umfang ggf. Beweisverwertungsverbote aufscheinen. Ein Widerstand der Verteidigung, der sich mit dieser Begründung offenbart, ist in der Sache bereits ein Nachkommen der Verpflichtung der Verteidigung entsprechend der sogenannten Widerspruchslösung der Rechtsprechung. Hinsichtlich dieser Begründung hat die Verteidigung allerdings die Option, Widerspruch bis zum Abschluss des Selbstleseverfahrens, d.h. der entsprechenden Protokollierung durch den Vorsitzenden zu erheben.

1270   Kritik am »Wie« der Durchführung des Selbstleseverfahrens ist so früh wie möglich vorzubringen.

1271   Hier ist beispielsweise ein offensichtlich zu eng bemessener Zeitrahmen zu kritisieren. Unschwer lässt sich der hypothetische Zeitaufwand eines überreichten Selbstlesepakets ausrechnen und mit dem außerhalb der Hauptverhandlung zur Verfügung stehenden Zeitrahmen vergleichen. Endet dieser Vergleich in dem Ergebnis, dass bis zum avisierten nächsten oder übernächsten Hauptverhandlungstag die Erfüllung der Lesepflicht nur möglich ist, wenn 24 Stunden täglich einschließlich der Wochenenden geopfert werden, ist die Anordnung des Vorsitzenden nicht haltbar.

Insbesondere der Mandant hat ein Recht darauf, dass er in angemessener Weise den derart eingeführten Prozessstoff verarbeiten kann. Hat er Verständnisschwierigkeiten, ist die Lesefrist zu verlängern. Spricht er kein Deutsch, so muss ihm der Inhalt anderweitig vermittelt werden; hält das Gericht eine schriftliche Übersetzung für überflüssig, hat der Mandant in jedem Fall den Anspruch, dass ein Dolmetscher ihm den Inhalt des gesamten Selbstlesepakets mündlich vermittelt. Ist dies alles organisatorisch nicht durchführbar, ist ein Selbstleseverfahren bei ausländischen Angeklagten nicht anwendbar.

Vergleichbares gilt, wenn die Urkunden nicht in Papierpaketen ausgegeben werden, sondern digital vermittelt werden. Hat der inhaftierte Mandant keinen PC, um das digitalisierte Paket registrieren zu können, ist dem Gericht dieser erleichternde Weg verschlossen.[1068]

1272   Am ehesten belastet die Verteidigung der Entzug der Kommunikation über den Inhalt und den Beweiswert einer Urkunde. Hier kann es unverzichtbar erscheinen, dass die Verteidigung den entlastenden Inhalt aus dem Halbdunkel des Selbstlesepakets entfernt und in die Mitte der Hauptverhandlung projiziert.[1069] Weigert sich das Gericht, die Urkunde zu verlesen, verbleibt der Verteidigung die Möglichkeit der Stellungnahme nach § 257 Abs. 2 nach Abschluss des Selbstleseverfahrens. Dieses Recht wird nicht dadurch geschmälert, dass das Beweismittel Urkunde im Selbstleseverfahren eingeführt wird. Im Rahmen der Stellungnahme ist es eine nicht zu kritisierende Entscheidung der Verteidigung, wenn diese zur Begründung ihrer eigenen Ansicht der Beweisqualität auf weite Teile des Inhalts der Urkunde Bezug nimmt. Dieses Recht bezieht sich auf jede einzelne derart eingeführte Urkunde, sodass im Extremfall die vom Gericht intendierte Zeitersparnis durch die ausführliche Darstellung der Verteidigung obsolet werden kann.

1273   Neben dem Selbstleseverfahren soll es nach einer älteren Rechtsprechung (und differenzierter Gesetzeslage) darüber hinaus zulässig sein, die unmittelbare Verlesung durch einen **Bericht des Vorsitzenden über den Urkundeninhalt** zu ersetzen.[1070] Eine solche Möglichkeit wird von der Literatur weitgehend als systemwidrig abgelehnt.[1071] Die Verteidigung wird daher häufig Anlass zum Widerspruch haben. Ob dies allerdings immer taktisch klug ist, bleibt fraglich. Bisweilen kann der Informationswert in der Auswahl des Urkundeninhalts und der Darstellungsart durch den Vorsitzenden sehr viel größer sein als die Einhaltung der Formalie einer vollständigen Verlesung.

1068 S. *Kirchner* Das Selbstleseverfahren – Blackbox der Beweisaufnahme, StraFO 2015, 52 ff.
1069 So die Formulierung bei *Saldit* Strafverteidiger in streitiger Hauptverhandlung, StraFO 2015, 1 ff., 6.
1070 BGHSt 1, 94.
1071 S. *Hellmann* StV 1995, 123.

XII. Öffentlichkeit

Öffentlichkeit korrespondiert mit der symbolischen Ordnung des Rechts, nur durch die öffentliche **1274**
Rezeption können Recht und Rechtsprechung ihre gesellschaftliche Funktion entfalten.[1072] Vertrauen
entsteht, wenn Gerechtigkeit sichtbar wird. Justiz bedarf zu ihrer Aufgabenerfüllung daher einer
theatralen Dimension.[1073] Theater lebt vom Publikum, und hier ergibt sich für die Verteidigung
strategisches Potenzial.

Aus der historischen Idee der Öffentlichkeit folgt **Kontrolle** des Gerichtsgeschehens; dies deckt sich
regelmäßig mit den Verteidigungsinteressen des Angeklagten. Das 19. Jahrhundert hat die Forderung nach Öffentlichkeit im Rahmen des politischen Liberalismus in der Aufklärung in Abgrenzung
zum unkontrollierten Inquisitionsprozess institutionalisiert. § 169 GVG dokumentiert damit eine
der grundlegenden demokratischen Einrichtungen des Rechtsstaats überhaupt.[1074] Die Teilnahme von
in der Sache nicht beteiligten Bürgern als Zuschauer in der Gerichtsverhandlung sollte ein zusätzlicher Garant gegen Unberechenbarkeiten und Willkür von Richtern in einem Obrigkeitsstaat sein.[1075]
Die öffentliche Kontrolle des wichtigsten Teils des Strafverfahrens dient damit primär den Interessen
des Angeklagten.[1076]

> Öffentlichkeit und faires Strafverfahren hängen allerdings angesichts der Entwicklung der letzten Jahr- **1275**
> zehnte nicht zwangsläufig zusammen. Der Öffentlichkeitsgrundsatz nimmt nicht zwingend die Rolle
> eines Verfassungsrechtsgrundsatzes ein.[1077] Eine wesentliche **Entwicklung des Strafverfahrens** nimmt den
> entgegengesetzten Weg der **Verheimlichung** des Verfahrens. Ein Drittel der Anklagen sieht niemals das
> Licht der Gerichtsöffentlichkeit.[1078] Das Massenphänomen Strafverfahren unterliegt der verborgenen behör-
> denmäßigen Verwaltung. Die über §§ 153, 153a StPO oder durch das Strafbefehlsverfahren erledigten
> Strafverfahren haben den Anspruch, materielle Gerechtigkeit zu realisieren, nehmen mit der Begründung
> der knappen Ressource der Justiz allerdings in Kauf, dass generalpräventive Wirkungen durch eine der-
> artige justizinterne Verwaltung nicht entfaltet werden können. Dass Recht sich hier nicht als gerecht
> auch im Verfahren seiner Anwendung darstellen kann, nimmt die Moderne in Kauf. Addiert man die
> zunehmenden Möglichkeiten, auch in öffentlicher Hauptverhandlung dieselbe weitgehend auszuschlie-
> ßen, und wirft ein Blick auf die nun aus gesetzlich geregelten Verständigungsverfahren, die lediglich
> nachträglich heimlich gemachte Absprachen im Ergebnis öffentlich verkünden, wird der reduzierte Wert
> der Öffentlichkeit im Strafverfahren deutlich.[1079] Nutzt Verteidigung im Einzelfall die Verheimlichung,
> setzt sie sich jedenfalls nicht in Widerspruch zum rechtspolitischen Trend.

Trotz langer Tradition ist damit aktuell der Wert des Öffentlichkeitsgrundsatzes rechtlich und dog- **1276**
matisch keinesfalls stringent erfasst. Im Gegenteil: Eine nachvollziehbare Linie zur Begründung
dieses Prinzips ist nicht erkennbar. Die Dogmatik ist ein Flickenteppich,[1080] die Auslegung des Grundsatzes im Einzelfall nähert sich der Willkür. Die Konsequenz ist der Bedeutungsverlust des Prinzips
im rechtsstaatlichen Gefüge.[1081]

> Ohne exakte Begründung lässt die höchstrichterliche Rechtsprechung »öffentliche« Verhandlungen zu, **1277**
> in denen beispielsweise die Öffentlichkeit gerade möglicherweise entscheidende Geschehnisse einer Beweis-
> aufnahme nicht wahrnimmt, weil sich diese bei der Zeugeneinvernahme und Urkundenpräsentation
> unmittelbar am Gerichtstisch ereignen und nur von den unmittelbar am Verfahren Beteiligten wahrge-
> nommen werden können; hier hat Verteidigung ggfls. über § 238 Abs. 2 eine allgemeine Wahrnehmbar-

---

1072 *Höland* Beulke-FS 2015, S. 787, 788.
1073 *Vissmann* Medien der Rechtsprechung, 2011.
1074 BGHSt 1, 335.
1075 S. *Alber* Die Geschichte im deutschen Strafverfahren 1974.
1076 BVerfG NJW 2001, 1633, 1635.
1077 S. z.B. BVerfGE 15, 303, 307; LR/*Wickern* Vor § 169 GVG Rn. 6.
1078 S. *Albrecht* Kriminologie, 4. Aufl. 2010, S. 207 f.
1079 S. zusammenfassend *Marxen* Veröffentlichung und Verheimlichung des Strafverfahrens, GA 2013, 99 ff.
1080 Dies wird deutlich in den Analysen von *Lesch* Der Begriff der Öffentlichkeit in der Revision, Stra-
 Fo 2014, 353 ff., und *Frank* Der Begriff der Öffentlichkeit in der Revision, StraFo 2014, 361 ff.
1081 *Frank* StraFo 2014, 366.

keit einzufordern.[1082]. Keine nachvollziehbaren rechtlichen Maßstäbe existieren auch, wenn angesichts eines besonderen Interesses der Öffentlichkeit über die Größe des Sitzungssaals zu entscheiden ist; hier kapituliert das Recht und ordnet sich den Raumvorstellungen früherer Gerichtsarchitekten unter. Unzulässige Prangerwirkungen werden durch aufgeblasene Schauprozesse zulasten des Angeklagten (zu Recht) befürchtet, ohne dass allerdings rechtlich eine sinnvolle Abgrenzung zu vergleichbaren Effekten erfolgt, die bereits die Anwesenheit weniger, dem Angeklagten unfreundlich gesinnter Personen in einem kleinen Sitzungssaal entspricht.[1083] Kaum zwingend erscheint auch die gesetzliche Entscheidung, generell keine Bild- und Tonübertragungen aus einer Hauptverhandlung zuzulassen. Das Bedürfnis des Schutzes des Gerichts vor unredlichen Einflüssen der Öffentlichkeit ist mit einer solchen Trennlinie – zumal in der modernen Medienwelt – kaum vermittelbar.[1084] Halbherzigkeit kennzeichnet die Umsetzung des Öffentlichkeitsgrundsatzes auch bei der Revisionsrechtsprechung, die ohne jeden gesetzlichen Anhaltspunkt die objektive Unmöglichkeit des Vordringens von Zuschauern in den Gerichtssaal – sei es durch zugeschlagene Eingangstüren oder falsche Hinweise – zusätzlich von einem Verschulden des Gerichts bei der Verursachung dieser Hindernisse abhängig machen will.

1278 Auch wenn die Präsentation des Gerichtsgeschehens gegenüber der Öffentlichkeit als Nebeneffekt das Vertrauen der Allgemeinheit in die Institution der Strafrechtsprechung fördern mag, so ist die **Idee der Kontrolle** das zentrale Anliegen der Forderung nach Öffentlichkeit, wie sie als Prozessgrundrecht des Bürgers sogar Eingang in die Menschenrechtskonvention gefunden hat – **Art. 6 Abs. 1 S. 1 MRK.** Dieser grundsätzliche Ansatz hat auch den Europäischen Gerichtshof für Menschenrechte aber nicht davon abgehalten, dessen Absolutierung zu minimieren. Der Gerichtshof bestätigte, dass gerade im Hinblick auf den individual-rechtlichen Schutzcharakter dieses Grundsatzes die Handhabung eines Verzichts des Angeklagten auf diesen Schutz nicht völlig undenkbar ist.[1085] Der Informationsanspruch der Öffentlichkeit kann daher sehr wohl hinter den berechtigten Interessen des Angeklagten auf eine Geheimhaltung zurücktreten. Wo hier möglicherweise eine verfassungsrechtliche oder menschenrechtliche Grenze läuft, die zur Sicherung des allgemeinen Vertrauens der Bevölkerung in die Redlichkeit der Vorgehensweise von Strafgerichten unbedingt Transparenz erfordern könnte, ist bislang unklar. Aus grundsätzlichen Erwägungen ist der Weg der Disposition der Verteidigung hinsichtlich dieses Grundsatzes jedenfalls nicht verschlossen.

1279 Das zumeist laienhafte Publikum kann kein Garant für die Überprüfung und Einhaltung gesetzlicher Normen sein. Die Befriedigung des Kontrollbedürfnisses durch die Institutionalisierung der Öffentlichkeit reflektierte schon vor Jahrhunderten die zutreffende Erwägung, dass faires Entscheidungsverhalten entscheidend durch das Gefühl der Beobachtung gefördert werden kann. Dass nicht nur faire Entscheidungen durch konkrete Kontrolle, sondern bereits durch das undifferenzierte Gefühl des Beobachtetwerdens gefördert werden, ist das Ergebnis jüngerer sozialpsychologischer Untersuchungen.

1280 ▶ Beispiel:

Im Sozialraum eines Biologieinstituts existierte eine sogenannte »Kaffeekasse«. Jeder Mitarbeiter hatte die Möglichkeit, seinen persönlichen Konsum von Kaffee und anderen Angeboten durch einen freiwilligen Geldbeitrag zu entgelten. Er konnte einen ansonsten nicht weiter kontrollierten Münzgeldbetrag in eine aufgestellte Kasse zahlen. In einem Test variierten Psychologen die Bedingungen. Nahezu beiläufig wurde am Rande der Kasse ein kleines Bild aufgestellt. Dieses Bild wechselte jede Woche. Während in den ungeraden Wochen jeweils ein kleines Bild mit einem Augenpaar aufgestellt wurde, befand sich dort in den geraden Wochen lediglich ein Blumenbild. Die eingesammelten Beträge in der Kasse pro Woche wurden exakt ausgezählt.

1082 *Wagner* Öffentlichkeitsgrundsatz und Inaugenscheinnahme im Rahmen der strafprozessualen Hauptverhandlung, StV 2019, 858 ff.

1083 Zu den Prangereffekten – und die Möglichkeiten ihrer Vermeidung – bei der Präsentation des Angeklagten vor der öffentlichen Presse s. *Schlothauer* Strafverfahren und Öffentlichkeit StV 2015, 665 ff.

1084 *Britz* Das Fernsehen gehört in die Hauptverhandlung, Schiller-FS 2014, S. 81 ff.

1085 EGMR Albert u.a./. Belgien EUGRZ 1983, 194; Schuler-Zgraggen./. Schweiz EUGRZ 1996, 604.

> Das Ergebnis: Die Geldbeträge in den »Augenwochen« waren jeweils signifikant höher, teilweise betrugen sie ein Mehrfaches der in der »Blumenwoche« gesammelten Beträge. Dass bei den Benutzern verankerte Fairnessgefühl wurde ganz offensichtlich in der praktischen Umsetzung allein dadurch gefördert, dass das Bild eines Augenpaares zumindest unterschwellig signalisierte, dass das eigene konkrete Tun gesellschaftlicher Beobachtung unterliegen könnte.[1086]

Ein derartiger vom Entscheider selbst kaum wahrnehmbarer Effekt dürfte der Öffentlichkeit in einer Hauptverhandlung ebenfalls nicht abzusprechen sein. Auch wenn es langjährig aktiven Richtern eher gelingt, sich durch Blockaden einer solchen Kontrollwirkung zu entziehen, darf der Verteidiger jedenfalls auf diese psychologischen Grundzusammenhänge vertrauen. Auch wenn das Gefühl der juristischen Unkontrollierbarkeit in der mündlichen und damit flüchtigen Hauptverhandlung beim Richter dominiert, verbleibt der Affekt, erkennbares Abweichen von fairem Entscheiden vor unbekannten Dritten nicht überdeutlich werden zu lassen. **1281**

Die Hoffnung der Verteidigung auf ein Minimum richterlicher Disziplinierung durch Beobachtung unabhängigen Publikums schwindet in der Praxis allerdings zumeist in wenig spektakulären Fällen. Zuschauer begeben sich nur aus Interesse an der Sache und nicht mit dem Bedürfnis der Kontrollfunktion in den Zuschauerraum des Gerichtssaals. Sind die Zuschauerbänke in spektakulären Mordsachen oder bei der Anklage gegen eine prominente Person gut besetzt, so finden sie sich in Fällen der Alltagskriminalität häufig leer. Die allenfalls an Wärme interessierten Obdachlosen sind als professionelle Zuhörer dem Richter zumeist bekannt und scheiden als Kontrollfaktoren aus. Um den Effekt der Unsicherheit einer möglichen öffentlichen Kontrolle wieder zu erzielen, muss der Verteidiger unter Umständen selbst initiativ werden, um durch Referendare, Angehörige oder andere Personen ein Auditorium zu schaffen. **1282**

Ist die Kontrollfunktion durch die Öffentlichkeit nicht erwünscht, weil beispielsweise ein im Vorfeld mit dem Gericht erzieltes Ergebnis in der Öffentlichkeit auf Unverständnis oder sogar Protest stoßen könnte, kann die **Minimierung des Auditoriums** im Interesse der Verteidigung liegen. Einflussnahme kann hier regelmäßig nur im Einvernehmen mit dem Richter erfolgen. Förderlich sind hier beispielsweise Terminierungen auf den frühen Nachmittag, einem Zeitpunkt, zu dem sowohl übliche Gerichtsbesucher als auch Schulklassen als auch Journalisten zumeist schon den Heimweg angetreten haben. **1283**

Liegt die Aufrechterhaltung der Kontrollfunktion im Interesse der Verteidigung, so sieht sie sich in den letzten Jahren mit der erweiterten gesetzlichen Möglichkeit des Gerichts konfrontiert, sich dieser Last zu entledigen. **§§ 171b, 172 GVG** eröffnen für viele Themenbereiche die Möglichkeit, die Öffentlichkeit für Teile der Verhandlung ausdrücklich auszuschließen. Während die nicht öffentliche Verhandlung bei Jugendlichen unverrückbare Regel ist (§ 48 Abs. 1 JGG), steht dem Gericht ein sehr weiter und im Ergebnis kaum überprüfbarer Entscheidungsspielraum zu, wenn in der Hauptverhandlung zum Beispiel Fragen der Staatssicherheit oder der Gefährdung der öffentlichen Ordnung diskutiert werden. Ausreichend soll schon sein, wenn ein V-Mann bei seiner Vernehmung enttarnt werden könnte.[1087] Ist ein Zeuge gerade dadurch gefährdet, dass er seine Aussage in aller Öffentlichkeit macht, soll sein Schutzinteresse dem der öffentlichen Kontrolle ebenso vorgehen wie in den Fällen, in denen intime Details des Privatlebens eines Verfahrensbeteiligten zur Sprache kommen. Ist das jederzeit mögliche **Selbstleseverfahren** angeordnet, werden der Öffentlichkeit die – möglicherweise entscheidenden – Urkunden vorenthalten. **1284**

Gerade über den Hebel der Erörterung privater Angelegenheiten gelingt es, faktisch einen Großteil der Beweisaufnahme jeglicher öffentlicher Kontrolle zu entziehen. Bei Sexualdelikten ist dies in der Praxis schon fast die Regel. Aber auch bei zahlreichen anderen Delikten lässt sich bei weiten Teilen **1285**

1086 *Bateson/Nettle/Roberts* Cues of Being Watched Enhaced Cooperation in a Real-World Setting, Biology Letters 2, 2006, 412 ff.; zur Wertung *Kahnemann* Thinking, Fast and Slow 2011, S. 56 ff.
1087 BGHSt 32, 115, 125.

der Beweisaufnahme prognostizieren, dass – und sei es nur aus Gründen der Strafzumessungserwägung – höchstpersönliche Details aus dem Privatleben offenbart werden.

1286   Der Weg für richterliche Beliebigkeit bei Ausschluss der Öffentlichkeit ist durch die Rechtsprechung insbesondere aufgrund des Entscheidungsweges geebnet worden. Letztlich ist das Gericht mit seiner Entscheidung, ohne Beobachtung weiter zu verhandeln, bei Einhaltung von Minimalstformalien niemandem Rechenschaft schuldig.[1088] Zwar muss die Entscheidung in **Form eines Beschlusses** erfolgen,[1089] Entscheidungsstrukturen müssen allerdings nicht transparent gemacht werden. Statt des erkennbaren Versuchs einer Subsumtion unter die gesetzlichen Vorschriften verlangt die höchstrichterliche Rechtsprechung vom Tatrichter lediglich, dass er die gesetzliche Ermächtigung zumindest zitieren möge, auf die er sich bezieht. Vorsicht ist für das Gericht allenfalls geboten, wenn die nur grob zitierte Gesetzesstelle mehrere Begründungsalternativen enthält; die jeweilige Alternative muss als Ausschließungsgrund aus sich heraus hinreichend deutlich werden.[1090]

1287   Gibt es kaum rechtliche Hindernisse für willkürliche Gerichtsentscheidungen, so kann die Verteidigung ihr Augenmerk nur darauflegen, psychologische Hemmnisse im Hinblick auf die Nachvollziehbarkeit gerichtlichen Geschehens zu installieren. Schriftlich fixierte Anträge können deutlich machen, dass gesetzliche Begründungen, wie beispielsweise die Thematik intimer Privatdetails von Zeugen, entweder nachvollziehbar nicht vorliegen oder angesichts ihrer erkennbar marginalen Bedeutung lediglich als Fassade für eine vom Gesetz nicht vorgesehene umfassende geheime Beweisaufnahme dienen. Da gerichtliche Entscheidungen zu Beginn einzelner Beweisaufnahmen stehen und damit notwendiger Weise Prognosen darstellen müssen, kann sich eine erkennbare gerichtliche Fehlentscheidung auch im Laufe der angeblich geheimhaltungsbedürftigen Beweisaufnahme ergeben. Folgen aus der Zeugenaussage Hinweise auf den Fehlgriff des Gesetzes, muss die Frage der Öffentlichkeit von der Verteidigung ggf. auch während laufender Zeugenaussagen erfolgen. Lässt sich der Inhalt einer Zeugenaussage vertretbar »splitten«, sollte aus dem Protokoll in der Begründung des entsprechenden Antrags nachvollziehbarer Weise hervorgehen, dass große Teile durchaus öffentlich verhandelt werden können.

1288   Die Weite des gesetzlich erfassten Themenbereichs kann sich allerdings auch die Verteidigung zunutze machen. Überwiegt beim Mandanten die Furcht vor öffentlicher Prangerwirkung gegenüber der Abstinenz eines Bausteins richterlicher Kontrolle, so kann bereits bei der **Einlassung des Mandanten** der **Ausschluss der Öffentlichkeit** beantragt werden. Da häufig Motivationen für abweichendes Verhalten nur durch Aufdeckung persönlichster Intimdetails möglich sind, hat die Verteidigung ein breites Argumentationsfeld. Sollte sich das Gericht gleich zu Beginn einer strengen Auslegung der Ausschlussgründe befleißigen, sind immerhin bindende Maßstäbe für später mögliche Ausschlüsse bei Zeugenvernehmungen geschaffen.

1289   Andere formale Verletzungen des Öffentlichkeitsgrundsatzes sind nicht zwingend mit dem Kontrollverlust verbunden. Auch Einzelpersonen können unter Umständen ausdrücklich wegen Ungebühr (§ 178 GVG) oder der Verletzung der Würde des Gerichts (§ 175 Abs. 1 GVG) oder aufgrund ihrer Eigenschaft als potenzielle Zeugen (§ 58 Abs. 1 StPO) ausgeschlossen werden. Verteidigungschancen ergeben sich nicht nur aus der Revisibilität von Beschlussfehlern. Gelegentlich ist der Verteidigung nicht an der Anwesenheit einzelner Personen gelegen – und sei es nur um dem Mandanten die Härme eines in der ersten Reihe sitzenden ehemaligen Freundes oder Nachbarn zu ersparen. Die persönliche Nähe derartiger Zeugen zum Mandanten rechtfertigt häufig, diese auch als Informationsquelle für Tatumstände oder zumindest Strafzumessungsgesichtspunkte anzusehen. Unter

---

1088   Weshalb Richter gerne den »rechtsstaatlichen Pathos der Verfahrensöffentlichkeit« geißeln und dessen Reduzierung befürworten, s. z.B. *Walther* Der Öffentlichkeitsgrundsatz im Kontext der Verständigung im Strafverfahren, NStZ 2015, 383 ff., 386.

1089   S. hierzu *Baumhöfener* Zur Verkümmerung des Verfahrens über den Ausschluss der Öffentlichkeit, StRR 2014, 475 ff.

1090   BGH NStZ 1983, 324; 1989, 442; 1994, 591.

Hinweise auf diese Potenzen – ggf. durch Stellen eines Beweisantrages bereits zu Beginn der Hauptverhandlung – kann das Gericht veranlasst werden, diese Person aus dem Gerichtssaal zu bitten.

Mitschreibende Zuhörer sind dem Gericht a priori suspekt, da sie das Privileg der weitgehend fehlenden Dokumentation des Verlaufs der Hauptverhandlung gefährden könnten. Verboten ist das Mitschreiben allerdings nicht. Zur Aufrechterhaltung der Ordnung in der Sitzung (§ 176 GVG) greifen Vorsitzende gerne unter dem Vorwand ein, die Wahrheitsfindung sei durch Umgehung des § 58 Abs. 1 StPO gefährdet; ein nicht anwesender und später zu vernehmender Zeuge könnte über den mitschreibenden Zuhörer über den Verlauf der Sitzung informiert werden. Das Untersagen des Mitschreibens und sogar das Verweisen aus dem Saal soll die Folge sein.[1091] Substanzlose Mutmaßungen reichen zwar nicht, konkrete Verdachtsmomente und damit eine Eingriffsbefugnis werden häufig schon dann bejaht, wenn auf Befragen der Zeuge keine Erklärung für seine Motivation abgeben will.

1290

Großzügigkeit gegenüber dem Zuhörer bis hin zur Blauäugigkeit macht sich allerdings dann auf der Richterbank breit, wenn der mitschreibende Zuhörer erklärt, er sei polizeilicher Prozessbeobachter und dokumentiere das Geschehen maßgeblich zu Ausbildungszwecken oder ähnlich abstrakten Zielen. Handelt es sich um ein spektakuläres Umfangsverfahren, in dem unter anderem auch die Vernehmung zahlreicher Polizeibeamter ansteht, muss sich häufig der Verdacht aufdrängen, dass solche Prozessbeobachter oder deren Material dazu dienen, zukünftige Polizeizeugen zu coachen. Aufklärung verhindern die Polizeibehörden selbst, indem der Zuhörer als Zeuge lediglich eine beschränkte Aussagegenehmigung erhält. Dass angesichts des allgemeinen Lamentos über die Personalknappheit bei Polizeibehörden das Abstellen von Personal für zahlreiche Hauptverhandlungstage allein durch Ausbildungszwecke gerechtfertigt sein soll, erscheint der Verteidigung lebensfremd. Ganz offensichtlich dominiert das Interesse der Ermittlungsbehörden, die Gestaltungsmöglichkeiten des Verfahrens aus der Ermittlungsphase auch in die Hauptverhandlung hinüber zu retten. Mangels konkreter Informationen über die Aufgabe des polizeilichen Beobachters sind die notwendigen Reaktionsmöglichkeiten der Verteidigung überschaubar. Ein Ausschluss zu Beginn der Hauptverhandlung kann nur auf Schlussfolgerungen und allgemeine Lebenserfahrung zurückgreifen. Verlangt das Gericht konkrete Beweise, bleibt der Verteidigung nichts anderes übrig, als penibel bei jedem einzelnen polizeilichen Zeugen dessen Hintergrundwissen zum bisherigen Prozessgeschehen zu erfragen und so allmählich das Bild eines wohl informierten Polizeiapparates im Zeugenstand verdichten zu lassen.

1291

XIII. Das Hauptverhandlungsprotokoll

1. Rechtliche und psychologische Bedeutung

Für die Verteidigung erscheint während laufender Hauptverhandlung die Bedeutung des Hauptverhandlungsprotokolls zunächst eher peripher. Denn es wird mit dem Ziel protokolliert, späteren Instanzen einen Überblick und ggf. auch eine Überprüfbarkeit des Geschehens in der Hauptverhandlung zu ermöglichen. Die hohe Kunst der Protokollierung[1092] und der Umgang der Strafverteidigung hiermit scheint für die Revision und deren Vorbereitung durch die Verteidigung in der Hauptverhandlung reserviert.[1093] Für die Diskussion in laufender Hauptverhandlung scheint das Thema nicht zu taugen, weil das Niedergeschriebene allenfalls den unverbindlichen Charakter eines Entwurfs habe und die Fertigstellung des Protokolls erst nach der Urteilsverkündung erfolge. Der Verteidiger vor dem Tatsachengericht, der das Instrumentarium des Hauptverhandlungsprotokolls deswegen vollständig ignoriert, verkennt die unmittelbaren – insbesondere **psychologischen** – Wir-

1292

1091 S. z.B. BGH NStZ 1982, 389; s. auch Nr. 128 Abs. 2 RiStBV.

1092 S. insbesondere zur geschichtlichen Entwicklung: *Leitner* Das Protokoll im Strafverfahren – eine wechselvolle Geschichte, FS Hamm 2008, S. 405 ff.

1093 S. hierzu MAH-Strafverteidigung/*Widmaier/Norouzi* § 9 Die Hauptverhandlung im Blickwinkel der Revision, Rn. 131 ff.

kungen, die sich schon in der Hauptverhandlung aufgrund der Protokollführung und einer Auseinandersetzung hierüber ergeben können.

1293   Der geminderte Wille von Richtern, sich angesichts von Vorprägungen und inneren Tendenzen zu einer vorläufigen Urteilsfindung mit dem vollständigen Beweisstoff auseinanderzusetzen, resultiert aus der Flüchtigkeit der mündlichen Verhandlung einerseits und dem richterlichen Privileg, die Basis für die Überprüfbarkeit seiner Prozessführung in Form der Darstellung der Beweisergebnisse im Urteil selbst zu schaffen. Allein das **Bewusstsein einer Überprüfbarkeit** des eigenen Tuns – auch wenn es nicht unmittelbar revisionsrechtlich relevant sein mag – führt zumindest zu einem Innehalten in einem allzu oberflächlichen Prozessieren, und kann der Verteidigung zumindest zusätzliche ernsthafte Chancen des Gehörs gewähren. Gerade die Diskussion über Protokollierungsverfahren legt häufig missverständliche und unterschiedliche Rezeptionen der bereits gelaufenen Beweisaufnahme offen. Die gesetzlichen Protokollierungsvorschriften sollten daher auch dem Verteidiger geläufig sein, der sein Aktionsfeld ausschließlich in der Tatsacheninstanz sieht.

2. Der Beweiswert des Protokolls

1294   Die gesetzliche Regelung ist überschaubar.

> Das Gesetz verlangt die Aufnahme eines Protokolls, für das der **Vorsitzende** und der **Urkundsbeamte** der Geschäftsstelle gleichermaßen verantwortlich sind (§ 271). Zwingend müssen der Inhalt, Ort und Tag der Verhandlung, die Namen der Beteiligten, die Bezeichnung der Straftat nach der Anklage sowie die Öffentlichkeit der Verhandlung aufgeführt sein (§ 272). Im Übrigen muss das Protokoll lediglich den **Gang und die Ergebnisse der Hauptverhandlung** sowie die Beobachtung aller **wesentlichen Förmlichkeiten** ersichtlich machen (§ 273 Abs. 1). Der Inhalt von Vernehmungen ist nicht in das Protokoll aufzunehmen; lediglich vor dem Amtsgericht hat das Protokoll die wesentlichen Ergebnisse der Vernehmung wiederzugeben (§ 273 Abs. 2).

1295   Die wesentliche **Bedeutung für das Revisionsverfahren** dokumentiert § 274: Die Beobachtung der für die Hauptverhandlung vorgeschriebenen **Förmlichkeiten** kann **nur durch das Protokoll bewiesen** werden. Nach dieser grundsätzlichen Idee der Beweisführung gilt für das Revisionsgericht nur das als wirklich geschehen, was auch protokolliert ist. Das hat für jeden Revisionsführer die missliche Folge, dass er einen Verfahrensverstoß, der tatsächlich in der Hauptverhandlung geschehen ist, revisionsrechtlich nicht rügen kann, weil er nicht in der notwendigen Art und Weise protokolliert worden ist. Allein unter Bezug auf diese formelle Grundlage können Verfahrensrügen in der Revisionsinstanz erfolgreich erhoben werden, wenn sich – völlig unabhängig vom tatsächlichen Geschehen in der Hauptverhandlung – der Verfahrensverstoß nach der Protokollierung als solcher auch darstellt. Die **Form** dominiert das Revisionsverfahren, weshalb die Revisionsrechtsprechung auch von einem grundsätzlichen Rekonstruktionsverbot des Geschehens der Hauptverhandlung außerhalb des Protokolls ausgeht.

1296   Dieser formale Weg ist allerdings weitgehend zuungunsten des Revisionsführers durch die jüngere Rechtsprechung aufgeweicht worden. Die Bindung an die Form hat die Rechtsprechung schon seit längerer Zeit verlassen, wenn sie es zulässt, dass das einmal fertiggestellte Protokoll durch die beiden Verantwortlichen (Urkundsbeamten und Vorsitzenden) jederzeit geändert werden kann. Auch ohne Änderung entfällt die Beweiskraft, wenn sich eine der Urkundspersonen in einer dienstlichen Erklärung vom Protokollinhalt distanziert.[1094] Im Gegensatz zur Zivilprozessordnung enthält die StPO hierfür grundsätzlich keine Legitimation. **Protokollberichtigungen** sollen nicht nur jederzeit zulässig, sondern sogar geboten sein, falls die Urkundspersonen Mängel des Protokolls nachträglich erkennen.[1095]

1094 BGH StraFo 2014, 388 ff.
1095 BGHSt 1, 259, 261; NStZ 2005, 281 f.

Den vollständigen Einriss der förmlichen Bindung des Revisionsgerichts an das Protokoll vollzog der Große Senat des BGH:[1096]

> Während bis dahin die Regel galt, dass trotz Veränderung des Hauptverhandlungsprotokolls einer bereits erhobenen Revisionsrüge nicht nachträglich der Boden entzogen werden dürfe, ist nunmehr der Weg eröffnet, Erfolg versprechende Rügen des Revisionsführers nachträglich abzuschneiden. Auch nach Verfassung der Revisionsbegründung und nach Ablauf der Begründungsfrist kann bei einer sicheren Erinnerung der Urkundspersonen das Protokoll mit bindender Wirkung für das Revisionsgericht verändert werden. Die Abschaffung des früher geltenden **Verbots der Rügeverkümmerung** begründet der BGH mit dem pauschalen Hinweis, dass auch der Revisionsführer keinen Anspruch auf den Erfolg einer Rüge aufgrund eines wahrheitswidrigen Vortrages haben kann. Dass nach wie vor nicht das Streben nach Wahrheit, sondern die förmliche Bindung an das Konstrukt des protokollierten Geschehens Kern des Revisionsverfahrens ist, wird vom BGH ignoriert.[1097]

1297

Eine weitere Lösung vom formalisierten Hauptverhandlungsgeschehen des Protokolls hatte die Rechtsprechung schon auf einem anderen Weg vollzogen: Bindungswirkungen an die protokollierten Formalien sollen auch dann entfallen, wenn das Protokoll erkennbar unvollständig ist, offensichtliche Lücken oder Widersprüchlichkeiten aufweist.

1298

> Der großzügige Umgang mit diesen Möglichkeiten hat es den Revisionsgerichten oft erlaubt, die Beweisregel des § 274 zu umgehen. Allerdings wird gerade nach der Entscheidung des Großen Senats zur Rügeverkümmerung gefordert, dass angesichts der erweiterten Möglichkeiten der nachträglichen Berichtigung vom Protokoll abweichende Feststellungen des Revisionsgerichts nur noch in Fällen krasser Widersprüchlichkeit des Protokollinhalts erfolgen dürfen.[1098]

1299

3. Protokollierungsanträge

In der Hauptverhandlung selbst bleiben das Protokoll und sein Inhalt für den Verteidiger zumeist ein Mysterium. Es ist erst fertiggestellt, wenn die Urkundspersonen nach Urteilsverkündung ihre Unterschrift geleistet haben. Erst dann kann über die Akteneinsicht der Inhalt des Protokolls verifiziert werden. Die Notizen im Vorstadium sind lediglich Entwürfe, bezüglich derer ein Anspruch auf Einsichtnahme nicht besteht. Der Verteidiger wird also regelmäßig nichts darüber erfahren, was der Vorsitzende sprachlich für notwendig erachtet, um den Gang und die Ergebnisse der Hauptverhandlung entsprechend § 273 Abs. 1 auch tatsächlich zu dokumentieren.

1300

Publizität in der Hauptverhandlung erhält das Geschehen um die Protokollierung allenfalls über die Regelung des **§ 273 Abs. 3**. Hier werden ausnahmsweise auch **Ansprüche anderer Verfahrensbeteiligter auf die Protokollierung** von Vorgängen formuliert. Auch der Verteidiger hat einen Anspruch auf das vollständige Niederschreiben von Protokollinhalten, wenn es »auf die Feststellung eines Vorgangs in der Hauptverhandlung oder des Wortlauts einer Aussage oder einer Äußerung« ankommt. Hier entsteht für den Verteidiger vor dem Tatgericht die maßgebliche Handlungsoption.[1099]

1301

Mit der Vorschrift des § 273 Abs. 3 hat der Gesetzgeber ausdrücklich ein Mitwirkungsrecht der Verteidigung bei der Erstellung des Protokolls beabsichtigt.[1100] Die Eingriffsmöglichkeiten der Verteidigung sind größer, als dies aktuell die Praxis in deutschen Gerichtssälen wahrhaben will. Zwei verschiedene Vorgänge können auf Antrag der Verteidigung protokolliert werden: Zum einen der »Vorgang in der Hauptverhandlung«, zum anderen eine »Aussage oder Äußerung«. Protokolliert werden beide, wenn es auf die Protokollierung »ankommt«.

1302

1096 BGHSt 51, 298 = NJW 2007, 2419 = NStZ 2007, 661 = StV 2007, 403 = BGHR StPO § 274 Berichtigung 2; das BVerfG hat diese Rechtsprechung mit knapper Senatsmehrheit gebilligt, Beschl. v. 15.01.2009 – 2 BvR 2044/07.

1097 S. hierzu z.B.: *Ziegert* Die Entdeckung der Wahrheit, FS Volk 2009, S. 901 ff.; *Bertheau* Rügeverkümmerung – Verkümmerung der Revision in Strafsachen, NJW 2010, 973, 976.

1098 BGH StV 2010, 171.

1099 S. hierzu zuletzt: *Egon Müller* Zur Protokollierung gemäß § 273 Abs. 3 StPO, FS Volk 2009, S. 485 ff.

1100 S. hierzu BT-Drs. IV./1020, S. 5.

Der »**Vorgang**« ist ebenso weit zu fassen wie der Begriff der »**Aussage**« oder der »**Äußerung**«.

1303   Der Vorgang geht insbesondere weit über den allgemeinen Gang der Hauptverhandlung und alle wesentlichen Förmlichkeiten hinaus, deren Protokollierungspflicht sich bereits aus Abs. 1 ergibt. Alles was *in*
der Hauptverhandlung passiert (und nicht vor dem Gerichtssaal) kann ein entsprechender Vorgang sein.
Die Bandbreite reicht von der Sitzposition eines Zeugen oder Sachverständigen über das konkrete Zeugenverhalten (Gestik, Stottern, Lachen) bis zu Artikulationsdefiziten von Zeugen oder Angeklagten oder
dem ostentativen Verhalten eines Verfahrensbeteiligten.

Als Äußerung kommt jede Verbalisierung durch einen Prozessbeteiligten, sei es der Angeklagte, sein Verteidiger, ein Zeuge, Sachverständige oder Richter, als Protokollierungsgegenstand nach § 273 Abs. 3 in
Betracht.

1304   Entscheidend für die Protokollierungspflicht ist angesichts der Weite des Protokollgegenstandes die
Frage, ob es auf die Feststellung im Protokoll »**ankommt**«. Einen Maßstab hierfür hat das Gesetz
nicht festgelegt. Die Weite der Formulierung macht deutlich, dass die zu prüfende Bedeutung sich
nicht nur auf das anhängige Erkenntnisverfahren beziehen kann. Auf die Protokollierung kann es
auch im Hinblick auf anderweitige Interessen ankommen. Diese Interessen müssen nur ausreichend
von der Verteidigung dargelegt werden. Dem Gesetz ist auch nicht zu entnehmen, dass es für die
Formulierung der Bedeutung auf die richterliche Sicht ankommt; vielmehr ist der gesetzgeberischen
Intention der Teilhabe der Verteidigung an der Protokollierung zu entnehmen, dass es auch schlichte
zukünftige Verteidigungsinteressen sein können, die eine Protokollierungspflicht auslösen.[1101]

1305   Aktuell werden beispielhaft aufgeführt die mögliche Relevanz von Verfahrensfehlern für die Revision,
Anlässe für weitere Aufklärungsbemühungen, Widersprüchlichkeiten im Hinblick auf spätere Vorhalte,
fremdsprachige Aussagen bei Zweifeln an der Übersetzung.[1102]

1306   Während damit der Anspruch auf Protokollierung von »Vorgängen« sehr weit ist, unterliegt die
Protokollierungspflicht hinsichtlich der »Aussagen« und »Äußerungen« einer weiteren Einschränkung: Das Gesetz spricht nicht nur von der verbalen Äußerung, sondern vom »**Wortlaut** einer Aussage oder einer Äußerung«. Dies ist der gängige Hebel für Gerichte, um vom »hohen Ross«[1103] Protokollierungsanträge abzulehnen, welche letztlich für die Beweiswürdigung von entscheidender
Bedeutung sein können.

1307   Der Verteidiger muss sich entgegenhalten lassen, dass es aus Sicht des Gerichts nicht auf den Wortlaut,
sondern auf den Inhalt der Aussage ankomme. Dass gerade zwischen diesen Begriffen kein wesentlicher
Unterschied besteht, ist allerdings von der Literatur immer wieder betont worden. Will man den argumentativen Ansatzpunkt der gängigen Rechtsprechung wörtlich nehmen, wäre die Idee der Protokollierungspflicht durch den Gesetzgeber zu einer Randnote verkümmert. Denn das einzelne Wort kann allenfalls bei sprachlichen Skurrilitäten oder Raritäten Bedeutung entfalten.[1104] Die gesetzliche Formulierung
des Wortlauts einer Äußerung steht im unmittelbaren Kontext mit dem weiten Begriff des Vorgangs und
kann sogar als dessen lediglich spezifizierter Unterfall gesehen werden. Jedenfalls muss eine sinnvolle
Gesetzesauslegung dahin gehen, verbale Äußerung unabhängig von einer Wortwahl in sehr viel größerem
Umfang der Protokollierung zuzuführen. Mit Blick auf den erheblichen Prozess*vorgang* ist damit der
Inhalt einer Äußerung durchaus maßgeblich für dessen Protokollierungsbedürftigkeit.

1308   Aber auch auf der Basis der gängigen Ablehnungen der Justiz gibt es für den Verteidiger Argumentationsmöglichkeiten: Regelmäßig geht es bei diesen Äußerungen in ihrer erkennbaren prozessualen
Auswirkung nicht nur um eine inhaltlich bestimmte Bedeutung, sondern um den Wortlaut der
Äußerung. Es obliegt zumeist dem Argumentationsaufwand der Verteidigung, die Idee des Bedeu-
tungsgehalts einer Verbalisierung in seinem Antrag auch umzusetzen.

1101 S. hierzu schon: *Eb. Schmidt* Lehrkommentar zur StPO und zum GVG, Teil II., 1957, § 273 Rn. 15;
      Egon Müller FS Volk, S. 490.
1102 S. m.w.N. *Gerst* Das unterschätzte Verteidigungsmittel in der Hauptverhandlung – Protokollierungs-
      anträge gem. § 273 Abs. 3 S. 1 StPO, StRR 2012, 324, 326; HK/*Julius* § 273 Rn. 13.
1103 S. *Richter II.* Wider die Gegenreform, StV 1994, 454 f.
1104 *Egon Müller* FS Volk, S. 94.

Auf die Wortwahl beispielsweise eines Zeugen kann es aus vielerlei aussagepsychologischen Gründen   1309
ankommen. Der Sachverständige kann aufgrund seiner Wortwahl als widersprüchlich argumentierend
entlarvt werden. Äußerungen des Vorsitzenden sind gerade in ihrer Wortwahl häufig Anlass für die Sorge
von Befangenheit. Auf die exakte Wortwahl eines Zeugen kann es ankommen, wenn eine außergewöhnliche Genauigkeit für einen späteren Vorhalt dieser Aussage gegenüber weiterer Zeugen notwendig wird.
Häufig sind es nicht undifferenzierte und mit anderen Worten wiederzugebende Inhalte, sondern die
konkreten Formulierungen vom Polizeibeamten oder Staatsanwälten, die Anlass für die Annahme der
Voraussetzungen des § 136a ergeben.

Der ergänzende rechtliche Ansatz für eine Protokollierungspflicht wird hier – und insbesondere auch in
der Beweiskonstellation »Aussage gegen Aussage« – z.T. aus Gründen der Verhältnismäßigkeit in analoger Anwendung der § 160 ZPO, §§ 86 Abs. 2, 105 VwGO i.V.m. 117 Abs. 3, 160, 166, 244 StPO und
dem Rechtsstaatsprinzip angenommen.[1105]

Zu dieser Argumentation hat der Verteidiger Gelegenheit, da im Gegensatz zu sonstigen Protokol-   1310
lierung das gesamte Gericht eine Verantwortung für die Einhaltung des § 273 Abs. 3 trifft. Lehnt
der Vorsitzende daher die Protokollierungsanordnung auf Antrag eines Verteidigers ab, so hat das
Gericht hierüber zu entscheiden. Vor einer solchen Entscheidung sollte der Verteidiger die Gelegenheit wahrnehmen, möglichst in einem **schriftlichen Antrag** darzulegen, aus welchen Gründen es
auf die Protokollierung »ankommt«.

Über einen völlig anderen Weg kann es der Verteidigung ebenfalls gelingen, Einfluss auf die Gestal-   1311
tung des Protokolls zu nehmen und damit zumindest angestrebte Diskussionen über den aktuellen
Verlauf einer Beweisaufnahme zu erreichen. Nach dem GVG hat das Gericht nicht nur evtl. ver-
hängte Ordnungsmittel wegen Ungebühr zu protokollieren (§ 182 GVG), sondern auch bei **Straftaten in der Sitzung** einen entsprechenden Tatbestand im Hauptverhandlungsprotokoll festzustellen – **§ 183 GVG**. Hier ist eine Handlungsoption der Verteidigung durch einen Antrag eröffnet,
das Gericht möge entsprechend dieser gesetzlichen Verpflichtung handeln. Der Anfangsverdacht
einer Straftat ist schnell begründet, sodass der Verteidiger häufig Veranlassung hat, beispielsweise
auf die hohe Fragwürdigkeit einer Zeugenaussage und damit den Anfangsverdacht einer Falschaussage hinzuweisen.

Der Mühe einer Diskussion über die Wesentlichkeit des Wortlauts kann sich der Verteidiger hier   1312
entziehen, da es nur auf die allgemeine Feststellung des Tatbestandes durch das Gericht ankommt.
Die Protokollierungspflicht auslösen können auch Äußerungen von Zeugen, die andere Sachverhalte, z.B. Vermögensdelikte zum Nachteil des eigenen Mandanten, zur Folge haben können. Die
Protokollierungspflicht des Gerichts besteht explizit im Hinblick auf ein mögliches anderes (künf-
tiges) Verfahren. Die Straftaten in der Sitzung sind vom Gericht niederzuschreiben, damit in einem
späteren Ermittlungsverfahren ausreichende Unterlagen vorhanden sind.[1106]

Allzu forschen ehrabschneidenden Behauptungen zulasten des Angeklagten oder gar des Verteidigers   1313
vonseiten eines Zeugen, Sachverständigen oder Staatsanwalts kann probat entgegengetreten werden, wenn
die Replik mit dem Antrag an das Gericht garniert wird, die Äußerungen aufgrund des Anfangsverdachts
eines Beleidigungsdeliktes zu protokollieren.

4. Die Taktik des Protokollierungsantrags

Der **Zeitpunkt** für einen Protokollierungsantrag ist gesetzlich nicht vorgegeben. Es droht damit   1314
auch keine Präklusion, wenn die wörtliche Protokollierung einer Zeugenaussage erst beantragt wird,
wenn der Zeuge den Gerichtssaal bereits verlassen hat, oder wenn der zu protokollierende Vorgang
sich am vorangegangenen Hauptverhandlungstag ereignet hatte. Liegt der Verteidigung allerdings
eine präzise Fixierung am Herzen, sollte eine zeitnahe Beantragung die Regel sein.

1105 *Meyer-Mews* Das Wortprotokoll in der strafrechtlichen Hauptverhandlung, NJW 2002, 103 ff., dagegen
Uetermeier Kein Wortprotokoll in der strafrechtlichen Hauptverhandlung, NJW 2002, 2298.
1106 AnwK-StPO/*Püschel* § 183 GVG Rn. 1.

1315 Der Protokollierungsantrag kann neben dem genuinen Zweck der Vorbereitung einer Beweissituation für das Revisionsverfahren weitere Motivationen haben. Allein die durch den Antrag **erzwungene Kommunikation** kann unterschiedliche, für die Verteidigung hilfreiche Wirkungen zeigen.

1316 Die intuitive Abwehrhaltung auf der Richterbank kann der Auslöser für weitere prozessuale Anträge sein. Durch das Dogma der freien Beweiswürdigung, das revisionsrechtliche Verbot der Rekonstruktion einer Hauptverhandlung sowie die laxen Dokumentationspflichten im Urteil ist das strafrichterliche Dasein von dem Gefühl einer weitgehenden Unkontrollierbarkeit des eigenen Tuns geprägt. Protokollierungen laufen dem entgegen und erhöhen aus seiner Sicht die Gefahr einer Verengung des als weit empfundenen richterlichen Entscheidungsspielraums. Dies korrespondiert mit dem Reflex zahlreicher Strafrichter, jegliche Dokumentation im Hauptverhandlungsprotokoll zu verhindern. Der dominierende verengte Blickwinkel führt häufig zu abstrus einseitigen Ablehnungsbegründungen, die wiederum ihrerseits berechtigterweise die Besorgnis beim Angeklagten auslösen können, der Richter wolle aus verfahrensfremden Gründen seinen gesetzlichen Aufgaben nicht nachkommen. Der Befangenheitsantrag ist daher nicht selten die logische Folge dieses Szenario.

Aber auch bei einer nach den gesetzlichen Maßstäben nicht zu beanstandenden Ablehnungsbegründung des Gerichts kann die vorhergehende Diskussion über einen Antrag verfahrensfördernd wirken.

1317 Erst die Bitte um schriftliche Fixierung von prozessualen Vorgängen – sei es der eingeschlafene Richter oder Staatsanwalt, seien es störende Zwischenrufe aus dem Publikum – lenkt das besondere Interesse des Gerichts auf Vorgänge, die ansonsten gern ignoriert werden, weil eine Auseinandersetzung hiermit als belastend empfunden wird. Die Diskussion um die Erheblichkeit des zu protokollierenden Vorgangs gibt oft allen beteiligten Seiten zusätzliche Erkenntnispunkte zum Bewertungsstand in der Frage von Schuld und Strafe. Gerade in kommunikationsarmen Hauptverhandlungen ist bei einer routinierten Strafkammer der eher seltene Protokollierungsantrag der einzige Hebel, um Gespräche einzuleiten und Bewertungsstrukturen offenzulegen. Dies gilt insbesondere bei der Frage der Protokollierung des Wortlauts einer Zeugenaussage. Die Diskussion über die von der Verteidigung vorgebrachte Erheblichkeit des Wortlauts der Zeugenaussage lässt nicht selten die bereits vorliegenden Einschätzungen auf der Richterbank deutlich werden.

1318 **Kommunikationsadressat** des Protokollierungsantrags kann im Ergebnis auch der **Zeuge** sein. Eine mit Belastungseifer und entsprechenden starken Worten vorgetragene Zeugenaussage kann gebremst oder sogar revidiert werden, wenn durch einen entsprechenden Protokollierungsantrag dem Zeugen selbst die überzogene Dramatik seiner eigenen Worte vor Augen gehalten werden kann. Das in Vermutung der Erfüllung einer richterlichen Erwartungshaltung leicht dahin geworfene Wort lastet auf dem Zeugen allzu schwer, wenn er sich durch die Wiederholung und schriftliche Fixierung seiner eigenen Wortwahl plötzlich mit der Konsequenz konfrontiert sieht, seine Wortwahl auch noch Jahre später vor der juristischen Nachwelt rechtfertigen zu müssen. Im besten Fall wird die Diskussion um die wörtliche Protokollierung zu der Reaktion des Zeugen führen, dass er es eigentlich »so nicht gemeint« habe.

Von dem Ziel der Verteidigung hängt die Gestaltung des prozessualen Umfelds bei und nach Antragstellung ab.

1319 Soll der Zeuge zu einer Abschwächung seiner Aussagen gebracht werden, ist seine Anwesenheit in der Diskussion selbstverständlich. Besteht demgegenüber ein dominierendes Interesse der Verteidigung daran, den Wortlaut einer bereits vernommenen Aussage exakt protokollieren zu lassen, ist es hilfreich, die zwischenzeitliche Abwesenheit des Zeugen zu beantragen. Demgegenüber ist es häufig üblich, dass der vom Antrag überraschte Vorsitzende den Zeugen nochmals auffordert, seine Aussage zu wiederholen oder – in einem weiteren Schritt – bei positiver Bescheidung des Protokollierungsantrages den Zeugen seine Aussage nochmals Wort für Wort vortragen und vom Protokollführer protokollieren zu lassen. Beide Varianten korrespondieren nicht mit dem gesetzlichen Sinn, einen bereits geschehenen Vorgang lediglich im Protokoll zu dokumentieren. Hier ist es die Aufgabe der Verteidigung an die Wahrnehmung der Erinnerung des Vorsitzenden zu appellieren, die dieser sich nicht von einer häufig beschönigenderen Variante einer neuen Zeugenaussage abnehmen lassen kann.

XIV. Beweisanträge

1. Stellenwert des Beweisantragsrechts

Die Verurteilung eines Unschuldigen verletzt dessen Menschenwürde aus Art. 1 GG. Es stellt ein   **1320**
verfassungsmäßiges Gebot an den Staat dar, zur Vermeidung dieses Risikos eine bestmögliche Tatsachengrundlage im Prozess zu schaffen. Das Aufklärungsgebot trägt dem Rechnung; dessen Effektivität ist durch die notwendig subjektive und damit reduzierte Sicht des Richters beschränkt. Schon
im ersten Band der amtlichen Sammlung entschied das Reichsgericht, dass der Strafrichter trotz der
Überzeugung von der Glaubwürdigkeit eines ersten Zeugen unter Umständen auch einen ihm angebotenen zweiten Zeugen hören muss, da sich regelmäßig erst nach der vor dem Strafrichter stattfindenden Vernehmung des zweiten Zeugen beurteilen lässt, »*welchem von zwei sich widersprechenden
Zeugen mehr Glauben geschenkt werden kann*«.[1107]

Der Richter, der sich lediglich den ersten Zeugen anhört und ihm glaubt, wird keine Veranlassung   **1321**
sehen, sich der Mühe der Anhörung eines weiteren Zeugen zu unterziehen. Er sieht oft nicht die
Möglichkeit zusätzlicher Informationsgewinnung, jedenfalls verkennt er ihre Notwendigkeit. Die
auf Bestätigung und Vermeidung von Irritationen angelegte menschliche Kognition steht der Schaffung einer breiten Entscheidungsgrundlage entgegen und schafft damit die Basis für Fehlentscheidungen. Auch ohne Erkenntnisse aktueller psychologischer Forschungen hat die frühe höchstrichterliche Rechtsprechung diese Gefahr für die Qualität der richterlichen Entscheidung erkannt und
dieser mit prozessualem Druck entgegengewirkt. Der Richter wurde über seinen eigenen Erkenntnishorizont hinaus gebunden an das Informationsbedürfnis anderer Verfahrensbeteiligter, insbesondere der Verteidigung.

Mit dem Beweisantragsrecht hat das Gesetz bewusst die Struktur des inquisitorischen Strafverfah-   **1322**
rens durchbrochen. Die Identität desjenigen, der zum einen Beweise sammelt und zum anderen
diese anschließend bewertet, gehört aus zweierlei Gründen nicht zum Wesen eines demokratischen
Strafprozesses:

Zum einen würde diese Identität die Subjektstellung des Angeklagten in einem Strafverfahren miss-   **1323**
achten. Auch wenn der Angeklagte der Bewertung von Sachverhalten im Rahmen der Gesetze durch
das Gericht »ausgeliefert« ist, so muss seine Teilhabe an dem Prozess zumindest dahin gehen, einen
gesicherten Einfluss auf den Umfang der Beweisaufnahme nehmen zu können. Wäre er nur Zuschauer
oder könnte er nur das von ihm ansonsten unbeeinflusste Prozessgeschehen kommentieren, bliebe
er letztendlich Objekt des Verfahrens.

> Das Prinzip spiegelt darüber hinaus die Anerkennung der Relativität der Erkenntnisgewinnung wider.   **1324**
> Ohne Verkennung menschlicher und juristischer Qualitäten eines Richters bleibt die Tatsache unum-
> stößlich, dass jede personenbezogene Erkenntnis beschränkt ist. Erkenntnis ist allenfalls ein Meilenstein
> auf der Suche nach der Wahrheit. Dieser Annäherungsprozess kann und muss optimiert werden, wenn
> er differierende Sichtweisen integriert. Ist jede – auch die prozessuale – Erkenntnis insbesondere vom
> Vorverständnis des Erkennenden geprägt, erweitert sich dieser Verstehensprozess durch eine breitere
> Fundierung des aufnahmebereiten rationalen Denkens. Erkenntnisse der juristischen Hermeneutik schla-
> gen sich hier ebenso nieder wie Konsequenzen der modernen Wahrnehmungspsychologie.

Mit dem Beweisantragsrecht besteht die Möglichkeit, sowohl das grundsätzliche Vorverständnis auf   **1325**
der Richterbank zu verbreitern als auch Alternativsachverhalte zu präsentieren, die die Bewertungsstrukturen von verfahrensrelevanten Sachverhalten ändern können.

Das Gesetz sichert den anderen Verfahrensbeteiligten – insbesondere dem Angeklagten – diese Ein-   **1326**
flussmöglichkeit durch eine formalisierte Mitwirkung bei der Bestimmung des Umfangs der Beweisaufnahme zu. Das Beweisantragsrecht garantiert, dass nicht allein die – unter Umständen wohl

---

1107 RGSt 1, 189.

fundierte – Ansicht des Gerichts zur Notwendigkeit der Erweiterung einer Beweisaufnahme maßgeblich ist.

1327   Die Idee des Beweisantragsrechts fundiert darin, dass ggf. das Gericht sogar gegen seine Einschätzung gezwungen werden kann, sich einen Zeugen anzuhören, um sich erst nach der Beweisaufnahme abschließend eine Überzeugung von einem Sachverhalt zu bilden. Dieses widersprechende Element des Beweisantrags verdeutlicht gleichzeitig dessen mangelnde Aufnahmebereitschaft durch das Gericht. Ein Richter, der nach dem Konzept der StPO das Verfahren im Übrigen lenkt, lässt sich nicht selbst lenken oder gar zwingen. Zu erwartende Abwehrmechanismen des Richters waren daher schon vor hundert Jahren für den Gesetzgeber Anlass, die Notwendigkeit einer Mitwirkung des Angeklagten durch Formalisierungen zu installieren, um den Nötigungseffekt des Beweisantrages auch zu effektivieren.

1328   Die psychologische Konstellation ist hierdurch allerdings unverändert und erklärt die permanenten Versuche der Rechtsprechung, sich von den gesetzlichen Bindungen und der damit verbundenen Last der Gestaltungsmitwirkung durch die Verteidigung zu lösen. Der Druck, innerlich abgelehnten Vorstellungen der Verteidigung folgen zu müssen, ist für Richter bis hin in die BGH-Senate derart unerträglich, dass permanent mit, gegen und neben dem Gesetz Wege der Entlastung gesucht werden. Obwohl das gesetzliche Konzept dahin geht, den Richter gegen seine eigene Sichtweise zur Erweiterung der Beweisaufnahme zu zwingen,[1108] berufen sich Richter auf ihre subjektive Einschätzung, um ein Agieren der Verteidigung außerhalb des gesetzlichen Konzepts zu mutmaßen und als »dysfunktional« oder »rechtsmissbräuchlich« zu erkennen.[1109] Bemüht um »Verfahrenshygiene« werden schon Beweisanträge als »verlogen und daher rechtsmissbräuchlich« bezeichnet, deren negativen Ausgang der (der Wahrheit nicht verpflichtete) Angeklagte kenne.[1110] Bis zur Unkenntlichkeit verändert wurde das gesetzliche Konzept, wenn von der Rechtsprechung Fristsetzungen oder Konnexitäten erfunden wurden oder sich das regelmäßige richterliche Unverständnis in der Ignorierung von Anträgen Bahn bricht, die angeblich »ins Blaue hinein« gestellt sind. Wenn durch penetrantes richterliches Lamento Rechtsschöpfungen des BGH sogar den Weg in gesetzliche Umstrukturierungen[1111] des Beweisantragsrechts finden, zerbröselt in aller Stille ein wichtiges Teilhaberecht von Angeklagtem und seiner Verteidigung und ebnet den Weg zu autoritärer Rechtsfindung.

2. Bedeutung für den Verteidiger

1329   Der Beweisantrag kann als das **wichtigste Recht der Verteidigung**[1112] angesehen werden. Er verschafft ihr einen weitgehenden Einfluss auf den Umfang der Beweisaufnahme. Für den Angeklagten ist er konkretisierter Ausfluss eines verfassungsmäßig verbürgten **Mitwirkungsanspruchs** in Form einer materiellen Beweisteilhabe.[1113] Der Antrag kann das Gericht auch gegen dessen Überzeugung von der Notwendigkeit zu einer weiteren Beweiserhebung veranlassen. Das Gericht ist gezwungen, einem Beweisantrag grundsätzlich zu folgen. Ablehnungen sind nur in dem exklusiven Rahmen der ausdrücklich vorgesehenen gesetzlichen Gründe denkbar (§ 244 Abs. 3 bis Abs. 5).

1330   Primär muss das Gericht dem Antrag der Verteidigung folgen. Auch wenn dieser gesetzlich gewollte Nötigungseffekt nicht eintritt, hat selbst die Ablehnung eines Antrags einen wichtigen taktischen Wert für die Verteidigung. Die hehre Idee vom Prozess als Erkenntnisforum des Gerichts durch den

---

1108   So deutlich KK/*Krehl* 8. Aufl., § 244 Rn. 84.

1109   Zusammenfassend *Knauer* Anträge auf Beweiserhebungen in der neueren Rechtsprechung des Bundesgerichtshofs, StraFo 2012, 473 ff.; *Ventzke* »Warum stellen Sie denn keinen Beweisermittlungsantrag?« oder: Die revisionsrechtliche Aufklärungsrüge – ein beweisantragsrechtliches Problem, StV 2009, 655 ff.

1110   *Basdorf* Was darf das Revisionsgericht?, NStZ 2013, 186, 187.

1111   S. zu den jüngsten umfassenden Umgestaltungen des Beweisantragsrechts das »Gesetz zur Modernisierung des Strafverfahrens« v. 10.12.2019 BGBl. I. S. 2121.

1112   RGSt 22, 335 f.

1113   Grds. hierzu BVerfG NJW 2001, 2245 f.

ausgewogenen **Diskurs**[1114] der Verfahrensbeteiligten wird durch richterliche Verweigerung von Kommunikation oft sabotiert. Die Auseinandersetzung über die Berechtigung eines Beweisantrages ist formalisiert und gibt dadurch der Verteidigung die Möglichkeit der Einschätzung des gerichtlichen Überzeugungsstandes. Während das kommunikationsunwillige Gericht hinsichtlich seiner vorläufigen Einschätzungen in der Hauptverhandlung schweigen darf, muss es – z.T. sehr ausführlich – im **Beschlussweg** (§ 244 Abs. 6) Begründungen abgeben, die anderweitig nicht deutlich werdende Einschätzungen beinhalten. **Informationen über den Verfahrensstand** im Ablehnungsbeschluss sind von der Gesetzeskonzeption gewollt. Sie sollen den Diskurs befeuern und gegebenenfalls der Verteidigung sinnvolle Anhaltspunkte für die Stellung weiterer Anträge vermitteln. Selbst wenn das Beweisbegehren kein formvollendeter Beweisantrag sein sollte (sondern u.U. nur ein Beweisermittlungsantrag), hat das Gericht den Antrag zu bescheiden.[1115] Jedenfalls hat der Vorsitzende eine Bescheidungs- und Begründungspflicht (§ 34).[1116]

Regelmäßig sollte für die Verteidigung z.B. die Wahrunterstellung ein Alarmsignal darstellen. Zumeist **1331** greifen Gerichte auf diese Möglichkeit des Verzichts auf die Beweiserhebung zurück, wenn sie die vorläufige Überzeugung gewonnen haben, einen Schuldspruch auch unter Einbeziehung der behaupteten Beweistatsache begründen zu können.[1117] Der Informationswert eines Ablehnungsbeschlusses bei einem Auslandszeugen oder wegen Bedeutungslosigkeit ist für den Antragsteller ebenfalls enorm. Das Gericht ist verpflichtet, die vorläufige Beweiswürdigung darzulegen, durch die es geleitet wird.[1118] An diese Einschätzung ist das Gericht in den Urteilsgründen gebunden. Eine andere Einschätzung löst eine Hinweispflicht aus, auf die der Antragsteller sein Prozessverhalten einrichten kann. Antragstellung und Bescheidung stellen somit einen wichtigen formalisierten Teil der prozessualen Kommunikation dar.

Ist eine sinnvolle Kommunikationsebene in einem Prozess nicht (mehr) gegeben, kann im Ringen **1332** um prozessuale Wahrheiten der **Beweisantrag als legitimes Kampfmittel** eingesetzt werden. Stockt der prozessuale Informationsfluss, ist eine Verteidigungsstrategie mit zahlreichen Beweisanträgen denkbar, die weitgehend Sachverhalte unter Beweis stellen, welche die Verteidigung bereits als selbstverständliches Ergebnis der bisherigen Beweisaufnahme ansieht. Mit der Bescheidung des so genannten **affirmativen Beweisantrages** als »wahr« oder »bereits erwiesen« erhält der Antragsteller die notwendigen Informationen, um sein weiteres Vorgehen hierauf einrichten zu können.

3. Formgerechter Antrag

Ein formell korrekter Beweisantrag liegt gemäß § 244 Abs. 3 Satz 1 erst vor, wenn der Antragsteller **1333** ernsthaft verlangt, Beweis über eine bestimmt behauptete konkrete Tatsache, die die Schuld- oder Rechtsfolgenfrage betrifft, durch ein bestimmt bezeichnetes Beweismittel zu erheben und dem Antrag zu entnehmen ist, weshalb das bezeichnete Beweismittel die behauptete Tatsache belegen können soll. Begehren auf Erweiterung der Beweisaufnahme, die diese Voraussetzungen nicht erfüllen, werden in der Regel als Beweisermittlungsanträge bezeichnet.

In Erfüllung der einzelnen Voraussetzungen muss Verteidigung also zunächst eine ausreichend bestimmte Beweisbehauptung aufstellen (**a.**), keine Zweifel an der Ernsthaftigkeit des Begehrens aufkommen lassen (**b.**), sie muss ein zulässiges hinreichend bestimmtes Strengbeweismittel benennen (**c.**) und dessen Potenz zum Beleg der Beweistatsache darlegen (**d.**). Letztlich darf keine Verschleppungsabsicht der Verteidigung vorliegen, die dem Begehren des Antragstellers die Beweisqualität vollständig entziehen würde (**e.**).

1114 *Hassemer* Einführung in die Grundlagen des Strafrechts 1990, S. 130 ff.
1115 BGH StV 1994, 172.
1116 BGH StV 2008, 59.
1117 *Hamm* Wert und Möglichkeiten der Früherkennung richterlicher Beweiswürdigung durch den Strafverteidiger, FG Peters, S. 169, 175.
1118 BGH wistra 2000, 297.

a) Beweisbehauptung

1334 Die Formulierung des Antrages muss das Beweisthema verdeutlichen. Dies setzt die Schilderung eines Sachverhalts voraus, der durch das benannte Beweismittel in der Hauptverhandlung wiedergegeben werden soll. Zu differenzieren ist zwischen den Tatsachen, die durch das Beweismittel unmittelbar in die Hauptverhandlung eingeführt werden können (= **Beweistatsachen**), und den hieraus zu ziehenden Schlussfolgerungen für prozessual belangvolle Umstände. Letzteres wird häufig als das eigentliche **Beweisziel** bezeichnet.[1119] Die Formulierung eines Beweisziels kann den Vortrag der Beweistatsachen nicht ersetzen;[1120] andererseits ist die Angabe eines Beweiszieles für einen Beweisantrag nicht notwendig.[1121]

▶ **Beispiel:**

1335 Der Angeklagte soll um 22 Uhr am Tattag einen Mordversuch am Bahnhof in A-Stadt begangen haben. Stellt die Verteidigung durch den Zeugen Z. unter Beweis, dass Z. den Angeklagten exakt um 22 Uhr in der 40 km entfernten B-Stadt gesehen habe, ist ausschließlich diese Wahrnehmung des Zeugen das behauptete Ergebnis der beantragten Beweisaufnahme. Hiervon zu unterscheiden ist die Schlussfolgerung, die aus diesem Beweisergebnis für die Schuldfrage gezogen werden kann. Diese geht vorliegend nahezu zwingend dahin, dass der Angeklagte nicht zeitgleich an beiden Orten gewesen sein kann.

1336 Nur ausnahmsweise ist die Benennung einer Beweistatsache **entbehrlich**, wenn aus dem Verlauf der Hauptverhandlung oder anderen Umständen das Beweisthema für alle Verfahrensbeteiligten offensichtlich ist.[1122] So macht der schlichte Antrag auf Beiziehung des Strafregisterauszugs eines Zeugen deutlich, dass der Antragsteller das Vorhandensein von Vorstrafen beweisen will.[1123] Bei Beantragung der Verlesung einer in den Akten befindlichen **Urkunde** kann das als Beweistatsache angestrebte Ergebnis einer beantragten Beweisaufnahme nur dahin gehen, dass diese Urkunde einen bestimmten gedanklichen Inhalt hat, der dem aktenkundigen Gericht geläufig ist. Wer die Urkunde (wirklich) verfasst hat, wie sein Inhalt zu verstehen ist und ob der Autor in der Urkunde wahrheitsgemäß Tatsachen berichtet, sind Fragen der Schlussfolgerung, mit der die Verteidigung das Gericht zu einem bestimmten Ziel führen will, das aber einer weiteren gedanklichen Operation bedarf.

1337 Ein zulässiger Beweisantrag erfordert die hinreichende **Bestimmtheit einer Beweisbehauptung**, wobei die dargestellten Tatsachen von bloßen **Wertungen** abzugrenzen sind. Die Bemessung des notwendigen Grades der Bestimmtheit ist zum Teil schwierig. Jede **Sachverhaltsdarstellung** ist einerseits theoretisch stets mit einer noch weitergehenden sprachlichen Präzision möglich. Zum anderen enthalten tatsächliche Beschreibungen praktisch immer Verkürzungen. Überflüssiges wird einfach weggelassen. Die Bestimmung des Abstraktionsgrades bzw. der Detailgenauigkeit ist das Ergebnis von Wertung und Interpretation. Die Anforderungen an die Bestimmtheit der Sachverhaltsangabe haben sich nicht an dem **theoretisch sprachlich Möglichen**, sondern vielmehr an dem durch den Verlauf der Hauptverhandlung vorgegebenen **Verständnishorizont der Verfahrensbeteiligten** zu orientieren.

1338 Der Antragsteller muss die Beweisthematik ausreichend deutlich machen, sodass für das Gericht zum einen erkennbar ist, welche Feststellungen für einen möglichen Urteilssachverhalt angestrebt werden, und zum anderen eine ausreichende Basis gelegt wird, um eine sinnvolle Bewertung möglicher Ablehnungsgründe durch das Gericht zu eröffnen.[1124] Allgemeine, abstrakte und wertende Dar-

---

1119 BGHSt 39, 251, 253.
1120 BGH NStZ-RR 2005, 177.
1121 OLG Naumburg NStZ-RR 2013, 18 f.
1122 Schon RGSt 38, 127 f.
1123 Alsberg/*Dallmeyer* Der Beweisantrag im Strafprozess, 6. Aufl. 2013, Rn. 92 unter Bezugnahme auf BGH, Urt. v. 28.01.1975 – 1 StR 569/74.
1124 BGHSt 37, 162, 164.

stellungen in einem Beweisantrag können daher mittels Auslegung unter den besonderen Verfahrensgegebenheiten eine ausreichende Beschreibung der Beweisthematik darstellen. Angesichts der notwendigen Unschärfe von Formulierungen und Interpretationsbedürftigkeit von Beweisanliegen darf der Verteidigung kein unzumutbarer prozessualer Nachteil entstehen. Das Gericht ist daher gehalten, ggf. Präzisierungen zu erfragen oder auf die Vervollständigung eines lückenhaften Beweisantrages hinzuwirken.[1125]

Beispiele:

Zu unbestimmt könnte eine Behauptung sein, wonach der Angeklagte sich zur Tatzeit »im Urlaub in Frankreich« aufgehalten habe. Der tatsächliche Aufenthaltsort ist damit nicht einmal entfernt beschrieben. Macht der Verfahrenskontext allerdings deutlich, dass mit der Behauptung im Wesentlichen die Abwesenheit des Angeklagten von dem in Deutschland befindlichen Tatort bewiesen werden soll, ist das Erfordernis der Bestimmtheit gewahrt.[1126] Schlagwortartige Verkürzungen müssen nicht zur Unzulässigkeit eines Antrages führen.[1127] »Kauf« und »Miete« sind beispielsweise als verkürzende Darstellungen für allgemein übliche Rechtsvorgänge immer dann ausreichend, wenn lediglich der Sachzusammenhang eines Ereignisses geschildert werden soll.[1128] Ausreichend ist die Behauptung, ein Zeuge leide unter einer krankheitswertigen Alkoholabhängigkeit mit bereits eingetretener Persönlichkeitsdeformation,[1129] ein Zeuge habe bei der Polizei »nicht die Wahrheit gesagt«.[1130] Verkürzt, aber dennoch ausreichend konkret ist die Beweisbehauptung, der Angeklagte habe bei der Haftbefehlseröffnung den Verteidiger mit dem Haftrichter verwechselt; sie enthält bei sinngerechter Auslegung die Behauptung entsprechender Äußerungen des Angeklagten gegenüber dem als Zeugen benannten Verteidiger, der anderweitig nicht zu der Annahme der Verwechslung kommen konnte.[1131]

Dagegen dürften Bewertungselemente regelmäßig die Grenze zur Ungenauigkeit überschreiten, wenn durch eine Zeugenaussage bewiesen werden soll, dass eine Person verlogen oder unglaubwürdig sei,[1132] dass ein Verkehrsteilnehmer »rücksichtslos« gefahren sei oder ein »rowdyhaftes« Benehmen an den Tag gelegt habe,[1133] dass jemand »Alkoholprobleme« habe,[1134] jemand »hysterisch überreagiert« habe[1135] oder schlicht betrunken gewesen sei, dass Personen planmäßig und zielgerichtet gehandelt hätten[1136] oder »als Rollkommando tätig waren«.[1137] Die Genauigkeit des Tatsachenvortrages erfordert hier regelmäßig die Darstellung der sinnlich wahrnehmbaren Umstände, die den Rückschluss auf diese Bewertung zulassen.

Ob **Negativtatsachen** den Bestimmtheitsanforderungen genügen, hängt ebenfalls von der möglichen Interpretation des Gesamtzusammenhanges ab. Dass sich etwas nicht ereignet hat, ist der positiven Wahrnehmung eines Zeugen nur dann zugänglich, wenn gerade die Vollständigkeit seiner Wahrnehmung ein Ereignis ausschließen kann. Die Behauptung, der Angeklagte habe während eines bestimmten Zeitraums eine Gaststätte nicht verlassen, wird in der Regel dahin aufzufassen sein, dass der benannte Zeuge durch seine ununterbrochene Wahrnehmung des Angeklagten im Gaststättenraum das Verlassen ausschließen kann.

Zumindest bei einfach gelagerten Sachverhalten, bei denen ein Zeuge ein Geschehen umfassend überblicken kann, berührt die in sein Wissen gestellte Negativtatsache die Zulässigkeit des Antrages nicht.[1138] So kann ein Richter als Zeuge dafür benannt werden, dass eine von ihm vernommene Zeugin eine

1339

1340

1341

1125 BGHSt 1, 137, 138; BGHR StPO § 244 Abs. 6 Beweisantrag 12.
1126 BGH NStZ 1996, 562.
1127 BGHSt 39, 141, 144.
1128 *Hamm/Hassemer/Pauly* Rn. 110.
1129 BGH StV 2007, 563.
1130 BGHSt 39, 141, 143 f.
1131 BGH StV 2010, 287 f.
1132 BGHSt 37, 162, 165.
1133 KK/*Herdegen*, 5. Aufl., § 244 Rn. 46.
1134 BGH StV 1997, 622 f.
1135 BGH StV 1997, 77 f.
1136 BGH NStZ 1995, 96 f.
1137 BGH NStZ-RR 1996, 334 f.
1138 BGH NStZ 1999, 362 f.

bestimmte Aussage nicht gemacht hat.[1139] Dagegen kann die Behauptung, dass bei einem länger andauernden Treffen mehrerer Personen »keine Absprachen« getroffen worden seien, zu unbestimmt sein.[1140] Hier wären zumindest die Umstände des Treffens und die Inhalte der Gespräche sowie die hierauf bezogenen Wahrnehmungsmöglichkeiten des benannten Zeugen zu präzisieren. Zulässig ist der Antrag, ein benannter Zeuge werde den Angeklagten bei einer Gegenüberstellung nicht als Täter wieder erkennen.[1141] Hinreichend bestimmt können auch die Negativbehauptungen im Zusammenhang mit einem Antrag auf Einholung eines Sachverständigenbeweises sein, wenn zumindest durch die Begründung des Beweisantrages deutlich wird, dass gerade die beantragte Untersuchung des Gutachters wissenschaftlich fundiert ein Geschehen ausschließen kann.[1142]

1342 Gerade hinsichtlich der Beweisbehauptungen, die Ergebnis beantragter **gutachterlicher Tätigkeit** sind, ist der Antragsteller nicht gehalten, als Laie wissenschaftlich präzise Vorgänge zu beschreiben. So muss er im Rahmen der im Beweisantrag thematisierten eingeschränkten Schuldfähigkeit nicht selbst eine psychiatrische Diagnose abgeben.[1143] Der Antragsteller darf sich andererseits nicht mit dem schlichten Hinweis auf die gesetzlichen Formulierungen der §§ 20 f. StGB einer eigenen Sachverhaltsdarstellung entziehen.[1144] Ausreichend dürfte die Beweisbehauptung sein, dass der Angeklagte zum Tatzeitpunkt an einer tief greifenden Bewusstseinsstörung litt und infolgedessen daran gehindert war, das Unrecht seines Handelns einzusehen.[1145] In diesem Zusammenhang ist das Gericht in besonderer Weise dazu angehalten, aus dem Verfahrensstand Sinn und Zweck der Tatsachenbehauptung zu interpretieren; denn Antragsteller sind mangels eigener Sachkunde vielfach nicht in der Lage, die dem Beweisziel zugrunde liegenden Sachverhalte ausreichend präzise zu formulieren.[1146]

b) Das »ernsthafte« Verlangen

1343 Das Gesetz fordert in einer Formulierung ohne historisches Beispiel, dass der Antragsteller sein Verlangen »ernsthaft« vorbringt. An die umgangssprachliche Bedeutung dieses Adjektiv wollte der Gesetzgeber offensichtlich nicht anknüpfen, hier hätte er von dem Antragsteller verlangt, dass er seinen Antrag sachlich, nüchtern und humorlos vorbringt. Thematisiert werden sollte offensichtlich nicht der Ton des mündlichen Antrags, sondern eine subjektive Beziehung des Antragstellers zum vorgetragenen Sachverhalt.

Eine Interpretation des Ernsthaften hat die Rechtsprechung zu berücksichtigen, wonach der Antragsteller gezwungen ist, in seiner Formulierung die sichere Behauptung einer bestimmten Tatsache zu verdeutlichen. Die Beweisthematik ist im Antrag als feststehende **Behauptung** darzustellen. Ein Vorgang ist sprachlich als tatsächlich geschehen, ein aktueller Zustand als tatsächlich gegeben zu formulieren. Dass etwas lediglich möglich oder nur wahrscheinlich sei, genügt der Bestimmtheit der Beweisbehauptung nicht.

> **Falsch:** »Der Zeuge wird wahrscheinlich in der Hauptverhandlung den Angeklagten als denjenigen wiedererkennen, den er am Tattag 40 km entfernt vom Tatort gesehen hat.«

> **Richtig:** »Der Zeuge hat am 15.11. des letzten Jahres um 22 Uhr den Angeklagten gesehen, wie dieser unmittelbar vor ihm die Straße vor dem Rathaus in B-Stadt überquerte.«

Die Beweisbehauptung muss demgegenüber nicht dem **Wissen** oder der Überzeugung **des Verteidigers** entsprechen. Seine Formulierung des Beweisantrages ist von seinem tatsächlichen Kenntnisstand zu unterscheiden.

1139 BGH StraFo 2005, 113 f.
1140 BGH StV 1993, 454 f. m. abl. Anm. *Hamm* NStZ 1993, 550, 602 m. zust. Anm. *Widmaier*.
1141 BGH NStZ (B) 2006, 495.
1142 BGH StV 2000, 180.
1143 *Hamm/Hassemer/Pauly* Rn. 111.
1144 BGH NStZ 1999, 632 f.
1145 HK/*Julius* § 244 StPO Rn. 72.
1146 BGH StV 2019, 802 f.

Es ist oft bereits in der ungleichen Rollenverteilung begründet, dass Verteidiger ihr Verlangen nach Aufklärung dann nicht präziser formulieren können, wenn sie an Defizite der Ermittlungsbehörden anknüpfen. Sind beispielsweise Spuren nicht ausgewertet worden, TKÜ-Ergebnisse nur sehr eingeschränkt zu den Akten gelangt oder andere – aus Sicht der Verteidigung – Erfolg versprechende Beweisansätze nicht verfolgt worden, kann das im Antrag formulierte Beweisergebnis nur einer Vermutung entsprechen.[1147]   **1344**

Die aus dem Wissen abgeleitete subjektive Beziehung des Antragstellers zu dem prognostizierten und beantragten Beweisergebnis wird in ihrer Relevanz für eine Berechtigung des Antrages von niemandem bezweifelt. Seit Jahrzehnten sind in Wissenschaft und Praxis die Parameter einer solchen Diskussion umstritten. Die im Detail bis heute nicht gelöste Problematik ist zwischen zwei unbestrittenen Ausgangspunkten angesiedelt: Das Potenzial einer Sachaufklärung im Vorfeld eines Prozesses ist beim Angeklagten und seiner Verteidigung im Gegensatz zu den Ermittlungsbehörden erheblich reduziert. Wollte man nur Beweiserhebungen zulassen, die im Ergebnis durch die Verteidigung bereits im Vorfeld verifiziert worden sind, wäre dieses strukturelle Ungleichgewicht in der Hauptverhandlung fortgeschrieben. Da die Beweisaufnahme die Defizite der Verteidigung ausbalancieren will, muss für diese ein Beweisbegehren zulässig sein, in dem ein behauptetes **Beweisergebnis** lediglich für **möglich** erachtet wird.[1148]   **1345**

Da diese Möglichkeitseinschätzung der Verteidigung für das Gericht nicht immer nachvollziehbar sein kann, befürchtet die Rechtsprechung die Aufstellung von Beweisbehauptungen, die auch die Verteidigung nicht als Beweisergebnis erwarten kann. Missbrauch witternd bemühte sich daher seit Jahren der BGH um eine Beschränkung des Beweisantragsrechts. Unzulässig soll hiernach eine Beweisbehauptung sein, für die jeder sachliche Bezugspunkt fehle und die daher rein spekulativ sei. Die Rechtsprechung behandelt diese Anträge als **Scheinbeweisanträge**. Die Behauptungen seien – so die einer rechtlichen Kategorisierung kaum zugänglichen Formulierungen – »aus der Luft gegriffen« oder »ins Blaue hinein« abgegeben.[1149] Ein solcher Antrag wird als Beweisermittlungsantrag behandelt. Das Recht, einen Beitrag zur prozessualen Sachaufklärung zu leisten, werde nicht abgedeckt durch Pseudobehauptungen, für die der Antragsteller keinerlei Anhaltspunkte hat.[1150]   **1346**

Wenn der Gesetzgeber nun die Ernsthaftigkeit des Antragsvorbringens als Zulässigkeitsvoraussetzung formuliert, sollte gegenüber den hemdsärmeligen Wortschöpfungen der Rechtsprechung eine gesetzlich solidere Basis geschaffen werden, die ihrerseits Ausgangspunkt für eine differenziertere Auslegung darstellen kann. In der Sache selbst ließ die Gesetzesbegründung allerdings keinen Zweifel daran, dass man weitgehend an die bisherige Vorstellungswelt der um absolute Prozesskontrolle bemühten Rechtsprechung anknüpfen wollte.[1151]

Die Zulässigkeitsproblematik ist damit nach wie vor bei der Frage angesiedelt, ob der Antragsteller zumindest entfernte Anhaltspunkte dafür hat, das Beweisergebnis für denkbar zu erachten. Bietet der Verfahrensverlauf dem Gericht Ansätze, die Vermutung nachzuvollziehen, bestehen gegen die Zulässigkeit keine Bedenken. Selbst ungewöhnliche und sogar unwahrscheinliche Behauptungen hat das Gericht zu akzeptieren.[1152] Der Berechtigung der Vermutung steht dabei auch nicht entgegen, dass die Akten oder die Hauptverhandlung für die Beweisbehauptung keine zureichenden Anhaltspunkte ergeben haben.[1153] Nicht ausreichend – weil gegen das Antizipierungsverbot verstoßend – ist die richterliche Überzeugung, die bisherige Beweisaufnahme habe das Gegenteil der Beweisbehaup-   **1347**

1147 Mit weiteren Beispielen *Ventzke* StV 2009, 655, 661.
1148 BGH NJW 1987, 2384 f.; NStZ 1988, 324, 326, 468 m. Anm. *Julius*; BGHR StPO § 244 Abs. 6 Beweisantrag 7, 15, 24; StV 1993, 3, 4; 2006, 458.
1149 BGH NStZ 1992, 397 f.; StV 1993, 232 f.; BGHR StPO § 244 Abs. 6 Beweisantrag 24; NStZ-RR 1997, 302.
1150 BGH NJW 2011, 1239.
1151 BT-Drs, 19/14747 S. 34.
1152 BGH NStZ 2008, 474.
1153 BGH StV 2006, 458.

tung ergeben. Die Einschätzung, die Beweisbehauptung sei lebensfremd, macht den Antrag ebenfalls nicht zum Beweisermittlungsantrag; selbst entfernte Gesichtspunkte können eine begründete Vermutung des Antragstellers für das Gericht plausibel erscheinen lassen.[1154] Allen gerichtlichen Bewertungen ist gemein, dass allein die – notwendiger Weise beschränkte – gerichtliche Verfahrenssicht Beurteilungsmaßstab für Plausibilitäten ist.

Wenn demgegenüber die »gesicherte bisherige Beweisaufnahme« als Maßstab für die gerichtliche Beurteilung genannt wird,[1155] hebt die Rechtsprechung letztlich das gesetzgeberische Konzept der Behandlung von Beweisanträgen aus. Maßstab wäre bei dieser Sichtweise allein die vorläufige subjektive Überzeugung des Gerichts – also exakt das Gegenteil der prozessualen Sinnhaftigkeit eines Beweisantrages, der diese Einseitigkeit gerade aufbrechen will. Dass die vorläufige Beweiswürdigung Leitlinie bei der Beurteilung der fehlenden Ernsthaftigkeit eines Verteidigerantrages sein könnte, wird formal von der Rechtsprechung bestritten. Stattdessen soll die Sichtweise eines »vernünftigen Antragstellers« maßgeblich sein.[1156] Da auch eine solche Sicht nicht abstrakt definiert und ausschließlich vom Gericht formuliert wird, ändert dieser Ansatz wenig an dem Bruch des Systems, das dem Gericht gerade diese Beurteilung entziehen soll.

Konfliktstoff ist dann stets gegeben, wo der Erkenntnishorizont des Gerichts keinerlei Raum für eine entfernte Vermutung bietet und sich diese vielmehr erst aufgrund des besonderen Kenntnisstandes des Antragstellers erschließt. Im Ergebnis schätzt auch die Rechtsprechung die Abqualifizierung von Beweisanträgen als absolute Ausnahme ein, die in jedem Fall einen hohen argumentativen Aufwand erfordere.[1157]

1348 Das Gericht kann die Berechtigung der Verteidigungsvermutung nicht stets nachvollziehen – und soll dies auch nicht. Der Kern des Beweisantragsrechts geht dahin, der Verteidigung eine effektive Teilhabe am Umfang der Beweisaufnahme zu ermöglichen. Dass subjektive Bewertungen zu Fehleinschätzungen führen können, nimmt das Gesetz bei der Verteidigung ebenso hin, wie es dies bei unüberprüfbaren Ermittlungsentscheidungen der Staatsanwaltschaft tut. Die Kontrollfunktion des Gerichts in der Hauptverhandlung ist abseits inhaltlicher Kriterien auf formale Aspekte beschränkt.

1349 Die Praxis versucht, gerichtliche Kritik durch Erweiterung des eigenen Informationsstands zu legitimieren. Das Gericht erbittet oft ergänzende Hinweise, um die Qualität der Vermutung des Antragstellers überprüfen zu können. Die Verteidigung hat allerdings **keine Informationspflicht**. Möglicherweise ist ihr die Weitergabe der Informationsquelle sogar aufgrund anwaltlicher Schweigepflicht verwehrt. Zur Vermeidung einer im Gesetz nicht vorgesehenen Argumentationslast des Antragstellers wird im Konfliktfall seinem Mitwirkungsrecht in der Beweisaufnahme der Vorrang zukommen.[1158] Der Gefahr eines Missbrauchs kann durch andere Erwägungen begegnet werden. Die Verteidigung sollte sich daher dem Informationsbegehren des Gerichts nicht verschließen, die eigene gebundene Situation aber stets betonen. Notfalls muss sich der Verteidiger mit dem Hinweis begnügen, dass er nach seinem Kenntnisstand das im Antrag thematisierte Beweisergebnis für möglich halte.

c) Benennung des Beweismittels

1350 Das Beweisbegehren muss verdeutlichen, durch welches Beweismittel der behauptete Sachverhalt in der Hauptverhandlung belegt werden soll. In Betracht kommen nur die Beweismittel des Strengbeweises: Zeugen, Sachverständige, Urkunden und Augenschein. Sind auch die Angaben des Mitangeklagten taugliche Urteilsgrundlage, erscheint dessen Benennung im Antrag konsequent. Dabei

---

1154 BGH NStZ 2003, 497.
1155 BGH StV 1997, 567; 2002, 233.
1156 BGH StV 2003, 428; 2014, 264.
1157 KG NStZ 2005, 419 f.
1158 *Herdegen* Das Beweisantragsrecht – Betrachtungen anhand und zur Rechtsprechung, NStZ 1998, 444, 448; 1999, 176, 178; *Deckers*, S. 24; *Hamm/Hassemer/Pauly* Rn. 128; *Krekeler* Schriftenreihe der ARGE Strafrecht des DAV 1991, S. 137 ff.; *Burhoff* Hdb. HV, Rn. 258.

ist das Beweismittel hinreichend zu konkretisieren. Für den **Zeugenbeweis** bedeutet dies eine ausreichende **Individualisierung**, die es dem Gericht ermöglicht, den Zeugen zu laden. Das Optimum, die Angabe des exakten Namens und der ladungsfähigen Anschrift, ist für den Antragsteller nicht immer realisierbar. Aufgrund der beschränkten Nachforschungsmöglichkeiten durch die Verteidigung erachtet die Rechtsprechung in diesen Fällen eine Zeugenbenennung als hinreichend bestimmt, wenn der Zeuge durch Angaben im Beweisantrag individualisierbar ist.[1159]

> Ein zulässiger Beweisantrag liegt z.B. vor, wenn bei einem Zeugen, der unter falschem Namen mit einem entsprechenden Pass gelebt hat, zur Bestimmung seines aktuellen Aufenthaltsortes lediglich der Wohnort und die Straße – ohne Hausnummer – angegeben wird.[1160] Ein Polizeibeamter, der zu bestimmten Zeiten an einem bestimmten Ort Dienst hatte, ist aufgrund von Einsatzplänen ebenso individualisierbar wie ein Mitpatient bei einem Krankenhausaufenthalt.[1161] Ausreichend ist die Benennung eines Sachbearbeiters eines bestimmten Finanzamts in Litauen für im Detail gekennzeichnete steuerrechtlich erhebliche Vorgänge im Geschäftsbetrieb einer bestimmten Firma.[1162]

1351

Ist der Zeuge als unverwechselbare Einzelerscheinung beschrieben, sind die Anforderungen an einen Beweisantrag erfüllt, auch wenn das Gericht bis zur Einvernahme des Zeugen ergänzende Ermittlungstätigkeiten entfalten muss.[1163] Ein lediglich als Beweisermittlungsantrag zu bewertendes Begehren liegt erst dann vor, wenn die denkbaren zusätzlichen Ermittlungstätigkeiten des Gerichts nur eine entfernte Möglichkeit der Individualisierung des Zeugen versprechen. Ist demgegenüber der Verteidigung die Benennung der ladungsfähigen Anschrift des Zeugen möglich und zumutbar, beharrt insbesondere die jüngere Rechtsprechung auf deren Angaben als Erfordernis eines zulässigen Beweisantrages.[1164]

1352

Beim **Sachverständigenbeweis** braucht der Gutachter nicht persönlich benannt zu werden. Der Antrag muss die geforderte Kategorie der Sachkunde verdeutlichen. Die Auswahl des Sachverständigen obliegt dagegen dem Gericht (§ 73). Benennt der Antragsteller einen Sachverständigen, stellt dies für das Gericht einen unverbindlichen Vorschlag dar.[1165] **Urkunden oder Augenscheinsobjekte**, die nicht präsent sind (§ 245), müssen zur Beweisaufnahme herangeschafft werden. Der Antragsteller hat daher bei der Benennung dieser Beweismittel die Beweisstücke hinreichend zu individualisieren. Die Angabe zum aktuellen Verwahrungsort und/oder des Besitzers der Schriftstücke ist zur Herbeischaffung ebenso notwendig wie die Selektion des konkreten Beweismittels aus einer Gesamtheit von Urkunden oder Augenscheinsobjekten. Urkundenkonvolute (»die Akten«) sind nur dann hinreichend bestimmt, wenn der Antrag gleichzeitig deutlich macht, dass gerade die Gesamtschau des Inhalts sämtlicher Einzelurkunden bestimmt und geeignet sein soll, Beweis über die behauptete Tatsache zu erbringen.[1166]

1353

> Die Einnahme des Augenscheins wird durch die **Tatortbesichtigung** beantragt:

1354

> »Die Verteidigung beantragt die Inaugenscheinnahme des Unfallorts an der Kreuzung Bahnhofstr./Gildenweg. Die Besichtigung der Örtlichkeit wird ergeben, dass vom Beobachtungspunkt des Zeugen Z. an der Fußgängerampel ein aus Richtung Bahnhof herannahendes Fahrzeug aufgrund der Kurvenführung und der die Sicht verdeckenden Büsche frühestens 50 m vor der Einfahrt in die Kreuzung wahrgenommen werden kann.«

1159 Zu den Anforderungen an die Individualisierungsfaktoren s. BGH bei *Cierniak/Pohlit* NStZ 2009, 553.
1160 BGH JR 1999, 432 m. Anm. *Rose*.
1161 BGH NStZ 1981, 309 f.
1162 BGH, Beschl. v. 29.04.2010 – 1 StR 644/09, HRRS 2010 Nr. 595.
1163 Einschränkend BGHSt 40, 3, 6 = StV 1994, 169 f. m. abl. Anm. *Strate*; BGH StV 1996, 581.
1164 BGH, Beschl. v. 28.05.2009; BGHR StPO § 244 Abs. 6 Beweisantrag; OLG Köln NStZ-RR 2007, 150.
1165 BGHR StPO § 244 Abs. 6 Entscheidung 1.
1166 *Alsberg/Nüse/Meyer* Der Beweisantrag im Strafprozeß, 5. Aufl. 1983, S. 53.

d) Darlegung der Beweispotenz

1355 Beweisbehauptung und Beweismittel stehen nicht beziehungslos nebeneinander. Der Antragsteller macht durch sein Begehren deutlich, dass er prognostiziert, dass das von ihm benannte Beweismittel gerade den von ihm behaupteten Sachverhalt bei einer Beweisaufnahme in die Hauptverhandlung einführen wird. Diese Beziehung muss für das entscheidende Gericht verdeutlicht werden. Das Gesetz verlangt daher zusätzlich, dass dem Beweisantrag zu entnehmen sein muss, weshalb das bezeichnete Mittel die behauptete Tatsache belegen können soll. Der Gesetzgeber hat damit einer seit Jahren unter den Begriff der »**Konnexität**« geführten Diskussion eine diskutable Grundlage gegeben.

Diese Diskussion gibt die fortbestehende Interessensituation der Strafgerichte wieder: Man will letztlich exklusives Verteidigerwissen in Erfahrung bringen.

> Für einen erstmals benannten Zeugen erwartete die Rechtsprechung mit dem – von ihr selbst erfundenen – Erfordernis der Konnexität über die beiden Elemente des Beweisantrages hinausgehende Angaben zur konkreten Wahrnehmungssituation. Der Antragsteller sollte vor der Beweisaufnahme schon sein Wissen darüber preisgeben, wann, wo und unter welchen Bedingungen der Zeuge etwas gesehen oder gehört hat. Zur Plausibilisierung wird eine konkrete zusätzliche Tatsachenbehauptung verlangt.[1167] Die Darlegungspflicht soll bei fortgeschrittener Beweisaufnahme erweitert sein und sich an dem vermeintlichen – vom Gericht selbst nicht zu offenbarenden – vorläufigen Beweisergebnis ausrichten.[1168] Unter dem Vorwand, die Verteidigung begebe sich mit der Antragstellung in »eine Art Dialog über die Eignung und die Notwendigkeit der erstrebten Beweiserhebung« wird das Teilhaberecht verwässert und systemwidrig der Weg für das Gericht eröffnet, die vorläufigen Ergebnisse der selbst initiierten Beweisaufnahme zu zementieren und Irritationen abzuwehren.
>
> Von Richtern ist der Wissensvorsprung der Verteidigung zu möglichen Ergebnissen der von ihr initiierten Beweisaufnahme nur schwer erträglich. Die Verteidigung soll vor die Alternative gestellt werden, entweder dieses Wissen preiszugeben oder auf die Gestaltungsmöglichkeit des Beweisantrages zu verzichten. Diese – z.T. unbewusste – Angst kann die Verteidigung dem Gericht mit einer Erklärung nehmen, die den Beweisantrag in Zusammenhang mit einem verantwortungsbewussten Aufklärungsinteresse sowie der Betonung der subjektiven und damit limitierten Erwartenshaltung eines Verteidigers stellt.

Dass das Gesetz letztendlich ein für die Praxis nur scheinbares Problem thematisiert, ist auch dem Gesetzgeber geläufig. Eine Formulierung wird vom Antragsteller nur verlangt, »wenn sich dies nicht ohnehin von selbst versteht«.[1169] Dieses Selbstverständnis wird für die allermeisten Beweisanträge gelten müssen.

> Die Benennung eines Zeugen durch die Verteidigung impliziert regelmäßig, dass dieser die behauptete Beweistatsache wahrgenommen hat.[1170] Wenn die Verteidigung beantragt, zusätzlich den Zeugen X zum Verlauf einer Schlägerei zu hören, weil X begründen werde, dass der Angeklagte nicht auf den Kopf, sondern nur auf die Schultern geschlagen habe, so ist der Zusammenhang für jeden Zuhörer klar. Der Zeuge kann nur dann etwas gesehen haben, wenn er auch dabei war. Dies bedarf keiner ergänzenden Erläuterung. Wenn ohnehin mehrere Personen bei der Schlägerei anwesend waren, spricht die Lebenserfahrung nicht gegen die Anwesenheit des X.
>
> Allenfalls Besonderheiten der Beweis- oder Sachverhaltskonstellationen können zusätzliche Erklärungen notwendig machen. Hat beispielsweise der bei der Schlägerei Verletzte behauptet, er sei während der gesamten Zeit mit dem Angeklagten allein gewesen, mögen aus Sicht des Gerichts Zweifel aufkommen, dass überhaupt ein weiterer Zeuge greifbar ist. Wenn darüber hinaus die Beweisaufnahme ebenso wie der gesamte Akteninhalt keine Anhaltspunkte für die Anwesenheit eines weiteren Zeugen bieten, bedarf die Wahrnehmungsposition des benannten Zeugen ausnahmsweise der Erklärung.

1167 BGH StV 2011, 239.
1168 BGH NJW 2008, 3446.
1169 BT-Drs. 19/14747 S. 34.
1170 BGH StV 2001, 97.

Für den Sachverständigenbeweis reicht die erkennbare Möglichkeit, dass ein Gutachter durch sein besonderes Wissen zur Bestätigung der Beweisbehauptung beitragen könnte; mit dem Antrag auf Anhörung eines Aussagepsychologen muss daher nicht zwangsläufig das Einverständnis des zu begutachtenden Zeugen zur Exploration behauptet werden, denn wissenschaftliche Erkenntnisse zur Glaubhaftigkeit einer Aussage lassen sich auch ohne solche kommunikativen Akte einführen.[1171]

Der Umfang der Darstellungspflicht des Antragstellers ist angesichts der Schlichtheit der Gesetzesformulierung nur schwer zu bestimmen. Er hat sich letztlich an Sinn und Zweck der Stellung eines Beweisantrages zu orientieren. Die Regelung des Beweisantrages beruht auf der Idee, dass Verfahrensbeteiligte Beweiserhebungen durchsetzen können, die das Gericht gerade nicht für Erfolg versprechend hält. Ob möglicherweise die unmittelbare Wahrnehmung eingeschränkt war und Sachverhaltselemente der Beweisbehauptung vom Zeugen nur aufgrund eigener Bewertungen und Schlussfolgerungen bekundet werden können, ob ein lange zurückliegender detaillierter Sachverhalt zwangsläufig die Erinnerungsfähigkeit eines Zeugen überfordert, ist erst in der Beweisaufnahme selbst zu klären und zu bewerten.

Die Darstellungen des Antragstellers können sich somit nicht auf Elemente beziehen, die letztendlich der Beweiswürdigung vorbehalten sind. Bezugspunkt ist allenfalls eine Plausibilisierung der Prognose der Verteidigung zum Verlauf der beantragten Beweisaufnahme. Nachvollziehbar erscheint die Überlegung, dass das Gericht zumindest insoweit informiert sein muss, dass es sinnvoll eine Bewertung der Ablehnungsgründe des § 244 Abs. 3, 4, 5 vornehmen kann. Drängt sich z.B. der Ablehnungsgrund der völligen Ungeeignetheit des Beweismittels oder der Entscheidungsunerheblichkeit auf, weil die Unmöglichkeit der behaupteten Zeugenwahrnehmung aufgrund entgegenstehender Konstellationen zu belegen ist, sind zumindest insoweit ergänzende Darstellungspflichten des Verteidigers vorstellbar, als er dem Gericht die Beurteilung dieser Ablehnungsgründe ermöglichen muss. In dieser besonderen Konstellation mag der Verteidiger im Antrag erklären, weshalb er beispielsweise davon ausgeht, dass ein Zeuge den Tathergang beobachtet hat, obwohl der gesamte Verfahrensverlauf nur Erkenntnisse dahin gehend erbracht hatte, dass dieser Zeuge vom Tatort weit entfernt war.   **1356**

Die durch die neue Gesetzesformulierung vermittelte Unsicherheit kann in letzter Konsequenz dazu führen, in der Begründung zum Beweisantrag tatsächlich interne Informationen preiszugeben, die den für die Verteidigung vorhandenen Zusammenhang zwischen Beweisthema und Beweismittel verdeutlichen. Die vorhergehende Abstimmung mit dem Mandanten ist hier angesichts der Gefahren einer Durchbrechung der Schweigepflicht des Verteidigers unabdingbar.   **1357**

e) Kein Beweisantrag bei Prozessverschleppungsabsicht

§ 244 Abs. 6 Satz 2 stellt mittelbar ein weiteres Zulässigkeitskriterium für das Vorliegen eines formellen Beweisantrages auf. Kein Beweisantrag liegt vor, wenn »die beantragte Beweiserhebung nichts Sachdienliches zugunsten des Antragstellers erbringen kann, der Antragsteller sich dessen bewusst ist und er die Verschleppung des Verfahrens bezweckt.«

Richter sind von jeher fasziniert von der Vorstellung, Verteidigung gehe es bei der Stellung von Anträgen nur um eine Verlängerung des Prozesses. Die Frage, weshalb es Verteidigung aus purem Selbstzweck um das Hinausschieben eines Urteils gehen könnte, stellen sie sich nur selten, Antworten hierauf existieren nicht. Es ist allein der richterliche Blick, der seiner nur als vorläufig gedachten Überzeugungsbildung bei nicht abgeschlossener Beweisaufnahme bereits eine Endgültigkeit zumisst, der die Hinderung des formalen Vollzugs dieser Endgültigkeit durch Beweisanträge allein in seiner zeitlichen Dimension wahrnimmt. Es geht nicht mehr um die Sache, sondern um die Verlängerung des Prozesses – warum auch immer. Schon das Reichsgericht diagnostizierte in einer Entscheidung im ersten Band seiner Sammlung die Existenz von Beweisanträgen, die nur den äußeren Schein von

---

1171 BGH NStZ-RR 2015, 17 f.

Beweisanträgen an sich tragen, in Wirklichkeit aber verfahrensfremde Zwecke verfolgten.[1172] Dass primär die Verfahrensverschleppung einen solchen verfahrensfremden Zweck darstellt, kennt das Gesetz bereits seit Jahrzehnten. Die Feststellung der Verschleppungsabsicht war taugliche Begründung zur Ablehnung eines Beweisantrages. Mit der aktuellen Gesetzesfassung geht man noch einen Schritt weiter, um die zögerliche Praxis im Umgang mit dem angeblichen Phänomen zu befeuern: Wird die rechtsmissbräuchliche Absicht durch die Verteidigung seitens des Gerichts festgestellt, soll nicht einmal ein Beweisantrag vorliegen. Der Antrag braucht daher nicht durch Beschluss beschieden zu werden, sondern obliegt der einfachen Verhandlungsführung des Vorsitzenden gemäß § 238 Abs. 1.[1173]

Die Bejahung der Voraussetzung einer Prozessverschleppung setzt objektiv voraus, dass der Antrag erkennbar **nichts Sachdienliches zur Aufklärung** beitragen kann. Die beantragte Erweiterung der Beweisaufnahme ist aussichtslos oder zumindest erkennbar nutzlos. Objektiv lediglich Unerhebliches wird bereits von Ablehnungsgründen des § 244 Abs. 3 erfasst; die Analyse des Gerichts muss daher dahin gehen, dass grundsätzlich erhebliches Beweisbegehren erkennbar nichts zur Aufklärung beitragen kann. Eine solche Prognose erfordert unvermeidlich eine Beweisantizipation[1174] und ist daher geeignet, letztlich die durch das Beweisantragsrecht verbriefte Teilhabe des Beschuldigten und seiner Verteidigung auszuhebeln. Dient dieses Gestaltungsrecht des Angeklagten gerade dazu, ein bereits nach dem Teil der Beweisaufnahme überzeugtes Gericht zu einer Erweiterung der Beweisaufnahme mit dem Ziel der Erschütterung dieser vorläufigen Überzeugung anzuhalten, verharrt der Ausgangspunkt der fehlenden Sachdienlichkeit gerade in der zu hinterfragenden richterlichen Subjektivität. Man war und ist sich daher darüber einig, dass die fehlende Sachdienlichkeit auf die Fälle der Evidenz zu beschränken ist. Beispielhaft wird das formuliert für eine auf außergewöhnlicher Beweisdichte beruhender erdrückender Beweislage, der auch bei besonders kritischer Prognose das beantragte Beweisverlangen erkennbar keine neuen Facetten wird abbringen können.[1175] Auch wenn dieser Ausgangspunkt der Idee des Beweisantrages bereits zuwiderläuft, wird hierdurch zumindest verdeutlicht, dass die Annahme der fehlenden Sachdienlichkeit jedenfalls der extreme Ausnahmefall im Prozessgeschehen darstellen muss.

Dem Antragsteller muss diese evident fehlende Sachdienlichkeit geläufig sein. Auf dem Hintergrund der Anforderung, dass bei Antragstellung der Antragsteller den unter Beweis gestellten Sachverhalt lediglich für möglich halten muss, sind Fälle nur schwer vorstellbar, in denen das Gericht von der Vorstellung von Verteidigung ausgehen darf, dass der gestellte Antrag letztlich sinnlos ist. Auch der vorliegende Gesetzestext geht von schwer übersteigbaren Begründungsanforderungen aus.

Die Rechtsprechung zur alten Gesetzesfassung[1176], die in der Prozessverschleppungsabsicht lediglich einen Ablehnungsgrund des formellen Beweisantrages sah, forderte seinerzeit als objektive Voraussetzung zusätzlich die Potenz des Antrages zu einer erheblichen Verzögerung des Verfahrens. Zwar wollte der Gesetzgeber mit der neuen Fassung diese objektive Voraussetzung entfallen lassen. Die Idee des rechtsmissbräuchlichen Verschleppens eines Verfahrens setzt jedoch nach wie vor zwangsläufig die Vorstellung des Antragstellers voraus, den Gang des Verfahrens zu verlängern. Eine Absicht der Verschleppung ist nicht denkbar ohne die Vorstellung des Antragstellers, mit seinem Antrag das Ende des Verfahrens hinauszuschieben. Hat der Antrag allerdings keinerlei ernsthafte Verzögerungspotenz, ist eine auf ein Phantom gerichtete Vorstellungswelt des Antragstellers kaum begründbar. Nach wie vor ist auch nach aktueller Gesetzeslage diese Potenz Gegenstand der Überprüfung.

1172 RGSt 1, 241, 244.

1173 S. zu dieser gesetzgeberischen Intention BT-Drs. 19/14747 S. 34.

1174 *Herdegen* FS Boujong 1996, S. 787.

1175 S. z.B. KK/*Krehl* § 244 Rn. 176.

1176 So zur überkommenen Gesetzeslage der Prozessverschleppungsabsicht BGHSt 1, 33; 21, 121; 29, 151; NStZ 1990, 350; StV 2001, 436.

Wenn nur eine **wesentliche Verfahrensverzögerung** tauglicher Ansatzpunkt für die Annahme einer Prozessverschleppung ist[1177] kann eine solche Erheblichkeit nach überkommener Rechtsprechung erst gegeben sein, falls eine **Aussetzung** oder **Unterbrechung** des Verfahrens nicht zu vermeiden wäre.[1178] Wohnt der benannte Zeuge beispielsweise am Gerichtsort oder ist ohnehin ein weiterer Sitzungstag durch den Vorsitzenden vorgesehen, an dem die Beweisaufnahme stattfinden könnte, entfällt schon die objektive Eignung des Antrages zu einer wesentlichen Verzögerung. Die beantragte Beweisaufnahme selbst muss das Verfahren verzögern, nicht etwa eine für möglich gehaltene Konsequenz des hierdurch angestrebten Beweisergebnisses. Ob generelle Überlegungen zum Beschleunigungsgrundsatz objektiv eine Verzögerung begründen können[1179] oder eine Relation zwischen der Länge eines laufenden Verfahrens und einer Reduzierung der Erheblichkeitsschwelle hergestellt werden kann,[1180] darf bezweifelt werden.

Die gerichtliche Überzeugung einer derart weitgehenden Absicht ist nur in seltenen Ausnahmefällen aus Indizien abzuleiten. Untauglich für einen solchen Rückschluss ist beispielsweise – wie sich unschwer aus § 246 ergibt – der späte Zeitpunkt der Antragstellung[1181] oder das Scheitern von Beweiserhebungen zum selben Gegenstand in einer früheren Phase des Prozesses.[1182] Dass die Beweisbehauptung mit der Einlassung des Angeklagten nicht in jedem Punkt übereinstimmt, ist ebenso wenig indiziell wie ein früherer Verzicht auf den nunmehr beantragten Zeugen.[1183]

Die sichere gerichtliche Überzeugung von der Verschleppungsabsicht des Verteidigers lässt sich nur aus einer Würdigung des gesamten Prozessverhaltens ableiten, welches zweifellos die rechtsmissbräuchliche Intention belegt.[1184] Indiziell relevant können hierbei widersprüchliche Tatsachenbehauptungen in Kombination mit einem schwer erreichbaren Beweismittel[1185] oder der zusammenhanglosen Verknüpfung mit einer Bedingung einer bestimmten Strafhöhe im Urteil[1186] sein. Gleiches gilt bei Anträgen, für deren Inhalt und Anlass aus Sicht des Gerichts keinerlei greifbare Anhaltspunkte bestehen. Wird trotz vorliegender dienstlicher Erklärungen der erkennende Richter zum wiederholten Male als Zeuge benannt, soll der Schluss auf ein prozessfremdes Ziel nahe liegen.[1187] Zweifelhaft ist, ob in einer frühen Verhandlungsphase mögliche, aber von der Verteidigung unterlassene Vorhaltungen an einen Zeugen als Indizien für eine mangelnde Ernsthaftigkeit eines am Ende der Beweisaufnahme zum selben Thema gestellten Beweisantrages herangezogen werden können.[1188]

Ein Hindernis bei der Ausmerzung der geführten Prozessverschleppungsabsicht war aus Sicht des Gesetzgebers die bis dahin geltende Anforderung der Rechtsprechung, wonach der Antragsteller »ausschließlich« diese Verzögerung anstrebe. Nunmehr heißt es in § 244 Abs. 6 Satz 2: »die Verfolgung anderer verfahrensfremder Ziele steht der Verschleppungsabsicht nicht entgegen.« Auch ein »Motivbündel« soll den Antragsteller nicht davor bewahren, dass seinem Beweisbegehren die Eigenschaft eines Beweisantrages entzogen wird.[1189] Welcher Art die anderen Motivationen in diesem gedachten Bündel sein können, verrät die Gesetzesbegründung nicht. Welche abseits der Verschleppung liegenden anderweitigen verfahrensfremden Ziele angestrebt werden könnten, wurde bislang nirgendwo dargelegt. Allerdings: Zielt auch nur ein Teil dieses Bündels auf eine sachdienliche Beweisaufnahme, entfällt schon deswegen die Annahme der Prozessverschleppungsabsicht.

1177 BGH NStZ 1985, 494.

1178 BGHSt 21, 118, 121; OLG Karlsruhe Justiz 1976, 440; LR/*Gollwitzer*, 25. Aufl., § 244 Rn. 12 m.w.N.

1179 So BGH, Beschl. v. 09.05.2007 – 1 StR 32/07 m. abl. Anm. *Sommer* StRR 2007, 225 ff.

1180 BGH StV 2009, 64, 65; NStZ 2007, 659 m. Anm. *Beulke/Ruhmannseder* 2008, S. 300 ff., ähnlich *Niemöller* Prozessverschleppung – die Absicht genügt, NStZ 2008, 181 ff.

1181 BGHSt 21, 118, 123; NStZ 1998, 207; StV 2002, 181.

1182 RG JW 1930, 1313 m. Anm. *Alsberg*.

1183 LR/*Gollwitzer*, 25. Aufl., § 244 Rn. 213.

1184 BGH NStZ 1989, 36 f.; 1990, 350 f.

1185 S. z.B. eines Auslandszeugen: BGH NJW 2001, 1956 f.

1186 BGH NStZ 2005, 45.

1187 BGHSt 7, 330, 331; 44, 4 f.; StV 2002, 294, 296; z.T. wird hier auch die Unzulässigkeit des Beweisantrages angenommen, BGH StraFo 2004, 19; s. auch: *Rissing/van-Saan* Der erkennende Richter als Zeuge im Strafprozeß?, MDR 1993, 310.

1188 BGHR StPO § 244 Abs. 3 S. 2 Prozessverschleppung 1; NStZ 1997, 503 m. Anm. *Herdegen*; kritisch: *Wohlers* StV 1997, 568; *Hamm/Hassemer/Pauly* Rn. 253.

1189 BT-Drs. 19/14747 S. 34.

4. Antragstellung

1358 **Antragsberechtigt** ist neben dem Verteidiger der Sitzungsvertreter der Staatsanwaltschaft, der Angeklagte selbst und – weitgehend auf die jeweilige Interessensituation beschränkt – der Nebenkläger
(§ 397 Abs. 1 S. 3), der Privatkläger (§ 384 Abs. 3), der Entschädigungsberechtigte (§§ 403 ff.)
sowie der Nebenbeteiligte (§§ 433 Abs. 1 S. 1, 440 Abs. 3). Der nach § 149 zugelassene Beistand
des Angeklagten hat kein Antragsrecht, wohl aber der gemäß § 69 Abs. 1 JGG bestellte Beistand
ebenso wie der Erziehungsberechtigte und der gesetzliche Vertreter eines jugendlichen Angeklagten
(§ 67 Abs. 1 JGG).

Da der Verteidiger ein eigenständiges Antragsrecht hat, kann er auch Behauptungen unter Beweis
stellen, die sich nicht mit dem Vorbringen seines Mandanten decken.

▶ **Beispiel:**

1359 Der Verteidiger benennt den Zeugen A., der aus eigener Wahrnehmung etwas (konkret ausgeführt) zu den Provokationen anderer Dorfbewohner gegenüber dem Angeklagten berichten
könne. Nach Antragstellung befragt der Vorsitzende den Angeklagten zu dem benannten
Zeugen A. Auch wenn der Angeklagte nunmehr meint, A. habe die Geschichte von den Provokationen nur durch Erzählungen seiner Mutter erfahren, ist das Gericht gehalten, bei der
Bescheidung des Antrages exakt den vom Verteidiger behaupteten Sachverhalt zugrunde zu
legen.[1190]

1360 Der Antrag ist grundsätzlich **mündlich** zu stellen. Auch bei einem schriftlich formulierten Beweisbegehren ist der Antrag erst mit dessen Verlesung gestellt (Ausnahme: § 257a). Es besteht kein
Anspruch auf wörtliche Protokollierung des mündlich gestellten Antrages. Ein verlesener schriftlicher Antrag, der als Anlage zu Protokoll genommen wird, sichert das Beweisbegehren des Antragstellers sinnvollerweise ab. »Gestellt« ist ein Antrag ebenso, wenn sich Verteidigung oder Angeklagter dem **Antrag eines Mitangeklagten** anschließen. Eine deutliche Erklärung der Identifikation ist
schon deswegen vonnöten, weil sich die Verteidigung in der Revisionsinstanz nicht auf die nach
§ 244 Abs. 3–6 fehlerhafte Ablehnung eines Beweisantrags des Mitangeklagten berufen kann.[1191]

1361 Unabhängig von der formalen Existenz eines Beweisantrages ist die Realisierung des Beweisbegehrens zu
berücksichtigen. Beabsichtigt z.B. der Verteidiger, die Beschlagnahme von Gegenständen zu beantragen,
die nur mittels einer Hausdurchsuchung erlangt werden können, wäre der Erfolg allein durch die Verlesung des Begehrens in öffentlicher Hauptverhandlung gefährdet. Der Überraschungseffekt einer Durchsuchung wäre verpufft. Hier erscheint es sinnvoll, schon zuvor dem Gericht den Antragstext zur Verfügung zu stellen. Hält auch das Gericht eine Durchsuchung für sinnvoll, kann diese mit der notwendigen
Verdecktheit vorbereitet werden, bevor der Antrag in der Hauptverhandlung verlesen wird.

1362 Die **Anzahl der Beweisanträge** ist durch das Gesetz nicht beschränkt. Sie ist auch durch das Gericht
nicht beschränkbar.

1363 Das gesetzliche Verständnis möglicher **missbräuchlicher Antragstellung** hat in den Ablehnungsgründen
des § 244 Abs. 3–6, insbesondere bei der Prozessverschleppung, seinen Niederschlag gefunden. Ein
zusätzlicher Ablehnungsgrund des Rechtsmissbrauchs existiert nicht. Rechtsprechung und Lehre haben
bislang keine tragfähigen Kriterien für die Abgrenzung des Gebrauchs prozessualer Rechte von deren
gemutmaßtem Missbrauch entwickelt.[1192] Die Rechtsprechung sieht zwar in »Extremfällen« Anlass, Fragen
eines möglichen Rechtsmissbrauchs bei exzessivem Gebrauch des Antragsrechts zu erörtern. Sie will den

1190 BGH NStZ 2009, 581.
1191 BGH StV 2011, 458; 2011, 711; die Revisionsgerichte wollen hier nur nach den Maßstäben der Aufklärung – § 244 Abs. 2 – überprüfen.
1192 *Hassemer* FS Meyer-Goßner, S. 127, 131 ff.; *Herdegen* NStZ 2000, 1 ff.; *Müller* Überlegungen zum
Missbrauch im Strafprozess, FS Imme-Roxin 2012, S. 62 ff.; a.A. *Bünger* NStZ 2006, 305; umfassend:
Fahl Rechtsmissbrauch im Strafprozess 2004.

Verteidiger als »**Beweisantragspfleger**«,[1193] d.h. als Filter einer als unerträglich empfundenen Antragsflut des Angeklagten selbst einsetzen[1194] oder Fristen für abschließende Beweisanträge vorgeben, die nach Ablauf nur noch als Hilfsbeweisanträge behandelt werden sollen.[1195] Im Gesetz finden diese Bemühungen allerdings keine Stütze und der Verteidiger wird diesen Disziplinierungsversuchen entgegentreten.

Der gestellte Beweisantrag kann sich unterschiedlich auf den weiteren Verfahrensverlauf auswirken.   **1364**
Soll dem Beweisbegehren des Antragstellers nachgegangen werden, so folgt aus der Sachleitungsbefugnis des Vorsitzenden, dass dieser die Herbeischaffung der beantragten Beweismittel anordnet.
Einer Begründung bedarf dies nicht. Beanstandet allerdings ein anderer Verfahrensbeteiligter die
Anordnung des Vorsitzenden, hat das Gericht über die Beweiserhebung durch **Beschluss** gemäß
§ 238 Abs. 2 StPO zu entscheiden. Auch wenn die Anordnung des Vorsitzenden bestätigt wird, ist
dieser Beschluss zu begründen (§ 34 StPO). Der Beschluss zur Beweiserhebung bindet das Gericht
nicht. Vor seiner Realisierung kann das Gericht aufgrund veränderter Einschätzung – nach abermaliger Anhörung der Beteiligten – den Antrag im Beschlusswege ablehnen.[1196] Verzichtet der Verteidiger vor Anordnung oder Ablehnung der Beweisaufnahme auf sein Beweisbegehren, ist das
Gericht von einer weiteren Bescheidungspflicht befreit. Danach ist das Einverständnis der anderen
Verfahrensbeteiligten notwendig (§ 245 Abs. 1 S. 2 StPO). Die **Antragsrücknahme** ist zu protokollieren.[1197]

Der Verteidiger riskiert allerdings bei Missverständnissen einen Rechtsverlust: Das **Schweigen der**   **1365**
Verteidigung nach einem vom Gericht vorgenommenen Austausch der Beweismittel soll u.U. als
konkludente Rücknahme bewertet werden können.[1198] Ähnlich wird von der Rechtsprechung ange-
deutet, dass der ausdrückliche unwidersprochen gebliebene Hinweis des Vorsitzenden, man habe
nunmehr alle Anträge beschieden, zu einem Rügeverzicht führen kann, falls aufgrund eines Irrtums
des Gerichts ein Antrag noch unbeschieden war.[1199] Auch fehlende Reaktionen des Antragstellers auf
ausdrückliche Hinweise des Gerichts, nach dem Verfahrensverlauf erübrige sich offensichtlich eine
weitere Beweisaufnahme, sollen etwa als Verzicht (um-)gedeutet werden können.

> In der Sache ist das der weitere Versuch der Rechtsprechung, entgegen der Systematik dem Verteidiger   **1366**
> Verantwortung für das prozessordnungsgemäße Verfahren des Gerichts zuzuschieben. Der dies in der
> Hauptverhandlung erkennende Verteidiger kann dem mit der Erklärung entgegentreten, dass er z.B.
> angesichts der unüberschaubaren zeitlichen Behandlung des Gerichts keinen Überblick über die Voll-
> ständigkeit der Bescheidungsbeschlüsse habe, jedenfalls keine Veranlassung bestehe, irgendeinen gestell-
> ten Antrag zurückzunehmen.

5. Bedingter Antrag

Der Zusammenhang zwischen Antrag und gerichtlicher Reaktion wird modifiziert, wenn der Antrag-   **1367**
steller sein Beweisbegehren unter eine Bedingung stellt. Gesetzlich ist der **bedingte Beweisantrag**
nicht geregelt. Die Rechtsprechung hat ihn aber seit Langem anerkannt. Bemühungen um Kategorisierung seiner verschiedenen Varianten haben zu unterschiedlichen Terminologien geführt (Eventualbeweisantrag, prozessual bedingter Beweisantrag, Hilfsbeweisantrag), ohne dass sich die hiermit

---

1193 Vgl. dazu: *Grüner* Über den Mißbrauch von Mitwirkungsrechten und die Mitwirkungspflichten des
      Verteidigers im Strafprozeß 2000.
1194 BGHSt 38, 111.
1195 BGH NJW 2005, 2466 m. abl. Anm. *Dahs* StV 2006, 114; *Duttke* JZ 2005, 1012; *Gössel* JR 2006, 128;
      BGH, Beschl. v. 09.05.2007 – 1 StR 32/07 m. abl. Anm. *Sommer* StRR 2007, 224.
1196 BGH StV 1985, 488; OLG Hamm StraFo 2006, 73.
1197 BGH StV 1999, 359.
1198 BGH StV 1992, 454.
1199 BGH JR 2010, 456 f. m. abl. Anm. *Popp*; anders KK/*Herdegen*, 5. Aufl., § 244 Rn. 5, solche Ausle-
      gungen seien nicht möglich für das schlichte Schweigen auf die Feststellung des Vorsitzenden, die
      Beweisaufnahme werde – trotz Ausstehens der beantragten Beweiserhebung – im allseitigen Einver-
      ständnis geschlossen.

verknüpften Begriffsinhalte allgemein durchsetzen konnten.[1200] Die Akzeptanz durch die Rechtsprechung gründet in der Prozessökonomie. Treten Bedingungen, unter die ein Beweisantrag gestellt wird, nicht ein, entfällt die Notwendigkeit, hierüber zu befinden. Die **Art der Bedingung** ist weder logisch noch prozessual vorgegeben.

1368   Sinnvoll erscheint ihr Einsatz bei einem notwendigerweise abgestuften prozessualen Vorgehen, sei es, weil die Untersuchung verschiedener Tatbestandsmerkmale eine gewisse Reihenfolge voraussetzt, sei es, weil erst bestimmte Beweisergebnisse einen weiteren Umfang der Beweisaufnahme zur Tatsachenfeststellung erforderlich machen. Bedingte Beweisanträge können etwa für den Fall gestellt werden, dass das Gericht das Vorliegen eines bestimmten Tatbestandsmerkmals annimmt, entgegen der Ansicht des Antragstellers von einer Verwertbarkeit eines herangezogenen Beweismittels ausgeht oder einen bereits gehörten Zeugen als glaubwürdig einschätzt.

1369   Die denkbaren Reaktionen des Gerichts auf einen derartigen bedingten Beweisantrag spiegeln oft **vorläufige gerichtliche Würdigungen** wider und geben damit anderen Verfahrensbeteiligten Hinweise für ihr eigenes Verhalten. Bescheidet das Gericht einen solchen Antrag nicht, darf der Antragsteller davon ausgehen, dass die von ihm gesetzte Bedingung nicht eingetreten ist. Ansonsten verstieße das Gericht gegen § 244 Abs. 6. Folgt das Gericht der beantragten Beweiserhebung, ist dies ein Indiz für das Vorliegen der Bedingung. Gleiches gilt für einen Ablehnungsbeschluss, der dem Antragsteller ebenfalls eine vorläufige Einschätzung vermittelt.

Eine Besonderheit – die aber in der Praxis zum Regelfall wurde – stellt eine **Bedingung** dar, die auf Entscheidungen Bezug nimmt, welche vom Gericht erst im **Urteilstenor** auszusprechen sind.

1370   Ein zumeist am Ende der Beweisaufnahme im Plädoyer gestellter Beweisantrag kann unter der Bedingung gestellt werden, dass das Gericht in seiner Urteilsberatung nicht zu einem Freispruch, nicht zu einer Bewährungsstrafe oder einer anderen Sanktion gelangt. Die Rechtsprechung hat aus einer derartigen **Verknüpfung mit verfahrensabschließenden Entscheidungen** einen Verzicht des Antragstellers auf Bescheidung noch in der Hauptverhandlung abgeleitet.[1201] Die Ablehnung des Antrages darf ausnahmsweise den **Urteilsgründen** vorbehalten bleiben.

Nach einer uneinheitlichen Rechtsprechung kann der aus den Umständen und der Art der Bedingung hergeleitete Verzicht in der Hauptverhandlung selbst dann nicht rückgängig gemacht werden, wenn der Antragsteller mit dem Antrag ausdrücklich eine Bescheidung verlangt;[1202] dies soll jedenfalls bei der Verknüpfung des Antrages mit verfahrensabschließenden Bedingungen gelten.[1203] Die Interpretation des Hilfsbeweisantrages durch die Rechtsprechung als Verzicht auf rechtliches Gehör soll dem Revisionsgericht auch erlauben, eine rechtsfehlerhafte Zurückweisung eines Hilfsbeweisantrages im Urteil durch eine rechtsfehlerfreie Begründung zu ersetzen.[1204] In jedem Fall ist allerdings ein Hilfsbeweisantrag vom Tatgericht noch in der Hauptverhandlung zu bescheiden, wenn dieser mit der Begründung der Verschleppungsabsicht des Antragstellers abgelehnt werden soll.[1205]

1371   Die Zulässigkeit eines solchen Hilfsbeweisantrages hängt darüber hinaus von dem Verhältnis der gestellten verfahrensbeendenden Bedingung einerseits und der Beweisbehauptung andererseits ab. Eine **sachwidrige Verknüpfung** liegt vor, wenn die Bedingung sich auf eine Rechtsfolgenentscheidung bezieht (z.B. Strafaussetzung zur Bewährung), die Relevanz der aufgestellten Beweisbehauptung aber ausschließlich im Rahmen des Schuldvorwurfs gesehen werden kann.[1206] Die fehlende Ver-

---

1200 *Schlothauer* Hilfsbeweisantrag – Eventualbeweisantrag – bedingter Beweisantrag, StV 1988, 542; *Michalke* Noch einmal: »Hilfsbeweisantrag – Eventualbeweisantrag – bedingter Beweisantrag«, StV 1990, 184; *Hamm/Hassemer/Pauly* Rn. 65; *Alsberg/Nüse/Meyer* Der Beweisantrag im Strafprozeß, 5. Aufl. 1983, S. 59.

1201 BGHSt 32, 10, 13; StV 1990, 149 m. Anm. *Michalke* StV 1990, 184.

1202 Für die Berücksichtigung einer Bescheidungsklausel BGH StV 1989, 141; a.A. BGH NStZ 1991, 47 f.; 1995, 98; NStZ-RR 1996, 362 f.

1203 BGH StV 1995, 2.

1204 BGHR § 244 Abs. 6 Hilfsbeweisantrag 9.

1205 BGH StV 1990, 394; 1998, 4.

1206 BGHSt 40, 289 f.

knüpfung soll einen Mangel an Ernstlichkeit des Antragstellers indizieren und daher unstatthaft sein.

> **Taktisch** gibt es für den Verteidiger nur selten Anlass, den Beweisantrag unter einer Bedingung zu stellen. Er begibt sich damit der wichtigen Information, die ein ablehnender Beschluss in der Hauptverhandlung enthält. Revisionstaktisch ist das Feld der Verteidigung eingeschränkt, da das Revisionsgericht eine unzutreffende Begründung des Tatgerichts für die Ablehnung eines Antrages im Urteil durch eine andere – zutreffende – ersetzen kann.

1372

6. Zeitpunkt des Antrags und Fristsetzung

Die Verzögerung des Verfahrens durch Beweisanträge ist deren selbstverständliche Konsequenz. Die Berechtigung der Anträge kann dies grundsätzlich nicht tangieren.

> »Die geltende Strafprozeßordnung gewährt dem Richter keine Befugnis, einem Angeklagten die succesive immer erneute Stellung von Beweisanträgen, falls deren Gegenstand an sich erheblich scheint, deshalb abzuschneiden, weil eine derartige Verteidigungsmethode zu fortgesetzten Vertagungen führt, das Verfahren verzögert und eine Hinausschiebung der Endentscheidung bezweckt wird.«[1207]

Die StPO kennt keine Präklusion von Beweisvorbringen aufgrund Zeitablaufs, weil dies dem Prinzip der materiellen Wahrheit widersprechen würde.[1208] Ein bestimmter **Zeitpunkt** ist für die Antragstellung daher im Gesetz nicht vorgesehen. Sie ist **bis zum Beginn der Urteilsverkündung** denkbar.[1209] Auf Wunsch muss dem Antragsteller Gelegenheit gegeben werden, noch einen Beweisantrag vor Beginn der Urteilsverkündung zu stellen.[1210] Konkludent liegt in der Entgegennahme des Antrages durch das Gericht ein Wiedereintritt in die Beweisaufnahme. Nach Beginn der Urteilsverkündung ist es die Entscheidung des Vorsitzenden, entweder diese fortzusetzen oder sie zu unterbrechen und einen Beweisantrag entgegen zu nehmen.[1211]

Dem von Entscheidungs- und Organisationsdominanz geprägten Strafrichter sind die gesetzlichen Teilhabemöglichkeiten der Verteidigung zur Mitgestaltung der Beweisaufnahme stets lästig gewesen. Dass das Antragsrecht letztlich zeitlich nicht beschränkt ist, hat seit Jahrzehnten zu Forderungen geführt, der Verteidigung zusätzliche Grenzen aufzuerlegen. Als Gegenmittel zum stets behaupteten und nie bewiesenen Rechtsmissbrauch der Verteidigung, Verfahren durch Beweisanträge in die Länge zu ziehen, wurde zunächst in freier richterlicher Rechtsschöpfung das Institut der Fristsetzung ins Leben gerufen.[1212] Die Konstruktion nicht eingehaltener Fristen sollte dazu dienen, den bereits existierenden Ablehnungsgrund der Verschleppungsabsicht zu dokumentieren. Zusätzlich sprang der Gesetzgeber ein: In Ergänzung des Abs. 6 des § 244 kann der Vorsitzende nunmehr eine Frist zur Stellung von Beweisanträgen mit der Folge festsetzen, dass bei fehlender Einhaltung dieser Frist der Antrag erst im Urteil beschieden wird.

Aktuell existieren damit zwei »Fristenlösungen«, zum einen die unter den Einschränkungen für Umfangsverfahren geschaffene richterliche Fristsetzung mit der neuen Konsequenz, Beweisanträge wegen Verschleppung schlicht ignorieren zu können, zum anderen die neue gesetzliche Regelung des Abs. 6 mit der Konsequenz der Bescheidungspflicht im Urteil.[1213]

Auch wenn dies im Wortlaut der gesetzlichen Vorschrift keinen präzisen Niederschlag gefunden hat, soll die Regelung nicht den Normalfall der Beweisaufnahme widerspiegeln. Ausdrücklich nahm der Gesetzgeber in seiner Begründung Bezug auf die Ausnahmefälle, in denen sich dem Vorsitzenden

---

1207 RGSt 13, 151, 153.
1208 BGH StraFo 2005, 249.
1209 BGHSt 16, 389, 391; 21, 118, 123.
1210 BGH StV 1992, 218 f.
1211 BGH NStZ 1986, 182.
1212 BGH NJW 2005, 2466.
1213 *Krehl* Was bedeutet die neue Regelung zur Fristsetzung für Beweisanträge für den Strafprozess?, Fischer –FS 2018, 705 ff.

der Verdacht aufdrängen muss, dass Beweisanträge zu einem späten Verfahrenszeitpunkt gestellt werden und diese Anträge mit der Konsequenz der zeitraubenden Bescheidung das Verfahren lediglich verzögern und nicht befördern sollen.[1214] Konsequent muss die allein vom Vorsitzenden angeordnete Maßnahme den aus seiner Sicht bestehenden Anlass für eine Fristsetzung anführen. Kriterien hierfür sind nicht fix. Wenn beispielsweise angeführt wird, dass allein eine sukzessive Antragstellung ein Indiz sein könnte,[1215] muss dem entgegengehalten werden, dass die Kommunikation angesichts von Antrag und Bescheidung für die Verteidigung regelmäßig notwendige Hinweise gibt und geben soll, um auf dieser Informationsgrundlage über die Art und den Inhalt neu zu stellender Anträge nachzudenken. Den Beweisanträgen der Verteidigung ist das Element der Reaktion immanent. Ebenso wenig kann der Verteidigung zur Rechtfertigung der Fristsetzung entgegengehalten werden, dass bisherigen Anträgen erfolglos seitens des Gerichts nachgegangen wurde. Stattdessen dürften sich die Kriterien an den bisherigen Vorstellungen der Rechtsprechung hinsichtlich des Verdachts einer Verfahrensverschleppung orientieren.

Die vom Gesetzgeber ins Auge gefassten Ausnahmesituationen dürften bei ohnehin zeitlich überschaubar geplanten Beweisaufnahmen nicht auftreten. Ein- oder zweitägige Verhandlungen vor dem Amtsgericht erfordern niemals ein solches Instrumentarium. Auch wenn das Gesetz keine Mindestlänge des amtlichen Beweisprogramms voraussetzt, dürfte eine Orientierung an der von der früheren Rechtsprechung fixierten Mindestanzahl von zehn Hauptverhandlungstagen maßgeblich sein. Für die Entscheidung, wann die von Amts wegen vorgesehene Beweisaufnahme (die nicht mit dem »Schluss der Beweisaufnahme« in § 258 Abs. 1 identisch ist) beendet ist, dürften vorhergehende gerichtliche Planungen wie die Ladung von Zeugen und Sachverständigen, die Ankündigung von Urkundenvorlesungen ebenso maßgeblich sein wie der Inhalt von vorliegenden Antragsbescheidungen. Völlig undenkbar ist jedenfalls die von manchen Richtern vorgestellte Handhabung, schon mit dem Ladungsplan der Zeugen und der damit angeblich deutlich werdenden richterlich geplanten Verhandlungsdauer (wobei die nicht angekündigten Verlesungen präsenter Urkunden unberücksichtigt bleiben) eine Fristsetzung für Beweisanträge vorzunehmen; das Gesetz sieht dies erst »nach« Beendigung der amtlichen Beweisaufnahme vor.

Die gesetzte **Frist** muss **angemessen** sein. Zahlreiche Faktoren sind zu berücksichtigen. Der Verteidiger hat zu reflektieren, tatsächlich und rechtlich zu prüfen. Die Erkenntnisse der bereits erfolgten Beweisaufnahme provozieren regelmäßig Informations- und Aufklärungsbedarf der Verteidigung. Je überraschender das Ende der amtlichen Beweisaufnahme, je komplexer das Gesamtverfahren, desto zeitintensiver die Vorbereitung. Besprechungen mit dem Mandanten sind notwendig; ist er in Haft muss die Erschwernis der Kommunikation sich in der Länge der Frist niederschlagen. Eine Frist zum nachfolgenden Kalendertag, der auch der nächste Hauptverhandlungstag ist, kann niemals ausreichend sein. In komplexen Haftsachen können sogar 2–3 Wochen kurz sein.

Nur eine **Beanstandung nach § 238 Abs. 2** unmittelbar nach der Fristsetzung setzt die Verteidigung imstande, die möglicherweise fehlerhafte Vorgehensweise des Vorsitzenden auch in der Revision zu thematisieren. Als Vorsichtsmaßnahme dürfte die Beanstandung daher zumeist unverzichtbar sein.

Stellt die Verteidigung fristgemäß Beweisanträge, sind in der Folgezeit unterschiedliche Szenarien denkbar. Werden die Beweisanträge abgelehnt, ist die Beweisaufnahme abgeschlossen; neue Beweisanträge erfordern Entschuldigungsgründe für die Verspätung. Geht das Gericht beispielsweise einem Beweisantrag nach, sind die bis dahin deutlich gewordenen Bedenken des Gerichts hinfällig. Hält die aufgrund des Beweisantrages initiierte Beweisaufnahme an oder hält das Gericht von sich aus eine Ausweitung der Beweisaufnahme für erforderlich, müssen auch weitere Beweisanträge ohne Berücksichtigung der Fristsetzung beschieden werden. Erst nach abermaligem Abschluss der Beweisaufnahme aus Sicht des Gerichts kann eine neue Fristsetzung erfolgen.

1214 BT-Drs. 18/11277, 35.
1215 *Mosbacher* Fristsetzung für Beweisanträge, NStZ 2018, 9 ff.

Ist innerhalb der Frist in einer Hauptverhandlung kein Beweisantrag gestellt worden, so ist eine wirksame Antragstellung noch während der Schlussplädoyers möglich. Verspätete Anträge bedürfen allerdings der besonderen Begründung, weshalb die Stellung vor Fristablauf nicht möglich war. Die Verteidigung oder der Angeklagte müssen somit darlegen, dass sie nicht in der Lage waren, diesen Beweisantrag vor Fristablauf zu stellen. Rein taktische Verzögerungen werden auf diesem Wege erschwert. Objektiv Unmögliches, wie beispielsweise die erst nachträgliche Kenntnis eines konkreten Beweismittels, hindert die ordnungsgemäße Behandlung als Beweisantrag nicht.

Hierfür verlangt das Gesetz nicht nur eine Begründung von der Verteidigung, sondern auch deren **Glaubhaftmachung**. Mangels ergänzender gesetzlicher Regelungen dürften Erklärungen oder eidesstattliche Versicherungen des Angeklagten selbst nicht ausreichen. Die Organstellung des Verteidigers sollte demgegenüber ihn als Mittel der Glaubhaftmachung nicht ausschließen, wenngleich er häufig zu überprüfen hat, ob er – falls nötig – im Einvernehmen mit dem Mandanten insoweit seine Schweigepflicht durchbrechen soll.[1216]

Die Bescheidung zur unzureichenden Glaubhaftmachung erfolgt in der Hauptverhandlung durch Beschluss des Gerichts. Die Bescheidung des Beweisantrages selbst kann erst im Urteil erfolgen. Die Folgen für die Verteidigung sind ein evidentes Defizit, da die Kenntnis der richterlichen Sichtweise zum aktuellen Beweisstand im laufenden Verfahren verloren geht.

Die neue Vorschrift belastet den Strafprozess. Ihre sehr allgemeine Formulierung fördert die richterliche Tendenz, der Durchsetzung der einmal geplanten Organisation eines Verfahrens den Vorrang vor der durch Zweifel vorgegebenen Notwendigkeit einer erweiternden Beweisaufnahme zu geben. Für die Verteidigung ist sie allerdings keine unüberwindbare Hürde. Juristische Leistungen müssen immer innerhalb eines angemessenen Zeitrahmens erbracht werden. Umso eher hat Verteidigung die Ausnahmesituationen zu verdeutlichen, in denen angesichts der Besonderheiten eines Verfahrens längere Zeiträume als üblich zur Vorbereitung oder zu ergänzenden Informationsbeschaffung erforderlich sind.

7. Ablehnung des Beweisantrages

Erfolgt die beantragte Beweiserhebung nicht, ist der Beweisantrag durch Beschluss abzulehnen. Fehlt es an einem ordnungsgemäßen Beweisantrag und liegt lediglich ein **Beweisermittlungsantrag** vor, so darf der Antragsteller ebenfalls nicht im Unklaren über das Schicksal seines Begehrens gelassen werden. Er hat zumindest Anspruch auf eine begründete Ablehnungsverfügung des Vorsitzenden.[1217] Zurückweisungen von Beweisermittlungsanträgen erfolgen nach dem Aufklärungsmaßstab (§ 244 Abs. 2). Wählt das Gericht allerdings die Beschlussform der Ablehnung eines ordnungsgemäßen Antrages, wird hierdurch oft eine für die Verteidigung irreführende Prozesslage geschaffen, die zur Vermeidung von Gehörsverletzungen dazu führt, dass sich die Verteidigung auf das Ablehnungsverfahren des Abs. 6 berufen kann.[1218] An derart produzierte Wahrunterstellungen ist das Gericht gebunden.[1219] **1373**

Der **Bescheidungszwang** gilt auch, wenn das Gericht einen anderen als den beantragten Zeugen anhört,[1220] das Beweismittel auswechselt[1221] oder lediglich im Wege des Freibeweises agiert. Die dem Verteidiger verliehene Autonomie der Mitwirkung an der Gestaltung der Beweisaufnahme beinhaltet den Anspruch, eine Reaktion auf das konkret formulierte Begehren zu erhalten, auch wenn das **1374**

1216 *Schlothauer* Beweisantragsrecht unter Fristenregiment: Zur Neuregelung des § 244 Abs. 6, in Fischer-FS 2018, 819 ff., der für die gesetzlich nicht ausgeschlossene Möglichkeit der eidesstattlichen Versicherung durch den Verteidiger eintritt.
1217 BGH StV 2008, 59; für das Erfordernis eines Beschlusses sogar BGH StV 1994, 172.
1218 BGH StV 2012, 577 ff.
1219 BGH StV 2012, 581.
1220 A.A. für gewisse Konstellationen BGH NJW 1983, 126.
1221 Ausnahmsweise toleriert durch BGH NStZ 2008, 529.

Gericht den von ihm eingeschlagenen Weg für Erfolg versprechender hält. Das Gericht darf deshalb bei seiner Reaktion niemals die behauptete Beweistatsache verändern, relativieren oder möglicherweise sogar in ihr Gegenteil verkehren.[1222]

1375 Die Ablehnung muss zum einen noch in der Hauptverhandlung erfolgen, zum anderen muss sie den Formerfordernissen eines Beschlusses genügen. Der nicht beschiedene Beweisantrag ist eine unschwer in der Revision darzulegende Verletzung des § 244 Abs. 6.

1376 Der Beschluss des Gerichts ist zu begründen. Dies folgt nicht nur aus dem allgemeinen rechtsstaatlichen Gebot, durch nachvollziehbare Entscheidungsstrukturen das rechtliche Gehör inhaltlich zu realisieren. Die **Begründung** ist die Konsequenz der vom Gesetz vorausgesetzten formalisierten Kommunikationsstruktur zwischen den Verfahrensbeteiligten über den Umfang der Beweisaufnahme. Einem fehlerhaft begründeten Beschluss muss der Verteidiger nicht nochmals widersprechen.[1223] Die Begründung des Ablehnungsbeschlusses muss dem Antragsteller die Möglichkeit geben, sich auf die durch die Ablehnung geschaffene neue Verfahrenslage einzustellen und ggf. weitere Anträge zu stellen.[1224]

1377 Dies verbietet auch ein überraschendes Auswechseln der Beschlussgründe im späteren Urteil, beispielsweise ein Ersetzen der Wahrunterstellung durch eine als erwiesen angesehene Beweisbehauptung.[1225] Formelhafte Wendungen oder der bloße Hinweis auf den Gesetzestext erfüllen das Begründungserfordernis nicht.[1226] Der Begründungsaufwand variiert je nach Ablehnungsgrund. Während die Behauptung der Offenkundigkeit oder eine Wahrunterstellung schlicht gefasst werden kann, fordert die Rechtsprechung detailliertere Begründungen beim Ablehnungsgrund der Bedeutungslosigkeit oder der Unerreichbarkeit.[1227]

1378 Die **Kommunikationsfunktion des Beschlusses** beeinflusst seinen Zeitpunkt. Zu Unrecht propagiert die Rechtsprechung pauschal eine angebliche Befugnis des Gerichts, die Bescheidung bis zum Abschluss der Beweisaufnahme zurückstellen zu dürfen.[1228] Auch wenn das Gericht die Möglichkeit haben muss, die Entscheidung über den Antrag vom Verlauf der Beweisaufnahme abhängig zu machen, darf die ablehnende Bescheidung nicht so spät erfolgen, dass Reaktionsmöglichkeiten des Antragstellers faktisch erheblich reduziert sind. Stellt das Gericht einen oder mehrere Beweisanträge zunächst zurück, so ist der Beweiserhebungsanspruch eines Verfahrensbeteiligten dann verletzt, wenn die ablehnende Bescheidung aller Anträge zäsurlos übergeht in die Schließung der Beweisaufnahme durch den Vorsitzenden. Da das nach Abschluss der Beweisaufnahme vorgenommene »Auswechseln« von Ablehnungsbegründungen den Verteidiger in seinem Erkenntnisinteresse beschneidet, kann die Begründung für eine rechtsfehlerfreie Ablehnung auch das Revisionsgericht selbst nicht mehr vornehmen.[1229]

Von der Last des Bescheidungszwangs wollte der Gesetzgeber die Gerichte befreien, falls die Voraussetzungen einer **Verschleppungsabsicht** vorliegen. Ob angesichts des nach wie vor bestehenden Anspruchs auf rechtliches Gehör einerseits und der allgemeinen gerichtlichen Verpflichtung andererseits, auf Anträge zu reagieren und Ablehnungen zu begründen, eine wesentliche Arbeitserleichterung des Gerichts eingetreten ist, muss bezweifelt werden. Der Antragsteller darf nicht im Unklaren darüber gelassen werden, dass und warum sein Antrag angesichts der unterstellten Prozessverschleppungsabsicht nicht als Beweisantrag behandelt wird. Auch wenn die Reaktion hierauf allein den Wirkungskreis des Vorsitzenden im Rahmen seiner Prozessleitung zugeschrieben wird, ist seine Verfügung zu begründen. Nichts hat sich an der seit Jahrzehnten bestehenden Rechtsprechung geändert, wonach die Annahme der Ausnahmesituation einer Prozessverschleppungsab-

1222 BGH NStZ 2013, 118; 611 ff.; NStZ-RR 2013, 117.
1223 BGH NStZ 2008, 300.
1224 BGHSt 40, 60, 63 = NJW 1994, 1484.
1225 BGH StraFo 2007, 420 = StV 2007, 512.
1226 BGHSt 13, 252, 255 f.; BGH StV 1994, 635 m. Anm. *Müller*.
1227 *Hamm/Hassemer/Pauly* Rn. 171 m.w.N.
1228 BGH wistra 2011, 115 f.
1229 BGH NStZ-RR 2001, 43.

sicht in einer umfangreichen und sorgfältigen Begründung sämtliche Gesichtspunkte für die eigene Überzeugungsbildung des Vorsitzenden darzulegen sind[1230] und er sich dabei insbesondere auch mit den der Verschleppungsabsicht unter Umständen entgegenstehenden Motiven des Verteidigers auseinanderzusetzen hat.[1231]

Zu befürchten ist, dass mit der Entbehrlichkeit einer Beschlussfassung der Vorsitzende auch eine Reduzierung des Begründungsaufwandes unterstellt. Dass derart reduzierte Anforderungen einerseits und deren Unüberprüfbarkeit andererseits der Vorstellungswelt des Gesetzgebers nicht fremd sind, zeigt die Gesetzesbegründung.[1232] Das Gegenteil ist richtig: Auch wenn die massive Einschränkung eines Prozessrechts von Angeklagtem und Verteidigung lediglich durch die Verfügung des Vorsitzenden erfolgt, ist er an die Voraussetzungen des Gesetzes gebunden und daher verpflichtet, seine Subsumtion in nachvollziehbarer Weise darzulegen. Die Schlussfolgerung von bestimmten Tatsachen auf eine Prozessverschleppungsabsicht ist eine Gesetzesanwendung, die sowohl durch die Kammer im Rahmen des § 238 Abs. 2 als auch durch das Revisionsgericht im vollen Umfang zu überprüfen ist.

Eine Begründung der Prozessverschleppungsabsicht der Verteidigung ist kaum denkbar, ohne dass sie für den Verteidiger ehrenrührig ist. Hier verlangt zumeist schon die Aufrechterhaltung der Verfahrensposition, dass der Verteidiger nicht nur eine Beanstandung nach § 238 Abs. 2 vorbringt, sondern auch inhaltlich eine ergänzende Erklärung abgibt, sei es um Nachsicht für eine eigene Fehleinschätzung zu bitten, sei es um die eigene Aufrichtigkeit zu betonen, sei es um die Ablehnung als Vorwand für mangelhafte gerichtliche Aufklärungsbemühungen zu entlarven.

8. Ablehnungsgründe

Folgt das Gericht dem Beweisbegehren der Verteidigung, war der Beweisantrag erfolgreich. | 1379

> Dieser »Erfolg« kann allerdings auch auf dem gerichtlichen Kalkül beruhen, dem Verteidiger in jedem | 1380
> Fall die vorläufige gerichtliche Einschätzung durch eine in der Sache gebotene Antragsablehnung und ihre Begründung vorzuenthalten, und ihm darüber hinaus keine Möglichkeit zu eröffnen, das Geschehen in der Hauptverhandlung zu einem späteren Zeitpunkt dem Revisionsgericht zur Überprüfung zu unterbreiten. Strafkammervorsitzende vertreten dies z.T. offensiv und kündigen schon zu Beginn einer Hauptverhandlung an, man werde »jeden« benannten Zeugen auch laden. Der Nachteil der Strapazierung justizieller Ressourcen wird aus richterlicher Sicht aufgewogen durch den Vorteil, ganz allein dem Revisionsgericht Verlauf und Ergebnis der Beweisaufnahme schildern zu dürfen.

Will das Gericht dem Antrag auf Beweiserhebung ganz oder teilweise nicht nachkommen, greift ein | 1381
strenges Procedere ein. Inhaltlich darf das Gericht die **Ablehnung** nur auf die Gründe des § 244 Abs. 3–5 stützen. Formal hat die Ablehnung in der Hauptverhandlung durch einen **Beschluss** zu erfolgen (§ 244 Abs. 6), der begründet werden muss.

Im Rahmen des Aufklärungsgebots (§ 244 Abs. 2) kann das Gericht von Beweisaufnahmen absehen, | 1382
wenn es sich vorab freibeweislich von deren Unergiebigkeit überzeugt hat. Diese Einschätzung der Beweisaufnahme ist dem Gericht bei der Beurteilung von Beweisanträgen – jedenfalls zulasten des Verteidigers – verboten. Untersagt ist daher die Ablehnung eines Beweisantrages mit dem Hinweis, dass das Gericht die behauptete Tatsache bereits als widerlegt ansieht[1233] oder gar aufgrund eines anderen als zuverlässiger eingeschätzten Beweismittels vom Gegenteil der Beweisbehauptung überzeugt ist (**Verbot der Beweisantezipation**).[1234]

1230 BGH NJW 2001, 1956 f.
1231 BGH NStZ 1982, 292.
1232 BT-Drs. 19/14747, S. 34: »Damit ist zugleich klargestellt, dass das Revisionsgericht nicht seine eigene Würdigung der Prozessverschleppungsabsicht an die Stelle der Würdigung des Vorsitzenden beziehungsweise des Tatgerichts stellen darf. Deren Würdigung soll in der Revision nur daraufhin überprüft werden können, ob ein Beurteilungsspielraum überschritten wurde.«
1233 BGH NStZ 1984, 42 f.
1234 BGH StV 1993, 621 f.

Die Ablehnungsgründe sind einem exklusiven gesetzlichen Katalog zu entnehmen:

a) Unzulässige Beweisaufnahme (§ 244 Abs. 3 S. 2)

1383 Abzulehnen ist ein Antrag auf eine verbotene Beweisaufnahme. Der Ablehnungsgrund orientiert sich an den **Beweiserhebungsverboten**. Unterteilt werden diese in Verbote bezogen auf den Beweisgegenstand, die beantragten Beweismittel oder die Beweismethoden.[1235] Sie spiegeln die Grenzen der strafprozessualen Wahrheitserforschung wider. Maßgeblicher Orientierungspunkt ist regelmäßig der Grundrechtsschutz eines beteiligten Bürgers oder die Einhaltung prozessualer Mindeststandards im Rahmen eines justizförmigen Verfahrens.

1384 Ein der Beweiserhebung nicht zugänglicher Beweisgegenstand ist beispielsweise das gerichtliche Beratungsgeheimnis oder die allein einem Richter obliegende rechtliche Einschätzung.[1236] Auch der Verlauf einer erfolgten Beweisaufnahme entzieht sich der erneuten Beweisaufnahme in derselben noch laufenden Hauptverhandlung.[1237] Beweismittel außerhalb des Katalogs der Strengbeweise sind ebenso wenig statthaft wie beispielsweise die Benennung des Mitangeklagten als Zeugen. Beweisthema einer vom Revisionsgericht zurückverwiesenen Sache können keine Tatsachen sein, die durch Teilrechtskraft für das neue Tatgericht bindend geworden sind.[1238] Unzulässige Beweismethoden beschreibt § 136a.

1385 Die Unzulässigkeit einer Beweiserhebung ist durch die Rechtsprechung amorph geworden. Die Gradlinigkeit eines justizförmigen Verfahrens, an die der Ablehnungsgrund anknüpft, ist längst der **Einzelfallregelung** gewichen. Der Bereich vertretbarer Antragsversuche ist daher weit. Die Benennung gesperrter V-Leute, erkennender Richter oder zeugnisverweigerungsberechtigter Zeugen führt für sich allein genommen niemals zur Unzulässigkeit der beantragten Beweisaufnahme. Hat aber beispielsweise ein Zeuge bereits in der Hauptverhandlung von seinem Recht nach § 52 abschließend Gebrauch gemacht, wäre eine weitere Befragung prozesswidrig und daher unzulässig.[1239] Gleiches gilt für den als Zeugen benannten erkennenden Richter, der bereits dienstlich erklärt hat, zur Beweistatsache nichts bekunden zu können.[1240] Demgegenüber kann der Antrag im Hinblick auf eine rechtliche Bewertung prozessual zulässig werden, wenn die Frage komplizierte Regelungen ausländischen Rechts zum Gegenstand hat.[1241]

b) Offenkundigkeit (§ 244 Abs. 3 S. 3 Nr. 1)

1386 Ablehnungen muss der Verteidiger bei Anträgen auf Beweis offenkundiger Tatsachen hinnehmen. Der Gerichtssaal ist allein der Ort der Aufklärung einer Straftat. Dinge, die ohnehin jedermann weiß oder wissen müsste, bedürfen nicht der Aufklärung in einem justizförmigen Verfahren. Die Ablehnung eines Beweisantrages mit der Begründung der Offenkundigkeit zielt darauf, derart allgemein bekannte Tatsachen von der Beweisaufnahme von vornherein auszuschließen. **Unmittelbar schuld- oder strafzumessungsrelevante** Umstände sind niemals offenkundig. Die Tatsachengrundlage für diese genuin strafrechtliche Bewertung hat sich das Gericht durch die Beweisaufnahme selbst zu erarbeiten. Auch wenn insoweit relevante Zeugenaussagen durch Presseberichte allgemein bekannt sind, entbindet dies das Gericht nicht von seiner Pflicht zur Beweisaufnahme. Überflüssige Beweisthemen i.S.d. Offenkundigkeit können nur entfernte Indizien oder allgemeine Bewertungsmaßstäbe darstellen.[1242]

1387 Für die Einordnung eines Sachverhalts in den Bereich des Allgemeinwissens fehlt allerdings der akzeptierte Maßstab. Offenkundigkeit muss sich an der Konsequenz auszurichten, ob und inwieweit

---

1235 Hierzu eingehend: *Eisenberg* BeweisR, Rn. 329 ff.
1236 BGH NJW 1968, 1293.
1237 BGH NStZ (B) 2006, 496.
1238 BGH NStZ-RR 2004, 370.
1239 *Deckers*, S. 33; *Eisenberg* BeweisR, Rn. 205.
1240 BGH StV 2004, 355.
1241 *Hamm/Hassemer/Pauly* Rn. 232 ff.
1242 RGSt 67, 418; BGHSt 6, 295.

eine unterlassene Beweisaufnahme rechtsstaatlich tolerabel ist. Die **Transparenz** des Beweisstoffes darf hierbei letztlich ebenso wenig tangiert werden wie das **rechtliche Gehör** des Angeklagten oder die Mitwirkungsrechte der Verfahrensbeteiligten.

Allgemeinkundig war noch nach Ansicht des Reichsgerichts das »Gemeingut aller Gebildeten.«[1243] Jedenfalls setzt die Offenkundigkeit eine Vorstellung von dem allgemeinen Wissensstand zumindest der Verfahrensbeteiligten voraus. Hierzu gehört nicht nur das präsente Allgemeinwissen, sondern darüber hinaus der mit allgemein zugänglichen Mitteln von jedermann erlangbare Wissensstand. Das Konzept dieses Ablehnungsgrundes zielt damit auf allgemein bekannte oder jederzeit zugängliche geographische oder geschichtliche Daten und Fakten.[1244] Dass das Gedicht »Die Glocke« von *Schiller* stammt, dass Wasser bergab fließt, dass Gonorrhöe nicht zwangsläufig bei jedem Geschlechtsverkehr zur Ansteckung des Partners führt[1245] oder dass in Auschwitz zahllose Juden durch Giftgas getötet wurden,[1246] muss angesichts eines breiten gesellschaftlichen Erkenntnisstandes im Gerichtssaal nicht zusätzlich erörtert werden. Spezifischere Details verlassen dagegen alsbald den Bereich der Allgemeinkundigkeit und sind insbesondere dem Sachverständigenbeweis zugänglich. [1388]

Die Entlastung gerichtlicher Beweisführung soll sich nicht nur bei allgemein präsentem Wissen auswirken. Zugangsquellen, die derartige Daten als gesichert vermitteln können, sind allgemeine Nachschlagewerke ebenso wie Statistiken, Karten, Kalender, Bücher und Zeitungen oder konkrete Fahrpläne von Verkehrsmitteln.

Inhaltlich ist die Ablehnung eines Beweisantrages wegen der Offenkundigkeit u.U. eine Versagung der gerichtlichen Auseinandersetzung mit dem angebotenen Thema. Die Verteidigung darf gerade nicht davon ausgehen, dass die eigene Beweisbehauptung bereits als erwiesen gilt. Ihm wird nur bedeutet, dass die Hauptverhandlung nicht der richtige Platz zur Klärung ist. Ist der Sachverhalt quasi evident, darf die Verteidigung die Vermittlung des Ergebnisses der gerichtlichen Einsicht verlangen. Die Grenzen des Ablehnungsgrundes liegen stets dort, wo der Angeklagte durch Sachverhalte überrascht werden kann, deren Relevanz ihm nicht hinreichend deutlich ist. Er darf nicht erst im Urteil registrieren, dass das Gericht eine entscheidungserhebliche Schlussfolgerung aus einem Erfahrungssatz ableitet, den allein das Gericht für allgemeinkundig hält.[1247] Der Verteidigung ist durch gerichtliche Hinweise die Möglichkeit zu eröffnen, mittels weiterer Beweisanträge die vom Gericht behauptete Allgemeingültigkeit eines Erfahrungssatzes zu hinterfragen.[1248] Die Ablehnung des Beweisantrages wird stets bei der Verteidigung entsprechenden Handlungsbedarf auslösen. [1389]

Nur mit Mühe ist die Auffassung der Rechtsprechung in dieses Konzept zu integrieren, dass auch **gerichtskundige** Tatsachen wegen ihrer Offenkundigkeit der Beweisaufnahme nicht zugänglich sind.[1249] Dieser Wissensstand ist gerade nicht allgemeiner Natur, sondern auf die Richterbank beschränkt. Wenn Tatsachen, welche die Richter in amtlicher Eigenschaft als sicher erfahren haben, einer weiteren Beweisaufnahme nicht mehr bedürfen sollen,[1250] so liegt eine Einschränkung des rechtlichen Gehörs der anderen Verfahrensbeteiligten[1251] ebenso auf der Hand wie eine Verletzung des Prinzips der Unmittelbarkeit. Der Verzicht auf die formelle Beweisaufnahme muss in jedem Fall kompensiert werden durch eine Darstellung, Erörterung und Protokollierung[1252] des dem Urteil zugrunde gelegten gerichtskundigen Sachverhalts. Erst recht muss der Verteidiger die Möglichkeit haben, mittels Beweisantrages die angeblich gerichtskundige Tatsache infrage zu stellen und durch den Antritt eines Gegenbeweises zu erschüttern.[1253] Lehnt [1390]

1243 RGSt 16, 331.
1244 BGHSt 26, 56, 59.
1245 BGH StV 1995, 339.
1246 S. hierzu BGH NJW 2002, 2115 f.
1247 BVerfGE 10, 183; 48, 209.
1248 LR/*Gollwitzer*, 25. Aufl., § 244 Rn. 234.
1249 BGHSt 6, 292; vgl. dazu: *Korte* Gerichtskundigkeit im Strafprozess 2007, sowie SK-StPO/*Frister* § 244 Rn. 126 f.
1250 S. z.B. OLG Köln VRS 44, 211; OLG Braunschweig VRS 93, 109; BGH NStZ 1998, 98.
1251 BVerfGE 10, 183; 12, 113; 48, 209; BGH NStZ 1995, 246 f.
1252 Zum Streitstand: *Meyer-Goßner* FS Tröndle, S. 560 ff.
1253 BGH StV 2006, 118.

das Gericht einen Antrag wegen Gerichtskundigkeit ab, ohne auf die Art dieser speziellen Kundigkeit in der Begründung einzugehen, sind diese Defizite in weiteren Anträgen deutlich zu machen.

c) Bedeutungslosigkeit (§ 244 Abs. 3 S. 3 Nr. 2)

1391   Die Ablehnung des Beweisantrages wegen Bedeutungslosigkeit gibt dem Verteidiger ungewohnte Planungssicherheit. Das Gericht hat zum einen einen extrem hohen Begründungsaufwand zu betreiben, der weite Bereiche der vorläufigen Beweiseinschätzung offenlegt. Faktisch hat er einen Anspruch auf eine verbindliche Mitteilung einer potenziellen Passage der Urteilsbegründung.[1254] Zum anderen darf der Verteidiger bis zur Urteilsberatung auf die Einschätzung der mangelnden Erheblichkeit des Beweisthemas durch den Tatrichter vertrauen. Ein denkbarer Sinneswandel des Gerichts müsste zuvor in der Hauptverhandlung nach einem ausdrücklichen Hinweis erörtert werden.[1255]

▶ **Beispiel:**

1392   Der Angeklagte soll als Inhaftierter der JVA einen anderen Inhaftierten im Rahmen einer Bestrafungsaktion verletzt haben. Die Verteidigung benannte 2 Zeugen zum Beweis, dass der angeblich Verletzte jedenfalls auf dem Weg von der Dusche zur Zelle keine sichtbare Verletzung hatte. Als bedeutungslos wurde der Antrag abgewiesen, und zwar mit der Überlegung, dass eine mögliche Verletzung unterhalb des Haaransatzes nicht mehr blutete und daher für die Zeugen nicht sichtbar war. Das Antragsrecht war allerdings verletzt, als sich die späteren Urteilsgründe mit dieser Überlegung in Widerspruch setzten. In dem verurteilenden Urteil war u.a. die Rede davon, dass die Wunde selbst in der Zelle beim Verletzten noch blutete. Auf diese Änderung der Bewertung hätte die Kammer zuvor hinweisen müssen.[1256]

1393   Die Idee des Ablehnungsgrundes ist simpel: Berührt der unter Beweis gestellte Sachverhalt den Prozessstoff nicht einmal mittelbar, soll dessen Aufklärung unterbleiben. Ist die Tatsachenbehauptung entweder für die Beweiswürdigung völlig irrelevant oder kann sie unter keinen Umständen Auswirkungen auf die folgende Entscheidung haben, ist ein Absehen von der Beweisaufnahme ohne Verletzung des Klärungsanspruchs der Verteidigung als »**ohne Bedeutung**« denkbar.

1394   Von Bedeutung sind alle Tatsachen, die sowohl für die rechtliche Würdigung als auch für die Bestimmung der Rechtsfolgen relevant sein können. Diese Relevanz kann sich zum einen unmittelbar aus der Subsumtionserheblichkeit eines Sachverhalts ergeben. Daneben haben in der Regel auch Indiztatsachen durch ihre mittelbare Entscheidungserheblichkeit eine ausreichende Verfahrensrelevanz, die sie vom Ablehnungsgrund der Bedeutungslosigkeit ausnehmen. Das gilt ebenso, wenn etwa nur die Glaubwürdigkeit eines Zeugen betroffen ist.[1257]

1395   Trotz unmittelbaren Bezuges zum Beweisstoff kann eine Tatsachenaufklärung deswegen irrelevant sein, weil sie die **rechtlichen Schlussfolgerungen** nicht beeinflussen kann. So ist unter Umständen die Frage der Eigentümerstellung eines gestohlenen Gegenstandes ohne Bedeutung, wenn durch die Beweisaufnahme jedenfalls feststeht, dass die vom Angeklagten weggenommene Sache fremd i.S.d. § 242 StGB ist. Dieser Bewertungsprozess von Tatsachen wird angelehnt an die freie richterliche Beweiswürdigung des Urteils (§ 261).[1258]

1396   Eine entsprechend gebildete – wenn auch nur vorläufige – Überzeugung des Gerichts von einem Sachverhalt ist der maßgebliche Bezugspunkt, um die Unerheblichkeit der beantragten weitergehenden Sachaufklärung zu beurteilen. Unter den methodischen Vorgaben der freien richterlichen Beweiswürdigung hat das Gericht bei der Beurteilung eines Beweisantrages die behauptete Tatsache in das bisherige Beweisergebnis einzustellen. Die Würdigung ist unter der Hypothese zu erweitern, dass die unter Beweis gestellte

---

1254 *Börner* Aktuelles zum Beweisantrag, StraFo 2015, 46, 48.
1255 BGH StV 1992, 147 m. Anm. *Deckers.*
1256 BGH NStZ 2013, 118.
1257 BGH NStZ 2003, 666.
1258 BGH StV 2002, 350, 352.

Tatsache im Prozess erwiesen wird.[1259] Hier wurzeln die meisten Missständnisse der von der Freiheit der Beweiswürdigung geprägten Gerichte. So wird häufig ein Zusammenhang der Beweistatsache mit dem Gegenstand der Urteilsfindung geleugnet, obwohl deren Irrelevanz im Hinblick auf die vorläufige Beweiswürdigung des Gerichts gemeint ist.[1260] Ein unzulässiger Verstoß gegen das Verbot der Beweisantizipation wären Überlegungen des Gerichts, es gehe bereits vom Gegenteil der im Antrag behaupteten Tatsache aus.[1261] Ebenso wenig kann auf diesem Wege vom Gericht vorab die mangelnde Qualität eines Beweismittels antizipiert werden. Allein die Hauptverhandlung ist der Ort, um beispielsweise die Glaubwürdigkeit eines Zeugen zu erforschen.[1262] Bezugspunkt der aus richterlicher Sicht zu definierenden Unerheblichkeit einer Beweisbehauptung ist somit allein das bereits vorliegende Beweisgerüst, in dem die unter Beweis gestellte Tatsache – ihre Richtigkeit unterstellt – keinerlei entscheidungsrelevanten Einfluss auszuüben vermag. Auf der Basis vorläufiger richterlicher Beweiswürdigung kann nicht die Tatsache selbst in Zweifel gezogen werden, sondern lediglich ihre Eignung für die Urteilsfindung. Fehlerhaft ist daher eine Ablehnung durch das Gericht, die die behauptete Tatsache deswegen nicht berücksichtigen will, weil man das benannte Beweismittel – beispielsweise einen Zeugen – für nicht valide erachtet.[1263]

Indiztatsachen lassen häufiger unterschiedliche Schlussfolgerungen zu. Hat eine denkbare Schlussfolgerung entlastenden Charakter, besteht ein objektiver Zusammenhang zum Verfahrensgegenstand. Die freie richterliche Beweiswürdigung erlaubt dem Richter, jeden möglichen, und damit auch einen andersgearteten, Schluss zu ziehen. Dem Gericht soll daher die Ablehnung des Beweisantrages erlaubt sein, wenn es die entlastende Schlussfolgerung nicht ziehen will.[1264] Stützt sich das vorliegende Beweisgerüst des Gerichts allerdings ausschließlich auf mehrdeutige Indizien, birgt die Ablehnung der Aufklärung einer weiteren Indiztatsache die Gefahr des Verstoßes gegen das Gebot der Vollständigkeit einer Beweiswürdigung.[1265]   **1397**

So wird z.B. in einem BtM-Verfahren die Beweistatsache stets von Bedeutung sein, ob der maßgeblich belastende Mittäter in seinem eigenen vorhergehenden Verfahren die Aussage aufgrund einer prozessualen Verständigung abgegeben hat.[1266]   **1398**

Der Beweiserhebungsanspruch des Verteidigers und die revisionsgerichtliche Nachvollziehbarkeit verlangen eine penible Dokumentation der Bewertungsstrukturen, die das Gericht zur Annahme der Bedeutungslosigkeit der Beweistatsache geführt haben. Die erforderliche **Begründung des Beschlusses** entspricht den Begründungserfordernissen bei der Würdigung in den Urteilsgründen.[1267] Das Gericht hat seine antizipierende Würdigung in dem ablehnenden Beschluss darzulegen. Dabei muss die unter Beweis gestellte Tatsache so, als sei sie erwiesen, in das aufgrund der bisherigen Beweisaufnahme erlangte Beweisergebnis eingestellt werden. Auf dieser Basis hat das ablehnende Gericht darzustellen, dass auch unter Einbeziehung dieses Sachverhalts seine bisherige Überzeugung – insbesondere auch in Anwendung des Zweifelssatzes – nicht erschüttert wird. Letztlich hat das Gericht (wenn auch nicht in der Ausführlichkeit der späteren Urteilsbegründung) seine Erwägungen plausibel und vollständig darzulegen, damit sich die Verteidigung hierauf einstellen kann und den Überzeugungsstand des Gerichts gegebenenfalls mit weiteren Beweisanträgen angreifen kann.[1268]   **1399**

Nicht ausreichend, sondern regelmäßig rechtsfehlerhaft[1269] ist die beliebte, aber inhaltsleere Floskel,[1270] der unter Beweis gestellte Sachverhalt lasse keinen zwingenden, sondern lediglich einen möglichen Schluss   **1400**

1259 BGH NStZ 1997, 503; NStZ-RR 2002, 68 f.
1260 BGH StV 2014, 260 f.
1261 BGH NStZ 2000, 267; StV 2002, 181.
1262 BGH StV 2001, 95 f.
1263 BGH NStZ 2015, 599 f.
1264 BGH GA 1964, 77; NJW 1988, 501 f.; wistra 1999, 338.
1265 BGH StV 1992, 259 f.
1266 BGH NStZ 2004, 691 f.
1267 BGH StV 2005, 113, 115.
1268 BGH StV 2019, 807 f.
1269 BGH StV 2019, 807 f.
1270 BGH StV 2014, 262.

zu, den das Gericht aber nicht ziehen wolle. Das Gericht muss in der Begründung die Abgrenzung zwischen relevantem und irrelevantem Tatsachenmaterial verdeutlichen und dabei klarstellen, ob es dieses Ergebnis aus Subsumtionsüberlegungen oder aus der Würdigung des Beweisstoffes herleitet. Die bisherige Beweiswürdigung ist darzulegen. Indizien und die Bereitschaft des Gerichts, hieraus bestimmte Schlussfolgerungen zu ziehen, sind ebenso offenzulegen, um eine vollständige und fehlerfreie Einbeziehung der Beweistatsache nachzuvollziehen. Hier offenbart das Gericht häufig eine verkürzte Sicht auf die unterschiedlichen Indizwirkungen eines Sachverhalts.[1271] Letztlich torpediert dieser Argumentationsansatz die Idee der besonderen Teilhabe der Verteidigung an der Gestaltung der Beweisaufnahme zum Nachweis von der Anklage widersprechenden Alternativhypothesen. Mit der so definierten Bedeutungslosigkeit wird »*durch einen ergebnisorientierten Willensakt aufgrund von kognitiver Dissonanz schon vor Ende der Beweisaufnahme eine Gegenhypothese gegen den Tatverdacht eliminiert, obwohl deren Berechtigung erst nach Abschluss der Beweisaufnahme aufgrund einer Gesamtwürdigung aller Umstände neutral geprüft werden könnte.*«[1272]

Da die Ausführlichkeit der Begründung es den Prozessbeteiligten ermöglichen muss, sich auf die Gründe der Ablehnung der beantragten Beweiserhebung einzustellen und ggfs. mit modifizierten Anträgen hierauf zu reagieren, kann sie für den Verteidiger eine Fundgrube zur Eruierung aktueller richterlicher Verfahrenseinschätzungen sein. Gerade deswegen greift das Gericht, das seine Überlegungen während des Verfahrens nicht offenlegen will, oftmals zu dem sehr ähnlichen Ablehnungsgrund der Wahrunterstellung; hier soll es gerade keine intensive Begründungspflicht geben. Mutmaßt die Verteidigung eine unzulässige Umgehung, sollte noch in der Tatsacheninstanz mit einer Gegenvorstellung die Diskursfunktion eingefordert werden.[1273]

d) Erwiesene Tatsachen (§ 244 Abs. 3 S. 3 Nr. 3)

1401 Der Ablehnungsgrund der bereits erwiesenen Tatsachen ermöglicht der Verteidigung, sich zum einen eines bereits erzielten Ergebnisses in der Hauptverhandlung zu versichern und zum anderen die Verteidigungsaktivität auf die noch offenen Entscheidungsfragen zu lenken.

1402 Eine Analyse der unter Beweis gestellten Tatsachen kann das Gericht zu dem Ergebnis führen, dass der benannte Sachverhalt bereits zu seiner Überzeugung feststeht. Hier verletzt eine unterlassene Beweisaufnahme nicht die Rechte eines Verfahrensbeteiligten, da ihm das Gericht attestiert, dass die im Antrag genannten Tatsachen schon erwiesen sind und damit sein Begehren aufgrund des bisherigen Verlaufs der Hauptverhandlung erfüllt ist. Für das Gericht feststehende Tatsachen müssen nicht nochmals bewiesen werden. Dabei kommt es auf den **be- oder entlastenden Charakter** der Tatsache nicht an. Unerheblich ist ebenfalls, ob die Überzeugung durch Beweismittel oder Einlassungen des Angeklagten gebildet wurde. Nur die Übereinstimmung zwischen dem Antrag und der Überzeugung rechtfertigt die Ablehnung der Beweiserhebung. Ist das Gericht vom **Gegenteil der behaupteten Tatsachen** überzeugt, bleibt der Anspruch auf Beweiserhebung bestehen.[1274]

1403 Die Bescheidung gibt dem Verteidiger nicht nur wertvolle Hinweise auf die aktuelle vorläufige Einschätzung des Gerichts. Er kann vielmehr – vorbehaltlich eines gegenteiligen Hinweises – bis zur Urteilsfindung die schon erwiesenen Tatsachen als feststehend zugrunde legen. In seiner Urteilsbegründung darf sich das Gericht mit diesen Feststellungen nicht in Widerspruch setzen.[1275] Ein Übergehen dieser Tatsachen in der Beweiswürdigung führt leicht zu deren Lückenhaftigkeit.[1276]

1271 BGH StV 2019, 806: Tangiert der unter Beweis gestellte Sachverhalt die Glaubwürdigkeit eines Belastungszeugen, muss er sich auf alle Darstellungen dieses Zeugen beziehen.

1272 *Eschelbach* Beweiserhebung des Tatgerichts über das polizeiliche Ermittlungsergebnis? Eisenberg-FS, 2019, 409 ff., 415 f.; ähnlich SK-StPO/*Frister* § 244 Rn. 138; *Kühne* Strafprozessrecht Rn. 781.

1273 *Börner* StraFo 2015, 51.

1274 RGSt 47, 100, 105.

1275 BGH NJW 1989, 845; BGHR StPO § 244 Abs. 3 S. 2 erwiesene Tatsache 2.

1276 BGH NStZ 2011, 472.

e) Völlig ungeeignetes Beweismittel (§ 244 Abs. 3 S. 3 Nr. 4)

Der Erkenntniswert einer Ablehnung wegen der völligen Ungeeignetheit des Beweismittels ist für die Verteidigung nur gering. Denn das Gericht wird eine vorläufige Beweiswürdigung nicht in die Ablehnungsbegründung einbringen.[1277] Die **Evidenz der Untauglichkeit** des Beweismittels muss sich aus dem **abstrakten Vergleich** von **Beweisbehauptung** einerseits und benanntem **Beweismittel** andererseits ergeben. Das Mittel muss »schlechthin« zur Erzielung des Beweisergebnisses ungeeignet sein. Ein lediglich geminderter, geringerer oder zweifelhafter Beweiswert darf nicht mit völliger Ungeeignetheit des Beweismittels gleichgesetzt werden.[1278] Allein die so ermittelte sichere Prognose der Erfolglosigkeit der Beweisaufnahme rechtfertigt deren Verzicht. **1404**

> Wenn beispielsweise ein blinder Zeuge einen Sachverhalt bestätigen soll, der lediglich optisch wahrgenommen werden kann, liegt die Erfolglosigkeit der Beweisaufnahme auf der Hand. Ebenso ist ein Zeuge ein ungeeignetes Beweismittel, wenn er ein vollständiges Auskunftsverweigerungsrecht in Anspruch nimmt und schweigt.[1279] **1405**

Das Scheitern der Beweisaufnahme darf allerdings nur bei der offensichtlichen Überschreitung der Leistungsfähigkeit des Beweismittels angenommen werden. Ob beispielsweise ein Zeuge sich nach längerer Zeit mit Sicherheit nicht mehr an bestimmte Details eines Sachverhalts wird erinnern können, ist regelmäßig eine fehleranfällige Prognose. Zweifel an menschlichen **Gedächtnisleistungen** dürfen daher den Zeugen nicht als völlig ungeeignet erscheinen lassen. Will das Gericht dies dennoch begründen, ist es zumindest gehalten, die besonderen Umstände des Falles in seine Einschätzung mit einzubeziehen; der Wert der Ablehnungsbegründung für die Verteidigung steigt. **1406**

> Die Rechtsprechung hat in Einzelfällen die absolute Unmöglichkeit bejaht, dass sich ein Zeuge an einen zurückliegenden Vorgang zuverlässig erinnern könne.[1280] Die Umstände müssen es allerdings mit Sicherheit ausgeschlossen erscheinen lassen, dass von dem Zeugen eine brauchbare Aussage zu erwarten ist. Faktoren, die lediglich in die Beweiswürdigung zur Frage der Glaubwürdigkeit eines Zeugen einfließen können, sind nicht geeignet, diesem von vornherein jeden Beweiswert abzusprechen.[1281] Schon die geringsten Anhaltspunkte dafür, dass der wahrgenommene Sachverhalt – auch wenn er länger zurückliegt – für den Zeugen von einiger Bedeutung ist und daher für seine Erinnerungsfähigkeit signifikant sein kann, schließen es aus, seine Zeugentauglichkeit generell zu verneinen. Der Beweisantrag des Verteidigers sollte in diesen Zweifelsfällen zumindest in der Antragsbegründung Hinweise auf solche Besonderheiten enthalten. **1407**

Das gilt auch für den Fall, dass die Beweistauglichkeit eines Zeugen dadurch reduziert ist, dass er nicht unmittelbar zu vernehmen ist und seine Angaben nur über **Vernehmungssurrogate** in die Hauptverhandlung Eingang finden können (z.B. kommissarische Vernehmung). **1408**

> Hier hat die Rechtsprechung einen äußerst perfiden Argumentationsansatz gefunden, um ungelegenen Beweiserhebungen unter Verletzung der Verteidigungsrechte aus dem Weg zu gehen. Gerade bei besonders wichtigen Zeugen, die dem bisherigen Beweisergebnis widersprechen, sei eine äußerst kritische Befragung erforderlich, bei der insbesondere auch non-verbale Reaktionen von Bedeutung seien. Könne eine durch Vernehmungssurrogat gewonnene Aussage dies nicht leisten, sei diese für die Wahrheitsfindung wertlos. Insbesondere bei Auslandszeugen steigt damit die Möglichkeit des Ignorierens von Verteidigungsanträgen in dem Maße, in dem auch die Bedeutung des Zeugen zunimmt – eine absurde Konsequenz. **1409**

Ist auch nur entfernt denkbar, dass die hierdurch für das Gericht gewonnenen Erkenntnisse Eingang in die Beweiswürdigung finden können, darf das Vernehmungsprotokoll nicht als völlig ungeeignet eingestuft werden. Selten lässt sich die vollständige Irrelevanz des Beweissurrogates begründen.[1282] Erst **1410**

1277 BGH StV 1997, 338.
1278 BGH StV 1993, 508; NStZ 2008, 116.
1279 BGH StV 2019, 809 ff.
1280 BGH NStZ 1993, 295; StV 1989, 238; 1999, 362 f.
1281 BGH StV 2005, 117.
1282 BGH NJW 2000, 443, 447; StV 1992, 548.

recht dürfte bei der hohen technischen Qualität der audiovisuellen Vernehmung die Annahme einer völligen Untauglichkeit der absolute Ausnahmefall sein.[1283]

1411   Die Heranziehung eines Surrogates – mit der Begründung der völligen Ungeeignetheit des Zeugen – soll jedoch entfallen können, wenn die Ersatzvernehmung durch den kommissarischen Richter dem erkennenden Gericht (z.B. mangels eines persönlichen Eindrucks) mit Sicherheit keine ausreichende Grundlage zur Beurteilung der Glaubwürdigkeit vermittelt.[1284] Das Aufklärungsgebot kann hier vom Gericht allerdings trotz der erkennbaren Defizite verlangen, sich auch mit einem schlechteren Beweismittel angesichts der noch dürftigeren Alternative des völligen Verzichts auf Beweiserhebung zufrieden zu geben.

Die besseren Argumente finden sich zumeist auf der Verteidigerseite: Der Erfolg einer beantragten Beweisaufnahme ist allenfalls dann mit Sicherheit als negativ zu beurteilen, wenn feststeht, dass der Zeuge in der Hauptverhandlung überhaupt keine Aussage machen wird. Diese Sicherheit wird das Gericht häufig dann haben, wenn der Zeuge in einer früheren Phase des Verfahrens sich auf sein Auskunfts- oder Zeugnisverweigerungsrecht berufen hat. Muss das Gericht von einer Kontinuität dieses Verhaltens ausgehen, ist der Zeuge völlig ungeeignet.[1285] Kann er etwas zur Erkenntnis des Gerichts beitragen, ist er als Beweismittel auch geeignet. Alles andere würde den Kern der Teilhabemöglichkeit der Verteidigung unterminieren.[1286] Auch folgt die Ungeeignetheit nicht aus der festen Absicht des Gerichts, einem benannten Zeugen nicht glauben zu wollen. Weder ein allgemeiner schlechter Leumund noch Vorstrafen wegen Meineides entbinden das Gericht von der Pflicht, sich in der Hauptverhandlung selbst ein Bild von der Qualität des Beweismittels zu machen.

1412   Ein **Sachverständiger** ist dann völlig ungeeignet, wenn er das im Beweisantrag geforderte Fachwissen mangels konkreter Anknüpfungstatsachen im Prozess nicht anwenden kann.[1287] Die Beweistauglichkeit setzt nicht voraus, dass er absehbar dem Gericht sichere Erkenntnisse vermitteln kann. Lassen seine Folgerungen die unter Beweis gestellte Behauptung als mehr oder weniger wahrscheinlich erscheinen, darf seine Anhörung nicht als untauglich abgelehnt werden.[1288] Ausreichend ist somit, dass das behauptete Ergebnis des Sachverständigenbeweises Einfluss auf die Überzeugungsbildung des Gerichts erlangen kann.[1289]

1413   Die **Klärung** der Umstände, welche die Ungeeignetheit eines Beweismittels rechtfertigen, erfolgt im **Freibeweisverfahren**.[1290] Da damit außerhalb der formalen Beweisaufnahme dem Gericht die Möglichkeit der Bewertung von Beweismitteln eröffnet wird, ist der Rückgriff auf den Ablehnungsgrund der völligen Ungeeignetheit an strenge Vorgaben gebunden. Der Ablehnungsgrund muss Ausnahmecharakter haben.[1291] Sowohl das Verbot der Beweisantizipation als auch die allgemeine Einsicht, dass über den Wert eines Beweismittels erst nach der Beweiserhebung entschieden werden kann, bedürfen bei der Prognose einer Untauglichkeit der besonderen Beachtung. Auch hier gilt, dass das Freibeweisverfahren andere Prozessmaximen wie die Teilhabe der Verteidigung nicht aushebeln kann. Können z.B. begründete Zweifel angebracht werden, ob ein benannter Zeuge tatsächlich im Gespräch mit dem Vorsitzenden außerhalb der Hauptverhandlung die Ausübung seines Rechts nach § 55 angekündigt hat, ist dieser hierzu in konfrontativer Vernehmung in der Hauptverhandlung anzuhören.

f) Unerreichbarkeit/Auslandszeuge (§ 244 Abs. 3 S. 3 Nr. 5/Abs. 5 S. 2)

1414   Die Unerreichbarkeit signalisiert, dass dem Gericht nichts Unmögliches abverlangt werden kann. Tatsächlich hat sich die Auseinandersetzung mit der Verteidigung um diese Frage praktisch zu einem

---

1283 *Julius* StV 2004, 467.
1284 BGH StV 1993, 232; NJW 2000, 443, 447.
1285 BGHSt 21, 12 f.; NStZ 1982, 126; BayObLGSt 1967, 49.
1286 In Extremfällen ist dies auch der Rspr. deutlich, s. zur ungerechtfertigten Ablehnung eines wichtigen Auslandszeugen BGH StRR 2010, 303.
1287 BGHSt 14, 339, 342; NStZ 2008, 116; NStZ-RR 1997, 304.
1288 BGH StV 1997, 338.
1289 BGH NStZ 2007, 476 f.; StV 2014, 276 f.
1290 BGH NStZ 1999, 362.
1291 *Deckers* S. 35.

Streit darüber entwickelt, welchen prozessualen Aufwand das Gericht in der Beweisaufnahme betreiben will.

Konsequent hält das Gesetz mit dem Ablehnungsgrund der Unerreichbarkeit eine Beweisaufnahme **1415** für entbehrlich, die letztendlich auf Irreales abzielt. Ist ein – grundsätzlich taugliches – Beweismittel nicht verfügbar, kann es im Gerichtssaal keine Verwendung finden.

Der Antrag auf die Anhörung eines verstorbenen Zeugen kann daher ebenso abgelehnt werden wie die **1416** Augenscheinseinnahme des im Meer versenkten Ringes. Gemessen am Wortlaut sind die Konturen dieses Ablehnungsgrundes klar. Die absolute Unerreichbarkeit ist nicht gegeben, wenn beispielsweise ein Zeuge in der Hauptverhandlung nicht erschienen ist, wenn er vorübergehend abwesend oder erkrankt ist oder unter einer bekannten Anschrift nicht mehr geladen werden kann.

Der Anwendungsbereich des Ablehnungsgrundes ist allerdings durch die Rechtsprechung über den kaum berechenbaren Bereich der »**relativen**« **Unerreichbarkeit** ausgedehnt worden.

Gegenstand der Erörterung ist hierbei der Aufwand, mit dem vom Gericht die Realisierung einer noch **1417** für möglich gehaltenen Erreichbarkeit betrieben werden soll. Hierfür soll die gemutmaßte Bedeutung einer Zeugenaussage für das Verfahren ebenso Berücksichtigung finden wie die Prognose zur erfolgreichen Realisierung noch bestehender Ladungsmöglichkeiten.[1292] Wann insbesondere ein Zeuge als »endgültig unerreichbar« zu gelten hat, hängt wesentlich von seiner **Bedeutung für das Verfahrensergebnis** ab. Steht die Beweisbehauptung im Zentrum des Prozesses, hat der Tatrichter alle erkennbaren und nicht als aussichtslos erscheinenden Möglichkeiten auszuschöpfen und sogar eine Unterbrechung oder Aussetzung der Hauptverhandlung in Kauf zu nehmen.[1293] Dies gilt für den Alibizeugen ebenso wie für denjenigen, dessen Aussagen die vorliegenden Angaben eines Belastungszeugen im Kernbereich erschüttern sollen. Ist demgegenüber die Aussage des Zeugen von ersichtlich untergeordneter Bedeutung, reduzieren sich die erforderlichen Bemühungen des Gerichts im Hinblick auf eine zügige Durchführung des Verfahrens.[1294]

Insistiert die Verteidigung auch nach Ablehnung, wird sie in Ergänzung des abgelehnten Antrages **1418** bei einer hinreichenden Individualisierung des Zeugen **Standardmaßnahmen** des Gerichts einfordern. Erscheint der geladene Zeuge nicht in der Hauptverhandlung oder kann eine Ladung nicht zugestellt werden, sind gerichtliche Nachforschungen bei der Melde- oder Ausländerbehörde, bei Justizvollzugsanstalten, beim Arbeitgeber und bei Arbeitskollegen, beim Vermieter sowie bei Verwandten und Bekannten notwendig.

Vor einer endgültigen Ablehnung eines Beweisantrages wegen der Unerreichbarkeit von Zeugen ist **1419** die Möglichkeit der **Vernehmungssurrogate** zu überprüfen. Eine audiovisuelle Vernehmung, eine kommissarische richterliche Vernehmung oder letztlich die Verlesung von vorliegenden Vernehmungsprotokollen hat das Gericht regelmäßig in Betracht zu ziehen.[1295] Ein solcher Rückgriff setzt allerdings voraus, dass die Verwendung eines Surrogates vom Willen des Verteidigers mit umfasst ist. Zum Teil wird dies von der Rechtsprechung unterstellt,[1296] aus Gründen der Klarheit empfiehlt sich hierzu eine Stellungnahme oder gar der hilfsweise gestellte Antrag auf Verwendung der Surrogate im Beweisantrag.

Sperrt die Verwaltung einen Zeugen analog § 96, kann er für das Gericht ebenfalls unerreichbar sein. **1420** Die Ablehnung setzt – erfolglose – spezifizierte gerichtliche Bemühungen voraus. Allgemeine Informationen über angebliche Vertraulichkeitszusagen der Ermittlungsbehörden binden die Gerichte nicht. Sie haben eigenständig die Erreichbarkeit zu überprüfen. Es ist sogar die Beschlagnahme von Unterlagen zu verdeckten Ermittlern seitens des Gerichts denkbar, insbesondere wenn keine ausdrückliche Sperrerklärung erfolgt,[1297] deren Begründung nicht vom zuständigen Innenministerium stammt oder eine angebliche

---

1292 Eingehend: *Julius* Die Unerreichbarkeit von Zeugen im Strafprozess 1988.
1293 BGH NStZ 1982, 78.
1294 BGHSt 31, 68.
1295 BGHSt 45, 190.
1296 BGH StV 1999, 580; NStZ 2000, 385.
1297 BGHSt 38, 237.

Leibes- und Lebensgefahr des gesperrten Zeugen für den Fall der Einvernahme in der Hauptverhandlung nur unzureichend aufzeigt. Vorhandene Anhaltspunkte zur Identifizierung eines **V-Mannes** hat das Gericht selbst bei Vorliegen von **Sperrerklärungen** auszuschöpfen.[1298] Ggf. muss es Gegenvorstellung bei der Behörde erheben und sich zumindest um die »getarnte« unmittelbare Vernehmung des Zeugen im Gerichtssaal bemühen,[1299] notfalls durch eine optisch und akustisch reduzierte audiovisuelle Vernehmung.[1300] Der ablehnende Beschluss des Gerichts hat sowohl alle Abwägungselemente deutlich zu machen als auch die bereits entfalteten Bemühungen klarzustellen.

1421 Ist im Beweisantrag ein im Ausland zu ladender Zeuge benannt, erleichtert § 244 Abs. 5 S. 2 die Ablehnung des Antrages.[1301] Die Bedingungen einer Ablehnung der Vernehmung des **Auslandszeugen** sind dieselben wie beim Augenscheinsbeweis. In beiden Fällen trägt das Gesetz den besonderen praktischen Schwierigkeiten bei der Realisierung der beantragten Beweisaufnahme Rechnung. Ob die Beweisaufnahme notwendig ist, richtet sich selbstverständlich auch nach den Grundsätzen des Aufklärungsgebots (§ 244 Abs. 2), das nicht an deutschen Grenzen endet. Die Rechtsprechung begnügt sich allerdings mit diesem Maßstab[1302] und die Verteidigung muss sich darauf einstellen, dass der kaum überprüfbare Handlungsspielraum von Gerichten auch genutzt wird.

1422 Die besseren logischen und systematischen Argumente der Verteidigung sollten dennoch zu Gehör gebracht werden: Dass die aus § 244 Abs. 2 folgenden Leitlinien nicht die alleinigen Gesichtspunkte bei der Beurteilung des Beweisantrages sein können, zeigt bereits die Stellung der Regelung im Gesetz. Die Absätze 3 bis 6 thematisieren die konkreten Auswirkungen des Beweiserhebungsanspruchs anderer Verfahrensbeteiligter in einem von der Amtsaufklärung dominierten Strafprozess. Im Gegensatz zur BGH-Rechtsprechung ermöglicht die Regelung gerade dort Beweiserhebungen, wo die Aufklärungspflicht des Absatz 2 diese nicht gebietet. Grenzen für das in Absatz 5 eingeräumte Ermessen müssen daher stets eingreifen, falls der **Mitwirkungsanspruch** von Verfahrensbeteiligten im Allgemeinen und die **effektiven Verteidigungsmöglichkeiten** des Angeklagten im Besonderen in ihrem Kernbereich tangiert sind. Auch wenn der Einschätzung des Gerichts hinsichtlich der Notwendigkeit der weiteren Beweisaufnahme eine größere Bedeutung als in den Fällen der Absätze 3 und 4 zukommt, kann Absatz 5 nicht die vollständige Abschaffung des Verbots der Beweisantizipation begründen.[1303] Vielmehr bedarf die Ausübung des Ermessens einer Differenzierung hinsichtlich des Gegenstandes und des Ausmaßes der Antizipation.[1304]

1423 Einem passiven Gericht muss Verteidigung verdeutlichen, dass und welche praktischen Möglichkeiten zur Realisierung der Einvernahme des Zeugen im deutschen Gerichtssaal bestehen.[1305] Nicht gerechtfertigt ist beispielsweise eine Einschränkung des Beweiserhebungsanspruchs, wenn der gesetzliche Grund der praktischen Schwierigkeiten nicht eingreift. Kann insbesondere infolge unkomplizierter Rechtshilfeverhältnisse die Ladung des Zeugen unter vergleichbaren Bedingungen **wie im Inland** erfolgen und ist hierdurch auch keine wesentliche Verzögerung denkbar, muss das gerichtliche Ermessen sich maßgeblich an den Ablehnungsgründen des § 244 Abs. 3 orientieren.

1424 Dies gilt insbesondere bei der im EU-Bereich weitgehend möglichen Ladung per Einschreiben/Rückschein oder bei einer unschwer zu erreichenden Überstellung eines im Ausland inhaftierten Zeugen. Bei einer im Ausland u.U. leicht zu organisierenden audiovisuellen Vernehmung verbleiben dem Gericht

---

1298 BGH StV 1993, 113.

1299 BGH StV 2004, 577 f.

1300 BGH NJW 2003, 74 f.

1301 Vgl. zu im Ausland gewonnenen Ermittlungsergebnissen ausführl. *Nagler* Verteidigung gegen im Ausland gewonnene Ermittlungsergebnisse, StV 2013, 324.

1302 BGHSt 40, 60, 63; NJW 2001, 695 f.; 2002, 2403 f.; NStZ 2004, 99, 100; NJW 2005, 2322; ausdrücklich für das Aufklärungsgebot als alleinigem Ermessensmaßstab auch KK/*Herdegen*, 5. Aufl., § 244 Rn. 85.

1303 S. *Schulenburg* Das Verbot der vorweggenommenen Beweiswürdigung im Strafprozeß 2002, S. 270 ff.

1304 BVerfG StV 1997, 1 f. bejaht die Verfassungsmäßigkeit des Abs. 5 S. 2 unter der Prämisse, dass »das Verbot der Beweisantizipation nicht uneingeschränkt gilt«.

1305 In der Revision verlangt der BGH den konkreten Vortrag, welche zumutbaren Möglichkeiten das Tatgericht nicht ergriffen hat, BGH NStZ 2015, 346.

ebenso nur Erwägungen zur Ablehnung, wie sie auch eine Entscheidung nach § 244 Abs. 3 rechtfertigen würde.[1306]

Konstatiert das Gericht weitergehende **Schwierigkeiten** einer Realisierung der beantragten Beweisaufnahme gerade **wegen des Auslandsaufenthalts**, ist es auch nach der Rechtsprechung zu komplexen Abwägungsüberlegungen verpflichtet. Die erwarteten Schwierigkeiten, der zeitliche und organisatorische Aufwand und vorherzusehende Verzögerungen des Verfahrens sind hierbei abzuwägen gegen das Gewicht der Strafsache, die Bedeutung der Beweisaufnahme im Gesamtverfahren und deren zu prognostizierenden konkreten Ertrag. Ausdrücklich fühlt sich hier die Rechtsprechung entbunden vom Verbot der Antezipierung des Beweisergebnisses.

1425

Einzubeziehen hat das Gericht in seine Überlegungen die **Bedeutung der Beweisaufnahme** angesichts des bislang vorliegenden Beweisergebnisses. Allgemein gilt der Grundsatz, dass bei einem durch die bisherige Beweisaufnahme »gesicherten Beweisergebnis auf breiter Beweisgrundlage« eher von der Vernehmung des Auslandszeugen abgesehen werden kann. Dagegen wird die Vernehmung des Auslandszeugen umso eher notwendig sein, je ungesicherter das bisherige Beweisergebnis erscheint, je größer die Unwägbarkeiten sind und je mehr Zweifel hinsichtlich des Werts der bisher erhobenen Beweise überwunden werden müssen; dies gilt insbesondere dann, wenn der Auslandszeuge Vorgänge bekunden soll, die für den Schuldvorwurf von zentraler Bedeutung sind.[1307] Der Auslandszeuge ist somit zur Wahrheitsfindung eher verzichtbar, wenn er sich entweder lediglich zu Randfragen äußern soll oder zur Beweisthematik bereits zahlreiche Zeugen vernommen worden sind. Ist der Zeuge demgegenüber der einzige Entlastungszeuge oder soll er durch die Bejahung einer Indiztatsache die Glaubwürdigkeit des einzigen Belastungszeugen entscheidend erschüttern,[1308] erlaubt der Respekt vor dem Mitwirkungsanspruch des Verteidigers die Ablehnung nur bei dominierenden anderen Abwägungsfaktoren.

1426

Die wohl schwierigste Prognose, die das Gericht bei seinen Abwägungsbemühungen einzustellen hat, ist der gemutmaßte **Ertrag der beantragten Beweisaufnahme**. Der Tatrichter soll die Möglichkeit haben, Überlegungen zum Gelingen oder Scheitern des beantragten Beweises anzustellen. Die Schwierigkeiten der Ladung des Zeugen und eine hierdurch verursachte Verzögerung des Prozesses sind dann nicht hinnehmbar, wenn der Tatrichter ohne Zweifel davon ausgehen darf, dass der Zeuge die in sein Wissen gestellten Behauptungen in der Beweisaufnahme nicht wird bestätigen können. Die erleichterte Antragsablehnung hängt von der festen Überzeugung des Gerichts ab, dass der angebotene Auslandszeuge entweder die Beweisbehauptung nicht wird bestätigen können oder dass jeglicher Einfluss der behaupteten Tatsachen für die richterliche Überzeugungsbildung ausgeschlossen ist.[1309] Hier ist der Richter in weiten Teilen sowohl vom Verbot der **Beweisantizipation** als auch von der Gefahr revisionsgerichtlicher Überprüfung befreit. Seine Ermessensentscheidung soll nur auf Rechtsfehler untersucht werden können.

Eine solche Einschätzung bedarf allerdings der lückenlosen und plausiblen Begründung.[1310] So können Antragsbegründung und Verfahrensablauf deutlich machen, dass das im Antrag behauptete Wissen eines ausländischen Journalisten aus einem von diesem publizierten Buch stammt. Entnimmt das Gericht der eigenen Lektüre dieses Buches, dass die Schlussfolgerung des Verteidigers auf ein bestimmtes Wissen nicht tragfähig ist, kann es zu Recht vom Scheitern der beantragten Beweisaufnahme überzeugt sein.[1311] Steht aufgrund anderweitiger verlässlicher Kommunikationsergebnisse fest, dass der benannte Zeuge die in sein Wissen gestellten Behauptungen gerade leugnet, mag die Ablehnung ebenfalls zulässig sein.[1312] Die Überzeugung vom Scheitern der Beweisaufnahme, weil der Zeuge eine Aussage aufgrund von §§ 52, 55 StPO verweigern könnte, bedarf allerdings deutlicher und unmissverständlicher Anhaltspunkte.

Fehlt die Einschätzung der zukünftigen Beweisaufnahme vollständig, ist der ablehnende Beschluss rechtsfehlerhaft; denn sie kann nicht durch den Hinweis auf die bisherige Beweislage ersetzt werden.[1313] Die Rechtsprechung löst sich andererseits in besonderer Weise von den Grenzen des § 244

1427

1306 S. hierzu BGH StV 2004, 465 f. m. Anm. *Julius*.
1307 BGH NStZ 2007, 349; HRRS 2014 Nr. 406.
1308 BGH StV 2014, 266.
1309 BGH NJW 2005, 2322 f.; StraFo 2007, 61.
1310 BGH StV 2011, 398.
1311 BGH NJW 2005, 2322.
1312 BGH NStZ 1994, 448 m. Anm. *Kintzi* = JZ 1995, 209 m. Anm. *Perron*; BGH NStZ-RR 1998, 178.
1313 BGH NStZ-RR 2011, 116 f. = StV 2011, 398.

Abs. 3, wenn sie dem Tatrichter den Verzicht auf den Auslandszeugen mit der Begründung erlaubt, dessen Anhörung könne ein **vorliegendes gegenteiliges Beweisergebnis** mit Sicherheit **nicht erschüttern**.[1314] Die Ideen der Mitwirkung von Verteidigung bei der Wahrheitssuche lösen sich im Nichts auf, wenn die Rechtsprechung den Verzicht auf den beantragten Alibi-Zeugen im Ausland selbst dann zulassen will, wenn das vorläufige Ergebnis der Beweisaufnahme – die Anwesenheit des Angeklagten am Tatort – maßgeblich auf der Identifizierung eines einzigen Zeugen (des Opfers eines Überfalls!) beruht. Hier zeigt der Ablehnungsgrund in der Praxis oft sein wahres Gesicht: Richter meinen bisweilen eine sehr bequeme Möglichkeit gefunden zu haben, lästige Anträge zu ignorieren.

1428   Dass die Ablehnungsmöglichkeiten für den Auslandszeugen u.U. den Angeklagten zu einem hilflosen Zuschauer der zügigen Überzeugungsbildung von seiner Schuld degradieren, wird in den Fällen deutlich, in denen sich das maßgebliche Geschehen im Ausland abgespielt hat. Wird dem Angeklagten ein Kriegsverbrechen im Ausland in einem in Deutschland zu führenden Prozess vorgeworfen, kann Verteidigung regelmäßig nur auf Zeugen zurückgreifen, die im Ausland wohnen. Die Behauptung ihrer Irrelevanz fällt dem Gericht leicht, während gleichzeitig die mit staatlicher Finanzmacht und Autorität von der Staatsanwaltschaft beigebrachten Zeugen angehört werden. Der Verstoß gegen die Waffengleichheit ist hier strukturell angelegt.

Auch die erweiterten Bestrafungsmöglichkeiten im internationalen Geschäftsverkehr, z.B. bei der sog. internationalen Bestechung, führen angesichts interpretationsfähiger Buchführungsunterlagen in einer deutschen Firma häufig zu irreversiblen gerichtlichen Überzeugungen; strebt der Angeklagte die Offenlegung tatsächlicher geschäftlicher Vorgänge im Ausland durch die dortigen Geschäftspartner oder involvierten Amtsträger an, kann sich dem das Gericht mit leichter Hand verweigern – und verurteilen.[1315]

Tolerabel ist die Unterbindung einer solchen vom Verteidiger initiierten Wahrheitssuche allenfalls dann, wenn zum einen nach den Regeln der vollständigen und lückenlosen Beweiswürdigung die vorläufige – gegenteilige – Überzeugung des Gerichts von einem Sachverhalt dargelegt wird. Die Grenze des durch § 244 Abs. 5 eingeräumten Ermessens wird hierbei allerdings dann verlassen, wenn das Gericht dem Verteidiger nachteilige – u.U. sogar spekulative – Elemente in die Gesamtwürdigung einbezieht, deren Klärung ausschließlich der Hauptverhandlung vorbehalten bleiben muss. Diese Gefahr besteht stets dann, wenn das Gericht bei seiner vorläufigen Beweiswürdigung ohne einen persönlichen Eindruck von dem Zeugen diesem vorab entweder zu einzelnen Gesichtspunkten oder hinsichtlich seines gesamten Auftretens eine mangelhafte Glaubwürdigkeit bescheinigt. Auch wenn sich das Tatgericht für seine Ablehnungsentscheidung freibeweislich[1316] aller Quellen bedienen kann, ist eine derartig vollständige Ferndiagnose eines Zeugen der Struktur des Prozessrechts fremd und verletzt daher im Regelfall den Mitwirkungsanspruch des Verteidigers bei der Beweisaufnahme.

Alle einschränkenden Interpretationen ändern nichts an der sich in einer globalisierten Welt aufdrängenden rechtspolitischen Forderung nach schlichter Abschaffung der Norm.

1429   Lehnt das Gericht die unmittelbare Einvernahme des Zeugen ab, hat es in jedem Fall vor einer Ablehnung die Möglichkeit von Surrogaten zu prüfen.[1317] Hierzu zählt eine Vernehmung des Zeugen durch den gesamten Gerichtskörper im Ausland ebenso wie die Befragung durch einen beauftragten Richter oder die audiovisuelle Vernehmung.[1318] Erkennt das Gericht die grundsätzliche Bedeutung der behaupteten Zeugenaussage, kann die Ablehnung der Surrogate regelmäßig nur auf die Ungeeignetheit des Beweismittels gestützt werden. Der geminderte Beweiswert einer lediglich audiovisuellen Zeugenvernehmung wegen des fehlenden persönlichen Eindrucks ist allerdings von der völligen Untauglichkeit dieser Art der Beweiserhebung weit entfernt.[1319]

1314 BGH NStZ 1997, 286; StV 1997, 511.

1315 S. z.B. BGH HRRS 2014 Nr. 471.

1316 BGH NStZ 1995, 244; StV 1997, 511; NStZ-RR 1998, 178; ausführl.: *Rose* Der Auslandszeuge im Beweisrecht des deutschen Strafprozesses 1999, S. 548 ff.

1317 BGH NStZ 1991, 186; StV 2000, 345, 347; *Rose* wistra 2001, 290 f.

1318 Zu den Abstufungen und völkerrechtlichen Möglichkeiten S/L/G/H/*Schomburg/Hackner* Vor § 68 IRG Rn. 84 ff.

1319 BGH StraFo 2007, 61.

Der Informationsgehalt des Ablehnungsbeschlusses ist angesichts dieser Begründungsanforderung **1430**
sehr hoch. Der Verteidiger erfährt mehr über das vorläufige gerichtliche Beweisergebnis als in manch
anderen Äußerungen. Angesichts der Komplexität ist der Ablehnungsbeschluss häufig die Initial-
zündung für einen intensiven Dialog. Dieser kann auch in Form weiterer ergänzender Beweisanträge
geführt werden, in denen Teile der Ablehnungsbegründung erschüttert, Missverständnisse der Beweiswürdigung lange vor der Urteilsverkündung aufgedeckt werden. Im Ringen um die Aufklärung wird
Verteidigung deutlich machen können und müssen, dass allein der Auslandsaufenthalt eines wichtigen Zeugen nicht die Prinzipien der prozessualen Wahrheitssuche beseitigt.

g) Wahrunterstellung (§ 244 Abs. 3 S. 3 Nr. 6)

Die Unterstellung der Beweisbehauptung als wahr ist für den Verteidiger angenehm und für das **1431**
Gericht unter Umständen bequem. Mit der Ablehnung des Beweisantrages erhält der Verteidiger
zugleich die gerichtliche Zusicherung, dass das Urteil sich zu den behaupteten Tatsachen nicht in
Widerspruch setzen wird. Das Gericht erspart sich die nicht für notwendig erachtete Beweisaufnahme. Das Unterstellen der Wahrheit ist das Gegenteil der konkreten Suche nach Wahrheit. Prozessual akzeptierte Wahrheit ist relativ. Sie findet ihre Legitimierung einerseits in dem Grundsatz
»in dubio pro reo« und andererseits in prozessökonomischen Überlegungen. Auch der Umgang mit
der prozessualen Wahrheit soll allerdings vor Leichtfertigkeit geschützt sein. Der **Anwendungsbereich** dieses Ablehnungsgrundes ist daher im Hinblick auf seinen Zweck über den Wortlaut hinaus
von der Rechtsprechung erheblich verengt worden.

> Leitlinien für die Verzichtsmöglichkeiten des Gerichts hinsichtlich der beantragten Beweiserhebung erge- **1432**
> ben sich aus dem Aufklärungsgebot.[1320] So können beispielsweise nur solche Beweisbehauptungen als wahr
> unterstellt werden, die dem Gericht als **unwiderleglich** erscheinen. Hält es das Gericht dagegen für denk-
> bar, die Behauptung durch die gerichtliche Beweisaufnahme zu entkräften, ist der Weg zur Wahrunter-
> stellung versperrt.[1321] Darüber hinaus existieren weitere Grenzen. Nur **erhebliche** Tatsachen können als
> wahr unterstellt werden. Der Ablehnungsgrund der Bedeutungslosigkeit und der Wahrunterstellung
> schließen einander aus.[1322] Die als wahr unterstellte Tatsache darf nur **zugunsten des Angeklagten** wirken.
> Anträge mit entgegenstehender Zielrichtung seitens der Staatsanwaltschaft unterfallen nicht dem Ableh-
> nungsgrund der Wahrunterstellung, selbst wenn das Gericht die Beweisbehauptung dieses Antrags als
> für den Angeklagten günstig bewertet.[1323] Belastende Tatsachen müssen immer bewiesen werden.[1324]
>
> Dogmatisch nicht eindeutig geklärt ist die Behandlung von Anträgen, deren Tatsachenbehauptungen
> darauf abzielen, die Glaubwürdigkeit eines bereits vernommenen Belastungszeugen zu erschüttern. Strit-
> tig ist, ob hier einerseits eine Wahrunterstellung der Beweisbehauptung erfolgen kann, wenn andererseits
> das Urteil auch bei Annahme der als wahr unterstellten Tatsachen von einer **Glaubwürdigkeit des Belas-
> tungszeugen** ausgeht.[1325] Für die Rechtsprechung dominiert in dieser Konstellation die Aufklärung. »In
> aller Regel« hat sich das Gericht durch Klärung der behaupteten Hilfstatsachen einen umfassenden Ein-
> druck in der Hauptverhandlung zu verschaffen.[1326]

Während an die Begründung des ablehnenden Beschlusses keine besonderen Anforderungen zu **1433**
stellen sind, können die Konsequenzen der Ablehnung für die Urteilsbegründung im Fall einer Verurteilung gravierend sein. Das **Urteil** darf sich nicht mit den als wahr unterstellten Tatsachen in
Widerspruch setzen. Die Ablehnung taugt nicht als argumentativer Weg des Gerichts, die Beweisbehauptungen letztendlich zu ignorieren. Für die Beweiswürdigung im Urteil gelten die allgemeinen
Regeln. Sie ist nur bei vollständiger Würdigung aller relevanten Fakten fehlerfrei. Ist die als wahr

---

1320 BGHSt 13, 326; NJW 1961, 2070; StV 1990, 292; 1996, 648.
1321 BGH NStZ 1997, 332.
1322 BGH NStZ-RR 2003, 268 m. Anm. v. *Eisenberg* und *Zötsch* NJW 2003, 3676; *Meyer-Goßner/Schmitt*
 § 244 Rn. 70.
1323 BGH StV 1981, 271; *Alsberg/Nüse/Meyer* Der Beweisantrag im Strafprozeß 5. Aufl. 1983, S. 654.
1324 BGH NJW 1974, 655.
1325 S.: *Schlüchter* Wahrunterstellung und Aufklärungspflicht bei Glaubwürdigkeitsfeststellungen 1992;
 Hamm/Hassemer/Pauly Rn. 358 ff.; *Eisenberg* BeweisR, Rn. 248.
1326 BGHR StPO § 244 Abs. 3 S. 2 Wahrunterstellung 31; BGH StV 1990, 98; 1990, 293 f.

unterstellte Tatsache beweisrelevant, muss sie damit zwangsläufig in die Beweiswürdigung mit eingestellt werden.[1327] Als wahr zu unterstellen ist der **Sachverhalt i.S.d. Beweisbehauptung** ohne jegliche Einengung oder Veränderung.[1328]

1434   Die Beweisbehauptung ist ohne jede Modifizierung als zutreffend – und nicht etwa als bloß möglich oder als mehrdeutig denkbar – zu behandeln. Soweit z.B. der Wortlaut eines Gesprächs zwischen zwei Beteiligten unter Beweis gestellt wurde, darf die Wahrunterstellung das objektive Faktum nicht in das Ergebnis der subjektiven Auffassung eines Gesprächsbeteiligten umdeuten.[1329] Erst recht verbietet sich im Urteil die Relativierung einer Beweistatsache durch nachträgliche Zweifel am Wert des angebotenen Beweismittels.

1435   Kann das Gericht im Urteil die Zusage der Wahrunterstellung nicht einlösen, weil sich seit der Ablehnung des Beweisantrages seine Einschätzung hinsichtlich der Relevanz der Beweistatsache geändert hat, ist es zu einem **Hinweis** in der Hauptverhandlung verpflichtet.[1330] Gleiches gilt für den Fall, dass die als wahr unterstellte Tatsache zulasten des Angeklagten in die Beweiswürdigung eingestellt werden soll.[1331] Dem Verteidiger muss noch in der Hauptverhandlung Gelegenheit gegeben werden, sich auf die veränderte Einschätzung einzustellen und unter Umständen naheliegende andere Beweisanträge zu stellen.[1332] Dies gilt außerdem, wenn der vorrangige Ablehnungsgrund der Bedeutungslosigkeit der Beweistatsache nach einer **neuen Einschätzung** des Gerichts gegeben ist. Diese Einschätzung löst gleichzeitig die Verpflichtung des Gerichts zu einer weitergehenden Begründung aus.[1333] Jedenfalls dann, wenn im Vertrauen auf die Wahrunterstellung ersichtlich weitere Beweisanträge der Verteidigung unterbleiben, ist die Offenlegung der geänderten gerichtlichen Bewertung noch in der Hauptverhandlung zwingend.[1334]

1436   Für die Transparenz der gerichtlichen Zwischeneinschätzung ist damit die Wahrunterstellung ein wichtiger Faktor. Auch wenn der gerichtliche Beschluss keine Sicherheit in der Kernfrage der Schuld vermittelt, ist ein darauf abzielender Antrag der Verteidigung ein probates Mittel, den Spielraum der freien Beweiswürdigung durch Ausschluss mancher negativer Indizketten in Randbereichen (entscheidend) zu verengen.

h) Sachverständiger (§ 244 Abs. 4)

1437   Falls der Verteidiger als Beweismittel einen Sachverständigen benennt, eröffnet § 244 Abs. 4 weitere Ablehnungsgründe. Die übrigen Ablehnungsgründe des § 244 Abs. 3 bleiben trotzdem anwendbar. Von den **allgemeinen Ablehnungsgründen** des § 244 Abs. 3 hat beim Sachverständigenbeweis die **Ungeeignetheit** eine besondere Bedeutung.

1438   Völlig unausgereifte Untersuchungsmethoden, wie beispielsweise beim Lügendetektor, versprechen von vornherein keinen gerichtlichen Erkenntnisgewinn.[1335] Gleiches gilt, wenn dem Sachverständigen kein ausreichendes Tatsachenmaterial zur Verfügung gestellt werden kann, damit er ansatzweise sachkundige Beurteilungen vorzunehmen vermag.[1336] Bei einer derart begründeten Ablehnung liegt die Reaktion der Verteidigung durch erneute Antragstellung auf der Hand, bei der diese Tatsachenbasis erweitert wird. Geeignet sind trotz reduzierter Tatsachenbasis allerdings schon sachkundige Schlüsse im Bereich einer geringen Wahrscheinlichkeit. Selbst wenn der Angeklagte sich einer Exploration verweigert, vermag der psychologische Sachverständige u.U. aufgrund anderer Erkenntnisquellen auch ohne Gespräch dem

---

1327 BGH NJW 1959, 396; 1976, 1950; NStZ 1982, 213.
1328 BGHSt 40, 169, 185.
1329 BGH StV 2005, 115.
1330 BGHSt 1, 54; 21, 38.
1331 BGH StV 2007, 512.
1332 BGHSt 30, 385.
1333 Strittig; s. ausführl. *Eisenberg* BeweisR, Rn. 244 ff.
1334 BGH StraFo 2012, 230 f.
1335 BGHSt 44, 308.
1336 BGH NJW 1960, 1582; NStZ 1995, 98; 2003, 611.

Gericht zusätzliche sachkundige Ansatzpunkte für seine Entscheidung zu vermitteln.[1337] Ungeeignet ist ggf. der Sachverständige, der nicht in der Lage ist, in der Hauptverhandlung seine Sachkunde nachvollziehbar darzulegen und dadurch dem Gericht die Basis für eine eigenständige Entscheidung zu vermitteln.

Eigene gerichtliche Sachkunde

Die eigene Sachkunde des Gerichts macht die Hinzuziehung eines Sachverständigen überflüssig.   **1439**
Kann das Gericht zuverlässig die Beweisfrage selbst beurteilen, entfällt die Notwendigkeit der Erweiterung der Beweisaufnahme. Bezugspunkt der Beurteilungssicherheit ist lediglich die Beurteilung der konkreten Beweisbehauptung, die nicht die umfassende Beherrschung eines wissenschaftlichen Fachgebietes voraussetzt.

Häufig erreicht der zu fordernde Kenntnisstand nicht einmal die Schwelle des spezifischen Fachwissens,   **1440**
sondern kann wie bei vielen alltäglichen Vorgängen auch von einem Laien ohne Weiteres richtig beurteilt werden. Wenn die Rechtsprechung mit der Begründung der eigenen Sachkunde Beweisanträge ablehnt, weil beispielsweise das Gericht über ein ausreichendes **Alltagswissen** hinsichtlich der Umstände einer Erektion verfügt[1338] oder aus eigener Anschauung im Rahmen von Wiedererkennungsfragen die Häufigkeitsverteilung von so genannten Knubbelnasen in der mitteleuropäischen Bevölkerung beurteilen kann,[1339] ist im Kern der Bereich der Sachkunde nicht berührt.

Der in Abs. 4 geregelte **Sachverstand** ist erst da gefragt, wo das zu erwartende Allgemeinwissen des Tatrichters zur Beurteilung der Beweisfrage nicht ausreicht. Die klassischen gerichtlichen Beweisthemen reichen hier von der Auswertung kriminaltechnischer Befunde, rechtsmedizinischen Analysen und DNA-Untersuchungen bis hin zur Einschätzung von Ursachen und Verlauf von Bränden oder der Identität von Schriften.[1340] Zunehmend verlangt die komplexe Beurteilung von Alltagsgeschehen einer besonderen Sachkunde. So soll die Beurteilung der Gefährlichkeit eines Hundes grundsätzlich der Kompetenz von Fachärzten vorbehalten sein.[1341]

Eine derart notwendige eigene Sachkunde des Gerichts muss ausreichend fundiert sein, um das Urteil auf einer sicheren Grundlage aufbauen zu können. Die **Quellen** für diese Sachkunde können vielfältig sein.

Das Gericht mag das Fachwissen auf dienstlichem wie auf privatem Wege zuvor erlangt haben. So kann   **1441**
die Beschäftigung des Richters mit Schusswaffen aufgrund seines jahrzehntelang ausgeübten Hobbys als Jäger den Schussexperten überflüssig machen. Bei **Kollegialgerichten** genügt die Vermittlung der Sachkunde durch einen einzigen informierten Richter.[1342] Im Einzelfall kann sich das Gericht die Sachkunde zur Beurteilung der konkreten Beweisfrage durch Beschäftigung mit der Thematik in einem früheren Verfahren verschafft haben.[1343]

Der Erwerb des Fachwissens ist sogar durch den Erfahrungsgewinn im Verlaufe des anhängigen Verfahrens denkbar.[1344] Seine Anwendung birgt allerdings zum einen die erhöhte Gefahr der unzulässigen Beweisantizipation; zum anderen kann eine gezielte richterliche »Fortbildung« hinter den Kulissen einer laufenden Hauptverhandlung Verfahrensgrundsätze der Öffentlichkeit, des Strengbeweises und des Teilhabeanspruchs der Verteidigung unterlaufen. Beschaffung richterlicher Sachkunde »auf Vorrat« kann daher den Beweiserhebungsanspruch ebenso verletzen[1345] wie die bewusste Aneignung von Sachkunde im Vorfeld und im Hinblick auf ein Verfahren.[1346]

1337 BGH StV 2011 711; 1990, 246; 1968, 62, 63.
1338 BGH, Urt. v. 20.11.1992 – 2 StR 392/92, zitiert nach BGH-Nack.
1339 BGH NStZ 2000, 156.
1340 *Detter* Der Sachverständige im Strafverfahren – eine Bestandsaufnahme, NStZ 1998, 57, 58.
1341 BGH, Beschl. v. 23.04.2002 – 3 StR 27/02, zitiert nach BGH-Nack.
1342 BGHSt 12, 18 f.; NStZ 1983, 325; kritisch: *Peters* StrafP, § 38 IV. 1. i.
1343 BGH NStZ-RR 1999, 26.
1344 BGH NStZ-RR 1983, 325.
1345 BGH HRRS 2014 Nr. 727; kritisch *Niemöller* NStZ 2015, 16 ff.
1346 BGH StV 2019, 811 f.

1442 Die pauschale und offensichtlich wenig reflektierte Rechtsprechung des Bundesgerichtshofs einerseits und die Zeiten der jederzeit im Internet verfügbaren Quellen andererseits haben die Grundlage für ein neues **Prozessmodell »Vorsitzender Dr. Google«** geschaffen. Völlig unbekannte Sachgebiete lassen sich mit überschaubarem Aufwand im Internet erarbeiten; die Richterrolle bringt es mit sich, dass auf diesem kurzen Weg angeblicher Sachverstand verschafft werden kann. Ohne jede kompetente Überprüfung wird so Grundlage einer den Angeklagten benachteiligenden Beweiswürdigung selektives dilettantisches Surfen des Vorsitzenden auf seiner Wohnzimmercouch. Wenn das Gericht sein laienhaftes Verständnis eines Sachverhalts, den es sich in Wikipedia o.ä. angelesen hatte, erst in den Urteilsgründen offen darlegt, muss jede Verteidigung zu spät kommen. Ein in der Diskussion der Hauptverhandlung leicht aufzudeckendes Missverständnis bleibt ein Mysterium. Der sachliche Fehler des Tatgerichts lässt sich dann u.U. bei eleganter Formulierung der Urteilsgründe nur sehr schwer noch in der Revisionsinstanz aufdecken oder gar reparieren. Kommunikation zu den verborgenen Vorgängen der Geburt richterlichen Sachverstands kann Verteidigung nur durch Beweisanträge erreichen, die gerade mit der Begründung des eigenen Sachverstands abgelehnt werden.

1443 Fragen der (eingeschränkten) **Schuldfähigkeit des Angeklagten** übersteigen regelmäßig das Alltagswissen eines Richters, wenn das Verfahren Auffälligkeiten in der Person des Angeklagten oder Besonderheiten bei der Tat offenbart hat, die Zweifel an der vollen Schuldfähigkeit wecken.[1347] Die Frage der **Glaubwürdigkeitsbeurteilung** gilt als Domäne des Tatrichters.[1348] Zunehmend greift allerdings die Erkenntnis Platz, dass bei außergewöhnlichen Konstellationen psychologische Sachverständige einen weitergehenden Erkenntnisgewinn in Aussicht stellen und damit dem Urteil eine fundiertere Grundlage verschaffen können.

1444 Die Beurteilung der durch persönliche Konstellationen beeinflussten Wahrnehmungsmöglichkeiten und Aussagekompetenzen erfordert ein aussagepsychologisches Gutachten häufig bei kindlichen Zeugen,[1349] psychischen Erkrankungen, hochgradiger Medikamentenabhängigkeit,[1350] epileptischen Anfällen,[1351] schweren Schädelverletzungen[1352] oder generell sich aufdrängender Persönlichkeitsstörungen.[1353] Suggestive Vorbefragungen bei jugendlichen Zeugen[1354] oder andere Auffälligkeiten im Aussageverhalten können ebenfalls Anlass für den Tatrichter sein, ein Gutachten einzuholen.[1355] Die eigene Sachkunde zur Beurteilung der Aussage jugendlicher Zeugen darf sich – zumindest eine forensisch erfahrene Jugendkammer – zutrauen.[1356]

1445 Der Kern von Verteidigungsinteressen ist betroffen, wenn das Gericht zwar eigene Sachkunde behauptet, diese Sachkunde aber nicht offenlegen will. Die höchstrichterliche Rechtsprechung scheint einen solchen Weg mit der Ansicht zu öffnen, eine nähere Erläuterung der eigenen Sachkunde müsse erst in den Urteilsgründen erfolgen.[1357] Art und Umfang der individuellen Sachkunde des Gerichts ist den Verfahrensbeteiligten regelmäßig nicht geläufig. Um verteidigen zu können, muss der Vorgang der richterlichen Beweiswürdigung allerdings auch hinsichtlich der angewandten Maßstäbe für eine Schlussfolgerung prognostizierbar sein. Die ungewöhnliche Beschneidung des Mitwirkungsrechts bedarf daher der außergewöhnlichen **Transparenz im Ablehnungsbeschluss** des Gerichts, damit der Verteidiger sich hierauf einstellen kann. Unstrittig ist, dass die Begründung des Ablehnungsbeschlusses Ursprung und Grenzen der in Anspruch genommenen eigenen Sachkunde aufzeigen muss, wobei der Umfang der Darlegungen sich an der Schwierigkeit der Beweisfrage zu orientieren hat.[1358] Im Ergebnis muss die Beschneidung des Beweiserhebungsrechts des Verteidigers durch die in der Begrün-

---

1347 BGH StV 1994, 634.
1348 BGH NStZ 2000, 214: »ureigene Aufgabe des Gerichts«; NStZ 1994, 400; BVerfG NJW 2004, 209, 211.
1349 BGHSt 7, 82.
1350 BGH StV 1990, 532.
1351 BGH StV 1991, 245.
1352 OLG Stuttgart NStZ-RR 2003, 51.
1353 BGH StV 2011 712.
1354 BGH NStZ 2001, 105.
1355 Umfassend hierzu: *Jansen* Zeuge und Aussagepsychologie, 2. Aufl. 2012.
1356 BGH NJW 2005, 1671.
1357 So BGHSt 12, 18, 20; BGH NStZ-RR (K) 2001, 132; HK/*Julius* § 244 Rn. 51; *Hamm/Hassemer/Pauly* Rn. 393.
1358 BGHSt 12, 18, 20.

dung vermittelte Sicherheit aufgrund richterlicher Kompetenz rechtsstaatlich akzeptabel nachvollziehbar sein.

Weiterer Sachverständiger

Erleichtert ist die Ablehnung eines Sachverständigenbeweises, wenn in der Hauptverhandlung bereits **1446** ein Sachverständiger gehört wurde. Es mag wissenschaftlicher Standard sein, in komplexeren Fragen regelmäßig die Meinung eines zweiten Sachverständigen einzuholen. Aus prozessökonomischen Gründen liegt dem Gesetz das Konzept zugrunde, sich mit der Anhörung eines einzigen Sachverständigen zu begnügen. Entsprechend dieser Vorgabe ist es dem Tatgericht erlaubt, seine Beweiswürdigung weitgehend schon in der Hauptverhandlung vorwegzunehmen und den Antrag auf Anhörung eines weiteren Sachverständigen abzulehnen, wenn es die Informationen des bereits gehörten Gutachters für zuverlässig und ausreichend erachtet. Ist das Gegenteil der behaupteten Beweistatsache durch den ersten Gutachter bereits bewiesen, unterliegt der Beweisantrag der Ablehnung.

Die Ablehnungsmöglichkeit findet ihre Berechtigung aber nur in der Reduktion auf die gutachterliche Beweisfrage. Einer Gesamtwürdigung unter Einschluss anderer Beweisergebnisse steht nach **1447** wie vor das Verbot der Beweisantizipation entgegen. Die Überzeugung des Gerichts vom Gegenteil muss gerade durch das bereits vorliegende Gutachten gebildet werden. Hat das frühere Gutachten das Gegenteil nicht belegt und stützt das Gericht seine dennoch vorliegende Überzeugung auf anderweitige Beweisanzeichen, ist der Weg zur Ablehnung eines zweiten Sachverständigen über § 244 Abs. 4 S. 2 versperrt.[1359]

Trotz der zulässig gebildeten Überzeugung des Gerichts vom Gegenteil der Beweistatsache kann unter folgenden Bedingungen der Antrag auf Hinzuziehung eines weiteren Sachverständigen nicht abgelehnt werden:

Zweifel an der Sachkunde eines bereits angehörten Sachverständigen müssen auftauchen, wenn seine Kompetenz sich offensichtlich nicht auf eine zur Beurteilung notwendige andere Fachrichtung erstreckt.

So ist beispielsweise der angehörte Psychologe kein ausgewiesener Fachmann, um die Auswirkungen einer **1448** Erkrankung eines Zeugen auf seine Aussagetüchtigkeit zu beurteilen. Hier bedarf es der Beauftragung eines Psychiaters.[1360] Die Kenntnisse in seinem eigenen Fachgebiet müssen zweifelhaft erscheinen, wenn sein Gutachten sich nicht an anerkannten und/oder von der Rechtsprechung gebilligten wissenschaftlichen Kriterien orientiert.[1361] Weicht der Gutachter ohne nachvollziehbare Erklärung in seiner mündlichen Anhörung von seinem vorbereiteten schriftlichen Gutachten ab oder weigert er sich generell, die Anwendungsmaßstäbe seines Gutachtens offenzulegen und damit für das Gericht nachvollziehbar zu gestalten, sind Zweifel an der fundierten sachverständigen Grundlage einer Urteilsfindung ebenso begründet.[1362] Anlass für Zweifel geben auch erkennbare Überschreitungen der Kompetenz, wenn der Sachverständige beispielsweise zu relativierende Ergebnisse selbst als absolut sicher darstellt oder die sichere Schlussfolgerung nicht durch die nachgewiesene fachliche Qualifikation nachvollzogen werden kann.[1363]

Unzutreffende tatsächliche Voraussetzungen des Gutachtens sind für den Verteidiger selten Anlass, **1449** einen Anspruch auf einen Zweitgutachter zu realisieren. Häufig ist die tatsächliche Grundlage der Begutachtung eine konkrete Vorgabe des Gerichts. Erweisen sich diese Vorgaben als unzutreffend, drängt sich zunächst ein weiteres Tätigwerden desselben Gutachters auf neuer Tatsachenbasis auf.

1359 BGH StV 2005, 6.
1360 BGH StV 1997, 60.
1361 BGH StV 2000, 118.
1362 BGH NStZ 1990, 244.
1363 *Eisenberg* BeweisR, Rn. 257 f.

1450 Hat der Sachverständige die Tatsachen aufgrund seiner Sachkunde selbst ermittelt (**Befundtatsachen**), zielt der Angriff im Kern gegen seine fehlende Sachkunde.[1364] Im Ergebnis geben jedenfalls unzulänglich festgestellte Tatsachen – und seien es auch nur Zweifel an der Richtigkeit der Befundtatsachen – berechtigten Anlass, von der fehlenden Qualifikation des Sachverständigen auszugehen. Gleiches gilt für Widersprüche in seinem während der Hauptverhandlung erstatteten Gutachten, falls diese nicht eine für das Gericht nachvollziehbare Erklärung oder Lösung finden.

Überlegene Forschungsmittel eines Zweitgutachters können dessen Anhörung notwendig machen.

1451 Der Gesetzesidee, dass sich das Gericht eines zusätzlichen Erkenntnisgewinnes durch den besseren Sachverständigen nicht verschließen darf, hat die Rechtsprechung in der Praxis auf ein Mindestmaß reduziert. Sie blendet jede persönliche Qualifikation aus und behandelt im selben Fachgebiet jeden Sachverständigen – ob Nobelpreisträger oder Landarzt – als gleichwertig.[1365] Der Umfang der »Forschung« und damit verbunden der wissenschaftliche Erkenntnisgewinn ist dem BGH gleichgültig. Entscheidend ist lediglich ein möglicher Unterschied bei der apparativen Anwendung sachverständiger Fähigkeiten. Weder die umfassendere Anwendung von einem jedem psychologischen Sachverständigen bekannten Test[1366] noch die im Gegensatz zum Erstgutachter bestehende Möglichkeit des Zweitgutachters, den Angeklagten zu explorieren,[1367] begründen eine akzeptable Überlegenheit. Allein neue, dem Erstgutachter nicht verfügbare Untersuchungstechniken, die eine höhere Qualität aufzuweisen scheinen, sollen die Anhörung eines weiteren Sachverständigen rechtfertigen. Der Mangel an konkreten Beispielen in der höchstrichterlichen Rechtsprechung spiegelt die fehlende praktische Relevanz dieser Regelung wider. Demgegenüber plädiert ein Großteil der Literatur dafür, aus wissenschaftlicher Sicht begründbare Unterschiede gutachterlicher Qualifikationen im Gerichtssaal zugunsten des erstrebten Erkenntnisgewinns umzusetzen.[1368]

1452 Lehnt das Gericht die Hinzuziehung eines weiteren Sachverständigen ab, hat es sich im **Beschluss** mit dem Vortrag des Verteidigers auseinanderzusetzen. Die Begründung muss deutlich machen, dass das Gericht beispielsweise die Behauptung der fehlenden Sachkunde oder das Vorliegen überlegener Forschungsmittel gesehen, geprüft und verneint hat.[1369] Greift der Antrag detailliert methodische Mängel des Erstgutachters an, hat ein ablehnender Beschluss darzulegen, dass und warum die behaupteten methodenkritischen Angriffe erfolglos sind[1370] oder warum ggf. der Erstgutachter die erkannten Mängel zwischenzeitlich behoben hat.[1371] Weist das Gericht einen solchen Antrag mit dem Hinweis nach Satz 1 zurück, es habe selbst die erforderliche Sachkunde, darf es sich im Urteil nicht mehr auf das bereits vorliegende angegriffene Gutachten stützen.[1372]

i) Augenschein (§ 244 Abs. 5 S. 1)

1453 Der streng formalisierte Umgang mit Beweisanträgen wird durch das Gesetz dann gelockert, wenn die Beweisaufnahme auf die Einnahme eines Augenscheins abzielt. Maßgeblicher Grund hierfür ist der unvermeidbare **prozessuale Aufwand**, den das Gericht häufig bei Hauptverhandlungen außerhalb des Gerichtssaals (z.B. bei Ortsbesichtigungen) betreiben muss. Konsequent ist daher bei einem **präsenten** Augenscheinsobjekt die Ablehnungsmöglichkeit des Gerichts erheblich reduziert (siehe § 245). Bei **nicht präsenten** Augenscheinsobjekten kann ein Antrag abgelehnt werden, wenn die beantragte Beweisaufnahme zur Erforschung der Wahrheit nicht erforderlich ist.

1454 Die hierdurch erforderliche **Abwägung** ist komplex. Zum einen hat das Gericht sich über das Ausmaß der **bisherigen Überzeugungsbildung** vom Beweisthema Klarheit zu verschaffen. Darüber

---

1364 S. *Hamm/Hassemer/Pauly* Rn. 410 f.
1365 BGHSt 23, 176, 186; 34, 355, 358; 44, 26.
1366 BGH StV 1985, 489.
1367 BGHSt 44, 26.
1368 S. z.B. *Deckers* S. 50.
1369 BGH NJW 1951, 412.
1370 BGH NStZ (B) 2005, 496.
1371 BGH NStZ 2005, 205, 207.
1372 BGH NJW 2010, 1214 f. m. Anm. *Hoffmann/Wendler*.

hinaus muss es die **Zuverlässigkeit der bislang benutzten Beweismittel** einschätzen, die diese Überzeugung tragen.

So läuft die Beschreibung einer Örtlichkeit durch Zeugen immer Gefahr, aufgrund deren subjektiver Wahrnehmung und des individuellen Wahrnehmungsinteresses unvollständig zu sein. Die Ergebnisse der Wahrnehmungspsychologie sind zu berücksichtigen, wonach Umfang und Qualität der Erinnerungsleistung von Zeugen signifikant steigen, wenn diese an den Ort der ursprünglichen Wahrnehmung zurückgeführt werden. Auf der anderen Seite können technische Wiedergaben wie Fotos, Modelle, Landkarten oder Skizzen niemals den unmittelbaren plastischen Eindruck vermitteln, der unter Umständen für eine Entscheidung von Bedeutung sein kann. Zu berücksichtigen ist etwa auch der zusätzliche Erkenntnisgewinn bei **Rekonstruktionen**. Ferner wäre der Vorteil des Abspielens der Aufnahme eines überwachten **Telefongesprächs** gegenüber dem bereits verlesenen Gesprächsprotokolls zu erwägen. | 1455

Nur wenn die erkannten (und im Ablehnungsbeschluss zu erörternden) Defizite aus gerichtlicher Sicht für die Entscheidung der Beweisfrage nicht ins Gewicht fallen, darf das Gericht davon ausgehen, dass es sich für seine Überzeugungsbildung hinreichend über das Beweisthema informiert hat.[1373] Dem **Beweiserhebungsanspruch** des Verteidigers wird das Gericht somit nur gerecht, wenn es dessen Argumentation in die Überlegungen miteinbezieht. Weist der Antrag beispielsweise erstmalig darauf hin, aufgrund welcher besonderen Umstände die Beweisqualität der bislang herangezogenen Beweismittel eingeschränkt ist, erhöht sich unter Umständen die Notwendigkeit einer ergänzenden Beweisaufnahme. Ferner darf ein legitimes und anderweitig nicht zu verfolgendes Beweisziel eines Angeklagten nicht unberücksichtigt bleiben. Soll die Beweisaufnahme ergeben, dass Angaben eines Belastungszeugen falsch sind, darf der Widerlegungsansatz der Verteidigung nicht mit der vorweggenommenen Entscheidung zur Glaubwürdigkeit des Zeugen unterlaufen werden.[1374] Auch über die Anforderungen der Amtsaufklärung hinaus muss die in der beantragten Beweisaufnahme bestehende **Verteidigungschance** dem Angeklagten selbst bei einer zur Überzeugungsbildung ansonsten ausreichenden Mehrzahl belastender Zeugenaussagen belassen werden.[1375] | 1456

Neben der **Bedeutung der Beweisfrage** hat das Gericht den **Aufwand** in seine Überlegungen mit einzubeziehen, den die beantragte Beweisaufnahme erfordern würde. Die Unterbrechung der Hauptverhandlung im Gerichtssaal zur Besichtigung eines naheliegenden Ortes rechtfertigt die Ablehnung des Beweisantrages weit weniger als eine Ortsbesichtigung, die unter Umständen die Anreise sämtlicher Verfahrensbeteiligter erforderlich macht. Hier ist zusätzlich zu prüfen, ob nicht der Augenschein von einem beauftragten oder ersuchten Richter eingenommen und anschließend sein Protokoll in der Hauptverhandlung verlesen werden kann. Der Erkenntnisgewinn wird zumeist darin bestehen, dass die Augenscheinseinnahme mit dem spezifischen, von sämtlichen Verfahrensbeteiligten unter Umständen zu formulierenden prozessualen Erkenntnisinteresse vorgenommen wird. | 1457

j) Selbstladung und präsente Beweismittel (§ 245 Abs. 2)

§ 245 Abs. 2 schränkt die Ablehnungsmöglichkeiten präsenter Beweismittel durch das Gericht weiter ein. Die notwendige Erstreckung der Beweisaufnahme auf Beweismittel, die nicht das Gericht, sondern andere Verfahrensbeteiligte herbeigeschafft haben, setzt zum einen eine qualifizierte Präsenz und zum anderen einen Beweisantrag voraus. | 1458

Die Fassung des § 245 unmittelbar nach dem 2. Weltkrieg sah die Mitgestaltung des Verteidigers an der Beweisaufnahme derart vor, dass dieser die Einführung jedes präsenten Beweismittels erzwingen konnte, wenn dies nicht unzulässig war oder allein der Prozessverschleppung diente. Ausdrücklich war in der Tradition der Rechtsprechung des Reichsgerichts[1376] dem Verteidiger das exklusive Recht eingeräumt worden, vorhandene Beweismittel nach eigener Überzeugung einzubringen, ohne einer richterlichen Wertschätzung unterworfen zu sein. Das Misstrauen gegen Verteidiger in der sog. Terroristengesetzgebung | 1459

1373 BGHSt 3, 187, 189; NStZ 1984, 565.
1374 BGHSt 8, 177, 181; NStZ 1984, 565.
1375 BGH NJW 1961, 280.
1376 RGSt 65, 304 f.

ließ diese effektive Einflussnahme der Verteidigung zugunsten richterlicher Präventivkontrolle wieder fallen.[1377]

1460   Während die einfache körperliche Verfügbarkeit bei Urkunden und Augenscheinsobjekten für deren Qualität als präsentes Beweismittel ausreicht, verlangt das Gesetz für Zeugen und Sachverständige Weiteres. Sie müssen vom Staatsanwalt, vom Angeklagten, der Verteidigung oder dem Nebenkläger (§§ 397 Abs. 1, 386 Abs. 2) **geladen** und tatsächlich erschienen sein. Während die Staatsanwaltschaft formlos laden kann, haben andere Beteiligte die Form des § 38 einzuhalten. Hierzu gehört, dass der Antragsteller zunächst ein Ladungsschreiben verfasst, aus dem sich für den Zeugen oder Sachverständigen Ort und Zeit der Hauptverhandlung ergibt. Die Entschädigung für Reisekosten und für den Verdienstausfall muss angeboten werden. Die Zustellung kann überall erfolgen, muss jedoch durch einen Gerichtsvollzieher veranlasst sein. Dieser kann sich auch der Post bedienen, weshalb derartige Selbstladungen auch im Ausland der sogenannten Schengen-Staaten erfolgen können. Eine solche Selbstladung durch den Angeklagten ist rechtzeitig dem Gericht und der Staatsanwaltschaft vor der Beweisaufnahme mitzuteilen (§ 222 Abs. 2).

1461   Nur ein derart ordnungsgemäß geladener Zeuge oder Sachverständiger ist präsent i.S.d. Abs. 2. Der lediglich mitgebrachte Zeuge löst die erhöhte Beweiserhebungspflicht des § 245 nicht aus; auch hier ist der Antragsteller auf den Weg des § 244 Abs. 3, 4 beschränkt. Trotz ordnungsgemäßer Ladung ist der gestellte Sachverständige nur dann präsent, wenn er angesichts ausreichender Vorbereitung unmittelbar zur Sache gehört werden kann.[1378] Zur Realisierung der Selbstladungsmöglichkeit als Ausfluss prozessualer Waffengleichheit ist das Gericht jedoch regelmäßig verpflichtet, zu einer solchen Vorbereitung vorab Auswertungsunterlagen zur Verfügung zu stellen.[1379]

1462   Neben einer qualifizierten Präsenz setzt Abs. 2 einen **Beweisantrag** voraus, der grundsätzlich dieselben Anforderungen erfüllen muss wie der Antrag gem. § 244. Der Vorteil für den Antragsteller bei der Verwendung präsenter Beweismittel besteht darin, dass das Gericht nur sehr eingeschränkt Möglichkeiten besitzt, diesen Antrag zurückzuweisen. Neben der Unzulässigkeit berechtigt zur Ablehnung die bereits aus § 244 Abs. 3 bekannte Möglichkeit, die zu beweisende Tatsache als bereits erwiesen oder offenkundig anzusehen. Darüber hinaus entfällt der Beweiserhebungsanspruch, wenn zwischen der zu beweisenden Tatsache und dem Gegenstand der Urteilsfindung kein Zusammenhang besteht. Hier ist der Ablehnungsgrund bewusst enger gezogen, als dies mit der Formulierung der Bedeutungslosigkeit in § 244 Abs. 3 S. 2 erfolgt. Ausscheiden will das Gesetz bei präsenten Beweismitteln lediglich Beweiserhebungen, bei denen die völlige Sachfremdheit zum Verfahrensgegenstand auf der Hand liegt. Der weitere Ablehnungsgrund der völligen Ungeeignetheit knüpft an die Formulierungen des § 244 Abs. 3 an.

Die Absicht der Verschleppung des Verfahrens ist angesichts der Präsenz des Zeugen eine allenfalls hypothetische Variante, sodass die Eigenschaft des Beweisantrages im Hinblick auf § 244 Abs. 6 S. 2 kaum zu bezweifeln ist. Aus diesem Grund hindert auch eine versäumte Fristsetzung gem. § 244 Abs. 6 S. 3 die Verteidigung nicht, den präsenten Zeugen zu stellen. Es bedarf keiner Entschuldigung. Der Beweisantrag ist nach den dargestellten Kriterien zu bescheiden.[1380]

1463   Das **Selbstladungsrecht** des Angeklagten ist ebenso wie das Kreuzverhör ein Element des Parteiprozesses, das die Untersuchungsmaxime der StPO beleben sollte. Die Praxis hat diese Elemente nicht nur ins Abseits gedrängt, die Gewöhnung an die richterliche Prozessleitung produzierte darüber hinaus eine generelle gerichtliche Skepsis gegenüber der Selbstladung. Die Praxis neigt daher dazu, bestellten Zeugen und Sachverständigen mit dem Vorwand der Schwierigkeiten einer geordneten Verfahrensabwicklung zu begegnen oder ihre erkennbare Bedeutungslosigkeit aus richterlicher Sicht mit der Unterlassung von Fragen zu unterstreichen. Angesichts dieses Hintergrundes will vor Antrag-

---

1377 S. *Mehlich* Der Verteidiger in den Strafprozessen gegen die Rote Armee Fraktion 2012, S. 152 ff.
1378 BGHSt 43, 171, 173.
1379 *Hamm/Hassemer/Pauly* Beweisantragsrecht, Rn. 423.
1380 *Krehl* Fischer-FS 2018, 711 f.; *Schlothauer* Fischer-FS 2018, 822.

stellung bedacht sein, in welcher Form eine solche erzwungene Beweisaufnahme überhaupt Auswirkungen auf die Überzeugungsbildung des Gerichts haben kann. Entschließt sich der Verteidiger zur Wahrnehmung des Selbstladerechts und Antragstellung i.S.d. § 245 Abs. 2, kann nur das Fernhalten jeglichen Überraschungsmoments sein Anliegen verdeutlichen, dass er keine Anmaßung für sich in Anspruch nimmt, sondern lediglich die Realisierung eines Anspruchs auf Waffengleichheit in der Hauptverhandlung, der zur Kompensation einseitiger staatsanwaltschaftlicher Ermittlung häufig dringend notwendig ist.

Die Selbstladung geht darüber hinaus mit einem Kostenrisiko einher. Denn das Gericht entscheidet erst nachträglich über die Entschädigung für den Sachverständigen. Maßgeblich ist dabei, dass die Anhörung zur Aufklärung »dienlich« war (§ 220 Abs. 3). Das bedeutet zwar nicht, dass die sachverständigen Informationen letztendlich Einfluss auf das Urteil hatten. Aber die Möglichkeiten der Verweigerung der Entschädigung verbleiben. So wehrt sich die Rechtsprechung gegen einseitige »Privatgutachter«. Entschädigung können nur diejenigen Sachverständigen erwarten, die ihr Gutachten unparteiisch und nach bestem Wissen und Gewissen erstattet haben.[1381]   **1464**

XV. Maßnahmen zur Beschleunigung des Verfahrens – Unterbrechungsfristen

1. Das Prozessgrundrecht

Entschleunigung ist Bestandteil des Rechts. Erst die zeitliche Distanz ermöglicht eine angemessene Bewertung eines Sachverhalts. Das richterliche Bewusstsein um die Notwendigkeit eines solchen Abstands verdrängt allerdings oft das Gespür für dessen Angemessenheit und das Bewusstsein über die Folgen für den Betroffenen rechtlicher Bewertung: Allein die Existenz eines Strafverfahrens ist für den Bürger eine schwere Last. Ein langes Verfahren ist unerträglich. Die Vermeidung von Verzögerungen ist daher eine der tragenden Säulen des rechtsstaatlichen Strafverfahrens.[1382] Der Kampf um das Recht des Angeklagten hat sich gerade in der jüngeren Vergangenheit auf die Realisierung dieses Grundsatzes ausgedehnt. Die Strafgerichte waren in Verkennung des rechtlichen Gehalts der Beschleunigungsmaxime erst durch das Bundesverfassungsgericht und den EGMR auf die praktischen Auswirkungen dieses Gebots hingewiesen worden. Die mit der zeitlichen Gestaltung verbundene Machtposition ist Strafrichtern durch diese Diskussion noch deutlicher und nicht selten in ihr Gegenteil verkehrt worden. Richter kennen die Auswirkungen auf den Leidensdruck des Mandanten oder das Zeitmanagement der Verteidigung – und nutzen es.   **1465**

Der Beschleunigungsgrundsatz ist objektivierbarer Maßstab einer institutionalisierten Rechtspflege. Eine zügige Verfahrensdurchführung dient mit der besonderen Qualität einer zeitnahen Beweisaufnahme der Sicherheit von Verfahrensergebnissen, befriedigt den Anspruch der Öffentlichkeit auf zügige Sachverhaltsklärung und fördert mit alsbaldigem Abschluss das Ziel der Wiederherstellung des Rechtsfriedens.   **1466**

Der Blick auf diese Effekte hat die Diskussion in der Politik und bei der Richterschaft um die prozessuale Beschleunigung in – inadäquate – ökonomische Sichtweisen getrieben. Das Verbrechen ist Produkt, das eine weitgehend mechanisierte Bearbeitung erfordert.[1383] Beschleunigung gerät in einer solchen Diskussion schnell zu einer lediglich auf Effektivität ausgerichteten Verfahrensabwicklung. Schneller und effektiver gilt als besser, zeitraubende Hindernisse stellen sich a priori als systemwidrig dar. Umgesetzt wird der Grundsatz von der Praxis gerne nur dort, wo es darum geht, Verteidigungsrechte zu beschneiden (wie z.B. bei Terminierungen trotz Verhinderung des Wahlverteidigers oder der früheren Contra-legem-Einführung einer Fristsetzung für Beweisanträge durch die Rechtsprechung).

1381 OLG Hamm StRR 2015 66.

1382 Schon Art. 40 der englischen Magna Charta von 1215 geißelte Verzögerung der Rechtsgewährung als Teil der Verweigerung. Zum historischen Verständnis von Gerechtigkeit in einem zügig geführten Verfahren s. *Paeffgen* Zur historischen Entwicklung des »Beschleunigungsdenkens« im Straf(prozeß)recht GA 2014, 275 ff.

1383 *Follert* Kriminalität und Strafrecht aus ökonomischer Sicht, ZStW 130 (2018), 420 ff.

Aus dem Blick gerät, dass Beschleunigung kein Selbstwert ist, sondern stets in dem Kontext zu bewerten ist, in dem es um die Erhöhung von Geschwindigkeit geht. Der Kontext Strafverfahren kann und darf durch eine Beschleunigung in seinen Grundpositionen nicht konterkariert werden. Strafprozess bleibt Bewertung möglicherweise sozialwidrigen Verhaltens in einer distanziert entschleunigten Sichtweise, mit der Methode des Diskurses und den formalisierten Elementen der Behinderung und Kontrolle von Machtausübung. Es gibt keinen Zwang zum schnellen Urteil, insbesondere wenn es im Gegensatz zum Prozessziel der Akzeptanz des Verfahrens durch den Beschuldigten steht.[1384]

1467   In erster Linie stellt der Beschleunigungsgrundsatz einen Anspruch des Betroffenen gegen die im Strafverfahren hoheitlich Handelnden dar. Artikel 6 Abs. 1 S. 1 MRK stellt fest: »*Jede Person hat ein Recht darauf, dass [...] innerhalb angemessener Frist verhandelt wird.*« Die menschenrechtliche Fundierung spiegelt die Erkenntnis wider, dass allein die Existenz eines Strafverfahrens eine Belastung für den Betroffenen darstellt. Die Legitimation des Verfahrens begründet nicht die unbeschränkte Ausdehnung dieser Belastung. Sie würde den Betroffenen vom Subjekt zum Objekt des Verfahrens degradieren.

1468   Verfassungsrechtliche Verankerungen, sei es der Subjektanspruch der Menschenwürde, das Freiheitsrecht und die Handlungsfreiheit, sei es das Prinzip der Verhältnismäßigkeit oder das Rechtsstaatsgebot, sind der Ausgangspunkt für das Prozessgrundrecht des Beschuldigten auf beschleunigte Durchführung des Strafverfahrens.[1385] Die Kehrseite ist die Pflicht des Staates zur angemessenen personellen und sachlichen Ausstattung der Justiz. Überlastungen des Gerichts verletzen den Beschleunigungsanspruch des Beschuldigten, auch wenn sich bei Ausschöpfung aller vorhandenen gerichtsorganisatorischen Mittel ein fristgemäßes Prozessieren nicht ermöglichen lässt. Betroffen ist allein der Verantwortungsbereich der staatlich verfassten Gemeinschaft.[1386]

Die überragende Bedeutung des Grundsatzes wird allerdings in der Praxis von der Justiz oft mit viel Fantasie in das Gegenteil einer schützenden Norm umgedeutet und liefert nicht selten den Vorwand für administrative Bequemlichkeiten.

»Der »Beschleunigungs«-Grundsatz hat, entgegen seiner scheinbar monolithischen Gestalt, ein schillerndes Innenleben. Der Anteil an seiner Propagierung, der weniger die Menschenrechte von tatsächlich Betroffenen als die Interessen von Hierarchie, Steuerung und kostengünstiger Disziplinierung im Blick hat, ist schwer zu schätzen; gering ist er jedenfalls nicht.«[1387]

2. Die Verzögerungsrüge (§§ 198 ff. GVG)

1469   Mehrfach hatte der EGMR in seinen Urteilen zu Beginn des Jahrtausends Deutschland dafür gerügt, dass kein effektives Rechtsmittel existierte, um den Beschleunigungsanspruch auch durchzusetzen.

1384 *Gerson* Beschleunigung des Verfahrens durch Verkürzung von Gerechtigkeit? GVRZ 2020, 9 ff.
1385 Beispielhaft aus der ausführlichen Literatur hierzu *Broß* Verfahrensdauer und Verfassungsrecht, StraFO 2009, 10 ff.; *Kudlich* Erfordert das Beschleunigungsgebot einer Umgestaltung des Strafverfahrens? – Gutachten zum 68. Deutschen Juristentag 2010; *Roxin* Die Rechtsfolgen schwerwiegender Rechtsstaatsverstöße in der Strafrechtspflege, 4. Aufl. 2004; *Roxin* Ambivalente Wirkungen des Beschleunigungsgebotes, StV 2010, 437 ff.; *Baumanns* Der Beschleunigungsgrundsatz im Strafverfahren 2011; *Waßmer* Rechtsstaatswidrige Verfahrensverzögerungen im Strafverfahren als Verfahrenshindernis von Verfassungswegen, ZStW 118 (2006), 159 ff.; *Gaede* Das Recht auf Verfahrensbeschleunigung gem. Art. 6 I.1 EMRK in Steuer- und Wirtschaftsstrafverfahren, wistra 2004, 166 ff.; *Laue* Das öffentliche Interesse an der Beschleunigung des Strafverfahrens, GA 2005, 648 ff.; *Trüg* Quo curris, Strafverfahren? – Zum Verhältnis der objektiven Dimension der Beschleunigungsmaxime zur Wahrheitsfindung, StV 2010, 528 ff.; *Paeffgen* Zur historischen Entwicklung des »Beschleunigungsdenkens« im Straf(prozeß)recht GA 2014, 275 ff.
1386 BVerfG StV 2015, 39 ff.; BVerfGE 36, 264 ff.
1387 *Fischer* Das beschleunigte Zweimaltreffen – Zur Aufdeckung von höchstrichterlichen Verfahrensmängeln, StraFo 2018, 133 ff., 139; s. auch *Bernsmann* »Nach Gutsherrenart«?, in Fischer-FS 2018, 613 ff, das als subjektives Recht des Beschuldigten ausgestattete Beschleunigungsgebot werde von der Justiz »gleichsam nach Bedarf eingesetzt.«.

Als Reaktion hierauf führte das »Gesetz über den Rechtsschutz bei überlangen Gerichtsverfahren und strafrechtlichen Ermittlungsverfahren« mit der Verzögerungsrüge (§ 198 Abs. 3 GVG) formal für alle Gerichtsverfahren – und über § 199 Abs. 1 GVG auch für das strafrechtliche Ermittlungsverfahren – eine neue Rügeoption ein. Darüber hinaus regelt das Gesetz Entschädigungen für den Fall, dass aufgrund unangemessener Dauer der Verhandlung ein Verfahrensbeteiligter einen Nachteil erleidet (§ 198 Abs. 1 GVG). Der konventionswidrige Gesetzeszustand in Deutschland ist damit nicht beendet. Dass der allein auf Wiedergutmachung ausgerichtete Rechtsbehelf letztlich nicht den Konventionsanforderungen des Art. 13 MRK entsprechen kann, hat der EGMR zwischenzeitlich deutlich gemacht.[1388]

Sowohl im Ermittlungsverfahren als auch im gerichtlichen Strafverfahren wird mit der Rüge dem Beschuldigten und seiner Verteidigung eine Möglichkeit an die Hand gegeben, mit der im laufenden Verfahren auf eine Beschleunigung hingewirkt werden soll. Bei der mit der Sache befassten Staatsanwaltschaft oder dem Gericht kann diese Rüge erhoben werden, wenn Anlass zur Besorgnis besteht, dass das Verfahren nicht in einer angemessenen Zeit abgeschlossen wird.   **1470**

Die Besorgnis ist damit auf einen Endpunkt des angemessenen Abschlusses bezogen, der weder statistisch noch individuell konkret erfassbar ist. Bei manchen Richtern oder Staatsanwälten wird angesichts früherer Erfahrungen der Verteidigung die Sorge bereits am Anfang der Bearbeitungszeit stehen. Entwickelt sich die Besorgnis aufgrund der Erkenntnis zögerlichen Agierens im Verfahren, wird die Rüge die verlorene Zeit für den Mandanten nicht retten.   **1471**

Gesetzlich gewollt ist die präventive Wirkung der Verzögerungsrüge. Dem bearbeitenden Richter oder Staatsanwalt soll die Möglichkeit einer beschleunigten Verfahrensförderung eröffnet werden. Die Rüge habe letztlich maßgeblich eine »Warnfunktion«.   **1472**

Eine Wiederholung der Rüge ist frühestens nach sechs Monaten möglich, Ausnahmen sind denkbar, insbesondere bei Zuständigkeitswechseln. Querulatorische Nutzungen der Rüge – wie sie im Vorfeld der Gesetzgebung die Richterschaft befürchtete – sollen so unterbunden werden.   **1473**

Dass mit der Verzögerungsrüge nicht mehr als eine unverbindliche Aufforderung seitens des Beschuldigten und seiner Verteidigung verbunden sein soll, macht die Begründung des Gesetzesentwurfs überdeutlich: Die Erhebung der Verzögerungsrüge soll angeblich **keine Pflicht zur förmlichen Entscheidung** auslösen. Die Begründung weigert sich, die Rüge als »Rechtsbehelf« zu qualifizieren. Der Antragsteller kann sich damit nur sicher sein, dass sein Antrag entgegengenommen und abgeheftet wird. Welche Reaktion von Gericht oder Staatsanwaltschaft hierauf erfolgt, soll er nicht erfahren. Kommunikation ist nicht vorgesehen.   **1474**

Ob die Einführung dieser symbolischen Nutzlosigkeit entsprechend den Vorstellungen der Bundesregierung Realität wird, bleibt abzuwarten. Der gesetzliche Wortlaut trägt die weitgehende Erwartung der Begründung nicht. Die Gesetz gewordene Rüge nimmt teil an den verfassungsrechtlichen Grundlagen des rechtlichen Gehörs. Dass darüber hinaus der Mahnung des Europäischen Gerichtshofs zur Realisierung der »wirksamen« Beschwerde des Art. 13 MRK durch eine solche Lösung Rechnung getragen wird, darf bezweifelt werden. Ein Bescheidungsanspruch des Rügenden ist die minimale Konsequenz der neuen Regelung.   **1475**

In Abs. 3 des § 198 GVG wird die Rüge mit folgender Einleitung erwähnt: »Entschädigung erhält ein Verfahrensbeteiligter nur, wenn er bei dem mit der Sache befassten Gericht die Dauer des Verfahrens gerügt hat (Verzögerungsrüge).« Die primäre Intention ist nicht eine effektive Beschleunigung eines laufenden Verfahrens, sie deutet vielmehr in Richtung der Beschränkung eines zum Abschluss des Verfahrens möglicherweise geltend zu machenden Entschädigungsanspruchs. Mit der Verzögerungsrüge wird ein rechtliches Hindernis aufgebaut, um auch bei menschenrechtswidrigen   **1476**

1388 EGMR Kuppinger./. Deutschland, EuGRZ 2015, 368, 378; zu den praktischen Erfahrungen mit der Verzögerungsrüge s. *Greger* Überlange Gerichtsverfahren: Handlungsoptionen und Anwaltspflichten, AnwBl 2015, 536 ff.

Verfahrensverzögerungen im Prüfungsstadium der Entschädigung einer monetären Wiedergutmachung zu entgehen. Die Rüge kommt im Gewande eines Rechtsbehelfs daher, formuliert aber nur neue »Obliegenheiten«.[1389]

1477 Dass hiermit maßgeblich Behinderungen des Angeklagten gemeint sind, dokumentiert die **Substanziierungspflicht** bei der Erhebung der Rüge. Kommt es für die Verfahrensförderung auf Umstände an, die noch nicht in das Verfahren eingeführt worden sind, muss die Rüge hierauf hinweisen. Andernfalls können diese Umstände weder vom Gericht des laufenden Verfahrens noch vom späteren Entschädigungsgericht berücksichtigt werden (§ 198 Abs. 3 S. 3, 4 GVG). Vom Rügenden wird damit nicht nur verlangt, dass er die Rüge im Hinblick auf die allen Beteiligten geläufigen Fakten begründet (die Gesetzesbegründung der Bundesregierung will hier ein niedriges Niveau ansiedeln). Vielmehr ist der Rügende zum Erhalt eines späteren Schadensersatzanspruchs verpflichtet, diesen Anspruch begründende Umstände bereits frühzeitig in der Rüge vorzutragen. Die drohende Insolvenz, der Verlust des Arbeitsplatzes oder der Wohnung werden als Beispiele genannt, die dem Gericht nicht ohne Weiteres geläufig sein können.

Die Funktion der Rüge ist damit deutlich: Rügt der Beschuldigte, hat er keinen Einfluss auf die Beschleunigung. Rügt der Beschuldigte nicht (oder unvollständig), entfällt sein Anspruch auf Schadensersatz.

1478 Ein Anspruch des Beschuldigten auf immateriellen Schadensersatz wird vom Gesetz generell ausgeschlossen, wenn Gericht oder Staatsanwaltschaft die unangemessene Dauer des Verfahrens »berücksichtigt« haben (§ 199 Abs. 3 GVG). Dies gilt vornehmlich für den Ersatz immateriellen Schadens durch das strafgerichtliche Urteil im Rahmen der sog. **Vollstreckungslösung**.

1479 Im Strafurteil kann nach der Rechtsprechung des BGH[1390] festgesetzt werden, dass aufgrund rechtsstaatswidriger Verzögerung ein bestimmter Teil einer verhängten Strafe als verbüßt gilt. Für die Bemessung der Höhe dieser anzurechnenden Strafe sind die Kriterien allerdings noch weicher als sie bei der allgemeinen Strafzumessung sind. Der Verzögerungszeitraum, die Gesamtdauer des Verfahrens, Umfang und Schwierigkeit des Verfahrensgegenstandes sowie die Art und Weise der besonderen Belastung des Beschuldigten sollen Anhaltspunkte abgeben. Vehement wehrt sich die Rechtsprechung gegen »Mathematisierungen« dieser Kompensation,[1391] will sich vielmehr einen an Willkür grenzenden Spielraum einschließlich der Option offenlassen, eine Anrechnung vollständig abzulehnen. Die Überprüfung tatrichterlichen Tuns in der Revision wird dadurch eigeschränkt, dass man dem Revisionsführer die Last einer formellen Rüge auferlegt.[1392]

Eine nähere rechtliche Einordnung der »Vollstreckungslösung« hat weder der BGH noch die Literatur vorgenommen. Völlig unklar ist, auf welcher rechtlichen Ebene des Staatshaftungsrechts sich die Rechtsprechung bewegt. Ob Kompensation eine Art Naturalrestitution darstellt, ob sie strafrechtlicher oder öffentlich-rechtlicher Natur ist, ob nicht ausnahmsweise – z.B. bei Bewährungsstrafen – dieser Ersatz auch in Geld geleistet werden muss, sind offene Fragen, die zwangsläufig eine saubere Abgrenzung von anderen Anspruchsgrundlagen z.B. des zu lang Inhaftierten unmöglich machen.

1480 Die gesetzliche Konstruktion des § 199 GVG hebelt allerdings u.U. aktuelle Selbstverständlichkeiten aus. Wenn ein Entschädigungsanspruch ausgeschlossen sein soll, falls die Rüge überhaupt nicht erhoben wird, gilt dies möglicherweise auch für die ausreichende gerichtliche »Wiedergutmachung auf andere Weise« (§§ 198 Abs. 2, 199 Abs. 3 GVG). Konsequenter Weise erstreckt sich dies auch auf die Kompensation durch die Vollstreckungslösung. Auch wenn die Gesetzesmaterialien keine Anhaltspunkte für diesen rechtsstaatlichen Rückschritt enthalten und die Literatur auf eine – nicht geregelte – Koexistenz hofft,[1393] muss sich die Verteidigung insoweit auf eine Rügenotwendigkeit ein-

---

1389 So die Begründung des Regierungsentwurfs BT-Drucks. 17/3802, S. 21.
1390 BGHSt 52, 124 (GS) = NJW 2008, 860 ff.
1391 S. hierzu die zitierten BGH-Entscheidungen bei *Cierniak/Zimmermann* NStZ-RR 2012, 237 f.
1392 BGH NStZ-RR 2014, 21.
1393 *Gercke/Heinisch* Auswirkungen der Verzögerungsrüge auf das Strafverfahren, NStZ 2012, 300, 304.

stellen;[1394] das gilt erst recht, nachdem einzelne Senate Sympathie für die Idee äußerten, Kompensationen durch die Vollstreckungslösung von der Erhebung der Rüge durch die Verteidigung abhängig zu machen.[1395]

3. Handlungsoptionen in der Hauptverhandlung

Erscheinen die Belastungen der Existenz des Verfahrens dem Mandanten tolerabel, mag er sich mit der Verteidigungsstrategie anfreunden, wonach der Zeitablauf für ihn günstigere Folgen zeitigt, da das Bedürfnis der Sanktion einer weit zurückliegenden Tat bei Gerichten regelmäßig reduziert ist. Vergehen beispielsweise zwischen Anklageerhebung und Durchführung der Hauptverhandlung viele Monate oder gar Jahre, läuft der Mandant nach der neuen Gesetzeslage Gefahr, einen möglichen Schadensersatzanspruch zu verlieren. Wo die Grenzen einer anspruchsvernichtenden Passivität zu ziehen sind, dürfte noch auszuloten sein. **1481**

Die um Schadensersatz oder Kompensation bemühte Verteidigung muss die Rüge erheben. Zum **Zeitpunkt der Rüge** enthält das Gesetz lediglich Anhaltspunkte zu der frühestmöglichen Gelegenheit: Erst wenn Anlass zur Besorgnis besteht, darf gerügt werden. »Vorsorgliche« Rügen sollen damit ausgeschlossen werden. **1482**

Ob und wann eine Rüge verspätet sein könnte, formuliert das Gesetz nicht. Die Gesetzesbegründung geht jedenfalls von der Möglichkeit der Verspätung einer Rüge aus, ohne dies näher auszuführen.[1396] Angesichts der beabsichtigten Warnfunktion und des präventiven Charakters der Rüge könnte sich ein Zeitpunkt daran orientieren, ob und wann Verzögerungen bekannt werden oder ihre Ursachen – und damit weitere Verzögerungseffekte – noch im laufenden Verfahren behoben werden können. **1483**

Ein solcher Ausgangspunkt verkennt jedoch den Informationsstand der Verteidigung. Wenn über Monate beispielsweise nach Anklageerhebung seitens des Gerichts – aus Sicht der Verteidigung – nichts passiert, so können hinter den gerichtlichen Kulissen durchaus effiziente Förderungsmaßnahmen seitens der Richter ins Werk gesetzt worden sein. Der schlichte Zeitablauf muss jedenfalls nicht zwingend die vom Gesetz vorausgesetzte »Besorgnis« bei der Verteidigung auslösen. **1484**

Erfährt demgegenüber die Verteidigung beispielsweise mit der Terminierung ein Jahr nach Anklageerhebung erstmalig, dass eine Akte unberührt Monate lang auf dem richterlichen Schreibtisch gelegen hatte, ist es für eine Behebung dieses Missstandes zu spät. Wenn Ursachen nicht mehr beseitigt und verlorene Zeit nicht wieder gewonnen werden kann, ist ein Zeitpunkt für die – nachträgliche – Rüge offensichtlich nicht vorgegeben. Konsequent dürfte es im Regelfall daher ausreichen, wenn die Verteidigung – und sei es zum Erhalt der Kompensation durch die Vollstreckungslösung – die Rüge im Plädoyer erhebt. **1485**

Eine effektive Mitwirkung der Verteidigung an der Beschleunigung der Hauptverhandlung ist gesetzlich nicht gewollt. Trotz drohender Menschenrechtsverletzung will der Gesetzgeber das Bild einer autoritären richterlichen Führung der Verhandlung konservieren. »Richter brauchen keine Belehrung zur Verfahrensgestaltung«,[1397] auch wenn der Verteidigereinwand die Verletzung eines prozessualen Grundrechts vermeiden könnte. Das Primat der Unabhängigkeit der Gerichtsentscheidung wird entsprechend den Vorgaben richterlicher Stellungnahmen im Gesetzgebungsverfahren endgültig auf die weitgehend unbehelligte Verfahrensgestaltung ausgedehnt. **1486**

Konsequent wird die unverbindliche richterliche Belästigung durch die Rüge daher auf eine Einmaligkeit innerhalb einer Sechsmonatsfrist reduziert. Nach der Rüge am zweiten Hauptverhandlungstag dürfte ein Gericht anschließend ungerügt bummeln. Der Gesetzgeber hat bei seinen Bemü- **1487**

1394 *Sommer* Die Verzögerungsrüge, StV 2012, 110.
1395 BGH StRR 2015 63.
1396 BT-Drucks. 17/3802 S. 20.
1397 BT-Drucks. 17/3802 S. 21.

hungen allerdings außer Acht gelassen, dass zumindest in laufender Hauptverhandlung bereits Mechanismen existieren, um der Beschleunigung im Interesse des Mandanten Nachdruck zu verleihen. Verfahrensverschleppende Umstände werden sich regelmäßig als Maßnahmen im Sinne des § 238 Abs. 1 darstellen. § 238 Abs. 2 gibt hier dem Verteidiger die sofortige Möglichkeit, die Maßnahme des Vorsitzenden anzugreifen und ggf. Alternativvorstellungen zu beschleunigten Verfahrensweisen vorzulegen. Die neuen Regelungen des § 198 GVG schränken diese Möglichkeit nicht ein. Bescheidungs- und Begründungspflicht des Gerichts lassen diese Antragsform als vorzugswürdig erscheinen.

1488   Erkennt die Verteidigung keine ernsthafte Förderung des Verfahrensgangs und ist eine Beschleunigung im konkreten Interesse des Mandanten, hat sie zur Beeinflussung der Verfahrensleitung durch den Vorsitzenden insbes. gem. § 238 Abs. 2 einzugreifen. In Haftfragen ist daneben jederzeit die Haftbeschwerde denkbar, da gem. Art. 5 Abs. 3 EMRK jeder Angeklagte einen »Anspruch auf ein Urteil innerhalb angemessener Frist oder auf Entlassung während des Verfahrens« hat.

1489   Bei der Durchführung der Hauptverhandlung hat der Vorsitzende alle ihm zur Verfügung stehenden justiziellen Ressourcen zu nutzen. Die Behäbigkeit des richterlichen Managements steht der Erfüllung dieses Anspruchs häufig im Wege. Neben der inakzeptablen Trägheit und der Management-Inkompetenz steckt hinter der Verhandlungsführung u.U. auch eine simple gerichtliche Verschleppungsstrategie mit dem Ziel, Kooperationswilligkeit auf der Anklagebank zu erhöhen.

1490   Das Beschleunigungsgebot – insbesondere in Haftsachen – erfordert stets eine vorausschauende, auch größere Zeiträume umgreifende Hauptverhandlungsplanung.[1398] Dazu gehört nicht nur ein geplantes »Beweisprogramm« mit konkreter Zeugenladung, sondern auch Alternativplanungen für den nicht unwahrscheinlichen Fall, dass ein Zeuge nicht erscheint oder seine Vernehmung erheblich kürzer als prognostiziert ist. Verstöße gegen den Beschleunigungsgrundsatz in der Planungsphase können schon zu diesem Zeitpunkt beanstandet werden, da bereits die für die Zukunft deutlich absehbare Verletzung des Beschleunigungsgrundsatzes Anlass für ein Einschreiten bietet.[1399]

1491   Verhandeln kann als inhaltsleere Fassade entlarvt werden. So ist die zeitaufwendige Einholung eines Gutachtens ebenso wie die tagelange Anhörung von Zeugen zum Randgeschehen auf ihren potenziellen substanziellen Erkenntnisgewinn hin abzuklopfen.[1400] Ist »Aufklärung« nur richterliche Beschäftigungstherapie, muss Verteidigung den Zeitverlust deutlich artikulieren.

1492   Anlass zur Beanstandung kann auch die Anordnung des Vorsitzenden zur **Unterbrechung** der Hauptverhandlung sein (§ 229). Die Regelung erlaubt rein rechnerisch die Erstreckung einer Hauptverhandlung mit langen Pausen über einen ausgedehnten Zeitraum. Die Unterbrechungen können (mit Ausnahme der Urteilsverkündung) jeweils bis zu drei Wochen dauern. Am Werktag nach Ablauf der Frist ist weiterzuverhandeln; endet z.B. der Hauptverhandlungstag mit der Unterbrechungsanordnung an einem Dienstag, ist drei Wochen später am Mittwoch weiterzuverhandeln, ansonsten gilt das Verfahren als ausgesetzt und muss von neuem beginnen (§ 229 Abs. 4). Ausnahmsweise beträgt die Unterbrechung nach jeweils 10 Verhandlungstagen auch einen Monat,[1401] hier ist allerdings ein Gerichtsbeschluss erforderlich.

Eine darüber hinausgehende »Pause« ergibt sich durch zusätzliche **Hemmungen** dieser Unterbrechungsfristen von maximal 2 Monaten bei Krankheiten des Angeklagten oder der Richter oder deren Schwangerschaften (oder Elternzeiten); hier hat ebenfalls jeweils das gesamte Gericht – nicht der

---

1398 BVerfG StV 2006, 81 = NStZ 2006, 295 = NJW 2006, 677.

1399 BVerfG, Beschl. v. 19.09.2007 – 2 BvR 1850/07; OLG Stuttgart StV 2011, 749.

1400 S. zu dieser Formulierung z.B. BGH NJW 2001, 1146, 1149.

1401 BGH StV 2014, 2: Bei einer weiteren 30tägigen Unterbrechung muss zuvor abermals 10 Tage verhandelt worden sein.

Vorsitzende allein – zu entscheiden (§ 228), allerdings ohne die Möglichkeite der sofortigen Anfechtung durch die Verteidigung.[1402]

In der Coronakrise 2020 wurden durch den Gesetzgeber im Eilverfahren weitere Tatbestände geschaffen, die zusätzliche Hemmungen während der weltweit ergriffenen Schutzmaßnahmen gegen das Virus auslösen sollten. Justiz und Legislative dokumentierten, dass man gerade in dieser Hemmung ein probates Mittel der allmählichen Loslösung von engen Verhandlungsfristen sieht. Während der historische Gesetzgeber schon eine Unterbrechung von mehr als vier Tagen für ausgeschlossen hielt, weil nur über die Kürze der formalen Unterbrechungsfristen gewährleistet wurde, dass im Zeitpunkt der Urteilsfällung allen Richtern der Gang der gesamten Beweisaufnahme noch präsent war, beruht die gesetzgeberische Bereitschaft der Unterbrechung eines Strafverfahrens für mehrere Monate auf der ohnehin in den letzten Jahrzehnten gemachten Erfahrung, dass angesichts der zunehmenden sogenannten Umfangsverfahren Teile der Beweisaufnahme einerseits und Urteilsfindung andererseits jahrelang auseinanderliegen können. Der Abschied von der Unmittelbarkeit und die Anpassung an internationale Entwicklungen wie nationale Erfahrungen in anderen Gerichtszweigen liegen im Trend.

Die spontane Erweiterung der Hemmungsmöglichkeit in einer besonderen Situation hat allerdings für viele Beteiligten die Fragwürdigkeit der bereits existierenden gesetzlichen Konstruktion deutlich gemacht. Die Unanfechtbarkeit der gerichtlichen Feststellung von Beginn und Ende der Hemmung sowie deren angeblich lediglich deklaratorischer Charakter sind weit von Willkürkontrolle entfernt. Verteidigung hat hier umso mehr die Aufgabe, Fragwürdigkeiten zeitnah zu dokumentieren – und sei es zum Erhalt einer Rüge in der Revisionsinstanz. Die Hemmung auslösende Krankheit oder Sicherungsmaßnahmen während einer Pandemie werden nicht vom Gericht quasi wie ein Goldstück vorgefunden und im Beschlusswege publiziert. Vielmehr ist eine solche Feststellung sowohl von Art und Umfang der Sachverhaltsermittlung einerseits als auch von dem gerichtlich bewertenden Vorgang andererseits abhängig. Es gilt, Sachverhaltsermittlung und Bewertung überprüfbar zu gestalten. Verteidigung hat dies im laufenden Verfahren zu dokumentieren und hinterfragen.

Selbst die Unterbrechungsfristen als absolute Grenze der unzulässigen Verschleppung können verletzt sein, wenn an einem Folgetag nicht erkennbar zur Sache verhandelt wird. »Schiebetermine«, die ohne sachliche Förderung lediglich die festen Verhandlungsfristen erweitern sollen, sind prinzipiell unzulässig; trotz Verfahrensdauer von nur wenigen Minuten ist die Abgrenzung zwischen inhaltsleerem Kurztermin und prägnanter Verfahrensförderung allerdings nach wie vor unklar. **1493**

Keinerlei Sachverhandlung entdeckte der BGH bei der Beschränkung der Verhandlung auf den Beschluss über die Vertagung und Fortsetzung der Verhandlung, auf die Bestellung eines Pflichtverteidigers in Kombination mit der Verlesung eines bereits verlesenen BZR-Auszugs[1403] oder die schlichte Erklärung der Richter, im Rahmen des Selbstleseverfahrens von den Urkunden Kenntnis genommen zu haben.[1404] Der Aufruf zur Sache signalisiert noch keine Verhandlung, wenn anschließend vom Vorsitzenden lediglich zu Gesprächen hinter verschlossenen Türen aufgefordert wird. Die Frist verletzend war auch ein ausdrücklich als Schiebetermin bezeichneter achtminütiger Kurztermin, in dem lediglich unter Absage der geplanten Plädoyers ein Durchsuchungs- und Sicherstellungsprotokoll verlesen wurde.[1405] Verschleppende Umgehung wird nicht nur bei erkennbar überflüssiger Wiederholung bereits getroffener Maßnahmen vorliegen, sondern auch bei willkürlicher Zerstückelung eines einheitlichen Verfahrensvorgangs, wie z.B. bei Verlesen eines BZR-Auszuges über mehrere Verhandlungstage.[1406] Mehrere kurze Termine können dann als Schiebetermine entlarvt werden, wenn sie erkennbar nur dem Zeitgewinn zur Erstellung eines Gutachtens dienen sollen.[1407] **1494**

Kaum nachvollziehbar soll andererseits eine sachgerechte Förderung trotz kurzer Verhandlungsdauer vorliegen, wenn lediglich Beweisanträge entgegengenommen werden[1408] oder bei Ausbleiben eines Zeugen nur

---

1402 Zu Fragen der Nachholung, Protokollierung und Revisibilität dieses Beschlusses s. *Bock* Die Entscheidung des Gerichts über eine Unterbrechung der Hauptverhandlung, Beulke-FS 2015, S. 633 ff.
1403 BGH NStZ 1999, 521.
1404 BGH NStZ 2008, 115; a.A. BGH BeckRS 2013, 00510.
1405 BGH NStZ 2011, 532.
1406 BGH NJW 1996, 3019; StV 1998, 359.
1407 BGH NStZ 2012, 343 f.
1408 BGH NStZ 200, 606.

eine Mitteilung über Art und Weise der neuen Ladung erfolgt.[1409] Selbst kurze prozessuale Diskussionen bei Nichterscheinen des Angeklagten an einem Hauptverhandlungstag wurden schon als »Förderung« bewertet.[1410] Entscheidend dürfte bei durchgeführter Beweisaufnahme oft eine Bewertung des Ertrages des Prozessaktes im Einzelfall sein. Ob im Hinblick hierauf eine Verlesung des BZR-Registers,[1411] eines rechtskräftigen Urteils[1412] oder eines ärztlichen Attests über die Erkrankung einer Zeugin[1413] ausreichend ist, erscheint zumindest höchst fraglich.

Auch jenseits der zeitlichen Minimalanforderungen des Gesetzes kann das Zeitmanagement des Vorsitzenden massiv mit dem Beschleunigungsgrundsatz kollidieren.

1495   Die Vorgaben des Bundesverfassungsgerichts sind streng. Allein die Schwere der Tat kann Verzögerungen nicht rechtfertigen.[1414] In Haftsachen ist der Beschleunigungsgrundsatz regelmäßig bei nur einem durchschnittlichen Hauptverhandlungstag pro Woche verletzt.[1415] Bei längeren Verfahren oder vom Angeklagten nicht zu verantwortenden Verzögerungen[1416] verdichtet sich die Verhandlungspflicht. Richterliche Urlaubsplanungen können und müssen koordiniert werden, sodass sie als permanente Rechtfertigung längerer Verhandlungspausen entfallen. Der einzelne Verhandlungstag ist in seiner Potenz auszuschöpfen; beginnt die Terminsstunde um 10 Uhr, wird ein Ende für 16 Uhr angekündigt, so kann eine um 12 Uhr angeordnete Mittagspause von zwei Stunden in ihrer überzogenen Länge durch die Verteidigung beanstandet werden. Pausen sind allenfalls dann keine Verzögerungen mehr, wenn sie durch interne Gerichtsberatungen genutzt werden und damit das Verfahren fördern.[1417]

1496   Die Kritik an dieser Vorgehensweise erst in der Revision ist zu spät. Dort wird die Bedeutung der Sache für den Angeklagten, die konkrete Komplexität des Falles, das Verteidigungsverhalten des Beschuldigten selbst und die konkreten Beschleunigungsbemühungen der Strafverfolgungsbehörden in einen Abwägungsprozess eingestellt, um nachträglich eine Verletzung des Beschleunigungsgrundsatzes festzustellen. Die zeitnahe Auflistung von Versäumnissen und beschleunigenden Alternativoptionen durch die Verteidigung in der Hauptverhandlung hebt nicht nur die Chancen einer erfolgreichen Revision. Die dem Gericht nunmehr vor Augen stehenden Folgen werden dort Überlegungen zur zeitlichen Gestaltung auslösen.

XVI. Plädoyer

1497   »Die Meinung der Richter ist nach Abschluss der Beweisaufnahme schon weitgehend gebildet oder vorbereitet (...). Es dürfte der allgemeinen Auffassung der meisten Richter entsprechen, dass ihr Urteil wesentlich durch die Beweisaufnahme bestimmt und im Allgemeinen nur wenig durch das Plädoyer beeinflusst ist. Es ist dies eine resignierende, aber leider zutreffende Feststellung.«[1418]

1498   Zur Realisierung von Verteidigungszielen ist der Schlussvortrag zumeist die denkbar uneffektivste Handlungsoption des Verteidigers. Wer ein Verteidigerbild an den rhetorisch glanzvollen Eindrücken aus amerikanischen Gerichtsfilmen orientiert, in denen der Anwalt eloquent und eindringlich alle Mosaiksteinchen der Beweisaufnahme zu einem Bild des Geschehens zusammenfügt, das die

---

1409 BGH NStZ 2011, 229.
1410 BGH StraFo 2014, 116.
1411 BGH StV 2007, 341.
1412 BGH StV 2000, 402.
1413 BGH StRR 2011, 343.
1414 BVerfG StV 2008, 198 f.; NJW 2006, 1336; EuGRZ 2009, 414, 416 BVerfG, StraFo 2010, 461; anders z.T. die Fachgerichtsrechtsprechung, die in Haftsachen die erwartete lange Haftstrafe offensichtlich als Grund zur Rechtfertigung der Lässlichkeit ansieht, s. z.B. OLG Nürnberg StraFo 2011, 150.
1415 BVerfG, Beschl. v. 24.08.2010 – 2 BvR 1113/10, EuGRZ 2010, 674, 677; BVerfG StraFo 2013, 160: Verstoß gegen das Beschleunigungsgebot in Haftsachen bei 1,17 Sitzungen pro Woche.
1416 BVerfG StV 2019, 563 für den Fall der zwischenzeitlichen Erkrankung des Vorsitzenden.
1417 BGH NStZ-RR 2013, 86.
1418 So schon *Dahs* AnwBl. 1959, 1 (13).

Unschuld des Mandanten für das Gericht plastisch werden lässt, bewegt sich auf irrealem Terrain.[1419] Der deutsche Strafverteidiger sieht sich nicht einer schwankenden Laienjury gegenüber. Er hat es mit professionellen Richtern und – zumeist gerichtserfahrenen – Schöffen zu tun. Deren Rezeption während des Verlaufs der Hauptverhandlung hat bereits zu den entscheidenden Weichenstellungen der Überzeugungsbildung geführt. Erhofft sich der Verteidiger hierauf eine **Einflussnahme**, muss er bei jedem Schritt der Beweisaufnahme agieren. Im Plädoyer kommt er zu spät.

Die Rechtsprechung hat z.T. die Bedeutungslosigkeit des Plädoyers auch rechtlich zementiert, wenn sie die Unaufmerksamkeit des Richters während der Ausführungen des Verteidigers für nicht beanstandenswert hält.

> Der Verteidiger hat angeblich die schriftliche Fixierung des Urteilstenors durch den Richter hinzunehmen und zwar sogar, wenn der Richter sich eines vorgefertigten Schriftstücks bedient, weil »Urteilsformeln nicht selten vor der endgültigen Entscheidung zu Papier gebracht werden, zuweilen schon vor der Verhandlung. Solche Urteilsformeln sind in Wahrheit keine Urteile, sondern nur Entwürfe hierzu, die unter dem Vorbehalt gefertigt werden, dass die Verhandlung oder weitere Verhandlungen keine Gesichtspunkte ergeben, die zu einer abweichenden Entscheidung zwingen.« Es war das Oberlandesgericht Köln, das seinen Respekt vor dem Schlussvortrag aufgegeben und sich den allgemeinen Gepflogenheiten angepasst hat.[1420] Auch der BGH hat schon früh festgestellt, dass »ein Amtsrichter, der die Urteilsformel während der Schlussvorträge der Beteiligten niederschreibt, hierdurch das Gesetz nicht verletzt.«[1421] Die richterliche Unaufmerksamkeit hat sich also etabliert und ist Teil und Inbegriff der Hauptverhandlung geworden. Im richtigen Leben dagegen gehört (zumindest äußerliches) Interesse zum guten Ton, Nichtbeachtung gilt als ungehörig und auch als unprofessionell.[1422]

1499

Dass auf diesem Hintergrund die Resignation des Verteidigers in eine Weigerung zum Plädoyer münden kann, ist – zumindest in Ausnahmefällen – denkbar. Dann gilt es, durch diesen Verzicht ein Zeichen zu setzen. Weil es keine Verpflichtung zum Schlussvortrag gibt, kommt also durchaus in Betracht, das Plädoyer demonstrativ zu verweigern.[1423] Die Weigerung zu plädieren muss aber immer als ultima ratio angesehen werden, schon um der Sache willen und um das Plädoyer als Verteidigungsinstitut nicht völlig zu entwerten. Kann dieses Signal nicht als Missachtung des Gerichts, Hilflosigkeit oder gar Bequemlichkeit ausgelegt werden, ist ein solcher Akt immer Demonstration, nie Resignation. Der sich ausdrücklich weigernde Anwalt muss allerdings u.U. vom Gericht als nicht anwesend behandelt werden,[1424] was zu den bekannten Konsequenzen im Fall notwendiger Verteidigung führt.

1500

Wenn trotz dieser skeptischen Sichtweise auch der Schlussvortrag nicht nur gehalten, sondern auch mit der gebotenen Aufmerksamkeit durch die Verteidigung vorbereitet und ausgeführt werden soll, hat dies mehrere Gründe:

– Der **Mandant** selbst hat einen Anspruch auf die durch seinen Verteidiger vorgenommene professionelle Analyse und Zusammenfassung des Beweisergebnisses, wie es sich für die Verteidigung vorteilhaft darstellt. Ihm und ggf. auch der **Öffentlichkeit** ist nochmals deutlich vor Augen zu führen, welche Pluspunkte die Hauptverhandlung verglichen mit der Vorwurfshypothese der Anklage erbracht hat. Der Verteidiger muss seine Prozessaufgabe des einseitigen Beistandes abschließend nochmals in seiner Gesamtwürdigung des Verfahrens verdeutlichen.

1501

1419 Zu den klassischen Beispielen aus der Antike und berühmten Plädoyers aus dem amerikanischen und deutschen Gerichtswesen s. *Leitner* Ein Plädoyer für das Plädoyer, FS der AG Strafrecht 2009; historisch: *Alsberg* Das Plaidoyer 1934, in: Taschke (Hrsg.), Max Alsberg – Ausgewählte Schriften 1992, S. 358 ff.

1420 OLG Köln NStZ 2005, 710.

1421 BGHSt 11, 74.

1422 So *Leitner* FS AG Strafrecht 2009.

1423 MAH-Strafverteidigung/*König* § 8 Rn. 9 m.w.N.

1424 BGH NStZ 1992, 340.

–   Hat demgegenüber die Hauptverhandlung bereits überdeutlich gemacht, dass das Gericht bereit und fähig ist, diese Aspekte aus seiner Entscheidung auszublenden, besteht häufig zu Recht das Bedürfnis der Verteidigung, im Schlussvortrag allein die Fairnessdefizite des Verfahrens aufzulisten.

–   Beim Verteidiger kann sich häufig der Eindruck verdichten, dass die Erwartenshaltung des Gerichts im Hinblick auf das Plädoyers allein dadurch geprägt ist, letzte Hinweise darauf zu erhalten, wie angesichts vom Verteidiger aufgezeigter Schwachpunkte eine revisionssichere Verurteilung zu formulieren ist. Geht die taktisch berechtigte Reduktion des Plädoyers nicht konform mit der Erwartenshaltung des Mandanten, so muss der Verteidiger im Vorgespräch mit diesem ein Einverständnis herstellen.

1502 Lässt der Verfahrensverlauf die Möglichkeit erkennen, dass die richterliche Überzeugung noch nicht einen Endpunkt erreicht hat, stellt sich mit dem Plädoyer eine ebenso klassische wie faszinierende Herausforderung für den Verteidiger. Seine rhetorischen Fähigkeiten sind wie in keinem anderen Verfahrensabschnitt gefordert. Die Macht des Wortes, der einzigen Waffe der Verteidigung gegen die Macht des Staates, ist fokussierend einzusetzen, um das Verteidigungsziel abschließend zu realisieren. Die Überzeugungsarbeit der Verteidigung erreicht hier ihren Höhepunkt.

1503 Gerade wenn der Verteidiger meint, noch Einflussnahme nehmen zu können, sollte er sein **rhetorisches Konzept**[1425] hierauf abstellen. Tipps und Schemata zur Vorgehensweise beim Plädoyer sind häufig kontraproduktiv, weil die unerwarteten, überraschenden Momente die entscheidende Aufmerksamkeit der Richterbank erzeugen. Die besten Plädoyers sind solitäre Kunstwerke, die sich der Schematisierung entziehen.

1504 In der Vorbereitung hat der Verteidiger herauszufiltern, was unstreitig oder unerheblich ist. Die Qualität eines Plädoyers zeichnet sich insbesondere durch die **thematische Selektion** aus. Im Gegensatz zum Staatsanwalt (Nr. 138 RiStBV!) ist der Verteidiger nicht zur Vollständigkeit der Verfahrensbewertung verpflichtet. Nichts spricht daher dagegen, wenn der Verteidiger auch nach einer komplexen Hauptverhandlung sich auf ein einziges Thema konzentriert, wie beispielsweise die eingeschränkte Schuldfähigkeit seines Mandanten oder die eklatante Lüge einer einzigen entscheidenden Belastungszeugin.

1505 Das Gesetz schreibt die **Reihenfolge der Plädoyers** vor: Zunächst äußert sich der Staatsanwalt, dann der Verteidiger. Für die Verteidigung hat dies Vor- und Nachteile. Den Ankereffekt einer erstmalig zahlenmäßig fixierten Höhe eines Strafmaßes kann er in der Regel nicht neutralisieren;[1426] hier muss er schon vor dem Plädoyer des Staatsanwalts in einer anderen Erklärung eigene Anker setzen. Im Gegensatz zum unstrukturierten Verlauf einer Beweisaufnahme gibt der Zwang der rechtlich systematisierenden Darstellung durch die Staatsanwaltschaft der Verteidigung Gelegenheit, Kernpunkte zu erkennen – und pointiert zu widerlegen. Häufig verraten dünne Argumentationsversuche oder wilde verbale Attacken die Schwachpunkte der Anklage; die Auseinandersetzung der Verteidigung mit diesem isolierten Teil der artikulierten Unzulänglichkeit kann auch zweifelnde Richter noch erreichen.

1506 Hinsichtlich des gewählten **rhetorischen Stils** tut der Verteidiger gut daran, sich zuvor über Wortwahl, Anreden, Lautstärken und Gestik im Klaren zu sein.[1427] Der rhetorische Gesamteindruck muss von dem Ziel getragen sein, der Verteidigung und insbesondere dem Mandanten diejenige würdevolle Stellung im Prozess zu verschaffen, die jeder Beteiligte für sich selbst erwartet. Auch wenn der Vortrag immer die

---

1425   Rhetorische Tipps und Anleitungen finden sich z.B. bei: *Hammerstein* NStZ 1997, 12, 14; *Brüssow/Gatzweiler/Krekeler/Mehle* Strafverteidigung in der Praxis, 4. Aufl. 2007, § 9 Rn. 412; *Salditt* StV 1993, 442; *Reuß* Das Plädoyer des Anwalts, JR 1965, 162 f.; *Dahs* Handbuch des Strafverteidigers, 8. Aufl. 2015, Rn. 714 ff.; MAH-Strafverteidigung/*König* § 8; *Kudlich/Oberhof* Das Abschlussplädoyer des Strafverteidigers, JA 2006, 463; *Barton* Einführung in die Strafverteidigung, § 15.

1426   Z.T. wird daher eine gesetzliche Änderung gefordert, die den Verteidiger zuerst plädieren lasssen soll: *Traut/Nickolaus* Der Ankereffekt: Schattendasein im Strafprozess, Plädoyer für eine Reform des § 258 StPO, StraFo 2015, 485 ff.

1427   Hierzu ausführl. MAH-Strafverteidigung/*König* § 8; *Kudlich/Oberhof* Das Abschlussplädoyer des Strafverteidigers, JA 2006, 463.

Individualität des Verteidigers widerspiegelt, vermag er sich ihrer effektiver zu bedienen, falls er sie zuvor ausreichend reflektiert hat und dem Vortrag den Makel der Beiläufigkeit oder Geschäftsmäßigkeit nehmen kann. Wer schulmäßig einzelne Taten, diese darüber hinaus noch nach Tatbeständen, Rechtswidrigkeit und Schuld abhandelt, verrät seine juristische Ausbildung ebenso sehr wie seine Unkenntnis in psychologischen Grundstrukturen.

In einem rhetorischen Dilemma ist die Freispruchverteidigung, die sich einer höchst unzulänglichen Begründung der Staatsanwaltschaft zur Strafmaßhöhe gegenübersieht. Die Wucht und Überzeugungskraft der Freispruchbegründung muss leiden, wenn sich die Verteidigung – auch »hilfsweise« – mit rechtlichen Fragen auseinandersetzt, die sich erst bei einer Verurteilung stellen. Wenn die Möglichkeit der Verurteilung bereits den Gedankengang der Verteidigung bestimmt, ist der Weg ins richterliche Hirn verkürzt. Das Bedürfnis zur Korrektur falscher staatsanwaltschaftlicher Überlegungen sollte daher in der Regel zurückgestellt werden, gegebenenfalls Revisionschancen bei Kontinuität im Urteil erwogen werden. Erscheint ein Eingehen auf die Äußerungen des staatsanwaltschaftlichen Plädoyers unabdingbar, bedarf es individueller Überlegungen zur Camouflage. So kann die fragliche Argumentation exemplarisch abgehandelt werden unter der einleitenden Überschrift der allgemeinen Kritikwürdigkeit staatsanwaltschaftlichen Vorgehens. In einem einleitenden Hilfsbeweisantrag könnte in der Begründung argumentativ entgegnet werden. Jedenfalls sollte abseits des Zentrums der Freispruchsbegründung die Beiläufigkeit der eigenen Hinweise zu Strafmaßüberlegungen deutlich werden.

Unabhängig davon, für welche Gewichtung und welchen Stil sich der Verteidiger im Schlussvortrag entscheidet, sollte er sich innerhalb der – weiten – **rechtlichen Grenzen** des Plädoyers bewegen. Gegenstand des Vortrags ist die Würdigung der Hauptverhandlung. Rechtlich unzulässig, möglicherweise ungehörig und in der Sache unkundig verhält sich ein Verteidiger, der Sachverhalte in seine Bewertung einbezieht, die nicht Gegenstand der Hauptverhandlung waren. Soweit nicht Allgemeinwissen der Bezugspunkt ist, müssen privates Wissen und nicht eingeführte Akteninhalte als Argumentationstopoi außen vor bleiben. | 1507

Der Verteidiger darf sich sicher sein, durch den Vorsitzenden in seinem Redefluss **nicht unterbrochen** zu werden.[1428] Ausnahmen sind von der Rechtsprechung nur in Extremfällen akzeptiert worden, wenn der Verteidiger sein Recht zum Schlussvortrag missbraucht, er etwa Verfahrensbeteiligte beleidigend angreift[1429] oder einen nicht mehr akzeptablen zeitlichen Rahmen in Anspruch nimmt. Der Umfang von Redezeiten oder die Bewertung des Abschweifens sind stets diskutabel. Rügt der Vorsitzende den Verteidiger und entzieht ihm sogar das Wort, kann dieser hiergegen einen Gerichtsbeschluss gemäß § 238 Abs. 2 erwirken. | 1508

Die Idee des abschließenden rechtlichen Gehörs durch den Schlussvortrag gebietet es, dem Verteidiger das Wort nochmals zu erteilen, wenn nach seinem Plädoyer zusätzliche Verfahrensereignisse stattfanden. Diese können in der **Replik** des Staatsanwalts oder des Nebenklägers bestehen sowie in einem vom Gericht für notwendig erachteten Wiedereintritt in die Hauptverhandlung. Wird in diesen Situationen dem Verteidiger keine Gelegenheit zur Ergänzung seines Schlussvortrages gegeben, kann dieser Sachverhalt – bei entsprechender Wiedergabe im Protokoll – Erfolg versprechend in der Revision gerügt werden, falls das Urteil auf diesem Verstoß beruht.[1430] | 1509

XVII. Das letzte Wort

> »...dem Angeklagten gebührt das letzte Wort.« (§ 258 Abs. 2) | 1510

Das Institut des letzten Worts des Angeklagten verbindet die Dokumentation rechtsstaatlicher Verheißung mit der Verzweiflung des im Gerichtssaal Agierenden über den fehlenden Effekt des gesetzgeberischen Programms. Auch die um Effektivität bemühte Verteidigung hat daher häufig diesen Punkt aus ihrem Repertoire gestrichen. »*Ich schließe mich den Ausführungen meines Verteidigers an*«, ist einer der gängigen Floskeln, mit denen Verteidigung und Mandant häufig hoffen, die eloquenten | 1511

1428 RGSt 64, 57.
1429 S. z.B. OLG Jena NJW 2002, 1890.
1430 BGH NStZ-RR 1998, 15; StV 2000, 296.

Ausführungen des Verteidigerplädoyers nicht zu konterkarieren. Die fehlende Wertschätzung dieser Handlungsoption im Prozess mag auch mit der häufig gehörten richterlichen Bemerkung zusammenhängen, nicht der Angeklagte, sondern das Gericht im Urteil habe im Prozess tatsächlich das letzte Wort.

1512 Die vom Gericht nochmals zum Ende des Verfahrens prägnant herausgehobene Stellung des Angeklagten als Subjekt des Verfahrens ist nach gesetzlicher Konzeption weit mehr als eine inhaltsleere Formalie. Es soll der persönliche Eindruck des Angeklagten selbst sein, der das Gericht als Letztes in die Urteilsberatung begleitet. Selbstverständlich ist dies ein Zeitpunkt, in dem Trägheitsmomente bei der Entwicklung der richterlichen Überzeugungsbildung längst ihre Wirkung entfaltet haben. Der verbleibende Beeinflussungsspielraum ist häufig eng, zur Neutralisierung des Ankereffekts durch die vom Staatsanwalt geforderte Strafmaßhöhe sogar völlig ungeeignet.[1431] Allerdings erscheint es ignorant, ihn völlig zu auszublenden.[1432] Gerade in der Erkenntnis, dass auch eine gerichtliche Entscheidung maßgeblich durch emotionale Faktoren bewirkt wird, muss die gegebene Beeinflussungschance umgesetzt werden. Diese besteht zum einen darin, dass – auch in Abgrenzung zum rhetorischen Feinschliff des Verteidigerplädoyers eine menschliche und unmittelbar berührende Beeinflussungsmöglichkeit gegeben ist, die darüber hinaus zum anderen durch andere Verfahrensbeteiligte unkommentiert bleibt. Auch wenn Akteur alleine der Mandant ist, bleibt die Vorbereitung und Umsetzung des effektiven letzten Worts hohe Verteidigungskunst.

1513 Wie bei der Vorbereitung der Einlassung spielen die sprachlichen Möglichkeiten des Mandanten und seine Fähigkeiten zum Auftritt eine entscheidende Rolle bei der Konzeptionierung des letzten Worts. Gerade in längeren Prozessen hat hier der Mandant allerdings regelmäßig eine Entwicklung durchgemacht, die insofern eine Revidierung der bisherigen Analyse notwendig macht. Inhaltlich muss die Gestaltung des letzten Wortes von der Erkenntnis getragen sein, dass laienhafte juristische Subsumtionen ebenso wenig Überzeugungskraft entfalten können wie detaillierte Beweiswürdigungen. Es sind nicht Gedankengänge des Gerichts, die der Mandant in seinen Äußerungen nachvollziehen sollte, sondern sein höchst persönliches Gefühlsleben.

1514 Da Quantität an emotionsgeladenen Äußerungen den Adressaten eher abstumpft, ist die thematische Selektion und hierauf beruhend die Reduktion des Vortrags das primäre Problem. Da zu den subjektiven Elementen einer Straftat die prozessuale Beweisaufnahme nur entfernt indizielle Bruchstücke beitragen kann, kann hier der Angeklagte selbst am ehesten mit subjektiver Authentizität überzeugen.

1515 »Ich habe das niemals so gewollt!« kann im Zusammenhang mit den notwendigen emotionalen Schwingungen ein auch für Richter beeindruckender Abschlussmonolith sein, angesichts dessen ihre bisherigen Beweisüberlegungen zum notwendigen Vorsatz der vorgeworfenen Straftat brüchig werden.

1516 Die Gefahren des freien und damit unkontrollierten Worts scheinen insbesondere bei der schweigenden Verteidigung auf. Auch der schweigende Angeklagte kann sich zum Verfahrensverlauf äußern, er muss es u.U. sogar, um aus der zwangsläufigen Rolle des Objekts wieder in die des unmittelbar wahrnehmbaren Betroffenen zu rücken. Deutet das Gericht seine Äußerungen als Angaben zur Sache, läuft er allerdings Gefahr, den Nachteilen des Teilschweigens zu erliegen. Hier hilft möglicherweise nur eine spontane Unterbrechung des Verteidigers.

1517 Bei Strafmaßverteidigungen ist eine abschließende Äußerung des Mandanten fast unausweichlich. Sind »Einsicht und Reue« der tragende Gesichtspunkt für das Gericht bei der Festsetzung der gerechten Strafhöhe, kann ein überzeugendes Bedauern des Mandanten die in der Beweisaufnahme aufscheinenden Unrechtsaspekte seines Tuns wieder relativieren. Da die einschlägigen Formulierungen von Richtern hier allerdings oft gehört und nur noch als standardisierte Selbstverständlichkeiten

---

1431 *B. Englich/T. Mussweiler/F. Starck* The Last Word in Court – A Hidden Disadvantage for the Defence, Law and Human Behaviour 2005, 705 ff.

1432 *Bleicher* Das »letzte Wort« (§ 258 Abs. 2 StPO) – Echte Einwirkungsmöglichkeit des Angeklagten, (nur) Stolperstein für die Instanzgerichte oder (letzte) Chance im Revisionsverfahren? StRR 2013, 404 ff.

wahrgenommen werden, ist hier zusammen mit dem Mandanten im Vorfeld zu erarbeiten, auf welchem Weg überzeugend und praktisch anschaulich die eigene Verarbeitung mit der Schuld und die Aspekte für das zukünftige Leben herausgearbeitet werden können.

Die prozessuale Nutzung des formalisierten Aspektes des letzten Worts bietet für die Verteidigung insbesondere im Hinblick auf die Revision zahlreiche Chancen. Ausgangspunkt ist dabei eine Rechtsprechung, die berechtigterweise aus der herausragenden Stellung dieses Rechts die Verpflichtung des Gerichts ableitet, ihm die Möglichkeit des letzten Wortes auch unter **atypischen Bedingungen** zu verschaffen. **1518**

Das Gericht hat nicht nur von sich aus dem Angeklagten in aller Deutlichkeit den Hinweis zu geben, dass er sich nunmehr als Letzter in der Hauptverhandlung persönlich äußern könne.[1433] Diese Gelegenheit hat das Gericht ihm auch zu verschaffen, wenn er nach vorhergehender freiwilliger Abwesenheit erst in der Schlussphase der Beweisaufnahme wieder anwesend ist und das Gericht das Beweisergebnis schon weitgehend beraten, das Urteil allerdings noch nicht verkündet hat.[1434] Erst recht gilt diese Verpflichtung des Gerichts, wenn der Angeklagte wegen ordnungswidrigen Verhaltens entfernt wurde; seine Vorführung ist ein prozessuales Muss, um ihm die Gelegenheit zum letzten Wort zu verschaffen. **1519**

Aus der Wahrnehmung eines hervorgehobenen Rechts folgt auch, dass die **inhaltlichen Vorgaben** nur minimal sind. Es kann vom Vorsitzenden nicht beanstandet werden, wenn sich die Äußerungen des Angeklagten weitgehend und vielleicht sogar wortgleich mit dem Plädoyer des Verteidigers decken; das Recht auf den Schlussvortrag ergibt sich isoliert aus der jeweils getrennten Prozessstellung des Verteidigers und des Angeklagten. Der laienhaften Subjektivität des letzten Wortes ist es geschuldet, dass auch Äußerungen akzeptabel sind, die der Jurist primär als irrelevant ansehen müsste. Aus der Unprofessionalität des Angeklagten folgt, dass vom Vorsitzenden auch keine Einwendungen gegen das Verlesen eines schriftlich ausgearbeiteten Manuskripts vorgebracht werden können.[1435] Zeitliche Begrenzungen sieht das Gesetz nicht vor. Unzulässigen Unterbrechungen durch den Vorsitzenden kann mit § 238 Abs. 2 begegnet werden. **1520**

Strittig ist gelegentlich, ob das letzte Wort tatsächlich auch der letzte Verfahrensvorgang vor der Urteilsberatung ist. Dem Angeklagten ist jedenfalls das letzte Wort nochmals zu gewähren, falls das Gericht nach den als abschließend gedachten Worten des Angeklagten in die Hauptverhandlung wieder eintritt. Ein **Wiedereintritt** wird stets dann angenommen, wenn seitens des Gerichts eine Prozesshandlung vorgenommen wird, die originär der Beweisaufnahme zuzurechnen ist. Ein solcher Wiedereintritt ist nicht gegeben, wenn ein anderer Verfahrensbeteiligter oder gar ein Zeuge unaufgefordert Erklärungen abgibt, ohne dass das Gericht hierauf reagiert. Ebenso wenig gehört hierzu die schlichte Weigerung der Staatsanwaltschaft, einer angeregten Einstellung nach § 153 zuzustimmen. Jedes weitere prozessual belangvolle Geschehen, an dem das Gericht beteiligt ist, stellt einen Wiedereintritt in die Hauptverhandlung dar. **1521**

Beispiele:

Ein Wiedereintritt soll allerdings immer dann vorliegen, wenn das Verfahren gegen einen Mitangeklagten abgetrennt wird,[1436] im Plädoyer gestellte Beweisanträge erörtert werden,[1437] vom Gericht nach den Plädoyers ein rechtlicher Hinweis erteilt wurde,[1438] Beschlüsse zu Abtrennungen und Verbindungen erfolgen, ein Antrag auf Wiederaufnahme der Beweisaufnahme vom Gericht oder ein Beweis- oder Aussetzungsantrag selbst explizit abgelehnt wird,[1439] ein Bundeszentralregisterauszug verlesen wird,[1440] ein **1522**

1433 BGHSt 18, 84; 22, 278.
1434 BGH NJW 1990, 1613; OLG Hamm NStZ-RR 2001, 334; OLG Stuttgart StRR 2015, 306.
1435 BGHSt 3, 368; BGH StV 1985, 355.
1436 BGH NStZ 1988, 512.
1437 BGH NStZ 2005, 395.
1438 BGH StV 1998, 530.
1439 BGH StV 1993, 344; NStZ-RR 1999, 36.
1440 BayObLG StV 2002, 240.

Einstellungsbeschluss nach §§ 153 ff. erfolgt,[1441] ein Haftbefehl erlassen oder aufgehoben wird – und sei es nur in Bezug auf einen Mitangeklagten[1442] – oder ein entsprechender Antrag der Staatsanwaltschaft abgelehnt wird,[1443]; letztlich soll auch die Übergabe eines Schmerzensgeldbetrages in bar an den Nebenkläger ein prozessrelevanter Vorgang sein, der ein zusätzliches letztes Wort des Angeklagten erfordert.[1444] Gleiches gilt für die Gewährung von Prozesskostenhilfe an den Nebenkläger.[1445] Auch ohne weitere Aktivitäten des Gerichts kann das Recht auf das letzte Wort verletzt sein, wenn nach den Äußerungen des Angeklagten Verteidiger eines Mitangeklagten das Wort zu einem Sachvortrag ergreifen; vor dem letzten Wort sind daher die Plädoyers der Verteidiger abzuwickeln.[1446]

Das späte Negativattest muss angesichts seiner verfahrensleitenden Bedeutung dieselbe Konsequenz haben; dies wird allerdings z.T. mit dem unzutreffenden Hinweis bestritten, dass dieser gerichtliche Hinweis keinerlei Einfluss auf die anstehende Entscheidung des Gerichts haben könne.[1447] Allerdings: Ein Einfluss nach dem dennoch gehörten letzten Wort des Angeklagten zur erstmals angesprochenen Frage einer (fehlenden) Verständigung ist nie auszuschließen.

Ein Wiedereintritt ist nicht mehr möglich, wenn der Urteilstenor verkündet wurde; ein Fehler ist irreversibel, eine Heilung durch nachträgliche Gewährung des letzten Wortes und abermalige Urteilsverkündung ist nicht möglich.[1448]

XVIII. Urteilsverkündung

1523 Das Urteil hat »auf die Beratung« (§ 260 Abs. 1) zu ergehen; diese muss der Urteilsverkündung unmittelbar vorausgehen. Tritt das Gericht nach den Schlussvorträgen und der Beratung wieder in die Verhandlung ein, so muss es vor der Verkündung selbst dann erneut beraten, wenn der Wiedereintritt in die Verhandlung keinen neuen Prozessstoff ergeben hat.[1449]

1524 Die Beeinflussungsmöglichkeiten der Verteidigung sind mit dem letzten Wort des Mandanten grundsätzlich beendet. Bei der Verkündung des Urteils ist er nur noch Zuschauer und als psychologischer Berater seines Mandanten gefragt.

1525 Hierzu gehört eine Vorbereitung, in der die möglichen Varianten eines zu erwartenden Urteilstenors prognostiziert werden. Überraschungen sind da nicht zu erwarten, wo durch informelle Kommunikation oder durch eine konkrete Absprache der Weg zum Urteil bereits in der Hauptverhandlung vorgezeichnet wurde. In allen anderen Situationen befindet sich der Mandant allerdings in einem Spannungszustand, der in seiner Lebensführung singulär sein dürfte.

1526 Schon in der Vorbereitung sollte er daher die Varianten vor Augen haben, dass ihn die Begeisterung des erhofften Freispruchs ebenso erfüllt wie der abgrundtiefe Schrecken einer Verurteilung oder einer zumindest in der Höhe nicht erwarteten Freiheitsstrafe. Die nicht selten erlebte Aufhebung eines Haftbefehls mit der Urteilsverkündung sollte ebenso in das Vorstellungsbild aufgenommen werden, wie die für den Mandanten als Katastrophe empfundene erstmalige Verhaftung im Gerichtssaal mit der Verkündung des Urteils.

1527 Auch wenn im Gerichtssaal in der Hauptverhandlung Streit vorherrschte und persönliche Missachtung gegenüber dem Richter das dominierende Gefühl des Mandanten darstellt, ist er davon zu überzeugen, dass der Urteilsverkündung in ihrem Charakter als Ritual ein besonderer Stellenwert zugedacht wird. Das disziplinierte Beiwohnen bei diesem Ritual wird von allen Beteiligten erwartet.

1441 BGH NStZ 1983, 469.

1442 BGH wistra 2011, 118.

1443 BGH StV 2002, 234.

1444 BGH StRR 2014, 494.

1445 BGH StV 2015, 473.

1446 BGH StV 2017, 797 f.

1447 BGH NStZ 2015, 658 = StRR 2015, 302.

1448 BGH bei *Cierniak/Niehaus* NStZ-RR 2015 104.

1449 BGH HRRS 2010 Nr. 590; BGHR StPO § 260 Abs. 1 Beratung 2; BGH NStZ-RR 1998, 142; BGH NStZ 2001, 106.

Zumindest als Zeichen der Akzeptanz allgemeiner gesellschaftlicher Regeln sollte der Mandant auf seine weitgehend passive und emotionslose Rolle bei diesem Akt vorbereitet sein.

> Die Beistandsfunktion des Verteidigers im Sinne einer persönlichen Zuwendung ist selten so dringend gefragt wie in dieser Situation. Auch wenn die professionelle Distanz des Verteidigers diesem am ehesten erlaubt, ein maßlos enttäuschendes Urteil reaktionslos entgegenzunehmen, so muss er in der Vor- und Nachbereitung der Urteilsverkündung den Gemütszustand seines Mandanten umso deutlicher auffangen. Der Mandant, der sich in dieser Situation allein gelassen fühlt, ist schlecht verteidigt.   1528

Der Versuch, sowohl während der Urteilsberatung als auch der Urteilsverkündung noch Anträge, insbesondere Beweisanträge anzubringen, ist im Gesetz nicht vorgesehen, allerdings nicht völlig hoffnungslos. Zumindest mit dem Beginn der Urteilsverkündung soll der Verteidiger keinen Anspruch mehr haben, dass ein Beweisantrag entgegen genommen und sachlich beschieden wird.[1450] Ohne dass ein Anspruch hiermit korrespondiert, hat auf der anderen der anderen Seite das Gericht die Möglichkeit, bis zum Schluss der Urteilsverkündung aufgrund eines solchen Antrages wieder in die Beweisaufnahme einzutreten. Neben einem Beweisantrag kommt in Umfangssachen ein sog. **Fristantrag** in Betracht.   1529

> Im Gegensatz zu den Unterbrechungen zwischen den Verhandlungstagen muss der Verkündungstermin spätestens am elften Tag nach dem Schluss der letzten Verhandlung liegen. § 229 Abs. 2 gilt hier nicht.[1451] Mit der Verlesung der zuvor schriftlich fixierten Urteilsformel liegt bereits ein wirksames Urteil vor. Die Mitteilung der Urteilsgründe, die im Anschluss durch den Vorsitzenden zu erfolgen hat, ist weder eine Wirksamkeitsvoraussetzung für das Urteil, noch ist der Inhalt dieser mündlichen Begründung für ein späteres Revisionsverfahren relevant. Ein Eingreifen der Verteidigung während der Verkündung des Urteils ist gesetzlich nicht vorgesehen. Bei Herabsetzungen oder gar Beleidigungen hat der Verteidiger jedoch die Pflicht einzuschreiten. Ggf. muss er sofort die Protokollierung einer strafbaren Beleidigung beantragen.   1530

Auf die erstmalige Inhaftierungsmöglichkeit mit der Urteilsverkündung hat der Verteidiger seinen Mandaten ebenso vorzubereiten wie auf eine **Entlassung aus der Untersuchungshaft**.

> Mit Verkündung des Beschlusses auf Aufhebung des Haftbefehls gibt es keine rechtliche Grundlage mehr für die weitere Freiheitsentziehung. Das Ansinnen von Justizbeamten, zur Abklärung möglicher weiterer Haftbefehle oder zur Entgegennahme von Papieren ihnen in die Vorführstelle zu folgen, kann zurückgewiesen werden. Ein zwangsweises Verbringen des Mandanten in die Haft räume des Gerichts oder gar in das Gefängnis ist jedenfalls gesetzeswidrig.   1531

Nach der Urteilsverkündung hat das Gericht den Mandanten über die **Rechtsmittel** zu belehren. Details sind in Nr. 142 RiStBV niedergelegt. Die Anwesenheit des Verteidigers entbindet das Gericht nicht von dieser Pflicht. Allerdings wird es als zulässig angesehen, dass der Angeklagte selbst auf die Rechtsmittelbelehrung verzichtet. Hiervon unabhängig kann der Angeklagte auch auf die Einlegung eines Rechtsmittels selbst verzichten (§ 302 Abs. 1 S. 1). Da mit einem solchen **Rechtsmittelverzicht** noch im Gerichtssaal das Urteil sofort rechtskräftig werden kann, darf die Erklärung nur die absolut seltene Ausnahme des Verteidigerhandelns darstellen.   1532

Denkbar ist diese Situation nur, wenn der Verlauf des Verfahrens und das Urteil selbst bereits exakt in der geschehenen Form prognostiziert und besprochen worden ist. Ansonsten ist regelmäßig der Eindruck der Hauptverhandlung derartig dominierend, dass das Ausmaß eines Rechtsmittelverzichts sinnvollerweise nicht eingeschätzt werden kann. Dieser Erfahrung Rechnung tragend fordert Nr. 142 Abs. 2 RiStBV ausdrücklich, dass der Angeklagte nicht veranlasst werden soll, im unmittelbaren Anschluss an die Urteilsverkündung einen Rechtsmittelverzicht zu erklären. Dieser Erkenntnis sollte sich auch der Verteidiger nicht widersetzen. Ging der Urteilsverkündung eine Verständigung voraus, ist der Verzicht ohnehin unzulässig (§ 302 Abs. 1 S. 2).   1533

1450 BGHSt 15, 263.
1451 BGH StV 2006, 516.

C. Verteidigung durch Rechtsmittel

I. Einleitung

1534 Ein rechtsstaatliches Prozesssystem hat den Anspruch, auf dem Weg zur Urteilsfindung Fehleranfälligkeiten und Willkür zu minimieren. Einer der wichtigsten Faktoren ist die Möglichkeit der Überprüfung der richterlichen Entscheidung durch eine zweite Instanz.[1452] Sie eröffnet die Chance der Fehlerbeseitigung. Ihre Existenz diszipliniert bereits den Entscheidungsvorgang der ersten Instanz.

1. Psychologische Bedingungen

1535 Der Kampf der Verteidigung für die Interessen und Rechte des Mandanten ist mit dem Erlass einer gerichtlichen Entscheidung häufig noch nicht beendet. Das Gesetz gibt der Verteidigung vielfältige Möglichkeiten an die Hand, die gefällte gerichtliche Entscheidung entweder durch das Gericht selbst oder aber durch eine andere Instanz überprüfen zu lassen. Teilweise besteht sogar die Chance, gegen rechtskräftige Entscheidungen nachträglich mit zusätzlichen Argumenten vorzugehen.

1536 Auch wenn eine zweite Instanz nicht als verfassungsrechtlich zwingend vorgegeben erscheint, ist der neue Beurteilungsansatz eines weiteren Gerichts häufig ein unverzichtbarer rechtsstaatlicher Ansatz, um mit der notwendigen Distanz des höheren Gerichts abseits der kontroversen und unmittelbaren – und damit häufig auch emotional aufgeladenen – Auseinandersetzung der rationalen Beurteilung zur Entscheidungsdominanz zu verhelfen. Der Verteidigung bieten die neue Situation und die neuen Entscheidungsträger eine neue Chance der Überzeugungsarbeit.

1537 Diese Chance besteht allerdings niemals darin, den Stand des Verfahrens auf Null zurückzuschrauben. Auch wenn der neue Entscheidungsträger an keinerlei vorhergehende Entscheidung gebunden sein sollte, wird er geprägt durch den Verfahrensverlauf, den er notwendigerweise registrieren muss. Hier wird die Art der Überzeugungsarbeit erschwert durch das auf Beharrung angelegte Vorliegen einer rechtsgestaltenden gerichtlichen Entscheidung. Es gilt nicht nur bei einer anstehenden Entscheidung argumentativ mitzuwirken, sondern darüber hinaus eine bereits vorliegende Entscheidung zu Fall zu bringen.

1538 Selbst wenn explizit dem Vorrichter kein Fehler unterstellt werden muss, beinhaltet die Aufhebung einer Entscheidung stets auch Kritik an der Person des Entscheiders. Diese Kritik des Rechtsmittelrichters richtet sich nicht an eine externe Organisation, sondern an ein Mitglied des eigenen Berufsstandes. Solidaritätsgefühle werden hier im Konfliktfall häufig den Ausschlag geben, um dem Rechtssuchenden auch nur den Eindruck der Attestierung eines richterlichen Fehlers zu versagen. Es scheint dominierendes Standesdenken der dritten Gewalt zu sein, das – angesichts der statistisch belegbaren Erfolglosigkeit von Revisionen der Angeklagten – bei manchen Senaten zur faktischen Abschaffung eines Rechtsmittels führt.

1539 Erst recht verhindert werden soll die durch Aufhebung einer Gerichtsentscheidung vermittelte Botschaft, von den meisten Richtern unerwünschtes Verteidigungsverhalten würde letztendlich doch zum Ziel führen. Auch begründeten Rechtsmitteln wird der Erfolg versagt, um vorangegangene Konfliktverteidigung in richterlicher Solidarität zu sanktionieren. Die Kontrolle von Richtern allein durch Richter erscheint auf diesem Hintergrund als rechtsstaatlicher Konstruktionsfehler. Andere Kontrollmechanismen sieht die Rechtsordnung allerdings aktuell nicht vor.

2. Rechtlicher Rahmen

1540 Als ordentliche Rechtsmittel – z.T. mit weitgehendem Devolutiv- und Suspensiveffekt ausgestattet – sieht das Gesetz die Beschwerde, die Berufung und die Revision vor.

1452 S. hierzu grundsätzlich *Schünemann* Gedanken zur zweiten Instanz in Strafsachen, FS Geppert 2011, S. 649 ff.

Darüber hinaus existieren zahlreiche andere Möglichkeiten, die man den »sonstigen Rechtsbehelfen« zuordnet. Das Arsenal dieser Möglichkeiten ist vielfältig, ihre dogmatische Einordnung häufig schwierig:

- Wiederaufnahme eines durch rechtskräftiges Urteil abgeschlossenen Verfahrens (§§ 359 bis § 373a). **1541**
- Einspruch gegen einen Strafbefehl (§§ 410 bis 412)
- Antrag auf Wiedereinsetzung in den vorigen Stand (§§ 44 bis 47)
- Antrag auf gerichtliche Haftprüfung (§ 117 StPO)
- Antrag auf gerichtliche Entscheidung gegen Entscheidungen der Staatsanwaltschaft bei Vernehmung von Zeugen und Sachverständigen (§ 161a Abs. 3).
- Zwischenrechtsbehelf gegen Entscheidungen des Vorsitzenden in der Hauptverhandlung (§ 238 Abs. 2).
- Anträge auf Entscheidung des Rechtsmittelgerichts bei Verwerfung des Rechtsmittels als verspätet (§§ 319 Abs. 2, 346 Abs. 2).
- Antrag auf nachträgliches rechtliches Gehör (§§ 33a, 311a, 356a).
- Gegenvorstellungen und Dienstaufsichtsbeschwerden
- Anträge gemäß §§ 23 ff. EGGVG
- Verfassungsbeschwerde zum Bundesverfassungsgericht
- Menschenrechtsbeschwerde zum Europäischen Gerichtshof für Menschenrechte

Schwerpunktartig werden aus Verteidigersicht Möglichkeiten und Umsetzung dieser Rechtsbehelfe dargestellt.

II. Beschwerde (§§ 304 ff.)

Außerhalb der Hauptverhandlung stellt das Rechtsmittel der Beschwerde für den Verteidiger die **1542** effektivste Möglichkeit dar, um auf Änderungen bereits erlassener richterliche Entscheidungen hinzuwirken. Sind diese Entscheidungen ohne vorherige Anhörung oder gar Mitwirkung der Verteidigung ergangen, eröffnet das Beschwerdeverfahren erstmalig die Chance, Verteidigungsgesichtspunkte in das gerichtliche Entscheidungsverfahren einzuführen.

1. Zulässigkeit

Die Zulässigkeit der Beschwerde ist in § 304 Abs. 1 extrem weit gefasst. Hiernach scheint die Über- **1543** prüfung aller richterlichen Entscheidungen (außer den Urteilen) möglich. Umso aufmerksamer sind die Ausnahmen zu beachten:

Beschwerdegegenstand können nur **richterliche Entscheidungen** sein. Staatsanwaltschaftliche Entscheidungen sind demgegenüber grundsätzlich nicht beschwerdefähig. Hier ist die Verteidigung auf spezielle Rechtsbehelfe angewiesen (s. z.B. § 161a Abs. 3).

Beschlüsse oder Verfügungen des Gerichts oder des Richters sind Beschwerdegegenstand. Die Untä- **1544** tigkeit eines Richters soll demgegenüber grundsätzlich nicht im Beschwerdeverfahren kritisiert werden können. Tatsächlich haben sich allerdings in der jüngsten Vergangenheit zahlreiche Ausnahmen entwickelt, die der Verteidigung die Möglichkeit einer sogenannten **Untätigkeitsbeschwerde** eröffnen.

Allgemein wird als Voraussetzung bezeichnet, dass zum einen die unterlassene Entscheidung selbst anfecht- **1545** bar wäre, zum anderen der Unterlassung die Bedeutung einer endgültigen Ablehnung und nicht nur die einer Verzögerung der zu treffenden Entscheidung zukommt.[1453] Den Inhaftierten belastende Trägheit einer Strafvollstreckungskammer[1454] oder die Unterlassung einer seit Monaten anstehenden Eröffnungsentschei-

---

1453 BGH NJW 1993, 1279 ff.
1454 OLG Frankfurt NStZ-RR 2002, 188.

dung über das Hauptverfahren[1455] können für die Verteidigung Anlass sein, Erfolg versprechend das Beschwerdegericht anzurufen.[1456]

1546 Das Gesetz kann ausnahmsweise die Beschwerdemöglichkeit ausdrücklich entziehen (§ 304 Abs. 1 2. Halbsatz). Regelmäßig soll in diesen gesetzlichen Situationen rasche Klarheit im Prozessgeschehen erzielt werden, die durch eine Überprüfbarkeit durch das Beschwerdegericht konterkariert würde.

1547   Beispiele hierfür sind:
- Die gerichtliche Entscheidung, in der ein Ablehnungsgesuch für begründet erklärt wird (§ 28 Abs. 1)
- Die gerichtliche Entscheidung, in der ein Wiedereinsetzungsantrag für begründet erklärt wird (§ 46 Abs. 2)
- Die gerichtliche Einstellungsentscheidung, die dem Nebenkläger eine Überprüfbarkeit untersagt (§ 153a Abs. 2 S. 4)
- Der Eröffnungsbeschluss (§ 210 Abs. 1 i.V.m. § 225a Abs. 3, 4)
- Der gerichtliche Verweisungsbeschluss (§ 270 Abs. 3)
- Die Ablehnung der Beiordnung des Zeugenbeistandes (§ 68b)

Entscheidungen der erkennenden Gerichte, die der Urteilsfällung vorausgehen, unterliegen nicht der Beschwerde (§ 305 S. 1).

1548 Durch diese Regelung soll verhindert werden, dass der Lauf der Hauptverhandlung durch Zwischenentscheidungen eines Beschwerdegerichts unterbrochen und damit gestört werden kann. Verkürzungen der Rechte des Angeklagten sollen hiermit nicht einhergehen, da im Wesentlichen die gerügten gerichtlichen Entscheidungen und Verfügungen mit der Berufung oder Revision gegen das Endurteil angefochten werden können. Jeder Beschluss, mit dem beispielsweise ein Beweisantrag abgelehnt wird, jeder Beschluss, mit dem die Öffentlichkeit in der Hauptverhandlung ausgeschlossen wird, ist mit der Beschwerde nicht anfechtbar. Ausgenommen hiervon wiederum sind aktuell den Angeklagten oder Dritte belastende gerichtliche Entscheidungen wie z.B. in Haftfragen oder bei anderen vorläufigen Zwangsmaßnahmen.

1549   Die Interdependenzen zwischen richterlichem Handeln und kausalem Verlauf in Richtung Urteil sind vielfältig, weshalb der Anwendungsbereich des Beschwerdeverfahrens problematisch sein kann. Die Idee des Gesetzes geht dahin, Entscheidungen des Tatrichters der Beschwerde zu entziehen, die letztlich in einem inneren Zusammenhang mit der Urteilsfindung stehen; sie sollen nur der Vorbereitung des Urteils dienen und keine darüber hinausgehenden Rechtswirkungen erzeugen. Erfasst werden hierdurch prozessuale Maßnahmen, wie beispielsweise Verbindungs- oder Abtrennungsentscheidungen, die allerdings nur beschränkt mit der Revision gegen ein Urteil angefochten werden können.

1550 Grundsätzlich anfechtbar bleiben demgegenüber auch vom Tatrichter getroffene Entscheidungen, die eine **selbstständige prozessuale Beschwer** begründen. Hierzu gehört zum die Art der **Terminierung**, da sie eine zusätzliche besondere Beschwer des Angeklagten darstellen kann, die kurzfristig im Beschwerdeverfahren zu überprüfen ist.[1457] Die sachlich nicht gerechtfertigte Aussetzung des Verfahrens kann den Angeklagten ebenso belasten wie die Überdehnung des Beschleunigungsgebots durch engmaschige Terminierung verbunden mit der Entpflichtung des Vertrauensverteidigers, der angesichts normaler anwaltlicher Belastung nicht die Wahrnehmung jeden Termins zusichern kann.

1551   Überlagert wird das Problem der rechtlichen Zulassung hier allerdings durch das faktische Problem der Durchführbarkeit: Lehnt im Rahmen einer eintägigen Hauptverhandlung das Gericht erstmalig den Antrag des Verteidigers auf Beiordnung ab, wird er regelmäßig daran scheitern, diese Frage vor Urteilsfällung noch dem Beschwerdegericht vorzulegen.

1552 Weitgehend eingeschränkt ist die Beschwerdemöglichkeit, wenn **OLG** oder **BGH** tatrichterliche Zuständigkeiten wahrnehmen. Beschlüsse und Verfügungen des BGH sind generell nicht mit der

---

1455 OLG Dresden NJW 2005, 2791.

1456 S. hierzu umfassend *Graßmann* Rechtsbehelfe gegen Unterlassen im Strafverfahren 2004; AK-StPO/ *Altenhain/Günther* § 304 Rn. 17 ff.

1457 S. hierzu OLG Frankfurt StV 1990, 201; OLG Hamburg StV 1995, 11; OLG München StV 2007, 518.

Beschwerde anfechtbar (§ 304 Abs. 4 S. 1). Praktisch ohne Anfechtungsmöglichkeit ist die Verteidigung auch in zahlreichen Fällen, bei denen der Strafsenat des OLG als Tatgericht agiert. Ausnahmen von dieser rigorosen Beschränkung der Überprüfbarkeit gelten insbesondere für Haftfragen.

Faktisch dürfte das Schwergewicht des Anwendungsbereichs der Beschwerde für den Verteidiger im Bereich der **richterlichen Ermittlungsmaßnahmen** liegen.

Neben den zu lösenden rechtlichen Problematiken stellt sich für die Verteidigung hier oft ein **taktisches Problem**. Strittige Fragen tatsächlicher Bewertung oder rechtlicher Auslegung, die für die spätere Hauptverhandlung von entscheidender Bedeutung sein können, lassen sich oft schon in einer frühen Phase des Ermittlungsverfahrens formulieren. Wenn auch lediglich in vorläufiger Form, so hat das Beschwerdegericht auf Intervention der Verteidigung exakt Antworten auf diese Fragen zu geben. Damit stellt die durch die Verteidigung erzwungene rechtliche Stellungnahme des Beschwerdegerichts eine Weichenstellung dar, die zumindest psychologisch das weitere Verfahren beherrschen wird. Werden z.B. rechtliche Bedenken der Verteidigung gegen das Vorgehen der Staatsanwaltschaft durch das Beschwerdegericht zurückgewiesen, fühlt sich die StA zumeist für ihr weiteres Vorgehen »ermutigt«. Das Risiko einer frühzeitigen Festschreibung von Sach- und Rechtsfragen muss die Verteidigung allerdings dann eingehen, wenn angesichts der Massivität der Beeinträchtigung der Mandantenrechte schon in der frühen Phase des Verfahrens nur der gerichtliche Hinweis zur »Disziplinierung« der StA geeignet erscheint. | 1553

Angesichts der Vielfalt der Einschränkungen und damit der Beschwerdemöglichkeiten bietet es sich für die Verteidigung in umfangreichen Verfahren auch an, aus taktischen Gründen Beschwerdegegenstände und damit zu entscheidende Fragen zu selektieren. Neben den Beschwerden gegen drängende Haftsituationen geben oft Durchsuchungsmaßnahmen Anlass zu derartiger Überprüfung, zumal sie auch Tage und Wochen nach dem Hausbesuch der Ermittlungsbehörden durchgeführt werden können. Regelmäßig erfolgt nach der Mitnahme von schriftlichen Unterlagen durch die Polizei die »Durchsicht« der Papiere noch Monate lang mit der Konsequenz, dass die Durchsuchung andauert und die Beschwerde zulässig ist. Erfolgen Beschlagnahmeentscheidungen, sind diese mit der Beschwerde ebenso sehr anfechtbar. Arrestanordnungen (§ 111e) oder die vorläufige Entziehung der Fahrerlaubnis (§ 111a) können ebenso Beschwerdegegenstände sein wie durch Akteneinsicht bekannt gewordene Gerichtsentscheidungen zu verdeckten Ermittlungen wie beim V-Mann (§ 110b) oder der Telefonüberwachung (§ 100a). | 1554

2. Beschwerdeberechtigung des Verteidigers

Der Verteidiger ist berechtigt, für den Beschuldigten Rechtsmittel einzulegen (§ 297). Dabei handelt der Verteidiger grundsätzlich nicht als Vertreter seines Mandanten, sondern im eigenen Namen und aus eigenem Recht.[1458] Wie allgemein für die Einlegung von Rechtsmitteln bedarf der Verteidiger somit bei der Beschwerdeeinlegung keiner besonderen Bevollmächtigung. Eine allgemeine Vollmachtserteilung für die Verteidigung reicht aus. Diese dauert fort bis zum Ende des Mandatsverhältnisses. Der Verteidiger darf sich auch nicht darauf verweisen lassen, ein solches Mandat nachzuweisen. Entscheidend ist allein, dass das Mandatsverhältnis besteht.[1459] | 1555

Die Grenze des selbstständigen Agierens ist für die Verteidigung allerdings erreicht, wenn die Einlegung der Beschwerde gegen den ausdrücklich erklärten Willen des Mandanten erfolgt. Denkbar ist auch, dass die Ermächtigung zur Einlegung von Rechtsmitteln durch eine ausdrückliche Beschränkung der Bevollmächtigung ausgeschlossen oder eingeschränkt worden ist. | 1556

Die Beschwerdeberechtigung kann durch **Verzicht oder Rücknahme** verloren gehen. Ein solches Agieren durch den Verteidiger bedarf allerdings einer über die allgemeine Vollmacht hinausgehenden **ausdrücklichen Ermächtigung** (§ 302 Abs. 2).

1458 BGHSt 12, 367, 370.
1459 BGHSt 36, 259, 261.

1557 An bestimmte Förmlichkeiten ist diese Ermächtigung nicht gebunden,[1460] sie kann auch durch anwaltliche Versicherung nachgewiesen werden.[1461] Diese besondere Bevollmächtigung kann jederzeit durch eine ebenfalls formlose Erklärung des Mandanten widerrufen werden; hat der Verteidiger bereits eine Rücknahme- oder Verzichtserklärung abgegeben, ist diese wirksam, wenn das Gericht erst nach Zugang dieser Erklärung vom Widerruf der Bevollmächtigung Kenntnis erlangt. Strittig ist allerdings, ob mögliche Verzichtserklärungen des nicht ausdrücklich bevollmächtigenden Verteidigers in Anwesenheit des Beschuldigten allein deshalb wirksam werden, weil der anwesende Mandant dieser Erklärung nicht widerspricht.

3. Beschwer

1558 Wie alle Rechtsbehelfe setzt auch die Einlegung der Beschwerde die Beschwer des Mandanten voraus.[1462] Beschwert ist der Mandant, wenn er durch die gerichtliche Entscheidung in seinen Rechten und geschützten Interessen unmittelbar beeinträchtigt wird.[1463] Problematisch wird dies, wenn die belastenden Folgen der angefochtenen Entscheidung durch eine prozessuale Weiterentwicklung nicht mehr relevant sind, die Entscheidung damit »prozessual überholt« ist. Eine frühere Rechtsprechung hatte insbesondere richterliche Zwangsmaßnahmen im Ermittlungsverfahren dann einer Überprüfung durch die Beschwerde entzogen, wenn – beispielsweise bei Durchsuchungen – die eigentliche Maßnahme abgeschlossen war.[1464]

1559 Das Bundesverfassungsgericht hat zwischenzeitlich festgestellt, dass in den meisten Fällen auch bei formal abgeschlossenen Maßnahmen ein berechtigtes Interesse des Betroffenen bestehen kann, nachträglich die Rechtswidrigkeit einer Maßnahme feststellen zu lassen.[1465] Der Beschuldigte hat nicht eine Wiederholungsgefahr oder ein besonderes Rehabilitierungsinteresse nachzuweisen, vielmehr reicht ein tief greifender Grundrechtseingriff aus, um ein allgemeines Fortsetzungsfeststellungsinteresse zu begründen.

4. Das Beschwerdeverfahren

1560 Die Einlegung der Beschwerde ist grundsätzlich nicht fristgebunden. Solange eine Beschwer existiert, hindern formale zeitliche Grenzen nicht die Zulässigkeit der Beschwerde. Der Zeitpunkt der Einlegung einer Beschwerde unterliegt daher bei der Verteidigung auch taktischem Kalkül.

1561 **Fristgebunden** ist lediglich die **sofortige Beschwerde** (§ 311). Hier ist die Verteidigung an eine Frist von einer Woche gebunden. In der gesetzlichen Konzeption stellt die sofortige Beschwerde allerdings die Ausnahme dar. Das Gesetz muss die Beschwerde ausdrücklich als »sofortige« bezeichnen, um die Fristgebundenheit auszulösen. Wird beispielsweise ein Wiedereinsetzungsantrag verworfen, kann die Verteidigung hiergegen nur mit der sofortigen Beschwerde vorgehen (§ 46 Abs. 3).

1562 Die Beschwerde ist schriftlich oder zu Protokoll der Geschäftsstelle bei dem Gericht, das die angegriffene Entscheidung erlassen hat (iudex a quo), einzulegen. Die Begründung einer Beschwerde oder gar eine hieran anknüpfende Begründungsfrist existiert nicht. Eine Begründung durch die Verteidigung macht allerdings Sinn, ist regelmäßig sogar unabdingbar, um die eigene Position und das Verteidigungsziel dem Beschwerdegericht zu verdeutlichen. In angemessenem Rahmen ist das Beschwerdegericht sogar gehalten, den Eingang einer angekündigten Begründungsschrift abzuwarten.[1466]

1460 BVerfG NJW 1993, 456; BGH NStZ 1995, 356 f.
1461 BGH NStZ 1997, 28.
1462 BGHSt 28, 327, 330.
1463 BGHSt 7, 153; 16, 377.
1464 S. z.B. BGHSt 28, 58.
1465 BVerfG StV 1997, 393.
1466 BVerfGE 17, 193; 24, 25.

Die besondere Kommunikationsqualität im Beschwerdeverfahren wird deutlich durch die Möglichkeit des Richters, der Beschwerde abzuhelfen. Dies gilt lediglich nicht bei der sofortigen Beschwerde. Hier ist der iudex a quo grundsätzlich nicht zur Abhilfe befugt (§ 311 Abs. 3 S. 1).   **1563**

Überzeugungsarbeit sowohl durch die schriftliche Begründung als auch durch ergänzende Telefonate macht für die Verteidigung Sinn, da im Gegensatz zu ordentlichen Rechtsmitteln der entscheidende Richter seine Vorstellungen nochmals revidieren kann (§ 306 Abs. 2, 3). Psychologische Hemmnisse des Entscheiders können umso eher überwunden werden, als diesem keine Fehlerhaftigkeit der angegriffenen Entscheidung vorgehalten wird, sondern das Schwergewicht auf ein Informationsdefizit gelegt wird. Erachtet der iudex a quo die Beschwerde für berechtigt, kann er seine ursprüngliche Entscheidung abändern und damit das Beschwerdeverfahren beenden. Hält er demgegenüber an seiner ursprünglichen Entscheidung fest, hat er dies aktenmäßig zu fixieren und die Beschwerde dem Beschwerdegericht vorzulegen.   **1564**

Das Beschwerdegericht ist befugt, eigene Ermittlungen vorzunehmen, bzw. vornehmen zu lassen (§ 308 Abs. 2). Neue Ergebnisse hat das Beschwerdegericht allerdings erst nach Anhörung der Beteiligten zu verwerten. Auf der Grundlage der ihm bekannten Sach- und Rechtslage im Zeitpunkt der Entscheidung hat das Beschwerdegericht dann eine eigene Sachentscheidung zu treffen. Fehler, seien es rechtliche oder tatsächliche Einschätzungen, hat somit das Beschwerdegericht selbst zu korrigieren. Eine Zurückverweisung ist auch dann ausgeschlossen, wenn offensichtlich in der angegriffenen Entscheidung der aus der Akte ersichtliche Sachverhalt nur unzureichend erfasst und gewürdigt worden ist. Ausnahmsweise kann allerdings von einer derartigen Zurückverweisung Gebrauch gemacht werden, wenn die festgestellten Mängel derart gravierend sind, dass von einer ordnungsgemäßen Justizgewährung nicht mehr gesprochen werden kann oder wenn Verfahrensmängel erkennbar sind, die durch das Beschwerdegericht selbst nicht beseitigt werden können.[1467]   **1565**

Auch wenn das Beschwerdeverfahren nicht fristgebunden ist, unterliegt es dem allgemeinen Beschleunigungsgrundsatz. Auch das Beschwerdegericht verstößt gegen dieses aus Artikel 6 Abs. 1 EMRK abgeleitete Gebot, wenn es beispielsweise ohne sachlichen Grund mehrere Wochen die Entscheidung über die Berechtigung einer vorläufigen Fahrerlaubnisentziehung hinauszögert.[1468]   **1566**

> Der Beschleunigungszwang setzt allerdings auch den Verteidiger unter Druck, zeitnah seine gesamte Argumentation zu präsentieren. Insbesondere die Wochenfrist der sofortigen Beschwerde ist oft knapp, weshalb sich die Verteidigung mit Einlegung eine nähere Begründung vorbehalten kann. Erfolgt diese allerdings nicht innerhalb eines angemessenen Zeitraums, droht die alsbaldige Verwerfung.[1469]   **1567**

Die Verteidigung hat in ihre Taktik mit einzubeziehen, dass das Ende des Beschwerdeverfahrens in einem Desaster münden kann. Denn das Verbot der reformatio in peius gilt im Beschwerdeverfahren nicht, vielmehr bezieht sich dieses Verbot lediglich auf verfahrensbeendende Beschlüsse, denen materielle Rechtskraft zukommt. Der »worst case« ist daher vor Einlegung der Beschwerde mit dem Mandanten ausführlich zu erörtern.   **1568**

Eingeschränkt ist der Entscheidungsspielraum des Beschwerdegerichts dann, wenn insoweit dem Organ, dessen Entscheidung angegriffen wird, ein eigenständiger Entscheidungsspielraum eingeräumt wird. Hier soll das Beschwerdegericht darauf beschränkt sein, diese Ermessensentscheidung des zuerst entscheidenden Richters auf Rechtsfehler hin zu überprüfen.   **1569**

> Relevant wird dies insbesondere bei mit der Beschwerde angegriffenen Verfügungen zu Terminsanberaumungen oder -verlegungen. Nach Ansicht der Rechtsprechung lassen sich diese Entscheidungen aufgrund der »Terminshoheit des Vorsitzenden« nur dahin gehend untersuchen, ob dieser die rechtlichen Grenzen des ihm eingeräumten Ermessens eingehalten oder aber sein Ermessen rechtsfehlerhaft ausgeübt hat. Hier kann eine Beschwerde nur dahin zielen, falsche rechtliche Voraussetzungen nachzuweisen oder darzulegen, dass der Vorsitzende von unzutreffenden Sachverhaltsannahmen ausgegangen ist, seinen Ermes-   **1570**

1467 OLG Düsseldorf StV 1987, 258; NStZ 1998, 638.
1468 BVerfG NStZ-RR 2005, 276.
1469 BVerfG Beschl.v. 25.02.2009, 2 BvR 2542/08.

sensspielraum gar nicht erkannt hat oder aber durch seine Entscheidung den Grundsatz der Verhältnismäßigkeit verletzt hat.[1470] Im Ergebnis kann hier das Beschwerdegericht keinen eigenen neuen Termin für das Tatgericht bestimmen, es kann allerdings die Rechtmäßigkeit oder Rechtswidrigkeit der angefochtenen Verfügung feststellen.[1471] Konsequent kann damit zumindest ein noch anstehender Hauptverhandlungstermin durch das Beschwerdegericht aufgehoben werden.

1571 Der Beschwerde mangelt es am Devolutiveffekt. Auch während des laufenden Beschwerdeverfahrens wirken damit die belastenden Folgen der angegriffenen gerichtlichen Entscheidung fort (§ 307 Abs. 1). Sowohl auf Antrag als auch von Amts wegen kann jedoch ausnahmsweise die **Aussetzung der Vollziehung** der angegriffenen Maßnahme sowohl durch den iudex a quo als auch durch das Beschwerdegericht angeordnet werden (§ 307 Abs. 2). Ein solcher Antrag ist bei aufhebenden Haftentscheidungen durch die Staatsanwaltschaft nicht selten zu erwarten. Um den Erfolg des Verteidigerhandelns nicht zu gefährden, ist daher von Beginn an ein argumentatives Augenmerk auch auf diese Situation zu richten. Umstritten ist allerdings, ob der iudex a quo derartige vollzugshemmende Entscheidungen auch treffen kann, wenn das Verfahren bereits beim Beschwerdegericht anhängig ist.

1572 Hat das Beschwerdegericht entschieden, kann der Beschluss weder vom Beschwerdeführer noch vom Beschwerdegegner angefochten werden (§ 310 Abs. 2). Ausnahmen gelten lediglich in **Haftfragen**, bei denen die Möglichkeit der **weiteren Beschwerde** eröffnet ist.

1573 Das Ende des Beschwerdeverfahrens bedeutet allerdings noch nicht das Ende jeglicher Verteidigungsbemühungen. Wirken insbesondere Zwangsmaßnahmen im Ermittlungsverfahren fort, so besteht jederzeit die Möglichkeit, durch Antrag eine neue richterliche Entscheidung zu erzwingen, die ihrerseits wiederum beschwerdefähig ist. Die Verteidigung wird sich hier regelmäßig auf neue Sachverhalte berufen, und sei es lediglich auf das Verhältnismäßigkeitsprinzip, das allein angesichts des zwischenzeitlichen Zeitablaufs ein anderes Gewicht erhalten hat.

III. Berufung

1. Berufung und Verteidigungstaktik

1574 Das Berufungsverfahren ist eine weitgehende Wiederholung der ersten Tatsacheninstanz vor dem Amtsgericht. Das Wissen um die Möglichkeit einer solchen zweiten Tatsacheninstanz kann bereits die **Verteidigungsstrategie vor dem Amtsgericht** beeinflussen. Nicht alles, was an Verteidigungsmöglichkeiten denkbar ist, muss vor dem Amtsgericht vorgebracht werden. Das erstinstanzliche Verfahren stellt sich praktisch heute ohnehin als »Vorschaltverfahren« dar.[1472] Lässt die Atmosphäre des amtsgerichtlichen Verfahrens ein Erreichen des angestrebten Verteidigungsziels wahrscheinlich werden, können kompromittierende Fragen an einen möglichen Belastungszeugen ebenso unterlassen werden wie die Stellung denkbarer, aber zeitaufwendiger Beweisanträge. Erst wenn eine solche Strategie gescheitert ist, steht die Verteidigung in der Berufungshauptverhandlung vor der Aufgabe, alle Verteidigungsoptionen der Tatsacheninstanz auszuschöpfen.

1575 Daneben hat das Einlegen und die Durchführung der Berufung völlig unterschiedliche Bedeutung für die Verteidigung. Zum Teil erscheint trotz akzeptablen erstinstanzlichen Urteils das Berufungsverfahren allein wegen des **Zeitgewinns** sinnvoll. So kann der Mandant ein Interesse daran haben, die zu verbüßenden Sanktionen hinauszuschieben.

1576 Der Zeitablauf zwischen den Instanzen kann von der Verteidigung auch sinnvoll genutzt werden, um nicht erreichte Verteidigungsziele durch intensivere Vorbereitung anzustreben. Gerade bei Strafmaßverteidigungen kann der Zeitraum zwischen den Instanzen genutzt werden, einen Täter-Opfer-Ausgleich vorzunehmen, regelmäßige Drogentests zum Nachweis in der Berufungshauptver-

---

1470 OLG Dresden NJW 2004, 3196; OLG Nürnberg StV 2005, 491; OLG München StV 2007, 518.
1471 OLG Bamberg StraFo 1999, 237.
1472 *Schulz* Zur Berufung in Strafsachen, FS Schwind 2006, S. 431 ff.

handlung durchzuführen oder die Ermittlung von Sachverhalten vorzunehmen, deren Bedeutung sich erst – verspätet – für die Verteidigung in der erstinstanzlichen Hauptverhandlung offenbart hatte.

Taktisch sind die Vorteile der Durchführung des Berufungsverfahrens mit den nachteiligen Gefahren abzuwägen.

So ist das Verbot der reformatio in peius nur dann ein sicherer Ausgangspunkt für das Berufungsverfahren, wenn allein die Verteidigung die Berufung eingelegt hat. Häufig legt die Staatsanwaltschaft ebenfalls Berufung ein mit dem Ziel, entweder das Verschlechterungsverbot zu untergraben oder eine Sprungrevision der Verteidigung zu verhindern. Ist allein ein solches taktisches Kalkül erkennbar, entfernt sich die Staatsanwaltschaft von dem Gebot der sachlichen Bezogenheit einer Rechtsmitteleinlegung (Nr. 147 Abs. 1 RiStBV). Mit der Begründung des erkennbaren Rechtsmissbrauchs kann die Verteidigung eine Verwerfung dieser Berufung außerhalb der Hauptverhandlung anstreben (§ 322 Abs. 1). Ein solcher Rechtsmissbrauch wird häufig bei der Berufungsbegründung der Staatsanwaltschaften deutlich. Obwohl das erstinstanzliche Urteil weitgehend dem Schlussantrag des Sitzungsvertreters der Staatsanwaltschaft entspricht, beschränkt sich die Worthülse einer Begründung darauf zu behaupten, das angefochtene Urteil entspreche hinsichtlich Schuld und Strafmaß nicht dem Gesetz. Dabei wird vergessen, dass gemäß Nr. 156 der RiStBV der Staatsanwalt jedes von ihm eingelegte Rechtsmittel begründen muss, auch wenn es sich nur gegen das Strafmaß richtet. Floskeln ersetzen nicht die hieraus abgeleiteten Notwendigkeit einer »ausführlichen Begründung«;[1473] sie dokumentieren vielmehr, dass die mit der Prozesshandlung angestrebte Prozesssituation nicht von der Staatsanwaltschaft ernsthaft verfolgt wird.

Drohen aufgrund legitimer Berufungseinlegung der Staatsanwaltschaft Verschlechterungen, sind vor Durchführung der Hauptverhandlung Gespräche über eine beiderseitige Rücknahme der Berufung zwischen Staatsanwaltschaft und Verteidigung sinnvoll. Die Berufungseinlegung schiebt die Rechtskraft in eine ferne Zukunft. Das Fortwirken vorläufiger Maßnahmen hat die Verteidigung daher in ihr Kalkül einzubeziehen. Die fortdauernde vorläufige Entziehung der Fahrerlaubnis kann den Mandanten unter Umständen schwerwiegender treffen als der sofortige Entzug der Fahrerlaubnis mit einer akzeptablen Sperrfrist in erster Instanz. Ob die Untersuchungshaft oder die Strafhaft für den Mandanten die sinnvollere Alternative ist, hängt häufig von den individuellen Umständen ab.

In jedem Fall hat sich die Verteidigung bei der Vorbereitung der Berufungshauptverhandlung damit auseinanderzusetzen, dass trotz der Wiederholung der Tatsacheninstanz durch das amtsgerichtliche Verfahren weitere schwer verschiebbare Pflöcke gesetzt worden sind. Neben dem Akteninhalt des Ermittlungsverfahrens wird sich das Berufungsgericht auch durch das Protokoll der ersten Instanz beeindrucken lassen. Zwingende Voraussetzung für eine sinnvolle Einschätzung eines möglichen Erfolges in der Berufungsinstanz ist daher die Einsicht in das Protokoll des amtsgerichtlichen Verfahrens.

Die Praxiserfahrung lehrt, dass im Gegensatz zur Revision die Durchführung eines Berufungsverfahrens für die Verteidigung sehr viel Erfolg versprechender ist – und sei es nur im Hinblick auf eine angestrebte Reduzierung des Strafmaßes. 50 % aller Berufungen führen zu Änderungen des erstinstanzlichen Urteils.[1474] Die Durchführung der Berufung ist für die Verteidigung daher regelmäßig lohnenswert. Besondere Verfahrensvorschriften hat die Verteidigung grundsätzlich nicht zu beachten, da kraft ausdrücklicher Verweisung (§ 332) die Verfahrensvorschriften der erstinstanzlichen Hauptverhandlung im Wesentlichen gelten. Zu erörtern sind allerdings die Besonderheiten der Berufung, die einen Verteidigungserfolg gefährden könnten.

2. Berufungsfähige Urteile

Mit der Berufung sind grundsätzlich alle Urteile der Amtsgerichte anfechtbar, also neben den Urteilen des Strafrichters und des Schöffengerichts auch die des Jugendrichters und des Jugendschöffengerichts.

1577

1578

1579

1580

1473 *Graf* RiStBV und MiStra, 2015, Rn. 1.
1474 *Nobis* Der Streit um die Einschränkung der Berufung.. und täglich grüßt das Murmeltier, FS AG Strafrecht 2009 m.w.N.

1581 Für das **Jugendrecht** ist allerdings zu beachten, dass mit der Wahl des Rechtsmittels der Berufung eine darüber hinausgehende Anfechtung des Berufungsurteils durch eine Revision nicht mehr besteht. Die Berufungshauptverhandlung in Jugendsachen steht daher nicht nur unter dem Zeichen einer letztinstanzlichen Entscheidung, vielmehr ist auch die Beschränkung auf bestimmte Verfahrensziele nicht möglich (§ 55 Abs. 1 JGG).

Berufung kann auch eingelegt werden gegen Urteile, wenn sie im Strafverfahren lediglich wegen einer **Ordnungswidrigkeit** auf eine Geldbuße erkannt haben oder wenn das Gericht in einem ursprünglichen Bußgeldverfahren gem. § 81 OWiG das Verfahren in ein Strafverfahren übergeleitet hat; dies soll auch dann möglich sein, wenn es nach dieser Überleitung nicht zu einer Verurteilung wegen einer Straftat gekommen ist. Kam es erstinstanzlich in einem reinen Bußgeldverfahren lediglich zu einer Sanktion nach dem Ordnungswidrigkeitenrecht, steht der Verteidigung lediglich die Rechtsbeschwerde zur Verfügung.

3. Das Berufungsgericht

1582 Zuständig zur Durchführung des Berufungsverfahrens ist das Landgericht. Örtlich zuständig ist dasjenige Landgericht, zu dessen Bezirk das Amtsgericht gehört, dessen Urteil angefochten wird.

1583 Beim Landgericht wird die Berufung vor der sogenannten kleinen Strafkammer durchgeführt, die in der Hauptverhandlung mit einem Berufungsrichter und zwei Schöffen besetzt ist. Bei der Berufung gegen ein Urteil des erweiterten Schöffengerichts des AG wirkt auch in der Berufungsinstanz ein zweiter Berufsrichter mit. In Jugendstrafverfahren findet die Berufung gegen Urteile des Jugendrichters vor der kleinen Jugendstrafkammer statt; gegen Urteile des amtsgerichtlichen Jugendschöffengerichts findet eine Verhandlung vor der großen Jugendkammer statt (§ 33b JGG). Besonderheiten gelten, wenn ein schöffengerichtliches Urteil angefochten wird, das eine Straftat gem. § 74c GVG zum Gegenstand hat. Hier ist die Wirtschaftsstrafkammer des Landgerichts gem. § 74c GVG als kleine Wirtschaftsstrafkammer zuständig.

4. Form und Frist

1584 Die Berufung ist binnen einer **Frist von einer Woche** nach Verkündung des angefochtenen Urteils einzulegen (§ 314 Abs. 1). Dies gilt für den Regelfall, dass eine solche Verkündung in Anwesenheit des Angeklagten erfolgte, ansonsten beginnt die Frist mit der wirksamen Zustellung des Urteils.

1585 Die Berufung ist entweder schriftlich oder zu Protokoll der Geschäftsstelle einzulegen, und zwar bei dem Gericht, das das angefochtene Urteil erlassen hat (iudex a quo). Die Anforderung der Schriftlichkeit ist erfüllt, wenn eine in deutscher Sprache abgefasste Erklärung vorliegt, die den Urheber zweifelsfrei erkennen lässt.[1475]

1586 Eine **Begründung** der Berufung ist zwar denkbar (§ 317), aber für die Verteidigung nicht zwingend vorgeschrieben. Dennoch kann es aus vielerlei Gründen für die Verteidigung sinnvoll sein, vor Durchführung der Berufungshauptverhandlung – maßgeblich nach Einsicht in das amtsgerichtliche Protokoll – durch einen Schriftsatz zu verdeutlichen, wo die Schwächen des bisherigen Verfahrens liegen und wo die sinnvoll zu verfolgenden Verteidigungsziele festgemacht werden. Offenheit hilft hier häufig, auch beim Berufungsgericht vorhandene Skepsis abzubauen.

Dies ist auch dem besonderen Hang der Berufungsrichter zur vorprozessualen Verständigung geschuldet. Nirgendwo in der Strafjustiz wird von Richtern häufiger zum Telefon gegriffen, um das »Verteidigungsziel« zu erfragen und Erledigungsvorschläge zu erörtern. Die Basis einer bereits abgeschlossenen Hauptverhandlung scheint hier Distanzschranken besonders leicht entfallen zu lassen. In jedem Fall trifft die Verteidigung auf einen besonders kommunikationsbereiten Richter, dessen Bedürfnisse zu berücksichtigen sind.

1587 Die falsche Bezeichnung eines Rechtsmittels ist grundsätzlich unschädlich (§ 300).

Maßgeblich ist der deutlich gewordene Anfechtungswille, der ggf. durch Auslegung zu ermitteln ist. Problematisch kann die Auslegung bei der Anfechtung des amtsgerichtlichen Urteils werden, da dem Angeklagten grundsätzlich zwei Rechtsmittel zur Verfügung stehen, die Berufung und die Sprungrevision.

1475 BGHSt 30, 182; AK-StPO/*Dölling* § 314 Rn. 6 f.

Beantragt der verurteilte Angeklagte laienhaft eine »nochmalige Verhandlung« oder legt er gegen das Urteil »Einspruch« mit dem Antrag ein, neue Zeugen zu hören, so wird sein Rechtsmittel regelmäßig als Berufung zu behandeln sein.

Liegen mehrere sich widersprechende Rechtsmittelerklärungen vor, so ist durch Auslegung der Wille des Angeklagten zu ermitteln. Gerade bei Kollisionen der nebeneinander bestehenden Erklärungen eines Pflicht- und eines später beauftragten Wahlverteidigers kann die Verfahrensentwicklung Hinweise darauf geben, welche Erklärung dem tatsächlichen Willen des verurteilten Angeklagten entspricht.[1476] Bestehen bei der Auslegung des eingelegten Rechtsmittels Zweifel, so ist regelmäßig dasjenige Rechtsmittel als gewählt anzusehen, das die umfassendere Überprüfung ermöglicht.[1477] Innerhalb der Revisionsbegründungsfrist kann der Verteidiger von einer explizit eingelegten Berufung noch zum Rechtsmittel der Revision wechseln (**Sprungrevision**), weshalb die Zuständigkeit des Berufungsgerichts – mit Ausnahme der Annahmeberufung § 313 –[1478] eine vorläufige ist.   1588

Gerade im Hinblick auf die Wahlmöglichkeit, die erst nach Vorliegen der schriftlichen Urteilsgründe ausgeübt werden soll, wird von der Verteidigung häufig innerhalb der einwöchigen Frist lediglich unbestimmt und allgemein ein »**Rechtsmittel**« eingelegt.   1589

Wird danach allerdings nicht innerhalb der möglichen Revisionsbegründungsfrist das allgemeine Rechtsmittel konkret bezeichnet, gilt das Rechtsmittel als Berufung.   1590

> Die **Taktik** der Verteidigung, ob **Sprungrevision oder Berufung** eingelegt wird hängt von vielen Faktoren ab. Hilfreich ist ein Blick in den Geschäftsverteilungsplan und die Prognose von Atmosphäre und Ergebnis einer Berufungshauptverhandlung vor dem zuständigen Richter. Die statistisch niedrigen Erfolgschancen einer Revision dürften ebenso eine Rolle spielen wie das denkbare Ergebnis einer Revision, das regelmäßig lediglich zu einer Zurückweisung an das Amtsgericht führen kann.

Hat der Verteidiger eindeutig die Revision als Rechtsmittel gewählt, ist ein Wechsel innerhalb der Revisionsbegründungsfrist zur Berufung zwar noch möglich.[1479] Ist allerdings bereits nach Formulierung der Revisionsbegründung diese als unzulässig verworfen worden, kann das Rechtsmittel nicht mehr nachträglich als Berufung behandelt werden.   1591

> Hat die Verteidigung sich für eine Sprungrevision entschieden, so führt eine gleichzeitig eingelegte Berufung der Staatsanwaltschaft zu einem einheitlichen Berufungsverfahren (§ 335 Abs. 3). Da ein derartiges Vorgehen der Staatsanwaltschaft häufig taktisch bedingt ist und eine Rücknahme der Berufung stets in Betracht zu ziehen ist, muss die Verteidigung § 335 Abs. 3 S. 2 beachten: Das von der Verteidigung eingelegte Rechtsmittel der Sprungrevision würde in diesem Fall wieder aufleben.   1592
>
> Eine Besonderheit kann in der seltenen Situation auftauchen, dass die erstinstanzliche Hauptverhandlung gem. § 232 in Abwesenheit des Angeklagten stattgefunden hat. Gemäß § 235 kann er unter Umständen Wiedereinsetzung beantragen. Berufung und Wiedereinsetzungsantrag stehen daher als potenzielle Verteidigungsmöglichkeiten nebeneinander. Für diesen Kollisionsfall enthält § 315 eine besondere gesetzliche Regelung. Sie ermöglicht der Verteidigung, beide Verteidigungsoptionen parallel wahrzunehmen. Die Berufungsfrist wird nicht bis zur Bescheidung des Antrages auf Wiedereinsetzung hinausgeschoben. Allerdings muss die Verteidigung deutlich machen, dass tatsächlich beide Anträge gestellt werden. Wird dem Wiedereinsetzungsantrag stattgegeben, kommt es zu einer Wiederholung der erstinstanzlichen Hauptverhandlung. Wird der Antrag abgelehnt, wird nunmehr über die Berufung entschieden.

Ist im Normalfall der Berufungseinlegung die einwöchige Frist versäumt worden, verbleibt die normale Möglichkeit der **Wiedereinsetzung** in den vorigen Stand gem. § 46 Abs. 1. Über diesen Antrag hat grundsätzlich das Berufungsgericht zu entscheiden, selbst wenn die Versäumung der Frist zunächst vom Berufungsgericht übersehen und die Berufungsinstanz durch ein Urteil abgeschlossen worden   1593

1476   OLG Hamm NStZ 2006, 184.
1477   Vgl. BGHSt 33, 183 ff.
1478   OLG Bamberg StraFo 2015, 161.
1479   BGHSt 13, 388, 390 ff.

war; das mit der Sache befasste Revisionsgericht hat in diesem Fall grundsätzlich die Sache zur Entscheidung über die Wiedereinsetzung an das Landgericht zurückzuverweisen.[1480]

5. Einlegungsbefugnis

1594   Der erstinstanzlich verurteilte Mandant ist stets und uneingeschränkt rechtsmittelbefugt (§ 296 Abs. 1).

1595   Ausreichend ist, dass er zumindest verhandlungsfähig ist, er muss also psychisch und physisch in der Lage sein, eine grundsätzliche Entscheidung darüber zu treffen, ob eine Nachprüfung der amtsgerichtlichen Entscheidung gewünscht wird.[1481]

Grundsätzlich kann sich der Angeklagte bei dieser Erklärung auch seines Verteidigers bedienen.

1596   Gemäß § 297 kann auch der Verteidiger für den verurteilten Mandanten Rechtsmittel einlegen. Dieses eigenständige prozessuale Recht ist allerdings ausnahmsweise dadurch eingeschränkt, dass es nicht gegen den ausdrücklich erklärten Willen des Mandanten ausgeübt werden darf. Eine besondere Vollmacht ist für den Verteidiger nicht erforderlich, auch der Pflichtverteidiger bedarf somit keiner besonderen Ermächtigung. Ausreichend für die wirksame Berufungseinlegung durch den Verteidiger ist allein, dass im Zeitpunkt der Erklärung ein Verteidigungsverhältnis bestand. Spätere Kündigungen des Mandats haben auf die Wirksamkeit der Einlegung keinen Einfluss. Auch Verteidigungsverbote gem. §§ 137, 146 beeinträchtigen die Wirksamkeit der Erklärung so lange nicht, wie der Verteidiger nicht ausdrücklich zurückgewiesen worden ist (§ 146a Abs. 2).

Kollidieren unterschiedliche Erklärungen des Verteidigers und des Mandanten, so ist der erkennbare Wille des Mandanten vorrangig.[1482] Hier ist eine abweichende Rechtsmittelbestimmung durch den Verteidiger unwirksam. Gleiches gilt für eine Berufungseinlegung, wenn der Mandant zuvor wirksam auf ein Rechtsmittel verzichtet oder wirksam eine Beschränkung vorgenommen hat.

6. Beschwer

1597   Zulässigkeitsvoraussetzung der Berufung ist die Beschwer des Angeklagten. Durch das erstinstanzliche Urteil ist der Angeklagte immer dann beschwert, wenn er verurteilt wurde. Ein Schuldspruch ist auch dann ausreichend, wenn grundsätzlich von Strafe abgesehen wird.

1598   Maßgeblich ist nach traditioneller Rechtsprechung der Grundsatz der »Tenorbeschwer«.[1483] Ob der Angeklagte durch das Urteil erster Instanz beschwert wurde, ist somit maßgeblich nach dem Inhalt der Entscheidungsformel des amtsgerichtlichen Urteils zu bewerten. Durch einen Freispruch ist der Angeklagte grundsätzlich nicht beschwert. Dass eine Beschwer sich nicht aus der Art und Weise der Urteilsbegründung ergeben kann, ist allerdings nicht mehr selbstverständlich, nachdem der EGMR festgestellt hatte, dass auch ein freisprechendes Urteil wegen Verstoßes gegen die Unschuldsvermutung konventionswidrig sein kann, wenn die Gründe letztlich eine Schuldüberzeugung des Gerichts dokumentieren.[1484]

1599   Ist das Verfahren in erster Instanz durch ein Urteil z.B. wegen Verjährung gem. § 260 Abs. 3 eingestellt worden, soll dies auch dann keine Beschwer darstellen, wenn der Angeklagte primär einen Freispruch erstrebte.[1485] Anderes kann ausnahmsweise dann gelten, wenn durch die Einstellungsentscheidung das Amtsgericht eine liquide Freispruchsreife missachtet hat.[1486]

1480 OLG Hamburg StraFo 2006, 294 f.
1481 BGHSt 41, 16 = JR 1995, 472 m. Anm. Rieß.
1482 OLG Düsseldorf, NStZ 1989, 289.
1483 BGHSt 7, 153; 16, 374 (376).
1484 EGMR Cleve./. Deutschland StV 2016, 1 ff. m. Anm. *Stuckenberg*.
1485 S. ausführl. *Sternberg-Lieben* Einstellungsurteil oder Freispruch, ZStW 108 (1996), 721 ff.
1486 S. hierzu ausführl. *Meyer-Goßner* Verurteilung und Freispruch versus Einstellung, FS Rieß 2002, S. 331, 336 f.

7. Rechtsmittelverzicht

Die Berufungseinlegung geht dann ins Leere, wenn zuvor auf mögliche Rechtsmittel wirksam ver-   **1600**
zichtet worden ist. Häufig ist der erst für die Berufungsinstanz beauftragte Verteidiger mit dem
Problem konfrontiert, dass der – unverteidigte – Mandant im Vorfeld Erklärungen abgegeben hat,
die als Verzicht gewertet werden. Die Aufgabe der Verteidigung kann in dieser Situation darin
bestehen, die Mängel eines solchen Verzichts aufzuzeigen.

Das Gesetz sieht grundsätzlich sowohl den **Verzicht** als auch die **Rücknahme** eines Rechtsmittels vor   **1601**
(§§ 302, 303). Es handelt sich um bedingungsfeindliche, unwiderrufliche und selbst bei Willensmängeln
grundsätzlich wirksame Prozesshandlungen, die insbesondere der Angeklagte selbst vornehmen kann. Im
Ergebnis haben diese Erklärungen den endgültigen Verlust des Rechtsmittels zur Folge.

Bei dem Verzicht handelt es sich um die Erklärung, dass der Berechtigte von der Einlegung eines Rechtsmittels keinen Gebrauch machen will. Die Rücknahme betrifft ein bereits eingelegtes Rechtsmittel, auf
das nachträglich verzichtet wird. Für die Rücknahme des Einspruchs gegen einen Strafbefehl gelten die
gleichen Regeln (§ 410 Abs. 1 S. 2). Die Rücknahme der Berufungseinlegung wird von der Rechtsprechung als Verzicht mit der Folge behandelt, dass innerhalb einer noch laufenden Einlegungsfrist die
Berufung nicht erneut eingelegt werden kann.[1487] Eine abgesandte, aber noch nicht bei Gericht eingegangene Rücknahmeerklärung kann bis zu deren Eingang widerrufen werden.[1488] Nach Beginn der Hauptverhandlung bedarf die wirksame Rücknahme eines Rechtsmittels der Zustimmung des »Gegners« (§ 303).
Dies gilt auch für eine Teilrücknahme und damit auch für eine Rechtsmittelbeschränkung. Angesichts
der Unwiderruflichkeit sind an die Eindeutigkeit der Erklärung strenge Anforderungen zu stellen.[1489]

Auch der **Verteidiger** kann grundsätzlich Verzichts- oder Rücknahmeerklärungen abgeben. Diese   **1602**
Erklärungen sind jedoch nicht von der allgemeinen Bevollmächtigung abgedeckt, bedürfen vielmehr
einer **zusätzlichen ausdrücklichen Ermächtigung**. Dies gilt für den Wahl- wie für den Pflichtverteidiger.

Problematisch sind formularmäßige Formulierungen in der Vollmachtserklärung. Hier hat die Recht-   **1603**
sprechung eine entsprechende Bevollmächtigung im Voraus weitgehend eingeschränkt. Denkbar ist allenfalls, dass sich die Ermächtigung auf den möglichen Verzicht auf ein ganz bestimmtes Rechtsmittel
bezieht.[1490] Andererseits kann eine solche Zustimmung auch mündlich erklärt werden. Hier geht die Rechtsprechung teilweise sehr weit und hält die Verzichts- oder Rücknahmeerklärung des Verteidigers für
genehmigt, wenn der anwesende Angeklagte dieser nicht widerspricht oder sich lediglich auf ein zustimmendes Nicken beschränkt.[1491]

Ebenso häufig wie rechtlich bedenklich sind Erklärungen des unverteidigten Beschuldigten, die diese   **1604**
unmittelbar nach Urteilsverkündung erster Instanz noch im Gerichtssaal abgegeben hat. Die Ergebnisse der Kommunikation zwischen Richter und Angeklagten werden von der Justiz häufig als wirksamer Verzicht ausgelegt. Sehen der neu beauftragte Verteidiger und sein Mandant dies anders, verbleiben zahlreiche Wege, die Wirksamkeit der angeblichen Verzichtserklärung anzuzweifeln:

Bei der Aufklärungsarbeit hinsichtlich der Umstände einer Verzichtserklärung hat der Verteidiger darauf   **1605**
hinzuweisen, dass nach Nr. 142 Abs. 2 RiStBV der Angeklagte grundsätzlich gerade nicht veranlasst
werden soll, im unmittelbaren Anschluss an die Urteilsverkündung eine Erklärung zum Rechtsmittelverzicht abzugeben.

Wirksam ist eine Verzichtserklärung nur dann, wenn sie entweder in Schriftform oder als Erklärung zu
Protokoll abgegeben wird. Der Verzicht des Angeklagten nach Verkündung des erstinstanzlichen Urteils
ist also in jedem Fall in das Hauptverhandlungsprotokoll aufzunehmen. Sie stellt eine wesentliche Förmlichkeit i.S.d. § 273 Abs. 1 dar und nimmt an der Beweiskraft nach § 274 teil. Wird keine eindeutige
Erklärung protokolliert, ist ein Verzicht nicht bewiesen. Daneben ist zu beachten, dass die Protokollie-

---

1487 BGHSt 10, 245; NStZ 1995, 356.
1488 OLG Hamm StraFo 2008, 33.
1489 OLG München StV 2017, 810 f.
1490 BGH NStZ 2000, 665.
1491 BGH NStZ 2002, 496; NStZ 2005, 47.

rung den Beurteilungsförmlichkeiten des § 273 Abs. 3 folgt. Dies bedeutet, dass die Erklärung des Angeklagten verlesen und sodann von diesem genehmigt worden sein muss. Mangelt es hieran, kann der Beweis des Verzichts nicht über das Protokoll erbracht werden.[1492] Nicht zu beseitigende Unklarheiten hinsichtlich der Formulierungen schließen die Annahme von Verzicht oder Rücknahme aus.[1493] Hierbei sind zum einen mögliche Sprachprobleme des erklärenden Angeklagten zu beachten. Zum anderen setzt eine wirksame Erklärung auch die Verhandlungsfähigkeit des Erklärenden voraus.

1606   Ist die Erklärung eindeutig und sind alle Bedingungen erfüllt, bindet die Erklärung des Angeklagten, auch wenn er später anderer Ansicht ist. Eine Anfechtung wegen Irrtums, Täuschung oder Drohung ist grundsätzlich nicht möglich.[1494] Dennoch hat die Rechtsprechung immer wieder Wege aufgezeigt, wie der Angeklagte sich von einer derartigen Erklärung lösen kann. Maßgeblich hierfür ist offensichtlich das Verständnis für die Situation des Angeklagten, der sowohl in der kurzen Zeitspanne nach Urteilsverkündung als auch in der regelmäßig angespannten Situation nicht in der Lage ist, ausreichend die Tragweite einer solchen Verzichtserklärung zu beurteilen.

1607   So kommt die Unwirksamkeit der Verzichtserklärung in Betracht, wenn der Angeklagte prozessual handlungsunfähig ist und deshalb den Bedeutungsgehalt der Erklärung verkannt haben könnte.[1495] Ebenso sind Irrtümer zu berücksichtigen, wenn sie auf einer dem Gericht oder der Staatsanwaltschaft zuzurechnenden Täuschung beruhen. Die Art und Weise des Zustandekommens der Erklärung kann ihre Unwirksamkeit bedingen, wenn sie auf einer vom Gericht zu verantwortenden unzulässigen Einwirkung auch mit solchen Beeinflussungsmitteln beruht, die nicht von § 136a verboten sind.[1496]

1608   Dies Verständnis darf auch der verteidigte Angeklagte in Anspruch nehmen. In jedem Fall muss ihm vor einer Erklärung Gelegenheit gegeben werden, mit seinem Verteidiger die Tragweite einer Verzichtserklärung zu erörtern.[1497] Selbst wenn ein Fall der notwendigen Verteidigung nicht vorliegt, kann in diesem Zusammenhang eine prozessuale Besonderheit die Unwirksamkeit einer Erklärung zur Folge haben. Das OLG München[1498] hat dies für die Konstellation angenommen, dass der Angeklagte vor der Hauptverhandlung einen Antrag auf Beiordnung eines Verteidigers gestellt hatte, dieser Antrag allerdings vom Gericht weder vor noch in der Hauptverhandlung beschieden wurde.

1609   Besonders deutlich wird die hilflose Situation des Angeklagten, wenn Verhandlung, Urteilsverkündung und Verzicht unter der Voraussetzung einer **notwendigen Verteidigung** erfolgten, ein Verteidiger allerdings nicht anwesend ist. Bei wirksamer Verzichtserklärung kann dieser formale Mangel nicht mehr gerügt werden. Es entspricht mittlerweile herrschender Rechtsprechung, die Verzichtserklärung als von Anfang an unwirksam anzusehen, wenn trotz des Vorliegens der Voraussetzung einer notwendigen Verteidigung bei dieser Erklärung kein Verteidiger mitgewirkt hat.[1499] Verwiesen wird zur Begründung auf eine gravierende, gemessen an den Anforderungen an ein faires Verfahren nicht hinnehmbare Einschränkung der Verteidigungsrechte des Angeklagten.

1610   Die Ursache von vorschnellen und **unüberlegten Rechtsmittelverzichtserklärungen** noch in der Hauptverhandlung ist allerdings vielfältiger. Die Rechtsprechung untersucht daher häufig auch Situationen, in denen der unverteidigte Angeklagte durch Irreführung oder gar Drohung von Verfahrensbeteiligten zu der Erklärung geführt worden ist.[1500] Denkbar sind auch Situationen, in denen sich der Angeklagte durch ein drängendes und forsches Auftreten des Vorsitzenden aus Angst vor Konsequenzen zu einer solchen Erklärung gedrängt fühlte.[1501]

1492 OLG Köln NStZ-RR 2006, 83 f.
1493 OLG Hamm NStZ 1986, 378; OLG Zweibrücken StV 1994, 363.
1494 OLG Köln NStZ 1997, 301.
1495 BGH NStZ-RR 2017, 92.
1496 BGHSt 54, 51, 53; StraFo 2019, 508, 511.
1497 BGHSt 18, 257 (260).
1498 NJW 2006, 789 f.
1499 BGH NJW 2002, 1436; OLG Düsseldorf StV 1998, 647; OLG Köln StV 2003, 65; OLG Koblenz StraFo 2006, 25 f.
1500 BGHSt 17, 14; NJW 2001, 1435.
1501 OLG Köln NStZ-RR 2006, 83, 84.

Darüber hinaus sind von der Rechtsprechung Situationen erörtert worden, die eine unzulässige Einfluss-   **1611**
nahme auf die Entscheidung des Angeklagten nahelegen. Hierzu kann z.B. eine massive Drohung des
Vorsitzenden mit einem fortdauernden Haftvollzug gehören, falls dieser kein Geständnis und einen entsprechenden Rechtsmittelverzicht abgebe.[1502] Generell gehören hierzu Andeutungen von Haftbefehlen, die
einer ernsthaften gesetzlichen Grundlage entbehren.[1503] Der unsachgemäße Haftbefehlsantrag der Staatsanwaltschaft soll demgegenüber nicht ausreichen, um die Unfairness des Verfahrens und damit die Unwirksamkeit einer Verzichtserklärung zu belegen.[1504] Gleiches soll für die Situation am Ende einer Urteilsverkündung gelten, in der das Gericht die Haftentscheidung entgegen § 268b bis zum Rechtsmittelverzicht
»zurückstellt«.[1505]

Auch falsche Auskünfte, die die Fürsorgepflicht des Gerichts gröblich verletzen, können Ansatzpunkte
für die Unwirksamkeit einer Verzichtserklärung sein. Denkbar ist die schlichte Erklärung des Vorsitzenden, es gäbe ohnehin kein Rechtsmittel[1506], falsche Auskünfte über die Unzulässigkeit eines Bewährungswiderrufs[1507] oder der unzutreffende Hinweis, bei Rücknahme erfolge eine sofortige Rückgabe des beschlagnahmten Führerscheins.[1508]

Besondere Probleme können im Zusammenhang mit der **Urteilsabsprache** auftauchen. § 302 ver-   **1612**
bietet bei einer Absprache die Vereinbarung eines Rechtsmittelverzichts. Ungeklärt sind allerdings
die Situationen, in denen ein solcher Verzicht entsprechend einer – unzulässigen – Vereinbarung
tatsächlich erklärt worden ist.

Schon vor der gesetzlichen Fixierung der Verständigung stand die Wirksamkeit eines Verzichts nach   **1613**
der Grundsatzentscheidung des Großen Senats[1509] dann nicht infrage, wenn eine sogenannte qualifizierte Belehrung erfolgt war, die als wesentliche Förmlichkeit zu protokollieren ist und an der absoluten Beweiskraft des Protokolls teilnimmt. Diese Belehrung muss dem Angeklagten in aller Deutlichkeit vor Augen halten, dass ungeachtet einer Urteilsabsprache und ungeachtet von
Empfehlungen aller anderen Prozessbeteiligten der Angeklagte in seiner Entscheidung grundsätzlich
frei ist, ein Rechtsmittel einzulegen; seine eigene Ankündigung, kein Rechtsmittel einlegen zu wollen, bindet ihn nicht.[1510] Er hat allerdings in dieser Konstellation ein Rechtsmittel fristgerecht einzulegen.[1511] Die Frage der Wirksamkeit des Rechtsmittelverzichts ist danach maßgeblich davon abhängig,
dass eine derartige qualifizierte Belehrung nachgewiesen ist.

Dieser Nachweis wird für den Verteidiger allerdings dann schwierig, wenn – wie immer noch häu-   **1614**
fig geschehen – die Gespräche zur Verfahrensbeendigung abseits der vom Gesetz vorgegebenen Formalien erfolgen und damit der »Deal« als solcher aus dem Protokoll nicht erkennbar ist. Wo kein
Deal im Protokoll niedergelegt ist, gibt es für den BGH auch keinen Deal[1512] – und damit kommen
die Regeln zur qualifizierten Belehrung nicht zum Tragen. Einen anderen Weg zur Umgehung des
Verbots des Rechtsmittelverzichts toleriert die Rechtsprechung: Der Verteidiger legt ein Rechtsmittel ein, nimmt dieses allerdings kurz danach wieder zurück.[1513]

1502 BGH StV 2004, 636.
1503 KG JR 1977, 34, 35.
1504 BGHSt 17, 14, 19.
1505 OLG München StV 2007, 459 m. abl. Anm. *König*.
1506 OLG Bremen JZ 1955, 680.
1507 BGH StV 2001, 556.
1508 OLG Köln StV 2014, 207.
1509 BGH NStZ 2005, 389 = StV 2005, 311 = StraFo 2005, 409.
1510 Das soll selbst dem »unlauteren« Angeklagten zugutekommen, der um die Unwirksamkeit des Ver-
     zichts weiß, KG StRR 2008, 304 f.
1511 BGH, Beschl. v. 25.06.2008 – 4 StR 246/08.
1512 BGH NStZ 2007, 355; BGH StV 2011, 645.
1513 BGH StV 2010, 346 m. Anm. *Niemöller* StV 2010, 474.

8. Beschränkung der Berufung

1615   Die Berufung kann »auf bestimmte Beschwerdepunkte beschränkt werden« (§ 318 S. 1). Die Beschränkung ist eine teilweise Rücknahme des eingelegten Rechtsmittels, es gelten zur Eindeutigkeit der Erklärung sowie der anwaltlichen Vollmacht die allgemeinen Regeln; eine nicht ausreichende Ermächtigung hat zur Folge, dass das Rechtsmittel als unbeschränkt eingelegt anzusehen ist.[1514]

1616   Die Beschränkung – insbesondere auf das Strafmaß – ist nicht nur Alltag vor den Berufungsgerichten. Häufig sieht sich die Verteidigung bereits zu Beginn des Berufungsverfahrens mit dem Bemühen des Vorsitzenden konfrontiert, gerade eine solche Beschränkung zu erreichen. Steht nicht eine Freispruchsverteidigung im Raum, scheint es fast ein eingeübter Reflex zu sein, dass Berufungsrichter im ersten Telefongespräch anregen, die Berufung doch auf das Strafmaß zu beschränken. Überlegungen zu Vorteilen und Gefahren einer solchen Beschränkung gehören daher regelmäßig zur Verteidigungsvorbereitung.

1617   Eine Beschränkung der Berufung ist dann zulässig, wenn sie sich auf einzelne Beschwerdepunkte bezieht, die sich nach ihrem inneren Zusammenhang im Urteil losgelöst von dem nicht angegriffenen Teil rechtlich und tatsächlich selbstständig beurteilen lassen.[1515] So klar dieser dogmatische Ausgangspunkt formuliert ist, so schwierig ist es unter Umständen die (Un-) Teilbarkeit oder Abtrennbarkeit einzelner rechtlicher oder tatsächlicher Probleme zu fixieren.

Man unterscheidet zwischen der vertikalen und der horizontalen Teilanfechtung eines Urteils.

1618   Die zulässige **vertikale Teilanfechtung** ist immer dann gegeben, wenn das angefochtene Urteil Verurteilungen zu mindestens zwei Taten im prozessualen Sinne enthält.

Hier ist es unproblematisch, wenn die Berufung sich lediglich auf eine Tat im prozessualen Sinne bezieht; mit der Beschränkungserklärung wird die andere Tat rechtskräftig. Werden mehrere – allerdings nicht alle – abgeurteilten Taten angefochten, so gilt auch die Gesamtstrafe als mit angefochten. Gleiches gilt für die Rechtsfolgen des amtsgerichtlichen Urteils, die ihre Grundlage in allen oder mehreren der abgeurteilten Taten finden (s. z.B. Fahrerlaubnisentziehung oder Anordnung der Sicherungsverwahrung). Die rechtskräftigen Teile des Urteils sind vollstreckbar; rein rechnerisch bezieht sich das bei einer Gesamtstrafe allerdings allenfalls bis zur Höhe der später geringst zulässigen Gesamtstrafe.

1619   Bei der **horizontalen Teilanfechtung** beschränkt sich das Rechtsmittel auf bestimmte Teile eines einheitlichen Tatvorwurfs. Klassisch ist die Beschränkung der Berufung auf die Festsetzung der Rechtsfolgen der Tat unter Akzeptanz des gesamten Schuldspruchs. Der nicht angefochtene Teil erwächst hierbei regelmäßig nicht in Rechtskraft, man spricht allgemein von einer besonderen Form der innerprozessualen Bindungswirkung.[1516]

1620   Strittig ist die Behandlung einer Beschränkung bei materieller Tatmehrheit innerhalb einer prozessualen Tat. Stehen Straftaten innerhalb derselben prozessualen Tat in Realkonkurrenz, so soll die Beschränkung auf einzelne materiellrechtlich selbstständige Taten zulässig sein.[1517] Ob diese Beschränkung als horizontal oder vertikal zu bezeichnen ist, ist umstritten, für die Praxis aber ohne Belang.

1621   Die horizontale Beschränkung ist von der Rechtsprechung stets dann als Problem erörtert worden, wenn nicht sämtliche Rechtsfolgen, sondern lediglich Teile der Rechtsfolgen mit der Berufung angefochten werden sollen. In einer wechselnden Rechtsprechung wird zum einen erörtert, ob die unterschiedlichen Rechtsfolgen tatsächlich »trennbar« sind, zum andern wird diskutiert, ob eine Bewertung der einzelnen – lediglich z.T. angefochtenen – Rechtsfolgen in sich widerspruchsfrei erfolgen können.

▶ **Beispiele:**

1622   Zulässig ist die Beschränkung der Anfechtbarkeit

1514   OLG München StV 2017, 810 f.
1515   BGHSt 24, 185, 187 f.; 29, 359, 364.
1516   S. z.B. BGHSt 24, 187; 30, 340, 343.
1517   BGHSt 21, 256, 258.

- auf die Strafaussetzung zur Bewährung,[1518]
- auf die Entscheidung zur Anrechnung der Untersuchungshaft,
- auf die Zahl oder die Höhe der Tagessätze oder die Entscheidung über Zahlungserleichterungen,
- auf die Bemessung der Gesamtstrafe,
- auf die Anordnung von Maßregeln der Besserung und Sicherung (z. T. strittig),[1519]
- auf die Nichtaussetzung der Freiheitsstrafe zur Bewährung bei gleichzeitiger Bestandskraft einer Fahrerlaubnisentziehung,[1520]
- auf die Nichtberücksichtigung von Verfahrenshindernissen, wenn sich ihre Art nach deren Vorliegen unabhängig vom Schuld- und Strafausspruch beurteilen lässt (z.B. Strafklageverbrauch, Wirksamkeit einer Anklage oder eines Eröffnungsbeschlusses),
- auf die Frage der verminderten Schuldfähigkeit,[1521]
- auf die Entziehung der Fahrerlaubnis.[1522]

Eine Beschränkung auf den Ausspruch eines **Fahrverbots** soll demgegenüber nicht möglich sein.   1623

> Das Fahrverbot ist seiner Rechtsnatur nach eine Nebenstrafe. Haupt- und Nebenstrafe stehen grundsätzlich in einem inneren Abhängigkeitsverhältnis. Die Verhängung des Fahrverbots setzt die Feststellung voraus, dass die Hauptstrafe allein zur Erreichung des Strafzwecks nicht ausreicht, sondern das Fahrverbot neben der Strafe erforderlich ist, sodass insgesamt eine ganzheitliche Betrachtung notwendig ist.[1523] Unzulässig ist ebenso die Beschränkung der Berufung auf die fehlerhafte Anwendung des **Jugendrechts**.[1524]

Die **Beschränkung** ist als gestaltende Prozesshandlung grundsätzlich weder zu **widerrufen** noch anzufechten. Sie kann allerdings unwirksam sein angesichts besonderer Umstände der Art und Weise ihres Zustandekommens. Hierzu zählen insbesondere Konstellationen, in denen sich das Gericht zum Erreichen der Beschränkung unlauterer Mittel bedient oder gar Situationen, in denen der Angeklagte durch unrichtige oder fehlende amtliche Auskünfte in die Irre geführt wurde.[1525]

Sämtliche isolierten Anfechtungsmöglichkeiten stehen unter einem weiteren Vorbehalt:

Die Beschränkung der Berufung auf den Rechtsfolgenausspruch oder Teile davon ist dann nicht   1624 möglich, wenn der nicht angefochtene **Schuldspruch** letztlich **keine tragfähige Grundlage** für die darauf aufbauende Entscheidung des Amtsgerichts bietet. Die Rechtsprechung hat in zahlreichen Fällen deutlich gemacht, dass die isolierte Erörterung von Rechtsfolgen in der Berufungshauptverhandlung dann nicht möglich ist, wenn die Feststellungen zum eigentlichen Tatgeschehen unvollständig sind, sich z.T. nur in einem Gesetzeszitat erschöpfen, sich widersprechen oder in erheblichem Maße lückenhaft sind.[1526]

> Demgegenüber soll schlicht fehlerhafte Rechtsanwendung beim Schuldspruch durch das Amtsgericht   1625 der Wirksamkeit einer Beschränkung nicht entgegenstehen.[1527] Extreme sind aber auch hier denkbar: Lässt der festgestellte Sachverhalt ein strafrechtlich relevantes Verhalten überhaupt nicht erkennen, ist die Beschränkung auf die Rechtsfolgen unwirksam.

1518 BGHSt 24, 164, 165.
1519 BGH StV 2012, 72: § 64 StGB kann vom Rechtsmittelangriff nicht ausgenommen werden, wenn zugleich der Schuldspruch angegriffen wird.
1520 BGHSt 47, 32 ff.
1521 BGHSt 7, 283, 287.
1522 OLG Frankfurt NStZ-RR 1997, 46.
1523 OLG Jena NStZ-RR 2005, 276, 277.
1524 LG Göttingen StraFo 2007, 382.
1525 OLG Jena StV 2019, 838 ff.
1526 S. z.B. BGH NStZ 2001, 493; OLG Köln NStZ-RR 2000, 49; StraFo 2001, 93; StraFo 2006, 282; OLG Koblenz NStZ 2003, 617; BayObLG NStZ-RR 2003, 117 ff.; s. OLG Oldenburg NStZ-RR 2008, 117, wo ausnahmsweise bei nicht festgestellter Wirkstoffmenge des BtM eine ausreichende Schuldfeststellung und damit die Zulässigkeit der Berufungsbeschränkung angenommen wurde.
1527 BGH NStZ 1996, 352, 353.

1626   Die Erklärung der Verteidigung zur Beschränkung hat deutlich zu sein, da bei Zweifelsfragen von einer umfassenden Rechtsmitteleinlegung auszugehen ist (§ 318 S. 2). Zur Klarstellung empfiehlt sich hier die ansonsten nicht notwendige Begründung einer Berufung. Maßnahmen der Sicherung und Besserung können ausdrücklich von der Berufung ausgenommen werden, wenn der drogenabhängige Mandant eine Einweisung befürchtet und vermeiden will.[1528]

1627   **Verteidigungstaktisch** kann eine Beschränkung auf vielerlei Motiven beruhen. So kann ein als besonders unangenehm erwarteter Zeuge aus der Hauptverhandlung ferngehalten werden, wenn dieser lediglich Angaben zu einer von mehreren prozessualen Taten machen kann und diese Tat gerade nicht angefochten wird.

1628   Sinnvoll kann eine Beschränkung auf die Rechtsfolgen auch dann sein, wenn die Schuldfeststellungen des Amtsgericht zwar ausreichend und tragfähig sind, besonders unangenehme Gesichtspunkte jedoch nicht aufgenommen wurden. Hier kann sich die Verteidigung zunutze machen, dass bei der Beschränkung auf die Rechtsfolgen das gesamte Berufungsverfahren getragen wird von der Bindung an die amtsgerichtlichen Feststellungen. Problematisch – aber auch zum Teil vorteilhaft – können sich hier die sogenannten doppelrelevanten Tatsachen darstellen. Das sind diejenigen Tatumstände, die sowohl für den Schuldumfang als auch für die Strafe von Bedeutung sind. Sie können zwar peripher ergänzt, aber grundsätzlich nicht mehr infrage gestellt werden. Zu derartigen Feststellungen gehören die Tatsachen über das tataauslösende Motiv ebenso wie zu den Beweggründen der Tatbegehung, Merkmale, die die Entstehung und die Entwicklung des Tatentschlusses betreffen, Vorsatzarten oder Ausmaß des Fahrlässigkeitsvorwurfs oder z.B. die Schadenshöhe.

1629   Gerade diese Bindung kann dem Interesse der Verteidigung entgegenstehen, wenn gerade strafmindernde Faktoren in den Mittelpunkt der Berufungshauptverhandlung gestellt werden sollen. Auch wenn das eigentliche Verteidigungsziel in einer Minimierung des Strafausspruchs besteht, kann es hier ein schwerer verteidigungstaktischer Fehler sein, die Berufung vorschnell zu beschränken.

9. Verbot der reformatio in peius

1630   Hat allein die Verteidigung (und nicht die Staatsanwaltschaft) Berufung eingelegt, kann sie sicher sein, dass im Berufungsurteil die Rechtsfolgen der Tat in Art und Höhe nicht zum Nachteil des Mandanten geändert werden dürfen (§ 331). Diese Sicherheit kann trügerisch sein.

So droht dem Mandanten eine **Veränderung des Schuldspruchs**. Das Verschlechterungsverbot gilt lediglich für die jeweilige Sanktion.

1631   Gerade die Art des Schuldspruchs kann allerdings im konkreten Fall für den Mandanten hinsichtlich etwaiger beruflicher oder verwaltungsrechtlicher Nebenfolgen von besonderer Bedeutung sein. Wird z.B. aus der erstinstanzlichen Beleidigung eine sexuelle Belästigung, droht der Kindergärtnerin der Jobverlust. Gleiches gilt für den GmbH-Geschäftsführer, bei dem die in der Berufungsinstanz erstmalig konstatierte Untreue das Verbot der Geschäftsführertätigkeit zur Folge hätte. Ist dies das dominierende Mandanteninteresse, empfiehlt sich die Überlegung zur Rücknahme der Berufung. Ebenso nachteilig kann es sein, wenn eine Fahrlässigkeitstat sich im Berufungsurteil plötzlich als Vorsatztat darstellt oder wenn statt Versuches wegen Vollendung verurteilt wird.

1632   Das Verschlechterungsverbot bezieht sich auf alle Rechtsfolgen der Tat, somit auf alle Haupt- und Nebenstrafen, auf alle Einzelstrafen wie auf die Gesamtstarfe,[1529] die Maßregeln der Besserung und Sicherung sowie sonstige Nebenfolgen. Maßregeln wie z.B. die Entziehung der Fahrerlaubnis, dürfen somit regelmäßig in der Berufungsinstanz nicht erstmalig verhängt werden. Allerdings ist zu beachten, dass das Verschlechterungsverbot der Anordnung der Unterbringung in einem psychiatrischen Krankenhaus (§ 63 StGB) oder in einer Entziehungsanstalt (§ 64 StGB) nicht entgegensteht. Ist der Mandant an der »Wohltat« einer solchen Unterbringung nicht interessiert, verbleibt die Vermeidungsstrategie der ausdrücklichen Ausnahme der Überprüfung der Unterbringung von der

---

1528 BGHSt 38, 362.
1529 BGH NStZ 2020, 184.

Berufung. Die Wirksamkeit einer solchen Beschränkung ist jedoch davon abhängig, dass zwischen dieser Maßnahme und der verhängten Hauptstrafe keine Wechselwirkung besteht, die eine einheitliche Behandlung zwingend erforderlich macht.[1530]

Hinsichtlich der einzelnen Sanktionen gilt zur Verschlechterung: 1633

> Die Verhängung der Freiheitsstrafe ist stets nachteiliger als eine Geldstrafe. Eine Bewährungsstrafe ist stets vorteilhafter als eine – wenn auch kürzere – zu verbüßende Freiheitsstrafe. Erkennt das Berufungsurteil statt auf Freiheitsstrafe auf Geldstrafe, darf die Zahl der Tagessätze deren Höhe nicht überschreiten. Verändert das Berufungsgericht die amtsgerichtliche Geldstrafe, so dürfen die Zahl der Tagessätze und der Geldstrafenendbetrag nicht erhöht werden; nicht kritisiert wird allerdings die Erhöhung eines Tagessatzes bei gleichzeitig entsprechender Verringerung der Anzahl der Tagessätze. Die Geldbuße nach dem OWiG ist stets die mildere Sanktion gegenüber einer Geldstrafe – unabhängig von der Höhe.

> Aufgrund der notwendigen Gesamtschau zwischen Haupt- und Nebenstrafen sind kompensatorische Veränderungen im Berufungsurteil denkbar. Zulässig ist als Ausgleich für den Wegfall einer Nebenstrafe (z.B. Fahrverbot) eine Erhöhung der Geldstrafe. Zulässig ist auch die erstmalige Verhängung eines Fahrverbots unter gleichzeitiger Senkung der amtsgerichtlichen Hauptstrafe.

10. Annahmeberufung

Die Möglichkeit einer zweiten Tatsacheninstanz ist für sogenannte **Bagatellfälle** drastisch reduziert worden. Als zusätzliche Hürde hat das Gericht in bestimmten Fällen eine vorhergehende Überprüfung des Berufungsrichters vorgesehen, ob die Berufung nicht »offensichtlich unbegründet« ist (§ 313). Statistiken zeigen, dass Berufungsrichter im Übermaß von dieser Möglichkeit Gebrauch machen und Berufungen bereits nach Aktenlage vor Durchführung der Hauptverhandlung scheitern.   1634

> Den Anwendungsbereich der Bagatelle definiert das Gesetz nach dem Tenor des amtsgerichtlichen Urteils. Die Berufung bedarf dann der besonderen Annahme, wenn allein eine Geldstrafe bis zu höchstens 15 **Tagessätzen** verhängt oder bei einer Verwarnung mit Strafvorbehalt vorbehalten worden ist. Bei einer Gesamtgeldstrafe zählt die Gesamtzahl der Tagessätze. Bei Freispruch bedarf die Berufung der Staatsanwaltschaft ebenfalls der besonderen Annahme, wenn erstinstanzlich im Plädoyer keine höhere Strafe als 30 Tagessätze beantragt worden war. Sonderregelungen gelten für die Ordnungswidrigkeit (§ 313 Abs. 2).   1635

> Der besonderen Annahmeprüfung entzogen ist allerdings ein amtsgerichtliches Urteil, wenn dieses neben einer Geldstrafe zusätzlich auf Maßregeln oder Nebenfolgen abstellt. Jede Entziehung der Fahrerlaubnis, jede Verhängung eines Fahrverbots macht eine Berufung damit annahmefrei.

> Durch das Gesetz nicht geregelt und durch die Rechtsprechung noch nicht abschließend geklärt sind atypische Konstellationen. Ob beispielsweise die Staatsanwaltschaft gegen den Freispruch Annahmefreiberufung einlegen kann, wenn sie selbst in der ersten Instanz einen Freispruch beantragt hat, ist ebenso umstritten wie die Handhabung mehrerer Berufungen unterschiedlicher Angeklagter mit unterschiedlichen Sanktionen der ersten Instanz. Zweifelsfrei kann allerdings auch im Anwendungsbereich der Annahmeberufung statt der Berufung eine Sprungrevision eingelegt werden, ohne dass diese den Einschränkungen des § 313 unterfällt.[1531]

Der Bewertungsmaßstab der offensichtlichen Unbegründetheit einer Berufung ist dem Gesetz nicht zu entnehmen. Berufungsgerichte selbst gehen häufig davon aus, dass Bagatellberufungen schon dann nicht anzunehmen sind, wenn nach Aktenlage prognostisch ein Berufungsurteil für den Angeklagten nicht günstiger ausfallen würde. Bei dieser tatsächlichen und rechtlichen Einschätzung des Berufungsgerichts ist es somit unerheblich, ob zweifelsfreie Fehler in der ersten Instanz belegbar sind. Maßgeblich soll allein das Ergebnis sein.   1636

1530 S. z.B. BGHSt 38, 362, 364; NStZ 1994, 449.

1531 OLG Düsseldorf StV 1995, 70; OLG Karlsruhe StV 1994, 292 KG NStZ-RR 1999, 146; OLG Stuttgart NJW 2002, 3487; OLG Frankfurt NStZ-RR 2003, 53.

1637 Kennzeichen der Tatsacheninstanz ist allerdings, dass der Angeklagte und die Verteidigung am Umfang der Beweisaufnahme partizipieren können, ohne dass sie durch eine negative Prognose des Gerichts selbst daran gehindert werden können. Kern des Beweisantragsrechts ist gerade das Verbot der gerichtlichen Beweisantizipation. Das Bundesverfassungsgericht hat daher bereits früh festgestellt,[1532] dass die Annahme einer Berufung als offensichtlich unbegründet dann nicht verweigert werden kann, wenn der Berufungsführer zur Entkräftung von Feststellungen neue Beweisanträge ankündigt und Ablehnungsgründe nach § 244 Abs. 3 bis 5 nicht vorliegen.

1638 Hieraus folgt für die Verteidigung in den Fällen der Annahmeberufung die Notwendigkeit **erhöhten Begründungsaufwandes**. Die schlichte Berufungseinlegung überlässt allein dem Berufungsrichter nach Aktenlage die Einschätzung des wahrscheinlichen Ausgangs der Berufungsinstanz. Formalisiert und gebunden wird diese Entscheidung allerdings dann, wenn die Verteidigung bereits frühzeitig zum einen auf die Mängel des erstinstanzlichen Urteils hinweist und zum anderen präzise Beweisanträge für die Hauptverhandlung ankündigt.

1639 Über die (Nicht-) Annahme entscheidet das Berufungsgericht durch unanfechtbaren Beschluss (§ 322a). Insbesondere nach den Vorgaben des Bundesverfassungsgerichts ist dieser Beschluss in einer Form zu begründen, der eine Auseinandersetzung mit den vorgebrachten Argumenten erkennen lässt. Formelhafte Begründungen erfüllen diese Voraussetzungen nicht. Eine Beschwerde gegen den Beschluss ist allenfalls dann denkbar, wenn der Anwendungsbereich des § 313 vom Berufungsgericht verkannt worden ist.

▶ **Beispiel:**

1640 Amtsgerichtlich wurde eine Geldstrafe von 10 Tagessätzen zuzüglich ein Fahrverbot verhängt. Weist der Berufungsrichter die Berufung wegen offensichtlicher Unbegründetheit zurück, beruht dies auf einer Fehleinschätzung des Anwendungsbereichs der Annahmeberufung.

Übergeht der Berufungsrichter entscheidende Teile der vorhergehenden Begründung der Verteidigung, ist angesichts der Unanfechtbarkeit des Beschlusses der Weg über § 33a eröffnet.

11. Ausbleiben des Angeklagten zu Beginn der Berufungshauptverhandlung

1641 Im Gegensatz zu anderen Rechtsordnungen geht die deutsche StPO davon aus, dass der Angeklagte grundsätzlich in der Hauptverhandlung anwesend sein muss. Ohne ihn kann im Normalfall keine Beweisaufnahme stattfinden. Zur Sicherstellung der Anwesenheit kann das Gericht daher auch auf Zwangsmittel (§ 230 Abs. 2) zurückgreifen. Für die Berufungshauptverhandlung – falls der Angeklagte Berufung eingelegt hat – gilt sogar noch Weitergehendes: Die schlichte Abwesenheit des Angeklagten zu Beginn der Hauptverhandlung wird vom Gesetz dahin gehend interpretiert, dass dieser kein Interesse an der Durchführung einer Hauptverhandlung hat. Allein die unentschuldigte Abwesenheit des Berufungsführers berechtigt daher das Berufungsgericht, die Berufung ohne Einstieg in die Beweisaufnahme durch ein reines Formalurteil zu verwerfen (**Verwerfungsurteil § 329 Abs. 1**). Für den Fall der Abwesenheit des Angeklagten im amtsgerichtlichen Verfahren nach Einspruch gegen einen Strafbefehl gilt Vergleichbares (§ 412).

1642 Das Gericht unterliegt einer angemessenen **Wartefrist**, bevor es diese Konsequenzen realisiert. Ohne konkrete Anhaltspunkte für den Grund des Fernbleibens des Angeklagten hat das Gericht mindestens 15 Minuten zuzuwarten.

1643 Die Verwerfung setzt eine **ordnungsgemäße Ladung** des Mandanten voraus. Es ist daher sofort in der Akte zu überprüfen, ob die Ladungsformalien ausreichend eingehalten worden sind. Dazu gehört beispielsweise, dass der Angeklagte in der aktuellen Ladung über die Folgen seines Ausbleibens ausdrücklich belehrt worden ist. Die Ladungsfristen müssen ebenso eingehalten sein wie die zutreffende Ladungsan-

---

1532 NJW 1996, 2785.

schrift. Die Meldeanschrift ist hier nicht ausreichend, wenn der tatsächliche Aufenthaltsort des Mandanten seit einiger Zeit woanders ist.

Wurde der Mandant unter den erleichterten Bedingungen des § 40 Abs. 3 StPO **öffentlich** durch Gerichtsaushang geladen, fehlt es häufig an einer hierauf gerichteten notwendigen Belehrung bei Verkündung des amtsgerichtlichen Urteils.[1533]

Auch wenn die Voraussetzungen der ordnungsgemäßen Ladung vorliegen, hat das Gericht vor einem Verwerfungsurteil von Amts wegen zu überprüfen, ob **Entschuldigungsgründe** für das Fernbleiben des Angeklagten vorliegen. Auch hier ist durch zwischenzeitliche Informationsbeschaffung der Entscheidungshorizont des Gerichts zu erweitern. So können dem Gericht Hinweise auf eine Krankheit, eine aktuelle Drogentherapie, eine Inhaftierung in anderer Sache ebenso gegeben werden, wie soeben fernmündlich eingeholte Information über einen Verkehrsunfall oder eine nachvollziehbare Fehlinformation des Mandanten über den Beginn der Hauptverhandlung. Alle diese Gründe können das Gericht an einer Verwerfung hindern. Veranlasst ist dann eine weitere Wartezeit oder eine Vertagung des Termins.

Wird trotz der Einwände der Verteidigung die Berufung gemäß § 329 verworfen, bestehen für die Verteidigung nachträglich zwei Möglichkeiten: Zum einen kann gegen das Verwerfungsurteil Revision eingelegt werden. Zur Begründung kann vorgetragen werden, dass das Gericht die Information der Verteidigung vor dem Verwerfungsurteil zu Unrecht nicht beachtet hat, die Voraussetzungen für die Verwerfung daher verkannt worden sind. Lagen demgegenüber auch der Verteidigung in der Berufungshauptverhandlung keine ausreichenden Informationen über den Grund der Verhinderung des Mandanten vor, kann sich nachträglich – z.B. durch ein Gespräch mit dem Mandanten ein Entschuldigungsgrund ergeben. Hier hat die Verteidigung einen Wiedereinsetzungsantrag anzubringen. Denkbar ist auch die Verbindung beider Rechtsbehelfe (§ 342).   **1644**

Trotz ausreichenden Entschuldigungsgrundes wird ein Wiedereinsetzungsantrag gelegentlich mit der Begründung abgelehnt, der Angeklagte sei ohnehin nicht bereit gewesen, zum Verhandlungstermin zu erscheinen.[1534] Auch wenn der Erscheinenswille grundsätzlich Voraussetzung für die Wiedereinsetzung wäre, lässt sich die Überzeugung des Gerichts von dessen Fehlen regelmäßig nicht solide begründen. Auch wenn der Angeklagte wenige Tage vor dem Termin seinen Unmut über das Gericht und seinen fehlenden Willen zum Erscheinen bekundet haben soll, fehlt es dem Gericht zumeist an konkreten Anhaltspunkten dafür, dass dieser Wille auch am Morgen des Berufungshauptverhandlungstages noch präsent war.   **1645**

Das gesamte Verwerfungsszenario erhält ein völlig anderes Gepräge, wenn trotz Abwesenheit des Angeklagten sein **Verteidiger anwesend** ist. Im Gegensatz zur erstinstanzlichen Praxis kann ohne den Angeklagten verhandelt werden, der Verteidiger kann damit ausnahmsweise den Angeklagten vertreten.   **1646**

Hintergrund für das erst jüngst eingeführte Prozessmodell der Vertretungsmöglichkeit in der Berufungsinstanz ist die Kritik des Europäischen Gerichtshofs für Menschenrechte. Dieser hielt die überkommene deutsche Verwerfungspraxis in einer besonderen Konstellation für konventionswidrig. **Art. 6 Abs. 3 MRK** formuliert das Prozessgrundrecht des Angeklagten, »sich selbst zu verteidigen oder den Beistand eines Verteidigers seiner Wahl zu erhalten«. Das »oder« weise darauf hin, dass der Angeklagte das Recht hat, sich verteidigen zu lassen. Hieraus folgt, dass die schlichte Abwesenheit des Angeklagten dann nicht als vollständiger Verzicht seiner Rechte bewertet werden kann, wenn gleichzeitig verdeutlicht wird, dass der anwesende Verteidiger die Rechte des Angeklagten wahrnehmen will und entsprechend beauftragt ist. Der Europäische Gerichtshof für Menschenrechte hatte daher schon Handhabungen anderer Rechtsordnungen für konventionswidrig erklärt, in denen Berufungen trotz Anwesenheit des verteidigungsbereiten Anwalts allein wegen der Abwesenheit des Angeklagten verworfen wurden.[1535] Diese Rechtsprechung hat der EGMR nunmehr ausdrücklich auch auf § 329 erstreckt.[1536] Die deutsche Rechtsprechung wollte die   **1647**

1533 S. z.B. OLG Hamm StraFo 2014, 120.
1534 OLG Oldenburg NStZ-RR 2012, 180 f.
1535 NJW 1999, 2353; 2001, 2387; HRRS 2009 Nr. 981.
1536 EGMR Neziraj./. Deutschland StraFo 2012, 490 ff. m. Anm. *Püschel*; *Esser* (Nichts) Neues aus Straßburg – Effektive Verteidigung bei Nichterscheinen des Angeklagten zu Beginn der Hauptverhandlung

Vorgaben aus Straßburg mit Hinweis auf die »deutsche Besonderheit« der obligatorischen Anwesenheit des Angeklagten in jeder Hauptverhandlung nicht akzeptieren.[1537] Der Gesetzgeber versuchte sich daher durch eine Neuregelung des § 329 an einer konventionskonformen Lösung,[1538] die zukünftige völkerrechtliche Verletzungen vermeiden soll.

1648 Von der Einlassung bis zum letzten Wort kann der Verteidiger verteidigen und vertreten. Ein Berufungsurteil kann damit ergehen, ohne dass das Gericht den die Berufung führenden Angeklagten jemals zu Gesicht bekommen hat. Voraussetzung ist stets, dass er in der Berufungshauptverhandlung seine Vertretungsvollmacht nachweisen kann.

Eine allgemeine Verteidigungsvollmacht reicht nicht aus, eine schriftliche (zusätzliche) Vertretungsvollmacht ist erforderlich. Das gilt auch für den beigeordneten Verteidiger. Sinnvoll ist es daher, sich vom Mandanten bereits zu Beginn des Mandats eine Vollmachtserklärung unterzeichnen zu lassen, die die Vertretung in der Berufungshauptverhandlung in Abwesenheit des Mandanten mit umfasst.

Die Rechtsprechung sieht hier zum Teil ein Einfallstor, um den anwesenden Verteidiger, dessen allgemeine Vollmacht ihn »zu Verteidigung und Vertretung in allen Instanzen« bevollmächtigt, zurückzuweisen. Angesichts der weitreichenden Konsequenz der Vertretung in der letzten Tatsacheninstanz müsse der Wille des Mandanten deutlich werden, dass er in der konkreten Prozesssituation der Berufung tatsächlich seinen Willen durch den ihn vertretenden Verteidiger bekunden lassen will.[1539] Offensichtlich schwebt hier den Richtern eine besondere Vollmachtserteilung vor, die jedenfalls nach dem erstinstanzlichen Urteil abgegeben wird.

Der Widerspruch zur überkommenen Rechtsprechung ist aber kaum zu erklären: Schon früh hat der BGH[1540] zum wortgleichen § 234 festgestellt, dass die Rechte des betroffenen Mandanten ausreichend geschützt sind, wenn er – von Beginn des Mandats an – den Verteidiger ermächtigt, ihn zu »verteidigen und vertreten.«[1541] Die Konsequenz des besonders vorsichtigen Verteidigers sollte dahin gehen, in die Vollmacht exemplarisch den Vertretungsfall des § 329 aufzunehmen.

Dieses Modell ist möglich, aber nicht zwingend. Der neue § 329 nimmt Rücksicht auf das Bedürfnis des Gerichts, das die Anwesenheit des Angeklagten doch aus notwendigen Gründen der Sachaufklärung für erforderlich hält. Dann soll das Gericht – nachdem allein mit dem Verteidiger »anverhandelt« worden ist – die Hauptverhandlung unterbrechen und den Angeklagten persönlich zum Fortsetzungstermin laden können. Erscheint der Angeklagte zu diesem Termin abermals nicht, kann ohne jede weitere Sachverhandlung die gesamte Berufung auch in Anwesenheit des vertretungsbereiten Verteidigers verworfen werden. Hierauf ist der Angeklagte in der Ladung hinzuweisen. Möglichkeiten zu zwangsweisem Vorführen hat das Berufungsgericht nicht.

1649 Das vom EGMR kritisierte Verwerfungsmodell bei anwesendem Verteidiger ist damit nicht abgeschafft. Ob die neue Variante konventionskonform ist, dürfte fraglich sein. Dass die schlichte Verzögerung der Verwerfung erst am zweiten Tag der Berufungsverhandlung die vom EGMR festgestellte Rechtsverletzung auch nur minimieren könnte, ist nicht erkennbar. Wenn der Verteidiger zwar zu Fragen von Schuld und Strafe angehört wird, das Angehörte bei abermaliger Abwesenheit des Mandanten niemals Eingang in eine Sachentscheidung finden kann, ist Verhandlung nicht mehr als äußerliche Fassade. Sie ersetzt keine Fairness.

1650 Fairness trotz Verwerfung kann allenfalls dann entstehen, wenn das Gericht zu Recht die persönliche **Anwesenheit für »erforderlich«** halten durfte.

---

in der Berufungsinstanz (§ 329 Abs. 1 S. 1 StPO), StV 2013, 331 ff.

1537 OLG Düsseldorf StV 2013, 299; OLG München StraFo 2013, 252 m. abl. Anm. *Esser*.

1538 Zur neuen gesetzlichen Situation s. *Spitzer* Das Recht des Angeklagten auf Vertretung in der Berufungshauptverhandlung, StV 2016, 48 ff.

1539 KG 121 Ss15/18 v. 1.3.2018; OLG Hamm 5 RVs 82/16 v. 24.11.2016.

1540 BGHSt 9, 356 f.

1541 Zustimmend die Kommentarliteratur, z.B. *Meyer-Goßner/Schmitt* § 234 Rn. 5; ausführlich *Franzke* Die Vertretung des abwesenden Angeklagten in der Berufungshauptverhandlung – Kritische Anmerkungen zur Entwicklung der Rechtsprechung seit Inkrafttreten von § 329 n.F., StV 2019, 363 ff.

Hier sucht die deutsche Praxis den Ansatz des EGMR und Gesetzesreform ins Leere laufen zu lassen: **1651**
Man hält schlicht pauschal die Anwesenheit des Angeklagten stets für erforderlich,[1542] ordnet sein Erscheinen ähnlich dem Strafbefehlsverfahren schematisch ohne Ausnahme an. Das Ergebnis ist eine Verwerfung, die in nahezu unveränderter Konstellation der EGMR bereits für konventionswidrig erklärt hatte.

Die Betonung der Systemimmanenz der Anwesenheit des Angeklagten ist falsch. Vergleichbar erscheinende Konstellationen, bei denen auch in Vertretungsfällen das Gericht die Anwesenheit des Angeklagten für notwendig erachtete, kannte das Gesetz bereits. Die Kriterien der Anordnung eines persönlichen Erscheinens (z.B. im Strafbefehlsverfahren – § 411) bedurften hier keiner näheren Untersuchung. Das an § 230 orientierte übliche Prozessmodell verlangt die Anwesenheit, ohne sich die Frage der Sinnhaftigkeit im Einzelfall zu stellen. Das Prozessmodell der Vertretung reflektierte ebenso wenig die Auswirkungen der Abwesenheit auf die Wahrheitssuche; der Abwesende konnte schlicht vertreten werden. Die Frage der Erforderlichkeit der Anwesenheit mit der nunmehr in § 329 aufscheinenden Konsequenz hat sich dem deutschen Strafrichter bislang nicht gestellt. Die vorliegende justizielle Praxis lässt zur Frage der notwendigen Anwesenheit des Angeklagten besondere, die Verteidigungsinteressen konservierende Gesichtspunkte nicht erkennen.

Das traditionelle Modell der obligatorischen Anwesenheit wird ebenso gerne pauschal wie unzutreffend mit den erweiterten Sachaufklärungsmöglichkeiten begründet. Dies mag für die Kommunikationssituation zwischen Richter und Angeklagten zutreffen. Der Richter erfährt unter Umständen mit der Einlassung bislang nicht vorstellbare Alternativszenarien; gleichzeitig vermag er diese durch seine Vernehmungstechniken im Ergebnis als Urteilsgrundlage zu disqualifizieren. Der Aufklärungsgewinn ist allerdings gleich Null, wenn der Angeklagte von seinem Recht Gebrauch macht, sich dieser Kommunikation zu entziehen.

Orientiert an den allgemeinen Formulierungen der überkommenen Rechtsprechung ging auch die Begründung des Gesetzesentwurfs zu § 329 davon aus, dass Prozesssituationen denkbar sind, bei denen es auf den unmittelbaren persönlichen Eindruck des Gerichts von der Person des Angeklagten ankomme und allein deswegen die Erforderlichkeit seiner Anwesenheit begründet sei.[1543] Entscheidungen zur Strafaussetzung zur Bewährung oder die Beurteilung erzieherischer Sanktionen in Jugendverfahren schwebten dem Gesetzgeber vor. Das Bestrafen von nicht fassbaren Gespenstern erschien nicht opportun. Eine Begründung dafür, weshalb ein allenfalls optischer Eindruck eines ansonsten schweigenden Angeklagten bei der Rechtsfindung einen entscheidenden Stellenwert haben soll, findet sich weder in der gesetzlichen Begründung noch in der überkommenen Rechtsprechung,[1544] er wird allenfalls von verbalem Getöse (»unverzichtbar«) ersetzt.[1545] Valide Rückschlussmöglichkeiten aus nonverbalem Verhalten werden von der Rechtsprechung »in geradezu dramatischer Art und Weise überschätzt«.[1546] Die Erkenntnisse der Psychologie deuten allenfalls in eine entgegengesetzte Richtung, wonach ein solcher Eindruck durch die Dominanz von Vorprägungen bei Entscheidungsbildungen einen Nährboden für Fehlentscheidungen darstellt. Auch hier werden eher emotionale richterliche Befindlichkeiten als eine rationale Wahrheitssuche reflektiert.

Dass der Richter den Menschen, dem er möglicherweise in Ausübung staatlicher Macht im Urteil Böses antun muss, auch sinnlich wahrnehmen will, mag psychologisch verständlich sein. Rechtliche Zwangsläufigkeiten lassen sich hieraus nicht ableiten, auch wenn das gewohnte Prozessmodell des § 230 ihm

---

1542   OLG Hamburg StV 2018, 145 mit abl. Anm. *Hüls*; ähnlich ablehnend *Gerson* StraFo 2016, 522 ff.; *Gaede* ZStW 129 (2017), 911, 958.

1543   BR-Drs. 491/14 S. 76.

1544   Auch das BVerfG betont zwar den Vorteil der Anwesenheit des Angeklagten bei Entscheidungen über die Strafzumessung, hält aber im Ergebnis Abwesenheitsverhandlungen vor dem Revisionsgericht für möglich und nicht für verfassungswidrig (BVerfG NJW 2007, 2977). Diese Akzeptanz einer – gesetzlich erzwungenen – Reduzierung der optimalen Sachaufklärung verkennt die Gesetzesbegründung, wenn sie sich auf das BVerfG zur Unterstützung ihres Ausgangspunkts einer regelmäßigen Anwesenheitspflicht beruft.

1545   So zuletzt unkritisch *Frisch* Verwerfung der Berufung ohne Sachverhandlung und Recht auf Verteidigung – Zur Änderung des § 329 StPO, NStZ 2015, 69, 73. Solche Prämissen finden sich in der überkommenen Rechtsprechung z.B. bei BGHSt 35, 345, 349; 57, 123, 127; BGHSt 29, 318, 320; OLG Celle StV 2013, 41; OLG Hamm StV 1997, 346; OLG Karlsruhe NStZ-RR 2004, 21 f.

1546   *Wohlers* Der Strafverteidiger: Rechtsbeistand oder (auch) Vertreter des Beschuldigten?, Paeffgen-FS 2015, S. 621 ff., 629 m.w.N.

dies nahezulegen scheint. Der von Verteidigern häufig gemutmaßten Intention des Strafrichters, durch persönliche Einflussnahme die Schweigeentscheidung des Angeklagten revidieren zu lassen, fehlt jede rechtliche Basis.

1652 **Das gängige Szenario erfordert eine Abwesenheitsverhandlung:** Hat der Berufungsrichter über den anwesenden Verteidiger oder durch andere Quellen erfahren, dass der Kommunikationsverzicht einer bewussten Entscheidung des abwesenden Angeklagten entspringt, kann seine Anwesenheit nicht erforderlich sein.[1547] Nicht die wünschenswerte Anwesenheit nach Maßstäben des Aufklärungsgrundsatzes für ein erstinstanzliches Verfahren kann die Erforderlichkeit i.S.d. § 329 begründen, die Rechtsbeschränkung durch Verwerfung kann vielmehr allenfalls da stattfinden, wo ein rechtsstaatliches Urteil ohne Anwesenheit des Angeklagten zwingend ausgeschlossen ist.[1548]

1653 Die Erforderlichkeit der Anwesenheit des kommunikationsunwilligen Angeklagten beschränkt sich damit auf die besondere Gestaltung der Beweisaufnahme, in der es auf eine **Gegenüberstellung** des Angeklagten mit Zeugen oder Mitangeklagten ankommt. Sachaufklärung kann hier entscheidend von der schlichten optischen Wahrnehmbarkeit des Angeklagten abhängen. Zwar erscheint es praktisch, dass solche Wiedererkennen-Tests im Gerichtssaal unter Aufsicht des Gerichts erfolgen. In der Berufungshauptverhandlung dürfte hieraus jedoch nur in den seltensten Fällen die Erforderlichkeit der Anwesenheit des Angeklagten folgen. Die Notwendigkeit, sich selbst zum Beweismittel machen zu müssen, geht stets mit einer Verletzung der Grundrechte des Angeklagten einher. Ein solcher Eingriff steht daher unter dem besonderen Vorbehalt der Verhältnismäßigkeit.[1549] Da Wiedererkennungsleistungen prozessual einer Berufungshauptverhandlung regelmäßig vorgelagert sind und die Wiederholung einer solchen Wiedererkennung in der Berufungshauptverhandlung keinen oder nur einen minimalen Beweiswert hat, benötigt auch der um Aufklärung bemühte Berufungsrichter die Person des Angeklagten nicht. Im Mittelpunkt der Beweisaufnahme steht die Aufklärung der Wiedererkennungs-Genese. Um darüber hinaus selbst festzustellen, dass der Angeklagte z.B. 1,80 m groß ist oder blondes Haar hat, reichen dem Gericht zumeist anderweitige Erkenntnismöglichkeiten, die die Akte offeriert. Die Erforderlichkeit der Anwesenheit zum Zwecke der äußeren Besichtigung wird daher ein praktisch kaum auftretender Ausnahmefall sein. Das in schwärzesten Farben gemalte Szenario, wonach der Angeklagte durch seine schlichte Abwesenheit notwendige Sachaufklärung hintertreibe und damit das gesamte Verfahren torpediere,[1550] ist für die Berufung eine Schimäre.

1654 Läuft das neue Prozessmodell letztlich auf eine Verteidigungsoption hinaus, hat Verteidigung die richterlichen Befürchtungen zu Gespenstergeschichten ernst zu nehmen. Auch wenn rechtlich das richterliche Bedürfnis nach Präsenz des Angeklagten nicht fassbar ist, muss sich Verteidigung über die psychischen Konsequenzen der An- und Abwesenheit des Mandanten Gedanken machen. Kaum präsentable kriminelle Archetypen lassen sich so zwar angstbesetztem Strafbedürfnis entziehen. Abwesenheit konserviert allerdings auch ein durch die Akten gezeichnetes Bild des Mandanten. Soll dem entgegengewirkt werden und verspricht sich die Verteidigung einen Effekt durch das schlichte Erscheinungsbild, wird man auf die Wahrnehmung der neuen Option verzichten.

12. Die Berufungshauptverhandlung

1655 Gegenüber der ersten Instanz sind sowohl der Ablauf der Hauptverhandlung als auch die Regeln zur Beweisaufnahme modifiziert (zur Berufung nach amtsgerichtlicher Verständigung s.u. Rn. 2205 ff.).

1656 An die Stelle der Verlesung des Anklagesatzes treten der Vortrag des Berichterstatters und die **Verlesung des erstinstanzlichen Urteils** (§ 324 Abs. 1). Dieser Bericht ist noch kein Teil der Beweis-

---

1547 So schon *Püschel* StraFo 2012, 494 in einer ersten Reaktion auf das Neziraj-Urteil des EGMR; ebenso nach der alten Rechtslage BeckOK-StPO/*Eschelbach* § 329 Rn. 26 – Stand: 1.5.2015.

1548 *Sommer* Gespenstergeschichten – Wann ist die Anwesenheit eines Angeklagten in der Berufungshauptverhandlung »erforderlich«? StV 2016, 55 ff.

1549 BVerfGE 16, 202.

1550 BR-Drs. 491/14 S. 72, unter ausdrücklicher Bezugnahme auf BGHSt 17, 188; 23, 334; 27, 236.

aufnahme, die Verlesung ist damit kein Urkundenbeweis,[1551] weshalb die erstinstanzliche Einlassung des Mandanten auf diesem Wege nicht eingeführt werden kann.

Das Gericht ist nicht gehalten, das gesamte angefochtene Urteil zu verlesen. Notwendig ist die Verlesung nur insoweit, als die Urteilsgründe von der Berufung berührt sind. Zwingend zu verlesen sind jedenfalls diejenigen Teile, die durch fehlende Anfechtung bei einer Rechtsmittelbeschränkung für das Berufungsgericht bindend geworden sind.   **1657**

Zwingend ist die Verlesung auch nicht, soweit es sich lediglich um Überlegungen des Amtsgerichts zur Beweiswürdigung handelt. Hier kann aus Sicht der Verteidigung eine Verlesung sogar nachteilig sein, weil schon zu Beginn der Berufungsverhandlung für die Schöffen nachteilige Argumentationsstrukturen in den Raum gestellt werden. Notwendig ist daher unter Umständen der Antrag, auf die Verlesung dieser Teile des Urteils zu verzichten. Verliest der Vorsitzende dennoch, kommt ein Ablehnungsantrag gegenüber den Schöffen wegen nunmehr vorliegender Befangenheit in Betracht.

Modifiziert ist der Gang der Beweisaufnahme auch dadurch, dass im Gesetz nicht vorgesehene, aber übliche Reihenfolgen bei Befragungen verändert werden. Sowohl bei der Wahrnehmung des Fragerechts als auch bei den Schlussvorträgen soll derjenige zuerst das Wort erhalten, der die Berufung eingelegt hat. Die Verteidigung muss also auf die ungewohnte Rolle vorbereitet sein, unmittelbar nach dem Richter Fragen an den Zeugen zu stellen. Gleiches gilt für die Reihenfolge bei den Schlussvorträgen.   **1658**

Vorbereitet sein muss die Verteidigung auch auf eine weitergehende Modifizierung des Unmittelbarkeitsprinzips. Während in erster Instanz die Ersetzung von unmittelbarer Zeugenvernehmung durch **Verlesung von Vernehmungsprotokollen** lediglich in den §§ 250 bis 255 geregelt ist, hält § 325 weitere Einschränkungen allein für die Berufungshauptverhandlung für denkbar. Zeugen aus der ersten Instanz müssen nicht zwingend auch in der Berufungshauptverhandlung gehört werden, stattdessen ist die Verlesung des amtsgerichtlichen Protokolls möglich. Nach dem gesetzgeberischen Konzept soll dies allerdings nicht für die zentralen Zeugen gelten. Verlangt die Amtsaufklärung die unmittelbare Einvernahme, darf grundsätzlich nicht verlesen werden. Im Ergebnis heißt dies, dass »entscheidende« Zeugen auch in der Berufungshauptverhandlung persönlich zu vernehmen sind.   **1659**

Dennoch ist der Bereich der verlesbaren Zeugenaussagen sehr weit. Voraussetzung hierfür ist allerdings eine ordnungsgemäße Belehrung und Protokollierung in erster Instanz. Unzulässig ist die Verlesung auch dann, wenn der Zeuge zur Berufungshauptverhandlung bereits geladen worden ist; ob er tatsächlich erschienen ist, ist für die Frage der Verlesung nicht von Belang.

Liegen alle Voraussetzungen der Verlesung vor, so ist das Gericht dennoch an einer Verlesung gehindert, wenn die Verteidigung rechtzeitig vor der Hauptverhandlung die Ladung dieses Zeugen beantragt hat.   **1660**

Dies verlangt vorausschauende **Aktivitäten der Verteidigung**. Ergibt die vorbereitende Akteneinsicht, dass der Vorsitzende bestimmte Zeugen nicht geladen hat, muss die Verteidigung mit der Protokollverlesung rechnen. Der Inhalt des Protokolls ist der Verteidigung durch Akteneinsicht geläufig. Es ist nunmehr eine Frage der Verteidigungsstrategie, ob die Verteidigungsziele am ehesten durch eine Verlesung erreichbar sind oder ob bestimmte im Protokoll nicht niedergelegte Punkte durch ergänzende Zeugenbefragung in die Hauptverhandlung eingeführt werden sollen. So vorteilhaft eine unmittelbare Zeugenbefragung für die Verteidigung sein kann, so ist die Unwägbarkeit des Ausgangs der Befragung ins Kalkül zu beziehen. Darüber hinaus könnte für die Verlesung des Protokolls die Überlegung sprechen, dass in einer möglichen Revision der Inhalt der Zeugenaussage dem Revisionsgericht präsentiert werden kann. Ist Ergebnis aller Überlegungen, dass allein die weitere Befragung des Zeugen Erfolg versprechend ist, hat der Verteidiger daher bereits vor der Hauptverhandlung dessen Ladung zu beantragen.   **1661**

Das Urteil des Berufungsgerichts ist regelmäßig eine eigene Sachentscheidung, soweit die Entscheidungskompetenz nicht durch Teilrechtskraft beschnitten ist. Zurückverweisungen an das Amtsgericht – auch wegen grober Verfahrensfehler – sieht das Gesetz nicht vor. War das Amtsgericht allerdings nach Ansicht des Berufungsgerichts sachlich oder örtlich nicht zuständig, erfolgt eine   **1662**

1551 KG StraFo 2012, 412.

Verweisung durch das Berufungsgericht an das zuständige Amtsgericht (§ 328 Abs. 2). Die Entscheidungskompetenz gemäß §§ 153, 153a verbleibt beim Berufungsgericht im selben Umfang wie beim Amtsgericht.

IV. Revision

1. Der Stellenwert der Revision

1663   Recht ist für die Juristen der Maßstab, der abseits jeder unkontrollierbaren Emotionalität und Willkür eine vorhersehbare und gerechte Entscheidung in einem Strafurteil herbeiführen soll. Allein anhand dieses rechtlichen Maßstabes soll in der Revisionsinstanz ein tatrichterliches Urteil überprüft werden können. Sehen der Verurteilte und seine Verteidigung rechtliche Fehler auf dem Weg zu dieser Verurteilung, erscheint die Revision als ideales Rechtsmittel, um durch eine weitere Instanz die Aufhebung des rechtsfehlerhaften Urteils zu bewirken.

1664   Die Verteidigung, die auf die Wirkung dieses Rechtsmittels vertraut, muss sich angesichts der Rechtswirklichkeit als illusionär bezeichnen lassen. Auf Revisionen der Verteidigung hat beispielsweise das höchste deutsche Revisionsgericht, der Bundesgerichtshof, in den letzten Jahren allenfalls drei Prozent aller angegriffenen tatrichterlichen Urteile aufgehoben. Entgegen der Intention des historischen Gesetzgebers, der gerade auch ein tatrichterliches Urteil des Landgerichts, für das keine Berufungsinstanz existiert, einer effektiven richterlichem Kontrolle zuführen wollte, hat die Richterschaft diese Möglichkeit der weitgehenden Überprüfung faktisch abgeschafft; das Richterrecht der Revision erscheint als Entwicklung contra legem.[1552]

1665   Ein – wenn auch offensichtlich geringerer – Teil der **Misserfolge von Revisionen** der Verteidiger ist der **strengen Formalisierung** des Revisionsverfahrens zuzuschreiben. Der eher hemdsärmelig in der Instanz agierende Verteidiger mit Neigungen zu klaren Worten und spontaner Reaktion wird häufig die Komplexität und Abstraktheit des Revisionsrechts nicht durchdringen.

1666   Die Formulierung einer gelungenen Revisionsbegründung gilt nach wie vor als Höhepunkt strafrechtsdogmatischer Betätigung eines Anwalts. Die Fristen sind knapp, die Begründungsanforderungen kompliziert und zum Teil unüberschaubar, der Abstraktionsgrad der Rügen gerade für den bereits in der Instanz tätigen Verteidiger nur schwer erfassbar. Stand der Kampf um den Sachverhalt im Mittelpunkt der Tätigkeit des Verteidigers vor dem Strafgericht, verlangt das Revisionsverfahren von ihm die Fähigkeit, gerade den von ihm nicht akzeptierten Sachverhalt des Tatgerichts als gegeben hinzunehmen, um auf dieser Grundlage Rechtsfehlern, Logikbrüchen oder inkonsequenten Auslassungen nachzuspüren. Der Vorteil der Sachkenntnis aufgrund der Einarbeitung in einem Verfahren wird häufig durch den Nachteil der eigenen Blickbindung im Revisionsverfahren aufgehoben. Es ist daher oft eine essentielle Voraussetzung für eine erfolgreiche Revision, dass diese durch den unbefangenen Blick eines mit der Sache bislang nicht befassten speziellen Revisionsverteidigers erfolgt. Engagierte Befangenheit schadet.

1667   Doch auch die glänzendsten Revisionsverteidiger stoßen in dieser Instanz an **Grenzen**, die weniger rechtlich als **soziologisch und psychologisch** erfahrbar sind. Die detaillierte rechtliche Durchdringung des Revisionsverfahrens legt eine Berechenbarkeit des Rechtsmittels nahe, das weit über die emotionsgetränkten Ergebnisse einer tatrichterlichen Verhandlung hinausgeht. Sind Anforderungen an eine Revisionsbegründung festgeschrieben, so sollte sich die Erfüllung dieser Voraussetzung unschwer feststellen lassen. Gibt das Gesetz für den Strafprozess konkrete Maßstäbe, lässt sich die Fixierung eines Mangels ebenso leicht prognostizieren. Das Revisionsrecht verspricht eine mathematische Deduktion, die die Persönlichkeit des Revisionsrichters zurücktreten und Ergebnisse unschwer vorhersehbar machen sollte.

1668   Die Praxis dokumentiert das Gegenteil. Nicht der rechtliche Subsumtionsvorgang steht im Mittelpunkt der revisionsrichterlichen Tätigkeit, sondern das oft unverhohlene **Interesse an dem angeblich**

1552 *Rosenau* im Editorial des StV 12/2017; ders. Das Gebot einer effektiven Revision, in Fischer-FS 2018, 791 ff.; *Neuhaus* Die Revision aus der Sicht der anwaltlichen Praxis, StV 2019, 843 ff.

richtigen Ergebnis. »Goldrichtig« bezeichnen Revisionsrichter häufig – außerhalb der offiziellen Begründung der Revisionsentscheidung – das zu überprüfende Urteil der Tatsacheninstanz.[1553] Sie halten das gefundene Urteil im Ergebnis für absolut zutreffend und gerecht. Beherrscht dieser Eindruck die gesamte Tätigkeit des Revisionsrichters, ist das Übersehen strafprozessualer Verletzungen ebenso nachvollziehbar wie das Verzeihen lässlicher tatrichterlicher Sünden. Um trotz nicht zu übersehender gravierender, ausdrücklich gerügter Verfahrensfehler dem Strafurteil dennoch zum Bestand zu verhelfen, kann der Revisionsrichter das gesamte Arsenal einer hoch komplizierten Formalität funktionalisieren, die der Verteidiger als Revisionsführer angeblich nicht hinreichend beachtet hat. Als entscheidender Hebel hat sich hier in den letzten Jahren die Anforderung an die Vollständigkeit des Sachvortrages zur Begründung einer Verfahrensrüge durch die Verteidigung erwiesen. Die Unvollständigkeit führt zur Unzulässigkeit der Rüge. Was im Einzelfall vollständig ist, entscheidet in oft unvorhersehbarer Weise das Revisionsgericht. Entgegen der gesetzgeberischen Struktur des Rechtsmittels sind damit Entscheidungen des Revisionsgerichts weit mehr **emotions- und interessengesteuert.**

Der die revisionsrichterliche Überprüfung tragende Gesichtspunkt der »Richtigkeit« des angegriffenen tatrichterlichen Urteils ist weit von dem entfernt, was dem Revisionsrichter einstmals als Aufgabe zufiel. Beherrscht das schlichte Gefühl für Richtigkeit den richterlichen Wertungsvorgang, degeneriert der streng rationale Aspekt der formalen Revision zu Fassade. Die Kriterien für die Beurteilung eines »goldrichtigen« Urteils können nur auf einem beschränkten persönlichen Erfahrungshorizont des Revisionsrichters als ehemaligem Tatrichter, auf einer pauschalen Einschätzung geschilderter Tatstrukturen oder der generellen Wertschätzung eines urteilenden Tatrichters beruhen.   **1669**

Gelenkt wird die Kognition des Revisionsrichters durch das solidarisch geprägte Verständnis für den Kollegen der Tatinstanz einerseits und dem durch die eigene Karriere eingeimpften Bedürfnis der Systemtreue. Fast allen Revisionsrichtern ist der Konformismus als Markenzeichen eigen[1554] – zurechtgeschliffen durch ihren Werdegang zumeist in Ministerien. Dies prägt nicht nur den besonderen Blick für das Administrative; die häufigen Karrierestationen bei Ermittlungsbehörden lässt das geschärfte Bewusstsein für die Effektivität der Strafverfolgung auch bei der höchstrichterlichen Entscheidung zu Rechtsfragen niemals verblassen.

Die Fehleranfälligkeit von Entscheidungen ist angesichts derartiger Selektionen und hierauf beruhender Heuristiken weit größer als die des Tatrichters. Dominierend ist letztlich eine Plausibilitätsprüfung des Revisionsrichters, der die ihm dargebotene Geschichte des Urteils in einer ersten und entscheidenden Wahrnehmung mit den Erfahrungen seiner eigenen früheren Tatrichterzeit abgleicht. Die schon oft gelesene flüssige Geschichte gefällt, zu viele Zweifel in der Urteilsdarstellung stören den Bedarf nach story-telling. Begleitet von Verständnis für die Situation des schreibenden Kollegen gerät in dieser ersten Wahrnehmung die Tatsache ins Abseits, dass die Geschichte den Wahrnehmungsfilter eines mit unerkannten Heuristiken ausgestatteten Wahrnehmungsprozesses durchlaufen hatte und von anderen Verfahrensbeteiligten völlig anders geschrieben worden wäre.

Das selbst definierte gerechte Ergebnis ist das Ziel, bei dem der Revisionsverteidiger nur als formaler Verhinderer wahrgenommen wird. Das zugrunde liegende Denkmodell geht von einer grundsätzlichen Vermutung der Richtigkeit staatsanwaltschaftlichen und richterlichen Handelns aus, dem es nur in Fällen eklatanten Fehlverhaltens entgegenzutreten gilt.[1555] Die Überprüfung der Einhaltung der prozessualen Formalien ist längst einem materiellen Gerechtigkeitsverständnis gewichen,[1556] der sich aus persönlichen Anschauungen eines Revisionsrichters speist. Ganz offen werden gesetzliche Vorgaben als »Förmelei« zugunsten der eigenen Entscheidungsmacht selbst von Senatsvorsitzenden beiseitegeschoben.[1557]

1553 *Barton* Fezer-FS 2008, 333 ff, 347; *ders.* Weßlau-GS 2016, 33 ff., 36.

1554 *Barton* Richterbiographien von der Stange – Konfektionsware und Accessoires. Bundesrichter im Spiegel von Pressemitteilungen, in Fischer-FS 2018, 945 ff.

1555 *Kühne* Die Instrumentalisierung der Wahrheit im Strafverfahren, GA 2008, 361, 373.

1556 *Ventzke* »...bringt alles Palaver dem Revidenten nichts«, NStZ 2011, 481, 488.

1557 *Basdorf* Was darf das Revisionsgericht?, NStZ 2013, 186 ff.; pointiert kritisch hierzu *Groß-Bölting* HRRS 2013, 228.

1670   Die auch für den Revisionsrichter selbst häufig nicht erkennbaren emotionalen Beeinflussungsfaktoren sind vielfältig. Primär beruhen sie offensichtlich auf einem Solidaritätsempfinden, gespeist durch die richterliche Gemeinsamkeit, der schweren Aufgabe der Herstellung von Recht und Gerechtigkeit gegen viele Widerstände zu entsprechen. Wie bei Richtern in der Rechtsmittelinstanz allgemein ist Ausgangspunkt einer Überprüfung nicht die Idee jeder nur denkbaren Fehlerhaftigkeit, sondern im Gegenteil die Vorstellung eines grundsätzlich sorgfältigen und rechtschaffenen Richters der Vorinstanz.

> Die jüngere Vergangenheit hat in der Rechtsprechung des BGH darüber hinaus eine vergleichbare Solidarität mit Staatsanwaltschaft und Polizei hervorgebracht. War Gerichten in unserer rechtsstaatlichen Historie insbesondere die Aufgabe zugefallen, durch eine unabhängige Überprüfung die Machtausübung der Exekutive zu kontrollieren, ist man mittlerweile bereit, insbesondere der Polizei generell einen Vertrauensvorschuss bei ihrer machtausübenden Tätigkeit zuzubilligen und erst bei der Rüge eklatanter Verstöße der eigenen Überprüfungspflicht nachzukommen.

1671   Die Abstraktheit des Revisionsverfahrens korrespondiert mit dem Ausschluss jeglicher persönlicher Beziehungen zwischen Revisions- und Tatrichter, die eine Entscheidung beeinflussen könnte. Auch hier hat die Praxis andere Wege eingeschlagen.

1672   Selbst Revisionsentscheidungen beziehen sich zur Ablehnung einer Verteidigungsrevision auf die persönliche Kenntnis des Revisionsrichters von der hohen Zuverlässigkeit des für das Urteil verantwortlichen Vorsitzenden Richters beim Landgericht. Persönliche Kontakte werden gesucht, wenn entsprechend einer regelmäßigen Übung die BGH-Senate die Strafrichter derjenigen Landgerichte zu Kontaktaufnahmen und Diskussionen aufsuchen, für die sie nach dem Geschäftsverteilungsplan beim BGH zuständig sind.

1673   Revisionsrichtern – insbesondere beim Bundesgerichtshof – ist darüber hinaus das **Interesse** an einer weit über den Einzelfall hinausgehenden **Rechtsgestaltung** eigen. Der Karrieresprung nach Karlsruhe ist nicht soliden Arbeitern vorbehalten, sondern den mit einem Minimum an Sendungsbewusstsein ausgestatteten, allgemein rechtspolitisch Interessierten. Revisionsrichter wollen regelmäßig nicht nur einen Einzelfall entscheiden, sie wollen weiter wirken. Sie wollen allgemein »Recht« sprechen, sie wollen Leitlinien für hunderte von Strafrichtern geben und Einfluss nehmen auf das gesellschaftliche Leben. Sie wollen Vorstellungen durch Hinweise an den Gesetzgeber durchsetzen oder Handlungspflichten für jeden einzelnen von Millionen von Bürgern konkretisieren.

1674   Die Entscheidung über ein »goldrichtiges« Urteil und die hierauf beruhende revisionsgerichtliche Überprüfung hängt somit gleichermaßen von politischen oder rechtswissenschaftlichen Ambitionen des Revisionsrichters ab. Vorgelegte Revisionen sind häufig genug nur der Anstoß für den Revisionsrichter, diese Ziele mithilfe der ihm gewissen Aufmerksamkeit durchzusetzen. Hier besteht auch die positive Chance für Revisionen, die ansonsten der mangelhaften Beachtung anheimgefallen wären. Wird eine Thematik angesprochen, auf die der Revisionsrichter zur Verbreitung neuer Ideen in Entscheidungsform seit Langem gewartet hat, kann dieses persönliche Interesse dem individuellen Anliegen des Mandanten zum Erfolg verhelfen.

> Ein Indiz für die Abhängigkeit des Erfolgs von Revisionen von der persönlichen Einstellung des maßgeblichen Revisionsrichters zeigt eine Untersuchung auf, die am selben Senat unterschiedliche Aufhebungsquoten verschiedener Berichterstatter von 2,8 % bis zu 26 % feststellte.[1558]

1675   Die geringe praktische Bedeutung der Revisionsgerichte bei der Durchsetzung von Mandanteninteressen steht in einem krassen Gegensatz zu der Aufmerksamkeit, die die Rechtswissenschaft ebenso wie tatrichterliche Überlegungen und die verteidigungsspezifische Literatur den Aktivitäten des Bundesgerichtshofs zukommen lässt.

1676   Allerdings ist es diese Aufmerksamkeit, die die Revisionsinstanz bereits in das **tatgerichtliche Geschehen beim Strafgericht** wirken lässt. Gerade weil revisionsrichterliche Kritik an Taturteilen rar ist, ist für den ausnahmsweise betroffenen Richter die Aufhebung seines Urteils ein persönliches und berufliches Desaster, das es unter allen Umständen zu verhindern gilt. Sind alle Einflussmöglichkeiten der Verteidigung angesichts einer fest gefügten Entscheidungsstruktur eines Tatgerichts vergeblich, so vermag doch der

---

1558 *Fischer/Eschelbach/Krehl* Das Zehn-Augen-Prinzip, StV 2013, 395, 400.

ängstliche Blick auf die Revisionsinstanz beim Tatrichter Diskussionsbereitschaften eröffnen – falls doch Zweifel an der Revisibilität von einzelnen Prozesshandlungen dort bestehen. Effektive Verteidigung vor dem Amts- und Landgericht muss daher ohne Frage stets mit Blickwinkel auf die mögliche Revision erfolgen.[1559] Die Domäne der verteidigungstaktischen Nutzung der Revision liegt maßgeblich in deren Vorfeld, nämlich in der Hauptverhandlung.

Die **Entscheidung zur Einlegung** und Durchführung der Revision auch beruht auf **verteidigungstaktischen Erwägungen.** Sie bedarf der Abwägung der strafrechtlichen und nicht strafrechtlichen Vor- und Nachteile des Verfahrens. Die Erfolgsaussichten stellen angesichts der regelmäßig negativen Prognose nur ein geringes Gewicht in der abwägenden Waagschale dar. Ebenso wenig zählen die allgemeinen rechtlichen Interessen des Verteidigers an einer Fortbildung des Rechts, maßgeblich sind die vom Mandanten zu formulierenden Verteidigungsziele.   **1677**

Eine primäre Diskussion muss zunächst darüber geführt werden, ob trotz Verfehlens des ursprünglichen Verteidigungsziels das vorliegende Urteil des Tatgerichts nicht doch von dem Mandanten akzeptiert werden kann.

Das Erforschen der psychischen Belastungsfaktoren spielt hier eine herausragende Rolle. Unter Umständen kann der verurteilte Mandant eine ihn ansonsten nicht weiter belastende Bewährungsstrafe eher ertragen als die ihn aufwühlende weitere Beschäftigung mit der Materie in einer unwägbaren langen Revisionsinstanz. Nur geringe Abweichungen im Strafmaß zwischen dem Urteil und den Zielvorstellungen der Verteidigung können den weiteren Kampf für die Mandanteninteressen angesichts des anstehenden Kosten- und Zeitaufwands ebenso wenig sinnvoll erscheinen lassen. Taktische Varianten sind allerdings denkbar, wenn die Staatsanwaltschaft oder die Nebenklage ebenfalls Revision eingelegt haben. Hier muss sich häufig die Verteidigung als Pfand die Möglichkeit der Vereinbarung einer gemeinsamen Revisionsrücknahme im Laufe des Verfahrens offen halten.   **1678**

Ein wichtiger Aspekt ist der durch die Revisionsinstanz zu erwartende **Zeitablauf.**   **1679**

Weniger als ein halbes Jahr vergeht kaum zwischen der Verkündung des Taturteils und einer abschließenden Entscheidung des Revisionsgerichts. Ist diese Zeitspanne beispielsweise zur Vorbereitung eines zu erwartenden geschlossenen Vollzuges oder angesichts einer sich durch ein verschlechterndes Krankheitsabbild abzeichnenden Vollzugsunfähigkeit des Mandanten seinen Interessen offensichtlich förderlich, darf und muss die Verteidigung diesen Zeitablauf in das Verteidigungskalkül einbeziehen. Auch eine nur minimal Erfolg versprechende Revisionsdurchführung ist gerade im Hinblick auf den Zeitablauf legal, legitim und im Hinblick auf die Notwendigkeit der Förderung der Mandanteninteressen zum Teil unabdingbar. Ist auf der anderen Seite der zeitliche Aufschub einer als unvermeidlich vom Mandanten bereits akzeptierten Freiheitsstrafe für diesen nur quälend, bietet sich eher eine Verteidigungsstrategie zur Beschleunigung der endgültigen Rechtskraft an.

Komplex ist die Entscheidung, ob nach einem amtsgerichtlichen Urteil eine **Sprungrevision** eingelegt werden soll. Die Alternative der Berufung verspricht hier regelmäßig durch eine vollständig neue Tatsacheninstanz weitergehende Einflussnahmen der Verteidigung. Angesichts der bei den Senaten der Oberlandesgerichte – statistisch gesehen – höheren Wahrscheinlichkeit eines Revisionserfolgs lohnt hier aber die Erwägung einer Sprungrevision, wenn sich die Verteidigung eines eklatanten Verfahrensfehlers des Amtsrichters sicher ist. Die Entscheidung kann auch durch die Einsicht bestärkt werden, dass angesichts der personellen Konstellation beim alternativ zuständigen Berufungsgericht Erfolgschancen auf ein Minimum reduziert erscheinen.   **1680**

2. Der Gang des Revisionsverfahrens

Die **Einlegungsfrist** beträgt eine Woche. Ist das tatrichterliche Urteil verkündet und damit die Frist in Gang gesetzt, ist der Zeitraum häufig zu eng, um die Wirkungen des Urteils insbesondere in   **1681**

1559 S. hierzu *Schlothauer/Weider* Verteidigung im Revisionsverfahren 2013, Rn. 3: »Was in der Hauptverhandlung nicht gesät wurde, kann in der Revision nicht geerntet werden«; skeptischer gegenüber diesem Ansatz: MAH-Strafverteidigung/*Widmaier/Norouzi* § 9 Die Hauptverhandlung im Blickwinkel der Revision.

psychischer Hinsicht abschließend einschätzen zu können. Allein zur Verlängerung einer Überlegensfrist wird daher die Verteidigung Revision einlegen. Für Fristberechnungen, Versäumnisse und die Möglichkeit der Wiedereinsetzung gilt das oben Angeführte.

1682   Ist das Urteil beispielsweise an einem Mittwoch verkündet worden, muss exakt bei diesem Gericht in der darauf folgenden Woche am Mittwoch spätestens um 24.00 Uhr ein Schriftsatz eingegangen sein, in dem die Verteidigung unter Bezugnahme auf das Aktenzeichen lediglich mit einem kurzen Satz anzeigt, dass gegen das Urteil Revision eingelegt werde. Einer weiteren Darlegung oder Begründung bedarf das Begehren der Verteidigung zunächst nicht. Der Mandant selbst kann wirksam ebenfalls Revision einlegen. Das Urteil wird in jedem Fall nicht rechtskräftig.

1683   Sinnvoll erscheint es, schon in diesem Zeitpunkt eine **nochmalige Akteneinsicht** und insbesondere die Übersendung des Protokolls nach dessen Fertigstellung zu beantragen. Zumeist sind seit der letzten Akteneinsicht vor Beginn der Hauptverhandlung zahlreiche revisionsrelevante Schriftstücke zu den Akten gelangt. Im Hinblick auf den Nachweis beabsichtigter Revisionsrügen ist ein rechtzeitiger Blick in das Protokoll unabdingbar.

1684   Bis zu diesem Zeitpunkt hat die Verteidigung lediglich bei der mündlichen Urteilsbegründung gehört, worauf das Gericht die Verurteilung stützt. Für das Revisionsverfahren ist das Gehörte unerheblich. Maßgeblich sind die schriftlichen Urteilsgründe, die nunmehr nach Einlegung der Revision das Tatgericht zu formulieren hat und innerhalb einer bestimmten Frist (§ 275 Abs. 1) zu den Akten zu reichen hat. Die Länge der **Absetzungsfrist** korrespondiert mit der Anzahl der Hauptverhandlungstage, sodass in Umfangsverfahren das Tatgericht viele Monate Zeit hat, die schriftlichen Urteilsgründe zu Papier zu bringen. Diese Fristen sind allerdings Höchstfristen, das Beschleunigungsgebot verlangt eine zügigere Bearbeitungsweise. Das Überschreiten der Höchstfrist ist ein absoluter Revisionsgrund (§ 338 Nr. 7); gerügt werden kann diese Verletzung auch, wenn das Urteil nicht vollständig zu den Akten gelangt ist, insbesondere die notwendigen Unterschriften fehlen. Dem Erfolg der Revision steht allerdings oft die nachträgliche dienstliche Erklärung des Tatrichters entgegen, der versucht, Ausnahmen (§ 275 Abs. 1 S. 4) oder Rechtfertigungen zu begründen.[1560]

1685   Ist das von den Tatrichtern unterschriebene Urteil bei den Akten, vergehen oft weitere Wochen, bevor Reinschriften und Ausfertigungen gefertigt worden sind, die zur Zustellung erforderlich sind. Darüber hinaus ist spätestens jetzt das Hauptverhandlungsprotokoll fertigzustellen, da zuvor ein Urteil nicht zugestellt werden kann (§ 273 Abs. 4).

1686   Ist das Urteil zugestellt, beginnt mit dem Zeitpunkt der **Zustellung** die für die Verteidigung wichtigste Phase des Revisionsverfahrens. Innerhalb einer strengen **Frist von einem Monat** ist eine Revisionsbegründung beim Tatgericht durch den Verteidiger (nicht durch den Mandanten selbst) einzureichen. Durch einen Revisionsantrag ist deutlich zu machen, in welchem Umfang das Urteil angefochten wird. Denkbar ist, dass bei mehreren verurteilten Taten lediglich einige angegriffen werden, während die Verurteilung im Übrigen rechtskräftig wird. Soweit das Urteil im Tenor abtrennbare Teile enthält, kann eine Revision auf derartige Teile (z.B. lediglich das Strafmaß) beschränkt werden. Welchen strategischen Sinn eine solche Beschränkung in der Revisionsinstanz hat, ist jedoch selten erkennbar.

Das Gesetz unterscheidet bei der **Formulierung der Revisionsbegründung** zwischen der Sachrüge einerseits und der Verfahrensrüge andererseits.

1687   Wird eine **Sachrüge** eingelegt, hat das Revisionsgericht das Urteil lediglich auf materiell-rechtliche Fehler zu überprüfen. Faktisch geht der Blick des Revisionsgerichts hier nicht über den reinen Urteilstext hinaus. Auch wenn unter Umständen schlagende Beweise für die Fehlerhaftigkeit des Urteils an anderen Stellen der Akten schlummern, ist dem Revisionsgericht im Rahmen der Sachrüge ein Blick in die Akten untersagt.

1560 *Gregor* Absoluter Revisionsgrund – Überschreiten der Urteilsabsetzungsfrist, StRR 2014, 471 ff.

Revisionsrelevante materiell-rechtliche Fehler des Tatgerichts können hier ausgemacht werden, wenn beispielsweise das Revisionsgericht sich nicht der Subsumtion des festgestellten Urteilssachverhalts auf die angewandte Strafnorm anschließen kann. Fehler werden häufig bei der Strafzumessung des angefochtenen Urteils entdeckt, wenn beispielsweise sich aufdrängende schuldmildernde Aspekte keine Erwähnung finden oder in rechtsfehlerhafter Weise Doppelverwertungen erfolgen. Auch Beweiswürdigungsgesichtspunkte sind zu überprüfen und münden möglicherweise in der Feststellung einer fehlerhaften Gesamtwürdigung, wenn allein die Entscheidungsgründe bereits deutlich machen, dass die Würdigungsaspekte des angefochtenen Urteils widersprüchlich oder evident unvollständig sind.

1688

Für die Verteidigung besteht der Vorteil der Sachrüge darin, dass der einzige Satz, wonach die »allgemeine Sachrüge« erhoben werde, die Pflicht des Revisionsgerichts auslöst, den Urteilstext auf jeden nur denkbaren materiell rechtlichen Fehler hin zu überprüfen. Da die Überzeugungsaufgabe der Verteidigung auch in der Revisionsinstanz nicht darin besteht, schlicht der Qualität richterlicher Arbeit zu vertrauen, ist auch die sachlich rechtliche Rüge in der Regel konkret auszuführen. Gerade bei komplexen Beweiswürdigungsmechanismen ist es zwar nicht notwendig, aber sehr sinnvoll, Fehlerhaftigkeiten und Widersprüchlichkeiten im Urteilstext selbst deutlich zu machen. Um sich nicht die revisionsrechtliche Tür zur allgemeinen Überprüfungspflicht des Revisionsgerichts zu verschließen, müssen die Formulierungen der Revisionsbegründung allerdings deutlich machen, dass die ergänzenden Ausführungen der Verteidigung lediglich exemplarisch einen oder mehrere sachlich rechtliche Fehler beleuchten. Daneben sollte ausdrücklich die allgemeine Sachrüge erhoben werden.

1689

Ein einziger Satz der Begründung zur allgemeinen Sachrüge kann damit ausreichen, dem Revisionsverfahren zu seinem weiteren Gang zu verhelfen. Die Konsequenz besteht auch darin, dass mit der nunmehr eintretenden revisionsgerichtlichen Pflicht der Überprüfung von Amts wegen **Prozesshindernisse** zu berücksichtigen sind. Ohne dass dies ausdrücklich von der Verteidigung angesprochen werden muss, ist entgegen der Idee der Beschränkung des Prüfungsmaterials auf den eigentlichen Urteilstext eine sehr viel umfassendere Sichtung der Verfahrensakten durch das Revisionsgericht notwendig.

1690

Denn nur auf diesem Wege kann beispielsweise die Verfahrensvoraussetzung einer ordnungsgemäßen Anklageerhebung oder gerichtlichen Eröffnungsentscheidung, die (nicht von vorhergehenden Rügen abhängige) Zuständigkeit des Gerichts oder generell der deutschen Gerichtsbarkeit, ein Strafklageverbrauch oder die Verjährung überprüft werden. Die schlichte Hoffnung der Verteidigung auf eine solche komplexe Überprüfung durch den Revisionsrichter wird spätestens durch die Revisionsablehnung enttäuscht. Auch hier kann Erfolg versprechend in der Revisionsinstanz nur agiert werden, wenn diese Mängel bereits von der Verteidigung detektiert und in der Revisionsbegründung zumindest plausibel dargestellt worden sind. Außerhalb rechtlicher Notwendigkeiten ist es ein Gebot effektiver Revisionsverteidigung, den Revisionsrichter auf die Problematik von Prozesshindernissen aufmerksam zu machen.

1691

Ist innerhalb der Monatsfrist der Begründung eine allgemeine Sachrüge erhoben, spricht nichts dagegen, weitere Anregungen für die Überprüfung materiell rechtlicher Fehler des Urteils auch zu einem späteren Zeitpunkt nachzureichen. Sehr viel strenger sind demgegenüber die Anforderungen an die formellen Rügen. Alles, was insoweit seitens der Verteidigung gerügt werden soll, muss innerhalb der Monatsfrist erfolgen. Eine Verlängerung der Frist sieht das Gesetz nicht vor. Ein Nachholen der Rügen oder einer Wiedereinsetzung ist unzulässig.

1692

Rügt die Verteidigung nicht nur die Verletzung sachlichen Rechts, sondern **Verfahrensfehler**, so hat sie das gesamte hierfür relevante Prozessgeschehen umfangreich darzustellen.

Die Geschichte des Verlaufs einer Hauptverhandlung ist ebenso detailliert zu erzählen wie verlesene und in Bezug genommene oder sich in der Verlesung aufdrängende, aber vom Tatgericht ignorierte Urkunden aus der Akte in Kopie beizufügen sind. Beweisanträge sind ebenso darzustellen wie ablehnende Beschlüsse, Befangenheitsgesuche müssen dem Revisionsgericht ebenso präsentiert werden wie die hierauf erfolgenden dienstlichen Stellungnahmen der abgelehnten Richter und der endgültige richterliche Beschluss, der das Ablehnungsgesuch zurückweist. Werden Missachtungen von Beweisverwertungsverboten durch das Tatgericht geltend gemacht, müssen nicht nur – ggf. auch alle vorprozessualen – Ereignisse dargelegt werden, die die Rechtswidrigkeit der Erhebung oder Verwertung der Beweise verdeutlichen. Vielmehr muss

1693

auch die Art und Weise der Einführung der Beweise in die Hauptverhandlung und die Einhaltung eines rechtzeitigen Widerspruchs der Verteidigung dargelegt werden.

1694 Aus den rechtlichen Anforderungen des § 344 Abs. 2 S. 2, wonach bei einer Verfahrensrüge die den Mangel enthaltenen Tatsachen angegeben werden müssen, folgert die Rechtsprechung, dass die Verteidigung die den Verfahrensfehler begründenden Tatsachen so explizit und genau und so vollständig mitzuteilen habe, dass das Revisionsgericht allein anhand der Revisionsbegründung überprüfen kann, ob der gerügte Verfahrensfehler tatsächlich vorliegt.

1695 Auch hier gilt der Grundsatz, dass das Revisionsgericht keinen ergänzenden Blick in die Akten wirft, sondern sich bei der Überprüfung der Rechtsfrage, ob der behauptete Verfahrensfehler im Prozess vorgelegen hat, ausschließlich auf das Material stützt, das der Revisionsführer in seiner Begründung zur Verfügung stellt. Damit verbieten sich für den Revisionsführer insbesondere Bezugnahmen auf andere als relevant erachtete Aktenbestandteile. Hier hat die Verteidigung alle Urkunden vollständig und im Wortlaut mitzuteilen, was sinnvollerweise zumeist durch das Einreichen einer gefertigten Kopie aus der Akte in der Revisionsbegründung erfolgt. Faktisch wird es damit häufig notwendig sein, neben der neu zu formulierenden detaillierten Schilderung des gerügten Prozessgeschehens auch ein Konvolut an kopierten Unterlagen aus der Akte mit zu überreichen.

1696 Das außerordentliche Volumen einer solchen Rügebegründung wird auch dadurch gefördert, dass die Rechtsprechung behauptet, dass die Vollständigkeit des Vortrages nicht nur die Ausfüllung der Begründung der behaupteten Mangelhaftigkeit erfordert. Vielmehr müsse durch die Schilderung des Revisionsführers das Gericht auch in die Lage versetzt werden zu überprüfen, ob nicht darüber hinausgehende Verfahrensvorgänge der Bewertung der Verteidigung entgegenstehen. Hiernach reicht die schlichte Behauptung der Verteidigung, dass ein bestimmter dargestellter Beweisantrag nicht beschieden wurde und damit § 244 Abs. 6 verletzt sei, nicht aus, da die fehlende Bescheidung auch darauf beruhen könnte, dass der gestellte Beweisantrag von der Verteidigung zurückgenommen worden war. Als sogenannte »**Negativtatsache**« verlangt die Rechtsprechung daher in diesem Fall auch die Mitteilung der Verteidigung, dass der Antrag nicht zurückgenommen wurde.

1697 Von diesem Ansatz aus verlangt die Revisionsrechtsprechung damit von der Verteidigung kaum zu leistende Überlegungen dahin gehend, welche Tatsachen neben der Begründung des behaupteten Verfahrensfehlers dazu beitragen könnten, einen solchen Fehler möglicherweise wieder entfallen zu lassen. Jede nur denkbare Heilung eines Verfahrensfehlers ist daher ins Kalkül zu ziehen, um deren Abwesenheit ausdrücklich zu schildern. Jede nur vorstellbare Verwirkung von Verteidigungsrechten in der Hauptverhandlung muss thematisiert werden, um gleichzeitig deren fehlendes Vorliegen zu behaupten. Jede Urkunde, jede Sachverhaltsvariante, die eventuell die Potenz einer Widerlegung der behaupteten Verfahrensrüge in sich trägt, ist vom Revisionsführer nach Ansicht des BGH aufzuspüren.

Die Konsequenz eines Mangels ist die Unzulässigkeit der Verfahrensrüge. Das Revisionsgericht befasst sich somit dann nicht mit dem sachlichen Anliegen der Verteidigung, wenn sie behauptet, dass bestimmte Negativtatsachen nicht vorgetragen worden sind. Dies führt aktuell zu dem absurden Ergebnis, dass – entgegen der ursprünglichen Aufgabe des Revisionsgerichts – der Revisionsrichter Protokolle und Akten akribisch nach entfernten Anhaltspunkten durchforstet, welche der Revisionsführer in seiner Revisionsbegründung nicht vorgetragen hatte. Wird er nach Tage langem Suchen in Aktenbergen fündig, hält er sich für legitimiert, dem Mandanten und seiner Verteidigung das rechtliche Gehör zu seinem eigentlichen Begehr in der Revisionsinstanz zu verweigern.

1698 Die Begründungsanforderungen dokumentieren eines der zentralen Probleme der Überzeugungsarbeit von Verteidigung in der Revisionsinstanz: der schlichte Umfang der Revisionsbegründung. Die Revisionsbegründung kann sich zu kaum noch leserlichen Konvoluten ausweiten, wenn zum einen die Verteidigung jede nur denkbare Verfahrensverletzung aufspürt und dementsprechend formelle Rügen formuliert, und auf der anderen Seite diese Rügen entsprechend den Anforderungen durch umfangreiche Darstellungen und urkundliche Belegungen aufgebläht werden. Die **psychologische Herausforderung** besteht in einer **Darstellungsform**, die den Revisionsrichter nicht ermüdet, sondern das eigene Anliegen klar und prägnant formuliert.

1699 Ob die Verteidigung dem Ratschlag folgen sollte, nur die aus ihrer Sicht erfolgversprechendsten Rügen anzuführen und damit den Stoff überschaubar zu gestalten, erscheint angesichts der fehlenden Prognostizierbarkeit von Revisionserfolgen fraglich. Nicht zuletzt auch im Hinblick auf unterschiedliche Wertungsgesichtspunkte zukünftiger Instanzen (Verfassungsgericht, Europäischer Gerichtshof für Menschenrechte) erscheint die Darstellung aller nur denkbaren Verfahrensfehler vorzugswürdig. Ist allerdings der Stoff hierdurch unüberschaubar, sollte eine Darstellungsform gewählt werden, die dem Revisionsrichter in aller Kürze und sehr prägnant den Kern der Anliegen der Revision präsentiert. Hier empfehlen sich außerhalb der gesetzlich geforderten Notwendigkeiten der Darstellung kurze Zusammenfassungen entweder zu Beginn jeder einzelnen Rüge oder in einer gesondert zu formulierenden Einleitung der Revisionsbegründung. Diese kann die Rezeptionsbereitschaft und -fähigkeit des Revisionsrichters enorm erhöhen, dem logischen detaillierten Gedankengang der Revisionsbegründung zu folgen und sich optimaler Weise den Schlussfolgerungen anzuschließen.

Erfolgreich ist eine Revision nur dann, wenn das Revisionsgericht nicht nur einen Verfahrensfehler **1700** feststellt, sondern das angefochtene Urteil auch auf diesem Fehler beruht. Eine solche **Beruhensprüfung** entfällt lediglich bei den absoluten Revisionsgründen des § 338 Nr. 1–7. Bei allen anderen Verfahrensfehlern, den relativen Revisionsgründen, hat das Revisionsgericht von Amts wegen zu überprüfen, ob nicht auszuschließen ist, dass bei einer rechtmäßigen Verfahrensweise das Ergebnis des Tatgerichts unter Umständen anders ausgefallen wäre. Auch wenn zu dieser Frage der Kausalität seitens der Verteidigung nicht zwingend eine Darstellung erfolgen muss, um der Rüge über die Zulässigkeitsschwelle zu verhelfen, hat sie auch hier den richterlichen Gedankengang zu prognostizieren und entsprechend zu intervenieren.

Droht erkennbar die Gefahr, dass es dem Revisionsgericht an Phantasie mangelt, um sich denkbare Alter- **1701** nativverläufe des Verfahrensgangs ohne die festgestellte Verfahrensverletzung vorzustellen, ist es für die Revisionsbegründung der Verteidigung dringend notwendig, schon vorab auf solche Möglichkeiten hinzuweisen. Sind auch nur abstrakt Verfahrensverläufe alternativ denkbar, wenn der Verfahrensfehler hinweggedacht wird, so muss die Beruhensfrage im Sinne der Verteidigung entschieden werden.

Beliebter wird die Zurückweisung der Revision mit dem Hinweis, dass trotz des festgestellten Verfahrensfehlers ein Beruhen des Urteils hierauf ausgeschlossen werden könne, weil die Verteidigung auch bei prozessordnungsgemäßen Verhalten des Tatrichters nicht anders agiert hätte. Der mangelnden Erfahrung des Revisionsrichters mit der Vielgestaltigkeit von Verteidigungsaktivitäten kann hier schon in der Revisionsbegründung vorgebeugt werden.

Eine von der Darstellung der Verfahrensrüge zu trennende Frage ist, ob der geschilderte Sachverhalt **1702** auch **zur Überzeugung des Revisionsgerichts bewiesen** werden kann. Die Frage eines solchen Beweises ist nicht zwingend Gegenstand der Revisionsbegründung. Die Vorgehensweise der Verteidigung in der Revision wird allerdings entscheidend auch von der Frage geprägt, ob und inwieweit auch bei einer Zulässigkeit der Verfahrensrüge der dargestellte prozessuale Sachverhalt einer Entscheidung des Gerichts überhaupt zugrunde gelegt werden kann. Die Frage ist komplex.

Zum einen wird die Nachweisbarkeit von Geschehnissen in der Hauptverhandlung durch das **Pro-** **1703** **tokoll** formalisiert. Ob vorgeschriebene Förmlichkeiten in der Hauptverhandlung tatsächlich eingehalten wurden oder nicht, wird unwiderleglich durch das Hauptverhandlungsprotokoll belegt (§ 274). Das tatsächliche Geschehen in der Hauptverhandlung und die Erinnerung der Verteidigung hieran sind somit irrelevant.

Auch wenn für die Verteidigung feststeht, dass dem Mandanten beispielsweise keine Gelegenheit zum **1704** letzten Wort gegeben wurde, ist die Rüge zur Erfolglosigkeit verdammt, wenn – fälschlicherweise – im Protokoll niedergelegt ist, dass der Mandant tatsächlich die Gelegenheit zum letzten Wort gehabt habe. Ist die formale Welt des Protokolls allerdings ausschließlicher Bezugspunkt der Tatsachengrundlage für die Beurteilung von Verfahrensrügen,[1561] liegt es nahe, solche in der Hauptverhandlung protokollierte Verfahrensfehler als Rügen vorzutragen, auch wenn nach Erinnerung des Verteidigers an das Geschehen

---

1561 Hieran hat die Rspr. zur »Rügeverkümmerung« nichts geändert, s. z.B.: *Ziegert* Die Entdeckung der Wahrheit, FS Volk 2009, S. 901 ff.; *Bertheau* Rügeverkümmerung – Verkümmerung der Revision in Strafsachen, NJW 2010, 973, 976.

in der Hauptverhandlung ein solcher Fehler tatsächlich nicht vorgelegen hatte.[1562] Dass hier den Verteidiger jenseits der gesetzlichen Konstruktion eine Wahrheitspflicht treffen könnte, die ihn von einer solchen Rüge abhält, wird zwar von der Rechtsprechung auch unter Bezugnahme auf anwaltliches Ethos gern suggeriert, verkennt allerdings die Verteidigerpflicht, die Rechte des Mandanten konsequent in dem vom Gesetz gezogenen Rahmen durchzusetzen.

1705   Rügt so beispielsweise die Verteidigung in der Revision die zeitweilige Abwesenheit eines notwendigen Verteidigers, weil dieser als nicht anwesend im Protokoll behandelt wird, und hat er selbst in Erinnerung, dass der Verteidiger tatsächlich ununterbrochen anwesend war, so läuft er allerdings nunmehr Gefahr, dass nach Kenntnis dieser Rüge die für das Protokoll Verantwortlichen dieses nachträglich ändern und unter Behauptung auf ihre nunmehr tatsächlich vorliegende Erinnerung an die Anwesenheit des Verteidigers das Protokoll ändern und damit der Rüge den Boden entziehen.[1563]

1706   Auf der Beweisebene müssen auch Verfahrensrügen scheitern, die auf das von der Rechtsprechung erfundene »**Verbot der Rekonstruktion** der Hauptverhandlung« treffen. Der BGH behauptet, aufgrund der »Ordnung des Revisionsverfahrens« an seine Grenzen zu stoßen, wenn er aus seiner Sicht versuchen würde festzustellen, was tatsächlich in der Hauptverhandlung gesagt und getan wurde. Es ist die Kehrseite des Mündlichkeitsprinzips und der damit verbundenen Flüchtigkeit, dass die Ergebnisse dieses Geschehens ausschließlich vom Tatgericht selbst festgestellt und bewertet werden sollen.[1564] Mit der Weigerung des Revisionsgerichts, sich mit der inhaltlichen Realität einer Beweiswürdigung auseinanderzusetzen, erfährt die tatrichterliche Willkür der Tatsachenfeststellung ihre eigentliche Legitimation.

1707   Ob beispielsweise die Einlassung des Angeklagten tatsächlich ein Geständnis enthielt und in welcher Form sich ein Zeuge wortwörtlich in einer Hauptverhandlung zu einem Sachverhalt verhalten hat, ist angeblich grundsätzlich dem Beweis des Revisionsgerichts nicht zugänglich. Findet sich in den Urteilsgründen nichts dazu, so ist die schlichte Behauptung der Verteidigung in der Revisionsbegründung, ein Zeuge habe bestimmte Behauptungen aufgestellt oder ein Sachverständiger habe tatsächlich entlastende Bewertungen vorgenommen, für das Revisionsgericht schlicht unüberprüfbar und damit im Ergebnis irrelevant. Hat z.B. ein Alibizeuge den Angeklagten für den Tatzeitpunkt 12 Uhr mittags entlastet, bezieht dies das Revisionsgericht nicht in seine Überlegungen ein, wenn ihm das Urteil der Strafkammer fälschlicherweise mitteilt, der Zeuge habe lediglich ein Zusammensein ab 3 Uhr nachmittags bekundet und sei daher für die Schuldfrage irrelevant. Auch wenn eine der häufigsten Kritiken an einem Urteil verteidigungsintern dahin gehen muss, dass das angefochtene Urteil in seiner Begründung völlig andere Sachverhalte wiedergegeben hat, als diese von der Verteidigung und dem Angeklagten selbst vernommen und aufgeschrieben worden waren, bleibt dieser Bereich nach deutschem Revisionsrecht unüberprüfbar. Tatrichter wissen dies.

1708   Dem **Beweis** auch in der Revisionsinstanz zugänglich sind demgegenüber prozessuale Geschehnisse in der Hauptverhandlung, die außerhalb der inhaltlichen Äußerungen zur Schuld und strafzumessungsrelevanten Fragen Verfahrensfehler belegen. Sind diese den Fehler belegenden Sachverhalte keine wesentlichen Förmlichkeiten, kann hierüber auch außerhalb des Protokolls Beweis erbracht werden.

1709   Wenn die Verteidigung beispielsweise rügt, dass sie aufgrund der örtlichen Gegebenheiten keinerlei Gelegenheit hatte, sich während der Hauptverhandlung mit dem fünf Meter entfernt sitzenden Mandanten zu unterhalten, so muss sich das Gericht von diesem Sachverhalt bei Vorliegen aller anderen Rügevoraussetzungen eine Überzeugung bilden. Dies erfolgt im **Freibeweisverfahren**. Das Revisionsgericht kann damit alle ihm sinnvoll erscheinenden Erkenntnisquellen nutzen, um diesen Teil des Prozessgeschehens für sich selbst zu rekonstruieren. Zumeist wird hier versucht, durch die Einholung dienstlicher Erklä-

---

1562   *Dahs* Die Wahrheitspflicht des Verteidigers, StraFo 2000, 181, 185: Der Verteidiger dürfe – und müsse – hier nach Herzenslust, bzw. Rechtslust, auch die Unwahrheit sagen.
1563   BGHSt 51, 298 = NJW 2007, 2419 = NStZ 2007, 661 = StV 2007, 403 = BGHR StPO § 274 Berichtigung 2.
1564   *Bartel* Das Verbot der Rekonstruktion der Hauptverhandlung, 2014.

rungen der Richter oder Protokollbeamten, des Staatsanwalts und gelegentlich auch der Verteidigung den Sachverhalt entsprechend aufzuklären. Für die Würdigung der dann vorliegenden, möglicherweise sich widersprechenden Erklärungen haben sich bislang keine speziellen Regeln herausgebildet. Gerade der BGH nutzt dies in bemerkenswerter Weise, um ohne beweiswürdigende Überlegungen schlicht die Darstellung der Tatrichter in deren Erklärung zu übernehmen und entgegenstehende Äußerungen von Verteidigungen entweder zu ignorieren oder diese sogar der Unwahrhaftigkeit zu bezichtigen.[1565] Richterliche Solidarität hat hier offensichtlich den Vorzug vor rechtsstaatlicher Beweiswürdigung.

Richtigerweise herrscht auch hier der Grundsatz, dass das Freibeweisverfahren die Art der Beweismittel nicht beschränkt, im Übrigen aber prozessuale Maximen nicht aushebelt. Insbesondere das rechtliche Gehör ist in der Revisionsinstanz nicht abgeschafft. Das Revisionsgericht vergisst gerne, die Verteidigung mit sämtlichen gerichtlichen Eingängen zur Sache mittels Kopien zu versorgen – sei es, dass man Schriftstücke allein der parallel eingelegten, aber inhaltlich auf dieselbe Sache bezogenen Revision eines Mitangeklagten zuordnet, sei es eine gefühlte Irrelevanz.

Verteidigung in der Revisionsinstanz bedeutet daher auch das zwischenzeitliche Beharren auf umfassende Informationen hinsichtlich des Verfahrensstandes. Erforderlich ist dies nicht zuletzt angesichts der aktuellen Tendenz der Vorsitzenden Richter des angegriffenen Taturteils, sich ungefragt zur Revisionsbegründung zu äußern. Die Lektüre von Stellungnahmen der Kammervorsitzenden in Verfahren, in denen der Revisionssenat Aufklärung betreibt, hat möglicherweise die Vorstellung befeuert, der Kammervorsitzende habe auch die maßgebliche Kompetenz, sich prozessualen Behauptungen der Revisionsbegründung entgegenzustellen und das eigene Urteil zu rechtfertigen. Auch wenn das Gesetz diese nicht erbetenen Eingaben nicht kennt, ist nicht auszuschließen, dass Teile dieser Rechtfertigungsschrift als Sachverhaltselemente beim Revisionsrichter verankert werden. Ein dezidierter Widerspruch ist trotz aller rechtlichen Irrelevanz daher häufig notwendig. Die Arbeit des Revisionsverteidigers ist mit der Formulierung der Revisionsbegründung damit noch lange nicht erledigt.

Ist die Revisionsbegründungsschrift der Verteidigung fristgemäß beim Tatgericht eingegangen, wird das gesamte Aktenmaterial über die Staatsanwaltschaft und Generalstaatsanwaltschaft weitergeleitet. Die die Anklage vertretende Staatsanwaltschaft hat zunächst Gelegenheit zu einer Gegenerklärung, die sich allerdings lediglich darauf beschränkt, ob der Tatsachenvortrag der Verteidigung im Zusammenhang mit Verfahrensrügen vollständig und zutreffend ist (s. Nr. 162 Abs. 2 RiStBV). Eine inhaltlich fundierte **Gegenerklärung** wird erst durch die **Revisionsstaatsanwaltschaft** abgegeben. Das ist entweder die Generalstaatsanwaltschaft beim Oberlandesgericht oder der Generalbundesanwalt beim BGH. In dieser Gegenerklärung findet die Verteidigung erstmalig eine Auseinandersetzung mit dem inhaltlichen Aspekt des eigenen Vortrages. Die Staatsanwaltschaft lässt ihre Einschätzung in einen Antrag münden, der zumeist dahingeht, die Revision zu verwerfen. **1710**

Innerhalb von zwei Wochen hat die Verteidigung Gelegenheit, nach Zustellung des Antrages der Revisionsstaatsanwaltschaft hierzu nochmals Stellung zu nehmen. Nach den unter Umständen verwirrenden komplexen Begründungen in der ursprünglichen Revisionsbegründung bietet die Gegenerklärung der Verteidigung nochmals die Chance, in pointierter Auseinandersetzung mit Argumenten der Staatsanwaltschaft fern jeder Notwendigkeit zur Vollständigkeit die tragenden Gesichtspunkte der Revisionsbegründung abermals herauszustellen. **1711**

Erst jetzt befasst sich das **Revisionsgericht** mit der Sache. Der Senatsvorsitzende sichtet die eingegangenen Akten und bestimmt einen Berichterstatter. Was und wie anschließend überprüft und im Kollegialgericht diskutiert wird, entzieht sich nicht nur jeder formellen Vorgabe, sondern wird auch nirgendwo dokumentiert. Ein Eingreifen in einen Diskussionsvorgang verbietet sich daher für die Verteidigung, da dieser Vorgang nicht transparent ist. **1712**

Ein Telefonanruf beim Berichterstatter »zum Stand des Verfahrens« ist nicht unzulässig, gilt aber bei manchen Revisionsrichtern angesichts der verinnerlichten Abstraktheit ihrer Instanz als wenig schicklich. Auch wenn auf diesem Hintergrund die Gefahr besteht, dass der Kommunikationsinhalt eines solchen Gesprächs erheblich reduziert ist, entspricht es der Beistandspflicht des Verteidigers, den Raum für ergän- **1713**

1565 S. z.B. BGH, Beschl. v. 15.04.2008 – 1 StR 104/08.

zende Überzeugungsarbeit zu eruieren. Auch in der Revisionsinstanz geht es um das Schicksal von Menschen, die ihre prozessuale Subjektstellung nicht verloren haben.

1714 **Mündliche Verhandlungen vor dem Revisionsgericht** stellen faktisch eine eher seltene Ausnahme dar. Psychologische Grunderkenntnisse zur Optimierung einer Entscheidungsfindung durch spontanen Diskurs dominieren zwar die rechtlichen Dimensionen der Tatsacheninstanz, gehen aber bei der Suche unterschiedlicher Verfahrensbeteiligter in der rechtlichen Diskussion der Revisionsinstanz völlig verloren. Ohne nähere Begründung wird durch die – auch verfassungsgerichtliche[1566] – Rechtsprechung behauptet, ein faires Strafverfahren könne auch durch bloße Schriftlichkeit garantiert werden. Verteidigung hat das beschränkte Aktionsfeld auszuschöpfen. Verändert sind die Vorzeichen, wenn ausnahmsweise das Revisionsgericht eine Hauptverhandlung anberaumt. Ursache kann ein ausdrücklicher Antrag der Revisionsstaatsanwaltschaft sein. Anlass kann allerdings eine für die Verteidigung undurchsichtige Motivation der Vertiefung von dem Senat diskussionswürdig erscheinenden Aspekten sein. Hier ist es zur Vorbereitung der Verteidigung nicht nur legitim, sondern auch aus Sicht des Senats unabdingbar, dass Schwerpunkte der erwarteten Diskussion bereits im Vorfeld abgeklärt werden. Will der Senat eine Grundsatzentscheidung in einem Verfahren treffen, in dem die Verteidigung Dutzende von Rügen erhoben hat, kann sinnvolle Überzeugungsbildung in der Hauptverhandlung nur erfolgen, wenn das Schwergewicht zuvor seitens des Gerichts verdeutlicht worden ist.

An der Hauptverhandlung muss der Mandant nicht teilnehmen, er hat allerdings ein Anwesenheitsrecht, jedenfalls wenn er nicht inhaftiert ist. Ob ein Verteidiger anwesend sein muss, ist zwischen den Senaten umstritten. Angesichts der Bedeutung der rechtlichen Diskussion in öffentlicher Hauptverhandlung vor dem Senat drängt sich die Annahme eines Falls notwendiger Verteidigung auf. Will oder kann (aus Kostengründen) ein Verteidiger (sei es der Wahlverteidiger oder der in der Instanz beigeordnete Verteidiger) nicht erscheinen, hat der Senatsvorsitzende für eine Beiordnung Sorge zu tragen.[1567]

1715 Auch wenn der Verteidiger sich einer qualifizierten juristischen Übermacht von fünf hoch kompetenten Revisionsrichtern und einem Vertreter der Bundesanwaltschaft gegenüber sieht, ist es eine seiner größten Herausforderungen, in dieser Konstellation in einem Rechtsgespräch Überzeugungsarbeit zu leisten. Irritiert wird er nicht selten von einem autoritär geprägten, oft sogar harschen Umgangston eines (oder einer) Senatsvorsitzenden, deren Anspruch an das Idealbild einer respekt- und würdevollen Verhandlungsleitung nicht immer erkennbar ist. Das Macht- und Kompetenzgefälle wird häufig durch den in vielen Hauptverhandlungen gestählten Umgang des Verteidigers mit der Spontaneität einer dynamischen öffentlichen Diskussion ausgeglichen.

Formalisiert ist diese Revisionshauptverhandlung nur sehr beschränkt.

1716 Nach einem Vortrag des Berichterstatters seitens des Gerichts wird zunächst ein Plädoyer sowohl des Vertreters der Staatsanwaltschaft als auch von der Verteidigung erwartet. Angesichts der schriftlich vorliegenden Darstellungen sind diese Plädoyers zumeist überraschungsarm. Den entscheidenden Verlauf der rechtlichen Überzeugungsarbeit kann erst ein darauffolgendes Gespräch erbringen. Spontane Rede und Gegenrede zu einzelnen angesprochenen Problembereichen sind in Hauptverhandlungen nicht nur üblich, sondern für die Verteidigung auch hilfreich. Erst konkrete Fragen oder kurze Einwürfe von Senatsmitgliedern machen die Selektionen und damit entscheidungserheblichen Faktoren auf der Richterbank deutlich. Die Herausforderung für den Verteidiger besteht darin, spontan auf die hier möglicherweise erstmalig erkannten singulären Gesichtspunkte einzugehen. Je tiefer hier eine Vorbereitung zu allen prognostizierbaren Facetten einer Diskussion erfolgt ist, umso effektiver ist der Einsatz des Überzeugungspotenzials des Verteidigers.

1717 Die allermeisten Revisionen enden allerdings – ohne Hauptverhandlung – im Empfang eines kurzen und wenig aufschlussreichen Schreibens, in dem ohne Begründung seitens des Senats festgestellt wird, dass die Revision als **offensichtlich unzulässig** gemäß § 349 Abs. 2 verworfen wird. Der letz-

---

1566 BVerfGE 36, 85, 87.
1567 BGH NStZ 2015, 47 = NJW 2014, 3527 m. zust. Anm. *Meyer-Mews*.

ten Instanz wird das Privileg der Begründungslosigkeit zugestanden, ohne dass das damit eröffnete Willkürpotential thematisiert wird.[1568] Die aktuelle Praxis ist schlicht gesetzeswidrig,[1569] wird allerdings mit dem Desinteresse des Gesetzgebers und mühsamer Argumentation des Bundesverfassungsgerichts[1570] gewahrt. Die erforderliche Einstimmigkeit im Senat wird manipulativ hintergangen. Das dominierende Interesse aller Senatsbeteiligten an Arbeitsersparnis liegt auf der Hand. Die Peinlichkeit, mit der argumentativen Unzulänglichkeit bei der Verwerfung einer wohl begründeten Revision entlarvt zu werden, wird umgangen. Der verurteilte Angeklagte und seine Verteidigung werden rat- und hilflos mit der Versicherung entlassen, der Rechtsstaat und sein Rechtsmittelsystem funktioniere.

Hat zumindest die aufgeworfene Revisionsthematik das Interesse des Senats erweckt, wird eine Verwerfung gelegentlich umfangreicher begründet. Es ist der Ausnahmefall, der zur Aufhebung des Urteils führt. Regelmäßig ist die Konsequenz der Aufhebung eine Zurückverweisung der Sache zur erneuten Verhandlung an eine andere Kammer desselben Gerichts. Hier erhält die Verteidigung eine erneute Chance, in einem völligen Neuaufrollen des Verfahrens mit neuen Richtern das ursprüngliche Verteidigungsziel wieder durchzusetzen. Hatte die Staatsanwaltschaft keine Revision eingelegt oder war eine solche vom Revisionsgericht verworfen worden, führt das Verbot der reformatio in peius jedenfalls zu einer kalkulierbaren neuen Hauptverhandlung: Ein Ergebnis kann hinsichtlich der Rechtsfolgen nicht schwerwiegender ausfallen als das erste aufgehobene Taturteil. Im Gegenteil: Zumindest die zwischenzeitliche Verzögerung auf dem Weg zu einem rechtskräftigen Urteil muss sich zugunsten des Mandanten bei den Rechtsfolgen auswirken.

> Aber auch hier hat das Revisionsgericht entgegen der ihm ursprünglich zugedachten Aufgabe häufig die **1718**
> Gelegenheit ergriffen, nicht nur Fehler des vergangenen Verfahrens aufzuzeigen, sondern auch Hinweise
> für die Durchführung des neuen Verfahrens zu geben. Machen solche »Segelanweisungen« für das Tat-
> gericht deutlich, in welche Richtung es aus Sicht des Revisionsgerichts gehen sollte, ergibt sich für die
> Verteidigung allerdings eine grundsätzlich veränderte neue Konstellation.

V. Das Wiederaufnahmeverfahren

Die Strafverteidigung ist häufig mit der Erkenntnis konfrontiert, dass die berechtigten Interessen **1719**
des Mandanten angesichts rechtlicher Beschränkungen und psychischer Hemmnisse nur sehr unvollständig vorgetragen werden können. Diese Schwierigkeiten kulminieren, wenn sich diese Interessen
einem speziellen Hindernis gegenübersehen: der **Rechtskraft**. Ist ein Urteil gesprochen, soll es ein
Gebot der Rechtssicherheit sein, an seiner Richtigkeit nicht mehr nachträglich zu zweifeln.

Die **Idee des Gesetzgebers** geht aber nicht dahin, ein Urteil unter allen Umständen für unabänder- **1720**
lich zu erklären. Das Wiederaufnahmeverfahren soll vielmehr die Möglichkeit eröffnen, möglicherweise falsche Urteile nochmals überprüfen zu können. Angesichts der höchst unvollkommenen
Überprüfung der Urteile großer Strafkammern lediglich durch die Revision, sollte die Wiederaufnahme einen Weg eröffnen, das fehlende Berufungsverfahren zu kompensieren. Das strafrechtliche
Wiederaufnahmeverfahren hat die Funktion, den Konflikt zwischen den Grundsätzen der Gerechtigkeit und der Rechtssicherheit zu lösen. Beide Grundsätze lassen sich gleichermaßen aus dem
Rechtsstaatsgedanken ableiten. Insbesondere gibt sogar das Verfassungsrecht vor, das Prinzip der
Rechtssicherheit um der materialen Gerechtigkeit Willen zu durchbrechen.[1571] Diesem Grundsatz trägt
das Gesetz dadurch Rechnung, dass nicht in allen, aber doch in den wichtigsten Fällen Wiederauf-
nahmegründe zu berücksichtigen sind. Darüber hinaus stellen besondere Verfahrensvorschriften der
Zweistufigkeit sicher, dass willkürliche oder offensichtlich unbegründete Anträge reduziert werden
können.

1568 BVerfG StV 2015, 75.
1569 *Rosenau* Fischer-FS 2018, 791.
1570 BVerfG StV 2015, 75 ff.
1571 BVerfGE 22, 322, 328 f.

1721 Die gesetzgeberische Idee verdient Respekt. **Die Praxis der Rechtsprechung** hat allerdings das vom Gesetzgeber geöffnete Tor zur Überprüfung rechtskräftiger Urteile wieder weitgehend geschlossen. Mit Zehen und Klauen und zum Teil absurden Argumentationen versucht die Justiz, der Rechtskraft im Rechtssystem der Bundesrepublik Deutschland einen nahezu absoluten Charakter zu verleihen. In einer nicht explizit abgesprochenen richterlichen Strategie wird das überragende Bedürfnis dieses Berufsstandes manifestiert, eine einmal gefällte Entscheidung nie mehr hinterfragen zu lassen. Der rechtstatsächliche Zustand ist ebenso skandalös wie die Bereitschaft deutscher Richter ungebrochen ist, jenseits aller legaler Grenzen das Wiederaufnahmeverfahren als Randnotiz des deutschen Strafprozesses verkümmern zu lassen.[1572]

1722 Zu einem besonders markanten Fall vgl. die Entscheidung des LG Landshut (s. Einleitung Rdn. 30 ff.). Die Verurteilung wegen Mordes sollte selbst da nicht erschüttert werden, wo sich durch objektive Kriterien (der Fund der unversehrten – angeblich zerstückelten – Leiche) die Haltlosigkeit des einzigen Beweismittels, eines Geständnisses aus einem polizeilichen Verhör, erwiesen hatte.

Erklärbar ist richterliches Verhalten in Entscheidungssituationen zu Wiederaufnahmegesuchen durch die stets präsenten Zweifel am eigenen Richten. Unsicherheiten der Beweiswürdigung, das Risiko von Fehlentscheidungen, die Verantwortung für fremde Schicksale mag in Entscheidungssituationen vom Entscheider selbst akzeptiert werden; sein zweifelbesetztes Tun verlangt allerdings ein Ende der eigenen psychischen Belastung mit der Rechtskraft. Auch wenn die Idee der Rechtskraft dieses allgemeine richterliche Bedürfnis nicht reflektiert, wird es seit Jahrzehnten in richterlicher Solidarität vom betroffenen Berufsstand umfunktionalisiert. Alsberg analysierte schon 1923 eine »Heilighaltung der Rechtskraft«. Das Wiederaufnahmeverfahren ist reserviert für die extremen Ausnahmen – insbesonders prominente Fälle, bei denen allein die öffentliche Beobachtung den Nachweis unentrinnbar erscheinen lässt, dass das Verfahren doch funktioniere.

1723 Weder das Gesetz noch die kommentierende und interpretierende **Literatur**[1573] unterstützt dieses justizielle Interesse. Auch das **Bundesverfassungsgericht** hat bereits mehrfach angemahnt, dass dem Wiederaufnahmerecht nicht die Effektivität durch Formulierung unübersteigbarer Hürden genommen werden darf. Handhabungen von Wiederaufnahmegerichten wurden als verfassungswidrig gerügt, da sie das Ziel des Wiederaufnahmeverfahrens verfehlten, den Konflikt zwischen materialer Gerechtigkeit und Rechtssicherheit angemessen zu lösen. Wird das Wiederaufnahmeverfahren durch zu enge Voraussetzungen – gemessen an dem beschriebenen Ziel – derart ineffektiv, so steht es im Widerspruch zum Rechtsstaatsprinzip des Grundgesetzes und verletzt den verurteilten Mandanten in dessen Grundrecht aus Artikel 2 Abs. 1 GG, das ein Recht auf effektiven Rechtsschutz einschließt.[1574] Die Justiz hat das in der Praxis wenig beeindruckt. Die kritischen Tendenzen sollten dennoch dazu beitragen, dem Verteidiger häufiger als in der Vergangenheit den Weg des Wiederaufnahmeverfahrens als lohnenswert erscheinen zu lassen. Auch wenn die Erfolgsaussichten ebenso minimal wie das zu erwartende Honorar sind, hat Verteidigung bei Wahrnehmung dieser Option mehr als an jeder anderen Stelle die rechtspolitische Aufgabe, allein durch die Häufung berechtigter Anträge ihren Beitrag zur Rückkehr der Praxis zur gesetzgeberisch intendierten Normalität zu leisten.

Für das – hier nur rudimentär zu schildernde – sehr aufwendig zu betreibende **Wiederaufnahmeverfahren** gilt es für die Verteidigung folgende Grundsätze zu beachten:

1724 Das Ziel des Wiederaufrollens des Verfahrens kann nicht eine schlichte Abmilderung des Strafausspruches sein. Auch wenn die Verteidigung meint, nachweisen zu können, dass nach aktuellen Erkenntnissen ein minderschwerer Fall eines verurteilten Delikts eingreifen würde oder die Voraussetzungen des § 21 StGB vorliegen, wird dieses Ansinnen vom Wiederaufnahmeverfahren nicht

---

1572 Zu markanter rechtpolitischer Kritik am aktuellen Zustand s. *Prantl* StraFo 2015, 221 f.
1573 S. z.B.: *Feiber* Verfassungswidriges Wiederaufnahmerecht, NJW 1986, 699 ff.; *Marxen/Tiemann* Die Wiederaufnahme in Strafsachen, 3. Aufl. 2014; *Strate* Der Verteidiger in der Wiederaufnahme, StV 1999, 228 ff.; MAH-Strafverteidigung/*Strate* § 27 Wiederaufnahmeverfahren; *Wasserburg* Die Wiederaufnahme des Strafverfahrens, in: Brüssow u.a., Strafverteidigung in der Praxis, 4. Aufl. 2007.
1574 Vgl. BVerfGE 53, 115, 127 f.; NJW 1993, 2735 f.; BVerfG, Beschl. v. 16.05.2007 – 2 BvR 93/07.

gedeckt. Ein zulässiger Antrag liegt vielmehr nur dann vor, wenn die Wiederaufnahme eindeutig darauf abzielt, dass der Verurteilte entweder freigesprochen wird oder lediglich wegen eines anderen, milderen Straftatbestandes verurteilt wird. Totschlag statt Mordes ist daher ein ebenso legitimes Ziel des Wiederaufnahmeantrages wie eine Verurteilung wegen Diebstahls und Nötigung statt eines Raubes.

Zu berücksichtigen hat die Verteidigung auch den langwierigen Verfahrensweg, bevor es zu einer **1725** erneuten Verhandlung kommt. Das Gesetz sieht in zwei Stufen das sogenannte **Additionsverfahren** und das **Probationsverfahren** vor. Wird zunächst lediglich die Zulässigkeit des Antrages überprüft (§ 368), soll erst danach in dem zweiten Verfahrensschritt der Probation durch Beweiserhebung eine Bestätigung des Wiederaufnahmevorbringens gesucht werden (§§ 369 ff.).

Der Wiederaufnahmeantrag der Verteidigung muss den Formerfordernissen des § 366 entsprechen. **1726** Fristen und Formalien behindern den Verteidiger hierbei nicht. Maßgeblich ist vielmehr eine ausreichende Darstellung des Wiederaufnahmegrundes, auf den der Antrag gestützt wird, sowie darüber hinaus die Benennung der entsprechenden Beweismittel.

Der maßgeblich in der Praxis der Verteidigung relevante Wiederaufnahmegrund zugunsten des **1727** Mandanten ist die **Beibringung neuer Tatsachen oder Beweismittel**, die geeignet sind, das rechtskräftige Urteil im Hinblick auf das Wiederaufnahmeziel zu erschüttern. Die nachträgliche Entdeckung der generellen Fehlerhaftigkeit eines rechtskräftigen Urteils stützt die Wiederaufnahme alleine nicht. Fehler – auch gravierende Fehler –, die bereits im Revisionsverfahren hätten geltend gemacht werden können, sind kein tauglicher Wiederaufnahmegrund.[1575] Auch nachträgliche Änderungen der höchstrichterlichen Rechtsprechung[1576] oder eine nachträgliche Gesetzesänderung eröffnen nicht den Weg zu einer Wiederholung eines Strafprozesses. Relevant sind demgegenüber Tatsachen, die sowohl den den Schuldspruch tragenden Sachverhalt als auch den Ablauf des prozessualen Geschehens verändern können. Hierzu gehören nicht nur zusätzliche Beweismittel, sondern auch der Wegfall von Beweismitteln (auf die sich das angefochtene Urteil stützte). Denkbar sind als Ansatzpunkte daher sowohl die Rücknahme von Angaben belastender Zeugen oder Mitangeklagter als auch der Widerruf eines Geständnisses.

Ob eine Tatsache oder ein Beweismittel letztlich »neu« ist, entscheidet sich nicht aus Sicht des Rich- **1728** ters, der mit der Beurteilung des Wiederaufnahmeverfahrens befasst ist. Maßgeblich ist allein die Sicht des verurteilenden Urteils. Da diese Sicht dem Wiederaufnahmegericht nicht aus eigener Wahrnehmung geläufig ist, besteht eine der wichtigsten Aufgaben darin, diese Perspektive anhand der möglichen Erkenntnisquellen zu rekonstruieren.

Neu ist alles, was der Überzeugungsbildung der verurteilenden Richter nicht zugrunde gelegt wor- **1729** den ist, selbst wenn dies möglich gewesen wäre.[1577] Aktenlage (bei Strafbefehlen sogar ausschließlich) und das Hauptverhandlungsprotokoll finden Eingang in diese Analyse. Maßgebliche Erkenntnisquelle für den Umfang des zur Überzeugungsbildung bereitstehenden Beweisstoffes sind die Urteilsgründe, die hinsichtlich der Beweiswürdigung die Vermutung der Vollständigkeit für sich haben.[1578]

Beispiele: **1730**

Neu ist die zwar seit Langem bekannte, aber nicht durch Verlesung in die Hauptverhandlung eingeführte Urkunde. Neu sind Zeugen, die nicht gehört worden sind, obwohl sich nach Aktenlage ihre Ladung aufgedrängt hätte; neu ist das Beweismittel des Zeugen, der in der Hauptverhandlung noch die Rolle des Mitangeklagten hatte. Neu können auch Tatsachen sein, die der Überzeugungsbildung zum Zeitpunkt der Urteilsberatung nicht zugrunde lagen, weil sie – obwohl sie tatsächlich in der Hauptverhandlung zur Sprache gekommen waren – dem Gericht schlicht entfallen waren.[1579] Selbst wenn bestimmte Beweismittel

---

1575 BGHSt 39, 75, 79.
1576 BVerfGE 12, 338, 340.
1577 OLG Frankfurt NJW 1978, 841.
1578 S. *Schäfer* StV 1995, 147.
1579 OLG Düsseldorf NJW 1987, 2030.

in der Hauptverhandlung des verurteilenden Urteils bekannt waren, kann das Wiederaufnahmevorbringen gerechtfertigt sein, wenn diese »alten« Beweismittel »neue« Tatsachen belegen können.

Der Verteidiger hat in seinem Wiederaufnahmeantrag das Neue zu behaupten und darzulegen. Erfolg versprechend ist ein solcher Antrag insoweit allerdings nur, wenn neben der schlichten Schilderung der neue Beweis auch belegt wird.

1731 Beruft sich der Verteidiger auf neue Sachverständigenerkenntnisse, so ist dem Antrag ein entsprechendes Gutachten beizufügen. Beruft er sich auf die Aussage eines neuen Zeugen, so sollte diese Zeugenaussage belegt werden. Unter Umständen reicht hier die Kopie einer nach Rechtskraft gemachten Aussage des Zeugen in einem anderen Verfahren aus. Sind die Angaben lediglich gegenüber dem Verteidiger selbst gemacht worden, empfiehlt sich ein vom Verteidiger selbst erstelltes und vom Zeugen unterschriebenes Protokoll. Sollen Augenscheinsobjekte das frühere Urteil kippen, sind sie – und sei es durch Fotos – nachvollziehbar im Antrag selbst darzustellen.

1732 Auch wenn manche vorgetragenen Tatsachen oder Beweismittel zweifelsfrei neu sind, setzen sie sich a priori dem Verdacht der Manipulation durch den verurteilten Mandanten oder gar seinen Verteidiger aus. Ein Angeklagter, der zunächst ein Geständnis abgegeben hat und dann verurteilt wurde, muss bei einem **Widerruf des Geständnisses** ebenso mit richterlicher Skepsis rechnen wie derjenige, der in dem zur Verurteilung führenden Verfahren geschwiegen hat, nachträglich aber eine »neue« Einlassung präsentiert. Neu sind auch Tatsachen und Zeugen, die der Angeklagte selbst während des ersten Prozesses bereits kannte, aber nicht benannt hatte. Um in all diesen Fällen das Wiederaufnahmeverfahren nicht zum willkürlichen Spielball taktischer Vorgehensweisen des Angeklagten machen zu lassen, hat die Rechtsprechung eine **erhöhte Darlegungspflicht** bereits im Antrag verlangt.

1733 So muss der Wiederaufnahmeantrag belegen, aus welchen Gründen der Angeklagte vorgibt, in einem früheren Geständnis die Unwahrheit gesagt zu haben und weshalb er sein Geständnis gerade jetzt widerruft. Verlangt wird von der Rechtsprechung die Darlegung eines einleuchtenden Motivs für das falsche Geständnis sowie einer plausiblen, mit den nach Aktenlage erkennbaren Umständen zu vereinbarenden Begründung für eine mögliche wahrheitswidrige Selbstbelastung. Gelingt diese Darlegung nicht, wird der Widerruf als »haltlos« angesehen, die Wiederaufnahme ist unzulässig.[1580] Wird im Antrag auf den nach Rechtskraft erfolgten Widerruf einer belastenden Zeugenaussage abgestellt, gilt Ähnliches. Die Verteidigung hat hier zusätzlich die Umstände darzulegen, unter denen der Zeuge von einer früheren Bekundung abgerückt ist.[1581]

1734 Die zentrale Frage der Einschätzung einer Tatsache oder eines Beweismittels als neu überschneidet sich hier mit der zweiten zentralen Frage des Wiederaufnahmeverfahrens der **Geeignetheit der Nova:** Sind die neuen Tatsachen oder Beweismittel in der Lage, die Überzeugungsbildung des rechtskräftigen Urteils zu erschüttern?

1735 Ausgangspunkt der Überprüfung ist dabei die Erkenntnis, dass der Beweiswürdigungsstoff des verurteilenden Urteils ein anderer ist als derjenige, der nunmehr zur Beurteilung zur Verfügung steht. Ob und inwieweit sich das Beurteilungsergebnis verändert, unterliegt allerdings nicht einer eigenständigen Gesamtschau des für die Wiederaufnahme zuständigen Gerichts. Dessen Aufgabe ist es vielmehr, hypothetisch zu beurteilen, wie sich die nunmehr vorgetragenen neuen Erkenntnisse auf die Beweiswürdigung des früheren Tatgerichts ausgewirkt hätten. Ausgangspunkt aller Beurteilungen ist daher zunächst die zu analysierende innere Logik der Beweisführung des rechtskräftigen Urteils. Nur wenn die Konstruktion des Beweisgebäudes des verurteilenden Erkenntnisses offengelegt wird, lässt sich seine Standfestigkeit unter den neuen Bedingungen testen.

1736 Stützt sich beispielsweise die Überzeugungsbildung des Gerichts nebeneinander auf verschiedenartige Säulen und macht die Darstellung des rechtskräftigen Urteils klar, dass schon einzelne Säulen die Überzeugung des Gerichts getragen hätten, so kann die Erschütterung einer einzigen Säule nichts zur Veränderung beitragen. Hier wäre ein neues Beweismittel nicht zur Wiederaufnahme »geeignet«. Ist dagegen

---

1580 BGH NJW 1977, 59.
1581 KG NJW 1992, 450; BVerfG NJW 1994, 510.

die Beweiskonstruktion des rechtskräftigen Urteils ein dünn verwobenes Netz für sich jeweils bereits fragwürdiger Indizien, kann bereits eine Kleinigkeit dieses Netz zerreißen. Auch sekundär erscheinende neue Tatsachen, die beispielsweise lediglich auf die generelle Glaubwürdigkeit eines Zeugen abstellen, können hier schon das Gesamturteil infrage stellen und den Wiederaufnahmeantrag stützen. So kann der Widerruf eines Geständnisses um so eher zu einer Änderung der Überzeugungsbildung geeignet sein, als bereits die Urteilsgründe erkennen lassen, dass sich Zweifel an der Richtigkeit der Angaben des Angeklagten aufdrängen mussten.

Dieser Ausgangspunkt ist weitgehend unbestritten. Problematisch ist seine Umsetzung im Verfahren. Einer der aktuell strittigsten Punkte betrifft die Frage, inwieweit die neuen Beweismittel hinsichtlich ihrer Qualität schon im Wiederaufnahmeverfahren einer Überprüfung zu unterziehen sind.   **1737**

Die Rechtsprechung versucht zumeist in der neuen Gesamtabwägung darauf abzustellen, dass beispielsweise der Glaubhaftigkeit der erstmalig vorgetragenen Zeugenaussage kein ausreichender Wert zukommt. Ist einem neuen Zeugen nicht zu vertrauen, ist der Schluss auf die Ungeeignetheit zur Erschütterung des ursprünglichen Urteils nicht fern liegend. Insgesamt stellt das Wiederaufnahmegericht häufig die Richtigkeit und Beweiskraft des gesamten neuen Vorbringens auf den Prüfstand. Systemwidrig wird dabei – ohne jede eigene richterliche Erfahrung einer unmittelbaren Beweisaufnahme – eine Gesamtwürdigung der Beweise vorgenommen, die eine der Hauptverhandlung vorbehaltene Wertung vorwegnimmt. Da diese Wertung nahezu ausschließlich zulasten des Mandanten ausgeht, wird zu Recht diese Vorgehensweise als Verfahren contra legem kritisiert.   **1738**

Demgegenüber entspricht es dem auch vom Bundesverfassungsgericht immer wieder betonten Sinn des Wiederaufnahmeverfahrens, zumindest in der Anfangsphase sich auf eine **abstrakte Geeignetheitsprüfung** zu beschränken. Das Wiederaufnahmegericht hat lediglich eine von der konkreten Beweiskraft der Nova abstrahierende Schlüssigkeitsprüfung vorzunehmen. Eine solche abstrakt-logische Schlüssigkeitsprüfung widerspricht gerade einer gewissen Vorwegnahme der Beweiswürdigung durch das Wiederaufnahmegericht. Solche Eignungsprüfungen sind nicht dem Zulassungsverfahren zugeordnet, sondern gehören zur Struktur des Strafprozesses der Hauptverhandlung.[1582] Unter Bezugnahme auf den Ausgangspunkt des Verfassungsgerichts hat der Verteidiger während des Verfahrens darauf zu drängen, dass sich das Wiederaufnahmegericht unzulässiger Wertungen enthält. Ausreichend für den Erfolg eines Wiederaufnahmeantrages sollte sein, dass die Nova – ihre Richtigkeit unterstellt – das Erreichen des Wiederaufnahmezieles hinreichend wahrscheinlich belegen.   **1739**

Der eigentliche »Erfolg« des neuen Vorbringens kann sich erst in einer wiederholten Hauptverhandlung zeigen. Die Chancen, eine solche Wiederholung tatsächlich zu erreichen, sind in den letzten Jahren gestiegen. Die Renaissance der Wiederaufnahmeverfahren ist nicht nur durch die strengeren verfassungsgerichtlichen Vorgaben begründet. Vielmehr nimmt die Zahl der offensichtlich unvollständigen Beweisaufnahmen und im Ergebnis »schlechten« Urteile angesichts der Verbreitung der Absprachen im Strafprozess zu. Der Verteidiger hat daher verstärkt Anlass, sich mit dem Mandanten über eine vergessene prozessuale Möglichkeit auseinanderzusetzen.   **1740**

VI. Wiedereinsetzung in den vorigen Stand

»War jemand ohne Verschulden verhindert, eine Frist einzuhalten, so ist ihm auf Antrag Wiedereinsetzung in den vorigen Stand zu gewähren« (§ 44 S. 1)   **1741**

Das Verteidigungsmandat beginnt häufig mit Hoffnungslosigkeit: Der Mandant erscheint im Büro des Anwalts, entschlossen gegen das erstinstanzliche Urteil zwei Wochen nach dessen Verkündung Berufung einzulegen. Nicht selten präsentiert er im ersten Beratungsgespräch einen Strafbefehl, der ihm 3 Wochen zuvor durch Niederlegung zugestellt wurde. Fristen sind versäumt, Rechtskraft ist eingetreten – so der erste Eindruck. Hier stellt sich dem Verteidiger die Aufgabe, das Arsenal gesetzlicher Möglichkeiten zu aktivieren, um das Rad des Verfahrens zugunsten des Mandanten noch einmal zurückzudrehen. Dazu gehört die »klassische« Wiedereinsetzung ebenso wie als alternative   **1742**

1582 BVerfG NJW 1995, 2024.

Verteidigungsoption die kritische Überprüfung der Fristauslösung oder das Nachholen des rechtlichen Gehörs gem. § 33a.[1583]

1. Zweck des Wiedereinsetzungsverfahrens

1743   Der Strafprozess bedarf der Klarheit, Sicherheit und Beschleunigung. Ein gesetzgeberisches Mittel zur Realisierung dieser Ziele sind Fristen. Die Wirksamkeit von Handlungen oder Erklärungen von Verfahrensbeteiligten werden davon abhängig gemacht, dass sie innerhalb einer vorgegebenen Zeitspanne wahrgenommen werden. Die Vorgabe kann abstrakt im Gesetz oder konkret durch den Richter erfolgen. Läuft die Frist ab, ohne dass von der Handlungsoption Gebrauch gemacht wird, ist eine Prozesssituation – bis hin zur Rechtskraft – verbindlich fixiert. Die allgemeine Prozessmaxime der Klarheit kollidiert allerdings mit den Grundsätzen des fairen Verfahrens, wenn das Unterlassen der Handlungsoption nicht dem tatsächlichen Gestaltungsinteresse des Prozessbeteiligten entspricht. Die Wiedereinsetzungsmöglichkeit ist bei starrer Prozessfixierung nach Fristablauf der rechtsstaatliche Ausgleich dafür, dass die fehlende Einhaltung einer Frist nicht auf einem willentlichen Verhalten beruht.

Letztlich dient das Wiedereinsetzungsverfahren dazu, dem grundgesetzlich verankerten Anspruch auf rechtliches Gehör auch in einem notwendiger Weise fristengebundenen Strafverfahren Geltung zu verschaffen.[1584]

1744   In dem summarischen Verfahren, das in den §§ 44 bis 47 geregelt ist, soll jeder Verfahrensbeteiligte, insbesondere allerdings der Beschuldigte, die Chance erhalten, im Fall der unverschuldeten Fristversäumung Prozesssituationen aufzuheben und fristgebundene Handlungen und Erklärungen nachzuholen. Der Wiedereinsetzungsantrag selbst gilt nicht als Rechtsmittel, sondern als förmlicher Rechtsbehelf anderer Art.[1585] Mit dem Antrag ist weder ein Devolutiv- noch ein Suspensiveffekt verbunden. Wird dem Antrag allerdings stattgegeben, kann nachträglich sogar die Rechtskraft einer Entscheidung beseitigt werden.

2. Anwendungsbereich

1745   Nicht jede fristgebundene Prozesshandlung ist wiedereinsetzungsfähig.

> **Zulässig** ist ein Antrag regelmäßig beispielsweise bei Versäumung der Frist
> – der Einlegung einer Berufung oder Revision – eine Woche – (§§ 314, 341),
> – der Einlegung der sofortigen Beschwerde – eine Woche – (§ 311 Abs. 2),
> – des Einspruchs gegen den Strafbefehl – zwei Wochen – (§ 410 Abs. 1),
> – des Wiedereinsetzungsantrags – eine Woche – (§ 45 Abs. 1 S. 1),
> – des Klageerzwingungsantrags – einen Monat – (§ 172 Abs. 2 S. 1),
> – der Versäumung einer richterlich gesetzten Frist (z.B. §§ 123, Abs. 3, 201 Abs. 1 S. 1, 368 Abs. 2, 382).

Wird nicht eine Handlungsfrist, sondern die Wahrnehmung eines **Hauptverhandlungstermins** versäumt, sind die Wiedereinsetzungsvorschriften nicht anwendbar.

1746   Die Folgen der Versäumung einer Hauptverhandlung sind grundsätzlich abschließend gesetzlich geregelt (§§ 235, 315, 329 Abs. 3, 342, 391 Abs. 4, 412 S. 1 i.V.m. § 329 Abs. 3). Verweisen diese Vorschriften jedoch ausdrücklich auf die §§ 44 ff. – wie z.B. beim Ausbleiben des Angeklagten in der Berufungshauptverhandlung (§ 329 Abs. 3) – kommen die Grundsätze der Wiedereinsetzung wieder zum Tragen.

1747   Auch wenn der Wortlaut des Gesetzes hierfür keine Anhaltspunkte bietet, will die Rechtsprechung die Wiedereinsetzung nicht für anwendbar erklären, wenn es sich um sogenannte **absolute Aus-**

1583   S. zum Text: *Sommer* Verteidigung bei Versäumung von Fristen, StRR 2008, Heft 3 und 5.

1584   Zum verfassungsrechtlichen Aspekt s. näher: *Schultzky* Die Rechtsprechung des Bundesverfassungsgerichts zur Wiedereinsetzung in den vorigen Stand, in: Rensen/Brink (Hrsg.), Linien der Rechtsprechung des Bundesverfassungsgerichts 2009, S. 487 ff.

1585   BGHSt 25, 89, 91.

schlussfristen handelt. Ohne Begründung wird zu einzelnen gesetzlichen Fristen behauptet, dass nach deren Versäumung die in Rede stehende Prozesshandlung schlechthin unzulässig sei.

> **Beispiele hierfür sind**   1748
> – die Rüge der sachlichen Zuständigkeit (§ 6a),
> – die Rüge der örtlichen Zuständigkeit (§ 16),
> – die Ablehnungszeitpunkte wegen Besorgnis der Befangenheit (§ 25),
> – der Besetzungseinwand in der Hauptverhandlung beim Landgericht (§ 222b),
> – die Widerklage im Privatklageverfahren (§ 388).

Vergleichbar dürften die präklusionsähnlichen Vorschriften (z.B. § 257 Abs. 2) sowie die Fristgebundenheit der richterlich entwickelten Widerspruchslösung behandelt werden.

Problematisch ist die Nachholung von **versäumten Verfahrensrügen in der Revision**. Traditionell gewährt die Rechtsprechung hier grundsätzlich keine Wiedereinsetzung.[1586]

> Angeblich bedarf es im Revisionsverfahren der alsbaldigen Schaffung einer »klaren Verfahrenslage«. Die   1749
> Literatur kritisiert diesen Ansatz und fordert die generelle Zulässigkeit des Nachholens einzelner Verfahrensrügen im Wiedereinsetzungsverfahren.[1587] In eng begrenzten Einzelfällen will allerdings auch die
> Rechtsprechung hier Wiedereinsetzung zulassen, beispielsweise in der Konstellation, bei der dem Verteidiger bis zum Ablauf der Revisionsbegründungsfrist trotz mehrfacher Mahnung keine Akteneinsicht
> gewährt oder das Sitzungsprotokoll nicht zur Einsichtnahme zur Verfügung gestellt wurde.[1588] Ähnliches
> wird für Situationen angenommen, in denen dem Angeklagten verspätet nach Ablauf der Revisionsbegründungsfrist ein Pflichtverteidiger beigeordnet worden ist[1589] oder der Verteidiger kurz vor Ablauf der
> Begründungsfrist erkrankte.[1590] In diesen Situationen soll ausnahmsweise die Wiedereinsetzung zur Wahrung des rechtlichen Gehörs unerlässlich sein.

Das Menschenrecht des Angeklagten auf effektive Verteidigung (**Artikel 6 Abs. 3c EMRK**) ist ein   1750
weiterer, bislang von der höchstrichterlichen Rechtsprechung nicht beachteter Faktor, der zur Zulässigkeit des Wiedereinsetzungsantrages führen kann. Führt der Verteidiger ersichtlich die Revisionsbegründung dilettantisch aus, ist es die rechtsstaatliche Aufgabe des Gerichts, ggf. ergänzend und korrigierend – auch mithilfe der Wiedereinsetzung – einzugreifen.[1591]

> Die h.M. konstituiert eine weitere Einschränkung des Anwendungsbereichs der Wiedereinsetzung, die   1751
> sich keinesfalls zwingend aus dem Wortlaut des Gesetzes ergibt. Angeblich regelt § 44 nur Fristen, die
> notwendigerweise *bei Gericht* wahrzunehmen sind.[1592] Der einzige Hinweis ergibt sich aus Verfahrensvorschriften (§ 45): »bei dem Gericht«. Konsequent sollen versäumte Strafantragsfristen oder Beschwerden
> im Klageerzwingungsverfahren nicht der Wiedereinsetzung unterliegen.[1593] Erkennt man im Wiedereinsetzung allerdings ein allgemeines rechtsstaatliches Prinzip und bewertet die Regelung des § 45 lediglich als konkrete gesetzestechnische Ausführungsvorschrift, wird man alle Fristversäumnisse – auch solche
> bei der Staatsanwaltschaft – den Wiedereinsetzungsregeln unterstellen.[1594]

3. Verhinderung der Einhaltung der Frist

»Verhindert« eine Frist einzuhalten ist der Beschuldigte oder sein Verteidiger nur aufgrund äußerer   1752
Umstände, die er nicht steuern kann. Kennt er die Frist und lässt er sie verstreichen, ist der Rege-

---

1586 RGSt 24, 250; BGH NStZ-RR 2007, 3; StV 2008, 394; NStZ-RR 2012, 316.

1587 LR/*Graalmann-Scheerer*, 26. Aufl., § 44 Rn. 15 m.w.N.

1588 BGH NStZ 1984, 418; NStZ-RR 1997, 302; 2008, 282, 283; 2010, 210; NStZ 2009, 173, 174.

1589 BayObLGSt MDR 1974, 247; OLG Schleswig SchlHA 1978, 60.

1590 BGH HRRS 2014 Nr. 423.

1591 S. die Entscheidung des Europäischen Gerichtshof für Menschenrechte NJW 2003, 1229; AnwK-StPO/*Sommer* Art. 6 EMRK Rn. 92.

1592 OLG Hamm NJW 1973, 1055; OLG Bremen GA 1956, 185; *Saenger* Die Wiedereinsetzung in den vorigen Stand im Strafverfahren, JuS 1991, 842; LR/*Graalmann-Scheerer* § 44 Rn. 7.

1593 BGH NJW 1994, 1165.

1594 *Kühne* Rn. 694; OLG Nürnberg MDR 1972, 67; OLG Hamm NJW 1973, 1055.

lungsbereich der Wiedereinsetzung nicht tangiert. Wer von einem befristeten Rechtsbehelf bewusst keinen Gebrauch macht, ist grundsätzlich nicht verhindert.

1753 Angesichts nachvollziehbarer Motivationen und Irrtümer, die letztlich die Grundlage für ein Verstreichenlassen einer Frist sein könnten, kann dies für die Verteidigung in Einzelfällen zu misslichen Ergebnissen führen. Unzutreffende rechtliche Einschätzungen und fehlerhafte Beratungen können durch das Wiedereinsetzungsverfahren nicht repariert werden.

1754 ▶ Beispiel:

Das erstinstanzliche Urteil des Landgerichts wird am 28.03. verkündet. Der Pflichtverteidiger erklärt dem verurteilten Mandanten, die Einlegung eines Rechtsmittels sei »unsinnig«. Der Angeklagte vertraut seinem Anwalt, stellt in der Folgezeit aber eigene rechtliche Recherchen an. Diese führen zu dem Ergebnis, dass möglicherweise doch Revisionsgründe vorlägen. Mit Schreiben vom 25.04. legt der Angeklagte gegen das Urteil Revision verbunden mit einem Wiedereinsetzungsantrag ein.

Der BGH[1595] wies den Antrag des Angeklagten zurück, »weil er die Revisionseinlegungsfrist nicht versäumt hat; denn wer von dem befristeten Rechtsbehelf bewusst keinen Gebrauch macht, ist nicht i.S.d. § 44 S. 1 StPO verhindert, eine Frist einzuhalten. Das gilt auch dann, wenn ein Angeklagter nach Beratung durch seinen Verteidiger die Erfolgsaussichten eines Rechtsmittels – möglicherweise – falsch einschätzt.«

Eine fragwürdige Erweiterung dieses Grundsatzes führte der BGH in einer Entscheidung fort, in der er eine Revision als unzulässig zurückwies, da die Verteidigerin unzulässigerweise die Revision auf die Nichtanordnung einer Maßregel nach § 64 StGB gestützt hatte. Der zwei Tage später gestellte Wiedereinsetzungsantrag mit dem Ziel umfassenderen – und damit zulässigen – Revisionsangriffs wurde zurückgewiesen, da die vorhergehende (fehlerhafte) Beschränkung ein bewusster Gebrauch dieses Rechtsmittels gewesen sei.[1596]

Versäumt ist eine Frist auch dann, wenn die Erklärung erkennbar rechtzeitig abgegeben werden sollte, die notwendige Form allerdings nicht eingehalten wurde.[1597]

4. Verschulden

1755 Die meisten Entscheidungen zur Wiedereinsetzung ranken sich um die Frage, ob der Beschuldigte an der Einhaltung einer Frist »ohne Verschulden« verhindert war. Die Rechtswissenschaft hat sich nur in sehr bescheidenem Umfang um eine systematisierende Auslegung dieses gesetzlichen Begriffs bemüht.[1598] Die Regel ist ein bejammerndes Konstatieren einer systemlos erscheinenden Kasuistik in einer unübersehbaren Rechtsprechung.[1599] Kommentatoren begnügen sich daher in der Regel mit einer mehr oder minder willkürlichen Fallauflistung.

Es lassen sich allerdings einzelne Problembereiche abschichten:

a) Naturereignisse

1756 Nicht der subjektive Maßstab des Verschuldens, sondern ein objektivierendes Element ist ausschlaggebend, wenn die Versäumung der Frist dem Beschuldigten nicht zugerechnet werden soll.

1757 Frühere Gesetzesformulierungen stellten darauf ab, dass der Beschuldigte »durch Naturereignisse oder andere unabwendbare Zufälle an der Einhaltung der Frist verhindert« war. Neuformulierungen des Geset-

---

1595 BGH NStZ 2001, 160.
1596 BGH StraFo 2012, 464.
1597 BGHSt 26, 335.
1598 S. z.B. SK-StPO/*Weßlau* § 44 Rn. 15.
1599 S. *Rieß* in: Strafverteidigung in der Praxis, 3. Aufl., § 11 Rn. 69.

zes wollten diese Selbstverständlichkeit nicht ändern. Verhindern Hochwasser oder Schneeverwehungen den üblichen Postlauf oder den rechtzeitigen Gang zum Gerichtsbriefkasten, ist ein Wiedereinsetzungsanspruch gegeben.

b) Objektive und subjektive Faktoren

Auch wenn sich die Systematisierungsbemühungen zum Verschuldensbegriff dahin gehend beschränken, dass allein auf die »mögliche und zumutbare Sorgfalt«[1600] abgestellt wird, lässt sich der Rechtsprechung eine weitere Differenzierung entnehmen: Ohne Verschulden ist die Versäumung dann, wenn entweder der Antragsteller hierfür objektiv nicht verantwortlich ist oder sie ihm individuell-subjektiv nicht zur Last gelegt werden kann (sogenannter dualistischer Maßstab[1601]). **1758**

c) Ursachen im Verantwortungsbereich Dritter

Objektiv ist der Beschuldigte nicht verantwortlich, wenn seine personale Verantwortung von der Verantwortung Dritter abgeschichtet werden kann. Kein Verschulden sieht die Rechtsprechung, wenn diese Verantwortung eindeutig einem Dritten obliegt. **1759**

Bei diesem Dritten kann es sich um das Gericht oder die Behörde handeln. Der Beschuldigte darf grundsätzlich darauf vertrauen, dass eine vorgehaltene Gerichts- oder Behördenorganisation auch tatsächlich funktioniert.[1602] Es ist nicht der Beschuldigte, sondern das Gericht, das das ordnungsgemäße Funktionieren des **Nachtbriefkastens** zu verantworten hat. Selbst bei einer Versäumung der Frist wegen Überfüllung des zu klein dimensionierten Briefkastens dürfte ein Verschulden des Rechtsuchenden zu verneinen sein.[1603] **1760**

Auch die Einrichtung einer gemeinsamen **Briefannahmestelle von Behörden** oder Gerichten ist mit einer berechtigten Erwartungshaltung beim Beschuldigten verbunden. Der rechtzeitige Eingang an dieser Stelle verschiebt den Verantwortungsbereich hinsichtlich des tatsächlichen Zugangs beim zuständigen Richter. Das Vertrauen in den internen Behördengang geht sogar noch ein Stück weiter: Selbst wenn der Beschuldigte einen Frist wahrenden Schriftsatz bei der falschen Behörde oder dem falschen Gericht abgegeben hat, darf er unter Umständen darauf vertrauen, dass in akzeptabler Zeit das »falsche« Gericht den Schriftsatz an das »richtige« Gericht weiterleitet; innerhalb derselben Stadt lässt sich u.U. ein derartiger ordentlicher Geschäftsgang der Gerichte mit einer maximalen Zeit von einigen wenigen Tagen konkretisieren.[1604] **1761**

Der Beschuldigte darf auch darauf vertrauen, dass andere vorgehaltene Kommunikationsmöglichkeiten im Rahmen der berechtigten Erwartungen funktionstüchtig sind. Dazu gehört beispielsweise ein Telefaxgerät.[1605] Technische Mängel hat der Beschuldigte nicht zu verantworten. Er hat das Erforderliche zur Fristwahrung getan, wenn er so rechtzeitig mit der Übermittlung beginnt, dass er unter gewöhnlichen Umständen mit der Speicherung der Daten (nicht erforderlich ist der dortige Ausdruck!) vor Fristablauf beim Empfangsgerät rechnen kann.[1606] Gleiches gilt beim gesetzlich zulässigen elektronischen Rechtsverkehr (§ 41a).[1607] **1762**

Ein dem Beschuldigten zurechenbares Verschulden kommt allerdings dann wieder ins Spiel, wenn dieser sich einerseits technischer Übermittlungsmöglichkeiten bedient, auf der anderen Seite aber nicht völlig ausgeschlossene Hindernisse dieser Kommunikationsart schlicht ignoriert. So kann ein Verschulden bejaht **1763**

1600 *Meyer-Goßner/Schmitt* § 44 Rn. 11.
1601 AnwK-StPO/*Rotsch* § 44 Rn. 6.
1602 RGSt 68, 300; *Saenger* JuS 1991, 843; LR/*Graalmann-Scheerer*, 26. Aufl., § 44 Rn. 39.
1603 *Späth* Anforderungen an die (zeitliche) Sorgfalt bei Ausnutzung einer Notfrist bis zum letzten Tag, NJW 2000, 1621 f.
1604 BVerfG NJW 2005, 2137.
1605 S. BVerfGE 74, 228, 235; BGH NJW 2006, 2263.
1606 BVerfG NJW 2000, 574; 2006, 2263; 2007, 2838.
1607 *Graalmann-Scheerer* Moderne Kommunikationsformen und Wiedereinsetzung in den vorigen Stand im Strafverfahren, FS Nehm 2006, S. 221 ff.

werden, wenn der Übersendungsversuch per Telefax erstmalig sechs Minuten vor Ablauf der Frist gestartet wird und das Empfangsgerät – wie nicht völlig unvorhersehbar – zu diesem Zeitpunkt belegt ist.[1608]

1764 Verantwortlichkeitsverschiebungen finden auch dann statt, wenn der Beschuldigte das maßgebliche Schriftstück zum Transport der Post oder einem vergleichbaren vertrauenswürdigen Zustelldienst übergibt. So darf er sich auch auf die Zuverlässigkeit eines anwaltlichen Kurierdienstes verlassen.[1609] Grundsätzlich akzeptiert die Rechtsprechung die übliche **Postlaufzeit** von einem Tag.[1610] Dies gilt für die Deutsche Post AG ebenso wie für private Beförderungsdienste,[1611] bei einfacher Briefpost ebenso wie beim Einschreiben.[1612] Die Berechtigung des Vertrauens gründet sich auf das Gesetz, das den Postdienstleistern Erwartungen auferlegt.[1613] Voraussetzung ist allerdings, dass der Beschuldigte selbst die notwendigen Einlieferungsbedingungen erfüllt hat, d.h. einen Brief ausreichend frankiert,[1614] in einem Brief den Adressaten mit der korrekten Postleitzahl versehen hat[1615] und die Einlieferung an einem Werktag vorgenommen hat.[1616] Er muss sich davon überzeugt haben, dass das im Briefkasten der Post eingeworfene Schriftstück auch tatsächlich noch am selben Tage weiter transportiert wird. Die Rechtsprechung ist allerdings sehr kritisch, z.T. wird die Berechtigung des Vertrauens auf eine eintägige Postlauffrist nur auf den örtlichen Postverkehr beschränkt.[1617]

Unregelmäßigkeiten des Postverkehrs hat der Beschuldigte nicht zu vertreten, auch nicht bei – vorhersehbaren – besonders starken Beanspruchungen der Post, etwa vor Feiertagen.[1618] Hierauf beruhende Fristversäumungen sind daher stets unverschuldet.

1765 Bei **Verkehrsverhältnissen** sind die Verschiebungen von Verantwortlichkeiten problematisch. Wartezeiten bei der Benutzung eines eigenen Fahrzeugs aufgrund von Baustellen, Geschwindigkeitsbeschränkungen und Staus entsprechen der allgemeinen Lebenserfahrung, sind einzukalkulieren und nicht dem Zuständigkeitsbereich Dritter zu überantworten; versäumt der Beschuldigte deswegen eine Frist oder einen Termin, hängt die Wiedereinsetzung von der Prüfung der subjektiven Komponente ab. Auch wenn eine Zugverspätung grundsätzlich Dritten angelastet werden könnte, ist dieses Phänomen in Grenzen vorhersehbar. Wer Anschlusszüge zu knapp kalkuliert, kann sich daher nicht exkulpieren.[1619]

1766 Bedient sich der Beschuldigte eines Vertreters, so ist sein Verschulden allenfalls im Bereich der Beauftragung und der Organisation zu suchen. Ist der Vertreter zum einen verlässlich und zum anderen über alle notwendigen Umstände informiert, kann der Beschuldigte auf die Fristwahrung durch den Vertreter vertrauen. Dennoch will die Rechtsprechung dem Beschuldigten gewisse Überwachungspflichten auferlegen, wenn er beispielsweise seine Ehefrau mit der Einlegung des Rechtsmittels beauftragt.[1620]

1608 BVerfG NJW 2000, 574; kritisch zu Inkonsequenzen dieser Entscheidung: *Roth* Wiedereinsetzung nach Fristversäumung wegen Belegung des Telefaxempfangsgeräts des Gerichts, NJW 2008, 785.
1609 BVerfG NJW 2000, 2657.
1610 S. z.B. BGH NJW-RR 2004, 1217; GA 1994, 75; OLG Hamm NJW 2009, 2230; OLG Frankfurt NStZ-RR 1997, 137; anders allein für Briefsendungen außerhalb des Ortsbestellverkehrs OLG Stuttgart NStZ-RR 2010, 15.
1611 BGH NJW-RR 2011 790.
1612 OLG Hamm NStZ-RR 2015, 47 f.
1613 § 2 Post-Universaldienstleistungsverordnung.
1614 OLG Düsseldorf NJW 1994, 2841; OLG Frankfurt NStZ-RR 1997, 137.
1615 OLG Frankfurt NStZ-RR 2002, 12.
1616 Der Sonntag kann bei Fristablauf Montag zu spät sein – OLG Hamm 3 Ws 179/10.
1617 OLG Stuttgart NStZ-RR 2014, 15.
1618 BVerfG NJW 1992, 1952; 2001, 1566.
1619 LR/*Graalmann-Scheerer* § 44 Rn. 38.
1620 OLG Frankfurt NJW 2001, 1589; BGHSt 30, 309; BGH NStZ-RR 2003, 80.

d) Verantwortlichkeitsbereich des Verteidigers

Besonderheiten gelten, sofern der Beschuldigte wirksam einen Verteidiger beauftragt hat – auf die rechtzeitige Vorlage der Vollmachtsurkunde kommt es nicht an:[1621] **1767**

Auch hier kann den Beschuldigten ein **Auswahlverschulden** treffen.

Ist ihm eine Unzuverlässigkeit des beauftragten Verteidigers definitiv bekannt[1622] oder muss er aufgrund anderer Umstände fest damit rechnen, dass ein Verteidiger eine anstehende, ihm erkennbare Frist nicht einhalten wird,[1623] kann ein eigenes Verschulden begründet werden. Macht beispielsweise der Verteidiger sein weiteres Tätigwerden eindeutig von der Begleichung einer Vorschusszahlung abhängig, so kann der Beschuldigte nicht auf die Tätigkeit seines Verteidigers vertrauen, wenn er diese Forderung nicht erfüllt. Klärt der Verteidiger seinen Mandanten auf, er könne wegen seines Urlaubs eine Frist nicht einhalten, darf er ebenso wenig auf einen erfolgreichen Wiedereinsetzungsantrag hoffen.[1624] Gleiches gilt, wenn der Mandant den Verteidiger zu spät oder nicht eindeutig mit der Rechtsmitteleinlegung beauftragt hatte[1625] oder er selbst für notwendige Rücksprachen mit dem Verteidiger nicht erreichbar war.[1626] **1768**

Im Übrigen ist die Abgrenzung der Verantwortungsbereiche zwischen Verteidiger und Mandant von der Rechtsprechung fein ziseliert, aber nicht immer gradlinig vorgenommen worden. Einigkeit besteht jedenfalls darüber, dass grundsätzlich Rechtsfehler in den Verantwortungsbereich des Verteidigers fallen. Fristversäumnisse aufgrund von Rechtsunkenntnis hat nicht der Beschuldigte selbst zu verantworten.[1627] **1769**

Ein eigener **Verschuldensbereich des Beschuldigten** eröffnet sich hier allerdings, **1770**
- wenn er eigene notwendige Unterrichtungen seines Verteidigers unterlässt, beispielsweise zu Zustellungszeitpunkten,[1628]
- wenn er für seinen Verteidiger zur Frage der Abklärung der Einlegung eines Rechtsmittels nicht erreichbar ist,[1629]
- wenn er nach einer Urteilsverkündung ohne weitere Rücksprache mit seinem Verteidiger »blind« darauf vertraut, dieser werde schon »das Erforderliche« veranlassen,[1630]
- wenn er seinen Verteidiger erst spät am Tage des Fristablaufs über dessen Büro telefonisch erstmalig beauftragt, das Rechtsmittel einzulegen; er darf nicht fest damit rechnen, dass diese Nachricht noch rechtzeitig dem Anwalt zur Kenntnis gelangt.[1631] Erst recht müsse sich ein Inhaftierter angesichts seiner eingeschränkten Kommunikationsmöglichkeiten um rechtzeitige Kontaktaufnahme mit seinem Anwalt bemühen,[1632]
- wenn er schon vor der Versäumung einer Frist durch seinen Verteidiger ausdrücklich durch das Gericht auf dessen Unzuverlässigkeit hingewiesen worden war und sich dennoch nicht selbst nach der Einhaltung der Frist erkundigt habe.[1633]

Ist das Verschulden allein dem Verantwortlichkeitsbereich des Verteidigers zuzuordnen, wird die Problematik von einer zusätzlichen prozessualen Zuordnung überlagert. Die meisten Prozessordnungen ordnen dem Anwalt die Rolle eines Vertreters zu, dessen Willenserklärungen der Vertretene **1771**

1621 LG Schwerin NJW 2006, 1448 f.
1622 BGHSt 25, 89, 93; NStZ 1995, 352.
1623 BGH NStZ 2004, 166.
1624 BGHSt 14, 306.
1625 BGH, Beschl. v. 26.04.2006 – 1 StR 154/06.
1626 BGH NStZ 1997, 95; NStZ-RR 2010, 116.
1627 RGSt 40, 119.
1628 OLG Nürnberg NStZ-RR 1999, 114.
1629 BGH NStZ 1997, 95; NStZ-RR 2000, 83.
1630 BGHR StPO § 44 Verschulden 8.
1631 BGHR StPO § 44 Verschulden 2.
1632 BGH bei *Cirniak/Zimmermann* NStZ-RR 2011, 100, wonach angeblich die Weitergabe eines Briefs an den Verteidiger mit Bitte um Revisionseinlegung an einen JVA Bediensteten am Nachmittag des Vortages des Fristablaufs nicht ausreichend sei.
1633 OLG Köln StraFo 2012, 224.

gegen sich ebenso gelten lassen muss wie dessen Versäumnisse (§§ 85 Abs. 2 ZPO, 22 Abs. 2 FGG). Das Verschulden des Anwalts steht daher dem Verschulden der Partei gleich.[1634]

1772 Die Strafprozessordnung hat ein anderes Verhältnis konstituiert. Der Verteidiger ist nicht Vertreter des Angeklagten, er nimmt vielmehr Prozessrechte selbstständig wahr. Die StPO unterscheidet daher an vielen Stellen zwischen den getrennt wahrzunehmenden Rechten der Verteidigung einerseits und des Beschuldigten andererseits. Hieraus leitet die höchstrichterliche Rechtsprechung traditionell ab, dass im Gegensatz zu zivilprozessualen Vorstellungen das **Verschulden des Verteidigers dem Mandanten *nicht* zugerechnet** werden kann.[1635]

1773 Versäumt der Verteidiger daher aus rechtlicher Unkenntnis oder schlichter Nachlässigkeit die Einhaltung einer Frist, trifft den Beschuldigten hieran grundsätzlich kein Verschulden. Gleiches gilt für Mängel der Büroorganisation des Verteidigers.[1636] Fehlende Unterschriften unter Revisionsbegründungsschriften[1637] fallen somit ebenso aus dem personalen Verantwortungsbereich des Beschuldigten wie die unsachgemäße Führung eines elektronischen Fristenkalenders durch das Büropersonal, die falsche Adressierung einer Revisioneinlegung an den BGH oder ein Zahlendreher bei der Eingabe der Faxnummer.[1638]

1774 Zu beachten bleibt allerdings, dass nicht jedes strafprozessuale Agieren eines Anwalts den Bereich der Sorglosigkeit des Mandanten eröffnet. In Ausnahmefällen kann auch der Verteidiger den Mandanten »vertreten« (s. § 234). Bislang hatte allerdings die Rechtsprechung offensichtlich keinen Anlass, hieraus Modifikationen in Wiedereinsetzungsverfahren abzuleiten. Deutlich ist allerdings die Tendenz, die Zurechnung anwaltlichen Verschuldens beim Privat- und Nebenkläger zu begründen.[1639] Zivilrechtliche Maßstäbe müssen Verteidiger und Mandant auch immer dann erwarten, wenn Anwälte tätig werden in Entschädigungsverfahren nach StrEG,[1640] im Verfahren zu Kosten- und Auslagenentscheidungen,[1641] in Strafvollzugssachen[1642] oder in Verfahren nach §§ 23 ff. EGGVG.[1643]

e) Subjektive Momente des Beschuldigten

1775 Fällt die Versäumung der Frist ausschließlich in den Verantwortungsbereich des Beschuldigten selbst, ist die Beurteilung der Verschuldensfrage von einer subjektiven Komponente abhängig.

1776 Eine Sorgfaltspflichtverletzung kann nur dann angenommen werden, wenn zuvor die individuellen Pflichten des Beschuldigten angesichts der Besonderheiten seiner Situation formuliert worden sind. Diese Formulierung hat Rücksicht zu nehmen auf besondere sprachliche, körperliche, intellektuelle oder informative Defizite des Beschuldigten. Diese Defizite entlasten den Beschuldigten zwar nicht generell, sie mindern im Einzelfall allerdings unter Umständen erheblich den ihm auferlegten Sorgfaltsmaßstab.

1777 Schlichtes Vergessen von Terminen und Fristen wird von der Rechtsprechung nicht akzeptiert, wenn nicht ausnahmsweise ein langer Zeitraum die Vergesslichkeit fördern kann.[1644] Persönliche Unbeholfenheit in Verbindung mit Unklarheiten der Ladung oder unübersichtlichen örtlichen Verhältnissen kann aber dazu führen, dass das misslungene Auffinden eines Gerichtssaals als entschuldigt gelten kann.[1645] Sprach-

---

1634 S. zu den komplexen Aspekten anwaltlichen Verschuldens im Bereich der ZPO: *Schiller* Die BGH-Rechtsprechung zur Wiedereinsetzung in den vorigen Stand, AnwBl. 2017, 480–491.
1635 RGSt 60, 191; BGHSt 14, 308; 25, 92.
1636 BGH NStZ 2000, 545.
1637 BGHR StPO § 44, S. 1 Verfahrensrüge 1.
1638 OLG Hamm, Beschl. v. 06.05.2010 – 2 Ws 99/10.
1639 BayObLGSt GA 1971, 117; a.A. Literatur: LR/*Graalmann-Scheerer* § 44 Rn. 56 ff.
1640 BGHZ 66, 122.
1641 BGHSt 26, 127.
1642 OLG Hamburg NStZ 1991, 56.
1643 OLG Hamburg NJW 1968, 854; NStZ-RR 2004, 185; OLG Hamm, Beschl. v. 14.08.2006 – 1 VAs 53/06.
1644 OLG Hamm StRR 2012, 310.
1645 BayObLGSt 9, 171; RGSt 10, 74.

defizite und entsprechende Unkenntnisse eines Ausländers legitimieren zwar nicht seine vollständige Passivität, können aber Verzögerungen oder Missverständnisse als nachvollziehbar erscheinen lassen.[1646] Plötzliche Erkrankungen, insbesondere Krankenhausaufenthalte, entschuldigen regelmäßig Fristversäumnisse.[1647] Der Suizidversuch soll die Versäumung einer Frist allerdings nur dann rechtfertigen, wenn zwischen ihm und der Versäumung keine unmittelbare Beziehung besteht.[1648]

Rechtskenntnisse können beim normalen Bürger nicht vorausgesetzt werden. Die konkrete Kenntnis der Notwendigkeit der **Einhaltung einer Rechtsmittelfrist** wird dem Angeklagten allerdings in der Regel durch die **Rechtsmittelbelehrung** erteilt.

Das insoweit indizierte Verschulden kann allerdings im Einzelfall wieder aufgehoben werden, wenn das Verständnis der Belehrung ausnahmsweise nicht vorausgesetzt werden kann. War die Belehrung einerseits komplex und wurde andererseits die Aushändigung einer schriftlichen Belehrung unterlassen (so aber Nr. 142 Abs. 1 S. 2 RiStBV), kann ein Verschulden verneint werden.[1649] Stets sind im Einzelfall Umstände denkbar, die nahe legen, dass der Angeklagte das ihm Gesagte nicht richtig interpretieren oder in Erinnerung behalten kann.[1650] Die unrichtige Belehrung des inhaftierten Beschuldigten durch Beamte der JVA kann ebenfalls Anlass zur Verneinung des Verschuldens sein.[1651]   **1778**

Die schlichte Unkenntnis eines Termins oder einer Frist kann auch darauf beruhen, dass das Frist auslösende Schriftstück dem Beschuldigten per Post zwar zugeht (oder zugehen soll), er aber hiervon keine Kenntnis hat. Geht ein Schriftstück dem Beschuldigten tatsächlich nicht zu, wird auch nicht die Frist in Gang gesetzt. Problematisch ist allerdings ein **nach den Zustellungsvorschriften wirksamer – und sei es fingierter – Zugang** eines Schriftstücks. Hier hat im Einzelfall der Beschuldigte darzulegen, dass ihn aufgrund besonderer Umstände kein Verschulden an der fehlenden Kenntnisnahme trifft. Als besonders schutzbedürftig gelten in diesem Zusammenhang intelligenzgeminderte Personen,[1652] hier dürfte bei juristischer Fehleinschätzung regelmäßig eine Wiedereinsetzung zu gewähren sein.[1653]   **1779**

Eine ungeklärte Diebstahlsserie von Schriftstücken aus dem eigenen Briefkasten kommt hier ebenso in Betracht wie Nachlässigkeiten von Mitbewohnern, die zwar die Möglichkeit des Entleerens des gemeinsamen Briefkastens haben, die Weiterleitung des Schriftstücks an den Beschuldigten durch Achtlosigkeit allerdings unterlassen hatten.[1654]   **1780**

Die freie Gestaltung der Lebensführung schränkt die Verschuldensprüfung insofern ein, als der Beschuldigte zumindest in regelmäßigen Abständen seine eigene Post durchzusehen und zu kontrollieren hat. Gerichte und Behörden dürfen allerdings nicht eine regelmäßige Anwesenheit in der Wohnung erwarten. Der Beschuldigte kann ebenso verreisen wie er als Seemann einer langen Fahrt anheuern darf.[1655] Grundsätzlich kann dem Bürger nicht zugemutet werden, dass er »besondere Vorkehrungen« zur rechtzeitigen Kontrolle eingehender Gerichtspost trifft.[1656] Ist durch eine während der Urlaubszeit wirksam vorgenommene Zustellung eine Frist in Gang gesetzt und letztendlich versäumt worden, darf in Realisierung des rechtlichen Gehörs der Bürger regelmäßig mit der Gewährung der Wiedereinsetzung rechnen.[1657]   **1781**

1646 BVerfGE 40, 95 = NJW 1975, 159.
1647 RG Recht 1914, 3021; OLG Düsseldorf VRS 99, 2000, 121.
1648 OLG Hamburg MDR 1983, 152.
1649 OLG Köln VRS 93, 1997, 428.
1650 KG Berlin VRS 99, 2000, 440.
1651 BGH NStZ 1993, 27.
1652 EGMR StV 2017, 769.
1653 BGH StV 2019, 77 ff.
1654 OLG Stuttgart NStZ 1992, 1999.
1655 OLG Hamburg Alsb. E1, 150.
1656 LR/*Graalmann-Scheerer* § 44 Rn. 29.
1657 BVerfGE 25, 166; 35, 298.

1782 Relativieren will dies die Rechtsprechung teilweise pauschal in Situationen, in denen der Beschuldigte in einem anhängigen Strafverfahren mit Zustellungen rechnen müsse.[1658] Angesichts der unkalkulierbaren Länge von »anhängigen« Ermittlungs- und Strafverfahren kann eine solche gesteigerte Anwesenheits- und Erkundigungspflicht allenfalls auf konkrete Prozesssituationen beschränkt sein, wie beispielsweise die nach mündlicher Ankündigung jederzeit zu erwartende Ladung zu einer Berufungsverhandlung.

1783 Wird dem Beschuldigten ausnahmsweise berechtigt eine erhöhte Nachforschungspflicht auferlegt, hängt dessen Umfang vom konkreten Anlass ab.

Wer sich auf mehrwöchige Weltreise begibt, muss sich regelmäßig an seinem Wohnsitz erkundigen und – ggf. durch Vertreter – Vorkehrungen zur Kenntnisnahme von Schriftstücken treffen. Eine wöchentliche Erkundigung ist regelmäßig ausreichend.[1659] Es genügt auch die Bitte gegenüber dem Gericht, während der angekündigten Abwesenheit Entscheidungen in jedem Fall dem bestellten Verteidiger mitzuteilen.[1660] Besondere Sorgfaltspflichten kommen dem unter Bewährung stehenden Verurteilten zu. Hat er der Bewährungsauflage, einen Wohnsitzwechsel zu melden, nicht genügt, kann sein Verschulden bejaht werden, wenn er nach öffentlicher Zustellung des Bewährungswiderrufs mangels Kenntnis die Beschwerdefrist versäumt hat.[1661]

5. Fehlerhafte Rechtsmittelbelehrung

1784 »Die Versäumung einer Rechtsmittelfrist ist als unverschuldet anzusehen, wenn die Belehrung nach den §§ 35a, 319 Abs. 2, S. 3 oder nach § 346 Abs. 2 S. 3 unterblieben ist.« (§ 44 S. 2)

1785 Satz 2 des § 44 knüpft an die gerichtliche Verpflichtung an, den Beschuldigten ausführlich nach einer Entscheidung über seine Möglichkeiten der Einlegung des Rechtsmittels zu belehren. Geschieht dies nicht – oder nur unvollständig – so wird die Rechtsmittelfrist hierdurch grundsätzlich nicht gehemmt. Die unterlassene Wahrnehmung des Rechtsmittels innerhalb der Frist führt daher in diesen Fällen grundsätzlich auch zur Rechtskraft. Die Begründung des notwendigen Wiedereinsetzungsantrages und deren Glaubhaftmachung werden dem Antragsteller allerdings durch diese Vorschrift erheblich erleichtert. Voraussetzung dieser Erleichterung ist die Unkenntnis des Beschuldigten von der Rechtsmittelfrist. Beweiserleichterung verschafft § 44 Abs. 1 S. 2 nur insofern, als das fehlende Verschulden hinsichtlich dieser Unkenntnis unwiderleglich vermutet wird.

1786 Der Anwendungsbereich dieser Vermutung bezieht sich lediglich auf die im Gesetz angeführten Fälle. Ausweitungen auf andere Fälle der unterbliebenen Rechtsmittelbelehrung tritt die Rechtsprechung entgegen. Ist eine Bekanntmachung einer Entscheidung – wie dies § 35a ausdrücklich vorschreibt – im Gesetz nicht vorgesehen (s. z.B. § 67 Abs. 2 JGG), soll § 44 S. 2 keine Anwendung finden.[1662]

1787 Versperrt ist der Weg der gesetzlichen Vermutung auch dann, wenn wirksam ein **Verzicht auf die Rechtsmittelbelehrung** vorliegt. Ein solcher Verzicht kann nicht durch den rechtsunkundigen Beschuldigten selbst erfolgen. Der Verteidiger kann allerdings – da die Vorschrift der Belehrung der Disposition der Verteidigung unterliegen soll – wirksam auf eine Belehrung verzichten. Dies setzt voraus, dass die ihm erteilte Vollmacht ausdrücklich diesen Verzicht auf ein Rechtsmittel umfasst.[1663] Der Verzicht in der Hauptverhandlung ist protokollierungspflichtig.[1664]

1788 Unanwendbar soll die Vermutungsregel auch in den Fällen der sogenannten **qualifizierten Belehrung** sein.[1665] Für den Fall der **Urteilsabsprache** hat die Rechtsprechung das Erfordernis aufgestellt, dass der Angeklagte nach Verkündung des – abgesprochenen – Urteils zusätzlich darauf hingewiesen

---

1658 OLG Celle StraFo 2002, 17; OLG Dresden NStZ 2005, 398; OLG Hamm NJW 1974, 1477.
1659 OLG Frankfurt VRS 56, 1979, 34.
1660 OLG Köln VRS 57, 1979, 288.
1661 OLG Düsseldorf StraFo 2002, 394; OLG Hamm NStZ-RR 2004, 46.
1662 BGHSt 18, 25.
1663 OLG Zweibrücken MDR 1978, 861.
1664 OLG Hamm OLGSt § 35a, 9.
1665 S. BGH NStZ 2005, 389; BGH, Beschl. v. 25.06.2008 – 4 StR 246/08; a.A. *Rieß* FS Meyer-Goßner, S. 660 ff.; *ders.* JR 2005, 438; wistra 2006, 28.

wird, dass er unabhängig von den Vereinbarungen zwischen den Verfahrensbeteiligten das Recht habe, Rechtsmittel einzulegen. Als Begründung wird angegeben, dass diese qualifizierte Belehrung nicht in der Intention geschaffen wurde, zu wahrende Rechtsmittelfristen effektiv abzusichern.[1666]

Einer fehlenden Rechtsmittelbelehrung steht die unvollständige, falsche oder widersprüchliche Rechtsmittelbelehrung gleich. Der jeweilige Mangel hat sich allerdings auf eine der Essentialen des Belehrungsinhalts zu beziehen.[1667] Hierzu gehören beispielsweise nicht Details wie die Schilderung von Situationen, wonach das Ende einer Frist auf einen Feiertag fällt (§ 43 Abs. 2).[1668] Unvollständig ist eine Belehrung regelmäßig auch dann, wenn sie einem der deutschen Sprache nicht mächtigen Ausländer nicht übersetzt wird.[1669]   **1789**

> So wurde beispielsweise mangelndes Verschulden angenommen, nachdem ein Ausländer seine Revisions-erklärung allein und nicht in deutscher Sprache (entgegen § 184 GVG) abgegeben hatte, nachdem ihn das Gericht auf dieses Detail nicht hingewiesen hatte.[1670]   **1790**

6. Das Wiedereinsetzungsverfahren

»Der Antrag auf Wiedereinsetzung in den vorigen Stand ist binnen einer Woche nach Wegfall des Hindernisses bei dem Gericht zu stellen, bei dem die Frist wahrzunehmen gewesen wäre.« (§ 45 Abs. 1 S. 1)   **1791**

Das Wiedereinsetzungsverfahren ist ein form- und fristgebundenes Procedere, das zum einen die rechtzeitige Einlegung des außerordentlichen Rechtsbehelfs und zum anderen die ausreichende Darstellung und den Beleg des erforderlichen Sachverhalts voraussetzt.   **1792**

a) Die Wochenfrist

Die in § 45 angeführte Wochenfrist ist in dem Wiedereinsetzungsverfahren in zweierlei Hinsicht von Bedeutung: **1793**

Zum einen ist der **Wiedereinsetzungsantrag** des Beschuldigten innerhalb dieser Frist zu **stellen**. Versäumt er die Frist, hat er allenfalls die Chance nicht nur die Versäumung der Rechtsmittelfrist, sondern auch die Versäumung der Wochenfrist des § 45 im Rahmen des Wiedereinsetzungsverfahrens als unverschuldete Versäumnis darzulegen und zu belegen.   **1794**

Zum anderen hat der Beschuldigte die **versäumte Handlung** innerhalb der Wochenfrist **nachzuholen**. Unmissverständlich muss beispielsweise der Einspruch gegen den Strafbefehl oder die Berufung gegen das erstinstanzliche Urteil formuliert werden. Selbstverständlich muss die nachzuholende Handlung ggf. den gesetzlichen Formerfordernissen entsprechen (z.B. § 344 Abs. 2, 345 Abs. 2).   **1795**

Die Wochenfrist wird mit dem Wegfall des Hindernisses in Gang gesetzt.

Eine Berechnung der Wochenfrist setzt somit ebenfalls zweierlei voraus: Zum einen ist die Art und Weise des Hindernisses zu klären, das bislang den Beschuldigten davon abgehalten hatte, rechtswirksam eine Prozesserklärung innerhalb der dafür vorgesehenen Frist abzugeben. Zum anderen ist festzustellen, durch welches Ereignis dieses Hindernis nicht mehr existiert.   **1796**

▶ Beispiele:

  - Ist die schlichte Unkenntnis des Beschuldigten Ursache für die fehlende Einhaltung der Frist, hängt der Beginn der Wochenfrist entscheidend von dem Zeitpunkt ab, in dem der   **1797**

1666 LR/*Graalmann-Scheerer* § 44 Rn. 69.
1667 OLG Zweibrücken VRS 88, 356.
1668 BVerfGE 31, 390 = NJW 1971, 2217.
1669 BVerfGE 40, 95 = NJW 1975, 1597.
1670 KG JR 1977, 130.

Beschuldigte Kenntnis von der fristgebundenen Notwendigkeit des Handelns erlangt. Allein seine Kenntnis ist maßgeblich,[1671] nicht die seines Anwalts.[1672]

– War z.B. die Rechtsmittelbelehrung unterblieben (§ 44 S. 2) und beruhte hierauf die Unkenntnis des Beschuldigten vom Fristenlauf, so ist das Hindernis weggefallen, wenn der Beschuldigte von diesem Lauf – woher auch immer – Kenntnis erlangt; dies kann durchaus weit vor einer gerichtlichen Nachholung der notwendigen Belehrung sein.[1673]

– War ein Schriftstück in Abwesenheit des Beschuldigten niedergelegt worden, so entfällt die Unkenntnis des Beschuldigten erst in dem Zeitpunkt, in dem er das niedergelegte Schriftstück in Händen hält.[1674]

Modifiziert ist der Fristbeginn, wenn der Beschuldigte mit dem Antrag sein unverschuldetes Fernbleiben in der Berufungshauptverhandlung darlegen will. Hier beginnt die Frist erst mit der Zustellung des verwerfenden Berufungsurteils (§ 329 Abs. 3).

1798 Der Antrag ist grundsätzlich beim iudex a quo zu stellen. Unschädlich ist allerdings eine Einreichung bei dem Gericht, das ggf. über das Rechtsmittel zu entscheiden hat (§ 45 Abs. 1 S. 2). Gegen die Versäumung einer Berufungseinlegung kann der Beschuldigte mit einem Wiedereinsetzungsantrag daher sowohl beim Amtsgericht als auch bei der Berufungskammer des Landgerichts vorstellig werden.

b) Die Antragsbegründung

1799 »Die Tatsachen zur Begründung des Antrages sind bei der Antragsstellung oder im Verfahren über den Antrag glaubhaft zu machen.« (§ 45 Abs. 2 S. 1).

Der Wiedereinsetzungsantrag muss eine vollständige Darlegung der Tatsachen beinhalten, die dem Gericht eine Beurteilung der zu entscheidenden Fragen ermöglicht.[1675]

1800 Nicht vorzutragen sind allenfalls Umstände, die das Gericht aufgrund schlichter Akteneinsicht nachvollziehen kann. Hierzu gehören beispielsweise die Daten der Niederlegung eines Schriftstücks oder die unterlassene Rechtsmittelbelehrung. Darzustellen hat der Antrag den gesamten Tatsachenhintergrund, der sowohl die Begründung als auch den Wegfall des Hindernisses zur Einhaltung der Frist ausfüllt, sowie alle Umstände, die das fehlende Verschulden des Beschuldigten belegen. Gerade die subjektiven Defizite des Beschuldigten, z.B. die Qualität seiner Sprachkenntnisse, müssen dem Gericht detailliert dargelegt werden. Erkrankungen oder Rechtsunkenntnisse müssen ebenso beschrieben werden wie ihre kausale Verknüpfung mit der fehlenden Wahrnehmung der Frist, um die Zulässigkeitsvoraussetzungen des § 45 Abs. 2 zu erfüllen.

1801 Die Vollständigkeit und Schlüssigkeit des Sachvortrages reicht nicht aus, um den Erfolg des Wiedereinsetzungsantrages zu garantieren. Das Gericht ist nicht verpflichtet, Fantasiegebilde zu akzeptieren, sofern sie nur schlüssig sind. Auf der anderen Seite setzt der Erfolg des Wiedereinsetzungsantrages nicht voraus, dass – wie bei einem Urteil – das Gericht ohne jeden vernünftigen Zweifel von der Richtigkeit des Sachvortrages überzeugt ist. Ausreichend ist vielmehr, wenn der Sachvortrag ein der Lage der Sache nach **hinreichendes Maß an Wahrscheinlichkeit** aufweist.[1676]

1802 Weist der vorgetragene Sachverhalt angesichts des bekannten Akteninhalts einerseits und der allgemeinen Lebenserfahrung andererseits bereits ein solches hinreichendes Maß auf, bedarf es keiner weiteren Beweisführung. Strittig ist allerdings, ob diese eindeutige bisherige höchstrichterliche Rechtsprechung durch Gesetzesänderungen hinfällig geworden ist und auch naheliegende Sachverhalte generell zu belegen sind.[1677]

1671 BGH wistra 2001, 64.

1672 OLG Hamm NJW 1965, 2216; OLG Köln VRS 42, 1972, 127.

1673 OLG Düsseldorf VRS 87, 1994, 351.

1674 LG Köln MDR 1997, 283; AnwK-StPO/*Rotsch* § 45 StPO Rn. 3; LR/*Graalmann-Scheerer* § 45 Rn. 7.

1675 S. z.B. OLG Köln NStZ-RR 2002, 142.

1676 RGSt 28, 10; BGHSt 21, 350; BVerfGE 26, 319.

1677 LR/*Graalmann-Scheerer* § 45 Rn. 15 unter Bezugnahme auf BVerfG StV 1993, 451.

Die Plausibilität eines Sachvortrages ist jedenfalls regelmäßig nicht gegeben, wenn besondere   1803
Umstände der Lebensführung der Beschuldigten für die Frage der Wiedereinsetzung eine Rolle
spielen. Die Überzeugung von deren Wahrscheinlichkeit bei Gericht ist daher durch den Antragsteller zu unterstützen durch **Mittel der Glaubhaftmachung**. Die Mittel der Glaubhaftmachung
sind nicht beschränkt auf den Katalog des Strengbeweises. Vielmehr kommen alle Mittel in Betracht,
die geeignet sind, die Wahrscheinlichkeit des vorgetragenen Sachverhalts zu unterstützen.

Hierzu gehören eidesstattliche Versicherungen von Zeugen[1678] oder deren schlichte schriftliche Erklärungen,[1679] schlichte schriftliche Unterlagen wie Reisedokumente sowie ärztliche Atteste und Ähnliches.[1680]

> Da das Gericht unmittelbar nach Aktenlage zu entscheiden hat, müssen die notwendigen Bekundungen
> der Zeugen schriftlich vorliegen, sodass die schlichte Zeugenbenennung regelmäßig nicht ausreicht.
> Anderes kann allenfalls gelten bei nachvollziehbarer Weigerung eines Zeugen zu einer schriftlichen Bestä-
> tigung,[1681] dessen fehlende Erreichbarkeit oder bei der Benennung von Zeugen, die als Bedienstete von
> Gerichten oder Behörden Auskünfte geben könnten.[1682]

Eigene Erklärungen des Beschuldigten, selbst eidesstattliche Versicherungen, sollen demgegenüber   1804
nach jahrzehntelanger Rechtsprechungsübung kein zulässiges Mittel der Glaubhaftmachung sein.[1683]
Das kann zumindest dann nicht richtig sein, wenn kein anderes Mittel der Glaubhaftmachung
ersichtlich ist, denn das käme der vollständigen Versagung eines Rechtsschutzes gleich.[1684]

c) Entscheidung des Gerichts

Über den Antrag entscheidet das Gericht, bei dem die Frist hätte eingehalten werden müssen. Selbst   1805
wenn der Antrag zulässiger Weise beim Rechtsmittelgericht eingelegt wurde, hat zunächst der Vor-
derrichter zu entscheiden.[1685] Die Entscheidung erfolgt im Beschlusswege. Das Verfahren selbst folgt
Beschwerdegrundsätzen. Den Beteiligten ist rechtliches Gehör zu gewähren. Insbesondere ist der
Beschuldigte ggf. aufzufordern, ergänzende Mittel der Glaubhaftmachung beizubringen, falls das
vorliegende Material aus Sicht des Gerichts nicht ausreichend erscheint.

Wurde lediglich die versäumte Handlung nachgeholt, ohne dass ausdrücklich ein Wiedereinsetzungs-   1806
antrag gestellt (und begründet) wurde, kann das Gericht ausnahmsweise Wiedereinsetzung auch
ohne diesen Antrag gewähren (§ 45 Abs. 2 S. 3). Voraussetzung ist hier, dass das fehlende Verschulden offensichtlich und eine Glaubhaftmachung daher überflüssig ist.

> Trägt beispielsweise ein Schreiben eines Angeklagten einen gerichtlichen Eingangsstempel nach Ablauf   1807
> der Frist, ist das Schreiben allerdings einige Tage zuvor noch innerhalb dieser Frist datiert, so soll dann
> automatisch Wiedereinsetzung gewährt werden, wenn der zugehörige Briefumschlag nicht zu den Akten
> gelangt ist.[1686]

Während der Wiedereinsetzungsantrag selbst keinerlei Auswirkungen auf eine zwischenzeitlich ein-   1808
getretene Rechtskraft der betroffenen Entscheidung hat, dreht ein positiver Beschluss des Gerichts
das Rad des Verfahrens zurück. Wird Wiedereinsetzung gewährt, so wird die Rechtslage hergestellt,
welche vor der Versäumung bestanden hätte, wenn die Handlung rechtzeitig durch den Beschul-

---

1678 OLG Düsseldorf StV 1994, 283.
1679 BayObLG NJW 1954, 204.
1680 OLG Düsseldorf VRS 90, 187.
1681 KG NJW 1974, 657.
1682 BGH NStZ-RR 2010, 378 f.
1683 BGH NStZ 1985, 493.
1684 VerfGH Berlin HRRS 2019 Nr. 730.
1685 LR/*Graalmann-Scheerer* § 46 Rn. 5 ff.
1686 OLG Hamm NStZ-RR 2009, 112; OLG Brandenburg NZV 2006, 316; a.A. OLG Hamm (3. Senat)
      NStZ-RR 2012, 315 f.

digten vorgenommen worden wäre.[1687] Neben der versäumten sind damit auch andere Prozesshandlungen nachholbar. Konsequenzen der bisher angenommenen Rechtskraft werden nachträglich beseitigt. So wird die zwischenzeitliche Vollstreckung einer Strafe mit dem stattgebenden Beschluss des Gerichts unzulässig.

1809 Dies kann zu überraschenden Konsequenzen führen: Ist der Mandant ununterbrochen in Haft, weil er während des Verfahrens zunächst in Untersuchungshaft und nach Rechtskraft in Strafhaft war, ist die weitere Inhaftierung zu legitimieren. Ein automatisches Aufleben des früheren Untersuchungs-Haftbefehls hat das Bundesverfassungsgericht abgelehnt.[1688] Die neue gesetzliche Regelung des § 47 Abs. 3 hat für dieses Aufleben eine gesetzliche Grundlage geschaffen. Ob der Gesetzgeber alle denkbaren Konstellationen bedacht hat – insbesondere bei anderen Maßnahmen wie dem Fahrerlaubnisentzug nach § 111a – darf bezweifelt werden.[1689] Die konkrete Fallanalyse und die Fantasie des Verteidigers sind hier im Einzelfall gefragt.

1810 Gegen eine die Wiedereinsetzung versagende Entscheidung des Gerichts kann der Beschuldigte sofortige Beschwerde einlegen (§ 46 Abs. 3). Innerhalb der Wochenfrist des § 311 Abs. 2 hat der Beschuldigte dann nach Zustellung des negativen Beschlusses eine Entscheidung des Rechtsmittelgerichts zu beantragen. Dessen Entscheidung ist unanfechtbar.

7. Alternative Verteidigungsoptionen

a) Der mangelhafte Fristenlauf

1811 Das Ergebnis eines ersten anwaltlichen Beratungsgesprächs geht häufig dahin, dass ein Wiedereinsetzungsantrag wenig Erfolg versprechend ist. Entweder hat der Mandant die kurze Wiedereinsetzungsfrist »verschlafen« oder der Nachweis des mangelnden Verschuldens einer Fristversäumung ist nicht zu führen. Ein Wiedereinsetzungsantrag greift allerdings nur ein, wenn eine Frist tatsächlich versäumt wurde. Ist eine Frist – entgegen dem ersten Anschein – niemals in Gang gesetzt worden, existieren kein Fristablauf und keine Versäumung.[1690] Auch ohne Wiedereinsetzung befindet sich das Verfahren noch in dem Stand, in dem es sich vor dem angeblich Frist auslösenden Ereignis befand. Die Aufgabe der Verteidigung zur Durchsetzung der Mandanteninteressen geht in dieser Situation dahin, dem Gericht zu verdeutlichen, dass entgegen der dortigen Ansicht wirksam keine Frist ausgelöst wurde und damit auch keine Rechtskraft vorliegt.

1812 Zu den Verteidigungsaufgaben gehört in dieser Situation eine kritische rechtliche Untersuchung der Frist auslösenden Momente. Zu überprüfen ist daher, ob eine Entscheidung in Anwesenheit des Beschuldigten **wirksam verkündet** worden ist (§ 35 Abs. 1) oder **wirksam zugestellt** wurde (§ 35 Abs. 2).

1813 Insbesondere die einwöchigen Fristen zur Einlegung der Berufung oder Revision werden in der Regel durch die Verkündung des Urteils in Anwesenheit des Angeklagten ausgelöst. Sowohl die Anwesenheit des Mandanten als auch die Verkündung der Entscheidung werden abschließend durch das jeweilige Hauptverhandlungsprotokoll bewiesen. Gibt das Protokoll die Verkündung des Urteils nicht wieder, so ist dieser Mangel grundsätzlich nicht heilbar. Die Hauptverhandlung gilt als nicht zu Ende geführt und müsste ggf. unter Wiederholung der Verkündung fortgeführt werden.[1691]

1687 OLG Köln NJW 1987, 80.

1688 BVerfG StV 2005, 613 f. = NJW 2005, 3131; s. auch: *Mosbacher* Freiheit durch Säumnis: Keine Haftfortdauer bei Wiedereinsetzung, NJW 2005, 3110.

1689 S. näher: *Burhoff* StRR 2007, 15.

1690 Zu dieser Selbstverständlichkeit nochmals deutlich *Bernau* Die Rechtsprechung des BGH zur Wiedereinsetzung in den vorigen Stand, NJW 2012, 2004.

1691 LR/*Graalmann-Scheerer* § 35 Rn. 8.

Schriftliche Urteilsgründe, gerichtliche Beschlüsse oder Strafbefehle werden durch Zustellung dem Beschuldigten bekannt gemacht. War eine Zustellung unwirksam, löst sie den Fristablauf nicht aus.[1692] Die Verteidigungsaufgabe besteht daher darin, durch Hinweis auf Verfahrensfehler oder falsche Adressierung auf die Unwirksamkeit des Zustellungsvorgangs hinzuweisen.

1814

> Eine Zustellung ist vom **Vorsitzenden anzuordnen** (§ 36 Abs. 1 S. 1). Weicht die Geschäftsstelle von der Anordnung ab, ist die Zustellung nicht ordnungsgemäß.[1693] Ist die Anordnung nicht aktenkundig, ist die tatsächlich erfolgte Zustellung unwirksam.[1694] Aus der Ungenauigkeit einer richterlichen Verfügung kann auf die fehlende Eindeutigkeit seines Willens und damit auf die Unwirksamkeit der Zustellung geschlossen werden.[1695] Wird ein Urteil vor **Fertigstellung des Protokolls** zugestellt, ist diese Zustellung unwirksam (§ 273 Abs. 4). Das Verfahren der förmlichen Zustellung ist gesetzlich detailliert geregelt (§§ 37–41). Es handelt sich um einen zu bewirkenden Akt, durch den dem Zustellungsadressaten Gelegenheit verschafft wird, sich von einem Schriftstück Kenntnis zu verschaffen. Bei diesem Schriftstück muss es sich nicht um das Original handeln. Zugestellt werden **Ausfertigungen**, hierbei handelt es sich um Abschriften, Durchdrucke oder Ablichtungen, die die Urschrift ersetzen sollen und gerade deswegen von der Behörde in einer besonderen Form ausgestellt werden. Weisen diese Ausfertigungen gravierende Mängel auf, ist die Zustellung unwirksam.[1696] Vernachlässigenswert können Mängel der Ausfertigung nur dann sein, wenn insgesamt der Inhalt des zuzustellenden Schriftstücks für den Empfänger (noch) verständlich ist.[1697] Fehlen Teile der Urteilsformel, der Urteilsgründe oder der nach § 275 Abs. 2 S. 1 notwendigen richterlichen Unterschriften, bleibt die Zustellung unwirksam.

1815

Differenzierter sind die Auswirkungen von Mängeln im Zustellungsverfahren zu bewerten. Das Verfahren richtet sich aufgrund der Verweisung des § 37 Abs. 1 »entsprechend« den Vorschriften der §§ 166–195 ZPO. Die Frist auslösende Zustellung kann durch unmittelbare Übergabe der Ausfertigung an den Empfänger, durch Ersatzzustellungen (§§ 178 ff. ZPO) oder ggf. durch eine öffentliche Zustellung (§ 40) erfolgen.

1816

Das Vertrauen auf die Formalisierung der Zustellung ist brüchig. Sind Zustellungsvorschriften nicht eingehalten, so kann die tatsächliche **anderweitige Kenntnisnahme** des Beschuldigten von dem Schriftstück dennoch die Frist auslösen.[1698]

> Faktisch können damit Mängel geheilt werden. Es tritt eine Zustellungsfiktion ein, wenn der Zustellungszweck anderweitig erreicht ist. Diesen Zugangszeitpunkt soll StA oder Gericht in freier Beweiswürdigung ermitteln können.[1699] Die »entsprechende« Anwendung des § 189 ZPO wirft für das Strafverfahren viele Fragen auf, die noch nicht gelöst sind. Die Gesetzesbegründung hatte nur zivilprozessuale Verhältnisse im Auge.[1700] Geklärt hat der BGH lediglich die Unanwendbarkeit der Heilungsmöglichkeit bei fehlender Zustellungsanordnung des Vorsitzenden (§ 36 Abs. 1 S. 1).[1701] Hier sei der notwendige Zustellungswille nicht feststellbar.[1702] Ungeschickt wäre jedenfalls auf diesem Hintergrund ein anwaltlicher Vortrag, der erstmalig Rückschlüsse auf die Mandantenkenntnis aufgrund des intimen Bereichs des Mandanten ermöglichen würde.

1817

Mängel sind in diesem Zustellungsverfahren vielfältig denkbar. Nur die wenigsten führen unmittelbar zur Unwirksamkeit der Zustellung. Insbesondere gelten mittlerweile schlichte Beurkundungsmängel des Zustellungsvorgangs nicht grundsätzlich als Auslöser für eine Unwirksamkeit. Sie entfalten ihre Bedeutung erst in der sekundären Fragestellung der Nachweise des Zustellungsvorgangs.

1818

1692 LG Stuttgart StV 2018, 78 f.
1693 OLG Oldenburg StV 2018, 77.
1694 RGSt 47, 114; BGH NStZ-RR 2011, 45; NStZ 1986, 230; HRRS 2014 Nr. 410.
1695 BGH StraFo 2011, 90, wo der Vorsitzende bei mehreren Verteidigern die Zustellung des Urteils »an Verteidiger« verfügte und die Geschäftsstelle daraufhin nur an einen Verteidiger zustellte.
1696 OLG Düsseldorf NStZ 2002, 448.
1697 BGH StraFo 2004, 238.
1698 OLG Frankfurt NStZ-RR 2004, 336.
1699 *Heß* Neues deutsches und europäisches Zustellungsrecht, NJW 2002, 2421.
1700 BT-Drs. 14/4554, 14.
1701 BGH NStZ-RR 2011, 45.
1702 BGH HRRS 2014, Nr. 410.

1819   Unwirksam sind Ersatzzustellungen – bis zur tatsächlichen Kenntnis gem. § 189 ZPO – allerdings stets dann, wenn sie an einem Ort erfolgen, an dem der Betroffene nicht wohnt. Angesichts der weitreichenden Bedeutung des Begriffs der **Wohnung** rankt sich hierum eine fein ziselierte Rechtsprechung, die sich nach wie vor im Fluss befindet.

1820   Prämisse dieser Rechtsprechung ist die Einsicht, dass die Wohnung den **tatsächlichen aktuellen Aufenthaltsort** des Betroffenen widerspiegeln soll, sie ist daher nicht mit dem Wohnsitz (§ 7 BGB) oder der polizeilichen Anmeldung zwingend identisch.[1703] Hat der Betroffene eine frühere Wohnung längere Zeit nicht mehr genutzt, kann dort keine wirksame Ersatzzustellung mehr vorgenommen werden.[1704] Diesen Schutz zur Wahrung seines rechtlichen Gehörs verliert er allenfalls dann, wenn er durch sein Verhalten sich »dolos als dort wohnend geriert«.[1705]

Während ein normaler **Urlaub** oder **Krankenhausaufenthalt** einer Wohnung nicht ihre Qualität nimmt, kann dies bei längerer Abwesenheit anders bewertet werden. Befindet sich der Betroffene schon für mehrere Wochen in **Straf- oder U-Haft**[1706] oder hat er sich zu einem mehrmonatigen Aufenthalt in eine Therapieeinrichtung begeben,[1707] so ist die Wohnungseigenschaft hierdurch regelmäßig aufgehoben.[1708] Gleiches gilt auch dann, wenn durch Rückzug in das Heimatland offensichtlich der bisherige räumliche Mittelpunkt des Lebens in Deutschland aufgegeben wurde und die Fortsetzung der Miete der alten Wohnung nur noch anderen Zwecken dient.[1709] Der **Student** wohnt – jedenfalls während des Semesters – regelmäßig am Studienort und nicht bei den Eltern.[1710] Die Zugangsfiktion einer Ersatzzustellung greift in diesen Fällen nicht.

1821   Eine Ersatzzustellung kann gem. § 178 Abs. 1 Nr. 1 ZPO an erwachsene Familienangehörige erfolgen. Ein zur Unwirksamkeit der Zustellung führender Fehler soll allerdings erst dann vorliegen, wenn die Übergabe des Schriftstücks lediglich an ein Kind (unter 14 Jahren) erfolgt.[1711] Ersatzzustellungen in Geschäftsräumen können nur an Personen erfolgen, die mit Diensten für das Geschäft betraut sind.[1712] Wohnungen taugen ebenso wenig wie Geschäftsräume zur Ersatzzustellung, wenn sie zuvor aufgegeben worden waren.[1713] Ersatzzustellungen in Gemeinschaftseinrichtungen – u.a. Obdachlosenunterkünfte[1714] und JVAs – sind erleichtert an die jeweiligen Leiter möglich (§ 178 Abs. 1 Nr. 3 ZPO); ausreichendes rechtliches Gehör ist einem Gefangenen aber erst dann gewährt, wenn zustellende Gerichte ausdrücklich eine Zustellung persönlich an den Gefangenen durch Gerichtswachtmeister anordnen.[1715]

Zustellungen im EU-Ausland können regelmäßig durch Einschreiben mit Rückschein erfolgen (§ 183 Abs. 1 Nr. 2 ZPO).

1822   Rechtsprechung zu Wirksamkeitsmängeln liegt angesichts der geringen Erfahrung mit dieser relativ neuen Möglichkeit nicht vor, ist allerdings im Hinblick auf den innerdeutschen Wohnungsbegriff ebenso denkbar wie bei Mängeln des Rückscheins. Ob neben der unmittelbaren Aushändigung an den Betroffenen

---

1703   BGH NJW 1978, 1858.

1704   OLG Jena NStZ-RR 2006, 277; OLG Koblenz StraFo 2005, 197.

1705   OLG Jena NStZ-RR 2006, 238.

1706   OLG Hamm StraFo 2003, 166; OLG Thüringen StV 2007, 69.

1707   OLG Hamm StV 2004, 362.

1708   Anders für den Fall, dass während der Haft weiterhin Angehörige die Wohnung nutzen OLG Dresden NStZ 2005, 398.

1709   OLG Hamm StraFo 2006, 280.

1710   OLG Karlsruhe NStZ-RR 1996, 245.

1711   LG Köln NStZ-RR 1999, 368.

1712   OLG Bamberg NJW 2006, 1078.

1713   BGH NJW-RR 2010, 489.

1714   Bei einem unüberschaubaren Kreis von Mitbewohnern reicht die Adressierung allein an den Beschuldigten persönlich regelmäßig nicht aus – LG Stuttgart StV 2018, 78 f.

1715   S. *Kotz* Verteidigungsansätze im Zusammenhang mit der Zustellung gerichtlicher Entscheidungen, StRR 2013, 85.

auch im Ausland entsprechend dortiger Postbestimmung eine Ersatzzustellung beispielsweise durch Niederlegung wirksam ist, ist umstritten.[1716]

Der Anwendungsbereich einer **öffentlichen Zustellung** (§ 40) sollte durch eine Gesetzesänderung des JModG ausgeweitet werden. Die Rechtsprechung macht hiervon gerne Gebrauch. Sogar ins Ausland abgeschobene Angeklagte, die fast zwei Jahre zuvor gegen ein erstinstanzliches Urteil Berufung eingelegt hatten, sollen sich die Wirksamkeit einer Ladung auf diesem Wege zurechnen lassen müssen.[1717]   **1823**

Angesichts ihrer weitreichenden Folgen hängt die Wirksamkeit dieser Zustellungsmöglichkeit von der Einhaltung der **Formalien** ab.   **1824**

> Fehlen die gesetzlichen Voraussetzungen oder werden wesentliche Förmlichkeiten bei dem Verfahren nicht beachtet, treten die Folgen des Fristenlaufs nicht ein. So ist beispielsweise das Gericht und nicht allein der Vorsitzende für die Anordnung der öffentlichen Zustellung zuständig (§ 186 Abs. 1 ZPO). Sowohl das Anhängen als auch das Abhängen an der Gerichtstafel ist urkundlich zu vermerken. Auch Irrtümer hinsichtlich der Gerichtstafel beeinträchtigen die Wirksamkeit; so gilt eine öffentliche Zustellung des Amtsgerichts nicht als wirksam, wenn das Schriftstück tatsächlich an der Gerichtstafel des Landgerichts – im selben Gebäude – ausgehängt war. Oft wird die Frist falsch berechnet und die Ladung zu früh vom Aushang genommen.[1718] Problematisch ist häufig die Feststellung des zuständigen Gerichts – insbesondere in Vollstreckungssachen.[1719] Öffentliche Zustellungen können im Berufungsverfahren erleichtert vorgenommen werden, wenn der Angeklagte an seiner letzten bekannten Adresse nicht erreichbar ist (§ 40 Abs. 3); versäumt der derart Geladene eine Berufungshauptverhandlung, kann er eine Wiedereinsetzung gegen das Verwerfungsurteil verlangen, wenn er bei der Verkündung des amtsgerichtlichen Urteils nicht auf die erleichterte Möglichkeit der öffentlichen Zustellung hingewiesen worden war (§ 35a S. 2).[1720]

Auch ohne unmittelbare Zustellung an den Beschuldigten besteht u.U. die Gefahr des Fristenlaufs: Die **Zustellung an den Verteidiger ist fristauslösend** (§ 145a).

> Gerichte haben nicht die Pflicht, an den Verteidiger zuzustellen, die **gesetzliche Fiktion der Zustellungsvollmacht** gibt ihnen allerdings die jederzeitige Möglichkeit hierzu. Erleichtert ist dem Gericht diese Zustellung durch das Empfangsbekenntnis oder u.U. sogar – bei Vorliegen einer Zustimmung und Signatur – elektronisch (§ 174 ZPO). Wird der Beschuldigte nicht ergänzend hiervon informiert und versäumt die Frist, verbleibt nur der Weg über den Wiedereinsetzungsantrag. Die gesetzliche Fiktion ist nicht disponibel; ausdrückliche entgegenstehende Mandatsvereinbarungen, die diese Zustellungsmöglichkeit ausschließen, sind unwirksam.[1721]   **1825**

> Die fristauslösende Wirkung kann allenfalls mit dem Nachweis angegriffen werden, dass zum Zustellungszeitpunkt an den Anwalt ein **wirksames Verteidigungsverhältnis** nicht bestand. Als nachteilig kann sich bei **mehreren Verteidigern** eine – wirksame – Zustellung an einen Anwalt erweisen, der seit Langem inaktiv ist, dessen Mandatskündigung aber dem Gericht nicht angezeigt worden war.[1722] Erhöhte Verteidigungschancen bestehen bei der Versäumung der Berufungshauptverhandlung, falls lediglich der Verteidiger geladen wurde; die Zustellungsvollmacht für Termine bedarf einer ausdrücklichen zusätzlichen Vollmacht (§ 145a Abs. 2), an deren Wirksamkeit die Rechtsprechung erhöhte Anforderungen stellt.[1723]

1716 S. hierzu: *Hackner/Schierholt* Internationale Rechtshilfe in Strafsachen, 2. Aufl. 2012, Rn. 183; LR/ *Graalmann-Scheerer* § 37 Rn. 88.

1717 OLG Stuttgart NStZ-RR 2004, 219.

1718 S. z.B. OLG Bremen StV 2018, 77.

1719 OLG Hamm NStZ-RR 2006, 344.

1720 OLG Hamm StraFo 2014, 120.

1721 OLG Köln NStZ-RR 2005, 132; OLG Dresden NStZ-RR 2005, 244.

1722 OLG Hamm, Beschl. v. 13.02.2007 – 3 Ws 16/07.

1723 OLG Köln NStZ 1998, 240; OLG Düsseldorf StV 1990, 536.

b) Nachholen des rechtlichen Gehörs (§ 33a)

1826 Einen wenig beachteten Weg, das Rad des Verfahrens trotz unanfechtbaren Beschlusses des Gerichts zurückzudrehen, eröffnet die Neufassung des § 33a. Infolge des Plenumsbeschlusses des Bundesverfassungsgerichts vom 30.04.2003[1724] veränderte der Gesetzgeber die Vorschrift zu einer weitgehenden Korrekturmöglichkeit strafgerichtlicher Entscheidungen bei Verstößen gegen das Recht auf rechtliches Gehör.

1827 **Voraussetzungen** des Korrekturverfahrens sind:

- Der gerichtliche Beschluss ist unanfechtbar. Das Gesetz sieht weder eine (weitere) Beschwerde noch einen anderen Rechtsbehelf vor. Hierzu zählen z.B. landgerichtlich Entscheidungen gegen Durchsuchungs- oder Sicherstellungsmaßnahmen ebenso wie die gesetzlichen Anfechtungsausschlüsse (z.B. §§ 210 Abs. 1,[1725] 270 Abs. 3 S. 2, 304 Abs. 3) oder abschließende Haftentscheidungen des OLG. Urteile werden nicht erfasst.[1726]
- Verletzung des Anspruchs auf rechtliches Gehör.

1828 Welche Situation der Verletzung das BVerfG meinte, macht sein Plenumsbeschluss deutlich:

»Wer bei einem Gericht formell ankommt, soll auch substantiell ankommen, also wirklich gehört werden.«

1829 Dazu gehört der formale Aspekt, dass dem Beschuldigten und seiner Verteidigung vor einer Gerichtsentscheidung eine Stellungnahme der (General-) Staatsanwaltschaft zugeleitet wird. Das effektive rechtliche Gehör umfasst allerdings auch eine gerichtliche Auseinandersetzung mit dem inhaltlichen Vorbringen des Gehörsberechtigten. Ignoriert das Gericht argumentatives Vorbringen oder signalisiert eine pauschale Ablehnung eine solche Ignoranz, kann der Beschuldigte das Gericht veranlassen, in einer erneuten Befassung mit der Sache dieses Defizit zu beheben.

1830 Anspruch auf Nachholung besteht nur bei entscheidungserheblichen Verstößen. Ausreichend für eine derartige Kausalitätsüberprüfung ist der Nachweis, dass die unanfechtbare Entscheidung auf dem Gehörsverstoß beruhen kann. Darüber hinaus muss der Beschuldigte durch den Beschluss nach wie vor beschwert sein.

1831 Das Nachholungsverfahren kann von Amts wegen eingeleitet werden, Anstoß hierfür kann allerdings auch ein form- und fristloser Antrag des Beschuldigten sein.

1832 Das Gericht hat zwei unterschiedliche Komplexe zu entscheiden: Zum einen muss festgestellt werden, ob ein Nachholungsanspruch besteht. Bejahendenfalls ist die unterbliebene Anhörung nachzuholen. Zum anderen ist inhaltlich zu prüfen, ob die bislang getroffene Entscheidung aufgrund des nicht berücksichtigten Vorbringens des Beschuldigten abzuändern ist.

1833 In jedem Fall haben die gerichtlichen Entscheidungen – auch die ablehnenden – in Beschlussform zu ergehen. Unklar ist allenfalls, ob das Versetzen in die frühere Verfahrenslage nach der ersten oder erst nach einer positiven zweiten Ebene der Entscheidung zu erfolgen hat. Der Gesetzestext legt die erste Variante nahe, die Literatur scheint ohne Begründung das Zurückversetzen nur für den Fall anzunehmen, dass das Gericht tatsächlich seinen ursprünglichen Beschluss abändern will.[1727]

Eine – allerdings form- und fristgebundene – speziellere Regelung dieses Nachholungsanspruchs findet sich für das Revisionsverfahren in § 456a.

1724 NJW 2003, 1924.
1725 KG StRR 2008, 267: Antrag gegen den Eröffnungsbeschluss, der ohne vorherige Zustellung der Anklageschrift erlassen worden war.
1726 BGH NStZ-RR 2005, 173.
1727 *Meyer-Goßner/Schmitt* § 33a Rn. 9; AnwK-StPO/*Rotsch* § 33a Rn. 15.

VII. Verfassungsbeschwerde

1. Bedeutung der Verfassungsbeschwerde für den Strafverteidiger

Die Beschwerde zum Bundesverfassungsgericht[1728] ist keine Möglichkeit, die der Strafverteidiger in **1834** sein Verteidigungskalkül einbeziehen kann. Struktur und **mangelhafte Erfolgsaussichten** dieses Rechtsbehelfs verbieten bereits die Hoffnung, eine rechtsstaatlich fundierte und »gerechte« Entscheidung in einem individuellen Strafverfahren durch das Bundesverfassungsgericht zu erlangen. Zwar garantiert das Grundgesetz, dass jedermann eine Verfassungsbeschwerde mit der Behauptung der Verletzung seiner Grundrechte erheben kann (Art. 93 Nr. 4a GG). Das Bundesverfassungsgericht betont jedoch stets die Außerordentlichkeit dieses jedem Staatsbürger eingeräumten Rechtsbehelfs jenseits aller Prozessordnungen der Fach-Gerichtsbarkeiten. Die Verfassungsbeschwerde soll nicht zusätzliches Rechtsmittel der StPO sein, sondern lediglich ein **letzter und subsidiärer Rechtsbehelf** zur Verhinderung oder Kompensierung einer Grundrechtsverletzung. Der Ansicht der subsidiären Funktion der Verfassungsbeschwerde liefe es zuwider, wenn sie anstelle oder gleichsam wahlweise neben einem anderen möglicherweise zulässigen Rechtsbehelf zugelassen wäre.

Dem besonderen Charakter der Verfassungsbeschwerde entspricht es daher, wenn sie von eigenstän- **1835** digen Zulässigkeitsvoraussetzungen abhängt. Dass aus Sicht des Bundesverfassungsgerichts diese strengen Anforderungen von den meisten Beschwerdeführern missachtet werden, dokumentiert nicht zuletzt die geringe Erfolgsquote von ca. 1 % aller eingelegten Verfassungsbeschwerden. Strategien des Strafverteidigers lassen sich hierauf nicht aufbauen.

Die Besonderheit der politischen Wahl der entscheidenden **Verfassungsrichter** stützt diese Einschät- **1836** zung. Obwohl das Gericht als wertorientierter Fels in der Brandung aktueller gesellschaftlicher Strömungen institutionalisiert wurde, spiegelt es oft in Fragen des Straf- und Strafprozessrechts den wechselhaften Zeitgeist in deutlicher Form wider.

> In liberal geprägten Phasen stellt sich das Gericht z.B. mit Verve polizeilichen Willküraktionen durch **1837** strikte Beschränkungen des Begriffs der »Gefahr im Verzuge« entgegen oder verschiebt die Koordinaten der Rechtswirklichkeit, wenn jahrzehntelang eingeschliffener richterlicher Trägheit mit der Betonung des Beschleunigungsgebots ein Ende bereitet wird. Mit derselben Argumentation vermag das Gericht in geänderter Besetzung massiven Einschränkungen von Beschuldigtenrechten grundgesetzliche Rechtfertigung zu verleihen oder mit einem Argumentationstopos wie der »Funktionstüchtigkeit der Rechtspflege« strafrichterlicher Bequemlichkeit Vorschub zu leisten.[1729]

Die Streichung der Verfassungsbeschwerde aus dem Aktions-Repertoire des Verteidigers ist allerdings **1838** ebenso wenig gerechtfertigt. Der verteidigte Mandant ist wie kein anderer Bürger mit massiven Beeinträchtigungen durch die staatliche Gewalt konfrontiert.

Grundrechtsverletzungen liegen im Strafprozess besonders nahe. Den Strafverteidiger trifft daher **1839** auch eine besondere Verantwortung, mit seinem Mandanten nach Scheitern aller strafprozessualen Mittel die Wahrnehmung dieses außerordentlichen Rechtsbehelfs zu besprechen. Ist der Umgang mit den Freiheitsrechten des Bürgers im Strafprozess tatsächlich der viel beschworene Seismograf rechtsstaatlicher Praxis, so hat der Verteidiger mehr als jeder andere Veranlassung, die stets wechselvollen, zum Teil auch von gesellschaftlichen Grundströmungen abhängigen Machtausübungen durch

---

1728 Zu aktueller Literatur: *Jahn/Krehl/Löffelmann/Güntge* Die Verfassungsbeschwerde in Strafsachen 2. Aufl. 2017; *Benda/Klein* Lehrbuch des Verfassungsprozessrechts, 3. Aufl. 2010; *Kleine-Cosack* Verfassungsbeschwerden und Menschenrechtsbeschwerde, 3. Aufl. 2013; *Lechner/Zuck* Bundesverfassungsgerichtsgesetz, Kommentar, 8. Aufl. 2019; *Pieroth/Silberkuhl* (Hrsg.), Die Verfassungsbeschwerde 2008; *Schlaich/Korioth* Das Bundesverfassungsgericht – Stellung, Verfahren, Entscheidungen, 11. Aufl. 2018; *Zuck* Das Recht der Verfassungsbeschwerde, 5. Aufl. 2017.

1729 Zu den maßgeblichen Einflussfaktoren der richterlichen Persönlichkeiten in den Entscheidungen des BVerfG s. die auf zahlreichen Interviews mit Richtern beruhende Untersuchung von *Kranenpohl* Hinter dem Schleier des Beratungsgeheimnisses 2010.

die Strafjustiz einer stetigen Kontrolle durch das höchste deutsche Gericht zu unterziehen. Zumindest die groben Leitlinien dieses Rechtsbehelfs werden daher im Folgenden skizziert.

2. Verfahrensablauf

1840   Das Verfahren vor dem Bundesverfassungsgericht führt in der Praxis nur selten dazu, dass Verfassungsbeschwerden tatsächlich inhaltlich von einem der beiden Senate des Gerichts behandelt werden. Für die Selektion im Vorfeld sorgt der Umstand, dass die Verfassungsbeschwerde der besonderen Annahme zur Entscheidung bedarf (§ 93a Abs. 1 BVerfGG i.V.m. Art. 94 Abs. 2 S. 2 GG). Zuständig für die Entscheidung zur Annahme sind Kammern, die jeweils aus drei Verfassungsrichtern bestehen.

1841   Den Verfahrensgang registriert der Beschwerdeführer zunächst dadurch, dass ihm die Mitteilung des Aktenzeichens aus dem allgemeinen Register (AR) zugeht. Außer telefonischer Nachfrage bei den jeweiligen wissenschaftlichen Mitarbeitern des Berichterstatters der zuständigen Kammer hat der Strafverteidiger kaum eine Möglichkeit, den aktuellen Verfahrensstand beim Gericht zu verfolgen.

1842   Die Pflicht zur Annahme der Verfassungsbeschwerde beschreibt § 93a Abs. 2 BVerfGG: Die Beschwerde ist entweder anzunehmen, soweit ihr grundsätzliche verfassungsrechtliche Bedeutung zukommt oder die Beschwerde zur Durchsetzung der Verfassungsrechte angezeigt ist. Letzteres ist insbesondere dann gegeben, wenn dem Beschwerdeführer durch die Versagung der Entscheidung zur Sache ein besonders schwerer Nachteil entsteht. Da sich diese besondere existenzielle Betroffenheit des Beschwerdeführers vor allem aus dem Gegenstand der angegriffenen Entscheidung oder seiner aus ihr folgenden Belastung ergeben kann, hat der Strafverteidiger zumeist ein Erfolg versprechendes Argumentationspotential.

1843   Der Mandant wird sich zumeist darauf berufen, dass er zu Unrecht mit einer strafrechtlichen Sanktion überzogen wird. Gerade die Kriminalstrafe stellt die am stärksten eingreifende staatliche Sanktion für begangenes Unrecht dar. Jede Strafnorm enthält ein mit staatlicher Autorität versehenes, sozialethisches Unwerturteil, das den in der Menschenwürde (Art. 1 Abs. 1 GG) wurzelnden Wert- und Achtungsanspruch des Verurteilten berührt. Deshalb ist der Einsatz des Strafrechts von Verfassungswegen in besonderer Weise an den Schuldgrundsatz und das Verhältnismäßigkeitsprinzip gebunden. Jede nach dem Strafgesetz zu verhängende Strafe setzt Schuld voraus und muss in einem gerechten Verhältnis zur Schwere der Tat und zum Verschulden des Täters stehen.

1844   Für die Frage, ob eine strafgerichtliche Verurteilung für einen Beschwerdeführer existenzielle Bedeutung im Sinne des § 93a Abs. 2 lit. b BVerfGG hat, kommt es deshalb in erster Linie auf das im **Schuldspruch** konkretisierte sozialethische Unwerturteil über Tat und Täter an.

1845   Aus diesen Erwägungen folgt, dass ein Beschwerdeführer regelmäßig dann existenziell betroffen ist, wenn er sich mit der Verfassungsbeschwerde gegen den Schuldspruch wendet.[1730] Greift der Beschwerdeführer demgegenüber nur den Rechtsfolgenausspruch einer strafrechtlichen Verurteilung an, hängt es von den Umständen des Einzelfalles, insbesondere von Art und Maß der angegriffenen Rechtsfolge ab, ob eine solche existenzielle Betroffenheit angenommen werden kann.

Erst recht droht ein besonders schwerer Nachteil, wenn die belastenden Folgen nicht Ergebnis eines rechtskräftigen Urteils, sondern lediglich einer **vorläufigen prozessualen Maßnahme** sind. Die Praxis des Verfassungsgerichts in den letzten Jahren dokumentiert eindrucksvoll, dass Haftbefehle, Durchsuchungsbeschlüsse oder Abhöraktionen prädestiniert sind, in ihrer Fixiertheit auf die Vorläufigkeit grundrechtlich geschützte Positionen besonders krass und leichtfertig zu verletzen. Die Durchsetzung des individuellen Grundrechtsschutzes erfordert hier in verstärktem Maße die Annahme von Beschwerden.

1846   Neben der existenziellen Bedeutung für den Beschwerdeführer sollen drei weitere Fallgruppen den Kern der Annahmepraxis ausmachen: Die grundrechtswidrige Praxis von Fachgerichten, die Fälle

---

1730 BVerfG NJW 1998, 443, 444.

extremer richterlicher Nachlässigkeit oder unverständlichen richterlichen Verhaltens oder letztlich die Fälle fehlender Erfahrung der Gerichte im Umgang mit den Grundrechten.[1731]

Auch wenn die Kammer die bisher dargestellten Annahmevoraussetzungen bejaht, scheitern die   **1847** meisten Beschwerden daran, dass ihnen keine hinreichende Erfolgsaussicht attestiert wird. Auch bei Vorliegen der besonderen subjektiven Betroffenheit des Beschwerdeführers ist eine Entscheidung des Senats bei offensichtlich unzulässigen oder unbegründeten Beschwerden nicht »angezeigt«. Dies ist jedenfalls das regelmäßige Ergebnis des lediglich kursorischen Vorprüfungsverfahrens durch die Kammer.

> Auch wenn dieser Entscheidung keine materielle Rechtskraft (formell sind sie rechtskräftig, weil unan-   **1848** fechtbar) oder Bindungswirkung zukommen soll und damit das Begehren des Beschwerdeführers unge- klärt bleibt, hat in der Praxis diese Art von Entscheidung immer größere Bedeutung. Die ablehnende **Kammerentscheidung** braucht nicht begründet zu werden, sie wird aber nicht selten mit Begründungen versehen, die eine inhaltliche Auseinandersetzung mit dem Begehren des Beschwerdeführers sind. Teil- weise werden sie veröffentlicht, ja sogar in die amtliche Sammlung der Verfassungsgerichtsentscheidun- gen aufgenommen.

Bejaht die Kammer die Erfolgsaussichten einer Verfassungsbeschwerde, so geht die Entscheidungs-   **1849** kompetenz ohne weiteren förmlichen Beschluss auf den Senat über. Die letzte Station im Annah- meverfahren ist der Senat selbst. Hat die Kammer die Beschwerde nicht abgelehnt, so nimmt der Senat die Verfassungsbeschwerde an, wenn mindestens drei Richter für deren Annahme votieren. Eines besonderen Annahmebeschlusses bedarf es nicht, lediglich ein Nichtannahmebeschluss wird dem Beschwerdeführer mit unter Umständen abgekürzter Begründung zugestellt.

Die Annahme bedeutet den Übergang in das ordentliche Verfassungsgerichtsverfahren. Spätestens   **1850** jetzt wird der Antrag des Beschwerdeführers anderen Beteiligten zugestellt. Von Amts wegen wer- den – im zumeist schriftlichen Verfahren – die notwendigen Tatsachen und Beweise erhoben. Nur selten entscheidet der Senat nach mündlicher Verhandlung. In der Regel vergehen zwischen Ein- legung der Beschwerde und Senatsentscheidung 2–3 Jahre. Nach mündlicher Verhandlung entschei- det das Gericht durch Urteil, üblicherweise ergeht ohne mündliche Verhandlung ein Beschluss.

Faktisch entscheidet allerdings der Senat in der großen Besetzung nur in Einzelfällen. Auch statt-   **1851** gebende Entscheidungen werden mittlerweile weitgehend in Kammerbesetzung getroffen. Dieses Procedere ist nicht unumstritten, stützt sich auf § 93c Abs. 1 BVerfGG, wonach auch eine Kam- merentscheidung als allseits zu respektierende Sachentscheidung i.S.d. § 31 BVerfGG anzusehen sei.[1732]

> Bei stattgebenden Entscheidungen enthält der Tenor den Hinweis, welche Vorschrift des Grundgesetzes   **1852** durch welche Handlung oder Unterlassung verletzt worden ist. Über die bloße Feststellung einer Ver- fassungswidrigkeit hinaus kann der Senat angegriffene Entscheidungen, insbesondere abschließende Haftentscheidungen oder Strafurteile aufheben. Regelmäßig wird die Sache dann zur erneuten Verhand- lung an das Fachgericht zurückverwiesen. Ausnahmsweise trifft der Senat unter Aufhebung des angefoch- tenen Gerichtsurteils eigene abschließende Entscheidungen, wenn im Hinblick auf die Eindeutigkeit der zu treffenden Entscheidung des Fachgerichts eine Zurückverweisung nicht sinnvoll erscheint. Kommt der Senat in seiner Entscheidung zu dem Ergebnis, dass die vom Strafgericht angewandte Norm verfas- sungswidrig ist, spricht er im Tenor entweder die Nichtigkeit bzw. Unvereinbarkeit der Norm mit dem Grundgesetz aus oder stellt ausdrücklich fest, in welcher konkreten Auslegung das angewandte Gesetz mit dem Grundgesetz vereinbar ist (verfassungsmäßige Auslegung).

1731 S. hierzu das Gesetzgebungsverfahren zur Novelle des Bundesverfassungsgerichtsgesetzes im Jahr 1993: BT-Drs. 12/3628, 14; zu den Maßstäben insbesondere der grundsätzlichen verfassungsrechtlichen Bedeutung, s. BVerfGE 90, 22, 24 f.

1732 *Benda/Klein* Verfassungsprozessrecht, Rn. 1321; BVerfG NJW 2006, 672, 674; BGH, Beschl. v. 18.02.2010 – 4 ARs 16/09 = HRRS 2010 Nr. 266; s. auch BT-Drs. 10/2951, 12.

3. Zulässigkeitsvoraussetzungen der Verfassungsbeschwerde

1853 Die Verfassungsbeschwerde ist **schriftlich** und in deutscher Sprache abzufassen. Die Übermittlung **per Fax** ist ausreichend.[1733] Es besteht kein Anwaltszwang. Wird die Beschwerde vom Strafverteidiger selbst aufgesetzt, muss sie erkennbar unterzeichnet sein.

1854 Durch eine **Vollmacht** hat der Strafverteidiger das Vertretungsverhältnis deutlich zu machen. Die Vollmachtserteilung muss schriftlich erfolgen und sich auf das konkrete Verfahren der Verfassungsbeschwerde beziehen. Die allgemeine Bevollmächtigung für das Strafverfahren reicht daher als Legitimation nicht aus. Wird die Vollmacht trotz Anforderung durch das Gericht nicht innerhalb einer gesetzten Frist in der erforderlichen Weise nachgereicht, droht schon allein deswegen die Verwerfung der Beschwerde als unzulässig.

1855 Die Verfassungsbeschwerde ist an das Bundesverfassungsgericht, Schlossbezirk 3, 76131 Karlsruhe zu adressieren (Fax: 0721/9101–382). Sie hat den Beschwerdeführer zu bezeichnen; die Angaben müssen detailliert genug sein, um dem Gericht die Beurteilung zu ermöglichen, ob der Beschwerdeführer überhaupt Träger der Grundrechte sein kann, deren Verletzung er rügt. Der von der Justiz mit einem Strafverfahren überzogene – auch minderjährige – Mandant dürfte in der Regel die Voraussetzungen der Antragsberechtigung (»jedermann« § 90 Abs. 1 BVerfGG) und der Verfahrensfähigkeit (maßgeblich ist insoweit die Einsichtsfähigkeit[1734]) erfüllen.

1856 Die Formulierung eines **Antrags** ist nicht zwingend. Notwendig ist die Verdeutlichung des Beschwerdeziels durch das gesamte Beschwerdevorbringen. Die Beschwerde hat in jedem Fall die Maßnahme zu bezeichnen, gegen die sich der Beschwerdeführer wendet, so wie das hierfür verantwortliche Organ.

1857 Um sowohl ein Erkennen des eigentlichen Begehrens als auch eine Fristberechnung zu ermöglichen, sollte der **Beschwerdegegenstand** so genau wie möglich gekennzeichnet werden. Angreifbare Maßnahmen der öffentlichen Gewalt können parlamentarische Gesetze, Rechtsverordnungen oder Satzungen sein, der Alltag des Strafverteidigers konfrontiert ihn allerdings in der Regel mit Gerichtsentscheidungen. Im Fall angegriffener Haftentscheidungen ist der Haftbefehl ebenso anzugeben wie die – zumeist vom OLG erlassene – letzte Beschwerdeentscheidung. Bei strafgerichtlichen Verurteilungen wird sowohl das Urteil der Tatsacheninstanz als auch der letzten Rechtsmittelinstanz – zumeist das Revisionsurteil – angefrift. Sämtliche Gerichtsentscheidungen sind sowohl mit Aktenzeichen als auch mit den Daten der Verkündung und der Zustellung zu bezeichnen. Sie müssen im Original oder Kopie der Beschwerde beigefügt werden.

1858 Bereits diese detaillierte Beschreibung soll deutlich machen, dass die **Erschöpfung des Rechtsweges** vor Einlegung der Verfassungsbeschwerde gegeben ist (Art. 94 Abs. 2 S. 2 GG i.V.m. § 90 Abs. 2 BVerfGG). Die Beschwerde ist nur dann zulässig, wenn zuvor alle nach Lage der Sache zur Verfügung stehenden prozessualen Möglichkeiten ergriffen worden waren, um eine Verhinderung oder Rückgängigmachung der geltend gemachten Verfassungsverletzung zu erwirken oder eine Grundrechtsverletzung zu verhindern.[1735] Die Zumutbarkeit für den Beschwerdeführer, die Fachgerichte zu bemühen, wird sehr weit gezogen. Selbst das Unterlassen der Wahrnehmung von Rechtsbehelfen, deren Zulässigkeit in der fachgerichtlichen Rechtsprechung nicht ausreichend geklärt ist, kann schon zur Verwerfung der Verfassungsbeschwerde führen.

1859 Die vorhergehenden Rechtsmittel müssen in einer Form eingelegt worden sein, die den Gerichten die Möglichkeit verschaffte, die Frage der Grundrechtsverletzung zu überprüfen.

So setzt die verfassungsgerichtliche Rüge des ungesetzlichen Richters voraus, dass willkürliche Gerichtsbesetzungen oder Befangenheiten zuvor in der Instanz mit den strafprozessual vorgesehenen Mitteln angegriffen worden sind. Der Beschwerdeführer muss konkret versucht haben, argumentativ die Grundrechtsverletzung bereits gegenüber den Fachgerichten zu verhindern. Die erst nach Abschluss der Revi-

---

1733 BVerfGE 74, 228, 235.
1734 BVerfGE 28, 243, 255; 72, 122, 133.
1735 BVerfGE 59, 63, 82 f.; 68, 384, 388 f.; 92, 245, 256; 93, 1, 12 ff.

sionsinstanz vom Beschwerdeführer »entdeckte« und erstmalig konkret geltend gemachte Grundrechtsverletzung genügt dem Gebot der Rechtswegerschöpfung nicht. Revisionen gegen Urteile von Strafgerichten müssen zumindest formell einwandfrei eingelegt worden sein.[1736] Verspricht ausnahmsweise die Wiedereinsetzung in den vorherigen Stand[1737] oder sogar die Wiederaufnahme des Verfahrens[1738] die Aussicht, Grundrechtsschutz bei den Strafgerichten zu erlangen, so ist dieser Weg vor einer Verfassungsbeschwerde zu beschreiten. Die Anrufung des Verfassungsgerichts gegen drohende Strafverfahren kann einen Antrag auf vorbeugenden Rechtsschutz nach §§ 23 ff. EGGVG voraussetzen.[1739]

Rügt der Beschwerdeführer den Verstoß gegen das verfassungsrechtliche Gebot des rechtlichen Gehörs (Art. 103 Abs. 1 GG), muss er zuvor die Möglichkeiten des § 33a (oder 356a) ergriffen haben.

> Da der Anwendungsbereich der Anhörungsrüge z.T. auch ausgedehnt wird auf Fälle schwerwiegender Verletzungen anderer Prozessgrundrechte, bestehen aktuell Unsicherheiten über die Notwendigkeit, diese strafprozessuale Möglichkeit vor einer Verfassungsbeschwerde wahrzunehmen. Rügt der Beschwerdeführer mehrere Verfahrensverletzungen neben dem Verstoß gegen das rechtliche Gehör, hat er insgesamt zunächst das Fachgericht nochmals mit der Rechtsfrage zu befassen. Hat z.B. das Landgericht als – letzte – Instanz negativ über eine Beschwerde gegen einen Durchsuchungsbeschluss entschieden und dabei offensichtlich weite Teile des Beschwerdevorbringens ignoriert, soll ebenfalls eine Rüge nach § 33a eröffnet sein. Ob dies die sofortige Anrufung des Verfassungsgerichts unzulässig macht, erscheint ungeklärt. Ein paralleles zweigleisiges Vorgehen erscheint hier der einzig sichere Weg, um der Gefahr verfristeter Verfassungsbeschwerden vorzubeugen.

> **1860**

»Erschöpft« ist der Rechtsweg noch nicht, wenn ein **Revisionsurteil** (mit aus Sicht des Mandanten möglicherweise verfassungswidrigem Inhalt) die Sache zur erneuten Verhandlung an die Tatsacheninstanz zurückverweist[1740] und damit ein Schuldspruch noch nicht rechtskräftig ist.[1741] Ausnahmsweise ist das Beschreiten eines objektiv möglichen Rechtsweges dem Beschwerdeführer nicht zumutbar, wenn ihm ein schwerer und unabwendbarer Nachteil droht oder wenn im Hinblick auf eine gefestigte jüngere und einheitliche höchstrichterliche Rechtsprechung im konkreten Einzelfall eine von dieser Rechtsprechung abweichende Erkenntnis nicht zu erwarten ist. Diese Einschränkungen werden allerdings vom Bundesverfassungsgericht sehr eng ausgelegt.

> **1861**

Unbeachtet bleiben in diesem Zusammenhang die Möglichkeiten, Klagen vor den Landesverfassungsgerichten, dem Europäischen Gerichtshof für Menschenrechte oder dem Europäischen Gerichtshof einzulegen.

Die Beschwerde ist innerhalb einer **Frist von einem Monat** zu erheben. Sie ist gewahrt durch Eingang des unterschriebenen Beschwerdeschriftsatzes – und sei es per Fax – am Tag des Fristablaufs bis 24 Uhr. Die Frist wird in Lauf gesetzt durch diejenige Gerichtsentscheidung, die den Rechtsweg abschließt.

> **1862**

> Die Frist für die Erhebung der Verfassungsbeschwerde beginnt mit der Verkündung der gerichtlichen Entscheidung, also insbesondere bei Urteilen, Beschlüssen und Verfügungen, die in Anwesenheit des Beschuldigten ergehen. Sind demgegenüber Entscheidungen dem nicht anwesenden Beschuldigten zuzustellen,[1742] läuft die Frist erst mit der Zustellung selbst (die ggf. durch Gegenvorstellung nach § 33a unterbrochen werden kann). Genügt eine formlose Mitteilung – also keine förmliche Zustellung –, so läuft die Frist vom Zugang der Mitteilung an. Das gilt auch bei der formlosen Übersendung einer strafgerichtlichen Entscheidung an den Strafverteidiger.[1743] Der Zugang einer vollständigen Gerichtsentscheidung –

1736 BVerfGE 63, 45, 72; 81, 72.
1737 BVerfGE 77, 275, 282.
1738 BVerfG BB 1992, 252 f.
1739 BVerfG NJW 2000, 3126.
1740 BVerfG NJW 2000, 3198.
1741 BVerfGE 75, 369 ff.
1742 BVerfGE 12, 123; 21, 248.
1743 BVerfG NJW 1991, 2623.

d.h. einschließlich der richterlichen Unterschriften – per Telefax an den Strafverteidiger setzt in einem solchen Fall die Monatsfrist ebenfalls in Gang.

1863 Für den Normalfall des Revisionsverfahrens kann der Strafverteidiger abwarten, bis ihm die schriftliche Revisionsentscheidung zugestellt wird, erst dann beginnt die Frist zu laufen.

1864 Problematischer ist der Fall, in dem die Revisionsinstanz ausnahmsweise nach mündlicher Verhandlung ein Urteil verkündet, in der der Angeklagte selbst anwesend ist. Die Verkündung löst auch dann den Lauf der Monatsfrist aus, wenn die Entscheidungsgründe des Revisionsgerichts nicht oder nur sehr unvollständig mündlich dargetan werden. Hier kann gemäß § 92 Abs. 1 S. 3, 4 BVerfGG die Monatsfrist bis zu dem Zeitpunkt unterbrochen werden, in dem die Revisionsentscheidung in vollständiger Form schriftlich vorliegt. Dies setzt jedoch voraus, dass der Strafverteidiger gemäß § 35 Abs. 1 S. 2 ausdrücklich die Erteilung einer Abschrift verlangt; dieser Antrag muss noch innerhalb der Monatsfrist der Verfassungsbeschwerde beim Revisionsgericht eingehen.[1744]

1865 Bei Versäumung der Monatsfrist kann **Wiedereinsetzung** in den vorherigen Stand beim Bundesverfassungsgericht beantragt werden (§ 93 Abs. 2 BVerfGG). Der Wiedereinsetzungsantrag ist binnen zwei Wochen nach Wegfall des Hindernisses zu stellen. Begründet ist das Wiedereinsetzungsgesuch nur, wenn der Beschwerdeführer ohne sein Verschulden an der Einhaltung der Monatsfrist verhindert war. Anders als im Strafprozess hat sich der Beschwerdeführer das Verschulden seines Strafverteidigers an der Versäumung der Frist zurechnen zu lassen.

1866 Zulässigkeitsvoraussetzung einer Verfassungsbeschwerde ist die Behauptung und Darstellung, dass der Beschwerdeführer **durch die öffentliche Gewalt in seinen Grundrechten verletzt** worden ist. Notwendiger Inhalt der Darstellung zur Beschwerdebefugnis ist die Benennung des betroffenen Verfassungsrechts sowie die Mitteilung eines Sachverhalts, der die gegenwärtige und unmittelbare Rechtsverletzung durch die gerügte Maßnahme der Strafjustiz möglich erscheinen lässt.

1867 Die **behauptete Rechtsverletzung** muss sich entweder auf eines der Grundrechte (Art. 1 bis 16, 19 Abs. 4, 20 Abs. 4 GG), auf die Individualrechte aus Art. 33 oder Art. 38 GG oder auf die Justizgrundrechte der Art. 101, 103, 104 GG beziehen. Nur die Verletzung der hier niedergelegten Individualrechte begründet die Beschwerdebefugnis. § 92 BVerfGG verlangt, dass die Beschwerde das Recht, das verletzt sein soll, bezeichnet. Zwar steht weder das Fehlen eines formellen Antrages noch die ausdrückliche Benennung des als verletzt gerügten Grundrechtsartikels der Zulässigkeit einer Verfassungsbeschwerde entgegen,[1745] das exakte Zitat der verletzten Norm des GG sollte jedoch regelmäßig aufgenommen werden, um jeden Zweifel hinsichtlich des Beschwerdegegenstandes zu beseitigen. In seiner Entscheidung ist das Bundesverfassungsgericht nicht gehindert, auch nicht ausdrücklich zitierte Normen mit einzubeziehen.

1868 Der **Umfang der Darlegungspflicht** der Beschwerde ist unklar. Eine ausreichende Substanziierung muss in jedem Fall einen Sachverhalt enthalten, der die ausreichende Wahrscheinlichkeit einer Grundrechtsverletzung durch die öffentliche Gewalt nachvollziehbar werden lässt. Notwendig ist damit nicht nur die Darstellung der angegriffenen Maßnahme, sondern auch ihrer konkreten Auswirkungen auf die Rechtssphäre des Beschwerdeführers. Der entstandene Nachteil ist so genau wie möglich zu beschreiben. Die fehlende Rechtfertigung des Eingriffs sollte zumindest ansatzweise erörtert werden. Behauptete Verletzungen des Gleichheitsgrundsatzes müssen beispielsweise die Darstellung des verglichenen Sachverhalts ebenso enthalten[1746] wie die Darstellung der Verletzung des rechtlichen Gehörs hypothetische Möglichkeiten der Ausübung des versagten Rechts aufzeigen muss.[1747]

1869 Der Vortrag des Beschwerdeführers sollte so breit wie möglich angelegt werden. Da das Gericht keine Akten beizieht, ist eine Bezugnahme hierauf nutzlos. Die Position des Beschwerdeführers im Strafver-

---

1744 BVerfGE 28, 88, 94.
1745 BVerfGE 47, 182, 187; 59, 98, 101.
1746 BVerfGE 23, 52, 53.
1747 BVerfGE 28, 17.

fahren lässt sich häufig am besten darstellen, wenn nicht nur die angegriffenen Gerichtsentscheidungen, sondern auch maßgebende Schriftsätze der Verteidigung dem wesentlichen Inhalt nach in der Beschwerde dargestellt und vollständig in Kopie beigefügt werden. Ein Sachverhalt kann – ggf. auf Anfrage des Senats – ergänzt werden. Ein nachträglich vorgetragener vollständig neuer Sachverhalt führt zur Unzulässigkeit der ursprünglich erhobenen Beschwerde.[1748] Der Substanziierungspflicht hat der Beschwerdeführer genügt, wenn aufgrund des dargelegten Sachverhalts die gerügte Grundrechtsverletzung nicht schlechterdings ausgeschlossen ist.

Der Beschwerdeführer ist allerdings gut beraten, über das formale Minimum hinaus die Beschwerde   **1870** zu begründen. Im Rahmen der Begründetheit der Beschwerde steht insbesondere die grundsätzliche Verkennung der Grundrechte durch die angegriffene Maßnahme im Mittelpunkt. Alle Umstände, die eine (lediglich) fehlerhafte Gerichtsentscheidung zu einer grundgesetzwidrigen Entscheidung werden lassen, sollten bereits innerhalb der einmonatigen Begründungsfrist dargelegt werden. Hierzu gehört u.U. auch die Darstellung, dass der Beschwerdeführer bei grundrechtskonformem Verhalten des Gerichts nicht in seinen Grundrechten beeinträchtigt wäre, die Verletzung also gerade auf der gerügten Maßnahme beruht.

4. Kosten und Gebühren

Das Verfahren vor dem Bundesverfassungsgerichts ist **kostenfrei** (§ 34 Abs. 1 BVerfGG). Dennoch   **1871** können substanzlose Verfassungsbeschwerden kostspielig werden. Mit der Nichtannahme kann das Gericht dem Beschwerdeführer ebenso wie dem Strafverteidiger selbst bei offensichtlich völlig aussichtslosen Beschwerden eine **Missbrauchsgebühr** von bis zu 2.600 € auferlegen. Das haftungsrechtliche Risiko eines Strafverteidigers ist nicht zu übersehen, zumal das Gericht nicht davor gefeit ist, aufgrund schlichter Lästigkeitserwägungen dieses Mittel disziplinierend gegen hartnäckige Anwälte einzusetzen. Er hat sich vor Einlegung der Beschwerde sorgfältig mit den verfassungsrechtlichen Problemen auseinander zu setzen und die Erfolgsaussichten eingehend abzuwägen; verstößt er gegen seine Sorgfaltspflichten, wird er regresspflichtig.[1749]

Die Auslagen werden dem Beschwerdeführer immer dann erstattet, wenn die Verfassungsbeschwerde   **1872** begründet ist (§ 34a Abs. 2 BVerfGG). Sie können – auch teilweise – zugebilligt werden, wenn trotz Erfolglosigkeit besondere Billigkeitsgründe hierfür sprechen (z.B. im Fall ursprünglich begründeter Beschwerden).[1750] Erstattet werden – durch den jeweiligen Träger der öffentlichen Gewalt, dem die Grundrechtsverletzung zuzuordnen ist – die notwendigen Auslagen. Die Festsetzung erfolgt durch den Rechtspfleger beim Bundesverfassungsgericht. Maßstab ist § 91 ZPO. Erstattet werden Anwaltskosten ebenso wie Schreibgebühren und Reisekosten nach Karlsruhe.

Prozesskostenhilfe ist im Bundesverfassungsgerichtsgesetz nicht vorgesehen, wird aber faktisch in ent-   **1873** sprechender Anwendung der §§ 114 ff. ZPO gewährt, allerdings nur, wenn dies unbedingt erforderlich ist und der Beschwerdeführer nicht in der Lage ist, sich selbst zu vertreten.[1751] Ein Antrag auf Prozesskostenhilfe ist schriftlich innerhalb der Monatsfrist zu stellen. Die Erhebung der unbedingten Verfassungsbeschwerde in demselben Zeitraum ist hiervon unberührt. Die praktische Bedeutung der Prozesskostenhilfe ist daher gering, da derartige Anträge mangels Erfolgsaussichten der Beschwerde schon im Annahmeverfahren zurückgewiesen werden. Erscheint die Beschwerde begründet oder wird sogar eine mündliche Verhandlung anberaumt, ordnet das Gericht dem Beschwerdeführer dessen Rechtsanwalt des Vertrauens bei.

5. Einstweilige Anordnungen

Da der Verfassungsbeschwerde kein Suspensiveffekt zukommt, bleibt dem Beschwerdeführer zur   **1874** Abwendung aktueller Grundrechtsbeeinträchtigung nur der Antrag auf eine einstweilige Anordnung

---

1748 BVerfGE 18, 89.
1749 S. BVerfG NJW 1995, 1418; NJW 1996, 1273.
1750 BVerfGE 69, 161; 71, 64, 66; 87, 394, 397 ff.
1751 BVerfGE 1, 109; 2 BvR 336/16 Beschluss v. 9.6.2017.

des Bundesverfassungsgerichts (§ 32 BVerfGG). Gerade im Strafverfahren drängt die Zeit, da bis zu einer Entscheidung durch das Verfassungsgericht in der Hauptsache häufig vollendete Tatsachen geschaffen worden sind. Die einstweilige Anordnung ist aus Sicht des Bundesverfassungsgerichts das Mittel, um schwerwiegende und irreparable Nachteile für die Verwirklichung subjektiver Grundrechte zu verhindern.[1752]

1875   Anträge auf Erlass der einstweiligen Anordnung scheitern schon dann, wenn die – zumeist parallel erhobene – Verfassungsbeschwerde eindeutig unzulässig oder offensichtlich unbegründet ist. Überspringt der Antragsteller diese Klippe, sollen die Erfolgsaussichten der Beschwerde bei der einstweiligen Anordnung keine weitere Rolle mehr spielen. Maßgeblich ist vielmehr eine abwägende Prüfung der tatsächlichen Folgen. Das Gericht untersucht in einer sogenannten Doppelhypothese zum einen, welche Folgen eintreten würden, wenn die einstweilige Anordnung nicht ergeht, die angegriffenen Maßnahmen in dem späteren Verfahren jedoch für verfassungswidrig erklärt werden. Hiergegen sind die Nachteile abzuwägen, die entstehen würden, wenn die angegriffene Regelung vorläufig außer Anwendung gesetzt würde. Das Interesse des Antragstellers sowie sämtliche infrage kommenden Belange und widerstreitenden Interessen sind in einer umfassenden Abwägung zu berücksichtigen.[1753]

1876   Die Abwehr der schweren Nachteile für seinen Mandanten hat der Strafverteidiger so genau wie möglich darzulegen. Ein drohender oder bereits existierender Freiheitsentzug erfüllt regelmäßig die gesetzlichen Voraussetzungen.[1754] Schwere Gesundheitsschäden ergänzen den Anordnungsbedarf.[1755] Demgegenüber sind öffentliche Interessen zu relativieren, insbesondere ist der stets angeführten Gefährdung des staatlichen Strafanspruchs argumentativ entgegenzutreten.

1877   Wird danach das besondere Gewicht des Anliegens des Beschwerdeführers deutlich und auch aus Sicht des Gerichts ein Einschreiten dringend geboten, entscheidet die zuständige Kammer kurzfristig über den Antrag. Mündliche Verhandlungen sind in diesem Zusammenhang häufiger als bei Hauptsacheentscheidungen. Auf diesem Wege kann notwendige Aufklärung sehr viel kurzfristiger erlangt werden.

6. Rüge der spezifischen Grundrechtsverletzung

1878   »Spezifisches Verfassungsrecht«[1756] ist der entscheidende Maßstab, an dem das Bundesverfassungsgericht angegriffene Maßnahmen überprüft. Die Rüge einer Verletzung schlichter Gesetzesnormen lässt demgegenüber die Beschwerde regelmäßig als unbegründet erscheinen.

1879   Dieses Anforderungsprofil hat sich zum Ziel gesetzt, eine sinnvolle Kompetenzverteilung zwischen Fachgerichten einerseits und dem Bundesverfassungsgericht andererseits zu erreichen. Auch Fachgerichte haben selbstverständlich die Grundrechte zu beachten. Schon die fehlerhafte Auslegung beispielsweise einer Strafnorm könnte den Schutzbereich etwa des Art. 103 Abs. 2 GG betreffen. Dennoch soll nach der Idee der Kompetenzverteilung eine derartige Auslegung abschließend durch die Strafgerichtsbarkeit entschieden werden. Dagegen soll der Prüfungsbereich des Bundesverfassungsgerichts nur dann betroffen sein, wenn sich die angefochtene Entscheidung entweder auf das Grundgesetz selbst oder auf eine verfassungswidrige Entscheidungsnorm gestützt hat. Flankiert wird das Bedürfnis der Rechtsprechung nach Kompetenzabgrenzung durch die – zumeist nichtssagende – Behauptung, das Bundesverfassungsgericht sei keine Super-Revisionsinstanz.[1757]

1880   Die – sogar erfolgreiche – grundrechtkonforme Überprüfung von Strafnormen ist die große Ausnahme in der Praxis des Verfassungsgerichts.[1758] Kritische Denkansätze des Strafverteidigers bewegen sich zumeist in der Systematik von Strafprozessgesetzen. Erschöpft sich die Beschwerde in diesem Denkansatz, läuft er Gefahr, dass das Gericht ihm entgegenhalten wird, die Prüfung der richtigen

---

1752 BVerfGE 83, 162, 170 ff.; 94, 166, 226.
1753 BVerfGE 12, 276, 279; 50, 37, 41; 55, 1, 3, 64, 67, 70.
1754 BVerfGE 8, 102, 103; 14, 11, 12; 22, 178, 180.
1755 BVerfGE 88, 169, 172.
1756 BVerfGE 1, 418, 420.
1757 BVerfGE 3, 219 f.
1758 S. z.B. zu § 266 StGB: BVerfG StV 2010, 564, 573.

Auslegung einfachen Rechts gehöre grundsätzlich nicht zur Aufgabe des Verfassungsgerichts. Die Brücke zu verfassungsrechtlichen Dimensionen bei Fällen schlichter Anwendung von Strafprozessrecht hat das Bundesverfassungsgericht allerdings schon in vielfältiger Form selbst gezogen:

Ein erster Weg führt über die Verallgemeinerung des Grundrechtsschutzes über den Art. 2 Abs. 1 GG, der ein **Grundrecht auf eine allgemeine Handlungsfreiheit** enthält.[1759] Faktisch ist Art. 2 Abs. 1 GG ein Auffanggrundrecht, auf das sich der Bürger bei jeder hoheitlichen Belastung berufen kann. Geschützt ist nicht nur ein begrenzter Bereich der Persönlichkeitsentfaltung, sondern jede Form menschlichen Handelns ohne Rücksicht darauf, welches Gewicht der Betätigung für die Persönlichkeitsentfaltung zukommt.[1760]   **1881**

Die Konsequenz der Auflösung eines allzu strengen Maßstabes der spezifischen Verletzung von Verfassungsrecht liegt auf der Hand. Das Gericht geht sogar so weit, jedem einzelnen Bürger praktisch ein Normenkontrollverfahren zu eröffnen, sofern die gerügte Maßnahme auf einer solchen Norm beruht. Jedermann kann im Wege der Verfassungsbeschwerde nunmehr geltend machen, ein seine Handlungsfreiheit beschränkendes Gesetz gehöre nicht zur verfassungsmäßigen Ordnung, weil es (formell oder inhaltlich) gegen einzelne Verfassungsbestimmungen oder allgemeine Verfassungsgrundsätze verstoße.[1761] Selbst wenn das von der Strafgerichtsbarkeit angewandte Gesetz nicht direkt gegen ein geschütztes Grundrecht verstößt, kann die Rüge des Beschwerdeführers begründet sein, falls er auf andere Kollisionen mit der verfassungsmäßigen Ordnung, wie beispielsweise das Rechtsstaatsgebot, hinweist. Sein Grundrecht – auch das aus Art. 2 Abs. 1 GG abgeleitete Grundrecht – darf nur durch Maßnahmen und Gesetze eingeschränkt werden, die mit der gesamten verfassungsmäßigen Ordnung in Einklang stehen.   **1882**

Konsequenterweise könnte ein verfassungsgerichtlicher Angriff gegen eine Entscheidung eines Strafgerichts sich mit dem schlichten Hinweis auf eine **falsche Anwendung einfachen Rechts** berufen, da letztlich jedes rechtswidrige Urteil eines Fachgerichts mit der Rechtsordnung nicht vereinbar und damit grundrechtswidrig ist. Diese Konsequenzen geht das Bundesverfassungsgericht jedoch nicht ein, sondern verlangt hier – zur Vermeidung der Super-Revisionsinstanz – zusätzliche Hinweise zum verfassungsmäßigen Bezug der falschen Rechtsauslegung.   **1883**

> Der Strafverteidiger ist somit gehalten, zumindest ansatzweise Hinweise darauf zu geben, dass die angefochtene Entscheidung bei der Auslegung und Anwendung einfachen Rechts den Einfluss der Grundrechte vollständig oder doch in ihrem Grundsatz verkannt hat. Auslegungsfehler von Strafgerichten liegen dann vor, wenn hierdurch dem angewandten Gesetz gerade ein verfassungswidriger Sinn gegeben wurde.[1762] Dies liegt schon vor, wenn die angegriffene Entscheidung eine Auseinandersetzung mit den in Betracht kommenden Grundrechten vollständig vermissen lässt,[1763] oder die Einwirkungen der Grundrechte auf Auslegung und Anwendung des Gesetzesrechts grundsätzlich verkannt wurden.[1764] Interpretationsmängel sind im Hinblick auf die Wertordnung des Grundgesetzes im Allgemeinen ebenso denkbar wie bei aus dem Grundgesetz abgeleiteten Prinzipien, z.B. der Verhältnismäßigkeit.   **1884**

Der Brücke zu verfassungsspezifischen Erörterungen über den Umfang von Grundrechten bedarf es allerdings dann kaum mehr, wenn die schlichte Rechtsanwendung durch das Strafgericht in besonders eklatanter Weise allgemeine Auslegungsprinzipien missachtet. Aus dem allgemeinen **Willkürverbot des Art. 3 Abs. 1 GG** abgeleitet, untersagt das Bundesverfassungsgericht auch den Fachgerichten eine objektiv unhaltbare und deshalb willkürliche Entscheidung.[1765] Maßstäbe für derartige willkürliche Entscheidungen werden hier regelmäßig dem einfachen Gesetz und gerade nicht spezifischem Verfassungsrecht entnommen. Das Verfassungsgericht überschreitet damit die ansonsten   **1885**

1759 BVerfGE 6, 32, 36; 54, 143; 62, 208; 80, 137; 92, 191.
1760 BVerfGE 80, 137, 152.
1761 BVerfGE 6, 32, 41.
1762 BVerfGE 64, 242.
1763 BVerfGE 43, 130; 59, 270 f.
1764 BVerfGE 61, 6.
1765 BVerfGE 58, 167; 64, 394; NJW 2000, 273 f.

selbst gesetzten Grenzen und hebt auch faktisch Gerichtsentscheidungen auf, die sich aus einem besonders schweren Verstoß gegen einfaches Recht auszeichnen.

1886   Beispielsweise war die strafgerichtliche Auslegung des § 43 StPO (»mit Ablauf des Tages«), wonach die Frist mit Ablauf der Dienstzeit der Behörde endet, aus Sicht des Verfassungsgerichts derart eklatant falsch, dass im Wege der Verfassungsbeschwerde die richtige Auslegung (Ende um 24.00 Uhr des Tages) festgelegt werden musste. In einem anderen Fall, in dem ein Strafgericht dem Verteidiger Akteneinsicht verwehrte, hob das Verfassungsgericht die angegriffene Entscheidung als willkürliche Beschränkung des Akteneinsichtsrechts auf, da die klare und eindeutige Rechtslage für eine abweichende Auffassung keinen Raum ließ.[1766]

1887   Darüber hinaus gibt es noch eine andere Möglichkeit der Reduzierung verfassungsspezifischen Argumentationsaufwandes für den Verteidiger. Die Verkennung der besonderen Bedeutung der Grundrechte durch das Strafgericht kann sich nicht nur beim methodischen Vorgehen der Gesetzesauslegung und -anwendung ergeben, sondern schlicht aus dem Ergebnis.[1767] Gerade bei der Beurteilung der Entscheidungen von Fachgerichten geht das Bundesverfassungsgericht von dem Grundsatz aus, dass die verfassungsgerichtliche Prüfung um so eingehender erfolgen müsse, je intensiver die Grundrechtsbeeinträchtigung im Einzelfall ist. Der Maßstab einer **Verhältnismäßigkeitsprüfung** kann sich **bei schwersten Grundrechtsbeeinträchtigungen** sogar dahin gehend verdichten, dass allein die schwere Verletzung bereits die Grundrechtswidrigkeit signalisiert.

Dabei geht das Bundesverfassungsgericht sogar ausnahmsweise so weit, in Fällen der höchsten Eingriffsintensität die von den Fachgerichten vorgenommene Wertung durch eine eigene zu ersetzen.[1768] Hier kann sich der Strafverteidiger auf die Rechtsprechung berufen, dass eine strafrechtliche Verurteilung als Sanktion kriminellen Unrechts schon für sich allein betrachtet von großer Eingriffsintensität zeugt,[1769] eine vollstreckte oder gar zur Vollstreckung anstehende Freiheitsentziehung sogar denktheoretisch das höchste Maß an Eingriffsmöglichkeiten in einem demokratischen Rechtsstaat darstellt.

1888   Letztlich eröffnet Art. 103 Abs. 1 GG die Möglichkeit, »schlichte« **Verstöße des Strafrichters gegen die Prozessordnung** dem Bundesverfassungsgericht zur Überprüfung zu unterbreiten.

Die Einhaltung prozessualer Regeln ist unmittelbar grundrechtsrelevant. Zahlreiche die Beteiligungsrechte des Angeklagten und die hieraus resultierenden Pflichten des Strafrichters regelnde Normen der StPO thematisieren das Grundrecht auf rechtliches Gehör. Eine spezifische Grundrechtsverletzung kann damit häufig allein durch eine Darstellung prozesswidrigen Verhaltens begründet werden, jedenfalls – so die Einschränkungen der neueren Verfassungsrechtsprechung[1770] – wenn hierdurch das unabdingbare Maß verfassungsrechtlich verbürgten rechtlichen Gehörs verletzt worden ist.

1889   Der prozessuale Teilaspekt der gerichtlichen Zuständigkeit oder **Befangenheit** entfaltet unmittelbare grundgesetzliche Relevanz über Art. 101 Abs. 1 S. 2 GG (Recht auf den **gesetzlichen Richter**).[1771]

1890   Ansatzpunkt zur Überprüfung der Einhaltung von allgemeinen Prozessgrundrechten des Beschuldigten bietet nach der Rechtsprechung des Bundesverfassungsgerichts letztlich das aus Art. 2 Abs. 1 GG in Verbindung mit dem **Rechtsstaatsprinzip** abgeleitete Recht auf ein faires Verfahren (in Anlehnung an Art. 6 Abs. 1 EMRK – fair trial), einer allgemeinen, nicht näher definierten Vorstellung von einem rechtsstaatlichen, justizförmigen und am Grundgedanken der Gerechtigkeit orientierten Prozess.[1772] Hierzu können Probleme der Beteiligung des Angeklagten als Verfahrenssubjekt ebenso zählen wie gerichtliche Verfahrenstransparenz, Waffengleichheit, der Selbstbelastungsfreiheit oder

---

1766 BVerfGE 62, 338, 347.
1767 BVerfGE 30, 108; 35, 202, 219.
1768 BVerfGE 42, 143, 148 f.; 54, 148, 151; 61, 1, 6.
1769 BVerfGE 43, 130, 136.
1770 BVerfGE 81, 97, 105.
1771 BVerfGE 75, 223, 234; 82, 159, 194; 87, 286, 299.
1772 BVerfGE 57, 250, 274 f.; NJW 1992, 2472.

Details einer Pflichtverteidigerbestellung. Über den grundgesetzlichen Anspruch auf effektiven Rechtsschutz (Art. 19 Abs. 4 i.V.m. 2 Abs. 1 GG) eröffnen sich ebenso häufig verfassungsgerichtliche Kontrollmöglichkeiten strafprozessualer Handhabungen fachgerichtlicher Praxis, z.B. zu Fragen ausreichender Verfahrensbeschleunigung.

VIII. Beschwerde zum Europäischen Gerichtshof für Menschenrechte

1. Die Verteidigungsoption

Die praktische Bedeutung der EMRK für den Strafverteidiger besteht in der Möglichkeit der prozessualen Durchsetzbarkeit der formulierten Menschenrechte. Neben der sogenannten Staatenbeschwerde verbürgt die MRK das Recht jedes einzelnen Betroffenen, im Rahmen der Individualbeschwerde sein Verfahren vor dem Europäischen Gerichtshof für Menschenrechte (EGMR) anhängig zu machen. Gemessen an den internationalen Standards ist allein die realistische Möglichkeit einer solchen **Individualbeschwerde** sensationell.[1773] Die Gerichtsentscheidung hängt nicht von verwickelten Souveränitätsüberlegungen völkerrechtlichen Ursprungs ab, vielmehr kann ein europäischer Bürger auf direktem Wege bei dem internationalen Gericht die Verletzung ihm zustehender rechtlicher Grundpositionen gegenüber der ihn dominierenden Staatsgewalt rügen.   1891

Dass die Staatsgewalt in der deutlichsten Form sich in Strafverfahren niederschlägt, zeigt die Statistik der Beschwerden zum EGMR: nahezu die Hälfte der eingereichten Beschwerden betreffen nationale strafrechtliche Verurteilungen. Die Nutzung dieser prozessualen Möglichkeit für den Mandanten scheint vorgezeichnet. Dies gilt umso mehr, als die Zusammensetzung des Gerichtshofs Erfolg versprechende Ansatzpunkte auch für Fälle verspricht, die nach Erfahrungen mit der nationalen Justiz als hoffnungslos zu gelten haben. Es ist gerade der distanzierte Blick der multinational zusammengesetzten Entscheidungsträger, der bei seit Jahrzehnten eingeschliffenen Verfahrensweisen in einem Staat die im Kern menschenrechtswidrige Verfahrensweise aufdeckt. Zur Überraschung der deutschen Justiz hat z.B. das Straßburger Gericht die Regelung zur rückwirkenden Anordnung der Sicherungsverwahrung für ebenso konventionswidrig erklärt wie die Belastung eines verurteilten Angeklagten mit den Dolmetscherkosten, den automatisierten Bewährungswiderruf bei bloßem Verdacht einer neuen Straftat oder die eingeschliffene Verwerfungspraxis nach § 329 StPO in der Berufungsinstanz bei Abwesenheit des Mandanten trotz Anwesenheit des verteidigungsbereiten Verteidigers.[1774] Entscheidungen gegen andere Staaten haben eingefahrene dogmatische Diskussionen zugunsten der betroffenen Beschuldigten auch in Deutschland in Gang gebracht, wie z.B. zu den Rechtsfolgen einer unzulässigen polizeilichen Tatprovokation oder zum Gehalt des zuvor kaum registrierten Menschenrechts der konfrontativen Befragung von Belastungszeugen.   1892

Die von der Justiz wenig geschätzte Unberechenbarkeit von Entscheidungen des EGMR ist auch der von der Verteidigung im Besonderen ins Kalkül zu ziehende Faktor. Der EGMR ist trotz Vorliegens von Leitentscheidungen nach Maßstäben deutschen Juristendenkens schwer prognostizierbar, weil er selten abstrakte Leitlinien an die Hand gibt, seine Entscheidungen vielmehr mit einer Fülle von Argumentationssträngen ohne deren Gewichtung versehen werden. Die Zufälligkeiten der Besetzung sind maßgebend dafür, ob sich der Sachverhalt dem jeweiligen nicht-deutschen Richter nach seinem eigenen Erfahrungshorizont als plausibel darstellt oder nicht.   1893

Die Ernsthaftigkeit einer Verteidigungsoption ist schließlich dadurch entscheidend infrage gestellt, dass die Verfahren vor dem überlasteten Gerichtshof viele Jahre in Anspruch nehmen. Eine Vollstreckung des deutschen Urteils wird nicht verhindert. Dass der Erfolg in Straßburg ein Jahrzehnt nach dem gerügten strafprozessualen Geschehen liegt, ist keine Seltenheit. Wenn der Weg nach   1894

1773 Die mögliche Individualbeschwerde nach dem 1. Fakultativprotokoll zum Int. Pakt über bürgerliche und politische Rechte der UN hat in der deutschen Rechtspraxis kaum Bedeutung.

1774 Ein Überblick findet sich bei *Renzikowski* Die Bedeutung der EMRK für das Strafprozessrecht, in: Höland (Hrsg.) Wirkungen der Rechtsprechung des Europäischen Gerichtshofs für Menschenrechte im deutschen Recht 2012, S. 25–70.

Straßburg vom Mandanten dennoch beschritten wird, ist dies nicht selten Teil der persönlichen Verarbeitungsstrategie seines traumatischen Erlebnisses mit der deutschen Justiz. Die Gewissheit der Endgültigkeit eines als Unrecht erlebten Geschehens wird auf diesem Wege zumindest in eine fernere Zukunft verlegt.

1895 Für den Verteidiger lohnt eine Beschäftigung mit der EMRK und der interpretierenden Rechtsprechung des EGMR, da bereits vor dem deutschen Tatgericht mit derart neu eröffneten Argumentationshorizonten überkommene Denkmuster aufgebrochen werden können. Die Einlegung der Beschwerde darf zumindest mit der Hoffnung verknüpft sein, bei Erfolg einen weiteren Beitrag zu dieser befruchtenden Beziehung zu leisten.

2. Das Beschwerdeverfahren

1896 Die Beschwerde ist zu richten:

An den

Kanzler des Europäischen Gerichtshofs für Menschenrechte

Europarat

F – 67075 Strasbourg-Cedex

Frankreich

Telefonisch ist der Gerichtshof von Deutschland unter der Nummer **0033–388–412018** oder per Fax **0033–388–412730** erreichbar. Aktuelle Informationen – insbesondere der Volltext neuer Urteile – finden sich im Internet unter **http://www.echr.coe.int**.

1897 Die Beschwerde muss auf dem offiziellen Formular des EGMR niedergelegt werden, das im Internet heruntergeladen werden kann. Die Anlagen sind penibel zu paginieren. Nach der aktuellen Verfahrensordnung sind die **Zulässigkeitsanforderungen** an eine Beschwerde überschaubar.[1775] Die Beschwerde ist **schriftlich** einzulegen, es besteht kein Anwaltszwang. Die Beschwerde kann **in Deutsch** oder einer anderen Amtssprache eines Konventionsstaates verfasst werden. Erst in einer späten – dann Erfolg versprechenden – Phase des Verfahrens ist die Korrespondenz in einer Konventionssprache (englisch oder französisch) zu führen. Notwendigerweise muss der verklagte Staat – nur ein Konventionsstaat kommt als Gegner in Betracht – bezeichnet werden. Darüber hinaus ist auf dem beschränkten Raum des vorgegebenen Formulars der Sachverhalt darzustellen, aus dem sich die anzuführende Konventionsverletzung ergibt. Regelmäßig ist daher der erschöpfende **Gang des Strafverfahrens** darzulegen und der Verlauf mithilfe von Kopien der angefochtenen Entscheidungen oder Rechtsmittelschriften der Verteidigung zu belegen.

1898 Eine schon in der Beschwerdeschrift darzustellende Zulässigkeitsvoraussetzung ist die **Erschöpfung des nationalen Rechtsweges**. Vor Anrufung des Europäischen Gerichtshofs für Menschenrechte ist der Beschwerdeführer verpflichtet, alle möglichen und ihm zumutbaren nationalen Rechtsbehelfe zu ergreifen, um den angestrebten konventionsgemäßen Zustand herzustellen.

1899 Alle denkbaren ordentlichen, aber auch außerordentlichen Rechtsbehelfe sind zu beschreiten, wenn aufgrund der hierdurch möglichen Entscheidung der Konventionsverstoß bereits durch nationale Gerichte geheilt werden kann. Für zahlreiche Fälle fordert der Gerichtshof daher die vorhergehende Anrufung des Bundesverfassungsgerichts, da dieses mit der Kompetenz des Grundrechtsschutzes häufig eine ausrei-

---

1775 *Kleine-Cosack* Verfassungsbeschwerden und Menschenrechtsbeschwerde, 3. Aufl. 2014, S. 471 ff.; *Sommer* Strafprozessordnung u. Europäische Menschenrechtskonvention, in: BGKM/*Sommer* § 17; *Zuck* Menschenrechtsbeschwerde, in: Beck'sches Formularbuch für den Strafverteidiger, 5. Aufl. 2010 Kap. XV. B; *Tomuschat* Individueller Rechtsschutz: Das Herzstück des »ordre public européen« nach der europäischen Menschenrechtskonvention, EuGRZ 2003, 95; MAH/*Eschelbach* 2. Aufl. 2014, § 31 Beschwerden zum EGMR.

chende Abhilfe schaffen kann. In manchen Fällen, wie beispielsweise bei Abschluss ordentlicher Rechtsbehelfe im Klageerzwingungsverfahren, hat der Gerichtshof dies allerdings für entbehrlich erachtet.[1776]

Die Beschwerdeschrift muss **innerhalb von sechs Monaten**[1777] nach der letzten endgültigen inner-   1900
staatlichen Entscheidung erhoben werden. Ausgangspunkt ist die Verkündung oder Zustellung dieser nationalen Entscheidung. Die Frist ist mit der Absendung der Beschwerdeschrift eingehalten.
Allerdings gelten autonome Regeln für den Fristenlauf, der Fristablauf kann auch auf einen Sonntag
fallen.[1778]

Das **Verfahren vor dem Gerichtshof** beginnt mit der Registrierung in der Kanzlei. Ein Richter hat   1901
als Berichterstatter eine Vorprüfung – insbesondere im Hinblick auf die Zulässigkeit – vorzunehmen. Hält der Richter die Beschwerde für unzulässig, kann er – entsprechend der seit dem 01.06.2010
geltenden Prozessordnung – die Beschwerde zurückweisen. Der Verfahrensgang der allermeisten
Beschwerden endet auf diese Weise. Hält der Einzelrichter die Beschwerde jedoch für besonders
erörterungsbedürftig, entscheidet der aus drei Richtern bestehende Ausschuss oder die aus sieben
Richtern bestehende Kammer. Bestehen keine Bedenken gegen die Zulässigkeit, wird erstmalig die
Beschwerde dem verklagten Staat als Antragsgegner zugestellt. In dieser Phase kann bei Mittellosig-
keit des Beschwerdeführers von ihm eine Prozesskostenhilfe, insbesondere im Hinblick auf die
Finanzierung seines anwaltlichen Beistandes, beantragt werden.

Nach einer Stellungnahme des beklagten Staates erfolgen unter Umständen weitere Recherchen   1902
und – in geeigneten Fällen – eine mündliche Verhandlung vor dem Gericht. Gegen die abschließende Entscheidung der Kammer kann in Ausnahmefällen die große Kammer mit siebzehn Richtern
angerufen werden.

Mit seiner Entscheidung kann der Gerichtshof allenfalls feststellen, dass eine Maßnahme des beklag-   1903
ten Staates konventionswidrig ist. Er kann den beklagten Staat lediglich zu einer **Entschädigungs-
zahlung** zugunsten des Beschwerdeführers verurteilen. Innerstaatlich hat die Entscheidung des
Gerichtshofs keine kassatorische Wirkung. Der beklagte Staat ist allerdings regelmäßig verpflichtet,
unverzüglich Maßnahmen – bis hin zu Gesetzesänderungen – zu ergreifen, um den vom Gericht
festgestellten konventionswidrigen Zustand zu beenden. Richtete sich die Menschenrechtsbeschwerde
gegen ein strafrechtliches Urteil, besteht nach erfolgreichem Verfahrensablauf in Straßburg die Möglichkeit der **Wiederaufnahme** des deutschen Strafverfahrens gem. **§ 359 Nr. 6** StPO.

3. Das Verhältnis der EMRK und der EGMR-Rechtsprechung zur StPO

Der Konventionstext wurde am 4. November 1950 in Rom von den damaligen Mitgliedstaaten des Euro-   1904
parates unterzeichnet. Seit 1951 ist Deutschland Mitglied des Europarates. Die Konvention wurde vom
Bundestag bereits am 5. Dezember 1952 ratifiziert. Nach der Ratifizierung durch weitere Staaten ist die
Konvention am 3. September 1953 in Kraft treten. Sie ist bis heute durch dreizehn Zusatzprotokolle
erweitert worden, die allerdings noch nicht alle in Kraft gesetzt sind.

Die Bedeutung für das deutsche Strafverfahrensrecht resultiert insbesondere aus den in **Art. 5 und 6**   1905
formulierten **Prozessgrundrechten**. Die Prozessrechte des Beschuldigten nach der EMRK galten
zwar als integraler Bestandteil tradierten nationalen Prozessrechts. Die präzisierenden Formulierungen, die sich – wie beispielsweise die Unschuldsvermutung – im deutschen Recht z.T. nicht wiederfinden, dokumentieren allerdings ihre praktische Relevanz.

Auch wenn der Regelungsgehalt teilweise hinter anderen völkerrechtlichen Vereinbarungen, wie beispiels-   1906
weise dem Internationalen Pakt über bürgerliche und politische Rechte der Vereinten Nationen
vom 19. Dezember 1966, zurückbleibt, verdankt die EMRK ihre überragende Bedeutung für die deut-

---

1776 S. EGMR K-F./. Deutschland, StraFo 1998, 266 f.
1777 Eine noch nicht wirksame Änderung (Zusatzprotokoll Nr. 15) sieht eine Verkürzung auf 4 Monate
vor.
1778 EGMR – Große Kammer – Sabri Günes./. Türkei NJW 2012, 2943 ff.

sche Praxis der Einrichtung des einmaligen Rechtsschutzsystems. Die in der Praxis intensiv genutzte Möglichkeit der gerichtlichen Überprüfung nationaler Gerichtsentscheidungen an den Maßstäben der EMRK aktualisiert die Relevanz ihrer Vorschriften in sehr viel stärkerem Maße als bei vergleichbaren völkerrechtlichen Regelungen. Insbesondere einige gegen Deutschland gerichtete Entscheidungen des EGMR halten mittlerweile auch bei alltäglichen gerichtlichen Verhandlungen das Bewusstsein aller Verfahrensbeteiligten wach, prozessuales Verhalten an den Standards der EMRK auszurichten.

Formal hat die EMRK den **Rang** einfachen Bundesrechts. Durch Transformation des völkerrechtlichen Vertrages hat das Parlament den Vorschriften der EMRK gem. Art. 59 Abs. 2 GG Gesetzeskraft verliehen.

1907   Die Bundesrepublik folgte damit ihrer Verpflichtung aus dem völkerrechtlichen Vertrag, der sie im Verhältnis zu den übrigen Vertragsstaaten zur Gewährleistung der in der Konvention aufgeführten Grundfreiheiten verpflichtete.[1779] Auch wenn teilweise der grundsätzliche Charakter von Regelungen der EMRK weltweit oder zumindest regional anerkannt ist, wird der Konvention weder als allgemeine Regel des Völkerrechts über Art. 25 GG noch durch Überlegungen zu ihrem Charakter als europäische Grundrechtsverfassung eine exzeptionelle formale Stellung zugebilligt. In der Gesetzeshierarchie ist die EMRK damit nicht herausgehoben, insbesondere kommt der Konvention – im Gegensatz zur Situation in anderen europäischen Staaten – kein Verfassungsrang zu.[1780] Formal lässt sich auch kein Vorrang der EMRK vor dem übrigem Bundesrecht statuieren.[1781]

1908   Die Praxis der Rechtsanwendung ist über die formalen Defizite allerdings längst hinweggegangen und räumt den in der EMRK konstituierten Menschenrechten eine dominierende Rolle in der Gesetzesanwendung ein. Insbesondere grundlegende strafprozessuale Verfahrensgarantien der EMRK stellen konkretisierende Ausprägungen dar, wie sie das allgemeine Rechtsstaatsgebot des Grundgesetzes nicht erfassen kann. Das BVerfG hat daher die EMRK als Leitlinie zur Auslegung grundgesetzlicher Garantien herangezogen.[1782] Die Verfassung und erst recht einfache Gesetze sind konventionskonform auszulegen. Kollisionen zwischen EMRK und deutschem Recht sind damit theoretisch denkbar. Die mittelbare Verbürgung der Grundfreiheiten der EMRK über die Grundrechte des GG führen in der Rechtsanwendung zu dem eindeutigen Appell, jedes deutsche Gesetz in einer Form auszulegen, die den materiellen Verbürgungen der EMRK zu einer größtmöglichen praktischen Effektivität verhilft.

1909   Im Strafprozess ist damit die **EMRK** nicht nur unmittelbar anwendbares Recht, sondern darüber hinaus **maßgebliche Auslegungsrichtlinie** prozessualer Normen. Dies gilt nicht nur bei der Erkundung der Tragweite neuer Prozessgesetze, für die auch formal im Hinblick auf die EMRK der lex-posterior-Grundsatz nicht gilt.[1783] Jahrhundertealte Regelungen der StPO, an deren Rechtstaatlichkeit bislang niemand zweifelte, können sich unter dem besonderen Blickwinkel der Prozessgrundrechte der EMRK als konventionswidrig darstellen. Auch ihre Anwendung bedarf daher der Revision.

Die **Auslegung der EMRK** hat sich an den **Entscheidungen des EGMR** zu orientieren. Über den von diesem Europäischen Gericht entschiedenen Einzelfall hinaus kann seinen Urteilen eine **normative Leitfunktion** zukommen.[1784]

1779 S. *Weigend* Die Europäische Menschenrechtskonvention als deutsches Recht – Kollisionen und ihre Lösung, StV 2000, 384, 386; *Ambos* Europarechtliche Vorgaben für das (deutsche) Strafverfahren, NStZ 2001, 628 f.

1780 Ständige Rechtsprechung des BVerfG, z.B. BVerfGE 10, 271, 274; 64, 135, 157; 74, 102, 128; 82, 106, 120, 103, 44, 64; BVerfG EuGRZ 2004, 317; für einen Verfassungsrang de lege ferenda: *Ambos* Der Europäische Gerichtshof für Menschenrechte und die Verfahrensrechte, ZStW 115, 2003, 583, 588 f.

1781 So allerdings offensichtlich: *Kühne* Strafprozessrecht, 9. Aufl. 2015, Rn. 30.

1782 BVerfGE 111, 307 ff. = BVerfG NJW 2004, 3407, 3408; BVerfG 128, 326, 399; KK-StPO/*Lohse*/*Jakobs,* 8. Aufl. 2019, Vorbem. MRK Rn. 19 ff.

1783 *Weigend* Die Europäische Menschenrechtskonvention als deutsches Recht – Kollisionen und Lösungen, StV 2000, 387; LR/*Gollwitzer*, 25. Aufl., MRK Einf. Rn. 43; BVerfGE 74, 370.

1784 *Jaeger* Menschenrechtsschutz im Herzen Europas, EuGRZ 2005, 193, 199; BVerwGE 110, 203, 212.

Dies wird aus der Konvention selbst nur unvollständig deutlich. Art. 46 Abs. 1 verpflichtet deutsche **1910** Gerichte zwar, Urteile des EGMR zu befolgen. Dies bezieht sich zum einen allerdings nur auf gegen Deutschland gerichtete Fälle. Zum anderen kann die Befolgungspflicht nur eine mittelbare sein, da den Gerichtsentscheidungen selbst keine kassatorischen Wirkungen zukommen. Der EGMR beschränkt sich lediglich auf Feststellungen der Konventionswidrigkeit. Die im konkreten Fall gerügte Situation ist durch zusätzliche Maßnahmen deutscher Organe zu beseitigen. So hat der deutsche Gesetzgeber ein als konventionswidrig bezeichnetes Gesetz ggf. zu ändern. Ein rechtskräftig abgeschlossenes Strafverfahren ist bei einer entsprechenden Qualität des Konventionsverstoßes über § 359 Nr. 6 wieder aufzunehmen. Der Haftrichter hat in einer weiteren Entscheidung einer vom EGMR als konventionswidrig erkannten Freiheitsentziehung durch eine neue Haftentscheidung Rechnung zu tragen. Das Gericht ist verpflichtet, der Vorgabe einer solchen Entscheidung zu folgen und im Rahmen seiner Zuständigkeit und ohne Verstoß gegen den Grundsatz der Bindung an Gesetz und Recht einen fortdauernden Konventionsverstoß zu beenden und einen konventionsgemäßen Zustand herzustellen.[1785]

Zur Berücksichtigung des Urteils des EGMR ist das Gericht somit dann verpflichtet, wenn es einen **1911** von ihm bereits entschiedenen Fall betrifft und das Gericht in verfahrensrechtlich zulässiger Weise erneut über den Gegenstand zu entscheiden hat. Die erneute Entscheidung über denselben – durch Zeitablauf möglicherweise zwischenzeitlich modifizierten – Sachverhalt verlangt, dass sich das deutsche Gericht mit der Entscheidung des EGMR auseinandersetzt und die Prozessordnung in einer den völkerrechtlichen Verpflichtungen der Bundesrepublik Deutschland entsprechenden Art und Weise auslegt. Soweit nicht – insoweit kaum vorstellbar – die Anwendung der vom EGMR vorgegebenen Auslegungsprinzipien gegen Verfassungsrecht verstößt, ist auch der nationale Strafrichter gehalten, die Auslegung der EMRK durch den EGMR zur Kenntnis zu nehmen und auf seinen Fall anzuwenden.[1786]

Die Verbindlichkeit der Konventionsauslegung durch den EGMR geht über den konkreten Einzel- **1912** fall hinaus. Alle Organe der Bundesrepublik und damit alle Gerichte sind gehalten, zukünftige Konventionsverstöße und damit absehbare Verurteilungen durch den EGMR zu vermeiden. Realisierbar ist dieser Anspruch nur bei einer vollständigen Berücksichtigung der Auslegungspraxis des EGMR. Die Urteile des EGMR entfalten damit Wirkung nicht nur inter partes, sondern auch erga omnes. Letztendlich folgt hieraus auch die Berücksichtigung der Rechtsprechung des EGMR in Fällen, in denen andere Vertragsstaaten verurteilt werden. Lassen sich aus Entscheidungen des Gerichtshofs klare Auslegungsrichtlinien ableiten, die auch unmittelbar die Anwendung deutschen Prozessrechts betreffen, ist deren Berücksichtigung auch durch deutsche Gerichte unabdingbar.[1787] Die Rechtsprechung des EGMR hat insoweit normative Leitfunktion. Selbst der deutsche Gesetzgeber hat aufgrund seiner Konventionspflichten beispielsweise Handlungsbedarf aufgrund derartiger Fallgestaltungen entdeckt: Die gesetzliche Erweiterung des Akteneinsichtsrechts auch für unverteidigte Beschuldigte ist unmittelbar auf ein Urteil des EGMR zurückzuführen, das sich zwar gegen Frankreich richtete, aber in den wesentlichen Sachverhaltselementen mit der deutschen Prozesssituation vergleichbar war.

1785 BVerfGE 111, 307 ff. = BVerfG NJW 2004, 3407 = StV 2005, 307 = JZ 2004, 1171 m. Anm. *Klein* EuGRZ 2004, 741.

1786 BVerfG NJW 2005, 1765, 1766; *Esser* Die Umsetzung der Urteile des EGMR im nationalen Recht – ein Beispiel für die Dissonanz völkerrechtlicher Verpflichtungen und verfassungsrechtlicher Vorgaben?, StV 2005, 348, 352.

1787 *Esser* Die Umsetzung der Urteile des Europäischen Gerichtshofs für Menschenrechte im nationalen Recht – ein Beispiel für die Dissonanz völkerrechtlicher Verpflichtungen und verfassungsrechtlicher Vorgaben, StV 2005, 352 f.; *Ambos* Europarechtliche Vorgaben für das (deutsche) Strafverfahren, NStZ 2002, 629; *Sommer* Kompatibilitätsprobleme zwischen dem BGH und dem Europäischen Gerichtshof für Menschenrechte, StraFo 2000, 154; *Kühne* Die Rechtsprechung des EGMR als Motor für eine Verbesserung des Schutzes von Beschuldigtenrechten in den nationalen Strafverfahrensrechten der Mitgliedstaaten, StV 2001, 75.

D. Die abgekürzte Hauptverhandlung – Verständigung

I. Der Deal als alternativer Weg zum Urteil

1913 Die bisherige Darstellung beschreibt die klassische kontradiktorische Hauptverhandlung, wie sie dem gesetzlichen Konzept seit der Mitte des 19. Jahrhunderts entspricht. Mit wenigen Federstrichen hat der Gesetzgeber eine alternative Möglichkeit der Verfahrensführung in völliger Abkehr überkommener Prinzipien eingeführt. Nur vordergründig wurde die neue Absracheregelung in den StPO-Bestand integriert; tatsächlich wurde eine gegenläufige konkurrierende Verfahrensform institutionalisiert. Verteidigung mittels Absprachen stellt den Anwalt vor völlig neue Herausforderungen. Sie verändert auch sein bisheriges Aufgabenfeld vollständig.

1914 Statt der Kontrolle des inquisitorisch agierenden Gerichts auf dem Weg zur Wahrheitssuche sieht sich der Verteidiger plötzlich in der Verantwortung eines Partners für die gemeinsame Suche nach einer Vereinbarung zur einvernehmlichen Regelung der Beendigung des Verfahrens. Diesem Anschein einer Aufwertung seiner Position steht der für seinen Mandanten regelmäßig fatale Umstand gegenüber, dass Grundlage allen Verhandelns nur noch die Darstellung der Ergebnisse der zumeist einseitig geführten Ermittlungen in den Akten ist.

Ob und wie sich die beiden Verhandlungsformen nebeneinander in der Rechtswirklichkeit etablieren werden, hängt insbesondere auch vom Umgang der Strafverteidigung mit den neuen Möglichkeiten ab.

1. Das Formale des Informellen

1915 **Absprachen** im Strafverfahren sind seit Dekaden gängige Praxis. Gegenwärtig werden in etwa zwei Drittel aller Strafprozesse die Urteile abgesprochen.[1788]

1916 Auch ohne gesetzliche Regelung hatte die Rechtsprechung des Bundesgerichthofs Urteilabsprachen legitimiert und reglementiert.[1789] Die von der Judikative entwickelten Begrenzungen des Absracheverhaltens wurden in der Praxis freilich in erheblichem Umfang (bewusst) missachtet oder nur zum Schein eingehalten. Um eine **Kontrolle** zu ermöglichen und weiterem **Missbrauch vorzubeugen**, hat der Große Senat für Strafsachen an den Gesetzgeber appelliert, Zulässigkeit, Voraussetzungen und Grenzen der Absprache gesetzlich zu regeln.[1790]

1917 Der Gesetzgeber hat mit dem »Gesetz zur Regelung der Verständigung im Strafverfahren«, das seit dem 04.08.2009 in Kraft ist, den Versuch einer gesetzlichen Implementierung der Absprache gewagt. Eine Normierung des Phänomens selbst fehlt nach wie vor. Das Zustandekommen der Verständigung bleibt informell. Gesetzgeberisches Ziel der **Formalisierung des Informellen** ist in erster Linie **Transparenz**. Die seit Langem praktizierten Absprachen sollten aus den Gerichtsfluren und den Hinterzimmern geholt und in das Licht der Hauptverhandlung gerückt werden. Darüber hinaus bedarf eine bedeutsame und auch heftig umstrittene Vorgehensweise im Strafprozess klarer gesetzlicher Vorgaben, die der **Rechtssicherheit** und der **gleichmäßigen Rechtsanwendung** dienen.[1791] Das Bundesverfassungsgericht hat Kollisionen der Neuregelung mit den Vorgaben des Grundgesetzes nicht festgestellt.[1792]

1918 Zum Teil stellt die Neuregelung eine Kodifizierung der bisherigen Rechtsprechung dar. Es finden sich aber auch Bestimmungen, die von der bisherigeren Rechtsprechung abweichen, sodass diese partiell obsolet geworden ist. Insgesamt bleibt die Neuregelung fragmentarisch und lässt die Praxis mit einer Legion offener Fragen allein. Die Vorstellung des Gesetzgebers, dass die neuen Bestimmungen die tra-

---

1788 S. AnwK-StPO/*Püschel* § 257b Rn. 1 m.w.N.

1789 Insbesondere durch die Grundsatzentscheidung des 4. Strafsenats BGHSt 43, 195 ff. und die richtungsweisende Entscheidung des Großen Senat für Strafsachen BGHSt 50, 40 ff.

1790 BGHSt 50, 40 ff.

1791 RegE BT-Drs. 16/11736, S. 1.

1792 BVerfG StV 2013, 353 ff. = NStZ 2013, 295 ff.

dierten Grundsätze des deutschen Strafverfahrens ebenso wenig infrage stellen wie die Prinzipien der Strafzumessung,[1793] erscheint zudem strukturell kaum realisierbar.

Grob konturiert stellt sich **das gesetzliche Programm** wie folgt dar: § 257c ist die **zentrale Norm** für die Verständigung im Strafverfahren. Durch die Vorschrift werden – systemfremd – Kategorien des Konsenses und des Kompromisses in die StPO eingeführt. Die Bestimmung des § 257b transferiert die auch in den Neuregelungen der §§ 160b, 202a und 212 enthaltene **Zielsetzung** eines **offenen Verhandlungsstils** in die Hauptverhandlung. Die Vorschrift normiert eine – schon bisher mögliche – **Einladung zum Rechtsgespräch**. Sie soll klarstellen, dass sich das Gericht durch offene Kommunikation und Einschätzung des Verfahrensstandes nicht dem Vorwurf der Befangenheit aussetzt.[1794] **Verfahrensbeteiligte** sind Personen und Stellen, die im Hinblick auf den Anklagevorwurf in der Hauptverhandlung mit eigenen Verfahrensrechten ausgestattet sind.[1795] Hierzu gehören neben dem Angeklagten, seinem Verteidiger[1796] und dem Staatsanwalt auch der Nebenkläger nach erfolgtem Anschluss. **1919**

§ 257c Abs. 1 S. 1 räumt dem **Gericht** die Befugnis ein, sich »in geeigneten Fällen« **in der Hauptverhandlung** mit den Verfahrensbeteiligten über den weiteren Fortgang und das Ergebnis des Verfahrens zu verständigen, und zwar bezogen auf und beschränkt durch die Modalitäten der nachfolgenden Absätze dieser Vorschrift. **1920**

Auch § 257c ist eine Kann-Vorschrift, d.h., es steht im sog. pflichtgemäßen Ermessen des Gerichtes, ob und unter welchen Kautelen es eine Verständigung vorschlägt. Ein alleiniges Initiativrecht des Gerichts zu einer Verständigung ist damit nicht verbunden. Die Verfahrensbeteiligten können entsprechende Anträge stellen oder Anregungen vorbringen, die zwar für das Gericht nicht bindend sind, aber auf eine pflichtgemäße Ausübung richterlicher Gestaltung abzielen. Soweit ein Antrag eines Verfahrensbeteiligten auf ein Procedere nach § 257c abgelehnt wird, ist dieser gem. § 34 durch begründeten Beschluss zu bescheiden. Obwohl die Verständigung als in ihrer Kürze und Berechenbarkeit eine außergewöhnliche, ja bislang prozessfremde Form der Hauptverhandlung darstellt, hat der Angeklagte keinen Anspruch auf die richterliche Erwägung dieser Weichenstellung, die einer rechtlichen Überprüfung zugänglich wäre. Umgekehrt hat keiner der Verfahrensbeteiligten eine Mitwirkungspflicht an einem Verständigungsgeschehen, die über die bloße Entgegennahme eines gerichtlichen Vorschlags hinausgeht. **1921**

Gegenstand der Verständigung können nur verfahrensbezogene Maßnahmen, sowie das Prozessverhalten der Beteiligten sein. Der Urteilsinhalt kann allein hinsichtlich der Rechtsfolgen abgesprochen werden. Ein Schuldspruch oder Maßregeln der Sicherung und Besserung dürfen demgegenüber nicht vereinbart werden. Bestandteil jeder Verständigung soll ein **Geständnis** sein. Die Zusicherung eines bestimmten Strafrahmens hängt nicht zwingend von der geständigen Einlassung des Angeklagten ab. Je nach Prozesslage kommen – anstelle eines Geständnisses – auch andere Verhaltensformen des Angeklagten in Betracht. Der Standard einer Verständigung geht dahin, bei Zusage eines Geständnisses zu Beginn der Hauptverhandlung die gerichtliche Zusage für ein konkretes Strafmaß zu erhalten. **1922**

Nicht zur »Verhandlungsmasse« gehört der **Rechtsmittelverzicht**. Aus § 302 Abs. 1 S. 2 ergibt sich, dass ein Rechtsmittelverzicht im Fall der Verständigung verboten ist. Ferner folgt aus § 35a S. 3, dass eine bindende Zusage, ein Rechtsmittel nicht einzulegen, nicht erklärt werden kann. **1923**

Die Bindung an die Verfahrensabsprache kann entfallen (§ 257c Abs. 4). Hier kommt neben rechtlichen oder tatsächlichen Irrtümern des Gerichts ein »**Wegfall der Geschäftsgrundlage**« in Betracht. In beiden Fallgruppen müssen für das Gericht bedeutsame neue Umstände vorliegen. Entfällt die Bindung des Gerichts an eine Verständigung, darf das Geständnis des Angeklagten, das er als seinen **1924**

1793 RegE BT-Drs. 16/11736, S. 1.
1794 RegE BT-Drs. 16/11736, S. 15; vgl. a. zur »Sanktionsschere« als Befangenheitsgrund BGH NStZ 2008, 170.
1795 RegE BT-Drs. 16/11736, S. 15.
1796 Freilich soll eine Verständigung in der amtsgerichtlichen Hauptverhandlung auch beim unverteidigten Angeklagten möglich sein, s. RegE BT-Drs. 16/11736, S. 2.

Beitrag und im Vertrauen auf den Bestand der Verständigung abgegeben hat, nicht verwertet werden.

1925 Merkwürdigerweise erst zum Abschluss in Abs. 5 regelt § 257c Pflichten des Gerichts zur **Belehrung des Angeklagten**, die dem die Tragweite seiner Mitwirkung an einer Verständigung bewusst machen soll. Zeitlich muss die Belehrung am Beginn des Verständigungsprozesses stehen.

1926 Die **Belehrungspflichten** dienen dem Schutz des Angeklagten, dem bewusst vor Augen gehalten werden soll, dass und unter welchen Voraussetzungen und mit welchen Folgen das Gericht von dem in Aussicht gestellten Ergebnis einer Verständigung abweichen kann. Damit soll gewährleistet werden, dass der Angeklagte eine autonome Einschätzung des mit seiner Mitwirkung verbundenen Risikos vornehmen kann. Die Belehrungspflicht greift zum einen schon im Vorhinein, d.h. sobald eine Verständigung ins Auge gefasst wird. Zum anderen besteht eine gesonderte Pflicht zur Belehrung im Fall des Scheiterns der Verständigung. Letztere umfasst die Mitteilung an den Angeklagten, aus welchen Gründen das Gericht an die Verständigung nicht gebunden ist. Darüber hinaus ist der Angeklagte zu belehren, dass sein Geständnis nicht verwertet werden darf.

1927 Darüber hinaus hat das Gesetz zur Regelung der Verständigung weitere Vorschriften in die StPO eingeführt, um die gesetzgeberische Idee der Herstellung von Publizität, Transparenz und Überprüfbarkeit des gesamten Verständigungsverfahrens zu fördern. §§ 160b und 202a erweitern den Bereich der Verständigung bereits auf das **Ermittlungs- bzw. Zwischenverfahren**. Im ersteren Fall kann die Staatsanwaltschaft den Stand des Verfahrens mit den Beteiligten erörtern, im letzten Fall geht die Initiative vom Gericht vor einer Entscheidung über die Eröffnung des Verfahrens aus. Beiden Fällen ist gemein, dass der wesentliche Inhalt des – ggf. auch gescheiterten – Verständigungsprozesses aktenkundig gemacht wird.

1928 Gleich zu Beginn der Hauptverhandlung sind die **Öffentlichkeit** und alle Beteiligten darüber zu informieren, ob und ggf. welche Verständigungsgespräche mit welchem Ergebnis stattgefunden haben (§ 243 Abs. 4). Gleiches gilt, wenn während des Laufs einer Hauptverhandlung außerhalb des prozessualen Geschehens Verständigungsgespräche stattfinden. In jedem Fall ist das Ergebnis einer Verständigung in der Hauptverhandlung zu protokollieren (§ 273 Abs. 1 S. 2, Abs. 1a).

2. Gerechtigkeit durch Einvernehmen?

1929 Die Verständigung löst das formalisierte Verfahren auf. Auch wenn ihr Ergebnis noch in den traditionell formalisierten Prozess eingebunden wird, ist der Weg zur Entscheidungssuche auf einen vollständig informellen, **regellosen Diskurs aller Verfahrensbeteiligten außerhalb des formalisierten Verfahrens** angewiesen.

1930 Die **Chancen**, die das außerprozessuale Ringen um eine Verständigung bieten, sind evident: Der strenge Prozess beschränkt den Meinungsaustausch, er erschwert oder verhindert sogar die Offenlegung der entscheidungsrelevanten Faktoren bei den Verfahrensbeteiligten. Der offene Diskurs hält demgegenüber jede Möglichkeit parat, den – formal rechtlich möglicherweise irrelevanten – Wertungsgesichtspunkt in die Auseinandersetzung einzubringen und damit erst einen Austausch hierüber zu ermöglichen. Die prozessuale Ebene zwingt Richter zur Zurückhaltung im Verfahren und zur Eindeutigkeit in der Entscheidung. Das angewandte abstrakte Recht zielt auf die Eindeutigkeit eines Urteils und die Eindeutigkeit einer Sanktion. Die in den abstrakten Maßstäben gewonnene Klarheit ist nur die Illusion der gerechten Entscheidung. Hier wirkt die Verhandlung über einen Vergleich in der Strafsache ebenso anachronistisch wie reizvoll.

1931 Das Bemühen um Vermittlung und Einigung aller Verfahrensbeteiligten setzt die **Einbindung aller Interessen** voraus, fordert einen umfassenden – im Prozess nicht vorgesehenen – Disput über alle als relevant angesehenen Fragen und schafft in einer derart umfassenden Problemaufbereitung die Voraussetzung für eine allseitige Akzeptanz des gefundenen Vergleichs.

Der Verwirklichung von Gerechtigkeit scheint daher die Verständigung sehr viel näher als das unbewegliche tradierte Modell des formalen Prozesses.

Das konsensuale Modell sieht sich darüber hinaus in einer aktuellen Strömung der Rechtswissen-   1932
schaft, die der traditionellen Lösung der Rechtsfindung durch Konflikt skeptisch gegenübersteht.
Mediationen und alternative Konfliktlösungen haben in der Juristerei Konjunktur. Im deutschen
und europäischen Recht stehen die Zeichen der Zeit auf Verhandeln, Vergleichen, Vertragen.[1797]

> *Jherings* Kampf ums Recht scheint überholt und wird zum Teil nur noch als romantisch verklärte Ver-   1933
> irrung einer früheren Rechtsepoche dargestellt. Der Kampf um subjektive Rechte in einem kontradik-
> torischen Gerichtsverfahren hat sich – angeblich – angesichts der allseits erkannten Beschränkung der
> richterlichen Erkenntnis als überholtes Modell herausgestellt. Nicht die Kampfmetapher verhilft im Recht
> zu einem gerechten Interessenausgleich, sondern nur eine konsensuale Lösung, in der die Beteiligten ihre
> volle Verantwortlichkeit einbringen und auf diesem Wege Gerechtigkeit produzieren.

Auch wenn die Mediatoren bislang um den Strafprozess einen großen Bogen machten, begrüßen   1934
manche Anwälte den Weg zu einem Verständigungsmodell, da sie insbesondere der Verteidigung
sowohl größere Verantwortung als auch einen größeren Spielraum zubillige.

> »Rechtsfrieden« und Gerechtigkeit seien der legitime Hintergrund für Verständigungsvorschriften im   1935
> Strafverfahren. Der auf freiwilliger Kommunikation und freiwilligem Entschluss basierende Konsens aller
> Verfahrensbeteiligten beinhalte eine spezifische Richtigkeitsgewähr des im Absprachverfahren erzielten
> Ergebnisses.[1798]

Diese idealisierte Form einer Verständigungsmaxime mag für zukünftige gesetzgeberische Projekte   1936
ein fruchtbarer Denkansatz sein. Auf der Basis der aktuellen Gesetzeslage ist sie Utopie. Ein einver-
nehmliches Ergebnis voraussetzendes Prozessverhältnis, in dem auch der Beschuldigte seine Interessen ausreichend in einem einvernehmlichen Verfahren finden kann, widerspricht der beibehaltenen
Struktur des Strafprozesses. Nicht Rechtsfindung durch einvernehmlichen Ausgleich unterschiedlicher Interessen ist die Methode des Strafprozesses, vielmehr handelt es sich nach wie vor um ein
durch Gewaltverhältnisse strukturiertes Verfahren, in dem der Beschuldigte sich der massivst denkbaren staatlichen Autorität ausgesetzt sieht.

3. Unterwerfungsritual unter Polizeigewalt

Rechtsfindung im Strafprozess besteht in erster Linie in der Feststellung des zur Beurteilung stehen-   1937
den Sachverhalts. Diese Rechtsfindung wird durch die neuen Absprachvorschriften nicht konsen-
sualisiert, sondern abgeschafft. Der maßgebliche Teil dieser Rechtsfindung wird der einseitigen
Ermittlungstätigkeit von Staatsanwaltschaft und Polizei überlassen. Galt im traditionellen streitigen
Strafprozess die von den Ermittlungsbehörden produzierte Akte lediglich als kaum verbindliche
Richtschnur zur Gestaltung einer Hauptverhandlung, ist diese Akte nunmehr die alleinige Basis für
einen offenstehenden Korridor des Konsenses. Verständigung ist daher von der gesetzlichen Struktur keine Stärkung der Subjektstellung des Beschuldigten, sie legalisiert vielmehr ein **Unterwerfungsritual unter Polizeiinteressen.**

Dass auf diesem Hintergrund das Bundesverfassungsgericht die Kontinuität des Rechtsstaats gewahrt   1938
sieht, die Einführung einer neuen Prozessform bestreitet, die justiziell festgestellte Schuld des Täters
als alleinige Grundlage einer Verurteilung behauptet und die richterliche Überzeugungsbildung von
der die Schuld tragenden Tatsachenbasis feiert, grenzt an Kognitionsverweigerung, zeigt aber prägnant das Scheitern der traditionellen Rechtskultur, den »Deal« in eine ebenso praktikable wie verfassungskonforme Verfahrensstruktur zu betten.

Die Kontrolle der Justiz in einer öffentlichen Hauptverhandlung über die Machtausübung der   1939
Ermittlungsbehörden ist dann abgeschafft, wenn es den Ermittlern gelingt, abseits des tatsächlichen

---

1797 So *Höland* Verhandlungs- und vertragsorientierte Ansätze im Strafverfahren – Rechtssoziologische
Anmerkungen, Beulke-FS 2015, S. 787.
1798 So in der Begründung eines Gesetzesvorschlages durch den Strafrechtsausschuss der Bundesrechtsanwaltskammer, abgedruckt in Anhang 1 bei: *Niemöller/Schlothauer/Weider* Gesetz zur Verständigung
im Strafverfahren 2010, insb. S. 227.

Ermittlungsgeschehens in den Akten das Bild einer gesetzeskonformen Aufklärungstätigkeit zu zeichnen. Eine Unterwerfung des Angeklagten durch Geständnis erleichtert zwar das richterliche Gewissen; gegenüber der richterliche Überzeugungsbildung von den Urteilsfeststellungen auf der Basis originärer Eindrücke der Hauptverhandlung ist dieses Ritual ein vollständig andersartiges Modell.

1940 Trotz formaler Beibehaltung des Aufklärungsgrundsatzes klärt kein Richter mehr auf. Ist die Aktenlage nicht völlig unplausibel, ist sie allein seine Arbeitsgrundlage. Eigene Erkenntnismöglichkeiten hat er bei der Verständigung nicht mehr. Die Vermeidung der Hauptverhandlung und die (wenn auch angeblich konsensuale) Entscheidung allein aufgrund der von Staatsanwaltschaft und Polizei zusammengetragenen Erkenntnisse ist in der Sache letztlich ein Schritt zurück zum als überholt angesehenen historischen Inquisitionsverfahren, in dem das Ergebnis der weitgehend heimlichen Ermittlungen vom Gericht in einem bedeutungslosen Akt lediglich bestätigt wurde.[1799]

1941 Die Reduzierung der Verfahrensteilhabe des Angeklagten und seiner Verteidigung wird perfekt, wenn das Gericht auf Basis der derart einseitigen Stoffsammlung keine Verständigungsgespräche anstrebt, sondern den autonomen Eindruck der Akte in Strafmaßvorstellungen gießt, die der Angeklagte nur noch anzunehmen hat. Der Angeklagte nähert sich der im Strafprozess längst überwunden geglaubten Rolle des Objekts staatlicher Gewalt.

1942 Der Effekt der Verständigungsregelung ist damit allein ein prozessökonomischer. Alle Verfahrensbeteiligten haben maßgeblich zu entscheiden, ob es sich nach einer kritischen Prognose aufgrund des eigenen beschränkten Kenntnisstandes »lohnt«, einen aufwendigen klassischen Strafprozess zu führen. Für prinzipielle rechtsstaatliche Bedenken ist in der Praxis einer Justiz keinen Platz, die in einem jahrelangen Prozess über die §§ 153, 153a und das Strafbefehlsverfahren daran gewöhnt wurde, dass Strafverfahren aktuell auch funktionieren, wenn man »auf die Wahrheitserforschung verzichtet«.[1800] Die Motivationen für das Zustandekommen einer einvernehmlichen Regelung können ganz unterschiedlich sein. Von einem optimierten Weg zu einer gerechten Entscheidung kann jedenfalls keine Rede sein.

4. Das gesellschaftliche Bedürfnis nach Entformalisierung der Gerechtigkeit

1943 »Die Geschichte der Absprache ist, vor allen Dingen, eine Schande der Justiz.«[1801]

1944 Gesetzgeber und Bundesverfassungsgericht geben sich mangels anderer Begründungseinsichten der Illusion hin, das Deal-Verfahren sei lediglich eine Variante des traditionellen Strafprozesses. Obwohl das Ziel gerade die ökonomische Abschaffung der klassischen Beweisaufnahme ist, werden Aufklärungsgrundsatz und Wahrheitssuche als Ziel weiterhin formuliert. Heftig bestritten wird, dass Schuld und Strafe zur Disposition der Verfahrensbeteiligten stehe – obwohl in der Praxis genau hierauf der Inhalt aller Verständigungsgespräche abzielt.

1945 Der alte Strafprozess mit seinen Schutzmechanismen durch Konstituierung von Rechten, Formalisierung und Ritualisierung von Verfahrensschritten auf dem Weg der Wahrheitssuche ist abgeschafft. Wenn der Gesetzgeber sich leichten Herzens zu einem solchen Schritt verstanden hat, spiegelt dies auch politischen Instinkt wider. Politiker haben begriffen, dass der traditionelle rechtsstaatliche Weg zu einem strafrechtlichen Urteil auch nach Jahrhunderten nicht im Herzen der Bürger angekommen ist. Dass Gerechtigkeit produziert werden kann durch formalistische Behinderung ist dem Verständnis der modernen Gesellschaft kaum noch zugänglich. Schutz vor Willkür der Staatsmacht und die Vermeidung persönlicher Katastrophen durch Fehlurteile mittels formalisierter Prozessstrukturen ist verblasst vor dem dominierenden Bedürfnis, das intuitive Gefühl der Gerechtigkeit zum Durchbruch zu verhelfen.

1799 So *Weigend* Strukturelle Probleme im deutschen Strafprozessrecht, StraFo 2013, 45, 47.
1800 *Ostendorf* Der Wandel vom klassischen zum ökonomischen Strafprozess, ZIS 2013, 172 ff.
1801 *Thomas Fischer* Der Deal zerstört das Recht, DIE ZEIT v. 27.03.2013.

Gerade bei Straftaten darf Gerechtigkeit offenbar nicht kompliziert sein. Was zu bestrafen ist und **1946** was gesellschaftlich tolerabel ist, wissen die meisten Bürger alsbald, wenn sie sich der Beurteilung eines Falles widmen. Überlassen sie – so die Regel – diese Beurteilung den staatlich hierfür vorgesehenen Professionellen, steigt der im gesellschaftlichen Zusammenleben ohnehin notwendige Vertrauensvorschuss ins Unermessliche. Tausende von Kriminalfilmen transportieren das Bild, dass der Kriminalkommissar die Tat aufklärt und den Richtigen findet. In nahezu »blindem« Vertrauen bauen die Bürger darauf, dass die Justiz die richtige Entscheidung treffen wird. Dass diese Ergebenheit von einem richterlichen Hang zum Formalistischen abhängt, kann nicht festgestellt werden. Im Gegenteil: Das Vertrauen in die gerechte Entscheidung des Richters ähnelt – solange die produzierten Ergebnisse den eigenen Intuitionen entsprechen – den Wahrsagern, Priestern und Medizinmännern vergangener Epochen.

Wenn der Deal die Machtverhältnisse im Strafprozess nicht nur konserviert, sondern mit gravieren- **1947** der autoritärer Tendenz verschiebt, folgt er letztlich einem Zeitgeist, der Tribunale als leicht verdauliche Evidenzerlebnisse verlangt und nicht Behinderungen durch Schweigen oder Beweisverwertungsverbote erträgt. Der formalisierte Prozess erscheint aktuell nicht als die angemessene moderne Antwort auf die Gerechtigkeitsfrage.

5. Verständigung nach §§ 153, 153a StPO

Ein vordergründig konsensuales Element stellt die Einstellung des Strafverfahrens nach § 153, § 153a **1948** dar. Der Abschluss des Verfahrens auf diesem Wege funktioniert nur dann, wenn alle Beteiligten zustimmen. Die Bedingungen, unter denen eine solche Einstellung erfolgen kann, sind verhandelbar. Damit scheint sich eine Verteidigungsoption zu eröffnen, die eine erhebliche Gestaltungsmöglichkeit zugunsten des Mandanten verspricht.[1802]

> Strafprozessual ist die Erledigung für den Mandanten attraktiv: Sie nimmt ihm die Ungewissheit des **1949** Verfahrensausgangs und stellt sicher, dass er im Ergebnis nicht mit einer strafrechtlichen Sanktion belegt wird. Ist die Auflage tolerabel, empfindet der Mandant häufig den zu erwartenden prozessualen Aufwand zur Durchsetzung des angestrebten Freispruchs als nicht angemessen. Von außen betrachtet ist die Erledigung des Strafprozesses allerdings mit dem Makel behaftet, dass zum einen eine Klärung der strafrechtlichen Verantwortlichkeit nicht abschließend herbeigeführt wurde und andererseits die Staatsanwaltschaft sich auf den Standpunkt stellen kann und muss, dass ein Tatnachweis möglich erscheint, eine zu prognostizierende geringe Schuld das Verfahren als prozessunökonomisch erscheinen lässt. Die ausdrückliche Zustimmungserklärung zur Einstellung seitens des Mandanten wird damit in der Öffentlichkeit häufig als ein reduziertes Schuldeingeständnis bewertet.

Rechtliche Natur und praktische Bedeutung der Einstellung des Verfahrens nach § 153a StPO sind **1950** auch nach Jahrzehnten ihrer Existenz umstritten. Letztlich stellt die Einstellung ein Fremdkörper im Strafverfahren dar, wenn durch den Abbruch der Wahrheitssuche das Verfahrensziel nicht mehr erreicht werden kann. Gemessen an der Idee des Strafverfahrens ist diese Art der Beendigung eine dysfunktionale.[1803] Gerade die Auflagen zulasten des Beschuldigten befriedigen offensichtlich ein staatliches Sanktionsbedürfnis, das allerdings angesichts fehlender Schuldfeststellung der rechtlichen Legitimierung entbehrt. Ohne fundierte rechtsstaatliche Legitimation stellt das Verfahren letztlich nicht mehr oder weniger dar, als der praktische prozessuale Rettungsring, der insbesondere die Behörden vor dem Ertrinken in einer zunehmenden Flut von Strafnormen und daran anknüpfend von Strafverfahren retten soll.

1802 *Murmann* GA 2004, 65, 81 sieht eine konsensorientierte Lösung sozialer Konflikte; L/R-*Beulke* § 153a StPO Rn. 2 sieht zumindest ein konsensuales Verfahren, das auf Kooperation zwischen allen Verfahrensbeteiligten angelegt sei.

1803 S. z.B. *Deiters* Legalitätsprinzip und Normgeltung 2006, 145 f.; *ders.*, Plädoyer für die Abschaffung des § 153a StPO und die Einführung eines neuen abgekürzten Verfahrens, GA 2015, 371 ff.; kritisch auch *Brüning* Die Einstellung nach § 153a StPO – Moderner Ablasshandel oder Rettungsanker der Justiz? ZIS 2015, 586 ff.

1951 **Verfahrensvorschriften** existieren nicht. Vieles ist offen. Abs. 2 sieht hier zumindest ein konsensuales Verfahren vor, das auf Kooperation zwischen allen Verfahrensbeteiligten angelegt ist. Wer, wann, welchen Vorschlag mit welchem Inhalt machen kann, ist genauso wenig geregelt wie die Dokumentation von langwierigen Verhandlungen oder deren Ergebnis. Alle Beteiligten weigern sich, diese überkommene Form des Einvernehmens ähnlich präzise und transparent zu regeln, wie es mit den Verständigungsvorschriften versucht worden ist. Parallelen werden abgelehnt, da Gegenstand der Verständigung nicht ein Urteil, sondern eine Einstellung ohne Strafsanktion sei. Aus praktischen Gründen werden geflissentlich Ähnlichkeiten der Verhandlungssituationen übersehen. Letztlich existiert ein millionenfach angewandtes Einstellungsverfahren fernab jeder Regulierung und wird kontrovers dominiert von den unterschiedlichen Interessen der Kommunikationspartner.

1952 Ähnlich wie bei der Verständigung steht hier oft für den Beschuldigten im Mittelpunkt, dass er – trotz berechtigter Freispruchchancen – die Sicherheit bevorzugt, das Verfahren nicht mit einer strafrechtlichen Sanktion beenden zu müssen. Auf die schützenden Formen des traditionellen Strafprozesses wird verzichtet, um ein primär desaströses Ergebnis zu vermeiden (Dominanz der Verlustaversion). Die Flucht aus der unkalkulierbaren Länge eines Ermittlungsverfahrens ist oft der einzige Weg, um den Belastungen der bloßen Existenz eines Verfahrens zu entgehen. Erst recht gewinnt diese Erledigung für den Beschuldigten an Attraktivität, wenn er sich selbst der eigenen Straftat gewiss ist und die Überführung vor Augen sieht.

1953 Demgegenüber sind die Interessen des Gerichts und der Staatsanwaltschaft zumeist prozessökonomisch dominiert. Der – zum Teil nicht vorhersehbare – Aufwand entweder weiterer Ermittlungen im vorbereitenden Verfahren oder umfangreicher zusätzlicher Hauptverhandlungstermine soll vermieden werden, wenn auf der anderen Seite die Prognose erlaubt ist, dass eine mögliche strafrechtliche Sanktion in einem Bereich angesiedelt sein dürfte, der sich dem minimal Denkbaren nähert.

1954 Gerade dieser Bereich ist diskutabel. Das Gesetz spricht nur von der Hypothese der geringen Schuld in der Einschätzung von Staatsanwaltschaft und Gericht. Die schuldbildenden Faktoren sind vielfältig und daher einer eingehenden Diskussion zugänglich.

1955 Letztlich dient bekanntermaßen diese Erledigungsstrategie auch der praktikablen Bearbeitung von massenhaften Sozialphänomenen. In pauschalierter Weise – allein orientiert an wenigen Tatbestandsmerkmalen – kann beispielsweise sowohl der Besitz geringer Mengen von Haschisch ebenso formal bürokratisch im Verfahren abgewickelt werden wie geringfügige Verkehrsdelikte.

1956 Der **fiskalische Reiz** der Erledigung für die Justiz wird unverhohlen praktiziert. Die Not des Beschuldigten wird ihm mit exorbitanten Geldsummen abgekauft. Manche Justizhaushalte bauen auf Millionenzahlungen. Eine merkwürdige Ausprägung fand dieses Bedürfnis im Strafverfahren gegen den Formel-1-Organisator Bernie E. Ihm war Amtsträgerbestechung vorgeworfen worden; der Amtsträger war bereits deswegen zu einer mehrjährigen Haftstrafe verurteilt worden. Ohne dass sich die Beweissituation wesentlich änderte, einigten sich die Beteiligten auf eine Auflagenzahlung von 100 Millionen Dollar. Das Verfahren wurde nach § 153a Abs. 2 StPO eingestellt. Dass die Geldeinnahme den Blick der Justiz im Rahmen ihrer freien Beweisbewertung erheblich verändert hatte, ist offensichtlich.

Prantl schrieb hierzu:[1804] »*Paragrafen haben eine ziemlich eigenwillige Form, gebogen oben, gebogen unten. Sie haben diese eigenwillige Form deswegen, damit man besser dran drehen kann... § 153 a StPO... Dieser Paragraf dreht sich, weil ihm so viele Beteiligte Schwung geben, so geschwind, dass er tanzt wie eine Roulette-Kugel. Die Justiz wird, wenn sie mit diesem Paragrafen hantiert, zum Croupier. Und die Spielbank ist der Staat.*«

1957 Dass bei dieser Art ungeregelter Beendigung die Regeln für ein regelhaftes Verfahren und dessen rechtsstaatlicher Sinnhaftigkeit aus den Augen verloren werden müssen, ist konsequent. Zu Recht wird daher die Kollision der Verfahrenswirklichkeit mit der Unschuldsvermutung kritisiert.[1805]

1804 SZ v. 27.8.2014.
1805 S. z.B. *Salditt* § 153a StPO und die Unschuldsvermutung, in: Egon-Müller-FS 2008, S. 65 ff.; *Rettenmaier* Außerstrafrechtliche Folgen der Verfahrenseinstellung nach Erfüllung von Auflagen,

Das Ungeregelte ist durch Kommunikation zu regeln. Dazu gehört zum einen die **Gestaltung der**   1958
Auflage. Staatsanwälte argumentieren gerne, dass die Vermeidung einer möglichen Geldstrafe dem
Mandanten »etwas wert« sein sollte und verlangen zum Teil Geldbeträge, die über eine im Raum
stehende Geldstrafe hinausgehen. Insbesondere mit pointiertem Hinweis auf die Verteidigungsmöglichkeiten in einer streitigen Hauptverhandlung ist hier dem Ausgangspunkt der Staatsanwaltschaft
entgegenzutreten. Im Übrigen lässt sich die Höhe einer Geldauflage durch andere Gegenleistungen
kompensieren, und sei es das Angebot von Sozialstunden. Der Geldempfänger ist häufig ebenfalls
variabel, sodass auf Befindlichkeiten des Mandanten hier Rücksicht genommen werden kann.

Von größerer Bedeutung ist für den Mandanten zumeist die **Außenwirkung**, die von einem Ein-   1959
stellungsbeschluss als Signal ausgeht. Gesellschaftliche Reputation, Vorgaben für Zivilverfahren oder
Verwaltungsentscheidungen sind für den Mandanten unter Umständen wichtiger als die konkrete
Höhe einer Auflage. Ist für das »Leben nach dem Strafverfahren« das Vorzeigen der weißen Weste
gegenüber Dritten dominierend, können selbst attraktive Auflagenangebote der Staatsanwaltschaft
daran scheitern, wenn diese verknüpft werden mit der Bedingung, der Mandant müsse zuvor ein
Geständnis ablegen. Auch wenn ein Geständnis gerade aus Sicht der Staatsanwaltschaft keine gesetzlich zwingende Vorbedingung für das Einverständnis zur Beendigung des Verfahrens ist, bleibt sie
nichts destotrotz beliebt. Verboten ist sie nicht, die Verteidigung kann allenfalls darauf hinweisen,
dass die Rechtsprechung des Bundesverfassungsgerichts dem Beschuldigten gerade den Weg eröffnen
will, sich auch nach einer Einstellung nach Opportunitätsgründen weiter als unschuldig zu bezeichnen. Über den Appell an Fairnessgesichtspunkte hinaus hat die Verteidigung der Staatsanwaltschaft
hier aber zumeist wenig entgegenzusetzen.

Erfolgt kein Geständnis und bleibt somit entsprechend dem Konzept des § 153a die Schuldfrage   1960
offen, kann die Beendigung in Konsequenz ihres Systembruchs wenig für den Rechtsfrieden beitragen. Alle Beteiligten können auch nach der Beendigung nach außen dokumentieren, dass sie von
ihrem Ausgangspunkt nicht abgerückt sind. Für die Staatsanwaltschaft ist dies sogar verpflichtend,
sie muss von der Chance der Verurteilung bei Weiterführung des Verfahrens ausgehen, da ansonsten
deren Verpflichtung zur Einstellung nach § 170 Abs. 2 oder einen Freispruchsantrag in der Hauptverhandlung vorgeht.

Gerade im Hinblick auf weitergehende Auswirkungen der Beendigung des Verfahrens bieten sich   1961
für die Verteidigung Modifikationen an. Um beispielsweise den nicht zu verwischenden strafähn-
lichen Charakter einer Auflagenzahlung in der Öffentlichkeit zu minimieren, kann eine Vereinbarung mit der Staatsanwaltschaft angestrebt werden, zunächst »freiwillig« einen bestimmten Betrag
an eine zu vereinbarende Stelle zu zahlen und nach Vorlage einer entsprechenden Quittung das
Verfahren nach § 153 – also formell ohne Auflage – einstellen zu lassen.

> Daneben bietet sich der Weg an, das Beharren auf dem ursprünglichen Standpunkt der fehlenden Straf-   1962
> barkeit in besonderer Form deutlich zu machen. Im Ermittlungsverfahren kann eine schriftliche Zustim-
> mungserklärung mit dem ausdrücklichen Hinweis verbunden sein, dass der Mandant sich nach wie vor
> keiner Schuld bewusst sei und die Zustimmungserklärung lediglich aus prozessökonomischen Gründen
> abgegeben hat.
>
> Sollte die Staatsanwaltschaft zur eigenen Gesichtswahrung in einer öffentlichen Hauptverhandlung ihre
> Zustimmungserklärung mit der abermaligen Betonung der Belastungselemente und der eigenen Über-
> zeugung von der Schuld verbinden, ist die Verteidigung häufig genötigt, schon aufgrund der Öffentlich-
> keitswirksamkeit des Gesamtgeschehens die eigene Position ebenfalls zu betonen. Schriftlichkeit empfiehlt
> sich, da auf diesem Wege später gegenüber Verwaltungsbehörden oder Zivilgerichten der »gefühlten«
> Indizwirkung einer Einstellung zulasten des Mandanten wirksam entgegengetreten werden kann.

NJW 2013, 123 ff. *Rosenstock* Rotwein auf der weißen Weste, StV 2015, 654 ff.; *Saliger* Grenzen der
Opportunität, GA 2005, 155 ff.; *Dahs* § 153a StPO – ein »Allheilmittel« der Strafrechtspflege?
NJW 1996, 1192.

II. Psychologie der Verständigung

1963 »Seine Entscheidungen hielten der obergerichtlichen Rechtsprechung stand«, ist eine Feststellung, die ein Richter gerne in der periodischen Beurteilung durch seinen Landgerichtspräsidenten liest, will er doch nicht immer in der Eingangsbesoldungsstufe bleiben. Wie aber halten richterliche Urteile am besten der obergerichtlichen Nachprüfung stand? Indem eine solche nicht stattfindet.«[1806]

1. Der Verteidiger als Verhandlungspartner

1964 Die Verständigungsregelung hat die Praxis der Strafverteidigung verändert. Die klassische Bühne für die Überzeugungsarbeit des Strafverteidigers ist gesetzlich demontiert worden. Das ursprüngliche Konzept des Strafverfahrens sah eine **Entscheidung am Ende der Hauptverhandlung** vor; neu ist die Idee der Verständigungsvorschriften, ein solches Ergebnis bereits am Anfang des Verfahrens zu finden. Während früher das Ergebnis in einem sehr aufwendigen und formalisierten Verfahren gefunden wurde, können die Beteiligten nunmehr auf kurzem Wege einvernehmlich auf das von allen akzeptierte Ergebnis zusteuern. Ist das **Resultat bereits vorab verhandelt**, stellt das Geschehen in der Hauptverhandlung nur noch das verkürzte Ritual im Vollzug dessen dar, was zuvor längst hinter verschlossenen Türen oder am Telefon ausgehandelt worden war.

1965 Die Vision drängt sich auf: Der mit unbedingtem Überzeugungswillen in der Hauptverhandlung auftretende eloquente Strafverteidiger ist in einer derartigen Vollzugs-Hauptverhandlung überflüssig. Wenn das Drehbuch bereits geschrieben ist, müssen alle stilistischen Versuche des Umschreibens ins Leere gehen. Stattdessen könnte ein neuer Typus des Strafverteidigers entstehen: Erfolgreich ist derjenige, der in der Dealphase zu Beginn eines Verfahrens oder in dessen Vorfeld die entscheidenden Akzente setzen kann. Der neue Typ des Strafverteidigers wird sich nicht mehr mit dem Repertoire prozessualer Handlungsoptionen beschäftigen und sich in deren feinfühligem Umgang üben. Er wird sich eher zur Fortbildung auf dem Managerseminar für Erfolg versprechende Verkaufsgespräche wiederfinden.

1966 Ob dieses Szenario Realität wird, zeigt der Umgang der Praxis mit den neuen Verständigungsvorschriften in den nächsten Jahren und Jahrzehnten. Möglicherweise bleiben die neuen Vorschriften wie viele andere in der Vergangenheit angekündigten großen Reformen nur eine prozessuale Randnotiz angesichts der Trägheit eingefahrener Verhaltensmuster der Verfahrensbeteiligten. Allerdings sind die Aussichten unübersehbar, dass die wenigen neuen gesetzlichen Zeilen einen realen Umbruch des Strafprozesses mit sich bringen. Zu **verlockend** sind alle **Vorteile**, die die Beteiligten durch ein verkürztes Verfahren haben.

1967 So liegen Verständigungen zumeist im Interesse der **Staatsanwaltschaft**, die sich nicht nur den enormen Zeitaufwand einer Hauptverhandlung erspart, sondern stets das primäre Ziel eines sicheren Schuldspruchs erreichen wird; dieser stützt sich darüber hinaus nicht nur auf unsichere Indizien, sondern hat stets die Legitimation des Geständnisses des Angeklagten. Auch das **Gericht** erspart sich die Mühe einer detaillierten und zeitraubenden Lektüre der meist dick angeschwollenen Ermittlungsakte und erst recht die langwierige und angesichts der unkalkulierbaren Beteiligungsrechte lange Hauptverhandlung. Wird das Urteil nach schnellem Prozess rechtskräftig, bedarf es nur noch eines minimal zu begründenden Urteils.

1968 Aber auch der **Strafverteidiger** kann den Wert der Absprache schätzen. Er nimmt seinem Mandanten und sich die quälende Unsicherheit des Ausgangs einer völlig unkalkulierbaren Hauptverhandlung. Stattdessen kann er seinem Mandanten zwar nur das Ergebnis einer Verurteilung, aber einer in seinen Folgen exakt zu bestimmenden und zu kalkulierenden Verurteilung präsentieren. Angesichts vorhergehender Ängste des Mandanten wird das Ergebnis häufig genug unterhalb seiner schlimmsten Befürchtungen liegen, sodass es vom Strafverteidiger als optimales Resultat seines außergewöhnlichen Verhandlungsgeschicks präsentiert werden kann.

1806 *Benno Hurt* in SZ 09.07.2011 »Im Namen des Volkes« V2/3.

Insgesamt erscheint das nunmehr legalisierte konsensuale Element im Strafverfahren für alle Beteiligten von enormem Vorteil zu sein. In Vergessenheit gerät darüber allerdings ein nicht unwesentlich Beteiligter: der angeklagte Mandant. Von ihm wird regelmäßig sowohl ein Geständnis als auch die unbedingte Akzeptanz des ausgehandelten Ergebnisses verlangt. Ins Abseits geraten in dem System der Verständigung schnell diejenigen Angeklagten, die angesichts ihrer Unschuld, ihrer gefühlten Bindung an andere kulturelle, soziale oder familiäre Maximen oder in ihrem Glauben an die lediglich formalisierte Wahrheitssuche im Prozess zu einer Kooperationsbereitschaft nicht imstande sind. Wird nur der verständigungsbereite Angeklagte vom Gericht akzeptiert, droht allen anderen nicht nur der Unmut des Richtergremiums, sondern auch das Erlebnis der »vollen Härte des Gesetzes«. Auch in Zeiten des Deals gilt: Der Strafverteidiger ist primär den Interessen seines Mandanten verpflichtet und nicht der Kooperationserwartung von Gericht und Staatsanwaltschaft. | 1969

Eine Analyse dieser Mandatsinteressen wird häufig genug zu dem Ergebnis führen, dass diese nicht einem schnellen Verfahren geopfert werden dürfen. Es sind viele, wenn auch nach wie vor nicht die meisten Fälle, bei denen die Interessen des Mandanten durch die traditionellen Schutzprinzipien des Strafprozesses gewahrt sind: von der Unschuldsvermutung über den Öffentlichkeitsgrundsatz, das Mündlichkeitsprinzip, die diversen Teilhaberechte von Verteidigung und Angeklagten und die Zügelung vorschneller richterlicher Aktionen durch ein formalisiertes Verfahren, die die notwendige Distanz und rationale Atmosphäre schaffen und erst einer angemessenen Bewertung des Geschehens im Sinne des Mandanten den Weg ebnen. | 1970

Der Strafverteidiger, der die klassische Strafverteidigung nicht beherrscht, wird auch unter dem Regime der Verständigungsvorschriften die Interessen seines Mandanten nicht optimal wahren können. Auch die Möglichkeit des Agierens in einem völlig veränderten Prozessumfeld setzt damit eines voraus: die Fähigkeit die traditionelle Alternative effektiv umzusetzen. Das Verhaltensrepertoire des modernen Strafverteidigers wird damit nicht anders, es muss vielmehr variantenreicher werden. | 1971

Im Übrigen hat der Gesetz gewordene Deal den Boden des Verteidigerhandelns nicht völlig umgepflügt. Die in der Sache radikale Veränderung durch die Verständigungsvorschriften bedeutet in der Praxis nicht eine vollständige Umkehr von Verteidigungsauftreten. Die gesetzliche Regelung hinkt einer Entwicklung hinterher, die Ritual und Würde nicht mehr als obersten Wert des Strafprozesses praktiziert hat. Die Atmosphäre des Prozessierens hat sich aus der Enge der formalisierten Kommunikation längst gelöst, bevor dies die Verständigungsregeln als selbstverständlich voraussetzten. Das Telefonieren, verfahrensbezogene Gespräche auf dem Gerichtsflur oder der Kantine galten schon lange nicht als anrüchig. Das »offene Gespräch« in der Hauptverhandlung über vorläufige Beweiswürdigungen oder mögliche Beweisanträge waren Standard, bevor Verfahrensabsprachen normiert wurden. | 1972

Das **Changieren zwischen völlig unterschiedlichen Kommunikationswegen** mit dem Ziel optimaler Einflussnahme auf das Verfahrensgeschehen war Verteidigeralltag. Er musste und muss zwischen den Polen der sich hieraus ergebenden Konstellation sein Aktionsrepertoire wählen. Er kann mit umgangssprachlichen Mitteln und im Rahmen gesellschaftlicher Konventionen im und außerhalb des Gerichtssaals Überzeugungsbotschaften an das Gericht vermitteln. Er kann aber auch den Weg der formalisierten Distanz wählen, jegliches Vorgespräch oder das Aufkommen einer Kaffeehausatmosphäre meiden und in der Kargheit des Rituals die richterliche Einsicht in das unzureichende Beweismaterial optimal gefördert sehen. Die Variationsbreite reicht vom entflammten Kämpfer für die Prinzipien der Unschuldsvermutung oder des Zweifelssatz bis hin zum Verständnis und menschliche Wärme verströmenden Plauderer, der bei einer Strafmaßerörterung erfolgreich darum wirbt, »die Kirche im Dorf« zu lassen. | 1973

Verständigung und die Frage, ob und wie sich der Verteidiger einbringt, ist zwar thematisch beengt und mit kommunikativen Vorgaben belastet. Das aufscheinende Verhaltensrepertoire in dieser Situation fordert der Strafprozess umfassend. | 1974

2. Verhandlungsethik

1975   Die Praxis der Verständigung verschärft das Dilemma der Definition der eigenen Rolle des Verteidigers. Ist er in traditionellen Strafverfahren hin- und hergerissen zwischen seiner auch rechtspolitisch begründeten Rolle des Wahrers und Mahners bürgerlicher Grundrechte und der Hüter der Einhaltung von Verfahrensprinzipien einerseits und der Definition als maßgeblicher Verwalter der Interessen seines Mandanten andererseits, so reduziert ihn der Deal auf das gute Ergebnis. Gibt es keine bindenden Vorgaben auf dem Weg dorthin, sind Verhandlungsmethoden offen. Alles erscheint erlaubt.

1976   Selbst die wenigen bindenden gesetzlichen Vorschriften erscheinen in der Praxis Gerichten und Staatsanwaltschaften als Last. Das Ansinnen von Gerichten an die Verteidigung ist nicht selten, z.B. die Beschleunigung eines guten Deal-Ergebnisses dadurch zu fördern, dass das hinter verschlossenen Türen gefundene Ergebnis nicht protokolliert, der Deal somit nicht rechtlich existent und damit der Weg zu einem sofortigen Rechtsmittelverzicht geöffnet wird. Drängt der eigene Mandant auf Schnelligkeit, Sicherheit des Ergebnisses und alsbaldige Rechtskraft, damit endlich ein Schlussstrich unter das als Martyrium empfundene Verfahren gezogen werden kann, wäre die Ablehnung des rechtswidrigen gerichtlichen Ansinnens den Interessen des Mandanten zuwiderlaufend. Dass bislang ungeschriebene ethische Grundsätze in dieser Situation den Verteidiger bewegen könnten, auf **Einhaltung der wenigen formalen Grundsätze** einer Verständigung zu beharren (einschließlich der Wahrung der Rechtsmittelmöglichkeiten und damit einer Anfechtung des Ergebnisses durch andere Verfahrensbeteiligte), will Verteidigern nicht einleuchten, die die Interessenwahrnehmung maßgeblich an der Erreichung des gemeinsam mit dem Mandanten formulierten Verfahrensziel messen.

1977   Ob berufsrechtliche oder gar strafrechtliche Hindernisse beim Beschreiten des informellen Verständigungsweges abseits der gesetzlichen Normen bestehen, wird die Praxis der nächsten Jahre erweisen. Angedroht werden den gesetzesuntreuen Verfahrensbeteiligten Strafanzeigen, von der Rechtsbeugung über die Falschbeurkundung und deren Beihilfe bis zur Strafvereitelung. Die aktuelle Realität in deutschen Gerichtssälen lässt aber auch diese Androhung allenfalls als Verzweiflungsakt von wenigen BGH-Richtern oder Rechtswissenschaftlern erscheinen, die den letzten Versuch einer normierenden Kanalisierung des Verständigungsgeschehens effektiveren wollen.

1978   Konflikten in ganz anderen Dimensionen sieht sich Verteidigung im veränderten Verständigungsverfahren deswegen ausgesetzt, weil sie sich unter Umständen auf die **fatale Rolle des Vermittlers starren gerichtlichen Gewaltpotenzials** reduziert fühlen muss. »Angebote« zu Beginn eines Verfahrens sind in der Sache Ultimaten. Wird der Verständigungsprozess allein von der Autorität des Gerichts dominiert, hat der Mandant häufig nur die Alternative der Annahme einerseits oder des mit keinem traditionellen Strafprozess vergleichbaren Risikos einer exorbitanten Bestrafung. Die Signale zahlreicher Kammern sind deutlich, wonach die Alternative eines kontradiktorischen Strafprozesses zwar möglich, aber letztendlich hoffnungslos sei. Sind die das Verfahren prägenden Voreinstellungen eines Richters schon in einer Hauptverhandlung des ursprünglichen Typs überbordend, so blockiert die vorhergehende Ablehnung eines Verständigungsangebots intuitive Abwehrmechanismen, die mit überkommenen Überzeugungstechniken kaum noch aufzubrechen sind. Wird die Verhandlungsführung von dem weiterreichenden gerichtlichen Interesse bestimmt, in zukünftigen Fällen die Annahme der eigenen Angebote zu Beginn einer Hauptverhandlung zu fördern, ist Effektivität von Verteidigung bereits auf ein Minimum beschränkt.

1979   Die Redlichkeit im Mandatsverhältnis verlangt die Aufdeckung der Hoffnungslosigkeit. Die mandatsinterne Diskussion um einen Verzicht auf den konfrontativen Prozess kulminiert in Fällen, in denen der Mandant seine Unschuld beteuert. Rät der Anwalt in einer nüchternen Analyse seinem Mandanten zur Vermeidung katastrophaler Folgen zu einem Geständnis, ist die Rolle des Handlangers willkürlicher staatlicher Machtausübung nicht weit. Das bewusste Mitwirken an einem Fehlurteil allein zur Verhütung von Schlimmerem für den Mandanten überfordert und quält manchen Verteidiger.

Rechtspraktisch kann hier die Verteidigung ihre angemessene Rolle erst dann finden, wenn sie in **1980** zahlreichen Verfahren dazu beiträgt, dass das Verständigungsverfahren gerade nicht auf einseitige Ultimaten hinausläuft, sondern ergebnisoffen gestartet wird.

3. Verhandlungskunst

Die Begriffe der »Erörterung« und »Verständigung« im Gesetz legen nahe, dass das auf diesem Wege **1981** gefundene Prozessergebnis nicht vorgegeben ist, sondern erst von den Beteiligten gesprächsweise gefunden werden soll. Das unterstellte Einvernehmen weist Elemente des Vertrages auf. Der Weg zum Vertragsabschluss ist notwendiger Weise Vertragsverhandlung. Die rechtlichen Möglichkeiten der Vereinbarung sind gesetzlich und höchstrichterlich abgesteckt. Entscheidend für das Zustandekommen des Ergebnisses sind jedoch Faktoren, die legal nicht vorgegeben sind, sondern sich aus höchst individuellen Faktoren der vorhergehenden Verhandlungen zusammensetzen.

Unter welchen Bedingungen Vertragsverhandlungen in bestimmte Richtungen gelenkt werden, ist **1982** wissenschaftlich zumindest ansatzweise erforscht worden. Das Ergebnis: Weder mechanische Verhandlungsinstrumente noch rationale Operationen machen konkrete Vertragsabschlüsse erklärbar. Der Weg dorthin führt über komplexe emotionale Strukturen, deren unabänderliche Vorgaben und dynamische Entwicklungen die jeweils agierenden Vertragspartner zu berücksichtigen haben. Dass die meisten wissenschaftlichen Untersuchungen Vertragsabschlüsse mit wirtschaftlichem Inhalt zum Hintergrund haben, ist auf das dort bestehende wissenschaftliche Interesse zurückzuführen, das in den juristischen Fakultäten noch nicht einmal ansatzweise angekommen ist. In der **Wirtschaftspsychologie** gewonnene strukturelle Erkenntnisse können mit Vorsicht auf den strafprozessualen »Deal« übertragen werden.[1807]

Ob wissenschaftliche Erkenntnisse Strafverteidigern Hinweise für ihr Vorgehen bei Verständigungs- **1983** gesprächen geben können, mag bezweifelt werden. Denn der entscheidende Verhandlungsfaktor, der das Ergebnis determiniert, ist die **Verhandlungsmacht.** Wer Verhandlungsmacht in Gespräche einbringt, bestimmt letztlich das Ergebnis. Da die Prozessrollen in Vergleichsgesprächen grundsätzlich nicht aufgehoben sind, scheinen die Karten von Beginn an für die Verteidigung ungünstig verteilt. Die Verteidigung hat die Rolle der abwehrenden Skepsis, Richter haben die alleinige Potenz der finalen Entscheidung. Wird nur über die Entscheidung des allein kompetenten Entscheiders gesprochen, ist die Einflussnahme des Verteidigers in einem derartigen Gespräch noch weitaus geringer als bei seinem durch formalisierte Strukturen abgestützten Verhalten im traditionellen Strafprozess.

Die traditionelle wirtschaftspsychologische Wissenschaft versucht diese Machtfaktoren durch unterschiedliche Elemente zu beschreiben.

> Danach hat derjenige, der über ein knappes Wirtschaftsgut in den Verhandlungen verfügt ebenso einen **1984** höheren Machtfaktor in Gespräche einzubringen, wie derjenige, der im Gegensatz zu seinem Vertragspartner über höhere Zeitreserven verfügt oder sein beschränktes Interesse an einem tatsächlichen Vertragsabschluss entgegen seinen Interessen überzeugend in Gespräche einbringen kann. Angesichts dieser Untersuchungen muss einem Machtfaktor im Gespräch dann eine überragende Bedeutung zukommen, wenn die Alternative zum Scheitern von Vergleichsgespräche nicht nur in deren schlichtem Abbruch besteht, sondern darüber hinaus eine einseitige, autoritäre und nur höchst beschränkt überprüfbare Entscheidung eines der Verhandlungspartner zur Folge hat. Gängige Verhandlungsstrategien scheinen bei dieser Ausgangslage äußerst limitiert.

1807 S. aus der reichhaltigen Literatur z.B. *Thompson* Negotiation behaviour and outcomes: Empirical evidence and theoretical issues, Psychological Bulletin 108, 515–532, 1990; *Simons/Tripp* The negotiation checklist, 6. Aufl. 2010; *Medvec u.a.* Navigating Competition and cooperation 2005; *Lewicki/Barry/Sunders* Negotiation, 6. Aufl. 2010; *Galinsky/Mussweiler/Medvec* Disconnecting outcomes and evaluation: The role of Negotiator focus, Journal of Personality and Social Psychology 83, 1131–1140, 2002; populärwissenschaftlich zusammenfassend *Nasher* Deal! 2013, oder *Wheeler* The Art of Negotiation, 2013.

1985   Das Machtgefüge in der Auseinandersetzung um ein gemeinsames Ergebnis ist allerdings differenzierter. Macht in der Verhandlung unterscheidet sich grundsätzlich vom Status. Machtmittel und Machtfaktoren sind maßgeblich vom Gegenüber empfundene Dominanzen im Hinblick auf das selbststrebte Ziel. Auch der im Status schwache Verhandlungspartner kann absolut dominieren.

1986   Das enervierende Schreien eines Babys, das Nahrung oder Zärtlichkeit einfordert und hierbei letztlich »gewinnt«, macht dies überdeutlich. Die Verhandlungspositionen mit einer gezückten Pistole kann sich aus einer sehr machtvollen Grundkonstellation in einen nahezu irrelevanten Verhandlungsfaktor wenden, wenn das Opfer des Erpressers überzeugend vermittelt, dass es ohnehin schon immer den Wunsch hatte, aus dem Leben zu scheiden, sein Leben gescheitert sei, der Selbstmordversuch bislang allein deswegen unterblieben sei, weil damit die Lebensversicherung für die Ehefrau verloren gegangen wäre.

1987   Der Verteidiger, der sich auf einen Verständigungsweg einlässt, darf und kann nicht an der Statusposition des mit staatlicher Macht ausgestatteten Verhandlungspartners rütteln. Seine Macht in den Verhandlungen ist allenfalls kontextbezogen. Strukturell kann der Verteidiger sich zunutze machen, dass die als Konfliktverteidigung beschimpfte Bewegung des vergangenen Jahrhunderts bereits als **Verfahrensmacht der Verteidigung** erkannt hat. In der Verschränkung von traditionellem Strafprozess und neuen Verständigungsformen steht die Verfahrens- und Entscheidungsmacht den gesetzlich verankerten Mitwirkungsrechten der Verteidigung gegenüber. Gedacht als institutionelle Faktoren in einem konträr gestalteten Verfahren, ist die verliehene abstrakte Machtmöglichkeit jeweils der entscheidende Faktor, der die Ausgangspunkte der um ein Einvernehmen ringenden Verfahrensbeteiligten beschreibt.

1988   Je lästiger dem Gericht die mögliche Ausübung von Verteidigungsoptionen ist, desto eher kommt der Strafverteidigung eine Position der Macht in Vergleichsgesprächen zu. Die Gründe können unterschiedlich sein, aus denen das Gericht kein Interesse an der Entgegennahme von Befangenheits-, Beweis- oder Aussetzungsanträgen hat. Erkennt dies die Verteidigung, existieren jedenfalls Ansatzpunkte für Konzessionen des als machtvoll empfundenen Gegenüber.

1989   Die einseitige Herangehensweise des Gerichts bei der Vorbereitung des Prozesses lässt das Gericht an der Möglichkeit relevanten Verteidigungsverhalten zweifeln. Die Rechtsprechung des Bundesgerichtshofs legt hier beredtes Zeugnis ab, wenn die Senate Revisionen von Verteidigern unter Hinweis auf die Beruhensfrage verneinen, da angeblich trotz des aufgedeckten formalen Fehlers die Verteidigung alternativ nicht hätte stattfinden können; den meisten Verteidigern fällt in den beschriebenen Konstellationen sehr schnell eine prozessuale Aktivität ein, die richterlichen Gedankengängen fern ist. Eingedenk dieser Fantasielosigkeit auf dem Feld der Verteidigungsaktivitäten besteht der Aufbau einer kommunikativen Machtposition auch darin, dem richterlichen Gesprächspartner die sich für die Verteidigung schon im Vorfeld aufdrängenden Verteidigungsoptionen aufzuzeigen.

1990   Das Dilemma der Verteidigung in dieser Situation besteht darin, dass sie sich möglicherweise für den Fall des Scheiterns der Vergleichsgespräche und einer Durchführung der streitigen Hauptverhandlung die Effektivität der eigenen Optionen minimiert. So kann sicherlich der Optimismus des Richters hinsichtlich einer Verurteilung zu einer hohen Strafe aufgrund der Aktensituation entscheidend gemindert werden, wenn ihm allein von der Verteidigung entdeckte mögliche Beweisverwertungsverbote vorgehalten werden. Die die Verteidigung begünstigende Aktenlage kann allerdings in einer Hauptverhandlung allein durch Verhandlungsführung und Fragestellungen seitens des Gerichts in das Gegenteil gekehrt werden.

1991   Weist die Verteidigung in Vorgesprächen beispielsweise darauf hin, dass der Mandant in der Hauptverhandlung schweigen wird und das vor der Polizei abgegebene Geständnis offensichtlich mangels ausreichender Belehrung nicht verwertbar ist, stimuliert dies möglicherweise den Ehrgeiz des Richters, Ausgangspositionen zugunsten einer Verurteilung in der Hauptverhandlung zu verändern. Jeder Verteidiger weiß, dass die schlichte Frage an den Vernehmungsbeamten, ob er zutreffend belehrt habe von diesem bar jeder Erinnerung an das tatsächliche Geschehen bejaht wird und eine konträre Aktenlage durch Versehen oder andere unglückliche Umstände erklärt wird. Fehlende Belehrungen lassen sich in ausreichender Form zumeist nur als Ergebnis einer Hauptverhandlung fixieren, wenn Verteidigung als erste dieses von anderen Fragestellern missachtete Problem thematisiert.

726

Effektive Verhandlung setzt damit zwingend die Fähigkeit zu effektiver kontradiktorischer Vertei-   1992
digung voraus. Verteidigung, die angesichts der Möglichkeit der Verständigung die eigene Fähigkeit
zur Nutzung des klassischen Repertoires vernachlässigt und allenfalls die Fähigkeit zum Small-Talk
verbessert, wird den Vorteil angenehmer Gesprächssituationen, aber mangels darstellbarer Machtpositionen den Nachteil unglücklicherer Ergebnisse für den Mandanten erleben. Die Erfahrung
lehrt, dass ausgerechnet die geschmähten »Konfliktverteidiger« die positivsten Verständigungsergeb-
nisse erzielen. »Nur wer den Kampf liebt, darf dealen,«[1808] ist für manche die Konsequenz.

Bevor das Priming der Aktenlektüre durch den Richter auch für Verständigungsgespräche im Vor-   1993
feld der Hauptverhandlung unverrückbare Entscheidungsprozesse in Gang gesetzt hat, hat die Verteidigung ihre Machtpositionen zu verdeutlichen. Unabdingbar ist, die Arbeitsweise des Gerichts
in Erfahrung zu bringen, um den richtigen Zeitpunkt nicht zu verpassen. Schwer wird es für die
Verteidigung, wenn auch im Verständigungsprozess auf der richterlichen Seite das Gefühl der alleinigen Entscheidungskompetenz dominiert und – zum Teil schon mit der Zustellung der Anklageschrift – konkrete Verständigungsangebote gemacht werden, bei denen nur noch die Möglichkeit
der Ablehnung oder Zustimmung besteht. Gibt es vor dem Empfang solcher »Angebote« keine
Chance, die eigene Machtposition gesprächsweise vorzubringen, bleibt nur der Weg, vorab schriftlich die eigene vom Gegenüber möglicherweise als machtvoll empfundene Position in der Akte zu
fixieren.

Der Zeitaufwand eines kontradiktorischen Prozesses kann der entscheidende Machtfaktor im Ver-   1994
gleichsgespräch sein. Die Verkürzung von Verfahren ist die maßgebliche Idee der gesetzlichen Verständigungsvorschriften. Entscheidend für die Ausgangsposition bei Verständigungsgesprächen ist
allerdings die individuell beim Richter gefühlte Last des langen Verfahrens. So ist der Erledigungsdruck bei einem Amtsgericht, das u.U. ein Dutzend Verfahren an einem Verhandlungstag zu bewältigen hat, sehr viel größerer als bei einer Wirtschaftsstrafkammer, die im Gegenteil sogar gerne
gegenüber dem Gerichtspräsidium die eigene Überlastung mit dem Hinweis auf die von der Verteidigung angekündigten Maßnahmen dokumentiert.

> Die Gewichtungen der Machtpositionen hinsichtlich des Zeitfaktors hängen von zahlreichen individu-   1995
> ellen Faktoren ab. Arbeits- und Konfliktbereitschaft des Richters spielen hier ebenso eine Rolle wie die
> überzeugende Darstellung der Verteidigung, sich selbst dem aufgezeigten Zeitaufwand zu stellen. Vom
> Richter durchschaubares finanzielles Kalkül aufseiten der Verteidigung bestimmt auch deren Position im
> Gespräch. Ob eine konsequente und zeitraubende Verteidigung tatsächlich durch den hoch bezahlten
> Wirtschaftsverteidiger mehrere hundert Kilometer entfernt von seinem Kanzleisitz geführt werden wird,
> kann von einem Richter leicht in Zweifel gezogen werden, während die wirtschaftliche Attraktivität eines
> Mammutverfahrens als beigeordneter Verteidiger für den frisch zugelassenen Anwalt sich aufdrängt.

Macht gewinnt die Verteidigung auch dann, wenn sie auf **richterliche Eitelkeiten** trifft. Dass an   1996
messbaren äußeren Erfolgserlebnissen arme richterliche Dasein wird dann als Desaster empfunden,
wenn im Präsidium und in der Gerichtskantine über Schwächen in der rechtlichen Kompetenz
geredet wird. Oft empfinden Richter daher eine durch die Revisionsinstanz aufgehobene eigene
Entscheidung oder gar einen erfolgreich angebrachten Befangenheitsantrag als persönliche Niederlage. Selbst zur Abwehr eines entfernten Risikos entwickeln sie eine hohe Konzessionsbereitschaft.
Die in Vorgesprächen angekündigte Stellung eines vom Mandanten erbetenen Befangenheitsantrages wegen unüblicher Äußerungen des Richters in der Vergangenheit oder aber einer Besetzungsrüge, bei der sich unter Umständen der im Präsidium mitwirkende Richter den nicht entfernten
Vorwurf der Manipulation gefallen lassen müsste, wird häufig ebenso ostentative Gelassenheit des
Gesprächspartners wie dominierende richterliche Vermeidungsstrategien auslösen.

Gerade im gerichtlichen Verfahren prägt der **Verhandlungsort** individuelle Machtpositionen. Das   1997
richterliche Arbeitszimmer nimmt dem Richter kommunikative Hemmschwellen, legt ihm allerdings
gleichzeitig die gesellschaftlichen Fesseln des Gastgebers an (die der Verteidiger durch Begrüßungs-

---

1808 *Jungfer* Zur Psychologie des Vergleichs im Strafverfahren, in: Strafverteidigung – Annäherung an einen
   Beruf, 2016, 159 ff., 180.

zeremonien verstärken kann). Befürchtet Verteidigung unerwünschtes richterliches Dominanzgehabe, kann unter ausdrücklicher Betonung der Neutralität zum Gespräch ein entlegener Tisch in der Gerichts-Cafeteria vorgeschlagen werden.

Nach Aufruf der Sache im Gerichtssaal gelten andere Regeln.

1998 Mit großzügiger Geste werden vom Vorsitzenden alle Robenträger nach Beginn der Hauptverhandlung gern ins Beratungszimmer zu einem »Rechtsgespräch« gebeten. Die Erörterung des Verfahrensstands und mögliche Vorschläge zur einvernehmlichen Beendigung sollen weder von den Emotionen des betroffenen Mandanten noch von der Kontrolle der kritischen Öffentlichkeit irritiert werden. Zweifellos kann die Reduzierung der Kommunikationshemmschwellen auch für Verteidigung nützlich sein. Das Beratungszimmer ist der übliche, aber keinesfalls zwingende Ort für das sog. Rechtsgespräch. Abseits bindender Prozessregeln können Richter zur Untermauerung ihrer Positionen hemdsärmelige Bewertungen äußern, die in einer formalen Strafzumessung niemals Platz finden würden. Droht ein allzu derber und negativer Umgang für das Schicksal des Mandanten, liegt das Interesse nicht fern, die beabsichtigte Förderung der Verständigung durch die Atmosphäre des Gerichtssaals zu kanalisieren. Mit dem Hinweis, man habe nichts zu verheimlichen und die Subjektstellung des Mandanten solle auch im Verständigungsverfahren nicht leiden, kann Verteidigung auf Verhandlungsgesprächen im Gerichtssaal beharren.

4. Verhandlungstaktik

1999 Praktisch bleibt dem ungeschulten Strafverteidiger nichts anderes übrig, als seine Kommunikationsstrategien den neuen Umständen anzupassen. Sind die Formalien der Kommunikation beseitigt, ist nicht mehr die gerichtliche Inszenierung der Ort der Auseinandersetzung, lässt sich einiges von den Verhandlungstechniken der Ökonomen übernehmen. Mit der sog. Spieltheorie haben Wissenschaftler allgemeine Standards für Situationen aufgedeckt, in denen aus Konflikt Kooperation entsteht.[1809] Die diversen Arbeiten zu der Theorie helfen, den Einfluss von Normen in Organisationen und Regeln in Situationen zu verstehen, in denen unterschiedliche Interessen in einem Konsens enden (müssen). Sie erklärt, welche Verhaltensmuster auftreten und welche Verhaltensstrategien Erfolg versprechen. Mit ihren Erkenntnissen eröffnet die Spieltheorie einen neuen Blick auf die Bestimmungsgründe ökonomischen, politischen und sozialen Handelns und sind in weiten Teilen auf den konsensualen Weg angesichts der Antinomien eines Strafverfahrens übertragbar.

Die Forscher haben mittlerweile eine präzise Modellierung des idealen Verhandlers vorgenommen:[1810]

2000 Der Verhandler wird z.B. die Attraktivität des eigenen Angebots durch unattraktivere Alternativangebote erhöhen. Der Rest an einer konfrontativen Grundstimmung sollte von ihm abgestreift werden. Denn: Vereinbarungen schließt man nur mit einem Gegenüber, den man mag. Die notwendigen Aktivitäten zur Schaffung einer positiven Verhandlungsatmosphäre gilt es auszuloten. Der einleitende Small-Talk ist zu überprüfen, emotional verbindende Gemeinsamkeiten können am Anfang stehen; der Austausch über gemeinsame Abneigungen steigert das spätere Aufeinanderzugehen in der Sache. Die besonders ausgedrückte Wertschätzung gegenüber dem richterlichen

---

1809 S. hierzu z.B. den deutschen Nobelpreisträger *Reinhard Selten* Die konzeptionellen Grundlagen der Spieltheorie einst und jetzt, 2002; *Bolton/Ockenfels* The Ultimatum Game and the Empirical Nature of Fair Choice, Journal of Economic Behavior and Organization Vol. 108, pp. 300–302, 2014.

1810 S. hierzu z.B. *Roskos-Ewoldsen u.a.* The influence of accessibility of source likeability on persuasion, Journal of Experimental Social Psychology 38, 137– 43, 2002; populärwissenschaftlich: *Diamond* Getting more. How to negotiate to achieve your goals in the real word 2011; *Cohen* Negotiate this! 2003; *Fisher/Shapiro* Erfolgreich verhandeln mit Gefühl und Verstand 2007; *Fisher/Ury/Patten* Das Harvardkonzept. Der Klassiker der Verhandlungstechnik 2009; *Forghani* Tanz um die Macht. Geheimnisse der Verhandlungsführung 2012; *Ross* Trump-Style Negotiation: Powerful strategies and tactics for mastering every deal 2008; *Wachs* Faktor V. Die fünf Phasen erfolgreichen Verhandelns 2012; *Nasher* Deal! 2013. Zur wissenschaftlichen Auseinandersetzung mit den Verhandlungsmöglichkeiten im amerikanischen Gerichtswesen s. zahlreiche Beiträge in Harvard Negotiation Law Review, z.B. zum e-mail Kontakt der Verhandler: *Nadler* Legal negotiation and communication technology: How small talk can facilitate e-mail dealmaking, Harvard Negotiation Law Review 9, 223–245, 2004.

Gesprächspartner erhöht die Chancen einer Vereinbarung ebenso eminent wie die Gestaltung von Verhandlungssituationen, die stets eine »Gesichtswahrung« des Gegenübers zulassen.

Die erfolgreichen Verhandler empfehlen, unter Aufgabe der formellen Position Schwächen und damit **2001** Menschlichkeit zu offerieren, um auf diesem Wege erhöhten Zugang zu den relevanten Informationen des Gegenüber zu erhalten, die Rückschlüsse auf dessen maßgebliche Bewertungskriterien des Falles zulassen. Der Weg der kommunikativen Annäherung will geplant sein: von den ersten einleitenden Telefongesprächen über Emails bis hin zum persönlichen Kontakt.

Zwar ist der Charakter des Vergleichs geprägt durch ein gegenseitiges Nachgeben. Der sich seines Hochstatus bewusste Richter wird jedoch regelmäßig keine Vereinbarung eingehen, die er selbst als faulen Kompromiss empfindet. Das angestrebte Ergebnis darf daher keine Lose-lose-Situation sein, sondern muss von beiden Seiten als Win-win-Situation empfunden werden. Das setzt zum einen die zutreffende Einschätzung der maßgeblichen Interessensituation des Gegenübers voraus. Dies gelingt umso leichter, je komplexer und vielfältiger die Verhandlungsmasse gestaltet wird (von Strafhöhen über modifiziertes Prozessverhalten, der Belastung anderer bis hin zu Bewährungsauflagen, offenen Vollzug, vorzeitiger Entlassung oder Abschiebung). Bei aller Komplexität heißt es, die eigenen Interessen nicht in ihrer Massivität, sondern in kleineren Schritten näherzubringen (»Fractionating«). Dabei gilt es, bei den jeweils selbst für entscheidend gehaltenen Punkten als erster (Zahlen-) Ergebnisse zu formulieren (»Ankereffekt«). Die Plausibilität der besonderen Fairness des eigenen Angebots steigt, wenn dem Gegenüber dessen eigenes Handeln als Maßstab vorgehalten werden kann (»bei 3 Kilogramm Kokain hatten Sie in der letzten Woche eine Freiheitsstrafe von lediglich 3 Jahren verhängt!«).

Glaubwürdigkeit und Authentizität spielen bei Verhandlungen eine entscheidende Rolle. Nur wer seine »Drohungen« und seine mögliche Bereitschaft zum Nachgeben überzeugend übermitteln kann, beeinflusst seinen Gegenüber in Richtung der Kooperation. Als Verhaltensmuster dient im dem rationalen Prozess der Verständigung u.U. auch die Darlegung eigener irrationaler Handlungsanteile. Schon ein wenig Emotionalität und Irrationalität signalisiert nicht aufzubrechende Entschlossenheit. Wenn der Verteidiger z.B. leidenschaftlich die Rettung des Rechtsstaats angesichts prozessualen Fehlverhaltens von Polizisten im Ermittlungsverfahren reklamiert, unterstreicht er in laufenden Verhandlungen die – nahezu unverhandelbare – Bedeutung einzelner Diskussionspunkte. Dass eine derart präsentierte Emotionalität nicht schädlich ist, belegen wirtschaftspsychologische Studien, wonach dem wütenden Verhandlungspartner sein Gegenüber sehr viel eher zu Zugeständnissen bereit ist als dem glücklich wirkenden.[1811]

Der Zeitfaktor ist für die Dynamik der Entwicklung in Richtung eines akzeptablen Konsens fundierend. Ökonomen konstatieren:[1812] Selbst bei unüberwindlich erscheinenden Interessenkonflikten kann Kooperation entstehen, wenn die Parteien wiederholt interagieren. Dies gilt in der Ökonomie bei der Stabilisierung von Kartellen ebenso wie in der Politik bei der Reduktion von Treibhausgasemissionen oder der Vermeidung von Überfischung. In diesen Situationen gibt es in der kurzen Frist der Verhandlungen zunächst Anreize, die eigenen Kosten der Kooperation zu vermeiden, und zugleich von den Kooperationsanstrengungen der anderen zu profitieren. Bei individuell rationalem Verhalten kommt im ersten Schritt keine Kooperation zu Stande, obwohl sie für beide Seiten vorteilhaft wäre. Wiederholte Interaktion schafft neue Anreizstrukturen, aus denen vollständige Kooperation entstehen kann. Wiederholungen eröffnen die Möglichkeit, Versprechen und modifizierte Drohungen auszusprechen und den Wert des Einvernehmens für sich zu entdecken. Wenn Kooperation mit dem Zeithorizont variiert, erscheint es für die Verteidigung nachteilig, die Verhandlungssituation in einem einzigen Punkt – z.B. im »Rechtsgespräch« zu Beginn einer Hauptverhandlung – kulminieren zu lassen.

In jedem Fall sollte der Verteidiger sich aufgrund der Dynamik einer Verhandlung nicht dem Zwang einer Verständigung aussetzen. Der – auch dem Gegenüber präsente – mögliche Abbruch der Verhandlung ist mit der Konsequenz der Durchführung des kontradiktorischen Prozesses nicht nur für den Mandanten oftmals die beste Lösung, die Glaubwürdigkeit dieser Option führt oft genug zum entscheidenden Abschluss der Verständigung.

1811 *Van Kleef u.a.* The interpersonal effects of anger and happiness in negotiations, Journal of personality and social psychology, 2004, 86 (1), 57 ff.

1812 S. z.B. das Handbuch des Nobelpreisträgers *Robert J. Aumann* (mit Sergiu Hart): Handbook of Game Theory with Economic Applications, 2002; *Ockenfeld/Sliwka/Werner* Timing of kindness: evidence from a field experiment, 2014.

5. Verhinderung der Verständigung

2002 Innovativ ist die Aufgabe der Verteidigung, sich u.U. schon der Einfädelung einer Verständigung zu widersetzen.

2003 Schließt die vorbereitende Verteidigungsanalyse mit dem Ergebnis, dass nur der Kampf um den **Freispruch** den Interessen des Mandanten dienen kann, muss das Ziel der Verteidigung darin bestehen, bereits den Ansatz von Gesprächen mit dem Gericht zu unterdrücken. Das Ergebnis des Freispruches ist im Verständigungswege nicht zu erreichen. Der Verteidiger, der im Vorfeld trotz Freispruchambitionen ohne näheres Ziel Vorbereitungsgespräche mit dem Gericht führen will, sollte sich des kaum zu revidierenden Eindrucks der Kompromissbereitschaft gewahr sein. Der fehlende richterliche Glaube an die Unschuld des Mandanten könnte schon in dieser Phase endgültig zementiert werden.

2004 Auch die verständigungsbereite Verteidigung ist u.U. gezwungen, frühe gerichtliche Ambitionen zu bremsen. Fasst das Gericht die einvernehmliche Regelung dahin auf, dass es selbst einen schnellen Verständigungsvorschlag macht, den die Verteidigung nur noch akzeptieren oder ablehnen kann, gibt es für Verhandlungskunst und -strategie der Verteidigung keinen Raum. Zur Konservierung der durch die Verständigung eröffneten Verteidigungschancen durch Kommunikation gilt es, einseitige gerichtliche Dominanz zu unterbinden.

2005 In diesen Situationen gehört die Verhinderung von Gesprächen zu einem Teil der neuen Verteidigungsstrategien. Das Gericht hat nach der neuen Verständigungsregel »in geeigneten Fällen« jederzeit die Möglichkeit, den Stand des Verfahrens mit den Beteiligten außerhalb der Hauptverhandlung zu erörtern und ggf. Verständigungsvorschläge zu machen. Ein sehr früher und deutlicher Schriftsatz der Verteidigung kann jedem Verfahrensbeteiligten verdeutlichen, dass der vorliegende Fall angesichts des Fehlens jeglicher Verständigungsbereitschaft der Verteidigung gerade nicht »geeignet« ist.

2006 Schon die Bezifferung potenzieller Strafhöhen zu Beginn einer öffentlichen Hauptverhandlung verankert Vorstellungen, die nur mit erhöhtem Aufwand wieder aufgelöst werden können. Ihre Vermeidung ist u.U. Primärziel. Selbst unmittelbar vor einer vom Gericht offensichtlich beabsichtigten Offerte kann auf das fehlende Verständigungspotential hingewiesen werden. Auch die rechtliche Konsequenz einer richterlichen Befangenheit kann in den Warnhinweis aufgenommen werden, falls trotz evidenter Ungeeignetheit des Falles entgegen der gesetzlichen Konstellation das Gericht dennoch auf einem verkürzten Verfahren beharrt. Bleibt die Warnung ungehört, ist die Konsequenz in einen Ablehnungsantrag umzusetzen.

2007 Auch jenseits der Freispruchverteidigung sind zahlreiche Konstellationen denkbar, in denen allein das Führen von Gesprächen dem Verteidigungsinteresse zuwiderläuft. Maßgeblich ist hier die für jeden Verteidiger nachvollziehbare Bewertungsstruktur des Richters, die ausschließlich geprägt ist von der Stoffsammlung des Ermittlungsverfahrens, das regelmäßig mit einer belastenden Tendenz geführt und abgeschlossen wird. Sinnvoll sind hier oft **Verständigungsgespräche** nicht vor der Hauptverhandlung, sondern erst **nach der Durchführung eines Teils der Beweisaufnahme**.

2008 Der Richter kann beispielsweise nicht umhin, eine in aller Deutlichkeit belastende Aussage des wichtigsten Zeugen im Ermittlungsverfahren in seine eigene Prognose mit einzubeziehen. Ist aber aus Sicht der Verteidigung hier die entscheidende Weichenstellung, die ein sehr viel positiveres Ergebnis für den Mandanten verhindert, sind Gespräche häufig – zunächst – sinnlos. Notwendig ist vielmehr eine erstmalige konfrontative Befragung dieses Hauptzeugen, um das – vorläufige – Bild der richterlichen Gesprächspartner derart formen zu können, damit dessen Bewertung überhaupt in die Nähe akzeptabler Urteilsergebnisse kommen kann.

III. Verteidigungschancen im Unterwerfungsritual

1. Gesprächsstrukturen der Verständigung

2009 Verteidigungsziele können in der Vorstellung eines Maximums einer Strafhöhe bestehen; die Bewährung oder die Geldstrafe von nicht mehr als 90 Tagessätzen sind u.U. absolute Vorgaben des Mandanten. Ebenso ist aufgrund der besonderen Interessenkonstellation des Mandanten die Vermeidung einer Hauptverhandlung oder jedenfalls die Vermeidung einer langen Hauptverhandlung denkbar. Erscheinen derartige Ziele im Verständigungswege erreichbar, hat der Verteidiger diese Option im Sinne der unbedingten und einseitigen Interessenwahrnehmung für seinen Mandanten zu nutzen.

Hier muss sich Verteidigung mit einer anderen **Form der Kommunikation** auseinandersetzen, als   **2010** diese durch die Prozessordnung vorgegeben wird. Verständigungsgespräche sind fern der ritualisierten Formen und ähneln eher den Gesprächen von Managern über die Höhe eines zu vereinbarenden Preises. Der Smalltalk und das Gewinnen von Sympathien gehört hierzu ebenso wie die weit ausholende Geschichte, die den höheren oder niedrigeren Wert einer Ware ebenso wie das gespielte Desinteresse an einem Vertragsabschluss zumindest andeuten soll. Der basarähnliche Gesprächsablauf darf den Verteidiger allerdings über eines nicht hinwegtäuschen: Die Position seines richterlichen Gegenüber ist nach wie vor die des autoritären Hochstatus. Die Regeln über Verständigung haben den Inquisitionsprozess nicht beseitigt. Das Bild der Audienz wird daher dem Richter sehr viel eher vorschweben als das eines Vergleichsgesprächs.

Der Duktus dieser Gespräche bietet der Verteidigung jedoch **Erkenntnisquellen**, die weder im noch   **2011** abseits des kontradiktorischen Verfahrens möglich sind. Verständigungsgespräche befreien Richter von der Last, bei allzu offener Wiedergabe ihrer Verfahrenseinschätzung sich dem Vorwurf der Befangenheit auszusetzen. Die Lösung der Barrieren führt nicht selten zu einer kommunikativen Entfesselung, die alsbald auch diejenigen **emotionalen Faktoren** offenlegt, die in der Vorprägung des Gerichts dominieren.

> Dass die Handlungsweise des Mandanten »extrem grausam« war, dass der Fall eigentlich exakt dem Stan-   **2012** dard der von der Kammer behandelten Fälle entspricht, dass man das »Milieu« sehr gut einschätzen könne, dass das Opfer sich offensichtlich allzu leichtsinnig verhalten habe, all das sind Informationen nach Aktenlage, die nur die informelle Kommunikation der Verständigungsgespräche produzieren kann. Auch der nicht verständigungsbereite Verteidiger kann sich daher allein im Hinblick auf diesen Erkenntnisgewinn auf solche Gespräche einlassen.

Verteidigung kann sich allerdings auch die Erkenntnis aller Verfahrensbeteiligten zunutze machen,   **2013** dass Gesprächsgegenstand der »Plauderei« letztendlich ein aktenmäßiger Sachverhalt ist, der von keinem der Beteiligten überprüft werden konnte. Mit derselben Berechtigung, mit der Polizeibeamte ihre Einschätzung des Geschehens dem Gericht in Aktenform unterbreitet haben, kann die Verteidigung die eigenen Erkenntnisse zum Fall – ohne Widerspruch – vortragen.

> Ohne sich zunächst formalen Bindungen auszuliefern, kann der Verteidiger (nach vorhergehendem Einverständnis mit seinem Mandanten) seine eigene Verteidigungsgeschichte dem Anklagesatz entgegenhalten. Ein weites unüberprüfbares Feld bietet hier insbesondere der persönliche Eindruck, den der Verteidiger bislang von seinem Mandanten gewonnen hatte. Geschichten über die Sensibilität des Mandanten, seine in der Akte bislang nicht aufscheinenden persönlichen, gesundheitlichen oder finanziellen Probleme oder z.B. seine subjektive, sich der Notwehr nähernde Rezeption des Tatgeschehens können den Akzent des reinen Unterwerfungsrituals unmerklich verschieben. Auch wenn nach wie vor der Kern des Anklagesatzes nicht zur Disposition in der Verständigung steht, kann hier durch offene sehr subjektive Verteidigungskommunikation eine Veränderung der Dimension der bislang richterlich vorgestellten Schuldüberlegungen vorgenommen werden.

Verständigungsgespräche können von der Verteidigung auch mit dem Ziel geführt werden, **prozes-**   **2014** **suale Kontrapunkte** zu der bislang vorliegenden aktenkonformen richterlichen Rezeption mit der einseitigen Belastungstendenz zu setzen.

> Dass Belehrungen nicht oder unvollständig im Ermittlungsverfahren erfolgt sind, dass richterliche Unter-   **2015** schriften unter Protokollen schlicht fehlen, dass die Kargheit eines richterlichen Durchsuchungsbeschlusses einer Unterbrechung von Verjährungsfristen entgegensteht oder dass angesichts der intensiven Berührungspunkte des angeklagten Sachverhalts mit dem Ausland nicht einmal das deutsche Strafrecht anwendbar sein könnte, ist Richtern angesichts diverser Problemhorizonte häufig nach der Aktenlektüre nicht geläufig.

2016   Auch für sich aufdrängende **Sachverhaltsalternativen** mangelt es einem richterlichen Leser der Akten an Fantasie, wenn er vornehmlich durch ein verurteilendes Erledigungsinteresse geprägt ist. Hier kann die Verteidigung ihre Gesprächspartner mit Sachverhaltsvarianten konfrontieren, die sich zwar nicht aus dem bisherigen Ermittlungsstand ergeben, die aber durchaus plausibel erscheinen. Dass und welche zusätzlichen Zeugen sich aufdrängen können, die Ansätze für diese Alternativsachverhalte belegen, kann in solchen Verständigungsgesprächen ebenfalls nähergebracht werden.

2017   Will die Verteidigung tatsächlich eine Verständigung mit dem Vorteil des kalkulierbaren Schuldspruchs und der Vermeidung eines langen Prozesses, so werden alle diese das Anklagebild konterkarierenden Vorstellungen nicht vorgetragen, um deren prozessuale Umsetzung zu erreichen. Das Aufzeigen der prozessualen Alternativen dient allenfalls dazu, das einseitige Unterwerfungsritual unter die Prämisse der Anklage aufzubrechen und gerade im Hinblick auf die vermittelte Unsicherheit einer möglichen Verurteilungsgrundlage das Ausmaß der Verurteilung zu relativieren. Letztendlich macht sich die Verteidigung den bereits aus dem konfrontativen Verfahren bekannten richterlichen Reflex zu Nutze: Unsicherheiten bei der Qualität der Grundlage zur Schuldfeststellung werden regelmäßig kompensiert bei der Verhängung der Strafhöhe.

2018   Mit einer derartigen Dynamik versehene Verhandlungen sind nur denkbar, wenn die Verteidigung aus richterlicher Sicht akzeptable Handlungsoptionen aufzeigt. Nur wenn der Strafverteidiger glaubwürdig eigene Handlungsoptionen vortragen kann, ist der Weg für ein Aufeinanderzugehen zum Zwecke der Abkürzung des Verfahrens offen. Solche Gespräche setzen oft eine vorangegangene Phase (und hierzu zählt bereits das Ermittlungsverfahren) engagierter und formstrenger Verteidigung voraus, an deren Ende eine **Position der Stärke** erarbeitet worden ist. Im Rahmen der Erörterung ist diese »**Verfahrensmacht**« von der Verteidigung anzudeuten und ggf. auch ausdrücklich zu thematisieren. Die Qualität dieser Position hängt auch von der Person des Verteidigers ab, den die Gesprächspartner für kompetent erachten müssen, angedeutete und als unangenehm empfundene Prozessverläufe auch tatsächlich steuern zu können. Das »Do-ut-des-Prinzip« ist für jede Absprache bestimmend.[1813] Gerade das präsumtive Prozessverhalten der Verfahrensbeteiligten steht – wie § 257c Abs. 2 S. 1 zeigt – in einem »Austauschverhältnis«.

2. Leistung und Gegenleistung

2019   Geständnis gegen milde Strafe – das ist der Prototyp der Verständigung. Ohne dass hierfür konkrete Erfahrungen der deutschen Strafpraxis vorliegen, hat das neue Gesetz zur Verständigung im Strafverfahren den möglichen Inhalt von Leistung und Gegenleistung erheblich erweitert.

2020   Gegenstand einer Verständigung können als »**Leistung**« des Gerichts neben der Strafzumessung im Urteil auch darauf bezogene Beschlüsse sowie sonstige verfahrensbezogene Maßnahmen des Ermittlungsverfahrens sein (§ 257c Abs. 2 S. 2). Nicht nur die Höhe einer Strafe, ein Kompensationsabzug im Rahmen der sog. Vollstreckungslösung,[1814] die Verhängung einer Bewährung und deren Auflage, Nebenstrafen oder die Fortdauer der Untersuchungshaft sind damit verhandelbar, sondern auch rein prozessuale, im Ermessen des Gerichts stehende Maßnahmen wie Terminierungen, Strukturierungen der Beweisaufnahme, Beurlaubungen, Verbindungs- und Einstellungsentscheidungen.

2021   Die Verständigung über eine Punktstrafe bei der Strafzumessung bleibt unzulässig.[1815] Das Gericht ist vielmehr gehalten, einen Strafrahmen mit Ober- und Untergrenze festzulegen,[1816] wobei nach allgemeiner Erfahrung die zugesagte Strafobergrenze mit dem Urteil identisch ist. Tatsächlich müsste die Verhängung der Strafe an der Obergrenze explizit gerechtfertigt werden, wenn zuvor die niedrigere Strafe aus Sicht des Gerichts ohne Weiteres möglich war. Nicht untersagt sind die Vereinbarungen anderer Bestandteile des Rechtsfolgenausspruches wie das Absehen von der Bildung einer Gesamtstrafe nach § 53

1813 *Weßlau* Strategische Planspiele oder konzeptionelle Neuausrichtung? Zur aktuellen Kontroverse um eine gesetzliche Regelung der Absprache im Strafverfahren, FS E. Müller 2008, S. 779 ff., 793.

1814 MüKoStPO/*Jahn/Kudlich* § 257b Rn. 123.

1815 BGH StraFo 2011, 52.

1816 BGH StV 2011, 75.

Abs. 2 S. 2 StGB. Deal-untaugliche Vereinbarungen sollen auch dann vorliegen, wenn das Gericht seine Kompetenz überschritten hat. Der BGH hat dies beispielsweise bejaht bei der gerichtlichen Zusage einer Strafaussetzung nach Halbstrafenverbüßung.[1817]

Der **Inhalt des Geständnisses** ist verhandelbar. Zwar wird die Rechtsprechung nicht müde zu betonen, dass nur ein glaubhaftes Geständnis entsprechend dem angeblich weiter geltenden Aufklärungsgrundsatz Grundlage eines Urteils sein kann.[1818] Ein inhaltsleeres Formalgeständnis (»ich war es«) soll nicht ausreichen.[1819] Das gängige »Ich trete der Anklage nicht entgegen« will der BGH neuerdings nicht einmal mangels bewertbaren inhaltlichen Gehalts als Geständnis ansehen.[1820]   2022

Das Interesse des Tatrichters ist demgegenüber der kurze Prozess. Faktisch kann damit das Zugestehen des Anklagevorwurfs in »schlanker« Form erfolgen.[1821] U.U. verlangt das Gericht auch einen umfangreichen Beitrag zur Sachaufklärung. Das würde der gesetzlichen Idee nahekommen, dass der Schuldspruch nur von einem glaubwürdigen, damit detaillierten Geständnis getragen werden kann. Andererseits birgt eine umfangreiche und unkontrollierte Darstellung des Angeklagten die Gefahr von unvorhersehbaren Komplikationen, auf die das verständigungsbereite Gericht (und u.U. auch die Verteidigung) gern verzichten. Der angestrebte schnelle Prozess verlangt hier eher nach lakonischer Kürze.   2023

In der Frage der Behandlung des Geständnisses kulminiert der Widerspruch zwischen Praxis und Theorie der Verständigung.

Die Glaubhaftigkeit der Angaben des Angeklagten lässt sich vom Gericht zumeist nur überprüfen, wenn die Angaben nicht nur in sich stimmig sind, sondern möglicherweise auch Sachverhaltselemente offerieren, die bislang nicht aktenkundig waren. Spätestens hier ist jedoch fragwürdig, welche Erwartenshaltung das Gericht vor der Entgegennahme eines Geständnisses haben muss, wenn die Zusage einer Strafe von dem vom Gericht antizipierten Inhalt der Angaben des Angeklagten abhängig gemacht wird. Da diese Erwartenshaltung ausschließlich durch den Akteninhalt und die Formulierung des Anklagesatzes geprägt wird, wird das erwartete und ausreichende Geständnis damit regelmäßig darauf hinauslaufen, dass der Angeklagte maximal diesen Akteninhalt mit eigenen Worten bestätigend referiert.   2024

Gestaltungsspielraum für die Verteidigung ergibt sich aus der Rechtsprechung, wonach es für eine Verständigung auch ausreichen könne, wenn zwar nicht das Geständnis allein, aber in der Zusammenschau mit anderen Beweisergebnissen das in Aussicht genommene Urteil tragen könne.[1822] Eine Verständigung kann damit auch mit einem Angeklagten geschlossen werden, der sich nicht imstande sieht, sämtliche Behauptungen der Staatsanwaltschaft im Anklagesatz zu bestätigen. Lässt sich die Überzeugungsbildung der Kammer auch mit ergänzenden Urkunden im Sinne des Anklagevorwurfs bilden, kann dies auch zum Dealangebot der Verteidigung zu einem »eingeschränkten« Geständnis führen.   2025

Aufseiten der **Verteidigung** ergibt sich neben oder statt des Geständnisses auch eine »**Gegenleistung**« in Form eines zugesagten Prozessverhaltens. Die Liste solcher Gegenleistungen ist lang und reicht vom Verzicht auf Widersprüche, auf Beweisanträge, auf singuläre Fragen oder generelle Befragungen der Opferzeugin, auf Besetzungs- und Befangenheitsanträge bis hin zu Zusagen auf die Ventilierung eines Täter-Opfer-Ausgleichs oder Zustimmungen gem. § 153a für einige von mehreren angeklagten Taten. Auch eine Verschlankung einer ansonsten streitigen Hauptverhandlung kann angeboten werden, wenn beispielsweise die Zustimmung zur Verlesung von Vernehmungsprotokollen[1823] oder zur Verwertung bestimmter Beweisergebnisse avisiert oder in der Berufungsinstanz eine Beschrän-   2026

1817 BGH StV 2011, 74.
1818 BGH NStZ-RR 2010, 336; StV 2010, 50.
1819 BGH StV 2009, 232.
1820 BGH StV 2012, 133 f.
1821 So wohl BGH StV 2011, 337.
1822 BGH StV 2010, 60; 2011, 608.
1823 S. hierzu *Wenske* DRiZ 2011, 393 (397).

kung des Rechtsmittels angeboten wird.[1824] Die Leistung des Angeklagten kann auch im Verzicht auf die Rückgabe sichergestellter Gegenstände liegen.[1825] Da ein Absehen von notwendigen Beweiserhebungen ohne Verstoß gegen die vermeintlich uneingeschränkte Aufklärungspflicht schwerlich vereinbart werden kann, dürften lediglich die Durchführung fakultativer Beweiserhebungen sowie die Auswahl eines bestimmten Sachverständigen verhandelbar sein.

2027   Eine konsequente Verständigung kann auch zu einzelnen Sachverhaltsmomenten erfolgen. Im zivilprozessualen Sinne könnten bestimmte **Tatumstände »unstreitig«** gestellt werden. Einige wenige tatsächliche Angaben des Angeklagten zur Tat stellen bereits ein »Geständnis« i.S.d. § 264 dar. Im Gegenzug kann das Gericht ohne Verstoß gegen die Aufklärungspflicht auf Beweiserhebungen zu zugestandenen Umständen verzichten. Faktisch kann damit verbindlich von den Beteiligten über einen stringenten Umfang eines im Übrigen streitigen Verfahrens disponiert werden.

2028   Der »Deal« kann damit Dimensionen annehmen, die weit über das Ursprungsmodell hinausgehen. Eine tatsächlich erfolgte **Verständigung** hat zu präzisieren, welche »**Leistungen**« der Verfahrensbeteiligten in das »Austauschverhältnis« eingebracht werden können. Dienen sie der Förderung des Verfahrens, ist der geforderte sachliche Konnex regelmäßig gegeben.

2029   Das Gesetz enthält auch **Beschränkungen für Vereinbarungen**. So ist der **Schuldspruch nicht verhandelbar**. Ein Mordmerkmal soll damit ebenso wenig wegzudiskutieren sein wie Qualifikationen[1826] oder die Anwendung von Erwachsenen- statt Jugendstrafrecht, wohl aber besonders schwere Fälle mit Regelbeispielen.[1827] Darüber hinaus sind sämtliche Maßregeln der Besserung und Sicherung untaugliche Absprachegegenstände. Ist der Prozessgegenstand am Anfang der Hauptverhandlung durch die Anklage fixiert, können im Laufe der Verhandlung die maßgeblichen Tatbestände nach entsprechenden Hinweisen gem. § 265 durch das Gericht modifiziert werden; Verhandlungsgegenstand kann dann statt eines Mordes ein Totschlag sein.

2030   Das Gericht kann nur im Rahmen seiner Kompetenzen verhandeln. Die Diskussion ausschließlich um eine Einstellung von Verfahrensteilen nach § 154 Abs. 2 StPO soll daher nicht in den Dealbereich fallen,[1828] jedenfalls soweit es um nicht dem Gericht bereits unterbreitete Verfahren geht. Um eine »Gesamtbereinigung« zu ermöglichen, ist die Einbeziehung sonstiger verfahrensbezogener Maßnahmen im zugrunde liegenden Erkenntnisverfahren gestattet. Hierunter fallen in erster Linie Verfahrenseinstellungen und -beschränkungen nach §§ 153 ff.[1829]

2031   Zwingendes Recht soll – so die wenig stringente Gesetzeskonzeption – weder im materiellen noch prozessualen Recht weggedealt werden können. Zwingendes Prozessrecht in der Hauptverhandlung soll daher vom Gericht beachtet werden. Durch die gesetzliche Beschränkung auf Maßnahmen im zugrunde liegenden Erkenntnisverfahren wird die »Dealzone« weiter begrenzt. Ausgeschlossen sind Entscheidungen, die in andere Verantwortlichkeiten als derjenigen fallen, die am Erkenntnisverfahren beteiligt sind (wie z.B. Entscheidungen im Strafvollstreckungsverfahren) oder Prozesssituationen außerhalb des gegenständlichen Erkenntnisverfahrens betreffen (z.B. Entscheidungen in Strafverfahren, die bei anderen Gerichten anhängig sind).

2032   Diese »Ausweitung der Dealzone« bietet der Verteidigung ein weites Aktionsfeld. Angesichts der nicht beseitigten Dominanz des Gerichts auch im Verständigungsverfahren birgt diese Weite die Gefahr, dass

---

1824 OLG Karlsruhe StV 2014, 401; OLG Brandenburg NStZ-RR 2020, 88; insoweit a.A. OLG Jena StV 2019, 838, 841.

1825 *Würfel/Lehmeyer* Formlose Einziehung und Verständigung, StraFo 2020, 96 ff.; *Wilke* Vermögensabschöpfung und Deal – Ökonomisierungs- und Verteidigungspotential, StraFo 2019, 495 ff. Generell zur Fragwürdigkeit derart weit gezogener Verhandlungsmasse BeckOK StPO/*Eschelbach*, 36. Ed. 1.1.2020, StPO § 257c Rn. 17.

1826 BGH NJW 2011, 1526 zur »Bande« beim Diebstahl; BGH StV 2012, 134 zur Bandenabrede beim Betrug; zur »besonderen Schwere der Schuld« beim Mord s. OLG Celle StraFo 2011, 185.

1827 BVerfGE 133, 168 (211).

1828 BGH StV 2018, 8.

1829 Zu § 154 Abs. 2 s. OLG Frankfurt NStZ-RR 2011, 49.

sich das Gericht einen Freibrief erteilen lässt, um sich von allen schützenden Formen der StPO zu befreien. Es ist daher – entgegen den Lippenbekenntnissen in der Gesetzesbegründung – mit den tradierten Grundsätzen des deutschen Strafverfahrens und der Strafzumessung kaum vereinbar, das prozessuale Wohlverhalten des Angeklagten zum Verhandlungsgegenstand zu machen. Gleichwohl sind Vereinbarungen über den Abkauf von Verfahrensrechten nunmehr gesetzlich legitimiert.

Disponibler Gegenstand von Absprachen ist das **Prozessverhalten der Staatsanwaltschaft**. Dieses umfasst Anträge und Zustimmungen der Anklagebehörde nach §§ 153 ff. Anders als die verfahrensbezogenen Maßnahmen des Gerichts ist das Prozessverhalten der Staatsanwaltschaft nicht auf das zugrunde liegende Erkenntnisverfahren beschränkt. Daher sind Zusagen der Staatsanwaltschaft für Strafvollstreckung und -vollzug statthafter Verhandlungsgegenstand, auch wenn sie das Gericht nicht binden (können). In Betracht kommen insbesondere Zustimmungen zur Aufnahme in den offenen Vollzug sowie – vorbehaltlich beanstandungsfreien Verhaltens im Vollzug – zur vorzeitigen Strafaussetzung nach § 57 Abs. 1 und 2 StGB. Nicht ausgeschlossen ist auch, dass die Staatsanwaltschaft im Rahmen ihrer gesetzlichen Befugnisse Zusagen zur Sachbehandlung in anderen bei ihr anhängigen Ermittlungsverfahren gegen den Angeklagten abgibt (z.B. Einstellung nach § 154). Hier – wie auch sonst – ist die Frage der Konsequenzen einer unvollständig eingehaltenen Absprache ungeklärt. **2033**

3. Verfahren der Verständigung

Formalisiert ist das Verständigungsverfahren für die Hauptverhandlung. Auf dieser Formalisierung muss die Verteidigung – bei allem Bestreben andere Formalien zu umgehen – beharren, nur so kann ein Vertrauenstatbestand durch Absprache geschaffen werden.[1830] Das Gesetz sieht in § 257c Abs. 3 ein dreistufiges Verfahren vor: Zunächst gibt das Gericht einen Verständigungsvorschlag bekannt. In einem weiteren Schritt sind die Verfahrensbeteiligten hierzu anzuhören und haben ggf. Stellung zu nehmen und Alternativvorschläge zu unterbreiten. Erst in einem dritten Schritt kommt die verbindliche Verständigung zustande, wenn Angeklagter und Staatsanwaltschaft dem – möglicherweise zwischenzeitlich modifizierten – Vorschlag des Gerichts zustimmen und dieser protokolliert wird. **2034**

Formal wird somit dem Gericht (ebenso wie der Staatsanwaltschaft im Ermittlungsverfahren und dem Gericht im Zwischenverfahren) die Initiativrolle übertragen.

In der Praxis ist der Verständigungsvorschlag allerdings schon das Ergebnis von Verständigungsgesprächen, die im Vorfeld geführt wurden, sei es telefonisch, sei es in der gerichtlichen Cafeteria oder im Richterzimmer. Dass derartige Gespräche einem ersten formellen Vorschlag vorausgehen, ist genuines Verteidigerinteresse. Ein erstmals öffentlich verkündeter Vorschlag beinhaltet auch psychologisch derart weitgehende Selbstbindungsfaktoren, dass die Durchsetzung von Verteidigerinteressen im Verständigungsverfahren selbst nur noch schwer möglich ist. Die beschriebenen Vorteile der Verständigung für die Verteidigung bieten nur ein sehr frühes und damit weitgehend offenes Gespräch. Ein den Verteidigungsinteressen entsprechender Ablauf der Verständigung muss daher regelmäßig dahin gehen, auch die wenigen formalisierten Verfahrenselemente durch eine vorhergehende Absprache kalkulierbar zu gestalten. **2035**

Die Bedeutung des ersten offiziellen Vorschlags ergibt sich insbesondere bei Kollegialgerichten bereits daraus, dass das Gericht selbst sich an den Vorschlag im Fall der Zustimmung gebunden fühlen muss. **2036**

Ein solcher Vorschlag muss daher kammerintern unter Einschluss von Schöffen mit einer qualifizierten Mehrheit erfolgen, wie sie auch letztendlich ein Urteil erfordert. Ein solcher Vorschlag kann daher niemals ein unverbindliches Herantasten an ein mögliches Ergebnis sein, sondern stellt bereits ein gerichtsintern diskutiertes und abgestimmtes Ergebnis dar.

Verteidigung, die sich nach internen Verhandlungen auf die schlichte Zusage eines Gerichts verlässt, ohne die formellen Protokollierungen vorzunehmen, gibt nahezu sämtliche Möglichkeiten einer Kontrolle über den Vollzug der Verständigung aus der Hand. Eine Verständigung, die nicht proto- **2037**

1830 BGH NStZ 2011, 107 f. verdeutlicht die Bindungslosigkeit »informeller« Absprachen, selbst wenn das Gericht durch sein Verhalten weitgehende Erwartenshaltungen geschürt hat.

kolliert wurde, entfaltet auch keine Bindungswirkung.[1831] Ein enttäuschtes Vertrauen bei überraschendem negativen Inhalt des Urteils ist nicht reversibel.

2038 Ausnahmefälle können im Extremfall dazu führen, dass das auch in der Revision nachzuweisende Verhalten des Gerichts außerhalb der formellen Verständigungsvorschriften ein derartig weitgehenden Vertrauenstatbestand erzeugt hat, dass ein Überraschungsurteil den Grundsätzen des fairen Verfahrens widersprechen könnte.[1832]

2039 Dass das derart geschaffene Vertrauen brüchig ist, mag folgender Beispielsfall belegen: Wie nicht selten erklärte der Vorsitzende in öffentlicher Hauptverhandlung, die Verteidigung möge sich ggf. mit der Staatsanwaltschaft verständigen. Die Kammer habe noch niemals einen Antrag der Staatsanwaltschaft im Plädoyer überboten. Die Verteidigung verhandelte zäh und erreichte einen Antrag der Staatsanwaltschaft, wonach eine zweijährige Freiheitsstrafe für den Angeklagten zur Bewährung auszusetzen sei. Das Urteil der Kammer lautete auf zwei Jahren und sechs Monaten. Die entsetzte Frage der Verteidigung nach Urteilsverkündung, man habe doch niemals bislang einen Antrag der Staatsanwaltschaft überboten, konterte der Vorsitzende zynisch mit dem Hinweis, dass einmal immer das erste Mal sei. Der BGH sah keinen Anlass einzuschreiten. Das Urteil wurde rechtskräftig.[1833]

2040 Ansprechpartner für erste Sondierungen kann auch die Staatsanwaltschaft sein. Da zumindest im Ermittlungsverfahren Verständigungsversuche mit der Staatsanwaltschaft aktenkundig zu machen sind (§ 160b S. 2), spricht vieles dafür, bei möglicher Relevanz dieser Gespräche diese auch in der Hauptverhandlung offenzulegen und protokollieren zu lassen.

2041 Gerichtliche Verständigungsgespräche mit Kollegialgerichten werden in der Regel durch den **Vorsitzenden** eingeleitet. Weichenstellende Erörterungen, erste Vorstellungen durch zahlenmäßige Fixierungen werden in diesen Gesprächen erfolgen. Auch wenn diese letztlich nicht zu einem endgültigen Ergebnis führen, können die dort geäußerten Vorstellungen bei einem aus Sicht der Verteidigung akzeptablen Inhalt zumindest informell psychologische Bindungswirkungen verbreiten. Ziel der Verteidigung kann und muss es daher sein, den Inhalt dieser Gespräche zu publizieren. Verkürzenden Protokollierungen durch den Vorsitzenden sollte daher mit einer Alternativdarstellung der Verteidigung entgegengetreten werden.

2042 Dokumentationsfreiheiten hat die Rechtsprechung zwar in einer Entscheidung gesucht, in der behauptet wurde, allein vom Vorsitzenden geführte Gespräche seien noch keine protokollierungspflichtigen Verständigungsversuche; der Wortlaut des Gesetzes spreche von »Gericht«.[1834] Angesichts des dringenden Appells des Bundesverfassungsgerichts an die Einhaltung der Transparenz der Verständigungsgeschehnisse außerhalb der Hauptverhandlung dürfte diese Ansicht allerdings kaum langfristig aufrechtzuerhalten sein.[1835]

2043 Das Drängen auf Dokumentation und Transparenz kann aus revisionstaktischen Gründen insbesondere bei völlig fehlenden oder gescheiterten Verständigungsgesprächen beschränkt sein. Nach wie vor ist einigen Richtern die Notwendigkeit der Angabe auch eines **Negativattestes nach § 243 Abs. 4** nicht geläufig. Während die schlichte Vergesslichkeit des Richters bislang ohne Folgen blieb, weil die Revisionsgerichte einen solchen Fehler an der Beruhensfrage scheitern ließen,[1836] hat das Bundesverfassungsgericht nunmehr unmissverständlich festgestellt, dass angesichts der Bedeutung des Transparenzgebots die Beruhensfrage in der Regel positiv zu bewerten sein müsse. Da richterliche Nachlässigkeiten zu Beginn der Hauptverhandlung bislang von der Rechtsprechung noch nicht mit Handlungspflichten der Verteidigung verbunden worden sind, kann Verteidigung schweigen und in der Revision rügen.

1831 S. z.B. BGH NStZ 2011, 473.

1832 S. z.B. BGH NStZ 2011, 107 m. Anm. *Meyer* HRRS 2011, 17.

1833 BGH, Beschl. v. 06.12.2012 – 2 StR 294/12.

1834 BGH NStZ 2011, 592.

1835 Zur Kritik s. auch *Niemöller* Der Deal in der Rechtsprechung zum Verständigungsgesetz, NZWiSt 2012, 290, 291.

1836 S. z.B. BGH NStZ 2011, 592; NStZ-RR 2012, 148.

Eine der nicht abschließend geklärten Fragen ist, was ein **Verständigungsgespräch** zu einem Verständigungsgespräch macht – und daher transparent offengelegt werden muss. In der Richterschaft hat dies zu einer großen Verunsicherung geführt, weil hierdurch die Entwicklung der sozialen Kontakte der Verfahrensbeteiligten während der vergangenen Jahrzehnte konterkariert wurde. Während noch vor hundert Jahren ein persönlicher Kontakt zwischen dem Richter und Verteidiger außerhalb des formalisierten Rahmens kaum über den gemeinsamen Juristenball oder formelle Ereignisse hinausging, haben moderne Kommunikationsmittel Gespräche außerhalb des Gerichtssaals zuletzt fast zur Regel gemacht. Nicht jeder derartiger Kontakt war bislang von dem Ziel einer Verständigung im Hauptverfahren getragen, auch einzelne erörterte Detailfragen konnten jedoch ein wichtiger Baustein für das anschließende formelle Verhandeln sein. Gespräche über äußere Verfahrensumstände (»Wieviel Verhandlungstage werden wir wohl brauchen?«) oder unverbindlich erscheinende Informationen über die Üblichkeiten der Kammer (möglichst in vergleichbaren Konstellationen – »Bei 5 Kilo Marihuana gehen wir nie unter 4 Jahre!«) gehörten zum Alltagsleben eines Richters. Er musste sich keine Gedanken darüber machen, inwieweit aus solchen Vorgesprächen Mitteilungs- und Protokollierungspflichten entstehen konnten. Dies hat § 243 Abs. 4 StPO geändert. Auch wenn Gespräche nicht in einer Verständigung mündeten, ist deren Existenz nachträglich offenzulegen und zu protokollieren.   2044

Problematisch ist der Umfang. Mehr als fragwürdig muss hier die gelegentliche Ausgrenzung von angeblich nicht zu publizierenden Gesprächen hinter verschlossenen Türen sein, in denen lediglich eine vorläufige Beurteilung der Beweislage oder allgemeine Ausführungen zur strafmildernden Wirkung eines Geständnisses sind.[1837] Dass solche Gespräche nicht verständigungsbezogen, weil von vorneherein nicht auf einen verbindlichen Konsens ausgerichtet seien, verkennt die Wirkung der ersten Darstellung der richterlichen Verfahrenseinschätzung auf die anderen Beteiligten. Ein kausaler Bezug zum tatsächlichen weiteren Verlauf und damit auch zu einem möglichen einvernehmlichen Ergebnis kann einer solchen Initiative des Gerichts nicht abgesprochen werden. Sie ist auch völlig unnötig. Nichts spricht dagegen, derart weitreichende Einschätzungen zum Verfahrensstand dem Gerichtspublikum ebenso wie den Angeklagten offenzulegen.

Ob es angesichts der strengen Transparenz- und Dokumentationspflichten überhaupt noch das Phänomen einer »unverbindlichen Fühlungsaufnahme« zwischen Beteiligten außerhalb der Hauptverhandlung gibt, darf bezweifelt werden. Da es nicht auf die konkreten Personen ankommt, die an einem Verständigungsverfahren beteiligt sind, muss auch der bloße Kontakt eines beisitzenden Richters einer Kammer mit einem anderen Verfahrensbeteiligten ausreichen; der Beisitzer hat seine Informationen an den Vorsitzenden weiterzuleiten, der wiederum durch Aktenvermerk und Mitteilung zu Beginn der Hauptverhandlung derartige Vorgänge transparent zu machen hat. Verfahrensbeschränkungen gemäß §§ 153, 153a, 154 sind notwendigerweise Teile von Strategien zur gesamten Verfahrenserledigung und daher verständigungsbezogen.[1838] Aus der Transparenzpflicht ist das Gericht auch nicht zu entlassen, wenn ihm Gespräche mit dem möglichen Ziel einer Verständigung zwischen Verteidigung und Staatsanwaltschaft geläufig sind; auch hier besteht die Mitteilungspflicht.[1839] Hat ein früherer Vorsitzender in derselben Sache derartige Gespräche geführt, so muss der aktuell die Verhandlung führende Vorsitzende hierüber berichten.

Über alle Fragen des prozessualen Verhaltens muss berichtet werden, wenn sie auch nur entfernt in den Konnex zum Verfahrensergebnis gebracht werden können.[1840] Die schlichte Ankündigung des Verteidigers zu einem Geständnis und die daraufhin erfolgende Zusage einer Planung von allenfalls wenigen Hauptverhandlungstagen ist bereits inhaltlich auf ein mögliches Urteil bezogen. Mittelbar muss sich eine solche Bezugnahme auch ergeben, wenn beispielsweise aktuelle Haftfragen unter Bezugnahme auf den angeblich dringenden Tatverdacht geführt werden. Die schlichte Diskussion über das Stellen einer Kaution soll demgegenüber noch nicht ausreichen, um die Kategorie eines Verständigungsgesprächs zu erreichen.[1841] Demgegenüber wird auch im Rahmen der möglichen Verständigung agiert, wenn die Kammer in großer Runde schweigt und lediglich der Staatsanwalt seine Strafmaßvorstellungen äußert.[1842]

1837 BGH 5 StR 9/15 HRRS 2015 Nr. 583.
1838 OLG Hamburg 1 RB 58/14 v. 14.8.15.
1839 BGH ZWH 2014, 105 m. Anm. *Adamski.*
1840 BGH StV 2018, 1 ff.
1841 BGH 2 StR 123/14.
1842 BGH StraFo 2018, 198.

Der Gefahr der Fehleranfälligkeit der Mitteilung entgeht nur noch der Vorsitzende, der mit Sicherheit keinerlei Gespräche führt. Hier ist das Negativattest nicht interpretierbar. Bewahrt demgegenüber der Richter Reste von Höflichkeit und Kommunikationsbereitschaft im Vorfeld, ist der Verfahrensbezug eines Gesprächs sehr schnell erreicht, wenn der Smalltalk die Themen des Wetters und des Fußballs verlassen hat. Um allen Gefahren der fehlerhaften Mitteilung (und ggfl. einer Falschprotokollierung) zu entgehen, sind in den letzten Jahren Richter zu dem steinzeitlichen Usus übergegangen, überhaupt keine Gespräche mehr mit irgendwem zu führen. Erscheint auf dem Telefondisplay eine unbekannte Nummer, wird nicht abgehoben; erscheint ein Verteidiger an der Tür des Richterzimmers, wird er zum Teil panikartig – möglichst mithilfe des beisitzenden Richters – zurückgewiesen.

2045   Die Mitteilungs- und Transparenzpflicht trifft den Vorsitzenden während des gesamten Verlaufs der Hauptverhandlung. Werden nach dem ersten Mitteilungszeitpunkt nach Verlesung der Anklage bei weiteren Unterbrechungen derartige Gespräche geführt, so sind sie – und zwar unverzüglich – in der Hauptverhandlung zu publizieren. Dies gilt auch, wenn sich ein Verständigungsvorgang unter Umständen über mehrere Verhandlungspausen oder gar Verhandlungstage erstreckt, um erst spät in konkrete Verständigungsvorschläge zu münden. Transparenz erfordert auch die kurzfristige Dokumentation.[1843] Da Verständigungsgespräche das gesamte Verfahren tangieren, hat ein Vorsitzender auch dann zu Beginn einer Hauptverhandlung hierüber zu informieren, selbst wenn diese Gespräche im Hinblick auf eine vorhergehende ausgesetzte Hauptverhandlung in derselben Sache (möglicherweise unter Beteiligung anderer Richter und Verteidiger) geführt wurden.[1844] Dasselbe muss gelten, wenn in einer Parallelsache bereits Gespräche zur Erledigung des nunmehr verhandelten Verfahrens geführt wurden.[1845]

2046   Unklar war in den ersten Jahren der gerichtlichen Verständigung, in welchem Umfang mitzuteilende Gespräche offenzulegen und **gemäß § 273 Abs. 1a zu protokollieren** sind. Mittlerweile dürfte Einigkeit darüber bestehen, dass nicht allein der als Ergebnis geltende Beendigungsvorschlag des Gerichts zu protokollieren ist. Wenn auch der Verlauf der Gespräche zu protokollieren ist, so hat die Öffentlichkeit und die nicht an den intimen Gesprächen teilnehmenden Angeklagten – auch der nicht an einer Verständigung interessierte Angeklagte[1846] – einen Anspruch darauf zu erfahren, welche Gesprächsstrukturen zu der letztendlichen Vorstellung des Gerichts geführt haben. Dazu gehört, von welcher Seite die Frage der Verständigung aufgeworfen wurde, welche Standpunkte von einzelnen Gesprächspartnern vertreten wurden und auf welche Resonanz dies bei anderen traf.[1847] Als zusätzliches Minimum sind daher sowohl die Strafmaßvorstellungen aller anderen Verfahrensbeteiligten aufzunehmen als auch mögliche grundsätzlich differenzierte Einschätzungen.[1848] Der »wesentliche Inhalt« der Gespräche ist zu protokollieren, überflüssig sollen demgegenüber Einzelheiten der Argumentation der Beteiligten sein – was wiederum einen breiten Ermessensspielraum des für die Dokumentation verantwortlichen Vorsitzenden eröffnet.[1849] Nicht nur der mögliche Urteilstenor, sondern alle im Zusammenhang mit den Gesprächen stehenden möglichen Belastungen des Angeklagten sind darzustellen; hierzu gehören konkrete Auflagen sowohl hinsichtlich einer möglichen Bewährung als auch einer Haftverschonung.[1850] Alles dies gilt auch, wenn die Gespräche letztendlich zu keiner Verständigung geführt haben.[1851]

2047   Aus einer formellen Verpflichtung soll und kann die Verteidigung das Gericht nicht entlassen: Bereits mit dem Vorschlag hat der Vorsitzende eine **Belehrung des Angeklagten** zu verbinden, die ihn über die Voraussetzungen und Folgen einer Rückabwicklung einer abgeschlossenen Verständigung auf-

---

1843 BGHSt 59, 21, 26; BGH 5 StR 20/15 HRRS 2015 Nr. 580.
1844 BGH StV 2019, 799 m. Anm. *Henckel*.
1845 OLG Jena StV 2019, 838.
1846 BGH 2 StR 75/14.
1847 BGH StV 2019, 377 f.
1848 BGHSt 59, 21, 26.
1849 BGH NStZ 2020, 87.
1850 BGH 4 StR 148/14 StV 2015, 150; OLG Brandenburg NStZ-RR 2020, 88.
1851 BGH StraFo 2018, 156 ff.

klären soll. Auch wenn sich diese Belehrungspflicht erst im Zusammenhang mit der Regelung des Abweichens von der Verständigung findet (§ 257c Abs. 4, 5), gehört sie an den Anfang des formalisierten Verständigungsprozesses. Gerade die frühe Belehrung auch über die Möglichkeit des Scheiterns einer Verständigung soll den Angeklagten in besonderer – nachprüfbarer – Weise befähigen, eine autonome Einschätzung bei seiner Entscheidung zu einer Zustimmung zum gerichtlichen Verständigungsvorschlag vornehmen zu können. Zeitpunkt und Inhalt dieser Belehrung sind – wie der gesamte wesentliche Ablauf und der Inhalt der Verständigung – in das **Hauptverhandlungsprotokoll** aufzunehmen (§ 273 Abs. 1, 1a). Relativiert wird der Wert dieser Warnung an den Angeklagten durch die mangelhafte Konsequenz bei richterlichem Verstoß gegen diese Formalie: Das nach mangelhafter Belehrung erfolgte Geständnis bleibt verwertbar.[1852]

4. Befangenheit

Gesetzgeberisch gewollte Folge der richterlichen Befugnis zu Verständigungsgesprächen ist zugleich, dass die Besorgnis der Befangenheit nicht allein aufgrund der Initiative des Gerichts zu einer Verständigung begründet sein kann. Dies darf nicht als Legitimation zum Eingriff in die Freiheit der Willensentschließung des Angeklagten missverstanden werden. Die Ausübung unzulässigen Drucks auf den Angeklagten – etwa durch Aufdrängen einer Verständigung bei artikuliertem Ziel des Freispruchs – vermag sehr wohl Zweifel an der Unbefangenheit des Gerichtes zu begründen.[1853] Auch durch Aufzeigen einer strafzumessungsrechtlich unvertretbaren »Sanktionsschere« können sich beim Angeklagten Bedenken breit machen. Die Sanktionsschere ist ein rechtswidriges, aber in der Praxis wirkungsvolles Instrument der Tatrichter, um zu erwünschten Verständigungen zu kommen. § 136a oder sogar strafwürdiges Verhalten kann im Raum stehen, weshalb dem Mandanten häufig zur Wahrung seiner Rechte nichts anderes übrig bleibt, als den Sachverhalt im Rahmen eines Befangenheitsgesuchs zu publizieren. Diskutiert werden aktuell die Kriterien für die Angemessenheit eines angebotenen Strafrahmenausschnitts.[1854] | 2048

Entsprechende Bedenken können beim Angeklagten auftauchen, soweit das Gericht die Regeln der Verständigung zum Nachteil eines Verfahrensbeteiligten missachtet: Insbesondere heimliche Verständigungsgespräche – etwa unter Ausschluss oder verspäteter Einbeziehung des Mitangeklagten und seiner Verteidigung – gefährden das Vertrauen in die Unbefangenheit des Richters.[1855]

Das Verfahren kann Voreingenommenheiten produzieren. Das gilt bei Verständigungsversuchen gegen mehrere Mitangeklagte, die teilweise gescheitert sind. Erfolgt eine Verurteilung in einem abgetrennten Verfahren gegen den verständigungswilligen Mitangeklagten, birgt dies oft zahlreiche Ansätze für die weiter konfrontativ verhandelnden Angeklagten, unverrückbare Vorentscheidungen bei den erkennenden Richtern zu befürchten.[1856] | 2049

Eine Voreingenommenheit des Vorsitzenden – aus Sicht der Staatsanwaltschaft – soll vorliegen, wenn drei von vier Angeklagte sich zu Beginn der Hauptverhandlung zu einer Verständigung bereit erklärt haben, der Staatsanwalt angesichts der noch offenen Fragen auf Drängen des Vorsitzenden nicht auf | 2050

1852 BGH StV 2011, 76.

1853 EGMR Kriegisch./. Deutschland v. 23.11.2010 akzeptiert schon für den Rechtszustand vor Einführung der Verständigungsvorschriften, dass weit auseinander liegende Strafmaßvorstellungen (hier: 6–12 Jahre) ein Indiz für unzulässigen Druck darstellen können.

1854 *Meyer-Goßner/Schmitt* § 257c Rn. 19 hält einen Strafrabatt von 20–30 % für maximal tolerabel, *Eschelbach* (BeckOK StPO § 257c 36. Ed. 1.1.2020) 10 – 15 %, LR/*Stuckenberg* § 257b Rn. 50 ein Drittel. BGH StV 2011, 202 negiert fixe Grenzen, das Gewicht eines Geständnisses könne in verschiedenen Verfahren und insbesondere Verfahrensabschnitten variieren. Umfassend *Kubik* Die unzulässige Sanktionsschere, 2014.

1855 BGH StV 2011, 75.

1856 S. z.B. BGH NStZ 2012, 519 ff.

alle geladenen Zeugen verzichten will und sein Verhalten anschließend als »unanständig« kritisiert wird, weil er die verständigungsbereiten Angeklagten »in Sippenhaft« nehme.[1857]

2051   Der Eindruck der Befangenheit kann sich insbesondere auch bei **Schöffen** einstellen. Diese sind regelmäßig an Vorgesprächen nicht beteiligt. Z.T. steht mangels Terminierung nicht einmal fest, welche Schöffen mitentscheiden werden. Die meisten Vereinbarungen erfolgen daher ohne Schöffen zwischen Gericht, Staatsanwaltschaft und Verteidigung. Schöffen werden allenfalls vor Beginn der Hauptverhandlung von den Berufsrichtern informiert.

2052   Diese Information dauert zumeist wenige Minuten. Dass ein Schöffe in dieser kurzen Zeitspanne ein u.U. hoch komplexes Verfahren erfasst und in einer selbstständige Bewertung zu einer Billigung eines Verständigungsergebnisses kommen kann, dürfte nur in den seltensten Fällen mit seiner Richterrolle konform gehen. Der Eindruck eines dominierenden Interesses an einem schnellen Prozess ist unvermeidbar. Der ebenfalls an einem schnellen Ende interessierte Angeklagte dürfte hieraus regelmäßig keine prozessualen Konsequenzen ziehen.

2053   Anders könnte sich das Verteidigungsinteresse allerdings darstellen, wenn gegen den Willen der Verteidigung gleich zu Beginn der Hauptverhandlung ein Vorschlag verkündet wird. Da die kammerinterne Beratung zu diesem Vorschlag angesichts des Bindungsfaktors Urteilsqualität haben muss, kann bereits der äußerlich erkennbare zeitliche Zusammenhang zwischen Eintreffen der Schöffen bei Gericht und Beginn der Hauptverhandlung mit Verkündung des Vorschlags die Sorge der Befangenheit des Angeklagten in einem sofortigen Ablehnungsantrag münden lassen.

5. Rechtsmittel nach Verständigung

2054   Nicht zur Verhandlungsmasse gehört der **Rechtsmittelverzicht**. Dieser ist ausdrücklich ausgeschlossen (§ 302). Zumindest die theoretische Möglichkeit der Kontrolle des Vereinbarungsprozesses in der Rechtsmittelinstanz soll Transparenz gewährleisten. Rechtsstaatlich akzeptable Überlegungsfristen dokumentieren (unnötigerweise) die qualifizierte Belehrungspflicht nach Urteilsverkündung, wonach der Angeklagte »in jedem Fall« frei sei in seiner Entscheidung, gegen ein Verständigungsurteil ein Rechtsmittel einzulegen (§ 35a Abs. 3).

2055   Die ersten Erfahrungen mit der neuen gesetzlichen Regelung lehren jedoch, dass der Gesetzgeber hier an einer entscheidenden Stelle an den Bedürfnissen insbesondere von Gericht und Staatsanwaltschaft vorbeigeregelt hat. Sinn macht für viele Richter eine Verständigung nur dann, wenn der Abschluss des Verfahrens in derselben Instanz auch garantiert ist. Bevorzugt wird von Gerichten oft die Variante der Verständigung vor ihrer gesetzlichen Fixierung, bei der man – zumindest als »gentlemens agreement« – davon ausging, dass unmittelbar nach der Urteilsverkündung ein allseitiger Rechtsmittelverzicht erklärt werde, und damit die Akte niemals einem Rechtsmittelgericht zur Überprüfung unterbreitet werden konnte.

2056   Mit der Einführung der gesetzlichen Regelung erfolgten daher sogleich die Bemühungen zu **Strategien ihrer Umgehung**.[1858] Verteidiger werden z.B. aktuell – in gesetzeswidriger Weise – mit der Alternative konfrontiert, ob man eine Verständigung mit oder ohne Rechtsmittelverzicht haben wolle. Garniert wird diese Situation häufig noch mit der Erwartung eines zusätzlichen Strafrabatts für die Beteiligung an der ungesetzlichen Variante. Die Mitwirkung der Verteidigung an derartigem Vorgehen ist nicht selten im Interesse des Mandanten, geht allerdings über bloße Geschmacksfragen hinaus. Ernsthaft diskutiert wird in der Literatur an diesem Zusammenhang der Rechtsbeugungstatbestand ebenso wie eine Beteiligung des Verteidigers hieran.[1859]

1857 BGH StV 2013, 372.

1858 S. z.B. *Fischer* Ein Jahr Abspracheregelung. Praktische Erfahrungen und gesetzlicher Ergänzungsbedarf, ZRP 2010, 249, 250.

1859 *Schlothauer* in: Niemöller/Schlothauer/Weider, Teil D Strafrechtliche Implikationen.

Aktives Wegschauen der Revisionsinstanzen erleichtert allerdings die Umgehungsbemühungen. Wenn die gesetzeswidrige Akteure die Verständigung nicht aktenkundig machen und erst recht nicht protokollieren, ist das Geschehen nicht revisibel. Für den BGH existiert der Deal nicht, weil er nicht protokolliert wurde.[1860] Existiert er nicht, muss er sich auch nicht an gesetzlichen Normen messen lassen.   **2057**

Ein anderer höchstrichterlich genehmigter Ausweg ist aufgezeigt: Der Verteidiger muss hier mitwirken. Er legt ein Rechtsmittel ein, nimmt dieses allerdings kurz danach wieder zurück.[1861] Im Ergebnis ist die von allen Beteiligten erwartete Folge eingetreten: Das Urteil ist kurz nach seiner Verkündung rechtskräftig, kein Revisionsgericht wird die Chance haben, die Vereinbarung zwischen den Beteiligten nochmals rechtlich zu überprüfen. Diese Umgehung des gesetzlichen Verzichtverbots kann sicherlich nicht Gegenstand der Vereinbarung sein. Augenzwinkernd erfolgte Verständigungen waren allerdings schon seit Jahrzehnten Usus in der Strafjustiz; mit diesen Talenten lässt sich die zukünftige Normalität des Deals prognostizieren.   **2058**

Die Rechtsprechung vor der Einführung der gesetzlichen Regelung deutete zuletzt die Verständigungsbereitschaft des Angeklagten als **Verzicht auf weitere Rügen** in einem Rechtsmittelverfahren.

Vor Einführung der Verständigungsvorschriften hatte der BGH deutlich gemacht, dass er den Deal letztendlich als Verzicht des Angeklagten auf Geltendmachen jeglicher Verteidigungsrechte auffasst.[1862] Selbst wenn in einer Verständigung zum Abschluss des Verfahrens die Verteidigung sich ausdrücklich vorbehält, einen zuvor abgelehnten Befangenheitsantrag[1863] revisionsrechtlich überprüfen zu lassen, wollte der BGH aus der Verständigung selbst z.T. einen vollständigen Rügeverlust des Angeklagten ableiten. Gelegentlich ist auch nach Einführung der gesetzlichen Verständigungsregeln der Versuch einer Konservierung dieser Ansicht zu beobachten.[1864]   **2059**

Der Gesetzgeber hat mit der Regulierung durch die Verständigungsvorschriften deutlich gemacht, dass das Recht der Revision – ebenso wie die Berufung – unberührt bleiben soll.[1865] Der bisherigen Rechtsprechung ist damit die Grundlage entzogen. Rügen müssen zu allen Themenbereichen in der Revision zulässig sein.[1866] Zwar wird versucht, die ursprünglichen Ideen über den Umweg der Rechtsfigur des »widersprüchlichen Verhaltens« doch noch zur Geltung zu bringen. Verteidigung wird daher in Zukunft durch ihr Verhalten sowohl in der Instanz als auch im Revisionsverfahren darum kämpfen müssen, den ihr vom Gesetzgeber erhaltenen Aktionsspielraum auch tatsächlich nutzen zu können.   **2060**

Liegt – auch aus nachvollziehbarer Sicht des Revisionsgerichts – eine Verständigung vor, kann in der Revision die fehlende Einhaltung der formalen Voraussetzungen gerügt werden. Darüber hinaus stehen der Verteidigung weitere Rügen offen.

So gibt es beispielsweise für das **Revisionsgericht** keinen Anlass, ein auf Verständigung beruhendes tatrichterliches Urteil rechtskräftig werden zu lassen, obwohl erkennbar – und von der Verteidigung stets gerügt – Verfahrenshindernisse einer Verurteilung entgegenstehen.[1867] Nach dem aktuellen Konzept der Verständigungsvorschriften, die die überkommenen Prozessgrundsätze nicht antasten wollte, kann auch ein Geständnis oder prozessuales Einverständnis des Angeklagten der Verurteilung einer verjährten Tat nicht zur Legitimation verhelfen. Auch Fehler im Schuldspruch müssen in vollem Umfang vom Revisionsgericht überprüft werden; dieser Teil des Urteils ist ohnehin der Verständigung entzogen. Ist allein der Strafrahmen zwischen einer denkbaren Mindest- und Höchststrafe   **2061**

1860 BGH StV 2011, 645.
1861 BGH StV 2010, 346 m. Anm. *Niemöller* StV 2010, 474.
1862 BGHSt 50, 40, 52; BGH StV 2004, 4; 2009, 169.
1863 BGH StV 2009, 628.
1864 BGH StV 2010, 470 m. abl. Anm. *Wattenberg*, der mit der Verständigung ein »Grab der Verfahrensrügen« befürchtete.
1865 BRegE BT-Drs. 16/12310, S. 9.
1866 BGH NStZ-RR 2010, 383.
1867 BGH NStZ-RR 2010, 383; 2010, 289; 2011, 25.

Gegenstand einer Vereinbarung und damit möglicherweise nicht mehr anfechtbar, verbleibt dennoch eine Überprüfung durch das Revisionsgericht dahin gehend, ob bei der letztendlich allein vom Gericht gefundenen konkreten Strafe Rechtsfehler begangen wurden, insbesondere gegen die Vorschrift des § 46 Abs. 3 StGB verstoßen wurde.

2062 Grundsätzlich ist die Verteidigung nicht gehindert, einen unzulässig ausgeübten Zwang im Sinne des § 136a im Hinblick auf eine Verständigung im Revisionsverfahren geltend zu machen. Die Voraussetzungen für die Feststellung derartig verbotener gerichtlicher Methoden unterliegen dem Freibeweis, sodass fehlende Anhaltspunkte im Protokoll für die Voraussetzung des § 136a unschädlich sind.[1868]

2063 Grundsätzlich muss auch nach einer Verständigung der Verteidigung die Möglichkeit der formellen Rügen erhalten bleiben. Hier ruht die Verständigung allerdings auf einem schon im Vorfeld ausgehandelten »kurzen Prozess«, sodass das Material für die Rüge regelmäßig extrem beschränkt ist. Denkbar sind allerdings auch Verständigungen, die erst nach einer streitigen Hauptverhandlung erfolgten. Hier spricht nichts dagegen, beispielsweise einen zu Unrecht in der Hauptverhandlung abgelehnten Befangenheitsantrag als formellen Rechtsfehler in der Revisionsinstanz zu rügen. Gleiches gilt für unzutreffend zurückgewiesene Beweisanträge – es sei denn, die Verständigung ist als Rücknahme dieser Anträge auszulegen. Ebenso können – vom Tatgericht ignorierte – Widersprüche aufgrund von Beweisverwertungsverboten, verworfene Zuständigkeitsrügen,[1869] die Verletzung des Rechts auf das letzte Wort[1870] oder ein fehlender Hinweis nach § 265[1871] in der Revisionsinstanz geltend gemacht werden.

2064 Der Widerstand von Richtern gegen diese Möglichkeit der Kritik an Verständigungsurteilen ist gewiss. Sie beruht allerdings allein auf dem vom Gesetz nicht geregelten Bedürfnis, insgesamt gerade im Hinblick auf mögliche rechtliche Fragwürdigkeiten eines Verfahrens einen nicht mehr hinterfragbaren Schlussstrich ziehen zu können.

2065 Besonderheiten kann die **Berufungshauptverhandlung** bieten. Endete das amtsgerichtliche Verfahren mit einem Urteil, das auf einer Absprache beruhte, kann keiner der Beteiligten daran gehindert werden, eine Berufung einzulegen. In der Berufungsinstanz werden die Karten neu gemischt. Alle Beteiligten können sich von den Verständigungsmodalitäten lösen, da mit dem Berufungsgericht ein völlig neuer Spruchkörper als »Vertragspartner« erscheint, der an früheren Verständigungen nicht beteiligt war. Wie hier zu agieren ist, bleibt weitgehend unklar. Der Gesetzgeber hat an diese Konstellation offensichtlich nicht gedacht. Wenn den Beteiligten auch nach einer Verständigung in jedem Fall ein Rechtsmittel zugebilligt wird, hatte man die Revision im Auge. Für die Berufung darf allerdings nichts anderes gelten. Die Konsequenz: Jede amtsgerichtliche Verständigung trägt den Stempel der Vorläufigkeit und hat nur eine instanzbeendende Wirkung. Taktisches Potenzial beschert die Situation für die Verteidigung, wenn nur der Angeklagte Berufung einlegt. Das Verschlechterungsverbot gibt der Verteidigung die Sicherheit, das Verständigungsurteil der ersten Instanz allein zugunsten des Mandanten zu verändern.

2066 Problematisch ist allerdings die Berufungseinlegung der Staatsanwaltschaft. Einer Berufung der Staatsanwaltschaft droht nach aktueller Ansicht das Verdikt des Rechtsmissbrauchs und damit der Unzulässigkeit, wenn sie sich durch dieses Rechtsmittel letztlich von der von ihr mitgetragenen Verständigung der ersten Instanz lösen will. Liegt das Ziel allerdings im Rahmen der vom Amtsgericht in Aussicht gestellten Spanne der denkbaren Rechtsfolgen, dürfte die Berufung zulässig sein. Neue Verständigungen nach alten Regeln sind hier auch für die zweite Instanz vorstellbar. Kommt es allerdings zu einer streitigen Verhandlung, steht die Frage der Verwertung des erstinstanzlichen Geständnisses im Raum, das der Mandant nur im Vertrauen auf die erfolgte amtsgerichtliche Ver-

---

1868 Anders BGH NStZ 2010, 293; dagegen Niemöller NZWiSt 2012, 292.
1869 BGH NJW 2012, 468 ff.
1870 BGH StraFo 2010, 201.
1871 BGH StraFo 2011, 400.

ständigung abgegeben hatte; diese ist mit der Berufung der Staatsanwaltschaft obsolet. Analoge Regelungen zu § 257c Abs. 4 S. 3 drängen sich hier auf. Z.T. wird vorgeschlagen, dem Berufungsgericht aufzugeben, gleich zu Beginn eine Erklärung abzugeben, ob man sich an den Verständigungsrahmen des Amtsgerichts gebunden fühlt.[1872] Eine Unverwertbarkeit kommt auch dann in Betracht, wenn in der Berufungsinstanz offensichtlich wird, dass die erstinstanzliche Verständigung verfahrensfehlerhaft war. Angesichts unüberschaubarer Konstellationen hat sich hier noch keine für die Verteidigung transparente Rechtsprechung entwickelt,[1873] jedenfalls droht auch hier massiv eine Benachteiligung der Verteidigung durch enttäuschtes Vertrauen. Rechtfertigen die Umstände dies, sollte gegebenenfalls unredliches Verhalten der Staatsanwaltschaft angeprangert und eine rechtsmissbräuchliche Rechtsmitteleinlegung thematisiert werden.

6. Fortsetzung nach gescheitertem Deal

Scheitern Dealgespräche und kommt es somit nicht zu einer Verständigung, sind die Beteiligten rechtlich nicht gebunden. Der in den Gesprächen gesetzte Anker gibt dem jeweils anderen Verfahrensbeteiligten allerdings Marken mit auf den Weg in die streitige Hauptverhandlung, die mental kaum auszublenden sind. Eine Freispruchverteidigung ist kaum erfolgreich, wenn dem Gericht allein aufgrund der Gespräche die realistische Idee eines Geständnisses des Mandanten vermittelt worden war. Die Verteidigung hat bei geäußerten Strafmaßvorstellungen des Gerichts zumindest die Vorstellung eines worst-case-Szenarios. **Faktische Wirkung** hat das »Angebot« eines Strafrahmens bei zu erwartendem Geständnis, auch wenn der Angeklagte hierauf nicht eingeht. Wird streitig weiter verhandelt und kommt das Gericht zu einer Schuldüberzeugung, so gibt der angebotene Strafrahmen einen konkreten Orientierungsrahmen für die Strafzumessung,[1874] der ohne Verdacht der Willkür nicht ignoriert werden kann. Ergibt die Beweisaufnahme inhaltlich keine Schuld erschwerenden Umstände, so kann allein der zusätzliche prozessuale Aufwand eine zunächst für angemessen gehaltene Strafhöhe nicht aushebeln. Fehlt allein das Geständnis als Strafzumessungsgrund nach streitiger Verhandlung, lässt sich im Urteil allenfalls eine moderate Erhöhung der im Verständigungsangebot genannten Strafhöhe rechtfertigen. Wird z.B. in Verständigungsgesprächen eine Bewährungsstrafe angeboten, nach gescheiterten Dealgesprächen allerdings im Urteil eine Freiheitsstrafe von 6 Jahren und 6 Monaten verhängt, ist dies »nicht erklärlich«.[1875] Dass entgegen dieser Konsequenz die Rechtsprechung bemüht ist, eine solche Selbstbindung durch das eigene Angebot vollständig zu unterlaufen, ist unverkennbar.[1876]

2067

Bindungen existieren demgegenüber bei einem – zunächst – erfolgreichen Deal, also einer formell korrekt zustande gekommenen Verständigung. Trotz dieser Verständigung kann auch nach der gesetzgeberischen Idee der Deal scheitern und die Verhandlung streitig fortgesetzt werden. So sind die Beteiligten an eine Vereinbarung nicht mehr gebunden, wenn eine Partei ihre Zusage nicht einhält.

2068

Von Seiten der Verteidigung wird z.B. das angekündigte Geständnis nicht abgegeben oder die zugesagte Rücknahme eines Widerspruchs erfolgt nicht, entgegen der Verabredung wird eine Zeugin befragt. Die Staatsanwaltschaft verweigert die zugesagte Einstellung nach § 154. Das Gericht lädt den einvernehmlich abgeladenen Zeugen nochmals.

2069

1872 OLG Karlsruhe StV 2014, 659 ff., mit der ergänzenden »Erfindung« einer neuen qualifizierten Belehrung zum Verwertungsverbot des Geständnisses, Anm. *Norouzi*.
1873 S. z.B. *Wenske* Das Verständigungsgesetz und das Rechtsmittel der Berufung, NStZ 2015, 137 ff.; *Schneider* Verständigung in der Berufungsinstanz, NZWiSt 2015, 1 ff.
1874 *Altenhain/Haimerl* StV 2012, 400.
1875 BGH StraFo 2012, 268 f.
1876 Markant BGH 2011, 202 ff.; 2012, 728 ff., der die richterliche Ungebundenheit mit der Überlegung begründet, es gebe keine festen Regeln zur Strafhöhe nach der Durchführung eines streitigen Verfahrens.

2070 Auch ohne einen Verstoß eines Beteiligten gegen die Vereinbarung soll ein Scheitern denkbar sein, und zwar durch einseitige Lösung des Gerichts von den einvernehmlich getroffenen Vereinbarungen: Rechtlich oder tatsächlich bedeutsame Umstände wurden u.U. vom Gericht übersehen oder haben sich neu ergeben; die mögliche Folge dieser Situation ist ebenfalls ein Wegfall der Bindung (§ 257c Abs. 4). Diese Konstellation in ihrer einseitigen Lösung durch das Gericht muss für die Verteidigung beunruhigend sein. Durch die Notwendigkeit von **Nova** wird im Gesetz immerhin klargestellt, dass eine schlichte Meinungsänderung (»das Gericht hat es sich anders überlegt«) die Bindung an die Verständigung nicht entfallen lässt.

2071 Mit der Zusage aller Verfahrensbeteiligten ist der Deal zwar fixiert. Danach soll allein das Gericht das Heft des Handelns in der Hand behalten, ob die Verständigung tatsächlich durchgeführt wird oder dessen Auflösung in Rede steht. Die Rechtsprechung ist aktuell bemüht, der Behauptung des Angeklagten – oder der Staatsanwaltschaft –, der Deal sei gescheitert, die möglichen Grundlagen zu entziehen.

2072 Dem Gericht komme ein weiter Beurteilungsspielraum bei der Frage zu, ob trotz veränderter Beurteilungsgrundlage die zugesagte Strafe noch eine tat- und schuldangemessene Ahndung darstelle.[1877] Selbst nach der Erkenntnis, dass dem Angeklagten lediglich eine Beihilfehandlung zur Last gelegt werden könne, sei u.U. die Strafe noch angemessen, die das Gericht auf der Grundlage einer täterschaftlichen Begehung zugesagt hatte.[1878]

Notwendig ist, dass vom Gericht – schon bei Abgabe seiner zur Verständigung führenden Prognose – Umstände übersehen worden sind oder sich nachträglich neu ergeben haben und das Gericht deswegen zu der Überzeugung gelangt, dass der in Aussicht gestellte Strafrahmen nicht mehr tat- und schuldangemessen ist. So kann das Gericht nachträglich eine gravierende Vorstrafe des Angeklagten »entdecken«. Als neu tauchen u.U. im Laufe des Prozesses Erkenntnisse auf, wie z.B. der Tod des vom Angeklagten misshandelten Opfers. Dies ist weitgehend unproblematisch, soweit sich die bedeutsamen neuen Umstände erst im Nachhinein ergeben haben. Intrikat ist ein Wegfall der Bindungswirkung hingegen im Hinblick auf verfassungsrechtlich garantierten Vertrauensschutz in Irrtumskonstellationen, in denen die Fehlvorstellung in der Sphäre des Gerichts verursacht worden ist, etwa bei Rechtsirrtümern des Gerichts oder lückenhafter Aktenkenntnis. Unterbreitet das Gericht ohne die gebotene akribische Vorbereitung einen Verständigungsvorschlag »ins Blaue hinein«, so wäre es treuwidrig, ihm im Nachhinein im Hinblick auf unerkannte Umstände ein Abgehen von der Vereinbarung zu ermöglichen.

2073 Ein entsprechender **ausdrücklicher Hinweis des Gerichts** lässt die Vereinbarung obsolet werden. Weitgehend unerforscht sind die Voraussetzungen und Rechtsfolgen sowie – hieraus resultierend – Verteidigungsstrategien nach einem gescheiterten Deal. Das Gesetz dokumentiert lediglich, dass aufgrund weiterer Prozessentwicklungen sich die Beteiligten nicht mehr an eine Verständigung gebunden zu fühlen brauchen. Im selben Strafprozess kann somit ein kontradiktorisches Verfahren nicht nur zu einem Verständigungsverfahren werden, sondern umgekehrt kann auch ein Verständigungsverfahren plötzlich wieder in Konfrontation münden.

2074 Aus der mangelnden dogmatischen Einordnung des Verständigungsverfahrens in die Systematik des überkommenen Prozesses resultieren die Schwierigkeiten der Formulierung einer übergreifenden Idee für die Rückabwicklung des Deals. Vertragliche Vorstellungen zum Rücktritt erfassen die besondere Konstellation ebensowenig wie die traditionelle Auffassung von Prozesshandlungen, deren Wirksamkeit sich allein nach dem Zeitpunkt ihrer Vornahme richtet. Zu erwarten ist eine langfristige Entwicklung anhand singulärer Fälle, die dem BGH unterbreitet werden.

2075 Psychologisch ist die nun folgende streitige Hauptverhandlung für die Verteidigung ein absehbares Desaster. Setzen schon gescheiterte Verständigungsgespräche entscheidende Anker für eine nachfolgende streitige Hauptverhandlung, ist die mentale Vorprägung erst recht massiv fixiert, wenn die Gespräche sogar in konkrete Absprachen mündeten. Der Nachteil geht einseitig zulasten der Verteidigung. Auf eine zumindest mentale Bindung des Gerichts an geäußerte Strafmaßvorstellungen

---

1877 BGH NJW 2012, 3113 ff.
1878 BGH StV 2013, 193 f.

darf die Verteidigung nicht bauen, da die Lösung von der Verständigung gerade mit völlig geänderten Umständen begründet wird. Umgekehrt steht das einmal in den Gerichtssaal gestellte Geständnis des Mandanten wie ein Betonblock, den auch formale Regelungen nie aus den richterlichen Köpfen vertreiben können.

Eine solche formale Konsequenz sieht das Gesetz vor: Geregelt ist ein **Verwertungsverbot für ein**   **2076** **Geständnis**, das im Hinblick auf die Vereinbarung bereits abgegeben worden war. Wie weit dieses Verbot reicht, ist noch ungeklärt. Vieles spricht dafür, in das Verbot eine Fernwirkung mit einzubeziehen. Hat der Angeklagte durch sein Geständnis z.B. weitere bis dahin unbekannte Umstände benannt, könnte das Gericht diese mit anderen Beweismitteln verifizieren und damit Indizien produzieren, die es ohne das Geständnis nicht ermittelt hätte. Fairness gebietet hier gerichtliche Zurückhaltung.[1879] Angesichts der aktuellen höchstrichterlichen Handhabung von Beweisverwertungsverboten ist die Realisierung einer derart stringenten Lösung aber nicht zwingend.

> Jedenfalls kommt eine Fernwirkung des Beweisverwertungsverbots dann in Betracht, wenn die Gründe   **2077** für das Scheitern der Absprache in die Sphäre des Gerichts fallen. Eine Verwertung der nur infolge des Geständnisses erlangten weiteren Beweismittel ist jedenfalls dann mit einem fairen Verfahren unvereinbar, wenn das Gericht seine Pflicht zur »Berücksichtigung aller Umstände des Falls« (§ 257c Abs. 3 S. 2) grob fahrlässig verletzt hat.

Dass die Fortsetzung nach gescheitertem Deal und die prozessuale Funktion eines abgegebenen   **2078** Geständnisses sehr viel komplexer werden können, dokumentiert eine Entscheidung des BGH aus dem Jahr 2012.[1880]

> Der Angeklagte war freigesprochen worden, obwohl im Rahmen einer Verständigung seitens der Kammer eine Höchststrafe zugesagt worden war. Der Angeklagte hatte den Vorwurf des vorsätzlichen Tötungsdeliktes an seinem einjährigen Kind bestritten, allerdings ein heftiges Schütteln des Kleinkindes und dessen versehentliches Hinfallen konzediert. Die Kammer glaubte ihm nicht, hielt das Geständnis gerade im Hinblick auf die Verständigung für konstruiert, konnte sich anhand anderer Beweismittel von der Schuld nicht überzeugen.
>
> Der BGH hielt den Freispruch nicht für ausreichend begründet. Als Alternative zur Vorgehensweise der Kammer wies der BGH darauf hin, dass das Tatgericht unter Umständen bei Bewertung von Teilen des Geständnisses in Zusammenschau mit anderen Beweismitteln durchaus zu einer Überzeugung von der Schuld des Angeklagten hätte kommen können. Übersehen wird dabei, dass außerhalb der Verständigung das Geständnis keinerlei Beweiswirkung entfalten durfte. Dieses Verwertungsverbot gilt auch für ein Tatgericht, dass nach Zurückweisung durch das Revisionsgericht erneut über den Schuldvorwurf zu verhandeln hat.[1881]

Unabhängig von formellen Ausschlussgründen hat Verteidigung in dieser Situation mit einer nur   **2079** schwer korrigierbaren Belastung weiter zu verhandeln. Das einmal abgegebene Geständnis wird jede Planung und Rezeption weiterer Beweisaufnahmen durch das Gericht dominieren.

> Die Alternative der Unschuld ist vollständig als Bewertungsmöglichkeit zerstört; problematisch ist für   **2080** das Gericht nur noch, in welcher Form die – feststehende – Tat bewiesen werden kann. Ist dieser Prozess irreversibel, drängt sich für Verteidigung im Verständigungsverfahren von Beginn an die Notwendigkeit auf, vereinbarte Geständnisse nicht nur inhaltlich schlank zu gestalten, sondern durch deren Einführung allein mittels Erklärungen des Verteidigers prozesstaktische Erwägungen von Beginn an deutlich zu machen. Eine derartige Distanz belässt zumindest die Chance, nach einem Scheitern inhaltliche Alternativen aufzuzeigen.

Hinsichtlich aller anderen zugesagten Leistungen muss eine auf den Einzelfall bezogene effektive   **2081** »**Rückabwicklung**« im Zentrum der Verteidigung stehen. Notwendig ist es z.B., die fehlende Bindung an all diejenigen Erklärungen zu verdeutlichen, die lediglich im Hinblick auf die Verständi-

---

1879 Ebenso *Rode* Die streitige Hauptverhandlung nach gescheiterter Absprache, StraFo 2015, 89 ff.; anders z.B *Altvater*, in: FS Rissing-van Saan, 1 ff., 27.

1880 BGH StV 2013, 194 ff.

1881 So in einer Anmerkung zum BGH-Urteil *Schlothauer* StV 2013, 197.

gung erfolgt waren. Neue Beweisanträge sind nach dem Übergang ins streitige Verfahren zulässig. Darüber hinaus muss die Verteidigung allerdings auch die Möglichkeit haben, Zustimmungen oder unterlassene Widersprüche zu revidieren, die ausschließlich im Hinblick auf die Absprache motiviert waren. Das Einverständnis beispielsweise zu verlesenen Zeugenaussagen kann ebenso zurückgezogen werden wie Widersprüche gegen Beweisverwertungsverboten unterfallende Teile der Beweisaufnahme erstmalig erklärt werden können. Berufungsbeschränkungen sind haben keine Gültigkeit mehr.[1882] Waren Fragen an einen bereits unterlassenen Zeugen unterblieben, ist dessen erneute Ladung zur Wahrung der Verteidigungsrechte im nunmehr streitig geführten Verfahren notwendig.[1883] Häufig wird sich gerade im Anschluss an neuartige Verständigungsversuche ergeben, dass traditionelle effektive Verteidigung in dieser Situation in erhöhtem Maße gefordert ist.

1882 OLG Jena StV 2019, 841 bestreitet dies angesichts der fehlenden Möglichkeit, eine erklärte Berufungsbeschränkung rückgängig zu machen, und schließt hieraus, dass eine Beschränkung niemals Inhalt einer Verständigung sein könne.
1883 *Velten* Die Rückabwicklung unzulässiger Absprachen – Kritik der aktuellen Rechtsprechung zur Reichweite der §§ 257c Abs. 4 S. 3, 136a StPO, StV 2012, 172.

Stichwortverzeichnis

Die **halbfett** gedruckten Ziffern verweisen auf die Kapitel im Handbuch; die normal gedruckten auf die entsprechenden Randnummern.